CORRESPONDANCE

DES

CONTRÔLEURS GÉNÉRAUX

DES FINANCES.

CORRESPONDANCE

DES

CONTRÔLEURS GÉNÉRAUX

DES FINANCES

AVEC LES INTENDANTS DES PROVINCES,

PUBLIÉE

PAR ORDRE DU MINISTRE DES FINANCES,

D'APRÈS LES DOCUMENTS CONSERVÉS AUX ARCHIVES NATIONALES,

PAR

A. M. DE BOISLISLE,

SOUS-CHEF AU MINISTÈRE DES FINANCES.

TOME DEUXIÈME.

1699 À 1708.

PARIS.

IMPRIMERIE NATIONALE.

M DCCC LXXXIII.

AVANT-PROPOS.

Le tome Ier de cet inventaire devait être accompagné d'une Introduction donnant un exposé de l'organisation administrative sous le règne de Louis XIV et du rôle qu'y jouait le Contrôle général, et résumant ensuite l'histoire financière de la période de seize ans comprise dans le volume. Mais, lorsque ce travail se trouvait déjà assez avancé, il a semblé plus urgent de reprendre la publication des textes mêmes et de faire paraître le tome II avant l'Introduction annoncée pour le tome Ier.

L'abondance des matières n'a pas permis, comme on l'avait pensé tout d'abord, de réunir dans ce volume la correspondance des deux ministres qui dirigèrent les finances pendant les seize dernières années du règne de Louis XIV. On n'a donc ici que le ministère du troisième successeur de Colbert, Chamillart, qui fut contrôleur général de 1699 à 1708. Le tome III comprendra de même un seul ministère, celui de Desmaretz, et s'arrêtera au mois de septembre 1715, époque où les séries de documents qui font l'objet de notre publication cessent d'avoir la même continuité, par suite des changements administratifs qu'amena la mort de Louis XIV. Ce point a été expliqué à la page xx de l'Avant-propos joint au tome Ier.

La méthode et le système de publication n'ont subi, dans notre nouveau volume, que de très légères modifications, et je n'ai guère à en signaler que deux ou trois.

En premier lieu, il a paru rationnel, aussi bien qu'utile à divers points de vue, de substituer, dès ces premières années du XVIIIe siècle, l'orthographe moderne, sauf l'imparfait en *oi*, à l'orthographe plus archaïque, mais conventionnelle, qui avait été suivie dans le tome Ier. La philologie n'a rien à perdre à cette réforme; quant à la grammaire et au langage, nous continuons à respecter autant que possible les particularités qui les intéressent. Était-il donc nécessaire d'alourdir et de rendre plus pénibles à lire ces textes d'une époque de transition, où l'orthographe varie à chaque instant, et tantôt affecte des allures presque toutes modernes, tantôt, au contraire, persiste dans les procédés et les formes du siècle précédent?

On trouvera à côté de la correspondance du Contrôleur général un assez grand nombre de lettres écrites par Nicolas Desmaretz ou adressées à ce neveu et collaborateur de Colbert, qui, après une longue disgrâce, rentra au Contrôle général, avec le titre de directeur des finances, le 22 octobre 1703. La part prépondérante que Desmaretz prit depuis cette date aux affaires financières, et qui lui ménagea l'accès aux fonctions de Contrôleur général, n'est pas le seul motif qui justifie la présence de sa correspondance dans notre volume. Si l'on veut bien se reporter à l'Avant-propos du tome Ier (p. XVII-XXI), on y verra que Desmaretz est le véritable créateur du Dépôt des papiers du Contrôle général; c'est à partir de son arrivée que certaines séries, et non des moins intéressantes, commencèrent à se constituer régulièrement dans les bureaux : celle des minutes, notamment, s'accrut dès lors des lettres afférentes aux attributions considérables que Chamillart s'estimait heureux de laisser à un si intelligent auxiliaire, et les registres de transcription ou les liasses de minutes originales, depuis 1703 jusqu'en 1708, contiennent côte à côte les lettres du Contrôleur général et celles du Directeur. Les liasses des Intendances renferment un nombre encore plus considérable de dépêches adressées à Desmaretz. Ces deux correspondances se complètent donc l'une l'autre et sont inséparables.

Je viens de dire que les minutes, à partir de l'entrée de Desmaretz aux affaires, comportent deux séries, l'une de minutes originales, en feuilles volantes, l'autre de registres de transcription. Le premier de ces registres, détaché de nos papiers dans les circonstances qu'a exposées l'Avant-propos du tome Ier (p. XLVI), se trouve aujourd'hui à la Bibliothèque nationale, parmi les manuscrits qui portaient naguère la rubrique : «Supplément français». Ne pouvant, pour cette raison, en faire entrer le contenu dans le corps d'une publication qui ne doit contenir que des pièces appartenant au fonds même du Contrôle général, tel qu'il a été reconstitué aux Archives nationales, je me suis borné à y prendre le texte d'une vingtaine de lettres plus particulièrement importantes, qu'on trouvera à la fin des Additions.

Un certain nombre de lettres sont tirées de séries autres que celles des Minutes et des Intendances; leur provenance est indiquée par les numéros des liasses où elles sont classées chronologiquement. Dans cette catégorie, il faut citer la correspondance du lieutenant général de police d'Argenson (à partir de 1706), celle de M. de Saint-Maurice, commissaire de la Cour des monnaies à Lyon, et les lettres émanées de la Chambre des comptes de Paris. Ces séries ont conservé, dans le classement actuel des papiers du Contrôle général, la place à part qu'on leur avait assignée en 1715, lors de la constitution du Dépôt; mais elles n'en font pas moins partie intégrante, essentielle, de l'ensemble dont nous donnons l'inventaire analytique.

Malheureusement, d'autres séries, de valeur non moins grande, qu'on eût pu utiliser de même que celles-là, ont disparu, ou du moins n'ont pas été retrouvées à la Bibliothèque nationale.

Notre volume actuel contient, en texte, en analyse ou en mention simple, plus de trois mille six cents pièces, appartenant à cent vingt cartons du classement définitif, sans compter les pièces qui composent l'Appendice.

Celui-ci, plus considérable que l'Appendice du tome Ier, mais constitué aussi exactement que possible dans les mêmes conditions, a été surtout grossi par la correspondance inédite de Boisguilbert avec le Contrôle général. Quoique ces documents, fort précieux pour l'histoire des théories économiques, aient fait, il y a quelques années, l'objet d'une étude présentée à l'Académie des sciences morales et politiques, leur publication avait été différée jusqu'ici pour qu'ils prissent place à leur date dans le présent volume. Ils y sont reproduits textuellement, malgré de nombreuses longueurs ou redites, et leur ensemble permettra de suivre presque toute la campagne menée avec tant de persistance et de courage, sinon d'habileté et de succès, par l'économiste rouennais. Avant comme après Chamillart, ce qui nous reste de la correspondance de Boisguilbert avec le Contrôle général n'est plus que fort peu de chose et n'offre pas le même intérêt.

Il a été parlé dans l'Avant-propos du tome Ier (p. LII) des tableaux budgétaires qui terminent l'Appendice. Ceux que nous donnons aujourd'hui offrent encore cette fois des lacunes impossibles à combler, ou des inexactitudes de chiffres qu'il n'y a pas moyen de corriger sûrement. On trouvera en tête un fragment du budget dressé le 6 septembre 1699, lorsque Chamillart fut nommé contrôleur général. Nous devons la communication de cette pièce importante à un érudit correspondant du Ministère de l'Instruction publique qui, ayant à sa disposition une notable partie des papiers emportés jadis par Chamillart dans sa retraite du Maine, compte en faire prochainement la publication.

La Table analytique, conforme à celle du tome Ier, a été dressée avec le concours dévoué de notre collaborateur, M. Pierre de Brotonne, qui vient de terminer, il y a quelques mois, un index du même genre pour la collection des *Lettres, instructions et mémoires de Colbert* publiée par feu M. Pierre Clément, et qui se consacre actuellement à la préparation du tome III de la *Correspondance*.

M. Gustave Vieuille a pris part, avec non moins de zèle et d'activité, aux travaux de transcription et de collation des textes, qu'avait commencés avant lui M. de Manneville.

M. Jules Tardif, chef de la Section administrative des Archives nationales, qui avait bien voulu, comme ses prédécesseurs l'avaient fait pour le premier volume, suivre l'impression et la correction des textes du tome II, nous a été enlevé par une mort prématurée avant que la Table analytique fût mise sous presse ; ses conseils eussent été particulièrement précieux pour mener à bonne fin cette partie si importante du travail.

Aux termes d'une convention récemment passée entre le Ministère des Finances et le Ministère de l'Instruction publique, le Comité des Travaux historiques sera désormais chargé de diriger notre publication et d'en assurer l'achèvement.

A. M. DE BOISLISLE.

CORRESPONDANCE
DES CONTRÔLEURS GÉNÉRAUX
AVEC
LES INTENDANTS DES PROVINCES.

III

Michel CHAMILLART,

CONTRÔLEUR GÉNÉRAL

DU 5 SEPTEMBRE 1699 AU 20 FÉVRIER 1708.

1. *M. Foucault, intendant à Caen,*
au Contrôleur général.

6 Septembre 1699.

État des charges et dettes de la ville de Caen; propositions pour la liquidation des dettes et le retranchement d'une certaine partie des dépenses*.

* Les propositions n'ayant pas été acceptées, l'échevinage adressa une nouvelle requête, le 24 novembre, avec pièces à l'appui.

2. *M. de Lavardin, commandant en Bretagne,*
au Contrôleur général.

(De Malicorne) 12 Septembre 1699.

« J'attendois avec une merveilleuse impatience la déclaration de ce que j'espérois pour vous, et il ne pouvoit rien arriver où je vous fusse plus sensible que votre promotion à la tête des finances. Votre honneur et votre probité sont dignement récompensés, et tout bon François vous doit regarder avec grande satisfaction dans cette éminente place. Dieu vous y maintienne en parfaite santé longues années! je le souhaite passionnément avec une sincérité gauloise, et, pour tout dire, M. de Matignon ne sauroit être plus aise que moi. Je ne crains nullement que les honneurs changent vos mœurs, et l'élévation ne fera que faire connoître votre grande droiture et votre capacité; je suis ravi de voir la vertu bien traitée, car il est à craindre que la corruption ne la dépossédât par prescription. Oserois-je vous demander si ce sera vous qui dresserez nos instructions, ou si M. le Chancelier les avoit faites avant que de monter à sa place? Je vous demande vos ordres pour la Bretagne, où je vas, et les exécuterai avec grand désir de vous plaire; et vous supplie de m'honorer de votre bienveillance et protection. »

3. *M. le Vayer, intendant à Moulins,*
au Contrôleur général.

13 Septembre 1699.

Il demande à être chargé du procès de Jean de Saint-Aubin.

« C'est un maître sellier de cette ville de Moulins qui s'est érigé en solliciteur banal de procès au présidial de Moulins, au Parlement de Paris et au Conseil. Il prend des cessions et procurations de pauvres artisans et paysans qu'il abuse et consomme en frais, et il est justifié qu'il sollicite pour et contre. Cet homme s'étant avisé depuis peu de faire une levée de deniers sur les habitants de la paroisse d'Agonges, qu'il désole depuis huit ans, et à qui on prétend qu'il a déjà fait coûter près de 2,000 ll en frais, je le mandai le 20 avril dernier, pour me rendre compte de sa conduite. Il me montra un exécutoire de dépens qu'il avoit encore, depuis peu, surpris aux Requêtes de l'hôtel au souverain, et sur lequel il avoit fait endosser plusieurs sommes par lui reçues, assisté d'un huissier, des habitants de ladite paroisse d'Agonges, sur une simple feuille volante, sans ma permission, rejet ni commission; et sur-le-champ je le fis arrêter prisonnier. J'ai fait informer depuis ce temps contre lui, et j'ai recouvré des pièces justificatives, non seulement de la levée des deniers faite sans permission et sans rôle, mais des vexations qu'il commet sous prétexte de ces cessions et procurations. Mais, voyant que je prends des éclaircissements pour lui faire son procès, il a interjeté appel de son emprisonnement et de tout ce qui s'est ensuivi, et qui est détaillé dans le mémoire ci-joint*.»

* Réponse en marge : «Évoquer le tout au Conseil, pour le renvoyer ensuite à l'intendant et le commettre par arrêt.» Saint-Aubin étant encore parvenu à surprendre un arrêt du Conseil des parties, qui ordonnait que la procédure fût apportée au greffe du Conseil, il fallut un troisième arrêt pour maintenir le jugement en dernier ressort entre les mains de l'intendant. (Lettre du 4 novembre.)

4. *M. Bouchu, intendant en Dauphiné,*
au Contrôleur général.

18 Septembre 1699.

Il s'excuse de ne pas prohiber l'exportation des blés du Dauphiné pour Lyon et le Vivarais.

«Je suis retenu par la considération de la ville de Lyon, qui n'ayant pas de blé dans son territoire pour la nourriture de la moindre partie de ses habitants, ne peut subsister que de ce qu'elle tire du dehors. Il en est de même de cette lisière du Vivarois qui est un pays de vignoble, lequel ne peut subsister que par le secours de ses voisins. D'ailleurs, les défenses de transporter les blés, non à l'étranger, mais d'une province du royaume à l'autre, m'ont toujours paru une cause de l'augmentation du prix du blé, et même de la rareté dans les marchés, par l'attention qu'elles donnent aux particuliers à le resserrer. La fin qu'on se propose, d'empêcher le transport dans les provinces voisines, arrive rarement, ceux qui sont préposés pour empêcher la sortie étant faciles à gagner par de l'argent. Et, enfin, c'est altérer la correspondance et le commerce entre les sujets du Roi de différentes provinces, auquel il me semble qu'on ne doit pas toucher sans de pressantes considérations. Cependant, pour que rien ne me puisse être imputé, je vous supplie de vouloir bien m'honorer de vos ordres sur ce sujet.»

5. *M. l'Évêque de Saint-Malo*
au Contrôleur général.

19 Septembre 1699.

Il proteste contre la construction de nouvelles prisons que les ingénieurs du Roi prétendent ajouter ou substituer aux prisons actuelles, qui dépendent uniquement de l'évêque et du Chapitre, le Roi n'ayant ni fief ni domaine dans la ville.

«L'on ne nous peut pas contraindre avec justice de fournir des prisons assez amples pour y contenir tout à la fois des quarante et cinquante prisonniers des autres provinces du royaume, qui sont souvent des religionnaires mal convertis et qu'on arrête sur nos côtes voulant passer en Angleterre, non plus que d'autres prisonniers d'État, ou ceux qui peuvent provenir de la marine ou de l'amirauté; car, si j'étois dans cette obligation, tout mon évêché n'y suffiroit pas, et on les peut tous envoyer en deux heures de temps, par le bras de mer, à Dinan, où le Roi est le seul seigneur de cette grande ville et des prisons, comme l'on avoit quasi toujours fait jusqu'ici.....»

6. *Le sieur Frédéric Léonard,*
imprimeur de la Cour des monnaies, à Paris,
au Contrôleur général.

21 Septembre 1699.

«Quoique votre modestie vous fasse refuser tous les compliments qui sont dus au juste choix que le Roi a fait de votre personne pour remplir une place d'une aussi grande conséquence que celle où il vous a nommé, vous me permettrez de vous en marquer ma joie par ce mot d'écrit, n'ayant pu ce matin, à Fontainebleau, vous marquer mes sentiments que par une profonde révérence, à cause du monde qui vous obsède. Comme Votre Grandeur a toujours été notre patron, et nouvellement encore dans notre affaire de Rueil, dont nous lui avons les dernières obligations, je prends la liberté d'écrire à Votre Grandeur pour la supplier de me continuer la même grâce que tous messeigneurs vos prédécesseurs nous ont faite depuis plus de trente ans, en nous conservant dans le droit d'imprimer seul pour les Monnoies. Nous avions aussi seul les Finances; mais les gens d'affaires ont choisi à leur mode des imprimeurs, ce qu'on n'a pas pu bonnement empêcher; mais je supplie au moins Votre Grandeur de me conserver dans la Monnoie, dont je lui envoie un arrêt, et un du Conseil. J'espère cette grâce de sa bonté ordinaire et de sa justice*.»

* Sont joints à la lettre l'arrêt de la Cour des monnaies, du 15 décembre 1687, attribuant à Léonard, comme plus ancien et premier imprimeur du Roi, la succession de Sébastien Mabre-Cramoisy, et celui du Conseil d'État, du 4 novembre précédent, défendant à tous autres imprimeurs que Léonard d'imprimer et débiter les édits, déclarations et arrêts concernant les finances. Léonard, dans une nouvelle lettre du 2 octobre, ayant insisté pour être nommé seul imprimeur des Finances, le contrôleur général répondit : «C'est par mon choix, et non par rapport à vos arrêts, que j'ai donné ordre que vous fussiez employé à tout ce qui sera imprimé pour la finance. Je compte que vous ferez ce service de manière que je n'aurai pas sujet de me plaindre de ma prédilection; mais je vous prie de donner ordre que l'on soit exact à m'envoyer trois ou quatre exemplaires de tout ce que vous imprimerez pour ces sortes d'affaires, dans le moment que vous l'imprimerez.»

7. *M. Bignon, intendant à Amiens,*
au Contrôleur général.

21 Septembre 1699.

Il demande, pour les habitants d'Ardres, la permission de rembourser leur maire, qui exige des corvées pour faire valoir son bien, délivre moyennant argent des exemptions de logement et de fournitures, et commet d'autres exactions ou prévarications.

8. *M. de Vaubourg, intendant en Franche-Comté,*
au Contrôleur général.

22 Septembre 1699.

État des récoltes et prix des grains*.

* A la date du 29 se trouve la lettre suivante, adressée à M. de Torcy : «..... La récolte est beaucoup moins bonne qu'on ne l'avoit espéré : le blé est bien conditionné et rend beaucoup de farine; mais la quantité des froments et seigles n'excède que d'un quart l'année 1698, en sorte que celui qui avoit trois mesures de blé n'en a pas plus de quatre cette année. Et d'un autre côté, il y a beaucoup moins d'orges, d'avoines, de pois et de fèves, dont l'abondance a suppléé au défaut des blés jusqu'à la dernière récolte. Ainsi, toutes les apparences sont que le blé ne sera pas encore à bon marché l'année prochaine et le reste de celle-ci. Le prix même n'en diminue pas beaucoup, car la mesure, du poids de trente-cinq ou trente-six livres, vaut toujours 57 à 58 sols, ce qui n'est pas comparable au bon marché qu'on vit après la grande récolte de 1694, puisque la mesure passa tout d'un coup de 6 et 7 francs à 18 et 20 sols. Mon avis est donc qu'il n'est pas possible de permettre la traite des blés aux Suisses, à la république de Genève, à la petite ville de Landron, et à tous les États voisins du Comté, sans causer une grande cherté dans la province. C'est aussi le sentiment des personnes du meilleur esprit et les plus expérimentées du pays.» — Voir une lettre du 18 décembre suivant, à laquelle est joint un mémoire présenté à M. de Puyzieulx par l'avoyer du canton de Soleure, au nom de tous les cantons de la Suisse.

9. *M. de Gacé, gouverneur du pays d'Aunis,*
au Contrôleur général.

22 Septembre 1699.

Il propose de faire fabriquer l'eau-de-vie de marc de raisin et demande un privilège exclusif pour l'étendue de son gouvernement et de la Saintonge*.

* Réponse en marge : «Lui mander que cette affaire a été proposée il y a longtemps par Mme la maréchale de Noailles. Elle pourroit être bonne dans les pays où il y a peu de vins, elle ne vaut rien en la rendant générale : elle diminueroit considérablement le prix des eaux-de-vie de Guyenne, Saintonge, pays d'Aunis et comté Nantois, dont partie s'enlève par les étrangers, qui, par ce moyen, nous apportent de l'argent.» L'affaire était proposée à M. de Gacé par son secrétaire, qui en avait déjà entretenu le contrôleur général dans un temps où il était attaché à M. d'Aubigné.

10. *Le sieur Antoine Pâris,*
entrepreneur de la traite des blés à Lyon,
au Contrôleur général.

24 et 30 Septembre, 27 et 28 Octobre 1699.

Pièces et mémoires relatifs à l'importation des blés étrangers à destination de Lyon, du reste du royaume et de la Suisse*.

* Le 9 novembre, il fut écrit à M. de Torcy conformément à cette apostille de la main du contrôleur général : «Le Roi veut bien lui accorder un passeport sans payer aucuns droits de sortie, aux conditions qu'il fera sa soumission de faire entrer dans la fin du mois de mai prochain soixante mille quintaux.» Le 16 décembre suivant, l'entrepreneur écrivit, de Paris, cette dernière lettre : «Puisque Votre Grandeur trouve bon que je change ma proposition, et que la franchise des droits est un obstacle à son exécution, je me soumettrai à les payer pour les blés qui pourront sortir hors du royaume, me contentant de la franchise de droits seulement pour l'entrée de ceux que j'y ferai vendre et débiter. Si ces conditions ne sont pas agréables à Votre Grandeur, je la supplie de me faire savoir ses intentions sur les engagements ruineux que j'ai pris dans un temps où il m'étoit permis de croire que j'y étois obligé, ou bien de quelle manière elle souhaitera pourvoir à mon indemnité, étant persuadé que votre intention n'a pas été de me ruiner en faisant agréer ma soumission au Conseil.» Réponse en marge, de la main du contrôleur général : «Dire à M. Pâris que je ne veux jamais entendre parler de lui, puisqu'il en impose à la vérité; que je n'ai pris aucun engagement avec lui pour l'exempter des droits.»

11. *M. Turgot, intendant à Metz,*
au Contrôleur général.

28 Septembre 1699.

Dans toute la Lorraine, où les églises ne sont composées que d'une grande tour carrée, qui sert de clocher, et d'une grande pièce carrée, sans séparation pour le chœur et le maître-autel, l'usage est que les habitants entretiennent seulement le clocher, et les décimateurs le reste. Mais ceux-ci, s'appuyant sur la déclaration de 1695, qui, en règle générale, n'impose aux décimateurs que l'entretien du chœur, prétendent ne plus être chargés que de l'endroit où est placé le maître-autel. Le Parlement de Metz a actuellement à juger une affaire de cette espèce. Il semble que l'usage du pays et la construction particulière des églises s'opposent à ce que la déclaration soit applicable en Lorraine*.

* M. de la Porte, premier président du Parlement, envoie, le 14 octobre suivant, plusieurs mémoires sur cette affaire.

12. *M. de Miroménil, intendant à Tours,*
au Contrôleur général.

29 Septembre 1699.

«Toute l'application des gens riches, dans les paroisses, ou protégés par les seigneurs, est de parvenir à quelque titre coloré pour se rendre maîtres et jouir de privilèges qu'ils n'ont pas, même au sujet de la taille, où, du moment qu'un particulier est devenu notaire royal, il se fait modérer et souvent mettre à un taux très modique. Il y a déjà tant de notaires royaux aux environs de Saint-Quentin, que l'établissement d'un pareil office en ce petit lieu ne pourroit être qu'à charge au public. Pour un simple intérêt particulier, et sur des certificats mendiés, on fait des propositions contre l'ordre établi depuis longues années, sous prétexte d'une finance médiocre, peu comparable aux abus qui en résulteroient.»

13. *M. de Miroménil, intendant à Tours,*
au Contrôleur général.

29 Septembre, 21 et 23 Octobre 1699.

Il rend compte de l'agitation que produit en beaucoup d'endroits la crainte de manquer de blé, par suite des enlèvements précipités qui se font pour Orléans et Paris. L'autorité des juges ordinaires n'étant plus suffisante pour calmer les peuples et réprimer au besoin les attroupements, le maire et les échevins de Laval demandent, entre autres choses, la permission d'armer la garde bourgeoise. Cette mesure peut être accordée, mais non point l'établissement d'une aumône générale, qu'on demande également.

«Constamment, à Laval, les magistrats sont fort embarrassés, y ayant plus de six à huit mille tisserands qui, au moment que le blé enchérit, sont à l'aumône; ils se soulèvent et s'attroupent, ce qui s'étend jusque dans la campagne : pour quoi il est besoin d'une garde bourgeoise qui puisse servir à soutenir la liberté du transport des blés des environs de Laval, pour pouvoir en tirer la subsistance des habitants. Mais il seroit dangereux, pour l'exemple, d'ordonner cette aumône générale. A Tours, il en est du moins autant de besoin qu'à Laval, et nous croyons qu'en l'un et l'autre de ces lieux il suffiroit, si S. M. le trouve bon, que le commissaire départi prît soin d'exciter les magistrats municipaux à régler des aumônes en la manière qu'il voudroit choisir, et surtout en entretenant le travail, afin d'éviter les mauvaises suites d'une oisiveté entière*.»

Comme les blés noirs ont manqué dans ce pays-là, quoiqu'ils soient très abondants dans le bas Maine, on propose d'en défendre l'emploi pour l'engraissement des pourceaux**.

* Réponse en marge de la lettre du 21 octobre : «Aller passer quinze jours à Laval, pour calmer par sa présence. S'il n'y peut rétablir le bon ordre et la tranquillité, qu'il se serve, à l'extrémité, de l'établissement de corps de garde bourgeoise qu'il propose. Je vais faire voiturer des blés de Normandie et de Bretagne.» Selon la lettre des échevins de Laval, le boisseau de blé pesant trente-deux livres se vendait 42 sols, ce qui ne s'était pas vu en cette saison, de mémoire d'homme. Dans une lettre précédente (vers le 10 octobre), M. de Miroménil disait : «Je prends la liberté de vous dire que les amas de blés qui se font à Montsoreau, Saumur, Cunault et autres ports le long des rivières de Loire et de Vienne, sont presque tous de blés venant du haut et bas Poitou, d'où il s'en tire une quantité qui ne se peut exprimer. Les marchands de Paris et d'Orléans, pour faire des magasins dans la Beauce et pousser la marchandise à Paris, à la moindre apparence de quelque profit, ont des commissionnaires sur les lieux, qui font voiturer par eau pendant toute l'année, et souvent avec tant de précipitation que, du matin au soir, les commissionnaires, allant dans les greniers, enchérissent les uns sur les autres d'heure en heure : en sorte que le blé se trouve augmenté quelquefois du quart en douze heures, ce qui excite du chagrin dans l'esprit des peuples venant au marché suivant; à quoi on est fort souvent embarrassé d'apporter des tempéraments capables de soutenir la liberté du commerce et d'apaiser les gens mutinés. Le remède est aisé aux abus qui se commettent pour l'achat des blés du pays et pour la consommation nécessaire sur les lieux; mais, sans des ordres exprès de S. M., on ne peut contenir l'ardeur des marchands étrangers, qui cachent leurs desseins, loin de se découvrir au magistrat avec lequel ils pourroient prendre des mesures pour qu'on ne fît tout d'un coup et si brusquement de gros enlèvements, d'où il survient des désordres infinis.»

** «Bon.»

14. *M. de Bâville, intendant en Languedoc,*
au Contrôleur général.

30 Septembre 1699.

Il demande des ordres pour sévir contre un gentilhomme du diocèse de Castres qui se refuse depuis plusieurs années à payer la taille et la capitation, et qui, menacé par le collecteur, selon l'usage de la province et sur une ordonnance de l'intendant, de recevoir un archer en garnison, s'est soustrait à cette exécution en fabriquant une fausse ordonnance de cassation de la Cour des aides et une fausse commission*.

* En marge, de la main du contrôleur général : «Faire payer par les voies les plus rigoureuses.»

15. *M. de Bâville, intendant en Languedoc,*
au Contrôleur général.

2 Octobre 1699.

Il propose que le chiffre du Don gratuit soit augmenté de 160,000 ᵗᵗ au delà de ce qui doit être porté au Trésor royal, pour faire profiter de cet excédent le diocèse d'Albi.

«La raison qui m'a fait faire cette proposition est que, la taille étant réelle dans cette province, il n'en est pas comme du pays d'élection, où l'on peut charger les pays qui ont eu de bonnes récoltes ou qui sont riches, pour soulager ceux qui ont besoin de secours. Il y a vingt-trois diocèses dans cette province; il y en a vingt et un en bon état, et deux autres, qui sont Albi et Narbonne, presque abîmés par une longue suite de mauvaises récoltes, et le diocèse d'Albi en particulier, par une grande mortalité d'hommes et de bestiaux arrivée en 1693 et 1694. Il faut trouver le moyen de les soulager sans qu'il en coûte au Roi, et je ne crois pas que l'on en puisse trouver d'autre que celui que je propose. Tout ce que l'on demandera aux États sous le nom de Don gratuit sera toujours accordé sans peine, et l'excédent de ce que le Roi en voudra toucher ne peut être mieux employé qu'à soulager les diocèses ruinés. La province en général a un grand intérêt que cela se fasse ainsi, car, si ces diocèses qui sont presque ruinés venoient à tomber tout à fait, les impositions retomberoient sur elle. Je n'ai point prétendu que cela se fît cette année, si le Roi n'est pas dans la volonté de faire porter au Trésor royal moins de trois millions pour le Don gratuit; mais, devant proposer ce qu'on pouvoit faire pour le soulagement du diocèse d'Albi, j'ai réservé cet expédient pour le temps auquel S. M. pourroit diminuer le Don gratuit. Quant à la somme que j'ai proposée, il a fallu, ainsi que je l'ai observé, que le diocèse ait emprunté de la province 130,000 ᵗᵗ pour payer les non-valeurs des tailles de ces paroisses jusqu'en 1698. Il a fallu encore que le diocèse ait emprunté l'année dernière 30,000 # pour payer ce qui est dû de 1698, et qu'il ait fait un fonds par surimposition cette année. Ces paroisses demeurent toujours obligées envers le diocèse à toutes les sommes, et le diocèse envers la province. Si on ne trouve le moyen de les éteindre, les paroisses ne penseront jamais à se remettre et à reprendre la culture de quarante et un mille soixante-dix-neuf arpents de terres abandonnées. Les habitants voient que tout leur travail ne sera point pour eux, qu'ils seront toujours ruinés par une pareille dette, et, étant sans espérance de pouvoir se rétablir, l'abandonnement des terres augmentera considérablement, la ruine de ces paroisses entraînera infailliblement celle du diocèse; au lieu que si, par une grâce proportionnée aux besoins, le Roi veut bien éteindre cette dette, contractée sans que l'on pût s'en dispenser, on verra le courage de tous les habitants se relever, et, jouissant alors du fruit de leurs peines, ce pays, qui est naturellement bon, se remettra. C'est ce qui m'a obligé de proposer cette somme de 160,000 #, parce que c'est celle qu'il faudroit pour remettre ce diocèse dans le courant des impositions ordinaires. Il seroit dangereux de donner un tel secours, si la paresse des habitants les avoit mis dans cet état; mais, ce malheur étant arrivé par plusieurs mauvaises années et par une grande mortalité d'hommes et de bestiaux, et voyant actuellement un si grand nombre de terres abandonnées, il semble qu'il faut un remède proportionné au mal, si on veut le guérir. Un médiocre soulagement ne fera point d'effet, parce que l'impossibilité de payer subsistera toujours. C'est la réponse que je dois à la lettre que vous m'avez fait l'honneur de m'écrire le 21 septembre dernier*.»

* Sur une nouvelle lettre, du 25 novembre, les États ayant voté le Don de 3 millions, le Roi accorda 30,000 # pour les deux diocèses, à déduire par ordonnance sur le montant de l'imposition générale.

16. *M. Barentin, intendant en Flandre maritime,*
au Contrôleur général.

4 Octobre 1699.

«La Flandre est un pays où la sage précaution d'empêcher les exécutions et les contraintes des traitants est plus nécessaire que partout ailleurs, parce que ces peuples veulent conserver une ombre de liberté, qui leur feroit compter pour rien les grandes sommes que leur province peut contribuer aux besoins de l'État, si on leur permettoit d'en faire la levée suivant leurs usages. Ils me témoignent tous les jours que rien ne leur fait plus de peine que de voir les traitants toucher une partie considérable des impositions, non seulement par les remises que le Roi leur fait, mais encore par les exécutions et contraintes qu'ils décernent. Pour prévenir ce dernier abus, avant même d'avoir reçu votre lettre, j'avois cru qu'il étoit du bien du service de les tenir en bride et de ne leur permettre de faire aucunes exécutions sans mon ordre; puisque vous m'autorisez, j'y tiendrai encore la main avec plus d'exactitude, et j'empêcherai principalement l'extension des édits au delà de leurs véritables bornes.»

17. *M. de Vaubourg, intendant en Franche-Comté,*
au Contrôleur général.

6 Octobre 1699.

Il rend compte du recouvrement des affaires extraordinaires, qui, en général, ne donnent point lieu à des abus dont le public puisse se plaindre.

«L'affaire des armoiries est celle qui fait le plus crier, parce que, suivant les arrêts du Conseil, et surtout celui de Châtellerault, il faut faire payer le droit d'enregistrement par quantité de gens de petite étoffe qui n'ont jamais eu ni pensé à avoir des armes. J'ai observé pour règle, jusques à présent, d'examiner les facultés des particuliers, de condamner ceux qui sont en état de payer, et de surseoir à l'égard des autres*. . . »

* Sur le même recouvrement, voir une lettre de M. de Bouville, intendant à Orléans, 7 octobre. Cet intendant dit : «Le recouvrement des armoiries est bien avancé, et, dans le voyage que je vais faire, je le mettrai en état de finir incessamment, parce que je marquerai aux directeurs de chaque élection les personnes qu'ils pourront faire payer, s'il en reste dans les rôles ci-devant arrêtés, sans espérance que je leur en arrête de nouveaux, l'intention de l'édit ayant été beaucoup plus que remplie par ce qui a été fait jusques ici.»

18. *M. de la Bourdonnaye, intendant à Rouen,*
au Contrôleur général.

8 Octobre 1699.

Il conseille de refuser au sieur Pérégrin Benjamin, marchand à Rouen et maître de verrerie, l'autorisation de faire fabriquer, par des gentilshommes ou des roturiers, des verres à vitres et des bouteilles dans la verrerie qu'il a établie au port de Jumièges, proche la forêt de Brotonne, et où le privilège accordé pour trente ans à François Plastrier empêche de faire des glaces. D'une part, tous les maîtres de verreries des forêts de Lyons et de Saint-Saëns prétendent que Benjamin, n'étant pas gentilhomme, ne saurait obtenir un privilège de verrier; d'autre part, deux gardes du Roi ont depuis 1688 un brevet pour établir une verrerie à Jumièges même*.

* «Néant.» Le 26 du même mois, M. de Beuvron écrit en faveur du demandeur, au nom de plusieurs marchands de Rouen qui désirent que l'établissement de la verrerie puisse se faire dans sa terre de la Mailleraye.

19. *M. Lebret, intendant en Provence,*
au Contrôleur général.

(De Monaco) 8 Octobre 1699.

«Comme l'heureuse nouvelle de votre promotion à la charge de contrôleur général des finances ne s'est répandue en Provence que dans le temps que j'en suis parti pour venir ici, je ne puis pas savoir l'effet qu'elle aura fait sur l'esprit et sur la conduite des commis des traitants des affaires extraordinaires qui y sont encore en mouvement. Je m'en informerai très exactement sitôt que je serai de retour à Aix, et vous rendrai ensuite un compte très exact de ce que j'aurai fait en exécution de la lettre circulaire que vous m'avez fait l'honneur de m'adresser le 27 du mois passé. Ce que je dois vous dire par avance est qu'à l'exception de quelques restes de très peu de conséquence dans les villes d'Aix, Marseille et Toulon, le recouvrement de l'affaire des armoiries est fini dans mon département. Le sieur Silvy, commis général des traitants des armoiries en Provence, me mande qu'en recevant les ordres que je lui ai donnés, il a fait un paquet de toutes les armoiries qui lui ont été remises par les commis particuliers, depuis le dernier envoi qu'il en avoit fait, qu'il a adressé ce paquet, comme les précédents, à M. de Breteuil, et qu'il continuera à lui envoyer le reste le plus tôt qu'il lui sera possible.»

---

20. *M. de Bâville, intendant en Languedoc,*
au Contrôleur général.

9 Octobre 1699.

«J'ai reçu l'arrêt que vous m'avez fait l'honneur de m'envoyer, qui permet aux communautés de cette province de rembourser les offices des maires. C'est une grande nouvelle pour le Languedoc. Je vous manderai mes réflexions, lorsque l'occasion s'en présentera, sur les forces des communautés, ainsi que vous me le marquez. Il y en aura à faire principalement sur la ville de Toulouse, dont le maire n'est point payé des gages sur le fonds du Roi, mais sur les deniers patrimoniaux de la ville, conformément à l'édit de création, ce qui n'est point arrivé dans les autres villes, parce qu'elles n'ont presque point de semblables revenus dans cette province. Le maire de Toulouse est le premier opinant du tiers état dans l'assemblée des États, et un homme attaché au Roi par un office considérable n'est pas indifférent en cette place. Cette ville a toujours été une des plus mal policées du royaume, parce que la police et la justice criminelle étoient entre les mains des magistrats annuels, c'est-à-dire de capitouls qui changent tous les ans, et qui ne pensent à autre chose qu'à acquérir le titre de noble, et il est peut-être fort de son intérêt qu'il y ait un maire fixe qui soit à la tête de cet hôtel de ville, composé d'un grand nombre de bourgeois, souvent inquiets*. . . . . »

* Sur cette affaire, qui amena beaucoup d'agitation dans la ville de Toulouse, dans les réunions du corps municipal et dans la partie de ce corps qu'on appelait la *bourgeoisie*, et sur les mesures de rigueur réclamées à plusieurs reprises par M. de Bâville, voir ses lettres ou celles des capitouls, du maire Daspe et de M. le Mazuyer, procureur général au Parlement, du 3 au 28 novembre et du 30 décembre. Les délibérations du corps de ville furent cassées, et le procureur général, qui avait dirigé le mouvement, reçut une forte réprimande.

---

21. *M. de la Bourdonnaye, intendant à Rouen,*
au Contrôleur général.

9 Octobre 1699.

Il se plaint que l'abbé Longuet, archidiacre du Vexin normand, se soit refusé à payer le droit d'enregistrement des armoiries, qu'il ait même maltraité publiquement l'huissier et ses recors, et qu'il excite les chanoines de Rouen à suivre son exemple*.

* Réponse, de la main du contrôleur général : «L'envoyer à vingt lieues de Rouen. Prendre l'ordre de M. de Châteauneuf.» Le coupable ayant écrit, le 29 novembre, une lettre justificative, son exil à Vire fut fixé à trois mois seulement.

---

22. *M. de Sabran, syndic de la noblesse de Provence,*
au Contrôleur général.

9 Octobre 1699.

Il proteste, au nom de la noblesse, contre l'interprétation inexacte des délibérations prises par ce corps au sujet de deux droits que les titres et la possession lui garantissent, et il demande que le Conseil ne se prononce pas sans avoir reçu ses moyens de défense.

«L'un de ces droits est celui de *compensation*, c'est-à-dire que, si un seigneur féodataire en Provence aliène quelque domaine noble et exempt de tailles dépendant de son fief, et que, d'autre part, il acquière un domaine roturier sujet de soi à la taille, il possède cette acquisition en franchise jusques au concurrent de la valeur du domaine noble par lui aliéné : en quoi la communauté ne souffre nul préjudice, parce que, sur le bien noble qui passe entre les mains de l'habitant ou autre particulier, elle continue de lever la même taille qu'elle prenoit sur le bien roturier avant que le seigneur l'eût acquis.

«L'autre droit est celui que l'on appelle en Provence le *privilège de forain*, en vertu de quoi le seigneur, pour les biens roturiers qu'il possède dans l'étendue de son fief, est exempt, non pas des deniers royaux destinés pour le service de l'État, non pas de ceux qu'on impose pour les besoins du corps de la province, mais seulement de ceux qui sont imposés par la communauté pour ses besoins particuliers et pour la commodité de ses habitants, et à condition de ne participer par lui aux revenus des domaines qu'elle a. . . . . »

---

23. *M. de Bouville, intendant à Orléans,*
au Contrôleur général.

9 Octobre 1699.

«Je trouve dans toutes les petites villes un si grand nombre d'officiers et de leurs veuves exempts de taille, que c'est un accablement épouvantable pour tous les pauvres artisans. Je crois qu'un des plus grands biens que la paix leur peut produire seroit d'en fixer le nombre, suivant les règlements, avant la confection des rôles, afin que ceux de ces officiers qui y devront être compris puissent, dès cette année, contribuer au soulagement des peuples, qui ont terriblement souffert pendant la guerre, pendant que la plupart de ces exempts étoient à l'abri de toutes les impositions, et même profitoient souvent de la misère des autres, qui se trouvoient contraints de vendre leurs biens et leurs meubles à la moitié de ce qu'ils valoient.»

24. *M. de Bérulle, premier président du Parlement de Grenoble,*

au Contrôleur général.

9 Octobre 1699.

Il demande pour un épicier de Grenoble la permission de mettre ses marchandises en loterie, à 12 sols le billet, afin de les écouler plus vite*.

* De la main du contrôleur général : «Mander que le Roi n'en veut accorder à personne, sous quelque prétexte que ce soit.»

25. *M. de Gacé, gouverneur du pays d'Aunis,*

au Contrôleur général.

10 Octobre 1699.

«Pour commencer à vous rendre compte de ce qui regarde le trafic des blés dans l'étendue de mon gouvernement, dont il se fait un débit très considérable, j'aurai l'honneur de vous dire que le bourg de Marans, qui n'est qu'à quatre lieues de la Rochelle, est un gros lieu où il arrive toujours quantité de blé du bas Poitou, et où il se fait un très grand commerce pour en faire passer de là, non seulement dans tout le pays d'Aunis, l'île de Ré et dans l'île d'Oleron, mais jusque dans les provinces de Saintonge, Angoumois et Limousin. Cette dernière année, il en a été transporté beaucoup par Rouen pour Paris, ce qui avoit fait augmenter le prix des grains considérablement en ces pays ici : en sorte que je suppliai M. de Pontchartrain de ne plus accorder de passeports pour Paris, ce qu'il voulut bien faire, et ce qui diminua le prix des grains. Cette année est très abondante en vins, et bien au delà de ce qu'on s'étoit attendu : on compte dans le plat pays d'Aunis, qui est un fort petit pays, quatre-vingt mille tonneaux et dans l'île seule de Ré cinquante mille, outre celui qui s'est perdu faute de futailles. Mais il s'en faut beaucoup qu'il n'y ait la même abondance en grains : il est à craindre qu'il ne vienne cette année à un haut prix, et qu'il n'y en ait disette.

«Les habitants de l'île d'Oleron, qui tirent toujours leur subsistance de l'île même, sans avoir besoin de recourir à la terre ferme, en ont manqué cette année : en sorte que M. de la Vogadre, qui en est gouverneur, m'a déjà écrit plusieurs lettres, et me mande qu'après avoir fait une supputation juste de la consommation qui s'en fait par mois, y compris la garnison, et ce qu'il en faut pour les vaisseaux françois et étrangers qui sont dans ces rades, il trouve que cela va à seize mille boisseaux de blé par mois, et que, par-dessus la récolte faite en l'île, il lui en faut cette année six cents tonneaux; lequel nombre les habitants seroient bien aises de tirer directement du bas Poitou, des ports de Saint-Benoît, la Tranche et les Sables-d'Olonne, d'où ils les auront à quelque chose de meilleur marché qu'à Marans.

«Pour ce qui regarde l'île de Ré, elle ne peut jamais donner de subsistance aux habitants que pour deux mois de l'année, et, pour être bien informé de la quantité dont ils ont besoin de la terre ferme, j'ai fait faire un dénombrement des habitants, qui se monte à quinze mille huit cent cinquante personnes; et, supputation faite, huit tonneaux de blé sont plus que suffisants pour la subsistance de l'île, de la garnison et de ce qui peut être extraordinaire pour les vaisseaux marchands étrangers, en cas de besoin. J'ai été obligé d'entrer dans ces détails pour remédier aux abus qui se commettoient par le transport de toute sorte de grains hors du royaume, que plusieurs particuliers faisoient, par la commodité qu'ils ont du débit et de les charger dans les vaisseaux étrangers qui sont continuellement dans leurs rades : en sorte que, présentement, par les mesures que j'ai prises et l'ordre qu'on y apporte, il ne peut entrer dans ces îles que le nombre qui est fixé et nécessaire pour leur subsistance. Et pour prévenir la grande cherté et disette des grains à Marans, par la quantité qu'on seroit obligé d'en tirer de ce lieu seul, je crois qu'il est nécessaire que vous ayez la bonté de m'envoyer plusieurs passeports en blanc, pour les faire remplir à proportion que ces îles en auront besoin, soit pour les acheter à Marans, soit pour les acheter à Saint-Benoît, la Tranche ou les Sables-d'Olonne, qui sont de petits ports du bas Poitou où il s'en fait un grand commerce, et que, par ce moyen, ils trouvent quelque utilité et les avoir à meilleur marché, étant certain que, si tous ces pays ici sont obligés de tirer leurs grains de Marans, dont ils auront besoin, il ne se peut faire que les blés n'enchérissent et qu'il n'y en ait disette : à quoi il est bon de prévoir de bonne heure. J'ai déjà été obligé de faire passer cent tonneaux de blé dans l'île d'Oleron, et autant pour Marennes, la Tremblade et Arvert, s'en étant très peu recueilli cette année dans ces pays-là*.»

* Le sieur le Bel de Coulours, fermier général résidant à la Rochelle, envoie régulièrement, à cette époque, des rapports sur la vente du blé, de l'eau-de-vie et du sel.

26. *M. de Bernières, intendant en Hainaut,*

au Contrôleur général.

16 Octobre 1699.

Il n'y a que deux nouveaux convertis dans le service des fermes, et on peut répondre d'eux.

«Je n'aurois pas tardé si longtemps à vous envoyer ces états, sans que les directeurs ne se sont pas trouvés dans ce département. Il est même nécessaire que j'aie l'honneur de vous dire, pour le bien du service, qui est très difficile par rapport à la quantité de bureaux qu'il y a de tous côtés et par les enclavements continuels avec les terres étrangères, qu'il seroit très nécessaire que MM. les fermiers voulussent bien que ce département ne fût qu'à une seule direction, étant très incommode qu'il soit séparé en deux, dont la moitié est de la direction de Lille, où le directeur demeure, et l'autre de Charleville, où le directeur fait aussi sa résidence. Je ne savois à qui parler quand j'avois affaire, ce qui arrive journellement, étant juge de tous les incidents qui surviennent, n'y en ayant point d'autre dans cette province. A force de demander, on y a envoyé un contrôleur; mais, comme les directeurs ont souvent de la jalousie et qu'ils voudroient tout faire, ils n'approuvent jamais ce qui est fait par le contrôleur. Ainsi, il seroit fort utile que MM. les fermiers lui changeassent le nom de contrôleur en celui de directeur.»

27. *M. Bignon, intendant à Amiens,*
au Contrôleur général.

18 Octobre 1699.

«.....La fabrique des serges d'Aumale, dont le chef-lieu n'est pas de ce département, y est néanmoins fort répandue: il y a soixante-dix villages dont les habitants y sont occupés. Ces étoffes sont principalement employées pour les meubles et les doublures; il s'en fait un grand commerce, jusqu'à 1,500,000 ᵗᵗ, lorsque les laines sont d'un prix convenable. C'est la seule manufacture de cette espèce dans le royaume; mais, à présent, les laines sont si chères que, les façonniers ne pouvant vendre leurs ouvrages à un prix proportionné à celui des laines, le quart des métiers sont sans travail.»

28. *M. Bignon, intendant à Amiens,*
au Contrôleur général.

18 Octobre 1699.

Il s'oppose à ce que le nommé Pierre Béhague, entrepreneur à Calais, obtienne la permission d'exporter des graines de colza en Hollande en échange des bois qu'il y a achetés pour le travail de la jetée. La récolte du colza a manqué en Picardie; le setier coûte 100 sols, et le baril d'huile se vend 40 ᵗᵗ, au lieu de 25 ou 28 ᵗᵗ. C'est là une des causes de la diminution du travail des fabriques d'étoffes de laine, et il est absolument nécessaire d'empêcher la sortie de cette graine par une nouvelle ordonnance.

29. *M. Lebret, intendant en Provence,*
au Contrôleur général.

19 Octobre 1699.

Il a mandé, sous peine d'emprisonnement, aux maires et consuls de toutes les villes de lui envoyer, à l'expiration de chaque quinzaine, les états du prix des grains que demande le contrôleur général, et qui seront transmis aussi promptement et régulièrement que le permettra l'éloignement des lieux*.

* M. d'Ormesson, intendant en Auvergne, s'excuse, le 5 octobre, sur ce que l'état des montagnes de l'élection d'Aurillac, où la neige persiste pendant une moitié de l'année, ne permet de communiquer qu'une fois par mois, par un messager qui profite de la voiture des recettes des tailles.

30. *M. le marquis de Broissia, à Dôle,*
au Contrôleur général.

(De Lyon) 20 Octobre 1699.

«Après m'être réjoui avec le public du bonheur d'avoir en vous un ministre si plein de bonne volonté pour tout ce qui pourra être utile dans les provinces, je viens avec confiance demander votre protection pour un dessein formé dès longtemps à l'avantage d'un canton de Franche-Comté où j'ai plusieurs terres dépendantes de mon marquisat, et particulièrement pour la ville de Dôle, où j'habite durant l'hiver: c'est pour rendre le Doubs navigable jusqu'à Dôle. Il l'est déjà depuis Verdun, qui est le confluent de la Saône, jusqu'au Petit-Noir, et il n'y a plus que trois ou quatre lieues d'espace, et fort peu de dépense à faire. Sur quoi, il ne faut proprement que l'autorité du Roi et un ordre à M. de Vaubourg, très plein de zèle pour les bonnes choses, afin qu'il écoute et reconnoisse sur les lieux ce que j'aurai l'honneur de lui faire remarquer là-dessus, et que, sur le compte qu'il vous rendra des divers moyens à prendre pour l'exécution de cette entreprise, vous puissiez en informer S. M. La convenance et les grands avantages qui en reviendroient ont fait souvent faire des projets là-dessus, auparavant même que cette province eût le bonheur d'être à la France; mais, faute d'avoir quelque personne intelligente et appliquée qui prît cela assez à cœur pour le digérer et le solliciter un peu, la chose en est demeurée là jusqu'à présent. Le Doubs étant devenu navigable depuis Verdun jusqu'à Dôle, ce sera un moyen d'y faire fleurir le commerce et d'y rendre célèbres les foires, qui seront très utiles même pour Lyon, en ce que cette ville pourra devenir un dépôt des marchandises entre Lyon et l'Allemagne, et un rendez-vous des négociants. Quelques marchands de Lyon commencent d'y déposer ainsi leurs marchandises; mais, comme cela se fait par charrois, ce commerce n'est pas si grand qu'il deviendroit d'abord s'il alloit par bateau. Le Roi ayant à la porte de Dôle, le long du Doubs, une vaste forêt dont il ne tire rien, cette commodité pour voiturer les bois et charbons jusqu'à Lyon rendroit cette forêt précieuse et d'un très grand revenu pour S. M. Autre chose encore: les bois de cette vaste forêt du Roi, appelée la forêt de Chaux, étant garnis d'arbres propres à fabriquer des bateaux, cela rendroit indubitablement les voitures pour Lyon beaucoup moins dispendieuses, parce qu'on épargne la dépense de la montée des bateaux, et cela donneroit à Lyon plus d'abondance de toutes les choses dont la Comté abonde, et dont cette ville a besoin. Cette commodité rendroit cette forêt précieuse et d'un très grand revenu pour S. M. et la ville de Dôle, qui commence de refleurir par la Cour des aides que le Roi y a établie depuis peu, et le bien que le Roi lui feroit en ceci la dédommageroit un peu d'avoir été dépouillée presque tout de suite de son Parlement, de ses murailles et de son Université. Je vous supplie très humblement de vouloir bien leur tendre un peu la main, et ils répondront si bien en s'aidant avec bonne volonté, que vous aurez quelque satisfaction de vous voir dans peu le restaurateur de cette ville affligée. On voit, à l'honneur de la police, Besançon opulent, agrandi et embelli, et il semble que, dans une si belle province, il siéroit bien qu'il y eût deux bonnes villes. Dôle vient de se faire honneur avec le bel ordre par lequel, en conséquence des édits du Roi, on y a fait cesser la mendicité, par le moyen du bon emploi des aumônes réunies et par l'établissement d'une manufacture de laine dans l'hôpital général, pour lequel on a commencé un magnifique bâtiment dans un terrain que le Roi m'a fait la grâce de leur accorder sur la très humble prière que je lui en ai faite. J'avois commencé pour l'hôpital général de Dôle une loterie, que M. de Vaubourg auroit approuvée, à l'imitation de celles de l'Hôtel-Dieu et de la Charité de Lyon, afin de leur aider à Dôle à élever leur bâtiment; j'avois déjà reçu quelque argent considérable de plusieurs particuliers, quand il parut un ordre de la cour à MM. les intendants de ne point souffrir de loterie sans permission. Je viens vous la demander pour l'hôpital général de Dôle. M. de Vaubourg pourra vous informer combien le revenant-bon d'une loterie leur seroit bien employé dans un temps si dur pour les denrées, et dans le besoin d'argent pour les dépenses d'un bâtiment qui ornera la ville et sera d'une si grande utilité publique. Ces loteries sont un argent que les particuliers donnent volontiers et librement, et qui s'en retourne par différentes sommes. Je vous supplie d'avoir égard, pour m'accorder cette grâce, à l'embarras où je me trouve d'avoir de l'argent en main pour cette loterie déjà commencée, et à laquelle je m'étois engagé de bonne foi et pour un bon dessein. Celles de ces lieux pieux se font avec une exactitude si religieuse, qu'elles sont peut-être exemptes des inconvénients qui ont rendu les autres odieuses à la cour. On peut d'ailleurs présumer que la probité si célèbre de M. de Vaubourg et sa pénétration purgeroient tout inconvénient, s'il y en avoit. Cette faveur seroit une marque de vos bontés pour la ville de Dôle, et dont elle augureroit l'espoir de votre protection, qui lui est si nécessaire. C'est tout ce qui se présente à avoir l'honneur de vous dire; je recevrai à Dôle ce qu'il vous plaira me faire savoir, principalement en faveur des pauvres.»

31. *M. le Gendre, intendant à Montauban,*
au Contrôleur général.

28 Octobre 1699.

Rapports sur les nouveaux convertis, au nombre de neuf, employés dans les différentes recettes de la généralité*.

* Autres rapports : M. Bignon, à Amiens, 3 novembre 1699 et 1er avril 1700 (six nouveaux convertis); M. Sanson, à Soissons, 10 novembre 1699 et 4 mars 1700 (deux N. C. dans les fermes, aucun dans les manufactures); M. de Pomereu de la Bretèche, à Alençon, 11 novembre (quatre N. C.), et M. Pinon, 15 mars (deux N. C.); M. Lebret, en Provence, 29 novembre (six N. C.); M. d'Ableiges, à Poitiers, 3 décembre (six N. C.); M. de Nointel, en Bretagne, 6 décembre (dix-neuf N. C.); M. de Miroménil, à Tours, 14 et 20 décembre; M. de Bernage, à Limoges, 22 décembre (deux N. C.); M. Bouchu, en Dauphiné, 31 janvier 1700 (seize N. C.); M. Barentin, en Flandre maritime, 11 février (un seul N. C.); M. de la Fond, en Alsace, 17 février (quatre N. C. et sept luthériens ou calvinistes); M. d'Herbigny, à Lyon, 19 février (trois N. C.); M. de Bâville, en Languedoc, 19 février (quinze N. C.); M. Guyet, en Béarn, 6 mars (trois N. C.).

32. *Les Magistrats de la ville de Strasbourg*
au Contrôleur général.

31 Octobre et 1er Décembre 1699.

Ils protestent contre le privilège accordé récemment au sieur des Hayes pour la vente des poudres et du plomb. Ce monopole serait contraire aux articles de la capitulation du 30 septembre 1681 qui ont garanti aux bourgeois de Strasbourg la liberté de tous les commerces et la conservation de leurs privilèges. De plus, il ruinerait les poudriers strasbourgeois et leur ferait perdre leur réputation ancienne dans cette fabrication; il y aurait à craindre qu'ils ne prissent le parti de transférer leurs fabriques sur les terres de l'Empire, et que les marchands de plomb ne fissent plus venir le plomb du pays de Cologne*.

* A la première lettre sont joints les exemplaires imprimés de la capitulation de 1681 et des lettres qui l'avaient confirmée le 12 novembre 1692, et la réponse du fermier des poudres, qui abandonne ses prétentions. — M. Lebret transmet également, le 18 décembre, les réclamations de la Chambre de commerce de Marseille contre le nouveau privilège, et propose de substituer à la ferme une imposition équivalente sur tout le royaume, en laissant la fabrication libre.

33. *M. Bégon, intendant à la Rochelle,*
au Contrôleur général.

1er Novembre 1699.

Le revenu de l'hôpital général de la Rochelle ne monte qu'à 8,800 ll, et le Roi n'y ajoute rien, quoique la dépense se soit élevée jusqu'à 18,000 ll. Il n'y a donc rien d'excessif à la somme de 100 ll que les administrateurs demandent pour l'entretien de chaque enfant trouvé, et, puisque le Roi est seul seigneur et jouit de tous les droits de bâtardise et autres, c'est justice qu'il fournisse à cette dépense. Quant aux pauvres nouveaux convertis qui sont envoyés à l'hôpital faute de pouvoir payer une pension, M. de Châteauneuf a promis que le Roi donnerait 75 ll pour la subsistance de chacun*.

* En marge : «Bon.» M. de Gacé fit parvenir, le 26 du même mois, un placet du directeur de l'hôpital, sollicitant la permission d'organiser une loterie; mais cette requête fut d'abord repoussée. Le 24 janvier 1700, M. l'évêque de la Rochelle demandant, à défaut de loterie, qu'on accordât la jouissance des biens des religionnaires fugitifs, la loterie fut alors autorisée, sur le pied de 16,000 louis d'or, et M. de Gacé obtint la permission de la faire tirer dès que la recette eut atteint le chiffre de 12,000 louis. Voir sa lettre du 4 décembre 1700.

34. *Le sieur de Villebague-Éon, négociant*
à Saint-Malo,
au Contrôleur général.

1er Novembre 1699.

«J'ai reçu la lettre que Votre Grandeur m'a fait l'honneur de m'écrire le 22 du passé. Nous devons tout espérer de l'assiduité et de l'inclination que vous témoignez pour l'augmentation du commerce, et que nous retrouverons autant de protection en vous qu'en feu Mgr Colbert, qui n'avoit pas plus de plaisir que d'en entendre parler et de le voir augmenter. Quant à celui d'Espagne et des Indes, M. de la Baronnie vous en donnera une parfaite connoissance, et vous dira, comme moi, qu'il est d'une grande conséquence qu'il y ait toujours des vaisseaux de guerre dans la baie de Cadix, pour nous protéger et soutenir, surtout à l'arrivée des galions et flotte.

«Il ne me paroît pas qu'il y ait aucune difficulté d'ôter les droits que nous nous sommes imposés pendant la guerre pour vingt et un ans et demi, puisque les particuliers de cette ville qui ont cette ferme en sont déjà remboursés, et des intérêts, et qu'il n'y a plus qu'eux à en profiter, tandis que le public en souffre. Il y auroit, je vous assure bien, de la justice de les faire compter, puisque le Roi n'en profite point.

«L'on doit présentement espérer que l'argent se rendra plus commun, et que les partisans, qui appréhendoient une taxe, ouvriront leurs bourses. Vous me permettrez de vous représenter que, lorsque l'on rehaussa les louis d'or et d'argent de la nouvelle fabrique, l'on convenoit qu'ils étoient à plus que leur valeur, et que les besoins de la guerre obligeoient à cette rehausse, dont le Roi a profité; mais, six mois après, l'on devoit prévenir l'évasion des vieilles espèces par l'arrêt dernier qui a été donné à votre rapport, car il est certain qu'il a sorti du royaume, pour profiter du grand change, plus de 12 millions. La même raison devoit obliger de hausser les pièces de huit et pistoles à 14 # et 3 # 12 s.; et, lorsqu'elles seroient répandues, le Roi les pourroit décrier. Vous remarquerez encore que les ventes ne se font en Espagne que payables en pistoles, et que le change en pièces de huit mexiques coûte huit pour cent. Ainsi, si les pistoles avoient cours en France à 14 #, l'on en verroit venir d'Espagne une infinité.....*»

* Dans le post-scriptum d'une lettre du 3 novembre 1699, le premier président du Parlement de Bretagne, M. de la Faluère, dit, d'après ses correspondants de Marseille, que «le commerce est absolument perdu à moins que l'on ne prenne des mesures justes pour le rétablir. On prétend qu'elles consistent particulièrement à mettre les vieilles espèces et les monnoies étrangères sur le pied des nouvelles, l'augmentation que l'on y a faite ne servant de rien, puisque les espèces valent entre les marchands plus que ne porte l'édit du Roi, et même que nos nouvelles espèces.» Voir une lettre du sieur de la Lande-Magon, à la date du 6 décembre.

35. *Le sieur* DE MONTHIERS, *lieutenant général civil à Pontoise*,

AU CONTRÔLEUR GÉNÉRAL.

5 Novembre 1699.

Il a transmis les ordres du contrôleur général aux laboureurs dénoncés comme n'apportant rien aux marchés.

«Après avoir, mardi dernier, fait venir plusieurs des principaux, auxquels je fis lecture de votre lettre, et y avoir ajouté de mon chef ce que je crus plus capable de les intimider, j'ai cru que je devois aujourd'hui faire publier une ordonnance, en exécution des ordres de Votre Grandeur, pour obliger ces gros laboureurs à fournir les marchés d'une plus grande quantité de blés et à me remettre des états certifiés d'eux de ce qu'ils y feroient apporter, et, pour appuyer encore plus mon ordonnance, je me suis transporté au marché à la fin de la vente. Mais tout cela a été non seulement inutile, mais n'a servi qu'à rendre ces fermiers plus insolents et plus avides de gain : le blé a augmenté de 20 sols par setier aujourd'hui, personne ne m'a fourni les états ordonnés, et il y en a eu qui se sont oubliés jusqu'au point de dire qu'ils vendroient encore leurs blés plus cher malgré les mesures qu'on prenoit pour en faire diminuer le prix. La veuve Gouy, qui est sans contredit la plus riche fermière du Vexin, quoique avertie dès mardi dernier, n'a apporté aujourd'hui qu'un seul setier de blé au marché, et s'est moquée publiquement de l'ordre qui lui a été insinué. Le nommé Pierre la Cour, que je mandai mardi dernier, et à qui je fis voir votre lettre, et qui est encore un des plus forts du pays, fut assez osé pour dire tout haut dans la rue que, puisqu'on vouloit l'obliger à porter des blés au marché, il voudroit qu'il valût 100 # le setier : ce qui fut entendu par des maçons qui travailloient chez moi, qui pensèrent le lapider. En sorte qu'à moins de faire un châtiment exemplaire qui tombe sur quelqu'un de ces riches laboureurs qui donnent le branle aux autres, il est fort à craindre que vos bonnes intentions n'aient pas tout le succès qui est à désirer pour le soulagement des pauvres. C'est sur quoi j'attendrai les ordres de Votre Grandeur*.»

Il demande la réunion de la charge de lieutenant général de police à celle qu'il possède déjà.

* Voir les plaintes portées par M. des Lyons, procureur du Roi à Pontoise, 28 octobre et 5 décembre.

36. *Le sieur* GERMAIN, *fermier général à la Rochelle*,

AU CONTRÔLEUR GÉNÉRAL.

6 Novembre 1699.

Mémoire sur les privilèges de la ville de Rochefort et sur la nécessité de protéger les intérêts de la ferme contre les prétentions ou les usurpations du corps de ville, qui s'oppose à ce que les gardes établissent leurs guérites aux portes et entrées*.

* De la main du contrôleur général : «Écrire à M. Bégon; lui mander de bien examiner cette affaire, et de faire en sorte que le fermier puisse jouir des nouveaux droits sans trouble de la part des habitants. Il me semble que le maire va bien vite; lui faire une sévère réprimande, s'il a tort.» Voir la lettre écrite par l'intendant, M. Bégon, le 19 du même mois, et les pièces qui y sont jointes.

37. *M.* BIGNON, *intendant à Amiens*,

AU CONTRÔLEUR GÉNÉRAL.

6 Novembre 1699.

Placet des habitants de Bohain et de Beaurevoir pour

le renouvellement de leur ancien abonnement, en raison de la position de ces paroisses sur une frontière exposée aux incursions de l'ennemi.

38. *M. d'Argenson, lieutenant général de police à Paris,*
au Contrôleur général.

8 Novembre 1699.

Le blé de France s'est vendu à la halle jusqu'à 25# 5 s.; celui de Picardie, 23#. Il y avait moins d'abondance qu'aux marchés précédents, et l'on en donne pour motif que certains marchands de Soissons attirent les blés par des offres avantageuses.

«Il est bon qu'ils rassemblent quelques blés, pourvu qu'ils les achètent au loin et qu'ils nous les envoient promptement; mais, s'ils se contentent d'en faire des amas, sans les vider à mesure, il est à craindre que ce ne soit un moyen pour rappeler la disette et la cherté. Je sais que votre attention continuelle et cette grande capacité que vous vous êtes acquise sur la matière des blés pourvoiront à tout, et ce m'est une grande consolation d'avoir à travailler sous de si bons ordres dans cette partie de notre police, la plus précieuse et la plus importante pour l'ordre public.»

39. *M. de Pomereu de la Bretèche, intendant à Alençon,*
au Contrôleur général.

9 Novembre 1699.

Il envoie l'état détaillé de la dépense des ateliers publics établis sur le chemin de la forêt d'Écouis et le long de la forêt de Bourse.

40. *M. de Vaubourg, intendant en Franche-Comté,*
au Contrôleur général.

10 Novembre 1699.

Juridiction de la Chambre des comptes de Dôle en matière de voirie.

41. *M. Larcher, intendant en Champagne,*
au Contrôleur général.

(De Baye) 12 Novembre 1699.

«Deux jours après avoir reçu l'ordre que vous m'avez donné de ma révocation, je suis venu ici pour éviter beaucoup de compliments fort désagréables, et, dans le séjour que j'y ai fait, j'ai continué à y travailler aux affaires de la province, de même que j'aurois fait à Châlons. Cependant, comme les personnes mal intentionnées qui ont commencé de me nuire pourroient encore empoisonner ce voyage, ainsi qu'ils ont fait plusieurs autres actions de ma vie tout à fait innocentes, j'ai cru devoir prévenir sur cela leurs mauvais offices, et vous informer que je retourne à Châlons pour y continuer mes fonctions jusqu'à l'arrivée de mon successeur, qui trouvera terminées toutes les affaires qui pourront l'être. Je n'en ai jamais laissé aucune en arrière, et, quoique l'on ait dit que depuis quelque temps je me sois négligé, j'oserois vous assurer, et il me seroit facile de le justifier, qu'il n'y a point de généralité où les affaires soient plus avancées. Il est vrai que je venois ici quelquefois passer deux ou trois jours, et c'est encore une des choses que l'on a dit contre moi; mais je puis encore répondre que je n'y ai jamais fait de voyage qui ait retardé le moins du monde le service du Roi et du public*.»

* Le 1er novembre, il avait écrit cette première lettre : «Il y a près de dix ans que j'eus l'honneur de vous relever dans l'intendance de Rouen, et, depuis ce temps-là, je n'avois épargné ni mes peines, ni mon bien, ni ma santé, pour le service du Roi; mais, puisque S. M. ne juge plus à propos de m'y employer, je reçois ma révocation avec respect, et je vous demande toujours la continuation de vos bontés et de votre protection.» — Voir deux lettres analogues écrites par M. le Vayer, intendant révoqué de Moulins, 4 novembre et 15 décembre.

42. *M. de Bouville, intendant à Orléans,*
au Contrôleur général.

14 Novembre 1699.

«Voici trois déclarations de personnes qui avoient acheté des grains avant la déclaration du Roi, au delà de Saumur, et qui vous supplient de leur accorder la permission de les faire venir. Tous les autres qui avoient fait de pareils achats ont apparemment trouvé des occasions de s'en défaire sur les lieux, car je n'ai reçu aucune autre déclaration.

«Vous trouverez aussi ci-joint un état de ceux qui ont fait leur déclaration pour être marchands de grains. Tous ceux qui sont riches et qui en ont fait jusques ici un grand commerce l'ont absolument cessé; tous les grains qu'ils pouvoient avoir ont été voiturés à Paris : de sorte que je puis vous assurer que cette ville en est absolument dégarnie. Cependant il s'y consomme toutes les semaines douze à quatorze cents muids de blé, mesure d'Orléans. Il ne s'y tient que deux marchés, dans chacun desquels il ne s'y en trouve qu'environ quatre cents muids; encore sont-ce les plus forts : de sorte qu'il faut en faire venir par la rivière presque autant qu'il en est apporté dans les marchés, ce qui néanmoins ne se fera plus, n'y ayant plus que de pauvres gens, et en petit nombre, qui se mêlent ici de ce commerce. Ainsi, il y a tout lieu de craindre une grande disette en cette ville et dans les pays au-dessus, d'autant plus que Paris tirera toujours les grains de la Beauce, et que, si les glaces commençoient bientôt, la rivière étant aussi basse qu'elle est, il seroit impossible de tirer aucun secours des provinces d'où il en vient ordinairement. Au commencement de l'année 1694, que j'arrivai ici, je trouvai la ville aussi dégarnie de grains qu'elle l'est aujourd'hui; mais elle n'en manqua pas, et même j'en fis voiturer quantité à Paris, parce qu'un nombre considérable de gros marchands, épiciers et autres, voulurent bien, sur ma parole, faire faire des achats en Bretagne pour de grosses sommes d'argent. Vous jugez bien que, cette ressource manquant, le blé enchérira ici considérablement, et aussitôt la Beauce y en apportera : ce qui le fera enchérir à Paris.»

43. M. DE LA BOURDONNAYE, intendant à Rouen, AU CONTRÔLEUR GÉNÉRAL.

16 Novembre 1699.

Mémoire sur le projet de décharger les comptables qui, de 1600 à 1689, ont manié les deniers d'octroi ou les revenus patrimoniaux des villes, bourgs et communautés.

«Après avoir bien examiné la proposition contenue dans le mémoire ci-joint, on estime qu'il ne peut y avoir de grands inconvénients à l'exécuter. Le principal qu'il y ait à craindre, est le mouvement que cela pourra faire dans les villes, en ce que la plupart de ceux qui se trouveront sujets à cette recherche sont présentement les plus considérables de chaque lieu; mais, au fond, comme on ne leur demandera qu'une partie de ce qu'ils doivent par des comptes arrêtés, ou d'en rendre qu'ils n'ont jamais rendus, dont ils pourront même se dispenser en payant le sol pour livre de leurs recettes, il paroît que ce n'est point leur donner en cela aucun juste sujet de se plaindre; mais on doute qu'on puisse beaucoup retirer de cette affaire. La plus grande partie des comptes des octrois se trouveront rendus à la Chambre, et les débets clairs auront été payés, lorsque les débiteurs n'auront pas été insolvables. Pour ce qui est des comptes des deniers patrimoniaux qui ne se rendent que devant les échevins, il n'y a guère de comptable qui n'ait pris le temps de quelque échevinat favorable pour faire arrêter ses comptes et pour se faire décharger, ou du moins pour se faire rendre redevable de légères sommes, qu'il aura incontinent payées. C'est ce qui s'est vu pratiquer dans la communauté de Rouen depuis quelques années : il étoit dû plusieurs comptes des deniers patrimoniaux, qui sont considérables; les échevins des années précédentes ne les avoient pas arrêtés, parce que les comptables y vouloient faire passer des dépenses entièrement contraires à un arrêt du Conseil rendu en 1674 pour établir les formalités nécessaires dans ces occasions; les échevins qui ont précédé immédiatement ceux d'à présent les ont tous arrêtés, jusques au nombre de dix-neuf, à ce qu'on prétend. Cette manière affectée de recevoir et d'arrêter des comptes, qui ne manquera pas de se trouver dans plusieurs autres communautés, pourroit donner lieu à une revision de ceux des deniers patrimoniaux rendus depuis trente années, pour examiner seulement si on y a observé les arrêts rendus sur cette matière. On estime que cette branche de l'édit produiroit, du moins à Rouen, autant que celles qui concernent les débets clairs des comptes arrêtés et le sol pour livre de la recette à l'égard de ceux qui n'ont pas été rendus. Si M. le Contrôleur général ne jugeoit pas à propos d'ajouter quant à présent, dans l'édit, la revision des comptes des deniers patrimoniaux arrêtés contre la disposition des arrêts, on la pourroit fort bien réserver pour la suite, en cas qu'on soit content du succès de la première proposition.»

44. M. DE MIROMÉNIL, intendant à Tours, AU CONTRÔLEUR GÉNÉRAL.

16 Novembre 1699.

«Je quitte la ville de Tours, fort embarrassée par la multitude des pauvres, pour aller à Laval. Avec le secours de la bonté du Roi, nous espérons y mettre un calme entier dans l'esprit des peuples, nonobstant la timidité des magistrats, gens très difficiles à contenir; mais, à l'égard de la ville de Tours, la désolation y est infinie, par le nombre de plus de trois mille hommes et femmes, presque tous ouvriers en soie à façon, qui sont sans aucun ouvrage, demandant l'aumône par attroupements, le commerce étant très altéré, et les marchands chargés pour plus de 150,000 ₶ d'étoffes qu'ils ne trouvent à vendre dedans ni dehors le royaume. Les soies cependant diminuent de prix; mais on n'en donnera à mettre en œuvre que les anciennes étoffes ne soient débitées. Il y a longtemps que nous contretenons de notre mieux, ainsi que nous avons eu l'honneur d'en informer M. le Chancelier plusieurs fois. Le froid, avec la pauvreté, causeront les derniers désordres, s'il n'y est pourvu par les habitants, fort peu émus pour ce qui est de la charité. La ville fit hier une délibération d'écrire à la cour; mais, comme les gens riches ne proposent d'entrer dans le besoin des malheureux, je prends la liberté de dire que, si on engage les personnes accommodées de donner seulement 15 deniers en espèces, et autant en pain, c'est-à-dire une livre de pain à chaque personne, comme ils auroient absolument le nécessaire, on pourroit bannir la mendicité absolument, au moyen d'une garde bourgeoise, pendant quelque temps, pour prévenir les assemblées de mendiants, aujourd'hui trop fréquentes, et laisser aux particuliers à gagner par leur travail ce qu'ils pourront pour subsister avec moins d'incommodité *.»

* Réponse de la main du contrôleur général, en marge : «Faire remettre 4,000 ₶ par le receveur général, pour être distribués aux pauvres suivant les ordres de M. de Miroménil, en attendant qu'il soit pourvu à leur subsistance. Écrire à M. l'archevêque de Tours et à M. de Miroménil; leur mander que l'intention du Roi est qu'il se fasse une assemblée de ville chez M. l'archevêque, que les maire et échevins et principaux habitants s'y trouvent, pour délibérer sur les moyens de faire subsister les pauvres. Demander aux curés un rôle du nombre qu'il y en a dans chacune paroisse. Faire cotiser les bourgeois par des rôles. Lorsqu'ils seront faits, il faudra les adresser, avec la délibération, au procureur général du Parlement, pour le tout y être homologué.» Voir plusieurs lettres écrites par les merciers et drapiers, les ouvriers et les teinturiers en soie, les passementiers et les boutonniers, du 15 et du 16 novembre; le 10 décembre suivant, le supérieur de la communauté de l'Union chrétienne de Tours envoie un rapport sur le nombre des pauvres, qu'il fait monter à cinq mille neuf cent quatre-vingt-dix-sept. Le Roi accorda un secours de 4,000 ₶, et l'assemblée générale des habitants résolut qu'une partie des pauvres serait renfermée dans l'hôpital général et nourrie moyennant 3 sols par jour, tandis que les autres, répartis chez les habitants les plus aisés, recevraient chaque jour une livre de pain et 6 deniers. Les restes du fonds destiné à l'entretien des lanternes (4,500 ₶) furent employés à cet usage et à fournir du linge ou des effets. Moyennant ces mesures, la mendicité put être interdite. (Lettres du 16 au 22 décembre.) Le clergé étant chargé, pour sa part, de faire subsister six cents pauvres, les religieux de l'abbaye de Marmoutier, qui appartenait aux faubourgs de la ville, devaient fournir vingt et une rations par jour;

mais ils s'y refusèrent, et engagèrent une procédure pour se faire décharger de cette contribution. Il fallut rendre la répartition exécutoire par un arrêt du Conseil. (Lettre du 22 février 1700.) La cherté de la soie et l'arrêt de la fabrication continuant encore au mois de mars, M. de Miroménil dut renouveler son appel à la charité particulière afin d'empêcher que la mendicité ne reparût dans les rues; mais il n'eut point de nouveau secours du Roi. (Lettre du 12 mars.)

45. *M. de Lavardin, commandant en Bretagne,*
au Contrôleur général.

17 Novembre 1699.

«J'aurai l'honneur de vous dire qu'hier, pour la quatrième remise, quoique d'ordinaire on n'en fasse que deux, ou trois au plus, je me rendis aux États, avec les commissaires du Roi, pour l'adjudication des fermes, et en fis l'adjudication en la forme ordinaire, et à l'extinction de la troisième chandelle, à M. Éberard, à la somme de 4,700,000 ᵗᵗ, aux conditions portées pour le bail déposé au greffe, dont il y en a une qui l'oblige à l'avance de 4,000,000 ᵗᵗ. Nous n'avons pu faire aller la chose plus haut, et même, avant l'adjudication, il déclara aux États qu'il se soumettoit, au cas qu'il y eût, d'ici au 15 décembre, une enchère de 50,000 ᵗᵗ au-dessus, de subroger celui qui l'auroit faite dans sa place, ou devant les États pendant leur tenue, ou devant vous. Pilon est le nom du preneur. Je dois avoir l'honneur de vous expliquer que l'on s'est fort trompé sur l'espérance du produit du tiers en sus, qui étoit inconnu aux précédents États, et qui fut porté à un prix de fureur et animosité; car, à la campagne, l'on a été obligé de l'abandonner presque partout, pour faciliter et augmenter le débit. Enfin, l'on a fait de son mieux *.

«Je dois ensuite vous rendre compte que l'affaire du rachat des édits et du droit de lods et ventes pour le droit des échanges passa hier; mais je ne dois pas vous celer que je la fis passer d'autorité et malgré une très grande répugnance, et même résistance, de la noblesse et du tiers état, dont l'avis étoit entièrement opposé à ce rachat, même avec chaleur et vivacité. Pour en faciliter le succès, j'envoyai querir ceux qui avoient paru échauffés, et leur parlai un peu ferme; et ensuite je fis venir M. le marquis de la Coste, MM. de Kerfilly, de Langouët, du Rechaut, de la Rambaudière-Gouyon, Coëtanfao de Céréac, d'Andigny, de Bavalan, et autres principaux de la noblesse, et leur témoignai l'intention du Roi pour qu'ils se joignissent à M. le marquis de Lannion, plein de zèle, et emportassent la voix; ce qui réussit, et ne laissai pas toucher du pied à terre. Ils le firent de bonne grâce, et le succès réussit. Pour M. de Sévigné, je ne l'y envoyai pas, la noblesse étant si déchaînée contre lui, que sa seule présence les eût animés jusqu'à ne pouvoir prendre de résolution réglée. Quant au tiers état, je disposai huit communautés de la même façon, et ainsi l'affaire fut faite, mais on peut dire de hauteur, contre les sentiments de ces deux corps, qui se rejoignirent enfin à l'église. Nous venons de signer l'approbation du petit compte du trésorier. C'est ce qui est fait au matin du mardi 17; nous espérons, cette après-dînée, signer le contrat. S'il se fait quelque chose pour avancer la fin entre ci et le départ de la poste, je ne manquerai pas de vous en rendre compte **.

«Je ne crois pas que nous puissions fermer demain les États; mais, pour après-demain au soir, je ne doute pas que je puisse finir et vous dépêcher le courrier de la clôture.»

* Sur cette affaire, voir la lettre écrite par l'intendant, M. de Nointel, le même jour, et le mémoire qui y est joint.

** Voir la copie imprimée de ce contrat, qu'envoie le procureur général des États, M. de Méjussaume, le 20 novembre.

46. *M. de Sévigné, lieutenant de Roi au comté Nantais,*
au Contrôleur général.

17 Novembre 1699.

«Il ne me fut pas possible de vous faire mes très humbles remerciements par l'ordinaire dernier; quelque reconnoissance qu'on ait dans le cœur, on n'est guère en état de le témoigner le jour même qu'on a pris de l'émétique. La grâce que le Roi nous avoit accordée a été confirmée par le consentement général des trois ordres des États. Vous croyez peut-être que je vais vous dire que nous en avons toute l'obligation à la bonté que vous avez eue de faire entendre si favorablement les intentions de S. M.; mais la force de la vérité m'oblige de vous dire que, malgré une si grande protection, nous aurions pu fort bien succomber, si nous n'avions trouvé en M. l'évêque de Dol plus de secours, plus de chaleur et plus d'amitié que nous n'aurions osé en espérer. C'est lui qui redressoit les imaginations que les discours d'un des premiers personnages d'ici pouvoient avoir gâtées; c'est lui qui a fait envisager à ce même premier personnage toutes les conséquences de ce qu'il disoit, et qui lui a fait enfin supporter la douleur de voir faire du bien à d'autres, dans un temps où il lui en coûte 500 ᵗᵗ par jour. Cependant il faut avouer que l'obligation que nous avons à M. votre frère doit être rapportée à celle que nous vous avons : il n'auroit pas agi comme il a fait, s'il n'avoit pas connu vos sentiments, et il a bien voulu me faire entendre que vous lui en aviez marqué de si favorables pour moi en particulier, que je dois en être sensiblement touché le reste de ma vie *.»

* Dans la séance du 13 novembre, les États avaient voté une gratification de 38,666 ᵗᵗ pour les commissaires chargés de rédiger un rapport sur le gouvernement et l'amirauté de Bretagne. M. de Sévigné avait eu 10,000 ᵗᵗ pour sa part, comme l'évêque de Vannes. Voir les lettres de M. de Lavardin et de M. de Nointel, 14 novembre, et celles du premier président de la Falnère, 31 octobre et 17 novembre. Celui-ci dit : «Si les gratifications accordées pour l'affaire de l'amirauté étoient à redonner, elles pourroient ou être refusées ou réduites à peu de chose; et en vérité ce ne seroit pas sans sujet, y ayant lieu de s'étonner qu'on les ait proposées comme venant d'un ordre positif du Roi, quoiqu'il ne le fût pas à beaucoup près.»

47. *Le sieur Boulanger,*
receveur général des finances en Bretagne,
au Contrôleur général.

17 Novembre 1699.

«C'est presque une chose sacrée que les pensions que le Roi fait payer à plusieurs gentilshommes qui sont aux États par les [illegible] de Toulouse; j'en ai reçu l'état aujourd'hui, et, quoique l'ordonnance en soit expédiée il y a plus d'un mois, afin d'en toucher le fonds, M. Hallée a fait réponse qu'il ne pouvoit donner qu'une assignation sur le clergé, payable au mois de janvier, qu'on ne pourra recevoir qu'au commencement de mars. Cependant les pensionnaires qui sont ici n'ont peut-être pas un sou pour payer leur dépense, et je ne voudrois pas, pour toute chose au monde, qu'il fût dit que, sous votre ministère, ces pensions ne fussent pas payées, ce qui n'est jamais arrivé : on croiroit tout perdu. C'est ce qui fait que je payerai sans faute jeudi, qui doit être la fin des États. Vous jugez bien que je n'ai pas grand argent, à cause de plus de 425,000 ₶ de remboursement des augmentations de gages que j'ai fait, n'ayant pas encore touché un sou des assignations qu'on m'a données pour ce sujet. J'ai de la peine à deviner pourquoi l'argent devient plus rare de jour en jour en Bretagne : il est sur le pied d'un pour cent par mois; c'est au denier huit. D'ailleurs, il n'est pas permis à nous autres chétifs de dire nos sentiments. Je m'expliquerai encore moins sur l'affaire des devoirs; j'en écris néanmoins à des matadors de Paris, pour les exciter à la faire valoir, si vous le trouvez agréable.»

---

48. *M. Dugué de Bagnols, intendant en Flandre,*
au Contrôleur général.

19 Novembre 1699.

Il énumère les inconvénients qui s'opposent à la création de divers offices nouveaux, et notamment des charges de lieutenant général de police, soit parce qu'on enlèverait aux Magistrats des grandes villes leurs plus belles attributions et une partie des revenus attribués à leurs fonctions, soit parce qu'il ne se trouverait guère de sujets capables de supporter tout le poids de la juridiction de police, soit enfin parce que cette nouvelle création soulèverait des difficultés de préséance.

Quant à faire racheter ces offices par les villes, ce serait achever d'épuiser les Magistrats et inquiéter leurs créanciers, déjà très nombreux, très mal payés, et à qui la création des offices de police sera indifférente.

«Ce n'est pas la première fois que j'ai eu l'honneur de vous mander que les villes de ce département étoient tellement épuisées par les efforts qu'elles ont faits pendant la dernière guerre, qu'elles avoient besoin de quelques années de repos pour respirer et se remettre. Il n'en est pas de même du plat pays, je prends la liberté de vous le répéter : il est rempli de censiers et de paysans fort riches, qui ont infiniment gagné depuis quelques années par la cherté des blés. Elle les a mis si fort à leur aise, qu'ils ne sont jamais pressés de porter leurs grains sur les marchés des villes; c'est ce qui les a rendus rares et en a augmenté le prix, qui devroit être diminué plus considérablement qu'il ne l'est, après deux récoltes aussi abondantes que celles qu'ils ont faites dans mon département, l'année dernière et celle-ci.»

---

49. *M. le Vayer, intendant à Moulins,*
au Contrôleur général.

25 Novembre 1699.

Il croit suffisant d'établir à Aubusson deux maîtres et deux maîtresses d'école, dont l'entretien, réglé à 450 ₶, sera pris sur un droit d'octroi de 10 sols par tonneau de vin, ou sur les deniers patrimoniaux, dont le produit a presque doublé. Mais, avant tout, il faut que l'emploi de ce dernier fonds et la répartition des charges ordinaires soient réglés par l'intendant, qui peut-être y trouverait les ressources nécessaires, sans établir d'octroi.

---

50. *M. Phélypeaux, intendant à Paris,*
au Contrôleur général.

27 Novembre 1699.

«Je joins ici, comme vous me l'avez ordonné par votre lettre du 8 de ce mois, deux états des impositions qui ont été faites cette année dans la généralité de Paris : l'un ne regarde que l'imposition de la taille, et l'autre regarde toutes les impositions ordinaires et extraordinaires qui ont été faites cette année. Au mois d'avril dernier, j'envoyai un pareil état des impositions qui avaient été faites jusqu'à ce temps *.»

* Suivant les états joints à cette lettre, les impositions de la généralité montaient, pour l'année 1698-1699, à 3,900,754 ₶ 2 s. 6 d., et, pour 1699-1700, à 3,393,849 ₶. De semblables états sont envoyés pour l'année 1699-1700, par MM. Pinon (Alençon, 6 mars 1700), 1,321,677 ₶; de la Fond (Alsace, 16 novembre 1699), imposition ordinaire ou *subvention*, 99,000 ₶; Bignon (Amiens, 8 décembre 1699), 1,010,921 ₶; d'Ormesson (Auvergne, 6 décembre 1699), 2,614,907 ₶ 11 s.; de Bezons (Bordeaux, 19 décembre 1699), 2,549,930 ₶ 17 s. 3 d.; de Séraucourt (Bourges, 28 décembre 1699), 681,306 ₶; Ferrand (Bourgogne, 24 janvier 1700), pour le duché de Bourgogne et les comtés en dépendant, 1,423,081 ₶ 8 s. 6 d., — pour la Bresse, 239,346 ₶ 16 s. 9 d., — pour le Bugey, 141,903 ₶ 9 d.; Foucault (Caen, 16 novembre 1699), 1,663,629 ₶ 6 s.; Larcher (Champagne, 23 novembre 1699), 1,584,441 ₶, état incomplet; Bouchu (Dauphiné, 28 novembre 1699), 1,715,122 ₶ 6 s.; de Bagnols (Flandre, 16 novembre), 108,324 florins et 205,443 ₶ 15 s. 8 d.; Barentin (Flandre maritime, 21 janvier 1700), impositions ordinaires, 778,257 ₶ 7 s. 1 d., état incomplet; de Vaubourg (Franche-Comté, sans date), pour 1699, 1,119,990 ₶, et pour 1700, 842,350 ₶; de Bernières (Hainaut, 29 novembre et 11 décembre), état des impositions extraordinaires, incomplet; de Bâville (Languedoc, 20 novembre 1699), pour l'anné 1698, 6,300,598 ₶, et pour 1699, 5,344,274 ₶; Bégon (la Rochelle, 7 février), 1,323,585 ₶; de Bernage (Limoges, 24 novembre 1699), 1,612,582 ₶ 10 s.; d'Herbigny (Lyon, fin 1699), 1,261,187 ₶; Turgot (Metz, 15 novembre 1699), 392,034 ₶ 5 s. 11 d.; de la Houssaye (Montauban, 23 décembre 1699), 2,922,211 ₶ 5 s. 2 d.; le Vayer (Moulins, 27 novembre 1699), 1,390,562 ₶ 16 s. 8 d.; de Bouville (Orléans, 3 décembre 1699), 1,919,670 ₶; d'Ableiges (Poitiers, 19 novembre 1699), 1,955,237 ₶; de la Bourdonnaye (Rouen, 15 novembre 1699), 2,656,288 ₶ 15 s. 6 d.; Sanson (Soissons, 16 novembre 1699), 966,006 ₶; de Miroménil (Tours, 30 novembre 1699), 3,020,176 ₶.

51. *M. de Grignan, lieutenant général en Provence,*
au Contrôleur général.

28 Novembre, 2 et 5 Décembre 1699.

« Les députés en l'assemblée générale des communautés de Provence ont accordé au Roi le Don gratuit de 700,000 ft que S. M. leur a fait demander, et ils se sont portés avec tout l'empressement imaginable à donner cette marque de leur zèle pour son service. C'est l'usage que je leur ai vu faire, depuis trente ans, de la liberté que S. M. leur accorde de s'assembler, et je crois pouvoir vous demander avec beaucoup de confiance votre protection pour des peuples qui font si bien leur devoir. M. l'archevêque d'Aix, premier procureur du pays né, MM. les évêques de Riez et de Glandèves, procureurs du pays joints pour le clergé, M. le baron de Bandinard et M. le marquis de Buous, procureurs du pays joints pour la noblesse, et M. le marquis de Pontevez-Tournon, premier consul d'Aix, procureur du pays, se sont autant distingués en cette occasion par des marques particulières de leur zèle, qu'ils le sont par leurs emplois en ces assemblées.

« Je suis si fortement convaincu que, parmi les grâces qui doivent exciter la reconnoissance des peuples envers S. M., on doit compter pour beaucoup le choix qu'elle a fait de votre personne pour l'administration de ses finances, que je n'ai pu m'empêcher d'en faire un article de mon discours à cette assemblée, et je vous supplie de ne pas désapprouver que j'aie profité d'une si belle occasion de marquer publiquement l'attachement que je vous ai voué.

« Il y a des contestations entre le corps de la noblessse de Provence et le tiers état, et quelque dissension même entre quelques-uns de Messieurs de la noblesse, sur la forme de leurs assemblées, qui semblent demander que l'on tâche de trouver des voies de concilier leurs différents intérêts, pour conserver ou remettre, dans deux corps si considérables de la province, la tranquillité qui y a été depuis si longtemps. Une longue expérience me fourniroit peut-être des vues pour y employer ma médiation avec quelque succès, et j'y suis d'ailleurs excité par l'exemple des personnes qui m'ont précédé dans le commandement de cette province, et par le désir que les parties en témoignent, même par les sollicitations publiques qui m'en ont été faites en la cérémonie de l'ouverture de cette assemblée, dans la harangue de celui qui porte la parole pour elle. Je n'ai ni accepté ni refusé, me réservant en moi-même de vous demander sur cela les intentions de S. M. J'aurois, en ce cas, l'honneur de vous rendre compte journellement de ce que je ferois dans cette négociation, qui me donneroit lieu de rassembler et de vous envoyer les mémoires de ce que j'ai fait, avec l'approbation de S. M., en d'autres occasions qui regardoient ces mêmes assemblées de noblesse, celles du tiers état, et d'autres affaires qui y ont du rapport; et vous pourriez ensuite examiner les projets d'accommodement, avec l'avis de M. Lebret, et faire intervenir les ordres décisifs de S. M. . . . . »

L'assemblée a accordé un logement à l'académie royale établie à Aix, par le roi Louis XIII, pour l'éducation des jeunes gens.

« On a achevé d'examiner ce qui pourroit être fait de plus avantageux pour les réparations des grands chemins, que j'avois continué de recommander fortement, suivant l'intention de S. M., et cet examen a été beaucoup facilité par le rapport des tournées que M. le marquis de Tournon, premier consul d'Aix, procureur du pays, avoit ci devant faites, et par ses projets et devis, qui méritoient beaucoup d'approbation. On a donc fait un fonds, pour l'année prochaine, de 13 ft par feu, qui produiront près de 40,000 ft sur le pied de la division ancienne, et qui subsiste toujours, de la province en trois mille portions idéales qu'on appelle ici des *feux*, pour savoir ce que chaque lieu doit supporter des charges générales. Outre ce fonds que la province fait en corps, on trouvera encore un secours dans ceux que chaque communauté doit faire en son particulier jusques à la concurrence d'une certaine somme, lorsqu'on travaille aux chemins dans son terroir; et de plus l'on peut compter sur les contributions qui doivent pareillement être faites pour les chemins, en certains cas, par les vigueries. Nous appelons *viguerie* un espèce d'assemblage ou de cercle composé des lieux d'un certain détroit, sous une ville principale qui en est comme la directrice, et dont les consuls doivent donner conseil et assistance aux autres. Tous ces fonds, rassemblés et bien employés, pourront mettre en bon train le rétablissement des chemins dans le cours de l'année prochaine. Et, parce que les anciens règlements pour les visites, devis, enchères, délivrances, réception des ouvrages, sont chargés de beaucoup de formalités superflues, qui rassembloient souvent beaucoup de gens inutiles, retardoient les travaux et consumoient mal à propos une partie considérable des fonds, on a pris des résolutions pour agir désormais d'une manière plus précise, plus sûre, plus prompte et moins dispendieuse. Il est question présentement de bien exécuter ce qui a été bien délibéré, et c'est à quoi je tiendrai soigneusement la main, afin que le public puisse profiter de la bonté que S. M. a eue de nous charger de ses ordres si exprès sur un article si important au commerce.

« On a fait aussi le fonds nécessaire, suivant les instructions à nous données par S. M., pour le payement qui doit être fait à quelques particuliers des intérêts de certaines sommes qu'ils prétendent leur être encore dues pour reste de prix d'héritages pris pour la construction du nouvel arsenal des galères à Marseille, en attendant la discussion, ordonnée par un arrêt du Conseil, du fond de cette prétention par-devant MM. Lebret et de Montmort.

« Comme les instructions de S. M. nous chargent d'avoir attention à tout ce qui peut tendre au bien du commerce et des manufactures, on a cru devoir écouter des propositions faites à l'assemblée par un nommé Sainte-Catherine, de cultiver, d'une manière particulière dont il se réserve le secret, des pépinières de mûriers, d'où l'on en pourra tirer et transplanter ailleurs des quantités très considérables, dont la feuille sera, dit-il, plus propre que celle des mûriers ordinaires à la nourriture des vers à soie. On a fait sur cela une espèce de traité avec lui, où la province hasardera quelque petite chose pendant quelques années, pour n'avoir pas à se reprocher d'avoir peut-être manqué, par trop de ménage, de se procurer un vrai bien.

« Feu M. le cardinal Grimaldi, archevêque d'Aix, avoit érigé dans cette ville un bureau composé de gentilshommes, avocats, bourgeois et autres, auquel les pauvres de divers endroits de la province sont adressés par leurs consuls, lorsqu'ils ont des procès, afin que, si leurs prétentions sont légitimes, ou s'il paroît que leurs parties adverses les oppriment, on puisse les aider de consultations, écritures, sollicitations, médiations et argent. L'assemblée de Provence a accoutumé, depuis une douzaine d'années, de donner quelque petit secours à ce bureau, et vient de le lui continuer pour trois ans.

«Elle a réglé aujourd'hui ses impositions pour l'année prochaine, qui montent à 450 ᵗᵗ par feu, pour la levée desquelles je donnerai mon ordonnance de contrainte sur les contribuables. Le Don gratuit, les dépenses ordonnées par le Roi et le commandant de la province pour le logement, ustensiles et étapes des troupes, les rentes constituées sur le pays, les appointements du gouverneur et du lieutenant général, les gages de la maréchaussée et des officiers de la province, les frais de l'assemblée et autres dépenses ordinaires et extraordinaires forment cette imposition.»

---

52. *M. de Nointel, intendant en Bretagne,*
au Contrôleur général.

4 Décembre 1699.

État des impositions ordinaires et extraordinaires pour l'année 1700.

«La Bretagne est un pays d'États, et l'usage des impositions extraordinaires y est moins établi que dans les provinces taillables du royaume. Celui des impositions ordinaires y est connu, et il s'y en fait tous les ans, tant au profit du Roi que de la province même.

«Celles qui se font pour le Roi consistent :

«1° Dans l'imposition des fouages, qui est une espèce de taille réelle, laquelle se lève sur tous les biens roturiers de la province possédés par des personnes de condition commune; et cette imposition est de la somme de 279,651 ᵗᵗ 15 s. 4 d.;

«2° Dans l'imposition qui se fait pour le taillon, et qui est de la somme de 54,520 ᵗᵗ 15 s. 4 d.;

«3° Dans l'imposition qui porte le nom des *garnisons*, et qui est de la somme de 100,000 ᵗᵗ;

«4° Dans l'imposition de 11,662 ᵗᵗ 19 s. 7 d. qui se fait pour la crue des prévôts des maréchaux.

«Ces quatre parties composent la somme de 445,735 ᵗᵗ 10 s. 3 d., et sont imposées sur les paroisses de la province sujettes aux fouages par une commission émanée du bureau des finances et qui est adressée aux receveurs particuliers des fouages de chaque évêché. Lesdits receveurs des fouages envoient ensuite leurs mandements particuliers dans chaque paroisse, où les rôles sont arrêtés par les trésoriers et marguilliers et par des habitants nommés à cet effet, à la pluralité des voix. Les rôles sont ensuite rapportés par un notaire et remis aux collecteurs, qui en font la levée et payent le montant du rôle au receveur des fouages dans le département duquel est la paroisse, qui, de son côté, remet au receveur général des finances la somme portée par le mandement qui lui a été adressé par le bureau des finances.

«Ainsi, le receveur général des finances de la province reçoit cette somme de 445,735 ᵗᵗ 10 s. 3 d. des receveurs des fouages, et il reçoit de plus des fermiers du petit devoir celle de 51,700 ᵗᵗ et celle de 2,677 ᵗᵗ 19 s. 4 d. provenant des aides des villes non contribuables aux fouages et de celles des marches communes de Poitou et de Bretagne; lesquelles deux dernières sommes, jointes à celle de 445,735 ᵗᵗ 10 s. 3 d., font celle de 499,613 ᵗᵗ 6 s. 9 d., qui compose toute la recette du receveur général de la province.

«L'emploi de ce fonds est destiné au payement tant des gages des officiers du Parlement, de la Chambre des comptes et des autres officiers de finance, que pour les garnisons de la province et pour le taillon, pour lequel ledit receveur général paye environ 60,000 ᵗᵗ au trésorier général de l'ordinaire de la guerre.

«Ce sont là les seules impositions ordinaires qui se font au profit du Roi dans ladite province de Bretagne.

«Celle qui se fait au profit de la province même se lève aussi sur les paroisses sujettes aux fouages, et elle est qualifiée d'emprunt sur les contribuables aux fouages. Elle est de 214,000 ᵗᵗ par an; mais, pendant le temps de la guerre et par rapport aux dépenses extraordinaires dont la province est chargée, le Roi permet presque toujours aux États de lever un doublement sur lesdits fouages : ce qui les fait, pour la province, monter à la somme de 428,000 ᵗᵗ par année; et, dans la dernière assemblée des États, S. M. leur a encore permis d'imposer ce redoublement-là. En sorte que, pour l'année prochaine 1700, cette imposition sera, au profit de la province, de la somme de 428,000 ᵗᵗ.

«Ladite imposition se fait de la même manière que celle qui se fait pour le Roi, à l'exception que le mandement général, au lieu d'émaner de la Chambre du bureau des finances, est donné par le trésorier des États et envoyé par lui aux receveurs des fouages de chaque évêché.

«Il ne se fait point d'autres impositions ordinaires dans ladite province de Bretagne.

«Les impositions extraordinaires y sont fort rares, et il ne s'y en ordonne presque jamais; mais cependant il y en aura deux différentes l'année prochaine 1700.

«La première est de la somme de 500,000 ᵗᵗ et les 2 sols pour livre d'icelle, que le Roi a permis à la province de faire pour tirer le fonds du remboursement de la finance des charges d'arpenteurs jurés, experts, priseurs nobles et greffiers de l'écritoire, créés par les édits des mois de mai, juillet et décembre 1690, mars 1696 et novembre 1697, et dont le Roi a accordé la suppression à ladite province dans la dernière assemblée des États; ci, 550,000 ᵗᵗ.

«Ladite imposition doit être faite tant sur les villes et communautés non sujettes aux fouages, que sur les bourgs et paroisses sujets auxdits fouages.

«La seconde est celle de 220,000 ᵗᵗ pour la révocation du traité portant aliénation des droits de lods et ventes des échanges et des prééminences et droits honorifiques appartenant au Roi dans ladite province de Bretagne; ci, 220,000 ᵗᵗ.

«Cette imposition ne regarde point le peuple, et elle ne sera payée que par les seigneurs, tant ecclésiastiques que laïques, possédant des fiefs dans ladite province de Bretagne, auxquels lesdits droits de lods et ventes des échanges seront remis à l'avenir en conséquence du traité qui en a été fait dans la dernière assemblée des États, portant subrogation à celui que le Roi en avoit fait avec François Ferrand. Ledit traité fait avec la province a été réglé par S. M. à la somme de 300,000 ᵗᵗ et les 2 sols pour livre, dont 100,000 ᵗᵗ et les 2 sols pour livre doit être payé sur les fonds mêmes de la province, et par le trésorier des États; et les 200,000 ᵗᵗ restant, avec les 2 sols pour livre, doivent être réparties, comme il vient d'être marqué, sur les seigneurs de fiefs, en sorte que ce n'est pas proprement une imposition.»

---

53. *M. de la Boissière, lieutenant de Roi à Dieppe,*
au Contrôleur général.

10 Décembre 1699.

«Depuis quelque temps il ne s'est rien passé ici qui méritât votre attention, M. le comte de Manneville vous informant de ce qui regarde les affaires de la ville; s'il étoit arrivé quelque chose, je n'aurois pas manqué de vous en rendre compte. Notre pêche du hareng finit présentement : elle a été assez abondante cette année, et on avoit grand besoin de cette bonne récolte, les précédentes ayant été fort stériles. L'épi ordonné par M. de Vauban, au mois de septembre dernier, est presque achevé, et il y a apparence qu'il aura l'effet qu'on a prétendu, qui est d'arrêter le galet et d'empêcher l'agitation dont les vaisseaux sont tourmentés dans le port même depuis assez longtemps, au moins en partie, car le souverain remède à ce mal sera le prolongement des jetées. M. le Bartz, qui est en ce pays-ci, depuis la mort du feu sieur Allart, attend encore un navire des Îles, qui a une cargaison assez considérable de sucres et autres marchandises pour son compte ou pour celui de cette succession, s'il arrive heureusement.

«M. de Vauban a repassé de basse Normandie; il a été cinq ou six jours à la Mailleraye, chez M. et Mᵐᵉ de Beuvron, et, de Rouen, pour retourner à Paris et à Versailles, il a été par Gaillon, où M. de Ventabren l'a conduit et lui a fort bien fait sa cour, car il a trouvé tout cela très beau et d'un goût admirable, à ce que nous avons appris; car, pour lui, quoiqu'il soit ici de retour, il est si modeste qu'il n'en dit rien. Il se dispose à aller à Géry ces jours-ci.»

---

54. *M. le cardinal de Bonzy, président des États*
de Languedoc,
au Contrôleur général.

12 Décembre 1699.

Il transmet, de la part des États, une demande instante d'autoriser l'exportation des grains dans les provinces voisines, vu leur surabondance et leur bas prix, et de faire en outre approuver par le Roi les mesures prises pour empêcher les falsifications de vins dont se plaignent les marchands étrangers*.

* L'autorisation d'exporter fut accordée; mais il n'y eut pas défense d'introduire des blés étrangers, particulièrement ceux du cap Nègre. «Néant» sur la seconde demande.

---

55. *M. Phélypeaux, intendant à Paris,*
au Contrôleur général.

13 Décembre 1699.

«..... J'aurai l'honneur de vous dire qu'il y a vingt ou trente ans que l'élection de Mantes étoit fort bonne. Depuis l'année 1667 jusques en l'année 1680, elle a toujours porté de taille 200,000 ᵗᵗ, peu plus ou peu moins. Depuis ce temps-là, on a augmenté un droit, qui originairement n'étoit que de 2 ᵗᵗ 5 s., jusqu'à 7 ᵗᵗ. Ce droit se perçoit sur chacun muid de vin transporté par charroi des vignobles situés dans les huit lieues des rivières de Seine, Eure, etc.*. L'établissement de ce droit, à ce qu'on dit, a commencé la ruine de tout le vignoble de cette élection, en empêchant le transport des vins qui se faisoit tant en Normandie qu'en Picardie; et si vous ordonniez à quelqu'un d'examiner le produit de ce droit et le peu d'avantage que le Roi en retire, par ce qu'il cause de perte d'un autre côté par la cessation du commerce, peut-être trouveriez-vous à propos de le supprimer. J'en ai parlé aux fermiers du Roi, qui conviennent que la suppression de ce droit ne feroit presque aucun préjudice aux droits du Roi. L'établissement de ce droit a commencé à ruiner, à ce qu'on croit, cette élection, en sorte que, depuis ce temps-là, elle a diminué visiblement. Depuis que j'ai l'honneur d'être intendant, je l'ai presque toujours diminuée à la taille, et, au lieu de 200,000 ᵗᵗ qu'elle portoit autrefois, elle n'en porte cette année que 119,000, et est encore fort chargée. Il est vrai que, comme ce pays est fort rempli de vignes, et qu'elles ont beaucoup souffert depuis quelques années, il est devenu fort malheureux. Il y eut même en 1698 une grêle si considérable, que, depuis ce temps-là, les vignes n'ont rien produit, comme vous l'avez pu voir par le procès-verbal que j'en ai dressé, sur lequel vous avez réglé l'indemnité des sous-fermiers des aides. Dans cette année, le Roi eut la bonté de leur faire de grandes grâces : il leur diminua 20,000 ᵗᵗ sur la taille qu'ils devoient de reste de l'année 1698, et 40,000 ᵗᵗ sur celle de 1699. Mais, comme la plupart des habitants étoient absolument hors d'état de pouvoir rien payer, cela ne les a pas empêchés de quitter leurs maisons, de les abattre, pour en vendre les matériaux, et de quitter le pays pour aller chercher leur vie ou à travailler ailleurs : en sorte que cela a causé une grande diminution de peuple dans ce pays, ce qui ne se peut rétablir qu'en plusieurs années.

«Pour ce qui est des ateliers publics, je crois cela excellent pour faire subsister une infinité de pauvres des lieux. Ceux qui y furent établis l'année dernière, par ordre du Roi, firent un bien fort considérable et contribuèrent à retenir beaucoup de peuple dans leur pays, par la subsistance qu'ils trouvoient en travaillant. Je joins ici un mémoire de ceux qu'on y pourroit établir dans les lieux les plus malheureux, et la conduite qu'on y peut tenir, en sorte que je puis vous assurer que l'ouvrage sera utile pour le public et fort avantageux pour ceux qui y travailleront. Si le Roi trouve que la somme à quoi se monte ce mémoire soit trop forte, et qu'il ne veuille en donner qu'une partie, je prendrai soin de la faire si bien distribuer, qu'elle donnera toujours beaucoup de soulagement dans le pays. Je vous prie, si le Roi ordonne quelque chose, d'avoir la bonté de me renvoyer ce mémoire**. »

* Voir, à la date du 13 mars 1702, un rapport sur un autre droit de 1 sol par tonneau que percevait le propriétaire des offices de courtiers-jaugeurs.

** Voir les lettres écrites par M. l'évêque de Chartres, le 2 novembre et le 28 décembre 1699.

56. *M.* DE NOINTEL, *intendant en Bretagne,*
AU CONTRÔLEUR GÉNÉRAL.

13 Décembre 1699.

Il expose les raisons qui détournent les armateurs de Saint-Malo dont les vaisseaux vont porter leur pêche à Marseille ou en Italie d'aller acheter des blés en Barbarie ou en Morée.

57. *M. l'Évêque de la Rochelle*
AU CONTRÔLEUR GÉNÉRAL.

13 Décembre 1699.

« Je me donne l'honneur de vous écrire pour vous rendre compte du progrès de la religion dans mon diocèse, où il y a un grand nombre de mal réunis. Il s'en est converti, depuis cinq ans que j'y suis, environ deux mille, qui font tous les devoirs de la religion aussi bien que les anciens catholiques. J'en ai encore près de cinq mille en mouvement, qui vont assez régulièrement à la messe et aux instructions tous les dimanches et fêtes; mais, à moins qu'on ne fasse sentir à ces aveugles un peu d'autorité, il est à craindre qu'ils ne tombent dans le relâchement, entraînés qu'ils sont par le mauvais exemple des autres, qui font gloire de leur opiniâtreté, et retenus par leurs anciens préjugés et par une certaine confusion qu'ils ont de paroître aux exercices de la religion, les plus honnêtes gens parmi eux ne pouvant résister aux reproches et aux outrages que leur font les autres, lorsqu'ils apprennent qu'ils ont fait quelque devoir de catholique. Je vous assure qu'une grande partie de ces personnes m'ont témoigné qu'elles seroient fort aises qu'on les pressât plus qu'on ne fait; ce seroit même un moyen très efficace pour empêcher les évasions, car on n'a rien dit à tous ceux qui s'en sont allés dans les pays étrangers, et pas un de ceux qui ont senti l'autorité n'a abandonné le royaume, parce qu'on le mari ou la femme ou les enfants se convertissent, en sorte qu'ils sont retenus par la religion. D'ailleurs, le commerce est fort interrompu par cette diversité de religion, les anciens catholiques ne confiant qu'avec peine leur argent aux négociants mal réunis, dans la crainte qu'ils ont qu'ils ne s'en aillent.

« J'ai cru que vous trouveriez bon que je prisse la liberté de vous rendre compte de toutes ces choses-là, comme je faisois à M. le Chancelier. »

58. *M.* LEBRET, *intendant en Provence,*
AU CONTRÔLEUR GÉNÉRAL.

14 Décembre 1699.

Les marchands de Provence sont très satisfaits des voituriers qu'ils emploient pour leurs transports de Lyon à Marseille, et ils estiment que leurs envois courraient beaucoup plus de risques et coûteraient plus cher par la voie des entrepreneurs qui sollicitent un privilège exclusif. Cet établissement serait d'ailleurs contraire à la liberté publique et au bien du commerce, qui n'est que trop gêné. Enfin, il ferait tort aux fermiers des ports de lettres, car ceux-ci ont établi une messagerie réglée entre les deux villes, avec le privilège d'exclure tous autres voituriers pour les paquets pesant moins de cinquante livres.

59. *M.* D'ORMESSON, *intendant en Auvergne,*
AU CONTRÔLEUR GÉNÉRAL.

14 et 16 Décembre 1699, 20 Janvier et 15 Mars 1700.

La ville du Pont-du-Château, surchargée par le débet des dernières années et par les impositions extraordinaires de la présente, ne saurait acquitter les exécutoires obtenus au Parlement par le marquis de Canillac. Il n'y a d'autre moyen que de répartir les payements sur plusieurs années.

Une pareille répartition serait nécessaire pour que la ville de Clermont pût racheter la charge de maire.

« Depuis le tort et le préjudice que reçoit cette charge par la nouvelle création des officiers de police, qui la prive des principales fonctions qui y étoient attachées, ils ne témoignent plus avoir le même empressement qu'ils avoient avant cette création, quoiqu'ils soient toujours dans le sentiment de réunir, afin de participer chacun à leur tour, en parvenant à l'échevinage, aux honneurs et prérogatives qu'elle donne. »

60. *M.* LEBRET, *intendant en Provence,*
AU CONTRÔLEUR GÉNÉRAL.

15 Décembre 1699.

Il adresse l'état des impositions ordinaires et extraordinaires pour 1700, en prévenant qu'il n'est dressé que par estimation, et qu'on devra tenir compte de diverses observations.

« La première, que, les communautés qui composent la Provence n'ayant rien de commun avec celles des Terres adjacentes, j'en ai fait deux chapitres séparés dans cet état.

« La deuxième, qu'il y a de trois sortes de communautés en Provence : les unes, comme Aix et Toulon, lesquelles, n'imposant rien sur les fonds qui composent leur terroir, ne fournissent au payement de toutes leurs charges que par le moyen des deniers patrimoniaux, et principalement des levées qu'elles font sur la farine, vin, huile et autres denrées, qu'on augmente et diminue à proportion des besoins, et auxquelles elles suppléent par emprunt lorsque les charges extraordinaires les surpassent de beaucoup, ainsi qu'il est presque toujours arrivé depuis le commencement de la guerre jusqu'à présent. Les autres communautés, au nombre desquelles il faut mettre presque toutes les villes et gros bourgs, fournissent au payement de leurs charges par le moyen de leurs deniers patrimoniaux, qui sont peu considérables, et des impositions qu'elles font, partie sur les fruits et denrées, et partie sur les fonds qui composent leur terroir. Et la troisième espèce est des petites communautés, lesquelles, n'ayant aucuns biens patrimoniaux et ne faisant point de levées sur les denrées, imposent toutes les sommes dont elles ont besoin sur les fonds roturiers, à proportion de leur allivrement.

«La troisième, que, de la somme de 3,552,172 ll à laquelle j'ai fixé par estimation toutes les impositions, tant ordinaires qu'extraordinaires, qui se doivent faire en 1700 sur toutes les communautés de la province autres que celles qui composent les Terres adjacentes, il en faut prendre celle de 1,355,000 ll à laquelle reviennent les deniers du Roi et du pays détaillés par articles séparés à la fin du même état, celle de 117,082 ll pour le taillon et fouage, et celle de 1,042,124 ll pour une année d'intérêts au denier vingt des sommes capitales dues par ces mêmes communautés : en sorte que les 1,037,965 ll qui restent seront employées tant au payement des dépenses annuelles de toutes ces communautés, dont le détail seroit infini, chacune en ayant qui lui sont particulières, qu'à celui des restes de plusieurs affaires extraordinaires dont elles ont été chargées pendant la guerre, et qui ne sont pas encore entièrement acquittées.

«La quatrième, que, les villes de Marseille et Arles ne payant aucune taille au Roi, les 292,600 ll auxquelles je fais monter par cet état les revenus de la première seront employées : premièrement, au payement des intérêts de près de 3,000,000 ll qu'elle doit en principal; en second lieu, aux charges annuelles et courantes, qui sont considérables et d'un très long détail; et enfin à la construction des murailles d'enceinte et aux restes qu'elle doit encore aux traitants de plusieurs affaires extraordinaires. Et comme les 70,523 ll auxquelles je fais monter les revenus de la ville d'Arles, ne suffiront pas pour payer les intérêts de ses dettes, montant 1,000,000 ll en principal, et ses charges courantes et restes d'affaires extraordinaires, qui sont considérables, elle sera dans la nécessité d'imposer, au mois de mai prochain, plus de 40,000 ll sur les fruits des fonds qui composent son terroir.

«Et la dernière, que les 166,467 ll auxquelles je fais monter par estimation les impositions des communautés des Baux, Salon, Grignan et autres dénommées au chapitre des Terres adjacentes, seront employées : premièrement, au payement des deniers du Roi, montant à 37,500 ll; et le reste, tant au payement des intérêts de leurs dettes, qui sont considérables, la seule communauté de Salon devant seule plus de 400,000 ll, que de leurs charges annuelles et restes d'affaires extraordinaires.»

---

61. *M. Lebret, intendant en Provence,*
au Contrôleur général.

16 et 27 Décembre 1699; 4, 20 et 26 Janvier, 26 Avril, 21 Mai, etc. 1700.

Banqueroute du sieur Gérémie, receveur des fermes à Marseille; procédures contre son frère et lui; poursuites faites à la diligence des fermiers généraux, comme créanciers d'une somme de 425,000 ll.

---

62. *M. de Bâville, intendant en Languedoc,*
au Contrôleur général.

19 Décembre 1699.

«Il se fit une assemblée au lieu de Nozières, dans le diocèse d'Uzès, au commencement du mois d'août dernier, par le nommé Roman, prédicant. Trois hommes, par qui je le faisois observer depuis longtemps, l'arrêtèrent à la fin de l'assemblée et le conduisirent dans le lieu de Boucoiran. La nuit suivante, les nouveaux convertis, au nombre de deux cents, vinrent forcer le logis où il étoit, enfoncèrent les portes, tuèrent un archer et emmenèrent le prédicant. Le présidial de Nîmes a informé et instruit le procès; il y a eu deux coupables de l'enlèvement condamnés à la roue, quatre de ceux de l'assemblée à être pendus, et d'autres réservés pour être jugés après les déclarations que pourront faire les condamnés, ou lorsque l'on aura fait de nouvelles informations. On les conduit actuellement à Toulouse, sur l'appel qu'ils ont interjeté, au nombre de trente. Le transport des juges sur les lieux, les frais de capture de plus de quarante personnes, la conduite à Nîmes, la conduite des condamnés à Toulouse, leur retour et les frais d'exécution coûteront au moins 5 à 6,000 ll, en réglant tous ces frais suivant les arrêts du Conseil. On a observé de rendre les communautés responsables des assemblées, quand on a la preuve que des habitants y ont assisté; c'est en conséquence de cet usage que j'ai cru devoir vous demander si je dois faire porter cette dépense aux fermiers du domaine, ou si vous avez agréable que je fasse une répartition des frais, après les avoir arrêtés, sur les communautés dont les habitants ont eu part à l'assemblée et à l'enlèvement du prédicant. Les accusés sont des paysans sans bien*.»

* En marge, de la main du contrôleur général : «Sur le domaine.»

---

63. *M. d'Ormesson, intendant en Auvergne,*
au Contrôleur général.

21 Décembre 1699.

La manufacture des points de fil de France d'Aurillac, qui comptait jusqu'à cinq et six mille ouvriers, est tombée depuis que la mode des points a cessé à la cour et, par suite, dans les pays étrangers. Les fabricants demandent que le Roi donne des ordres pour faire porter par les courtisans des points d'Aurillac, de préférence aux produits de la manufacture étrangère*.

* En marge : «Néant.»

---

64. *M. d'Herbigny, intendant à Lyon,*
AU CONTRÔLEUR GÉNÉRAL.

28 Décembre 1699; 28 Janvier, 7 Avril et 18 Mai 1700.

Rapport sur les mesures à prendre pour revendiquer sur les anciens receveurs des consignations, ou leurs ayants cause, les restes des fonds déposés entre leurs mains depuis trente ans ou plus anciennement*.

* Sur ce projet, voir de nombreuses lettres du sieur de Vizé, 26 octobre, 3 novembre, 11 décembre 1699, janvier à novembre 1700, 9 janvier 1701, juillet 1701, 6 et 7 octobre 1703, 19 et 20 juillet 1704.

---

65. *Les Fabricants d'armes de Saint-Étienne*
AU CONTRÔLEUR GÉNÉRAL.

Année 1700?

«Les marchands et les ouvriers de la ville de Saint-Étienne-en-Forez sont obligés de recourir à Votre Grandeur et de lui remontrer que, depuis plus de dix ans, les directeurs du Magasin royal ne cessent point de les troubler dans leur commerce. Dès le commencement de la guerre, le sieur Dubois, commissaire, s'empara de toute notre fabrique des armes, avec une autorité absolue; les marchands se virent dépouillés tout à coup de leur négoce le plus considérable, et les ouvriers furent réduits, comme des esclaves, à travailler au delà de leurs forces et à donner leurs ouvrages pour le prix qu'on voulut y imposer. Les uns et les autres souffrirent les exactions d'un prévôt, les perquisitions des archers, les garnisons, les amendes, les confiscations, et même la prison, sur les moindres soupçons et pour les causes les plus légères. L'on fit toutes ces violences sans aucune formalité, et aucun tribunal ne voulut recevoir nos plaintes. Nous espérions, à la paix, de recouvrer notre première liberté et de rétablir les pertes que nous avoient causées l'interruption de notre commerce, les charges de l'État et la misère des temps; mais nous apprenons que nos maux ne font que commencer, puisqu'on veut encore continuer les mêmes vexations. En effet, le comte de Verdun, commandant dans notre province, surpris et poussé par nos ennemis, nous veut obliger de lui rendre compte des armes que nous envoyons, et de les faire toutes éprouver par un commis. Si nous ne craignions de lasser la patience de Votre Grandeur, nous montrerions clairement tous les abus et les inconvénients de cette contrainte; nous dirons seulement, en passant, que la liberté et le secret sont l'âme du négoce, et que, quelque plausible que paroisse une épreuve générale et forcée, elle est dans le fond fort inutile, puisqu'on ne veut point acheter nos armes dans les foires et ailleurs sans les faire éprouver de nouveau, et qu'on ne se fie point à la marque de l'éprouveur de notre ville de Saint-Étienne. Ce qui nous alarme davantage, c'est qu'on ne s'arrêtera pas là, car tous ces prétextes spécieux de l'intérêt de l'État et du bien public ne tendent visiblement qu'à un monopole pour s'attirer tout le profit de notre fabrique, lequel devroit être également partagé entre les marchands et les ouvriers de toute notre ville. L'expérience du passé ne nous permet pas de douter de l'avenir; nous avons reconnu avec douleur qu'il n'y a eu que deux ou trois familles qui se sont enrichies pendant la guerre et qui ont profité du travail de nos artisans et des sueurs de nos ouvriers. Leur avidité pour le gain est si excessive, que, non contents de fournir toutes les armes des troupes de S. M., ils rançonnoient les ouvriers en voulant leur ouvrage à discrétion; ils s'attiroient secrètement nos correspondants en leur envoyant des armes pendant le plus fort de la guerre, afin d'avoir leur pratique. Voilà une légère idée des maux qui ont presque ruiné notre ville, et dans lesquels nous allons retomber, si quelque main charitable ne les détourne de dessus nos têtes. Notre fabrique, si nécessaire à l'État, est diminuée de la moitié, et presque ruinée; la plupart des ouvriers sont morts de nécessité, les autres ont déserté ou se sont allés établir ailleurs, et même dans les pays étrangers; ceux qui restent, gagnent à peine leur vie; les marchands qui les faisoient subsister pendant la paix seront bientôt réduits à la même extrémité. Si les vexations continuent comme ci-devant, ils ne peuvent plus rester dans une ville qui est en proie à tous ceux qui veulent profiter de sa foiblesse pour l'accabler. Nous sommes éloignés de la cour, sans appui, sans argent, exposés tous les jours à des nouvelles entreprises; notre unique ressource est de recourir à Votre Grandeur, et de la conjurer de mettre fin à toutes les oppressions que nous souffrons depuis si longtemps. Nous espérons tout de sa bonté, puisque nous ne demandons que la liberté dont les étrangers mêmes jouissent dans la France, et qu'on veut nous ravir sous des faux prétextes, car tous ceux qui veulent nous opprimer n'ont point d'autre dessein que de s'enrichir aux dépens et à la ruine totale de notre ville. Nous sommes persuadés que Votre Grandeur découvrira avec sa pénétration ordinaire tous leurs artifices, qu'elle les punira de leur témérité, et qu'elle nous fera jouir des douceurs de la paix que S. M. a donnée par sa modération à toute l'Europe : ce qui nous obligera à redoubler nos vœux pour la conservation de notre monarque si éclairé, surtout dans le choix de ses ministres.»

---

66. *M. de Bezons, intendant à Bordeaux,*
AU CONTRÔLEUR GÉNÉRAL.

5 Janvier 1700.

Il explique l'origine d'un magasin de grains formé à Mont-de-Marsan en 1698.

«M. de Barbezieux me manda, à la fin de juillet de 1698, de faire amasser secrètement des grains et des avoines, et de les faire mettre dans des magasins le long de la rivière de l'Adour. Vous voyez qu'il étoit important de ne point donner connoissance au public que cet amas se faisoit par les ordres du Roi. Cela m'obligea de me servir de M. Cassaing, qui avoit pour lors la direction des vivres de la marine, parce qu'on ne seroit point surpris de voir qu'il faisoit acheter des grains. Je les fis acheter en différents endroits, afin que cela ne procurât point l'augmentation du prix; l'on n'en a point acheté depuis le mois d'octobre 1698, que M. de Barbezieux me manda de ne plus faire continuer les achats. L'on a conduit ceux précédemment achetés dans les magasins de Dax, Tartas et le Mont-de-Marsan; le principal est dans cette dernière ville. L'on a employé toute la dépense pour ces achats et voitures dans le compte de l'extraordinaire des guerres du mois de décembre 1698..... »

---

67. *M. de Bezons, intendant à Bordeaux,*
au Contrôleur général.

5, 9, 12, 16, 23 et 26 Janvier; 2 et 6 Février 1700.

État des mouvements du port et de l'exportation. Les bureaux du convoi et de la comptablie ont perçu les droits, pendant le mois de décembre, pour sept mille soixante-dix-huit tonneaux et demi de vin, quatorze cent treize barriques d'eau-de-vie (à cinquante verges par barrique) et cent soixante-quinze barriques de prunes, sans compter les résultats du bureau de Libourne. On espère que les cargaisons de l'année monteront à cent mille tonneaux.

Commerce des lettres de change; variation du prix des grains; influence des variations monétaires.

Importation des seigles de Bretagne et de Poitou; exportation des châtaignes.

Desséchement des marais de la juridiction d'Ambarès.

Charges vacantes aux parties casuelles.

Mémoire sur les inconvénients d'une création de greffiers des assurances dans les ports de mer.

«Il n'y a point ici, ni à Bayonne, de Chambre d'assurance : plusieurs personnes se mêlent d'assurer. Il y en avait eu une établie à Bordeaux, à ce que j'ai appris, il y a vingt-cinq ans; elle ne put pas subsister. L'on ne voit point de société dans cette province; chacun veut faire son commerce en particulier, et ne désire point que personne en ait connoissance..... »

---

68. *Les Villes d'Alsace*
au Contrôleur général.

7 Janvier 1700.

«Les bourgmestres et habitants des villes, bourgs et communautés de la province d'Alsace ont l'honneur de représenter à Votre Grandeur que l'édit du mois de juin dernier, qui crée des lieutenants et autres officiers de police dans le royaume, ayant été enregistré au greffe du Conseil supérieur de cette province, leur fait appréhender que, nonobstant tout ce qu'elle a souffert et payé au Roi pour être exempte de tous nouveaux établissements, les gens d'affaires, qui ne cherchent qu'à les étendre pour leur intérêt particulier, ne demandent que lesdites charges de police soient aussi établies dans toutes les villes d'Alsace comme dans le reste du royaume, quoique, aux termes du même édit, cet établissement ne doive se faire que dans les villes où il y a parlement ou autres juridictions royales. Votre Grandeur est trop bien informée des sommes immenses que cette province a fournies pour se libérer de tous nouveaux établissements, pour qu'il soit besoin de lui en faire un long détail; ils auront seulement l'honneur de lui remontrer que, ces charges de police ayant pour objet principal les corps des arts et métiers, l'établissement en seroit d'autant plus à charge à cette province, qu'elle n'est habitée que de sujets qui ont toujours été gouvernés par des statuts particuliers, convenables à la nation et aux pays voisins, qui ne pourroient plus subsister par les attributions et fonctions des officiers de police, qui renverseroient tout ce qui paroîtroit en quelque manière contraire aux intentions du Roi, qui a bien voulu jusqu'à présent que les anciens usages et coutumes subsistassent dans cette province. S. M. ayant même ordonné au Conseil supérieur de s'y conformer dans la décision des procès et autres différends qui naissent entre les habitants d'Alsace, qui néanmoins, pour donner des marques de leur zèle et affection à S. M., offriroient d'augmenter la subvention ordinaire de telle somme que Votre Grandeur jugeroit pouvoir être payée par cette province, eu égard à son étendue et à ses forces : ce qui semble mieux convenir au service du Roi et du public, en ce que les habitants du plat pays, qui sont plus aisés que ceux des villes, y contribueroient également, et tous en général en souffriroient moins. Moyennant quoi, ils espèrent de la bonté du Roi et de l'honneur de la protection de Votre Grandeur que S. M. voudra bien les conserver et maintenir dans l'état où ils sont et ne pas permettre que l'on introduise en cette province aucunes nouveautés, qui ne peuvent même qu'être très préjudiciables à son service, par plusieurs raisons qui ne sont pas inconnues à Votre Grandeur. C'est pourquoi ils ont recours à elle, en qui ils mettent toute leur confiance *. »

* En marge : «Attendre la lettre de M. le marquis d'Huxelles.»

---

69. *M. d'Ableiges, intendant à Poitiers,*
au Contrôleur général.

11 Janvier, 3 et 4 Juin, 9 Juillet 1700.

Il transmet l'information faite par le président de l'élection de Châtellerault contre les quatre collecteurs de cette ville, coupables d'avoir pris de l'argent des contribuables pour les décharger de la taille, ou d'avoir augmenté les cotes de ceux qui se refusaient à cet arrangement. Il demande à les juger à l'élection en dernier ressort.

Condamnation prononcée contre le receveur des tailles de Niort et son huissier.

Rapports sur une levée faite indûment, quoique du consentement des contribuables, par un simple habitant de la paroisse de Chaillé, pour fournir à la construction d'un pont, et sur les entraves apportées au commerce par le receveur des traites de Briou.

70. *M. d'Ableiges, intendant à Poitiers,*
au Contrôleur général.

15 Janvier et 11 Mars 1700.

Réparation de l'église de Plaisance et partage des frais entre le prieur, curé et gros décimateur, et le Roi, l'église étant une fondation royale du temps de Charlemagne et de Philippe le Bel *.

* Voir les pièces jointes à la seconde lettre.

71. *M. de Bâville, intendant en Languedoc,*
au Contrôleur général.

15 Janvier, 29 Octobre et 12 Novembre 1700.

États de la recette et de la dépense des biens des consistoires, des ministres et des autres religionnaires sortis du royaume avec ou sans la permission du Roi; projet d'emploi des fonds à l'éducation des enfants ou à l'entretien des églises *.

* En marge : «Le Roi ne se déterminera sur l'emploi des fonds qui proviendront desdits biens saisis et confisqués, qu'après que l'on aura reçu des états semblables de toutes les généralités, tant de la recette que de la dépense à faire; et alors on fera faire attention à S. M. sur les dépenses proposées.»

72. *M. de Beuvron, lieutenant général en Normandie,*
au Contrôleur général.

16 Janvier 1700.

«..... J'ai fait ce que j'ai pu pour faire convenir M. de Boisguilbert, notre lieutenant de police, avec Messieurs de l'hôtel de ville de Rouen, pour qu'il eût tout ce qui lui appartient par l'édit de création de sa charge, et que je me chargerois de vous demander vos ordres et explications sur toutes les difficultés et contestations qu'ils pouvoient avoir, et pour que les choses se fissent doucement, aussi bien qu'avec plusieurs autres personnes, et lui faisant connoître que le moins qu'il pourroit avoir d'affaires et de règlements à demander, et à vous importuner, ce seroit le meilleur pour lui. Je serois bien aise aussi de lui faire plaisir, parce qu'il me l'a demandé et m'a fait toutes sortes d'honnêtetés dans son avènement; mais je ne sais si son trop de vivacité et son humeur bouillante ne lui font point avoir des prétentions qui ne sont pas toujours justes..... Il seroit à désirer, pour lui comme pour beaucoup d'autres, qu'il voulût un peu suivre les conseils et avis de M. son frère le conseiller.....»

73. *Le sieur Guy Allard, ancien président en l'élection de Grenoble,*
au Contrôleur général.

26 Janvier 1700.

«Comme tout ce qui regarde l'État et le public doit être connu à Votre Grandeur, à cause de l'éminente charge où son mérite l'a élevée, j'ai cru qu'il étoit de mon devoir de vous communiquer le projet d'un ouvrage où je me suis appliqué depuis plusieurs années. M. le Peletier, étant contrôleur général, le fit voir au Roi, et eut la bonté de m'écrire que S. M. consentoit que je le lui dédiasse, et qu'on donneroit ordre aux frais de l'impression, et qu'il en avoit même écrit à M. Lebret, pour lors intendant en cette province. La guerre qui survint d'abord après a empêché ces résolutions. Ce n'est pas pour les faire reprendre que je prends la liberté d'écrire à Votre Grandeur: je n'ai jamais rien tiré des divers ouvrages que j'ai donnés au public, que de la gloire et des années; peut-être que la qualité et la considération de l'ouvrage obligera quelque libraire d'en entreprendre l'impression. J'ai envoyé le même projet à Mgr le Chancelier, et il m'a fait l'honneur de m'écrire qu'il nommeroit des examinateurs et m'accorderoit des permissions pour l'imprimer. Je lui avois communiqué le dessein de deux ouvrages que je vais entreprendre. L'un est l'histoire du domaine delphinal suivant les titres que j'ai vus en notre Chambre des comptes, travaillant aux extraits des titres pour en faire l'inventaire par ordre du Roi. Je prétends donc faire voir quel a été le domaine des dauphins de Viennois, des comtes de Forcalquier, qui étoient seigneurs de l'Embrunois et du Gapençois, des barons de Mévouillon et de Montauban, et des comtes de Valentinois et de Diois, à qui le roi-dauphin a succédé. J'en ferai voir toutes les aliénations, soit par vente, échange, don, inféodation, albergements ou usurpations, particulièrement les aliénations faites par le dauphin Louis, qui a été roi XIme du nom, pendant son séjour en cette province. J'ai trouvé plus de huit cents fiefs, maisons fortes, prés, terres, bois, offices et autres choses hommagées et reconnues en fief à nos anciens dauphins, qu'on a négligées depuis plus de cent ans. Rien n'échappera, et j'éclaircirai tout par titres. J'y mêlerai l'histoire de chaque terre du domaine, ses qualités, bontés, fertilité ou stérilité; de combien de feux, combien d'habitants, combien de nobles, les revenus, le prix des aliénations, en quel temps, à qui, et autres remarques historiques, et les baux à ferme qui sont en la Chambre des comptes.

«Le deuxième ouvrage que je veux entreprendre est l'histoire ecclésiastique de cette province, sur les titres qui sont en ladite Chambre des comptes, sur les cartulaires anciens des églises et sur leurs actes : combien d'archevêchés, d'évêchés, d'abbayes, de prieurés, de cures, de chapelles, de monastères; de quel ordre, de quelle nomination, sous quel vocable, combien de revenu, et surtout la production faite par les gens de mainmorte que j'ai vue. J'y ai remarqué tout ce que les ecclésiastiques possèdent en cette province; je déduirai tout ce qui est de la nomination du Roi, et j'ai trouvé dans notre Chambre des comptes des titres pour justifier qu'il y a de petits bénéfices en cette province, de cette nomination, qui ont été négligés. Enfin, ce seroit une espèce de pouillé.

«Sur la notice que j'ai donnée à Mgr le Chancelier de ces deux ouvrages, il m'a répondu qu'il falloit s'adresser à vous. Ainsi, je recevrai vos ordres là-dessus, vous demandant la grâce que mon dessein ne soit point connu en cette province, car je m'y ferois un grand nombre d'ennemis, à moins que S. M. ne me donne une commission expresse pour y travailler; car, en ce cas, je n'ai point de mesures à garder. M. de Bérolle, premier président en notre Parlement, qui est à Paris, vous dira qui je suis et de quoi je suis capable. J'ai le malheur de n'avoir pas toute l'estime de notre intendant; mais, si je suis capable de quelque chose pour les intérêts de S. M., il faut, s'il vous plaît, que vous soyiez mon *Mecœnas* auprès d'un *Auguste* qui fait si utilement fleurir les arts et les sciences. Je n'ai pas du bien, je suis même déjà avancé en âge, et, s'il plaît à S. M. de me gratifier de quelque chose, j'aurai bientôt achevé mes ouvrages, mes matières étant prêtes. Je me recommande donc à votre protection et à votre crédit.»

---

74. *M. de la Fond, intendant en Alsace,*
au Contrôleur général.

27 Janvier 1700.

«Il y a trois mois que j'ai appris par le public que S. M. avoit nommé M. de la Houssaye pour servir d'intendant dans cette province d'Alsace, et, par les lettres que j'ai reçues de ce dernier, j'apprends qu'il doit partir de Paris dans peu de temps pour venir me relever, sans que, jusqu'à présent, j'aie été informé des intentions du Roi sur la permission que j'ai pris la liberté de lui demander pour me retirer dans ma famille. J'ai attendu jusqu'à présent les ordres de S. M. là-dessus, et pour vous supplier, comme je le fais très humblement, de m'accorder un passeport pour faire voiturer à Paris mes meubles, qui sont vieux, et ma vaisselle d'argent, qui consiste à quatre cents marcs ou environ. J'attendrai cette grâce de votre bonté, et celle de croire que je serai toute ma vie, avec un profond respect..... »

---

75. *M. de la Bourdonnaye, intendant à Rouen,*
au Contrôleur général.

30 Janvier 1700.

Les habitants de Fécamp représentent que la surcharge des tailles imposées sur les marchands, les manufacturiers et leurs ouvriers a ruiné entièrement la ville de Fécamp, où prospéraient des fabriques de draps façon de Hollande, établies par M. Colbert, et a fait déserter presque toute la population. Ils demandent que leur taille soit réglée à une somme fixe, et levée sous forme d'octroi à l'entrée des denrées et marchandises, comme cela se pratique en d'autres villes de Normandie.

C'est surtout dans les ports situés aussi avantageusement que celui de Fécamp qu'un règlement de la taille serait utile, en permettant aux habitants de grossir leur négoce et leur fortune sans crainte d'une augmentation de cote*.

* En marge : «Néant.»

---

76. *M. le Gendre, intendant à Montauban,*
au Contrôleur général.

2 Février 1700.

«Vous ne me preniez point pour un missionnaire quand vous m'avez envoyé en ce pays-ci : cependant je prêche comme un diable; ma poitrine en souffre un peu, mais la religion en va mieux. Il n'y a point de jour que je ne mène à la messe cinq ou six nouveaux convertis. Il y en eut quarante qui y allèrent dimanche passé; il y en a bien eu vingt ce matin, quoique ce fût le jour de la Vierge, qui, comme vous savez, n'est pas en vénération parmi ces messieurs-là. Enfin j'en espère à merveille, si vous voulez bien nous aider; mais, sans votre secours, l'évêque de Montauban et moi ne pouvons rien faire de bien. Je suis charmé de ce prélat: c'est un homme d'un commerce charmant, qui est aimé et honoré de tout le monde; il instruit les nouveaux convertis avec une bonté paternelle. Sa patience et son zèle contribueront beaucoup à terminer heureusement cette affaire. Pour cela, trois choses sont nécessaires : la première, d'employer la douceur avec les gens raisonnables qui veulent bien se faire instruire, et avec les marchands, qui sont nécessaires pour l'augmentation du commerce; la seconde, de faire quelques exemples de sévérité sur les gens qui sont opiniâtres et attachés à leur famille par leur bien. Pour cela, j'ai demandé à M. de Châteauneuf douze lettres de cachet, le nom en blanc, dont je ne me servirai que dans l'extrême besoin. La troisième, qui vous regarde, seroit de gagner par argent ceux qui ne sont retenus que par intérêt, et qui ne trouvent à subsister que par le secours de quelques mauvais convertis.

«Si vous aviez la bonté d'écouter favorablement ma prière, et que vous voulussiez ouvrir votre main libérale, en nous donnant un secours de 7 à 8,000 #, dont je vous promets que je ne prendrai que les 2 sols pour livre, j'ose vous assurer que cela en attireroit davantage que les plus beaux sermons, et que le Roi seroit content de voir employer cette somme utilement pour l'avancement de la véritable religion et la destruction entière de l'hérésie dans Montauban, qui est regardé comme le centre de l'huguenotisme.

«J'ai appris aujourd'hui que M. de Breteuil avoit gagné son procès contre mon père : cela ne met pas son honneur à couvert dans l'esprit des honnêtes gens, et j'aimerois mieux être mort que d'avoir gagné une pareille affaire.»

---

77. *M. Lebret, intendant en Provence,*
au Contrôleur général.

5 Février 1700.

Il rend compte des démarches inutiles qu'il fait depuis longtemps pour obtenir la répression des intrigues du marchand Gleize dans le corps de ville de Marseille, et pour mettre fin à la dissipation des deniers de cette communauté.

«Si vous croyez, comme moi, qu'il soit essentiellement du service du Roi et de la justice qui est due à tous les possédants fonds dans la ville et terroir de Marseille, de la réparer, nous ne manquerons ni de moyens ni de bonnes raisons pour cela; car, encore que, par le règlement de l'année 1660, articles 33, 34 et 35, et par l'arrêt du Conseil du 11 mai 1676, que je joindrai à cette lettre, il soit expressément défendu aux échevins de faire des dépenses, tant ordinaires qu'extraordinaires, par chacun an, au delà de 30,000 ᴴ, et au trésorier de les acquitter, à peine de perte en son propre et privé nom, l'état que les échevins à présent en charge m'ont remis, le 10 novembre dernier, des charges, pensions, intérêts et autres dépenses annuelles de la communauté, non compris les dépenses extraordinaires, monte 296,234 ᴴ, savoir : 24,000 ᴴ qui doivent être employées par chacun an à la construction des murs d'enceinte de la ville, 25,000 ᴴ qui sont aussi employées tous les ans au curage et entretien du port, 131,234 ᴴ employées tous les ans au payement des intérêts courants dus aux créanciers, et 116,000 ᴴ pour les autres dépenses annuelles. Comme cet état me fut donné à l'occasion des charges de police nouvellement créées, je ne doute pas qu'il n'ait été un peu enflé; mais il faudroit qu'il l'eût été excessivement, si la dépense certaine et véritable n'alloit pas toutes les années au triple des 30,000 ᴴ portées par les règlement et arrêt ci-dessus datés. Les moyens de remédier à ce désordre, dont tout ce qu'il y a de gens de bien dans la ville feroient des feux de joie, seroient, à mon sens, d'examiner à quelle somme se doivent monter par chacun an les dépenses ordinaires et indispensables, et, après l'avoir fixé raisonnablement, faire de très expresses défenses, tant aux échevins qu'aux trésoriers, de l'excéder, et enjoindre à l'intendant de la province de voir tous les ans, à cet effet, l'état final des comptes qui seroient rendus, et de donner au trésorier l'excédent de cette somme, s'il s'en trouvoit, à recouvrer sur les administrateurs, en leur nom, et sans qu'il pût être rejeté sur le corps de la communauté; d'ordonner qu'il ne seroit fait à l'avenir aucunes réparations aux chemins et bâtiments dépendants de la communauté qu'après qu'elles auroient été mises aux enchères et délivrées par l'intendant ou par son subdélégué, en présence des échevins, à ceux qui seroient solvables et feroient la condition de la communauté meilleure, et qu'on ne pourroit faire à l'avenir aucunes dépenses excédant la somme qui auroit été fixée pour les dépenses ordinaires, qu'elles n'eussent été délibérées et autorisées, savoir : celles de 1,000 ᴴ et au-dessous, par ordonnance de l'intendant, dont il seroit tenu d'envoyer copie à M. le Contrôleur général; et celles au-dessus de 1,000 ᴴ, par arrêt du Conseil. Je ne parle point du mal passé, parce que rien n'est plus difficile que de le réparer; mais peut-être qu'il ne seroit pas mauvais d'inquiéter un peu les précédents échevins sur les dépenses qui paroîtroient les plus injustes et les plus irrégulières, pour tenir un peu en raison leurs successeurs*.»

* En marge, de la main du contrôleur général : «Suivre l'avis, donner arrêt, etc.»

---

78. *M. le maréchal* D'ESTRÉES, *commandant en Poitou*, AU CONTRÔLEUR GÉNÉRAL.

7, 20 et 23 Février, 30 Mai 1700.

Conflits avec le présidial de Poitiers au sujet des attributions de la charge de lieutenant général de police.

«Quant à ce qui regarde les comédiens, farceurs, opérateurs et autres gens de cette espèce, je suis aussi disposé à les éloigner des villes où je me trouve que les juges de police, et je me conformerai à cet article avec toute l'exactitude possible, de manière toutefois que, comme ils ne doivent être admis qu'après en avoir obtenu la permission en forme des juges de police, ils ne doivent pas aussi les admettre lorsque je ne jugerai à propos de les souffrir dans la ville où je serai présent. C'est comme je l'ai entendu, sans aucune prévention toutefois, et prêt à changer de sentiment lorsque vous estimerez que je le doive faire.»

---

79. *M. l'Évêque de Châlons* AU CONTRÔLEUR GÉNÉRAL.

10 Février 1700.

Il insiste de nouveau pour que la ville de Châlons soit dispensée de faire le fonds de l'entretien des lanternes, de même que l'a été celle de Troyes.

«Il s'en faut beaucoup que Châlons soit aussi riche que Troyes. Nous avons ici peu de négociants et beaucoup d'officiers et d'exempts, en sorte que, aux dernières impositions des ustensiles, on ne trouva qu'environ dix-huit cents contribuables. L'année passée, il y avoit quatorze cents familles à l'aumône publique; on est encore obligé, cette année, d'en assister la moitié. Le grain se soutient à un prix assez haut, et le pauvre est obligé, par la mauvaise qualité des seigles, d'acheter du froment pour mêler avec l'orge. De plus, les revenus de la ville sont épuisés par les charges.»

Il rend compte des efforts tentés pour relever la manufacture de draps du sieur Daras, et annonce l'envoi de l'enquête faite au sujet des droits qu'il a à l'administration de la police.

---

80. *M.* DE POMEREU, *intendant en Champagne*, AU CONTRÔLEUR GÉNÉRAL.

10 Février 1700.

«Je vois, par la lettre que vous m'avez fait l'honneur de m'écrire le 7 de ce mois, que M. Pinon s'est allé plaindre à vous qu'il n'a reçu de moi aucuns mémoires ni instructions sur les affaires de la généralité d'Alençon, et que même il doutoit de trouver à son arrivée sur les lieux ni les copies ni les originaux des derniers ordres qui m'avoient été adressés : de quoi il n'a aucun sujet, puisque, avant mon départ de Paris, je remis à M. le Gendre, son beau-père, tous ceux que j'avois à lui laisser, concernant les affaires qui n'étoient pas achevées. Il est vrai que j'en ai laissé peu de cette nature à Alençon, ayant eu l'honneur de vous rendre compte de tout avant que d'en partir, et c'est ce que j'aurois pu lui donner à entendre, si j'avois eu une conférence avec lui. Ma surprise est d'autant plus grande sur cette plainte mal fondée, que, de bonne foi, je n'avois pas su jusqu'à présent qu'il fût d'usage, parmi MM. les intendants, de donner à un successeur de mémoire plus ample que celui qui étoit joint aux ordres et pièces que je lui ai fait remettre. Je dis : *jusqu'à présent*, car, outre qu'en arrivant, il y a onze ans, à Alençon, je n'y trouvai aucune instruction de la part de M. de Bouville, je n'ai tiré de M. Larcher autre chose que ce qu'il m'a dit pendant un assez court entretien dans une hôtellerie, à la campagne, sans m'en donner aucun mémoire, et que très peu de papiers. Cependant je tâche de remplir mes devoirs du mieux qu'il m'est possible, afin que le service du Roi n'en souffre pas, et, quoiqu'il y ait bien de la différence de ce département à celui d'Alençon, soit par l'étendue du pays, soit par la multiplicité et la diversité des affaires, il ne m'est pas venu une seule fois en pensée de me plaindre du peu de lumières que M. Larcher a trouvé à propos de me communiquer, sachant que c'étoit à moi à m'instruire en examinant de près toutes choses, et à m'en rendre certain par moi-même. M. Pinon m'a écrit pour me demander des mémoires sur les affaires de la religion, et ne m'a pas paru inquiet sur aucune autre. Aussi ne doit-il pas l'être, parce que, outre ledit mémoire qui lui a été remis, j'ai achevé, avant mon départ de Normandie, tout ce qu'il y en avoit d'extraordinaires, et mis ce qui restoit en état de pouvoir se continuer sans confusion et sans embarras. La réponse que je lui fis dernièrement à Alençon, l'y croyant arrivé, a dû le satisfaire sur ce qu'il désire de moi à cet égard.

«Si les adjudications des ouvrages à faire aux fortifications des places de la frontière et celles des octrois de Sedan, que j'ai fermées au 20 de ce mois, ne m'obligeoient pas de partir dans quatre jours pour m'y rendre, j'exécuterois dès à présent l'ordre que vous avez eu agréable de me donner, de faire un mémoire exact et détaillé de l'état auquel j'ai laissé toutes choses dans ce département-là, pour vous l'envoyer, puisque vous le désirez. Vous me permettrez néanmoins d'avoir l'honneur de vous dire que, n'ayant ici qu'une partie de mes papiers, il faudra que, par ma mémoire, je supplée à ce qui me manquera pour obéir à vos ordres : ce que je ferai immédiatement après mon retour de la frontière, quoique je me trouve engagé à repartir peu de jours après pour continuer ma tournée dans cette province. Quand M. Pinon voudra bien se donner un peu de mouvement, il lui sera aisé de suivre les affaires qui restent dans son département, parce que, avant de le quitter, j'ai pris soin d'écrire aux subdélégués des lettres circulaires et leur donner des instructions fort amples sur tout ce qu'ils avoient à faire pour le mettre en état de les terminer. J'ose vous promettre qu'il les trouvera assez bien disposées pour ne lui pas faire beaucoup de peine, et sans qu'il lui en coûte de grands soins. Je tâche ici de n'en omettre aucuns, dans la vue de faire le service du Roi et de vous persuader, par cet endroit, l'envie que j'ai de mériter l'honneur de votre estime*.»

* Il reçut ordre d'envoyer à M. Pinon tout ce qu'il avait conservé de papiers et d'indiquer en quel endroit se trouveraient les autres pièces. Voir sa réponse du 18 février, où il dit que les papiers de la capitation et des étapes sont au bureau des finances, et ceux de la religion au greffe du présidial.

---

81. *M. Lebret, intendant en Provence,*
au Contrôleur général.

13 et 21 Février 1700.

Il se plaint que les nouveaux fermiers des postes fassent payer le port des lettres circulaires qu'il adresse aux juges royaux et procureurs du Roi, ou les conservent dans leurs bureaux; en revanche, les procureurs généraux refusent de prendre livraison, contre payement du port, des lettres qui leur sont adressées par les officiers subalternes, et les commis ne veulent pas les leur remettre sans argent. Cette nouvelle façon d'agir est très préjudiciable au service du Roi.

---

82. *M. Bignon, intendant à Amiens,*
au Contrôleur général.

14 Février 1700.

Il demande la revision d'une condamnation prononcée par le juge des traites de Boulogne contre la communauté de Bourthes, comme solidaire et responsable d'une violence faite à un garde de la ferme du tabac. Cette condamnation comprend une amende de 500^{ll}, 200^{ll} de dommages-intérêts à la ferme, 793^{ll} de dépens, et 106^{ll} de frais de témoins. Outre l'exagération de ces sommes, il faut remarquer que la solidarité a été prononcée tout à la fois pour assurer le payement des frais et pour décharger le principal coupable, qui est parent de la femme du juge. La communauté gagnerait certainement son procès, s'il était porté devant la Cour des aides; mais un appel achèverait de la ruiner, et il n'y a d'espoir qu'en une évocation au Conseil.

---

83. *M. Bouchu, intendant en Dauphiné,*
au Contrôleur général.

16 Février 1700.

Rapport sur les contestations et les procédures soulevées entre le sieur Cotterel, nouveau converti, chargé du recouvrement de la taxe des armoiries, et les frères Expilly, l'un curé à Biviers, l'autre procureur du Roi de l'hôtel de ville de Grenoble.

---

84. *Les Trésoriers de France en la généralité de la Rochelle*
au Contrôleur général.

16 Février 1700.

Ils protestent contre les insinuations d'un placet envoyé au contrôleur général, sans doute par les officiers du présidial.

«Nous avons la consolation de n'avoir rien à nous reprocher, ni sur ce que nous devons à M. l'Intendant et aux autres puissances, ni sur le peu de droits que nous touchons de l'exercice de nos charges, qui sont si modiques, qu'à peine donnent-ils 30^{ll} à chacun de nous par année. Nous travaillons plus par honneur qu'en vue des droits qui nous peuvent revenir; sur quoi, nous nous conformons aux règlements et aux usages des bureaux anciens les plus en règle, et il n'y a pas un officier de notre bureau qui ne se soumette à la restitution du quadruple de ce qu'on pourra justifier qu'ils ont reçu au delà. Nous osons même dire plus, que le désagrément que nous avons par les traverses qui nous sont faites, et la protection que trouvent nos ennemis par leurs artifices, mettent notre bureau en tel état, qu'il n'y a pas un officier qui ne reçût agréablement le remboursement de sa charge, s'il plaisoit à S. M. de le faire. Nous sommes presque sans fonctions : les réparations des ponts, chaussées et domaines sont faites, sous les ordres de M. l'Intendant, par ses subdélégués, qu'il prend des sièges royaux et présidiaux, qui font à notre préjudice les procès-verbaux, baux et adjudications au rabais; ces mêmes subdélégués font les procès-verbaux de prise de possession des domaines engagés, sans qu'il en revienne aucune connoissance à notre bureau : ce qui peut être de telle conséquence à l'avenir, plusieurs des officiers desdits sièges s'étant rendus acquéreurs de ces domaines, qu'ils pourront aisément le confondre avec le leur, et ôter toutes les connoissances qui le conserveroient et feroient reconnoître, lorsqu'il plaira à S. M. ou ses successeurs de le retirer. C'est ainsi qu'en ont usé plusieurs anciens engagistes, et que plusieurs seigneurs voisins des domaines de S. M. ont fait des usurpations. Mais comment pourrions-nous travailler à les découvrir et vérifier sur les mémoires qui nous en sont donnés? Toutes nos fonctions nous sont contestées. Si nous avons voulu prendre connoissance de l'état de la succession d'un comptable redevable envers S. M., nos sceaux ont été enlevés témérairement par les élus de Cognac, qui sont nos inférieurs, et qui nous en ont contesté la compétence; le procès est encore pendant au Conseil, au rapport de M. de Breteuil. Si nous avons voulu veiller à mettre en sûreté les sommes dues par le feu sieur de Roddez, ci-devant receveur des tailles de la Rochelle, décédé débiteur de S. M. de sommes considérables, en apposant nos sceaux sur ses effets, le lieutenant général les a croisés et nous en a contesté la juridiction. Ce même lieutenant général a rompu, de son autorité, les sceaux que nous avions sur les effets du nommé Vanvoalhendal, étranger mort sans héritiers, avec le dernier mépris, et sans nous y appeler pour les reconnoître : ce qui nous a encore causé un autre procès au Conseil, qui est encore indécis. Si nous avons voulu prendre connoissance des contestations portées devant le présidial de la ville de Saintes, pour raison d'un trésor trouvé près ladite ville, pour la conservation de ce qui doit en revenir à S. M., la juridiction nous en a été contestée, et nous a causé un autre procès, qui est aussi pendant au Conseil. Quand nous avons voulu exercer la juridiction de la petite voirie, elle nous a été contestée par les officiers des villes, et il nous a fallu soutenir un autre procès au Conseil, sur lequel nous avons obtenu arrêt avec beaucoup de dépense. La juridiction de la grande voirie nous est contestée par la plus grande partie des seigneurs, et, sur l'appel d'une de nos ordonnances rendue contre un particulier de l'île de Magné, pour une entreprise par lui faite sur la voie publique, arrêt du Parlement est intervenu, qui renvoie le procureur du Roi du bureau et ce particulier devant le juge des lieux; et, comme cet arrêt est insoutenable, n'étant pas dans l'ordre qu'un procureur du Roi du bureau des finances soit renvoyé, pour des matières qui sont de notre compétence, devant un juge de seigneur, nous sommes obligés de nous pourvoir au Conseil en cassation d'arrêt. La juridiction du domaine et droits du Roi nous est contestée par le lieutenant général de la Rochelle et le juge de Rochefort, lesquels prétendent en connoître, au préjudice des édits qui nous donnent cette juridiction : ce qui nous engage tous les jours en de nouveaux procès..... »

---

85. *M. d'Huxelles, gouverneur d'Alsace,*
au Contrôleur général.

16 Février 1700.

Rapport sur diverses créations projetées.

La première, dans le Conseil souverain, serait fort à charge à cette compagnie, mais non au public, et M. le premier président de Corberon en fait son affaire.

Au contraire, la création de préteurs royaux dans les dix villes d'Alsace serait fort lourde pour ces villes, et elle aurait l'inconvénient de mettre des officiers en titre, au lieu de simples commissions, à la tête des Magistratures. Il vaudrait mieux augmenter la subvention annuelle que paye la province, ou plutôt trouver un expédient pour lui faire payer 100,000 écus (argent courant d'Alsace) par an, au lieu de 99,000 ᵗᵗ, en promettant qu'on ne fera plus de créations nouvelles*.

* A cette lettre sont joints les états des impositions supportées par l'Alsace depuis le commencement de la guerre jusqu'en 1698, et des sommes payées par le Conseil supérieur et les bailliages. Au dos, cette note du contrôleur général : «Supplément de finance ou augmentation de gages. — Néant. Il ne faut point toucher aux usages de l'Alsace.» Sur une nouvelle proposition de M. d'Huxelles, en date du 16 septembre, le contrôleur général consentit à accorder pour l'avenir l'exemption des affaires extraordinaires, et de plus à réduire les fonctions de la maîtrise des eaux et forêts d'Haguenau aux seuls bois du Roi, à charge que la subvention fût portée à 100,000 écus pendant la paix, mais sans exemption de la contribution aux fourrages.

---

86. *M. de Miroménil, intendant à Tours,*
au Contrôleur général.

16, 20 et 21 Février 1700.

Pillage de bateaux de blé à destination de Paris; mesures prises pour indemniser le marchand et prévenir le retour de semblables désordres.

---

87. *M. de Miroménil, intendant à Tours,*
au Contrôleur général.

17 Février 1700.

«L'affaire des armoiries est d'une discussion infinie, et j'ai eu l'honneur d'écrire plusieurs fois à M. le Chancelier, pendant qu'il étoit contrôleur général, qu'on pouvoit compter que pas un bourgeois des villes d'Angers et autres d'une condition au-dessous de celle de gentilhomme ne payoit qu'à force de frais et d'exécutions. Le sieur Royer a été compris dans un rôle dès le 1er de septembre 1698, sans qu'on ait pu le réduire par voie d'honnêteté à se rendre justice. Depuis l'arrêt du 17 octobre dernier, lui et tous les autres avocats, ainsi que les médecins, notaires, procureurs, greffiers et huissiers, ont soutenu être exempts. Le traitant s'est plaint que je n'apportois pas assez de facilité à faire payer ces sortes de personnes. Il vous a plu m'ordonner, le 8 de ce mois, de vous rendre compte des motifs que j'avois d'apporter certains tempéraments; j'ai eu l'honneur de vous répondre le 14 ensuivant. En vérité, on est bien embarrassé entre l'envie de soulager les peuples et l'obligation de faire obéir aux ordres du Roi. Un notaire des plus fameux et plus riches d'Angers, nommé Bory, a fait des rébellions et violences outrées; nous avons cru devoir mander qu'on le fasse payer rigoureusement, afin qu'il serve d'exemple, ménageant d'ailleurs et épargnant les familles dont les facultés sont médiocres.»

88. *M. de Pomereu, intendant en Champagne,*
au Contrôleur général.

17 Février, 20 Mars et 1er Avril 1700; 2 Mars 1701.

Adjudication des ouvrages à faire aux places de Sedan, Mézières et Rocroy, et des nouvelles casernes à construire à Sedan; devis des travaux.

Entreprise de Mme la duchesse de Duras pour rendre la Vesle navigable depuis Reims jusqu'au confluent de l'Aisne.

89. *M. Sanson, intendant à Soissons,*
au Contrôleur général.

18 Février 1700.

Rapport sur l'état des recouvrements d'affaires extraordinaires*.

* Voir les rapports des autres intendants : M. de Miroménil, à Tours, 22 février; M. Lebret, en Provence, 6 mars; M. Bouchu, en Dauphiné, 11 mars; M. d'Ormesson, en Auvergne, 25 octobre 1699 et 17 février 1700; M. Guyet, en Béarn, 13 février 1700; M. de la Bourdonnaye, à Rouen, 22 mars et 10 avril, etc.

90. *M. de Bezons, intendant à Bordeaux,*
au Contrôleur général.

20 Février et 13 Mars 1700.

Organisation de la loterie de 23,000 louis d'or autorisée au profit de l'hôpital général de Bordeaux*.

* Quoique la loterie ne fût pas encore couverte le 18 janvier 1701 et qu'il s'en fallût de 10 ou 12,000 tt, M. de la Tresne, premier président du Parlement, obtint la permission d'en annoncer l'ouverture en faisant subir aux lots une réduction proportionnelle. Le même magistrat demanda, pour soutenir l'hôpital général de la Manufacture, que cet établissement eût le privilège de fabriquer les bas au métier, à l'exclusion des artisans qui avaient établi cette industrie dans la ville. (Lettres des 7 et 15 juin 1701.) Le séminaire de Sainte-Anne-la-Royale des Irlandais ne put obtenir une loterie. (Lettre du supérieur, 25 juin 1701.)

91. *M. de Bagnols, intendant en Flandre,*
au Contrôleur général.

21 Février 1700.

«Vous trouverez, avec cette lettre, des états de tous les employés, tant de la ferme générale que de la sous-ferme des domaines de Flandres, dans mon département. Les directeurs qui me les ont donnés m'assurent qu'ils font tous profession de la religion catholique, apostolique et romaine. Il est assez difficile d'être informé au juste de la conduite de la plupart de ces employés, et particulièrement des commis ambulants, qui n'ont presque point de résidence certaine. On peut dire en général qu'il y a moins de religionnaires sur cette frontière, où la liberté de conscience n'a jamais été tolérée, qu'en aucune autre province du royaume. Ce n'est pas pourtant qu'il n'y en ait quelques-uns; mais ils ne donnent point de scandale, et on les voit s'acquitter de tous les devoirs des bons catholiques, sans en excepter aucun, dans la crainte qu'ils ont d'être découverts et punis. Quand je suis averti par le grand vicaire de M. l'évêque de Tournay ou par les doyens de Chrétienté que la foi de quelques particuliers leur est suspecte, on les oblige de faire une nouvelle profession de foi entre les mains de leur curé ou desdits doyens de Chrétienté : ce qui est arrivé il n'y a pas trois mois dans un village voisin de cette ville. Il seroit difficile de dire si ces professions de foi sont bien sincères : Dieu seul en est le juge; mais au moins il n'y a point de scandale.

«Nous n'avons point en ce pays d'entrepreneurs généraux, ni d'inspecteurs des manufactures, quoiqu'elles y soient bien établies; chaque ouvrier travaille pour son compte et n'a pas de peine à se défaire de sa marchandise, qui est fort recherchée, et dont il y a présentement plus de demandes que par le passé. Il n'y a nulle apparence qu'il y ait dans le nombre de ces ouvriers des religionnaires ou des nouveaux convertis mal intentionnés.

«Il seroit plus difficile de répondre de la conduite des employés des fermes par rapport à la régie; on sait bien que ces sortes de gens ne sont pas incorruptibles, et que, quand ils voudront, ils ne trouveront que trop d'occasions de friponner. On les observe autant qu'il est possible. Quand le mal n'est pas grand, on essaye d'y apporter remède, sans vous en importuner. S'il y avoit des désordres considérables, on ne manqueroit pas de vous en rendre compte.»

92. *M. l'Évêque de Poitiers*
au Contrôleur général.

22 Février et 19 Août 1700; 5 Janvier 1701.

Il demande l'autorisation de faire une loterie au profit de son hôpital général, qui est chargé de deux cent soixante et dix personnes et dépense, en blé seulement, un tiers de plus que son revenu. Il réclame pour l'Hôtel-Dieu de Poitiers le droit d'affermer chaque année la vente exclusive de la viande pendant le carême *.

* Voir l'avis de l'intendant, M. d'Ableiges, 6 janvier 1701.

93. *M.* LE GENDRE, *intendant à Montauban,*
au CONTRÔLEUR GÉNÉRAL.

24 Février 1700.

«Je suis charmé que vous ne désapprouviez pas ma conduite dans l'affaire de la religion : le succès en est si considérable et si prompt, qu'il passe toutes mes espérances. Le nombre de ceux qui vont à la messe sans force ni violence est si grand, qu'on ne sauroit plus le compter; il y en avoit plus de huit cents dimanche passé. Je commence à craindre que l'église ne soit trop petite pour les contenir. La première démarche, de les engager par la douceur à venir à la messe, étoit le coup de partie, pourvu qu'on n'en demeure pas là : il faut y joindre l'instruction. C'est ce que j'ai fait en composant environ vingt classes des nouveaux convertis de Montauban, que j'ai confiés pour l'instruction à vingt des plus habiles gens de la ville, qui m'en rendent compte exactement toutes les semaines. Moyennant ces précautions, je sais d'abord que quelqu'un a manqué ou à aller à la messe ou à se faire instruire, et aussitôt je l'envoie querir, pour lui représenter que ceux qui ont commencé à faire leur devoir sont bien plus coupables que les autres, quand ils ne continuent pas. Si je puis obtenir quelque lettre de cachet pour intimider les plus opiniâtres et quelque secours d'argent, dont j'ai déjà écrit à M. de Châteauneuf, vous pouvez vous fier à moi : l'affaire réussira, ou j'y périrai. Le Père de la Rue arriva jeudi en parfaite santé; le peuple est fort prévenu en sa faveur. Il commencera demain à prêcher *.»

* Le 3 mars suivant, en annonçant que tous les commis des fermes ou des traitants nouveaux convertis font bien leur devoir, il envoie une copie de la lettre suivante, adressée par lui à M. de Châteauneuf, secrétaire d'État : «Je crois que le Roi sera fort aise d'apprendre que les affaires de la religion vont toujours de mieux en mieux à Montauban. Presque tous les chefs de famille les plus opiniâtres sont rendus sans force ni violence; il n'y a pas deux cents hommes qui n'aient été à la messe; mais, comme il ne suffit pas de bien commencer, ils travaillent tous à se faire instruire par les plus habiles gens de la ville. M. l'évêque de Montauban y donne des soins continuels, de même que le Père recteur des jésuites et toute la communauté. M. d'Arbussy, avocat général de la Cour des aides, ancien ministre, très honnête homme et bon catholique, nous est d'un grand secours; son exemple en attire beaucoup. Enfin, le succès passe toutes mes espérances et doit paroître incroyable à ceux qui n'en sont pas les témoins. Le Roi ne pouvoit nous faire un plus grand présent que de nous envoyer le Père de la Rue dans ces heureux commencements : l'église est trop petite pour contenir tous ceux qui ont envie de l'entendre, quoique nous ayons fait faire des tribunes de tous côtés. Son éloquence et sa douceur font une grande impression sur l'esprit des nouveaux convertis; c'est un homme admirable en public et en particulier. Dieu ne renferme pas ses grâces à la seule ville de Montauban : il les répand encore dans toute la généralité, où la plupart des villes les plus considérables commencent à faire leur devoir, comme Saint-Antonin, Caussade, Millau, Nègrepelisse, Mauvezin, Réalville. Toutes les semaines, on m'envoie de grandes listes de ceux qui ont commencé à aller à la messe; les autres sont bien ébranlés. Si je n'appréhendois point d'être accusé de vanité, j'aurois l'honneur de vous dire que j'espère que, dans peu de temps, tout sera tranquille en ce pays-ci; mais il ne faut ni se trop flatter ni se relâcher. Il est même nécessaire d'accorder quelques secours à beaucoup de nouveaux convertis qui sont dans le besoin; j'ai déjà eu l'honneur de vous en écrire plusieurs fois et de vous supplier de m'envoyer quelques lettres de cachet, le nom en blanc, dont la seule inspection fera trembler ceux qui en seront menacés. Je ne mérite point encore votre confiance, mais je vous assure que je n'en abuserai pas. Il seroit à souhaiter que les provinces voisines suivissent l'exemple de Montauban, l'uniformité étant d'une grande conséquence en fait de religion. Je travaille présentement à gagner les femmes, qui sont plus raisonnables que je ne pensois; il y en a déjà beaucoup qui sont venues de bonne grâce à la messe, et qui m'ont promis de continuer. J'en ai découvert, dans Montauban, qui étoient cachées depuis trois mois, de crainte qu'on ne les envoyât chercher, qui ont bien voulu se faire instruire et qui ont été à la messe. Mme Delong et Mme de Moubeton, mère de Mlle de Caumont, qui est par ordre du Roi dans un couvent de Bordeaux, deux femmes fort dangereuses et très opiniâtres, qui empêchoient tous leurs habitants d'aller à l'église, commencèrent dimanche à faire leur devoir avec toute leur maison, et ont promis de continuer. J'espère que Dieu bénira notre ouvrage.»

94. *M.* DE MONTHOLON, *premier président du Parlement de Rouen,*
au CONTRÔLEUR GÉNÉRAL.

25 Février, 26 Mars, 27 Avril, 11 et 28 Mai, etc. 1700.

Il envoie l'état des cargaisons de grains arrivées dans le port de Rouen, avec les noms des destinataires.

95. *M.* TURGOT, *intendant à Metz,*
au CONTRÔLEUR GÉNÉRAL.

(De Paris) 26 Février 1700.

«..... J'aurai l'honneur de vous expliquer que, comme le pays Messin et les environs de la ville de Metz sont un pays de vignoble, l'on s'est mis sur le pied, depuis huit ou dix ans, de faire profit des marcs de raisins, que l'on jetoit auparavant. Il s'est établi des distillateurs dans tous les villages pour en tirer des eaux-de-vie, et, comme les particuliers n'étoient pas accoutumés à en faire profit, ils les ont abandonnés dans les surcharges extraordinaires, et surtout dans les dernières années. Au lieu d'avoir recours à d'autres natures d'impositions, les gens des trois ordres ont pris les marcs du pays pour acquitter les recouvrements extraordinaires, et le Roi en a reçu différents et de grands secours; ils ont produit depuis 25 jusqu'à 35,000 #, selon les années, et ce secours a paru si utile, que les États de Bourgogne l'ont imité; et il est de conséquence de ne le pas diminuer. Du temps de M. de Sève, ils ont été adjugés deux ou trois fois. Dans les dernières années, la ville se trouvant encore plus chargée d'affaires extraordinaires, et les revenus ordinaires n'y pouvant suffire, ils ont été adjugés par moi, en 1696, 1697, et la dernière fois en 1699. Communément, ils sont adjugés en vertu d'un résultat des trois ordres et selon les affiches qu'ils font publier, comme en 1692 et 1693, du temps de M. de Sève, et de même dans les autres années. Il y a eu quelquefois des arrêts du Conseil pour l'ordonner; mais, d'autres fois, il n'y en a point eu, et les édits qui autorisent pour choisir les moyens pour acquitter ces recouvrements ou résultats, visés des intendants, ont paru suffisants. En l'année 1698, la ville de Metz se trouvant devoir des restes considérables des recouvrements de la guerre, on proposa de prendre les marcs de la ville de Metz, pays Messin, terre de Gorze et Quatre-Mairies, et il y eut un arrêt du Conseil expédié le 30 septembre pour ce sujet; mais, la vendange ayant été trop modique, on ne put s'en servir cette année. Je pressai les gens des trois ordres, qui ont l'administration des affaires de la ville, de faire le fonds de ces restes, et, dès le 25 mai 1699, ils firent un résultat pour adjuger les marcs de raisins dans le temps de la vendange. L'on attendit jusqu'à ce temps. J'en rendis compte le 3 août à M. le Contrôleur général, et vous verrez, par sa lettre du 19, que S. M. approuva de se servir du produit des marcs de raisins. En conséquence de cette lettre, je visai le résultat des trois ordres, et j'en fis l'adjudication les 22 et 23 septembre, quelque temps avant la vendange, en l'assemblée des trois ordres, et ils ont produit une somme de 30,000 ᵗᵗ.

«..... Naturellement, les gens des trois ordres n'ont juridiction que sur les villages du pays Messin; ceux de la terre ou abbaye de Gorze ne sont point sujets à la juridiction des officiers de la ville de Metz, et ont même quelque jalousie sur ce sujet. Les quatre plus gros villages de vignobles, savoir: Ars, Ancy, Scy et Lessy-Longeville, qu'on appelle les Quatre-Mairies du val de Metz, qui sont situés près de la ville, mais dépendant immédiatement du temporel de l'évêché de Metz et de la juridiction du bailliage de Vic, appartenant à M. l'évêque, n'y sont pas non plus sujets à la juridiction des trois ordres, et ont quelque jalousie. Cependant, toutes les fois qu'on a pris les marcs de raisins par tout le pays pour le service du Roi, ceux de ces villages ont été adjugés, et, s'ils étoient distraits, ils causeroient une grosse diminution.»

Il propose en conséquence de décharger les trois ordres de Metz des assignations au Conseil données contre eux par les Quatre-Mairies.

---

96. *M. d'Ableiges, intendant à Poitiers,*
au Contrôleur général.

1er Mars 1700.

État des taxes faites sur les propriétaires d'îles et îlots.

---

97. *M. de Gacé, gouverneur du pays d'Aunis,*
au Contrôleur général.

2 Mars 1700.

Il appuie une réclamation des propriétaires de marais salants contre la franchise dont jouissent les sels de Bretagne et contre les droits que supportent indûment les sels de Saintonge et d'Aunis*.

* De la main du contrôleur général: «Lui mander que les diligences qu'ils feroient seroient inutiles; que la possession depuis François Ier est un titre suffisant, et qu'il faudroit bouleverser le royaume, si on vouloit remettre les choses en l'état qu'elles étoient il y a près de deux siècles.»

---

98. *M. l'Évêque de la Rochelle*
au Contrôleur général.

4 Mars 1700.

Il renouvelle ses instances pour que le Roi achète les terrains destinés à la construction d'une église cathédrale, et qu'on demande à l'Assemblée du clergé les fonds nécessaires pour commencer les travaux.

---

99. *M. Bégon, intendant à la Rochelle,*
au Contrôleur général.

6 Mars 1700.

«Vous trouverez ci-joint l'état que vous m'avez demandé, le 8 du mois passé, des ouvriers employés dans les manufactures de mon département, par lequel vous verrez que la plus grande partie sont étrangers, et qu'entre ceux qui sont sujets du Roi, il y en a plus d'anciens catholiques que de nouveaux convertis. J'ai exhorté les maîtres des raffineries de porter ceux-ci à se faire instruire, et on ne néglige rien de tout ce qui peut se faire pour les exciter par des voies douces à faire leur devoir de catholiques. On ne s'est jamais aperçu que les luthériens et autres protestants étrangers aient fait aucun exercice de leur religion, et ils n'ont, sur cet article, donné aucun sujet de se plaindre d'eux. Nous avons ici une manufacture de toiles, dans laquelle il n'y a que d'anciens catholiques. La manufacture de Saint-Jean-d'Angely ne fait que de naître, et j'aurai soin qu'on n'y reçoive les nouveaux catholiques qu'à condition expresse qu'ils assisteront tous les dimanches et fêtes aux instructions*.»

* Réponse en marge, de la main du contrôleur général: «Avoir attention à la conduite des nouveaux convertis; leur faire faire leur devoir; sinon, les punir suivant les déclarations.» — Le sieur Drouard, inspecteur dans la généralité de Tours, envoie son rapport le 21 mars; le sieur Bonneval, inspecteur à Poitiers, envoie le sien le 12 avril. Le sieur Bocquet, inspecteur à Caen, envoie des rapports nominatifs le 9 mai et le 1er juin. Sur les rapports de M. de la Bourdonnaye, intendant à Rouen (20 mars et 5 avril), plusieurs nouveaux convertis furent emprisonnés. Voir une lettre de M. de Vaubourg, successeur de cet intendant, à la date du 20 octobre, avec le placet des prisonniers, et, à la date du 28 avril précédent, la lettre du contrôleur général au secrétaire d'État Châteauneuf, l'avisant de prendre les ordres du Roi pour MM. Foucault, de la Bourdonnaye et Bignon.

---

100. *M. Bignon, intendant à Amiens,*
au Contrôleur général.

7 Mars 1700.

Les chaudronniers auvergnats qui avaient suivi les

armées de Flandres et qui font les raccommodages de village en village, dans le Pays conquis, en payant les droits dus au Roi, se plaignent que le corps des chaudronniers d'Arras veuille les forcer à prendre des lettres de maîtrise. Il est vrai que cette prétention est appuyée sur des lettres des princes d'Artois et de l'empereur Charles-Quint; mais un pareil règlement ne semble pas applicable à la campagne, qui ne peut toujours recourir aux maîtres chaudronniers de la ville*.

* En marge : «Néant.»

101. *M. l'Évêque de Nîmes*
au Contrôleur général.

8 Mars 1700.

«Les administrateurs de nos hôpitaux me prient de demander au Roi, en faveur de nos pauvres, une grâce qu'il a eu la bonté d'accorder à d'autres villes, plus grandes à la vérité que la nôtre, mais qui ne sont guère plus considérables par leur fidélité et par leur commerce. Nîmes est une ville fort peuplée, où il y a de riches marchands, mais où il y a beaucoup de gens aussi que les mauvaises récoltes et le défaut des soies, qui manquent depuis plusieurs années, ont réduits à la nécessité et à l'assistance publique. Nous avons un hôpital général, fondé, dans les premières années de mon épiscopat, sur quelque revenu que la ville donne par la permission de S. M. et sur les aumônes des gens de bien; et, quoiqu'il n'ait que 8 à 9,000 # de fixe, sa dépense va tous les ans à 27 ou 28,000 #. Si nous n'avions eu, et si nous n'avions encore que nos pauvres à nourrir, nous n'importunerions pas S. M., et nous nous en déchargerions en redoublant nos charités. Mais, quoi que nous fassions, nous ne pouvons suffire à soutenir cette maison, remplie de pauvres de la ville et d'une infinité d'étrangers que leur misère attire sur nous depuis quelque temps, et que notre compassion nous fait recevoir. Nous sommes dans une situation qui nous met à portée de toutes les montagnes des Cévennes, du Gévaudan et du Vivarois, qui, dans leurs disettes, viennent chercher du secours chez nous. La charité qu'on a exercée dans Nîmes envers leurs pauvres les a accoutumés à y venir, et nous nous trouvons accablés du nombre de ces misérables et des efforts qu'il a fallu faire pour les soulager. Nous avons encore un Hôtel-Dieu pour les pauvres malades, où il n'y en avoit jamais eu plus de cinquante; il y a trois ans qu'il y en a deux cents, et quelquefois davantage, presque tous ou soldats ou étrangers, que nous assistons et qui nous laissent un grand nombre de petits enfants dont la nourriture nous est à charge, et que nous n'avons garde d'abandonner à leurs parents, misérables et souvent mal intentionnés pour la religion. Nous supplions donc S. M. de vouloir nous permettre de faire une loterie, que nous conduirions avec toute l'exactitude et la bonne foi imaginable, dont nos hôpitaux pourroient profiter à proportion de la somme, qui, suivant les dispositions que je vois, pourroit se porter à 50,000 écus. C'est une espèce d'aumône qu'on fait sans regret, dans l'espérance d'un plus grand gain. Si S. M. nous vouloit accorder cette grâce, ce seroit une charité qu'elle feroit à une ville qui est très zélée pour son service, et dont j'espère qu'elle sera satisfaite pour la religion. Nous vous prions de nous rendre vos bons offices*.....»

* Voir la lettre écrite, le même jour, par les administrateurs de l'hôpital. Le 26 mars, l'évêque d'Alais demande également une loterie.

102. *Le sieur* Dumoulin, *inspecteur des manufactures à Nîmes*,
au Contrôleur général.

8 Mars 1700.

«J'ai reçu les ordres qu'il a plu à Votre Grandeur m'envoyer, par lesquels elle désire être informée si, dans ce département, il y a des entrepreneurs de manufactures et leurs ouvriers qui aient été de la religion, la manière dont ils se gouvernent, et si eux, leurs enfants ou leurs ouvriers font leur devoir, s'ils assistent aux instructions, s'ils ne font pas entre eux des prières, s'ils sont mariés, et en quel temps et par qui ils l'ont été, et si enfin il y a parmi eux des étrangers. Sur quoi, j'ai l'honneur de dire à Votre Grandeur que, dans toute l'étendue de ce département, il n'y a point de manufactures réglées, comme sont celles établies dans le département du haut Languedoc, appelées Saptes, Clermont et la Grange-des-Prés, dans lesquelles il y a plusieurs ouvriers employés à différentes fonctions, et qui ne font pourtant qu'un même corps*. C'est ce qui est bien différent dans ce département, où ceux qui font des factures sont tous dispersés dans les villes, villages ou hameaux, travaillant pour la plupart des laines qu'ils préparent eux-mêmes; et, lorsqu'ils ont fait trois ou quatre pièces, ils les portent vendre aux marchands, qui les achètent aux marchés les plus voisins des lieux de leur fabrique; en sorte que, du produit de la vente, ils en achètent d'autre laine, et ainsi, successivement, ils se soutiennent de leur petit travail. Ils sont pour la plus grande partie nouveaux convertis, et, parmi leur grand nombre, il y en a qui font bien leur devoir, et ceux qui ont des enfants sont obligés de les envoyer aux instructions qui se font dans toutes les paroisses, par les grands soins que MM. leurs évêques prennent de les faire faire par les curés des lieux, et principalement dans cette ville, où il y a un nombre considérable de toutes sortes de facturiers, tant en laine qu'en soierie, mais surtout en bas. Cette manufacture s'est très bien soutenue, et augmente encore tous les jours, puisqu'on compte dans son enceinte jusqu'à près de huit cents métiers travaillant actuellement, et qui occupent plus de trois mille personnes. On s'aperçoit, depuis quelque temps, qu'ils s'appliquent à faire mieux leur devoir, de même que les marchands. Il ne paroît pas qu'ils fassent d'autre exercice de religion que de la catholique; mais il se peut faire qu'il y ait des familles qui font des prières, mais pourtant sans s'assembler plusieurs, parce que cela seroit bientôt reconnu. Ceux qui se marient parmi eux depuis l'extinction de leur religion, les mariages se font tous par les curés et de la même manière que ceux des anciens catholiques, les mêmes cérémonies observées. Il ne se trouve point, au surplus, dans tout ce département, aucun facturier étranger qui ne soit né sujet du Roi. Si Votre Gran-leur trouve à propos, dans la suite, que je doive lui rendre un compte précis de leur conduite à cet égard, je le ferai avec toute l'application que je dois.

«Le commerce, qui sembloit depuis quelque temps avoir relâché, commence à se rétablir. L'argent étant devenu moins rare, les marchandises en sont plus abondantes, et les marchands travaillent déjà assez. Je me rendis, le 27 du mois dernier, à la foire de Sommières, où il y avoit beaucoup de draperie de la fabrique de ce même lieu ou des lieux de son ressort, comme des ratines, finettes et molletons, que je trouvai d'assez bonne qualité. J'exhortai même les ouvriers à continuer à bien faire, rien ne pouvant mieux faire valoir les fabriques de ce département que la perfection des étoffes. Je donnerai cependant tous mes soins pour les faire perfectionner, et m'attacherai uniquement à faire bien observer les règlements.»

* Voir, aux dates des 12 mars, 7, 12 et 14 mai, les rapports de M. de Bâville et des inspecteurs Bosson et de Lamarque. Selon la première pièce, il n'y avait en tout que trois nouveaux convertis, travaillant à Villeneuve-lès-Clermont.

103. *M. Turgot, intendant à Metz,*
au Contrôleur général.

11 Mars 1700.

Il discute une demande en autorisation d'aliéner présentée par les administrateurs de l'hôpital de Metz, et conclut au rejet.

104. *M. d'Ormesson, intendant en Auvergne,*
au Contrôleur général.

12 et 15 Mars, 15 Avril 1700.

Il envoie les procès-verbaux d'incendies considérables qui ont détruit une partie des lieux de Vic-le-Comte, Saint-Cirques et Saint-Saturnin, et demande, outre une aumône du Roi, la remise des impôts arriérés et la fixation des cotes des incendiés à 5 sols*.

* En marge : «Bon. Pour six ans, modérés à 5 sols.»

105. *M. Bouchu, intendant en Dauphiné,*
au Contrôleur général.

15 Mars 1700.

«. . . . . Permettez-moi de vous représenter que le contenu en votre lettre du 8 février dernier, à l'égard des manufactures, ne peut avoir d'application au Dauphiné, où il n'y a aucune manufacture où des ouvriers soient ensemble, dans un même corps de bâtiment, travaillant auxdites fabriques. La plupart des étoffes du Dauphiné se font par des paysans épars dans tous les villages de la province, qui, n'étant plus occupés l'hiver à la culture de la terre, s'emploient pendant cette saison à faire quelques pièces d'étoffe; et, pour peu qu'on aille inquiéter ces gens-là et leur marquer plus de surveillance sur leur conduite au sujet de la religion qu'à l'égard des autres nouveaux convertis, ils déserteront d'autant plus facilement qu'ils ont des métiers pour subsister hors le royaume. Sur quoi, j'attendrai les ordres dont il vous plaira de m'honorer.»

106. *M. d'Ableiges, intendant à Poitiers,*
au Contrôleur général.

15 Mars, 15 et 19 Avril 1700.

État des affaires extraordinaires.

«Il est certain que le grand nombre d'affaires extraordinaires dans lesquelles le Roi n'a pu se dispenser d'entrer, par la dépense excessive de la guerre, a donné lieu à plusieurs particuliers de s'enrichir. Les gains doivent vous être connus entièrement par rapport au produit des traités, à la facilité des recouvrements, aux avances des traitants et aux remises que S. M. leur a accordées . . . . . .

«Puisque le Roi désire que les gens d'affaires rapportent une partie des sommes qu'ils ont gagnées avec S. M. pendant la guerre, je vous supplie de me permettre de vous faire souvenir que Mme d'Ableiges est fille de feu M. de Courchamps, qui a été intéressé dans quelques traités. Il est mort à la fin de mai de l'année 1694; trouvez bon, s'il vous plaît, que j'aie l'honneur de vous demander votre protection pour le tiers qu'elle sera obligée de payer pour sa part et portion dans cette succession. Comme j'ai lieu de croire que S. M. est contente de mes services, et que je dois être persuadé que vous avez quelque bonté pour moi, je vous supplie de me prescrire la conduite que je dois tenir pour en avoir une décharge; quoiqu'un tiers dans la part d'un intéressé soit peu de chose pour le Roi, cependant cela ne laisse pas d'être considérable pour moi, et je m'estimerai très heureux de vous avoir cette obligation. J'espère que vous voudrez bien me faire cette grâce*.»

* Le 12 août suivant, il demande quelle voie suivre pour obtenir décharge de plus de 50,000 ll que Mme d'Ableiges devait payer en raison des profits que son père avait faits dans les traités depuis 1689.

107. *M. de la Bourdonnaye, intendant à Rouen,*
au Contrôleur général.

19 Mars 1700.

Rapport sur les diverses causes auxquelles on attribue la fréquence des inondations de la rivière d'Eure.

108. *Le sieur le Brun, à Toulouse,*
au Contrôleur général.

24 Mars 1700.

Il expose ses vues sur le rétablissement des haras de la frontière des Pyrénées, et demande d'y être commis*.

* Voir, à la date du 24 août suivant, une proposition de M. de Bâville, intendant en Languedoc, et les lettres de M. Lebret fils, intendant en Béarn (21 juin, 14 juillet et 5 septembre 1702), relatives à l'assignation des dépenses des haras de Béarn sur les fonds des États et sur ceux des domaines.

109. *Le sieur* TASCHEREAU DE BAUDRY, *lieutenant général de police à Tours*, AU CONTRÔLEUR GÉNÉRAL.

24 Mars 1700.

«J'ai trouvé, en arrivant à Tours, les choses beaucoup plus calmes que je ne l'avois espéré. M. le lieutenant général seul se donne beaucoup de mouvement et répand contre moi beaucoup de faits calomnieux dans le public. Il s'explique même qu'il a écrit à Votre Grandeur contre ma famille et contre moi; mais, comme, grâce au ciel, je ne sais rien là-dessus qui puisse m'être reproché avec justice, j'espère que Votre Grandeur n'y donnera aucune attention. J'ai été installé dans ma charge avec l'agrément de tous mes autres confrères et du public, et je vais m'appliquer autant que je le pourrai à rétablir par les voies les plus douces l'ordre dans tous les corps et communautés de cette ville, qui sont depuis quelques années dans une entière confusion. J'espère que Votre Grandeur aura la bonté de m'accorder la protection qui me sera nécessaire pour travailler avec succès à cet ouvrage. Elle me permettra aussi de lui représenter que ce qui fait principalement dans cette ville la misère publique, est la cessation du commerce, causée par la cherté des soies. Presque tous les métiers pour la soie sont abattus, et les ouvriers sans ouvrage; chacun néanmoins se soutient encore par l'espérance d'un meilleur temps. C'est ce que nous devons espérer de la sagesse de vos conseils et de votre application à rétablir l'abondance dans tout le royaume.

«J'attends, pour agir dans l'affaire dont il vous a plu de me charger, les éclaircissements que Votre Grandeur peut avoir sur le paquet adressé à M. Orceau, et dont l'ouverture découvriroit apparemment ce que l'on souhaite savoir. Je ne crois pas devoir me fier au commis de la poste jusqu'à ce qu'il ait des ordres bien précis par le moyen de M. Orceau, et vous me fîtes l'honneur de me marquer à Versailles que vous traiteriez cette affaire, à l'égard du paquet, directement avec M. Orceau. La demoiselle Robillard qui est nommée dans le mémoire est dans cette ville; elle prend constamment le soin des affaires de l'homme en question; je soupçonne même que les effets dont il s'agit pourroient être chez les nommés Conzay et Gascon, qui sont deux marchands associés, nouveaux convertis et parents de cet homme. Mais il seroit dangereux de faire des perquisitions d'éclat sur de pareils soupçons, et l'ouverture du paquet me mettroit en état d'agir avec sûreté. Je suivrois là-dessus, comme en toutes autres choses, les ordres que Votre Grandeur voudra bien me donner.

«Je supplie très humblement Votre Grandeur de me marquer ses intentions sur la séance que je dois avoir à la maison de ville en présence du maire, et quelle séance j'y dois avoir en son absence.»

110. *M.* BARENTIN, *intendant en Flandre maritime*, AU CONTRÔLEUR GÉNÉRAL.

25 Mars 1700.

«Il arrive très rarement aux Dunkerquois de se faire assurer les vaisseaux qu'ils mettent en mer, et le peu d'assurances qu'on fait ici se fait par un simple acte passé devant notaire; et il n'y a pas d'exemple jusqu'ici qu'il y ait eu du retardement dans son exécution, lorsque le cas de l'assurance est arrivé. Je croirois cependant qu'il seroit utile de conserver les actes d'assurances dans un lieu sûr, et je ne m'éloignerois pas de la proposition de l'établissement d'un greffe des assurances dans cette ville, si je ne croyois beaucoup plus avantageux au bien du commerce d'ordonner que les assurances se feront dorénavant par-devant le pensionnaire ou greffier de la Chambre du commerce, qui en délivrera des expéditions aux parties sans aucuns frais. Il me paroît même que la finance d'un greffier qu'on établiroit seroit d'un petit objet dans cette ville, où la liberté du commerce demande qu'on le charge de moins de droits qu'il sera possible.»

111. *M.* ROUJAULT, *intendant en Berry*, AU CONTRÔLEUR GÉNÉRAL.

2 Avril 1700.

Il envoie l'état des restes à recouvrer sur chaque affaire extraordinaire.

Pour le traité des armoiries, la finance des rôles montait à 101,562 ₶, sur quoi il a été fait 18,655 ₶ de décharges et recouvré 37,907 ₶; mais il faudra déduire de l'état des taxes qui restent à recouvrer : les curés, dont le revenu est certainement au-dessous de 200 ₶, quoi qu'en dise le traitant; les trois quarts des huissiers et notaires royaux, dont on serait obligé de vendre les meubles, jusqu'au lit même; et les commis des fermes à pied appointés à 350 ₶, ou à cheval appointés à 600 ₶. Ces réductions seules permettront de terminer l'affaire, dont les frais ont été très considérables.

Il conviendrait également d'accorder une décharge totale des restes de la taxe des fossés et remparts, dont la poursuite, après avoir excité beaucoup de rumeurs, est interrompue depuis plusieurs années.

112. *M.* DE POMEREU, *intendant en Champagne*, AU CONTRÔLEUR GÉNÉRAL.

5 Avril et 22 Septembre 1700.

Construction d'un hôtel de ville à Rethel; affectation à cet usage du produit de l'octroi sur le sel.

113. *M.* PHÉLYPEAUX, *intendant à Paris*, AU CONTRÔLEUR GÉNÉRAL.

6 Avril 1700.

«Pour satisfaire à votre lettre du 8 de février dernier, j'aurai l'honneur de vous dire qu'il n'y a que deux maisons de manufactures dans la généralité de Paris : l'une est à Beauvais, qui est celle de Behagle, pour la fabrique de tapisseries, et l'autre à Dormelles, proche Montereau, pour la fabrique de draps.

Dans la première, comme vous le pourrez voir par le mémoire que je joins ici, il n'y a aucun ouvrier de la R. P. R.; et, pour celle de Dormelles, dont je joins aussi le mémoire, il n'y a que l'entrepreneur, nommé Van der Hulst, et le directeur et caissier, nommé la Roque, qui soient de la R. P. R, qui, suivant le certificat du curé, ne font aucun devoir de catholique. Il y a aussi les damoiselles des Chars, qui ont obtenu un privilège pour faire travailler en dentelles façon de Malines à Saint-Brice. Elles n'ont qu'une petite maison, où elles ont peu d'ouvrières, et font travailler dans les paroisses circonvoisines. Je vous envoie le nom des ouvrières qu'elles emploient.»

114. *M. de Vaubourg, intendant en Franche-Comté,*
au Contrôleur général.

6 Avril 1700.

Il n'y a aucun nouveau catholique parmi les commis des fermes, qui sont en petit nombre.

«Quant aux manufactures, la Franche-Comté a le malheur de n'en avoir aucune, hors celle du fer-blanc que M. Robelin, ingénieur et directeur des fortifications, établit présentement en vertu d'un privilège du Roi. Ledit sieur Robelin a été calviniste; mais, étant un ingénieur distingué, il ne faut pas le mettre au nombre des employés aux manufactures. Il a quelques ouvriers allemands qui sont encore luthériens ou calvinistes: ces ouvriers sont nécessaires pour établir la manufacture, et ils ne comptent pas de demeurer dans le royaume.»

115. *M. de Miroménil, intendant à Tours,*
au Contrôleur général.

7 Avril 1700.

État nominatif des privilégiés exempts de la taille dans chaque paroisse du département.

116. *M. Pinon, intendant à Alençon,*
au Contrôleur général.

8 Avril, 10 Juin et 18 Novembre 1700.

Rapport sur les prévarications commises par le sieur du Rocher, élu à Conches, dans la vente des offices des greffiers des rôles des tailles.

«Ayant demandé à cet élu raison de sa conduite là-dessus, il m'a avoué qu'à la vérité il s'étoit fait payer le prix de ces offices, par quelques-uns des particuliers auxquels il les a vendus, au delà des sommes portées par les quittances de finance qu'il leur a délivrées, mais que c'étoit de concert avec eux, et qu'il a cru être en droit de le faire, ayant traité de la vente de cinquante-sept de ces offices avec le sieur Haste, ci-devant receveur général des finances de cette généralité, moyennant l'avance qu'il lui a faite du montant de la finance portée par les quittances du trésorier des revenus casuels de S. M..... Il ajoute que les particuliers qui les ont acquis par ses mains n'ont pas lieu de se plaindre d'aucune surprise de sa part, puisque, traitant avec eux, il leur remettoit la quittance de finance, qui étoit la seule pièce en vertu de laquelle ils devoient exercer ces offices et jouir des émoluments et privilèges y attachés, et que même il a abandonné au profit de la meilleure partie des acquéreurs les 3 deniers de remise qui lui étoient acquis lors de la vente.»

L'ancien directeur des étapes, accusé d'avoir altéré trois routes et retenu en prison depuis dix-sept mois, n'a été condamné qu'à une amende de 20 ᵗᵗ, représentant le profit de ses altérations.

L'accusation portée contre le lieutenant criminel de l'élection de Bernay est fondée : il a pris effectivement de chaque témoin qu'il entendait 5 sols pour la taxe qu'il faisait de leur salaire; mais cet usage est presque général. Les officiers ont promis de ne plus s'adjuger pareille taxe à l'avenir.

117. *M. d'Ableiges, intendant à Poitiers,*
au Contrôleur général.

12 Avril 1700.

Il demande décharge d'une saisie de toiles peintes en faveur d'un marchand qui vient, ainsi que sa femme, d'abjurer la religion réformée.

118. *M. l'Archevêque d'Arles*
au Contrôleur général.

13 Avril 1700.

«Vous m'avez fait l'honneur de me permettre d'avoir recours à vous quand il me surviendroit quelque affaire : j'en ai une avec les consuls d'Arles, qui n'est pas considérable, mais qui me tient fort au cœur. Vous savez qu'il est dangereux, surtout dans les commencements, d'être commis avec des gens vifs, glorieux, entreprenants. Tant qu'ils n'ont point de chaperon, ils sont raisonnables; mais dès qu'ils l'ont endossé, la tête leur tourne. Ils se souviennent qu'Arles a été une colonie romaine, et croient être d'après ces fiers consuls qui gouvernoient autrefois l'univers. Voici le fait.

«Depuis l'établissement de la Charité, l'usage est que les consuls assistent le lundi d'après Pâques au bureau général, où je préside, pour l'élection de nouveaux directeurs ou *recteurs*, pour parler en langage du pays. Ils viennent encore à la Charité le jour de Saint-Joseph, qui est le patron. Ils conviennent de tout cela; mais il s'agit du cérémonial. Lorsque je vins prendre possession de l'archevêché, c'étoit au mois d'octobre 98 : ainsi, il ne fut question de rien. L'année dernière, je tins le bureau général. Le maire et les consuls, en chaperon, vinrent, avec les autres recteurs, me recevoir à la porte de la rue, et me conduisirent au lieu destiné pour l'assemblée. Ils m'accompagnèrent ensuite dans les salles et me reconduisirent jusqu'à la porte. Ils firent la même chose le jour de Saint-Joseph. Cette année-ci, les nouveaux consuls, dont le premier est gentilhomme, le deuxième avocat, le troisième procureur et le quatrième chirurgien, par une délibération prise, ne se sont point trouvés au bureau général, et m'ont déclaré qu'il avoit été résolu que les consuls ne viendroient plus à l'avenir me recevoir, comme ils firent l'année passée, les deux fois consécutives que je fus à la Charité. Ils prétendent qu'ils n'ont point rendu ces honneurs à mes prédécesseurs; mais il n'y a aucun registre qui marque un usage contraire. Feu M. d'Arles n'y a point été les trois dernières années, et la manière dont ils m'ont reçu en arrivant est une preuve contre eux. Ils disent qu'ils sont protecteurs, et non pas recteurs de cette maison : je réponds qu'il n'y a point d'autre protecteur des églises et des maisons de piété que le Roi, et que, quand il seroit vrai qu'ils fussent protecteurs, ils ne seroient pas moins obligés de me faire les honneurs de cette maison, lorsque j'y vais en cérémonie.

«Il y a encore une autre difficulté. Toutes les fois que j'officie, les consuls sont obligés de venir me prendre : ils veulent marcher à côté de moi, et même dans l'église, quoique je sois en camail et en rochet, et mes aumôniers sont obligés de marcher en surplis derrière eux. Je leur ai représenté que le plus grand roi du monde permet bien à ses aumôniers d'être près de sa personne sacrée; que plusieurs arrêts du Parlement de Toulouse, qui sont dans les *Mémoires du Clergé*, ont décidé en faveur des évêques, au sujet de leur aumônier, contre les consuls; qu'il est contre les règles que des laïques marchent à côté de l'évêque dans l'église, et qu'il est indécent de voir des ecclésiastiques revêtus être à leur suite. Je n'ai pu les persuader.

«Ainsi, je vous supplie, avec toute l'instance possible, de demander pour moi en grâce à S. M. qu'elle ordonne que les consuls me feront excuse de ce qu'ils ne se sont point trouvés au bureau général, qu'ils assisteront à un bureau particulier tenu exprès, et viendront en chaperon me recevoir à la porte de la rue, comme l'année passée, et qu'à l'avenir ils en useront de même au bureau général et le jour de Saint-Joseph; que mes aumôniers marcheront en surplis à côté de moi, lorsque les consuls viendront me prendre pour me conduire à l'église les jours que j'officie, et que cela sera enregistré dans les registres de la ville.

«Un grand ministre comme vous rit de me voir un peu agité pour de telles minuties; mais j'oserois vous dire qu'il y va de mon honneur et que j'aurois tous les jours de nouveaux incidents à essuyer, et même du désagrément, si S. M. n'avoit la bonté de m'accorder ce que j'ai l'honneur de lui demander avec tout le respect possible. J'espère obtenir ces grâces-là par votre protection; vous m'avez fait l'honneur de me la promettre: je vous supplie de m'en donner des marques dans cette occasion.....»

119. *M. Foucault, intendant à Caen,*
au Contrôleur général.

13 et 26 Avril 1700.

Rapport sur des saisies vexatoires ou des jugements rendus indûment contre des marchands anglais, par la juridiction des traites*.

* Sur la première lettre, le contrôleur général a écrit en marge : «J'ai donné ordre aux fermiers généraux de cesser toutes poursuites, de rendre les marchandises et de décharger des 50 ᵗᵗ d'amende.»

120. *M. l'Évêque de Carcassonne*
au Contrôleur général.

15 Avril 1700.

«Vous pensez toujours mieux qu'un autre; vos refus partent d'un fonds de bonté, et aboutissent à des succès heureux. Je regarde comme une suite de la protection dont vous honorez tous les Grignans la petite résistance que vous avez apportée à vous charger de mes plaintes contre le maire de Carcassonne : vous vouliez qu'elles fussent aidées d'une circonstance incontestable, et que ce ne fût pas un problème si j'étois bien ou mal fondé à défendre la liberté de la ville dans l'élection des consuls. La chose est claire présentement : cette élection vient d'être confirmée par un arrêt d'audience, où vingt-quatre conseillers et cinq présidents de la grand'chambre ont unanimement suivi les conclusions de M. de Berthier, avocat général. Je puis donc dire aujourd'hui que j'ai rempli une partie de mes devoirs en prêtant mon secours à des opprimés. Cette fonction, quoique convenable à un évêque, ne m'a attiré que de nouvelles injures : le maire, non content du monitoire publié contre moi il y a quelque temps, a inventé de nouveaux outrages pour me noircir; permettez-moi de vous en présenter un mémoire. Ce ne sont pas des allégations vagues, ce sont des faits justifiés par des actes en forme. Je les ai remis à M. le marquis de Châteauneuf; si vous avez la bonté de vous faire avertir du jour qu'il les rapportera, j'espère que vous serez assez touché des opprobres dont je me plains, pour me juger digne de toute votre protection, et que vous ne regarderez pas comme une satisfaction convenable le remboursement de la mairie, puisque, indépendamment de moi et en conséquence de la liberté que vous avez donnée, cette communauté travaille actuellement à ce remboursement, qui est à la veille d'être fini. De mon côté, cherchant plutôt la conversion du pécheur que sa mort, je me contente de la vente de l'office de receveur des tailles dont le sieur Danty est pourvu*.....»

* Voir, sur les mêmes sujets, une lettre de M. de Bâville, du 9 juillet suivant.

121. *M. d'Ormesson, intendant en Auvergne,*
au Contrôleur général.

16 Avril 1700.

«L'ordinaire de la poste de Paris n'étant point arrivé en cette ville le jour de Pâques, à cause de la fête, cela a été cause que la lettre dont vous m'avez honoré, datée du 6 de ce mois, au sujet de la recherche des gens d'affaires, ne m'a été rendue que le lundi au soir 12; le mardi matin, j'envoyai les ordres nécessaires à mes subdélégués des villes particulières pour se faire donner des états par les commis des élections et les vérifier exactement : en suite de quoi, je fis venir les directeurs et principaux commis qui sont établis à Clermont, et leur demandai les états certifiés de leurs recettes et dépenses. Ils me les ont remis entre les mains, et, lors de la vérification que j'en ai faite, il ne m'a pas paru qu'ils eussent des fonds considérables par-devers eux. J'achève de les examiner : après quoi, je ferai porter les deniers à la recette générale ou dans les particulières des tailles des élections, dont j'aurai l'honneur de vous envoyer des états.

«J'ai aussi donné les ordres nécessaires pour finir le recouvrement des affaires commencées..... Quoique votre lettre ne s'explique point assez pour savoir si les commis des fermes seront obligés d'en user comme ceux des recouvrements et affaires forcées, je n'ai pas laissé de demander à ces premiers des états de leurs recettes et dépenses, et leur ai défendu de se dessaisir de leurs fonds jusqu'à nouvel ordre. Ceux qui en sont chargés sont bons et solvables, et ainsi, si vous ordonnez qu'ils les remettent comme les commis des affaires extraordinaires, je ferai exécuter la chose aussitôt que vous aurez pris la peine de me le mander. Les fermes du Roi qui sont établies en cette province sont celles du domaine, des formules, du tabac, des poudres et salpêtres et du plomb à tirer, des postes, du petit scel, du contrôle des actes des notaires, de la marque du papier, de celle des chapeaux, de l'or, de l'argent, du contrôle des bans de mariage, des greffes réunis par l'édit du mois de décembre dernier, et celle des amortissements et francs-fiefs, dont la plupart sont tenues en sous-ferme des fermiers généraux. Ayez, je vous supplie, agréable de me mander si je ferai remettre les deniers qui en proviendront comme ceux des recouvrements : il est bien à propos que vous ayez agréable de me donner dans peu ces éclaircissements, afin que, si ces fermes en sont dispensées, les commis puissent continuer d'envoyer leur argent à leurs commettants et sous-fermiers, et acquitter les lettres de change qui sont tirées sur eux. Si vos ordres étoient arrivés à la fin du mois dernier, il se seroit trouvé beaucoup plus d'argent, la diminution des espèces ayant fait faire des payements considérables, que les directeurs ont envoyés à Paris.»

---

122. *M. de Miroménil, intendant à Tours,*
au Contrôleur général.

20 Avril 1700.

«Les recouvrements pour le rachat du fonds destiné à l'entretien des lanternes et pour les droits d'enregistrement des armoiries étant ceux qui donnent actuellement plus de peine et d'occasion aux frais, les particuliers qui restent à faire payer demeurant tous exposés à la rigueur de discussions, la plus grande partie plutôt par pauvreté que par esprit de désobéissance, nous prenons la liberté de vous présenter les deux projets d'arrêts ci-joints, aux fins de faire finir ces deux affaires, si S. M. l'agrée. Au moyen de ce que nous proposons, et dont nous ne serons désavoués par les communautés, S. M. aura touché du recouvrement des lanternes, pour les trois villes de Tours, Angers et le Mans, la somme de 90,000 ᵗᵗ, y compris les 2 sols pour livre, sans que les états du Roi soient dorénavant chargés de 11,000 ᵗᵗ de dépense pour l'entretien des lanternes de ces trois villes, où, le nombre étant médiocre, à cause de la finance qu'il avoit plu à S. M. avoir la bonté de modérer, on étoit obligé de les mettre si loin à loin qu'elles n'étoient d'aucune utilité, et, si on les plaçoit plus proches les unes des autres, le peu de lanternes ne servant que pour quelques rues au cœur de la ville, sans que les quartiers éloignés puissent être éclairés, les trois quarts de ceux qui contribuoient à la finance n'en tirant pas le moindre avantage.

«A l'égard des armoiries, en l'état présent de ce traité très languissant, dont le produit est de 130,000 ᵗᵗ ou environ pour le Roi, outre les 2 sols pour livre et le coût des blasons, comme S. M. a souffert, aux termes de ses ordres du 29 mars dernier, que, sur 50,000 ᵗᵗ qu'on pouvoit exiger après beaucoup de contraintes, on en remît encore 15,000 ᵗᵗ, nous osons espérer que la bonté du Roi s'étendra jusqu'à vouloir faire cesser les poursuites en exécution d'un édit que les personnes d'une condition à ne porter des armes naturellement ne peuvent goûter, se plaignant tous que, le Roi n'ayant rien prononcé contre eux, on leur fasse vexation de leur demander ce qui n'est point porté précisément par l'édit, seul titre authentique des volontés du Roi. Tous ceux naturellement sujets à prendre des armes y ont satisfait, et il ne reste plus à faire payer que des gens d'une condition médiocre, auxquels même on vient de faire défense de porter or ni argent sur leurs habits, ce qui les fait soulever plus que jamais*.»

* Par de nouvelles instances, il obtint que le fonds des lanternes fût modéré à 80,000 ᵗᵗ pour Angers, à 40,000 ᵗᵗ pour le Mans, et qu'on se contentât, pour Tours, des sommes déjà recouvrées. «Faire en sorte, écrit le contrôleur général, de supprimer le fonds des lanternes ou partie.» Il fut sursis à l'exécution de l'édit des armoiries, mais sans qu'il parût que l'ordre vint du contrôleur général. (Lettres des 7 et 8 mai.)

---

123. *M. Bouchu, intendant en Dauphiné,*
au Contrôleur général.

20 Avril, 20 Mai et 18 Décembre 1700.

Rapports sur les voies et moyens à adopter pour parfaire l'établissement de deux nouvelles paroisses dans la ville de Grenoble et la dotation des prêtres desservants qui y seront attachés.

---

124. *M. Foucault, intendant à Caen,*
au Contrôleur général.

21 Avril 1700.

Il appuie la requête présentée par les administrateurs de l'hôpital des pauvres de Caen afin d'être autorisés à amortir une certaine quantité de petites rentes foncières et à vendre les pièces de terre séparées appartenant à cet hôpital, pour en replacer le capital en rentes sur la ville, dont la régie ne sera plus difficile ni coûteuse.

---

125. *M. d'Ormesson, intendant en Auvergne,*
au Contrôleur général.

28 Avril 1700.

Il se plaint qu'un directeur d'affaires extraordinaires soit venu lui demander son attache pour faire exécuter divers rôles de confirmation ou de supplément de finance arrêtés conformément à la déclaration du 23 juin 1699.

«Permettez-moi de vous représenter l'embarras et les frais que cela causera aux particuliers, dans un temps où le Roi veut bien faire jouir ses peuples de la tranquillité de la paix que S. M. leur a donnée. La levée de ces sommes sera longue et très difficile, par la pauvreté de la plupart des taxés, et je crains même qu'on n'en puisse rien retirer, étant certain que les particuliers et les habitants des paroisses qui ont réuni à leur communauté ces charges de jurés crieurs, et éteint les droits y attribués à leur profit, au moyen de la première finance qu'ils ont payée, ne manqueront pas d'abandonner ces offices, plutôt que de supporter un supplément, et de demander, suivant la faculté qui leur est accordée par la déclaration, le remboursement de ce qu'ils ont financé.

«Les propriétaires des offices de marqueurs d'étain et ceux qui ont levé quelques-unes de ces charges de premiers huissiers audienciers, et qui n'en ont pas même encore payé la finance, ne manqueront pas de prendre le même parti; et ils s'y porteront d'autant plus volontiers, qu'il n'est attribué aucuns gages à tous ces offices et que les droits y attachés sont de peu de considération : en sorte que le traitant, se trouvant dans la nécessité de faire percevoir ces attributions par des personnes qu'il seroit obligé de commettre dans chaque lieu, ne retireroit que très peu de chose, pour ne pas dire rien du tout, de la portée de ces rôles.

«Le sieur Cambefort m'en a encore représenté un autre, qu'il m'a dit avoir reçu dans le même temps, quoique arrêté au Conseil dès le 19 août 1698, et qui n'a pas encore été signifié : il monte à 7,390 ᵗᵗ. Ce sont des taxes faites sur les bâtards et aubains pour être dispensés de prendre des lettres de légitimation. Quoique cette somme paroisse médiocre pour toute une province, cependant les sommes qui regardent chaque particulier (dont quelques-uns sont taxés jusques à 1,800ᵗᵗ de principal), ne laissent pas d'être très fortes par rapport à leur peu de facultés, la plus grande partie de ces sortes de gens étant pauvres et sans aucun établissement, joint qu'il y en aura de compris dans ce rôle qui justifieront n'être point dans le cas de la déclaration du 22 juillet 1697 : en sorte que, pour faire payer ceux qui devront légitimement, on sera contraint de s'engager dans des frais qui seront presque aussi considérables que le principal. Le traitant a tort d'avoir demeuré trois années entières sans en poursuivre l'exécution, et elle sera d'autant plus difficile aujourd'hui que les peuples, qui s'attendent à ne plus voir de nouveautés, regarderont les sommes qui leur seront demandées en vertu de ces rôles comme des choses injustes, et on sera obligé d'en venir à la dernière rigueur pour les obliger à y satisfaire*..... »

* Le contrôleur général approuva d'abord l'intendant et lui ordonna de faire surseoir à toutes poursuites; mais ensuite il lui écrivit de faire exécuter les rôles relatifs aux affaires de l'année précédente, et de ne surseoir que sur les affaires plus anciennes. (Lettre de M. d'Ormesson, 19 mai.) Au lieu d'huissiers taxés à 5 ou 6 ᵗᵗ par jour de garnison, M. le Blanc, successeur de M. d'Ormesson, obtint la permission de donner aux commis des dragons, qui ne recevaient que 15 sols par jour; lorsque les redevables étaient pauvres, un même dragon servait pour quatre maisons. (Lettre du 5 juin 1705.)

---

126. *M. de Nointel, intendant à Moulins,*
au Contrôleur général.

28 Avril, 9 Mai, 21 Juillet 1700.

Projet d'établissement d'un octroi de 30 sols par poinçon sur les vins consommés à Moulins, dont le produit sera affecté au payement des affaires extraordinaires sur lesquelles il est encore dû 85,028 ᵗᵗ.

---

127. *M. Phélypeaux, intendant à Paris,*
au Contrôleur général.

2 Mai 1700.

Mémoire sur l'imposition que portent plusieurs paroisses des environs de Vincennes, pour la garde du château, imposition qui n'est autorisée par aucun acte émané du Roi et qui remonte peut-être au temps des guerres civiles. Il est certain que quelques-uns des villages n'en retirent aucun soulagement; de plus, on ne peut tolérer que cette imposition se répartisse sur un rôle dressé arbitrairement par le lieutenant du château, et que le recouvrement s'en fasse par la voie militaire, sans rendre compte de l'emploi ni du revenant-bon*.

* En marge : «L'imposition par l'intendant, la levée par les collecteurs.» Sur la suite de cette affaire, voir la lettre du 27 février 1701.

---

128. *M. Barentin, intendant en Flandre maritime,*
au Contrôleur général.

6 Mai, 3 Juin et 11 Juillet 1700.

Il explique quels seront les avantages du droit de *mainque* contre la concurrence des pêcheurs forains et étrangers, surtout si l'on en attribue la jouissance à la Chambre de commerce de Dunkerque, qui vient de se créer à l'instar de celle de Marseille. C'est un simple droit de ville et de police, dont le produit, frais déduits, ne dépassera pas 3 ou 4,000 ᵗᵗ par an, et le Magistrat de Dunkerque consent qu'il soit établi au profit de la nouvelle compagnie, qui ne s'en servira que pour le bien du commerce, sans prendre plus que le sol pour livre attribué d'ordinaire aux mainqueurs*.

* Suivant un mémoire joint à la lettre du 3 juin, «le droit de *mainque* consiste que tout poisson venant de la mer et entrant au port

et ville de Dunkerque doit être mainqué, c'est-à-dire qu'il doit être apporté dans une espèce de parc au marché aux Poissons et exposé sur une grosse pierre, pour y être vendu par partie, tant aux revendeurs, regrattiers, qu'aux bourgeois de ladite ville; et sur lequel poisson le mainqueur fixe un prix; et ensuite est adjugé au rabais à celui qui dit le premier ce mot : *mainque*. Après quoi le mainqueur se charge du recouvrement du prix dudit poisson vendu, et est obligé d'en faire les deniers bons aux pêcheurs et poissonniers. Pour lequel soin, et celui de leur faire quelque avance, il a de rétribution le sol pour livre du prix que ledit poisson a été vendu. . . . . »

---

129. *M. l'Archevêque de Rouen*
au CONTRÔLEUR GÉNÉRAL.

(De Gaillon) 9 Mai 1700.

«Nous ne sommes pas si méprisables que vous le croyez, et j'espère que vous aurez un peu meilleure opinion des Normands quand vous saurez que notre loterie est presque remplie; mais la nation, que vous connoissez un peu intéressée, ne s'en tient pas aux petits profits quand elle en peut trouver de plus considérables : souffrez donc, s'il vous plaît, que je vous fasse une proposition en faveur de six couvents de mon diocèse qui sont dans une si grande misère, que je crois que, s'ils ne sont assistés, on aura le déplaisir de voir les religieuses obligées d'en sortir pour chercher du pain ailleurs. Je crois qu'on vous a déjà parlé de deux, et, si vous voulez être à couvert de la persécution qu'on vous fera souvent pour les soulager, trouvez bon que nous augmentions notre loterie de 20,000 louis. Cela produira 26.000 # pour ces couvents, qui seront distribués, savoir : 10.000 # à Saint-Louis, 6,000 # à Bellefonds, 3.000 # à Brionne, où il y a cinquante religieuses qui n'ont pas de pain, 3,000 # aux Gravelines, et 4,000 # entre les deux couvents de Dieppe des Hospitalières et des Bénédictines, qui sont aussi, par le bombardement, dans une très grande pauvreté. Je vous supplie de me faire savoir si le Roi trouvera bon cette augmentation.»

---

130. *M.* DE BÂVILLE, *intendant en Languedoc*,
au CONTRÔLEUR GÉNÉRAL.

16 Mai 1700.

Réponse à une proposition de planter des mûriers le long des chemins et des rivières.

«Les mûriers ne sauroient réussir dans les grands chemins de Languedoc, parce qu'ils sont engravés avec du caillou et du gros gravier, et ce n'est pas un terrain propre à faire venir des arbres. Ces chemins sont si étroits, qu'ils seroient toujours endommagés par les voitures, et ils seroient d'ailleurs trop exposés aux passants. Si on vouloit en planter aux extrémités des terres qui avoisinent les grands chemins, on y trouveroit de la résistance de la part des particuliers propriétaires des terres, et on a reconnu par expérience que ce moyen ne réussiroit pas, la province ayant voulu faire cette dépense et laisser aux propriétaires des terres le revenu des arbres. Les bords des rivières appartiennent aux particuliers, ou servent à des chemins publics, et on ne doit pas espérer d'y trouver des endroits propres à porter des arbres, qui ne soient cultivés et plantés de mûriers, si le terrain est propre à cela. Les États de Languedoc se sont avisés, depuis quelques années, d'établir des pépinières de mûriers dans des endroits où il n'y en avoit pas, et d'en faire distribuer les arbres à ceux qui en voudroient planter, sans qu'il leur en coûte autre chose que la peine de les envoyer chercher. Par cet expédient, on a vu planter en fort peu de temps une fort grande quantité de mûriers. Ce n'est pas à présent la feuille qui manque pour la nourriture des vers à soie, c'est le mauvais succès qu'ils ont eu depuis cinq ou six ans, qui arrête l'envie de planter des mûriers, et c'est à quoi on n'a pas trouvé encore de remède, parce qu'il n'y en a pas contre le dérèglement des saisons *.»

* M. Lebret (Provence, 21 mai) répond également qu'il vaut mieux s'en tenir au contrat passé par la dernière assemblée des communautés avec le sieur Silvestre de Sainte-Catherine, qui s'est engagé à reconnaître tous les terrains pouvant porter le mûrier et à faire des pépinières de quarante-cinq mille pieds d'arbres, à condition qu'il puisse les vendre 5 sols pièce. — M. d'Albaret, intendant en Roussillon, répond, le 25 mai : «Les chemins du Roussillon sont très étroits et les bords appartiennent aux propriétaires des biens situés à droite et à gauche desdits chemins, lesquels sont obligés d'entretenir lesdits chemins, lorsqu'ils se dégradent par les pluies ou autrement. Il y a eu un ordre du Roi aux habitants de planter des mûriers dans tous les endroits qui sont propres à les élever : mais, la guerre étant survenue, et les soldats, ayant campé plusieurs fois dans le pays, ont été dans la nécessité de se servir des bois qu'ils pouvoient trouver pour leur chauffage, et les mûriers qui se sont trouvés à portée ont été détruits comme les autres bois. Depuis la guerre, les particuliers commencent d'en replanter, et en font venir de Languedoc pour repeupler leurs terres. L'on va rétablir présentement les pépinières dans les villages, pour éviter la dépense de les faire venir de loin : ce qui donnera lieu aux habitants de profiter des soies, lorsque les vents, qui sont fréquents en Roussillon, ne détruisent pas les vers à soie.»

---

131. *M.* DE POMEREU, *intendant en Champagne*,
au CONTRÔLEUR GÉNÉRAL.

17 Mai 1700.

«Par la lettre que vous m'avez fait l'honneur de m'écrire le 27 avril dernier, il vous a plu m'ordonner de vous rendre compte si les trois ouvriers faisant profession de la R. P. R. qui sont employés dans la manufacture des sieurs Daras, à Châlons, sont étrangers ou non, témoignant que le Roi désire qu'on châtie le nommé Cheminon, lequel paroît le plus obstiné des trois, supposé néanmoins qu'il se trouve né sujet de S. M. Vous m'enjoignez d'avertir aussi les maîtres drapiers de la manufacture de Sedan de faire leur devoir de catholiques. Vous m'ordonnez pareillement de faire déposséder l'habitant du lieu d'Échevannes, élection de Langres, qui y tient le registre des aides.

«Pour satisfaire à votre ordre, j'aurai l'honneur de vous dire que les trois religionnaires employés dans la manufacture des sieurs Daras, appelés Horquelin, Galant et Cheminon, sont nés à Châlons, n'ayant aucun bien et gagnant leur vie à carder de la laine, ce qui peut leur produire environ 8 ou 9 sols par jour. Le premier est âgé de trente-six ans, le second de cinquante, et le troisième de quarante; tous trois sont également pauvres et obstinés dans leur religion; ledit Cheminon est d'ailleurs un débauché.

«J'ai donné les ordres nécessaires pour faire ôter le registre des aides à l'habitant du lieu d'Échevannes faisant profession de la R. P. R. à qui on l'avoit donné, et le directeur m'écrit avoir exécuté votre ordre.

«Les drapiers et manufacturiers de Sedan faisant profession de la R. P. R., qui sont au nombre de dix-neuf, et qui ont entre eux jusqu'à cent quatorze métiers battants, persévèrent toujours dans leur obstination. On les a assemblés de ma part pour leur remontrer fortement leur devoir et le préjudice que leur entêtement peut leur causer, s'ils s'attirent l'indignation du Roi; ils ont fait réponse, comme plusieurs autres fois, que S. M. peut faire d'eux ce qu'il lui plaira, mais qu'ils ne peuvent pas quitter leur religion. De ce nombre, il n'y a qu'un étranger établi à Sedan depuis trente ans; il s'appelle Nicolas Tiquet, originaire du Liège. L'unique moyen de les engager à faire sur leur état de sérieuses réflexions, est d'interdire le travail à quelques-uns des plus mutins; je le mettrai en pratique le plus utilement qu'il me sera possible, dès le moment que S. M. aura eu agréable de m'en donner la permission*.»

* Voir : à la date du 22 février précédent, un rapport de l'inspecteur Moreau, disant qu'il n'a aucun nouveau converti dans les manufactures du département de Reims; à la date du 8 mars, le rapport de M. de Pomereu sur les religionnaires employés dans les fermes ou les manufactures; et, à la fin de la même année, un rapport sans date de l'inspecteur Mandonnet, sur les ouvriers des manufactures de Langres, Vitry-le-François et Châlons.

132. *M. de Miroménil, intendant à Tours,*
au Contrôleur général.

17 Mai 1700.

«Ayant écrit dans tous les lieux de marchés de cette généralité, afin de pouvoir découvrir, aux termes de vos ordres du 3 avril dernier et de la table qui les accompagnoit, combien il entroit de blés des généralités voisines dans celle de Tours et combien il en sortoit de celle-ci pour être reportés en d'autres généralités, l'effroi s'est mis dans le commerce des blés, en sorte que les marchands n'ont pas voulu paroître ni venir dans les marchés où les juges de police ont demandé leurs noms et les observations marquées dans la table, chacun voulant du secret dans son commerce et dans la destination des denrées, souvent incertaine jusqu'au moment du transport. Au fond, il ne vient pas dans cette généralité beaucoup de blés des généralités voisines que pour la fourniture des marchés, et on ne fait pas de gros magasins, en Touraine, Anjou et Maine, de blés venant de dehors, sinon du côté de Saumur et le long de la rivière de Loire, où il se fait des entrepôts dans lesquels les marchands de Paris ou Orléans font apporter les blés qu'ils achètent en Poitou, et tous les jours en avancent ou retardent le transport, comme ils en changent la destination, par des courriers exprès.

«Les grains diminuent considérablement de toutes parts; peut-être trouverez-vous bon qu'on ne presse les marchands de faire leurs déclarations et qu'on se contente d'engager nos subdélégués dans les seize élections de veiller exactement chacun dans son ressort, afin de nous informer au vrai de ce qu'il se formera de magasins et nous mettre en état de vous en rendre compte sitôt que le prix du blé seroit sur le point d'augmenter*.»

* Réponse en marge, de la main du contrôleur général : «Les déclarations ne sont nécessaires que pour empêcher les magasins et le transport à l'étranger; pourvu qu'il s'assure de l'un et de l'autre, je remets la manière de l'exécuter à sa prudence.»

133. *M. d'Ableiges, intendant à Poitiers,*
au Contrôleur général.

21 Mai 1700.

Conformément à la demande des habitants de Bressuire, il propose d'établir un régent d'école pour l'enseignement du latin, aux gages de 60 ††, payables sur les deniers d'octroi, avec la faculté de prendre 20 sols par mois de chaque écolier et l'exemption des charges publiques, mais à la charge de ne recevoir que des catholiques et de leur donner l'instruction religieuse*.

* En marge, de la main du contrôleur général : «Maître d'école seulement.»

134. *Les Administrateurs de l'hôpital de Calais*
au Contrôleur général.

22 Mai 1700.

Ils demandent la permission de faire une loterie de 8,000 louis d'or, à 10 p. o/o de profit pour l'hôpital, qui a besoin de bâtir un logement pour les pauvres*.

* En marge : «Remis après la loterie royale.» A la lettre est jointe une annonce imprimée de la législation et des dispositions de la loterie. — Sur une demande appuyée par M. l'évêque de Boulogne (lettre du 3 décembre 1701), l'hôpital général de cette ville fut autorisé à faire une loterie de 100,000 ††. Le 8 juin précédent, M. l'évêque d'Amiens avait aussi obtenu une permission pour son hôpital. A une dernière lettre, du 16 juillet, le contrôleur général répondit en marge : «Moins la loterie sera forte, et plus tôt elle sera finie; l'hôpital général de Paris en fait une qui nuira à celle d'Amiens.» Bien que M. Bignon fût d'avis de porter celle-ci à 200,000 ††, on maintint la fixation à la moitié de cette somme. (Lettre de M. Bignon, 9 août.) Voir des demandes de loteries pour l'Hôtel-Dieu de Troyes (lettre de M. de Pomereu, 31 mars), pour l'hôpital général d'Angers (lettre de l'évêque, 4 avril), pour l'hôpital général de Moulins (lettre des administrateurs, 11 avril), pour l'hôpital Saint-Jacques de Toulouse (lettre de M. Morant, premier président du Parlement, 12 mai), pour l'hôpital général de Bourg (lettre des administrateurs, 12 juin), etc.

135. *M. Bouchu, intendant en Dauphiné,*
au Contrôleur général.

24 Mai 1700.

Rapport sur le projet de construction d'un dépôt spécial pour les archives de la Chambre des comptes de Grenoble, dont le classement et l'inventaire sont achevés*.

* Voir une lettre précédente, du 1er mai, dans laquelle l'intendant repousse des imputations calomnieuses dirigées contre François Marcelier, qui avait fait ce travail d'inventaire.

136. *M. Bignon, intendant à Amiens,*
au Contrôleur général.

(De Paris) 25 Mai 1700.

La dernière récolte du sucrion ou pamelle a été très abondante en Artois. On emploie ce grain pour composer la bière, ou, à défaut de blé, pour faire le pain des pauvres; mais il se conserve moins que le blé, et, comme les récoltes doivent être encore fort belles, on pourrait accorder aux États la permission d'exporter pour la Flandre; toutefois, ce serait peut-être faciliter la sortie frauduleuse des blés, que les plus grandes précautions arrivent à peine à éviter, et il faudrait au moins exiger que la quantité à exporter fût fixée, en attendant qu'on fût assuré de la prochaine récolte*.

* Il fit également refuser la permission d'envoyer d'Abbeville à Rouen deux cents tonneaux de blé et seigle. (Lettre du 28 août.) Mais, au commencement de l'année 1702, les États obtinrent la permission d'exporter dans la Flandre espagnole. (Lettre du 10 février 1702.)

137. *M. de la Bourdonnaye, intendant à Rouen,*
au Contrôleur général.

25 Mai 1700.

«Après avoir examiné le placet ci-joint des habitants d'Ivry, j'aurai l'honneur de vous dire que l'usage ordinaire en ces occasions est que, conformément à l'arrêt du Conseil du 16 décembre 1684, on nous rapporte les procès-verbaux de visite des archidiacres portant la nécessité des réparations de chacune église. Nous faisons faire un devis estimatif de tout l'ouvrage, nous l'adjugeons, et nous avons l'honneur, en vous envoyant l'adjudication, de vous demander un arrêt pour l'imposition sur les propriétaires des terres situées dans l'étendue de la paroisse. Je crois que les habitants d'Ivry ne sauroient prendre une meilleure voie; ils n'ont pas lieu de demander qu'il plaise au Roi de contribuer à cette dépense, qu'en cas qu'elle se trouvât trop considérable par rapport à l'étendue de cette paroisse, et c'est ce qu'on ne peut connoître qu'après le devis estimatif*.»

* Voir des demandes de réparations pour diverses églises de l'intendance d'Amiens, envoyées par M. Bignon, 6 et 12 décembre 1699, 10 janvier et 8 juillet 1700; par M. l'évêque de Boulogne, 23 novembre 1699; par M. l'évêque d'Amiens, 2 mars 1700. M. d'Ableiges, intendant à Poitiers, propose la réparation de la flèche de l'église de Fontenay-le-Comte et envoie un état des églises à réparer, 3 juin 1700 et 16 février 1701. M. Ferrand (Bourgogne, 10 juin 1700) propose d'accorder 6,000 # pour l'église de Montcenis, avec permission d'employer les matériaux du vieux château; il obtient 3,000 #.

138. *M. Bouchu, intendant en Dauphiné,*
au Contrôleur général.

4 et 30 Juin 1700.

Rapport sur la dépense des travaux à faire chaque année au torrent du Drac et sur la manière d'en faire l'adjudication à la toise.

139. *M. de la Houssaye, intendant en Alsace,*
au Contrôleur général.

5 Juin 1700.

Rapport sur les exactions des huissiers et sergents employés par les receveurs particuliers au recouvrement des impositions; projet d'ordonnance pour régler les frais de voyages et autres comme en France, et pour les faire payer, non plus par les communautés, mais par les receveurs particuliers, sur une taxe de l'intendant lui-même et avec assignation du remboursement sur les premiers deniers apportés à la recette.

«Je dois vous observer qu'en Alsace, où la collecte des deniers se fait par les prévôts et les baillis, les frais des contraintes de la part des receveurs des finances sont à la charge des communautés, au lieu qu'en France ils sont supportés en pure perte par les collecteurs. Aussi, le droit de collecte en Alsace n'est que de 3 deniers pour livre, et en France il est de 6 deniers.»

140. *Les Nouveaux convertis de Montauban*
au Contrôleur général.

6 Juin 1700.

«Les nouveaux convertis de cette généralité ayant appris que le sieur Devienne, commis de l'extraordinaire de ladite généralité, s'en va à Paris pour rendre son compte de son maniement, nous avons à vous faire remarquer que, s'il rend un compte exact des taxes qui nous ont été jetées en qualité de nouveaux convertis, vous trouverez qu'il détient plus de 60,000 #. Il ne faut que considérer qu'il n'y a que très peu de temps qu'il est venu en province n'ayant pas de quoi avoir un méchant habit, qu'il s'est mis à faire de l'extraordinaire par l'appui de MM. les receveurs généraux, qu'il a trouvé moyen de s'attraper plus de la moitié d'un million, qu'il cherche à employer. Pour justifier de son adresse, Votre Grandeur saura que, dans le changement de M. de Sanson, il fut imposé, pour l'excédent du fourrage, 92,000 # sur la généralité. Cependant, à l'arrivée de M. de la Houssaye, il ne découvrit point cette imposition et fit payer les troupes d'autres fonds du Roi; mais, quelque bonne âme en ayant donné avis audit sieur de la Houssaye, il lui en fit rendre compte, et trouva qu'il s'étoit attrapé cette somme, et qu'il l'avoit gardée longtemps. Cela vous fera juger de son adresse, et, si Votre Grandeur vouloit s'en informer avec M. d'Herbigny, intendant de Lyon, il vous donneroit des grandes lumières sur sa mauvaise conduite. C'est un homme auquel personne ne peut avoir aucune confiance; cela a paru dans cette ville en ce qu'un pauvre commis à la recette des tailles de l'élection de Villefranche lui ayant confié les récépissés qu'il lui avoit faits pendant son exercice, pour les remettre dans ses comptes, il lui en supprima pour 32,000 #, en vue de lui avoir tout son bien, comme il a fait. Soyez assuré qu'après qu'il aura rendu compte de ce qu'il a pris, vous trouverez qu'il s'est attrapé des grosses sommes, et, en nous envoyant après une copie de son compte, nous vous donnerons des lumières encore beaucoup plus fortes de sa conduite; et il nous seroit plus aisé à découvrir toutes les vérités, si Votre Grandeur le supprimoit et l'interdisoit en ses fonctions, parce que, restant dans ses exercices, il se fera toujours appréhender, et par ce moyen la vérité demeureroit cachée*.»

* Voir les justifications fournies par l'intendant, le 28 juillet suivant.

141. *M. de la Houssaye, intendant en Alsace,* *au Contrôleur général.*

7 Juin 1700.

Il rend compte des raisons qui doivent faire continuer par le fermier du domaine la distribution gratuite de sel aux couvents de capucins.

142. *M. d'Herbigny, intendant à Lyon,* *au Contrôleur général.*

10 Juin 1700.

«Vous m'ordonnez d'éclaircir autant qu'il se pourra les faits contenus en la lettre de Girard, et de vous mander mon avis sur l'usage qui s'en peut faire; je n'attends point à me donner l'honneur de vous faire réponse que j'aie cherché des éclaircissements qu'il n'est pas possible de trouver. De tout temps, ou la défense des marchandises ou l'excès des droits ont donné lieu à frauder la douane, et les fraudes ont attiré mille raisonnements et jugements différents sur la manière dont elles se faisoient. Rien n'est plus incertain, ni peut-être plus téméraire que ces jugements; cependant, en même temps que la passion y a la plus grande part, il ne laisse pas d'y avoir aussi des apparences et des conjectures qui y donnent quelque fondement. Voici, sur ce que dit Girard, celles dont j'ai ouï parler dès les premiers temps que j'ai été en ce pays.

«Les marchands drapiers de Lyon, depuis la défense des draps étrangers, en ont tiré de Genève, et, durant la guerre, en ont tiré plus que jamais, parce que les officiers, prenant à Lyon l'habillement des régiments, y prenoient aussi le leur. Il leur falloit des draps d'écarlate et des plus beaux draps d'Angleterre; tous les principaux marchands avaient donc grand soin de s'en pourvoir, et, entre eux, Constant est un des plus distingués. S'il l'est par son habileté dans le commerce, dans lequel, en assez peu de temps, il s'est enrichi, il ne l'est pas moins par la réputation qu'il a d'un très honnête homme; il a été échevin, et se trouve un des premiers négociants de Lyon, et des plus estimés. Il est sûr qu'il a débité des draps étrangers plus que qui que ce soit, et que Grimod et lui sont depuis très longtemps dans une liaison et une amitié très grandes. Voilà donc le raisonnement de Girard et des autres comme lui: Constant a fait un commerce infini de draps étrangers, il est ami intime de Grimod; donc Grimod favorisoit ce commerce. On ajoute: il ne s'est fait que très peu de saisies durant la direction de Grimod; donc il fermoit volontiers les yeux, ou même secondoit la fraude. On le dit bien riche, et plus sans doute qu'il ne l'est; on en conclut que le savoir-faire dans la direction a dû valoir plus que les appointements. Pour moi, je tiens ces raisonnements si fautifs, que je ne crois pas qu'il s'en puisse faire aucun usage; si néanmoins ils pouvoient mériter quelque attention, ce seroit de Girard qu'il conviendroit tirer les éclaircissements, puisqu'il a été commis sous Grimod; il peut articuler des faits précis, et, par toutes les circonstances, indiquer les preuves qu'on espère avoir. A l'égard de la régie des gabelles, M. de la Porte, qui est sur les lieux, pourroit se faire rendre compte du grenier de Lyon, et par là voir s'il a pu s'y être fait quelque malversation. Mais, quoi qu'il puisse être avancé à l'égard de Grimod, je ne croirois pas que cela dût en aucune manière être mêlé, comme le propose Girard, avec l'affaire de Grassy; ce seroient deux discussions qui pourroient s'embarrasser, même se contrarier l'une l'autre*.»

* La lettre du commis Girard est jointe à celle de l'intendant. Sur les poursuites intentées contre les marchands et les officiers de la douane, voir les lettres des 16, 17, 26 et 27 avril, 11, 22 et 30 mai, 12, 20, 22, etc. juillet, 19, 23, etc. août, 30 novembre 1700. Au commencement de l'année suivante, l'intendant obtint, pour raison de maladie, d'être déchargé de l'instruction de cette affaire; voir les lettres des 3 janvier, 26 février, 8, 29 et 31 mars, 23 avril, 5 et 26 mai 1701. Grimod, ayant été nommé à la direction de Moulins, écrivit la lettre suivante (s. d., classée à la fin de 1700): «Dans l'incertitude si Votre Grandeur m'accorderoit la grâce que j'ai pris la liberté de lui demander de rester ici jusques aux couches de ma femme, je n'ai pas perdu un seul moment à disposer mon départ. L'inventaire des papiers que je dois laisser à mon successeur est fait; on travaille à la copie que je dois lui en laisser, et il ne me reste plus qu'à mettre quelques petits ordres dans ma famille, et je promets à Votre Grandeur de partir sans faute dans la semaine prochaine pour Moulins, étant bien aise d'être le premier à vous marquer ma soumission et à obéir à vos ordres. Je n'oublierai rien pour effacer les fausses impressions qu'un malhonnête homme, qui a été douze ans mon domestique, a voulu vous donner contre moi, n'ayant pu le souffrir plus longtemps à cause de sa mauvaise conduite, ainsi que Votre Grandeur le verra par la lettre ci-jointe, et pour mériter l'honneur de votre protection, espérant, par mes services, que vous aurez la bonté, lorsqu'ils vous seront connus, de me dédommager de la dépense extraordinaire que ce changement me cause, et de celle que j'ai faite depuis huit ans que je fais la direction des gabelles en cette ville, où j'ai dépensé les petits profits que j'ai faits dans quelques traités, 4,000 # que MM. les fermiers généraux donnent, tant pour appointements que ports de lettres, frais de commis et de voyages, n'étant pas suffisant pour soutenir les frais d'une direction. Je prie Dieu pour la santé et prospérité de Votre Grandeur, et de remplir si bien mes devoirs que mes services lui soient agréables.»

143. *M. de Miroménil, intendant à Tours,*
au Contrôleur général.

11 Juin 1700.

«On a cessé, le 1er de ce mois, de distribuer le pain et quelque argent d'aumône aux pauvres ouvriers en soie de cette ville, chacun dans leur maison, sans qu'il s'en voie plus aujourd'hui de mendiants attroupés dans les rues. Il s'est remonté plusieurs métiers, nonobstant que la soie soit toujours chère; du moment qu'elle baissera, le commerce fleurira comme ci-devant en quinze jours de temps. Les étoffes de soie et de laine se tirent, tant pour le dedans que pour le dehors du royaume, en telle quantité, que les marchands de Tours et ceux des autres villes de la généralité manquent aujourd'hui d'ouvriers pour pouvoir fournir à tout ce qu'on leur demande. Le blé et l'avoine sont fort diminués de prix, et il y a disposition à une année abondante en tout et en tous lieux, si les pluies ne continuent pas, comme on a lieu de l'espérer en cette saison. Ainsi, le courant des affaires nous paroissant en assez bon ordre, j'ose prendre la liberté de vous supplier de vouloir m'obtenir du Roi la permission d'aller à Paris, pour si peu de temps qu'il plaira à S. M., au commencement du mois prochain; je serai aussi prêt et aussi prompt à revenir que je suis même, dès à présent, soumis à rester, si le Roi juge qu'il en soit besoin pour l'exécution de ses ordres, que je préférerai toujours, avec un dévouement absolu, à mon intérêt.»

144. *M. Foucault, intendant à Caen,*
au Contrôleur général.

14 Juin 1700.

Il appuie la demande faite par le sieur Marin Pouchin, vicomte de Saint-Sauveur-le-Vicomte, afin de pouvoir désunir de sa vicomté en chef trois sièges particuliers qui sont trop éloignés du siège capital. C'est sur de semblables considérations qu'en 1636 la plus grande partie des sièges particuliers des vicomtés de Normandie furent formés, particulièrement ceux de Beaumont, Barfleur et Cherbourg, détachés de Valognes*.

* De la main du contrôleur général : «Néant; mais voir s'il se trouveroit des officiers.»

145. *Le sieur de Boisguilbert,*
lieutenant général de police à Rouen,
au Contrôleur général.

14 et 15 Juin 1700.

«Je reçois présentement celle que vous avez pris la peine de m'écrire au sujet de la police du pain : sur quoi je prends la hardiesse de vous dire que, si j'avois eu à changer quelque chose au prix que j'y ai trouvé mis par les commissaires du Parlement, qui avoient pris cette fonction aux juges ordinaires, il auroit fallu l'augmenter, et non pas le diminuer, comme vous verrez par les pièces et appréciations que je me donne l'honneur de vous envoyer. Feu M. Pellot fit faire un essai authentique de ce que le pain pouvoit valoir par rapport au prix du blé, et il se trouva que, lorsque la mine, mesure de Rouen, qui est un peu plus de la moitié du setier de Paris, vaut 6 #, le pain bis, qui règle l'autre, doit être vendu 14 deniers la livre; et ainsi en haussant et diminuant. Depuis six mois que je suis en charge, il n'a jamais moins valu, savoir : le blé, 10 # 10s la mine, et maintenant il passe 11 #; et cependant je l'ai laissé au prix de 18 deniers la livre, qui est plus de 4 deniers au-dessous de ce qu'il devoit être par l'ordre établi en 1683. Ce qu'il y a de particulier est que je suis tourmenté par les boulangers pour leur hausser le prix sur ces pièces et raisons, auxquelles il me semble qu'il n'y a point de répartie. Tout ce que j'ai pu faire est de mollier sur les amendes, lorsque la contravention n'étoit que médiocre, cela me paroissant moins dommageable que la moindre hausse, qui est une espèce d'alarme qui n'a jamais manqué de faire enchérir les blés dans les marchés suivants. Je crois qu'en voilà plus qu'il n'en faut pour me justifier de ce qu'on vous a voulu inspirer que je n'apportois pas la dernière exactitude à m'acquitter d'une fonction que vous avez eu la bonté de me faire restituer : ce qui est peut-être la cause des plaintes que l'on vous en fait.....

«Je me donne encore l'honneur de vous écrire aujourd'hui au sujet d'une députation que les hauts-justiciers des faubourgs de Rouen ont faite d'un Père de Sainte-Marthe, prieur de Saint-Ouen, cousin germain de M. de Montholon, qui lui ayant donné des arrêts favorables contre tout droit et raison, il est fâché de les voir détruire par le dernier arrêt du Conseil, que vous avez rendu avec toute justice, puisqu'il y avoit pourvoi et renvoi devant M. de la Bourdonnaye, auparavant même la création des lieutenants de police. Ainsi, ce n'est point par ce titre que je les détruis, c'est par les déclarations, édits et ordonnances qui défendent à toutes sortes de juges, tant royaux que hauts-justiciers, d'ériger aucuns métiers sans autorité du Roi et statuts passés au Conseil et scellés du grand sceau..... Les métiers de Rouen ont payé plus de 450,000 # au Roi depuis la guerre, et les prétendus métiers des hauts-justiciers rien du tout. Le domaine de S. M. y a encore un très grand intérêt, à cause des amendes, confiscations et droits de sceau, qui souffriroient une grande diminution, si cette usurpation, qui à peine étoit connue il y a vingt-cinq ans, avoit continué à augmenter, comme elle a fait depuis M. de Montholon, que je m'y suis fortement opposé. J'ai cru être obligé de vous donner ces mémoires afin de vous mettre en état de marquer aux personnes distingués qui vous parleront de cette affaire à la prière des moines, que le Roi ne leur fait aucun passe-droit en les traitant comme tous les autres juges de son royaume; qu'ils n'ont qu'à produire des statuts devant M. l'Intendant, à qui vous avez renvoyé l'affaire, et qu'il les maintiendra sur-le-champ, même de mon consentement.»

146. *M. de Bernage, intendant à Limoges,*
au Contrôleur général.

15 Juin, 24 et 30 Juillet 1700.

Il demande à différer le recouvrement du prix des semenées qui ont été avancées en 1699 à un grand nombre de personnes pauvres.

État des récoltes.

«Si les châtaignes et blés noirs viennent à bien, l'année sera assez bonne; si ces récoltes manquoient, elle seroit très mauvaise. J'aurai soin de vous informer souvent de quelle manière elles se comportent; mais, quoi qu'il arrive, cette généralité a été si accablée par la misère des années passées, qu'elle est toujours fort épuisée d'argent, et manque même de laboureurs. Ainsi, elle est digne de soulagement, ou du moins de ménagement sur les impositions.»

147. *M. de Bezons, intendant à Bordeaux,*
au Contrôleur général.

17 Juin 1700.

«Je vous renvoie le mémoire qui contient la proposition qui vous a été faite de planter des mûriers, dans cette généralité, le long des grands chemins. Il y a des endroits où cette proposition pourroit s'exécuter, et la plupart où elle ne pourra pas réussir. La plus grande partie du Périgord est plein de châtaigniers; les bords des grands chemins, dans les lieux où il y en a, sont remplis de ces arbres châtaigniers. Le terrain ne paroît pas propre pour y faire venir des mûriers : j'ai appris que, quelques personnes en ayant fait venir et planté aux environs de Sarlat, il y a neuf ou dix ans, ils n'y ont pas réussi. Les mûriers ne pourront pas réussir dans les Landes; les sables en sont trop brûlants : l'on plante, pour l'ordinaire, les mûriers dans des pays secs et un peu sablonneux; il ne faut pas que ce soit dans des lieux où les sables soient brûlants, et il ne croît presque rien dans les Landes; il n'y a que les pins qui y viennent bien et y réussissent. Ils ne réussiroient pas aussi dans tout l'Agénois : les terres en sont grasses; on a peine à se tirer de la boue dès qu'il y a plu. Il ne paroît pas aussi qu'on puisse en planter en Médoc ni dans le pays de Labour et aux environs, à cause des vents de mer, qui sont violents et brûlants, et qui empêchent que les fruits à noyau y puissent réussir. L'on ne pourroit pas en planter en Soule, à cause du voisinage des montagnes, ni dans les vallées de Bigorre. L'Entre-Deux-Mers, qui est dans l'élection de Bordeaux, est un pays d'où l'on ne peut pas se tirer dès qu'il a plu. Je crois que les mûriers ne peuvent être plantés que dans un pays un peu sec, et qui ne l'est pourtant pas trop, parce que les grands sables brûlent la plus grande part de ce que l'on y plante. Il me paroît qu'il n'y a que quelques lieux aux environs de Libourne et vers Sainte-Foy et Bergerac où l'on pourroit planter ces mûriers. Je crois que la plaine de Bigorre est trop proche des montagnes, pour y en pouvoir faire venir. Pour ce qui est des environs de Libourne, il y a lieu de croire qu'ils y viendront bien; l'on pourroit essayer d'y en planter, et dans les environs de Bergerac et Sainte-Foy, et voir même dans la plaine de Bigorre comment ils y réussiroient, avant de rien déterminer pour tout le reste de la province. Je crois nécessaire d'observer qu'il y a beaucoup d'endroits où il y a des noyers plantés sur le bord des grands chemins, et mon sentiment ne seroit pas que l'on plantât des mûriers dans les endroits où il y a d'autres arbres déjà plantés. Je dois observer que les bords des grands chemins des lieux plantés en blés sont ceux où ils viennent pour l'ordinaire plus épais et meilleurs que dans le reste du terrain; je crois que, comme le laboureur finit de labourer en cet endroit, il est mieux travaillé que le reste où il passe, et que cela peut contribuer à faire que les grains y sont plus forts. Il me paroîtroit nécessaire, dans les lieux où l'on voudra planter des mûriers le long des grands chemins, de fixer auparavant la largeur du grand chemin, pour que, dans la suite, l'on ne vînt point prétendre qu'il fallût ôter le mûrier, parce qu'il seroit dans l'étendue du grand chemin. La plupart des grands chemins sont, dans cette province, très étroits, surtout dans les endroits où les terres sont bonnes. C'est tout l'éclaircissement que je puis avoir l'honneur de vous donner sur cette proposition.»

148. *M. de Bezons, intendant à Bordeaux,*
au Contrôleur général.

17 Juin 1700.

Les fermiers généraux troublent le commerce par leurs procédés. A Bordeaux, ils veulent exiger la déclaration et la vérification des marchandises, quoique cette ville ait toujours été exemptée de l'observation de ce point de l'ordonnance, depuis qu'elle fait partie du territoire des cinq grosses fermes. A Bayonne, comme ils prétendent percevoir par provision le montant des droits auxquels pourront être taxées certaines marchandises d'importation espagnole, le commerce menace déjà de se transférer à Saint-Sébastien. De plus, ils demandent la déclaration en détail de toutes les marchandises que les bourgeois font venir pour leur propre compte, quoique ceux-ci ne doivent absolument rien, de par leurs privilèges*.

* Voir, au 19 du même mois, une lettre du fermier général Chevalier, et deux autres lettres, du 24 juin et du 8 juillet, de l'intendant. Le Conseil de Bayonne adresse, le 4 juillet, ses remercíements au contrôleur général.

149. *M. Guyet, intendant en Béarn,*
au Contrôleur général.

18, 26 et 29 Juin, 3 et 17 Juillet 1700.

Réunion des États à Orthez. Discussion entre la noblesse et le tiers état au sujet du rachat par abonnement de divers édits, entre autres de la recherche des faux nobles. Mémoires envoyés par la noblesse.

«Ils contiennent en substance qu'en 1669, la Navarre est entrée dans le traité de l'abonnement de 60,000 # pour 10,000 #, le tiers état pour 14,000 #, tant pour les 2 sols pour livre que pour les frais des commissaires et des traitants, en sorte que le Roi n'a profité de la recherche de Béarn que de la somme de 26,000 #; qu'en ce temps-là, on eut beaucoup de peine à faire le recouvrement, quoiqu'il y eût une infinité de personnes qui avoient usurpé le titre de noble, qui se sont corrigées depuis la dernière recherche; qu'il y a plus de huit cents ans qu'ils vivent dans l'usage de se qualifier nobles à cause de leurs maisons nobles, qui leur donnent entrée aux États; qu'ils supplient le Roi de vouloir les confirmer dans la possession où ils sont, et d'accepter la somme de 30,000 # pour révoquer l'arrêt du 12 janvier dernier; et ensuite marquent leur état malheureux, la noblesse de Béarn étant la plus pauvre du royaume et n'étant point secourue par le tiers état.....

«Ayant envoyé chercher le tiers état et lui ayant témoigné que je croyois que, connoissant la situation fâcheuse où se trouvoit la noblesse, ils devoient l'aider de quelque gratification, à quoi ils se sont rendus avec une très grande peine et m'ont porté parole d'imposer 8,000 #, ils m'ont en même temps prié de tenir la chose secrète, ne voulant point qu'il paroisse qu'ils entrent dans cette affaire qu'après que le Roi aura reçu et accepté les offres de la noblesse..... J'ose vous assurer que, si la décision de S. M. ne leur est pas favorable, l'on ne trouvera pas dix familles en Béarn nobles, si on en retranche celles qui ont acquis la noblesse par les maisons nobles..... J'ai cru qu'il falloit accorder au climat deux ou trois jours sans parler de cette affaire, pendant lequel temps j'ai négocié un expédient, que tous ont approuvé, qui est de faire une affaire générale de la recherche de la noblesse et rejeter sur les tailles la somme qui sera donnée au Roi. Cet expédient est d'autant plus goûté et naturel, que la noblesse possède presque les deux tiers des terres qui payent la taille, et que, s'il avoit fallu faire la recherche sur ceux du tiers état qui ont pris la qualité de noble, il seroit arrivé qu'avec les 8,000 # de gratification, le tiers état auroit payé le double.»

Abonnement pour le rachat de divers autres édits.

«Je suis obligé de vous dire avec chagrin que les États se conduisent avec tant de chaleur, de finesses et de confusion, que c'est plutôt un marché qu'une assemblée d'honnêtes gens, et qu'il n'est pas possible de finir aucunes affaires. Vous le voyez par celles qui ont été proposées, qui sont toutes en négociation et renvoyées à l'Abrégé. S. M. aura la bonté d'y pourvoir, ce qui s'y passe étant tout à fait contraire à son service et à celui de ses sujets*.....»

* M. de Préchac écrit, le 16 août : «Les États de cette province ont passé six semaines de séances en altercations particulières, et n'ont presque point fini d'affaires, pas même celles du Roi, qu'ils ont renvoyées à un abrégé. On y a fort agité les pilleries et concussions des receveurs de tailles; mais, comme la plupart ont des puissants protecteurs dans le corps des États, ce grand feu s'est dissipé en fumée, et les États se sont séparés sans rien délibérer. Ce seroit un grand soulagement pour la province, si, au lieu d'une cohue nombreuse de nobles de toute sorte de métiers, on réduisoit, comme l'on fait en Languedoc, cette assemblée à un petit nombre de prélats, barons et députés du tiers état. Les affaires en iroient plus vite, il n'y auroit pas tant de brigues, et, comme le Roi tire fort peu de chose de cette province, on pourroit faire un revenant-bon pour S. M. des salaires qu'on donne à cette multitude.....» Le 21 août, M. Lebret annonce que la noblesse a voté l'acquisition de quatre chevaux d'Espagne pour le duc de Gramont, en reconnaissance de ses bons offices dans l'affaire de l'abonnement. Sur d'autres présents extraordinaires, faits soit au premier président Dalon, soit à l'agent du duc de Gramont, présents qui n'étaient portés dans les comptes que comme fournitures faites par le trésorier, voir les lettres de M. Lebret fils, intendant, 8 juin, 7 et 24 juillet 1702; de M. Dalon, 10 juin 1702, et du sieur du Fresne, 15 mai 1703.

150. *M. de Sourdis, commandant en Guyenne,* au Contrôleur général.

19 Juin 1700.

«La déclaration du Roi qui a été publiée pour la défense du port d'armes me donne occasion de vous faire part des remontrances qui me sont faites par des gens d'affaires et par des employés au bureau de la Comptablie et ailleurs. Ils prétendent d'être en droit de porter des armes, et je croirois qu'à l'égard de ceux qui ont les premiers emplois, directeurs, receveurs et contrôleurs, il y auroit peut-être lieu d'user de quelque tempérament; mais j'hésite fort sur ce que l'on peut accorder à une infinité de commis, de scribes et d'autres gens qui sont à la suite des bureaux, pendant qu'on défend de porter l'épée à des officiers qui ont servi toute leur vie, parce qu'ils ne sont pas gentilshommes. J'ai encore reçu une remontrance des officiers de la Monnoie de Bordeaux, qui allèguent des arrêts du Conseil qui leur donnent la qualité de commensaux de la maison du Roi; ils ajoutent que, par les règlements, ils sont tenus d'avoir l'épée au côté lorsqu'ils travaillent à l'hôtel de la Monnoie ou conduisent le travail des autres. Voilà les raisons de doute qui m'obligent de recourir à vos décisions, que je vous supplie de me donner, pour les suivre*.»

* Les fermiers des poudres et plombs ayant prétendu que la défense du port d'armes ruinait leur débit, et ayant même fait imprimer une circulaire pour établir que cette défense regardait uniquement les vagabonds ou gens sans aveu, et non les bourgeois ni les fils de famille, le contrôleur général, sur la plainte de M. de Sourdis et du premier président du Parlement de Bordeaux, ordonna de condamner à quinze jours de prison le directeur de cette ferme en Guyenne. (Lettres de l'intendant et de MM. de la Tresne et de Sourdis, 14 et 15 septembre, 4 et 5 octobre.)

151. *M. de Bâville, intendant en Languedoc,* au Contrôleur général.

22 Juin 1700.

«Le syndic de la province voudroit tellement fatiguer les maires dans leurs remboursements, que personne ne pensât jamais, dans la province, à acquérir de pareils offices. Ce n'est pas l'intérêt du Roi; toutes les raisons dont il se sert, dans le mémoire ci-joint, pour empêcher que les maires soient exempts de contribuer au remboursement de leur finance, doivent céder aux deux raisons que j'ai eu l'honneur de vous proposer. La première est qu'il est libre aux communautés de les rembourser ou de ne le pas faire : d'où il s'ensuit que, s'ils ne prennent le premier parti, le maire ne doit pas en souffrir. La seconde est l'exemple d'un procès que la communauté perd contre un particulier avec dépens : bien que la taille soit réelle, il n'en porte point sa part, parce que la communauté a pu ne le pas intenter. Il est donc vrai qu'il y a des cas où la réalité de la taille n'emporte pas une contribution nécessaire. La communauté est maîtresse de son sort; il ne tient qu'à elle de ne pas inquiéter le maire. Elle n'est pas, par cette raison, si malheureuse que le syndic l'a représentée. J'ai de la peine à comprendre pourquoi il veut qu'il n'en coûte rien au maire : s'il contribue à son propre remboursement, il peut avoir le quart ou la moitié du taillable de la paroisse; il perdroit certainement pareille portion de sa finance. Il n'en seroit pas de même si la province avoit à rembourser en corps les offices de maire, parce que, la charge se répandant sur deux mille trois cents communautés qui la composent, elle seroit insensible aux maires en ce cas, au lieu qu'elle lui deviendroit onéreuse la finance n'étant payée que par sa propre communauté. L'intérêt que le Roi a que ceux qui ont donné leur argent de bonne foi pour acquérir ces nouveaux offices le retrouvent tout entier, étant supprimés, doit l'emporter sur toutes les autres considérations du syndic. M. de Caumartin m'a envoyé, par votre ordre, un grand mémoire donné par le syndic sur le remboursement des maires; j'y ai répondu, et il vous en rendra compte. C'est la réponse que je dois à la lettre que vous m'avez fait l'honneur de m'écrire le 12 de ce mois.»

---

152. *Le sieur* DU HAMEL, *à Rouen*,
au CONTRÔLEUR GÉNÉRAL.

24 Juin 1700.

«Le départ de M. de la Conseillère, avec toute sa famille, fait beaucoup de bruit. L'on dit que les menaces que M. l'Intendant lui a faites d'enfermer sa femme, jointes avec les rigueurs que l'on fait aux prisonniers depuis un an, sont cause de son départ. Nous perdons le plus habile avocat du Palais. Le Roi ne veut pas que l'on sorte du royaume : le remède à tant de maux, c'est laisser les religionnaires en repos, et un seul ne sortira; mais que l'on prenne leurs enfants avec force, comme l'on fait, et enfermer les pères et maltraiter les mères, comme l'on fait d'une dame dont l'on ne m'a su dire le nom, que l'on dit être la plus vertueuse femme de France, cause bien du murmure parmi les catholiques et les fait douter de la religion : ce qui cause un grand scandale parmi nous. L'on m'a assuré qu'il y a une paroisse ici où plusieurs personnes n'ont pas voulu communier à Pâques.»

---

153. *S. A. S. Mgr le Prince, gouverneur de Bourgogne*,
au CONTRÔLEUR GÉNÉRAL.

24 Juin, 1er, 5 et 10 Juillet 1700.

Tenue des États, qui ont voté le Don gratuit de 900,000 ₶ et 922,000 ₶ pour le rachat des affaires extraordinaires.

«Quelques traitants, qui ne cherchent qu'à embarrasser, ont tenu des discours qui ont donné une grande alarme aux États; ils ont dit que, quand même la province rachèteroit des traités, elle ne seroit pas, pour cela, délivrée de leurs poursuites pour le payement des frais qu'ils auroient faits. Vous voyez quel effet peut faire une telle crainte : les États disent qu'après avoir racheté, ils seroient exposés à la même rigueur des traitants, dont ils n'auroient pas la douceur de voir la province délivrée; que, dans une grande partie de ces traités qui sont fort avancés, on craint plus les frais que le fond, et qu'enfin ce seroit être livrés tout de nouveau aux mêmes rigueurs, comme si on n'avoit rien racheté. Cette menace des traitants a sérieusement effrayé. Je remets les esprits autant qu'il m'est possible; je leur représente que, quand on a racheté des traités par le passé, on n'a jamais laissé de tels recouvrements de frais, et j'ai fait observer à M. l'Intendant que, puisque, dans la somme que vous souhaitez, vous voulez bien comprendre les 2 sols pour livre, il n'y a pas d'apparence que votre intention soit de laisser à la province une discussion à faire avec les traitants sur les frais, qui feroit presque autant de mal que le tout ensemble. Je suis persuadé que votre vue a été qu'en payant les sommes telles qu'il vous plaira, la province soit quitte de toute recherche sur les traités rachetés, et je puis vous dire qu'il vaudroit bien mieux augmenter la somme principale, que de laisser une queue comme celle-là. . . . . »

---

154. *M.* D'ORMESSON, *intendant en Auvergne*,
au CONTRÔLEUR GÉNÉRAL.

26 Juin, 15 Juillet et 16 Août 1700.

Informations sur les plaintes portées contre le receveur des tailles de l'élection de Saint-Flour à l'instigation du président de cette élection.

---

155. *M.* DE BÂVILLE, *intendant en Languedoc*,
au CONTRÔLEUR GÉNÉRAL.

27 Juin 1700.

Rapport sur les mines de vernis [de plomb] du Velay et du Vivarais, pour lesquelles le sieur de Chazerat demande un privilège d'exploitation.

---

156. *M.* DE LA HOUSSAYE, *intendant en Alsace*,
au CONTRÔLEUR GÉNÉRAL.

30 Juin et 27 Juillet 1700.

Il rend compte de l'ouverture et des travaux de la Monnaie ducale de Nancy.

---

157. *Le sieur* DE BOISGUILBERT,
lieutenant général de police à Rouen,
au CONTRÔLEUR GÉNÉRAL.

2 Juillet 1700.

«J'étois à la campagne lorsque celle que vous m'avez fait l'honneur de m'écrire au sujet des loteries m'a été rendue. Je vous dirai qu'il ne s'en est fait aucune qui ait pu naturellement venir à ma connoissance, et, m'en étant informé plus exactement, j'ai appris que ce qu'on en a vu n'a été au plus que quelques remplacements de jeu entre des femmes, pour des nippes de peu de conséquence*.....

«Les blés ont un peu renchéri depuis les trois derniers marchés, à cause que la fleurison des seigles n'a pas eu temps favorable. On prétend même que l'épi du blé n'est pas nourri; mais, comme il me paroit que le changement du temps les raccommodera, je ne crois pas que cela ait de suite : ce qui fait que je n'ai point voulu hausser le pain aux boulangers, qui ne l'ont pas, à un quart près, sur le pied des mémoires que je me suis donné l'honneur de vous envoyer. Je serai obligé de fermer les yeux sur le manque du poids, cela faisant moins de bruit que l'augmentation du prix, qui est une espèce d'alarme dans le pays à l'ouverture de la récolte. Comme il y a quelques personnes, en ce pays, qui ont soin de vous informer de toute ma conduite, je vous supplie de vous en souvenir lorsqu'ils pourront vous écrire que je souffre aux boulangers faire le pain trop léger**.»

* Le premier président du Parlement, M. de Montholon, écrit, le 20 juillet : «L'on avoit permis sur le port des blanques, des loteries et toutes sortes de jeux de filouterie; cela nous avoit attiré tous les filous et les fripons, qui ont fait durant huit jours des vols et des désordres publics, jusqu'au point que des personnes particulières et des couvents de religieuses m'ont demandé du monde pour garder leurs maisons. Il y a eu vingt boutiques volées considérablement, et le tiers de la ville gardoit leurs maisons. J'ai fait prendre plus de vingt de ces voleurs, mis au bailliage, à qui l'on fait le procès. Le bruit des bourgeois a fait enfin faire réflexion au lieutenant de police, qui a enfin fait sortir ces jeux sur le port, et cela s'est apaisé.» Le contrôleur général répond en marge : «J'ai écrit, il y a quelques jours, très durement au lieutenant général de police de Rouen, sur ce qu'il me mande, et c'est ce qui l'a réveillé.» Le premier président écrit encore, le 7 août suivant : «Le désordre des mendiants, vagabonds, gens sans aveu et voleurs, les vols continuels faits dans la ville, les plaintes publiques, nous obligèrent de mander, il y a quatre jours, les sieurs lieutenant général et de police et criminel, avec le substitut avocat du bailliage, pour leur remontrer de faire leur devoir, chacun dans leur compétence, avec plus d'attention. Ils se contestèrent les uns avec les autres sur leurs compétences, et, après les avoir entendus, le sieur lieutenant de police dit qu'il étoit prêt de mettre ses édits de création et arrêts entre les mains des gens du Roi, qui étoient présents. L'on les exhorta de s'accommoder ensemble et de travailler comme ils devoient, chacun suivant leur compétence, pour faire cesser un pareil désordre, dont il n'y a jamais eu d'exemple en cette ville. Depuis ce temps-là, l'on a vu dans le public qu'ils s'étoient attachés un peu plus qu'auparavant aux devoirs de leurs charges, quoique avec inquiétude sur leur compétence : sur quoi j'ai su que M. l'intendant les avoit fait venir chez lui.....»

** En marge, de la main du contrôleur général : «C'est une mauvaise politique de laisser vendre à faux poids.»

---

158. *M. de Saint-Contest, intendant à Metz,*
au Contrôleur général.

4 et 20 Juillet 1700.

Il rend compte de la marche d'une épidémie de pourpre rouge, qui s'est attaquée particulièrement aux vignerons, et des mesures prises pour arrêter la contagion.

---

159. *M. Lebret, intendant en Provence,*
au Contrôleur général.

5 Juillet 1700.

«Il seroit à désirer que le commerce des blés du cap Nègre et du Bastion-de-France fût sous la direction de deux différentes compagnies, et on n'en a permis l'union, sur le pied qu'elle est présentement, que parce que le soin que je pris, pendant plusieurs années, d'en former une à Marseille pour se charger du Bastion-de-France, différente de celle qui étoit déjà en possession du cap Nègre, fut entièrement inutile. Cependant je dois vous dire que tous les faits mentionnés dans la lettre anonyme que j'ai l'honneur de vous renvoyer, avec les réponses de ceux contre lesquels elle vous a été adressée, sont ou faux ou outrés. Car, quoiqu'on m'ait porté des plaintes en différentes occasions, et surtout dans le temps de la cherté des blés, de ce que les intéressés à la compagnie du cap Nègre et du Bastion envoyoient des particuliers dans les marchés de la province, lesquels, sous prétexte de faire achat de grosses quantités de blés, les enchérissoient considérablement, tous les soins que j'ai pris pour pénétrer la vérité de ces sortes de plaintes, qui n'étoient pas de qualité à être négligées, ne m'ont rien fait découvrir de semblable. En effet, on sera persuadé que les soins des intéressés à cette compagnie ont été très utiles au public, lorsqu'on saura qu'en moins de dix années, et surtout dans les temps de disette, ils ont fait entrer dans le royaume plus de seize cent mille charges de blés étrangers. Tout ce qu'on pourroit leur reprocher est que, dans les temps qu'ils diminuoient de prix à Marseille, ces intéressés diminuoient à proportion la quantité qu'ils auroient pu y faire entrer, laquelle ils retenoient apparemment dans les magasins qu'ils ont au cap Nègre et au Bastion, jusqu'à ce qu'ils fussent remontés ici au prix qu'ils avoient dessein de les vendre : à quoi il n'étoit pas possible de remédier que par les deux différentes compagnies, que je n'ai pu jamais former..... Ce qu'il y a de vrai, est que les blés sont présentement à si bon marché par toute la province, qu'il n'est pas à désirer qu'ils diminuent beaucoup de prix, ayant remarqué que, quand ils se vendent depuis 15 jusqu'à 18 # la charge, tout le monde y trouve son compte.....»

---

160. *M. Barentin, intendant en Flandre maritime,*
au Contrôleur général.

6 Juillet 1700.

Projet d'établissement d'un droit de sortie sur la graine de colza ou sur l'huile qu'on en extrait et qu'enlèvent les fabriques de draps espagnoles.

«Je n'estimerois pas que les droits qu'on imposeroit sur la sortie, quelque gros qu'ils fussent, en empêchassent l'enlèvement, et une défense réitérée d'en laisser sortir feroit un meilleur effet. Si S. M., au contraire, veut permettre aux étrangers de tirer le colza de la Flandre françoise, je suis persuadé que les droits de 2 ## par razière ne sont pas assez forts et que, quand on les doubleroit, la nécessité d'avoir de cette graine pour faire de l'huile les engageroit à la venir querir en Flandres malgré les droits. Templier n'y aura rien à prétendre; mais il semble que, pour la sûreté de ce droit et pour épargner les frais d'une nouvelle régie, il vaudroit mieux en confier la perception aux receveurs des traites de chaque bureau, qui en rendroient un compte particulier à S. M.»

161. *Le Contrôleur général à Mgr le Prince, gouverneur de Bourgogne.*

10 Juillet 1700.

«Les traitants, en s'expliquant, comme ils ont fait, sur le remboursement de leurs frais, sont tombés dans leur faute la plus ordinaire, qui est de rendre leur conduite blâmable et odieuse dans les choses les plus simples, et même les plus légitimes, par leurs manières trop dures et trop outrées. Je crois que V. A. S. jugera le remboursement qu'ils demandent de leurs frais juste et régulier dans le fond, si elle veut bien faire réflexion : premièrement, que les sommes offertes par la province pour le rachat de ce qui reste dû des recouvrements extraordinaires, ne sont précisément que pour la finance principale et les 2 sols pour livre; en second lieu, que, si ceux qui se sont laissé faire des frais mal à propos en demeuroient déchargés sans en payer au moins une partie, ce seroit en quelque façon approuver leur résistance, et en même temps condamner la facilité et la bonne foi de ceux qui, d'abord et sans aucune contrainte, se sont soumis à l'exécution des ordres du Roi; et V. A. S. jugera aisément de quelle conséquence cela seroit pour les recouvrements que l'on pourroit être obligé de faire par la suite, et enfin que, par cette même raison, il ne seroit pas juste de charger la province du remboursement de ces frais, puisque ce seroit la charger de la peine d'une faute personnelle et particulière à ceux qui se les sont laissé faire mal à propos. Ces raisons ont toujours fait regarder comme juste, et même nécessaire, la répétition des frais sur ceux qui en sont naturellement tenus; mais aussi, comme on ne doit pas souffrir, surtout dans le cas d'un abonnement, que ce soit un nouveau prétexte d'exactions, il faut, sans difficulté, y apporter de l'ordre et de la règle. C'est pour cela que, sur ce que M. Ferrand m'en a déjà écrit par le précédent ordinaire, je lui ai mandé qu'il devoit défendre absolument aux traitants de faire aucunes poursuites, pour raison de ces prétendus frais, qu'après qu'il les aura lui-même taxés et qu'il aura donné par écrit une permission de poursuivre; et je lui ajoute qu'il doit réduire cette taxe sur un pied si juste, que les traitants n'y trouvent aucun profit, mais simplement de quoi se tirer de perte. Je crois que, quand le public sera bien instruit de cet ordre et qu'il le verra régulièrement observé, il en sera pleinement satisfait. Si V. A. S. en juge autrement, je la supplie très humblement de me faire l'honneur de me mander quelles seroient sur cela ses intentions, pour m'y conformer en tout ce qui dépendra de moi*.»

* Selon un état envoyé par l'intendant, M. Ferrand, le 15 mars 1701, les frais s'élevaient à 33,750 ## 3 s. 7 d.

162. *M. de Bâville, intendant en Languedoc, au Contrôleur général.*

13 Juillet 1700.

Il approuve les propositions faites en vue de donner aux jésuites de Toulouse les moyens de pourvoir efficacement à l'éducation des enfants des nouveaux convertis*.

* A la lettre est joint ce placet au Roi : «Sire, l'archevêque de Toulouse ose représenter très humblement à Votre Majesté que, dans l'exécution des ordres que lui et ses confrères ont reçus d'elle touchant les nouveaux convertis, ils ne peuvent répondre parfaitement au zèle qu'elle leur marque en cette occasion, parce que leurs bonnes intentions, leurs soins, leurs travaux, secondés par les intendants de vos provinces, n'empêchent pas que l'on ne fasse encore des assemblées secrètes de la religion protestante, où les enfants des religionnaires sont nécessités de suivre leurs parents et d'y sucer pour ainsi dire, avec le lait, l'esprit d'erreur qui pourroit dans la suite troubler les beaux jours que votre piété a procurés à la seule et véritable Église, en s'appliquant sans relâche à sa défense et à sa gloire. C'est pourquoi il jugeroit nécessaire, sous le bon plaisir de Votre Majesté, d'avoir un soin particulier desdits enfants, de les tirer dès leur plus tendre jeunesse des mains de leurs parents, pour les mettre dans des collèges de la province, où ils seroient aussi bien élevés dans les principes de la religion catholique que dans ceux des sciences nécessaires aux différentes professions qu'ils voudroient dans la suite embrasser. Et comme la ville de Toulouse se trouve située presque au milieu de toutes celles du Languedoc où l'hérésie a le plus dominé; que d'ailleurs il y a une université fameuse et des collèges fort réglés par les Pères jésuites qui en prennent soin, on pourroit les obliger d'augmenter les susdits collèges par l'acquisition de quelqu'autres maisons voisines, afin de leur donner lieu de recevoir un plus grand nombre desdits enfants des religionnaires qu'ils n'en ont eu jusqu'à présent. Quoique cette dépense puisse être considérable, et par conséquent au-dessus de leurs forces, elle se feroit aussi néanmoins sans qu'il en coûtât rien à Votre Majesté, par un fonds assez raisonnable, qui se présente fort naturellement, des sommes que les receveurs de vos domaines emploient dans leurs états pour les fiefs et aumônes qui n'ont été réclamés par aucuns particuliers, et dont Votre Majesté a ordonné, par un arrêt de son Conseil d'État du 14 juillet 1699, que sesdits receveurs remettroient un compte en forme ès mains de M. le Contrôleur général. Selon la partie desdites sommes que Votre Majesté jugeroit à propos d'accorder aux Pères jésuites de Toulouse, ils pourroient non seulement augmenter lesdits collèges, mais même entretenir chez eux des enfants des religionnaires qui n'auroient pas le moyen de payer leur pension. C'est une œuvre digne de la religion du plus grand roi de la terre, et qui attirera sur Votre Majesté une suite heureuse de la protection visible que le ciel a donnée de tout temps à son glorieux règne.»

163. *M. Bignon, intendant à Amiens, au Contrôleur général.*

16 Juillet 1700.

Réclamation d'indemnités pour les propriétaires de deux maisons du village de Bourgmaison qui, ayant servi au logement du capitaine de la brigade des fermes, ont été ensuite incendiées par les faux-sauniers*.

* En marge : «Par charité, on peut obliger les fermiers à donner quelque chose; mais, en justice, on ne peut les y condamner.»

164. *M. de Bâville, intendant en Languedoc,*
au Contrôleur général.

16 Juillet, 3 et 17 Août, 12 Septembre 1700.

Rapports sur l'état des récoltes et sur la possibilité d'envoyer des blés au Havre.

«J'ai l'honneur de vous envoyer le prix d'un sac de blé, pesant deux cents livres, rendu au Havre, pris en cette province, que vous m'avez fait l'honneur de me demander. Il est certain qu'on ne peut en prendre que dans les trois endroits que j'ai marqués : Narbonne, Toulouse, Gaillac. Le blé de Narbonne est le meilleur et le plus propre à être transporté, celui de Toulouse le plus mauvais ; il est tendre, se gâte à l'eau, et a été beaucoup charbonné cette année. Le blé de Gaillac et de l'Albigeois est bon et peut souffrir le transport; il est à meilleur marché qu'à Narbonne, et je crois, tout bien considéré, que c'est là où il faudroit le prendre pour le faire descendre à Bordeaux sur la rivière du Tarn, qui tombe dans la Garonne. J'avois pensé d'en envoyer de Narbonne à Marseille et à Toulon, et de lui faire passer le détroit; mais je trouve qu'il seroit plus cher de 20 sols par setier. Je vous envoie le prix présent : il ne faut pas douter qu'il n'augmente sitôt qu'on fera des achats, quelque précaution que l'on puisse prendre. Il est très difficile de pouvoir fixer cette augmentation, qui sera au moins de 40 sols par sac pesant deux cents livres, et peut-être bien plus forte, si les blés manquent dans les provinces voisines. J'apprends que l'on ne doit pas compter sur celui du cap Nègre cette année, et il faudra, par cette raison, que le Languedoc en fournisse à la Provence. Vous saurez vers le 15 de ce mois, comme vous me l'avez demandé, ce qu'on pourroit tirer de cette province sans incommoder les peuples. L'abondance n'est pas si grande qu'on l'avoit espéré; mais il y a certainement du blé en Languedoc au delà du nécessaire*.»

* Sur les manœuvres secrètes que le contrôleur général prescrivit pour assurer le succès de cette entreprise, voyez une autre lettre de M. de Bâville, 1er octobre, et les pièces qui y sont jointes.

165. *M. Bignon, intendant à Amiens,*
au Contrôleur général.

19 Juillet 1700.

Emprisonnement de deux fabricants de serges mauvais convertis.

«Je suis obligé de vous dire que je ne trouve nulle preuve des faits dont ils étoient chargés. A la vérité, ce sont de nouveaux convertis, très opiniâtres, très attachés à leurs anciens sentiments : ils ne s'acquittent d'aucun des devoirs de la religion; mais leurs maisons ne servent point de retraite aux protestants. Ils marquent à présent plus de docilité; M. l'évêque d'Amiens a commis un ecclésiastique pour les instruire : il faut profiter de leur détention pour les remettre dans la bonne voie, et, en cas qu'ils fussent, à la fin de ce mois, dans des dispositions qui méritassent leur liberté, ils pourroient faire leur moisson; peut-être même que la bonté et la charité dont le Roi voudroit bien user à leur égard, consommeroient l'œuvre de leur conversion*.»

* Voir les rapports des inspecteurs des manufactures, 11 mars et 27 avril, et une lettre des frères Vanrobais, d'Abbeville, au sujet des privilèges particuliers de leur manufacture et de certaines poursuites faites contre leur mère par les marguilliers de l'église Saint-Germain-l'Auxerrois de Paris, à la date du 8 mars.

166. *M. d'Ormesson, intendant en Auvergne,*
au Contrôleur général.

21 Juillet 1700.

Le curé de Champs demande l'exécution, pour l'arriéré et pour l'avenir, des différentes délibérations par lesquelles sa paroisse s'est rachetée de la dîme qu'elle lui devait en nature, moyennant le versement annuel d'une certaine mesure de grains et le payement d'une somme de 110#, qui est destinée à l'entretien d'un vicaire. Cette somme n'a jamais été acquittée depuis 1689, parce que la surcharge des impositions ne permet point de l'ajouter au rôle; tout au plus pourrait-on la faire payer à l'avenir, sans rien réclamer du passé*.

* En marge, de la main du contrôleur général : «Bon pour l'avenir; pour le passé, de leur consentement, s'ils veulent payer quelque chose.»

167. *M. le Gendre, intendant à Montauban,*
à M. de la Vrillière, secrétaire d'État.

(Copie.)

21 Juillet 1700.

«Les affaires de la religion sont dans un si heureux mouvement dans cette généralité, qu'il faut tâcher d'employer tous les remèdes imaginables pour les mettre dans leur perfection. Il y a deux grandes difficultés qui en arrêtent le progrès : la première vient de l'abus des mariages des nouveaux convertis, et la seconde, des déclarations qu'on leur fait faire à l'heure de la mort, en vertu de la déclaration du 29 avril 1686.

«A l'égard des mariages, quoique ce soit un sacrement que l'on ne sauroit recevoir avec trop de préparation, cependant les nouveaux convertis, qui ne le regardent point dans l'esprit de l'Église, se contentent de passer un contrat, et de demeurer après cela impunément comme s'ils étoient mari et femme. Leur cœur n'est pas encore sincèrement réuni à Dieu pour suivre exactement les lois de l'Église; la plupart croient avoir tout fait pourvu qu'ils aillent exactement à la messe, et, quand on leur parle du commerce scandaleux dans lequel ils vivent avec leurs prétendues femmes, ils se contentent de dire qu'ils sont prêts à recevoir la bénédiction du prêtre; mais, à l'égard de la confession et communion qui doit les mettre en état de recevoir dignement ce sacrement, l'on ne peut les y résoudre.

«Cet abus devient si grand, qu'on ne sauroit trop tôt y apporter de remède et établir une loi certaine à laquelle nous devions nous conformer. Il semble que l'on pourroit y remédier, si le Roi avoit la bonté de faire des défenses, par une déclaration solennelle, aux nouveaux convertis, de demeurer ensemble en vertu d'un simple contrat, sans avoir observé les formalités prescrites par l'Église; et cela sous des peines très sévères, tant pour les hommes que pour les femmes, sans aucune distinction de qualité, avec injonction aux évêques et intendants d'y tenir la main, et défenses aux notaires de faire aucun contrat de mariage entre les nouveaux convertis sans être certains auparavant que les contractants se sont acquittés de tous leurs devoirs de catholiques. Si, au contraire, on laisse aux nouveaux convertis la liberté de vivre dans cette espèce de concubinage public, ils croiront tenir encore par quelque endroit à leur ancienne religion, puisqu'on leur laisse la liberté de ne point regarder le mariage comme un sacrement.

«Mais vous me permettrez de vous représenter que, n'y ayant plus qu'une religion en France, il n'y a aucune différence à faire entre les anciens catholiques et les nouveaux convertis. Ces derniers doivent être soumis aux lois des premiers, et, pour les y déterminer, il faut leur montrer le chemin qu'ils doivent suivre, et attacher une peine contre ceux qui s'en écarteront.

«Sur les plaintes continuelles que MM. les évêques de la généralité m'ont faites de ces sortes de mariages, si j'avois osé, je leur aurois fait des défenses de demeurer ensemble, sous des peines pécuniaires; j'en aurois fait mettre d'autres en prison. Je crois que cela auroit produit un très bon effet; mais, dans une affaire aussi importante et aussi délicate, je n'ai voulu rien décider sans recevoir auparavant les ordres du Roi par votre bouche.

«A l'égard des déclarations que les nouveaux convertis sont obligés de faire à l'heure de la mort, pour empêcher la confiscation de leurs biens, cela n'a pas produit tout le bon effet que l'on en avoit espéré, par plusieurs raisons. La première, c'est que cette déclaration n'oblige les nouveaux convertis à faire leur devoir qu'à l'heure de la mort; jusque-là, ils croient être en liberté de suivre leurs premières erreurs, sans vouloir se faire instruire, et ne donnent quelque signe de catholicité que par esprit d'intérêt et par amour de leurs parents, et non pas par une sincère réunion à l'Église. La seconde est que ces pauvres malades sont entourés, dans ce dernier moment, de tout ce qu'il y a de plus huguenot dans leur famille, qui ne cherchent qu'à leur faire faire des déclarations ambiguës, et qui détruisent en un moment le fruit des exhortations du curé. La troisième, c'est que, de trois cents nouveaux convertis qui meurent, il n'y en a pas dix à qui on fasse faire de pareilles déclarations, parce que leurs parents aiment mieux laisser mourir le malade sans secours, que d'avertir un médecin qui seroit obligé de donner avis au juge de la maladie. Souvent même, il n'y a point de médecin dans le lieu; dans d'autres, il n'y a point de juges pour recevoir la déclaration, mais seulement des consuls ignorants et intéressés, qui se laissent séduire. Il arrive aussi quelquefois une chose monstrueuse, qui est que les parents étouffent plutôt le malade que de lui laisser faire une déclaration contraire à leur intérêt, la peine n'étant attachée qu'à la déclaration. Il y en a d'autres qui font les muets, plusieurs qui affectent des fièvres chaudes. Enfin, il est si difficile de trouver en même lieu un médecin, un curé et un juge honnêtes gens, que, la déclaration dépendant absolument de leur ministère, elle ne produit presque jamais aucun effet, et les nouveaux convertis, en gagnant une de ces trois personnes, trouvent le moyen d'empêcher la confiscation de leurs biens et d'éluder par là les peines portées par la déclaration du Roi. Mais, comme l'intérêt est ce qui les gouverne souverainement, il faut tâcher, pendant leur vie, à les disposer à prévenir ce dernier moment en s'acquittant de tous les devoirs de la religion.

«A toutes ces difficultés il y a deux expédients que je prends la liberté de vous proposer. Le premier, c'est d'obliger tous les nouveaux convertis, d'abord qu'ils seront malades, à faire d'eux-mêmes leurs déclarations, par-devant le notaire ou le plus prochain juge des lieux, comme ils veulent vivre et mourir dans la religion catholique, apostolique et romaine, et en faire tous les exercices, sans que le médecin soit obligé d'avertir le juge et le curé; et, en cas que les parents soient négligents de la lui faire faire et de la remettre entre les mains du juge des lieux, soit que le malade soit mort ou guéri, huit jours après, la confiscation de droit sera prononcée. Par là, il ne peut y avoir aucune surprise : les parents seront toujours attentifs à faire faire le devoir au malade, dans la vue de conserver son bien; les pestes malheureuses qui l'environnent auront plus de peine à le détourner de son devoir par leurs séducteurs artifices. Voilà le premier expédient que j'ai à vous proposer, qui engage à la vérité tous les nouveaux convertis à mourir entièrement en bons catholiques; mais quelle consolation ne seroit-ce point pour le Roi, toujours attentif au salut de ses sujets, et ne cherchant qu'à leur procurer pendant leur vie les secours spirituels dont ils ont besoin, si l'on pouvoit trouver un remède qui les obligeât par intérêt à prévenir ce dernier moment et à se réunir sincèrement à l'Église pendant qu'ils sont en santé! C'est ce qui me fait proposer un second expédient, plus facile et plus efficace, qui seroit qu'en explication de la déclaration du 29 avril 1686, S. M. déclarât qu'ayant été informée que plusieurs nouveaux convertis, soit par négligence, soit par artifice, éludent sous divers prétextes de faire durant leurs maladies une déclaration expresse de leur foi, elle veut et entend qu'à l'avenir tous ceux qui n'auront pas fait volontairement, dans leur maladie, ladite déclaration devant les juges ou notaires des lieux, soient censés mourir dans la R. P. R., et leurs biens sujets à confiscation, s'il n'est pas constant, par de bons certificats des curés, légalisés par les juges des lieux, qu'ils aient vécu en bons catholiques, en s'acquittant de tous les devoirs de la religion, au moins trois mois avant leur mort.

«Les avantages que l'on tireroit de cette déclaration, c'est qu'elle ôteroit aux enfants et aux parents l'espérance de pouvoir éviter la confiscation, en ménageant à leurs père et mère une mort prompte et secrète; cette espérance est ce qui les entretient le plus fortement dans leur opiniâtreté. Par là, l'on mettra les nouveaux convertis dans la nécessité de [vivre et de] mourir en bons catholiques : de vivre en bons catholiques, dans l'appréhension de n'avoir pas le temps à l'heure de la mort de faire leurs déclarations et recevoir les sacrements, et que leurs biens ne soient confisqués; de mourir en bons catholiques, en faisant leurs déclarations et recevant les sacrements dans leurs maladies, de crainte que, n'ayant pas fait trois mois auparavant leur devoir, étant en santé, leurs biens ne soient confisqués.

Enfin, cette seule raison seroit capable d'établir dans toute la France l'uniformité que le Roi désire avec tant de raison. Le temps est favorable : il faut profiter des bonnes dispositions où sont les nouveaux convertis.

«Le seul inconvénient que l'on pourroit opposer, seroit qu'ils ne feront leur devoir que par hypocrisie et pour conserver leur bien à leur famille. Mais il est clair que cette déclaration ne les y engageroit pas davantage que celle de 1686 : elle n'impose point d'autre peine, et remédie simplement aux artifices dont les nouveaux convertis se sont servis pour en éluder la disposition. Ce sera toujours aux évêques et curés à examiner s'ils sont en état d'approcher des sacrements avec les dispositions nécessaires, et de les leur refuser, s'ils les en trouvent indignes; et s'il arrive, à leur mort, qu'ils n'aient point fait durant leur maladie la déclaration de vouloir les recevoir, alors étant indubitable qu'ils meurent dans l'hérésie, il n'y aura rien qui puisse empêcher la confiscation de leurs biens.»

---

168. *M. Bignon, intendant à Amiens,*
au Contrôleur général.

24 Juillet 1700.

Les gardes des gabelles de Bapaume abusent de leur droit de surveiller les enlèvements de sels pour fouiller si rigoureusement tous les passants, que le commerce des marchés en est interrompu.

«Cela m'a donné occasion d'examiner d'autres détails pour la régie de ce bureau, soit par rapport au juge des traites nouvellement établi, ou à la conduite d'un nommé le sieur de Vienne, qualifié d'agent des affaires de la compagnie. Ils font arrêter sans discernement des habitants qui portent des denrées d'Artois en Artois, sur la supposition que leur intention étoit de passer en Picardie, quoiqu'ils ne soient pas trouvés sur le pays de la ferme. Et étant allé visiter les prisons, je fus infiniment surpris de trouver des enfants de onze à douze ans condamnés à la peine des galères : je demandai au juge et au sieur de Vienne, sur qui il rejette les mauvais conseils qu'il suit, s'ils en usoient toujours ainsi à l'égard des personnes de cet âge; ils m'assurèrent que cela ne devoit point m'inquiéter, et qu'on feroit sortir ces enfants. La réponse me scandalisa autant que la condamnation; car, jusqu'à présent, j'ai cru que, lorsqu'il y avoit un jugement, il devoit être exécuté, à moins qu'il ne fût infirmé par un juge supérieur. S'ils ne profitent pas des avis que je leur ai donnés, je vous en rendrai compte, pour y pourvoir. Cependant, j'ai écrit à M. Rémond de la Renouillière, fermier général de ce département, sur ce qui se passoit contre les intérêts des sujets du Roi et de ceux de la ferme.»

---

169. *M. d'Ormesson, intendant en Auvergne,*
au Contrôleur général.

26 Juillet 1700.

Les échevins de Clermont dressent chaque année, en vertu de lettres patentes qu'ils ont obtenues, un rôle, dit des *bâtiments étrangers*, pour la taxe de tous les propriétaires de maisons qui, n'habitant point dans la ville, n'y portent ni impositions ni charges personnelles. Aucune qualité n'a exempté jusqu'ici de cette taxe; si un gendarme de la garde du Roi, originaire de Clermont, prétend être rayé du rôle en raison de son privilège, il doit déclarer qu'il veut être habitant de la ville, et l'on aura égard à son privilège dans la répartition des charges et impositions générales.

---

170. *M. Ferrand, intendant en Bourgogne,*
au Contrôleur général.

26 Juillet, 29 Août et 19 Octobre 1700.

Réparation de la Sainte-Chapelle de Dijon.

---

171. *M. de Bezons, intendant à Bordeaux,*
au Contrôleur général.

27 Juillet 1700.

Répression d'une émeute survenue dans plusieurs paroisses du pays de Labour au sujet des déclarations demandées pour le papier terrier.

---

172. *Les Trésoriers de France en la généralité*
de la Rochelle
au Contrôleur général.

31 Juillet 1700.

«Nous avons reçu la lettre que vous nous avez fait l'honneur de nous écrire le 26 de ce mois, au sujet du procès-verbal de visite de la recette générale du sieur la Chapelle. Nous pouvons vous assurer que nous n'avons eu d'autres vues en cette occasion que le bien du service du Roi. Il nous a apparu d'abord d'un gros fonds qu'il avoit reçu au delà de ce qu'il avoit à payer au Trésor royal, compris le payement de juin. Nous ne pouvions point savoir ce qu'il y avoit payé, et nous le savions engagé dans une taxe. Tout cela nous a obligés à faire le dû de nos charges, ayant jugé plus à propos de pécher, si vous jugez que nous l'ayons fait, par un effet de notre zèle que par une négligence qui pourroit avoir causé quelque préjudice aux intérêts de S. M. et nous attirer vos reproches. D'ailleurs, la caution qu'il avoit fournie étant devenue insolvable, il nous a été naturel d'en requérir une autre : à raison de quoi nous avons rendu une ordonnance, qui a été signifiée le 23 de ce mois, par laquelle on lui accorde un mois pour en fournir une nouvelle : en quoi il paroît qu'il n'y a que les intérêts de S. M. qui nous ont déterminés à cela. L'usage des bureaux du royaume est tel, et nous nous y sommes conformés.

«Il est encore d'usage que les receveurs généraux des finances payent la première moitié des gages au commencement de juillet; et cependant ledit sieur la Chapelle ne prétend pas que cet usage, quoique appuyé des états du Roi, ait exécution, et ne veut les payer qu'au mois de septembre. Il y a encore plus : c'est que le sieur la Chapelle ne réside point en cette ville et y a un commis, qui n'est point connu pour tel et n'a aucune commission du Conseil. L'exemple de ce qui est arrivé sur pareille chose, depuis quelques années, à Limoges, nous a engagés de prendre toutes ces mesures; si Votre Grandeur souhaitoit s'en faire informer, elle connoîtroit que nos vues n'ont point été pour chagriner le sieur la Chapelle, avec lequel, jusqu'ici, ni en particulier ni en général, on n'a point eu de démêlé, et nous l'avons même reçu en notre bureau agréablement, sans frais. Si Votre Grandeur ne désire pas que nous fassions contraindre le sieur la Chapelle à nous fournir une nouvelle caution, dès que nous aurons reçu sur cela vos ordres, nous les exécuterons ponctuellement.»

173. *M. le Peletier de Souzy, intendant des finances, au Contrôleur général.*

(De Bordeaux) 1er Août 1700.

«Il y auroit de la témérité à moi d'entreprendre de vous rendre bon compte du commerce de Bordeaux. J'y ai été tellement occupé avec les ingénieurs, pendant le peu de séjour que j'y ai fait, que je n'ai pas eu le temps d'avoir de grandes conférences avec les négociants. J'ai seulement appris, par le sieur Lombard, que j'ai fort questionné en traversant la Garonne, que la récolte des grains est assez bonne et assez abondante, quoiqu'il y en ait beaucoup de niellés. Pour ce qui est de la vendange, quoique beaucoup de vignes aient coulé, on compte qu'il y aura demi-année et que cela suffit, tant à cause de la rareté et de la cherté des futailles, qu'à cause que les Anglois n'enlèvent point de vins, quelque précaution que l'on prenne pour déguiser les futailles et les faire passer pour espagnoles ou portugaises. Les Anglois tirent tous leurs vins de Portugal, à la réserve des plus délicats, qui préfèrent ceux de Bordeaux, qui sont en effet de meilleure qualité. Ceux de Portugal ayant de la liqueur et de la douceur, cela me fait espérer que l'on ne pourra pas aisément les brûler pour en faire de l'eau-de-vie, ce qui achèveroit de ruiner entièrement le commerce du comté Nantois, du pays d'Aunis et de partie de la Guyenne. J'ai été mortifié du petit nombre de vaisseaux que j'ai vus dans le port de Bordeaux; je ne doute pas qu'il n'augmente considérablement au mois d'octobre. Je pars demain, suivant mon premier projet, pour me rendre auprès de vous vers le 12 de ce mois; la diligence sera médiocre, mais je ne puis me dispenser de passer par Angers, pour y voir M. l'évêque.»

174. *M. d'Ormesson, intendant en Auvergne, au Contrôleur général.*

4 Août 1700.

«Il s'est passé une affaire aux environs de cette ville, depuis quatre jours, dont je me crois obligé d'avoir l'honneur de vous informer. Trois archers des gabelles venant de servir de recors dans une exécution à Clermont, qui ne regardoit point leur emploi, ayant vu sur le bord du chemin trois petits enfants, dont l'aîné n'est âgé que de cinq à six ans, assis au bout d'une pièce de fèves, un de ces archers, qui étoit à pied, ayant son épée à la main dans le fourreau, picota du bout ces petits enfants : ce qui ayant été aperçu par leur mère, qui étoit dans ce champ, qui lui appartient, et en cueilloit les fèves, elle dit à cet archer de les laisser en repos : sur quoi, il vint sur elle et lui donna un coup sur la tête du plat de son épée, toujours dans le fourreau, avec assez de violence pour le faire tomber, comme, en effet, ce fourreau quitta l'épée et tomba dans les fèves; et ensuite l'archer redoubla le coup, l'épée nue, sur la tête de cette femme et la frappa du plat, ce qui la fit tomber, étant grosse de sept à huit mois, et crier au voleur. A cette clameur, des moissonneurs dans des blés voisins, qui avoient vu l'épée nue contre cette femme, vinrent à son secours, et l'un d'eux a reçu un coup de la pointe de la même épée que lui porta cet archer, qui l'a blessé considérablement. Les autres moissonneurs environnèrent si bien cet archer, qu'ils s'en saisirent et le menèrent au village de Saint-Bonnet, près cette ville, où ils le lièrent et donnèrent en garde à un particulier. Le curé courut au blessé pour l'assister, qui fut ramené dans sa maison du même village, et d'autres vinrent en cette ville en porter plainte au lieutenant criminel du présidial. Dans cet entre-temps, des officiers de brigade des gabelles, ayant su que cet archer étoit audit lieu de Saint-Bonnet, y vinrent et l'en emmenèrent. Le lieutenant criminel a été recevoir la plainte et informer du fait. L'archer des gabelles, de son côté, a dressé son procès-verbal, avec les deux qui étoient avec lui lors de l'action, par lequel ils disent que cette femme portoit une besace et qu'ils vouloient voir s'il n'y avoit point de faux-sel, qu'ils en furent empêchés par ces moissonneurs, et même que l'archer qui en a blessé un avoit reçu quelques coups de faucille. Ce procès-verbal a été, par eux, porté au juge du dépôt, lequel, sur la répétition, a décrété ajournement personnel contre aucuns de ces moissonneurs, et que la femme et le curé seroient assignés pour être ouïs. Le lieutenant criminel, de son côté, a fait exécuter le décret de prise de corps qu'il a décerné contre cet archer qui a blessé, et l'a interrogé.

«Sur l'avis que j'ai eu de ces différentes procédures, je me les suis fait représenter, et j'ai reconnu que non seulement le fait s'étoit passé de la manière que je viens de l'expliquer, mais même que les deux archers qui étoient avec celui qui a blessé, lui dirent, avant l'action, qu'il se retirât et laissât cette femme et ses enfants. Il me paroît que l'affaire est de la compétence du lieutenant criminel, et que je dois vous rendre ce compte afin que vous jugiez en connoissance de cause ce qu'il vous plaira, lorsqu'on s'adressera à vous pour avoir un arrêt en faveur de la ferme. J'aurois fait accommoder l'affaire, si le blessé n'étoit en danger de mort. J'ai fait venir le chirurgien qui le panse, qui est habile homme dans son art; il m'a fait connoître qu'il est encore incertain si l'estomac et le foie, ou même un des principaux boyaux, ne sont point endommagés; à quoi les symptômes du malade et la fièvre que sa plaie lui cause donnent lieu. Ce qui fait connoître qu'il n'est point ici question de gabelles, procède de ce que l'action est arrivée en cette province, où le sel est de vente libre, et à quatre grandes lieues du pays de gabelles; que ces archers venoient de Clermont, encore pays rédimé, et plus éloigné que Riom des frontières du pays gabellé, et qu'elle a eu pour principe l'ivrognerie de cet archer, que j'apprends d'ailleurs être nouveau dans cet emploi, et qu'il lui est arrivé de semblables affaires dans les différents états où il s'est trouvé avant d'y entrer.»

175. *Les Maire et Jurats-Gouverneurs de Bordeaux* AU CONTRÔLEUR GÉNÉRAL.

7 Août 1700.

Ils annoncent qu'ils n'ont pu encore procéder au choix du député qui les doit représenter au Conseil de commerce, et demandent à envoyer en outre un député particulier pour soutenir leurs intérêts dans l'affaire des vins du haut Languedoc*.

* En marge, de la main du contrôleur général : «Leur mander que c'est une dépense inutile que celle du député particulier qu'ils proposent; qu'il suffit de bons mémoires; que j'aurai soin de leurs intérêts.» Néanmoins, la ville confie cette mission à l'avocat Dudon, en même temps que le sieur Fénellon était élu député au Conseil pour la ville de Bordeaux, et le sieur Roolle pour Bayonne. (Lettres de MM. de la Bourdonnaye, de Sourdis, de la Tresne et des jurats, 14, 22 et 23 septembre.)

Le sieur Mesnager annonce de Rouen, le 5 août, qu'il a été choisi comme député, quoique ne faisant plus le commerce depuis plusieurs années.

176. *M. de Bernage, intendant à Limoges*, AU CONTRÔLEUR GÉNÉRAL.

7 Août 1700.

«J'ai reçu la lettre que vous m'avez fait l'honneur de m'écrire sur l'ordonnance que j'ai rendue pour parvenir à avoir connoissance, par les rôles des tailles qui se feront à l'avenir, des biens que possèdent les redevables, et par conséquent de la consistance des paroisses. Je sais que les connoissances qui viennent par cette voie ne peuvent jamais être absolument sincères, et qu'il faut s'en informer par des voies secrètes; mais cependant j'ai cru qu'il falloit toujours commencer par faire exécuter ce que les règlements prescrivent aux collecteurs à ce sujet. C'est uniquement le fondement de mon ordonnance, et ce n'est qu'un renouvellement de ce qui est porté par les mandements pour les tailles qui ont été envoyés jusqu'à présent dans ce département, longtemps auparavant que j'y fusse. Je crois que vous jugerez que cela ne peut faire qu'un bon effet, et que, si on pouvoit mettre les collecteurs sur le pied de faire les rôles avec l'exactitude qui leur est marquée par les règlements, rien ne mettroit plus en état d'apporter l'ordre dans la répartition. J'ai su que, dans quelques départements voisins du mien, on n'avoit pas été moins embarrassé qu'ici de satisfaire à ce que vous avez ordonné de savoir sur la consistance des biens des paroisses, et qu'on avoit envoyé des ordres aux syndics d'en donner des états; j'ai cru qu'il valoit mieux, sans rien précipiter, y parvenir par des ordres naturels et venus à temps, qui ne continssent autre chose que l'exécution des règlements, et ne pussent, par conséquent, faire imaginer aux peuples qu'on eût en cela d'autres motifs que ceux qu'on a en effet, c'est-à-dire le dessein de procurer l'égalité dans la répartition. Il me paroît que j'ai entré en cela dans votre esprit, et je m'attacherai à le suivre. Cependant je continue à voir les rôles des paroisses de cette élection; je m'informe sous main des plus honnêtes gens que j'y connois, je confère avec les collecteurs, et je prends tous les mémoires que je puis pour corriger à l'avenir ce qui me paroît mal. Je le pourrai faire plus continûment après la fin de la récolte, parce qu'on ne doit détourner les habitants dans ce temps ici que le moins qu'on peut*.»

* Voir une lettre analogue, écrite le 6 août par M. d'Ableiges, intendant à Poitiers.

177. *M. Bégon, intendant à la Rochelle*, AU CONTRÔLEUR GÉNÉRAL.

10 Août 1700.

Règlement provisionnel de l'amirauté de Brouage sur le lestage et délestage des bâtiments qui remontent la rivière de Seudre.

178. *M. de la Houssaye, intendant en Alsace*, AU CONTRÔLEUR GÉNÉRAL.

13 Août et 30 Décembre 1700.

Le prince-margrave de Bade-Durlach demande l'exemption des droits de péage sur les denrées qu'il tire de ses terres par le Rhin, et offre l'exemption réciproque*.

* Sur ces péages, contre lesquels protestaient les magistrats de Bâle, voir une lettre du 27 janvier 1701.

179. *M. de Suduiraut, premier président du Parlement de Guyenne*, AU CONTRÔLEUR GÉNÉRAL.

17 Août 1700.

Il envoie un arrêt par lequel la Cour a résolu de mettre en corps 74 louis à la loterie royale, à raison de deux billets par officier.

180. *M. d'Herbigny, intendant à Lyon*, AU CONTRÔLEUR GÉNÉRAL.

17 Août 1700.

Il rend compte d'une procédure relative à un des lots gagnants de la loterie de la Charité de Lyon.

181. *M. Barentin, intendant en Flandre maritime*, AU CONTRÔLEUR GÉNÉRAL.

19 Août 1700.

Il propose d'exempter M. Bart, en qualité de chef d'escadre au service du Roi, d'un droit d'issue que réclame le fermier pour la vente d'une cense sise dans la châtellenie de Bergues.

182. *M.* DE *Miroménil, intendant à Tours,*
AU CONTRÔLEUR GÉNÉRAL.

20 Août 1700.

Rapport sur la nature des terres de la généralité et sur leurs produits.

183. *M. Bégon, intendant à la Rochelle,*
AU CONTRÔLEUR GÉNÉRAL.

23 Août 1700.

Il expose les raisons qui ne permettent pas d'autoriser la translation du bureau d'achat des sels de Brouage à Marennes*.

* Sur l'augmentation du commerce des sels, voir une lettre du sieur Massiot, du 9 septembre suivant.

184. *Le* CONTRÔLEUR GÉNÉRAL
aux Officiers de la maîtrise des eaux et forêts d'Ensisheim.

26 Août 1700.

«On se plaint ici que vous faites difficulté de vous conformer aux derniers ordres que vous avez reçus du Roi sur les fonctions de vos charges. J'aime mieux croire qu'ils ne vous sont point encore connus, et que ceux qui étoient particulièrement chargés de vous en instruire ont les premiers négligé de faire sur cela leur devoir. Il est donc nécessaire que vous sachiez que le Roi veut qu'à l'avenir vous vous absteniez de faire aucune fonction dans les bois des ecclésiastiques et des particuliers, tels qu'ils soient; que vous leur laissiez une pleine et entière liberté d'en jouir et de les administrer comme avant votre établissement en Alsace, et que vous vous renfermiez uniquement dans l'administration des bois qui dépendent du domaine de S. M. Comme, après cette déclaration précise que je vous fais de ses volontés à cet égard, vous n'en pourrez plus prétendre cause d'ignorance, je dois y ajouter que le premier d'entre vous qui y contreviendra aura ordre de se défaire de sa charge, et sera peut-être encore plus sévèrement puni de sa désobéissance, selon les circonstances dont elle sera accompagnée.»

185. *M.* DE *Pomereu, intendant en Champagne,*
AU CONTRÔLEUR GÉNÉRAL.

26 Août 1700; 2 Février et 20 Juin 1701.

Procès des communautés du marais de Saint-Gond contre MM. de Rommecourt*.

* Voir une lettre de M. de Rommecourt, à la date du 26 mai 1704.

186. *Le sieur* CHARLES,
intéressé en la compagnie du cap Nègre, à Marseille,
AU CONTRÔLEUR GÉNÉRAL.

(De Paris) 27 Août 1700.

«J'ai réfléchi à ce que Votre Grandeur me fit l'honneur de me dire dimanche dernier au sujet du commerce des blés que fait la compagnie du cap Nègre et Bastion-de-France dans le royaume. J'ai cru que vous ne seriez pas fâché que je vous fisse faire attention aux inconvénients qui pourroient arriver, si Votre Grandeur nous interdisoit l'entrée des blés en France. Premièrement, il n'y a aucun royaume ni État dans le monde qui défende l'entrée des blés; au contraire, il y en a peu qui en accordent la sortie, et pas un sans en tirer rétribution ou droits de sortie. Lorsque la compagnie du cap Nègre et Bastion-de-France ne fera point venir des blés, il faut en même temps qu'on défende ce commerce à tous les négociants, même aux étrangers, d'en pouvoir porter : sans quoi Votre Grandeur ruineroit notre compagnie pour les enchérir, et feroit en même temps sortir du royaume le double de l'argent qui en sort par la compagnie. Le cap Nègre et le Bastion-de-France sont situés, l'un à l'extrémité du royaume de Tunis, et l'autre à l'extrémité de celui d'Alger, distant l'un de l'autre de douze lieues. Tabarque, appartenant à MM. Lomellini de Gênes, est au milieu. Quand notre compagnie ne trouvera pas à consommer ses blés, elle n'en achètera point. C'est dans ce temps-là que Tabarque fera son commerce, et les Génois ne manqueront pas, s'ils en trouvent la débite en France, d'en apporter; et, au lieu de 7 ou 8# qui sortent du royaume pour le prix d'une charge de blé que la compagnie achète des Maures, il en sortira au moins le double par la vente que les Génois en feront en France.

«Si Votre Grandeur ne veut point interdire le commerce des blés pour porter dans le royaume, ni aux étrangers, ni aux autres sujets du Roi, il est certain que la compagnie du cap Nègre fait sortir moins d'argent que tous ceux qui peuvent faire ce commerce. Si les François achètent à Tabarque, MM. Lomellini ont pour maxime de vendre toujours 4# 10 s. par charge le blé plus qu'ils ne l'achètent. Ainsi, voilà 4# 10 s. que l'étranger gagne sur nous. Si, au lieu d'acheter à Tabarque, les François achètent à Biserte et Porte-Farine, ou en quelque autre endroit du royaume de Tunis, les puissances de ce pays-là prennent un droit au moins de 3 piastres par caffi, qui contient deux charges et demie de Marseille, dont chacune fait le setier de Paris. Ainsi, voilà encore plus d'argent qui sort du royaume.

«Il vient de sortir cette année plus de quatre-vingts ou cent bâtiments des côtes de Provence, pour aller chercher des blés, soit dans le Levant, royaume de Candie, le volo ou golfe de Cassandre, la Sicile, royaume de Naples ou Sardaigne. En quelque endroit que ces bâtiments chargent, les blés leur coûtent plus d'argent qu'ils ne coûtent à notre compagnie, et pas un ne fait ce commerce qu'avec de l'argent comptant. Vous me direz peut-être que notre compagnie gagne beaucoup : j'ose l'assurer hardiment que, depuis la paix, à peine a-t-elle gagné l'intérêt de ses fonds de 10 p. o/o. Nos places nous tiennent lieu de 8 ou 900,000# qu'elles nous ont coûté à bâtir, dont il n'est pas sorti un sol du royaume. Pour cela, nous devons à

Tunis et à Alger 20,000 piastres de redevance; nous ne sortons point d'argent pour les payer. Nous avons une maison à Alger, qui consomme pour plus de 20,000 piastres tous les ans de marchandises du royaume, et les puissances de Tunis, depuis dix ans, ont fait venir pour plus de 100,000 écus de meubles, bijoux et autres marchandises du royaume. Nous avons dans nos colonies plus de six cents François, qui ne laissent pas un sol dans le pays, ce qui nous coûte plus de 200,000 # par an, qu'il faut que nous retrouvions sur le bénéfice de notre commerce. Cela joint avec l'intérêt de nos fonds, il faut que nous commencions à gagner 400,000 # par an pour nous empêcher de perdre; et, si nous faisions outre cela quelque bénéfice, le tout reste dans l'État.

«Je prendrai encore la liberté de vous représenter que, si notre compagnie avoit eu depuis dix ans la liberté de vendre du blé soit pour l'Italie, le Portugal ou l'Espagne, elle auroit fait entrer tous les ans quatre fois plus d'argent dans le royaume qu'elle n'en a fait sortir, et qu'arrivant une disette en Espagne, on tirera dans un an plus de piastres que nous n'en consommerons dans six. Et, pourvu qu'on nous laisse la liberté de faire notre commerce dans les lieux qui nous seront le plus avantageux, notre compagnie, au lieu de faire sortir de l'argent du royaume, y en fera entrer considérablement.

«Je vous représenterai l'utilité que le royaume a tirée de nos établissements pendant la dernière guerre, et même les deux années depuis la paix, et celle qu'on en peut encore tirer dans l'occasion : ce qui mérite qu'au lieu de restreindre notre commerce, on le protège entièrement. Malheureusement, le royaume n'est pas encore en l'état qu'on se récrie contre l'abondance des blés, et Messieurs des États du Languedoc, qui se plaignent de ne pouvoir pas débiter les leurs, ne s'engageroient pas de fournir du pain bis aux pauvres à 18 deniers la livre. S'il est à ce prix présentement en Languedoc, que ne vaudroit-il pas en Provence, sans le secours du cap Nègre, puisque cette province, dans les années les plus abondantes, n'en recueille pas pour se nourrir les deux tiers de l'année!

«En achevant cette lettre, je viens d'en recevoir une d'Hollande, par laquelle on me demande le chargement d'une grosse flûte de nos blés de Barbarie. Ils valent à Amsterdam, présentement, 250 florins d'or le lastre, qui revient à plus de 11 # le quintal de France, avec apparence d'augmentation*.»

* Voir une autre lettre du 29 septembre, où il rend compte des transports déjà faits par la compagnie, de ses achats en Barbarie, et se plaint de l'empressement unanime des armateurs marseillais à fournir de blés du Levant le Portugal et l'Espagne plutôt que la Provence même.

---

187. *Les sieurs* Chrestien *et* le Chéron, *inspecteurs des manufactures à Caen*, au Contrôleur général.

28 Août 1700.

Rapports sur les marchandises étrangères qui ont été saisies dans les boutiques de la foire de Guibray, comme n'étant pas entrées par les ports de Calais et Saint-Valery et ne portant point les plombs.

---

188. *M.* de Suduiraut, *premier président du Parlement de Guyenne*, au Contrôleur général.

28 Août 1700.

Le Parlement, inquiet du manque de blés et de l'insolence des soldats du Château-Trompette, vient de décider l'envoi de commissaires pour faire ouvrir les greniers des environs et porter les blés au marché, et pour réprimer les accaparements *.

* M. de la Bourdonnaye, ayant trouvé une hausse sur les blés à son arrivée à l'intendance, demanda la permission d'autoriser quelques transports de grains de la Bretagne ou de l'Aunis, pour regarnir les marchés de Bordeaux. (Lettre du 18 septembre.)

---

189. *M.* Bignon, *intendant à Amiens*, au Contrôleur général.

29 Août 1700.

Il réclame le droit de veiller à l'entretien des digues, canaux et watregans du pays de Langle et du pays de Bredenarde, sur la rivière d'Aa. Les officiers de la maîtrise de Tournehem s'en arrogent l'inspection ou l'entretien, quoique les ouvrages aient été faits aux frais des États, par l'ordre des intendants.

---

190. *M.* Pinon, *intendant à Alençon*, au Contrôleur général.

3 Septembre 1700.

Il renvoie, avec un avis favorable, la demande faite par la ville de Bernay d'établir sur l'entrée et la consommation des denrées un tarif de droits, dont le produit puisse être employé à payer la taille. Les nobles et privilégiés ou leurs veuves seraient seuls exempts.

---

191. *Le sieur* de Boisguilbert, *lieutenant général de police à Rouen*, au Contrôleur général.

3 Septembre 1700.

«Je me suis donné l'honneur de vous marquer que je prendrois la hardiesse de vous dire plus au long que l'année est fort abondante. Le blé n'est pas si grainu que l'année passée, ne rendant pas tant à la gerbe; mais il y a beaucoup plus de paille, jusque-là qu'il y a eu peu de fermes où il y ait assez de bâtiments pour tout engranger. Pour cela il ne faut pas dire que le prix des grains diminuera considérablement : l'abondance de l'argent l'empêchera; les laboureurs sont pleins et baillent le change à leurs maîtres, lorsqu'ils les voient hors de volonté ou de pouvoir de labourer eux-mêmes, en ne voulant pas rehausser leurs terres, jusque-là que de bons marchands de cette ville, ayant commencé à labourer par nécessité, ont depuis continué par intérêt, déclarant que le profit de quelque commerce que ce fût n'approchoit pas de celui du labourage. Je laboure pour recueillir environ trois mille setiers de blé et autant d'avoine, et la levée de plus de la moitié des terres vaut autant comme le fonds seroit vendu. Je convainquis M. de la Bourdonnaye de cette vérité, en l'avertissant de faire toiser quelques granges dans la course qu'il commença pour l'exécution de votre projet, et il demeura d'accord avec moi, avant que de partir, que, par le nombre des gerbes, il avoit trouvé que les levées valoient dix fois le fermage, au lieu qu'elles ne devroient valoir, dans les bonnes terres, que le double, et dans les mauvaises, que deux fois plus (*sic*). Sur ces principes, il alloit faire des merveilles en ce pays, quand il a reçu sa mission pour Bordeaux. Je m'étois attaché à lui faire concevoir mes principes, qui n'étoient que la suite d'une très longue expérience, et, quoiqu'il me rît d'abord en face, parce qu'il n'en avoit aucune pratique, il est parti d'ici très convaincu de leur vérité. Cependant, comme il y a peu de fonds à faire sur ces messieurs, attendu leur instabilité, trouvez bon, s'il vous plaît, que, quelque distance qu'il y ait de vous à moi, je m'adresse à vous immédiatement désormais; et je me soumets de passer dans votre esprit pour un extravagant et un visionnaire, si, dans trois mois, vous n'êtes pas très persuadé qu'en quinze jours vous pouvez bannir toute la misère de la France, doubler les biens de tout le monde et augmenter ceux du Roi considérablement, jusque dans trois ans, qu'ils seront pareillement doublés. Que le terme ni la chose ne vous surprennent point; je me donnerai l'honneur de vous faire une lettre sur chaque article, et je suis assuré que, quoique d'abord vous soyez surpris, quatre ou cinq jours de réflexion vous persuaderont tout à fait. Nous voici, en Normandie, dans le même cas qu'il arriva il y a cinq ans : on perdit, dans la généralité de Rouen, quatre cent mille pièces de cidre, que l'on ne put aprofiter, et quatre années de suite on n'a bu que de l'eau par la campagne; et toutefois vous pouvez faire cesser cette malheureuse situation en deux heures, sans rien mettre au hasard, parce que c'est une violence que l'on fait à la nature qui la cause. Il y a pleine année de fruits : on donnera des cidres pour 3 livres dans le pressoir; mais il faut 7 francs pour le faire entrer à Rouen, et 9 livres au moins pour le détailler; ce que la marchandise ne pouvant porter, il la faut laisser perdre. En diminuant les droits de moitié, je vous ferai donner de la hausse de la ferme en plusieurs endroits; comme c'est sur des principes communs, cela doit servir de règle pour toutes les contrées*.»

* Voir, à l'intendance de Caen, deux mémoires sur l'état des récoltes, envoyés par M. Foucault, le 21 juillet et le 27 août, et un mémoire semblable du sieur de la Cour, président de l'élection des Andelys, en date du 2 septembre.

---

192. *M. de Bâville, intendant en Languedoc, au Contrôleur général.*

7 Septembre 1700.

«Le Roi a paru mécontent, les deux dernières années, de la longueur des États; ils ont été en effet plus longs qu'ils ne devoient être et qu'ils n'avoient accoutumé : c'est ce qui m'oblige de vous en marquer les raisons, afin qu'il plaise à S. M. d'y pourvoir. On commence à y perdre en discours inutiles les premiers quinze jours, et les affaires n'y avancent point. On nomme ensuite les mêmes commissaires presque dans toutes les affaires, qui sont pour l'ordinaire MM. les évêques de Rieux et de Saint-Papoul et autres de cette province. Ils sont accoutumés à traiter toutes les matières avec tant de lenteur, qu'ils font toujours plusieurs conférences sur les moindres choses. Les syndics favorisent tant qu'ils peuvent ces manières, parce qu'ils croient n'avoir de considération que pendant les États, et ils voudroient les porter au terme de quatre mois, qu'ils les faisoient durer autrefois. Les commissaires du Roi les pressent incessamment de finir, et ils n'ont point d'autre intérêt que d'en voir la fin; mais ils ne peuvent efficacement être pressés que par le président des États, dont la fonction doit être de digérer toutes les affaires, de former les commissions, de s'en faire rendre compte, d'assigner des jours pour les rapports. On ne peut plus attendre tous ces soins de l'état où est M. le cardinal de Bonzy. Ainsi, à proprement parler, les syndics et les évêques originaires de la province se rendent maîtres et du temps et de la manière de gouverner les affaires pendant la tenue de l'assemblée. Pour remédier à cet inconvénient, je prendrai la liberté de vous dire qu'il seroit à propos que le Roi eût la bonté de faire écrire à M. le cardinal de Bonzy que S. M. a eu quelque peine, cette année, à se résoudre de mettre les États à Montpellier, parce qu'elle est persuadée qu'ils y durent plus longtemps qu'ailleurs; qu'elle n'a pas été satisfaite, les années dernières, de la longueur de leur durée; qu'elle n'approuve point qu'ils durent plus de six semaines. Ce temps est plus que suffisant : par l'édit de Béziers, fait en 1632, ils ne devoient durer que quinze jours; ceux de Bretagne, qui ne se tiennent que de deux en deux ans, ne durent que ce temps, et ceux de Bourgogne, qui ne s'assemblent que tous les trois ans, encore moins. Je crois qu'il seroit bon d'ajouter, dans la lettre à M. le cardinal de Bonzy, qu'il convient qu'il me fasse part des commissaires qu'il nommera pour les affaires, afin d'ôter aux syndics la liberté qu'ils se donnent maintenant de choisir ceux qu'ils veulent, et de ne prendre que les évêques nés dans la province, qui sont toujours bien moins disposés que les autres à tout ce qui peut être utile au service du Roi, étant retenus par des liaisons de famille ou par de certaines maximes de pays d'États, que l'on y prend en naissant, qui ne sont pas toujours conformes à l'autorité du Roi. Je n'ai l'honneur de vous écrire sur ce sujet que pour prévenir le mécontentement que S. M. pourroit encore avoir de la trop longue durée des États. Je crois qu'il seroit à propos qu'ils commençassent le plus tôt qu'il seroit possible, pour l'intérêt des pauvres et pour l'exécution de la dernière déclaration. Il est important de conférer promptement avec MM. les évêques sur tout ce qu'il y a à faire dans chaque diocèse pour la subsistance des pauvres de la province, et il faudra prendre différentes mesures suivant les forces et l'état de vingt-trois diocèses qui sont dans une situation bien différente. Je crois que les États pourroient être assignés le 18 novembre; on aura alors les mémoires des pauvres de toutes les paroisses, et on concerteroit facilement ce qu'il y auroit à faire. Ce seroit la première chose à quoi il faudroit s'occuper. Les États finiroient ainsi dans les premiers jours de janvier, au plus tard. Il faut, suivant la prétendue règle établie, qu'ils tiennent dans trois mois, pour avoir le prétexte de donner trois montres aux députés, de 50 écus chacun, auxquelles on ajoute un quatrième de grâce.»

193. *Les Syndics des négociants de Saint-Jean-de-Luz et Ciboure*
au Contrôleur général.

8 Septembre 1700.

Ils présentent un mémoire sur la nécessité de défendre leurs privilèges contre les prétentions des fermiers généraux, et de les aider ainsi à soutenir leur pêche et leurs autres trafics.

«Nos pêches de Terre-Neuve et baleine sont considérables: ce dernier [commerce] découvert par nos pères; c'est aussi la plus noble et la plus riche de toutes les pêches. Les Hollandois s'y attachent pour se la conserver, parce qu'elle seule leur fournit autant de matelots que tous leurs autres commerces ensemble. Ils se sont toujours attachés avec un soin particulier pour trouver les moyens les plus favorables pour le faire maintenir; ils insèrent dans toutes les paix un article qui concerne uniquement cette pêche, et, si S. M. n'eût agi avec ses bontés ordinaires pour le bien de ses sujets, en se faisant informer par M. de Bezons avant qu'on n'eût conclu le traité de commerce avec les Hollandois, ils auroient tiré beaucoup plus d'avantages, et on nous auroit mis par ce moyen hors d'état d'envoyer nos vaisseaux à cette pêche.....»

194. *M. de Bâville, intendant en Languedoc,*
au Contrôleur général.

14 Septembre 1700.

Mémoire sur les impositions du pays de Languedoc et sur les prétendues erreurs signalées dans les départements de 1693, 1694 et 1695.

195. *M. le cardinal de Bonzy, président des États de Languedoc,*
au Contrôleur général.

15 Septembre 1700.

Il annonce qu'il a choisi le sieur Mourgues, marchand de soies à Nîmes, pour soutenir les intérêts du commerce de Languedoc, si le Roi veut bien admettre un représentant de la province au Conseil de commerce.

«Après les affaires du Roi, celles que les États ont le plus à cœur, c'est de rétablir le commerce et de l'augmenter..... MM. les députés des États sont chargés de vous faire plusieurs demandes sur ce sujet..... Il n'y a pas de pays plus propre à faire un grand commerce que celui-ci, lorsqu'on voudra lever les obstacles qui l'arrêtent.»

196. *M. Ferrand, intendant en Bourgogne,*
au Contrôleur général.

20 Septembre 1700.

Suivant les dernières instructions, une loterie de bijoux ayant été saisie au moment où on la tirait, et confisquée au profit de l'hôpital général, la personne qui l'avait organisée a reconnu qu'il y avait fraude dans l'estimation des bijoux, et néanmoins elle en a appelé au Conseil de l'ordonnance de l'intendant. Celui-ci signale l'inconvénient des formalités et des procédures dans une affaire de ce genre, et demande qu'elle soit directement évoquée à la personne du Roi.

197. *Les Recteurs de l'Hôtel-Dieu de Marseille*
au Contrôleur général.

20 Septembre 1700.

«L'accablement extraordinaire où se trouve l'Hôtel-Dieu de cette ville, sous le titre de l'hôpital général du Saint-Esprit, dont nous sommes les administrateurs, nous oblige de prendre la liberté de réclamer l'honneur de votre protection pour nous procurer, s'il vous plaît, de la bonté du Roi la grâce de nous permettre de faire une loterie pour le secours de cet hôpital, dont la dépense va à 80,000 # par an, n'en ayant cependant que 30,000 de revenu fixe et 20,000 de casuel.

«C'est l'hôpital le plus ancien et le plus nécessaire. Il est chargé de tous les pauvres malades, non seulement de la ville, mais encore de plusieurs du royaume et des pays étrangers qui viennent en cette ville, où toutes les nations abordent, comme aussi des soldats des citadelles et des malades même de l'hôpital général de la Charité, qui en est d'autant soulagé. En un mot, nous avons toujours actuellement, pour le moins, trois cents pauvres, ce qui entraîne la dépense de l'entretien de cinq prêtres, d'un apothicaire, d'un chirurgien, de plusieurs autres officiers, et d'un grand nombre de valets et de servantes.

«Nous sommes encore chargés des enfants trouvés, dont le nombre est à présent de huit cents, pour lesquels nous sommes aussi obligés d'entretenir quantité de nourrices; lesquels enfants nous élevons, savoir : les garçons, jusqu'à ce qu'ils soient en âge d'être mis sur des bâtiments de mer, pour devenir matelots propres pour le service du Roi et pour le commerce, ou sur (*sic*) des artisans, pour apprendre un métier; et les filles, jusqu'à ce qu'on trouve à les marier.

«Comme notre hôpital, celui de la Charité et celui de la Miséricorde partagent entre eux toutes les œuvres de charité, qui ailleurs sont réunies dans un seul hôpital général, il nous semble qu'il auroit été juste que MM. les directeurs de l'hôpital de la Charité n'eussent pas fait des démarches particulières pour s'approprier entièrement la seconde loterie qu'ils viennent de tirer et qui leur donne 100,000 # de profit, à l'exclusion de notre hôpital et de celui de la Miséricorde, qui supportent de grandes dépenses pour son propre soulagement : ce qui nous fait espérer de la bonté de Votre Grandeur le même secours pour notre Hôtel-Dieu en son particulier, ou, en tout cas, en commun avec celui de la Miséricorde, qui postule la même grâce sur un pareil fondement. Nous ne manquerons pas de continuer de joindre nos vœux aux prières de nos pauvres pour la santé et la prospérité de S. M. et de Votre Grandeur*..... »

* En marge : «Remis au mois de janvier.»

---

198. *Le Père* DE LA RUE, *jésuite missionnaire en Languedoc*, AU CONTRÔLEUR GÉNÉRAL.

(De Montpellier) 21 Septembre 1700.

«Lorsque j'eus l'honneur d'aller prendre vos ordres à Versailles, au mois de janvier dernier, pour venir travailler à l'instruction des réunis à Montauban et en Languedoc, vous voulûtes bien me charger du soin de vous rendre compte de temps en temps de l'état des choses; et en particulier, vous me recommandâtes d'insinuer à M. de Bâville, quand je serois auprès de lui, qu'il étoit à propos qu'il ne songeât point au voyage de Paris. J'ai passé sept mois à Montauban, sans avoir pris la liberté de vous écrire, sachant bien que je ne pouvois rien ajouter au détail que vous receviez de plusieurs personnes beaucoup plus intelligentes que moi. Maintenant que j'en suis sorti, je ne puis m'empêcher de rendre un témoignage nécessaire au bien de la religion : c'est que la conduite de M. le Gendre dans cette importante affaire est digne de toute l'estime que je sais que vous avez pour lui. On ne peut y apporter plus d'attention, plus de ménagement, ni plus de dextérité. Sa vivacité à s'exprimer et à agir a prévalu sur celle des gens du pays, qui en ont plus que les autres peuples de France. Ils ont commencé par le craindre; ils n'ont pu s'empêcher de l'estimer. Ils en sont venus jusqu'à prendre confiance en lui. C'est où il les a conduits en mêlant au bruit et à l'éclat une application continuelle à leur faire plaisir, à entrer dans leurs intérêts, à mettre l'ordre et la paix dans les familles. Il n'a fallu ni exils, ni emprisonnements, ni violence, pour les engager aux devoirs extérieurs de la religion, non seulement dans la ville, mais dans toute la généralité. Ce qui aide beaucoup au succès est sa parfaite intelligence avec M. l'évêque de Montauban et avec M. de Bâville. Qu'il seroit aisé de porter ce grand ouvrage à sa dernière perfection, si cette uniformité de sentiments se trouvoit entre tous les prélats et les intendants des provinces! Il ne faudroit qu'une parole du Roi pour l'établir où elle n'est pas. En vérité, rien ne retarde plus la parfaite réunion, que l'attention que font les réunis à la diversité des manières dont on use à leur égard. Elle leur persuade que le Roi ne veut pas qu'ils aillent à l'église, puisque, en tant de provinces, on ne les presse point sur ce sujet. Cependant, si on laisse languir l'ouvrage encore cinq ou six années, il ne s'achèvera jamais, et six cent mille âmes sans religion formeront dans le royaume un peuple également ennemi de l'Église et de l'État. Ce que j'ose vous exposer ne sont point les idées d'un missionnaire ardent et imprudent, ce sont les sentiments d'une infinité de personnes sages et modérées, que je représente à un ministre rempli de lumière et de zèle pour la gloire de son Dieu et de son roi. Je n'en dirai pas davantage sur ce sujet.

«Pour ce qui regarde M. de Bâville et le désir qu'il a eu de faire un tour à Paris, j'ai tâché d'entrer dans ses pensées, depuis quatre jours que je suis arrivé à Montpellier. Elles sont telles que vous le pouvez souhaiter pour le service du Roi et pour votre propre satisfaction. Il n'a cru rien faire qui pût déplaire le moins du monde, lorsqu'après dix-huit ans de séjour dans ces provinces, il a demandé cette permission dans des conjonctures où il avoit lieu de présumer que la tranquillité des esprits ne seroit point altérée par deux ou trois mois d'absence. Le motif de son voyage étoit moins de mettre ordre à ses affaires domestiques, qui ont cependant un très grand besoin de ses soins, que de tâcher de contribuer à mettre un ordre fixe aux affaires de la religion, par les conférences qu'il auroit eues avec les personnes qui en ont la principale direction. Ce seroit le moyen de terminer efficacement bien des difficultés, que l'on ne peut traiter que foiblement par les lettres et les mémoires. Vous y ferez, dans l'occasion, l'attention que vous jugerez à propos. Du reste, son intention n'a jamais été de se ralentir dans nulle partie de son devoir, ni de se prévaloir, lorsqu'il seroit à Paris, de ses incommodités pour n'être plus renvoyé dans la province. L'honneur de servir lui tiendra lieu de repos et de santé, tant que ses services pourront être agréables.....

«Pour moi, après le congé que j'ai reçu du Roi pour passer de Montauban en Languedoc, je vas travailler le reste de l'année dans les Cévennes auprès de Mgr l'évêque d'Alais, qui y signale son zèle avec un très grand succès.

«Ne serai-je point téméraire de vous recommander, en finissant, la fortune du pauvre lieutenant général de Pontoise, M. de Monthiers? Je sais que, depuis longtemps, vous avez de la bonté pour lui; je sais qu'il en a plus de besoin que jamais. Cela m'enhardit à vous supplier de ne le pas oublier. Tout ce qui est de Pontoise m'est cher, mais lui principalement, qui est, si je l'ose dire, ce qu'il y a de meilleur*.»

* Au dos, de la main du contrôleur général : «Faire réponse au Père de la Rue. Lui mander que je m'intéresse assez à M. le Gendre pour avoir appris avec plaisir la conduite qu'il tient; que j'aime M. de Monthiers, et que j'aurai soin de lui.»

---

199. *M.* D'ABLEIGES, *intendant à Poitiers*, AU CONTRÔLEUR GÉNÉRAL.

27 Septembre 1700.

«Il y a une dame veuve, nommée Mme la marquise de la Roche-du-Maine, femme de qualité, qui a de la peine à se résoudre de produire ses titres de noblesse; toute sa raison est qu'il y a des noblesses distinguées dans les provinces, et que l'on ne doit pas exiger de ces sortes de personnes une représentation de leurs titres. Je lui ai fait connoître que, parmi les gentilshommes, il n'y avoit que les familles que le Roi avoit honorées de grandes dignités, comme de maréchaux de France, cordons bleus et ducs et pairs, qui pussent être dispensés de la représentation de leurs titres. Feu son mari portoit le nom d'Appelvoisin; on prétend que cette famille est des Pallavicino d'Italie. Je lui ai promis que j'aurois l'honneur de vous en écrire. Il me paroît que les distinctions sont dangereuses à accorder; cela feroit un peu murmurer les autres gentilshommes. Tout ce que je vous peux assurer, est que cette noblesse est très bonne et fort ancienne. Vous ferez sur cela ce que vous jugerez à propos. J'attendrai vos ordres *. »

* L'intendant ayant, quelques mois auparavant, hésité à laisser faire des recherches contre le comte de la Massays, lieutenant général du bas Poitou, en raison de son titre et de son emploi, le contrôleur général lui ordonna d'abord de s'informer si cette noblesse était douteuse; puis, sur la réponse que M. de la Massays était neveu du fameux homme d'affaires de l'Orme, il défendit de faire aucune poursuite. (Lettres du 24 mai et du 7 juin.)

200. *M. de Bâville, intendant en Languedoc,*
au Contrôleur général.

1er Octobre 1700.

«Les académiciens des Jeux floraux de Toulouse se sont alarmés sans fondement. J'ai eu l'honneur de vous mander, au sujet des maîtresses d'école, que les bourgeois ont fait entre eux quelques propositions pour diminuer les dépenses de la ville et faire un fonds pour payer ses dettes, qui sont devenues grandes, et pour le moins égales à ses revenus. Dans ce projet, ils ont mis le retranchement du fonds destiné aux Jeux floraux, comme beaucoup d'autres choses; mais il n'y a eu rien d'arrêté sur ce sujet. Il ne dépend pas de ces bourgeois de retrancher des dépenses de leur autorité, lorsqu'elles sont employées, comme celle-ci, dans l'état arrêté par le commissaire du Roi, et qu'elles sont confirmées par des lettres patentes. Ce ne sont que des propositions, qui n'aboutissent à rien, et qui viennent de quelques esprits inquiets qui sont dans cet hôtel de ville. Cette dépense me paroît fort utile pour maintenir l'étude des belles-lettres dans Toulouse, et il y a si longtemps que ces Jeux floraux y sont établis, que je ne crois pas qu'on puisse penser à les abolir. Ils ont été réformés avec grand soin, et cette somme de 1,400 ₶ est maintenant très bien employée. Il faut penser à des moyens plus efficaces et plus étendus pour payer les dettes de cette ville. On peut rassurer les académiciens en leur disant qu'il n'y aura rien de changé à leur égard, et que cette pensée des bourgeois n'aura aucun effet *. »

* A la lettre est joint un mémoire en faveur de l'académie, ainsi qu'une copie des lettres royales qui lui avaient été accordées en 1694.

201. *Les Négociants de la Rochelle*
au Contrôleur général.

5 Octobre 1700.

Plaintes contre le fermier des postes, qui a établi son bureau à l'extrémité de la ville et qui taxe les lettres et les paquets au delà des prix portés par le règlement.

202. *M. d'Argenson, lieutenant général de police à Paris,*
au Contrôleur général.

9 Octobre 1700.

Le blé nouveau pour semer s'est vendu 23 ₶, le vieux a diminué de 20 sols, et le prix du pain a également baissé, grâce aux grains que le contrôleur général a fait venir par le sieur Cappy *.

* Voir l'état des prix du mois de septembre, envoyé le 15 octobre. Le 27 novembre, le prix du pain, en sept catégories, était de 9 liards à 2 sols la livre; celui du blé, de 12 ₶ 10 s. à 16 ₶ 10 s.

203. *M. de Pomereu, intendant en Champagne,*
au Contrôleur général.

9 Octobre et 10 Décembre 1700, 18 janvier 1701.

Incendie de l'église cathédrale de Troyes. Devis de réparation provisoire et de réédification; avis sur les moyens de fournir aux dépenses, soit par les octrois, soit avec le secours du Roi et de la charité publique *.

* En marge de la lettre du 10 décembre : «L'octroi pour six ans, 20,000 ₶ du Roi en quatre ans.»

204. *M. Bouchu, intendant en Dauphiné,*
au Contrôleur général.

15 Octobre 1700.

«Nous avons deux hôpitaux à Grenoble : l'un qu'on appelle le Grand Hôpital, et l'autre de la Providence. Le premier a un revenu considérable, et le second ne subsiste que par les charités de la ville et les soins de douze dames de qualité qui se sont entièrement données à son administration et à son entretien; et c'est la raison du nom qu'il porte. Cependant, quoiqu'il n'ait aucuns revenus, l'on n'y refuse aucuns malades, soit de la ville, soit de la campagne, ni l'aumône aux pauvres passants, ce qui est d'un très grand secours à la ville de Grenoble, qui en reçoit très peu du Grand Hôpital. Le sieur Magnon, aumônier de M. le cardinal le Camus, et qui a quelque direction sur l'hôpital de la Providence, a écrit à mon secrétaire pour me prier de procurer à cet hôpital la permission de faire une loterie, comme un moyen sûr de lui procurer quelque secours dont il a un très pressant besoin; et comme vous avez eu la bonté d'accorder cette permission à plusieurs hôpitaux, je vous supplie de vouloir bien aussi l'accorder à l'hôpital de la Providence de Grenoble. Le Roi, informé du bien qu'il faisoit, a bien voulu lui accorder depuis un an des lettres patentes, quoiqu'il n'eût aucuns revenus : ce qui a donné lieu à plusieurs personnes de lui laisser en mourant des sommes considérables. J'espère que vous voudrez bien avoir cette charité pour cet hôpital, et lui accorder la permission qu'il vous demande; les pauvres prieront le Seigneur pour votre santé et prospérité, et qu'il vous comble de ses bénédictions *. »

* Voir, à la date du 24 décembre suivant, une lettre de M. de Valbonnays, premier président de la Chambre des comptes de Grenoble, sur le droit qu'il avait d'être, de par sa charge, un des directeurs de l'hôpital.

205. *Le sieur* DE VENTABREN, *ingénieur à Dieppe*, AU CONTRÔLEUR GÉNÉRAL.

15 Octobre 1700.

« Je me donne l'honneur de vous envoyer l'état du commerce qui s'est fait dans ce port pendant le mois de septembre dernier. On m'a redonné le mémoire pour le commerce du hareng étranger que j'y ai joint, et, comme il me paroît qu'on n'y a pas assez adouci tous les endroits qui pourroient donner des sujets de plainte aux étrangers, j'y ai fait de moi-même des observations, qui n'ont pas été trouvées mauvaises : ce qui fait que je prends la liberté de les joindre encore ici, sans prétendre m'ériger en homme capable de donner des avis en pareilles matières.

« Il règne un vent d'ouest si furieux, depuis quelques jours, que la pêche du hareng n'a encore rien fait. L'année passée, elle étoit fort vive en ce temps ici, et, si le vent ne tourne bientôt au nord, il est bien à craindre qu'elle ne soit pas bonne.

« Je crois devoir vous faire savoir que l'épouvante est si grande parmi les gens de la religion, depuis qu'on a publié le dernier arrêt, avec la déclaration par laquelle ceux qui ne meurent pas dans la religion catholique doivent être traînés, et que celui qui est porteur de cet arrêt s'est dit traitant et a voulu lui donner un effet rétroactif sur les biens de ceux qui sont morts auparavant, que le commerce en souffre beaucoup, parce que les catholiques, persuadés qu'ils veulent passer dans les pays étrangers, n'osent faire des affaires avec eux, et qu'eux-mêmes ne s'appliquent qu'à faire de l'argent de leurs effets. Ils vendent leurs plus beaux meubles sourdement; je connois des personnes qui en ont acheté, et on m'a même offert si j'en voulois. La lettre que vous avez fait l'honneur d'écrire à M. de la Boissière, sur ce prétendu traitant, a fait quelque bien; ils ont été assez contents de ce que M. l'Intendant n'a pas approuvé qu'on eût fait publier la déclaration avec l'arrêt, et de ce qu'il a dit au commis que l'arrêt ne parloit pas du passé. La liberté qu'on a donnée d'enterrer un bourgeois qui mourut samedi dernier sans avoir voulu entendre parler des sacrements, leur a fait plaisir; mais ils ne reviendront pas sitôt de leur étourdissement, et il est bien à craindre que ceux dont les affaires seront bien disposées pour quitter le royaume ne décampent*.

« Je ne me suis point encore donné l'honneur de vous rendre compte du rétablissement de la ville de cette année**. Il y a plus de cent trente maisons bâties sur rue; les principales sont presque entièrement rebâties, et il n'y a que les endroits reculés qui languissent. M. l'Intendant, qui avoit une très petite idée de Dieppe, en a été surpris en toute manière***.

« J'ai déjà pris la liberté de vous prier d'avoir la bonté de faire mettre ma gratification sur l'état de distribution; permettez-moi, s'il vous plaît, de vous demander encore la même grâce. »

* En marge : « Je suis surpris que l'on ait renouvelé une déclaration qui n'a rien de commun avec l'arrêt par lequel le Roi charge le sieur Boucher de la régie des biens. Il seroit à désirer qu'ils fussent tous bien convertis : c'est aux instructions et par les bons exemples que l'on doit espérer ce changement. Il n'y a rien de nouveau, depuis longtemps, pour les peines. » Sur le progrès des conversions, voir les lettres de MM. de Manneville, gouverneur, et de la Boissière, lieutenant de Roi, 27 juillet, 19 août, 7 et 15 septembre, etc.

** En marge : « J'apprends avec plaisir que la ville s'augmente considérablement. » Voir les lettres de M. de Manneville et du sieur de Ventabren, 2 septembre et 27 août.

*** En marge : « J'ai acheté pour faire bâtir. Je suis fâché qu'il ne soit à portée de voir le plan (*quelques mots illisibles*). »

206. *M. de* BERNAGE, *intendant à Limoges*, AU CONTRÔLEUR GÉNÉRAL.

17 et 22 Octobre 1700.

Il rend compte du mal que la grêle a fait aux châtaigniers, qui sont la principale ressource du pays et qui, en certains cantons, ne pourront rien produire de plusieurs années. Les fonds accordés par le Roi ne suffiront point à réparer ce désastre; par suite, il sera impossible de forcer les paroisses à subvenir à la subsistance de leurs pauvres et à empêcher ceux-ci d'émigrer pendant l'hiver.

Quant à la permission d'exporter les châtaignes, elle ne pourrait guère être mise à profit que pour la Saintonge et l'Angoumois, vu leur rareté et leur mauvaise qualité; il conviendrait de laisser cela à la discrétion des intendants.

207. *M. de* VAUBOURG, *intendant à Rouen*, AU CONTRÔLEUR GÉNÉRAL.

17 Octobre, 5, 9, 12, 18, 23 et 29 Décembre 1700.

« Le commis du sieur Boucher pour la régie des biens des religionnaires fugitifs fait en ce pays-ci des poursuites qui effrayent un peu les nouveaux catholiques. Il prétend non seulement faire faire le procès à la mémoire de ceux qui meurent journellement, ou qui sont morts depuis peu sans avoir voulu recevoir les sacrements de l'Église, mais aussi rechercher les héritiers et faire faire le procès à la mémoire de tous ceux qui sont morts de la même manière depuis six, sept et huit ans, sans qu'on ait fait dans le temps aucune procédure, et sans que leurs biens aient été ni saisis ni confisqués*. Cette recherche du passé est précisément ce qui alarme les nouveaux catholiques qui restent dans la province, et plusieurs personnes craignent qu'à cette occasion la fantaisie de quitter le royaume et de passer en Angleterre, en Hollande et ailleurs ne les reprenne tout de nouveau, ou plutôt qu'elle n'augmente beaucoup. Je ne vois rien dans l'arrêt du Conseil qui autorise les commis du sieur Boucher à réveiller toutes ces anciennes affaires, et, comme plusieurs officiers des bailliages s'adressent à moi pour apprendre les intentions du Roi sur ce sujet, je vous supplie de vouloir bien m'expliquer ce que je dois répondre.....

« Il y a plusieurs nouveaux catholiques pauvres, tant ici qu'à Dieppe, au Havre et à Bolbec, auxquels il seroit fort à propos, et même utile pour l'avancement des conversions sincères, que, sur le produit des biens saisis et confisqués, le Roi voulût bien accorder des petites pensions de 30, de 40 et de 50[#] par an..... Outre ces pensions, quelques petites gratifications données à propos feroient encore beaucoup de bien. Il seroit aussi à désirer ou que la maison des Nouvelles Catholiques de

Rouen fût plus grande et plus spacieuse, ou qu'il en y eût une à Dieppe, afin qu'on pût mettre dans l'une ou dans l'autre généralement toutes les filles dont les pères et mères sont en état de payer des pensions, car l'établissement des écoles ne suffit pas : ou les pères et mères n'y envoient point leurs filles, aimant mieux payer les amendes auxquelles on les condamne, ou ils détruisent le soir tout ce que les maîtresses d'école ont fait le matin. Jusques à présent, on n'a point établi au Havre des maîtres et maîtresses d'école pour les enfants des nouveaux catholiques; je tiendrai la main à ce qu'on en établisse, et il sera nécessaire de les faire payer sur le produit des biens saisis**.....»

Rapports sur diverses demandes en mainlevée de saisies prétendues faites indûment sur des héritiers ou ayants droit de religionnaires.

* Voir, à la date du 21 octobre, un exemplaire de l'instruction donnée aux commis et employés de la régie.

** «Il faut qu'il s'attache à faire exécuter l'article 9 de la déclaration du Roi du 13 décembre 1698, et qu'à cet effet il arrête avec MM. les archevêques et évêques l'état des lieux où il en doit être établi; qu'il voie ensuite avec les maires, échevins, syndics et principaux habitants les fonds qui peuvent être employés à cette dépense, soit sur les deniers communs ou patrimoniaux, impositions, ou autrement.....»

208. *M. Foucault, intendant à Caen,*
au Contrôleur général.

23 Octobre 1700.

Il rend compte de la terminaison des conflits qui s'étaient produits à la manufacture de glaces de Tourlaville, près Cherbourg*.

* Le 24 juillet précédent, les intéressés en la manufacture royale des glaces avaient répondu par le placet suivant aux réclamations de gentilshommes verriers employés à Tourlaville : «Ces ouvriers avancent contre vérité, sauf le respect que lesdits intéressés doivent à Votre Grandeur, qu'ils ont un privilège exclusif, et de préférence contre les roturiers et étrangers, pour travailler à la fabrication des glaces, et que S. M. leur a confirmé ce privilège en 1647. Jamais il n'y a eu aucun privilège accordé aux gentilshommes pour faire des glaces, mais bien la faculté de travailler en verrerie sans déroger à noblesse. Il n'y a aucun d'entre eux qui en sache faire. Cela est si vrai, qu'en 1665, le sieur Guymont, l'un desdits intéressés, alla à Morant, près Venise, par ordre de feu Mgr Colbert, pour tâcher d'attirer quelques-uns des ouvriers qui y travailloient lors; ce qu'il exécuta, et il amena avec lui les nommés Antonio de la Rineta, Hieronimo Barbini, Jouan Siverano et Dominique Moraso. Mais ces ouvriers n'étoient point des gentilshommes, et tous ceux qui travaillent en glaces et cristaux à Morant ne sont que des gens de la lie du peuple. Par le premier privilège, qui fut accordé par S. M., au mois d'octobre 1665, à Nicolas du Noyer, pour l'établissement des glaces et des cristaux en France et toutes sortes de verrerie, il est porté en termes exprès que c'est «pour être fabriqués par les ouvriers vénitiens conduits dans le «royaume, ou qui s'y pourroient rendre ci-après.» Ce sont les propres termes des lettres patentes. Et, par les lettres patentes du 1er mai 1695, il est expressément permis auxdits intéressés de faire fabriquer lesdites glaces par toutes sortes de personnes, soit gentilshommes, roturiers et autres. Ainsi, ces prétendus gentilshommes que lesdits intéressés occupent à Tourlaville n'ont pas raison de s'attribuer l'honneur d'avoir les premiers fait des glaces, ni d'avancer, comme ils font, d'en avoir eu des privilèges pour y travailler exclusivement aux roturiers, auxquels ils disent avoir été confirmés par S. M. en 1647, puisqu'avant 1665 il ne s'en fabriquoit point en France, et que ce sont les ouvriers vénitiens qui en ont montré le métier aux paraisonniers françois, qui les ont toujours faites et les font encore aujourd'hui; lesquels paraisonniers sont roturiers, et ne prétendent rien à la noblesse. Ce premier établissement fut fait par ledit sieur Guymont, au faubourg Saint-Antoine, dans le même endroit où est la manufacture, et subsista depuis ladite année 1665 jusques en l'année 1671; pendant lequel temps aucuns desdits gentilshommes n'y ont travaillé, ni eu la moindre connoissance. Il est vrai qu'en l'année 1668, ledit sieur Guymont et autres anciens associés ne trouvant pas leur compte de faire fabriquer toutes leurs glaces à Paris, où les bois et autres matières étoient trop chères, ils prirent la résolution de faire un second établissement à Tourlaville, près Cherbourg; où ayant besoin d'un directeur, ils choisirent lors le sieur de Nehou, oncle des sieurs de Bonval, du Parc, Saint-Luc et de Nehou frères, lequel introduisit dans ladite fabrique tous ses neveux et autres parents, auxquels, à sa prière, ils destinèrent des emplois, non pas pour y faire des glaces, mais seulement pour les couper, ce qui se peut faire par le moindre des ouvriers, et ce que font à Saint-Gobain tous les paraisonniers, mieux que ces prétendus gentilshommes. Cependant lesdits prétendus gentilshommes, croyant, ou voulant faire croire être très nécessaires auxdites fabriques, se sont ligués pour traverser les intéressés. Ils ont mis plusieurs personnes de qualité en mouvement pour demander des privilèges concurrents, et, n'ayant pas réussi, ils ont fait proposer à Votre Grandeur de faire donner à forfait la fabrique desdites glaces; et, pour y parvenir, ils ont insinué, contre toutes vérités, qu'ils étoient les auteurs de cet établissement et qu'eux seuls savoient faire des glaces. Et, pour dernier trait d'ingratitude, ils ont encore écrit à Votre Grandeur lesdites deux lettres des 17 et 19 du présent mois, remplies de suppositions et de termes injurieux contre les suppliants, leurs maîtres et leurs bienfaiteurs. Ce qui oblige lesdits intéressés de supplier très humblement Votre Grandeur de leur donner la liberté de les congédier tous : après quoi, ils seront certains du travail, qui se trouve toujours traversé par les cabales de ces gens-là, n'étant pas possible qu'ils puissent prendre aucune confiance en eux et leur laisser un bien aussi considérable que celui qu'ils ont à Tourlaville. Ils assurent Votre Grandeur que le service en sera mieux fait, ayant présentement dans leurs magasins pour plus de 2,000,000 # de glaces, et qu'il s'en fabrique indépendamment desdits prétendus gentilshommes une plus grande quantité qu'il n'en faut pour la consommation ordinaire, qui diminue journellement.» *Signé* : Guymont, Montois, Bégon, Laformerie. Au dos, de la main du contrôleur général : «Envoyer cette réponse à M. Foucault; bien faire entendre à ces gentilshommes que, s'ils ne sont plus raisonnables à l'avenir, ils seront exclus pour toujours de la manufacture, dans laquelle on peut faire travailler des personnes de toutes conditions, à la différence des verres, qui sont affectés aux gentilshommes.»

209. *M. Foucault, intendant à Caen,*
au Contrôleur général.

24 Octobre 1700.

Il est exact, comme l'annonçait M. d'Argenson, que trois particuliers ont accaparé soixante mille pots vides pour se rendre maîtres du commerce des beurres d'Isigny et faire surenchérir d'un quart le prix des pots*.

* Au dos : «Vendre au prix courant; un profit très modique.»

210. *M. Barentin, intendant en Flandre maritime,*
au Contrôleur général.

29 Octobre, 4, 11 et 29 Novembre, 31 Décembre 1700; 14 Mars 1701.

Poursuites contre plusieurs marchands qui ont fait le transport des espèces d'or et d'argent à l'étranger; condamnation à l'amende et confiscation des sommes saisies, dont moitié pour le dénonciateur et moitié pour les pauvres de Dunkerque*.

* L'intendant demandant, dans sa lettre du 29 novembre, si l'affaire doit être traitée comme un crime capital, le contrôleur général répond : «Vous ne sauriez juger cette affaire avec trop de rigueur.»

211. *M. Bégon, intendant à la Rochelle,*
au Contrôleur général.

30 Octobre 1700.

Il offre de fournir aux dépenses de la reconstruction de l'église de Barbezieux au moyen d'économies sur les revenus de la fabrique, d'impositions sur les taillables, les gros décimateurs et les privilégiés, et de prélèvements sur les biens des religionnaires. Il propose également d'assigner sur les biens des religionnaires les dépenses de la construction des bâtiments d'école nécessaires aux Filles de la Foi de Pons.

212. *M. de Harouys, intendant en Franche-Comté,*
au Contrôleur général.

5 Novembre 1700.

État des sommes payées par quelques villes aux mendiants et vagabonds de passage, pour les aider à regagner leur lieu de naissance*.

* Voyez de pareils états qu'envoient : MM. de Bouville (22 août 1700 et 4 janvier 1701), de Miroménil (Tours, 31 décembre 1700), et Sanson (Soissons, 10 janvier 1701), ces intendants ayant reçu l'ordre de faire cesser la distribution des vivres telle qu'elle avait été ordonnée par la déclaration du 25 juillet 1700. M. d'Herbigny (Lyon, 25 juin 1701) envoie aussi l'état des avances faites par divers consulats.

213. *M. d'Ableiges, intendant à Poitiers,*
au Contrôleur général.

5, 22 et 29 Novembre 1700.

Rapports sur la régie des biens des nouveaux convertis fugitifs, sur les condamnations à l'amende prononcées en 1697 et 1698 contre ceux qui furent surpris aux assemblées de religionnaires, et sur les procédés de mise en adjudication des biens saisis.

«Je n'ai garde d'entreprendre de justifier le nommé Blot, commis à la régie des biens des fugitifs, quand vous trouvez à redire à sa conduite. Cependant vous trouverez bon, s'il vous plaît, que j'aie l'honneur de vous dire que la saisie des biens des fugitifs, la publication et l'adjudication de ces mêmes biens ne sont pas des choses nouvelles dans cette généralité. M. Ribeyre, conseiller d'État, intendant du Poitou en 1689, en a été chargé comme moi; je me suis fait rendre un compte exact de tout ce qui avoit été fait en ces temps-là, par ses ordres, pour y parvenir. L'affiche que Blot a pris la liberté de vous envoyer est la même que celle qui a été dressée et publiée par les ordres de M. Ribeyre, lorsqu'il a fait les adjudications des mêmes biens. J'en ai l'original entre les mains. Je me suis conformé à tout ce que M. Ribeyre a fait : j'ose vous dire qu'il est impossible de mieux faire, et je me suis trouvé très soulagé en le prenant pour modèle. Il a l'honneur d'être connu de vous : vous pouvez l'en entretenir, si vous le jugez à propos. M. Foucault, intendant de Caen, en a usé encore de même dans le temps qu'il l'étoit du Poitou; il ne me sera pas difficile d'en trouver l'affiche. En un mot, ce sont de ces sortes d'usages que l'on suit toujours de la même façon, à moins que le Roi ne les change par des ordres contraires. Quant à la publication des biens situés dans chaque bailliage particulier, qui est réduire la chose à des affiches particulières, permettez-moi de vous dire que l'éclat n'en est pas moins grand, parce que tous les nouveaux convertis, ayant une communication libre les uns avec les autres, se rendent compte aisément de tout ce qui se passe à leur égard, d'autant plus que les saisies des biens des fugitifs possédés par des nouveaux convertis qui ne font pas leur devoir n'étant que l'exécution de la déclaration du 29 décembre 1698, qui a été publiée partout, il est important que l'exécution en soit connue, parce que ces saisies ne produisent aucuns effets que contre ceux qui ne font pas leur devoir. Il eût été impossible de trouver des enchérisseurs qui eussent porté ces biens à leur juste prix, si l'affiche n'eût été publiée partout. Vous savez mieux que moi qu'il n'y a que des gens éloignés qui puissent les prendre, parce que les voisins s'attireroient des ennemis mortels, s'ils les enchérissoient. Je conviens que les nouveaux convertis doivent être traités avec douceur, qu'il faut éviter tout ce qui peut les aigrir; si cette règle n'avoit pas d'exceptions, S. M. n'auroit pas fait les déclarations de 1698 et les autres qu'elle nous ordonne tous les jours de faire exécuter dans toute leur étendue. Ainsi, votre principe me paroît très juste à l'égard de ceux qui sont dociles et qui vont aux instructions; mais, à l'égard des opiniâtres, on n'en viendra jamais à bout, si le Roi ne se sert immédiatement de son autorité pour les réduire en faisant des exemples de sévérité, surtout ceux que S. M. juge propres pour en servir aux autres. Cette conduite sage et prudente que S. M. a tenue jusques à présent a converti toute la noblesse du Poitou; j'ose vous assurer qu'il n'y a pas dix gentilshommes dans la province qui ne soient instruits dans la religion ou qui ne se fassent instruire. M. de Mianne, lieutenant de Roi du château de Nantes, a travaillé fort utilement à l'instruction de ceux qui ont été renfermés dans ce château par les ordres du Roi. M. de Ramsay est un de ces ouvrages : c'étoit un chef habile et autorisé, qui tenoit toute la noblesse du bas Poitou. Il y en a vingt autres qu'il a convertis, faisant très bien leur devoir, et remerciant M. de Mianne tous les jours du soin qu'il a pris de les instruire lui-même. Enfin, tout va bien en Poitou pour la religion. Il seroit dangereux d'en user autrement; toutes choses réussissent peu à peu comme on le peut souhaiter. Il ne nous manque que des missionnaires pour les instructions du menu peuple dans les paroisses de la campagne. Quand il plaira au Roi donner des fonds pour cela, l'ouvrage avancera beaucoup plus vite. MM. les évêques vous rendront ce témoignage comme moi. C'est la réponse que je dois à votre lettre du 23 novembre*.»

* Voir les lettres des 17 et 27 janvier, 17 mars, 1er avril, etc. de l'année 1701, sur plusieurs mainlevées demandées par des ayants cause de fugitifs.

214. *M. de Bâville, intendant en Languedoc,*
au Contrôleur général.

7 Novembre 1700.

Il propose des expédients pour différer le remboursement du sieur Daudé, maire du Vigan, de telle façon que cet officier, dont il énumère les bons offices comme subdélégué dans les Cévennes, puisse encore prendre séance aux États, à son tour d'année, et y rendre les services qu'on est en droit d'attendre de lui.

215. *M. Ferrand, intendant en Bourgogne,*
au Contrôleur général.

10 Novembre 1700.

Rapport général sur la récolte : les blés sont assez abondants pour qu'on en puisse fournir aux pays voisins; les vins communs sont également abondants, mais il n'y a qu'une demi-année de vins fins, et ils ont doublé de prix.

216. *Le sieur Pierre de Dumatet, à Montauban,*
au Contrôleur général.

10 Novembre 1700.

«Je vous supplie, avec un très profond respect et une très grande soumission, de vouloir bien, s'il vous plaît, par l'attention que vous avez pour les intérêts de S. M., vous faire lire le contenu en cette lettre. Il y a environ un an que je pris la liberté d'écrire à Votre Grandeur que j'avois connoissance de deux moyens, dont l'un est un fonds fait qui peut produire un million de livres, duquel S. M. retirera 700,000 # en donnant 300,000 # à l'hôtel de ville de Toulouse, qui, par ce don, s'obligera de rapporter à S. M. lesdits 700,000 # de net et en argent comptant. L'autre moyen est de faire à même temps profiter S. M. de 1,400,000 #, par la création de certains offices qui peut être faite dans ladite ville de Toulouse; et, par cette création, S. M. trouvera encore une charge de 15,000 # de rente, qu'elle pourra donner à qui bon lui semblera, sans rien changer de l'ancien usage ni de l'usage moderne; mais la première affaire doit être finie avant de pouvoir faire ladite création. Pour l'examen de ces deux moyens, il vous plut de me renvoyer par-devant M. le Gendre, intendant à Montauban, lequel est présentement si touché de mes raisons, que, pénétré comme je le suis de sa bonne justice et de la manière qu'il la rend à tout le monde, j'ai lieu de croire qu'il me la rendra entière et qu'il fera pour moi, en cette occasion, ce qu'il croira juste et raisonnable. Ainsi, je vous supplie très humblement de lui renvoyer cette lettre, après que vous aurez eu la bonté de la répondre à côté des articles : sur quoi, M. le Gendre réglera sa conduite à mon égard, en se conformant à vos ordres et aux intentions de Votre Grandeur.

«Je demande que ce soit votre bon plaisir de me promettre, s'il vous plaît, que S. M. m'accordera une pension de 6,000 # de rente viagère, à prendre sur l'hôtel de ville de Toulouse, au moyen du don qu'elle lui fera de 300,000 #, dont cette ville a besoin pour achever des ouvrages commencés à la gloire du Roi et utiles à ladite ville, qui peut bien espérer cette grâce de S. M. après les dons réitérés de 900,000 # qu'elle lui a faits en divers temps, pendant la dernière guerre, dont Votre Grandeur est même informée par les mémoires qui lui ont été présentés au nom de cette ville. Je dois encore avoir l'honneur de vous dire que ce sera exciter par ce don la ville de Toulouse à s'engager à forfait aux 1,400,000 # qui doivent provenir de ladite création d'offices par l'expédient que je fournirai à ce sujet, sans que S. M. ait besoin, pour cela, d'avoir des traitants, ni pour les 700,000 # proposés, ni pour le débit des offices créés : ce qui sera très avantageux pour le bien du service. Je demande aussi, si mon avis est reçu, que, pour les arrérages d'une pension de 3,000 # accordée par S. M. à un de mes parents nouveau converti, ou parce qu'il remettra le pied capital de ladite pension, il vous plaise m'accorder des offices taxés 42,000 # aux parties casuelles. Et, parce qu'il conviendroit au service de S. M., pour le succès de ces deux propositions, que j'eusse, pendant cette année seulement, quelque entrée dans l'hôtel de ville, j'eus l'honneur de vous supplier, il y a un an, comme je le fais encore, de vouloir bien, par une lettre de cachet, faire nommer pour cette année Jean-Cyprien Mengaud et moi, Pierre Dumatet, capitouls de la ville de Toulouse, en vous assurant que nous avons la condition requise et que pareille chose a été déjà faite en plusieurs autres occasions moins nécessaires; et je me soumets de payer 2,000 # à tel usage que S. M. l'ordonnera, si, dans la suite, vous ne reconnoissez pas que j'ai l'honneur de vous dire la vérité, et que ce sont d'ailleurs des emplois de dépense. La nomination des capitouls doit être portée à S. M. par M. de la Vrillière, au 1er du mois de décembre prochain; mais elle est souvent retardée par des lettres de M. de Bâville. Vous pouvez bien, par conséquent, et sans rien innover, la surseoir jusqu'à ce que vous ayez reçu la réponse de M. le Gendre, avec le mémoire de l'expédient qui doit faire toucher à S. M. ladite somme de 700,000 #. Je vous supplie de vouloir bien donner permission à M. le Gendre de me remettre votre lettre répondue en ma faveur, et d'avoir cette bonté de m'accorder la récompense que je demande, puisqu'il est bien juste qu'en servant le Roi, qui est un si grand maître, je fasse ma fortune, qui seroit déjà bien avancée avec les 50,000 # d'intérêt de ce million que S. M. a perdu depuis l'année passée.

que j'eus l'honneur de vous en écrire. Si je suis une fois récompensé de ces deux affaires, je ferai connoître un moyen dont ceux qui sont auprès de vous ne s'avisent pas, pour épargner au Roi plus de 200,000 # de rente qu'il lui en coûte tous les ans. Ces découvertes méritent bien une récompense certaine; je vous la demande, en vous représentant que je n'ai pas été récompensé, pas même remboursé de plus de 400 # de frais qu'il m'en coûta de mon argent pour une autre découverte que je fis il y a environ trois ans, où le Roi profita de 20,000 #. J'ai en main l'arrêt du Conseil rendu à mon nom et les lettres de M. de Bâville qui établissent la preuve de cette vérité. La justice et la charité de Votre Grandeur, avec l'attachement qu'elle a pour le service de S. M., me font espérer qu'elle recevra avec quelque bonté ma lettre*.»

* Voir d'autres lettres, du 2 mars précédent et du 5 décembre suivant. Malgré le mauvais rapport envoyé sur ce «visionnaire» par l'intendant (16 décembre), le contrôleur général ordonna de lui promettre le sixième des profits, pourvu qu'il ne s'agît pas d'un avis déjà connu.

---

217. *M. de Pomereu, intendant en Champagne,*
au Contrôleur général.

13 Novembre et 6 Décembre 1700, 1er Janvier 1701.

Rapport sur le commerce des blés entre la Champagne et Paris. Interrogatoire du sieur Duboys de Crancé, commis de l'extraordinaire des guerres, soupçonné d'accaparement et d'association avec les monopoleurs; renseignements sur sa mauvaise réputation et sur celle de ses associés*.

* Voir, à la date du 7 décembre 1700 et à celle du 14 janvier 1701, les lettres écrites au contrôleur général par Duboys de Crancé, les pièces envoyées par l'intendant le 16 janvier 1701, et un rapport précédent, du 18 février 1700, sur le commerce des blés à Charleville.

---

218. *M. de Saint-Contest, intendant à Metz,*
au Contrôleur général.

19 Novembre 1700.

Il croit très avantageux de favoriser l'établissement d'une verrerie dans les environs de Thionville, en accordant au verrier les mêmes privilèges qu'on lui avait déjà donnés, en 1685, pour s'établir à Luxembourg*.

* En marge : «Bon.»

---

219. *M. d'Herbigny, intendant à Lyon,*
au Contrôleur général.

20 Novembre 1700.

Il demande, pour les religieuses de Sainte-Claire de Montbrison, l'autorisation de prendre dans la rivière qui traverse la ville quatre pouces d'eau, destinés au service de leur maison et à celui des habitants.

---

220. *M. de Miroménil, intendant à Tours,*
au Contrôleur général.

21, 25 et 27 Novembre, 3 et 16 Décembre 1700.

Il rend compte des travaux exécutés sur le parcours de la route suivie par le roi d'Espagne et les princes ses frères*.

* Voir, dans la même intendance, à la date du 25 novembre, une lettre de M. le Peletier de Souzy, intendant des finances. M. d'Ableiges envoie, le 13 janvier 1701, l'état des dépenses faites sur les routes de la généralité de Poitiers, et M. Bégon, le 9 août, l'état de la généralité de la Rochelle, où plus de vingt mille hommes avaient été employés. M. Phélypeaux, en transmettant, le 3 juillet, l'état des frais faits dans la généralité de Paris, dit : «J'en ai retranché plus de la moitié, parce que j'ai cru qu'il n'étoit pas nécessaire de payer les habitants d'un village sur le chemin, lorsque chacun n'a fait qu'une journée, qui pouvoit passer pour une corvée qui n'est pas considérable, et qu'on ne devoit payer que ceux qui en avoient travaillé plusieurs. . . . .»

---

221. *M. Foucault, intendant à Caen,*
au Contrôleur général.

30 Novembre 1700.

«Je n'ai, jusques à présent, accordé aucune mainlevée de saisies faites sur des biens ayant appartenu à des religionnaires sortis du royaume, que lorsque les héritiers qui les ont réclamés m'ont justifié qu'ils faisoient leur devoir de religion, et qu'ils en étoient en possession avant la déclaration du Roi du 29 décembre 1698. Ces mainlevées sont fondées sur l'article 8 de cette déclaration, qui maintient ceux qui possèdent ces sortes de biens en la propriété d'iceux, à la charge de faire profession de la religion catholique, apostolique et romaine; et c'est le cas où il me paroît qu'elles doivent être accordées, sans attendre des ordres du Roi, dont les intentions sont clairement expliquées dans cette déclaration, ces saisies n'ayant été faites par le commis à la régie de ces biens que par erreur et sans connoître les particuliers qui en étoient en possession. Si, nonobstant ces raisons, vous souhaitez qu'on vous donne avis des mainlevées qu'on demandera dans le cas que j'ai l'honneur de vous marquer, je ne manquerai pas de vous en informer. Je dois vous observer que je n'en donne aucune pour les saisies faites sur les biens de ceux qui sont sortis du royaume depuis la déclaration de 1698*.»

* Réponse au dos : «Il ne doit pas souffrir que les commis fassent des saisies de leur autorité privée, et ils n'en doivent faire qu'en vertu de ses ordonnances, lesquelles il ne doit rendre que contre les religionnaires jouissant des biens de leurs parents fugitifs en vertu de la déclaration de 1689, et lorsqu'il connoît qu'ils ne font pas leur devoir de catholiques. Et en ces cas, on ne doit pas donner mainlevée de ces saisies qu'après avoir informé le Roi de la meilleure conduite de ces nouveaux convertis et avoir reçu les ordres de S. M.» Voir, à la date du 26 décembre, le compte du revenu des biens des religionnaires de la généralité et les propositions d'emploi de ces revenus à l'entretien des enfants placés dans les séminaires et maisons religieuses, au mariage des filles ou à leur dot religieuse, à la subsistance des pauvres et au soutien des hôpitaux; et, à la date du 16 mars 1701, le rapport sur une demande de mainlevée. — M. Sanson, intendant à

Soissons, envoie divers rapports semblables les 5 et 27 décembre 1700, 6 janvier, 24 mai et 30 juin 1701.

222. *Le sieur* MASSIOT, *négociant à la Rochelle,*
au CONTRÔLEUR GÉNÉRAL.

2 et 18 Décembre 1700.

Il demande l'entrée pour les bœufs d'Irlande, avec décharge des nouveaux droits, qui, d'ailleurs, entravent le commerce sans rien produire pour le Roi. Cette importation ferait baisser la livre de viande de 4 sols à 1 sol 6 deniers, et offrirait un nouveau débouché pour les vins, sels et eaux-de-vie.

223. *M.* DE BÂVILLE, *intendant en Languedoc,*
au CONTRÔLEUR GÉNÉRAL.

5 Décembre 1700.

«Il n'y a rien de plus difficile que d'entretenir les postes en Languedoc, parce qu'il n'y a point de chevaux et qu'il n'y a point de fourrage, et que les maîtres de poste n'y sont point exempts de tailles. Il est vrai que la province leur donne 120 #, pour leur tenir lieu d'exemption; mais l'expérience a fait connoître que cela ne suffit pas, et je crois qu'il seroit très à propos de leur augmenter les gages de 100 #, en sorte qu'ils pussent avoir 220 # ; sans quoi il est impossible que le public soit bien servi à cet égard et que l'on soit content. La preuve de ce que j'ai l'honneur de vous dire consiste dans le seul fait qu'en procurant, comme je fais, des brevets de maîtres de poste gratuitement, je n'en puis trouver souvent. Il est vrai qu'il en coûte déjà à la province 5,640 #; ce seroit une augmentation de 4,700 #, et en tout cette dépense iroit à 10,340 #. Cette somme ne paroît pas excessive par rapport au bien du commerce et au service du Roi.

«Il y a encore un article très important pour maintenir les postes de cette province, qui est que les maîtres de poste de Narbonne et de Carcassonne font double service, ayant les routes de Perpignan et de Montlouis, et ne sont payés du Roi que pour une poste, à raison de 180 #. Il seroit très juste de doubler leurs gages; ces deux postes, étant abandonnées par cette raison, ruinent toutes les autres.»

224. *M.* LEBRET, *intendant en Provence,*
au CONTRÔLEUR GÉNÉRAL.

9 Décembre 1700.

Il demande à casser les délibérations des échevins et députés de la Chambre de commerce de Marseille relatives à l'indemnité du sieur Joseph Fabre, leur député au Conseil de commerce, ainsi qu'aux réparations du logement de M. de Grignan, aux gratifications annuelles de son secrétaire et à d'autres dépenses inutiles.

«Le mal est extrême, et, pour peu qu'on le laissât continuer, les affaires de la communauté tomberoient dans une confusion qui intéresseroit considérablement le service du maître, le commerce de cette grande ville et les particuliers qui y possèdent des fonds, sur lesquels toutes ces libéralités doivent nécessairement tomber. Je crois donc que, pour prévenir de si grands désordres et empêcher qu'à la faveur du temps dont j'ai besoin pour faire la liquidation des dettes de la ville et en bien régler les dépenses annuelles, ils ne soient portés aux derniers excès, il faut faire incessamment une ordonnance par laquelle je dirai qu'encore que, par le règlement de l'année 1660 et arrêt du Conseil d'État intervenu le 11 mai 1676, il soit expressément défendu aux échevins de faire par chacun an des dépenses, tant ordinaires que extraordinaires, au delà de 30,000 #, sans permission expresse de S. M., néanmoins ils n'ont pas laissé de les augmenter annuellement, de sorte que les seules dépenses ordinaires ont excédé, pendant certaines années, plus de trois fois la somme portée par ces règlement et arrêt : ce qu'on assure être principalement provenu de divers abus qui se sont glissés dans l'administration, et qui grossissent chaque jour, de manière que la communauté s'en trouveroit à la fin accablée, si on n'y apportoit un prompt remède. Et j'ordonnerai ensuite qu'en conformité des arrêts du Conseil, ordres particuliers reçus de la cour, et de mes précédentes ordonnances, il sera, par moi, incessamment procédé à la liquidation des dettes de la ville et à l'état de ses dépenses annuelles. Et cependant, par manière de provision et jusqu'à ce qu'il y ait été pourvu par S. M. sur mes procès-verbaux de liquidation, états des dépenses et avis, je ferai d'expresses défenses aux échevins de disposer à l'avenir des revenus de la ville sans que la dépense en ait été par moi autorisée, à peine d'être contraints à remettre ès mains du trésorier les sommes qu'il auroit payées sur des mandats ou états qui n'auroient pas été par moi visés. Ensuite de quoi, je prétends dresser avec ces mêmes échevins un état provisional des dépenses utiles et nécessaires, que je remettrai au trésorier, signé d'eux et de moi, et dont j'aurai l'honneur de vous envoyer une copie. Bien entendu que, s'il survient dans la suite des occasions d'en faire d'autres qui me paroissent utiles et nécessaires, je les autoriserai et prendrai en même temps la liberté de vous en informer. Il me semble que ces projets sont conformes à l'esprit que vous m'avez fait l'honneur de m'inspirer la dernière fois que j'ai eu l'honneur de vous voir à Fontainebleau*.....»

* Le 7 août suivant, il envoie un projet d'arrêt réduisant les dépenses annuelles à 273,422 #.

225. *M.* D'HERBIGNY, *intendant à Lyon,*
au CONTRÔLEUR GÉNÉRAL.

11 et 26 Décembre 1700.

Incendie du pont de bois de Bellecour. On propose de rétablir seulement l'arche détruite, aux frais de la ville de Lyon, ou de la reconstruire en pierre avec le concours des provinces dont le commerce pratique ce passage.

« Trouvez bon qu'à l'occasion du passage de Messeigneurs les princes, j'aie l'honneur de vous représenter que, sur la route soit de Bourgogne, soit du Bourbonnois, il y a plusieurs endroits où il est impossible, surtout dans la saison que les princes passeront, de rendre le chemin bon qu'en pavant. Il faudroit bien pour cela un fonds de 12 à 15,000 #, pour la route seule que tiendront les princes. »

226. *M.* D'HERBIGNY, *intendant à Lyon,* AU CONTRÔLEUR GÉNÉRAL.

18 Décembre 1700.

« Je crois me devoir donner l'honneur de vous informer du train qu'on voit prendre ici à l'or et l'argent. Il en sort beaucoup plus qu'il n'en est jamais sorti. J'ai remarqué pour quelle quantité j'ai donné pendant un an des passeports sous le nom des Suisses; il y en a eu pour 600,000 #. Il n'y a pas deux avis sur le principe de cet événement : tout le monde convient que ce n'est point le rabais des monnoies, mais seulement l'incertitude du prix, qui rend les lettres de change pour les pays étrangers extrêmement rares et difficiles, ce qui tient le change à un prix hors de raison; au lieu que, du moment que les monnoies seront évaluées sur un pied qu'on pourra juger fixe, le change, reprenant son pied ordinaire, aura aussi son mouvement ordinaire, et il ne sortira pas, à beaucoup près, tant d'espèces. Un exemple expliquera nettement ce fait : les louis d'or valent à Rome 11 # 5 s., en France valent 13 #; c'est 35 sols à perdre par louis : ce qui revient à environ 15 p. o/o de perte à remettre à Rome des louis en espèces. De Lyon à Rome, le prix ordinaire du change est de 2 p. o/o; il ne devroit donc être maintenant que de 17 p. o/o, et il est de 20, à cause de cette variation et incertitude des monnoies qui rendent les lettres de change rares. Cette rareté est aisée à comprendre, en ce que, pour soutenir le change, il faut être en argent comptant, et personne n'oseroit s'en tenir chargé; comme donc il y a 3 p. o/o à gagner sur les espèces qu'on envoie au lieu de lettres de change, et qu'on gagne de plus le prix ordinaire du change de 2 p. o/o, on en prend le parti tant qu'on peut. Ce parti, par le moyen des Suisses, est sans difficulté, à cause de leurs privilèges. Chacun s'en sert pour l'or, car, comme je ne me suis point expliqué des ordres que j'ai de ne point refuser de passeports pour l'argent, on ne m'en demande que pour l'or. Or, pour l'argent, c'est encore une autre affaire, à cause du grand prix des matières pour l'affinage : en sorte qu'il y a 3 ou 4 p. o/o à gagner sur la sortie de l'argent plus que sur celle de l'or. On ne fait nul doute que les écus de France ne se fondent dans les pays étrangers et ne reviennent à l'affinage en lingots et barres, rien n'étant plus aisé que de contrefaire la marque d'Espagne. Ne donnant point de passeports pour l'argent, je me suis informé comment il sort : j'ai su d'assez bon endroit qu'à Collonges il y a assez d'exactitude, et que c'est par le Pont-de-Beauvoisin que la sortie est aisée. S'il vous plaît donner des ordres secrets d'y veiller, peut-être s'y feroit-il de bonnes captures. On ne voit point ici qu'on puisse, par aucun endroit, arrêter la cherté du prix des matières pour l'affinage; mais, pour la fonte des écus, il n'y auroit qu'à défendre aux affineurs les lingots et barres; de bons négociants répondent de les entretenir de piastres plus qu'ils n'en peuvent consommer. J'ai cru devoir, à tout hasard, vous rendre compte de ces observations, car, bien qu'elles puissent être très inutiles, peut-être ne vous est-il pas désagréable d'être toujours informé de tout ce qui se dit et fait. »

227. *M.* DE LA FALUÈRE, *premier président du Parlement de Bretagne,* AU CONTRÔLEUR GÉNÉRAL.

28 Décembre 1700.

« Avant que de procéder à la signature d'un arrêt rendu entre Mme la maréchale de Créquy et des maîtres de forges, contre lesquels elle a gagné son procès, la Compagnie a souhaité que j'aie l'honneur de vous instruire de cette affaire, dont les suites peuvent être d'une grande conséquence pour le débit des fers, qui, depuis environ deux ans, sont montés à un prix excessif, tant par la cherté des bois, qui deviennent rares, disent ces messieurs-là, que par le monopole dont les ouvriers en marchandises de ferronnerie les accusent. Voici le fait : Mme la maréchale a vendu aux nommés Chaillou, Saget et consorts tous les fers qui seront fabriqués dans les forges des Hunaudières pendant neuf ans, à condition expresse de n'en pouvoir vendre qu'à eux, qui sont maîtres de forges, au nombre de trois, non loin de celles-ci, et ce moyennant 68 # le millier. Soit que leur crédit ou autre raison de monopole en soit la cause, il est certain que les fers sont enchéris jusques au point que les fers que l'on appelle *cassants*, c'est-à-dire de la moindre bonne espèce, se vendent aux ouvriers et marchands 125 # : sur lequel pied, les fers pliants, tels qu'il s'en fabrique à Paimpont, distant de sept lieues d'ici, iront à plus de 150 #. Ce marché, tel que je viens d'avoir l'honneur de vous le dire, a produit deux effets : l'un, quelques particuliers ouvriers, prétendant y avoir part ou en tirer quelque droit d'avis, ont fait des plaintes et du bruit; l'autre, qui a beaucoup donné lieu à les augmenter, a été que Mme de Créquy, ayant connu le profit immense que faisoient Chaillou et ses associés, s'est pourvue contre son marché et l'a voulu faire casser, sous prétexte du gain exorbitant dont elle souffroit une grande lésion. Quoique la cause de cette dame pût souffrir de la difficulté, ses amis et entremetteurs ont tant fait que les maîtres de forges, contre le monopole vrai ou faux desquels on avoit excité de grandes plaintes, dans la peur qu'on leur a faite de mettre un prix et une police à leur débit, ont transigé avec Mme la maréchale, qui, moyennant une somme assez raisonnable, donne les mains à la perte de son procès, mais non pas à l'avantage du public, contre lequel, apparemment, cet arrêt tirera à conséquence. Je dois avoir l'honneur de vous dire que les juges, en déboutant cette dame de ses demandes et en prévoyant les suites, ont souhaité d'y remédier, en ordonnant que l'on feroit une police sur les fers; mais, comme il est souvent arrivé que, par les polices mises sur certaines espèces de marchandises, l'abandon, tant feint que véritable (qu'ont fait ceux qui en ont la direction), de la continuation de la fabrique, a produit de méchants effets, étant certain d'ailleurs que le prix des fers, qui est exorbitant, pourroit le devenir encore davantage, il y a une considération à faire ici : c'est que, pouvant avoir des fers suffisamment en France, on pourra en aller chercher au dehors. Savoir si cela est avantageux, c'est ce que je ne sais pas; ce qui me paroît aisé à comprendre, c'est la nécessité d'empêcher le monopole, et, si faire se peut, la trop grande cherté. J'ai pensé à faire venir ici tous les maîtres de forges de la province, pour, avec eux, quelques experts préalablement entendus en secret, arrêter pendant quelques années au moins le prix des fers, et, en même temps, faire défense de le vendre plus cher. Je vous demande sur cela vos avis et vos ordres.»

228. *M. Bouchu, intendant en Dauphiné,*
au Contrôleur général.

31 Décembre 1700 et 25 Janvier 1701.

Rapport sur une réclamation présentée par le comte de Tonnerre au sujet de frais de députation dus à la succession de son père.

«Vous observerez, s'il vous plaît, que les États de Dauphiné furent supprimés en 1627, et que la province fut réduite en pays d'élections. Je ne sais ce qui se passa depuis le temps de cette suppression jusqu'en l'année 1661, les registres des assemblées des dix villes de cette province (si tant est qu'il s'en soit tenu dans cet intervalle) n'étant point rapportés par M. le comte de Tonnerre et ne se trouvant point entre les mains du sieur Pelliaud, se disant secrétaire du pays, qui agit pour lui en cette affaire. Mais je vois, par les registres que ledit Pelliaud a en ses mains depuis 1661 jusqu'en 1670, que, Mgr le Dauphin étant né le 1er de novembre 1661, il fut expédié une lettre de cachet, le 19 du même mois, portant permission aux dix villes de cette province de s'assembler à Grenoble le 26 de décembre suivant, pendant trois jours seulement, pour délibérer uniquement sur la députation que la province devoit faire à S. M. à l'occasion de la naissance de Mgr le Dauphin, et le présent que les députés devoient offrir. Sous ce prétexte (quoique l'assemblée fût limitée au seul fait de cette députation et dudit présent), comme ceux qui étoient à la tête, tels que M. l'évêque de Grenoble, M. le comte de Clermont, père de M. de Tonnerre, M. le baron de Sassenage et autres considérablement intéressés au rétablissement des États, cherchoient toutes les occasions de les remettre sur pied, il se tint un grand nombre d'assemblées, où il fut parlé et délibéré de toutes les affaires publiques ainsi qu'on auroit pu faire dans les assemblées des États; et l'une de ces délibérations, prise le 1er juillet 1663, mondit sieur le comte de Clermont présent, porte que tous les états de frais, qualifiés *parcelles*, de ceux à qui il étoit dû quelque chose par la province seroient examinés, et la taxe faite par M. l'abbé de la Coste, un député de la noblesse et un des consuls de la ville de Grenoble; ensuite de quoi, M. le comte de Clermont fit arrêter, le 1er août 1663, l'état des frais de la députation dont il avoit été chargé par une délibération du 3 de février 1658. Cet arrêté monte à 3,773 ᵗᵗ, sans trois articles renvoyés à la prochaine assemblée; et, sur ce fondement, M. de Tonnerre, son fils, demande que l'on impose sur cette province ladite somme de 3,773 ᵗᵗ, avec intérêts, et ce à quoi seront fixés les trois articles sursis. Je crois qu'il est mal fondé en cette prétention par les raisons suivantes : la première, que l'assemblée des dix villes qui a donné le pouvoir d'arrêter cet état ou *parcelle* n'en avoit aucun d'en user ainsi; et tout au contraire, le Roi, en permettant cette assemblée, avoit marqué expressément qu'elle ne dureroit que trois jours, et qu'il n'y seroit parlé que de ce qui regardoit la naissance de Mgr le Dauphin. Secondement, l'arrêté de cet état étant de 1663, et la demande que fait M. le comte de Tonnerre n'étant que de 1700, elle est prescrite, n'étant pas de ma connoissance qu'aucun délai ni surséance ait été accordé à cette province pour payer ses dettes, celle accordée aux communautés particulières n'ayant aucun rapport à la province en général; et il est d'autant moins excusable sur ce silence, que, ces assemblées clandestines ayant duré jusqu'en 1670, il n'a fait aucunes diligences par-devant elles, ni pour être payé de la somme qui lui avoit été liquidée en 1663, ni pour faire régler les articles sursis. Il pourroit être d'un fâcheux exemple, et qui tireroit à de grandes conséquences, de faire payer une dette de cette nature, qui réveilleroit peut-être une infinité de prétentions sur cette province, dont il n'a point été fait de demandes depuis la suppression des États. D'ailleurs, la députation qui fait le fondement de la demande de M. de Tonnerre n'a rien qui doive engager à la recevoir favorablement, paroissant par l'état même que rapporte M. de Tonnerre, duquel il demande le payement, que la députation de M. le comte de Clermont, son père, fut si peu agréable au Roi, qu'il en fut mis à la Bastille, où il demeura treize jours.

«Je ne sais si vous approuverez l'ouverture que cette matière me donne lieu de prendre la liberté de vous faire, qui seroit d'ordonner que tous les particuliers qui peuvent avoir entre les mains les registres des États de cette province, du temps qu'elle étoit pays d'États, et ceux des assemblées qui se sont tenues abusivement depuis leur suppression, les remettront dans les archives de la Chambre des comptes. J'en ferai la perquisition la plus exacte que je pourrai. Ces registres seront en cet endroit bien plus convenablement que partout ailleurs. Le Roi pourra peut-être en tirer des éclaircissements qui lui seront avantageux, au lieu qu'étant entre les mains des particuliers, il n'en saura jamais que ce qui lui sera contraire, et qui pourra être utile aux vues particulières de ceux qui en produiront quelques extraits.»

229. *M. de Bernage, intendant à Limoges,*
au Contrôleur général.

1er Janvier 1701.

Il n'estime point que le rétablissement des ponts de Condac et de Taizé-sur-Charente, réclamé par Mme la duchesse de Saint-Simon, soit indispensable, et demande du moins que, si on l'entreprend, ce ne soit pas sur le fonds annuel des ouvrages publics. Ces ponts sont détruits de temps immémorial, et les voituriers trouvent le chemin aussi facile par Verteuil. Les seuls travaux de celui de Condac, estimés à 10,000 ᵗᵗ pour le moins, épuiseraient le fonds attribué à la généralité dans l'état des ponts et chaussées.

230. *M. d'Ableiges, intendant à Poitiers,*
au Contrôleur général.

6 Janvier 1701.

Il annonce qu'il renverra son secrétaire, accusé de se faire donner de l'argent par divers traitants, et demande au contrôleur général de lui en indiquer un autre*.

* En marge, de la main du contrôleur général : «Lui mander qu'il a bien fait de se déterminer à prendre un autre secrétaire; qu'il pouvoit, sans se servir de mon nom, s'expliquer avec lui, et qu'il travaille à en avoir un bon; que je n'en connois point.»

---

231. *M. de Bâville, intendant en Languedoc,*
au Contrôleur général.

7 Janvier 1701.

«Je puis vous assurer qu'il n'y a pas un mot de vérité dans le mémoire ci-joint. Je n'ai jamais pensé de commettre l'abbé du Chayla pour faire rendre compte aux communautés des commissions des impositions qui y ont été faites. Il est grand vicaire de M. l'évêque de Mende, et ne se mêle que du spirituel dans son diocèse. Il travaille depuis quinze ans aux affaires de la religion, avec beaucoup de succès et d'application, dans le pays le plus difficile du royaume, soit par le génie des habitants ou par la difficulté des montagnes des Cévennes, plus rudes dans ce canton que partout ailleurs. Ce mémoire, apparemment, est de quelque nouveau converti mal intentionné pour la religion, qui voudroit que cet abbé eût moins de zèle qu'il en a. Il y a plus de deux ans que j'ai commis le sieur Chastang, syndic du pays, qui est un fort bon sujet, pour faire rendre les comptes des impositions dans le Gévaudan*.»

* Le mémoire anonyme accuse l'abbé du Chayla de s'être fait donner commission pour mieux dissimuler les exactions commises par son frère ou par lui.

---

232. *M. Robert, procureur du Roi au Châtelet de Paris,*
au Contrôleur général.

11 Janvier 1701.

«J'espère que nous aurons enfin des preuves contre les voleurs de nuit qui ont volé dans votre hôtel, chez M. de Lamoignon, chez M. le Premier, à la Petite Écurie et en plusieurs autres maisons. Un de ceux qui ont été arrêtés par M. le lieutenant criminel de robe courte avoue la plupart de ces vols et charge plusieurs de nos prisonniers de les avoir faits avec lui. La Lespine, receleuse de ces vols, est chargée par sa propre sœur et par une autre femme de leur avoir vendu de grands morceaux de damas et de taffetas qu'elles ont rapportés, et qui sont reconnus pour être les rideaux du carrosse de M. le chevalier de Chamillart et de M. le marquis de Dreux. Ces deux faits seront bientôt établis, et, joints à d'autres circonstances, nous donneront des preuves suffisantes pour prononcer contre cette receleuse une condamnation à la mort et à la question. Je ne doute pas que la première de ces condamnations ne nous donne des preuves contre tous les autres : comme la procédure n'a pas été bien commencée, il faut aller pied à pied pour réunir et rassembler les preuves, qui avoient été jetées dans une grande confusion. M. du Martray y travaille depuis trois jours avec beaucoup d'application; M. de Montcel, lieutenant de robe courte, fait la même chose, et j'y ai donné mes soins tout le mieux qu'il m'a été possible*. C'est ce qui m'a empêché d'aller à Versailles vous faire la révérence et vous témoigner ma joie de votre nouvelle dignité. Je me flatte que vous êtes bien persuadé que ce serment est bien sincère.»

* Sur ces vols, voir les lettres de M. d'Argenson, 6, 11, 19 janvier; de M. du Martray, 8 janvier, et de M. de Montcel, 11 et 18 janvier, 4 février. Le 9 mars, M. Robert rend compte de l'exécution de deux des voleurs, après présentation à la question; un autre fut également exécuté le 18 mars. (Lettres de M. de Montcel, 17 et 18 mars.)

---

233. *M. le Gendre, intendant à Montauban,*
au Contrôleur général.

16 Janvier 1701.

Le recouvrement des revenus des biens des nouveaux convertis ne pourra se faire que lentement, en raison de l'inexpérience du commis qui en est chargé; le produit en est d'ailleurs presque toujours consommé en frais.

«A l'égard de l'emploi que l'on peut faire de ce fonds, quand il y en aura, il est impossible d'en envoyer un état exact, cela augmentant ou diminuant tous les ans à proportion des pauvres filles qui sont dans les couvents, des garçons qui sont dans les séminaires, des nouveaux convertis qui sont dans une extrême nécessité, des pauvres prêtres qui travaillent à leur instruction, et des récompenses nécessaires qu'il faut donner à ceux qui travaillent utilement pour l'avancement de la religion. Je vous enverrai exactement l'état de ces dépenses tous les trois mois; mais je vous demande la liberté de les faire suivant les occasions, qui souvent ne permettent pas de recevoir auparavant vos ordres.»

---

234. *Les Maire et Consuls de la ville de Cahors*
au Contrôleur général.

20 Janvier, 26 Mai et 2 Juin 1701.

Conflit avec l'intendant au sujet des élections consulaires*.

* Voir les lettres justificatives de l'intendant, M. le Gendre, 6 avril et 31 mai.

---

235. *Le sieur Léonard, imprimeur*
de la Cour des monnaies et des Finances,
au Contrôleur général.

28 Janvier 1701.

«Votre Grandeur m'ayant hier dit à son audience qu'elle montreroit mon mémoire au Roi, je prends la liberté de faire deux remarques à ce sujet qui peuvent faciliter la chose. La première est que, comme plusieurs de mes confrères portent la qualité d'imprimeur ordinaire du Roi, que S. M. a bien voulu leur accorder ci-devant, et que, par mon mémoire, je demande d'être seul à la porter, pour éviter les discussions que cela pourroit faire naître et le chagrin qu'ils auroient de perdre leur qualité, toute infructueuse qu'elle est, on l'intitulera la charge de *seul imprimeur du Roi pour la Guerre, les Finances et la Marine*, au moins que Votre Grandeur ne trouve à propos d'en disposer autrement. La seconde est au sujet de la grâce que je demande au Roi, secondé et favorisé de la puissante protection de Votre Grandeur, qui est d'être fait chevalier de Saint-Louis; non pas que je prétende que cet honneur soit attaché à la charge, mais j'attends cette faveur de la seule bonté du Roi, et c'est en cette vue que je sacrifie le revenu de 20,000 ## et la jouissance du fonds, puisque je ne demande que 4,000 ## de rente pour 100,000 ## de fonds ou de capital. J'ai donc cru qu'il n'étoit pas hors de propos de faire remarquer à Votre Grandeur que nous sommes art libéral, et non pas métier, ce qui est incontestable; que, par tous les privilèges accordés par François Ier et confirmés par S. M. et les autres rois ses prédécesseurs, on ne déroge point en l'exerçant; outre qu'à mon égard, Votre Grandeur peut savoir que je ne travaille que dans mon cabinet, et que, pour le détail de mon négoce, je le fais faire par des commis à gages que j'ai pour cet effet. Je dirai plus à Votre Grandeur : non par aucune folle vanité, mais pour faciliter l'obtention de cette grâce, je lui dirai que nous sortons du pays de Liège, et de fort bonne maison. Nos ancêtres vivoient de leur bien, qu'ils ont tout mangé au service du roi d'Espagne, et c'est ce qui a obligé mon grand-père à se faire libraire à Bruxelles. Nous avons eu en dernier lieu deux grands-oncles, dont l'un est mort abbé de l'abbaye de Saint-Denis, en Hainaut, où se donna la bataille entre M. de Luxembourg et le prince d'Orange, laquelle abbaye il a beaucoup embellie par la dépense de son bien patrimonial. Le second est mort à cent neuf ans, et a été quatre-vingt-quinze ou quatre-vingt-seize ans soldat ou officier général; il commandoit les enfants perdus à la prise d'Amiens par les Espagnols, il a défendu Hesdin contre Henri IV et l'a perdu contre Louis XIII, qui l'a pris. J'ai eu l'honneur, en mon particulier, de servir le Roi dans ses armées, et, si l'on ne m'avoit fait quitter le service à cause que je suis seul de garçon, j'y serois encore. Du côté de mon épouse, il se trouve que sa famille a été anoblie par François Ier, pour des services considérables rendus à l'État; nous en gardons toutes les lettres patentes. A la vérité, les mauvais temps l'ont fait rentrer dans le commerce. J'espère que Votre Grandeur voudra bien m'aider de son pouvoir pour obtenir cette faveur, qui honorera la charge, et qui est très sincèrement le seul but qui me fait faire un aussi grand effort que celui d'offrir 100,000 ## à Votre Grandeur pour cette charge accompagnée de la chevalerie, sans quoi je n'y aurois jamais pensé. Mais j'ai osé espérer d'être confondu dans le grand nombre, et je l'espère de votre tout-puissant crédit. Au surplus, s'il y a du mal exposé ou du mal digéré dans mon mémoire, faute de tout savoir, je me rapporterai très volontiers à la prudence de Votre Grandeur, à qui je fais gloire d'appartenir surtout avec distinction, afin d'honorer mon maître davantage. J'attendrai l'effet de mes souhaits, et j'irai, quand il lui plaira me mander, recevoir ses ordres.»

---

236. *M. le Gendre, intendant à Montauban,*
au Contrôleur général.

28 Janvier, 2 et 16 Février, 4 Mai 1701.

Il rend compte du voyage des princes, qui a été retardé par des inondations extraordinaires.

«Je suis désolé d'avoir perdu par le retardement du voyage toutes mes provisions, ce qui m'empêchera de faire aussi bonne chère que je le souhaiterois sur la route. On m'a jeté jusques à présent six cent vingt-cinq perdrix de Quercy, dont je suis inconsolable. Je ne laisserai pas de faire de mon mieux.

«M. le maréchal de Noailles et M. de Beauvillier ont fait la plus grande chère du monde. M. de Sourdis et M. de la Bourdonnaye tiennent une très grande table soir et matin; mais la jeunesse va plus volontiers chez le dernier. Les seigneurs sont fort gaillards; on joue tous les jours au brelan, peu au lansquenet. M. de Beauvillier quittera Mgr le duc de Bourgogne au Mont-de-Marsan, pour s'en retourner.

«Les pluies continuelles ont entièrement détruit les réparations que j'avois fait faire aux chemins, rompu les ponts, enlevé les chaussées. Enfin, il y a trente ans que l'on n'a vu de si grandes inondations. J'ai envoyé sur toute la route pour réparer au plus tôt le désordre, autant qu'il sera possible dans la saison où nous sommes, afin qu'il n'arrive aucun accident. Messeigneurs les princes sont fort affligés de ne point trouver de gibier; ils s'amusent tous ces jours à tuer des alouettes et des moineaux.....

«Je vous avoue, avec toute la liberté que vous me donnez, que le calme est bien doux après un grand orage, et que j'ai respiré avec grand plaisir, en arrivant à Toulouse, de me voir au port sans accident et sans incident, après avoir été dix jours dans la généralité de Montauban par des chemins affreux et avec tous les contretemps imaginables. Je pensai perdre l'esprit quand je vis Mgr le duc de Bourgogne malade à Auch; mais, par la grâce de Dieu, ce n'a été qu'une légère indisposition, dont il est parfaitement bien rétabli. J'ai résigné le bénéfice à M. de Bâville, dont il s'acquittera beaucoup mieux que moi, ayant sur toute sa route de beaux chemins et de grandes villes. Le travail que l'on a fait dans la généralité de Montauban pour les rendre praticables passe l'imagination : on y a employé plus de deux cent mille journées d'ouvriers; on a fait des chemins nouveaux dans les terres, on a construit plus de quarante ponts sur de petits ruisseaux; il y avoit trente ans qu'il n'y avoit passé de carrosse. Enfin, Mgr le duc de Bourgogne m'a fait l'honneur de me dire qu'il étoit très content. M. de Noailles m'a témoigné mille bontés, dont je crois vous avoir toute l'obligation. Pourvu que vous soyez satisfait, je suis trop récompensé de mes soins et de ma dépense, qui a été excessive : j'ai fait la meilleure chère que j'ai pu, et j'ai eu du vin délicieux de sept ou huit sortes; M. de Noailles m'en a envoyé demander deux fois qu'il a donné à souper à Mgr le duc de Bourgogne. Un jour, à la dînée, Messeigneurs les princes me dirent que j'avois du vin excellent, et de leur en envoyer querir; vous jugez le plaisir que cela fit à votre créature. Enfin, je n'ai rien épargné à personne. Tous les seigneurs et les officiers de la maison du Roi ont trouvé ma maison ouverte à toute heure; j'avois des gens dans deux ou trois quartiers des villes, pour donner à boire et manger à ceux qui n'en trouvoient point dans les cabarets. Au bout du compte, si je n'ai pas réussi, ce n'est pas ma faute, car je me suis bien tourmenté.

«J'aurai l'honneur de vous envoyer au premier jour un état des dépenses nécessaires qui ont été faites pour les chemins. J'ai déjà donné environ 1,000 écus aux pauvres habitants des paroisses qui n'étoient pas en état de travailler gratuitement. Il faut présentement payer les bois qu'on a pris pour les ponts et indemniser les particuliers dans les terres de qui on a passé. J'ai envoyé un homme de confiance de village en village pour le faire exactement.

«On a fait des merveilles à Toulouse pour la réception de Messeigneurs les princes : toutes les rues étoient tapissées, les bourgeois sous les armes, rangés en compagnies uniformes, les marchands à la tête, avec des habits galonnés, des vestes et des écharpes d'or. Il y eut le soir un feu d'artifice magnifique, avec des illuminations dans toutes les rues*. Je m'en retourne demain à Montauban, pour travailler en toute diligence à la levée des milices que vous m'avez ordonnée, et expédier les affaires arriérées depuis cinq semaines que je suis en campagne.»

* A Marseille, les frais montèrent à 55,800 ll, et, quoique l'intendant Lebret n'eût autorisé qu'une dépense de 35,000 ll, il dut permettre un emprunt supplémentaire pour couvrir l'excédent. Il obtint plus tard, pour les échevins, la permission de mettre en loterie les fauteuils, carreaux et tabourets de velours bleu, à dentelles d'argent, qu'on avait fait faire pour la réception. (Lettres et pièces des 10 janvier, 24 juin et 23 septembre.)

---

237. *M. Ferrand, intendant en Bourgogne,*
au Contrôleur général.

30 Janvier 1701.

Il est avéré que les futailles qui se débitent dans le plat pays Mâconnais ont un défaut de jauge qui peut nuire au commerce des vins; mais cette affaire n'est nullement de la compétence des maîtres tonneliers de Mâcon, et le règlement doit en être confié soit au bailliage, soit à l'élection.

---

238. *M. Lebret, intendant en Provence,*
au Contrôleur général.

31 Janvier 1701.

Rapport sur le service des étapes en Provence et sur les difficultés qui se rencontrent pour les fournitures dans les petites communautés où les consuls, à la suite de la suppression des étapiers généraux, n'ont pu établir des étapiers particuliers.

---

239. *M. de Montholon, premier président du Parlement de Rouen,*
au Contrôleur général.

2 Février 1701.

Il explique par suite de quelles modifications dans l'aménagement des voûtes du Palais les papiers du greffe doivent être transportés et installés sous la salle des procureurs.

---

240. *M. de Pomereu, intendant en Champagne,*
au Contrôleur général.

6 Février 1701.

Rapport sur les revenus et les charges de la ville de Vitry-le-François.

---

241. *M. Sanson, intendant à Soissons,*
au Contrôleur général.

10 Février 1701.

«J'ai examiné le placet ci-joint que le sieur Dartois, conseiller au bailliage de Noyon, a pris la liberté de vous présenter, et, pour vous rendre compte de ce que je sais par moi-même et de ce que j'ai appris d'ailleurs sur le fait des logements dont il se plaint, j'aurai l'honneur de vous dire qu'après la révocation des privilèges des officiers des bailliages et des élections, je dis aux maires et échevins des villes de mon département qu'ils pouvoient délivrer des billets de logements sur les officiers de ces juridictions. Je leur ordonnai même de le faire, lorsqu'on voulut les obliger d'abandonner leurs augmentations de gages. Ce fut dans ce temps-là que les maire et échevins de Noyon envoyèrent un gendarme chez le sieur Dartois, qui y demeura pendant quelques mois; mais M. Dauvet, guidon de la compagnie des gendarmes de Mgr le duc d'Anjou, auquel le sieur Dartois avoit offert sa maison, étant arrivé à Noyon pour y commander, fit sortir le gendarme qui y étoit logé, et se mit en sa place. Depuis le départ de cet officier, le sieur Dartois n'a point été logé que pendant les mois d'octobre et novembre derniers, que les officiers commandants, incités par le sieur Nérac, maréchal des logis, duquel le sieur Dartois avoit tenu des discours piquants, demandèrent avec instance sa maison; et, quoique les échevins, en l'absence du maire, l'eussent refusée, et leur eussent au contraire délivré le billet du meilleur cabaret de la ville, ils ne laissèrent pas de se loger chez le sieur Dartois de leur autorité privée. Ainsi, je suis persuadé que ce qu'il expose contre le maire est aussi peu véritable que ce qu'il dit lorsqu'il suppose que les deux compagnies de gendarmerie qui sont en garnison à Noyon n'en occupent pas la dixième partie; car, dans le sens qu'il le marque, il sembleroit qu'il y auroit dix fois autant de logements propres pour loger les gendarmes, et que Noyon pourroit contenir une garnison de vingt-deux compagnies : j'ai examiné autrefois le contrôle des logements, sur les plaintes qui m'avoient été faites, et ai reconnu qu'on avoit assez de peine à bien loger deux compagnies. Le sieur Dartois ne loge point depuis deux mois; je tiendrai la main à ce qu'il ne soit point surchargé à l'avenir, et donnerai tous mes soins pour maintenir toujours le bon ordre dans le logement des troupes.»

242. *M. Bouchu, intendant en Dauphiné,*
au Contrôleur général.

11 Février 1701.

«Les communautés du bailliage de Briançon ont formé depuis très longtemps des sociétés, vulgairement dites *escartons*, qui seules ont donné lieu audit pays de pouvoir soutenir les fardes auxquelles sa situation l'expose. Ces unions consistent à ce que huit ou dix communautés des environs d'un chef-lieu, tel par exemple que la ville de Briançon, contribuent à soutenir toutes les charges dudit lieu de Briançon, comme quartiers d'hiver, séjours de troupes, étapes et autres (devant vous observer que jamais il n'y a eu d'étapier pour le Briançonnois, où l'étape seroit à un prix excessif, et où elle ne pourroit pas même être fournie, sans l'industrie des habitants dudit pays et leur travail inconcevable). Ces communautés ont commencé à se lasser de ces sociétés vers le milieu de la dernière guerre et je suis venu à bout de les leur faire continuer jusqu'à présent, partie par ménagement, partie par ordres verbaux; mais la crainte qu'on a du renouvellement de la guerre rend inutiles tous les moyens que j'ai pratiqués jusqu'ici pour maintenir ces sociétés, sans lesquelles le service du Roi tomberoit absolument en ce pays-là. Plusieurs demandent d'être mises hors de société; les autres, plus adroites, s'excusent de fournir les choses nécessaires au chef-lieu suivant l'ancien pied établi entre elles, sous prétexte que les comptes desdites sociétés ou escartons des dépenses de la dernière guerre ne sont pas encore arrêtés. Ce mal est plus pressant que je ne puis vous l'exprimer et a besoin d'un arrêt dont je me donne l'honneur de vous envoyer le projet*.»

* Un arrêt défendant aux sociétés de se dissoudre, à peine de désobéissance, et renvoyant toutes les difficultés nées ou à naître au jugement de l'intendant, en dernier ressort, fut expédié conformément au projet.

243. *M. d'Ableiges, intendant à Poitiers,*
au Contrôleur général.

11 Février 1701.

«En travaillant au département des tailles de l'élection de Thouars, les curés de Breuil-Chaussée et de Terves furent ouïs, avec les collecteurs, sur quelques abus dans la répartition des tailles; on fit même entendre que les habitants de Breuil-Chaussée envoyoient autrefois une mule chargée de beurre aux élus, dans le temps du département. Quelques-uns de ces officiers s'en sont fâchés et ont pris une commission de la Cour des aides, où ils ont fait assigner ces curés en réparation d'honneur. J'ai cru qu'il étoit nécessaire que j'eusse l'honneur de vous en écrire, afin que, par votre autorité, vous imposiez silence à ces élus, qui n'ont fait assigner ces deux curés que par un esprit de vexation. Il est de votre charité de finir cet incident, qui n'a nul fondement. Je joins copie de la commission de la Cour des aides à cette lettre.»

244. *M. Guyot, intendant en Béarn,*
au Contrôleur général.

12 Février et 24 Juin 1701.

Discussion du chiffre de l'abonnement pour la capitation et du partage entre la basse Navarre et le Béarn; mémoire des États de Béarn.

245. *M. Lebret, intendant en Provence,*
au Contrôleur général.

(D'Aix) 17 Février 1701.

«..... Je me suis informé de ce qui se pratique ici, à Marseille et dans les principaux lieux de cette province, au sujet des louis d'or légers de plus de quatre grains. On m'a assuré qu'ils ne passoient point dans le commerce, et qu'ils se reçoivent quelquefois au jeu sur le pied de ceux dont le cours est permis, surtout lorsqu'en commençant de jouer, on ne déclare pas qu'on ne prendra en payement que ceux qui seront de poids. Je ne crois pas que l'abus soit fort grand à cet égard; mais, quand il seroit plus considérable que je ne me l'imagine, je ne sais aucun autre moyen d'y remédier que celui de tenir un homme dans quelques maisons où l'on donne à jouer publiquement, avec un trébuchet pour peser tous les louis d'or qu'on y donneroit en payement de ce qu'on auroit perdu. Mais, outre que je ne sais aux dépens de qui on entretiendroit ces inspecteurs, il faudroit un arrêt du Conseil qui eût été publié, et qui autorisât une inspection de cette qualité et inusitée jusqu'à présent.»

246. *M. de Bouville, intendant à Orléans,*
au Contrôleur général.

26 Février 1701.

«L'ouverture du jubilé a réveillé tous les pauvres, et il en vient ici de toutes parts. Voulez-vous qu'on continue d'y exécuter la déclaration du Roi? La plupart d'entre eux offriront d'entrer dans l'hôpital, où il n'est plus possible de les recevoir; d'autres disent qu'ils passent et qu'ils ne trouvent point à subsister en aucun endroit, et les autres qu'ils sont demeurés malades en chemin. Ordonnez ce qu'il vous plaira, et vous serez obéi*.»

* En marge : «Oui; qu'on les renvoie chez eux.»

247. *M. Ferrand, intendant en Bourgogne,*
au Contrôleur général.

5 Mars 1701.

Achat et transport de grains pour l'Alsace.

«J'ai fait cesser les achats pendant huit jours, pour ôter l'attention que l'on y pourroit faire, et j'espère qu'ils seront faits dans le reste de ce mois..... Je tâcherai de sortir de cette commission avec honneur, et j'ose vous assurer que cette voie épargnera plus d'un quart de la dépense. Le peu de précautions que les munitionnaires apportent et le grand nombre de commis qu'ils emploient enchérissent ordinairement les grains; pour ne pas tomber dans cet inconvénient, deux personnes seulement feront vos achats, secrètement et avec fidélité.»

---

248. *M.* de Harouys, *intendant en Franche-Comté,*
au Contrôleur général.

11 Mars 1701.

Revision et règlement des droits de guet et garde et de curage et entretien des fossés d'enceinte réclamés par certains seigneurs ou certaines communautés.

---

249. *M.* de Bâville, *intendant en Languedoc,*
au Contrôleur général.

13 Mars 1701.

Il approuve la proposition faite par M. l'archevêque d'Arles de faire construire un pont sur le petit Rhône, en remplacement du bac de Fourques, mais à condition que les droits de péage levés pour l'archevêque ne soient pas plus forts que ceux du bac, et qu'il en soit fait un tarif.

---

250. *M.* de Choisy, *gouverneur de Sarrelouis,*
au Contrôleur général.

14 Mars 1701.

Les Hollandais enlevant par la Sarre les bois propres à la construction des vaisseaux, il demande, vu les bruits d'une prochaine guerre, s'il ne devrait pas arrêter les convois au passage*.

* Au dos : «Néant.»

---

251. *M.* Pinon, *intendant à Alençon,*
au Contrôleur général.

17 Mars 1701.

Le Chapitre de l'église collégiale de Mortagne, dont la fondation est due aux prédécesseurs du Roi, demande un secours pour relever le clocher de l'église, abattu par l'ouragan du 2 février, pour refaire les couvertures*.

* En marge : «Le Roi n'y a pas eu d'égard.»

---

252. *M.* Boisot, *procureur général au Parlement de Besançon,*
au Contrôleur général.

21 Mars et 19 Avril 1701.

Mémoire sur l'origine et la nature des difficultés qui se présentent de nouveau pour la fixation des limites entre la Lorraine, la Franche-Comté et la Bourgogne.

---

253. *M.* Robert, *procureur du Roi au Châtelet de Paris,*
au Contrôleur général.

26 Mars 1701.

Mémoire sur le taux à fixer pour la capitation des arts et métiers et sur les expédients qui pourraient, tout en assurant une répartition équitable, produire plusieurs augmentations sur les chiffres de 1695.

«Il y a des communautés à Paris dans lesquelles, outre les maîtres qui font un métier et un commerce, il se trouve plusieurs ouvriers qui, sans être maîtres, font le même métier. Il y a des maîtres boulangers de la ville de Paris qui sont maîtres; il y a des boulangers des faubourgs Saint-Germain, Saint-Jacques, Saint-Michel, Saint-Marceau et Saint-Victor qui sont maîtres et établis en corps de métier; mais les boulangers des faubourgs Saint-Honoré, Saint-Denis, Saint-Lazare, Saint-Martin, Saint-Laurent, du Temple, de la Courtille et du faubourg Saint-Antoine ne sont point maîtres. Il en est de même des fruitiers, beurriers et jardiniers; ceux qui, dans ces trois professions, font le métier et tiennent boutique, font près de douze cents personnes, et, dans ce nombre, il y en a d'aussi riches et plus riches que les maîtres de Paris, et ces gens-là, étant taxés comme les maîtres par les officiers du Châtelet, pourront augmenter considérablement la somme de 300,000 ᴴ que les corps des marchands et artisans sembleroient devoir payer. Tous les privilégiés de M. le grand prévôt et de la garde-robe qui tiennent boutique dans Paris peuvent être compris dans les rôles des corps de métiers de Paris, et l'on croit qu'étant joints ensemble, ils pourroient bien payer jusqu'à 350,000 ᴴ. Restent les compagnons et apprentis qui sont obligés et servent chez les maîtres de Paris, les artisans du faubourg Saint-Antoine, du Temple, de Saint-Jean-de-Latran, de Saint-Denis-de-la-Chartre, de la Trinité, à l'égard desquels il y a lieu de faire plusieurs réflexions.»

Les apprentis et compagnons demeurant chez les maîtres doivent être taxés séparément par l'hôtel de ville, comme cela s'est fait depuis 1695 et se pratique soit pour les serviteurs des officiers des Compagnies, soit pour les servantes et laquais des marchands et artisans. Cela évitera tout retard dans la fixation des cotes des maîtres par les officiers du Châtelet; les rôles généraux pourront se faire en huit jours, et la répartition entre les maîtres de chaque corps en huit autres jours.

Quant aux ouvriers ou bourgeois habitant les enclos privilégiés, il sera bon que les premiers soient taxés par le Châtelet, les seconds par la Ville, indépendamment de la taxe des corps de métiers.

Il est probable que les bourgeois prouveront leur zèle en payant vite et facilement la capitation; toutefois les magistrats devront y aider en s'accommodant à l'humour de chacun, plutôt qu'en usant d'exécutions et de contraintes. Il faudra, avant tout, faciliter le recouvrement pour ceux qui font payer et pour ceux qui payent : on croit donc inutile de créer des receveurs pour les corps de marchands et artisans, cet office revenant d'habitude aux jurés et à deux anciens de chaque corps*.

* Sur la capitation de la Cour des monnaies, voir une lettre du président Hosdier, 13 février; sur celle de l'élection, une lettre du président Aunillon, 19 mars; sur celle des corps de métiers et des privilégiés, deux lettres de M. d'Argenson, 10 juillet et 5 octobre; sur celle des baillis et juges des justices seigneuriales, une lettre de M. Phélypeaux, 16 novembre 1702.

254. *M. de la Busnelays, premier président de la Chambre des comptes de Bretagne,*
au Contrôleur général.

26 Mars 1701.

Il rend compte de la disparition du sieur Boulanger, receveur général des finances et receveur des consignations de l'évêché de Nantes, et des mesures prises par la Chambre des comptes pour constater l'état de la caisse et sauvegarder les intérêts du Roi ou ceux de la province*.

* Sur les difficultés que suscita cette affaire, voir les lettres de M. de la Faluère, premier président du Parlement, et de M. de Nointel, intendant, 27 mars, 1er et 6 avril; sur la vente des deux charges, une lettre de M. de la Ferrière, 10 avril, et une autre de M. de la Busnelays, 16 avril. M. de la Faluère écrit le 13 août pour appuyer un projet de confier la régie des consignations à un dépositaire nommé par les États et la province, avec de bons surveillants, et de rembourser le prix de la charge. L'année suivante, le sieur Hindret, receveur des consignations du présidial de Vannes, fit aussi banqueroute et s'enfuit. (Lettres de M. de la Faluère, 5 et 24 avril 1702.)

255. *M. de Bâville, intendant en Languedoc,*
au Contrôleur général.

29 Mars 1701.

«Vous m'avez fait l'honneur de m'écrire, par votre lettre du 24 novembre dernier, que le Roi vouloit, avant d'accorder mainlevée des biens des fugitifs aux nouveaux convertis, être informé par les intendants des demandes qui leur en sont faites et des raisons qui pourroient déterminer à leur faire cette grâce. L'état ci-joint comprend des nouveaux convertis de cette province qui demandent mainlevée des saisies faites sur eux, et ils la demandent en considération de ce qu'ils font parfaitement leur devoir de catholiques. Je vous envoie aussi les certificats de MM. les évêques, qui marquent qu'ils sont contents de leur conduite et qu'ils estiment à propos que les biens saisis leur soient rendus. S. M. n'ayant ordonné ces saisies que pour les obliger à rentrer sincèrement dans leur devoir, il semble que, lorsqu'ils sont parvenus à ce point et qu'ils donnent des marques d'un attachement sincère aux exercices de notre religion, il y a lieu de les remettre dans la possession des biens qu'on leur avoit ôtés, en leur déclarant qu'ils en seront dépouillés pour toujours, s'ils ne persévèrent, et en faisant observer leur conduite. J'attendrai les ordres que vous aurez agréable de m'envoyer*.»

* Au dos : «Il n'y a pas de difficulté, sur le témoignage qu'il rend de la bonne conduite des particuliers dénommés dans l'état joint à sa lettre, à lui répondre qu'il peut leur accorder la mainlevée des saisies faites sur les biens des fugitifs dont ils jouissent. Il ne peut y avoir de question que pour savoir s'il ne faut pas que M. le Contrôleur général prenne l'ordre du Roi avant que de faire cette réponse. C'est à lui à le décider.»

256. *M. Sanson, intendant à Soissons,*
au Contrôleur général.

3 Avril et 2 Juillet 1701.

Il propose de ne pas continuer aux habitants de Guise l'affranchissement de toutes tailles, crues et subsides qui leur avait été accordé à la suite du siège de cette ville.

257. *M. de Bâville, intendant en Languedoc,*
au Contrôleur général.

8 Avril 1701.

Mesures prises ou à prendre dans les ports en raison de la peste qu'on annonce avoir fait apparition dans les pays d'Albanie, Dalmatie, etc.

258. *M. de Nointel, intendant en Bretagne,*
au Contrôleur général.

13 Avril 1701.

«Les défenses de planter des terres en vigne dans la Bretagne, et surtout dans l'étendue du comté Nantois, ont été faites par ordre du Roi, et la raison en a été que les habitants de ce pays-là, voyant que le commerce des vins et des eaux-de-vie étoit avantageux, ne semoient presque plus de blés, ce qui faisoit deux effets fâcheux : l'un, que les grains y devenoient fort chers et manquoient souvent; l'autre, que les vins et les eaux-de-vie d'Anjou, qui est une province taillable, ne s'enlevoient plus par la mer. Ces défenses se renouvellent même, par ordre de S. M., dans toutes les assemblées des États de la province. Si le sieur de Pontigny est un officier à qui S. M. veuille faire quelque grâce, il n'y a pas grand inconvénient de lui accorder la permission qu'il demande.»

259. *M. Lebret, intendant en Provence,*
au Contrôleur général.

13 Avril 1701.

Mémoire et pièces sur l'administration de la ville de Cuers.

260. *M. le Gendre, intendant à Montauban,*
au Contrôleur général.

13 Avril 1701.

«Connoissant votre zèle pour la religion et les bontés dont vous m'honorez, je suis persuadé que vous serez bien aise d'apprendre que, nonobstant les bruits de guerre, les nouveaux convertis continuent à faire des merveilles à Montauban et dans toute la généralité. Il n'y en a pas un qui manque d'aller à la messe: plus de deux cents de Montauban ont approché des sacrements à Pâques avec édification, et plus de trois cents dans le reste de la généralité. Voilà le fruit du travail d'un an; que ne doit-on point espérer de si heureux commencements? Avec une attention continuelle, une conduite toujours égale, et, ce qui seroit le plus à souhaiter, de l'uniformité dans tout le royaume, l'hérésie se détruira insensiblement; les nouveaux convertis oublieront leurs anciennes erreurs, en les engageant par la douceur mêlée d'autorité à s'acquitter de tous les devoirs extérieurs de la religion; ils s'accoutumeront à nos exercices et à nos cérémonies, et le Roi aura la satisfaction de voir dans peu d'années le fruit de ses travaux, et que l'on ne fera plus de différence entre les anciens catholiques et les nouveaux convertis. Il est merveilleux de voir les églises remplies de monde, qui étoient vides il y a un an; il semble que Dieu accorde une protection particulière à la ville de Montauban, où l'hérésie a triomphé tant d'années, en la distinguant entre toutes les autres pour être la première à donner bon exemple, après avoir été si longtemps un objet de scandale. Je demeure d'accord qu'il ne faut point se laisser éblouir par ces heureux commencements, et qu'on ne sauroit conduire cette importante affaire avec trop de sagesse et de prudence, surtout dans le temps où nous sommes. C'est à quoi je donnerai toute mon attention, étant persuadé que c'est le vrai moyen de vous plaire, qui est assurément ce que j'ai de plus à cœur*.»

* Voir une autre lettre du 6 juillet suivant, sur les résultats obtenus par les prédications du P. Bonnaud et sur les mesures de rigueur prises contre quelques nouvelles converties.

---

261. *M. d'Herbigny, intendant à Lyon,*
au Contrôleur général.

13 Avril 1701.

Compte rendu du séjour des princes à Lyon*.

Opérations du dénombrement qui doit servir à arrêter les rôles de la capitation dans la ville de Lyon.

* Voir les lettres des 25 janvier et 30 avril, sur les dépenses faites à l'occasion du passage des princes. Une autre lettre, du 26 mai, donne les détails qui suivent sur le travail exécuté à Villefranche: «Cette ville consiste presque toute en une grande rue, fort large et fort longue, et qui est le grand chemin de Lyon à Mâcon. Le pavé en étoit entièrement rompu; c'étoit une incommodité très grande pour toute la ville, aussi bien que pour les voyageurs. Souvent on m'y avoit invité de faciliter les moyens de faire cette réparation; j'avois dit qu'il falloit qu'on les trouvât auparavant, parce que le Roi ne faisoit la dépense des pavés qu'à la campagne, et non dans les villes. Enfin, le voyage de Messeigneurs les princes en Bourgogne ayant été déclaré, il fallut travailler promptement aux chemins de cette route. Les trésoriers de France m'ayant témoigné désirer d'être chargés du soin des chemins en cette occasion, marquant beaucoup de zèle à s'en bien acquitter, et moi ne pouvant remettre ces soins en de meilleures mains, ils avoient fait travailler sur la route du Bourbonnois; ils en firent de même sur celle de Bourgogne. La manière dont ils s'en acquittoient étoit de faire travailler le paysan et de faire payer par les privilégiés les frais qui sont indispensables en pareilles occasions. Quand ils furent à Villefranche, ils pressèrent la communauté d'accommoder la rue; la communauté les pressa de procurer quelques secours aux bourgeois. L'on convint que chaque particulier paveroit devant soi à ses dépens jusqu'à une certaine distance, et que le milieu de la rue seroit payé sur la contribution qu'on exigeoit des privilégiés et principaux habitants. Les trésoriers de France prenoient 500 ^{ll} sur cette contribution qui se faisoit à la campagne, et la communauté consentit qu'ils réglassent celle qui devoit être aussi supportée par les principaux et gens aisés de la ville. Les plus fortes taxes ne passent pas une pistole ou deux. Cela s'est exécuté fort unanimement, à la réserve de ceux qui ont signé la lettre qui donne lieu à cet éclaircissement, et qui sont gens d'un esprit indocile et brouillon.» — M. Bouchu, intendant en Dauphiné, envoie, le 12 juin, un mémoire justificatif sur les dépenses faites par le maire de Romans, à la même occasion.

---

262. *M. Lebret, intendant en Provence,*
au Contrôleur général.

13 et 18 Avril 1701.

Il le remercie d'avoir fait donner une intendance à son fils.

---

263. *M. Pinon, intendant à Alençon,*
au Contrôleur général.

14 Avril 1701.

On dit que le jeune Picard s'est tué en voulant s'évader du château de Chinon. Si le procès a été fait à sa mémoire, il serait bon d'envoyer dans les élections de Falaise, Argentan et Lisieux des exemplaires du jugement, pour prouver que ce criminel et son frère aîné sont réellement morts; sans quoi les témoins n'oseront déposer contre leurs complices, et le calme ne se rétablira point*.

* Le 2 juin, l'intendant donne réponse au sujet de deux prétendus complices des Picard, qui avaient été condamnés à la potence pour sacrilèges et autres crimes.

---

264. *M. d'Argenson, lieutenant général de police à Paris,*
au Contrôleur général.

20 Avril 1701.

«J'avois mis ce matin des personnes de confiance dans tous les marchés, avec ordre d'user d'industrie et d'y répandre quelque argent, s'il eût été nécessaire; mais il y a eu de la diminution partout, et le peuple a paru fort content. Le blé d'élite n'a point passé 16 ^{ll} 10 s., et le pain a baissé d'un denier par livre. Un peu de pluie et de chaud feroit des merveilles; mais nous ne pouvons, à cet égard, que souhaiter et prier. Vous serez exactement informé de toutes choses.»

265. *M. de Bâville, intendant en Languedoc,*
AU CONTRÔLEUR GÉNÉRAL.

26 Avril 1701.

Plans et devis pour la réparation et l'agrandissement de l'église cathédrale d'Alais*.

* Voir une lettre de l'évêque, à la date du 29 mai.

266. *Le sieur de la Lande-Magon, négociant à Saint-Malo,*
AU CONTRÔLEUR GÉNÉRAL.

1er Mai 1701.

«J'ai reçu, avec la lettre dont il a plu à Votre Grandeur m'honorer, le mémoire touchant la proposition d'établir un bureau dans cette ville pour y lever 15 sols de droits par chaque balle de toile, ce qui seroit très à charge au commerce et contre la liberté que vous voulez bien lui procurer, n'étant pas vrai qu'on paye 20 sols de courtage, comme il le suppose. Tous les marchands forains qui apportent à Saint-Malo des toiles de Combourg, Dinan, Rennes, Vitré, Fougères, Pertre, et d'ailleurs, les déchargent à la halle, et les y vendent sans la participation de personne; il n'y a donc que ceux de Quintin, Uzel, Loudéac et Pontivy, qui viennent avec des toiles propres pour l'Espagne et les Indes, qu'on appelle communément des *bretagnes*, qui, suivant l'ordonnance, les portent en arrivant au consulat, pour être visitées par un juge-consul et le commissaire des manufactures, pour voir si elles sont de la laize et de la qualité portées par les règlements, qui se servent des femmes qui s'y trouvent pour leur aider à dépaquer et repaquer leurs balles, les informent qui sont les négociants qui en veulent acheter, les conduisent dans les maisons, et souvent en plus de vingt, avant de parvenir à les vendre : après quoi, lesdits marchands leur donnent 10 à 15 sols par chaque balle, suivant les services qu'elles leur ont rendus, qui est une récompense volontaire. Et souvent ces marchands n'envoient que leurs voituriers, sous la conduite et bonne foi de ces femmes, dans lesquelles ils ont de la confiance, ce qui leur épargne beaucoup de voyages et frais qu'ils ne pourroient pas éviter sans leur secours. Elles sont d'ailleurs leurs commissionnaires pour leur écrire lorsqu'il y a des vaisseaux en charge pour Espagne, reçoivent leur argent, et leur rendent toutes sortes de services. Ainsi, j'espère que Votre Grandeur voudra bien avoir la bonté de rejeter la proposition de cet établissement, qui nous seroit très préjudiciable, et d'honorer le commerce de cette ville de votre protection, qui en a un très pressant besoin. J'ose vous supplier, Monseigneur, de me l'accorder en mon particulier*.»

* M. de Nointel se montrait également opposé à cette création. (Lettre du 20 avril.)

267. *M. d'Argenson, lieutenant général de police à Paris,*
AU CONTRÔLEUR GÉNÉRAL.

1er Mai et 17 Juin 1701.

Il rend compte de la location des places concédées aux vendeuses des halles et de diverses réclamations relatives au débit des denrées.

«On n'a jamais troublé les vendeurs de marée, non plus que les revenderesses et détailleresses de poisson de mer, dans l'usage de vendre leur marchandise les fêtes et dimanches. Il est vrai que le Roi a jugé à propos de renouveler depuis un mois les ordonnances qui concernent l'observation des jours saints; mais l'ordre de S. M. n'entre, à cet égard, dans aucun détail, et ne peut avoir son application aux marchés publics, où il est de la dernière importance que les denrées s'apportent à toute heure et se vendent sans aucune discontinuation ni exception de jours. . . . . »

268. LE CONTRÔLEUR GÉNÉRAL
à M. de Bâville, intendant en Languedoc.

7 Mai 1701.

«Depuis les lettres que j'ai reçues de vous et celles que je vous ai écrites sur la sortie des blés de Languedoc, les syndics m'ont fait faire de nouvelles instances, prétendant que, si on ne la permet que pour la Provence et la Catalogne seulement, cela n'en produira pas un débit aussi considérable qu'il conviendroit à la province de l'avoir, tant à cause de la grande quantité de vieux grains dont elle est surchargée, que parce qu'elle se voit heureusement sur le point de faire une récolte encore plus riche et plus abondante que la précédente. Si vous êtes du même sentiment, vous pouvez encore permettre la sortie des blés pour l'Espagne et pour l'Italie; je vous prie seulement, comme j'ai déjà fait, d'en être d'autant plus exact à vous faire rendre compte du prix des marchés, car c'est sur cela que vous devez vous régler pour vous rendre plus ou moins facile à accorder ces sortes de permissions.»

269. *M. d'Herbigny, intendant à Lyon,*
AU CONTRÔLEUR GÉNÉRAL.

10 Mai 1701.

Le consulat se proposant de protester contre la défense faite aux fermiers de la messagerie et diligence de voiturer des espèces de Paris à Lyon, il a expliqué que les transports pourraient néanmoins se faire moyennant permission, comme d'ailleurs l'exige l'intérêt du commerce des étoffes de Lyon*.

* Réponse en marge : «J'approuve la réponse au député et la manière de s'expliquer; c'est le véritable sens de mon ordre. Je suis fâché de voir depuis longtemps que la ville de Lyon, par les fraudes continuelles ou par un billonnage perpétuel et transport d'espèces, fait plus de tort à la police générale que tout le reste du royaume ensemble. Si l'argent que l'on a transporté de Paris à Lyon depuis le 1er janvier

avoit été mis dans le commerce, il ne seroit pas aussi rare qu'il l'est. L'on a voituré plus de trois millions en espèces. Je suis persuadé que la place n'en a pas été soulagée; mais tout cet argent est sorti pour les pays étrangers. Vous me ferez plaisir d'avertir le prévôt des marchands et le consulat que, s'ils ne contribuent de leur part à y apporter remède, ils trouveront de la mieme toute sorte de difficultés pour le transport des espèces.»

270. *M. de Nointel, intendant en Bretagne,*
au Contrôleur général.

11 Mai 1701.

Il rend compte des raisons qui ont déjà empêché de soumettre les sels du comté Nantais et des Marches communes de Poitou aux mêmes droits que ceux de Brouage, d'Ancenis et de Ré.

271. *M. de la Bourdonnaye, intendant à Bordeaux,*
au Contrôleur général.

14 Mai 1701.

Il envoie un projet d'aliénation du droit de corvée, en ajoutant que l'auteur, qui est juge d'Entre-deux-Mers, ne passe pas pour être bien sensé*.

* A cette lettre sont jointes celles de l'auteur de la proposition, avec ce projet de déclaration royale : «Sur ce qui nous a été représenté par les communautés de notre royaume que les seigneurs hauts-justiciers et les seigneurs fonciers, même les principaux des paroisses, exigeoient de nos sujets des droits de corvée sans aucun titre ni concession de nous-même, qui, se servant de notre autorité, en exigeoient de chacun de ceux qui sont sujets auxdites corvées plus de journées qu'ils n'en peuvent supporter par la rigueur du temps, et que ceux qui sont commis, lorsque nous les faisons mander, font marcher les uns plus souvent que les autres, et, par ce moyen, donnoient avec justice occasion à une juste plainte; pour éviter tous ces abus, voulant établir un ordre certain sur ce sujet, et voulant les soulager autant qu'il nous est possible, nous avons, par le présent édit, à jamais irrévocable, voulons et nous plaît qu'à l'avenir les personnes sujettes auxdites corvées ne donnent que deux journées par an à nous ou à ceux qui auront notre droit par titre ou concession, chacun de leur métier : pour raison de quoi il sera fait des rôles dans chaque paroisse de notre royaume et pays de notre obéissance, sans que pourtant on puisse exiger de nosdits sujets qu'ils payent en argent. A ces fins, défendons à toutes sortes de personnes, de quelle qualité et condition qu'ils soient, d'exiger de pas un de nosdits sujets aucun droit de corvée; lequel droit nous abrogeons, en cas où il y eût quelque endroit où il fût établi, à peine de concussion; nous réservant d'en pourvoir qui bon nous semblera. Mandons à nos commissaires départis d'y tenir la main. Car tel est notre plaisir.»

272. *M. de Nointel, intendant en Bretagne,*
au Contrôleur général.

18 Mai 1701.

«Les plaintes qu'on vous a faites du prix excessif que les habitants de la ville de Nantes demandent pour le loyer de leurs maisons pendant l'assemblée des États, sont véritables, et la chose est à un point qu'il paroît juste d'y apporter quelque ordre. Ce qui les met en état de vouloir faire la loi en cette occasion, est que le maréchal des logis des États ne marque point les logements à la craie dans la ville de Nantes, non plus que dans celle de Rennes, qui sont les deux seules villes de la province qui ont ce privilége-là, sans autre fondement pourtant que celui de l'usage. L'expédient que je puis vous proposer pour empêcher cet abus, est de m'envoyer un ordre du Roi pour régler moi-même le prix des logements en cas qu'il y survienne quelque contestation, et je le ferai exécuter de manière que les propriétaires des maisons et ceux qui en voudront louer seront contents. Je ne vous propose point d'abolir le privilége dans lequel ces deux villes se sont maintenues jusqu'ici, ne croyant pas qu'il soit nécessaire d'aller jusqu'à cette extrémité-là*.»

* Voir la lettre écrite le même jour par le premier président du Parlement, M. de la Faluère.

273. *M. Bignon, intendant à Amiens,*
au Contrôleur général.

24 Mai 1701.

«J'ai cru devoir vous informer d'une contestation que les pauvres habitants de Marck, gouvernement de Calais, ont contre les plus aisés de cette paroisse, au sujet des communes. Il y en a trois cents mesures destinées pour y mettre toute sorte de bestiaux, soit chevaux, poulains, vaches, sans distinction, et cent mesures, appelées *basse commune,* qui ont été affectées aux plus pauvres habitants du lieu. Ils ont joui paisiblement de cette faculté depuis un temps immémorial jusqu'en l'année 1688, que quelques particuliers des plus aisés envoyèrent leurs bestiaux dans la basse commune, quoiqu'elle ne soit affectée qu'aux habitants réputés pauvres : ce qui forma une contestation qui a été premièrement portée à la justice de Calais, ensuite à la Table de marbre de Paris, où il a été rendu plusieurs sentences, qui ne décident rien sur le fond, mais qui prononcent seulement des défenses de procéder ailleurs et une amende comminatoire, pour le payement de laquelle les habitants les plus aisés ont fait emprisonner un des plus pauvres, qui a été longtemps détenu. Ceux de cette espèce sont privés, depuis ces procédures, de faire pâturer dans la basse commune, qui, de tous temps, leur a été désignée; ils se sont pourvus devant moi, sans m'expliquer la litispendance de la Table de marbre, et, par une ordonnance que j'ai rendue en connoissance de cause, j'ai fait défense aux habitants les plus aisés de les troubler dans la possession où ils sont d'envoyer seuls leurs bestiaux dans la basse commune. Mais mon ordonnance n'a pu procurer la tranquillité entre ces habitants partagés. Comme les plus pauvres sont hors d'état de soutenir un procès dans une justice réglée, j'ai l'honneur de vous proposer le projet d'arrêt ci-joint : c'est l'expédient le plus convenable pour sortir sans frais les parties d'affaire*.»

* Par le projet, l'affaire est renvoyée à l'examen de l'intendant, pour être ensuite jugée au Conseil.

274. *M. de la Bourdonnaye, intendant à Bordeaux,*
au Contrôleur général.

28 Mai 1701.

Il justifie son subdélégué de Périgueux, qui a servi quatorze ans sous les ordres de M. de Bezons, et qui n'a jamais reçu ni argent ni présents. Ceux qui l'accusent voudraient faire passer la subdélégation aux mains du maire de la ville, qui, étant allié à la maison d'Hautefort, emploierait pour elle toute son autorité. D'ailleurs, il n'est pas d'avis qu'on donne la charge de lieutenant de police à ce subdélégué, non plus qu'à aucun de ses collègues.

275. *M. de Nointel, intendant en Bretagne,*
au Contrôleur général.

29 Mai 1701.

Projet de transformation en droits d'entrée sur les boissons de l'imposition de 12,000 ᵗᵗ qui se lève par capitation à Nantes, pour la subsistance de l'hôpital et des pauvres.

Tout le monde convient que la capitation est peu utile à l'hôpital et aussi onéreuse qu'odieuse, ne pouvant se faire avec justice et égalité; la seule difficulté au changement est que les maire et échevins voudraient faire exempter les bières et les cidres que boit le peuple, tandis que le fermier des octrois craint de perdre sur le vin et l'eau-de-vie, si on les charge trop. On peut rendre cette surcharge insensible en fixant le droit à 4 ᵗᵗ 10 s. sur le vin des crus étrangers, à 45 sols sur le vin du pays, à 25 sols sur le cidre et la bière, et en stipulant que les privilégiés seront soumis aux droits.

276. *M. Lebret, intendant en Provence,*
au Contrôleur général.

1ᵉʳ Juin 1701.

«J'ai examiné, avec MM. les procureurs du pays, la demande qui vous a été faite de leur part, d'ordonner par un arrêt du Conseil que tous les habitants de la province, exempts, privilégiés et autres, de quelque qualité qu'ils soient, sans aucune exception, seront assujettis à l'avenir aux impositions et fermes établies par les communautés de cette province sur les fruits et denrées qui se consomment dans leurs enceintes, et j'ai trouvé que cet arrêt, tel que ces messieurs le demandent, seroit avantageux aux affaires de ces communautés, et par conséquent à celles de S. M., et qu'il sera peut-être juste de le rendre dans la suite. Mais, comme les chevaliers de Malte, quelques officiers de judicatures, les ecclésiastiques et autres qui prétendent avoir des titres pour être exceptés de cette règle générale, ont intenté divers procès au Grand Conseil et dans les juridictions ordinaires pour en être exceptés, et qu'ils en ont peut-être des titres et raisons qu'il n'est pas facile de prévoir, à peine l'arrêt qu'on vous demande auroit-il été rendu, que vous recevriez des plaintes de tous ceux qui prétendroient qu'il leur feroit préjudice, et il me paroit bien plus convenable, et même des règles de la justice, que, sur la requête que MM. les procureurs du pays présenteront au Conseil, vous y évoquiez toutes ces instances portées mal à propos en diverses autres juridictions, et que vous ordonniez que j'entendrai les parties sur leurs prétentions respectives, et que, de leurs raisons, dires et contestations, je dresserai mon procès-verbal, pour, icelui envoyé et vu au Conseil, leur être pourvu ainsi qu'il appartiendra par raison.»

277. *M. Barentin, intendant en Flandre maritime,*
au Contrôleur général.

2 Juin 1701.

«Les Magistrats des chefs-collèges de mon département m'ayant représenté que les habitants des villages qui appartiennent à des seigneurs particuliers sont extrêmement vexés par les concussions des officiers de ces justices, qui seuls sont en droit d'examiner et d'arrêter les comptes des seigneuries, cela m'a donné lieu d'entrer dans l'examen de cette affaire, et j'ai trouvé qu'il y a des paroisses où les officiers, non contents d'exempter leurs propres terres des impositions, qui sont réelles en Flandre du côté de la mer, permettent aux collecteurs des tailles de lever plus qu'il n'est porté par les envois de S. M., et profitent de cet excédent, ou bien le consument en dépense de bouche, et qu'il y a des villages où, pendant la dernière guerre, les officiers et hofmans ont dépensé en un an, dans les cabarets, plus de 3,000 florins. Je serois entré dans d'autres détails également utiles au bien du service et au soulagement du peuple, si les officiers des seigneuries n'avoient refusé de me rapporter les comptes des villages, sous prétexte qu'ils en sont les seuls examinateurs. C'est un droit que je ne prétends pas leur disputer; mais, comme il est juste d'empêcher qu'ils n'en abusent, je prends la liberté de vous proposer de faire rendre un arrêt dont j'ai l'honneur de vous envoyer le projet. C'est le seul moyen de remédier aux abus qui se commettent dans la régie des villages, et il y a lieu de croire que les officiers des seigneuries seront plus attentifs à leur devoir quand S. M. aura fait un exemple de ceux qui se trouveront les plus coupables*.»

* Réponse en marge : «L'intention du Roi n'est point de faire préjudice aux droits des officiers des seigneuries; mais S. M., pour la conservation des biens de ses sujets et pour les mettre en état de payer les charges qu'ils portent, est bien aise d'être informée des frais qui se font dans les recouvrements. Vous leur direz de la part du Roi que son intention est qu'ils m'envoient des états de ce qui s'est levé depuis trois ans dans chaque paroisse de votre département, soit pour le payement des impositions qui se sont faites au nom de S. M., pour acquitter les charges dont ils sont tenus, ou pour les frais qui ont été faits. Vous me manderez en même temps les abus que vous y aurez remarqués, s'il y en a quelques-uns, et les remèdes que l'on y pourroit apporter. Je dois vous dire, à cette occasion, que les recouvrements se font dans le département de M. de Bagnols avec beaucoup plus d'ordre et de facilité, quoique les privilèges soient les mêmes. Il est important de savoir précisément les termes dans lesquels les 600,000 ᵗᵗ de subvention extraordinaire ou de capitation seront payées;

vous devez, autant que faire se pourra, vous conformer à la déclaration du Roi.»

278. *M. de Vaubourg, intendant à Rouen,*
au Contrôleur général.

7 Juin 1701.

«J'ai pris tout l'éclaircissement que j'ai pu, suivant vos ordres, touchant le commerce des cires à Rouen, tant avec Paris qu'avec l'étranger. Cinq particuliers marchands font tout le commerce des cires; ce sont les sieurs Louis Foranout, Pierre Périer, Philippe le Bailly, Guillaume Hubert et Louis Daubin. Ils ont des blanchisseries aux environs de la ville et tirent ordinairement leurs cires d'Angleterre, d'Allemagne et de la côte de Barbarie. Ils peuvent en faire venir, année commune, cent milliers. Ces cinq particuliers font certainement le commerce des cires pour leur compte et n'ont aucune société entre eux, ni avec les marchands de Paris. Il arrive néanmoins quelquefois, et seulement lorsqu'il se trouve quelque partie considérable de cire jaune à vendre, qu'ils se joignent ensemble pour l'acheter et pour ne point enchérir la marchandise en courant sur le marché l'un de l'autre. La cire venue des pays étrangers et blanchie aux environs se débite ou pour la ville et la province, ou pour la Picardie, la Champagne et la Bourgogne. Il en va peu à Paris, parce que les cires ne sont pas si belles que celles de Bretagne, du Maine et d'Anjou; cependant, les années dernières, les blanchisseries du Mans, d'Angers et des environs ayant manqué de cire de France, on est venu acheter de la cire étrangère à Rouen, et on l'a achetée cher. On assure que, non seulement en France, mais même en Angleterre, en Irlande, en Allemagne, en Pologne et sur la côte de Barbarie, les cires ont été rares depuis quelques années, soit que les temps et les saisons n'aient pas été favorables pour les mouches à miel et qu'il en soit mort beaucoup, soit par quelque autre raison qu'on ignore. Il est de fait que, depuis la paix, les cires étrangères ont augmenté tout d'un coup, sur les lieux, de 4 ou 5 sols par livre, et, dans la suite, au lieu de diminuer, il y a eu une seconde augmentation de 5 ou 6 sols : en sorte que ce qui coûtoit autrefois 22 ou 23 sols, en vaut à présent jusques à 32. Un marchand m'a dit qu'à l'occasion des deux jubilés, et particulièrement de celui de l'année sainte, il s'est fait une grande consommation de cire en Italie et en Espagne; elle a été tirée particulièrement de l'Allemagne et de la Pologne. C'est peut-être la cause de la seconde augmentation du prix*.»

* M. d'Argenson, lieutenant général de police à Paris, avait dénoncé une association formée entre des marchands ou des particuliers du Mans et de Paris pour accaparer les cires. Voir ses lettres et son mémoire des 28 mai et 4 juin, et une lettre de M. Daguesseau, procureur général au Parlement de Paris, à la date du 20 juin. M. d'Argenson disait : «Je sais qu'il est libre à des négociants d'employer toute leur industrie pour faire réussir leur négoce; mais j'ai peine à croire qu'il leur soit permis de s'assurer ainsi d'une marchandise nécessaire, de la mettre dans des magasins particuliers, et d'en suspendre le transport pour la vendre ensuite tout ce qu'il leur plait..... Il ne faut pas moins que toute votre autorité pour interrompre ce négoce et pour en découvrir les complices..... J'ose même vous supplier de vouloir bien accorder à nos marchands épiciers et au public même la continuation de l'honneur de votre protection pour abolir ce monopole, dont l'impunité pourroit donner lieu à d'autres sociétés ou à de semblables complots par rapport à des marchandises encore plus importantes.» Voir les rapports sur les causes de l'augmentation de prix envoyés par MM. de Nointel (Bretagne), Foucault (Caen), Pinon (Alençon) et de Bernage (Limoges), les 17, 22 et 27 juin, 2 août 1701.

279. *M. Sanson, intendant à Soissons,*
au Contrôleur général.

7 Juin 1701.

Il propose de confirmer par des lettres patentes gratuites l'établissement de l'hôpital fondé à la Fère, en 1677, sous les auspices du duc Mazarin.

280. *M. de Saint-Contest, intendant à Metz,*
au Contrôleur général.

7 Juin 1701.

Rapport sur la situation des nouvelles catholiques retenues dans la maison de la Propagation de la foi, à Metz, sur les ressources de cette maison et sur les frais d'entretien des personnes dont elle est chargée*.

* En marge : «On a été surpris, dans l'état qu'il a envoyé des filles qui sont dans cette maison depuis 1692 et 1693, (*sic*) on a dû, après les avoir instruites et affermies dans la religion catholique, les renvoyer, et ne les pas garder pendant un si grand nombre d'années, pour venir aujourd'hui demander au Roi le payement de leurs pensions et de leur entretien. Il faut donc répondre à M. l'Intendant, après lui avoir fait cette observation, deux choses : l'une, qu'on commence par renvoyer les filles qui paroissent bien converties et bien instruites, afin qu'elles se pourvoient comme elles aviseront, et qu'on en use de même à l'avenir, pour ne demeurer pas inutiles et à charge à la maison; l'autre, qu'il ne suffit pas de dire, comme fait M. l'Intendant, que la dépense extraordinaire de cette maison monte par an à 11,939^{lt}; mais il faut qu'il voie, avec les filles qui conduisent cette maison, ce qu'il leur doit être donné pour tout le passé, et, pour l'avenir, qu'il envoie de trois en trois mois, ou de six en six mois, les états des filles qui y seront et qui n'auront pas de quoi payer leurs pensions, et ce qu'il estimera devoir être donné pour cette dépense : sur quoi il doit apporter toute l'économie possible, et observer que les affaires du Roi ne permettent pas à S. M. de tirer du fonds du Trésor royal pour payer ces sortes de dépenses. Elles ne peuvent être prises que sur les biens des religionnaires, et ce qui s'en reçoit dans son département ne suffit pas à beaucoup près.»

281. *M. Robert, procureur du Roi au Châtelet de Paris,*
au Contrôleur général.

13 Juin 1701.

«Il s'est répandu depuis un jour ou deux, dans Paris, un bruit impertinent et ridicule que l'on enlevoit des enfants, et la populace, toujours disposée à croire ces sortes de nouveautés, non seulement en a été persuadée, mais s'est imaginé qu'on les égorgeoit, pour, de leur sang, en faire un bain pour une personne de grande considération; et cela est dit publiquement à tous les coins des rues. Sur cette opinion, un maître sculpteur et une de ses voisines, qui avoient trouvé un petit enfant de cinq ans devant leur porte, et le remenant à sa grand'mère, parce que ce petit enfant, lequel peut-être craignoit d'être châtié pour avoir quitté la maison de sa grand'mère, résistoit et ne vouloit pas les suivre, le peuple les a chargés de coups comme des enleveurs d'enfants, et le commissaire Dubois, pour les garantir de cette violence, a été obligé de les mettre en prison. Ces visions et ces mouvements de la fureur du peuple ne sont pas nouveaux; j'en ai vu arriver, depuis que je suis procureur du Roi, qui se portèrent à un tel excès, qu'en divers quartiers de Paris il y eut des femmes presque assommées de coups et prêtes à être jetées dans la rivière et dans des égouts, parce qu'on les accusoit d'être des preneuses d'enfants. Nous en fîmes informer contre des femmes et des filles qui excitoient ces mouvements et faisoient ces violences, et le procès fut fait à quatre ou cinq par M. de la Reynie, à ma requête.»

282. *M. de Miroménil, intendant à Tours, au Contrôleur général.*

13 Juin, 20 Juillet, 25 Août et 1er Octobre 1701.

Il rend compte de divers combats livrés aux faux-sauniers et des jugements rendus contre ceux qui ont été pris les armes à la main ou découverts par la suite.

283. *M. Phélypeaux, intendant à Paris, au Contrôleur général.*

17 Juin 1701.

Il se plaint que les grands chemins sont défoncés par les chargements trop lourds des rouliers, et demande un arrêt pour interdire d'atteler plus de quatre chevaux à leurs voitures; pareil règlement existe déjà en Normandie et ne gêne point le commerce*.

* En marge : «Différer.»

284. *M. d'Herbigny, intendant à Lyon, au Contrôleur général.*

19 Juin 1701.

«Le sieur Grozelier s'étoit plaint avec raison du logement des gens de guerre, parce que, dans le temps qu'on le lui donnoit, la noblesse lui étoit acquise; mais, à l'égard de la taille, il se plaint à tort, et voudroit, par subtilité, donner le change. La taille de chaque année est due et acquise au Roi du 1er octobre de l'année précédente, en sorte que l'état où une personne se trouve ce jour-là décide de son sort. Le sieur Grozelier a été cotisé d'office lors du département fait à la fin de l'année 1699 pour 1700. Il fit bien des tentatives pour l'éviter, sous prétexte des lettres de noblesse qu'il avoit prises au mois de septembre; mais je n'y eus point d'égard, parce que, jusqu'à l'enregistrement desdites lettres, elles sont comme non avenues, et le fils dudit sieur Grozelier a d'autant moins de raison de s'élever contre cette maxime, que, quand il me vint parler du dessein qu'avoit son père de prendre des lettres de noblesse et du désir qu'elles lui valussent dès l'année même l'exemption de la taille, je lui répondis que cela ne se pouvoit si les lettres n'étoient enregistrées avant le 1er octobre. Elles ne l'ont été qu'à la fin de décembre.»

285. *M. Bouchu, intendant en Dauphiné, au Contrôleur général.*

20 Juin 1701.

État des hameaux de l'intendance qui portent une taille séparée et distincte de celle de leur paroisse.

286. *M. le Camus, lieutenant civil à Paris, au Contrôleur général.*

20 Juin 1701.

Mémoire et projet d'arrêt pour la liquidation de la banqueroute des sieurs de la Touanne et Sauvion et le remboursement de leurs billets*.

* Le 18 juin, M. de Harlay, premier président du Parlement, envoie également un mémoire sur la question juridique, et il ajoute : «Il paroîtroit bien important de former promptement la plus grosse somme d'argent qu'il seroit possible, et de la distribuer en même temps aux créanciers dans l'ordre que l'on estimeroit le plus juste, pour les rassurer et remettre autant que l'on pourroit la confiance entre ceux qui se mêlent de cette sorte de commerce, qui est devenu si important.» Voir aussi : le mémoire envoyé par le sieur le Gras, le 11 juin, sur lequel M. le Camus et M. de Harlay avaient été consultés; une lettre de M. d'Argenson, du 20 juin, au sujet du visa des billets, et une estimation de la maison que la Touanne avoit fait élever à Saint-Maur, à la date du 7 novembre.

287. *M. Lebret, intendant en Provence, au Contrôleur général.*

20 Juin 1701.

«J'ai reçu la lettre que vous m'avez fait l'honneur de m'écrire le 12 de ce mois. Ce qui est porté par le premier article du mémoire qui y étoit joint, n'a pas dû vous être nouveau, puisque j'ai pris la liberté de vous mander par deux des miennes, l'une du 21 avril dernier, en vous envoyant celle du sieur Bruny, négociant de Marseille, et l'extrait d'une autre écrite de Londres le 30 du mois de mars, et l'autre du 18 mai suivant, que l'or et l'argent monnoyé sortoient du royaume parce que ceux qui les faisoient passer dans les pays étrangers y trouvoient un profit considérable; qu'en effet la disette d'espèces n'avoit jamais été si grande à Marseille, et que, comme on m'assuroit qu'elle étoit presque égale à Paris et à Lyon, je craignois extrêmement que, plusieurs de nos marchands ne trouvant plus à débiter leurs marchandises dont les magasins étoient pleins, ils ne fussent forcés à faire faillite, et que je ne savois point de meilleur remède à ce mal que celui de remettre les louis d'or à 14 ll et les écus à 3 ᵗᵗ 12 s. Et vous vous souviendrez sans doute que vous me fîtes l'honneur de m'apprendre en réponse que le calcul du sieur Bruny et de son correspondant à Londres n'étoit pas juste, et que, suivant les avis certains que vous aviez d'Angleterre et de Hollande, et qui étoient un peu détaillés dans cette lettre, la valeur de nos espèces s'y régloit sur le pied du change et du commerce avec la France. Après quoi j'avoue que, ne sachant plus que faire ni que vous mander à cet égard, je suis demeuré dans le silence; mais, soit que nos espèces aient passé dans les pays étrangers, comme j'ai eu l'honneur de vous le mander et comme ce dernier mémoire le porte, ou que ceux qui les ont en leur possession aient eu des raisons pour le[s] resserrer, je ne sais point d'autre moyen de les faire rentrer dans le commerce que celui de remettre les louis d'or à 14 ᵗᵗ et les écus blancs à 3 ᵗᵗ 12 s. Il y a même des négociants à Marseille qui assurent que les Anglois, Hollandois et Italiens n'ont modéré, vers le commencement du mois de mai dernier, à 8 p. o/o près de la valeur de nos espèces leur change, qui étoit auparavant à 18, que dans la crainte où ils sont qu'on n'augmente de nouveau nos espèces et pour faire croire qu'ils régleront à l'avenir leur change à la valeur que nous leur donnerons; et ces négociants ajoutent que, la flotte devant arriver bientôt chargée d'une très grande quantité de piastres et de barres, la plus grande partie de cet argent passera assurément à Londres et à Amsterdam, s'il n'y a point ici d'augmentation sur les espèces. Ce que je dois vous dire à ce sujet est qu'encore que je n'aie pas fait un long séjour à Lyon, j'y ai appris des principaux et plus intelligents négociants, pendant que j'y ai été intendant, que rien n'est si difficile que de savoir, par rapport au bien général du commerce et de l'État, s'il est expédient d'augmenter ou de diminuer la valeur des espèces; et j'ai été plusieurs fois surpris de la facilité avec laquelle on s'est porté, depuis plus de dix ans, à cette augmentation et diminution, en sorte qu'il s'est passé souvent des années entières sans que la valeur de l'or et de l'argent monnoyé ait été deux mois sur le même pied. Je sais que cette conduite est quelquefois d'une ressource agréable dans les pressants besoins de l'État; mais je suis persuadé que des coups de cette qualité se doivent faire brusquement, et que ces longues et lentes augmentations ou diminutions portent un grand préjudice au commerce de nos négociants, en laissant à ceux des pays étrangers le temps de méditer et de profiter considérablement de toutes ces variations.

« A l'égard des marchandises dont le commerce de Marseille commence à être suffoqué, vous connoissez vous-même que l'expédient que vous me proposez, d'engager ceux auxquels elles appartiennent à les envoyer et donner à perte à l'étranger, n'est pas praticable; et, s'il ne l'est pas à Lyon, ni dans les autres villes de commerce où les négociants sont moins vifs et entêtés, il l'est encore moins à Marseille, où il n'y a aucune docilité; et le seul moyen qui reste pour procurer le débit de tant de marchandises, est d'empêcher qu'il n'en vienne de Levant, pendant sept ou huit mois, qu'en très petite quantité : ce que je pourrai faire avec facilité et sans inconvénient dès qu'on l'aura jugé à propos, en retardant de six semaines ou deux mois le départ de chacun des vaisseaux ou barques qui seront en tour pour quelqu'une des Échelles de Levant..... »

---

288. *M. d'Albaret, intendant en Roussillon,*
au Contrôleur général.

22 Juin et 7 Août 1701.

Il rend compte du saunage des étangs de Villeneuve-des-Aspres et de Saint-Nazaire, près Canet, et des mesures prises contre toute tentative des faux-sauniers.

---

289. *M. Guyet, intendant en Béarn,*
au Contrôleur général.

28 Juin 1701.

Il appuie une demande de permission d'exploiter les mines de fer découvertes dans les montagnes de Vergout appartenant à diverses communautés de la vallée d'Aspe*.

* Voir, à la date du 13 décembre suivant, un placet de la dame des terres de Béon et d'Aste, demandant l'autorisation d'ouvrir et d'exploiter des mines en dehors du territoire qui lui avait été attribué par arrêt du 16 février 1698. — Voir aussi, aux 7 juin et 12 octobre 1704, deux lettres de M. Lebret et de M. Méliand, successeurs de M. Guyet, et, au 28 octobre de la même année, un placet sur la découverte de diverses mines dans la vallée d'Aspe ou ailleurs, et sur des essais de minerai de plomb antimonié.

---

290. *M. de Bernage, intendant à Limoges,*
au Contrôleur général.

2 Juillet 1701.

« Il y a quelque temps qu'ayant donné avis au Roi de la mauvaise conduite des nouveaux convertis de la ville de la Rochefoucauld et désigné le sieur Pasquet et le sieur Villemandy, son gendre, comme ceux qui avoient le plus de part à leur opiniâtreté, S. M. m'envoya ses ordres pour faire mettre le premier dans la prison que je choisirois et pour exiler le dernier à Limoges. L'exécution de ces ordres a eu un si heureux succès, qu'en peu de temps, le sieur Pasquet s'étant converti dans le château d'Angoulême, et le sieur de Villemandy à Limoges, ils furent renvoyés chez eux, où leur exemple a procuré un très grand nombre de conversions, et j'ai tout lieu d'espérer encore un meilleur effet de leur persévérance. Comme je crois qu'on ne peut rien faire de plus utile pour le progrès de la religion que de donner des marques de satisfaction à ceux qui tiennent une pareille conduite, et que c'est un des points de nos instructions, j'ai offert au sieur Pasquet et à sa fille les services qui dépendroient de moi pour leur procurer quelque grâce de S. M. Il m'a paru souhaiter avec passion d'être anobli, ne demandant point cet avantage purement gratis, mais qu'il plût à S. M. de remettre en sa faveur une partie considérable de la finance qu'il a fixée pour les lettres de noblesse, dont il en reste encore quelques-unes à vendre dans cette généralité. Je vous supplie de me marquer s'il y a lieu d'espérer cette grâce, qui me paroît d'autant plus aisée à lui accorder, que, d'un côté,

S. M. n'aura rien à débourser, et que, d'un autre, le sieur Pasquet n'en est pas indigne. Il est de bonne famille, proche parent de M. de Gourville, dont le mérite porte recommandation. Il a été longtemps intendant de M. le duc de la Rochefoucauld pour les affaires des terres qu'il a dans ce pays; il s'en est acquitté à sa satisfaction, et n'a cessé d'avoir cet emploi qu'à cause de la religion. Il a été conseiller de feu Monsieur le Prince et en a conservé les privilèges, comme tous les autres officiers de ce prince, par un arrêt du Conseil donné en leur faveur; aussi il jouit actuellement de l'exemption des tailles, et le lieu ne sera point foulé par le rejet de son taux. Il a enfin toujours vécu très honorablement et en fort honnête homme, à sa religion près. Il est certain que cette marque de distinction en sa faveur feroit un effet excellent pour le progrès de la religion catholique*.»

* On réduisit de moitié, c'est-à-dire à 3,000 ᴴ, la finance due pour cet anoblissement. (Lettres des 9 août et 28 novembre.)

291. *M. d'Ableiges, intendant à Poitiers,*
au Contrôleur général.

4 Juillet 1701.

Il rend compte de l'état des récoltes dans chaque élection, et demande des ménagements sur la taille.

292. *M. Bégon, intendant à la Rochelle,*
au Contrôleur général.

7 Juillet et 6 Août 1701.

Rapports sur un contestation pendante entre les commis de la traite de Charente et les fournisseurs et munitionnaires de l'arsenal de Rochefort. L'intendant insiste pour que ceux-ci jouissent des mêmes privilèges que les habitants ou les étrangers, sans quoi il serait impossible à la compagnie des vivres de soutenir son traité.

«Mon avis est principalement fondé sur la nécessité qu'il y a de conserver aux habitants de Rochefort les privilèges qu'il a plu au Roi de leur accorder : sans quoi il est certain que cette ville, qui est un des plus importants établissements que le Roi ait faits pendant son glorieux règne, sera dépeuplée dans peu d'années, étant obligé de vous informer que, depuis trois ans, les principaux négociants se sont retirés à la Rochelle, à Saint-Jean-d'Angely, à Tonnay-Charente et ailleurs, ne voulant plus entrer dans les fournitures qu'ils font pour l'arsenal du Roi, dont le prix sera très considérablement augmenté, s'il faut que les marchands payent des droits qu'ils ne payeroient pas s'ils faisoient venir ces mêmes marchandises pour leur compte particulier ou pour les vendre à tout autre qu'au Roi. C'est une distinction qui ne s'est jamais faite, et qui ne se fait point encore dans aucun port du royaume*.....»

* L'affaire ne fut terminée que le 10 avril 1703, à l'avantage des fermiers, et en faisant faire un nouveau tarif du droit de Charente.

293. *M. de Bâville, intendant en Languedoc,*
au Contrôleur général.

8 Juillet 1701.

Condamnation de plusieurs employés ou receveurs du bureau des fermes de Cette, accusés de prévarications et autres délits dans le recouvrement des droits sur les eaux-de-vie.

294. *M. Foucault, intendant à Caen,*
au Contrôleur général.

14 Juillet 1701.

Il demande pour l'hôpital général d'Avranches, qui renferme plus de soixante pauvres, un secours qui permette d'acheter des métiers et des laines et d'établir une manufacture, en attendant que la charité publique donne les moyens de compléter cette organisation.

295. *M. Daguesseau, conseiller au Conseil royal,*
au Contrôleur général.
(Intendance de Languedoc.)

21 Juillet 1701.

Observations sur l'article du cahier des États de Languedoc relatif à l'adjudication des terres abandonnées et au règlement de leur contribution à la taille.

«On finira par cette observation générale que, quoique tout ce qu'on demande par cet article 16 paroisse bon, néanmoins cette matière peut mériter beaucoup de réflexions. A mesure que le nombre des biens abandonnés se multiplie, les précautions et les remèdes deviennent nécessaires. C'est pour cela qu'à la déclaration de 1684 il a fallu ajouter celle de 1690, et cette dernière a besoin présentement d'une addition. Il semble, d'un côté, qu'il est dur d'appesantir la main sur un malheureux et de commencer par le priver de la propriété de son bien parce que la nécessité le met hors d'état de le faire valoir. Il est vrai qu'il y peut rentrer en remboursant; mais la déclaration de 1690, en l'article 5, a rendu ce remboursement si onéreux, qu'il est devenu presque impossible pour les héritages qui ont été longtemps abandonnés. N'y a-t-il pas quelque équité à lui donner du temps, un, deux ou trois ans, pour tâcher de remettre son héritage en culture, avant que de l'adjuger à un étranger, et n'est-ce pas user d'une trop grande rigueur que de disposer de cet héritage dans l'année qui suit immédiatement celle en laquelle il a été laissé inculte? D'un autre côté, on peut dire que cette rigueur n'est qu'apparente et que, dans le fond, elle est favorable à l'ancien propriétaire, car, en laissant l'héritage en friche pendant plusieurs années, les dépenses du défrichement deviennent plus grandes, les arrérages des tailles s'accumulent, et l'ancien propriétaire, ne pouvant y rentrer, suivant la déclaration de 1690, qu'en remboursant ces dépenses et ces arrérages, est presque toujours hors d'état de le faire; au lieu qu'une prompte adjudication, épargnant ces dépenses, facilite aux anciens propriétaires les moyens de recouvrer leurs possessions à moins de frais. Cette dernière considération paroît bien forte, et elle détermineroit, s'il falloit prendre son parti présentement; mais, comme il n'y a point eu de délibération prise dans les derniers États sur cette matière, qui est importante et peut avoir de grandes suites, le plus sûr est de renvoyer cet article à M. de Bâville, afin qu'il concerte avec la province assemblée aux prochains États ce qui sera le plus convenable au soulagement des peuples et à la sûreté des impositions, tant pour ce qui regarde la proposition en elle-même et la jurisprudence qui doit être établie pour l'avenir, que pour ce qui concerne les reprises des biens abandonnés par le passé dans les comptes des collecteurs forcés.»

296. *M. Ferrand, intendant en Bourgogne, à M. Rouillé, directeur des finances.*

23 Juillet 1701.

«M. de Chamillart a donné des ordres très précis de prendre garde à la conduite des employés dans les fermes du Roi; c'est pour y satisfaire que je me sens obligé de vous informer de celle qu'a tenue le sieur Lefèvre, brigadier des fermes du Roi au poste de Divonne, pays de Gex, près Genève. Le sieur de la Forêt, gentilhomme demeurant à Grilly, pays de Gex, revenant de voir des prés qui lui appartiennent, sur la fin du mois d'avril dernier, environ les cinq heures du soir, entendit tirer deux coups de fusil, et vit que les gardes-sel avoient saisi un homme. Ces gardes se saisirent en même temps du sieur de la Forêt, prétendant savoir de ce faux-saunier que le sel dont il avoit été trouvé saisi étoit pour ce gentilhomme. Le sieur de la Forêt fut conduit, les mains derrière le dos, par les marais qui étoient pleins d'eau, à Divonne, éloigné d'une lieue, et logé dans la maison du sieur Lefèvre, brigadier, où il fut attaché à un pilier de lit, les mains derrière le dos, sans lui vouloir permettre de changer de linge ni d'habit, quoiqu'il fût tout mouillé. Le lendemain, le sieur de la Forêt envoya prendre son cheval à Grilly, sur lequel les gardes-sel l'amenèrent dans les prisons de Belley, où il a été renvoyé de l'accusation avec dépens, dommages et intérêts.

«Il est juste que les employés dans les fermes du Roi soient soutenus dans leurs fonctions; mais je ne crois pas que vous souffriez de pareilles violences, qui font crier toute la noblesse. Ce n'est pas la première plainte qui ait été faite contre ce brigadier, qui est très violent; il seroit bien à propos, pour servir d'exemple aux autres, qu'il fût cassé ou révoqué*.

«Le sieur du Chalier, contrôleur au bureau des traites foraines établi à Versoix, pays de Gex, n'est pas plus sage. Cet officier passe pour un blasphémateur et un impie : il a toujours méprisé les avis que le curé de Versoix lui a donnés; il l'a interrompu en faisant le prône, et a obligé plusieurs fois ce curé à lui dire de se taire et de se tenir avec révérence dans l'église, où il faisoit des postures indécentes, ou d'en sortir. Le sieur du Chalier ayant mal parlé du curé de Versoix, et le curé en ayant été averti, il demanda au sieur du Chalier, dans la rue de Versoix, pourquoi il parloit mal de lui à Genève. Le sieur du Chalier lui dit qu'il en avoit menti, ce qu'il accompagna de plusieurs injures pleines d'ordures; il porta le poing sur le visage du curé, lui arracha son collet, et lui donna un coup de pierre à la tête. Le curé en a fait informer par le lieutenant criminel au bailliage de Gex, et, sur l'information, il y a eu décret de prise de corps contre le sieur du Chalier; mais personne n'est en état de le mettre en exécution : il n'y a que votre autorité qui y puisse pourvoir. Un pareil sujet devroit être chassé des fermes du Roi.....»

* Par une autre lettre du 3 septembre, où l'intendant discute le procès-verbal de la ferme et insiste sur la nécessité de remédier aux abus, il paraît que M. de la Forêt s'était tiré d'affaire en payant 300 ou 400 ᵗᵗ, et qu'il n'avait point osé entamer une procédure contre la ferme, quoique le fait de violences fût d'ailleurs bien prouvé.

297. *M. Pinon, intendant à Alençon, au Contrôleur général.*

26 Juillet 1701.

État des localités où le droit de marque des chapeaux est perçu, et du produit qu'il donne par régie ou par abonnement.

298. *M. le maréchal d'Estrées, commandant en Bretagne, au Contrôleur général.*

31 Juillet et 6 Août 1701.

Session des États; vote par acclamation du Don gratuit de 3,000,000 ᵗᵗ et de la capitation, à raison, pour celle-ci, de 2,000,000 ᵗᵗ par an et le sol pour livre. Demande d'indemnité pour les commissaires qui ont fait la répartition du droit d'échange sur les gentilshommes possédant fiefs.

299. *M. Bouchu, intendant en Dauphiné, au Contrôleur général.*

9 Août 1701.

Il demande des ordres et des fonds pour faire achever le travail de la réformation des eaux et forêts*.

«J'ai reçu la lettre du 29 juillet que vous m'avez fait l'honneur de m'écrire, avec le mémoire des députés au Conseil de commerce sur les forêts à rétablir dans le royaume. C'est avec grande raison qu'on s'alarme de la cherté des bois et qu'on craint une ruine entière des forêts; il n'y a point de province où il y en eût une plus grande quantité qu'en Dauphiné, ni desquelles on eût pu tirer plus d'utilité, soit pour la mâture, soit pour la construction. Cependant le désordre qu'on remarque dans les autres provinces a encore été poussé plus loin en celle-ci, et la consommation que peuvent causer ailleurs les raffineries de sucre et les chaufferies à eaux-de-vie, n'égale point celle des forges de Dauphiné et des manufactures d'acier, d'ancres, de lames d'épées et de toute autre espèce. Le mal a fait d'autant plus de progrès, qu'avant l'année 1699, l'ordonnance des eaux et forêts n'y a été connue que par l'enregistrement, sans qu'elle y ait été en rien exécutée; c'est ce qui fit prendre la résolution à S. M., au mois de mai 1699, d'ordonner la réformation des eaux et forêts de Dauphiné et de former une commission à cet effet. La visite de toutes les forêts des élections de Gap, de Grenoble et de Romans a déjà été faite, et, dans la continuation de ce travail, je ferai toutes les observations nécessaires sur les expédients proposés par le mémoire qui m'a été envoyé, et sur ceux auxquels la situation du pays peut donner lieu, dont j'aurai l'honneur de vous informer..... »

* Sur ce travail et sur celui de la revision des feux (il restait encore quatre-vingt-cinq communautés à cadastrer), voir une autre lettre du 21 janvier 1703.

---

300. *M. de Harouys, intendant en Franche-Comté,*
au Contrôleur général.

12 Août 1701.

Mémoire justificatif sur la redevance de 3 # que les officiers de l'archevêché de Besançon se font payer annuellement par chaque paroisse du ressort : 1° pour le droit de l'honneur dû au siège épiscopal, ou droit *cathédratique;* 2° pour le droit de visite ou de *procuration* des archidiacres chargés de surveiller la tenue des registres paroissiaux; 3° pour le renouvellement des saintes huiles que distribuent les doyens ruraux*.

* Voir, à la date du 31 mai précédent, un mémoire de M. Boisot, procureur général au Parlement.

---

301. *Le Contrôleur général*
à M. de Bernage, intendant à Limoges.

13 Août 1701.

Les visiteurs envoyés par les fermiers généraux ont trouvé chez plusieurs marchands des poudres qu'ils prétendent fabriquées en fraude. Si la comparaison de ces poudres avec les produits des moulins de Saint-Jean-d'Angely et de Bordeaux ne suffit pas pour décider la question, il faudra déférer le serment à ceux des marchands ou des sous-fermiers qui offriront les meilleures garanties de bonne foi, et, dans le cas où la fraude serait prouvée, l'intendant devrait envoyer son avis sur les moyens d'en prévenir le retour*.

* M. de Bernage envoie le même jour un rapport sur les saisies et sur les difficultés que présente la procédure.

---

302. *M. de Bernage, intendant à Limoges,*
au Contrôleur général.

13 Août 1701.

Avis sur la répartition des tailles de l'année 1702 et rapport sur la récolte.

---

303. *M. de Pomereu, intendant en Champagne,*
au Contrôleur général.

14 Août 1701.

Il rend compte des violences exercées par les femmes et les enfants du bourg de Givonne contre le sous-brigadier de la ferme du tabac, et explique que les habitants de ce bourg croyaient que les privilèges de la principauté de Sedan, dont Givonne dépend, avaient été maintenus même pour les nouveaux droits.

«Dans tout ce qui s'est passé à cette occasion, on ne peut excuser ces habitants de leur révolte, et les principaux d'entre eux de l'avoir soufferte sans y remédier. Les commis des fermiers généraux ont aussi, de leur part, eu grand tort d'avoir abandonné ce bureau pendant quatre mois sans nécessité, après les assurances qui leur ont été données par le lieutenant de Roi de Sedan qu'ils y pouvoient retourner; mais ils sont encore plus blâmables de ne m'avoir jamais fait part de cette affaire, à laquelle j'aurois donné ordre aussitôt, et dont je n'ai eu aucune connoissance que par la lettre que vous avez eu agréable de m'écrire. Ils mériteroient qu'on retînt sur leurs appointements le dommage que la ferme peut en avoir souffert. Cependant, comme il est de conséquence de ne point dissimuler le mécontentement qu'on doit avoir de la conduite des habitants de Givonne en cette rencontre, et qu'il est bon de leur en faire ressentir quelque peine, pour que cet exemple les contienne dans le devoir à l'avenir et puisse servir aux autres, je croirois qu'il seroit à propos de les condamner en une amende de 150 # envers le Roi et en 250 # de dommages et intérêts à l'égard du fermier : ce qui suffira pour punir ce village, lequel est petit, composé seulement de vingt-cinq ou trente feux, et peu accommodé; mais il me paroît qu'il y auroit assez de justice que, de cette somme, il en fût donné 50 # à Aubriot, sous-brigadier, qui a essuyé la honte d'être chassé de son poste, contraint de céder à la force.»

---

304. *M. Bouchu, intendant en Dauphiné,*
au Contrôleur général.

19 Août 1701.

«Les baux des étapes de cette province se sont passés par MM. les intendants jusqu'en l'année 1695, ce qu'ils faisoient assez à temps pour que les adjudicataires pussent passer des sous-baux, et les sous-étapiers se pourvoir des denrées nécessaires avant qu'ils fussent obligés de commencer leur fourniture; mais, la cour ayant voulu que ces baux se soient depuis passés au Conseil, il est arrivé que, les adjudications n'en ayant été faites que dans les derniers jours de l'année qui précède celle de la fourniture, on a été obligé d'accorder aux étapiers des ordonnances pareilles à celle dont l'imprimé est ci-joint, pour obliger les sous-étapiers de l'année précédente de faire la fourniture pendant les premiers mois de chaque année, de laquelle le payement leur devoit être fait sur le pied du bail qui seroit passé dans le lieu même, ou de celui de l'étape la plus prochaine : ce qui a fait un peu murmurer lesdits sous-étapiers de l'année précédente, toutes les fois que le prix des rations de l'année courante s'est trouvé moins fort que celui porté par leur marché. Mais les étapiers généraux, qui avoient des prix raisonnables, assoupissoient ces plaintes : de manière que je n'avois été réduit par le passé à rendre aucune ordonnance pour les porter à faire justice auxdits sous-étapiers. Mais, les sous-étapiers de l'année 1700 ayant été obligés de fournir pendant les mois de janvier, février et mars de l'année présente, et étant arrivé que non seulement le prix des rations est moins fort cette année que la précédente, mais que les denrées ont fort enchéri par le grand passage des troupes qu'il y a eu, lesdits sous-étapiers de 1700 ne veulent pas absolument se contenter du prix auquel les sous-baux des étapes ont été passés pour l'année présente, et les étapiers généraux refusent de leur faire aucune raison sur cet excédent, disant que le bas prix de leur adjudication leur en ôte entièrement le moyen : ce qui m'oblige de vous supplier de vouloir bien me faire savoir la conduite que je dois tenir pour faire cesser les plaintes desdits sous-étapiers de l'année dernière, lesquels ont beaucoup perdu, soit par l'obligation dans laquelle ils ont été de consumer les fourrages et denrées qui leur restoient, qu'ils auroient pu vendre avantageusement, soit par la nécessité dans laquelle ils ont été de s'approvisionner d'autres fourrages pour soutenir le service pendant lesdits mois de janvier, février et mars, lequel seroit assurément tombé sans eux. Cet embarras n'est pas médiocre, car, si on leur refuse justice, il n'est pas praticable d'obliger à l'avenir les sous-étapiers de l'année précédente de fournir jusqu'à ce que les nouveaux étapiers se soient approvisionnés; et, si on leur fait justice, cela tirera à de grandes conséquences, pour le dédommagement que ne manqueront pas de prétendre à leur exemple les sous-étapiers de cette année, dont une partie se sont déjà pourvus à cet effet*.»

* Réponse en marge : «Leur faire payer sur le pied du prix entier que le Roi donne à l'étapier général, et cela jusqu'au jour que les marchés faits avec les sous-étapiers de cette année ont dû avoir leur exécution.» — Voir une lettre du 12 février 1704, sur le remboursement des fonds fournis pour le payement des fourrages aux régiments cantonnés dans la province.

305. *M. de Pomereu, intendant en Champagne,*

au Contrôleur général.

24 Août 1701.

«J'ai reçu, avec la lettre que vous m'avez fait l'honneur de m'écrire, le placet du sieur Vaillant, par lequel il demande qu'il plaise au Roi lui permettre d'acquérir une terre en fief située dans la coutume de Vitry, aux termes de laquelle il dit que toute personne qui n'est pas noble doit, suivant l'article 46, obtenir un congé de S. M. pour la tenir et posséder. Je puis, sur cela, vous assurer que cet avocat se trompe sur la disposition de cette coutume, qui, parlant dans l'article 46 d'une noblesse coutumière, n'entend qu'une franchise ou une ingénuité de naissance, et qu'elle attribue aussi à une certaine sorte de personnes qui, étant nées libres et exemptes de toutes servitudes et prestations personnelles envers leurs seigneurs, sont qualifiées nobles personnes, quoique roturières, sujettes à la taille et aux autres charges publiques, pour les distinguer des serfs manumis ou affranchis. Quand cette coutume parle de noblesse, ce n'est pas toujours de celle des gentilshommes, et particulièrement dans cet article 46 duquel il s'agit, qui, sous le nom de *noble personne*, entend parler de cette noblesse de franchise opposée à la servitude, pour exclure seulement les personnes serves de l'acquisition des terres de fief sans congé du Roi. Mais, l'établissement du droit des francs-fiefs, qui a donné un droit général à tous les roturiers d'acquérir des fiefs, étant beaucoup plus ancien que la coutume de Vitry, il n'est pas à présumer que ceux qui l'ont réduite aient prétendu priver les sujets du Roi d'un droit qui leur étoit accordé par S. M., ou les assujettir à demander des permissions particulières, qui leur auroient été fort inutiles, au moyen du droit général dont ils jouissoient depuis longtemps. C'est aussi une chose certaine, publique et notoire que, dans la coutume de Vitry, ceux qui ne sont point gentilshommes peuvent librement acquérir et posséder des terres de fief sans en avoir obtenu la permission du Roi, et sans qu'au défaut de cette permission, les officiers de S. M. ni les seigneurs féodaux puissent obliger les acquéreurs d'en vider leurs mains, sauf le droit des francs-fiefs, qui se paye quand il plaît au Roi de le demander. Ainsi, le sieur Vaillant n'a nullement besoin de la dispense qu'il demande pour l'acquisition d'un fief; je vous renvoie son placet, avec sa lettre qui l'accompagnoit et que vous m'aviez adressée.»

306. *M. d'Huxelles, gouverneur d'Alsace,*

au Contrôleur général.

26 Août 1701.

«Quand j'ai pris la liberté de vous représenter les intérêts de Strasbourg et de l'Alsace, je ne l'ai fait que parce que j'ai cru qu'il étoit du service du Roi de ménager cette province, et j'en ai encore connu la conséquence par les ouvrages qu'on a faits le long du Rhin, auquel il faudra retravailler l'hiver prochain, et par la diligence avec laquelle on a transporté des munitions de guerre et de bouche au Neuf-Brisach, où il travaille actuellement onze cents paysans de la province. Mais, pour vous montrer que je n'y prends d'intérêt qu'autant que j'y crois de la raison, c'est que, nonobstant qu'il y ait eu plusieurs endroits de grêlés en ce pays-ci, je croirois que vous pourriez lui demander l'année prochaine 300,000# pour la subvention et 600,000# pour la capitation, s'il n'y arrive point d'accident imprévu et que vous ne lui fassiez pas payer les fourrages. Ce que j'en retire en sera un peu plus mal payé; mais je ne regarderai jamais à mon intérêt lorsqu'il sera question de faire quelque chose qui pourra vous plaire.

«Il est vrai qu'il y a eu un peu de froideur entre M. de la Houssaye et moi; je ferai de mon mieux, et même toutes les avances, pour qu'à l'avenir nous vivions ensemble, non seulement en bonne intelligence, mais même cordialement, et, si je suis assez malheureux pour ne pouvoir pas y réussir, je ne vous en manderai pourtant rien, car vous avez d'autres choses à faire que d'entendre de pareilles discussions; mais je remettrai à vous en parler lorsque j'aurai l'honneur de vous voir, pour savoir votre volonté et l'exécuter ensuite.»

307. *M. le Gendre, intendant à Montauban,*
à M. Rouillé du Coudray.

31 Août 1701.

«J'ai reçu la lettre que vous m'avez fait l'honneur de m'écrire le 29 juillet, avec le mémoire présenté au Conseil de commerce sur les bois et forêts à rétablir en France. Je l'ai lue avec d'autant plus d'attention que le bois devient très rare dans cette province. Le prix en est augmenté d'un tiers depuis dix ans : les futailles, qui coûtoient 40 sols, valent présentement 6 #, l'on ne trouve plus de bois de charpente pour bâtir, et le mal augmentera tous les jours, si l'on ne trouve moyen d'y remédier. Avant que de vous faire part des vues que j'ai là-dessus, trouvez bon que je prenne une connoissance plus particulière dans ma tournée et que je consulte tous ceux qui peuvent m'aider de leurs lumières; j'ai écrit pour cela de tous côtés. Je puis, par avance, avoir l'honneur de vous dire que le mal n'est pas sans remède à l'égard de Montauban et des environs : le bois peut y devenir très commun et à bon marché, en rendant la rivière d'Aveyron, pendant une lieue et demie, navigable, par où on fera venir tout le bois de la forêt de la Grezigne, qui appartient au Roi et qui n'est qu'à cinq lieues de Montauban : ce qui produira 25,000 # de rente de plus à S. M. Cette dépense coûtera environ 100,000 #, dont on pourra imposer la plus grande partie sur la généralité. J'attends M. Ferry, ingénieur, avec qui je compte d'aller moi-même sur les lieux, pour être en état de vous envoyer un mémoire exact. Il y a encore des landes considérables à une demi-lieue de Montauban, qui appartiennent au Roi, qui étoient autrefois toutes plantées en bois, et qui sont présentement en friche : cela sera aisé à rétablir, en laissant seulement un canton pour le pacage des bestiaux. A l'égard des autres élections, je vous enverrai un mémoire particulier de toutes les terres qui peuvent se planter en bois. Pour ce qui est des forêts des Pyrénées qui sont de cette généralité, d'où l'on tire tant de beaux mâts pour les vaisseaux du Roi et les bois de charpente nécessaires pour les bâtiments de cette province, M. de Chamillart a eu la bonté, sur les mémoires que je lui ai envoyés, de faire rendre un arrêt au Conseil qui remédie aux énormes dégradations passées, en sorte que je donnerai tous mes soins à l'avenir, avec le grand maître, pour mettre les choses en règle pour le service de S. M. et l'intérêt public, pourvu que je puisse faire exécuter cet arrêt dans un pays de montagnes où les peuples sont accoutumés à secouer le joug de leur autorité et à passer en Espagne d'abord qu'ils ont fait une mauvaise action. J'espère mettre en œuvre toutes ces notions générales, et que vous serez content du travail que je vous enverrai; mais ce ne sera pas avant trois mois d'ici.»

308. *M. de Bâville, intendant en Languedoc,*
au Contrôleur général.

1er Septembre 1701.

«..... Je crois me devoir donner l'honneur de vous mander que Daniel Raoul, qui s'étoit érigé en prophète, et qui commençoit à faire beaucoup de désordres, par le crédit qu'il s'étoit acquis sur l'esprit des religionnaires, a été enfin arrêté avec trois prédicants fanatiques qu'il avoit dressés pour faire le même métier. C'est un nommé Barnier, que j'avois mis après lui, qui l'a découvert par l'entremise d'un nouveau converti qui a été gagné. On ne peut prendre ces sortes de gens-là autrement, et toutes les forces du monde ne servent de rien, parce qu'ils ont des retraites assurées. Il faut, pour de l'argent, trouver quelqu'un de ceux qui les suivent, qui les découvre et les livre. Cette nouvelle n'est pas indifférente pour le repos des Cévennes et du Vivarois, et de tous les pays où il y a des religionnaires. Ne pouvant quitter les États pour l'aller juger, j'ai pris le parti de l'envoyer à Nîmes, où le présidial le jugera en dernier ressort, comme une suite du sacrilège arrivé à Vallérargues, où il étoit. J'ai envoyé tous les mémoires nécessaires pour l'interroger.»

309. *M. Borrey, premier président*
de la Chambre des comptes de Dôle,
au Contrôleur général.

9 Septembre 1701.

Il annonce l'achèvement et le prochain envoi des trois volumes que forme l'inventaire des titres et actes les plus importants conservés dans le Trésor des chartes de la Chambre des comptes.

310. *M. Boisot, procureur général au Parlement*
de Franche-Comté,
au Contrôleur général.

9 Septembre 1701.

Il appuie la requête du P. André, carme chaussé, tendant à ce que l'assemblée du clergé soit mise en demeure de subvenir à l'impression de son pouillé de la Franche-Comté*.

* Lettre du Père André : «Depuis que le Roi a fait la conquête de cette province du comté de Bourgogne, j'ai travaillé à l'histoire politique et ecclésiastique de cette province. La première est presque achevée, avec le ramas de plus de deux mille cinq cents actes qui servent de preuves aux faits rapportés dans le corps de l'ouvrage. M. de Vaubourg, en ayant connu l'utilité pour les intérêts du Roi et du public, avoit formé le dessein de le faire imprimer; mais, ayant été rappelé, son dessein n'a pas eu d'effet. L'histoire ecclésiastique n'est pas encore si avancée : le travail d'une bonne année pourroit la mettre en état de paroître. Je pourrai faire voir le dessein et la distribution de ces deux histoires, si Votre Grandeur me l'ordonne. Cependant ces deux œuvres en ont produit par occasion un troisième : c'est le pouillé de cette province, qui fait le dénombrement de tous les bénéfices, tant du vaste diocèse de Besançon que des autres parties de la même province sujettes aux diocèses de Lyon, de Langres, de Toul et de Lausanne. J'en joins ici le dessein et la distribution. On trouvera l'origine, les fondations, les dépendances, les patrons et les collateurs de ces bénéfices. Je me suis même appliqué à rapporter toutes les présentations et collations de chaque bénéfice en particulier depuis deux cent cinquante ans : ce qui servira également à établir le pétitoire et le possessoire des patrons et des collateurs et arrêtera le cours d'une infinité de contestations qui arrivent continuellement sur l'un et sur l'autre droit. Le

public demande pour ce sujet, avec empressement, ce dernier ouvrage, qui fera un gros volume in-folio d'environ mille pages, et duquel il faudra tirer deux mille exemplaires au moins, pour contenter ceux qui l'attendent; mais je n'ai pas le moyen de le donner, si le clergé, qui paroît y avoir le plus d'intérêt, ne me donne quelque secours. Je prends la liberté de venir le demander à vous-même, par la médiation de M. le procureur général du Roi au Parlement de Besançon, en l'absence de M. d'Harouys. L'occasion de l'assemblée du clergé convoquée au 15 de ce mois par ordre du Roi semble me présenter celle de vous demander cette grâce très humblement, grâce qui n'est pas capable de surcharger considérablement les bénéfices. Un ordre de votre part pourra faire imposer à une ou deux fois 3 ou 4,000 ## nécessaires à l'impression, rendra un très grand service au Roi et à ses sujets, et m'obligera de continuer et de renouveler mes vœux au ciel pour la conservation et la prospérité de Votre Grandeur.» — Réponse en marge de la lettre de M. Boisot : «Lui mander qu'avant de proposer cette dépense, il faudroit être assuré de la bonté du livre, et qu'il me semble qu'il seroit à propos qu'il en parlât lui-même à M. l'archevêque de Besançon.»

311. *M. d'Herbigny, intendant à Lyon,*
au Contrôleur général.

10 et 13 Septembre 1701.

Il ne voit d'autre expédient pour empêcher l'exportation des espèces, que de faire fouiller tous les voyageurs qui passent au Pont-de-Beauvoisin ou à l'Écluse. Les courriers d'Italie font la plus grande partie de ce trafic, qu'on évalue à plus de 15,000 ## par semaine, pour un seul lieu de passage*.

* En marge : «Donner des ordres au bureau de Collonges, au fort de l'Écluse, au Pont-de-Beauvoisin, que l'on fouille tous ceux qui passeront, même les courriers, et que, s'ils sont saisis avec des sommes d'argent un peu considérables, on les adresse, avec leur argent, à l'exception des courriers, auxquels on prendra seulement l'argent; et on m'en donnera avis ensuite.»

312. *M. de Bernage, intendant à Limoges,*
au Contrôleur général.

17 Septembre 1701.

«Je n'ai pas cru devoir vous laisser ignorer une chose assez surprenante. Depuis le commencement du mois de mars, que la loterie de l'hôpital de Limoges a été tirée, il ne s'est présenté personne pour retirer l'argent des deux plus gros lots, dont le premier, de 750 louis, est échu au numéro 8,113, sous la devise du bienheureux saint Antoine de Pade, et le second, de 650 louis, au numéro 7,385, sous la devise : *Après tant de malheurs, Dieu nous favorisera.* La foi de ceux qui ont dirigé cette loterie ne peut être suspecte, car, outre leur probité connue, ils sont les premiers à déclarer ce fonds. Comme les gens qui y ont droit pourroient être étrangers ou en voyage de long cours, je crois qu'il est à propos de les attendre encore quelque temps, et de faire ensuite publier dans la ville de Limoges, même afficher, tant dans cette ville que dans celle de Paris, un avis portant que ceux à qui ces numéros appartiennent aient à les représenter dans un délai pour en retirer les lots : faute de quoi ils en demeureront déchus, et il sera pourvu à l'emploi du fonds. Après cela, il sera question de savoir ce qui en devra être ordonné. On pourroit dire d'abord que ces deniers, étant de la nature de ceux qui n'appartiennent à personne, doivent appartenir au Roi; mais, venant à considérer que cette loterie ayant été permise par S. M. en faveur des pauvres, et qu'il est à présumer que ces numéros appartiennent à de bonnes âmes qui n'ont d'autre intention, en ne demandant point les lots, que d'en faire une aumône secrète aux pauvres qui en sont dépositaires, il paroît être de la charité et de l'équité de S. M. de confirmer, en tant que de besoin, ce don tacite, en ordonnant que ces deniers seront employés en bâtiments ou fonds au profit de l'hôpital général de la ville de Limoges, qui d'ailleurs en a un très grand besoin, n'ayant pas assez de logements et de revenu pour soutenir les charges, et principalement depuis la déclaration de S. M. de l'année dernière. Je vous supplie de me faire savoir sur cela votre intention*.»

* Réponse en marge : «M. de Bernage doit faire publier à Limoges, à Paris et dans quelques grandes villes du royaume, que, si, dans trois mois, ceux à qui les lots sont échus ne rapportent leurs numéros, après le 1er janvier, le fonds en sera remis à l'hôpital de la ville de Limoges.» Voir, sur cette loterie, qui, n'ayant pu être remplie et avait été tirée cependant après une réduction préalable des lots, deux lettres de M. de Bernage (8 janvier et 28 avril 1701) et une lettre de M. Rouillé de Fontaines, son successeur (29 novembre 1707).

313. *M. de Harouys, intendant en Franche-Comté,*
au Contrôleur général.

20 Septembre 1701.

Rapport sur les origines de l'hôtel de la Monnaie de Besançon et sur le droit que les magistrats municipaux ont à en réclamer la propriété, par suite de la suspension du travail et de la fermeture des ateliers.

«Autrefois, Besançon étoit ville impériale : elle avoit le droit de battre monnoie; et depuis, ayant passé sous la domination d'Espagne, elle en a joui jusqu'en 1674, que le Roi en fit la conquête. Elle avoit dans l'enclos de l'hôtel de ville les bâtiments, machines et outils nécessaires pour la fabrication des monnoies. En 1694, le Roi ayant jugé à propos d'établir une Monnoie dans ladite ville, les magistrats remirent entre les mains des officiers qui y furent préposés leurs balanciers et autres outils, et augmentèrent, sur leur terrain et à leurs dépens, les anciens bâtiments.....»

314. *M. Picon d'Andrezel,*
subdélégué à l'intendance d'Alsace,
au Contrôleur général.

24, 26 et 27 Septembre, 4 Octobre 1701.

Il accuse réception de l'édit et des arrêts relatifs à la réformation des espèces, et annonce qu'il a fait connaître aux principaux marchands, négociants et banquiers qui pourraient pratiquer l'exportation monétaire l'article de l'édit qui porte peine de mort pour ce crime*. Des lettres circulaires ont été envoyées partout. Le procureur du Roi est installé à la Monnaie, avec promesse d'une gratification proportionnée à l'importance du travail. Une grande partie des espèces apportées à la Monnaie a été réformée immédiatement, et elles serviront sans retard au prêt des troupes.

* M. d'Huxelles transmet, le 21 et le 29 octobre, les réclamations du commerce de Strasbourg et de celui de Bâle, dont les relations réciproques seraient interrompues, si l'on ne tolérait le passage des espèces destinées à être données en payement de marchandises. Conformément à la proposition de M. d'Huxelles, on en permit le transport sur déclaration faite à l'hôtel de ville et justification de l'entrée des marchandises venues de l'autre côté du Rhin. A ce propos, l'intendant, M. de la Houssaye, dit, dans une lettre du 13 novembre : «Cette province est située de manière, appuyée sur le Rhin dans toute sa longueur, et ouverte dans la communication à Landau par les terres de l'évêché de Spire, du Palatinat et du duché des Deux-Ponts, que, quelque précaution que l'on prenne pour empêcher la sortie des espèces, on ne peut jamais s'assurer d'y réussir; une garde continuelle de mille hommes n'y seroit pas suffisante. Il faut donc, pour ainsi dire, plus attendre de la bonne foi des marchands et négociants, que de toutes les mesures et formalités que l'on pourroit leur imposer.»

---

315. *M. de Bernage, intendant à Limoges,*
au Contrôleur général.

24 et 27 Septembre, 8, 14 et 28 Octobre 1701.

Mesures ou propositions relatives à la conversion des vieilles espèces.

Ouverture de la Monnaie de Limoges.

---

316. *M. de Bâville, intendant en Languedoc,*
au Contrôleur général.

26 Septembre 1701.

«Vous m'avez fait l'honneur de m'écrire, par votre lettre du 18 du mois passé, que les Génois pourroient prêter 2,000,000# au Roi, si la province de Languedoc vouloit bien donner son crédit; que j'en fisse la proposition aux États; qu'il faudroit, pour l'exécution, nommer un procureur à qui ils donneront le pouvoir de faire des emprunts, dont le payement, tant en principal qu'intérêts, sera assigné sur le Don gratuit. Vous me marquez ensuite que vous ne fixez pas le denier ni les autres conditions de ces emprunts; qu'il faudra user de ménagements pour les mettre sur le pied le plus avantageux qu'il sera possible, et tâcher à ne pas passer 6 à 7 p. o/o; que je dois concerter cela avec M. de Pennautier, que vous avez chargé du soin de suivre cette affaire. En exécution de vos ordres, voici ce qui est arrivé.

«M. de Pennautier ne m'a point paru instruit par ceux qui vous ont fait cette proposition, avoir aucune correspondance avec eux, ni même les connoître. Je n'ai trouvé personne avec qui je puisse régler les conditions et fixer l'intérêt; ce que j'ai pu faire a été de faire prendre aux États la délibération ci-jointe, par laquelle ils donnent leur crédit en la manière qu'ils ont accoutumé de l'accorder et qu'ils l'ont fait en pareille occasion. Celui qui traite avec vous de l'affaire des Génois peut se servir de cette délibération pour faire connoître que la province est obligée. Quant aux termes des payements et la manière de payer, cela ne peut être traité qu'avec les parties intéressées, et M. de Pennautier, qui a le pouvoir des États, pourra donner facilement la forme qui vous conviendra. Le principal est que la province veuille s'obliger, ce qu'elle a fait de très bonne grâce; elle a toujours suivi dans cette manière d'emprunter ce qu'elle observa dans la délibération ci-jointe du mois de novembre 1672, et ce fut la première fois qu'elle prêta son crédit. Cette forme consiste à prendre une délibération pour faire un traité avec les commissaires du Roi, dans lequel la province prend ses sûretés pour le remboursement du principal et des intérêts, afin que la dette soit éteinte dans un certain nombre d'années. Dans ce traité, on n'affecte point les deniers du Don gratuit, parce que c'est une ancienne prétention des États qu'ils ne peuvent être hypothéqués en aucune manière, étant une concession libre, qui, par son origine, peut être accordée ou refusée. Au lieu du Don gratuit, on assigne le payement sur les autres impositions, comme le préciput de l'équivalent, les deniers de la crue de l'octroi et de la taille, que l'on appelle *deniers royaux*, et qui doivent être nécessairement imposés; cela revient au même pour la sûreté des Génois, car je crois qu'il leur importe peu d'être assignés sur le Don gratuit ou sur un autre fonds, pourvu qu'ils en aient un qui soit certain. Cette assignation même ne les regarde pas; il suffit, à leur égard, que la province leur soit obligée, et, pour l'intérêt du Roi, il est assez indifférent que le remboursement se prenne sur un fonds ou sur un autre. Cette forme donc accoutumée des États consiste à passer trois actes : 1° une délibération des États pour obliger la province; 2° un traité des commissaires du Roi; 3° un pouvoir aux syndics d'emprunter et de passer les contrats et obligations. J'ai l'honneur de vous envoyer le projet de ces actes, pour savoir s'il convient à votre dessein; je l'ai fait par un courrier extraordinaire, non seulement afin que les États ne soient pas retardés, qui se sépareront sitôt que votre réponse sera arrivée, après avoir passé les actes ci-joints, si vous en êtes content, mais encore pour savoir de vous à qui il faut s'adresser pour traiter cet emprunt, M. de Pennautier n'ayant sur cela aucune connoissance. Il convient que vous lui avez parlé en gros de l'affaire des Génois et de l'avis qu'on vous a donné qu'ils pourroient fournir 2,000,000#; mais il prétend qu'il n'a eu sur cela aucune instruction particulière. Les États auroient désiré de savoir précisément sur quel pied l'emprunt doit être fait, si ce sera à 6 ou 7 p. o/o, et encore en combien d'années le remboursement doit être fait; mais, comme je n'ai pu décider ces deux points, n'ayant ici personne pour ce traité, j'ai fait tourner la délibération de manière qu'elle vous laisse la liberté de régler ce que vous jugerez à propos avec les Génois. Comme les deniers de la taille sont affectés au remboursement, et qu'ils sont employés aux charges de la recette générale, il faudra observer de les remplacer sur les gabelles, ainsi qu'il fut fait en 1672. Si vous croyez qu'il faille ajouter quelque chose à ce projet, j'espère faire exécuter tout ce qu'il vous plaira de me prescrire.

«J'ai eu l'honneur de vous mander que les États avoient emprunté à 6 p. o/o 604,000#, de quelques familles génoises avec qui M. de Pennautier étoit en commerce, qui ont déjà prêté 500,000 # à la province, à condition que ce premier emprunt, fait il y a quelques années, seroit pareillement réduit à 6 p. o/o. Les États ont besoin de l'arrêt ci-joint pour autoriser cette délibération; ils m'ont prié de vous le demander. Cette somme doit être employée à payer une partie de la capitation de cette année, qui sera empruntée. M. de Pennautier m'a fort assuré que cette partie des Génois n'a rien de commun avec les fonds qu'on vous fait espérer qui doivent venir d'autres familles; en effet, le sieur Nouy, commissionnaire de celles qui ont traité avec la province, a témoigné que les 2,000,000# dont on vous a écrit doivent être donnés par une autre société génoise.

«Depuis cette lettre écrite, M. de Pennautier m'a fait voir celle que vous lui avez écrite par le courrier des États, par laquelle je vois que vous souhaitez avec empressement que ces 2,000,000# des Génois, destinés à l'armée d'Italie, soient incessamment payés. Il eût été à souhaiter qu'il se fût expliqué plus particulièrement avec vous pour savoir avec qui il avoit à traiter; mais, pour réparer ce temps perdu, sitôt que la réponse à cette lettre sera arrivée, j'offre d'envoyer un homme en poste à Gênes, qui portera la procuration de la province pour emprunter. Il faut seulement que nous ayons une instruction qui marque les noms des personnes à qui il doit s'adresser, le denier auquel il passera, les contrats et les conditions qu'il y mettra, par exemple si l'on payera à Gênes, si ce sera en monnoie génoise. Je vous fais ces difficultés parce que M. de Pennautier m'a dit qu'il a lu, dans une lettre qu'on vous a écrite de Milan, que les Génois vous demandoient ces conditions; et cela est bon à prévoir, pour éviter tout retardement. Ce sera un homme capable de pouvoir ménager ce qu'il vous plaira de lui ordonner. J'aurois pris sur moi d'envoyer dès à cette heure cet homme à Gênes, si M. de Pennautier m'avoit pu dire à qui il falloit s'adresser. Comme les Génois voudront apparemment voir la délibération des États autorisée par arrêt du Conseil, je vous en envoie un projet; j'ai retenu une date pour cette délibération, qui sera antérieure à l'expédition de l'arrêt. Mais, s'il est vrai, comme on vous l'a mandé, que les Génois veuillent prêter au Roi 2,000,000# sur le crédit de la province, je ne doute pas qu'ils ne le fassent incessamment, lorsqu'ils verront à Gênes un homme chargé de tous les pouvoirs des États; la question n'est que de savoir à qui il faut s'adresser. Si vous agréez le parti que je propose, d'envoyer d'ici un homme à Gênes, avec tous les pouvoirs de la province, il est nécessaire qu'il y ait un ordre de vous pour lui servir de décharge, qui porte entre les mains de qui il doit remettre le fonds qu'il recevra. Je vous envoie le modèle de cet ordre, tel que les États le désirent. Les États n'avoient délibéré d'emprunter que 604,000 #, dont les Génois ont donné leur commission au sieur Nouy; mais, ce matin, voyant que personne ne se présente pour prêter à la province, et craignant de manquer de fonds pour payer la capitation, l'assemblée a arrêté de demander permission d'emprunter jusqu'à 800,000 # des Génois, supposé que les mêmes familles génoises qui se sont présentées veuillent porter jusque-là leur prêt. Si cela vous paroît trop fort, l'arrêt qui autorisera la délibération peut le réduire à 604,000 #, aux termes de la première délibération *.»

* Voir les autres lettres de l'intendant et de M. de Pennautier, avec pièces jointes (9 et 10 octobre et 11 novembre). Sur quelques difficultés faites par les Génois, en raison surtout de l'augmentation des espèces, on leur accorda que le payement se ferait en monnaie de Gênes, à la banque de Saint-Georges.

---

317. *M. de Saint-Maurice,*
commissaire général de la Cour des monnaies à Lyon,
au Contrôleur général.

(Monnaies, G⁷ 1461.)

27 Septembre 1701.

Il rend compte des diverses procédures intentées à Lyon, depuis l'année 1690, pour malversations commises en matière monétaire. Il estime qu'il serait inopportun de revenir sur ces affaires, surtout en amnistiant celui des anciens condamnés qui offre de fournir de nouvelles preuves *.

* Le 15 août précédent, il avait annoncé que des désordres s'étaient produits à Lyon, à l'occasion d'un jugement rendu contre divers faux-monnayeurs, et que le prévôt de la Monnaie avait été dangereusement blessé, ainsi que quatre de ses archers. Le 25 mars 1702, il rend compte de l'arrestation de plusieurs faux-réformateurs, et les 3 et 8 avril, 2 et 4 mai, 20 juin, etc., de divers jugements prononcés contre ces individus ou contre des faux-monnayeurs.

---

318. *Le Contrôleur général*
à M. Lebret, intendant en Provence.

28 Septembre 1701.

«Nous avons reçu continuellement des avis et des plaintes, dans l'assemblée formée pour le commerce qui se tient chez M. Daguesseau, du député de Marseille, sur l'altération que reçoit dans cette ville la manufacture du plomb à giboyer par la levée des droits que prend sur cette marchandise le fermier général des poudres, aux termes de son bail, qui les lui attribue. Ce député prétend que ce qui en peut revenir au fermier est si peu considérable, que l'on ne doit pas le mettre en balance avec l'utilité qui revient à la ville de Marseille du débit qu'elle en fait depuis un fort long temps en Italie et en Espagne, et même dans le Levant; secondement (et c'est la proposition de ce député subordonnée à la première), que, si le fermier veut user des termes de son bail à la rigueur, il ne peut établir ni commis ni bureaux dans la ville de Marseille pour y vendre ses plombs et grenailles, mais seulement dans les lieux où ont été postés les bureaux de toutes les fermes du Roi, aux avenues de cette ville. Le fermier, qui a eu communication du mémoire et des prétentions du sieur Fabre, député, convient que les droits qui lui sont attribués sur le plomb sont d'une très légère considération dans le total du prix de son bail, mais que cependant, comme il doit seul en France fabriquer et vendre cette marchandise, on ne doit pas regarder son droit exclusif de même que les droits d'entrée et de sortie qui appartiennent aux fermiers des cinq grosses fermes; qu'à cet égard, on doit considérer Marseille comme toute autre ville du royaume, indépendamment de la franchise de son port; qu'ainsi on ne pourroit y conserver la fabrication et la vente libre de cette denrée, à son préjudice, sans pourvoir à son indemnité. Je ne sais si ces mémoires vous ont été envoyés, comme on me l'a dit, ni si vous avez donné votre avis sur cette matière, dont vous connoissez l'importance mieux que personne par rapport à cette manufacture, que l'on dit qui faisoit subsister un grand nombre de personnes, et qui attiroit, par les retours du dehors, de l'argent ou des denrées nécessaires dans le royaume. Je vous prie de me l'envoyer, afin de terminer cette affaire par le compte que j'aurai l'honneur d'en rendre au Roi. »

319. *M. le Gendre, intendant à Montauban,*
au Contrôleur général.

28 Septembre 1701.

Il demande protection pour les peuples de sa généralité contre les officiers de la chancellerie du Parlement de Toulouse qui les forcent à prendre des lettres d'âge, d'émancipation et d'inventaire, contrairement au privilège des pays de droit écrit.

320. *M. Bouchu, intendant en Dauphiné,*
au Contrôleur général.

29 Septembre 1701.

Il a donné les ordres nécessaires pour empêcher toute exportation d'or et d'argent : aussitôt les commis ont arrêté au bureau de Pontcharra cinq particuliers qui se rendaient en Savoie, l'un portant 151 louis d'or, les autres de 10 à 20 louis, et qui ont prétendu qu'ils n'avoient pu connaître les nouvelles défenses.

«Cette matière m'oblige à vous faire deux observations : l'une, que l'usage de cette province est d'aller en cette saison acheter des bestiaux aux foires de Savoie pour le labeur des terres. Les défenses du transport des espèces vont faire cesser entièrement ce commerce, non sans un grand préjudice de l'agriculture en ce pays. Vous seul pouvez juger si cet inconvénient doit être négligé à comparaison de celui du transport des espèces. La seconde est que la déclaration, ni votre lettre du 19, n'expliquent point ce qu'on peut tolérer qu'un voyageur porte avec lui. Un intendant n'a garde d'expliquer ce que la loi et vous n'expliquez pas : il en résulte, ou que les commis arrêteront capricieusement un voyageur avec une pistole, ou que, par un caprice opposé, ils jugeront que 50 ou 60 n'excèdent pas un juste viatique*.»

* Réponse circulaire, de la main du contrôleur général, en marge : «A MM. les intendants. A Fontainebleau, ce 7 octobre 1701. — Je vois, par ce qui s'est passé depuis le dernier édit sur les monnoies, qui porte la peine de mort contre ceux qui feront sortir de l'argent hors du royaume, et les ordres que vous avez reçus de le faire exécuter avec la dernière rigueur, même de faire fouiller tous les marchands, voituriers et autres, que plusieurs gens faisant commerce ont été arrêtés avec des sommes beaucoup au-dessous de celles qui leur sont nécessaires pour l'achat des marchandises qu'ils sont en usage de faire venir dans le royaume, et que des commis, sans aucune mesure, ne leur ont pas voulu permettre d'emporter celles dont ils auroient besoin pour leur subsistance. L'esprit de l'édit et les intentions du Roi sont de punir ceux qui en font sortir en fraude. Je comprends qu'il est malaisé de remettre à la discrétion de ceux qui gardent les passages la balance d'une justice arbitraire qui doit être gardée dans l'exécution de cet ordre; il est pourtant d'une nécessité absolue de laisser à ceux qui sortiront du royaume la liberté d'emporter quelque argent. L'essentiel est qu'ils en fassent leur déclaration aux derniers bureaux des lieux par où ils doivent sortir, et que ceux qui ne l'auront pas faite soient punis avec la dernière rigueur. Lorsqu'ils l'auront faite, si les sommes sont trop considérables, on les obligera d'en laisser une partie et de prendre des lettres de change. La qualité des personnes et leur commerce doit à peu près décider.» — Pour M. Bouchu : «Dans l'espèce présente, vous pouvez régler l'affaire de Sigaud par la connoissance que vous avez de son commerce et l'usage que vous savez qu'il doit faire de cet argent.» — Voir, aux dates des 25 novembre et 30 décembre 1701, et 15 janvier 1702, des lettres de M. de Bérulle, premier président du Parlement, et du sieur Lambert, juge des traites de Grenoble, relatives au jugement de différents cas de saisie.

321. *M. d'Argenson, lieutenant général de police*
à Paris,
au Contrôleur général.

1er Octobre 1701.

Prohibition du commerce des toiles peintes : arrestations et condamnations à l'amende pour port de ces étoffes, visites des commissaires chez les entrepositaires ou colporteuses, brûlement sur le Pont-Neuf de trois cents pièces tirées des magasins des fermiers généraux.

«Je croirois que, pour abolir cet abus dans son principe, il seroit nécessaire de défendre en particulier le colportage de cette marchandise, à peine de 500 # d'amende, et d'ordonner en même temps que les contrevenants qui ne seront pas en état de payer cette amende dans un délai de trois mois seront conduits à l'hôpital général. J'avois proposé aux merciers d'établir un commis ambulant pour aller à la découverte des toiles peintes qu'on vend en secret ou qui se fabriquent dans cette ville : il s'en seroit trouvé un pour 400 #, avec le tiers du produit des confiscations; mais je n'ai pu les déterminer encore à cette dépense, qui néanmoins leur rapporteroit au centuple et doubleroit la consommation des étoffes légères..... J'espérois que le concours de tous ces exemples pourroit être de quelque utilité pour déconcerter ce commerce, si l'entrée et le versement de cette marchandise étoient plus scrupuleusement observés, et si l'attention des commis des fermes rendoit ce versement plus dangereux et plus difficile. Il m'est revenu qu'il y avoit dans cette ville deux endroits où l'on travaille publiquement à peindre des toiles de toutes façons : l'un est le Temple, et l'autre la cour de Saint-Benoît, qui dépend de l'abbaye du Val-de-Grâce. Les arrêts du Conseil m'autorisent à y faire autant de visites que je le juge à propos; mais l'honnêteté ne me permet pas d'user de ce droit sans en parler à M. le grand prieur et à M. le président de Lamoignon, à qui le Roi a confié l'administration des affaires du Val-de-Grâce. Ainsi, ces perquisitions ne sont pour l'ordinaire d'aucun usage, étant précédées d'avertissements que l'on ne manque pas de donner aux ouvriers, qui cessent de travailler pendant quelque temps, et travaillent ensuite comme auparavant. Je croirois donc qu'il seroit plus sûr et plus convenable que vous voulussiez bien écrire à M. le grand prieur et à M. le président de Lamoignon de faire chasser de ces enceintes tous les ouvriers de cette espèce, et de défendre très expressément d'en souffrir aucun. J'aurai l'honneur de leur rendre moi-même ces lettres, si vous le jugez à propos, et je ne doute pas qu'ils ne conviennent de toutes les mesures et de tous les expédients nécessaires pour en assurer l'exécution*.»

* Il rend compte, le 26 avril 1702, de la condamnation d'un jardinier du faubourg Saint-Jacques, trouvé détenteur de moules, pinceaux et outils servant à peindre les toiles.

322. *Le sieur* DE LA LANDE-MAGON, *négociant à Saint-Malo*,
au CONTRÔLEUR GÉNÉRAL.

5 Octobre 1701.

Il renouvelle ses instances pour que le cours soit donné aux piastres et aux pistoles espagnoles de poids comme aux louis d'or et d'argent réformés, et pour que les matières soient reçues par les Monnaies à un taux proportionné. C'est le seul moyen d'attirer en France les espèces qui se portent du côté du Levant.*.

* Réponse en marge : «Rousseau, qui a pris lecture de la lettre du sieur la Lande-Magon, dit que, si on suivoit les avis qu'il donne, *daretur progressus in infinitum*, y ayant déjà près de dix-huit ans qu'il voit de pareilles lettres de sa part pour augmenter toujours le prix des espèces et matières d'or et d'argent, et notamment dans les temps de l'arrivée des flottes, pour faire valoir les retours qu'il y peut avoir, et apparemment aujourd'hui les réaux qu'il peut avoir à Marseille. Ne peut comprendre comment un homme riche comme lui peut donner des avis pareils à ceux-là dans la vue de ses intérêts particuliers, et qu'étant honnête homme et de bon esprit, comme il a paru à Rousseau pendant l'été dernier qu'il étoit dans la même maison, chez le sieur Dussault, son correspondant, frère de celui connu de Mgr Chamillart, il puisse avancer que c'est le seul moyen d'attirer beaucoup d'argent dans le royaume, puisqu'ils lui ont fait connoître à lui-même que, tant plus on faisoit valoir les espèces et matières d'or et d'argent étrangères, moins il en entroit dans le royaume, parce qu'il y en entroit d'autant moins pour le prix des marchandises et denrées qu'on fournissoit aux étrangers, qu'on faisoit plus valoir leurs espèces et matières, n'étant pas à présumer qu'on donne de l'argent pour de l'argent, parce que, en ce cas, il en faudroit toujours donner plus qu'on n'en recevroit : ce qui ne tourneroit pas à compte.»

323. *M.* LEBRET *fils, intendant en Béarn*,
au CONTRÔLEUR GÉNÉRAL.

8 Octobre 1701.

Il appuie la demande des jurats de Pau, qui réclament à la province le remboursement des étapes fournies aux troupes du Roi. La ville, sauf quelques magistrats ou gentilshommes, est des plus misérables; ses revenus suffisent à peine pour acquitter les charges locales, il n'y a point d'octrois, et l'on va être obligé de vendre quelques petites pièces de terre pour payer l'abonnement des lieutenants de police. Mais le reste de la province ne veut faire aucune concession, sous prétexte que Pau est exempt de la taille et possède le Parlement et la Chambre des comptes. C'est là un fait de jalousie, et un acte d'ingratitude pour la ville qui a donné Henri IV à la France.

324. *M.* LE CAMUS, *lieutenant civil de Paris*,
au CONTRÔLEUR GÉNÉRAL.

12, 21 et 29 Octobre, 10 Novembre 1701.

Banqueroutes frauduleuses; arrestation du banqueroutier de la Noue dans l'enclos du Temple*.

«Je crois qu'il seroit nécessaire que vous eussiez la bonté de faire attention sur ce que j'ai déjà eu l'honneur de vous mander, que c'est une chose très pernicieuse que de souffrir qu'il y ait à Paris un asile public pour tous les banqueroutiers. L'on m'a assuré qu'il y en avoit présentement plus de cent cinquante. Ces gens se fortifient les uns avec les autres, ne pensent pas à s'accommoder avec leurs créanciers, ce qu'ils feroient par la crainte; ils cherchent les manières de les tromper, et font courir tous les mauvais bruits. La facilité qu'ils ont d'y faire porter leurs effets et d'y aller après, soutenue de l'espérance de l'impunité, fait que les créanciers désespèrent de recevoir le payement des lettres de change. Il me semble qu'il seroit nécessaire de surseoir les contraintes par corps des sentences des consuls, même les décrets que j'ai décernés, pour quinze jours ou un mois, et ordonner que tous ceux qui sont dans le Temple et autres lieux pourroient, pendant ce temps-là, s'accommoder; et, passé ce temps, qu'il seroit défendu aux habitants du Temple de les y recevoir, à peine d'être déclarés fauteurs des banqueroutes et punis comme tels**.....»

* De la Noue fut condamné au pilori, à l'amende honorable et à neuf années de galères, comme faussaire et banqueroutier. Le traitant Bourvallais, qui avait été inculpé au cours de l'instruction, fut déchargé de toute complicité, ainsi que le sieur Passerat. Voir les lettres de M. Robert, procureur du Roi au Châtelet, 5 et 28 avril 1702, 20 août 1703. M. le Camus rend compte, le 21 août 1703, des autres condamnations.

** Le grand prieur de France, par une lettre du 3 novembre 1701, proteste contre ces accusations, et envoie un mémoire sur les privilèges de l'enclos du Temple.

325. *M.* DE SAINT-CONTEST, *intendant à Metz*,
au CONTRÔLEUR GÉNÉRAL.

12 Octobre 1701; 7 Février et 10 Avril 1702.

Rapports sur l'exploitation et la conservation des bois où s'approvisionne la saline de Moyenvic, sur la réparation du puits d'eau salée *, et sur les mesures prises pour protéger la saline contre toute incursion, en cas de guerre **.

* Voir, à l'intendance de Tours, 30 août 1701, une lettre de M. Turgot, prédécesseur de M. de Saint-Contest, sur la découverte du ruisseau de Leandonnaire, à l'aide duquel la saline pouvait recevoir du bois des Évêchés, au lieu d'en tirer de la Lorraine.

** Voir un pareil rapport à la date du 11 octobre 1704.

326. *M. d'Argenson, lieutenant général de police à Paris,*
au Contrôleur général.

17 Octobre 1701.

«L'affaire des compteurs et déchargeurs de volaille est de quelque détail et demande un peu d'examen; ainsi, je vous supplie d'agréer que je vous demande cinq ou six jours pour en discuter les propositions, et pour concilier, s'il est possible, les intérêts de la finance avec ceux de notre police; mais vous savez que ce n'est pas une petite difficulté, et je crois qu'il ne seroit pas inutile que j'eusse sur cela quelques conférences avec la personne qui suit cette affaire. Je prendrai néanmoins la liberté de vous représenter, en général, que cette création de facteurs seroit directement contraire à huit ou dix arrêts, tant du Conseil que du Parlement, qu'elle favoriseroit les marchands forains au préjudice du public, et qu'elle augmenteroit nécessairement le prix des denrées. Les anciens règlements ont toujours établi et présupposé pour principe qu'elles ne sont jamais si chères que lorsque les forains ont des gens affidés qui les conseillent et qui prennent soin de leurs marchandises, dont ils remettent la vente d'un jour à l'autre, comme il leur convient. L'expérience des facteurs en titre d'office qui sont sur les ports nous apprend aussi qu'ils n'empêchent pas que chaque marchand n'en ait d'autres à son choix pour leur confier le recouvrement des sommes qui lui sont dues et tout le secret de son commerce, moyennant un double droit, que les denrées supportent encore.

«J'ai remarqué, dans le mémoire que vous m'avez fait l'honneur de me renvoyer, qu'on y comprend les veaux, quoiqu'il n'y ait point de vendeurs de cette marchandise et que la proposition d'en établir ait été rejetée depuis peu de jours. J'y trouve aussi le beurre salé, quoiqu'il fasse une des principales parties du commerce de l'épicerie, qu'il soit sujet au poids du Roi, qu'on le vende plus ordinairement dans les boutiques particulières que dans les marchés publics, et que, par conséquent, il ne soit pas susceptible de mécompte. L'article des œufs excitera un murmure général parmi les revendeuses, nation entreprenante et tumultueuse; il pourra même déconcerter leur petit négoce, et je crains que ce ne soit faire beaucoup de bruit pour fort peu de chose. Le beurre frais ne se règle pas par le nombre des paniers, mais par leur poids; ainsi, le ministère des compteurs n'est à cet égard d'aucun usage, et l'imposition qu'on mettroit sur cette denrée, pour leur tenir lieu de gages ou d'émoluments, n'auroit aucun prétexte. Enfin, le poisson frais paye des droits de tant de sortes, et la plupart des marchands qui en font trafic sont si pauvres, que la moindre augmentation seroit capable de les ruiner sans ressource.

«Je tâcherai néanmoins de surmonter tous ces obstacles, s'il est possible, surtout à l'égard de la volaille, qui, n'étant pas aussi communément employée pour la nourriture des pauvres que le beurre et les œufs, peut être surchargée de nouveaux droits avec beaucoup moins d'inconvénient. Si les décisions supérieures veulent que les fonctions des compteurs s'étendent à toutes ces différentes marchandises sans distinction, je ferai de tout mon mieux pour y accoutumer le peuple et pour maintenir ces nouveaux officiers dans tous les droits qui leur auront été attribués par leur édit de création *.»

* Dans une autre lettre du 28 octobre, à laquelle sont joints un mémoire et des observations détaillées, il revient sur les inconvénients particuliers à chaque denrée, surtout à la volaille, considérée comme aliment des pauvres malades. Il propose, plutôt que de faire la création, d'augmenter le sol pour livre, sauf à abolir pour les rôtisseurs le regrat, la facture, le magasinage et l'entrepôt.

327. *Le sieur Boileau, contrôleur-visiteur des fermes à Dunkerque,*
au Contrôleur général.

20 Octobre 1701.

État des vaisseaux anglais qui ont acquitté le droit de fret pendant l'année qui vient de finir.

328. *M. Lebret fils, intendant en Béarn,*
au Contrôleur général.

22 Octobre 1701.

«J'ai reçu la lettre que vous m'avez fait l'honneur de m'écrire le 8 de ce mois, par laquelle je vois que vous approuvez que, pour empêcher la cessation entière du commerce, on permette à ceux qui passent dans les pays étrangers de porter l'argent nécessaire pour leur subsistance, celle de leurs équipages, et pour l'achat des marchandises et denrées qu'on est obligé de faire venir dans le royaume. J'avois déjà dit aux commis des bureaux de Navarre et à M. de la Lanne, châtelain de ce royaume et capitaine des ports et passages, qu'ils ne devoient pas pousser l'exactitude jusqu'au point d'empêcher les voyageurs, marchands ou voituriers d'emporter l'argent nécessaire pour leur subsistance, et je l'avois réglé, sous votre bon plaisir, à 5 écus par chaque cavalier ou voiturier, et 3 écus pour chaque homme à pied. Présentement que je vois que vous donnez la liberté de porter quelque argent pour les achats, j'écris aux mêmes commis vos intentions là-dessus, et j'envoie une ordonnance qui enjoint aux voituriers et autres de faire une déclaration aux derniers bureaux des sommes qu'ils voudront emporter. J'écris au sieur Mendiriz, alcade de Cize, qui réside à Saint-Jean-Pied-de-Port, que votre intention est qu'il oblige ceux qui voudroient emporter une somme plus forte qu'il ne seroit nécessaire pour leur commerce journalier, à prendre des lettres de change; et en même temps, j'écris à M. de la Lanne afin qu'il fasse veiller soigneusement à arrêter ceux qui emporteroient de l'argent sans en avoir fait leurs déclarations aux bureaux. Et comme ils connoissent leurs marchands et voituriers et le commerce qu'ils font en Espagne presque aussi bien qu'eux-mêmes, je mande aux uns et aux autres de me faire savoir à quoi ils estiment que les sommes qu'il leur sera permis de passer devront être réglées par rapport au commerce de ces marchands ou voituriers, ou à la qualité des voyageurs; et, sitôt que j'aurai leur réponse, j'aurai l'honneur de vous proposer un règlement là-dessus, qui ne sera pas, je crois, bien difficile à faire pour cette frontière, et qu'il sera néanmoins bon de régler, afin de laisser le moins qu'il se pourra à la discrétion de ceux qui sont commis à la garde des passages*.

«J'ai avis qu'il passe par Bayonne une quantité bien considérable de piastres pour Lyon, et l'on prétend qu'outre la destruction qui s'en fait dans cette ville pour les étoffes et le fil d'or et d'argent, on en fait aussi passer en Allemagne.»

* Le 7 novembre, il envoie un mémoire sur les frais de voyage des voituriers et marchands. — Le contrôleur général l'autorisa à augmenter la somme de moitié pour ceux-ci, et à faire régler la question, pour les voyageurs de distinction, selon l'avis des gentilshommes du voisinage. (Lettre de M. Lebret, 26 novembre.) L'année suivante, il y eut ordre aux commis de se relâcher de leurs rigueurs. (Lettre du 17 janvier 1702.)

329. *M. Pigon d'Andrezel, subdélégué à l'intendance d'Alsace,* au Contrôleur général.

24 Octobre 1701.

Rapport sur le rendement des mines d'argent de Giromagny et sur l'exploitation projetée de la mine de plomb de Planchey.

Les mines de Giromagny, exploitées par les fermiers de M. le duc de la Meilleraye, produisent, année commune, 31,636$^{\#}$ 9 s. Les culots ont été portés régulièrement, depuis 1695, à la Monnaie de Besançon, puis à celle de Strasbourg, sauf quelques-uns, que les anciens fermiers ont promis de livrer sans retard. Les nouveaux fermiers ont commencé leur travail; mais il ne sera productif que lorsque les fourneaux se seront engraissés. Un contrôleur ne serait pas inutile, tant pour presser les livraisons que pour activer le travail. Cette exploitation paraît produire à peine ce qu'elle coûte de frais; mais M. de la Meilleraye y trouve l'avantage de débiter ses denrées aux ouvriers.

La mine de plomb de Planchey, ayant été noyée par le fait de l'incurie des travailleurs, est abandonnée depuis trente-quatre ans, et elle ne pourrait être dégagée sans de grands frais; mais on croit qu'on retrouverait la même veine en ouvrant un autre côté de la montagne.

D'autres filons de cuivre, de plomb et d'argent sont encore en exploitation dans le même canton et pourraient donner un bon rendement, si l'on y employait beaucoup d'ouvriers. Il n'en coûterait pas plus de 12,000$^{\#}$ pour mettre toutes ces mines en état, avec une fonderie et une affinerie; mais de simples paysans ne peuvent faire la dépense, et personne ne veut avancer les fonds*.

* M. de la Houssaye, par sa lettre du 29 décembre, confirme celle de M. d'Andrezel, et propose pour les fonctions de contrôleur l'ancien prévôt des mines de Giromagny, dont il envoie un rapport. Il ne croit pas que le rétablissement de ces mines puisse être très avantageux pour le propriétaire. «Les fermiers, dit-il, qui ont traité avec M. le duc de la Meilleraye de ses revenus pendant six ans, ne demanderoient pas mieux que de laisser tomber ces mines, qui ne leur rapportent au plus que ce qu'il leur en coûte pour les exploiter. Plus même l'on ira en avant, et plus il y aura de difficulté, parce qu'elles sont moins abondantes qu'autrefois et qu'elles deviennent d'une profondeur extraordinaire. Il y faut descendre par des échelles rapportées ensemble sur la hauteur de plus de quatorze cents pieds, chose presque incroyable, ce qui cause une grande dépense, tant pour tirer les décombres que pour épuiser les eaux. L'on est obligé de pratiquer de distance en distance des espèces de galeries ou reposoirs, pour ne pas perdre haleine. Les métaux qui proviennent de ces mines de Giromagny sont argent, cuivre et plomb, mais très peu de cette dernière espèce, et, comme on ne sauroit raffiner l'argent que par le mélange de beaucoup de plomb, on est obligé d'en faire venir de Cologne, ce qui fait sortir de l'argent hors du royaume, environ pour 10,000$^{\#}$ par an, ce que l'on éviteroit en rétablissant les mines de Planchey.....» A la même lettre est joint un projet de rétablissement d'une mine de cuivre située dans la vallée de Munster et concédée au bourgmestre de cette ville, Jean-Baptiste Baudinot.

330. *M. Turgot, intendant à Tours,* au Contrôleur général.

26 Octobre 1701.

«..... Je me suis informé à Augers de l'état des choses. Vous verrez, par l'extrait de la lettre de mon subdélégué, et je m'y suis confirmé, que la récolte n'est pas abondante : il y a moins en ce pays que l'année dernière, de manière que si même, dans la conjoncture présente, on en tiroit du froment, je sens bien que le peuple murmureroit avec raison et que cela augmenteroit l'alarme et feroit un mauvais effet. Ainsi, dans le temps présent, il ne faut accorder aucune permission jusqu'à ce que, dans trois mois, on voie le prix que le blé prendra et l'état des choses...

«Il y a lieu de s'étonner de deux choses : l'une, comment ces personnes (qui demandent permission de faire passer à Nantes soixante muids de froment et cent muids de fèves), dont la première est très riche et ne fait point commerce ordinaire de blés, demandent cette permission; et on pourroit les obliger, en règle, de se faire inscrire comme marchands. L'autre est que ce seroit plutôt aux marchands de Bretagne qui ont besoin des fèves à les venir chercher et demander les passeports, que de les leur porter. Et même cela pourroit nuire au munitionnaire de la marine, pour l'année prochaine, et aux armements.....»

331. *Les Maire et Consuls de la ville de Toulon* au Contrôleur général.

26 Octobre 1701.

«Notre ville est en coutume, de toute ancienneté, de faire annuellement de petits présents à Nosseigneurs les ministres et à quelques autres seigneurs de la cour. Cet usage a même été autorisé par une ordonnance de M. Morant, ci-devant intendant en Provence, du 12 octobre 1686, dont l'extrait est ci-joint, et la dépense en a toujours été allouée jusqu'à présent dans nos comptes. Cependant, sur la reddition de celui de l'année 1699, qui est le dernier remis à la Cour des comptes à Aix, la Chambre a fait arrêt portant défenses, tant aux consuls, auditeurs et trésoriers qu'aux délibérants, d'employer les deniers de la communauté en présents, et les a tous condamnés à en payer le montant à la communauté. Vous pouvez juger par là dans quel embarras on nous jette par ces défenses et par cette condamnation, lorsque nous approchons de la saison à faire ces sortes de présents. Votre Grandeur sait assez quel inconvénient il y auroit à interrompre un si ancien usage, par lequel la communauté tâche de témoigner quelque espèce de reconnoissance à ses protecteurs. Nous vous supplions très humblement d'avoir la bonté d'imposer silence sur cet article à Messieurs de la Cour des comptes, en permettant aux consuls d'en user, à cet égard, de la même manière qu'ils ont fait par le passé*.

«Il y a déjà longtemps que le corps des marchands de cette ville demande à la communauté un lieu propre pour s'y assembler et conférer des affaires du commerce. Ils ont présenté un placet pour cela, et le Conseil de ville, ayant reconnu l'utilité qui en pourroit revenir au public, par le rétablissement du commerce, qui est entièrement ruiné à Toulon, a résolu, sous le bon plaisir de M. Lebret, premier président et intendant, de leur abandonner pour cet effet la cour de l'hôtel de ville. Mais, lorsque nous avons voulu lui demander l'autorisation de cette délibération, il nous l'a refusée, disant que c'est à Votre Grandeur à en décider de la manière qu'elle jugera à propos, ou à donner ses ordres pour cela; sans quoi, il n'y pouvoit toucher.....»

* Selon une lettre de M. Lebret (27 novembre), la province en corps faisait aussi des présents, et la Chambre des comptes ne manquait pas de les rayer; mais l'usage n'en persistait pas moins, par une sorte de tolérance, que le Roi approuva, à condition qu'on ne changerait rien aux anciennes habitudes. L'intendant fut chargé d'en donner avis au procureur général de la Cour des comptes.

---

332. *Le sieur* DES CASAUX DU HALLAY, *négociant à Nantes,*
au CONTRÔLEUR GÉNÉRAL.

1er Novembre 1701.

«J'ai reçu la lettre que Monseigneur a eu la bonté de m'écrire le 19 d'octobre. J'aurai toute l'attention possible aux choses qui pourront mériter de lui être mandées, pour me donner l'honneur de les lui faire savoir; cependant Monseigneur ne sera peut-être pas fâché que je lui fasse mes réflexions sur la disette présente des espèces et sur le prix excessif qu'en retirent pour intérêt ceux qui le donnent dans le commerce. A l'égard de la rareté, on peut l'attribuer, en cette province, à plusieurs choses : 1° de ce que, les États ayant pris une grosse somme à intérêt, les personnes qui avoient de l'argent en plusieurs mains sur de simples billets, lequel circuloit dans le commerce, l'ont retiré pour le placer aux États; 2° aux grosses sommes que les officiers ramassent pour payer leur prêt et les taxes d'hérédité de leurs charges; 3° la levée des capitations qui se va faire, que chacun se prépare à payer aussi; 4° la perte visible que font ceux qui ont des espèces en les portant à la Monnoie à réformer, puisque, recevant pour 36 sols le même écu qu'on ne leur a pris qu'à 30 sols 6 deniers, [cela] rend sans doute bien des gens réservés à faire paroître l'argent qu'ils peuvent avoir. C'est aussi à cette dernière raison qu'on peut appliquer le grand lucre de 1 1/2 et 2 p. o/o d'intérêt par mois qu'en retirent ceux qui en donnent dans le commerce, puisque, comme l'argent qu'ils délivrent aux particuliers qui le prennent, ne leur est pris qu'à 30 s. 6 d., et que, lorsqu'on leur rendra, ce sera sans doute en écus à 36 sols, ces 5 s. 6 d. par écu de différence faisant un excédent de 8 p. o/o à la perte de ceux qui auront pu donner leur argent, ils veulent reprendre cela sur l'intérêt qu'ils en retirent. Voilà d'où provient qu'insensiblement l'argent s'est mis dans les places à 1 1/2 et à 2 p. o/o par usance, supposé qu'il n'y ait encore pas d'autres attentions qui contribuent à le rendre rare et cher partout. De tout ceci il résulte qu'on ne peut trop tôt avancer les réformes dans les Monnoies, afin que le commerce puisse être soulagé, car, les marchands chargés d'effets ne pouvant, par la grande disette d'espèces, être payés de ceux qui leur doivent, et ce mal allant jusqu'à la source, il y en a une infinité qui, pour se soutenir dans les engagements où ils se trouvent, sont obligés de prendre de l'argent à quel intérêt qu'on leur veuille imposer, et aussi de le faire supporter sur le même pied à ceux qui leur doivent. Il n'en peut arriver que beaucoup de banqueroutes. On en auroit déjà vu grand nombre partout, sans la facilité que les marchands apportent entre eux à se soulager autant qu'il dépend d'eux. Peut-être seroit-il bon, pour attirer des matières dans le royaume, d'établir que les piastres de poids seroient reçues dans les Monnoies sur le pied des écus réformés, à 36 sols, parce qu'il semble que cela exciteroit la sortie des toiles et autres sortes de nos marchandises pour Espagne, qu'on donneroit sur ce pied-là aux Espagnols à peu ou point de profit, pour convertir promptement en argent courant.

«Il a été signé, il y a environ quinze jours, par nombre de marchands et autres gens de Nantes, une espèce de placet qui a dû être remis à Monseigneur, pour demander l'ouverture de la Monnoie de cette ville. Lorsque les marchands signèrent ce placet, ils avoient compté qu'il auroit été rapporté à nos juges-consuls après avoir été signé, afin qu'ils eussent eu l'honneur de l'envoyer eux-mêmes à Monseigneur, au nom du commerce de cette ville; mais le juge de la Monnoie, de concert avec la personne qui a dû l'envoyer à Monseigneur (M. de Mianne), se l'étant fait remettre, les marchands ne l'ont plus vu. Ils en ont été mortifiés, ce canal ne leur convenant pas et ne leur étant pas naturel. Je parle de ceci à Monseigneur parce que je craindrois que l'intérêt ne se mêlât aux choses qu'il voudroit faire passer par cette voie, l'indigence faisant beaucoup de choses; il est bon qu'il en soit averti.

«Monseigneur sait-il qu'à toutes les ventes que la compagnie des Indes fait ici, M. des Grassières, inspecteur de la marine, y exerce une espèce d'inspection? Ces ventes se font ici publiquement, aux yeux de tout le monde, dans l'hôtel de la Bourse des marchands, sur un amphithéâtre dressé exprès. Les marchands de toutes les villes y viennent et y font leurs achats au plus offrant, après que chacun a eu la liberté d'aller dans les magasins visiter la marchandise et y faire ses remarques. C'est un des directeurs de cette compagnie qui les adjuge au coup de la baguette sur un bassin d'argent. Or, M. des Grassières agit pendant tout le cours de cette vente, jusqu'aux livraisons des marchandises inclusivement, de concert avec les directeurs, et a une place marquée sur cet amphithéâtre, où il écrit par inspection les adjudications qui se font. Je sais bien que l'inspecteur des manufactures qui est ici fait son devoir de la part de Monseigneur pour rendre compte de ce qui regarde certaines marchandises prohibées, ou dont on ne peut vendre que pour une certaine quantité. Il est encore vrai que le subdélégué de M. l'intendant agit à la marque des plombs qui s'attachent aux marchandises; mais tout cela n'approche pas de cette inspection générale que M. des Grassières exerce comme cela se passe, aux yeux de tous les marchands de France, rassemblés à ces ventes. J'ai cru devoir y faire avoir attention à Monseigneur, parce que peut-être ce compte-là regarde-t-il son ministère également comme celui de la marine, puisqu'une fois la marchandise étant entrée dans le royaume, elle tombe dans la police du commerce, dont l'inspection regarde apparemment Monseigneur privativement. Si cela est, il pourra, à la prochaine vente, y avoir l'attention qu'il jugera à propos, pour y commettre quelque personne de sa part. S'il l'a pour agréable, je supplie Monseigneur de ne me point nommer pour l'auteur de cette remarque.

«Nous apprenons de plus en plus des Îles de l'Amérique, c'est-à-dire dans nos colonies, que les Anglois y font furtivement et par tolérance un grand commerce, nonobstant les défenses réitérées qui en ont été faites, parce que ce sont ceux qui le devroient empêcher qui commettent les premiers des personnes pour le faire. Comme les Anglois apportent des nègres, dont les habitants manquent, ils les trouvent très disposés à les recevoir; par même moyen, ils fournissent des viandes salées, des farines et des étoffes, et, donnant tout cela à meilleur compte que les sujets du Roi, il s'ensuit que, ne pouvant remporter le produit de leurs ventes en marchandises de nos colonies, parce qu'un commerce de volume à porter et rapporter feroit trop d'embarras et de bruit, on leur paye ce qu'ils fournissent en argent, de sorte que les Anglois enlèvent de cette manière toutes les espèces de l'Amérique. Ceci est de grande attention, parce que les habitants, trouvant ainsi à se pourvoir à bon marché avec les Anglois, refusent de prendre les marchandises des vaisseaux que nous envoyons. C'est ce qui a autrefois forcé les marchands des villes maritimes d'emporter de l'argent à l'Amérique, pour faciliter leur commerce et leur expédition avec les habitants; c'est aussi cet appât d'avoir des nègres qui engage les habitants à se faire remettre ou à emporter eux-mêmes aux Îles de l'or et de l'argent, en retour des effets qu'ils envoient à vendre en France. Il ne paroît pas même trop raisonnable de le défendre, parce que, les Îles produisant beaucoup plus de marchandises en valeur qu'elles n'en peuvent consommer en Europe, il est assez naturel que cet habitant, qui est sujet du Roi, demeurant ès terres de l'obéissance de S. M., ait la liberté de ramasser l'argent que son bien lui produit. Mais cela cesseroit, et les Anglois ne feroient plus ce profit sur les sujets du Roi si contraire à l'État, si on avoit en France la liberté indéfinie et sans limites d'envoyer faire le commerce des nègres. On dit qu'on va marquer aux marchands certains endroits pour le faire à la côte de Guinée; mais j'ose assurer Monseigneur que les limites qu'on leur donnera seront abusives et presque exclusives, la compagnie de l'Assiento se proposant, à ce qu'on m'a fait entendre, de retenir tout ce qu'il y aura de meilleur. Je ne crois pas que ce soient vos intentions. J'ai l'honneur de parler à Monseigneur avec tout le désintéressement et toute la sincérité qu'il peut désirer en un sujet fidèle, et dans une créature qui lui est absolument dévouée.»

---

333. *M. d'Argenson, lieutenant général de police à Paris,*

AU CONTRÔLEUR GÉNÉRAL.

2 Novembre 1701.

«Nous n'avons de limonadiers que deux cent trente-six, et non pas cinq cents, comme on vous l'avoit assuré. Je doute même que l'on en pût trouver cent cinquante qui fussent en état de rembourser à chacun des supprimés la somme de 4,000#, et je ne sais si la condition de ceux-ci ne deviendroit pas, en ce cas-là, beaucoup meilleure que celle des autres. J'ai remarqué que tous ceux qui exercent une profession en vertu d'un privilège sont plus indisciplinables que ceux qui la font à titre de maîtrise, et les perruquiers qu'on vous a proposés pour exemple le font assez connoître, car ils sont parvenus à un point de relâchement que les maîtrises et les brevets d'apprentissage y sont maintenant comptés pour rien. Les privilèges passent souvent par les mains de deux ou trois différents locataires en moins d'une année, et la plupart de ceux qui en sont les propriétaires, n'ayant aucune connoissance du métier, sont obligés de les louer au premier venu. Ainsi, la communauté se trouve ordinairement composée de personnes dont les syndics savent à peine la demeure et les noms, ce qui fait que le même privilège autorise quelquefois l'ouverture de deux boutiques dans le même temps. Si cet abus est sensible parmi les perruquiers, dont la profession n'a aucun rapport avec les mœurs, de quelle conséquence ne seroit-il point parmi les limonadiers, chez qui les scélérats, les libertins et les fainéants sont en usage de s'assembler, dont le métier consiste à troubler la raison ou à déranger la santé, et dont enfin le magistrat ne sauroit trop scrupuleusement examiner la conduite!

«Si vous jugez à propos de réduire le nombre des maîtres, rien n'est mieux pour l'ordre public; mais je ne pense pas qu'il en revînt au Roi aucune utilité, puisque l'indemnité des maîtres qui seroient supprimés absorberoit toute la finance que l'on pourroit tirer des autres. Les traitants répondront peut-être qu'ils veulent bien ne vendre ces nouvelles charges qu'à des gens qui les exerceront par eux-mêmes, et en exclure tous ceux qui ne s'en trouveront pas capables; mais j'ose les assurer par avance que, si le Conseil les soumet à cette condition, ils n'y trouveront pas leur compte. Ainsi, il faudra nécessairement les en dispenser dans la suite, et que l'intérêt de notre police cède à cette nécessité, que la conjoncture des affaires et le bien du service du Roi obligent de respecter de plus en plus.»

---

334. *M. Lebret, intendant en Provence,*
au Contrôleur général.

2 Novembre 1701.

Rapport et pièces sur la culture du tabac à Mondragon et sur la convention que les habitants de cette communauté veulent faire avec les sous-fermiers du tabac*.

* Voir les lettres et dossiers des 1er et 18 juin 1703, et une instruction adressée à M. Lebret, le 3 mai précédent, par M. Rouillé du Coudray, directeur des finances.

---

335. *M. d'Albaret, intendant en Roussillon,*
au Contrôleur général.

4 Novembre 1701.

«La reine d'Espagne partit d'ici le 2, à dix heures du matin, après avoir entendu la messe chez M. de Quinson, où elle étoit logée. Il a eu l'honneur de lui donner à manger pendant les deux jours qu'elle a resté à Perpignan. Elle arriva au Boulou à une heure après midi, où elle trouva les dames qui lui étoient venues au-devant, au nombre de douze, richement habillées quant aux jeunes; et, quant aux vieilles, elles étoient en habits noirs, avec de grandes mantes. Les gardes du roi d'Espagne qui étoient venus jusques au Boulou, pour la garder, étoient en habits noirs, galonnés de soie, avec des trousses de page et de grands bas de même couleur qui leur venoient jusques au haut des cuisses; ils portoient des hallebardes. M. le comte de Montellano, majordome-major, lui fit servir à dîner à l'espagnole; mais, comme la Reine avoit prévu que les mets que l'on lui serviroit ne seroient pas de son goût, elle m'ordonna de lui faire préparer à manger, ainsi que j'avois eu l'honneur de faire à Salces, lequel lui fut servi avec l'autre. Après le dîner de la Reine, les dames dînèrent du serdeau, composé de ce qui avoit été servi de la cuisine de la bouche et de la mienne. Le contrôleur, qu'ils appellent *salsier*, portoit les plats jusques à la porte de l'antichambre, où deux demoiselles de la Reine, appelées *meniñes*, les prenoient et les portoient sur la table de la Reine, qui, étant servie de cette manière, eut deux services de fruit, l'un à l'espagnole, au commencement, et l'autre à la françoise, à la fin du repas. Après le dîner, M. le marquis de la Rose, maître d'hôtel servant, me dit de la part de la Reine qu'elle m'ordonnoit de lui faire servir à souper, et qu'il n'y en auroit point de la bouche : ce que j'exécutai. Et ensuite, je fis servir à souper à Mme la princesse des Ursins en particulier, et aux dames ensemble, pendant que les Messieurs de la maison de la Reine me firent l'honneur de venir souper avec moi.

«Hier matin, 3, la Reine se leva à six heures, et, après avoir entendu la messe, partit dans la litière qui lui avoit été envoyée par S. M. C., très superbement ornée en dedans d'un velours cramoisi en broderie d'or, avec des rideaux de même couleur de damas, et le dehors couvert aussi de velours cramoisi, galonné d'or de quatre doigts, de six en six pouces de distance, avec une crépine d'or autour de la corniche. Elle fut suivie par quatre carrosses du Roi, qui étoient venus au Boulou le 2; et elle étoit précédée par un détachement de cavalerie espagnole, qui étoit aussi venu jusques au Boulou. La montée de Bellegarde étant rude, j'avois fait trouver au pied de la montagne cent trente chevaux ou mulets du Roussillon, qui furent distribués aux carrosses, chariots et chaises roulantes de l'équipage de la Reine, jusques au col de Perthus, au bas de Bellegarde, où la Reine arriva à dix heures du matin, et entra dans le royaume d'Espagne, allant dîner à la Junquière, au bruit du canon de Bellegarde, qui fit trois salves, comme celui des autres places du Roussillon auprès desquelles la Reine a passé.

«Toute la maison que S. A. R. de Savoie lui avoit donnée quitta au départ de la Reine du Boulou et s'en revint à Perpignan, avec la chapelle, les meubles, la vaisselle de vermeil doré et d'argent et tout ce qui avoit été nécessaire pour le voyage de la reine. Mme de Noyers, gouvernante, M. l'abbé del Maro, aumônier, et M. le commandeur de Sandillan, écuyer de S. A. R., sont aussi à Perpignan et doivent partir demain avec les mêmes voitures qui les ont conduits de Marseille jusques ici*.....»

* Sur les mesures prises pour le retour des bagages de la Reine en Savoie et sur les dépenses occasionnées par son passage, voir plusieurs lettres du 4 au 9 novembre et du 7 décembre.

---

336. *M. l'Évêque de Viviers*
au Contrôleur général.

(De Paris) 7 Novembre 1701.

Il se plaint de l'esprit séditieux des habitants de sa terre de Donzère, en Dauphiné, et des mauvais traitements auxquels ses officiers sont exposés de leur part.

---

337. *M. de Grignan, lieutenant général en Provence,*
au Contrôleur général.

17 Novembre 1701.

«La ville de Salon et une douzaine d'autres lieux de cette province, connus sous le nom de *Terres adjacentes*, avoient été réunis à la comté de Provence sous des conditions par lesquelles ils étoient exempts des charges du pays. Les gouverneurs de la province trouvèrent néanmoins le moyen, dans le commencement de ce règne, de les y faire contribuer pour quelque petite portion. Feu M. le cardinal de Vendôme augmenta un peu cette contribution; elle a été portée plus haut et réglée à un vingtième du Don gratuit des États de Provence, sans diminution dudit Don gratuit, depuis que M. le duc de Vendôme d'aujourd'hui est gouverneur de ce pays et que j'ai l'honneur d'y commander en son absence, et elle se trouve égale, par proportion, à celles des États, et peut-être même plus forte. L'imposition s'en fait pendant la tenue des assemblées de la province, par des ordonnances du commandant, au même temps qu'il donne la contrainte générale pour la levée des deniers qui s'imposent dans lesdites assemblées, et ces ordonnances sont visées par l'intendant, remises à un receveur qui y est nommé, qui a de bonnes cautions, et qui en fait l'exaction, remet le produit au trésorier des galères, sur les quittances du garde du Trésor royal, et rend compte en la Chambre des comptes d'Aix. Cette forme, qui est aussi ancienne que la contribution, a eu, dans la suite des temps, l'approbation de M. Colbert, de M. le Peletier et de M. de Pontchartrain. Elle s'est toujours pratiquée pendant les intendances de MM. de Champigny, d'Oppède, Rouillé, Morant et Lebret, et elle est continuée sous votre bon plaisir, depuis que l'administration des finances est entre vos mains. Du temps de M. le Peletier, le sieur Robineau, receveur général des finances en Provence, prétendit, en vertu de son office, d'être chargé de cette recette; mais il en fut exclus, par ordre de ce ministre, et, ce même receveur général ayant acquis ensuite un office nouvellement créé de receveur des Terres adjacentes, il fut dit, dans l'arrêt qui l'établissoit, et dont M. de Pontchartrain envoya une copie à M. le duc de Vendôme et une autre à moi, que ce nouvel office ne changeroit en rien l'usage établi pour la recette de ce qui est imposé sur lesdites Terres adjacentes par les ordonnances du gouverneur de la province, ou du lieutenant général en son absence.

338. *M. de Harouys, intendant en Franche-Comté,* *au Contrôleur général.*

20 et 22 Novembre, 9, 18 et 30 Décembre 1701.

Conflit entre l'intendant et le grand maître des eaux et forêts, au sujet du commerce des bois amenés par flottage sur le Doubs, pour l'approvisionnement de Besançon*.

* En marge de la dernière lettre : «J'ai vu toutes les procédures qui avoient été faites par le grand maître, qui n'ont aucun rapport avec les certificats qu'il m'a envoyés. A moins qu'elles ne soient fabriquées faussement par le grand maître et ses officiers, il n'est pas possible de regarder autrement ce qui a été fait par le sieur Perrault qu'une suite des fonctions de son emploi. Il seroit désagréable pour vous que toute cette procédure parût au Conseil et y fût cassée. J'avois dit à M. Rouillé de vous mander de faire une honnêteté audit sieur Perrault et de faire en sorte, par ce moyen, de finir cette affaire, dans laquelle il a certainement outrepassé son pouvoir; mais vous pouvez laisser prendre le cours de la justice ordinaire, si cela vous convient.»

339. *M. Barentin, intendant en Flandre maritime,* *au Contrôleur général.*

22 Novembre 1701.

«Suivant l'ordre que vous m'avez fait l'honneur de me donner, j'ai jugé avec les plus habiles avocats de Dunkerque le procès des commis de Watten qui ont tué un marchand de cette ville. Ce jugement sera tenu secret jusqu'à ce que vous m'ayez fait l'honneur de me marquer si vous l'approuvez, et j'ai celui de vous envoyer la copie de l'arrêt, avec toutes les pièces originales du procès. Les conclusions définitives du procureur du Roi n'alloient qu'à des peines pécuniaires; cependant les juges ont été plus loin, et tous les avis, hors le mien, ont été à la mort, à cause des nullités, faussetés et contradictions qui se sont trouvées dans le procès-verbal des commis. Nous avons renvoyé absous les autres commis qui n'ont pas tiré, et nous avons déchargé le fermier de la garantie de ses commis pour les intérêts civils. Quoique je sois persuadé que l'exemple de la mort du marchand qui a été tué suffise pour retenir les autres et pour les empêcher de frauder, je croirois néanmoins qu'il seroit encore bon de donner des lettres de grâce aux commis qui ont fait l'homicide, et la protection qu'on verra par là que vous accordez aux commis des fermes encourageroit ceux qui sont présentement dans les bureaux à s'opposer fortement aux fraudes. J'aurois bien souhaité, en prononçant par l'arrêt la confiscation des marchandises saisies, de pouvoir condamner à une amende le camarade du marchand qui a été tué; mais j'ai encore été seul de mon avis à cet égard, et les autres juges n'ont pas cru qu'il y eût lieu de statuer une amende, parce qu'il n'est pas certain que les marchandises appartiennent à ce marchand, et qu'il ne les a pas réclamées. Cependant, comme je connois ce marchand pour un fraudeur insigne, et qu'il m'avoit promis, il y a plus de six mois, de ne plus faire ce mauvais commerce, j'ai cru que vous trouveriez bon que je lui ordonnasse de sortir dans un mois de cette ville, dont il n'est pas natif, ou de cesser le commerce qu'il fait de draps ou d'autres marchandises étrangères et défendues*.»

* Au dos, de la main du contrôleur général : «Laisser subsister le jugement.»

340. *M. de la Houssaye, intendant en Alsace,* *au Contrôleur général.*

24 Novembre et 19 Décembre 1701.

Rapport sur l'organisation de la réformation et du change à la Monnaie de Strasbourg*. Le sieur Foderé, directeur de cet établissement, demande la permission d'employer sa femme aux fonctions de commis au change, avec les appointements ordinaires**.

Des marchands suisses de Bâle proposent d'apporter à la réformation de vieilles espèces d'or et d'argent, pour les remporter ensuite chez eux. Cette combinaison serait très avantageuse pour le Roi, mais à condition que l'origine et l'importation des espèces fussent constatées authentiquement, tant à Bâle qu'à Strasbourg, à l'entrée et à la sortie : de simples déclarations ne suffiraient pas pour éviter que l'opération ne dissimulât un transport d'espèces d'origine quelconque***.

* Voir, aux 26 octobre et 4 novembre 1701, 29 janvier 1702 et 25 avril 1704, les rapports de M. Doujault sur la réouverture de la Monnaie de Bourges; aux 9 et 19 avril et 14 juin 1702, ceux de M. le Gendre, sur l'établissement d'une Monnaie à Montauban. Le 2 avril 1702, M. de Bérulle, premier président du Parlement de Grenoble, demande que le Roi conserve au Dauphiné le privilège d'avoir un type monétaire spécial, écartelé des armes delphinales, comme le sceau particulier dont se scellent les déclarations et édits destinés à la province. M. de Saint-Maurice, commissaire général de la Cour des monnaies (Monnaies, G⁷ 1461), rend compte, le 29 mars et le 20 avril 1702, de la réouverture de la Monnaie de Grenoble.

** De la main du contrôleur général : «On peut lui accorder, si vous croyez que le public en soit également bien servi.»

*** Le directeur général des Monnaies répond que la proposition ne saurait être sincère et acceptable, puisque les marchands qui la font, et qui ne peuvent exposer à Bâle les espèces réformées à plus haut prix que les vieilles, perdraient par conséquent 20 sols par louis.

A Lyon, M. de Saint-Maurice, commissaire général de la Cour des monnaies, transmettant, le 5 septembre (G⁷ 1461), une proposition du génevois Pellissary de faire venir de Suisse, à la réformation, vingt mille louis d'or et même plus, moyennant l'assurance de quelque bénéfice, le contrôleur général répond en marge : « Je sais ce qui s'est passé en pareille occasion du temps que M. de Pontchartrain étoit contrôleur général. Il m'a dit plusieurs fois lui-même qu'il s'en étoit bien repenti et qu'il avoit été trompé. Le gain est assez considérable pour engager ceux qui ont des louis d'or à les rapporter dans le royaume, sans chercher de nouveaux moyens pour les faire gagner davantage aux dépens du Roi, qui seroit sûrement trompé dans ce commerce. » Voir aussi la réponse écrite en marge d'une lettre de M. d'Herbigny, 2 octobre. Il paraît néanmoins, par d'autres lettres de Pellissary et de l'intendant Guyet, 9 et 12 octobre, et de M. de Saint-Maurice, 22 octobre (Monnaies, G⁷ 1461), que les négociants de Genève livrèrent à la Monnaie de Lyon, d'accord avec l'intendant et le commissaire général, 26,540 louis d'or, qui leur furent pris avec un bénéfice de 5 sols.

341. *M. de Nointel, intendant à Moulins,*
au Contrôleur général.

27 Novembre 1701.

« Il y a fort longtemps que l'on fait flotter du merrain sur la rivière de Creuse; il y a environ vingt-cinq ans que l'on a fait flotter les bois de la forêt de Malval, et actuellement l'on fait flotter ceux de la forêt de Rognac, que M. de la Feuillade a vendus. M. de Saint-Germain a aussi vendu quelques bois, que l'on doit faire flotter sur cette rivière. Plusieurs particuliers ont vendu, il y a déjà du temps, les bois qu'ils avoient : en sorte qu'il n'en reste presque plus dans la province de la Marche. Je n'ai point ouï dire que les riverains soient dans la mauvaise habitude de voler les bois, quoique je m'en sois informé dans la tournée que je viens de faire, et l'attribution de juridiction demandée par les marchands de bois devant le grand maître des eaux et forêts de Berry seroit d'une dangereuse conséquence et causeroit une infinité de frais, parce qu'ils pourroient faire assigner des gens éloignés du Berry de vingt-cinq à trente lieues. Ainsi, j'estime, sous le bon plaisir du Roi, qu'il n'y a pas lieu de leur accorder d'attribution de juridiction, et qu'ils doivent procéder devant les maîtrises des lieux, qui sont les juges naturels. »

342. *M. Bégon, intendant à la Rochelle,*
au Contrôleur général.

3 Décembre 1701.

Le grand maître des eaux et forêts est d'avis qu'il faut vendre le terrain de la forêt de Rochefort, qui est entièrement détruite. Il y a deux propositions : ou faire l'abandon du sol en pleine propriété aux particuliers expropriés pour les fortifications des places du pays d'Aunis, qui en voulaient donner jadis jusqu'à 100,000 ᵗᵗ; ou le céder à des gens qui offrent d'y semer du chanvre et d'en fournir pendant trois ans la quantité nécessaire au port, sur le pied de 15 ᵗᵗ 10 s. le quintal, outre une somme de 70,000 ᵗᵗ, payable aussi en chanvres.

343. *M. Bouchu, intendant en Dauphiné,*
au Contrôleur général.

4 Décembre 1701.

Il ne considère pas comme vraisemblable l'existence d'une mine d'or ou d'argent dans la vallée de Grésivaudan, où des bruits de découvertes de ce genre ont couru de tout temps, sans que les propriétaires des mines de fer de ce canton aient jamais eu lieu d'y croire.

344. *M. d'Ableiges, intendant à Poitiers,*
au Contrôleur général.

4 Décembre 1701.

« Je vous supplie de vous souvenir que, par plusieurs arrêts du Conseil, le Roi a ordonné l'imposition de 250 ᵗᵗ dans un grand nombre de paroisses du Poitou, pour la subsistance des maîtres et maîtresses d'école*. Vous savez que la guerre oblige S. M. à de grosses dépenses pour le payement des troupes; la capitation, l'augmentation de la taille et l'ustensile montent à des sommes considérables. Ainsi, je crois que S. M. pourroit surseoir l'imposition des maîtres et maîtresses d'école pendant la guerre. Je m'en suis entretenu avec M. l'évêque de Poitiers, qui est persuadé que les maîtres et maîtresses d'école pourront subsister sans cette imposition, parce que les paysans leur donnent toujours quelques rétributions en reconnoissance de ce qu'ils prennent soin de leurs enfants. On pourroit les mettre à la taille à des sommes très modiques; les paroisses n'en seroient pas chargées, parce que ces sortes de gens n'ont ni feu ni lieu. On peut encore les exempter de logement de gens de guerre; cela ne sera d'aucune conséquence, parce qu'on ne leur en envoie jamais. Cela ne laisseroit pas d'être un grand soulagement pour les paroisses, qui sont très chargées, et qui, dans la suite, auront peut-être de la peine à payer. S. M. a bien voulu accorder cette grâce dans la généralité de la Rochelle; j'espère que vous voudrez bien avoir la même attention pour le Poitou, qui en a autant de besoin que l'Aunis. J'attendrai vos ordres sur cela**. »

* Voir une lettre de M. de Bouville, intendant à Orléans, 9 mars 1701, au sujet d'une imposition semblable.
** En marge : « R. changer. »

345. *M. Turgot, intendant à Tours,*
au Contrôleur général.

9 Décembre 1701.

Il demande un délai pour procéder au renouvellement des rôles de la capitation, afin de ne pas ajouter ce travail à celui des tailles et des ustensiles, dont on s'occupe actuellement*.

* Réponse en marge, de la main du contrôleur général : « Lui mander que, s'il ne faisoit l'imposition pour la capitation qu'au mois de février, les rôles ne seroient finis qu'en mars, et que l'on ne commenceroit à payer qu'en avril, ce qui éloigneroit absolument le service;

qu'il y doit travailler sans perdre un moment; que je lui enverrai nouvelle matière de travail incessamment, qui conviendra parfaitement avec celui-là, et qu'il ne pourra venir ici que vers Pâques.»

346. *Le sieur* Legendre, *fermier général à Lyon*, *au* Contrôleur général.

10 Décembre 1701.

«J'ai cru qu'il étoit de mon devoir d'informer Votre Grandeur qu'il entre plus que jamais dans cette ville des marchandises de contrebande, malgré l'attention que nous avons à y veiller et les dépenses que nous avons faites pour l'empêcher en établissant deux pataches sur la Saône aux deux extrémités de la ville, une brigade à cheval à Heyrieux et deux hommes pour enchaîner le soir les bateaux sur le Rhône. Il y a cinquante malheureux gens sans aveu, répandus dans cette ville, qui n'ont point d'autre métier que d'aller attroupés, avec armes et chevaux, au nombre de dix, douze et quinze, pour escorter lesdites marchandises, qu'ils vont prendre au Pont-de-Beauvoisin, Savoie et autres endroits, et les conduisent jusque dans les faubourgs de cette ville, où ils les entreposent, et les font ensuite entrer dans la ville par mille stratagèmes et à la faveur d'une infinité d'ouvertures qui sont au long du rempart du Rhône et des murs de la ville. Ces bandits se prêtent, pour la nourriture et un louis d'or par chaque voyage, à cinq ou six chefs de bandes, qui assurent la marchandise aux marchands moyennant 20 p. 0/0. La poursuite que Votre Grandeur fait faire contre les commis de cette douane ayant fait perdre aux marchands toutes les mesures d'intelligence, ils ont eu recours aussitôt à la force ouverte; les pertes que font tous les jours lesdits assureurs par les captures ne les découragent point, et il n'y a qu'un exemple qui puisse arrêter un pareil désordre. Il se présente une occasion d'en faire un authentique dans la personne de plusieurs de ces contrebandeurs qui furent rencontrés, le 4 octobre dernier, par la brigade d'Heyrieux, attroupés, avec armes et chevaux chargés de marchandises prohibées. Les gardes ayant voulu les arrêter, les contrebandeurs, supérieurs en nombre, firent feu sur eux et tuèrent un des chevaux des gardes, qui tirèrent de leur côté et tuèrent un desdits contrebandeurs. Les autres prirent en même temps l'épouvante et la fuite : les gardes les suivirent, mais l'obscurité de la nuit fut cause qu'ils ne prirent que le nommé Saint-Germain et trois chevaux chargés de draperie d'Angleterre. Les juges des fermes de Vienne ont depuis décrété, sur le procès-verbal et la répétition des gardes, les nommés la Collonge, Brise-Bataille, Marquet, et trois inconnus. Ce décret n'a encore été exécuté qu'à l'égard de Marquet, qui est un des chefs de bande et des assureurs; je n'oublierai rien pour faire prendre les autres. Ces contrebandeurs ont eu l'hardiesse d'aller à Vienne, au nombre de douze, pour sauver ledit Marquet; mais les gardes qui le conduisoient, en ayant été avertis, surent éviter leur rencontre. Si la déclaration du Roi du 25 août 1699, qui ordonne neuf ans de galères contre les particuliers qui favorisent avec force et port d'armes l'entrée des marchandises défendues, est exécutée à la rigueur, j'ose assurer Votre Grandeur que cet exemple intimidera et écartera tous ces malheureux, qui, sans cela, continueront avec plus de témérité. J'ose vous représenter que les fermes et l'État ont besoin, dans cette affaire, de votre autorité, et que, pour que les peines de la déclaration ne soient point diminuées, il seroit nécessaire que Votre Grandeur prît la peine d'écrire au sieur Gruby, président de la juridiction des traites à Vienne, et à MM. les officiers du Parlement de Grenoble, qui ont déjà rendu un arrêt pour faire apporter au greffe du Parlement les charges et informations, sur un appel interjeté par le nommé la Collonge, l'un des décrétés. Je prends la liberté de joindre ici copie du procès-verbal des gardes, de la description des marchandises et de l'arrêt du Parlement*.»

* En marge : «A M. le premier président de Dauphiné et au sieur Gruby, procureur des traites à Vienne. — S'il est vrai, comme j'ai lieu de le croire, que l'affaire se soit passée comme il est porté par le procès-verbal, ils doivent, dans cette occasion, un exemple de sévérité, et S. M. veut être informée du jugement qui sera rendu.»

347. *M.* le Gendre, *intendant à Montauban*, *au* Contrôleur général.

14 Décembre 1701.

«Dans le besoin que le Roi a d'argent, et dans l'envie que vous avez de lui en faire trouver, je crois vous faire ma cour de vous proposer tous les moyens qui me viennent à l'esprit pour tirer quelque secours de cette province sans fouler le peuple, qu'il faut ménager plus que jamais dans le temps que les impositions sont aussi fortes. J'ai cru qu'il n'y avoit point de moyen plus assuré de tirer de l'argent de ceux qui en ont, qu'en leur procurant des occasions de l'employer à acheter des charges honorables dans leur pays. Pour cela, il seroit nécessaire de créer une Chambre des comptes à Montauban, composée du nombre d'officiers suivant le mémoire ci-joint, et de l'unir à la Cour des aides, à condition que les anciens officiers financeront les sommes que le Roi trouvera à propos. Deux raisons puissantes m'engagent à vous proposer ce nouvel établissement. La première, c'est que le Roi en tirera 1,400,000 ᴴ ou environ, à la déduction des 2 sols pour livre, par le débit facile que l'on aura de toutes ces charges; la seconde, c'est qu'il n'y a point de moyen plus assuré pour achever de détruire entièrement l'hérésie dans Montauban, où elle a triomphé tant d'années. Les nouveaux convertis y sont dans des dispositions si heureuses, qu'il ne faut plus que les aider. Les peuples, qui se gouvernent plus, en fait de religion, par l'exemple que par les plus solides instructions, voyant à la tête d'une ville considérable comme Montauban des magistrats assidus à remplir leur devoir, attachés à la religion catholique, et en soutenir avec zèle et fermeté les intérêts, suivront ce bon exemple aveuglément, et donneront par là au Roi la consolation de voir le fruit de ses travaux et la perfection d'un aussi grand ouvrage.

«Après ces considérations générales, j'ai examiné avec attention si cela convenoit à l'intérêt particulier du Roi, au bien public, et si cela ne faisoit point tort à la Chambre des comptes de Paris et aux Compagnies voisines. Il paroît que cet établissement convient tout à fait à l'intérêt du Roi, parce que, toutes les affaires dont on comptera à la Chambre s'étant passées dans la province, il sera bien plus aisé d'avoir tous les éclaircissements nécessaires. L'on contribuera visiblement par là au bien public, puisque l'on épargnera une infinité de voyages de deux cents lieues à tous ceux qui ont des affaires à la Chambre des comptes de Paris, à qui l'éloignement cause un grand préjudice, ne pouvant porter ou envoyer si loin leurs acquits, pour compter, sans être constitués en de grands frais ou courir risque de perdre leurs papiers. Ils sont même obligés, quand ils ne font pas le voyage de Paris, de se confier à leurs procureurs, qui sont souvent les premiers à faire mettre des souffrances sur leurs comptes, ce qui cause la ruine des comptables; l'expérience du passé le justifie. La Chambre des comptes de Pau ni celle de Montpellier ne peuvent point se plaindre, puisqu'on ne leur ôte rien de leur juridiction; il n'y a que la seule Chambre des comptes de Paris, que je verrois avec douleur me savoir mauvais gré, s'il ne s'agissoit point du service du Roi, parce qu'elle perd 18,000 ‡ de rente par an, pour les épices des comptes des trois généralités de Bordeaux, Limoges et Montauban, qui composeront le ressort de cette nouvelle Chambre des comptes. Mais, en vérité, cette considération est-elle assez forte pour retenir, quand le service du Roi, l'avancement de la religion et le bien public s'y trouvent? D'ailleurs, le Roi peut aisément l'indemniser en permettant une imposition annuelle sur les trois généralités qu'on ôte à la Chambre des comptes de Paris.

«Je prendrois la liberté de vous dire que la plus grande partie des officiers de la Cour des aides souhaitent cette création; les peuples la désirent, et ce sera un avantage infini pour cette ville, qui mérite d'être protégée par le zèle de ses habitants pour le service du Roi, qui se sont, les premiers du royaume, distingués depuis deux ans en s'acquittant exactement de tous les devoirs de la religion. La première démarche leur a bien coûté; ils l'ont plutôt faite par l'envie de plaire au Roi que par la nécessité de se réunir à l'Église, dont ils ne connoissoient pas la vérité, et ils ne cessent présentement de donner des bénédictions à S. M. de les avoir excités, par tant de douceur et de bonté, à sortir de leur léthargie, dans laquelle ils seroient morts, sans son secours. Ainsi, l'intérêt de la religion se trouvant joint à toutes les raisons que je viens d'avoir l'honneur de vous expliquer, j'espère que vous ne désapprouverez point la liberté que j'ai prise de vous faire cette ouverture*.

«Reste la conduite de cette affaire, qu'il seroit dangereux de confier aux traitants, dont le nom n'est pas en bonne odeur dans la province; cependant, comme il faut trouver quelqu'un qui fasse les avances au Roi, il me paroît qu'il n'y a personne qui soit plus propre pour cela que les receveurs généraux, qui ont intérêt de ménager la généralité. Comme ces charges se vendront aisément, il n'est pas juste de leur accorder une forte remise. Je crois que les 2 sols pour livre seront un profit suffisant dont ils se doivent contenter, pourvu que S. M. se charge des frais du sceau et du marc d'or, moyennant quoi ils peuvent donner 100,000 écus quand l'édit sera vérifié, 100,000 écus trois mois après, et encore, après trois autres mois, 100,000 écus : ce qui fait 900,000 ‡ en six mois. L'on trouvera aisément des acquéreurs jusqu'à concurrence de ces sommes; mais, pour le surplus, je ne croirois pas qu'il y eût de la justice à les obliger d'avancer le prix des charges, qu'ils ne vendront peut-être pas aussi promptement que je le souhaiterois. Cependant je suis persuadé que le succès en est infaillible; j'y donnerai tous mes soins. En cas que les receveurs généraux ne trouvent pas ce profit assez considérable, il y a quatre ou cinq personnes dans cette province, bons et solvables, qui se chargeront de l'affaire à ces conditions, feront leurs soumissions, et donneront bonnes cautions. Et afin qu'on ne vous fasse pas paroître à Paris l'affaire plus difficile qu'elle n'est, j'aurai l'honneur de vous dire que toutes ces avances, jusqu'à concurrence des 900,000 ‡, ne coûteront pas beaucoup à ceux qui seront obligés de les faire, parce qu'ils vendront en un mois pour 100,000 écus de charges, savoir : celle de premier président, 100,000 ‡; les trois de président, 50,000 ‡ chacune, et celle de procureur général autant, aux conditions de l'édit, ayant cinq personnes en main pour ces cinq charges. Ce que les anciens officiers seront obligés de payer monte à 243,000 ‡. Outre cela, il se vendra aisément pour 100,000 écus de charges en trois mois, sachant sept à huit personnes qui veulent acquérir de ces offices. Ainsi, c'est de l'argent tout comptant que ces 900,000 ‡, pourvu que le Roi ait la bonté de défendre qu'il soit vendu aucune charge ancienne de conseiller à la Cour des aides, que les nouvelles ne soient levées. Si nous n'étions pas dans un temps aussi difficile, où le Roi a besoin d'argent, et que S. M. trouvât bon que cela se vendît par économie, cela se feroit plus facilement à meilleur marché, et le Roi y gagneroit 100,000 ‡, en laissant la conduite de cette affaire à un homme sage qui seroit préposé ici pour cela. Permettez-moi de vous représenter que les deux receveurs généraux sont parfaitement honnêtes gens et ménagent beaucoup le peuple; mais, comme ils sont attachés par leur famille à la Chambre des comptes de Paris, ils ne manqueront pas de faire beaucoup de difficultés, que je vous supplie de vouloir bien me communiquer, afin d'y répondre. Je suis plus attaché qu'eux par inclination à la Chambre des comptes de Paris, M. de Nicolay étant à la tête; mais le service du Roi passe chez moi devant tout, avec d'autant plus de raison que cette Chambre des comptes est assez considérable, assez puissante et assez heureuse de recevoir de si près les influences de la majesté royale, pour qu'elle ne souffre pas un grand préjudice de cette création nouvelle. J'ai l'honneur de vous envoyer le projet de l'édit de création, qui est fort étendu, afin d'éviter tous incidents à venir, avec un état de tous les offices qu'il seroit nécessaire de créer, et à quelles conditions; dans lequel état est marquée la finance que je crois que l'on peut faire payer aux anciens officiers**.»

* L'évêque de Montauban appuie également le projet, dans l'intérêt de la religion, le 14 décembre.

** Une autre lettre, du 1er février suivant, adressée à M. Rouillé du Coudray, qui avait été chargé de l'examen de l'affaire, porte au dos cette note : «Quoique le mémoire qu'il avoit envoyé ait été jugé contenir un avis praticable, cependant, sur la communication qui en a été donnée par M. Chamillart à M. le premier président de la Chambre des comptes, l'on est entré dans deux considérations qui sont venues de sa part : l'une, que l'on avoit donné, par ordre du Roi, une parole positive à cette Compagnie, en 1691, comme au Parlement et à la Cour des aides, de n'altérer en rien le ressort, au moyen des créations des nouveaux officiers qu'on leur a donnés; l'autre, que l'effort qu'elle est obligée de faire pour lever les augmentations de gages que les officiers doivent prendre pour être reçus à l'annuel, les met hors d'état, quant à présent, de donner, comme ils le souhaiteroient, des secours à S. M. capables de tenir lieu de la finance qui lui reviendroit de la création proposée. Ces considérations cessant, cette vue pourroit avoir lieu dans un autre temps.» Néanmoins, M. le Gendre renouvela encore une fois, le 19 février 1702, sa proposition.

348. *M. Bouchu, intendant en Dauphiné,*
au Contrôleur général.

15 Décembre 1701.

Il repousse la proposition d'une nouvelle création d'officiers à la Chambre des comptes de Grenoble. Cette Compagnie, qui n'a pour ressort que six élections et ne reçoit que quinze ou seize comptes par an, la plupart peu importants, est déjà beaucoup trop nombreuse, puisqu'elle compte six présidents, dix-huit maîtres, quatre correcteurs, six auditeurs, un procureur général, un avocat général, quatre secrétaires, six procureurs et six huissiers. Les affaires et l'occupation manquent le plus souvent pour tant d'officiers. De plus, ils ont épuisé toute la province pour acquérir les augmentations de gages, et ils ne pourraient supporter une nouvelle taxe que si elle était étendue à toutes les Chambres du royaume, et compensée d'ailleurs par une extension de juridiction ou par quelque autre indemnité*.

Il envoie une copie du mémoire qu'il avait fait, en 1688, sur certaines attributions réclamées par la Chambre, notamment la comptabilité des impositions des communautés.

* Voir, au 16 juillet 1706, une lettre de M. d'Angervilliers, successeur de M. Bouchu, sur un projet de création d'une seconde charge d'avocat général.

349. *M. Phélypeaux, intendant à Paris,*
au Contrôleur général.

17 Décembre 1701.

«. . . . . Dans les dernières années de la capitation, la généralité de Paris n'a fourni de net au Trésor royal que la somme de cinq cent et quelque mille livres; cependant, l'année passée, vous fixâtes la généralité à 900,000 # de net. Si vous vous en ressouvenez, je vous représentai pour lors que vous chargiez la généralité de Paris plus qu'aucune autre à proportion; mais je vous assurai en même temps que je ferois de mon mieux, et que, si je pouvois même, j'augmenterois cette somme. Je l'ai fait, mal à propos peut-être, si c'est cela qui m'a attiré l'augmentation que vous me demandez aujourd'hui, à moins que, par une bonté toute particulière, vous ne vouliez me distinguer des autres intendants en me donnant 100,000 # d'augmentation, pendant que vous n'en avez donné à presque aucun autre. Trouvez bon que je vous dise que je l'ai poussée cette année tout le plus loin qu'il m'a été possible, et que je ne puis l'augmenter de 100,000 # sans ruiner une infinité de gens : il m'est impossible d'imposer un sol de plus sur la noblesse ni sur les officiers, et tout tomberoit sur les taillables, qui sont déjà assez chargés d'ailleurs. Ainsi, sans me fixer ma somme, je vous prie de me laisser faire : j'irai tout au plus juste et le plus proche que je pourrai de ce que vous souhaitez, et, s'il y manque quelque chose, vous serez au moins sûr d'être récompensé par ce que vous aurez d'excédent de cette année, et j'espère que vous ne serez pas mécontent de moi; mais j'ai peur que la somme ne soit trop forte par rapport aux charges de la généralité. Pour ce qui est des gentilshommes qui ont travaillé avec moi l'année passée à l'imposition de la noblesse, je ne crois pas qu'il y ait rien à changer, et nous ferons notre travail ensemble, si vous le trouvez bon, cette année comme l'année passée*.»

* Réponse du contrôleur général, en marge : «Vous avez eu plus de part que moi à l'augmentation de cette année sur la capitation de la généralité de Paris, et je vous avouerai de bonne foi que le souvenir de l'année dernière m'a déterminé à y ajouter les 100,000 # dont vous vous plaignez. Comme il n'y a point d'autre raison, et que c'est votre bonne volonté qui vous a attiré cette distinction, je vous prie de vous servir de cette même bonne volonté pour la porter tout au plus loin que vous pourrez.»

350. *M. de Harouys, intendant en Franche-Comté,*
au Contrôleur général.

18 Décembre 1701.

Il approuve un projet de revision des comptes de l'administration de la Franche-Comté sous le gouvernement espagnol, de 1600 à 1674, et donne son avis sur le choix des commissaires*.

* Ce projet fut remis à un autre temps. — Le 29 septembre 1702, l'intendant envoie un rapport sur l'usage suivi dans le règlement et l'acquittement des dettes des communautés, et sur les poursuites à exercer contre les particuliers devenus sujets du duc de Lorraine.

351. *Le sieur Vezian, visiteur général des gabelles à Perpignan,*
au Contrôleur général.

21 Décembre 1701.

«J'ai cru qu'il étoit de mon devoir de vous rendre compte de la visite générale que je viens de faire dans la ville d'Elne, pour raison de l'enlèvement des sels que les habitants de cette ville ont fait, l'été dernier, des étangs qui avoient sauné aux environs d'icelle; et comme le commis et l'adjudicataire des gabelles avoient eu avis que les habitants d'Elne en avoient troqué avec d'autres habitants du pays une grosse quantité pour du blé et autres grains, et qu'il leur en avoit encore resté beaucoup, qu'ils avoient caché jusque dans les églises de leur ville, il présenta sa requête au Conseil supérieur de Perpignan, aux fins d'obtenir la permission de faire une recherche dans toutes les églises et lieux sacrés du ressort de la Cour, qui lui a été accordée par un arrêt de ladite Cour, pourvu que ladite recherche fût faite avec la décence requise et sans scandale, et en présence du visiteur général des gabelles. En conséquence de cet arrêt, j'ai été requis par le commis du fermier de faire une descente dans ladite ville d'Elne. Je m'y transportai le 12 du courant. Je commençai ma visite, le premier jour, par les maisons des habitants de cette ville. Je la continuai jusqu'au lendemain à midi, sans y trouver quasi aucun sel de gabelle, ni aucun sel défendu, et point ou peu de billets de gabelle. Et ayant été requis le même jour de faire la recherche du sel prohibé et défendu dans l'église cathédrale de ladite ville, je m'y transportai; mais le chef de cette église, qui est un prêtre nommé le *claustral*, en fit fermer les portes, nonobstant que je lui représentai que ma qualité de visiteur général des gabelles me donnoit droit d'y faire la recherche des sels défendus, et que j'étois encore porteur d'un arrêt de la cour du Conseil supérieur de Roussillon qui me commettoit pour ladite recherche. A quoi ledit claustral repartit qu'il ne pouvoit ouvrir les portes de ladite église que par une permission du vicaire général et du Chapitre d'Elne, transféré à Perpignan, qui en sont les chefs. Sur ce refus, je me contentai de faire garder les avenues de ladite église par les employés des gabelles qui étoient à ma suite, et de dresser mon procès-verbal sur l'opposition que ce claustral me faisoit d'exécuter l'arrêt de la Cour que j'avois en main, que j'envoyai à Perpignan, pour faire vider ladite opposition. Et parce que le commis de l'adjudicataire, qui avoit posté ses gardes aux avenues de ladite église, pour empêcher la sortie des faux sels qui y étoient enfermés, appréhenda n'avoir pas aussitôt un second arrêt pour faire l'ouverture des portes de ladite église, il s'adressa, le 14 du courant, au grand vicaire et au Chapitre d'Elne, pour avoir d'eux une permission pour faire la recherche du sel défendu dans ladite église d'Elne; laquelle lui ayant été accordée, il la présenta, le 15 du même mois, au prêtre claustral de ladite église, qui, pour lors, lui en fit ouvrir les portes : en sorte que, ce jour-là, à midi, on commença la recherche du sel prohibé dans ladite église, et on la continua jusqu'à cinq heures du soir, à la réserve du temps de vêpres, et on ramassa, durant ce petit espace de temps, plus de soixante minots de sel provenu desdits étangs, parmi lesquels on trouva même quelques paquets de sel d'Espagne. Tous ces sels étoient cachés dans des armoires et des coffres, et une bonne partie dans des sacs qui étoient derrière les autels de ladite église. On en trouva dans la sacristie et dans le chœur une très grosse quantité. Il fut de plus trouvé dans la même église plus de cent livres de poudre de contrebande, et deux livres de tabac aussi de contrebande. On trouva aussi dans une église qui est à la ville basse environ trente minots de sel desdits étangs, cachés pareillement derrière les autels et dans la tribune de la même église. Il fut encore trouvé cinq ou six minots de sel, en différents paquets, dans les fossés et remparts de ladite ville, aussi bien que dans quelques jardins. Voilà un faux-saunage bien considérable, dont j'ai cru devoir vous faire ce petit détail. Je présume que tous les chefs de famille de cette ville, qui sont en nombre de deux cent quarante, ont part à un si grand faux-saunage. Je ne doute pas non plus que les prêtres des églises où ces sels ont été trouvés n'y soient encore complices, et, comme je suis en droit de dresser mes procédures, tant contre lesdits prêtres que contre les autres habitants de ladite ville d'Elne, et que, par l'ordonnance de S. M. sur le fait des gabelles, les officiers desdites gabelles doivent condamner à des amendes tant les ecclésiastiques que les nobles coupables de faux-saunage, j'ai cru que, celui-ci étant d'un préjudice si considérable aux intérêts de S. M., je devois vous en rendre compte*. »

* Sur les suites de cette affaire, que la Cour des aides de Montpellier refusa d'instruire, comme cas privilégié, et dont la poursuite resta ainsi au visiteur, voir les lettres de M. d'Albaret, intendant, 18 janvier, 5 février et 12 mars 1702.

En 1702, le syndic de la province de Languedoc protesta contre les visites des commis et gardes des gabelles et contre la sévérité des peines dont étaient frappés les détenteurs de faux sel. M. de Bâville appuie cette réclamation par deux avis favorables, le 17 octobre et le 22 décembre 1702.

352. *M. Pinon, intendant à Alençon,*
au Contrôleur général.

22 Décembre 1701.

Il a fait distribuer aux changeurs d'Alençon et de Mortagne les 50,000 ᵗᵗ de nouvelles espèces que le contrôleur général avait envoyées pour relever le commerce; on a soin de répartir cette somme en détail parmi les gens de la campagne ou les artisans, et le bienfait de ce secours donne à juger qu'il eût été très bon d'établir un changeur dans la principale ville de chaque élection, au lieu d'en mettre quatre seulement dans toute la généralité, pour empêcher le billonnage de se produire aussi fréquemment*.

Il dénonce, à ce propos, le receveur des gabelles de Bernay, sur qui l'on devrait faire un exemple de sévérité. Cet officier prend les anciens louis à 12 ᵗᵗ 10 s. et les anciens écus à 3 ᵗᵗ 7 s., ou même à 3 ᵗᵗ 8 s.**.

* Pareils envois de 50,000 ᵗᵗ, puis de 30,000 ᵗᵗ, furent faits en 1704, par la Monnaie de Caen. Voir les lettres du contrôleur général à M. Foucault, 29 juillet et 23 août 1704.

** Voir, au 27 décembre 1701 (même intendance), une lettre de M. Hosdier sur les différents billonnages, leurs inconvénients et leur répression. Réponse en marge : «Lui mander qu'il étoit bien malaisé d'empêcher jusques à présent la première espèce de billonnage marquée dans sa lettre, à cause du peu d'espèces qui ont été fabriquées dans les Monnaies des provinces et répandues entre les mains des particuliers; qu'il est bon que M. Pinon continue l'instruction contre le receveur de Bernay. Je ne vois aucun inconvénient que la Cour des monnaies rende l'arrêt qu'il me propose, et qu'elle fasse agir en exécution les officiers dans les provinces.» Conformément à cet avis, le procureur du Roi en l'élection de Bernay procéda à des informations contre le receveur des gabelles. Les faits prouvés étant peu graves et le receveur très estimé, l'intendant demanda que l'affaire n'eût pas de suites; mais le contrôleur général exigea que le prévenu payât 1,000 ᵗᵗ au profit de l'hôpital de Bernay. (Lettres de M. Pinon, 9 février et 16 mars 1702.)

353. *M. de la Houssaye, intendant en Alsace,*
au Contrôleur général.

23 Décembre 1701.

Il demande une diminution sur le chiffre du don gratuit que doivent payer, au lieu de la capitation, les parties des diocèses de Bâle et de Spire qui sont sous la domination du Roi. L'augmentation de moitié du taux ancien de la capitation n'est point appliquée dans les diocèses de la frontière, notamment dans celui de Strasbourg, où les ecclésiastiques ne payeront que 30,000 ᵗᵗ comme par le passé, et l'on ne saurait demander au diocèse de Bâle plus de 7,000 ᵗᵗ, ni plus de 1,000 ᵗᵗ au clergé du diocèse de Spire, qui est aussi peu nombreux que pauvre, et qui, autrement, voudrait que l'on comprît dans la répartition les curés entretenus par le Roi dans le duché des Deux-Ponts (au roi de Suède) et la commanderie de Wissembourg (au grand maître de l'ordre Teutonique), ou l'électeur de Trèves, évêque de Spire, en sa qualité de prévôt du Chapitre de Wissembourg*.

* En marge : «Lui mander que les contributions qui se font par le clergé sont volontaires. Il n'est pas défendu de leur proposer quelque chose au delà de ce qu'ils ont donné dans la dernière guerre; mais, s'ils veulent se réduire à la même somme, le Roi trouvera bon qu'il s'en contente.» Voir, à la date du 18 décembre 1704, un état de répartition sur les parties du diocèse de Strasbourg qui se trouvaient au delà des lignes, et pour lesquelles l'évêque obtint une réduction, conformément à un avis de M. de la Houssaye du 12 janvier 1705.

354. *Le sieur* de Blair, *fermier général à Bordeaux,*
au Contrôleur général.

26 Décembre 1701.

«L'exécution de vos ordres me retenant ici depuis près d'un an et me privant de l'avantage qu'ont, dans ce temps, tous mes associés de vous souhaiter la nouvelle année heureuse, Votre Grandeur voudra bien me permettre de satisfaire à ce devoir par écrit, et de la supplier d'être persuadée que personne ne fait des vœux plus ardents pour sa conservation et pour son heureux et long ministère, par le succès de toutes ses entreprises, et la conservation de tout ce qui lui est cher.

«Le produit du quartier qui finit sera aussi bon que pareil de l'année dernière, qui a été à 1,200,000 ᵗᵗ; j'espère que l'année sera presque aussi bonne, si le commerce continue à être libre jusqu'à la foire de mars. Il ne restoit plus de vaisseaux ici; mais le vent de nord-ouest, qui règne depuis deux jours, y en a amené plus de deux cents, dont la moitié sont étrangers, anglois, hollandois ou du Nord, qui vont charger incessamment et redonner de la valeur aux eaux-de-vie, qui, de 86 ᵗᵗ pièce, étoient diminuées à 80 ᵗᵗ. J'aurai eu l'agrément, pendant mon séjour ici, de faire passer six millions dans les coffres du Roi, sans une seule assignation, sans aucun procès, et, je puis dire, sans aucune plainte du négociant, quoiqu'il y soit plus porté qu'ailleurs. J'ai cru, par cette conduite, que j'ai toujours suivie depuis que j'ai l'honneur d'être dans les fermes, me conformer aux intentions de Votre Grandeur et aux vues qu'elle a de concilier la régie avec le bien du commerce. Je rends très humbles grâces à Votre Grandeur de la bonté qu'elle a eue de me permettre de m'en retourner à Paris quand le travail de l'ordonnance et des tarifs sera fini; il me mènera jusqu'à la fin de mars, car je n'ai pu avoir encore des négociants de Bordeaux copie de leurs observations sur l'ordonnance, qu'ils ont achevé d'examiner, afin d'y répondre et de mettre M. de la Bourdonnaye en état de décider ou de donner son avis sur les articles en contestation. Comme je ferai la foire de mars, si Votre Grandeur n'a destiné encore aucun de mes associés pour me relever dans ce département, elle peut, sans aucun risque du service, le laisser vide jusqu'au mois de septembre; M. Daumay, qui en est directeur, étant habile et sûr, le remplira très bien.»

355. *M.* Pinon, *intendant à Alençon,*
au Contrôleur général.

(Fin 1701.)

Réponse au mémoire du Conseil de commerce sur la disette de bois, envoyé le 29 juillet 1701 par le contrôleur général.

La généralité d'Alençon souffrirait fort peu de cette disette, si les forges consommaient moins de bois. Il y a environ onze ou douze mille arpents de landes, dont une petite quantité, voisines des forêts, pourraient être plantées, si l'on trouvait des particuliers pour les afféager en vue d'un produit fort éloigné. Pour les bois des ecclésiastiques, il suffirait de faire observer l'ordonnance de 1669; quant aux particuliers, on pourrait les obliger à conserver un douzième en futaie, comme le prescrit l'ordonnance pour les ecclésiastiques et gens de mainmorte. On devrait aussi restreindre les coupes de futaie dans les forêts, faire planter les places vides et vagues dans les bois du Roi et des ecclésiastiques, et enfin supprimer une partie des forges, qui ont fait augmenter de moitié, depuis vingt ans, le prix du bois*.

* M. Bignon, intendant à Amiens, écrit, les 25 octobre 1701 et 11 février 1702 : «Après avoir fait examiner ce qu'il peut y avoir de terres incultes, landes et communes servant à usage de pâturage, je crois qu'il n'y a point de province dans le royaume où il s'en trouve moins. Presque tout est en culture; le fonds est d'un très grand produit en blé; c'est tout le commerce des habitants. Ils y ont trouvé tant d'avantage depuis vingt années, que les terres les plus ingrates ont été mises en valeur. Comme néanmoins le bois a toujours été fort cher en Artois et en Picardie, pour y suppléer, on brûle des tourbes et de la houille en plusieurs villes et à la campagne. Les propriétaires des terres et les communautés régulières et ecclésiastiques n'ont rien négligé pour mettre en bois ce qui n'étoit pas propre à labour, principalement en Artois. Les rues, les places des bourgs et villages et les chemins qui ne sont pas royaux ont été plantés. Ainsi, l'intérêt et l'utilité particulière des habitants, toujours sûrs pour le succès de l'avantage public lorsqu'ils y concourent, ont prévenu les vues générales qu'on pourroit avoir là-dessus et les précautions d'une autorité sage et prudente. L'essentiel est de réveiller l'attention des officiers des eaux et forêts pour l'observation des règlements qui ont été faits à cet égard, et de faire examiner s'ils y tiennent la main. On pourroit planter tous les chemins royaux, y obliger les riverains. Au surplus, l'expédient proposé par le mémoire seroit aussi pratiqué jusques à concurrence de la possibilité et des convenances, car, très certainement, il produira peu de secours dans ce département : à peine y a-t-il assez de communes pour la nourriture des bestiaux; les landes appelées *riez* sont très chargées de cailloux, ou d'une qualité de craie

qui est d'une stérilité absolue. » — M. d'Ormesson, intendant en Auvergne (fin 1701), écrit que le bois est très rare dans les plaines, et qu'on est réduit à brûler du noyer, au grand préjudice de la production de l'huile. Dans l'élection de Clermont, les seuls bois considérables, ceux de la comté d'Auvergne, appartenant à M. le duc et à M. le cardinal de Bouillon, sont très dégradés. Les deux élections montagneuses de Saint-Flour et d'Aurillac renferment beaucoup de pins, de sapins, de chênes et de hêtres, mais sans rivière navigable pour le transport. On pourrait, pour engager les propriétaires à faire des plantations, décharger leurs terres incultes de la taille, et même diminuer d'office la taxe de leurs autres héritages; puis, défendre sous de fortes peines les coupes et les défrichements, et même obliger tous les propriétaires possédant trente à quarante arpents de terre d'en semer un en bois. — M. Lebret, intendant en Béarn (fin 1701), reconnait que les montagnes, qui font la plus grande partie de ce pays, ont dû perdre leurs bois peu à peu; mais la fougère, qui les a remplacés, sert si avantageusement à fumer les terres, qu'on ne pourrait décider les habitants à replanter ces terrains que moyennant assurance de quelques gratifications. — M. Roujault, intendant en Berry (fin 1701), dit que sa province a plus de landes et de bruyères qu'aucune autre; quoiqu'on en ait beaucoup converti en terres labourables, on compte encore, dans la maîtrise de Vierzon, plus de dix mille arpents incultes autour des forêts royales, et plus de deux mille autour des autres bois; dans la Sologne, autrefois converte de bois, la dixième partie des terrains n'est pas en valeur, et tout le reste n'est plus que communaux servant au pâturage. Les mesures à prendre seraient : de veiller à l'observation des règlements; d'obliger strictement les ecclésiastiques et les communautés laïques à réserver un quart des coupes, et même les particuliers à faire aussi quelque réserve un peu moindre; de faire faire des plantations par corvées dans chaque paroisse, selon sa situation et ses ressources; de faire semer de même les clairières et les terres vagues dans les forêts du Roi, et, si l'on rétablissait des ateliers publics, de les employer à ce travail. — M. de la Bourdonnaye, intendant à Bordeaux (fin 1701), approuve les propositions des députés. Son département souffre plus qu'aucun autre de la disette de bois, à cause de la très grande consommation qui s'en fait pour la construction des vaisseaux, pour l'enfutaillement des vins et des eaux-de-vie, ou pour l'alimentation des forges du Périgord, et parce qu'on défriche beaucoup de bois pour faire place aux vignes, ou que les landes ne produisent que des pins. — M. Ferrand, intendant en Bourgogne (11 novembre 1701), estime qu'une exacte observation des ordonnances, avec une meilleure surveillance de la part des officiers, suffirait à arrêter le mal. Quant à planter les communaux, personne ne voudrait se charger de les enlever aux communautés, que cette perte ruinerait absolument, et qui traiteraient les nouveaux occupants comme des usurpateurs. D'ailleurs, les terres bonnes à planter en bois ne sont pas rares, et elles ne valent que 20 à 30 sols le journal. — M. Foucault, intendant à Caen (fin 1701), croit qu'il serait bon de diminuer le nombre des forges et de restreindre leur consommation de bois aux forêts difficiles à exploiter. Quant à l'ensemencement des landes, terres incultes et communes, qui sont très nombreuses dans les élections de Coutances, Vire, Avranches et Mortain, on ne pourrait l'obtenir qu'en assurant force privilèges aux particuliers qui s'en chargeraient. — M. Bouchu, intendant en Dauphiné (fin 1701), propose de défendre les défrichements, d'engager les communautés à ensemencer de bois une partie de leurs biens, d'obliger les particuliers à planter des peupliers, saules et trembles, pour les employer en échalas au lieu des bois forts, de remettre en vigueur l'ordonnance relative à la plantation des bords des grands chemins, de diminuer le nombre des forges, fourneaux et manufactures, de n'y laisser consommer que les bois d'extraction difficile, et de défendre de faire des cendres ou d'avoir des faudes à moins de quatre lieues des rivières navigables. — Les trois intendants de Flandre (15 février 1702), de Flandre maritime (5 août 1701) et de Hainaut (19 août 1701) estiment qu'il n'y a rien à faire dans leurs départements, où les forêts sont suffisantes, vu la grande consommation de tourbe et de charbon de terre, et où le pays est généralement bien cultivé et d'un excellent rapport. — M. de Harouys, intendant en Franche-Comté, dit (14 février 1702) que les bois ont été détruits, depuis la conquête de 1674, par les forges nouvelles et par le défaut de reproduction des coupes exploitées trop tardivement. — M. de Bâville, intendant en Languedoc (fin 1701), demande qu'on fasse faire par chaque communauté une vérification générale de ce qu'il y a de terres vagues et de landes et de ce qu'il en faut conserver pour la pâture. — M. Bégon, intendant à la Rochelle (fin 1701), dit que les raffineries de sucre ne consomment que du charbon de terre, dont on pourrait généraliser l'usage; qu'il est nécessaire de veiller à la production du merrain, les vins étant une des richesses de l'État; que les landes, impropres à la futaie, sont plus utiles pour l'élevage des bestiaux, dont la rareté n'est pas moins grande que celle des bois; que la réserve des baliveaux serait nuisible. Il propose plusieurs modifications au projet, pour la conservation des bois du Roi, des communautés ou des particuliers. Il croit que l'on pourrait engager les marchands à tirer des bois du Canada en les exemptant de droits d'entrée, renouveler les anciennes ordonnances sur la plantation des bords des grands chemins, généraliser l'usage des poêles en en permettant le transport en franchise, abolir le nouveau droit d'entrée sur le charbon de terre (12 3^{ll} par muid), qui excède le prix de la marchandise, et affranchir de tous droits pendant vingt ans les tourbes et les mottes de tanneurs, ce qui en ferait connaître l'usage partout. — M. de Bernage, intendant en Limousin (fin 1701), demande aussi les mêmes décharges. Quant aux landes et aux terres incultes, il croit que celles qui se trouvent dans l'enceinte ou aux reins des forêts royales doivent être plantées au compte du Roi, et qu'il y aurait même avantage à retirer des mains des détenteurs celles qui ont été aliénées et mises en culture; celles qui sont éloignées des forêts pourraient être données en fief et bien noble aux personnes qui les cultiveraient; celles qui appartiennent aux communautés ecclésiastiques, dans les forêts ou sur les bords, devraient être repeuplées, comme celles du Roi, au compte des communautés, à peine d'y être pourvu à leurs frais et dépens, et celles qui sont éloignées des forêts, défrichées dans trois ans, sous peine de dépossession. Il représente ensuite que la conservation des baliveaux a des inconvénients, parce qu'ils croissent en branches, non en hauteur, étouffent le bois naissant, et se trouvent sans soutien contre le vent; si on cessait de les réserver, on pourrait porter les réserves de futaie au quart dans les bois du Roi, au tiers dans ceux des ecclésiastiques, mais en laissant la liberté de les couper dès qu'elles seraient à leur perfection, à cent ans par exemple. — Selon M. de Saint-Contest, intendant à Metz (fin 1701), le bois est en telle abondance que le prend qui le veut, et il ne se vend que 7 sols la corde. M. l'évêque de Metz en possède cent quatre-vingt mille arpents. Cependant on pourrait faire replanter quantité de terres qui sont abandonnées depuis les guerres. Il croit qu'on pourrait aussi rentrer dans les terres du domaine royal aliénées à tort comme places vagues, et qu'il faudrait renouveler sous des peines très sévères l'obligation aux adjudicataires de repeupler, labourer et fossoyer les terres vagues des forêts du Roi. Laisser croître les tailles jusqu'à trente ans; défendre expressément le transport d'aucun bois à l'étranger. — M. le Gendre, intendant à Montauban (fin 1701), dit que le bois se consomme dans sa province pour la conversion du vin en eau-de-vie et pour les tonneaux destinés au transport des vins ou des prunes sèches; mais, pour ce dernier emploi, on ne se sert que de châtaignier ou de peuplier. Près de Montauban, dans le canton du Ramier, un espace d'une demi-lieue, autrefois boisé, et vague à présent, pourrait être replanté en bois pour le compte du Roi, en payant à la ville de Montauban une rente pour les fonds de terre, qui lui appartiennent presque tous. En général, il n'y a de terres incultes et découvertes que dans les endroits où manque le transport par rivières. On pourrait faciliter l'exploitation de la forêt de la Grezigne, en Albigeois, où le Roi possède onze mille sept cents arpents de futaie de chênes, en rendant la rivière d'Aveyron, qui n'en est éloignée que d'une demi-lieue, flottable jusqu'au Tarn, ce qui permettrait de voiturer à Montauban, Toulouse, etc., non seulement les bois, mais toutes les denrées qui sont en abondance dans la généralité. La dépense pour rendre cette rivière navigable serait de 100,000 #, et de 60,000 # pour la rendre seulement flottable; le Roi y contribuerait à son gré, et le surplus serait supporté pour deux tiers par la généralité, et pour un tiers par la province de Languedoc. — M. d'Ableiges, intendant à Poitiers (fin 1701), dit que les communes se trouvent généralement dans des terrains marécageux impropres à porter du bois, et que personne d'ailleurs ne voudrait les acquérir; qu'il faudrait faire piquer et semer de glands toutes les places vides au dedans et sur les bords des forêts du Roi, en employant à cette dépense la moitié des amendes arriérées; obliger sous de fortes peines les communautés religieuses ou charitables, les bénéficiers, les commandeurs, etc., à piquer de même autant de terrain qu'ils ont laissé détruire de bois, et même une autre quantité de terre proportionnée à leurs facultés; astreindre ceux qui possèdent des taillis considérables à y avoir des gardes, ou les faire garder par les maîtrises aux dépens des bénéfices; permettre, à l'occasion, la vente des baliveaux ou des futaies sur le retour; agir de même pour les particuliers, mais en exigeant au préalable la visite et le procès-verbal; prohiber le pacage avant que le taillis ait six ans; faire faire des ventes réglées dans toutes les forêts du Roi, futaies sur le retour ou taillis, à commencer par certaines parties de la forêt de la Ferrière et Autin, dont les arbres ont près de trois cents ans, et par les plus vieux taillis de la forêt de Moulière; engager de même les bénéficiers et particuliers à régler à dix ans l'exploitation de tout ce qui ne sera pas désigné pour futaie; interdire aux marchands de bois de faire des approvisionnements pour plus de trois à quatre ans; fixer en chaque ville le prix du bois de construction et de chauffage; régler la production du fer et de l'acier, qui s'est augmentée outre mesure depuis trois ans; enfin, obliger les propriétaires de bois voisins des rivières ou gros ruisseaux à rendre ces cours d'eau navigables ou flottables, et les meuniers à lever à première réquisition les piles des moulins, et même celles des écluses, sauf à les faire indemniser du chômage par les maîtrises. — M. Lebret, intendant en Provence (10 août 1701), répond que le terrain montagneux est impropre à semer du bois, que rien de ce qui peut être cultivé ne reste en friche, et qu'on ne saurait priver du pacage dans les taillis des montagnes des habitants qui n'ont que leurs chèvres pour se nourrir et engraisser leurs terres. — M. d'Herbigny, intendant à Rouen (fin 1701), se plaint de l'augmentation des forges et de l'excessive quantité de fer qu'on emploie pour l'ornementation des maisons. Il ne croit pas, étant donné un État aussi peuplé et aussi industrieux que la France, qu'on puisse y trouver des terres incultes propres à donner quelque produit; il ajoute que peu de gens seraient portés à faire une dépense présente pour semer, sur le seul espoir d'un produit incertain et très éloigné. — M. d'Albaret, intendant en Roussillon (fin 1701), dit qu'on ne peut avoir dans la plaine que des bois blancs, des broussailles et des oliviers, ces derniers servant aussi bien au chauffage qu'à la production de l'huile. Les montagnes peuvent produire beaucoup de bois, mais si légers et si poreux, que les commissaires de la marine ne les ont jugés d'aucune utilité, sauf quelques vieux arbres propres à faire des courbes. Dans le Capsir, il y a des sapins, mais d'un abord si difficile, qu'on ne peut les débiter qu'en planches, pour le pays même. — M. Sanson, intendant à Soissons (fin 1701), ne croit point praticable d'afféager les landes ou terres vagues et incultes, qui servent à la nourriture du bétail. Les abbayes et communautés, qui reçoivent des chauffages considérables en nature, en font commerce; on pourrait les restreindre au nécessaire, et même ne les leur fournir qu'en bois de moindre qualité. Le merrain serait moins rare, si l'on observait les anciennes ordonnances qui défendent d'employer le chêne en échalas. On pourrait, après examen, permettre l'exploitation des bois qui sont sur le retour (l'abbaye de Foigny en possède pour plus de 200,000 #), et réserver jusqu'à soixante ans vingt ou vingt-quatre baliveaux, au lieu de seize. Il faudrait diminuer le nombre des verreries, forges et fabriques d'eau-de-vie, et les reléguer dans les lieux d'où le bois ne peut se tirer qu'à grands frais.

---

356. *M. Turgot, intendant à Tours,*
au Contrôleur général.

5 Janvier 1702.

«Lorsque j'ai reçu la lettre que vous m'avez fait l'honneur de m'écrire le dernier décembre, pour donner tous les secours possibles aux cinq cents tisserands de la ville de Laval qui peuvent être vacants, j'étois sur le point d'informer M. Rouillé du Coudray, qui m'en avoit écrit, de la délibération qui a été faite par les officiers de ville sur ce sujet, et je vous supplie de trouver bon que je vous en rende le compte, dont il sera informé par la même lettre, qui lui sera apparemment renvoyée. Cela a commencé d'abord par une lettre du sieur Flécheray, qui faisoit peut-être le mal un peu plus grand qu'il ne pouvoit être, car, en ces matières, il est bien difficile qu'en recherchant avec soin de pauvres artisans, on n'en trouve un grand nombre qui aient besoin de secours. Il est vrai que, dès le temps de ma tournée, m'étant appliqué, comme je devois, à connoître l'état de cette manufacture, qui est très considérable et qui soutient un très grand peuple de pauvres tissiers, je reconnus que le commerce languissoit depuis quelque temps, dans l'attente de la flotte; mais il faut espérer qu'elle se rétablira aussitôt à son retour. Depuis, les officiers firent, sans ma participation, quelques visites dans une ville assez tumultueuse et où il est bon de les retenir dans l'ordre; je les avertis de m'écrire leurs besoins, et depuis j'ai reçu la délibération qu'ils ont faite, et une lettre très bien détaillée du juge de police, et j'en reçois tout nouvellement une pareille de mon subdélégué, qui concourent toutes à marquer que, par la visite, on a reconnu cinq cents métiers vacants pour le temps présent, qui sont autant de familles qui peuvent avoir besoin de secours. Par la délibération générale, on fait un rôle de tous les habitants qui peuvent payer, que l'on porte dans les maisons, pour que chacun se règle lui-même; on excitera ceux qui ne se feroient pas justice, et ces aumônes seront utilement employées pour leur distribuer, en les faisant même travailler. Dès que je reçus la délibération, je répondis pour l'approuver et pour qu'ils continuassent à y donner tous leurs soins, ayant toujours excité à faire la chose doucement, sans éclat et pour un temps seulement de deux ou trois mois, jusqu'à ce que le commerce, qui paroît même déjà reprendre quelque force, se rétablisse davantage, ne devant regarder ceci que comme un secours volontaire, et non pas un pareil à ceux des grandes nécessités. L'on continuera d'y donner des soins dans le même esprit, afin que ce secours ne soit point trop onéreux à ceux qui le feront et diminue à proportion que le travail pourra se rétablir, selon l'espérance que l'on en a, cette matière devant être traitée avec tempérament, ainsi que je prends soin de le faire connoître*.»

* Voir, à la date du 24 décembre 1701, la lettre du sieur du Flé-

cheray, avocat fiscal à Laval, avec les réponses en apostille de l'intendant, et, à la date du 28, une lettre du sieur de Neuillac, inspecteur des manufactures, qui dit : «On remarque que les maîtres tisserands les plus riches ont moins de charité de ces pauvres ouvriers que ceux qui ont un médiocre trafic, quoiqu'ils aient contribué par leur travail à leur aider à gagner le bien qu'ils ont. Si Votre Grandeur avoit agréable de m'ordonner, ou au juge de police, de lui envoyer un mémoire du nom des marchands et maîtres tisserands qui n'auront pas assisté ces ouvriers, cela ne pourroit produire qu'un bon effet. Je suis persuadé qu'à la vue de la lettre, leur charité augmenteroit, de crainte d'une plus grande taxe.»

357. *M.* DE LA *Bourdonnaye*, *intendant à Bordeaux*,
au Contrôleur général.

7 Janvier 1702.

Mémoires des négociants de Bordeaux, réponse des fermiers généraux, avis de l'intendant et autres pièces concernant l'exemption qu'on demande du droit de comptablie à l'entrée pour les eaux-de-vie fabriquées dans la sénéchaussée de Guyenne.

358. *M.* DE LA *Bourdonnaye*, *intendant à Bordeaux*,
au Contrôleur général

19 Janvier 1702.

«J'ai l'honneur de vous renvoyer un placet par lequel on demande la faculté de faire à Bordeaux le courtage des grains, légumes et farines, et de fournir les mesures, poids et balances, avec permission de lever un sol par boisseau seulement. J'ai communiqué ce placet aux jurats, qui m'ont remis le mémoire ci-joint, pour y répondre. J'y ajouterai que l'établissement de cet office seroit le plus grand mal qui pût arriver à la ville de Bordeaux. Elle a déjà celui de payer un droit de 7 s. 6 d. par boisseau de blé, qui empêche qu'on y fasse aucuns magasins et qui l'expose tous les jours à une disette prochaine. Si le courtage des grains et des farines étoit remis, outre cela, à une même personne, le mal deviendroit extrême : ce particulier se rendroit bientôt le maître de la quantité des blés et du prix; les étrangers et tous ceux qui vendent eux-mêmes leurs blés présentement, sans aucun courtage et sans contrainte, seroient obligés de passer par ses mains, et ce seroit donner lieu à des monopoles infinis sur une denrée dont le commerce ne sauroit être assez libre. D'ailleurs, ce droit, qu'on demande d'un sol par boisseau seulement, produiroit plus de 20,000 # de revenu, parce que, outre la consommation de Bordeaux, qui est de quinze mille boisseaux par mois, toute la campagne voisine y prend ses grains, et cela sans compter les légumes et les farines.

«A l'égard des poids, mesures et balances, c'est un droit patrimonial de la communauté de Bordeaux, dont elle jouit de toute ancienneté, et qu'on ne lui peut ôter sans injustice. J'ose vous assurer que les suites fâcheuses de ce nouvel établissement réduiroient au désespoir les peuples de Bordeaux, déjà fatigués par le droit de 7 s. 6 d. marqué ci-dessus, au sujet duquel j'aurai bientôt l'honneur de vous envoyer un mémoire *.»

* Selon l'indication mise en marge, le projet avait été présenté par Mme la princesse d'Espinoy. Il y eut une réplique de la part des auteurs; mais les jurats répondirent : «La seule crainte qu'auroient les peuples du courtage des grains seroit capable de les porter aux dernières extrémités.....» — «La situation de Bordeaux, ajoutait l'intendant, est très désavantageuse pour la subsistance des peuples : il n'y a que la grande liberté du commerce des blés qui puisse produire quelque abondance; la moindre contrainte gâteroit tout. Les esprits, d'ailleurs, y sont légers et impatients.» (Lettre et mémoires du 8 avril.)

Le projet avait déjà été présenté par l'intermédiaire de Mme de la Tresne, femme du premier président du Parlement de Bordeaux, et rejeté par les notables de la ville, quoique l'auteur offrît de payer une somme annuelle à l'hôpital.

359. *M.* DE *Nointel*, *intendant en Bretagne*,
au Contrôleur général.

22 Janvier 1702.

«Les officiers du grenier à sel de Saumur et de Mer ont raison de se plaindre de la mauvaise qualité du sel qui se distribue dans leurs greniers. J'ai vérifié qu'il fait partie de quinze cents muids que les fermiers généraux firent acheter en 1699, à Bourgneuf et dans l'île de Bouin, et que ces sels, qui étoient fort vaseux, tendres et menus, furent livrés aussitôt qu'ils eurent été faits aux commis de la prévôté de Nantes; que ces commis furent obligés de les recevoir et de les faire charger, dès le mois d'octobre de la même année 1699 et au mois de mars 1700, dans les bateaux qui les ont voiturés à Saumur, à Mer et dans quelques autres greniers de la ferme; et la raison étoit que, les fermiers généraux ayant manqué de faire, dans les années précédentes, des achats de sel proportionnés à leurs besoins, les salorges se trouvèrent vides. Comme ce sel, qui étoit de mauvaise qualité, n'avoit acquis aucun dépôt sur les marais ni dans les salorges, il a dû déchoir considérablement et faire de mauvaises salaisons.

«Les sels qui ont été mis dans les salorges de Nantes pendant les deux dernières années paroissent bons, suivant la visite que j'en ai fait faire; mais on sera obligé d'en envoyer partie, aux mois de mars et d'octobre prochains, dans les greniers de la ferme, et, comme on en fera la distribution presque aussitôt qu'ils y auront été déchargés, il y a lieu de craindre que les particuliers ne fassent encore les mêmes plaintes sur la qualité du sel qui leur sera délivré. Le moyen de faire cesser ce désordre seroit d'obliger les fermiers généraux de faire des provisions assez considérables pour mettre leurs commis en état de laisser les sels pendant trois ans dans les salorges, avant qu'ils les en tirent pour les envoyer dans les greniers de la ferme.»

360. *M.* LE *Gendre*, *intendant à Montauban*,
au Contrôleur général.

25 Janvier 1702.

Il rend compte des élections consulaires de Villefranche, où il a réussi à faire nommer un protégé de Mme Chamillart.

«M. de Sourdis m'écrivit, peu de jours avant l'élection consulaire, pour me prier de nommer le sieur Rataboulp. Je fis réponse à M. de Sourdis que c'étoit un très mauvais sujet, et que d'ailleurs Mme de Chamillart s'intéressoit au nommé Alexis Delperh. M. de Sourdis me manda qu'il y consentoit de tout son cœur, ne prenant qu'un très léger intérêt à ce qui regardoit Rataboulp : ce qui m'obligea d'écrire une seconde fois aux consuls de Villefranche, pour nommer celui que Mme de Chamillart souhaitoit. Toute la communauté en fut contente et lui donna sa voix, à la réserve de trois ou quatre brouillons qui le trouvent trop honnête homme pour entrer dans l'hôtel de ville, et qui veulent troubler le repos de la communauté. En vérité, ils mériteroient d'être punis de leur témérité . . . . . »

361. *M. Bouchu, intendant en Dauphiné,*
au Contrôleur général.

(De Milan) 27 Janvier 1702.

Il combat l'idée de surseoir au remboursement des affranchissements de tailles.

« Je ne puis assez marquer mon éloignement d'admettre dans toute son étendue la proposition contenue au mémoire, consistant à faire rendre les trois huitièmes des sommes capitales qui ont déjà été payées aux acquéreurs de ces affranchissements, de leur faire payer de plus par supplément un quart de la finance entière, et, moyennant cela, les confirmer à perpétuité dans ces affranchissements, jusque-là de ne cadastrer les fonds ainsi affranchis que dans le nombre des nobles. Se peut-il que la pensée qu'a eue le proposant de profiter de la remise qui lui seroit accordée sur ce quart de supplément, dont il offriroit vraisemblablement de faire l'avance au Roi, de laquelle il seroit bien vite remboursé (tant ces affranchissements sont déraisonnablement avantageux aux acquéreurs), le porte à vouloir que l'on passe à cette extrémité d'effacer jusques aux vestiges des affranchissements, de manière que le nombre infini d'abus qu'ils renferment soient à jamais irrémédiables, que l'on rende les recouvrements de la difficulté qu'on les a vus et qu'on va les revoir en Dauphiné? Si cette proposition est reçue, étant aisé de comprendre que ce sont tous les gros et les aisés qui sont les acquéreurs de ces affranchissements, sait-on, à moins que d'être du nombre des commissaires à la revision des feux, combien de fonds ont été indûment compris dans les premiers affranchissements, sous prétexte de quelques fonds pour lesquels ils ont effectivement financé? On offre un supplément de finance : je veux que ce supplément porte l'aliénation, qui a été faite en dernier lieu au denier seize (si je ne me trompe, car je n'ai pas ici ces sortes de papiers, et je parle de mémoire sur cette matière), jusques au denier vingt. Comment dédommager le reste des contribuables de l'affranchissement des tailles négociales que S. M. a aliénées en même temps, sans que le montant, qui, dans des temps de guerre, égale et double quelquefois la royale, ait été compris dans le pied sur lequel la finance de cette aliénation a été réglée*?

« Vous avez condamné par vous-même l'étendue de cette proposition; mais vous croyez qu'on peut en faire usage en ordonnant une surséance du remboursement de ces affranchissements pendant la guerre, et faisant porter au Trésor royal les sommes qui y étoient destinées. Permettez-moi de vous représenter que, dans un ministère tel que le vôtre, dont la justice et l'équité font toute la consolation des peuples pendant ce temps-ci de souffrance, par la certitude qu'ils ont que vous souhaitez autant qu'eux leur soulagement et qu'ils en recevront des effets très sensibles aussitôt que les conjonctures vous le pourront permettre, ce parti est encore trop étendu, et j'espère que vous en serez persuadé après vous avoir observé que le Roi a seul touché la finance de ces affranchissements; cependant le fonds du remboursement se faisoit moitié par imposition sur la province de Dauphiné, moitié du Trésor royal. Que le Roi suspende le payement de la moitié qui sortoit de ses mains, il n'y a rien que de juste par rapport aux conjonctures présentes; mais, de faire souffrir au Dauphiné une imposition pour le rachat des affranchissements, en vue de le décharger d'une chose aussi surchargeante pour les contribuables, et de ne pas faire l'emploi de cette imposition à sa destination, vous trouverez sans doute qu'il y auroit quelque chose tout à fait répugnant à la justice. »

Il propose de ne point prendre de fonds sur le Trésor royal, mais d'employer à un remboursement partiel les sommes déjà imposées pour cet objet sur la province, et de faire payer par le Roi l'intérêt du reste jusqu'à ce qu'il puisse achever le remboursement total.

Il supplie également le contrôleur général de ne point abandonner le travail de la revision des feux, qui ne doit plus durer que deux ans et ne coûte que 20,000 ^tt^ par an.

* M. le Gendre, intendant à Montauban, envoie, le 23 août 1702 et le 21 février 1703, l'état des sommes payées pour supplément de finance par les propriétaires de fonds affranchis de tailles, en exécution de l'édit du 5 octobre 1701.

362. *M. le Camus, lieutenant civil à Paris,*
au Contrôleur général.

6 Février 1702.

« . . . . . Le sieur Hélissant m'a fort parlé des billets royaux; il prétend, et plusieurs des commerçants, que l'argent s'en resserrera davantage, quoique Samuel Bernard et de Meuves ne soient pas de son avis; et, comme vous souhaitez que j'aie l'honneur de vous dire ce qu'il me paroît dans le public, je vous dirai que la proposition n'est pas dans le goût public* . . . . . »

* En marge, de la main du contrôleur général : « . . . . . La proposition des billets royaux n'est point entendue; ce sont des rentes mobilières par billets, délivrées par le prévôt des marchands et échevins de la ville de Paris, dont l'intérêt d'avance est payable à l'hôtel de ville par un payeur, à 6 p. o/o. Ces billets se doivent renouveler tous les ans, et l'intérêt, payé au porteur d'avance, en renouvelant le fonds, fait comme celui des rentes. On pourroit donner, dans les payements de 400 ^tt^ et au-dessus, le quart de ces billets, qui, en quelques mains qu'ils fussent, ne demeureroient jamais inutiles, parce que la rente ou intérêts courroit toujours. Le Roi ne pourroit être obligé à les rembourser, non plus que les contrats sur l'hôtel de ville portant aliénation du fonds; mais rien ne se fera que le public ne soit rassuré, que cela ne soit entendu, et qu'il ne le désire. Communiquez, je vous prie, cette vue au sieur Hélissant. »

363. *M. d'Ableiges, intendant à Poitiers,*
au Contrôleur général.

8 Février 1702.

«J'ai fait jusques à présent tout ce qui m'a été possible pour engager la noblesse du Poitou à payer la capitation sans leur faire souffrir de frais. J'ai donné des ordres très précis aux receveurs particuliers de faire payer dès le mois de décembre dernier. Ils ont été chargés de ce recouvrement parce qu'on a cru qu'ils étoient plus propres à cela que tous les autres et que le recouvrement s'en feroit plus vite; cependant ils n'ont pas usé de grande diligence, quoi que je leur eusse recommandé. Il est vrai que les gentilshommes du Poitou sont fort lents à payer; j'ai même été obligé, en 1697, lors de la précédente capitation, d'envoyer, avec l'agrément du Roi, dix ou douze dragons et un maréchal des logis pour faire payer les restes de la capitation de 1695 et de 1696. Si j'avois des troupes ici, je vous demanderois la même liberté. On faisoit payer 20 sols par jour à chaque dragon, et 30 sols au maréchal des logis, et le gentilhomme nourrissoit le cheval et le dragon. Aussitôt qu'on les eut envoyés chez deux ou trois, les autres se dépêchèrent de payer. En cas de rébellion, le maréchal des logis avoit ordre de faire main basse et de brûler les portes, si on en avoit refusé l'ouverture. Comme il n'y a point de troupes ici, on se servira d'archers, si vous le jugez à propos. On enverra dix archers, avec un prévôt bien résolu; on commencera du côté de Montmorillon et du Limousin, qui est le pays le plus difficile. Dès le moment que cet ordre sera rendu public, j'espère que tous les autres payeront. J'attendrai vos ordres sur cela, ne sachant pas d'expédient plus prompt que celui-là*.»

* Réponse en marge : «Faire en sorte de tenter toute autre voie avant que de recourir à celle-là, qui me paroît bien violente pour une province au milieu du royaume. Toutes les autres provinces font leur devoir.»

364. *M. Barentin, intendant en Flandre maritime,*
au Contrôleur général.

8, 14 et 22 Février, 12 Mars 1702.

Il représente la nécessité pressante de favoriser le transport des blés de la Flandre et de l'Artois dans les ports de la Provence ou à Cadix et dans la Flandre espagnole, à la seule condition de justifier du déchargement au lieu de destination; mais il serait indispensable que l'on obtînt une diminution des droits d'entrée perçus sur les grains et autres denrées par le gouvernement espagnol, et l'égalité de traitement dans les deux pays*.

État du prix des grains pendant le mois de janvier.

* Réponse en marge de la première lettre : «Leur permettre, en prenant les précautions pour empêcher les magasins.» Réponse en marge de la dernière : «Il me semble que les raisons de M. de Bagnols sont assez bonnes pour ne pas répliquer, puisqu'il assure que les droits excessifs qui ont été mis à l'entrée de la Flandre espagnole sur les grains ont pour fondement l'abondance qu'ils en ont dans leur pays. Je souhaite que ceux de votre département qui en ont à vendre trouvent quelque endroit pour le faire avec avantage.»

365. *M. Ferrand, intendant en Bourgogne,*
au Contrôleur général.

9 Février 1702.

Il rend compte du procès fait à des contrefacteurs de la marque de la compagnie des Indes orientales.

366. *M. de Harouys, intendant en Franche-Comté,*
au Contrôleur général.

12 Février 1702.

«Le sieur Pâris de la Montagne est ici depuis quelques jours, avec un passeport signé de vous le 9 novembre dernier, par lequel vous ordonnez aux directeurs, contrôleurs, commis et autres employés dans les fermes de laisser librement passer par la Franche-Comté la quantité de douze mille sacs de blé que le sieur Joseph Dardel a achetés dans les États de M. le duc de Lorraine, et qu'il doit faire voiturer dans la ville de Genève. Comme, dans un pareil transmarchement, il se pourroit commettre bien des abus, et que, outre les douze mille sacs achetés en Lorraine, on en pourroit beaucoup enlever de cette province, j'ai astreint ce sieur Pâris à faire des déclarations dans les bureaux qui lui sont les plus commodes, à l'entrée et la sortie de cette province. Je n'ai l'honneur de vous rendre compte de ce transmarchement qu'afin que, s'il y avoit quelque changement à la grâce que le Roi a accordée à la république de Genève, vous ayez la bonté de me donner vos ordres*.»

* M. de la Houssaye, intendant en Alsace, écrit, le 6 juin suivant, que, très secrètement et par voie indirecte, il a chargé le directeur du domaine de réduire le transport des blés entre la Lorraine ou les autres pays avoisinants et le canton de Bâle aux cent soixante-huit sacs que le Roi a permis de faire sortir chaque semaine de l'Alsace, par Huningue. Voir deux lettres de M. l'évêque de Bâle et de M. de la Houssaye (15 et 26 septembre 1703), au sujet des rentes et dîmes en grains que les Bâlois tiraient de l'Alsace.

367. *M. de Harouys, intendant en Franche-Comté,*
au Contrôleur général.

14 Février 1702.

Rapport et pièces sur la distinction des revenus de la ville de Besançon en droits patrimoniaux et en octrois, relevant les uns du contrôle de l'intendant seul, et les autres de la juridiction de la Chambre des comptes de Dôle.

368. *M. de la Houssaye, intendant en Alsace,*
au Contrôleur général.

16 Février 1702.

Réponse au mémoire du Conseil de commerce sur les moyens de conserver et d'augmenter les bois.

«Cette province est dans une espèce toute différente : les travaux continuels des places fortifiées jettent de proche en proche dans des consommations de bois souvent si inopinées qu'à la réserve des forêts d'Haguenau et de la Harte, auxquelles même on est obligé de toucher dans de certaines occasions, il ne peut être ici établi aucune règle certaine sur l'entretien des bois. D'ailleurs, il y en a une si grande quantité sur les montagnes qui séparent l'Alsace de la Lorraine, qu'elle est regardée comme inépuisable. Il est vrai qu'on pourroit se les procurer encore plus à la main par des canaux et par de nouvelles distributions des eaux de quantité de ruisseaux dont l'Alsace est arrosée. Il y a eu sur cela des propositions faites de temps en temps, dont l'examen et l'exécution ont été remis à des temps plus tranquilles.

«J'ajouterai que, le mémoire des députés du commerce roulant principalement sur les précautions à prendre pour ne point manquer de merrain, l'Alsace est entièrement hors de cet objet: les futailles à la manière de France n'y sont d'usage qu'autant qu'il y en vient dans le transport des vins de Bourgogne et de Champagne, dont la consommation est ici médiocre; les vins du pays, que l'on recueille abondamment, se mettent dans de grands tonneaux que l'on appelle *foudres*, dont toutes les pièces sont de bois de charpente, et qui sont regardés presque comme des immeubles dans les biens de ceux à qui ils appartiennent.»

---

369. *M.* de Bérulle, *premier président du Parlement de Grenoble*,
au Contrôleur général.

24 Février 1702.

Les habitants de Châteauneuf-de-Chabre sont en procès avec leur seigneur haut-justicier, qui les a imposés à une espèce de taille, sous forme de vingtain ou vingtième des grains et fruits, en échange de cas impériaux qu'il prétendait lui être dus, sans d'ailleurs fournir aucun titre justificatif. Le premier président demande des ordres pour réprimer les entreprises de ce genre*.

* Réponse en marge: «Je ne sais que les voies de la justice ordinaire pour empêcher les vexations des seigneurs contre leurs vassaux. L'affaire dont il s'agit étant au Parlement, il doit tenir la main à ce que justice soit faite.»

---

370. *M.* Turgot, *intendant à Tours*,
au Contrôleur général.

28 Février 1702.

«Je fis hier la revue des trois cents hommes des milices des villes destinés pour le régiment de Béarn. Elles s'assemblèrent ici le 25, selon l'état que je joins. Au lieu de partir le 1er mars, après trois jours de séjour, j'ai cru devoir accorder qu'elles n'en partiroient que le 5, qui est quatre jours pour donner le loisir d'attendre les officiers qui viennent de Lyon, qui seront ici le 2, cela étant d'ailleurs égal pour la subsistance, vivant de leur solde. En général, quoiqu'il y ait eu quelque difficulté avec les officiers qui les reçoivent, néanmoins j'ose vous assurer qu'ils sont aussi bons que le pays, où la taille des hommes est généralement petite, le peut permettre. Ceux des villes du dehors sont assez bons, et il y en a de Loudun de très bons. Ceux de Tours, les quarante-cinq fournis par les marchands sont bons; ceux des ouvriers en soie, au nombre de cinquante-cinq, sont un peu petits, parce qu'outre la taille générale, ce sont des artisans pris dans leurs corps, qui généralement sont de cette manière; cependant j'en fais changer dix, qu'ils prendront ailleurs, pour tâcher de les rendre meilleurs, n'étant pas possible de faire autrement. Ceux fournis par les autres corps sont bons. En retranchant ceux qui m'ont paru être les moindres des trois cents, qui sont au nombre de trente-trois, que je tâcherai de faire remplacer avant le départ, ou faire suivre par un officier que je retiendrai, en général, il me semble que le détachement peut paroître assez bon, vu l'état du pays et de ces provinces-ci. Je vais demain au Mans pour six jours, passer en revue les deux cent quarante hommes qui s'y assemblent (tout le reste est en mouvement), pour revoir ceux d'Angers et Laval à mon retour, le 6. Selon les avis que j'ai eus, tout est complet dans toutes les villes, qui ont satisfait au nombre demandé; je joins pour cet effet un nouvel état. J'ai lieu de croire que tous ces détachements seront partis pour la frontière le 12.»

---

371. Le Contrôleur général
à *M.* Turgot, *intendant à Tours*.

Mois de Février 1702.

Ordre de maintenir dans leurs exemptions et privilèges les salpêtriers de la généralité, de veiller à ce qu'on respecte les ordonnances rendues à leur profit pour le commerce des cendres et à ce que les fermiers des gabelles exécutent le traité qu'ils ont passé avec les salpêtriers, de façon à ne pas nuire au travail de ceux-ci*.

* Voir un rapport de M. Turgot et un mémoire de la ferme du salpêtre, en date du 1er octobre 1703. — M. de Harouys, intendant en Franche-Comté, rend compte, le 23 mai 1702, de l'usage où sont les salpêtriers de prendre du bois mort et du mort-bois dans les forêts du Roi.

---

372. *M.* de Nointel, *intendant en Bretagne*,
au Contrôleur général.

5 Mars 1702.

Il demande des instructions pour le poinçonnement des matières d'or et d'argent qui viennent d'Espagne en fraude, sans la marque de leur origine.

---

373. *M.* Bégon, *intendant à la Rochelle*,
au Contrôleur général.

7 Mars 1702.

Protestation des négociants de la Rochelle contre l'arrêt du 4 février qui a mis les matières métalliques à plus bas prix chez eux qu'à Rouen, Saint-Malo, Bayonne et Marseille, quoique leur port soit celui qui en tire le plus de la côte de Saint-Domingue*.

* Au dos : «Rousseau, qui a pris communication de la lettre de M. Bégon, intendant à la Rochelle, et du mémoire y joint des négociants de la même ville, estime, conjointement avec le sieur Bernard, qu'on peut donner au port de la Rochelle le même privilège pour l'entrée des matières d'or et d'argent en barres et lingots dans le royaume qu'à ceux de Bayonne, Rouen, Saint-Malo et Marseille.» De la main du contrôleur général : «Bon, par arrêt.»

374. *M. Lebret fils, intendant en Béarn,*
au Contrôleur général.

9 et 26 Mars 1702.

Il rend compte du retranchement des gratifications que les commissaires de l'Abrégé avaient recommencé à percevoir malgré l'arrêt rendu le 19 juin 1688*.

«Il seroit bon pour le service du Roi que vous eussiez la bonté de m'honorer de vos ordres par une instruction, de la même manière qu'il se pratique pour les autres pays d'États. Cet usage n'a pas encore eu le temps de s'introduire en ce pays-ci, depuis que les intendants ont eu ordre d'assister à ces États, et je crois qu'il seroit utile, en ce qu'il donnera peut-être des considérations à ceux qui composent les États, qui, comme vous avez vu dans quelques affaires, refusent assez souvent ce que les intendants leur demandent de la part du Roi. Je prends encore la liberté de vous dire que, si vous aviez agréable de m'ordonner, par une lettre que je pusse montrer, de vous rendre compte exactement et en détail de la manière dont chacun de ceux qui ont entrée à ces États se conduiront, tant par rapport au service du Roi qu'aux intérêts de la province, cela contiendroit peut-être davantage ceux qui pourroient être moins affectionnés à l'un et à l'autre, et serviroit à la plus prompte expédition des affaires.»

* Le duc de Gramont, gouverneur de la province, insiste sur la nécessité de laisser à l'intendant le soin de faire allouer des indemnités aux membres de l'Abrégé qui les mériteraient en raison de leur situation de fortune, de leur assiduité et de leur docilité. (Lettre du 21 mars.)

Le 5 août suivant, M. Dalon, premier président du Parlement de Pau, se plaint que les États de Béarn, contrairement à l'usage des autres pays, même de la Navarre, ne rendent point de comptes au Parlement; aussi, dit-il, les détournements sont incroyables, et il ne resterait pas le moindre bien aux trésoriers, si on revisait leur comptabilité. — Le compte du trésorier de Béarn était examiné, après chaque session, par les députés des États et l'intendant; voir un rapport de M. Lebret sur les défauts de cette comptabilité, en date du 13 juillet 1702.

375. *M. Phélypeaux, intendant à Paris,*
au Contrôleur général.

11 Mars 1702.

Il discute l'opposition introduite par les habitants de Palaiseau contre un arrêt du Conseil qui a commis le président de l'élection de Paris à la confection du rôle des tailles.

«Cette affaire, à mon sens, ne reçoit aucune difficulté; il est même aisé de voir, par la requête des habitants, la nécessité qu'il y avoit de donner au Conseil un pareil arrêt, par l'obstination et la mutinerie de ces habitants..... Si on ne met pas un frein quelquefois aux collecteurs, et si on les laisse agir toujours suivant leurs passions et leurs cabales, souvent même par l'argent qu'ils exigent des taillables pour diminuer leurs cotes ou pour ne les pas augmenter, dont la preuve est très difficile, et par là l'impunition, il est certain qu'il y aura une infinité de paroisses ruinées..... Cependant les collecteurs sont souvent si obstinés, que, sans avoir égard à mes ordonnances, dont quelquefois ils ne font pas grand cas, ils se pourvoient à la Cour des aides, qui, sans y avoir égard, donne des arrêts qui consomment en frais les collecteurs. Je suis obligé d'avoir recours au Conseil : ce qui retarde infiniment la confection des rôles, et par conséquent le recouvrement*.....»

* A cette lettre est joint un mémoire sur l'état de la paroisse de Palaiseau.

376. *M. Lebret, intendant en Provence,*
au Contrôleur général.

11 Mars 1702.

«Lorsqu'il a été question de travailler à la capitation de cette année, MM. les procureurs du pays sont venus me prier de permettre que les rôles des sommes que chacune des villes et communautés de cette province doit payer pour composer le million que S. M. en veut encore tirer cette année, fussent faits par les consuls de tous ces lieux, assistés de cinq ou six des plus notables de leurs habitants. A quoi j'ai, sous votre bon plaisir, donné très volontiers les mains, par plusieurs raisons : la première, qu'il est indifférent au Roi que ces taxes soient faites par moi ou par d'autres, pourvu que le million qui doit provenir de la capitation soit entièrement payé; la seconde, que cette nouvelle manière de l'imposer m'épargnera le désagrément des plaintes auxquelles je m'exposois en faisant ces rôles, et qui m'étoient portées de tous côtés après que j'avois rempli mon devoir le mieux qu'il m'avoit été possible, et avec un travail infini; et la troisième, que, si ces consuls et notables qui leur seront joints veulent travailler avec fidélité, la connoissance parfaite qu'ils ont des facultés de tous les habitants de leurs lieux rendra l'imposition très égale, et par conséquent l'exaction beaucoup plus facile et plus prompte, et que si, au contraire, la passion, l'intérêt ou le désir de favoriser leurs parents et amis a plus de part à leur répartition que la justice, le public sera désabusé et conviendra à l'avenir que les rôles de la capitation ne peuvent pas être mieux faits dans cette province, où il n'y a ni élections, ni receveurs particuliers, qu'ils l'ont été par moi jusqu'à présent. Ce qui m'a fait de la peine est que, ces Messieurs s'étant avisés trop tard de me faire cette proposition, il est à craindre que son exécution ne retarde le recouvrement; mais je leur ai fait entendre à diverses reprises que le Roi veut toucher son million régulièrement et que, si les consuls des communautés n'exécutent pas incessamment les ordres qui leur ont été envoyés de travailler avec assez de diligence aux rôles pour qu'ils soient tous en recette avant la fin du mois prochain, je les obligerai à chercher d'ailleurs des fonds pour le payement de ce qui sera dû à S. M.»

377. *M.* d'Ableiges, *intendant à Poitiers,*
au Contrôleur général.

12 Mars 1702.

«J'ai reçu la lettre que vous m'avez fait l'honneur de m'écrire, par laquelle vous me marquez que S. M. m'ordonne de continuer à lui rendre mes services dans la généralité de Moulins et de mettre les affaires de celle du Poitou en état qu'elles puissent finir promptement, afin que celles de Moulins ne souffrent aucun retardement. Je n'y perdrai pas un moment de temps; cependant les milices ne finissent pas aussi vite que l'on voudroit. La généralité que je quitte est en très bon ordre; je m'y suis appliqué uniquement : les tailles y sont très bien réglées; j'y ai imposé la capitation avec le plus d'égalité qu'il m'a été possible par rapport aux facultés des gentilshommes, autant que je les ai pu connoître, ainsi que vous me l'avez ordonné, les taillables ayant été imposés au sol la livre de leur taille, à l'exception de quelques particuliers riches, qui en ont payé davantage; les commis travaillent à leurs recouvrements avec tout le succès qu'on peut désirer. Enfin, je me sens obligé d'assurer S. M. que les peuples de cette province sont des sujets qui lui sont très fidèles et très soumis. A l'égard des affaires de la religion, je les ai mises en état de voir finir le calvinisme dans peu, si la guerre n'étoit pas survenue. Ce dont je peux assurer S. M., est que toute la noblesse est convertie et que les principaux des gentilshommes, et les plus opiniâtres, à la conversion desquels j'ai travaillé, sont ceux qui donnent l'exemple aux autres. J'aurois fort souhaité finir un ouvrage si agréable à Dieu et au Roi; mais, puisque son service m'appelle ailleurs, trouvez bon que je supplie S. M. de ne point oublier ceux que je lui ai rendus en Poitou. Je désire ardemment que le Bourbonnois me donne quelque occasion de lui faire connoître la continuation de mon zèle et de mon affection à son service. Permettez-moi, dans ce nouvel emploi, de vous demander toujours l'honneur de votre protection.»

378. *M.* de Bâville, *intendant en Languedoc,*
au Contrôleur général.

14 Mars 1702.

«Le commis de M. de Pléneuf ayant acheté les soixante-quinze mille sacs de blé à quoi il m'a mandé qu'il vouloit se réduire pour l'armée d'Italie, je crois qu'il est temps d'ouvrir les ports et de donner une liberté entière. Les impositions se payent avec peine dans cette province : tout le monde y est persuadé que cela vient des défenses qu'il y a de sortir les blés. On en demande la liberté avec un si grand empressement, qu'il semble que c'est une ressource assurée pour pouvoir payer. Pour moi, je ne vois aucune difficulté à donner cette satisfaction tout entière. J'ai déjà eu l'honneur de vous en mander les raisons; le munitionnaire a fait tous ses achats, et le prix des blés qui vous a été marqué a été soutenu et n'a pas augmenté pendant ce temps-là; et, quand il arriveroit que l'armée des ennemis en pourroit tirer quelque quantité par les Génois, elle reviendra à un si haut prix, que je crois qu'elle pourroit en avoir de toutes parts. Le principal est que les impositions se payent, et de donner au peuple cette satisfaction, qu'il demande avec toute l'ardeur possible. La saison est si avancée et si proche de la prochaine récolte, qui commence ici dans le mois de juin, qu'il faut accorder cette liberté maintenant ou jamais.»

379. *M.* Barentin, *intendant en Flandre maritime,*
au Contrôleur général.

18 Mars 1702.

Il explique les raisons qui ont retardé le recouvrement des impositions dans les châtellenies, et démontre l'inutilité de l'emprisonnement des échevins ou des baillis et hofmans de village. Il croit également que ce serait un expédient onéreux et dangereux de placer dans chaque châtellenie un commis du receveur général pour recevoir directement les payements et décerner les contraintes contre les villages; on peut espérer un meilleur effet d'une ordonnance qu'il a rendue, et qui, après un certain délai, fera retomber la responsabilité personnelle sur les hofmans et collecteurs*.

* Réponse en marge : «Vous savez qu'en France les collecteurs ont la liberté de saisir les meubles des taillables, que les receveurs ont celle de décerner des contraintes, que les impositions se payent, et que l'on fait très peu de frais. Rien n'est donc plus aisé que de trouver moyen de faire payer les hofmans des paroisses de votre département, qui sont la plupart beaucoup plus à leur aise que ceux de plusieurs provinces de France. Donnez-vous l'application nécessaire pour trouver des moyens pour faciliter les recouvrements et corriger l'abus de retenir deux échevins aux dépens des communautés, qui les ruinent sans produire aucune utilité.» — Voir le détail de la situation dans une lettre du 19 mai suivant.

380. *M.* Klinglin, *syndic royal de Strasbourg,*
au Contrôleur général.

18 Mars et 14 Juin 1702.

Procès des sieurs Dorilliac, Petitjean et autres, accusés d'avoir fabriqué de la fausse monnaie sous prétexte de faire la préparation de l'or*.

* Voir, à la date du 14 mars, une lettre de Dorilliac, et une lettre M. d'Huxelles, à la date du 17 mars.

381. *M.* de Bâville, *intendant en Languedoc,*
au Contrôleur général.

25 Mars 1702.

Les marchands soumis au droit de foraine pour les denrées et marchandises qu'ils exportent du Languedoc par les étangs de Thau et de Frontignan demandent qu'on remplace l'entrepôt commun qui doit être établi à Cette par des entrepôts et magasins particuliers assujettis à certaines mesures de surveillance.

382. *M. Lebret, intendant en Provence,*
au Contrôleur général.

29 Mars 1702.

Il expose quel préjudice l'établissement d'une voiture de diligence sur le Rhône, entre Arles et Lyon, porterait à la ville d'Avignon, aux rouliers et au privilège de M. de la Chaise*.

* Voir, en 1701, aux dates du 8 janvier et du 8 mars, les mémoires des entrepreneurs lyonnais et un rapport de l'intendant d'Herbigny. M. Guyet, successeur de ce dernier, adresse aussi un mémoire, le 8 avril 1702, et des rapports, le 31 janvier 1703, sur l'utilité d'un service de coches d'eau entre Lyon et Seyssel, et sur celle des barquettes d'Avignon.

383. *Le sieur Aunillon, président en l'élection de Paris,*
au Contrôleur général.

31 Mars 1702.

Mémoire sur l'inutilité de la création d'un juge des traites à Paris.

384. *M. de Grignan, lieutenant général en Provence,*
au Contrôleur général.

3 Avril 1702.

«On reçut à Orange, le 1er de ce mois, la nouvelle de la mort du roi d'Angleterre, et les religionnaires en ont paru fort consternés, quoique quelques-uns se flattent que la succession de cette principauté passera à l'électeur de Brandebourg et que les intérêts de la R. P. R. y seront encore soutenus. Les catholiques croient que le Roi mettra ce pays-là sous sa main, en attendant l'examen des droits de l'électeur de Brandebourg, de la maison de Longueville et d'un seigneur de la maison de Nassau, catholique, appelé à la substitution de cette principauté par un testament de Philippe-Guillaume de Nassau, prince d'Orange. D'autres encore croient que S. M. fera valoir ses légitimes droits, par lesquels cette principauté est un membre de la comté de Provence, comme il est clairement justifié par divers actes sur lesquels j'ai eu ci-devant l'honneur de vous envoyer des mémoires. Si, dans ces conjonctures, il lui plaît de m'honorer de ses ordres, je tâcherai de les exécuter avec la même régularité que j'ai fait pendant plus de douze années que j'en ai été chargé en ce pays-là, soit pour les affaires de la religion, soit pour les troupes, les correspondances qu'on y peut avoir dans les pays étrangers, et beaucoup d'autres affaires concernant le service de S. M., qui a souvent daigné témoigner qu'elle y étoit satisfaite de ma conduite. On assure que plusieurs religionnaires se préparent à partir d'Orange pour passer à Genève, que le sieur du Bois, conseiller au Parlement d'Orange, est de ce nombre, et que les ministres de la R. P. R. sont aussi dans ce dessein*.»

* Réponse en marge : «Il me fera plaisir de m'envoyer tous les éclaircissements qu'il peut avoir des droits du Roi sur la principauté d'Orange. J'ai écrit à M. Lebret et au procureur général du Parlement pour examiner les titres qui sont dans les archives, en faire un mémoire et me donner leur avis, même faire les diligences qu'ils croiront nécessaires, s'il y en a quelques-unes à faire pour la conservation des droits de S. M.» Voir deux autres lettres des 10 et 25 avril.

M. de Harouys, intendant en Franche-Comté, se chargea également d'examiner, sur les titres de la Chambre des comptes de Dôle, quelles terres du prince d'Orange devaient faire retour à la couronne; voir sa lettre du 7 avril, et, au 29 décembre, un rapport de M. Boisot, premier président du Parlement, sur la saisie de plusieurs terres.

385. *M. de Bâville, intendant en Languedoc,*
au Contrôleur général.

4 Avril 1702.

«Mgr le prince de Conti a envoyé ordre de prendre possession de la principauté d'Orange en vertu de ses droits. Ce seroit un grand bien pour la religion, si cela pouvoit être suivi d'un ordre pour interdire le temple et en chasser les ministres : c'est de là que viennent tous les projets pour soulever ce pays, par le fanatisme et par toute sorte de moyens. Il part de ce lieu incessamment des émissaires, qui font un très grand mal dans tous les endroits où ils passent, par la légèreté naturelle des peuples de ce pays et par la facilité qu'ils ont à recevoir toute sorte d'impressions. J'en ai fait arrêter et punir plusieurs; mais l'espèce de ces sortes de gens renaît toujours, à cause de la proximité de cet entrepôt et du feu continuel qui y est entretenu par les ministres d'Orange. Quand on y pourra interdire l'exercice de la R. P. R., le Roi y gagnera une garde de quatre-vingt-dix hommes, qui pourroient servir utilement dans les garnisons de ce pays, presque toutes dépourvues, et qui en ont été détachés. Cela épargnera aussi un argent assez considérable qu'on lève pour l'ustensile de cette garde, et qui pourroit être employé fort utilement ailleurs.»

386. *M. le Gendre, intendant à Montauban,*
au Contrôleur général.

9 et 19 Avril, 14 Juin 1702.

Établissement d'une Monnaie à Montauban.

387. *M. de la Bourdonnaye, intendant à Bordeaux,*
au Contrôleur général.

15 Avril 1702.

Exploitation d'une mine de bitume située dans la baronnie de Donzac.

388. *M.* DE LA TRESNE, *premier président du Parlement de Bordeaux*,
AU CONTRÔLEUR GÉNÉRAL.

24 Avril 1702.

Il demande une augmentation de ses droits de chauffage en nature.

---

389. *M.* SANSON, *intendant à Soissons*,
AU CONTRÔLEUR GÉNÉRAL.

29 Avril 1702.

«Il a fait une gelée en ce pays-ci assez violente, non seulement les 5, 6, 7 et 8 de ce mois, mais encore les 19 et 20, de manière que les trois quarts des vignes en ont été gâtées; cependant on espère réparer un peu cette perte en retirant de terre les branches qu'on y avoit mises pour prendre racine. Voici comment la chose se fait : tous les ans, au mois de mars, on enterre la moitié de chacune branche de chaque cep de vigne; s'il n'arrive point d'accident à ce qui est découvert, on les y laisse; si au contraire il y en arrive, on retire la branche de terre, dont les bourgeons n'ont point souffert de la gelée. C'est à quoi on travaille actuellement ici partout; mais on ne pourra dire, de quinze jours ou trois semaines, quel avantage on en retirera, et par conséquent combien il pourra y avoir de vin. A vue de pays, les vignerons les plus experts jugent que cela pourra aller à un bon tiers d'année commune. Ce que je viens d'avoir l'honneur de vous dire regarde les vignes qu'on appelle *provins*, qui composent les trois quarts de celles de mon département; car, pour l'autre quart, ce sont de grosses vignes ou *souches*, auxquelles il n'y a aucune ressource quand elles sont une fois gelées. Je puis aussi avoir l'honneur de vous assurer qu'il reste au moins la moitié des vins de l'année dernière, et que tout cela, joint ensemble, sera plus que suffisant pour aller jusqu'à la récolte de l'année prochaine. A quoi je dois ajouter que cet accident ne fera aucun préjudice aux recouvrements ordinaires; je suis persuadé au contraire qu'il les facilitera beaucoup. A présent, le vin se vend un peu et à un prix assez raisonnable; mais, avant cette gelée, il n'y avoit aucun débit, quoique le prix en fût fort médiocre. Je puis même prendre la liberté de vous assurer que, si cette année avoit été abondante en vin, il seroit venu à un si bas prix, et les tonneaux si cher, que les vignerons auroient été absolument hors d'état d'acquitter les charges publiques. Ces sortes de gens sont ici plus à leurs aises lorsqu'ils ne recueillent que huit ou dix muids de vin, que quand ils en ont trente-cinq ou quarante. Je n'aurois pas manqué de vous informer de cet accident; mais j'attendois pour cela qu'on pût compter sur quelque chose de plus certain.....»

---

390. *M.* LE GENDRE, *intendant à Montauban*,
AU CONTRÔLEUR GÉNÉRAL.

30 Avril 1702.

Il rend compte des désastres causés par les récentes gelées et demande la permission d'accueillir certaines demandes de décharge ou de modération*.

* Réponse en marge : «La véritable attention qu'il doit avoir, c'est de faire les impositions de manière que les charges soient réparties également. C'est le seul moyen de prévenir les importunités pour des modérations ou des décharges, qu'il doit éviter absolument.»

M. Lebret fils fait son rapport, le 29 avril, sur les pertes causées par la gelée en Béarn et sur le commerce des vins dans ce pays.

---

391. *M.* DE MONTGEL, *lieutenant de robe courte au Châtelet de Paris*,
AU CONTRÔLEUR GÉNÉRAL.

3 Mai 1702.

Il annonce la punition et l'envoi dans les prisons du Châtelet d'un archer de sa compagnie, coupable d'avoir arrêté, pour port de canne, un domestique du contrôleur général*.

* Réponse en marge : «Cet homme mériteroit bien d'être chassé de votre compagnie. Ce n'est point une méprise : le portier s'étoit assez fait connoître, les gens du quartier avoient pris soin de ne lui pas laisser ignorer qui il étoit; s'il avoit voulu leur abandonner sa canne, dont la pomme étoit d'argent, ils n'auroient pas poussé si loin leur insolence.»

---

392. *M.* DE LA HOUSSAYE, *intendant en Alsace*,
AU CONTRÔLEUR GÉNÉRAL.

5 Mai 1702.

«..... Par le traité de paix de Ryswyk, le comté d'Horbourg et la seigneurie de Riquewihr ont été rendus à défunt M. le prince de Montbéliard, et depuis M. le prince de Montbéliard d'aujourd'hui les a donnés en apanage à Mme la princesse de Montbéliard, sa sœur, qui fait sa demeure ordinaire et continuelle dans le château de Riquewihr. Ces deux terres sont dans la souveraineté du Roi : les communautés qui en dépendent contribuent à la subvention et à toutes les autres impositions ordinaires et extraordinaires de la province. Dans ces circonstances, personne dans le royaume, sans distinction de naissance et de rang, n'étant exempt de la capitation, il me paroît que Mme la princesse de Montbéliard est mal fondée dans la décharge qu'elle demande.»

---

393. *M.* SANSON, *intendant à Soissons*,
AU CONTRÔLEUR GÉNÉRAL.

8 Mai 1702.

Le maître du jeu de paume de Laon conteste à un de ses voisins le droit de tenir un jeu de billard public, bien que ce droit ait été reconnu par les juges de police.

«Au fond, le paumier me paroît mal fondé dans sa prétention, n'y ayant aucune maîtrise ni jurande de son métier en la ville de Laon, où, de tout temps, il y a eu un billard outre celui du seul et unique jeu de paume, qui ne pourroit pas suffire. . . . . »

394. *M. Guyet, intendant à Lyon,*
au Contrôleur général.

14 Mai 1702.

«Je profiterois avec un très grand plaisir du congé que vous voulez bien m'obtenir pour vous aller faire ma cour, sans l'affaire de Grassy, qui est tout en état d'être jugée. Il y a deux ans que ce pauvre malheureux est traité avec la dernière rigueur et que les autres accusés meurent de faim : je vous avoue que leur état me touche très fort, et j'ose espérer que vous me pardonnerez [de préférer] cette action de charité à l'empressement que je dois témoigner de vous aller voir. Je compte de partir pour Mâcon à la fin du mois. Je vous supplie de vouloir me donner vos ordres sur cette affaire, et de m'apprendre les sentiments dans lesquels vous êtes à l'égard de Pellissary, auquel vous avez promis, par la copie de la lettre ci-jointe, que vous feriez cesser toutes poursuites en déclarant le commerce qu'il a eu avec Frachot; ce qu'il a exécuté. C'est le même qui a fait venir à la Monnoie de Lyon, au commencement de la réforme, vingt-six mille quelques louis, dont vous ne lui avez fait donner que 5 sols, quoiqu'on lui en eût promis 10 sols, et qu'il les ait négociés sur ce pied. Le rapport de cette affaire durera au moins un mois; j'aurai l'honneur de vous en rendre compte exactement, quoique je sois persuadé que vous en êtes parfaitement instruit par M. d'Herbigny*. »

* Sur cette affaire, voir encore la lettre du 30 juin, où il est question de la complicité avouée du banquier Hogguer. Le jugement fut enfin rendu, par le présidial de Mâcon, au profit de Grassy et des commis. Après soixante-huit audiences, de quatre heures chacune, les dénonciateurs sur l'avis desquels les fermiers généraux avaient entamé les poursuites furent condamnés à faire réparation à Grassy et à lui payer 20,000 ₶ de dommages-intérêts; mais les marchands qui avaient formé des sociétés pour la contrebande durent payer chacun 3,000 ₶ d'amende au Roi et 6,000 ₶ de dommages-intérêts aux fermiers. Voir une lettre de M. Guyet, à la date du 28 juillet, et, à la date du 8 août, les réclamations des fermiers généraux.

395. *M. de Fourqueux, procureur général*
à la Chambre des comptes de Paris,
au Contrôleur général.
(Chambre des comptes de Paris, G⁷ 1759.)

15 et 22 Mai 1702.

Faillite et fuite d'un payeur des rentes; mesures prises pour sauvegarder les intérêts des rentiers et ceux du Roi.

396. *M. de la Bourdonnaye, intendant à Bordeaux,*
au Contrôleur général.

30 Mai 1702.

Le sieur Bardin, principal du collège de Guyenne, à Bordeaux, réclame le payement par quartier des gages des professeurs assignés sur le trésorier des cinq grosses fermes, et la réduction à 300 ₶ du traitement des régents de la classe anglaise et de la classe hollandaise, qui touchent 600 ₶ chacun, tandis que plusieurs des autres régents n'ont que 198 ₶*.

* Voir une lettre du principal, en date du 6 octobre 1702.

397. *M. Turgot, intendant à Tours,*
au Contrôleur général.

31 Mai 1702.

«J'ai reçu la lettre que vous m'avez fait l'honneur de m'écrire le 25 de ce mois pour demander le mémoire sur les bois. J'avoue qu'il nous a été demandé par deux différentes lettres : je n'ai pas laissé d'y travailler un peu et d'y réfléchir; mais, soit l'étendue de cette matière, la difficulté de trouver un remède à un mal que tout le monde voit, le peu d'expérience que j'ai pour faire le discernement des différentes vues, soit le nombre d'affaires vives où j'ai été livré dans un pays nouveau pour moi depuis un an, et où je ne connoissois pas encore ceux que je pourrois consulter, m'ont empêché de m'y appliquer autant de temps que j'eusse désiré pour emprunter les connoissances des autres, en faire le jugement, et ne rien hasarder. Ainsi, je voulois vous supplier à Paris de recevoir mes excuses si je n'ai pas tenté, comme je l'eusse dû, un ouvrage que j'ai regardé comme très difficile, et que je n'eusse pas voulu hasarder aussi imparfait qu'il l'eût été de ma part. À moins que vous ne le désiriez précisément et que vous ne croyiez en avoir le loisir, je vous supplie de n'en point attendre de ma part, vous assurant que dorénavant, dans des occupations plus faciles, je serai plus exact, ou plutôt plus hardi, vous suppliant d'en agréer mes excuses et me réservant à exécuter avec soin ce qui sera trouvé plus convenable entre toutes les autres vues qui auront été proposées. »

398. *M. Guyet, intendant à Lyon,*
au Contrôleur général.

31 Mai 1702.

Il transmet un mémoire dans lequel les négociants de Lyon remontrent que les Hollandais ont peu d'effets en France et que la confiscation qu'on veut prononcer contre eux compromettrait sûrement les grandes sommes d'argent que le commerce français a engagées en Hollande et en Angleterre*.

* En marge, de la main du contrôleur général : «Les effets qui sont en évidence.» — À une lettre de M. Lebret fils, intendant en Béarn (3 août 1702), demandant quelles libertés on pourrait laisser au commerce des vins avec la Hollande, le contrôleur général répond : «Ces gens-là doivent prendre des précautions secrètes pour n'être point découverts; sans autoriser un commerce libre avec la Hollande, quoiqu'on connoisse qu'il y a plusieurs marchands hollandois qui font commerce et qui ont des effets en France, on ne fait point de

perquisition assez exacte pour troubler la liberté secrète qu'ils ont de retirer leurs effets.»

399. *M. de Bouville, intendant à Orléans,*
au Contrôleur général.

1er Juin 1702.

«La proposition qui est faite par le mémoire des députés au Conseil du commerce pour le rétablissement des bois et forêts de France, ne convient guère à un mal aussi pressant qu'ils font paroître celui qu'ils exposent par ce mémoire. Il est certain que, si, dans peu d'années, le royaume se trouve dépourvu de bois, il souffrira longtemps avant que le remède soit prêt, et, les glands qu'on propose de semer présentement ne pouvant produire que dans cent ans ou environ des bois propres pour des constructions, où en prendra-t-on après que ceux qui nous restent, et qui doivent finir dans peu d'années, seront consommés?

«L'objet principal qu'il semble qu'on doit avoir, n'est pas de donner des terres à semer en bois, ou plutôt à planter; qui est-ce qui voudra se charger de faire cette dépense, quand il n'aura pas la liberté de couper ses bois, et qui est-ce qui en voudra planter pour attendre à le couper qu'il soit propre à faire des constructions?

«Il y a des bois taillis en France plus qu'il n'en faut, et on en plante tous les jours; mais, comme, depuis trente ans, le nombre des vignes est terriblement augmenté, ainsi que le mémoire le marque, on plante quasi tous bois blancs dans les pays voisins des vignobles, qui sont pour la plupart dans le voisinage des rivières navigables, et voilà ce qu'il faudroit empêcher, en défendant de planter d'autres bois à une lieue, ou même deux, des grandes rivières navigables, que de ceux qui peuvent servir aux constructions, et obliger les propriétaires d'en laisser croître le dixième en futaie, et au surplus leur laisser toute la liberté de couper le surplus, lorsqu'ils le jugeroient à propos, sans les astreindre à avoir recours aux officiers des eaux et forêts.

«Je crois même qu'outre cette liberté, on pourroit leur faire connoître que le Roi voudroit bien leur accorder sa protection, en levant toutes les difficultés qu'on pourroit leur faire dans la suite, par exemple pour la dîme, pour les grueries et grairies, et autres choses qui se pourront proposer dans la suite.

«Au surplus, s'il y a des terres vaines et vagues à portée des rivières que des particuliers veulent prendre du Roi ou des communautés laïques et ecclésiastiques, pour planter en bois, comme il est marqué ci-dessus, je crois que c'est une bonne chose pour l'avenir éloigné, et il ne faut pas craindre de faire un mal en défendant de planter du bois blanc à la distance de deux lieues des grandes rivières : les vignes n'en manqueront pas pour cela; mais d'ailleurs, quand on seroit obligé d'en arracher quelques-unes, ce ne seroit qu'un bien : il y en a trop dans le royaume, et c'est ce qui forme, la plupart du temps, la misère que nous voyons.

«Mais, comme ces précautions ne peuvent rien produire pour empêcher la disette de bois dont le mémoire nous menace dans peu, il semble qu'il seroit très à propos de donner une attention particulière à la conservation des bois réservés en futaie dans les forêts du Roi, et d'exciter les propriétaires de bois à en réserver de même dans ceux qui leur appartiennent.»

400. *M. de Bâville, intendant en Languedoc,*
au Contrôleur général.

2 et 28 Juin, 29 Août 1702.

Il propose de faire faire une chaussée éclusée sur la rivière du Letz pour assurer l'arrosage constant des prairies sans que la navigation soit jamais interrompue, et pour terminer ainsi la contestation pendante entre l'adjudicataire des fermes générales, les propriétaires des prairies de Lattes et la marquise de Graves, propriétaire de la rivière. — Plan, mémoires et pièces justificatives.

Il rejette le projet de saigner le lac du Bouchet-Saint-Nicolas, situé dans les montagnes, à trois lieues du Puy : le pays est trop froid et trop abondant en sources pour avoir besoin d'irrigation.

401. *M. Sanson, intendant à Soissons,*
au Contrôleur général.

8 Juin 1702.

Il demande l'autorisation d'employer les matériaux d'une maison de religionnaires fugitifs à la construction du logement du maître d'école qui doit s'établir dans la paroisse de Lemé, et pour la subsistance duquel on a obtenu une rente de 50 # de l'abbé de Foigny, seigneur du lieu.

402. *M. Lebret fils, intendant en Béarn,*
au Contrôleur général.

9 Juin et 27 Novembre 1702.

Il discute divers projets sur les eaux et forêts et la justice : attribution de la juridiction des gruyers aux jurats; création d'une grande maîtrise en Béarn et rétablissement des réformateurs du domaine sous le nom de maîtres particuliers des eaux et forêts, indépendants du Parlement*; création d'une Table de marbre et séparation de la Chambre des comptes de Pau d'avec le Parlement; extension du ressort de cette dernière Cour sur une partie du ressort des Parlements de Bordeaux et de Toulouse**.

* A la seconde lettre est joint un mémoire sur l'état des bois et sur la nécessité de remédier à leur dépérissement.

** Une lettre du premier président du Parlement, M. Dalon, en date du 12 décembre, est accompagnée des propositions de désunion et d'un mémoire justificatif. Ce projet ne fut pas agréé, bien qu'il en dût revenir 1,200,000 # ou 1,500,000 #; on craignit de ne pouvoir vaincre la résistance des autres Parlements. Voir une autre lettre du premier président à M. Rouillé, à la date du 2 janvier 1703. Tout en abandonnant sa proposition, et en demandant qu'elle ne soit pas livrée au public, M. Dalon discute la valeur des objections faites par les Parlements.

403. *M. Bégon, intendant à la Rochelle,*
au Contrôleur général.

13 Juin 1702.

Mémoire des négociants de la Rochelle sur le renversement des vins et autres denrées qu'ils tirent de Bordeaux pour les envoyer des rades de la Rochelle aux colonies françaises d'Amérique.

404. *M. de Bernage, intendant à Limoges,*
au Contrôleur général.

13 Juin 1702.

Il donne son avis sur la proposition faite au Conseil d'aliéner une partie des tailles, et y joint un projet d'édit réformé selon ses propres vues.

405. *M. d'Ormesson, intendant en Auvergne,*
au Contrôleur général.

7 Juillet 1702.

«J'ai examiné le mémoire que vous m'avez fait l'honneur de m'adresser, concernant la proposition que l'on fait d'ériger en titre des places de vendeurs de sel dans les lieux où les dépôts sont établis, et, après en avoir conféré avec les personnes qui sont plus éclairés et entendus sur cette matière, on m'a fait connoître que cet établissement pourroit, en quelque façon, donner atteinte aux privilèges des pays rédimés, et que d'ailleurs il seroit très préjudiciable au public, n'y ayant pas lieu de douter que ces officiers en titre, tout honnêtes gens qu'ils pourroient être, porteroient le prix du sel si haut qu'ils le jugeroient à propos, par l'inclination naturelle des marchands de vendre leurs denrées autant qu'ils peuvent : lequel abus il seroit difficile d'empêcher, n'étant pas possible de fixer ledit prix sans s'exposer à de plus grands inconvénients et donner lieu aux marchands d'Aubusson et autres endroits qui voiturent des sels en Auvergne de n'en plus amener. On est d'ailleurs persuadé que cette création seroit d'un trop petit secours pour s'exposer à tous ces inconvénients. Il n'y a en Auvergne que quatre ou cinq dépôts, desquels il n'y a même que celui de Riom qui est un peu considérable; il ne s'en trouve dans tout le royaume que le nombre de trente-six d'établis. La vente et distribution du sel n'est faite que par de petits marchands et autres personnes d'une très médiocre fortune, et même pauvres pour la plupart : ce qui fait croire que l'on ne retireroit jamais plus de 2 à 3,000 ᶩᵗ de la vente de toutes les places de vendeurs de sel dans chaque dépôt, en sorte que cet établissement ne produiroit pas au Roi une somme de 100,000 ᶩᵗ. Je prends la liberté de vous renvoyer votre mémoire, avec mes réponses plus au long, que j'ai mises à la marge de chaque article*.»

* Suivant la proposition jointe à cette lettre, le traitant offrait un forfait de 300,000 ᶩᵗ. — Voir les rapports de M. Pinon, intendant à Poitiers (22 juillet), et de M. Roujault, intendant en Berry (9 août).

406. *M. de Bâville, intendant en Languedoc,*
au Contrôleur général.

7 Juillet et 8 Août 1702.

Il repousse la proposition faite par M. l'évêque d'Alais d'échanger contre la terre de Meyrueis un des salins de Peccais qui appartient à ce prélat comme dépendance de l'abbaye de Psalmodie, près Aigues-Mortes, unie à son évêché*.

* Voir, aux 20 février et 20 avril 1703, des mémoires sur le trafic privilégié des sels appartenant à l'évêque, et deux lettres de celui-ci (28 février et 23 mars 1703).

407. *M. Daguesseau, procureur général au Parlement*
de Paris,
au Contrôleur général.

13 Juillet et 10 Août 1702.

Réception et dépôt au Trésor des chartes de l'inventaire des titres de Lorraine dressé par M. du Fourny*.

* Malgré les instances de M. Daguesseau, le dépôt se fit sans qu'on lui eût adressé une lettre de cachet pour le recevoir en qualité de trésorier des chartes de la couronne. — En 1704, il réclame la même formalité à propos d'une transcription de titres du Trésor pour l'abbesse de Montmartre, et le contrôleur général lui fait cette réponse : «Il fut agité dans le Conseil royal s'il suffisoit d'une simple lettre de moi, ou s'il étoit nécessaire d'une lettre de cachet, pour vous mettre en état d'exécuter la volonté du Roi. S. M. décida qu'il faudroit une lettre de cachet si c'étoit pour sortir un titre original du Trésor des chartes, mais que, pour en donner des copies, vous n'aviez besoin que d'une lettre de moi.» (Lettre de M. Daguesseau et réponse en marge, 21 juillet 1704.)

408. *M. de la Houssaye, intendant en Alsace,*
au Contrôleur général.

13 Juillet, 27 Août, 13 Octobre
et 26 Novembre 1702.

Organisation et surveillance des travaux de la Monnaie de Strasbourg pour la fabrication des pièces de 11 sols et de 5 s. 6 d. concédée aux sieurs Hindret de Beaulieu et Hogguer.

409. *M. Barentin, intendant en Flandre maritime,*
au Contrôleur général.

18 Juillet 1702.

Il se plaint que le bailliage d'Ypres prétende juger et

punir les Magistrats qui ont prononcé des exécutions de bestiaux sur la foi des ordonnances de l'intendant.

« Les coutumes de Flandre et un usage constant et immémorial permettent en Flandre les exécutions des bestiaux pour les tailles et impositions du Roi, et actuellement les receveurs particuliers des châtellenies tiennent en exécution une partie des bestiaux des villages, pour avancer le recouvrement des impositions de l'année dernière. Ce remède, quoique extrême, est le seul dont on puisse se servir en ce pays-ci pour faire payer les impositions, et un paysan qui laissera patiemment exécuter son lit pour la taille, fera tous ses efforts pour trouver de quoi retirer ses vaches ou ses chevaux, parce qu'ils servent à sa subsistance. Je vous avoue que je serois bien embarrassé pour faire payer les receveurs généraux, si l'on permettoit au bailliage d'Ypres d'empêcher ces sortes d'exécutions, et il me paroit que l'esprit de la dernière déclaration de S. M. n'a point été d'interdire les exécutions des bestiaux pour le payement des tailles, puisqu'elle conserve même un privilège sur ces bestiaux à ceux qui les ont vendus ou qui les ont donnés à bail à cheptel..... »

---

410. *M. de* BÂVILLE, *intendant en Languedoc,*
au CONTRÔLEUR GÉNÉRAL.

22 Juillet 1702.

Procès-verbal et pièces concernant les mines de charbon de Saint-Benoît et de Cramaux, au diocèse d'Albi, et la répartition des bénéfices entre les propriétaires des terrains et le cessionnaire exploitant.

---

411. *M.* D'HERBIGNY, *intendant à Rouen,*
au CONTRÔLEUR GÉNÉRAL.

28 Juillet 1702.

Il annonce qu'une maladie contagieuse s'est déclarée à Gisors et que les habitants des pays voisins demandent qu'on prenne des mesures pour les préserver, ou les ont prises d'eux-mêmes*.

* Voir diverses lettres de médecins et autres personnes, à la date des 12, 16, 18 et 23 août.

---

412. *M.* DU VIGIER, *procureur général au Parlement de Guyenne,*
à M. ROUILLÉ DU COUDRAY.

29 Juillet 1702.

Il réfute les accusations que M. l'évêque de Bazas a dirigées contre lui, ainsi que contre deux présidents.

« Ayez la bonté, je vous en supplie très humblement, de faire attention sur le caractère de l'accusateur, sur la qualité de l'accusation, et sur la place que j'ai l'honneur d'occuper dans la province et dans le Parlement. Un procureur général accusé par un évêque, dont le caractère donne un grand poids à tout ce qu'il dit, un procureur général, dis-je, accusé d'avoir révolté les curés d'un diocèse contre leur évêque, pour empêcher le payement des deniers du Roi, et d'avoir promis pour cela toute l'autorité de sa charge! Si je suis coupable, j'avoue par avance qu'il n'y a point de peine que je ne mérite; mais, s'il est vrai que je sois aussi innocent que je le suis en effet, seroit-il juste qu'un pareil outrage demeurât impuni ?.... Peut-être n'êtes-vous pas informé du caractère de M. de Bazas; c'est assurément un homme à tout entreprendre contre tous ceux qui ne veulent pas se prêter à toutes ses passions : tout lui est bon, pourvu qu'il se venge ou se satisfasse, et l'impunité de cette calomnie suffiroit pour lui donner lieu de s'abandonner à son tempérament..... La seule grâce que je prends la liberté de vous demander, c'est l'expédition la plus prompte que vos grandes occupations vous pourront permettre. »

---

413. *M.* DE HAROUYS, *intendant en Franche-Comté,*
au CONTRÔLEUR GÉNÉRAL.

30 Juillet 1702.

Négociations pour le renouvellement du traité de la fourniture des fourrages*.

* Voir une lettre du 22 septembre suivant, sur l'exécution des marchés passés pour l'année 1699.

---

414. LE CONTRÔLEUR GÉNÉRAL
à M. DE GRIGNAN, *lieutenant général en Provence.*

31 Juillet 1702.

« ..... Je n'ai été informé que depuis peu de jours de l'état auquel le sieur Creyssel, trésorier des États, laisse les affaires de la province, et, quoique je voie que, suivant l'estimation qui a été faite de ses effets, il n'y ait pas une grande différence à ce qu'il doit, que d'ailleurs il n'y a rien à perdre pour le Roi, il est néanmoins certain que cela fera un grand dérangement et qu'il y aura un manque de fonds considérable lorsqu'il faudra convertir lesdits effets en argent comptant. Vous savez que j'ai fait arrêter à Bordeaux ledit sieur Creyssel; il est bon de faire des exemples qui retiennent ceux qui sont chargés du maniement des deniers publics, dont l'impunité peut avoir de trop grandes conséquences. Quant à ce qui regarde le choix d'un trésorier, il me semble que ce seroit faire un préjudice considérable à vos États que de leur ôter la liberté de le choisir; mais, comme l'intérêt du Roi se trouve, en cela, mêlé avec celui de la province, il est nécessaire que le sujet qui sera choisi soit agréé par S. M., et vous pouvez vous assurer que, sans votre approbation particulière, quelque sujet que l'on puisse choisir, on n'obtiendra aucun agrément*..... »

* A la première nouvelle de cette banqueroute, le contrôleur général avait chargé l'intendant Lebret de veiller à l'acquittement de toutes les assignations tirées sur Creyssel. Celui-ci, arrêté par les soins de l'intendant de Bordeaux et transféré à Aix, avait été aussitôt traduit, pour procéder à la discussion de ses biens, devant la juridiction compétente, c'est-à-dire devant la Cour des aides et finances de

Provence, malgré la prétention du Parlement, qui réclamait l'accusé comme étant de son corps, et qui cependant n'aurait eu que le droit de le juger au criminel. (Lettres des 10 et 12 juin, 15 et 20 juillet, 4 août, à M. Lebret; du 11 septembre, à M. Isnard, procureur général de la Chambre des comptes, cour des aides et finances; du 19 janvier 1704, au Parlement de Provence.) Au mois de juillet 1704, les instances réitérées du contrôleur général n'ayant pu avancer le jugement, ni même l'instruction, il écrivit au premier président de la Cour que, si celle-ci ne s'y appliquait immédiatement, le Roi nommerait une commission expresse, et qu'immédiatement elle eût à retirer la garnison mise chez le directeur de la Monnaie d'Aix, complice présumé de Creyssel. (Lettres du contrôleur général, 18 juillet 1704.) Les procureurs du pays nommèrent le sieur Silvy au poste de trésorier. (Lettres de M. l'archevêque d'Aix et de M. de Grignan, 3, 5, 8, 15, 17, 22 et 24 janvier 1703.)

415. *M. Rouјault, intendant en Berry,*
au Contrôleur général.

31 Juillet 1702.

Il fait son rapport sur les poursuites dirigées par le sieur de Coubertin, fondé de procuration du receveur général des finances, contre les receveurs des tailles dont les recouvrements sont arriérés, et il se plaint que des contraintes aient été lancées inconsidérément*.

* Sur les opérations du sieur de Coubertin, voir ses lettres des 17 et 23 juin et 30 juillet, et celles de l'intendant, des 23 juin et 9 juillet. Voir aussi, sur le recouvrement de 1703, les lettres des 22 août et 19 septembre.

416. *M. Robert, procureur du Roi au Châtelet de Paris,*
au Contrôleur général.

2 Août 1702.

MM. Brunet de Rancy et Bigodet, fermiers généraux, se sont pris de querelle dans la cour de l'hôtel des Fermes, et M. de Rancy requiert information contre son adversaire, qui l'a poursuivi et même maltraité à coups d'épée. Le procureur du Roi attend des ordres pour accommoder cette affaire ou en faire l'instruction*.

* L'affaire fut réclamée par l'élection de Paris, comme s'étant passée entre fermiers du Roi, dans l'hôtel royal des Fermes et à l'occasion de la répartition des droits entre les fermiers. Voir la lettre du sieur Aubillon, président de l'élection, le procès-verbal d'information qui y est annexé (5 août), et une lettre du sieur de Mauvillain, procureur du Roi (9 août).

417. *M. Pinon, intendant à Poitiers,*
au Contrôleur général.

6 Août, 17 Septembre, 19 Novembre et 10 Décembre 1702;
14, 17 et 23 Janvier 1703.

Arrestation, condamnation à mort et exécution d'un billonneur de Poitiers et de sa sœur; condamnations prononcées contre leurs parents et leurs complices.

Mise en jugement par contumace des officiers de la maréchaussée de Châtellerault, coupables d'avoir diverti les preuves du premier procès et fabriqué une fausse procédure : condamnation du prévôt, de son lieutenant, de l'assesseur et du procureur du Roi à l'amende honorable, aux galères perpétuelles et à diverses amendes.

418. *M. Palisot, député extraordinaire des États d'Artois,*
au Contrôleur général.

(De Paris) 10 Août 1702.

Il réclame le maintien de l'abonnement de la province et proteste contre les taxes de l'hérédité et du contrôle des bans de mariage.

«A l'égard de l'hérédité, je crois qu'il est de mon devoir de vous représenter très respectueusement que rien au monde ne fait plus de peine aux sujets d'Artois que la vue des traitants; que, pour cette raison et la consolation des peuples, nous avons proposé un abonnement fort au-dessus de nos forces, et pour lequel nous avons moins consulté nos facultés que notre zèle, pour obtenir la décharge et l'exemption des affaires de finance. C'est ce que nos députés de l'année dernière ont eu l'honneur de vous exposer, et ce que l'Assemblée générale m'a chargé de faire dans des termes qui puissent persuader Votre Grandeur de la vivacité de ses sentiments sur ce point, et que, si elle n'a la bonté d'y prêter attention, nous perdrons absolument toute confiance dans l'esprit des peuples pour les intérêts de S. M. et la levée de ses droits.

«Je prends encore la liberté d'exposer à Votre Grandeur que la taxe pour l'hérédité ne produira jamais 20,000 ᵗᵗ à S. M., et que cette somme n'est pas suffisante pour donner atteinte à sa parole sacrée, ni à l'abonnement qu'elle a réglé en grande connoissance de l'état des forces d'Artois par la réponse au cahier des États, par un arrêt rendu en conséquence, en considération du zèle que la province a fait paroître dans la dernière guerre, dont elle a bien voulu marquer sa satisfaction aux députés des États : ce qui, joint à la protection dont Votre Grandeur les honore, redouble leur confiance. Il ne peut y avoir qu'un petit nombre d'officiers sujets à cette taxe : par la déclaration du 30 mars 1693, tous les officiers des justices royales d'Artois sont exempts de tout droit d'hérédité et d'annuel, en payant une année de leurs gages à chaque mutation; sur ce fondement, les officiers du Conseil d'Artois ont été déchargés de la taxe pour l'hérédité, et tous les officiers des justices royales le doivent être indispensablement, et il ne reste que les officiers extraordinaires qui peuvent être sujets à ces taxes, et qui ne sauroient être que d'un très petit produit. Il y a encore une réflexion importante à faire à ce sujet : avant que les besoins de la dernière guerre eussent exposé l'Artois à la vénalité des charges, elles se donnoient toutes au mérite, et, en même temps qu'elles entretenoient l'émulation pour l'étude, elles faisoient la subsistance d'une infinité de familles. S. M. a fait financer les possesseurs de ces offices pour les rendre héréditaires, et ils ne peuvent se persuader que ce qu'ils ont acheté comme héréditaire soit taxé pour le droit d'hérédité, ni que leur abonnement, accordé moyennant la somme de 500,000 # pour toutes les affaires de finance, ne comprenne pas une affaire de finance de cette nature, ni aussi nouvelle dans la province.

«Pour ce qui est du droit de contrôle pour les bans de mariage, c'est de même une augmentation formellement opposée à l'abonnement. Ces gros droits, et l'obligation imposée aux curés d'en répondre, comme des amendes des contrevenants, seront des obstacles aux mariages; les curés, en beaucoup de rencontres, feront refus de marier les sujets d'Artois : ce qui empêchera la multiplication du peuple, qui fait la richesse de la province et de l'État, et, par un abus aussi contraire à la religion qu'au bon ordre et au repos des familles, ce droit de contrôle engagera plusieurs particuliers à mépriser les formalités du mariage; qui sont des inconvénients assez considérables pour contenir les intéressés de ce traité dans les justes bornes de l'abonnement.

«Les traitants insinuent aussi que M. d'Armenonville est d'avis de casser l'abonnement de la province, osant publier hautement qu'ils feront pour quinze millions d'affaires dans les Pays conquis. Les trois ordres des États n'ont d'autres intérêts de maintenir l'abonnement que ceux de S. M. et la tranquillité des peuples; mais ils croient qu'il est de leur devoir d'exposer à Votre Grandeur une réflexion essentielle : c'est qu'en supputant par année le montant des affaires de finance dans la dernière guerre, avec le produit de la capitation et de son augmentation, la somme de 500,000 # de l'abonnement va par an beaucoup au delà du montant de toutes ces sommes, et tourne sans aucune diminution, à la différence des autres affaires de finance, entièrement au profit de S. M. D'ailleurs, quand même elle auroit l'intention de rétracter des promesses si solennelles et publiées dans la province par un arrêt, il faudroit tenir compte aux États de près d'un million qu'ils ont payé pour l'abonnement, et il faudroit, pour leur décharge, un arrêt de révocation de celui qui a été publié dans la province; et les trois ordres des États, dont j'ai eu l'honneur d'être député vers Votre Grandeur, ont tout sujet d'espérer de sa bonté et de sa justice qu'elle les déchargera, au moyen de leur abonnement, des taxes et impositions nouvelles*..... »

* Le contrôleur général répond en marge, de sa propre main : «L'hérédité est un droit acquis au Roi, comme l'annuel, à la différence que le dernier se paye tous les ans, et l'autre de vingt en vingt ans; la province se plaint à tort à cet égard. A l'égard du contrôle des bans de mariage, comme ils sont établis partout, même dans les pays d'États, ils n'ont pas plus sujet de se plaindre que les autres. Ils ne doivent pas appréhender que les bontés du Roi diminuent à leur égard; ils en ressentiront de plus en plus les effets, et autant que les temps le pourront permettre.»

Dans une lettre du 22 du même mois, les députés généraux et ordinaires des États se plaignent de l'aggravation des taxes, comparées à ce qu'elles étaient selon l'édit de 1697 : «Il (le nouvel édit) porte les droits de contrôle au triple, et souvent bien au delà, puisque les artisans d'Arras, par exemple, qui, dans le premier, ne payoient que 10 sols pour chaque publication de ban, payent 3 # par celui-ci; les chirurgiens d'Arras, qui ne paroissent taxés qu'à 10 sols par le tarif de 1697, sont taxés par celui-ci à 12 # : ce qui, joint à l'avarice insatiable et aux subtilités du traitant, porte la chose à des sommes si excessives, qu'un homme qui loue un office de mesureur de grains a été contraint de payer à Arras, pour le contrôle de ses bans de mariage avec la veuve d'un chapelier, la somme de 72 #. Nous prenons la liberté d'en joindre la quittance à cette lettre, pour faire preuve des vexations du traitant, auxquelles nous sommes d'autant plus exposés qu'il n'y a aucune peine portée contre lui en cas de concussion, ni personne sur les lieux à qui nous puissions avoir recours, tandis qu'il y a amende de 100 # contre les parties pour chaque contravention..... »

419. *M. de Bâville, intendant en Languedoc,* *au Contrôleur général.*

25 Août 1702.

«M. Colbert a fait travailler à la montagne de Saint-Barthélemy, pour y trouver une mine d'or, sans aucun succès; M. de Pennautier en fit la dépense. Je crois qu'il y a en effet quelque peu d'or dans cette montagne; mais on a bien de la peine à le trouver, et la dépense passe de beaucoup le profit. Il n'y a pas longtemps qu'un comte de Mailly obtint, sur les avis du nommé Salva, des permissions pour y faire travailler. Il y a perdu son temps et le peu d'argent qu'il avoit; il y ruina une famille du lieu de Lavelanet, qu'il avoit associée à cette recherche. Je ne sais point qui sont les gens du pays qui viennent chercher armés de l'or à la montagne de Saint-Barthélemy; je n'en connois point d'autres que ceux qui vont le long de la rivière d'Ariège pour y ramasser, avec des toisons de moutons, la poudre d'or qui s'y attache ou de petites paillettes de ce métal; mais il y en a si peu, que peu de gens s'attachent à le ramasser. C'est peut-être ce qui fait croire qu'il y a des mines d'or dans ces montagnes; mais il y a apparence qu'il est si avant dans la terre et dans des endroits si difficiles, qu'il est presque impossible de l'en tirer. Quant au remède que le sieur Boissonade prétend avoir pour la fièvre, on croit que c'est de l'émétique; il en guérit souvent, et il en manque aussi. C'est la réponse que je dois à la lettre que vous m'avez fait l'honneur de m'écrire le 30 juillet dernier*.»

* La lettre de Boissonade est jointe à celle de l'intendant.

420. *M. d'Herbigny, intendant à Rouen,* *au Contrôleur général.*

30 Août 1702.

Il explique quelles ont été ses raisons pour établir plusieurs receveurs particuliers de la capitation dans la ville de Rouen, et quelles seraient les mesures à prendre pour l'avenir.

«Au fond, s'il étoit possible de réduire l'esprit des receveurs à faire volontiers le recouvrement, rien ne seroit plus avantageux pour le bien faire que cette multiplicité de receveurs. Un seul, dans une grande ville, ne pouvant y suffire, il est obligé d'envoyer des sergents exécuter, et ces sergents sont autant de fripons qui prennent de l'argent de ceux chez qui ils vont, et n'en font guère venir au receveur, et qu'après bien du temps. Si les receveurs particuliers, qui ont chacun un petit district, vouloient agir par eux-mêmes, ils éviteroient cet inconvénient et auroient bientôt fini leur recouvrement; mais je vois que la plupart n'agissent encore que par sergents, et que même ils viennent avec affectation se plaindre que leurs sergents sont maltraités. Il a fallu essuyer toutes les difficultés et les chagrins de ces receveurs, et essayer, par toute sorte de manières et d'exhortations, de gagner leur bonne volonté et de les engager à travailler. Ce n'a pas été sans fruit, car plus de la moitié de ce qu'on aura à recevoir de la capitation de la ville, faubourgs et banlieue, est actuellement reçu; il est vrai que l'ordre que vous avez mis au cours des monnoies y a beaucoup contribué..... »

---

421. *Mme la comtesse* de Grignan *au* Contrôleur général.

(De Grignan) 31 Août (1702).

« On ne devroit vous parler que des grands événements, et même vous faire des compliments, en qualité de ministre, des heureux succès des armes du Roi; mais, quoique je sente ces obligations, je suis si renfermée dans ma petite sphère, si bornée aux objets de mon attention, que je ne vois que misère, au lieu de ne voir que triomphes, victoires et prospérités. Ainsi, trouvez bon qu'au milieu de la gloire des rois et des chants de victoire, je ne pense qu'à mes pauvres habitants, au malheur de leur situation, à la nécessité qui les jette dans une criminelle oisiveté. Je vous ai peint cet état plusieurs fois : vous en avez été touché. Vous laissiez cependant aux fermiers généraux l'usage de leurs faux raisonnements; vous disiez que vous n'y étiez pas encore accoutumé, et vous ne vouliez ni les remettre à la raison, ni vous laisser corrompre par leurs faux raisonnements. Vous êtes présentement hors de cette nouveauté que vous alléguiez pour ne pas suivre vos lumières, et je vous demande d'exercer votre autorité par l'usage de votre raison. Je puis vous assurer que celle de MM. les fermiers généraux vous sera favorable, non seulement quand vous voudrez vous en rendre le maître, mais quand vous leur direz d'examiner les exemples que nous alléguons de la même grâce que nous demandons. Je prends la liberté de vous envoyer le même mémoire : un mot de vous ouvrira nos boutiques fermées, fermera nos jeux de boules et nos cabarets, rétablira le labeur et l'abondance où l'oisiveté règne avec tous les maux qu'elle produit.

« Si l'on osoit croire que vous ayez encore quelque goût pour la musique, on vous feroit sa cour en vous offrant de jolis airs italiens, et l'on vous demanderoit place entre vos belles voix pour une cantarine très exquise que j'ai chez moi, et que M. l'abbé de Bussy m'assure que vous écouterez un jour avec plaisir. En attendant ce bonheur, je vous demande la liberté de vous faire souvenir de nos anciennes liaisons, et de l'attachement sincère que j'ai pour vous et avec lequel je vous honore. »

---

422. *M.* de la Reynie, *conseiller d'État président la Chambre de l'Arsenal, à Paris, au* Contrôleur général.

31 Août, 19 et 23 Septembre 1702.

Mise en jugement de trente et une personnes coupables d'avoir fait commerce de faux titres pour servir à la confirmation de la noblesse, ou de s'être servies de ces titres. Banzy, principal accusé, est condamné à l'amende honorable et à la potence; les autres, à des peines variant entre le bannissement, les galères à perpétuité et l'amende ou l'aumône.

« Tous les juges ont été également persuadés, en visitant et en jugeant ce procès, que le public auroit eu besoin d'un plus grand nombre d'exemples et d'une plus grande sévérité à l'égard de quelques-uns des complices, car le crime dont ils ont été accusés, outre la fréquence, a été porté au dernier excès, non seulement par la fabrication des faux titres, mais encore en ce que plusieurs dépôts publics ont été violés et qu'on y a inséré de fausses minutes, enlevé et supprimé des registres et fabriqué d'autres faux registres en entier, qui ont été supposés à la place des véritables. Les juges n'auroient eu garde de se dispenser, en cette occasion, de sévir suivant toute la rigueur des lois contre ceux qui ont été prévenus de tels crimes, si les preuves avoient été aussi complètes qu'il pouvoit être à désirer; mais les déclarations de Banzy, les confrontations et toute l'instruction de son procès, n'étant, dans l'ordre de la justice, que de simples inculpations à l'égard des autres accusés, n'ont fait aucune charge contre eux..... Si, en effet, il n'y avoit pas eu au procès de grandes et nombreuses charges contre Banzy, indépendantes de ses déclarations et établies par d'autres accusés et complices non concertés avec lui, les juges n'auroient pu se porter, à son égard, à prononcer une peine capitale comme ils ont fait*. »

* Réponse en marge : « J'ai rendu compte au Roi du jugement qui a été rendu à l'Arsenal contre les faussaires. Il auroit été à désirer qu'il y eût eu des exemples plus marqués à l'égard du public, afin d'arrêter la suite du désordre, qui ne finira pas tant qu'il y aura matière de faire des titres pour la noblesse. Il faut seulement espérer qu'on ne les vendra pas publiquement comme on a fait par le passé. On ne sauroit trop louer les peines que vous vous êtes données dans cette affaire, qui avoit besoin de toute votre application et de toute votre patience. » Voir les lettres de M. Robert, procureur du Roi au Châtelet, en date des 8 avril, 11 août, 19, 20 et 22 septembre, et une lettre de M. le Noir, avocat au Conseil, en date du 22 septembre.

---

423. *M.* d'Argenson, *lieutenant général de police à Paris, au* Contrôleur général.

1er Septembre 1702.

« J'ai toujours remarqué que les trésors me fuient, et je veux croire que cette antipathie ne sied pas mal à un magistrat de police. J'ai porté malheur à l'arrêt que Mme de Béthune avoit obtenu, et, le jour que nous avions pris pour creuser dans le champ où l'on croyoit trouver ce trésor important qui devoit enrichir tant de personnes, le donneur d'avis s'est absenté, après avoir filouté deux ou trois bourgeois qui avoient eu la simplicité de lui fournir jusqu'à 400 ₶. J'ai su depuis que ce fripon est l'homme à la baguette, qui ne subsiste que d'intrigues et de mensonges, que j'avois proposé plusieurs fois de faire arrêter, et qui en dupera bien d'autres, si le Roi n'a la bonté d'y mettre ordre. Au reste, suivant ses indications, il auroit fallu fouiller plus de deux arpents de terre, et je ne sais s'il n'auroit pas été nécessaire d'assurer le succès du travail par des invocations magiques ou par des sacrifices superstitieux, dont les bourgeois n'ont pas jugé à propos de faire confidence à Mme de Béthune, qui heureusement n'a été la dupe ni des uns ni des autres*.»

* Voir, aux dates des 12 mai et 7 juillet précédents, les lettres du sieur de Parlan de Saignes et de M. l'évêque de Viviers, sur la recherche d'un trésor caché par le sieur Pellissary dans sa maison de la Celle. L'évêque manifestant la crainte que Parlan ne veuille point diriger les recherches, le contrôleur général répond en marge de cette lettre : «Je crois que le sieur de Parlan, qui est connu de M. le duc de la Rochefoucauld, convient mieux que personne pour la recherche du chimérique trésor dont il est question. Je vous prie de lui faire entendre que, puisqu'il s'y est engagé, le Roi souhaite que cette affaire finisse par lui.»

424. *M. de Saint-Contest, intendant à Metz,*
au Contrôleur général.

2 Septembre 1702.

«Peut-être trouverez-vous que je me mêle des choses au delà de mon ministère; mais néanmoins je crois vous devoir avertir que le sieur Humbert, qui est intéressé dans les gabelles de Moyenvic, est un homme très important en ce pays-ci; qu'il a soutenu cette saline après la paix, par son industrie; qu'il est propre à la soutenir à l'avenir, ou à la détruire, s'il la quittoit; que j'ai eu avis que M. le duc de Lorraine le gracieusoit fort, pour tâcher qu'il prît parti dans les gabelles de Lorraine. J'en ai écrit au sieur Humbert avec vivacité et amitié, pour le retenir; je vous envoie sa lettre, dans laquelle il me répond à une vue qui, certainement, bonifieroit et leurs gabelles et la nôtre : c'est d'unir les gabelles de Lorraine avec celle de Moyenvic. La démonstration en est évidente. Le profit des gabelles de Lorraine et de celle de Moyenvic consiste dans la vidange qui se fait, tant sur les sujets de Lorraine que sur les sujets du Roi. A cela, la jonction n'est d'aucune utilité; mais le profit consiste encore dans les ventes étrangères, dans lesquelles sont comprises les villes libres d'Alsace. Or, il est certain que ce qui diminue le gain des intéressés dans ces ventes étrangères, c'est l'empressement que nous avons, et les Lorrains, de le vendre : ce qui fait que nous donnons à l'envi l'un de l'autre à meilleur marché. Or, si cela étoit réuni, les vendeurs donneroient la loi aux acheteurs, qui la leur donnent présentement. J'ai proposé à M. Mahuet, dès cet hiver, cette jonction, prenant moitié lorrain et moitié françois pour former la compagnie, afin que chaque prince eût le *par-corps* sur ses sujets. Je crois que cela pourroit produire une augmentation de 100,000 ᵗᵗ par an sur cette ferme, tant pour les uns que pour les autres. Vous verrez, par la réponse de M. Humbert, qu'il me marque y travailler. C'est un homme qu'il ne faut pas qui nous échappe; vous pourriez convenir de cette union avec M. Mahuet, à Paris, pour la ferme de Moyenvic, pour le bail prochain. Si vous croyez que j'y puisse quelque chose, faites-moi l'honneur de me donner vos ordres*.»

* Voir, à la date du 6 août 1703, un mémoire détaillant les inconvénients que pourrait avoir l'union des gabelles des Trois-Évêchés et de la Lorraine.

425. *M. Phélypeaux, intendant à Paris,*
au Contrôleur général.

4 Septembre 1702.

«..... Je crois qu'il est plus à propos de continuer l'imposition de la capitation comme je l'ai faite jusqu'à présent, par un rôle particulier, que de n'en faire qu'un conjointement avec celui de la taille. La capitation doit être faite sur toutes les personnes, sans en excepter aucune : c'est l'esprit de la déclaration, et que j'ai toujours suivi jusqu'à présent. La capitation se doit payer en deux termes égaux, au lieu que la taille se paye en douze mois. Si on ne fait qu'un rôle et qu'on la joigne avec la taille, comment y comprendre les exempts, privilégiés et domestiques qui ne sont point à la taille? Il faudroit, sur ce pied-là, que les collecteurs réglassent la capitation d'un chacun : ce qui donneroit lieu à plusieurs vengeances et animosités, comme la taille. Ces collecteurs ne pourroient pas faire les diminutions nécessaires par rapport aux laboureurs qui quittent leurs fermes, et quelquefois en reprennent ou n'en reprennent pas d'autres. On dit qu'il y a des intendants qui envoient l'imposition sur un village, que les collecteurs mettent comme il leur plaît; je conviens que cela est beaucoup plus commode et moins embarrassant pour les intendants, car, au lieu de faire tous les ans deux mille deux ou trois cents rôles, comme je les fais, je n'aurois qu'à faire une simple répartition sur les villages; mais cela me paroît impraticable, dans ce pays-ci particulièrement, et contraire à la déclaration. D'ailleurs, je crois qu'ils font cette imposition par des rôles particuliers, en conséquence des mandements qu'ils expédient; car, comme j'ai eu l'honneur de vous dire, il me seroit impossible de faire justice aux particuliers, soit sur les diminutions qu'ils peuvent prétendre, soit sur les doubles emplois, qui sont très fréquents. L'imposition de l'ustensile se fait en marge des rôles, parce qu'elle est due par les taillables; mais il n'en est pas de même de la capitation, qui est due par toutes sortes de personnes..... Si je suis mon usage, la capitation en sera plus promptement payée, par les soins que j'en prends, et je crois que cela ne vous est pas indifférent.....»

426. *M. de Méjusseaume,*
procureur général syndic des États de Bretagne,
au Contrôleur général.

(De Brest) 4 Septembre 1702.

«J'ai reçu à Brest la lettre que vous m'avez fait l'honneur de m'écrire, avec le mémoire qui vous a été présenté pour l'anoblissement d'un nombre de feux en Bretagne, jusqu'à 25,000 ᵗᵗ de rente de fouages, qui, à raison du denier vingt, produiroit la somme de 500,000 ᵗᵗ. J'ai mis des apostilles au mémoire, et j'ai observé la contrariété qui est presque dans tous les articles, et le défaut de connoissance des fouages dont il s'agit. J'ose vous représenter dans cette occasion ce que vous savez très bien, que la Bretagne est extrêmement chargée, et que cet affranchissement de fouages, de la manière qu'il est proposé, achèveroit d'accabler les peuples de cette province; mais, si le Roi veut absolument tirer un secours d'argent de la Bretagne, malgré l'épuisement et la pauvreté où elle est, je suis persuadé que la voie ordinaire d'imposer sur les contribuables aux fouages par redoublement sera beaucoup plus utile à S. M., et moins onéreuse aux peuples, que l'affranchissement des feux qui est proposé par le mémoire. Il est certain que les 25,000 # de rente de fouages qu'on veut affranchir pour 500,000 #, ne produira point de net au Roi 400,000 #, et qu'il coûtera aux peuples, par les mains des traitants, en frais de contraintes et d'établissements de garnisons, deux fois autant. Mais, de plus, cet affranchissement attirera aux États de Bretagne, comme je l'ai fait voir dans les observations sur le mémoire, une pareille diminution des fouages extraordinaires, dont les États jouissent : ce qui achèveroit de ruiner leurs fonds. Si vous voulez donc, d'autorité absolue, un secours extraordinaire de cette province, il est nécessaire de contrevenir pour cette fois à nos contrats et de violer nos privilèges les plus sacrés, en ordonnant, pour l'année prochaine 1703, sans le consentement des États, un redoublement qui monte à 428,000 #, payables aux termes accoutumés. Il n'y auroit, par cette voie, aucun droit au traitant, point de 2 sols pour livre en dehors ni en dedans, point de solidité, et aucunes contraintes ou établissements de garnisons, ni aucuns autres frais que les droits de recette ordinaires. Mais ce qui paroît juste, c'est qu'il plaise au Roi, par l'édit, ou par l'arrêt du Conseil qui sera rendu du consentement des députés des États, ordonner que ce sera sans conséquence, et qu'il ne sera fait à l'avenir aucune aliénation ou affranchissement et anoblissement de feux, ni imposition extraordinaire sur les contribuables aux fouages, sous quelque prétexte que ce soit, sans le consentement des États de la province assemblés, et que le redoublement ordonné pour l'année 1703 n'aura aucune suite ou continuation après ladite année 1703. Je prends même la liberté de vous représenter qu'il ne me convient en aucune façon de paroître l'auteur de cet expédient sans la participation des députés, qui m'attireroient la clameur publique. Je vous supplie donc, en cas que le Roi approuve cette voie, de me renvoyer le mémoire avec mes apostilles et observations, et de me faire écrire, en des termes aussi forts qu'il vous plaira, que S. M. n'en a pas été satisfaite, et qu'elle veut absolument être obéie, en recevant de la Bretagne un secours considérable sur les fouages, comme cette province en a donné en d'autres occasions. Vous m'ordonnerez, s'il vous plaît, dans le même temps, de communiquer le mémoire et votre lettre à MM. les députés, et vous ferez écrire de même style à M. l'évêque de Nantes; et peut-être que vous jugerez à propos d'en donner avis à M. le maréchal d'Estrées, à qui M. l'évêque de Nantes ne manquera pas d'en écrire. J'espère qu'avec ces dispositions, vous recevrez une prompte obéissance; mais j'ose encore vous représenter que la province est elle-même dans l'extrême besoin du secours d'argent que vous lui demandez : elle n'a aucun fonds pour la subsistance des deux régiments que jusqu'à la fin de ce mois de septembre; on nous en demande un considérable pour les palissades de Brest, et M. le trésorier des États crie plus que jamais sur les avances où il est, et sur les manquements des fonds. Continuez, je vous supplie, votre compassion et votre protection à cette pauvre province, et à moi particulièrement*.»

* Le 18 octobre suivant, le sieur le Verrier, en renvoyant au contrôleur général les édits et le mémoire sur l'aliénation des tailles en Bretagne, avec ses observations, y joint un projet de réponse à la lettre ci-dessus, qu'il appelle «une espèce de déclamation outrée.»

---

427. *M.* Robert, *procureur du Roi au Châtelet de Paris,*
au Contrôleur général.

9, 10, 22, 24 et 25 Septembre, 3 Octobre 1702.

Il expose le mauvais effet produit par la taxe annuelle de 12 # dont M. d'Argenson vient de frapper les maisons aux murailles desquelles sont attachées les boîtes à lanternes. L'imposition pour le nettoiement et l'entretien des lanternes avait été récemment portée de 240,000 # à 300,000 #; si l'on met en outre à la charge des propriétaires les frais d'entretien et de réparation, et si l'on perçoit 12 # pour chaque lanterne (il y en a environ quatre mille cinq cents ou cinq mille), le profit deviendra immense pour les nouveaux offices de receveurs des boues et lanternes, ou pour les traitants qui sont derrière ceux-ci, puisque, avec une imposition de 240,000 # seulement, il restait 27,000 # pour les dépenses casuelles et extraordinaires de chaque année, après acquittement de tous les autres frais et payement des gages et taxations des receveurs électifs. Aussi les directeurs et les bourgeois principaux de chaque quartier sont-ils prêts à s'engager pour le remboursement de la finance des offices des receveurs et trésoriers, tandis que le nombre des boîtes arrachées en divers endroits, depuis l'annonce de la taxe, prouve qu'elle ne sera acceptée nulle part.

M. d'Argenson prétend, au contraire, que cette taxe aura pour avantage de diminuer le nombre des boîtes, et il a recommandé de n'en exempter que celles qui sont reconnues nécessaires, et d'imposer toutes les maisons où les lanternes sont de pure commodité. Cette distinction est laissée entièrement à l'arbitraire des commissaires, et mal fondée d'ailleurs, puisque l'utilité des boîtes est établie partout depuis quarante ans.

«Celui qui allume les lanternes est seul maître de son travail, et ne dépend de personne, quand il trouve partout des boîtes, au lieu que, quand la corde de la lanterne est à la fenêtre d'une maison, il faut attendre que le bourgeois soit monté dans sa chambre, et qu'il ait fait descendre la lanterne.....

«J'ai voulu vérifier s'il n'y avoit eu que cent boîtes d'arrachées dans tout Paris, comme M. d'Argenson me le dit vendredi, et j'ai vérifié, par mes yeux et par le rapport des gens dignes de foi, que plus des trois quarts des boîtes ont été arrachées, et qu'il n'en reste presque plus dans Paris. Toutes celles de la rue Sainte-Avoye et de la rue du Temple ont été ôtées; de trois cent soixante-quatorze qui étoient dans le faubourg Saint-Germain, il n'y en reste pas trente; il en est de même dans le quartier de Saint-Antoine, dans le quartier de Saint-Martin et dans tous les autres. J'ai vu ce matin, passant par la rue des Quatre-Fils, des cordes passées dans deux fenêtres et chambres de l'hôtel de Soubise.....

«M. d'Argenson établit une maxime contraire à une vérité généralement reconnue par tout le monde, quand il dit que, pour la facilité du service et la sûreté des lanternes, il seroit à désirer qu'il restât fort peu de boîtes. C'est tout le contraire.

Les boîtes délivrent tous les bourgeois de l'embarras de descendre la lanterne, et ceux qui les allument de la nécessité de les appeler et de les attendre. Un quartier, par le moyen des boîtes, sera allumé en un quart d'heure, au lieu qu'il faut y employer plus d'une heure quand il faut attendre que les bourgeois aient descendu la lanterne. Mais enfin il paroît, par ces billets, que le payement de cette redevance est réduit à fort peu de chose, qu'elle est fort incertaine, que ce n'est plus l'édit et l'arrêt du Conseil qui peuvent procurer la décharge de cette redevance, mais la volonté du magistrat et celle du commissaire, chose entièrement contraire au bien du service du Roi et à la tranquillité publique. Jugez de l'effet que produisent ces billets dans l'esprit de ceux qui les voient, et si ces condamnations d'amende dont ils contiennent une menace, et qui tomberont sans doute sur les pauvres, et peut-être sur des innocents, sont des remèdes salutaires pour entretenir le bon ordre de la police*.....»

* Le 29 septembre, en envoyant un état de recette et de la dépense du nettoiement des rues et de l'entretien des lanternes, et en justifiant les mesures qu'il a prises, M. d'Argenson ajoute : «L'expérience vous fera connoître que le peuple se fie plus volontiers à mes paroles qu'aux discours de celui qui affecte de me décrier et qui, aussi superbe à l'égard des pauvres que rampant envers les personnes d'un rang supérieur, voudroit persuader qu'il gouverne également les uns et les autres.»

---

428. *M. de Bernage, intendant à Limoges,*
au Contrôleur général.

(De Paris) 11 Septembre 1702.

Il rend compte d'une grave émeute qu'a occasionnée à Limoges l'établissement du droit de banvin.

---

429. *M. de Saint-Contest, intendant à Metz,*
au Contrôleur général.

14 Septembre 1702.

«Il paroît impossible, pendant la guerre telle qu'elle est présentement, de pouvoir faire payer en ce pays-ci toutes les taxes nouvelles que l'on y envoie, les houssards étant toujours répandus dans ce pays, pillant les villages et enlevant qui ils veulent. Je ne doute pas que M. de Locmaria n'ait l'honneur de vous en rendre compte exactement sur tout.

«On a envoyé ici de nouveaux rôles pour la taxe des naturalités sur les étrangers; comme ce pays-ci n'est composé, en beaucoup d'endroits, que de soldats ou vivandiers qui s'y sont établis, ces pauvres malheureux s'y trouvent taxés, et, voyant la Lorraine tout autour d'eux, où l'on vit en paix et dans l'abondance, dans le temps qu'ils sont sujets à de grosses impositions en ce pays-ci, à beaucoup de corvées de bras et de charrois et à des taxes nouvelles, ils désertent tous. Si on n'a une attention particulière à ménager ce pays-ci pendant la guerre, il se dépeuplera entièrement, et par là on perdra et les hommes et l'argent, les terres demeureront incultes, et les villages destinés pour les étapes manqueront d'hôtes pour y recevoir les troupes. Je sais même que les pays exposés à la guerre pendant les dernières guerres ont reçu ces mêmes soulagements; on n'y faisoit point du tout, ou très peu d'affaires extraordinaires, et on conservoit tous les secours qu'ils pouvoient donner pour les besoins de la guerre. Or, cette guerre-ci est même différente des autres, car les ennemis sont dans notre pays dans celle-ci, et nous étions dans le leur dans l'autre. Je crois être obligé de vous le représenter, parce que, par le dépeuplement de cette province, il arriveroit de très grands inconvénients*.»

* Réponse en interligne : «Il doit avoir l'attention nécessaire pour empêcher les traitants de faire aucune poursuite mal à propos; et qu'il fasse en sorte de ménager les intérêts du Roi en tout ce qu'il pourra; mais, lorsqu'il croira qu'il ne seroit pas du bien de son service de laisser la liberté aux traitants de suivre des recouvrements dont ils seront chargés, il peut les défendre jusqu'à nouvel ordre, et m'en donner avis.»

---

430. *M. Pinon, intendant à Poitiers,*
au Contrôleur général.

17 Septembre et 22 Novembre 1702.

Vérification des registres des receveurs des tailles*.

* En marge de la première lettre : «J'ai vu, par la lettre que vous avez pris la peine de m'écrire, le dérangement où est le receveur des tailles de Niort et la preuve que vous avez qu'il a plus reçu jusqu'à présent qu'il n'a payé au receveur général. Je ne vois nul inconvénient à le faire arrêter, en cas que le receveur général vous en sollicite; mais cela se doit faire à sa requête et après avoir pris toutes les mesures nécessaires pour qu'il ne détourne point les deniers de la recette. Vous ne sauriez vous donner trop d'application pour maintenir l'ordre qui doit être observé par les receveurs des tailles, d'enregistrer généralement sur leurs registres, conformément aux ordonnances, tous les payements qui leur sont faits. Je souhaite que vous puissiez les engager à faire mention de la qualité des espèces, aussi bien que les commis préposés aux recouvrements des traités; tenez-y la main autant que vous le pourrez, et même faites des exemples de sévérité, en cas que vous en trouviez quelques-uns en faute.»

---

431. *M. Barentin, intendant en Flandre maritime,*
au Contrôleur général.

(De Dunkerque) 20 Septembre 1702.

«Les négociants de cette ville ont appris, par des lettres de Bruges, d'Anvers et de Gand, qu'on est sur le point d'établir un commerce réciproque entre les Pays-Bas espagnols et la Hollande, et cette nouvelle les a tellement alarmés, qu'ils m'ont prié de me joindre à eux pour vous représenter très humblement combien ils croient que ce traité de commerce seroit désavantageux au bien du service. Ces négociants vous supplient d'observer que la Hollande ne produit qu'à peine ce qui est nécessaire pour la subsistance de ses habitants, et que cet État ne se soutient que par le commerce des marchandises étrangères et par celui des matières brutes que les Hollandois tirent des provinces voisines et qu'ils y renvoient après qu'elles ont été manufacturées. Ainsi, ils sont persuadés que le véritable moyen d'affoiblir ces peuples seroit d'interrompre leur commerce dans les pays étrangers et d'empêcher le débit de leurs manufactures. Quant au commerce des marchandises étrangères, il est constant qu'il seroit presque impossible aux Hollandois de le faire pendant qu'ils auront la guerre avec la France et l'Espagne, et, s'ils le continuoient, étant obligés de tirer leurs marchandises des Indes, de l'Amérique et du Levant, et n'ayant point de ports pour y relâcher en cas d'accidents pendant la route, leurs vaisseaux courroient risque de se perdre par les mauvais temps ou d'être pris par les armateurs françois. Les Hollandois ont bien prévu cet inconvénient, et, avant de commencer la guerre, ils se sont pourvus d'une si grande quantité de marchandises, que leurs magasins en sont pleins, jusque-là même que, depuis un mois, un bâtiment danois ayant porté des sels à Amsterdam, le maître de ce navire n'a pu les vendre, ni trouver des magasins vides pour les mettre. Cette précaution étoit devenue inutile par la cessation entière du commerce entre la Hollande et la Flandre espagnole, et ces peuples qui, avant la guerre, fournissoient de leurs marchandises l'Espagne et les Pays-Bas espagnols, se sont trouvés tellement embarrassés de celles qui sont actuellement dans leurs magasins, qu'on n'est pas étonné qu'ils aient tout mis en œuvre pour faire rétablir le commerce entre la Hollande et les Pays-Bas espagnols. On ne disconvient pas que les peuples des Pays-Bas espagnols ne trouvassent un avantage apparent dans le rétablissement du commerce avec la Hollande : premièrement, en ce que les Hollandois donneroient leurs marchandises à meilleur marché que les négociants des autres nations, parce qu'ils sont extrêmement ménagers dans leur commerce et qu'ils ne sont pas exposés, par la situation de leur pays, aux mêmes frais que les autres peuples; deuxièmement, en ce que le colza et les autres matières du cru des Pays-Bas espagnols seroient enlevés par les Hollandois; et enfin, en ce que les soies, laines et autres matières propres aux manufactures établies dans la Flandre et dans le Brabant espagnol se tireroient de la Hollande à meilleur marché que de la France. Mais ces avantages ne peuvent être comparés aux désavantages qui suivroient ce traité de commerce : 1° parce que les Hollandois feroient seuls le commerce dans les Pays-Bas espagnols, les autres négociants ne pouvant pas donner leurs marchandises au même prix qu'ils donneroient les leurs; 2° ils tireroient par leur commerce tout l'argent que les armées du Roi portent dans ces pays-là; et enfin, ce seroit leur procurer les moyens d'augmenter leurs manufactures et de ruiner celles de France et des Pays-Bas espagnols. Pour établir ces propositions, il faut remarquer que les Hollandois ne tirent des Pays-Bas espagnols le colza et les autres matières brutes que pour les renvoyer dans les mêmes pays après qu'elles ont été manufacturées; or, comme les ouvriers qu'on emploie dans les manufactures de Hollande vivent de laitage et se contentent d'un salaire médiocre, les Hollandois sont en état de donner leurs marchandises à bon marché; et ainsi, ayant la préférence sur nos marchandises manufacturées, que l'on ne peut donner au même prix, il est presque impossible qu'ils ne fassent tomber les manufactures établies en France et dans les Pays-Bas espagnols. Les négociants d'Anvers et de Bruges sentent parfaitement la force de ce raisonnement, et j'ai vu des lettres par lesquelles ils marquent qu'ils sont ruinés si le commerce s'ouvre entre la Hollande et la Flandre espagnole, parce que, sur l'espérance de n'avoir plus de commerce avec les Hollandois, ils ont commandé des ouvrages dans les manufactures de France et dans celles du pays, qui leur demeureront sans pouvoir être débités en concurrence avec les marchandises des Hollandois. On peut encore ajouter que, comme les troupes de S. M. ont porté des sommes immenses dans les Pays-Bas espagnols, ce seroit un moyen pour faire passer les espèces d'or et d'argent dans un pays ennemi, que de permettre aux Hollandois de faire le commerce dans un temps où une bonne partie de l'argent de la France est dans les Pays-Bas espagnols, et l'on fourniroit par là aux Hollandois les moyens de continuer la guerre. Enfin, il sera très difficile d'empêcher que les marchandises d'Hollande, étant une fois entrées dans les Pays-Bas espagnols, ne pénètrent jusque dans la Flandre françoise, par la facilité que donnent la Lys, l'Escaut et les canaux pour faire la contrebande; et les négociants de Lille sont tellement flattés de cette espérance, que, depuis que le bruit du traité de commerce s'est répandu, ils ont mandé ici à leurs commissionnaires de ne pas prendre pour 200,000 # de marchandises qu'ils leur avoient donné ordre d'acheter *. »

* Voir, sur le même sujet, au 24 septembre, une lettre du sieur Piécourt, député du commerce de Dunkerque.

---

432. *M. d'Argenson, lieutenant général de police à Paris, au Contrôleur général.*

21 Septembre 1702.

Rapport sur une proposition présentée par les maîtres de pension et d'école de Paris, qui demandent à être pourvus de privilèges exclusifs et héréditaires moyennant le payement d'une somme de 150,000 #.

« Pour faire réussir cette proposition, il faudroit concilier les intérêts, les prétentions et les différentes vues de l'Université de Paris par rapport à ses maîtres ès arts, du chantre de l'église métropolitaine par rapport à ses maîtres d'école, et des curés de toutes les paroisses dont cette grande ville est composée, par rapport à leurs écoles de charité. L'Université prétend, contre M. le chantre, que ses suppôts seuls sont en droit d'enseigner les lettres humaines; M. le chantre soutient au contraire que le pouvoir de ses maîtres d'école est sans bornes à cet égard; que non seulement il peut les instituer et les révoquer, mais qu'il a sur eux toute juridiction, sauf l'appel au Parlement, et il allègue une possession de plusieurs siècles, dont il rapporte divers exemples. On assure même que, sur ces prétentions respectives, les parties se sont pourvues au Parlement il y a plus de cinquante ans, sans que cette difficulté y ait été décidée, ni dans la question générale, ni dans aucune espèce particulière.

« MM. les curés de Paris soutiennent, de leur part, qu'étant obligés d'enseigner la doctrine chrétienne à leurs paroissiens, ils sont en droit, et même dans l'obligation, de les y disposer en leur procurant des maîtres d'école qui leur apprennent gratuitement à lire et à écrire. M. le chantre s'y oppose, et dit que ces écoles de charité nuisent aux siennes et ruinent insensiblement sa juridiction et son privilège, ce qui n'est pas sans apparence. MM. les archevêques protègent de tout leur pouvoir les écoles de charité, dont le nombre augmente tous les jours.

et ils ont ménagé une espèce d'accommodement provisionnel entre MM. les curés et M. le chantre, dont ce dernier ne paroît pas tout à fait content. Ce double conflit, et principalement celui d'entre le chantre et l'Université, cause un dérangement considérable dans cette partie de l'ordre public, et il seroit à désirer, pour l'instruction des nouveaux convertis et pour la bonne éducation des enfants, que tous les maîtres d'école et de pension fussent sous un même supérieur, qui pût répondre de leur religion et de leurs mœurs, au lieu que cette concurrence de supériorité donne aux libertins une ressource qu'ils n'auroient pas, et favorise ordinairement la confusion et le désordre. Il est vrai que cet inconvénient ne se trouve pas parmi les maîtres d'école qui sont sous la main des curés; mais, comme leur occupation se renferme aux enfants des gens de métier ou de travail, on peut dire que l'instruction de la principale jeunesse, ni celle des enfants des nouveaux convertis, qui ne vont presque jamais à ces écoles de charité, n'en peuvent tirer aucun avantage.

«Il seroit donc à désirer que tous les maîtres d'école fussent réunis sous un même chef; mais je douterois que M. le recteur et les procureurs de l'Université fussent faciles à persuader sur ce sujet, à moins que l'autorité du Roi n'assurât le succès de la négociation par l'entremise de M. le cardinal de Noailles, archevêque de Paris. Mais je ne sais si les 150,000 # qu'on offre valent les difficultés et les embarras qu'il faudroit surmonter pour faire réussir cette affaire. D'ailleurs, on sait que la plupart des régents, des émérites et des maîtres ès arts de l'Université ne subsistent que par le moyen des pensionnaires qu'ils ont chez eux, et que leurs maisons sont autant d'écoles domestiques qu'il faudra ou confirmer ou abolir, si l'on écoute la proposition des privilèges exclusifs: ce qui ne pourroit s'exécuter sans beaucoup de peine.

«Enfin, combien d'ecclésiastiques ne parviennent aux plus hauts degrés de la théologie que par le moyen des répétitions qu'ils font chez eux, ou de celles qu'ils vont faire chez les bourgeois! Et comment pourroit-on gêner en ce point la liberté publique, ou faire de la proposition dont il s'agit une affaire considérable sans cette extension? Il semble donc que ceux qui la font doivent commencer par s'expliquer et par se restreindre; car, s'ils en veulent aux écoles de charité, à ces pensions particulières qui sont dans l'enceinte de l'Université, et aux répétitions domestiques, je croirois qu'il n'est pas à propos de les écouter. Mais, s'ils n'ont en vue que de certaines écoles publiques où l'on enseigne à lire, à écrire, et tout au plus les premiers principes des lettres humaines, l'Université ne souffrant pas que ces maîtres portent plus loin leur instruction, quand elle en est informée, j'estime que l'objet est trop peu considérable pour mériter qu'on s'y arrête. Au reste, quand j'excepte les écoles de charité, j'entends excepter, à plus forte raison, celles que tiennent les Ursulines, les filles de Sainte-Geneviève et de Sainte-Agnès et plusieurs autres communautés de cette ville qui, pour satisfaire au devoir de leur institut, autorisé par des lettres patentes, en enseignant aux jeunes filles à lire, à écrire et à faire différents ouvrages, les instruisent des vérités de la religion et les forment à la piété.»

---

433. *M. Phélypeaux, intendant à Paris,*
au Contrôleur général.

(De Mantes) 24 Septembre 1702.

«Vous me fîtes l'honneur de m'écrire il y a deux jours, et vous me recommandiez la paroisse de Garches. Permettez-moi de vous dire que votre recommandation est un peu tardive : il y a plus de trois semaines que l'imposition de l'élection de Paris est faite et signée; ainsi, ne trouvez pas mauvais si je n'ai point d'égard à vos ordres pour cette année, et si j'attends à la prochaine pour les exécuter.»

---

434. *M. d'Argenson, lieutenant général de police à Paris,*
au Contrôleur général.

29 Septembre et 10 Octobre 1702.

Il transmet les interrogatoires de deux commis ou secrétaires de fermiers accusés d'avoir formé une association illicite et annoncé publiquement qu'ils se chargeaient de la poursuite des affaires soumises au contrôleur général et aux secrétaires d'État, du recouvrement des ordonnances payables sur le Trésor royal, etc.

---

435. *M. d'Argenson, lieutenant général de police à Paris,*
au Contrôleur général.

30 Septembre 1702.

Le comte de Reekheim demande un privilège de trente ans pour établir, à Paris et dans chaque ville possédant un siège judiciaire, un syndic et un contrôleur-colporteur ayant charge de distribuer aux afficheurs et colporteurs, dont le nombre sera fixé, les arrêts, règlements, gazettes, brochures et autres pièces destinées au débit public, après due approbation, et d'aider le syndic et l'adjoint des libraires et imprimeurs à faire la visite des livres envoyés de la province ou de l'étranger.

Réponse à cette proposition.

«Quand il sera du service du Roi et du bien de ses finances d'imposer un droit sur tous les livres et sur ces pièces fugitives et volantes qui s'impriment continuellement, soit pour la curiosité des savants, soit pour informer le public des intentions de S. M., il faudra que les magistrats obéissent, et ils ne pourront même se dispenser de concourir à des impositions encore plus fâcheuses, dès qu'elles auront été jugées nécessaires. Mais, quelque favorable que puisse être M. le comte de Reekheim par les services importants qu'il a rendus à l'État, on est persuadé que le Conseil ne voudra pas donner atteinte à l'ordre public pour lui faire une récompense qui déshonoreroit pour toujours la librairie, lui imposeroit un joug perpétuel, renverseroit les règlements sous prétexte d'en assurer l'exécution, commettroit la police des livres à de nouveaux officiers dont la place est maintenant occupée par des crocheteurs, soumettroit à leurs soins et à leur caprice la publication des lois les plus importantes, les associeroit sans aucun risque dans la plupart des priviléges, anéantiroit les charges des imprimeurs du Roi, dont les principales prérogatives leur seroient dévolues, favoriseroit le débit des livres défendus, et autoriseroit la communication des libelles diffamatoires par le moyen de ces bureaux indépendants dont la visite n'est réservée à aucun magistrat.

«Il seroit facile d'appliquer ces inconvénients aux vingt-deux articles qu'on veut ériger en règlement, et il y en a peu qui n'en paroissent susceptibles; mais, pour ne pas entrer dans un détail aussi ennuyeux, on se contentera d'observer en général :

«1° Que tout ce qu'on propose de défendre par ce nouveau projet, l'est par des édits, par des déclarations et par des arrêts, dont la plupart s'observent encore, et que la condamnation de ceux qui y contreviennent renouvelle de temps en temps;

«2° Que ces prétendus contrôleurs ou distributeurs auroient sur les livres une autorité et une inspection que Messeigneurs les Chanceliers n'ont pas jugées indignes de leurs soins;

«3° Que, ces inspecteurs ne pouvant crier eux-mêmes les arrêts et les règlements, ils seroient obligés de se servir des mêmes colporteurs dont ils se plaignent : en sorte que le public se trouveroit exposé aux mêmes abus dont ils font le prétexte de leur établissement, d'autant plus que ces colporteurs, n'ayant rien à perdre, donnent impunément de faux titres à leurs imprimés, les publient comme nouveaux, quoiqu'ils soient d'une ancienne date, et ne craignent pas de tromper le public, pourvu qu'ils se défassent de leur marchandise, aux risques de demeurer en prison pendant quelques jours;

«4° Que, lorsqu'il s'agit de répandre dans le public de nouvelles lois, surtout par rapport à la monnoie, quatre ou cinq cents colporteurs ne suffisent pas : ce qui est directement contraire au plan du nouveau mémoire, et fait assez connoître que, dans une aussi grande ville que Paris, c'est moins par des lois générales et économiques qu'on réprime la plupart des désordres, que par une attention continuelle et par des exemples placés avec choix;

«5° Qu'enfin, ou l'on se propose de réduire le nombre des colporteurs, ou l'on a dessein de les employer tous. Si l'on prend le premier parti, il est à craindre qu'ils ne s'en plaignent avec ce ton insolent qui tend naturellement à la sédition, et qu'ils ne s'attroupent pour s'opposer à la réforme dont ce nouveau plan les menace. Si, au contraire, on emploie tous les colporteurs sans aucun retranchement, cette nouvelle idée se réduira nécessairement ou à diminuer le profit qu'ils font, afin que les inspecteurs y trouvent leur compte (ce qui sera un nouveau sujet de contestation et de trouble), ou à contraindre les imprimeurs de donner leurs feuilles à meilleur marché, ce qui exciteroit une rumeur générale dans le corps de la librairie, et ne seroit pas aussi facile à établir qu'on pourroit se l'imaginer. On peut encore ajouter que, si les affiches des livres imprimés avec privilège et la publication des édits, des arrêts et des règlements ne se pouvoient faire que par l'entremise de ces nouveaux inspecteurs, les Cours supérieures souffriroient impatiemment cette dépendance, qui ne seroit pas moins odieuse que contraire à toutes les règles. Il semble même que ce seroit commettre l'autorité du sceau, et l'on ne peut douter que cette nouvelle formalité n'assujettît les imprimeurs qui obtiendroient dans la suite quelques priviléges à un second enregistrement d'autant plus inutile que celui qui se fait dans la chambre syndicale de leur communauté n'est ni moins authentique ni moins exact que celui-ci le pourroit être.»

---

436. *M. Barentin, intendant en Flandre maritime,*
au Contrôleur général.

1er Octobre 1702.

Conflit entre les Magistrats de la châtellenie de Bailleul et la maîtrise des eaux et forêts de Nieppe, pour l'application d'une ordonnance du maréchal de Boufflers portant défense de chasser avant le 1er septembre, sous peine d'un mois de prison et de 100 florins d'amende *.

* Le 6 mai 1704, il dénonce une sentence prononcée indûment par la maîtrise d'Ypres.

---

437. *M. Turgot, intendant à Tours,*
au Contrôleur général.

2 Octobre 1702.

Il envoie l'itinéraire de la tournée qu'il va faire pour le département des tailles.

---

438. *M. Robert, procureur du Roi au Châtelet de Paris,*
au Contrôleur général.

3 et 6 Octobre 1702.

«Vous avez vu, par les billets imprimés que M. d'Argenson avoit envoyés dans les maisons, les diligences qu'il avoit faites pour faire payer la redevance de 12 # sur toutes les maisons où il y avoit des boîtes pour allumer des lanternes; il en a fait de beaucoup plus grandes pour donner des décharges à tous ceux qui, dans la crainte de payer cette redevance de 12 #, les avoient démolies. Il a envoyé de nouveaux billets à tous les commissaires, qui portent pouvoir de décharger presque tous ceux qui ont demandé des décharges pour leurs boîtes, comme boîtes de nécessité ou de bienséance. Il est allé lui-même en divers quartiers exhorter les propriétaires des maisons, et, en leur absence, leurs principaux domestiques, de rétablir leurs boîtes, les assurant qu'il ne leur en coûtera rien. Quelques-uns, mais en petit nombre, ont déféré à ses conseils; mais la plus grande partie des bourgeois ne veulent point y prendre confiance, prétendant que la parole d'un magistrat n'est pas chose suffisante pour les décharger d'une redevance établie par un édit du Roi et des arrêts du Conseil. Il a dit et fait dire par tous les commissaires que les boîtes des maisons de MM. les officiers de Cour souveraine doivent être considérées comme boîtes de nécessité, et, par toutes ces distinctions, il établit un poids et une mesure pour les riches, et un autre poids et une autre mesure pour les pauvres. Je ne pense pas que cela se fasse par votre ordre, ni que cette distinction soit de votre goût. Par une autre distinction, contraire à ce qui s'est toujours pratiqué du temps de M. de la Reynie, l'on n'allume point de lanternes pendant le premier quartier de la lune, et, suivant cette nouvelle règle, l'on ne commencera à allumer les lanternes que le 6 de ce mois. Jusqu'à présent, l'on ne suspendoit les lanternes que le jour auquel on commençoit de les allumer; cependant, pour mettre toutes choses en état, elles ont été aujourd'hui attachées et suspendues partout. J'aurai l'honneur de vous rendre compte de la manière dont les choses se passeront vendredi, qui est le premier jour qu'elles doivent être allumées.

«..... Il y a plus de huit jours que M. d'Argenson, ne se confiant pas au zèle et à la bonne volonté des commissaires, marche lui-même à pied dans tous les quartiers de Paris, pour faire rétablir les boîtes des lanternes. J'avois peine à le croire; mais je n'en puis douter, l'ayant rencontré moi-même dans cette fonction, accompagné seulement du sieur Rivière, l'un des lieutenants de M. le lieutenant criminel de robe courte, et de trois ou quatre archers: l'un de ces archers est porteur de ces permissions imprimées de rétablir les boîtes comme boîtes de nécessité, et M. d'Argenson en signe et en distribue à tous ceux qui lui en demandent. Cependant, il se trouve des gens qui ne défèrent pas davantage à ses paroles qu'à celles des commissaires; il s'est même trouvé quelques-uns de ces officiers auxquels M. d'Argenson ayant voulu imputer, devant le peuple, qu'ils avoient causé, contre ses ordres, les arrachements des boîtes, ils ont eu en public de grosses paroles contre lui et lui ont montré des ordres signés de lui de faire tout ce qu'ils avoient fait. D'autres personnes ont même beaucoup manqué au respect dû à sa personne et à sa dignité. Dans la rue d'Enfer, près les Chartreux, un jeune abbé se mit à tourner en ridicule tout ce que disoit M. d'Argenson : il lui en voulut faire une réprimande, lui demandant s'il le connoissoit; ce jeune homme insolent lui répondit qu'il le connoissoit, et que tout le monde le connoissoit assez. M. d'Argenson le fit arrêter par les archers qui l'accompagnoient, pour le faire mettre en prison; mais, à la prière de M. Fornier de Montagny, trésorier de France, qui étoit présent, il lui fit grâce et le laissa aller*..... »

* Dans sa lettre du 13 du même mois, il rapporte que toutes les lanternes ont été allumées comme les années précédentes; que les boîtes pourront se rétablir et le service se faire, à condition qu'il ne soit plus parlé de redevance; que M. d'Argenson a condamné à 50 ᵗᵗ d'amende deux personnes qui n'avaient pas voulu recevoir chez elles la corde de la lanterne, mais que ces sentences ne seront probablement pas suivies d'exécution.

---

439. *M. Boujault, intendant en Berry,*
au Contrôleur général.

6 Octobre 1702.

Rappor sur les taxations et gratifications des mesureurs de sel*.

* Sur les droits de ces officiers et sur la modification rendue nécessaire par l'emploi de la nouvelle trémie, voir une autre lettre, du 23 mars 1703.

---

440. *Le sieur Laurencin fils, négociant à Nantes,*
au Contrôleur général.

7 Octobre 1702.

Il annonce que ses confrères l'ont choisi pour député au Conseil de commerce, et demande l'agrément du contrôleur général*.

* Voir, à la même date, une lettre du sieur des Casaux du Hallay, que remplaçait le nouvel élu.

---

441. *M. Sanson, intendant à Soissons,*
au Contrôleur général.

14 Octobre 1702.

«Dans la tournée que je viens de faire pour l'imposition des tailles, j'ai employé tous mes soins pour engager les officiers des élections à réunir d'eux-mêmes à leurs corps les offices d'élus-contrôleurs, sans avoir jamais pu leur faire entendre raison, étant tous sur cela également intraitables. Comme j'ai vu qu'il n'y avoit rien à espérer d'eux que par une réunion forcée, et que vous m'avez marqué que vous voudriez bien n'être pas obligé d'en venir là, j'ai pressenti encore moi-même ceux des bourgeois à qui je sais que ces offices conviennent et qui sont en état de les acquérir, et n'ai rien épargné pour les faire entrer dans les sentiments que je voulois leur inspirer, sans avoir été plus heureux. Il y avoit cependant un moyen qui pourroit les déterminer : ce seroit d'appesantir la main sur eux à la taille, à la capitation, etc. J'en ferois d'autant moins de scrupule que la plupart de ces bourgeois ou sont de vrais fainéants qui ne songent qu'à se réjouir, ou sont de grands ménagers qui n'ont d'autre vue que d'amasser sol sur sol. Si vous trouvez à propos que je mette cet expédient en usage, je vous supplie d'avoir agréable de me le mander*. »

* Le 18 juin précédent, M. Phélypeaux, intendant à Paris, écrivait : «..... Je vous avouerai de bonne foi que l'empressement de la part des élections pour réunir à leurs corps les offices d'élus-contrôleurs des tailles m'avoit été inconnu, et, dans toutes les élections de la généralité de Paris, je ne m'en suis point aperçu; mais, puisqu'il y a tant d'empressement, il me paroît qu'un arrêt forcé seroit fort inutile. Pour ce qui est du traitant, je n'en ai pas entendu parler, je ne sais qui il est, et je n'ai vu aucun de ses commis : ainsi, je ne vous puis dire ce qu'il y en a de vendu, ni ce qui en reste à vendre.» Le 16 janvier 1705, M. Phélypeaux écrit encore qu'il a réglé que les vérificateurs résidant dans la paroisse jouiront seuls du privilège d'exemption, et qu'il est à espérer que cette exemption ne subsistera pas en 1706, tant le nombre infini des exempts rend la levée des milices difficile. — M. Bégon, intendant à la Rochelle, propose, le 4 octobre 1702, de subdiviser les charges, pour en avoir un débit plus facile.

---

442. *Le Contrôleur général*
à M. de Harouys, intendant en Franche-Comté.

15 Octobre 1702.

«L'on propose au Roi de créer une chambre des requêtes du Palais dans le Parlement de Besançon, et, après avoir conféré ici avec le procureur général de ce Parlement, je me suis confirmé de plus en plus dans la pensée de la convenance, et même de la nécessité de cet établissement, qu'il a lui-même reconnue; mais, comme l'on doit prévoir de la part de ce Parlement quelque éloignement de cette nouveauté, j'ai cru qu'il étoit à propos de vous en expliquer les motifs pour y faire entrer les officiers de cette Compagnie.

«Ils n'ignorent assurément pas que, suivant les principes du droit écrit et l'esprit de notre droit françois, les parties doivent avoir deux degrés de juridiction pour la connoissance de toutes affaires civiles et criminelles. Ce droit n'est pas moins acquis aux privilégiés qu'aux autres, et ils en ont joui dans la Franche-Comté tant que l'usage des revisions y a été observé; mais, depuis que l'on a créé les charges de ce Parlement en titre d'office et que l'on a affranchi leurs arrêts de la revision qui s'en faisoit originairement à Malines, et ensuite dans les Parlements les plus prochains, depuis que cette province est sous la domination du Roi, les causes des privilégiés se portent en première instance au Parlement, et s'y jugent non seulement sans appel, mais même sans qu'il reste aux parties aucune voie pour les faire rétracter : ce qui est tellement singulier, qu'on peut dire qu'il est sans exemple. Il paroîtroit donc nécessaire, pour conformer en cette partie ce tribunal aux règles du droit public, d'y établir une chambre des requêtes, qui connoîtroit en première instance, et à la charge de l'appel aux enquêtes ou à la grand'-chambre, des causes des privilégiés. J'apprends que, dans cette province, l'on comprend sous le nom de *privilégiés* non seulement les officiers à qui le Roi a accordé le droit de *committimus*, mais même plusieurs communautés qui ont des lettres que nous appelons ici de *garde gardienne*, et qu'un grand nombre de causes que les officiers municipaux de Besançon évoquoient de toute la province par-devant eux, quand cette ville exerçoit encore dans toute son étendue la juridiction qui lui appartenoit anciennement comme ville impériale, se portent en première instance au Parlement. Il semble que ces natures différentes d'affaires pourroient donner assez d'occupation aux requêtes du Palais, et que cet ordre judiciaire, bien loin de pouvoir être regardé comme une nouveauté, doit être considéré comme un rétablissement et un retour aux lois romaines et à l'ordre public. Comme le Parlement conserve la connoissance des mêmes affaires en cause d'appel, pour les juger pleinement, en dernier ressort, par des arrêts qui ne sont plus soumis à la revision, l'on peut dire que cette Compagnie n'a aucune raison solide à opposer à cet établissement. Le bruit s'en est répandu dans la province, et ceux qui font cette proposition prétendent qu'ils ont déjà des offres pour quelques-unes de ces charges. Mandez-moi, je vous prie, le nombre de charges qu'on pourroit créer pour composer cette chambre, et quels gages et droits on pourroit leur attribuer. Vous ne manquerez pas, s'il vous plaît, après avoir discuté tout ce qui regarde cette vue, d'examiner s'il conviendroit de faire ces officiers membres du Parlement, comme ils le sont à Paris, ou de les créer séparés, comme ils le sont à Dijon. Il paroît que cette création seroit plus utile au Roi en les faisant entrer dans le corps de cette Compagnie. Le procureur général, qui prévoit des difficultés de la part du premier président, ne veut point paroître entrer dans l'exécution de ce projet, quoiqu'il le juge très raisonnable.»

443. *M. d'Angervilliers, intendant à Alençon,*
au Contrôleur général.

17 Octobre 1702.

Dès qu'on a su que les acquéreurs des charges de vérificateurs des rôles du sel jouiraient des privilèges attribués à ces charges dans le lieu de leur résidence, presque tous les collecteurs nommés pour la taille de 1703 se sont portés acheteurs, pour s'exonérer; leurs successeurs feront de même, et l'on ne trouvera plus de collecteurs solvables. Le mal est surtout pressant dans les villes, où les bourgeois les plus considérables peuvent s'exempter, pour 200 ᵗᵗ ou même moins, du logement, de la collecte et de toute hausse de la taille. A Lisieux, cinquante charges ont été levées dans ces conditions. Ne devrait-on pas déclarer que la jouissance des privilèges sera concédée dans les bourgs et villages, mais non dans les villes, où, le montant de la taille étant plus fort, il faut des collecteurs plus solvables*?

* En marge, de la main du contrôleur général : «Cette lettre mérite de sérieuses réflexions, particulièrement l'article de Lisieux, et cet abus n'est pas tolérable.»

Le 24 décembre suivant, M. d'Ableiges, intendant à Moulins, écrit pour se justifier des accusations portées contre lui par les cautions du traité des offices de vérificateurs des rôles du sel, et il énumère les concessions qu'il a faites en ce qui concerne la taille, le logement des gens de guerre, et particulièrement le service de la milice. Voir aussi diverses lettres de M. d'Herbigny, intendant à Rouen, sur le débit des charges et sur le règlement des privilèges qui y étaient attachés, à la date des 22 octobre, 22 novembre et 3 décembre 1702, 31 janvier, 19 et 26 février 1703, etc.

444. *M. Sanson, intendant à Soissons,*
au Contrôleur général.

19 Octobre 1702.

«La plus grande ressource de ce pays-ci est le blé : il y en a une très grande quantité, tant vieil que nouveau; mais il est à très bon marché, et il n'y a presque point de débit. Si cela continue, il est à craindre que les recouvrements ne deviennent très difficiles. Pour prévenir cet inconvénient, je crois qu'on pourroit faire deux choses : la première, d'obliger les munitionnaires généraux de faire enlever trente à quarante mille sacs de blé sur la frontière; ils les auroient à un bas prix, et il leur seroit facile d'en faire voiturer la plus grande partie à Landrecies, où la Sambre est navigable, et le reste à Charleville, où ils trouveroient la Meuse. L'autre seroit de laisser libre le commerce de blé, comme il étoit avant la déclaration du dernier août 1699. Il me paroît qu'il n'y a aucun inconvénient à accorder cette liberté quand le blé est à aussi bon marché qu'il est à présent; au contraire, que cela est du bien du service du Roi et avantageux pour les peuples. Si cela étoit ainsi, les bourgeois, même les officiers de judicature qui ont quelque argent comptant, ne manqueroient pas d'en faire des provisions; l'espèce, par ce moyen, seroit dans une circulation continuelle. En un mot, j'estime qu'on ne sauroit trop faciliter le commerce dans le temps d'abondance, comme on ne sauroit trop y veiller dans un temps de disette, et qu'il faut aller, sur cela, d'une extrémité à l'autre, suivant les différentes conjonctures. J'ai cru devoir prendre la liberté de vous faire ces deux propositions; vous jugerez assurément mieux que personne de leur utilité*.»

* Réponse en marge : «Vous devez avoir reçu l'arrêt qui permet la

sortie des blés hors du royaume; ce remède est suffisant pour procurer à votre département une consommation telle qu'il convient pour assurer les recouvrements.»

M. Lebret fils, intendant en Béarn, demande au contraire, le 16 octobre, permission de différer la levée des mesures prohibitives. «Les grêles, dit-il, ont ruiné les froments, la sécheresse a gâté les millets, la gelée et les grêles ont beaucoup endommagé les vignes, l'argent est fort rare, il y a des dysenteries dans presque tout le pays. Si, à tout cela, on joint des exécutions rigoureuses pour les affaires nouvelles, je ne sais où nous en serons; mais, si vous nous honorez de vos bontés, nous reprendrons courage, et, avec un peu de temps et de modérations, nous sortirons de tout.» Le contrôleur général le laissa libre d'agir à sa guise, et fit encore la même réponse à une lettre du 7 décembre 1703.

---

445. *M.* DE *Harouys, intendant en Franche-Comté,*
au Contrôleur général.

27 Octobre, 3 et 19 Novembre,
8 Décembre 1702.

Création d'une chambre des requêtes au Parlement de Besançon.

Projet d'union de la Chambre des comptes de Dôle au Parlement.

«J'ai déjà eu l'honneur de vous mander, en quelques occasions, que la robe de Franche-Comté n'est pas riche. Autrefois, le Parlement et la Chambre des comptes étoient composés d'un très petit nombre d'officiers, les charges ne s'achetoient point, et le mérite étoit la seule voie pour y parvenir. Quand la vénalité fut établie en cette province, en 1692, il n'y avoit dans ces deux corps que d'anciens avocats, dont la fortune étoit très médiocre. Cette considération et les services de ces officiers portèrent S. M. à se contenter de sommes très légères pour leur accorder l'hérédité de leurs charges : on ne fit payer aux présidents du Parlement que 24,000 #, aux conseillers 9,000, et aux autres officiers à proportion, pendant que les offices de présidents et de conseillers se vendent des sommes bien au-dessus de celles-là, dans les autres Parlements du royaume. Les nouvelles charges de deux présidents et de quinze conseillers du Parlement, créées en cette même année 1692, n'ont pas aussi été vendues bien cher: les premières ont été données pour 36,000 #, et les autres pour 15,000 #. A la réserve de deux particuliers du duché de Bourgogne qui ont acheté les deux charges de présidents, toutes celles des conseillers de cette nouvelle création ont été levées par des avocats de cette province dont le bien n'est pas plus considérable que celui des anciens officiers leurs confrères. C'est à peu près la même chose pour la Chambre des comptes de Dôle : les charges de présidents, de maîtres, de correcteurs, d'auditeurs et autres, dont ce corps a été augmenté en 1692, 1696 et 1698, ont été vendues à proportion de celles du Parlement, et ceux qui en ont été pourvus, une partie gens du duché de Bourgogne, et les autres de cette province, ne me paroissent pas plus riches que les officiers du Parlement. En 1690, on proposa à ces officiers du Parlement de Besançon, avant la nouvelle création, de prendre des augmentations de gages de 5,000 #. Ce n'étoit pour chaque conseiller que 2,420 # en principal; cependant je suis informé qu'ils eurent beaucoup de peine à faire cette somme : peu d'entre eux la trouvèrent dans leurs bourses, et presque tous l'empruntèrent, et en payent encore aujourd'hui les arrérages. Les temps ne sont pas devenus meilleurs : l'argent n'a jamais été si rare; les vignes, qui font le principal revenu de Bourgogne, n'ont rien du tout produit cette année, et si, en 1690, ces officiers eurent tant de peine à faire une somme de 2,420 #, il me paroît très difficile de les obliger à payer 3,000, 3,500, et jusqu'à 4,000 #, les uns plus, les autres moins, suivant les offices, pour ces augmentations de gages de 20,000 # qu'on propose de tirer de l'union de ces deux Compagnies. Je conviens que, parmi tous ces officiers, la misère n'est pas si grande que quelques-uns d'entre eux ne puissent bien, sans beaucoup s'incommoder, fournir cette somme de 3,000, 3,500 ou 4,000 #; mais je suis sûr aussi que plus des deux tiers sont hors d'état de la faire, et que, si on entreprenoit de l'exiger, il faudroit en venir à des contraintes dont on seroit obligé dans la suite de se départir, et qui ne feroient qu'aigrir les esprits.

«Du reste, aussitôt que cette union de la Chambre des comptes au Parlement de Besançon n'est pas un moyen sûr pour produire au Roi un fonds de 400,000 #, je croirois qu'il n'y auroit aucune nécessité de la faire. Les officiers de ces deux Compagnies ne témoignent nul empressement sur cela; la justice ni la province n'y trouveroient pas de l'avantage. Au contraire, je suis persuadé que cette union ne se feroit pas sans mésintelligence et sans qu'il y eût bien des mécontents. Si ce Parlement et cette Chambre des comptes n'étoient composés que d'un petit nombre d'officiers, comme ils étoient autrefois, cette union pourroit aisément se faire; mais, à présent, ce sont deux corps nombreux et considérables. Il y a dans le Parlement des présidents, chevaliers d'honneur, conseillers et gens du Roi, au nombre de soixante et un, et vingt-neuf officiers subalternes : ce qui fait quatre-vingt-dix officiers; dans la Chambre des comptes, il y en a quatre-vingts. Ainsi, en unissant ces deux Compagnies, ce seroit mettre cent soixante-dix officiers dans un seul corps pour une petite province comme le comté de Bourgogne, ce qui me paroît disproportionné. D'ailleurs, parmi ces officiers de la Chambre des comptes, il y en a du duché de Bourgogne qui n'ont acheté leurs charges que parce que la ville de Dôle est à portée de tous leurs biens; ainsi, ces officiers et les Francs-Comtois qui ont pris des établissements dans cette ville se trouveroient fort dérangés, s'ils étoient obligés de venir s'établir à Besançon, où ils ne possèdent rien, et où il fait fort cher vivre, parce que le Doubs ne porte point bateaux et que tout vient par charrois dans cette ville, dont les abords sont très difficiles. Outre ces considérations, la ville de Dôle, jolie et bien située, autrefois la capitale de cette province, qui avoit le Parlement, la Chambre des comptes et l'Université, seroit anéantie, si on lui ôtoit cette seule Chambre des comptes qui lui reste. Le dédommagement qu'on propose pour cette ville, d'y transférer le présidial de Gray, outre qu'il ne répondroit pas à la perte qu'elle feroit, produiroit encore quelques embarras. Il y a anciennement un bailliage à Dôle et un à Gray. Quand le présidial de Gray fut créé, en 1696, il fut réuni au bailliage de Gray; les anciens officiers du bailliage financèrent pour cette réunion, et il y eut, outre cela, des acquéreurs des nouvelles charges. Ce présidial et ce bailliage de Gray ne font qu'un seul corps : de manière qu'en le transférant à Dôle, il en faudroit détacher tous les anciens officiers du bailliage de Gray, qui redeviendroient simples officiers du bailliage, et les faire rembourser par les officiers du bailliage de Dôle de ce qu'ils ont payé pour leur union avec le présidial. Il n'est pas sûr que tous les officiers du bailliage de Dôle se trouvassent en état de faire ce remboursement; d'ailleurs, tous ceux qui ont acheté les nouvelles charges du présidial de Gray sont bourgeois de Gray, qui ont leur petit bien à la porte de la ville, et qui seroient bien mortifiés d'être transplantés à sept grandes lieues de là. Les magistrats de Besançon, qu'on fait entrer dans ce projet pour 150,000 # qu'ils donneront pour avoir la Chambre des comptes dans leur ville, comme ils ont fait autrefois pour y avoir l'Université, n'ont pas le premier sol de cet argent. Ils pourroient chercher à l'emprunter, chose dont, en ce pays-ci, ils viendroient difficilement à bout, moyennant de nouveaux octrois qu'on leur accorderoit pour le remboursement du capital et des arrérages de ces 150,000 #; mais ces octrois, mis par-dessus ceux qui sont déjà établis ici, feroient fort crier le peuple, qui sent déjà vivement le poids de sa capitation, du quartier d'hiver et des autres charges. Ces raisons, surtout l'impossibilité certaine des officiers du Parlement de Besançon et de la Chambre des comptes de Dôle de prendre aucune nouvelle augmentation de gages, et le temps présent, qui ne permet pas aux magistrats de Besançon de contribuer en rien à l'union ou à la translation de cette Chambre des comptes, me font croire qu'il n'y a pas lieu d'entreprendre l'exécution de ce projet, et qu'il est plus sûr de s'en tenir à la seule création d'une chambre des requêtes du Palais, qui vous a été d'abord proposée..... »

---

446. *M. le Gendre, intendant à Montauban,*
au Contrôleur général.

29 Octobre 1702.

« J'arrive d'une longue tournée que je viens de faire en Quercy et en Rouergue*, ayant passé dans toutes les villes où il y a de nouveaux convertis, que j'ai trouvés dans de très heureuses dispositions, tous les pères et mères allant régulièrement à la messe les fêtes et dimanches, s'acquittant de tous les devoirs extérieurs de la religion et envoyant exactement leurs enfants à l'école et aux instructions. Quand je me suis aperçu de quelque petit relâchement, ce qui ne vaut pas la peine d'en parler, car on ne fait presque plus de différence, dans cette généralité, entre les anciens catholiques et les nouveaux convertis, j'ai tâché de les ramener par la douceur et la patience, en les obligeant de se faire instruire sans aucune sévérité, qui est plus capable d'aigrir les esprits, dans le temps où nous sommes, que de les ramener **.

« J'ai été jusqu'à Saint-Jean-du-Breuil, qui est la dernière ville de la généralité d'à côté des Cévennes, dans un pays affreux, entouré de montagnes; je trouvai ceux qui devoient le moins craindre et tous les peuples fort alarmés du voisinage des fanatiques. En arrivant, on me mit un corps de garde à ma porte, m'assurant que les fanatiques écrivoient tous les jours que, si l'on ne leur fournissoit les vivres et tout ce qui leur étoit nécessaire, ils viendroient brûler l'église de Saint-Jean et massacreroient tous ceux qui avoient mis les nouveaux convertis dans des dispositions qui leur étoient si contraires. Comme je crus qu'il n'y avoit rien de plus important que de rassurer les esprits et de montrer exemple, je congédiai le corps de garde et dis publiquement que, n'y ayant que des nouveaux convertis dans la ville, je me tenois fort en sûreté, ayant toute confiance en eux; que le désordre des Cévennes ne venoit que du libertinage de quelques nouveaux convertis mal intentionnés qui vivoient depuis dix ans sans religion et qui s'abandonnoient à toute sorte d'excès et de crimes depuis qu'ils avoient abandonné Dieu et qu'ils ne connoissoient point de religion, mais que les nouveaux convertis de cette généralité, paroissant sincèrement réunis à l'Église, vivant tranquillement dans leur famille et jouissant paisiblement de leurs biens, ne m'étoient point suspects; que je les regardois comme des anciens catholiques, et que j'étois persuadé qu'ils avoient de l'horreur pour cette troupe de scélérats qu'on appelle *fanatiques*. Ils me crièrent tous d'une commune voix : « Vous nous rendez justice; le Roi n'a point de plus fidèles « sujets que nous, et, si les fanatiques entreprennent de venir « troubler notre repos, il n'en échappera pas un. » Ils me répétèrent ce discours vingt fois; je fis aux principaux toutes les caresses imaginables, et ils s'en allèrent fort contents. L'alarme étoit si grande à Saint-Jean-du-Breuil, que vous me permettrez de vous dire ce qui arriva la première nuit que j'y couchai. Un cheval de M. Ogier, receveur général, s'échappa pendant la nuit, que tout le monde étoit couché, et fit un si grand bruit dans les rues, que l'on crut que c'étoit une descente des fanatiques, en sorte que, dans un instant, tout le peuple se mit sous les armes et vint se ranger en bataille devant ma porte. Heureusement, je dormois tranquillement, et n'appris que le matin cette terreur panique. Cela marque toujours la bonne volonté. Cependant, comme il est toujours bon de prendre ses précautions et de prévenir le mal, j'ai distribué à Millau, à Saint-Jean, à Saint-Affrique, au pont de Camarès, et dans tous les lieux de passage, quarante compagnies de milices bourgeoises, composées de bons hommes, bien armés, dont j'ai fait une revue très exacte. C'est la meilleure noblesse de la province qui est à la tête de toutes ces compagnies; outre cela, tous les gentilshommes du voisinage qui m'ont fait l'honneur de me venir voir m'ont assuré que s'il arrivoit le moindre désordre, que je trouverois toujours deux cents gentilshommes bien montés en état de marcher où il seroit nécessaire. J'ai fait un règlement pour la discipline de ces milices, afin que, si elles sont commandées, elles trouvent dans le moment tout ce qui leur est nécessaire pour marcher. Avec toutes ces précautions, je crois que tout demeurera tranquille dans ce département et que les fanatiques n'auront point d'envie de nous venir visiter.

« En revenant de ma tournée, j'ai passé à Castelnau-de-Montratier, entre Cahors et Montauban, où j'ai vu avec une extrême douleur le désordre affreux qu'a fait un orage qui survint le 9 de ce mois; il a emporté des moulins, cassé toutes les vitres des maisons, rompu les toits, percé les planchers et entraîné un pied de sable dans quatre lieues de prairies. Ce désordre coûtera plus de 100,000 écus à ce petit canton à réparer. »

* Voir, aux 18 et 25 octobre 1701, le compte rendu d'une autre tournée et les rapports sur la revision des rôles de la capitation, sur l'effet produit par la levée des milices bourgeoises, et sur les dissensions

qui agitaient plusieurs villes. Dans la lettre du 18, à propos de la capitation, il dit : «Étant persuadé qu'il n'y a rien de plus important pour le service du Roi que de régler la capitation avec justice et égalité, en sorte que la noblesse, les officiers de justice et le peuple ne soient point soulagés ni surchargés mal à propos, j'ai repassé une seconde fois tous les rôles, pour en réformer dans plusieurs endroits l'infidèle répartition des consuls, en taxant d'office les coqs de paroisses qui avoient eu le crédit de se faire considérablement soulager pour accabler le pauvre peuple. J'ai réparé autant qu'il m'a été possible les non-valeurs et les doubles emplois, en sorte que vous pouvez compter qu'en continuant ce travail dans toute la généralité, le Roi en tirera, sans non-valeurs et sans que le peuple soit surchargé, tout le secours que S. M. s'est proposé.»

** Le 22 novembre suivant, il rend compte de la fin édifiante du directeur des domaines de Montauban, qui, converti à la religion catholique après avoir été religionnaire opiniâtre, a provoqué l'abjuration de cent de ses anciens coreligionnaires, et a tenu les discours les plus touchants à ceux qui l'entouraient, quand les derniers sacrements lui ont été administrés. Précédemment (12 avril et 31 mai 1702), en rendant compte des dispositions des nouveaux catholiques et des démonstrations par lesquelles ils venaient de prouver publiquement, à propos du jubilé, la sincérité de leur conversion, l'intendant ajoutait : «Connoissant votre zèle pour la religion, je suis persuadé que vous serez aussi aise que surpris d'apprendre qu'il est mort depuis deux jours, au village Duffaut, près Montauban, un nouveau converti âgé de cent huit ans, qui s'appeloit Jean Capdoul, fermier. Il étoit né le 8 décembre 1594; il étoit marié et avoit des enfants au siège de Montauban, en 1621. Ce qu'il y a de plus surprenant, c'est qu'après avoir vécu cent six ans dans la religion protestante, dont il étoit un chef de parti, il se convertit de si bonne foi, il y a dix-huit mois, que, depuis ce temps-là, il a confessé et communié cinq ou six fois, n'a pas manqué une seule fête et dimanche d'aller à la messe, et a lui-même demandé tous ses sacrements en mourant, qu'il a reçus avec une piété exemplaire, en disant qu'il mouroit content puisqu'il voyoit la religion protestante détruite en France. Cela a produit un effet admirable sur l'esprit des nouveaux convertis.....» Le contrôleur général répond en marge de cette lettre : «Il m'a fait un grand plaisir de me donner part de la conversion de..... J'ai lu au Roi sa lettre, qui en a servi à bien faire sa cour.»

---

447. *M.* DE HARLAY, *premier président du Parlement de Paris*,

AU CONTRÔLEUR GÉNÉRAL.

1er et 21 Novembre 1702.

Levée des nouvelles augmentations de gages.

«Par tout ce que j'apprends de personnes de la Compagnie qui ont pris la peine de me voir hier et aujourd'hui, je crains l'impuissance d'un grand nombre, que la somme de 1,793,600 ₶ que vous désirez ne rebute les emprunteurs et les prêteurs, que la marchandise, que l'on a dans le commerce ordinaire à meilleur marché, ne tente pas, et qu'enfin la concurrence des emprunts que les différentes Compagnies voudront faire en même temps, n'empêche le succès des uns et des autres, si votre prudence n'y remédie.....»

L'augmentation de la taxe des pauvres demandée au profit de l'hôpital général pourra réussir, et même ne point choquer les gens qui redoutent ces taxes faites d'autorité; mais il est certain que le produit (180,000 ₶) ne sera pas suffisant pour aider à l'exécution de la déclaration du 25 juillet 1700, relative au soulagement des vrais pauvres et à la punition des gens valides qui mendient*.

* Le Parlement décida qu'il payerait pour l'hôpital, pendant les années 1703 et 1704, la même somme qu'il donnait au grand bureau des pauvres depuis l'année 1534. (Lettre de M. de Harlay, du 19 décembre.) La Chambre des comptes prit une semblable résolution. (Lettre de M. Nicolay, premier président, du 29 décembre.) Sur l'état de l'hôpital général et sur l'accroissement de ses besoins, voir, à la date du 7 août précédent, une délibération des directeurs. Le revenu ordinaire, qui montait à 455,000 ₶, eût suffi à peine pour l'entretien de cinq mille pauvres, à raison de 5 sols par jour pour chacun; leur nombre s'étant élevé à neuf mille, l'arriéré des dettes était déjà de 206,056 ₶.

---

448. *M.* DE MÉJUSSEAUME, *procureur général syndic des États de Bretagne*,

AU CONTRÔLEUR GÉNÉRAL.

8 Novembre 1702 et 10 Janvier 1703.

Rapports sur les opérations de prisée des maisons et héritages compris dans les fortifications de Brest, et sur la prétention de Mme la duchesse de Portsmouth à être indemnisée de la valeur des fonds où ont été élevés les magasins et autres édifices publics servant à la construction et à l'armement des vaisseaux.

---

449. *Le sieur* DAUMAY, *directeur des fermes à Bordeaux*,

AU CONTRÔLEUR GÉNÉRAL.

11 Novembre 1702.

Il envoie l'état abrégé de la valeur des marchandises qui sont entrées ou sorties par les ports de sa direction pendant les six derniers mois de la cinquième année du bail de Templier. Entrée : d'Angleterre et d'Irlande, 46,140 ₶; de Hollande, 173,451 ₶; des autres pays, 104,778 ₶. Sortie : pour l'Angleterre et l'Irlande, 177,144 ₶; pour la Hollande, 572,366 ₶; pour les autres pays, 441,233 ₶. Différence en faveur de la sortie : 866,374 ₶.

---

450. *Le sieur* DES CASAUX DU HALLAY, *négociant à Nantes*,

AU CONTRÔLEUR GÉNÉRAL.

14 Novembre 1702.

«..... Toutes nos colonies sont, en général, bien exposées et bien dépourvues de vivres et de subsistance. Elles le seront infiniment plus dans la suite, si on ne prend des mesures pour en assurer le commerce, nos malheurs de Vigo devant vraisemblablement donner aux ennemis lieu de croire que le Roi ne fera point armer de flotte qui puisse occuper la leur. La prochaine campagne semblant faire juger qu'ils tourneront toute leur attention du côté de ces colonies, qui les tentent beaucoup, il seroit important d'y penser, et non seulement d'exciter les marchands d'y envoyer leurs vaisseaux chargés, loin de les retenir en leur refusant des matelots, comme on fait, mais encore d'en former une flotte, qu'on feroit escorter, en allant et en revenant, par des bâtiments du Roi. Voici la vraie saison de les laisser partir : les vents forcés et les longues nuits favoriseroient leur passage, et ils arriveroient au temps des nouveaux sucres. Cependant aucun vaisseau n'arme, parce qu'on veut faire donner aux propriétaires des soumissions que leur retour se fera en mars, chose impossible et qu'on n'exige point des compagnies privatives pour les bâtiments qu'ils arment. Monseigneur sait combien les recettes du Roi ont diminué par les prises qui ont été faites; cela ira bien plus loin dans la suite, si le commerce reste ainsi interrompu. On facilitoit l'envoi des vaisseaux marchands, dans la précédente guerre, plus qu'on ne fait à présent, et on a vu qu'il partoit de Nantes seul plus de vingt navires pour l'Amérique, dans les mois de novembre et décembre. Je ne vois pas qu'il en puisse partir aucun cette année, par les refus qu'on fait. La disette qu'on remarque déjà aux Îles fait clairement connoître combien elles tiroient de secours par la tolérance du commerce secret et défendu des Anglois de leur voisinage, dont elles sont privées depuis la guerre. Il y a bien des abus dans tout cela.

«La Manche étant tout à fait interdite à nos vaisseaux, j'ose vous dire qu'il seroit important d'ouvrir les passages des rivières et de la terre au travers du royaume, pour faire passer par transit les vins et l'eau-de-vie, les sels et les autres marchandises qu'on voudra envoyer du côté de la Flandre.

«Je supplie très humblement Monseigneur de vouloir bien me marquer si le Roi a prohibé l'envoi en Portugal des munitions de guerre. On refuse ici, au bureau ou à l'amirauté, l'expédition de vingt-six barriques de pierres à fusil qu'on veut envoyer à Lisbonne*.

«Un des navires des compagnies privatives qu'on laisse aller à l'Amérique sans soumission pour un retour en certain temps limité, emporte autant de matelots qu'il en faudroit pour former la tête des équipages de vingt vaisseaux marchands. A la fin, ce commerce restera aux compagnies seules, si on continue de retenir les marchands, pendant qu'on favorise ces compagnies**.»

* En marge, de la main du contrôleur général : «Cela est défendu; je les prendrai toutes, si on veut me les rendre à Dunkerque.»

** Le 30 avril suivant, il rappelle que le contrôleur général lui avait promis, dix-huit mois auparavant, de laisser partir un de ses navires pour la mer du Sud, sans que les fermes prissent connaissance de la destination. M. de Pontchartrain lui a signifié cependant une défense formelle de faire ces voyages, et quoique les Malouins y aient envoyé depuis plusieurs vaisseaux, il persiste à répondre que le Roi ne saurait permettre ni tolérer ces expéditions; il lui a même demandé sa parole que l'armement n'irait qu'à la côte de Carthagène et de Porto-Belo. M. des Casaux s'adresse de nouveau au contrôleur général pour obtenir une permission ou quelque tolérance tacite. Dans la minute de réponse écrite en marge, le contrôleur général s'excuse de ne point donner de passeports, mais promet de s'employer de tout son pouvoir à faciliter les expéditions des négociants.

451. *M. Bignon, intendant à Amiens,*
au Contrôleur général.

23 Novembre 1702.

Il regarde l'établissement des jurés compteurs et mouleurs de bois comme inutile dans les villes de son département, le commerce s'y faisant directement des adjudicataires, fermiers ou marchands, aux consommateurs, sans aucun intermédiaire. Si l'on créait des offices, ce serait provoquer une augmentation sur le prix du bois.

452. *M. Phélypeaux, intendant à Paris,*
au Contrôleur général.

28 Novembre 1702.

Le sieur Bourgeois a été nommé d'office collecteur à Nemours parce que c'était son tour de faire la collecte. Il suffit qu'un seul collecteur, sur quatre, sache lire et écrire; souvent même il n'y en a point. Si c'était là un cas d'exemption, comme Bourgeois le prétend, aucun paysan ne voudrait plus se faire instruire.

Quant au recouvrement de l'ustensile, dont Bourgeois voudrait également être exempté, il y a longtemps qu'on le joint à la taille, pour éviter la multiplicité des rôles et épargner une charge aux contribuables.

453. *M. de Pennautier, trésorier des États de Languedoc,*
au Contrôleur général.

7 Décembre 1702.

«Depuis ma dernière lettre, j'ai été malade : ce qui est cause que je n'ai pu avoir l'honneur de vous rendre plus tôt compte de ce qui se passe en ce pays et de l'état de la province; comme je suis sans fièvre depuis sept ou huit jours, je serai plus régulier à l'avenir. Cependant je vous dois de remerciements infinis de la bonté que vous avez eue de faire ôter de votre propre mouvement la garnison que M. Bernard avoit fait mettre chez moi; je m'étonne qu'il m'ait voulu donner ce déplaisir dans le temps de ma maladie, puisque je l'ai assuré si souvent que je ferois tout ce qui se peut au monde pour le payer régulièrement, que les diligences et les contraintes contre un homme de bonne volonté étoient inutiles, mon cœur et mon devoir me sollicitant assez; et encore plus, un seul de vos reproches étoit plus fort auprès de moi que cinquante garnisons. Il lui est dû 100,000 #, et il m'en est dû beaucoup davantage par les diocèses, dont on n'a pu le recouvrer, quelques rigueurs qu'on ait exercées. Il me rentrera apparemment bientôt du fonds pour le satisfaire; mais il est à craindre que les receveurs ne se servent des premiers deniers du dernier terme pour acquitter le premier, et que ces mêmes restes ne se retrouvent à la fin. Il est encore dû, du second terme de la capitation de cette année, 1,000,000 #, qui se doivent payer dans le courant de ce mois et le mois de janvier. Jusqu'à présent, je n'ai fait ni démarche ni diligence pour faire payer le premier terme que de concert et de l'avis de M. de

Bâville, qui m'a donné l'un et l'autre très utilement, par la connoissance particulière qu'il a de la province. J'aurai la même conduite pour ce dernier million qui reste à lever de la capitation. Ce recouvrement me paroît bien plus difficile que l'autre: les récoltes, qui ont été très mauvaises, sont passées, la saison plus avancée, et le temps plus court. Voyez, s'il vous plaît, si, dans la fin de janvier, il y a des restes considérables, [si] vous jugez à propos que je fasse mettre en prison tous les receveurs. Je le ferai volontiers, pour n'avoir rien à me reprocher; mais la facilité avec laquelle ils offrent tous d'y aller m'est suspecte et me fait craindre que, pendant qu'ils y seront et que, par contre-coup, ils auront fait mettre prisonniers tous les collecteurs, il ne se fasse une suspension au recouvrement, tant de la capitation que des autres impositions, qui sera très préjudiciable à la levée. Cependant je n'ai point de volonté, ni d'autre parti à prendre qu'à exécuter ponctuellement vos ordres. Je dois vous dire encore qu'il y a six diocèses, dont j'ai l'honneur de vous envoyer le nom, qui doivent, pour leur portion du dernier million de la capitation, plus de 430,000 ᵗᵗ. Ces diocèses sont troublés par les fanatiques, qui y débauchent les esprits en telle sorte que, même dans les montagnes du Vivarois, quoiqu'il n'y ait point encore de désordre du fanatisme, ils ont répondu qu'ils ne pouvoient point payer. Les prévôts et les huissiers qui y ont été envoyés n'ont rien produit, et ils s'en sont retournés si intimidés que pas un n'y veut retourner. Toutes les communautés de ces diocèses, qui ont tenu la main aux fanatiques, qui leur ont donné du secours ou se sont assemblées insolemment, sont punies par de logements effectifs, qu'il faut qu'elles payent en pure perte. Elles méritent bien ce châtiment, et encore pis; mais, s'il est nécessaire, il ne laisse pas d'être ruineux, et, après avoir essuyé ces dépenses, il sera inutile de leur demander quelque chose. Ces raisons et la crainte d'allumer un plus grand feu dans les pays déjà assez échauffés fera peut-être qu'on sera obligé de les ménager et de n'y point exercer des rigueurs qui les mettroient tous au désespoir. Ainsi, voilà un endroit qui nous fait entrevoir de grands restes, puisqu'on n'y recevroit que ce que les contribuables payeront volontairement. Ainsi, je vous supplie très humblement par avance de me décider si je dois user de mêmes contraintes contre ces diocèses que contre les autres; vous conjurant de croire que, depuis que j'ai entrevu toutes ces difficultés, mon unique application a été d'apporter toute l'industrie possible pour venir à bout de ce recouvrement. Je ne relâcherai en rien, pour faire connoître mon zèle, aussi bien que pour vous donner de marques de mon sincère attachement et de mon profond respect*.»

* Réponse en marge : «Je ne vous répondrai point en détail sur le contenu de la lettre que vous m'avez écrite à l'occasion du retardement des payements de la province de Languedoc; je vous ai déjà fait entendre qu'il ne me convenoit point d'entrer avec vous dans cette discussion, que c'est à la province à prendre ses mesures avec vous, et vous avec elle, pour que vous ne soyez jamais en arrière sur les termes de payement. Le Roi n'y doit point entrer, n'ayant aucun traité avec vous. Il en est de même pour tous les autres pays d'États, et j'espère que, lorsque votre santé sera entièrement rétablie, vous trouverez avec M. de Bâville des moyens pour maintenir la règle. Je suis bien aise d'apprendre par vous-même que vous êtes en état de guérir.»

---

454. *M. Phélypeaux, intendant à Paris,*
au Contrôleur général.

9 Décembre 1702.

«..... Je vous dirai de bonne foi qu'il me paroît impossible d'augmenter les 21 sols par jour qui ont été réglés par les lettres patentes pour les carrosses de place, par deux raisons : la première, parce que ceux qui les font rouler sont de pauvres malheureux, dont il y en a plusieurs, tous les ans, qui font banqueroute et qui n'y gagnent pas leur vie; ainsi, la plupart seroient forcés de quitter. La seconde raison est que les particuliers, qui sont accoutumés de payer les 20 sols par heure réglés par les anciennes lettres patentes et continués depuis longtemps par l'usage établi, souffriroient très impatiemment une augmentation et ne la voudroient pas payer, ce qui causeroit des contestations et des batteries continuelles; il n'y en a déjà que trop souvent au sujet du payement.»

On pourrait au contraire porter de 3 à 5 sols l'augmentation proposée sur les carrosses de remise, qui ne supportent aucune charge de ce genre; les intéressés au privilège des calèches, qui auraient quelque droit à prétendre que celui des carrosses de remise fait partie de leur don, s'offrent à faire la régie et le recouvrement de la taxe à leurs propres frais, et même à compléter la somme de 8,000 ᵗᵗ dont on a besoin pour l'hôpital général*.

* Voir une lettre de M. d'Argenson, en date du 15 décembre. Le 15 mai 1703, M. Phélypeaux envoie son avis, tant sur la taxe qui avait été imposée aux seuls carrosses de remise, que sur une proposition de révoquer tous les privilèges des voitures de Paris et de la cour, et de mettre l'entreprise en parti. Il défend les concessionnaires privilégiés et ajoute : «Pour ce qui est de la valeur et produit des carrosses par heure, y compris ce qui y est joint, comme voitures de Saint-Germain et Poissy, qui sont affermés 8,000 ᵗᵗ, je puis vous assurer en honneur et avec vérité que le total est composé de 21 sols, et que jamais la répartition annuelle ne s'est montée plus haut qu'à 2,600 ᵗᵗ par sol; qu'il y a aussi, la plupart des années, des petits revenants-bons, selon les temps ou la cherté des fourrages, les charges et frais acquittés, dont vous verrez l'état; mais il faut considérer aussi qu'il y a quelques années où cela produit moins et cela ne va pas si haut, comme dans les années 1693, 1694, 1695, où, par la misère ou la cherté des fourrages, on ne reçut pas en vérité 4 ou 500 ᵗᵗ par sol.....» A cette lettre sont joints : 1° un projet d'arrêt pour le règlement de la taxe établie au profit de l'hôpital général; 2° un placet des carrosses de remise; 3° la proposition de révocation des privilèges; 4° la réponse à ce mémoire; 5° un état des propriétaires et intéressés aux privilèges.

Le 16 mai 1704, le comte d'Avaux écrit, de Paris, au contrôleur général : «J'ai dit la réponse que vous m'avez faite, à la personne qui m'a proposé de demander au Roi, comme un don, la permission de mettre une imposition sur les carrosses de remise; cela lui a donné lieu d'en faire une autre, qui est d'offrir 100,000 ᵗᵗ au Roi, payables dans les termes ordinaires. Ainsi, le Roi profiteroit de 100,000 ᵗᵗ, et le don ne seroit plus si considérable, puisqu'on ne demande d'autre imposition sur les carrosses que sur ceux de place, en se chargeant, outre cela, des 3 sols que le Roi a ordonnés pour l'hôpital général. Vous jugerez mieux que je ne pourrois faire si une pareille proposition agréeroit à S. M.» En marge, le contrôleur général répond, de sa propre main : «On a eu bien de la peine à faire payer le droit de l'hôpital, et je ne crois pas qu'il convienne de rien exiger de nouveau; ce seroit un moyen sûr pour faire abandonner la meilleure partie de ces loueurs de carrosses.»

455. *M.* DE LA *BOURDONNAYE*, *intendant à Bordeaux*, *AU CONTRÔLEUR GÉNÉRAL.*

12 Décembre 1702.

Création d'offices à la Table de marbre de Bordeaux.

«..... La Table de marbre de Bordeaux a la même étendue que le Parlement, et elle comprend deux maîtrises particulières: celle de Bordeaux et celle de Saintes; mais, comme les offices de cette dernière ne sont point remplis, elle ne donne lieu à aucunes appellations. Tout le ressort de la Table de marbre de Bordeaux en Guyenne est du département du grand maître des eaux et forêts de Guyenne; mais ce département du grand maître de Guyenne est bien plus grand que la Table de marbre de Bordeaux, car il comprend le Béarn et le pays de Soule, qui sont du Parlement de Pau; il comprend la généralité de Montauban et la Bigorre, qui sont du Parlement de Toulouse. D'un autre côté, la Table de marbre de Bordeaux, qui comprend la Saintonge et le Limousin, s'étend, par ces deux provinces, dans le département du grand maître de Poitou, qui les tient sous le Parlement de Bordeaux, et qui tient aussi le Poitou et quelques autres provinces voisines sous le Parlement de Paris. Il n'y a aucune apparence d'étendre le ressort de la Table de marbre de Bordeaux plus que celui du Parlement. Ainsi, il n'y a de ressource que de tâcher de vendre les offices de la maîtrise particulière de Saintes, afin qu'elle fournisse quelques affaires. Ce qui en cause la disette, c'est qu'il n'y a aucune forêt, et presque point de bois, dans l'étendue de cette Table de marbre.»

456. *M.* ROUILLÉ DU COUDRAY, *directeur des finances*, *aux Officiers de la maîtrise des eaux et forêts de Fontenay-le-Comte.*

4 Janvier 1703.

«J'ai reçu votre lettre du 5 décembre dernier et le procès-verbal de visite des bois dépendant de l'évêché de la Rochelle qui y étoit joint. Le devoir de vos charges vous oblige de condamner les héritiers et biens-tenants de feu M. l'évêque de la Rochelle aux peines portées par l'ordonnance de 1669, pour toutes les dégradations que vous dites qu'il a commises dans les bois de l'évêché, de faire mettre le quart de ces bois en réserve, puisqu'il n'y a point encore été mis, et de régler les trois autres quarts en coupes ordinaires de l'âge de dix ans au moins, conformément à l'ordonnance, et de faire le semblable dans tous les autres bois des bénéficiers et gens de mainmorte qui sont dans l'étendue de votre maîtrise.»

457. *M.* BARENTIN, *intendant en Flandre maritime*, *AU CONTRÔLEUR GÉNÉRAL.*

6 Janvier, 9 et 21 Avril 1703.

Fabrication de fausse monnaie organisée par un lieutenant du régiment de Touraine, avec la complicité de M. Mallet, garde-marine et neveu de M. le président le Rebours.

Condamnation aux galères et évasion du principal coupable.

458. *M.* D'ANGERVILLIERS, *intendant à Alençon*, *à M.* DESMARETZ.

14 Janvier 1703.

«Je viens de remettre entre les mains d'un sergent de M. votre fils dix soldats pour la colonelle du régiment de Touraine; c'est ma faute s'ils ne sont pas beaux, car ils ont été choisis sur mille. Quoique cette affaire soit secrète entre M. le marquis de Maillebois et moi, j'ai cru ne rien hasarder en vous mettant dans la confidence.....»

459. *M.* D'ANGERVILLIERS, *intendant à Alençon*, *AU CONTRÔLEUR GÉNÉRAL.*

22 Janvier 1703.

«Le nommé Guillaume le Danois, qui vous a présenté le placet que je vous renvoie, a été nommé collecteur pour la ville de Bernay dès le mois de septembre. Il acquit ensuite une charge de vérificateur des rôles de la paroisse de Villers-en-Ouche, et eut recours à moi, dans le temps du département, pour être maintenu dans ses privilèges, et par conséquent dans l'exemption de la collecte: ce que j'exécutai sur-le-champ, en le déchargeant de la collecte sur sa simple soumission, et quoiqu'il ne fît point de résidence dans la paroisse dont il avoit acquis l'office. Sa soumission a été depuis couverte d'une enchère faite par un particulier, dont le receveur du grenier à sel lui donna connoissance en le sommant de déclarer dans trois jours s'il vouloit enchérir: ce qui n'ayant point été fait, les habitants de Bernay revinrent à moi et m'exposèrent que, son privilège ayant cessé, il ne devoit plus jouir de l'exemption; ce qui me donna lieu de les recevoir opposants et d'ordonner que ce le Danois resteroit collecteur. Après quoi, il s'adressa au traitant qui est chargé de la vente des offices de lieutenant de maire, et prit de lui une commission pour exercer cet office jusqu'à ce qu'il y eût un acquéreur. Les habitants de Bernay le suivirent encore, et trouvèrent dans le moment un particulier qui fit sa soumission pour lever cette charge; et par là ils firent cesser pour la deuxième fois ses privilèges. Enfin, sur la fin du mois de décembre, il a acquis la charge de vérificateur des rôles du sel de la paroisse de Boscroger, et s'est de nouveau pourvu devant moi pour obtenir sa décharge. Je n'ai pas cru la lui devoir accorder, par plusieurs raisons: la première, parce qu'il ne faisoit point de résidence dans la paroisse dont il avoit acquis l'office; la seconde, parce que, dans les arrêts qui ont été rendus en faveur des privilèges de ces officiers, il n'est point porté que leur soumission aura un effet rétroactif pour les exempter de collecte, lorsqu'ils auront été nommés longtemps auparavant que d'avoir acquis; mais principalement parce que le temps pressoit, que le premier quartier de la taille étoit expiré, que les payements eussent été reculés considérablement, si l'on avoit obligé les habitants à s'assembler de nouveau pour nommer un collecteur, et que, dans les villes où les impositions sont fortes, il est de l'intérêt du Roi que les deniers ne soient point cueillis par des gens tout à fait insolvables. Ce que j'avois fait pour lui dans le temps du département, en le déchargeant sur sa première soumission, qui depuis a été couverte d'une enchère, vous prouve que je n'ai jamais eu intention de lui refuser la justice qui lui étoit due*.»

* Sur les instances réitérées du contrôleur général, l'intendant, après avoir renouvelé ses explications, écrivit que, si on lui représentait une requête, il prononcerait la décharge. (Lettre du 19 mars.)

460. *M. d'Herbigny, intendant à Rouen,*
au Contrôleur général.

27 Janvier 1703.

«J'ai reçu la lettre du 18 de ce mois que vous m'avez fait l'honneur de m'écrire, sur le règlement des cotes des vérificateurs des rôles et sur la précaution que je prends de demander la déclaration de leurs biens et occupations. Ce qui m'y a obligé a été la multitude des contestations qui revenoient devant moi, lorsque, sans cette précaution, la cote des syndics ou des vérificateurs avoit été réglée. Cela fatiguoit beaucoup les paroisses, qui venoient en cette ville réclamer contre l'injustice des ordonnances qui avoient été rendues. Par exemple, le vérificateur des rôles de Maucomble a acquis pour 10,000 ᵗᵗ de fonds depuis peu, pour quoi il n'avoit point encore payé de taille. Un syndic, fils de famille, n'avoit jamais été imposé qu'à 10 sols; il a pris en 1700 une grosse ferme, dont il a fait la récolte en 1702. Il prétendoit se faire fixer à 10 sols; cependant il devoit près de 80 ᵗᵗ de taille pour sa ferme, et il faut observer que l'usage et la règle est qu'un taillable ne paye la taille d'aucune occupation que dans l'année qui suit sa première récolte : en sorte que la ferme prise en 1701, ou même en 1700, pour vorter et recueillir seulement en 1702, ne donne lieu à l'imposition qu'en 1703. Ce sont toutes ces discussions qui m'ont fait connoître la nécessité de demander aux syndics et vérificateurs des rôles la déclaration de leurs occupations et depuis quel temps ils les tiennent; car, si on n'y entre d'abord, les collecteurs et les paroissiens y font entrer dans la suite, malgré qu'on en ait. Ce sont des procès très échauffés, qui coûtent aux parties et bien du temps et bien des significations; j'ai trouvé même, par expérience, qu'il étoit avantageux aux syndics et vérificateurs que leurs cotes fussent réglées au bas de la déclaration de leurs occupations, parce que l'évidence de la vérité et équité contient les esprits brouillons, dont il n'y a que trop parmi les paysans normands; au lieu que, quand il n'y a point eu de déclaration, j'ai vu souvent que, très mal à propos, ces brouillons avoient fatigué les syndics et les vérificateurs; et certainement aucuns de ces nouveaux acquéreurs de charges, quand ils sont de bonne foi, ne sont fâchés de donner leurs déclarations. Si vous voulez qu'on ne les demande plus, vous serez obéi; mais aussi ayez la bonté de prescrire un ordre positif sur la conduite à tenir lorsque les collecteurs et habitants des paroisses réclament et articulent des faits de la qualité de ceux dont je viens d'avoir l'honneur de vous citer des exemples. La justice que vous jugez réciproquement due aux vérificateurs, lorsqu'en 1703 ils ont moins d'occupation que dans les années précédentes, leur est rendue sans manquer, et plusieurs dans ce cas, lesquels n'avoient acquis les offices qu'en vue de l'exemption de la milice, ont été diminués à la taille à proportion des occupations qu'ils avoient quittées, et ont été mis bien au-dessous des trois années précédentes.»

461. *M. Barentin, intendant en Flandre maritime,*
au Contrôleur général.

9 Février 1703.

«J'ai été informé par les magistrats de Dunkerque que quelques marchands de cette ville, plus attentifs à leur intérêt particulier qu'au bien général du commerce, ont fait venir de Normandie des eaux-de-vie de cidre, pour les mêler avec des eaux-de-vie de vin; et, comme il n'est pas possible qu'un tel mélange ne corrompe les eaux-de-vie de vin, j'ai cru qu'il étoit de mon devoir de vous demander l'honneur de vos ordres pour réformer cet abus. Les magistrats de Dunkerque ont dessein, si vous le trouvez bon, de rendre une ordonnance politique pour empêcher que les eaux-de-vie qui se distribueront dans cette ville ne soient mélangées; mais il est à craindre que ces sortes d'eaux-de-vie n'entrent dans la Flandre et ne nuisent à la santé de ceux qui en boiront. Ainsi, je croirois qu'il seroit à propos d'en empêcher l'entrée par Dunkerque, et de défendre en même temps de faire des eaux-de-vie de cidre, comme on a défendu de faire des eaux-de-vie de grains.»

462. *M. de la Porte, premier président du Parlement de Metz,*
au Contrôleur général.

18 Février 1703.

Il exprime la crainte que, si l'on permet à quelques officiers du Parlement de se faire décharger de toute solidarité au sujet des augmentations de gages, et de payer seulement leur quote-part, cette tolérance ne compromette la levée du reste*.

* Réponse en marge : «J'ai été informé que quelques-uns des officiers du Parlement de Metz ont voulu payer en particulier leurs augmentations de gages, prétendant, par ce moyen, être déchargés de l'obligation solidaire dans laquelle ils sont entrés avec le Parlement. Il y en a plusieurs de celui de Paris qui, pour témoigner leur zèle, et se trouvant d'ailleurs en état de payer de leur chef, ont commencé par porter leur argent aux revenus casuels, afin de montrer l'exemple, et sont demeurés obligés avec la Compagnie. Je souhaite que de pareils exemples soient suivis par ceux qui ont été trouver le commis du trésorier des revenus casuels à Metz, et vous leur ferez même entendre que c'est un moyen de faire leur cour au Roi qui ne leur doit donner aucune inquiétude, puisqu'ils n'hasardent rien et ne courent aucuns risques de demeurer engagés aux dettes de leur Compagnie.»

M. de Bonnetot, premier président de la Cour des aides de Rouen, écrit, le 24 février, que sa Compagnie n'a pu trouver de fonds à Rouen, et qu'elle s'est adressée aux notaires de Paris. Le contrôleur général lui répond que les magistrats qui sont, par eux-mêmes ou par leurs amis, capables de fournir immédiatement leur part de la contribution, doivent s'exécuter d'abord, et qu'il faut réserver l'emprunt en corps pour suppléer à l'impuissance de ceux qui n'ont point de ressources.

A une des lettres écrites par M. d'Herbigny, intendant à Rouen, sur les hésitations des magistrats les plus riches du Parlement (7 et 14 mars), le contrôleur général répond : «Je ne saurois croire, par le sens de la lettre que vous m'écrivez, que Messieurs du Parlement de Rouen aient bien pris celui dans lequel je lui ai écrit plusieurs lettres; la dernière, à M. de Bosmelet, leur fera sans doute connoître qu'il est de leur intérêt, en général et en particulier, de procurer au Roi les secours que S. M. doit attendre du fonds des augmentations de gages. C'est la voie la plus douce et la plus avantageuse pour les officiers. Il n'y a presque aucune Compagnie dans le royaume qui n'ait payé une partie considérable; mais leur bonne volonté les a portés à se servir de toutes sortes de moyens. Ils ont commencé par s'obliger tous solidairement, afin d'aider par cette voie ceux qui n'étoient pas en état, par leur crédit, de trouver l'argent nécessaire pour payer leur part, et ceux dont la fortune est assez bonne ou le crédit assez grand pour payer de leur chef, y ont satisfait. Je sais, à n'en pas douter, qu'il y a beaucoup d'officiers du Parlement de Rouen qui sont en état de payer de leur chef; je vous prie de faire entendre à M. de Bosmelet qu'il est de leur honneur et de leur intérêt de le faire. J'aurois à me reprocher d'avoir proposé au Roi une voie aussi douce que celle-là de trouver de l'argent, au lieu de créations nouvelles, si S. M. ne trouvoit pas tout l'argent sur lequel elle a compté.»

A M. Dalon, premier président du Parlement de Pau, qui annonce, le 12 décembre 1702, que la Compagnie n'a ni ressources disponibles ni crédit pour donner plus de la moitié de ce qu'elle a versé en 1701 pour l'annuel, le contrôleur général fait répondre : «Il seroit de mauvais exemple de faire cette différence entre les Compagnies; elles doivent toutes marquer le même zèle et la même bonne volonté : quand elles se rencontrent, on trouve des ressources dans l'exécution, sur lesquelles on ne doit point compter quand on examine de trop près les moyens pour sortir de pareils engagements.»

A M. Morant, premier président du Parlement de Languedoc, annonçant, le 20 décembre 1702, que sa Compagnie a reconnu à la pluralité des voix l'impossibilité d'emprunter en corps la somme fixée par le Roi, et que M. de Fieubet est parti pour présenter en cour les mémoires et les observations sur ce point, on répond : «Vous jugez bien quel peut être l'effet des remontrances que M. de Fieubet est chargé de faire sur la demande des augmentations de gages. Il y a peu de Compagnies qui n'aient d'aussi bonnes raisons à dire que le Parlement de Toulouse; elles ont néanmoins passé par-dessus les embarras qui auroient pu les retenir, et, par des délibérations unanimes, se sont soumises à prendre des augmentations de gages pour les mêmes sommes pour lesquelles elles en avoient prises à l'occasion du renouvellement de l'annuel. Vous ne sauriez trop faire connoître à votre Compagnie le mauvais effet que produiroit dans l'esprit du Roi le compte que je rendrois à S. M. de votre lettre, si j'étois moins porté que je ne suis à lui rendre de bons offices. Le moyen d'y réussir, c'est de n'en point parler à S. M. jusqu'à ce que vous m'ayez envoyé une délibération conforme à ses intentions.»

Sur les difficultés que trouvaient les officiers des Parlements à emprunter l'argent nécessaire, voir encore une lettre de M. le Gendre, intendant à Montauban, par laquelle il se justifie d'avoir sévèrement traité un conseiller de Toulouse bien connu pour faire l'usure en cette circonstance et pour entraver en même temps le débit des augmentations de gages. (Lettre du 15 novembre.)

---

463. *M. Guyet, intendant à Lyon,*

AU CONTRÔLEUR GÉNÉRAL.

20 Février 1703.

«M. Rouillé du Coudray m'a mandé, par sa lettre du 14 de ce mois, que vous souhaitiez que j'eusse l'honneur de vous faire savoir ce que je crois le plus convenable au bien du service pour le recouvrement de la capitation de la ville de Lyon. La proposition de M. le maréchal de Villeroy, de laisser tomber sous mon autorité le recouvrement de la capitation et de faire supporter les non-valeurs par le plat pays, me paroît impraticable. Il n'y a que Messieurs du Consulat, par les relations d'affaires de négoce, ou de la Conservation, qui puissent connoître les facultés des bourgeois; ils ont deux fois fait les rôles, ils savent le fort et le foible, et peuvent aisément augmenter ou diminuer ces rôles et trouver la somme que le Roi leur demande, pourvu qu'ils le fassent sans faveur pour leurs parents ou amis*.

«Il n'est pas possible de faire supporter les non-valeurs au plat pays; il est surchargé, et, si cela étoit, personne de la ville ne voudroit payer. C'est une chose établie, qu'il seroit dangereux de changer; ainsi, je vous demande en grâce de ne me point charger de cette désagréable affaire, que la ville elle-même a jugé être nécessaire d'en avoir la connoissance, lorsque M. d'Herbigny étoit ici**.»

* M. Trudaine, successeur de M. Guyet, représente également, le 13 janvier 1705, l'utilité du concours des officiers de quartier pour régler la capitation sous la surveillance du consulat.

** Le 12 juillet 1703, il écrit qu'il a remis les rôles aux officiers des quartiers, mais qu'il a dû faire porter la plus lourde charge aux contribuables aisés, et que, par suite, les négociants se trouvent taxés de 500 à 700 ᵗᵗ, tandis qu'à Paris, les plus hautes cotes ne sont que de 300 ᵗᵗ. Le contrôleur général lui répond en marge d'examiner, dans le courant de l'année, s'il y aurait lieu de modérer l'imposition pour l'avenir. Sur une nouvelle lettre, du 17 juillet, annonçant que les cotes excessives faisaient déserter surtout des ouvriers, qui passaient la frontière, on écrivit aux fermiers généraux de faire mieux exécuter les défenses de laisser sortir personne au bureau du Pont-de-Beauvoisin sans passeport ou sans justification suffisante.

---

464. *M. Basset, subdélégué général de l'intendant en Dauphiné,*

AU CONTRÔLEUR GÉNÉRAL.

23 Février 1703.

Rapports et pièces relatives aux droits de péage sur l'Isère appartenant au maréchal de Tallard, et aux contestations de celui-ci avec les traitants du tirage du sel et les étapiers généraux*.

* Voir, au 25 novembre suivant, une lettre du sieur de Saint-Challier, accompagnée d'un plan de la navigation du Rhône et de l'Isère.

---

465. *M. Barentin, intendant en Flandre maritime,*

AU CONTRÔLEUR GÉNÉRAL.

23 Février et 2 Juin 1703.

Mémoire sur le droit de *pontgheld*, dont le fermier

prétend étendre la perception aux marchandises provenant des prises des corsaires ou à celles qui sont destinées pour les magasins du Roi*.

* Réponse en marge de la seconde lettre : « Faire en sorte que cet homme ne fasse plus aucune entreprise; si par hasard il s'échappe de recevoir aucuns droits au préjudice des défenses, je commettrai à sa place pour faire la régie de sa ferme. »

466. *M. d'Herbigny, intendant à Rouen,*
au Contrôleur général.

3 Mars 1703.

Il envoie le procès-verbal d'ouverture de quatre ballots de livres venant de la Hollande pour les libraires de Rouen.

467. *M. de la Houssaye, intendant en Alsace,*
au Contrôleur général.

5 Mars 1703.

Il nie les exactions qu'on accuse le fermier du droit d'*ungheld* d'avoir commises sur les cabaretiers et aubergistes français de la ville de Strasbourg.

468. *M. de Bernage, intendant en Franche-Comté,*
au Contrôleur général.

8 Mars et 8 Juin 1703.

Pièces et rapport concluant à frapper des mêmes peines que les faux-sauniers les fraudeurs qui font entrer le sel marin de Suisse en Franche-Comté, et à attribuer la connaissance de ces délits aux juges des saunerics de Salins, avec appel à la Cour des aides*.

* Des juges spéciaux furent établis l'année suivante. (Lettres des 13 septembre et 25 novembre 1704, 2 janvier, 6 et 15 mars 1705.)

469. *M. Robert, procureur du Roi au Châtelet de Paris,*
au Contrôleur général.

14 Mars 1703.

Il demande quelles sont les intentions du Roi sur le procès du faussaire de Bar, dont l'instruction vient d'être achevée par M. du Buisson.

« La première difficulté est que, jusqu'à présent, la vérité ou la fausseté des titres anciens sur lesquels des personnes de qualité prétendent établir leur généalogie et une ancienne noblesse de trois ou quatre cents ans, a bien été la matière de plusieurs dissertations entre les historiens et les généalogistes; mais, jusqu'à présent, elle n'a jamais fait la matière d'un procès criminel. L'on a écrit pour la maison de Courtenay, l'on a écrit contre, plusieurs livres ont été imprimés de part et d'autre; mais il est nouveau que l'examen de la vérité ou la fausseté de vieux titres sur lesquels des personnes constamment nobles veulent se donner, dans les siècles passés, une origine plus ancienne et plus illustre, surtout quand cela ne fait tort à personne et que personne ne s'en plaint, fasse la matière d'un procès criminel.

« La seconde difficulté est qu'il est également nouveau et extraordinaire de faire faire le procès au fabricateur d'un ou plusieurs faux titres qui regardent une personne en particulier ou une famille, sans savoir auparavant si ceux au profit desquels sont ces titres les avouent et s'en veulent servir, ou s'ils les abandonnent. L'ordonnance criminelle de l'année 1670 porte que la partie qui se sert d'une pièce que l'on prétend fausse sera d'abord sommée de déclarer si elle veut ou ne veut pas s'en servir; et, suivant cette règle, il faudroit d'abord sommer MM. de Bouillon, au moins en la personne de M. le duc de Bouillon, qui est le chef de la maison, de déclarer s'ils entendent se servir de ces titres par lesquels de Bar les fait descendre de ce Bernard Ier, comte d'Auvergne, ou s'ils les abandonnent, comme faux et apocryphes. Et l'on peut dire qu'il y a quelque danger que, quand nous aurons avancé notre procédure contre de Bar seul, M. le duc de Bouillon ne vienne à se pourvoir pour en demander la nullité, et que peut-être il ne s'y trouve quelqu'un qui estimera qu'il y est bien recevable.

« Je sais qu'il y a plusieurs réponses à ces difficultés : c'est un crime très grave et très capital de faire de faux titres et de les insérer dans des monuments publics comme les cartulaires du chapitre de Brioude et de l'abbaye de Sauxillanges; et ainsi, quoiqu'il ne soit pas ordinaire de faire un procès criminel pour ces sortes de faussetés, cela n'est pas moins juste, surtout contre un homme qui en fait une profession aussi ouverte que de Bar, et qui a été assez hardi pour corrompre des cartulaires consacrés par leur ancienneté et par les lieux dans lesquels ils étoient gardés; et ainsi, l'auteur de toutes ces faussetés mérite qu'on lui fasse son procès, et une punition très sévère et très exemplaire. . . . .

« Tous les interrogatoires faits à de Bar par M. du Buisson ont été faits dans cet esprit que de Bar, pour tirer de l'argent de M. le cardinal de Bouillon, par le nouvel éclat qu'il donnoit à l'ancienneté de sa maison par la découverte de ces titres, les a fabriqués de son chef et sans leur participation, et les a mis entre leurs mains, comme étant bons et véritables, et qu'ils y ont été trompés. Il y a grande apparence que cela est ainsi, et d'abord j'avois dressé l'exposé de ma requête dans ce sens; mais, ayant fait réflexion que, dans ma fonction, je dois exposer simplement les faits, sans faire aucun raisonnement ni m'arrêter à des conjectures, j'ai corrigé ma première pensée, et me suis contenté de dire que de Bar avoit fait tels ou tels faux titres pour prouver que la maison de Bouillon descendoit d'Alfred et de Bernard Ier, comte d'Auvergne, sans dire que cela soit fait ou par la participation ou sans la participation de la maison de Bouillon, cette circonstance n'étant pas essentielle à mon procès, dans lequel je dois attaquer uniquement de Bar, comme le coupable de toutes ces faussetés. Je vous prie de me mander si, par cette conduite et par ce langage, je satisfais aux intentions du Roi, afin qu'aussitôt après votre réponse reçue, je donne ma requête à M. du Buisson, qui voudroit bien la rapporter samedi prochain à la Chambre*. »

* Il annonce, le 4 mars 1704, qu'il a terminé la visite du procès et trouvé matière à une condamnation à l'amende honorable et au bannissement perpétuel. Les juges de l'Arsénal prononcèrent l'amende honorable sèche devant la Chambre et un bannissement de neuf ans. (Lettre du 11 juillet 1704.)

470. *M.* DE HARLAY, *premier président du Parlement de Paris,*
AU CONTRÔLEUR GÉNÉRAL.

14 et 19 Mars 1703.

Il ne croit pas au succès de la loterie demandée en faveur des Enfants-Trouvés, et propose de laisser à l'hôpital général le soin de soutenir cet établissement.

«Mais, puisque vous m'avez donné lieu de vous parler de cette matière, et qu'elle est si importante pour le service de Dieu et pour celui du Roi, je prendrai la liberté de vous dire que le grand besoin de ces pauvres enfants est celui d'avoir de l'air dans le lieu où ils sont portés après leur exposition, et que, si les dames qui ont de la compassion pour leur misère veulent nous aider par leurs aumônes, nous forcerons les religieuses et les administrateurs de l'Hôtel-Dieu de leur vendre la maison qui est nécessaire pour leur donner cette première nourriture. En second lieu, je crois qu'il faudroit les tenir à la campagne encore plus longtemps, pour en faire, si l'on pouvoit, des paysans. Il y a longtemps que je suis dans cette opinion, et si, après avoir fait ce que nous pourrons de nous mêmes dans cette vue, et que vous y donniez votre approbation, nous vous demanderons la protection dont nous aurons besoin pour y réussir dans les provinces où on les enverra.»

471. *M.* BARENTIN, *intendant en Flandre maritime,*
AU CONTRÔLEUR GÉNÉRAL.

15 Mars, 14 Juillet, 24 Août et 3 Septembre 1703.

Fixation des privilèges d'exemption auxquels peuvent avoir droit les officiers suisses retirés ou en activité*, et de ceux que réclament les jésuites établis dans le département.

* Voir, au 5 février 1704, un rapport concernant l'exemption des droits sur les boissons accordée aux Suisses et l'autre exemption qu'ils demandaient pour leurs maisons.

472. *M.* LEBRET *fils, intendant en Béarn,*
AU CONTRÔLEUR GÉNÉRAL.

17 Mars et 30 Décembre 1703.

Rapport sur l'origine des lingots de minerai d'argent livrés par des bergers espagnols et sur une découverte de sables aurifères dans la vallée d'Aran.

473. *M.* LEBRET, *intendant en Provence,*
AU CONTRÔLEUR GÉNÉRAL.

21 Mars, 20 et 30 Avril 1703.

Liquidation des affaires de la compagnie du cap Nègre.

474. *M.* ROUILLÉ DE FONTAINES, *intendant à Limoges,*
AU CONTRÔLEUR GÉNÉRAL.

23 Mars 1703.

Il annonce qu'il s'occupe de faire rétablir des poteaux indicateurs sur les grands chemins*.

* Sur l'exécution du même travail en Béarn, voir les lettres de M. Lebret fils, intendant (17 mars 1703), et de M. de Saint-Macary, subdélégué (25 juillet 1705).

475. LE CONTRÔLEUR GÉNÉRAL
à M. DE GRIGNAN, *lieutenant général en Provence.*

26 Mars 1703.

«Je croyois que M. le marquis de Torcy vous avoit envoyé les instructions nécessaires pour ce que vous avez à faire pour vous mettre en possession, au nom du Roi, de la principauté d'Orange. J'ai fait tout ce qui regardoit les fonctions de contrôleur général en passant, au nom de S. M., avec Mgr le prince de Conti, un contrat par lequel il remet au Roi la propriété de cette principauté, de laquelle néanmoins il jouira des revenus jusques à ce que S. M. lui ait donné des fonds en échange. Le contrat et les lettres patentes ont été adressés par M. de Torcy au Parlement de Provence, où ils doivent être enregistrés à la diligence du procureur général; après quoi il n'y aura plus aucune difficulté. Il ne me reste plus rien, en mon particulier, à faire en cette qualité. Je voudrois, en celle de secrétaire d'État de la guerre, vous pouvoir donner des troupes selon vos besoins. Vous connoissez celles qui sont à portée de vous, dont vous vous servirez le mieux que vous pourrez; j'espère, telles qu'elles soient, que vous ne les garderez pas longtemps.»

476. *M.* LEBRET *fils, intendant en Béarn,*
AU CONTRÔLEUR GÉNÉRAL.

16 Avril 1703.

Il annonce que l'évêque de Lescar l'a prévenu que des symptômes d'agitation parmi les nouveaux convertis et dans le pays de Languedoc faisaient craindre un mouvement séditieux de la part des habitants des campagnes du Béarn, à l'occasion du recouvrement des taxes sur les biens communs.

«Son but étoit de m'engager à surseoir l'exécution des rôles du nouvel acquêt; mais je lui ai répondu que je ne pouvois pas, sur des bruits pareils et sur des terreurs semblables, faire cesser l'exécution d'un édit que par votre permission; que je me garderois bien de vous la demander, parce que je ne voudrois pas vous donner lieu de soupçonner une province d'infidélité, pendant que je n'ai aucune raison de douter qu'elle ne soit fort soumise; qu'ainsi, s'il avoit des avis qui l'en fissent juger autrement, je croyois qu'il devoit vous en informer, afin que vous fussiez en état de donner les ordres que vous jugeriez convenables; qu'au surplus, les bons sujets du Roi ne pensoient jamais que S. M. fît payer une seconde fois ce qu'elle avoit déjà abonné une première, et ne songeoient qu'à lui fournir des secours autant que leurs forces leur permettent; que d'ailleurs je ne voyois pas qu'il eût été fait aucunes poursuites trop vives contre aucune communauté, à la réserve de quelques unes qui, après avoir marqué leur bonne volonté jusqu'au point de faire l'imposition et la collecte des sommes nécessaires pour payer le nouvel acquêt, avoient été détournées d'en faire le payement, en sorte que les jurats avoient fait rendre l'argent à chacun de leurs habitants; ce qui étant venu à ma connoissance, j'avois permis au traitant d'envoyer garnison chez les jurats..... Depuis ma lettre écrite, le commis du traitant des amortissements et nouveaux acquêts m'est venu dire qu'il s'apercevoit que son recouvrement languissoit, et que quelques personnes des États empêchoient les communautés de se mettre en devoir de payer les sommes auxquelles elles ont été taxées.....»

477. *M. de Basville, intendant en Languedoc,* au Contrôleur général.

17 Avril, 17 Mai, 2 Juin, 12 et 27 Juillet, 10 Novembre 1703.

Rapports sur les droits de franc-salé appartenant à l'église cathédrale et à l'évêque de Montpellier, au Chapitre de l'église cathédrale de Narbonne, aux propriétaires des salins de Peccais, à l'évêque et au Chapitre d'Agde, à la Chartreuse de Villeneuve-lès-Avignon*.

* Voir de semblables rapports de M. d'Angervilliers, intendant à Alençon (2 et 21 juillet, 13, 15 et 22 septembre, 12 octobre 1703), sur les droits appartenant à l'évêque et au Chapitre de Lisieux, aux cordeliers de Séez et de Falaise, au gouverneur d'Argentan, aux trinitaires de Lisieux et de Mortagne, aux chartreux du Val-Dieu; de M. Ferrand, intendant en Bourgogne (3 mai 1704), et de M. Bignon, intendant à Amiens (12 avril, 6 et 12 decembre 1704), sur les délivrances de sel qui se faisaient à plusieurs communautés religieuses; de M. d'Ableiges, intendant à Moulins, sur la nécessité de porter à vingt six minots le privilège de l'hôpital général de cette ville (11 janvier 1705).

478. *M. Turgot, intendant à Tours,* au Contrôleur général.

28 Avril et 26 Mai 1703.

Contestation entre les engagistes du droit de traite par terre et du trépas de Loire en Anjou et les marchands de la ville de Laval. Ces derniers prétendent ne point devoir de droits pour les toiles qu'ils envoient en Bretagne sans traverser l'Anjou ni les duchés de Thouars et de Beaumont.

479. *M. de la Bourdonnaye, intendant à Bordeaux,* au Contrôleur général.

2, 3, 5, 9 et 12 Mai, 3 et 14 Juillet, 13 et 27 Octobre 1703.

Arrivée à Bayonne et transport des piastres et lingots envoyés par le roi d'Espagne*.

* Sur la proposition du sieur de la Molère, directeur de la Monnaie de Bordeaux, et de l'intendant lui-même (lettres du 15 mai et du 5 juin), et sur l'avis conforme du directeur général des Monnaies, une portion de cet envoi fut retenue pour faire monnayer les matières à Bordeaux, à Lyon et à la Rochelle; voir, au 16 juin, l'état de la dépense faite pour le transport des deux premières voitures, de 800,000 piastres chacune, et, au 23 août, la facture détaillée de la troisième. Le 12 et le 30 juin, M. de Saint-Maurice, commissaire général de la Cour des monnaies à Lyon, demande qu'on envoie une partie des matières à Lyon, pour que la Monnaie de cette ville puisse prendre part à la fabrication des pièces de 10 sols. Dans une note mise au dos de la lettre du 12 juin, Rousseau, directeur général des Monnaies, répond que «Monseigneur y a déjà pourvu, et en a même donné avis à Rousseau par sa lettre du 19 de ce mois, par laquelle il lui marque avoir ordonné à M. de la Bourdonnaye d'y faire passer un quart de la troisième voiture des matières d'argent qu'on attend d'Espagne. Il prend cependant la liberté de dire qu'il lui paroîtroit plus à propos de faire passer ce quart à la Monnoie de Toulouse par la Garonne, tant parce que la voiture en seroit plus facile et à beaucoup moins de frais, que parce qu'il seroit bon de répandre dans le Languedoc une partie des nouvelles espèces qu'on en fera, Monseigneur pouvant très facilement faire remettre de Paris à Lyon telle quantité de ces matières ou espèces qu'il jugera à propos.» (Monnaies, G⁷ 1461.)

480. *M. de Grignan, lieutenant général en Provence,* au Contrôleur général.

3 Mai 1703.

«Par les lettres que vous m'avez fait l'honneur de m'écrire dès le 5 et le 9 d'avril, j'ai été chargé de donner mes avis sur la forme nouvelle qui pourroit être donnée à l'administration de la justice en la principauté d'Orange; et, quoique la connoissance que je dois avoir depuis longtemps de ce pays-ci eût pu me mettre bientôt en état de fixer mes sentiments sur cet article, j'ai voulu l'examiner de nouveau et prendre tout le temps nécessaire pour tâcher de bien répondre à la confiance que vous avez voulu me témoigner.

«Avant que j'eusse pris possession de cette principauté au nom du Roi, la justice ordinaire étoit rendue en première instance, dans la ville d'Orange, par un juge annuel, à la nomination du prince, et par un viguier aussi annuel, dont la juridiction étoit bornée à certains cas de criminauté et aux causes minimes pour le civil, jusques à 5 ll de principal; à Courthezon, par le lieutenant du capitaine de justice; à Joncquières et à Gigondas, par le même juge d'Orange, si ce n'est pour les causes minimes, de 5 ll et au-dessous, qui étoient jugées sommairement par les capitaines de justice desdits lieux (juges pédanés) ou par leurs lieutenants. Ces trois communautés, Courthezon, Joncquières et Gigondas, forment ce qu'on appelle le *plat pays* de la principauté, et n'ont point d'autre seigneur que le prince. Il y a des fiefs, au nombre de quinze (presque tous sans habitants), possédés par des seigneurs particuliers, vassaux du prince, et dans lesquels la justice ordinaire s'administre (quand il y en a lieu), en première instance, par les officiers desdits seigneurs.

«De tous ces juges, viguier, capitaines et leurs lieutenants, et officiers des seigneurs, il y avoit appel en la Cour de justice d'Orange, qui jugeoit en dernier ressort, sous le titre de *Parlement*, et où les causes privilégiées étoient portées sans passer par les judicatures; telles étoient les causes personnelles et réelles des vassaux, des ecclésiastiques, des corps et communautés, comme aussi des hôpitaux et des veuves et orphelins pauvres, et autres personnes nécessiteuses, à qui la justice étoit administrée sans frais.

«J'admis au serment, les 28 et 29 mars dernier, les juges pour administrer la justice en première instance au nom du Roi, et je ne crus pas devoir y admettre les officiers du Parlement, parce qu'il me parut que l'intention du Roi étoit que cette principauté demeurât réunie à la comté de Provence, dont elle est effectivement un ancien membre (de quoi j'ai souvent fourni des preuves évidentes), et encore parce que l'adresse des lettres patentes de ratification de l'acte par lequel S. M. en a acquis la propriété, avoit été faite au Parlement d'Aix.

«J'eus l'honneur de vous faire remarquer alors qu'il faudroit un arrêt du Conseil pour faire porter à ce même Parlement d'Aix les appellations des premiers juges que j'avois remis en fonction, et les causes privilégiées, en attendant que, par un examen de l'état et de la constitution de ce pays, et par rapport aux vues de S. M. sur l'avenir, elle fît sur ce sujet de plus amples règlements et établissements. Il paroît qu'il n'y en a point de plus nécessaire que celui d'un tribunal en qui le peuple puisse prendre plus de confiance qu'en ces juges dont j'ai parlé, passagers et souvent ignorants, et bien plus appliqués à profiter pour leur utilité particulière du peu de temps qu'ils sont en fonction, qu'à bien remplir leurs devoirs. Et il est en même temps d'une égale nécessité que ce tribunal ait une attribution de juridiction en dernier ressort autant ample et étendue qu'il se pourra, afin que ces nouveaux sujets de S. M., accoutumés à trouver chez eux-mêmes la dernière décision de tous leurs différends et procès, ne soient pas obligés d'aller la chercher à quinze ou vingt lieues pour des affaires petites ou trop modiques, ce qui ruineroit bientôt un petit pays qui présentement n'a pas beaucoup de ressources, et où l'on ne fait presque, pour ainsi dire, que vivoter. Et ce seroit aussi un obstacle aux vues de commerce dont il sera parlé ci-après.

«Il est d'autant plus convenable qu'il y ait dans Orange un tribunal qui ait de l'autorité et du relief que la licence y étoit grande, la poursuite des crimes négligée et l'impunité fort ordinaire, et que l'on y faisoit principalement consister le privilège de la prétendue indépendance de cette principauté à y donner retraite aux malfaiteurs des provinces d'alentour, où la vue de cet asile voisin souvent portoit au crime des gens que la crainte des peines auroit pu retenir.

«On pourroit donc établir une sénéchaussée pour la principauté d'Orange, dont les appellations seroient portées au Parlement d'Aix, mais qui, en certains cas, jugeroit en dernier ressort, quand la matière du procès ne seroit que d'une certaine importance; ce qui seroit reglé par l'édit de création le plus avantageusement qu'il seroit possible pour ce tribunal, et un peu au delà des bornes ordinaires, en faveur et pour le soulagement des sujets.

«Dans la même vue de les soulager, les affaires de justice privilégiées et non privilégiées d'Orange, Courthezon, Joncquières et Gigondas seroient portées directement à ce tribunal, et il n'y auroit ici, à cet égard, qu'un seul degré de juridiction. La judicature d'Orange, qui sert aussi pour Joncquières et Gigondas, et celle de Courthezon, seroient réunies à la sénéchaussée. Le viguier d'Orange ne subsisteroit plus que pour certaines affaires de police, et pour autoriser les assemblées des hôtels de ville. Il en seroit de même des capitaines de Courthezon, Joncquières et Gigondas, et leurs lieutenants, avec cette différence néanmoins que ceux-ci pourroient recevoir les premières plaintes et verbaliser dans les affaires criminelles arrivées dans lesdits lieux qui requerroient célérité. Et à l'égard des fiefs, comme la justice y est patrimoniale et fait la principale portion de la seigneurie, les affaires en matière civile et criminelle, de la compétence des officiers des seigneurs, lesquelles y sont très rares dans des lieux presque tous inhabités, continueroient d'être portées par-devant lesdits officiers, sauf l'appel au sénéchal d'Orange, où tous les procès seroient jugés suivant le droit, ordonnances, règlements, us et coutumes du pays.

«Il seroit nommé un sénéchal pour S. M., aux mêmes droits des autres sénéchaux et baillis dans le royaume, et le tribunal de la sénéchaussée seroit composé d'un lieutenant général civil et criminel, d'un lieutenant particulier civil et criminel, de six conseillers et d'un avocat et procureur du Roi, d'un greffier civil et criminel, d'un autre greffier commis, d'un huissier audiencier et deux autres huissiers, un sous-viguier, et quelques sergents ou archers. On pourroit destiner à ces officiers, pour leurs gages, les sommes employées sur l'état des charges ordinaires de la principauté pour l'administration de la justice, qui montent à 3,200 ll, et qui sont charges locales, toujours à prélever sur les revenus. Il seroit à propos que ces officiers eussent des gages un peu honnêtes, s'agissant d'un nouvel établissement et d'un pays où ils auroient beaucoup à travailler pour rétablir le bon ordre.

«On s'appliqueroit à faire un choix de bons sujets à proposer pour ces emplois, et, si l'on n'en trouvoit pas suffisamment dans Orange, ce qui arriveroit certainement, surtout pour les premières places, on en chercheroit dans le voisinage. Ce soin de bien choisir est très important pour faire un établissement utile et solide, et il seroit très à propos aussi de les rendre destituables *ad nutum*, pour les engager d'autant plus à rendre bonne et briève justice.

«Je suppose que S. M. voudra bien donner *gratis* ces charges, qui ne seront que comme simples commissions. S'il falloit financer pour les avoir, on seroit bien en peine de trouver des sujets un peu bons et capables, et, pour mieux dire, on n'en trouveroit point, surtout pendant qu'il peut rester dans certains esprits quelque sorte de doute sur la destinée de cette principauté, où l'on a tant vu de changements. Et d'ailleurs c'est un si petit pays, ces nouvelles charges seront si petites, que, quand même on croiroit d'y être bien affermi, la finance qu'on y pourroit mettre ne seroit jamais, à beaucoup près, un objet digne de votre attention. Ce qui peut la mériter, c'est de tâcher de rendre ce pays meilleur qu'il n'est, dans le temps qu'il doit devenir plus mauvais par la retraite de ses principaux habitants, qui sont religionnaires. Si vous voulez bien accorder une protection particulière à ceux qui resteront, leur faire goûter le bonheur d'être sous la domination du Roi, les laisser dans leurs usages et franchises, leur ouvrir de nouveaux chemins pour quelque commerce (de quoi j'aurai l'honneur de vous fournir des mémoires), on pourra espérer de faire de ceci quelque chose de bon dans la suite des temps; sans cette protection, la décadence et la ruine y sont inévitables. Mais on doit espérer que vous aurez la bonté de veiller à la conservation de ces nouveaux sujets, et de rejeter les propositions que des gens avides ne manqueront peut-être pas de faire sans considérer les mauvaises suites de leurs projets*.»

* Voir, du 20 avril au 1er juillet, les lettres de MM. de Grignan et Lebret, et de M. de la Garde, procureur général au Parlement, auxquelles sont jointes les pièces produites par diverses familles qui prétendaient intervenir dans la cession de la principauté d'Orange au Roi par le prince de Conti.

Le 31 mai, M. de Grignan écrit à son beau-frère, le marquis de Sévigné, la lettre suivante, pour la transmettre au contrôleur général : «Je ne néglige jamais aucune occasion de me renouveler dans votre aimable souvenir, mon très cher frère; je les recherche même, comme vous verrez, sans aucun ménagement des peines que je vous donne. Vous avez su tous les ordres que j'ai reçus de prendre possession de la principauté d'Orange; votre chère sœur vous a instruit de tous ces détails. Il me paroît que les choses s'y sont passées au goût du maître, c'est-à-dire d'une manière à m'attirer sa confiance. Je reçois tous les jours des lettres d'approbation de ma conduite, très gracieuses : cela m'encourage à dire mes petits sentiments dans les occasions; mais il s'en présente une, sur laquelle ne jugeant pas qu'il soit à propos que j'écrive moi-même, je vous conjure, mon très cher frère, de trouver les moyens d'en parler à M. Chamillart, de ma part, si vous voulez. Il a envoyé un ordre à M. Lebret, notre intendant, d'établir la capitation dans la principauté d'Orange. Il me paroît que c'est un peu se hâter à l'égard des gens encore tous effarouchés d'une nouvelle domination. Ils doivent être un peu ménagés dans la conjoncture des mouvements de leurs confrères voisins. Quelques secours qu'ils aient pu donner à ces derniers, ces secours ont été secrets, et on ne peut les en convaincre; ils se croient même moins coupables, étant sujets d'un prince qui les y avoit engagés. Ce qui est encore de plus fâcheux, c'est que les catholiques sont découragés de ces nouveaux ordres de capitation, et dans la dernière consternation; cette consternation même des catholiques donne une joie maligne aux protestants, au travers de leur chagrin particulier. Tout cela aigrit les esprits des uns et des autres à un point que l'on ne peut exprimer, et la ressource du secours qui en peut venir au Roi ne peut être plus médiocre. Je ne crois pas, à vue de pays, que, dans celui de la principauté d'Orange, très peu étendue, la capitation puisse produire pour le Roi 15 ou 20,000 ₶; mais ceux qui l'exigent ne s'oublient pas ordinairement. Faites entrer, je vous supplie, notre ministre dans ces réflexions. Je sais bien qu'il ne faut pas mettre ce pays d'Orange sur un autre pied que les sujets du Roi, puisqu'ils le sont devenus; mais on y seroit à temps l'année prochaine, et cependant les choses s'y établiroient au contentement du maître, et on ramèneroit ces esprits indisposés avec plus de facilité. Je n'ose en écrire moi-même, mon très cher frère, parce que je dois toujours être le premier à procurer les avantages du Roi; mais je les trouve tout présentement plus dans ce petit adoucissement de retardement que dans le payement d'une somme si modique. Je vous conjure surtout de ménager mes intérêts en sorte que le ministre reçoive mes remontrances comme un effet de mon zèle, mais d'un zèle qui s'éclaire quand on voit les choses de près. Je voudrois bien aussi que tout cela se passât sur le pied d'une confidence de vous et de moi à lui, sur l'assurance de l'attention qu'on aura toujours que les ordres seront exécutés comme ils doivent l'être. Il faudroit même ménager, si mes remontrances sont approuvées, qu'il parût qu'elles viennent de moi, qui ai pris le parti, après avoir bien établi les intérêts du Roi et ponctuellement exécuté ses ordres, d'apporter dans le reste tous les adoucissements que j'ai pu, dans toute cette petite contrée d'Orange.....»

---

481. *M. Roujault, intendant en Berry,*

au Contrôleur général.

6 Mai 1703.

«J'ai fait, lors du dernier département, six ou sept cents taxes d'office, pour débiter les charges de syndics dans les paroisses de cette généralité. Elles sont toutes levées par cette voie; je me dispose d'en faire autant cette année pour les charges de vérificateurs.

«Celles d'élus-contrôleurs n'ayant été levées que dans quatre élections des villes taillables, les traitants m'ayant fait ordonner par vous-même de leur procurer le débit de trois charges qui leur restoient à vendre, je me suis fait nommer les personnes les plus propres, par leur bien, leur âge et leur état, à les remplir; j'ai fait en même temps trois taxes d'offices, l'une à la taille pour la ville de la Charité, une à l'ustensile et à la capitation pour la ville de Bourges, et une à la capitation pour la ville d'Issoudun, qui ne paye pas d'ustensile. Celui qui a été taxé d'office à la taille à la Charité, a levé la charge; c'est une chose consommée. Celui qui a été taxé à Bourges m'a été mal indiqué; je suis occupé à prendre des expédients pour le mettre en état de prendre le corps de l'office et une partie des taxations, et y faisant entrer l'élection pour le surplus. Le sieur Bernard de Villecourte est celui qui m'a été indiqué pour l'élection d'Issoudun; le motif de la taxe est pour le prier de lever la charge d'élu-contrôleur de cette élection. Je souhaiterois fort être tombé aussi bien pour la ville de Bourges qu'il est propre pour la charge de l'élection d'Issoudun. C'est un homme qui a 80 ou 100,000 ₶ de bien, qui est actuellement en argent comptant; c'est un garçon jeune, très oisif, qui a été tenté de toutes sortes de charges, et qui ne sauroit se déterminer. Si vous ne lui faites concevoir aucune espérance de modérer sa taxe, et que vous le renvoyiez seulement à moi pour lui faire justice, je suis très assuré ou qu'il lèvera la charge ou qu'il trouvera quelqu'un pour la lever, ou qu'il fera trouver de l'argent à l'élection, qui, dans ce cas, s'obligera en corps à l'emprunter. Je lui ai proposé tous ces partis et croyois l'avoir persuadé par mon éloquence, il y a trois semaines, lorsque, tout d'un coup, il fut dissuadé, apparemment par quelqu'un, et partit sur-le-champ pour vous aller porter ses plaintes.

«Si vous désapprouvez ces taxes d'office, il me sera aisé de réformer ces deux; c'est cependant un remède d'autant plus nécessaire dans cette occasion, que les élections se trouvent taxées à des sommes immenses de tous côtés*.»

* Sur la fixation du prix des charges, voir les lettres du 8 août et du 28 septembre.

482. *M. de Fourqueux, procureur général en la Chambre des comptes de Paris,* au Contrôleur général.

(Chambre des comptes de Paris, G⁷ 1759.)

15 et 21 Mai 1703.

Il rend compte de l'apposition des scellés chez le sieur le Mercier, receveur général des finances à Orléans, récemment décédé, et des offres de soumission faites par sa veuve, en qualité d'épouse commune en biens et de donataire mutuelle*.

* Réponse en marge de la seconde lettre : «L'intérêt du Roi est trop considérable dans la succession du sieur le Mercier pour que le Conseil laisse à la Chambre ses fonctions ordinaires, comme elle les exerce quand il ne s'agit que de celle d'un simple comptable. Il y a plusieurs exemples de scellés apposés par le Conseil et par Messieurs de la Chambre : cela est même arrivé depuis que je suis contrôleur général; nous nous sommes expliqués dans ce temps-là, M. de Nicolay et moi, et je mande à M. Bignon de suivre exactement le protocole dont je suis convenu avec lui. Je vous prie de le voir pour prendre vos mesures ensemble sur ce que vous aurez à faire de part et d'autre.» Voir d'autres lettres de M. de Fourqueux, des 24 mai et 4 juin, et de M. Nicolay, premier président, du 3 mai.

483. *M. d'Angervilliers, intendant à Alençon,* au Contrôleur général.

17 Mai 1703.

Rapport sur les plaintes portées contre le grènetier du grenier à sel d'Argentan.

«Au mois d'octobre de l'année 1700, le sieur Callard se transporta, accompagné de son greffier, dans plusieurs paroisses de son grenier, sans leur avoir notifié son arrivée par aucun avertissement préalable ni assignation donnée à aucuns particuliers. Il paroît, par son procès-verbal, qu'il se contentoit de faire sonner la cloche et de les envoyer chercher sur-le-champ par des gardes; et, alors qu'ils paroissoient devant lui, il leur demandoit l'état de leur famille, ce qu'ils payoient de taille, et les interpelloit de déclarer s'ils avoient fait leur devoir de gabelle. Ces malheureux, qui n'étoient point préparés, affirmoient qu'ils y avoient satisfait, mais ne le pouvoient justifier sur l'heure. Le sieur Callard faisoit mention de leur déclaration, et ne manquoit pas d'ajouter qu'ils n'avoient pu en rapporter la preuve. A l'égard de ceux qui étoient absents, il les faisoit assigner par un seul exploit pour tous, pour qu'ils eussent à venir à Argentan rendre compte de leurs salaisons, et chargeoit le curé de le lire à l'issue de la messe paroissiale. Après cette expédition, il porta son procès-verbal au bureau du grenier, fit main basse sur la plupart de ceux qui y étoient dénommés, tant présents qu'absents, et trouva moyen de prononcer des amendes et des restitutions de gabelle pour 895 ᵗᵗ. Le receveur, qui devoit être chargé de ces exécutions, laissa les condamnés en repos pendant toute l'année 1701 et 1702; enfin, au commencement de l'année 1703, il s'est réveillé de son assoupissement et a commencé des poursuites rigoureuses contre les condamnés. Plusieurs de ces malheureux sont venus crier au bureau, et ont demandé à être reçus opposants à l'exécution de leurs meubles; ils fondoient leur opposition sur ce qu'ils étoient prêts de justifier qu'ils avoient fait leur devoir de gabelle dans l'année 1700 dont il s'agissoit, les uns en rapportant des bulletins du sel qu'ils avoient levé au grenier cette année, et les autres en déclarant qu'ayant perdu leurs bulletins, ils s'en tenoient au propre registre du receveur, sur lequel les ventes sont écrites. Le sieur Boulay, président, à qui cette requête fut présentée, les reçut opposants, et ordonna qu'ils en viendroient au premier jour avec le receveur. Le jour marqué, ils se présentèrent; mais, le sieur Callard ayant pris le temps que le sieur Boulay, après l'audience ordinaire, s'étoit retiré, il eut la hardiesse de prononcer seul, et en dernier ressort, sur cette opposition, dont il les a déboutés par une sentence du 19 février 1703, par laquelle il paroît que, lors du jugement, tous ces malheureux déclarèrent de nouveau qu'ils s'en rapportoient au registre du receveur et des officiers. Cette seconde sentence rendit au receveur la liberté de recommencer ses poursuites, et il a fait payer tout le prix des condamnations, auxquelles la plupart ont satisfait sans oser se plaindre.....

«Ce ne sont pas les seules plaintes qu'il y a contre les officiers de ce grenier. Le fermier des regrats de la ville d'Argentan m'a présenté une requête par laquelle il se plaint qu'un nommé Lonbois vend publiquement du sel dans la ville, et qu'en ayant fait dresser plusieurs procès-verbaux, que j'ai entre les mains et par lesquels ce fait est entièrement prouvé, il n'a pu en obtenir justice, parce que ce particulier demeure dans la même maison que le sieur Callard. J'ai ordonné au président, qui peut-être est le seul de cette Compagnie qui ait de la probité, d'empêcher ce désordre, et l'ai même menacé, lui et ses confrères, d'interdiction de la part du Conseil, en cas que désormais ils ne veillassent pas avec plus d'exactitude à la conservation des droits de S. M.»

484. *M. Lebret, intendant en Provence,* au Contrôleur général.

28 Mai 1703.

«J'ai assemblé devant moi les maîtres des fabriques de savon qui sont actuellement dans l'enclos de la ville de Marseille, et à peine leur ai-je proposé, suivant vos ordres, l'établissement d'un inspecteur, qu'ils se sont tous récriés d'une manière à me faire prendre le parti de leur demander les raisons de leur opposition, que vous recevrez avec cette lettre; et j'ajoute que leur travail est si considérable, qu'il se fabrique ordinairement dans la seule ville de Marseille jusques à soixante mille quintaux de savon par chacun an, dont la plus grande partie passe à l'étranger, et qu'il me paroît important, par cette raison, de ne pas chagriner ces ouvriers ou gêner sans nécessité la liberté d'un commerce si avantageux à l'État, et qui augmente d'année en année ; ce qui fait que je me suis informé, des négociants de Marseille qui contribuent le plus à la débite de cette marchandise par les envois qu'ils en font en Ponant et autres pays étrangers, des défauts qui s'y peuvent rencontrer; et, comme ils m'ont tous dit qu'ils n'en ont remarqué aucun, et que ceux auxquels ils ont adressé ces savons ne se sont point plaints jusqu'à présent d'aucune défectuosité, en vérité je crois, contre mon premier avis, qu'il est beaucoup plus prudent de laisser les choses sur le pied qu'elles sont, que d'établir un inspecteur qui ne pourroit servir qu'à inquiéter les fabricants et les négociants, et diminuer peut-être le commerce de cette marchandise, au lieu de le rendre plus considérable.*»

* A cette lettre sont joints deux mémoires des fabricants sur les inconvénients de la création proposée.

485. *M. d'Argenson, lieutenant général de police à Paris,* au Contrôleur général.

29 Mai 1703.

Rapport sur les violences exercées contre M. Rouillé de Noisé, l'un des principaux directeurs du bureau des postes, par quatre officiers de dragons qui l'ont entraîné chez un limonadier et ont tenté de faire croire qu'il s'était enrôlé dans leur régiment*.

* Voir, aux 24 et 25 janvier précédent, quatre autres lettres sur des faits d'embauchage par violence.

486. *M. Bégon, intendant à la Rochelle,* au Contrôleur général.

29 Mai 1703.

«J'ai résisté autant qu'il m'a été possible aux conseils qu'on me donne depuis plus de six mois, d'aller chercher des remèdes à la plus cruelle de toutes les maladies, dont je suis menacé, qui est la pierre, ne pouvant me résoudre à quitter mon département dans un temps comme celui-ci; mais les vives douleurs, qui s'augmentent d'un jour à l'autre, me forcent, malgré moi, à vous supplier très humblement de m'accorder un congé de trois mois, pendant lesquels je laisserai ma subdélégation à mon fils aîné, conseiller au Parlement de Metz, qui a travaillé ici, sous moi, pendant dix ans, et qui remplira mon emploi de manière qu'on ne s'apercevra pas que je sois absent, parce que je lui laisserai tous mes papiers et mes secrétaires. Je vous serai très sensiblement obligé de ces deux grâces, qui me mettront en état d'aller vous rendre compte de vive voix de toutes les affaires de mon département*.»

* Réponse en marge : «Y commettre l'intendant de Poitou dans l'intervalle.»

M. Pinon, intendant à Poitiers, obtint une gratification de 3,000 ## pour avoir remplacé M. Bégon pendant trois mois et avoir fait des frais extraordinaires à l'occasion de deux réunions de la noblesse de Poitou sur les côtes. (Lettre de M. Pinon, 25 septembre.)

487. *M. Turgot, intendant à Tours,* au Contrôleur général.

31 Mai et 21 Juillet 1703.

Procédure des officiers du grenier à sel de Mayenne contre plusieurs gardes des gabelles entre les mains desquels un faux-saunier qui leur avait été remis est mort sans qu'il y ait eu combat, peut-être par suite de mauvais traitements qu'ils lui auront fait subir.

«J'avois donné mon approbation au commencement de cette procédure, et je la crois bien fondée, parce qu'il leur est permis d'arrêter des faux-sauniers, mais non de les tuer; et quand cela arrive, les juges doivent informer, pour leur donner un frein, dont ils ont même assez souvent besoin, et peut-être autant en ce pays écarté qu'ailleurs. Je vous envoie le mémoire du compte que mon subdélégué à Mayenne m'en a rendu, par lequel je reconnois qu'il peut bien y avoir eu de la faute des gardes, et trop mauvais traitements, je le crois; mais cela n'est pas assez prouvé. Ainsi, on a avec raison ordonné un *plus amplement informé*, et renvoyé aux fonctions de leurs charges. Quand un homme meurt entre leurs mains, ils méritent bien qu'on en informe, qu'on décrète, et qu'on les tienne en prison. Je crois que vous approuverez que la justice conserve sa force et sa vigilance à leur égard en pareil cas, où ils ont eu bonne part; je crois que vous approuverez le compte que j'ai pris soin de vous en faire rendre, et la bonne conduite que les juges y ont tenue. . . . . »

488. *M. Lebret, intendant en Provence,* au Contrôleur général.

1er Juin 1703.

«Le fermier de la distribution des poudres en Provence s'étant mis sur le pied d'envoyer des gardes, c'est-à-dire des misérables, dans toutes les communautés et maisons où il soupçonnoit qu'il y eût de la poudre de contrebande, et même de faire arrêter et fouiller, dans les chemins et à la chasse, ceux qui portoient des fusils, pour connoître s'ils avoient d'autres poudres que celles du bureau; et ayant compris que cette rigidité et voie inouïe causeroit infailliblement des désordres considérables dans une province où les esprits sont d'une vivacité et inconsidération surprenante, j'écrivis à M. Rouillé du murmure qu'une conduite si extraordinaire excitoit de jour en jour dans cette province; et, par sa réponse, il me manda de restreindre toutes ces visites aux bâtiments de mer et aux seules maisons des distributeurs et de ceux chez lesquels on seroit presque assuré de trouver une quantité de fausse poudre un peu considérable.

«Vous jugez bien qu'en recevant cet ordre, je le donnai fort exactement au commis du fermier, qui a été si peu porté à s'y conformer, que je reçus, il y a environ deux mois, des plaintes du sieur Albergue, habitant au terroir de Marseille, dénommé dans la lettre que j'ai l'honneur de vous renvoyer, des vexations qu'il prétendoit lui avoir été faites dans sa maison par les gardes du fermier. Non seulement je lui permis d'en informer, ainsi qu'il est porté par la même lettre, mais j'ordonnai sur-le-champ, et pour la seconde fois, à ce fermier de supprimer ces gardes : ce qu'il m'a assuré avoir fait. Ainsi, le désordre a cessé, et ce qui donna lieu à la plainte des échevins de Marseille est premièrement que, pour éviter l'extrême licence des contrebandeurs, je n'ai pas cru devoir leur faire part des ordres réitérés que j'ai donnés à ce commis, ni de la révocation de la brigade dont ils se plaignent; et en deuxième lieu, de ce que je leur ai refusé la permission qu'ils m'ont demandée de prendre le fait et cause des habitants de leur terroir, de sept à huit lieues de circuit, et de faire informer de leur chef contre le fermier du Roi sur toutes les plaintes qu'ils auroient mendiées, et qui auroient porté un préjudice irréparable à la ferme*. »

* Réponse en marge : « Ce sont MM. les intendants qui, dans tous les temps, ont eu l'autorité sur les commis des poudres; c'est par eux que le Roi a fait exécuter ses ordonnances. Je vous prie de mander le commis qui a la direction générale en Provence, de vous faire rendre compte de la conduite qu'il tient dans sa régie, et de lui prescrire celle qu'il doit tenir. S'il vous fait quelque difficulté qui mérite des décisions ou des ordres de ma part, vous les aurez sur-le-champ, lorsque vous m'aurez envoyé des mémoires suffisants pour en être au fait. »

Le placet des maire et échevins de Marseille est joint à la lettre de l'intendant.

489. *M. de Bâville, intendant en Languedoc,*
au Contrôleur général.

3 Juin 1703.

« Le syndic du diocèse de Nîmes m'a donné la requête ci-jointe, par laquelle il expose qu'il est impossible à tous les curés des paroisses où il y a de nouveaux convertis de lever la dîme, non seulement parce qu'ils sont absents la plupart de leurs églises et de leurs maisons presbytérales, étant brûlées, mais encore parce qu'ils ne peuvent trouver de fermiers, les rebelles faisant répandre partout des écrits pareils à celui que j'ai l'honneur de vous envoyer, pour intimider tous les habitants dont ils pourroient se servir. Exposant qu'ils ne peuvent, pendant ces troubles, ni avoir de quoi vivre, ni avoir de quoi payer les contributions qu'ils doivent au Roi, ils demandent que les huit plus riches habitants de chaque paroisse soient chargés de lever la dîme, et qu'ils en soient responsables suivant le prix du bail de l'année dernière. Il me semble que cette demande est juste. Puisque c'est un effet de la cabale des nouveaux convertis, il est très à propos de faire retomber sur eux le mal dont ils sont la cause, et je ne vois point d'autre moyen de réprimer cette insolence; mais j'ai cru devoir auparavant vous en rendre compte, pour savoir si le Roi agrée cet expédient, s'il ne seroit pas plus à propos de donner un arrêt du Conseil qu'une ordonnance de l'intendant, et, au cas que S. M. trouve bon que je donne une ordonnance, savoir si j'en donnerai une générale, ou si j'en donnerai seulement de particulières pour chaque paroisse.

Comme la récolte commencera bientôt, il n'y a pas de temps à perdre pour la réponse*. »

* Réponse en marge, de la main du contrôleur général : « Pouvoir à M. de Bâville; mais en user fort modérément et en cas de besoin pressant. »

490. *M. de Bâville, intendant en Languedoc,*
au Contrôleur général.

3 et 15 Juin 1703.

Exécution du traité de l'affranchissement des tailles; projet de subrogation au profit des États, sur le pied d'un million ou de 1,200,000 ††.

491. *M. du Faure, gouverneur de Pierrelatte, en Dauphiné,*
au Contrôleur général.

5 Juin 1703.

« J'ai l'honneur de vous informer, par votre ordre, que le canal que l'on a construit dans les terres de Pierrelatte et de Donzère réussira parfaitement bien. Les particuliers en tireront de gros profits par l'arrosage, et le Roi, en peu de temps, pourra y établir un haras pour avoir des poulains. J'ai aussi l'honneur de vous dire que j'ai fait un grand tour sur ces frontières du Dauphiné et d'Orange, où j'ai trouvé tout tranquille, quoique mal intentionné, à l'exemple de ceux du Languedoc, qui ne discontinuent point de faire du désordre par des petits partis qui se cachent dans les bois et les grains, où ils sont à couvert partout; et, quoique M. le Maréchal en fasse périr beaucoup, [cela] ne rebute pas ceux qui les font agir afin d'entretenir toujours une diversion, et quelque chose de pis, s'ils le pouvoient. Je ne perds pas un moment de temps à veiller à ce qui se passe, tant pour vous en informer, que pour en donner avis où il est nécessaire. »

492. *M. Bignon, intendant à Amiens,*
au Contrôleur général.

6 Juin, 19 Août et 30 Novembre 1703;
2 Janvier, 29 Avril et 2 Mai 1704.

Informations et procédures sur des transports d'espèces d'or et d'argent à destination de l'étranger*.

* Dans la généralité d'Alençon, on poursuivit des marchands ou autres particuliers qui venaient acheter des louis d'or anciens à la foire de Guibray, pour les faire passer à Genève, en Hollande ou dans les Flandres. (Lettres de M. d'Angervilliers, intendant, 30 août et 29 septembre 1703.)

493. *M. de Grignan, lieutenant général en Provence,*
au Contrôleur général.

7 Juin 1703.

« Je ne doute pas que le nom et la famille de M. le marquis de la Charce ne vous soient connus : c'est une maison aussi distinguée par son zèle pour la religion, depuis leur conversion, qu'elle l'est par sa qualité. Leur exemple, jusqu'ici, a soutenu, dans cette contrée du bas Dauphiné, la foi des bons catholiques, comme il a été la confusion de ceux qui n'ont fait que semblant de l'être. Mme la marquise de la Charce la mère, âgée de quatre-vingts ans, est une personne d'un rare mérite. M. son fils aîné a l'honneur d'être gentilhomme de la chambre de Mgr le Prince; le cadet a vu brûler dans les Cévennes, par la fureur des fanatiques, une belle terre et la seule maison qui lui restoit. Cette famille vient de perdre Mlle de la Charce, que l'on pouvoit regarder comme une espèce d'héroïne, et à qui tous les services qu'elle a rendus à la religion et au Roi, dans les premiers mouvements de la conversion des huguenots, avoient attiré des bontés de S. M. une pension de 2,000 ll. Permettez-moi de joindre mes instantes prières à celles de cette famille, qui s'est adressée à moi, et dont je connois les grands besoins comme le mérite, pour obtenir du Roi la continuation de cette pension en faveur de Mme la marquise de la Charce la mère. J'ose avancer qu'il est de la piété et de la charité de S. M., aussi bien que de l'avantage de son service, de soutenir des gens que l'on peut dire s'être toujours signalés pour les intérêts de notre religion*. »

* Réponse de la main du contrôleur général, en marge : « 1000 ll à la mère. »

494. *M. de Bâville, intendant en Languedoc*, au Contrôleur général.

8 Juin 1703.

« Je crois qu'il est temps de penser aux moyens de rétablir les églises qui ont été brûlées. J'ai eu l'honneur de vous écrire que cette dépense n'ira pas si loin que l'on croit, parce que, la plupart étant voûtées, il n'y a eu de brûlé que la porte, la chaire à prêcher, les fonts baptismaux et le tabernacle, les ornements ayant été presque toujours conservés. Il s'agit seulement de savoir si le Roi trouvera bon qu'on fasse faire le fonds, dès à cette heure, par les nouveaux convertis de chaque paroisse, de la somme qui sera nécessaire, afin qu'on puisse y faire travailler maintenant, pour remettre le service dans les paroisses lorsqu'on le jugera à propos. Il y aura aussi quelques maisons des curés à rétablir. Il me semble qu'il vaut mieux exiger ce fonds dans le temps qu'il y a des troupes dans les Cévennes, que d'attendre qu'elles en soient sorties. Ma pensée seroit qu'il plût au Roi de donner un arrêt portant que le fonds nécessaire pour rétablir les églises et les maisons curiales seroit avancé par six des plus riches des nouveaux convertis et plus forts en compoix de chaque paroisse, à condition d'en être remboursés, tant en principal qu'intérêts, par imposition sur les communautés, en deux années. Je crois qu'il est encore important que les nouveaux convertis qui n'ont fait aucune diligence pour empêcher ces désordres, et même qui les ont vus la plupart avec quelque complaisance, connoissent qu'il ne leur en revient maintenant que la peine de payer le rétablissement des églises qui ont été brûlées; et cela peut fort aider à contenir les autres cantons où ce malheur n'est point arrivé. Si le Roi ne juge pas à propos de donner l'arrêt, je pourrois donner des ordonnances particulières pour chaque lieu. Sur quoi, j'attendrai les ordres qu'il vous plaira de m'envoyer*. »

* Réponse en marge, de la main du contrôleur général : « Attendre, mais faire faire des estimations. »

495. *M. de la Bourdonnaye, intendant à Bordeaux*, au Contrôleur général.

9 Juin 1703.

Il discute les réclamations du sieur de la Voye, entrepreneur du desséchement du marais du Grand-Mourat, près Bayonne, et demande qu'avant de procéder au partage obligatoire des terres, l'état des travaux et les progrès du desséchement soient constatés par un procès-verbal. Il ne croit pas possible de mettre les dégradations des levées, digues et canaux au compte des propriétaires des terres riveraines*.

* A cette lettre est joint le dossier des arrêts rendus sur les desséchements, avec les requêtes et répliques des intéressés.

496. *M. Lebret, intendant en Provence*, au Contrôleur général.

11 Juin 1703.

« Il est visible que les douze particuliers qui vous ont présenté le placet que j'ai l'honneur de vous renvoyer, ne vous demandent la permission de travailler en vieux cheveux qu'afin d'avoir, sous ce prétexte, la liberté de s'occuper à des perruques neuves et à faire le poil, au préjudice des barbiers et perruquiers en titre, qui ne manqueroient pas de vous demander de leur part une indemnité de la grosse finance qu'ils ont déjà payée, et de celle qu'on veut qu'ils payent actuellement pour être maintenus dans le privilège de faire, à l'exclusion de tous autres, le poil et les perruques : ce qui me persuade que le seul usage qu'on peut faire avec justice de cette proposition est de la rejeter..... »

497. *M. d'Argenson, lieutenant général de police à Paris*, au Contrôleur général.

19 et 23 Juin, 5 Juillet 1703.

Il dénonce plusieurs étrangers non naturalisés et appartenant à des nations ennemies qui, s'étant fait porter indûment sur les rôles de la confirmation du droit de naturalité, prétendent rester à Paris et y continuer leur commerce ou leurs intrigues*.

* Voir, au 29 septembre 1705, ses procédures contre deux commis du sieur Huguetan, banquier, réfugié à Genève.

498. *M. de Bernage, intendant en Franche-Comté*, au Contrôleur général.

24 Juin 1703.

Mémoire pour la suppression des arpentements dont l'usage s'est introduit depuis les guerres de 1636 à 1650, et à la faveur desquels les seigneurs ou justiciers se font mettre en possession de toutes les terres dont les détenteurs ne peuvent fournir des titres suffisants dans un délai fixé.

499. *M. Turgot, intendant à Tours,*
AU CONTRÔLEUR GÉNÉRAL.

29 Juin 1703.

«Je vous fais mes excuses si je ne puis me dispenser de vous renouveler plus instamment que les autres fois mes prières pour obtenir un congé d'un mois. L'état de ma famille, dont je suis éloigné depuis longtemps, et qui est toute séparée, pendant que je reste seul et avec soin (*sic*), pour le besoin des affaires et de remplir mon devoir; celui de la santé de Mme Turgot, éloignée de moi depuis six mois par sa mauvaise santé, qui nous cause de fréquentes alarmes et inquiétudes; celui de mes enfants, un jeune que je n'ai point vu, mon fils de treize ans au collège, séparé de moi, à conduire un peu; sans oser vous exposer ni le soin pour ma famille, ni le temps de près de quinze mois que je n'ai vu M. le Peletier; les soins de mes affaires qu'il faut que je conduise, et qui surviennent dans un bien honnête; mille autres soins demandent que, dans l'état où je suis, je renouvelle de près, de temps en temps, l'application que j'y dois. Je fais le plus exactement que je puis mon devoir dans mon emploi; mais, quand les affaires le permettent, ma situation et l'état, après tout, de père de famille, quoique jeune de mon chef, demande que j'y renouvelle mes soins, et que j'ose vous supplier instamment de m'accorder cette grâce. Je crois la mériter par la manière dont je me livre ici aux affaires et au service; mais, quand il le permet, j'espère de vous cette grâce, et même cet adoucissement pour le travail. Je ne puis me dispenser de vous demander un congé d'un mois, avant que le mois d'octobre renouvelle nos travaux de la tournée, à laquelle il faut disposer nos affaires, ensuite ceux de l'hiver; ce temps courra bien vite. Pour le temps de me l'accorder, vous voulez bien considérer que ce qui me conviendroit le mieux, ce seroit de partir vers le 10 juillet, pour environ un mois. Je ne vois pas que les affaires y mettent d'obstacle. Pour les régiments, celui de Tulon partira au 20 juillet, selon le compte que je vous en ai rendu; mais tout est arrangé. Celui de Villegagnon, de dragons, n'est pas assez avancé pour y mettre obstacle en ce temps; et, si vous voulez bien considérer les peines que j'ai eues, et que j'ai fait mon devoir pour neuf autres d'infanterie et un de dragons, partis de ce département depuis un an et formés avec les soins qui les accompagnent, vous ne regretterez pas de m'accorder cette grâce. Les autres affaires : celles de finances sont très avancées toutes, et présentement celles des augmentations de gages et arts et métiers sont toutes réglées; toutes les autres sont en ordre. Tout est tranquille dans la situation où est ce département; j'y ai donné tous les soins que le service demandoit. J'espère que vous ne me refuserez point cette grâce nécessaire pour ma famille et pour mes affaires, et je vous supplie de juger par mon importunité du besoin de ma famille, un peu différente des autres, quoique je sois jeune, et je suis seul à soutenir le poids des affaires et de ce qu'elles demandent. Je vous supplie donc de donner effet aux dernières espérances que vous avez données de les accorder. Cet intervalle vaut mieux que tout autre, avant le travail; le départ prolongé au 20 juillet, après celui du régiment de Tulon, ne laisse pas assez d'intervalle avant la tournée: il faut s'y préparer, et le temps qui en approcheroit davantage seroit encore moins convenable. Cependant, si je vous demande instamment cette grâce-ci, je n'ai nulle volonté, et vous supplie seulement de me mander la vôtre, et de me faire la grâce de me faire savoir le temps que vous jugerez plus expédient; cela fixera mes désirs et arrangera tout à fait mes mesures. Agréez que je vous demande instamment cette grâce, ou celle de me la procurer dès à présent, et dans le temps que je la crois plus convenable à tout. Pardonnez si nous ne pouvons nous dispenser de vous exposer nos besoins : vous jugez de nos peines; c'est de vous qu'elles peuvent espérer la justice et les adoucissements raisonnables, et pour la famille, que vous jugerez y convenir; mais, si vous considérez mon état, vous jugerez que, malgré mes instances, peu de personnes sont guère plus exactement livrées au travail et plus soumises aux peines qu'il exige. Je vous supplie de me faire savoir votre volonté*.»

* Réponse en marge : «Je demanderai au Roi un congé pour lui, pour le 1er août jusqu'au dernier du mois, y compris le temps d'aller et de retourner; je suis persuadé que vous aurez plus de peine à quitter Paris qu'il n'en auroit eu en restant dans l'intendance, et que la situation des affaires demande un homme tout entier.»

500. *Mme la présidente* DE LA TRESNE, *à Bordeaux,*
AU CONTRÔLEUR GÉNÉRAL.

30 Juin 1703.

Elle s'excuse d'avoir présenté un sujet pour succéder à son mari comme premier président du Parlement de Bordeaux, ignorant que M. Dalon songeât à acquérir cette charge et eût l'agrément du contrôleur général*.

* Minute de réponse en marge : «Je lui suis très obligé de ses honnêtetés; M. Dalon a épousé une de mes parentes assez proche pour m'intéresser à ce qui le regarde. Vous trouverez également votre satisfaction avec lui, comme vous l'auriez pu trouver avec tous ceux qui se sont présentés pour remplir la place dont le Roi l'a jugé digne; je le connois assez pour vous assurer qu'il n'aura que de bons procédés et des manières honnêtes avec vous, quoique vous ayez quelque chose à discuter ensemble.» Voir une autre lettre de la première présidente, en date du 23 juillet, et différentes lettres de M. Dalon, de son agent d'affaires et de Mme Dalon, aux dates des 2 janvier, 19 et 22 mai, 30 juin, 8 et 22 septembre, etc. M. Dalon avait demandé successivement la première présidence du Parlement de Rennes, celle du Parlement de Rouen et l'intendance de Béarn, avant d'obtenir l'agrément pour la première présidence de Bordeaux. Une partie de la charge fut payée par Mme Dalon en créances sur le fonds des maisons démolies pour l'esplanade du Château-Trompette. (Lettre de M. de la Bourdonnaye, intendant à Bordeaux, 11 août.)

Voir, à l'intendance de Franche-Comté, 30 novembre 1703, 11 janvier, 21 mars et jours suivants, de l'année 1704, des lettres de la Chambre des comptes de Dôle, de la veuve de M. Borrey, premier président de cette Chambre, de M. le Febvre, second président à mortier au Parlement de Besançon, et de M. de Bernage, intendant, sur la mise en vente de la charge de M. Borrey et sur la fixation du prix.

501. *M. de Bernage, intendant en Franche-Comté,*
au Contrôleur général.

3 Juillet et 5 Août 1703.

Il expose les raisons qui doivent faire tolérer ou prohiber le commerce réciproque des jeunes chevaux entre la Franche-Comté et la Suisse, et propose des expédients pour éviter certains abus qui seraient désavantageux à la France*.

* Le 10 août, ordre fut donné aux fermiers généraux de ne laisser entrer les chevaux suisses qu'à charge de les représenter à la sortie, ou de produire l'argent provenant de leur vente.

502. *M. de Bâville, intendant en Languedoc,*
au Contrôleur général.

9 Juillet 1703.

Rapport sur un droit de sauvegarde ou *guédage* que le comte de Peyre a rétabli à son profit et lève très rigoureusement dans plusieurs communautés du Gévaudan*.

* Voir la réponse justificative du comte de Peyre, à la date du 23 août suivant.

503. *M. Lebret, intendant en Provence,*
au Contrôleur général.

16 Juillet 1703.

«..... Je n'ai pas douté que les trésoriers de la marine et des galères ne vous portassent des plaintes de ce que les rescriptions qui leur ont été expédiées au Trésor royal, sur le Don gratuit et sur la capitation de Provence de la présente année 1703, ne sont pas aussi ponctuellement acquittées qu'ils le désireroient; et, quoiqu'ils n'aient pas dû espérer de toucher sitôt le montant des rescriptions sur la capitation, puisque la récolte n'est qu'à peine commencée, cependant vous aurez vu, par la lettre que j'ai eu l'honneur de vous écrire le 10 de ce mois, que, ne s'étant pas trouvé un sol dans la bourse du pays, ni aucune apparence de la remplir avant la fin du mois d'août prochain, j'avois engagé les procureurs du pays à délibérer l'emprunt d'une somme de 100.000#; dont n'ayant pu trouver la moindre partie à Aix, ils sont venus dans cette ville, que je regardois comme une ressource infaillible. Mais j'ai été bien surpris de voir que, n'y ayant pu trouver à emprunter, ni par contrat ni par obligation, ni même par billets, au change ordinaire de 6 p. o/o, les commis de ces deux trésoriers, qui ont été les témoins de cette conduite, et qui ont vu qu'on n'oublioit rien de tout ce qui étoit possible pour leur satisfaction, ont pris le parti de se nantir des billets des procureurs du pays pour cette somme de 100.000#, payable au porteur dans trois mois, afin de les négocier eux-mêmes et d'en faire leurs affaires le mieux qu'il leur seroit possible.

«Ces inconvénients viennent de plusieurs causes : la première, qu'on souffre que les procureurs du pays soient faits par brigues et par cabales, et qu'on choisisse par conséquent des sujets très incapables de cette importante fonction; la seconde, que l'argent est, dans cette province, d'une rareté qui n'a jamais eu d'exemple; la troisième, que la province en général, et les villes et communautés en particulier, sont tellement chargées de dettes (elles doivent plus de trente millions), tant par les grosses sommes que le Roi en a tirées depuis quatorze à quinze ans, que par la mauvaise administration des consuls, qu'on n'a pas cru jusqu'à présent important de réprimer, que personne ne veut plus leur prêter son argent; et la dernière, que la capitation, jointe à toutes les autres charges, devient si pesante qu'on ne la veut plus payer. J'ai eu l'honneur de vous envoyer quelques preuves de l'impatience avec laquelle ceux qui en sont redevables souffrent les contraintes qu'on est forcé de leur faire, et je vous en aurois envoyé cent autres, si la chose avoit été moins désagréable. Après cela, ordonnez; car, quoique le million de la capitation de 1702 soit entièrement payé au Roi, à 18 ou 20,000# près, il en est encore dû à la province plus de 200,000# par les particuliers; et, quoique cette lenteur soit une des causes du retardement du Don gratuit, en vérité je n'oserois ordonner de plus rigoureuses contraintes contre les redevables, que vous ne les ayez jugées à propos, étant bien évident qu'encore que la province ait fait son affaire du million qui doit provenir de la capitation, elle ne sera en pouvoir de le payer qu'autant qu'elle le retirera des particuliers*.»

* Réponse en marge : «Il seroit à désirer qu'il trouvât quelque autre expédient, si celui de l'abonnement à un million n'est pas soutenable, pour que le Roi tirât de la Provence la même somme. Il a trouvé des expédients, pendant la dernière guerre, pour faire payer à cette province des sommes plus fortes que celles qu'elle paye présentement. Je conviens que c'est ce qui l'a rendue plus pauvre; mais, les dépenses de cette guerre étant encore plus fortes que celles de la précédente, il faut bien trouver des moyens pour la soutenir. Je le prie d'employer tous ceux qu'il croira qui pourront réussir.» M. Lebret répond, le 1er août : «Je vous fatiguerois trop, si je vous rendois compte de tous les mouvements que je me donne pour le payement du Don gratuit, de la capitation, et de toutes les autres sommes qu'il plaît au Roi d'exiger de cette province; et, si je ne m'en donnois pas d'autres que ceux dont je juge quelquefois nécessaire de vous écrire, les porteurs de quittances et de rescriptions du Trésor royal et les traitants vous porteroient des plaintes bien plus fréquentes. Il est vrai qu'encore que cette province ait été extraordinairement chargée pendant la dernière guerre, et beaucoup plus à proportion que toutes les autres du royaume, mon zèle pour le service du maître m'a porté à faire tant de sortes de personnages que rien n'a manqué de tout ce qu'on a désiré; et, si l'argent augmentoit comme mon zèle, surtout depuis que vous êtes en place, les payements seroient bien plus ponctuels présentement qu'ils ne l'étoient en ce temps-là; mais il est survenu des différences que mon application, toute vive et tout extraordinaire, n'est pas capable de faire cesser. La première de ces différences est qu'on a augmenté la capitation de la moitié en sus, et que je n'ai obligé les administrateurs et habitants des villes et communautés de mon département à y consentir qu'en leur donnant parole positive, après l'avoir reçue de vous, que, moyennant le payement exact de cette excessive capitation, ils n'entendroient parler d'aucunes affaires extraordinaires. Cependant ils en sont accablés en sorte que je crois qu'elles excèdent, par leur importance ou par leur nombre, celles de la dernière guerre : ce qui aliène les esprits au point que j'apprends de temps en temps des choses qui sont trop désagréables pour vous être portées. La seconde différence est qu'ayant eu, pendant la dernière guerre, plusieurs récoltes abondantes, la proximité de celle de Piémont et la consommation

que nos armées y faisoient, étoit si avantageuse aux Provençaux, qu'ils portoient presque à aussi haut prix qu'il leur plaisoit la vente de leurs blés, vins et autres denrées : ce qui est si différent présentement qu'encore que la récolte de l'année dernière ait été mauvaise, on ne trouvoit pas à vendre vingt charges de blé à la fois. Et la troisième, que la province en corps, et les villes et communautés en particulier, trouvoient facilement à emprunter les sommes dont elles avoient besoin, au lieu que l'extrême rareté de l'argent que la guerre éloignée nous force aujourd'hui de porter au dehors, et la manière extraordinaire de plus de trente millions dont les villes et communautés se trouvent endettées, non seulement par les sommes qu'elles ont payées au Roi, mais encore par la mauvaise conduite et friponnerie des consuls et autres administrateurs, fait qu'elles ne doivent guère plus compter sur l'emprunt, et que, si les espèces ne reviennent par quelque voie qui m'est inconnue, il sera bien difficile de remplir le service, si la guerre dure encore quelques années sur le pied qu'elle est aujourd'hui. Ce qui retarde le payement de la capitation de cette province, où il n'y a ni élections ni receveurs des tailles, est que la recette en est confiée aux trésoriers des communautés, et par conséquent aux consuls et échevins, dont ils sont dépendants, et qui ont des complaisances pour leurs concitoyens, au point qu'elles éloignent le recouvrement à l'infini; et il y a longtemps que j'aurois pris la liberté de vous proposer d'établir dans les principales villes de la province, comme Marseille, Aix, Arles, Toulon, Grasse et Tarascon, des étrangers pour receveurs de la capitation, avec attribution de 6 deniers pour livre pour droit de recette et frais de bureau; mais la difficulté de trouver des gens qui soient assez riches, ou qui aient d'assez bonnes cautions pour répondre d'un si gros maniement, m'a retenu jusqu'à présent, quoique je connoisse visiblement qu'il n'y a point de meilleur moyen que celui-là d'accélérer ce recouvrement, qui, d'année en année, deviendra plus difficile.»

---

504. *M. de Bâville, intendant en Languedoc, au Contrôleur général.*

20 Juillet 1703.

«J'ai reçu la lettre que vous m'avez fait l'honneur de m'écrire sur la défense de laisser sortir des blés; je l'ai envoyée aussitôt dans tous les ports. Cette nouvelle attristera fort le Languedoc; on ne manquera pas de dire que, si les denrées ne se vendent pas, les impositions ne se peuvent payer. Le sieur de Montbel, syndic, qui est à Paris, vous fera sur cela de grandes doléances; mais il est bien juste de garder le blé dans le royaume, si on craint d'en manquer. J'ai attendu jusqu'à cette heure à vous rendre un compte exact de la récolte, parce qu'on s'y trompe toujours jusqu'à ce que les blés soient dépiqués. Il y avoit apparence d'une très grande abondance; mais l'événement n'a pas tout à fait répondu à ce qu'on avoit espéré : il a fait des vents très fâcheux dans le haut Languedoc, qui ont égrené les blés et les ont ainsi beaucoup diminués. Cependant on peut compter, à tout prendre, que la récolte est bonne, qu'il y aura des blés dans cette province beaucoup au delà de ce qu'il lui en faut, et que l'on remarque que la qualité des blés est parfaitement bonne*.»

* Réponse en marge : «M. de Montbel ne me touchera point par ses remontrances, parce que la défense générale qui a été faite peut aisément souffrir son exception. Il sera facile de donner des permissions quand il le jugera à propos, pourvu qu'il sache les lieux pour lesquels les blés qu'il voudra enlever seront destinés. Il seroit bien dangereux de fournir des blés à la Hollande et au Portugal, qui en manqueront certainement, en cas qu'elles s'unissent pour nous faire la guerre.»

Le 18 août suivant, en envoyant l'état des récoltes de l'intendance de Bordeaux, M. de la Bourdonnaye annonce que l'ensemble en est tellement mauvais, et que les prix ont déjà si fort augmenté, qu'il sera nécessaire de donner des passeports pour faire venir des blés de Bretagne. Peut-être, dit-il, la seule annonce de cette décision fera-t-elle ouvrir les greniers du Languedoc et de la haute Guyenne, ainsi que cela se produisit en l'année 1701.

---

505. *Le sieur Plessart, inspecteur des manufactures à Amiens, au Contrôleur général.*

20 Juillet 1703.

«J'ai donné à M. Bignon, intendant, le mémoire concernant l'augmentation de la largeur des peluches de la fabrique de la ville d'Amiens, suivant les ordres de Votre Grandeur, par lequel mémoire sont déduites les raisons des maîtres ouvriers qui les travaillent, et la nécessité qu'il [y] a d'augmenter la largeur pour l'usage qu'elles servent, et de fixer le nombre des portées et des fils, à quoi l'on n'avoit pas prévu dans le projet qui avoit été fait il y a trois ans. J'ai fait ce mémoire le plus exact qu'il m'a été possible pour le bien et l'utilité de cette fabrique. Si Votre Grandeur approuve cette augmentation de largeur, j'ose lui représenter qu'il seroit nécessaire qu'elle fût observée dans les villes d'Abbeville, Compiègne, Lyon, où j'ai appris qu'il se fait de ces mêmes peluches de différentes largeurs. La copie de ce mémoire est ci-jointe.

«Dans la visite que j'ai faite à Saint-Quentin, au commencement de cette année, les marchands m'engagèrent de vouloir venir faire mes visites dans le temps de la vente des laines. Je m'y suis rendu le 15 du mois de juin, où j'ai resté quinze jours. Le marché de laine qui se tient à Saint-Quentin dans ce temps est le plus considérable de la province : il y aborde des chariots et charrettes chargés de laine de vingt lieues; mais les fermiers et marchands sont peu fidèles dans la vente de leur laine, étant mal lavée, remplie de crottins, loquets, boullons et terque, avec de gros liens dont sont liés les toisons ou côtes, et même remplies d'ordures pour en augmenter le poids : ce qui fait un déchet très considérable et préjudiciable aux maîtres façonniers et ouvriers des manufactures d'Amiens, Aumale et Grandvilliers, qui se servent de ces sortes de laines. Les marchands d'Amiens et de Saint-Quentin, qui en achètent la plus grande quantité, les vendent aux façonniers et ouvriers de même qu'ils les achètent : ce qui cause la ruine de plusieurs. Il est à remarquer que, dans une balle de laine de deux cents livres pesant, il se trouve souvent quinze à vingt livres de déchet, dont la perte tombe seule sur les pauvres façonniers et ouvriers qui les achètent : ce qui m'a obligé de faire condamner à l'amende plusieurs fermiers, quoique modique, joint à la crainte que je leur ai inspirée qu'à l'avenir Votre Grandeur donneroit des ordres plus rigoureux afin d'empêcher ces abus, qui perdent le négoce : ce qui a donné lieu, dans la fin des marchés, aux fermiers du voisinage de Saint-Quentin, d'apporter leur laine plus nette et plus fidèle.

«Dans l'appréhension que les marchands de Saint-Quentin ont que ces exactes visites ne fassent tort à leur marché, ils supplient très humblement Votre Grandeur de faire ordonner à

MM. les intendants de Picardie et Noyon qu'à l'avenir les mêmes visites soient faites dans les villes de Noyon, Vervins, Ham, Roye, Péronne, et autres lieux de leur dépendance où il se vend des laines, afin de remédier à ces désordres, qui sont très préjudiciables aux manufactures; desquelles visites, et celles que j'ai faites chez les marchands, le procès-verbal est ci-joint, avec les sentences.

«J'ai aussi l'honneur d'envoyer à Votre Grandeur l'état de la visite des manufactures d'Amiens pour les premiers six mois de cette année, par lequel elle connoîtra que ces manufactures se soutiennent assez bien, étant encore augmentées de quatre-vingts métiers. Pour la manufacture du sieur Gayrard, privilégié, j'ai trouvé quatre métiers montés en camelots en façon de Bruxelles; étant chargé de quantité de ces camelots, [cela] a fait qu'il a mis plusieurs métiers bas. J'ai, jusqu'à présent, donné mes soins pour empêcher le fil dans les camelots rayés, suivant les ordres de Votre Grandeur, soutenu par une sentence de l'hôtel de ville et ordonnance de M. l'Intendant, qui en défendoient l'usage: ce qui a fait que, dans ma dernière visite, je n'en avois trouvé que cinquante-sept métiers de montés; mais, pendant le voyage que j'ai fait à Saint-Quentin, les échevins en ont fait faire nombre de pièces par les maîtres-égards mêmes : ce qui a donné lieu aux autres maîtres d'en monter à leur imitation, de manière qu'il y en a présentement plus de cent cinquante métiers battants, où il est difficile de pouvoir remédier, les marchands étant trop maîtres absolus sur les ouvriers.

«Il se commet aussi un abus considérable par les maîtres teinturiers et ouvriers, qui font teindre des laines en rouge de brésil, qu'ils mettent dans les camelots rayés, que les marchands font faire et vendent publiquement dans les foires pour de bonne teinture, et qu'ils envoient même en Espagne. En ayant arrêté trois pièces, je représentai à l'hôtel de ville la nécessité et la conséquence qu'il y avoit d'empêcher le cours de cette fausse couleur. Un des échevins se leva contre moi, en pleine audience, disant que je voulois détruire les manufactures d'Amiens : ce qui m'obligea de porter mes plaintes à M. l'Intendant, accompagné de M. le Maire, avec l'échantillon ci-joint, dont j'avois fait le débouilli, ce qui lui fit connoître la fausse teinture. Il ordonna à M. le Maire d'en empêcher le cours : ce qui lui a fait rendre une sentence qui défend aux teinturiers de teindre à l'avenir des rouges avec brésil; mais, comme l'intérêt des marchands y est attaché, par le gain de 60 sols pour pièce qu'il leur coûteroit davantage pour les faire de bon teint, fait qu'ils continuent toujours d'en faire faire, qui ne sont ni plombés ni visités.

«Ce qui est encore fâcheux, c'est que les teinturiers passent des nuits à teindre des étoffes en rouge de brésil, que les marchands vendent pour rouge cramoisi : à quoi je veille et fais veiller, afin de les surprendre.

«J'avois présenté à M. l'Intendant la lettre que Votre Grandeur m'avoit fait l'honneur de m'écrire pour l'augmentation de mes appointements; mais il n'a encore voulu rien décider, quoique les manufactures d'Abbeville demandent du secours, notamment celle des barracans. Je continuerai mes soins avec exactitude, afin de mériter la continuation de l'honneur de la protection de Votre Grandeur.»

506. *M. de Grignan, lieutenant général en Provence,*
au Contrôleur général.

22 Juillet 1703.

«S. M. ayant prévu que des religionnaires de la principauté d'Orange ne seroient pas dans le dessein de faire abjuration de l'hérésie, elle m'ordonna, par une dépêche que je reçus le 20 avril dernier, de leur accorder trois mois de délai pour disposer de leurs biens : ce que je fis publier le même jour; et ce délai est expiré depuis avant-hier. Plusieurs, sans attendre l'échéance, sont partis dans ces derniers jours, avec les passeports que je leur ai expédiés, marquant aux hommes la sortie du royaume par Nice et leur route jusques en cette ville-là, par les endroits de Provence où il n'y a pas de nouveaux convertis, et laissant aux femmes, ainsi que j'ai eu ci-devant l'honneur de vous l'écrire, la liberté d'aller par le droit chemin ou par le Rhône en Suisse. Présentement, je continue de les faire marcher par ces différentes routes, et il n'en reste à partir que très peu de ceux qui ont résolu de s'en aller. Je ferai faire un recensement de ceux qui ont voulu rester, et je prendrai, avec M. l'évêque d'Orange, les mesures nécessaires pour leur instruction et pour tâcher de les rendre, s'il se peut, un peu bons catholiques. J'aurai cependant toujours une attention très particulière sur ce pays, où il pourroit rester quelque sorte de correspondance avec les étrangers ennemis de la foi et de S. M. et avec les rebelles des Cévennes et autres mal intentionnés.

«J'ai eu l'honneur de vous mander que ces religionnaires d'Orange avoient été fort sollicités par les lettres écrites de Genève et d'ailleurs, par M. de Lubières, par les ministres de la R. P. R. renvoyés d'Orange, et par d'autres, de se retirer. On a donné de l'argent pour faciliter le voyage de ceux qui en avoient besoin. On assure que le consul anglois qui est à Nice est un de ceux qui a été chargé de leur en donner à leur passage, et l'on prétend que c'est principalement pour M. l'électeur de Brandebourg que tout ce petit mouvement s'est fait. Il y a eu, dans ce départ, un assez bon nombre de cas particuliers à régler : ce que j'ai fait le mieux et le plus équitablement qu'il m'a été possible pour le repos des familles, et toujours dans la vue des intérêts de la religion et du Roi. Les religionnaires ont aliéné leurs effets mobiliaires, mais très peu d'immeubles, quoique le mot de *disposer*, mis dans les ordres du Roi et dans ceux que j'ai donnés en conséquence, marque un désappropriement formel; et on attendra de savoir les intentions de S. M. sur ces biens qu'ils laissent ou affermés, ou sur le soin de procureurs qu'ils ont établis, ou délaissés à leurs parents, ou abandonnés. Ce petit pays aura besoin d'un peu de temps pour réparer les pertes qu'il fait, surtout par rapport au commerce, par cette retraite des religionnaires, et je chercherai et proposerai les moyens de le bonifier, pour faire jouir les sujets catholiques et les nouveaux convertis qui y resteront du bonheur d'avoir passé sous la domination de S. M.....

«On travaille à la séparation des papiers des archives d'Orange dont les fermiers de cette principauté ont besoin pour l'exaction des revenus, et il reste à pourvoir à l'établissement nécessaire de la part de S. M. pour faire recevoir en son nom les reconnoissances des biens sujets à sa directe, comme propriétaire d'Orange, et pour en donner les investitures.....»

507. *M. Lebret, intendant en Provence,*
au Contrôleur général.

29 Juillet 1703.

Devis des réparations à faire aux prisons et aux ponts-levis du château de Tarascon.

---

508. *Le sieur de Beaulac, premier consul d'Agen,*
au Contrôleur général.

(De Brive) 2 Août 1703.

«Je vous envoie le certificat de mon arrivée à Brive, en conséquence de l'ordre du Roi qui me fut remis, lundi passé fit huit jours, par un garde de M. de Sourdis, à Bordeaux, où j'étois pour un procès considérable qui duroit dans la famille depuis plus de trente ans, et qui se devoit juger par arbitrage. Dans le temps que je partis, j'avois déjà épuisé ma bourse, et M. l'Intendant, voyant bien que je n'étois pas fort coupable, ni d'un caractère à remuer, me donna, de son mouvement, six jours pour trouver de l'argent pour mon voyage; sans quoi je serois parti dès le premier, pour marquer mon obéissance, qui est le premier métier que j'aie appris dans les troupes, principalement dans la maison du Roi. Je demandai à M. de la Bourdonnaye d'avoir la bonté de me dire en quoi j'avois manqué et mérité le nom de *séditieux*. Il me répondit que c'étoit le style de la cour, style fâcheux pour moi; que j'étois à la tête d'un grand corps de ville, que je tenois la queue de la poêle, et par conséquent, celui qui devoit être le plus embarrassé; et me donna à connoître que la faute n'étoit pas en moi personnelle, mais qu'étant question d'une communauté qui ne pouvoit pas demeurer en repos, l'on ne pouvoit que s'en prendre à la tête. Mais ce que je trouve de plus rude, c'est que ce titre de *séditieux* me reste toujours.

«Il est vrai que notre communauté a été et est encore dans des grandes convulsions depuis l'installation du lieutenant du maire, homme arrogant et de la plus basse lie du peuple. Auparavant, la paix étoit dans le corps de ville; mais, par son industrie, s'étant engagé le maire en lui prêtant de l'argent comme à bien d'autres gens, et lui ayant persuadé qu'il tripleroit les honneurs et les revenus de sa charge, s'il le laissoit agir, il a mis tout en compote, comme notre communauté vous en a écrit plusieurs fois, et comme Votre Grandeur le verra par leurs demandes ridicules, contre l'intention du Roi et ses déclarations, et par nos défenses très justes, que nous avons déjà remises à M. l'Intendant, et que Votre Grandeur verra dans le jugement qui s'en doit rendre au Conseil. Et, si j'ai fait quelque chose où l'on prétende m'accuser de violence, ça n'a été qu'en faisant exécuter les ordres du Roi contre des communautés, des Chapitres, religieux et religieuses, qui, prétendant ridiculement un droit de refuge, nous gardoient des garçons destinés pour les milices et les faisoient évader, nous mettoient au désespoir par l'impossibilité d'avoir ces soldats au temps marqué, nous causoient des rebuffades de M. l'Intendant, et m'a attiré plusieurs ennemis qui ont trouvé le secret de se venger. Mais cette épithète de *séditieux* me doit être bien plus dure qu'à bien d'autres, puisque je suis d'une famille qui, depuis longues années, a été toujours prête à se sacrifier pour le service du Roi et de la religion. Il en a coûté la vie à mon bisaïeul, étant capitaine, à l'attaque de Mussidan, en Périgord, contre les religionnaires; un de mes grands-oncles, de même nom, mérita l'honneur des remercîements du roi Henri le Grand par écrit, pour lui avoir conservé notre ville d'Agen à son obéissance et pour la religion; mon père se fit des affaires fâcheuses, soutenant avec vigueur, dans la même ville, les intérêts du Roi pendant les guerres civiles; et les services que j'ai rendus avec honneur pendant douze années, dans les gardes du corps ou dans l'infanterie, mériteroient peut-être un sort plus heureux, d'autant mieux que j'ai un fils lieutenant dans le régiment de Touraine, quoique fort jeune, qui ne fera pas tort à sa famille, et qui ne sera pas moins fidèle à son roi. Ça sent un peu le pays de Gascogne; mais la douleur que j'ai de voir que mon nom est enregistré dans le greffe de Brive comme *séditieux*, m'oblige à vous conter toutes ces histoires, qui, dans une autre rencontre, me feroient passer pour un ridicule; et ne pouvant être blâmé que pour avoir fait exécuter les ordres du Roi avec quelque vigueur et soutenu les intérêts de la communauté contre ce lieutenant de maire, le plus ambitieux de la terre, j'ai lieu d'espérer que Votre Grandeur aura cette bonté pour moi que de m'envoyer mon rappel, afin que je puisse vaquer au procès que j'ai à Bordeaux pour le bien de ma famille, la plus nombreuse de la province, puisqu'elle est du nombre de treize enfants en vie, tous assez bien faits et de bon appétit, avec peu de bien, et parmi lesquels il se trouvera sans doute quelque bon serviteur du Roi; et je donne à Votre Grandeur cette assurance que je solliciterai incessamment M. l'Intendant, comme j'ai déjà fait, de me donner des commissaires pour éclaircir ma conduite et celle de mes ennemis, qui sont ceux de notre communauté. Attendant cette grâce de Votre Grandeur, et moi et ma famille prierons le Seigneur pour votre santé, et je me ferai une loi d'être toute ma vie, etc.*.»

* Voir d'autres lettres, du 24 août et du mois de septembre; le rappel fut accordé à cette dernière époque.

---

509. *M. Nicolay, premier président*
de la Chambre des comptes de Paris,
au Contrôleur général.

(Chambre des comptes de Paris, G⁷ 1759.)

7 Août 1703.

Mémoire sur la nécessité de faire rendre compte, comme par le passé, des bâtons et munitions de l'artillerie qui se conservent dans les places du royaume.

---

510. *M. le Gendre, intendant à Montauban,*
au Contrôleur général.

8 Août 1703.

«Le Roi ayant ordonné, par la déclaration du mois de juin

1703, qu'il seroit nommé deux trésoriers de France dans chaque généralité, pour accompagner les intendants dans le département et pour avoir la commission des ponts et chaussées*, j'ai cru que vous ne trouveriez pas mauvais que je prisse la liberté de ne vous en proposer qu'un, qui remplira très dignement ces deux emplois par son mérite, sa capacité et son application : c'est le sieur Darassus, dont le nom ne vous est pas inconnu. C'est lui qui entretient correspondance avec le sieur Dankelmant, et qui vous a donné des avis si utiles depuis six mois. Je crois même que les réponses qu'il a faites au sieur Dankelmant ont produit l'effet que vous en attendiez, en détournant adroitement les ennemis de l'État d'envoyer du secours aux fanatiques. Je n'oserois vous demander présentement pour lui une plus grande récompense, car je sais que le temps n'est pas propre; mais cette petite commission lui fera du moins connoître que vous êtes content de lui. Comme elle est exercée depuis longtemps par le sieur Delperé, qui est fort âgé et hors d'état de remplir ses devoirs, je crois qu'il seroit de votre justice de conserver à ce bonhomme 200 ᵗᵗ de pension sa vie durant, à prendre sur les appointements de cette commission, qui sont de 800 ᵗᵗ. Le sieur Darassus y consentira volontiers, car c'est un homme fort désintéressé. Si cela vous est agréable, j'ai l'honneur de vous envoyer un projet de commission pareille à celle du sieur Delperé, afin que vous ayez la bonté de la faire expédier avant ma tournée. Vous aurez la bonté de régler aussi ses appointements, si vous voulez lui en donner pour le département des tailles, comme cela se fait dans plusieurs autres généralités; c'est un très bon sujet, qui mérite l'honneur de votre protection**. »

* Voir une lettre de M. Pinon, intendant à Poitiers, qui demande la permission d'acquérir une des charges nouvelles pour le doyen du bureau de Poitiers. (Lettre du 21 mars 1703.) Le contrôleur général lui répond qu'à l'exemple des trésoriers de France de la généralité de Paris, tous les bureaux devraient demander la suppression de ces charges et le maintien des fonctions entre les mains de ceux qui les exercent depuis longtemps, en offrant de prendre les mêmes augmentations de gages qu'en 1701.

** La commission fut accordée, et l'intendant en exprima sa gratitude, le 28 novembre, en disant que, outre les avis importants donnés depuis un an par ce trésorier, on lui devait d'avoir préservé le Rouergue de la fureur des fanatiques, et que, comme nouveau converti et appartenant à une famille distinguée, il donnait le bon exemple à toute la ville. Le contrôleur général fit répondre qu'on ne recevait plus aucune nouvelle de la correspondance secrète, et qu'il y avait lieu de la croire découverte.

511. *M.* Rouillé du Coudray, *directeur des finances, à M.* le Féron, *grand maître des eaux et forêts au département de Valois.*

10 Août 1703.

Le fermier des poudres, qui s'est fait confirmer le droit de couper, soit dans les bois du Roi, soit dans ceux des communautés ou des particuliers, tout le bois de bourdaine nécessaire pour la composition des poudres, moyennant l'autorisation des maîtrises ou des propriétaires, se plaint qu'on veuille lui faire payer les bourrées ou bottes de douze paumes 2 et 3 sols, au lieu de 8 ou 10 deniers, qui sont le prix ordinaire; il ajoute que les gardes exigent des sommes exorbitantes pour assister au travail. En attendant qu'on ait les renseignements nécessaires, et pour ne pas interrompre la fabrication, le Roi veut que le prix soit réglé à 18 deniers et que les gardes se bornent à examiner les bottes au temps de l'enlèvement, moyennant un salaire de 10 sols par cent bottes. Il faut se hâter de faire connaître cette décision avant la fin du temps de la sève, où le bois peut être coupé avantageusement.

512. *M.* Barentin, *intendant en Flandre maritime, au* Contrôleur général.

13 Août 1703.

Rapport sur les instances faites par la Flandre espagnole pour avoir la faculté d'introduire en France ses produits manufacturés.

« Nous ne pouvons croire qu'il convienne au bien du service de mettre une égalité entière entre les manufactures de la Flandre espagnole et celles de la France; c'est pourquoi nous ne sommes point d'avis de diminuer les droits que les ouvrages des manufactures de la Flandre espagnole doivent payer à leur entrée dans l'étendue des cinq grosses fermes. Il n'en est pas de même des droits imposés sur les étoffes de soie de la Flandre espagnole, et nous ne voyons rien qui s'oppose à l'égalité qu'on demande entre ces étoffes et celles des pareilles qualités qui viennent d'Italie. Il est vrai que ces dernières étoffes ne peuvent jouir du bénéfice de la modération des droits qu'en passant par Lyon; mais on peut imposer la même nécessité aux étoffes de soie de la Flandre espagnole, et les obliger de passer par Amiens ou par quelque autre ville de la France. Quant au droit de fret, c'est une grâce que S. M. peut accorder aux vaisseaux de la Flandre espagnole, comme elle vient de l'accorder aux vaisseaux danois et suédois, et elle feroit par là un avantage considérable aux ports de la France, parce que les vaisseaux flamands, n'ayant point de droits à y payer, y viendroient beaucoup plus volontiers qu'à celui d'Ostende, dont l'entrée est extrêmement difficile*. »

* Voir, à la date du 23 novembre suivant, un mémoire des députés de Bruxelles, Anvers, Bruges et Ypres.

513. *M.* Bignon, *intendant à Amiens, au* Contrôleur général.

18 Août 1703.

État nominatif des officiers des amirautés, avec indication des taxes qui leur sont demandées et des diminutions que requiert la situation personnelle de chacun*.

* M. Rouillé de Fontaines, intendant à Limoges, envoie également, le 18 mai 1703, un état détaillé des taxes à imposer sur les officiers de justice de sa généralité, pour attribution ou confirmation de privilèges, augmentations de gages, affranchissement de tailles, etc.

514. *M. de Grignan, lieutenant général en Provence,*
au Contrôleur général.

18 Août 1703.

«M. le chevalier de Damas, colonel présentement à Orange, me représente que son régiment n'a reçu aucun payement depuis quelque temps. Il a été obligé jusques ici de pourvoir par lui-même à la subsistance de ses soldats. Il en a écrit à M. Lebret, mais inutilement, parce que, apparemment, ce dernier n'a pas encore le fonds nécessaire. Comme celui d'un chevalier de Malte n'est pas inépuisable, M. de Damas vous conjure d'ordonner le remboursement des avances qu'il a faites de son argent. Je joins ma très humble requête à la sienne pour obtenir par votre protection la même gratification dont le Roi a accoutumé d'honorer les autres colonels comme lui. On ne peut en être plus digne qu'il l'est, par l'extrême soin qu'il a pris de former un beau régiment, et par son application infatigable à y maintenir le bon ordre et la discipline. J'ai beaucoup d'attention qu'elle soit exactement et sévèrement observée dans la ville d'Orange, et je dois ce témoignage à la vérité que M. le chevalier de Damas seconde parfaitement mes intentions. Il pourroit fort bien arriver qu'on écriroit le contraire d'un pays où les écrivains abondent, et où ils frappent à toute sorte de portes pour ménager l'éloignement des troupes du Roi. J'ose espérer de vous quelque confiance en ce que j'aurai l'honneur de vous dire en toute occasion, et soupire tous les jours après le bonheur de pouvoir vous entretenir moi-même sur bien des choses. La même confiance me fait encore vous rappeler qu'un peu de troupes sont encore nécessaires dans la principauté d'Orange. Il n'en faut pas plus qu'il y en a présentement, mais il en faut : vous savez mieux que personne que les désordres des Cévennes ne cessent point, et, quelque soin que l'on prenne d'y remédier, je n'en vois pas bien la fin. Orange avoit toujours été jusques ici le lien et la communication des religionnaires de Languedoc avec ceux de Provence et du bas Dauphiné, et, quoiqu'il en soit sorti un grand nombre de cette ville, il en reste encore assez pour donner de l'attention : la prévention et les premières impressions ne s'effacent pas sitôt de l'esprit des peuples. J'ai la satisfaction de me trouver ici dans une situation qui m'a donné lieu d'établir quelque sorte de confiance parmi ceux du bas Dauphiné, mes voisins, quoiqu'ils ne soient point de mon département ni sous mes ordres. Je n'ai pu refuser à leurs instances pressées de faire passer par mon canal les assurances de leur fidélité au Roi. J'ai été obligé d'en écrire et d'en rendre un fidèle compte à M. le marquis de Torcy, comme étant de son département, et de lui envoyer leurs lettres, qui ont été suivies d'une réponse de la part du Roi, dont ces gens paroissent pénétrés et plus rassurés que jamais. Surtout les habitants de la ville de Nyons, qui est comme la porte des montagnes du Dauphiné, et eux comme les clés de meute de toute cette contrée, méritent assurément quelque petite distinction par la fidélité et le zèle empressé qu'ils marquent au service du Roi, et je dois témoignage à M. le marquis de la Charce et à toute sa famille, qui fait sa résidence dans cette ville, qu'ils ne contribuent pas peu à ces bons sentiments. Pardonnez, s'il vous plaît, la longueur de cette lettre à la loi que je me suis faite de ne vous laisser ignorer aucun des moindres petits détails de tout ce qui se passe ici.

«Trouvez bon que je vous supplie très humblement de me faire mettre sur l'état de distribution pour l'ordonnance des 12,000# que vous avez eu le bonté de m'envoyer il y a déjà quelque temps.»

---

515. *M. Barentin, intendant en Flandre maritime,*
au Contrôleur général.

24 Août 1703.

Enquête sur les malversations et les délits imputés aux officiers de la maîtrise des eaux et forêts de Nieppe.

---

516. *M. le Gendre, intendant à Montauban,*
au Contrôleur général.

26 Août 1703.

«Vous m'avez ordonné, par votre lettre du 12 juillet, de ne point laisser sortir de blé de cette généralité sans une lettre particulière de vous; sur quoi, j'ai déjà eu l'honneur de vous représenter qu'il n'y a point à craindre que le blé manque dans ce département, et que, si ce commerce étoit une fois interrompu, quoiqu'il soit beaucoup diminué depuis la guerre, les impositions ordinaires et extraordinaires ne pourroient plus se payer. D'ailleurs, les Gascons, qui sont sujets à s'alarmer, fermeroient leurs magasins de crainte d'une disette, et, bien loin que cet ordre produisît une abondance, il enchériroit considérablement le blé. Il y a une troisième raison, qui regarde un canton particulier de cette généralité, qui est le haut pays de Cominges. Ce pays est en possession, depuis deux siècles, suivant le traité des lies et passeries, de commercer avec les Espagnols de la vallée d'Aran, même en temps de guerre. Ce commerce n'a jamais été interrompu et ne se fait de notre part qu'en blé, que nous faisons passer en Espagne, dont le pays tire au moins 200,000 écus par an. C'est ce qui fait toute la richesse de ce canton, et c'est ce qui m'a obligé, sur la remontrance du directeur général des fermes et commis particuliers, de permettre le commerce du blé à l'ordinaire en ce pays-là. Je vous prie de me mander si vous l'approuvez, et si vous ne trouvez pas bon que le commerce du blé continue à l'ordinaire dans le reste de la généralité tant qu'il n'y aura point à craindre de disette et que le blé sera à un prix aussi bas qu'il est présentement.»

---

517. *M. d'Herbigny, intendant à Rouen,*
au Contrôleur général.

26 Août 1703.

Il annonce qu'une fausse interprétation de la défense d'exporter les blés a fait croire que le transport en était également interdit de canton à canton; par suite, il y a eu des désordres et des pillages dans le pays de Caux*.

* Réponse en marge : «Il est étonnant qu'il se passe des choses de cette nature à la porte de Rouen, et qu'il ne s'y transporte pas sur-

le-champ pour donner les ordres nécessaires. Il doit avoir reçu l'arrêt qui règle la manière dont le transport des grains se doit faire d'une province en province ou dehors le royaume. En tous cas, s'il ne l'a pas reçu, je lui enverrai après-demain. Qu'il aille à Caudebec et à Tancarville, et qu'il fasse savoir partout que le transport des grains n'est défendu que hors du royaume. Écrire en conformité aux officiers de l'amirauté.»

M. Bignon, intendant à Amiens, écrit, le 3 septembre, que les greniers sont pleins de grains des deux dernières années, pour le débit desquels les munitionnaires et les troupes ont fait défaut, et que, si l'on ne permet l'exportation dans la Flandre espagnole, l'Artois se trouvera ruiné en pleine abondance et sera incapable de payer les subsides et les impositions.

518. *M. Phélypeaux, intendant à Paris,*
au Contrôleur général.

27 Août 1703.

La taxe de l'arrière-ban de la généralité de Paris, non compris la prévôté et vicomté, n'a rapporté de produit net que 32,000 ll par année moyenne; aujourd'hui que la noblesse est moins nombreuse et que les jeunes gens servent presque tous dans les troupes du Roi, on ne saurait augmenter le taux ancien.

«Les taxes étoient sur le pied du quart, et quelquefois du tiers du revenu des fiefs. Le seul moyen qu'il y auroit d'augmenter ces taxes, ce seroit d'y comprendre les ecclésiastiques qui ont des fiefs de patrimoine ou de leurs bénéfices; mais je crois la chose très difficile en ce temps-ici, car, de vouloir obliger ceux qui possèdent des fiefs à fournir des hommes, me paroit une chose impossible, tant parce qu'ils préféreront d'y aller en personne plutôt que de fournir un homme, pour en éviter la dépense, que parce qu'il faudroit souvent assembler plusieurs fiefs ensemble, ce qui seroit fort difficile, la noblesse qui ne sert point le Roi étant très misérable. Ainsi, je ne crois pas qu'on puisse faire là-dessus une affaire qui soit utile au service du Roi, ni dont on puisse retirer quelque ressource en argent . . . . .»

519. *Le Contrôleur général*
à M. de Harlay,
premier président du Parlement de Paris.

29 Août 1703.

«Le Roi m'ayant ordonné de lui rendre compte de l'état auquel se trouve le recouvrement des augmentations de gages qui ont dû être prises par les officiers des Cours supérieures, je n'ai pu me dispenser de faire connoitre à S. M. que le Parlement de Paris devoit encore une somme considérable. Elle m'a commandé de vous demander un état qui contienne les noms de ceux qui n'ont pas encore satisfait. J'appréhende bien que S. M. ne se souvienne dans la suite de ceux qui se trouveront de ce nombre et qui n'ont pas témoigné tout l'empressement qu'ils devoient pour contribuer à fournir à S. M. les secours dont elle a besoin pour soutenir le poids de la présente guerre*.»

* M. de Harlay ayant obtenu un répit sans que cette concession amenât aucun progrès dans le recouvrement, le contrôleur général lui écrivit de nouveau, le 11 décembre, et fit entendre que le Roi finirait par recourir à quelque mesure plus défavorable au Parlement que les augmentations de gages. (Minute de la main de M. Desmaretz.) Le 17 décembre, M. de Harlay annonce que les versements montent déjà aux deux tiers de la somme demandée, mais que la Grand'Chambre seule a pu emprunter 12,000 ll par contrat. Voir aussi les lettres du président de Bailleul, en date des 16 et 21 décembre 1703, 1er janvier et 3 février 1704.

M. le Camus, premier président de la Cour des aides de Paris, écrit, le 24 décembre 1703, que les notaires ne peuvent procurer des fonds, même quand on leur offre une remise de 40 ll par 1,000 ll, que la Cour n'a encore trouvé qu'une somme de 14,600 ll, moyennant remise de 1,000 ll, et qu'elle l'a envoyée aussitôt au Trésor royal.

520. *M. Lebret, intendant en Provence,*
au Contrôleur général.

3 Septembre 1703.

«Le grand nombre d'étrangers, d'officiers et soldats des galères, mariniers de rame, et autres qui se trouvent continuellement dans la ville et terroir de Marseille, donne lieu, comme il est facile de le juger, à un très grand nombre de crimes, qu'on ne peut réprimer avec trop de rigidité et d'attention; et, comme il ne s'y trouve présentement aucuns officiers ni archers en état d'exécuter les décrets de prise de corps et autres mandements de justice, et que, par ce défaut, la plupart des crimes y demeurent impunis et donnent lieu à une licence qu'il est très important d'arrêter dans une ville si considérable et où les esprits sont d'une vivacité surprenante, vous avez jugé à propos de créer, par l'édit que j'ai eu l'honneur de vous envoyer, un sous-viguier et huit archers, pour vaquer à la sûreté et tranquillité des habitants; et, comme c'est la ville qui en doit faire la dépense, ainsi que vous verrez par le même édit, et qu'il est question d'exécuter au plus tôt ce qui y est porté à cet égard, je crois que, pour tirer l'utilité qu'on doit attendre de ces emplois, il est convenable que vous chargiez ici quelque personne de confiance de faire le choix de sujets capables de les remplir, et que, sur le rôle qu'on aura l'honneur de vous envoyer, vous leur fassiez expédier des provisions sans aucune autre finance ni dépense de leur part que celle des frais du sceau, et surtout que la clause *pour exercer tout autant de temps qu'il nous plaira* n'y soit pas oubliée, afin que, sur l'avis qu'on aura soin de vous donner de leur conduite, ils soient révoqués, et sans indulgence, lorsqu'elle se trouvera mauvaise.»

521. *Le Contrôleur général*
aux Intendants.

3 Septembre 1703.

«Le Roi ayant jugé à propos de supprimer ce qu'il y avoit d'offices sur pied dans son artillerie, d'en créer d'autres et d'ériger en titres toutes les commissions qui se donnoient par le grand maître, à quoi S. A. Mgr le duc du Maine s'est porté lui-même, non seulement par le secours qui en doit revenir au Roi par la finance, mais parce qu'il est à croire que des officiers en titre seront plus attachés et plus fidèles à leurs fonctions, lorsqu'ils seront revêtus de charges qui seront conservées à leurs familles par un léger droit de survivance, que lorsqu'ils n'ont que des commissions sujettes à divers changements, j'ai cru vous en devoir donner avis, afin que vous puissiez engager les commissaires provinciaux, les commissaires ordinaires et les gardes-magasins des places de votre département dont vous connoissez la bonne réputation à acquérir lesdits offices, même lesdits commissaires provinciaux à monter à l'état de lieutenants provinciaux créés par l'édit, s'ils en sont capables, et les commissaires ordinaires à l'état de provinciaux, en faisant observer aux gardes, que l'on crée tous avec le titre de commissaires, que l'on crée aussi des commissaires-gardes provinciaux, lesquels, avec les magasins des places de leur résidence dont ils seront chargés, auront l'inspection sur ceux des départements qui leur seront départis. Les gages et droits qui sont attribués auxdits officiers par ledit édit leur seront fort avantageux, et, lorsque, par leur mérite, lesdits lieutenants provinciaux et commissaires seront choisis par le grand maître pour aller aux armées, ils seront payés quoique absents, et auront encore des appointements particuliers qui leur seront ordonnés pour ce service extraordinaire. Lesdits officiers peuvent s'adresser au sieur Landais, trésorier général de l'artillerie, qui est un de ceux à qui le soin de cette vente est commis.»

522. *M. d'Ormesson, intendant en Auvergne,*
au Contrôleur général.

10 Septembre 1703.

«Il est vrai que, lorsque le commis des traitants chargé du recouvrement de la finance des offices d'élus-contrôleurs a voulu poursuivre et mettre garnison chez les officiers des élections, je lui ai défendu de le faire, lui ayant fait connoître que ces poursuites ne produiroient que beaucoup de frais, et aucun payement; et je lui ai, au contraire, conseillé de s'en tenir à la saisie qu'il a faite des gages de ces officiers, qu'il doit toucher concurremment avec le traitant des nouvelles augmentations de gages. Je suis obligé de vous dire qu'il est d'une impossibilité absolue que les élus puissent satisfaire à cette seconde taxe dans un temps où ils sont extrêmement fatigués par les augmentations de gages, sur lesquelles ils n'ont encore pu payer que des sommes très modiques, nonobstant toutes les garnisons et exécutions qu'ils essuient journellement; et je vous répéterai que les contraintes que l'on feroit contre ces officiers ne serviroient qu'à achever de leur ôter le peu de crédit qui leur reste, le public s'étant persuadé que, leurs facultés ne permettant pas à ces officiers de pouvoir satisfaire à tout ce qu'on leur demande, leurs petites fortunes seront entièrement dérangées par les saisies et exécutions qu'ils auront à essuyer. Le greffier en chef des élus de Clermont vient de souffrir trente-neuf jours de garnison, sans avoir pu payer qu'une somme de 100 ᵗᵗ. Vous savez, au surplus, la disette de l'argent, que les bestiaux, les fromages, le blé, le vin et autres denrées sont sans débit; et d'ailleurs, les officiers du bureau des finances et ceux des présidiaux, qui sont des Compagnies beaucoup plus considérables que les élus, cherchant aussi à emprunter, seront toujours préférés aux officiers des élections. Je puis vous assurer qu'il n'y a de leur part aucune opiniâtreté, mais uniquement de l'impuissance, par l'impossibilité de trouver de l'argent. Je suis après à faire payer leurs augmentations de gages : tout ce que je peux faire est de tirer tous les mois une cinquantaine d'écus de chaque officier; encore sont-ils obligés, pour la plupart, de porter à la Monnoie le peu de vaisselle d'argent qu'ils avoient, et je crains fort que, si, d'un autre côté, on les poursuit encore, pour la finance de l'élu-contrôleur, ces nouvelles diligences ne fassent entièrement cesser les payements que ces officiers m'ont promis de faire. Je me flatte que vous me faites la justice de croire que je leur fais valoir comme je dois les avantages qu'ils retireront de cette réunion, et que je n'oublie rien pour les porter à avancer; mais, comme je connois leur bonne volonté, et en même temps leur impossibilité, j'ai cru être obligé d'arrêter les frais de garnisons qu'on vouloit leur faire, étant persuadé que votre intention n'est pas que l'on laisse des officiers à la discrétion entière d'un traitant, lequel, sans aucune considération ni ménagement, porte toujours les choses à la dernière extrémité et cause des frais infinis*.»

* Dès l'année précédente, l'intendant avait protesté de l'impuissance des officiers des élections, soit qu'on leur fît acheter les charges nouvelles à l'amiable, soit qu'on prononçât la réunion aux bureaux d'élection; il demandait tout au moins qu'on détachât du corps de l'office le denier de taxation attribué aux contrôleurs, et que la province y substituât une imposition spéciale. (Lettres des 16 juin, 3 juillet et 29 novembre 1702, 15 et 26 février, 27 mars et 25 juin 1703.) Cet avis prévalut l'année suivante. (Lettres des 24 mars et 21 mai 1704.) Sur le recouvrement, voir les lettres des 17 avril et 30 mai 1705.

523. *M. de Bernage, intendant en Franche-Comté,*
au Contrôleur général.

11 Septembre et 22 Octobre 1703.

Échange des salpêtres raffinés de la Suisse contre les fers ou les blés de la Franche-Comté.

524. *M. d'Argenson, lieutenant général de police à Paris,*
au Contrôleur général.

16 Septembre 1703.

«Le nommé Perrot, de Neufchâtel, que vous m'avez ordonné de faire conduire à la Bastille en qualité d'espion, et que des papiers trouvés dans sa chambre convainquent de l'être, tua hier un autre prisonnier qu'on avoit mis avec lui. Je l'allai interroger sur-le-champ, et je lui représentai le cadavre : il me répondit que cet homme, nommé Chevalier, étoit un papiste, qui parloit mal de la religion réformée; qu'il l'avoit tué pour la gloire de la vérité tyranniquement persécutée, et que le Dieu vivant lui avoit inspiré ce dessein. Il insulta même le cadavre en ma présence, et je puis néanmoins vous assurer qu'il étoit dans tout son bon sens, mais animé de cette espèce de fureur qui fait agir les fanatiques, ne parlant que de rétablir l'exercice de sa religion par le fer et par le feu, de tout entreprendre pour venger ses frères, et de mourir pour la défense du culte de Dieu. Il y auroit plus de matière qu'il n'en faut pour lui faire son procès et pour le condamner au dernier supplice; il a même donné un coup d'épée dans la cuisse du capitaine des portes, qui étoit allé au secours de son camarade expirant. Mais je ne sais s'il est à propos d'exposer en public un homme de ce caractère, qui sera d'humeur à prêcher le peuple jusque sur l'échafaud et à donner au milieu de Paris un spectacle peu convenable à la conjoncture où nous sommes. On pourroit néanmoins le juger dans la Chambre de l'Arsenal et le faire exécuter dans la cour même de la Bastille; mais c'est, ce me semble, prendre bien des précautions pour un homme de ce caractère, et je craindrois que le public n'en présumât des faits encore plus graves que ceux qui font le crime de cet accusé. Pardonnez-moi la liberté que je prends de vous dire ce que je pense sur ce sujet, avant de savoir quelles pourront être vos vues, que je respecterai toujours comme je le dois, et auxquelles je soumettrai sans réplique mes foibles lumières.»

525. *M. Lebret, intendant en Provence,*
au Contrôleur général.

18 Septembre 1703.

Les salpêtriers se plaignent que le prix du salpêtre brut, réduit d'abord à 25 ᵗᵗ le quintal (pesant cent une livres, poids de marc), puis à 23 ᵗᵗ, ait été encore diminué d'un quart, sous le prétexte d'une épreuve qui se fait à la raffinerie sans qu'ils y soient présents, et que, par conséquent, ce prix ne leur donne plus un produit suffisant. Si l'on ne veut pas ruiner les ateliers de Provence, il serait nécessaire d'envoyer un inspecteur pour surveiller les épreuves et tenir la main à l'exécution des traités passés entre les salpêtriers et le traitant, qui fournit les salpêtres au fermier général sur le pied de 36 ᵗᵗ 10 s. le quintal.

526. *M. de la Bourdonnaye, intendant à Bordeaux,*
au Contrôleur général.

20 Septembre 1703.

«En vous renvoyant la lettre de M. le procureur général du Parlement de Bordeaux, j'aurai l'honneur de vous dire que l'usage, depuis très longtemps, est de fixer le pain des prisonniers de Bordeaux à 2 sols par chaque prisonnier; c'est même l'usage de la plus grande partie de la généralité. Il s'est introduit dans le temps que le pain étoit à très bon marché et qu'on en avoit au moins deux livres pour 2 sols, et c'étoit, en ce temps-là, l'avantage des prisonniers; car, comme ils étoient réglés à vingt-deux onces, puis à vingt-quatre, ensuite à vingt-huit, enfin ils eurent pour 2 sols jusques à trente-deux onces de pain, qui font deux livres.

«Il est constant que, dans la plus grande partie des prisons du royaume, les prisonniers n'ont qu'une livre et demie de pain. A Rouen, ils sont sur ce pied-là, et cette livre et demie est payée au prix courant de chaque semaine. Si on vouloit changer l'usage de Bordeaux, il conviendroit, ce me semble, de suivre l'exemple de Rouen; mais il n'y a rien qui presse de faire un changement. M. le procureur général craignoit une grande augmentation du prix du pain, et il a diminué depuis qu'il s'est donné l'honneur de vous écrire. Je crois que, pour prévenir tous les inconvénients, il seroit à propos que vous vous donnassiez la peine de lui mander qu'il n'y a rien à changer pendant que pour 2 sols on pourra avoir une livre et demie de pain. Si le pain en venoit à un point que 2 sols ne pussent pas suffire, il faudroit employer l'excédent dans un exécutoire, c'est-à-dire que, pendant que la livre du pain qu'on donne aux prisonniers ne passera point 16 deniers, il doit laisser les choses comme elles sont; quand la livre de pain passera 16 deniers, le Roi payera le surplus. Il seroit dangereux de se relâcher davantage; les geôliers et les guichetiers en abuseroient en faisant nourrir toute leur famille aux dépens du Roi*.»

* Voir la lettre du procureur général, M. du Vigier, en date du 28 août.

527. *M. Lebret, intendant en Provence,*
au Contrôleur général.

21 Septembre et 10 Octobre 1703.

Rapports sur les désordres qui se commettent dans l'administration de la ville de la Ciotat.

528. *M. de Saint-Maurice,*
commissaire général de la Cour des monnaies à Lyon,
au Contrôleur général.
(Monnaies, G⁷ 1461.)

22 Septembre 1703.

«Sur le bruit qui s'est répandu ici que le sieur Galdy, banquier de Lyon, avoit entre les mains 50,000 piastres que vous aviez fait acheter pour le compte du Roi sur le pied de 32 ᵗᵗ 15 s. le marc, et qu'il devoit les remettre en cette Monnoie, pour y servir à la fabrication d'une nouvelle espèce, les marchands de la place se sont imaginé que le Roi les feroit toutes acheter ici sur le même pied : ce qui a fait un si grand trouble parmi le commerce, qu'on ne les veut plus négocier des uns aux autres, attendu qu'elles ne se vendoient avant ce bruit que 32 ᵗᵗ 5 s. J'ai cru qu'il étoit de mon devoir de vous en avertir, et de vous assurer que la plupart des courtiers m'ont dit qu'il y avoit dans Lyon pour plus de 2,500,000 ᵗᵗ de piastres, et même davantage. Si vous jugez à propos de faire acheter ces matières, j'exécuterai avec ponctualité les ordres que vous me ferez l'honneur de m'envoyer. Je pourrois me flatter d'une prompte fabrication en me servant de la Monnoie de Grenoble, où il y a trois balanciers; par le Rhône et l'Isère, on y feroit transporter les matières sans beaucoup de frais. Dans la Monnoie de Lyon, il y a six balanciers, deux moulins, et nombre de gens prêts à expédier un grand travail*.....»

* Réponse en marge : «Je suis bien aise que ce bruit se soit répandu

et qu'il suspende le mauvais commerce qui se faisoit à Lyon de ces matières en marchandises que l'on faisoit sortir du royaume; je serai du moins assuré qu'elles y resteront, en faisant fabriquer des pièces de 10 sols. J'enverrai incessamment les ordres nécessaires pour cela, soit pour la Monnoie de Lyon ou pour celle de Grenoble. Il faut seulement faire entendre aux marchands qui ont lesdites matières qu'en les achetant sur le pied de 32 ᶫᵗ 15 s. le marc, il faut qu'ils attendent que ces matières soient converties en espèces, qu'il ne sera diverti aucun fonds, lequel sera entièrement employé à les satisfaire jusques à concurrence de ce qui leur sera dû.»

M. de Saint-Maurice envoie, les 4, 5, 13 octobre et 17 novembre suivants, l'état des piastres et matières d'argent venues, depuis un an, de Cadix, Marseille, Bayonne, Saint-Malo et Paris; le total monte à 244,960 marcs. Toutes les piastres, dit-il, sont renvoyées à Marseille, d'où le commerce trouve grand profit à les faire passer dans le Levant. Les affineurs ont reçu 128,000 marcs.

A la fin du mois de décembre suivant, le contrôleur général donne ordre au sieur Laisné, directeur de la Monnaie de Lyon, d'acheter le marc à 32 ᶫᵗ 15 s. ou au-dessous, et d'employer ces matières à la fabrication des pièces de 10 sols.

---

529. *M. Boisot, premier président du Parlement de Besançon,*
au Contrôleur général.

23 Septembre 1703.

Il envoie l'arrêt du Parlement prononçant la réunion aux domaines du Roi de dix-neuf terres séparées autrefois de la couronne, et qui se sont trouvées dans la succession du prince d'Orange.

«Je me flatte que le service que j'ai rendu au Roi mérite de vous quelque protection pour obtenir une récompense de S. M., et que, dans l'état où vous savez que je suis, de ne pouvoir soutenir la dignité de premier président avec des appointements si petits que vous eûtes la bonté de me dire que vous aviez été de sentiment qu'on me les donnât plus forts, voici une occasion favorable, ce me semble, de m'accommoder sans qu'il en coûte rien au Roi, dans un temps où je fais entrer en ses coffres plus de 20,000 ᶫᵗ de rentes. 1,000 écus d'appointements est très peu de chose pour un premier président; feu M. Jobelot, mon prédécesseur, a joui lui seul des émoluments du sceau, qui lui valoit 2,000 écus, jusqu'à ce que, sur la dernière année de sa vie, on établit des officiers de chancellerie en titre d'office, qui en perçoivent les profits. Ainsi, à ces considérations, comme je suis obligé de faire une plus grosse dépense que je ne faisois ci-devant étant procureur général, quoique cette charge fût plus utile, je vous supplie très humblement de m'obtenir de S. M. la jouissance de la terre de Nozeroy, l'une des dix-neuf réunies, avec les fruits échus à S. M. d'une partie de l'an passé. Cette terre peut valoir 5 à 6,000 ᶫᵗ, sur quoi il y a beaucoup de charges à déduire. Avec ce bienfait, vous [me] mettez en état de vivre en premier président, vous me donnez ce que pouvoit valoir le sceau, et vous me donnez le moyen de mieux faire les affaires du Roi dans les occasions, en me faisant considérer davantage par une dépense convenable à la dignité où la bonté du Roi, par votre protection, m'a élevé.»

---

530. *Les Consuls de la ville d'Aix*
au Contrôleur général.

24 Septembre 1703.

«Votre zèle pour le service du Roi, votre attention pour le soulagement des peuples, nous font prendre la liberté de vous demander pour la ville d'Aix une grâce qui sera d'un avantage considérable et pour le service du Roi et pour le soulagement de cette capitale de Provence. La guerre expose cette province, et principalement Aix, à un passage continuel de troupes; leur logement accable ses habitants, et il est constant que, par là seulement, il a déserté deux mille familles de cette ville. Les casernes sont, par l'expérience qu'en ont faite nos voisins, un moyen également assuré pour le soulagement des habitants, pour empêcher la désertion des soldats, et pour les maintenir dans la discipline; mais la misère de cette ville la met hors d'état de faire la dépense de ces casernes de son propre fonds. Vous pouvez, sans qu'il en coûte au Roi, nous donner moyen de commencer cette dépense, en nous obtenant de S. M. la permission de faire pour cela une loterie de 25,000 louis d'or, en retenant 15 p. 0/0 sur les lots. Le fonds en provenant nous fera une partie considérable des casernes, et le reste se pourra trouver sur les contributions volontaires des habitants sujets au logement des gens de guerre, ou sur les aumônes des gens de bien, dont plusieurs regardent cela comme une très bonne œuvre, par le retranchement d'une infinité de désordres que le soldat fait quand il n'est pas renfermé. Les hôpitaux ont eu, en plusieurs lieux, permission de faire pareilles loteries; ceux d'Aix n'en ont jamais eu, et c'est indirectement les servir que de nous permettre celle que nous demandons, puisque le soulagement que nous donnerons par les casernes à nos habitants en exemptera un grand nombre de la dure nécessité de recourir aux charités de ces hôpitaux. Nous osons vous assurer que, si la vérité de tout ce que nous avons l'honneur de vous écrire ici vous étoit bien connue, vous nous accorderiez la grâce que nous prenons la liberté de vous demander *.»

* Réponse en marge : «Le Roi ne permet plus aucune loterie.»

---

531. *M. d'Argenson, lieutenant général de police à Paris,*
au Contrôleur général.

28 Septembre et 4 Octobre 1703.

Il annonce l'arrestation d'une demoiselle Fauconnier et du nommé Gaspard, dit l'abbé d'Aubigny, qui s'étaient entremis, moyennant 30,000 ᶫᵗ, pour faire obtenir au sieur Canto une place de fermier général et la main d'une parente de Mme Chamillart. Mlle Fauconnier a seulement reconnu qu'elle avoit eu cette affaire par une femme galante et joueuse, nommée Mme de Gombault, laquelle a des amis du plus haut rang. Elles sont l'une et l'autre en rapports assez fréquents avec Mme la duchesse de Sforce, qui accepte volontiers les avis de finance. Si la prisonnière ne veut rien avouer de plus, il sera nécessaire d'en avoir raison par quelques mois de détention à la Bastille.

Quant au faux abbé d'Aubigny, il se trouve compromis dans l'affaire criminelle de Canto, et est actuellement assigné par-devant la Cour des monnaies*.

* En marge : «Le Roi trouve bon que M. d'Argenson le livre à la Cour des monnoies, en cas qu'il y ait un décret contre lui. A l'égard de la demoiselle Fauconnier, je lui enverrai demain un ordre pour la faire mettre à la Bastille; il peut lui faire entendre que, si elle ne le prévient en déclarant la vérité, elle court risque d'y demeurer longtemps.» Mme de Gombault, en sortant de la Bastille, fut exilée à trente lieues de Paris. (Lettre de M. d'Argenson, 17 janvier 1704, et réponse en marge.) Canto envoie un placet daté de la Conciergerie, le 26 mars 1704, et dans lequel il demande remise ou réduction de l'amende de 6,000# à laquelle il était condamné. Le contrôleur général lui répond que, s'il a obtenu certaines grâces en considération des services de son père ou à la sollicitation de l'électeur de Cologne, il ne doit plus compter que sur lui-même pour trouver les moyens de sortir de prison.

---

532. *M. Bignon, intendant à Amiens,*
au Contrôleur général.

30 Septembre 1703.

Devis pour la réparation du beffroi d'Ardres, entretenu primitivement aux dépens du Roi; projet de répartition de cette dépense entre la ville et les dix-huit paroisses du gouvernement.

---

533. *M. de la Bourdonnaye, intendant à Bordeaux,*
au Contrôleur général.

9 Octobre 1703.

«On a eu raison de vous mander que l'argent est très rare sur la place de Bordeaux : jamais il ne l'a tant été, et le commerce souffre beaucoup de cette disette; mais elle ne vient pas du transport qu'on accuse les gens de la Religion d'avoir fait de leurs effets dans les pays étrangers. On ne s'est point aperçu qu'ils y aient transporté leurs effets depuis quelque temps. La véritable cause de cette rareté, ce sont les voitures considérables qu'on a faites cette année, de l'argent des recettes, à Toulon et à Rochefort. Les receveurs généraux donnent ici leurs fonds à prendre aux trésoriers de la marine, et ceux-ci ordonnent à leurs commis de les faire voiturer dans ces deux ports : ainsi, il ne reste plus d'espèces dans la province. Il en va arriver un grand inconvénient pour la foire, qui va commencer le 15 de ce mois. Les négociants ont beaucoup de lettres de change sur Paris, et personne ne les veut prendre. Le commis de M. de Lussé, receveur général en exercice, m'a dit qu'il lui est plus commode de s'accommoder à Paris avec les trésoriers de la marine, parce qu'il paye, par ce moyen, de grosses parties au Trésor royal, au lieu qu'il ne pourroit faire, par la voie des lettres de change, que de petites remises à la fois. Il est vrai que la voie que prennent les receveurs généraux leur est peut-être plus commode; mais il est aisé de comprendre que, si on voiture toujours, et qu'on ne remette rien dans le commerce par la voie des lettres de change, on épuisera tellement la province, que les recouvrements et le commerce en souffriront également. Il me paroîtroit donc d'une nécessité indispensable que vous voulussiez bien ordonner aux receveurs généraux de faire prendre ici, par leurs commis, toutes les lettres de change qui se trouveront sur la place, à condition de ne payer comptant, sous une remise raisonnable, que celles dont les tireurs seront notoirement solvables et bien assurés. A l'égard des autres, ils ne s'engageront d'en payer la valeur à Bordeaux qu'après l'avoir reçue à Paris. Ils trouveroient par là toute leur sûreté, et conserveroient au moins sur la place autant d'argent que le mauvais état du commerce le peut permettre. Sans cet expédient, j'ose vous assurer qu'il n'y aura pas, parmi les marchands, de quoi faire les achats de vins et autres denrées dont ils seront chargés cet hiver*.»

* Voir la réponse de M. de Lussé, à la date du 15 octobre 1703. En 1705, sur de nouvelles instances de l'intendant, il fut décidé que les fermiers transporteraient l'argent, mais que le receveur général ne prendrait que les lettres de change; voir une lettre de M. de la Bourdonnaye, au 3 janvier 1705, et celles des consuls de Bordeaux, aux 27 janvier et 21 février. L'intendant répondit au contrôleur général, le 14 février : «..... La recette générale souffrira elle-même infiniment du transport des fonds du bureau des fermes. Ces fonds, étant remis aux négociants par le moyen des lettres de change, passoient aux propriétaires des vins, et de ceux-ci à la recette générale, pour la taille, la capitation, l'ustensile et tous les autres subsides : c'étoit une circulation perpétuelle du bureau à la caisse de la ferme, de la caisse de la ferme au bureau, circulation absolument nécessaire pour la conservation de la province (*Apostille du contrôleur général :* «Jusqu'à la recette générale, cela est fort bien; mais, de là, ils étoient voiturés à Paris, ce qui arrivera bien moins de la ferme»); et vous l'allez interrompre par la voiture que vous proposez. Presque tout l'argent aboutit au bureau pour le payement des droits du Roi; si cet argent ne rentre plus dans le commerce, la province ne peut manquer d'être épuisée en un instant. Oserois-je vous dire encore que le produit du bureau, qui n'est, en temps de guerre, que d'environ 1,500,000#, n'est pas d'un assez grand objet, par rapport au produit des fermes générales, pour mériter qu'on hasarde d'incommoder une province qui aura de la peine à se rétablir, et qu'on abolisse un usage qui faisoit toute la commodité du commerce? (*Apostille du contrôleur général :* «Si je ne connoissois bien la nécessité d'en faire venir une partie, je serois frappé de toutes ces raisons, qui ne m'ont point échappé avant d'y donner les ordres; mais ceux qui tiennent le timon prennent des résolutions qui sont souvent forcées, et qui ne sont point assez connues de ceux qui ne sont occupés que de ce qui les regarde en particulier.») Cette commodité m'engage même à vous dire que, quand vous voudriez absolument faire voiturer à Paris un fonds pareil au produit des fermes, il seroit beaucoup plus à propos de le prendre dans la caisse de la recette générale, pour laquelle le négociant ni le propriétaire des vins n'ont pas la même attention, et permettre qu'on disposât à l'ordinaire du fonds du bureau des fermes. Vous auriez, par ce moyen, les mêmes sommes en espèces, et vous éviteriez les plaintes de ce pays-ci sur la voiture des espèces du bureau. C'est une nouveauté que les peuples regardent comme la ruine entière de leur commerce; on ne sauroit les guérir. Si vous persistiez dans le dessein de faire voiturer ces fonds, je prendrois la liberté de vous demander qu'il vous plût au moins laisser répandre dans le commerce ceux qui sont présentement dans la caisse du bureau des fermes, pour mettre les négociants en état de faire valoir la foire de mars, qui, sans ce secours, ne sauroit être que très infructueuse pour la province. (*Apostille du contrôleur général :* «Je verrai avec M. de Lussé, qui est en exercice, et avec le caissier général des fermes, à faciliter les moyens de procurer tout l'argent dont

on aura besoin pour la foire de mars.») Voir, à la date du 29 août suivant, de nouvelles réclamations de la Chambre de commerce de Guyenne et de l'intendant, au sujet de l'exportation des espèces par certains fermiers ou traitants d'affaires extraordinaires.

---

534. *M. DE SAINT-MAURICE,*
commissaire général de la Cour des monnaies à Lyon,
AU CONTRÔLEUR GÉNÉRAL.

(Monnaies, G⁷ 1461.)

10 Octobre 1703.

«..... Je m'étois donné l'honneur de vous écrire, il y a quelques mois, au sujet du nommé Chalmas, qui étoit à la tête d'une fabrique de tireurs d'or à Turin. Ce particulier avoit été compris dans le procès du comte du Breuil pour la fausse réforme, en l'année 1696, et fut condamné par contumace au bannissement et en 6,000 # d'amende; il ne s'est point représenté pendant les cinq ans. Par votre dépêche du 7 juillet 1703, vous avez eu la bonté de me mander que le Roi vouloit bien lui faire grâce et que S. M. vous avoit dit, à cet effet, de lui faire expédier des lettres de rappel de ban, et que j'eusse à lui écrire qu'elle ne s'étoit déterminée à la lui accorder qu'à condition qu'il détruiroit sa fabrique de tireurs d'or qu'il a commencé d'établir à Turin, et que, lorsqu'il y auroit satisfait, il reviendroit dans le royaume. M. Rouillé du Coudray m'a fait l'honneur de me mander la même chose de votre part, par sa lettre du 10 août. Ce particulier s'est mis en devoir d'exécuter sa promesse. A cet effet, il a fait revenir à Lyon plusieurs ouvriers qui avoient été attirés à Turin, il a renvoyé l'affineur qui s'étoit attaché à lui, il a fait revenir à Lyon quelques moulins propres à écacher l'or et l'argent. Il espéroit que le Roi lui accorderoit la remise de l'amende; mais, M. Gaulien m'ayant fait savoir que le Roi ne lui vouloit pas faire cette grâce, j'ai été obligé de faire savoir audit Chalmas l'intention de S. M., qui étoit déjà en chemin pour revenir en France, où on m'a assuré qu'il se tenoit caché. Il avoit mis toute sa confiance dans la copie de la lettre que vous m'aviez fait la grâce de m'écrire, et dans la manière sincère avec laquelle il avoit tâché de détruire sa fabrique; il avoit pris toutes ses mesures pour faire revenir quelques outils qu'il a encore à Turin. J'ai fait dire à sa femme qu'il n'étoit pas encore temps que son mari parût. Tout ce que je puis vous protester, avec la vérité que je dois, c'est que ce particulier est hors d'état de satisfaire à l'amende, sachant de bonne part que c'est la seule nécessité qui l'avoit engagé à faire cette entreprise à Turin, et il est sûr que, cette fabrique réussissant, elle portera un préjudice inconcevable à celle de Lyon. J'espère que vous voudrez bien me faire savoir là-dessus vos derniers ordres, afin d'en instruire ledit Chalmas.»

---

535. *M. l'Évêque de Montpellier*
AU CONTRÔLEUR GÉNÉRAL.

19 Octobre 1703.

«Je crois que le soin que je dois prendre des paroisses de mon diocèse m'oblige de vous informer du triste état auquel celles de Saturargues et de Saint-Sériès ont été réduites par la fureur des fanatiques. Je ne prétends pas vous raconter toutes les cruautés qu'ils y ont exercées; je crois qu'il suffira, pour exciter votre compassion, de vous exposer leurs pertes. Dans le lieu de Saturargues, qui est composé de cinquante-sept familles, il y a eu soixante-quinze personnes tuées et quatorze blessées; toutes les maisons ont été brûlées, à la réserve d'une seule; tous leurs meubles, habits et provisions ont été brûlés, et une partie des bestiaux servant au labourage. La plus grande partie du blé qu'ils avoient pour ensemencer leurs terres, les laines et les huiles qu'ils employoient en manufactures, ont été aussi brûlées. Saint-Sériès est composé de dix-huit familles : il y a eu douze personnes tuées dans ce lieu; l'église, la maison presbytérale, le château et toutes les maisons, à la réserve de trois, ont été brûlées, et en même temps leurs meubles, leurs grains et leurs provisions. Pour empêcher ce qui reste d'habitants de ces deux communautés de mendier leur pain, il faut pourvoir à leur subsistance, leur fournir des habits, faire panser les blessés, nourrir leurs bestiaux, en fournir à ceux qui n'en ont point, et leur prêter la semence : sans quoi, leurs terres ne seroient point cultivées. C'est à quoi nous avons tâché de pourvoir; mais, comme tous les moyens s'épuisent, on ne sait comment leur faire payer ce qu'ils doivent des tailles et de la capitation cette année, et ils ne seront pas moins en peine de les payer l'année prochaine, parce qu'il faudra rendre la semence et subsister. On ne voit non plus aucun moyen de leur faire rebâtir leurs maisons sans un secours extraordinaire. On pourroit l'espérer, dans un autre temps que celui-ci, de la bonté et de la libéralité de S. M. Elle eut la bonté, il y a deux ans, d'accorder un secours à la communauté de Tarascon, dans le pays de Foix, dont les maisons avoient été brûlées par un cas fortuit, et, l'année dernière, elle accorda 10,000 # pendant trois ans à quelques communautés du diocèse de Lavaur qui avoient souffert par l'inondation. Pour un cas plus favorable que ceux-là, et pour une perte plus grande, je voudrois supplier S. M. d'accorder aux habitants de Saturargues et de Saint-Sériès la taille et la capitation pendant cinq ans : au moyen de quoi, ces habitants, qui sont bons catholiques et très laborieux, feroient rebâtir leurs maisons et se mettroient en état de payer à l'avenir les impositions. Si S. M. agrée cet expédient, qui est quasi le seul qu'on puisse prendre pour rétablir ces deux communautés, il seroit nécessaire d'ordonner que la communauté de Saturargues seroit employée pendant cinq années, à commencer du 1ᵉʳ janvier prochain, dans l'état du Roi, pour la somme de 2,365 # 18 s. 5 d., et celle de Saint-Sériès pour celle de 786 # 15 s., à laquelle reviennent leurs tailles et leurs capitations, et pour la somme de 1,650 # 10 s. 1 d. pour les arrérages de la présente année. J'avois résolu d'en écrire moi-même au Roi; mais j'ai considéré que ma représentation sera mieux reçue, si vous voulez avoir la bonté de l'appuyer. J'espère que vous m'accorderez cette grâce*.»

* Réponse en marge : «M. de Bâville doit entrer, de concert avec lui, dans tous les moyens les plus convenables pour rétablir les désordres qui sont arrivés. Il n'est pas encore temps de faire un projet spécial sur cela; mais, en attendant, ils pourront l'un et l'autre proposer ce qui sera le plus convenable pour soulager ceux qui se trouveront dans un extrême besoin.» Le 28 novembre 1704, M. de Bâville

envoie un état de contribuables qui, ayant été incendiés par les fanatiques, demandent décharge de leur capitation.

536. *M. de Vaginay, prévôt des marchands de Lyon, au Contrôleur général.*

24 Octobre 1703.

Il rend compte de l'état du commerce de Lyon avec la Savoie et le Piémont. Les seules marchandises qu'on tire de ces pays sont des soies, pour lesquelles on leur envoie le quadruple en brocarts, quincailles, damas, draps et étoffes de soie; mais ces soies sont nécessaires aux fabriques de Lyon, de même que les organsins qu'on tire de Milan, de Bologne, de Bergame, et surtout de Turin. Si la guerre forçait de supprimer toute communication avec la Savoie, on pourrait encore continuer l'importation par Genève et Dortan, à supposer que l'intérêt de la douane de Suse n'engageât pas M. le duc de Savoie à maintenir de son côté les facilités du commerce. Les négociants de Lyon ont résolu de ne plus rien envoyer que contre argent comptant ou lettres de change, de peur qu'on ne retienne leur argent ou qu'on ne saisisse leurs marchandises *.

* Les commis ayant arrêté, l'année suivante, trente balles de soie qui entraient par le Pont-de-Beauvoisin, le contrôleur général ordonna de donner mainlevée dès qu'il eut reçu la réclamation de M. de Montesan, prévôt des marchands. (Lettre de M. de Montesan, en date du 15 mai 1704.) Voir, au 1er novembre 1704, les plaintes du commerce lyonnais sur l'ordonnance rendue à cette époque pour interdire l'envoi en Piémont des articles d'habillement et d'équipement militaire.

537. *M. Lebret, intendant en Provence, au Contrôleur général.*

24 Octobre 1703.

«J'ai reçu le mémoire que je prends la liberté de vous renvoyer, avec la lettre que vous m'avez fait l'honneur de m'écrire le 13 de ce mois. Quoique le privilège des bourgeois de Marseille, d'empêcher l'entrée dans la ville du vin qui a crû hors de leur terroir, soit très ancien, il y a plusieurs autres villes dans la province, et, entres autres, celles d'Aix et de Toulon, qui ont obtenu la même concession des comtes de Provence; mais, comme il n'y en a aucune qui s'en serve avec la même exactitude et rigidité que la première, il s'ensuit que ceux qui recueillent du vin dans son terroir, et qui ont seuls la liberté d'en débiter dans la ville, y mettent tel prix qu'il leur plait, en sorte qu'il y est toujours beaucoup plus cher que dans toutes les autres villes, et que, pendant la dernière année, il s'y est vendu jusques à 6 sols le pot, qui est un prix très excessif dans une province où il est très abondant, et où il ne passe presque jamais 2 sols : ce qui fait murmurer les artisans de la ville, qui, n'ayant point de vignes, voudroient le boire à aussi bon prix qu'ils pourroient faire dans les villages. Et, comme cela ne me paroit pas tout à fait juste, je crois qu'il y auroit un tempérament à prendre, qui seroit que, toutes les fois que le pot de vin se vendroit à Marseille jusques à 1 sol par pot plus cher qu'il ne vaudroit à Aix, les échevins seroient tenus de laisser libre l'entrée du vin étranger, si mieux ils n'aimoient souffrir l'exécution de l'ordonnance de 1577 portant que le prix sera mis au vin deux fois l'année, savoir : le 1er octobre, et le 1er mai. Mais il ne faut pas croire que ceux qui recueillent du vin dans le terroir, et qui sont les plus riches, les plus accrédités, et en très grand nombre, souffrent qu'on fasse cette justice aux autres habitants sans des murmures et mouvements extraordinaires : ce qui m'avoit fait prendre le parti de dire aux échevins et à quelques-uns de ceux qui ont le plus de vignes que, s'ils ne faisoient cesser les plaintes qu'on vous a portées sur cela, vous seriez obligé d'y apporter quelque remède; et on m'a mandé depuis qu'encore que le vin vieux y soit toujours fort cher, le nouveau, qui commence à être en boîte, ne vaut que 3 sols ou 3 s. 6 d. le pot*.»

* Voir, à la date du 9 novembre, la réponse des maire et échevins.

538. *M. de Bâville, intendant en Languedoc, au Contrôleur général.*

26 et 28 Octobre 1703.

La manière de jauger les vaisseaux conformément à l'ordonnance de la marine, en comptant un tonneau par quarante-deux pieds cubes, donne des résultats incertains et cause de fréquentes contestations entre les commis des fermes et les maîtres de navires. Il serait peut-être plus sûr de ne mesurer que la partie du vaisseau située entre les deux extrémités où se mettent les cordages, de calculer la longueur en trois parts différentes, à cause de l'inégalité du bâtiment, et de ne prendre la hauteur que du fond de cale au premier pont, l'entre-deux du pont ne servant qu'à loger l'équipage avec les cordages, canons et vivres.

«Je crois devoir ajouter . . . . . que j'ai fait jauger par le juge de l'amirauté de Cette, en présence des commis du fermier, un petit bâtiment génois appartenant à patron Badarcq, de Languille, rivière de Gênes, qui a été trouvé être du port de quatorze tonneaux et demi; et, après qu'il a été entièrement chargé de vin, il n'a porté que douze muids de vin. On ne pouvoit pas trouver un bâtiment plus propre pour faire cette vérification, ces tonneaux étant faits à la mesure de la barque, et si bien proportionnés qu'il n'y pouvoit entrer autre chose. Ces douze muids de vin ne font que neuf tonneaux de mer, de deux mille livres pesant, parce que le muid de vin de Languedoc ne pèse que quinze cents livres, poids de marc, et par conséquent ces douze muids ne font que neuf tonneaux; et cependant la barque a été jaugée pour quatorze tonneaux et demi : ce qui excède son port de cinq tonneaux et demi. Ces quatorze tonneaux et demi, à quarante-deux pieds par tonneau, font une contenance de six cent neuf pieds cubes, et, si cette contenance est remplie par neuf tonneaux, chaque tonneau en occupe soixante-sept pieds et huit lignes : ce qui confirme la plainte du Conseil de Gênes qu'on fait payer pour le droit de fret un tiers en sus plus que le port des bâtiments. Lorsque l'ordonnance de la marine a fixé le tonneau de mer, on n'a peut-être pas pris garde au droit de fret, et ce n'est que le bail de Domergue qui a appliqué cette ordonnance au droit de fret*.»

* La circulaire suivante avait été envoyée par M. Rouillé du Coudray, de la part du contrôleur général : «La différente manière dont les commis des fermes font la jauge des vaisseaux, fait naître tous les jours des contestations. Le mémoire ci-joint, présenté par M. l'envoyé de Danemark, vous fera connoître les suites et les inconvénients de ces différents usages. Vous y verrez que le même vaisseau qu'on prétend n'être que de la contenance de cent soixante-quatre tonneaux, suivant la jauge qui en a été faite en Danemark, ayant été jaugé à la Rochelle, s'est trouvé de trois cent trente-neuf tonneaux, et qu'ayant ensuite été chargé de sel à l'île de Ré et jaugé de nouveau, il ne s'est trouvé que de deux cent trente-sept tonneaux. Cette différence vient souvent de ce que les commis ne sont pas capables de faire les réductions des longueurs, largeurs et profondeurs des vaisseaux, mais principalement de ce qu'ils n'ont pas de règle certaine pour fixer la contenance d'un tonneau. L'ordonnance de la marine de 1681 et l'article 329 du bail de Domergue portent que la réduction se doit faire par quarante-deux pieds cubes, et on prétend que c'est l'usage suivi en Hollande et en plusieurs autres endroits; mais les marchands soutiennent que l'usage est contraire dans plusieurs ports du royaume, et que cette réduction ne s'y est jamais faite que par cinquante-six pieds, et quelques-uns vont jusqu'à soixante-quinze..... Comme on ne peut espérer d'arrêter le cours de ces contestations que par un règlement solide, qui établisse une règle ferme et uniforme, S. M. paroît déterminée à le faire aussitôt qu'elle aura été assurée de ce qui se pratique sur cela dans les différents ports de son royaume. Il seroit bon que vous pussiez faire faire dans les ports de votre département cette vérification par vous-même; mais, si cela ne se peut, vous aurez soin de choisir des personnes fidèles et capables de faire un recueil assez exact sur cette matière pour vous mettre en état de donner votre avis, que vous prendrez la peine de m'envoyer, lorsque vous aurez pris une connoissance entière de la matière, dont vous voyez l'importance pour le bien du commerce en général, et pour l'intérêt des fermes du Roi en particulier.» (Pièce sans date, classée dans les minutes de lettres du contrôleur général à la fin de 1703.)

Le 1er décembre 1703, M. Barentin, intendant dans la Flandre maritime, rend compte de l'épreuve faite sur une busse ou petite flûte, et du rapport dressé, à cette occasion, par les deux hydrographes du Roi. «Il est constant, dit-il, que la différente construction des vaisseaux impose la nécessité de faire la jauge d'une différente manière, suivant le gabarit de chaque vaisseau, et les deux hydrographes de ce port sont persuadés que, pour faire un travail exact et pour établir une règle certaine dans la jauge des vaisseaux, il faudroit faire une épreuve en eau, semblable à celle que j'ai faite, sur chaque vaisseau de différente construction : après quoi il seroit facile de donner des diviseurs qui conviendroient à chaque différent gabarit de vaisseau... Je croirois cependant qu'en attendant le règlement général que S. M. veut faire, il seroit bon de défendre aux jaugeurs des fermiers de comprendre dans la hauteur des vaisseaux l'entre-deux des ponts, parce que le fond de cale est le seul endroit destiné pour le port des marchandises, et qu'on n'en met dans l'entre-deux des ponts que lorsque celles qui occupent le fond de cale sont d'un trop gros volume et ne pèsent pas tout le poids que le vaisseau peut porter.....»

Voir aussi les mémoires envoyés par MM. Lebret, intendant en Provence, 12 et 14 novembre 1703; Bégon, à la Rochelle, 2 février 1704; de la Bourdonnaye, à Bordeaux, 13 octobre 1703; Foucault, à Caen, et d'Herbigny, à Rouen, 22 janvier 1704; de Nointel, en Bretagne, 24 février.

---

539. *Le Contrôleur général aux Intendants.*

27 Octobre 1703.

Les affaires extraordinaires auxquelles le Roi a dû recourir pour soutenir les dépenses de la guerre étaient celles qui semblaient le moins à charge aux peuples; cependant les recouvrements sont fort en retard, et les traitants généraux se plaignent de ne point rentrer dans les avances considérables qu'ils ont faites. Le Roi veut être informé de l'état où se trouvent toutes les affaires entreprises depuis l'année 1699.

Ordre de demander aux traitants ou commis un relevé authentique de la recette et de la dépense de chaque affaire, des restes à recouvrer, des raisons qui ont arrêté les recouvrements ou la terminaison de l'affaire, des moyens les plus sûrs pour y porter remède, et des modérations que l'on pourrait faire sur les taxes.

«Enfin, tâchez, par vos soins, de finir entièrement les affaires dont il ne reste dû que très peu de chose, pour en effacer le nom de l'esprit des peuples et faire cesser les frais, et prenez des mesures justes et certaines pour finir toutes les autres incessamment, et dans le courant de l'année prochaine au plus tard, avec les ménagements nécessaires pour conserver les intérêts du Roi et soulager les peuples.»

---

540. *M. de Harouys, intendant en Champagne, au Contrôleur général.*

27 Octobre 1703.

Rapport sur les traités passés entre le séminaire de la ville de Reims et les habitants de Thin-le-Moûtier, au sujet de la propriété des bois qui étaient indivis entre cette communauté et le prieuré de Thin, uni au séminaire.

---

541. *Le sieur Nicolas Mesnager, négociant à Rouen, au Contrôleur général.*

(De Paris) 30 Octobre 1703.

«J'ai l'honneur de proposer à Votre Grandeur, par le mémoire ci-inclus, quelques moyens de remédier à la rareté des espèces. Elle est extrême à Rouen : on n'en trouve point chez les banquiers, ni dans les recettes, et on commence à vouloir donner, en payement des lettres de change, des billets de monnoie, qu'on refuse : ce qui forme des contestations sur lesquelles les juges-consuls ne savent qu'ordonner. Je leur ai mandé qu'on prenoit ici ces billets de monnoie comme argent comptant. J'ose dire qu'il est temps de faire cesser ce désordre*.»

MÉMOIRE.

«Si la retraite des calvinistes, les longues guerres et la foiblesse de notre commerce ont occasionné la sortie de nos espèces, les divers règlements faits depuis quinze ou seize ans sur les monnoies en ont opéré une sortie bien plus grande, et empêché l'entrée de l'or et de l'argent dans le royaume.

«On inventa, dans la guerre précédente, la réforme des espèces, comme un grand profit à S. M.; mais, si on en avoit fait le compte et celui des frais de la réforme, des pertes du change sur ce que nous avons payé à l'étranger, et de la perte des diminutions, la plus grande partie soufferte par le Roi, on trouveroit au moins autant de perte que de profit. Cependant, pour faire valoir cette illusion, il fut nécessaire de faire un niveau de prix entre la matière et l'espèce non réformée, et, comme le louis d'or réformé valoit 14 ᵗᵗ, et celui qui ne l'étoit pas 12 ᵗᵗ, cette différence produisant 72 ᵗᵗ 10 s. par marc, à cause que 36 louis 1/4 d'or composent ce poids, il fut, dit-on, nécessaire de changer la matière de ces 72 ᵗᵗ, et de la payer d'autant moins, pour empêcher les billonneurs de fondre les espèces non réformées et de les apporter en matière aux hôtels de la Monnoie.

«Ce seigneuriage extraordinaire ne parut pas assez fort : on l'étendit jusqu'à 86 ᵗᵗ 2 s. par marc d'or et 4 ᵗᵗ 4 s. par marc d'argent.

«Jamais ordonnance n'a été plus préjudiciable. Il en est arrivé qu'on a fait de nos espèces non réformées un commerce, comme d'une marchandise sur laquelle il y avoit beaucoup à gagner; on en a envoyé chez nos voisins une quantité inconcevable, où elles valoient autant que les réformées, où elles étoient vendues, et dont le produit, avec le profit, est revenu par la voie du change; mais l'espèce est restée chez l'étranger.

«Les sujets du Roi, d'un autre côté, qui pouvoient avoir des matières à Cadix ou ailleurs, les étrangers qui auroient pu nous en apporter en payement de nos denrées et manufactures, se sont bien gardés de les conduire en France : ils y auroient payé le droit de 86 ᵗᵗ par marc d'or et de 4 ᵗᵗ par marc d'argent; ils les ont portées chez les Génois, les Hollandois et les Anglois, où l'on ne paye rien, ou même l'on met dans un des côtés de la balance l'or du titre de guinées, et dans l'autre autant de guinées, afin que, par cette égalité de poids, non seulement toute la valeur intrinsèque du métal soit payée à celui qui l'apporte, mais encore qu'il soit exempt des frais de brassage.

«Enfin, à la vue des diminutions annoncées avant leur terme, les étrangers ont retiré de ce royaume les fonds qu'ils y avoient, pour n'être point exposés aux pertes des diminutions, ni aux vicissitudes du cours de la place, où l'argent quelques fois valoit, et quelques fois rien.

«Tout cela a fait sortir une grande quantité d'espèces, et empêché qu'il ne soit entré des matières d'or et d'argent dans le royaume depuis quinze ou seize années, que par des événements extraordinaires.

«Dans la guerre d'aujourd'hui, on s'est encore persuadé qu'une nouvelle augmentation et réforme d'espèces produiroit un nouveau fonds à S. M.; mais il ne faut pas douter qu'elle n'a été une véritable occasion de perte, parce que notre dépense chez l'étranger s'est trouvée plus grande que par le passé. Ce mouvement aux espèces a été même à charge et incommode au ministère, parce que 10 millions, par exemple, amassés par les revenus du Roi ou par les affaires extraordinaires, ont pu à peine payer 7 millions en Italie, en Allemagne ou en Flandres, le bas change ayant causé une diminution de 3 millions, à cause de l'évaluation idéale que nous avons donnée à nos monnoies, que nos voisins n'ont pas fait; au lieu que, si nos espèces étoient restées fixes au cours qu'elles avoient avant la guerre, 10 millions amassés auroient payé effectivement 10 millions, ou peu de chose moins.

«On a néanmoins modéré ce seigneuriage de la précédente réforme à 49 ᵗᵗ 10 s. 11 d. par marc d'or et 2 ᵗᵗ 2 s. par marc d'argent. Il ne faut pas, pour cela, se persuader qu'on nous apporte des matières en payant un droit qu'on ne paye point ailleurs, principalement lorsque les besoins de l'État nous jettent dans la nécessité d'emprunter de nos voisins de si grosses sommes, que, pour les rembourser, il faut que ce soit en partie par la sortie de nos espèces.

«Il ne faut pas encore se flatter que les banquiers et les marchands reprennent le commerce des matières d'or et d'argent et en fassent rentrer dans le royaume. Outre le seigneuriage, qui les en éloigne, les titulaires des charges d'affineurs les inquiètent, et, quand ils portent au change des Monnoies quelque lingot, il faut déclarer son nom, sa demeure, et, si ce lingot n'est pas marqué du poinçon étranger ou de celui du royaume, lorsque les matières y entrent par les ports permis, on les soupçonne de billonnage et d'avoir fondu les espèces : ce qui a fait abandonner un commerce que toutes les nations du monde facilitent et favorisent autant qu'ils peuvent.

«Tout cela nous conduit à la pauvreté et cause la disette des espèces que nous voyons aujourd'hui. Cependant elle ne devroit pas être plus grande maintenant qu'il y a une année : si, par supposition, il a pu sortir 30 millions, il en est entré 27 ou 28 par Marseille, Bayonne et la Rochelle, d'où il faut nécessairement conclure que les particuliers serrent leur argent, persuadés qu'on va fabriquer des louis d'or de 16 ᵗᵗ et des écus de 4 ᵗᵗ;

«Que l'obligation de prendre des billets de monnoie n'est ordonnée que pour amasser des espèces, dont la garde sera profitable;

«Qu'on aura ci-après la liberté de prêter au prix que les besoins de l'État établiront sur la place, et qu'au lieu de 8 p. o/o, où l'intérêt d'un an semble fixé, on en aura 12;

«Qu'enfin on ne sera plus obligé à prendre des billets de monnoie, ou des pièces de 10 sols, sur lesquelles il y a 38 p. o/o à perdre par rapport à nos écus.

«Pour détruire un tel désordre, dont la durée immanquablement seroit funeste à l'État, on ne sauroit imaginer autre chose que :

	OBSERVATIONS.
«De faire cesser la réforme, et de donner le même cours aux espèces non réformées comme aux réformées;	«Il y a longtemps que cette réforme produit peu de chose. Deux différents prix à une espèce de même poids et de même titre est une tentation continuelle pour faire sortir celles de moindre valeur. C'est ce qui est cause qu'on voit en Hollande beaucoup de nos louis d'or au coin de Louis XIII, et de ceux qui n'ont pas été réformés, parce qu'ils coû-

tent moins en France, et qu'ils valent autant en Hollande que les réformés.

«De donner le même cours aux piastres et aux pistoles d'Espagne de poids;

«Cette monnoie est de tous les pays. Les placards de Sa Majesté Catholique sur le titre et la taille de ces espèces sont conformes aux ordonnances du Roi. Il est de la bonne règle de recevoir ces espèces sur le pied des nôtres, puisqu'elles y sont conformes.

«De faire payer toute la valeur intrinsèque des matières dans les Monnoies du Roi, ainsi que des espèces étrangères qui n'auront pas cours dans le royaume;

«La loi de nos voisins, conforme à cette proposition, est pour nous une loi nécessaire : dans la situation malheureuse où nous sommes, dans le désordre où est notre commerce, même quand la balance seroit égale, c'est-à-dire que nous fournirions à l'étranger autant que nous prenons de lui, il ne faut pas croire qu'on puisse apporter des matières dans le royaume tant qu'elles payeront un droit et qu'elles ne payeront rien chez nos concurrents.

«De recevoir ces matières telles qu'elles sont apportées, marquées ou non du poinçon de l'entrée de France ou de l'étranger, sans s'informer d'où elles viennent ni qui les apporte;

«Cette malheureuse réforme a donné lieu aux formalités qu'on pratique à l'égard de ceux qui apportent des matières : ce qui en a fait abandonner le commerce aux marchands, prévenus que leurs noms inscrits sur des registres pourroient donner occasion de les citer et de leur faire un jour des interrogats où ils ne s'attendroient pas. Tous les États du monde excitent les sujets à ce commerce, leurs facilités ne causent aucun désordre. Nous ferions mal de ne les pas imiter, car nous avons assez d'autres ordonnances pour empêcher le vol, le billonnage et la fausse monnoie.

«De faire cesser la fabrication des pièces de 10 sols;

«C'est parce qu'elle laisseroit une impression dans l'esprit des particuliers qu'on fera une augmentation à nos autres espèces d'argent, pour égaler le cours de ces pièces de 10 sols : ce qui fera serrer nos écus et en entretiendra la rareté, parce qu'il y a 38 p. o/o à gagner à les fondre et les convertir en cette monnoie de bas titre, et il ne faut pas douter qu'on ne passe sur la rigueur des ordonnances pour faire ce profit. Il est encore à craindre qu'un jour ces espèces ne composent la meilleure partie de nos monnoies.

«Enfin, donner une assurance authentique à la France et à toute l'Europe qu'on ne touchera plus aux monnoies, qu'elles demeureront fixées pour toujours au cours d'aujourd'hui.

«Il n'y a point d'autre moyen pour rappeler le mouvement de l'argent, tant de la part des sujets que des étrangers. Ces derniers feront un gros profit sur le change à remettre leur argent en France et à l'y faire valoir 9 ou 10 p. o/o : ce qui nous apportera immanquablement des fonds étrangers. Il faut bien se garder de suivre l'avis de quelques-uns qui proposent de mettre les louis d'or à 16 # et les écus à 4 #. Premièrement, ces gens ne connoissent point la proportion qu'on doit garder entre l'or et l'argent; secondement, cette évaluation déréglée, et trop différente de celle de nos voisins, ne laisseroit aucun doute d'une diminution future : ce qui retiendroit les étrangers d'envoyer aucune somme en France, et les sujets du Roi, qui n'ont point besoin et qui gardent leurs louis d'or, de les mettre au jour, à cause de la nécessité de cette diminution. Enfin, le ministère en souffriroit une diminution des fonds destinés pour le pays étranger, et tout ce que nous n'avons pas, et que nous prenons de nos voisins, nous augmenteroit à un prix sans exemple.

«Pour connoître facilement le préjudice qu'ont causé à l'État les différents prix qu'on a donnés à nos espèces réformées et non réformées, et le profit qu'on a fait à les transporter hors du royaume, il ne faut que jeter les yeux sur le compte ci-bas :

DÉPENSE.		RECETTE.
100 louis d'or non réformés valoient, dans la précédente guerre, 12 # pièce, et coûtoient......	1200 #	100 louis d'or non réformés valoient, à Londres, 17 shellings et demi la pièce, ce qui fait 1750 shellings; chaque shelling vaut 12 deniers, ce qui fait 21,000 deniers.
Profit trouvé par la vente ci-contre, lequel augmentoit ou diminuoit, suivant que le change haussoit ou baissoit, ci...............	231 #	De ces deniers, on en donnoit 44 pour recevoir à Paris 60 sols, ce qui fait 477 fois 60 sols, ou 1431 #.
	1431 #	

* Par une lettre du 4 novembre, M. Desmaretz avisa l'intendant de Rouen, M. d'Herbigny, que les billets auraient cours jusqu'au dernier décembre, mais que le Roi n'en voulait point laisser dans le commerce, les Monnaies ayant plus de matières qu'il n'était nécessaire pour les rembourser, et que ce remboursement se ferait journellement. Le 20 du même mois, ordre fut donné au directeur de la Monnaie de Rouen de retirer sans retard les billets qu'il avait émis de lui-même, sans autorisation préalable, et de ne plus faire circuler que ceux de la Monnaie de Paris.

542. *M. Barentin, intendant en Flandre maritime,* au Contrôleur général.

31 Octobre 1703.

«Je crois qu'il est de mon devoir de vous donner avis de l'heureux succès de la pêche des harengs de Dunkerque, parce que l'on m'a assuré qu'il est entré dans le port de cette ville pour plus de 100,000 écus de harengs. La destruction des deux flottes des harengs des Hollandois a donné lieu à cette pêche avantageuse; c'est pourquoi je prends la liberté de vous représenter que, si l'on profite de cette conjoncture heureuse pour établir la pêche de harengs sur cette côte, quantité de gens s'engageront dans cette entreprise, et l'on sera, par là, en état de se passer sans incommodité du poisson des Hollandois*.

«On me mande de Lille que l'on s'y aperçoit de l'effet de l'interdiction du commerce avec la Hollande, et que les négociants d'Anvers et des autres villes des Pays-Bas espagnols tirent de la Flandre françoise les cotons, soies, huiles, riz, café et autres marchandises du Levant qu'ils tiroient de Hollande. On m'ajoute que le change de Lille à Anvers est déjà diminué de 4 p. o/o, et un capitaine d'une frégate de Dunkerque qui est présentement à Marseille mande que l'on s'y empresse de charger pour Dunkerque à 100 sols par quintal de fret, au lieu qu'il y a trois semaines qu'à peine il trouvoit de quoi charger à 3 ## 10 s.»

* Voir, sur l'importation des harengs, une lettre du 11 octobre 1702.

543. *M. de Maillet, capitaine au régiment de Bretagne, au Contrôleur général.*

(D'Abbeville) 10 Novembre 1703.

Il demande à enrôler dans sa compagnie les faux-sauniers qui sont détenus dans les prisons d'Abbeville, Rue et Doullens*.

* Le 22 du même mois, le sieur Priolo, directeur des gabelles à Abbeville, envoie un état des prisonniers et le mémoire qui suit: «Le penchant naturel des Picards pour le faux-saunage les porte à le préférer à toute autre condition et à ne la plus quitter quand ils en ont une fois tâté; et, comme cette vie vagabonde les exclut du corps des communautés, l'on voit aujourd'hui quantité de manants qui quittent la culture des terres pour se jeter dans cette profession errante, se trouvant par là à couvert d'être nommés pour la milice, ce qui est la ruine des bons habitants : en sorte que la guerre ne diminue en rien le nombre des faux-sauniers, et que, bien au contraire, elle en augmente les bandes en ce département. La peine des galères est un exemple si rare, par les cas où elle est affectée, qu'elle ne fait aucun effroi aux Picards, qui d'ailleurs ne manquent pas de déguisements pour éviter cette condamnation, ni les juges d'indulgence pour les en racheter, regardant leurs désordres comme une vache à lait qui fait bouillir leur marmite. On peut donc conclure que toute la punition des faux-sauniers se réduit à l'amende de 200 ##, convertie en la peine du fouet faute de payement. Ce châtiment, qui partout ailleurs est considéré comme une tache infamante, fait une si légère impression chez les Picards, qu'il n'y a aucun faux-saunier qui voulût donner un écu pour en échapper. Ils regardent tous cette punition comme un vrai badinage, et l'on doit regarder ce mépris comme la source intarissable de tout le faux-saunage qui, de cette province, se répand tout au plus loin. Cette vérité se justifie pleinement par les ordres mêmes de Votre Grandeur à des officiers du régiment du Roi. Il étoit donc ordonné de leur remettre les faux-sauniers prisonniers qui, faute de payer leur amende de 200 ##, devoient subir la peine du fouet, dont ils étoient affranchis par leur enrôlement volontaire dans les troupes. Les officiers n'ont rien oublié pour les y engager; ils ont été dans les prisons leur bourse ouverte, leur offrant bien plus qu'ils ne donnent à des gens libres. Il est cependant de fait qu'ils n'en ont pu enrôler aucun, et que tous ont mieux aimé le fouet qu'un enrôlement de gré à gré et de l'argent au bout. Au sortir des verges, ils courent au faux-saunage : si bien que, ce châtiment n'ayant point en cette province la vertu que la sagesse de l'ordonnance s'étoit proposée, rien ne peut mieux éteindre le feu de leur faux commerce que de les exempter du fouet et les remettre à M. l'Intendant, pour les distribuer, par un pouvoir de droit public, à des officiers des troupes bien connus, pour, au sortir des prisons, les conduire dans leur garnison, avec défense d'aucun congé, et punis comme déserteurs. Ces sortes d'engagements ne devant s'étendre que sur des gens sans ressource pour leur condamnation pécuniaire, ils doivent sans doute être considérés comme des vagabonds, et, comme tels, il est de droit de s'en saisir pour les employer au service du Roi. Leur amende de 200 ## non payée leur tiendra lieu d'un parfait enrôlement, comme on voit celle de 300 ## convertie en la peine des galères. Cet expédient aura des suites toutes heureuses du côté des troupes, du public et des finances : il en reviendra de bons soldats au Roi, car certainement les Picards sont tous nés guerriers; la crainte de cet enrôlement portera une infinité de faux-sauniers à se retirer de ce commerce pour cultiver les terres : ainsi, le pays se trouvera d'autant purgé des désordres de toutes natures qui suivent le vagabondage malheureux du faux-saunage; les finances y trouveront de grands avantages par l'augmentation des gabelles et le retranchement de la dépense : on fait par an un très grand nombre de prisonniers; il les faut nourrir et gîter, il faut les frais de procédure pour la première sentence, il en faut d'autres pour celle de conversion au fouet après les délais de l'ordonnance, et, pour conclusion, il faut faire courir l'exécuteur de prison en prison pour fustiger ces révoltés, dont la seule dépense va au moins à 6,000 ## ici, année commune, pour ledit exécuteur. Tout cela cependant ensemble n'opère rien pour l'exemple, ni pour les fermes du Roi, que des frais infinis et ruineux. Ce que j'avance ici est bien véritable, et, s'il n'a pas l'honneur de votre agrément, c'est trop pour moi de vous pouvoir marquer par ce petit détail mon attachement au service où il a plu à votre main de me placer.»

544. *Le Contrôleur général à M. Lebret, intendant en Provence.*

11 Novembre 1703.

Il le presse d'ordonner au propriétaire des moulins à blé et à huile situés au-dessus du moulin à poudre de Saint-Chamas de faire raccommoder le canal qui alimente ce dernier et d'y envoyer les eaux suffisantes, comme il est tenu de le faire par la convention qui lui assure de ce chef une indemnité de 600 ##*.

* Voir deux lettres de M. Lebret, en date des 26 février et 20 novembre 1703, sur l'alimentation du moulin par la source de Toudoubre et par les eaux dérivées du canal de Crapoune.

545. *M. d'Argenson, lieutenant général de police à Paris, au Contrôleur général.*

14 Novembre 1703.

Le débit des vaches dans les boucheries a continuellement augmenté depuis six ans; il monte actuellement à plus de vingt mille têtes par année. En outre, le débit des veaux mort-nés prouve qu'on abat beaucoup de vaches pleines, sous prétexte qu'elles sont moins chères, et ce dernier abus est de telle conséquence que, si le contrôleur général ne juge pas à propos de défendre en général le débit des vaches au-dessous d'un certain âge, il devrait tout au moins exclure du commerce les vaches pleines, et établir des peines pécuniaires contre les contrevenants*.

* Cet abus avait été déjà signalé par M. d'Argenson, le 30 janvier 1703, avec prière d'envoyer une circulaire aux intendants.

546. *M. Bouchu, intendant en Dauphiné,* *au Contrôleur général.*

(De Chambéry) 19 Novembre 1703.

«J'ai trouvé, en arrivant ici, que les espèces d'or et d'argent du coin de France sont les seules qui s'y voient; il n'y a d'espèces au coin de M. le duc de Savoie que de très petites monnoies de cuivre. Lesdites espèces y ont cours dans le commerce et de particulier à particulier, le louis d'or sur le pied de 13 ᵗᵗ, et l'écu d'argent sur le pied de 3 ᵗᵗ 10 s.; mais, à l'égard du payement des droits de M. le duc de Savoie et des impositions qui se faisoient à son profit, le louis d'or n'étoit reçu que sur le pied de 12 ᵗᵗ, et l'écu sur le pied de 3 ᵗᵗ 5 s. On ne pourroit, en aucune manière, blâmer la continuation de cet usage à l'égard du conquérant, puisqu'il a été établi par le prince naturel à l'égard de ses sujets; cependant les Savoyards demandent avec tant d'instance que l'égalité soit établie dans la valeur des espèces, tant à l'égard des droits du Roi que dans le commerce et de particulier à particulier, que je vous supplie de vouloir bien m'honorer de vos ordres sur ce sujet. Et pour vous mettre en état de me les donner avec une entière connoissance, je dois vous dire que la Savoie produira de net par an au Roi, quand les provinces de Maurienne et de Tarentaise seront tranquilles (ce qui sera peu de temps après l'arrivée des troupes qui doivent venir en ce pays après le siège de Landau), 1,500,000 ᵗᵗ, sur lesquelles il y aura une cessation de gain de 125,000 ᵗᵗ en recevant les louis à 13 ᵗᵗ, au lieu de ne les recevoir qu'à 12 ᵗᵗ.»

547. *M. de Bouville, intendant à Orléans,* *à M. Desmaretz.*

25 Novembre 1703.

«La lettre que vous m'avez fait l'honneur de m'écrire le 21 de ce mois, ne m'a été rendue que ce matin; j'ai aussitôt examiné le projet ci-joint. Je vous avoue que je ne puis être d'avis que le Roi donne cette déclaration:

«Les gens mariés sont taxés pour leurs biens et ceux de leurs femmes, lorsque les intendants exécutent à la lettre ce qui leur a été prescrit par M. de Chamillart, et les gens qui ont beaucoup d'enfants, bien loin d'être taxés eu égard au nombre qu'ils en ont, à tant pour livre de leur cote, pour chacun suivant leurs âges, doivent être plus soulagés que les autres, par proportion à la surcharge qu'ils ont par le nombre d'enfants. C'est un principe de justice sur lequel M. de Chamillart s'est fondé pour ne plus suivre le tarif dans la répartition de la capitation, mais seulement les moyens et facultés de chacun.

«J'ai suivi, dans cette généralité, très exactement cet ordre-là dans la répartition de la première année. Tous les gens riches et puissants ont crié: vous savez qu'ils trouvent de l'appui, et l'exemple des autres généralités, où on n'en avoit pas usé de même, et celui de la ville de Paris faisoient ma condamnation dans le public; cependant les pauvres étoient soulagés par ce moyen dans mon département. Il a donc fallu que, dans la suite, j'aie diminué les villes franches et beaucoup d'autres officiers et marchands des autres villes. J'y ai même été contraint par l'exemple de certaines modérations accordées à certaines personnes fort riches, par des lettres qui m'ont été écrites: de sorte que, dans ces dernières années, je me suis retranché à imposer la capitation environ au quart de la taille pour tous les taux des artisans et laboureurs suffisamment taxés par les rôles des tailles; et à l'égard des fermiers et autres particuliers taillables que j'ai trouvés trop soulagés, je leur ai donné une plus forte capitation; et, pour y parvenir, je fais faire tous les rôles en ma présence, de sorte qu'il n'en passe aucun qui ne paye ce que je crois qu'il doit payer.

«Je croirois donc que, pour parvenir à pouvoir donner une augmentation de capitation qui pût donner lieu au Roi de se passer de certaines affaires extraordinaires qui sont criantes, il faudroit mettre ce recouvrement en règle: 1° que les intendants imposeroient la capitation sur les taillables eu égard aux moyens et facultés, et leur défendre, à peine de révocation, de suivre l'imposition de la taille; 2° que les taillables soulagés à la taille payeroient la capitation, non seulement eu égard à leurs moyens et facultés, mais aussi eu égard à ce qu'ils ne payent pas autant de taille qu'ils en devroient porter; 3° ne point donner de privilège de ne pouvoir être taxé à la capitation que par proportion à la taille, ou de n'y pouvoir être augmenté, parce que, dans toutes les généralités où l'imposition de la capitation s'est faite au marc la livre de la taille, ces privilégiés ne payeroient quasi rien, et ce sont les plus riches; 4° que les villes franches et autres principales soient taxées au Conseil, c'est-à-dire que la somme à y imposer soit marquée dans l'ordre qu'on envoie aux intendants pour la capitation, parce que, la somme étant fixée, ceux qui se trouveront un peu fortement taxés, quoique avec justice, ne pourront demander de diminution, au lieu que, n'y ayant point de fixation, ils croient que l'intendant est le maître de faire ce qu'il veut; tous les discours faits par M. Terrat et autres, dans la ville d'Orléans, sont une preuve de la nécessité de le faire; 5° que le Conseil ordonnera aux intendants de taxer les présidiaux et autres officiers de manière que le tarif, et la moitié en sus, soit exécuté, en répartissant cette somme suivant les moyens et facultés, si mieux n'aiment les officiers la faire entre eux, permettant néanmoins aux intendants d'augmenter la somme en faisant la répartition eux-mêmes pour les présidiaux riches, sans permettre aux officiers de la faire; 6° qu'il en sera usé de même à l'égard des bailliages, prévôtés, élections et greniers à sel; 7° que le tarif, et la moitié en sus, à l'égard de la noblesse, sera exécuté, sauf les gentilshommes connus hors d'état de payer de si fortes sommes ou ceux qui ont plusieurs enfants dans le service, que les intendants pourront modérer, de même qu'ils pourront augmenter.

et même leur enjoindre de le faire, ceux qui, n'ayant que des fiefs, ou qui n'en ont point, peuvent payer davantage eu égard à leurs biens.

«Il est certain qu'en suivant cela exactement, la capitation peut être augmentée sans charger davantage les pauvres taillables; mais il faut soutenir les intendants qui feront leur devoir, et même les louer devant tout le monde, afin d'empêcher les crieries injustes*.»

* Dans une lettre du jour suivant (quoique datée aussi du 25), il recommande de ne pas faire tomber l'augmentation sur le menu peuple, et dit que, quant à sa propre généralité, où il a toujours eu soin de surveiller les cotes des principaux taillables, on ne pourrait plus augmenter que les villes et les officiers.

548. *M. d'Ormesson, intendant en Auvergne,*
au Contrôleur général.

26 Novembre, 10 et 26 Décembre 1703.

Il propose d'accorder aux receveurs une somme de 1,250 # pour les frais de confection des rôles de la capitation de 1702, d'envoi des mandements et des avertissements, de premières poursuites gratuites, etc. Ces frais s'étaient élevés à 1911 # 10 s. en 1701. La nouvelle année a produit un excédent net de 3,364 # au delà du chiffre fixé de 640,000 # et des 4 deniers de taxations du receveur général*.

* La capitation de la généralité fut portée, pour 1704, à 660,000 #; mais l'ensemble des rôles dressés par l'intendant monta à près de 705,000 #. Sur l'excédent, il comptait que 33,000 # seraient absorbées par les taxations, et que le reste couvrirait les décharges, modérations et non-valeurs. (Lettre du 16 janvier 1704.)

549. *Le Contrôleur général*
à M. de la Houssaye, intendant en Alsace.

29 Novembre 1703.

«Pendant la précédente guerre, la province d'Alsace fournissoit au Roi 1,200,000 # par an, savoir: 99,000 # de subvention ordinaire, 600,000 # d'extraordinaire, et 500 tant de mille livres de capitation. En 1700, après la paix de Ryswyk, toutes ces impositions étant réduites aux 99,000 # de subvention ordinaire, et s'agissant de l'établissement des lieutenants généraux de police dans les villes et de plusieurs autres nouvelles affaires, la province, pour s'en exempter, offrit à S. M. 300,000 # par an de subvention ordinaire pendant la paix, au lieu des 99,000 # susdites. Et aujourd'hui, quoique la guerre présente demande des fonds extraordinaires proportionnés aux grandes dépenses qui sont nécessaires pour la soutenir, la province ne fournit en tout que 900,000 #, savoir: 300,000 # de cette subvention, et 600,000 # de capitation; de sorte que, par rapport à l'état des affaires et vu la diminution de plus de 300,000 # par an dont a joui la province depuis l'année 1700 (avantage bien plus considérable pour elle que n'étoit le retranchement de quelques places rendues par la paix de Ryswyk, le Roi même étant rentré cette campagne dans celle de Brisach), on est en état de demander à la province qu'elle remette ses fonds sur le pied de la précédente guerre, c'est-à-dire qu'elle augmente de 300,000 # par an, tant que la présente guerre durera, l'imposition de la subvention, qui seroit, par ce moyen, de 600,000 # au lieu de 300,000 #, la province devant encore considérer en cela le ménagement dont le Roi veut bien user pour elle en préférant cette augmentation de 300,000 # aux propositions qu'on fait, beaucoup plus avantageuses à S. M., de créer de nouvelles charges*.»

* Quoique l'intendant protestât qu'on ne pouvait faire autre chose que de porter la capitation à 500,000 # et d'obtenir un don gratuit de 100,000 # de la ville de Strasbourg, qui avait moins souffert de la guerre que le reste du pays, ou qui même avait bénéficié du séjour des troupes, le contrôleur général exigea que ce don fût porté à 200,000 #, et la subvention augmentée de 100,000 #, ainsi que la capitation. Le don de 200,000 # fut accordé par les Strasbourgeois, contre exemption des affaires extraordinaires et avec permission de répartir une partie de la somme sur les bourgeois et habitants, ou d'emprunter sur hypothèque des biens communs et patrimoniaux de la ville, et même d'augmenter les droits d'octroi ou d'en établir de nouveaux; mais, les mandements de la subvention étant déjà envoyés dans les communautés, l'intendant ne put faire sur cette imposition l'augmentation demandée. Voir ses lettres et celles de M. Klinglin, syndic royal, en date des 10 janvier, 11 février, 4, 16 et 29 mars 1704, et une lettre du contrôleur général, année 1704, s. d.

Le bordereau général de la capitation fut porté à 508,841 #. Le recouvrement, au mois de novembre 1704, s'élevait à 388,295 # 18 s.; mais l'intendant ne croyait plus possible de rien retirer des parties de la basse Alsace ruinées par les opérations militaires. (Lettres du 4 mai et du 14 novembre 1704.)

550. *M. de Saint-Maurice,*
commissaire général de la Cour des monnaies à Lyon,
au Contrôleur général et à M. Desmaretz.

(Monnaies, G⁷ 1461.)

30 Novembre, 4 et 6 Décembre 1703.

Il rend compte d'une saisie de 112,000 # en espèces, que des particuliers transportaient clandestinement en Suisse, probablement pour le compte de quelques banquiers genevois, et donne avis que les intéressés projettent de faire réclamer ce fonds par MM. Bernard et de Meuves, comme étant destiné au payement des troupes du Roi. Un des porteurs arrêtés espère être protégé par M. le prince de Conti, qui l'a chargé de soutenir ses intérêts dans la principauté de Neufchâtel*.

* Le bourgeois de Neufchâtel fait prisonnier fut condamné à mort, ainsi qu'un agent des Genevois qui s'était réfugié en Suisse; un autre des prévenus fut condamné par contumace à neuf ans de galères, et deux des prisonniers bannis pour neuf ans. Mais le contrôleur général avait donné ordre de surseoir à l'exécution du jugement en cas qu'il y eût une condamnation à mort, et M. le prince de Conti fit commuer cette peine en un bannissement à perpétuité. Le dénonciateur, qui eût eu droit à la moitié de la somme saisie, reçut seulement 10,000 #, conformément à l'acte qu'il avait passé avec le directeur de la douane

de Lyon; celui-ci eut une somme semblable, le contrôleur 5,000 ᵗᵗ, les gardes 4,000 ᵗᵗ, et les hôpitaux 10,000 ᵗᵗ. (Lettres des 15 mars, 1ᵉʳ et 15 avril, 8 juin 1704.)

551. *M.* d'Argenson, *lieutenant général de police à Paris,*
au Contrôleur général.

1ᵉʳ Décembre 1703.

Rapport sur la conduite du sieur Étienne Vinache, originaire de Naples, et sur la provenance de ses trésors.

«Il est vrai que sa fortune a été subite et qu'elle paroît considérable, qu'on lui connoît deux terres, des meubles de prix et des rentes sur la ville en grand nombre, et que les domestiques chassés de sa maison assurent qu'il fond de l'argent, qu'il le mêle avec d'autres matières, et qu'il y a dans son commerce ou des moyens criminels ou quelque secret de pierre philosophale, à qui je ne crois pas plus qu'aux esprits; mais la Cour des monnoies, ayant fait contre lui un commencement de procédure, n'a rien trouvé d'assez solide pour mériter une plus ample instruction. Il a même engagé ses accusateurs à se dédire en présence d'un commissaire, et, quoique cette précaution outrée puisse exciter contre lui de nouveaux soupçons, elle en excite aussi contre eux : ils ne paroissent plus en effet que par ces mémoires anonymes qu'ils répandent dans le public, et dont ils ont fait passer des copies jusque dans vos mains*. . . . »

* Suivant le premier mémoire joint à cette lettre, Vinache avait offert de donner au Roi «300 millions aussi facilement que 3 louis d'or,» à condition qu'on lui laissât la liberté et qu'on ne cherchât point l'origine de cet argent. En marge du mémoire est écrit, de la main du contrôleur général : «Je vous prie de nous faire avoir les 300 millions que cet homme offre, à telles conditions qu'il voudra, ou du moins de savoir ce que c'est que cet homme, ses richesses et son commerce.» Un second mémoire avait été transmis au Roi par Mᵐᵉ de Maintenon. — M. d'Argenson conclut qu'il n'y avait pas encore lieu d'agir, et qu'il valait mieux attendre de nouvelles preuves pour poursuivre. Le 17 février 1704, Vinache et le commissaire Socquard, son complice, furent arrêtés et mis à la Bastille. (Lettres de M. d'Argenson et de M. de Saint-Mars, gouverneur de la Bastille, 12 et 17 février.) La femme de Vinache et le banquier Vanderhulst furent également compris dans l'instruction judiciaire; voir les lettres de M. d'Argenson et un interrogatoire, aux dates des 21, 22 et 25 février. Vinache se coupa la gorge dans sa prison, le 19 mars 1704, et mourut quelques heures après; voir les lettres de M. de Saint-Mars et de M. d'Argenson, aux dates des 19 et 20 mars. M. d'Argenson, en annonçant que Vinache était naturalisé, qu'il avait même payé la taxe de confirmation, et qu'il n'y aurait pas lieu, par conséquent, à exercer le droit d'aubaine, ajoutait : «Cependant je crois toujours que le genre de sa mort est bon à taire, et, toutes les fois qu'il est arrivé à la Bastille de pareils malheurs, j'ai proposé d'en ôter la connoissance au public, trop prompt à exagérer les accidents de cette espèce et à les attribuer à une barbarie de gouvernement qu'il ne connoît pas, mais qu'il présuppose. D'ailleurs, je pense que l'instruction de ce procès ne pourroit que donner à Paris une scène fort désagréable, et que, quand on prendroit ce dernier parti, la confiscation des biens de l'accusé ne pourroit être que fort odieuse. Cette catastrophe exciteroit aussi l'inquiétude et la défiance de Tronchin, que vous jugez à propos de ne pas alarmer encore, par rapport à la conjoncture des affaires. Ainsi, je serois d'avis que, dans quelques jours, on fit entendre à la femme de Vinache que son mari est tombé malade, et qu'ensuite il est mort dans le temps qu'on s'y attendoit le moins. On pourra aussi, dans ce même temps, lever la garnison qui est chez elle et la remettre en possession de tous ses effets, pour rassurer Tronchin de plus en plus; mais il ne sera pas inutile, en ce cas, de les faire observer l'un et l'autre, sans qu'ils puissent s'en apercevoir. Je mettrai demain en liberté l'Allemand Scheust, dont vous avez lu ce matin les interrogatoires, ce qui ne m'empêchera pas de retenir les principales lettres qu'il a écrites à Tronchin, pour conserver la preuve des faits qui y sont énoncés. Enfin, je m'en tiendrai à nos premières découvertes, et, les premiers jours du mois prochain, je vous supplierai de me faire savoir vos intentions touchant le commissaire Socquard, qui est très assurément dans la confidence la plus intime de Tronchin.» Sur les suites de cette affaire, voir les lettres de M. d'Argenson, en date des 11 avril et 12 juin, et du commissaire Socquard, en date du 8 septembre.

552. *M.* de Pennautier, *trésorier des États de Languedoc,*
au Contrôleur général.

7 Décembre 1703.

«Vous verrez l'état de la province et celui de ma recette par le mémoire que les États vous envoient. Ils ont accordé unanimement le Don gratuit et la capitation que le Roi a demandés pour 1704; mais, après avoir donné cette marque de leur obéissance, ils vous remontrent l'impuissance où ils sont de satisfaire entièrement à leurs dons. Rien de plus véritable que ce qu'ils vous exposent, qui est au-dessous plutôt qu'au-dessus du malheur où quasi tous les diocèses sont tombés. Vous verrez que, quelques diligences que j'aie faites, je suis en avance de 800,000 ᵗᵗ sur la capitation de 1702 et 1703; si, sur le second terme de 1703, il y a autant de restes que sur le premier, comme il n'est pas permis d'en douter, où est-ce que nous en serions? Ce mémoire vous dit assez nettement que la province ne me peut rendre ce que j'ai avancé par vos ordres sur la capitation, et, si la province ne me fait aucun fonds, comment pourrois-je soutenir une avance dont il n'y a point d'espérance d'être remboursé, et faire en même temps celle du Don gratuit? Il n'y a point de crédit qui ne s'altère lorsqu'une fois l'année on n'acquitte ni ses billets ni ses lettres de change. En cet état, j'implore la protection que vous m'avez fait l'honneur de me promettre, en chargeant, s'il vous plaît, M. de Bâville de faire tous les offices possibles pour qu'on cherche des expédients pour me soutenir dans ces fâcheuses conjonctures. Si le Roi avoit la bonté de se relâcher un peu sur la capitation, ce seroit un moyen de redonner un peu de crédit à cette province, qui rejailliroit sur moi et rendroit les choses plus aisées. Quel chagrin pour moi si on m'abandonne, et si je ne me vois plus en état de suivre mon zèle et mon affection ordinaire pour le service du Roi! Je vous supplie très humblement de faire cette réflexion que s'il n'y a point quelque soulagement de la part du Roi, que ces restes s'accumuleront; que si elles vont jusques à 13 ou 1,400,000 ᵗᵗ pour les années 1702 et 1703, comme il y a apparence qu'elles iront, à la fin de 1704, à 2,400,000 ᵗᵗ, et la grandeur de la dette ne permettant plus d'espérer qu'elle s'acquitte, il faudra faire alors avec éclat et forcément ce dont les peuples auroient obligation à présent, et qui leur donneroit du courage. Pardonnez-moi si je vous dis avec liberté mes sentiments; mais je ne saurois résister à mes propres lumières, ni à la connoissance que j'ai de la situation des esprits des peuples dans la province. J'ai eu souvent l'honneur de vous le dire : il y a une aversion générale pour la capitation, et je ne sais quelle espérance qu'on ne la payera plus, qui a pris naissance dans les diocèses soulevés et dans celui du Puy. Les honnêtes gens et les personnes raisonnables se défendent de cette contagion; le menu peuple s'en entête. Le passage des troupes dans le diocèse du Puy fournit une occasion favorable pour le désabuser : les États y envoient des députés pour les avertir du malheur qui menace cette ville, et il y a apparence que l'approche des troupes dissipera l'erreur qui s'y étoit glissée qu'on ne payeroit plus de capitation. J'aurai l'honneur de vous rendre compte de tout ce qui se passera*.»

* Voir, du même jour et de la veille, les lettres de M. de Bâville, de l'archevêque de Narbonne, président des États, et du maréchal de Montrevel.

553. *M. Boisot, premier président du Parlement de Besançon,*
au Contrôleur général.

7 Décembre 1703.

«J'ai travaillé à la répartition de la capitation avec MM. les commissaires, et il n'y a presque plus que ma cote à régler. Feu M. le premier président Jobelot s'étoit volontairement taxé à 800#; il étoit riche, il n'avoit ni femme ni enfants, et, dans son haut âge de quatre-vingts ans, il vivoit de chocolat et de café et mangeoit toujours seul. Je trouve que cette somme est excessive pour moi, qui n'ai pas tant de biens que feu M. Jobelot, qui ai une femme et neuf enfants vivants, et qui ne mange pas seul. Je payois seulement 200# l'année passée, comme procureur général, quoique cette charge soit d'un plus grand revenu que celle de premier président; il me semble que si, cette année, je payois le double de la précédente, cette cote seroit raisonnable, par rapport même au conseiller du Parlement, qui ne paye que 200#, et aux présidents à mortier, qui n'en payent que 400#. Deux choses m'ont empêché de la régler ainsi avec MM. les commissaires, dont l'une est le reproche qu'on pourroit me faire de m'être déchargé moi-même dans une assemblée où je préside; l'autre, que vous croiriez peut-être que cette diminution empêcheroit le recouvrement de la somme entière de la capitation de la province. Mais je dois vous dire, et vous le savez sans doute, que cette diminution, que néanmoins j'aime mieux ne pas avoir que de la renverser à ma décharge sur ma Compagnie, se recouvrera dans l'excédent qui se jette chaque année sur toute la province pour les non-valeurs d'aucunes cotes des particuliers insolvables ou de ceux qui, se trouvant trop chargés, se font décharger à connoissance de cause. Je vous supplie d'agréer mes raisons et de souffrir que je signe avec MM. les commissaires cette diminution de capitation. Vous savez que mes gages et mes profits sont très petits*.»

* Réponse en marge : «Le Roi ne sauroit entrer dans le partage de la répartition de sa Compagnie; S. M. leur a laissé la liberté de faire comme il leur conviendroit, et la diminution qu'il demande, quoique d'un petit objet par rapport à la somme, seroit d'une conséquence infinie pour l'affaire en général, si S. M. y entroit.»

554. *Le Contrôleur général à M. d'Angervilliers, intendant à Alençon.*

17 Décembre 1703.

Création des greffiers des rôles des tailles et imposition des 3 deniers pour livre de la taille qui leur sont attribués dans les villes tarifées.

«L'attention que les traitants en général ont à surprendre du Conseil les choses même injustes qui peuvent faciliter l'exécution de leurs traités, a poussé sans doute les receveurs généraux à glisser dans cet édit la clause de ne pouvoir être les greffiers des rôles imposés pour la capitation qu'au marc la livre de la taille : ce qui produiroit sans doute un grand inconvénient, si l'édit étoit exécuté dans l'étendue de cette pensée. Mais je puis vous assurer qu'on n'a point eu d'autre intention au Conseil que d'accorder aux greffiers des rôles la faculté de ne pouvoir être augmentés à la capitation à cause de l'acquisition de ces offices, et, quoique l'édit donne précisément l'idée que vous me faites connoître par votre lettre, à cause des termes : *et au sou la livre de celle de la taille, sans pouvoir être augmentés sinon en cas d'augmentation*, il me paroît néanmoins qu'on peut restreindre ce privilège à la pensée qui m'est venue en passant assez promptement sur l'édit, lorsqu'il a été question de le rendre, me confiant un peu trop à celui des receveurs généraux qui y avoit donné ses soins; et voici quelle elle étoit. C'est que, par l'édit en question, il est ordonné que les cotes des greffiers des rôles pour la taille demeureront fixées sur le pied d'une année commune de celles auxquelles ils auront été imposés aux rôles des années 1701, 1702 et 1703, et leurs cotes pour l'ustensile et la capitation à proportion et au sou la livre de celle de la taille; c'est-à-dire qu'il faut faire une année commune de trois années de capitation, comme pour la taille, afin de former la cote des greffiers pour la capitation. Et quant à ces derniers termes : *et au sou la livre de la taille*, [ils] ne peuvent regarder que l'augmentation ou la diminution qui pourroit arriver dans l'imposition de la capitation et de l'ustensile. Je puis vous assurer, en tout cas, que les receveurs généraux ne se hasarderont point à vouloir suivre la pensée qui vous est venue sur cela, qui feroit un grand obstacle à la levée de la capitation; et, si le contraire arrivoit, je vous prierois de m'en donner avis, et des expédients les plus convenables pour réduire les choses à l'esprit du Conseil.»

555. *M. Rouillé de Fontaines, intendant à Limoges,*
à M. Desmaretz.

21 Décembre 1703.

Il rend compte de l'état du recouvrement de la capitation.

«Ce recouvrement n'est pas aussi avancé qu'il seroit à désirer; mais on ne peut s'en prendre qu'à la rareté de l'argent, qui est extrême dans cette généralité, qui n'a d'autre ressource pour en avoir que par la vente des bestiaux en Limousin, qui a presque absolument cessé depuis quelques années, et, en Angoumois, par le commerce des vins, eaux-de-vie et papiers dans les pays étrangers, qui a aussi absolument cessé par la guerre : à quoi je vous supplie de faire attention dans la répartition des charges, lorsque les occasions s'en présenteront, car il est à craindre, et j'en ai informé très amplement M. de Chamillart et M. d'Armenonville, que tous les recouvrements ne tombent à la fois dans cette généralité, et particulièrement dans l'élection de Tulle. Vous en jugerez par la lettre que je viens de recevoir du receveur des tailles de cette élection, laquelle j'ai l'honneur de vous envoyer. Tous les autres receveurs me parlent ou m'écrivent presque dans les mêmes termes, et j'ai vu par moi-même, dans les tournées que j'ai faites depuis que je suis de retour de Paris, qu'ils accusent juste, et que les saisies des bestiaux, qui sont les exécutions les plus sensibles qu'on puisse faire pour exciter les peuples à payer, et qu'on ne permettoit point autrefois, ne produisent présentement aucun effet, parce que, quand les bestiaux sont saisis, personne ne se présente pour les acheter, et l'on est obligé, après avoir fait beaucoup de frais, de les rendre aux propriétaires, sans que les recouvrements en soient plus avancés. J'ai cru que vous ne trouverez pas mauvais que je vous fasse ce détail, pour y apporter les remèdes convenables. »

556. *M. l'Évêque de Fréjus*
au Contrôleur général.

26 Décembre (1703).

« Je satisfais à la bonne coutume, et encore plus à mon inclination, en vous souhaitant une bonne et heureuse année, suivie de beaucoup d'autres encore plus heureuses. Si mes vœux étoient aussi efficaces qu'ils sont sincères, vous n'auriez, en vérité, rien à désirer. M. le comte de Chamillart m'a fait l'honneur et le plaisir de venir dîner avec moi, et vous croyez bien que la conversation a presque toujours roulé sur vous. Je vous félicite de tout le bien qu'on dit de lui. Il compte d'être demain matin à Toulon.

« J'ai déjà écrit au traitant des nouvelles charges de contrôleurs que je les achèterois pour mon clergé, et j'écris la même chose à M. Lebret pour celles de commissaires des décimes, pourvu que nous trouvions de l'argent, car il est fort rare en ce pays ici.

« Je tâcherai toujours de donner l'exemple pour les choses qui pourront vous être agréables; mais je suis obligé, en même temps, de vous représenter la pauvreté de mon clergé, et, si vous vouliez bien avoir la bonté d'écrire à M. Lebret de nous traiter un peu doucement, je vous en serois très obligé; et je prends la liberté de vous dire que nous en avons besoin*. »

* Réponse en marge : « La réception de sa lettre. Je voudrois lui pouvoir faire raison à Montfermeil de la santé qu'il a bue avec mon frère; il me semble que c'est un pays de tranquillité. Je n'en ai pas beaucoup joui depuis ce temps-là. Je n'envie point le bonheur de mon frère, si, pour vous voir, il falloit vous aller chercher à Fréjus. Je ne vous dis rien sur l'affaire de votre clergé, étant bien persuadé que vous ferez de votre mieux. »

557. *M. de Nointel, intendant en Bretagne,*
au Contrôleur général.

2 et 23 Janvier 1704.

Il propose d'accorder le privilège exclusif de trente ans que demande l'ingénieur Henri de Fouquerolles pour l'exploitation de mines de charbon de pierre sur les côtes de l'évêché de Saint-Brieuc, à charge d'en fournir les magasins du Fort-Louis, de Brest et de Rochefort à meilleur marché d'un quart que ne revient le charbon d'Écosse*.

Il demande qu'on transfère la mine de plomb de Carnoë à un concessionnaire qui soit en état de faire les avances et de reprendre les travaux abandonnés par les porteurs des précédents privilèges.

* L'analyse jointe au dossier rend compte de la législation spéciale, depuis l'édit de juin 1601 jusqu'à l'arrêt du 13 mai 1698 obtenu par les propriétaires, nonobstant le don général fait en 1689 au duc de Montausier.

558. *M. Turgot, intendant à Tours,*
au Contrôleur général.

4 Janvier 1704.

« . . . . . J'ai examiné la plainte du nommé René Rocher, vérificateur du sel de la paroisse d'Antogny, au sujet de son fils échu à la milice, et j'ai l'honneur de vous la renvoyer, avec un mémoire sommaire des observations que j'y ai faites, par lesquelles j'estime que la grâce qu'on lui a faite, de lui permettre de substituer un autre homme à la place de son fils, qu'il n'eût pas obtenue sans cela, doit être suffisante pour un privilège aussi nouvellement acquis et dans une aussi foible paroisse. Bien que j'aie donné tous les soins, par mes instructions à mes subdélégués, pour conserver tout l'effet de ces privilèges, ceux qui acquièrent dans l'instant, et nous jettent dans l'embarras, sont bien moins favorables que ceux qui, par précaution, s'en munissent pour l'avenir, et je suis sûr que cela n'en empêchera nullement le débit. Je ne me souviens point d'avoir décidé cette affaire devant moi; elle peut être échappée à ma mémoire*. »

* Au dos, de la main de Desmaretz : « A communiquer aux traitants des vérificateurs du sexté. » — « Le respect ne permet pas au traitant de faire aucune réponse sur cette lettre, ni sur le mémoire y joint. Le Conseil du Roi y suppléera, s'il lui plaît, par sa prudence pour remédier au mal, qui presse, et qui fait périr le traité des vérificateurs, particulièrement dans la généralité de Tours. »

559. *Le Contrôleur général*
à M. de Puyzieulx, ambassadeur en Suisse.

5 Janvier 1704.

Il lui demande de s'informer s'il est vrai que des sujets suisses manifestent l'intention d'acquérir des rentes sur l'hôtel de ville de Paris, à 5 p. o/o d'intérêts, sous condition que les arrérages seraient payés, tous les six mois, dans leur pays même.

560. *M.* Lebret, *intendant en Provence*, au Contrôleur général.

7 Janvier 1704.

«J'ai vu, par la déclaration du Roi et tarif des droits qui doivent être payés pour les ports de lettres et paquets à commencer du 1er de ce mois, que vous m'avez fait l'honneur de m'adresser avec votre lettre du 28 du mois passé, que cette marchandise, qui étoit déjà assez chère, est encore augmentée assez considérablement, puisque le port des paquets est presque doublé par ce nouveau tarif.

«Je ne vous dirai point que la misère des peuples, qui augmente tous les jours et qui les rend industrieux à économiser sur tout, leur fera sans doute trouver bien des expédients pour qu'il ne leur en coûte pas plus qu'auparavant, sachant que des gens d'affaires ont déjà écrit à leurs correspondants de ne leur plus écrire si souvent et de mettre dans une lettre tout ce qu'ils auroient eu à leur mander dans trois, puisque je suis persuadé que vous avez prévu comme moi ces inconvénients; mais ce que je dois avoir l'honneur de vous représenter est que, me trouvant très souvent dans la nécessité d'envoyer des paquets à mes subdélégués, soit pour l'exécution des ordres que je reçois, ou pour des éclaircissements que vous, M. le Chancelier, M. le marquis de Torcy, M. de Pontchartrain et MM. les directeurs des finances me demandent pour les affaires du Roi, quelle justice y a-t-il que ces subdélégués, qui sont tous gens de justice, et par conséquent obérés ou pauvres par toutes les taxes qu'on leur a fait payer depuis le commencement de la dernière guerre jusqu'à présent, et dont les offices sont presque infructueux, payent de gros ports de lettres et de paquets pour affaires qui ne les regardent en rien et qui ne leur produisent quoi que ce soit, que de la peine et des soins?

«Je ne prends la liberté de vous faire ce détail désagréable que parce qu'ils m'ont souvent porté leurs plaintes sur cela, me sollicitant vivement de les faire affranchir de ces sortes de ports de lettres et paquets concernant les affaires du Roi seulement; et, à présent que les droits sont doublés, il ne faut pas douter que, s'ils avoient lieu à leur égard, ils ne me remerciassent tous de la subdélégation, et ne me missent par conséquent dans l'impossibilité d'exécuter les ordres qui me sont adressés : de sorte que, pour prévenir cet inconvénient, il me paroîtroit juste que vous eussiez agréable d'ordonner à MM. les fermiers généraux des postes de mander à leur commis ou directeur de Provence d'affranchir toutes les lettres et paquets de lettres qui seront par moi adressés à mes subdélégués, qu'il connoît tous, lorsqu'elles seront suscrites de mon nom sur l'enveloppe et cachetées de mon cachet, ou qu'il y aura dessus : *Pour les affaires du Roi.* Bien entendu que j'aurai soin de n'y faire mettre cette marque d'affranchissement que lorsqu'il s'agira effectivement des affaires de S. M.*.»

* Le contrôleur général répond, le 27 janvier, que cet affranchissement serait contraire à l'usage de tous les temps et de toutes les provinces, qu'une dérogation spéciale pour un département tirerait à conséquence pour les autres, et qu'on peut chercher quelque dédommagement pour les subdélégués. (Minute écrite de la main de M. Desmaretz.)

561. *M.* Turgot, *intendant à Tours*, au Contrôleur général.

9 Janvier et 16 Décembre 1704.

Mémoire et avis sur les rejets de gabelle demandés par plusieurs paroisses.

562. *M.* de Nointel, *intendant en Bretagne*, au Contrôleur général.

10 Janvier 1704.

Rapport sur les différentes conditions dans lesquelles le droit de quarantième de la valeur est acquitté par les marchandises venant par mer à Nantes.

563. *M. l'Évêque de Châlons* au Contrôleur général.

10 Janvier 1704.

Il demande le don de quelques vieilles espèces trouvées dans les poches d'un curé mort à Rodez, et dont la cotemorte lui appartenait de droit, comme étant un des religieux de sa domerie d'Aubrac. Cette petite somme a déjà son emploi pour acquitter les dettes du défunt, secourir sa famille ou réparer son église*.

* Réponse en marge : «Le Roi n'a voulu, en aucun cas, accorder, ni par don ni de quelque autre manière que ce puisse être, les vieilles espèces qui ont été confisquées à son profit. S'il y avoit lieu de vous le procurer, je m'y emploierois avec plaisir, et profiterois bien volontiers de cette occasion pour vous faire connoître que personne n'est plus véritablement que moi, etc.»

564. *M.* d'Argenson, *lieutenant général de police à Paris*, au Contrôleur général.

11 Janvier 1704.

Il annonce qu'il a réprimandé fortement les officiers du guet de n'avoir rien prévenu, ni même rien su des tentatives d'effraction faites, dans la nuit du 6 au 7 janvier, sur la porte de l'hôtel du contrôleur général donnant dans la rue de Normandie*.

* Voir une lettre de M. le Conte, lieutenant criminel, à la date du 7 janvier. Le contrôleur général répond en marge de la lettre de M. d'Argenson : «J'ai écrit à M. le chevalier du guet, après en avoir demandé au Roi la permission, d'une manière qui doit lui faire connoître mon ressentiment. Il me paroît fort extraordinaire que l'on assiège ma maison au moins trois ou quatre fois l'année. MM. du guet feront leur devoir, si bon leur semble; mais, la première fois que pareille chose arrivera, je ferai biffer entièrement le payement de leurs appointements jusques à ce que les auteurs d'une pareille insolence aient été livrés à la justice. Je ne doute point que vous, qui êtes chargé de la police de Paris, ne voyiez avec peine de pareils désordres.»

565. *M. l'Évêque de Fréjus*
au Contrôleur général.

11 Janvier 1704.

«Comme il est bon qu'un ministre sache les grandes et les petites choses, en voici une toute des plus petites dont j'ai l'honneur de vous rendre compte. On ne trouve plus en ce pays ici de sols marqués, parce que les marchands de Nice les prennent à 16 deniers, et qu'on les leur porte tous; il y a même des gens qui en font commerce en Provence, et je parle avec certitude. C'est un point dans la carte que cette affaire; mais vous en ferez ainsi qu'il vous plaira.

«Vous me mandez, dans la dernière lettre dont vous m'avez honoré, pourquoi je ne vous dis rien de Mme de Grignan, que vous supposez ma voisine; mais ce voisinage est à quarante lieues de Grignan, et à vingt-deux de Marseille, qui composent trois bonnes journées; ainsi, tout notre commerce est réduit à celui des lettres, dont je suis très fâché.

«Je souhaite fort d'apprendre que vous ayez été content de M. de Villars, qui est votre maréchal de France; il ne vous cachera rien de ce qu'il pense, assurément, et ne vous trompera pas. S'il y avoit quelque chose qui vous déplût en lui, ayez, s'il vous plaît, la bonté de le lui dire, car il est docile, et a surtout pour vous un respect et une reconnoissance infinie. Il n'y a que des bagatelles à lui passer, et tout l'essentiel en est bon. Je suis ravi que vous soyez prévenu en faveur de M. de Marsin, et je vois qu'aucun bon sujet ne vous échappe. J'ai une sensible joie d'apprendre que vos grandes affaires ne vous changent en rien, et que vous leur êtes supérieur*.»

* Réponse en marge, détruite en partie: «..........; si les sols marqués........ nus rares dans votre............ ne m'auriez donné une marque de votre souvenir. Je ne saurois chercher les moyens de vous en procurer. M. le maréchal de Villars est retourné en Alsace; j'espère que nous serons toujours contents l'un de l'autre. Le commerce que vous avez avec Mme de Grignan n'a pas tout l'agrément que je croyois que vous auriez trouvé dans une société plus ordinaire; il y a néanmoins de quoi se satisfaire l'esprit. Si j'avois le loisir, je partagerois ses faveurs avec vous.»

---

566. *M.* Lebret, *intendant en Provence,*
au Contrôleur général.

11 Janvier 1704.

«M. de Pontchartrain m'ayant fait l'honneur de m'écrire, le 2 de ce mois, que la situation où se trouve le service dans les arsenaux de Marseille et de Toulon, où il périt et se décrédite absolument par le défaut de payement des rescriptions qui ont été données aux trésoriers de la marine et des galères sur la capitation de Provence, l'obligeoit à me prier d'y donner la plus vive attention que je pourrois, ces trésoriers étant d'ailleurs dans de si fortes avances qu'il n'osoit leur demander d'envoyer des fonds pour suppléer à ces rescriptions, je lui ai mandé en réponse qu'encore que le recouvrement de la capitation de l'année 1703 soit plus retardé dans mon département que n'a été celui des années précédentes, je le suppliois de ne pas conclure de là que mon application à faire payer ait été moins grande que par le passé, mais seulement que la misère des contribuables, qui augmente de jour en jour, rend mon zèle infatigable pour le service du maître et mes soins les plus vifs tellement inutiles, que les poursuites, les garnisons et la liberté que j'ai donnée au trésorier du pays de contraindre par corps les receveurs particuliers des communautés, ne produisent presque aucun effet. Ce n'est pas que je ne m'aperçoive qu'outre l'accablement et la misère, qui, dans la vérité, est presque universelle, il y a, de la part des plus aisés des principales villes, de la mauvaise volonté, qui va quelquefois jusqu'à l'insolence; car le receveur particulier de celle d'Aix me vint porter des plaintes avant-hier de ce qu'après avoir fait prier à diverses reprises, et toujours inutilement, le sieur Geboin, avocat des plus aisés de cette ville, de payer sa capitation de 1703, il avoit répondu au sergent, qui lui avoit fait un simple commandement, qu'il se moquoit de ses poursuites, et qu'il ne payeroit pas, quoi qu'on fît contre lui. Je dis à ce receveur que cette insolence ne devoit pas l'empêcher d'aller son chemin, c'est-à-dire de faire saisir les meubles, sans déplacer, et de les faire vendre jusques à concurrence de la capitation et frais, si, dans la quinzaine de la saisie, cet avocat ne se mettoit pas en état de payer : ce qui m'a paru très nécessaire, parce qu'il m'est revenu de plusieurs endroits qu'il s'est vanté de son insolence, et que d'ailleurs il mérite d'autant moins de ménagement que, lors de la création des jurés crieurs, il fut exilé pendant sept à huit mois, pour avoir donné lieu à une espèce de sédition qui arriva dans cette ville au sujet de leurs fonctions. Cependant, comme je m'aperçois que cette capitation se paye beaucoup moins exactement par les habitants des grosses villes que par ceux des autres lieux de mon département, et que cela vient principalement de ce que les receveurs, qui sont choisis par les consuls, et par conséquent dans leur dépendance, ont des complaisances extraordinaires pour ceux qui devroient donner l'exemple aux autres, je crois, ainsi que j'ai eu l'honneur de vous le mander plusieurs fois, que le meilleur moyen d'en accélerer le recouvrement seroit d'obliger le sieur de Villemont, receveur général des finances, et le sieur Silvy, trésorier du pays, d'établir à Aix, Marseille, Arles et Toulon des receveurs qui ne fussent point dans la dépendance des consuls*.»

* Réponse en marge, de la main du contrôleur général: «Bon pour établir des receveurs, et Geboin envoyé pour six mois à soixante ou quatre-vingts lieues.» Une lettre fut expédiée en conséquence le 10 février. Quoique Geboin se fût hâté de payer sa capitation aussitôt que ses meubles avaient été mis en vente, M. Lebret l'envoya à Issoudun, pour réprimer les symptômes de résistance signalés également chez un autre contribuable, «bien plus qualifié que le premier.» Peu après, il intercéda, avec M. de Grignan, pour qu'un ordre de rappel fût accordé. (Lettres de l'intendant et de M. de Grignan, 24 et 29 février.) — Quant à l'établissement de receveurs de la capitation, M. Lebret y vit tant de répugnance partout et reçut des réclamations si vives, qu'il dut laisser le recouvrement aux consuls et aux trésoriers des villes. (Lettre du 16 mai.)

---

567. Le Contrôleur général
à M. de Nointel, *intendant en Bretagne.*

16 Janvier 1704.

«Je vous envoie l'arrêt pour confirmer l'adjudication qui a

été faite en l'assemblée des États de Bretagne, le 11 décembre dernier, au sieur de la Boissière, de la ferme des devoirs et des droits de courtiers-gourmets et commissionnaires-jaugeurs et annuel. L'usage que vous en devez faire est d'en donner part aux sieurs Éberard, Revol, Ballet, et aux autres subrogés à l'adjudication faite en 1701 à François Huby. Je ne vous répète point toutes les raisons que je vous ai expliquées par plusieurs de mes lettres, qui auroient dû les déterminer à reprendre la ferme pour les années 1706 et 1707, aux conditions qui leur avoient été proposées, persuadé que cet arrêt et la crainte de l'exécution de l'adjudication faite au sieur de la Boissière, et de toutes les conditions qui ont été consenties par les États, les portera à reprendre la ferme des mêmes années 1706 et 1707, pour se conserver la jouissance de celle des années 1704 et 1705 et éviter les grandes pertes auxquelles ils seroient exposés, s'ils en étoient évincés.

«Si donc les anciens fermiers consentent de reprendre la ferme, comme je n'en puis douter, il sera nécessaire que vous entriez dans le détail de leur société, tant de la ferme générale que des sous-fermes, et qu'après avoir examiné la part de chaque intéressé et ceux qui peuvent la soutenir, vous engagiez les anciens fermiers à s'unir avec le sieur de la Boissière et lui donner 5 sols d'intérêt dans leur société, qui seroit un sixième au total, sur le pied de 30 sols dont elle est composée. Vous verrez, par cet examen, à quoi peut monter la part de ceux qui, par le défaut de bien ou de crédit, sont hors d'état de faire leurs avances et de la conserver, et vous donnerez tous vos soins pour trouver, s'il est possible, de nouveaux associés dans la province, qui puissent soutenir les parts que les anciens fermiers abandonneront. Je ne laisserai pas cependant de faire en sorte que quelques intéressés dans les affaires du Roi entrent dans celles de Bretagne et prennent le tout ou partie des parts des anciens fermiers qui seront exclus. Vous pourrez faire connoître aux anciens fermiers et aux nouveaux officiers que si, dans la ferme de 1704 et 1705, il se trouve de grandes pertes qui ne procèdent point du défaut de la régie, ni de la négligence des fermiers, lesquelles soient bien connues par les instructions et par les états qui en seront donnés par le sieur de la Boissière, qui sera regardé comme l'homme de la province, je ne fais point de doute que le Roi n'y ait égard, et que S. M. n'oblige les États de les soulager et de leur accorder quelque indemnité*.

«Il reste un autre article bien important à régler; c'est l'emprunt de 2,400,000 ᵗᵗ dont le sieur de la Boissière a été chargé. Sur quoi, je vous dirai qu'après avoir examiné avec soin tout ce qui se peut faire de mieux sur cela, le sieur de Montaran m'a proposé d'empêcher que l'expédition de la procuration des États donnée en faveur du sieur de la Boissière ne lui soit délivrée, et, au lieu de cette procuration, d'en faire donner une nouvelle, remplie de son nom, par les députés des États à la cour, portant pouvoir d'emprunter la somme de 2,400,000 ᵗᵗ en conséquence de la délibération des États et de l'article du contrat des États qui permet cet emprunt, sans parler de la procuration donnée au sieur de la Boissière et de toutes les contestations qu'il y a eu aux États touchant cette affaire. Cet expédient est trop forcé et trop contraire aux règles, et il est plus raisonnable de faire remettre au sieur de Montaran celle qui a été donnée au sieur de la Boissière, et que les députés le subrogent au sieur de la Boissière pour exécuter la délibération des États et faire l'emprunt, à la charge de faire autoriser par un arrêt du Conseil et des lettres patentes leur subrogation, et de faire approuver le tout par la prochaine assemblée des États.

«Il est de conséquence de ne pas perdre un jour à l'exécution de ce projet, afin que le sieur de Montaran puisse profiter de la diminution annoncée au 1er de février prochain pour trouver partie des fonds dont il a besoin. Si vous pouvez exécuter promptement dans la province ce projet, je ferai aussitôt expédier un arrêt du Conseil pour l'autoriser, et pour ordonner en même temps que, pendant chacune des années 1704 et 1705, il sera imposé par les députés à la cour, conjointement avec vous, la somme de 150,000 ᵗᵗ pour payer les arrérages de l'emprunt de 2,400,000 ᵗᵗ, et qu'à l'avenir, à commencer au 1er de janvier 1706, les États imposeront la somme de 150,000 ᵗᵗ par an pour le payement des arrérages de cet emprunt, jusqu'à ce que le principal en soit remboursé. Je ferai ensuite expédier les lettres patentes nécessaires sur cet arrêt, pour être registrées au Parlement et à la Chambre des comptes. Je vous répète qu'il n'y a pas un moment à perdre pour exécuter sur cela les ordres de S. M. J'écris à MM. les députés que vous leur en donnerez part; concertez avec eux le temps et le lieu pour terminer cette affaire**.»

* Sur les négociations qui furent entamées pour obtenir l'union des fermiers des aides de Normandie avec l'adjudicataire de la ferme des devoirs de Bretagne, voir plusieurs lettres de M. l'abbé Olier de Verneuil, en date des 29 et 30 mars, 2 et 10 avril 1704, et de M. de Brilhac, premier président du Parlement de Bretagne, en date du 16 juillet 1704, etc. Les fermiers notifièrent leur refus par la note qui suit (jointe à la lettre du 10 avril) : «Nous prenons tous la liberté de vous remontrer très humblement qu'un engagement de cette nature nous est impossible par rapport à la médiocrité de nos fortunes particulières, à la mauvaise réputation de cette affaire, au défaut de crédit, à la rareté de l'argent et à la difficulté de cette régie, nouvelle pour nous, et qui nous détourneroit entièrement de la suite de nos affaires, qui deviennent très difficiles par les circonstances fâcheuses de la guerre. Nous supplions très humblement Votre Grandeur de faire quelques réflexions importantes à cet égard : que cette affaire a été offerte à mille gens, et que personne n'a osé en approcher; que, le crédit étant attaché aux affaires, et non aux personnes, elle en manqueroit absolument, et d'autant plus que le véritable état où elle se trouve est connu de tout le monde; qu'elle n'a aucun objet d'utilité, et qu'au contraire il y a une perte apparente de plus de 450,000 ᵗᵗ; et qu'enfin nous mériterions de perdre la protection dont elle nous honore autant que nous nous en rendons dignes, si, emportés par notre bonne volonté, dont elle ne doit pas douter, nous contractions avec imprudence un engagement que nous ne pourrions pas soutenir, de l'aveu général et particulier de chacun de nous.»

** Un premier texte de cette lettre avait été préparé et même modifié par M. Desmaretz; il fut ensuite changé plusieurs fois à Versailles, dans les bureaux du commis Chavigné, et la dernière minute est encore corrigée de la main de M. Desmaretz.

---

568. *M. de la Houssaye, intendant en Alsace,*
au Contrôleur général.

16 Janvier 1704.

Mesures prises pour protéger la forêt royale de la

Harte contre les dégradations, et pour garantir les officiers de la maîtrise particulière d'Ensisheim des mauvais traitements des communautés *.

* Voir, au 5 avril 1706, un rapport sur les enlèvements de bois que faisaient les habitants des villages riverains, et sur l'exécution insuffisante des sentences de la maîtrise.

569. *M. Turgot, intendant à Tours,*
au Contrôleur général.

17 Janvier 1704.

«J'ai examiné le placet du sieur Chauvreau, chevalier d'honneur au bureau des finances de Tours, au sujet de sa capitation, et, quoique vous vous en remettiez à moi de lui rendre justice, je suis bien aise de vous en rendre compte. Son père, secrétaire du Roi, payoit anciennement 200#, sans compter l'augmentation, et je suis sûr que lui et sa femme, au moyen d'une succession échue depuis peu, jouissent de 10 à 12,000# de rente et sont des plus riches de cette ville. Ayant acquis l'office de chevalier d'honneur du bureau des finances 36,000#, avec 1,800# de gages, on l'avoit mis à 180#, comme les plus pauvres de ce bureau, dont il est des plus riches; il eut assez peu de pudeur pour se servir d'un arrêt rendu pour le débit de ces charges restantes, portant qu'ils ne pourroient, pour leurs acquisitions, être augmentés à la capitation, ce qui seroit néanmoins bien raisonnable qu'ils supportent les charges des offices qu'ils acquièrent. Il me demanda d'être réduit à 75# qu'il portoit avant cette acquisition, comme fils de famille. Je le priai de faire réflexion que tous les autres officiers de bureau payoient sans peine cette taxe, quoique beaucoup moins en état; que si néanmoins il persévéroit, je le réduirois à 150# par la faveur de cet arrêt, et non au delà, attendu que c'est le taux qu'il devroit porter, quand même il n'auroit point de charge, par rapport à son bien et à une terre qu'il a à la campagne; et étant revenu, je l'ai fait jouir de cette grâce, que je crois suffisante pour l'arrêt. Et, à sa place, j'aurois eu honte de demander et insister auprès de vous pour obtenir davantage, étant très en état de donner ce secours à S. M., que l'on doit demander aux gens riches.»

570. *M. d'Angervilliers, intendant à Alençon,*
au Contrôleur général.

21 Janvier 1704.

Rapport sur les embarras causés à la navigation de la rivière de Touques, et particulièrement au transport des bois destinés à la fourniture du Havre et des sels que les fermiers font passer des dépôts de Honfleur dans les greniers de Lisieux et de Bernay, par la construction d'une digue établie, au profit d'un moulin riverain, dans la terre du Breuil. Nécessité de faire faire une enquête par le subdélégué.

571. *M. Barentin, intendant en Flandre maritime,*
au Contrôleur général.

28 Janvier 1704.

Il ne croit pas possible d'ériger en titre d'offices les charges des Magistrats de Flandre, d'Artois et de Hainaut, non plus que de tirer d'eux un secours extraordinaire sous forme de prêt. Cette dernière opération a causé beaucoup de désordres dans la Flandre espagnole, en inspirant des idées d'indépendance et d'indocilité au Magistrat de Bruges, à tel point qu'on l'a vu refuser le logement et les autres secours aux troupes du Roi. Quant à la création en titre d'offices, elle avait été tentée sans succès par le gouvernement espagnol, et, aussitôt après la conquête, il fut nécessaire de rembourser la somme de 36,000 florins que les Magistrats de la châtellenie d'Ypres avaient versée alors en forme de rachat.

572. *M. Dalon, premier président du Parlement*
de Guyenne,
au Contrôleur général.

2 Février 1704.

Rapport sur l'incendie qui a consumé une partie du palais du Parlement et des dépôts du greffe *.

* Voir, à la même date, les lettres de M. de Sourdis, du procureur général du Vigier, et, au 4 février, un procès-verbal des trésoriers de France. Le 3 juin suivant, M. de la Bourdonnaye envoie le devis des frais de reconstruction, estimés à 50,000#, et il propose d'en répartir le montant sur toutes les provinces du ressort, au prorata de leur taille. En marge : «Bon.»

573. *M. de Bouville, intendant à Orléans,*
à M. Desmaretz.

4 Février 1704.

«M. de Chantemesle, parent proche de feu Mme de Béchameil, a été assigné pour sa noblesse il y a très longtemps. Vous jugez bien qu'en cette considération je lui ai rendu tous les services qui ont dépendu de moi, jusque-là même que le traitant, s'en étant bien aperçu, m'a fait écrire par M. de Chamillart de juger incessamment : de sorte que je ne puis plus lui être utile, car il ne produit pas, à beaucoup près, jusques au temps limité par les déclarations du Roi. Il vouloit partir pour vous aller prier de parler à M. de Chamillart; je l'en ai empêché, afin de vous épargner la peine d'un refus, si vous ne voulez pas parler, et je me suis chargé de savoir de vous si vous voulez bien lui accorder cette grâce. Ayez la bonté de me le faire savoir promptement, afin qu'il ne parte pas, parce qu'il s'impatienteroit peut-être, et que d'ailleurs il faut que je juge *.»

* Voir la lettre écrite par M. de Chantemesle le même jour, et une lettre de M. de Bouville, en date du 12 avril 1707.

574. M. d'Ableiges, intendant à Moulins,
au Contrôleur général.

8 Février 1704.

«Le sieur du Verdier, receveur des tailles de l'élection de Nevers, a fait un traité avec les receveurs généraux au sujet de l'affranchissement volontaire. Pour aider à faire ce recouvrement, il m'a proposé de faire des cotes d'office considérables, et au moins de 500 #, sur les taillables de la ville de Nevers; il m'en a même envoyé une vingtaine à faire sur des personnes qui sont fort à leur aise. Je lui ai fait entendre que, ces particuliers venant à lever leurs affranchissements, leurs cotes seroient perdues pour le Roi, et que, cette perte étant égale aux sommes que le Roi en pourroit retirer, il ne falloit pas y penser, d'autant plus que vous m'aviez ordonné de ne me pas servir de ce moyen, parce qu'il est absolument contraire à l'affranchissement volontaire. Il propose un autre expédient, qui est de faire un rôle de taxes d'office, ne les point mettre au pied de la commission, faire le rôle de la taille indépendamment de ces taxes, en sorte que la somme totale contenue dans la commission se trouve imposée, et poursuivre le payement de ces taxes, dont l'argent seroit employé au payement d'un affranchissement qui tourneroit au profit de chacun à proportion de ce qu'il auroit payé. Il me paroît que cet expédient n'est pas de votre goût, en suivant votre première résolution.

«Enfin, ce receveur, qui est attentif à son recouvrement, me propose encore de faire des cotes d'office sur l'ustensile ou sur la capitation, parce que l'ustensile se doit payer par les affranchis sur le pied de leurs cotes de 1702, et que la capitation se réduit toujours comme on veut, pourvu que le Roi trouve la somme principale qu'il a demandée. Ce dernier moyen regarde principalement la ville de Nevers, dont les rôles ne sont pas encore achevés.

«Le seul moyen qui me paroît praticable est la taxe d'office sur la capitation; mais je doute fort qu'il vous convienne, en suivant votre intention. C'est par cette raison que j'ai l'honneur de vous écrire, ne voulant rien faire sur cela sans vos ordres précis*.»

* Réponse en marge : «Lui mander que tous ces expédients me paroissent trop forcés.»

575. M. Foucault, intendant à Caen,
au Contrôleur général.

10 Février 1704.

«La conjoncture présente, qui oblige de mettre en usage toute sorte de moyens pour fournir aux dépenses de la guerre, m'a fait examiner avec attention la proposition de créer en titre d'offices des maîtres capitaines des arrimages et désarrimages dans tous les havres et ports. Les prétextes ont quelques apparences d'utilité, quoiqu'il soit néanmoins très constant que le plus grand bien du commerce est de le laisser avec beaucoup de liberté et de l'assujettir à moins de droits et de contraintes qu'il est possible; c'est une maxime fondée sur la longue expérience, dont on ne peut s'éloigner qu'à son préjudice. Si néanmoins la nécessité l'emporte sur cette considération, je vous observerai qu'il suffit d'attribuer un sol par quintal du cent pesant des marchandises des navires qui entrent ou sortent des ports, puisqu'il n'en coûte pas 6 deniers, et qu'il est nécessaire d'en excepter les bois, tant de charpente qu'à brûler, les meules à moulin, le marbre, la pierre, le plâtre et carreau; sinon, les droits excéderoient la valeur de la chose, et il est d'usage qu'au port de cette ville, où il y a des particuliers qui travaillent au chargement et déchargement des vaisseaux, ils ne mettent point la main à ces sortes de travaux, dont les marchands et carreyeurs prennent soin. Les autres marchandises seront plus que suffisantes pour produire des droits assez forts pour faciliter la vente de ces offices. Il sera bon aussi de charger ces officiers de prendre soin du lestage et délestage; mais je doute qu'il se présente beaucoup d'acquéreurs de ces nouveaux offices, tant parce qu'il semble qu'ils perdent de leur crédit par la multiplicité, que par la rareté de l'argent, et encore plus par la garantie des dommages qui peuvent arriver par leur faute aux marchandises. Si cette création a lieu, il sera nécessaire d'en régler le nombre eu égard au plus ou moins de commerce qui se fait dans les ports ou havres, et d'établir entre eux une bourse commune, afin de rendre le service plus sûr et plus prompt*.»

* Voir les mémoires envoyés sur la même création : le 12 février, par M. Bégon, intendant à la Rochelle; le 17, par M. de Nointel, intendant en Bretagne, et le 21, par M. Lebret, intendant en Provence.

576. M. le Gendre, intendant à Montauban,
au Contrôleur général.

13 Février et 7 Mai 1704.

Rapports sur l'état de la forêt de Bouconne et sur le règlement des coupes annuelles.

577. M. Bouchu, intendant en Dauphiné,
au Contrôleur général.

17 Février 1704.

Rapport sur la prétention des Cordeliers du couvent de Valence à être indemnisés pour certains terrains et bâtiments qui ont été compris dans l'enceinte de la citadelle, en 1581. L'intendant propose de leur attribuer seulement quatre minots de sel par an.

578. Le sieur de Montaran,
trésorier des États de Bretagne,
à M. Desmaretz.

28 Février 1704.

«Je me trouve dans la nécessité de vous être importun pour vous supplier de vouloir bien me mettre à couvert des poursuites fâcheuses que font contre moi plusieurs particuliers qui sont porteurs d'assignations du Trésor royal. J'ai actuellement trois garnisons établies chez moi : la première, du 18 de ce mois, à la requête de René Davoust, bourgeois de Paris; la seconde, du 21, à la requête de Nolleau, et la troisième, du 23, à la requête de Jean Barbesyeux. J'ose vous représenter qu'ayant toujours été le trésorier du royaume qui a acquitté le plus régulièrement ses assignations, le dérangement où je suis fait un éclat qui ruine tout à fait mon crédit et celui de la province. J'ai eu l'honneur de présenter un mémoire à Mgr de Chamillart, pour lui faire connoître les sommes qui me sont dues par M. de la Boissière, adjudicataire des fermes de la province, et que l'éloignement des payements ne vient point par ma faute. Je vous supplie de vouloir bien lui en parler, et l'engager à donner ordre de lever les garnisons établies chez moi; ce sont même des frais considérables qui retombent sur la province. On vient encore d'établir ce matin une quatrième garnison, de la part de M. de Meuves *.»

* Voir diverses lettres du 4 mars et des jours suivants.

579. *M.* de Bâville, *intendant en Languedoc,*
au Contrôleur général.

29 Février 1704.

«J'ai lu avec attention la lettre ci-jointe que vous m'avez fait l'honneur de m'envoyer. Elle n'a certainement aucun fondement pour la gratification de 40,000 # accordée à un évêque. J'ai vérifié qu'il n'y a point de diocèse où il n'y ait encore quelques restes des années dernières, et je voudrois bien qu'il pût y avoir des fonds aussi considérables que celui de 40,000 # de reste. Les moins scrupuleux de MM. nos prélats ne sont ni en pouvoir ni en volonté de faire de pareilles choses.....»

580. *M.* Lebret, *intendant en Provence,*
au Contrôleur général.

4 et 26 Mars, 14 Avril 1704.

Il remercie le contrôleur général d'avoir permis que son fils vînt le seconder et faire les fonctions d'intendant sous sa direction.

«La bonté que vous avez eue de penser à M. Méliand et de lui procurer l'intendance de Pau est une nouvelle grâce que je dois mettre sur mon compte, et dont je vous fais mes très humbles remerciements. L'éloignement de cent cinquante lieues de Mme sa mère, fort âgée et qui peut, en dix ou douze lignes, disposer d'environ 500,000 #, me fait d'autant plus de peine pour lui que mon absence m'a coûté bien près de 100,000 écus en testaments que ma présence à Paris m'auroit fait infailliblement éviter. Je prends la liberté de vous informer de ce détail dans l'espérance que, s'il remplit ses devoirs dans ce premier emploi, comme il n'y a guère lieu d'en douter, vous aurez la bonté de le faire passer bientôt à un second dans lequel il se trouvera plus à portée de faire sa cour à Mme sa mère et de vous demander lui-même la continuation de votre protection. Je suis vivement pénétré de celle dont vous m'avez honoré jusqu'à présent *.»

* Réponse en marge : «J'aurai une grande attention à rapprocher M. Méliand de Mme sa mère le plus tôt que je pourrai. Il me paroît que les raisons qu'il a pour le désirer sont très légitimes. Je chercherai toujours les occasions de lui faire plaisir, et il n'en doit point douter.»

581. *M.* Desmaretz, *directeur des finances,*
au sieur de Grandval, *intéressé aux fermes générales.*

5 Mars 1704.

«Je crois vous avoir parlé du sieur Mazenod, commis des aides à Juvisy, et du scandale public qu'il cause par le commerce qu'il entretient avec une femme ou personne non mariée. Quoique ces sortes de choses semblent ne pas regarder ce qui touche la finance, je ne puis néanmoins, à la prière de personnes de considération, me dispenser de vous proposer de le mettre ailleurs. Ils savent que vous y prenez intérêt, et croient ne pas faire une proposition déraisonnable de vous prier de le placer ailleurs.»

582. *M.* de Bernage, *intendant en Franche-Comté,*
au Contrôleur général.

7 Mars 1704.

«Il m'a paru que vous n'aviez rejeté la proposition que j'avois eu l'honneur de vous faire, d'abonner la province de Franche-Comté pour la décharger de toutes les affaires extraordinaires, que parce que vous aviez trouvé la somme offerte trop modique. Il m'est venu une idée de faire une augmentation sur le prix du sel, tant celui qui se distribue aux communautés, qu'on appelle *ordinaire*, que celui qui se vend aux particuliers, qu'on appelle *extraordinaire*. Et joignant ce produit à une imposition qui seroit faite tant sur les villes que sur le plat pays, je crois qu'on pourroit trouver moyen de faire donner 300,000 # cette année par la province, et 350,000 # les années suivantes, pendant la guerre, sans comprendre dans la décharge des affaires extraordinaires celle de la création d'une chambre dans le Parlement de Besançon, ni toutes autres créations qui pourroient être faites à ce Parlement et à la Chambre des comptes de Dôle, non plus que les syndics des communautés et les visiteurs d'eau-de-vie, dont l'abonnement particulier a été fait et sera exécuté, aussi bien que les autres recouvrements qui sont commencés. J'ai peine à croire, supposant ces réserves, que toutes les affaires qu'on a faites et qu'on pourra faire produisent davantage. Au surplus, cette augmentation sur le sel de la province n'est pas sans exemple, ayant été faite dans le temps de la domination d'Espagne, pour construire la citadelle de Besançon. Elle paroît ne devoir pas déplaire, puisqu'elle sera passagère et qu'on ne peut trouver un moyen plus insensible de lever de l'argent pour une cause aussi avantageuse aux peuples. Si cette vue vous paroît convenable, je l'examinerai plus à fond, et vous enverrai un projet de la manière dont je croirai qu'elle pourra être exécutée *.»

* M. Desmaretz ayant répondu, le 21 avril, que cette proposition serait acceptable, si l'on s'engageait à rendre l'opération aussi fructueuse que les affaires extraordinaires, et moins onéreuse pour les peuples, l'intendant envoya un mémoire en conséquence, avec pièces justificatives, le 4 mai. Le 22 juin suivant, M. Desmaretz l'avertit que les créations de procureurs du Roi et greffiers des hôtels de ville et de notaires ne pouvaient être comprises dans l'exemption d'affaires extraordinaires.

que ces charges étaient plus utiles qu'onéreuses, et qu'il faudrait autoriser le traitant à en continuer le débit, à moins qu'on ne l'indemnisât, comme les autres, sur le produit de l'augmentation d'abonnement.

583. *Le sieur* Pocquelin, *directeur du bureau des traites de Châlons*, *au* Contrôleur général.

12 Mars 1704.

Il donne des détails sur l'introduction en contrebande des toiles peintes, furies, écorces, drogueries, épiceries, etc., qui se pratique par la frontière de Lorraine, et sur une saisie faite par les gardes de Châlons.

584. *M.* Lebret, *intendant en Provence*, *au* Contrôleur général.

14 Mars 1704.

«En recevant le placet qui vous a été envoyé par M. de Brémond Sainte-Croix, capitaine et aide-major au premier bataillon du régiment de Sault, et qui étoit joint à la lettre que vous m'avez fait l'honneur de m'écrire le 28 du passé, je me suis informé des raisons qu'on a eues de taxer Mme sa mère à 92 # pour sa capitation en la ville d'Apt, et j'ai appris que, dans cette somme, non seulement la capitation de la mère, qui est veuve et qui a la conseigneurie de Vachères et d'autres biens, mais aussi celle de quatre de ses enfants qu'elle a auprès d'elle, et de ses domestiques, y sont comprises; que cette taxe a été faite en présence et de l'avis des personnes les plus qualifiées et de probité de la ville d'Apt, et que, dans la rigueur et suivant la qualité et facultés de cette dame, elle devroit payer davantage à proportion des autres. Après cela, si vous croyez que les services de M. son fils et de ses autres frères méritent quelque considération, vous êtes le maître de lui faire telle modération que vous jugerez convenable. Ce qu'il y a à considérer est que, quoique je pousse les taxes des particuliers aussi loin qu'elles peuvent aller, il est impossible d'en tirer le million que le Roi veut toucher de net outre les 50,000 # de taxations attribuées aux receveurs généraux, receveurs des vigueries et trésoriers particuliers des communautés, et les frais qui sont indispensables pour la confection, tous les ans, de près de sept cents rôles, dont ceux des grosses villes sont d'un volume monstrueux; que la province est en avance de plus de 500,000 # qu'elle a empruntées pour remplacer les non-valeurs des années 1701, 1702 et 1703, dont elle paye actuellement l'intérêt, et que, si vous n'avez la bonté de réduire le contingent de la province à une somme proportionnée à ses forces, il est à craindre que, ne pouvant plus payer les intérêts de ses créanciers et fournir à toutes les autres charges, qui deviennent immenses par le passage des troupes et par les nouveaux traités qui paroissent de jour en jour, elle ne perde entièrement son crédit, et que les communautés, qui doivent déjà près de 30 millions, se trouvant dans le même inconvénient, ne tombent toutes dans le dernier désordre *.»

* Au dos, de la main de M. Desmaretz : «La capitation de la dame de Brémond, faite avec connoissance, est très modérée. Observer ce qu'il écrit sur l'état des communautés de Provence, qui demande grande attention.»

585. *Le sieur* Julliot, *receveur des tailles à Bordeaux*, *au* Contrôleur général.

15 Mars 1704.

«Je n'ai point voulu jusqu'à présent vous importuner à l'occasion de la recette des tailles de l'élection de Bordeaux; j'ai voulu voir auparavant si la foire qui se tient en cette ville pendant les premiers jours de ce mois ne la mettroit point en mouvement. Mais, comme on ne s'aperçoit pas qu'elle soit d'aucun secours, et que la plupart des collecteurs, qui sont tous gens sans ressource, parce que tous les biens de l'élection sont aux bourgeois de Bordeaux, ont à peine pu recevoir pour payer les frais des contraintes, je ne puis plus me dispenser d'avoir recours à Votre Grandeur. Mon recouvrement est immense par rapport à l'état de l'élection; j'ai à recevoir cette année 887,000 #, savoir : 579,000 # pour la taille, 176,000 # pour l'ustensile, et 133,000 # pour la capitation du plat pays : lesquelles sommes, les charges déduites, mes payements se trouvent de 62,000 # par mois; et je n'ai reçu en janvier que 13,000 #, en février 39,000 #, et, jusqu'à présent de ce mois-ci, 9,000 #, sans pouvoir trouver les moyens de faire mieux. Cette élection ne subsiste que par le vin : il y en a eu peu cette année; ce peu est mauvais. Le commerce est absolument mort ici, on n'en vend point; le paysan, ordinairement à son aise par cette denrée, meurt de faim avec celle qu'il a; ses vignes vont demeurer incultes. Le paysan pauvre, qui ne gagne sa vie qu'au jour le jour, et qui payoit autrefois sa taille de quelques avances que lui faisoit le bourgeois sur son travail, n'a plus cette ressource, parce que le bourgeois est si mal à son aise de son côté, qu'il a peine à vivre lui-même. Les exécutions sont inutiles. Saisit-on du vin, il demeure à la charge des séquestres, qui crient qu'il se gâte faute d'être soigné. Enlève-t-on des meubles et les expose-t-on en vente, personne ne les achète, et, s'il se vend quelque chose, c'est pour être consommé en frais. Enfin, cette élection n'a subsisté que par le commerce de ses vins, et, ce moyen manquant, elle est dans un état de misère tout des plus extrêmes. Cependant M. le receveur général veut être payé. Comment faire de mon côté pour le satisfaire? Je ne suis point riche; il m'est encore dû de gros restes pour 1702; je suis taxé à 27,000 # pour le denier pour livre attribué aux commissaires des tailles. Les années précédentes, quand j'avois besoin de quelque argent pour satisfaire à mes payements, je trouvois des bourses à ma commodité; mais, présentement, tout est fermé, et l'argent est si rare ici qu'avec tout le crédit du monde on ne trouveroit pas un sou. D'ailleurs, quand je pourrois trouver quelque somme, que seroit-ce en comparaison de la différence qui se trouve entre ma recette faite et mes payements à faire? Tout cela résulte à vous supplier très instamment de vouloir bien m'accorder un délai de payement. M. de Mauroy, mon confrère, en eut en 1697, de Mgr de Pontchartrain, pour deux payements, jusqu'à la fin de l'année; cette année-là avoit néanmoins assez de commerce, et, à la comparer à celle-ci, qui est absolument morte, j'espère que vous voudrez bien proportionner vos égards. Je prends la liberté de vous demander cette grâce, poussé par l'impossibilité où je serois de satisfaire à mes obligations, que je voudrois bien remplir; en effet, personne n'est mieux intentionné que moi*.»

* Ces faits sont confirmés par M. de la Bourdonnaye, intendant, le 12 avril suivant.

586. *M. le Camus, lieutenant civil de Paris,*
au Contrôleur général.

16 Mars 1704.

Banqueroute du notaire Boucher; détail des principales pertes*.

* Réponse en marge : «Il seroit à désirer, pour la vengeance publique, que Boucher, notaire, servît d'exemple et rassurât la bonne foi de ceux qui mettent tout leur bien et qui exposent toute leur fortune entre les mains de gens de pareil caractère, dont la seule bonne foi fait leur sûreté. Je ne doute point que votre zèle ne se ranime en pareille occasion.»

587. *Le sieur Gassot-Lavienne, président de l'élection de Bourges,*
au Contrôleur général.

16 Mars 1704.

Saisie de tabacs défectueux chez un receveur.

588. *M. de la Houssaye, intendant en Alsace,*
au Contrôleur général.

22 Mars 1704.

«Lorsque M. Guynet, mon beau-frère, a quelque chose à vous demander, l'union dans laquelle nous vivons ne me permet pas de le laisser agir seul, les grâces que vous lui pouvez faire me tenant autant au cœur que si elles me regardoient personnellement. Vous savez qu'il y a longtemps qu'il désire de servir le Roi dans les intendances : vous lui avez donné lieu d'espérer qu'il n'en seroit point exclus, lorsque vous avez bien voulu l'envoyer à Strasbourg passer un temps suffisant pour se mettre au fait de cette fonction. J'eus après l'honneur de vous assurer, non par complaisance, mais avec toute la vérité que je vous dois, qu'il me paroissoit en état de s'en acquitter très dignement : ce qui n'a pu qu'augmenter depuis. Il me mande qu'il se répand un bruit de quelque mouvement dans les intendances; j'ose vous supplier, au cas que cela soit, de vouloir bien jeter les yeux sur lui, et je prends la liberté de vous offrir de mettre sur mon compte, autant que vous m'en croirez digne, l'obligation qu'il vous en aura*.»

* Réponse en marge : «Il n'y a eu de mouvement dans les intendances que celui du changement de M. Lebret, qui passe en Provence, et M. Méliand en Béarn, à sa place. Si M. votre beau-frère ne travaille dans le Conseil et ne s'établit une réputation pour les affaires, j'aurai de la peine à le proposer, quelque envie que j'aie de vous faire plaisir, et à lui aussi.»

589. *M. Robert, procureur du Roi au Châtelet de Paris,*
au Contrôleur général.

26 Mars 1704.

«J'ai été averti, sur les huit heures du matin, que le feu étoit au palais des Tuileries, dans un lieu tout proche la salle des Ballets et des Machines. J'y suis allé, et j'y ai trouvé M. le maréchal de Vauban qui donnoit les ordres pour éteindre le feu. J'ai tâché de le secourir de mon mieux, et nous avons envoyé chercher du Périer, comédien, avec ses pompes; M. d'Argenson est ensuite arrivé, et depuis M. Mansart; et, par les bons ordres qui ont été donnés, et surtout par le moyen des pompes de ce comédien, le feu a été éteint, et, au témoignage de M. Mansart, il ne coûtera pas 500 écus pour réparer le plancher et autres bâtiments ruinés par le feu, ou que l'on a été obligé de démolir pour empêcher la suite du feu. L'endroit où le feu a pris est une chambre basse qui n'étoit point habitée, et qui étoit pleine de coffres remplis d'habits de ceux qui dansoient aux ballets; la chambre au-dessus est le laboratoire des ouvriers du sieur Buterfiel, qui travaillent à des globes pour le Roi. Je ne puis dire si ce sont ces ouvriers qui, par quelque ouverture du plancher, ont laissé couler du feu dans la chambre basse, qui y a embrasé les coffres, les habits, et ensuite le plancher; mais certainement c'est dans la chambre basse que le feu a pris, les pierres des murailles étant brûlées et calcinées du feu, et celles de la chambre haute étant entières. J'ai vu, en cette occasion comme en plusieurs autres, les effets salutaires de ces pompes qui dardent l'eau partout où du Périer veut, et cette machine est admirable pour éteindre les incendies. Il seroit très avantageux qu'il y en eût dans tous les quartiers de Paris, avec des hommes préposés pour faire agir ces machines, et aucune dépense, soit qu'elle fût faite par le Roi ou par la ville, ne seroit plus avantageuse pour la conservation de la ville de Paris*.»

* En 1706, à l'occasion d'un incendie dans les maisons des Halles, il dit que les premières pompes arrivées n'ont pas produit grand effet, mais que, du Périer lui-même en ayant fait manœuvrer d'autres, celles-ci ont éteint le feu. (Lettre du 21 juin 1706.)

590. *M. Lebret, intendant en Provence,*
au Contrôleur général.

31 Mars 1704.

«J'ai communiqué à M. de Moissac, directeur des fermes du Roi dans l'étendue de mon département, la lettre que vous m'avez fait l'honneur de m'écrire le 18 de ce mois et le mémoire qui y étoit joint, et que j'ai l'honneur de vous renvoyer, au sujet de la création qu'on propose en titre d'office de visiteurs dans les bureaux des fermes. Je comprends, par tout ce qu'il m'a expliqué et par ce qui est de ma propre connoissance, que ces nouveaux établissements porteroient un préjudice considérable aux droits du Roi et au commerce, sans être d'ailleurs d'un grand secours à S. M., au moins dans cette province, car il n'y a des coins que dans les bureaux d'Avignon, d'Arles et de Septèmes, et des visiteurs que dans ces bureaux et dans ceux de Lambesc, Toulon, Antibes et Sisteron, parce qu'il seroit très inutile d'en établir dans les autres bureaux de mon département. Ces visiteurs sont établis pour visiter, vérifier, peser, nombrer et mesurer les marchandises et denrées qui doivent acquitter dans ces bureaux les droits locaux de la province et ceux ordonnés par les arrêts du Conseil. Ils ne peuvent prétendre ni exiger aucune chose des marchands et voituriers pour ces fonctions, et, s'il étoit prouvé qu'aucun d'eux eût exigé quelque rétribution en argent ou en denrées pour la simple visite ou vérification des marchandises, il seroit révoqué sur-le-champ, étant bien apparent qu'elle ne seroit faite, par les marchands et voituriers, qu'en vue d'être favorisés aux dépens du fermier. Il est vrai que, dans les bureaux de Septèmes et d'Arles, on tolère les gratifications qui se donnent pour ficeler et plomber les marchandises qui jouissent de la faculté du transit, et encore à Septèmes pour les ballots, balles, caisses et coffres qui sont consignés pour aller acquitter les droits ou être représentés aux bureaux de la douane à Lyon ou à Paris, et que l'on fait ficeler et plomber pour éviter de nouvelles vérifications dans les bureaux de la route; mais ces sortes de gratifications, qui ont pour prétexte les frais de la ficelle et des plombs, sont entièrement à l'arbitrage des propriétaires et conducteurs des marchandises plombées; et, quoiqu'on ne puisse pas savoir précisément ce que cela peut produire dans ces deux bureaux, on présume néanmoins que cela peut aller, au bureau de Septèmes, à 200 ₶ ou environ, et à 80 ₶ au bureau d'Arles, pour chacune année. Le receveur du bureau d'Avignon jouit des droits des plombs du bureau, comme les ayant acquis avec sa recette, suivant ses lettres de provisions et quittance de finance. Ces droits, au bureau d'Avignon, consistent en 15 sols par ballot de soie du poids de cent livres, les moindres à proportion; en un sol pour chaque pièce de taffetas ou autre étoffe de soie sortant par d'autres endroits que par Lyon, parce qu'en ce cas on les plombe pièce par pièce, et, lorsqu'elles vont à Lyon, on les encaisse et l'on plombe et ficelle les caisses, dont on fait payer 5 sols par caisse.

«Tout cela fait voir que la finance qui proviendroit de cette création ne seroit presque d'aucune considération en Provence, puisque les droits qui s'y exigent présentement par les seuls visiteurs établis dans les bureaux d'Arles et de Septèmes, pour la ficelle et plomb qu'ils apposent aux marchandises qui jouissent de la faculté du transit, ou qui sont consignées pour aller acquitter les droits ou être représentées aux bureaux de Lyon ou de Paris, ne montent, par estimation, qu'à 280 ₶ par chacun an. Je sais bien que, si on établissoit des visiteurs en titre dans tous les autres bureaux de mon département, aux gages et droits portés par le mémoire ci-joint, dont il n'est pas possible de savoir précisément le produit par avance, la finance seroit un peu plus considérable; mais j'estime qu'on n'y doit pas penser, par les considérations suivantes : la première, que, quand même les charges ne seroient pas levées par des marchands pour les faire exercer par des personnes à leur dévotion et avoir lieu de frauder et faire la contrebande, les droits des fermes n'en seroient pas moins à la discrétion de ces nouveaux officiers, sans qu'on pût presque y remédier, parce que, dans le temps que le receveur fait et enregistre sa recette, le contrôleur fait les expéditions pour les marchands, les voituriers ou les patrons, et cela pour les expédier plus promptement et leur éviter des frais de séjour et de retardement. Ainsi, le visiteur fait seul les pesées des marchandises et denrées et leur vérification, et ce n'est que sur ses feuilles, contenant le poids et la qualité, qu'on acquitte les droits. Outre que, ces emplois restant, comme ils sont à présent, en simple commission, les fermiers sont en droit de révoquer un employé au moindre soupçon qu'ils ont de défaut de fidélité de sa part, au lieu que les titulaires dont il s'agit ne pourroient être dépossédés, s'ils abusoient de leurs fonctions, qu'en leur faisant leur procès : ce qui ne se pourroit sans témoins de leur infidélité, qu'il seroit très difficile d'avoir, par les soins qu'ils prendroient de cacher leur mauvaise conduite.

«La seconde, que, pour tirer une finance un peu considérable de cette création, il faudroit établir des visiteurs dans tous les bureaux, d'où naîtroient deux inconvénients insupportables : le premier, que les marchands et voituriers par terre et par eau seroient obligés de payer dans tous les bureaux les droits attribués à ces nouveaux officiers; et l'autre, de souffrir de fréquentes visites et vérifications, ou de faire des gratifications à tous ces visiteurs pour en être dispensés; et enfin, que les fermiers, se défiant des visites et vérifications de ces nouveaux visiteurs, ordonneroient aux brigades et autres employés de faire des contre-visites : ce qui fatigueroit extrêmement les marchands et voituriers, et porteroit par conséquent un préjudice considérable au commerce*.»

* M. Barentin, intendant en Flandre maritime, se plaint, dans sa lettre du 25 avril, que les droits que perçoivent déjà abusivement les commis de certains bureaux sont de pures exactions, qui couvrent des intelligences frauduleuses avec les marchands, et que ceux-ci les compensent en faisant de fausses déclarations. Si l'on crée des visiteurs en titre d'office, le résultat sera peut-être le même. — M. Foucault, intendant à Caen (14 avril), croit que la création pourrait se faire d'autant plus facilement que les droits perçus couvriraient l'intérêt de la finance des offices; mais, si modiques que fussent les droits, s'ajoutant à tant d'autres dont la diversité est déjà une entrave pour le commerce, ils achèveraient de le ruiner. Il n'y a d'ailleurs à compter, pour le débit des offices, ni sur les particuliers ni sur les communautés. — Voir les autres rapports et mémoires sur les bureaux de visite, de M. Roujault, en Berry, 30 avril; de M. Ferrand, en Bourgogne, 12 avril; de M. de Nointel, en Bretagne, 6 août; de M. le Gendre, à Montauban, 28 mai; de M. d'Herbigny, à Rouen, 14 avril; de M. Bouchu, en Dauphiné, 5 avril; de M. d'Ableiges, à Moulins, 14 avril.

---

591. *M.* de Bouville, *intendant à Orléans,*
à M. Desmaretz.

2 Avril 1704.

«M. le cardinal de Coislin m'a fait l'honneur de me dire une conversation qu'il a eue avec M. de Chamillart au sujet des milices, après laquelle il nous en parla. Cela me fait prendre la liberté de vous dire comment elles ont été faites et tout ce qui s'est passé, parce que, ayant toujours été exact à faire tout ce que M. de Chamillart m'a mandé, et par mon devoir et par attachement pour lui, je serois très fâché qu'il crût que j'eusse manqué à quelque chose.

«Dès le moment que je reçus l'ordre pour la levée des milices, je me mis en mouvement, et j'ai été dans le plus d'élections qu'il m'a été possible faire tirer moi-même. Ces voyages, à un homme de mon âge, avec les incommodités que j'ai, n'avoient pas laissé de me fatiguer : de manière que j'en ai eu pendant deux mois une fluxion sur la poitrine, qui, quoique très fâcheuse, ne m'a pas empêché d'agir. Vous savez qu'il y a pour l'ordinaire plus de garçons absents que de présents pour tirer au sort : de sorte que, dans certaines paroisses, il a fallu tirer jusques à trois fois, et il n'étoit pas possible que j'allasse moi-même dans ces paroisses, situées dans toutes les élections de la généralité. J'y ai envoyé des gens de la probité desquels je réponds, et effectivement il n'y a pas eu la moindre plainte. J'avois fait tirer moi-même dans l'élection de Blois. Il se devoit assembler deux cent cinquante hommes dans ladite ville, partie desquels devoient être fournis par l'élection de Vendôme, et moitié de celle de Châteaudun, où M. de Fontenay, commissaire des guerres pour mon département, s'étoit chargé de faire tirer au sort, et même d'assembler les deux cent cinquante hommes à Blois. Je croyois ne pouvoir mieux faire que de me servir d'un homme revêtu d'un caractère et envoyé ici par M. de Chamillart : j'y ai été trompé, et on ne peut avoir plus mal fait que tout ce qu'il a fait en ce pays-là. Il a été pris de l'argent de toutes parts, et, comme il ne s'est rien fait dans les règles, cela m'a tout dérangé. D'autre côté, les officiers envoyés ici pour conduire les miliciens ont changé la plupart des garçons sur lesquels le sort étoit tombé dans les élections où j'ai moi-même fait tirer, les uns pour de l'argent et les autres par complaisance. M. le cardinal de Coislin sait même, par un homme qu'il m'avoit recommandé pour une autre affaire, qu'il y a des miliciens revenus de la route, où ils ont trouvé moyen de s'accommoder avec les officiers. Je crois que M. de Chamillart se souviendra bien que j'ai eu l'honneur de lui rendre compte de tout cela, et que cela me faisoit prévoir une grande désertion.

«Vous jugez bien que, sur ce pied-là, la milice ne peut être ni belle ni nombreuse. Je ne sais pas combien de miliciens seront arrivés à Gray; mais je sais bien que j'en ai fait partir onze cents, malgré toute la mauvaise manœuvre du commissaire et des officiers.

«Je n'ai point pris le parti d'écrire à M. de Chamillart ce que je sais de ce commissaire, parce que vous savez que ces Messieurs ont leurs âmes dans les bureaux, et que les lettres sont vues; mais ma conscience m'oblige à ne lui pas laisser ignorer, et je vous supplie de vouloir bien lui dire que j'ai déjà plusieurs déclarations très fortes contre ce commissaire et contre un homme qu'il a employé, que j'ai fait mettre en prison. S'il veut que j'informe, il verra bien de l'ordure; mais je voudrois bien qu'il ne parût pas que cet avis soit venu de moi, si cela se peut autrement, ou s'il veut bien lui pardonner. Il me suffit que j'aie fait mon devoir en avertissant. J'aurai même l'honneur de vous dire que ce commissaire est dans un extrême chagrin : j'ai eu avec lui, sur cela, une conversation vive, qui lui a fait bien de la honte; et, en ce cas, je ferois rendre l'argent à ceux que je saurai en avoir donné. Si je n'avois eu ni commissaire ni officiers, tout se seroit bien passé, et j'aurois fait conduire les miliciens par d'honnêtes gens; il s'est trouvé plus de garçons qu'on ne pensoit, et tout le mal ne vient que des officiers qui éloignent le départ et ruinent la milice.»

---

592. *M. Lebret, intendant en Provence,*
au Contrôleur général.

4 Avril 1704.

«Quoique la Provence ne produise ni lin ni chanvre, et qu'il n'y ait point par conséquent de manufactures de toiles, et guère davantage de manufactures d'étoffes, à cause de la cherté des denrées, son commerce en Levant, où on envoie les draps qui se fabriquent dans les manufactures de Languedoc et de Dauphiné, et en Italie, où on fait passer de Marseille une très grande quantité de petites étoffes de laine, ne laisse pas d'être extrêmement intéressé à la proposition qu'on vous a faite de créer en titre d'office des contrôleurs-visiteurs de draperies et autres étoffes de laine; car, encore qu'un denier ou 2 deniers par aune, qu'on prétendroit leur attribuer, ne paroissent pas considérables, les inquiétudes qu'on donneroit infailliblement aux fabricants et marchands, sous prétexte d'exiger ce petit droit, ou plutôt dans la vue de vendre la facilité absolument nécessaire dans le commerce, dégoûteroit assez les uns et les autres pour porter beaucoup plus de préjudice aux droits des fermes et au commerce en général, que S. M. ne tireroit d'utilité de ce nouvel établissement; et, quelque pressants que soient les besoins de l'État, je crois qu'il ne le faut point entreprendre qu'on ne trouve le moyen d'éloigner les traitants, leurs commis et les nouveaux titulaires, s'il est nécessaire d'en établir, de l'exaction de ces nouveaux droits, en laissant aux maîtres et gardes seuls le soin de les lever avec le sol par pièce qu'ils sont déjà en droit de percevoir*.»

* M. de Bâville, intendant en Languedoc, écrit sur le même sujet : «J'ai examiné avec attention la proposition qu'on a faite au Conseil de créer en titre d'office des contrôleurs-visiteurs de toiles, draperies et autres étoffes de fil et de laine, et de leur attribuer les droits portés par les édits et règlements des mois de mars 1571, d'octobre 1620, de juin 1627 et du 22 décembre 1629, outre et par-dessus le droit d'un sol par pièce qui se perçoit par les maîtres et gardes, tant sur les étoffes des manufactures étrangères, le tout avant de pouvoir être exposé en vente. Cet établissement en la province de Languedoc semble souffrir quelque difficulté par rapport au secours que le Roi pourroit retirer, qui n'est pas considérable, et aux inconvénients qu'il causeroit à la liberté du commerce. Pour ce qui regarde le secours que le Roi pourroit retirer de la création de ces offices, il paroît qu'il ne seroit pas d'un grand objet, surtout en Languedoc, quoiqu'il y ait plusieurs manufactures; cela semble fondé en ce que les appointements des commissaires et inspecteurs des manufactures, qui sont de 2,000 ᵗᵗ chacun, pour lesquels on exige un sol pour chaque pièce, à peine peuvent être tirés de ce produit. Sur ce principe, il est aisé de juger que le droit de 5 sols par pièce de drap et 3 sols des étoffes de laine, qu'on propose de lever, ne seroit pas assez considérable pour être mis en balance avec les inconvénients et le préjudice que cela peut faire au commerce. Puisqu'on a toujours regardé comme un des principaux moyens pour le faire fleurir et pour l'augmenter de donner aux négociants toute la liberté possible pour l'exercer, l'établissement des visiteurs semble contraire à cette maxime et les expose à des visites continuelles, qui ne peuvent que leur être à charge et rebuter non seulement dans le commerce, mais encore éloigner ceux qui auroient envie de le pratiquer. D'ailleurs, sous prétexte de cette augmentation, les marchands ne manqueroient pas d'augmenter considérablement leurs marchandises, ce qui feroit regarder cette augmentation comme une charge fort onéreuse pour le public, qui se trouve également intéressé à ce commerce. Il n'y a point en Languedoc de manufactures de toiles.» (Lettre s. d., du mois d'avril 1704.)

M. le Gendre, intendant à Montauban, envoie, le 28 mai, un avis favorable à la création et un état de la fabrication des étoffes de laine ou de fil. En raison de la diminution de cette industrie et du bas prix des étoffes fabriquées plus particulièrement dans son département, il demande que les droits nouveaux de visite ne soient pas fixés trop haut, et, comme il faut, d'autre part, assurer aux acquéreurs qui se présenteraient un produit certain et suffisant, il propose de supprimer les commis inspecteurs des manufactures, pour attribuer aux contrôleurs-visiteurs les 2,000 # que ces commis prélèvent chaque année sur le produit du sol pour pièce.

M. de Bouville, intendant à Orléans, dit, le 2 avril : «Il ne me paroît aucun inconvénient, pour les maufactures de ce pays-ci, à l'établissement du droit qu'on vous propose, et, afin même d'en être plus assuré, j'ai parlé à un gros marchand, très honnête homme, qui m'a confirmé dans mon sentiment.»

M. Guyet, intendant à Lyon, donne, le 10 mai, un état des fabrications de son département, et indique les raisons qui font penser que cette création de visiteurs diminuerait considérablement le commerce.

M. Pinon, intendant à Poitiers, envoie, le 16 avril, un état détaillé de la fabrication dans chaque localité de son département.

M. d'Herbigny, intendant à Rouen, en envoyant les états de fabrication, le 14 avril, dit : «Il ne paroît pas que, les droits étant si modiques, la création des charges proposées puisse faire tort au commerce ni incommoder le public. Il seroit difficile de fixer des lieux en particulier pour la résidence et le district de chaque contrôleur-visiteur des toiles et des draperies, car, à la réserve des draps fins, qui se font à Rouen, Darnetal, Elbeuf et Louviers, tout le reste se fabrique dans toute la campagne, et, quoiqu'il y ait des marchés où la plus grande partie des étoffes de laines se vend ordinairement, ainsi que les toiles, à la réserve de celles qui doivent être nécessairement apportées aux halles de Rouen, néanmoins, comme la liberté y est entière, les officiers créés n'y auroient pas une assez grande sûreté : en sorte qu'il paroîtroit plus convenable de les créer ou par vicomtés ou par élections. Chacun, dans l'étendue de pays qui lui seroit donné, pourroit exercer son office, tant par visites chez les fabricants que par assiduité à se trouver dans les marchés.»

M. Turgot, intendant à Tours, envoie, le 7 mai, des mémoires de diverses provenances, particulièrement sur la fabrication des toiles à Laval et des étoffes dans divers lieux de son département.

M. Bégon, intendant à la Rochelle, dit (lettre du 10 avril), en envoyant un mémoire du directeur des fermes, qu'il n'y a aucune manufacture dans sa généralité, que les débitants souffriraient beaucoup de la visite, et qu'il vaudrait mieux la faire faire dans les manufactures mêmes ou à l'entrée du royaume. A 2 deniers par aune de drap ou de toile de prix élevé, et à un denier pour les autres, les marchandises vendues à la Rochelle même donneraient un produit de 18,000 #, et il serait de 60,000 # dans la généralité.

M. Bouchu, intendant en Dauphiné, envoie, le 17 avril, des états de la fabrication des étoffes, mais non de celle des toiles, qui est d'autant moins considérable, dit-il, que les réquisitions de la marine détournent beaucoup de particuliers de faire la culture des chanvres. Il pense que la création d'offices, vu la modicité des droits, ne saurait avoir d'inconvénients.

M. Sanson (Soissons, 25 avril) trouve que les droits sont trop modiques, et qu'il n'y aurait lieu de les établir qu'en les augmentant à proportion de la valeur des marchandises, et en les étendant aux toiles fabriquées par les tisserands avec le fil fourni par les particuliers.

---

593. *M. de la Bourdonnaye, intendant à Bordeaux,* au Contrôleur général.

5 Avril 1704.

Il transmet les mémoires des deux directeurs des fermes de son département sur la perception des droits des visiteurs des fermes.

ÉLECTION DE BORDEAUX.

«Il n'y a point de bureaux, dans la direction de Bordeaux, où il soit permis aux visiteurs de recevoir des droits, ni où il soit connu qu'ils reçoivent des gratifications des marchands. Avant l'ordonnance de 1687, les visiteurs d'issue des bureaux de Bordeaux, Libourne, Bourg et Blaye recevoient des droits de visite de chaque vaisseau étranger ou françois qui y chargeoit. Ces droits étoient différents dans ces quatre bureaux; l'étranger payoit le double du François. Depuis l'union du droit d'acquit à ceux des fermes du Roi, ces mêmes droits de visite ont été reçus au profit de S. M. par les receveurs desdits bureaux, et sont compris dans leurs comptes par un chapitre séparé. On a toléré aux visiteurs d'issue de Bordeaux de recevoir 10 sols par visite de chaque vaisseau étranger, et 5 sols pour chaque vaisseau françois, en considération de l'obligation où ils sont d'entretenir une filadière à leurs dépens pour faire leurs visites. Ils reçoivent plus ou moins, suivant que le commerce va; mais ils ne sauroient avoir, dans le meilleur temps, 400 # à partager entre eux, l'entretien de la filadière déduit, et, dans celui-ci, il n'y a pas de quoi l'entretenir. Il n'y a que le bureau de Bordeaux, dans toute l'étendue de la direction, où il soit permis de plomber des marchandises. Il s'y en plombe peu. Ce sont les portefaix du bureau qui le font et qui en tirent les émoluments, qui consistent seulement en 5 sols par plomb : ce qui ne sauroit aller à 100 # par an.

DAX.

«Pendant les baux précédents, jusqu'à celui de Domergue, le visiteur du bureau de Dax recevoit 2 sols pour l'apposition d'un plomb qu'il mettoit à chacune des balles qui passoient à Dax et étoient destinées pour Bayonne, Béarn et autres pays sujets aux droits, qui pouvoient se monter, par année commune, à 250 ou 300 # : sur quoi il faut déduire 30 à 35 # pour le prix des plombs et ficelles. La deuxième année du bail de Domergue, il survint une contestation entre le visiteur et le sous-visiteur, sur le partage de ces émoluments, qui donna lieu à la compagnie de supprimer ce droit et d'accorder seulement auxdits commis 30 # par an, pour leur tenir lieu du remboursement des plombs et ficelles qu'il conviendroit fournir : ce qui s'est toujours pratiqué depuis. On observe que ce droit ne produiroit pas 100 # par an, à cause de la cessation du commerce depuis la guerre. Il se reçoit actuellement par le visiteur une gratification de quelques marchands de Dax à qui les balles des marchandises sont adressées par commission, d'un sol pour chacune balle de celles qui restent dans le magasin du fermier après la visite faite, sous prétexte que, du moment que les balles ont été expédiées, on les doit transporter au lieu de leur destination. Les marchands payent avec plaisir ce sol par balle, qui leur évite les frais de transport et de louage de magasins, lequel sol peut produire environ 50 # par an, et se reçoit si secrètement qu'il seroit difficile d'en trouver la preuve.

«Il y a deux visiteurs au bureau de Bayonne : l'un aux appointements de M. le duc de Gramont, et l'autre à ceux du fermier; ils partagent le produit des droits de la coutume. Pendant les baux précédents, et jusques à la suppression des entrepôts à Bayonne par la déclaration du Roi du 23 avril 1701, l'on n'y plomboit que très rarement, et, lorsque quelques particuliers exigeoient un plomb pour que leurs hardes ne fussent visitées qu'au dernier bureau, ils payoient 2 s. 6 d. par plomb : ce qu'on prétend n'avoir pas produit 20 ᵗᵗ par an. Il sera néanmoins remarqué que, lorsque la ferme du tabac étoit unie avec celle des cinq grosses fermes, et qu'il arrivoit à Bayonne des tabacs de toutes espèces, par prise ou autrement, les négociants en faisoient souvent passer en Espagne par la voie d'Oloron, en Béarn, où l'adjudicataire n'a point de commis. L'on prenoit la précaution de les faire plomber, pour en éviter le versement dans le Béarn : auquel cas, les visiteurs prenoient 7 sols par plomb; ce qui ne s'est plus pratiqué depuis que la ferme du tabac a été séparée de la générale; et l'on estime que ce droit produisoit environ 400 ᵗᵗ par an, qui se partageoient par moitié entre les visiteurs. On observe que, depuis la suppression des entrepôts à Bayonne, l'on y plombe les balles et ballots de cassonnades, cacao et autres marchandises étrangères comme il est porté par la déclaration de S. M. Les visiteurs perçoivent 2 s. 6 d. par plomb, qui produisent environ 250 ou 300 ᵗᵗ par an.

«Les bureaux de Dax et de Bayonne sont les seuls, de cent quatre qui composent la direction, où il y ait des empreintes-cachets et des visiteurs, à l'exception de celui d'Auvillars, où il y en a un pour la visite des bateaux qui montent et descendent par la rivière de Garonne. Il n'est point de la connoissance du directeur que pas un de ces visiteurs exigent aucune chose sous prétexte de droits de visite, et il n'y a point d'autre bureau qui en mérite. Si cependant l'on avoit en vue d'établir un droit sur l'apposition des plombs et pour la visite, rien ne paroît plus facile de le fixer. Les visiteurs ont toujours perçu ces sortes de droits, qui seroient bien établis, si les directeurs n'en avoient pas arrêté les émoluments, qui sont si peu de chose pour les marchands, qui, trouvant leur compte dans la prompte expédition, ne balanceroient point à accorder les 2 sols par plomb et un sol pour le droit de visite : auquel cas, il seroit indifférent de mettre des visiteurs aux bureaux de Tarbes, Ossun, Vielle, Saint-Béat, Bagnères-de-Luchon, Beaulac, Belin, Peyrehorade et Saint-Jean-d'Ilharre, pourvu que toutes les balles, ballots, caisses et barques de marchandises payassent les droits ci-dessus, auxquels on ne peut pas donner une estimation fixe et sincère qu'après un an de régie.

«Le bureau de Bayonne produiroit 1,200 à 1,500 ᵗᵗ, si toutes les marchandises payoient en y entrant et sortant, soit par mer ou par terre, avec cette restriction que, ce droit ayant été payé une fois dans un des bureaux de la patente de Languedoc, de la traite d'Arzac et de la coutume, il ne se payeroit pas une seconde fois dans aucun autre, de chaque nature de ces droits de différente foraine. L'on pourroit encore étendre ce droit de visite sur les vaisseaux, barques et bateaux chargés de marchandises ou denrées sans être emballées.»

---

594. *M. Robert, intendant de la marine à Brest,*
au Contrôleur général.

5 Avril 1704.

Il rend compte d'une acquisition de quatre cents barils de bœuf d'Irlande pour l'approvisionnement des vaisseaux du Roi qui sont prêts à mettre à la voile, et sollicite, pour ces vivres, la décharge du droit de 5 ᵗᵗ par quintal dont jouissent les viandes destinées aux îles d'Amérique.

Il donne l'assurance que toutes précautions sont prises afin que l'ennemi ne soit point informé de l'état de l'armement, et demande que, pour le même motif, les navires étrangers qui viendraient pour relâcher ou séjourner dans le port de Brest soient obligés de se rendre directement dans les ports ouverts au commerce, comme Nantes, la Rochelle et Bordeaux.

---

595. *M. de Harouys, intendant en Champagne,*
au Contrôleur général.

7 Avril 1704.

Avis sur la création projetée d'offices de contrôleurs-visiteurs des toiles, draperies et étoffes.

«Il y a dans ce département trois inspecteurs des manufactures établis par commissions : le sieur Barolet à Troyes, le sieur Favart à Reims, et le sieur Pascal à Sedan. Leurs appointements sont de 2,000 ᵗᵗ pour chacun, qui se prennent sur le droit de marque, d'un sol pour pièce, que les marchands payent entre les mains des maîtres et gardes jurés, et leurs fonctions sont à peu près les mêmes que celles qu'on prétend attribuer à ces contrôleurs-visiteurs. Il est absolument nécessaire pour le bien du commerce qu'il y ait, dans tous les temps de paix et de guerre, des gens préposés pour l'inspection des manufactures. Cette nécessité peut beaucoup autoriser la création de ces nouveaux offices; je ne doute pas qu'avec les droits qu'on prétend y attacher, il ne se présente des gens pour les acquérir, et que le Roi n'en tire le secours qu'on en peut raisonnablement attendre; peut-être même que quelques-uns des inspecteurs actuellement en place pourront penser à cette acquisition.

«Les droits portés par les anciens règlements qui étoient joints à votre lettre ne sont point exorbitants : je crois que la perception s'en peut faire sans crainte d'altérer en rien le commerce; mais il seroit assez nécessaire de donner une nouvelle forme à ces règlements en y faisant entrer quantité d'étoffes nouvellement inventées, et en supprimant celles qui ne sont plus en usage.

«La chose qui me paroît mériter le plus d'attention dans la création de ces offices de contrôleurs-visiteurs, est l'attribution du droit de marque d'un sou pour pièce qui se perçoit par les maîtres et gardes jurés, qu'on propose d'y attacher. Il est constant que rien ne soutient plus l'union qui doit être dans ces communautés, que de certains fonds qu'elles ont pour subvenir à leurs besoins; je n'en connois pas d'autres aux corps des manufactures de ce département que ce qu'ils tirent de ce droit de marque d'un sol pour pièce. Si on leur ôte absolument ce droit, il est à craindre que la division ne se mette parmi eux et que le commerce n'en souffre. Ainsi, je croirois qu'au lieu d'en faire l'attribution en entier à ces nouveaux officiers, il suffiroit de leur en accorder la moitié, et laisser le surplus à ces communautés, pour s'en servir dans leurs affaires particulières et en acquittement des dettes qu'elles ont été obligées de contracter pour le service du Roi pendant cette guerre et la précédente. Elles fournissent déjà, sur ce droit, les appointements des inspecteurs actuellement en place, et elles ne seront point surprises, en les déchargeant de ce payement, de voir diviser ce sou entre elles et ces contrôleurs-visiteurs. Il me paroît aussi que, dans la création de ces offices, il ne seroit pas à propos de supprimer les anciens maîtres et gardes jurés. Ces gens-là ont une connoissance parfaite du commerce, et il seroit de l'avantage des manufactures que ces contrôleurs-visiteurs fissent leurs fonctions en leur présence et à leur participation. Au lieu de trois inspecteurs qu'il y a actuellement en Champagne, on peut établir quatre de ces contrôleurs-visiteurs, et, en leur donnant à chacun un département, régler, par rapport à l'étendue qu'ils auront et aux droits qu'ils pourront percevoir, la finance de chacun de ces offices*.»

* Note du contrôleur général en marge : «Je crois que cela regarde M. Desmaretz.»

596. *M. Lebret fils, intendant en Béarn,*
au Contrôleur général.

7 Avril 1704.

«Les manufactures de Navarre et Béarn seroient bien peu considérables dans un autre pays; mais la pauvreté qui empêche d'y faire de plus grands établissements, les rend fort précieuses. On n'y fabrique que de grosses étoffes de laine, c'est-à-dire des cordeillats et des cadis, à Oloron, à Navarrenx et aux environs. On fait à Pontacq une espèce de bure qu'ils appellent *capas*, parce qu'ils en font des capes. En Basque, on fabrique quelques autres étoffes pour faire des *capuçails*, qui sont des espèces d'habillements assez extraordinaires dont les paysans se servent. Voilà toutes nos étoffes de laine, à l'exception de quelques bayettes qu'on fabrique depuis peu avec assez de succès. Ces étoffes-là doivent être de bas prix, parce qu'elles sont destinées pour le peuple : ainsi, il pourroit y avoir beaucoup de danger d'en augmenter la valeur par les nouveaux droits que vous m'avez fait l'honneur de m'écrire, le 18 du mois dernier, qu'on proposoit d'attribuer aux contrôleurs et visiteurs des draperies et étoffes de laine; et, quoique, si ceux qui seroient pourvus de ces offices faisoient leur devoir, on dût assurément en attendre un grand avantage pour la perfection des fabriques, il seroit à craindre que les nouveaux droits qu'on leur attribueroit ne fussent plus préjudiciables aux marchands que leur application ne seroit utile au public.

«Quant aux toiles, il s'en fait quelques-unes dans ce pays-ci; mais elles sont extrêmement chères, tant à cause que la nourriture coûte, qu'à cause qu'on ne sait pas filer au rouet, comme en d'autres provinces où l'on fait commerce de toiles. Celles de ce pays-ci ont assez de débit en Espagne, et c'est une ressource qui se perdroit peut-être, si cette sorte de marchandise enchérissoit encore. Après tout, je crois que, pour tâcher d'accommoder cette affaire à notre commerce, si elle est de votre goût, il faudroit que vous eussiez la bonté d'attribuer seulement aux nouveaux offices les droits qui se payent déjà à l'inspecteur par commission, et qui montent ou doivent monter, dans son département, dont le Béarn fait partie, à la somme de 2,000^{ll}, suivant l'état qui en avoit été arrêté par feu M. de Bezons pour ce qui est de la Guyenne, et par moi pour ce qui est du Béarn. Ces appointements ou droits, joints aux gages que vous leur accorderiez apparemment d'ailleurs, ne laisseroient pas de valoir une finance raisonnable.»

597. *Les Trésoriers de France en la généralité de Tours*
au Contrôleur général.

9 Avril 1704.

Mémoire sur l'exercice de la grande et petite voirie et sur le droit perçu pour chaque alignement.

598. *M. d'Ableiges, intendant à Moulins,*
au Contrôleur général.

9, 11, 14, 20 et 27 Avril 1704.

Il rend compte d'une émeute qui a éclaté à Aubusson, et dans laquelle des femmes ont pillé le dépôt du sel. Selon les renseignements qui lui ont été fournis, ce désordre est venu de ce que le fermier général avait défendu aux commis de rien distribuer dorénavant au delà des quatorze livres par an, pour chaque personne, que porte l'ordonnance de 1680, tandis que, par le passé, on dépassait cette quantité réglementaire pour les cabaretiers, bouchers et boulangers. Ceux-ci ont prétendu aussitôt que la gabelle allait être établie, et leurs discours ont provoqué une émotion de la populace, qui a tout d'abord mal accueilli l'intendant, à son arrivée, et a même manifesté des intentions hostiles.

«Enfin tout est tranquille dans Aubusson. Rien n'est plus surprenant que la promptitude de ce changement : la crainte et la terreur imprimées dans les esprits d'un peuple irrité ont rétabli toutes choses en un moment. L'ordre porté à Felletin pour faire changer la route du régiment de dragons de Châtillon épouvanta tellement cette canaille, dimanche au soir, qu'ils commencèrent à implorer la clémence de S. M. Comme je me promenois dans les rues pour connoître leurs sentiments, ils me crièrent miséricorde, en se mettant à genoux dans tous les endroits où je passai. Je leur fis connoître à l'instant l'énormité de leur crime; je les assurai en même temps que l'intention de S. M. n'étoit point de leur imposer la gabelle, mais que, s'ils vouloient faire une chose agréable au Roi, et qui pût mériter leur pardon, c'étoit de rétablir eux-mêmes le dépôt du sel qu'ils avoient détruit. Ils m'assurèrent qu'ils n'y manqueroient pas. Le calme se mit alors entièrement dans les esprits; je leur trouvai le cœur véritablement contrit et humilié. Le lendemain, lundi, à six heures du matin, on me vint avertir que le peuple avoit rétabli le dépôt, et que les contrôleurs avoient commencé à distribuer dans leur bureau des billets à l'ordinaire pour prendre du sel. Comme ce peuple se rangea entièrement de lui-même dans son devoir, je contremandai sur-le-champ le régiment de Châtillon; j'accordai cette grâce à une soumission entière de tous ces misérables, qui, après avoir connu leur faute, ont donné des marques sensibles de leur repentir.»

Il demande la clémence du Roi pour les coupables, sauf trois fauteurs principaux du désordre, qu'on pourra arrêter, s'ils se représentent dans le pays, et enfermer dans quelque citadelle.

599. *M. Boisot, premier président du Parlement de Besançon,*
au Contrôleur général.

11 Avril 1704.

Il annonce l'enregistrement, sous réserve de très humbles remontrances, de l'édit qui crée une chambre près le Parlement pour juger en dernier ressort les instances concernant les eaux et forêts et les chasses*.

* Réponse en marge : «J'ai peine à croire que, par l'arrêt qui ordonne l'enregistrement, il soit porté qu'il sera fait de très humbles remontrances au Roi; il sait bien que S. M. veut que les enregistrements se fassent purement et simplement, et qu'elle n'admet aucune remontrance ordinaire par arrêt. Si le Parlement de Besançon en a quelques-unes à faire, ils peuvent dresser des mémoires et me les envoyer; mais, pour se mettre en état de les faire recevoir, il faut auparavant qu'il m'envoie un extrait de l'enregistrement pur et simple qui aura été fait sur les registres du Parlement, signé du greffier; si l'arrêt étoit dans d'autres termes, ils doivent d'eux-mêmes le supprimer et en substituer un autre à la place, pour prévenir les inconvénients qui en pourroient arriver.» — Malgré la résolution prise par le Parlement, le premier président avait fait prononcer l'enregistrement pur et simple; il n'eut qu'à faire rayer la délibération mise après coup en marge de cet enregistrement, sur avis des chambres assemblées. (Lettre du 22 avril.)

600. *M. Barentin, intendant en Flandre maritime,*
au Contrôleur général.

16 Avril 1704.

«Il n'y a dans mon département qu'une manufacture de draps, établie à Ypres; mais le commerce des fils et des toiles y est très considérable, et l'on peut dire que ce sont presque les seules manufactures qui restent aujourd'hui dans le pays. Les draps, toiles et fils qui s'y fabriquent ne sont sujets à aucuns droits lorsqu'ils se débitent dans la Flandre, et les anciens édits et règlements qui ont établi des visiteurs et contrôleurs de ces sortes d'étoffes des manufactures de France n'ont jamais été connus dans la Flandre, parce qu'alors cette province n'étoit pas soumise à l'obéissance des rois de France. L'on sait assez combien la Flandre est propre à l'établissement des manufactures; mais, pour former cet établissement, il est nécessaire d'attirer des fabriqueurs et ouvriers des pays étrangers, et de tâcher de leur faire trouver le débit de leurs ouvrages. Ce débit ne peut se faire, surtout dans la conjoncture présente, où il y a peu de consommation, qu'en facilitant la diminution du prix des étoffes et en modérant les droits qu'elles payent soit en entrant, soit en sortant. La proposition de créer en titre d'office des contrôleurs-visiteurs des toiles, draperies et autres étoffes de fil et de laine, et de leur attribuer les anciens droits portés par les édits et règlements des années 1571, 1620, 1627 et 1629, est bien contraire à la facilité du débit de ces sortes d'étoffes, et, quoiqu'il soit constant que le prix de ces étoffes ne seroit augmenté que très médiocrement par les droits qu'on attribueroit à ces contrôleurs-visiteurs, la gêne perpétuelle où seroient les ouvriers les dégoûteroit de continuer leur commerce; et dans ce pays-ci principalement, où les peuples aiment la liberté, je suis persuadé que le commerce des toiles tomberoit entièrement, si les ouvriers qui les fabriquent étoient obligés de les faire visiter avant que de les exposer en vente, et s'ils payoient des droits de visite, que les visiteurs exigeroient souvent au delà des tarifs. . . . .»

601. *M. l'Évêque de Nantes*
au Contrôleur général.

19 Avril 1704.

«Mgr le comte de Toulouse est parti ce soir, à deux heures après midi. Il m'a fait l'honneur de demeurer chez moi depuis le vendredi jusqu'à son départ; je l'attendois même dès le jeudi au soir. Il doit être content de l'empressement d'un chacun; il a reconnu ce que je pris la hardiesse de dire au Roi, dans la harangue que j'eus l'honneur de lui faire, qu'il perdoit à ne se pas montrer : il a été admiré et adoré; ses réponses étoient justes et pleines de bonté; il a emporté les cœurs de tout le monde. Un prince comme cela emporteroit tout aux États. On l'aime, et le sang dont il est sorti. Il est honnête, il gagnera le cœur de tous les Bretons. J'en parle en bon François, car vous savez combien je souhaite que les affaires du Roi aillent bien, et surtout en Bretagne. Il y a manière de les gouverner; de la douceur les gagne tous, quand on sait la mettre en usage à propos. Pardon de ma franchise : je parle à mes maîtres, qui en savent plus que moi; ce qui est vrai, c'est qu'il n'y a sur la terre homme plus zélé pour le Roi et plus attaché à vous que moi.»

602. *M. Lebret, intendant en Provence,*
au Contrôleur général.

23 et 28 Avril, 5, 7, 12 et 21 Mai 1704.

Il demande instamment que la connaissance des affaires du commerce de Marseille et du Levant reste réunie à l'intendance, entre les mains de son fils*.

* Réponse en marge de la lettre du 5 mai : «Le Roi a bien voulu, comme je vous l'ai déjà mandé, vous laisser la connoissance du commerce de Marseille, parce que S. M. a regardé en quelque façon que M. votre fils et vous n'étiez qu'une même personne, et que vous étiez déjà instruit de toutes les affaires qui regardent ce commerce et celui du Levant; mais S. M. a déclaré en même temps à M. de Pontchartrain que son intention étoit que l'intendant de la province en prît connoissance, lorsqu'il sortira de vos mains, comme il a fait par le passé. Si j'avois pu prévenir cette surprise, il n'y auroit eu aucun

changement.» Selon M. Lebret (lettre du 8 décembre), c'était M. de Montmor, intendant des galères à Marseille, qui convoitait la direction des affaires du commerce; mais le contrôleur général lui fit répondre sur cela : «J'ai peine à croire que M. de Montmor ait fait aucune démarche pour avoir le commerce de Marseille, ainsi qu'on lui a assuré. Ce qui est bien certain, c'est que le Roi n'en a point entendu parler, et que S. M. n'y fera aucun changement. Il faut espérer, en cas que Dieu nous donne la paix, que le commerce deviendra plus florissant qu'il n'est, et c'est pour lors que je ferai en sorte de réunir le tout à (?) l'intendance. Je souhaite qu'il se trouve occasion, dans la suite, d'employer les talents de M. son fils encore plus utilement pour le service du Roi et de le pouvoir approcher de ce pays-ci. Je ne doute point qu'il ne fût bien aise d'y être avec lui. Je compte sur son affection, et je profiterai toujours avec plaisir des occasions de lui rendre service.»

603. *Le Contrôleur général.*
au comte de Bergeyck, surintendant des finances du roi d'Espagne, à Bruxelles.

24 Avril 1704.

«Vous avez déjà été informé par une de mes lettres des plaintes bien fondées qui ont été faites par les marchands françois, des droits excessifs qui ont été nouvellement imposés, par un décret du Conseil de Bruxelles du 17 mars 1703, sur toutes les manufactures de laine venant des pays étrangers dans la Flandre espagnole. Je vous ai marqué aussi la surprise que cette nouveauté a causée ici au Conseil du Roi, surtout dans le moment que la convention si avantageuse aux Flamands sujets de S. M. C. venoit d'être arrêtée et signée entre vous et M. de Bagnols. J'ai vu à la vérité, par votre réponse, les motifs sur lesquels vous avez cru pouvoir fonder une augmentation de droits aussi exorbitante; mais, en vérité, il n'y a guère d'apparence que vos marchands flamands aient besoin, pour soutenir leur commerce de draperies, d'une augmentation de 6 1/4 p. o/o sur celles qui viennent de France, puisqu'il y avoit déjà 15 p. o/o de droits, qui certainement excluent toute concurrence.

«Pour ce qui est de l'introduction en France des étoffes de soie des Pays-Bas espagnols, sur laquelle on n'a pu jusqu'à présent convenir, vous voulez bien que je vous dise que ce n'est pas le moyen de nous engager à nous relâcher sur ce que nous avons toujours estimé contraire au bien de notre commerce, que de commencer par charger le nôtre outre mesure deux jours après la convention du 15 mars 1703.

«Le grand nombre d'autres affaires m'a empêché, pendant quelque temps, de suivre celle-ci aussi vivement qu'elle le mérite; mais je dois aujourd'hui vous dire, par ordre du Roi, auquel j'ai eu l'honneur d'en rendre compte, que S. M. s'attend que le Conseil de Bruxelles révoquera incessamment cette augmentation de droits de 6 1/4 p. o/o pour ce qui regarde les manufactures de laine venant des provinces de son royaume, sauf à discuter les droits qui devront être réglés à l'avenir sur cette espèce de marchandise.

«J'ajouterai même que nous sommes prêts, de ce côté-ci, de travailler, en faveur du commerce réciproque des sujets des deux rois, à un tarif général des droits d'entrée et de sortie des Pays-Bas françois et espagnols, aussitôt que le Conseil de Bruxelles voudra nommer quelque personne intelligente et bien intentionnée pour venir ici mettre la main à l'œuvre et convenir de ce tarif, dont il a déjà été parlé tant de fois.»

604. *M. de Bouville, intendant à Orléans,*
à M. Desmaretz.

26 Avril 1704.

«.....Je reçus hier, après midi, mes mémoires sur les tailles. Toutes les créations faites depuis le temps qu'ils ont été faits y ont apporté bien du changement : si vous désirez que je travaille à les rectifier, je le ferai. Il faut de nécessité apporter un prompt remède au recouvrement, qui devient impossible. Apparemment, on y veut travailler au Conseil, car M. d'Armenonville m'en parla à Rambouillet.»

605. *M. de Saint-Contest, intendant à Metz,*
au Contrôleur général.

30 Avril 1704.

«Pour répondre à la lettre que vous m'avez fait l'honneur de m'écrire le 24 de ce mois, j'aurai celui de vous dire que le sieur Sauvayre, ci-devant directeur de la Monnoie, agit contre les juifs par des intérêts particuliers. Il avoit prêté de l'argent, sous un nom emprunté, à Cerf Lévy, juif, qu'il a perdu par sa banqueroute, et c'est là d'où viennent les bons avis qu'il donne de temps en temps. Il est bien vrai que le billonnage est très fort pratiqué ici par les juifs, par les chrétiens, et par les Lorrains même; en voici la raison. Ce pays-ci n'est pas seulement frontière de la Lorraine, mais il est mêlé à un point qu'on ne sauroit vous l'exprimer, plusieurs villages même mitoyens, et des lieux non partagés, où le Roi et M. le duc de Lorraine lèvent les subsides par moitié. Il faut passer sans cesse sur les terres de Lorraine pour retourner en France, et réciproquement. Il y a des concordats très anciens, et renouvelés tous les cent ans, par lesquels il y a un commerce très libre entre la Lorraine et les Trois-Évêchés : commerce très nécessaire, car, par la situation de ces deux pays, telle que je viens d'avoir l'honneur de vous l'expliquer, ils ne sauroient subsister l'un sans l'autre. Or, en Lorraine, les petites pièces n'y ont cours que sur le pied de 4 s. 6 d., les louis sur le pied de 13 ᵗᵗ 5 s., et les écus sur le pied de 3 ᵗᵗ 12 s. Par là, tous ceux des Trois-Évêchés qui vont vendre en Lorraine stipulent d'être payés en petites pièces, parce qu'ils les rapportent en ce pays-ci, où ils les mettent à un plus haut prix. Au contraire, tous les Lorrains qui viennent vendre dans les Trois-Évêchés stipulent d'être payés en écus et en louis d'or, parce qu'ils y trouvent de l'utilité en les reportant en Lorraine, d'où ils peuvent fort bien passer dans l'Empire, quoique M. le duc de Lorraine y apporte beaucoup de vigilance pour l'empêcher. Cela est cause qu'on ne voit plus en ce pays-ci que des petites pièces, point de louis, ni point d'écus. Le remède à ce mal est fort difficile : il n'y en auroit de bon qu'une uniformité de monnoie en Lorraine et en France; mais le prince, qui y trouve son utilité, a toujours grand soin de tenir sa monnoie plus haute, pour les louis et pour les écus, qu'en France, et on aura de la peine à le porter à en user autrement. A l'égard des juifs, il est sûr qu'ils billonnent comme tous les autres qui ont le maniement d'argent en ce pays-ci; mais comment le prouver? L'année passée, M. le procureur général fit faire le procès à huit ou dix, pour le même sujet, de concert avec M. le premier président et avec moi, par ordre de M. Rouillé. Depuis, M. Rouillé ayant vu les informations et le reste du procès, et connoissant qu'on seroit dans la nécessité de les absoudre, ce qui les autoriseroit à le faire encore impunément, jugea à propos de surseoir d'autorité cette procédure. Je les ai menacés autrefois, de la part de M. de Barbezieux, qu'on les chasseroit entièrement du royaume, s'ils continuoient à faire ce petit manège; mais, tant qu'il y aura du profit, quand on mettroit des gardes aux avenues de tous les chemins, ces gardes mêmes feroient ce commerce. Je veille autant que je puis sur les receveurs et sur les trésoriers : j'ai autant d'incidents que de jours là-dessus. Je n'ai encore rien vu avec évidence à leur égard; mais je ne me flatte pas d'avoir réussi à les contenir dans une entière pureté sur ce sujet, cela n'étant pas possible *.

« Voilà au vrai la situation des choses en ce pays-ci. Je n'y vois aucun bon remède, je le répète encore, qu'en portant M. le duc de Lorraine à mettre ses espèces sur le pied des nôtres **. »

* Voir ses précédentes lettres des 17 août, 3 et 4 septembre 1703.

** Voir deux autres lettres, des 6 et 7 septembre 1704, où il insiste sur la nécessité de faire de vives représentations au duc de Lorraine. « Je crois, dit-il, qu'il n'y a qu'un seul remède de bon : c'est que M. de Chamillart prenne la peine d'en parler sérieusement, de la part du Roi, à l'envoyé de M. le duc de Lorraine; qu'il lui fasse voir qu'ils ont remarqué nos louis en léopolds, et qu'en même temps il fasse des instances vives pour qu'on mette en Lorraine la monnoie sur le même pied qu'en France..... On représentera de la part de M. le duc de Lorraine qu'il est souverain dans ses États..... Ce prince est très sage et très politique; il connoît combien il est de son intérêt de bien vivre avec le Roi, et, quand M. Chamillart parlera fortement sur cela à M. Barrois, je suis persuadé que cela sera exécuté. »

606. *M. Bignon, intendant à Amiens,*
au Contrôleur général.

4 Mai 1704.

Avis sur la création de visiteurs des fermes en titre d'office, et rapport sur les droits que perçoivent les visiteurs actuels pour le plombage ou pour la simple visite.

« Il est à observer que, les droits d'entrée ou de sortie ne se percevant que sur le rapport de la visite, l'emploi de visiteur est celui qui demande plus que pas un autre un homme de confiance; que le receveur ou contrôleur peuvent difficilement contrôler cette visite, surtout dans un bureau où il se fait un peu d'expéditions; qu'ainsi le visiteur peut aisément malverser. Il est quantité de bureaux où l'on n'a que le temps de visiter dix ballots, caisses, tonneaux ou boucauts, d'entre quarante, cinquante et plus dont la partie sera composée, surtout dans les ports de mer : en cette occasion, le visiteur qui est d'intelligence avec le marchand fraudeur ne visite que les ballots que celui-ci lui a désignés soit en les touchant, soit par quelques petites marques particulières dont ils sont convenus, parce que ces ballots se trouvent suivant la déclaration; il ne touche point aux autres, dans lesquels sont les marchandises défendues ou marchandises fines dont on veut frauder les droits. C'est une des ruses pour la fraude; il en est plusieurs autres de cette nature, sur lesquelles il est difficile de convaincre le coupable. Le visiteur en titre sera plus assuré et moins docile que le visiteur par commission, qu'on peut révoquer dès que le soupçon a quelque fondement, au lieu qu'on demande pour le remboursement d'un titulaire des preuves qui ne sauroient presque jamais se trouver. On a fait cette expérience à l'occasion des receveurs, qui ne peuvent jamais cependant faire tant de tort à la ferme que les visiteurs infidèles. C'est le principal inconvénient qui se trouve dans leur création en titre d'office. »

607. *M. Sanson, intendant à Soissons,*
au Contrôleur général.

5 Mai 1704.

« Quoique l'expédient que proposent les fermiers généraux des gabelles, de faire ordonner aux maréchaussées de se joindre aux brigades, lorsqu'elles auront des avis importants, ne puisse produire qu'un très bon effet, il ne me paroît pas suffisant pour empêcher le désordre que causent les faux-sauniers en poussant leurs sels quasi jusqu'au centre de la gabelle; car, depuis que je suis dans cette province, je n'ai trouvé qu'une seule occasion d'employer utilement une maréchaussée, qui est celle de Soissons, que j'ai fait joindre, il y a quelques années, à des gardes-sel, pour prendre des faux-sauniers qui s'étoient retranchés dans une carrière. Je crois qu'outre cela il faudroit faire deux choses : la première, de renouveler les défenses portées par les articles 14 et 15 du titre XVII de l'ordonnance de 1680, par lesquels il est expressément défendu à tous particuliers de retirer dans leurs maisons les faux-sauniers, leurs sels et leurs équipages, et de leur administrer aucuns vivres, à peine de complicité, et à tous fermiers des ponts et passages, et autres ayant bacs et bateaux sur les rivières, de passer ou laisser passer les faux-sauniers, voulant à cet effet que les bacs et bateaux soient attachés la nuit à chaîne de fer et serrures fermant à clef; et l'autre, d'ordonner aux communautés dans lesquelles les faux-sauniers auront passé ou se seront arrêtés, d'en avertir aussitôt, à peine de 300 ₶ d'amende, les receveurs des greniers ou les brigades les plus voisines. Cela étant signifié à tous les fermiers des ponts, bacs et passages, et publié et affiché dans toutes les paroisses, il y a lieu de croire que les particuliers, ni les communautés, ne voudront point s'exposer à payer de grosses amendes; mais, comme il se fait encore un faux-saunage assez considérable par les troupes, lorsqu'elles rentrent en France à la fin des campagnes, particulièrement les gardes françoises et suisses, je crois qu'il seroit aussi très nécessaire d'ordonner aux officiers d'empêcher leurs soldats de quitter le corps sous quelque prétexte que ce soit. Cela seroit non seulement utile à la ferme des gabelles, mais encore au public, qui est exposé aux insultes et désordres que commettent fort souvent les soldats qui ne le suivent pas *. »

* Le même intendant rend compte, à la date du 3 juin, de l'exécution de trois faux-sauniers rompus vifs sur la roue.

608. *M. Barentin, intendant en Flandre maritime,*
au Contrôleur général.

7 Mai 1704.

«J'ai fait connoître aux Magistrats des sept châtellenies de mon département combien ils doivent faire d'efforts pour le service du Roi dans la conjoncture présente, et, après leur avoir fait envisager les maux que causeroit dans le pays la révocation de l'abonnement, je leur ai témoigné que vous voudrez bien leur faire obtenir la continuation de l'abonnement, pourvu qu'ils s'en rendent dignes par une augmentation proportionnée aux besoins de l'État. Mes remontrances ont été inutiles : ces Magistrats m'ont témoigné qu'ils sont remplis de zèle pour le service de S. M.; mais ils prétendent qu'ils sont entièrement hors d'état de donner une augmentation d'abonnement, surtout dans la situation présente des affaires, qui, en éloignant les troupes de la Flandre françoise, y a diminué le prix de toutes les denrées et en a fait sortir quantité d'espèces; et ils ajoutent qu'ils sont dans une situation bien différente de celle où se trouvent les États de Lille et d'Artois, parce que ces deux corps ont des octrois considérables dont ils jouissent et avec quoi ils peuvent payer une partie des impositions, pendant que les anciens octrois du pays, qui servoient autrefois aux Flamands flamingants à payer l'aide ordinaire et les autres impositions, ont été réunis au domaine, et produisent à S. M. près d'un million par an. Il m'a paru que ce qui a déterminé davantage les Magistrats de mon département à ne point offrir une augmentation de l'abonnement, c'est qu'ils sont persuadés que S. M. ne le révoquera jamais, parce qu'elle en tire un secours plus considérable qu'elle ne tireroit des affaires extraordinaires, si elles avoient lieu dans la province; et c'est un détail dans lequel ils sont entrés jusques à me rapporter un état du produit d'une année de toutes les affaires extraordinaires et de la capitation, qui n'a monté qu'à 521,602 ᵗᵗ 18 s. 10 d. pendant l'année 1696, quoique la plus forte de toute la dernière guerre. J'ai cru que, pour vous donner un éclaircissement entier sur cette affaire, je devois vous envoyer un état de toutes les affaires extraordinaires faites dans la Flandre occidentale pendant la dernière guerre, avec une copie de la lettre que j'écrivis, au mois de novembre dernier, à M. d'Armenonville, en répondant à la proposition qu'il m'avoit faite de votre part de révoquer l'abonnement, ou du moins de le réduire à l'augmentation générale que la guerre a causée aux impositions ordinaires dans tout le royaume; et par cet état, vous connoîtrez qu'effectivement, quand même les affaires qui ont passé par les mains des traitants auroient monté beaucoup plus haut qu'on ne me l'a dit, une année commune n'aura pas produit les 600,000 ᵗᵗ que S. M. tire de l'abonnement. J'attendrai les ordres dont vous voudrez m'honorer; mais, en cas que vous croyiez que l'abonnement de mon département ne soit pas assez fort par rapport aux affaires extraordinaires qu'on y feroit, je croirois qu'il vaudroit encore mieux pour le pays vaincre la résistance des Magistrats et les obliger d'augmenter l'abonnement d'une somme proportionnée à leurs forces, que de faire des affaires extraordinaires qui coûteroient infiniment aux peuples, par les vexations des traitants, sans utilité pour le service de S. M.*.»

* Réponse en marge : «Il n'est pas possible de se dispenser de donner lieu aux affaires nouvelles dans son département; cela donneroit un très mauvais exemple, et qui tireroit à grande conséquence. Il sera bien désagréable pour eux lorsqu'ils verront dans les édits : *une partie de la Flandre, le Hainaut et l'Artois exceptés*, et que votre département y sera compris. — En informer MM. Desmaretz et d'Armenonville.» Voir une autre lettre écrite, le même jour, par l'intendant à M. Desmaretz, et celles des 10, 16, 20, 25, 27 et 29 juin, sur l'envoi en cour de députés de la province chargés d'offrir une augmentation de 100,000 ᵗᵗ sur l'abonnement, qui fut agréée, mais en réservant la création d'un présidial à Ypres et d'une chambre des eaux et forêts près le Parlement de Tournay. (Lettre à M. Barentin, en date du 22 juin.) M. Barentin envoie, le 29 du même mois, un projet de règlement pour le présidial d'Ypres.

Les 16 janvier, 8 février et 25 mars précédents, M. de Bagnols avait fait ses rapports sur l'abonnement de la Flandre, sur la création projetée d'un bailliage royal et sur le règlement des juridictions subalternes. Conformément aux représentations des États de Lille et pour maintenir la tranquillité, l'augmentation de l'abonnement de la province avait été limitée à 240,000 ᵗᵗ, à condition que les États payeraient régulièrement, et la création de deux présidiaux à Douai et à Valenciennes avait été résolue. (Lettre du contrôleur général, 29 mars 1704.)

---

609. *M. de Nointel, intendant en Bretagne,*
au Contrôleur général.

11 Mai 1704.

Il demande le payement des gages échus de la charge de secrétaire du Roi que possédait feu son père, et explique que les affaires de l'intendance ne lui ont pas permis de solliciter, selon la règle, des lettres d'intermédiat dans le délai de six mois après la mort*.

* Réponse en marge : «M. Desmaretz étoit présent lorsque je rapportai au Roi le placet par lequel vous demandiez les gages intermédiaires de la charge de M. votre père. Il fut témoin que le Roi prit la parole et dit qu'il ne vouloit point se relâcher de la règle qu'il s'est faite, de n'accorder aucune grâce de cette nature à ceux qui laisseront passer les six mois. Si j'avois eu une réponse plus favorable à vous faire, il y a longtemps que vous l'auriez reçue.»

---

610. *M. d'Ableiges, intendant à Moulins,*
au Contrôleur général.

14 Mai 1704.

Mémoire sur les mesures à prendre contre le faux-saunage*.

«Il y en a une qui a été omise. C'est qu'il faut obliger les fermiers généraux à fournir de bon sel au public. Depuis deux ans que je suis à Moulins, ils en ont fourni de très mauvais. Il est certain que, dans un minot de sel, il y avoit moitié sel et moitié terre. On ne peut mettre ce sel en usage pour saler les viandes, parce qu'elles pourrissent. Les gens aisés ont été obligés d'acheter du sel des faux-sauniers pour leurs salaisons, ne pouvant se servir du sel du fermier, parce qu'il ne saloit pas assez. Ce sont des plaintes publiques, desquelles les officiers des greniers ont dû vous rendre compte. Ce défaut a procuré un grand débit de sel aux faux-sauniers. Il est à présent meilleur, et il n'y a plus de terre dedans. . . . . »

* En marge de la lettre : « Ce faux-saunage peut fort bien se faire par des bûcherons. Il doit y en avoir de différentes qualités : les uns, qui ont un domicile certain dans des paroisses taillables (je ne saurois croire qu'il parle de ceux-là et qu'ils ne payent ni taille ni sel); les autres, qui habitent dans des cabanes dans des forêts, et qui sont des espèces de bandits. A l'égard de ceux-là, je crois qu'il y auroit des précautions à prendre beaucoup plus grandes qu'à l'égard des autres. Qu'il fasse en sorte de bien établir les faits, afin que l'on puisse prendre une résolution. »

611. *M. Desmaretz, directeur des finances, à M. l'Évêque de Chartres.*

15 Mai 1704.

Il lui annonce que le Conseil a donné gain de cause au marchand de Chartres qui était en procès avec la ferme des grande et petite coutumes, appartenant à l'évêché et à M. le duc d'Orléans. Il exprime ses regrets de n'avoir pu le servir en cette affaire, et proteste que néanmoins l'Église et la justice trouveront toujours protection auprès du Roi.

612. *M. Desmaretz, directeur des finances, à M. Bouchu, intendant en Dauphiné.*

15 Mai 1704.

« Je vous prie de n'être point surpris de ce que je vous ai demandé l'état de la capitation de l'année 1703, après qu'il vous a paru me l'avoir envoyé. Ma lettre par laquelle je vous l'ai demandé est du 28 avril, et je n'ai reçu votre état que le 3 de mai. Vous savez que, toutes les semaines, on donne l'état du recouvrement de la capitation à M. Chamillart, et que cet état se fait sur ceux qui me sont adressés par MM. les intendants, que je renvoie aussitôt à M. des Forts. Comme ses commis sont fort exacts, aussitôt qu'il manque l'état de quelque généralité, j'écris à MM. les intendants pour avoir ceux dont on a besoin. Vous voyez, par le détail que je vous explique, qu'il peut fort bien arriver que la grande exactitude de part et d'autre soit cause qu'on demande une chose déjà envoyée, parce que la distance des lieux cause toujours quelque retardement à la réception. »

613. *M. l'abbé Daire, à Paris, au Contrôleur général.*

19 Mai 1704.

« M. d'Armenonville m'a dit que vous étiez fort content de mes lanternes, mais que vous craigniez que l'agitation ne leur nuise, et que vous vouliez les examiner encore avec celle de l'Italien*. Sur quoi, je prends la liberté d'observer à Votre Grandeur que le certificat de Messieurs de l'Académie des sciences assure que ma lampe ne répand pas sa matière, ni n'est en danger de s'éteindre lorsqu'elle est suspendue dans une lanterne, quoique fortement agitée; que la lumière de la lanterne de l'Italien éblouit au lieu d'éclairer, et que cet éblouissement causeroit beaucoup d'accidents, étant arrivé que lui-même est tombé dans une fosse, marchant à l'opposite de sa lanterne, lorsqu'il en a fait l'épreuve au Louvre en présence de M. d'Argenson; que la chandelle qu'il met à présent dans sa lanterne, étant renfermée dans un étui à ressort, fond et coule dès que cet étui est échauffé, et ne dure que peu de temps, au lieu qu'elle devroit durer pour le moins neuf heures; que le cristal qu'il met à la fenêtre de sa lanterne se trouble et s'épaissit, et ne peut servir longtemps; que les brouillards empêchent entièrement l'éclat de cette lumière; que le miroir qu'il met au dedans est peint au vernis, et qu'il faudra être incessamment appliqué à le nettoyer; que, les rues de Paris étant presque toutes fort irrégulières, elles empêcheront l'effet de cette lanterne, qui ne produit qu'un rayon de lumière porté sur une ligne droite, qui ne s'étend point d'un côté ni d'autre, et qu'il n'y aura qu'un côté de rue éclairé, surtout sous les auvents et dans les portes cochères; qu'il y aura plus de dix pas sous la lanterne qui ne seront pas du tout éclairés, ce qui servira de retraite aux voleurs; qu'il sera obligé de mettre des lanternes à tous les coins des carrefours, dont à présent cinq ou six rues sont éclairées par une seule lanterne : ce qui en augmentera le nombre, qu'il prétend cependant diminuer jusqu'à la moitié. Cette moitié de lanternes est de quatre mille, et, sur ce pied-là, chaque lanterne coûtant 50 écus, comme il l'a dit à M. d'Argenson, la dépense de quatre mille lanternes ira à 600,000 [#]. La potence de chaque lanterne coûtera pour le moins 50 écus : ce qui fait encore 600,000 [#] pour les potences. Ainsi, cet établissement coûteroit au Roi 1,200,000 [#], et je ferai voir, en entrant dans le détail, qu'il ne sauroit épargner le tiers des lanternes, et que, par conséquent, il en coûtera plus de 1,800,000 [#]. La régie en coûteroit aussi beaucoup et seroit très difficile, puisqu'on seroit obligé de se servir d'échelles pour allumer les lanternes, et que ces échelles seroient souvent renversées, avec les hommes, par les vents : ce qui causeroit encore beaucoup d'accidents; au lieu que l'établissement que je propose est simple et sans aucune difficulté; que les bourgeois seront ravis d'être beaucoup mieux éclairés, surtout dans les plus mauvais temps et par les plus grands vents, lorsque les lanternes ordinaires sont toutes éteintes; qu'il en reviendra au Roi 900,000 [#], sur le pied du rachat des fonds des taxes pour les lanternes, par la diminution que je fais de 40,000 [#] par an sur leur entretien, et qu'il n'en coûtera que 50,000 [#] pour cet établissement, laquelle somme sera prise sur les fonds dudit entretien, avant que cette diminution ait lieu. L'Italien ne cherche qu'à vendre sa machine, qui n'est pas néanmoins nouvelle, sans penser ni aux difficultés ni à la dépense immense de son établissement et de sa régie. Il y a plus d'un an qu'il traverse mon établissement, et il ne se rebute pas, quoique ses épreuves aient toujours été rejetées. Vous êtes content de mon épreuve, tout Paris en a été plusieurs fois enchanté; peut-il rester encore quelque difficulté, après avoir eu le bonheur d'avoir votre approbation? Si vous vouliez bien ordonner cet établissement, qui sera si glorieux à Votre Grandeur, et dont les bourgeois de Paris la béniront éternellement, je n'ai point un moment à perdre : il me faut faire

faire quarante mille lampes et huit mille chapiteaux des lanternes. Je lui demande en grâce que je puisse faire incessamment toute sorte d'épreuves en sa présence; je ne souhaite rien que de faire voir la bonté et la solidité d'un établissement si utile au Roi et si avantageux au public. Il m'en coûte déjà 800 écus, et j'y sacrifierai toujours mon intérêt particulier.»

* Un Florentin, nommé Landini, recommandé par Mme la duchesse de Sforce, avoit été appelé d'Italie par le contrôleur général, pour faire l'expérience de «certains phosphores plus durables et plus lumineux que les lanternes.» Après divers essais, sa proposition fut rejetée. Son mémoire est joint à une lettre de M. d'Argenson du 23 mars 1707. (Police, G⁷ 1725).

614. *M. Rouillé de Fontaines, intendant à Limoges,* *au Contrôleur général.*

23 Mai 1704.

Il repousse les accusations portées contre le sieur Dubois, maire et lieutenant général de police à Brive.

«Je dois ajouter que le sieur Dubois, qui est frère de M. l'abbé Dubois près de M. le duc d'Orléans, commença d'être subdélégué du temps que M. de Bouville étoit intendant de cette généralité, qu'il a servi en cette qualité pendant les dix ans que M. de Bernage a demeuré dans ce département; il m'en dit en partant tous les biens qu'on peut désirer: cela m'obligea de le continuer dans les mêmes fonctions, et je m'en suis si bien trouvé, que je ne crois pas qu'il y ait aucun subdélégué à faire son devoir mieux que lui à tous égards. Ainsi, l'on peut dire que ces plaintes sont de pures calomnies, et, comme, si elles avoient été véritables, il auroit été juste non seulement de lui ôter la subdélégation, mais encore de le mortifier d'ailleurs, il me paroit que deux ou trois de ces particuliers qui les ont faites mal à propos devroient être punis de la prison pour une quinzaine de jours, d'autant plus que rien n'est si important pour le bien du service du Roi, dans un temps comme celui-ci, que de faire quelques exemples pour contenir les mutins et donner à ceux qui travaillent aux affaires de S. M. toute l'autorité qu'il convient. Je vous supplie de me faire savoir si vous approuvez ce que je vous propose*.»

* En marge, de la main du contrôleur général: «Huit jours de prison.»

615. *M. de Montesan, prévôt des marchands de Lyon,* *au Contrôleur général.*

30 et 31 Mai 1704.

Il annonce l'arrestation de deux individus qui faisaient l'entrepôt et le transport en fraude des espèces d'or, et envoie leur interrogatoire. L'un d'eux a avoué que ce commerce se pratiquait parfois pour le compte du sieur Lutin, riche marchand de Lyon. M. de Saint-Maurice, commissaire de la Cour des monnaies, s'est emparé de l'affaire.

«Il n'est que trop connu ici que, sous l'ombre de ces passeports qu'on accorde en faveur des Suisses, les Génevois font sortir toutes nos espèces d'or. Ce commerce, qui est ruineux pour la France, et particulièrement pour cette ville, produit un avantage considérable aux Génevois, et, par ce commerce, ils y gagnent, sans risquer, 10 p. o/o, tous frais faits. Nos négociants ont eu des avis certains que les Génevois faisoient ce commerce. Nous ne savons que trop, et nous l'expérimentons tous les jours, que Messieurs de Genève voudroient envahir tout le commerce de France; et en effet, si on ne met des bornes à leur appétit insatiable, ils détruiront bientôt le commerce de cette ville. Je ne dois pas oublier de vous dire que les louis d'or sont devenus ici si rares que, pour les changer contre de l'argent blanc, on donne 3 p. o/o. Si M. l'Intendant avoit été en cette ville, j'aurois agi de concert avec lui en cette affaire, dont je ne manquerai pas de l'informer dès qu'il sera de retour; j'en donnerai même avis à M. le Commissaire de la Monnoie, afin que, s'il juge à propos de faire quelques formalités, il les fasse. Je suis persuadé que la plupart de ceux qui portent des espèces hors du royaume ne passent ni au Pont-de-Beauvoisin, ni au fort de l'Écluse, ni au bureau de Collonges; j'ai su qu'on prenoit un chemin de traverse pour aller à Genève sans passer dans ces endroits-là, et on m'a dit que, quand on est à Châtillon-de-Michaille, dans le Bugey, on pouvoit passer sur le pont de Bellegarde, de là au pont de Lucey, ou au pont de Grésin ou d'Arlod, et ensuite qu'on alloit librement sur l'État de Savoie à Genève. Si cela est ainsi, ce que je ne puis vous dire positivement, il seroit aisé d'y remédier, puisque le Roi est maître de la Savoie, et on préviendroit ainsi infailliblement les fraudes qui se font, si on établissoit quelques bureaux sévères dans ces lieux-là*.»

* Réponse en marge de la première lettre: «On ne sauroit trop louer votre application pour tout ce qui peut contribuer à empêcher les abus en tous genres. Ce que vous venez de faire en dernier lieu contre ceux qui font sortir l'argent du royaume, et les exemples que l'on a faits depuis quelque temps, pourront contribuer à retenir la fureur de ceux qui, depuis longtemps, sont en usage de transporter des espèces. L'augmentation considérable que le Roi vient de faire sur les louis d'or, que S. M. fait réformer, et qui seront ensuite donnés pour 15 ᵗᵗ, va réveiller les billonneurs; vous ne sauriez trop redoubler votre attention pour les observer. Je mande à M. Guyet de ne plus donner de passeports aux Suisses que pour emporter de l'argent blanc au lieu de leurs marchandises, et d'avoir la dernière exactitude pour qu'ils n'emportent rien au delà de la valeur desdites marchandises.»

Voir d'autres lettres de M. de Montesan, en date des 12, 15, 22 juillet, etc., sur plusieurs captures d'espèces sortant en fraude. Le sieur la Cour, agent de change à Lyon, fut destitué pour avoir pris part à cette exportation clandestine, et le consulat invité à nommer à sa place un meilleur sujet. (Lettre de M. Desmaretz, 14 août.) Ordre fut donné à M. de Bernage, intendant en Franche-Comté, à M. de Saint-Contest, intendant à Metz, et à M. Bassel, subdélégué général en Dauphiné, en même temps qu'à M. de Saint-Maurice, de faire des informations secrètes sur l'exportation des espèces non réformées de Lyon à Genève. (Lettres du 28 août.)

M. Bouchu, intendant en Dauphiné, transmet, le 4 septembre, les réclamations du Conseil de Genève contre les mesures prises à propos du transport des espèces, et, les 26 août, 6, 24, 31 octobre et 28 novembre, plusieurs rapports sur l'exportation organisée par les banquiers lyonnais. Le contrôleur général l'avise, le 18 novembre, à propos d'une instruction commencée contre le sieur de la Coste et les banquiers Saladin, pour billonnage et exportation d'espèces, que le

Roi est obligé à des ménagements envers les Saladin, à cause de leurs relations avec les banquiers qui fournissent l'armée d'Italie, et qu'on doit se borner à garder étroitement en prison leurs complices, pour se réserver des preuves suffisantes.

L'année suivante, le commis général des fermes unies en Savoie fut cassé pour avoir fait relâcher sous caution d'un étranger les nommés Jean Bartholony et Ziegler, arrêtés au moment où ils allaient faire passer à Genève 600 louis d'or non réformés. (Lettres du contrôleur général et de M. Desmaretz à M. Bouchu, 6 février et 5 avril 1705.)

616. *M. Bégon, intendant à la Rochelle,*
au Contrôleur général.

31 Mai 1704 *.

«..... La misère des peuples est si grande, par la disette du blé, du vin et du fourrage, qui ont manqué l'année dernière, qu'il y a non seulement de la charité de les ménager jusques à la récolte de cette année, mais même une nécessité, parce ce que les frais qu'on pourroit leur faire à présent ne serviroient qu'à augmenter leur misère, sans avancer le recouvrement. Mon père en a rendu compte à M. Chamillart, le 16 octobre dernier, après s'en être éclairci par lui-même dans sa tournée pour le département des tailles, et avoit proposé d'accorder une diminution de 50,000 # sur la capitation et une de 40,000 sur l'ustensile. Les besoins de l'État ont empêché d'y avoir égard : l'ustensile de la campagne a été augmenté de 68,419 # 10 s., et on travaille actuellement à imposer 71,500 # pour la moitié de la somme de 143,000 # à laquelle cette généralité a été fixée pour la suppression des offices d'essayeurs d'eau-de-vie. Ces augmentations, les affaires nouvelles, la milice et la cessation du commerce des vins rendent à présent les recouvrements extrêmement difficiles; mais comme, cette année, toutes les apparences sont d'une bonne récolte, il y a lieu d'espérer que, lorsqu'elle sera faite, toutes les charges se payeront comme à l'ordinaire. Ce qui a encore retardé le recouvrement de la capitation vient de ce que les receveurs se font payer par préférence de la taille et de l'ustensile : ce qu'il est presque impossible d'empêcher **. »

* Cette lettre est écrite par M. Bégon fils.

** Voir une autre lettre, du 20 septembre, sur les recouvrements. — M. d'Angervilliers écrit, de l'intendance d'Alençon, le 1er mai, que le receveur général a tort d'imputer aux receveurs particuliers des retards qui viennent de l'impuissance des peuples, et qu'il est au contraire peu de receveurs qui ne se trouvent en avance sur ce qu'ils devraient avoir touché des collecteurs.

617. *M. d'Albaret, intendant en Roussillon,*
au Contrôleur général.

1er Juin et 17 Août 1704.

Il se plaint que la noblesse ne veuille rien payer ni de la capitation de l'année courante, ni des années arriérées, tandis que les villages se sont déjà acquittés presque complètement, et il demande à faire saisir la prochaine récolte de blé des gentilshommes *.

* En marge de la seconde lettre, de la main de M. Desmaretz : «Il faut faire payer en blé, et ne les point laisser dans l'usage de ne point payer.» Sur de nouvelles plaintes (lettre du 24 octobre), il répondit encore : «Si, parmi la noblesse, quelques gentilshommes marquent trop de mauvaise volonté, le Roi enverra des ordres pour les faire venir à la suite de la cour, rendre compte de leur conduite.» Voir une précédente lettre du 3 avril 1704.

618. *M. Bégon, intendant à la Rochelle,*
au Contrôleur général.

3 Juin 1704.

Règlement et mesures de police destinés à réprimer les fraudes dans la fabrication et le jaugeage des futailles à eau-de-vie.

619. *M. de Bagnols, intendant en Flandre,*
au Contrôleur général.

(De Bruxelles) 3, 4, 5, 14 et 18 Juin 1704.

Il rend compte des négociations entamées avec le comte de Bergeyck pour faire rehausser le cours des monnaies, dans les Pays-Bas espagnols, proportionnellement à l'augmentation ordonnée en France *.

«M. le comte de Bergeyck s'est rendu à Bruxelles aujourd'hui (5 juin), à midi, ainsi que je vous le mandai hier; je l'ai trouvé très disposé à faire ce que le Roi souhaite au sujet des monnoies. Quoique, à vous dire le vrai, la diminution qui a été publiée en ce pays au 1er de ce mois lui fasse de la peine, il fera néanmoins ce que S. M. juge à propos. Il a cru qu'il ne me pouvoit rendre une réponse positive qu'après en avoir écrit à M. le marquis de Bedmar, à qui j'écrirai aussi ce soir de mon côté, mais en termes généraux. Je vous supplie de vouloir bien m'adresser des lettres pour tous les deux, dans lesquelles vous leur marquerez la satisfaction qu'a eue le Roi des dispositions dans lesquelles ils se trouvent. Je crois qu'il est important que vous leur fassiez connoître en même temps le jour auquel S. M. souhaitera que les louis et les écus soient augmentés en ce pays, les uns à 14 #, et les autres à 3 # 15 s.; s'il y a quelque difficulté dans l'affaire, elle roulera sur ce point. Je remarque que, par l'édit, les louis pourront avoir en France trois différentes valeurs le 16 de ce mois : ceux qui sortiront des Monnoies vaudront 15 #, ceux que les particuliers y porteront, ou dans les recettes du Roi, en vaudront 13, et ceux qui demeureront entre les mains des particuliers ne vaudront que 12 # 10 s.; les écus à proportion. J'appréhende, par cette raison, que M. le comte de Bergeyck ne me dise qu'il suffiroit, quant à présent, de remettre les louis et les écus comme ils étoient avant le 1er juin, c'est-à-dire les louis à 13 # 2 s. 6 d., et les écus à 3 # 10 s., sauf à les augmenter dans la suite : ce qui pourroit être contraire à vos intentions. Je vous supplie de vouloir bien m'envoyer les lettres que vous écrirez à ces Messieurs à cachet volant, ou de m'adresser la copie de celle que vous écrirez à M. le comte de Bergeyck; je serai par là plus instruit, et par conséquent plus en état d'agir en conformité de vos intentions **... »

* M. de Bagnols venait d'obtenir une diminution de l'Espagne, lorsque l'on résolut de faire une augmentation en France, et, sur la réclamation du trésorier Montargis et du banquier Samuel Bernard, l'intendant fut chargé de provoquer immédiatement une augmentation dans la Flandre espagnole. La lettre de S. Bernard, du 31 mai, est jointe, ainsi que celle de Montargis, à la lettre de M. de Bagnols du 4 juin; elle est conçue en ces termes : «J'ai reçu ce jourd'hui des lettres d'Anvers, par lesquelles on me mande qu'on a diminué les espèces à commencer du 1er juin. On en est si surpris, qu'on ne sait que dire. Est-il possible que, dans un lieu si voisin de la Hollande, on ait eu la pensée de diminuer les espèces? Il seroit difficile d'inventer un meilleur moyen en faveur des Hollandois; cela les fera toutes passer chez eux, et fort promptement, quand même on auroit en vue de faire une réforme et ensuite une augmentation, comme on me le mande. C'est la chose du monde la plus dangereuse pour les intérêts du Roi, car on ne sauroit faire une réforme qu'en ordonnant de porter les anciennes espèces à la Monnoie. Je suis garant sur ma vie qu'on n'y en portera pas le demi-quart, et que tout le reste passera en Hollande; il y aura un si gros bénéfice à les y transporter, que, quand il y auroit des armées entières à tous les passages, on trouvera moyen de les y faire passer. Cette affaire est si sérieuse que je ne saurois assez l'exprimer; le service deviendra si difficile en ce pays-là, qu'il sera impossible de le faire, quand même on voudroit augmenter sur le change les 9 p. 0/0 dont on a baissé les espèces. J'eus l'honneur de vous donner jeudi un mémoire de ce qui seroit nécessaire de faire en Flandres pour le service du Roi; tout autre chemin sera très dangereux.»

** Par un placard daté de Bruxelles, le 14 juin, les espèces furent remises sur le pied qu'elles avaient avant la diminution du 1er du même mois.

620. *M. Bignon, intendant à Amiens,*
au Contrôleur général.

4 Juin 1704.

Il donne son avis sur les contestations des États d'Artois avec les officiers des maîtrises des eaux et forêts créées en 1693, et conclut au remboursement de ces officiers, à leur remplacement par des commis des États placés sous l'autorité du grand maître, à la suppression de la réserve obligatoire du quart des bois des gens de mainmorte, au maintien de la limite d'âge pour couper les bois taillis des particuliers, mais non pour les buissons situés dans les terrains arides ou marécageux, et au maintien de la juridiction des seigneurs selon les termes de l'ordonnance, dans les matières de vente, de garde, de police, de délits contre la propriété, de chasse et de pêche.

621. *M. d'Herbigny, intendant à Rouen,*
au Contrôleur général.

4 Juin 1704.

Un vérificateur des rôles du sel nouvellement pourvu dans la paroisse de Lintot a déclaré, lors de sa réception au grenier à sel de Caudebec, qu'il était de la religion catholique et apostolique, mais non romaine : ce qui a donné lieu aux officiers de s'opposer à sa réception, encore qu'ils n'eussent point charge de s'enquérir de sa religion, mais seulement d'enregistrer les quittances de finance.

«A l'égard du particulier dont il s'agit, le scandale de sa déclaration étant une fois fait, je n'ai pas cru devoir, sans vos ordres, rien statuer, ni même faire aucune réponse sur son affaire. Par rapport à lui, il n'y auroit pas grand mal de le laisser dans l'embarras : il a payé l'office; pourquoi, par son indiscrétion, se met-il hors d'état d'en jouir? Il n'y a que l'exemple qui pourroit détourner les nouveaux convertis de faire pareilles acquisitions*.»

* En marge, de la main de M. Desmaretz : «Bon. Faire réponse à M. d'Herbigny et approuver son avis.»

622. *M. Desmaretz, directeur des finances,*
à M. de Bâville, intendant en Languedoc.

10 Juin 1704.

Le fermier de la souveraineté de Dombes réclame quarante gros muids de sel à la mesure de Peccais. Sur cette quantité, trente muids sont dus régulièrement pour la fourniture annuelle.

«Le second chef, concernant les dix muids qu'il demande, est fondé sur ce que, depuis sept ans, il n'a pas tiré annuellement des salins de Peccais les trente muids, et qu'il manque trente-sept gros muids sur les sept années pour remplir les trente de chacune, comme il le justifie par l'état des chargements certifiés par les garde et contre-garde. L'usage n'est point de donner des arrérages de sel, et on ne peut disconvenir que ce seroit une nouveauté et une chose sans exemple, de permettre de lever dans les marais, pour un usage fixé, le sel qui, n'ayant pas été tiré, ni par conséquent consommé, n'a pas été nécessaire pour l'usage des vassaux, et d'autant plus que, n'ayant pas eu besoin, par le passé, des trente muids, on a lieu de croire que, quelque augmentation d'habitants qu'il y ait dans la souveraineté de Dombes, elle n'est pas assez grande pour consommer les trente gros muids qui n'ont pas été nécessaires depuis plusieurs années.

«Le troisième chef demande plus d'attention. Le fermier de M. le duc du Maine soutient que, depuis l'arrêt du 4 août 1699, les trente gros muids n'ont pas été fournis parce que la manière de mesurer a été changée; qu'auparavant les palayeurs, en remplissant le minot, battoient le sel à force de bras, et laissoient quatre travers de doigt de sel par-dessus le fer et le bord, au lieu que, depuis, on verse le sel dans le minot à pelle penchée, et qu'on rase, sans laisser grain sur le bord : ce qui fait une diminution d'un quart sur chaque minot.....»

623. *M. de Nointel, intendant en Bretagne,*
au Contrôleur général.

11 Juin 1704.

Exécution de l'arrêt ordonnant la réouverture des Monnaies*.

«Permettez-moi de vous marquer les réflexions que j'ai faites sur l'exécution de cet arrêt, et de vous représenter qu'il est fort à craindre que la réformation qui vient d'être ordonnée n'ait pas tout le succès que l'on en espère. La première raison vient de la disproportion du bénéfice que le Roi donne aux particuliers à celui que S. M. y trouve. Lors de la première réformation, qui fut faite en 1690, le Roi donna aux particuliers le tiers du bénéfice, et se réserva les deux tiers seulement; les écus de 60 sols furent payés aux Monnoies à 62 sols, et les réformés à 66 sols, et les louis d'or furent augmentés à proportion. Ce bénéfice ainsi partagé fit que chacun s'empressa d'y porter les espèces dont il se trouvoit chargé : en sorte que cette première réformation fut bien plus considérable que celles qui sont venues depuis, les dernières n'ayant pas produit au Roi la moitié du profit qu'il avoit eu de la première. Il y a lieu d'appréhender que l'empressement ne soit encore moins grand dans celle-ci, au lieu que, si le Roi faisoit recevoir dans les Monnoies les écus à 72 sols et les louis d'or avec une augmentation proportionnée, on est persuadé que les particuliers se mettroient en état de profiter de ce bénéfice, qui seroit assez considérable, et y porteroient plus volontiers leur argent. Il est même à présumer que les changeurs y renverroient les espèces qui ont passé chez eux en trop grande quantité.

«La deuxième raison naît de la clause de l'édit qui porte que les louis d'or légers de deux grains seront cisaillés. On croit que cette disposition fera encore quelque tort à la réformation, car, les louis d'or légers étant reçus dans les pays étrangers de même que ceux qui sont du poids, il y a lieu de craindre que bien des gens ne prennent le parti de les y faire passer. On pourroit, ce semble, apporter un tempérament à cet égard, et ordonner que ceux de la dernière réforme seroient reçus dans les Monnoies sans obligation d'être pesés, puisqu'ils l'ont été lorsqu'ils y furent portés.

«On peut ajouter une réflexion sur la disproportion du prix des matières à la valeur des écus sur le pied de 4 francs, et on croit que, s'il avoit été augmenté à peu près à cette même valeur, il en viendroit dans le royaume en abondance, des pays étrangers, et que ce seroit un moyen sûr d'y en attirer. Vous en savez, au reste, plus qu'un autre sur ce sujet, et je n'ai l'honneur de vous faire ces observations que par l'expérience que j'ai eu occasion d'en faire depuis le temps que j'ai pris connoissance des réformations différentes qui ont été faites dans les monnoies**.»

* M. Foucault écrit, le 9 juin, que tout est resté en état, à la Monnaie de Caen, pour reprendre le travail, et qu'il est urgent qu'elle fournisse des espèces au commerce des bestiaux, si l'on veut éviter le billonnage. M. Bouchu envoie, le 23 juin et le 28 juillet, deux rapports sur la réouverture de la Monnaie de Grenoble.

** Au dos, de la main de M. Desmaretz : «Bon pour augmenter le tarif sur le pied de la valeur des espèces.»

624. *M. de Brilhac, premier président du Parlement de Bretagne,*
au Contrôleur général.

13 Juin 1704.

Il rend compte des tentatives faites inutilement par M. le maréchal de Châteaurenault pour le réconcilier avec M. de Nointel*.

* Réponse en marge : «Je suis bien [illegible]hé de voir, par la lettre que vous avez pris la peine de m'écrire du 13, que M. de Châteaurenault n'a pas pu réussir à vous réconcilier avec M. de Nointel, quoique toutes les mesures eussent été prises de manière à croire que cela devoit réussir. Vos fonctions sont indépendantes les unes des autres; il y a bien des occasions dans lesquelles il seroit du bien du service du Roi que vos sentiments fussent les mêmes, et que vous puissiez être concertés; mais on ne sauroit rien se reprocher en tenant une conduite pareille à celle que vous avez tenue. Je vous demande toujours la continuation de vos soins et de votre attention pour tout ce qui aura rapport aux fonctions et emploi dont je suis chargé, et je vous prie d'être persuadé que j'en ferai tout l'usage que vous pouvez désirer.»

625. *M. Roujault, intendant en Berry,*
au Contrôleur général.

13 Juin 1704.

Il rend compte des suites de l'affaire de la taxe d'office imposée au sieur de Villecourte, d'Issoudun, pour le contraindre à lever une charge d'élu-contrôleur.

«Le sieur de Villecourte étant venu à moi sur la signification de sa taxe, j'essayai de toutes sortes de manières de le persuader de prendre cette charge, qui lui convenoit et étoit à assez bon prix. Je crus d'abord l'avoir persuadé; de mauvais conseils l'ont fait changer d'avis, et, quoique je me sois réduit plusieurs fois, et dès le commencement, à lui dire que, supposant qu'il eût si grande répugnance à entrer dans le corps de l'élection, il n'avoit qu'à prêter ou faire prêter au corps des élus la somme à laquelle la finance de l'office étoit évaluée, afin que les élus fussent en état, par ce secours, de se passer de sa soumission. Il s'est roidi contre toutes les instances qu'on lui a faites; il a tenu des discours séditieux et emportés; il s'est enfin pourvu vers M. Rouillé, qui, instruit du fait, me manda de faire exécuter sa taxe, puisque j'avois cru nécessaire de la faire. Le sieur de Villecourte a poussé son opiniâtreté si loin, qu'en vente de ses effets et en voyages inutiles qu'il a faits à Paris, je crois qu'il lui en coûte peu de chose moins de 4 ou 5,000 ᵗᵗ, qui est la somme à laquelle est évaluée la finance de l'office d'élu-contrôleur de l'élection d'Issoudun.

«Sa taxe est aujourd'hui achevée de payer. J'ai été obligé de faire deux nouvelles taxes d'office cette année pour lever la même charge, croyant que l'opiniâtreté du sieur de Villecourte étoit assez punie. Au moyen de ces nouvelles taxes, si la charge est levée sans le secours du sieur de Villecourte, comme il y a apparence qu'il ne consentira à aucun expédient, la somme de 1,000 ᵗᵗ tournera au profit de S. M. et sera un revenant-bon sur la capitation. C'est cette somme que le sieur de Villecourte demande qui soit imputée pour la finance d'une charge d'échevin qu'il se dispose de lever.

«Il est d'une très grande conséquence, pour l'exemple, de ne pas écouter la demande du sieur de Villecourte, puisque ce seroit autoriser l'opiniâtreté des particuliers, qui, étant taxés pour de semblables offices, s'embarrasseroient peu de se soumettre à ce que l'on voudroit exiger d'eux. C'est pour la charge d'élu-contrôleur qu'il a été taxé; il ne doit y avoir que sa soumission et les expédients propres à faire lever cette charge qui puissent être reçus. Les charges d'échevins à Issoudun ne demeureront pas, et les traitants n'en seront pas embarrassés, si on les laisse à un bon prix et proportionné aux autres charges de cette maison de ville. Le sieur de Villecourte, séditieux comme il est, seroit d'ailleurs très malpropre à remplir une charge dont la fonction tend au gouvernement de la ville.

«L'exemple du sieur de Villecourte fait un tort infini au débit des charges créées dans les villes de Bourges et Issoudun, qui sont franches, et, dans la règle, je n'aurois pas dû avoir l'indulgence de remettre le sieur de Villecourte à son taux ordinaire, mais le continuer sur le pied de 1,000 ᵗᵗ jusqu'à ce qu'il se fût réduit à ce que l'on demande de lui depuis si longtemps pour le bien du service*.»

* Sur la réunion des offices de vérificateurs et sur les poursuites dirigées contre les acquéreurs insolvables ou contre leurs paroisses, voir plusieurs lettres du 22 mars 1705 et celles qu'écrit, les 11 mars et 8 mai 1707, M. de Montgeron, successeur de M. Roujault.

626. *M. d'Angervilliers, intendant à Alençon, au Contrôleur général.*

14 Juin 1704.

«Le sieur Dupuis, receveur des tailles à Bernay, ne me paroît pas avoir raison de se plaindre de la taxe modique de 40 ᵗᵗ à laquelle il a été compris l'année passée dans le rôle de la noblesse pour la contribution à l'arrière-ban. Tous les officiers de judicature et de finance qui se sont trouvés nobles dans les généralités de Caen et d'Alençon ont eu le même sort, et ont payé. C'est un fait dont M. Foucault vous rendra témoignage aussi bien que moi. Je ne vois pas sur quel fondement le sieur Dupuis demande à être distingué. Il est certain que les fonctions d'un office de judicature ou de finance sont incompatibles avec le service de l'arrière-ban, et c'est pour cette raison que ceux qui en sont revêtus, et sont nobles, ont été taxés, et avec justice, ce me semble, puisqu'ils n'ont aucun privilège qui les exempte de contribution.....»

627. *M. Bouchu, intendant en Dauphiné, au Contrôleur général.*

(Au camp devant Suse) 15 Juin 1704.

Renouvellement du privilège pour l'exploitation des mines de Dauphiné*.

«Il me paroît qu'il n'y peut avoir aucun inconvénient d'accorder au sieur Eynard le renouvellement de jouissance qu'il demande pour lui et sa compagnie pour autres vingt années, savoir : de faire ouvrir et travailler toutes les mines d'or et d'argent, si aucunes ils trouvent en Dauphiné, ensemble celles de cuivre, plomb, couperose et autres, à la charge d'en faire faire la recherche et ouverture dans trois ans, et d'en remettre l'état certifié, à la fin de chaque année, au greffe de l'intendance. Le droit de dixième, qui en appartient au Roi, peut aussi lui être donné, afin de l'animer davantage à cette recherche, qui, étant faite avec soin et application, ne peut être que très utile au royaume, sans que le fermier du domaine puisse s'y opposer ni prétendre aucune indemnité sous prétexte de non-jouissance dudit droit de dixième, puisqu'encore que ce droit de dixième sur les mines soit un des anciens droits de la couronne, il ne se trouve pas néanmoins compris nommément dans les baux du domaine; et, si les sous-fermiers en ont joui ainsi qu'ils l'allèguent, suivant leur mémoire joint aux pièces, entre autres de 100 écus par an pour le droit de dixième de la mine de plomb de M. de Valbonnays, et de 400 ᵗᵗ qu'ils ont contraint le sieur Eynard de leur payer, il semble qu'ils pourroient être contraints eux-mêmes à les rapporter au profit du Roi, puisqu'à l'égard de M. de Valbonnays, ils n'avoient, ainsi que je viens de me donner l'honneur de vous dire, aucun titre, l'ayant reconnu eux-mêmes en ce que, le Roi ayant accordé à M. de Valbonnays ce don dudit droit de dixième, lesdits fermiers l'en ont laissé jouir sans trouble pendant que sa mine de plomb a duré depuis ledit don, ce qu'ils n'auroient pas fait, si ce droit avoit été compris dans leurs baux; et à l'égard dudit Eynard, parce que ledit droit de dixième lui appartenoit en vertu du don qui en avoit été fait par les lettres patentes de 1683 à Claude Girin, le droit duquel ledit Eynard exerçoit. Enfin, en accordant audit Eynard le renouvellement qu'il demande, en sa faveur et de sa compagnie, du privilège qui avoit été donné audit Girin par les lettres patentes de 1683, on pourroit aussi, pour lui en faciliter l'exploitation, lui en accorder toutes les conditions, en payant toutefois aux seigneurs dans les justices desquels lesdites mines seront ouvertes et travaillées le droit de quarantième qui leur en appartient suivant les ordonnances, et en dédommageant les propriétaires des terres où seront lesdites mines du dégât qui y sera fait, de gré à gré ou à dite d'experts.

«La nécessité des bois et charbons pour pareils travaux doit induire aussi à accorder audit Eynard la faculté de prendre des bois les plus voisins en payant la valeur aux propriétaires, avec lesquels il en conviendra aussi de gré à gré, ou autrement à dite d'experts qui seront nommés ou pris d'office, en observant toutefois, dans la coupe desdits bois, ce qui est prescrit par les ordonnances et règlements concernant les eaux et forêts; comme aussi la sauvegarde et protection qu'il demande en faveur de ceux qui seront employés, à la charge par lui d'en remettre l'état par noms, surnoms, professions, âges et demeure au greffe de l'intendance.»

* Sur les propositions faites précédemment au sujet de ce transport de privilège, voir une lettre de M. Basset, subdélégué général en Dauphiné, à la date du 8 septembre 1703.

628. *M. Desmaretz, directeur des finances, à M. Bégon, intendant à la Rochelle.*

16 Juin 1704.

Il le consulte sur le projet d'accorder une confirmation moyennant finance aux particuliers non nobles qui ont des fuies et pigeonniers. On prétend que cette affaire, pour le seul département de la Rochelle, produirait 300,000 ᶫᶦ.

---

629. *M. de la Bourdonnaye, intendant à Bordeaux,*
au Contrôleur général.

17 Juin 1704.

«. . . . . Le sieur Rattier, riche marchand de cette ville, vendit, au mois de mai 1703, aux sieurs Peirounet, Mora et Gibert, tous les vins qu'il pourroit recueillir ladite année, sur le pied de 26 écus le tonneau. Ce prix paroissant fort au-dessous de la juste valeur des vins, le Parlement s'émut, et ces quatre marchands furent décrétés, comme coupables d'un monopole pour rabaisser le prix des vins. Après quelque procédure, la convention de ces quatre marchands fut cassée, et ils furent condamnés en 1,500 ᶫᶦ d'aumône, applicable par moitié aux hôpitaux de Saint-André et de la Manufacture. Cette condamnation parut un peu forte à l'égard de quatre bons marchands qui n'avoient point eu de mauvaises intentions, et M. le premier président convient, dans son apostille sur cet article, qu'il y a de l'excès. Cependant je ne serois pas d'avis de casser l'arrêt dans toutes ses dispositions : c'est un jugement qui a fait beaucoup de bruit; il seroit désagréable pour la Compagnie qui l'a rendu que le Conseil y donnât atteinte. On ne pourroit même plus faire subsister le marché des vins, car le sieur Rattier les a vendus à d'autres marchands depuis l'arrêt. Mais je croirois très nécessaire pour le bien du commerce que ces quatre marchands fussent déchargés du payement de l'aumône, ou qu'elle leur fût rendue, si elle a été payée. Peut-être suffiroit-il pour cela que vous fissiez l'honneur à M. le premier président de lui en écrire; nous en avons parlé ensemble, et il est aussi de ce sentiment *.»

* Voir les pièces jointes à cette lettre et la supplique envoyée, le 21 du même mois, par les trois marchands. Sur l'ordre du contrôleur général, on leur rendit l'aumône de 1,500 ᶫᶦ, qui était déjà versée; mais le vendeur des vins, ayant trouvé un autre acheteur à 40 écus, refusa de les livrer aux premiers, quoiqu'il se fût engagé à ne pas profiter de l'arrêt qui pourrait intervenir. Il fut recommandé de tenir la main à ce que de semblables conventions ne se reproduisissent plus, comme pouvant déprécier les vins. (Lettre de M. Desmaretz à M. Dalon, premier président du Parlement, 25 juin, et réponse du premier président, 2 août.)

---

630. *M. d'Ableiges, intendant à Moulins,*
au Contrôleur général.

20 Juin et 30 Juillet 1704.

Il envoie un échantillon d'un minerai trouvé dans la paroisse de Fresselines, et que l'on assure contenir de l'argent.

Mémoire sur un prétendu procédé pour purifier et blanchir le cuivre de façon à pouvoir en faire de la monnaie avec l'alliage d'un peu d'argent.

---

631. *Le sieur Olivier, prêtre à Montauban,*
au Contrôleur général.

28 Juin 1704.

«L'opinion où vous êtes sur les rapports que M. le Gendre et le sieur Daliès vous ont faits qu'il n'y a plus qu'une religion à Montauban, m'oblige de vous écrire pour vous apprendre, avec vérité et pour la gloire de Dieu, qu'il n'y a point eu de véritable conversion ici, et que ces deux hommes que j'ai déjà nommés n'ont eu en vue que de faire leur cour à S. M. en la persuadant de l'utilité et du fruit de leurs soins. Mais nous avons souvent gémi devant le Seigneur, quand nous avons vu que leur zèle n'avoit d'autre dessein que de s'agrandir et de vous plaire par un succès apparent, devenu plus funeste à la religion que n'auroit été une véritable indolence. Nous éprouvons les suites de leurs vues toutes humaines, et nous voyons avec douleur plus d'éloignement pour la religion catholique dans les nouveaux convertis, qu'il ne nous en avoit jamais paru; et nous savons de science certaine qu'on fait dans cette ville tous les exercices de la religion protestante, qu'on s'assemble secrètement, qu'on donne la cène, et qu'enfin les maisons des particuliers sont devenues des temples de l'ancienne erreur. Voilà ce qu'ont produit les emprisonnements, les amendes et les fréquentes insultes et les continuelles menaces dont M. le Gendre s'est servi; la douceur et l'instruction auroient plus gagné de cœurs que la violence. L'hypocrisie du sieur Daliès est encore un scandale à la religion catholique, en la faisant servir à l'élévation de sa famille par un mariage qu'il vient de procurer à son neveu, catholique seulement en apparence. Cet exemple fait trembler tous les pères et mères qui ont des enfants : on a forcé par toute sorte de violences et de menaces d'exil et d'oppression, prétextés sur la religion, des parents à donner leur consentement, et on a ôté par autorité tous les moyens de se servir du droit que les lois donnent aux pères et mères sur leurs enfants. On a séduit et marié Mˡˡᵉ de Caumont contre la volonté sincère de ses parents et à l'insu de sa grand'mère et de sa mère. Quelle opinion donne-t-on d'une religion qui ôte la liberté aux parents de disposer de leurs enfants dans l'affaire la plus sérieuse de leur vie?

«Ce que j'ai l'honneur de vous dire est pour l'intérêt de Jésus-Christ, que je viens d'offrir à son Père dans le saint sacrifice de la messe, pour le prier qu'il vous fasse profiter des sincères avis que je vous donne.»

---

632. *M. l'Évêque de Condom*
au Contrôleur général.

29 Juin 1704.

«Je me crois obligé en conscience de vous dire qu'il ne convient pas que le sieur Duquesne soit subdélégué; il est si prodigieusement intéressé à l'égard des nouveaux convertis et à l'égard de toutes sortes d'autres affaires, que c'est une plainte publique. Il y a quatre ans que j'eus l'honneur de vous en parler fort au long; j'en avois même parlé au Roi. Je souhaiterois qu'on ne sût pas que je vous en ai écrit : on n'a point plaisir d'être le dénonciateur; cependant, si vous le jugez à propos, en expliquant vos intentions à M. de la Bourdonnaye, vous pouvez lui marquer que j'ai pris la liberté de vous en écrire, même lui renvoyer ma lettre. Vous aimez le bien public : c'est ce qui me détermine à vous écrire.»

633. *M. d'Ormesson, intendant en Auvergne,*
au Contrôleur général.

2 Juillet 1704.

Il renvoie les mémoires des députés au Conseil de commerce sur la fabrication des points d'Aurillac, avec un rapport de son subdélégué sur les moyens de relever cette industrie*.

* Copie de la lettre du sieur de la Canière, subdélégué à Aurillac : «J'ai vu les deux mémoires concernant les manufactures de point que vous m'avez fait l'honneur de m'adresser; je les ai communiqués à des personnes intelligentes. Il est facile de remédier à la manière dont on se plaint qu'on a blanchi les points : il n'y a qu'à commettre une personne sur les lieux, qui se fera représenter les points avant l'envoi que les marchands en font. Dès qu'ils seront informés qu'on veille à ce qu'ils ne se servent plus d'alun pour blanchir leur ouvrage, ils n'auront garde de le mettre en usage. La cessation de ce commerce a donné lieu aux marchands de se servir de cette manière de blanchir. Nos points avoient été longtemps sur un haut prix; les marchands y faisoient des profits considérables, et, à mesure qu'ils gagnoient, ils faisoient profiter des ouvriers, qui, trouvant leur compte dans leurs ouvrages, s'attachoient à les perfectionner. Ce commerce étant tombé, le marchand et l'ouvrier se sont relâchés; le marchand n'a pas eu le même soin de faire porter de beaux dessins, d'avoir de beau fil, ni à chercher les bonnes ouvrières. Ainsi, n'ayant plus de bel ouvrage, ils ont cherché le moyen de blanchir ceux qu'ils faisoient faire pour peu de chose et vendent de même; et à la fin ils n'en ont plus eu la débite. Les meilleures ouvrières sont mortes ou se sont éloignées, et peu se sont attachées à se perfectionner. Il n'y a, à présent, que deux particuliers qui fassent travailler : l'un d'eux s'attache encore à faire de bel ouvrage, mais il en fait peu, manque de fonds ou de débite; l'autre ne fait que de l'ouvrage commun, et de si peu de valeur, que l'ouvrière ne gagne pas un sol par jour, et c'est ce qui a donné lieu à tant de filles, dont le nombre a été autrefois de huit mille, de quitter ces ouvrages, et cette cessation a contribué à la ruine de cette partie de province. Il s'y consommoit 6 à 700,000 # pendant que la manufacture que le Roi y avoit établie subsista. Cet argent se répandoit à la ville et à la campagne, l'ouvrière gagnoit jusqu'à 30 sols par jour, les filles des meilleures maisons s'y occupoient, l'élection abondoit en toutes choses; le Conseil ne l'ignora pas, et, sur cette réflexion, on y augmenta les subsides, parce qu'on trouvoit de la facilité à être payé. Cette ressource est finie, et la province est entièrement épuisée. Il seroit de l'intérêt du Roi de rétablir ce commerce : il n'y auroit qu'à suivre le plan qu'en avoit fait M. Colbert, ou, si S. M. ne vouloit pas envoyer à Aurillac des marchands, comme fit son ministre, il y en a sur les lieux qui pourront se charger de ce soin; mais, comme ils ne sont pas en état de faire des avances, S. M. pourroit fournir un fonds, qu'elle retireroit dans la suite, et, afin de mettre les ouvrages dans un état de perfection, on pourroit faire venir quelques filles d'Alençon ou de la Salpêtrière, pour instruire les ouvrières, dont il se feroit bientôt un grand nombre, pour peu qu'elles puissent y trouver à gagner. Il y a sur les lieux des femmes de vertu et intelligentes qui veilleroient sur les ouvrages et sur les ouvrières; mais, comme tous les soins qu'on prendroit pour faire ce rétablissement resteroient inutiles, si, à même temps, on n'avoit la débite des ouvrages, S. M. n'auroit, pour la procurer, qu'à en porter : la cour, le reste du royaume et les États voisins s'y conformeroient bientôt. A l'égard des dentelles, il s'y en feroit d'aussi belles qu'en Flandre, si on prenoit les mêmes soins et les mêmes précautions que pour le point; et, en faisant l'un et l'autre, on rétabliroit une province qui rendroit à l'État, et avec usure, l'argent qui y seroit répandu. Je vous renvoie les mémoires un peu chiffonnés; je les reçus sur ma route de Mauriac, et, en partant de Saint-Antoine, j'essuyai un orage, qui perça mon porte manteau. Ce fut le moindre malheur qu'il causa; bien des gens perdirent leurs bestiaux, et la foire fut interrompue à fort bonne heure.»

634. *Le Contrôleur général*
aux Officiers du Parlement de Toulouse.

5 Juillet 1704.

«Il y avoit lieu de croire que la création d'une nouvelle chambre des eaux et forêts près le Parlement de Toulouse vous auroit engagés à faire des propositions pour en éviter l'établissement, qui ne peut être qu'onéreux à votre Compagnie, et, quoiqu'il paroisse, par les mémoires qui m'ont été envoyés, que le Roi pourroit tirer un secours considérable de cet établissement, je ne laisse pas de croire que, si vous voulez faire des offres raisonnables pour en obtenir la réunion à votre Compagnie, elles ne soient acceptées, pourvu que vous vous déterminiez sans perte de temps. Vous pouvez d'autant moins vous dispenser d'entrer dans ce parti, que presque tous les autres Parlements du royaume, qui n'y ont pas plus d'intérêt que vous, n'ont pas laissé d'y entrer : celui de Paris a consenti à l'augmentation de sept présidents et quinze conseillers, qui ont produit à S. M. une somme plus considérable que la finance qu'elle auroit tirée des offices de la nouvelle chambre; celui de Rouen a demandé l'union aux requêtes du Palais, avec une crue d'officiers; celui de Rennes fait aussi des propositions; celui de Bordeaux consent au rétablissement de la Table de marbre et à une crue de nouveaux présidents et conseillers, à l'instar de Paris; celui de Franche-Comté consent la création d'une chambre des requêtes du Palais, qu'on avoit proposé depuis longtemps d'y établir, à laquelle on réunira la juridiction des eaux et forêts; et l'on attend incessamment des propositions des autres Parlements*.

«Je vous informe de tous ces exemples pour vous engager à y faire de sérieuses réflexions et à n'être pas des derniers à marquer l'empressement que vous avez à donner à S. M. les secours dont elle a besoin dans la conjoncture présente**.»

* En Bretagne, le premier président de Brilhac écrit, le 16 avril, que l'établissement d'une chambre souveraine des eaux et forêts est impossible, et il propose d'en réunir les fonctions au Parlement, moyennant une partie de la somme de 500,000 # qu'on avait compté tirer de la création. — En Alsace, le 11 avril, M. de Corberon, premier président du Conseil souverain, demande, comme compensation de la création d'une chambre des eaux et forêts, qu'on rende aux officiers du Conseil le franc-salé qui leur avait été anciennement attribué, et qu'on lui fasse fournir à lui-même, par la ville de Colmar, le bois de chauffage et le fourrage. Il fait observer que cette fourniture de bois se fait déjà aux échevins, et que d'ailleurs les revenus de la ville, que l'installation du Conseil a fait monter de 45,000 # à 60,000 # et plus, s'augmenteront encore par le fait de la création nouvelle et de l'arrivée

des magistrats avec leurs familles. — M. Lebret, intendant en Provence, rend compte, les 28 juillet, 8 et 10 octobre 1704, de la réunion de la nouvelle chambre au corps du Parlement d'Aix et de la création d'une chambre des requêtes.

** Voir les lettres du 28 février précédent, à M. de Bernage, intendant en Franche-Comté ; du 5 avril, à M. Bouchu, premier président du Parlement de Dijon ; des 21 avril, 29 août et 6 septembre, à M. de Brilhac, premier président à Rennes; du 18 juillet, à M. de Bertier, premier président à Pau; des 5 et 12 avril, au sieur Deschiens et à M. le Rebours, sur la société formée par les traitants pour l'établissement des chambres; du 8 mai, à M. Dalon, premier président à Bordeaux; du 15 mai, à M. de la Porte, premier président à Metz; du 29 mai, à M. de Monthelon, premier président à Rouen; des 21 décembre 1704, 15 janvier et 5 février 1705, à M. de Bérulle, premier président à Grenoble.

635. *Le Contrôleur général aux Intendants.*

5 Juillet 1704.

«Vous ne sauriez donner une attention trop vive à tout ce qui peut contribuer à l'avantage du Roi et du public dans le nouveau travail de conversion et de réformation des monnoies, et, comme il est difficile que vous soyez parfaitement informé si vous ne prenez soin de connoître les choses par vous-même, je dois vous dire qu'il paroît nécessaire pour le bien du service de S. M. que vous alliez souvent visiter l'hôtel de la Monnoie de votre département, que vous examiniez si le travail se fait exactement, si les directeur et commis payent et expédient ceux qui portent leurs espèces, et s'ils n'affectent point de mauvaises difficultés pour tirer des gratifications secrètes et donner des préférences à ceux qui portent à la Monnoie les anciennes espèces à réformer. Il est encore nécessaire que vous vérifiiez toutes les semaines l'état de la caisse, et si les bordereaux que le directeur a ordre d'envoyer toutes les semaines et tous les mois contiennent tout le travail de conversion et de réformation et ce qui en revient au Roi. Rien ne mérite une application plus sérieuse, et je ne puis trop vous dire combien il est important que vous suiviez sans relâche ce travail, et que vous m'en informiez tout le plus souvent que vous pourrez*.»

* Voir les circulaires adressées par M. Desmaretz, le 16 juin précédent, aux juges-gardes des Monnaies et aux directeurs. Le 10 août suivant, il avise M. de Bâville de surveiller attentivement les ouvriers et employés de la Monnaie de Montpellier, où l'on dit que le lieutenant du prévôt des ouvriers est un ancien faux-monnayeur condamné aux galères perpétuelles, qu'il fait exercer un office de changeur par sa femme et ses filles, que son fils est contrôleur contre-garde, et qu'il a fait mettre au balancier un de ses parents, aussi condamné aux galères, lequel même demande à être chargé du recuit et du blanchiment des espèces.

636. *M. Dalon, premier président du Parlement de Guyenne, au Contrôleur général.*

5 Juillet 1704.

Il demande que le contrôleur général et le chancelier fassent justice d'un mémoire calomnieux envoyé contre lui*.

* Voir, à la date du 26 mai, ce billet au contrôleur général, écrit de la main du chancelier : «Je joins ici, Monsieur, le mémoire dont je vous ai parlé tantôt; je souhaite que l'usage que nous en ferons, vous et moi, en secret, par la communication que nous en donnerons à M. Dalon, et par les exhortations que nous lui ferons, ait un heureux effet.» — Le contrôleur général répond au premier président que le plus sage parti lui semble être de faire le silence sur ce mémoire, dont on ne découvrira jamais l'auteur.

637. *M. l'Évêque de Tréguier au Contrôleur général.*

8 Juillet 1704.

«Comme je connois votre piété et la grande protection que vous accordez pour la conservation des intérêts de l'Église, je m'adresse à vous avec confiance pour faire cesser un désordre qui, malgré tous mes soins, se rétablit en quelques paroisses de mon diocèse. Il y a trois ou quatre ans que le Roi nous envoya une déclaration portant défense de faire au prône aucune publication pour affaires temporelles, même pour celles de S. M., et ordre de faire les délibérations prônales après les grandes messes, en quelque lieu séparé de l'église. Je n'ai pas plus tôt établi cet ordre, si conforme à la sainteté de nos mystères et de nos églises, que mes curés ont reçu des ordres contraires, avec menaces, prétendant que cette déclaration ne devoit pas être exécutée. Ainsi, en quelques paroisses, le service divin est interrompu par ces publications et délibérations, qui sont souvent causes qu'on en vient aux injures, emportements et serments. Les plaintes que j'en ai reçues dans la visite que je viens de faire, m'obligent à vous en porter les miennes. Permettez-moi aussi de vous dire que nos offices et nos processions ne se font plus avec la même solennité depuis que la préséance donnée aux maires en a exclu nos juges, quoiqu'ils aient été toujours traités comme les juges royaux. Si S. M. créoit quelque charge qui leur rendît leur rang et le droit d'aller aux États, outre l'utilité qu'en tireroit le Roi, toutes choses en iroient beaucoup mieux, parce que les maires, presque tous gens de bas aloi, abusent de leur pouvoir et ne sont d'aucun secours pour les délibérations des États*.»

* En marge : «J'écris à M. de Nointel, pour savoir ce qui peut empêcher l'exécution de la déclaration, etc. Pour ce qui est de l'article des maires, il n'y a rien qui ne soit conforme à toutes les ordonnances et aux anciens usages du royaume, qu'on donne la préséance à tous les officiers royaux sur ceux des seigneurs.»

638. *M. de Montesan, prévôt des marchands de Lyon, au Contrôleur général.*

9 Juillet 1704.

«Dès que j'ai reçu la lettre que vous m'avez fait l'honneur de m'écrire le 4 de ce mois, où vous m'ordonnez de faire arrêter et saisir les sommes que les négociants feront voiturer ici sans votre permission, j'ai envoyé à la Douane et au bureau de la diligence, et y ai donné les ordres nécessaires à ce sujet. Je ferai d'ailleurs connoître à nos négociants vos intentions là-dessus, et je ne doute pas qu'ils ne s'y soumettent avec tout le respect qu'il vous doivent. Si quelques-uns de ces négociants ont fait voiturer quelques sommes, ce n'a été que par rapport à la conjoncture des temps, qui est très difficile pour le commerce; et en effet, on ne sauroit présentement tirer une lettre de change de Paris à Lyon qu'il n'en coûte des 7 à 8 p. o/o, et il n'est que trop vraisemblable que, si cela duroit, les banquiers ne pourroient se tirer d'affaire. Il est cependant vrai que la sage précaution que vous prenez en obligeant les négociants de prendre de vous des permissions pour les sommes qu'ils feront venir ici, ne peut être nuisible aux payements courants, et il est à croire que, quand les négociants vous feront connoître la nécessité où ils sont de faire venir des sommes en ce pays pour le bien de leur commerce, vous ne leur refuserez pas la permission qu'ils vous demanderont, et je vous supplie de trouver bon que j'implore pour eux votre protection, et que je vous prie de leur être favorable en cette occasion. Je ne puis me dispenser de vous dire que ceux des négociants qui voudront éluder l'exécution de vos ordres, pourroient faire venir des sommes dans des balles de marchandises : ce qui seroit difficile à découvrir. Je donnerai cependant toute mon attention à développer les fraudes qu'on pourroit faire à ce sujet. On pourroit encore faire venir des groups par les courriers; mais je suis persuadé que Messieurs des postes ne le permettront pas, dès qu'ils sauront vos intentions, et je ne manquerai pas de les leur faire connoître, quoique je n'aie sur eux aucune inspection. Enfin, je vous proteste qu'en cette occasion et en toutes autres, je donnerai toujours une attention particulière à l'exécution de vos ordres*.»

* Sur de nouvelles questions (lettre du 17 juillet), le contrôleur général lui ordonna d'exiger la production des permis des intendants pour les envois venant d'autres villes que Paris, et, pour les autres, de se faire représenter à lui-même tous les passeports du Contrôle avant d'autoriser la délivrance des envois.

---

639. *M.* de Bâville, *intendant en Languedoc,*
au Contrôleur général.

14 Juillet 1704.

«Vous eûtes la bonté, il y a deux ans, de me faire espérer que vous feriez servir mon fils dans les provinces, quand l'occasion s'en présenteroit et qu'il auroit pris certaines connoissances, à quoi il a travaillé. J'ai vu vaquer, depuis ce temps-là, plusieurs intendances, qui ont été données à d'autres; si vous l'en jugez capable, je vous serai très obligé de vouloir penser à lui.»

---

640. *M.* Turgot, *intendant à Tours,*
au Contrôleur général.

15, 19 et 21 Juillet, 3 Septembre, 3 Décembre 1704;
20 Janvier, 5 Mars 1705, etc.

Rapports et procédure sur une coupe de bois faite par les religieux de l'abbaye Saint-Vincent du Mans sans l'autorisation du Roi.

Procès-verbal de la visite des bois de haute futaie que l'abbé de la Boissière, dans l'élection de Baugé, demande à couper*.

* Voir les procès-verbaux de la visite des bois du Chapitre de la cathédrale d'Amiens, des Célestins de la même ville, des abbayes de Faremoutiers, de la Sainte-Larme, du Gard et du Mont-Saint-Martin, envoyés par M. Bignon, les 23 avril, 8 octobre et 23 novembre 1705; celui de la visite des bois de l'abbaye de Saint-Martin de Troarn, envoyé par M. Foucault, intendant à Caen, le 16 juillet 1705; celui de la visite des bois de l'abbaye de Saint-Pierre d'Orbais, envoyé par M. d'Ormesson, intendant à Soissons, le 1er avril 1705, etc.

---

641. *M.* d'Argenson, *lieutenant général de police à Paris,*
au Contrôleur général.

17 Juillet et 2 Août 1704.

Il demande qu'une commission pour faire la recherche et la saisie des toiles peintes, avec rémunération sur le produit des captures, soit donnée au sieur Tisserant de Luxemont, capitaine des archers de la gabelle de Paris*.

* Les 11 et 23 septembre, il rend compte d'une première saisie. Le 22 décembre, il demande la permission d'envoyer dans un château éloigné ou à l'hôpital général un fraudeur émérite, dont la punition agirait fortement sur les négociants. Le contrôleur général répond en marge : «Ce qu'il propose me paroît très bon; mais, pour y donner quelque forme, il me semble qu'il devroit du moins l'interroger; je rendrois compte au Roi de son interrogatoire et proposerois à S. M. ce qui conviendroit pour le mettre hors d'état, à l'avenir, de faire un pareil commerce.»

---

642. *M.* Desmaretz, *directeur des finances,*
à M. le duc de Gramont, *gouverneur de Bayonne.*

19 Juillet 1704.

«..... Le prix des espèces a été réglé, par l'édit du mois de mai dernier, à 15 # pour les louis d'or et à 4 # pour les écus*. Cette différence est nécessaire pendant que le Roi, pour soutenir les dépenses de la guerre, est obligé de prendre une forte traite sur les monnoies; autrement, on fondroit tous les écus non réformés, et on les porteroit en lingots aux Monnoies, pour y gagner ce que les espèces valent de plus que les matières. Cependant, pour favoriser le commerce d'Espagne et le retour des effets et matières d'or et d'argent qui peuvent appartenir aux François, le Roi veut bien en augmenter l'évaluation, en prenant les précautions nécessaires pour en empêcher l'abus, comme on a fait dans la dernière réformation des monnoies, et, aussitôt que S. M. aura résolu le pied sur lequel elle veut fixer le prix des matières, je vous en informerai**.»

* Dans une lettre du 25 mai précédent, M. de Gramont s'était plaint qu'on ne trouvât plus une pistole en circulation depuis que les louis avaient été rabaissés à 12 # 10 s. en France, tandis que les pistoles valaient 13 # en Espagne.

** Voir les lettres écrites à M. de Saint-Maurice, commissaire général de la Cour des monnaies à Lyon, le 1er juin, les 2 et 5 juillet; à M. Lebret, intendant en Provence, le 11 juillet; à M. Méliand, intendant en Béarn, le 15 octobre, et à M. Bégon, intendant à la Rochelle, le 10 décembre, pour faire acheter, sur le pied de 32 à 34 # le marc, les pistoles d'Espagne ou les piastres apportées par mer.

643. *M.* Barentin, *intendant en Flandre maritime, à M.* Desmaretz.

25 Juillet 1704.

«Avant que de répondre à la lettre que vous m'avez fait l'honneur de m'écrire le 16 de ce mois, j'ai fait de sérieuses réflexions sur le concert avec lequel les choses se font présentement entre la Flandre françoise et la Flandre espagnole; mais je ne puis me persuader que ce soit interrompre cette harmonie que de faciliter le retour de nos espèces dans le royaume, et je ne conçois pas que les Flamands espagnols fussent en droit de se plaindre quand on suivroit les propositions que j'ai pris la liberté de faire par le mémoire qui étoit joint à ma lettre du 4 de ce mois. Il faut d'abord observer qu'il n'y a jamais eu de déclaration ni d'arrêt du Conseil qui aient permis en France le cours des espèces d'Espagne (hors celui des pistoles et des réaux), et que le seul commerce nécessaire entre des peuples aussi voisins et aussi alliés que le sont les Flamands françois et les Flamands espagnols a fait fermer les yeux sur le cours arbitraire que les peuples de la Flandre françoise ont donné de leur chef aux écus d'Espagne à bajoires, aux escalins et aux autres espèces étrangères. Cette réflexion fait connoître que, sans donner aucun sujet de plaintes aux Flamands espagnols, l'on pourroit défendre avec sévérité le cours des espèces étrangères, puisqu'il n'est autorisé par aucune loi; et peut-être cette sévérité seroit-elle bien nécessaire pour procurer à S. M. les avantages qu'elle espère de trouver dans la nouvelle réformation des espèces. Cependant, comme les Flamands espagnols ne pénétreroient pas la cause de cette sévérité, et qu'ils pourroient croire qu'on cherche à rompre l'union de commerce qui est présentement entre eux et les sujets de S. M., je croirois qu'il seroit à propos de se relâcher en partie et de tolérer dans la Flandre françoise le cours des espèces étrangères, pourvu que ces espèces y fussent reçues pour un prix qui ne nuisît point à la réformation d'espèces que S. M. vient d'ordonner. Je ne répéterai rien de ce que j'ai eu l'honneur de mander à M. Chamillart en lui envoyant mon mémoire, parce que je suis persuadé qu'on sent aisément combien le dernier placard du Conseil privé de Bruxelles, portant augmentation du prix de nos espèces, doit en faire passer dans la Flandre espagnole, et il est constant qu'on ne peut remédier à cet abus considérable que par deux moyens : le premier, en fixant dans la Flandre françoise le prix des espèces d'Espagne sur un pied plus bas qu'elles ne valent dans la Flandre espagnole, afin d'empêcher qu'on n'en apporte en ce pays-ci exprès pour y acheter de nos espèces; et le second, en faisant valoir dans les recettes royales et dans les Monnoies les espèces de France un peu plus qu'elles ne valent dans la Flandre espagnole. Le premier de ces deux moyens ne peut faire de la peine aux Flamands espagnols, puisqu'ils doivent être contents de ce qu'on tolère dans la Flandre françoise le cours de leurs espèces, qui devroient y être défendues; et, bien loin qu'on ait sujet d'appréhender qu'ils ne se servent de ce prétexte pour diminuer dans leur pays la valeur de nos espèces, cette diminution seroit à désirer, puisqu'elle procureroit le retour dans le royaume d'une quantité infinie de nos espèces qui en sont sorties. Il est vrai que cette diminution seroit désavantageuse aux officiers des troupes de S. M. qui sont obligés de porter des espèces dans la Flandre espagnole, et que S. M. elle-même seroit obligée de donner un change un peu plus fort aux banquiers qui se sont chargés du soin de fournir dans la Flandre espagnole les fonds nécessaires pour payer les troupes; mais cet objet est médiocre, et il ne peut être comparé avec le profit que S. M. trouveroit dans la réformation du grand nombre d'espèces de France que cette diminution feroit rentrer dans le royaume. On a fabriqué à la Monnoie de Lille pour 3,800,000 # de pièces de Flandre ou de Bourgogne, et, quoique ces espèces n'aient de cours qu'en Flandre et en Hainaut, on n'en trouveroit pas dans la Flandre françoise pour 10,000 francs, parce qu'elles sont toutes passées dans la Flandre espagnole. Les autres espèces de France, et surtout celles d'or, qui se transportent aisément, ne sont pas sorties avec moins d'abondance depuis que leur prix a été augmenté dans la Flandre espagnole, et il y a des particuliers qui ne font, depuis un certain temps, d'autre commerce que de venir acheter de nos espèces, qu'ils payent avec des espèces d'Espagne. Ces particuliers ont soin de partager leur profit avec ceux qui veulent bien leur vendre des espèces, et peu de gens se font ici un scrupule d'en vendre, parce qu'ils font un profit sur ces espèces et qu'on leur donne en payement des espèces d'Espagne, qui sont reçues dans le commerce sur le même pied qu'elles ont cours dans la Flandre espagnole. Je laisse à juger si un tel désordre mérite d'être réformé; cependant, comme le cours des espèces d'Espagne n'a jamais été permis dans la Flandre françoise par des déclarations ou par des arrêts du Conseil, et qu'il n'y a été toléré que comme un mal nécessaire, on pourroit se dispenser d'effaroucher l'esprit des Flamands espagnols, en ne défendant point le cours de leurs espèces, et il suffiroit de fixer leur prix suivant mon mémoire, par une lettre écrite à MM. les intendants en Flandre et en Hainaut; cette lettre feroit le même effet qu'un arrêt du Conseil, sans faire le même bruit.

«Le second moyen pour faciliter le retour de nos espèces seroit encore plus facile, et il ne seroit question, pour cela, que de faire recevoir dans les recettes royales et à la Monnoie de Lille les espèces de France pour un peu plus qu'elles ne valent dans la Flandre espagnole. Par exemple, les écus de France valent dans la Flandre espagnole 3 # 10 s., les trois demi-pièces de Flandre ou Bourgogne 7 #, et les louis d'or 13 # 2 s. 6 d.; pendant qu'ici, dans les recettes royales et dans les Monnoies, les écus ne valent que 3 # 10 s., les trois demi-pièces de Flandre 6 # 14 s. 9 d., et les louis d'or 13 #. L'égalité de valeur de nos écus n'engage personne à en rapporter de la Flandre espagnole; au contraire, le profit qu'on fait dans la Flandre espagnole sur les pièces de Flandre et sur les louis, y fait passer une infinité de ces sortes d'espèces. Pour corriger cet abus, je croirois qu'il seroit nécessaire d'accorder quelque bénéfice à ceux qui rapporteroient nos espèces dans le royaume, et que, pour cela, il faudroit faire recevoir dans les recettes royales de la Flandre et à la Monnoie de Lille les écus pour 3 ₶ 11 s., les pièces de Flandre pour 4 ₶ 15 s., et les louis pour 13 ₶ 5 s. Ce petit avantage diminueroit, à la vérité, le profit de S. M. dans la réformation des espèces; mais, comme il feroit rentrer beaucoup d'espèces, S. M. trouveroit dans la quantité de ces espèces qu'on réformeroit un profit qui excéderoit infiniment la perte qu'elle feroit sur la valeur des espèces. Il faut avouer que nos espèces ne sauroient rentrer tout d'un coup, parce qu'il en est sorti un très grand nombre; c'est pourquoi, pour faciliter leur retour, j'estimerois qu'il seroit bon de tenir pendant un fort long temps les Monnoies ouvertes, et je suis persuadé que cette précaution feroit rentrer dans le royaume la meilleure partie de nos espèces qui en est sortie depuis le commencement de la guerre *. »

* Voir, aux 18 avril, 8 mai et 4 juillet précédents, les plaintes des négociants, leurs propositions, et un mémoire sur la valeur des écus et des escalins d'Espagne dans la Flandre espagnole, ainsi que sur le danger qu'il y aurait à leur donner cours dans la Flandre française au taux porté par la dernière déclaration du roi Philippe V.

Le 23 juillet, M. Desmaretz écrit à cet intendant que l'augmentation des espèces donne effectivement lieu à les aller changer contre des escalins, mais que néanmoins le contrôleur général trouve plus d'avantage à faire baisser ainsi le change sur les remises destinées à l'armée. Le 11 octobre 1705, conformément aux avis de M. de Bagnols (lettres des 13 août, 10 septembre, 3 et 15 octobre), le contrôleur général écrit aux juges-gardes de la Monnaie de Lille que les intérêts du commerce de Tournay ne permettent pas de faire trop rigoureusement la recherche des louis et des écus non réformés envoyés de la Flandre espagnole, et qu'on en devrait tolérer tacitement le cours.

644. *M. Sanson, intendant à Soissons,*
au Contrôleur général.

28 Juillet 1704.

Translation de l'Hôtel-Dieu de Marle sur un terrain dépendant de la promenade publique.

« M. l'évêque de Laon et M. le duc de Mazarin, seigneur engagiste, y ont donné leur consentement, aussi bien que tous les habitants, à la réserve seulement du nommé Charlier, procureur du Roi de la ville, qui s'y est opposé, non en vue du bien public, mais par rapport à ses intérêts particuliers, parce qu'étant cabaretier aussi bien que procureur du Roi, le bâtiment qu'on fait faire au nouvel Hôtel-Dieu bouche le passage qui conduisoit à la porte de derrière de sa maison, dont les buveurs se servoient pour cacher plus facilement leurs débauches..... »

645. *M. de Bâville, intendant en Languedoc,*
au Contrôleur général.

28 Juillet, 9 et 29 Septembre, 18 Octobre,
1er, 16 et 28 Novembre, 2, 7 et 26 Décembre 1704.

Il réclame des fonds pour payer l'arriéré de plus de 500,000 ₶ dû aux troupes de son département, et une assignation pour le remboursement de la seule avance qu'il ait pu trouver chez le sieur Sartre *.

« Nous sommes toujours fort endettés à l'égard des troupes, qui me pressent extrêmement. Les 130,000 ₶ que j'ai tirés de Toulouse ont été distribués, et n'ont pu acquitter qu'une petite partie de ce qui est dû. Il faut de plus envoyer les officiers en semestre et leur donner 2,000 ₶ par bataillon; il faut encore faire partir cinq bataillons de cette province, qui vont en Dauphiné, et tout cela fait qu'il ne reste pas un sol entre les mains du trésorier..... Vous pouvez juger de l'embarras où cela me met, ayant des troupes postées en beaucoup d'endroits nécessaires pour le service, où il n'y a aucune ressource par les habitants, qui ont été souvent brûlés et pillés, et qui y sont dans la dernière misère..... »

* En marge de la première lettre, le contrôleur général répond de sa propre main : « Lui mander de prendre jusques à 300,000 ₶ sur le bénéfice des Monnoies de Toulouse et de Montpellier, des premiers deniers. Dire au sieur de Vieuxcourt d'y laisser le fonds entier qui lui est destiné pour soutenir le service et servir à la subsistance des troupes; au sieur Rousseau, de ne rien tirer sur ces Monnoies. Faire pareille destination sur celle de Grenoble, pour les troupes qui sont en Savoie et en Dauphiné. En écrire à M. Bouchu. »

646. *M. Phélypeaux, intendant à Paris,*
au Contrôleur général.

29 Juillet 1704.

Les habitants d'Achères et des fermes voisines se plaignent que leurs champs sont ruinés par le gibier de la forêt de Saint-Germain. Le Roi est maître de leur faire donner une gratification; mais il y a cent villages de la généralité qui pourraient faire valoir les mêmes droits à une indemnité *.

* Sur de nouvelles plaintes, présentées en 1706 par M. de Massol, avocat général en la Chambre des comptes de Paris et seigneur d'Achères, M. Phélypeaux répond encore : « Toutes les forêts qui sont dans la généralité de Paris sont si horriblement remplies de bêtes, que tous les riverains s'en plaignent, et que je suis très embarrassé à donner à ces paroisses les diminutions qu'ils seroient en droit de pouvoir espérer..... C'est au Roi à faire les grâces qu'il jugera à propos à M. de Massol et aux autres riverains : il en est le maître, et cela ne me regarde point..... » (Lettre du 1er mai 1706.) Le 22 du même mois, M. de Massol demande que le Roi achète sa terre, si l'on ne peut lui accorder un dédommagement ou la permission de s'enclore. — Le 13 juin 1707, à propos d'un placet des paroisses de Verneuil, de Chapet, de Vernouillet et des Mureaux, M. Phélypeaux écrit : « Je vous puis assurer que le nombre des bêtes fauves, et même des sangliers, est si fort augmenté depuis quelques années, que tous les villages riverains des forêts de la généralité de Paris, sans en excepter aucune, en souffrent infiniment, et que j'en ai des plaintes continuelles. On ne permet pas même aux habitants, en quelques endroits, de veiller la nuit sur leurs terres pour les chasser (*en marge :* « On doit leur permettre »), et souvent la garde de leurs terres leur coûte plus que la taille qu'ils payent au Roi. Je ne sais qu'un expédient, mais peut-être ne conviendroit-il pas : ce seroit d'en détruire une grande partie. Les habitants de ces quatre paroisses proposent qu'on leur donne la liberté de les chasser devant eux, et que, si on ouvroit une porte du parc de Saint-Germain, ils les feroient rentrer dans la forêt: ce que je crois très difficile. »

647. *M. de Bouville, intendant à Orléans,*
à M. Desmaretz.

29 Juillet 1704.

Il approuve un projet d'ériger les notaires subalternes et les tabellions en notaires royaux.

648. *M. de Bâville, intendant en Languedoc,*
au Contrôleur général.

30 Juillet 1704.

«Par la comparaison ci-jointe des droits de cette année qui se lèvent à la foire de Beaucaire avec ceux de l'année passée, il paroit qu'elle est presque aussi bonne, nonobstant la rareté de l'argent, qui a valu jusqu'à 4 p. o/o pour le terme d'août: ce qu'on n'a jamais vu. Je suis persuadé que le billonnage entre un peu dans ce prix excessif; c'est une manière de le faire très difficile à découvrir: un marchand donne des louis d'or ou des vieilles espèces à un autre, et, pour cacher la valeur sur laquelle il les délivre, on lui donne une lettre de change à un gros intérêt. J'ai fait tout ce que j'ai pu, à la foire, par toutes sortes de moyens, pour découvrir ces billonneurs; mais je n'ai pu rien découvrir de considérable. Cela se fait avec tant de précaution, qu'il est tout à fait difficile d'avoir des preuves. J'ai fait arrêter un marchand de Marseille qui a offert de prendre des louis d'or à 13 # 5 s., et, comme il nie le fait, j'attends des témoins pour le convaincre. J'aurai l'honneur de vous rendre compte de cette affaire. Il pourroit bien y avoir quelque faux-réformateur à Avignon, et, bien que cette ville ait toujours été du département de Provence, je ferai ce que je pourrai pour les découvrir*.

«On a enlevé à la foire de Beaucaire beaucoup de laines pour la Suisse et de toiles pour l'Espagne; on a enlevé aussi plus de neuf cents quintaux de cheveux, en franchise, pour l'Italie, et ce commerce mérite attention, parce que, ne payant point de droits à cette foire, cet enlèvement pourroit beaucoup augmenter le prix des perruques**.»

* Voir trois autres lettres des 26 août, 9 et 24 septembre suivants, et une lettre du vice-légat, à la date du 21 août, sur le travail des faux-réformateurs.

** Réponse en marge : «C'est un grand bonheur qu'au milieu des troubles de Languedoc, la foire de Beaucaire se soit passée si tranquillement; cela est dû en partie à ses soins. Il est à craindre, comme lui-même le soupçonne, qu'il ne se fasse un billonnage considérable du côté d'Avignon : c'est un des trois endroits dangereux; Gênes et Genève ne le sont pas moins. Je le prie de faire en sorte, par les relations qu'il a avec M. le vice-légat, de découvrir les faux-réformateurs, en cas qu'il y en ait à Avignon. J'examinerai l'article des cheveux et les droits que l'on y pourroit mettre à la sortie.»

649. *M. Bignon, intendant à Amiens,*
au Contrôleur général.

31 Juillet 1704.

Il appuie les propositions faites par le grand maître des eaux et forêts pour le dessèchement de la forêt de Rihoult et le curage du canal de vidange appelé le Rosta *.

* En marge, de la main de M. Desmaretz : «Bon pour le canal de Rosta présentement. Pour les rigoles, 500# par an. Écrire au grand maître de rendre compte de l'exécution.»

650. *Le sieur Rolland, receveur de la taxe des boues et lanternes de Paris,*
à M. Desmaretz.

31 Juillet 1704.

Le recouvrement du rachat des taxes pour les boues et lanternes pourrait commencer; mais on ne sait si l'ordre du contrôleur général est que les commandements soient adressés et signifiés aux propriétaires de haut rang aussi bien qu'aux simples redevables*.

* Voir une autre lettre du 29 août, au sujet du salaire des commis employés au recouvrement, et une lettre de M. d'Argenson, du 10 février 1705, sur les inconvénients imputés à l'édit de janvier 1704 et à l'arrêt rendu en conséquence par le Conseil.

Le 2 octobre 1704, M. Desmaretz écrit au P. Fleuriau, de la compagnie de Jésus, que, le recouvrement se faisant par commission et sans aucune remise, le Roi seul pourrait accorder une grâce, mais que toutefois il sera donné ordre de ne point presser la Compagnie.

651. *M. de Saint-Contest, intendant à Metz,*
au Contrôleur général.

4 Août 1704.

Rapport sur les droits que la maîtrise des eaux et forêts de Vic prétend percevoir pour la délivrance des bois de chauffage, de marnage et autres dus aux communautés de l'évêché de Metz dans les forêts qui ont été acquises de l'évêque par échange, et dont les produits sont destinés à l'alimentation des salines de Moyenvic*.

* Sur ces forêts et sur leur acquisition, voir plusieurs lettres des 27 janvier, 27 février, 7 octobre 1704, 4 et 9 mars 1705.

Le 27 février 1705, en proposant d'autoriser la paroisse de Perrigny à faire la coupe de ses bois de réserve pour fournir aux réparations du pont de l'Armançon, M. Phélypeaux, intendant à Paris, demande que l'on évite les frais d'une adjudication par-devant les officiers des eaux et forêts.

652. *M. de Nointel, intendant en Bretagne,*
au Contrôleur général.

6 Août 1704.

Travail de la Monnaie de Rennes.

«J'ai remarqué que, depuis huit ou dix jours, on ne leur apporte presque plus d'espèces, et surtout de louis d'or et d'écus. Il me revient même d'ailleurs que les changeurs qui sont établis dans la plus grande partie des villes de la province n'en reçoivent presqu'aucunes, et celui de Saint-Malo me mandoit, ces jours passés, que les nouvelles dont il s'étoit pourvu lui étoient inutiles. On n'en donne point d'autre raison meilleure que le bruit qui s'est répandu dans le public qu'au mois de septembre prochain le prix des anciennes espèces augmentera, et cette espérance-là fait même encore un autre effet, qui est de rendre l'argent tout à fait rare dans le commerce; mais je suis persuadé que cela vient aussi, à l'égard de cette province, de la facilité qu'on y a de faire passer les espèces à Jersey, où elles sont réformées pour 5 sols par louis d'or, et à proportion pour les écus. Ce qui me le fait encore présumer, est le peu de louis d'or et d'écus qu'on a portés à la Monnoie, la conversion des espèces d'argent qui s'y est faite n'y ayant été quasi que de pièces de 30 sols et de 15 sols. Il m'étoit venu en pensée, pour connoître ceux qui se mêlent de faire ce commerce-là, d'envoyer un homme de confiance à Jersey, qui y resteroit quelque temps, et qui tâcheroit de découvrir, pendant le séjour qu'il y feroit, les négociants de cette province qui y font les envois des espèces, les maîtres des bâtiments dont ils se servent, pour se mettre en état de les surprendre quand ils les font partir, ou même dans leurs maisons et magasins, quand ils en font les ballots; mais, outre que cette vue pourroit peut-être ne pas réussir et qu'elle seroit de quelque dépense, il peut y avoir des raisons supérieures qui vous empêcheront de l'approuver. J'attendrai cependant ce que vous me ferez l'honneur de m'en mander.»

Travail de la Monnaie de Nantes.

653. *Le sieur Thomas* LE GENDRE, *négociant à Rouen*, AU CONTRÔLEUR GÉNÉRAL.

10 Août 1704.

«Il y a quelque temps que je priai le R. P. Chamillart de vouloir bien dire à Votre Grandeur que les blés que je garde depuis plusieurs années, sous les ordres de M. Bernard, se consomment entièrement par les mites, qui les mangent nonobstant tous les soins que je puis en prendre; outre cela, les loyers des greniers dans lesquels ils sont et les frais à les faire tourner et cribler souvent vont très haut; et, comme nous voilà, grâces à Dieu, dans une année des plus abondantes, il est impossible de trouver à les vendre, et, à moins d'une très grande nécessité, ce qui n'arrivera apparemment de très longtemps, ils ne se vendront jamais. Je croirois donc, s'il m'est permis de dire mon sentiment, qu'il seroit bon de les donner aux pauvres pendant qu'ils valent encore quelque chose, tant pour éviter les grands frais qu'ils font continuellement, que pour empêcher leur perte entière*.»

* Réponse en marge : «Qu'il m'envoie un état de la quantité qu'il y a, afin que j'en puisse rendre compte au Roi.»

654. *M.* DESMARETZ, *directeur des finances*, *à M.* DE NOINTEL, *intendant en Bretagne.*

12 Août 1704.

«J'ai reçu la lettre que vous m'avez fait l'honneur de m'écrire au sujet des désordres que cause l'établissement des droits des inspecteurs des boucheries en Bretagne. J'avois pensé comme vous, et n'avois point douté qu'il ne produisît de fâcheux effets. Comme c'est M. d'Armenonville qui l'a proposé et qui en a la direction, je n'y suis point entré; mais la basse Bretagne n'est pas le seul endroit où l'on ait trouvé de la résistance à cette imposition. Cependant l'autorité du Roi est si bien établie, qu'après avoir essuyé les premières difficultés, les droits se lèvent partout assez tranquillement, et, par vos soins, la Bretagne en subira l'établissement comme les autres provinces. Je ne perdrai point l'occasion de faire remarquer l'effet de votre attention*.»

* Voir les lettres de M. de Nointel, en date des 8, 13, 15, 22 août et 14 septembre, et de M. de Tournemine, en date du 4 août.

M. Pinon, intendant à Poitiers, et M. Doujat, son successeur, rendent compte, les 6 et 9 avril, 14 mai, 6 et 8 juin 1704, et 21 février 1706, de l'établissement des droits dans cette généralité et des conflits survenus entre les bouchers et les commis préposés au recouvrement.

655. *M.* LEBRET *fils*, *intendant en Provence*, AU CONTRÔLEUR GÉNÉRAL.

18 Août 1704.

«On vient de me remettre plusieurs requêtes qui ont été présentées à l'intendance par différents particuliers et par M. le prince de Conti, au sujet de la jouissance des biens des religionnaires qui ont mieux aimé sortir d'Orange que d'abjurer; et, ayant voulu examiner ces affaires, j'ai vu que, par arrêt du 16 octobre 1703, le Roi accorda à M. le prince de Conti la jouissance des biens délaissés par les habitants d'Orange qui n'en auroient pas disposé dans le délai de trois mois accordé par ordonnance de M. le comte de Grignan du 20 avril 1703. La disposition de cet arrêt forme une difficulté, dans presque toutes ces affaires, qu'il seroit bon que vous eussiez la bonté de décider d'abord, parce que votre décision, une fois donnée, servira pour la plus grande partie de ces sortes de contestations. M. le prince de Conti s'est mis en possession des effets délaissés, et plusieurs particuliers, parents ou amis des religionnaires qui se sont retirés, en demandent la jouissance contre S. A. S., et rapportent des contrats de vente et de donations entre vifs faites en leur faveur. Le procureur de S. A. S. se récrie principalement contre les donations, il les soutient frauduleuses; mais, comme il ne justifie point cette fraude, et que les actes sont revêtus de toutes les formalités nécessaires, il semble que la permission accordée par M. de Grignan de disposer mette ces actes et les donataires à couvert, pourvu qu'ils aient été faits dans le délai porté par l'ordonnance de M. de Grignan et par l'arrêt du Conseil du 16 octobre 1703. Cependant, quoique la fraude ne soit pas justifiée, il est presque évident que ces actes sont simulés, et c'est sur cela qu'il paroît assez important de faire attention. Je prends la liberté de joindre à cette lettre copie de l'arrêt du 16 octobre 1703, pour éviter la peine de le chercher, et j'y joins une autre copie de l'arrêt du 29 avril 1704, rendu en conséquence*.»

* Voir la réponse de M. Daguesseau, jointe à cette lettre. Il estime que, conformément au dernier arrêt, M. Lebret doit donner acte de la représentation des contrats suspects et des contestations dont ils sont l'objet, et envoyer les procès-verbaux avec son avis.

656. *M. de Manneville, gouverneur de Dieppe,*
au Contrôleur général.

23 Août 1704.

«Le Roi ayant eu la bonté de m'accorder un congé pour me rendre auprès de Mme la duchesse de Luynes, ma mère, qui est dangereusement malade, on m'a envoyé à Paris la lettre que vous m'aviez fait l'honneur de m'adresser à Dieppe, avec celle du sieur de Langlade. J'en suis parti même assez mal, dans le moment, pour me rendre à Dieppe et me mettre en état de vous rendre un compte juste sur ces prétendus ennemis répandus le long de la côte et dans les villages et dans les cabarets; car, sur tout le reste, j'aurois pu vous en rendre de bons mémoires. Vous pouvez compter qu'il y a dans Dieppe dix catholiques contre un nouveau converti; à la campagne, cent contre un. Ainsi, ils ne sont pas en état, quelque mauvaise volonté qu'ils eussent, de faire aucun mouvement dans la province. A l'égard des bâtiments moitié guerre et moitié marchandise, cela est renfermé dans le nombre de quinze ou seize frégates de deux pièces de canon qui font le commerce des vins et eaux-de-vie de la Rochelle et de Bordeaux, où les catholiques ont un intérêt égal avec les nouveaux convertis. Du reste, il est très faux qu'il y ait aucuns étrangers répandus dans ces environs ici, et d'ailleurs ce que l'on appelle *mécontents* ne peut être que le peuple, qui ne paye jamais les subsides de bon cœur; mais il ne laisse pas de se rendre justice, quand il compare l'état tranquille dans lequel S. M. les fait vivre dans le temps que tant d'autres pays étrangers sont le théâtre d'une guerre qu'ils savent bien que le Roi finira le plus tôt qu'il sera possible et qu'il ne voit durer qu'avec peine. . . . . »

657. *M. Bouchu, intendant en Dauphiné,*
au Contrôleur général.

29 Août 1704.

Rapport sur le projet de rétablir un siège d'élection à Briançon *.

* Conformément à l'avis de l'intendant, le projet fut abandonné, pour ne pas ruiner les officiers de l'élection de Gap. (Minute de réponse en marge de la lettre.)

658. *M. de Bagnols, intendant en Flandre,*
au Contrôleur général.

30 Août, 11 et 25 Septembre 1704.

Création d'une quatrième chambre au Parlement de Tournay.

«Le public ne sera point chargé par l'augmentation; il importera peu aux parties qu'elles soient jugées dans une chambre plutôt que dans l'autre : ce sera partout le même nombre de juges, et par conséquent point d'augmentation dans les épices, ce qui arriveroit, comme il a été dit, si on augmentoit le nombre des conseillers dans chaque chambre. Je ne vois d'autre inconvénient, dans cette création, que celui que craint le Parlement : c'est de manquer d'affaires; mais, quand je considère qu'il s'est trouvé quatre-vingts procès distribués à un seul conseiller mort il y a quelques mois (il est vrai que c'étoit le doyen du Parlement), je ne puis croire que les autres n'en aient pas dans la même proportion. Les affaires, dans cette Compagnie, ne s'expédient pas promptement; un grand nombre d'incidents et d'interlocutoires en éloigne la fin et la conclusion. Il ne faut point appréhender que les procès manquent à Tournay; d'ailleurs, cet inconvénient, tel qu'il puisse être, ne peut point balancer l'utilité que le Roi tirera de l'augmentation. J'y trouve encore un autre avantage : on pourra, dans un an ou dix-huit mois, obliger les nouveaux officiers à prendre des augmentations de gages de la même manière que les anciens les ont levées; mais il faut bien se garder d'en parler présentement.

«Je suis dans la pensée qu'il ne convient point de donner à la nouvelle chambre le pouvoir de juger en première instance les procès des privilégiés : le seul bruit qui en a couru dans la province a refroidi les acquéreurs des charges du présidial de Valenciennes *. Il est bien certain que ce recouvrement languira jusqu'à ce qu'on voie dans le public un édit de création qui ne parle point de la chambre des requêtes dont on a donné l'impression au pays. Je ne voudrois pas répondre, dans un temps comme celui-ci, que la finance entière de la vente des charges de la quatrième chambre proposée montât, suivant le projet, à 559,000 # sans compter les 2 sols pour livre; mais, quand S. M. n'en tireroit que 500,000 #, et même 450,000 #, j'ai de la peine à croire qu'on puisse donner un meilleur tour, ni plus avantageux, à la création, qui paroît d'autant plus importante et pressée que le succès de celle du présidial de Valenciennes dépend absolument de la résolution qui sera prise au Conseil sur celle-ci **.»

* Sur ce présidial et sur la juridiction qu'on proposait de lui attribuer, voir une lettre de M. Desmaretz à M. de Bernières, intendant en Hainaut, à la date du 16 avril 1705.

** Voir, au 2 novembre suivant, une lettre et un mémoire du Parlement contre le projet de création.

659. *M. Rouillé de Fontaine, intendant à Limoges,*
au Contrôleur général.

2 Septembre 1704.

Il rend compte de l'arrestation de plusieurs bohémiens ou vagabonds, et demande des ordres pour les envoyer aux galères ou à l'hôpital *.

* Réponse en marge : «Approuver tout ce qu'il propose; faire tenir dans les prisons d'Angoulême ceux qui sont en état de porter les armes jusques à ce qu'il passe quelque recrue à laquelle vous pourrez les joindre.»

660. *M. Desmaretz, directeur des finances,*
à M. de Bouville, intendant à Orléans.

4 Septembre 1704.

«Vous savez qu'après la mort de M. de Harlay, le Roi, à la prière de Mme la princesse de Conti, me fit l'honneur de me nommer pour être chef du Conseil de cette princesse. La contiance dont elle m'a honoré m'oblige d'entrer dans le détail de ses affaires et d'appuyer autant qu'il m'est possible ceux qui ont l'honneur de lui appartenir; trouvez donc bon que je vous demande toute votre protection pour son fermier des baronnies de Montmirail, Authon et Bazoche, et de le soulager autant que vous le pourrez et que la justice vous le permettra.»

661. *M. Bouchu, intendant en Dauphiné,*
au Contrôleur général.

4 Septembre, 22 Octobre, 18 Novembre et 5 Décembre 1704; 3 et 25 Janvier 1705.

Remises à accorder sur les impositions des communautés du Briançonnais qui ont été rançonnées par l'ennemi ou ravagées par le fait de la guerre.

«J'ai reçu la lettre que vous m'avez fait l'honneur de m'écrire, par laquelle vous me mandez que vous ne sauriez proposer au Roi de faire une remise aussi considérable aux communautés du Briançonnois qui sont à contribution que celle employée dans le projet d'arrêt qui étoit joint à ma lettre du 22 octobre. Permettez-moi de vous représenter que je ne vois pas comment vous pourrez vous en dispenser : premièrement, parce que je crois impossible de rien tirer au delà de ces communautés, à moins de les accabler par des exécutions; secondement, parce qu'outre ce qu'elles ont payé, elles ont extrêmement souffert du campement de nos troupes, qui ont fourragé dans la plupart desdites communautés, lesquelles ont encore fourni un nombre très considérable de travailleurs, de gens armés et de voitures; et, quoique ce ne soit pas gratuitement, outre que le pied du payement a été fort modique, la sécheresse de la caisse de l'extraordinaire de la guerre fait que ce payement leur est presque entièrement dû, et, en vérité, ces pauvres habitants sont à plaindre. Troisièmement, plus des trois quarts desdits habitants sont nouveaux convertis, et il est plus que probable que, si on les presse au delà de leurs forces, ils se jetteront dans la vallée de Luzerne, où l'on fait tout ce que l'on peut pour les attirer. Enfin, il est de la dernière conséquence pour le service du Roi de conserver les habitants de cette frontière, dont le territoire est si austère et si fâcheux que, si elle étoit une fois dépeuplée, elle ne se repeupleroit jamais. Cependant c'est le seul endroit pour entrer en Italie auquel je crois qu'il est très important de donner une particulière attention. Sur quoi, j'attendrai les ordres dont il vous plaira de m'honorer.....»

662. *M. d'Angervilliers, intendant à Alençon,*
au Contrôleur général.

6 Septembre 1704.

Il ne s'est encore présenté personne pour prendre part à la loterie royale ouverte par l'édit de juillet 1704; ce peu d'empressement vient de ce que les rentes dont se composent les lots sont assignées sur l'hôtel de ville de Paris, et qu'il en coûterait trop cher pour percevoir des arrérages peu considérables à une aussi grande distance. Il serait plus avantageux d'en faire l'assignation sur la principale recette des gabelles de chaque généralité*.

* Cette assignation fut faite, et, de plus, pour activer le débit, les intendants eurent ordre d'annoncer, au commencement de l'année suivante, que les billets qui seraient pris durant le mois de janvier porteraient intérêt à dater du 1er juillet précédent. Voir une circulaire du contrôleur général en date du 14 janvier 1705, et diverses lettres de M. Desmaretz aux intendants, 2 février 1705; à M. de Soubeyran, 18 janvier; à M. de Courson, intendant à Rouen, 27 janvier; à M. de Montmort, 18 février, 7 mai, 10 octobre et 12 décembre; à M. de Barmond, 4 février. Ce dernier était chargé de recevoir les mises de la province et d'expédier les contrats.

663. *M. de Saint-Maurice,*
commissaire général de la Cour des monnaies à Lyon,
au Contrôleur général.

(Monnaies, G7 1461.)

11 Septembre 1704.

«Je crois que vous ne serez pas peu surpris d'apprendre que j'ai été obligé de faire arrêter le sieur de la Botte, général provincial de cette Monnoie, voyant que le service du Roi y étoit absolument intéressé. J'avois connu, jusques à présent, le caractère de cet homme comme d'un officier très suspect : ce qui même a fait que, par le passé, vous lui fîtes des défenses de s'abstenir du jugement du nommé Dalier. Il y a environ quatre ou cinq jours qu'il demanda à m'entretenir en particulier : ce fut pour me proposer de donner ma protection à de certaines gens pour réformer, lesquels avoient un balancier dans des endroits qu'il étoit impossible de découvrir; qu'il avoit ordre de m'offrir 200 pistoles par mois; et se sépara en me disant qu'il me feroit donner 3,000# par mois. Je battis froid sur cette première proposition, dont, sur-le-champ, je donnai avis au sieur procureur du Roi, pour lui faire connoître l'indignité de cet officier de la Monnoie, et lui dis que, s'il revenoit, j'étois résolu de faire écouter sa conversation par des témoins non suspects. Enfin, ayant été assez hardi hier, au sortir du jugement de plusieurs affaires, de me témoigner qu'il souhaitoit de me parler l'après-dîné en particulier, je fis cacher des témoins dans l'appartement où je le reçus, qui écoutèrent toute sa conversation. Il me dit que tout alloit le mieux du monde, qu'il étoit chargé de m'assurer de 10,000 écus; que ce seroit lui qui m'en feroit les payements par mois; qu'à son égard, on lui donneroit 12,000# par an, c'est-à-dire 100 pistoles par mois; que cette société prétendoit faire une réforme de quatre millions, y ayant des banquiers qui fourniroient 4,000 louis par semaine, et que le balancier étoit dans des endroits si assurés qu'il me seroit impossible de le découvrir. Il me proposa ensuite de tirer des carrés de la délivrance, afin de mieux réussir. Sur ce que je lui dis que le juge-garde étoit honnête homme, il me répondit qu'il feroit tout ce que je souhaiterois, et que c'étoit un homme à mener par le nez; qu'il me feroit lui-même reçu des carrés toutes les fois qu'il m'apporteroit ma pension; que je n'aurois qu'à même en faire faire par le graveur de la Monnoie, comme si c'étoit pour envoyer dans d'autres Monnoies de mon département, et y faire mettre des lettres différentes.

«Lui ayant demandé qui étoit l'homme qui lui avoit donné commission de faire ces propositions, étant nécessaire que je susse son nom, il me déclara que c'étoit un nommé Patou, marchand de soie à Lyon, qui, ayant des carrés de monnoie, réformeroit en sûreté et me feroit arrêter plusieurs fausses réformes mal contrefaites. M'étant informé aussi si ledit Patou réformoit hors de la ville, il me dit qu'il se tenoit plus en sûreté dans le cœur de la ville. Je représentai à cet officier que ces affaires étoient dangereuses et qu'il falloit prendre de justes mesures; il chercha à m'encourager en me disant qu'il se mettoit lui-même la corde au cou, s'il étoit déclaré. Pour lors, perdant patience, je lui répondis que j'étois bien plus malheureux qu'un autre, puisqu'ayant jusques à présent tâché de faire mon devoir avec honneur, il devoit me croire assez honnête homme, dans la place qui m'est confiée, pour ne pas abuser de mon ministère, et que, pour même lui témoigner davantage, j'étois obligé de lui déclarer que je l'arrêterois de la part du Roi. En même temps, je tirai le rideau derrière lequel étoient les témoins, qui se présentèrent audit sieur de la Botte. J'envoyai chercher tous les officiers de la Monnoie, qui furent tous d'une surprise extraordinaire. J'allai, avec le procureur du Roi, arrêter le nommé Patou, et, croyant ne devoir pas prendre connoissance de cette affaire moi-même, après le personnage que mon devoir m'a obligé de faire, j'ai commis le sieur Blof, conseiller au présidial de Lyon, l'un des commissaires que vous avez fait nommer par arrêt du Conseil pour juger à la Monnoie, pour instruire cette affaire, dont j'aurai l'honneur de vous envoyer la suite de la procédure *.»

* Outre une amende, le coupable fut condamné, d'après le texte d'une loi romaine, faute d'ordonnance sur ce cas de subornation, à se défaire de sa charge et à être blâmé, et déclaré infâme et indigne d'exercer aucune fonction. Il n'y eut pas de preuves de l'existence de la fausse réforme dans laquelle il avait voulu engager M. de Saint-Maurice. (Lettre de M. Trudaine, intendant, datée du 20 décembre 1704.)

664. *Le Contrôleur général à M. le Gendre, intendant à Montauban.*

17 Septembre 1704.

«Je reçois continuellement des plaintes de différents particuliers que vous taxez pour la capitation dans votre généralité, quoiqu'ils n'y soient point domiciliés. J'ai vu même, en plusieurs occasions, que, lorsqu'il a été question de fixer un domicile certain à quelques-uns de vos contribuables, pour fixer le lieu où ils doivent payer leur capitation, vous n'êtes jamais d'accord avec MM. les intendants des généralités voisines de la vôtre : ce qui consomme les redevables en frais inutiles et les oblige souvent, contre l'intention précise du Roi, à payer une double capitation. Le sieur Secondat de Roques, le sieur Postel et le sieur Solmignac-Labarrère sont précisément dans ce cas, et je vois que vous ne les imposez dans la généralité de Montauban que sous prétexte qu'ils y possèdent la meilleure partie de leurs biens; cependant les deux premiers sont domiciliés à Agen, et le troisième dans la généralité de Bordeaux, et, par conséquent, y doivent payer leur capitation, puisqu'elle doit suivre incontestablement le domicile, ainsi que je vous l'ai toujours mandé. Attachez-vous donc, je vous prie, à ce principe, sans lequel il n'y auroit rien de certain dans la répartition de la capitation, et commencez par décharger, dans votre généralité, les sieurs Secondat, Postel et Solmignac, afin de m'épargner la multiplicité des lettres dont ils m'accablent.

«Il me paroit encore, par la réponse que vous avez faite à M. Desmaretz au sujet de la capitation du sieur Rey, que vous êtes dans un mauvais principe touchant la capitation des officiers des troupes. Vous marquez à M. Desmaretz que je vous ai mandé de taxer tous les officiers suivant leurs biens et facultés, et je vois au contraire que l'instruction que j'envoyai à MM. les intendants lors de l'établissement de la capitation, porte précisément que le Roi fera arrêter un tarif pour régler la capitation des troupes, qu'elles la payeront entre les mains des trésoriers de l'extraordinaire des guerres, et que MM. les intendants ne doivent imposer dans les provinces que ceux qui y possèdent des terres titrées. C'est à vous à voir si le sieur Rey est dans ce cas, car il suffiroit alors de lui tenir compte, ainsi que vous le proposez, de ce qu'il vous justifiera avoir payé à l'extraordinaire des guerres; mais, s'il n'est pas au moins seigneur de paroisse, vous ne devez pas faire de difficulté de le décharger de la somme à laquelle vous l'avez imposé dans votre généralité *.»

* Voir la lettre de justification adressée par M. le Gendre à M. Desmaretz, le 10 novembre suivant : «Comme c'est à vous, dit-il, que M. de Chamillart nous a ordonné de nous adresser pour tout ce qui regarde la capitation, permettez-moi d'avoir l'honneur de vous envoyer avec confiance copie d'une lettre que vous lui avez apparemment fait signer venant du bureau de M. des Forts, car je ne reconnois ni son style, ni le vôtre; et d'ailleurs je ne crois pas la mériter..... Je vous supplie de vouloir bien ne pas montrer ma lettre à M. des Forts, dont je suis fort serviteur et ami, ne voulant lui faire aucune peine. J'ai cru que vous voudriez bien me permettre de vous ouvrir mon cœur, comme à mon maître, en qui j'ai toute confiance.» Voir aussi, au 26 du même mois de novembre, une réfutation des accusations calomnieuses qu'un avocat au Parlement de Toulouse avait adressées à Mme de Maintenon contre l'intendant et contre son subdélégué le juge de Moissac.

Le 22 septembre, M. Desmaretz envoie à M. Rouillé de Fontaine, intendant à Limoges, une lettre anonyme accusant les élus de Saintes d'avoir dressé les rôles de la capitation sans tenir compte des facultés des contribuables, et même d'avoir reçu des présents pour diminuer les cotes des gens riches.

665. *M. le Blanc, intendant en Auvergne, au Contrôleur général.*

17 Septembre 1704.

«.....J'ai examiné tous les endroits de la Monnoie de Riom, qui est très petite, et je n'ai trouvé nul endroit où on puisse mettre les juges-gardes. Il n'y a pas moyen de rien retrancher dans le lieu où travaillent les monnoyeurs; les trois balanciers y sont si pressés, qu'ils ne peuvent travailler en même temps, et ce seroit un grand inconvénient, si cette Monnoie étoit plus occupée. La chambre de la délivrance et le change sont des lieux nécessaires. La fonte de l'or, les coupoirs, le moulin à bras sont dans le même endroit; on y recuit aussi les lames et on y fait l'ajustage. La forge et la fonderie sont dans un coin dont la couverture est toute pourrie, et on ne pourra se dispenser de la réparer. Il y a un lieu bas où se fait le blanchiment. Il est aisé de voir qu'il seroit à souhaiter qu'il y eût des lieux différents pour chacun de ces ouvrages. Le directeur a pour logement une chambre, une cuisine et un petit bureau, où est la caisse, dans une espèce de grenier où l'on monte par quelques marches de bois; l'essayeur a une chambre, et le graveur une autre.»

Il propose d'acheter un bâtiment voisin, dont l'adjonction deviendrait encore plus nécessaire, si la guerre amenait des réformes monétaires et plus tard une refonte.

Il donne des détails sur le mauvais état des balanciers et sur les désordres que causent dans l'établissement les disputes et les querelles entre officiers. On y reçoit d'ailleurs fort peu d'argent, et point d'or, sans doute parce que les billonneurs le ramassent dans les foires pour l'envoyer aux banquiers de Lyon, qui le font réformer sur le territoire vénitien*.

* Voir les lettres des 22 septembre, 10 et 18 octobre, et 24 décembre suivants, et celles de M. Desmaretz, en date des 2 et 7 octobre. L'intendant ayant fourni des renseignements et des dépositions de prisonniers sur le billonnage pratiqué par les porte-balles et les facteurs au profit des marchands de Clermont et de ceux de Lyon, M. Desmaretz donna avis à MM. de Bâville, Trudaine et Rouillé de faire exercer dans leur département la même surveillance que M. le Blanc en Auvergne. L'arrestation des complices engagea plusieurs marchands à quitter la ville, et l'on ne fit que des saisies sans importance à la foire de Saint-Flour; mais M. le Blanc demanda à user de ménagements : sans quoi il eût fallu poursuivre tous les marchands de la province, qui prenaient aussi les espèces à un taux plus élevé qu'on ne les recevait à la Monnaie. Il estimait que la publicité des procédures de la Cour des monnaies nuisait à ces affaires : poursuivis dans les foires et marchés, les billonneurs se transformaient en marchands de chiffons et allaient acheter les vieilles espèces chez les receveurs et les fermiers. (Lettres de M. le Blanc, des 4 et 12 novembre et 24 décembre; lettre de M. Desmaretz, du 19 novembre.)

---

666. *M. le Gendre, intendant à Montauban, à M. Desmaretz.*

17 Septembre 1704.

Il demande que les habitants de Roquefort-en-Cominges soient autorisés à vendre le quart de réserve de leurs bois communaux, pour fournir aux frais de l'arpentage et du papier terrier de la communauté*.

«Depuis l'année 1663, il n'a été fait aucun cadastre dans cette communauté, ni aucun livre des charges et décharges. Celui dont on se sert actuellement est en très mauvais état, y ayant des feuilles enlevées et des radiations et interlignes dans presque toutes les pages, en sorte qu'il est très difficile de pouvoir asseoir les tailles sur les particuliers avec l'exactitude et l'égalité requise.....»

* En marge, de la main de M. Desmaretz : «Bon, jusqu'à concurrence seulement de ce qui peut être nécessaire pour la dépense du nouveau cadastre.»

---

667. *M. le Blanc, intendant en Auvergne, au Contrôleur général.*

18 et 19 Septembre 1704.

Le recouvrement des affaires extraordinaires est fort retardé. Celles qui sont rachetées par les communautés formeront une imposition supplémentaire de plus de 300,000 ₶, qui, avec la taille, l'ustensile et la capitation, achèvera d'écraser les taillables. Dans celles que les commis des traitants mettent à exécution, ils n'ont d'autre objet que de faire des frais immenses, lorsque la grande misère des peuples empêche les contribuables de payer, et ils ne manquent pas d'établir des garnisons quinze jours après la signification des rôles. C'est un abus à réprimer, en interdisant aux commis d'envoyer aucune garnison sans que la contrainte ait été visée par l'intendant.

Plusieurs contribuables refusent de payer, sur l'espoir que leur donne quelque avocat au Conseil de les faire décharger; cela encore pourrait s'éviter, si l'intendant était instruit des maximes adoptées pour chaque recouvrement et des cas de décharge ou de modération admis à Paris.

Quant à l'imposition de 100,000 ₶ et les deux sols pour livre ordonnée pour l'affaire des contrôleurs de tailles, la province ne pourra en supporter que la moitié tout au plus, car il ne s'y fait aucun commerce, personne ne vient acheter les blés ni les bestiaux, et une partie du pays a été ruinée par la grêle.

Il est fâcheux que, depuis quelques années, on ait toujours pris le parti de faire ces réunions et laissé s'accumuler les impositions qui en sont la conséquence.

---

668. *M. le Blanc, intendant en Auvergne, au Contrôleur général.*

26 Septembre 1704.

«Vous m'aviez recommandé d'avoir attention à ce que font les faux-sauniers dans cette province. Depuis que j'y suis arrivé, je n'ai point appris qu'il y en eût passé de grosses troupes de deux cents, comme on en voyoit il y a deux mois. J'ai découvert de quelle manière ils s'y prennent. Les marchands des principales villes vendent du sel à des paysans qui viennent le chercher de jour dans des charrettes; mais ces paysans affectent de partir tard, suivent le grand chemin jusqu'à l'entrée de la nuit : dès qu'on ne voit plus clair, ils prennent des chemins détournés, conduisent leurs voitures de sel dans des granges, à la campagne ou dans le milieu des bois, où les faux-sauniers les viennent prendre. Ils ne sont que huit ou dix ensemble, n'ont que des baïonnettes et des serpes emmanchées au bout de bâtons assez longs. Quand ils ont chargé le sel, ils marchent le plus qu'il leur est possible sur les terres qui sont du pays d'Auvergne, parce que, n'y ayant point de gabelle, ils prétendent qu'on ne les peut prendre comme faux-sauniers. Ils sont précédés par celui qui est le chef de la troupe, ordinairement armé d'un fusil et de pistolets, qui arrive toujours une heure devant eux dans tous les passages, pour examiner s'il n'y a personne pour les surprendre. Quand ils voient ou qu'ils apprennent qu'il y a des archers de gabelle aux environs, ils jettent leur charge de sel dans le bois et s'en retournent; quand il n'y a personne, ils passent et remettent le sel dans de certains entrepôts qu'ils ont établis en Forez et dans les autres pays de gabelle, et s'en retournent; car les gens d'Auvergne ne débitent point le sel dans les pays où la gabelle est établie : ils se contentent de l'y conduire, et ce sont ensuite d'autres faux-sauniers qui le répandent et le vendent. Chaque faux-saunier d'Auvergne a 100 # pour son voyage, allée et retour; ils en font un tous les mois. Ceux qui conduisent les autres ont davantage. Le paysan qui vient acheter le sel dans la ville de Clermont ou autres lieux principaux, donne au marchand 5 sols par sac de plus que le prix ordinaire du sel, et, lorsque ce paysan a voituré ce sel dans un lieu écarté à la campagne, il le revend aux faux-sauniers 20 sols le sac de plus que le prix ordinaire. Ainsi, il gagne 15 sols par sac. Vous voyez par là qu'ils sont tous complices de faux-saunage. Il y a même un marchand de Clermont qui est un de ceux qui fait le plus de ce commerce, lequel, craignant qu'en voyant trop de charrettes à sa porte, on ne le soupçonnât, depuis quelques jours a pris le parti d'en faire porter la nuit par des hommes, sur leur dos, en une maison de campagne qu'il a à une demi-lieue de la ville. Il me seroit fort aisé de faire arrêter de ces gens qui portent du sel la nuit; mais, comme ils ne le portent qu'ici auprès, où il n'y a point de gabelle, ils ne font aucun crime, et cela ne serviroit qu'à donner de la défiance, et me mettroit hors d'état de découvrir dans la suite le fond de toute cette intrigue. Il n'est pas surprenant que des paysans aussi misérables que ceux d'Auvergne quittent tout pour se jeter dans un métier où ils gagnent 100 # par mois, et dans lequel ils croient ne courir risque qu'une fois, dans le moment qu'ils sortent d'Auvergne pour entrer dans les pays de gabelle. Aussi, à présent, ils abandonnent la culture des terres, et on ne voit autre chose dans les paroisses que des domaines délaissés, et les plus grands seigneurs de cette province, qui sont à la cour, vous peuvent dire qu'ils ne trouvent point de fermiers. Mais ce qui paroît plus surprenant, c'est que les fermiers généraux, avec le nombre d'employés qu'ils ont, ne soient pas avertis de ces dépôts de faux sel qui s'établissent. Je sais à présent les noms de quelques-uns des principaux qui se mêlent de ce commerce en Auvergne; je les fais suivre et épier soigneusement. Dans la tournée que je vais faire pour le département, je prendrai les mêmes éclaircissements dans les autres cantons de cette province, et, quand j'aurai fini l'imposition des tailles, j'irai moi-même dans les endroits les plus voisins, et je les ferai arrêter. Je crois devoir vous avertir que, depuis que je suis ici, je n'ai pas vu un seul commis ni employé dans les gabelles; naturellement, dans un temps où le faux-saunage se fait si ouvertement, ils auroient dû me rendre compte des désordres qui se sont passés. Je dois encore vous remarquer que MM. les fermiers généraux emploient pour commis tous gens de la province : ces gens ont quelques biens et quelques domaines à la campagne; ils craignent que les faux-sauniers ne les brûlent et ne coupent leurs arbres, et cette crainte les empêche absolument de faire leur devoir. Lorsque j'aurai fini ma tournée, je vous enverrai un état de tous les employés et vous marquerai leurs bonnes ou mauvaises qualités; mais il sera d'une absolue nécessité de remédier à la négligence et au peu d'application que tous ces gens ont à faire leur métier.

« Outre les faux-sauniers dont je viens d'avoir l'honneur de vous parler, on voit tous les jours, dans plusieurs endroits de cette province, des gens très bien faits, qui sont cinq ou six ensemble. Ils roulent aux environs des pays où se fait le faux-saunage. Ce sont eux qui intimident les peuples et menacent de tuer et de brûler ceux qui avertiront; ils ont même l'insolence, lorsqu'on demande qui ils sont, d'aller chercher les gens qui ont fait ces questions et de les menacer. Quelques-uns sont déguisés en pèlerins ou en ermites. Comme ils n'ont point de résidence certaine, il n'y a d'autre moyen de les arrêter qu'en obligeant le prévôt à tenir les grands chemins. Sur quoi je dois vous observer qu'il n'y a qu'un prévôt pour toute l'Auvergne; sa compagnie est de vingt-neuf archers. Depuis deux ans, les commis des traitants se sont mis sur le pied d'établir des garnisons très fréquentes chez les redevables : les archers aiment beaucoup mieux ce métier, où ils font quantité de friponneries, que celui de marcher dans les chemins. Je vous supplie de vouloir bien m'écrire une lettre, de me mander que l'intention du Roi est que le prévôt et ses archers tiennent perpétuellement les grands chemins : je les enverrai dans les cantons où je serai averti qu'ils seront les plus nécessaires; que vous ne voulez point qu'on les emploie dans les recouvrements, à moins qu'il n'y ait eu quelques désordres et que je les envoyasse; qu'il faut que les traitants aient des ambulants, et qu'ils prennent des huissiers sur les lieux, lorsqu'il faut faire quelque exécution. Cela procurera la sûreté des grands chemins et fera qu'on arrêtera ces vagabonds dont je viens de vous parler, qui sont très dangereux, et en même temps empêchera l'abus des frais excessifs, car j'ai trouvé, en arrivant ici, que les commis des traitants, quinze jours après la signification du rôle, étoient sur le pied d'envoyer une garnison de deux archers, et prétendoient les faire payer par jour à 4 # chacun, depuis le jour qu'ils partoient de Clermont jusqu'à celui qu'ils revenoient. Vous jugez bien que le commis partageoit avec les archers; mais, en huit jours, les frais excédoient le montant de la taxe. Je n'ai pas manqué d'empêcher la continuation de cet abus; mais je crois qu'il est encore nécessaire que vous me marquiez que vous en êtes informé : cela remettra toutes choses dans l'ordre*. »

* Les 2 juin et 25 juillet précédents, M. d'Ormesson, prédécesseur de M. le Blanc, et M. Dauphin, procureur général à la Cour des aides de Clermont-Ferrand, avaient annoncé le développement du faux-saunage et la formation de troupes de deux ou trois cents hommes armés, conduites par des gentilshommes et faisant publier à son de tambour que quiconque viendrait s'enrôler dans le régiment des faux-sauniers recevrait 60 # et un cheval. Voir aussi deux lettres de M. le Blanc (29 juillet) et du sieur Chabre, lieutenant criminel à Riom (4 août), une lettre de M. d'Ableiges, intendant à Moulins (6 août), et plusieurs rapports antérieurs de M. de Bâville sur le faux-saunage en Languedoc (13, 15 et 25 avril). En marge du rapport du 15 avril, le contrôleur général répond : « Quand les troupes seront moins occupées, en envoyer quelques-unes de ce côté-là, pour remettre ces gens-là à leur devoir. »

669. *M. d'Argenson, lieutenant général de police à Paris,*
au Contrôleur général.

1er Octobre 1704.

«Il est vrai que j'ai permis l'impression d'un petit ouvrage sur les monnoies dont vous m'avez fait l'honneur de m'envoyer un exemplaire; mais le titre en étoit bien différent, comme vous le fera connoître la copie du manuscrit original, que j'ai retenue suivant l'usage que j'ai établi. Cette copie est même écrite de la propre main de l'auteur, et, comme elle n'indiquoit que l'origine et l'antiquité des monnoies, je n'avois pas prévu qu'elle pût produire aucun mauvais effet dans le public. J'avoue néanmoins qu'on ne sauroit être trop circonspect dans cette matière, et il ne m'arrivera jamais de permettre qu'on imprime à Paris aucune chose qui y puisse avoir le moindre rapport. J'avois aussi défendu de colporter cet imprimé; mais l'imprimeur n'avoit garde de m'obéir. Au reste, je puis avoir l'honneur de vous protester que personne n'entre plus vivement que je fais dans tous vos embarras et n'est plus sensible que je le suis à l'immensité de votre travail. J'ose même vous supplier très humblement de ne me pas épargner dans la distribution de vos ordres; je n'en puis recevoir assez souvent, et je n'ai rien au monde que je ne sacrifiasse avec joie pour le service du Roi et le vôtre.»

670. *M. Méliand, intendant en Béarn,*
au Contrôleur général et à M. Desmaretz.

1er Octobre et 15 Novembre 1704.

Il envoie un mémoire sur le moyen de favoriser l'introduction des pistoles d'Espagne et discute le traité proposé par le directeur et le receveur au change de la Monnaie de Pau. Il croit plus sûr de transformer cette affaire particulière en affaire générale.

«J'ose dire que cette pensée, mise en exécution, pourroit produire à S. M. des sommes très considérables, par le profit qu'elle retirera de la fonte de ces matières. Car, pour avoir l'honneur de vous en donner un échantillon, eu égard à ce qui a fait dans le commencement le sujet de cette lettre, le marc d'or est composé de 36 louis, au remède d'un quart de louis, lequel vaut 543 # 15 s., à raison de 15 # le louis et 3 # 15 s. le quart de louis de remède; en supposant donc le marc de pistoles à 488 #, comme on me l'a demandé, il y a pour le Roi 55 # 15 s. de profit par marc de pistoles, ce qui fait, à 200,000 pistoles, ou à 5,000 marcs ou environ qu'elles produisent, 278,750 # de profit: de sorte que vous jugez, par cet exemple, de quel avantage il est pour le Roi d'attirer le plus qu'il lui sera possible ces espèces dans les hôtels de ses Monnoies, outre bien d'autres réflexions qu'on pourroit faire sur l'intérêt général et particulier du royaume*.....»

* M. Desmaretz approuva qu'un traité fût passé avec les négociants, et il fit rejeter par le contrôleur général la proposition du directeur de la Monnaie.

Il ne fut pas possible de tirer un engagement des négociants de Toulouse ou d'Oloron, soit qu'ils préférassent envoyer leurs pistoles à Paris, où elles étoient reçues pour 515 # et quelques sols le marc, soit qu'ils craignissent les variations de la valeur des espèces. (Lettres de M. Desmaretz, 3 et 25 décembre 1704, et de M. de Saint-Macary, subdélégué général, 16 décembre 1704, 3 et 27 janvier 1705.)

Du mois de juin au mois de décembre 1705, le prix des pistoles ayant été porté à 510 # le marc, les Monnaies de Pau et de Bayonne en reçurent d'assez grandes quantités. (Lettres de M. de Saint-Macary, 7 novembre et 15 décembre, et du sieur Daguerre, directeur de la Monnaie de Bayonne, 4 novembre; lettre des négociants de Saint-Jean-de-Luz, demandant le maintien du taux de 510 # pour soutenir leur commerce de morues sèches avec l'Espagne, 19 décembre.)

671. *M. de Nointel, intendant en Bretagne,*
au Contrôleur général.

12 Octobre 1704.

«Il y a dix ans qu'un des vaisseaux du Roi prit un bâtiment anglois parti de la Caroline, sur lequel on trouva trois jeunes filles françoises de la R. P. R. que leur père, qui étoit établi en ce pays-là, envoyoit à Londres, où une femme de qualité s'étoit chargée de les faire élever. S. M., en ayant été informée, me fit donner ordre de les envoyer prendre au Port-Louis, où le vaisseau fut amené, de les faire conduire dans cette ville, et de les y mettre dans un couvent, faisant payer leur pension et leur entretien par le fermier du domaine. L'aînée s'est faite religieuse aux Ursulines, et le Roi a eu la bonté de lui donner une pension de 200 # pour l'y faire recevoir; mais les deux cadettes, quoique bien converties, ne veulent pas prendre le même parti, et il en coûte tous les ans 420 # pour leur pension et leur entretien. Deux particuliers, qui sont anciens catholiques et qui ont quelque emploi dans la province, se présentent pour les épouser et ne demandent que 600 # chacun. Elles vous supplient de vouloir bien leur procurer cette charité-là du Roi, qui ne sera proprement que l'avance de trois années de leur pension, et qui finira par là. Le fermier du domaine en fera le payement sur mon ordonnance, si S. M. a la bonté de la leur accorder*.»

* En marge de l'analyse est écrit, de la main du contrôleur général: «Bon.»

672. *Le Contrôleur général,*
à M. Mansart, surintendant des bâtiments.

14 Octobre 1704.

«Le Roi ayant choisi le sieur Roëttiers pour remplir la charge de tailleur général des monnoies, il semble qu'il conviendroit au service de S. M. de le faire jouir d'un logement aux galeries du Louvre, comme en avoit joui Joseph Roëttiers, son oncle, dans la même charge. Il y en a un de vacant par la mort de Revoir, fourbisseur, qui seroit propre au sieur Roëttiers et le mettroit en état de donner une application tout entière. C'est un étranger qu'il est bon de favoriser dans le désir qu'il a de se perfectionner; je crois que vous voudrez bien y contribuer.»

673. *M. d'Argenson, lieutenant général de police à Paris,*
au Contrôleur général.

14 Octobre 1704.

Deux compagnons boulangers du faubourg Saint-Germain avaient pris à tâche d'entraver le recouvrement de la capitation en insultant les jurés qui y sont commis ou les huissiers préposés aux procédures. La police, après avoir patienté pendant deux mois, les a attirés hors de leur quartier, et ils sont maintenant enfermés au Châtelet pour quinze jours. Depuis cette exécution, les artisans les plus opiniâtres s'empressent de payer leur capitation des trois années écoulées*.

Les jurés de la communauté des bouchers nient qu'il y ait entente entre eux pour réduire au tiers des proportions ordinaires l'abatage des bœufs, et faire baisser ainsi le prix d'achat des animaux; d'autre part, ils se plaignent que les bœufs amenés au marché par les éleveurs sont trop jeunes et d'un mauvais rendement.

«Quoique cette remontrance des bouchers puisse mériter qu'on y réfléchisse, elle ne me satisfait pas sur le complot qu'on leur impute, et j'ai cru que vous trouveriez bon que je leur fisse entendre, de votre ordre, que, s'il leur échappoit de tenir quelques discours ou de faire quelques propositions et quelques démarches qui donnassent lieu de soupçonner qu'eux ou leurs confrères se soient fixés par une convention arrêtée entre eux de ne tuer dans cette saison qu'une certaine quantité de bœufs, en haine de l'abondance publique, qui les force souvent d'en baisser les prix, je les ferois conduire au Châtelet sans ménagement, et ne permettrois pas qu'ils en sortissent avant les premiers jours de décembre.»

* Réponse en marge, de la main du contrôleur général : «Bon, et plus longtemps même, s'il le juge à propos.»

---

674. *M. Desmaretz, directeur des finances, à M. de Saint-Maurice, commissaire général de la Cour des monnaies à Lyon.*

16 Octobre 1704.

«Tous les avis qu'on reçoit font croire que le billonnage et la fausse réforme ont plus de cours en Languedoc, en Provence, en Dauphiné et dans le Lyonnois que dans tout le reste du royaume, et que, si l'on pouvoit arrêter le mal dans ces provinces, le reste se dissiperoit bientôt. C'est ce qui me donna lieu de vous écrire, il y a quelque temps, que les relations que vous auriez sur cette matière dans les provinces voisines de votre département seroient très utiles, parce qu'elles contribueroient non seulement à la conviction des billonneurs ou gens suspects qui tomboient entre vos mains, mais à de nouvelles découvertes et à remonter jusqu'à la source*. M. Chamillart a reçu avis de Marseille que les particuliers y donnent 14 ᵗᵗ des louis non réformés; j'ai écrit à M. Lebret, intendant en Provence, de donner ses ordres pour suivre cet avis, et de vous faire informer par ces émissaires du progrès et des découvertes qu'ils feroient. Je suis persuadé que vous en tirerez des lumières et des éclaircissements contre les coupables que vous avez fait arrêter; d'ailleurs, cela entretiendra une attention générale qui ne contribuera pas peu à contenir les malintentionnés. M. de Bâville doit avoir présentement Dalier entre ses mains; cet homme, déjà condamné aux galères perpétuelles, est regardé comme le principal auteur de la fausse réforme. Je ne sais cependant si M. de Bâville est muni de preuves assez complètes pour lui faire son procès; vous pourriez, dans le trouble que doit causer sa détention à tous les complices qu'on a toujours cru qu'il avoit dans Lyon, en découvrir de nouvelles; les avis que vous donneriez sur cela à M. de Bâville et ceux que vous recevriez de lui contribueroient également à la même fin.»

* Voir deux lettres de M. Bouchu, intendant en Dauphiné, à la date du 29 août et du 25 septembre. Sur son observation que les espèces réformées en fraude étaient beaucoup trop nombreuses pour qu'on en pût interdire la réception dans les caisses du Roi, M. Desmaretz écrivit à M. de Saint-Maurice, le 24 octobre, qu'il valait mieux tolérer le commerce de ces espèces. Des ordres avaient été donnés pour découvrir les auteurs de la fausse réforme à MM. Bouchu et de Bernage, intendants en Dauphiné et en Franche-Comté (lettres du 17 septembre), et à M. de Saint-Maurice (lettre du 2 octobre); on n'exempta des perquisitions que les caisses des recettes royales et les malles des courriers d'Italie.

---

675. *M. de Saint-Maurice, commissaire général de la Cour des monnaies à Lyon, à M. Desmaretz.*

(Monnaies, G⁷ 1461.)

16 Octobre 1704.

«Je me suis donné l'honneur de vous écrire plusieurs fois pour vous demander la grâce de me maintenir dans l'usage qui s'est pratiqué depuis que mon père et moi avons exercé la commission que je remplis, qui est de recevoir un paquet des nouveaux arrêts et édits touchant les monnoies, toutes les fois qu'ils sont envoyés à MM. les Intendants. J'ai toujours été en cette possession; M. le Peletier et M. Rouillé, et même MM. les Contrôleurs généraux, quand ils ont eu soin eux-mêmes des monnoies, m'ont toujours fait cette grâce; vous avez même toujours eu cette bonté pour moi dans le commencement que vous avez rempli la charge de directeur général des finances. J'ai même plusieurs lettres de vous par lesquelles vous me faites l'honneur de me mander que vous m'en envoyez; et, comme cela cessa pendant quelque temps, je pris la liberté de m'en plaindre à vous, et, par votre lettre de Versailles, en date du 28 juin 1704, vous avez la bonté de me marquer que vous me ferez envoyer tout ce qui m'a été envoyé par le passé, et que vous le recommanderez à M. de Mouy, qui travaille aux dépêches pour les monnoies. Cependant je n'en ai point reçu depuis de votre part. M. le Procureur général a soin d'en envoyer qui n'arrivent que huit jours après le paquet de M. l'Intendant, de sorte que j'apprends tout d'un coup par le public les changements des monnoies, sans être en état d'en rendre aucune raison; au lieu que lorsque MM. les Ministres me font la grâce de m'en envoyer à l'ordinaire, MM. les Intendants ont toujours eu la bonté, pour mon père et pour moi, jusques à présent, de m'en laisser faire faire la publication dans la ville de Lyon, se contentant de le faire afficher en leur nom dans toutes les autres villes de leur département : ce qui ne laisse pas que d'être un agrément considérable pour moi dans une ville comme Lyon. L'édit de création de ma commission de 1645 est même favorable pour moi, puisque tous les arrêts du Conseil, édits et déclarations touchant les monnoies doivent m'être adressés. Enfin, comme c'est une chose qui dépend uniquement de vous, je vous supplie de m'accorder cette grâce, surtout dans le temps où il arrive un nouvel intendant. Je vous en aurai mille obligations, espérant que vous voudrez bien recommander à M. le Cousturier, qui, à ce qu'on m'assure, est chargé de faire l'envoi de ces paquets, d'en faire un pour moi en même temps, avec un mot de votre part. Cette affaire même est sans suite, parce qu'il n'y a que moi de commissaire résidant dans les provinces.»

---

676. *M.* DE BAGNOLS, *intendant en Flandre,*
AU CONTRÔLEUR GÉNÉRAL.

18 Octobre 1704.

«Je me donne l'honneur de vous renvoyer la requête qui a été présentée au Roi par le Magistrat de Valenciennes, qui demande qu'en exécution de la coutume du Hainaut, des édits et des ordonnances rendus sur le fait des amortissements, il plaise à S. M. de ne plus accorder de lettres d'amortissement pour les acquisitions faites par les communautés et autres gens de mainmorte. L'usage du pays est certain : les communautés et gens de mainmorte ne peuvent faire d'acquisitions sans la permission du prince; elles leur sont défendues par l'article 69 de la coutume du Hainaut, chapitre des Ventes et Achats, et par deux ordonnances de Charles-Quint et de Philippe II, des années 1528 et 1587. Les acquisitions des gens de mainmorte sont onéreuses au public; les fonds et les héritages qui sont entre leurs mains sont affranchis des impositions et autres charges publiques, qui retombent sur le reste de la communauté. D'un autre côté, on ne peut pas proposer au Roi de se lier les mains et de ne plus accorder de lettres d'amortissement. La coutume du Hainaut et les ordonnances des princes du pays leur ont réservé cette liberté, qui est un des attributs de leur souveraineté; mais le Magistrat de Valenciennes doit être content quand le Roi voudra bien n'ordonner à l'avenir ces sortes d'expéditions qu'en grande connoissance de cause. On pourroit faire plus : les gens de mainmorte commencent d'ordinaire par acquérir et par se mettre en possession des biens qui leur sont donnés, légués ou vendus, ce qui n'arrive que trop souvent; si S. M. le jugeoit à propos, elle pourroit refuser les lettres d'amortissement qui lui seront demandées pour des fonds et héritages qui seront déjà dans la main des gens de mainmorte, et ne les accorder que pour des acquisitions à faire. Quand les communautés voudront acquérir, elles en demanderont la permission au Roi avec l'amortissement : on sera par là en état d'en prendre connoissance et de donner au Conseil les éclaircissements dont il croira avoir besoin, ce qui est plus difficile quand les acquisitions sont faites et que les gens de mainmorte sont en possession. Il n'est guère possible de toucher à ce qui a déjà été fait, et ce qui sera réglé ne doit avoir lieu que pour l'avenir. Il ne seroit pas juste de charger le Conseil du Roi, ainsi que le propose le Magistrat de Valenciennes dans la fin de sa requête, de la connoissance de ces sortes d'affaires, qui sont naturellement de la compétence des juges ordinaires, auxquels les lettres sont adressées.»

---

677. *M.* DE BÂVILLE, *intendant en Languedoc,*
AU CONTRÔLEUR GÉNÉRAL.

18 Octobre 1704.

«M. de Pennautier m'a rendu la lettre que vous m'avez fait l'honneur de m'écrire le 10 de ce mois. Il m'a expliqué fort au long tout ce qu'il vous a dit, et M. l'archevêque de Narbonne. Il seroit inutile de vous répéter toutes les raisons qu'ils ont pour espérer quelque soulagement, c'est-à-dire quelque diminution sur la capitation. Quand on considère les dépenses immenses que le Roi est obligé de faire, et qui augmentent tous les jours, on a bien de la peine à vous faire sur cela aucune proposition, dans un temps où l'on ne doit penser qu'à vous aider à trouver de nouveaux fonds. Il est vrai que les besoins de la province sont très grands, qu'elle a même des raisons particulières pour espérer quelque secours. La meilleure, à mon sens, est que certainement la capitation y est trop forte; on s'est trompé, et moi-même tout le premier, sur l'idée qu'on en a eue. Cela vient de la grande étendue du pays où il n'y a que des laboureurs et des vignerons, dont les taux personnels sont très peu considérables. J'avois poussé cette capitation, en 1695, à 1,450.000 #, et on crut alors que je ne l'avois pas portée assez loin; cependant toutes les taxes étoient plus fortes que le tarif. En 1696, la province l'abonna à 1,200,000 #, et l'on crut qu'il valoit beaucoup mieux avoir cette somme nettement, sur laquelle on pouvoit compter, qu'une plus grande mal payée. En 1701, la capitation étant augmentée du tiers par tout le royaume, il paroissoit juste de ne mettre celle de Languedoc, sur cette même proportion, qu'à 1,800,000 #; cependant elle fut portée jusqu'à 2,000,000 #. Cette augmentation de 200,000 # a beaucoup chagriné les États, et en effet s'est trouvée une surcharge très difficile à payer dans un temps où les troubles de la province sont arrivés, que le commerce a été fort diminué, et qu'à l'occasion de ces troubles elle a été obligée de faire de grandes dépenses pour lever des troupes, les entretenir, payer les surtaux des fourrages de deux régiments de dragons, et pour la garde des côtes et du Rhône. Il faut ajouter, pour cette année, la mauvaise récolte, qui rendra le recouvrement très difficile. Ce sont les raisons particulières qui devroient empêcher la conséquence pour la Provence et le Dauphiné, qui n'ont point eu ces malheurs et qui ne sont point obligés à ces dépenses extraordinaires. Si, par toutes ces raisons, vous jugiez à propos de remettre la capitation à 1,800,000 #, cette diminution feroit un grand plaisir, donneroit courage pour payer les restes des années dernières, et feroit faire apparemment un recouvrement plus facile et plus sûr qu'il ne sera de la somme entière de 2,000,000 #, qui décourage et abat les peuples. Il y a même des diocèses qui, certainement, sont plus chargés que les autres, et sur qui l'on pourroit faire tomber cette diminution, et, par ce moyen, faire un recouvrement plus égal. Vous aurez la bonté d'examiner si ces raisons sont bonnes, qui tendent à ce que vous avez bien prévu, de réduire la capitation de cette province à 1,800,000 #, suivant la proportion qui a été faite pour tout le royaume. Cela feroit même cesser la prétention des États, qui est que l'abonnement ne subsiste plus, puisque l'imposition a été augmentée au delà du tiers, et qu'ainsi, le corps de la province n'étant plus obligé, le trésorier de la Bourse ne doit payer que ce qu'il reçoit : prétention que j'ai toujours rejetée, et que je n'ai jamais voulu écouter.

«Je continuerai d'aider M. de Pennautier autant que je le pourrai pour le recouvrement dans les diocèses où les troubles ont été. Je lui ai déjà fait toucher des sommes assez considérables; mais il est difficile, après un si grand mouvement, que l'on puisse payer tout d'un coup tout ce qui est dû, et cette considération est encore une raison pour obtenir quelque soulagement. Il est certain que les peuples en général sont très paresseux pour payer la capitation; je puis dire même que les receveurs ne le sont pas moins pour en faire le recouvrement. Cela vient de ce qu'ils n'ont que 2 deniers pour livre, et qu'ils ne pensent qu'à lever la taille, qui leur en donne 6, ne se souciant [que] peu de la capitation *.»

* Une diminution de 260,000 ₶ fut accordée. (Lettre du 11 novembre.)

---

678. *M.* de Montesan, *prévôt des marchands de Lyon,*
au Contrôleur général.

21 Octobre 1704.

Il demande, de la part des maîtres serruriers de Lyon, l'autorisation de tirer d'Allemagne les limes qui leur sont nécessaires pour finir leurs ouvrages *.

* En marge : «Bon. Leur accorder.»

---

679. *M. Desmaretz, directeur des finances,*
à M. le comte de Gramont.

24 Octobre 1704.

«. . . . . Le mémoire que vous m'avez donné est fort succinct, et, quoique le peu qu'il contienne me fasse juger qu'on en pourroit faire quelque usage, j'aurois besoin néanmoins d'une petite conférence avec celui qui vous l'a donné. Si vous voulez me l'envoyer, je lui proposerai mes difficultés, auxquelles je souhaite qu'il puisse faire des réponses qui me mettent en état de faire recevoir l'affaire. On ne peut désirer plus fortement que je fais de pouvoir contribuer en cela à votre satisfaction. Je vous supplie de croire que je n'y négligerai rien.»

---

680. *M.* d'Orsay, *prévôt des marchands de Paris,*
au Contrôleur général.

26 Octobre 1704.

Il discute un projet de concession de privilège exclusif pour le transport des bois à brûler, moyennant versement d'une somme de 600,000 ₶.

«Si ce privilège avoit lieu, il y auroit à craindre que le public n'en souffrît beaucoup, la plupart des charretiers de dessus les ports étant de pauvres gens chargés d'enfants, qu'ils font subsister avec un ou deux chevaux qu'ils ont, et qui ne prennent, pendant les trois quarts de l'année, que 13, 14 et 15 sols par voiture, et en hiver tout au plus 20 et 25, pour quelque éloignement que ce soit; et que ce grand nombre de charretiers, à l'envi l'un de l'autre, fait la diminution à l'avantage du public, qui pourroit être rançonné, si le nombre en étoit réduit, étant impossible de mettre un tarif, à cause des différents éloignements et du grand nombre de charretiers qu'il y a dans Paris; joint qu'il n'y a pas quatre mois qu'on avoit créé des officiers pour l'arrangement du départ des charrettes, qui étoit fort approchant de ce qui est proposé par ce mémoire, et, sur la difficulté qui s'est trouvée dans l'exécution et la peine qu'en souffriroit le public, cette création n'a point eu d'exécution *.»

* Les 25, 26 et 28 février suivant, M. Desmaretz soumet à l'examen de M. d'Orsay des projets de création de commissionnaires des marchandises foraines arrivant par les rivières, de jurés compteurs, trieurs et priseurs du poisson d'eau douce, de jurés visiteurs, contrôleurs et compteurs des huîtres en écaille, et un projet relatif à l'augmentation des communautés des débâcleurs et des planchéeurs.

---

681. Le Contrôleur général
aux Intendants.

Mois d'Octobre 1704.

«Je vous envoie trois édits que le Roi a donnés pour ériger en titre d'office formé et héréditaire toutes les charges de l'artillerie. Le premier est du mois d'août 1703, et les deux autres sont du mois de mai et du mois de septembre de cette année. Vous savez, il y a déjà longtemps, les intentions de S. M. sur l'exécution de l'édit du mois d'août 1703, et je vous prie de continuer à les suivre sans relâche, jusqu'à ce que vous ayez trouvé des acquéreurs pour toutes les charges qui sont créées par cet édit. Il est certain que les privilèges et les exemptions qui y sont attribués par celui du mois de septembre sont si considérables, qu'ils doivent vous aider à les vendre avec plus de facilité que vous n'en avez eu jusqu'à présent; mais il s'agit d'ailleurs de vendre dans votre département une partie de cent cinquante charges de commissaires gardes-magasins créés par l'édit du mois de mai. Comme il n'y a point de résidence fixée ni déterminée par cet édit, c'est à vous à choisir les lieux de votre département les plus propres pour y établir ces officiers, et à trouver le plus grand nombre qu'il vous sera possible de gens qui aient les facultés nécessaires pour acheter ces charges et les qualités requises pour en remplir les fonctions. Les besoins pressants de l'État demandent que vous donniez une application particulière à cette affaire; vous ne devez rien oublier de ce qui peut la faire réussir, et vous pouvez même vous servir de l'autorité que le Roi vous a donnée. Les acquéreurs n'auront pas sujet de se plaindre de leur acquisition, car ils auront des appointements et des gages qui leur rapporteront le denier dix de l'argent qu'ils auront financé. Vous leur ferez donner par la communauté du lieu de leur résidence, dans l'hôtel de ville, s'il y en a un, ou ailleurs, en cas qu'il n'y en ait point, un logement pour y demeurer et pour y tenir leur magasin. Ils auront la garde des armes et des munitions de guerre qui pourront s'y trouver à présent, ou que S. M. pourra y faire mettre à l'avenir. Enfin, ils jouiront des privilèges et des exemptions contenus dans l'édit du mois de septembre, même de l'exemption de taille. Pour ne point donner à cette affaire un air de traité à recouvrement, S. M. a trouvé à propos qu'il n'y eût que MM. les intendants qui se mêlassent de la vente des charges de l'artillerie dans les provinces. S'il y a pour cette vente un bureau ouvert à Paris, c'est pour y avoir soin de faire expédier les provisions des acquéreurs et pour avoir des payements réglés au Trésor royal. Ainsi, il faudra que vous fassiez tout par vous-même ou par vos subdélégués dans votre département, sans attendre de secours d'aucun commis. C'est pourquoi je vous envoie un modèle des soumissions que vous devez recevoir de ceux qui feront l'acquisition des charges, et vous les enverrez en original à M. Desmaretz. Vous joindrez aux soumissions un certificat par lequel vous certifierez à Mgr le duc du Maine que celui que vous aurez choisi a les qualités requises pour remplir les fonctions de la charge dont il s'agira. A l'égard des acquéreurs, ils n'auront qu'à s'adresser aux intéressés, ou directement, ou par quelque correspondant; les intéressés auront soin, non seulement d'obtenir l'agrément de Mgr le duc du Maine, sans lequel les acquéreurs ne pourroient être pourvus, mais encore ils feront expédier leurs quittances de finance et leurs provisions. Vous remarquerez que les acquéreurs ne doivent point payer de 2 sols pour livre; c'est un avantage considérable qu'il ne faut pas manquer de leur faire observer. La finance de chacune de ces charges est ou de 4,000 #, ou de 6,600 #, ou de 9,000 #, ou de 12,000 #; la force des lieux et l'importance de la charge doivent vous régler pour recevoir la soumission sur le pied de l'un de ces quatre prix différents. L'ordre établi en cette occasion est que l'acquéreur paye la moitié comptant avant que l'on fasse expédier ses provisions; pour l'autre moitié, on lui fait crédit pendant trois mois sans intérêt, ou pendant six mois en payant l'intérêt au denier vingt seulement, quoiqu'il jouisse de ses gages au denier dix du jour du contrôle de sa quittance de finance. Comme il est juste que le traitant ait ses sûretés, il faut que l'acquéreur passe à son profit, devant notaire, selon le modèle que je vous envoie, une obligation de ce qu'il devra de reste, et qu'il lui donne une hypothèque spéciale sur la charge. Vous enverrez aussi cette obligation à M. Desmaretz, en lui envoyant la soumission de celui qui se présentera pour faire l'acquisition. En cas que l'acquéreur ait emprunté pour payer la charge, et qu'il veuille qu'il en soit fait mention dans la quittance de finance, il faudra qu'il vous remette un état, signé de lui, des emprunts qu'il aura faits, c'est-à-dire de la somme, du nom et du surnom du prêteur, et que vous envoyiez encore cet état à M. Desmaretz *. »

* Cette circulaire, préparée au mois d'octobre 1704, parait n'avoir été expédiée que le 25 février 1705.

Le contrôleur général avait envoyé, dès le mois d'août 1704, à M. le duc du Maine, grand maître de l'artillerie, un mémoire sur les adjudications à faire, où il disait : « Il y a deux sortes de ces charges : les unes sont purement militaires, les autres sont civiles et politiques. A l'égard des premières, le Roi n'a pas jugé à propos que l'on reçût des enchères; mais, pour les autres charges, du nombre desquelles sont celles de gardes-magasins, il n'y a pas moyen de refuser les enchères qui se présentent. En effet, les charges d'artillerie étant créées à présent en titre d'office formé et héréditaire, sont de la même qualité que toutes les autres charges du royaume et doivent se gouverner par les règles qui sont établies pour les parties casuelles de S. M. Les règlements veulent que l'on reçoive les enchères jusqu'à ce que les provisions soient scellées, et, bien loin que je puisse empêcher que les enchères ne soient admises, M. le Chancelier est obligé d'y avoir égard lorsqu'on les signifie pendant qu'il tient le sceau; alors, les provisions ne peuvent être scellées en faveur de celui qui a fait les premières offres, et l'enchère doit être ou reçue ou rejetée. Si elle est rejetée, ce ne peut être que par arrêt du Conseil, et, si elle est reçue, on remet l'office de nouveau aux enchères entre les deux prétendants, pour rester au plus offrant et dernier enchérisseur. D'ordinaire, les enchères se signifient au trésorier des parties casuelles, officier établi pour la vente des charges dans tout le royaume; mais, quand S. M. trouve à propos d'en charger un traitant, afin de tirer par son moyen et par des payements réglés un secours prompt et certain, le traitant tient lieu de trésorier des parties casuelles. Ce traitant est obligé de suivre les règlements: ainsi, il ne peut refuser les enchères qui lui sont signifiées..... On ne donne un état de fixation au traitant que pour l'empêcher de vendre à un moindre prix, et non pas pour lui ôter le pouvoir de vendre à un prix plus fort, puisque c'est l'avantage de S. M..... On a remarqué plusieurs fois que, malgré vos soins, beaucoup d'officiers employés par commission dans l'artillerie ne se sont présentés pour acquérir des charges que lorsqu'ils ont appris que d'autres personnes avoient fait leurs soumissions pour s'en faire pourvoir. Si l'on donnoit la préférence aux anciens employés, il n'y a pas lieu de croire que qui que ce soit voulût à l'avenir se présenter pour acquérir, personne n'aimant à faire des démarches inutiles, ni à s'exposer à un refus qui est toujours fort sensible à ceux sur qui il retombe..... »

Voir une autre lettre, du même mois d'août 1704, au chevalier des Touches, lieutenant général de l'artillerie, et plusieurs lettres écrites, le 2 avril précédent, par M. Desmaretz, qui étoit chargé de l'exécution de l'édit d'août 1703, à MM. de Bernage, de Bernières, Guyet et Lebret fils, intendants en Franche-Comté, en Flandre, à Lyon et en Béarn, sur les conditions de payement des finances: le 11 et le 21 août 1704, à M. le Verrier, traitant chargé de cette affaire; le 25 mars 1705, à M. Ferrand, intendant en Bourgogne.

---

682. *M. Lebret, premier président du Parlement de Provence,*

au Contrôleur général.

1er Novembre 1704.

« Je présume peut-être trop des connoissances que j'ai acquises depuis dix-sept ans que je prends soin des affaires du commerce de Levant, en m'imaginant que je puis répondre de moi-même, et sans aucun secours étranger, à la lettre que vous m'avez fait l'honneur de m'écrire le 19 du mois passé, et aux deux mémoires que vous y avez joints; mais il ne m'auroit pas été possible de consulter ceux des négociants de Marseille qui auroient pu peut-être me donner quelques vues sur ce qui y est contenu, sans hasarder extrêmement le secret que vous m'avez expressément recommandé, et que ce qui s'est passé en dernier lieu, lorsque vous avez eu la bonté de procurer à mon fils l'intendance de cette province, me rend bien plus nécessaire qu'à vous.

« La création proposée par le premier de ces mémoires, d'une

Chambre souveraine à Marseille pour juger les affaires du commerce, ne me paroît pas praticable par plusieurs raisons : la première, que, si les appellations des sentences des sièges des amirautés, des juges-consuls et des autres juridictions de la province qui connoissent des affaires du commerce, étoient tirées du Parlement pour être jugées par les officiers de la Chambre souveraine qu'on propose de créer, ceux qui composent les trois chambres du Parlement, et qui n'ont pas à présent suffisamment d'affaires pour les occuper pendant trois mois de l'année, resteroient presque sans aucune fonction, et leurs charges, qui font le plus beau de leur bien, dans un décri qui en mineroit plusieurs; la seconde, qu'un établissement d'une Chambre de cette qualité à Marseille, c'est-à-dire à cinq lieues de la ville où le Parlement se trouve établi, donneroit lieu à une infinité d'incidents, de conflits et de contestations très préjudiciables au public et surtout au bien du commerce; et la troisième, que cet établissement convient d'autant moins à une ville de commerce comme celle de Marseille, que l'ambition de ceux qui auroient fait quelque profit dans le commerce iroit d'abord à en éloigner leurs enfants et à leur acheter des charges dans cette nouvelle Chambre : ce qui diminueroit considérablement le nombre des bons négociants, répandroit dans leurs esprits des idées et des vues toutes contraires à celles qu'ils doivent avoir de perpétuer le commerce dans leurs familles, et feroit qu'en peu de temps les juges qui composeroient cette nouvelle juridiction se trouveroient presque tous parents ou amis particuliers des parties qui plaideroient devant eux. Mais, quand ces dernières raisons ne seroient pas suffisantes, celle du préjudice irréparable que cette nouveauté porteroit aux officiers du Parlement, et le désespoir qu'elle leur causeroit, me paraîtroit seule suffisante pour éloigner cette idée, étant d'ailleurs difficile de croire qu'on trouvât des particuliers qui voulussent donner beaucoup d'argent de ces nouveaux offices, puisque leurs fonctions seroient d'une très petite étendue, dès qu'elles seroient réduites aux seules affaires du commerce de Levant.

«Quant à l'autre proposition d'ériger tous les consulats de Levant, Italie, côtes d'Espagne et de Barbarie en titre d'offices héréditaires, si on pouvoit être assuré que les commissions qu'on est en usage d'accorder à ceux qui en font les fonctions ne seroient données qu'au mérite, ce seroit sans doute porter un grand préjudice au commerce, et, par conséquent, à l'État, que de penser à cette nouveauté; mais, comme l'expérience a fait voir que, de tout temps, le crédit et la faveur ont eu plus de part que la justice à ces sortes d'emplois, lorsqu'il a été question de les donner, je crois que l'exécution de cette proposition ne mettra pas le commerce en plus mauvais état qu'il est présentement, supposé qu'on trouve des marchands, dont on ne peut guère répondre présentement, et que vous ayez agréable de faire assez d'attention aux qualités de ceux qui se présenteront pour acheter ces nouvelles charges, pour être assuré qu'ils seront aussi capables de les remplir à la satisfaction et à l'avantage des négociants que ceux qui les exercent présentement par commission, dont plusieurs seront peut-être bien aises de se perpétuer dans une fonction qu'ils font actuellement, en finançant une somme dont, suivant le mémoire, le Roi doit leur payer l'intérêt au denier vingt, outre les autres profits et émoluments dont ils jouissent actuellement. Mais, en ce cas, il me paroît d'une nécessité absolue de continuer les défenses qui ont été faites jusqu'à présent à tous les consuls commissionnaires de faire aucun commerce directement ou indirectement, parce qu'il ne seroit pas possible de leur en laisser la liberté, qu'ils n'en abusassent considérablement au préjudice des véritables négociants, et par conséquent au préjudice de l'État.»

---

683. *M. De Bouville, intendant à Orléans,*
à M. Desmaretz.

1er et 22 Novembre 1704.

«..... Je puis vous assurer que la misère est plus grande que je ne puis vous la dépeindre, qu'on vient d'augmenter l'ustensile de 218,000 #, qu'il faut imposer la seconde moitié du prix des charges de visiteurs d'eau-de-vie, et qu'on demande actuellement aux paroisses le prix des charges nouvellement créées de receveurs alternatifs et triennaux des deniers patrimoniaux. Vous jugez bien que tout cela, joint aux autres impositions, mettra les taillables dans un état que le recouvrement en deviendra impossible. Après tout cela, s'il faut absolument faire cette imposition de 220,000 # (pour le remplacement du prix des charges de vérificateurs du sexté qui n'ont pas été vendues), au moins qu'elle soit payable en trois années, et que ce soit, s'il vous plaît, au sol la livre de la capitation.....

«Le lieutenant général de Rouen a de grandes vues; mais elles méritent plus de réflexion qu'il n'en fait. J'ai voulu entrer dans le détail de l'élection d'Orléans avant de répondre à la lettre que vous m'avez fait l'honneur de m'écrire, et je trouve que l'imposition sur chaque arpent de vigne seroit bien forte. Cependant je vais m'instruire de même de toutes les élections de la généralité, afin que, si M. de Chamillart m'en écrit, je sois en état de lui répondre juste. S'il y a à toucher à quelqu'un des anciens recouvrements présentement, c'est à la taille, car je prévois que celui-là tombera tout d'un coup : il n'y a plus que des gueux collecteurs et qui payent la taille.

«Pourroit-on espérer d'être payé de billets échus sur les gabelles de 15,336 #? Cela pourroit m'accommoder, si cela se pouvoit, pour un de mes amis qui me donne de l'argent quand il m'en manque pour achever de payer le régiment, et qui feroit encore la même chose présentement que voilà un terme prêt à échoir.»

---

684. *M. de Bâville, intendant en Languedoc,*
au Contrôleur général.

3 Novembre 1704.

«Le projet ci-joint a déjà été proposé pendant la dernière guerre, et ne fut pas accepté. C'est proprement une création d'élus en Languedoc qui fit tant de désordres en 1632, et qui fut cause de la perte de M. de Montmorency. Cet établissement fut révoqué en 1649. Il ne faut pas douter que ce ne soit, de toutes les affaires, la plus odieuse qu'on puisse faire en cette province, et la plus capable d'y causer de grands désordres, si les peuples sortoient de l'obéissance où ils sont maintenant. Je ne sais même si cet établissement seroit aussi utile, et s'il se trouveroit des particuliers qui voulussent lever ces offices, à cause du souvenir de tout ce qui s'est passé sur ce sujet. Les États y formeroient toute l'opposition possible, et il ne faut pas croire que ce projet puisse réussir qu'avec beaucoup de peine. Il y a eu tant d'offices acquis dans cette province, qu'il reste peu d'acquéreurs pour ces derniers. Le succès de cette affaire est si incertain pour trouver la finance, et elle est capable de faire un si grand mouvement, que je crois qu'il faut y bien penser avant de la faire. Je ne sais pas si ceux qui la proposent assurent les payements, ce qui seroit au moins très nécessaire*.

«Quant au prétendu abus des sommes imposées au delà de ce qui est permis, il y a longtemps que j'en ai donné avis; c'est un abus qu'il faut corriger. Il y a dans ces dépenses quelqu'unes qui sont bonnes et qui sont employées aux chemins; c'est un détail où je tâcherai d'entrer pendant ces États.»

* En marge, de la main du contrôleur général : «Ne faire aucun usage de cette proposition.»

Le 4 octobre précédent, M. de Bâville avait pareillement obtenu qu'on renonçât à rétablir un présidial à Albi, ou à en faire racheter les offices par les présidiaux de Carcassonne et de Toulouse, les charges de conseiller ne se vendant pas plus de 2,000 ᵗᵗ dans ces deux sièges, et étant en partie vacantes.

685. *M.* de Bernage, *intendant en Franche-Comté,*
au Contrôleur général.

4 Novembre 1704.

«J'ai reçu la lettre que vous m'avez fait l'honneur de m'écrire le 28 du mois passé au sujet de la proposition de créer et établir des gardes de nuit sur les ports. Il n'y a de grandes rivières, dans le comté de Bourgogne, que la Saône et le Doubs. La première n'a proprement de port que dans la ville de Gray, car tout ce qui navigue au-dessus s'embarque indistinctement sur les bords, dans de si petits ports qu'ils ne sont d'aucune considération. On ne transporte sur cette rivière que des blés, du bois, des fers, et un peu de foin et de vin. A l'égard de la rivière du Doubs, elle n'est point navigable jusques à Dôle, mais seulement flottable, et tout le commerce y consiste aux trains de bois et flottage à bois perdu, qui s'arrête tout à Besançon. On a travaillé depuis peu à la rendre navigable par art depuis Dôle jusques à Verdun; mais cette navigation est encore fort imparfaite. Vous pouvez juger, par ce que j'ai l'honneur de vous dire, qu'il ne pourroit être établi de gardes de nuit que dans les villes de Besançon, Dôle et Gray, et que l'objet en seroit modique, parce que le commerce est peu considérable, particulièrement dans les deux premières; mais il me paroît qu'aux termes de l'arrêt du Conseil du 3 juin dernier, par lequel le Roi a déchargé le comté de Bourgogne de l'exécution de plusieurs édits et de tous ceux qui pourroient être donnés ci-après qui tomberoient à sa charge, au moyen d'un subside extraordinaire, il n'y a pas lieu de l'assujettir à l'établissement de ces offices de gardes de nuit, dont l'attribution, d'un côté, consiste en droits onéreux au public, et dont on ne pourroit d'ailleurs recouvrer la finance, faute de débit, qu'en obligeant les villes de les acquérir par une réunion forcée : ce qui seroit directement contraire à la promesse portée par cet arrêt. Ainsi, je crois que vous jugerez que cette création ne doit pas avoir lieu dans cette province, et c'est par cette raison que je ne vous marque point les droits qu'on pourroit attribuer à ces nouveaux officiers sur les marchandises et denrées qui arrivent sur les ports*.»

* M. Trudaine, intendant à Lyon, envoie son avis, le 9 novembre, sur cette création et sur la manière de percevoir les droits au poids ou d'après un tarif.

M. Robert, intendant de la marine à Brest, écrit, le 18 novembre, qu'il serait préférable d'établir simplement un droit de 10 ᵗᵗ par barrique d'eau-de-vie entrant dans le port, et il donne des détails sur les mouvements de marchandises et sur la consommation des denrées.

Voir aussi les lettres de M. l'évêque de Noyon, du 2 novembre; de M. Turgot, intendant à Tours, du 15 novembre; de M. Lebret, intendant en Provence, du 6; de M. Fourault, intendant à Caen, du 30 décembre, etc.

686. *Le sieur* Pichol, *inspecteur des manufactures en Auvergne,*
au Contrôleur général.

9 Novembre 1704.

«Depuis que je n'ai eu l'honneur d'écrire à Votre Grandeur, j'ai fait une tournée générale dans cette généralité à la suite de M. l'Intendant, où j'ai eu l'honneur de lui rendre compte de l'état du commerce qui se fait dans chaque endroit; et, comme le commerce diminue tous les jours, cela est cause que la plupart des marchands manquent. Je n'ai trouvé, dans toute ma tournée, aucune marchandise dont l'usage et commerce soit défendu dans le royaume, les marchands ne s'en voulant charger, de peur d'être surpris.»

Il envoie un état des lieux des généralités d'Auvergne et de Limoges et des élections de Saintes, Cognac, Marennes et Saint-Jean-d'Angely, où il y a des bureaux pour la marque des étoffes.

«J'ai eu l'honneur de mander plusieurs fois à Votre Grandeur qu'il se fabrique très peu d'étoffes dans mon département, et principalement dans la généralité d'Auvergne et de Limoges : ce qui est cause qu'il n'y a que d'une sorte de gardes qui visitent les marchandises qui se fabriquent dans chaque lieu et les marchandises foraines qui viennent de dehors; et même la plupart des marchandises qui se débitent dans chaque ville de mon département ont été visitées une seconde fois aux foires de Clermont et à Limoges, où lesdits marchands viennent faire leurs emplettes, et ils n'établissent des gardes dans les autres villes que pour voir si elles ont été marquées du second plomb et pour marquer celles qui se fabriquent dans les villes et aux environs. Les inspecteurs ont même bien de la peine à en faire établir dans chaque lieu, n'y ayant aucune maîtrise dans la généralité d'Auvergne et de Limoges, les marchands ne voulant point être gardes, à cause que les gardes sont obligés de payer les appointements de l'inspecteur, dont on a bien de la peine à être payé, étant obligé d'en diminuer une partie pour donner lieu de payer le reste, étant obligé d'avoir égard au temps présent.

«Je me suis rendu ici deux jours avant M. l'Intendant, pour être présent à la foire de Saint-Martin, qui se tiendra le 11 de ce mois; j'aurai l'honneur de rendre compte à Votre Grandeur de ce qui s'y sera passé.»

687. *M. de Saint-Contest, intendant à Metz,*
au Contrôleur général.

11 Novembre 1704.

Mémoires et pièces prouvant que les bois de Chambrey, de Grémecey et de Burtoncourt, dans l'évêché de Metz, doivent appartenir au duc de Lorraine, et qu'ils n'ont été compris que par erreur dans l'acte de cession de 1661.

688. *M. Desmaretz, directeur des finances,*
à M. de la Houssaye, intendant en Alsace.

12 Novembre 1704.

Le dernier règlement sur les délits de transport à l'étranger des espèces non réformées prononce, outre la peine de mort pour les coupables, la confiscation des espèces et celle des marchandises ou des équipages dans lesquels elles sont découvertes; les commis ou officiers qui font la saisie n'ont droit qu'à la moitié de la valeur des espèces, et les marchandises doivent être adjugées en entier au Roi *.

* Voir les lettres écrites par M. de la Houssaye, sur la saisie de marchandises et d'espèces à destination de Bâle, les 15 octobre, 15, 19 et 22 décembre.

689. *M. le Gendre, intendant à Montauban,*
au Contrôleur général.

12 Novembre 1704.

«..... En arrivant à Montauban, il y a cinq ans, j'y trouvai une si grande quantité de pauvres qui mouroient de faim, que je crus ne pouvoir rendre un plus grand service au public que d'établir un bureau de charité, composé des plus honnêtes gens de la ville de tous les états, avec un directeur et des inspecteurs dans tous les quartiers, pour faire des quêtes publiques tous les trois mois et assister tous les pauvres suivant leurs besoins, et dont ils rendoient compte tous les quinze jours au bureau. Ce bureau s'est toujours tenu dans ma maison, où M. l'évêque de Montauban, présentement archevêque d'Albi, a bien voulu assister sans qu'il fût question de rang entre nous, ni qu'il y eût de place marquée pour personne, ne songeant les uns et les autres qu'au soulagement des pauvres. J'ai tenu ce bureau cinq ou six fois chez lui; mais, voyant que les habitants y venoient à contre-cœur et qu'ils ne donnoient plus aussi libéralement, y ayant plusieurs nouveaux convertis qui n'aiment pas à être gouvernés par des évêques, il me pria de le tenir toujours chez moi. A l'arrivée de M. l'abbé de Vaubecourt, évêque de Montauban, j'allai tenir ce bureau chez lui, par honnêteté. Il dit publiquement dans l'assemblée, très honnêtement, qu'il croyoit qu'il devoit s'y tenir toujours à l'avenir, étant un droit de l'épiscopat. Les habitants vinrent me trouver pour me dire que, si M. de Montauban persistoit dans sa prétention, le bureau alloit tomber, et qu'ils me prioient de vouloir bien soutenir un établissement aussi avantageux au public.

«..... Je vois avec douleur qu'il ne pourra jamais soutenir ce grand ouvrage que ses prédécesseurs ont entrepris trois fois inutilement. Les pauvres commencent déjà à en souffrir : c'est un bureau singulier dans le royaume, où l'on pourvoit à la mendicité de tous les pauvres d'une ville, sans qu'un seul ait demandé l'aumône depuis cinq ans; mais, si on n'a pas le cœur du peuple, et sans une activité et une vigilance continuelle, il ne peut se soutenir, surtout dans un temps difficile. Je l'ai établi, je l'ai soutenu jusqu'à présent; je le maintiendrai tant que je pourrai, de concert avec M. de Montauban; mais, s'il vient à tomber, j'aurai la consolation de n'avoir rien à me reprocher *.»

* En marge : «Le Roi a été très content des éclaircissements qu'il a donnés.»

690. *M. Desmaretz, directeur des finances,*
au sieur Porchery, directeur de la Monnaie de Bayonne.

13 Novembre 1704.

«J'ai reçu vos lettres des 29 octobre et 6 du courant, avec les mémoires des négociations que vous avez faites pour achat de piastres. Je les ai aussitôt communiquées aux sieurs Hogguer, afin qu'ils prissent des mesures justes et sûres pour payer exactement les lettres que vous avez tirées sur eux; ils m'ont bien promis qu'ils y feroient honneur et qu'ils seroient ponctuels au payement *. Je dois vous dire que la raison qui m'a fait entrer en relation avec vous pour l'achat de ces matières pour leur compte est que, les sieurs Hogguer ayant fait un traité avec le Roi pour fabriquer en Alsace de nouvelles espèces qu'on a jugées absolument nécessaires pour le service du Roi et pour le payement des troupes, il étoit fort à propos de les aider par tous les moyens justes et raisonnables à trouver les matières dont ils ont besoin pour l'exécution de leur traité; et comme, dans ce temps-là, vous m'aviez écrit qu'on vous en avoit offert à Bayonne, j'ai cru qu'il ne falloit point négliger l'occasion de s'assurer de toute la quantité qu'on en pourroit avoir par votre moyen. La continuation de cette négociation demandant que vous soyez dans une relation continuelle et en détail avec les sieurs Hogguer, il est très important que vous l'entreteniez exactement. Ainsi, je me remets à eux de satisfaire à tous les engagements dans lesquels vous entrerez. Que si, contre mon opinion, il y avoit quelque difficulté ou retardement de leur part, vous pouvez m'en donner avis, afin que je les oblige d'y satisfaire. Cependant je vous ajouterai que vous ne sauriez donner trop d'attention à suivre cette affaire, qui regarde absolument le service du Roi, et que, dans les occasions, je ferai valoir, en tout ce qui dépendra de moi, les soins que vous en aurez pris **.»

* Il avait avisé, les 16, 17 et 23 octobre précédent, M. de Bâville, intendant en Languedoc, les sieurs Robillard et Porchery, directeurs à Rouen et à Bayonne, et le directeur de la Monnaie de Rennes de conclure marché pour la livraison de piastres ou de matières d'argent à 33 # 15 s., et même à 34 #, «pour un service nécessaire.»

en donnant en payement des lettres de change à deux et trois usances sur le directeur général des Monnaies ou sur les banquiers Hogguer, de Paris. Le 3 décembre suivant, il écrit à M. Lebret, intendant en Provence, que le prix de 34 # ne peut plus suffire, s'il est vrai que les négociants de Marseille payent les réaux 35 # et les barres 37 # 5 s.

** Sur la fabrication de Strasbourg, voir les lettres de M. de la Houssaye, intendant, des 5 novembre 1704, 3 avril et 6 mai 1705, 25 septembre 1706, 1er mai 1707; celles du sieur Hogguer, des 24 avril et 5 mai 1705, et une lettre de M. Desmaretz à MM. Hogguer, en date du 10 avril 1705. Les travaux de cette nouvelle fabrication furent interrompus en avril 1707, faute de matières.

691. *M. Bégon, intendant à la Rochelle,*
au Contrôleur général.

13 Novembre 1704.

«Il y a trois choses, dans votre ministère, qui font le principal objet des soins continuels que vous prenez pour le bien de l'État, qui sont : la guerre, les finances et le commerce. Je crois avoir trouvé un expédient qui augmentera le nombre des gens de guerre et les finances et fera fleurir le commerce, sans rien faire qui ne soit très juste, très facile et conforme aux lois des États du monde les mieux policés; on ne peut même rien faire de plus avantageux au bien général de l'État et à la religion, et, quoi qu'il en puisse arriver, vous attirerez sur vous et sur votre famille les bénédictions du ciel et les louanges des hommes, en rendant cette monarchie la plus florissante de l'univers. Vous bannirez du royaume, par ce moyen, un nombre infini de vices et de dérèglements, sans donner à personne la moindre occasion légitime de se plaindre. Vous donnerez au Roi et à ses successeurs de fidèles sujets, pour remplacer ceux que l'hérésie ou la guerre a détruits pendant le plus long et le plus glorieux règne de cette monarchie. Vous soulagerez le royaume d'une infinité de petites affaires extraordinaires qui sont à charge au Roi et à ses peuples, et vous ferez toucher à S. M. une somme qui, dans les premières années, égalera au moins la capitation, et qui se lèvera très aisément et à peu de frais. Et si, dans la suite, ce grand revenu diminue, le Roi en sera récompensé par l'augmentation de ses sujets et du commerce : ce qui fera valoir les fermes unies et toutes les autres impositions.

«Cet expédient n'est autre chose que de prendre le quart des gages, des appointements, des rentes, des loyers et des fermes de tous les garçons au-dessus de vingt-cinq ans et des filles au-dessus de vingt ans qui ne sont pas mariés, à la réserve des ecclésiastiques qui sont dans les ordres sacrés ou qui possèdent des bénéfices, des religieux et religieuses, de tous les gens d'épée qui servent actuellement à la guerre ou qui s'en sont retirés par permission du Roi, après y avoir servi au moins vingt ans ou y avoir été estropiés. Vous pourrez y ajouter telles autres exceptions qu'il vous plaira; mais je crois que celles-là suffisent.

«Il ne me reste qu'à vous faire voir, en peu de mots, que cet établissement augmentera les gens de guerre et le commerce, non seulement dans vingt et trente ans, mais dès à présent. Pour les gens de guerre, il est certain que, dans dix-huit ou vingt ans, cela produira des soldats; mais, aussitôt que cette loi sera établie, tous les fainéants qui jouissent tranquillement de gros revenus sans être mariés, et qui les emploient à la débauche et au luxe, chercheront les expédients de se décharger de la grosse taxe qu'on leur demandera et prendront des emplois à la guerre, feront des compagnies ou des régiments à leurs dépens, selon leurs facultés. Pour le commerce, les négociants qui ont des rentes ou des biens en fonds les mettront dans le commerce, lorsqu'ils n'auront point d'inclination pour le mariage, parce que l'argent qui sera dans le commerce ne sera point sujet à cette taxe. D'ailleurs, le nombre des sujets de S. M. augmentant par cette loi, il est d'une conséquence infaillible que le commerce augmentera à proportion. Si cette proposition vous est agréable, on vous expliquera les moyens d'en faciliter le recouvrement. C'est le plus prompt secours que vous puissiez tirer pour soutenir les dépenses de la guerre.»

692. *M. de Saint-Contest, intendant à Metz,*
au Contrôleur général.

14 Novembre 1704.

«J'ai reçu..... l'édit de création d'inspecteurs généraux des manufactures et commissaires contrôleurs; .... mais je dois avoir l'honneur de vous représenter que cette province, écrasée par le nombre des pionniers qu'il faut qu'elle fournisse, par les voitures continuelles et par les fourrages immenses que consomment les armées, exposée d'ailleurs aux contributions et aux fureurs de la guerre, mérite une attention toute particulière, et, si elle n'est ménagée, elle périra entièrement, diminuant tous les jours par la désertion des habitants qui vont s'établir en Lorraine. Vous avez eu la bonté d'entrer dans toutes ces raisons, qui ne sont que trop solides, et vous m'avez fait l'honneur de me mander qu'on ne feroit plus d'affaires nouvelles de finances en ce pays-ci. C'est ainsi qu'on a traité les provinces absolument frontières, et, si on les épuisoit, on ne pourroit plus en tirer les secours si nécessaires pour le succès de la guerre, et souvent si décisifs des mouvements des armées et du sort de la campagne. Ces charges d'inspecteurs et de commissaires inspecteurs sont directement à la foule du peuple, parce qu'on ne fabrique ici que de petits draps, dont les petits bourgeois et les paysans renforcés s'habillent. Les droits qu'il faudra payer retomberont donc sur ces pauvres malheureux, et ce sont ceux-là qui font vivre le reste de la campagne. D'ailleurs, cette affaire seroit d'un petit objet dans ce pays-ci. Néanmoins, j'attendrai là-dessus l'honneur de vos ordres, pour m'y conformer *.»

* Le 11 du même mois, M. de Bernage demande aussi une exemption pour la Franche-Comté, qu'un récent arrêt du Conseil a déchargée par avance de tous les édits qui pourraient être émis pendant la guerre, et où d'ailleurs les marchands ont été dispensés spécialement et gratuitement de toute contribution de semblable nature. «Cette grâce, dit-il, leur a été accordée pour plusieurs raisons : on a considéré qu'il n'y avoit aucunes manufactures de draps et étoffes dans cette province qui soient de nature à être commercées, ne s'y fabriquant que quelques droguets de 28 ou 30 sols l'aune, que les paysans font faire des laines de leur cru, pour leurs habillements; il ne s'y fait aussi de toiles qu'une très médiocre quantité, à Arinthod et du côté de Luxeuil, et les tisserands qui sont répandus dans les autres lieux ne travaillent que pour les particuliers qui leur donnent du fil. Ainsi, tous les marchands ne se fournissent que d'étoffes et de toiles fabriquées dans les autres pro-

vinces du royaume, qui ont été visitées et marquées dans les manufactures et villes d'où ils les tirent, et qui payent des droits considérables à la sortie du duché de Bourgogne et de la Champagne, dans les bureaux des frontières de cette province.....»

693. *M. de Nointel, intendant en Bretagne,*
au Contrôleur général.

16 Novembre 1704.

Il envoie un projet de création d'offices de secrétaires-vérificateurs des titres dans les Cours et juridictions, dont la fonction serait de vérifier et de collationner les copies de pièces produites en justice, et qui en assureraient ainsi l'exactitude et l'authenticité, sans que les titres originaux ni les secrets des familles fussent livrés à la discrétion des procureurs. L'affaire, pour le royaume entier, pourrait produire deux millions.

694. *M. Robert, procureur du Roi au Châtelet de Paris,*
au Contrôleur général.

16 et 22 Novembre 1704.

Arrestation de trois faux-monnayeurs; découverte de machines à marquer les espèces et de poinçons à timbrer le parchemin; instruction de l'affaire*.

* Un des prisonniers prétendit avoir le secret pour multiplier l'or, et il demanda à en faire l'expérience au profit du Roi. (Lettre de M. le Conté, lieutenant criminel, 14 décembre.)

695. *M. le maréchal de Chamilly, commandant à la Rochelle,*
au Contrôleur général.

17 Novembre 1704.

Il envoie une lettre de M. de Pontchartrain et un projet d'édit pour l'organisation nouvelle des capitaineries et des compagnies de gardes-côtes. Selon lui, il vaudrait mieux laisser les capitaineries telles qu'elles sont et exiger de chacun des officiers les sommes dont on a besoin, en leur servant des appointements sur le pied du denier dix.

696. *M. Daguesseau fils, procureur général au Parlement de Paris,*
au Contrôleur général.

17 Novembre 1704.

«Mon père craint que le Roi, n'étant peut-être pas informé de l'état où il est, ne soit surpris de ne le pas voir demain au Conseil royal et ne trouve qu'il garde trop longtemps et trop exactement le régime que l'on fait observer après les eaux de Bourbon. Il me charge donc de vous supplier de vouloir bien faire en sorte que S. M. sache que mon père est tombé malade il y a aujourd'hui trois semaines, deux jours après son retour de Bourbon, et que la fièvre qu'il a eue, tantôt continue et tantôt intermittente, ne l'a quitté que d'avant-hier, par le chinchina; qu'il lui reste même encore de l'émotion, accompagnée d'une foiblesse fort grande et d'une enflure, qui a été le principal accident de sa maladie, et qui diminue à la vérité tous les jours, mais assez lentement, en sorte qu'il n'espère pas pouvoir être en état de longtemps d'aller à Versailles. Il fera néanmoins tout ce qu'il pourra pour abréger ce temps, et l'impatience qu'il a de continuer de rendre ses services au Roi n'y contribuera pas moins que le soin qu'il doit avoir de sa santé. Il vous supplie de vouloir bien faire approuver à S. M. une excuse qui, malheureusement pour nous, n'est que trop légitime*.»

* Réponse en marge : «Le Roi étoit informé de l'état auquel est M. votre père, et S. M. m'a chargé de lui faire savoir qu'elle désire qu'il se trouve dans peu en état de continuer ses services, et qu'elle prend un véritable intérêt à sa guérison. Je crois que vous voudrez bien m'acquitter envers lui de cette commission et lui faire bien des compliments de ma part.» Voir deux lettres de M. Daguesseau père, en date du 30 septembre précédent et du 19 décembre.

697. *M. Desmaretz, directeur des finances,*
au sieur de la Mare, juge-garde de la Monnaie de Rouen.

18 Novembre 1704.

Ordre de faire d'actives informations pour découvrir l'auteur du placard séditieux qui a été trouvé sur la porte de la Monnaie, en évitant de donner plus de publicité à cette pièce qu'elle n'en a eu pendant le peu de temps qu'elle a été exposée.

698. *M. Bosc, procureur général à la Cour des aides de Paris,*
au Contrôleur général.

18 Novembre 1704.

Il annonce une députation de la Cour des aides chargée de remontrer les inconvénients de la nouvelle création d'offices*.

* Réponse en marge : «Vous savez qu'il y a longtemps que l'usage des remontrances est aboli. MM. de la Cour des aides ont grand sujet de se louer de tout le temps qu'on leur a donné pour discuter avec eux leurs intérêts à l'occasion de la nouvelle création. Je l'ai fait avec le chef en particulier, et en corps avec des députés, qui m'ont remis leurs mémoires entre les mains, desquels j'ai rendu compte à S. M. Son intention étant de ne rien changer à l'édit qui a été résolu et qui doit vous avoir été remis entre les mains, vous prendrez soin de le faire enregistrer incessamment et de me mettre en état d'en rendre compte au Roi.» — Sur les modifications qui furent cependant accordées à la Cour, voir les lettres du premier président le Camus, en date des 29 et 31 décembre 1704 et 2 janvier 1705.

Ordre avait été donné, peu auparavant, de faire repartir immédiatement les députés envoyés à Paris par le Parlement de Tournay, à propos de la création imposée à cette Cour, et d'empêcher que les Compagnies inférieures de Provence n'envoyassent aussi des députés, avec leurs remontrances contre le rétablissement d'une chambre des requêtes au Parlement d'Aix. (Lettres de M. Desmaretz à M. de Bagnols, 14 novembre, et à M. Lebret, 31 octobre.)

---

699. *Le Contrôleur général*
à M. Boisot, premier président du Parlement de Besançon.

23 Novembre et 22 Décembre 1704.

Le premier président a eu tort de retarder la réception des acquéreurs des charges nouvelles de président et de conseiller aux requêtes, afin d'installer auparavant un de ses neveux qui venait d'acheter une charge ancienne, mais n'en avait pas encore les provisions. Pour favoriser le débit de la création, le Roi ne veut pas qu'on reçoive personne aux anciennes charges avant que les nouvelles soient toutes remplies et leurs acheteurs reçus, et il aurait déjà marqué son mécontentement en cassant la réception, s'il n'eût eu égard aux services de M. Boisot et compté sur un meilleur concours pour l'avenir*.

* Le 22 janvier suivant, après avoir de nouveau expliqué qu'il n'est pas d'usage de suspendre des réceptions sous quelque prétexte tiré d'un règlement qui ne regarde que les fonctions, et non les charges, il ajoute : «Au surplus, sans entrer dans aucun éclaircissement sur le zèle avec lequel vous vous êtes porté en cette occasion, je vous dirai que la fin de votre lettre est un peu sèche. Vous pouviez vous épargner la peine de me l'écrire, ne me connoissant pas plus que vous faites. Je vous ai rendu justice en cette occasion, comme je la rends à tous ceux avec lesquels les affaires dont je suis chargé pour le service du Roi me donnent des relations, et vous verrez par la suite que je ne m'éloignerai jamais de ce principe.»

Le 15 juillet 1705, M. Desmaretz transmit encore à l'intendant Bernage de nouvelles plaintes de la chambre des requêtes au sujet des procédés injurieux dont usait le Parlement. Un arrêt du Conseil attribua aux magistrats nouveaux une part dans les droits d'entrée et de réception. (Lettre du 13 janvier 1706, au sieur Goujon, secrétaire du Conseil.)

On avait refusé au fils de M. Boisot l'agrément d'une des deux charges nouvelles de président à mortier, sous prétexte qu'il avait trop peu d'âge et de temps de service, tandis que, pour faciliter le débit des charges de conseiller, le chancelier consentait à sceller les provisions de jeunes gens âgés seulement de vingt-deux ans, et même à leur laisser la voix délibérative sans attendre qu'ils eussent atteint vingt-cinq ans. Voir les lettres écrites par M. Desmaretz à M. de Bernage, intendant en Franche-Comté, les 30 juillet, 3 et 12 août 1704. Les 15 et 18 janvier 1705 et le 5 février, il annonce de même à M. Dalon, premier président du Parlement de Bordeaux, et à M. de la Bourdonnaye, intendant à Bordeaux, que le Roi a trouvé les fils de MM. d'Aiguille et de Laborie trop jeunes pour acquérir des charges de président, mais que ce motif n'existe point pour la charge d'avocat général, celle-ci n'ayant que la voix excitative.

---

700. *Le Contrôleur général*
aux Intendants.

25 Novembre 1704.

«Vous avez été informé que le Roi a créé, par édit du mois d'octobre dernier, en titre d'offices, des inspecteurs généraux des manufactures dans chaque généralité, des commissaires contrôleurs-visiteurs dans chaque lieu de fabrique d'étoffes et de toiles et dans toutes les villes de commerce et de consommation, et des concierges ou gardes-halles dans les villes et lieux où il y a des halles aux draps et aux toiles, avec attribution des droits portés par l'édit et par le tarif qui est en suite de l'édit.

«Les députés du commerce ont fait depuis de vives représentations sur les inconvénients qui pourroient arriver de l'exécution de cet édit, et, suivant leurs remontrances, S. M. a préféré au produit de la vente de tous ces offices, qui auroit pu monter à plus de 3,000,000 #, de prendre du commerce une somme certaine de 1,200,000 #, que les députés ont fait entendre que les corps de marchands des principales villes pourroient fournir pour aider S. M. dans les pressants besoins des affaires. S. M. a donc trouvé bon de faire surseoir à l'exécution de l'édit, et veut bien même permettre aux corps de marchands qui fourniront cette somme de lever à leur profit des droits sur les marchandises, pour leur tenir lieu d'indemnité et les mettre en état de faire des emprunts, s'ils en ont besoin, savoir : 2 sols sur chaque pièce de drap, 1 sol sur chaque pièce d'autres étoffes de laine ou mêlées, et 1 sol sur chaque pièce de toile, tant dans les lieux de fabrique que dans les villes de commerce et de consommation, outre l'ancien sol qui se paye en exécution des règlements généraux de 1669, dans les lieux de fabrique pour le plomb de fabrique, et dans les villes de commerce et de consommation pour le plomb de vue ou de contrôle.

«Je joins ici, pour votre plus grand éclaircissement, quelques exemplaires de l'édit de création des inspecteurs et des contrôleurs-visiteurs, et un état des lieux de votre département dans lesquels le corps des marchands de la ville de   pourra faire lever à son profit les nouveaux droits, avec un état des payements qu'ils auront à faire pour contribuer de leur part à fournir la somme de 1,200,000 #.

«La déclaration du Roi nécessaire pour empêcher l'exécution de l'édit sera expédiée au premier jour. S. M. m'a ordonné de vous en donner avis à l'avance, afin que vous fassiez savoir aux corps des marchands ce que S. M. veut bien faire en faveur du commerce pour maintenir les choses sur le pied où elles sont, sans y apporter de changement, et afin que vous les avertissiez de se mettre en état de faire les payements dans les temps dont on est convenu avec les députés du commerce.

«L'intention du Roi est que vous preniez des marchands qui sont à la tête du corps, soit comme syndics, maîtres et gardes ou autrement, une soumission de faire les payements de leur contingent aux termes marqués, et vous me l'enverrez ensuite, en m'informant de ce que vous aurez fait en exécution des ordres de S. M. expliqués dans cette lettre*. »

* Le 22 du même mois, le contrôleur général avait avisé les intendants de prêter secours au traitant chargé de la vente des nouveaux offices, pour faire la contre-marque des étoffes déposées dans les magasins et les boutiques des marchands, bien que la dépossession des anciens commis inspecteurs fût différée pendant quelque temps et jusqu'à nouvel ordre.

---

701. *M.* de Bertier, *premier président du Parlement de Pau,*
au Contrôleur général.

25 Novembre 1704.

Il exprime le regret de n'avoir pas été, comme ses prédécesseurs, chargé de la subdélégation générale en l'absence de l'intendant, qui part pour l'armée d'Espagne; toutefois il se félicite que ces fonctions soient confiées à M. de Saint-Macary, conseiller au Parlement, et il espère que ce dernier se mettra en relations suivies avec lui, de façon qu'ils puissent agir de concert pour le service du Roi*.

* Réponse en marge : «Je ferai volontiers connoître à M. de Saint-Macary que le service du Roi demande qu'il ait des relations avec vous sur toutes les affaires de la province de Béarn qui peuvent avoir quelque relation avec la place que vous remplissez. Les intérêts de S. M. seront toujours bien entre vos mains, et, s'il se présente dans la suite quelque occasion de vous donner des marques de confiance, je le ferai d'autant plus volontiers que je suis persuadé que vous les méritez.»

702. *M.* de Cosnac, *archevêque d'Aix,*
au Contrôleur général.

24 et 25 Novembre et 22 Décembre 1704.

Mémoire sur l'état misérable de la Provence et sur la nécessité de lui accorder un abonnement d'un million pour les principales affaires extraordinaires, et de reporter sur ce chapitre l'indemnité de 30,000# dont le Roi doit tenir compte à la province, pendant neuf ans, pour l'affranchissement des tailles*.

* Sur la misère du pays, voir à la date du 3 juin précédent, une lettre des consuls d'Aix, procureurs des trois états. M. de Grignan annonce, le 17 décembre, que, sans compter les abonnements, l'imposition pour 1705 se trouve monter à 646# par feu, ce qui est près de 100# de plus qu'en 1704 et de 200# qu'en 1703.

703. *M.* Trudaine, *intendant à Lyon,*
au Contrôleur général.

26 Novembre 1704.

«L'émeute dont j'eus l'honneur de vous rendre compte par ma lettre d'hier, causée à l'occasion de l'augmentation du prix du charbon, fut encore plus forte après midi qu'elle n'avoit été le matin ni le jour précédent, parce que tous ces gens du port et le menu peuple, ayant discontinué d'y travailler et d'en venir prendre, s'occupèrent à boire, et, quand ils eurent un peu de vin dans la tête, ils vinrent, à deux ou trois reprises, chez moi, où néanmoins ils ne firent nul désordre, me priant seulement de les maintenir dans leur exercice et de faire remettre le charbon au prix accoutumé de 23 sols le rond et 21 sols le charbon de quartier. Je les renvoyai toutes les fois qu'ils vinrent chez moi, en leur promettant que je ne souffrirois pas qu'on leur empêchât de travailler à mesurer et à porter comme ils avoient de coutume, et que, quand même les charges seront vendues, j'obligerai les acquéreurs de se servir d'eux et de les payer toujours comme ils l'ont été jusqu'à présent, et qu'à l'égard du prix du charbon, il étoit si peu augmenté que cela ne pouvoit incommoder personne; que j'avois eu égard au soulagement du peuple en ne souffrant pas que le charbon renchérit de plus de 2 sols la voie. Ils partoient de chez moi assez contents, en criant même : Vive le Roi! Mais à peine en étoient-ils dehors, qu'ils alloient cherchant le sieur Largeot, qui est celui qui est venu de Paris pour établir ce droit, et le nommé Chéron, qui est ce commissaire que je vous écrivis hier qui est soupçonné d'avoir donné avis de cette affaire et d'y avoir intérêt. Ils vouloient les prendre et les noyer, à ce qu'ils disoient. Ils entrèrent dans leurs maisons, pour les chercher, rencontrèrent un autre commissaire, qu'ils maltraitèrent, et Chéron, qui eut grande peur, parce qu'ils menaçoient de mettre le feu à sa maison, leur distribuoit par un trou les billets dont je vous en envoie un. M. le prévôt des marchands et M. de Valorge, le major de cette ville, furent eux-mêmes pour apaiser ce tumulte : ce qu'ils eurent de peine à faire. Le soir, Largeot vint chez moi, où se trouvèrent aussi M. le prévôt des marchands et M. de Valorge et les officiers de la maréchaussée et du prévôt de robe courte, pour prendre nos mesures pour faire exécuter l'ordonnance qui augmente le charbon de 2 sols. Largeot me déclara qu'il n'avoit plus de commis, que les douze qu'il avoit arrêtés s'étoient dissipés, et qu'à moins qu'on ne lui donnât main-forte, qu'il ne pouvoit établir ce droit. Il ne voulut ni des deux cents arquebusiers, ni des cinquante hommes du guet, parce que ce sont tous charbonniers, auxquels il ne peut se fier, et nous ne pûmes trouver dans la maréchaussée, dans la compagnie du prévôt de robe courte et dans la compagnie franche de M. de Sousternon, qui garde les portes et Pierre-Cise, que seize hommes à donner à Largeot. Il me déclara qu'il ne pouvoit rien faire avec si peu de monde, et qu'ainsi il n'y avoit qu'à laisser travailler à vendre le charbon comme à l'ordinaire, jusqu'à ce qu'il vous eût plu de donner de nouveaux ordres. Ce matin, le peuple n'a point voulu encore aller au charbon, et ils se sont assemblés en grand nombre devant ma porte. Les plus raisonnables sont venus me parler; je leur ordonnai, de vive voix seulement, d'aller travailler à leur ordinaire, et que, si je voyois davantage de ces assemblées, que j'en ferois prendre quelques-uns, qui payeroient pour tous; que leur procès seroit bientôt fait, et qu'en quatre heures de temps, je les ferois pendre. Ils me demandoient une ordonnance par écrit, que l'on pût publier à son de trompe, qui remît le charbon à l'ordinaire : ce que je n'ai pas voulu leur accorder, et les ai seulement renvoyés à leur travail; et comme il n'y a point de commis pour établir le nouveau droit, le charbon se distribua au même prix qu'il se donnoit avant l'ordonnance du consulat. Je ne doute pas que cette émotion n'ait déjà été mandée et à Genève et dans les Cévennes, et même en Hollande; mais vous pouvez compter qu'elle est entièrement apaisée. Mais, par malheur, le droit n'est pas encore établi : on ne le pourra faire que nous n'ayons ici des gens à qui nous fier en assez grand nombre pour tenir la main à l'exécution de l'édit et de l'ordonnance du consulat. Il faut au moins trois ou quatre cents hommes, ce que nous ne pouvons absolument trouver ici. Ce qui est de fâcheux dans l'établissement de ce droit, c'est qu'il regarde plus la canaille que les bons bourgeois, parce que le menu peuple ne se chauffe que de charbon, et même n'ont point de cheminée; ils regardent le charbon comme le pain. Ce droit ne peut aller à plus de 20,000 ᵗᵗ par an, sur le pied de l'ordonnance du consulat, car il ne se consomme que deux cent mille voies de charbon dans toute la ville. Peut-être trouverez-vous quelque expédient de faire rembourser par la suite à la ville ce que vous voulez tirer de la vente de ces charges. Il est dangereux de tirer sur le menu peuple de ces pays-ci : il y a cinq à six mille âmes auxquelles l'on donne le pain de la Charité, qui sont ceux qui font le désordre, et qui, n'ayant rien à perdre, m'ont dit vingt fois qu'on pouvoit les faire pendre, mais qu'ils ne souffriroient pas d'impôt sur le charbon. J'attendrai les ordres qu'il vous plaira me donner sur cette affaire*.»

* Réponse en marge : «Que le prévôt des marchands demande grâce et offre de payer la même chose.» En conséquence de cet avis, le secrétaire de la ville fut envoyé à Paris pour convenir du prix auquel devaient être rachetés les offices de mesureurs et de porteurs de charbon, en stipulant un intérêt convenable de l'argent qui serait employé à ce rachat. (Lettre du 6 décembre.)

704. *M. de Saint-Contest, intendant à Metz, au Contrôleur général.*

30 Novembre 1704.

Il reconnaît que l'argent du département passe constamment en Lorraine, et que, probablement, il va de là en Hollande, malgré toutes les mesures prises par M. le duc de Lorraine.

«Rien n'est plus difficile que de trouver une idée juste sur les monnoies, qui ne produise aucun inconvénient. J'ai beaucoup raisonné là-dessus avec nos banquiers et avec tous les commerçants de cette province; voici leur sentiment et leur raisonnement. Leur avis seroit de fermer le royaume à Sainte-Menehould : c'est là effectivement l'ancienne France; veiller là très exactement, et sur la lisière qui y répond tout le long de la haute Meuse, pour empêcher la monnoie du royaume d'en sortir; de regarder cette province comme pays étranger; d'y permettre le cours des monnoies d'Allemagne, des croches, des pétremènes; d'y établir une Monnoie, pour y former des escalins. Ces monnoies-là ont cours dans le pays de Luxembourg, et même en Lorraine : chaque officier, en s'en retournant, ramasseroit nos louis pour les reporter en France, et tout ce pays-ci ne subsisteroit que par ces sortes de monnoies. Il faut convenir que cela auroit encore son inconvénient, parce que d'abord les Liégeois nous apporteroient des escalins et des pétremènes, et nous enlèveront notre bon argent. D'ailleurs, il faudra avoir la matière pour former les escalins, qu'il faudra tirer des pays étrangers : ce qui pourra bien encore emporter de l'argent de France. Mais je crois qu'il n'en sortiroit pas tant par cette voie, et que ce seroit un moyen d'ailleurs pour faire subsister les troupes.

«Néanmoins, toutes ces sortes d'affaires sont d'une très grande importance et ont des conséquences fort incertaines et fort étendues : je vous supplie de vouloir bien faire examiner ces propositions par gens qui connoissent ces frontières et le mouvement de l'argent, et de vous en faire encore rendre compte par eux.»

705. *M. Desmaretz, directeur des finances, à M. de Bagnols, intendant en Flandre.*

3 Décembre 1704.

«Depuis trois jours, j'ai eu l'honneur de vous écrire deux lettres; j'en ai reçu en même temps plusieurs des vôtres, des 26, 27 et 29 de ce mois. Je ne vous dirai rien sur ce qui regarde en général l'affaire du Parlement de Tournay, dont je crois que la conclusion dépend présentement de l'avis que vous donnerez sur la dernière lettre que M. Chamillart vous a écrite et sur les mémoires qu'il vous a envoyés. On ne peut voir sans une surprise extraordinaire autant d'empressement pour les nouvelles charges, et s'imaginer que le Parlement puisse manquer d'affaires, comme il le prétend. Vous êtes à la source, et vous pouvez juger mieux que personne si cet inconvénient est à craindre. Supposé qu'on prenne le parti d'exécuter l'édit du mois de septembre dernier, on sera embarrassé pour le choix des quatre présidents parmi un si grand nombre de concurrents. Je vous ai écrit la recommandation qu'avoit trouvée le sieur de la Locquerie, et je vous ai expliqué avec confiance que, s'il n'étoit du nombre de ceux qui seront admis, je me trouverois dans une peine extrême par rapport aux personnes qui s'intéressent pour lui; et, comme je ne crois pas qu'on doive donner la préférence ni l'exclusion à personne que par votre avis, je vous prie très instamment d'y entrer. Je vous supplie aussi de me dire votre sentiment sur tous les sujets qui se présentent. Sur quoi, je ne dois pas omettre de vous marquer que Mme la Chancelière m'a fort recommandé le sieur Couvreur, qui a une nièce auprès de Mme de Pontchartrain. Aussitôt que le choix sera fait, j'aurai grand soin que les provisions soient expédiées comme vous le proposez.»

706. *M. Desmaretz, directeur des finances, au sieur Moreau, marchand de draps.*

8 Décembre 1704.

Il le prie d'examiner si les draps fabriqués à Maillebois et aux environs pourraient être acceptés pour l'habillement des troupes, ou sinon, d'en indiquer les défauts*.

* Il écrit le même jour et le 31 au sieur Dubois, directeur des manufactures de Maillebois. Le 30 janvier suivant, autre lettre à Moreau, pour le presser de faire le payement qu'attendent les ouvriers.

707. *M. d'Angervilliers, intendant à Alençon, au Contrôleur général.*

8, 11 et 22 Décembre 1704.

Il se plaint que la part contributive des marchands de la ville d'Alençon pour le rachat des offices d'inspecteurs des manufactures ait été fixée à 30,000 ᵗᵗ.

«Je suis obligé de vous dire qu'il s'en faut beaucoup que les marchands de la ville d'Alençon soient en état de payer cette somme. Il ne s'y fait aucun commerce d'étoffes de laine, et il n'y a dans la ville qu'une trentaine de métiers, qui fabriquent quelques pièces d'étamines et de grosses serges pour le compte des bourgeois qui les ont commandées, ou de quelques détailleurs, qui les revendent à l'aune, et dont la consommation se fait toujours dans la ville ou dans les paroisses voisines. A l'égard de la manufacture de toiles, elle est plus considérable; mais ce commerce est uniquement soutenu par des marchands de Paris, qui ont de simples commissionnaires à Alençon, qui achètent à la halle les toiles de la main des filotiers qui les ont fait fabriquer. En un mot, je puis vous assurer que tous les marchands de la ville ensemble réunis ne seroient pas en état de payer seulement le sixième de la somme qu'on propose de leur demander.

«Il y a dans cette généralité les villes de Lisieux, Falaise et Nogent-le-Rotrou, dont le commerce d'étoffes de laine est, sans comparaison, beaucoup plus considérable que celui d'Alençon, et, pour les toiles, il s'en débite presque autant à Bernay, à Mortagne, et même à Lisieux.

«Quelque considérable que soit la somme de 30,000 # par rapport à la diminution du commerce et aux taxes que les communautés ont payées cette année pour la réunion de quelques offices de nouvelle création, et à celles qu'elles vont payer l'année prochaine pour la suppression du droit des poids et mesures, il ne seroit peut-être pas encore impossible de la tirer de la généralité d'Alençon; mais, pour y réussir, il faut absolument répartir cette somme sur les marchands de toutes les villes où il y a du commerce. Les communautés de chaque ville lèvent, chacune en leur particulier, sur un certain nombre de fabriques, l'ancien sol, dont elles se servent pour payer les appointements de l'inspecteur. Il me paroît qu'il n'y auroit nul inconvénient de leur donner la faculté de percevoir l'augmentation dans ces mêmes fabriques, et la somme principale, étant divisée, sera moins à charge. Si vous approuvez cette proposition de faire contribuer à cette taxe toutes les villes, j'aurai l'honneur de vous envoyer un projet de répartition et j'y joindrai un état des fabriques dans lesquelles les communautés de chaque ville pourroient percevoir le droit qu'on propose de leur attribuer; mais il faut absolument regarder comme impossible le projet de faire acquérir en entier ce droit aux seuls marchands d'Alençon*. On pourroit, pour engager les marchands de toutes les villes à faire volontairement cette acquisition, leur déclarer, après la répartition faite, que, s'ils ne font dans un certain temps leur soumission, S. M. sera obligée d'engager la perception du droit nouveau à ceux qui s'offriront de payer en leur lieu et place la somme qui leur sera demandée. Si les marchands ne goûtent pas cette proposition, on pourroit alors rendre la taxe forcée; mais je croirois que, dans ce cas, il seroit plus expédient au commerce de supprimer tout à fait le droit, et de faire contribuer au rachat non seulement les marchands, mais encore les fabricants, filotiers et tisserands. J'attendrai là-dessus vos ordres**.»

* La contribution dut être répartie, conformément à cet avis, entre toutes les villes de la généralité.

** M. Desmaretz écrit à M. de Bouville, les 11 et 17 juin, de comprendre dans la répartition de la ville d'Orléans les marchands de laine, de chanvre, de fil et de coton, mais très peu d'ouvriers vendant en détail.

Voir les rapports des autres intendants sur la contribution de chaque ville principale : M. Ferrand, en Bourgogne (18 décembre 1704 et 8 janvier 1705); M. de la Bourdonnaye, à Bordeaux (23 décembre 1704); M. le Blanc, en Auvergne (8 et 15 décembre 1704, 5 janvier 1705); M. de Nointel, en Bretagne (4 et 9 janvier 1705); M. Rouillé de Fontaine, à Limoges (1er mars 1705), etc. Voir aussi les lettres écrites par M. Desmaretz à M. de Bâville, intendant en Languedoc, le 21 mars; à M. le Gendre, intendant à Montauban, le 19 avril : à M. Bégon, intendant à la Rochelle, le 10 octobre; à M. Lebret, intendant en Provence, le 31 octobre, en réponse aux mémoires des marchands de draps et de toiles en détail transmis de Marseille le 5 du même mois, etc.

Le prieur et les consuls de la Bourse de Toulouse envoient, le 3 décembre 1705, un dossier sur la répartition de la somme de 50,000 # demandée à leur généralité. M. Doujat, intendant à Poitiers, dans trois lettres des 19 et 27 septembre et 23 octobre 1705, discute les droits de certains fabricants à être exemptés de cette contribution. M. de Harouys, intendant en Champagne, rend compte, le 21 novembre, des motifs pour lesquels il a dû exempter les deux manufactures privilégiées de Cadeau et de Pagnon, à Sedan. A Abbeville également, la manufacture des Vanrobais fut déchargée de la contribution de 4,000 # à laquelle les autres marchands l'avaient cotée. (Lettre de M. Desmaretz à M. Bignon, intendant à Amiens, en date du 23 décembre 1705, et réponse de M. Bignon, en date du 30 du même mois.) M. de Saint-Macary, subdélégué général en Béarn, demanda une exemption particulière pour les fabricants de bayettes de Nay, dont le commerce se développait au point de ne plus suffire aux demandes de l'Espagne. (Lettre du 1er septembre 1705.) Sur les plaintes portées par divers intendants (voir une lettre de M. de Bouville, pour Chartres, 15 juin 1705), ils furent autorisés à proposer des modérations, mais en indiquant sur quelles localités le rejet pourrait se faire. (Lettres de M. Desmaretz à MM. Bégon et Bignon, intendants à la Rochelle et à Amiens, 4 mars 1706, et à M. Pinon, intendant en Bourgogne, 11 juin 1706.)

---

708. *M. de Bâville, intendant en Languedoc,* au Contrôleur général.

9 Décembre 1704.

Rapport sur un projet de statuts et de tarif présenté par les notaires du Puy, pour la création d'une bourse commune.

---

709. *Les Directeurs de la Chambre de commerce de Lyon* au Contrôleur général.

9 Décembre 1704.

«La dernière lettre que vous avez fait l'honneur d'écrire à notre compagnie nous a appris les dispositions favorables de S. M. pour le commerce par la suppression de l'édit des inspecteurs des manufactures, et nous la regardons comme l'ouvrage de votre attention ordinaire au bien de l'État. Agréez, s'il vous plaît, qu'après vous en avoir fait nos très humbles remerciements, nous prenions la liberté de vous dire que les représentations qui ont été faites au Conseil, de notre part, sur le préjudice que l'exécution de l'édit du mois d'octobre auroit causé au commerce et aux manufactures, ont été l'effet de la crainte que nous avons eue que nos fabriques de soierie et de dorure n'y fussent assujetties dans la suite, et non pas de l'envie que nous avions d'éviter un mal qui nous menaçoit bien moins que toutes les autres provinces du royaume, puisque la fabrique des draps, en cette ville, n'est d'aucune considération, et que les manufactures de toiles ne sont établies que dans le Beaujolois : en sorte que la ville de Lyon n'avoit presque aucun intérêt dans l'édit du mois d'octobre. Cependant, comme nous avons prévu que, les marchandises dont nous faisons commerce se trouvant augmentées, les étrangers auroient sur nous une supériorité et une préférence dans la vente des leurs, nous avons proposé la suppression de cet édit au moyen d'une certaine somme à répartir sur toutes les manufactures du royaume, et qui seroient pour toujours affranchies de l'établissement de tous inspecteurs ou commissaires, par une infinité de raisons qui sont contenues dans nos mémoires. Nous avons offert d'entrer dans ce répartiment pour la somme que vous jugeriez à propos, et, quoique celle de 150,000 # soit bien au-dessus des facultés des négociants de ce gouvernement, qui sont encore chargés d'une taxe considérable sur les arts et métiers, nous espérons de les engager à faire encore cet effort, pourvu que nos manufactures de soierie et de dorure et nos autres fabriques soient exemptes de la création de tous officiers qui puissent fatiguer nos ouvriers par des visites ou augmenter le prix de la marchandise par quelque imposition nouvelle. Nous vous avouons que nous n'avons pas douté que ce ne fût là votre intention, puisque les offres que nous avons faites au Conseil n'ont été que sur ce principe, et que vous avez compris dans la répartition des 150,000 # tous les corps des marchands de cette ville. La grandeur de cette somme nous confirme dans ce sentiment, car il seroit absolument impossible d'en imposer le quart sur les drapiers et les toiliers. Cependant M. l'Intendant n'a pas voulu se laisser persuader par nos raisons : il prétend que, l'édit de création des inspecteurs n'ayant été fait que pour les toiles et les draps, vous n'avez entendu comprendre dans cet affranchissement que ces deux fabriques, ni même dans l'imposition de la somme.

«Nous l'avons prié d'avoir vos ordres avant que de travailler aux rôles, pour avoir le loisir de vous supplier très humblement d'avoir quelque égard à nos remontrances et à celles qui vous seront faites par M. Anisson, notre député, qui doit partir incessamment; après quoi nous n'oublierons rien pour engager les négociants des provinces de ce gouvernement au payement des 50,000 écus que vous leur demandez. Ils support[eront] même cette imposition comme une taxe sèche, plutôt que de se prévaloir de la liberté que S. M. leur a accordée de lever certains droits sur les manufactures, et éviteront par ce moyen les inconvénients qui étoient inséparables de l'exécution de l'édit du mois d'octobre*. . . . . »

* Dans sa lettre du même jour, l'intendant explique également qu'il ne serait pas possible de faire porter aux seuls drapiers et lingers la somme entière, tandis qu'ils n'ont payé qu'un cinquième de pareille contribution demandée pour la taxe des arts et métiers; et cela d'autant moins qu'ils ne pourraient trouver une compensation dans les droits à percevoir sur la fabrication des étoffes ou des toiles. Le 9 avril 1705, en rendant compte à M. Desmaretz des mesures prises pour la répartition de la taxe, il ajoute : «Je vous demande pardon de ne m'être pas adressé à vous jusques à présent. . . . . Il m'étoit absolument échappé que vous preniez soin de cette affaire; cela me fit écrire, le 4 de ce mois, à M. Amelot, pour prendre les ordres de M. Chamillart sur les difficultés, sans faire attention que, M. Amelot ayant fait la composition avec les députés du commerce des sommes qu'il devoit porter pour cette suppression, sa fonction étoit entièrement remplie, et que la manière de l'imposition, étant pure finance, vous devoit regarder seul. Je vous supplie de vouloir bien oublier ma faute et de me donner vos ordres et les éclaircissements nécessaires pour avancer cette affaire. . . . . »

Le 24 avril 1705, M. Desmaretz écrit à M. Trudaine qu'on peut comprendre dans la répartition les marchands et les fabricants de soieries et de dorures, mais non les autres corps de métiers, qui ont déjà peine à acquitter toutes leurs taxes.

---

710. *M. Trudaine, intendant à Lyon,*
au Contrôleur général.

9 Décembre 1704.

« . . . . . Après avoir agité la difficulté (de payement de la contribution pour le remboursement des offices d'inspecteurs des manufactures) dans la Chambre du commerce, et que je leur eus dit que je vous en rendrois compte pour recevoir vos ordres, l'on y parla d'une autre affaire que nos négociants prétendent encore être plus préjudiciable à leur commerce que les inspecteurs des manufactures, qui est le sol pour livre d'augmentation du prix des voitures que vous donnez aux sieurs Genthon et consorts, aux termes de l'édit de suppression des commissaires contrôleurs-inspecteurs des messageries. Ils me parurent très touchés de cette affaire-là, et chargèrent M. Anisson, leur député, qui s'en retourne ces jours-ci à Paris, d'exciter toutes les autres Chambres du commerce de se joindre à eux pour vous faire une offre qui comprenne toutes ces deux affaires. Vous tirez 1,200,000 # de la suppression des inspecteurs des manufactures et 1,500,000 # de la suppression des inspecteurs des messageries; cela fait 2,700,000 #, pour quoi le Roi paye 20,000 # par an, pendant seize ans, au sieur Genthon et compagnie, lequel sieur Genthon tire aussi pendant seize ans le sol pour livre que l'on attribuoit aux inspecteurs des messageries. Nos négociants sont ici d'avis d'offrir au Roi trois millions de ces deux affaires, pourvu que l'on veuille comprendre tous les négociants du royaume, de ne point demander les 20,000 # accordés au sieur Genthon, qui, en seize ans, font 320,000 # qu'ils remettent encore au Roi, et offrent encore de ne point lever le sol pour livre d'augmentation sur les voitures. Ainsi, le Roi et le public me paroîtroient gagner considérablement, si vous trouviez à propos d'accepter cette proposition. C'est une taxe sèche de trois millions, qu'ils croient leur être plus avantageuse pour le commerce, que de souffrir l'augmentation des droits et de la voiture qu'ils souffriront, si vous n'acceptez pas leur proposition, ou si les autres négociants du royaume ne veulent pas se conformer à leurs bonnes intentions pour soutenir le commerce. . . . . »

---

711. *M. Pinon, intendant à Poitiers,*
au Contrôleur général.

12 Décembre 1704.

Rapport sur les dégradations commises dans les bois de Chizé.

---

712. *M. le maréchal* DE VILLEROY, *gouverneur de Lyon, à M.* DESMARETZ.

(De Bruxelles) 14 Décembre 1704.

« Je viens de recevoir la lettre que vous m'avez fait l'honneur de m'écrire le 10 de ce mois. A Dieu ne plaise que je songe, dans un temps comme celui-ci, de proposer que la ville de Lyon ne fasse pas les derniers efforts pour contribuer au besoin de l'État! Ce n'est que la manière que je vous supplie de vouloir bien ménager pour maintenir la ville dans quelque considération, afin de la conserver dans un état qu'elle puisse donner au Roi tous les secours possibles. 4,000 ᵗᵗ pour 200 ᵗᵗ de rente n'est pas tout à fait un mauvais marché; mais, comme il paroît que c'est une taxe qui paroîtra perpétuelle sur les échevins, vous voyez bien que cela flétrit tout à fait nos priviléges et qu'un échevin compte qu'il lui en coûte 4,000 ᵗᵗ pour entrer dans la ville. Pourvu que M. Prondre ne perde rien, je crois qu'il voudroit bien entrer dans les expédients que vous jugerez praticables.

« Je sais que l'affaire du charbon vous regarde encore. Quant à moi, je crois encore qu'on la pourroit établir en usant de quelques précautions; mais, en vérité, il y a eu bien de la malice ou de l'ignorance à ceux qui l'ont proposée, car ils devoient savoir que c'est une affaire qui a toujours été rejetée pour éviter ce que vous voyez qui vient d'arriver. Il y a un temps infini que j'en ai entendu parler. Si M. de Chamillart veut qu'elle entre dans l'affaire, il faut de nécessité qu'il lui donne de nouveaux secours. C'est dont notre député vous informera en détail bien mieux que je ne pourrois le faire.

« Il est vrai que vous venez de rendre un service très essentiel à la ville à l'égard des passeports que le Roi donne pour la marine ou pour l'habillement des troupes. Le tiers-surtaux et le quarantième est une ferme du Roi, et par conséquent nous sommes dans les mêmes prétentions que les autres fermiers. »

---

713. *M.* NICOLAY, *premier président de la Chambre des comptes de Paris, au* CONTRÔLEUR GÉNÉRAL.

(Chambre des comptes de Paris, G⁷ 1759.)

14 Décembre 1704.

« La proposition de créer un receveur des restes et de lui donner à recevoir toutes les souffrances faute de quittance étant sur les comptes m'a fait naître une pensée que je crois devoir vous communiquer, parce qu'elle pourra être utile au service du Roi, et sur laquelle néanmoins je vous prie de me garder le secret, parce qu'elle ne peut pas bien s'exécuter qu'en y employant des officiers de la Chambre à qui peut-être vous jugeriez à propos de faire quelque gratification pour un travail extraordinaire, et qu'on pourroit dire que j'aurois eu principalement en vue, dans cette occasion, d'obliger. Si vous vouliez, je ferai dresser des états de toutes les parties qui sont en débets de quittances dans les comptes (les comptes des rentes exceptés) depuis 1690, que le traité de Perrin finit, jusques et compris l'année 1700; et, lorsque, par ces états, vous auriez connu à quoi cela pourroit monter, vous verriez de quelle manière vous en feriez faire le recouvrement, ou par les receveurs généraux dans les provinces, ou en commettant pour cela, ou donnant même à des trésoriers ces recouvrements à faire au lieu d'assignation, et vous réservant de faire justice aux particuliers dont les parties sont en souffrance, et qui, dans la suite, pourroient les réclamer. En employant six bons auditeurs des plus forts à ce travail, il pourroit durer trois mois. Vous leur pourriez donner à chacun 200 ᵗᵗ par mois de gratification; ce seroit pour tout . . . . 3,600 ᵗᵗ

Il seroit juste de donner au garde des livres, pour la peine extraordinaire de leur administrer les comptes, une centaine d'écus; ci. . . . . 300 ᵗᵗ

Il seroit nécessaire d'avoir quelques scribes pour mettre leur travail au net; cela pourroit bien aller encore à. . 600 ᵗᵗ

Total. . . . . 4,500 ᵗᵗ

qui se prendroient sur les premiers deniers qui reviendroient de ce recouvrement, qui sera tout juste, et vous réservant de faire justice aux particuliers dont les gages ou droits seroient, à cause des saisies ou pour d'autres raisons, demeurés entre les mains des payeurs, et qui les réclameroient dans la suite.

« Si cette vue que j'ai eue est de votre goût, ayez agréable de m'écrire un mot que le Roi souhaite que je fasse dresser ces états, afin qu'après avoir informé la Compagnie des intentions de S. M., j'y fasse travailler aussitôt, et que vous puissiez être en état de donner ces deniers en assignation aux trésoriers, lorsque les gens de guerre seront sur le point de partir pour la prochaine campagne*. »

* Le travail fut entrepris immédiatement. « Tous Messieurs, écrivait le premier président, ont eu cette proposition très agréable, et on a nommé les six auditeurs que j'avois eu l'honneur de vous marquer. Ils commenceront à travailler cette après-dînée, et j'espère que, dans huit jours, ils pourront achever une généralité, par où vous pourrez connoître, non pas arithmétiquement, mais à peu près, sur quelle somme on pourra compter. . . . » (Lettre du 7 janvier 1705, carton G⁷ 1760.)

---

714. *M.* DE BÂVILLE, *intendant en Languedoc, au* CONTRÔLEUR GÉNÉRAL.

17 Décembre 1704.

« Il est arrivé une affaire assez fâcheuse du côté de Mirepoix. Des faux-sauniers, dont le nombre augmente et qui deviennent insolents, se sont attroupés au nombre de cinquante et ont chargé les gardes des fermes. Il y a eu entre eux un combat assez rude : plusieurs faux-sauniers ont été tués; trois gardes l'ont été, et quelques-uns blessés. Ils ont pris un de ces coupables, et les autres sont revenus la nuit à Mirepoix, où ils ont voulu tuer le prisonnier, de crainte qu'il ne révélât les complices : ils l'ont blessé de deux coups, qui ne sont pas mortels, et ils n'ont pu l'enlever, ayant été repoussés. Cette affaire, précédée de plusieurs autres arrivées à Cazilhac, à Fage, Névian et Limoux, mérite grande attention. M. le maréchal de Villars a bien voulu suivre mon avis, qui a été d'envoyer M. de Margon avec deux compagnies de dragons de Fimarcon. J'y envoie un subdélégué pour faire le procès aux coupables, et le procureur de la ferme pour requérir les procédures nécessaires. Je mande au sieur Leprêtre, directeur de Toulouse, de s'y rendre. M. de Margon a des ordres pour prendre les milices et les maréchaussées, si cela étoit nécessaire. Il faut parvenir à faire de grands exemples, qui n'ont pas été faits jusqu'à cette heure parce que le directeur a poursuivi ces affaires devant le juge des gabelles, juridiction foible, où rien n'avance, sujette à l'appel à la Cour des aides. J'ai été chargé de punir la rébellion arrivée à Cazilhac, pour laquelle j'ai un arrêt d'attribution; j'ai donné, il y a plus de deux mois, un jugement pour récoler et confronter les témoins, qui a été fort négligé par le directeur. Je crois qu'un accident d'apoplexie qu'il a eu en est cause. C'est un poste qui demande maintenant un homme bien actif et en état d'agir pour prévenir tous les désordres qui peuvent arriver dans ce pays. La source véritable de ce mal vient de ce que ce canton, qui consiste aux diocèses d'Alet, de Limoux et les montagnes des Corbières, ne peut faire subsister leurs bestiaux que par le sel, qui corrige l'âcreté des herbes et des pâturages, et ils ne peuvent se sauver qu'en l'achetant à bon marché. D'ailleurs, le sel de Cardonne, qui fait le faux-saunage, est infiniment meilleur que le nôtre pour les bestiaux. Ce mal augmente depuis la paix avec l'Espagne, parce que tout commerce a cessé dans ces cantons : ils ne vendent plus leurs denrées comme ils faisoient pendant la guerre de Catalogne; ils n'ont plus d'autre ressource que leurs bestiaux. Après y avoir bien pensé, je crois qu'il seroit à propos de faire donner tous les ans un dénombrement des bestiaux de ces communautés, et leur vendre du sel à proportion, à un prix égal à celui qu'ils donnent aux faux-sauniers, et qu'il n'y a point d'autre remède : sans quoi on verra toujours ce désordre augmenter, ou il faudra avoir des troupes en ce pays-là et le garder avec de très grandes dépenses. Cette considération que je remarque fait que tout le pays, et même les gentilshommes, favorisent le faux-saunage, croyant que tout est permis pour sauver leurs bestiaux, en quoi consiste presque tout leur revenu. Je sais qu'il peut y avoir des inconvénients à ce que je propose; mais celui de voir toujours augmenter ce faux-saunage, qui se répandra plus loin, si l'on n'y met ordre, me paroît le plus grand de tous. Cependant il faut punir sévèrement ces rébellions et ne laisser pas les peuples de ce canton dans l'opinion que de pareilles actions seront impunies. Le subdélégué que j'envoie fera les procès; on ramassera plusieurs coupables, tant du passé que de cette dernière action; mais il faut, pour les juger, un arrêt d'attribution conforme au projet ci-joint. Si vous approuvez la pensée de donner le sel à meilleur marché à l'avenir dans ce pays, j'en ferai un projet plus exact, que j'aurai l'honneur de vous envoyer*.»

* En annonçant, le 16 décembre, le combat soutenu par les faux-sauniers, M. de Villars ajoutait : «Ma pensée est qu'en conservant l'autorité, on évite autant qu'il est possible tout ce qui peut tirer les peuples de la soumission où nous les voyons. Vous ne savez que trop, et je voudrois pour votre repos que vous le sussiez moins, combien tout le monde est près de ses dernières ressources. C'est dans ces temps fâcheux qu'il faut mêler la force et la douceur bien prudemment, et c'est ce que l'on tâchera de faire dans cette occasion, de manière que vous n'entendiez plus parler de cette aventure.» Les propositions de M. de Bâville ayant été agréées, il reçut une commission pour juger les coupables. Le faux-saunier qui avoit été pris fut condamné à la potence, la mémoire de deux autres qui étaient morts de leurs blessures fut également condamnée, et on instruisit par contumace contre les défaillants. (Lettre du 3 mars 1705.)

---

715. *M. de Saint-Maurice, commissaire général de la Cour des monnaies à Lyon, au Contrôleur général.*

(Monnaies, G⁷ 1461.)

17 Décembre 1704.

«Le bruit se répandant dans la ville que M. de Montesan vient d'être choisi par le Roi pour remplir la place de premier président de la Cour des monnoies de Lyon, et que cet agrément lui est donné à mon préjudice parce qu'on est persuadé que cette Cour se lèvera dès que ce ne sera pas un étranger qui se trouvera à la tête, je me trouve dans une situation bien triste, ne doutant pas que la malice de ceux qui veulent me faire perdre ma place n'aille à persuader que ma présence à Lyon sera encore un grand obstacle pour la levée des charges. Dans cette extrémité, j'ai recours à vous. Âgé de trente-deux ans, servant depuis cinq ans dans un poste de confiance, avec le bonheur que vous avez paru content de mes services, je me vois tout d'un coup réduit à une petite fortune, sans établissement, avec peu de bien, perdant tout d'un coup 6,000# de rente, si le Roi n'a la bonté au moins de me conserver ma pension de 1,000 écus jusqu'à ce qu'elle ait eu la bonté de m'accorder quelque autre poste. J'ai une famille assez considérable et ne puis, sans une douleur mortelle, me voir obligé de mener dorénavant une vie particulière, après avoir éprouvé, dans un âge fort peu avancé, le plaisir de n'être pas inutile. Enfin, que souhaitez-vous que je devienne? Tout sembloit me prospérer; souffrirez-vous, après avoir tâché de remplir mon devoir avec exactitude, que tous mes ennemis triomphent de me voir déchu entièrement? Si du moins j'étois placé de votre main dans quelque poste heureux, je quitterois la partie avec plaisir, si cela me rapprochoit de vous. J'avois pris la liberté de vous proposer la création d'une charge d'intendant des monnoies, sur le pied du denier dix; mais vous ne l'avez pas approuvé. De grâce, ne laissez pas votre ouvrage imparfait; j'ai ressenti jusques à présent vos bontés.

«J'aurois bien souhaité que l'intendance de l'armée de M. le maréchal de Tessé n'eût pas été donnée; j'aurois hasardé de vous la demander. Vous savez l'attache que j'ai pour ce général, qui auroit aidé à m'avancer dans les troupes, si l'on ne m'avoit pas obligé de quitter ce parti. J'attends tout de vous, n'osant rien vous demander, et vous supplie d'entrer dans la confusion que peut avoir un homme de cœur qui apprend que l'agrément qui lui avoit été accordé vient d'être donné à un autre, dans un temps où il est accablé d'une infinité d'instructions considérables. Cependant j'attendois vos derniers ordres pour lever cette même charge, et j'avois eu l'honneur de vous en écrire en ces termes. J'espère que vous me pardonnerez si je prends quelque précaution pour que cette lettre ne tombe dans aucun bureau et ne soit lue que de vous*.»

* Il écrivit une semblable lettre, le 20 décembre, à M. Desmaretz. Celui-ci lui avait annoncé (lettre du 23 juillet précédent) que le prix de la charge de premier président serait abaissé, en sa faveur, à 80,000#, et qu'il devait prendre ses mesures en conséquence; mais, M. de Saint-Maurice insistant pour faire accepter une maison en payement d'une partie de cette finance, M. Desmaretz avait répondu, les 14, 17 et 24 octobre, qu'un pareil arrangement ne pouvait être agréé, que

les retards nuisaient au débit des charges inférieures de la nouvelle création, et que, s'il n'était pas en état de se porter immédiatement acquéreur, on serait obligé de revenir sur les promesses faites. La charge fut alors proposée par le contrôleur général lui-même (lettre du 12 décembre) à M. de Montesan, et M. Desmaretz, en réponse à la lettre de M. de Saint-Maurice, du 17 décembre, lui écrivit, le 25 du même mois, qu'il devait sacrifier ses espérances à la satisfaction de voir finir une affaire qui n'avait fait depuis longtemps aucun progrès, et d'ailleurs que le Roi et le contrôleur général conserveraient les meilleures dispositions à son égard.

M. de Montesan, de son côté, manifesta, dans ses lettres du 20 et du 27 décembre, quelques scrupules de prendre le poste promis à un autre et la crainte de ne pouvoir faire le débit des charges créées en même temps. Le contrôleur général lui répondit, le 30 décembre 1704 et le 22 janvier 1705, qu'il ne saurait manquer d'achever le nouvel établissement grâce au crédit dont il jouissait dans Lyon, et que, si, par hasard, on n'y arrivait pas, il y aurait alors nécessité de faire une réunion forcée de toutes les charges nouvelles au présidial.

716. *M.* Trudaine, *intendant à Lyon,*
au Contrôleur général.

18 Décembre 1704.

Il demande pourquoi l'on a résolu que les négociants étrangers domiciliés en France ne contribueraient pas à la taxe des arts et métiers, et cela sans juger contradictoirement la valeur des privilèges dont ils ont fait la production régulière. Ce serait cependant le seul moyen de couper court aux plaintes et de décider une question qui se reproduit constamment*.

* En marge, de la main du contrôleur général : «Il ne faut pas donner de titres aux étrangers pour une décharge que le Roi veut bien ne leur accorder que par grâce. L'instruction que vous vouliez faire contradictoirement auroit mis S. M. dans la nécessité de les faire payer et de leur donner lieu de se plaindre, parce qu'ils n'ont point payé par le passé.» — De la main de M. Desmaretz : «Les Suisses et les Allemands des villes impériales ont rapporté des extraits des lettres par lesquelles les privilèges et les exemptions dont ils jouissent leur ont été accordés. Les Génois, les Milanois et les autres Italiens, ni les Génevois, n'ont produit aucun titre des exemptions dont ils prétendent jouir.»

Le sieur Fischer, marchand à Lyon, envoya, les 16 et 26 mai 1705, des mémoires sur les privilèges auxquels prétendaient les marchands des villes impériales, et M. Trudaine donna son rapport, le 31 du même mois, sur les motifs qui avaient fait imposer ces marchands. Contre son avis, le Conseil royal jugea qu'il n'y avait pas lieu de taxer les Suisses et les Allemands des villes impériales; mais on les exempta sans rendre d'arrêt spécial. Dans la suite, et malgré l'opposition des Lyonnais, les ambassadeurs étrangers obtinrent que l'exemption fût étendue à tous les Italiens et aux Génevois. (Lettres de M. Desmaretz à M. Trudaine, 17 juin et 7 novembre; lettres de M. Trudaine, 25 juin, 1er et 19 novembre.)

Le 2 décembre 1705, M. Trudaine envoie un état nominatif des marchands étrangers domiciliés à Lyon et compris dans les rôles de taxe. Voir aussi sa lettre du 8 juillet 1706, à laquelle sont jointes les copies des lettres du contrôleur général, de M. d'Armenonville, etc., relatives à cette affaire. En dernier lieu, le 28 juillet 1706, M. Desmaretz annonce que l'exemption ne profitera qu'aux étrangers non inscrits dans un corps de marchands ou d'artisans, et qu'il sera tenu compte de ces non-valeurs au traitant, plutôt que d'en rejeter le montant sur les autres contribuables.

717. Le Contrôleur général
aux Intendants.

20 Décembre 1704.

Création d'offices de courtiers de change, de banque et de marchandises, et de courtiers-commissionnaires de vins et autres boissons; suppression des offices analogues précédemment créés.

«Il en avoit été établi en conséquence de l'édit du mois de juin 1691, desquels plusieurs villes et provinces ont demandé la suppression, que S. M. leur a bien voulu accorder moyennant une finance qu'elles ont payée. D'ailleurs, plusieurs compagnies se sont chargées de rembourser les acquéreurs des mêmes offices moyennant une jouissance des droits qui leur avoient été attribués, lesquels ont été réglés par la déclaration du 4 septembre 1696, pendant un nombre d'années dont il ne reste que quatre ou cinq ans de jouissance au plus, après lesquels les droits doivent être supprimés en faveur des peuples. Ce n'est point de ces jouissances dont il est question; mais, comme ceux qui en ont traité ne font en aucune manière les fonctions de courtiers-commissionnaires, et que des particuliers, gourmets, tonneliers et autres, au préjudice des défenses qui leur ont été faites par les édits et déclarations du Roi, se sont toujours immiscés dans ces fonctions et reçoivent des droits sans en avoir payé aucune finance à S. M., on a trouvé à propos d'en tirer quelque secours en prononçant des restitutions contre eux, pour les obliger à acquérir ces nouveaux offices, auxquels l'édit attribue les mêmes droits qui leur sont payés actuellement par ceux dont ils font vendre les vins et autres boissons.»

Le contrôleur général invite les intendants à donner un état nominatif de ces particuliers et à indiquer en même temps le montant des droits qu'ils perçoivent indûment, pour servir de base au nouveau tarif et à la fixation de la finance des offices*.

* Dans une lettre du 11 janvier suivant, en adressant à M. de Saint-Contest le sieur Monmerqué, chargé d'exécuter l'affaire dans le ressort du Parlement de Metz, M. Desmaretz explique que l'intention du Conseil n'est pas de faire racheter les charges de courtiers-commissionnaires par les communautés, car cela n'empêcherait point l'exercice et la perception indue, mais de forcer les particuliers qui se sont immiscés dans les fonctions de commissionnaires à régulariser leur position et à ne percevoir de droits que sur les affaires réellement faites par leur entremise.

718. *M.* Desmaretz, *directeur des finances,*
aux Intendants des pays d'États.

20 et 21 Décembre 1704.

Il leur communique un projet de créer dans chaque diocèse et dans chaque communauté un office de syndic pareil à ceux qui ont été établis, par l'édit de mars 1702, dans les généralités taillables.

«Vous savez la nécessité dans laquelle on se trouve de rechercher tous les moyens qui peuvent contribuer à soutenir les dépenses de la guerre; il seroit à désirer que celui-ci pût être mis en usage sans grand inconvénient. Je vous prie de l'examiner et de m'en mander votre avis.»

719. *M. le comte d'Avaux au Contrôleur général.*

(Intendance de Flandre.)

(De Paris) 23 Décembre 1704.

«J'ai fait ce que j'ai pu pour ne vous pas importuner d'une affaire dont je me trouve, à la fin, obligé d'avoir l'honneur de vous écrire. On me proposa, il y a sept ou huit mois, de demander au Roi la permission de dessécher deux marais, l'un en Flandre, et l'autre en Hainaut. Comme je m'imaginai que, si je vous présentois un placet pour le Roi et vous priois de me procurer cette grâce de S. M., vous commenceriez par le communiquer à M. de Bagnols, j'ai cru que je ne pouvois mieux faire que de le lui communiquer moi-même, afin de poursuivre cette affaire, s'il la trouvoit faisable, ou de l'abandonner, s'il ne la croyôit pas raisonnable. Je lui envoyai donc l'original du placet dont la copie est ci-jointe, et le priai de me dire son avis. J'attendis tranquillement de ses nouvelles pendant près de trois mois, croyant que la quantité d'affaires dont il est surchargé, joint à l'information qu'il voudroit peut-être prendre de cette affaire, l'empêchoit de me répondre : je lui écrivis donc seulement au bout de trois mois; mais point de réponse. Aussitôt que j'ai été en état, après mon opération, de songer à quelque affaire, je lui en ai encore écrit, mais inutilement : de sorte que, ne sachant à quoi attribuer ce silence d'un homme de qui je suis ami depuis si longtemps, j'écrivis au sieur Dalancé, il y a environ deux mois, pour savoir la raison de ce silence. Mais tout ce que le sieur Dalancé me manda fut que M. de Bagnols lui avoit seulement dit qu'il démêleroit bien cette affaire avec moi. Je ne suis pas naturellement soupçonneux : ainsi, la première pensée ne me vint point de me défier de M. de Bagnols; mais, celui qui m'a donné cet avis ayant eu quelque soupçon, je ne puis m'empêcher de vous le mander après ce qui vient de se passer en Flandres, qui me paroît digne de quelque attention : c'est la plainte que quelques villages ont faite à M. de Bagnols du tort que l'inondation de ces marais leur ont fait, et le procès-verbal que le subdélégué qu'il a à Tournay en a fait. Je ne puis croire qu'un homme constitué en place abuse des mémoires (pour le service du Roi) qui lui sont communiqués; mais, d'un autre côté, s'il n'avoit aucune vue particulière, ne m'auroit-il pas répondu, et particulièrement ne m'auroit-il pas donné avis de la plainte de ces communautés, qui rend la grâce que je demande non seulement faisable, mais nécessaire? J'ai recours à vous en cette occasion, et vous supplie très humblement de ne pas permettre qu'on m'enlève ainsi toutes les affaires. Vous le pouvez aisément (si M. de Bagnols ne l'a point encore demandé pour lui ou pour ses amis), en retenant la date de ma demande comme d'une affaire déjà accordée, en cas qu'il vous en écrive, ou en le prévenant en lui demandant son avis là-dessus; et, s'il vous en avoit déjà écrit, vous pourriez encore me sauver en lui faisant savoir que vous avez connoissance qu'il y a près de huit mois que je lui en ai fait la proposition, et qu'il n'est pas juste qu'on se trouve frustré quand on s'est adressé à ceux qui ont l'autorité du Roi; autrement, que personne n'oseroit plus s'adresser à eux pour les affaires qui regardent les intérêts du Roi*.»

* Selon le placet joint à cette lettre, l'un des marais en question était celui des Six-Villes, dans le ressort de la gouvernance de Douai.

720. *M. Desmoulins, curé de l'église Saint-Jacques-du-Haut-Pas, à Paris, au Contrôleur général.*

23 Décembre 1704.

Il dit avoir reçu mission de restituer au Roi une somme de 112# indûment perçue, et demande à l'employer au profit des pauvres de sa paroisse*.

* Réponse en marge : «J'obtiendrois aisément du Roi, en faveur des pauvres de votre paroisse, la somme de 112# que vous êtes chargé de faire remettre à S. M., si je n'appréhendois que le scrupule eût plus de part à cette restitution qu'une juste cause de la faire : car, si elle provient d'intérêts trop forts, ce qui pourroit être plus douteux à l'égard des particuliers ne l'est point pour le Roi : il faut regarder les intérêts que S. M. donne à ceux qui la secourent dans ses besoins comme une libéralité et une reconnoissance de sa part. Je dois vous dire que vous servirez le Roi et l'État d'entrer dans ces sentiments et de les inspirer à ceux qui vous consulteront. M. le cardinal de Noailles est dans les mêmes principes, et je ne m'écarte des véritables maximes que le moins que je puis, et par la nécessité indispensable de secourir l'État, qui est une obligation également autorisée de Dieu et des hommes.» Suivant la réponse du curé, en date du 26, la restitution avait pour motif des «ouvrages trop vendus au Roi,» et on lui permit d'en faire une aumône.

721. *M. Desmaretz, directeur des finances, à M. Foucault, intendant à Caen.*

24 Décembre 1704.

«Il me paroît que les trésoriers de France de Caen ont bientôt pris leur parti sur la préférence qui leur est accordée par l'édit du mois d'octobre dernier; il y a d'autres bureaux qui ont mieux entendu les véritables intérêts, dont le Roi a paru être content. Prenez la peine de les mander et faites-leur sentir qu'ils pourront avoir du chagrin, par la suite, de perdre un privilège qui ne leur coûtera rien, puisqu'ils pourront se rembourser de moitié au 1er janvier prochain, en cédant à ceux qu'ils nommeront la moitié des augmentations de gages qui leur sont demandées, et de l'autre moitié dans cinq ans. Et si, nonobstant vos remontrances, ils persistent dans leur refus, vous ferez chose très agréable au Roi d'engager promptement quatre officiers du corps pour remplir ces quatre dispenses, afin que le bureau soit privé d'un privilège aussi considérable, qu'il ne veut pas mériter*.»

* Voir les lettres écrites par le contrôleur général, le 29 décembre, au premier président de la Chambre des comptes de Mont-

pellier, et, le 10 janvier suivant, à M. de Pollinchove, premier président du Parlement de Tournay; par M. Desmaretz à M. de la Busnelaye, premier président de la Chambre des comptes de Nantes, le 4 mai 1705, et à M. de Pontcarré, premier président du Parlement de Rouen, le 4 avril précédent. «Puisque, dit M. Desmaretz à M. de Pontcarré, vos raisons n'ont pu déterminer les magistrats de votre Compagnie, voyez-les, je vous prie, sur cette affaire pour la dernière fois, et dites-leur que, s'ils ne veulent point se porter à donner un secours à S. M. qui est honorable et utile, S. M. ordonnera que les quatre premiers conseillers qui seront pourvus seront tenus de prendre chacun pour 6,000 ᵗᵗ d'augmentations de gages avant qu'il leur soit expédié des provisions, sans que, pour cela, le Parlement ait le privilège des autres qui l'ont mérité par leur prompte obéissance. . . . . »

Le 13 février 1705, M. Bouchu, intendant en Dauphiné, discute le droit que les Compagnies supérieures auraient à ne point acquérir la dispense, en faisant valoir qu'elles jouissent de la noblesse au premier degré de par le règlement du 24 octobre 1639 sur la réalité des tailles.

---

722. *M. Phélypeaux, intendant à Paris,*
au Contrôleur général.

24 et 28 Décembre 1704.

Il demande que la maîtresse de poste de Saint-Denis ait la franchise d'entrée pour tout le vin nécessaire à sa consommation et à celle de quatre ou cinq postillons; ce privilège, actuellement restreint à cinq muids, est le seul qui lui reste depuis que la ville a remplacé la taille par un octroi*.

Il repousse, au contraire, les demandes d'exemption ou d'augmentation d'exemption présentées par les communautés ou les ecclésiastiques de la même ville. Ces privilèges diminueraient de moitié le produit des droits d'entrée, dont le Roi ne retirerait plus la somme que donnait la taille**.

* En marge, de la main du contrôleur général: «Bon jusques à douze muids.»

** La conversion de la taille en un tarif de droits d'entrée, demandée depuis dix ans, avait été accordée aux habitants de Saint-Denis contre l'avis de l'intendant, qui estimait que ce serait la ruine des villages avoisinants et que, d'autre part, les exemptions sur le vin monteraient à un total de deux ou trois cents muids. (Lettre du 21 juillet.)

---

723. *M. de Montesan, prévôt des marchands de Lyon,*
au Contrôleur général.

27 et 28 Décembre 1704.

Il se défend d'avoir refusé à M. Samuel Bernard ou à ses agents aucune permission de voiturer des espèces à Paris, sachant les liaisons de ce banquier avec la cour. Des permissions du même genre viennent d'être accordées à M. Huguetan et à MM. Genthon; mais il est toujours nécessaire de veiller à ce que cet argent ne soit pas détourné de sa destination, et, si M. Bernard ou quelque autre banquier faisaient sortir de Lyon tout à coup 600,000 ou 700,000 ᵗᵗ, à une époque de payement, la place, qui n'a guère plus de 400,000 ᵗᵗ de fonds roulant, se trouverait absolument épuisée.

La même considération pour MM. Bernard et de Meuves et pour le bien du service a décidé les négociants à accorder une prorogation des payements jusqu'au 15 janvier, bien que cette mesure ne leur parût ni utile ni honorable.

---

724. *Le Contrôleur général*
à M. le Blanc, intendant en Auvergne.

28 Décembre 1704.

«J'ai vu, par votre lettre du 17 de ce mois, les prétentions opposées des receveurs des tailles et des traitants au sujet de la préférence qu'ils prétendent respectivement pour raison des différentes impositions qui ont été faites soit en vertu des commissions du Roi, soit par les arrêts du Conseil. Sur quoi, je vous dirai que la capitation doit être payée par préférence à la taille, suivant la déclaration qui en a ordonné l'établissement; que la taille est la première des impositions ordinaires. Ainsi, la capitation, la taille et l'ustensile doivent être payés par préférence, et les impositions extraordinaires pour suppression d'offices ou autres, qui sont des secours extraordinaires pendant la guerre, et que les besoins présents exigent, ne doivent être payées qu'après les autres, et par concurrence entre elles. C'est la décision que je puis vous donner sur la question que vous m'avez proposée*.»

* L'intendant avait écrit, le 17 du même mois, que le recouvrement des impositions ordonnées au sol la livre de la taille, pour le rachat des charges d'essayeurs d'eau-de-vie et pour l'extinction des droits attribués aux élus-contrôleurs, avait été confié aux receveurs des tailles de peur que les commis des traitants ne multipliassent les frais et ne fissent vendre la récolte des consuls, mais que ces receveurs ne voulaient rien verser aux traitants avant qu'ils eussent entièrement recouvré la taille, l'ustensile et la capitation.

---

725. *M. Foucault, intendant à Caen,*
au Contrôleur général.

29 et 31 Décembre 1704; 6 Décembre 1705.

Rapports sur les projets de création d'offices de conseillers rapporteurs, greffiers et archers du point d'honneur, de courtiers de change et de courtiers-commissionnaires, et sur un projet de rétablissement des offices de vendeurs-visiteurs de beurre au bourg d'Isigny.

«Il n'est pas d'usage ici de se servir de courtiers pour l'achat des cidres; chaque particulier en recueille ou en achète pour sa provision sans leur ministère, et, lorsque, en 1691, il fut créé de semblables offices, ils furent bientôt supprimés en faveur de plusieurs villes, qui se rachetèrent au moyen de la finance qu'elles payèrent. Si cet établissement doit avoir lieu, ce ne peut être que dans les pays de vignobles. . . . . »

726. *M. de la Bourdonnaye, intendant à Bordeaux,*
au Contrôleur général.

30 Décembre 1704.

Le baron de Castelnau demande l'autorisation de mettre en prison pour quelques jours un paysan qu'il soupçonne d'avoir trouvé une mine de cuivre dans sa seigneurie, et qui refuse d'en indiquer l'emplacement*.

* Réponse en marge : «Il n'y a point de raison assez forte pour mettre un homme en prison, quoique paysan, pour ne vouloir pas déclarer une mine qu'il aura trouvée dans l'étendue de la justice d'un seigneur.»

727. *Le Contrôleur général*
à M. d'Argenson, lieutenant général de police à Paris.

Mois de Décembre 1704.

Malgré les termes formels des édits récents et des anciennes ordonnances, il est avéré que les espèces décriées continuent à circuler publiquement dans les marchés et dans les boutiques, ou entre particuliers, sur le pied où la Monnaie seule devrait les prendre. Le Roi, à qui ce billonnage enlève le bénéfice de la réforme, veut qu'on recoure aux mêmes mesures que lors de la déclaration du 14 décembre 1689 concernant les ouvrages d'or et d'argent prohibés, et que des commissaires du Châtelet, sûrs et prudents, se rendent dans les marchés et y empêchent l'exposition des espèces.

728. *M. de Nointel, intendant en Bretagne,*
au Contrôleur général.

4 Janvier 1705.

Rapport sur la situation, la contenance et la valeur des îles de Glenan, dont la concession est demandée au Roi par la veuve du sieur de Percy, officier de marine. La propriété en est réclamée par les religieux de l'abbaye de Ruis, qui même l'afferment depuis quelques années.

729. *M. le Blanc, intendant en Auvergne,*
au Contrôleur général et à M. Desmaretz.

5, 8, 9, 12, 14 et 23 Janvier 1705.

Il rend compte d'un combat livré sur la frontière du Bourbonnais, par les brigades des gabelles, à une bande de cinquante-cinq faux-sauniers. Malgré sa vigoureuse défense, elle a laissé sur place deux hommes tués, sept prisonniers, trente chevaux et cent quatorze balles de sel. Le reste de la troupe sera poursuivi dans les bois. Deux des prisonniers sont morts de leurs blessures. L'un d'eux était un gentilhomme de Bourgogne, nommé Antoine de Besson, écuyer, sieur de Longpré. L'interrogatoire des autres a fait connaître qu'il y avait dans la troupe quinze chefs, vêtus de bons habits sous leurs souquenilles de coutil et leurs guêtres, mangeant à part et ayant chacun deux ou trois valets, avec quatre ou cinq chevaux. Les simples faux-sauniers recevaient une somme fixe par voyage. Il doit y avoir une correspondance réglée entre toutes les bandes, car deux troupes, de deux cents et de cent quatre-vingts hommes, en passant par le même lieu le lendemain, ont emmené les blessés et les morts qui étaient dans les bois*.

On est à la recherche des gens qui les logeaient à Montel-de-Gelat et de ceux qui leur fournissaient le sel.

L'intendant demande un arrêt général d'attribution pour juger en dernier ressort les prisonniers, comme *quidams* attroupés avec port d'armes. Il est urgent de faire un exemple prompt et sévère, car les officiers du présidial, ainsi que les témoins, sont sous le coup de la terreur, et presque tous les prisonniers, grâce à leur argent, parviennent à s'évader. Les procédures de la Cour des aides seraient trop longues et n'aboutiraient pas; on peut même reprocher aux magistrats de n'avoir rien fait depuis deux ans pour réprimer ces désordres.

«J'oubliois à vous dire une dévotion qui vous surprendra peut-être : la troupe des faux-sauniers dont quelques-uns ont été pris dimanche, avoit donné le matin un écu à un prêtre pour leur aller dire la messe dans une chapelle, à l'entrée d'un bois. Quand ils sont en marche, ils font un détachement de leurs gens, qui entrent dans les maisons et se font fournir par force des vivres et des fourrages pour les hommes et les chevaux de leur troupe; mais ils payent au double ce qu'ils prennent. C'est ce qui fait que le peuple leur est si favorable, et parce qu'ils leur font entendre que, dans peu, ils empêcheront qu'on ne les exécute pour les impositions; et c'est aussi la raison pour quoi je voudrois bien que M. de Chamillart y fît quelque attention, et qu'il me donnât de quoi détruire absolument ces attroupements**.»

* Dans deux lettres des 12 et 27 novembre précédent, à M. Desmaretz, l'intendant avait annoncé l'arrestation du sieur de Cuts, gentilhomme, qui escortait les bandes de faux-sauniers avec soixante cavaliers et qui allait maltraiter les employés des brigades des gabelles jusque dans leurs villages. M. le Blanc pensait que cette capture et celle de deux hommes qui ramassaient le sel pour le compte du chef et le transportaient à dos de mulet dans un lieu désert des montagnes, hâterait la dispersion des attroupements, mais qu'il faudrait aussi agir dans les bois du Bourbonnais et du Forez, d'où venaient presque tous les faux-sauniers et où ils allaient chercher asile. De même, la Bourgogne étant le pays vers lequel on croyait qu'ils dirigeaient les sels, c'est là que les fermiers généraux devaient rechercher leurs entrepôts.

M. d'Ableiges, intendant à Moulins, rend compte, le 15 février et le 22 mars, du procès d'un gentilhomme de Bourbonnais, qui aboutit à un acquittement.

** Le 5 janvier, l'intendant écrivait à M. Desmaretz : «Il faudroit faire un bien grand exemple, car, toutes les semaines, il y a des bandes de deux cents faux-sauniers qui chargent au Montel-de-Gelat. Le juge du lieu (qu'entre vous et moi M. d'Ormesson avoit honoré de sa subdélégation) afferme ses prés aux faux-sauniers pour faire paître leurs chevaux en été, et leur fournit des vivres. Si je puis en avoir une preuve judiciaire par le moyen de ceux qui viennent d'être pris, ce sera un homme à faire un exemple, car tous les principaux habitants des petites villes sont pour ces sortes de gens. Il y a encore eu un juge d'un bourg voisin du chemin où cela s'est passé, qui n'a jamais voulu faire donner de la lumière, ni aux employés des gabelles, ni à mes gens que j'avois envoyés avec eux. Il est du Bourbonnois; j'écrirai demain à M. d'Ableiges de le faire châtier. M. de Chamillart ne m'a rien mandé au sujet du régiment de dragons; cela mérite plus d'attention qu'il ne pense. Je sais qu'il a assez d'autres affaires importantes pour que celle-ci paroisse de peu de conséquence; mais les attroupements avec port d'armes ont toujours de dangereuses suites. On a pris quelques-uns de ces faux-sauniers, parce que j'avois un homme déguisé sur les lieux, qui m'a donné un bon avis; mais, quand on les a voulu poursuivre et qu'ils se sont retranchés dans le bois, ils ont fait un si beau feu qu'on n'a osé les forcer. J'ai profité, comme vous voyez, de l'avis obligeant que vous avez eu la bonté de me donner; je me suis contenté d'ordonner de loin.» Le 16 janvier, une bande de deux cents hommes n'ayant plus trouvé de sel à Montel et étant venue s'embusquer sur le chemin de Clermont à Riom, avait arrêté et voulu couper en morceaux le cocher d'un trésorier de France, sous prétexte que c'était un espion de l'intendant, qui, dans le même temps, passait à quelque distance en carrosse. Aussi, en attendant l'arrivée des dragons de Fimarcon promis par M. Chamillart, et pour mettre les villes de Clermont et de Riom à l'abri des incursions annoncées publiquement, en même temps que pour contenir les soldats de milice, il avait formé et armé des compagnies de bourgeois, avec promesse de les exempter du logement. (Lettre du 19 janvier.)

---

730. *M. l'Archevêque de Narbonne, président des États de Languedoc,*
au Contrôleur général.

6 et 15 Janvier 1705.

M. de Pennautier se trouvant en avance de 1,400,000 ᵗᵗ sur la capitation, les États ont délibéré de faire, pour ce remboursement, un emprunt d'un million au denier seize.

«Ils ne se sont pas contentés de cette première délibération, et nous en avons pris une seconde pour obliger les particuliers débiteurs en chaque diocèse de satisfaire aux arrérages de leur capitation. Vous verrez, par la copie ci-jointe de ladite délibération, qui a été concertée avec M. de Bâville, que les États mettent tout en usage pour trouver l'argent qui leur est nécessaire. Cette délibération porte que M. le commandant en cette province sera prié d'interposer son autorité pour faciliter la levée desdits arrérages, et d'accorder à cet effet à la province tous les secours dont elle a besoin. Ladite délibération a été imprimée et envoyée en tous les diocèses, et les syndics généraux y ont joint une lettre pour faire entendre plus clairement que, si ceux qui doivent ne payent pas incessamment, les États demanderont qu'on envoie des logements de gens de guerre chez ceux dont la mauvaise volonté les empêche de satisfaire à ce qu'ils sont obligés. J'ai cru qui était de mon devoir de vous informer de ces deux délibérations*.....»

* Le 12 décembre précédent, M. le maréchal de Villars, commandant en Languedoc, écrivait la lettre qui suit, sur le vote du Don gratuit et de la capitation : «Vous attendiez bien une prompte obéissance aux ordres de S. M. de la part des États de Languedoc; mais je dois avoir l'honneur de vous dire qu'elle ne pouvoit être accompagnée de plus d'ardeur, de zèle et de bonne volonté de la part de tout ce qui les compose, M. l'archevêque de Narbonne, à la tête, donnant les meilleurs exemples. M. de Bâville, dont le mérite, l'éloquence et l'expérience est connue, n'a pas besoin que je vous en parle. Nous sommes tous assez contents les uns des autres, et je suis bien trompé s'il vous revient que tout le monde ne travaille pas unanimement et avec le plus parfait concert à tout ce qui regarde le bien du service : les trois millions de Don gratuit et les deux millions de capitation ont été trop promptement accordés.»

Le contrôleur général accepta l'abonnement de 500,000 ᵗᵗ offert par les États pour diverses affaires de finances, et consentit à ce que la part du Languedoc dans le rachat des offices d'essayeurs d'eau-de-vie fût réduite de 150,000 ᵗᵗ à 110,000 ᵗᵗ. (Lettres du contrôleur général et de M. Desmaretz à M. de Bâville, 2 février et 4 mars.)

---

731. *Le Contrôleur général*
à M. d'Aubadie, conseiller au Parlement de Bordeaux.

7 Janvier 1705.

«J'ai reçu la lettre que vous avez pris la peine de m'écrire le 20 du mois passé, au sujet de la nouvelle finance que vous devez payer à cause que vous n'êtes pourvu que d'une charge de conseiller clerc au Parlement de Bordeaux, pour égaler la finance de ceux qui, étant pourvus de charges de conseillers laïcs, sont devenus présidents en titre, comme vous, au même Parlement. J'ai fait rapport au Conseil de toutes les raisons que vous m'avez écrites sur cela, et je n'y ai pas oublié l'arrêt du Conseil qui vous a permis de vendre votre charge à un laïc; cependant il y a été résolu de ne rien changer à la disposition de l'édit du mois d'octobre dernier, et cela fondé sur ce que l'arrêt du Conseil vous a permis de vendre votre charge de conseiller clerc à un laïc, sans néanmoins changer la nature et le titre de la charge, dont on a été persuadé que vous n'auriez point trouvé un prix égal à celui d'une charge de conseiller laïc.»

---

732. *Le Contrôleur général*
à M. Trudaine, intendant à Lyon.

10 Janvier 1705.

Plusieurs Compagnies ont demandé, comme le font les trésoriers de France de Lyon, à avoir en corps la noblesse au premier degré; mais le Roi ne veut pas rétablir un privilège qu'il a dû révoquer autrefois pour éviter une trop grande multiplicité de nobles, et il croit déjà faire beaucoup que d'accorder deux privilèges tous les cinq ans à chaque corps. Si cette concession est un peu restreinte, elle offre du moins toutes garanties pour l'avenir*.

La ville de Lyon fait des propositions pour ses échevins, et il faut défendre au commis de les poursuivre à propos de la confirmation de leur noblesse.

* Voir la lettre écrite, le 26 du même mois, aux trésoriers de France de Bordeaux, pour les remercier de leurs offres.

Le 22 mars 1705, les trésoriers de France du bureau de Grenoble annoncent l'envoi de leur soumission.

---

733. *M. Rouillé de Fontaine, intendant à Limoges,* *au Contrôleur général.*

10 Janvier 1705.

Création des courtiers de change, de banque et de marchandises, et des courtiers-commissionnaires de vins et de liqueurs.

«Il n'y a de vignobles qu'en douze ou quinze paroisses d'Angoumois et dans le bas Limousin, aux environs de Tulle et Brive. Le vin qui se recueille en Angoumois se fait dans des petites maisons que les propriétaires ont sur les lieux où sont les vignes, et où les marchands vont l'acheter, lorsque le commerce est libre avec la Hollande et l'Angleterre, ou lorsque le Roi fait armer des vaisseaux à Rochefort, sans le ministère de qui que ce soit, et le font ensuite voiturer sur des charrettes sur le bord de la rivière de Charente, à l'endroit où elle passe le plus proche du lieu où est le vin. Et dans le bas Limousin, où il n'y a point de rivière navigable, le vin se consomme dans le pays, à la réserve de quelque quantité qu'on en transporte, par des chevaux et mulets, à Limoges, où j'ai appris qu'il y a deux particuliers qui perçoivent quelques petits droits, de temps immémorial, sur les vins dont ils procurent la vente seulement : en quoi ils ont été maintenus par un jugement de M. de Bernage; mais ils ne sont point en état d'acquérir les offices nouvellement créés, ni de payer aucune taxe pour la restitution des droits qu'ils peuvent avoir perçus. Voilà la situation où sont les choses à cet égard dans cette généralité*.»

* M. de Courson, intendant à Rouen, envoie, le 10 janvier, son rapport sur le courtage des boissons et sur le projet de création.

M. de Bouville, intendant à Orléans, discute, dans deux lettres du 18 février et du 24 mars, les avantages et les inconvénients de la création de courtiers-commissionnaires de vins. Le 15 février, M. Desmaretz lui avait annoncé que, sa généralité étant très commerçante et très riche en vignes, le traitant croyait qu'on en pourrait tirer 150,000 ᵗᵗ, en répartissant cette somme sur toutes les villes et en laissant aux maires et échevins le soin de taxer ceux qui avaient fait indûment les fonctions de courtier, ainsi que le droit exclusif de nommer aux offices nouveaux.

Voir aussi des lettres du 31 mars, à M. Turgot, intendant à Metz; du 21 mai, à M. de Courson, intendant à Rouen, et, en date du 18 mai, une circulaire aux intendants.

---

734. *M. de Harouys, intendant en Champagne,* *au Contrôleur général.*

12 Janvier 1705.

« . . . . . Les charges de la ville de Mézières, à cause des troupes qui y passent continuellement par étape et qui y tiennent garnison pendant tous les hivers, sont considérables, et les revenus patrimoniaux en sont très médiocres. Pour la mettre en état de soutenir ces charges, on lui a accordé en divers temps différents octrois. Par un arrêt du 11 janvier 1681, qui contient la liquidation de ces charges, il fut permis aux habitants de cette communauté de lever à leur profit 6 deniers sur chacune livre de sel qui se vendroit dans la ville et prévôté de Mézières et dans la prévôté de Warcq, et il fut dit que ce nouveau droit seroit perçu par le receveur du grenier à sel de Mézières. Depuis cet arrêt, ces habitants ayant été chargés d'une somme de 2,845 ᵗᵗ pour l'entretien et l'ameublement des casernes de ladite ville de Mézières, et de celle de 1,200 ᵗᵗ pour les bois et chandelles qu'ils fournissent tous les ans aux troupes qui y tiennent garnison, il intervint un autre arrêt du Conseil, le 4 avril 1699, par lequel, outre ces 6 deniers, on leur permit encore de lever, par augmentation de droits, 1 sol sur chacune pinte de sel : en sorte que, actuellement, il leur revient 1 s. 6 d. par pinte de tout le sel qui se vend dans le grenier de Mézières, dont le produit est destiné à des dépenses absolument nécessaires et indispensables.

«Depuis que ces droits de 6 deniers et de 1 sol ont été établis, le sel n'avoit point manqué dans le grenier de Mézières, et le receveur de ce grenier en a remis tous les ans le produit au receveur des octrois de ladite ville; mais, au mois de mai 1703, ce même grenier tomba en pénurie, et cela dura jusques à la fin de juillet : ce qui fait trois mois entiers. Comme je me trouvois dans les premiers jours de mai sur la frontière, ces habitants de Mézières me portèrent leurs plaintes de ce qu'il n'y avoit point de sel dans leur grenier, et de la perte qu'ils en pourroient souffrir, s'il n'y étoit promptement remédié. J'envoyai, dans le moment, chercher le sieur Grimal, directeur des gabelles à Charleville, qui, après être convenu que le sel manquoit dans ce grenier, me promit d'y en faire venir incessamment; mais cela ne fut exécuté qu'à la fin de juillet. Pendant tout ce temps, les habitants de la ville et prévôté de Mézières et ceux de la prévôté de Warcq, qui sont sujets à ces droits de 6 deniers et de 1 sol, furent prendre leur sel dans Charleville; et par là la communauté de Mézières s'en trouva privée. Elle a prétendu que, cette pénurie n'étant arrivée que par le fait et par la négligence des fermiers généraux de n'avoir point fourni de sel dans le grenier de Mézières pendant ces trois mois, ils devoient répondre de leurs dommages et intérêts; et je l'ai ainsi jugé, après les avoir ouïs sur cette demande et après avoir vérifié, par les registres de 1702, que ces mêmes trois mois avoient produit une même somme de 801 ᵗᵗ 16 s. 6 d. à laquelle je les ai condamnés.

«Ils prétendent n'être point tenus de ce dédommagement, et, pour cela, ils allèguent, par leur requête, que, ces droits de 6 deniers et de 1 sol sur chacune livre de sel n'étant imposés que sur les particuliers, il a été au pouvoir de la communauté de Mézières de les faire payer à ceux qui alloient prendre leur sel dans Charleville : ce que n'ayant pas fait, les maire et échevins de Mézières doivent s'imputer leur négligence, et non pas recourir sur les fermiers généraux, qui ne sont point tenus du fait de cette communauté en général, qui s'est imposé ces droits, et des habitants en particulier, qui les doivent payer. Ils ajoutent à cette première raison que cette pénurie procède d'un cas fortuit, causé par la conjoncture de la guerre et par la lenteur et les difficultés des voitures dont ils sont obligés de se servir, et qu'ainsi on ne peut les en rendre responsables.

«Ces moyens sont les mêmes dont ils se sont servis pour contester par-devant moi sur la demande des habitants de Mézières, et ils ne m'ont pas paru avoir rien de solide. Il est vrai que ces fermiers généraux, qui ne profitent en aucune chose de ces droits, n'en sont pas tenus directement; mais, dans les circonstances particulières du fait, j'ai trouvé qu'il étoit juste de les en rendre responsables pendant le temps de cette pénurie. Quand ces droits de 6 deniers et de 1 sol ont été mis sur chaque pinte de sel pour subvenir aux charges de la ville de Mézières, on a regardé que, les fermiers généraux étant obligés d'avoir dans le grenier de ladite ville autant de sel qu'il s'y en pouvoit débiter, c'étoit un fonds qui ne pouvoit jamais manquer à cette communauté. Cela est cependant arrivé, et la pénurie qu'il y a eu dans ce grenier pendant les trois mois de mai, juin et juillet 1703, vient du fait des fermiers généraux, qui en doivent répondre avec d'autant plus de raison qu'ils en ont été avertis dès le commencement, sans y mettre ordre. Il ne me paroit pas qu'ils puissent excuser cette disette de sel à Mézières par le cas fortuit de la guerre et sur la lenteur des voitures dont ils se servent. Pendant la dernière guerre, qui a duré dix ans, le sel n'a jamais manqué dans ce grenier, et, quand il y a manqué en 1703, il faut croire que cela vient autant de la négligence des commis que du dédommagement que les fermiers généraux trouvoient en vendant aux habitants de la ville et prévôté de Mézières et de la prévôté de Warcq le sel qu'ils étoient obligés de venir prendre dans Charleville, sur le même pied qu'on leur auroit livré dans le grenier de Mézières, c'est-à-dire à 3 s. 9 d. la livre, pendant que les habitants de Charleville ne le payent que 2 s. 1 d. On m'a assuré d'ailleurs que, dans ce même temps-là, ils avoient grande abondance de sel à Donchéry, dont ils auroient pu aisément faire descendre par la rivière de Meuse une partie à Mézières, qui n'en est qu'à trois lieues, sans qu'ils trouvoient également leur compte dans le débit qu'ils en faisoient à Charleville. De dire que les maire et échevins de Mézières pouvoient exiger ces mêmes droits sur tous les particuliers qui alloient prendre du sel dans Charleville, rien n'auroit été plus impraticable : ces deux prévôtés sont composées de plusieurs villages, dont tous les chemins pour venir à Charleville sont différents, et les commis qu'il auroit fallu entretenir pour la perception de ces droits et pour éviter les fraudes, en auroient, par leurs appointements, absorbé tout le produit*..... »

* En marge, de la main de M. Desmaretz : «Décharger le fermier de la condamnation portée par l'ordonnance de M. de Harouys.»

---

735. *M. de Bagnols, intendant en Flandre, au Contrôleur général.*

15 Janvier 1705.

«M. le comte de Bergeyck permet, depuis quelques jours, l'entrée des sels blancs ou raffinés de Hollande dans le Pays-Bas espagnol, en leur faisant payer double droit d'entrée et 5 p. o/o de la valeur. Pour connoître le préjudice que ces permissions apporteront au commerce des sels que font les sujets du Roi, et à la ville de Dunkerque en particulier, il faut expliquer ce que les sels raffinés de Hollande payeront rendus dans la Flandre espagnole, en y comprenant les droits dont on les charge, et, d'un autre côté, ce que payeront les sels de France venant de Dunkerque, en y comprenant pareillement les droits dont ils sont chargés.

«Le cent de sacs de sel blanc de Hollande coûte d'achat, dans le pays, à raison de 6 florins le sac.............	600 fl.
«Pour l'ancien droit d'entrée, à raison de 3 florins le sac.................................	300
«Pour le double droit d'entrée, sur le même pied.	300
«Pour les 5 p. o/o, à raison de 6 patars par sac.	30
Total............	1,230

faisant, monnoie de France : 1537 # 10 s.

«Le cent de sacs de sel d'Espagne, tiré de Dunkerque, coûte d'achat, à raison de 15 # 10 s. le sac............	1,550 #
«Pour le droit d'entrée dans la Flandre espagnole, à raison de 3 florins le sac.....................	375
Total............	1,925

«Ainsi, la différence sur les cent sacs, du prix des sels de Hollande rendus dans la Flandre espagnole d'avec ceux tirés de Dunkerque, monte à 387 # 10 s.

«Il faut observer que, dans ces deux estimations, on emploie le sel blanc ou raffiné venant de Hollande, et le sel gris ou brut venant de Dunkerque, ce qui paroît d'abord être différent; mais on ne pouvoit faire autrement, et l'un revient à l'autre : il ne sort point de sel de Dunkerque raffiné pour être transporté par les canaux dans la Flandre espagnole, et le sac de sel blanc ou raffiné revient à peu près au même prix que le sel gris, les frais du raffinement étant compensés par l'augmentation que produit la cuisson, en sorte que, si le sac de sel brut pèse deux cent vingt ou deux cent trente livres, il en pèsera deux cent soixante-dix ou deux cent quatre-vingts étant raffiné, plus ou moins selon la qualité différente des sels. Ceux d'Espagne passent pour les meilleurs; ceux de Portugal sont moins bons que ceux d'Espagne et meilleurs que ceux de France, par rapport néanmoins au produit de tous ces sels dans le raffinement, car, pour la qualité, ceux de Portugal sont moins estimés, comme étant plus âcres et plus corrosifs. On n'a point parlé, dans cette estimation, des frais du transport de part et d'autre : ils sont plus ou moins grands suivant les lieux de leur destination. S'il y a quelque avantage, il est du côté des sels de Hollande : la navigation des Hollandois se fait toujours à meilleur compte que celle des autres nations. On donne 5 p. o/o de déchet aux sels qui viennent de Hollande par les bouches de l'Escaut; on n'a pas jugé à propos d'accorder la même grâce aux sels qui viennent de Dunkerque par les canaux.

«Cela supposé, il est aisé de juger du préjudice que souffrira le commerce des sels qui se tirent de Dunkerque, et la ville de Dunkerque même, par la nouvelle introduction des sels raffinés de Hollande. Le bon marché donne toujours la préférence au débit d'une marchandise : les cent sacs de sel de Hollande ne reviennent, rendus à Bruxelles, qu'à 1,537 # 10 s.; les cent sacs de sel tirés de Dunkerque reviennent à 1,925 #. C'est presque un quart de différence. Il n'en faut pas davantage pour exclure du Pays-Bas espagnol les sels de Dunkerque. Cette ville en est remplie présentement; les marchands, qui voyoient ce commerce assez bien établi, s'en étoient pourvus : la marchandise leur demeurera, et les Hollandois feront seuls à l'avenir tout ce commerce. Les raffineries du Pays conquis en souffriront. Il ne venoit plus de sel de Hollande dans le Pays-Bas espagnol : les raffineries des sujets du Roi fournissoient de sel toute la lisière du Pays conquis; ils en envoyoient à Mons, à Ath, à Oudenarde et à Courtray. Le bon marché fera que ces villes préféreront les sels de Hollande; et ce qui les engagera encore davantage, c'est qu'il est certain que les raffineries de la Zélande, voisines et environnées de tous côtés de la mer, sont meilleures que celles du Pays conquis. Les raffineries du Pays-Bas espagnol seront absolument détruites par l'introduction des sels qui arriveront de Hollande blancs ou raffinés; il n'en viendra plus du Pays conquis, et par conséquent elles n'auront plus d'occupation.

«On ajoutera à toutes ces raisons une réflexion encore plus importante. On étoit convenu, depuis que la résolution a été prise d'observer à la rigueur l'interdiction du commerce avec la Hollande, qu'on ne laisseroit pas de donner des passeports pour en tirer les marchandises dont les manufactures ne pouvoient se passer, mais qu'on n'en recevroit aucune de Hollande, et que, d'un autre côté, on pourroit envoyer en Hollande le superflu des denrées et des manufactures de la France et du Pays-Bas espagnol, mais qu'on ne laisseroit sortir aucune denrée ni marchandise qui pût contribuer à la perfection des manufactures de la Hollande, comme les laines, les fils, la terre propre à faire des pipes à tabac et des faïences, etc. Telle a été la convention depuis un an ou dix-huit mois. Rien n'y est plus contraire que l'introduction des sels raffinés de Hollande. C'est une manufacture qui a reçu sa dernière perfection, et on peut dire avec vérité que c'est le principal commerce qui se fait en Hollande, par la facilité que les Hollandois ont de tirer des sels, non seulement pendant la paix, mais encore pendant la guerre : les vaisseaux des États généraux qui portent en Portugal des troupes et des munitions de guerre et de bouche, en rapportent des sels en abondance; ils servent de lest dans leurs vaisseaux, de sorte que ce transport ne leur coûte rien, ou très peu.

«M. le comte de Bergeyck, à qui on a fait ces objections, répond deux choses : la première, qu'il a besoin d'argent, et que l'introduction des sels raffinés de Hollande est une ressource dont il ne peut se passer; la seconde, que, si le commerce de ces sels continuoit à être interdit, il n'en entreroit pas moins dans le Pays-Bas espagnol, ne pouvant pas empêcher les fraudes de ceux qui les font entrer par terre. La première de ces deux raisons seroit de quelque poids, si le profit que l'Espagne tirera de ces nouvelles permissions étoit considérable; mais il est aisé de juger qu'il se réduira presque à rien, et qu'il ne peut, en aucune manière, compenser le préjudice que les sujets de France et d'Espagne en souffriront, les premiers par la perte de leur commerce, et les seconds par celle de leurs raffineries. Cent sacs de sel de Hollande entrant dans la Flandre espagnole sur les nouvelles permissions payeront 600 florins pour l'ancien droit et pour le double droit; les 5 p. o/o de la valeur iront à 30 florins : ce qui fait en tout 630 florins. Il faut retrancher, sur les deux droits d'entrée, 300 florins, par la raison que les sels venant de Dunkerque le payeroient et que l'introduction de ceux de Hollande raffinés les exclura. Ainsi, le profit que fera l'Espagne se réduira à 330 florins sur cent sacs, à 3,300 florins sur mille, et à 33,000 florins sur dix mille sacs; c'est à peu près ce qu'il faut pour la consommation du Pays-Bas espagnol pendant une année. Quand il y en auroit vingt mille, cela vaut-il la peine de ruiner les sujets des deux couronnes et de contrevenir aux principes sur lesquels la défense du commerce a été établie, en favorisant si ouvertement le principal commerce de la Hollande? La seconde raison, tirée de la fraude de ceux qui font entrer les sels raffinés de Hollande par terre, ne vaut pas mieux. On convient qu'il est difficile d'empêcher entièrement les fraudes : le faux-saunage en donne un bel exemple en France; mais, quand on veut s'y appliquer, on diminue le mal, si on ne peut l'arrêter tout à fait. Les nouvelles permissions n'ôteront point l'envie de frauder; ceux qui se mêlent de ce commerce seront engagés de le continuer pour sauver le droit ordinaire de 3 florins à l'entrée, le double droit, montant à pareille somme, et les 5 p. o/o de la valeur. Si on permet aujourd'hui l'entrée des sels raffinés de la Hollande, parce qu'on en tirera de l'argent, on permettra l'année prochaine, et peut-être plus tôt, l'entrée des étoffes des Indes et des manufactures de Hollande façon des Indes; on permettra l'année suivante l'entrée du poisson frais et salé; enfin, il ne restera plus rien qui ne puisse entrer.

«Comment M. de Bergeyck peut-il accorder cette conduite avec celle qu'il tient dans le pays de Liège et la terre de Saint-Hubert? D'un côté, il se relâche de la défense du commerce, et, en se relâchant, il ruine les sujets de France et d'Espagne pour un profit très modique; et de l'autre, il pousse la rigueur des mêmes défenses jusques à exercer des actes de souveraineté sur le pays de Liège et de Saint-Hubert, qui ne dépendent point de l'Espagne. On vient encore d'y arrêter, et sur le chemin neuf, dix-neuf charrettes chargées de marchandises; c'est une affaire dont S. A. É. de Cologne fait de grandes plaintes, et dont le Conseil du Roi sera bientôt informé, s'il ne l'est déjà.

«Le mal presse, et il est temps d'y remédier. Le sel blanc de Hollande entre tous les jours, sur les nouvelles permissions qui ont été données; il se répandra dans toutes les villes de la Flandre espagnole; avant qu'il soit peu, il y en aura plus qu'il n'en faut pour la consommation d'une année. Que deviendront cependant les sels dont la ville de Dunkerque est chargée?

«On ne peut finir ce mémoire sans faire encore une autre réflexion. Nous observons très religieusement, dans le Pays conquis, la défense du commerce; on n'y laisse entrer aucune marchandise de Hollande, pas même celles qui sortent de la Flandre espagnole, quand on peut croire qu'elles viennent de plus loin. Les manufacturiers s'en plaignent, les manufactures languissent, les peuples voient avec douleur qu'ils sont traités moins favorablement que ceux de S. M. C., auxquels on permet l'entrée de toutes les marchandises venant de Hollande qui peuvent servir à leurs manufactures. M. de Bergeyck expédie tous les jours ces sortes de permissions; mais il faut demeurer d'accord qu'à cet égard, il se tient dans le principe dont on étoit convenu, de permettre l'entrée des marchandises qui peuvent contribuer à la perfection des manufactures. Ne seroit-il pas juste d'avoir la même facilité pour les sujets du Roi, qui ne peuvent soutenir ni leur commerce ni leurs manufactures s'ils n'ont la même liberté dont jouissent les sujets d'Espagne, et si on ne leur permet pas l'entrée des marchandises de Hollande dont leurs manufactures ne peuvent se passer *?»

* M. Barentin, intendant en Flandre maritime, envoie aussi, le 29 janvier, sa protestation contre l'importation des sels de Hollande.

736. *M. Phélypeaux, intendant à Paris,*
au Contrôleur général.

16 Janvier 1705.

Une enquête sur les faits dénoncés par un placet des habitants de Chatou contre leur seigneur, M. Portail, conseiller de Grand'Chambre, et sur les violences qu'il aurait fait subir aux collecteurs qui voulaient augmenter la cote de ses fermiers, n'a produit aucune preuve; pas un plaignant ne s'est présenté*.

* Le jour suivant, M. Portail, en se justifiant de toutes ces accusations et en rapportant un désaveu des habitants de Chatou, demande à poursuivre les auteurs présumés du placet.

737. *M. Ferrand, intendant en Bourgogne,*
à M. Desmaretz.

17 Janvier 1705.

Il donne des renseignements sur le service des receveurs des impositions commissionnés par les États, et approuve la taxe qu'on propose de leur faire payer contre décharge de toute recherche pour le droit de 5 deniers par livre qu'ils ont perçu indûment. Cette taxe pourra produire 200,000 ᵗᵗ, et même 250,000 ᵗᵗ *.

«Je m'explique en liberté avec vous; je ne le ferois pas avec tout autre. Je vous supplie très humblement que cette affaire ne passe point par vos commis : vous savez les ménagements que l'on doit garder dans la place où je suis. J'espère et je me flatte que vous ne la confierez à personne.»

* Voir, sur ces receveurs, deux lettres de M. Pinon, successeur de M. Ferrand, en date des 10 et 26 juillet 1706, et les pièces qui y sont jointes.

738. *M. de la Bourdonnaye, intendant à Bordeaux,*
au Contrôleur général

17 Janvier 1705.

Il conseille de repousser le projet de mise en loterie d'un vaisseau neuf qui se trouve à Saint-Jean-de-Luz.

«C'est un mal déjà trop commun parmi les Basques de s'engager à bâtir des vaisseaux sans avoir de quoi les achever. Cela consomme les bois, sans augmenter le commerce : la facilité d'en faire des loteries augmenteroit le mal, au lieu de le guérir. Au surplus, on doute que la loterie pût se remplir sans y avoir beaucoup de friponneries.»

739. *Le Contrôleur général*
à M. de Luciennes, résident du Roi à Gênes.

18 Janvier 1705.

Le Roi vient de créer de nouvelles rentes sur l'hôtel de ville, qui sont par moitié héréditaires et par moitié viagères. S'il se trouvait des Génois qui voulussent placer ainsi leur argent, il faudrait leur donner les exemptions nécessaires.

740. *M. Phélypeaux, intendant à Paris,*
au Contrôleur général.

18 Janvier 1705.

Rapport sur une prétendue mine d'or découverte, en 1700 ou 1701, à Auneuil près Beauvais*.

* Voir une lettre du sieur le Scellier, subdélégué de l'intendant à Beauvais, en date du 26 mars 1704.

741. *M. Trudaine, intendant à Lyon,*
au Contrôleur général.

18 Janvier 1705.

«Je vois, par la lettre que vous m'avez fait l'honneur de m'écrire le 11 de ce mois, que l'intention du Roi est que les billets de la Monnoie de Paris se prennent ici sans difficulté, et que je l'appuie de toute autorité. Ce n'est point à moi que la connoissance en viendra, s'il y a quelque contestation pour obliger de les prendre : l'on ira à la Conservation, et j'ai déjà dit à M. le prévôt des marchands et au consulat, qui sont juges de la Conservation, qu'ils ne pouvoient s'écarter, dans leurs jugements, de la déclaration du Roi. Mais toute cette autorité, ces jugements et condamnations ne donneront point ici de confiance aux billets; il faudroit y apporter quelques modifications pour faire cesser les principales objections de nos négociants, avec lesquels j'ai déjà bien disputé, et, si vous n'avez cette bonté de trouver quelque tempérament, il est sûr que le premier qui donnera ici des billets de monnoie y perdra tout son crédit. Les marchands conviennent qu'ils ne pourront les refuser; mais, en même temps, ils s'expliquent que ceux qui en auront donné ne trouveront à faire aucune affaire sur la place avec personne; cela causera une grande interruption dans le commerce. Les principales objections qu'ils font contre ces billets, auxquelles il me paroît que l'on pourroit trouver quelque tempérament pour les satisfaire, sont :

«1° L'assurance de la vérité du billet et de la signature de celui qui est commis à la Monnoie pour les faire. Ils craignent le grand nombre de faux billets qui pourront s'y glisser, qui seront autant de perte pour ceux entre les mains de qui ils se trouveront; et, pour établir leur objection, ils rapportent l'exemple des billets de l'Échiquier d'Angleterre : quand on les remboursa, il s'en trouva pour 5 à 6,000,000 # de faux, qui furent perdus pour les porteurs. Ils craignent de tomber dans pareille aventure. Il m'est venu dans l'esprit que l'on pourroit obliger ceux qui les donnent : le premier, de certifier la signature de celui qui les fait; le second certifieroit la signature de celui dont il l'a reçu; et ainsi des autres. Ce seroit des endossements de certificats de signature, qui pourroient n'être pas embarrassants dans l'exécution, quoiqu'il répugne d'abord de faire certifier par un nombre infini de personnes entre les mains desquelles ces billets passeront. Quand ils se trouveront endossés de cinq ou six signatures, celui à qui on les présentera, en reconnoissant quelqu'une, n'en demandera pas davantage, parce que, ces signatures n'étant que pour l'assurance de la vérité du billet, et non pour obligation de payement, l'on en méprisera la multiplicité; joint que les faussaires, qui connoîtront que l'on ne prendra ces billets qu'avec ces certifications, ne seront pas si hardis, parce qu'ils ne les pourront certifier sans courre risque qu'on leur fasse aisément leur procès, la conviction étant dans leur propre certificat.

«La seconde objection que font nos négociants regarde l'exception portée par la déclaration, par laquelle le Roi ne veut pas qu'il en soit reçu dans aucun de ses bureaux. Cela leur fait soupçonner la bonté de cette monnoie, puisque le Roi, qui la fait, n'en veut point pour lui; et, si l'on avoit seulement marqué que l'on prendroit dans les recettes le quart en billets de monnoie de ce qui doit y être payé, ils seroient rassurés; mais l'exclusion entière est, pour les négociants, une preuve convaincante de la mauvaise nature de cette monnoie, et il n'y a point de raisonnement qui leur puisse ôter de la tête cette prévention. Ils disent hardiment que, si on la croyoit bonne, on ne l'excluroit pas en entier, et que le Roi, en voulant bien recevoir pour une certaine partie des payements que l'on est obligé de lui faire, ne seroit pas, pour cela, embarrassé de payer ni les rentes, ni l'extraordinaire de la guerre, ni les autres dépenses nécessaires, puisqu'il les déboucheroit comme il les recevroit, et qu'il recevroit assez d'argent comptant dans les trois autres quarts pour satisfaire aux payements qu'il faut absolument faire en argent. Ils font de suite une réflexion que la déclaration les va mettre dans une disette entière d'espèces, parce qu'il ne se payera rien qu'avec ces billets, et qu'il faudroit apporter une modification sur l'obligation de les prendre, en marquant que le débiteur ne pourra obliger le créancier de prendre en billets de monnoie que la moitié du payement actuel qu'il fait; et cela les feroit mêler avec l'argent comptant. L'on pourroit encore exclure d'abord les créanciers des petites parties au-dessous de 100 # de l'obligation d'en prendre; je dis d'abord, car, lorsque l'expérience aura fait connoître que l'on commerce aussi aisément avec ces billets qu'avec de l'argent, le créancier, quoique de petite somme, ne refusera point son payement parce qu'on lui voudra faire en cette monnoie.

«La troisième objection est sur le payement du principal et des intérêts des billets. Quelque chose que je leur aie pu dire, ils ne se peuvent persuader qu'on leur payera les intérêts en argent comptant. Ils disent que l'on ne fera qu'augmenter leurs billets ou leur en donner d'autres, et qu'ainsi, n'étant point assurés du payement de leurs intérêts en espèces d'or et d'argent, ils regardent ces billets comme des pelotes de neige qui grossiront tellement, que la suite leur en fait peur, et même qu'à l'égard du principal, si on manque de le payer à l'échéance des billets, ils ne peuvent plus les recevoir que par force, et qu'ils travailleront à les éviter de toute leur industrie. Ils ajoutent que, quand même le Roi voudroit leur faire payer leurs intérêts en argent, et même les principaux à l'échéance, ce sera encore un grand embarras pour eux de les envoyer recevoir à Paris, n'y ayant point ici de bureau établi pour les payer. Je crois que l'on pourroit leur donner quelque satisfaction sur cette objection : il faudroit commettre ici quelqu'un pour le payement des intérêts aux temps des échéances, et même des principaux, si l'on en vouloit rembourser; mais, si vous n'êtes pas dans la facilité de rembourser les principaux, vous ne commettrez que pour le payement des intérêts, et les renverrez à Paris pour leurs principaux, où vous trouverez des moyens pour vous en tirer plus commodément qu'en province. Je suis persuadé que l'établissement du commis pour payer les intérêts fera un très bon effet.

«Il reste une dernière objection, qui est la plus forte et celle qui les retient le plus. Ils sont persuadés que l'on fera de ces billets pour de si grosses sommes, qu'ils ne pourront jamais être acquittés, et qu'ils leur demeureront en pure perte dans les mains : ce qui peut les ruiner. Les plus forts et les plus considérables m'ont dit que s'ils étoient assurés d'une certitude *physique*, permettez-moi ce terme, que l'on n'en voulût faire que pour trente millions, que cela ne feroit point de peur, parce que l'on compteroit de pouvoir trouver des moyens, à la paix, de remplacer cet argent, pour les acquitter. Je ne sais comment les guérir de cette peur, qu'ils ne regardent point comme imaginaire; j'ai encore moins de moyens à vous proposer pour leur faire connoître que l'on ne veut pas faire de ces billets pour des sommes aussi grosses qu'ils le craignent, et ils disent que, quand on auroit résolu, dans le Conseil, de n'en faire que pour dix millions, si l'on en trouve le débit facile, on se laissera aller à en faire tant que l'on en aura besoin. Ils ajoutent que, lorsque les places en seront remplies, ils n'auront pas même d'argent comptant pour payer les douanes des marchandises qui leur arriveront des étrangers, auxquels ils seront obligés de mander de cesser de leur envoyer des marchandises, ou qu'avec la marchandise, les étrangers leur mettent de l'argent comptant pour payer la voiture et les douanes. Ils disent encore qu'il n'entrera plus ni or ni argent, soit en barres ou en piastres, parce qu'ils sont assurés de n'en être payés qu'en billets de monnoie, et que les François même qui en ont en pays étrangers se donneront bien de garde de les faire venir en France, aimant mieux s'en défaire chez l'étranger que d'en avoir ici le payement en billets de monnoie.

«Si néanmoins vous apportez des modifications telles que j'ai eu l'honneur de vous les proposer, ou d'autres semblables qui puissent les rassurer du côté de la trop grande fabrique qu'ils en craignent, et que vous en fassiez payer à l'échéance, tant en principaux qu'intérêts, je crois qu'ils pourront s'y accoutumer et prendre quelque confiance. Le payement des billets à leur échéance, tant en principal qu'intérêts, n'est pas ce qui me paroît devoir embarrasser, car vous ferez donner demain en payement à ceux à qui le Roi doit continuellement ce que vous avez acquitté aujourd'hui, et peu d'argent comptant vous doit faire ce commerce.

«Je vous supplie de me pardonner le long raisonnement que j'ai fait sur cette matière : je ne l'aurois pas hasardé, si je n'étois persuadé que vous avez un peu de bonté particulière pour moi et que vous voudrez bien excuser, et même cacher, ce que vous croirez y être de mal pensé; et en vérité, le mal pressant a beaucoup contribué à me faire prendre cette liberté, dont je me corrigerai, si vous me faites connoître mon indiscrétion. Je vous en serai sensiblement obligé *.»

* M. Desmaretz répond, le 11 février, qu'en ce qui concerne l'authenticité des billets de monnaie, il serait trop difficile de les faire endosser par tous les porteurs successifs, soit à cause du nombre de mains par lesquelles ils passent, surtout depuis qu'on en a permis le renouvellement tous les mois, soit à cause des contestations sur la solvabilité du porteur qui les donne en payement. Le particulier qui les reçoit pourra demander un certificat d'authenticité; mais le contrôleur général ne croit pas qu'il convienne de l'ordonner par arrêt.

Si les billets se recevaient dans les bureaux de recette du Roi, cela leur donnerait sans doute plus de crédit et de circulation; mais ils tomberaient tous dans les caisses, qui n'auraient plus d'argent pour payer les rentes sur la ville, et celles-ci ne peuvent se payer en billets.

Si l'on restreignait à la moitié des payements l'obligation pour le créancier d'accepter les billets, il en arriverait que les débiteurs garderaient leur argent hors du commerce, en prévision des payements à venir.

Il n'y a rien à régler pour les sommes de 100[#] et au-dessous, puisque presque tous les billets sont de 1,000 [#] et au-dessus, et les moindres de 500 [#].

La conduite de la Monnaie de Paris doit rassurer les négociants : depuis l'arrêt du 13 janvier, on y paye comptant et sans aucune remise tous les intérêts échus, plus un mois d'avance, et il ne se passe pas de jour que plusieurs billets ne soient remboursés en capital.

Quant à la difficulté de faire toucher à Paris le capital ou les intérêts, il serait à souhaiter sans doute qu'un bureau pût être établi à Lyon par les négociants, comme ils le proposent; mais les intérêts ne peuvent être acquittés qu'en renouvelant les billets, par ceux mêmes qui les ont signés, et l'on ne saurait donner au directeur de Lyon la même faculté d'émettre et de signer qu'à celui de Paris.

Il faut espérer que l'inquiétude du négoce se calmera en présence de ces faits réels et de l'assurance que la quantité des billets en circulation a été très considérablement exagérée par le bruit public.

Le 25 janvier et le 21 septembre 1706, au sujet de procès faits à des contrefacteurs, M. Desmaretz écrit au premier président Hesdier, de la part du contrôleur général, qu'il y aurait peut-être plus d'inconvénients à révéler ce délit et à discréditer ainsi les billets, qu'à ne point poursuivre le coupable. Cependant des procès de ce genre eurent lieu par la suite. (Lettre du 7 juin 1707, aux commissaires de la Monnaie.)

---

742. *M. Desmaretz, directeur des finances, au Maire de Dreux.*

22 Janvier 1705.

«Je n'ai point cru devoir faire réponse à la lettre que vous m'avez écrite, par laquelle vous demandez justice des violences que vous prétendez avoir été faites par une recrue du régiment de Touraine qui a passé à Dreux, sans être instruit plus particulièrement de ce qui est arrivé dans cette occasion. Vous convenez vous-même que l'officier et le sergent, aussitôt que vous vous êtes plaint à eux, se sont mis en devoir d'arrêter la violence d'un des soldats de cette recrue, qu'ils vous l'ont livré, et qu'il est resté prisonnier à Dreux; mais vous ne parlez point de l'assemblée tumultueuse du peuple, qu'il étoit du devoir de votre charge d'empêcher; vous ne dites rien de la violence avec laquelle ils ont chargé les soldats de cette recrue sans armes, au point que le sergent est resté à Montfort pour se guérir des coups qu'il avoit reçus, et qu'on est obligé de laisser les soldats blessés dans les hôpitaux de leur route. J'en ai porté mes plaintes à M. Chamillart, et j'espère que le Roi en fera justice, si vous ne la prévenez par les voies qui conviennent en telle occasion. Je suis très aise que les conducteurs de la recrue aient fait aussi bien leur devoir en cette occasion qu'il le paroît par votre procès-verbal; mais je ne saurois m'empêcher d'être surpris que vous et les autres officiers de Dreux n'ayez pas fait plus d'attention à ce qui regardoit mon fils, pour la compagnie duquel étoit destinée cette recrue, après tous les bons offices que j'ai rendus au général et au particulier de votre ville.»

---

743. *M. Desmaretz, directeur des finances, à Mlle d'Illiers.*

23 Janvier 1705.

«J'ai examiné avec attention le mémoire que vous m'avez remis, lequel tend à faire lever un corps d'officiers dans les principales villes du royaume pour faire l'inspection, l'examen et le contrôle des ouvrages de librairie, imprimerie et gravures. Je souhaiterois fort, par l'envie que j'ai de vous faire connoître la part que je prends à ce qui vous touche, d'avoir trouvé jour à faire réussir cette affaire; mais je vous avoue que je n'y vois aucun fondement. Cependant, si la personne qui s'est adressée à vous pour cela, croit pouvoir y ajouter quelques nouvelles lumières, je suis prêt de l'entendre tant qu'il lui plaira, lorsqu'il viendra de votre part.»

---

744. *M. Aunillon, président de l'élection de Paris, à M. Desmaretz.*

23 et 29 Janvier 1705.

Il rend compte de la confection des rôles dans la paroisse de Champlan, à laquelle le contrôleur général s'intéresse, et explique quelles mesures il a dû prendre pour arriver à une répartition équitable*.

* Dans un mémoire justificatif joint à cette lettre, il dit : «Lorsque le président de l'élection de Paris a l'honneur d'être commis à la confection et vérification des rôles de quelque paroisse, voici ses principes. Comme il sait, par l'expérience que l'application à son devoir lui a apprise depuis qu'il a l'honneur d'être en place, qu'un des grands inconvénients des paroisses sont les cabales formées pour nommer des collecteurs, et que, lorsqu'elles réussissent bien, il est assuré que tous les jeunes hommes, lesquels n'ont point été collecteurs, sont extrême-

ment ménagés, parce que les collecteurs les craignent tellement qu'ils n'osent les augmenter, de peur d'être ruinés à leur tour, ce qui fait qu'il y a tels habitants qui porteroient 20 et 30 ˡᵗ de taille, qui, par cet abus, sont dix, douze et quinze années à ne payer que 4 ˡᵗ et 5 ˡᵗ, la première diligence que fait le président de l'élection là-dessus, est de s'informer des gens qui n'ont point été collecteurs dans la paroisse dans laquelle il est commis, et la qualité des biens que ces gens possèdent : après quoi il engage les collecteurs à leur donner leur véritable taux. Les remontrances dont il se sert pour cela envers ces collecteurs, qui sont ordinairement rétifs sur cet article, par la crainte du retour sur eux, est qu'il leur dit qu'ils n'ont qu'à se disculper et dire aux gens qui se plaindront qu'ils n'ont aucune part à cette action, et que c'est le sieur commissaire. Cela apaise presque tout d'un coup les plaintes, et les particuliers d'ailleurs, ne se trouvant jamais trop taxés, les années suivantes, ne font plus de cabale, et les choses se trouvent réduites au point de la justice que l'on a pu rendre sur les instructions que l'on peut prendre sur ces sortes de matières. Le président s'attache, après cela, à une discussion exacte des biens des particuliers, et à connoître les changements qu'il y a eu depuis dix, douze et quinze années dans les paroisses, pour essayer d'y rétablir l'ordre et la tranquillité. . . . . »

745. *M. Desmaretz, directeur des finances, à M. de Fusselet, commissaire des guerres à Crest.*

27 Janvier 1705.

« Il est vrai que M. Chamillart m'a renvoyé la lettre que vous lui avez écrite au sujet de la somme de 3,000 ˡᵗ qu'on vous demande pour la confirmation de votre noblesse et vous faire jouir de 150 ˡᵗ de rente. Je suis fâché de ne pouvoir vous y rendre tout le service que vous souhaitez; mais c'est une affaire générale, dont personne de ceux qui sont dans le même cas que vous ne peut être dispensé que par une grâce particulière du Roi. Vos services peuvent vous l'obtenir, et c'est ce que je crois que vous devez demander à M. Chamillart; mais vous feriez mal de renvoyer vos lettres et de déclarer que vous ne voulez plus vous en servir. D'ailleurs, je crois devoir vous dire qu'on n'en accepteroit pas la proposition.

« Au fond, il ne s'agit que de 1,000 écus, pour lesquels vous aurez 150 ˡᵗ de rente; et plus vous êtes attaché au service, et plus vous devez, par votre exemple, exciter ceux qui sont dans le même cas à donner au Roi, dans cette occasion, le secours qu'il demande*. »

* Le 29 janvier 1706, il écrit à M. de Makau que, si celui-ci ne peut verser la finance de la rente de 150 ˡᵗ, les cautions du traitant de l'édit d'octobre 1704 offrent de le faire à sa place, pourvu qu'il paye seulement les 2 sols pour livre.

Le 6 octobre 1705, il avait donné ordre à M. Rouillé de Fontaine, intendant à Limoges, de menacer les retardataires de les mettre d'office à la taille. « Il s'en trouvera quelques-uns, disait-il, qui sont exempts de taille indépendamment de leurs lettres de noblesse, au moyen des charges qu'ils possèdent; mais vous pouvez menacer ceux-là de la suppression de leurs lettres de noblesse, et je ne doute pas que S. M. ne se porte à le faire, s'ils persévèrent dans l'opiniâtreté qu'ils ont fait paroître jusqu'à présent en refusant, depuis un an, de lui donner un médiocre secours, dont elle payera l'intérêt, dans le temps que ce recouvrement est presque fini dans les autres provinces. »

746. *M. Desmaretz, directeur des finances, au sieur Hénault, fermier général.*

28 Janvier 1705.

« Je vous envoie une proposition concernant la vérification des comptes, registres et acquits des fermes, dont on offre un million au Roi. Je vous prie de l'examiner, pour en parler à la première assemblée. »

747. *M. de Saint-Contest, intendant à Metz, au Contrôleur général.*

28 Janvier 1705.

Il explique que le grand nombre de troupes qui hivernent dans son département force de faire supporter le logement à certains exempts; lui-même s'y soumet tout le premier, ainsi que le font les chanoines et M. l'évêque de Toul.

« Voici l'ordre qui s'observe en ce pays-ci à ce sujet. Quelque foule qu'il y ait, on ne loge jamais chez ceux qui ont les recettes publiques, parce qu'ils pourroient être volés. A l'égard des autres exempts, il y en a un état à l'hôtel de ville : on loge d'abord ceux qui ont les plus petites exemptions; ainsi, par degrés, on monte jusqu'aux conseillers, à la noblesse et aux chanoines, quand le besoin y est. La gradation de ces exemptions est apostillée de la main de M. de Sève, autrefois intendant ici*. . . . . »

* M. Desmaretz lui écrit, le 22 avril suivant, qu'il n'y a point lieu, dans l'état actuel des choses, de faire jouir les officiers nouvellement créés de l'exemption du logement, mais qu'il faut la promettre, pour un temps plus favorable, aux particuliers qui ont fait leur soumission d'achat, et les engager à retirer leurs provisions sans retard : faute de quoi on les contraindrait au payement de la finance.

Le 1ᵉʳ août suivant, à propos des réclamations d'un receveur de grenier à sel, M. de Harouys, intendant en Champagne, écrit : « Rocroy est une très petite ville, sujette à de continuels passages; le nombre des habitants en est très petit; à la réserve de quarante ou cinquante qui sont en état de loger des troupes qui y passent, et dont la plupart ont trouvé le secret, par de petites charges qu'ils ont achetées, de se procurer de semblables exemptions, tout le reste n'est que vivandiers ou autres gens misérables, chez lesquels on ne peut prendre aucuns logements. Tant qu'il ne passe dans cette ville que des recrues ou de petits corps de troupes, les maire et échevins ne s'avisent pas de tomber sur les privilégiés; mais, sitôt que les passages sont extraordinaires, ils étendent leurs logements sur tous ces privilégiés, et souvent il arrive que le commandant de la place, le curé et le maire sont obligés de mettre dans leurs maisons une partie de ces troupes. . . . . »

748. *M. Bouchu, intendant en Dauphiné, au Contrôleur général.*

1ᵉʳ Février 1705.

Il demande qu'on fasse défenses aux officiers-majors du fort de Barraux de s'attribuer aucun droit d'usage dans la forêt de Saint-Marcel, non plus que d'y faire charbonner.

749. *M. Desmaretz, directeur des finances, aux Intendants.*

4 Février 1705.

«Je vous envoie un état d'évaluation des offices de contrôleurs au partage du sel qui sont à vendre dans les greniers à sel de votre généralité. Cette évaluation a été faite sur le pied du denier douze, afin de mieux faciliter la vente de ces offices; cependant, si on vous faisoit des offres au-dessous, pourvu qu'elles soient sur le pied du denier dix ou onze, j'estime qu'on les peut recevoir. Donnez, je vous prie, tous vos soins pour procurer la vente de ces offices et pour obliger les receveurs des greniers à sel de votre département de donner dès à présent des bulletins, et de faire mention sur leurs registres de tous les sels sujets à partage, conformément à l'édit et à l'ordonnance des gabelles, en attendant que le traitant y commette pour en faire les fonctions. Ils en ont une parfaite connoissance par les obligations qui leur sont faites, dans lesquelles ils dénomment ordinairement tous les débiteurs, ou la meilleure partie, pour davantage assurer leurs prêts. Le traitant se plaint qu'au lieu, par ces receveurs, de tenir la main à ce que les droits attribués par l'édit soient payés exactement par les copartageants, ils en éludent l'exécution en faisant faire autant d'obligations qu'il y a de particuliers qui partagent le minot ou demi-minot entre eux, ou en ne dénommant qu'un seul particulier qui prend un quart de sel, quoique ce particulier ne le lève au grenier que pour le partager entre plusieurs *. . . . . »

* Le 6 janvier 1706, il écrit à MM. Doujat, d'Ableiges, le Blanc et de Montgeron : «Le traitant chargé de la vente des offices de contrôleurs aux dépôts du sel dans les pays rédimés et francs de gabelles prétend qu'il ne pourra point trouver d'acquéreurs pour ces offices à moins qu'on ne lui permette de déposséder les commis qui se trouvent actuellement en place et d'y commettre d'autres personnes. On croit que cette liberté trop étendue pourroit être préjudiciable à la ferme des gabelles; cependant, comme il est évident que les commis en place ne se presseront point d'acheter les offices, lorsqu'ils verront que le traitant n'aura point le pouvoir d'y commettre, j'ai été chargé de vous prier de faire entendre à ceux qui se trouvent dans ces emplois, et qui sont en état d'acheter les charges, que, s'ils ne se mettent pas promptement en devoir de faire leurs soumissions, on laissera la liberté au traitant de commettre à leurs emplois; et, comme pour leur faire connoître que ce que vous leur direz sur cela sera sérieux, il sera bon d'en faire des exemples, et je donnerai ordre au traitant de déplacer ceux de votre département que vous avez trouvés les plus opiniâtres, sur le premier avis que vous prendrez la peine de m'en donner.»

Le 23 juin suivant, avis est donné aux mêmes intendants que les employés des contrôles qui n'ont point acquis les nouvelles charges dans le délai d'un mois, peuvent être dépossédés par les traitants et remplacés immédiatement.

---

750. *M. Trudaine, intendant à Lyon, au Contrôleur général.*

5 Février 1705.

«Il y a, dans le voisinage de cette ville, deux fort gros bourgs dans lesquels beaucoup de bourgeois de Lyon ont des maisons de plaisance, et même des fermes qu'ils font valoir. Les habitants de ces deux bourgs ont prétendu pouvoir mettre à la taille les bourgeois de la ville de Lyon, qui, de leur côté, ont prétendu en devoir être exempts suivant leurs privilèges. Cela forme une contestation, sur laquelle il m'est ordonné, par arrêt du Conseil, de donner mon avis. Je ne l'ai pu encore faire, parce que les habitants de ces bourgs n'ont pas encore produit leurs titres et leurs raisons; mais j'ai su depuis peu qu'il y avoit une grande mutinerie dans l'esprit de quelques-uns de ces lieux, et même qu'il s'y étoit passé des choses qu'il ne faut pas souffrir. Ils se sont assemblés au nombre de quatre à cinq cents, pour aller engager les villages des environs à se joindre à eux; ils ont aussi fait un rôle secret pour se cotiser pour les dépenses nécessaires pour soutenir leur affaire, et ont vendu quelques héritages de la communauté pour même sujet.

«Au lieu de faire faire le procès à quelques-uns de ces mutins, j'ai cru plus à propos de les punir par la bourse, et j'ai fait sur eux de très grosses cotes d'office. Ils sont riches et les peuvent porter, et je les menace que, si ils continuent à faire les mutins, je doublerai les cotes l'année prochaine. Je prends la liberté de vous fatiguer de ce détail, parce que je ne doute point qu'ils n'interjettent appel des cotes d'office, et, lorsque j'en aurai connoissance, je vous supplierai de dire à M. le premier président de la Cour des aides de n'y pas toucher. J'aurai aussi l'honneur de lui en écrire dans ce temps-là; mais le parti que j'ai pris apaisera sûrement cette vapeur. Si j'avois suivi la voie ordinaire de poursuivre juridiquement par information, cela auroit été peut-être inutile, y ayant trop de gens à comprendre dans le procès.

«J'empêcherai aussi que la vente qu'ils ont faite de leur héritage n'ait d'effet *.»

* Réponse en marge : «Pourvu qu'il soit assuré qu'elles sont faites avec proportion et qu'ils les peuvent payer, il peut ne point rendre d'ordonnance sur les requêtes qu'ils présenteront devant lui en opposition, et la Cour des aides ne sauroit recevoir l'appel qu'il ne lui paroisse qu'auparavant ceux qui sont taxés d'office se sont pourvus en opposition devant MM. les intendants.»

Le 21 février, M. Trudaine écrit encore : «Je croyois avoir calmé les esprits des mutins de Saint-Cyr et de Saint-Didier, par les cotes d'office que j'ai faites sur les chefs du parti, et ils étoient tout prêts à venir demander miséricorde; mais deux d'entre eux les en ont empêchés, et l'on m'a même dit qu'ils avoient fait 2,000 ᵗᵗ entre eux pour poursuivre leur affaire. Pour couper racine à ce désordre, j'ai hier fait arrêter un de ces chefs, et je ferai encore arrêter l'autre. Je lui offris la liberté sur-le-champ, s'il me vouloit avouer la vérité de tout; mais je trouvai tant d'insolence et d'impudence dans ce maraud, que je ne pus m'empêcher de le faire mener en prison; et, en l'y tenant quelques jours, il se rendra peut-être plus sage. Je lui demandai de quoi il se plaignoit pour exciter tout ce tumulte, vu que, dans la contestation qu'ils ont contre les bourgeois de Lyon, ils sont les seuls qui n'ont pas produit leurs pièces ni leurs raisons, et que, dans cette affaire, il ne falloit nul argent pour la décider, puisque, sur des mémoires qu'ils devoient me remettre, je donnerois mon avis au Conseil, sur quoi on leur expédieroit un arrêt gratis. Mais ce n'est pas là ce qui accommode ces brouillons : ils veulent tirer de l'argent des paroisses et tout mettre en combustion. Si la sévérité que j'ai cru être obligé d'apporter ne produit pas l'effet que j'en espère, il sera nécessaire d'instruire le procès contre quelques-uns. Les titres de l'accusation sont graves, d'avoir fait des assemblées, d'avoir levé de l'argent sans autorité, et d'avoir vendu les fonds de la paroisse. Nous aurons des preuves; mais c'est une extrémité à laquelle je crois qu'il ne faut venir que lorsque l'on aura épuisé tous les autres moyens. Mon but étoit de découvrir la vérité de la bouche de ce chef de parti, afin de faire rendre l'argent sans bruit et sans frais, car les formalités nous en mangeront plus que nous n'en pourrons retirer.»

Le 2 juin suivant, il écrit : «L'on a signifié ces jours-ci l'arrêt que vous avez rendu en faveur des bourgeois de Lyon, aux consuls et syndics des villages qui leur contestoient leurs privilèges; on l'a affiché aux portes des églises, à la manière ordinaire. Cela ne s'est pas fait sans quelque murmure des habitants, qui ont dit qu'ils ne l'exécuteroient pas; il y en a même d'assez hardis pour dire qu'ils brûleroient les maisons des bourgeois, et qu'à l'égard de l'arrêt, ils ont ajouté que ce n'étoit qu'un arrêt sur requête, et que, dans quinze jours, ils en auroient un contraire. Il est encore à propos que vous soyez informé que cette affaire a empêché jusqu'à présent une grande quantité de villages de faire leur rôle de la taille. Ils attendoient la décision du Conseil pour comprendre ou ôter les bourgeois de Lyon du rôle de la taille. Quand la première nouvelle arriva que l'arrêt étoit rendu et qu'il maintenoit les bourgeois dans leurs privilèges, je crus d'abord que tous ces mutins s'alloient remettre dans leur devoir, et il me parut que les rôles des tailles s'alloient faire à la manière ordinaire; mais trois paysans de ces villages, qui sont à Paris, nous ont tout gâté. Ils ont mandé dans les villages qu'il ne falloit avoir aucun égard à l'arrêt, et qu'ils en obtiendroient dans quinze jours un autre qui casseroit celui que vous avez rendu, qui n'est que sur requête, à ce qu'ils mandent. Ces trois paysans qui sont à Paris sont les plus séditieux et ceux qui ont soulevé tous les villages, où ils ont même été furtivement lever de l'argent. Je ne sais pas si vous les avez écoutés dans l'opposition qu'ils prétendent former à l'arrêt, et s'ils sont en procédure ordinaire sur cette opposition : auquel cas je vous supplie instamment de la vouloir juger le plus tôt qu'il vous sera possible. L'arrêt me paroissant contradictoire, cela rendra l'opposition bien facile à décider; mais il est de grande conséquence que le jugement s'en fasse promptement; et en même temps, si vous déboutez ces paysans de leur opposition, il faut dire très ferme à ces trois qui sont à Paris que s'il se rencontre la moindre difficulté dans l'exécution de l'arrêt, que vous avez donné ordre qu'on les fît arrêter, comme les plus séditieux, qui entretiennent tout le désordre. Vos menaces ne peuvent être trop fortes, afin d'éviter d'en venir à de plus fâcheuses extrémités, car je ne puis vous exprimer jusqu'où va l'esprit de sédition qui s'est répandu dans ces villages à la persuasion de ces trois paysans. Si ce n'est qu'un faux bruit qu'ils répandent et qu'ils mandent ici qu'ils se sont pourvus par opposition contre l'arrêt, et que cela ne soit pas effectivement, il faut, s'il vous plaît, les faire arrêter et nous les renvoyer ici prisonniers. Quand on les verra traiter ainsi, je ne doute pas que les villages ne se remettent dans leur devoir; mais il est de la dernière conséquence d'agir sévèrement contre ces trois hommes, si vous voulez qu'il n'arrive point un plus grand désordre. Je vous supplie instamment de ne point perdre de temps à faire finir cette affaire de manière ou d'autre, c'est-à-dire ou par un jugement prompt, si l'affaire doit être encore jugée, ou par faire arrêter ces trois hommes. J'apporterai ici tous mes soins pour empêcher que cette affaire n'ait des suites plus fâcheuses; mais il est absolument nécessaire que vous m'aidiez, parce que, tant que ces trois paysans demeureront à Paris, ce qu'ils font aux dépens des communautés, l'on croira toujours, dans les villages, qu'ils feront changer l'arrêt, et nous ne pourrons venir à bout de faire faire les rôles des tailles. Il est même très fâcheux que l'on ait tant tardé à les faire; mais, quelques menaces que j'aie pu faire jusques ici aux consuls que j'ai fait venir, et auxquels j'ai fait faire le rôle devant un élu, je n'ai pu encore leur faire signer, parce qu'ils sont menacés d'être tués et brûlés. Les mutins ont même eu l'insolence de faucher le pré d'un bourgeois de Lyon et de scier son blé ces jours-ci. L'on ne peut avoir des preuves du fait, qui demeurera impuni; mais ils sont résolus de pousser tout à l'extrémité, tant qu'ils auront l'espérance de faire changer l'arrêt. Ils y sont entretenus par ce que leur mandent les trois paysans qui sont à Paris; c'est ce qui me fait prendre la liberté de vous répéter qu'il ne faut point perdre de temps pour finir et faire arrêter ces trois hommes.»

En marge est cette réponse, de la main du contrôleur général : «Les faire mettre en prison.» Les trois députés ayant été en effet arrêtés à Paris, l'intendant, de son côté, fit saisir et traduire devant l'élection quelques-uns de leurs adhérents, comme coupables de malfaçons et de levées indues, et il obtint que les autres prisonniers fussent ramenés de Paris à Lyon, aux frais de la ville, pour les juger conjointement. Il fit faire d'ailleurs un arpentage des biens des villages récalcitrants, pour y régler aussi équitablement que possible la répartition de la taille. (Lettre à M. Desmaretz, 11 juillet; lettres de M. Desmaretz, 8 juin et 22 juillet.)

---

751. *Le Contrôleur général*
à M. de la Bourdonnaye, intendant à Bordeaux.

6 Février 1705.

Il lui recommande d'aider de tout son concours les receveurs généraux des finances.

«Je suis d'ailleurs informé que la plupart des receveurs particuliers se prévalent de leur maniement pour des affaires étrangères à leurs charges et font valoir à leur profit les deniers de leurs recettes : ce qui peut mettre le receveur général hors d'état de satisfaire à ses engagements avec le Roi, et est un abus très dangereux. Pour l'éviter, prenez la peine d'ordonner à tous les receveurs de vous envoyer, le 1er de chaque mois, un état en détail, certifié d'eux, paroisse par paroisse, de leur recette actuelle, tant de la taille, ustensile et remonte, que de la capitation, lequel vous ordonnerez à vos subdélégués, ou aux commis que le receveur général vous présentera à cet effet, de vérifier de temps en temps sur les lieux, afin de connoître s'ils ne divertissent aucuns deniers de leurs recettes : auquel cas l'intention de S. M. est que le receveur général commette à l'exercice de leurs charges sans retardement. Et lorsqu'il arrivera qu'elles ne produiront pas tout à fait les sommes qu'ils seront obligés de porter de mois en mois à la recette générale, aux termes de leurs engagements, il est juste qu'ils y suppléent par leur crédit, comme le receveur général fait du sien, et subissent les conditions de leurs traités : à quoi je vous prie de tenir la main, afin que la justice soit égale entre le receveur général et les receveurs particuliers, et que le service n'en soit point retardé. Prenez la peine d'informer lesdits receveurs de mes intentions, afin qu'ils n'en puissent ignorer.»

---

752. *Le Contrôleur général*
à M. Turgot, intendant à Tours.

8 Février 1705.

Le Conseil, s'en reposant sur l'engagement que M. Turgot avait pris de faire débiter les offices de vérificateurs particuliers, soit par le moyen des taxes d'office, soit par la réunion aux paroisses, avait destiné à des dépenses urgentes les 400,000 ₶ qui devaient en revenir. Il se trouve actuellement que le traitant ne paye point, parce qu'il n'a été recouvré, sur les taxes d'office, qu'une somme de 30,535 ᵗᵗ. Le Conseil ne peut admettre cette excuse, bien persuadé que, s'il s'était présenté des obstacles à la mise en œuvre des expédients proposés par l'intendant, celui-ci en aurait donné avis. On attend ses explications.

---

753. *Le Contrôleur général à M. Boisot, premier président du Parlement de Besançon.*

9 Février 1705.

« Le Roi a été informé que le sieur Quégain, pourvu d'un des huit offices de conseillers nouvellement créés au Parlement de Besançon, s'étant présenté pour être reçu en la manière ordinaire, le Parlement, après avoir ordonné l'information de ses vie et mœurs et donné jour pour tirer la loi, au lieu de l'y admettre conformément aux conclusions du procureur général de S. M., auroit ordonné qu'il remettroit entre les mains du procureur général les pièces justificatives de l'état de la personne de son père. Cet arrêt ne peut être regardé que comme un prétexte recherché pour éluder la réception de cet officier, dont j'apprends que le père est citoyen de Besançon et actuellement pourvu de la charge de payeur des gages du Parlement. Vous devez faire attention à ce que je vous ai écrit à l'occasion du retardement de la réception des sieurs Guyenard et Nicaise, et, comme les choses ne peuvent pas demeurer plus longtemps en cet état, S. M. pourroit se porter à quelque résolution que le Parlement auroit regret de s'être attirée. Je crois devoir vous en donner avis, afin que, faisant faire à votre Compagnie les réflexions nécessaires dans une occasion de cette conséquence, elle prévienne, par une obéissance prompte et sincère, ce qui pourroit lui faire de la peine*. »

* Suivant une lettre de M. de Bernage, intendant, en date du 20 février, le reproche qu'on faisait au nouveau conseiller était d'être fils d'un ancien sujet mainmortable de seigneur particulier. La réception du père à la charge de payeur du Parlement faisait préjuger qu'il était de condition libre; mais il ne voulait pas justifier de son affranchissement, de crainte que le Parlement n'en tirât encore avantage contre son fils. « Il y a longtemps, disait M. de Bernage, qu'en général on a perdu l'usage d'examiner si scrupuleusement l'origine pour l'entrée dans les charges; mais, outre la facilité usitée dans le commerce ordinaire des offices, celui-ci a pour lui la faveur de la nouvelle création. D'ailleurs, l'agrément qui regarde la naissance et la qualité des personnes n'appartient qu'au Roi seul, et, quand il a plu à S. M. de le donner en accordant les provisions, ce qui reste à faire aux Compagnies se réduit à l'examen des mœurs et de la capacité. . . . . »

Le 25 du même mois, M. Desmaretz écrit à M. Nicaise : « J'entre fort dans la peine que vous avez sur l'injure que le Parlement de Besançon vous a faite. Je ne sais point qui des officiers de cette Compagnie ont été capables de concerter le dessein de vous surprendre par des questions imprévues et qui ne regardoient point la loi qui vous avoit été donnée; mais on ne peut considérer leur conduite que comme l'effet d'une cabale très indigne de gens de bien et d'honneur. M. Chamillart, qui en a été informé, s'est chargé d'en parler au Roi et de prendre l'ordre de S. M. pour faire cesser les injustes difficultés qu'on vous a faites. Croyez que votre réputation n'en sera point altérée auprès des personnes qui vous connoissent, et qu'en mon particulier, je ne perdrai point d'occasion pour vous marquer que je suis, etc. » Le Conseil royal ordonna que les nouveaux pourvus fussent reçus purement et simplement, sans aucune restriction; mais, le Parlement ayant manifesté quelques intentions de revenir sur son arrêté, M. Desmaretz écrivit le 13 mars, à M. de Bernage, avant de faire expédier l'arrêt, que le Conseil « s'embarrassait peu de semblables mouvements des officiers de province, » pourvu que le Parlement, en se hâtant d'obéir sans attendre l'arrêt, effaçât une impression aussi fâcheuse. L'arrêt fut expédié et envoyé le 30 mars.

---

754. *Le Contrôleur général au sieur Prondre, intéressé aux affaires du Roi.*

10 Février 1705.

« Il a été scellé le 8 de ce mois une déclaration du Roi qui rétablit le droit de prendre des épices pour les défauts en faveur des conseillers du Parlement de Bordeaux, laquelle a été mise dans le coffre de la chancellerie par inadvertance. Je vous prie de me la renvoyer, afin que je la remette à M. le secrétaire d'État, qui doit l'envoyer au Parlement de Bordeaux, avec une lettre de cachet à l'ordinaire. C'est la suite d'une affaire qui a été faite à la satisfaction du Roi par le premier président du Parlement de Bordeaux, et S. M. a bien voulu accorder cette grâce au Parlement, en considération des services rendus par M. Dalon dans cette occasion, et de la disposition qu'il a trouvée dans les esprits de sa Compagnie à faire une chose utile à S. M. »

---

755. *M. le Blanc, intendant en Auvergne, au Contrôleur général.*

13 Février 1705.

Il annonce qu'il a établi quatre compagnies de dragons dans les paroisses limitrophes du Bourbonnais où les faux-sauniers allaient faire leurs chargements. En outre, les fermiers généraux placeront des brigades d'archers des gabelles dans le voisinage, pour être en communication directe avec les troupes et veiller aussi à ce que les cavaliers n'entrent pas en relations avec les fraudeurs*.

Les brigades avaient dû se retirer de certaines paroisses, sous le coup des menaces des habitants; il est allé les rétablir, et a déclaré publiquement que, si l'on refusait secours aux employés, ou qu'on les laissât maltraiter, le village en porterait la responsabilité et serait brûlé.

Dans la paroisse de Servant, presque tous les habitants avaient délaissé l'agriculture pour le faux-saunage : en trois mois, quatre d'entre eux ont été pendus, et plus de dix condamnés aux galères. Ces exemples ne suffisant pas, l'intendant a réuni ce qu'il a pu des habitants et leur a interdit, au nom du Roi, de s'absenter pour plus de deux jours sans un certificat du curé, à peine d'être poursuivis comme faux-sauniers. Un subdélégué ira deux fois par semaine faire l'appel sur le rôle des tailles.

Des mesures vont être prises pour l'arrestation de tous

les particuliers de la province contre lesquels la ferme a fait instruire. Les cabaretiers qui donnaient asile aux faux-sauniers logeront beaucoup plus de dragons que leurs voisins; une ordonnance a été rendue pour leur enjoindre de ne plus recevoir les inconnus qui se présenteraient en armes, et de les dénoncer aux juges ou aux maires et consuls, à qui les habitants devront prêter main-forte pour faire les arrestations.

Dorénavant, les sels que la basse Auvergne tire de Felletin et d'Aubusson, par Montel-de-Gelat et le Pontaumur, seront déchargés et délivrés dans une même maison, sous la surveillance d'un homme de confiance, qui tiendra note des délivrances et de la consommation. De semblables mesures de sûreté seront prises successivement dans la haute Auvergne et sur la frontière du Lyonnais.

Le fermier général qui a accompagné l'intendant dans cette tournée est d'avis, comme lui, qu'on devrait châtier aussi sévèrement les faux-sauniers en Bourbonnais qu'en Auvergne, puisque certaines paroisses appartiennent aux deux généralités. La partie basse de l'Auvergne relève du fermier général qui réside à Moulins, la haute de celui qui est établi en Languedoc, et la frontière du Forez est de la direction du Lyonnais, sous la dépendance du fermier de la Bourgogne. Il n'y a aucune correspondance entre les fermiers, les directeurs et les brigades. Il serait très utile pour la ferme de faire établir quelqu'un qui eût l'inspection sur les différents départements et des relations suivies avec chaque fermier. Cet office serait très bien rempli par le contrôleur des gabelles de Gannat, pour peu que les fermiers ajoutassent une gratification à ses appointements ordinaires**.

* Voir divers rapports envoyés par M. d'Ableiges, intendant à Moulins, du mois d'août au mois de décembre 1704.

** Le 10 mars suivant, il annonce qu'il a établi trois compagnies de dragons dans les plus hautes montagnes, à l'extrémité du département, et placé des brigades des gabelles dans les lieux du Rouergue où passent les faux-sauniers; mais les brigades ambulantes, qui ne sont que de quatre hommes, se trouvent tellement insuffisantes, qu'il a fallu prendre des surveillants en dehors de la ferme. Le pays est rude, les chemins difficiles, et jamais on n'y voit ni le fermier ni le directeur, qui habitent en Languedoc : c'est de là que vient la mauvaise régie, car le contrôleur des gabelles ne peut rien faire à lui seul et sans secours. Il est allé également installer trois employés dans une petite ville du canton de Viadène, et il a constaté que ce pays, placé hors de la portée de l'intendant de Montauban et du prévôt de Rodez, sert de repaire à tous les malfaiteurs des provinces voisines. Ce sont eux qui font le faux-saunage, et ils retrouveront leur audace dès que les troupes seront éloignées. Il faudrait donc que les prévôts de Rodez et de Villefranche, avec leurs compagnies, profitassent de l'investissement actuel pour venir informer de tous les crimes qui restent impunis depuis dix ou douze ans, et qu'ils arrêtassent les décrétés, les vagabonds, les déserteurs, etc., en même temps que le procureur principal des gabelles opérerait contre les faux-sauniers. L'occasion est favorable pour prouver que la guerre ne saurait empêcher la justice d'avoir son cours jusque dans les parties les plus inabordables du royaume.

---

756. *Le Contrôleur général à M. de Bernage, intendant en Franche-Comté.*

14 Février 1705.

Il est décidé que six juridictions seront établies sur la frontière de la Comté, à Dôle, Gray, Lons-le-Saunier, Jussey, Saint-Amour et Saint-Claude, pour connaître de ce qui concerne la gabelle; mais les fermiers demandent que l'on joigne à l'édit un état du territoire de chacun de ces six entrepôts, comme on l'a fait pour les dépôts établis sur les frontières des pays rédimés.

Ils réclament également des modifications à la pénalité édictée contre les consommateurs qui négligent de se procurer un passavant de l'entrepôt, et contre les faux-sauniers qui ramassent le sel pour le verser en Bourgogne.

---

757. *M. de Saint-Macary, subdélégué à l'intendance de Béarn, au Contrôleur général.*

22 Février et 14 Mars 1705.

Il rend compte des mesures prises pour éviter que l'exportation des grains de la basse Navarre ne nuise à l'approvisionnement des forges royales de Baigorry, où l'on fabrique particulièrement des bombes et des carcasses, et que, d'autre part, les prohibitions indispensables n'interrompent le commerce avec l'Espagne*.

* Réponse en marge de la première lettre : «Le parti qu'il a pris est bon. Que l'on ne transporte aucuns grains sans sa permission; mais qu'il ne l'accorde qu'en connoissance.»

---

758. *M. Desmaretz, directeur des finances, à M. le maréchal de Vauban.*

23 Février 1705.

«Je n'ai point fait réponse à la lettre que le sieur Friand m'a rendue de votre part, attendant qu'on pût trouver quelque jointure pour ne pas manquer aux engagements dans lesquels j'étois entré avec ceux qui m'avoient donné les premiers mémoires et qui m'ont fait les premières offres pour le Roi. Le sieur Friand m'a dit hier que les choses pouvoient s'accommoder, et j'espère que tout se terminera de manière qu'il se ressentira de la protection dont vous l'honorez.»

---

759. *M. de la Bourdonnaye, intendant à Bordeaux, au Contrôleur général.*

24 Février et 10 Mars 1705.

L'établissement des courtiers de change et de vins serait la ruine du commerce. Il est nécessaire de laisser les choses en l'état, ou sinon, de demander à la généralité une somme analogue à celle qu'elle a déjà payée pour la suppression des charges créées en 1691; mais on doit surtout se garder d'écouter les propositions que pourront faire les trente-six courtiers royaux de Bordeaux pour rentrer dans leurs anciennes fonctions privativement à tous autres* : ce serait, pour une somme minime, leur laisser des profits immenses et écraser le commerce sous un monopole**.

* Sur ces courtiers, voir les pièces jointes à une lettre du 28 novembre 1705.

** A la première lettre est joint un mémoire, et à l'analyse de la lettre, une réponse du traitant, qui estime qu'on doit demander au moins 200,000 ll.

Pour le rachat des offices de courtiers-commissionnaires des vins, l'intendant offrit de taxer à 60,000 ll environ tous les particuliers de la généralité qui en avaient fait les fonctions sans titre, quoique les marchands de vin de Bordeaux fussent pour la plupart religionnaires et malintentionnés; cette offre fut acceptée. (Lettres des 25 août et 5 décembre 1705, et du 7 juillet 1706.)

---

760. *Le Contrôleur général aux Intendants.*

2 Mars 1705.

«On avoit proposé au Conseil de taxer modérément les avocats et les médecins des principales villes du royaume pour s'être fait décharger par le passé, sans aucun titre, du logement des gens de guerre et de la meilleure partie de leurs contributions aux tailles et autres impositions, par le crédit que ces sortes de professions donnent ordinairement à ceux qui les exercent, à l'oppression des autres sujets de S. M. Présentement, on propose de les décharger des restitutions qu'on pourroit leur demander avec justice pour ces exemptions passées, même de leur accorder pour l'avenir une entière exemption de la taille, ustensile et autres impositions du logement des gens de guerre et de la milice, en payant à S. M. une finance proportionnée à ces privilèges. Je vous prie de me faire savoir si vous estimez qu'il y ait lieu d'écouter cette proposition, ce qu'elle pourra produire dans votre département, et les sommes auxquelles on pourra taxer chacun des avocats et des médecins pour jouir, eux et leurs veuves, de ces privilèges.*»

* M. Turgot, intendant à Tours, répond, le 31 mars : «Je me suis informé de l'usage, et l'on m'a assuré que, dans les villes franches comme Tours et Angers, et surtout dans celle-ci, ils ne jouissent point de l'exemption de logement, moins encore de l'ustensile et autres impositions; cependant je sais que, dans quelques autres bailliages particuliers, il y en a, par tolérance, les cinq ou six anciens avocats qui jouissent de cette exemption. On sait qu'il n'y a pas de titre; mais, comme leur profession a toujours été honorée avec raison et est restée libre, puisque c'est le mérite et le travail qui en fait tout le prix pour y entrer et y réussir, et qu'on n'a pas cru jusqu'à présent devoir charger ces talents propres d'aucune contribution, ils ont joui par leur mérite de quelque considération; et, comme la profession des médecins donne à bon titre les mêmes prérogatives, je ne sais s'il est convenable de songer à en tirer des secours. Il y auroit même quelques inconvénients : le premier, pour les fils de famille n'ayant aucun bien acquis; le second, que, quand un officier meurt, ses héritiers sont remboursés par celui à qui ils ont vendu son office des exemptions qu'il a acquises. Ici, il n'y auroit point de remboursement, n'y ayant point d'office ni de successeur. Le troisième, que, comme au-dessus de vingt-sept ans, il ne faut que six mois d'études pour acquérir des licences, il seroit à craindre que plusieurs ne prétendissent, par ce titre, acquérir les exemptions, y ayant plusieurs, reçus avocats pour le titre, qui quittent cette profession pour le commerce; et il seroit nécessaire de spécifier qu'il n'y auroit que ceux qui en font profession actuelle qui en pourroient jouir. Quatrièmement, les taxes ne pourroient être que modiques, et de 300 à 400 ll au plus pour les plus forts, et pour les moindres à proportion, en les distribuant en trois classes; encore auroit-on beaucoup de peine à les régler; et il semble qu'il vaudroit mieux, si on jugeoit nécessaire d'en tirer secours, attribuer les privilèges à six des anciens, selon les sièges, et faire répartir une modique somme sur tout le corps, dont on auroit peine à retirer la répartition et à les engager à y déférer. Cinquièmement, j'observerai que, dans tous les bailliages d'Anjou et du Maine, et dans presque tous les sièges des provinces, les avocats y ont réuni les charges et fonctions de procureur, et, en cette qualité, supportent toutes les taxes de ces corps, considérables en ce temps : ce qui leur rendroit le nouveau payement plus difficile. Enfin, pour les médecins, cela seroit encore plus difficile à recouvrer, soit par le mérite distingué encore plus attaché à cette profession qu'à toute autre, et par le peu de facultés d'un grand nombre de ceux qui l'exercent avec le plus d'honneur, ou qui entreprennent à s'y former avec très peu de moyens et beaucoup de travaux. Ainsi, cela ne pourroit être uniforme, et seroit, à mon avis, très difficile, quand même on y apporteroit les mêmes tempéraments proposés pour les avocats. Quant au secours en général, j'estime que, selon ce projet, une somme de 16,000 ll environ pour les avocats, et au plus le tiers aux médecins, seroit assez proportionnée à leur état, et à peu près ce qu'on en pourroit espérer, selon la connoissance que j'ai de ces corps; et il seroit aisé de composer des états des avocats sur les rôles de capitation, qui sont arrêtés. Voilà toutes les observations que je puis faire pour l'éclaircissement de la proposition dont vous m'avez fait l'honneur de m'écrire.»

La réponse de M. d'Angervilliers, intendant à Alençon, est datée du 19 mars. Il dit que les deux professions ont toujours été comprises dans tous les rôles, et qu'on ne pourrait rien réclamer pour le passé. Quant à faire payer une finance pour l'exemption, cette partie du projet ne pourrait réussir qu'à condition de ne forcer personne à acquérir, car beaucoup d'avocats ou de médecins ne sont point occupés, et tous se montreraient de mauvaise composition. Le mieux serait de permettre à deux avocats par bailliage et à un médecin par ville de s'affranchir moyennant une somme de 500 ll, tandis que les autres seraient taxés d'office à la taille suivant leurs facultés et contribueraient aussi au logement.

M. de Courson, intendant à Rouen, écrit, le 14 mars, que l'affaire ne serait applicable qu'à trois médecins et à sept ou huit avocats de Rouen. Dans tout le reste de la généralité, il n'y a pas un médecin en état de financer, et les avocats ne sont, pour la plupart, que des praticiens faisant fonctions de juges dans les justices particulières, et déjà taxés à ce titre. D'ailleurs, l'augmentation du nombre des privilégiés aurait pour effet de rendre impossible le recouvrement des impositions.

M. Bignon, intendant à Amiens, dit que l'opération projetée serait d'un très petit produit en comparaison du tort que feraient de nouveaux privilèges ajoutés à ceux dont le nombre produit déjà une lourde surcharge pour les contribuables. L'état joint à sa lettre donne : pour Amiens, dix avocats et quatre médecins; pour Abbeville, quatorze avocats et sept médecins; pour Doullens, un médecin; pour Montdidier, six avocats et deux médecins; pour Saint-Quentin, sept avocats et quatre médecins; pour Roye, un médecin; pour Montreuil, quatre avocats et deux médecins; pour Boulogne, douze avocats et un médecin; pour Calais, deux avocats et quatre médecins; pour Péronne, dix avocats et cinq médecins.

M. d'Ormesson écrit, le 5 avril, qu'on n'a trouvé dans la généralité de Soissons que cinquante-huit avocats et vingt-quatre médecins, la plupart peu riches et de talent médiocre. Bien peu seraient en état de payer la somme de 500 ᵗᵗ qui avait été fixée pour les affranchissements de taille personnels, au mois de juillet 1702.

M. Foucault, intendant à Caen, dit aussi qu'il y a déjà trop de privilégiés dans les villes, que peu d'avocats ou de médecins seraient en mesure d'acquérir l'exemption, et que, d'ailleurs, on a soin généralement de montrer des égards, dans la répartition des logements, pour ceux qui se sont distingués dans leur profession. (Lettre du 11 mars.)

761. *M. Desmaretz, directeur des finances, à M. Bizeul, procureur du Roi en la Monnaie de Nantes.*

2 Mars 1705.

Instruction sur la jurisprudence adoptée par la Cour des monnaies en matières d'exercice illégal du métier d'orfèvre et de contrefaçon des poinçons.

762. *M. de Bagnols, intendant en Flandre, au Contrôleur général.*

4 Mars et 25 Juin 1705.

Rapports sur les inconvénients de la création d'une Cour des aides à Lille et sur les dangers que présentent les projets du sieur Gallois, auteur de la proposition *.

* Sur un précédent rapport, du 8 février 1705, on avait différé l'établissement d'une prévôté royale ou d'un bailliage à Menin. Voir, au 19 février, le mémoire du sieur de Loremy, directeur général des domaines de Flandres, auteur de la seconde de ces propositions.

763. *M. de Nointel, intendant en Bretagne, au Contrôleur général.*

8 Mars 1705.

Les frères Valentin, fournisseurs de bois pour la marine royale à Brest, offrent de donner 100,000 ᵗᵗ pendant dix ans contre autorisation de couper chaque année dix mille pieds d'arbres, à raison de deux par arpent, dans les forêts du Roi, et de substituer cette exploitation au choix et par triage à l'exploitation par parcelles*.

«La proposition qu'ils font mérite beaucoup d'attention, car elle va à renverser l'usage qui a été établi jusqu'ici dans l'exploitation générale des forêts qui appartiennent à S. M. dans l'étendue du royaume. Il est certain que l'offre que font lesdits sieurs Valentin apportera un profit présent au Roi, le produit des ventes ordinaires des forêts de S. M. dans la province de Bretagne ne montant pas, par chacune année, à la somme de 50,000 ᵗᵗ. Il est encore certain que l'usage qu'ils proposent d'établir pour les coupes de toutes les forêts qui appartiennent au Roi dans ladite province, s'observe dans la forêt de Rennes; qu'on y coupe tous les ans douze cents pieds d'arbres de futaie, que le bois s'y conserve très bien, et qu'il y augmente même assez considérablement. On connoît d'ailleurs, par expérience, que, dans quelques-unes des forêts qui sont dans ladite province, lesquelles sont exploitées par cantons à l'ordinaire, telles que celles de Villecartier, de Quimperlé, de Bosquen, de Ruis, et dans quelques cantons de Carhaix, il y a une grande quantité d'arpents où le bois n'est pas revenu. Les raisons qu'en apportent ceux qui ont été consultés sur cela sont : premièrement, que, les baliveaux, au nombre de seize, qu'on y laisse par arpent, pour étalons, étant exposés à l'impétuosité des vents, qui sont fréquents en Bretagne, et n'étant plus soutenus, la plupart en sont cassés, tombent, et souvent en sont déracinés, et que les bestiaux et autres bêtes des forêts, entrant dans les ventes usées par cantons, qui n'ont aucune défense, broutent la jeune renaissance à mesure qu'elle sort de la terre, et ne les quittent plus, parce que l'herbe menue devient plus forte étant exposée à l'air et au soleil, au lieu que, ne faisant les ventes que par pieds d'arbres, les forêts sont toujours pleines, et par conséquent en défense contre les bestiaux; secondement, que, n'abattant que deux pieds d'arbres par arpent, des plus gros et des plus sur le retour, on donne le temps à ceux d'un âge moins avancé de croître et de s'élever par degrés, depuis le plant d'un pouce de grosseur jusqu'aux arbres de quinze pieds de tour, parce que, la place que tenoient ces deux arbres par leur circonférence étant exposée à l'air, la manne qui est au-dessous et aux environs croîtra infailliblement et s'élèvera en futaie, étant en défense par elle-même : ce qui ne réussit pas dans les usances par cantons, dans lesquelles on coupe indistinctement depuis les plus gros pieds d'arbres jusqu'aux plus petits, en sorte qu'on est privé de l'usage qu'on pourroit tirer dans la suite des années de ces bois, s'ils avoient été coupés dans leurs saisons.

«Ils ajoutent, en dernier lieu, que les seigneurs de la province de Bretagne qui ont des forêts les exploitent tous par pieds d'arbres, et que c'est le moyen dont ils se servent pour les conserver. Cette matière est plus de la connoissance des grands maîtres des eaux et forêts que de la mienne; mais je ne puis me persuader qu'il soit avantageux au Roi de changer la manière des ventes des forêts de S. M., et il paroît qu'on peut en apporter plusieurs raisons. La première est que l'usage qui s'y observe présentement, y est établi de tout temps, et principalement par l'ordonnance de 1669, qui a été faite après avoir examiné avec une grande application ce qui pourroit être plus avantageux pour l'exploitation des forêts du Roi. Il y a apparence que les personnes qui avoient le plus de connoissance de tout ce qui pouvoit concerner les bois ont été consultées, et que ce n'est qu'après de grandes réflexions qu'on s'est déterminé à régler les coupes par cantons plutôt que par triages ou par pieds d'arbres, et à établir l'uniformité qui s'observe présentement par tout le royaume dans les usances des ventes. La seconde est que, s'il y a quelques forêts dans ladite province de Bretagne où il n'y ait pas de belles renaissances, il est certain qu'il y en a aussi plusieurs où le bois revient très bien, et dans lesquelles les cantons des ventes qui se font se regarnissent de jeunes bois de belle venue. La troisième est que la manière nouvelle que proposent lesdits sieurs Valentin seroit sujette à beaucoup d'inconvénients, en ce que la liberté que les adjudicataires des bois auroient de mettre en même temps la hache dans tous les cantons des forêts, y introduiroit les ouvriers et les charretiers.

qui y feroient beaucoup de désordres qu'on ne pourroit empêcher, et que, d'ailleurs, l'abatis même des deux arbres qu'ils auroient la liberté de couper dans chaque arpent, gâteroit et ruineroit presque nécessairement plusieurs arbres de ceux qui se trouveroient aux environs. La quatrième est que le choix des deux arbres par arpent pendant dix années paroit devoir consommer tous les arbres propres à ouvrages, et mettre hors d'état de continuer les ventes après lesdites dix années expirées, n'y ayant pas souvent vingt beaux arbres à choisir dans l'étendue d'un arpent. La cinquième est que l'exploitation par cantons a paru un moyen de prévenir les abus que les officiers pourroient commettre, et qu'il seroit à craindre que la nouvelle manière qui est proposée ne leur donnât des facilités qu'il est important de prévenir.

«Ainsi, de quelque manière qu'on envisage la proposition des sieurs Valentin, et quelque avantageuse qu'elle paroisse pour l'augmentation du produit des ventes pendant dix années, j'estime qu'elle doit être rejetée.»

* Voir, au 1er décembre 1704, la proposition envoyée de Brest par les frères Valentin.

764. *M. de Bagnols, intendant en Flandre, au Contrôleur général.*

9 Mars 1705.

«.... Le sieur Gon fait deux propositions : la première, de faire rentrer en France les vieux louis d'or qui sont en ce pays, pourvu qu'on lui en donne 14# 10s. à la Monnoie; la seconde, d'empêcher la sortie des nouveaux louis d'or. Ce sont deux belles idées, dont l'exécution est bien difficile. Je doute fort que le sieur Gon puisse réussir dans son projet : c'est un homme qui a peu de crédit en ce pays (on peut y ajouter peu de conduite), et très peu capable d'une pareille entreprise. Il ne faut pas douter que, s'il donnoit 31 escalins 1/2 ou 32 escalins de chaque louis vieux, il n'en rassemblât une grande quantité; mais comment fera-t-il pour les payer? Il lui faudra pour cela un capital que lui ni ses associés, dont je me défie fort, ne rassembleront jamais; les Flamands, aussi éclairés pour leurs intérêts qu'aucune nation qui soit dans le monde, ne prendront point de lettres sur Paris, ni des billets du sieur Gon; ils voudront voir des espèces. Quand on pourroit rassembler un million, car il n'en faut guère moins pour commencer dans une pareille entreprise, on rendroit l'argent rare en ce pays, et on feroit tort aux remises que le Roi fait faire pour le payement de ses troupes; ce seroit le vrai moyen de hausser les changes*.

«La seconde proposition ne vaut pas mieux que la première. Pour établir des changes sur la frontière, comme le propose le sieur Gon, depuis Rocroy jusques à Dunkerque, il lui faudroit un second capital d'un million au moins, pour distribuer dans toutes les places et y changer les louis nouveaux qui sortiroient de France avec des espèces d'Espagne : ce qui paroît une vision. Il y a plus : ce ne sont pas les nouveaux louis qui sortent de France pour venir en ce pays, ce sont les vieux. Quand ce seroit les nouveaux, est-il vraisemblable qu'un officier qui sort du royaume pour se rendre à sa troupe à la fin de son semestre ou de son congé, ou bien encore dans le temps que l'armée s'assemble, voulût se défaire de 100 louis d'or, qu'il porte commodément, pour se charger d'escalins dont le volume est pesant et incommode? Si on dit qu'on lui donnera des espèces d'or qui ont cours en ce pays, souverains, albertus et ducatons, on n'en rassemblera jamais assez, ces espèces étant rares, pour fournir à ce nouveau change.

«En un mot, il seroit à souhaiter que de pareilles propositions pussent réussir; mais l'exécution n'en est pas facile, pour ne pas dire qu'elle est impossible. Quand même des personnes plus accréditées que le sieur Gon en seroient chargées, on pourroit bien encore ajouter d'autres réflexions à celle-ci, s'il étoit nécessaire; mais je crois que ce qui vient d'être expliqué est plus que suffisant pour faire rejeter ces deux propositions.»

* M. Desmaretz écrivait, le 24 octobre précédent, à M. de Saint-Maurice, commissaire général de la Cour des monnaies à Lyon, que le contrôleur général avait rejeté une proposition de faire rentrer les louis d'or laissés en Bavière, sachant par expérience que c'était un encouragement pour les billonneurs à faire sortir les espèces en fraude, afin de les rapporter ensuite avec un profit plus grand, comme intermédiaires.

765. *M. de Bernage, intendant en Franche-Comté, au Contrôleur général.*

13 Mars 1705.

«J'ai reçu, avec la lettre que vous m'avez fait l'honneur de m'écrire le 5 de ce mois, la déclaration pour l'augmentation du dixième pendant une année sur les droits des fermes, et l'arrêt du Conseil pour la levée du dixième de la taille par augmentation sur les trois quarts de l'imposition de cette année*. Je fais travailler aux mandements nécessaires pour la levée de ce dixième sur l'imposition ordinaire de cette province; mais, en attendant qu'ils soient faits et que j'aie reçu l'arrêt pour l'augmentation du dixième pour la capitation, en exécution duquel il faudra faire aussi des mandements, qui pourront être envoyés en même temps que les autres, j'ai cru devoir vous remontrer qu'encore que cette augmentation soit générale sur tout le royaume, comme elle a été faite pour tenir lieu des édits et autres moyens extraordinaires auxquels le Roi auroit été obligé d'avoir recours pour les besoins présents de l'État, on en regardera la levée dans le comté de Bourgogne comme une contravention à l'abonnement qui lui a été accordé, puisque le subside extraordinaire de 350,000# qu'il paye annuellement n'est pour autre cause que la décharge des recouvrements qui devroient y être faits pour les secours nécessaires aux dépenses de la présente guerre; et je ne puis m'empêcher de vous dire que, dans ce pays frontière et conquis, où vous savez que la plupart des esprits et des cœurs se ressentent encore de quelque inclination pour l'ancienne domination, il ne laisse pas d'y avoir quelque danger de les aliéner davantage, donnant sujet au prétexte de se plaindre qu'on a manqué de bonne foi à leur égard. Il faut d'ailleurs considérer que cette province est chargée d'impositions, cette année, de plus de 550,000# qu'elle ne l'a jamais été, à cause de la levée du subside extraordinaire d'un côté, et, d'un autre, de celle d'excédent de fourrage et de revenant-bon pour la gendarmerie et cavalerie, qui n'a point encore été sur le pied qu'elle y est cette année, ayant jugé à propos, comme vous savez, de faire un grand effort pour rétablir les troupes. D'ailleurs, l'envoi de cinq mille cinq cents pionniers aux lignes d'Haguenau et de ceux qui ont travaillé tout l'été aux fortifications de Belfort et qu'on sera obligé d'y faire encore travailler cette année, aura coûté beaucoup plus de 200,000 ll : à quoi il faut ajouter les corvées de chariots non payés, pour le transmarchement des canons qui sont venus d'Alsace, et de ceux qu'on est obligé fréquemment de commander pour le transport des munitions, dont le payement ne dédommage pas des frais que les communautés sont tenues de faire pour les fournir. Toutes ces charges extraordinaires, jointes aux autres considérations, me paroissent mériter votre attention et pouvoir déterminer à accorder à cette province une décharge qui ne peut tirer à aucune conséquence pour toutes les autres du royaume.

«J'ai remarqué que le sel qui s'y vend est expressément dénommé dans la déclaration. Il me paroîtroit à désirer qu'il en fût déchargé par les mêmes raisons que je viens de dire, et par le préjudice d'ailleurs que cette augmentation, jointe à celle qui a été faite pour l'acquittement de partie du subside extraordinaire, apportera à la ferme; outre que, le sel enchérissant, les paysans qui [en] donnent à leurs bestiaux seront obligés de le retrancher : ce qui diminuera la valeur de leurs nourritures; le produit de cette augmentation ne montant au surplus qu'à 55,460 ll, suivant la supputation que j'en ai fait faire. Mais, si S. M. ne jugeoit pas à propos de rien changer à la déclaration sur cet article, on pourroit toujours dispenser de l'augmentation sur l'imposition ordinaire et sur la capitation. Et enfin, si vous ne croyez pas qu'on dût en exempter la capitation, dont l'imposition est plus générale, parce qu'elle tombe sur les privilégiés aussi bien que sur les non-privilégiés, il me paroîtroit au moins nécessaire de décharger de cette augmentation sur l'imposition ordinaire; d'autant plus que je puis vous assurer que ceux qui y sont sujets se trouvent si surchargés par l'excès des impositions que je vous ai expliquées, qu'il y aura certainement cette année des non-valeurs sur plusieurs communautés, que le receveur général aura bien de la peine à recouvrer par le remède extraordinaire et dur de la solidité. Cette grâce ne seroit pas d'ailleurs fort préjudiciable à la totalité du produit, car, l'imposition n'étant que de 820,000 ll, l'augmentation sur les trois quarts ne montera qu'à 61,500 ll; et, afin de la mieux faire goûter au peuple, mon avis seroit d'envoyer les mandements pour la levée conformément aux premiers ordres, et, immédiatement après, un billet de révocation en conséquence de la décharge accordée par S. M. J'attendrai ceux qu'il vous plaira de me donner sur ce que j'ai l'honneur de vous mander, que je vous supplie de m'envoyer le plus tôt qu'il vous sera possible, pour qu'il n'y ait aucun retardement **.»

* Voir la lettre écrite, le 7 mars, par le contrôleur général aux intendants des pays de taille. «S. M., y est-il dit, a lieu d'espérer que cet expédient fera d'autant moins de peine à ses sujets, que les fonds qui en doivent provenir seront employés à acquitter une partie des dettes que les pressants besoins de son État l'ont obligée de contracter.»

** Le sel fut déchargé de l'augmentation du dixième, ainsi que le subside extraordinaire d'abonnement; quant aux impositions ordinaires, l'intendant ayant de nouveau insisté, par une lettre du 29 mars, M. Desmaretz inscrivit en marge de la lettre cette réponse : «Ménager les choses et ne pas presser les peuples; faire l'imposition des 2 sols pour livre; et si, dans la suite, le besoin augmente, on fera quelque grâce, qui sera plus sensible que si on n'imposoit pas le dixième.»

Le 4 avril suivant, cette recommandation fut renouvelée.

Le 29 mars, M. de Nointel, intendant en Bretagne, envoie son avis sur les inconvénients que présentera, dans la pratique, l'augmentation de 2 sols pour livre.

Il y eut des exceptions spéciales pour le Languedoc, qui ne subit l'augmentation que sur le sel et sur les droits des fermes, pour la redevance de 9,000 ll que payait la fontaine de Salies, et pour l'abonnement de la capitation de Navarre et de Béarn; mais l'augmentation fut déclarée applicable aux villes tarifées et abonnées, ainsi qu'aux cotes de l'impôt du sel. (Lettres du contrôleur général à MM. d'Ableiges, de Harouys et Foucault, intendants à Moulins, en Champagne et à Caen, 17 mars; à M. de Bâville, intendant en Languedoc, 24 mars; à M. de Saint-Macary, subdélégué général en Béarn, 31 mars.)

---

766. *M. le Blanc, intendant en Auvergne,*
au Contrôleur général.

13 Mars 1705.

Il appuie un projet de création d'offices de contrôleurs des dépôts dans les pays rédimés.

Outre l'économie qu'elle réaliserait, la ferme gagnerait certainement à remplacer ses commis, qui n'ont d'autre mérite que d'être les protégés de celui qui les emploie, par des titulaires dont la finance serait une garantie; et si l'on établissait dans chaque département un inspecteur général, aux appointements de 1,000 ll, cela suffirait pour empêcher les contrôleurs de commettre aucun abus préjudiciable à la ferme.

Dans la basse Auvergne, les contrôleurs sont au nombre de cinq; ils ont de 700 à 900 ll d'appointements, avec le logement, et font les fonctions portées par l'ordonnance des gabelles. Dans la haute Auvergne, qui fait partie des gabelles de Languedoc, il y en a huit, appointés à 400 ll; ceux-là ne tiennent point de sextés, et ils n'ont d'autre fonction que de délivrer le sel par *feuilles*, c'est-à-dire de donner les passeports pour aller acheter du sel dans les boutiques de marchands, car il n'y a point de dépôts. En outre, on a vingt et un petits contrôleurs, qui sans doute servaient à empêcher les versements d'une ferme dans l'autre au temps où les gabelles de Languedoc et de Lyonnais étaient séparées; mais maintenant ils sont absolument inutiles, et les 1440 ll d'appointements qu'ils touchent à eux tous, pourraient servir à augmenter quelques brigades qui ne comptent pas le tiers des gardes dont on a besoin. Enfin, sur la frontière du Rouergue et du Quercy, il y a des receveurs des chambres à sel; mais il n'est pas question d'ériger leurs commissions en charges *.

* Dans un autre mémoire, du 13 août 1706, il dit que, par sa position de province affranchie au milieu des provinces de gabelle et par la nature de ses montagnes et de ses bois, l'Auvergne est un des principaux centres du faux-saunage. La Cour des aides de Clermont, dont le ressort comprend en outre le Limousin, la Marche et le Franc-Alleu,

peut d'autant moins suffire, qu'une partie de ce ressort est régie par l'ordonnance des grandes gabelles, et une autre par celle des petites gabelles. L'agent que les fermiers généraux y entretiennent n'a ni caractère ni autorité pour suivre les affaires ou se tenir au courant des choses; ses appointements sont trop médiocres d'ailleurs pour qu'on puisse confier ce poste à un homme étranger à la province et qui n'ait point de relations suspectes avec les contrevenants. D'autre part, les juges des dépôts ne font jamais justice, et les juges supérieurs inclinent toujours à l'acquittement.

Le meilleur moyen, pour détruire les attroupements de faux-sauniers, serait d'être exactement instruit des chargements et des passages; c'est ce que ne peut faire aucun des trois directeurs entre qui est partagée la province, et qui ne se trouvent pas à portée d'agir.

L'intendant donne ensuite la division en brigades et en dépôts, et conclut au rétablissement de la direction d'Auvergne, supprimée en 1686, en lui attribuant la recette et la comptabilité, qui sont peu de chose. Il indique les suppressions qui réduiraient cette augmentation de personnel à une dépense annuelle de 700 ᶫᵗ.

Le 1er septembre et le 3 décembre, il envoie deux projets d'arrêt pour surveiller les procédures des dépôts et pour empêcher les accommodements que les commis passent avec les accusés. Voir une lettre en date du 14 janvier 1707, sur la composition du dépôt de Montaigut.

---

767. *M. de Nointel, intendant en Bretagne,*
au Contrôleur général.

13 Mars 1705.

Il demande à surseoir au recouvrement de la capitation dans l'île de Bouin, où la misère et la mortalité causée par une mauvaise alimentation mettent le menu peuple hors d'état de s'acquitter, malgré les charités que distribue Mme la maréchale de Clérembault*.

* En faisant la même demande le 4 avril suivant, M. de Méjusseaume, procureur-syndic des États, dit que l'île aurait été abandonnée après la famine de 1703, sans les secours de Mme de Clérembault, et qu'en 1704, une maladie contagieuse y a emporté près de moitié de la population. En marge, de la main de M. Desmaretz : «Parler au syndic des États de Bretagne pour soulager les habitants de l'île de Bouin autant qu'on le pourra.»

---

768. *M. Desmaretz, directeur des finances,*
à M. Lebret, intendant en Provence.

15 Mars 1705.

Il lui envoie une instruction sur la manière d'exécuter la sentence de confiscation et d'amende prononcée contre le sieur Solicoffre, marchand de Marseille, pour billonnage et surachat de pistoles d'Espagne à la foire de Beaucaire*.

* Voir, au 24 du même mois, une lettre du contrôleur général à Rousseau, directeur général des Monnaies, sur la répartition d'une somme de 26,000 ᶫᵗ provenant de confiscation d'espèces entre l'Hôtel-Dieu et la Charité de Lyon d'une part, et d'autre part le dénonciateur, le directeur et un commis de la douane de Lyon.

---

769. *M. de Nointel, intendant en Bretagne,*
au Contrôleur général.

15 Mars 1705.

Il envoie le procès-verbal des réparations à faire à l'abbaye de Landevennec, et donne son avis sur le produit qu'on pourrait tirer de la vente des bois de réserve.

---

770. *Le sieur de la Lande-Magon, négociant*
à Saint-Malo,
au Contrôleur général.

15 Mars 1705.

«Les navires de l'Assiento et de la compagnie de Saint-Louis qui ont traité à la côte de Porto-Velo, ont rapporté à Saint-Domingue avoir appris par des lettres de Panama que nos trois vaisseaux partis d'ici pour la mer du Sud, en août 1703, avoient négocié avantageusement au Callao, port de Lima, avec permission du vice-roi, en payant les droits royaux; qu'il les avoit très bien reçus, et paru content de les voir dans ces mers-là, pour s'en servir à chasser des bâtiments anglois qui troubloient la navigation, insultoient les côtes et y faisoient beaucoup de pillages; que, pour cet effet, il leur avoit donné des commissions en guerre, et qu'il étoit très satisfait des services qu'ils avoient rendus, sans en dire d'autres particularités. Lorsque j'en apprendrai davantage, j'aurai l'honneur d'en informer Votre Grandeur.

«Je les attends dans ces mers à tous moments, leur ayant dépêché une frégate au rendez-vous, avec ordre de se rendre dans les premiers ports qu'ils pourront prendre, sur les assurances que vous avez eu la bonté de me réitérer, par plusieurs de vos lettres, de nous honorer, à leur retour, de votre protection, dans laquelle mes associés et moi avons une si grande confiance, que nous espérons en ressentir les effets nonobstant toutes les menaces qu'on nous fait. J'ose prendre la liberté de faire ressouvenir Votre Grandeur que nous n'avons entrepris ces voyages qu'après en avoir vu arriver trois vaisseaux, aux propriétaires desquels on a marqué en être satisfait; qu'ils ne nous ont jamais été défendus; que nous avons eu sujet de croire, étant aussi utiles à l'État, qu'on étoit bien aise de les dissimuler. Et enfin, avant d'en former le dessein, j'ai eu l'honneur de le communiquer à Votre Grandeur et d'en avoir son agrément, en vous faisant connoître les grands avantages que le royaume en recevroit, dont vous êtes convenu, et que, le commerce de France ayant fait des pertes aussi considérables à Vigo, par le gros indult que S. M. C. a levé sur nos effets au port Sainte-Marie, par la descente des ennemis, la perte d'un des navires de Buenos-Ayres échoué à la côte de Portugal, et de deux autres relâchés au Rio-Janeiro, qui y ont été confisqués, tous très riches, nous n'avions point d'autres ressources, pour les réparer en partie et nous mettre en état de le continuer, que par ces sortes de voyages, qui ont déchargé le royaume de beaucoup de manufactures, qui y apporteront bien de l'argent, si Dieu les préserve, que nous ferons convertir à la Monnoie, suivant les intentions de Votre Grandeur. J'ose très humblement la supplier de vouloir bien prévenir le Roi contre les mauvaises impressions qu'on pourroit donner à S. M. à notre désavantage, soit de la part de la compagnie de la mer Pacifique, qui ne subsiste plus, et qui croit s'être acquis un privilège prohibitif dans lesdites mers à l'exclusion de tous autres, qui est un droit imaginaire, ou de tous ceux qui voudroient nous y rendre de mauvais offices. Si vous n'avez la bonté de prendre les devants avant l'arrivée de nos vaisseaux, je suis bien informé qu'on mettra tout en usage pour surprendre des ordres fâcheux de S. M., si on ne les a déjà obtenus*. . . . . »

* Le 19 novembre précédent, il écrivait que le roi d'Espagne n'autoriserait jamais les vaisseaux français à faire le commerce des Indes, mais qu'il suffirait de leur permettre d'aller en Amérique, d'où ils iraient, comme les Anglais et les Hollandais, négocier aux Indes et y débiter les produits manufacturés en France. Voir aussi, sur le même sujet, une lettre de M. des Casaux du Hallay, en date du 30 avril 1703.

771. *Le Contrôleur général aux Intendants des pays de gabelles.*

16 Mars 1705.

« Le Roi étant obligé par la conjoncture des affaires d'augmenter le prix du sel nonobstant le faux-saunage qui est à craindre de cette augmentation, S. M. a résolu d'opposer à ce faux-saunage toute l'autorité nécessaire, et, comme elle a reconnu, par la connoissance qu'en ont prise plusieurs de MM. les intendants, le secours que cela a produit contre la diminution des ventes, S. M. m'a commandé de vous faire savoir de sa part qu'elle désire que vous preniez aussi, dans votre département, une particulière connoissance de la ferme des gabelles, pour arrêter le faux-saunage qui a commencé, et qui sans doute s'augmentera encore par la nouvelle imposition, si l'on n'y remédie. L'intention de S. M. est que vous [vous] fassiez remettre un état des ventes des trois dernières années, et que vous suiviez celles de la courante, pour en connoître les diminutions et en approfondir les raisons par une application particulière à cette régie, pour y pourvoir en tout ce qui dépendra de vous : sur quoi le fermier général qui est dans votre département et le directeur ont reçu ordre de correspondre journellement avec vous, pour vous informer de tout ce qui se passera et de tout ce dont ils auront besoin de votre part, afin que, quand vous verrez les ventes d'un grenier diminuées, vous en suiviez la cause. Et comme il pourra arriver des cas où vous aurez besoin du secours de S. M. et des résolutions du Conseil, et que je serai bien aise de savoir, vous prendrez la peine d'écrire à M. Desmaretz du cours et des suites de cette affaire et des difficultés que vous y trouverez, afin qu'il vous fasse savoir les résolutions qui auront été prises*. »

* Le 26 du même mois, M. Desmaretz écrit à M. d'Ableiges, intendant à Moulins, qu'il serait inopportun de faire visiter les greniers et constater la qualité des sels dans un moment où il faut ménager les fermiers, et que ceux-ci ont donné l'assurance que leur sel était redevenu de bonne qualité et avait un temps de dépôt convenable. Si néanmoins il continuait d'être aussi mauvais, on pourrait faire une information secrète.

772. *M. Desmaretz, directeur des finances, à Mme de Montgon.*

19 Mars 1705.

« Je cherche quelque emploi qui convienne au sieur Sarrazin, que vous protégez. Si je pouvois lui parler, je verrois à quoi il pourroit être propre, et je prendrois aussitôt les mesures nécessaires pour le placer en quelque endroit où il commenceroit à travailler jusqu'à ce qu'on pût lui procurer un meilleur emploi. Trouvez bon que je vous fasse mon compliment sur les sentiments que vous avez sur ce qui regarde les affaires d'intérêt : on ne peut trop louer votre détachement de chose que je vois rechercher avec empressement par toutes les autres dames. Je vous supplie de croire qu'en ce qui regarde le sieur Sarrazin ou autre chose à laquelle vous prendrez part, je serai très vif à profiter de toutes les occasions de vous faire connoître le respect avec lequel je suis, etc. »

773. *M. Bouchu, intendant en Dauphiné, au Contrôleur général.*

19 Mars 1705.

« La continuation de la guerre et des foules extraordinaires sur les frontières de cette province, et particulièrement dans le Briançonnois, ont porté les communautés dudit pays, unies de tout temps avec la ville de Briançon et dans une même société d'avantages et décharges, à faire depuis quelque temps tous leurs efforts pour rompre ces sociétés, sans lesquelles la ville de Briançon ne pourroit subsister, ni le service du Roi se remplir dans ce canton de pays. Vous avez remédié à cette séparation par un premier arrêt du 22 février 1701; vous avez de même remédié au refus que faisoient les communautés de l'*escarton* de Briançon (c'est le nom que l'on donne à ces sortes d'unions de communautés) de continuer de contribuer au soulagement des habitants de la ville de Briançon qui souffrent le logement actuel des troupes, par autre arrêt du 25 mars 1704, dont l'extrait imprimé est ci-joint. Il reste à régler, pour mettre en repos ce petit pays, dont l'union est des plus essentielles au service du Roi, la communauté de Briançon en elle-même, sur la contribution au soulagement de ceux qui souffrent le logement effectif des troupes, tant de passage que de séjour. Sur quoi, je vous supplie d'observer que la communauté de Briançon est composée de la ville et de trois villages que l'on connoît sous le nom de *tierce de Briançon*. Cette tierce, qui voit que, dans la conjoncture de la guerre, les troupes ne peuvent loger dans les trois villages qui la forment, par le défaut de sûreté qui s'y trouveroit, voudroit interrompre l'usage ancien dans lequel est cette communauté d'imposer quelque soulagement sur elle-même pour dédommager ceux qui souffrent le logement effectif; et après avoir entendu très amplement le député de ladite tierce et fait connoître que cette prétention étoit injuste, comme aussi un député de la ville de Briançon, auquel j'ai fait entendre raison sur la modération de cette contribution auxdits logements effectifs, j'ai dressé le projet d'arrêt qui est ci-joint, dont l'expédition achèvera, à ce que j'espère, de rétablir l'union dans ledit pays. »

774. *M. de Bernage, intendant en Franche-Comté,*
au Contrôleur général.

27 Mars 1705.

Projet de règlement pour la présentation et l'institution des fèvres, benatiers, fasseurs et forestiers attachés au service des sauneries de Salins *.

* Voir deux lettres précédentes, des 30 septembre 1704 et 18 janvier 1705. En marge de la dernière est écrit de la main de M. Desmaretz : «Il faut écrire à M. de Bernage qu'il seroit bon de donner aux fermiers la présentation des fèvres, benatiers et fasseurs, pour être reçus et institués par le juge, auquel on attribueroit un droit qu'on pourroit régler sur un tel pied qu'il égaleroit ce qu'il tire de la vente des charges, sur le pied d'une année commune de dix.»

775. *M. Bouchu, intendant en Dauphiné,*
au Contrôleur général.

27 et 31 Mars 1705.

Contestations entre les communes et les seigneurs propriétaires de *rentes bâtardes.*

776. *M. Desmaretz, directeur des finances,*
à M. le Blanc, intendant en Auvergne.

29 Mars 1705.

«Si, dans le nombre de ceux que vous avez fait arrêter pour le faux-saunage, il s'en trouve que vous ne jugiez point devoir être condamnés aux galères, mais qu'il seroit d'autant plus nécessaire d'éloigner de leur pays qu'étant propres à porter les armes, ils pourront retomber plus grièvement dans ce crime, je crois que l'on pourroit utilement pour le service du Roi et pour eux-mêmes les obliger de prendre parti dans les troupes. En ce cas, je vous supplie de faire garder ceux de cette chaîne, de me marquer leur nombre et le lieu où ils sont, afin que je prenne les mesures nécessaires pour les faire remettre à mon fils, qui est colonel du régiment de Touraine *.»

* M. le Blanc envoya vingt-trois recrues. «Il y en a quinze, écrit-il, qui seroient de distinction dans la colonelle du régiment des gardes; ainsi j'espère que l'on sera content de cette recrue, si elle arrive sans désertion. J'ai pris toutes les précautions pour cela : ils sont tous attachés avec des menottes; l'officier qui les est venu chercher de la part de M. le marquis de Maillebois, me paroît fort entendu et fort alerte; les deux sergents sont bons, et je leur donne un exempt et cinq archers pour leur aider jusques auprès de Lyon, parce que, lorsqu'ils auront passé Lyon, il n'y aura plus tant à craindre. J'ai fait fournir à l'officier des souliers pour ses soldats et l'argent qu'il m'a dit lui être nécessaire.» (Lettres des 24 avril, 6 mai, 8 juin et 27 juillet.)

777. *M. Desmaretz, directeur des finances,*
à M. de la Rivière-Lesdo, avocat général
au Parlement de Rouen.

30 Mars 1705.

Il promet de s'occuper du projet de réunion de la Chambre des comptes à la Cour des aides de Rouen qui a été préparé par M. d'Armenonville.

778. *M. Desmaretz, directeur des finances,*
aux Juges-gardes des Monnaies.

31 Mars 1705.

«M. Chamillart m'a chargé de vous adresser l'arrêt dont vous trouverez des exemplaires dans ce paquet, et de vous faire savoir de sa part que le Roi est fort surpris de voir, par les états du travail des Monnoies qui me sont adressés de semaine en semaine par les directeurs, qu'il se ralentit toujours de plus en plus, ne vous donnant pas la moindre application pour empêcher le billonnage qui se fait ouvertement, dans les foires et marchés et dans tout le courant du commerce, des louis d'or et d'argent non réformés en exécution de l'édit du mois de mai 1704. L'intention de S. M. est que vous [vous] rendiez plus soigneux et plus attentifs pour faire quelques exemples de sévérité contre les auteurs de ce crime capital, en tâchant d'en surprendre quelques-uns en contravention, pour les condamner ensuite suivant la rigueur des nouvelles ordonnances et règlements du Conseil. Ne manquez pas de m'informer de l'effet qu'auront eu vos diligences à cet égard, afin que je puisse en rendre compte à M. le Contrôleur général.»

779. *M. de Bernage, intendant en Franche-Comté,*
au Contrôleur général.

3 Avril 1705.

Il rend compte de la condamnation qu'il a prononcée, avec les officiers du présidial de Besançon, contre trois billonneurs, dont un était accusé en outre d'être sorti du royaume malgré les défenses faites aux religionnaires.

«Perrault ayant été convaincu de la contravention aux édits sur la sortie du royaume, il a été condamné aux galères, ses biens confisqués, et à une amende de 300 #. Je dois cependant vous dire que, si quelqu'un de la R. P. R. pouvoit être en quelque manière excusable, celui-ci seroit assez digne de grâce. Il est originaire de Mâcon, fils de gens qui, à la religion près, se sont toujours bien comportés. Il fut d'abord envoyé à Lyon, par son père, chez des marchands nommés Denyole, pour apprendre le négoce. Ces marchands ayant fait une banqueroute frauduleuse et quelques-uns de leurs facteurs ayant été arrêtés, celui-ci, craignant le même sort, passa à Chambéry, et de là à Genève, où, s'étant mis facteur chez les sieurs Rillet, marchands, il alloit en différents pays faire leurs affaires, et étoit venu en dernier lieu en Franche-Comté, pour y solliciter un de leurs procès et recouvrer quelques effets. C'est dans les payements qu'il a reçus qu'on l'a accusé d'avoir pris des espèces non réformées : ce qui n'a pas été parfaitement prouvé. Pendant sa détention, qui a été longue, il a témoigné, et il témoigne encore le désir de se convertir. Il seroit difficile, à la vérité, de répondre de la sincérité d'un sentiment qu'il n'a marqué que depuis qu'il est dans les fers et dans la crainte des peines; mais cependant l'intention où il paroît être, jointe aux conjonctures qui sembloient l'avoir obligé de se retirer, le rendent favorable. Et comme il est d'ailleurs jeune et bien fait, si S. M. jugeoit à propos de commuer sa peine en celle de le servir pendant un temps dans ses troupes, il lui seroit plus utile comme soldat que comme galérien*.»

* Réponse en marge : «Le Roi veut qu'il se convertisse avant tout, et ensuite le Roi lui fera grâce à condition de servir.»

780. *M. d'Ormesson, intendant à Soissons,*
au Contrôleur général.

4 Avril 1705.

La belle-fille d'un ancien commissaire d'artillerie est parvenue, à l'aide de certificats faux rédigés devant notaires, à se faire passer pour la veuve de ce commissaire, et elle jouit depuis vingt ans d'une pension de 400# qu'il avait obtenue en considération de sa conversion à la foi catholique et de sa cécité. Les habitants de la paroisse de Roucy, qui ont signalé cette tromperie, demandent en récompense que, sur la pension qui sera supprimée, on leur accorde quelque somme pour payer les 100# attribuées par an à leur maîtresse d'école.

781. *M. de Wineuil, à Toulouse,*
au Contrôleur général.

5 Avril 1705.

«J'ai reçu la lettre que vous m'avez fait l'honneur de m'écrire le 25 du passé, par laquelle vous m'ordonnez d'avoir des ménagements pour cette ville, par rapport au grand nombre de ses habitants et au peu de troupes que j'ai pour les engager à payer. Je me suis gouverné comme M. de Bâville me l'a prescrit, et il a approuvé toutes les précautions que j'ai prises jusqu'à présent pour faire payer sans aucune émotion. Le premier voyage que je fis ici, seul, le 21 du passé, pour y disposer à payer, produisit un recouvrement de 10,000#; celui-ci a produit, dans les quatre derniers jours de mars, 18,000#, et, dans les quatre premiers jours d'avril, il a été payé environ 24,000#. Je ne vous ennuierai point des soins que je me suis donnés, qui ont été infinis, pour combattre la mauvaise disposition de bien des gens qui croyoient et disoient hautement qu'ils ne payeroient pas et que je n'oserois faire entrer un soldat dans cette ville. J'avois résolu d'y en faire entrer le 1er de ce mois; mais, M. le président Riquet s'étant joint avec MM. les Capitouls pour me prier de remettre la chose au lendemain, j'y consentis pour achever de disposer certaines gens afin qu'il n'arrivât rien de contraire à l'obéissance et à la fidélité qu'on doit au Roi. Le 2, je fis entrer par cinq différentes portes vingt-cinq soldats choisis, tous séparés, qui se présentèrent aux portes des plus gros redevables, sans que cela parût et fît aucun mauvais effet, parce que j'avois choisi les plus riches et les moins aimés du peuple pour faire tomber sur eux le premier châtiment. J'ai continué de même; il n'y a pas eu une parole d'aigreur entre les bourgeois et les soldats, que j'avois instruits de longue main. J'avois aussi eu la précaution de mettre mon détachement pendant deux jours dans des villages fort près de la ville, pour essayer de faire payer sans être obligé de m'en servir; mais, ayant fait convenir quelqu'uns des plus accrédités du Parlement et des autres corps de la nécessité qu'il y avoit de faire quelques logements chez des opiniâtres, j'y avois insensiblement disposé presque toute la ville, parce que je me suis particulièrement attaché à ceux que tout le monde convint être bien en état de payer, et ai témoigné beaucoup d'indulgence et de ménagement pour les artisans et le petit peuple, qui, depuis qu'il n'y a plus de troupes ni de guerre en Roussillon, et depuis quelques années que la récolte a été très mauvaise, sont effectivement dans une situation assez fâcheuse. J'ai discontinué pour aujourd'hui seulement les logements, à cause de la sainteté du jour; j'espère que, d'ici au jeudi saint, j'aurai encore avancé le recouvrement, et que je pourrai donner aux peuples les derniers jours de la semaine sainte et les fêtes de Pâques pour faire leurs dévotions et se mettre en devoir de faire de nouveaux payements. Je marque même à M. de Bâville que j'espère, d'ici au 18 ou 20, avoir tiré de cette ville tout ce que les habitants sont en état de payer présentement, et que, de ce qui restera à payer, il y en aura une partie qui ne pourra être payée qu'après la récolte, et l'autre partie sera en non-valeurs sur des pauvres ou des gens absolument accablés depuis peu, ou par des banqueroutes, ou par d'autres malheurs survenus. En partant d'ici, j'irai dans les diocèses de Saint-Papoul, Mirepoix, Alet et Narbonne, où j'espère réussir comme dans ceux d'Albi, Castres, Lavaur et celui-ci, où MM. les évêques m'ont témoigné être contents, ayant, sans frais ni désordres, fait faire des recouvrements au delà de leurs espérances. Je souhaite que le compte que l'on vous en rendra d'ailleurs vous engage à approuver ma conduite. Quant à ce que vous avez la bonté de me dire, qu'il seroit à souhaiter que cette ville fût en règle pour n'être plus en demeure pour toutes les impositions, de quelque nature qu'elles soient; que vous croyez que je n'oublierai rien pour y contribuer, et que je m'en acquitterai mieux qu'un autre, je prends la liberté de vous dire que les abus contractés de longue main dans cette grande ville sont venus à un excès que, pour y remédier, il faudroit plus d'expérience et d'autorité que je n'en ai; ce seroit même un ouvrage d'une grande discussion, qui demanderoit un séjour long et presque continuel. Je me propose d'en donner des mémoires très exacts à M. de Bâville, qui seul y pourroit mettre ordre, s'il étoit sur les lieux une partie de l'année. Il seroit à désirer que les affaires du bas Languedoc lui permissent d'y venir, car cette ville a des non-valeurs si considérables, qui se rejettent d'une année sur l'autre, et se trouve dans de grands arrérages sur la capitation qui la font monter à des sommes si exorbitantes, qu'il est impossible que le recouvrement s'en fasse à l'avenir, chaque habitant, dans son caractère, étant imposé à une somme au delà de son pouvoir et de l'usage général de Paris et du royaume. Je pourrai encore recevoir ici les ordres qu'il vous plaira me donner, et les exécuter pour tout ce qui regardera le haut Languedoc*.»

* Réponse en marge : «Par tout ce que l'on me mande, il me paroît qu'il a pris les précautions les plus sages, et que, s'il n'avoit pas affaire à des gens gâtés de longue main, il auroit pu les mettre en règle pour le passé et pour l'avenir. Qu'il donne des mémoires exacts à M. de Bâville. Je lui manderai, lorsque les affaires des Cévennes lui permettront de faire un tour à Toulouse, de disposer les affaires de manière à y pouvoir passer quelque temps.»

782. *M. le Blanc, intendant en Auvergne, au Contrôleur général et à M. Desmaretz.*

6, 13 et 24 Avril 1705.

Poursuites contre les frères Diasque, accusés de billonnage, et contre leur complice Falque, de Lyon.

«Un exemple dans ces matières seroit bien nécessaire, car vous savez mieux que personne que les Monnoies ne travaillent presque plus; on ne voit dans le commerce que des espèces réformées en fraude, et à présent même beaucoup de fausse monnoie..... Je ne sais si je me trompe, mais il me semble qu'il y avoit à Paris de fameux banquiers de ce nom de Falque; si cela étoit, cette affaire mériteroit encore plus d'attention.»

L'un des deux frères Diasque s'est sauvé dans les montagnes, et l'autre est en Dauphiné; mais leurs effets ont été saisis au moment où on allait les faire enlever. Un bourgeois de Clermont qui avait donné caution de 6,000 ᵗᵗ pour l'aîné, lors des dernières poursuites, paraît disposé à payer.

La procédure est entre les mains de M. Trudaine et de M. de Saint-Maurice; mais ce dernier a besoin d'être tenu de près, car les Diasque se sont déjà tirés deux fois d'affaire grâce au crédit d'un négociant de Lyon nommé Morel, qui est le correspondant de tous les marchands billonneurs*.

On a de forts soupçons contre deux marchands associés de Moulins qui ont acheté la charge de changeur dans cette ville, et qui avaient été auparavant, en 1703, condamnés pour billonnage. Leur emploi actuel couvre sans doute le même commerce, et il faudrait que M. d'Ableiges leur fît porter des anciennes espèces à réformer, pour vérifier ensuite s'ils mentionnent exactement ces versements sur leurs registres.

* M. Desmaretz répond, le 18 avril 1705 : «J'ai parlé à M. Chamillart de la lettre que vous lui avez écrite le 13 de ce mois. Il a écrit à M. de Saint-Maurice pour l'exciter à faire une justice plus sévère des billonneurs dont il instruit les procès. Je puis vous dire que c'est un homme vif, qui paroît fort appliqué à faire tout ce qui dépend de sa charge de commissaire général provincial des monnoies au département de Lyon; qu'il a découvert et fait arrêter lui-même, avec assez de hardiesse, des faux-monnoyeurs qui travailloient dans des montagnes où ils croyoient être fort en sûreté, et que jusqu'à présent on a été assez satisfait de sa conduite.....»

Sur les poursuites dirigées l'année précédente contre les mêmes marchands, voir les lettres de l'intendant, en date des 17 et 21 novembre et 10 décembre 1704.

Six mois se passèrent avant que la nouvelle affaire fût jugée à Lyon. Un archer d'Auvergne ayant voulu arrêter les frères Diasque à la foire de Beaucaire, le peuple les fit évader. Le marchand d'Aurillac qui leur servait de valet et qui les avait dénoncés, fut maintenu en prison, quoiqu'on lui eût promis le pardon; mais tous les accusés furent acquittés par les juges de Lyon. (Lettres des 12 et 31 août 1705 et du 19 mars 1706.)

Voir plusieurs lettres des 8 juillet, 3, 12 et 31 août, 9 septembre, 5 et 16 octobre 1705, sur la fausse réforme qui se pratiquait à Rodez, à Limoges et au Puy.

783. *Le Contrôleur général à M. de Bergeyck, surintendant des finances du roi d'Espagne à Bruxelles.*

7 Avril 1705.

Il offre de prendre quinze mille fusils qui sont offerts par les entrepreneurs des manufactures d'armes des Pays-Bas, à raison de 12 ᵗᵗ 19 s. 7 d., ce qui est à peu près le même prix qu'en France.

784. *M. Bouchu, intendant en Dauphiné, au Contrôleur général.*

13 Avril 1705.

«J'apprends, par la lettre du 2 de ce mois que vous m'avez fait l'honneur de m'écrire, que M. d'Angervilliers a été nommé pour mon successeur, et qu'il vous a plu de me procurer de jouir à l'avenir, en pension, de la somme de 6,000 ᵗᵗ que je touchois depuis quatorze ans par gratification*. Je donnerai à mondit sieur d'Angervilliers tout le temps qu'il souhaitera; mais, de la manière dont j'entends parler de lui, il en faudra très peu pour l'informer des faits, qui est la seule instruction dont il puisse avoir besoin. On ne peut être plus sensible que je le suis à la marque que le Roi a bien voulu donner de satisfaction de mes services; c'est un nouveau motif de les continuer dans les choses auxquelles ils lui seront agréables, avec tout le zèle et l'application avec lesquels je les ai rendus jusques ici, et un engagement, ajouté à beaucoup d'autres, de vous être dévoué.

«La matière de ce changement me donne lieu de vous parler de deux choses. Je travaille depuis sept ans à la revision des feux de cette province : tout ce qui s'appelle *procédure* est achevé depuis huit jours; il n'y a plus que le résultat à en faire, ce qui est un travail de trois mois dans le cabinet, sans être à scandale à l'autorité du successeur, n'y ayant pas une seule ordonnance à rendre. Cela se peut achever à Paris comme à Grenoble, et les quatre commissaires qui ont travaillé avec moi y viendront, si on le juge à propos, sans qu'il en coûte un sol de plus que s'ils travailloient ici. Peut-être attribuera-t-on à l'amour qu'a ordinairement un auteur pour son ouvrage la proposition que je vous fais; mais la considération qu'une entreprise aussi longue ne peut guère avoir de fin que par les mêmes personnes qui l'ont conduite à un certain point, me paroît être le seul motif qui m'engage à vous demander vos ordres sur ce sujet, afin que, si ce travail doit finir à Paris, j'y fasse porter tout ce qui y est nécessaire.

«La seconde chose est que M. Basset, que vous avez bien

voulu, sur ma proposition, subdéléguer à l'intendance de Savoie, homme profond en toute matière de judicature, n'est pas également rompu sur le fait des troupes. Je l'estime depuis longtemps; ainsi, ses doutes ou ses petites fautes en ce genre étoient éclaircis ou réparées promptement, et avec attention de ma part. La conjoncture présente me paroît exiger qu'il vous plaise de faire choix de quelqu'un qui vienne le relever, auquel je souhaite autant de droiture et de désintéressement qu'il en a; lui-même désire le changement que je me donne l'honneur de vous proposer, cependant avec toute la soumission qu'il doit à vos ordres**. . . . . »

* La même faveur avait été accordée à M. de Bâville; voir sa lettre de remerciements, du 10 avril.

** Réponse en marge : « Rien ne me paroît plus convenable au service du Roi et au bien général de la province de Dauphiné que la proposition qu'il fait d'achever à Paris le travail de la revision des feux et d'y faire venir ceux qui ont eu part avec lui; il peut faire apporter pour cela tous les papiers dont il aura besoin. J'enverrai incessamment un homme capable pour relever M. Basset. » Le 17 septembre suivant, M. Bouchu obtint l'autorisation de reprendre le travail et de tirer une avance de 18,000 ᵗᵗ de la recette générale de Dauphiné.

785. *M. Desmaretz, directeur des finances, à M. Foucault, intendant à Caen.*

15 Avril 1705.

« L'état que je vous ai envoyé des charges de l'artillerie que l'on peut établir dans votre département a été pris sur l'état des offices de procureurs du Roi des villes qui ont été vendus dans la généralité de Caen. Ces procureurs du Roi n'ont dû être mis que dans les lieux où il y a hôtel de ville ou maison commune; ainsi, j'ai cru que je ne pouvois mal faire en suivant cette destination pour les charges de l'artillerie. Vous m'écriviez qu'elles ne donneront aucunes fonctions dans votre département, parce qu'il n'y a point de ville où il y ait ni du canon ni de l'artillerie, et que, d'un autre côté, ceux qui voudroient les acquérir craindroient d'être taxés comme tous les autres acquéreurs des nouveaux offices. Je n'ai pas envie de vous inspirer contre la vérité des sentiments favorables à la vente des charges de l'artillerie; mais je vous prie de considérer qu'il faut moins les regarder par les fonctions que par les privilèges. Si vous avez pris la peine de lire le préambule de l'édit du mois de septembre 1704, vous aurez remarqué que les exemptions et les privilèges renouvelés par cet édit sont comme nés avec le corps de l'artillerie, qui est devenu un des plus grands et des plus puissants corps militaires qui soient dans le royaume : de sorte que l'on ne touchera jamais aux privilèges de ce corps, qui est si nécessaire à l'État que l'on n'oublie rien pour le rendre florissant. La qualité militaire de ce corps n'a rien de commun avec les officiers de judicature ou de police qui ont été créés depuis 1690, et, quand des traitants voudroient proposer de taxer les officiers de l'artillerie ou de leur faire prendre des augmentations de gages, certainement ils ne seroient pas écoutés; d'autant plus que M. Chamillart, en qualité de ministre de la guerre, et Mᵍʳ le duc du Maine, en qualité de grand maître de l'artillerie, s'y opposeroient avec justice. Ces raisons doivent vous convaincre qu'il est facile de lever les scrupules des personnes qui craindroient la révocation des privilèges attribués aux charges de l'artillerie, et qui appréhenderoient de supporter les taxes que l'on a coutume, depuis quelque temps, de faire payer aux titulaires des nouveaux offices. Je demeure d'accord que le prix des charges de l'artillerie est un peu fort; mais c'est ce qui en assurera les exemptions et les privilèges à ceux qui en seront revêtus, et ce qui fera conserver dans l'exemption de taille les propriétaires de ces charges, car on ne peut douter qu'il n'y ait eu de l'abus dans ces sortes d'exemption, qui ont été données à vil prix en beaucoup de rencontres. Enfin, je vous prie de faire tout ce qui dépendra de vous pour vendre les charges de l'artillerie. Il faut moins songer aux fonctions qui y sont attachées, qu'à trouver des personnes qui soient en état de les acquérir et qui aient besoin de privilèges. Et d'ailleurs, ces charges étant militaires, si ceux qui en seront revêtus ont envie d'entrer dans le service, ils pourront faire leurs sollicitations auprès de Mᵍʳ le duc du Maine pour servir en campagne dans les équipages de l'artillerie. Enfin, je ne doute point que cette affaire ne réussisse entre vos mains, si vous voulez bien y donner vos soins et votre application*. »

* Voir, à la même date, d'autres lettres à MM. d'Ablelges, le Gendre et le Blanc, faisant ressortir l'avantage des gages et appointements au denier dix, du logement fourni par les villes et du caractère militaire des fonctions; disant que d'ailleurs on ne peut songer à transformer la création en imposition sur la généralité, ni, pour le moment, proposer la réunion aux corps de ville.

M. le Blanc écrivait, le 6 avril précédent, que le seul moyen d'assurer le débit de ces charges serait de leur attribuer l'exemption de la taille, comme on le faisait tous les jours pour d'autres offices dont la finance était huit ou dix fois moins forte.

786. *M. le Camus, lieutenant civil de Paris, au Contrôleur général.*

17 Avril 1705.

Il proteste contre les usurpations ou les prétentions du lieutenant général de police, notamment sur le fait de la juridiction des messageries.

« Je crois que l'on ne vous a jamais expliqué qu'il n'y avoit que le lieutenant civil qui ait connu de tous les différends touchant les rouliers et messagers, coches et autres voitures, et que M. de la Reynie n'a point prétendu en connoître, d'autant plus que les messagers royaux et de l'Université sont reçus devant moi. M. d'Argenson, qui n'a d'attention que de faire la charge des autres, se sert de cet arrêt pour faire venir devant lui, en son hôtel, et y faire appeler les messagers et les maîtres des coches et carrosses, quoique, par l'édit et par l'arrêt, ils en sont exceptés. J'espère que vous voudrez bien faire réflexion que la perception de ce droit ne fut jamais un fait de police, d'autant plus que M. le lieutenant de police ne doit connoître que dans Paris, et que ma juridiction a son étendue dans toute la France, à cause des privilèges de l'Université pour les messageries et pour les royales qui arrivent ou partent de Paris, dont je paraphe les registres. L'édit portoit que l'on seroit obligé de se pourvoir par-devant les juges ordinaires, et les traitants ont demandé l'arrêt du Conseil qui explique que le mot de *juge ordinaire* se doit entendre : le lieutenant de police du Châtelet, et les intendants dans les provinces. . . . . »

787. *M.* DE *Harouys*, *intendant en Champagne*, *au* CONTRÔLEUR GÉNÉRAL.

19 Avril 1705.

Rapport sur les privilèges de sortie franche et d'entrepôt accordés en faveur des nouvelles foires de Troyes.

788. *M. Lebret*, *intendant en Provence*, *au* CONTRÔLEUR GÉNÉRAL.

19 Avril 1705.

Il demande que le Roi contribue à la réparation de la voûte et du chœur de l'église cathédrale d'Apt*.

* Réponse en marge : «Il ne me paroît pas qu'il convienne que le Roi, sous prétexte que les décimateurs ou habitants des lieux dans lesquels il y a des dépenses considérables à faire pour les réparations des églises ne sont pas en état d'en faire la dépense, y contribue de quelque manière que ce puisse être, à cause des conséquences, et qu'il s'en rétabliroit peu sans qu'on lui demandât le secours de ses grâces.»

789. *M.* DE *Nointel*, *intendant en Bretagne*, *au* CONTRÔLEUR GÉNÉRAL.

20 Avril 1705.

«Le nommé Jan Stalpaërt, originaire de Bruges, est établi à Nantes il y a plus de trente ans, et il y fait un grand commerce de vins et d'eaux-de-vie pour les pays étrangers, avec réputation. Il assure et donne à la grosse sur la plus grande partie des vaisseaux qui sortent de la rivière de Nantes pour les Îles, pour la Flandre et pour la Hollande, comme font les meilleurs et les plus forts négociants de cette ville-là, en sorte qu'il a intérêt que ces navires fassent leurs retours, pour ne pas perdre ses assurances et ses grosses. Il a établi son fils aîné à Cadix, où il fait commerce en société avec le sieur Delboé, l'un des correspondants de M. Bernard. Il n'y a aucune apparence que le sieur Stalpaërt ait des correspondances criminelles avec les Flessingois et les autres ennemis de l'État, ni qu'il ait contribué à la prise des navires de la rivière de Nantes que les armateurs ennemis ont enlevés ou rançonnés depuis le commencement de la guerre. L'avis qu'on vous a donné contre lui me paroît l'effet de quelque animosité particulière ou de jalousie de commerce, et je le connois assez pour vous en assurer. Les Flessingois et autres ennemis de l'État n'ont pas besoin d'être avertis du temps du départ et du retour des vaisseaux qui se chargent dans la rivière de Nantes, et ils savent assez qu'il en sort presque en tout temps, soit pour les îles de l'Amérique, soit pour le Banc et pour la pêche de la morue sèche, soit pour d'autres commerces, et les temps de leur retour, aussi bien que l'obligation dans laquelle sont les capitaines de ces vaisseaux de reconnoître Belle-Île et l'Île-Dieu pour atterrer, en sorte que les corsaires n'ont qu'à croiser sur ces hauteurs pour les rencontrer et se mettre en état de les attaquer*.»

* Voir, au 21 avril, la lettre de plaintes de Jan Stalpaërt.

790. *M.* LE *Blanc*, *intendant en Auvergne*, *à M. Desmaretz*.

24 Avril et 1er Mai 1705.

Il rend compte de l'arrestation d'une bande de faux-sauniers sur la frontière de Rouergue et du jugement de leur chef*.

«Plusieurs de ces faux-sauniers, qui sont fort intimidés, demanderoient l'amnistie pour le passé; mais, comme jusqu'à présent il y a de l'insolence dans la manière dont ils font cette proposition, puisqu'ils menacent de continuer si on leur refuse, je ne crois pas qu'il convienne de pardonner si aisément, et je trouve beaucoup de difficulté à se déterminer là-dessus, car cette canaille cite l'exemple des Cévennes et prétend qu'on ne leur peut refuser le même pardon que l'on a accordé à des gens qui avoient fait bien d'autres crimes qu'eux. Je vous écrirai dans quelques jours plus à fond sur cette affaire, car je voudrois bien démêler d'où leur vient cette idée. Ceux qui sont du côté du Bourbonnois et ceux du voisinage du Rouergue, très éloignés les uns des autres et n'ayant nulle relation ensemble, à ce que je crois, ont tenu en même temps le même langage.»

Condamnation et exécution de cinq faux-sauniers.

* Dans un procès jugé au dépôt de Montaigut le 23 août 1707, six faux-sauniers arrêtés sans armes furent condamnés à une amende de 300 #. Faute de payement dans le mois, cette amende devait être convertie en la peine des galères; mais, pour éviter une pareille aggravation de peine à celui des condamnés qui avait fait arrêter ses camarades, et pour encourager les dénonciations, l'intendant obtint que le fermier lui fît remise de l'amende. (Lettre du 29 août 1707.)

791. *M. Desmaretz*, *directeur des finances*, *à M.* LE *Féron*, *grandmaître des eaux et forêts au département de Soissonnais.*

25 Avril 1705.

Il demande des renseignements pour le Roi sur la coupe des arbres du parc royal de la Fère.

792. *M. Ferrand*, *intendant en Bourgogne*, *au* CONTRÔLEUR GÉNÉRAL.

25 Avril 1705.

Il appuie les protestations des élus des États de Bourgogne contre la nouvelle création de courtiers de vins*.

* A cette lettre est jointe celle des élus, ainsi conçue : «En l'année 1691, S. M., par son édit du mois de juin, créa des charges de courtiers-commissionnaires des vins, eaux-de-vie et autres liqueurs. Les élus généraux de cette province, pour en obtenir la suppression, donnèrent au Roi une somme de 200,000 #, moyennant laquelle les-

dites charges demeurèrent éteintes et supprimées. Nous nous flattions que nos devanciers avoient par là rétabli pour toujours la liberté du commerce des vins dans notre province, en la délivrant d'un établissement qui lui étoit fort contraire. Après avoir fait des efforts pour donner au Roi une entière satisfaction à cet égard, nous espérions, sans être obligés d'en faire de nouveaux, de jouir tranquillement du fruit de notre zèle et de notre soumission. Cependant nous voyons ces mêmes charges, supprimées à titre onéreux, rétablies par l'édit nouvellement publié en Bourgogne, dont l'exécution qui s'y fait actuellement y cause un dérangement qui empêche entièrement la vente des denrées en quoi consiste tout le bien de cette province; car, comme ceux qui exercent nouvellement ces charges de courtiers ne sont que des commis, qui n'y sont point connus, n'étant point du pays, et que la réputation de leurs facultés n'y est point établie, l'on ne veut point les recevoir pour cautions des marchands étrangers et des autres provinces dont ils ont les commissions pour acheter les vins, dont la plus grande partie se vendent à crédit. Toutes fonctions étant, d'ailleurs, interdites à ceux qui étoient auparavant porteurs de ces commissions, cela va ruiner entièrement le commerce et tarir la source de l'argent qui pouvoit venir en Bourgogne. C'est ce qui nous expose aux plaintes qui nous viennent de tous les endroits de cette province, et ce qui nous fait prendre la liberté d'y joindre nos très humbles remontrances. Avec toute la soumission que nous devons aux ordres de S. M., nous vous supplions de nous accorder votre protection auprès d'elle; nous serions bien heureux si nous pouvions mériter que cette province en ressentît les effets. Nous espérions que S. M. faisant attention aux grandes sommes fournies de notre part pour la suppression de ces charges, qu'elles deviendroient un obstacle invincible à les rétablir. Souffrez que nous vous demandions cette grâce..... » Voir, à la fin de l'année 1706, un dossier sur le recouvrement des sommes fixées pour l'affaire des courtiers de vins et pour celle des facteurs des rouliers.

---

793. *Le sieur* DE LA CHIPAUDIÈRE-MAGON, *négociant à Saint-Malo*, AU CONTRÔLEUR GÉNÉRAL.

26 Avril et 19 Juillet 1705.

Il envoie un relevé des marchandises que chaque État d'Europe expédie aux Indes par les flottes et les galions de Cadix, avec l'indication du mode de vente et du prix.

---

794. *M.* DE HAROUYS, *intendant en Champagne*, *à M.* DESMARETZ.

30 Avril 1705.

Le Roi devrait faire remise à la communauté de Vassy de la somme de 1,000ᵗᵗ qui n'a pu être recouvrée sur l'impôt du sel, à cause de l'insolvabilité, de la disparition ou de l'éloignement de plusieurs habitants. L'intendant avait rendu une ordonnance portant qu'une imposition de 700ᵗᵗ serait faite sur la communauté, au marc la livre de la taille, pour dédommager le collecteur des avances dont il n'avait pu se faire rembourser; mais, effrayé par les menaces des contribuables, qui, d'ailleurs, ne sauraient supporter cette surcharge, le collecteur n'a pas osé faire la réimposition, et il n'a plus d'autre ressource que de demander la décharge, tant pour lui que pour la communauté*.

* En marge, de la main de M. Desmaretz : « Faire la réimposition. Tenir la main à l'exécution. Lui écrire les raisons. »

---

795. *M.* DESMARETZ, *directeur des finances*, *à M.* LE PELETIER DES FORTS, *intendant des finances*.

2 Mai 1705.

Le contrôleur général a résolu de différer la création des inspecteurs des bois des communautés, par égard pour les officiers des maîtrises, qui ne peuvent acquitter les charges déjà imposées, et pour les communautés, qui sont également surchargées de droits.

---

796. *Le sieur* ANISSON, *député du commerce de Lyon*, AU CONTRÔLEUR GÉNÉRAL.

4 Mai 1705.

Il envoie un placet des fabricants d'étoffes d'or, d'argent et de soie de Lyon, suppliant le Roi de restreindre le deuil du duc de Bretagne à trois mois, pour la cour et pour la ville, dans l'intérêt d'une fabrication qui ne pourrait se soutenir, si le débit de ses produits se trouvait suspendu plus longtemps.

---

797. *M.* DE BÂVILLE, *intendant en Languedoc*, AU CONTRÔLEUR GÉNÉRAL.

6 Mai 1705.

« La nouvelle déclaration du mois de mars dernier et le nouveau tarif des droits d'inspecteurs des voitures commencent à faire grand bruit dans cette province. Le menu peuple hier murmuroit ici et vouloit s'assembler pour me venir représenter ses raisons. Tous les paysans qui apportent journellement le bois, le charbon et autres denrées, dirent hautement qu'ils n'y reviendroient plus tandis que ce subside dureroit, et, s'il continue, il est difficile qu'il n'en arrive quelque fâcheux événement, qui ne convient guère à l'état présent des affaires de cette province. Les syndics m'ont prié de vous en écrire et de vous assurer que, si vous avez agréable de faire surseoir ce recouvrement jusqu'aux premiers États, l'assemblée rachètera très assurément ce traité. Il n'y en a jamais eu qui soit plus dans ce cas, puisque tout le monde y est intéressé et que c'est un droit d'entrée sur toutes les denrées, à l'exception de celles qui sont réservées par la déclaration. Je crois pouvoir répondre que les États suivront le sentiment des syndics, et qu'infailliblement cette affaire sera rachetée dans six mois sur un très bon pied. Il est bien important, en tirant les secours qui sont nécessaires pour le service du Roi de cette province, de n'en pas troubler la tranquillité, s'il est possible, et de ne pas fournir des prétextes à ceux qui ne travaillent que trop à émouvoir les esprits. Le traitant des commissionnaires des voitures avoit commencé, à mon insu, d'établir aux portes des villes des commis pour recevoir un sol pour livre des prix des voitures, sans distinction et d'une manière forcée et violente. Suivant la lettre du 12 du mois passé que vous m'avez fait l'honneur de m'écrire, qui me marque que c'est une affaire purement volontaire, j'ai fait ôter ces commis et j'ai réduit le recouvrement dans les termes que vous m'avez marqués. C'est un inconvénient qui a pu arriver ailleurs, et auquel il sera peut-être à propos de donner ordre*.»

* Par lettres du 11 avril précédent, M. Desmaretz avait avisé MM. d'Ormesson et d'Albaret, intendants à Soissons et en Roussillon, que les droits devaient se percevoir uniquement sur les voitures ordinaires faisant des transports pour autrui de ville à ville et de province à province, et non sur les denrées envoyées par les villages pour la subsistance des villes. Voir, aux dates du 5 avril et des 11 et 25 mai, les lettres de M. d'Ormesson sur les inconvénients de cette perception.

798. *M. Desmaretz, directeur des finances, au sieur Miotte, fermier général.*

9 Mai 1705.

«J'apprends que votre compagnie a révoqué le sieur Vallerand, qu'elle employoit dans les aides de la généralité d'Amiens à ma recommandation, et que c'est par le motif injuste d'un événement dont il ne doit point être responsable. Je suis surpris qu'elle se soit portée à cette résolution sans me le faire savoir, et d'autant plus que je sais que ce commis est un fort bon sujet. C'est ce qui me fait souhaiter son rétablissement, auquel je vous prie d'engager votre compagnie.»

799. *M. le maréchal de Montrevel, lieutenant général en Guyenne, au Contrôleur général.*

(De Montauban) 10 Mai 1705.

«J'ai eu l'honneur de vous informer des raisons qui m'avoient obligé de me rendre ici; j'ai trouvé, à mon arrivée, qu'il n'étoit pas vrai qu'il y eût eu un homme de tué dans l'émotion que M. le Gendre a arrêtée par sa fermeté, mais qu'il est certain qu'il a fallu qu'il ait beaucoup de sagesse : sans quoi les choses auroient eu de la suite, selon les apparences, parce qu'à ne vous rien cacher, les esprits sont si agités du nombre des impositions, qu'il est fort à craindre que, pendant qu'ils ne voient aucunes troupes pour les pouvoir réprimer, ils ne s'échappent et ne fassent quelque soulèvement sur la moindre occasion qu'on leur en donnera. Cependant tout est ici tranquille, à ce qui paroît, et, après y avoir conféré avec M. le Gendre sur ce qu'il pouvoit y avoir à faire pour empêcher l'effet des nouvelles machinations de l'abbé de la Bourlie, que le subdélégué de M. l'Intendant lui vient de mander encore, depuis mon arrivée, avoir fait de grandes impressions, nous avons cru qu'il étoit important qu'il se rendît promptement en Rouergue pour examiner par lui-même la véritable situation des choses, et surtout pour tirer les éclaircissements qu'il pourra des accusés qui ont été arrêtés à Millau, sur les dépositions faites contre eux par Catinat et les autres chefs des rebelles qu'on a exécutés à Nîmes, pendant que je m'en retournerai à Bordeaux pour y rassurer beaucoup de gens qui sont fort alarmés de quelques billets qu'on a trouvés en divers endroits, par lesquels on avertit les catholiques de prendre garde à eux. Pour moi, je ne puis croire que cela ait d'autre fondement que peut-être quelques discours qu'on aura entendu faire à des nouveaux convertis, qui paroissent fort consternés de la découverte qu'on a faite de leur dernière conspiration en Languedoc. Vous jugez bien que je n'oublierai rien de ce qui pourra m'en donner quelque connoissance, pour prévenir et réprimer autant qu'il sera possible les suites fâcheuses de ces détestables projets, et vous pouvez compter que vous serez informé de tout ce qui se passera très exactement. Permettez-moi de vous dire encore qu'il est important au dernier point d'avoir quelques troupes dans cette province*.»

* Réponse en marge : «J'ai travaillé à réparer le désordre que la première levée du sol pour livre sur les voitures avoit excité. J'espère qu'à l'avenir les choses se passeront avec plus de tranquillité. On ne sauroit trop louer votre attention et la fermeté de M. le Gendre.»

800. *M. Desmaretz, directeur des finances, à M. de Bagnols, intendant en Flandre.*

12 Mai 1705.

Le Conseil a résolu, conformément à l'avis de l'intendant, que le droit de jauge serait payé sans distinction par les ecclésiastiques, les nobles et les privilégiés, dans la province de Lille, Douai et Orchies.

801. *M. de Bâville, intendant en Languedoc, au Contrôleur général.*

12 Mai 1705.

«J'ai fort réfléchi sur la lettre que vous m'avez fait l'honneur de m'écrire le 25 du mois passé, concernant les louis d'or légers, et j'ai même consulté les plus habiles financiers de cette province et les mieux intentionnés. Ils m'ont tous dit que ce n'est point un usage particulier en Languedoc de ne point peser les louis d'or, qu'on ne les pèse ni en Guyenne ni en Provence. Ils m'assurent qu'on ne les pèse pas à Paris, et que ce n'est qu'à Lyon où l'on a cette exactitude; ils veulent même que ce ne soit que pour les rogner plus facilement et les renvoyer dans les provinces où l'on ne pèse pas. Cette vue est peut-être au delà du vrai; mais il est certain qu'on ne pèse point dans toutes les provinces en deçà du Rhône. J'ai proposé la pensée que vous avez eue de faire répandre qu'il y aura bientôt un règlement pour faire peser les louis d'or : ce qui accoutumeroit peu à peu les marchands et les gens du commerce à se rendre plus difficiles à recevoir les louis d'or rognés et légers; mais ils m'ont tous dit que ce bruit, ainsi répandu, feroit le même effet que le règlement sur tous les marchands, qui ne veulent rien perdre; qu'ils trouveroient le moyen de débiter les louis d'or légers dans les armées et dans les pays étrangers; que cela fera un très méchant effet dans le commerce et pour le recouvrement des deniers du Roi. Ils prétendent qu'il n'y a qu'un seul moyen, qui est de les faire porter à la Monnoie, et que le Roi en supporte la perte : ce qui ne convient point aux besoins des affaires pressantes. Cette affaire est certainement des plus difficiles et a de grandes extrémités, quelque parti qu'on prenne; je suis assez persuadé qu'au moindre bruit du règlement, ces louis d'or légers disparaîtront, et que le commerce en sera privé. Il faut se déterminer entre cet inconvénient et celui de la licence des rogneurs jusqu'à la paix, où il sera plus aisé de remédier à ce mal. Si vous jugez à propos, après cette réflexion, que je fasse répandre qu'il y aura bientôt un règlement, je le ferai; mais cela sera inutile à faire, et même mauvais pour cette province, si on ne le fait pas en même temps dans les autres*.»

* Voir les lettres écrites par M. Desmaretz, le 25 avril, à M. de Bâville et à M. de Saint-Maurice. Conformément à l'avis de M. de Bâville, le contrôleur général répondit, le 27 mai, qu'on renonçait à rien essayer.

802. *M. Rouillé de Fontaine, intendant à Limoges,* au Contrôleur général.

15 et 19 Mai 1705.

Rapports sur une émeute qui a eu lieu à Limoges, à l'occasion de l'établissement des droits nouveaux sur les voitures, et dans laquelle la maison d'un des fermiers des octrois a été brûlée.

«J'ai l'honneur de vous envoyer séparément de cette lettre un mémoire de la situation où sont les choses au sujet de la sédition et émotion arrivées en cette ville, et de ce que j'estime devoir être fait dans les conjonctures présentes, et j'ai cru devoir vous écrire encore en particulier pour vous informer que je découvre toujours de plus en plus un esprit de révolte, de sédition et de mauvaise volonté pour le service du Roi dans tous les peuples de ce pays; mais on peut dire que cela ne provient que de l'absolue impuissance où ils sont de payer les impositions et autres charges qu'on leur demande. Les paysans et autres habitants de la campagne sont continuellement pressés par les receveurs, et ils ne peuvent pas payer, parce qu'ils ne trouvent point à vendre leurs bestiaux, qui est la seule ressource qu'ils ont pour avoir de l'argent, et, s'il arrive qu'ils en vendent quelque peu, c'est à si vil prix qu'au lieu d'y profiter, ils y font des pertes considérables, ainsi que j'ai eu l'honneur de vous en informer plusieurs fois. Les artisans et menus peuples des villes, ne trouvant plus à travailler, parce que toute sorte de commerce est interrompu et que les bourgeois ne font plus rien faire, ne peuvent pas vivre; cela les met au désespoir et dans la volonté de tout entreprendre, comme ils ont déjà fait. Les bourgeois, marchands et officiers, se trouvant aussi épuisés, soit par les sommes qu'ils sont obligés de payer, soit par la cessation de leurs revenus, bien loin de s'attacher à les contenir, les laissent agir, en faisant entendre qu'ils ne sont point en état de s'y opposer et qu'ils ont besoin de veiller chacun à leur conservation particulière. Les gentilshommes, qui ne supportent qu'avec peine l'imposition de la capitation et quelques autres, comme celle qui a été faite pour la suppression des inspecteurs des boucheries, ne sont pas fâchés de tous ces mouvements, non plus que les ecclésiastiques, qui se croient, pour leur compte, très surchargés. En sorte que tous ensemble se flattent que cette émotion et celles qui ne manqueront pas d'arriver sur les moindres prétextes apporteront du changement dans les affaires, ou du moins produiront des diminutions très considérables sur les impositions et autres charges; et il est bien certain que cette mauvaise volonté nuira infiniment à tous les recouvrements. J'ai cru devoir vous faire ce détail afin que vous puissiez faire l'attention qu'il convient au bien du service du Roi.

«Les receveurs des tailles me font de continuelles remontrances sur l'impossibilité où ils sont de payer à la recette générale dans les termes de leur traité, parce qu'ils ne sont point payés des paroisses, quelques diligences qu'ils puissent faire; et même, dans l'élection de Tulle, ils commencent à trouver quelque espèce de résistance dans l'exécution de leurs contraintes. J'attendrai les ordres qu'il vous plaira de me donner sur l'état présent des choses, et je ne manquerai pas de les exécuter avec toute la vivacité que je dois*.»

* Quelques-uns des auteurs de l'émeute ayant été arrêtés, l'intendant fit leur procès. Un homme fut condamné à la potence, une femme au fouet et à la marque, deux hommes et deux femmes au bannissement. Le contrôleur général donna l'ordre de poursuivre les procédures contre les autres séditieux les plus compromis, mais de faire en sorte que les magistrats, la noblesse et le peuple demandassent la grâce des condamnés. Le régiment de dragons de Fimarcon fut logé quelque temps dans la ville, aux frais de l'habitant. (Lettres de l'intendant et de M. de Saint-Aulaire, 10 et 17 juillet.) Plusieurs maisons ayant été brûlées par les émeutiers, la perte, évaluée à 33,000 ᵗᵗ, fut mise à la charge des habitants, qui n'avaient pas su empêcher le désordre; pour faciliter le payement de cette indemnité, on résolut de prendre 15,000 ᵗᵗ sur le produit de la loterie faite au profit de la généralité, et de lever le reste par capitation. (Lettres des 27 mars et 15 septembre 1706.)

Les 20 et 30 mai, 3, 5, 14 et 26 juin, 5 juillet 1705, M. Pinon rend compte de mouvements qui se sont produits dans la généralité de Poitiers et qui pourraient avoir du rapport avec les troubles de Limoges. En marge de la lettre du 20 mai est ce projet de réponse: «J'avois été informé de l'enlèvement qui avoit été fait à Rochechouart. Vous ordonnerez au juge des traites de suivre cette affaire avec toute la fermeté et la vivacité qu'il convient. S'il donne des décrets, faire en sorte que ce ne soit que contre des particuliers, et non pas contre des communautés entières. Prenez avec eux de si justes mesures qu'ils puissent être exécutés, et que l'on fasse quelque exemple public d'une pareille entreprise. Si vous trouvez que le marchand y soit mêlé, faites-le-moi savoir, et je l'enverrai enlever dans sa maison.» En marge de la lettre du 3 juin est cet autre projet de réponse : «S'il étoit nécessaire d'avoir quelques troupes du côté de Rochechouart, il pourroit en demander à M. de Chamilly; je lui écris pour lui fournir les secours dont il aura besoin pour rétablir la tranquillité dans ce canton, et faire en sorte que les droits du Roi soient payés exactement. Vous vous entendrez avec lui tant que vous demeurerez dans cette province, que vous ne quitterez que lorsque votre successeur y sera arrivé, le Roi vous ayant destiné pour l'intendance de Bourgogne. Il est bien important que vous suiviez cette affaire avec vivacité. Ne croyez pas que celle de Limoges demeure impunie : avant qu'il soit peu de jours, le régiment des dragons de Fimarcon y arrivera, et sera suivi de près de celui des dragons du second Languedoc. M. de Saint-

Auluire, qui étoit arrivé ici, ordre de s'y en retourner diligemment et de faire en sorte de contenir les peuples dans leur devoir.»

803. *M. Lebret, intendant en Provence,*
au Contrôleur général.

16 Mai 1705.

Rapport sur l'exploitation des mines de jayet et sur le préjudice que causerait à cette industrie une prorogation du privilège exclusif accordé, en 1692, à Guillaume Caillau, architecte de la ville de Carcassonne*.

* Le privilège ne fut pas prorogé et les propriétaires des terrains purent rentrer en possession de leurs fonds. (Réponse de M. Desmaretz, 17 juillet.)

804. *M. Bouchu, intendant en Dauphiné,*
au Contrôleur général.

19 Mai 1705.

«En suite de la lettre du 16 avril que vous m'avez fait l'honneur de m'écrire, un officier se disant lieutenant de la compagnie de la Garenie, capitaine au régiment d'infanterie de Toulouse, est venu me trouver pour me demander des ordres pour obliger les élus de Valence à lui remettre quelques prisonniers qui sont dans les prisons de ladite ville de Valence, au sujet des contrebandes du tabac. Il me remit en même temps une lettre signée : *Perret*, datée de Lyon (lequel je juge être le directeur de la ferme du tabac), par laquelle il me demandoit de vouloir bien l'ordonner ainsi, sur ce que ces prisonniers souhaitoient extrêmement d'entrer dans le service et de se délivrer par là des poursuites qui étoient faites contre eux. J'ai demandé, suivant vos ordres, aux élus de Valence, par quelles raisons ils s'opposoient à ce que ces prisonniers qui se portoient volontairement à servir le Roi fussent remis à ce capitaine du consentement du directeur de la ferme du tabac. Ils m'ont fait réponse que tant s'en faut que ces particuliers, qui sont au nombre de quatre, voulussent servir; que le commis de la ferme du tabac à Valence avoit été un jour dans les prisons, avec un officier, pour les obliger à suivre ledit officier; que ces particuliers avoient envoyé avertir les élus de cette violence; que le commis au tabac à Valence est accoutumé à de semblables procédés; qu'il fait emprisonner sans fondement plusieurs personnes pour le fait du tabac, et que, quand il voit qu'il va être condamné à leurs dommages et intérêts, il les commerce avec les officiers, avec lesquels il veut les obliger de marcher par force. Cette conduite, quoiqu'elle ne soit pas jusqu'à présent vérifiée, m'a paru devoir me porter à suspendre les ordres qu'on me demandoit, et M. d'Angervilliers éclaircira ce qui en peut être, pour ensuite y pourvoir comme il croira le devoir*.»

* Le 4 août, M. d'Angervilliers écrit : «J'ai fait entendre aux élus que, sur les simples procès-verbaux des commis affirmés véritables, ils devoient prononcer contre les fraudeurs, lorsque le cas n'exigeoit pas une peine afflictive, au lieu qu'auparavant ils régloient toutes ces procédures à l'extraordinaire. Je leur ai même déclaré qu'ils ne pouvoient, sans s'exposer à une interdiction, décerner des exécutoires pour leurs salaires, cette entreprise étant directement contraire à la disposition de l'ordonnance de 1667. D'un autre côté, j'ai recommandé au commis de n'avoir plus la facilité de donner aux officiers les particuliers que, sous prétexte de contrebande, il fait mettre en prison, à moins que les prisonniers n'y consentent, et je lui ai fait remarquer qu'il n'avoit pas même cette liberté lorsque le cas pouvoit mériter peine afflictive.....»

805. *Le Contrôleur général*
aux Intendants.

21 et 28 Mai 1705.

MM. de Bâville, de Bouville et Trudaine ont proposé divers expédients pour faire racheter les offices de facteurs-commissionnaires des rouliers par les particuliers qui en avaient fait les fonctions avant l'édit, sans fatiguer d'un nouvel établissement les peuples et le commerce. Chaque département devra contribuer pour une part à la finance de rachat, et se procurera des fonds soit par la perception d'un droit modéré sur les denrées qui se consomment dans les villes, soit par une imposition générale en quatre termes.

«Comme la somme est très médiocre, je ne doute point que vous ne trouviez ces expédients convenables, et qu'il est avantageux aux peuples de se voir délivrés d'un droit qui étoit aussi à charge au commerce pour une somme si légère. Dès que vous aurez pris les mesures nécessaires pour assurer cette finance, vous pourrez donner vos ordres pour faire cesser la levée du droit dans votre département, afin que les peuples commencent à ressentir promptement les effets de la suppression de ces offices*.»

* Voir une lettre du 15 février précédent, à M. de Bouville, intendant à Orléans, et une autre, du 3 juillet suivant, à M. de Harouys, intendant en Champagne.

806. *Le Contrôleur général*
aux Intendants.

22 Mai 1705.

Le Roi, voyant que la réformation des louis se ralentit de plus en plus, parce que ces espèces, quoique décriées, continuent à circuler dans le commerce, veut que des personnes adroites soient commises à la recherche des coupables, et que ceux-ci soient condamnés par les intendants, pour la première fois, à la confiscation des espèces billonnées et à une amende du double, et, en cas de récidive, aux galères, conformément aux règlements rendus depuis la déclaration du 28 novembre 1693. Le dénonciateur aura moitié de l'amende et de la confiscation.

807. *Le Contrôleur général*
à M. Lebret, intendant en Provence.

22 Mai 1705.

«J'ai vu, par la lettre que vous m'avez écrite le 5 de ce mois, les difficultés qui se présentent sur l'exécution de l'arrêt du Conseil du 7 avril dernier, portant qu'il sera arrêté par MM. les intendants des tarifs des droits sujets à l'augmentation du dixième; que ces difficultés naissent, non seulement de ce que les différents tarifs qui ont cours en Provence ne comprennent les droits que pour de petites quantités de marchandises, en sorte qu'en beaucoup d'articles ils sont au-dessous de 10 deniers, mais encore parce qu'en différents bureaux, les droits y sont perçus suivant des tarifs particuliers d'usage, que le Conseil a autorisés par des arrêts, lorsque ces tarifs ont été contestés, et qu'ainsi il faudroit arrêter autant de tarifs qu'il y a de bureaux et de différents droits qui se lèvent en Provence.

«L'intention du Roi n'a point été qu'il fût dressé des tarifs particuliers et détaillés de tous les différents droits qui se lèvent en chaque département : il a bien compris que ce travail seroit d'une trop longue et embarrassante discussion; mais le Conseil a seulement entendu qu'il seroit dressé des états de la nature des différents droits sur lesquels le dixième doit être levé, ainsi que sur les anciennes augmentations, afin d'en rendre la perception certaine et ôter tous les doutes que les commis et les redevables des droits pourroient avoir sur ce sujet. Ainsi, il suffira que vous vous fassiez remettre par le directeur des fermes en Provence un état certifié de lui de tous les droits qui s'y lèvent au profit du Roi, avec les anciennes augmentations, pour l'arrêter après l'avoir examiné, et ordonner que la nouvelle augmentation du dixième sera perçue sur le total des droits, suivant que vous marquez s'être pratiqué depuis le 1er avril*.»

* Une circulaire analogue fut adressée à tous les intendants.

Le 16 du même mois, M. de Saint-Macary, subdélégué général en Béarn, avait envoyé un mémoire sur les droits de foraine et de péage perçus en Navarre et en Béarn et sur le droit de gabelle perçu en Bigorre, demandant si ces droits devaient porter l'augmentation quoiqu'ils constituassent des tarifs particuliers à la province et confirmés en 1688, sur la requête des États.

Le 26 juin, M. de Bagnols envoie un état des différents droits perçus dans les bureaux des traites de son département, et il expose les raisons qui devraient, selon lui, faire exempter la Flandre de l'augmentation du dixième. Le 10 juillet, le contrôleur général répond qu'aucune de ces raisons n'est admissible, car l'augmentation ne rentre point dans l'espèce des traités et des affaires extraordinaires dont la Flandre s'est rachetée par abonnement, et le Roi ne s'est pas ôté la faculté d'augmenter les anciens droits qui frappent les marchandises. Seule, la ville de Tournay pourrait objecter qu'elle s'est abonnée à 2,000ll, avec les fermiers généraux, pour les bas qu'elle apprête; mais, puisqu'elle aurait subi l'augmentation si elle ne s'était abonnée, il est naturel qu'elle la supporte et l'acquitte en sus de l'abonnement.

---

808. *M. Pageau, commissaire à Nice,*
au Contrôleur général.

22 Mai 1705.

Réunion provisoire des gabelles du comté de Nice à la régie des gabelles de Provence*.

* Réponse en marge : «Lui mander que l'intention du Roi est que le sel soit vendu sur le pied qu'il l'étoit en dernier lieu par M. de Savoie, lorsque M. de la Feuillade s'est rendu maître du comté de Nice.....»

---

809. *M. d'Albaret, intendant en Roussillon,*
au Contrôleur général.

22 Mai 1705.

Il demande, pour les habitants de Collioure, le rabais du prix du sel à 5 # le minot, au lieu de 7 #, conformément à un usage établi en faveur du salage du poisson.

«Cette augmentation (de 2 # par minot) a été cause que tous ceux qui avoient accoutumé de venir chercher du poisson à Collioure n'y viennent plus, et, lorsqu'il y a des bonnes pêches de thon ou de sardines, aussi bien que d'autre poisson, les marchands viennent acheter le poisson, et immédiatement s'en vont à Liansac, terre d'Espagne qui est sur le bord de la mer, et y achètent le sel pour leurs salages : ce qui cause un préjudice très grand, non seulement aux habitants, qui ne trouvent pas à vendre leur poisson salé, mais aussi à la gabelle, qui ne débite presque plus rien, ainsi que m'a assuré le sieur Leclerc, receveur de la gabelle, et que la diminution de la vente va à une notable diminution d'argent.

«J'estimerois que, pour le bien tant de la gabelle que de ces pauvres habitants, qui n'ont autre moyen de vivre que celui du salage et de la pêche, si S. M. vouloit bien leur accorder le sel pour le salage du poisson sur le pied de 5 # le minot, au lieu de 7 #, lesdits habitants, qui sont réduits à la dernière misère, se trouveroient soulagés, et la gabelle y trouveroit son compte par la débite*.»

* Au dos d'un des mémoires joints à cette lettre, le contrôleur général a écrit : «Il n'y a rien à changer. En rendre compte à M. le maréchal de Noailles.»

---

810. *M. Rouillé de Fontaine, intendant à Limoges,*
au Contrôleur général.

22 Mai 1705.

«J'ai reçu la lettre que vous m'avez fait l'honneur de m'écrire le 12 de ce mois, en me renvoyant celle que le nommé Duguéroy, avocat, a pris la liberté de vous adresser pour se plaindre des cruautés que j'exerce en ce pays, du refus que je fais d'écouter personne, des friponneries de mon secrétaire, qui doit avoir gagné en peu de temps plus de 10,000 # de rentes. Je vous suis bien obligé de la justice que vous me rendez en jugeant que tout cela ne mérite pas d'attention. En effet, bien loin de refuser d'écouter qui que ce soit, j'affecte d'écouter tout le monde, pauvres et riches indifféremment, sur tout ce qu'ils ont à me dire, afin qu'ils ne puissent pas se plaindre que quand ils n'obtiennent pas ce qu'ils demandent, que je ne sois pas instruit de leurs raisons. Et quant à mon secrétaire, M. de Bernage l'amena de Paris lorsqu'il fut nommé à l'intendance de cette province; il me le donna en partant pour Besançon, comme un homme de confiance et de la bonne conduite duquel il étoit pleinement persuadé après l'avoir observé pendant onze ans; et, depuis qu'il est avec moi, je n'ai que sujet de m'en louer, tant par rapport à ce qui me paroît, que par rapport à ce qui m'en revient de tous les honnêtes gens de la province; et, bien loin qu'il ait amassé les grands biens qu'on dit dans cette lettre, il est très certain, par la connoissance que j'ai de ses affaires, qu'il n'auroit pas de quoi subsister avec sa famille, s'il étoit sans emploi, quoiqu'il travaille depuis plus de vingt-cinq ans. Au surplus, je crois que ce qui peut avoir donné lieu à cette lettre est que, passant à Saint-Junien, il y a quatre ou cinq mois, le juge de police vint me porter plainte qu'ayant été faire visite la veille chez le nommé Rouhet, marchand de ladite ville, il y avoit trouvé des poids les uns trop forts et les autres trop foibles; qu'ayant voulu les saisir, ledit Rouhet s'y étoit opposé, et, assisté de sa famille, l'avoit maltraité, suivant le procès-verbal qu'il me représenta. Sur quoi, je l'envoyai chercher, pour l'admonester; mais il refusa de venir : ce qui me détermina d'ordonner qu'il seroit mis en prison jusqu'à nouvel ordre; et, comme il se cacha et qu'il voulut rendre mon ordre inutile, j'en donnai un nouveau, portant qu'il viendroit me rendre compte de sa conduite, sinon qu'il y seroit contraint par établissement de garnison de deux archers. Cet ordre n'eut pas plus d'effet que le précédent. La garnison fut établie, et, comme c'est une mutinerie qui n'eut jamais d'exemple, j'ai taxé les journées des archers et ordonné qu'ils en seroient payés par saisie et vente des meubles dudit Rouhet, qui a toujours demeuré non seulement dans la même obstination, mais il s'est pourvu au Parlement de Bordeaux, où il a obtenu un arrêt par lequel, sans s'arrêter à mes ordonnances, il est fait mainlevée des meubles saisis pour les frais des journées des archers. Cet arrêt m'a paru tout à fait extraordinaire, les Parlements ne pouvant toucher aux ordonnances de MM. les intendants, et particulièrement sur celles-ci, qui ne donnent aucune atteinte à l'autorité du Parlement de Bordeaux, et que je n'ai données que pour le bien de la justice. J'en ai écrit à M. Dalon, premier président, et, après avoir reçu sa réponse, j'aurai l'honneur de vous envoyer un projet pour faire exécuter mes ordonnances sans s'arrêter à l'arrêt du Parlement de Bordeaux. Voilà sans doute ce qu'on qualifie de cruauté et d'injustice exercées par moi contre ledit Rouhet, qui, comme vous voyez, est un parfait mutin*.»

* Le 28 juillet suivant, en envoyant les pièces de cette affaire, l'intendant dit encore : «Comme les Parlements ne sont point en droit de connoître par appel des ordonnances de MM. les intendants, dont vous avez la bonté d'être le protecteur, je me donne l'honneur de vous envoyer un projet de l'arrêt que je vous supplie de vouloir bien faire expédier pour ordonner que, sans s'arrêter à celui du Parlement de Bordeaux en ce qui concerne mes ordonnances, ni à tout ce qui s'en est ensuivi, elles seront exécutées suivant leur forme et teneur, sauf l'appel au Conseil, à qui seulement la connoissance en appartient; et en effet, s'il dépendoit du caprice des parties contre lesquelles MM. les intendants rendent des ordonnances, le plus souvent de leur propre mouvement et pour le bien des affaires du Roi et de la justice, d'en interjeter appel aux Parlements, qui ne sont que trop jaloux des fonctions de MM. les intendants, ce seroit détruire toute leur autorité, et le service du Roi et le bien public en recevroient un notable préjudice. C'est ce que j'espère que vous ne voudrez pas souffrir. . . . .» Le contrôleur général fait écrire cette réponse en marge : «Je lui aurois fait volontiers expédier l'arrêt qu'il demande, si j'avois trouvé que, dans le fonds, il eût été bien fondé à prendre connoissance de l'affaire dont il est question. C'est un cas de la police ordinaire, et dont l'appel doit aller de droit au Parlement de Bordeaux. Il est bien vrai qu'il n'est pas compétent pour casser les ordonnances; mais, dans une affaire qui n'est pas de sa compétence, je doute qu'il doive réclamer.»

811. *Le sieur* DE LA LANDE-MAGON, *négociant à Saint-Malo,*
au CONTRÔLEUR GÉNÉRAL.

24 Mai 1705.

«J'ai eu l'honneur d'écrire à Votre Grandeur le 26 du mois passé, pour l'informer des nouvelles que j'avois eues de la mer du Sud de nos trois vaisseaux : *le Joseph*, *le Saint-Esprit* et *le Baron-de-Breteuil*, et de lui envoyer copie de la lettre que le vice-roi du Pérou écrivoit à ce sujet au sieur le Cordier, facteur de la compagnie du parti des Noirs. Ils sont, grâces à Dieu, arrivés le 18 à Auray, sans avoir fait aucune mauvaise rencontre. Ils partirent le 22 septembre du Callao, port de Lima, ont relâché à Cayenne, pour rétablir les malades, et touché aux Canaries, où ils avoient leur rendez-vous. Ils y ont trouvé nos ordres de n'aller point à Gênes suivant ceux qu'ils avoient eus en partant d'ici, sur les assurances que vous avez eu la bonté de me donner qu'ils pouvoient sûrement revenir en France. J'estime qu'ils apportent la valeur d'autour de 1,700,000 piastres, tant en barres, pignes, que piastres, de l'indigo et de la laine de vigogne, y compris 2 à 300,000 piastres que plusieurs passagers espagnols apportent avec eux. Quand j'en serai mieux instruit, j'aurai l'honneur d'en envoyer un état à Votre Grandeur, quoique je ne doute pas que les armateurs, qui se sont rendus sur les lieux, ne vous en aient informé suivant les ordres que je leur en ai donnés; et nous ferons voiturer le tout à la Monnoie, pour être converti en espèces de France, à raison de 34 ## le marc, les barres, pignes et vaisselle à proportion. Votre Grandeur aura la bonté d'ordonner qu'on les y reçoive*.

«*Le Joseph* a négocié au Callao de Lima, a payé plus de 53,000 piastres de droits royaux : ce qui emporte une bonne partie du profit. Le vice-roi ne l'a permis qu'à cette condition, et, malheureusement pour moi, c'est celui dans lequel j'avois plus d'intérêt; les autres, qui ont traité dans des ports éloignés, en ont été exempts. Le vice-roi et les gouverneurs ont dit à nos capitaines qu'ils avoient ordre du roi d'Espagne de bien recevoir les vaisseaux de S. M. et de leur faire aussi bon accueil qu'à ses sujets. La nécessité qu'ils ont au Pérou de toutes sortes de marchandises y peut aussi contribuer, et, s'il n'y en alloit point de France, ils admettroient volontiers ceux des ennemis. Ainsi, tant qu'ils seront dans de si bonnes dispositions, on doit en profiter, n'y ayant rien de plus utile à l'État que d'y apporter bien de l'argent. Ils ont laissé quatre autres navires à la Conception et Arica, dans ladite mer, qui reviendront beaucoup plus riches que ces trois arrivés : qui est une nouvelle qui ne peut que vous être agréable, puisque, par ce moyen, on peut rétablir tout l'argent qui a sorti de France pour soutenir la guerre en Allemagne et Italie.

«Dans ce moment, je reçois un courrier d'Auray, avec avis que l'intendant de la marine du Port-Louis a fait arrêter tous les effets de nos vaisseaux et mis des archers au bord, en vertu d'un arrêt du Conseil du 17 mars, au rapport de Mgr de Pontchartrain, qui modère le précédent du 17 février, qui portoit confiscation entière du tout, au dixième de la valeur, en faveur de la compagnie chimérique de la Mer du Sud, dont ci-joint la copie, laquelle ne subsiste plus. Nous n'avons entrepris ces voyages que dans la vue d'enrichir l'État. Ils ne nous ont point été défendus, et nous n'avons pas cru rien faire en cela contre les intentions de S. M. : d'autant plus que tous ceux qui en sont revenus ont été reçus avec toute sorte d'agrément. Il seroit assez surprenant que nos vaisseaux fussent plus favorablement traités au Pérou par le vice-roi et les gouverneurs qu'en France, à leur retour, et qu'on nous veuille faire un crime d'avoir exposé nos fortunes aussi généreusement, dans une conjoncture de guerre si périlleuse que celle-ci, pour décharger le royaume de ses manufactures et y apporter autour de 7,000,000 #, que, j'estime, produiront nos effets. Ainsi, j'ose espérer que si vous avez la bonté d'en informer S. M., qu'elle voudra bien nous rendre justice en faisant lever les arrêts, parce que je m'oblige pour tous les intéressés de faire porter toutes les matières et espèces à la Monnoie, et j'écris à Auray, aux armateurs, qu'ils en envoient un état à Votre Grandeur, avec leur soumission en cette conformité. Vous aurez pour agréable de me prescrire ce que vous souhaitez qui soit converti à Paris et à Rennes, pour nous y conformer, et de vouloir bien faire attention que l'argent n'est point en sûreté aux bords des vaisseaux; que les salaires sont très considérables, que les vivres se consomment, que les équipages, après une navigation d'aller et de venir de huit mille lieues, sont très fatigués, et que les moindres retardements nous causent une prodigieuse dépense. Ainsi, je vous supplie très humblement d'avoir la bonté d'obtenir incessamment la mainlevée; j'ose l'espérer de la protection dont Votre Grandeur a bien voulu m'assurer qu'elle m'honoreroit dans cette occasion **. »

* Le 10 avril précédent, M. Desmaretz écrivait aux banquiers Hoggurr que, pour conserver dans le royaume les matières apportées au compte des négociants, l'ordre avait été donné aux Monnaies d'en offrir 34 # du marc, et d'en réserver la plus grande partie pour le Roi. Le 22 juin, il écrit à Rousseau, directeur général des Monnaies, que les matières venues de la mer du Sud seront monnayées pour deux tiers à Paris et pour un tiers à Rennes ou à la Rochelle.

** Réponse en marge : « Le sieur de Grandville-Locquet vous informera de la protection que j'ai donnée à votre commerce. J'enverrai des ordres samedi prochain pour faire porter à la Monnoie de Rennes une partie des matières et espèces qui se sont trouvées dans les vaisseaux qui viennent d'arriver : il y en aura une partie destinée pour la Monnoie de Rennes, qui vous servira à payer vos équipages; je ferai transporter l'autre à Paris. Le tout sera payé le plus promptement que faire se pourra. Vous savez qu'il faut du temps pour convertir ces matières, et, en les payant sur le pied de 34 #, il est juste que les derniers payements soient un peu éloignés. » (*N. B.* Cette minute a été supprimée.) — Voir les lettres du sieur de la Lande-Magon, 27 mars, 22 et 26 avril, 27 mai, 14 et 21 juin; du sieur de la Chipaudière-Magon, 22 mai; des commandants des trois vaisseaux, 23 mai; du sieur Jourdan, principal intéressé de la compagnie de la Mer du Sud, 29 mai et 5 juin; de M. de Pontchartrain, 29 mai. Le contrôleur général fit donner la mainlevée qu'on lui demandait, et, en marge de la lettre écrite le 21 juin par le sieur de la Lande-Magon, il répondit : « Il peut faire des dispositions pour envoyer des vaisseaux à la mer du Sud; mais, avant toutes choses, ils doivent m'envoyer un état du nombre de vaisseaux qu'ils y destinent, des marchandises qu'ils feront embarquer, de ceux qui y seront intéressés, et du temps de leur départ; il faudra qu'il y ait un double, que je communiquerai à M. de Pontchartrain, afin que lui et moi ayons connoissance de ce qui se passe, et que, sans rien faire qui puisse donner lieu de plainte aux Espagnols, nous trouvions les moyens de procurer dans le royaume les secours que les Hollandois ont bien moins de peine à avoir que nous. Je me suis expliqué encore plus particulièrement au sieur de Grandville-Locquet. Il peut agir avec confiance et y engager ses amis. » L'armement commença aussitôt.

---

812. *M. Bignon, intendant à Amiens,*
au Contrôleur général.

24 Mai 1705.

Il envoie l'assiette de l'impôt du sel dans les paroisses du grenier de Doullens *.

* Voir, à l'intendance de Tours, 21 décembre 1705, un mémoire de M. Turgot sur le règlement de l'impôt du sel dans la paroisse de Saint-Charles, nouvellement formée par le défrichement des terres de la forêt de Bouëre, à la requête du duc de la Trémoïlle.

---

813. *Le Contrôleur général*
à M. Lebret, intendant en Provence.

25 Mai 1705.

Ordre de faire fixer des termes réguliers pour le payement de la capitation et pour la remise des fonds aux trésoriers auxquels ils sont assignés, conformément à l'usage des autres pays d'États.

---

814. *Le Contrôleur général*
à M. Dalon, premier président
du Parlement de Bordeaux.

27 Mai 1705.

« J'ai fait examiner les mémoires du sieur Roland-Duclos que vous m'avez envoyés, qui ne contiennent rien de nouveau. Il a un privilège pour faire fabriquer des tabacs du cru du royaume à la manière du Brésil et du briquet de Hollande; il peut, suivant la faculté qui lui est accordée, faire travailler ces tabacs, et, s'il réussit à leur donner un si bon apprêt que ceux qui s'en servent les trouvent égaux à ceux du Brésil, ou même meilleurs, ce sera un moyen sûr de persuader l'utilité qu'on pourra tirer de ses propositions. C'est tout ce que je puis vous dire sur les mémoires qu'il vous a pressé de m'envoyer; vous pouvez connoître vous-même par les épreuves ce qu'on peut attendre de lui. »

---

815. *M. de Harouys, intendant en Champagne,*
au Contrôleur général.

27 Mai et 25 Juin 1705.

La suppression des offices de facteurs-commissionnaires sera une mesure des plus avantageuses pour le rétablissement du commerce, et il serait à désirer que les provinces pussent également se racheter de la création des inspecteurs-contrôleurs des voitures; mais les villes sont déjà surchargées d'octrois pour suffire à des taxes multipliées sans cesse, et, si l'on demande à la province de Champagne 60,000 ₶ pour le rachat de cette affaire, il faudra répartir la contribution sur tout le pays et espacer les termes de recouvrement*.

Quant aux 80,000 ₶ que l'on veut tirer de l'affaire des courtiers-commissionnaires de vins, c'est aux acheteurs, étrangers pour la plupart, qu'il faut les demander, plutôt qu'aux vendeurs, qui payent déjà beaucoup d'autres droits. On pourrait fixer le droit sur la vente en gros à 5 sols par poinçon de vin, 2 s. 6 d. par poinçon de bière et 20 sols par poinçon d'eau-de-vie, en exemptant les boissons destinées au service des étapes et des hôpitaux**.

* M. Bouchu, intendant en Dauphiné, écrit, le 5 juin, que la perception du droit des commissionnaires des rouliers n'est montée qu'à 464 ₶ 17 s. pendant le dernier trimestre, et que néanmoins il vaudrait encore mieux demander à la province 20,000 ₶ pour sa part dans l'abonnement général, que de laisser subsister un recouvrement aussi gênant pour le commerce. Les marchands et négociants ne possédant guère de fonds assujettis à la taille réelle, il propose de régler cette imposition au marc la livre de la capitation des roturiers. Il propose également l'abonnement pour l'affaire des contrôleurs des voitures et pour celle des jurés vendeurs-visiteurs de porcs.

** Cette proposition fut acceptée par une lettre du 3 juillet. Voir aussi une lettre écrite par l'intendant, le 7 août, sur les motifs que la ville de Reims fit valoir pour échapper à la nouvelle taxe.

Le 23 août suivant, M. Desmaretz invite M. de Bouville, intendant à Orléans, à faire consulter les propriétaires de vignes, dans chaque paroisse, par ses subdélégués, pour savoir quels sont ceux qui acceptent de payer à la vente le droit de 40 sols par tonneau établi pour la suppression des courtiers-commissionnaires, ou ceux qui préfèrent le payer sur les vignes mêmes.

816. *Le Contrôleur général aux Intendants.*

28 Mai 1705.

« On se plaint souvent des grands frais que font les commis des traitants dans les provinces pour le recouvrement des affaires extraordinaires; mais surtout on se plaint des garnisons qu'ils établissent de leur pure autorité. Il m'a paru qu'il étoit de conséquence pour le bien du service du Roi de ne pas laisser aux traitants la liberté entière d'établir ces garnisons. Pour empêcher le cours de cet abus, qui pourroit avoir des conséquences fâcheuses, vous tiendrez, s'il vous plaît, la main à ce que les traitants n'établissent aucunes garnisons sans une permission visée de vous. Il est de votre prudence de leur permettre de se servir de ce moyen dans les temps et dans les occasions où il sera nécessaire pour avancer les recouvrements*. »

* M. Turgot, intendant à Tours, annonce, le 2 juin, que ses ordres sont donnés en conséquence de cette instruction, avec défense de laisser maintenir plus de huit jours les garnisons imposées aux corps ou communautés, et plus de quinze celles des simples particuliers.

M. Lebret, intendant en Provence, répond le 12 juin 1705 : « ..... J'ai toujours eu toute l'attention possible à les empêcher; mais les commis y sont excités par les traitants, qui leur donnent des ordres très vifs, et, quand ces ordres tombent entre les mains de gens avides, il s'en faut bien qu'ils en diminuent la rigueur. J'observe cependant que ceux qui font le plus de frais ne sont pas les mieux payés, et il y en a en ce pays-ci qui paroissent avoir de la modestie et de la douceur, qui ne font pas les affaires des traitants moins bien que les autres, et contre lesquels je ne reçois cependant aucunes plaintes. J'en reçois contre d'autres; mais on ne m'apporte jamais les preuves, que j'en fais toujours rechercher avec soin, pour en faire un exemple. L'essentiel seroit que les traitants généraux s'appliquassent à trouver de bons commis, qu'ils donnassent quelque chose de plus à des gens qui sussent travailler et qui eussent de la probité, et surtout que leurs directions ne fussent jamais données par faveur, ou par les recommandations qu'on fait bien plus souvent pour des fripons que pour les honnêtes gens, qui sont presque toujours les moins empressés..... » En marge est ce projet de réponse : « Qu'il me nomme les autres directeurs qui sont employés et dont le public n'est pas content; qu'il les menace de les faire révoquer à la première preuve qu'il aura qu'ils aient fait quelques saisies ou mis garnison sans un ordre exprès de lui. »

Voir aussi un rapport de M. Ferrand, intendant en Bretagne, à la date du 28 août.

817. *M. d'Angervilliers, intendant en Dauphiné, au Contrôleur général.*

29 Mai 1705.

« Dans la généralité d'Alençon, dans celles qui sont voisines, et même, je crois, dans toutes celles du royaume, à l'exception du Dauphiné, il est d'usage que les lettres que MM. les intendants écrivent dans la province sont affranchies du port, pourvu qu'elles soient contresignées par eux. J'ai trouvé cet usage établi à Alençon, et je l'ai continué sans aucune contradiction de la part du fermier. M. Bouchu en a néanmoins usé différemment depuis qu'il est dans la province; il m'a dit qu'en y arrivant il consulta M. de Louvois, qu'il lui fit une réponse équivoque, et que, depuis, il n'avoit fait aucune tentative. Je vous supplie de me mander la manière dont vous souhaitez que j'en use. Il me paroît que, du moins, les lettres écrites aux subdélégués, et qui, par conséquent, regardent le service du Roi, devroient être franches, et je ne vois aucune raison d'exception pour le Dauphiné. J'attendrai là-dessus vos ordres*. »

* Réponse en marge, de la main du contrôleur général : « Écrire une lettre circulaire à MM. les intendants pour savoir comment on en a usé par le passé pour leurs lettres à leurs subdélégués; s'ils les ont contresignées ou non; si le port en a été payé, et par qui. Écrire en particulier à M. Bouchu, quoiqu'il ne soit plus intendant. »

Le 7 du même mois, M. Desmaretz écrivait à M. Rouillé, directeur des postes : « Comme il est d'usage que nos premiers commis jouissent de l'exemption des ports de lettres, je vous prie de donner les ordres nécessaires afin que le sieur Clautrier, mon secrétaire, ne soit pas pas plus mal traité sur cela que ceux qui l'ont précédé dans cette fonction. »

818. *Le Contrôleur général à M. Turgot, intendant à Tours.*

30 Mai 1705.

« J'ai vu, par votre lettre du 10, les mesures que vous croyez nécessaires pour arrêter le cours du faux-saunage dans l'étendue des directions de votre intendance et pour y conserver les ventes, et, comme c'est une partie considérable de la gabelle, j'ai engagé les fermiers à l'établissement du contrôle général que vous proposez, et je leur ai dit qu'il faut qu'ils fassent tenir exactement par les receveurs des gabelles le sexté, que vous dites qui est négligé. Sur ces deux fondements, dont l'exécution est soumise à votre inspection, je me promets que vous ferez en sorte de conserver les ventes : je me réfère à ce qui est contenu là-dessus dans ma première lettre; et j'ajouterai seulement que si, par les ventes des quartiers dont les états vous doivent être remis, vous voyez des diminutions survenues faute par les directeurs ou receveurs d'avoir apporté les soins et le travail qui sont de leur devoir, j'en ordonnerai la révocation, sans avoir égard aux remontrances, sur le premier avis que vous m'en donnerez, parce que le produit de la ferme des gabelles est un revenu sur lequel le Roi compte pour des dépenses indispensables*.»

* Le 2 décembre suivant, M. Desmaretz annonce au même intendant que le sieur Moret de la Fayolle, de Loudun, a inventé une nouvelle méthode de tenue du sexté, qui permettra de connaître en tout temps les variations de la vente et leurs causes, et qu'il va aller appliquer son système dans les greniers du département de Tours. Le 19 janvier 1706, M. Turgot rend compte des expériences faites en conséquence; le 20 mai suivant, M. Desmaretz remercie le sieur de la Fayolle des états déjà envoyés, et lui recommande de continuer le dépouillement des registres de vente.

819. *M. de Courson, intendant à Rouen, au Contrôleur général.*

30 Mai 1705.

«Le commis des facteurs-commissionnaires des rouliers a voulu établir, comme vous me le prescrivez par votre lettre du 18 de ce mois, un bureau, et ne point percevoir le droit qui lui est attribué à l'entrée de cette ville; mais la plupart des marchands s'y sont opposés et ont prétendu que ce seroit donner une entière connoissance de leur commerce, s'ils étoient obligés de déclarer dans un bureau la quantité de balles, ballots et autres marchandises dont les voituriers seront chargés, les noms de ceux qui en font les envois et à qui elles sont envoyées, ainsi qu'il est prescrit par l'édit du mois de février dernier. Ils ont mieux aimé que le droit fût perçu à la porte de la ville par les mains des rouliers, sur la simple lettre de voiture, dans laquelle le prix en est marqué : c'est ce qui m'a fait souffrir ici (à Rouen) la perception du droit à l'entrée de la ville. J'ai eu attention que ce droit fût perçu sans aucune extension, et, quoiqu'il soit établi et qu'il se perçoive actuellement, je n'en ai eu aucune plainte; mais, quelque peu considérable que soit ce droit, il ne laisse pas toujours que d'être à charge. Il seroit à souhaiter qu'il fût supprimé. Il ne seroit pas difficile de vous trouver des expédients pour le remboursement de la finance, et j'aurai l'honneur de vous en proposer plusieurs; mais il me paroît que la somme de 35,000# que vous me faites l'honneur de me mander qu'il conviendroit que ce département portât, est excessive par rapport à ce droit, dont le produit ne pourra jamais aller à 7 ou 8,000# par an, sur quoi il y a les frais de régie. On m'a même assuré que le traitant avoit voulu abandonner les trois généralités de Normandie pour 40,000#*.»

* Voir une autre lettre, du 14 juin.

820. *M. le Blanc, intendant en Auvergne, au Contrôleur général.*

30 Mai et 8 Juin 1705.

Il s'étonne que l'établissement des offices de facteurs-commissionnaires des rouliers soit difficile dans les pays commerçants. Lorsqu'il faisait partie du bureau des postes, des contestations se produisaient journellement entre les messageries et les particuliers qui pratiquaient indûment le métier de commissionnaire; on eût cru ces gens-là tout prêts à financer pour continuer tranquillement leur industrie.

En Auvergne, l'établissement n'aurait pas lieu de se faire : il y a très peu de commerce, les chemins sont impropres au roulage, les particuliers voiturent eux-mêmes leurs denrées à l'aide des bœufs de labour, et toute l'exportation descend par l'Allier, lorsqu'il est navigable. Si l'on supprime les charges nouvelles, qu'on y substitue une imposition générale, et que l'Auvergne y soit comprise, la moindre somme serait encore trop forte pour une province qui est notoirement incapable de payer ses impôts. Il vaudrait mieux ne pas prononcer ce rachat pour l'Auvergne et y laisser les traitants libres de percevoir ce qui pourrait leur revenir*.

«Mon avis seroit d'imposer seulement (la somme de 10.000# demandée pour la suppression de ces charges) sur les habitants des villes, parce que ceux de la campagne sont absolument hors d'état d'y contribuer : tout le revenu de la plupart des métairies ne suffit pas, déduction faite des frais de culture, pour payer les impositions, tant ordinaires qu'extraordinaires, quand même la récolte auroit été entière. Ainsi, à présent que la gelée l'a considérablement diminuée en plusieurs endroits, et l'a absolument emportée dans quelques autres, il est inutile de prétendre charger davantage ces fonds. On peut imposer tout ce que l'on voudra; mais on n'en peut jamais tirer au delà du montant de ce qu'ils produisent. Les habitants des villes ne sont guère plus à leur aise que ceux de la campagne; mais cependant il est certain que le malheur arrivé à la récolte de cette année fera augmenter le prix des blés et des vins : les paysans n'en ont point des années dernières; les bourgeois des villes, la plupart, font provision de ces denrées qu'ils n'ont pu vendre; ainsi, ce qu'ils profiteront sur le prix les mettra plus en état de payer que les laboureurs.»

* M. Roujault, intendant en Berry, en envoyant un mémoire sur le projet de réunion de ces offices (5 et 26 juin), dit : «J'ignore quelle peut être la finance que l'on s'est proposée pour le Berry; mais ce pays est sans commerce : quelques rouliers vont seulement à Orléans, dans certaines saisons de l'année, et quelqu'uns, de temps en temps, vont jusqu'à Paris, quand le hasard leur fait donner des voitures : ce

qui arrive très peu. Jamais personne de la province n'a fait les fonctions de facteur-commissionnaire des rouliers; ainsi, à moins que la réunion ne soit faite aux rouliers mêmes, et à une somme extrêmement modique, il ne sera pas possible de sortir de cette affaire, comme cela se peut à Orléans, à Lyon et en Languedoc.»

---

821. *M. Rouillé de Fontaine, intendant à Limoges,*
au Contrôleur général.

2 Juin 1705.

«J'ai déjà eu l'honneur de vous informer plusieurs fois de la misère des peuples de cette généralité. Ils se soutenoient encore un peu par l'espérance de la récolte, la plus abondante qu'on eût vue depuis plusieurs années pour toute sorte de fruits; mais malheureusement, la gelée qu'il fit les nuits des 27, 28 et 29 du mois passé, ayant emporté généralement toutes les vignes, les noix et la plus grande partie des châtaignes, des blés et des foins, tout le monde est dans une désolation que je ne saurois vous exprimer. J'ai vu par moi-même la perte des vignes des environs de Limoges, où je fus, samedi dernier, faire une tournée, et l'on peut dire qu'on n'y recueillera quoi que ce soit. En général, ce ne seroit pas une grande perte, parce que, outre que ces vignes ne produisent que d'assez mauvais vin, il n'y en a que dans cinq ou six paroisses voisines de cette ville. Mais, par les avis que je reçois du bas Limousin et d'Angoumois, où les principaux revenus consistent en vins, la perte y a été presque aussi grande qu'ici, et, à cela joint celle des blés et des châtaignes dans les pays où il n'y a pas de vignes, il est certain que la moitié des habitants, bien loin de pouvoir payer les charges, se trouveront réduits à l'aumône et à la famine. J'apprends qu'il y a déjà plusieurs familles de la campagne qui, n'espérant plus de récolte et n'ayant rien chez eux, commencent d'abandonner leurs maisons, et les collecteurs de plusieurs paroisses sont venus dire qu'ils alloient remettre leurs rôles et abandonner leurs paroisses, leur étant impossible de lever un sol. J'ai donné ordre aux élus de se transporter dans toutes les paroisses, pour dresser leurs verbaux des pertes qui auront été souffertes dans chacune, dont j'aurai l'honneur de vous rendre un compte particulier; mais vous voyez dès à présent le besoin indispensable qu'a cette généralité d'être soulagée. J'estime qu'il seroit nécessaire, pour commencer, de la décharger du payement du dixième par augmentation sur la taille et capitation, dont le Roi a ordonné l'imposition, mais qui n'a point encore été faite partout, et, en même temps, de proroger pour quelques mois les payements que doivent faire les receveurs généraux au Trésor royal pour les autres impositions, afin qu'ils puissent donner les mêmes termes aux receveurs des tailles, et eux aux collecteurs; et ensuite, d'y avoir égard pour faire une diminution très considérable sur les impositions de l'année prochaine par rapport à celles de l'année présente, dont je vous supplie de vous souvenir quand vous en ferez la répartition : sans quoi il sera impossible de rien lever, tant par le découragement où seront les peuples, qu'à cause de ce qui restera à lever de l'année dernière et de celle-ci; et le Roi se trouvera privé de tirer aucuns secours de cette province, au lieu qu'en proportionnant les charges à l'état des peuples, Sa Majesté en retirera toujours un secours certain. Je suis bien persuadé que les besoins pressants de la guerre exigeroient qu'on pût augmenter les impositions, au lieu de les diminuer; mais il n'est pas possible de tirer de l'argent d'une province où il n'y en a pas et où les peuples sont réduits à une aussi grande extrémité qu'ils le sont dans celle-ci, particulièrement depuis ces gelées*.»

* Voir la lettre que l'intendant écrit le même jour à M. Desmaretz, une lettre des trésoriers de France en date du 5 juin, et, à la date des 17 août et 1er septembre suivants, des mémoires sur la nécessité de secourir ce département par quelques diminutions sur les impositions et par des distributions de semences et d'aumônes. Ordre fut donné de prendre immédiatement 100,000 # dans les caisses des receveurs généraux et particuliers, en attendant l'envoi d'un fonds plus considérable; mais on refusa de diminuer la capitation de cette somme de 100,000 #. (Lettres des 22 et 25 octobre.)

---

822. *M. Bignon, intendant à Amiens,*
au Contrôleur général.

3 et 9 Juin 1705.

Rachat du droit d'un sol pour livre attribué aux facteurs-commissionnaires des rouliers; exécution du tarif du contrôle des voitures.

«Les fermiers prétendent exiger le sol pour livre des voitures qui sont faites par des rouliers publics et de profession; ceux-ci soutiennent, au contraire, n'y être point sujets, mais seulement au sol pour livre attribué aux facteurs-commissionnaires créés par édit du mois de février dernier, car, autrement, ce seroit payer deux droits. J'ai déjà pris la liberté de vous observer que je croyois que le droit de contrôle des voitures n'a été établi que pour les personnes, paquets, balles, ballots, caisses, boîtes, malles, coffres, etc., puisque, par l'édit, les contrôleurs des messageries devoient faire mention sur leurs registres, non seulement de la qualité des choses envoyées, mais encore de ceux qui les envoyeroient, de ceux à qui elles seroient adressées, du poids des ballots et paquets, registrer les lettres de voiture, spécifier le nom du lieu où les hardes et denrées seroient chargées, celui de leur destination, le nom du voiturier, celui qui feroit l'envoi, celui à qui il seroit adressé, avec le poids et la qualité, le prix convenu pour les voitures, faire note sur la lettre de voiture de l'enregistrement : d'où il résulte que le sol pour livre n'est dû que de ce que payent les personnes qui vont d'une ville à une autre par les voitures publiques, et pour les hardes et ballots qui y sont portés. Or, les rouliers voiturant eux-mêmes avec leurs propres équipages les marchandises et denrées dont on les charge, indépendamment des messageries, il semble qu'ils ne sont point sujets au sol pour livre attribué aux contrôleurs, pendant qu'ils sont obligés de le payer aux facteurs-commissionnaires, dont l'établissement est tout différent. Cependant, si ces deux droits, qui paroissent incompatibles, étoient levés en même temps, les peuples et le commerce en souffriroient. Je vous supplie très humblement de vouloir bien me faire savoir votre intention là-dessus, afin que je donne les ordres nécessaires en conformité*.»

* Voir deux lettres des 12 et 25 août suivant, sur la répartition de l'imposition et sur l'affaire des courtiers-commissionnaires de vins.

823. *M. Desmaretz, directeur des finances, à M. de Soubeyran, garde des registres du Contrôle général et trésorier des Parties casuelles.*

4 Juin 1705.

«J'ai communiqué le mémoire que vous m'avez envoyé à M. le prévôt des marchands, qui m'a dit que les receveurs de la loterie avoient fait remettre leurs registres à M. Boucot, pour en faire la vérification sur les billets que le sieur Hulmé a faits; et, comme il ne reste plus que le vôtre et celui de M. le Febvre, dont vous êtes chargé, à vérifier, il a pris heure au jour de demain, à deux heures après midi, pour en faire la vérification à la chambre de l'hôtel de ville où elle a été faite pour la première loterie. Vous y ferez porter ces deux registres sans faute; vous y trouverez M. Boucot et le procureur du Roi de l'hôtel de ville, si M. le prévôt des marchands ne peut pas s'y trouver, et vous verrez cacheter la boite dans laquelle seront mis les billets de ces deux registres, d'un cachet aux armes du Roi qui doit rester entre les mains de M. le prévôt des marchands, quand les boites seront cachetées. Il est nécessaire que vous vous trouviez à l'hôtel de ville pour y faire la vérification des billets des deux registres dont vous êtes chargé, à l'heure que je vous marque, ou quelqu'un de votre part, si vous avez des empêchements légitimes.»

824. *M. d'Angervilliers, intendant en Dauphiné, au Contrôleur général.*

5 Juin 1705.

Établissement dans la ville de Grenoble d'une compagnie franche chargée de veiller à la sûreté publique et à la garde des portes ou des magasins à poudre.

825. *M. d'Albaret, intendant en Roussillon, au Contrôleur général.*

5 Juin 1705.

État des droits que les fermes unies du Roi perçoivent en Roussillon.

826. *M. d'Argenson, lieutenant général de police à Paris, au Contrôleur général.*

10 Juin 1705.

Il rend compte des arrangements intervenus entre le sieur Béhagle, entrepreneur de la manufacture de Beauvais, et ses créanciers, et d'un projet de mise en loterie de plusieurs tapisseries d'une valeur de 40,000 ᵗᵗ environ*.

* En marge de l'analyse est écrit de la main du contrôleur général : «Bon.»

827. *M. Desmaretz, directeur des finances, au sieur Maynon, fermier général.*

11 Juin 1705.

«Le fermier de la marque du fer a surpris un exécutoire et une contrainte contre le maître de forge de [Berru], près de Tours, sous prétexte de droits domaniaux. C'est une pure vexation, qui attirera condamnation contre le fermier du double de tous les frais auxquels il donnera lieu. D'ailleurs, les personnes qui s'y trouvent intéressées me sont fort recommandées, et je vous prie d'envoyer les ordres nécessaires pour arrêter ces poursuites mal fondées*.»

* Le 16, il écrit une autre lettre à Mme Vialart de Méré, propriétaire de la forge.

828. *Le Contrôleur général à M. de Bâville, intendant en Languedoc.*

12 Juin 1705.

«Je vois, par votre lettre du 5 courant, les difficultés que vous prévoyez dans l'exécution du rôle du Conseil pour la confirmation de la noblesse des capitouls de Toulouse. Je voudrois bien que l'état présent des affaires du Roi pût permettre d'entrer dans les considérations qui conviennent à tout le monde; je serois le premier à les faire valoir. Mais les dépenses sont si extraordinaires, que je ne puis m'empêcher de chercher des secours partout où je puis en trouver. Il me paroît qu'on ne peut en demander à personne avec plus de raison qu'à ceux qui jouissent des privilèges les plus considérables de l'État sans les avoir acquis par les longs services qui les procurent ordinairement. Les capitouls de Toulouse sont précisément dans ce cas; ainsi, il me semble que tous les capitouls devroient aller au-devant de ce qui leur est demandé, puisque, par ce moyen, se trouvant confondus avec toute la noblesse du royaume, ils doivent, à son exemple, devenir les soutiens de l'État; et, comme la plupart ne peuvent servir de leur personne, il est bien juste qu'ils y concourent par leur crédit. Le Roi veut bien convenir des privilèges des capitouls et n'y point donner d'atteinte. Son intention n'a point été de les taxer, mais seulement de leur demander un secours dans l'état présent de ses affaires, par forme de prêt, dont il leur payera l'intérêt; mais il faut qu'ils méritent cette grâce. Je crois que, pour concilier ces différents intérêts, il n'y a point de meilleur expédient que d'engager la ville de Toulouse à offrir de prêter volontairement au Roi 3 à 400,000 ᵗᵗ pour jouir de 15 à 20,000 ᵗᵗ de rentes, payables sur l'hôtel de ville de Paris ou sur l'état des finances de la généralité de Toulouse, à son choix. Mais, comme je sais que la ville de Toulouse est entièrement épuisée, et [que], quelque bonne volonté qu'elle eût, elle ne pourroit point trouver cette somme, ni par emprunt, ni par imposition, on pourroit rendre une déclaration dont je vous prie de m'envoyer le projet, par laquelle, en reconnoissant tous leur privilèges, on obligeroit tous les capitouls, leurs veuves, enfants et descendants, depuis 1600, de prêter cette somme à la ville suivant l'état de répartition que vous en arrêteriez, sur lequel elle leur en feroit des contrats de constitutions au denier vingt, aux arrérages desquels tous les revenus de la ville seroient affectés et hypothéqués, et spécialement les rentes qui seroient payées par le Roi. Cette contribution de prêt, ainsi répartie, deviendra légère à chaque particulier et donnera un secours considérable au Roi, dont il vous saura gré, et à la ville de Toulouse*.»

* Voir une lettre précédente, du 18 février. Le projet primitif était de demander aux capitouls 4,000 ᵗᵗ chacun, en ne remontant que jusqu'à 1687 : ce qui aurait donné 544,000 ᵗᵗ. «Ce n'est point une taxe que le Roi demande, disait le contrôleur général; c'est un prêt. Toutes les Cours supérieures n'ont point cru se faire tort d'en fournir deux, dont elles reçoivent les revenus : les capitouls doivent suivre cet exemple de bonne grâce, pour mériter la distinction qu'ils demandent. C'est le seul moyen de se conserver leurs privilèges, qui pourroient être détruits comme tous les autres, si on venoit à les examiner.»

---

829. *M. Desmaretz, directeur des finances,*
à M. l'Empereur.

17 Juin 1705.

«J'ai reçu les deux caisses de vin de Fayal que vous m'avez adressées, qui s'est trouvé très bien choisi et de très bonne qualité. Je vous remercie du soin que vous en avez bien voulu prendre, et je vous supplie de vouloir bien m'envoyer au plus tôt un état de toute la dépense que vous avez faite pour l'achat du vin et des bouteilles, afin que je vous en fasse rembourser. Vous savez que c'est la condition sous laquelle j'ai accepté que vous vous chargeassiez de cette commission.»

---

830. *M. Desmaretz, directeur des finances,*
au Père de la Rue, jésuite.

17 Juin 1705.

Le Roi ne veut plus, en aucune occasion, accorder de concessions d'octroi à perpétuité. Par une grâce spéciale et pour éviter à la ville de Vienne un renouvellement trop fréquent des dépenses de sceau et d'enregistrement, S. M. a étendu à neuf ans, au lieu de six, l'établissement d'un octroi de 6 deniers par minot de sel que la ville sollicitait pour l'entretien du collège des Jésuites; mais c'est tout ce qu'on a pu obtenir.

---

831. *M. Desmaretz, directeur des finances,*
à M. de Matignon, lieutenant général en Normandie.

19 Juin 1705.

Malgré les dispositions favorables manifestées par M. Foucault, le Conseil n'a pu accepter la proposition d'achat du marquis de Saint-Pierre, parce que l'édit pour l'aliénation des domaines ne permet plus de vendre que les bruyères et les places vaines et vagues, faculté qui ne saurait s'appliquer au bois de Boutron, puisqu'il a quatre cent vingt-huit arpents d'étendue et est presque partout en valeur.

---

832. *M. Barentin, intendant en Flandre maritime,*
au Contrôleur général.

19 Juin 1705.

«..... On ne peut appeler *domaine* que ce qui croît dans un pays, ce qui s'y nourrit ou ce qui s'y consume. Or, comme les bestiaux en question ne croissent, ne se nourrissent, ni ne se consument dans la Flandre, on ne peut dire qu'ils fassent partie du domaine de Flandres. Ce qui ne fait pas partie du domaine ne peut être assujetti aux droits domaniaux; c'est un principe certain, et il est facile d'en tirer la conséquence. Je crois que ce raisonnement fait assez sentir que les ordonnances des Quatre membres n'ont été rendues que pour les bestiaux de la Flandre. Cependant, afin de lever tout doute à cet égard, je vous supplie très humblement d'observer que ces ordonnances assujettissent bien au droit de sortie ou *vidangle* les bestiaux qu'on fait sortir de la Flandre, mais qu'elles n'assujettissent à aucun droit domanial les bestiaux qu'on amène en Flandres. Cette distinction, constamment, n'a été faite que parce que les bestiaux qui entrent en Flandres ne font point partie du domaine de cette province, et les ordonnances n'ont établi des droits de vidangle que parce que les bestiaux qu'on fait sortir sont regardés, en quelque façon, comme des fruits de la Flandre. L'usage de la province, attesté par tous les magistrats, est contraire à la prétention des fermiers, et rien, selon moi, ne fait mieux voir qu'ils n'entendent pas la matière, que la parité qu'il y a entre cette espèce et celle sur laquelle j'ai rendu l'ordonnance ci-jointe. Il s'agissoit du vidangle des bestiaux étrangers qu'on ramenoit des foires de Flandres, quand on n'avoit pu les y vendre : les fermiers convenoient que ces bestiaux ne devoient point le droit de vidangle; mais ils craignoient qu'on ne fraudât leurs droits en ramenant des bêtes grasses à la place des maigres. J'ai remédié par mon ordonnance à tous les inconvénients qui pouvoient arriver, et les fermiers du domaine me permettront de leur dire en passant qu'ils ont très mauvaise grâce de faire semblant d'ignorer une ordonnance que je n'ai rendue qu'à leur prière et à celle du directeur de leur ferme.

«A l'égard du transit, il est établi de tout temps dans les domaines de Flandres, et le sieur de Loremy certifiera, quand on voudra, que les vins, bières, poissons salés et autres marchandises qui doivent payer des droits des Quatre membres en entrant en Flandres, ne payent aucuns droits domaniaux quand ils passent par transit de Dunkerque, de Calais, d'Ostende ou de Bruges pour aller dans la Flandre wallonne, dans la Flandre espagnole ou dans l'Artois. Le sieur de Loremy, qui entend parfaitement la régie des domaines, n'a pas beaucoup insisté sur ce que les ordonnances des Quatre membres ne font aucune exception, et il s'est principalement attaché à faire voir que la permission demandée ouvriroit la porte à quantité de fraudes. Cette raison m'a effectivement frappé; mais j'ai cru qu'il seroit facile d'empêcher les abus que les marchands de bestiaux pourroient commettre, en leur faisant faire des déclarations à l'entrée et à la sortie des bestiaux, et en faisant marquer les bestiaux en entrant d'une marque qui seroit reconnue à la sortie, ainsi qu'il se pratique à l'égard des bestiaux des foires. Je crois qu'au moyen des acquits-à-caution, des déclarations et de la marque des bestiaux, l'intérêt des fermiers est entièrement à couvert, et je persiste dans mon premier sentiment..... »

833. *M. Bignon, intendant à Amiens,*
au Contrôleur général.

19 Juin 1705.

Avis et pièces sur une contestation soulevée entre le Magistrat et le grand bailli de Béthune, à propos du droit de sceller les actes émanés de l'hôtel de ville.

834. *M. Turgot, intendant à Tours,*
au Contrôleur général.

21 Juin 1705.

Il réclame la remise aux mains de la justice d'un receveur des fermes réfugié dans l'abbaye de Saint-Jouan, en Poitou.

835. *M. Barentin, intendant en Flandre maritime,*
au Contrôleur général.

21 Juin 1705.

Il demande des ordres et des forces pour réprimer sévèrement les fraudeurs, qui opèrent à main armée, et dont le nombre augmente incessamment*.

* En marge : «Écrire à tous les gouverneurs et commandants des places de M. Barentin de donner main-forte aux employés pour empêcher que les marchandises n'entrent en fraude et courre sus à ceux qui les voudroient faire passer à main armée.»

836. *Le sieur de la Chipaudière-Magon, négociant à Saint-Malo,*
au Contrôleur général.

24 Juin 1705.

«L'hiver dernier, M. de Nointel fit donner deux pièces de *platilles,* qui est une certaine toile qui se fabrique à Hambourg et qui est d'un très grand débit en Espagne et aux Indes, à des marchands de Quintin et de Pontivy, afin d'en faire quelques pièces de semblables, pour essayer de contrefaire cette sorte de manufacture. J'en donnai aussi deux pièces à un autre marchand fort entendu; il m'en a apporté deux pièces, qui sont à la vérité meilleures que celles de Hambourg, mais elles reviennent aussi à un plus haut prix qu'elles ne coûtent là. Ci-joint est le détail du coût de chaque pièce. Mais, comme j'estime que rien n'est de plus avantageux à un État que de trouver les moyens de faire travailler les peuples par l'établissement de manufactures, je prends la liberté de vous représenter qu'à Hambourg la main de l'ouvrier est plus chère qu'en France, et que, par conséquent, si les platilles y coûtent moins, comme en effet elles ne reviennent pas à plus de 4 # de notre monnoie la pièce, et que celles-ci, fabriquées à Quintin, coûtent 5 # 3 s. 6 d. la plus grosse et 6 # 12 s. la plus fine, il faut de nécessité que ce soit le bon marché du fil qui en fasse la différence, et, comme l'expérience en est facile à faire, si vous le jugez à propos, d'ordonner à M. le Résident du Roi de vous envoyer six pièces de platilles, de puis les plus grosses jusques aux plus fines, et une douzaine de livres de fil de l'espèce et qualité desdites platilles, sur lequel seroit marqué le prix de chaque qualité de fil et des platilles. Comme il s'achète en gros, on en feroit faire en France, et par là on verroit si cette manufacture se pourroit établir à peu près sur le même pied qu'à Hambourg.

«Il est bien certain que si cette vue réussissoit, qu'on en tireroit pour Espagne et pour les Indes, tous les ans, pour plus d'un million de livres, parce qu'il ne seroit pas difficile de faire venir du fil d'Hambourg..... »

837. *M. Roujault, intendant en Berry,*
au Contrôleur général.

24 Juin 1705.

Il demande, en raison des pertes causées par la grêle ou par la gelée, du défaut de commerce et de la pénurie d'argent, une diminution de la taille pour 1706 et une surséance immédiate, pour 1705, jusqu'après la récolte.

Il envoie un état détaillé des recouvrements, qui atteste la difficulté des opérations et l'impossibilité de les pousser plus vivement sans s'exposer à quelque mutinerie*.

* Réponse en marge : «Rien n'est plus dangereux que d'introduire l'usage des surséances pour les recouvrements ordinaires. Si on s'étoit relâché sur cet article, les peuples ne payeroient plus que par contraintes et se laisseroient plutôt réduire à la dernière extrémité que de faire aucun payement volontaire. Le mal que la gelée a pu faire sur les récoltes de l'année prochaine n'est point assez considérable pour obliger de donner dès à présent une surséance. Les receveurs généraux me l'avoient proposée, et je leur ai déclaré qu'ils ne devoient point s'y attendre.»

838. *M. le Gendre, intendant à Montauban,*
au Contrôleur général.

24 Juin 1705.

«La misère devient si extrême en ce pays-ci, faute de commerce, que je crois être obligé d'avoir l'honneur de vous représenter qu'il est absolument nécessaire, pour soutenir les recouvrements, qui deviennent très difficiles, de trouver le moyen de vendre les blés. Comme il en vient tous les ans une grande quantité de Barbarie et des pays étrangers, pour le Languedoc et la Provence, il seroit fort important d'en empêcher l'entrée tant qu'on en pourroit trouver en France. La récolte est, cette année, fort abondante dans plusieurs endroits de cette généralité, et il y a, outre cela, beaucoup de blé vieux que l'on ne trouve point à vendre, à quelque bas prix qu'on le donne. Il n'y a de salut pour cette province que d'en faire débiter par votre autorité deux cent mille sacs dans les provinces voisines et pour l'armée d'Italie, et, pour cela, empêcher qu'il n'en vienne des pays étrangers. A l'égard du vin, il y en a une si grande quantité qu'on n'en sait que faire; le bon ne vaut que 2 liards la pinte de Paris. Mais, comme on ne peut le débiter que par Bordeaux, il n'y a d'autre remède que le rétablissement du commerce avec les Hollandois : ce qui passe mon ministère. Si vous prenez le parti de faire acheter du blé pour l'armée d'Italie, faites-moi l'honneur de me le mander, et la quantité que vous en voulez, afin que je puisse prendre mes mesures de bonne heure pour l'avoir à bon marché*. »

* En marge, réponse : « Il faut voir la campagne plus avancée et la récolte finie. »

839. *M. de Bouville, intendant à Orléans, à M. Desmaretz.*

24 Juin 1705.

« M. de Courson a pris le bon parti pour excuser sa trop grande vivacité, et, en même temps, je suis très persuadé qu'il n'avoit pas dessein de faire payer 900 ᴴ de capitation au sieur Allais : c'étoit une injustice trop criante et trop outrée, dont assurément il n'est pas capable; mais il ne peut pas s'excuser d'avoir voulu obliger ledit sieur Allais de se désister d'une sentence qu'il avoit obtenue en l'élection, et qui étoit si juridique que, malgré ses sollicitations, elle a été confirmée avec dépens, non pas contre les habitants de Vernon en général, qui n'avoient pas voulu soutenir ce mauvais procès, mais contre quelques particuliers des amis d'un nommé Dionis, qui avoit voulu la charge que ledit sieur Allais a eue. Je vous supplie de finir cette affaire en mandant à M. de Courson de défendre aux collecteurs de lui faire payer cette taxe, pour laquelle on le tourmente tous les jours, en payant la somme qu'il a payée jusques ici toutes les années, qui est proportionnée aux autres taxes des habitants. Je vous suis très obligé de votre attention sur cela, et ma femme encore plus, car c'est le frère de son curé, qu'elle aime. Si M. de Courson veut attendre encore quelque temps à faire justice audit sieur Allais, au moins qu'il mande à son subdélégué qu'il empêche que les collecteurs ne le tourmentent comme ils font*. »

* Le 29 du même mois, il annonce qu'on a saisi et fait vendre les meubles du contribuable. « Vous savez, dit-il, jusqu'où peut aller l'animosité des bourgeois des petites villes, principalement lorsqu'ils se croient soutenus par l'intendant de la province. »

Voir les lettres écrites par M. Desmaretz, les 12 et 30 juin, à M. de Courson, intendant à Rouen. Le sieur Allais venait d'acquérir la charge de premier échevin de Vernon, et on estimait que sa cote de capitation n'eût pas dû dépasser 15 ou 20 ᴴ.

840. *MM. Lebret père et fils, intendant et premier président du Parlement de Provence, au Contrôleur général.*

26 Juin et 5 Août 1705; 21, 22 et 23 Avril 1706.

Rapports et pièces sur la liquidation de la banqueroute du trésorier Creyssel, sur la comptabilité de celui-ci, et sur les droits respectifs de la province, comme créancière d'un million de livres, et des commis établis par Creyssel dans plusieurs vigueries *.

* Voir d'autres pièces de provenances diverses, aux 22 mai 1705, 16 juin, etc.

841. *M. d'Ableiges, intendant à Moulins, au Contrôleur général.*

28 Juin 1705.

« J'ai reçu la lettre que vous m'avez fait l'honneur de m'écrire le 22 du courant, avec celle du sieur Coquelin, lieutenant de maire de la ville de Nevers. Il s'agit d'une espèce de rumeur qui y est arrivée le jour de la Fête-Dieu, parmi des paysans. Voici quel est le fait. Quantité de paysans et paysannes des paroisses voisines de cette ville viennent, le jour de la Fête-Dieu, à la procession du saint sacrement. L'après-dînée, ils s'assemblent, hommes et femmes, filles et garçons, dans la grande place vis-à-vis le château, où ils dansent et se réjouissent. Deux sergents du régiment de Mirabeau, restés à Nevers, avec un lieutenant, pour la conduite du reste de la recrue de ce régiment, sans ordre de leur officier ni du lieutenant de maire, prirent un jeune garçon de la paroisse de Varennes, pour le faire servir de soldat pour la ville de Nevers, et le conduisirent dans la maison du lieutenant de maire. Cette paroisse avoit fourni son soldat il y avoit longtemps, et il étoit même parti. Aussitôt, tous ces paysans redemandèrent leur camarade et voulurent forcer les portes de la maison. Comme ils étoient tous assemblés dans la place où cette maison est située, plusieurs paysans firent le bruit et les violences dont on se plaint, qui n'ont été causées que par l'imprudence de ces sergents. Le lieutenant de maire, qui n'étoit pas chez lui, étant averti que l'on vouloit enfoncer sa maison, y vint avec toute la diligence dont il est capable, et, ayant frappé de sa canne quelques-uns de ces gens-là, pour les faire retirer, ils coururent après lui en lui jetant des pierres, et il fut obligé de se retirer dans une autre maison de la place. Il tomba en y entrant; son épée, sa canne et son chapeau furent perdus. Le paysan fut rendu, et tout le monde se retira. Cela arriva le 11. Le 14, il m'apporta son procès-verbal, sur lequel j'ordonnai qu'il seroit informé des faits qui y sont contenus. J'ai été ensuite à Nevers, où j'ai fait arrêter un paysan qui étoit à l'Hôtel-Dieu pour le faire guérir de deux coups d'épée qu'il a eus à la jambe. Je l'ai interrogé; je joins à cette lettre la copie des informations et de l'interrogatoire. Cela me paroît de petite conséquence, et, si ce lieutenant de maire n'avoit point frappé de sa canne, et qu'il eût écouté les paysans en leur rendant justice et faisant sortir le paysan de sa maison, cela n'étoit rien. Il est certain que cela n'a aucune suite et que ce sont des paysans échauffés de vin, qui, s'étant trouvés tous assemblés, ont fait un désordre mal à propos.

« Vous ordonnerez sur cela ce que vous jugerez à propos, après que cette affaire vous sera connue à fond par le compte des informations qui vous sera rendu. Je me suis éclairci de tous les faits autant qu'il m'a été possible; tous les témoins ont été administrés par le sieur Coquelin, à l'exception des deux derniers, que j'ai entendus moi-même, parce qu'étant dénommés dans l'information par les autres témoins, il étoit nécessaire de découvrir s'ils ne savoient rien de particulier.

«Quant à la lettre du sieur Coquelin, lieutenant de maire, elle mérite quelque réflexion. «Il y a longtemps, dit-il, que je «prévois cette sédition. J'en ai donné plusieurs fois avis à M. l'In«tendant; mais apparemment qu'il ne m'a pas jugé capable de «tant de pénétration.» Jamais je n'ai eu aucun avis d'une sédition future dans la ville de Nevers, de la part du sieur Coquelin. S'il avoit exécuté les ordres qui ont été donnés pour les recrues, et s'il n'avoit pas attendu jusques au mois de juin à finir cette petite troupe de neuf soldats qui étoient demandés à la ville, ce désordre ne seroit pas arrivé. C'est sa faute, et je suis surpris que, prévoyant le désordre que sa négligence pouvoit causer, il n'y ait pas apporté de remède en finissant cette levée plus promptement qu'il n'a fait. Il ajoute : «Je suis certain qu'il arrivera «du désordre dans la province, si l'on n'éteint ce feu dans son «commencement par quelque exemple sévère. Je me crois obligé, «Monseigneur, plutôt pour le bien de l'État que pour ma satis«faction particulière et la justice, de supplier Votre Grandeur «de ne rien négliger dans cette affaire.» Lorsqu'il m'apporta son procès-verbal, il m'assura précisément qu'il arriveroit du désordre dans toute la généralité. Je le questionnai fortement sur cet avis : je n'en pus tirer aucun éclaircissement; il se réduisit à dire que ce seroit dans l'élection de Nevers, et ne me parla que généralement, ne me disant rien de particulier. A l'égard de sa satisfaction particulière, il est juste de punir ceux qui l'ont maltraité; il n'y a qu'à les connoître par les témoins et les faire arrêter, leur faire le procès et les juger avec le présidial de Moulins, si vous le trouvez bon, parce qu'il est conseiller dans le présidial de Saint-Pierre. Il ajoute ensuite : «Je «connois les peuples de la province : ils sont très soumis et très «lâches, quand on les corrige sévèrement; mais il n'y en a point «dans le royaume de plus insolents et de plus malins, quand on «tolère leurs écarts.» Le sieur Coquelin veut parler de la ville de Nevers, où le peuple est fort grossier. Il n'y est pas aimé, et on se plaint de ses manières, qui sont dures pour le peuple, en menaçant tous ceux qui ont à faire à lui de les faire mettre dans le cachot. Ces discours fâcheux lui attirent la haine publique; c'est ce qui lui fait craindre une émotion, dont il sera la cause et le principe indubitablement, s'il ne change la maxime qu'il avance pour le gouvernement du peuple de la ville de Nevers.

«Je crois que cet officier a besoin que vous lui fassiez connoître qu'il faut être diligent dans l'exécution des ordres du Roi, et qu'il doit traiter les peuples avec douceur. Les temps sont malheureux, et il faut les plaindre, au lieu de les menacer; j'attendrai vos ordres sur l'information. Vous pouvez compter que ce désordre n'aura aucune suite, parce que le principe en est éteint. Le lieutenant de maire vous marque par sa lettre que M. Foullé, maître des requêtes, a vu ce désordre; il pourra vous en instruire mieux que personne*.»

* En marge : «Mettre le paysan dehors.»

Voir, aux 10 juin, 27 juillet et 24 août, les lettres et pièces relatives à une autre émotion provoquée dans la ville de Guéret par les poursuites des huissiers. Le principal coupable, qui s'était déguisé en femme, fut condamné à cinq ans de galères et à l'amende honorable; mais, en raison de son état de santé, qui ne lui permettait pas de servir le Roi, sa peine fut commuée en celle du bannissement pour le même temps.

---

842. *M. de la Houssaye, intendant en Alsace, à M. Desmaretz.*

30 Juin 1705.

Il fournit des renseignements sur la consommation de fourrages faite par l'équipage du feu marquis de Blainville, tandis que les gens de cet officier général attendaient une occasion favorable pour le rejoindre en Bavière. Le total exact monte à dix mille neuf cent treize rations complètes.

«Personne ne peut rendre mieux compte que moi qu'il étoit impossible que l'équipage de M. le marquis de Blainville passât avec lui. Il partit de Flandres, et il me semble que c'étoit de Namur, aussitôt qu'il eut reçu les ordres du Roi, pour joindre l'armée commandée par M. le maréchal de Villars; il vint en poste avec une extrême diligence, il arriva à Strasbourg, et me fit l'honneur de descendre chez moi, sur les quatre heures après midi, n'ayant avec lui que trois domestiques et sa chaise de poste. Je me mis en mouvement pour lui faire trouver douze chevaux et un lit, avec quelques autres menues provisions. Tout cela fut acheté si promptement, que le lendemain il partit sur les neuf heures du matin, et joignit l'armée, qui marchoit aux lignes : lesquelles n'ayant pu être forcées, il eut la tête de tout pour percer en avant par le Kintzkerthal. Son équipage se rendit à Huningue aussitôt qu'il y put arriver; mais alors la communication étoit absolument interrompue, même par Schaffouse, et il fallut attendre l'occasion du passage de M. le maréchal de Marsin. Toutes ces circonstances sont bien favorables pour que la succession de M. le marquis de Blainville ne soit point tenue de la dépense dont il s'agit.»

---

843. *Les sieurs Antoine Saladin et fils, banquiers à Lyon, au Contrôleur général.*

1 Juillet 1705.

«La fuite du sieur Huguetan en Hollande, et ensuite en Angleterre, commence à faire du bruit dedans et dehors du royaume; plusieurs banquiers des plus considérables des pays étrangers craignent que les sieurs Bernard et de Meuves ne se trouvent exposés considérablement avec lui, et qu'ils ne soient pas en état de satisfaire aux engagements qu'ils ont pris. Comme les seuls soupçons peuvent causer un très grand désordre, nous avons fait de notre mieux pour les rassurer et pour se conserver leur confiance, qui est absolument nécessaire dans la circonstance où nous nous trouvons. Nous prenons la liberté de vous représenter que le salut de l'État dépend de la manière que se soutiendra le crédit des sieurs Bernard et de Meuves, qui donne l'influence aux gens d'affaires et à tous les autres négociants du royaume. Ce crédit procure un terme de six mois pour tous les payements que l'on fait pour le service du Roi. Deux ou trois millions dont Votre Grandeur peut les aider à présent les mettroient en état de se tirer d'affaire en attendant que l'on puisse avoir satisfaction de ce malheur, et je prends la liberté d'assurer Votre Grandeur que ce secours donné si à propos leur procurera encore un plus grand crédit qu'ils n'avoient par le passé, et surtout d'abord que l'on sera persuadé par expérience que Votre Grandeur accorde une protection particulière à tous ceux qui s'emploient pour son service, et qu'au contraire, si elle les abandonnoit, le crédit du dehors du royaume leur manqueroit absolument; et, en ce cas, tout seroit perdu, sans pouvoir en revenir, quelques efforts qu'elle fît dans la suite. Pour nous, nous continuons à remplir avec exactitude les engagements où nous sommes à présent, et nous continuerons de même tout autant que notre crédit se soutiendra : ce qui dépendra uniquement de Votre Grandeur, par les mesures promptes qu'elle prendra*.»

* Réponse en marge: «Je n'appréhende point que le crédit du sieur Bernard tombe; il n'a plus aucune affaire à discuter avec Huguetan, qui, après avoir voulu tromper le sieur Bernard, a trahi ses meilleurs amis. Comme ils ont eu beaucoup de part à la permission qu'il a eue de se retirer, en s'obligeant à payer pour lui, c'est à eux à prendre leurs mesures avec le sieur Huguetan pour sortir d'affaire, et, en attendant, à se cotiser entre eux pour soutenir pendant un temps les avances qu'ils auront à faire pour cela. Quant à moi, on ne me doit rien proposer à cet égard; j'ai trop de raisons pour n'y pas entrer.»

Le 14 août suivant, sur une lettre du sieur You, banquier à Lyon, demandant, pour lui et ses confrères, la protection du Roi et du ministre contre les manœuvres d'Huguetan, qui ne visent qu'à interrompre le commerce continué par les Hollandais et les Anglais avec la France, sous le couvert des passeports, le contrôleur général répond en marge : «Je ne saurois croire que tout ce qu'il y a de gens d'honneur en Angleterre et en Hollande intéressés dans le commerce ne s'élèvent contre la conduite d'Huguetan, lorsqu'ils connoîtront que c'est un fripon, qui n'est venu en France que pour faire périr plusieurs banquiers qui se sont sacrifiés, sous les apparences d'une bonne foi affectée. La lettre que vous m'envoyez du sieur Gallatin ne m'apprend rien que ce que vous m'avez dit plusieurs fois en voulant me persuader que le Roi avoit un véritable intérêt dans cette affaire. Celui que S. M. peut avoir est le même qu'elle a eu dans tous les temps : c'est d'être le protecteur de ses sujets et de contribuer de son autorité à leur faire rendre justice, quand elle en a le pouvoir entre ses mains. Mais il ne lui convient pas de faire sa dette personnelle de celle des particuliers. L'exemple du sieur de la Touanne est dans une espèce bien différente: les trésoriers de l'extraordinaire de la guerre empruntent pour le service du Roi; il est de la justice de S. M. que ceux qui prêtent leur argent pour le payement de ses troupes ne courent aucun risque. Il n'en est pas de même des négociations qui se font avec les banquiers : ceux qui ont traité de tout temps avec eux se sont livrés à leur bonne foi; ils sont à plaindre, quand les événements sont contre eux. Le Roi ne doit rien pour les remises qui ont été faites dans les pays étrangers, et je servirois mal S. M., si je prenois la liberté de lui proposer d'entrer dans l'affaire d'Huguetan, que j'ai eu assez de peine à finir. Le seul bon parti à prendre, pour tous tant que vous êtes qui vous trouvez mêlés dans cette affaire, c'est de vous réunir pour faire connoître l'horreur de cette action, et de faire en sorte, en donnant à connoître la vérité à tous les bons banquiers d'Angleterre et d'Hollande, qu'ils se joignent avec vous pour vous faire obtenir justice et vous faire rendre les deniers qu'il a déclarés être au Roi, et qui néanmoins vous appartiennent : ce qui ne se connoîtra que trop par l'événement.»

La même réponse fut faite à un mémoire des marchands de Rouen envoyé, le 18 septembre, par M. de Courson.

---

844. *M. Desmaretz, directeur des finances, à M. Doujat, intendant à Poitiers.*

3 Juillet 1705.

«Je vous supplie de lire le mémoire que je vous envoie pour les habitants de la paroisse d'Azay à Saint-Aubin, lorsque vous travaillerez au département des tailles de la généralité de Poitiers, d'y donner toute l'attention nécessaire pour leur procurer le soulagement dont ils ont besoin, et autant que vous le pourrez. Mme la maréchale de Tourville est dame de cette paroisse, et je m'intéresse si véritablement en tout ce qui la regarde, que je ne puis assez vous recommander non seulement les habitants de cette paroisse, mais même tout ce qui peut être de ses intérêts dans le Poitou; et vous serai très sincèrement obligé de tous les effets qu'elle ressentira de ma sollicitation.»

---

845. *M. Turgot, intendant à Tours, au Contrôleur général.*

3 et 30 Juillet, 7 et 30 Septembre, 5 Octobre 1705.

Il rend compte des mesures prises contre les attroupements de faux-sauniers et contre l'introduction frauduleuse des sels de Bretagne, et du jugement de trente-huit prisonniers.

«Nous avons trouvé, dans tout le procès, que plusieurs assez pauvres paysans de différentes paroisses des environs de Bonnétable, dans le haut Maine, avertis par deux ou trois anciens faux-sauniers et excités par l'attrait d'un léger profit pour soulager la plupart leur pauvreté, et flattés de l'espérance d'avoir sans risque du faux sel à meilleur marché qu'il n'est à présent à leurs greniers de vente volontaire, partirent tous, la veille ou surveille de la Saint-Jean dernière et un ou deux jours après, temps où la sécheresse de la terre faisoit cesser leur travail, jusqu'à cinq ou six de plusieurs paroisses, et que plusieurs se rencontrèrent et formèrent quelques bandes, dont une étoit environ de cent d'abord et augmenta dans la suite; qu'un grand nombre, de près de cent, entendit une messe à six heures, le jour de la Saint-Jean, au bourg Saint-Marceau, sur la Sarthe, près Ballon, et que plusieurs donnèrent même chacun un liard, après la messe, pour la rétribution du prêtre qui l'avoit dite. Le curé, voyant un grand nombre, avertit ceux armés d'armes ou fourches de fer de sortir de l'église, dont quinze sortirent effectivement. Ils passèrent ensuite la Sarthe sur le pont de ce bourg, traversèrent le pays du bas Maine en assez grand nombre et jusqu'à Mayenne, eurent assez de hardiesse dans cette ville, comme vous l'avez vu par le procès-verbal dont je vous renvoie l'extrait, et se rendirent dans les bois de la forêt de Fougères, en Bretagne.

«Là, plusieurs furent acheter pour environ 40 sols de sel chacun dans des maisons; le plus grand nombre donnèrent pareille somme au nommé Lyon et à deux ou trois autres qui les avoient induits, pour aller en chercher à la ville, et leur en faire venir. Ce nommé Michel Lyon fut arrêté par hasard dans la ville, sous quelque recherche de crime, sans qu'on en sache le sujet, et mis en liberté quelques jours après. Plusieurs, trompés dans leur attente, revinrent sans avoir eu de sel, assez intimidés par les avis qu'on leur donna; plusieurs même rompirent leurs bâtons, pour n'être pas découverts; d'autres revinrent avec du sel. Tout se sépara en plusieurs petites bandes; et furent arrêtés au retour par le mouvement des gardes et des directeurs, et tous intimidés par celui des maréchaussées d'Anjou et du Maine, que j'y fis joindre, et conduits dans les prisons des lieux, et l'instruction faite par les officiers des greniers, dont il y a cinq différentes troupes, savoir : treize à Ballon, pris au même pont Saint-Marceau, en revenant, partie avec du sel ou reconnus en avoir porté, et quelques-uns avec fourches et bâtons ferrés; les deux Pierre et Charles Doguet, l'un avec un bout de fusil brisé dans son bissac, et de la poudre et plomb dans sa poche; il portoit aussi le fer d'une pertuisane, dont le fût étoit brisé, reconnue par eux appartenir audit Charles, frère aîné; six arrêtés ensuite au delà, sur le chemin de Sillé, chargés de sel et sans armes, hors un trouvé avec un bâton ferré. Des quatorze d'Ernée, six furent arrêtés dans un champ près Montaudin, à une heure après minuit, où ils reposoient au nombre de trente-quatre, avec chacun leur faix de sel. Les gardes fondirent sur eux, tirèrent et blessèrent deux hommes, qui moururent peu après, en arrêtèrent six autres avec leur sel, et ramassèrent trois ou quatre bâtons ferrés appartenant à ceux qui prirent la fuite. Ceux-là, comme complices d'un plus grand attroupement au retour avec quelques armes, ont été condamnés plus sévèrement en six ans de galères. Il y avoit eu un guide du pays, qui étoit absent pour lors, dont le fils, âgé de douze ans, a été pris. Les huit autres furent arrêtés par les gardes d'Ernée, au Chêne-Bossée, sans résistance ni armes, chargés de sept à huit livres de sel. Quatre du même pays furent arrêtés quelques jours après dans la ville de Mayenne, sans sel. Comme il n'y a eu qu'un interrogatoire fait par le juge, et point d'information, récolement et confrontation des gardes, qui n'auroit pas même produit une preuve complète, on a ordonné un *plus amplement informé* à leur égard, et cependant qu'ils tiendront prison trois mois, ce que j'ai fait ajouter. Le nommé Mathurin Lelièvre, de Savigny-l'Évêque, fut arrêté plusieurs jours après par les gardes du Mans, chez lui, avec assez de tumulte, sur l'avis qu'il avoit été chercher du faux sel, dont il fut pris une petite quantité, sans lui en laisser une portion, comme il s'observe. Les juges, par ce motif, se sont portés à le condamner seulement en 200 # d'amende. J'aurois été d'avis de le condamner en trois ans de galères, comme les autres.

«En cet état, outre les condamnations particulières que j'ai observées, pour les opinions en général, à l'égard du nommé Pierre Doguet, trouvé saisi d'un fusil, il y a eu six voix à la mort, dont j'étois du nombre, et sept aux galères perpétuelles, avec le fouet publiquement à Bonnétable, et attaché au carcan, pour l'exemple. J'étois de pareil avis pour Charles, son frère aîné, qui a reconnu que le fer de pertuisane lui appartenoit; mais il a passé aux galères perpétuelles, et d'assister à l'exécution.

«Pour les autres trouvés saisis de bâtons ferrés, la déclaration de juillet 1704 prononce la peine de mort pour ceux trouvés saisis d'armes et de bâtons ferrés; mais, vu le grand nombre qu'il y avoit eu dans ce cas, l'exemple n'en demandant que quelques-uns, je me serois relâché à la peine des galères perpétuelles; il a passé à neuf ans de galères.

«Pour tous les autres trouvés saisis de sel ou reconnus en avoir eu, ils ont été condamnés, à cause de l'attroupement considérable, à trois années de galères, et j'étois de même avis.

«On a excepté d'une condamnation nombreuse des jeunes enfants au-dessous de dix-huit ou vingt ans, dont un, saisi d'un fer de petite hache, qu'il dit avoir trouvée en chemin, est condamné à être fustigé à Bonnétable, assisté de cinq autres; défense de récidiver, sous peine corporelle; et j'étois du même sentiment. Il y avoit le fils du guide, quoique âgé de douze ans, que j'étois d'avis de faire fustiger à Mayenne, pour les conséquences; mais il n'y a pas passé.

«On a ordonné que le procès seroit instruit par contumace contre cinq ou six chefs principaux, pour être condamnés au dernier supplice, et je le ferai instruire pour l'exemple. Et du reste j'ai fait décréter tous ceux qui ont pu être dénommés dans l'instruction, pour les intimider et les empêcher de s'y commettre une autre fois; et le jugement sera imprimé et envoyé dans tous les greniers du département; je vous en enverrai même une copie entière dans la suite.

«En cet état, après vous avoir rendu compte des circonstances des condamnations et des opinions, j'espère que vous jugerez que je n'ai rien omis de ce que je devois pour en assurer l'exemple, empêcher le retour de pareils abus, et assurer la continuation de la tranquillité en ce pays, comme je l'espère, avec sûreté; et si elle n'a pas passé aux plus fortes peines, où j'ai insisté, cela ne laisse pas que de faire un des plus grands exemples, par le nombre de vingt-six condamnés aux galères, qui subiront cette peine, si, par la clémence de S. M., elle ne vouloit commuer la peine de quelques-uns d'entre eux en quelques années de service dans ses troupes.

«J'ai cru ne devoir pas différer de faire exécuter le jugement, et d'envoyer dans deux jours à Bonnétable faire l'exécution du fouet, qui doit y servir d'exemple à tous les malheureux qui s'étoient engagés si légèrement et si imprudemment*.....»

* Réponse en marge : «Accuser la réception. Un exemple aussi éclatant doit retenir les autres dans leur devoir. Faire en sorte que ses employés fassent leur devoir avec fermeté et exactitude.» Quinze des faux-sauniers condamnés aux galères s'évadèrent en deux fois différentes de la prison du château de Tours, où ils attendaient le passage de la chaîne. (Lettres de l'intendant, 14 décembre 1705 et 6 janvier 1706.)

M. Turgot rend compte, les 23 janvier, 3 et 10 mars 1706, d'un autre procès où, par la faute du procureur du Roi, on n'obtint pas une sentence capitale contre le principal coupable.

---

846. *M. Desmaretz, directeur des finances, à M. Bégon, intendant à la Rochelle.*

4 Juillet 1705.

«Le sieur de Vic, négociant à Saint-Martin, île de Ré, a présenté un placet au Conseil, par lequel il expose que les marchands fabricants de la ville de Saint-Martin-de-Ré ont été taxés à la somme de 600 # pour la suppression des offices d'inspecteurs généraux des manufactures, et que c'est donner atteinte aux privilèges des habitants de l'île de Ré, qui ont toujours été exempts de toutes taxes et impositions, n'y ayant point d'exemple qu'ils aient été compris dans aucune de ces sortes de taxes, les traités d'affaires n'ayant jamais eu d'application à leur égard. Il prétend même que cette île est réputée pays étranger, et que tout ce qui est porté de France, et tout ce qui en sort pour entrer en France, paye les mêmes droits que si la destination en étoit faite pour les pays étrangers ou qu'il en vînt, et que les privilèges sont établis sur leur fidélité et des actions de valeur que ces habitants ont faites contre les entreprises des ennemis. Si les choses sont comme le sieur de Vic les expose, il n'y a pas lieu de douter que les habitants de l'île de Ré ne doivent être déchargés..... »

847. *M. Trudaine, intendant à Lyon,*
au Contrôleur général.

7 Juillet 1705.

Un attroupement de vingt-cinq ou trente hommes, marchant tout nus et sans armes, a paru dans les montagnes du Beaujolais; l'un de ces individus, arrêté dans un village, feint d'être sourd et muet, et l'on n'a pu tirer de lui aucun éclaircissement*.

* Réponse en marge : « Il faut trouver moyen de faire parler l'homme qui est arrêté; l'on saura par là ce que c'est que cet attroupement, et on pourra prendre des mesures pour le dissiper. »

848. *M. Desmaretz, directeur des finances,*
à M. Ferrand, intendant en Bretagne.

8 Juillet 1705.

Les habitants des Marches communes de Bretagne et de Poitou, qui ont fait rétablir, en 1704, leurs privilèges de franchise, moyennant une finance de 100,000 ᵗᵗ, diffèrent ou refusent de payer de ses soins et de ses écritures l'avocat au Conseil qui a sollicité et obtenu les arrêts.

Ordre de prendre connaissance de cette affaire et de faire rendre justice à l'avocat.

849. *M. de Bernage, intendant en Franche-Comté,*
au Contrôleur général.

14 Juillet 1705.

«..... Un des principaux motifs qui a porté à établir des droits un peu considérables sur la sortie des fers du royaume a été pour empêcher qu'on n'en débitât trop aux étrangers, et pour conserver ceux qui étoient nécessaires pour l'usage de France, particulièrement pour les fabriques d'armes et pour le service de l'artillerie et de la marine. Suivant cette vue, il a plu au Roi de décharger les fers de plusieurs forges du comté de Bourgogne du droit de sortie, tant parce qu'elles étoient situées dans des lieux voisins de Suisse et loin des rivières navigables, que parce que ces fers étoient de médiocre qualité : de manière qu'on en auroit absolument ruiné le commerce, si on n'avoit donné moyen aux propriétaires de les débiter aux Suisses ou aux Génevois, en les déchargeant d'un droit qui en enchérissoit trop le prix. Mais on a toujours observé de ne point accorder la même décharge en faveur des forges dont les fers, se trouvant de bonne qualité et à portée des rivières, sont d'usage pour le service du Roi et le trafic des particuliers en France. La forge de Scey-sur-Saône, appartenant à M. de Listenois, est une de celles qui est la plus à portée du débit dans le royaume par sa situation, car elle est sur la rivière de Saône, dont la navigation est faite pour le transport à Lyon et dans les ports de la Méditerranée. Ainsi, par cet endroit, il n'y auroit pas lieu d'accorder la décharge du droit de sortie; mais, comme, d'un autre côté, M. de Listenois a représenté que la qualité des fers qui en proviennent n'est pas propre aux fabriques d'armes et à la marine, de sorte que les entrepreneurs refusent de s'en fournir, j'ai voulu m'en éclaircir, et me suis adressé pour cet effet au sieur Soisson, ci-devant entrepreneur des fers pour la marine, et au sieur Ribier, commis de la fabrique des armes à Saint-Étienne, qui m'ont effectivement certifié que ces fers, étant aigres et peu propres à la soudure, ne valent rien pour les armes et sont de peu d'usage pour les constructions de la marine : de sorte que le débit n'en peut être égal à ceux des autres forges situées aussi sur la Saône, qui sont bien meilleurs; et cette considération me porte à être d'avis qu'on peut avoir quelque égard à la requête de M. de Listenois. Mais, comme on peut néanmoins se servir des fers de sa forge pour les bombes, boulets et autres ouvrages où la qualité de la fonte est plus indifférente, je ne crois pas qu'on doive accorder une décharge générale, et j'estime qu'on doit la restreindre à une partie des fers qui s'y fabriquent. Je me suis fait remettre par le fermier et l'agent de M. de Listenois un certificat de la quantité que le fourneau peut produire par an, qu'ils ont fait monter à trois cents milliers pesants de fer en gueuse et quatre cents milliers de fer battu. Il me paroît qu'il y auroit seulement lieu d'accorder une décharge pour la quantité de deux cents milliers de fer par an, savoir : cent milliers de fer en gueuse et de la qualité portée par l'article 9 du règlement du 2 avril 1701, et cent milliers de fer battu et ouvré, des qualités portées par l'article 10 du même règlement, qui sortiront et passeront en Lorraine : auquel effet le propriétaire ou fermier sera tenu de faire passer et reconnoître ladite quantité aux bureaux de Jussey et de Luxeuil, et de prendre des passavants des commis desdits bureaux, après y avoir préalablement fait la déclaration de la quantité qu'il entend faire passer pendant l'année dans chacun de ces bureaux, qui ne pourra excéder celle desdits deux cents milliers en tout. »

850. *Le sieur de la Lande-Magon, négociant*
à Saint-Malo,
au Contrôleur général.

17 Juillet 1705.

« J'apprends que les Espagnols font de grosses plaintes au sujet de nos voyages à la mer du Sud. Ils en faisoient de pareilles aux Anglois et Hollandois, lorsqu'ils étoient leurs alliés, sur le commerce qu'ils faisoient aux côtes des Indes. Il n'y a qu'à leur faire les mêmes réponses que les ambassadeurs de ces deux nations leur faisoient : qu'ils pouvoient confisquer leurs navires et défendre à leurs sujets de les recevoir dans leurs ports, sans, pour cela, qu'ils eussent discontinué d'y envoyer. C'est l'intérêt des Espagnols d'empêcher ce commerce, comme c'est celui de la France de se le procurer. Votre Grandeur en connoît trop l'importance et l'utilité, pour n'y avoir pas l'attention que la chose mérite. J'ai eu l'honneur de l'informer des grandes richesses que les Anglois et les Hollandois en retirent, même en ce temps de guerre : ce qui enrichit leurs sujets et leur donne les moyens de subvenir aux dépenses de la guerre. Ce seroit être d'intelligence avec eux que de leur laisser le champ libre d'y moissonner à leur aise tous ces grands trésors, et en priver le royaume. Je sais qu'il ne convient pas d'autoriser par des permissions publiques ces entreprises, mais qu'il est très important pour le bien de l'État de les dissimuler, puisque, par ce moyen, on le décharge de ses manufactures et on y fait entrer beaucoup d'argent dont on a besoin : qui est un double avantage qu'on ne sauroit assez ménager. Les Espagnols sont assez subtils et assez adroits pour entretenir d'espérance ceux qui entrent en traité avec eux qu'ils permettront de négocier aux Indes moyennant qu'on y paye les droits; mais je suis bien sûr qu'ils ne consentiront jamais à un commerce direct à leurs côtes des Indes, soit de participation avec eux ou autrement, que ce n'est que pour nous donner le change et nous leurrer, pour rompre nos projets et nous détourner de les exécuter. J'en ai d'assez grandes expériences pour prendre la liberté d'en assurer Votre Grandeur; j'espère aussi qu'elle ne s'y laissera pas surprendre.

«Sur ce que vous avez eu la bonté de m'écrire que je pouvois agir avec confiance et engager mes amis, j'ai fait de grands engagements avec eux pour l'expédition de trois vaisseaux dans la mer du Sud. J'ose me flatter que ce ne sera pas inutilement, puisque j'ai travaillé sur la lettre que Votre Grandeur m'a fait l'honneur de m'écrire à ce sujet, et qu'elle voudra bien m'en accorder la permission : sans quoi je souffrirois une perte très considérable, n'ayant nul débouchement par ailleurs. Le sieur de l'Épine l'a obtenue pour deux navires, sur un exposé de nouvelles découvertes, lesquels iront, chargés de marchandises, sans d'autres vues que de négocier à la mer du Sud. C'est un prétexte bien grossier, qui lui a cependant valu; pour moi, je n'en cherche point, et vous mande les choses naturellement comme elles sont. Le respect que j'ai pour Votre Grandeur ne me permettra jamais d'user de finesse et de surprise.

«Un de nos négociants a reçu une lettre d'Amsterdam, par laquelle on lui mande qu'on y arme quatre vaisseaux en guerre et marchandise, pour aller négocier dans la mer du Sud, et on lui offre intérêt. Si nous étions exclus de ce commerce, nous nous trouverions dans la nécessité, non seulement d'écouter les propositions des étrangers, mais encore de leur communiquer nos lumières, dont ils profiteroient au préjudice de l'État. Votre Grandeur en connoît trop l'importance pour le souffrir. Sur tout quoi je la supplie très humblement de me faire savoir ses intentions, et sur quoi je dois compter*.»

* Suivant une lettre du 18 avril 1706, du sieur Bernard Grout, procureur du Roi à Saint-Malo, l'initiative de ces voyages devait être attribuée au sieur de Beauchesne, lieutenant général au même siège.

---

851. *M. Desmaretz, directeur des finances, à M. Morant, premier président du Parlement de Toulouse.*

21 Juillet 1705.

L'union de la juridiction de la Table de marbre aux requêtes du Parlement, la faculté accordée aux présidents des enquêtes de transférer leurs charges de conseiller à leurs enfants, et enfin le rétablissement du petit commissaire constituent des avantages assez considérables pour que l'on s'étonne que ces magistrats n'aient pas encore levé leurs augmentations de gages, et qu'ils profitent de ce que le traitant n'est point en état de les poursuivre. Il faut les sommer sérieusement de s'acquitter dans le délai de deux mois : sans quoi le Roi les déclarera déchus de toutes ces grâces, et le traitant pourra saisir leurs revenus*.

* Voir une autre lettre, du 3 septembre suivant, à M. Douvrier, président aux requêtes.

---

852. *M. de Bâville, intendant en Languedoc, au Contrôleur général.*

24 Juillet 1705.

Il repousse un projet de créer dans tous les pays d'États des offices nouveaux de receveurs généraux des finances, avec des gages au *prorata* de la finance et 5 deniers pour livre de taxations, comme dans les pays d'élections.

«L'affaire proposée dans le mémoire ci-joint l'a été plusieurs fois, et a toujours été rejetée, parce qu'elle renverse entièrement toute l'économie et le gouvernement de cette province, et qu'elle y donne une nouvelle forme. Elle renverse aussi tous les prétendus privilèges des États, et l'on peut dire qu'elle est au nombre de celles qui doivent souffrir les plus fortes oppositions. Celui qui a fait ce mémoire n'a fait que copier toutes les raisons qui sont dans le *factum* de la Cour des comptes de Montpellier au sujet d'un grand procès qu'elle a contre les États depuis très longtemps, prétendant que le trésorier de la Bourse doit compter à la Chambre des comptes de tous les deniers qu'il reçoit. Il semble inutile d'entrer dans la discussion de ces raisons; il faut examiner cette proposition uniquement par rapport au secours que le Roi en peut retirer, et si, en la faisant avec un succès assez incertain, elle ne dérange pas les fonds assurés. Pour cela, il faut savoir que le trésorier de la Bourse paye au Trésor royal 3,000,000 # pour le Don gratuit, et que le payement s'en fait tous les mois; qu'il paye aussi 1,800,000 # de capitation, en deux termes; qu'il en fait les avances quand il n'a pu les recouvrer des peuples, et les États lui en payent l'intérêt. Voilà un payement de 5,000.000 # bien réglé et bien assuré, qui peut être assigné comme on le souhaite. Si cela est dérangé, il est bien à craindre que les mêmes fonds ne puissent être portés avec la même sûreté. Il faudra vendre les charges nouvelles. Les États, qui seront très fâchés de ce changement, et de ne plus nommer les officiers, ne donneront plus les mêmes facilités pour les avances.

«En second lieu, c'est une véritable confusion de faire recevoir les deniers de la province par des receveurs généraux et par un trésorier de la Bourse. Le bon ordre veut qu'il n'y en ait qu'un seul qui fasse ce maniement, à l'exception de ce qu'on appelle *deniers ordinaires*, qui sont réduits maintenant à 317,000 #, qui passent par les mains des receveurs généraux, suivant l'ancien usage. Si les besoins de l'État demandent qu'on tire un secours de ces officiers commis par les États en les créant en charge, il faudroit, pour celui de trésorier de la Bourse, être sûr de trouver un sujet capable de soutenir les affaires, d'avancer les payements, et, sans changer tout l'ordre de cette province, il n'y auroit qu'à faire des charges de ces emplois, soit de trésorier de la Bourse, des syndics, des secrétaires et des greffiers; et ce plan seroit bien plus clair et plus net que le changement qui est porté par le mémoire ci-joint. C'est ainsi que cette affaire fut faite en 1632, et qu'elle a été depuis proposée; mais le Conseil a été, jusqu'à cette heure, retenu par les privilèges des États, par la possession où ils ont toujours été de nommer leurs officiers, par les bons services qu'ils ont rendus, et par la répugnance qu'on a eue en tous les temps de voir des officiers pourvus par le Roi être trésoriers et syndics des pays d'États, ce qui a paru contraire à l'ordre du royaume et à la forme des États. Il n'y a que le Conseil qui puisse décider si les besoins présents doivent faire passer sur toutes ces difficultés et considérations, qui sont toujours les mêmes.

«Je dois remarquer que la fixation que l'auteur du mémoire a mise pour tous ces offices est beaucoup trop forte. On pourroit néanmoins tirer des secours considérables de tous ces offices, principalement si l'on prend cette résolution pour tous les pays d'États et si l'on y met des augmentations de gages. On pourroit même se passer des traitants pour les vendre, car ceux qui sont en place, ou les prendroient, ou il seroit facile d'en trouver d'autres, ces offices donnant un grand revenu par les émoluments qui y sont attachés. Mais je dois répéter encore, à l'égard du trésorier de la Bourse, que, si l'on ne trouve un homme capable par son crédit de faire les avances du Don gratuit et de la capitation comme on fait maintenant, il est à craindre que cette affaire ne soit plus onéreuse que profitable, par le dérangement qu'elle causera.

«Quant à la seconde partie du mémoire, qui regarde l'établissement de la juridiction des assiettes, c'est proprement un établissement d'élus qui fit tant de désordres, en 1628, en Languedoc, et qui y causa la révolte. On ne peut lui attribuer la présidence aux assiettes, puisque le Roi va retirer aux prochains États 400,000 # de ces offices de président, dont une partie est déjà vendue, et le reste est uni aux diocèses. La juridiction des gabelles a ses juges, qu'il faudroit rembourser. Il en est de même de ceux de l'équivalent, du tabac, papier timbré, glaces, et de toutes les autres. L'évaluation de ces prétendus offices est sur un pied exorbitant, et il ne faut pas croire qu'on pût les vendre, même à bon marché, qu'avec beaucoup de temps, parce que toutes les taxes qu'il y a eu sur les nouveaux offices créés ont beaucoup dégoûté les gens de ce pays de les prendre, et le même argent qui rouloit autrefois dans la province n'y est plus. C'est donc s'exposer aux plaintes et aux demandes de plusieurs officiers à rembourser, et détruire tout l'ordre établi dans cette province, sans être assuré d'en retirer aucun secours assez considérable pour apporter un si grand changement : ce qui me fait croire que ce dernier ne doit pas être fait.»

---

853. *M. de Saint-Macary, subdélégué général en Béarn,* au Contrôleur général.

25 et 28 Juillet, 1er et 18 Août 1705.

Il rend compte des cabales et des divisions qui se sont produites dans les États de Béarn, au sujet de la charge de syndic de la noblesse.

État des travaux de l'assemblée.

«Je me donne l'honneur de vous envoyer copie de l'état des impositions qu'on vient de faire pour être levées le mois de décembre prochain. Elles montent 249,172 # 8 s., sur quatre cent soixante-huit paroisses, sans parler des 50,000 # qui furent imposées le mois de mars dernier pour payer le premier pacte de l'abonnement, ni des 25,000 # qui ont été levées pour le payement des amortissements des usages, ni des 10,000 # levées pour le rachat des offices d'essayeurs d'eau-de-vie, non plus que de la capitation. Ces sommes, levées en une année et presque à même temps, fatiguent les peuples extraordinairement : ce qui nous feroit souhaiter d'avoir un trésorier qui voulût prêter son crédit à la province pour épargner une partie de ces impositions et les éloigner jusqu'à un temps plus favorable; mais nous ne sommes pas assez heureux pour trouver ce secours, ni ne le trouverons jamais tandis que ceux qui sont à la tête des États manqueront de zèle et d'affection pour le service du Roi et le bien de la province.....

«Jamais assemblée n'a été si vive que cette dernière; on y a vécu dans un tel désordre qu'on auroit pris leurs séances pour une foire, et toute leur discipline a été foulée aux pieds.....

«La suppression du syndic de la noblesse, que l'évêque a proposée pour favoriser son parti, n'a pour fondement que le désir ardent qu'il avoit de bien et utilement servir sa cabale, en éloignant la nomination du syndic. Il comptoit ses voix en ma présence, sur ses doigts, et trouva que si on procédoit à cette nomination, qu'il seroit évincé; c'est pourquoi il dit publiquement qu'il feroit comme le bon pilote, lequel, après s'être bien défendu, aimoit mieux brûler son vaisseau que de se rendre. Et comme le syndic de robe est un jeune homme peu attentif à son devoir, parent de l'évêque et presque hors d'état d'être utile au service du Roi et du public, syndic que M. de Guyet pourroit mieux vous dépeindre que nul autre, je prendrai la liberté de vous certifier qu'il importe qu'on en nomme un autre..... qui soit en état de remplir les devoirs de ces deux charges..... parce que l'un doit être le curateur de l'autre. Il est vrai que M. de Lescar a prétendu que la province n'avoit, dans les siècles passés, qu'un syndic, et qu'on n'en nomma deux que parce que feu M. d'Épernon le voulut ainsi, parce qu'il souhaitoit de faire remplir cette place à un homme qu'il affectionnoit beaucoup; mais il ne faut que lire les registres des États pour le convaincre, desquels il paroît qu'il y avoit deux syndics dans cette province longtemps avant que M. d'Épernon fût dans le monde. Ce prétexte ne fait pas de l'honneur à un évêque qui doit être le dépositaire de la vérité : néanmoins, comme il est aveugle, il s'imagine que ceux qui l'écoutent, ou ne connoissent pas l'état de cette province, ou bien qu'ils sont aussi aveugles que lui, et que tout est permis à un homme qui ne voit pas la face de ceux à qui il parle*.....»

Il rend compte des mesures prises pour empêcher le vote d'aucune gratification**.

* Réponse en marge de la lettre du 28 juillet : «Il me paroît qu'il est bien nécessaire que le Roi mette pour l'avenir à la tête des États un homme assez sage pour empêcher des scènes pareilles à celles qui se sont passées pendant ceux-ci. La vivacité de M. l'évêque de Lescar me paroît bien outrée dans tout ce qui m'en est revenu.» Voir, aux 20 juin, 10 et 18 juillet, 1er septembre et 10 octobre, les rapports de M. de Saint-Macary sur les désordres qui avaient marqué cette session des États. Le contrôleur général et le Roi lui-même avaient repoussé, comme attentatoire aux privilèges de la province, un projet d'érection en offices des emplois de syndic, de trésorier et de secrétaire des États qui était présenté par MM. de Préchac et de Saint-Macary (lettres des 14 mars, 6 avril et 20 juin); mais il fut décidé par la suite que la charge de syndic d'épée serait supprimée, et le Roi fit réprimander fortement l'avocat général de Mesplès, qui avait été l'un des principaux fauteurs du désordre et l'un des plus irrespectueux pour les commissaires. (Lettre de M. de Saint-Macary, 27 octobre.)

** Réponse en marge de la dernière lettre : «Il ne se doit faire aucune gratification par la province qu'elle n'ait été auparavant autorisée par le Roi, et toutes les dépenses, de quelque nature que ce soit, sont du département du contrôleur général des finances, qui en doit rendre compte au Roi et faire savoir aux États les intentions de S. M. On en use ainsi en Languedoc, en Bretagne et partout ailleurs; le caractère de subdélégué à l'intendance vous autorise pour empêcher qu'il ne se fasse aucune nouveauté.» Aux explications fournies le 5 septembre par M. de Saint-Macary, le contrôleur général répond : «Le Roi a approuvé que M. [de] Bertier reçoive la gratification qui lui a été offerte par les États. Je suis bien dans le même sentiment que lui, que l'on ne doit rien changer aux usages et à la possession dans laquelle ils sont de prendre toutes leurs dépenses sur les fonds de la province; mais, à l'égard des dons particuliers, ils n'en doivent faire aucuns sans une permission expresse du Roi, et ils doivent s'adresser pour cela au contrôleur général des finances, toutes les impositions et levées de deniers étant attribuées à son emploi.»

L'année suivante, le duc de Gramont assistant aux États de Béarn et à ceux de Navarre, ces deux assemblées furent autorisées à faire à la duchesse, sa femme, les gratifications usitées, de 4,000 ᵗᵗ pour la première, et de 1,400 ᵗᵗ pour la seconde. Voir les lettres de M. de Saint-Macary, 18 mai, 31 août, 8 et 13 septembre 1706, et de M. de Préchac, 23 août.

---

854. *Le Contrôleur général*
à M. Lebret, intendant en Provence.

27 Juillet 1705.

Il lui donne ordre de se transporter à la Chartreuse de Montrieu, où se fait une fausse réforme des espèces d'or et d'argent, ainsi que dans celle de Bonpas, au comtat Venaissin. Si le prieur de Montrieu ne veut point faire d'aveux, il faudra le menacer de mesures plus efficaces. S'il se trouve des machines, on les emportera, ou bien on les mettra hors de service*.

* Voir la réponse envoyée par M. Lebret, le 20 septembre suivant. Sa visite à Montrieu ne lui procura aucune preuve de l'exactitude des dénonciations adressées au contrôleur général.

---

855. *Le Contrôleur général*
à M. d'Argenson, lieutenant général de police à Paris.

28 Juillet 1705.

«J'apprends que certains aubergistes de Paris, qui se sont immiscés par le passé de faire les fonctions de facteurs-commissionnaires des rouliers, desquels ils ont exigé de fortes rétributions, vous avoient rapporté que je leur ait dit que l'intention du Roi n'étoit pas qu'ils fussent troublés dans leurs fonctions. Vous savez que le principal motif qui a donné lieu à la création des facteurs-commissionnaires a été de faire cesser les plaintes des rouliers, qui ont beaucoup souffert par le passé des exactions que ces aubergistes faisoient sur eux. On avoit eu en vue de les faire cesser en établissant des bureaux publics et des officiers pour faire les fonctions que les aubergistes avoient usurpées : ce qui, jusqu'à présent, n'ayant pas eu le succès qu'on en avoit espéré, par les traverses de ces mêmes aubergistes, je vous prie de les mander chez vous et de leur dire qu'ils cessent absolument de se mêler de ce qui regarde les voitures des rouliers; sinon, on leur fera rapporter toutes les exactions qu'ils auront faites sur les voitures des rouliers.»

---

856. *M. Desmaretz, directeur des finances,*
à M. Lebret, intendant en Provence.

28 Juillet 1705.

Le Roi, informé du mauvais état des affaires de la ville de Marseille, lui permet de faire un emprunt au denier seize et d'augmenter la ferme de la farine, mais à condition que l'intendant arrêtera prudemment toutes les conditions de l'emprunt. On en a fixé le taux au denier seize, parce qu'il n'est pas d'usage de laisser le choix aux maires et échevins, et que la province a déjà demandé à emprunter au même taux*.

* Les revenus de la ville avaient été saisis à la requête du commis du traitant des essayeurs d'eau-de-vie, sur le bruit qu'une banqueroute était imminente, et il refusait d'accepter des lettres de change sur lesquelles il n'eût pas eu de remise; voir les lettres de l'intendant, en date des 28 juin, 26 juillet, 11 septembre et 9 octobre. Revenant le 6 août sur la même affaire, M. Desmaretz dit que l'intendant a bien fait de permettre l'emprunt sans attendre sa réponse, et il ajoute : «Quant à la difficulté que faisoient les commis des traitants de prendre des lettres de change, elle ne peut venir que de l'envie qu'ont les directeurs de profiter sur l'argent comptant; car je suis persuadé que, si on leur en donnoit, ils ne le feroient pas voiturer ici. Il y a, à la vérité, un inconvénient aux lettres de change, en ce qu'on les paye presque toutes en billets de monnoie; mais cela ne regarde pas les

traitants : ils payent en même matière les assignations tirées sur eux, ou consomment le produit de leur traité avec les trésoriers de la marine, qui prennent tous les fonds qui se présentent à Toulon et à Marseille.... »

Le 16 du même mois d'août 1705, il écrit à M. de Bâville, intendant en Languedoc, que le Conseil craint ordinairement d'autoriser des emprunts à un taux plus fort que celui de l'ordonnance, mais que la Bourse commune des marchands de Toulouse pourra emprunter, même au denier douze, le montant de la taxe due pour la suppression des offices des manufactures, si les usages et les circonstances semblent favorables à cette dérogation.

857. *M. de Courson, intendant à Rouen, au Contrôleur général.*

1er Août 1705.

«Ceux qui ont des manufactures de draps ou d'autres choses en ce pays-ci se sont jusqu'à présent adressés à des banquiers de Rouen, et surtout au sieur le Couteux, qui ne faisoit pas difficulté de leur donner toutes les semaines de l'argent comptant, dont ils payoient leurs ouvriers. Ils en recevoient des billets ou de lettres de change sur les marchands de Paris, dont ils avoient soin de se faire payer. Je ne doute point que vous ne vous souveniez d'avoir vu cet usage établi, qui est absolument nécessaire pour soutenir les manufactures, parce que ceux qui le sont ne pourroient pas payer aussi régulièrement qu'ils font leurs ouvriers toutes les semaines. Depuis peu de jours, le sieur le Couteux leur a déclaré à tous qu'il ne pourroit plus faire la même chose, parce qu'il leur donnoit de l'argent comptant ici, et qu'il n'étoit payé à Paris qu'en billets de monnoie. Je l'ai engagé à en user encore pendant sept ou huit jours comme il a fait par le passé; mais je ne crois pas pouvoir l'obliger à continuer. Cependant vous savez mieux que personne qu'il n'y a rien de plus important pour ce pays-ci que de soutenir les manufactures : c'est la seule chose qui y apporte de l'argent; elles font subsister une infinité de gens. Il y auroit à craindre que si elles venoient à manquer, que tous ces gens-là, qui ne vivent que de ce qu'ils y gagnent, ne pouvant plus payer tous les subsides qu'on leur demande, ne fussent cause d'un désordre qu'on auroit bien de la peine à empêcher. Cependant il n'est pas possible qu'elles subsistent, si vous n'avez la bonté de remédier promptement à ce que j'ai l'honneur de vous mander. Ce seroit une grande incommodité pour ceux qui tiennent ces manufactures, s'ils étoient obligés de s'aller faire payer à Paris : cela les détourneroit beaucoup de leur ouvrage; il leur en coûteroit davantage. D'ailleurs, n'étant payés qu'en billets de monnoie, ils ne seroient plus en état de payer leurs ouvriers et ne pourroient plus soutenir leurs manufactures. Il est encore à craindre que les meilleurs ouvriers, qui travaillent aux ouvrages les plus difficiles, et qu'on a bien de la peine à trouver ou à former, qui sont pour la plupart étrangers, n'étant plus payés, ne se retirassent, et ne sortissent même du royaume. Il me semble que c'est l'affaire la plus importante qu'il puisse y avoir ici, et qu'on ne peut trop tôt y apporter de remède. Il m'a paru que si on faisoit remettre à Rouen, au sieur le Couteux, en argent, le fonds qui lui est nécessaire pour faire ses avances en argent, qu'il ne s'éloigneroit pas de faire toujours la même chose, et qu'il ne seroit pas difficile de le lui donner sur les deniers de la recette générale ou les autres recettes qui sont dans cette généralité. Il n'arrivera nul inconvénient que les traitants ou les receveurs généraux retirassent ces mêmes fonds sur les lettres de change du sieur le Couteux en billets de monnoie, dont ils pourroient plus aisément se défaire que ceux qui ont les manufactures. Le sieur le Couteux a accoutumé de donner à ceux qui ont les manufactures 40,000 # ou 10,000 écus au moins par semaine. J'attends sur cela vos ordres; j'aurai seulement l'honneur de vous ajouter que cela s'est déjà répandu, et que j'ai trouvé les esprits fort échauffés sur cette nouvelle *. »

* Réponse en marge : «Mander à M. de Courson que j'irai jeudi à Paris, que je parlerai au sieur le Couteux; que je prévois par avance la réponse qu'il me fera : que je ne lui réponds pas de procurer de l'argent comptant à Paris pour des lettres de change, mais que je ferai ce qui me sera possible.» L'intendant ayant cru devoir, de lui-même, faire avancer par les fermiers des aides une somme de 20,000 # au banquier, contre ses lettres de change, le contrôleur général, tout en l'approuvant, lui dit : «Je ferai passer les lettres de change des sieurs le Couteux pour les 20,000 # qu'il a fait prendre à la caisse de la ferme des aides. Il ne convient pas de tirer davantage de fonds de la ferme, les deniers étant destinés pour payer les rentes de la ville, qui sont plus pressées que tout le reste. On ne voiture presque rien de la recette générale; depuis quinze mois, il n'en a été voituré que 150,000 #, soit sur les tailles, ustensile ou capitation. J'ai fait fabriquer grand nombre de pièces de 10 sols à la Monnoie de Rouen, qui ont été répandues dans la province, qui doivent avoir remplacé, et au delà, les fonds qui en ont été tirés.» (Lettre du 17 août et réponse en marge.) A une proposition du banquier, transmise le même jour, de faire venir des piastres et des matières à la Monnaie de Rouen et d'en prendre la valeur en espèces, poids pour poids et titre pour titre, M. Desmaretz répond : «La proposition du sieur le Couteux est bonne dans tous les vrais principes, dont la nécessité et les besoins ont obligé de se départir. M. Colbert l'avoit observé avec succès : *impensis publicis monetæ tudendæ*. Le sieur Rousseau est du même sentiment, par rapport au temps et aux besoins présents et pressants.»

Le 25 août, M. de Courson écrit : «Depuis que le sieur de Vougny est en exercice, il n'a fait voiturer à Paris qu'environ 160,000 #, et cet exercice n'a commencé que cette année, et la plus grande partie de la recette de l'année passée, faite par M. Poulletier, a été voiturée en espèces. Ainsi, on vous a mal informé quand on vous a dit que, depuis quinze mois, il n'a été voituré que 50,000 # écus en espèces de la recette générale. Vous savez mieux que moi que les fermiers généraux ne veulent recevoir qu'en espèces ce qui leur revient de la recette générale que fait le sieur de la Houssaye et de la sous-ferme des aides. A l'égard des affaires extraordinaires, le profit est trop grand d'avoir des espèces à Paris en ce temps-ci, pour que les traitants fassent voiturer autrement qu'en espèces; ce sont toutes ces voitures qui ont diminué aussi considérablement que j'ai eu l'honneur de vous le mander l'argent en cette ville. Il se peut faire qu'il y en ait encore dans Rouen, j'en suis même persuadé; mais la crainte qu'on a que si on continue toujours à faire voiturer les espèces sans qu'il en revienne d'ailleurs, qu'elles viennent à manquer entièrement, a fait fermer toutes les bourses. Ajoutez à cela que, n'y ayant presque personne qui n'ait des taxes à payer ou qui ne craigne d'en avoir, ceux qui ont des biens en fonds étant d'ailleurs très mal payés des fermiers et ne pouvant vendre leurs denrées, tout cela fait que chacun garde son argent pour ses propres affaires. Il n'a été fabriqué en la Monnoie de Rouen que 636,579 # en pièces de 10 sols, sur la fin de l'année 1703 et au commencement de 1704, dont il y a eu 33,000 # voiturés à Paris en espèces.»

858. *M. de Saint-Macary, subdélégué général en Béarn,*
au Contrôleur général.

1er Août 1705.

Les commissaires des États ont ordre de ne rien accorder au-dessus de la somme de 6,000 ₶ votée pour la suppression des offices de courtiers-facteurs et commissionnaires des rouliers, qui n'ont aucune raison d'être établis dans un pays aussi peu commerçant. Ils persistent à vouloir présenter au Roi leurs remontrances sur les charges qui ont été imposées à la province, et sur celles que l'on veut encore y ajouter.

«Un de ces commissaires, qui est nouveau converti, a surenchéri, en disant qu'ils avoient vu que les impositions qui avoient été faites d'autorité de MM. les intendants étoient toujours devenues inutiles. Je leur ai répliqué que leurs remontrances me paroissent fort inutiles, et que, s'ils avoient eu envie d'obtenir avec effet le rachat de ces deux édits, il falloit en offrir le juste prix...., mais qu'il falloit obéir; que la parole de ce nouveau converti étoit mal placée, et que peut-être je serois plus heureux que MM. les intendants, et que l'imposition (de 8,000 ₶ et les 2 sols pour livre) que je ferois de la somme fixée par l'arrêt ne deviendroit pas inutile en mes mains. Cette conférence finit par là : ils refusèrent de faire cette imposition; et, comme on finissoit l'état et le compte, nous nous séparâmes hier au soir*.....»

* Réponse en marge, de la main de M. Desmaretz : «Modérer à 6,000 ₶ la finance pour les facteurs-commissionnaires des rouliers; écrire à M. de Saint-Macary d'en faire l'imposition.» Voir plusieurs lettres de M. de Saint-Macary, du 5 septembre et des jours suivants.

---

859. *Les Marchands de la ville d'Amiens*
au Contrôleur général.

1er Août 1705.

«Nous ne pouvons plus longtemps souffrir sans informer Votre Grandeur d'un abus très préjudiciable au commerce de cette province, et surtout de cette ville : c'est celui du transport des espèces de tous les bureaux de recette, qui présentement sont envoyées d'ici à Paris. Votre Grandeur saura que, de tout temps, les commis, soit de la recette générale des finances, des cinq grosses fermes, de celle des aides et autres, ont pris nos lettres de change sur Paris avec un modique profit, en nous comptant la valeur, et, par ce moyen, laissoient un comptant dans cette province, pour y soutenir le commerce; au lieu que, depuis quelque temps, lesdits commis, malgré un plus gros profit qu'ils tiroient de nous sur les lettres de change, disent maintenant qu'il leur est défendu d'en prendre aucune, ayant des ordres de leurs supérieurs d'envoyer tout l'argent qu'ils reçoivent à Paris : ce qui va entièrement épuiser cette ville de comptant, si nécessaire au soutien de notre manufacture, et nous mettre dans l'impossibilité de continuer notre commerce..... L'on a connu l'utilité de faire rester l'argent dans Abbeville, si nécessaire que le sieur Bouret, receveur des tailles dudit lieu, a ordre, pour faire subsister la manufacture des sieurs Vanrobais, de leur remettre tous les deniers des tailles de ladite recette, et prendre en payement des lettres de change d'eux pour pareille valeur. C'est chose de fait, dont Votre Grandeur doit être informée; on aura la bonté, ne l'étant pas, de l'en faire informer. Toute la manufacture d'Amiens est beaucoup plus considérable que cela : si Votre Grandeur n'a pas la bonté de la regarder en pitié, elle succombera faute d'argent, qu'on ne peut avoir, pas même à 12 p. o/o de perte. Nous adresserons nos vœux pour la prospérité de Votre Grandeur*.»

* Le sieur Héron, député de la Rochelle au Conseil de commerce, transmet les mêmes plaintes, le 25 juillet et le 9 août; le contrôleur général répond en marge de sa première lettre : «Je ne vois aucun fondement aux plaintes des négociants de la Rochelle, ni aucun prétexte à eux de demander d'acquitter les droits de leurs marchandises en lettres de change sur Paris. Toutes les raisons que vous alléguez pour autoriser ce changement se détruisent par elles-mêmes : la meilleure partie des deniers de la ferme se consomme sur les lieux; il n'en a été voituré, depuis plus de quinze mois, à Paris, que 268,648 ₶, et, depuis ce temps-là, il s'est fabriqué à la Monnoie pour plus de quatre fois autant d'espèces, qui se sont répandues dans le commerce. J'ai été bien aise de vous faire ce détail, afin que vous connoissiez le peu de bonne volonté qu'il y a parmi ces négociants, qui, loin de secourir l'État dans des temps difficiles, cherchent à en profiter. Vous ferez part de cette réponse aux négociants qui m'avoient écrit.»

M. de la Bourdonnaye ayant également appuyé, par une lettre du 29 août, les réclamations de la Chambre de commerce de Guyenne, M. Desmaretz lui répondit, le 9 septembre, qu'il devait suffire qu'on interdît le transport des fonds de la recette générale des finances et de celles des fermes. «Le reste ne peut être considéré comme un objet qui épuise la province de Guyenne : les affaires extraordinaires vont assez lentement présentement; elles sont passagères. La ferme du papier timbré d'ailleurs n'est pas assez considérable pour mériter de l'attention.» — Sur de nouvelles plaintes des villes de Tours, Laval, Troyes, Reims, Amiens, Rouen, etc., avis fut donné le 10 décembre, à M. de la Croix, receveur général, pour ses confrères, qu'il fallait laisser dans la province l'argent nécessaire aux manufactures, et que les recettes des tailles devaient désormais accepter les versements en lettres de change sur Paris, et ne plus voiturer sans nécessité.

L'année suivante, le 11 et le 26 juin 1706, les maire et échevins d'Amiens représentent de nouveau les inconvénients de la disette d'argent. On ne négocie plus, disent-ils, les lettres de change sur Paris ou les billets de monnaie qu'à 12 ou 15 p. o/o de perte, et, faute de pouvoir payer leurs achats de matières trois fois par semaine, selon l'usage, les manufacturiers n'ont envoyé que cent balles de marchandises à la foire de Saint-Denis, au lieu de sept ou huit cents. Cet état de choses va priver de tous moyens d'existence quatre mille ouvriers à Amiens et plus de quinze mille dans la province, si on ne donne l'ordre aux recettes d'accepter les lettres de change comme par le passé, ainsi qu'on l'a déjà accordé aux manufactures de Rouen, Elbeuf, Abbeville, etc. Voir aussi deux placets envoyés par l'entrepreneur Joss. Vanrobais et par le duc d'Aumont, le 30 octobre et le 26 novembre 1706, et une requête analogue des habitants de Bressuire, en Poitou, à la date du 12 mars 1706.

---

860. *M. Trudaine, intendant à Lyon,*
au Contrôleur général.

4 Août 1705.

«..... Notre capitation, dans la ville et généralité de Lyon, est de plus de moitié plus forte à proportion qu'elle n'est dans la ville et généralité de Paris; quand je dirois les deux tiers, je crois que je ne m'éloignerois pas de la vérité. Cela en rend la répartition plus difficile, et a empêché ceux qui l'ont faite devant moi de garder exactement les règles que l'on s'est prescrites à Paris, qui est de ne point taxer hors de leur corps ceux qui sont revêtus de quelques charges. L'on a observé cette règle seulement à l'égard des officiers de la ville de Lyon. Les trésoriers de France, les officiers du présidial et ceux de l'élection, riches ou pauvres, payent également; mais les autres officiers des bailliages et sénéchaussées des autres élections de la province ont été taxés suivant ce que l'on a connu de leurs facultés. L'on a encore compris dans les rôles de la ville plusieurs personnes qui possèdent des charges dans des corps qui sont hors la province, et dans lesquels corps ils payent la capitation, comme des secrétaires du Roi, des trésoriers de France des bureaux d'autres généralités. L'on observe seulement de leur faire tenir compte de ce qu'ils payent ailleurs, et ils en sont déchargés d'autant de ce qu'ils sont compris dans nos rôles. Quand j'arrivai ici, cet usage me parut extraordinaire par rapport à ce que j'avois vu pratiquer à Paris; mais, quand je fus instruit de la force des cotes de nos négociants, et que je l'eus comparée avec celles des plus gros marchands de Paris, et que j'eus connu que nos négociants payoient trois ou quatre fois plus qu'à Paris, je sentis la nécessité où l'on avoit été de changer ici la règle de l'imposition.

«Il se trouve donc dans nos rôles plusieurs secrétaires du Roi et des trésoriers de France des autres généralités, qui demeurent en cette ville ou dans la généralité, que l'on a taxés suivant leurs facultés. Ils se sont souvent plaints de cet usage; mais l'on [n']y a rien changé, et, si vous nous obligiez de nous remettre dans la règle qui s'observe à Paris, non seulement l'on se trouveroit ici dans un grand embarras de savoir sur qui rejeter ce que l'on diminueroit à ces particuliers, qui sont très en état de payer, mais cela feroit encore acheter de petites charges à nos riches habitants, pour être soulagés de la capitation, et le reste de la ville et de la campagne se trouveroit fort surchargé.

«Le sieur Noyel est secrétaire du Roi; en cette qualité, il paye 300 #. Je l'ai trouvé sur les rôles à 500 #; il est vrai qu'il avoit les deux charges de receveur des tailles de Villefranche, et qu'il s'en est démis d'une en faveur de son fils, que j'ai compris dans le rôle de la capitation de cette année pour 250 #. Si je n'avois pas connu les facultés du sieur Noyel, je l'aurois diminué de ce que j'ai mis sur son fils, et il se seroit trouvé qu'il n'auroit rien payé du tout à la décharge de notre généralité, parce que, payant 300 #, comme secrétaire du Roi, entre les mains de leur trésorier, il auroit été déchargé en entier de la cote de notre rôle, parce qu'elle se seroit trouvée plus foible que celle des secrétaires du Roi. Mais, connoissant que le sieur Noyel est très riche et qu'il a gagné de grands biens par ses charges de receveur des tailles, j'ai cru que je devois, à son égard, en user comme envers tous les autres officiers dont nous oublions les charges pour nous en tenir à leurs facultés; et en vérité, le sieur Noyel est de ceux qui devroient le moins se plaindre; mais la grande envie d'acquérir ne le quittera pas sitôt. Il m'a beaucoup tourmenté, il vous fatigue, et des gens de considération pour vous solliciter en sa faveur, et le tout pour 200 #; car nous lui tenons compte, sur les 500 # qu'il est employé dans nos rôles, des 300 # qu'il paye comme secrétaire du Roi *.»

* Le 12 du même mois, M. Desmaretz écrit à l'intendant : «Je vous envoie deux états qui m'ont été remis par M. Chamillart; prenez la peine, je vous prie, de les examiner, et, s'il est vrai que le recouvrement de la capitation soit aussi reculé que le receveur général le dit, donnez vos ordres pour le faire avancer. Je sais qu'on ne peut guère faire de recouvrement en campagne dans le temps des moissons; c'est pourquoi je crois que vous n'avez présentement à songer qu'à la capitation de la ville. Tous ceux qui sont en état de payer devroient être sortis du payement de la première moitié; cela feroit qu'on pourroit donner plus de temps au menu peuple. Je remets le tout à votre prudence; mais songez qu'il y a une nécessité indispensable de ne point mettre le receveur général hors d'état de continuer ses payements au Trésor royal. Après avoir vérifié la recette du sieur Savoye, prenez la peine de vous faire fournir des états de recette par tous les préposés dans la ville, afin de connoître par vous-même si tous les deniers sont régulièrement portés à la recette. Je vous serai obligé de me mettre en état de ne point souffrir qu'on se serve de mauvais prétextes pour n'être point exact dans le payement des assignations du Trésor royal.» Le recouvrement ayant donné un excédent pour les années 1703 et 1704, la noblesse du Lyonnais fut déchargée de 19,059 # 10 s. qu'elle devait pour les francs-fiefs, et de 9,900 # dont elle était tenue pour la suppression des essayeurs d'eau-de-vie; mais il fut recommandé à M. Trudaine de ne point expliquer les motifs de cette grâce. (Lettre du contrôleur général, 14 janvier 1706.)

---

861. *M. Desmaretz, directeur des finances, à M. Trudaine, intendant à Lyon.*

5 Août 1705.

«J'ai reçu la lettre que vous avez pris la peine de m'écrire le 11 du mois passé, au sujet de l'arrêt du Conseil que le sieur Daverdon a obtenu à mon rapport le 9 juin précédent. Je trouve que vous avez très bien conçu l'esprit de l'édit. L'édit n'a créé que des agents de change et des courtiers-commissionnaires de vins, lesquels sont chargés des achats et des ventes, même des envois des marchandises qu'ils ont achetées pour leurs commettants; ils ne sont point en droit d'empêcher les commissionnaires de Roanne de recevoir à l'ordinaire les marchandises qui leur sont adressées par les marchands de Lyon pour les faire passer dans des provinces éloignées, soit que ces marchandises passent debout, soit qu'elles soient entreposées à Roanne en attendant la commodité des voitures, pourvu que les lettres de voiture contiennent leur destination lorsqu'on les fait partir de la ville de Lyon. Il est vrai que le sieur Daverdon, qui avoit son dessein formé, m'avoit présenté un projet d'arrêt, en premier lieu, dans lequel il avoit inséré une clause qui accordoit ce droit à ceux qui avoient été commis par M. le duc de la Feuillade, sans aucune ambiguïté; et, quoique je l'aie rejeté, ayant bien prévu le trouble que cela pouvoit apporter dans le commerce, cependant il m'est échappé le terme de *réception de marchandises*, qu'il y a glissé, lequel ne peut lui donner plus de droit que l'édit, en exécution duquel les traitants n'auroient pu empêcher les commissionnaires des rouliers de continuer à l'ordinaire leurs fonctions qu'ils font pour les marchands de Lyon *.»

* Avant de faire cette réponse, M. Desmaretz avait demandé con-

seil à l'abbé de la Proustière. «Vous savez, lui disait-il, la peine que j'ai eue à faire rendre l'arrêt du Conseil qui a été sollicité avec tant de chaleur par le sieur Daverdon, au sujet des courtiers..... qu'il a fait acquérir à M. le duc de la Feuillade, dans son duché de Roannois... Ce n'étoit pas sans raison que je résistois à faire signer cet arrêt. Je vous prie..... de me faire savoir ce que vous pensez qu'on doive écrire à M. Trudaine...., étant bien aise de ne rien faire sur cela que de concert avec vous, à cause de la part que vous prenez à ce qui touche les intérêts de M. le duc de la Feuillade.» (Lettre du 26 juillet.)

862. *M. Desmaretz, directeur des finances, à M. de Courson, intendant à Rouen.*

5 Août 1705.

Recel et billonnage d'anciennes espèces provenant de la succession du sieur Freslard, boulanger à Cormeilles.

Le Roi n'a pas trouvé à propos de juger au Conseil royal une affaire de cette nature, puisqu'elle est déjà instruite à l'extraordinaire par la Monnaie de Rouen, et S. M. désire que l'on amène plutôt les accusés à faire des offres convenables de transaction; sinon, l'intendant devra les condamner conformément aux édits, sauf à eux à se pourvoir par devers le Roi*.

Quant aux nullités que le présidial prétend avoir trouvées dans la procédure, c'est un effet de la rivalité des deux juridictions : les juges-gardes, bien que non gradués, peuvent faire les instructions et même assister au jugement, tant qu'il n'y a pas lieu à peine afflictive, et, dans les autres cas, il n'y a que l'usage et la nouvelle maxime du Conseil, sans aucune ordonnance positive, qui les fassent exclure. Il faut, au contraire, encourager ces officiers et veiller à ce que leurs frais de justice, ainsi que la récompense du dénonciateur, soient prélevés sur le produit de la condamnation**.

* Le 22 juillet précédent, il écrivait au même intendant, en réponse à une lettre du 7, que, vu la fréquence et les inconvénients du billonnage des espèces non réformées, le Roi n'accorderait plus aucune grâce, même au profit des hôpitaux, et que les ordonnances devaient être appliquées en toute rigueur dans les cas de saisie.

** Le procès fut terminé par une transaction amiable entre la fabrique de Cormeilles et la veuve Freslard. (Lettre de M. Courson, 16 novembre.)

863. *M. d'Argenson, lieutenant général de police à Paris, au Contrôleur général.*

5 Août 1705.

Il annonce que tout dépôt de fumiers et d'immondices sera désormais prohibé sur le quai qui longe le jardin des Tuileries. Les paysans qui s'en servent pour leurs vignes, à Saint-Cloud, Boulogne et Suresnes, pourront aller prendre ces matières dans les voiries, où elles seront transportées directement, au lieu de rester amoncelées dans des bateaux ou sur le bord de l'eau.

864. *M. Desmaretz, directeur des finances, à M. de Bâville, intendant en Languedoc.*

6 Août 1705.

Avant de signer le résultat et les expéditions préparées pour la création de trésoriers des deniers patrimoniaux, d'octroi et de subvention en Languedoc, le contrôleur général désire connaître le montant des deniers patrimoniaux et d'octroi, afin de calculer le produit des 3 deniers pour livre qui doivent être joints aux gages (au denier vingt) et aux privilèges. Si cette affaire offre de grandes facilités, on se dispensera de recourir aux traitants, pour que le Roi y gagne la remise du sixième*.

* M. de Bâville envoie, le 21 du même mois, l'état des biens patrimoniaux et des octrois et subventions des villes, montant en tout à 400,000 ₶.

865. *M. Desmaretz, directeur des finances, à M. le Camus, premier président de la Cour des aides de Paris.*

8 Août 1705.

«J'ai entre les mains les lettres que vous et M. le premier président de la Chambre des comptes avez écrites à M. Chamillart sur la clause de la déclaration des trésoriers généraux de la police qui porte que les mandements des directeurs des quartiers (touchant les boues et lanternes) seront payés sur le *visa* du lieutenant de police. Je puis avoir l'honneur de vous dire que cette disposition n'est pas nouvelle, qu'elle ne regarde en rien l'autorité de deux des premiers magistrats de Paris, qui, par leurs charges, ne sont pas nés directeurs, mais qui veulent bien faire honneur à leurs concitoyens en remplissant des fonctions qui semblent ne regarder que de simples bourgeois. Si vous faites réflexion qu'outre ces observations, on peut encore faire celle que Paris est divisé en vingt quartiers, et qu'il est absolument nécessaire que l'économie et l'administration de cette dépense soit rapportée à un seul, sans quoi il y auroit une dissipation inévitable, vous verrez que la dignité de votre charge n'y est en aucune façon intéressée.»

866. *M. Lebret, intendant en Provence, au Contrôleur général.*

16 Août 1705.

«J'ai reçu, avec la lettre que vous m'avez fait l'honneur de m'écrire le 2 de ce mois, la proposition d'établir à Marseille une chambre de Consulat de mer. Elle ne paroît avoir de fondement raisonnable qu'en la richesse du lieutenant de l'amirauté de Marseille, car d'ailleurs on sait bien que, lorsqu'un maître de vaisseau ou un patron de barque, étant accueilli de la tempête, est obligé de jeter à la mer des marchandises de son chargement, il en fait dresser un procès-verbal dans le premier port où il va toucher. C'est ce procès-verbal qu'on appelle *consulat*, et sur lequel les officiers de l'amirauté du lieu où le bâtiment fait son retour liquident l'avarie. Mais personne n'a jamais ouï parler en ce pays-ci de ces chambres de Consulat que l'auteur du mémoire dit être établies dans toutes les villes maritimes du royaume. Celle qu'on propose d'établir à Marseille ne seroit, ce me semble, d'aucune utilité, non plus que ces nouveaux enregistrements des connoissements, et l'on ne propose, à proprement parler, qu'un démembrement de la juridiction de l'amirauté, sur lequel Mgr le comte de Toulouse ne manqueroit pas de faire ses représentations, qui seroient, autant que je les puis prévoir, bien fondées*.»

* M. Lebret repoussa également une proposition de créer un contrôleur au greffe des assurances. (Lettre du 28 septembre.)

---

867. *M. d'Ableiges, intendant à Moulins,*
au Contrôleur général.

21 Août 1705.

Il envoie un projet de répartition de la diminution de 75,000 ᵗᵗ accordée à la généralité, mais se plaint que ce soulagement soit insuffisant pour un pays où la grêle vient de mettre le comble aux ravages causés par la gelée*.

* Réponse en marge : «Je croyois que vous auriez grand sujet d'être content de la diminution de 75,000 ᵗᵗ qu'il a plu au Roi accorder à votre généralité. Il est même bien nouveau de donner des diminutions si considérables dans un temps aussi difficile que celui-ci. Vous ferez en sorte de soulager les plus malheureux le plus équitablement qu'il vous sera possible, S. M. n'ayant pas jugé à propos de faire davantage.» L'intendant renouvela ses demandes le 23 octobre suivant.

Une diminution de 40,000 ᵗᵗ fut accordée à la généralité de Bordeaux; mais M. de la Bourdonnaye écrivit, le 1er septembre, que cette somme n'était pas proportionnée au nombre des localités grêlées, et qu'il fallait l'augmenter de moitié. Réponse en marge : «Il n'est pas possible de proposer au Roi de nouvelles diminutions au delà de celles que S. M. a accordées. Il y a lieu d'espérer que les vins seront enlevés cette année, et que le département se soutiendra.»

Une diminution de 300,000 ᵗᵗ fut accordée à la généralité d'Auvergne, et des semences distribuées dans une partie du pays. (Lettre de M. le Blanc, en date du 7 septembre.)

Dans le département de M. Bégon, une remise sur la taille fut accordée aux élections de la Rochelle, Saintes, Cognac et Saint-Jean-d'Angely; mais, comme l'intendant se plaignait que la capitation (350,000 ᵗᵗ net) fût trop lourde, particulièrement pour la noblesse, et demandait une diminution de 50,000 ᵗᵗ, le contrôleur général répondit : «Il ne doit espérer aucune remise, ni sur la capitation, ni sur l'ustensile. Il seroit d'une dangereuse conséquence de se laisser entamer par des diminutions sur la capitation, qui ne se payeroit plus. La diminution qui vient d'être accordée sur la taille, dans un temps où le Roi a plus besoin que jamais de secours extraordinaires, est sans exemple.» (Lettre de M. Bégon, du 1er octobre, et réponse en marge.)

---

868. *M. Lebret, intendant en Provence,*
au Contrôleur général.

22 Août 1705.

«J'ai reçu la lettre que vous m'avez fait l'honneur de m'écrire le 27 du mois dernier en me renvoyant les propositions qui vous ont été faites pour l'établissement d'un droit de contrôle sur le savon. Celui qui a dressé ces mémoires fonde la nécessité de cet établissement sur les altérations considérables qu'il prétend être faites en la fabrication de cette marchandise, et qui procèdent, dit-il, de ce qu'on ne met que cent dix quintaux d'huile de barilles, etc. dans chaque chaudière, dont on retire cent cinquante quintaux de savon; qu'on met cette marchandise dans des lieux humides, pour en augmenter le poids, et qu'ainsi les étrangers et les sujets du Roi souffrent de la mauvaise qualité des savons, et les manufactures se décrient. Sur ce fondement, on propose d'établir des inspecteurs qui marqueront les savons bons et de recette. On demande 3 deniers par livre pour cette marque, et on offre 450,000 ᵗᵗ au Roi pour jouir de ce droit pendant quinze ans.

«Il paroît nécessaire d'observer qu'il se fabrique de deux sortes de savon, dont l'un est blanc, et l'autre marbré.

«Le savon marbré se fait avec de l'huile et une lessive tirée de la barille et de la bourde, concassées et mêlées avec de la chaux. Cette lessive, mêlée dans l'huile et incorporée par la cuite, forme le savon, dont la couleur marbrée de bleu et de blanc est produite par une très petite quantité de couperose qu'on y jette. Ce savon marbré ne peut absolument souffrir aucune sorte d'altération, et d'ailleurs le fabricant a un intérêt bien sensible de le rendre parfait, puisque, autrement, il seroit obligé de le refondre.

«Le savon blanc se fait avec de l'huile et de la cendre, et celui de Provence a toujours eu beaucoup de réputation en Angleterre et en Hollande, et, s'il s'en est trouvé de mauvaise qualité, il venoit sans doute d'Italie, et cette méprise peut provenir, à ce que croient les fabricants de Marseille, de ce qu'on ne demande plus avec la même exactitude qu'on avoit autrefois, dans les bureaux d'entrée du royaume, des certificats pour justifier que les savons qui y passent ont été fabriqués à Marseille. C'est de cette seule négligence que pourroit provenir la mauvaise réputation de nos savons, supposé qu'elle soit telle que l'auteur du mémoire l'avance : ce qui est fort douteux. En effet, pendant la paix, les Anglois et les Hollandois en ont tiré de très grandes quantités, et l'on en envoie beaucoup aux îles de l'Amérique françoise et espagnole : en sorte que ce commerce mérite d'être protégé, par l'utilité dont il est et les augmentations que la paix lui donnera infailliblement.

«La marque qu'on propose d'établir paroît absolument inutile pour la perfection des fabriques; les fabricants ont d'ailleurs intérêt de faire de bonne marchandise pour en trouver le débit, et pour n'être pas obligés de la refondre. Il est certain que cette marque seroit extrêmement gênante, qu'elle retarderoit et empêcheroit les livraisons, qui se font à toute heure, et le départ des bâtiments, qui, dans l'hiver, doivent profiter de la première conjoncture du temps. Elle produiroit une infinité de contestations entre les vendeurs et les acheteurs sur les savons marqués, qu'on ne pourroit pas refuser.

«L'exécution de la proposition seroit d'ailleurs impossible, parce que le savon, après être sorti des chaudières, est mis en pâte à sécher, puis coupé en pains de vingt-quatre pouces de longueur sur dix pouces en carré, ensuite porté dans des greniers fort secs, et coupé en petits pains de six pouces de longueur sur trois pouces en carré, qui pèsent trois livres, et qu'on met en pile pour leur faire prendre une couleur isabelle : après quoi, on les range en rond les uns sur les autres, afin que le vent y pénètre partout et les sèche bien avant qu'on les encaisse.

«Celui qui marqueroit ces savons devroit marquer chaque petit pain en particulier. Or, chaque cuite étant de cent dix à cent cinquante quintaux, suivant la grandeur des chaudières, il s'ensuit qu'il y a de trois mille six cent trente à quatre mille neuf cent cinquante pains de savon en chaque cuite, qu'il faudroit marquer : ce qui seroit d'un embarras inconcevable, surtout lorsque l'on a cinq ou six cuites qui sèchent tout à la fois, et pour lesquelles il faudroit apposer vingt à trente mille marques dans une seule fabrique, en une semaine, et souvent tout à coup.

«Ainsi, les meilleurs inspecteurs et marqueurs de cette marchandise sont ceux qui l'achètent, ou les emballeurs, qui la connoissent parfaitement. Il est de leur intérêt de ne prendre que de belle marchandise, et, comme le savon défectueux peut aisément être raccommodé en le faisant refondre, il n'est pas nécessaire de prendre pour cette marchandise les mêmes précautions qu'on a prises pour d'autres, comme les draps par exemple, qu'on ne peut pas refaire, quand ils ont été, une fois, mal fabriqués.

«Mais la principale raison pour laquelle il me semble que cette nouvelle imposition doit être rejetée, est qu'elle produiroit une augmentation du prix des savons, dont le débit cesseroit en Provence : d'où il arriveroit que les ouvriers iroient s'établir à Nice, Gênes, Livourne, Naples, Majorque, Alicante et autres lieux où il y a déjà quelques fabriques établies, et où ils travailleront à meilleur marché. On a beaucoup de pareils exemples, et entre autres celui de la manufacture des grenailles de Marseille, où l'on fabriquoit, il y a quelques années, deux cent mille livres de plomb, et dans laquelle on ne fait pas à présent quinze mille livres, depuis l'imposition qui a été établie sur le plomb à giboyer, les ouvriers et l'industrie ayant passé en Catalogne, Roussillon, Gênes et Nice.

«D'anciens négociants de Marseille se ressouviennent encore que la plupart des fabriques de savon d'Italie et d'Espagne doivent leur établissement à un changement qu'on voulut faire, il y a trente ans, dans les fabriques de savon de Provence, qui ne subsista pourtant que pendant quatre années.

«Les Italiens peuvent très commodément faire ce commerce, dont ils ont déjà connoissance; ils ont la facilité de faire venir par la mer les huiles, cendres, bourdes et barilles nécessaires, et celle de débiter leurs savons aux Anglois et aux Hollandois, qui s'y fournissent à présent, parce qu'ils ne peuvent pas venir à Marseille. Ces sortes de manufactures peuvent encore être aisément établies à Majorque : on y recueille beaucoup d'huile, le voisinage d'Alicante et de Carthagène leur fourniroit à très peu de frais la barille et la bourde qui leur seroit nécessaire, et, pour peu qu'on dégoûte les fabricants et les ouvriers, il s'y en établira, comme on voit s'y établir à présent une manufacture de draps sur les débris de celle de la Terrasse, en Languedoc.

«Après toutes ces raisons, qui sont communes pour toutes les fabriques de Provence, on en peut ajouter encore une particulière aux fabriques de Marseille, dont le port est franc, et dont vous voulez augmenter le commerce, au lieu de le gêner par de nouvelles impositions*.»

* Voir, à la date du 26, un mémoire des maire, échevins et députés du commerce de Marseille contre le projet d'imposition; en marge est écrite cette minute de réponse : «Leur mander qu'il est bien vrai qu'on a donné plusieurs mémoires; le Roi n'a pas jugé.»

En marge de l'analyse de la lettre de M. Lebret, et avec la date du 20 avril 1706, M. Desmaretz a écrit : «Cette proposition ne peut être admise. Un nouvel impôt sur le savon ruineroit cette manufacture et causeroit une perte immense à la Provence, qui retomberoit sur le Roi par la suite.»

869. *M. Nicolay, premier président de la Chambre des comptes de Paris, au Contrôleur général.*

(Chambre des comptes de Paris, G⁷ 1760.)

26 Août, 6 Septembre, 8 Octobre 1705.

Conflit avec les trésoriers de France au sujet du dépôt des actes de foi et hommage reçus par eux. Procédure contre deux notaires coupables d'avoir envoyé à la Chambre une sommation ou protestation au nom du bureau des finances de Montauban*.

Conflit d'attributions entre le procureur général et l'avocat général.

* Les mémoires des trésoriers de France du ressort de la Chambre des comptes de Paris sont classés au mois de décembre suivant.

Voir, à la date du 20 mars 1706, un autre dossier relatif à l'information des vie et mœurs des comptables, qui fut réservée exclusivement à la Chambre des comptes, quoique les bureaux des finances reçussent aussi le serment de ces officiers.

870. *M. Desmaretz, directeur des finances, au sieur Thévenin cadet, intéressé aux affaires du Roi.*

28 Août 1705.

«J'apprends que votre compagnie des inspecteurs des matereaux a compris dans la réforme de ses employés le seul sujet qui y étoit à ma recommandation. Comme il est capable de bien travailler, vous trouverez bon, s'il vous plaît, de lui dire de ma part qu'elle le rétablisse et lui donne une des ambulances réservées.»

871. *M. Desmaretz, directeur des finances, à M. de l'Épine.*

28 Août 1705.

«Je vous prie de me faire savoir si on a délivré aux gardes de la forêt de Châteauneuf-en-Thimerais les casaques neuves que j'ai demandées pour eux : M. du Buisson m'a assuré aujourd'hui qu'elles avoient été envoyées sur les lieux. Mandez-moi si la forêt est un peu vive et s'il y a des chevreuils; mandez-moi aussi si, dans la plaine, il y a bien des perdrix.»

872. *M. d'Argenson, lieutenant général de police à Paris,* au Contrôleur général.

2 Septembre 1705.

Il fait quelques observations sur la nouvelle déclaration qui vient de lui être envoyée, concernant les relégués et autres sujets du Roi qui passent à l'étranger sans permission.

«Je prendrai la liberté de vous représenter que, suivant la disposition littérale de cette nouvelle loi, on pourra faire difficulté d'ordonner aucune peine contre ces particuliers désobéissants qui ont quitté le lieu de leur relégation, à moins qu'on ne prouve judiciairement qu'ils sont en effet dans les pays étrangers : ce qui est presque toujours impossible. J'ajouterai que les biens de ces opiniâtres déclarés, dont l'arrêt du mois de janvier dernier fait son principal objet, ne se trouvent pas assujettis expressément à la régie portée par ce même arrêt, puisque la nouvelle déclaration ne s'explique à cet égard que par rapport à ceux qui se sont évadés du lieu de leur exil, quoiqu'il enjoigne aux uns et aux autres de revenir incessamment, et qu'il soit également important de les priver de leurs revenus, pour déterminer leur retour, s'il est possible, par la crainte de cette privation . . . . .»

873. *M. Lebret, intendant en Provence,* au Contrôleur général.

2, 6, 20, 23 et 28 Septembre, 2, 5, 11 Octobre, etc. 1705.

Il rend compte des progrès du faux-saunage, ainsi que des opérations des troupes envoyées contre les bandes armées, et propose de submerger les étangs salins des Launes, où ces bandes vont prendre le sel *.

* Sur ce projet, voir une lettre du sieur Guien, receveur au grenier à sel de Martigues, en date du 9 octobre; un devis des travaux, envoyé par M. Lebret, le 12 octobre, et approuvé par le contrôleur général, et d'autres lettres du 22 novembre. M. Lebret donne, le 20 septembre 1706, l'état des frais de submersion.

Vingt-sept faux-sauniers ayant été arrêtés, le contrôleur général donna ordre, au cas où ils seraient condamnés à mort, qu'on en fît exécuter deux désignés par le sort, et qu'on envoyât le reste aux galères. (Lettres de M. de Grignan et de M. Isnard, procureur général en la Cour des aides de Provence, 7 octobre 1705.)

874. *M. Desmaretz, directeur des finances,* à *M. Daguesseau, conseiller au Conseil royal.*

3 et 4 Septembre 1705.

«Voici une lettre et un projet de règlement pour les blanchisseries de Laval, qui m'a été envoyé par M. Chamillart. C'est un fait purement de commerce, et je n'y vois rien qui regarde la finance; ainsi, je crois vous devoir le renvoyer.»

875. *M. de Bouville, intendant à Orléans,* à *M. Desmaretz.*

3 et 4 Septembre 1705.

« . . . . . Je crois vous devoir informer qu'on parle fort d'une création d'une généralité à Chartres, et qu'on m'a demandé mon avis si on y mettroit l'élection de Châteaudun. On y joint plusieurs élections de la généralité d'Alençon, à laquelle on veut donner celles du Mans et de Mayenne. En écrivant hier sur cela à M. d'Armenonville, je lui marquai qu'il me feroit plaisir, en rendant compte de cette affaire à M. de Chamillart, de lui dire que je lui aurois une obligation infinie de donner l'intendance d'Alençon à mon fils; qu'il pourroit donner Orléans à M. le Guerchoys, et me laisser à Chartres, d'où je serois à portée d'aider mon fils toutes les fois qu'il lui conviendroit; et, quand M. de Chamillart jugeroit à propos de me laisser retourner au Conseil, il auroit un nouvel emploi à donner.

«Si on vouloit même me charger des deux généralités, au cas que mon fils fût trouvé trop jeune, je pourrois m'en charger pour une couple d'années et le faire travailler sous moi, comme M. de la Bourdonnaye faisoit à Poitiers sous M. Ribeyre. Je vous prie de vouloir bien avoir quelque attention sur cela, au cas que la création de la généralité se fasse. En ce cas, je redeviendrois intendant de Maillebois.

«Depuis que je n'ai eu l'honneur de vous voir à Villarceaux, j'ai quasi toujours été très incommodé.

«Cette lettre n'étoit pas partie hier, et ma femme vient de me montrer celle que vous lui avez écrite sur la prétendue création de la généralité de Chartres. On ne m'a point demandé mon avis sur cette création, mais seulement si on ôteroit à la généralité d'Orléans, outre l'élection de Chartres, celles de Châteaudun et de Dourdan, mais principalement celle de Châteaudun; car, à l'égard des deux autres, cela paroît résolu. Mon avis a été qu'on n'ôtât point Châteaudun à Orléans, et qu'on lui joignît les élections d'Étampes et de Nemours, pour l'indemniser en quelque manière de Chartres et de Dourdan. Il ne m'importe que cette création soit faite; mais, si elle se fait, il m'importe beaucoup de ne pas demeurer à Orléans. Dans ce moment, il arrive ici un homme, avec une lettre de M. d'Armenonville, qui me demande mon avis, que je lui envoyai hier *.»

* Sur l'analyse de cette pièce sont écrites les observations suivantes, avec notes marginales de la main de M. Desmaretz :

1. Dédommagement des receveurs généraux.
2. Appointements d'un intendant : 18,300#.
3. Vente des charges au denier dix.
On trouve tous les jours des charges de trésoriers de France à acheter au denier dix.
4. Difficulté de vendre douze charges.
5. Remise du traitant.
Discours du sieur de Guignonville au sieur de Beaubourg et à d'autres.
Atteinte au crédit des receveurs généraux.

Se souvenir des propositions qui ont été faites pour l'établissement d'une généralité à Chartres.

Remarquer que cet établissement ne peut être que très onéreux au Roi;

Que, par suite, il fera tomber entièrement la généralité d'Orléans, dont Chartres et les autres élections qu'on en veut distraire pour former la nouvelle généralité, font la meilleure partie et soutiennent les vignobles de la généralité d'Orléans dans les mauvaises années, auxquelles ils ne sont que trop sujets.

876. *M. Turgot, intendant à Tours,*
au Contrôleur général.

5 Septembre 1705.

«J'ai reçu, avec la lettre que vous m'avez fait l'honneur de m'écrire le 30 août, celle du P. Goureau, prêtre de l'Oratoire d'Orléans, contenant des plaintes sur l'inégalité de la taille à Coron, élection de Montreuil, que vous avez eu la bonté de me renvoyer. J'écris sur les lieux pour en faire la vérification, afin que je puisse y pourvoir avec justice au département, bien que la chose me paroisse excessive selon son exposé, puisque l'imposition passe la valeur du lieu. Je dois vous dire que, dans cette élection, la taille égale presque les fermes de chaque métairie, par un ancien usage, parce que, dans chaque métairie, il y a huit ou dix feux qui gagnent assez sur la nourriture des bestiaux pour la payer aussi forte; et c'est un usage particulier de ce pays, qui diminue la surprise qu'on a dans les commencements de cette pratique. J'apporterai mes soins, en faveur de son nom, pour y faire observer la justice.»

877. *M. de Saint-Macary, intendant en Béarn,*
au Contrôleur général.

5 Septembre 1705.

Il demande un pouvoir pour juger les auteurs d'une rébellion qui s'est produite près d'Orthez contre les collecteurs et le baile, chargés de percevoir la taxe des offices des manufactures.

«La rébellion seule est un crime capital; les excès commis sur la personne du baile exécutant les ordres de S. M. ne sont pas moins graves, et d'ailleurs l'exemple seroit funeste, s'il demeuroit impuni. S'il ne s'agissoit que de les condamner en des amendes, je ne prendrois pas la liberté de vous importuner; mais, comme la matière est grave et peut conduire les juges à punir ces prévenus d'une peine afflictive, je dois chercher un tribunal compétent pour connoître de ce délit, et je ne puis le trouver que dans la source des juridictions. Je sais que, dans cette illustre source, on n'y trouve que grâce et beaucoup d'amour pour les peuples; mais aussi la rébellion et le mauvais exemple n'y sont pas autorisés*.....»

* Réponse en marge : «Bon. Le commettre, et pouvoir de subdéléguer pour instruire, et jugér en dernier ressort avec des gradués.»

878. *M. J. Luillier, curé de l'église Saint-Louis, à Paris,*
au Contrôleur général.

5 Septembre et 5 Octobre 1705.

Il demande l'autorisation d'ouvrir une loterie de 600,000 ᵗᵗ pour la réparation et l'entretien de son église*.

* Voir de pareilles demandes : au 25 juin précédent, pour les curé et marguilliers de Saint-Sulpice; au 7 juillet, pour l'église Saint-Sauveur (loterie de 500,000 ᵗᵗ, à 10 p. 0/0); au 17 août, pour les Augustins déchaussés des Petits-Pères, dont la demande est présentée par Mme la duchesse de Duras; aux 28 août et 23 décembre, deux lettres de la supérieure du monastère de Poissy; au 29 août, une lettre des Bénédictines du Chasse-Midi (loterie de 400,000 ᵗᵗ, à 12 p. 0/0); au 2 septembre, une demande de loterie pour le service des eaux de Paris (500,000 ᵗᵗ); au 30 septembre, une demande du curé de l'église Saint-Nicolas-du-Chardonnet; au 24 novembre, deux lettres des abbesses de Port-Royal et de Saint-Antoine; au 13 janvier 1708, une lettre de M. de Fourqueux, procureur général en la Chambre des comptes de Paris, sur une loterie destinée à l'achèvement de l'église Saint-Sulpice, etc.

879. *M. du Pont, commandant à Pampelune,*
au Contrôleur général.

12 Septembre 1705.

Il explique les rapports commerciaux qui existent entre la foire de Bayonne et celle de Pampelune, et demande que la France accorde la franchise temporaire aux Espagnols, comme ceux-ci l'accordent déjà aux Français. Il rend compte en même temps des persécutions exercées contre les porte-balles français, dans la Navarre espagnole, à l'instigation des colporteurs ou des commerçants de ce pays*.

* L'exemption des droits qui se percevaient au nom du Roi fut proposée par M. de la Bourdonnaye, intendant, à la date du 26 décembre; mais on renonça à rien réformer, de peur que M. le duc de Gramont ne réclamât une indemnité pour la moitié des droits de la coutume de Bayonne qui lui appartenait.

880. *M. de Courson, intendant à Rouen,*
au Contrôleur général.

14 Septembre 1705.

«Le sieur Heuzey, dont j'ai l'honneur de vous renvoyer le placet, est très riche; il passe pour jouir de plus de 200,000 ᵗᵗ de bien, et a même, depuis peu, acheté de grosses terres. Ainsi, il ne doit pas se plaindre d'être taxé au rôle de la noblesse à 200 ᵗᵗ. Avant qu'il eût pris des lettres de noblesse, il vendoit des moutons; il a continué depuis ce commerce en détail : ce qui a obligé les collecteurs d'Ivry-le-Temple de le mettre à la taille. Il vous présenta un placet, prétendant être troublé dans ses privilèges par son imposition à la taille; vous me fîtes l'honneur de me le renvoyer au mois de février dernier, et j'eus l'honneur de vous mander, dès ce temps-là, que ce qu'il appeloit *commerce en gros* étoit d'aller acheter quelques moutons dans un marché, qu'il vendoit en détail à des bouchers dans un autre. Apparemment que vous ne jugeâtes pas qu'il fût dans le cas de l'exemption de la taille, et c'est pour cela qu'il est resté compris dans le rôle. Il n'est pas extraordinaire qu'étant compris dans le rôle de la taille, il paye la capitation dans la paroisse où il est imposé, ayant trouvé une règle établie dans ce pays-ci que la capitation suit toujours la taille, de sorte qu'un paysan qui est imposé en deux paroisses différentes paye deux capitations différentes, et qu'un gentilhomme qui fait valoir plus qu'il ne peut faire valoir paye la capitation au rôle de la noblesse, comme gentilhomme, et dans la paroisse où il fait valoir, à proportion de ce qu'il y paye de taille*.»

* Le 27 novembre 1706, il écrit cette autre lettre : «J'ai l'honneur de vous renvoyer la requête du sieur Heuzey. Ce qui m'a obligé de le taxer encore d'office cette année, est qu'il a été vérifié qu'il avoit fait encore l'année passée le même commerce de moutons. Il est vrai qu'il n'a point paru en vendre quelque temps avant le département, quoiqu'on prétende qu'il ait toujours continué sous un autre nom et qu'il n'attend que d'être déchargé de sa taxe pour prendre le même commerce. Il y a, outre cela, une autre raison pour l'imposer à la taille : par son commerce, il a dérogé; par conséquent il est devenu taillable jusqu'à ce qu'il se soit fait réhabiliter. D'ailleurs, c'est un mauvais sujet, qui a ruiné ce pays-là par ses usures.» Réponse en marge de la main de M. Desmaretz : «Écrire à M. de Courson qu'il doit jouir de l'exemption, à moins qu'il n'y ait des preuves qu'il continue un commerce dérogeant. Qu'il le reçoive opposant et le décharge.»

881. *M. Desmaretz, directeur des finances, au comte de Gramont.*

17 Septembre 1705.

«Je ne suis pas surpris que vous soyez indigné de tous les manèges de M. de Bourvallais; mais je ne puis trop louer votre générosité, qui sans doute l'aura fort surpris. M. Chamillart m'a fait dire par M. le Rebours que nous traiterions cette affaire aussitôt qu'on seroit arrivé à Fontainebleau. Vous n'en attendrez pas longtemps la décision. Telle qu'elle puisse être, je me flatte que vous serez content de mon attention, et que vous ne douterez jamais qu'on ne peut être plus véritablement que je suis, etc.»

882. *M. de Harouys, intendant en Champagne, au Contrôleur général.*

17 Septembre et 24 Novembre 1705.

La province est inondée des pièces de 10 sols qui se fabriquent à Strasbourg et que les troupes ou les billonneurs introduisent en grande quantité, quoique leur bas aloi ne permette pas de les mettre en circulation hors de l'Alsace, ni de les verser dans les caisses des receveurs. Il est urgent de rendre un arrêt spécifiant les provinces où elles doivent seulement avoir cours, leur valeur étant inférieure d'un neuvième à celle des pièces qui viennent des autres Monnaies. Mais, comme les paysans n'ont plus que cette sorte de monnaie pour payer les collecteurs, il faudrait leur accorder un temps de répit, pendant lequel les pièces seraient encore acceptées aux recettes, d'où le commis de l'extraordinaire des guerres les ferait repasser en Alsace*.

* En marge de la lettre du 24 novembre, le contrôleur général a écrit : «Un arrêt qui défende le commerce des pièces de 10 sols fabrique de Metz ou d'Alsace dans toute l'étendue de la Champagne, même de la partie qui est du département de M. de Saint-Contest. Ordonner qu'elles n'auront cours que dans l'Alsace et les Évêchés, pays de la Sarre et Moselle.» A la lettre est joint ce billet de M. Desmaretz à M. le Cousturier : «Je vous envoie une lettre de M. d'Harouys, sur laquelle vous expédierez un arrêt conforme à l'apostille de M. Chamillart. Vous ferez aussi ce qui est nécessaire pour exécuter le mien.»

Les années suivantes, l'intendant écrivit plusieurs lettres sur la nécessité de laisser le cours à ces pièces de 10 sols dans la principauté de Sedan, dans la ville de Vaucouleurs, dans les prévôtés de Stenay, Dun et Jamets, dans l'élection de Joinville, etc. (Lettres des 15 mai, 15 novembre et 9 décembre 1706, et 8 février 1707.)

Le 31 juillet 1705, M. Desmaretz écrivait au sieur Nicolas qu'il n'était pas possible d'étendre aux pièces de 10 sols les mêmes restrictions qu'à celles de 4 sols, et que les particuliers ne pouvaient jamais les refuser en payement, quelle qu'en fût la quantité.

Le 30 mai précédent, le contrôleur général avisait M. de Saint-Contest, intendant à Metz, qu'il n'y avait pas lieu de faire des arrangements avec le duc de Lorraine pour que ces pièces eussent cours dans ses États, puisqu'elles y étaient acceptées volontairement pour 9 s. 6 d., de même que pour 8 sols dans le pays de Luxembourg. Voir aussi deux autres lettres à M. de Saint-Contest, en date du 14 avril, et à M. de Bergeyck, en date du 28 mai, et une réponse de M. de Saint-Contest, en date du 16 mai.

883. *M. Roujault, intendant en Berry, au Contrôleur général.*

18 Septembre 1705.

«Les marchands et fabricants de cette province sont du nombre de ceux qui se sont soumis de payer les sommes pour lesquelles ils ont été compris dans l'état de répartition de la somme de 1,200,000 # à quoi S. M. s'est fixée pour le rachat des offices d'inspecteurs des manufactures, conformément à la déclaration du 30 décembre 1704, sans qu'ils aient établi la levée des droits qui leur sont réservés par la déclaration. Non seulement ils approuvent, mais ils demandent, comme ceux qui sont dans leur cas, qu'il soit expédié un arrêt, tel qu'il est proposé, pour les décharger de payer les droits qui se lèvent dans les autres provinces pour les étoffes et toiles qui auront été fabriquées en Berry et qui seront portées ailleurs pour y être vendues; et ils emploient, pour l'obtenir, les mêmes motifs exprimés dans le mémoire. J'y ajouterai que, tout le commerce de ce pays consistant dans le débit de quelques étoffes qui s'y fabriquent, et la pauvreté du pays ne permettant pas qu'il s'y fasse de consommation, on n'y transporte du dehors que très peu de marchandises : en sorte que, si on ne déchargeoit les marchandises fabriquées en Berry du droit réservé par la déclaration, en quelque lieu qu'elles soient portées pour être vendues, les marchands de cette province souffriroient plus que tous les autres de leur abonnement, qui ne leur auroit produit que l'extinction du droit pour le plomb de *fabrique*, demeurant assujettis pour toujours au second droit pour le plomb de *vu*. C'est l'intérêt des marchands et fabricants de Berry, qui peut néanmoins être combattu par ceux qui, commerçant davantage au dehors, diront qu'ils ont été compris dans les 1,200,000 # d'abonnement, non seulement à proportion de leur fabrique, mais de leur commerce. Comme il est certain que ce n'est qu'à la fabrique que l'on s'est attaché pour faire la répartition, ce moyen cessant de la part de ces marchands, l'arrêt qui est proposé paroît une justice et ne pouvoir être refusé aux marchands de Berry et à ceux qui sont dans le même cas*.»

* M. Trudaine, intendant à Lyon, écrit, le 6 août 1705, que les marchands et les fabricants de sa généralité n'ont pas jugé à propos de percevoir les droits dont il leur était permis de consacrer le produit au remboursement des offices d'inspecteurs et contrôleurs des manufactures, et se plaignent que, n'ayant pas levé ces droits, leurs étoffes et leurs toiles soient assujetties cependant à la marque et aux droits dès qu'elles entrent en Bourgogne. Il propose que chacune des provinces qui se trouvent dans le même cas et veulent lever les droits puisse commettre des personnes pour aller apposer la marque et percevoir la taxe dans les manufactures mêmes, avec défense de saisir les marchandises au dehors.

884. *M.* D'ARGENSON, *lieutenant général de police à Paris*, AU CONTRÔLEUR GÉNÉRAL.

24 Septembre 1705.

«J'ai eu l'honneur de vous dire, en vous rendant compte de la proposition du nommé Caignet, marchand ruiné, touchant la construction d'une nouvelle halle aux draps, que, parmi les visions ridicules ou dangereuses de ce donneur d'avis, il n'y en a point qui soit plus odieuse, ni moins praticable que celle-là. Il en coûteroit des sommes immenses pour construire une halle beaucoup moins belle que la nôtre, et il faudroit charger les marchandises du montant de cette dépense, sans qu'il en revînt aucune utilité pour le Roi. Les gardes du corps des drapiers prétendroient même, avec justice, un dédommagement des grandes sommes que leur a coûté l'entretien de la halle aux draps, et les propriétaires ou engagistes des maisons, boutiques ou échoppes domaniales qui lui sont adossées auroient lieu de demander au Roi une indemnité proportionnée au grand préjudice que cette nouveauté leur causeroit. Quel dérangement ne seroit-ce point dans le commerce et parmi les négociants de la ville et du dehors! Pourquoi transporter à grands frais dans une des extrémités de Paris un édifice qui se trouve placé dans le centre, avec autant de magnificence que de commodité? Je pense donc que l'intérêt public et celui du Roi, la convenance générale des marchands, des bourgeois et des forains, les règles de la bonne finance et le sens commun concourent également à faire rejeter cette vision, qui n'est pas moins impertinente que défavorable*.»

* Voir la lettre écrite par M. Desmaretz, en envoyant les mémoires et les plans, le 27 août. L'endroit désigné par l'auteur de la proposition était une place vide du quartier de Ville-Neuve, derrière le mur des Filles-Dieu, mise en adjudication au prix de 30 ᵗᵗ la toise.

Un plan de l'ancienne halle, située entre les rues de la Poterie, de la Tonnellerie, de la Petite-Friperie et de la Lingerie, est joint à la lettre de M. d'Argenson.

885. *M.* DE MONTAGNY, *trésorier de France à Paris*, AU CONTRÔLEUR GÉNÉRAL.

26 Septembre 1705.

Rapport sur une proposition relative à l'entretien du pavé de Paris.

886. *M.* D'ANGERVILLIERS, *intendant en Dauphiné*, AU CONTRÔLEUR GÉNÉRAL.

29 Septembre 1705.

Il indique les mesures prises au passage du Pont-de-Beauvoisin pour empêcher l'introduction des marchandises prohibées.

«Il y auroit un moyen sûr d'empêcher ces sortes de versements dans le royaume, et qui m'a été proposé par le sieur Blaisot, intéressé et directeur dans les fermes de Savoie : ce seroit de défendre, dans ce pays, l'entrée des mêmes marchandises qui sont prohibées en France, au moyen de quoi le sieur Blaisot, au nom de sa compagnie, promet de faire garder tous les passages, et ne demande pour toute rétribution que la confiscation des marchandises qui entreront en fraude dans la Savoie. Il est certain que, s'il n'en entre point en Savoie, il n'en entrera point en France de ce côté-là. A l'égard du faux sel, il est très difficile, pour ne pas dire impossible, d'en empêcher le versement dans le royaume du côté de la Savoie : ce qui coûte 45 ᵗᵗ en France, ne revient qu'à 18 ᵗᵗ en Savoie; il n'y a que l'attention du directeur et le nombre de gardes qui puissent diminuer les désordres qui se commettent là-dessus publiquement. Je ne dois pas omettre de vous dire que les commis assurent qu'ils ne connoissent aucun de ceux dont il est fait mention dans le procès-verbal en question, et qu'ils disent seulement en général que ce sont des gens de Lyon, dont la plupart ont été repris de justice*.»

* Voir plusieurs lettres de l'intendant sur l'introduction en fraude du sel des salins de Provence, aux dates des 9 et 24 octobre 1705, et du 4 septembre 1706; du marquis de Chabrillan, lieutenant général en Dauphiné, des 4 et 28 novembre 1705, et du 20 août 1706; de M. de Ventavon, lieutenant de Roi à Gap, du 9 août 1706 et du 22 novembre 1707.

887. *Les Prévôt des marchands et Échevins de Lyon* AU CONTRÔLEUR GÉNÉRAL.

29 Septembre 1705.

Ils demandent à faire une loterie de 500,000 ᵗᵗ, plutôt qu'une imposition, pour pourvoir à la reconstruction de la loge du Change.

888. *M.* DE SAINT-MACARY, *subdélégué général en Béarn*, AU CONTRÔLEUR GÉNÉRAL.

29 Septembre et 3 Octobre 1705.

L'indemnité du tailluquet des États de Navarre ne montant qu'à 670 ᵗᵗ et se trouvant à partager entre le clergé, qui est composé des évêques de Bayonne et de Dax et des prieurs principaux, la noblesse, qui compte quatre-vingts gentilshommes, et les quarante ou cinquante députés du tiers état, les États, pour rémunérer plus convenablement les deux premiers ordres, ont voté que, conformément aux usages du pays de Bigorre, chaque gentilhomme ou ecclésiastique toucherait un écu par jour.

et chaque député du tiers état 40 sols, ces derniers étant d'ailleurs salariés par leurs communautés. De plus, les deux premiers ordres, dont les biens ruraux contribuent à toutes les charges ordinaires et extraordinaires, demandent à assister par députés à la répartition de la finance, qu'ont seuls faite jusqu'ici les membres du tiers état. Celui-ci proteste contre ces innovations, qui ne peuvent, du reste, se réaliser qu'avec l'autorisation du Roi*.

Réclamation des États de Navarre au sujet des deux canonicats du Chapitre royal de Roncevaux et des quatre canonicats du Chapitre de Bayonne qui sont réservés de droit aux Bas-Navarrais.

* Réponse en marge : «Écrire à M. de Saint-Macary pour dire à ceux qui président aux États que, le Roi ayant été informé de la délibération qui a été prise pour augmenter le tailluquet, S. M. a été bien aise d'être instruite des motifs qu'ils ont eus pour augmenter le tailluquet sans en avoir eu auparavant sa permission.» M. de Saint-Macary répondit, le 23 octobre, que les États se croyoient toujours le droit de délibérer sur la police de leurs corps ou sur la rétribution de chacun d'eux, de même qu'ils octroyaient gratuitement et volontairement leurs donations au Roi. L'année suivante, les États demandèrent à porter le tailluquet au chiffre de 2,000 ᵗᵗ; mais leur requête, quoique appuyée par le gouverneur de la province, fut rejetée. (Lettre de M. le duc de Gramont, 8 septembre 1706.)

889. *M. d'Argenson, lieutenant général de police à Paris,* *au Contrôleur général.*

9 et 13 Octobre 1705.

Il envoie ses plaintes au sujet d'une loterie qui se fait sous le patronage de Mme la maréchale de Cœuvres, dans l'enclos de l'abbaye Saint-Germain-des-Prés.

«Elle consiste en linge, en dentelles et en différentes marchandises, que les propriétaires ont estimées comme il leur a plu. Si l'on toléroit ce mauvais usage, tous nos pauvres marchands, qui ne peuvent trouver que dans leur commerce les sommes immenses que la nécessité des temps vous oblige à leur demander, se verroient bientôt réduits à la triste nécessité de fermer leurs boutiques. J'apprends même que des ministres étrangers et des communautés religieuses se proposent de faire des loteries de nippes, d'étoffes et de bijoux de toute espèce, à l'imitation de celle-là, dont le mémoire que j'ai l'honneur de joindre à cette lettre vous expliquera le détail.....

«Je suis véritablement fâché de la colère de Mme la maréchale de Cœuvres; mais je le serois bien davantage, si j'avois manqué à mon devoir en rejetant les justes plaintes de nos marchands, dont les intérêts sont, en cela, communs avec ceux du Roi. Il est vrai qu'elle me fit l'honneur de me parler de sa loterie au commencement de l'été; mais, après lui avoir représenté en plusieurs façons que je ne pouvois la permettre, puisque les règles générales y résistoient, j'ajoutai qu'il ne me falloit pas moins qu'un de vos ordres pour la tolérer, et que je craignois qu'elle n'eût beaucoup de peine à l'obtenir. Je tâchai d'envelopper ma réponse dans les termes les plus polis que je puis imaginer, et je ne puis m'en repentir, quoiqu'il me semble qu'elle m'en ait voulu faire un crime. Je croyois cependant lui en avoir assez dit pour l'obliger de renoncer à sa loterie, ou de recourir à l'autorité supérieure pour en assurer le succès*.....»

* Voir, au 10 septembre 1704, une réclamation contre les loteries qui se faisaient dans l'enclos du Temple, et, au 22 du même mois, une lettre de M. de Saint-Mars sur une loterie organisée dans les maisons de la contrescarpe de la Bastille.

Le P. Chamillart, jésuite, dans une lettre du 30 décembre 1705, appuie une demande de loterie faite par la reine d'Angleterre; le contrôleur général lui répond qu'on n'accordera aucune permission tant que les deux loteries ouvertes au profit du Roi ne seront pas remplies.

M. d'Argenson rend compte, dans deux lettres du 29 novembre et du 2 décembre, d'un procès intenté pour le gros lot de la loterie de l'église Saint-Roch et terminé par la restitution du billet gagnant à son possesseur légitime.

890. *M. Desmaretz, directeur des finances,* *au sieur Valtrin.*

11 Octobre 1705.

«Il a été résolu, depuis un mois, au Conseil des finances, le Roi présent, de n'écouter ni recevoir aucune proposition pour faire des monnoies de billon. Je n'ose pas même me charger de rapporter celle que vous m'avez envoyée; elle seroit d'autant plus rejetée qu'on veut donner à des flans plus légers que les liards une valeur double. Je souhaite des occasions plus favorables de vous donner des marques de ma bonne volonté et de l'envie que j'aurois de vous faire plaisir.»

891. *M. de Bâville, intendant en Languedoc,* *au Contrôleur général.*

11 Octobre 1705.

«Après avoir bien examiné la proposition d'abolir la capitation et de faire payer le dixième des revenus aux particuliers, il m'a paru qu'il seroit très dangereux de se servir de cet expédient, et qu'on ne pourroit pas s'en promettre aucun succès. Il est dangereux, parce que les peuples sont accoutumés à la capitation, et ne le seroient de longtemps à ce dixième, qui sera très difficile à établir. Il faudra des années entières pour vaincre les difficultés : on a besoin d'un secours prompt et facile, et l'on ne doit pas croire que l'on n'ait pas une extrême répugnance à déclarer son bien et à révéler le secret de sa famille. C'est la dernière des extrémités, et si contraire au génie de la nation, qu'il ne peut lui arriver rien de plus insupportable. Ainsi, l'on doit s'attendre à des déclarations qui ne seront point sincères. Comment obliger un marchand, un homme d'affaires, un usurier, à déclarer ce qu'il a d'argent? S'il faut faire sur cela une inquisition pour les condamner au quadruple, elle sera d'une longueur infinie; et vouloir présumer que l'on déclarera de bonne foi et sincèrement ce qu'on possède, c'est présumer que les hommes seront justes et raisonnables dans leur propre intérêt : ce que l'on ne doit pas attendre de la plupart. Mais, sans s'étendre trop au long sur les grands inconvénients qui se trouvent dans cette proposition et qui paroissent d'abord, il ne faut la considérer que par rapport aux biens et aux personnes. Quant aux biens, ou ils sont en fonds, ou en argent. S'ils sont en fonds, les cultures emportent la moitié des fruits; la taille en emporte presque le tiers en pays de taille réelle; sur le surplus, il faut payer les charges extraordinaires, la capitation, et entretenir sa famille. Une infinité de gens sont dans cette espèce. Comment pourront-ils augmenter encore et payer au delà de ce qu'ils payent? Cela est impossible. Il faut bien prendre garde de ne pas raisonner dans cette affaire sur l'idée de Paris, où les biens sont mêlés et où sont établies les personnes les plus riches du royaume. Ceux-là pourroient payer le dixième de leurs revenus sans beaucoup s'incommoder; mais, dans les provinces, où la plupart des habitants vivent de leur domaine, il n'en est pas de même, et la charge est si forte qu'elle ne peut plus recevoir d'augmentation. Dans cette espèce, toute la noblesse se trouve qui n'est pas du premier ordre. Quant à ceux dont le bien est en obligations et en billets, qui sont les plus riches du royaume, et dont il seroit plus à souhaiter de tirer du secours, je crois pouvoir dire qu'on ne parviendra jamais à avoir des déclarations sincères, et, chacun expliquant à sa mode les charges de son bien, les besoins de sa famille et la nature de ses dettes, il se trompera lui-même pour donner des déclarations qui ne produiront rien. J'ai parcouru les différentes conditions, et je trouve qu'hors celles des financiers, des marchands et des usuriers, le reste paye déjà, par la capitation, le dixième ou à peu près, et le profit ne vaudroit pas la peine de faire ce grand changement; et il seroit à craindre qu'en quittant un de ces recouvrements et voulant établir l'autre, on ne les perdît tous deux. Cela se peut connoître par une estimation sur toutes les facultés des particuliers, que l'on connoît assez dans les provinces. On trouve, en entrant dans ce détail, que les officiers de justice, que les gentilshommes, que les bourgeois payent déjà, communément parlant, le dixième. A quoi serviroit-il de faire un si grand changement et de causer un déplaisir aussi vif aux familles que celui d'être obligé de révéler leurs facultés, sans en tirer une utilité évidente? Cela seroit bon dans un pays qui ne payeroit ni taille ni capitation.

«Ne voyant donc pas, ni de possibilité pour un prompt secours, ni d'utilité, et beaucoup d'inconvénients, il me semble qu'il n'est pas à propos de s'exposer à tous les mouvements qui pourroient arriver dans la conjoncture présente pour un établissement aussi contraire à l'inclination et au goût de tout le monde, et qui produira dans la plupart tout le chagrin et tout le déplaisir que l'on peut attendre. On a toutes les peines du monde à faire lever la taille et la capitation; il faut souvent y employer les troupes en cette province. Comment peut-on espérer de faire facilement cette nouvelle levée, qui sera encore bien plus désagréable? Sur quoi, il faut observer que l'on perdroit la capitation des artisans, des domestiques, des paysans, de la plupart des marchands, qui n'ont point de revenus fixes, et dont le bien consiste en marchandises; et cette perte seroit peut-être plus grande que le profit qu'on tireroit du dixième des revenus de ceux qui en ont.

«Mais, dira-t-on, si cet expédient n'est pas bon, où peut-on en trouver de meilleurs? Il est très véritable que presque toutes les affaires extraordinaires sont épuisées, ayant été faites et refaites plusieurs fois; toute l'industrie et toute l'application des subalternes ne peuvent les faire réussir, parce que les sources sont taries; et qu'enfin on est parvenu à ce point où l'on ne trouve plus que des frais, qui achèvent de ruiner les particuliers, et qui ne produisent que très peu au Roi; et, si l'on ne souffre pas ces frais qui se tournent souvent en vexations de la part des traitants, aucune de leurs affaires n'avance.

«Cependant il n'est pas moins véritable que, les revenus ordinaires et la capitation ne suffisant pas pour soutenir les charges de l'État, il faut trouver quelque secours extraordinaire proportionné aux besoins présents. On ne peut disconvenir encore qu'il faut le chercher où est l'argent, car toutes les affaires qui n'ont pas cet objet ne produisent que de la peine, et rien d'effectif.

«Il faudroit des lumières plus étendues que les miennes pour trouver ces moyens. En voici un qui a de grands inconvénients, comme en auront toujours ceux que l'on inventera en pareille matière; mais du moins il ne sera pas si à charge, ni si désagréable, que celui du dixième des revenus; on fera payer les riches, et ils n'auront pas le déplaisir de dire le secret de leurs biens. On pourroit établir des rentes au denier douze, quatorze ou quinze, comme on le trouveroit à propos, savoir : en Languedoc, sur le Don gratuit, payables par le trésorier de la province; dans les autres provinces, sur les gabelles ou sur la taille. La déclaration porteroit qu'il en seroit fait une répartition par diocèses et par communautés, pour être acquises par les habitants, savoir : par ceux qui s'offriroient volontairement, au denier douze, et, par ceux qui seroient indiqués aux intendants par les communautés, au denier quinze. Si on a besoin de 30,000,000 ᵗᵗ, il faudroit en établir 100,000 ᵗᵗ en Languedoc chaque année, pendant trois ans, ou 50,000 ᵗᵗ, si on peut se réduire à 15,000,000 ᵗᵗ, parce que le Languedoc ne fait pas le vingtième du royaume depuis les conquêtes du Roi. Ainsi, on pourroit avoir 15,000,000 ᵗᵗ toutes les années pendant trois ans.

«Si ces moyens ne paroissent pas bons, et qu'on veuille s'arrêter au dixième du revenu, l'estimation pourroit être faite des fonds par la dîme qui se paye aux ecclésiastiques, que l'on trouve, en ce pays de taille réelle, communément revenir au tiers de la taille. Quant aux biens qui consistent en argent, il faudroit reprendre l'ancien usage de cette province et commencer par faire partout des compoix qu'on appelle *cabalistes* et *d'industrie*, dans lesquels chacun feroit la déclaration de ce qu'il possède : ce qui seroit toujours peu sincère. L'estimation de ces biens inconnus est très difficile à faire, car on ne peut estimer ce qu'on ne connoît pas.

«S'il me vient encore quelque vue moins mauvaise que celle-ci, j'aurai l'honneur de vous en rendre compte. Je m'estimerois heureux, si je pouvois, par mes soins, contribuer à diminuer la pesanteur du fardeau que la continuation de la guerre et les besoins publics augmentent tous les jours*.»

* En tête de cette pièce est écrit : «Réponse de M. de Bâville sur une lettre écrite par Monseigneur, pour se consulter sur les vues de MM. de Bouville et d'Armenonville en conséquence des conversations qu'ils ont eues avec M. de Boisguilbert.»

892. *M. de la Garde, procureur général au Parlement de Provence,*
au Contrôleur général.

12 Octobre 1705.

Procédure contre le procureur du Roi, substitut du procureur général, et les officiers de la sénéchaussée de Toulon, accusés de malversations dans la distribution du pain des prisonniers*.

* Réponse en marge : «Il n'y a jamais d'inconvénient à faire exécuter les ordonnances; mais il y en a toujours beaucoup à se relâcher des règles. La preuve étant certaine de l'abus qui a été fait de l'argent donné pour le pain des prisonniers, ils ne sauroient ni trop promptement ni trop sévèrement punir ceux qui en ont fait un mauvais usage. La plainte de tous les procureurs généraux est généralement sur les substituts. S. M. n'a pas jugé à propos de donner aucun nouvel ordre sur cela.»

M. de Vauvré, intendant de la marine à Toulon, écrivait, le 11 octobre, que l'usage avait toujours été d'employer le revenant-bon des fonds alloués pour le pain des prisonniers aux menues réparations du Palais ou à des frais de procédure, à des ports de lettres, etc. Mais le contrôleur général répondit en marge qu'il n'avait jamais pu autoriser un abus si contraire aux bonnes règles, et peu connu ailleurs. Le procès fut terminé par l'interdiction du procureur du Roi pour trois mois. (Lettre de M. de la Garde, 3 février 1706.)

893. *M. d'Ormesson, intendant à Soissons,*
au Contrôleur général.

12 Octobre 1705; 13 Janvier et 3 Mars 1706.

Rétablissement du canal de la Fère à Chauny entrepris sous la direction de l'ingénieur Peironet.

894. *M. de Saint-Macary, subdélégué général en Béarn,*
au Contrôleur général.

13 Octobre 1705.

Il propose de mettre en location l'hôtel de la Monnaie de Saint-Palais, pour assurer la conservation du bâtiment.

895. *M. de Saint-Contest, intendant à Metz,*
au Contrôleur général.

13 Octobre 1705 et 19 Avril 1706.

Il n'est pas d'avis que l'entrepreneur de la manufacture d'acier de Metz doive être exempté des droits qui se perçoivent sur le bois au profit de l'hôpital, et rend compte des inconvénients que présente la situation des ateliers au milieu de la ville*.

* Voir deux placets transmis par M. l'évêque de Metz, le 23 septembre 1706, et une lettre du sieur Castan, entrepreneur, du 14 décembre suivant.

896. *M. Desmaretz, directeur des finances,*
au sieur Chairtems.

16 Octobre 1705.

«Je n'ai pu faire réponse plus tôt à votre lettre du 1er octobre. Le vin de Champagne que vous m'avez envoyé l'année dernière, a assez mal réussi : s'il n'étoit pas meilleur cette année, je serois tenté de n'en point prendre. S'il est aussi bon que vous vous flattez, je souhaiterois fort d'avoir quelques quartauts de vin d'Hautvillers, et quelques autres des crus des meilleurs et des plus délicats, jusqu'à quatre quartauts en tout, et deux quartauts de vin de Sillery. Je vous recommande surtout de ne m'en point envoyer, s'il n'est très bon et très délicat.»

897. *M. de Bâville, intendant en Languedoc,*
au Contrôleur général.

16 Octobre 1705.

«J'ai communiqué au sieur [de] Charancé, directeur des fermes du Roi, le mémoire du syndic de Languedoc au sujet des eaux-de-vie; il y a fourni sa réponse, et le syndic y a répliqué. Le syndic se plaint de ce que les commis de Cette n'exécutent pas l'arrêt de la Cour des aides qui a réglé les droits de sortie des eaux-de-vie à 100 sols la barrique composée de cinquante verges, pesant sept quintaux poids de marc, net de futaille. Il est certain qu'on ne l'exécute pas; et, lorsque j'en ai voulu savoir la raison, le sieur de Charancé m'a dit que, depuis que cet arrêt a été rendu, le sieur Martin, intéressé aux fermes du Roi, avoit donné un ordre aux commis pour expédier en la manière qu'ils expédient à présent, en attendant que l'arrêt de la Cour des aides, contre lequel le fermier s'est pourvu, ait été cassé. Les raisons qu'il a pour se pourvoir sont qu'auparavant cet arrêt les eaux-de-vie payoient 15 sols par quintal brut, et que tout ce qui acquitte au poids, à la réserve des soies, des épiceries et drogueries, doit acquitter brut; mais, parce que la Cour des aides a reconnu que la taxe des eaux-de-vie avoit été faite diversement sur les tarifs des différents bureaux de cette province, par les intéressés aux fermes ou par leurs commis, elle a suivi une règle plus certaine en suivant l'arrêt du Conseil du 8 novembre 1687, qui règle les droits des eaux-de-vie à 100 sols la barrique. Cet arrêt est rendu pour les droits forains de Languedoc, sur la propre requête du fermier, et par conséquent il ne paroît pas, tant que l'arrêt du Conseil subsistera, que l'arrêt de la Cour des aides puisse être cassé. C'est, en tout cas, au fermier à le faire casser, et à l'exécuter jusqu'à ce qu'il l'ait été. Cependant il résulte des acquits des commis que, sous prétexte d'expédier les eaux-de-vie au poids net, ils font une fausse réduction du poids brut au poids net, et ils ont exigé un droit sur la futaille, comme si on devoit un droit pour la marchandise qui a acquitté net et un autre droit pour ce qui lui sert d'emballage. C'est ce qui ne se pratique pas, et moins encore à l'égard des futailles qui renferment une liqueur qui doit acquitter à la mesure, et non au poids. C'est pourquoi la Cour des aides auroit beaucoup mieux fait, si elle s'étoit contentée de dire dans son arrêt que les eaux-de-vie seront vergées, et que chaque barrique, composée de cinquante verges, payera 100 sols, sans y ajouter, comme elle a fait, que le tonneau de cinquante verges est de sept quintaux, poids de marc net. Cet éclaircissement étoit inutile, si l'eau-de-vie doit acquitter à la barrique, et non pas au poids, ainsi qu'il est porté par l'arrêt du Conseil de 1687 et ainsi qu'il se pratique à Bordeaux et dans les bureaux des cinq grosses fermes. Dans le fond, il faudroit, pour ne faire tort à personne, procéder à l'estimation des eaux-de-vie et en régler les droits suivant cette estimation; et on trouvera alors que la barrique de cinquante verges payera moins de 100 sols. Ce sont donc les deux partis qu'il y auroit à prendre pour finir cette affaire : le premier, d'exécuter l'arrêt de la Cour des aides jusqu'à ce qu'il ait été procédé à un nouveau tarif; le second, de régler dès à présent les droits des eaux-de-vie sur l'estimation qui en seroit faite. Mais, quelque parti qu'on prenne, il semble que ce qui a été exigé au delà de l'arrêt de la Cour des aides doit être restitué, cet arrêt ayant été la seule règle qu'on a dû suivre jusques à présent*.»

* Au dos, de la main de M. Desmaretz : «L'ancienne évaluation suivie; le droit payé à la jauge, sans la barrique. Restitution.»

---

898. *M. de Bâville, intendant en Languedoc,*
au Contrôleur général.

20 Octobre 1705.

Il transmet une lettre des marchands de Toulouse au sujet de la capitulation de la ville de Benasque, en Aragon, principal dépôt des laines d'Espagne qui servent à leurs fabrications*.

* En marge est cette réponse : «J'ai déjà reçu plusieurs lettres à l'occasion de la prise de Benasque; la capitulation n'a été signée qu'à condition que l'on ne feroit point tort aux effets qui appartenoient aux François. Celui qui étoit chargé, de la part de l'Archiduc, du commandement des révoltés qui l'ont fait rendre, n'a pas voulu accepter cette condition; mais il s'est seulement chargé d'en rendre compte à son maître. M. le duc de Berwick doit être présentement arrivé devant Nice; pourvu qu'il ne soit pas troublé par la flotte ennemie, quoiqu'il n'ait pas beaucoup de troupes et d'officiers, j'espère qu'il s'en rendra le maître par une nombreuse artillerie que la marine fournit. L'accommodement de Jonquet raffermira la tranquillité parmi les Camisards, qui a bien pu être ébranlée par ce qui s'est passé depuis quelque temps.»

Voir, au 31 décembre suivant, une lettre de M. de Saint-Macary, subdélégué général en Béarn, sur le commerce du Languedoc et des des Quatre-Vallées avec les Castilles et la Haute-Navarre par Benasque, Saint-Béat et Oloron.

---

899. *M. de Grignan, lieutenant général en Provence,*
au Contrôleur général.

22 Octobre 1705.

«Il y a trois ans que, la place de syndic des communautés de Provence étant devenue vacante, l'assemblée de cette province étoit prête à la remplir en nommant le sieur Ganteaume, avocat, qui étoit actuellement assesseur d'Aix, procureur du pays. On ne procéda pourtant pas à cette élection, parce que M. l'archevêque d'Aix me pria de la renvoyer à l'année suivante, me témoignant qu'il lui falloit ce temps-là pour revenir de quelque petit sujet de mécontentement qu'il croyoit avoir contre cet assesseur, et assurant, par l'entremise de M. Lebret, qui en porta la parole, qu'on le trouveroit l'année d'après dans les dispositions qu'on pouvoit souhaiter pour le sieur Ganteaume. Il y a eu dans la suite quelques motifs de différer encore; mais ledit sieur Ganteaume a toujours été et dû être regardé comme le désigné syndic. Aujourd'hui, dans la visite que M. l'archevêque d'Aix m'a faite en arrivant de Paris, il m'a dit qu'il devoit y avoir un ordre du Roi pour mettre dans la place de syndic le sieur de Champourcin, qui est présentement dernier consul d'Aix, et, quoiqu'il y ait encore lieu de croire qu'un pareil ordre n'aura pas été expédié, je dois, à tout événement, prendre la liberté de vous représenter que le Roi a toujours eu la bonté de laisser à l'assemblée de Provence la liberté de choisir ceux qui doivent remplir les places telles que celle dont il s'agit. C'est l'assemblée qui nomme les procureurs du pays joints pour le clergé et pour la noblesse, et, étant même arrivé une fois qu'un gentilhomme de cette province fut nommé par un brevet de S. M., elle voulut bien le révoquer. Il y a bien plus de raison encore d'accorder cette liberté de choix aux communautés quand il est question de leur syndic. Ce syndic, qui, dans tout le cours de l'année, doit être le conseil ordinaire des communautés, doit aussi être choisi parmi les avocats les plus habiles et les plus accoutumés aux affaires, ainsi que l'étoit le sieur Gaillard, dernier syndic, le sieur de Cormis, son prédécesseur, et autres; au lieu que le sieur de Champourcin n'est pas dans le cours des affaires, n'est point avocat, quoiqu'il ait peut-être pris autrefois le grade de docteur, et est bien plutôt homme d'épée que de robe, portant actuellement l'épée. Il est d'ailleurs fort honnête homme, et je pense qu'après un peu de réflexion, il ne voudroit pas enlever au corps des avocats une place qui leur appartient, ni s'exposer à ne pouvoir y bien remplir ses devoirs, ni peut-être aussi former des obstacles dans une affaire réglée, et dans laquelle il pourra savoir les justes engagements que j'ai pris suivant les désirs de M. le duc de Vendôme, ni enfin faire perdre à la province, pendant qu'il est un des procureurs du pays, une liberté de choix dont elle a toujours joui par les ordres mêmes de S. M.*.»

* Réponse en marge : «Je suis bien persuadé que le Roi laissera au choix de la province celui qu'elle croira qui convient le mieux pour remplir la place de syndic, et je ne prends d'autre intérêt que celui de désirer un sujet plein de mérite et capable de bien remplir cette place.»

---

900. *M. Dalon, premier président du Parlement*
de Bordeaux,
au Contrôleur général.

24 Octobre 1705.

Dix ballots de toiles peintes à destination de l'étranger ont été arrêtés à la frontière et doivent être brûlés, conformément aux termes des édits et des déclarations du Roi; mais cette exécution entraînerait la ruine du marchand qui a fait l'envoi : il suffirait peut-être de faire détruire un seul ballot, pour l'exemple, et de laisser transporter le reste en Espagne*.

* Réponse en marge : «Il y a si longtemps que les marchands sont

avertis de ne plus faire commerce en France des toiles peintes et que les peines de brûler ces marchandises sont établies, qu'ils ne sont pas en droit ni de s'en plaindre, ni de réclamer. Vous savez le préjudice que les toiles peintes font aux manufactures; c'est une raison trop essentielle pour ne le pas emporter sur les égards qu'il y pourroit avoir à ménager quelques particuliers.» Une moitié des toiles fut brûlée, et l'autre vendue 2,500 ᵗᵗ à charge d'exporter; voir la lettre et le procès-verbal de M. de Baritault, avocat général en la Cour des aides, président-juge des fermes au département de Bordeaux, en date du 26 décembre 1705, et une lettre de M. de la Bourdonnaye, intendant, en date du 26 janvier 1706. Une partie de l'argent fut distribuée au dénonciateur, aux commis et au directeur des fermes.

901. *M. de Brilhac, premier président du Parlement de Bretagne,*
au Contrôleur général.

24 Octobre 1705.

«Le syndic des procureurs du Parlement m'a remis entre les mains un billet qu'il avoit reçu par la poste, et dont l'enveloppe marquoit qu'il venoit de Toulouse. Ce billet, rempli d'insolences les plus atroces, excitoit les peuples à une révolte ouverte. Comme la chose m'a paru de conséquence, j'ai donné ordre au directeur de la poste de retenir toutes les lettres qui pourroient être suspectes, afin de tâcher de découvrir les auteurs d'une pareille insolence. J'aurai l'honneur de vous rendre compte de ce que j'apprendrai*.»

* Réponse en marge : «Il ne faut pas douter que ce ne soit l'abbé de la Bourlie qui ait fait répandre ces libelles. Il n'est pas possible d'y apporter aucun remède. Plus ils sont outrés, et moins ils font d'impression.»

902. *M. Desmaretz, directeur des finances,*
à M. d'Argenson, lieutenant général de police à Paris.

31 Octobre 1705.

«Je vous envoie un nouveau mémoire qui a été présenté sous le nom des syndics et communauté des maîtres tonneliers de Paris contre la communauté des rouleurs de vin. Je ne sais si je vous ai fait observer, par ma première lettre, que tous ces mémoires et propositions sont donnés par un nommé Caillois, qui se dit procureur général de sa communauté. Le caractère étourdi et insolent de ce Caillois devroit avoir déjà fait prendre la résolution de le mettre en prison, et cela lui auroit épargné quantité de démarches qu'il a faites avec beaucoup de témérité. Je vous prie de prendre la peine d'examiner s'il est avoué de sa communauté, et, en ce cas, les sûretés que les tonneliers prétendent donner pour l'exécution de la proposition qu'ils font, et de me faire savoir si vous estimez qu'il y ait lieu de l'écouter dans la situation où se trouve l'affaire. Il y a bien de l'apparence que Caillois n'est point autorisé dans ses propositions par sa communauté; on me l'a assuré, et ce qui me confirme dans cette pensée, c'est le règlement que M. le prévôt des marchands a fait, le 1ᵉʳ de ce mois, pour régler les fonctions de ces deux communautés, que les rouleurs m'ont fait remettre à Fontainebleau, et que je vous envoie avec le nouveau mémoire des tonneliers*.»

* Le 11 novembre, M. d'Argenson demanda à faire mettre au For-l'Évêque, pour quelques mois, ce tonnelier, qui, sous prétexte d'obtenir le remboursement des offices de rouleurs, excitait ses camarades à faire des emprunts et les ruinait en frais de repas ou d'instances. «Cet homme, disait-il, a trouvé une compagnie de traitants qui voudroient déposséder les titulaires de ces charges sous le nom des tonneliers qui en faisoient autrefois les fonctions; mais, quoique ces traitants affectent de faire entendre qu'ils réuniront à la communauté des tonneliers soixante de ces charges, les conditions impossibles qu'ils exigent de ces pauvres artisans (qui, tous ensemble, n'ont pas 2,000 écus de bien) font assez connoître qu'ils ne songent qu'à déposséder les officiers rouleurs et à se mettre en leur place.»

903. *M. Lebret, premier président du Parlement de Provence,*
au Contrôleur général.

2 Novembre 1705.

«A mon retour de Paris, j'ai trouvé à Aix la lettre que vous m'avez fait l'honneur de m'écrire le 25 septembre dernier, avec le mémoire que je prends la liberté de vous renvoyer. Vous saurez quel est l'accablement des communautés de cette province et les efforts qu'elles sont obligées de faire pour satisfaire tant au million pour lequel elles ont abonné depuis sept ou huit mois quelques affaires extraordinaires, qu'au payement d'un grand nombre d'autres qui n'y sont point comprises. Après cela, j'aurai l'honneur de vous dire que rien ne seroit si inutile en Provence que la création qui est proposée par ce mémoire de divers commissaires à la vérification des rôles, car vous savez sans doute que la taille et les autres impositions de Provence sont purement réelles, que tous les fonds sont encadastrés, et que les feux dont ils sont composés sont certains, immuables, et au nombre d'environ trois mille : ce qui fait qu'aussitôt que l'assemblée générale des communautés a fixé la somme à laquelle les tailles et autres charges et impositions de la province doivent être portées, chacune des communautés qui la composent sait ce qu'elle doit porter en son particulier de cette imposition générale, et en même temps les particuliers qui y possèdent des biens-fonds, ce qu'ils doivent supporter de cette imposition particulière eu égard à leur allivrement : ce qui fait connoître bien clairement qu'on ne fait des rôles qu'afin que le collecteur qui est chargé de l'exaction sache ce qu'il doit exiger de chacun des taillables, et que, comme il seroit impossible de leur faire payer un sol plus qu'ils ne doivent suivant leur allivrement, qu'ils ne le connussent d'abord et qu'on ne leur en fît justice, les commissaires qu'on propose de créer à la vérification des rôles ne seroient d'aucun secours, ni d'aucune utilité au service du Roi et au bien public : à quoi il faut ajouter que les impositions et autres charges sont déjà si fortes et approchent tellement de ce que produisent les fonds roturiers, que je suis extrêmement étonné qu'on se donne le soin et la peine de les cultiver*.»

* En marge de la proposition, le contrôleur général a écrit : «Cette proposition ne peut être d'aucune utilité en Provence et n'a aucun prétexte.»

904. *M. de la Garde, procureur général au Parlement de Provence,*
au Contrôleur général.

2 Novembre 1705.

« Il y a quelques jours qu'ayant été obligé d'aller à Brignoles pour une procédure criminelle et ayant fait la visite des prisons, j'ai été surpris de voir que les hommes et les femmes y étoient enfermés dans un même lieu et dans une même chambre, sans qu'il y eût aucune séparation entre eux, et que les prisonniers détenus pour crimes n'y entendoient point la messe les fêtes et les dimanches, non plus que les soldats que les officiers des troupes y faisoient mettre pour désertion ou autrement, parce qu'il n'y a aucune chapelle dans lesdites prisons. Après avoir fort blâmé les officiers de justice du siège de Brignoles de ce qu'ils ont souffert jusques à présent un pareil désordre, et de ne m'en avoir pas averti, s'ils ne pouvoient eux-mêmes y remédier, j'ai cru qu'il étoit de mes obligations de faire faire un devis ou mémoire de ce qu'il en pourroit coûter au Roi pour éviter à l'avenir les inconvénients que des choses si contraires aux bonnes mœurs et à la religion pourroient produire, et je prends la liberté de vous l'envoyer ci-joint, afin que vous ayez agréable de m'ordonner ce que vous trouverez bon là-dessus. J'en ai parlé même à M. Lebret, intendant de cette province, qui a trouvé à propos que j'eusse l'honneur de vous en écrire. Cette dépense ne montera qu'environ 223 #, parce que j'ai ordonné qu'on ne fît le devis que pour les frais qui seroient d'une nécessité absolue; et, quoique je ne manque pas de zèle pour ménager les intérêts de S. M. en toute occasion, pour ce qui concerne mon ministère, et surtout dans le temps présent, je ne puis m'empêcher de vous proposer cette petite dépense, étant persuadé que vous avez trop de zèle pour la religion et pour la justice, pour ne pas l'approuver. »

---

905. *M. des Arènes, commandant à Saint-Sébastien,*
au Contrôleur général.

3 Novembre 1705.

Le roi d'Espagne ayant donné permission aux corsaires biscayens de courir sus aux bâtiments hollandais munis de passeports français, plusieurs prises ont déjà été adjugées et partagées entre les équipages qui les avaient faites; mais un ordre de restitution récemment venu à Saint-Sébastien y excite une émotion qui semble prouver qu'il serait prudent de le faire révoquer*.

* Cette restitution avait été demandée au roi d'Espagne sur la plainte des marchands français; voir les lettres de M. Dalon, premier président du Parlement de Bordeaux, du maréchal de Montrevel, commandant de la province, et de M. de la Bourdonnaye, intendant, en date des 15 septembre, 10 octobre et 5 décembre. Le contrôleur général répond en marge de la lettre du 3 novembre : « Il ne seroit pas juste, dans le temps que le Roi fait des dépenses immenses pour maintenir le roi son petit-fils sur son trône, de lui ôter les moyens de pouvoir faire enlever les vins et eaux-de-vie de France : ce qui ne se peut faire que par les passeports que l'on donne aux Hollandois. Les Biscayens doivent entrer dans ces considérations, et ne pas regarder comme un objet de gain pour eux les temps malheureux de la guerre. Tout le monde devroit également désirer la paix. Le décret du Conseil de Madrid n'est que pour trois mois, dont il y en a déjà un de passé. Qu'il fasse en sorte de leur faire entendre raison sur cela. »

---

906. *M. Lebret, premier président du Parlement de Provence,*
à M. Desmaretz et au Contrôleur général.

3 Novembre, 18 et 30 Décembre 1705.

Rapports sur la contrebande du tabac qui se pratique dans les infirmeries et à la Santé de Marseille*.

« La contrebande qui se fait dans les infirmeries de Marseille et à Toulon, non seulement du tabac, mais de quelques autres marchandises dont l'entrée est défendue dans le royaume, est un mal auquel il me paroît, comme à vous, important de remédier; mais il me semble que l'introduction dans la province de la maladie contagieuse seroit encore un mal d'une bien plus grande importance, et, dès qu'on tarira absolument la source du premier par le nouvel établissement que vous proposez de commis des fermiers dans les infirmeries, il est à craindre que l'avidité de continuer cette contrebande, qui, quoique véritable, ne m'a pas paru jusqu'à présent d'une grande considération, ne porte les capitaines des bâtiments qui viendront du Levant à verser des marchandises sur les côtes de la province, et n'y introduise la peste. Si cette réflexion ne vous fait point de peine, non plus que le chagrin qu'on causera aux intendants de la Santé par cette nouveauté, il n'y aura qu'à avertir bien sérieusement ces derniers de la résolution que le Roi aura prise d'établir ces commis, et le faire ensuite sur la première preuve que nous aurons d'une nouvelle contrebande de tabac ou de quelque autre marchandise..... »

* M. Desmaretz répond à la première lettre, le 6 décembre, que, faute de pouvoir se fier au contrôle du capitaine des infirmeries, il sera nécessaire d'y établir un commis aux frais du fermier, si la continuation des fraudes l'exige. « Ces fraudes, dit-il, et ces contrebandes n'intéressent pas moins le commerce du royaume en général que la fraude du tabac en particulier, puisque les tabacs étrangers qui entrent en fraude détruiroient et feroient tomber le débit de ceux qui se cultivent en France et qui s'y préparent au grand avantage de plusieurs provinces. »

---

907. *M. de la Bourdonnaye, intendant à Bordeaux,*
au Contrôleur général.

7 Novembre 1705.

Le vice-sénéchal de Sarlat et sa compagnie demandent à toucher par quartiers leurs gages et augmentations de gages; mais, conformément aux prescriptions des trésoriers de France et du receveur général, les receveurs des tailles ne doivent payer qu'en deux termes, après le recouvrement de chaque moitié des impositions; et comme, d'autre part, les pièces justificatives, c'est-à-dire les revues des intendants, l'état du Roi par le menu et le certificat de service, ne s'expédient qu'à la fin de l'année, l'usage, pour toutes les maréchaussées, est de ne payer que dans le cours des mois de janvier ou de février.

---

908. *M. d'Argenson, lieutenant général de police à Paris,*
au Contrôleur général.

8 Novembre 1705.

Il rend compte de la découverte d'un dépôt très considérable de toiles peintes caché dans la maison d'un marchand mercier, qui possède, assure-t-on, un autre entrepôt secret à Versailles et fait publiquement un grand débit à Fontainebleau, pendant les séjours de la cour*.

* En marge, le contrôleur général écrit : «Faire voir à ma fille de Dreux; et que le mérite de ces bonnes gens est d'avoir vendu beaucoup de toiles peintes à Versailles et à Fontainebleau. Le soin qu'ils ont pris de faire faire un magasin avec tant d'industrie, mérite toute la protection qu'ils trouvent en ce pays-ci, et je recommanderai à la femme de bien pleurer pour exciter sa compassion. — Me renvoyer cette lettre.» Et à côté : «Qu'il juge cette affaire à la rigueur.» Le coupable ayant fait agir des protectrices, M. d'Argenson offrit de réduire l'amende, qui était de 3,000 ᵗᵗ; mais le contrôleur général ne voulut pas qu'elle fût moindre de 600 ᵗᵗ. (Lettre du 11 novembre.)

Des étoffes des Indes pour lesquelles un autre mercier demandait l'estampille après expiration du délai légal, furent portées au dépôt de la halle aux draps, pour être renvoyées dans les pays étrangers au profit du propriétaire. (Lettre et échantillons, 19 novembre.)

A la même époque, Tisserant ayant pratiqué une saisie dans l'enclos de Saint-Jean-de-Latran, un prêtre de l'ordre de Malte ameuta le peuple et fit enlever les toiles et même maltraiter le capitaine. Comme le bailli de Saint-Jean ne faisait pas justice, M. d'Argenson obtint un ordre pour saisir les toiles et un autre pour reléguer à trente lieues de Paris, pendant six mois, le prêtre qui avait excité le désordre. (Lettres du 30 novembre 1705.) Plus tard, le marchand chez qui la saisie n'avait pu se faire, fut relégué aussi à trente lieues, ainsi que sa femme. (Lettre de M. d'Argenson, 3 mars 1707, *Police*, G⁷ 1725.)

A la suite d'autres difficultés du même genre, M. d'Argenson fit avertir les juges des enclos privilégiés que, s'ils souffraient plus longtemps la fabrication, l'exposition publique, l'annonce par avis imprimés et la vente des étoffes défendues, le Roi les reléguerait eux-mêmes à cinquante lieues de Paris, et l'on finit par donner à Tisserant une commission pour pénétrer dans ces lieux privilégiés. (Lettres du 17 juillet 1707 et du 27 janvier 1708, *Police*, G⁷ 1725.)

---

909. *M. Lebret, intendant en Provence,*
à M. Desmaretz.

8 Novembre 1705.

Rapport sur l'origine et l'authenticité des privilèges qui établissent l'ancienne souveraineté du comté de Sault et ses droits à l'exemption de tout impôt, d'après la concession faite en l'an 1291, par Charles, comte de Provence, à Isnard d'Entrevennes, prédécesseur des ducs de Lesdiguières.

---

910. *M. d'Albaret, intendant en Roussillon,*
au Contrôleur général.

11 Novembre 1705.

Rapport sur la fabrication de la poudre au moulin de Perpignan.

---

911. *Les Curés de l'élection de Cahors*
au Contrôleur général.

(De Cassaignes) 13 Novembre 1705.

«Nous croirions être coupables d'homicide et de la plus grande cruauté, si, persuadés comme nous le sommes de l'extrême tendresse du Roi pour son peuple, nous ne prenions la liberté de vous exposer que nos paroissiens sont réduits à la triste nécessité de périr par la faim ou d'abandonner le pays, s'ils ne reçoivent au plus tôt quelque secours pour subsister jusqu'à la récolte. C'est une effroyable grêle redoublée et une grande ravine qui ont causé ce comble de misère, ayant entraîné la terre avec les grains et entièrement gâté les châtaigniers, qui font le grand revenu du quartier. En un mot, ces malheureux sont dans un état de désespoir qui en a porté plusieurs à quitter leurs maisons, et qui les met tous dans la disposition d'en faire de même. Il n'y a qu'une charité toute extraordinaire qui puisse les arrêter et leur donner moyen de payer dans la suite les droits du Roi; car, pour l'année courante, il est impossible d'en tirer un denier. Plût à Dieu que S. M. ou vous vissiez la déplorable calamité de ces pauvres membres de Jésus-Christ! nous ne pouvons douter qu'ils ne reçussent l'abondant effet de cette précieuse libéralité que le Roi répand tous les ans sur les pays infiniment moins frappés de la grêle que celui-ci ne l'a été. Mais, comme Votre Grandeur peut s'assurer, par des témoignages connus, de la vérité de cette infortune accablante et d'une suite funeste pour bien des années, si ces misérables ne sont secourus, nous avons l'honneur de vous en informer avec une entière confiance, fondée sur la ravissante bonté du Roi et sur la vue de ses intérêts même, qui demandent que ces gens restent dans le pays et cultivent leur bien. Écoutez leurs cris et leurs larmes, au nom de Jésus-Christ! ce sont ses ministres qui vous le représentent, pénétrés de douleur d'un côté, et de l'autre remplis d'espérance en s'adressant au plus sage et zélé ministre du plus pieux roi très chrétien.»

---

912. *M. Doujat, intendant à Poitiers,*
au Contrôleur général.

14 Novembre 1705.

«En attendant que je puisse vous envoyer les deux états que vous m'avez demandés par votre lettre du 31 août dernier, dont l'un doit contenir, élection par élection et paroisse par paroisse, le nom, surnom et qualités de ceux que j'aurai taxés d'office au département des tailles parce qu'ils ne doivent plus jouir des exemptions, et l'autre doit être composé des particuliers qui doivent jouir des privilèges aux termes de l'édit du mois d'août, lesquels états ne sont retardés que par la négligence que ces privilégiés apportent à représenter leurs titres devant mes subdélégués dans chacune élection, et pour raison de quoi j'ai rendu mes ordonnances, j'aurai l'honneur de vous mander que les contribuables aux tailles ne tireront pas de ces taxes d'office tout le soulagement que le Roi a eu intention de leur procurer par cet édit, parce que les cotes de ceux dont les privilèges sont révoqués ne peuvent être augmentées que de modiques sommes par rapport à leurs facultés. Mais j'ai observé qu'un des grands abus procède de la multiplicité des commis que les fermiers des droits du Roi établissent dans un grand nombre de paroisses, où ils prétendent faire jouir des privilèges les principaux habitants, dont ils se servent pour les contrôles des exploits, actes des notaires, bans de mariages et autres affaires, et principalement pour la perception des droits de jauge et courtage; et, pour y remédier, on pourroit les réduire aux villes où il y a siège royal et aux autres principales paroisses où il seroit jugé à propos d'en établir par les commissaires départis dans les provinces et sur leurs ordres, et ordonner que ces commis seroient annuellement, par eux, taxés d'office à proportion de leurs biens et facultés, sans pouvoir être augmentés par les collecteurs des tailles.»

---

913. *M. de Bouville, intendant à Orléans, à M. Desmaretz.*

15 Novembre 1705.

«Vous n'êtes point du tout exact aux rendez-vous que vous donnez. J'étois venu en ce pays-ci (Chartres) vers la Toussaint, dans l'espérance de vous trouver à Maillebois; mais on m'a dit, en arrivant, que vous n'y êtes pas venu. Cela m'auroit fait craindre pour votre santé, si on ne m'avoit assuré qu'elle est meilleure qu'elle n'étoit à Fontainebleau ..... Je travaille aux rôles des tailles de cette élection. J'avoue que c'est un grand travail; mais plus j'y entre, et plus je vois la nécessité de le faire. Ce ne sont qu'injustices criantes dans les rôles, et je vois quantité de terres abandonnées, tous les petits laboureurs ayant été contraints d'en laisser en friche, n'ayant plus la force de les faire valoir à cause des taux exorbitants qu'on leur a donnés et qui les ont ruinés. Je vois même bien des fermes et des métairies en friche, et une grande quantité d'autres que des privilégiés sont contraints, malgré eux, de faire valoir: ce qui surcharge les autres exorbitamment. C'est en vérité un désordre si grand, qu'il est impossible que le recouvrement se fasse, si on n'y remédie. Quelques seigneurs crient un peu contre ce travail, aussi bien que les élus; mais les autres ont des sentiments bien contraires.»

---

914. *M. de Courson, intendant à Rouen, à M. Desmaretz.*

15 et 16 Novembre 1705.

Il rend compte de l'adjudication des nouveaux droits d'octroi à percevoir sur les cendres, soudes et bois de teinture, passée au profit du corps des marchands de Rouen.

«J'ai l'honneur de vous renvoyer la proposition sur laquelle vous m'avez fait l'honneur de me consulter. Il n'y auroit que le droit qu'on percevroit sur les beurres, volaille et gibier qui regardât cette généralité, les offices de vendeurs de beurres à Isigny étant pour la généralité de Caen; mais je crois que cette proposition-là ne peut être écoutée, quelque pressants que soient les besoins, par les mêmes raisons qui ont porté à supprimer le droit de contrôle des voitures, qui n'étoit autre chose qu'une imposition sur le détail de toutes les denrées qui s'apportoient dans les villes. Les grains sont à un si vil prix, que les laboureurs n'ont autre chose, pour subsister dans leur ménage, que la vente des denrées, qui leur procurent de quoi faire la dépense de leur maison et payer les impositions, qui sont très fortes. D'ailleurs, comme la perception de ce droit ne se pourroit faire que par les commis aux portes, il seroit impossible d'empêcher les exactions et les mauvais traitements sur les paysans: ce qui pourroit donner lieu à quelque désordre. Si ces droits ne s'étendoient que sur les beurres venant d'Isigny, cela seroit d'une moins dangereuse conséquence à établir, et je suis persuadé qu'il se trouveroit ici de gens qui se chargeroient de ce droit*.»

* Réponse en marge, de la main de M. Desmaretz: «Il ne convient pas d'établir aucun droit sur ces denrées dont le débit fait subsister tout le pays. On ne pourroit lever un droit, quelque léger qu'il pût être, sans de grands inconvénients; c'est la raison du refus des offres faites par M. Foucault.»

---

915. *M. Ferrand, intendant en Bretagne, au Contrôleur général.*

(De Vitré) 16 Novembre 1705.

«L'ouverture des États se fit hier en la manière ordinaire. J'ai eu l'honneur d'y porter ce matin la parole et de faire la demande du Don gratuit et de la capitation, conformément aux instructions du Roi. Jamais la province n'a marqué plus de zèle qu'en cette occasion; la demande a été accordée par une délibération unanime et sur le théâtre des États, avec une telle promptitude, qu'à peine M. le Maréchal étoit rentré chez lui, avec MM. les commissaires, que le héraut des États est venu demander audience. MM. les députés, M. l'évêque de Rennes à la tête, sont venus les en informer. J'espère que vous voudrez bien rendre compte au Roi de la manière empressée, soumise et respectueuse avec laquelle les ordres du Roi ont été exécutés. M. le duc de la Trémoïlle a donné, en cette occasion, des témoignages bien publics de son attachement et de son dévouement pour le service du Roi. La noblesse a une déférence entière et absolue pour ses sentiments; elle est fondée sur sa probité, sur son honnêteté, et sur les égards qu'il a pour tout ce corps, tant en général qu'en particulier.

«Il est arrivé une difficulté entre M. le Premier Président et moi, sur la marche, qui a pensé arrêter la suite des États. L'usage est que le premier commissaire du Roi marche seul; il ne doit avoir à ses côtés que des lieutenants généraux au gouvernement; il doit être précédé par les deux commissaires du Conseil, et suivi par M. le Premier Président et l'ancien président ou le procureur général, d'une manière que le premier commissaire du Roi est au centre des quatre que je viens de nommer. M. le Premier Président a prétendu qu'en l'absence des lieutenants généraux, il devoit prendre la droite de M. le premier commissaire du Roi et sur la même ligne, et qu'il en avoit ainsi usé aux derniers États, sans vouloir convenir de l'usage précédent, qui est contraire, ancien et incontestable. M. le maréchal de Châteaurenault, qui va toujours au bien du service du Roi, voyant que je ne voulois point céder à M. le Premier Président, m'a proposé de me mettre à sa gauche par provision : ce que j'ai accepté, en lui faisant observer qu'il prenoit tout sur lui. Je n'ai point l'honneur de vous en dire davantage, cette contestation me regardant moins que M. le Maréchal, qui ne doit souffrir à côté de lui que des officiers de son état et capables de commander dans une province en son absence. Je ne doute pas qu'il ne demande sur cela les ordres du Roi, afin que nous sachions à quoi nous en tenir, lorsque nous serons obligés de retourner aux États.

«J'ai l'honneur de vous envoyer copie du discours que j'ai prononcé ce matin dans l'assemblée des États; vous connoîtrez si j'ai suivi les intentions du Roi et les instructions que vous m'avez données*.»

* Le même jour, M. l'évêque de Rennes annonce le vote par acclamation et dit : «L'Église, qui se distingue toujours en toutes occasions, a donné les premiers exemples, n'y en ayant eu pas un seul de notre corps qui ne m'ait assuré, sur le théâtre, qu'il donnoit tout ce que S. M. avoit fait demander. La noblesse et le tiers ont si bien suivi notre exemple, que, d'un consentement unanime, j'ai fait publiquement l'ordonnance par laquelle les États accordent au Roi les 3,000,000 ᵗᵗ de gratification et les 2,000,000 ᵗᵗ de capitation que S. M. leur a fait demander de sa part. J'espère de votre justice et de la bonne amitié que vous aviez autrefois pour moi que vous avouerez que l'évêque de Rennes n'est point et n'a jamais été de la manière que l'on avoit voulu vous le persuader dans les derniers États de Vannes, et que vous me ferez la justice de croire que le Roi n'a personne au monde qui ait plus de soumission, plus de zèle et plus d'attachement pour son service que moi. Vous voulez bien que j'aie l'honneur de vous dire que, les États ayant rempli leur devoir avec tant de zèle pour S. M., nous espérons que vous ne nous tiendrez pas longtemps à Vitré, et, si les affaires vous obligent de nous y laisser longtemps, je vous assure que je vous demanderai de quoi soutenir la dépense que je suis obligé de faire ici étant président des États, l'argent que donnent les États aux présidents étant si peu de chose, et mes revenus si modiques, qu'il me seroit impossible de vivre le reste de l'année sans votre secours. Mgr l'évêque de Senlis, que j'honore toujours de tout mon cœur, vous assurera sans doute de mon très petit bien, et vous dira à même temps que, si j'ai beaucoup d'estime pour lui, j'ai pour vous tout l'attachement possible.»

Voir à la même date, les lettres de M. le maréchal de Châteaurenault, de M. le duc de la Trémoïlle, de M. l'évêque de Nantes, et de MM. de Coëtlogon et de Brilhac.

916. M. Desmaretz, directeur des finances, aux Intendants.

19 Novembre 1705.

«Je vous envoie des exemplaires d'un arrêt du Conseil rendu le 17 de ce mois touchant les monnoies. Il proroge au 1er de janvier prochain la diminution d'espèces qui avoit été ordonnée pour le 1er décembre; il règle les autres diminutions qui doivent suivre celle-là, et en fixe les termes; il ordonne que les espèces non réformées auront, du jour de sa publication, le même cours et le même prix que les espèces qui auront été réformées en conséquence de l'édit du mois de mai de l'année dernière. Aussitôt que vous l'aurez reçu, vous le rendrez public, et vous aurez agréable de donner en même temps vos ordres pour faire dresser des procès-verbaux, non seulement dans les hôtels des Monnoies, mais aussi dans tous les bureaux de recettes royales de votre département, des fonds qui s'y trouveront en matières et en espèces, et particulièrement en espèces non réformées, dont la nouvelle évaluation doit produire un bénéfice au Roi sur toutes celles qui se trouveront entre les mains des receveurs des deniers de S. M. au jour de la publication de l'arrêt. Vous m'enverrez, s'il vous plaît, des expéditions doubles de ces procès-verbaux le plus tôt qu'il vous sera possible.»

917. M. Desmaretz, directeur des finances, à M. de la Houssaye, intendant en Alsace.

20 Novembre 1705.

«J'ai reçu la lettre que vous avez pris la peine de m'écrire le 4 de ce mois, concernant l'un des deux offices de receveurs particuliers des finances au bureau de Colmar, dont le sieur de Monmerqué demande que l'exercice de la présente année 1705, qui est consommé, lui demeure et ne soit point donné à un commissionnaire. Le détail dans lequel vous êtes entré sur cela m'a engagé de demander au sieur de Monmerqué une réponse de sa part, laquelle je vous envoie ci-jointe; je vous supplie de vous en faire rendre un compte exact. La demande du sieur de Monmerqué paroît réduite en des termes d'équité, et ne tendre qu'à l'avantage des créanciers qui ont privilège ou hypothèque sur ces offices. D'ailleurs, je le crois dans la droiture; il est même chargé d'une partie de mes affaires domestiques. Vous m'obligerez de lui accorder toute la protection que la justice vous pourra permettre en cette occasion*.»

* Voir deux lettres de M. de la Houssaye, en date des 4 novembre et 14 décembre 1705, les pièces envoyées le 20 janvier 1706 par le propriétaire et le titulaire des offices, et un autre dossier à la date du mois d'avril 1707.

918. M. Desmaretz, directeur des finances, au sieur Laisné, directeur de la Monnaie de Lyon.

21 Novembre 1705.

Un des monnayeurs, le nommé Guérin, étant comédien et montant tous les jours sur le théâtre, doit être exclu de la Monnaie tant qu'il n'aura pas opté entre ses deux métiers*.

* Voir la lettre du 4 décembre suivant, à MM. de Saint-Maurice et de Montesan, intendant et prévôt des marchands de Lyon. Ce dernier ayant écrit qu'il employait Guérin parmi les principaux acteurs de son opéra, les ordres d'exclusion furent révoqués.

919. *M. Desmaretz, directeur des finances, au sieur Maynon, fermier général.*

22 Novembre 1705.

«J'apprends que l'emploi de l'entrepôt du tabac à Versailles est vacant par la mort de la personne qui l'occupoit. Je vous prie de vouloir bien faire donner cet emploi au sieur Lévêque, mon concierge, qui est honnête homme et qui le remplira bien et avec fidélité.»

920. *M. Foucault, intendant à Caen, au Contrôleur général.*

23 Novembre 1705.

«Il seroit fort à désirer que l'on pût substituer à la place des contrôleurs des matereaux, dont l'établissement paroît fort à charge et donne matière à beaucoup de contestations, quelque autre proposition plus utile aux intérêts du Roi et moins onéreuse à ses peuples; mais celle pour la création d'offices d'inspecteurs généraux des bâtiments ne me semble pas un moyen praticable pour remédier au mal que cause celle des contrôleurs des matereaux. Je dois, pour cet effet, vous observer qu'il ne se trouvera point d'acquéreurs, dans ce département, de ces offices d'inspecteurs des bâtiments : la rareté de l'argent, les différentes taxes auxquelles les offices de nouvelle création sont exposés, la révocation des priviléges de ceux qui avoient été acquis, sont des raisons qui empêchent absolument les particuliers d'acquérir aucuns nouveaux offices. Il seroit encore plus difficile de trouver des personnes qui eussent les connoissances et capacités nécessaires pour remplir les fonctions desdits offices. Ainsi, ce qui est proposé comme une chose utile et avantageuse au public, lui deviendroit d'autant plus onéreux que, dans le peu de bâtiments et réparations qui se font dans ce département, il est fort rare qu'ils se fassent par entreprise, et communément les particuliers font travailler à la journée, et il n'est aucunement en usage de mesurer les ouvrages de maçonnerie et autres semblables à la toise : en sorte que cet établissement, qui ne produiroit que du trouble, seroit capable de faire cesser le peu de bâtiments qui se pourront faire à l'avenir, dont la conséquence seroit très préjudiciable aux ouvriers, lesquels d'ailleurs manquent pour la plupart de travail. J'ajouterai encore que les traitants, au défaut d'acquéreurs desdits offices, préposeront des commis qui n'auront aucune intelligence dans les bâtiments, n'auront en vue que le recouvrement des droits, et ne serviront qu'à former des matières de contestations et à profiter de ce nouvel établissement, sans être d'aucune utilité au public : ce qui me fait estimer que, le remède se trouvant pire que le mal, dans la nécessité indispensable de supprimer les contrôleurs des matereaux, et quelque accablement que souffrent les peuples par les impositions, il vaudroit encore mieux les charger de celle de la finance desdits contrôleurs en deux ans, étant très constant que le peu qui en revient au Roi n'est pas un objet assez considérable pour laisser subsister cet établissement à la charge du public*.»

* M. de la Bourdonnaye, intendant à Bordeaux, proposa de réunir les nouveaux offices soit aux hôtels de ville, soit aux bureaux des finances, sous la forme d'offices de trésorier-inspecteur général des bâtiments, avec des droits beaucoup moindres que ceux que demandaient les traitants. (Lettre du 21 novembre.)

Le 22 décembre suivant, M. Desmaretz envoie aux intendants une déclaration du Roi portant que les droits attribués aux nouveaux offices d'inspecteurs, mesureurs et contrôleurs des matériaux servant à bâtir seront payés par les maçons et les entrepreneurs, et non par les fabricants. Il leur demande de dresser l'état du nombre d'offices à établir eu égard à l'importance de chaque localité, et de proposer tous les expédients propres à faire réussir cette création.

921. *M. de Bâville, intendant en Languedoc, à M. Desmaretz.*

24 Novembre 1705.

«J'ai examiné le mémoire que les fermiers généraux vous ont donné sur le projet de déclaration que j'ai proposé pour empêcher le faux-saunage*. Je suis fort d'avis que l'on augmente la peine du faux-saunage contre les domiciliés, et que celle du carcan, portée par la déclaration de 1678, soit rétablie. J'ai même proposé à M. Chamillart de donner une nouvelle déclaration qui établisse la peine de mort contre tous ceux qui se trouveront chargés du faux sel avec port d'armes, sans s'arrêter au nombre de cinq marqué par la déclaration du 5 juillet 1704. Rien ne me paroît plus important pour empêcher le faux-saunage; car, si on peut faire en sorte que les faux-sauniers n'aient point d'armes, les gardes des gabelles pourront les empêcher de faire ce métier; mais, tandis qu'ils sont armés, il faudra avoir recours aux troupes pour les réprimer, et, lorsque ces faux-sauniers courront risque de la vie s'ils sont pris étant armés, rien ne sera plus capable de les désabuser de ce métier. J'ai vu, par les procès que je viens de juger, qu'ils font escorter leurs voitures par quatre hommes armés, pour éviter le nombre de cinq et la peine de mort; qu'ils passent ensuite par plusieurs endroits, et se rassemblent où ils veulent. Souvent on ne met que quatre gardes aux passages, et les faux-sauniers sont toujours plus déterminés que les gardes : d'où il arrive qu'ils les laissent passer. Mais, si ces faux-sauniers devoient être punis de mort, ils ne s'hasarderoient pas avec la même facilité. Le mal est si grand et si important, qu'il demande une peine aussi sévère. Ainsi, mon avis seroit qu'on fît une nouvelle déclaration pour rétablir la peine du carcan contre les domiciliés, et à même temps la peine de mort contre tout faux-saunier qu'on prendroit armé, en quelque nombre qu'ils fussent; mais je crois qu'il faudroit que cela fût dans une déclaration différente de celle que j'ai proposée, parce que la première doit être une loi générale, et cette dernière n'est que pour un pays particulier. Les fermiers généraux ont bien connu la difficulté qu'il y avoit d'assujettir les communautés à prendre une certaine quantité de sel. C'est à quoi il ne faut pas penser : rien ne seroit plus capable de révolter tout ce pays de frontière. Les communautés ont eu tellement peur de cette fixation, que j'ai eu toutes les peines du monde à leur persuader de donner le nombre de leurs bestiaux, parce qu'elles s'étoient imaginé que cela les conduiroit à une imposition pour le sel. C'est une idée qu'il faut éloigner, bien loin de faire rien qui puisse leur faire comprendre qu'elles pourroient être soumises à aucune imposition. J'ai toujours bien compté que les habitants pourroient ménager sur la fourniture du sel de leurs bestiaux de quoi en employer à leur usage pour leurs personnes; mais cet inconvénient est bien moins grand que de laisser les choses en l'état qu'elles sont; et d'ailleurs, en faisant la déclaration pour trois années, on verra si cet expédient peut réussir. S'il n'est pas bon, on remettra les choses au premier état. Quant à la conséquence des autres provinces, elle n'est pas si grande, parce que le pays dont est question est exposé à deux faux-saunages, savoir : celui d'Espagne, et du Poitou, qui entre par le comté de Foix. Il n'en est pas de même pour les autres provinces, qui n'ont qu'une seule espèce de faux-saunage, et par conséquent plus facile à empêcher**.»

* Voir ses mémoires des 16 et 28 juin.

** Au dos du mémoire qui accompagne cette lettre, M. Desmaretz a écrit : «A rapporter au Conseil royal. Par arrêt pour un an.» Et au-dessous, de la main du commis, est écrit : «Il a été expédié un arrêt, le 26 février 1706, pour deux années.»

Le 20 novembre, M. de Bâville avait annoncé au contrôleur général qu'il venait de juger vingt-quatre faux-sauniers et que cinq avaient été condamnés aux galères pour neuf ans, un à perpétuité, les autres au bannissement, au carcan, au fouet et à l'amende. En marge de cette lettre est écrit : «L'exemple qu'il vient de faire pourra arrêter pour quelque temps le mauvais commerce des faux-sauniers. L'observation qu'il fait pour augmenter les peines, au lieu de les diminuer, me paroît convenable à la conjoncture présente. Je la représenterai à S. M., et la supplierai d'y avoir égard.»

922. *M. Desmaretz, directeur des finances,*
à M. de Saint-Maurice, commissaire général, de la Cour des monnaies à Lyon.

29 Novembre 1705.

«La commission du sieur Aubert est finie par l'édit qui a révoqué les commissions des inspecteurs des affinages et qui les érige en titre d'office. Les traitants mêmes avoient voulu s'accommoder de ces offices d'inspecteurs avec les affineurs; je l'ai empêché, parce qu'il n'étoit pas des règles que les affineurs fussent eux-mêmes les inspecteurs. On a donc résolu d'en conserver un seulement, et commission a été donnée au sieur Delhommeau, qui, comme je vous l'ai mandé, a toute la protection de M. le duc et Mme la duchesse de Beauvillier. Il y a eu de ces inspecteurs à Lyon par commission. M. Rouillé, qui m'a précédé dans la charge de directeur des finances, en avoit donné la commission à deux de ses créatures. Pour moi, je n'ai disposé encore d'aucun emploi; mais il n'étoit pas possible d'en refuser un à la recommandation de M. le duc et de Mme la duchesse, qui sont fort circonspects en pareille occasion.....»

923. *M. Lebret, intendant en Provence,*
au Contrôleur général.

29 Novembre 1705.

«Les employés des gabelles, qui avoient commencé leurs visites avec assez de tranquillité, ont, depuis quelques jours, trouvé des obstacles et de la résistance dans plusieurs paroisses des montagnes de Provence : ce qui nous a fait juger qu'il pourroit être nécessaire d'envoyer quelques troupes dans le canton où l'on voudra faire ces visites, pour ne servir seulement qu'à contenir les habitants par leur présence, et sans agir qu'en cas que les employés eussent absolument besoin que des troupes leur prêtassent main-forte*.....»

* Réponse en marge : «Faire différer ces visites jusques à ce que les affaires soient plus tranquilles en ce pays-là et que l'on soit plus en état de fournir des troupes, avec lesquelles on pourra faire exécuter les ordres du Roi plus sérieusement.»

924. *M. Desmaretz, directeur des finances,*
à M. Bouhelier, ancien conseiller à la Table de marbre de Bretagne.

2 Décembre 1705.

«J'ai reçu la lettre que vous m'avez écrite le 26 du mois passé, au sujet de votre remboursement. Je vous avoue que je n'ai pas assez de temps pour lire si souvent vos longues lettres, ni pour y répondre. Adressez ici vos lettres à une personne de votre connoissance, et je lui dirai en trois mots ce qui sera nécessaire de faire pour terminer votre affaire.»

925. *M. de Bagnols, intendant en Flandre,*
au Contrôleur général.

2 Décembre 1705.

Il discute les mémoires du fermier des gabelles sur le faux-saunage de Picardie et de Soissonnais, et examine quels remèdes on peut apporter au mal.

926. *M. Ferrand, intendant en Bretagne,*
au Contrôleur général.

3 Décembre 1705.

Les États n'acceptent ni le projet d'imposition de 800,000 ₶ sur les maisons des villes et bourgs, ni le demi-redoublement des fouages, ni la perception d'un droit d'entrée sur les vins et boissons; ils persistent à demander l'autorisation de faire un emprunt et de réunir à leur corps les droits sur les boucheries, qui doivent produire au moins 300,000 ₶ par an*.

«La situation où nous nous trouvons nous engage de recourir à votre autorité. Nous avons cru inutile de faire faire de nouvelles tentatives; nous aurions essayé un nouveau refus, après lequel il auroit été plus difficile de ramener les esprits. Nous osons vous dire que la province ne se gouverne point par elle-même; rien ne s'y fait que par ordre du Roi. Ainsi, nous vous supplions très humblement de nous les donner et de nous faire connoître vos intentions. Voici ce que l'on pourroit vous proposer. Les dépenses de cette assemblée, sans y comprendre le rachat des édits, non plus que le dédommagement des fermiers des devoirs de 1706 et 1707, peuvent monter à 8,000,000 # ou environ. Pour faire le fonds de cette dépense, les États ne peuvent compter que sur 4,800,000 # : cette somme est composée de la ferme des devoirs de 1708 et 1709, sur le pied de 3,300,000 #, des fouages ordinaires, qui sont de 856,000 #, et des fonds restants de 1703, qui montent à 650,000 #. Pour faire le fonds de 3,200,000 # qui restent, on pourroit prendre l'imposition de 800,000 # sur les maisons, permettre un emprunt de 1,200,000 #, et ordonner que les États payeroient les 1,200,000 # restants, ou sur les entrées, ou par une augmentation sur la capitation payable par moitié dans les deux années, à leur choix. Les États ont une opposition extrême au droit d'entrée; je crois qu'ils prendront plutôt le parti d'augmenter la capitation, qui est une voie générale et plus insensible.

«Nous voudrions fort pouvoir proposer des fonds qui fussent plus convenables à l'esprit de la province; mais, l'emprunt n'étant pas capable de faire un fonds assuré, nous ne croyons pas que l'on puisse se dispenser ou d'accorder aux États ce qu'ils demandent, en donnant des sûretés de l'emprunt qu'ils demandent permission de faire, ou de recourir aux fonds proposés. Le demi-redoublement des fouages ne nous paroît plus convenir : il nous revient de toutes parts que la campagne est très malheureuse, et il n'y a qu'un avis sur cela dans toute la province.

«J'ose encore vous représenter qu'il est important que les ordres du Roi soient précis : on n'obtient rien en cette province sans l'autorité de S. M., et tout y passe dès qu'elle paroît. C'est un sentiment général, dont je reconnois tous les jours la vérité; cet esprit a régné dans tous les temps et régnera toujours.

«Les États vous supplient très humblement de leur faire obtenir la réunion des droits de boucheries, des droits de visiteurs de porcs et de ceux de langueyeurs de porcs, à condition de rembourser les propriétaires et traitants suivant la liquidation qui en sera faite par MM. les commissaires du Roi et par les députés des États. C'est un grand bien que ces affaires soient hors la main du Roi; les États veulent réunir tous ces droits et en faire une ferme dont le produit puisse faire les fonds des arrérages de leurs emprunts de 1703 et 1705* . . . . . »

* Voir deux autres lettres de M. Ferrand, des 18 et 23 décembre, et une lettre écrite par M. le maréchal de Châteaurenault, le 29 novembre précédent. Le contrôleur général discute les divers expédients proposés et fait connaître les volontés du Roi dans plusieurs lettres des 11, 23 et 29 décembre 1705, 7 et 13 janvier 1706. S. M., dit-il, veut bien faire remise des 473,000 # qu'elle demandait pour le rachat des édits, quoique les autres provinces aient fourni ce qu'on en attendait sur ce point; mais en faisant toutes les diminutions et les retranchements possibles, il reste à trouver une somme de 9,086,000 #. Or, le Roi se refuse absolument à augmenter la capitation et préfère les droits d'entrée sur le vin et le cidre, qui seront moins à charge aux peuples, ne comportant point d'exemptions. C'est dans ce sens qu'il faut s'entendre avec M. le maréchal de Châteaurenault, M. de Brilhac et les présidents des trois ordres, à moins que ceux-ci ne trouvent des expédients plus convenables. Quant à faire un emprunt aussi considérable, c'est une ressource trop incertaine, et dans laquelle le trésorier de la province n'a aucune confiance; tout au plus pourra-t-on l'autoriser pour une somme de 1,200,000 #. Le Roi consent à subroger les États aux droits des inspecteurs des boucheries et des visiteurs-langueyeurs de porcs, en étendant la perception aux campagnes, mais à charge de rembourser les engagistes ou acquéreurs, et en laissant à l'intendant la connaissance des contestations incidentes, car elle serait mal placée entre les mains des juges ordinaires, que redoutent extrêmement les gens d'affaires. Il consent également à la mise en vente des charges de trésorier des États, de procureur général syndic, de greffier et de substitut, à condition de rembourser les sommes assurées à ceux qui exercent ces emplois par commission de la province. Peu importe qu'elles soient adjugées à des gens d'épée ou de robe. Les deux procureurs généraux s'accordent pour laisser une de leurs charges à M. de la Guibourgère : il sera agréé; mais aucune autre enchère ne sera reçue sans leur participation. Le Roi consent encore à l'imposition sur les maisons, pourvu que les ecclésiastiques n'y soient pas sujets. Mais il est surtout nécessaire que les États assurent, avant de se séparer, le service des arrérages de l'emprunt, le remboursement des anciens emplois et le payement des gages des nouvelles charges. L'imposition des fouages peut être faite sans attendre la signature du contrat, pour que le recouvrement ne se trouve point retardé. Il faut aussi régler l'indemnité des fermiers des devoirs.

Dans une lettre du 6 janvier 1706, M. Ferrand se plaint que les États cherchent à réduire les pouvoirs qui lui sont attribués pour tout ce qui concerne l'aliénation des droits d'inspecteurs des boucheries, la vente des charges de trésorier, etc. «Ils ont, dit-il, ordonné par leur délibération que leurs députés ne pourroient rien conclure sans en avoir rendu compte aux États : en sorte que je me trouve dans la nécessité de faire tout ce qu'ils voudront, si cette délibération subsiste. . . . . . Je ne doute pas que vous ne vous portiez à la casser et ordonner que les arrêts du Conseil seront exécutés par les députés qu'ils ont nommés. J'ose vous dire qu'il est extrêmement nécessaire de faire sentir aux États l'autorité du Roi; je trouve, depuis quelque temps, que les États deviennent plus difficiles, et je sens bien que nous ne conviendrons jamais de la vente des charges et de régler les difficultés que vous m'avez fait l'honneur de me renvoyer. Je vais avoir affaire à six députés, qui n'oseront eux-mêmes se déclarer sur ce que je leur proposerai, dans l'appréhension de déplaire aux États. C'est ce qui m'a déterminé de me donner l'honneur de vous envoyer des projets des déclarations dont nous avons besoin pour les inspecteurs des boucheries et pour la vente des charges. J'aurai l'honneur de vous envoyer vendredi prochain la déclaration pour les inspecteurs des boucheries, et, dans le commencement de la semaine prochaine, la déclaration pour la vente des charges et l'état des dépenses et des fonds, afin que vous puissiez voir où nous en sommes. Si vous n'avez la bonté de décider les affaires, nous ne sortirons d'ici de trois mois; c'est une vérité qui est ici très constante. Personne des États ne veut rien prendre sur lui; il faut que tout passe dans l'assemblée, où tous les membres étant intéressés à diminuer les charges, on ne peut leur faire entendre ce qui est du bien du service et ce qu'ils doivent faire pour faire le fonds de leurs dépenses. On leur représente que, sur le pied des conditions qu'ils ont mises à la vente des charges et à l'aliénation des boucheries, ils ne trouveront point d'acquéreurs; c'est ce qu'on ne peut leur persuader : en sorte qu'il n'y a que votre autorité qui puisse faire finir les États. J'espère y parvenir bientôt, si vous voulez bien agréer les projets que je prendrai la liberté de vous envoyer.»

Le 20 janvier, le contrôleur général écrit à M. Ferrand que la proposition d'acquérir la totalité des charges des États présentée par l'évêque de Rennes, de la part de quelques traitants de Paris, est inacceptable. Sur la somme de 1,300,000 # qu'ils offrent, il y aurait à déduire le sixième de remise et 202,000 # pour le remboursement de MM. de Méjusseaume et de Montaran. De plus, ils prétendent commettre à l'exercice des charges en attendant qu'ils aient trouvé des acquéreurs, et le sujet auquel ils feraient faire les fonctions de trésorier n'aurait certainement pas assez de crédit pour acquitter par avance les termes du Don gratuit, de la capitation, etc. Enfin, on ne pourrait confier à ce préposé des traitants la procuration de la province pour faire des emprunts au denier seize, sans compromettre une des principales ressources sur lesquelles compte le Roi. Mieux vaut donc revenir au premier projet, c'est-à-dire faire acheter les charges par ceux mêmes qui les exerçaient par commission. Tout au plus y aurait-il lieu de profiter de l'offre des traitants pour créer une charge de substitut du procureur général dans chaque diocèse; les États trouveraient dans la province une compagnie de gens solvables pour en traiter, ou sinon, on les mettrait aux enchères de concert avec l'intendant. Ces charges, toutes ensemble, produiraient probablement 900,000 # en sus du remboursement à faire.

D'autres lettres sont adressées le même jour à l'évêque de Rennes et au maréchal de Châteaurenault. Le contrôleur général écrit aussi à M. de Montaran : «Il convient au service de S. M. et à vos avantages particuliers que vous conserviez les charges de trésorier : vous ne devez pas différer à prendre votre parti et à en traiter.»

Les 24 et 27 janvier, M. Ferrand envoie le projet de création de deux charges de procureurs-syndics, d'une charge de trésorier et de huit charges de substituts. Il propose de régler la finance des premières sur le pied du denier dix, plus 2,000 # par an pour le cahier de frais du député en cour et un droit de 500 # par an pour chaque charge, payable lors de la présentation du cautionnement des fermiers des devoirs. — «J'ai pris le parti, dit-il, d'établir des droits nouveaux à toutes ces charges. Peu de gens en savent le produit, et portent les profits à des sommes immenses : de la manière que je me suis conduit, ne mettant sur le compte du trésorier que ce qui est naturellement à sa charge, on verra d'un coup d'œil les appointements qui doivent lui appartenir. Dans les droits que j'ai attribués au trésorier, j'ai compté qu'en temps de paix la dépense des États pouvoit être de 6,000,000 #; les députés des États l'avoient ainsi pensé, n'étant pas juste de régler une charge sur le pied de son revenu pendant la guerre. Vous trouverez donc que le revenu de la charge de trésorier, pendant la paix, sera de 87,500 # : sur quoi il faut diminuer les frais des bureaux, que M. de Montaran fait monter à la somme de 20,000 # par an, le port et voiture de la dépense qui se fait par les États dans la ville de Paris, et que M. de Montaran fait monter à près d'un million. Par le grand usage que vous avez de ces sortes d'affaires, vous jugerez bientôt si M. de Montaran se fait justice quand il offre 600,000 # de cette charge, suivant sa soumission, que j'ai l'honneur de vous envoyer. Je ne compte point dans le revenu de cet office les ports et voitures du Don gratuit, pour raison de quoi les États payent 1 p. 0/0 : ce qui va présentement à la somme de 30,000 # pour chaque tenue d'États. M. de Montaran prétend qu'il ne profite point dans cette somme, dont l'emploi est connu..... » M. de Montaran eut la préférence, mais à condition de donner 700,000 #. (Lettre du contrôleur général à M. de Montaran, 6 février.)

Le sieur le Bel de Lesneven fut agréé pour acquérir la charge de greffier, dont les fonctions étaient dans sa famille depuis près d'un siècle. (Lettre du 30 janvier, à M. de Lesneven.)

Le 3 février suivant, M. Desmaretz demande à M. Ferrand d'obtenir une somme de 143,000 # pour la révocation des trois édits portant création de contrôleurs des voitures, de facteurs-commissionnaires des rouliers et de courtiers de vin et de banque. Il lui dit : «Je prévois que vous trouverez une grande résistance dans les États à faire admettre cette proposition; et en effet ils auront raison de vous objecter que, le Roi ayant bien voulu se relâcher de la demande de 473,000 # portée par les instructions que S. M. avoit envoyées à ses commissaires pour l'abonnement de plusieurs édits dont ces trois faisoient partie, ils ont eu un sujet très légitime de s'en croire déchargés. C'est à vous et à MM. les commissaires du Roi de traiter cette affaire avec tous les ménagements convenables pour y déterminer les États, n'étant pas possible de penser à imposer ces sommes sur les communautés pendant qu'elles vont être chargées du doublement et du demi-doublement des fouages.» Voir une autre lettre du 6.

---

927. *M. Desmaretz, directeur des finances, à M. l'Évêque de Saintes.*

8 Décembre 1705.

«Le traitant des offices d'essayeurs d'eau-de-vie m'assure que vous n'avez pas encore donné les ordres nécessaires pour l'imposition de la somme de 12,833 # 6 s. 8 d. que le clergé de votre diocèse doit payer pour sa part de celle de 130,000 # à laquelle monte l'abonnement de la généralité de la Rochelle pour la suppression de ces offices, suivant la répartition qui en a été faite par M. Bégon. Je dois vous dire que plusieurs de MM. les évêques avoient fait difficulté de faire imposer le contingent de leur clergé, lorsque le Roi donna les ordres pour l'abonnement général de cette affaire; mais, lorsqu'on leur eut fait entendre que, si ces offices eussent subsisté, le clergé eût payé les droits qui leur étoient attribués, ils se sont tous rendus à cette raison et sont convenus qu'il étoit avantageux pour tout le monde que les droits aient été supprimés. Il y a plus de justice que votre diocèse y contribue que beaucoup d'autres dans lesquels il ne se fabrique pas tant d'eau-de-vie; ainsi, j'espère que vous voudrez bien donner les ordres nécessaires pour l'imposition de cette somme et pour la faire payer dans les six premiers mois de l'année prochaine. Elle devoit être payée, suivant l'arrêt d'abonnement, moitié en l'année 1704, et l'autre moitié cette année. Vous savez combien le Roi a besoin de secours; j'ajouterai seulement ici qu'il n'est pas nécessaire de lettres patentes pour faire cette imposition, qui a été ordonnée par l'arrêt d'abonnement sur les ecclésiastiques et sur tous les privilégiés *.»

* L'évêque n'ayant pas voulu faire imposer la somme fixée pour le clergé, l'intendant fut chargé de régler lui-même la répartition de l'imposition entière; mais le clergé prouva qu'il était hors d'état de payer, étant déjà surchargé d'impositions, et on lui laissa toute latitude pour chercher une voie de répartition. (Lettres du 6 mai et du 16 octobre 1706, à M. Bégon, intendant à la Rochelle.)

Voir une lettre du 8 décembre 1705, à M. Trudaine, intendant à Lyon, qui refusait de comprendre les gentilshommes de cette ville dans le cinquième de l'imposition que la noblesse devait payer conjointement avec le bureau des finances, les bailliages, etc.; et une lettre écrite par M. de Harouys, intendant en Champagne, le 17 mai précédent, sur la nécessité de faire participer au rachat les officiers du présidial de Langres aussi bien que les autres contribuables.

Le recouvrement fut fait, moyennant remise d'un sol pour livre, par les receveurs des tailles; mais toute permission fut donnée aux traitants d'agir par contraintes pour se faire livrer les sommes perçues. (Lettres de M. Desmaretz à divers intendants, 18 avril 1705 et 9 janvier 1706.)

---

928. *M. Desmaretz, directeur des finances, à M. d'Ormesson, intendant à Soissons.*

9 Décembre 1705.

«Les différentes propositions qui ont été faites à l'occasion du rachat des courtiers de vin et de banque m'obligent de reprendre tout ce qui s'est passé sur cela et de vous prier d'y donner une attention sérieuse, afin que, le progrès de cette affaire et la situation où elle se trouve présentement étant bien expliqués, vous puissiez prendre la résolution que vous estimerez la meilleure et la plus convenable à l'état de la province. Je vous prie donc de vous rappeler que, lorsque je vous proposai divers expédients pour l'abonnement dans la généralité de Soissons, lesquels avoient été mis en usage dans d'autres provinces, vous me fîtes réponse, par votre lettre du 23 juin dernier, qu'il n'y avoit pas lieu de s'en servir dans votre département, et vous fîtes d'avis de permettre au traitant de vendre les nouvelles charges [de courtiers] de vin créées par édit du mois de novembre 1704, jusqu'à concurrence de la somme de 18,000# et les 2 sols pour livre, dans votre département, dont le contingent avoit été fixé à cette somme. Vous m'envoyâtes en même temps un tarif des droits que vous estimez qu'on pourroit attribuer à ces nouveaux officiers. Dans la suite, le traitant n'ayant pas trouvé à remplir cette somme en vendant les charges, et le sieur Adam, d'un côté, lui ayant fait offre de payer la finance de 18,000 # et les 2 sols pour livre, en jouissant des droits portés par votre tarif sans limitation de temps, et le sieur Lescouvette ayant en même temps fait sa soumission de payer la même finance en lui accordant la jouissance des mêmes droits pendant quatre ans et demi seulement, lesquels seroient perçus dans tous les cas que se lèvent les droits dus aux anciens jaugeurs et courtiers, je vous envoyai les deux soumissions, et vous me fîtes réponse, par votre lettre du 12 octobre dernier, dont je vous envoie copie, aussi bien que de la soumission du sieur Lescouvette, que vous étiez persuadé qu'on ne pouvoit mieux faire que d'accepter les offres du sieur Lescouvette, qui réduit la jouissance des droits à quatre années et demie; que cette affaire ne feroit pas de peine aux particuliers, puisqu'ils payent volontairement les mêmes droits à ceux qui font les fonctions de courtiers. En conséquence de cette lettre, j'ai fait signer un arrêt du Conseil qui accepte, conformément à votre avis, les offres du sieur Lescouvette, sous le nom d'Avisse. Mais, ayant été fait diverses propositions au Conseil beaucoup plus avantageuses, et entre autres, sous le nom d'Alongeville, celle de payer la somme de 70,000 # moyennant la jouissance des mêmes [droits] aussi pendant quatre années et demie, il avoit été résolu d'ordonner une publication nouvelle par-devant vous sur cette offre et de faire une adjudication au plus offrant et dernier enchérisseur. L'arrêt a été en effet expédié; mais, dans le temps qu'on y travailloit, les maire, échevins et habitants de l'élection de Laon ont présenté des mémoires par lesquels ils demandoient que la jouissance accordée à Avisse fût révoquée, sur les offres qu'ils ont faites d'avancer la somme de 18,000 # et les 2 sols pour livre à quoi la finance des offices de courtiers de vin avoit été fixée par votre département, et ils avoient proposé d'imposer leur contingent sur les vignes, sauf à ordonner le payement du surplus sur les habitants des autres élections de la généralité, d'une manière convenable. D'ailleurs, il avoit été fait une autre proposition de la part des maire et échevins de la ville de Laon, d'imposer sur les propriétaires des vignes de l'élection de Laon la somme qu'il plairoit à S. M. arbitrer, et qu'en faisant la même chose sur les autres élections de la généralité de Soissons, le Roi recevroit une somme bien plus considérable que celle de 18,000 #, et le peuple s'en trouveroit bien moins chargé. Sur cela, M. Chamillart, qui cherche partout à trouver du secours pour le Roi, m'avoit chargé de vous informer de l'état de cette affaire et de demander votre avis sur ce qui convenoit mieux à la généralité, ou de faire la publication et adjudication ordonnées par l'arrêt du Conseil au plus offrant et dernier enchérisseur sur l'offre faite par Dalongeville de payer la somme de 70,000 # pour la jouissance des droits accordés à Avisse, ou bien d'imposer la même somme sur les propriétaires des vignes, de la même manière qu'on en a usé dans les élections d'Orléans, Beaugency et Blois, sur laquelle Avisse seroit remboursé de ses avances, de ses intérêts et frais, le traitant payé de ce qui lui est dû de reste, et le surplus seroit porté au Trésor royal*..... »

* L'intendant fut chargé de faire l'adjudication aux enchères de la jouissance pour quatre ans et demi, conformément aux anciennes règles, «les droits de jaugeurs et courtiers se levant au premier enlèvement, soit que le vin fût vendu ou transporté d'un lieu à un autre, et, à toutes les autres ventes, ne se payant que le droit des courtiers.» (Lettres des 20 et 25 décembre.) Deux mois plus tard, les droits furent supprimés moyennant une somme de 50,000 #, à imposer au marc la livre de la capitation. (Lettre du 17 février 1706.)

Voir, sur la même affaire, les lettres précédentes des 1er, 2 et 7 décembre, et celles qui avaient été écrites antérieurement : le 3 juillet, à M. de Harouys (Champagne); le 11, à MM. de la Bourdonnaye et Rouillé de Fontaine (Bordeaux et Limoges); le 15, à M. Roujault (Bourges); le 23, à MM. Turgot et Foucault (Tours et Caen), etc.

929. *M. de Vernouillet, président à mortier au Parlement de Rouen,*

au Contrôleur général.

9 Décembre 1705.

«Le réquisitoire qu'a présenté ce matin M. le procureur général, en conséquence de votre lettre touchant les nommés Brunel et Bontemps, me fait avoir l'honneur de vous écrire pour vous informer de ce qui s'est passé à leur égard. Ces deux voituriers sont partis de Rouen la nuit, contre les défenses qui leur avoient été faites par la Cour, sous de prétendus passeports du lieutenant général, qui n'a aucune juridiction sur les lieux par où ils doivent passer. Ils étoient chargés d'environ vingt-cinq muids de pois, qui avoient été chargés sur leurs bateaux, en la meilleure partie, par des marchands de grains de cette ville, qui, par les arrêts du Conseil et leurs statuts, n'ont la faculté d'acheter privativement à tous autres des grains, dans les quatre marchés proche de Rouen, que pour les y apporter pour la subsistance de la ville. Cependant, au lieu d'y procurer l'abondance, ils ne se servent de l'avantage qu'ils ont que pour y mettre la disette, en faisant chez eux de gros magasins des grains les plus chers, pour les transporter hors la province, sans en vouloir exposer dans les halles un seul boisseau : ce qui ayant, depuis environ six semaines, fait extrêmement murmurer le peuple pour les pois, les gens du Roi crurent qu'il étoit à propos, pour faire cesser ce désordre, de requérir que partie des pois qui étoient dans ces deux bateaux fussent déchargés et vendus en détail aux halles de cette ville : ce qui fut ainsi ordonné, et ce qui a déjà été en partie exécuté pendant deux jours de marché. Mais, comme ces bateaux étoient sortis du port, on fut obligé d'aller après pour exécuter l'arrêt de la Cour. Cela s'est fait sans aucun retardement, comme vous verrez par le mémoire que je prends la liberté de vous envoyer, qui vous instruira entièrement de tout ce qui s'est passé. Je vous supplie de vous souvenir qu'en l'année 1699, vous me fîtes l'honneur de m'écrire, étant à la tête de la Compagnie comme je suis aujourd'hui, de favoriser le transport que devoient faire quelques marchands de Paris des grains qu'ils avoient dessein d'acheter dans les marchés voisins de Rouen, et que, sur la remontrance que j'eus l'honneur de vous faire que cela causeroit la disette dans Rouen, vous défendîtes à ces marchands d'en enlever, et vous me dîtes, s'ils en emportoient, de m'y opposer. Quoique les pois soient d'une rareté extrême dans toute la province, nous n'empêchons point qu'on en transporte à Paris; mais nous faisons seulement en sorte qu'il en reste une petite partie à Rouen, comme on a toujours fait en pareille occasion. On ne sauroit garder ce juste tempérament qu'en obligeant les voituriers de prendre des passeports de celui qui est à la tête de la Compagnie, comme il s'est toujours pratiqué, afin de savoir par là quelle quantité il en sort, et quelle quantité il en peut rester. Nous avons sursis la vente du reste des pois qui ont été déchargés, jusques à ce que nous ayons reçu vos ordres*.»

* Voir une lettre de M. de Bernières de Bautot, procureur général, en date du même jour.

930. *M. Nicolay, premier président de la Chambre des comptes de Paris, au Contrôleur général.*

(Chambre des comptes de Paris, G⁷ 1760.)

11 Décembre 1705.

«Accorder des délais aux comptables de rendre compte, c'est leur accorder des délais de payer, ce qui ne me paroît pas convenir en ce temps-ci, et je puis vous assurer que, si les receveurs généraux ont deux ans pour compter de la capitation, ils se serviront de ce temps encore plus qu'ils ne font pour faire valoir à leur profit les deniers de leur caisse et pour payer le plus tard qu'ils pourront au Trésor royal : ce qui est très contraire au service du Roi et au bien public; et ils vous demanderont incessamment pareil délai pour leurs comptes des recettes générales*. C'est pourquoi, avant que d'enregistrer les lettres qu'ils ont obtenues pour cela, j'ai cru devoir vous en faire ma très humble remontrance**. Je suis persuadé qu'ils n'ont aucune bonne raison de ne point compter, s'ils le veulent, dans le temps que l'ordonnance leur prescrit. Que s'il y avoit quelque généralité qui méritât là-dessus de la distinction, il seroit aisé d'accorder au receveur général, quand il sera tombé dans le cas, des lettres particulières, pour lui pourvoir, sans en faire une loi générale pour tous les receveurs, qui leur donneroit lieu, et à bien d'autres comptables, de demander la même chose.»

* Réponse en marge, de la main du contrôleur général : «Par la connoissance que j'en ai, il seroit impossible qu'ils comptassent avant ce temps-là.»

** Réponse : «Je n'ai rien fait qu'après en avoir connu la nécessité.»

931. *M. Desmaretz, directeur des finances, au comte de Gramont.*

12 Décembre 1705.

«Je puis vous assurer que la proposition de créer des contrôleurs visiteurs-auneurs des étoffes de soie m'a été donnée plusieurs fois et par différentes personnes, qu'elle a été examinée au Conseil, et refusée nettement toutes les fois qu'on l'a présentée. J'ai peine à croire qu'on veuille revenir à une affaire tant de fois proscrite.»

932. *M. Dalon, premier président du Parlement de Bordeaux, au Contrôleur général.*

12 Décembre 1705.

Il demande, au nom du sieur Baptiste, un privilège exclusif pour la construction de pompes à incendie d'une nouvelle invention*.

* Réponse en marge : «Le sieur du Périer a donné des pompes au Roi et au public, même à la ville de Paris, qu'il est obligé d'entretenir pendant trois ans, sans que S. M. lui ait accordé un privilège exclusif. Il avoit demandé d'en établir par tout le royaume, et S. M. ne lui a pas voulu accorder. Celui qui se présente à Bordeaux ne sera pas plus heureux pour le privilège. Il peut vendre ses pompes à la ville, ainsi que l'a fait le sieur du Périer.»

933. *M. Desmaretz, directeur des finances, à M. Dodart, de l'Académie des sciences.*

16 Décembre 1705.

«J'ai fait examiner le projet donné par M. des Billettes. Les calculs des tables qui établissent son système ne sont pas tous justes, et il seroit bon de le voir, pour prendre de lui les éclaircissements nécessaires*.»

* Le 1er décembre 1706, M. Desmaretz écrit à M. des Billettes : «M. Dodart m'a remis les mémoires que vous avez faits pour une nouvelle création de rentes viagères. Si vous voulez prendre la peine de vous rendre chez moi vendredi prochain, à quatre heures après midi, nous examinerons s'il y a lieu d'en faire usage.»

934. *M. Godefroy, procureur du Roi en la Chambre des comptes de Lille, au Contrôleur général.*

18 Décembre 1705.

«..... Lorsque l'empereur Charles V et le roi d'Espagne Philippe II ont eu besoin de finances extraordinaires, ils ont exigé, par forme de prêt, des communautés ecclésiastiques et séculières et des particuliers aisés de leur domination, des sommes proportionnées à leurs facultés, pour lesquelles ils leur ont passé des contrats de rentes, héréditaires ou viagères à leur choix, à un raisonnable intérêt. Ce moyen, mis en pratique dans tout le royaume et conduit par des personnes prudentes et modérées, pourroit produire au Roi des sommes considérables, sans que le peuple en fût aucunement chargé*.»

* Réponse en marge : «Je lui suis fort obligé de sa bonne volonté; mais j'ai peine à croire que nous en puissions faire usage.»

---

935. *M. Trudaine, intendant à Lyon, à M. Desmaretz.*

18 Décembre 1705.

«J'ai différé jusqu'à présent à vous marquer mon avis sur ce que pensent nos négociants de l'utilité qu'ils prétendent qu'il y auroit pour l'État de donner cours aujourd'hui aux pistoles d'Espagne et aux pièces de huit, quoique vous m'en ayez donné l'ordre dès le 2 de ce mois; j'ai cru qu'il étoit à propos d'approfondir la matière avec quelques-uns des plus habiles et des mieux intentionnés pour le bien public. Je voudrois pouvoir vous rendre leurs raisons aussi sensibles qu'ils me les ont exposées, et vous faire connoître en même temps qu'ils m'ont moins parlé en négociants qui songent à leurs intérêts qu'en véritables gens de bien qui pensent seulement à l'utilité publique, m'ayant fait sentir qu'il y avoit plus de gain pour eux à vendre leurs piastres dehors, qu'ils n'en auront en les versant dans le public au prix des écus de France. Leur raisonnement pour se justifier de l'intérêt particulier qu'on pourroit leur reprocher dans l'instance qu'ils font de donner cours à ces espèces, est fort court. Ils disent que ces espèces ne leur appartiennent pas. Ils ont un droit pour la remise ici, ils en ont encore pour les faire passer en pays étrangers, et, quand ils trouvent leur compte de les acheter ici pour les revendre comme marchandise, ils ont tout ce gain; au lieu qu'en les versant dans le public, ils n'auront que le droit qui leur est payé pour la peine qu'ils ont de les recevoir et d'en disposer, et se croient, par ces raisons, à l'abri du soupçon que l'on pourroit avoir qu'ils parlent pour leur intérêt particulier.

«Nous sommes entrés dans les raisons qu'ils ont pour soutenir leur proposition. Nous avons commencé par examiner la proposition que vous m'avez fait l'honneur de m'écrire, que nous avons regardée comme une hypothèse qui établit qu'un homme qui apporte aujourd'hui en France 1,000 pistoles à 14 # 5 s., en remportera, dans dix-huit mois qu'elles ne vaudroient plus que 12 # environ, 200 de plus qu'il n'en aura apporté, et, par conséquent, diminuera d'autant l'argent du royaume. Quelque simple et quelque naturelle que soit cette proposition, et quoiqu'ils conviennent de sa vérité, ils répondent qu'il faut entrer plus avant dans le chemin que feront ces 1,000 pistoles, pour décider s'il est à propos de les recevoir. Ils soutiennent que ces pistoles ne sont point envoyées en France pour y être inutiles. Ou c'est pour acheter de la marchandise qu'on les y envoie, auquel cas elles ne retournent jamais dans le pays étranger, elles deviennent propres au royaume, et c'est le regnicole qui profite de cette égalité que vous leur donnez à nos louis d'or, par l'abondance d'espèces que vous fournissez au commerce. Je leur ai objecté qu'ils n'apporteront point de pistoles, pas même à 14 # 5 s., s'ils n'ont d'autre dessein que d'en acheter des marchandises, la traite de nos marchandises n'équipollant pas à tout l'argent dont nous avons présentement besoin au dehors, et les étrangers étant en état de les payer par lettres, sans être obligés de nous apporter de l'argent. Ils m'ont répondu que c'est un cas fortuit, qui ne durera pas toujours, et que l'appât de gagner quelque chose sur les pistoles les déterminera sûrement à nous en envoyer, quoique nous devions beaucoup au dehors; que l'expérience le justifiera, mais que cette raison ne doit point empêcher de leur donner un égal cours à nos louis d'or, parce que, s'ils ne nous en envoient point pour payer les marchandises qu'ils tirent de nous, trouvant d'autres moyens de nous satisfaire, la crainte du tort que pourroit, par la suite, faire au royaume ce rehaussement des pistoles doit cesser, puisqu'il n'en entrera point dans cette supposition; et si, nonobstant nos dettes au dehors, ils nous en envoient, elles nous demeurent propres, puisqu'on nous les apporte pour payer des marchandises. Ils ajoutent que, si nous sommes obligés de payer au dehors en espèce ce que l'on y doit, parce que les étrangers auront payé en espèce ce qu'ils ont pris dans le dedans du royaume, on les payera avec leurs mêmes pistoles, nos louis d'or nous demeureront, et leurs pistoles nous auront servi à rendre l'argent plus commun. Ils disent encore que l'on se trompe quand on croit sans restriction que dès que l'on doit en pays étrangers et qu'il ne s'enlève pas assez de marchandises dans le royaume pour payer ces dettes, que le marchand, pour confirmer son crédit, y fait passer de l'argent. Ils soutiennent que cela ne se fait jamais qu'après avoir épuisé tous les moyens pour conserver l'argent, l'esprit du négoce n'étant que d'avoir et conserver de l'espèce, et que les négociants se replient de tous les côtés imaginables avant que d'en venir à l'extrémité de faire sortir et renvoyer les espèces pour payer leurs dettes, à moins qu'il n'y ait du gain sur l'espèce même en l'envoyant dehors, auquel cas elle est regardée comme marchandise. Et c'est pour cela qu'ils soutiennent qu'il faut donner cette plus-value aux pistoles et aux pièces de huit, afin que, les regardant comme marchandise, on ne trouve pas d'avantage à les porter au dehors, comme l'on fait aujourd'hui qu'elles valent beaucoup plus dans les pays étrangers que chez nous.

«Après avoir épuisé cet article par beaucoup de raisonnements que je voudrois pouvoir vous rendre tels que je les ai entendus, nous avons examiné ce que deviennent ces pistoles lorsqu'elles ne sont point destinées à acheter de la marchandise. Il paroît assez certain que l'étranger ne peut les envoyer que dans le dessein de les prêter : il n'y trouveroit pas son compte autrement. Nos négociants observent que, lorsqu'un étranger leur envoie des espèces pour en disposer sur la place, ils ne le font jamais que tout ce qui leur appartient à eux en propre ne soit placé, et que l'argent de l'étranger ne se place qu'après, et qu'il arrive souvent, dans les rabais, que l'argent de l'étranger le supporte, et non pas le leur, sans que l'étranger puisse leur reprocher aucune mauvaise foi, parce qu'effectivement, après que le leur a été placé, ils n'ont pas trouvé d'occasion de bien disposer de celui de l'étranger, qui ne peut, dans ce cas, trouver mauvais que son commissionnaire ait commencé à assurer son propre argent avant que de songer à celui du commettant; et ils ne doutent pas que donnant cours dès aujourd'hui à ces monnoies étrangères, qu'une partie de la perte qui se fera par les neuf diminutions qui arriveront de deux mois en deux mois, ne soit portée par ces étrangers; et ils ajoutent que si le commissionnaire en dispose assez à temps pour garantir l'étranger de la perte de la diminution, qu'il faut, après cela, s'en reposer sur le soin que prendront les marchands pour faire payer à l'étranger en lettres ce qu'il voudra retirer de France, sans craindre qu'on renvoie des espèces, par l'application que chaque marchand a toujours de ne payer qu'en papier et en marchandise ce qui est dû au dehors. Tout le monde travaille unanimement à ne point payer autrement et à garder l'espèce, et c'est cette application qui fait le commerce de lettres par toute l'Europe, et qui en donne même la facilité. Le François qui doit à Gênes paye à Londres et à Amsterdam sa dette de Gênes; s'il renvoyoit de l'argent à Gênes pour l'acquitter, il seroit embarrassé de se faire payer ce qui lui est dû à Amsterdam.

«Il ne faut pas s'étendre sur ces raisons, que vous savez comme nos négociants; mais une réflexion qu'il faut faire est que l'espèce ne fait point le commerce avec l'étranger : elle n'est utile que pour le commerce du dedans de chaque État. L'abondance d'espèces favorise les manufactures, les achats et les changements de main de cette marchandise, qui tombe par cascades de la dernière main de notre marchand dans celles de l'étranger, avec quoi nous commerçons avec lui seulement, et non avec de l'argent, qui ne sert qu'au dedans du royaume. Cette proposition étant certaine, comme je le présuppose, il résulte nécessairement que l'abondance de l'argent nous donne une grande facilité de manufacturer, et ensuite d'envoyer au dehors des marchandises, dont le prix n'est que le produit de l'industrie des sujets du royaume, qui est la grande richesse de l'État de faire payer notre industrie par l'étranger. La guerre, qui paroît le traverser, par le grand nombre d'hommes qu'elle tire du travail et par l'argent qu'elle coûte au dehors, qui diminue celui qui nous reste pour faire ce commerce du dedans, doit nous faire appliquer davantage à faire rentrer des espèces dans le royaume, pour remplacer ce qui en sort. Il faut encore convenir que nos louis d'or ne valent pas plus en pays étranger que les pistoles d'Espagne. Nous souhaiterions néanmoins que tout ce qui est dehors pût rentrer aujourd'hui. Et que nous importe que ce soit ou nos louis ou des pistoles d'Espagne qui entrent dans le royaume, puisque la valeur intrinsèque en est égale, et qu'avec ces pistoles on retirera les louis d'or quand on voudra! Il n'est question que d'en faire entrer des uns ou des autres : il n'importe desquels, pourvu que nous ayons de l'espèce abondamment. Nos négociants m'ont si fort convaincu de cette vérité, que je suis persuadé que c'est un avantage considérable pour l'État de donner présentement cours aux pistoles d'Espagne et aux pièces de huit. Quoique ma lettre soit fort longue, je n'ai pu vous rapporter tout ce qui m'a été dit; j'ai tâché de retenir ce qu'il y a de plus essentiel, pour vous en informer *.»

* Dans une lettre du 2 décembre, M. Desmaretz avait exposé les inconvénients que lui semblait présenter la proposition des Lyonnais. «Il faut convenir, disait-il, que la quantité de ces espèces ou des matières d'or et d'argent ne peut augmenter dans le royaume qu'autant que les étrangers augmenteront la traite qu'ils font de nos marchandises, ou qu'ils voudront placer en France leurs deniers en constitutions de rentes, ou les faire valoir en billets, et que, dans tous les cas, le surachat des pistoles d'Espagne et des pièces de huit, bien loin d'en faire naître l'abondance, en diminueroit la quantité, parce que sept pistoles à 14 # 5 s. payeroient autant de marchandises que huit en payent à présent, et feroient le même effet dans le commerce. Ainsi, nul avantage à espérer de cette augmentation de prix dans les espèces étrangères; mais le royaume en recevroit, par la suite, un préjudice bien réel et bien sensible, lorsque ces mêmes espèces que les étrangers y auroient apportées sur le pied de 14 # 5 s. et de 3 # 17 s., se trouveroient réduites et diminuées à 12 # et 3 # 4 s., en pure perte pour les sujets du Roi. Il faut donc conclure que, s'il y avoit lieu de donner cours dans le royaume à ces espèces, ce ne pourroit être qu'après la dernière diminution annoncée par l'arrêt du 17 du mois passé, et lorsque toutes les espèces et les matières d'or et d'argent seroient fixées dans le royaume au prix que le Roi veut leur donner. C'est sur quoi je vous supplie de réfléchir encore, et de me faire savoir votre avis.»

---

936. *M. l'Archevêque de Narbonne, président des États de Languedoc,*
AU CONTRÔLEUR GÉNÉRAL.

22 Décembre 1705.

«J'ai reçu la lettre du 14 du courant que vous m'avez fait l'honneur de m'écrire, par laquelle vous me faites savoir qu'encore que M. le duc de Berwick n'ait point assisté à nos États, l'intention du Roi est qu'ils lui accordent une gratification de 12,000 #, et une de 8,000 # à Mme sa femme, ainsi qu'il fut pratiqué l'année dernière à l'égard de M. le maréchal et de Mme la maréchale de Villars. Sur quoi, je crois pouvoir vous assurer que les États ne feront pas difficulté d'obéir aux volontés de S. M.; en quoi leur mérite sera d'autant plus grand que jamais il n'ont accordé de pareilles gratifications aux commandants qui n'ont pas assisté aux États. D'ailleurs, M. le maréchal de Noailles y ayant assisté pendant huit ou dix années consécutives, les États ne lui ont jamais fait de gratification. Ainsi, ce n'a été qu'à M. le maréchal de Montrevel et à M. le maréchal de Villars qu'on a fait, à chacun, une gratification de 12,000 #; c'est-à-dire que les États suivirent, l'année dernière, pour M. le maréchal de Villars, l'exemple de ce qu'ils avoient fait l'année précédente pour M. le maréchal de Montrevel. Il est à remarquer, à l'égard de M. de Montrevel, que les États lui firent cette gratification de 12,000 # parce qu'ils crurent ne devoir pas la refuser, puisque M. de Montrevel l'avoit désirée, et qu'ils considérèrent qu'il n'en coûteroit à la province qu'une somme de 6,000 #, parce que l'usage est que, lorsque le lieutenant général assiste aux États en l'absence du gouverneur ou du commandant, ils lui font une gratification de 6,000 #, de laquelle il ne jouit pas lorsque le commandant est présent. Cet usage est si constant, de ne rien donner au lieutenant général lorsqu'il n'est pas premier commissaire du Roi, que, M. le maréchal de Villars ayant quitté les États, l'année dernière, au commencement de janvier, et M. le comte de Peyre, lieutenant général, ayant continué de les tenir jusques au 20 février suivant, néanmoins il n'eut pas la gratification de 6,000 #. Il résulte de ce que je viens de vous représenter qu'en exécutant l'ordre du Roi à l'égard de M. de Berwick, il en coûtera 6,000 # de plus à la province que l'année dernière, puisque, outre les 12,000 # pour M. le duc de Berwick absent, il y aura 6,000 # pour M. le comte de Calvisson, qui est présent et commissaire principal. Il seroit à souhaiter que cette somme, quoique peu considérable, pût être épargnée à la province, dans un temps où elle porte de fort grandes impositions : en quoi on fait plutôt attention aux conséquences qu'à la somme, car, par rapport à M. le duc de Berwick, il n'y a personne dans les États qui n'ait pour lui beaucoup de considération et qui ne soit très aise de pouvoir lui en donner des marques. Je n'ajouterai point, à l'égard de Mme la duchesse de Berwick, que, lorsque les États accordèrent 8,000 [#] à Mme la maréchale de Villars, la délibération portoit que c'étoit sans conséquence pour les dames épouses des autres commandants, car il faut reconnoître de bonne foi qu'en cela les États ne doivent point mettre de différence entre Mme la duchesse de Berwick et Mme la maréchale de Villars*.»

* Réponse en marge : «M. le duc de Berwick se trouve absent pour une cause si honorable et dans un cas si singulier, que cela ne peut tirer à conséquence. A l'égard de Mme de Berwick, il me paroît que ce seroit l'offenser que de faire une différence d'elle à Mme la maréchale de Villars.» Les États votèrent les deux gratifications demandées; voir une lettre de l'archevêque, en date du 5 février 1706.

Le 7 décembre 1706, les États de Bretagne furent autorisés à faire une gratification de 16,000 [#] à M. le duc et à Mme la duchesse d'Albret. (Lettre du contrôleur général à M. Ferrand, intendant.)

---

937. *M. l'Archevêque de Cambrai* au Contrôleur général.

22 Décembre 1705.

«L'extrême bonté avec laquelle vous m'avez offert d'entrer dans une question qui regarde un nouvel officier des eaux et forêts me fait prendre la liberté de vous envoyer, avec une entière confiance, le mémoire ci-joint. J'espère que vous y verrez qu'il n'y a aucune terre dans le royaume qui ait des franchises aussi bien fondées, et aussi mieux conservées, que celles de notre châtellenie. Il y a longtemps que j'en ai envoyé les pièces justificatives; la plupart même de ces pièces se trouvent dans un livre imprimé qui est dans un assez grand nombre de bibliothèques. Si vous voulez néanmoins des copies en forme de toutes ces pièces, je ne manquerai pas de vous les envoyer au plus tôt. Ce que cet officier demande est très peu de chose pour lui, et seroit d'une conséquence irréparable contre l'archevêché de Cambrai. Notre sûreté ne consiste qu'à ne nous laisser entamer par aucun endroit; si nous étions une fois entamés sous quelque prétexte, tout tomberoit insensiblement. Cet officier doit s'imputer à lui-même d'avoir demandé nommément au Roi, par une vraie surprise, une châtellenie qu'il savoit bien être en possession actuelle et immémoriale de ne connoître ni la juridiction des eaux et forêts, ni aucun de ses droits. Que si vous voulez examiner les pièces, vous les aurez bientôt examinées; mais, en attendant, je vous supplie très instamment d'avoir la bonté d'imposer silence par provision à cet officier. Vous n'avez qu'à penser à tout ce que votre bon cœur vous engage à faire pour moi, pour juger de ma vive reconnoissance*.»

* Le 2 juillet 1701, l'archevêque avait écrit la lettre suivante, au sujet des franchises de son domaine : «Je ne puis m'empêcher de vous importuner par rapport à diverses entreprises que les gens qui lèvent les droits du Roi font tous les jours sur la châtellenie du Câteau-Cambrésis. Je n'oserois vous fatiguer de ce détail dans des occasions si fréquentes; mais je crois que vous savez que nos franchises ont une origine et des fondements si singuliers, qu'on n'en doit craindre la conséquence pour aucun autre lieu. Les Espagnols ont toujours reconnu que c'étoit la moindre consolation qu'ils pussent laisser à notre église, après l'avoir dépouillée. Le Roi, après avoir fait la conquête du Cambrésis sur les Espagnols, n'a cessé en aucune occasion de confirmer ces franchises, qu'ils nous avoient laissées. Je n'ai garde de demander aucune innovation en notre faveur. Je me borne à demander qu'on n'en fasse aucune contre nous, et qu'on nous laisse dans une possession si bien fondée, où S. M. a déclaré tant de fois qu'elle vouloit nous laisser. Un mot que vous aurez la bonté d'écrire à nos deux intendants de Flandres et de Hainaut, réprimera toutes ces fréquentes entreprises. Je ne puis que me louer beaucoup de l'équité de MM. de Bagnols et de Bernières, et même de leur zèle pour l'Église; mais un mot de votre main, qu'ils pourront montrer, décidera plus que toutes les meilleures raisons qu'ils pourroient alléguer. Je vous demande cette grâce d'autant plus librement qu'elle ne regarde point ma personne, ni aucun revenu dont je puisse profiter, mais seulement des franchises qui restent à cet archevêché.» Réponse en marge : «Écrire à MM. de Bagnols et de Bernières que M. l'archevêque de Cambrai se plaint des innovations qui se font par ceux qui sont chargés des droits du Roi contre ceux de son église; qu'il me demande de leur recommander, quand les plaintes seront portées devant eux, de conserver la justice qui lui est due; que je n'ai pu lui refuser de leur en écrire. Mander à M. de Cambrai ce que je fais.»

---

938. *M. Desmaretz, directeur des finances, à M. de Bernage, intendant en Franche-Comté.*

27 Décembre 1705.

«Les épreuves des matières de la mine de Nevy ont été faites par M. Humbert, dans le laboratoire de M. le duc d'Orléans. Elles n'ont produit ni or ni argent, mais tout au plus quelque métail imparfait, qui fait juger que la dépense dans laquelle on s'engageroit pour pousser ce travail plus loin, seroit très inutile*.»

* Voir, aux 8 et 20 novembre précédent, deux lettres de M. de Bernage annonçant la découverte de ce minerai.

Il y eut aussi une prétendue découverte de mines d'argent en Beaujolais, et une autre à Genneville, près de Honfleur. (Lettres de M. Trudaine, intendant à Lyon, et de M. de Courson, intendant à Rouen, 9 et 15 décembre 1705.)

---

939. *M. Turgot, intendant à Tours, à M. Desmaretz.*

28 Décembre 1705.

Il envoie les bordereaux de diverses impositions qu'il vient de répartir.

«J'ai eu attention à consommer toutes les impositions avant la fin de l'année, afin que les collecteurs puissent faire promptement leurs rôles. Quelque ménagement que j'y ai apporté, la taille de trois millions sur ce département me paroît presque doublée, y ayant 5 sols pour livre de la taille pour la capitation, 7 sols pour l'ustensile, environ un sol pour ces petites impositions, et 2 sols pour livre pour les vérificateurs du sel; ce qui va environ à 15 sols pour livre de la taille, sans compter la première moitié des offices de greffiers, qui peut aller à un sol pour livre.....»

940. *M. Lebret, premier président du Parlement de Provence,*
au Contrôleur général.

28 Décembre 1705.

Il demande une place de conseiller d'État en récompense des services qu'il a rendus pendant plus de vingt-cinq ans et de la part qu'il vient de prendre au versement d'une contribution de 400,000 ᵗᵗ par le Parlement*.

* Réponse en marge : «Il ne doit pas se flatter, quelque chose qu'il fasse pour le service du Roi, quoique S. M. ait lieu d'en être contente, qu'elle s'engage présentement pour une seconde place comme elle a fait pour la première. Ceux qui lui ont donné de pareilles idées ne connoissent guère ce pays-ci. Je souhaite qu'elle le fasse lorsque la première qui viendra à vaquer sera remplie. Il ne tiendra ni à mes bons offices, ni à l'envie que j'ai de lui rendre service.»

941. *M. Desmaretz, directeur des finances,*
au sieur Miotte, intéressé aux affaires du Roi.

29 Décembre 1705.

Un notaire royal de Niort, qui demandait à retirer la soumission qu'il avait déposée pour l'office de secrétaire-greffier du lieutenant du point d'honneur, à cause de la révocation des privilèges, a reçu une nouvelle garnison envoyée par le commis, malgré l'ordre positif de surséance. Il faut faire lever cette garnison, sans frais, et suspendre toutes poursuites jusqu'à nouvel ordre.

942. *M. Desmaretz, directeur des finances,*
au sieur Accault, intéressé aux affaires du Roi.

30 Décembre 1705.

«Il est facile de faire faire des mémoires par des commis qui ne savent pas l'affaire et de les envoyer cachetés; il est plus difficile de suivre une affaire, d'en rendre raison à celui qui en a la direction dans le Conseil, et de se tourner pour trouver les moyens de remédier aux inconvénients qui arrivent dans l'exécution. C'est ce que n'ont jamais fait les intéressés en ces deux affaires, qui s'en reposent sur des directeurs, et qui n'en savent pas le premier mot. Que les intéressés suivent leurs affaires, qu'ils fassent ce qu'ils doivent, elles auront le succès qu'ils doivent attendre de la protection du Conseil. On ne les ménagera pas pour les payements, puisqu'ils ne veulent pas suivre et faire valoir la matière, qui est bonne quand on saura la faire valoir.»

943. *M. Desmaretz, directeur des finances,*
à M. de la Forestrie.

1ᵉʳ Janvier 1706.

«..... J'entre dans la peine où vous êtes autant que la considération particulière que M. le comte d'Armagnac a pour vous m'y doit engager. Je ne me vois point en état de vous rendre aucun office essentiel pour vous soulager de la taxe de 3,000 ᵗᵗ qui vous est demandée pour la confirmation de la noblesse. J'ai fait mon rapport des placets qui m'ont été renvoyés, et M. Chamillart m'a dit qu'il falloit vous faire savoir que l'affaire dont il s'agit est une affaire générale, dans laquelle le Roi n'a voulu accorder aucune décharge ni modération, à cause des conséquences qui s'en seroient ensuivies à l'égard de cinq cents personnes qui se trouvent dans le même cas, entre lesquelles il y en a même plusieurs qui ont nombre d'années de service et des distinctions dans la guerre, auxquelles on n'auroit pu se dispenser de faire les mêmes grâces. Je suis fâché de n'avoir pas une réponse plus agréable à vous faire savoir; mais il n'est pas en mon pouvoir de rien changer à ces dispositions.»

944. *M. Lebret, intendant en Provence,*
au Contrôleur général.

1ᵉʳ Janvier 1706.

«Je reçus ici avant-hier la lettre que vous m'avez fait l'honneur de m'écrire le 18 du mois dernier, avec le mémoire contenant l'avis qui vous a été donné du transport qu'on fait de Lyon à Marseille, non seulement des piastres sévillanes et mexicanes nécessaires pour le commerce de Levant, mais encore des piastres aux piliers, qui n'ont jamais eu d'autre débit en France que dans les hôtels des Monnoies ou chez les tireurs d'or de Lyon et de Paris*. Je me suis informé de ce qu'il y a de vrai dans cet avis, et j'apprends que, depuis longtemps, il ne vient plus de piastres à Marseille par la mer, et qu'on les tire toutes de Lyon, où elles sont envoyées de Bayonne et d'Oloron par Bordeaux et par Toulouse; que, par cette raison, les négociants de Marseille sont obligés de faire venir de Lyon toutes celles qui leur sont nécessaires pour leur commerce de Levant; qu'il est vrai qu'ils font venir des piastres aux piliers, aussi bien que des sévillanes et mexicanes; mais il ne faut pas conclure de là qu'on les fasse passer à Gênes, car, en premier lieu, les piliers, qui ont plus de fin que les piastres mexicanes, sont reçus et ont cours présentement dans plusieurs échelles de Levant, et particulièrement à Constantinople, Smyrne et Alep, à 2 ou 3 p. o/o moins que les sévillanes et mexicanes. Il est vrai qu'il n'y a pas longtemps qu'on les y reçoit, et ce n'est aussi que depuis peu que les négociants de Marseille en font venir de Lyon, au lieu de les y envoyer comme ils faisoient lorsqu'elles n'avoient point de débit dans aucune des échelles de Levant. D'ailleurs, elles sont si rares et si chères présentement à Marseille, qu'il n'y a nulle apparence qu'on les envoie à Gênes.

«La plus grande consommation des piastres aux piliers se fait à Constantinople et à Smyrne, où l'on les convertit en une espèce de monnoie appelée *iselotes*, qui est augmentée de 40 à 50 p. o/o, et qui vaut 10 p. o/o moins que les abouquels**.»

* Voir un rapport de M. Trudaine, intendant à Lyon, en date du 29 décembre 1705.

** Voir une autre lettre du 2 février. — Le 7 janvier, ordre fut donné par le contrôleur général à M. Lebret et à M. de Montesan, prévôt des marchands de Lyon, d'empêcher l'exportation et de faire diriger ces espèces soit sur Paris, soit sur les hôtels des Monnaies.

945. *M. l'Évêque de Nantes* AU CONTRÔLEUR GÉNÉRAL.

2 Janvier 1706.

«Il semble que la Providence m'ait conduit ici pour consoler mon peuple. Il y a eu de si furieux vents de la nuit de mardi dernier à mercredi sept heures du matin, que presque la moitié de mon diocèse est ruinée, surtout le long des rivières et de la mer. Dans Nantes, nos maisons renversées. Il y a eu à Paimbœuf, port de l'entrée de la rivière de Loire, près de soixante vaisseaux fracassés, plus de quarante perdus, entre autres un du sieur du Hallay, chargé pour la mer du Sud. Il y a eu une infinité de bestiaux noyés; c'est une désolation. A Paimbœuf, une rue entière submergée; à Bourgneuf, tous les marais salants perdus, avec les sels qui étoient sur les bords. L'eau et la mer ont été haussées, dit-on, à quarante-huit pieds; mais les moins exagérateurs disent vingt-quatre pieds. On n'entend, depuis Paimbœuf jusqu'à Nantes, que pleurs et lamentations. Je suis ruiné et fracassé à ma maison de ville, ruiné en celle de la campagne et en moulins, et, s'il est vrai que tous les marais salants soient perdus, de deux ans je ne toucherai rien de mon revenu. Mes cheminées renversées sur ma maison m'ont pensé tuer; je me suis sauvé dans un appartement sur les murs de la ville. En un mot, de vie d'homme, il n'est vu ni entendu de pareils vents; les plus vieux marins en conviennent. On estime la perte à 5,000,000 #; il n'en faut rien dire encore au Roi, car, comme il aime ses sujets, cela le toucheroit. Je suis après à consoler nos marchands de la côte; j'ai envoyé gens de confiance dans les autres lieux. Je voudrois avoir de quoi les consoler effectivement; mais vous savez à quel point je suis gueux. Si je n'avois vendu, il y a cinq ans, ma vaisselle d'argent pour payer partie de mes dettes, je la vendrois en cette occasion, tant l'affliction de mon pays est grande. Il faut espérer que la Providence nous secourra, surtout si vous nous honorez de votre protection. On ne sait encore le dommage de l'île de Bouin; on vous enverra des procès-verbaux en forme en quelque temps. Ma cathédrale a beaucoup souffert : il lui en coûtera plus de 5,000 # de réparations. Pour ma maison de Nantes, il ne m'en coûtera que 1,000 #. Après Dieu, nous n'avons de consolateur que vous*.»

* Voir une autre lettre de l'évêque en date du 5 février, et, à la date du 19 mars, le procès-verbal de l'île de Bouin, envoyé par M. Ferrand, intendant, ainsi que sa lettre du 10 janvier, sur les dégâts généraux.

M. Foucault, intendant à Caen, rend compte, le 4 janvier, des dommages causés par l'ouragan aux édifices publics ou privés de sa généralité, aux bois, et surtout aux plants de pommiers. Le contrôleur général répond en marge de cette lettre : «Ce qu'il me mande du désordre causé par les vents, le 30 du mois dernier, est un surcroît de douleur auquel il est bien difficile d'apporter remède. Nous sommes dans un temps de souffrance : il faut prier Dieu qu'il nous en tire promptement. Les affaires du Roi ne sont pas en assez bon état pour lui permettre de soulager les malheureux qui ont souffert ce jour-là.»

M. Bignon, intendant à Amiens, envoie, les 18 septembre et 25 octobre suivants, l'état des réparations faites aux églises ou maisons religieuses à la suite des tempêtes du même mois de décembre 1705.

946. *Mme la duchesse* DE LA VALLIÈRE *(sœur Louise de la Miséricorde, des Carmélites de Chaillot)* AU CONTRÔLEUR GÉNÉRAL.

8 Janvier (1706).

«J'ai déjà eu l'honneur de vous écrire sur le nouvel impôt que l'on fait pour faire payer les boues et lanternes dans la rue d'Enfer, quoique l'on n'y en ait jamais mis. Ayant eu, en second lieu, une assignation pour ce fait, j'ai recours à vous, vous assurant que, devant plus de 100,000 francs et n'ayant pas de quoi aller au bout de l'année, nous ne trouvons pas à emprunter pour notre subsistance dans le temps présent; comment donc faire pour payer cette somme? Ayez, je vous supplie, la bonté d'avoir égard à la vérité que je vous expose, et de nous aider dans notre pressant besoin selon qu'il vous sera possible; nous vous en aurons une sensible obligation, et de croire que je suis, avec une entière considération, etc.*»

* M. Desmaretz fait la réponse qui suit, le 31 juillet : «J'ai donné ordre à celui qui est chargé du recouvrement des taxes pour le rachat des boues et lanternes de surseoir toute sorte de poursuites contre votre maison pour raison de ces taxes, et j'avois espéré de jour en jour, depuis la lettre que vous m'avez fait l'honneur de m'écrire, d'aller vous en rendre compte; mais les voyages continuels que j'ai été obligé de faire à l'Étang et à Marly, pour les affaires pressantes du temps, m'en ont empêché. J'ai grande impatience d'aller vous assurer moi-même du sincère respect avec lequel je suis, etc.»

947. *M.* DE BÂVILLE, *intendant en Languedoc,* AU CONTRÔLEUR GÉNÉRAL.

10 Janvier 1706.

«De dix mille gros muids de sel qui étoient à Peccais, il y en a eu six mille de submergés par les inondations; on en a sauvé quatre mille avec des peines immenses, qui étoient en camelles, et, quoique les pluies aient été continuelles, on y a mis tant d'ouvriers, que l'on a rehaussé le terrain qu'on appelle le Corrège, et, le vent impétueux qui faisoit regonfler la mer et rehaussoit les eaux, ayant un peu diminué, on a trouvé le moyen de conserver cette quantité de sel, qui suffira pour la fourniture de trois années à peu près; et, pendant ce temps, on fera de nouveaux sels. Ainsi, la ferme des gabelles n'en souffrira pas; la perte ne sera que pour les propriétaires : elle est très grande pour eux, non seulement par la perte de six mille gros muids de sel, mais encore par les réparations qu'ils seront obligés de faire. J'examine maintenant s'ils en ont fait de suffisantes et s'ils ont employé le revenu du droit de *blanc*, destiné pour ces réparations, et qui leur a été autrefois accordé, lequel monte à 10 ou 11,000 #. Il est certain que le juge des gabelles avoit fait la visite et la réception de ces réparations suivant le bail. Jamais les chaussées n'avoient été si fortes ni si élevées. Ce malheur est venu du petit Rhône qui a débordé d'une manière qu'on n'a pas rien vu de semblable. Ce petit Rhône, qui est la branche qui forme la Camargue, demande une grande attention. Le grand Rhône se jette de ce côté-là avec tant de rapidité et d'abondance, qu'il sera dans peu la partie la plus considérable de cette rivière; comme elle n'a point de digue ni de défense en cet endroit, non seulement une grande étendue d'un très bon pays en sera inondé, mais il sera impossible de sauver les salins de Peccais. Il y a longtemps que j'en ai donné avis. M. Niquet, ingénieur général de cette province, prétend qu'il y a un moyen de faire une chaussée à fleur d'eau pour faire rentrer le Rhône dans son lit naturel; vous m'avez même envoyé des ordres, il y a quelques années, pour proposer aux États de faire ce fonds. Ils n'ont point voulu faire cette dépense, si la province n'y contribuoit; mais cette province n'a jamais voulu en entendre parler, prétendant qu'il n'est pas juste qu'elle contribue pour se ruiner elle-même et pour rejeter de son côté les eaux surabondantes et nuisibles du Rhône, que la nature a poussé du côté du Languedoc. Cet ouvrage, faute de fonds, n'a point été entrepris. Je doute fort que l'expédient de M. Niquet puisse réussir; il en doute lui-même, et il ne le propose que comme un moyen à tenter et à hasarder. Comme il est à Paris maintenant, je lui mande de vous en rendre compte lui-même, et de vous donner un mémoire pour prendre les résolutions convenables à ce danger, qui est pressant et d'une grande conséquence*.»

* Voir les lettres, mémoires et pièces des trésoriers de France, des propriétaires des salins, de l'intendant, de l'ingénieur Niquet, etc., à la date des 12, 22 et 29 janvier, 2 février, 6 avril, 6 et 11 mai, 15 juin, 20 juillet.

Le 14 février, M. de Bâville annonce que la vente des sels diminue, soit à cause de l'augmentation du prix, soit par suite du mauvais temps qui entrave le travail de fabrication, et que trois faux-sauniers ont été condamnés au fouet.

948. *M. de Bernières, intendant en Flandre maritime,*
au Contrôleur général.

12 Janvier 1706.

Il demande des mesures pour favoriser le débit du tabac que produit la paroisse de Wervicq, et qui est presque son unique revenu.

949. *M. Desmaretz, directeur des finances,*
à M. de Bâville, intendant en Languedoc.

13 Janvier 1706.

«Vous apprendrez, par la lettre que M. Chamillart vous écrit aujourd'hui, la résolution qui a été prise d'accepter les 700,000 # à quoi vous espérez de porter les États de Languedoc pour l'abonnement des affaires extraordinaires de finances expliquées au mémoire dont vous m'avez envoyé copie. J'ai été chargé de celles des contrôleurs des greffes des hôtels de ville, des facteurs-commissionnaires des rouliers, des courtiers de banques et de vins et des inspecteurs des matereaux. A l'égard des trois premières, il auroit été nécessaire, pour remplir les traités, de tirer de la province de Languedoc les sommes qui ont été demandées par les lettres que je vous ai écrites; cependant je n'ai pas cru devoir insister sur cela, M. Chamillart voulant bien d'ailleurs remplacer aux traitants les fonds qui leur manqueront, dont il est d'autant mieux informé que c'est lui-même qui a réglé ce qui devoit être payé par chaque province. A l'égard des 15,000 # pour les inspecteurs des matereaux, c'est peut-être au delà de ce qu'on en pouvoit espérer; ainsi, cet article ne reçoit aucune difficulté*.»

* M. de Bâville et M. l'archevêque de Narbonne répondent, les 24 et 26 du même mois, que les États ont reçu la nouvelle avec reconnaissance et que le payement se fera, selon le désir du contrôleur général, en trois termes, de six mois chacun, sans intérêts.

950. *M. Phélypeaux, intendant à Paris,*
au Contrôleur général.

15 Janvier 1706.

Il réclame des mesures énergiques contre les paysans qui s'attroupent pour exploiter une fontaine d'eau salée située proche de Vézelay, et y prennent du sel, non seulement pour leurs bestiaux, mais aussi pour leur usage personnel.

«Les années précédentes, on y a veillé, et on peut dire qu'il n'y a presque pas eu d'abus; mais présentement, soit par le libertinage, soit parce que le prix du sel est augmenté, le désordre est beaucoup plus grand..... Je crois qu'avant toutes choses, il seroit nécessaire que vous prissiez la peine de faire écrire à MM. les intendants des provinces où ces villages sont situés d'empêcher ces attroupements. J'espère que j'en viendrai à bout pour les paroisses du département de Paris. Je crois aussi qu'il seroit bon de faire assigner ces villages en devoir de gabelles, et que, si on les obligeoit à prendre du sel suivant l'ordonnance, cette fontaine leur deviendroit inutile, et ils n'y viendroient plus. J'avois proposé de submerger cette fontaine et de faire passer la rivière par-dessus; mais ce remède ne seroit pas sûr, parce que cette source vient d'une montagne où il y a près d'un quart de lieue, et on pourroit faire des trous dans cet espace, où on retrouveroit la même source: ce qui a été examiné. J'attends vos ordres pour les exécuter*.»

* Un arrêt fut envoyé, portant les mêmes peines pour les attroupements en armes que pour le faux-saunage.

951. *Le Contrôleur général*
à MM. de la Tour, de Mons, du Hamel, Pichon et Bordes,
conseillers au Parlement de Bordeaux.

18 Janvier 1706.

«Le Roi ayant voulu être informé de ceux des officiers du parlement de Bordeaux qui n'ont point payé les augmentations de gages ou satisfait à l'obligation dans laquelle ils sont entrés volontairement de prêter au Parlement de Bordeaux la somme de 1,000 # par contrat de constitution, il a été nécessaire de les nommer, et, comme vous vous êtes trouvés du nombre, S. M. m'a chargé de vous faire savoir que son intention est que vous y satisfassiez sans retardement : faute de quoi on sera obligé de faire contre vous des poursuites qui pourroient ne vous être pas agréables, et qu'il est de votre prudence de prévenir.»

952. *Le Contrôleur général à M. de Courson, intendant à Rouen.*

20 Janvier 1706.

Ordre de faire ouvrir la chambre d'une maison occupée par le sieur Jore, marchand de Rouen, où sont renfermés, parmi les papiers de l'intendance, des titres dont l'ancien grenetier triennal de Louviers a besoin.

953. *M. le Blanc, intendant en Auvergne, au Contrôleur général.*

22 Janvier 1706.

Par marché passé avec un entrepreneur, la province doit fournir chaque année, pour le service de la marine, trois cents mâts, revenant à 80,000 ₶, et huit cents milliers de chanvre, revenant à 128,000 ₶. Pour hâter cette fourniture et faire les livraisons à Nantes plus tôt que d'ordinaire, on a forcé le fournisseur général et les sous-entrepreneurs d'avancer tout ce qu'ils avaient d'argent, et ces derniers de s'obliger par corps pour le reste du prix; mais, si le trésorier général de la marine ne rembourse le fournisseur qu'en billets de monnaie, le crédit s'épuisera, et il ne sera plus possible aux sous-entrepreneurs de payer les matières ou les mains-d'œuvre, à moins qu'on ne force les particuliers à recevoir les billets : auquel cas les marchandises disparaîtront, et il ne reviendra plus rien dans la province des espèces que la recette générale voiture tous les mois à Paris. Il est donc urgent qu'une partie du payement se fasse en rescriptions sur la recette générale d'Auvergne, payables en deniers comptants*.

* Les fonds de la recette générale d'Auvergne étant réservés pour l'extraordinaire des guerres, on résolut de rembourser une moitié des avances en assignations sur les recettes voisines et d'aviser celles-ci de payer une partie en espèces sur les lieux.

954. *M. le Camus, lieutenant civil à Paris, au Contrôleur général.*

23 (Janvier) 1706.

«Je crois vous devoir rendre compte qu'il s'est trouvé chez feu M. le maréchal de Marchin plusieurs papiers, chiffres, instructions et lettres, qui ne sont pas à présent de grande conséquence, mais qu'il n'est pas à propos de rendre publics. Je les fais mettre à part, sans les faire inventorier, afin que vous en ordonniez. Ou je vous les ferai porter chez vous, ou je les ferai remettre entre les mains de la personne que vous enverrez. Il y a le cordon de l'ordre du Saint-Esprit qu'il faut porter à S. M.; si vous le jugez à propos, je le ferai remettre entre les mains de M. le marquis de Renty, son plus proche parent, afin qu'il le porte à Versailles, pour le rendre à qui vous ordonnerez. Je ne vous parle point de plusieurs livres d'Hollande un peu scandaleux, que j'ai fait mettre à part, afin qu'ils ne soient pas vendus avec les autres effets de la succession*.»

* Réponse en marge : «Je le prie de remettre au sieur Rabouine, porteur de ma lettre, toutes les lettres, papiers et chiffres qui peuvent avoir rapport au service de la guerre, comme aussi le collier de l'Ordre, que je dois prendre soin de retirer en qualité de grand trésorier.»

955. *M. d'Ormesson, intendant à Soissons, au Contrôleur général.*

24 Janvier 1706.

Il demande la suppression, moyennant rachat, des droits de courtage réglés par l'arrêt du 20 octobre 1705 et adjugés à 140,000 ₶ pour quatre ans et demi.

«Je ne saurois assez vous marquer le tort considérable que souffriroit la généralité de Soissons, si cette adjudication avoit lieu, et principalement l'élection de Laon, où le droit seroit une fois aussi fort que dans le reste de la province. Vous savez qu'on avoit d'abord eu intention de ne le faire payer que dans les cas de vente seulement, et que, suivant le dernier arrêt du Conseil, en conformité duquel l'adjudication est faite, il doit être perçu non seulement lors de la vente, mais encore au remuage. Ainsi, comme presque tout le vin se remue, ce second article augmente cette affaire des deux tiers et la rend très accablante pour les habitants, et principalement pour ceux de la ville de Laon, où il est conduit quantité de vins, à cause de la bonté des caves.

«J'ai déjà eu l'honneur de vous observer qu'il se lève, depuis le 1er janvier 1706, un autre droit de 10 sols par muid de vin, attribué aux inspecteurs, visiteurs et contrôleurs aux entrées créés par l'édit du mois d'octobre dernier. J'en ai fait l'adjudication pour six années que la ferme doit durer. Si celui des courtiers-commissionnaires avoit lieu en même temps avec le remuage, ce seroit mettre les habitants des paroisses de vignoble hors d'état de satisfaire aux impositions ordinaires, ne subsistant que par le commerce des vins. Je n'ai point délivré l'adjudication, et j'attendrai auparavant votre réponse. Je ne vous répéterai point ici ce que j'ai pris la liberté de vous marquer par ma lettre du 15 décembre dernier, pour faire connoître que l'imposition de cet abonnement ne peut regarder uniquement les propriétaires des vignes, et qu'il y a justice de le faire supporter par tous les habitants de la province*.»

* Au dos, de la main de M. Desmaretz : «Supprimer le droit moyennant 50,000 ₶ à imposer sur toute la généralité, au marc la livre de la capitation, sur les exempts et privilégiés de même que sur les taillables.» Voir la lettre écrite conformément à ce projet, le 29 janvier.

956. *M. Ferrand, intendant en Bretagne,*
au Contrôleur général.

24 et 31 Janvier 1706.

Les États demandent à créer une tontine de 140,000 ## de rentes viagères, du denier 18 au denier 8 suivant l'âge des preneurs, pour en employer le produit au remboursement des titulaires des charges de vérificateurs et greffiers, de commissaires et de contrôleurs des fouages, de commissaires-enquêteurs, de syndics des paroisses, etc.

«Les arrérages des rentes viagères doivent être payés du produit de ces mêmes charges que l'on veut supprimer : en sorte que le fonds n'en peut être fait qu'après la tontine remplie. La vue, en tout cela, n'est donc que de sauver à la province les vexations que la levée de ces droits, entre les mains de gens d'affaires ou des titulaires, peut causer à ceux qui y sont sujets. J'ai fait, sur cela, quelques représentations, sans trop insister, pour ne pas paroître opposé, comme en effet je ne le suis pas, aux secours qui peuvent être du goût des États; mais on auroit pu juger autrement d'une opposition plus marquée. . . . . »

957. *M. de Courson, intendant à Rouen,*
au Contrôleur général.

25 Janvier 1706.

«Il est vrai que j'ai empêché de faire voiturer à Paris non seulement les espèces de la recette que fait ici le sieur de la Houssaye; mais j'ai pris aussi les mesures nécessaires pour empêcher que les espèces des recettes des autres droits de S. M. ne se voiturassent pareillement. Je ne l'ai fait que parce que vous me l'avez ordonné par deux de vos lettres. Par la première, du 29 décembre 1705, vous m'avez fait l'honneur de me mander que S. M. a trouvé bon que les fonds de ses recettes demeurassent dans la province. Je vous demandai, par ma lettre du 7 janvier suivant, si votre intention étoit généralement pour toutes les recettes, ou si vous entendiez parler de quelqu'une particulière; pour réponse à ma lettre, vous me fîtes l'honneur de m'écrire celle dont je vous envoie la copie. L'ordre étoit si précis, que je n'ai pas cru devoir demander d'autre éclaircissement, et j'ai pris seulement toutes les mesures nécessaires pour que cet argent fût distribué aux manufacturiers ou à ceux dont le principal commerce fait subsister une infinité d'ouvriers. J'avois chargé, pour cela, les receveurs des droits de S. M. de me donner tous les mois un état, certifié d'eux, de leur recette, des rescriptions tirées sur eux qu'ils auroient payées, et de ceux dont ils auroient pris des lettres de change sur Paris. Je n'aurois pas manqué de faire vérifier ces états sur les registres. Je me fais donner aussi des états tous les mois, pareils à celui que je vous envoie, de ce qui a été donné à ceux qui fabriquent les draps. Je sais la quantité de métiers que chacun a et ce qu'il en coûte pour faire aller chaque métier; il est très aisé d'empêcher qu'il n'y ait aucun abus, et que ce soient les manufacturiers et les ouvriers qui en profitent.

«Il étoit temps que l'ordre que vous m'avez fait l'honneur de m'envoyer vînt, car, s'il eût tardé davantage, on auroit vu manquer deux ou trois des plus gros marchands, et presque tous ne vouloient plus se charger de commissions, surtout pour les toiles, qui restoient, tous les jours de marché, aux halles, sans pouvoir être vendues. Depuis que la distribution des espèces a été faite par votre ordre, il n'y a pas eu assez de marchandises dans les halles pour ceux qui en ont voulu acheter, quoique les toiles soient augmentées. Vous connoissez mieux que personne de quelle importance cela est pour la campagne. Plusieurs officiers qui sont venus ici faire leurs recrues, ayant trouvé la facilité pour avoir de l'argent en ce pays-ci, y ont fait aussi leurs remontes. Il s'y est vendu beaucoup de chevaux, qui ont été payés argent comptant : ce qui ne seroit point arrivé sans cela. Je crois qu'il est essentiel pour ce pays-ci que cet ordre subsiste, ou du moins, si vous voulez y changer quelque chose, que cela ne paroisse pas dans le public, pour ne pas retomber dans la même crainte qu'on avoit que les espèces ne manquassent absolument. Vous n'avez qu'à me prescrire les recettes que vous voulez permettre qui soient voiturées à Paris, les obliger d'en prendre une permission pour chaque voiture; cela pourra encore, pendant quelque temps, entretenir la confiance du public. Je ne puis assez vous dire combien 3 ou 400,000 ## qui ont été distribués sur votre ordre, ont fait du bien dans toute la généralité pour rétablir la confiance, et ont fait sortir l'argent; je ne le croirois pas moi-même, si je ne le voyois de mes propres yeux*.»

* Le 10 février, l'intendant envoya un état des diverses recettes faites pour le Roi, qui ne montaient qu'à 357,000 ## par mois, savoir :

Recette générale des finances, déduction faite des charges	150,000 ##
Gabelles	100,000
Douane	12,000
Aides	77,000
Grandes entrées	12,000
Tabac	6,000
Total	357,000

tandis que l'entretien mensuel des manufactures et du commerce eût exigé 496,000 ##, en répartissant ainsi cette somme :

Manufactures de draperies d'Elbeuf, Rouen, Louviers et Darnetal	112,000 ##
Manufactures des toiles de Saint-Georges	80,000
Manufactures des toiles fortes du pays de Caux	80,000
Manufactures des grosses toiles, coutils, treillis rayés et autres	32,000
Manufactures des toiles de Bolbec et Ourville	20,000
Manufactures des dentelles de fil et rubans de fil	16,000
Manufactures de siamoises, mouchoirs en façon des Indes fil et coton, soie et coton, toiles de coton, toiles bleues, basins, futaines, barracans, flanelles, ferrandines et autres petites étoffes	48,000
Chapellerie	10,000
Couvertures de laine et tapisseries de Bergame	16,000
Bonneterie, baleiniers, cartiers, etc.	12,000
Frocs de Bolbec	10,000
Manufacture de faïencerie	8,000
Plusieurs autres commerces particuliers	50,000
Total	496,000 (*sic*)

M. de Courson estimait qu'il suffirait de laisser 200,000 ## par mois dans la province, afin de rendre la confiance au public; mais cette réponse ou cette observation est écrite en marge de l'analyse de sa lettre : « Il faudroit une bonne fois que M. de Courson fit entendre aux manufacturiers qu'on les aide de ce qu'on peut, qu'ils doivent se faire aider par leurs marchands, qui vendent en détail dans toutes les bonne villes, s'aider eux-mêmes; et, quand ils n'auront l'espérance que de ce qu'on peut leur donner, ils prendront d'autres mesures que celles des plaintes continuelles. Ils gagnent et n'ont point d'autre négoce : ils ne pourront pas le laisser. — On ne me fera pas croire qu'avant l'ordre que Monseigneur a donné pour avoir un peu de comptant, les receveurs généraux laissassent plus d'argent dans la province. Cela va et vient, et, pour moi, j'ai toujours tout fait venir en espèces, même dans le temps que les lettres étoient bonnes et se payoient à Paris en argent comptant, où il est plus rare. C'est un mal commun, dont tout doit se ressentir, et c'est aussi pour cela qu'on veut qu'il en reste dans les provinces; mais tout, c'est trop.» Cette note est écrite de la main de M. Poulletier, garde du Trésor royal.

Sur une nouvelle lettre de l'intendant (3 mars), le contrôleur général écrivit de sa propre main : « Ne rien laisser de la caisse des fermes, qui doit servir à payer les rentes sur la ville; les recettes générales et particulières fourniront suffisamment ce qui est nécessaire pour le commerce de la province.»

On régla que les caisses des affaires extraordinaires échangeraient leur deniers contre les billets de monnaie ou contre les lettres de change des manufacturiers et négociants, au lieu de les envoyer à Paris. (Lettres diverses du 8 mai et du 8 juin.)

Voir aussi, au 7 mars de la même année, un rapport de M. de Harouys, intendant en Champagne, sur la nécessité de laisser des fonds à la disposition de la manufacture royale de Châlons, et, aux 26 et 29 avril, 12, 15 et 20 mai, des lettres de Jean Daras, maître de la manufacture, des commerçants de Troyes, de ceux de Reims et de Châlons et des juges-consuls de Troyes. Les mêmes mesures que pour la généralité de Rouen furent prises par le contrôleur général, mais en réprimandant l'intendant d'avoir rendu une ordonnance pour tirer des fonds de la recette générale.

958. *M. Dalon, premier président du Parlement de Bordeaux,*
au Contrôleur général.

26 et 30 Janvier 1706.

Il le remercie d'avoir agréé le projet de création du contrôle des perruques présenté au nom de son protégé, le sieur de Cressé*, et insiste pour que le chiffre du traité (200,000 #) soit diminué, en raison de ce qu'on en excepte quatre provinces**.

* Le projet avait été présenté une première fois dans le courant de l'année précédente, et rejeté d'abord comme ayant été déjà l'objet de vingt refus semblables au temps de M. de Pontchartrain. (Lettre de M. Dalon, juillet 1705.) Puis, le 25 décembre 1705, M. Desmaretz avait annoncé l'acceptation en ces termes, au premier président : « Je crois avoir donné au sieur Cressé, en considération de l'intérêt que vous prenez en ce qui le regarde, tout le temps et toutes les facilités qu'il pouvoit souhaiter. Mais, lorsqu'on est venu à une discussion exacte des fondements sur lesquels il avoit travaillé, il y a eu tant à rabattre, qu'il a paru très visiblement qu'il n'avoit pas bien conçu sa proposition. Les difficultés pour établir la régie et la sûreté de l'imposition sur les perruques sont très grandes, et il ne sera pas facile de les lever : c'est à quoi on travaille présentement. Je souhaite qu'on puisse en venir à bout. De ma part, je continuerai de donner toute l'attention nécessaire pour parvenir, s'il est possible, à faire l'établissement de ce droit, qui, s'il réussit, peut produire quelque secours pour les dépenses de la guerre, sans être trop à charge au public.»

** En marge de la lettre du 30 janvier est ce projet de réponse : « Ce n'est point un retranchement que les quatre provinces dont le sieur Cressé lui a écrit, parce qu'elles ont des abonnements particuliers et que l'on n'y fait aucune affaire extraordinaire; l'affaire des perruques ne vaut rien, ou elle vaut au moins 200,000 #, et il vaudroit beaucoup mieux ne la pas faire, si elle ne produisoit pas une somme proportionnée à l'étendue dont elle est.» La soumission avait été faite à 170,000 #.

959. *M. l'Évêque de Troyes*
au Contrôleur général.

27 Janvier 1706.

Il demande la permission d'organiser une loterie pour l'achèvement des bâtiments des hôpitaux de Troyes dès que la loterie d'un million ouverte à l'hôtel de ville de Paris sera remplie ou tirée*.

* En marge : « Lui mander qu'il y a pour le moins cinquante communautés ou églises inscrites sur un état que le Roi m'a ordonné de faire pour lui représenter lorsque les deux loteries ouvertes à son profit seront entièrement remplies. Je porterai sur l'état celle que vous demandez pour votre hôpital. Je souhaite qu'il ait la préférence; mais je trouve qu'il y en a plusieurs qui ne sont guère moins privilégiés, et qui n'en ont pas moins besoin que votre hôpital. Si la préférence se donne par la prédilection du contrôleur général, personne n'est plus en droit de l'espérer que vous, puisque je suis plus véritablement que je ne puis le dire, etc.»

M. l'évêque de Chartres demandant (lettre du mois de janvier 1706) à refaire une loterie de 400,000 # au profit des pauvres de Chartres, avec la retenue ordinaire du quinzième pour cent, le contrôleur général répond : « Trouvez bon que je me serve de la prescription pour annuler la permission qui vous avoit été accordée en l'année 1700 de faire une loterie pour vos pauvres; il faut que le Roi en accorde une nouvelle : ce que vous ne pouvez obtenir qu'après que celles que S. M. a fait ouvrir seront entièrement remplies. Le grand nombre de loteries qui ont été ouvertes en même temps fait qu'elles se détruisent les unes et les autres, et l'on est obligé d'en réduire quelques-unes à la moitié de ce qu'elles devoient produire, afin de faciliter les autres. J'aurai grande attention à faire souvenir le Roi de celle dont vous avez besoin, lorsqu'il plaira à S. M. d'en accorder de nouvelles.»

960. *M. de Bernières, intendant en Flandre maritime,*
à M. Desmaretz.

27 Janvier 1706.

Il discute les propositions d'affaires extraordinaires présentées au contrôleur général pour la Flandre française.

En premier lieu, il serait impossible de créer des bailliages à Cambrai, Menin et Dunkerque, puisque l'arrêt d'abonnement du 1er juillet 1704 porte qu'il ne sera établi aucune autre juridiction nouvelle que le présidial d'Ypres*.

« Le second moyen du donneur d'avis, qui est d'ériger en

titre d'office les charges de mayeurs et d'échevins des villes, est encore plus mauvais que le premier. Ce seroit le dernier chagrin pour les peuples de cette province, qui regardent comme le plus grand, et presque l'unique privilège qui leur reste, l'espérance d'entrer chacun à leur tour dans la Magistrature. Cette proposition est encore absolument contraire à l'arrêt d'abonnement; et de plus, les charges de maires, assesseurs et commissaires aux revues ayant été vendues héréditairement pendant la dernière guerre, elles ont été réunies aux corps des Magistrats de chaque lieu, et les échevins pour lors en charge payèrent le montant de la finance à quoi elles avoient été évaluées : ce qui produisit dans les coffres du Roi près de 200,000 ᵗᵗ pour ce département. Cette finance est même encore due, car les échevins qui entrent dans les Magistratures sont obligés de rembourser à ceux qui en sortent la part qu'ils ont payée dans ladite finance : ce qui est autorisé par arrêt du Conseil du 30 juin 1693.

« Le troisième moyen du mémoire, qui est de régler la capitation d'un chacun suivant ses facultés, est en usage, ou du moins y doit être, les ordres que MM. les intendants ont reçus dès le commencement y étant conformes, et ils ont dû donner les leurs en conséquence; mais il est à remarquer, s'il vous plaît, que la capitation, qui est des plus fortes en ce pays, ne s'y lève pas en vertu de la déclaration du Roi qui l'établit, mais en conséquence de l'arrêt d'abonnement, qui donne aux Magistrats la faculté de lever les 700,000 ᵗᵗ que le département paye annuellement par imposition sur les terres, les facultés des habitants, ou par forme de capitation, comme ils trouveront le plus convenable pour l'intérêt public.

«Il seroit à désirer, pour cette province frontière, que le quatrième article du mémoire pût être écouté, et que, lorsque le Roi a besoin de milices ou de recrues, il voulût bien fixer le prix des hommes et se contenter d'argent à la place : ce qui nous épargneroit bien du trouble et la désertion de quantité de jeunesse qui, dans la crainte d'être forcée à servir, passe dans les pays étrangers, et même chez les ennemis; mais, le Roi n'ayant pas trouvé à propos d'écouter jusques à présent les représentations qui ont été faites à cet égard, il paroît hors de saison de faire une pareille proposition. »

* Le 25 février suivant, M. Desmaretz écrit à M. de Bagnols, intendant en Flandre, que son projet de remplacer par un Conseil provincial le bailliage et siège présidial qui devait être établi à Valenciennes, a été agréé du Roi comme pouvant donner un meilleur produit, mais qu'il aurait, entre autres inconvénients, celui d'enlever la juridiction des ecclésiastiques, des nobles et des communautés aux juges ordinaires, qui ont déjà protesté contre cette mesure en 1705. On ne croit pas non plus qu'il y ait lieu d'attribuer à ce Conseil le jugement en dernier ressort des matières civiles jusqu'à 250 ᵗᵗ de principal, ni que le Conseil d'Artois jouisse de pareille attribution. Quant à la suppression du bailliage, elle est aussi nécessaire que celle du présidial, le Roi ne jugeant pas régulier de mettre un si grand bailli d'épée à la tête du Conseil provincial.

961. *M. Trudaine, intendant à Lyon,*
au Contrôleur général.

28 et 30 Janvier, 18 Février, 17 Mars et 9 Mai 1706.

Fixation des droits nouveaux à percevoir sur les bois à ouvrer par les jurés mouleurs et aides-mouleurs, ainsi que des conditions auxquelles devra se faire l'acquisition de ces droits et des nouvelles charges de syndics par les jurés.

962. *M. de la Bourdonnaye, intendant à Bordeaux,*
au Contrôleur général.

29 Janvier 1706.

«J'ai fait connoître à la communauté de Bordeaux que, puisque le sieur de Fénellon vous étoit agréable, elle devoit continuer à le députer pour la Chambre du commerce. Elle s'y est portée avec empressement, persuadée que personne ne pouvoit mieux que lui s'acquitter de cet emploi. Elle a fait d'ailleurs tous ses efforts pour lui payer les sommes qui lui étoient dues, et il est content. Cette communauté prend la liberté de vous demander pour elle et pour son député l'honneur de votre protection *. »

* M. du Guémadeuc, commandant à Saint-Malo, envoie, le 10 du même mois, son rapport sur l'élection d'un nouveau député en remplacement du sieur de Grandville-Locquet.

963. *M. le Blanc, intendant en Auvergne,*
au Contrôleur général.

30 Janvier 1706.

Le placement des billets des deux loteries royales, surtout de ceux qui sont à 10 ᵗᵗ, est difficile en Auvergne. Il serait plus praticable de lever sur chaque paroisse ou collecte une somme de 5 ᵗᵗ par 500 ᵗᵗ d'imposition, pour payer des billets qu'on déposerait entre les mains du receveur général. Si un lot échéait à une paroisse, il servirait à fonder dans l'hôpital le plus voisin un certain nombre de lits réservés de préférence aux pauvres malades de la paroisse ou du district. Cette imposition ne serait à charge à personne, assurerait l'établissement des hôpitaux, et donnerait en six mois un fonds très considérable : quoique l'Auvergne ne soit pas une grande généralité, on en aurait au moins 20,000 ᵗᵗ, puisque le principal de la taille y est de 2,228,167 ᵗᵗ, et il resterait en outre les exempts et privilégiés, qui ne sont point compris dans l'imposition de la taille. On pourrait mettre deux tiers de la somme ainsi obtenue à la loterie perpétuelle, à 10 ᵗᵗ le billet, et un tiers à la loterie de rentes viagères, en réglant le cours de ces rentes à trente ans *.

* M. de Montmort, lieutenant de Roi à Marseille, donne avis, le 20 août et le 29 octobre 1706, que quatorze cents billets de loterie ont été placés en un seul jour, que la distribution s'élève déjà à dix mille sept cents billets, et qu'on en placera encore trois mille. M. d'Esgrigny écrit, de Casal, le 17 février, qu'il fera connaître l'établissement des deux loteries royales en Italie, mais qu'on paraît peu disposé à

prendre des billets à 10 ᵗᵗ de la loterie perpétuelle, tandis qu'il s'en débitera beaucoup de la loterie à 20 sols le billet.

964. *M.* de Bernage, *intendant en Franche-Comté,*
au Contrôleur général.

31 Janvier, 20 Avril et 3 Juin 1706.

Vérification des droits d'usage dans la forêt d'Autrey qui sont réclamés par diverses communautés.

965. *M.* Trudaine, *intendant à Lyon,*
au Contrôleur général.

9 Février 1706.

«Quoique nous ne voyions point de billets de monnoie dans cette province, ils ne laissent pas de s'y faire sentir par le gain et la perte que l'on fait sur les lettres tirées sur Paris. L'on gagne 5 et 6 p. o/o sur celles qui se tirent et payent à Paris en billets de monnoie, et l'on perd autant sur celles dont on demande le payement à Paris en argent comptant. Si vous n'apportez quelque remède à la perte que l'on fait sur ces billets, elle augmentera tous les jours, et ils tomberont dans un si grand discrédit, qu'il se perdra une infinité de biens dans le royaume. Peut-être qu'en tenant un bureau ouvert pour les rembourser, que vous leur rendriez leur crédit, et que l'on ne se presseroit pas beaucoup d'aller les recevoir, principalement dans ces temps de rabais de monnoie, si l'on étoit persuadé d'en être payé quand on voudroit; et si l'on étoit assez heureux pour redonner confiance au public pour ces billets de monnoie, en les paroissant vouloir rembourser à la volonté des porteurs, et que l'on s'en fît par là une monnoie que l'on préférât à l'effective, l'on feroit le plus grand coup d'État que ministre puisse faire. Les républiques de Venise et de Hollande doivent, par leurs banques, infiniment à leurs sujets; la France, beaucoup plus riche et plus grande, peut devoir aussi aux siens, pourvu qu'ils trouvent leur argent toutes les fois qu'ils en auront besoin; et, avec cette confiance, l'on fera des billets pour les nécessités de l'État, sans avoir besoin de recourir à un nombre infini de petites affaires qui ruinent tout le monde. Je sais bien que ce projet est grand, hardi et difficile; mais, en faisant un bon plan de la conduite qu'il faut y tenir, et hasardant d'abord doucement, peut-être que l'on y pourra réussir. Je vous supplie de me pardonner l'indiscrétion que je puis avoir de vous proposer une chose qui peut-être vous paroitra toute visionnaire; je me suis laissé emporter au zèle du bien public, qui m'aura ébloui.

«Je crois que vous êtes informé qu'il sort une grande quantité d'or par cette province, que l'on ramasse ici et dans les provinces voisines. J'ose dire qu'il n'y a point de remède et que vous n'en empêcherez point la sortie, parce qu'il y a 5 et 6 p. o/o à gagner à le transporter en Italie, par la perte qui se fait sur les lettres de change. Cela ne vient point du rabais des monnoies, ni de ce que nos monnoies valent plus en France qu'en Italie, mais de ce que nous avons besoin d'argent où il ne nous en est point dû. Il faut trouver moyen de faire sortir des marchandises de France, si l'on y veut faire rester l'argent; tout ce que l'on tire sur le commerce l'accable, et empêche qu'il ne se fasse aussi considérable qu'on le pourroit souhaiter pour rendre les étrangers nos débiteurs.»

966. *M. l'Archevêque de Narbonne, président des États de Languedoc,*
au Contrôleur général.

2 Février 1706.

«J'ai l'honneur aujourd'hui de vous informer d'une délibération que nos États ont prise, à laquelle vous ne vous attendiez peut-être pas, et qui ne vous sera pas désagréable. Ayant appris, chez M. de Bâville, que le Roi a fait une loterie de 2,400,000 ᵗᵗ, à 10 ᵗᵗ le billet, et dont les billets passeront aux héritiers, je lui proposai sur-le-champ d'engager les États à mettre à cette loterie, et M. de Pennautier, qui étoit présent, offrit de faire l'avance de la somme sans intérêt. Hier, je proposai la chose aux États; je leur fis entendre que l'exemple qu'ils donneroient en mettant à cette loterie ne serviroit pas seulement pour la province de Languedoc, mais aussi qu'il pourroit exciter les autres provinces du royaume à faire le même; qu'il y avoit apparence que le Roi nous sauroit quelque gré de l'attention que nous aurions à lui plaire dans l'occasion présente, et qu'il n'y a personne qui pût nous blâmer de prendre, au nom et au profit de la province, quelques centaines de billets. Sur quoi il fut délibéré d'employer la somme de 3.000 ᵗᵗ, pour trois cents billets, conformément à la proposition, et principalement dans l'intention de faire une chose agréable à S. M. L'affaire est petite; mais au moins elle part d'un principe qui ne cessera jamais d'animer toutes mes actions, dans le désir que j'ai de ne rien négliger de ce qui pourra signaler mon zèle pour le service du Roi *.»

* A l'exemple des États, le Chapitre de la cathédrale de Narbonne prit cinquante billets de la loterie, avec l'intention d'employer le gain, s'il y en avait, aux travaux de construction de son église. (Lettre de l'archevêque, 22 mars.)

967. *M.* Trudaine, *intendant à Lyon,*
au Contrôleur général.

4 Février 1706.

Il explique pourquoi il a laissé jouir de l'exemption de la taille, dans la ville de Saint-Chamond, deux anciens officiers, pauvres et estropiés, et un particulier également pauvre, qui remplit différentes fonctions *.

* Réponse en marge : «Vous ne devez exempter personne de la taille, sans exception, que ceux qui sont exempts par leur naissance ou par leurs charges. Le Roi accorde souvent aux officiers qui, après l'avoir servi longtemps, se retirent par infirmité ou par vieillesse, des exemptions de taille personnelle pendant leur vie, à condition de ne rien faire valoir; mais ce titre doit être émané de la volonté et de l'autorité de S. M.»

968. *M. Roujault, intendant en Hainaut,*
au Contrôleur général.

5 Février 1706.

Il envoie l'état détaillé par articles du produit des droits d'entrée perçus dans les divers bureaux de la province.

---

969. *M. du Vigier, procureur général au Parlement de Bordeaux,*
au Contrôleur général.

6 et 9 Février 1706.

Il rend compte des poursuites dirigées contre le commis à la recette des consignations du Parlement, pour une banqueroute frauduleuse dans laquelle on présume que divers magistrats de la Cour sont compromis.

«M. Dalon, premier président, me communiqua une lettre que vous lui aviez fait l'honneur de lui écrire..... Je prends, à cette occasion, la liberté de vous représenter que MM. les Ministres me font l'honneur de me donner leurs ordres quand il s'agit de mon ministère, parce que les actions qui intéressent le public sont dans mes mains; et de cette manière, ce seroit un engagement pour M. le premier président et pour moi d'agir de concert dans ce qui regarde le service du Roi et le bien de la justice. Sur quoi, je vous supplie néanmoins de croire que je ferai toujours mon devoir sans aucun ombrage ni délicatesse, et j'espère que vous aurez la bonté de pénétrer l'objet que j'ai, sans que je prenne la liberté de vous l'expliquer*.»

* En marge : «M. de Chavigné. Qu'il devoit en écrire aussi à M. le procureur général.» — Le commis inculpé étant mort dans la maison privilégiée où il s'était caché et son corps ayant été enseveli nuitamment, ce qui pouvait faire suspecter la réalité du décès, le procureur général demanda l'autorisation de faire exhumer son cadavre et d'instruire le procès à sa mémoire, pour crime de péculat; mais le Parlement, et par suite le contrôleur général, répondirent que, malgré l'utilité d'un exemple sévère, l'ordonnance n'autorisait pas cette poursuite. (Lettres de MM. du Vigier et Dalon, 6 mars.)

---

970. *M. Foucault, intendant à Caen,*
au Contrôleur général.

10 Février 1706.

Il réclame des mesures promptes et vigoureuses contre le sieur de Saint-Jean, lieutenant général au bailliage de Torigny, qui refuse depuis trois ans, malgré les avertissements de l'intendant, de payer ses augmentations de gages, et qui s'est même porté à des violences contre l'huissier et les recors envoyés par les receveurs généraux des finances. Ce mauvais exemple pourrait compromettre les recouvrements*.

* En marge : «L'envoyer au château de Caen jusqu'à ce qu'il ait payé.» Ayant entièrement payé ce qu'il devait, il fut mis en liberté le 13 mars. (Lettre de M. Foucault, 13 mars.)

---

971. *M. de Bernières, intendant en Flandre maritime,*
au Contrôleur général.

13 Février 1706.

Il demande à achever le recouvrement d'une somme de 22,400 ᵗᵗ imposée sur les villes et les châtellenies en retour de l'exemption de toute recherche de la noblesse accordée en 1704 aux nobles de la Flandre occidentale. Cette forme d'imposition générale, qui fut adoptée par M. Barentin parce qu'il aurait été à peu près impossible de faire payer les gentilshommes seuls, est des plus justes, puisque la noblesse, en ces pays, n'a ni privilèges ni exemptions, qu'elle paye toutes les charges publiques, et que même elle a porté sa part de la taxe des arts et métiers pendant la dernière guerre.

---

972. *M. Dalon, premier président du Parlement de Bordeaux,*
au Contrôleur général.

13 et 16 Février 1706.

Conflit survenu entre M. de Ségur, conseiller au Parlement, et cette Compagnie d'une part, et, d'autre part, M. le maréchal de Montrevel et les jurats, au sujet de la justice politique et criminelle de la paroisse de Bègles, dans la banlieue de Bordeaux*.

* Voir les lettres et pièces transmises, du 13 au 23 février, par M. du Vigier, procureur général, par M. le maréchal de Montrevel et par les jurats. Le contrôleur général renvoya les parties à se pourvoir par-devant M. de la Vrillière, secrétaire d'État de la province.

---

973. *M. Ferrand, intendant en Bretagne,*
au Contrôleur général.

14 Février 1706.

Il annonce que les États ne veulent point accorder le denier dix pour l'intérêt des avances de la compagnie des sous-fermiers des aides de Normandie, qui offre de prendre la ferme des devoirs à 3,100,000 ᵗᵗ en temps de guerre et à 3,300,000 ᵗᵗ en temps de paix*.

«MM. les commissaires du Roi représentèrent que les États n'avoient point à choisir; qu'il n'y avoit qu'une compagnie pour prendre la ferme des devoirs, et qu'elle ne vouloit point se relâcher de cette condition; ainsi, que les États se trouvoient dans une nécessité indispensable de subir la loi qui leur étoit imposée, puisqu'on ne pouvoit faire mieux. MM. les commissaires du Roi étant aux États, M. l'évêque de Rennes prit la parole plusieurs fois, avec beaucoup de chaleur, contre les fermiers, se plaignant extrêmement des dédommagements qui leur avoient été accordés. M. le maréchal de Châteaurenault eut plus d'une fois sujet de se formaliser de ce qui se dit en sa présence; sa modération est louable. Il remit l'adjudication, pour avoir le temps d'entrer en conférence. MM. les commissaires du Roi en eurent une très longue le lendemain avec MM. les présidents des ordres, sans aucun succès; ils s'attachèrent à leurs conditions, comme si ce pouvoit être une règle pour un tiers. Nous leur représentâmes inutilement vos démarches, votre attention, la nécessité du temps dont les fermiers pouvoient profiter, mais enfin qu'ils demandoient à se retirer, si ces conditions ne leur étoient accordées. Tout fut inutile : la prévention et le chagrin contre les fermiers furent les seules armes dont on se défendit : en sorte que nous sommes obligés d'avoir recours à vous pour vous supplier très humblement de nous donner des ordres si précis que nous puissions nous en servir pour finir les États. Je ne doute pas même que vous ne vous serviez des termes qui puissent faire connoitre que le Roi n'approuve point les difficultés continuelles de cette assemblée. Il est fâcheux que M. l'évêque de Rennes nous oblige de vous déclarer qu'il en est le seul auteur. Jamais les États ne sont au fait d'une affaire, par les impressions défavorables qu'il donne à toutes les propositions que l'on y fait. S'il n'étoit que difficile, et que la raison pût le persuader, on n'oublieroit rien pour le convaincre; mais la prévention, les mauvais conseils et le peu d'usage des affaires sont des obstacles que l'on rencontre tous les jours, et qu'il n'est pas facile de surmonter. Cependant ce n'est pas manque d'attention à concerter l'exécution de vos ordres : nous ne faisons rien qu'après des conférences particulières, où tout se passe avec une honnêteté dont MM. les présidents doivent se louer, et dont ils se louent en effet**. . , . . »

* Voir, au 25 octobre précédent, une lettre des sous-fermiers des devoirs demandant que le Roi les fasse indemniser d'une perte de 863,946 # 10 s., et, au 30 novembre, une lettre du contrôleur général à M. Ferrand, le chargeant de transmettre cette requête aux États. Le 8 février, le contrôleur général avait écrit à l'intendant qu'il ne restait qu'à accepter les propositions des sous-fermiers de Normandie aux conditions suivantes : 1° le payement des intérêts de leurs avances au denier dix, de six mois en six mois; 2° le partage par moitié des parts d'intérêt de 30 sols avec les associés de Bretagne; 3° la formation d'une seule et unique société; 4° le règlement par les États des conditions les plus favorables pour la régie; 5° l'exclusion des associés de Bretagne, s'ils n'acceptaient pas ces conditions.

** Le 17 février, le contrôleur général écrivit à M. l'évêque de Rennes : «La manière dont vous vous êtes expliqué à la dernière séance que les États de la province de Bretagne ont tenue, à l'occasion de la proposition faite par ceux qui se présentent pour prendre les fermes aux conditions d'être remboursés des intérêts de leurs avances de six en six mois, à raison du denier dix, est si peu convenable au service du Roi et aux moyens de procurer à la province des gens qui veuillent bien s'engager dans les fermes, que, quelques instances que je leur aie faites depuis que j'en ai été informé, pour les engager à se relâcher au denier douze, il ne m'a pas été possible de les y déterminer; ils m'ont même assuré que si ce n'étoit par obéissance, qu'ils ne voudroient pour rien prendre les fermes de cette province. Je vous avoue que, dans la place de contrôleur général où je me trouve, il m'est fort désagréable de me voir dans la nécessité de prendre l'affirmative pour me plaindre de celui qui préside aux États, qui devroit contribuer à faciliter le service en tout ce qui pourroit dépendre de lui. Il ne convient guère que celui qui est à ma place fasse les fermes de la province de Bretagne et soit occupé de lui chercher des fermiers. Elle vous sera obligée si vous en avez à lui donner à des conditions plus avantageuses que celles qui ont été offertes, et je me trouverai très soulagé de n'en entendre plus parler; mais, si vous avez besoin de ceux qui se sont offerts parce que je les en ai pressés, ils m'ont déclaré, depuis l'arrivée du courrier de M. le maréchal de Châteaurenault, qu'ils ne pouvoient s'y engager qu'aux conditions de leurs offres. J'écris à M. de Châteaurenault et à M. Ferrand la même chose, afin que, de ma part, la conclusion des États ne soit point retardée.» L'évêque écrivit, le 21, que les fermiers sortants s'étaient permis de lui offrir 5,000 # pour leur faire obtenir l'indemnité demandée aux États. Voir aussi les lettres du maréchal de Châteaurenault, en date des 21, 27 et 28 février.

---

974. *Les Procureurs des trois états du pays de Provence au Contrôleur général.*

15 Février 1706.

«Par la dernière lettre que nous nous donnâmes l'honneur d'écrire à Votre Grandeur sur l'état pitoyable auquel nous avons trouvé la province en entrant dans nos emplois, nous prîmes la liberté, parmi les misères qui l'accablent, de parler en gros des ravages des pluies; mais, comme nous n'avions pas encore reçu toutes les plaintes ni les verbaux que les communautés nous envoient chaque jour, nous ne pûmes représenter à Votre Grandeur ce désordre avec cette justesse que donne la connoissance exacte du détail. Aujourd'hui que nous nous en sommes instruits de plus près et que nous pouvons vous en rendre un compte plus fidèle, nous sommes obligés de vous représenter que tout le côté de la province qui touche le Rhône et la Durance a été inondé. Depuis peu de jours, on y alloit encore par bateau. On y a semé deux fois, sans espoir pourtant de récolte. Les pluies de novembre avoient emporté les premiers semés; celles de janvier ont emporté les seconds ; en manière qu'il n'est pas possible que les propriétaires trouvent dans leurs fonds de quoi payer les charges. Ce qu'il y a de plus triste, c'est que leur mal n'est pas réduit à la perte de leur récolte pour cette année : la plupart ont perdu encore l'espoir d'en avoir de longtemps, ou même jamais, les uns parce que leurs fonds ont été engravés, et les autres parce que, leurs digues et leurs chaussées ayant été emportées, ces deux rivières leur mangent à vue d'œil, sans ressource, leur terrain, faute d'avoir l'argent nécessaire pour élever d'autres digues et faire les réparations convenables. Les corps des communautés, qui sont accablés par le poids de tant de charges, sans avoir le loisir de respirer un seul moment, sont encore moins en état de remédier à ce désordre. Elles viennent à nous, demander des aides à la province, qui a la douleur de les renvoyer sans pouvoir leur donner un secours qu'elle voit être juste et indispensable, parce qu'elle est plus épuisée qu'elles, y ayant toujours une douzaine de traitants sur chaque sac de 1,000 # qui entre dans ses coffres, qui se disputent à l'envi à qui l'aura le premier.

«L'autre partie de la province, qui est dans les montagnes, est encore dans un état plus pitoyable. Tous ses fonds, qui en nourrissent les habitants, et qui, par une espèce de miracle, supportent ces charges immenses que les besoins de l'État demandent, sont situés sur des penchants des collines ou dans les vallons qui sont au bas, à la merci les uns et les autres des inondations. Quand elles ne sont pas fortes, les propriétaires peuvent conserver leur terrain par des massifs, par des chaussées et autres ouvrages de précaution. Mais, outre que l'épuisement où la plupart se trouvent leur a ôté le moyen de faire cette dépense, et que, bien loin de là, plusieurs, pour avoir de l'argent, ont coupé les bois qui étoient sur les montagnes et qui retenoient autrefois les eaux et la terre, l'inondation dernière a été si violente et de si longue durée, que rien n'a pu y résister. Les murailles, les chaussées et les massifs ont été emportés, et les eaux, coulant ensuite en toute liberté sur ces terres ouvertes de tous côtés, en ont emporté la graisse au fond des vallons; et de là, les torrents ou les rivières qui y passent l'ont emportée dans la mer, et n'ont laissé aux propriétaires que le rocher vif. C'est là l'image triste que l'on se forme de ces ravages, sur la lecture des verbaux que l'on nous envoie de toutes parts. C'est pourtant de ces rochers, de ces cailloux et de ces terres engravées que doivent sortir 700,000 # pour le Don gratuit, 1,000,000 # pour la capitation, 172,000 # pour la ferme du petit sceau-insinuation, ce qui reste à payer pour le sixième denier et les autres abonnements, les rentes de plus de trente millions que les communautés et le corps de la province doivent. C'est de là enfin qu'il faut que le laboureur comme le propriétaire tirent leur nourriture. Pour nous, nous osons prendre la liberté de dire à Votre Grandeur que nous ne concevons pas comment cela se pourra sans un miracle du Ciel : il n'y a que lui qui, des orages, des tourbillons et de la grêle qu'il a semée sur les terres de cette pauvre province, puisse en faire sortir des fruits qui produisent ces sommes immenses.

«Le côté de la Marine, qui ne se trouve pas si montagneux, n'a point souffert de si grands ravages, si ce n'est aux endroits où les rivières et les torrents qui descendent des montagnes passent; mais, en revanche, les mouvements qu'il a fallu faire sur la côte par la crainte d'une descente et les différents passages des troupes que l'armée d'Italie et les sièges de la ville et château de Nice nous ont attirés, ont achevé de fouler et de ruiner ce que les eaux avoient épargné. Nous sommes actuellement accablés par les députés des communautés de cette contrée, qui ont des rescriptions considérables sur la province; ils nous demandent, les larmes aux yeux, de les compenser avec ce qu'ils doivent pour le quartier de leur imposition qui tombe le 15 du courant, et nous sommes forcés d'avoir la dureté de leur refuser une si juste et si naturelle compensation, et de les livrer, toutes créancières qu'elles sont, aux exécutions violentes du trésorier des États, dans le temps que nous sommes pénétrés qu'elles sont d'ailleurs dans un épuisement extrême, et qu'elles nous menacent de déguerpir des terres sur lesquelles nous voyons que l'on ne peut plus vivre.

«C'est là le tableau fidèle de la situation de cette misérable province. Nous aurons l'honneur de vous envoyer les verbaux faits à ce sujet. Nos fonctions et notre devoir nous y obligent indispensablement, et nous espérons de votre bonté et de la miséricorde du Roi qu'il la soulagera, s'il veut ne la pas perdre tout à fait, ou en supprimant la capitation, ou les affaires extraordinaires, étant impossible qu'elle puisse l'un et l'autre en même temps; c'est la condition expresse sous laquelle elle s'est chargée de l'abonnement d'un million, sentant bien que ses forces ne pouvoient aller au delà. Si elle ne pouvoit donner davantage en 1701, que peut-on espérer d'elle aujourd'hui que les inondations lui ont emporté et les fruits et la plupart des fonds? S'il en survenoit par malheur encore une, il est certain que le reste s'en iroit, et il ne seroit plus possible que S. M. pût retirer aucune sorte de secours de cette province, dont elle connoît le zèle et la fidélité. Il est de son intérêt et de celui de l'État que l'on laisse respirer pendant quelque temps ses habitants, afin qu'ils puissent retenir les terres et faire les dépenses convenables pour se garantir des torrents, que les dégradations des bois et les défrichements rendent tous les jours plus fréquents.»

---

975. *M. l'Évêque de Nantes*
au Contrôleur général.

16 Février 1706.

«Le vaisseau *le Patriarche-des-Indes*, appartenant au sieur du Hallay, est arrivé, il y a peu de jours, de la Vera-Cruz, chargé de 1,800,000 # en argent. Ne lui ferez-vous pas envoyer à la Monnoie, soit à Paris, soit à Nantes ou Rennes? Je vous suis très obligé de ce que vous avez bien voulu m'honorer de votre protection auprès du Roi, au sujet de mon abbaye; mais, si vous n'avez la bonté d'en parler à M. le marquis de Torcy, cela n'aura point d'effet. Si vous vouliez me permettre d'envoyer un vaisseau de cinquante tonneaux à la mer du Sud, je trouve des amis ici qui en feroient l'avance, et, au retour, je pourrois gagner quelque chose. Ne vaut-il pas autant au Roi que je gagne quelque chose, que des marchands de Saint-Malo ou de Nantes? Le sieur du Hallay a permission d'y en envoyer un. Cela ne fait tort à aucun François, et, au contraire, vous apporte des espèces que le Roi peut prendre en donnant des billets de monnoie; et outre cela, le Roi y doit gagner un tiers en mettant en pièces de 10 sols l'argent. Je vise plutôt à faire un bien au Roi qu'à moi-même. Nous serons heureux quand, au retour, le Roi nous donnera des billets de monnoie. C'est une chose qui dépend de vous; je vous supplie de me l'accorder. Je vous en serai obligé éternellement. Si vous aviez besoin de plomb, j'ai un de mes amis hollandois qui m'en feroit venir ici. J'attends vos ordres là-dessus*.»

* Réponse en marge : «Je le remercie de l'avis qu'il m'a donné de l'arrivée du vaisseau *le Patriarche*, dont j'avois été informé par le sieur des Casaux lui-même. Il n'est pas possible de lui accorder la permission qu'il demande d'envoyer un vaisseau à la mer du Sud; quelques négociants se sont ingérés d'y aller, ce qui a fait crier le Conseil d'Espagne, avec lequel il y aura à l'avenir de grands ménagements à garder.» Sur une seconde lettre, du 27 du même mois, le contrôleur général répond encore : «La manière de se procurer du secours est peu convenable à son caractère et pourroit être fort préjudiciable au commerce. J'ai représenté au Roi ses besoins; je souhaite que S. M. s'en souvienne à la première distribution des bénéfices.»

* Voir, aux 1er et 17 octobre et 11 novembre suivants, des lettres des sieurs Danycan et des Casaux du Hallay, sur les armements qu'ils eurent permission d'envoyer en Chine et ailleurs, en payant une indemnité à la compagnie de la Mer du Sud et en lui assurant un

intérêt dans leurs expéditions. Le contrôleur général les autorisa exceptionnellement à joindre aux marchandises françaises des produits de la Hollande et de la Flandre espagnole.

976. *M. Pinon, intendant en Bourgogne,*
au Contrôleur général.

18 Février 1706.

Rapport sur les contestations survenues entre les habitants d'Arbigny et ceux d'Uchizy au sujet du pâturage en commun dans les bois de la seconde de ces communautés.

977. *Le Contrôleur général*
à M. Ferrand, intendant en Bretagne.

19 Février 1706.

Malgré des instances répétées, la Chambre des comptes de Nantes se refuse à payer 24,000 ᵗᵗ, avec les 2 sols pour livre, qu'on lui demande en retour de 1,200 ᵗᵗ d'augmentations de gages et de la dispense du second degré de noblesse. Cette conduite prouve qu'il y a de l'indifférence de la part du premier président et un esprit de résistance aux intentions du Roi chez les autres officiers. Si la Compagnie ne s'amende, on se servira à son égard, comme le proposent les traitants, de l'arrêt qui a été rendu en pareil cas contre le bureau des finances de Bourges*.

* La Chambre de Dijon ayant trop tardé à acquitter la soumission de pareille somme qu'elle avait passée le 12 mars 1705, le préposé au recouvrement fut autorisé à faire saisir les gages des magistrats. (Lettre du contrôleur général à la Chambre, 14 mars 1706.) Mais M. Desmaretz écrivit le même jour aux trésoriers de France de Soissons, qui devaient également payer 24,000 ᵗᵗ, qu'il leur avait fait obtenir un sursis.

Pour éviter les cabales et les brigues, il fut décidé que chaque officier des Compagnies auxquelles la dispense était offerte pourrait être désigné par ordre d'ancienneté de réception, quel que fût le titre de sa charge. Voir les lettres de M. Desmaretz à M. Rouillé de Fontaine, intendant à Poitiers, et aux trésoriers de France de cette ville, 10 février, 7 mars, 4 avril et 13 mai.

Le bureau des finances de Tours, au lieu de nommer les deux plus anciens, ayant arrêté que le sort désignerait les deux officiers qui devaient bénéficier de la dispense, il lui fut ordonné de renoncer à ce projet sous peine de voir casser l'arrêt de désignation, quelque forme qu'on lui donnât. Mais, par une lettre suivante, M. Desmaretz avoua à l'intendant que cette défense avait pour but d'assurer la désignation d'un officier favorisé par M. Daguesseau, conseiller au Conseil royal, et il remercia peu après les trésoriers d'avoir fait leur choix en conformité de ce désir. (Lettres à M. Turgot, intendant à Tours, 1ᵉʳ et 19 juillet, 6 août.)

Afin de faciliter l'acquittement de cette contribution, quelques bureaux furent déchargés des sommes qu'ils devaient pour la suppression des offices d'essayeurs d'eau-de-vie. (Lettre du 1ᵉʳ mai, à M. de Bouville, intendant à Orléans.)

978. *M. de Courson, intendant à Rouen,*
au Contrôleur général.

19 et 28 Février, 27 Mars 1706.

Rapport et projet d'édit pour la création de vingt offices de voituriers par eau faisant les transports de Rouen à Paris et en Picardie, par la Seine et l'Oise*.

État des corps et communautés d'officiers de police qui existent sur les ports et dans les halles et marchés de Rouen, et des droits qu'ils perçoivent.

Avis sur une création projetée d'offices nouveaux.

* Cette création entraînant la révocation d'un privilège antérieur pour l'établissement d'une diligence sur la Seine, dont jouissait le maréchal de Noailles, une indemnité de 60,000 ᵗᵗ fut assignée à celui-ci sur le recouvrement du traité. (Lettre de M. Desmaretz à M. le Rebours, intendant des finances, 2 mai 1706.)

979. *M. Desmaretz, directeur des finances,*
à M. le Rebours, intendant des finances.

22 Février 1706.

«Je vous envoie tous les avis que MM. les intendants ont donnés sur la proposition qui a été faite au Conseil de créer des vendeurs de poisson de mer et d'eau douce dans les principales villes du royaume, par lesquels vous connoîtrez qu'il n'y a pas eu lieu de faire aucun usage de cette proposition. J'ajouterai à cela que les sieurs Bourvallais et Miotte m'ont dit, depuis quatre jours, qu'ils ont retourné cette affaire l'un et l'autre par divers endroits depuis dix ans, et qu'ils n'ont pas trouvé le moyen de la faire réussir.»

980. *M. de la Houssaye, intendant en Alsace,*
au Contrôleur général.

22 Février 1706.

Saisie d'anciennes pièces de 32 sols de Strasbourg, au titre de 8 deniers 18 grains près du fin, rognées, contremarquées et transformées en pièces de 33 sols nouvelles. Cette fausse monnaie se fabrique en Suisse, avec un double profit sur l'aloi des pièces et sur leur poids. Il est à craindre qu'elles ne se répandent beaucoup en Alsace, car on ne voit déjà plus dans le commerce de ces anciennes pièces de 32 sols, quoiqu'il en eût été fabriqué pour plusieurs millions.

981. *M. de Courson, intendant à Rouen,*
au Contrôleur général.

23 Février 1706.

«J'ai l'honneur de vous envoyer le mémoire qui vous avoit été présenté par Thomas Baraguey, fabricant du bourg de Darnetal, pour obtenir la permission de teindre en bleu les draps de sa fabrique seulement, avec la réponse qui m'a été donnée par les teinturiers de Rouen. Les teinturiers s'opposeront toujours au privilège que Baraguey demande, parce que c'est autant de profit perdu pour eux. Cependant il me paroît qu'il y a lieu de lui accorder le privilège qu'il demande, parce qu'il est nécessaire de teindre les draps en bleu avant qu'ils puissent recevoir la teinture noire; et, dès qu'il a le privilège de pouvoir teindre en noir, il semble qu'on ne puisse lui refuser tout ce qui lui est nécessaire pour préparer ses draps pour recevoir la teinture noire : autrement, son privilège deviendroit inutile et ses draps perdroient beaucoup de leur beauté, s'il falloit qu'ils passassent par les mains des teinturiers. Sa fabrique est des plus belles, ses draps sont en grande réputation, et je crois qu'on ne sauroit trop faire pour soutenir une pareille manufacture. Avant qu'il fût établi à Darnetal, il n'y avoit aucun fabricant : c'est lui qui le premier y a fait des draps noirs; et ainsi les teinturiers ne perdent rien de ce qu'ils pouvoient gagner avant qu'il y fût établi. Je croirois seulement nécessaire de le soumettre à la visite des teinturiers de Rouen, pour éviter les abus. J'en ai parlé au sieur Chrestien, inspecteur des manufactures, qui pense les mêmes choses que j'ai l'honneur de vous mander*.»

* Un dossier est joint à cette lettre.

982. *M. Desmaretz, directeur des finances, à M. de Mouy, commis au Contrôle général.*

27 Février 1706.

«Je vous renvoie le projet d'arrêt que vous avez dressé pour renouveler les défenses du transport des espèces et des matières d'or et d'argent dans les pays étrangers. Il faut le dresser d'une autre manière et y joindre de nouvelles défenses très sévères pour empêcher le surachat des piastres et de toutes autres matières, tant d'or que d'argent. J'ai aussi besoin d'un extrait des ordonnances, édits, déclarations et arrêts qui défendent et le transport des espèces et matières et le surachat des unes et des autres. Travaillez-y demain dimanche tout le jour, et apportez-moi le tout lundi matin de bonne heure, pour le voir avec vous et le donner le même jour à M. Chamillart, qui l'attend avec impatience.»

983. *M. le duc de Gramont, gouverneur de Bayonne, au Contrôleur général.*

(De Paris) 28 Février 1706.

Il proteste contre une innovation que les fermiers généraux voudraient introduire dans le mesurage des sels et qui entraverait le commerce d'échange de la résine et du brai des Landes contre le sel de Bretagne*.

Il rend compte d'une altercation, avec voies de fait, qui a eu lieu entre M. de Gibaudière, major de Bayonne, et un échevin de cette ville, à propos de la garde bourgeoise et des troupes de la garnison.

(*P. S. autographe.*) «A vous, que j'aime et que j'honore, et à qui je parlerai toute ma vie sans passion et avec une vérité pure, je vous dirai qu'il y a, parmi nos Bayonnois, nombre de très honnêtes gens, vertueux et fidèles, mais qu'il en est d'autres aussi, naturellement fougueux, insolents, et la tête très près du casquet. Du nombre de ces derniers, le sieur de Castera, échevin, est le bon ouvrier, et toujours le chef de la cabale. Je le connois sur ce pied-là, il y a longues années. Ainsi, souffrez que je vous dise, de vous à moi, qu'une simple mercuriale ne suffit pas pour le fait dont il s'agit, et qu'il faut un exil de deux mois hors de Bayonne pour le rendre sage et contenir ceux qui visent à folie, comme lui. Ayez la bonté de dire vous-même au Roi ce que j'ai l'honneur de vous écrire à ce sujet, et de vous souvenir que vous m'avez promis un peu de part dans l'honneur de votre amitié, et que j'ose dire que je la mérite**.»

* Voir, à la date du 24 mai, un mémoire sur les changements réclamés par les fermiers généraux.

** Réponse en marge, de la main du contrôleur général : «M. de la Vrillière n'a point rapporté cette affaire au Roi devant moi. Je ne sais ce qui en aura été ordonné. Si elle vient à ma connoissance, je proposerai au Roi d'ajouter à la correction un exil de deux mois.»

984. *Le Contrôleur général à M. de Harouys, intendant en Champagne.*

Mois de Février 1706.

«Le mauvais commerce qui se fait à Paris sur l'argent depuis quelque temps, par la vente des sacs, engage à chercher toutes sortes de voies pour rendre l'espèce plus commune dans le public, afin que, si l'on ne peut pas empêcher tout à fait ces usures, on en diminue au moins le prix, qui en devient excessif pour ceux qui en ont indispensablement besoin. Je suis bien informé que l'argent que je fais laisser dans les provinces des recettes du Roi, en vue qu'il y reste pour le commerce des pays, vient la plupart du temps à Paris, et tombe souvent dans des mains qui ne le donnent pas pour rien. Ainsi, on n'en tire pas le fruit que je me suis proposé en m'ôtant des secours nécessaires. Je crois qu'il ne vous seroit pas impossible, comme je vous l'ai déjà mandé, de suivre de près ce qui se reçoit d'espèce dans tous les bureaux, en m'envoyant régulièrement des bordereaux de ce qui y entre. A l'égard des recettes générales des finances, je suis entré dans le détail de chacune, et, comme j'en destine les fonds pour les affaires les plus pressées, j'ai vu ce qu'il étoit à propos d'en tirer sans faire tort aux provinces. J'engage le receveur général de Châlons, lequel, s'il étoit payé régulièrement de ses receveurs des tailles, auroit à toucher d'eux par mois, pendant quinze mois, 195,000 ᵗᵗ, tant en taille, capitation, qu'ustensile, de fournir seulement par mois 25,000 ᵗᵗ au Trésor royal, et 22,000 ᵗᵗ sur son ustensile en espèces, et de donner aux trésoriers pour 60,000 ᵗᵗ de rescriptions : en sorte qu'il lui restera tous les mois, pour sa facilité et le commerce de la province, 88,000 ᵗᵗ, quelque chose qui puisse arriver. Je vous prie de tenir la main à ce que cette destination ne soit point dérangée, et, afin que cela ne manque pas, de redoubler vos soins pour obliger les receveurs des tailles à payer plus régulièrement qu'ils ne font. Je vous observerai qu'encore que je compte que le plus souvent le fonds des rescriptions qui seront données aux trésoriers se consommera dans la province, vous ne les devez pas empêcher de l'envoyer où ils le destineront pour le besoin du service. Ce sont, la plupart du temps, ces mêmes trésoriers qui, dans les pressantes nécessités, sont forcés d'acheter des sacs pour voiturer : ces secours les en détourneront, et ce qui sera apporté à Paris d'argent, étant répandu gratis dans le commerce, en montrera l'avantage et fera une partie de l'effet que j'espère*.»

* En marge, de la main du contrôleur général : «M. le Rebours. Ce projet est bon et conforme à mes intentions.»

Voir les lettres écrites par M. d'Argenson (Police, G⁷ 1725), les 10 avril, 21 mai, 29 juin, 25 et 31 juillet, 5 et 9 septembre, 16 octobre, 22 et 24 novembre, 2, 9, 10, 26 et 27 décembre suivants, sur la répression du commerce usuraire des billets de monnaie et des échanges de sacs de 1,000 ᵗᵗ contre les billets. Les caissiers délinquants furent punis par des taxes à répartir entre les établissements religieux, et les courtiers de billets coupables d'avoir dépassé le taux d'escompte furent condamnés, outre la confiscation des deniers, au carcan et à la réclusion dans un hôpital. «Le désordre augmente, disait M. d'Argenson le 16 octobre, et il y a nécessité d'y pourvoir. On soupçonne avec beaucoup d'apparence les agents de change et les officiers changeurs de favoriser, et même de négocier ces usures excessives, qui non seulement déconcertent tout le commerce, mais dérangent la fortune des particuliers. La preuve de ces négociations secrètes est d'autant plus difficile que, quand elles réussissent au gré des parties, il ne m'en revient aucune plainte, et que, quand il arrive qu'on m'en donne avis, c'est toujours à l'occasion de quelque incident qui en empêche le succès : en sorte qu'alors l'affaire se réduit à l'intention et au simple projet, que les règles ordinaires ne permettent pas de punir. Je remarque aussi que l'on confie maintenant les billets de monnoie à des gens sans aveu à qui l'on ne voudroit pas confier deux pistoles, et je pense qu'il seroit à propos qu'aucune personne ne pût se charger de billets de monnoie que pour en fournir la valeur de ses propres deniers, ou pour les prendre en payement. Je voudrois aussi que, pour en diminuer le nombre excessif, on en tirât du commerce quelques-uns, qui tiendroient lieu de capital et ne pourroient plus avoir cours jusqu'à la paix, mais dont l'intérêt seroit toujours payé avec la même exactitude, comme je pris la liberté de vous le proposer la dernière fois que vous eûtes la bonté de m'accorder une audience particulière.» Il désirait seulement mettre un des négociateurs à l'hôpital et un autre en prison pour quelques mois (lettre du 24 novembre); mais le contrôleur général répondit de sa propre main : «Il me semble que la preuve est assez complète pour faire un exemple plus sévère que celui que vous me proposez. Si on faisoit mettre au carcan ces malheureux, l'espèce en deviendroit plus rare; c'est l'exécution de la déclaration, et mon avis.....»

---

985. *M. Desmaretz, directeur des finances, à M. Trudaine, intendant à Lyon.*

1ᵉʳ Mars 1706.

Réponse à un mémoire sur le travail des affineurs de Lyon, sur leur bénéfice et sur leurs droits.

Quant au premier point, il est communément établi qu'il s'affine chaque année 100,000 marcs d'argent; mais le calcul fait sur les rôles des inspecteurs, de 1690 à 1703, ne donne qu'une moyenne de 93,230 marcs.

Pour le bénéfice, qui devrait être de 25 s. 4 d. par marc selon les déclarations et tarifs, les affineurs prétendent qu'étant toujours obligés de mettre leurs lingots à deux grains de plus que ne porte le tarif, cela diminue le bénéfice de 4 s. 1 d.; et, de plus, ils évaluent les frais de travail à 11 sols par marc. Le bénéfice net se trouverait donc réduit à 10 sols.

Le troisième point est le plus important. On considère comme urgent de savoir, avant que l'affaire passe devant le contrôleur général, s'il est vrai que les affineurs aient continué de prendre les matières sur le pied des tarifs de 1679 et 1687, et que, par conséquent, ils aient porté leur bénéfice jusqu'à 10 ᵗᵗ, lorsqu'elles ont valu 39 ᵗᵗ au lieu de 28 ᵗᵗ 14 s. 8 d.*

* M. Trudaine envoya un mémoire, le 11 mars, sur ces différentes questions; mais, l'approvisionnement des affineurs se trouvant suspendu par l'obligation imposée, depuis le 2 mars, aux détenteurs de piastres ou de matières d'argent, de les porter directement aux Monnaies, le contrôleur général dut demander un moyen de soutenir l'affinage et d'empêcher qu'il ne passât à Genève, sans que d'ailleurs on portât ouvertement atteinte au dernier arrêt. (Lettres des 4 et 12 mai.) M. Trudaine répondit, le 11 mai : «..... Le mal empire tous les jours; les affinages ne peuvent avoir d'aliment que par les piastres, défendues de les y porter par l'arrêt du 2 mars, ou par les barres ou pignes, dont il ne se trouve point présentement ici, et, avant qu'il en vienne, il se perdra un temps trop considérable pour laisser l'affinage, pendant tout ce temps, sans travailler. Si vous croyez devoir et pouvoir laisser subsister l'arrêt du 2 mars, il faut au moins lui donner une surséance pendant six mois, pendant lesquels les marchands auront le temps de faire venir d'Espagne les barres et pignes et autres matières non défendues par l'arrêt d'être portées aux affinages. Les marchands ne se sont point trouvés fournis de ces matières: ils n'avoient que des piastres. Il n'y a pas de temps à perdre de faire remettre aux affineurs des matières, soit de celles que vous avez destinées pour les Monnoies, soit en permettant la vente et achat des piastres comme avant l'arrêt du 2 mars. Tout demeure ici dans l'inaction, et fera périr et la manufacture et les ouvriers; il en est déjà passé en Dombes et à Genève, où l'on envoie les piastres à l'affinage, que vous défendez d'y recevoir ici, et l'on rapporte ici une partie des roquetins que l'on y tire. Je suis informé aussi qu'ils cherchent les moyens de dorer les lingots et qu'ils ont débauché des batteurs d'or. Enfin, notre manufacture court risque de souffrir un grand échec, si vous n'y mettez pas un prompt remède. Vous avez prétendu, par l'arrêt du 2 mars, faire diminuer le prix de l'argent et l'avoir à meilleur marché pour l'aliment des Monnoies; il n'en deviendra que plus rare et plus cher par la suite. Il est vrai que vous aurez, par ce moyen, au prix de l'arrêt, l'argent que vous tenez; mais il ne vous en viendra plus de celui que l'on pourra se dispenser d'apporter en France, et tous les marchands travaillent, depuis l'arrêt, à trouver les moyens de le faire aller chez l'étranger, où on le paye plus cher que vous ne l'avez fixé. La cherté dont l'argent étoit, et à laquelle vous avez voulu apporter remède, alloit en faire l'abondance, et sûrement l'abondance auroit, par la suite, fait diminuer le prix. Tous les mémoires que vous me marquez que l'on vous a envoyés de la part des affineurs, ne peuvent vous exprimer jusqu'où va le mal et celui qui en arrivera encore par la suite, à moins d'un remède fort prompt. Il vaut mieux faire cesser le travail de la Monnoie et prendre les piastres qui y sont destinées, que de laisser plus longtemps les affinages sans travail; mais je crois qu'il faut laisser à la Monnoie les piastres que vous y avez destinées.

et donner la surséance de l'arrêt pendant six mois..... Si j'étois consulté sur l'arrêt, je croirois qu'il faut entièrement le supprimer, et laisser les marchands en user comme avant l'arrêt. Mais vous avez des raisons dans lesquelles je ne dois point entrer, qui vous ont obligé de rendre cet arrêt; je ne vous propose la surséance que comme un moyen de donner le temps d'apporter d'autres matières que des piastres pour fournir l'affinage.» Sur l'ordre du contrôleur général, l'intendant essaya de trouver des négociants qui s'engageassent à fournir aux affineurs 80,000 marcs par an; mais, comme on ne leur laissait pas la liberté de vendre ensuite les matières affinées au prix qui leur agréerait, aucun ne voulut traiter.

Voir les lettres au contrôleur général et à M. Desmaretz, des 6, 15 et 16 mai, et une lettre de M. Desmaretz, en date du 11.

L'année suivante, M. Trudaine envoie un mémoire sur la nécessité d'alimenter l'affinage, de préférence même au monnayage, et de lui fournir environ 120,000 marcs par an. (Lettre du 2 juin 1707.)

---

986. *M. Foucault, intendant à Caen,*
au Contrôleur général.

3 Mars 1706.

«J'ai examiné le mémoire que vous m'avez fait l'honneur de m'envoyer au sujet de la proposition de créer en titre d'office des maîtres-jurés peseurs, sur laquelle je dois vous représenter que ce traité produiroit peu de chose au Roi, et que le prétexte apparent de l'intérêt public me paroît fondé sur des motifs qui ne seroient, dans la suite, que des moyens onéreux aux vendeurs et acheteurs, et sans aucune utilité, car il est certain que, dans tous les lieux où il y a des Poids-du-Roi établis pour la commodité publique et le bien du commerce, les officiers de police ont soin de n'y souffrir que des personnes capables et expérimentées dans ces sortes de fonctions : en sorte qu'il ne m'en est revenu aucunes plaintes, et il seroit à craindre que si vous jugiez à propos d'accepter cette proposition, que les commis que les traitants préposeroient pour exercer ces offices ne s'en acquittassent pas avec la même capacité que ceux qui y sont établis. Et comme il est libre de faire peser au Poids-du-Roi, soit pour les vendeurs, soit pour les acheteurs, il y auroit lieu d'appréhender que ceux qui auroient le traité ne voulussent, dans la suite, assujettir les marchands à faire peser à leurs poids toutes leurs marchandises : ce qui seroit une contrainte préjudiciable à la liberté du commerce, qui n'est déjà que trop gêné. Je vous observerai encore que, ne prévoyant pas qu'il se présente aucuns acquéreurs desdits offices, je ne vois point lieu d'en faire aucune réunion, d'autant plus que tous les corps d'arts et métiers qui ont besoin de se servir de poids dans leur commerce payent actuellement des taxes considérables pour la suppression des offices de contrôleurs des poids et mesures*.»

* M. de Courson, intendant à Rouen, envoie à M. Desmaretz, le 14 du même mois, son avis sur ce projet de création; il indique quels sont les produits du Poids-du-Roi à la vicomté de Rouen, et conseille, pour tirer un secours plus considérable de la création, d'établir le droit nouveau dans toutes les douanes où les fermiers généraux ont un poids qui sert à régler les droits d'entrée.

M. Bégon, intendant à la Rochelle, répond, le 6 mars : «..... Il n'y a guère de villes dans lesquelles il n'y ait de pareils officiers, et, si S. M. approuvoit cette proposition, il seroit à propos de donner seulement à ces nouveaux officiers le titre de contrôleurs, afin de pouvoir conserver les anciens. Mais, outre que je viens de faire l'imposition de la somme de 27,000 ᵗᵗ à laquelle mon département a été fixé pour la suppression des offices de contrôleurs-visiteurs des poids et mesures en exécution de l'arrêt du Conseil du 7 avril 1705, ce qui est la même chose à peu près que ce qu'on propose aujourd'hui, j'y trouve encore deux difficultés très considérables. La première, c'est qu'outre le préjudice certain que ce nouvel établissement apportera au commerce, auquel les officiers actuellement en charge suffisent, les fermes du Roi en seront diminuées, particulièrement celle du domaine, de laquelle les Poids-du-Roi dépendent. Les fermes générales en souffriront aussi : ce que les fermiers généraux ont toujours représenté lorsqu'on a fait de pareilles propositions, et ont fait connoître qu'il y avoit plus à perdre pour le Roi qu'à gagner dans cette augmentation de droits, dont l'objet ne peut être fort considérable, ces petites charges ne pouvant porter une grosse finance. La seconde est le privilège de l'exemption de logements de gens de guerre, qu'on propose de multiplier dans le temps que S. M. vient de juger qu'il étoit d'une nécessité absolue pour le bien de son service de supprimer ces sortes de privilèges, qui ruinent absolument le recouvrement de la taille, de la capitation et de l'ustensile, parce que ceux qui y sont sujets, étant surchargés de logements de gens de guerre, sont hors d'état de payer les sommes auxquelles ils sont imposés; et d'ailleurs cette multiplicité d'exemptions pour des sommes modiques font qu'il est presque impossible de loger commodément les officiers des troupes, parce que ceux qui ont des logements commodes ne manquent point d'acheter de pareils privilèges, qu'on ne peut trop restreindre.»

M. Rouillé de Fontaine, intendant à Limoges, répond également, le 6 mars, que la rareté de l'argent et l'épuisement général des ressources ne permettent pas de compter sur le débit de nouvelles charges. «Si, après cela, dit-il, vous jugez encore que cette proposition doive être reçue, j'estime qu'on ne pourra établir, de ces officiers, que deux à Limoges, un à Angoulême, un à Tulle, un à Brive, un à Saint-Léonard, un à Saint-Junien, et un à Bourganeuf; et encore faut-il observer que ces trois dernières villes sont très petites et très pauvres, et que la misère y est fort grande, comme dans les autres lieux de la généralité.....»

M. Lebret, en envoyant son rapport, le 5 avril, donne les détails suivants sur ce service : «..... Il y a à Marseille, dans le bureau du poids et casse, soixante-douze peseurs. On les reçoit à l'âge de douze ou treize ans et l'on les occupe d'abord à peser du bois, ensuite des fruits, et, à mesure qu'ils acquièrent un peu plus d'adresse, on leur fait peser des légumes, puis du savon et d'autres marchandises moins grossières, et, lorsqu'ils sont instruits de l'usage de la romaine, on leur fait peser des marchandises fines; mais ce n'est que par une longue expérience, et par une réputation de probité bien établie, qu'ils s'attirent la confiance des marchands et de la pratique. De ces soixante-douze, il y en a présentement huit ou dix que les marchands emploient à peser les marchandises fines; et de ces huit ou dix, il y en a peut-être trois ou quatre que l'on croit en état d'acquérir des charges d'environ 3,000 ᵗᵗ de finance. Les autres ne sont pas vraisemblablement en état d'acquérir; et, quand ils auroient de quoi, il y a apparence qu'ils n'acquerroient pas, parce que, n'ayant ni l'expérience ni la confiance des marchands, ils manqueroient d'occupation et de travail. D'ailleurs, ces gens-là n'ayant pas la capacité nécessaire, il seroit peut-être très préjudiciable au commerce de forcer les négociants à s'en servir. Ces peseurs reçoivent des marchands le droit du Roi, qui consiste en 3 deniers par quintal de la marchandise ordinaire, 6 sols pour la demi-droguerie et 12 sols pour la droguerie : lesquels droits sont payés par le vendeur et par l'acheteur. Ces mêmes peseurs reçoivent aussi pour eux une gratification volontaire des marchands, qui est le seul émolument de leurs emplois, et, cette gratification étant payée à cause que le peseur va chez le marchand peser sa marchandise, les peseurs en titre ne laisseroient pas de l'exiger outre le sol par quintal qu'on propose de leur attribuer : ce qui feroit une augmentation d'autant plus considérable que ces gratifications sont presque toujours fort au-dessous d'un sol par quintal. Ainsi, l'établissement proposé me paroît d'un côté difficile, de l'autre préjudiciable au commerce, et, en quelque manière, contraire à l'arrêt du port franc; et enfin, les peseurs par commission, tels qu'ils sont aujourd'hui, ne pouvant espérer de subsister de leur emploi qu'en s'appliquant d'un côté à le bien remplir, et de l'autre à s'acquérir une réputation de probité, on courroit risque, ce me semble, en établissant des peseurs en titre, d'introduire dans le bureau du poids et casse beaucoup de friponnerie, que des officiers commettroient plus hardiment que ne feroient des commis amovibles.»

M. d'Angervilliers écrit, le 21 mai, qu'il ne lui semble pas impossible de faire la création en Dauphiné, et envoie un état des lieux où pourraient être établis des peseurs.

Voir encore les réponses de M. d'Albaret, intendant en Roussillon, 12 mars; de M. de Montgeron, intendant en Berry, 16 mars; de M. le Guerchoys, intendant à Alençon, 20 mars; de M. Trudaine, intendant à Lyon, 25 mars, et de M. de Bâville, intendant en Languedoc, 1er juin.

987. *M. le Gendre, intendant à Montauban,*
au Contrôleur général.

4 Mars 1706.

Il demande, en faveur des habitants des montagnes du pays de Foix, où deux mille quatre cent cinquante arpents de bois ont été incendiés, la décharge des impositions pendant trois ans, ainsi que celle du droit sur les fers produits dans leurs forges*.

* En marge, de la main du contrôleur général : «Bon pour trois ans.»

988. *M. Morant, premier président du Parlement de Toulouse,*
au Contrôleur général.

5 Mars 1706.

Il sollicite la remise d'une somme de 5,000# dont il se trouve redevable à la banqueroute du trésorier de la Touanne*.

* Réponse de la main du contrôleur général, en marge : «Le Roi a payé d'avance tout ce qui étoit dû aux créanciers de la Touanne et Sauvion; le recouvrement qui se fait des effets de la Touanne n'est qu'un remplacement de ces avances. S. M. y perdra plus de six millions; il ne seroit pas juste de lui proposer de remettre ce qui est dû. Je suis bien fâché de ne pouvoir, en cette occasion, lui donner des marques de la considération que j'ai pour lui.»

989. *M. Desmaretz, directeur des finances,*
au sieur Maynon, fermier général.

6 Mars 1706.

«Je vous envoie un mémoire que M. de Bouville m'a adressé au sujet de deux malheureux qui sont dans les prisons de Chartres depuis plus d'un an, faute de pouvoir payer l'amende prononcée contre eux pour une fraude de tabac dans laquelle ils ont été compris. Je vous prie de voir ce que M. de Bouville m'en écrit, et d'entrer dans cette affaire, dont nous parlerons la première fois que vous viendrez travailler chez moi.»

990. *M. Foucault, intendant à Caen,*
au Contrôleur général.

6 et 19 Mars 1706.

Il annonce son prochain départ pour une visite des élections, où il veut distinguer celles qui sont arriérées dans le payement de leurs impositions par le fait de l'impuissance et du découragement des contribuables, de celles qui y mettent de la mauvaise volonté et de la préméditation. Il tiendra compte également des localités où les collecteurs, riches et bien disposés, font des avances qui donnent une idée inexacte des facultés des contribuables, et de celles, au contraire, où ils n'ont ni ressources ni bonne volonté. Il croit d'ailleurs que les diminutions prochaines du taux des espèces seront la cause d'une hâte exceptionnelle dans les versements.

Il ne proposera la répartition de la diminution de 40,000# accordée par le Roi qu'après avoir réuni ces divers éléments d'information*.

L'état des paroisses subit de si profonds changements d'une année à l'autre, soit par la mort des chefs de famille et des gros commerçants, soit par la dépréciation des denrées, soit par la rentrée aux mains des gentilshommes et des privilégiés de terres pour lesquelles ils ne trouvent plus de fermiers, soit enfin par les accidents extraordinaires, qu'il est nécessaire de renouveler ces tournées d'inspection chaque année.

* En marge de la première lettre : «Je ne sais si je dois prendre la liberté de parler au doyen des intendants comme je m'en vais faire en réponse à votre lettre du 6 mars : il me semble qu'étant dans la généralité de Caen depuis l'année 1689, vous pouvez juger par vous-même de l'état et de la qualité des paroisses bien plus sûrement que par la manière dont les collecteurs payeront, et je commence à me confirmer l'utilité du travail que j'avois fait dans mon année de noviciat, qui m'avoit mis en état, en perfectionnant les premières connoissances que j'avois prises en détail, de connoître en trois ans la force de chacune paroisse de la généralité de Rouen, comme je connoissois celle de Magny, Tracy et Ris.»

991. *M. Desmaretz, directeur des finances,*
à M. Doujat, intendant à Poitiers.

15 Mars 1706.

Il lui transmet une proposition d'établir un présidial à Fontenay-le-Comte ou d'ériger en présidial la sénéchaussée, comme le souhaiteraient les officiers de cette juridiction.

992. *M. d'Ormesson, intendant à Soissons,*
au Contrôleur général.

15 Mars 1706.

« Il est vrai que le sieur Cuvillier, conseiller au bailliage de Clermont, est taxé à 70 # de capitation, quoique le sieur de Fourcroy, conseiller et en même temps prévôt forain, ne le soit qu'à 15 #, le sieur Thouret, conseiller en la prévôté foraine, à 20 #, et le sieur Grelier, conseiller au bailliage et maire de la ville, à 50 #; mais le sieur Cuvillier n'a pas, pour cela, une raison légitime de se plaindre. Il est homme très aisé, sans charge de famille, et qui jouit de plus de 3,000 # de rente. Le sieur de Fourcroy, au contraire, est pauvre et a beaucoup d'enfants. Il est proche parent de feu M. Fourcroy, avocat, que vous honoriez de votre estime; il n'en est pas plus riche, et il est contraint de faire la commission de contrôleur des bans de mariage à Clermont pour pouvoir subsister. Le sieur Thouret n'est point conseiller au bailliage, mais seulement de la prévôté foraine, qui est une juridiction particulière qui s'étend dans un faubourg de la ville; d'ailleurs, c'est un jeune homme peu accommodé. Il en est de même du sieur Grelier, conseiller au bailliage et maire perpétuel, qui a beaucoup d'affaires et se trouve actuellement poursuivi pour différentes taxes que ces deux charges lui procurent. Vous savez que, quoique, dans l'imposition de la capitation, on doive toujours avoir pour règle, autant qu'il est possible, le tarif de 1695, cependant MM. les intendants ont la liberté d'avoir égard aux facultés des redevables. Le rôle du bailliage de Clermont est fait avec justice. Il subsiste sur le même pied depuis plusieurs années; feu M. Sanson, qui a demeuré longtemps dans la province, l'avoit réglé de même, et je n'ai fait que copier le rôle qu'il m'a laissé de l'année 1704. Le sieur Cuvillier peut aisément porter les 70 # à quoi il est imposé, et il me paroît qu'il a tort de s'en plaindre*. »

* Le 5 avril suivant, M. Desmaretz invite M. d'Argenson, lieutenant général de police à Paris, à examiner la plainte d'un tailleur dont la capitation a été portée de 35 #, en 1703, à 77 #, en 1705, et se trouve encore augmentée par les poursuites et les frais.

993. *M. Desmaretz, directeur des finances,*
à M. Lépinau, secrétaire du Contrôleur général.

18 Mars 1706.

« MM. les secrétaires du Roi et les officiers du sceau doivent prendre des augmentations de gages au denier dix-huit et auront la liberté de prendre des rentes au lieu d'augmentations de gages. Je vous prie de me faire savoir s'il reste suffisamment de rentes ou d'augmentations de gages sur ce pied-là à aliéner, parce que, s'il n'y en avoit pas assez, il faudroit en créer de nouvelles et expédier un édit. »

994. *M. de Valbonnays, premier président*
de la Chambre des comptes de Dauphiné,
au Contrôleur général.

19 Mars 1706.

Il annonce que, faute d'acheteurs pour les deux charges de chevalier d'honneur de la dernière création, la Chambre des comptes offre de faire cette acquisition pour son propre compte*.

Il demande de nouveaux fonds pour achever les bâtiments destinés à recevoir les archives du Roi.

* Au sujet de ces charges, voir un dossier du 21 mai suivant.

995. *M. Desmaretz, directeur des finances,*
à M. d'Argenson, lieutenant général de police à Paris.

21 Mars 1706.

La duchesse de Portsmouth a demandé au Roi un privilège exclusif de trente ans pour établir des fours à cuire les pâtés de cheveux, moyennant 12 sols pour la façon et la cuisson de chaque pâté. Les fermiers du droit de contrôle des perruques croient que ce serait un privilège fort nuisible pour leur ferme.

Examiner leur réponse et le placet.

996. *Les Députés de la Chambre de commerce de Montpellier*
au Contrôleur général.

21 Mars 1706.

Protestation contre un projet d'établissement de voitures par eau sur le Rhône et l'Isère*.

* Voir, au 16 février précédent, intendance de Lyon, une requête des prévôt des marchands et échevins de cette ville à M. de Villeroy, appuyant le projet présenté au contrôleur général.

M. Trudaine, intendant à Lyon, envoie, le 11 février 1708, un mémoire sur les inconvénients que présenterait un privilège exclusif pour le transport par la Saône de toutes les marchandises autres que les denrées et matériaux destinés à la ville de Lyon.

997. *M. Doujat, intendant à Poitiers,*
au Contrôleur général.

23 Mars 1706.

« En exécution de votre lettre du 28 du mois passé, j'ai rendu une ordonnance portant que le président et le procureur du Roi de l'élection de Châtellerault se transporteroient dans la paroisse de Cernay, pour dresser un procès-verbal, tant des faits contenus dans le placet qui vous a été présenté par le sieur Roffay, receveur des tailles de cette élection, que de l'état auquel se trouve présentement cette paroisse. Par le procès-verbal de ces officiers (dont je vous envoie une copie), il paroît que la désertion est si grande dans cette paroisse, que, de plus de cent feux qui la composoient, il n'en reste plus que vingt-cinq, qui sont de pauvres journaliers, sans aucuns meubles ni biens; que plus des deux tiers des terres de cette paroisse sont en friche, et que ce qu'il y a de cultivé appartient au curé de la paroisse et à quelques gentilshommes qui ne sont point sujets à la taille. Quoique cet exemple soit fâcheux, il ne faut pas laisser de prendre son parti. Pour prendre donc la liberté de vous mander quel est mon avis, je suis persuadé que, pour ce qui est dû pour les années 1704 et 1705, on peut renvoyer ce receveur à faire une plus ample discussion avant de faire droit sur sa demande. Mais, pour ce qui concerne l'année 1706, comme il est impossible de rien imposer cette année sur cette paroisse, il y a deux tempéraments à prendre : le premier seroit de faire rendre un arrêt du Conseil portant que le receveur des tailles demeurera déchargé de la somme de 1,760 # à quoi montent toutes les impositions à faire sur cette paroisse pour l'année 1706, non compris la capitation, qui seroit rejetée sur les autres paroisses; et le second seroit d'accumuler toutes ces impositions, qui monteroient, y compris la capitation, à 2,034 #, et imposer cette somme, conjointement avec la capitation ou avec la finance qui doit être imposée pour la suppression des contrôleurs des voitures, sur les cinquante-six paroisses de l'élection de Châtellerault, non compris celle de Cernay. Je vous renvoie le placet du receveur des tailles, et j'attends vos ordres sur cela*. »

* Voir ses lettres du 10 janvier précédent et du 25 avril. Il fut ordonné de faire payer la taille par aumône sur le premier traité qui se conclurait.

998. *Le sieur* Berthelot, *fermier général à Amiens,* *au* Contrôleur général.

24 Mars 1706.

« Vous verrez, par les copies de procès-verbaux que je prends la liberté de joindre ici, si le faux-saunage a diminué depuis les lettres qu'il vous a plu d'écrire, comme M. le comte d'Aubigné vous en assure. Jamais le libertinage de ses soldats n'a été si grand, et il n'y a point de jour que je n'aie un procès-verbal, soit de leur sortie de la ville, soit de leur passage des rivières d'Authie et de Somme. Je me suis lassé de m'en plaindre aux officiers, voyant que leur bonne volonté sur cela n'est qu'en paroles. J'avois lieu d'espérer un exemple d'une sentinelle postée dans l'endroit même par où plus de soixante soldats passèrent la nuit du 17 au 18. M. le comte d'Aubigné avoit pris feu et dit qu'il la feroit pendre; cependant sa colère, feinte ou vraie, n'a abouti qu'à une prison, chose trop ordinaire à des soldats pour que cela soit capable de contenir les autres. Enfin, je me trouve toujours réduit à tenir le même langage : le désordre ne finira que par le départ du régiment; mais il finira bien tard désormais, et il faut compter qu'il y aura plus de trente muids de diminution cette année sur les greniers d'Amiens, Montdidier et Grandvilliers.

« J'ose vous supplier très instamment de me permettre d'aller à Paris pour huit jours. L'objet de ce voyage est une demande que que l'on fait à mon père pour une société fort ancienne, et dont il a perdu les idées, qui demande une recherche parmi ses papiers. On me mande que cette affaire lui donne une si grande inquiétude, que j'aurois tout à craindre pour lui, si vous ne m'accordiez la grâce que je prends la liberté de vous demander. Vous savez une partie de ses malheurs, puisque vous avez eu la bonté de les soulager; un des plus grands est de n'avoir qu'un aussi foible défenseur que moi. Je n'abuserai point du temps que vous voudrez bien me donner, à l'expiration duquel je me rendrai à mon devoir : les affaires ici sont dans un état à ne point souffrir d'une absence aussi courte*. »

* Réponse en marge : « Lui mander que j'ai envoyé des ordres pour faire partir le régiment Royal; que la négligence des officiers les met hors d'état, pour toujours, d'avoir de bons quartiers d'hiver. Je les tiendrai à l'avenir dans des places frontières où ils seront assez avancés pour ne pas faire de mal à la ferme. Lorsque ce régiment sera parti, il pourra venir faire un tour à Paris comme il le demande. »

999. *M.* de Montgeron, *intendant en Berry,* *au* Contrôleur général.

26 Mars 1706.

Il donne des explications sur ce que la Cour des aides lui reproche, d'avoir fait dresser par ses subdélégués ou réformé lui-même, sans la participation des collecteurs, les rôles des tailles de plusieurs paroisses.

« J'ai reconnu que, quelque pauvre que soit le peuple du Berry, si les impositions étoient réparties avec une juste proportion, le recouvrement n'en seroit pas si difficile. Presque toutes les paroisses de cette généralité sont habitées par quatre sortes de personnes : les premières sont des gentilshommes et des privilégiés, qui ne payent ni taille ni ustensile; les secondes, des bourgeois qui ont du bien et qui sont fermiers des terres de leur voisinage, lesquels imposent aux autres habitants par les différents intérêts qui leur soumettent ces habitants, dont les uns tiennent à ferme de ces bourgeois des domaines dépendant des fermes qu'ils ont ou de leurs biens, les autres des bestiaux à titre de cheptel, et enfin les journaliers qu'ils emploient pendant une partie de l'année : en sorte que ces laboureurs et ces journaliers, étant dans la perpétuelle dépendance de ces bourgeois, n'osent les mettre aux taux des impositions qu'ils devroient porter; les troisièmes sont ces laboureurs, qui sont les plus chargés de taille des paroisses, pendant que leurs maîtres tirent tout le profit des domaines qu'ils font valoir, parce que le principal revenu de ces domaines, dans cette province, est celui que produisent les bestiaux, lesquels étant à très bas prix présentement que le commerce des foires est affoibli, le produit de ces bestiaux, qui étoit, il y a six ans, deux ou trois fois au-dessus de ce qu'il est à présent, suffit à peine pour payer le maître; et le laboureur, ne recueillant pas souvent des grains suffisamment pour se nourrir et pour ensemencer les terres, a peu de ressource pour sortir des impositions; les dernières sont les journaliers, qui sont presque tous pauvres et qui font peu d'argent de leur travail, parce que leur journée n'étant que de 3 et 4 sols chacune outre leur nourriture, quand la subsistance de leur famille est prise sur ce petit revenu, il leur reste peu de chose pour acquitter leurs charges. Ce sont, à mon avis, ces deux dernières espèces d'habitants qu'il faut s'attacher à soulager, et à retrancher les abus qui se font dans les paroisses au sujet des bourgeois, dont le nombre est assez grand dans les lieux du Berry. La possession dans laquelle ils sont de ne payer que ce qu'ils veulent des impositions publiques, les révolte au seul bruit qu'ils entendent qu'on veut augmenter leur taux, et c'est six ou sept de ces bourgeois, avec les officiers de l'élection de Bourges, qui ont composé le mémoire qui a été envoyé à la Cour des aides*.»

* Réponse en marge : «S'il avoit demandé auparavant un arrêt du Conseil pour autoriser tout ce qu'il a fait, la Cour des aides n'auroit rien à dire; mais elle a un juste sujet de se plaindre de ce que, de son autorité particulière, quand il y a eu un rôle fait, qui a donné lieu à plusieurs oppositions et procès pendants à l'élection, il ordonne qu'il en sera fait un nouveau par-devant lui. Il est aisé de connoître l'intention qu'il a eue de procurer justice et d'empêcher une communauté de se ruiner en frais; il faut que la forme ne résiste pas au fonds.»

Le 10 septembre suivant, le contrôleur général envoie au procureur général près la Cour des comptes, aides et finances de Montpellier un arrêt du Conseil portant défense à cette Cour de connaître des ordonnances des intendants de Languedoc.

1000. *M. d'Argenson, lieutenant général de police à Paris, au Contrôleur général.*

(Police, G⁷ 1725.)

27 Mars, 10 et 16 Avril 1706.

Les fonds versés à Paris pour la loterie de Saint-Pierre de Darnetal, qui montent à plus de 71,000 ᵗᵗ, ont été déposés entre les mains du banquier le Couteux, avec défense d'en rien livrer au curé, ni aux receveurs particuliers, ni à M. de Lussan, seigneur de Darnetal et principal directeur de la loterie; mais le public est persuadé que les fonds recueillis à Rouen sont détournés par les receveurs, et, dans l'intérêt général des loteries, il serait urgent de tirer celle-ci et de dissiper ainsi des bruits fâcheux*.

La surséance des loteries de la Présentation, des Ursulines de Gex et des abbayes de Poissy et de Port-Royal ayant été annoncée, la restitution des fonds ferait très bon effet; mais les maisons intéressées ou leurs protectrices créeraient beaucoup de difficultés, et le total des sommes est trop peu important pour que l'on en coure les risques**.

* Sur le tirage de cette loterie et sur l'emploi des lots non réclamés, voir la lettre du 7 septembre. Des détournements, du fait de plusieurs receveurs, avaient été signalés par M. d'Argenson, dans deux lettres des 20 novembre et 11 décembre 1705. En marge de la dernière, on lit cette réponse du contrôleur général : «Il me semble qu'il ne suffit pas d'avoir fait rétablir en argent comptant ce que les caissiers avoient détourné, mais en punir quelqu'un de manière à corriger les autres. Il y a une infidélité par les hommes qui ont le maniement de l'argent contre laquelle je suis toujours révolté.» Par suite de ces abus, on refusa de laisser augmenter le fonds d'une somme de 150,000 ᵗᵗ, sur laquelle 20,000 ᵗᵗ auraient été prises pour les travaux de l'église. (Lettre de M. de Courson, intendant à Rouen, 8 novembre 1705.)

** Voir deux lettres de la supérieure du monastère de Poissy, en date des 31 mars et 23 juillet, demandant que la loterie ouverte pour la réparation de son église soit exemptée de la surséance générale, en raison de l'urgence reconnue et des dommages nouveaux causés par l'hiver.

1001. *M. Desmaretz, directeur des finances, à M. de Pontcarré, premier président du Parlement de Rouen.*

28 Mars 1706.

Il est urgent pour le service du Roi que l'affaire de la Chambre des eaux et forêts de Rouen se termine et que les intérêts des officiers de la Table de marbre se règlent, soit en accordant à la Chambre des requêtes la connaissance des cas de première instance qu'elle demande, mais qui pourrait être réclamée par les premiers juges, soit en réunissant la juridiction des eaux et forêts au corps du Parlement, en formant une chambre spéciale de deux présidents à mortier et douze conseillers, et en faisant rouler les conseillers des requêtes dans toutes les chambres. Ce second expédient est celui qui semble offrir le moins d'inconvénients*.

* Voir une lettre du 29 avril suivant.

1002. *Les Procureurs des trois états du pays de Provence au Contrôleur général.*

29 Mars 1706.

«S. M., par édit du mois de juin 1705, a créé des offices d'inspecteurs, visiteurs, mesureurs et contrôleurs de pierres de taille et autres matériaux propres à la construction des bâtiments. Cet édit ne sauroit s'exécuter en Provence qu'avec des peines infinies. Le traitant en a jugé d'abord de même, parce que ceux qui veulent faire bâtir en ce pays n'en usent pas comme en France : ils vont eux-mêmes à la carrière faire tailler leurs pierres, qu'ils prennent souvent dans leurs héritages; ils font aussi faire la chaux dans leurs fonds, ou à leurs frais, aussi bien que le ciment; ou bien ils se servent de matériaux vieux. Ainsi, ils n'ont pas besoin ni d'inspecteurs, ni de visiteurs, ni de contrôleurs, parce que personne n'a besoin que l'on vienne contrôler ce qu'il fait; et il suffit à celui qui bâtit et qui emploie les matériaux qu'il a préparés de dire qu'il les a préparés lui-même, que la chose s'est faite de son ordre, à ses frais et sous ses yeux, qu'il en est content et satisfait, pour exclure le ministère et l'inspection des visiteurs et contrôleurs, que S. M. n'a établis, ainsi qu'elle le dit au commencement de l'édit du mois de juin, que pour éviter les abus qui se commettent au préjudice des bourgeois dans l'apprêt, mesurage et prix des matériaux. Que si le bourgeois ne fait pas lui-même préparer ses matériaux, et qu'il les prenne des mains des chaufourniers, plâtriers, tuiliers et autres ouvriers travaillant à l'apprêt et fabrication des autres matériaux, il seroit impossible de faire le recouvrement du sol pour livre, ces sortes d'ouvriers, que l'on peut comparer à ceux que l'on condamne aux minières, étant de la dernière misère; à peine peuvent-ils trouver dans ce pénible métier de quoi se nourrir, bien loin de payer de sols pour livre au traitant, et il ne serviroit de rien de les obliger à retirer du bourgeois ce sol pour livre, car, celui-ci ne voulant pas les payer, ils ne laisseroient pas de lui délivrer leurs matériaux, pour ne pas perdre l'occasion de gagner leur vie, et ne se soucieroient pas de tomber en contravention, parce que qui n'a rien ne craint rien. Et de vouloir obliger le maçon ou le tailleur de pierre à faire sa déclaration de toutes les pierres et de tous les matériaux qu'il a employés de son chef dans la journée qu'il a loué ses œuvres au bourgeois, c'est le jeter dans l'embarras et dans l'impossibilité. Comme ils ne travaillent la plupart qu'à journées, il faudroit qu'ils allassent faire des déclarations tous les jours, et qu'ils perdissent la moitié de leur temps à calculer et à faire des déclarations entre les mains du traitant; et d'ailleurs, comment pouvoir se ressouvenir de tout ce qui s'est employé?

«Ces justes considérations ont fait regarder cet édit au traitant comme ne pouvant avoir aucune application en cette province; cependant, depuis quelques jours, il a fait faire des commandements à divers ouvriers pour lui donner une déclaration des matériaux qu'ils ont achetés ou enlevés depuis le 7 août 1705, et d'en payer les droits, avec défenses d'enlever à l'avenir aucuns matériaux sans les déclarer et sans en payer les droits. Ce commandement a mis ces ouvriers en désordre, parce qu'ils ne peuvent savoir ce qu'ils ont employé de matériaux depuis le 7 août. En second lieu, les propriétaires se dégoûtent et ne font plus que les bâtisses d'une nécessité indispensable : en sorte que les droits des inspecteurs et contrôleurs seront fort modiques et produiront un grand mal dans le public en ce qu'ils éloigneront ceux qui seroient encore en état de faire des réparations à leurs fonds, et les héritages resteront exposés aux ravages et aux inondations, et emportés faute d'y avoir retenu le terrain par des murailles et des massifs; car, dans la plus grande partie de la province, qui est toute montagneuse, les fonds n'y subsistent que par cet artifice, sans lequel les moindres pluies les entraîneroient dans les vallons.

«A l'égard de la bâtisse des maisons dans les villes, nous serions heureux s'il s'en faisoit de nouvelles : elles seroient une preuve de l'abondance; mais le triste état où se trouve cette province ne nous permet pas d'espérer qu'il s'y construise des maisons; bien loin de là, les anciennes deviennent à charge à leurs maîtres, et, dans les villes les plus considérables de la province, excepté les maritimes, on ne trouve que difficilement à les arrenter.

«Vous voyez, par ce que nous prenons la liberté d'exposer à Votre Grandeur, que cette affaire est d'un très petit objet dans cette province, très difficile et quasi impraticable dans son exécution, et très préjudiciable à l'utilité publique, puisqu'elle éloigneroit les particuliers de faire les réparations nécessaires, le public et l'État ayant un véritable et réel intérêt que les héritages et les édifices soient réparés et entretenus, et que l'aspect des villes ne soit point difforme. Votre Grandeur nous avoit promis, lors de l'abonnement d'un million de la capitation, qu'il n'y auroit plus de nouvelles affaires en Provence, parce qu'effectivement cette offre d'un million étoit le dernier effort qu'elle faisoit pour témoigner à S. M. sa fidélité et son obéissance. Si nous n'avons pas eu jusqu'ici le bonheur de jouir de l'effet de cette promesse, nous espérons au moins de la bonté du Roi qu'il fera cesser les poursuites que le traitant des offices d'inspecteurs et contrôleurs des matériaux fait en cette province, puisqu'elles ne sauroient produire grand'chose et n'aboutiroient qu'à fatiguer les ouvriers, leur faire perdre le moyen de gagner leur vie, et nuire au public*.»

* Réponse en marge, de la main de M. Desmaretz : «Écrire à M. Lebret de faire racheter par la province, en payant 15,000 ᵗᵗ.»

1003. *M. Foucault, intendant à Caen,*
au Contrôleur général.

29 Mars et 11 Avril 1706.

«J'ai commencé la visite des élections par celle de Valognes. Ayant été informé qu'il y avoit vingt paroisses qui n'avoient pas encore fait leurs rôles et ayant examiné les raisons qui en avoient causé le retardement, j'ai reconnu que, depuis le département, les receveurs avoient fort pressé les paroisses pour le payement de ce qu'elles doivent de reste, tant des années 1703, 1704, que 1705, de laquelle année il est encore dû près de moitié de la taille; que, pour cet effet, ils avoient fait faire beaucoup de contraintes et juger plus de cent solidités sur les paroisses par l'insolvabilité des collecteurs, ce qui avoit donné lieu à la vente des effets et bestiaux des plus forts taillables, et que la plupart des seigneurs et autres privilégiés, pour empêcher que ces solidités ne tombassent sur leurs fermiers et redevables, ont prévenu les receveurs et ont fait faire les inventaires et ventes des meubles et bestiaux desdits fermiers et ont repris leurs fermes, qu'ils font valoir par leurs mains : ce qui a encore fait perdre aux paroisses une partie de leurs meilleurs contribuables et mis les collecteurs hors d'état de pouvoir faire leurs rôles, ne leur restant que des pauvres dans l'impuissance de payer l'imposition de leurs paroisses. Comme il m'a paru important d'entrer en une connoissance particulière de la vérité de ces faits, je me suis transporté dans plusieurs de ces paroisses, pour les vérifier par l'examen des rôles, et, après avoir reconnu que les raisons desdits collecteurs avoient un fondement certain, j'ai donné à ces paroisses une diminution proportionnée à l'état dans lequel je les ai trouvées : en sorte que, par ce moyen, j'ai engagé les collecteurs, dont la plupart ont été nommés d'office, à faire leurs rôles, et je n'ai point voulu partir de cette élection, où j'ai séjourné six jours, que je n'aie mis toutes ces paroisses dans la disposition de faire leur assiette : pour quoi j'ai été obligé de donner à quelques-unes près de moitié de diminution de leur imposition; en sorte que cette élection a emporté 12,000 ᵗᵗ sur les 40,000 ᵗᵗ que vous avez bien voulu procurer à cette généralité en considération de la perte qu'elle a soufferte par la dernière tempête. Si j'avois consulté entièrement les besoins desdites paroisses, je leur aurois donné une plus grande diminution; mais j'ai jugé à propos de ménager du fonds pour en faire part aux autres élections, et, en attendant que j'aie l'honneur de vous rendre un compte plus ample de ma visite générale, je crois devoir vous informer que j'ai remarqué qu'il n'y avoit point de malice, d'affectation, ni de mauvaise volonté dans l'esprit des peuples. Au contraire, je puis vous rendre témoignage que j'y ai trouvé encore toute la soumission que l'on y peut désirer, et que les seigneurs et les curés concouroient de leur part à les exciter de ne se pas décourager et à faire leurs efforts pour continuer à payer leurs impositions;

et j'ai su qu'une grande partie des autres paroisses auroient pris le parti de ne point imposer par les raisons susdites, si les seigneurs et les curés ne les y avoient engagés, les uns en leur prêtant de l'argent, et les autres en leur promettant de leur aider. Il est vrai que ces seigneurs et curés y ont eu leurs intérêts particuliers à ménager, par rapport à leurs fermes et à leurs dîmes, parce que, ces paroisses étant en état de tomber en régale, ils seroient exposés à en souffrir par la saisie et la vente des bestiaux de leurs fermiers et l'abandon de la culture des terres, dont les curés perdroient les dîmes. Il est néanmoins certain que j'ai remarqué, dans cette conduite des seigneurs et des curés, un fond d'affection pour le bien de l'État et de commisération pour la pauvreté des peuples.

«Je suis venu de Valognes à Carentan, où j'ai trouvé un peu moins de mal, mais encore trop, eu égard à la bonté du terroir des paroisses de cette élection, lesquelles sont encore beaucoup redevables des impositions des années 1703 et 1704, et encore plus de celles de l'année dernière. Elles ont néanmoins toutes fait leurs rôles; mais les receveurs craignent fort de n'en pouvoir pas faire le recouvrement entier. J'ai donné aux plus pauvres paroisses de cette élection 3,000 ll de diminution.

«Je suis venu ensuite en l'élection de Saint-Lô, où il y a un commis pour le sieur Lasnon, seul receveur, auquel il n'est rien dû des années précédentes, mais encore 56,000 ll pour l'année dernière, et il n'a reçu que 16,700 ll pour la courante: ce qui lui fait appréhender que, voyant augmenter la pauvreté des peuples, son recouvrement ne devienne plus difficile que par le passé. Comme je n'ai rien remarqué de particulier dans cette élection, je me suis contenté de lui donner 3,000 ll de diminution en faveur des paroisses que j'ai reconnues en avoir un plus pressant besoin; mais je n'ai pas jugé devoir abandonner ces diminutions aux collecteurs, et encore moins la faire donner au marc la livre des taux des contribuables. J'ai préposé, dans chaque élection, les officiers que j'ai jugés les plus capables pour en faire, de concert avec les receveurs, la répartition en faveur de ceux qu'ils jugeroient en avoir le plus de besoin, et j'en ai même fait la vérification en quelques paroisses, pour leur servir de modèle. Je retournerai demain à Bayeux, pour y achever le travail que j'y ai commencé pour le même sujet, lorsque j'y ai passé; j'aurai l'honneur de vous en rendre compte à mon retour à Caen, d'où, après y avoir passé les fêtes, je partirai pour achever ma visite dans les autres élections*.

«J'ai recommencé ma visite des élections par celle de Vire, où j'ai trouvé quelques paroisses qui n'avoient pas encore fait leurs rôles; et, ayant été informé des raisons, qui rouloient tant sur la pauvreté des contribuables que sur plusieurs sujets de procès que les collecteurs prévoyoient avoir à essuyer, je me suis transporté sur les lieux, où j'ai fait faire les rôles en ma présence, et, par ce moyen, réglé toutes les matières de contestations; et, au moyen des diminutions que j'ai données à ces paroisses, elles m'ont paru en volonté de faire de leur mieux pour payer *leurs* impositions. J'ai néanmoins lieu de craindre que l'effet n'y réponde pas, parce que j'ai remarqué qu'il reste peu de bestiaux dans cette élection, qui en font le principal commerce, et que le prix en est diminué de plus d'un tiers. Les raisons de l'un et de l'autre sont que les peuples ont été dans la nécessité de vendre la meilleure partie de leurs bestiaux pour payer leurs impositions des années précédentes, et par la disette de fourrages, à cause de la sécheresse de l'année dernière, pour les nourrir pendant l'hiver. Cette sécheresse ayant encore causé une grande stérilité dans la récolte dernière des blés noirs, dont les habitants de cette élection font leur principale nourriture, ils en souffrent pareillement beaucoup: étant obligés d'acheter d'autres grains pour leur subsistance, cela leur cause une double perte, en sorte que cette élection m'a paru dans une grande misère, et que je prévois d'autant plus de difficulté à faire les recouvrements des impositions de la présente année, que ceux de l'année dernière sont, dans la plus grande partie des paroisses, fort reculés, y en ayant qui n'ont pas encore acquitté le quart de leur taille. Cependant j'ai trouvé que ce n'est point par la négligence des receveurs, auxquels on ne peut pas reprocher l'excès des frais; ils n'y ont pas même fait juger de solidités. La principale raison est l'impuissance des contribuables, et il est certain qu'une grande partie des collecteurs n'auroient pas fait cette année leur assiette, s'ils n'y avoient été engagés par les sollicitations du receveur en exercice, qui est fort aimé des peuples, les traitant avec beaucoup de douceur et leur apportant toutes les facilités possibles. J'ai encore observé, dans cette élection, que, soit par l'effet de la misère ou par l'inclination naturelle du pays, les habitants, tout pauvres qu'ils sont, s'engagent fort légèrement dans les procès et y consomment ce qu'ils pourroient plus utilement payer en diminution de leurs impositions. Ce mal est fort invétéré; j'ai pris cependant les précautions que j'ai jugé les plus convenables pour le diminuer, en ce qui concerne principalement les recouvrements. J'ai donné près de 7,000 ll de diminution aux paroisses de cette élection. Elles ont fait une perte très considérable par la tempête qui y a renversé plus d'un quart des arbres fruitiers, qui font un des meilleurs revenus des propriétaires des terres.

«L'élection de Mortain, qui est située dans un terroir encore plus maigre et stérile, m'a paru dans le même état que celle de Vire, c'est-à-dire très pauvre et malheureuse, par les mêmes raisons, auxquelles on doit ajouter que, les paroisses y étant d'une grande étendue, les impositions en sont très fortes: ce qui a ruiné, depuis quelques années successivement, les collecteurs, lesquels étant les contribuables les plus accommodés, il n'en reste que des pauvres, qui causent beaucoup de non-valeurs aux collecteurs et les mettent hors d'état de payer. J'ai donné, pour leur aider, 4,500 ll de diminution à cette élection, qui n'est composée que de quatre-vingt-quatre paroisses et ne paye que 158,837 ll de taille.

«Je suis obligé de retourner à Caen, pour y juger l'affaire du sieur de la Houssaye et le procès de l'assassinat des commis de Lessay par des faux-sauniers, qui est très important; après quoi j'irai à Coutances et à Avranches, dans lesquelles élections toutes les paroisses ont fait l'assiette de leur taille. Ainsi, il n'y a rien qui m'empêche de différer la visite de ces deux élections**.»

* Réponse en marge de cette première lettre: «Je suis bien fâché de voir autant de désordre qu'il me paroît qu'il y en a dans plusieurs élections de votre généralité. Il me paroît qu'elle ne peut se soutenir sans une attention continuelle et suivie; je suis persuadé que vous voudrez bien vous y livrer tout entier.»

** Réponse en marge : «Je vois avec douleur le mauvais état et presque sans ressource des élections de Vire et de Mortain; il faudra dans la suite avoir une grande attention à les soutenir et faire en sorte que les habitants puissent se donner des bestiaux, sans quoi ils périroient absolument.»

1004. *Le Contrôleur général à M. Trudaine, intendant à Lyon.*

7 Avril 1706.

«Le nommé Marce, voiturier de la ville de Lyon, condamné au carcan et à neuf années de bannissement pour la contrebande dont il a été convaincu, s'est présenté ici pour obtenir sa grâce; mais, bien loin de la lui accorder, on a jugé qu'il étoit très important de rechercher tous ceux qui se mêlent de ce mauvais commerce, afin de les punir avec la même sévérité*. Le Roi a même résolu, en cas que le désordre de la contrebande continue, de faire punir corporellement les marchands qui se serviront du ministère de ces fraudeurs. Vous ne sauriez donner trop d'attention à les découvrir, afin d'arrêter par des châtiments exemplaires un mal si pernicieux au commerce et à l'État**.»

* Le condamné ayant envoyé de nouveaux mémoires, le contrôleur général demanda des éclaircissements sur l'instruction du procès de fausse réforme dans lequel il était impliqué, et sur l'évasion des coupables. (Lettre de M. Desmaretz, 4 mai.)

** M. Trudaine écrivait, le 30 janvier précédent : «La contrebande est si fréquente en cette ville, et il est si difficile, et même comme impossible, d'en avoir des preuves contre les contrebandiers qui en font un métier, qu'il faut y apporter un autre remède que la justice ordinaire, si vous voulez écarter ces canailles-là. On les connoît tous par nom et surnom; il faut en faire enlever cinq ou six des plus fameux, et les assurer à quelque officier, pour les emmener à la guerre.....» Dans une autre lettre, du 10 février, l'intendant avait expliqué qu'il ne s'agissait d'appliquer cette mesure qu'aux contrebandiers de profession, non aux marchands, et le contrôleur général l'avait autorisé à choisir parmi les individus les plus dangereux, pour en faire des exemples.

1005. *M. Desmaretz, directeur des finances, au sieur Daguerre, directeur de la Monnaie de Bayonne.*

8 Avril 1706.

«Par quelques lettres que vous m'avez écrites il y a déjà du temps, et par la connoissance que j'ai des séjours que vous avez faits en Hollande, je ne doute point que vous n'ayez acquis une grande connoissance de tous les différents commerces qui se peuvent faire. Il y en a un qui paroît considérable à Bayonne : c'est celui des piastres et des matières d'or et d'argent qui y sont apportées d'Espagne, et qui, de là, sont transportées en diverses villes du royaume, et particulièrement à Marseille, à Lyon et à Paris. Ce commerce paroît infiniment avantageux au royaume, par la grande quantité de ces matières qui entrent par Bayonne. On en a connoissance par les états des entrées et sorties qui sont envoyés tous les mois à M. Chamillart; mais il est difficile d'en tirer l'utilité qu'il semble qu'on devroit en recevoir pour faire travailler les Monnoies du royaume, parce qu'on regarde et les piastres et les matières comme une autre marchandise dont le commerce est libre. D'ailleurs, il ne conviendroit pas de suivre trop curieusement l'usage qu'on en fait, de peur d'embarrasser les négociants qui veulent toujours être libres dans leur commerce et tenir leurs négociations secrètes. Il conviendroit néanmoins de connoître à fond de quelle manière ceux de Bayonne font ce commerce avec les Espagnols; de quelle ville, de quels lieux ils tirent les matières; comment ils les payent, et qui sont ceux qui ont à Bayonne les correspondances d'Espagne et des négociants des villes de France, pour recevoir et faire les envois des matières qu'ils reçoivent d'Espagne pour le compte des négociants des villes du royaume. C'est ce que je vous prie instamment de bien examiner, pour en dresser un mémoire que vous m'enverrez. Observez bien que tout ce que je vous demande est une simple instruction pour trouver les moyens de faire travailler les Monnoies du royaume, qui sont de ma direction, et qu'il n'est nullement question de vouloir entrer dans aucun détail curieux qui puisse intéresser en aucune manière ceux qui font ce commerce. Bien loin de le troubler, l'intérêt de l'État est de le favoriser autant qu'il sera possible. J'attendrai votre réponse sur tout ce que je vous écris avec impatience.»

1006. *M. de Saint-Contest, intendant à Metz, au Contrôleur général.*

9 Avril 1706.

«Vous m'avez fait l'honneur de me renvoyer, par votre lettre du 24 mai 1704, un placet présenté par le nommé Genay, habitant de Saint-Quirin, de l'évêché de Metz, par lequel il proposoit de faire défricher et mettre en état de flotter la rivière de Sarre-Noire, afin d'y conduire les bois qui l'avoisinent à quatre lieues au-dessus de l'endroit où cette rivière se joint à la véritable Sarre; et, pour cet effet, demandoit qu'il lui fût accordé, pendant cinq ans, un droit sur les bois qu'on y feroit flotter, tel qu'il seroit réglé, pour l'indemniser de ses frais. Je fis, dès ce temps-là, examiner cette affaire par M. Fastier, ingénieur à Phalsbourg, qui dressa un devis, par lequel il estime les ouvrages à la somme de 1,850 #. Depuis ce temps-là je n'avois plus entendu parler de cette affaire; mais ce nommé Genay, qui avoit commencé le travail, l'a continué, et il reste très peu de chose à faire pour le mettre en sa perfection. Les propriétaires des bois se servent utilement des soins qu'il s'est donnés, et font actuellement flotter leurs bois sans lui vouloir assurer aucune rétribution. Il demande donc présentement d'être autorisé de percevoir pendant quarante ans un droit de 15 sols par cent de planches, et 15 sols par chaque flotte de quatre pièces de bois. Suivant les éclaircissements que j'ai pris de nouveau, il me paroît que la dépense qu'il a déjà faite, et celle qu'il convient faire, ira à plus de 2,000 #. Ainsi, je crois qu'on peut lui accorder 10 sols par cent de planches, autant pour chaque flotte de bois de marnage, et la même chose pour chaque quatre pièces de bois, pendant quarante années : ce qui pourra produire 100 ou 120 # par an; à la charge par lui de mettre le travail en sa perfection et de l'entretenir, et qu'il ne commencera d'en jouir qu'après que la réception en aura été faite par l'ingénieur de Phalsbourg. Il faudra que les lettres patentes soient enregistrées au Parlement de Metz, afin que ceux qui y pourroient avoir intérêt puissent s'y pourvoir..... »

1007. *M. Desmaretz, directeur des finances, au sieur Miotte, intéressé aux affaires du Roi.*

10 Avril 1706.

« Je reçois des plaintes au sujet des poursuites très rigoureuses que vous faites contre les officiers du grenier à sel de Mantes, et des garnisons que vous avez établies chez N*** pour le payement de la finance de l'office de lieutenant criminel réuni à ce grenier. Ces vexations ne conviennent point au service du Roi, et d'ailleurs ces officiers vous font des propositions qui paroissent assez raisonnables. Faites donc au plus tôt lever ces garnisons et cesser ces poursuites jusqu'à nouvel ordre. »

1008. *M. de Bâville, intendant en Languedoc, au Contrôleur général.*

11 Avril 1706 et 18 Juillet 1707.

Contestation du Chapitre de Montpellier avec la ville, au sujet de la perception des droits nouveaux sur le vin recueilli par les chanoines hors du territoire.

1009. *M. de Bouville, intendant à Orléans, à M. Desmaretz.*

17 Avril 1706.

« Il me paroît que les traitants des affaires extraordinaires font une manœuvre bien nuisible aux provinces : ils tirent des lettres de change, qu'ils mandent à leurs commis de payer argent comptant, et ils prennent à Paris des billets de monnoie de ceux auxquels ils donnent ces lettres de change, dont le montant, étant payé ici en espèces, se voiture à Paris. Ils trouvent leur compte parce que les billets de monnoie leur sont donnés au moment qu'ils délivrent leurs lettres de change tirées sur leurs commis, lesquelles ne sont payables que deux et trois mois après; mais ceux qui fournissent ces billets de monnoie peuvent y gagner considérablement, parce qu'avec les espèces avec lesquelles on leur paye les lettres de change ils achètent à Paris de nouveaux billets de monnaie. Il est certain que, par ce moyen, ils tireront toutes les espèces des provinces*. »

* Le 24 février précédent, M. Desmaretz avait adressé aux intendants un arrêt ayant pour but de prévenir certains abus par l'émission de billets de 500 # pour une valeur de cinq millions et par la défense de faire circuler les billets dans les provinces.

1010. *Le Contrôleur général à M. Bignon, intendant à Amiens.*

22 Avril 1706.

Il lui recommande de surveiller le billonnage et l'exportation des espèces qui se pratiquent à la faveur du commerce avec les Flandres et l'Artois, de délivrer lui-même, sur l'avis de ses subdélégués, les passeports dont les marchands ou banquiers pourraient avoir besoin pour régler leurs négociations, et d'en envoyer un état tous les trois mois à Paris.

1011. *Le Contrôleur général à M. Ferrand, intendant en Bretagne.*

22 Avril 1706.

« Vous savez qu'on ne peut trop donner d'attention pour faire porter aux Monnoies toutes les matières d'or et d'argent, et vous avez vu, par les lettres que je vous ai écrites, les ordres que le Roi a donnés pour en empêcher le transport et le surachat. Si on pouvoit payer comptant 34 # le marc de piastres, les barres et pignes à proportion, ce seroit un grand avantage pour ceux qui sont en état d'en faire commerce, mais une grande perte pour le Roi, si on convertissoit ces matières en écus. Pour éviter cette perte, on a été obligé de faire des pièces de 10 sols, dont le travail est beaucoup plus long que celui des grosses espèces de France, et on ne peut, par conséquent, payer dans les Monnoies ceux qui y portent des matières qu'à mesure qu'elles sont converties en pièces de 10 sols, observant de payer chacun à son rang à compter du jour que les matières seront entrées dans les Monnoies. Il est bien nécessaire que vous vous attachiez à faire exécuter cet ordre et que vous teniez très sévèrement la main à faire observer l'arrêt qui défend le transport et le surachat*. Il y a tout sujet de croire que les négociants ou autres qui ont des piastres ou matières d'or ou d'argent chercheront des occasions et des moyens de les vendre à un plus haut prix que le tarif, et d'en être payés plus promptement qu'ils ne pourroient l'être dans les Monnoies. Il convient fort au service du Roi de profiter de cette conjoncture pour s'assurer de la plus grande quantité de matières qu'on pourra acheter à des conditions utiles et au bien du service et aux particuliers. Prenez donc la peine de confier à quelques personnes sûres les soins de cette négociation, et assurez-vous de toutes les matières qu'on voudra vendre, dont vous pourrez donner jusqu'à 36 # le marc, à condition d'en payer moitié en les livrant, en billets de la Monnoie de Paris, et l'autre moitié en deniers comptants, deux ou trois mois après que les matières auront été livrées dans les Monnoies. Vous comprenez bien que, ce prix, qui est beaucoup plus fort que celui du tarif de la Cour des monnoies, étant excessif par rapport à la véritable valeur des matières, il ne pourroit y avoir aucune raison de le porter jusque-là, si l'excédent du prix du tarif n'étoit une espèce de bénéfice que le Roi veut bien accorder pour pouvoir se servir dès à présent des matières et dédommager les particuliers de ce qu'ils peuvent souffrir par le retardement du payement. Vous voyez que cette affaire est importante; donnez-y grande application, et, à mesure que vous vous serez assez assuré de quelque partie, donnez-m'en régulièrement avis, afin que je pourvoie au payement. Je charge le sieur de Lépine-Danycan de faire de son côté les mêmes négociations à Saint-Malo et à Nantes; il est nécessaire que vous en soyez averti, afin que vous puissiez agir de concert avec lui, et que ceux que vous en chargerez ailleurs ne traversent point ses négociations. Il est encore nécessaire d'empêcher les directeurs des Monnoies de Rennes et de Nantes de négocier par eux-mêmes aucunes matières et d'en payer un plus haut prix que celui fixé par le tarif de la Cour des monnoies. Je leur en donne avis, et vous ne pouvez rien faire de mieux que de tenir la main à ce qu'il soit exécuté ponctuellement**.»

* Défense avait été faite de surachеter les matières ou de les vendre au-dessus du tarif réglé par la Cour des monnaies; voir une lettre du 12 mars précédent, au sieur des Casaux du Hallay. On comptait à cette époque que les négociants accepteraient le prix de 34 ᵗᵗ le marc, payable un tiers comptant et deux tiers en billets de monnaie. Le 10, MM. Ferrand, de la Bourdonnaye et Bégon avaient été avisés de faire dresser un état exact des matières qui arrivaient dans les ports et de l'envoyer régulièrement au contrôleur général.

Le 2 avril, le contrôleur général écrivait à M. Mesnager : «Pour réponse à l'article de votre lettre du 17 février dernier qui concerne le prétendu droit de seigneuriage que les Péruviens ont publié qu'on prenoit aux hôtels des Monnoies, vous pouvez assurer ceux qui vous en parleront que le Roi ne prend aucun droit de seigneuriage sur les louis d'or et les écus. A l'égard des piastres et autres matières qui sont portées aux hôtels des Monnoies, soit par les sujets du Roi, soit par les Espagnols qui reviennent du Pérou, S. M. les a fait payer jusqu'à 34 ᵗᵗ le marc, pour faire travailler ses Monnoies. Vous voyez que c'est quelque chose de plus que la valeur intrinsèque par rapport au cours de l'espèce, et qu'on les traite au moins aussi favorablement qu'en Angleterre et en Hollande.»

** Voir, à la même date, les lettres adressées au sieur Rousseau, directeur général des Monnaies, au sieur de Lépine-Danycan, à M. Bégon, intendant à la Rochelle, et une autre, du 24 avril, au sieur de la Lande-Magon. Ce dernier jour, M. Desmaretz, qui avait dicté la lettre du 22 pour les deux intendants, les avertit qu'il paraissait possible de ne donner que 35 ᵗᵗ, et même moins, du marc, en payant moitié en deniers comptants dans les trois mois, et qu'ils ne devaient pas s'arrêter au chiffre de 36 ᵗᵗ indiqué dans la dépêche précédente.

Le 30 avril, M. Ferrand répondit que, malgré les avantages offerts, il n'était pas probable que les particuliers portassent des matières à la Monnaie pour recevoir en échange des billets que tout le monde savait perdre 10 p. o/o à Paris, et qu'on préférait le taux de 34 ᵗᵗ le marc, payable en espèces.

Le 15 mai suivant, ordre fut donné à M. Ferrand de faire suspendre la fonte des matières fournies à la Monnaie de Nantes par le sieur des Casaux, et d'envoyer immédiatement à la Monnaie de Paris une valeur de 700,000 ᵗᵗ.

1012. *M. de Montesan, prévôt des marchands de Lyon, au Contrôleur général.*

22 Avril 1706.

Il annonce que la suspension des relations commerciales avec le Piémont a jeté l'alarme parmi les négociants de Lyon*.

* Réponse en marge : «Il ne convient pas, dans la conjoncture présente, de laisser un commerce libre entre le Piémont et la ville de Lyon, ni avec aucune autre province du royaume; les conséquences en sont infinies, et seroient trop longues à discuter. Il y a des temps dans lesquels on est obligé de souffrir sans y pouvoir apporter remède. Il ne convient point que les sujets de M. le duc de Savoie aillent et viennent de Turin en France avec une entière liberté, comme ils ont fait jusques à présent. Assurez les négociants de la ville de Lyon que personne n'est plus disposé à leur faire plaisir que moi, que je ne le puis faire dans cette occasion.»

1013. *M. Doujat, intendant à Poitiers, à M. Desmaretz.*

22 Avril 1706.

«Pour vous rendre un compte exact de ce que j'ai fait aux mines du Vigeam, j'aurai l'honneur de vous mander qu'en conséquence des ordres que vous m'avez donnés par vos lettres des 24 février et 14 mars dernier, je me suis transporté, le dimanche 18 de ce mois, avec le sieur Perrin, directeur de cette Monnoie, le plus habile de ses monnoyeurs et un de nos orfèvres fort intelligent. Nous commençâmes le 19, au matin, à voir les travaux qui ont été faits par le sieur Doudon. Nous allâmes tous à une demi-lieue du bourg du Vigeam, dans un petit village appelé Bourpeuil, qui est au bord de la Vienne, laquelle sépare la seigneurie du Vigeam, appartenant au sieur marquis de Fors, d'avec la seigneurie de l'Isle, appartenant au sieur marquis de l'Isle-Rouhet. Nous trouvâmes trois endroits assez près de la rivière, dépendants de la seigneurie du Vigeam, desquels on a tiré des matières de pierre et de terre, qu'on prétend matières de mines et desquelles on a cassé une partie avec de grosses masses qui ont été faites exprès, et dont il a fallu miner l'autre avec de la poudre et des fourneaux. On a fouillé ces endroits environ trente ou quarante pieds de profondeur. L'un de ces endroits s'appelle la Gorse, l'autre le Bout-du-Pont, et le troisième le Château-Trompette. Nous entrâmes ensuite dans deux fourneaux dans lesquels on met ces matières de mines (appelées autrement *marcassites*), pour les calciner au feu. Quand ces matières sont ainsi calcinées, il faut les porter à un moulin, pour les battre et pour les réduire en poudre. Nous y allâmes aussi. Ce moulin est sur la même rivière de Vienne. L'eau de cette rivière fait agir six gros pilons de bois sur six mortiers, dans lesquels on a mis les prétendues marcassites pour les réduire en cendres et en poudre. Cette machine a été faite au lieu de deux moulins à blé appartenant au sieur marquis de Fors, dont il tiroit 300 ᵗᵗ de ferme, et dont le sieur Doudon prétend avoir promis de lui en donner 400 ᵗᵗ. Ces matières étant ainsi pulvérisées, on les met dans des huches qui sont dans un magasin dans lequel nous entrâmes ensuite. Il y a dans ce magasin sept ou huit personnes qui blutent et tamisent ces prétendues marcassites sortant de ces moulins, afin de rendre ces marcassites encore plus pulvérisées et plus réduites en cendres, pour qu'elles puissent plus aisément s'amalgamer ou se joindre avec le vif-argent qu'on met dans les moulins à lavure (dont je vous parlerai dans les suites), ces sept ou huit personnes jetant les plus grosses matières qui n'ont pu passer par ces bluteaux ou tamis, lesquelles grosses matières auroient empêché la jonction du vif-argent avec ces matières pulvérisées.

«Voilà tout ce que nous avons vu dans ce petit endroit appelé Bourpeuil, au sujet duquel il est bon de vous remarquer que toutes ces fouilles, fours et magasins ont été faits dans des endroits appartenant à des particuliers, pour raison desquels chaque particulier demande des indemnités au sieur Doudon, qui ne leur a encore rien donné.

«Tout le 19, au matin, fut employé à voir ces travaux. Nous fûmes, l'après-dînée, voir ceux qui sont dans le château du Vigean. Nous commençâmes par un grand endroit (appelé par le sieur Doudon son *laboratoire*) dans lequel on porte ces matières de mines pulvérisées et tamisées, comme nous le venons de dire. Cet endroit est assez beau. Il comprend presque tout un côté de la basse-cour du sieur marquis de Fors, lequel étoit en granges et en écuries, qu'il a abandonnées pour cela. Le sieur Doudon a fait venir une fontaine au milieu de ce laboratoire, laquelle jette de l'eau dans un petit bassin, où on en prend ensuite pour servir aux moulins à lavure. On a fait faire une manière de rigole tout le long et au milieu de ce laboratoire, par laquelle le surplus de l'eau s'écoule et s'égoutte.

«Il y avoit dans ce magasin trente-six moulins à lavure, à chacun desquels il y avoit un homme pour faire travailler ces moulins à lavure, qui sont des manières de baquets dans lesquels ont met les marcassites pulvérisées, avec une certaine quantité d'eau et du vif-argent. Il y a dans ce baquet une machine de fer, laquelle, étant tournée, unit autant qu'il se peut le vif-argent à cette prétendue matière de marcassite ainsi pulvérisée et mouillée.

«Quoiqu'il nous parût que ces trente-six moulins travaillassent, la vérité est néanmoins qu'on n'avoit mis du vif-argent que dans quatre, et qu'après que les contrôleurs et ouvriers nous eurent assuré que le vif-argent était suffisamment joint à la matière, on mit ce qui étoit dans chaque moulin dans un vase de terre, et on versa le tout petit à petit dans une peau de chamois, par laquelle on prétend que l'eau et le vif-argent passent, et que la matière d'or et d'argent qui étoit jointe au vif-argent dans ces moulins demeure comme de petite poudre, au fond de la peau de chamois. Il ne demeura rien de ce qui fut mis dans le premier vase provenant d'un de ces moulins à lavure, et, à l'égard des trois autres, il resta au fond de la peau de chamois trois petites boules prétendues de matières d'or et d'argent, pesant environ et tout au plus une once les trois. On mit ensuite ce vif-argent passé par le chamois dans plusieurs cornues, qui avoient leurs récipients, pour savoir si on en tireroit encore quelque matière d'or et d'argent. Nous ne pûmes demeurer dans cet endroit, à cause de la vapeur du charbon et du vif-argent, et on nous apporta le lendemain une petite boule grosse comme un pois, qu'on nous dit avoir été trouvée dans ces cornues, avec trois ou quatre petits grains semblables à du fer, qu'on nous dit avoir été trouvés dans un des fourneaux qui sont à Bourpeuil. Nous fîmes, le même jour, fondre cette prétendue matière d'or et d'argent dans un petit creuset, et le tout produisit une matière jaunâtre pesant environ une demi-once.

«Il ne restoit plus qu'à faire le départ de l'or, ou, pour mieux dire, la séparation de l'or et de l'argent. Cela se fit en la manière ordinaire, avec de l'eau-forte, et, comme ce secret est su de tout le monde, je ne vous l'expliquerai pas davantage. Vous saurez seulement qu'il resta au fond de l'eau-forte environ un gros et demi de petite matière rougeâtre, en forme de grain, qu'on dit être de l'or, que nous n'avons point fait fondre, et qu'ensuite on tira de la même eau-forte (qu'on versa dans de l'eau commune) à peu près un quart d'once d'argent, qui s'était attaché à une petite lame de cuivre qu'on avoit mise dans cette eau; lequel argent nous fîmes fondre, et qui est resté entre mes mains.

«De tout cela, on doit naturellement conclure deux choses : la première, que, s'il y a de la matière d'or et d'argent dans ces marcassites, elle est en si petite quantité qu'il en coûteroit cent fois plus, et au delà, qu'on n'en tireroit de profit, étant très sûr que cette prétendue matière d'or et d'argent dont je viens d'avoir l'honneur de vous rendre compte est tout ce qu'on nous en a pu tirer de quatre ou cinq cents livres de ces marcassites; et la seconde, que, quand le sieur Doudon a fait espérer que plus on fouilleroit dans la prétendue mine, plus les marcassites seroient riches et chargées, il s'est trompé, nous ayant dit que les prétendues matières d'or et d'argent que nous avons envoyées à M. Chamillart il y a plus de deux mois, pesant près de quatre onces, n'étoient provenues que de cent livres ou environ de ces marcassites, et quatre ou cinq cents livres de ces prétendues marcassites n'ayant produit, cette dernière fois, qu'une demi-once de pareille matière d'or et d'argent.

«Il est nécessaire, avant que de finir, de vous remarquer qu'on m'a apporté dans le pays plus de cent cinquante mémoires d'indemnités, de demandes de gages, de nourriture, de salaires, etc., qu'on demande au sieur Doudon. Le sieur marquis de Fors fait monter ses prétentions à près de 20,000 ᵗᵗ, et il n'a reçu que 500 ᵗᵗ du sieur Doudon sur la prétendue pension de 2,000 ᵗᵗ qu'il devoit lui donner. Les prétendus caissiers, contrôleurs, inspecteurs et autres commis ont avancé chacun quelque chose, et ils n'ont encore rien touché. Près de deux cents ouvriers demandent deux ou trois mois de journées, à 8 et à 10 sols par jour. La plupart de ces prétendus tourneurs de moulins (qu'ils appellent les *molinistes*) ont avancé chacun 250 ᵗᵗ d'argent et quelques livres de vif-argent : moyennant quoi le sieur Doudon leur promettoit à chacun 600 ᵗᵗ de gages par an, desquelles il ne leur a encore rien donné.

«Le sieur Doudon prétend qu'il lui doit venir mardi prochain une lettre de change considérable, dont il doit acquitter une partie de ses dettes. On me doit mander mercredi s'il aura tenu sa parole, et je prendrai la liberté de vous en rendre compte*.....»

* Sur la découverte de cette prétendue mine et sur les premiers essais, voir différentes lettres de M. Pinon, intendant, et de M. Doujat, son successeur, du marquis de Fors et du sieur Doudon, en date des 4 septembre, 1er, 27 et 28 octobre 1704, 18 janvier, 8 février, 15 mars, 22 mai, 25 juin, 20 juillet et 1er décembre 1705, 1er, 4, 12 et 27 février 1706, et les lettres de M. Desmaretz en date des 19 et 24 février, 14 mars et 11 mai 1706.

Au dos de la lettre de M. Doujat du 22 avril se trouve ce projet de réponse, de la main de M. Desmaretz : «Lui écrire que, s'il ne voit pas d'espérance de succès, il faut arrêter tout court cette entreprise; observer néanmoins les mesures nécessaires pour faire payer les propriétaires des terres des dégradations qui y ont été faites, et les ouvriers de leur travail.»

Doudon s'étant enfui du Vigean le dernier avril, l'intendant, à la demande du marquis de Fors, le fit arrêter aussitôt et interroger; mais il mourut en prison avant que l'information eût abouti. Voyez les lettres et dossiers des 1er, 2 et 9 mai, 22 juin 1706, et un mémoire du 9 janvier 1707. M. Desmaretz prévint l'intendant, dès le 16 mai 1706, que le Roi plaignait les particuliers entraînés par Doudon sous le couvert de son privilège, mais qu'il n'y avait aucune raison pour que l'on songeât à les dédommager.

Le 19 mai 1707, le marquis de Fors écrit de nouveau qu'un gentilhomme romain vient de trouver de l'or, de l'argent et du cuivre dans ses terres.

1014. *M. Desmaretz, directeur des finances, aux Intendants.*

25 Avril 1706.

«Je vous envoie des exemplaires de l'édit du mois de janvier dernier qui ordonne l'établissement du droit de marque sur les perruques. Comme le Roi en a fait une ferme à Jacques Fortin, dont S. M. retire un secours considérable, je vous prie de lui accorder, et à ses commis, toute la protection nécessaire dans l'étendue de votre département. Ils en auront besoin particulièrement dans le commencement de l'établissement de ce droit, qui ne manquera pas de trouver des difficultés, si vous ne les prévenez par l'autorité que le Roi vous a confiée. Si vous jugez à propos de faire faire des abonnements au profit des perruquiers des villes de peu de conséquence, le fermier y donnera les mains et vous fournira les mémoires pour connoître sur quel pied ils se pourroient faire*.»

* Dès le mois précédent, le sieur Langeois avait été désigné pour prendre la direction générale de la ferme. (Lettre à M. Barrié, 7 mars.)

1015. *Le sieur du Pille, receveur général des finances à Lyon, au Contrôleur général.*

(De Paris) 25 Avril 1706.

«M. le Rebours m'avoit déjà fait savoir vos ordres, dont j'ai exécuté une partie, n'ayant point encore manqué de payer le tiers de l'ustensile en argent comptant et ayant donné à M. Poulletier plus que les 15,000 # que je dois fournir au Trésor royal. J'ai aussi payé chaque mois, en sacs, 4,000 # à M. de Beauvillier et 2,000 # à M. Guyet. Je n'ai point encore fourni de rescriptions sur Lyon à M. de Montgelas, parce que, bien loin d'y avoir à présent aucuns fonds, je dois sur la place de Lyon plus de 80,000 # que j'ai empruntés les payements derniers afin d'acquitter les lettres que j'avois tirées pour fournir tout l'argent comptant que j'ai payé.

«Avant l'arrangement que vous avez fait, j'avois fait des traités avec les receveurs des tailles de ma généralité, par lesquels je consentois qu'ils me payassent à Paris, oubliant aisément mes intérêts pour faciliter leurs recouvrements et soutenir mes élections en y entretenant le commerce, qui est la seule chose qui les puisse maintenir. Depuis vos derniers ordres, je leur ai écrit très vivement vos intentions, et je leur ai marqué l'absolue nécessité de faire voiturer à Lyon la plus grosse partie des fonds de leur recette. Il n'y en a pas un qui ne m'ait répondu que si je ne voulois pas recevoir à Paris les lettres qu'ils m'enverront, qu'ils n'auront pas achevé de me payer dans deux ans. Le sieur Dilbert, receveur des tailles de Saint-Étienne, qui est la plus considérable élection de ma généralité, m'a même écrit qu'il avoit reçu un ordre de vous, par M. l'intendant de Lyon, de continuer de prendre des lettres pour me payer à Paris, afin d'entretenir le commerce de la fabrique des armes qui s'y font. Comme les receveurs des tailles n'avoient pas compté sur ce changement, il faut un peu de temps pour qu'ils prennent d'autres mesures et pour se faire un arrangement nouveau. J'y tiendrai si bien la main, que j'espère avoir dans la suite un peu plus de fonds à Lyon; et pour lors je donnerai des rescriptions à M. de Montgelas : ce qu'il m'est impossible de faire pour le présent. Je serois au désespoir que vous attribuassiez toutes ces raisons à autre chose qu'à la vérité ou à une trop grande avidité de gagner, qui n'approchera jamais de l'extrême envie que j'ai de vous plaire et de vous marquer mon zèle, ma reconnoissance et mon parfait dévouement.»

1016. *M. de Bâville, intendant en Languedoc, au Contrôleur général.*

25 Avril 1706.

Les capitouls de Toulouse ont fait emprisonner le lieutenant du juge des gabelles et plusieurs gardes à propos d'une visite chez un bourgeois; il est à craindre que cette affaire n'ait été provoquée par quelque abus dans le service.

Deux meurtres viennent d'être commis dans les Cévennes*.

* Réponse en marge : «Je gronde par avance M. le Gendre pour avoir donné lieu à une manière d'émeute dans une ville principale comme Toulouse. Les employés doivent être extrêmement circonspects dans la conjoncture délicate où nous sommes, et ne rien faire sans être soutenus d'une autorité suffisante pour les assurer contre la mauvaise volonté des peuples, en cas qu'ils soient forcés de faire des visites ou exécutions. Je vous prie de vous rendre maître de cette affaire et de la terminer. J'espère que vous n'aurez que la peine de vous en faire instruire, et que vous trouverez de la soumission de toutes parts. Il est bien fâcheux que les meurtres recommencent en Languedoc : l'attention continuelle de M. de Roquelaure et la vôtre préviendra les suites.....»

1017. *M. de Montgeron, intendant en Berry, au Contrôleur général.*

25 Avril 1706.

«En travaillant aux impositions extraordinaires qui doivent être faites sur les contribuables de ce département au sol la livre de leur capitation, j'ai fait un calcul de la capitation de ceux qui peuvent être sujets à l'imposition de la somme de 22,000 # que le Roi a ordonné qui seroit imposée sur les marchands fabricants de toutes étoffes, couvertures et toiles de la généralité de Bourges, par arrêt du Conseil du 28 juillet 1705, pour l'extinction du droit de 2 sols pour livre réservé sur chacune des pièces d'étoffes, toiles et autres marchandises par la déclaration du 30 décembre 1704, que S. M. a supprimée, et j'ai trouvé qu'elle ne se monte, dans toutes les villes et paroisses de la province, qu'à la somme de 11,236 ᵗᵗ 2 s., et que chacun des marchands et fabricants des étoffes et toiles payera 39 s. 3 d. par livre de sa capitation de cette imposition de 22,000 ᵗᵗ, et qu'un marchand qui est compris dans le rôle de la capitation pour 40 ᵗᵗ portera 78 ᵗᵗ 10 s. de ces 22,000 ᵗᵗ.

«Ces mêmes marchands et fabricants sont encore sujets à l'imposition de la somme de 20,350 ᵗᵗ pour la finance des offices des greffiers des enregistrements, des brevets d'apprentissage et autres actes créés par édit du mois d'août 1704, réunis aux communautés, de laquelle ils payent sur le pied de 12 s. 6 d. par livre de leur capitation. Ils portent aussi leur portion de la finance des offices de contrôleurs des poids et mesures et de quatre autres sortes d'impositions qui sont répandues sur toute la généralité : en sorte que chaque marchand et fabricant se trouvera chargé de 3 ᵗᵗ au delà de chaque livre de sa capitation; et, s'il est employé au rôle de capitation pour 40 ᵗᵗ, il payera 160 ᵗᵗ de capitation et d'imposition extraordinaires.

«Les marchands de cette province sont en petit nombre, et ne sont pas riches, par le défaut de commerce; ainsi, ils sont dans l'impossibilité de payer de si grosses sommes à la fois. Il me paroît que quoique les marchands et fabricants soient naturellement tenus de cette imposition de 22,000 ᵗᵗ qui les dispense d'un droit de 2 sols par livre de leurs marchandises, qu'on eût pu l'étendre sur tous les contribuables de la généralité de Berry sous le prétexte certain que tous ceux qui achètent des étoffes eussent payé leur portion de ce droit, que les marchands auroient compris dans le prix de leurs marchandises en les vendant, s'il n'eût pas été supprimé; elle auroit été, en ce cas, insensible, et le recouvrement en eût été aussi facile que celui de la capitation. Comme on n'a pas jugé à propos de rendre cette imposition générale, et que le Roi l'a ordonnée sur les seuls marchands et fabricants des étoffes et toiles par l'arrêt du Conseil du 28 juillet 1705, je suis obligé de suivre cet ordre; mais permettez-moi de vous représenter que, si elle ne se peut pas répandre sur tous les contribuables de ce département, il seroit nécessaire de soulager les marchands en n'imposant présentement que la moitié de cette somme de 22,000 ᵗᵗ, et en réservant l'imposition du surplus pour l'année prochaine. Et afin que le traitant ne souffrît point de ce retardement, on pourroit, si vous le trouvez bon, lui payer l'intérêt d'une année, qui seroit imposé avec la dernière moitié; ce délai faciliteroit le recouvrement de toutes les impositions et en diminuera le poids, qui accablera les marchands. Ayez la bonté de m'honorer de votre réponse sur cela, afin que cette imposition ne soit point retardée*.»

* En marge, de la main de M. Desmaretz : «Bon. Un arrêt comme il le propose.....»

1018. *M. le Camus, lieutenant civil à Paris,*
au Contrôleur général.

27 Avril (1706).

Il renvoie, avec ses observations, un mémoire sur les remboursements à faire aux intéressés de la manufacture des glaces et sur l'organisation d'une nouvelle société en remplacement de celle de d'Agincourt.

1019. *M. Rouillé de Fontaine, intendant à Limoges,*
au Contrôleur général.

27 Avril 1706.

Il rend compte d'une procédure pour billonnage qui a été instruite par le juge-garde de la Monnaie de Limoges contre un ancien orfèvre accusé de faire le commerce des médailles antiques*.

* Voir, dans le mois de janvier précédent, plusieurs lettres de l'orfèvre, Pierre Ardant, et d'un conseiller au présidial qui s'était chargé d'envoyer les médailles à Paris, sur l'invitation que le contrôleur général lui en avait faite depuis deux ans. M. Desmaretz avait transmis, le 13 janvier, un ordre de surseoir aux poursuites et de donner mainlevée des meubles et effets saisis. Le 19, il écrivait au conseiller du présidial, le sieur Noahlie des Bailles : «Je vous renvoie toutes les médailles de cuivre que vous avez pris soin de ramasser pour moi; elles sont toutes si communes, qu'elles ne méritoient pas les soins que vous vous êtes donnés. J'en use de même pour celles d'or, qui ne sont la plupart que des monnoies dont on ne fait aucun cas en ce pays-ci. La médaille de cuivre d'Othon est gravée. Ne vous donnez plus la peine de m'en ramasser aucune pour l'avenir : il n'y a rien d'assez curieux dans le pays où vous êtes, ou du moins qui ne se trouve dans tous les cabinets de Paris.»

1020. *M. de Bernage, intendant en Franche-Comté,*
au Contrôleur général.

27 Avril et 3 Septembre 1706; 13 Février 1707.

Autorisation accordée au marquis de Listenois d'ouvrir ou d'exploiter des mines pour l'alimentation de sa forge de Rans* et d'exporter chaque année, avec exemption des droits, deux cents milliers de fer battu et ouvré**.

* Une demande analogue de Mme de Listenois fut rejetée un peu plus tard, de crainte qu'il ne se commît des dégradations dans les bois du Roi. (Lettre du 8 mai 1707.)

** Sur des cas semblables d'exportation franche, voir une lettre du 13 septembre 1707.

1021. *M. Phélypeaux, intendant à Paris,*
au Contrôleur général.

28 Avril, 16 Juin et 3 Octobre 1706.

Il rend compte des mesures sanitaires ou charitables prises à l'occasion d'une épidémie dans les paroisses voisines de Meulan*.

* Une épidémie semblable s'étant déclarée l'année suivante à Triel et dans les paroisses environnantes, le contrôleur général prit les mêmes mesures et envoya le même médecin. (Lettres de M. Phélypeaux et de M. Daguesseau, procureur général au Parlement de Paris, 31 mai, 3 et 16 juin 1707; lettres du médecin, le sieur de la Carlière, 11 et 16 juin; lettre du curé de Jouy-le-Moustier, 16 juin.) M. Daguesseau

obtint pour ces villages des secours en argent et une suspension temporaire de la taille. (Lettres des 21 et 28 juin.)

1022. *M. d'Argenson, lieutenant général de police à Paris,*
au Contrôleur général.

(Police, G⁷ 1725.)

30 Avril 1706.

Il sollicite un ordre supérieur pour faire restituer la somme de 50 ᵗᵗ perçue par une intrigante qui s'était chargée de faire obtenir une commission de lieutenant des gabelles*.

* Réponse en marge : «Si la nommée Chollet n'a d'autre reproche à se faire que d'avoir procuré un emploi par l'accès qu'elle peut avoir auprès de quelque fermier, elle est moins punissable que celui qui les a donnés, et c'est ordinairement le commis qui paye pension que je fais révoquer, sans punir celui qui la reçoit. Je ne puis rien ordonner à son égard.»

1023. *M. Rouillé de Fontaine, intendant à Limoges,*
au Contrôleur général.

30 Avril 1706.

«Nous sommes dans la saison que les marchands de bœufs viennent faire leurs achats dans cette province. Plusieurs de ces marchands ont remis leur argent à Paris, au sieur de Romilly, receveur général en exercice, qui leur a donné des lettres de change sur son commis; mais, n'y ayant pas suffisamment de fonds dans la caisse, il n'a pu payer qu'une partie du montant de ces lettres comptant, et, pour le surplus, il a donné des billets de petites sommes payables dans le mois de mai, que les marchands donnent à ceux de qui ils achètent les bœufs, lesquels viennent, dans la suite, en recevoir le montant au bureau de la recette. Dans cette conjoncture, le sieur Charpentier ayant envoyé ses commis pour faire aussi des achats pour la fourniture des armées, au lieu de leur remettre des fonds en espèces, il leur a seulement fourni une lettre de crédit sur le commis à la recette générale, lequel a été hors d'état d'en payer un sol comptant, et n'a donné pareillement en payement que des billets payables dans le courant du mois de mai; mais il est bien certain que tous ces billets ne sauroient être acquittés, même dans le mois de juin : ce qui dérange extrêmement le cours ordinaire des affaires dans cette généralité, car vous observerez, s'il vous plaît, que, lorsqu'un paysan vend une paire de bœufs gras, il emploie de la main à la main une partie du prix qu'il en tire pour en acheter d'autres maigres, dont il fait la culture de ses terres pendant le reste de l'année, et les engraisse au commencement du printemps suivant, pour les vendre dans cette saison; et le surplus de l'argent qu'il a reçu, il l'emploie à payer les tailles et autres impositions. Mais ce commerce ne se peut faire sans argent comptant, et, faute qu'il y en ait dans le pays, le public et les recouvrements en recevront un notable préjudice. Pour y remédier autant que la conjoncture des affaires le peut permettre, j'estime qu'il seroit important que vous eussiez agréable de faire remettre en espèce au sieur Charpentier les fonds dont il a besoin pour les achats qu'il a faits et fera faire dans cette généralité, et que vous lui donnassiez vos ordres en même temps de faire voiturer ces espèces en cette ville par le messager. Cet argent circuleroit incessamment et reviendroit pour la plus grande partie à la recette. Je sais bien que vous avez réglé qu'il demeurera 70,000 ᵗᵗ par mois dans la caisse de la recette générale, pour la facilité de commerce de cette province, et cette somme seroit plus que suffisante dans une autre saison; mais, dans celle-ci, à savoir depuis la fin de mars jusqu'au commencement de juin, il seroit nécessaire qu'il y eût au moins 100,000 écus en espèces dans les recettes, pour favoriser le commerce des bestiaux : faute de quoi, il tombera presque entièrement*.»

* Voir une autre lettre du 11 mai. En 1707, l'intendant obtint qu'il fût interdit au commis de se servir des billets de monnaie, dont le cours se trouvait alors autorisé en province. (Lettre du 2 mai 1707.)

1024. *M. d'Argenson, lieutenant général de police à Paris,*
au Contrôleur général.

(Police, G⁷ 1725.)

1ᵉʳ Mai 1706.

Mémoires, pièces et rapports sur les droits indûment perçus par les jurés-vendeurs de foin à l'entrée dans Paris des laboureurs et fermiers qui apportent sur leurs voitures la nourriture de leurs chevaux, des érossals, de la paille, des herbes fanées, etc.*

* Voir, aux 18 et 23 février précédent, deux lettres de M. d'Ursin, prévôt des marchands, sur la prétention que les officiers forts avaient de faire seuls le chargement et le déchargement des paquets et paniers qui arrivaient par eau aux bourgeois, et sur le règlement des droits que le bois devait payer aux quatre communautés d'officiers.

1025. *M. de Montgeron, intendant en Berry,*
au Contrôleur général.

2 et 21 Mai 1706.

Il rend compte des incendies qui se multiplient depuis un an dans toute la province.

«Je crois que, pour arrêter cette fureur, il faudroit une justice plus prompte que celle des juges ordinaires. Les frais de l'instruction d'un procès criminel retiennent les officiers des seigneurs, qui n'osent entreprendre une procédure qui coûteroit beaucoup à cause de l'appel. D'ailleurs, ceux qui pourroient déposer contre les incendiaires s'ils les voyoient dans les prisons d'une juridiction dans laquelle ils ne pourroient échapper au supplice qui leur est dû, n'oseroient le faire devant les juges subalternes, par l'appréhension que les criminels, se sauvant des mauvaises prisons de la plupart des villages, ou trouvant le moyen d'arrêter les poursuites par différentes voies, se vengeront des témoins par de nouvelles incendies. Ainsi, ces crimes demeurant impunis, ils rassurent les incendiaires, en augmentent le nombre, et ôtent la sûreté publique. Il me paroît qu'il faudroit attribuer la connoissance de ces délits aux prévôts des maréchaux ou à des commissaires qui jugeroient en dernier ressort les procès au sujet de ces incendies. Le seul bruit qui se répandroit dans la province de cette sévérité, retiendroit ces incendiaires. Si vous jugez cet expédient convenable, et qu'il soit à propos que j'en donne avis à M. le Chancelier et à M. de Torcy, j'aurai l'honneur de leur écrire aussitôt que j'aurai reçu vos ordres*. . . . . »

* Réponse en marge de la première lettre : «Rien ne me paroît plus important que de chercher les moyens de faire arrêter et punir les incendiaires. Les ordonnances qui établissent la peine de mort contre eux n'ont rien laissé à désirer à cet égard; mais la lenteur des juges à les faire exécuter et la dépense qu'il faut faire pour faire punir les coupables mettent souvent les parties dans une impossibilité entière d'obtenir justice. Je ne vois aucun inconvénient que vous écriviez à M. le Chancelier sur cette matière, qui a beaucoup plus de rapport à la justice qu'à toute autre chose. Vous pouvez même en informer M. le marquis de Torcy.»

1026. *M. Foucault, intendant à Caen,*

au Contrôleur général.

3 Mai 1706.

Le commerce et le débit ont été moins forts que les années précédentes à la foire de Caen. La cause principale de cette diminution est que les marchands ne sont payés qu'en lettres de change sur Paris, et que, ne pouvant les négocier contre argent comptant et ne devant en être remboursés qu'en billets de monnaie, ils ne seront en mesure ni de continuer leur commerce, ni de payer leurs ouvriers ou de solder leurs achats. La recette générale n'a pas de fonds pour porter remède à cet état de choses; si l'on ne trouve un expédient, ce sera une ruine et une désolation générales.

«Je vous supplie de vouloir bien faire toute l'attention que mérite l'état du commerce de cette province: il est considérable en toutes sortes de marchandises et denrées; mais il ne peut se maintenir et procurer la subsistance journalière des peuples, si on arrête le cours de l'argent comptant*.»

* A la lettre de l'intendant est jointe cette réponse de M. Poulletier: «Ce qu'écrit M. Foucault à Monseigneur n'est pas différent de ce que lui ont mandé quasi tous MM. les intendants, si ce n'est que les termes, qui sont plus forts et partent d'une personne expérimentée, qui voit le mal par lui-même, mieux que qui que ce soit, le rendent plus sensible. Il s'agit particulièrement du tort que fait au commerce de sa province le défaut d'argent. L'on n'a payé, à la dernière foire, qu'en lettres sur Paris; ces lettres ne sont acquittées qu'en billets de la Monnoie, qui ne peuvent faire de retour pour payer toutes les semaines les ouvriers qui travaillent aux manufactures, ni fournir aux besoins de ceux qui vont en marchandise de bestiaux en Poitou, au Maine et en Bretagne, pour charger les herbages: ce qui cause la ruine des peuples et les met hors d'état de subsister et de payer leurs tailles et autres impositions. Qu'il est de la dernière importance qu'il plaise à Monseigneur faire payer en argent comptant lesdites lettres de change, et qu'il ne faut pas compter que les recettes, qui sont fort arriérées, puissent fournir, ne le pouvant faire pour les lettres de change que les receveurs généraux tirent en faveur des marchands de bœufs et de moutons, pour payer ce qu'ils leur apportent en argent à Paris : ce qui cause un grand murmure. Les receveurs généraux ont voituré quelque partie de cet argent, parce que les marchands, dans la crainte des diminutions, avoient gardé leurs lettres et les ont demandées tout à coup; mais cela ne suffit pas. Il n'est pas question ici seulement de 20,000 ᵗᵗ que le receveur général est obligé de fournir en espèce au Trésor royal tous les mois, et de 40,000 ᵗᵗ de rescriptions qu'il doit donner aux trésoriers et vivres de la marine, dont une partie se consomme dans la province, mais du mal général que font les billets de monnoie, puisque, bien éloigné que les receveurs généraux fassent voiturer de Caen à Paris, il arrive des cas où ils sont obligés de voiturer de Paris à Caen l'argent qui leur est apporté par les marchands de bestiaux, au défaut des recettes, qui n'y sauroient fournir. Il s'agiroit donc de donner à cette province des moyens d'y faire le commerce en argent, en faisant prendre toutes les lettres sur Paris, et de donner au lieu de l'argent comptant. C'est un effort que peut-être Monseigneur feroit encore, si toutes les provinces n'avoient pas à désirer la même chose. Tant qu'il y aura des billets de monnoie, qui n'ont cours qu'à Paris, où le marchand ne paye qu'en cela, le mal subsistera. Cela n'a point de rapport aux recettes; avant lesdits billets de monnoie, les receveurs généraux et autres ne recevoient-ils pas tout leur argent à Paris sans murmure? S'il falloit que les recettes du Roi ne s'employassent qu'à aider le commerce, il faudroit qu'on fût hors de la nécessité d'une dépense même médiocre. Ce devroit être aux marchands à ne fournir leur marchandise qu'à condition d'en payer une moitié en argent, et ils y devroient être autorisés, puisqu'au débit, à Paris, on reçoit tout en argent. Cela, avec ce qu'ils vendent dans les autres villes du royaume, où lesdits billets de monnoie n'ont pas cours, feroit aller leur commerce; mais les marchands de Paris se trouvent peut-être mieux de vendre les sacs, par le grand profit qu'ils y font. Je ne saurois à quoi conclure en fait de remède à ce mal; cela me passe. Mais je sais bien que les petits secours proposés de tirer des recettes générales n'y ont point de part, et l'expérience seroit bien aisée en cessant de s'en servir. Cela dérange seulement un peu ceux qui ont des raisons d'intérêt à avoir plus d'argent comptant à Paris; tout ce que l'on pourroit écrire dans les provinces pour l'y laisser, troubleroit encore plus. On ne s'entend pas, les choses les plus claires deviennent équivoques, et plusieurs de MM. les intendants croient que cela les met en droit de disposer eux-mêmes des fonds: en sorte qu'il faut un ordre pour payer un pauvre officier employé sur l'état du Roi.»

Voir une nouvelle lettre de M. Foucault, à la date du 19 mai, sur les embarras de la recette générale et sur les retards apportés au payement des rescriptions.

1027. *M. Lebret, intendant en Provence,*

au Contrôleur général.

4 Mai 1706.

«Les perruquiers de cette ville, auxquels l'édit du mois de janvier 1706 portant établissement d'un droit de contrôle sur les perruques a été signifié, sont venus me dire que, si cet édit étoit exécuté en Provence, il leur seroit absolument impossible d'éviter de tomber en contravention, et qu'ainsi ils seroient obligés de cesser leur commerce, s'il ne s'y trouvoit quelque expédient. Ayant examiné cet état, il m'a paru qu'en effet l'exécution en étoit extrêmement difficile; car, sans compter tout l'embarras que le contrôle et la marque causeront, aussi bien que toutes les autres dispositions de cet édit, qui sont extrêmement gênantes, les perruques carrées, que l'édit déclare être du prix de 30 ᵗᵗ et au-dessus, ne valent, en ce pays-ci, que 12 ou 15 ᵗᵗ, à moins qu'elles ne soient claires : en sorte qu'une perruque d'une pistole payeroit 3 ᵗᵗ 10 s. de droits suivant l'édit, ce qui vous paroîtra assurément être extraordinairement fort. Il se trouvera, dans l'exécution de cet édit, beaucoup d'autres difficultés, et il est bien dangereux qu'il ne détruise, s'il a lieu, le commerce des perruques, qui ne laisse pas d'attirer en France quelque argent d'Italie, où les perruquiers de Provence envoient leur marchandise..... »

1028. *M. Desmaretz, directeur des finances, à M. le Guerchoys, intendant à Alençon.*

6 Mai 1706.

« Il y a quelque temps que je vous ai envoyé un mémoire au sujet des différentes taxes de la capitation et autres impositions qui ont été faites sur le fermier du prieuré de Beaumont-le-Roger, dont M. l'évêque de Riez, mon frère, est pourvu, et je vous ai supplié en même temps d'en prendre connoissance vous-même, afin qu'il vous plût les réduire à ce qu'il en doit légitimement porter. Je ne vous ai fait cette prière que parce qu'il m'a paru qu'il y avoit de l'excès dans les impositions dont on le charge. Je vous supplie d'y donner encore quelque attention, afin que, par la justice que vous voudrez bien lui faire, vous puissiez me donner lieu de trouver un fermier pour ce bénéfice, qui, sans [ce] secours, sera absolument abandonné. »

1029. *M. Doujat, intendant à Poitiers, à M. Desmaretz.*

8 Mai 1706.

« Les marques de bonté que vous m'avez toujours données depuis que j'ai l'honneur d'être connu de vous, me font prendre la liberté de vous demander une grâce : c'est de savoir de M. Chamillart ce qu'il pense sur la nouvelle prétention de M. de la Coste. Pour vous la faire entendre, il est nécessaire que vous sachiez que nous avons, dans la généralité de Poitou, M. de la Vieuville qui en est gouverneur, qui ne vient point à son gouvernement, M. le maréchal de Chamilly commandant en sa place; le haut Poitou a pour lieutenant général M. le marquis de Vérac, et le bas Poitou M. le marquis de Villette. Le Roi a créé, depuis quelques années, des charges de lieutenant de Roi, dont le revenu est au denier vingt de la finance, qui n'ont coûté que 40 ou 50,000 [ll], et dont la plupart sont possédées par des gens d'un nom fort nouveau. Jusqu'à présent, ces lieutenants de Roi ne s'étoient trouvés à aucune cérémonie, et ils ont été regardés dans toutes les provinces, et surtout en Poitou, comme des gens possédant des charges qui n'avoient point de fonction. M. de la Coste-Messelière, qui demeure ordinairement à Poitiers, et qui a pris une de ces charges, a dans son détroit la sénéchaussée de Civray, Montmorillon, etc.; et M. Douilly, fils d'un ancien receveur général de cette ville, a dans le sien la ville et sénéchaussée de Poitiers. Quoique M. de la Coste, étant à Poitiers, n'y puisse, par ces raisons, exercer aucune fonction ni avoir aucun commandement, on m'assure qu'il est dans le dessein de venir au premier *Te Deum* et d'y prendre la même place qu'ont prise autrefois M. le maréchal d'Estrées, pour lors commandant dans la province, et feu M. de Vérac, lieutenant général du haut Poitou, père de celui-ci. Cette place est au milieu de l'endroit où se chante le *Te Deum*, sur un prie-Dieu, avec un tapis. A sa droite est le présidial, à la tête duquel est l'intendant, sur un autre prie-Dieu, avec un pareil tapis. A la gauche du lieutenant général est le maire et la ville, le maire n'ayant point de prie-Dieu. Ces trois messieurs sont précédés, le commandant de ses gardes, l'intendant de ses hoquetons et des huissiers du présidial, et le maire des sergents de ville..... Pour prévenir la petite contestation qui pourroit arriver sur ce sujet, j'espère que vous voudrez bien consulter à loisir M. Chamillart sur ce qu'il pense de cette nouveauté. Je prétends, en premier lieu, que tout ce que pourroit oser demander M. de la Coste, ce seroit d'avoir la même place qu'avoit feu M. de Vérac..... Je suis encore persuadé que l'intention du Roi n'a jamais été de donner le pas à ces nouveaux lieutenants de Roi sur les intendants. Ils ne sont chargés d'aucun soin dans les provinces, ils n'y font aucune fonction, ils ne paroissent y avoir aucun commandement, ils n'y font aucune dépense; à peine les gentilshommes les connoissent-ils. La noblesse donne, en toutes occasions, aux intendants la préférence sur ces lieutenants de Roi. Leurs charges ne leur coûtent presque rien, et leur rapportent un revenu proportionné à leur finance. En un mot, il ne seroit point agréable à un intendant de Poitiers d'être commandé et d'avoir le pas après un lieutenant de Roi du nom de Douilly, dont le peuple a vu, depuis dix ans, le père passer de la recette particulière des tailles à la recette générale, quoique régulièrement ce dût être lui qui auroit droit d'assister au *Te Deum* de Poitiers, si les lieutenants de Roi de nouvelle création peuvent en avoir. Je crois enfin que, quand un lieutenant de Roi auroit droit, dans son détroit, d'assister au *Te Deum* et d'y avoir la même place qu'ont ordinairement les commandants et les lieutenants généraux, ce droit n'est point du tout cessible; et tout ce que pourroit prétendre chaque lieutenant de Roi, ce seroit d'avoir, dans les villes de son détroit, la place qu'y auroit eue le commandant et le lieutenant général, s'il s'y étoit trouvé avec l'intendant. Par exemple, tout ce que pourroit prétendre M. de la Coste-Messelière, ce seroit de prendre à Civray et à Montmorillon la même place qu'auroit prise le commandant, l'intendant y étant aussi..... Mille pardons si je vous fais de si longs raisonnements; je les ai crus nécessaires pour vous mettre entièrement au fait. J'oubliois à vous mander qu'on m'assure que, dans l'Angoumois, dans la Saintonge et dans tous les pays voisins du Poitou, il n'y a eu aucun lieutenant de Roi de nouvelle création qui ait eu cette imagination; et, quoique M. de Choisy soit lieutenant de Roi d'Angoumois, il n'assiste jamais aux *Te Deum* qui se font à Angoulême quand M. Rouillé, intendant de la province, s'y trouve..... Je crois encore utile de vous remarquer que l'édit de création de ces lieutenants de Roi, et même leurs provisions, ne leur donnent aucun pouvoir ni commandement dans les villes et dans les lieux qui ne sont pas de leur détroit*. »

* En marge, de la main de M. Desmaretz : « Savoir de M. de Caumartin si les nouveaux lieutenants de Roi peuvent donner les ordres dans d'autres départements que le leur, en l'absence de ceux qui ont un département différent. Les intendants ne doivent point avoir un prié-Dieu, mais seulement un carreau. »

1030. *M. de Bernières, intendant en Flandre maritime,*
au Contrôleur général.

11 Mai 1706.

Il rend compte des mesures prises pour l'exécution du règlement sur l'usage des sels en Flandre, et envoie un état des raffineries de sel.

1031. *M. Doujat, intendant à Poitiers,*
au Contrôleur général.

12 Mai et 31 Juillet 1706.

L'habitude, dans la généralité, est d'envoyer deux ou trois fusiliers tenir garnison chez les collecteurs en retard de leurs versements, et de faire payer pour chacun 10 sols, non compris la nourriture. C'est une coutume qui sera bonne à supprimer après la guerre; mais, présentement, tout ce que peuvent faire les intendants, c'est de restreindre les frais de recouvrement. Il n'est pas exact d'ailleurs que ces frais se soient élevés à 400 ᵗᵗ pour une seule paroisse; ils n'ont monté, en 1705, pour toute l'élection, composée de cent cinquante-cinq paroisses, qu'à 2,178 ᵗᵗ, sur un recouvrement de 448,000 ᵗᵗ *.

Un arrêt serait nécessaire pour procéder contre un des collecteurs de Naintré qui, en résistant aux porteurs d'une contrainte décernée par le receveur des tailles, a tué l'un d'eux d'un coup de hache sur la tête.

* Voir trois autres lettres des 18 et 27 août et 3 septembre, dans lesquelles il justifie les mesures prises par lui pour reviser les rôles de certaines paroisses en dehors de l'intervention des élus, et pour remédier aux altérations de cotes.

1032. *M. Desmaretz, directeur des finances,*
à M. Daguesseau,
procureur général au Parlement de Paris.

13 Mai 1706.

Les jaugeurs de vin, les rouleurs et les officiers des autres communautés de Paris qui perçoivent des droits sur l'entrée des denrées ont représenté au Conseil qu'ils ne pourraient acquitter les intérêts des finances que le Roi leur a demandées ou qu'il leur demande encore, si l'on maintenait l'exemption accordée aux hôpitaux. Ils prétendent que le Roi ne peut faire remise de droits pour lesquels ils ont payé des finances considérables et dont la plupart d'entre eux abandonnent une moitié par charité pour les pauvres. Il serait juste en effet de leur donner un dédommagement et de régler le montant de cette indemnité avec leurs syndics, afin qu'ils n'aient aucun prétexte de différer le payement qu'ils doivent pour la réunion à leur communauté du quart en sus des officiers créés en octobre 1705.

1033. *M. Desmaretz, directeur des finances,*
à M. de Pontchartrain,
secrétaire d'État au département de la marine.

13 Mai 1706.

Il a été fait plusieurs propositions d'attribuer la noblesse, moyennant finance, aux commissaires des guerres et de la marine; mais les raisons alléguées par M. de Pontchartrain sont assez fortes pour faire excepter de cette mesure les commissaires de la marine, et le contrôleur général n'est pas davantage disposé à l'accepter pour les autres.

1034. *M. Doujat, intendant à Poitiers,*
au Contrôleur général.

15 Mai 1706.

Il demande l'autorisation d'imposer sur la ville de Niort une somme de 200 ᵗᵗ qui doit être répartie entre quatre maîtres d'école ayant charge d'instruire chacun dix pauvres, et qui ne leur a pas été payée depuis l'année 1703.

1035. *M. Desmaretz, directeur des finances,*
à M. Dalon, premier président du Parlement de Guyenne.

16 Mai 1706.

Les fermiers du contrôle des perruques se plaignent que certains membres du Parlement ont donné asile à des garçons perruquiers, qui travaillent ainsi sans privilège et sans contrôle. Il faut avertir ces magistrats que cela est contraire aux intentions du Roi, et que les commis de la ferme pourront pénétrer chez eux comme ils le font dans les maisons royales*.

* Le 18 mai, une lettre analogue est écrite à M. de la Bourdonnaye, pour faire expulser du Château-Trompette et des autres forts les garçons perruquiers qui s'y sont réfugiés. Le 17, M. Desmaretz avertit M. Trudaine, intendant à Lyon, de tenir la main à l'établissement d'une ferme aussi productive que le contrôle (210,000 ᵗᵗ), et d'exiger le droit pour les perruques que les perruquiers ont en magasin. Le 27, il communique à M. d'Argeuson un projet de règlement du Conseil que réclament les perruquiers de Paris, et qui est destiné à faire entendre aux provinces que l'édit sera formellement exécuté.

1036. *M. de Bouville, intendant à Orléans,*
à M. Desmaretz.

16 Mai 1706.

« Tous les inconvénients que j'avois prévu devoir arriver dans l'exécution de l'arrêt du Conseil du 6 octobre dernier, ne se font que trop connoître présentement. Il n'a encore été reçu que 11,000 ll de l'imposition sur les vignes, et vous jugez bien que cette médiocre somme n'a été payée que par les meilleurs bourgeois, et peut-être les plus entêtés pour annuler l'arrêt du 23 juin qui avoit établi un droit sur les vins et eaux-de-vie : de sorte que, présentement, on se voit obligé d'en venir aux contraintes, même dans la ville, ce qui a été payé ces derniers jours n'ayant été apporté qu'à force de commandements. Vous jugez bien des frais immenses que le recouvrement des 77,000 ll restants produira, et principalement contre les pauvres vignerons, dont le vin sera saisi immédiatement après vendanges pour les impositions de plusieurs années dont ils sont reliquataires, pour leurs cotes des vignes, par les personnes à qui ils doivent de fortes rentes foncières, et par les marchands qui leur auront prêté des échalas, des futailles et du blé pour vivre pendant l'année. Ces différentes saisies produiront des frais qui absorberont le prix du vin, et les marchands chargés du recouvrement des vignes voient bien qu'il se trouvera des non-valeurs pour plus du tiers des 88,000 ll : c'est ce qui les fait agir, outre qu'il faut qu'ils trouvent environ 26,000 ll dans le 1er juillet, quoiqu'ils aient déjà avancé plus de 18,000 ll, et les officiers, bourgeois et ecclésiastiques ne font que rire de leur embarras. Cependant j'ai cru qu'il falloit un peu modérer les contraintes du traitant, parce qu'une contrainte ou une garnison est quelquefois capable de faire manquer un marchand.

«Ils me donnèrent, il y a environ quinze jours, un placet dans lequel ils m'exposoient leur peine et me prioient de leur aider à obtenir l'exécution de l'arrêt du 23 juin. Je leur répondis que, comme c'étoit une affaire qui ne les regardoit pas seuls, il falloit savoir le sentiment de la ville, et je donnai leur placet aux maire et échevins, qui firent une assemblée, dans laquelle ils n'eurent pas satisfaction, quelques officiers entêtés l'ayant emporté surveux pour l'exécution de l'arrêt du 6 octobre; et une des principales raisons qui fut dite pour soutenir cet avis, fut qu'il y auroit de la honte à se rétracter. C'est ce qui a obligé les marchands de présenter le placet qui vous a été renvoyé par M. de Chamillart.

«Vous jugez bien que tout ce que je vois ne peut pas me faire changer de sentiment, puisque je l'avois prévu, ainsi que vous le pouvez voir par les mémoires que j'ai eu l'honneur de vous envoyer pour empêcher qu'on ne leur accordât l'arrêt du 6 octobre. D'ailleurs, je vois, par les rôles que j'ai rendus exécutoires, que cette imposition sur les vignes est très forte, et qu'il y a plusieurs paroisses où elle monte jusques à 4 et même plus de 5,000 ll. Et comment pourroit-on espérer qu'elles les payeront, puisqu'elles doivent la meilleure partie de leurs impositions des années dernières? Ainsi, je crois que le meilleur parti qu'il y auroit à prendre seroit d'ordonner l'exécution de l'arrêt du 23 juin; mais je vous supplie qu'il ne paroisse point que j'aie donné mon avis, après tout ce qui s'est passé sur cette affaire; car il arrivera peut-être encore que quelques entêtés iront chercher de nouvelles protections et qu'on feroit agir M. le duc d'Orléans, et j'aurois encore une fois le dégoût de voir changer une chose sur laquelle je donne mon avis en ma conscience et comme je le crois utile pour le public. Car, au surplus, que m'importe que les 88,000 ll soient payés par un droit sur le vin ou par une imposition sur les vignes?

«Si donc M. de Chamillart prenoit le parti d'annuler l'arrêt du 6 octobre et d'ordonner l'exécution de celui du 23 juin, il semble qu'il seroit bon que ce fût par un arrêt rendu du propre mouvement du Roi, sur ce que S. M. auroit reconnu le mal que produiroit l'exécution de celui du 6 octobre, et en éloignant les payements seulement de trois mois; mais, en ce cas, il me semble qu'il y auroit une bonne chose à faire. Vous savez que les villes franches doivent payer un Don gratuit au lieu de lettres de bourgeoisie. Celle d'Orléans est fixée à 90,000 ll : elle a encore d'autres sommes à payer pour des réunions de charges : le tout monte ensemble à plus de 150,000 ll. Elle a pris le parti de demander l'établissement d'un tarif pour le payement de cette somme. Elle a fait ce tarif, que j'ai envoyé à M. de Chamillart, avec un projet d'arrêt, et elle n'y a point compris le vin, qui est pourtant ce qui produiroit davantage, à cause du grand passage : de sorte qu'en six années cette somme ne sera pas payée par le produit du tarif, et qu'ainsi il en coûtera, en frais de régie et intérêts d'avance, au moins 120,000 ll; au lieu qu'en y ajoutant le vin et eau-de-vie qui se consommera dans Orléans, sur lesquels on mettroit les mêmes 20 sols par poinçon, et 40 sols sur l'eau-de-vie, cette somme seroit acquittée en deux années, et la même régie qui serviroit pour ce tarif serviroit aussi pour l'exécution de l'arrêt du 23 juin : de sorte qu'on épargneroit plus de 120,000 ll de dépense inutile. Cela est d'autant plus faisable que l'arrêt du 23 juin excepte du droit les vins et eaux-de-vie pour la consommation d'Orléans : et ainsi, aussitôt que les 88,000 ll des courtiers et facteurs de rouliers seroient payés, l'exécution de l'arrêt du 23 juin cesseroit, et le tarif, dans lequel on auroit compris le vin et l'eau-de-vie qui se consomment dans Orléans, continueroit jusques à ce que les 150,000 ll fussent payés, supposé qu'il faille plus de temps pour l'un que pour l'autre.

«Les marchands demandent, par leur placet, que le droit ne soit pas perçu à la revente comme il est ordonné par l'arrêt du 23 juin. Cela n'est pas d'une grande importance; ainsi, je crois qu'on leur peut accorder, et il suffiroit de me mander de leur accorder, s'ils le demandent, sans rien changer à l'arrêt.

«Les habitants de Blois n'ont point encore fait leurs rôles, et on m'a assuré qu'ils reçoivent sans rôles, par manière d'emprunt : ce qui est très dangereux. On pourroit prendre le même parti à leur égard, s'il est jugé nécessaire par M. de Chamillart, d'autant plus qu'ils demandent aussi un tarif pour d'autres sommes qu'ils ont à payer. Ils m'en ont envoyé un projet, dans lequel ils ne comprennent point le vin, et ce tarif ne produira que très peu de chose.

«Voilà mon avis, que je ne donne que par pure obéissance*.»

* En marge, de la main de M. Desmaretz : «Écrire à M. de Bouville une lettre très forte qu'il puisse faire voir. Lui marquer qu'on a eu la complaisance d'imposer sur les fonds, que cette imposition ne se lève qu'avec lenteur et à grands frais, et que le Roi ordonnera l'exécution de l'arrêt du 23 juin 1705.» Voir deux autres lettres de M. de Bouville, du 1er juin suivant. Il obtint l'envoi d'un nouvel arrêt pour l'exécution de celui du 23 juin et pour la levée de 20 sols de droit par poinçon de vin et de 40 sols par poinçon d'eau-de-vie entrant dans la ville d'Orléans.

1037. *M. Lebret, intendant en Provence,*
au Contrôleur général.

16 Mai 1706.

Il demande à autoriser la dépense de 50 écus que les échevins de Marseille ont l'usage de faire tous les deux ans pour une distribution de livres aux écoliers du collège, et qui a été oubliée lors de la fixation des dépenses de la ville par arrêt du Conseil.

1038. *M. Ferrand, intendant en Bretagne,*
au Contrôleur général.

18 Mai 1706.

«..... Le *bénéfice d'inventaire,* en Bretagne, est un droit municipal et particulier établi en faveur des héritiers pour conserver le bien des familles. Aucun héritier ne peut disposer des effets d'une succession, qu'il n'en ait auparavant fait faire inventaire en présence des créanciers ou autres prétendant droit en cette succession. L'inventaire est précédé d'un ban et cri public, pour les en avertir. Pour prévenir le divertissement des effets d'une succession, la coutume veut que le sceau de la justice dans l'étendue de laquelle le décès est arrivé soit incontinent apposé dans la maison du décédé, en attendant l'inventaire. La coutume veut encore, à l'égard des immeubles, qu'il soit fait bail en justice des revenus desdits biens au plus offrant et dernier enchérisseur, les créanciers appelés, et que, dans l'année, l'héritier fasse solemniser le bénéfice d'inventaire par le payement des créanciers et par la vente des héritages et biens desdites successions; et, faute à l'héritier bénéficiaire de faire ses diligences, il est permis à chaque créancier ou intéressé dans lesdites successions de demander la subrogation dans la suite dudit bénéfice d'inventaire.

«Par arrêt du Parlement de Bretagne du 19 juillet 1683, il a été ordonné, faute aux héritiers bénéficiaires d'avoir rendu leurs comptes et apuré entièrement la succession dans les trois ans du jour de la clôture de l'inventaire, qui sera fait et clos dans les trois mois à compter du jour du décès de celui dont la succession bénéficiaire sera ouverte, que le créancier le plus diligent pourra faire saisir réellement les biens de la succession sans que le bénéfice d'inventaire serve d'exception. L'exécution de cet arrêt a été ordonnée par une déclaration du Roi du 4 janvier 1698, rendue en interprétation de l'édit du mois d'août 1696 concernant les offices de contrôleurs des commissaires des saisies réelles.

«L'héritier, avant que de pouvoir faire procéder à l'inventaire des effets d'une succession bénéficiaire, est tenu de donner bonne et suffisante caution; et, faute par lui de le faire, les créanciers, entre eux, peuvent faire commettre un homme solvable pour recevoir les revenus de cette succession et le prix de la vente des meubles.

«Vous voyez, par ce détail, que les biens d'une succession bénéficiaire sont en sûreté, que les créanciers sont toujours en état d'en demander compte, soit à l'héritier, ou à sa caution, ou à celui qui a été commis par eux : ce qui est bien différent de l'exposé du mémoire.

«Je ne vois donc aucun prétexte de faire la création que l'on propose (de créer en titre d'office des commissaires et receveurs des revenus des biens immeubles des successions bénéficiaires). Ce seroit renverser des règles établies depuis longtemps sans abus et sans plainte de la part du public, ôter l'administration d'une succession à l'héritier du sang, en confier le soin à des étrangers, qui, pour leurs intérêts particuliers, de concert avec les héritiers bénéficiaires, apporteroient de nouveaux obstacles à l'apurement d'une succession pour se conserver plus longtemps dans la possession et dans la jouissance des revenus; ce seroit aider les héritiers bénéficiaires de mauvaise foi, contre lesquels les créanciers ont le secours de la coutume et de la jurisprudence.»

1039. *M. d'Angervilliers, intendant en Dauphiné,*
au Contrôleur général.

21 Mai 1706.

«Les peuples du Briançonnois sont dans l'impossibilité de payer actuellement leurs impositions; j'ai eu l'honneur de vous instruire de toutes leurs pertes causées par les inondations ou par les neiges. Ils viennent de fournir la plus grande partie de leurs mulets pour former les brigades que j'ai levées dans la province, et qui sont actuellement à Suse. C'est encore chez eux qu'on a pris tout le foin qui compose le magasin de Suse, et, pour y satisfaire, ils ont été obligés d'égorger presque tous leurs bestiaux; et par-dessus tout cela, il y a douze cents de ces habitants commandés pour garder le poste de Veillane, et il en faut un pareil nombre pour garder les cols qui sont auprès du Mont-Genèvre et de Cézanne, par où les Barbets pourroient venir et interrompre la communication de Briançon à Suse. Cette description, qui paroît touchante, et qui n'en est pas moins exactement véritable, ne tend qu'à vous demander une surséance pour le payement de leurs impositions jusqu'après la récolte prochaine, dont les apparences sont fort belles. La bonne volonté que montrent ces peuples dans l'occasion présente mérite bien cette grâce, qui leur fera plus de plaisir qu'elle ne vaut; car je ne crois pas que le receveur puisse les faire payer quant à présent, et tout ce qu'il en retireroit ne pourroit pas acquitter les frais*.»

* L'état des sommes dues au Briançonnais par l'extraordinaire des guerres, et qu'on ne pouvait rembourser, fut fourni le 9 janvier 1707, et le contrôleur général permit à l'intendant de faire surseoir au recouvrement des impositions jusqu'à concurrence égale. Voir aussi d'autres lettres des 6 mai, 27 juin, 8 août et 8 octobre 1707.

1040. *M. d'Ableiges, intendant à Moulins,*
au Contrôleur général.

26 Mai 1706.

«J'ai reçu la lettre que vous m'avez fait l'honneur de m'écrire le 8 avril dernier, avec le placet de la demoiselle Faubert. J'ai dit plusieurs fois à cette demoiselle que le procès qu'elle avoit avec les échevins de Moulins, pour être déchargée du rôle de la subsistance en 1703 et 1704, n'étoit pas bon. Il ne s'agit, au fond, que de savoir si cette demoiselle a observé toutes les formalités prescrites par les ordonnances pour son changement de domicile. Il est certain qu'elle a manqué dans une essentielle, qui est de faire publier au prône de la messe paroissiale de Saint-Pierre de Moulins qu'elle s'en alloit demeurer dans la paroisse de Gannat-le-Vivier; et, quand même elle y auroit satisfait, il y a deux années de suite, suivant la déclaration de 1644, pendant lesquelles on est imposé dans la paroisse que l'on quitte, avant de pouvoir être imposé dans celle où on entre. Je joins un mémoire du fait et des raisons de part et d'autre à cette lettre, qui vous éclaircira cette contestation, avec son placet.»

1041. *M. de Harouys, intendant en Champagne, au Contrôleur général.*

26 Mai et 20 Juin 1706.

Il rend compte des progrès du faux-saunage.

«Les bandes sont à présent composées au moins de soixante ou quatre-vingts hommes bien armés, avec des munitions de bouche et de guerre. Ils marchent avec quelque ordre, et campent dans les plaines où ils se trouvent. Quand on ordonneroit aux paysans des lieux par où ils passent de faire la garde, cela seroit très inutile, et, quelque ordre que ces paysans eussent de leur donner la chasse, il ne faut pas espérer qu'il s'en trouvât un assez hardi pour les aller attaquer. On prétend même que ces paysans s'entendent avec eux, à cause du sel qu'ils leur apportent, et presque tous sont retenus par la crainte d'être brûlés dans leurs maisons, s'ils étoient soupçonnés d'avoir décelé ces faux-sauniers dans leur marche. Du reste, ces malheureux n'ont garde de prendre leur route pour entrer en France dans des endroits où ils savent qu'il y a des gouverneurs et des troupes réglées; ils s'en éloignent fort, et ceux qui se glissent en Champagne, y entrent depuis l'élection de Rethel jusques à Chaumont, où ils ne trouvent rien pour leur résister que les gardes des gabelles, qui n'osent paroître devant eux. Ainsi, je crois que, sans envoyer aucun ordre dans les paroisses pour y faire faire la garde, ce qui seroit une chose bien inutile et qui ne laisseroit pas d'être à charge aux habitants, il faut attendre que les troupes réglées que vous voulez bien envoyer dans ce département y soient arrivées pour donner la chasse à ces faux-sauniers.

«Le sieur de Rimaucourt a eu intention de se faire valoir par un avis plus important, en mandant qu'il y a parmi ces faux-sauniers des étrangers, et qu'on doit craindre de la part des huguenots qui sont dans ce pays-ci. Les gens qui font ce mauvais commerce du faux-saunage ne sont animés que par le profit qu'ils y trouvent, et ne forment assurément aucun dessein contre l'État. Les huguenots sont présentement en bien petit nombre en Champagne, et ceux qui y restent n'ont ni le pouvoir, ni, je crois, la volonté de remuer.

«Vous m'avez mandé, par une lettre du 20 de ce mois, qu'on vous avoit assuré qu'on vendoit le faux sel publiquement et à force ouverte dans le marché de Vitry. Si ce fait étoit véritable, le subdélégué, les maire et échevins et le bruit public me l'eussent appris; mais je vous proteste avec vérité que je n'en ai pas ouï dire un mot. J'ai écrit à Vitry pour savoir ce qui pouvoit avoir donné lieu à cet avis que vous avez eu, et je n'ai point encore de réponse*.....»

Il demande des troupes aguerries et capables d'entreprendre, avec le concours des archers et des gardes des fermes les plus résolus, la destruction du faux-saunage et de la contrebande.

* Le détail du faux-saunage est donné dans les lettres du mois de juillet et dans les rapports de différentes personnes envoyées par le contrôleur général ou par les fermiers généraux.

Le 27 juin, M. de Saint-Contest, intendant à Metz, annonce que des bandes armées de deux cents hommes font le faux-saunage du côté de la Meuse, allant chercher le sel sur les terres d'Espagne et le répandant dans la Champagne à travers le Clermontois. Le contrôleur général répond en marge : «Il y a près de trois mois que le faux-saunage a commencé de manière à se faire sentir. On a d'abord opposé plusieurs brigades pour l'empêcher; elles se sont trouvées à la fin trop foibles, et ces gens-là sont demeurés les maîtres du pays, en sorte qu'ils vendent impunément et à force ouverte. Il faut, de nécessité, mettre des troupes à leur suite; j'ai écrit pour cela hier à M. de la Devèze, et lui fais des reproches de ce que la Semoy est fort mal gardée. Mandez-moi, je vous prie, ce que vous croyez que l'on pourroit faire pour tomber sur quelque bande de ces malheureux et arrêter promptement ce désordre.»

Après plusieurs captures de petites bandes ou de faux-sauniers isolés, on se détermina à enlever d'un coup de main, au milieu de la nuit, la plus grande partie des habitants du village de Montfaucon, signalé particulièrement comme résidence de quelques chefs. Ceux de Brieulles-sur-Meuse vinrent d'eux-mêmes se constituer prisonniers, et il leur fut fait grâce, à charge de ne plus quitter leurs résidences sans en passer déclaration à l'avance. Ensuite une expédition fut dirigée, avec le concours des maréchaussées et de détachements du régiment des gardes, contre les bandes qui s'introduisaient en Champagne par la frontière et venaient débiter le sel jusque dans le ressort des greniers de Provins, Montereau, Sens et Tonnerre. Des combats furent livrés à Villethierry et à Montmirail, et un certain nombre de faux-sauniers pris et jugés; mais ceux d'entre eux qui étaient saisis les armes à la main, au lieu d'être envoyés aux galères, eurent leur peine commuée en un service dans les forts et les garnisons des Îles. (Rapports de M. de Harouys et du sieur Rémond, fermier général en Champagne, des mois de juillet et d'août.) Le 2 août, M. de Harouys annonce que tout est prêt pour diriger ces faux-sauniers sur la Rochelle, et de là sur les Îles, mais que, dans le nombre des prisonniers, il peut se trouver des innocents, et qu'il y aurait lieu de ne pas laisser partir ceux-là avec les coupables. Le contrôleur général répond en marge de cette lettre : «Il conviendroit au bien du service du Roi qu'il fût lui-même sur les lieux pour faire cette séparation. Le Roi s'en rapportera volontiers à lui de mettre en liberté ceux qu'il trouvera innocents. Il n'en seroit pas de même du sieur de la Noue, quoique très honnête homme. Les autres prisonniers que M. d'Halanzy a faits seront assez punis en courant le même sort, et il peut les comprendre tous ensemble dans le nombre de ceux qu'il fera marcher sur les routes que je lui ai adressées.» Sur soixante et un habitants de Montfaucon, il n'en fut gardé que seize, et l'intendant reçut commission pour les juger, ainsi que tous les autres faux-sauniers qui se trouvaient dans les prisons. Le contrôleur général lui enjoignit de les condamner selon la rigueur des ordonnances, mais de surseoir au départ jusqu'à ce que le Roi en eût ordonné. (Lettres de M. de Harouys, 18 août, 13 septembre; lettre de M. Lebret, intendant en Provence, 6 septembre; lettres du contrôleur général au sieur Pelée, lieutenant criminel à

Sens, et à M. Lebret, 31 août, 12 et 23 septembre.) Pendant l'instruction, une douzaine de prisonniers, quoique enchaînés par les pieds et les mains et surveillés par neuf gardes des fermes, s'évadèrent des prisons de Châlons. (Lettre de M. de Harouys, 17 octobre.)

1042. *M. d'Angervilliers, intendant en Dauphiné,*
au Contrôleur général.

28 Mai 1706.

Il donne un avis favorable à la confirmation par lettres patentes de l'hôpital que la demoiselle Raysson a fondé à Grenoble, sur le modèle de la maison du Bon-Pasteur de Paris, pour l'éducation des jeunes filles destinées au service*.

* Réponse en marge : «Après avoir examiné, j'ai trouvé que l'établissement proposé regardoit M. de Torcy.»

1043. *M. Desmaretz, directeur des finances,*
à M. de Saint-Contest, intendant à Metz.

1er Juin 1706.

«Le sieur Mareschal persiste dans la pensée qu'on peut faire un établissement utile pour le Roi en faisant payer une redevance annuelle à tous les particuliers qui distillent des eaux-de-vie de marcs de raisin, au préjudice des défenses de S. M., dans les Trois-Évêchés, la Champagne et les duché et comté de Bourgogne. Il vous a déjà communiqué son idée sur cela; mais depuis il prétend avoir reconnu que l'établissement sera beaucoup plus considérable. Je lui écris de se rendre auprès de vous, afin que vous puissiez l'entendre sur la manière dont il prétend faire cet établissement. Je vous prie de bien examiner particulièrement s'il y a lieu de le faire sans qu'il excite quelque émotion de la part de ces distillateurs ou autres particuliers qui y peuvent avoir intérêt, et sans qu'il leur soit tellement à charge qu'il les oblige d'abandonner la distillation de ces sortes d'eaux-de-vie, qui me paroissent extrêmement nécessaires pour les armées que S. M. est obligée d'entretenir sur les frontières : après quoi vous aurez, s'il vous plaît, agréable de m'envoyer votre avis sur la manière de faire l'établissement, si vous estimez qu'il y ait lieu de faire usage de la proposition du sieur Mareschal.»

1044. *M. Foucault, intendant à Caen,*
au Contrôleur général.

1er Juin 1706.

Il donne son avis sur des projets présentés pour le dessèchement des marais de la basse Normandie, et rappelle que, la même proposition ayant été faite jadis par le feu maréchal de Bellefonds, moyennant concession de la propriété d'un tiers des marais, un grand nombre de particuliers ou de communautés qui jouissaient en usagers de ces marais prouvèrent qu'il y aurait désavantage pour eux à en abandonner le tiers.

«Je suis persuadé que les choses se trouveront encore dans la même disposition et qu'à moins de proposer des conditions plus avantageuses pour faire lesdits dessèchements, on y trouveroit une opposition générale. Il est néanmoins certain qu'il seroit très utile de prendre des moyens pour dessécher lesdits marais du Cotentin, ainsi que beaucoup d'autres que je connois dans cette généralité, et qui seroient d'un meilleur revenu, et de moindre dépense pour en faire le dessèchement; mais j'estime que ce sont des ouvrages à remettre dans un temps de paix, et que l'argent soit plus commun; et alors on examineroit avec plus d'attention les moyens et les conditions de faire ces dessèchements; car d'ailleurs les revenus des herbages et prairies sont tellement diminués, que ce seroit les avilir entièrement en les augmentant par lesdits dessèchements*.

«La construction d'un port à la Hougue a été proposée au Conseil, depuis quelques années, par le sieur de Combes, ingénieur fort entendu dans les ouvrages de mer, et M. le Peletier a fait la visite des lieux depuis huit ans; mais cette entreprise demande une conjoncture plus favorable.»

* Réponse en marge : «Mander au sieur Pinson que ce qu'il propose a déjà été examiné, et que le Roi n'a pas jugé à propos d'y entrer dans des temps aussi difficiles que ceux-ci.» Le mémoire de Pinson est joint à cette lettre.

1045. *M. de Montgeron, intendant en Berry,*
à M. Desmaretz.

2 Juin 1706.

«Je vous prie d'assurer M. de Chamillart que le retardement du recouvrement de la capitation de cette généralité ne vient point de ma part. La connoissance exacte que j'ai voulu avoir de la manière avec laquelle s'en faisoit la répartition, a donné de la peine aux receveurs des tailles. Je les ai vainement pressés, pendant l'hiver, de m'envoyer les projets des rôles de leurs élections; ils vouloient, en différant, me mettre dans la nécessité d'avoir une confiance aveugle en eux, et ce n'est qu'à la fin du mois de mars que j'ai pu voir ces projets. Je les ai examinés avec ces receveurs en fort peu de temps, de sorte qu'au 10 avril il n'en restoit pas un qui ne fût arrêté et qu'ils n'aient emporté pour les faire mettre au net. Comme ils ont toujours été chargés de cette expédition, j'ai suivi la coutume; mais, quelque pressantes lettres que je leur aie écrites pour les engager à la diligence, je n'ai pu avoir ces rôles, les uns qu'à la fin du mois d'avril, et les autres dans le mois de mai. Les lettres de quelques-uns de ces receveurs, que je joins ici, sont un témoignage de ce que j'ai l'honneur de vous marquer.

«Il y a six sortes d'impositions, cette année, sur les contribuables de ce département, qui doivent être faites avec la capitation et au sol la livre de ce que chacun en porte. Je ne pouvois en faire la répartition sans les rôles; aussitôt qu'ils m'ont été remis, j'y ai travaillé sans discontinuer, et, depuis ce temps, j'ai trente personnes que j'y emploie. J'ai rendu le commis du sieur Jaunay, receveur général de ce département, témoin de mes mouvements et de mes soins pour faire finir ce travail, qui sera entièrement achevé au 15 de ce mois, au plus tard. J'ai fait partir plusieurs de ces rôles, et j'en ferai remettre tous les jours aux receveurs des tailles. Ce commis de la recette générale a dû rendre compte à son maître de cette application, et le sieur Jaunay pouvoit se dispenser de jeter sur moi l'impossibilité qu'il dit qu'il y a de continuer à fournir par chacun mois, en argent, les fonds de sa recette générale. Le retardement du recouvrement de la capitation est un prétexte qui n'empêche point le sieur Jaunay de tirer des sommes considérables de la province et d'être payé des receveurs des tailles. Depuis le 1er mars dernier, que j'ai examiné avec plus d'attention la caisse de la recette générale, pour empêcher qu'on en voiturât une partie des fonds, que M. de Chamillart m'a fait l'honneur de me marquer qu'il entend qui restent tous les mois dans la province, il ne s'y est trouvé que fort peu d'argent, et, voulant en pénétrer la cause, je me suis adressé aux receveurs des tailles, pour savoir d'eux s'ils étoient en demeure de remettre les fonds auxquels ils sont obligés dans leurs termes : ils m'ont fait voir qu'il n'étoit pas possible qu'ils pussent faire les remises accoutumées à la recette générale pendant que le sieur Jaunay les fait payer par des lettres de change qu'il tire sans cesse sur eux et qu'ils acquittent. Ce fonds qu'on lui remet à Paris, et qu'il tire de la province par cette voie, doit le mettre amplement en état de fournir les 19,000# d'argent comptant qu'il est seulement obligé de remettre par chacun mois au Trésor royal : d'autant plus qu'il lui reste entre les mains, chaque année, un fonds de 200,000# pour payer les officiers de la province, dont il ne s'acquitte qu'à la fin de l'année pour une partie, et le surplus l'année suivante, retardant autant qu'il le peut les payements. Je suis fâché que la première lettre que j'ai l'honneur de vous écrire renferme autre chose que des témoignages de l'estime particulière et de l'attachement respectueux que j'ai pour vous. Je vous prie de me continuer votre bienveillance*. »

* Le 26 juillet, il revient sur la difficulté de recouvrer à la fois cinq impositions extraordinaires, qui effrayent et ruinent le peuple et qu'il eût été préférable de répartir sur l'ensemble des contribuables, plutôt que sur certaines professions. «J'ai passé, dit-il, une partie de mon séjour au Blanc à calmer une quantité considérable d'habitants des paroisses de cette élection qui sont venus me trouver pour me remontrer le poids de leur charge dans un temps où la sécheresse qu'il fait ici depuis quatre mois leur ôte une récolte abondante dont les autres cantons jouissent, et le peu de débit qu'ils ont de leurs bestiaux. J'ai même été obligé d'envoyer des archers en garnison dans une de ces paroisses où des huissiers que les receveurs avoient envoyés pour leur recouvrement ont été maltraités, et d'en menacer d'autres. En employant ainsi la rigueur contre quelques-uns et la douceur à l'égard des autres, je les ai déterminés à payer et j'ai rassuré les collecteurs, qui n'osoient aller dans les maisons des contribuables pour leur recouvrement..... »

1046. *M. de Saint-Contest, intendant à Metz,*
au Contrôleur général.

2 Juin 1706.

Rapport et pièces concernant une réclamation du comte des Armoises, qui prétend que les paroisses de Vaux-le-Grand et de Vaux-le-Petit sont des dépendances de la terre de Commercy, et non du département de Toul.

1047. *M. Foucault, intendant à Caen,*
au Contrôleur général.

3 et 23 Juin 1706.

Les conférences que l'intendant a eues avec M. de Blair, fermier général, sur les moyens d'arrêter le faux-saunage, les ont convaincus l'un et l'autre que les circonstances actuelles ne permettaient pas d'entreprendre des changements considérables, qui ressembleraient, quoique avantageux en eux-mêmes pour les sujets du Roi, à l'extension de la gabelle dans tout le royaume, ou du moins au renchérissement du sel dans les pays de vente volontaire. Il est urgent cependant de porter remède au mal, et l'un des moyens qu'ils proposent serait de rabaisser partout le prix du sel, dont l'élévation est la cause d'un faux-saunage effréné*.

* Voir, à la date du 29 mars 1707, deux rapports envoyés par le directeur des fermes de Caen.

1048. *M. Doujat, intendant à Poitiers,*
au Contrôleur général.

4 Juin 1706.

Il se plaint que le prévôt de la maréchaussée provinciale de Niort vend les places d'archer à des gens qui lui abandonnent une partie de leurs gages, par convention réglée, et laissent leurs provisions entre ses mains : moyennant quoi il les dispense de se mettre en équipage et de faire aucun service*.

* Apostille en interligne : «Casser ces traités-là comme nuls. Si, par l'édit de la création, il a le droit de disposer des charges des archers, il peut les vendre; mais les gages doivent demeurer au titulaire. Qu'il ordonne de ma part au prévôt de m'envoyer un état de sa compagnie; qu'il fasse remettre à tous les archers les provisions qui ont été expédiées en leur nom; s'il y a de mauvais sujets, incapables de servir, il doit les obliger à se défaire, et en choisir de bons.»

1049. *M. Lebret, intendant en Provence,*
au Contrôleur général.

4 Juin 1706.

«Par le mémoire que vous m'avez fait l'honneur de me renvoyer le 24 avril dernier, on demande un privilège exclusif pour acheter et vendre en Provence les peaux de lièvres et de lapins qui servent à la fabrication des chapeaux. On prétend que les Provençaux négligent de les ramasser dans les villes et lieux de leur province, et que cette négligence oblige les chapeliers de se servir du poil de lapin d'Angleterre et de Hollande. On se propose de n'en laisser perdre aucune à l'avenir, par le soin qu'on aura d'établir des correspondants dans tous les lieux de la province pour acheter les peaux de gré à gré. On fera raser ces peaux et préparer les poils de la même manière que les

Anglois et Hollandois les préparent. Enfin, on les vendra de gré à gré à ceux qui en voudront acheter.

«Les avantages de cet établissement seront qu'en mettant à profit une plus grande quantité de peaux du cru de France, on exclura les peaux de lapin d'Angleterre et de Hollande. Cette marchandise, devenant plus abondante, sera à un plus bas prix, et beaucoup de femmes et d'enfants seront occupés à arracher le poil ou à raser les peaux et gagneront leur vie dans les manufactures qu'on propose d'établir. Enfin, rien ne doit empêcher que le Roi n'accorde le privilège qu'on demande, puisque, les peaux de lapin étant négligées, il n'interrompra le commerce de personne, et qu'en achetant et vendant de gré à gré, aucun particulier ni aucun chapelier ne pourra en recevoir le moindre préjudice.

«Je me suis informé le plus exactement que j'ai pu de l'état du commerce des peaux de lapin et de lièvre, dont l'usage est aujourd'hui fort grand en Provence, par l'augmentation des manufactures de chapeaux. Il y a plusieurs colporteurs qui achètent les peaux, non seulement en Provence, mais même en Languedoc, en Dauphiné et en Auvergne, et qui les apportent ou les envoient à Marseille. Il n'est pas impossible que, s'il y avoit des correspondants fixes dans chaque lieu, les peaux ne fussent rassemblées avec un plus grand soin; mais on n'estime pas que cet objet méritât la peine de l'établissement, étant certain que la Provence ne fournit pas 500 quintaux de peaux par année, qui produisent environ 125 quintaux de poil; et, quand on rassembleroit encore 25 ou 30 quintaux de poil au delà de ce qu'on en apporte ordinairement à Marseille, on n'auroit pas fait une affaire bien considérable. Il n'est pas vraisemblable que l'établissement proposé produisît un plus grand effet, parce que les peaux de lapin de Provence, qui ne valoient autrefois à Marseille que 30 ou 40 ᵗᵗ le quintal, coûtent présentement 100, et jusques à 106 ᵗᵗ le quintal, et, dès qu'un muletier en apporte, tous les chapeliers s'empressent aussitôt de les acheter. Il ne seroit donc pas raisonnable de croire qu'une marchandise aussi chère et aussi recherchée fût absolument négligée dans un temps comme celui-ci, où presque personne n'a de quoi vivre. Il est évident d'ailleurs que l'augmentation du prix des poils ne vient pas de la négligence des Provençaux, mais de l'augmentation du nombre des manufactures, de ce qu'on n'y fabrique presque plus de chapeaux de laine, et que les chapeliers de Marseille et des autres villes du royaume ne se servent presque plus que de poil; et, comme la Provence n'en produit que très peu, si l'entrepreneur de cette espèce de manufacture pouvoit seul vendre du poil de lapin, celui de Dauphiné, d'Auvergne, de Languedoc, et même de Guyenne, n'auroit plus de débit en Provence, et il faudroit, ou que les manufactures de chapeaux manquassent d'aliments, ou qu'on y consommât une plus grande quantité de poils d'Angleterre.

«L'obligation d'acheter et de vendre de gré à gré est inutile, parce que, s'il n'y a qu'un seul homme qui puisse vendre du poil de lapin, il sera certainement maître d'y mettre le prix qu'il lui plaira, et l'on doit croire qu'il l'augmenteroit bien aisément, puisque, encore qu'il y ait toujours eu une entière liberté à toutes sortes de personnes de faire commerce de cette marchandise, elle a néanmoins considérablement augmenté de prix et est toujours recherchée avec empressement. La manufacture qui s'établiroit occuperoit sans doute les mêmes personnes qui s'occupent aujourd'hui à raser les peaux, et, si l'on veut, quelques-unes de plus, pourvu que (comme j'ai remarqué), au lieu d'apporter l'abondance des peaux, cet établissement ne la diminue pas en excluant celles des provinces du royaume. Il est encore à remarquer que cet établissement n'exclura jamais les poils de lapin d'Angleterre, sans lesquels on ne peut fabriquer des chapeaux fins.

«De sorte que, puisque les manufactures de chapeaux subsistent, et même qu'elles sont augmentées, je ne vois nulle nécessité pour le commerce de faire un nouvel établissement, qui pourroit peut-être déranger ces mêmes manufactures, dont l'utilité vous est connue*.»

* En marge de la proposition, le contrôleur général a écrit : «Cela ne vaut rien, suivant l'avis de M. Lebret.»

1050. *M. Trudaine, intendant à Lyon, à M. Desmaretz.*

5 Juin 1706.

«Il est venu ce matin dans mon antichambre plus de trois cents femmes et filles, pour se plaindre de ce que les perruquiers ne les font plus travailler et qu'elles meurent de faim. Je les ai d'abord renvoyées sans les entendre, ne voulant pas souffrir de pareils attroupements : elles ont été à la porte du préposé à la régie de cette affaire, où elles ont tenu bien de mauvais discours; mais il ne s'est rien passé de mal. Enfin, je leur ai fait insinuer d'en détacher deux, pour me venir parler et s'expliquer sur ce qu'elles demandent; elles m'ont remis le placet que je prends la liberté de vous envoyer. J'ai tâché de leur faire entendre raison; mais la faim qu'elles souffrent est la plus forte que tous les discours, et je n'en suis sorti avec elles qu'en leur disant que j'enverrois leur placet à la cour; mais je leur ai défendu de s'attrouper, et je leur ai promis que j'en ferois arrêter quelqu'unes, sur lesquelles je ferois un exemple de punition. Elles m'ont dit que vous aviez mis ordre à Paris pour faire continuer leur travail. Je ne sais point ce que l'on fait à Paris sur cette affaire des perruques; mais les perruquiers de cette ville ont discontinué entièrement leur travail depuis le 1ᵉʳ mai. Ils disent que Paris en fait autant, et l'on a publié ici que les filles et les femmes qui travaillent à Paris aux perruques ont été chez vous faire les mêmes plaintes que celles-ci sont venues faire aujourd'hui chez moi*. Elles se sont servies ici de cet exemple, et l'on ne peut douter que ce ne soient les perruquiers qui les excitent à se donner ces mouvements, en les menaçant qu'elles ne travailleront plus. Il faudroit apporter quelque remède prompt à ce désordre. Constamment, la cessation des ouvrages de perruque fait souffrir ce bas peuple, et la misère leur peut faire faire des sottises qui sont de trop mauvais exemple, et je crois qu'en attendant que vous ayez trouvé quelque moyen pour tirer d'une autre façon les sommes que vous comptiez d'avoir de cette ferme, qu'il faut permettre aux perruquiers de travailler comme avant l'édit, et les dispenser de faire marquer les coiffes. Je sens bien que c'est se dédire de ce qui a été fait, et que cela diminue le crédit des affaires, quand on est obligé de le faire par les mutineries des peuples; mais cela doit faire faire grande attention à ne point faire d'affaires qui attaquent le menu peuple, qui ne gagne sa vie qu'au jour le jour. Je vous supplie de me donner une réponse prompte de la manière dont je dois me conduire dans l'affaire présente**.»

* M. Desmaretz écrivait à M. d'Argenson, le 18 mai précédent: «J'ai rendu compte à M. Chamillart du mémoire que vous m'avez remis au sujet d'un incident qu'un perruquier a fait pour une coiffe dont le fermier avoit fait payer 3 ll 10 s., sur laquelle le perruquier a monté une perruque qu'il a offert d'abandonner pour 10 ll; et il prétend par là que le fermier ne devoit lui faire payer que 10 sols pour la coiffe. Il a cru qu'il y avoit de la malice de la part du perruquier dans les incidents, et il m'a chargé de vous prier de l'examiner et d'accommoder l'affaire suivant votre prudence ordinaire. Les perruquiers de Paris m'ont envoyé un nombre prodigieux de femmes qui travaillent à la perruque, et qui m'ont dit se trouver sans occupation. Cela a l'air d'un esprit de révolte: je leur ai dit de s'en retourner chez leurs maîtres, que j'ai donné ordre d'avertir de me venir trouver demain au matin. Je leur parlerai comme il convient, et je vous les renverrai ensuite pour régler les difficultés qui pourront arriver dans ce nouvel établissement, auquel il est nécessaire que vous ayez agréable de donner une particulière attention dans les commencements, parce que le reste du royaume suivra ce qui aura été fait à Paris.»

** Mémoire joint à la lettre: «Les femmes, filles et enfants de famille employés à la tresse des cheveux et autres ouvrages concernant les perruques qui sont faites par les maîtres perruquiers de cette ville, au nombre de plus de trois cents, remontrent très humblement à Votre Grandeur qu'elles n'ont, depuis leur tendre jeunesse, autres occupations que tresser les cheveux et autres ouvrages pour la perruque, ne sachant faire autre chose. C'est ce seul travail qui leur donne du pain et le moyen de faire subsister leurs père, mère et enfants: sans quoi les uns seroient à la charge des hôpitaux, et les autres dans une très grande misère ou dérèglement. Cependant, depuis le premier jour du mois de mai dernier, les maîtres perruquiers ont cessé de leur donner de l'ouvrage: en sorte qu'elles sont présentement réduites dans une nécessité très pitoyable. C'est ce qui les oblige d'avoir recours à votre justice et équité. Ce considéré, il vous plaise d'ordonner aux perruquiers de cette ville de leur donner de l'ouvrage à tresser et autres concernant la perruque à la manière accoutumée, et elles continueront leurs prières pour la prospérité et santé de Votre Grandeur.»

Le 17 du même mois, M. Desmaretz répond à M. Trudaine qu'il a prévenu les perruquiers de Paris que, s'il arrivait quelque désordre par le fait de leurs intelligences avec les perruquiers de la province, ils en seraient rendus responsables. «On travaille, dit-il, à faire un nouveau projet sur cette affaire: vous en serez averti dès qu'il sera résolu; cependant je vous supplie de n'en point parler, parce qu'il y a encore des réflexions à faire pour se déterminer à un parti qui puisse réussir sans craindre de nouveaux inconvénients.»

1051. *M. Trudaine, intendant à Lyon, au Contrôleur général.*

10 Juin 1706.

«Par la lettre que vous m'avez fait l'honneur de m'écrire le 31 mai dernier en m'envoyant le mémoire que l'on a adressé à M. Chamillart touchant des lettres de change tirées sur Lyon par les étrangers, payables en louis d'or, ce qui contribue à la sortie de ces espèces, vous m'ordonnez d'examiner les moyens proposés dans le mémoire pour remédier à cet abus, et de vous en marquer mon avis. Je me suis premièrement informé du fait, et j'ai su qu'il avoit paru quelques lettres tirées payables en louis d'or, mais en fort petit nombre. Le moyen proposé d'obliger par des ordres supérieurs les négociants de déclarer les avis qu'ils auront des lettres tirées sur eux par l'étranger payables en louis d'or effectifs, ne me paroît d'aucune utilité pour remédier à l'abus, parce qu'aussitôt que cette ordonnance sera rendue, l'étranger ne tirera plus en louis d'or effectifs, mais il donnera ordre, par une lettre particulière, que l'on ne peut jamais obliger de représenter, que l'on ait à payer en louis d'or. Cela fera le même effet, et l'on ne sera point exposé à la peine de l'ordonnance que l'on propose de faire rendre. Mais, sur quoi il faut faire le plus d'attention, est la dangereuse conséquence dont pourroit être cette ordonnance, d'obliger les marchands à venir faire de telles déclarations. Cela inquiéteroit le commerce et feroit craindre que l'on ne poussât la curiosité encore plus loin, pour démêler la force du négoce d'un chacun. L'on sait qu'un certain secret est nécessaire et qu'ils ont besoin d'une sécurité que l'on ne leur demandera jamais la connoissance de leurs affaires au delà de ce qu'ils en veulent bien déclarer; et un pareil exemple que l'on donneroit sur une chose qui ne produiroit rien, les alarmeroit, dans la crainte qu'on ne s'accoutumât à les obliger de déclarer ce qu'ils ont de plus secret.

«L'auteur du mémoire propose encore de défendre aux agents de change de faire aucune négociation d'échange d'or contre de l'argent blanc. Les agents de change sont encore plus obligés au secret que les négociants eux-mêmes, n'étant que dépositaires des paroles et des volontés des négociants. Si on croyoit qu'on pût obliger ces agents de change à révéler leur secret, on ne s'en serviroit plus, et la défense qu'on leur feroit de négocier l'échange de l'or contre de l'argent ne produiroit rien, si on ne les obligeoit en même temps de déclarer pour qui ils le font.

«Toutes ces idées ne peuvent être tombées dans l'esprit d'un négociant. Il sort constamment beaucoup d'or de Lyon; mais je ne crois pas que les remèdes proposés par le mémoire soient d'aucune utilité pour l'empêcher. Tant que l'on aura besoin en Italie d'aussi grosses sommes qu'il en faut pour la subsistance des armées, et que notre commerce sera aussi foible qu'il est présentement, l'on sortira de l'argent de France, et l'on préférera toujours l'or à l'argent, parce qu'étant d'un plus petit volume, il est plus aisé de le passer en fraude, et le port en est moins cher que celui de l'argent.

«Il faut rendre justice aux sieurs Hogguer, avec lesquels M. Chamillart a fait son traité pour faire fournir les armées d'Italie des sommes dont elles ont besoin: je suis persuadé, après l'avoir fait examiner et m'en être enquis autant que j'ai pu, qu'ils ne font point sortir d'argent de France pour satisfaire à ces payements; mais il n'en sort pas, pour cela, un louis d'or de moins: ceux qui leur fournissent de l'argent en Italie font faire ce que les sieurs Hogguer ne font pas, et nos négociants mêmes n'attendent pas d'en être sollicités par les négociants d'Italie; ils font passer leur argent en risque de le perdre, parce qu'ils trouvent un gain considérable à donner de l'argent à Gênes, à Genève, à Milan, et prendre des lettres de change sur Lyon, où ils sont payés en argent avec un très gros change pour la remise. Tant que ce gain se fera, quelque barrière que l'on mette pour empêcher la sortie des espèces, elle se trouvera toujours inutile. Il y a longtemps que j'ai conféré ici avec nos meilleurs négociants pour chercher les moyens d'empêcher ce désordre, et j'avoue que ni eux ni moi n'avons pu encore en trouver. Le seul rétablissement du commerce nous fera revenir peu à peu l'argent qui est sorti pendant la guerre.»

1052. LE CONTRÔLEUR GÉNÉRAL aux Intendants.

Du 16 au 30 Juin 1706.

«La diminution de 10 sols par louis d'or et de 3 sols par écu ordonnée par l'arrêt du 20 mars dernier pour le 1er juillet prochain, ayant paru trop forte et trop à charge pour les particuliers, le Roi a résolu de la partager en deux : en sorte que les louis d'or, qui valent à présent 13 # 15 s., et les écus 3 # 14 s., ne seront diminués au 1er de juillet qu'à raison de 5 sols par louis et de 2 sols par écu, et diminueront encore au 1er août suivant, savoir : les louis d'or, de 5 sols, et les écus d'un sol, les autres espèces à proportion. L'arrêt en sera incessamment expédié et daté du 8 de ce mois; mais, comme il sera tenu secret jusqu'au 1er juillet, je vous en donne avis, afin que, sans attendre les exemplaires qui vous en seront envoyés, vous preniez vos mesures pour faire connoître et rendre publique cette disposition dans l'étendue de votre département le premier jour de juillet. Il est de conséquence qu'elle ne soit pas connue plus tôt. Vous marquerez en même temps que l'intention de S. M. est que les diminutions ordonnées par l'arrêt du 17 novembre 1705 pour les mois de septembre et novembre de la présente année, janvier, mars et mai de l'année prochaine, aient leur plein et entier effet.»

1053. M. FERRAND, intendant en Bretagne, AU CONTRÔLEUR GÉNÉRAL.

16 et 30 Juin 1706.

Rapport sur les avantages de l'emprunt de 3,800,000 #, au denier quatorze, que la province se propose d'ouvrir pour rembourser les avances des fermiers des devoirs de 1708 et 1709 et désintéresser les adjudicataires des droits des boucheries. Formes à adopter pour cette opération *.

* Sur les préliminaires de ce projet d'emprunt, voir d'autres lettres de M. Ferrand, des 11 et 18 avril et 9 juin; de M. l'évêque de Saint-Malo, 11 mai; de M. de Méjusseaume, procureur-syndic des États, 27 mai; et les procurations des députés des États donnant pouvoir à leur trésorier, M. de Montaran, à la date du 31 juillet, où fut expédié l'arrêt.

En envoyant les propositions à M. l'évêque de Saint-Malo, le 28 avril, M. Desmaretz lui disait : «..... M. Chamillart a souhaité que je vous demandasse votre avis sur ce mémoire, et vous êtes le seul des évêques de la province à qui il en donne communication..... Je sais les obstacles qui peuvent s'y rencontrer du côté des formalités et de la part de ceux qui n'ont d'autre vue que de maintenir les anciens usages au préjudice de tout le bien et de tous les avantages que les changements les moins essentiels pourroient procurer à la province..... Mais je crois que, dans une pareille conjoncture...., il conviendroit d'y faire céder les maximes et les vues de ceux qui pourroient s'y opposer.....»

Voir aussi une lettre du 2 mai à M. de Méjusseaume, et une autre, du 7 juin, à M. Ferrand.

1054. M. DE HAROUYS, intendant en Champagne, AU CONTRÔLEUR GÉNÉRAL.

18 Juin 1706.

Il demande l'aide des troupes de la garnison de Rocroy pour mettre à la raison les habitants du village des Masures, qui refusent depuis deux ans de laisser exécuter les arrêts obtenus contre eux par M. de Bragelongue, maître des requêtes, leur seigneur.

1055. M. DE HAROUYS, intendant en Champagne, AU CONTRÔLEUR GÉNÉRAL.

18 Juin 1706.

Il appuie la demande du chevalier de Rizaucourt, qui sollicite une permission d'établir dans la terre dont il porte le nom une fabrique de gros verre à bouteilles façon d'Angleterre. Cette manufacture, déjà autorisée en 1664, ne saurait nuire à celle que le sieur d'Arrentières possède dans le voisinage, à Bayel, pour la fabrication du cristal, et elle assurerait l'emploi des bois, qui sont très abondants dans le pays, ainsi que des matières propres à la fabrication du verre. Il suffirait d'interdire à la verrerie de Rizaucourt de fabriquer des cristaux ou des verres fins *.

* La copie de cette lettre est jointe à une lettre de plaintes de M. de Rizaucourt, datée du 17 août, en marge de laquelle se trouve ce projet de réponse du contrôleur général : «J'ai rapporté moi-même devant le Roi, au Conseil royal, l'affaire dans laquelle vous vous plaignez que l'on ne vous a pas rendu justice. Vous pouviez vous la faire vous-même, sans attendre qu'elle vous fût rendue par d'autres; ou du moins vous ne deviez pas renoncer, comme vous avez fait par le passé, par une transaction entre votre partie et vous, à l'établissement que vous prétendez faire présentement. L'extrait étoit fort fidèle, votre affaire bien entendue, et, si elle avoit été favorable, vous auriez obtenu ce que vous demandiez.»

M. de Harouys envoie, le 1er août de l'année suivante, un rapport sur l'origine des deux verreries.

1056. M. LE BLANC, intendant en Auvergne, AU CONTRÔLEUR GÉNÉRAL.

25 Juin 1706.

Il n'y a plus ni manufactures ni fabricants dans les petites villes; dans la campagne, la seule fabrication qui subsiste est celle des toiles, et encore les tisserands, trop pauvres pour acheter du fil, ne travaillent-ils que dans les maisons particulières. C'est pour ce motif que, partout où la taxe de suppression des inspecteurs des manufactures n'a pu se faire sur des marchands et des fabricants, l'intendant a dû la reporter sur l'ensemble des contribuables aux tailles, et, comme les rôles en ont été dressés ainsi dès le mois de mars, en même temps que ceux de la capitation, il conviendra de faire dater du dernier Conseil du mois de février l'arrêt qui autorisera l'imposition.

1057. *M.* DE LA *Bourdonnaye, intendant à Bordeaux,* AU *Contrôleur général.*

26 Juin 1706.

Un orfèvre portugais qui désire s'établir à Bordeaux se plaint que le lieutenant général exige de lui une attestation de catholicité, malgré les édits qui assurent aux gens de sa nation les mêmes privilèges qu'aux Français. Le lieutenant général aurait eu tort cependant de ne pas s'assurer de la religion de l'impétrant, car il serait dangereux de recevoir des juifs dans une profession aussi importante*.

* En marge, de la main du contrôleur général : «Bon, suivant l'avis.»

1058. *M.* DE *Montgeron, intendant en Berry,* AU *Contrôleur général.*

30 Juin, 4, 10, 16, 23 et 31 Juillet 1706.

Il rend compte de l'arrestation d'une bande de faux-sauniers.

«Tous ces faux-sauniers, qui étoient d'abord au nombre de dix-huit, sont une partie de Lorraine, quelques-uns du voisinage des Ardennes, et le reste des bourgs et villages près de Luxembourg. Il y avoit, entre eux, trois hommes qui commandoient leur troupe, qui étoient mieux vêtus que les autres et qui montoient quelquefois à cheval. Ils avoient chacun plusieurs noms et en changeoient selon les occasions. Le premier s'appeloit *Saint-Germain*, et a été tué dans l'action; il paroissoit âgé de quarante ans. On nommoit le second *la Roche*, et quelquefois *la Rose;* il peut avoir trente-cinq ou trente-six ans, et s'est sauvé. Le troisième, qui fut blessé en se défendant lors de la capture, et qui est mort depuis, avoit quatre noms : tantôt on l'appeloit *la Plaine*, dans quelques occasions *Saint-Étienne* ou *la Prairie*, et le plus souvent *Haut-de-Pied*. Ces trois faux-sauniers partirent des environs de Jametz, en Lorraine, il y a deux mois, avec quatre charrettes, attelées de quatre chevaux chacune, et sept hommes, qui prétendent n'être que des valets et avoir été loués sur le pied de 15 et 20 sols par jour outre leur nourriture. Trois des charrettes étoient chargées de quelques ballots de marchandises, que l'on n'a pu leur faire désigner, et la quatrième de fusils et de pistolets, qui étoient cachés. Avant que d'entrer en Champagne, ils furent joints en différents endroits par six autres hommes, qui disent s'être engagés sur le pied de valets. Cette troupe traversa la Champagne et la Bourgogne, où leur marchandise fut vendue à des marchands de quelques villes, que les trois premiers faux-sauniers alloient avertir et qui se rendoient dans les villages et les hameaux où ces faux-sauniers logeoient toujours. Ce débit ne se faisoit qu'à l'entrée de la nuit. En passant dans deux villages qu'on ne nomme point, ils achetèrent deux charrettes et huit chevaux pour y atteler : en sorte qu'ils avoient six charrettes, qui n'étoient plus chargées que de leurs armes quand ils arrivèrent aux bords de la Loire. Ils passèrent cette rivière à Châtillon, et, ayant traversé une partie de la Sologne et du Berry, ils entrèrent en Poitou, où ils passèrent la Creuse à la Roche-Posay. Puis, s'étant rendus à Poitiers et de là à Niort, ils y chargèrent leurs charrettes de huit ou dix sacs de sel chacune. Cependant, les brigades des gardes de gabelle de Berry ayant eu avis de cette marche, on détacha deux gardes, qui suivirent ces faux-sauniers jusqu'à Niort, où ayant vu charger le sel, un des gardes les observa, tandis que l'autre vint avertir les officiers des brigades des gabelles; lesquels ayant assemblé leurs gardes, ils joignirent les faux-sauniers le 13 juin dernier, sur les trois heures après midi, dans un petit bois près de Pouligny, à une lieue du Blanc. Les faux-sauniers, se voyant surpris, se retranchèrent derrière leurs charrettes, après les avoir rangées autour d'eux. Les gardes les attaquèrent vigoureusement; mais les faux-sauniers firent une résistance de quatre heures, pendant laquelle ils firent un grand feu. Enfin, Saint-Germain, leur chef principal, étant mort, et un autre blessé considérablement, ils se rendirent au nombre de quatorze, dont trois étoient blessés. On leur trouva cent dix boisseaux de sel, de soixante-quatre livres chaque boisseau, 230 ᵗᵗ d'argent et plusieurs peaux. Ils avoient trente-cinq chevaux et un mulet, dont treize furent tués pendant l'action. Du côté de la gabelle, il y a eu trois gardes blessés. Il s'est sauvé deux de ces faux-sauniers pendant la résistance qu'ils ont faite; la Roche ou la Rose, dont j'ai parlé ci-devant, en est un. Les gardes avoient pris le matin un de ces faux-sauniers, qu'ils trouvèrent seul dans leur chemin, armé d'un fusil, et qui, selon toutes les apparences, alloit à la découverte pour assurer les chemins.»

Instruction du procès; interrogatoires et dépositions des prisonniers.

«Cinq d'entre eux seulement sont demeurés fermes et ont toujours nié; les autres ont tout avoué. Ce qui résulte des interrogatoires des derniers, c'est que les villages de Montfaucon, Cuisy, Septsarges, Neuvilly et Varennes, qui sont voisins, sur la frontière de Champagne, et près des lieux de Saint-Jean et Han au duché de Luxembourg, où l'on vend le sel librement, sont remplis de faux-sauniers; que ces habitants s'attroupent souvent pour aller charger du sel sur des charrettes ou sur des bêtes de somme à Saint-Jean ou à Han, et qu'ils les vont vendre de cette manière, et armés, dans les provinces de Champagne et Bourgogne, le plus souvent à des marchands qui les revendent en détail; que quelques-uns d'entre eux ont attaqué d'autres faux-sauniers, avec lesquels ils se sont battus pour s'emparer de leurs sels, et qu'en un de ces combats il y a eu un homme de tué, qui est le frère d'un des accusés qui sont ici*.»

* Le procès se termina conformément aux instructions du contrôleur général, inscrites de sa main en marge de la lettre du 16 juil-

tel : «Les juger à la rigueur ; faire mourir le plus coupable, et les autres aux galères.»

1059. *M. Trudaine, intendant à Lyon,*
au Contrôleur général.

1er Juillet 1706.

«Les négociants de cette ville se plaignent depuis longtemps que leurs principales manufactures périssent et s'établissent dans les villes étrangères voisines du royaume. Ils m'ont donné un mémoire pour vous envoyer, par lequel ils demandent que vous vouliez bien vous servir de la conjoncture présente du siège de Turin pour ordonner que, dès qu'il sera pris, l'on fasse une exacte recherche, dans la ville et aux environs, de tous les métiers et autres machines qui servent à filer l'or et l'argent et à travailler les étoffes de soie, taffetas et étoffes d'or et d'argent, dont la manufacture n'étoit ci-devant qu'à Lyon, et qui n'a été établie à Turin que par des ouvriers que l'on a fait venir de France, et particulièrement de Lyon*. Ils demandent aussi que l'on fasse perquisition de ces ouvriers, qu'on les fasse revenir, ou qu'on les dissipe de manière qu'ils ne puissent travailler ailleurs. Leur mémoire me paroit utile pour le commerce, et la conjoncture très favorable. Le cardinal de Wolsey en fit autant, pendant son ministère, en Angleterre : aussitôt que les Anglois se furent rendus maîtres d'Ypres, il fit enlever de la ville tous les métiers et ouvriers en draps et les fit transporter en Angleterre, où la manufacture de draps fut établie, et où elle a subsisté jusqu'à présent, sans qu'on ait jamais pu la rétablir à Ypres. Si vous approuvez la proposition de nos marchands, il sera nécessaire que vous ayez la bonté d'en recommander l'exécution à M. le duc de la Feuillade et que vous en donniez le détail à M. d'Angervilliers. Je vous supplie aussi de m'instruire du parti que vous avez pris, pour pouvoir donner, sur vos ordres, à M. d'Angervilliers, les lumières particulières que je tirerai ici de nos marchands des lieux où sont les métiers des personnes qui en ont la direction, dont ils ont une grande connoissance**.»

* La même requête avait déjà été présentée le 19 août 1705, par l'intendant, à propos d'un fabricant d'étoffes d'or et d'argent qui, condamné pour avoir fait faire un balancier destiné à la fausse réforme, avait transporté son industrie à Turin. (Voir ci-dessus, n° 534.)

** Mémoire des négociants : «Les négociants et les ouvriers des manufactures de taffetas, d'étoffes d'or et d'argent, de soie, et des autres ouvrages d'or et d'argent, comme galons, franges, etc., représentent que l'Italie, et principalement le Piémont, ne s'occupoient anciennement qu'à la nourriture des vers à soie ; quelques villes d'Italie, plus attentives à ce qu'on en pouvoit tirer, faisoient des étoffes purement de soie ; d'autres, comme la ville de Bologne, préparoient les soies pour les envoyer par toute l'Europe. Toutes ces soies passoient par la ville de Lyon, où on en consommoit la plus grande partie. Les derniers ducs de Savoie, pour faire encore plus de profit de leur soie, cherchèrent d'abord le moyen de la filer avec autant de perfection qu'on le faisoit à Bologne, et y réussirent de manière que les soies se filent présentement à Turin dans la même perfection et même encore mieux qu'elles ne se faisoient à Bologne, et ont ruiné entièrement ce commerce à Bologne : en sorte qu'il ne se file plus à Bologne du superfin. Si les ducs de Savoie s'en étoient tenus à la nourriture des vers, au filé fin et au moulinage superfin des soies, le commerce de Lyon n'en auroit pas souffert, étant indifférent au royaume de quelle ville étrangère il tire ces matières ; mais M. le duc de Savoie, ne se contentant pas du moulinage et du tirage des soies, qui occupoit tous ses peuples, a voulu encore tirer de chez nous les manufactures de taffetas, de damas, de brocatelle et d'étoffes d'or et d'argent, et de tout ce qui dépend de la manufacture de l'or et de l'argent. Il a fait débaucher, pour ces établissements, de nos ouvriers, par le moyen desquels il a fait enlever de nos métiers et des petites roues d'acier dont on se sert pour l'écachage du filé d'or et d'argent ; et, quoiqu'il pût tirer de ces roues de Milan, il a préféré de les tirer de Lyon, parce qu'on les y travaille mieux qu'en aucun lieu. Il tire encore actuellement les peignes pour les manufactures des étoffes, n'en pouvant tirer d'ailleurs que de Lyon, et il a formé des compagnies, dans lesquelles il est entré lui-même pour des sommes considérables qu'il y a mises, pour travailler de toutes ces manufactures. Les teintures étant nécessaires pour la perfection de ces manufactures, il s'est encore appliqué à tirer des ouvriers de Lyon, pour n'avoir plus besoin de personne pour la réussite de ces manufactures. Le temps paroît heureux pour rattraper et reprendre ce qui nous a été, pour ainsi dire, volé et enlevé. Il convient de laisser au Piémont la nourriture des vers à soie et le premier travail des soies, qui leur appartient naturellement, et qui suffit pour occuper tous ses peuples. Le débit en est sûr ; nous les prendrons toujours tant qu'ils voudront nous les envoyer. Mais, en même temps, il paroît juste de leur ôter les manufactures des étoffes de soie et d'or et d'argent, et de nous les rendre ; et, pour y parvenir, les négociants demandent qu'après la prise de la ville de Turin, l'on donne ordre de faire une perquisition exacte de tous les endroits où il y a des métiers qui travaillent à ces manufactures, et principalement de celles qui y sont nouvellement établies, de faire enlever tous ces métiers et machines, et de nous les renvoyer à Lyon. Il faut encore faire recherche de tous les ouvriers françois qui y travaillent à ces manufactures, et les obliger de rentrer dans le royaume, ou les dissiper de manière qu'on ait de la peine de les rassembler pour remettre ces manufactures sur pied, si les affaires venoient à changer de face. L'interruption que l'on fera dans cette occasion produira un bien dont on se ressentira longtemps : quelque soin que l'on se donne pour le rétablissement de ces manufactures, il n'est pas possible de les rétablir promptement, quand on aura pris les mesures ci-dessus.»

L'intendant écrit, le 18 juillet 1706, qu'il aurait été essentiel de ne prendre aucune décision et de ne donner aucun ordre sur ce point que dans le plus profond secret, et surtout qu'il faudra n'en point faire mention dans le traité de capitulation de Turin : sans quoi M. le duc de Savoie ne manquerait pas de stipuler une sauvegarde spéciale pour les ouvriers et les métiers. Le contrôleur général répond en marge : «J'avois envoyé sa lettre à M. Daguesseau, pour le consulter ; il l'a communiquée au Conseil du commerce sans ma participation. Je ferai en sorte d'éloigner toutes les idées que l'on auroit pu prendre sur cette affaire.»

1060. *M. le maréchal de Châteaurenault, commandant en Bretagne,*
au Contrôleur général.

2 et 5 Juillet 1706.

Il demande qu'il ne soit pas question d'étendre au plat pays la perception du droit des inspecteurs des boucheries*. Pour les villes et bourgs, elle n'a été acceptée par les États que faute d'autres fonds et afin d'éviter l'établissement du droit d'entrée des boissons. Cette nouveauté ferait d'autant plus mauvais effet, que les circonstances actuelles, et surtout la présence de l'ennemi en vue des côtes, n'ont pas permis de châtier les bouchers de Morlaix et de Lannion, qui ne veulent point payer le droit du pied-fourché**.

«La nouvelle nous étant venue que l'armée navale des ennemis étoit dans ce temps-là à Torbay, qui est vis-à-vis Morlaix, nous jugeâmes à propos, M. Ferrand et moi, de retarder la punition de ces bouchers jusqu'à ce que les ennemis eussent pris leur parti, cette punition pouvant être de quelque conséquence dans cette occasion, parce que ces bouchers sont en grand nombre à Morlaix, d'une ivrognerie inconcevable, eux et leurs femmes, et d'une pauvreté qui ne leur fait rien craindre. Je n'ai point appréhendé de révolte; mais j'ai cru qu'il seroit plus à propos de différer ce châtiment, pour ne point donner lieu à la fureur de ces ivrognes et ivrognesses, qui n'ont rien à perdre, dans le temps précisément que les ennemis pouvoient venir à cette côte avec des troupes de débarquement***.»

* Sur le rachat de cette ferme par les États, la mise en adjudication par bail ordinaire, et le remboursement des précédents adjudicataires, voir les lettres de M. Ferrand, 4 et 28 septembre.

** Des émeutes avaient eu lieu l'année précédente à Fécamp et à Montivilliers, au sujet de la levée des nouveaux droits. (Lettres de M. de Courson, intendant à Rouen, 2, 15, 17, 26 et 30 août 1705.)

*** Sur la terminaison de cette affaire, voir une lettre de M. le maréchal de Châteaurenault, 27 novembre.

1061. *M. Mignon, curé de l'église Saint-Jean, à Péronne,* *au Contrôleur général.*

3 Juillet 1706.

«Comme je suis le curé de la principale paroisse de cette ville, dans laquelle sont les prisons, je m'étois disposé de vous présenter requête en faveur des prisonniers pour le tabac et pour le sel à votre retour de Flandres; mais je n'ai pu avoir l'honneur de vous saluer, à cause du peu de temps que vous avez resté ici. C'est ce qui m'a fait prier le sieur Guyon, receveur des traites, d'en écrire à MM. les intéressés; et, parce que je n'ai point eu de réponse, et que les choses sont au même état, je prends la liberté de vous en informer par cette lettre.

«On fait emprisonner toutes sortes de personnes indifféremment, des gens fort âgés aussi bien que des enfants. Souvent pour peu de chose, pour moins d'une livre de tabac, on les retient fort longtemps dans la prison; il y a encore deux femmes qui y sont dès le 7 et le 22 janvier. Le nommé Pierre Haraut, âgé de vingt ans, y est mort, faute de secours, le 7 mai dernier, et y étoit dès le 7 janvier précédent. La nommée Berlencourt, pauvre veuve âgée de soixante ans, et son fils aveugle y ont demeuré plus de six mois. Ils y deviennent presque tous malades, à cause que la prison est fort obscure, qu'il n'y a point de cour et point d'air. Quand ils en sortent, au bout de cinq ou six mois, ils tombent malades chez eux et sont réduits à l'extrémité. Ce qu'il y a de plus fâcheux est que ni les officiers ni le commis ne veulent pas souffrir qu'on les porte à l'Hôtel-Dieu : quand on leur présente requête pour cela ou pour finir leur procès, ils disent que cela leur est défendu par un arrêt que les fermiers ont obtenu à ce qu'il ne soit élargi aucun prisonnier sans leur consentement. Ainsi, ils languissent dans la prison et sont exposés à mourir sans remède pour le corps, et même pour l'âme, parce que la prison est si sale et si obscure, qu'on ne peut sans indécence y porter le saint viatique. J'ai écrit, le 9 mai dernier, à M. l'intendant de Picardie ce que j'ai l'honneur de vous mander; mais je crois être encore obligé, pour l'acquit de ma conscience, de vous supplier très humblement, en faveur de ces pauvres gens, à ce qu'il vous plaise d'ordonner que le procès leur soit fait en peu de temps, qu'ils soient punis ou élargis après un mois ou environ de prison, ainsi qu'il se pratiquoit ci-devant, ou du moins que, si quelqu'un des prisonniers tombe dangereusement malade, vu le certificat du médecin, on puisse le faire promptement porter à l'Hôtel-Dieu, sur la requête qui sera présentée aux officiers, qui la répondront sans délai et sans que le commis puisse s'y opposer, attendu qu'il s'agit de la vie, et souvent du salut de ces pauvres misérables.

«Pardonnez-moi si je vous suis importun par une si longue lettre; je joindrai mes prières avec les vœux de ces pauvres gens pour votre prospérité*.»

* Réponse en marge : «Si vous voyiez comme moi le désordre que la plupart de ceux qui font le commerce du sel et du tabac en fraude causent dans plusieurs provinces du royaume, loin d'exciter à la charité en leur faveur, vous travailleriez par des exhortations à empêcher les abus qui se commettent. Personne n'auroit plus de penchant que moi à pardonner, si j'étois assuré qu'une longue prison pût corriger ceux qui font ce commerce; ce seroit leur donner occasion de mal faire. Je recommanderai certainement aux fermiers et à leurs commis de ne retenir en prison que des fraudeurs de profession.»

1062. *M. de Bouville, intendant à Orléans,* *au Contrôleur général.*

6 Juillet 1706.

«Je ne crois pas que la menace qu'on pourroit faire dans les paroisses de la campagne, et même dans les petites villes, de faire des taxes d'aisés, pût faire l'effet qu'on s'en propose par le mémoire ci-joint. Le plat pays est dans la misère que vous n'ignorez pas, et il est certain qu'il y a très peu de personnes en état de faire ce qu'on désireroit d'eux; on l'a vu pour les affranchissements de la taille, qui étoient bien plus avantageux que tout ce qu'on propose par ce mémoire. D'ailleurs, ces privilèges feroient un grand tort au recouvrement des tailles, par le nombre d'exempts de collecte qui se trouveroient, supposé qu'il s'en trouvât en état de les acheter. Je croirois qu'en révoquant tous les privilèges d'exemption de milice accordés aux affranchis de taille, aux arpenteurs et autres petites charges auxquelles on les a conservés, on pourroit tirer quelque argent des exemptions qu'on accorderoit lors de la levée de la milice, et ce seroit un recouvrement prompt et sans frais; mais vous savez la peine qu'on a pour lever les milices, ne se trouvant plus que peu de garçons dans la plupart des paroisses. Je sais la nécessité d'avoir de l'argent; mais vous savez mieux que moi le danger de donner des privilèges dans un temps aussi fâcheux et les recouvrements étant aussi difficiles qu'ils le sont. On a laissé la taille sur le même pied de l'année dernière; mais je puis assurer avec certitude que le recouvrement en est impossible. Je crois donc qu'il faudroit tâcher de trouver d'autres moyens que celui-ci pour avoir de l'argent*.»

* Mémoire. — «On propose d'accorder des privilèges à vie à ceux qui les désireront, moyennant finance, dans les villes et paroisses du royaume, pays, terres et seigneuries de l'obéissance de S. M., même dans les Pays conquis et reconquis, ainsi que cela fut fait en exécution de l'édit de 1466, savoir : un privilégié dans les paroisses de cent feux et au-dessous; deux dans celles de cent jusques à deux cents feux; trois dans celles de deux cents jusqu'à deux cent cinquante feux; quatre dans celles de deux cent cinquante jusques à trois cents feux et au-dessus, et jusques au nombre qu'il sera jugé à propos;

«Lesquels seront exempts, leur vie durant, de toutes commissions, tant royales que desdites villes et paroisses, ordinaires et extraordinaires, de consuls, échevins, capitouls, jurats, de tutelle, curatelle, dépôts, de gardes de biens de justice, avec la liberté de les accepter, de logements de gens de guerre, et de contribution d'iceux, même dans les provinces où les tailles sont réelles, de guet et garde, de garde des portes, du service de la milice bourgeoise et réglée, et de contribution pour raison d'icelles; et leurs enfants, du service desdites milices; de logement de gens de cour, de corvée, de fourniture de chevaux et d'harnois pour la conduite de l'artillerie et des munitions de guerre, des francs-fiefs, de collecte et assiette des tailles; et exempts de la solidité desdites tailles.

«Ne pourront être imposés aux tailles, crue, taillon et autres charges à plus que ce qu'ils payent à présent, telles augmentations qui puissent arriver, et ne payeront, des acquisitions qu'ils feront, que moitié de la taille et droits qui se payoient auparavant lesdites acquisitions.

«Ceux qui n'auront point été imposés aux tailles et autres charges ne pourront y être compris, et leurs veuves en viduité jouiront des privilèges de leurs maris en ce qui les peut concerner.

«Lesdits privilèges seront adjugés au plus offrant et dernier enchérisseur par MM. les commissaires départis dans les provinces, et, en leur absence, par leurs subdélégués, sur lesquelles adjudications leur seront expédiées des quittances de finance du garde du Trésor royal, en vertu desquelles ils jouiront desdits privilèges et attributions, sans qu'ils soient obligés de prendre des lettres de chancellerie, dont S. M. les déchargera et exemptera.

«Aux offres de faire un forfait de trois millions, à la remise ordinaire, et des 2 sols pour livre en dehors, et de compter de l'excédent aux mêmes remises, et des autres clauses qui seront portées par le résultat.

«Il s'agit de trouver des moyens prompts pour que cette affaire réussisse, ce qui sera d'un très grand secours pour le service du Roi : ce qui dépendra du zèle de MM. les intendants, qui se feront instruire facilement de ceux qui seront en état d'acquérir ces privilèges. Leurs subdélégués et les maires, qui les connoissent, leur seront très utiles, en leur ordonnant de les persuader de les acquérir et de ne pas perdre une occasion si favorable d'être toute leur vie dans une tranquillité qu'ils ne peuvent espérer autrement, pour des sommes modiques de 100, 200, 300 ou 400 ff; le plus et le moins dépendra du savoir-faire des subdélégués et des maires.

«S'il arrivoit que ces particuliers en fissent difficulté, se fondant sur ce qu'il sera porté par l'édit qu'ils seront accordés à ceux qui les désireront, il sera facile de les désabuser en leur faisant comprendre que s'ils ne le font volontairement, qu'ils y seront forcés par des rôles arrêtés au Conseil, dans lesquels ils seront compris pour des sommes plus considérables en qualité d'aisés, et qu'en ce cas ils ne jouiront d'aucuns privilèges. Il est à présumer que, cela leur étant bien fait entendre, ils aimeront beaucoup mieux acquérir lesdits privilèges : ce qui ne peut être révoqué en doute.»

1063. *M. le maréchal* DE VAUBAN *à M.* DESMARETZ.

(Intendance de Moulins.)

(De Dunkerque) 8 Juillet 1706.

«Il y a une affaire devant vous où j'ai un intérêt considérable, aussi bien que tous les autres seigneurs propriétaires des bois du Nivernois et Morvan, où les biens que j'ai sont situés. C'est l'affaire concernant les communautés des mouleurs de bois et autres officiers sur cette marchandise, qui demandent une augmentation de droits sur les bois appelés *bois blancs* et *menuise* qui se débitent en fagots à Paris. Mme la marquise de Mailly, qui est une des principales parties intéressées, aussi bien que moi, a bien voulu se charger de vous présenter le placet desdits seigneurs propriétaires des bois, par lequel vous aurez été amplement informé de l'intérêt qu'ils ont que cette affaire n'ait pas lieu, puisqu'il est bien certain que, si on accordoit à ces officiers mouleurs et autres ce qu'ils demandent, nous perdrions tous le quart ou la cinquième partie de nos bois, et par conséquent de tous nos biens, puisqu'ils ne consistent presque qu'en bois en ce pays-là. Mme de Mailly vous instruira d'ailleurs de tout ce que vous désirerez savoir de cette affaire, n'y ayant personne qui en soit mieux informée qu'elle. Pour moi, par les éclaircissements que j'ai pris des raisons que lesdits officiers pouvoient avoir de demander ce droit, je n'en trouve aucune qui puisse leur donner lieu de l'espérer : 1° parce qu'ils n'en ont jamais joui et qu'ils en ont été déboutés toutes les fois qu'ils l'ont demandé, par des jugements de l'hôtel de ville de Paris, qui ont été confirmés par des arrêts du Parlement, qui ont toujours été exécutés jusqu'aujourd'hui; 2° que le prétexte dont ils se servent pour tâcher d'obtenir ce droit est, disent-ils, à cause d'une finance qu'on leur demande : ce qui n'est nullement raisonnable, puisqu'il est bien certain que les droits qu'on leur a accordés pour cette finance (consistant au quart en sus de ce qu'ils recevoient ci-devant) leur produiront plus de 20 p. o/o de la somme qu'on leur demande, ce qui est, ce me semble, un assez bon intérêt pour n'en pas demander davantage, et surtout aussi injustement que ce qu'ils tâchent d'obtenir au préjudice desdits propriétaires des bois. Je n'aurois pas manqué d'avoir eu l'honneur de vous voir sur cela à Paris, sans la précipitation avec laquelle j'en suis parti, pour vous prier de nous être favorable en ce rencontre. C'est la grâce que je vous demande par celle-ci*.»

* M. Desmaretz répond au maréchal, le 27 août, qu'il prendra soin de ses intérêts.

Voir des mémoires de la communauté des mouleurs de bois de Paris qui sont classés dans la correspondance de cette intendance, à la fin de l'année 1706.

1064. *M.* LE BLANC, *intendant en Auvergne*, AU CONTRÔLEUR GÉNÉRAL.

9 Juillet 1706.

«J'ai reçu la lettre que vous m'avez fait l'honneur de m'écrire, avec le mémoire qui contient la proposition d'accorder des privilèges à vie, moyennant finance, aux particuliers de chaque paroisse qui seront le plus en état d'en acheter. Il est certain que peu de personnes se porteroient volontairement à acquérir ces privilèges, parce que l'on verroit bien qu'ils seroient trop préjudiciables aux recouvrements et que, par cette raison, on les révoqueroit incessamment. A la vérité, il sera aisé, en taxant d'office à des sommes excessives ceux qui ont quelques biens, de les forcer d'acheter; mais, en même temps, c'est un moyen sûr pour n'avoir plus de collecteurs solvables, et, du moment que ces particuliers qui sont un peu riches ne seroient point tenus de la solidité, non seulement ils ne prêteroient plus aux collecteurs ni aux taillables pour faire leur premier payement, mais il seroit même très dangereux qu'ils ne recélassent chez eux la récolte de plusieurs particuliers; car, à présent, dans la meilleure paroisse, il y a un ou deux principaux habitants qui prêtent aux collecteurs parce qu'ils sont persuadés que cela les engage à avoir quelque égard pour eux dans les impositions : ces mêmes gens, prévoyant que, si un paysan étoit absolument ruiné, sa cote retomberoit sur eux l'année suivante, lui donnent de quoi payer, et se remboursent en prenant la récolte; mais il est sûr qu'ils sont toujours en avance. Si ces deux principaux habitants se trouvent exempts de solidité et d'être augmentés, n'ayant nul besoin du collecteur, étant à couvert de la solidité quand les autres taillables deviendroient insolvables, ils auront pour objet de ruiner les habitants de la paroisse, afin d'avoir leurs biens pour rien. Ainsi, quand je trouve ces sortes de privilèges absolument préjudiciables aux recouvrements, ce n'est pas tant par rapport à ce que les plus riches d'une paroisse ne payeront plus de taille, que parce qu'ils n'auront plus d'intérêt à faire subsister les autres habitants et à faire en sorte qu'ils payent leurs impositions, et que même ils trouveront leur avantage dans leur ruine. Par ces raisons, quelque pressants que soient les besoins de l'État, ce moyen me paroît très dangereux.»

1065. *M. de Montgeron, intendant en Berry, au Contrôleur général.*

9 Juillet 1706.

«..... Je crois que ces privilèges à vie seront levés avec autant et même plus de facilité que ceux de l'affranchissement de la taille, et que, quoique cette province soit une des plus pauvres de France, il se trouvera, dans plusieurs de ses villes et de ses villages, des bourgeois, et même quelqu'autres habitants, qui profiteront de cette occasion, pourvu que le prix de ces exemptions soit médiocre et proportionné à leur pouvoir. Trois objets les détermineront à faire ces acquisitions. Le premier est le plus fort : c'est, à l'égard de ceux qui ont des enfants en état de servir, l'exemption de la milice. Il n'est point de père qui ne mette tout en usage pour dispenser son fils de ce service et qui ne fasse des efforts surprenants pour trouver une somme suffisante afin d'engager quelqu'un à marcher pour lui, et on en voit qui achètent des hommes jusques à 2 et 300 #. Le second, c'est l'exemption du logement des gens de guerre. Ceux qui demeurent dans les lieux de passage des troupes, en sont si fatigués dans cette province, et particulièrement depuis le commencement de l'hiver dernier, qu'il est naturel qu'ils cherchent les moyens de s'en dispenser. Le troisième est leur taille qui ne pourra être augmentée. Il n'est point de contribuable qui ne souhaite de se mettre à couvert des taxes d'office ou de la vengeance des collecteurs, qui peuvent augmenter son taux selon leur caprice.

«Quand ces motifs ne seroient pas assez pressants pour engager ceux qui sont en état de trouver de l'argent de faire ces acquisitions, on pourroit prendre des voies encore plus certaines pour les y déterminer. Les taxes d'office et l'augmentation de leur taux de capitation sont des véhicules qui ne les laisseront pas balancer, surtout quand ils verront que cette augmentation excédera, en deux années, le prix du privilège qui les mettra en repos pendant leur vie.

«Il sera fort aisé d'être exactement informé de ceux qui peuvent faire ces acquisitions dans chaque endroit, par les connoissances que [fourniront] les subdélégués et les receveurs des tailles; et, en laissant aux intendants la liberté de proportionner le prix de l'affranchissement aux facultés de ceux qu'on croira devoir engager à l'acquérir, et de choisir les lieux où l'on attachera les privilèges, je ne doute pas qu'ils ne soient levés en peu de temps. Mais, quelque pressants que soient les besoins de l'État, il me paroît nécessaire d'examiner, comme vous me faites l'honneur de me le marquer, si les inconvénients ne sont point trop grands, et si les secours que le Roi pourra tirer de cette affaire peuvent être assez considérables pour faire négliger les autres égards. Il est vrai que, de tous les privilèges qu'on propose d'accorder, il n'y a que ceux de l'exemption du logement des gens de guerre et de ne pouvoir être augmenté à la taille qui soient à charge aux peuples; mais aussi il me semble qu'il en souffrira considérablement, particulièrement dans cette province, où il y a peu de grosses paroisses et quantité de petites, de trente et quarante feux seulement, qui sont habitées par quelques laboureurs fort pauvres et par des journaliers dont la plupart sont réduits à la mendicité. Il se trouve dans ces petits lieux un ou deux bourgeois qui font valoir des fermes des seigneurs ou d'autres biens, qui font commerce de bois, de laines, de blé et d'autres marchandises. Ces bourgeois doivent porter un taux de taille considérable, et, quoique, par leur crédit, ils engagent le plus souvent les collecteurs des tailles à les ménager, et que la charge ne tombe que sur ceux qui ne se peuvent pas faire craindre, cependant, l'édit du mois d'août 1705 portant révocation des privilèges, qui a eu pour objet le soulagement des malheureux, m'engageant à faire, à l'assiette prochaine, une vérification exacte des cotes des taillables et de taxer d'office ces bourgeois, je me suis informé de leurs facultés, afin de leur faire porter une bonne partie de la taille, de soulager par ce moyen les misérables, et faciliter les recouvrements, qui deviennent de jour en jour plus difficiles; mais, aussitôt que les privilèges paroîtront, je ne doute pas que ces gens-là ne les acquièrent, quoiqu'ils paroissent dégoûtés par la révocation des précédents. Ainsi, les précautions que S. M. a prises par l'édit de l'année dernière pour le bien de ses sujets et pour le secours des pauvres, se trouveront inutiles, et la charge restera toujours sur eux.

«A l'égard de l'exemption du logement des gens de guerre, je conviens que ce privilège ne regarde que les endroits du passage des troupes; mais il y en a beaucoup dans ce département, et ce sont ceux-là qui se trouvent les plus remplis de bourgeois et de gens en état d'acquérir. Les habitants de ces lieux se plaignent déjà qu'ils sont accablés de ces logements par le nombre d'officiers et de privilégiés qui s'y trouvent. Quoique l'édit de l'année 1705 en ait beaucoup diminué le nombre, si on l'augmente en accordant un, deux et trois privilèges en chaque endroit de ces passages, il se trouvera presque autant de privilèges qu'il y en avoit avant la suppression, et il sera difficile que les autres habitants puissent soutenir le poids de cette charge, surtout dans les petites paroisses, où il ne se trouve quelquefois pas trente maisons pour loger un bataillon : en sorte que les maires et syndics ont été obligés, en quelques occasions, de loger jusqu'à quarante et cinquante soldats en une seule métairie.

L'affranchissement personnel de la taille a déjà fait un tort considérable. Ceux qui l'ont acquis font seuls le commerce des endroits où ils sont, et, quoique leurs taux doivent être augmentés à proportion de leur commerce et des acquisitions qu'ils font, ils imposent aux collecteurs et aux autres habitants, et, se couvrant de leurs privilèges, ils entreprennent toutes les affaires du pays et en privent les autres contribuables. Ces derniers privilèges qu'on propose de faire acquérir me paroissent encore plus à charge que l'affranchissement de la taille, parce que, outre qu'ils feront presque le même effet en fixant les taux de ceux qui les acquerront, et qu'ils leur donnent lieu de faire un plus grand commerce sans être augmentés à la taille, ils les dispensent du logement des gens de guerre et du service de la milice pour leurs enfants. Ainsi, ils multiplient les affranchis dans chaque endroit, de manière qu'après que ces privilèges seront levés, il ne se trouvera plus que ceux qui n'ont que peu de bien et qui font peu de commerce pour porter les charges, lesquels ne seront guère en état de les acquitter*... »

* M. Foucault, intendant à Caen, écrit, le 10 juillet, que la suppression récente des privilèges attribués depuis 1689 a enlevé toute confiance aux acquéreurs, et que d'ailleurs l'argent manque même chez les contribuables les plus à leur aise. «Ce qui, dit-il, justifie le peu d'aisance qui reste dans les peuples, est qu'il ne s'est vendu que quinze affranchissements de taille, nonobstant tous les autres privilèges qui y sont joints. Il est certain que l'argent devient de jour en jour plus rare, que le bas prix des grains et de toutes les denrées diminue le commerce, en sorte que les recouvrements des tailles et autres impositions sont extrêmement reculés. Il n'y a donc pas lieu de pouvoir espérer de trouver des acquéreurs volontaires ou forcés pour les privilèges proposés, et on seroit obligé d'en faire la réunion aux paroisses, qui sont tellement hors d'état de la porter, qu'elles sont dans l'impuissance de payer les impositions dont elles sont surchargées et qu'il sera d'une nécessité indispensable de diminuer pour l'année prochaine.»

M. Lebret, intendant en Provence (lettre du 12 juillet), pense également qu'il sera difficile de trouver des acquéreurs. «Ce qu'il y a, dit-il, de plus à charge présentement aux habitants de Provence est la milice, le service de la garde-côte et le logement des gens de guerre; cette dernière incommodité ne peut jamais regarder que les habitants des lieux situés sur les deux ou trois routes que toutes les troupes sont obligées de suivre parce qu'elles ne peuvent entrer ni sortir de Provence que par deux ou trois endroits, cette province étant bornée presque de tous les côtés par la mer, par les États de M. le duc de Savoie et par le Comtat. Ainsi, le privilège d'être exempt de logement ne produiroit pas beaucoup. Peut-être que l'exemption de la milice tenteroit plusieurs personnes; mais je doute qu'il se trouvât beaucoup de gens en état d'acquérir ces privilèges, et ce seroit une chose bien extraordinaire de forcer (comme on le propose) ceux qui n'en voudroient point à les acheter. Si cette proposition est agréée, on fera assurément en ce pays-ci tout ce qu'on pourra pour vous en faire tirer parti; mais il ne me paroît pas praticable ni même raisonnable de faire acquérir des privilèges par force.»

M. Trudaine, intendant à Lyon, dans une lettre du 13 juillet, fait ses observations successivement sur chaque point du projet, après avoir exprimé la crainte que l'exécution de l'édit n'aboutisse, lorsqu'il n'y aura plus moyen de débiter les privilèges, à une imposition de l'excédent du forfait, c'est-à-dire à une augmentation de la taille. Il croit qu'on ne pourrait créer des privilégiés dans les paroisses inférieures à soixante feux, sous peine de n'y plus trouver ni consuls, ni collecteurs, ni contribuables pour supporter l'ustensile et l'étape ou pour répondre aux poursuites en solidité. Si l'affaire se fait, elle ne saurait réussir qu'en obligeant les receveurs des tailles de s'en charger et d'agir de concert avec les intendants.

M. Rouillé de Fontaine, intendant à Limoges, dit (lettre du 13 juillet) qu'il ne se trouvera point d'acquéreurs et qu'il faudra, faute d'une vente volontaire, prononcer la réunion obligatoire aux paroisses ou contraindre les particuliers à se porter acheteurs par des taxes d'office ou autrement. «D'ailleurs, ajoute-t-il, il y a encore d'autres inconvénients; car, suivant le mémoire qui contient la proposition, ceux qui acquerront les privilèges seront exempts de toutes charges publiques, de la solidité des tailles, et ne pourront y être augmentés, quelque augmentation qui arrive, ni payer pour les acquisitions qu'ils feront que moitié des tailles et autres charges que payoient auparavant lesdites acquisitions : ce qui seroit très ruineux pour les paroisses et très préjudiciable au bien des recouvrements, attendu que, si quelqu'un acquiert ces privilèges, ce seront ceux qui sont taxés au-dessous de ce qu'ils devroient porter, pour se maintenir en cet état nonobstant les augmentations qu'il pourra y avoir sur les paroisses, ceux qui craindront d'être nommés collecteurs ou d'être pris solidaires dans un temps comme celui-ci, où les solidités deviennent indispensables, ou enfin ceux qui auront quelque acquisition en vue dont ils espéreront de faire réduire les charges à moitié; et, tous ces gens-là jouissant de ces privilèges, les autres seront accablés et achèveront de tomber : en sorte que j'estime que cette proposition doit être rejetée; et, dans la situation où sont les choses, il me semble, quelque difficulté qu'il y ait à la levée des impositions ordinaires, qu'il seroit plus convenable de les augmenter que de faire des affaires extraordinaires de la nature de celle-ci, qui ne produisent que peu de chose avec des peines infinies, et qui causent beaucoup de mouvement dans l'État.»

M. de Bâville, intendant en Languedoc, déclare (13 juillet) qu'il est inutile de relever tous les inconvénients du projet : «Je ne doute pas que vous ne les voyiez parfaitement; c'est un obstacle assuré pour le succès des ordres qu'on doit exécuter pour le service du Roi. Rien ne peut rendre les levées des milices plus difficiles, et des recrues que l'on fait tous les ans pour les armées; mais le moyen de trouver maintenant des nouvelles affaires sans de grands inconvénients! Je crois que celle-ci pourroit produire de l'argent : les communautés sont si fort tourmentées pour la levée des recrues, que je ne doute pas que les plus riches ne voulussent s'en affranchir; mais il me semble que ce ne seroit pas assez de les vendre au plus offrant. Il faudroit fixer une somme sur laquelle on pourroit recevoir les enchères; car, sans cela, les offres seroient si petites, que cette finance ne pourroit être considérable. Je crois qu'on pourroit mettre le prix sur lequel on recevroit les enchères à 100 écus; sur ce compte, quand on ne pourroit vendre qu'une place par communauté, cela pourroit aller 600,000 # pour deux mille communautés. Il y en a en Languedoc deux mille cinq cents; j'en retranche cinq cents où l'on ne trouveroit pas de sujets propres à cette acquisition.»

M. d'Angervilliers, intendant en Dauphiné, écrit, le 16 juillet, que la proposition ne lui semble pas devoir réussir, car on a déjà obtenu un très faible produit des affranchissements volontaires. La révocation récente des privilèges des officiers dont la finance est inférieure à 4,000 # détournerait les acquéreurs, sauf peut-être ceux de ces officiers qui seraient tentés de regagner les avantages dont ils jouissaient auparavant. «Mon avis seroit de ne rétablir en faveur d'aucun l'exemption entière de la taille, mais seulement une fixation de taux sur le pied de l'année présente, avec l'exemption de logement de gens de guerre, des charges municipales, de collecte et de service à la milice pour leurs enfants. Il me semble qu'il y auroit bien de l'inconvénient à rétablir en entier l'exemption de la taille, en ce qu'elle emporteroit nécessairement l'exemption de toutes les impositions qui se font au marc la livre. C'est ce qui accable les autres taillables davantage, dans un temps où elles sont si fréquentes, et c'est à quoi on a eu principalement en vue de remédier par l'édit portant révocation des privilèges.» Il demande que l'adjudication aux enchères de ces exemptions ne soit pas publique, pour ne point gêner les enchères, et que le prix se règle au tiers ou au quart de la finance de chaque officier. «Après avoir vu ce que produira cette affaire, qui, dans mon sens, doit être d'abord volontaire, il ne sera peut-être pas impossible de la rendre, dans les suites, forcée. On peut donner pour motif à l'édit que, tous les offices créés depuis 1689 ayant eu des gages, la plupart au-dessous du denier vingt, il n'étoit pas juste que ceux qui en étoient pourvus jouissent des privilèges, qui, pour ainsi dire, ne leur coûteroient rien, et qui étoient d'autant plus à charge aux sujets de S. M. qu'ils étoient attachés à perpétuité auxdits offices; mais que, aujourd'hui que les pourvus payeront une finance particulière pour en obtenir à vie le rétablissement en partie, ils doivent être certains de leur état et hors de toute crainte d'une seconde révocation.....»

M. Bégon, intendant à la Rochelle, écrit, le 20 juillet, que la création de nouveaux privilèges serait aussi nuisible aux intérêts du Roi qu'à ceux de ses sujets, et que les conjonctures exigeraient au contraire une nouvelle diminution du nombre des exempts et des privilégiés, les peuples se trouvant réduits à une trop grande misère pour porter leurs charges et y suffire. Il insiste aussi sur la difficulté de pourvoir au logement des troupes dans les lieux d'étapes ou dans les quartiers d'assemblée, et sur la multiplicité des commis des fermes qui jouissent déjà de privilèges et d'exemptions.

M. le Guerchoys, intendant à Alençon, écrit, le 26 juillet, qu'on ne pourrait certainement point trouver d'acquéreurs pour les nouveaux privilèges. «Tout cela, ajoute-t-il, me fait croire que le Roi trouvera à propos de rejeter la proposition dont est question. Si S. M. vouloit tirer de l'argent pour des privilèges, elle n'auroit qu'à ordonner le rétablissement de ceux qu'elle a supprimés : il n'y auroit point d'officiers qui ne fissent leurs efforts pour payer la finance qui leur seroit demandée pour un semblable sujet; on en tireroit un secours plus assuré, plus prompt et plus considérable que celui qui pourroit provenir de la vente de ces nouveaux privilèges, car il est certain que les particuliers des villes qui ont acheté des offices créés depuis 1690, et ceux des paroisses de la campagne qui se sont faits syndics perpétuels, greffiers des rôles des tailles et vérificateurs des rôles du sel, sont les plus aisés; et, ces gens-là exceptés, il est presque impossible d'en trouver d'autres en état de payer quelque finance. A quoi on doit ajouter que la plupart de ces anciens officiers n'avoient pas l'exemption entière de la taille, mais seulement ne pouvoient être augmentés qu'en cas d'augmentation de biens ou de taille; par conséquent, le rétablissement de leurs privilèges n'intéressera guère davantage le public que les nouveaux privilèges que l'on propose d'établir.»

M. de Harouys, intendant en Champagne, dans sa réponse du 31 juillet, propose de restreindre le projet : «Ainsi, il seroit à propos de retrancher de ces privilèges à vie l'exemption de l'ustensile et d'ordonner que les particuliers qui sont déjà compris à la taille ne pourront être augmentés ni diminués qu'à proportion et au marc la livre de l'augmentation ou diminution de la cote générale de leurs paroisses, en payant pour les nouvelles acquisitions qu'ils feront les 2 sols pour livre des revenus des biens acquis, et que ceux qui n'y ont pas encore été imposés seront pour la première fois taxés d'office par les commissaires départis, avec les même restrictions ci-dessus expliquées en faveur des particuliers qui se trouveront compris dans les rôles de la taille. En prenant ce parti, je ne croirois cependant pas qu'il fallût d'abord le rendre forcé, et je serois au contraire de sentiment à commencer la vente de ces privilèges dans la forme prescrite par ce mémoire; si elle ne réussissoit pas, il seroit toujours temps de forcer dans les paroisses les habitants les plus riches à faire ces acquisitions.»

1066. *M. Desmaretz, directeur des finances, au sieur Chaselot.*

11 Juillet 1706.

«J'ai reçu votre lettre du 6 de ce mois. Je n'avois point été informé que vous fussiez l'auteur de la proposition d'établir un droit de contrôle sur les perruques. Il en a été fait, à la vérité, une ferme de 210,000 #; mais ce droit est si odieux, et les difficultés qui se trouvent à en faire la levée sont si grandes, qu'il seroit à désirer qu'on n'y eût jamais pensé, et je doute même qu'on puisse soutenir cet impôt en la forme qu'il est fait, lequel nous a paru au Conseil l'ouvrage du sieur Cressé. Dispensez-moi d'entrer dans la discussion de vos intérêts à l'occasion d'une affaire qui ne peut jamais être agréable ni à ceux qui l'ont proposée, ni à ceux qui l'exécuteront. En toute autre, je me ferai un plaisir de vous marquer que je suis, etc.*»

* Le Roi ayant été informé que le contrôle sur les coiffes de perruque ruinerait un grand nombre de familles qui subsistaient de leur fabrication, le supprima et admit le fermier à compter de clerc à maître; mais, pour compenser les frais, il fut décidé que les perruquiers acquitteraient les billets qu'ils avaient déjà faits pour le payement du droit et des coiffes délivrées par le fermier; les amendes furent remises. (Lettre du 5 août, à M. le Guerchoys, intendant à Alençon.)

1067. *M. de Saint-Macary, subdélégué général en Béarn, au Contrôleur général.*

13 Juillet 1706.

«Les exemptions desquelles les privilégiés jouissent dans ce département consistent en très peu de chose, puisque nous n'avons ici aucune commission royale, droit de guet ni de garde. Les logements de gens de guerre au pied des Pyrénées ont été d'un très petit objet jusques à présent que l'Espagne est en guerre. Nous n'avons que des collecteurs des tailles dans les paroisses, et la plupart de ces collecteurs sont attachés autour des maisons; et, pour ce qui est des tailles, ce département est un pays d'États, où l'on ne connoît que la donation que les États font au Roi et à M. le gouverneur. La donation du Roi n'est que 29 à 30,000 #, et 20,000 # pour la subsistance des troupes. A la vérité, les donations des gouverneur et lieutenant de Roi sont plus considérables; mais c'est ce que nous appelons *taille*, de laquelle un prince ne seroit pas exempt, s'il possédoit du bien rural dans ce département; et, si S. M.

en vouloit décharger quelqu'un, il faudroit qu'elle rejetât cette décharge sur sa donation. Les tutelles ne sont pas datives dans ce pays : la sort les défère aux plus proches de la succession, et ces proches seroient bien fâchés qu'on leur ôtât l'administration des biens auxquels ils succèdent par le décès des pupilles : de sorte qu'il sera bien difficile de faire acquérir, dans ce département, ces privilèges à vie. Néanmoins, comme on ne doit rien négliger dans les besoins pressants de l'État, la voie la plus courte que vous puissiez trouver pour faire acquérir ces privilèges facilement seroit de dire que ces acquéreurs de privilèges seroient exempts des impositions que les États font annuellement pour leurs dépenses et les intérêts des créanciers, dont on ne connoît pas le fondement et dont les États chargent son peuple sans en connoître les titres, lesquels il se réserve d'examiner lorsque le temps pourra le lui permettre pour le soulagement des provinces de Navarre et Béarn. Cette clause vous feroit trouver des acquéreurs sans difficulté; mais, dès que les États la verront, ils vous demanderont d'abord la suppression de cet édit, et vous êtes le maître du prix; car, encore qu'on trouble leur prétendue liberté, néanmoins toutes nos réflexions cessent lorsqu'il s'agit de secourir le Roi, pour la gloire duquel nous devons sacrifier nos biens et nos vies.»

1068. *M. Desmaretz, directeur des finances, à M. le comte de Sassenage, premier gentilhomme de la chambre de M. le duc d'Orléans.*

17 Juillet 1706.

«M. de Folard, capitaine au régiment de Quercy, est un sujet plein de bonne volonté et bien capable de servir en des occasions importantes. M. de Vendôme, qui l'a connu, l'a fort employé. Je crois que, si vous voulez bien parler pour lui à Mgr le duc d'Orléans, il aura toujours lieu d'être content de lui quand il voudra le faire servir dans les occasions qui lui conviendront, et, quoique je souhaite fort de rendre service à M. de Folard, celui que je vous prie de lui rendre est plus par rapport à la satisfaction de Mgr le duc d'Orléans que pour les intérêts de M. de Folard, le connoissant assez pour pouvoir vous assurer qu'il y a peu de gens remplis d'aussi bonne volonté et aussi capables de bien servir que lui*.»

* Voir la lettre écrite le même jour à M. de Folard.

1069. *M. Turgot, intendant à Tours, au Contrôleur général.*

19 Juillet 1706.

Il rend compte des envois d'espèces faits par la recette générale des finances.

«Il m'est très difficile, si le commis à la recette générale n'y établit un ordre certain, de vous rendre raison exacte tous les mois des envois, parce que, excepté les six élections de Touraine et celle d'Angers, tous les autres receveurs remettent communément leurs deniers à Paris en droiture, à l'occasion du commerce de ces lieux, sans que cela passe par le commis à la recette générale à Tours, qui ne m'en peut rendre qu'une raison très imparfaite à moins qu'il ne donne ordre de l'en informer. Du reste, une précaution que je crois devoir apporter est d'écrire encore, comme je le fais, à mes subdélégués de défendre aux messagers de se charger d'aucuns deniers comptants sans un bordereau visé d'eux, qui me sera envoyé, et ils n'en laisseront sortir que pour la recette des tailles, celle des gabelles et des aides, pour l'extraordinaire des guerres et pour la marine. Cela retiendra tous les autres envois d'argent pour affaires extraordinaires dans les autres villes, y apportera le même fruit qu'à Tours, et me fera connoître ce qui en sera envoyé, pour vous en rendre compte et correspondre à vos ordres aussi exactement que je le désire. Je vous avoue pourtant que la matière de cette circulation d'argent a sa difficulté, et que même, comme les peuples ne payent pas bien exactement, par le nombre de charges et faute de prix des denrées, les receveurs des tailles ont beaucoup de peine à satisfaire à leurs payements et ne les font pas régulièrement.»

1070. *M. Desmaretz, directeur des finances, au sieur d'Assezat.*

21 Juillet 1706.

«J'ai reçu la lettre que vous m'avez écrite le 8 de ce mois, sur laquelle je vous dirai qu'on ne peut imposer aucun droit sur quelque marchandise que ce soit sans charger le public. D'ailleurs, celles du plus grand débit sont ordinairement les plus nécessaires, et qu'il faut éviter de charger de nouveaux droits. A l'égard des franchises, elles sont toujours à charge aux recouvrements des deniers royaux, parce que ce sont ordinairement les plus riches contribuables qui achètent ces franchises, et ceux qui ne les peuvent acquérir en sont tellement accablés, que les recettes ordinaires pourroient tomber, si on mettoit en usage ce moyen pour tirer un secours présent, qui auroit des conséquences très préjudiciables au service du Roi.»

1071. *M. Robert, procureur du Roi au Châtelet de Paris, au Contrôleur général.*

27 Juillet 1706.

Il rend compte des accidents causés par le tonnerre en divers endroits de Paris, de trois suicides, et des procès faits aux cadavres des suicidés.

1072. *Le sieur Niquet, ingénieur général en Languedoc, au Contrôleur général.*

(Intendance de Languedoc.)

(De Marseille) 28 Juillet 1706.

«J'ai reçu la lettre que vous m'avez fait l'honneur de m'écrire le 13 au sujet du canal de Languedoc. C'est moi qui ai engagé les propriétaires à faire cultiver une partie des francs-bords, parce que c'est le seul moyen d'empêcher le public d'y mener paître les bestiaux, qui les gâtoient si fort qu'ils les auroient enfin aplanis et ruinés entièrement. Ainsi, bien loin que cette culture contribue au comblement du canal, elle se fait à dessein de le diminuer; il est d'une trop grande conséquence pour le service du Roi, celui du public, et pour l'intérêt particulier des propriétaires, pour ne pas prendre toutes les précautions possibles contre son accroissement. Ce comblement se fait continuellement et promptement par le dépôt des terres que les pluies entraînent dans le canal, et encore plus dans la rigole qui le nourrit. Les grandes quantités de munitions qu'il a fallu passer depuis quelques années n'ont pas permis de mettre à sec assez de temps pour recreuser autant qu'il auroit fallu, d'autant plus que les hommes sont maintenant si rares, qu'il faut trois mois pour un ouvrage que l'on auroit fait en quinze jours il y a seize à dix-sept ans. Il est donc vrai que, n'ayant pu recreuser assez certains endroits du canal, il a fallu en rehausser les portes pour élever l'eau suffisamment au passage des barques, et l'on ne pourra guère faire autrement tant que vous croirez la navigation nécessaire au service du Roi. Cependant, quand il faudra mettre à sec pour quelques réparations indispensables, j'ose vous assurer que l'on ne manquera pas de recreuser à même temps les parties mises à sec, et qu'ainsi on remettra peu à peu le canal dans son premier état : en sorte que les propriétaires des terres voisines n'auront plus lieu de s'en plaindre. Vous ne serez pas surpris de la promesse que je prends la liberté de vous faire, quand vous saurez que les propriétaires fournissent sans murmurer les fonds nécessaires aux réparations que j'ordonne; ils m'ont seulement représenté quelquefois que, si l'on donnoit des passeports aux fournisseurs et munitionnaires du Roi, comme cela est arrivé, en vertu desquels ils prétendissent être exempts des droits de voiture accordés sur le canal en considération des entretiens, ils seroient contraints d'abandonner faute de ne pouvoir fournir aux grandes dépenses de ces entretiens, qui se sont souvent montés à plus de 200,000 ₶ : ce qui me persuade que, pour y fournir, ces messieurs ont fait quelquefois des emprunts très considérables. A cette occasion, je pris une fois la liberté de faire connoître à M. de Pontchartrain le père l'abus de ces passeports en général, à l'ombre desquels les fournisseurs et munitionnaires font tout le commerce sans payer même les droits du Roi, cependant que les commerçants qui les payeroient en sont ruinés; outre que, suivant ce que l'on m'a toujours dit, il faut tenir compte aux fermiers de ces droits que les munitionnaires fraudent pour leur utilité : ce qui étant, bien loin que ces passeports soient de quelque utilité à S. M., ils la ruinent pour ainsi dire, ne produisant que de la perte et un très grand embarras de comptes inutiles. Il me souvient que sur ma représentation, qu'il fut réglé alors que l'on ne donneroit plus de passeports : ce qui a duré jusqu'à l'année dernière, que l'on en a donné aux fournisseurs et munitionnaires de la marine, qui, à ce que j'ai entendu dire, prétendent s'en prévaloir contre les droits de voitures du canal, comme s'ils étoient droits de péages et de douane. Il me semble donc que, pour les intérêts du Roi et du commerce, il ne faudroit jamais donner de ces passeports, puisqu'ils ne servent qu'à embarrasser et à donner des occasions de voler le Roi et de ruiner le commerce public.»

1073. *M. de la Bourdonnaye, intendant à Bordeaux,*
au Contrôleur général.

30 Juillet et 3 Août 1706.

«On élit ordinairement le 1er jour d'août les jurats de Bordeaux, et ceux qui sortent de charge proposent chacun trois sujets pour leur succéder. L'usage est, de tous les temps, que, pour éviter les divisions et le scandale qui pourroient arriver le jour de l'élection, les jurats s'assemblent quelques jours avant celui-là, et tâchent de se concilier. Ils vont ensuite faire part à l'intendant de leurs projets, afin qu'il leur en dise son sentiment et que, comme il doit donner son avis au Conseil sur cette élection, il ait quelque temps pour s'informer des sujets que l'on propose.»

Le sieur de Gombaut, jurat gentilhomme, qui désirerait se faire prolonger dans la jurade, quoiqu'il soit odieux à la population pour ses emportements et ses violences, n'a voulu présenter comme candidats que trois de ses parents, impropres à ces fonctions, et, non content de repousser les instances de ses collègues, il est allé jusqu'à maltraiter en paroles l'intendant et à prétendre qu'il était irrégulier de lui communiquer les noms des candidats. Il n'a pu réussir à se faire renommer, cette réélection n'étant permise qu'après un intervalle de cinq ans; mais il a fait écrire par les jurats à M. de la Vrillière que, s'ils avaient été libres, ils l'auraient continué dans ses fonctions.

L'intendant demande justice de la conduite du sieur de Gombaut *.

* Voir, au 20 juillet et au 3 août, deux lettres du premier président Dalon.

1074. *M. de Bâville, intendant en Languedoc,*
au Contrôleur général.

30 Juillet et 17 Août 1706.

Découverte d'une mine de plomb propre à remplacer l'alquifoux dans la confection du vernis des potiers.

1075. *M. Doujat, intendant à Poitiers,*
au Contrôleur général.

30 Juillet 1706.

«Pour vous faire savoir mon sentiment au sujet du mémoire que vous avez pris la peine de m'envoyer le 2 de ce mois, je prends la liberté de vous mander que les privilèges à vie, de la manière qu'ils sont proposés par ce mémoire, seroient plus à charge aux contribuables aux tailles que ceux qui étoient attachés à des offices et qui ont été révoqués par l'édit du mois d'août 1705, en ce que le taux des privilégiés par offices pouvoit toujours être augmenté lorsqu'il y avoit des augmentations sur les impositions et lorsque le privilégié faisait de nouvelles exploitations; et, par ces privilèges à vie proposés, on décharge généralement les privilégiés de toutes les augmentations qui pourroient arriver sur les impositions, et, en cas d'acquisition, on réduit l'augmentation des taux à la moitié de la taille qui se payoit pour les domaines qu'on acquerra. Les veuves en viduité doivent aussi jouir, par ces privilèges, des privilèges des maris : ce qui n'étoit point accordé à celles des syndics des paroisses, ni des greffiers des rôles des tailles.

« Il paroît d'ailleurs que l'exécution de l'édit proposé seroit très difficile, car il ne se trouveroit personne qui acquît volontairement des privilèges qui ne sont pas moins sujets à révocation que ceux qui étoient attribués avant le mois d'août 1705. On aura beau faire des publications pour faire adjuger ces privilèges par les commissaires départis : personne ne se présentera, et il en faudroit venir aux contraintes rigoureuses portées par le dernier article du mémoire, qui causeroient de grands frais, outre ceux de la remise ordinaire du traitant et des 2 sols pour livre. Mais, quoiqu'il y ait peu de contribuables aux tailles en état de rien donner, si S. M. veut absolument avoir les trois millions portés par le mémoire, on pourroit prendre encore une autre voie, laquelle est toujours fort fâcheuse, à cause de la pauvreté des contribuables : cette voie est de joindre cette somme de trois millions aux impositions des tailles, au sol la livre de chaque généralité, et ordonner aux commissaires départis de régaler cette somme, non pas au marc la livre de la taille sur tous les contribuables, mais dans les fortes paroisses, où ils pourroient trouver des sujets en état de porter cette somme par des taxes d'offices. Cette somme ne tourneroit point, de cette manière, à la surcharge des plus pauvres, ni directement par l'imposition sur eux, ni indirectement, puisque les traitants ne toucheroient rien sur cette somme ainsi imposée. On éviteroit les frais des traitants en faisant faire les avances de cette somme, à une remise raisonnable, par les receveurs généraux, qui seroient chargés de ce recouvrement..... »

1076. *M. Desmaretz, directeur des finances, à M. Doujat, intendant à Poitiers.*

31 Juillet 1706.

« M. Chamillart m'a renvoyé depuis quelques jours un mémoire que les officiers des élections de Poitou lui ont adressé, par lequel ils se plaignent fort de l'ordonnance que vous avez rendue contre eux le 12 décembre 1705, dont ils ont joint un exemplaire à leur mémoire. Je vous avoue que je n'ai point encore vu d'exemple d'une ordonnance générale rendue contre un corps d'officiers de toute une généralité, entre lesquels il peut y avoir de fort honnêtes gens, qui se trouvent compris dans l'idée de malversation qu'elle donne contre eux. Je conviens que les élus ne doivent point altérer les cotes en vérifiant les rôles : cela est fortement défendu par les règlements; mais, outre que les officiers de la Cour des aides sont leurs juges naturels et que MM. les intendants ne sont point en droit de connoître de leurs malversations sans une commission particulière du Conseil qui leur en attribue le pouvoir, il est de l'ordre de punir en particulier ceux qui ont altéré ou changé les rôles; au lieu qu'une ordonnance générale aliène les esprits des officiers déjà fatigués par différentes taxes qu'on leur demande et les met hors d'état de trouver les sommes dont ils ont besoin pour les payer, par le décrédit qu'elle leur cause. Avant de rendre compte de ce mémoire à M. Chamillart, j'ai été bien aise de vous dire mon sentiment sur ce qu'il contient, et de vous prier de me faire savoir les motifs que vous avez eus pour rendre cette ordonnance. J'ajouterai à cela que vous pourriez penser au tempérament convenable pour remédier aux inconvénients qu'elle a pu causer*. »

* Voir une lettre suivante, du 22 septembre, au même intendant.

1077. *M. Trudaine, intendant à Lyon, au Contrôleur général.*

3 Août 1706.

Il explique qu'il a refusé aux Suisses des passeports pour faire sortir de l'argent afin de contraindre le canton de Berne à prendre des mesures vigoureuses contre les partis ou les bandes de voleurs qui ont enlevé plusieurs envois de ce genre*.

* Sur la plainte portée par des marchands de fromages de Gruyère, qu'on ne leur laissait plus même emporter une partie de la valeur de leur marchandise, le contrôleur général avisa M. Trudaine de ne pas témoigner qu'il eût donné ordre de refuser des passeports, mais de faire sous main toutes les difficultés possibles pour empêcher la sortie de l'argent. (Lettre de M. Trudaine, 23 novembre 1706.)

1078. *Le sieur Barolet, inspecteur des manufactures en Champagne, au Contrôleur général.*

(De Joinville) 4 Août 1706.

« Suivant les ordres de Votre Grandeur du 13 du mois dernier, j'ai passé en Lorraine et j'ai séjourné à Bar-le-Duc, où j'ai trouvé leur commerce d'Hollande bien diminué. Les meilleurs marchands qui le faisoient n'ont plus d'assortiments en étoffes et toiles des Indes. Ils ont encore quelques épiceries; mais, depuis qu'on en a arrêté près de Châlons plusieurs qui se mêloient de ce commerce, cela les a entièrement dégoûtés, d'autant plus que la société qu'ils avoient faite avec ceux de Nancy, où S. A. avoit intérêt, est rompue depuis trois mois et ne subsiste plus qu'entre quatre des principaux marchands de cette dernière ville, qui ne sont pas entreprenants et ne pousseront pas les affaires comme ci-devant, non plus que ceux de Bar, car les deux plus forts m'ont assuré qu'ils vouloient absolument quitter. Il n'en restera plus que deux, qui ne sont pas en état de les soutenir : de manière que tout ce grand fracas de marchandises d'Hollande en Lorraine va tomber entièrement;

outre que les marchands du royaume qui tirent le plus d'épiceries en France les tirent directement d'Hollande et les font passer par Liège, ensuite par la Lorraine. J'ai déjà eu l'honneur d'en informer Votre Grandeur, et c'est ce qui a donné lieu à ceux qui faisoient la contrebande de faire le faux-saunage, tirant pareillement leurs sels de Liège, qui a plus de rapport à celui dont on se sert en France que celui de Lorraine, qui est bien plus cher. Ils y en ont même vendu, et en vendent encore. La plupart de ces gens-là ont passé du côté de Sainte-Menehould, pour être plus à portée; le nombre n'en est pas bien grand quant aux Lorrains, mais bien les paysans du royaume des villages limitrophes, ainsi que j'ai pris la liberté de vous l'expliquer dans ma lettre du 3 du mois passé. Les bons ordres que Votre Grandeur a donnés sur la frontière, de même que dans le cœur de cette province de Champagne et Brie, où se faisoit le plus grand débit du sel, en ont déjà dissipé la plus grande partie. Je n'en ai point trouvé sur toute ma route; mais plusieurs paysans, sous prétexte des faux-sauniers, ont volé et assassiné cinq ou six personnes à dix ou douze lieues aux environs de Troyes, les maréchaussées ne se mettant pas volontiers en campagne pour en faire la recherche, quoiqu'on en ait fait des plaintes de plusieurs endroits : en sorte qu'il n'y a pas beaucoup de sûreté sur les chemins.

«J'ai remarqué, pendant le séjour que j'ai fait en Lorraine, que l'argent du royaume y est fort rare depuis six mois, quoique la différence y soit de 25 sols par louis d'or et de 7 sols par écu. Il semble que ce devroit être un appât pour l'attirer; cependant on n'y voit que des pièces de 10 sols de Strasbourg, avec la monnoie courante du prince, et beaucoup plus de ces premières que de celles du pays. Les Juifs de Metz et beaucoup d'autres particuliers de Lorraine recherchent nos écus et en donnent jusqu'à 4 # 2 s. : ce qui est cause que les marchands n'en voient point dans le commerce. Cela les embarrasse très fort pour les payements qu'ils ont à faire en France, et encore plus ceux du royaume qui ont à recevoir d'eux, parce qu'ils ne peuvent pas être payés sans une perte considérable. S. A. fait faire des liards; il y en a déjà pour de grosses sommes, cependant on n'en voit que très peu dans ses États; la petite monnoie y est fort rare, et, comme elle ne l'est pas moins en France, particulièrement pour les liards, on prétend qu'on y en a déjà fait passer considérablement et qu'on y prend les écus en échange à 4 #.

«Le receveur de Saint-Dizier a encore arrêté, depuis huit ou dix jours, une charrette chargée d'épiceries et de baleines, le tout estimé environ 3,000 #; il a encore fait cette capture la nuit, près de Bayard, au passage de la Marne, dans le même endroit où il en arrêta trois au mois d'avril dernier, et au même marchand de Dijon : ce qui prouve parfaitement que le commis de ce dernier bureau est d'intelligence avec les marchands. La dernière fois que je vis M. Hénault, fermier général, par votre ordre, je le fis convenir qu'il falloit absolument l'ôter de ce poste, quoiqu'il soit en titre d'office; mais on n'a pas seulement fait juger la première affaire pour laquelle Votre Grandeur l'a fait renvoyer par arrêt à M. d'Harouys, intendant de cette province. Je vais continuer ma route jusques à Langres; ensuite je me rendrai à Troyes, pour la foire, qui commencera le 1er du mois prochain. Si, pendant ce temps-là, j'apprends quelque chose qui puisse mériter l'attention de Votre Grandeur, j'aurai l'honneur de l'en informer *.»

* Le 2 septembre suivant, en rendant compte d'une procédure du juge des traites de Châlons contre des contrebandiers, M. de Harouys annonça qu'il craignait de ne pouvoir faire prononcer une sentence aussi sévère que le contrôleur général la souhaitait, et qu'il vaudrait peut-être mieux obliger les accusés à prendre parti dans les troupes du Roi. L'intendant, commis pour juger l'affaire en dernier ressort, fit prononcer une amende de 3,000 # et un bannissement de cinq ans, faute de preuve que les contrebandiers eussent été pris les armes à la main. On les retint en prison pendant six mois; mais, après ce délai, comme ils ne pouvaient payer les frais et l'amende, celle-ci fut réduite à 800 # et acquittée par des personnes charitables. (Lettre de M. de Harouys, 18 mars 1707.)

1079. *M. Pinon, intendant en Bourgogne,*
au Contrôleur général.

7 Août 1706.

Rapport sur l'attribution de divers recouvrements d'impositions au trésorier des États de Bourgogne et sur les réclamations présentées par les deux receveurs généraux des finances, qui se plaignent de ne plus tirer aucun émolument de leurs offices *.

* Voir une autre lettre du 8 septembre 1707.

1080. *M. Foucault, intendant à Caen,*
au Contrôleur général.

8 Août 1706.

«Mon fils est arrivé ici depuis douze jours, en état et en ferme résolution de donner toute son application aux affaires du Roi et de la province, si S. M. veut bien qu'il remplisse ma place sur les témoignages que vous aurez la bonté de lui rendre en sa faveur. C'est une grâce que vous avez eu la bonté de me faire espérer dans un temps où je pouvois encore continuer mes services dans un emploi que j'exerce depuis trente-deux ans; mais je puis vous assurer aujourd'hui que je me trouve dans l'impossibilité de les continuer par les maladies dont je suis attaqué depuis six mois, le moindre exercice me mettant hors d'état de travailler. J'ai fait deux voyages à la Hougue depuis un mois, dont je suis revenu avec la fièvre et des ressentiments violents d'une rétention d'urine, qui ne me permettent pas de monter à cheval et m'incommodent même beaucoup en carrosse. M. de Matignon pourra vous rendre ce témoignage qu'il m'obligea de revenir ici. On m'a dissuadé d'aller prendre les bains de Bagnols, à cause des fièvres pourprées qui règnent aux environs et qui les ont fait quitter par tous ceux qui les prenoient. Tous les médecins que j'ai consultés m'assurent qu'il n'y a que le repos dont je puisse espérer du soulagement, et il ne compatit pas avec mon zèle pour le service du Roi et l'envie que j'ai de vous plaire. Quand mon fils ne seroit pas en état de remplir ma place, je vous supplierois toujours, avec la dernière instance, de m'en tirer, par les raisons que j'ai l'honneur de vous marquer; mais j'espère de l'amitié dont vous m'honorez, de mes longs services et de la protection dont mon fils et moi avons reçu jusques à présent tant de marques, que vous obtiendrez du Roi la grâce de me le donner pour successeur dans l'intendance de Caen. Il y a assisté à deux départements, et à celui que j'ai fait à Rouen, et il me paroît avoir les talents nécessaires pour servir utilement le Roi dans la conjoncture présente, s'étant acquis l'estime et l'amitié des peuples. Comme je suis présentement dans les remèdes, je vous supplie très humblement de trouver bon qu'il vous rende compte des affaires courantes jusques à ce que je sois en état de les reprendre*.»

* Voir une lettre précédente du 15 juin, deux autres des 23 et 25 août, et une lettre de M. Foucault de Magny, nommé intendant, en date du 18 août.

1081. *M. Desmaretz, directeur des finances, à M. Trudaine, intendant à Lyon.*

9 Août 1706.

«L'attention qu'il m'a paru que vous donniez à tout ce qui pouvoit regarder le commerce de la ville de Lyon m'engage à vous faire part de quelques réflexions sur une matière qui intéresse non seulement ce commerce, mais même celui de tout le royaume. C'est le cours des billets de monnoie, renfermé jusqu'à présent dans la seule ville de Paris. Vous savez avec quelles instances les négociants de Lyon les ont toujours éloignés, et toutes les raisons qu'ils ont apportées sur cela; mais peut-être n'êtes-vous point encore entré dans celles qu'on leur oppose aujourd'hui, lesquelles touchent si sensiblement leur propre intérêt, qu'il est impossible qu'ils ne s'y rendent. Cet intérêt consiste dans la correspondance de ces négociants ou marchands avec ceux de Paris. Que cette correspondance vînt à cesser absolument, je ne crois pas que les négociants de Lyon puissent disconvenir du grand préjudice que leurs affaires en souffriroient; c'est néanmoins ce qui doit arriver bientôt, si on laisse les négociants de Paris dans la situation où ils sont. On prétend que, s'ils tirent pour 100,000 ᵗᵗ de marchandises de Lyon, il leur en coûte 135,000 ᵗᵗ pour en remettre la valeur, parce qu'ils ne peuvent la fournir qu'en billets de monnoie. Leur commerce, quelque avantageux qu'il puisse être d'ailleurs, ne sauroit supporter longtemps une perte aussi excessive. Il faut donc nécessairement ou que le négociant de Lyon partage bientôt une partie de cette perte avec le négociant de Paris en lui donnant ses marchandises à un plus bas prix qu'à l'ordinaire, ou qu'ils cessent entièrement leurs négociations. Quel plus grand préjudice les négociants de Lyon peuvent-ils envisager dans le cours des billets de monnoie dans leur ville? Il s'en faut de beaucoup que les inconvénients en soient aussi grands et aussi dangereux. Ils n'ignorent pas le dommage presque irréparable que leur causeroit une interruption de commerce avec Paris, combien leurs manufactures en souffriroient; au lieu que le cours des billets de monnoie, pour une somme et dans une quantité qui ne pourroient jamais être que proportionnées à leurs négociations avec Paris, ne produiroit, au pis aller, qu'une augmentation au prix de l'argent sur la place: laquelle augmentation, comparée fidèlement à la perte inévitable que va causer l'interruption du commerce, laisseroit encore beaucoup d'avantage à la ville de Lyon. On croit même que cette augmentation, qui pourroit être d'abord de quelque considération, baisseroit infailliblement dès que le cours libre de ces billets de monnoie les auroit répandus dans toutes les mains et en auroit fait tomber une grande partie à gens qui, assurés par les engagements que le Roi a pris à cet égard et attirés par l'exactitude avec laquelle on paye l'intérêt de ces billets, seroient bien aises d'y employer leurs deniers. Si on joint à ces raisons celles qui intéressent tout l'État, si on considère dès à présent qu'il faudra tôt ou tard que la ville de Paris partage ce fardeau avec les principales villes du royaume, que, bien loin que ces villes profitent du retardement qu'on pourroit y apporter, elles essuieront au contraire toutes les pertes que ce retardement doit nécessairement leur produire, et qu'il ne peut servir qu'à enrichir quelques usuriers qui profitent indignement des besoins publics, on se déterminera sans doute à faire promptement circuler ces billets.

«Mais il y a quelques gens qui vont encore plus loin à l'égard de la ville de Lyon; ce sont même des gens qui prétendent être fort instruits de l'état et de l'esprit de la place. Ils assurent que tous les négociants de Lyon sentent la perte ou la diminution prochaine de leur commerce, si les choses demeurent sur le pied qu'elles sont; qu'ils ne seroient point surpris du remède que l'on y apporteroit par le cours des billets de monnoie; que la plupart d'entre eux le souhaitent même, et n'évitent de s'en expliquer ouvertement que par de certains ménagements qu'ils gardent avec leurs correspondants des autres villes de commerce. Tout ce que je vous observe à ce sujet pour la ville de Lyon, doit s'entendre aussi de toutes les principales villes de commerce du royaume, dans lesquelles on admettroit les billets de monnoie de la même manière et dans le même temps que dans la ville de Lyon, que l'on fait servir d'objet principal dans cette proposition. Je vous supplie de l'examiner avec toute l'attention que demande l'importance dont elle est, et de ne rien omettre pour découvrir les sentiments des négociants, sans qu'ils puissent s'apercevoir que je vous en aie écrit, ni que vous agissiez par d'autres motifs que les vues générales du commerce. Vous aurez agréable ensuite de m'en faire savoir votre avis.»

Addition de la main de M. Desmaretz : «Je vous écris sans ordre supérieur et sans aucun concert avec M. Chamillart. Le mal que cause l'excès des billets de monnoie est si grand, qu'on n'entend plus parler d'autre chose, et il est si pressant, qu'on ne peut se donner trop de soins et trop d'attention pour y trouver un remède. Je le cherche, et, comme je vois et j'entends ce qu'on fait et ce qu'on dit, je ne néglige rien pour trouver quelque expédient qui soutienne ce crédit*.»

* Voir une première lettre écrite par M. Trudaine au contrôleur général, le 13 août, sur les bruits répandus parmi les négociants de Lyon. Le 17, il répond à M. Desmaretz que les marchands qui se disent favorables au projet n'ont pu agir que par intérêt. «Les billets, dit-il, perdront encore plus dans les provinces qu'ils ne font à Paris; la marchandise pourra encore moins porter cette perte, puisqu'à présent il n'y a que celle que l'on envoie à Paris qui la porte, et que, pour lors, tout ce qui s'enverra dans le reste du royaume, et même chez l'étranger,

sera obligé de la supporter. Vous allez encore tomber dans un bien plus grand inconvénient : les étrangers ne veulent point de ces billets; ceux qui seront chargés de faire tenir de l'argent pour l'année prochaine en Italie et en Espagne n'y trouveront pas un sol, dans la crainte que l'on aura, à Gênes, à Milan et partout ailleurs, d'être payé en billets de monnoie; ou le change haussera à proportion de la perte que l'on fera sur les billets, et tous nos meilleurs négociants ne seront point surpris de les voir incessamment à 50 p. o/o de perte. Le change ira de même dès qu'on les recevra dans les provinces; c'est la seule ressource que l'étranger a présentement d'être assuré d'être payé à Lyon et ailleurs en comptant, dont il achète ses marchandises et fait ses affaires comme il juge à propos, sans craindre la révolution de ces billets, dont la perte augmente d'un jour à l'autre. Je souhaite d'être mauvais prophète; mais je ne doute point que le crédit et le commerce n'achèvent de périr, si on donne cours par tout le royaume aux billets de monnoie. Je sais bien qu'il faut absolument y apporter remède; je sais encore que l'on n'est point en état de les rembourser, et ce qui me touche encore plus, c'est que vous ne pouvez faire d'affaires pour fournir aux fonds nécessaires pour la guerre. Vous serez forcés de revenir à faire des billets de monnoie, sur lesquels vous perdrez tant qu'un jour l'État en souffrira, et les billets de monnoie deviendront les billets de l'Épargne d'autrefois. Il faudra ruiner une infinité de particuliers pour sauver l'État. Les intérêts qu'on leur fait porter accableront et mettront hors d'état, en temps de paix, d'en faire le remboursement. J'ai pris la liberté, il n'y a que six jours, de marquer à M. Chamillart ce que je croyois qu'on pouvoit faire pour les accréditer; je vous ai envoyé copie de la lettre que je lui ai écrite sur ce sujet. Je sais bien que tous les gens d'affaires qui l'approchent et vous se révolteront contre la cessation des intérêts, sur quoi ils profitent plus que sur les affaires qu'ils font. Ils se servent de tout l'argent qu'ils tirent des provinces pour acheter des billets à gros gain pour eux, et en trouvent le débouchement dans le payement de leurs traités ou ailleurs. Le marchand ne sera pas si touché de cette perte, et il la fera volontiers, si l'on donne du crédit et de la confiance à ces billets assez pour ne perdre que peu ou point sur le fond, son principal objet n'étant que de faire circuler souvent son argent. Il gagne plus par ce moyen que par l'intérêt des billets qui lui demeurent entre les mains, et dont il ne fait point ses affaires. Il ne me paroît donc pas que l'on doive craindre que la cessation des intérêts augmente le discrédit de ces billets, si, d'un autre côté, l'on se met en état de leur donner assez de crédit pour être regardés comme de l'argent comptant. Il ne me paroît pas que vous le puissiez faire autrement qu'en ouvrant un bureau où on les rembourse. Plus on paroîtra en vouloir rembourser, et moins l'on se pressera d'en aller recevoir le montant. Les modifications que l'on peut apporter de faire perdre quelque chose d'abord à ceux qui voudront être payés, de les faire recevoir dans les recettes du Roi pour une partie, et même dans les recettes des provinces, à la même perte que dans le bureau de remboursement, pourront encore empêcher que l'on ne se presse d'aller prendre son remboursement; et, quand vous en rembourserez pour 20 millions par an, vous en relâcherez dans le public pour 60 millions. Si vous avez besoin de cette somme pour le fonds de la guerre, il faut préférer de faire le fonds nécessaire pour ce remboursement à tout autre, de quelque nature qu'il puisse être. Mes lumières ne vont point plus loin sur cette affaire; j'ai quelquefois traité cette matière avec des négociants de cette ville qui aiment le commerce, et j'ose dire l'État : ils ne m'ont jamais pu donner de raisons qui puissent combattre ce projet. Si j'avois pu obtenir un congé que j'avois demandé à M. Chamillart, je m'étois fort proposé d'en conférer avec vous; l'on raisonne difficilement sur ces matières par lettre, il faut de la réplique. Peut-être me trouverez-vous trop indiscret d'avoir osé en écrire il y a quelques jours, et même d'insister encore aujourd'hui sur ce même projet.»

Le 21 août, M. de Montesan, prévôt des marchands, indique les mêmes dangers. «Il n'y a, dit-il, que MM. Hogguer qui puissent solliciter une pareille nouveauté, sous prétexte du bien du service..... Ils vous cachent que, sans compter les inconvénients infinis qui suivront l'introduction de ces billets, il n'y aura aucun profit pour le Roi par rapport aux remises..... D'ailleurs, il est extraordinaire que, la fourniture de MM. Hogguer finissant avec le mois de septembre prochain, ils veuillent exposer l'État pour faciliter leurs propres affaires pendant si peu de temps. Ils ont essuyé des payements bien plus rudes que celui-ci sans l'usage des billets de monnoie. Tous les négociants de cette ville se sont aidés de leur mieux à soutenir ces messieurs et à favoriser le service; mais le moyen d'espérer de nouveaux secours, si on leur ôte la confiance des étrangers et si l'on détruit cet établissement admirable des virements de parties sur notre place, qui fait circuler le commerce dans toutes les parties du monde!....»

Le 27 août, M. Desmaretz répond à M. Trudaine que le Roi ne songe point à augmenter les espèces, et que, pour l'extension du cours des billets au royaume entier, le principal obstacle est que la remise des fonds en espèces dans les pays étrangers deviendroit de plus en plus difficile et plus chère pour le Roi; c'est ce qui a motivé l'arrêt du 14 août, propre à faciliter le commerce des billets dans Paris.

Le contrôleur général ayant répondu à la lettre du 13 août qu'il serait disposé à supprimer l'intérêt des billets inférieurs à 1,000 ₶, mais que, pour rembourser un million de billets par mois, comme le proposait M. Trudaine, il serait obligé de recourir à l'établissement d'une banque que des particuliers lui offraient de faire, l'intendant lui écrivit, le 22 août : «.....Le fonds de la première année ne sera point difficile à faire; vous trouverez cette somme par emprunt, et, sans beaucoup m'avancer, je ferai trouver au moins 2 millions dans Lyon, en accordant aux prêteurs ce qu'ils demanderont de raisonnable. Il n'est pas question de ménager les intérêts de ces 12 millions; il faut les prodiguer pour faire cesser ceux de tous les billets de monnoie. Je prétendrois faire le fonds de la seconde avance des intérêts que vous payez actuellement en argent de ces billets, et, sans entrer dans le secret de la quantité qu'il y a de billets de monnoie qui portent présentement intérêt, je crois que ces intérêts ne vont à guère moins de 12 millions. Je serois assez hardi de faire cesser l'intérêt des gros comme des petits. La banque, dont j'ai entendu parler, souffre bien des difficultés; l'on y met des étrangers, qui gagneront fort gros et transporteront encore notre argent. Le public ne doit pas plus prendre de confiance à leurs billets qu'à ceux des Monnoies. Quelque riches que soient les particuliers qui se chargeront de la banque, ils ne peuvent satisfaire au remboursement que par l'argent que le Roi leur fournira. Ils auront d'abord un certain crédit, qu'il faut craindre qui ne tombe dès que le public aura fait réflexion que des particuliers ne peuvent d'eux-mêmes satisfaire, par leurs propres facultés, à leur engagement, et que c'est toujours le Roi et l'État qui en doivent faire les frais. Ainsi, la confiance ne sera pas plus grande pour ces particuliers que pour le bureau qui s'ouvriroit au nom du Roi.....»

Il écrit encore à M. Desmaretz, le 23 août : «Je prends la liberté de vous envoyer copie d'une lettre que j'écris à M. Chamillart en réponse de deux que j'en ai reçues, par où il paroît fort en colère contre les usuriers de Lyon par rapport au gain immense qu'ils font sur les billets de monnoie. Je ne prétends point justifier les usuriers de Lyon, où il s'en trouve d'aussi avides qu'en lieu du monde; mais je suis persuadé que le seul remède que l'on y peut apporter est d'empêcher, sans menaces, ceux de Paris de tant faire perdre sur ces billets. Quelque peine qu'on fasse souffrir à quelques-uns, vous ne remédierez point au mal. Il faut accréditer les billets par quelque autre moyen (celui des peines augmentera plutôt la perte qu'il ne la diminuera), et surtout éviter des arrêts qui n'ont nulle exécution. Je vous paroîtrai trop hardi de combattre un projet que je sais que l'on suit encore, parce que je ne dois point me mêler de ces affaires; mais je crains tant que l'on ne s'arrête à un dessein qui achèveroit de nous décréditer chez les étrangers, et même de nous ruiner, que j'ai pris la liberté de m'en expliquer en termes qui ne sont peut-être que trop forts; mais j'apprends ici, avec nos négociants, que la réputation dans les affaires est autant de conséquence à conserver que le fond même des affaires.»

Le 7 septembre, il écrit de nouveau que l'arrêt relatif à l'escompte des billets de monnaie n'a fait que diminuer momentanément le taux des lettres sur Paris, le public ne pouvant croire qu'il se trouve réellement un particulier capable d'entreprendre le remboursement des billets à 6 p. 0/0 de perte, et la liberté qui en est donnée par l'arrêt prouvant que le bureau de Nereau et Vincent n'est pas assez fort pour soutenir cette opération. L'arrêt ne fera donc que détruire toute confiance dans le public, si l'on ne sacrifie quelques millions pour rembourser indifféremment tout ce qui se présentera.

Sur le même objet de l'escompte des billets de monnaie, voir une lettre de M. de Suduiraut, premier président de la Cour des aides de Guyenne, en date du 7 septembre. M. Desmaretz répond en marge : «Lui faire réponse qu'il seroit bien à désirer qu'on pût fixer le change : ce qui n'étant pas possible, il faut se retrancher à le faire baisser par les expédients qu'on prendra pour le faire baisser à un pied convenable au commerce.»

1082. *M. Desmaretz, directeur des finances, à M. de Saint-Contest, intendant à Metz.*

10 Août 1706.

«On a présenté un mémoire au Conseil, par lequel on expose que les orfèvres de la ville de Verdun et ceux de tout le royaume s'approprient, à l'avantage de leur communauté, tout l'or et l'argent volé qu'on apporte dans leurs boutiques à vendre, et qu'ils retiennent lorsque les matières sont apportées par des personnes suspectes. Sur cela, on propose d'établir dans chaque communauté d'orfèvres un office sous le titre d'orfèvre du Roi, auquel toutes ces matières volées seront remises pour être fondues à la fin de chaque année et portées aux hôtels des Monnaies au profit de S. M.

«On propose encore, par le même mémoire, de créer quatre privilèges dans la ville de Verdun pour y vendre le pain d'épices à l'exclusion de tous autres. Je vous prie d'examiner s'il y a quelque fondement à faire sur ce mémoire, et s'il y a lieu d'en faire quelque usage utile pour le Roi.»

1083. *M. de Bâville, intendant en Languedoc, au Contrôleur général.*

20 et 24 Août 1706.

Il envoie son rapport sur une contestation de M. l'évêque d'Alais avec les propriétaires des salins de Peccais, et conclut à obliger ces derniers à prendre à bail les salins de l'évêque dans des conditions plus raisonnables qu'ils ne prétendent le faire.

Autre rapport sur la perception et l'emploi du droit de blanque que les propriétaires lèvent sur les sels distribués à Peccais et qui est applicable aux frais des saunaisons et des réparations ordinaires.

1084. *M. de Courson, intendant à Rouen, au Contrôleur général.*

25 Août 1706.

«Quelque chose que j'aie pu faire pour engager les gens de ce pays-ci à prêter de l'argent pour la banque dont M. de la Ferrière m'a parlé par votre ordre, je ne vois pas qu'ils veuillent y donner. Quoiqu'ils conviennent qu'il n'y a eu jusqu'à présent de meilleurs billets que ceux des fermiers des postes, ils leur deviennent suspects dès qu'ils empruntent pour des affaires où le Roi peut avoir intérêt. Ils prétendent, en ce cas, n'être plus à l'abri des arrêts du Conseil, qui leur donneroient des surséances, et qui empêcheroient ceux qui leur auront prêté de se faire payer. Cependant il y a un particulier qui m'a fait la proposition que j'ai l'honneur de vous envoyer. Je ne sais si elle vous conviendra; mais je n'ai point voulu faire de difficulté sur la première qui m'a été faite. Il seroit à souhaiter que quelqu'un pût commencer : cela pourroit en attirer quelque autre.

«Si vous vouliez aussi écouter ceux qui proposeroient de prêter à la banque une somme, moitié argent comptant, moitié en billets de monnoie, sur des billets payables dans un an, en espèces courantes, dans Rouen, cette proposition pourroit engager quelques gens à donner de l'argent pour se défaire d'une partie de leurs billets de monnoie. Je vous supplie de me mander quel intérêt on leur donneroit, en ce cas, pour ce qu'ils prêteroient, et ce qu'il faudroit qu'ils donnassent d'espèces pour faire recevoir leurs billets de monnoie; par exemple, si vous vous contenteriez de moitié en argent et moitié en billets de monnoie, ou s'il faudroit qu'ils donnassent les deux tiers ou les trois quarts en argent et le reste en billets de monnoie*.»

* Voir une lettre précédente, du 23 août. Le contrôleur général répond, le 1er septembre, que connaissant le caractère normand, il se rend compte de la difficulté de trouver des prêteurs; mais que, pour la proposition transmise par M. de Courson, de fournir une somme de 60,000 ll dont 38,000 ll en lettres de Jean-Henri Huguetan, elle est inacceptable, la banque n'ayant besoin que d'argent comptant.

1085. *M. de la Reynie, conseiller d'État, au Contrôleur général.*

27 Août 1706.

Il demande pour son gendre M. de Montmort l'intendance de Picardie, en remplacement de M. Bignon, désigné pour la place de prévôt des marchands de Paris*.

* Réponse en marge : «La grâce que le Roi veut faire à M. Bignon de le destiner à être prévôt des marchands, n'est qu'une expectative; les intendances de provinces ne s'engagent pas de même. Si je suis en place quand l'intendance de Picardie viendra à vaquer, je proposerai bien volontiers M. son gendre dans le nombre des sujets propres pour la remplir.»

1086. *Le Parlement de Bordeaux au Roi.*

28 Août 1706.

«Votre Parlement de Bordeaux, toujours attentif à donner à

Votre Majesté des preuves de son respect et de son zèle, s'est particulièrement appliqué depuis trois mois, non seulement à rassurer vos peuples sur la prétendue descente dont on les avoit menacés, mais encore à leur inspirer l'audace et la confiance que mérite la justice de la cause que soutient Votre Majesté. Aussi pouvons-nous vous assurer que, de tous les sujets de Votre Majesté, il n'y en a point qui ait marqué, dans cette occasion, tant d'amour et tant de zèle que ceux qui composent cette province. On les a vus abandonner avec plaisir les soins et les espérances de leurs récoltes pour courir à la défense de la patrie; la noblesse s'est rendue sur les côtes avec une diligence presque incroyable, les milices y ont marché avec joie, les nouveaux catholiques ont offert en ôtage leurs biens et leurs personnes, et les bourgeois de cette ville, glorieux de l'honneur que leur a fait Votre Majesté en leur accordant le privilège de se garder eux-mêmes, se distinguent chaque jour par leur affection, leur exactitude et leur vigilance. Cependant nous apprenons avec la plus vive douleur qu'on a voulu rendre la fidélité de ces mêmes peuples suspecte à Votre Majesté. On a plus fait : on a marqué les jours critiques qui devoient faire notre honte éternelle, époque cruelle et fatale à notre gloire, que nous voudrions, pour tout notre sang, effacer de la mémoire des hommes. Votre Parlement prend la liberté de se jeter aux pieds de Votre Majesté pour lui demander justice contre les auteurs d'une si détestable calomnie; la consternation qui règne dans cette ville depuis six jours et les gémissements de vos peuples vous la demandent avec nous. Il est de votre intérêt d'aller à la source de ces bruits séditieux et de ne pas souffrir que, sous un règne aussi équitable et aussi glorieux que celui de Votre Majesté, on ose ravir impunément à vos fidèles sujets un honneur qui leur est mille fois plus cher et plus précieux que leurs biens et leurs vies. Nous osons nous flatter que Votre Majesté, toujours juste et toujours bienfaisante, ne nous refusera pas la grâce que nous lui demandons avec la soumission la plus respectueuse, mais aussi avec toute l'ardeur qui convient à nos sentiments. . . . . »

1087. *Le Contrôleur général à M. Trudaine, intendant à Lyon.*

1er Septembre 1706.

On pourrait accepter le million de piastres offert à 34 # le marc, si le marchand de qui vient la proposition donne des facilités pour le payement, car le sieur Hoggner, qui a fait les remises pour l'armée d'Italie, ayant besoin de fonds à Lyon pour soutenir son crédit, pourrait lui fournir des assignations ou d'autres effets. Si le marchand n'entend pas raison dans ce sens, il faudra retenir les matières pour la Monnoie de Lyon, où elles seront converties en espèces*.

S'informer également à quelles conditions les Lyonnais pourraient fournir deux millions sur le fonds de douze millions que l'on cherche à former pour le remboursement des billets de monnaie**.

* Des instructions furent envoyées, le 13 du même mois, à M. Trudaine et au sieur Laisné, directeur de la Monnaie, sur l'ordre à suivre dans la conversion des matières d'argent en écus, pièces de 30 sols, quarts d'écu et pièces de 10 sols, et sur le payement à faire au fur et à mesure de la fabrication. Le 3 octobre suivant, ordre fut donné à M. Bégon, intendant à la Rochelle, d'offrir les prix suivants des piastres venues sur la flotte de M. d'Iberville : 34 # en assignations à six mois sur les recettes du Roi, 35 # en assignations à un an, et 36 # en assignations à dix-huit mois. Ces conditions étaient acceptées à Paris, à Saint-Malo, etc. Le 4, le contrôleur général écrit à M. le duc de Gramont, gouverneur de Bayonne, qu'on est prêt à prendre les piastres offertes par les négociants de cette ville, même au-dessus de 33 #, s'ils acceptent des assignations à longue échéance. Il ajoute : « A l'égard de l'expédient que proposent les négociants de Bayonne pour rendre les espèces de France plus abondantes qu'elles ne le sont, je l'ai fort examiné, et je trouve qu'il pèche dans le principe, comme tous les avis que je reçois journellement sur cette matière; car, de vouloir augmenter l'abondance des espèces dans le royaume par d'autres moyens que l'augmentation du commerce, c'est chose impossible, et ces négociants connoissent bien sans doute que l'augmentation du commerce n'est guère moins impossible dans la situation présente. »

** Voir, sur ces deux affaires, les lettres de M. Trudaine en date des 7, 9, 18 et 24 septembre, 19, 30 et 31 octobre, et du 2 au 30 novembre. Dans la lettre du 26 novembre, il explique pourquoi, après avoir pris un premier million du banquier Lullin, il a rompu les négociations pour un second million : « 1° C'est un Génevois qui traite pour d'autres Génevois, et je crois plus à propos de faire affaire avec nos citoyens qu'avec ces étrangers. 2° J'ai envie de tâcher de m'aider de ces 700,000 # qui me restent à négocier, sur lesquels il y a un grand avantage, pour faciliter les négociations de M. l'abbé Pajot, qui se doivent faire tout en argent, et qui seront par conséquent plus difficiles et moins avantageuses, en obligeant ceux qui prendront de mes 700,000 # de prendre en même temps des lettres de M. l'abbé Pajot, pour lesquelles il ne veut que de l'argent ou des piastres, suivant vos ordres. 3° Je ne veux plus donner rien de ces 700,000 # payable en Saints 1707, mais seulement en Rois 1708. 4° J'espère encore diminuer les intérêts de 7 1/2 p. 0/0 par an; je compte que cinq ou six jours m'éclairciront de ce que je pourrai faire de plus utile et plus avantageux. 5° Le sieur Lullin a trop finassé par les différentes propositions qu'il a voulu vous faire, que je lui ai toujours dit qui ne vous conviendroient pas. . . . . Si vous voulez encore faire d'autres affaires comme celles-ci, moitié en billets de monnoie et moitié en argent, il faudroit, pour en faire la négociation, avoir d'autres effets que des billets de MM. Rouillé et Pajot, surtout si vous voulez trouver sur leurs lettres ou billets de l'argent encore d'ailleurs, comme vous en demandez à M. l'abbé Pajot. La négociation dont vous m'avez chargé détruit la sienne : tant que je ferai des affaires moitié en argent, moitié en billets, il ne fera rien tout en argent; si j'avois d'autres effets, ceux qui aimeroient mieux ceux de M. l'abbé Pajot feroient affaire avec lui. Quelque secret que nous gardions l'un et l'autre, nos négociants commencent à savoir les différentes négociations dont nous sommes chargés, et il n'y a que la différence des effets que nous proposerons, sur lesquels chacun suivra son goût, qui pourra nous mettre en état de faire l'un et l'autre en même temps quelques négociations. Et, pour mieux faire encore, il ne faudroit plus, après les 700,000 # que je dois finir suivant vos ordres, qu'il parût que je me mêlasse de ces négociations. Vous pourriez les faire faire mieux encore par le commis de l'extraordinaire des guerres qui entrera en exercice au mois de janvier. Je suppose que ce sera un homme sûr et fidèle, car autrement il pourroit bien tromper le Roi. J'ai trouvé également de l'inconvénient de prendre la partie que l'on doit payer pour ces négociations ou en argent ou en piastres. Si nous la prenons en argent, comme c'est pour envoyer hors de Lyon, cela va dessécher notre place au commencement du payement, et peut-être le rendre très difficile et faire hausser le prix de l'argent. Si nous le prenons en piastres, l'on en sera fort embarrassé en Dauphiné, en Provence et en Languedoc, où je dois presque tout envoyer. Je vous supplie de me marquer ce que vous m'ordonnez de faire, en cas que je puisse encore avoir votre réponse avant la fin de la négociation qui me reste à faire.»

Sur une lettre écrite le 21 octobre précédent, par le sieur Lullin, pour protester de ses intentions désintéressées et offrir de faire une partie des versements en piastres, le contrôleur général répond en marge : «Je regarde si différemment les billets de monnoie de la manière dont ils sont répandus présentement dans le public, que, s'il trouve que la négociation qu'il a faite avec le sieur Duchy lui soit à charge, je consens de faire reprendre les 400,000 ᴴ de billets de monnoie qu'il a reçus, et de lui faire payer au payement de Rois prochain, en argent comptant, la somme de 200,000 ᴴ, avec l'intérêt à 10 p. o/o et un bénéfice de 3 ou 4 p. o/o, en cas que cela lui convienne mieux; même de lui donner pour sa sûreté tels billets qu'il voudra choisir, ou de banquiers, trésoriers, ou receveurs généraux. Il m'est permis de regarder les billets de monnoie différemment des autres, puisque, jusqu'à présent, le Roi en a payé la valeur en entier, avec les intérêts à 7 1/2 p. o/o, et les a reçus pour tout ce qu'ils valent dans les payements qui lui ont été faits. Il peut voir, par la déclaration du 26 du mois passé, que S. M. prend dès à présent des arrangements pour en rembourser une partie. Si l'on avoit voulu faire honneur aux billets, comme on fait à ceux de l'Échiquier d'Angleterre, qui ne sont ni si bons ni si utiles, le pouvoir (?) se seroit soutenu avantageusement pour tout le monde. Je ne saurois que je ne lui sois obligé des assurances qu'il me donne de son zèle pour le bien du service, et qu'il y a contribué en tout ce qui a dépendu de lui; j'espère qu'il remplira le million entier que je lui ai demandé par ma dernière lettre, non compris les 500,000 ᴴ de billets de monnoie, quand même les billets de M. Pajot et Rouillé ne seroient pas encore arrivés pour lui tenir lieu de la valeur. Je suis persuadé qu'il voudra bien, sur l'assurance que je lui donne de les lui faire fournir incessamment, faire remettre la somme à M. Trudaine.» M. Trudaine annonce, le 19 décembre, que toutes ses démarches ont échoué, aussi bien que celles de M. l'abbé Pajot. Le contrôleur général répond en marge de cette lettre : «La première négociation avec Lullin a tout gâté; il n'en faut plus faire dans lesquelles les billets de monnoie soient reçus. Je voudrois que vous eussiez fini les deux millions en entier; mais les 700,000 restants à d'autres conditions, il n'y a que l'extrême besoin qui me le fait désirer : il vous est connu..... Ceux qui gardent leur argent seront pris pour dupes à la diminution du 1ᵉʳ janvier, et encore plus ceux qui ne veulent pas profiter de la facilité que le Roi leur a donnée pour se défaire de leurs billets de monnoie, qu'ils ne vendront plus si cher.»

Le 29, l'intendant écrit de nouveau que l'argent renchérit et que la croyance à une diminution des monnaies pour le 1ᵉʳ janvier, et d'une augmentation considérable quinze jours après, fait resserrer l'argent si étroitement qu'il est impossible de se procurer ce qui avait été promis aux intendants de Languedoc, de Provence et de Dauphiné. Le contrôleur général répond : «Vous ne sauriez mieux faire que de renvoyer à MM. Pajot et Rouillé les lettres qui vous avoient été remises par M. l'abbé Pajot; elles auroient plus de crédit à Paris qu'à Lyon, et nous trouverions le moyen de détromper les gens du pays où vous êtes en ne faisant plus aucune affaire avec eux. Je suis bien fâché des embarras que l'espérance que j'avois donnée à MM. de Bâville, d'Angervilliers et Lebret, peut leur avoir causés; il n'y a plus de remède présentement. M. de Montargis a pris des arrangements pour faire payer régulièrement; cela me donnera du temps pour faire remplacer ce qui peut être dû de l'exercice précédent. Je ne saurois vous répondre sur l'idée extravagante de l'augmentation des monnoies au 15 janvier sans me mettre en colère; je vous promets encore une diminution de 5 sols par louis avant qu'il soit la fin d'avril, afin de les mettre à 13 ᴴ; après cela, il n'y aura plus de changements. Le sieur de Montgelas a certainement soudé son bilan. Les sieurs Hogguer me l'avoient fait espérer; je ne sais s'ils l'auront fait avec l'exactitude qui est à désirer.»

Le 1ᵉʳ janvier 1707, les prévôt des marchands et échevins de Lyon envoient l'ordonnance qu'ils viennent de rendre pour proroger le payement des Saints jusqu'au 15 janvier, vu la rareté de l'argent. Le contrôleur général répond en marge : «Ils sont très louables de l'attention qu'ils ont eue; je ne l'avois pas crue nécessaire, les sieurs Hogguer et Montgelas m'ayant assuré qu'ils souderoient leur bilan.»

Le 8, M. Trudaine donne avis qu'il est parvenu à conclure un emprunt de 200,000 ᴴ sur les billets Pajot, moitié en argent, moitié en billets de monnaie, et il donne des renseignements sur l'état de la place.

1088. *M. Desmaretz, directeur des finances, à M. Pasquier, receveur des tailles de l'élection de Paris.*

3 Septembre 1706.

«Le nommé Alexandre Liépard, charpentier et collecteur des tailles de la paroisse de Vaugirard, vient d'être arrêté pour la taille, en sortant de chez moi. Comme il est bon pour répondre de son recouvrement, vous me ferez plaisir de le faire mettre en liberté*.»

* Suivant le placet de Liépard, il travaillait à une maison que M. Desmaretz faisait bâtir à Clamart.

1089. *Les Officiers du Présidial de Limoges au Contrôleur général.*

3 Septembre 1706.

«Nous nous apercevons que, dès un mois ou environ qu'il a paru en cette ville un projet d'abonnement ou de tarif, il s'est élevé un murmure parmi la populace, lequel se fortifie et augmente chaque jour à proportion que cette affaire éclate et se confirme; et, comme il est de notre prudence de ne pas attendre que cette populace soit émue à un point qu'elle ne puisse être calmée que par des événements tragiques, pour les prévenir et suivre la règle que Votre Grandeur eut la bonté de nous prescrire dans sa lettre du 20 mai 1705, dont elle nous honora au sujet de l'émotion qui venoit d'arriver en cette ville, dans laquelle elle nous fit la grâce de nous marquer ces termes : «Si les gens raisonnables vouloient s'expliquer sur les embarras «que peuvent produire les affaires nouvelles,» exécutant vos intentions dans la conjoncture présente, nous prenons la liberté de vous remarquer que cet abonnement ou tarif cause de la surprise et étonnement chez toutes les personnes de quelque élévation et distinction, voyant que, leur étant caché et inconnu, cela ne peut être que l'ouvrage de quelques particuliers mal intentionnés, ennemis de la tranquillité publique et du bon et ancien ordre de cette ville, et jette en même temps dans la terreur et l'épouvante les personnes du bas aloi, qui sont en très grand nombre, composant les deux tiers des habitants, comme tendant à leur entière destruction et de celle des gens de la campagne, dont on n'a que trop éprouvé l'emportement. En effet, si, pour la suppression de la taille, qui n'intéresse ni ces derniers ni les premiers, qui a été toujours volontaire, facilement exigible et levable sans frais dans des temps plus commodes, on impose des droits sur les denrées, qui sont à présent, par la providence du Ciel, un peu plus abondantes, après quinze ans pendant lesquels le peuple a souffert de leur disette causée par l'irrégularité des saisons, il se trouvera réduit dans la dure nécessité de souffrir toujours, sans espérance de se remettre et substanter aisément leur famille, s'il n'y est pourvu par S. M. et qu'il lui plaise, par sa bonté ordinaire, de laisser à cette ville son ancien état, dans lequel elle s'est toujours comportée avec une parfaite soumission à ses ordres et une inviolable fidélité pour son service. Nous ajoutons que, depuis un siècle, le prix des denrées de toutes espèces n'a jamais été si bas et si vil, qu'elles sont hors de débit et de commerce faute d'argent, que leur consumation est très médiocre, par l'absence et éloignement d'un grand nombre d'habitants, en sorte qu'il en faut une grosse quantité pour faire une petite somme ; à l'occasion de quoi les artisans, journaliers et autres demeurent oiseux et souffrent, n'étant employés que pour ce dont on ne peut se dispenser ; que tous s'épuisent pour payer leurs charges. Nous vous certifions que c'est la véritable situation où nous sommes, qui deviendra pire, si cet abonnement au tarif a lieu, qui n'a été inventé et n'est ménagé, à ce qu'il nous paroît, que par une troupe de marchands dont les vues sont très bornées et indiscrètes, qui, se trouvant dans l'opulence par la facilité de leur négoce pendant la guerre, se méconnoissent, ne songent qu'à innover et renverser l'ancien ordre, pour achever de dépeupler et mettre cette ville aux abois, se flattant que, le produit de ces droits passant par leurs mains, ils auront un fonds pour satisfaire à leur avidité. Si cela arrive, outre la crainte des embarras et scandale que nous n'entrevoyons que trop, quelque précaution que l'on puisse prendre, engagés par notre devoir et les avertissements qu'il vous a plu de nous faire, nous avons l'honneur de vous rendre ce compte exact. Nous vous supplions de nous honorer de votre protection près de S. M. et de nous faire la grâce de l'assurer de notre soumission particulière et de notre entière application et vigilance pour l'exécution de ses ordres et maintien du repos public*.»

* Réponse en marge : «Je ne doute point que la lettre que vous m'avez écrite sur le bruit qui s'est répandu d'un tarif dans la ville de Limoges, ne soit l'effet de votre zèle pour le service du Roi et pour contribuer à maintenir la tranquillité publique; mais, en même temps, vous me faites voir tant de désobéissance et de disposition à la révolte de la part du peuple, trop peu soumis aux volontés de son souverain, qu'il mériteroit que S. M., qui a été retenue jusques à présent par la compassion qu'elle a eue de la misère de la plupart des habitants, envoyât trois ou quatre mille hommes pendant le quartier d'hiver, pour leur faire sentir le poids de son autorité, puisqu'ils savent si peu connoître sa clémence. On a proposé d'établir dans les villes du royaume qui sont sujettes à la taille une levée de droits sur les denrées qui puisse équipoller aux sommes que S. M. retire des impositions ordinaires. Quelques-unes de ces villes ont demandé cette grâce avec empressement; les privilégiés ont bien voulu contribuer au soulagement des pauvres, en se soumettant eux-mêmes à payer les droits du tarif. De pareilles résolutions se délibèrent pendant un long temps et ne se prennent qu'avec peine. Je n'ose me persuader que votre intérêt soit le motif de votre lettre; les pauvres, qui sont en grand nombre dans Limoges, en ont un bien contraire. L'objet qui vous a déterminés à écrire paroît tellement éloigné, et même si peu certain, qu'il me semble qu'il n'y a aucune précaution à prendre sur cela pour l'avenir.»

Voir, à la date du 17 septembre, une lettre des juges-consuls et syndics des marchands de Limoges, répudiant toute participation aux requêtes venues de leur ville et aux insinuations dirigées, à propos du projet d'abonnement, contre l'intendant, M. Rouillé de Fontaine.

Le 27 août précédent, M. de la Bourdonnaye, intendant à Bordeaux, écrivait que les principales villes des élections de taille personnelle de son département, comme Bordeaux, Périgueux, Sarlat, Bergerac, étaient exemptes de tailles, que les villes moins considérables étaient ouvertes, et que le changement de la taille en tarif ne pouvait s'opérer qu'à Libourne, où d'ailleurs la taille se recouvrait si facilement que tout changement serait inutile et n'aurait d'autre résultat que d'alarmer la population.

1090. *M. de la Bourdonnaye, intendant à Bordeaux, au Contrôleur général.*

6 Septembre 1706.

Il envoie une lettre de M. l'évêque de Condom, qui discute les dénonciations anonymes dirigées contre le sieur de Gouyon, subdélégué de l'intendance dans cette ville*.

* Texte de la lettre : «Je me donne l'honneur de vous faire réponse au sujet de la lettre non signée écrite à M. de Chamillart. Je suis persuadé qu'il ne fait pas grand cas des lettres non signées; elles sont fort communes dans cette ville, et il se fait peu de mariages ou d'établissements qu'ils ne se déchirent par des lettres anonymes. J'en ai découvert, et j'en ai fait confusion aux premiers de la ville, entre lesquels un de ses écrivains vouloit fort avoir la charge de subdélégué ou la mettre sur la tête d'un homme à lui, et ils étoient de concert pour cela avec votre subdélégué de Nérac. Vous savez à quel point j'observe vos subdélégués, et que je ne leur passe rien; je sais que je vous fais plaisir. M. de Chamillart sait que je lui ai parlé de ces messieurs comme ils le méritent. Venons aux accusations : 1° Que, pour les cent cinquante hommes de milice ordonnés par M. le Maréchal, il les a levés sans en donner communication à ses collègues. Cela est faux : les trois consuls y ont travaillé conjointement avec lui : il est vrai qu'il pensa y avoir sédition, mais toute la ville étoit coupable. Pour tirer les artisans d'intrigue, on avoit mandé les paysans de la juridiction; quand ils virent qu'on formoit toute la milice de paysans, ils dirent qu'ils ne vouloient pas marcher qu'il ne marchât autant de bourgeois. Pour arrêter cette émotion, on ne fit marcher que bourgeois ou artisans, et M. Gouyon, premier consul et subdélégué, en fit marcher deux cents au lieu de cent cinquante, afin que l'inspecteur des milices en choisit cent cinquante. Il ne m'est pas revenu qu'il ait été pris un sol d'aucun habitant; ainsi, ils ont été choisis par tous les consuls, et sans préférence. Le passage de cavalerie a été très grand; il le faut dire, et à l'honneur des consuls et des troupes, c'est qu'il devoit produire une infinité de clameurs. Je me suis informé : il n'y a pas eu de plaintes. 2° A l'égard de la levée des milices depuis deux ans, je ne voudrois pas répondre de tout. Quand un capucin les feroit, je ne sais pas si il ne feroit pas plaisir à son ami; mais je vous assure qu'il n'a pas pris d'argent. Si il avoit pris seulement 30 ou 40 pistoles, cela seroit su, et je lui en aurois lavé la tête pour la première fois; mais, la seconde, vous l'auriez su. Puisqu'on ne se plaint pas, comptez que le dénonciateur feroit bien ses affaires, si il avoit les mêmes charges. Il n'est donc question ni de 5,000 #, ni de 2,000 #. Il enferme les soldats de milice dans la maison de ville; on les enferme partout. Il n'est pas vrai qu'il prenne 4 # par chaque milicien; cela

est vérifié. 3° Le dénonciateur s'exprime plaisamment : «On dit qu'il «fait un profit considérable sur les Portugais.» Quand on écrit à un ministre, il ne faut pas dire : «On dit.» Pour ce fait, je n'ai pas eu besoin de m'en informer; cela a passé par mon canal. Ces pauvres malheureux périssoient dans les prisons faute d'air : à Condom, à Nérac et ailleurs, on leur a donné permission d'aller et de venir. Plusieurs servent de domestiques. Il est question ce que devient le pain. La supérieure de l'hôpital est convenue de prendre leur pain à tant, et, les jours de revue, on leur compte à l'hôpital l'argent de leur pain; s'il y a un petit profit, il est pour les pauvres. Il me semble que M. de Gouyon ne pouvoit ni ne devoit empêcher ce petit commerce; du moins n'en a-t-il pas profité. On dit qu'il les passe en revue sur le pied de cent soixante, et qu'il n'y en a pas trente. Je ne sais quels ordres vous lui avez donnés sur cela; mais il me semble qu'il m'a dit que tous les mois il vous envoyoit l'extrait de la revue. Il n'y en a pas trente à Condom; mais le nombre se trouve le jour de la revue. Je ne sais pas combien ils sont. Pour le prix du blé, il n'est pas vrai qu'il aille à 40, 45 ou 50 sols; il a été un peu plus haut. Je m'informerai du fait. Le boulanger est un des plus honnêtes hommes de la ville, et, si son marché subsiste, il leur donne plus de pain; mais il faut qu'il en donne ce qui est ordonné par le Roi. Je vous informerai sur cet article. Sûrement, celui qui a écrit est un fripon, et qui a eu une affaire avec M. Gouyon, il n'y a pas longtemps, dans laquelle il se conduisit en malhonnête homme, et le sieur Gouyon assez sagement, quoique avec un peu de feu. Il est jeune et se comporte assez bien. Il n'est pas fripon; il faut espérer qu'il ne le deviendra pas : c'est un métier bien tentant que celui de subdélégué. Vous me connoissez : il ne sera pas nécessaire que le ministre s'en mêle pour que vous soyez informé de sa conduite, si elle ne continue pas d'être bonne.»

1091. *Le sieur* de Hornou, *lieutenant général et subdélégué à Dreux,*
à M. Desmaretz.

6 Septembre, 12 et 27 Novembre, 27 Décembre 1706; 31 Janvier, 21 Février et 12 Septembre 1707.

Il rend compte des travaux de réparation exécutés sur les chemins de Dreux à Maillebois et de Dreux à Houdan.

1092. *M.* Bignon, *intendant à Amiens,*
au Contrôleur général.

7 Septembre 1706 et 29 Avril 1707.

Il demande une indemnité pour le village de Brébières, incendié par suite de l'explosion des moulins à poudre du Roi.

1093. *M.* de Bagnols, *intendant en Flandre,*
au Contrôleur général.

10 Septembre 1706.

Il propose divers moyens pour entraver la sortie de la chaux et des briques que les ennemis pourraient employer pour leurs travaux de fortification.

1094. *M.* Trudaine, *intendant à Lyon,*
au Contrôleur général.

10 Septembre 1706.

Il rend compte de la condamnation aux galères d'un capitaine de brigade de la douane de Lyon et de deux gardes, convaincus d'avoir favorisé la contrebande.

1095. *M.* Ferrand, *intendant en Bretagne,*
au Contrôleur général.

10 Septembre 1706.

«..... Le receveur des traites de Brest prétend que son emploi n'est pas un obstacle qui puisse l'empêcher de faire commerce. C'est un jeune homme, qui a de grands désirs d'amasser du bien et qui feroit, s'il pouvoit, toutes les affaires et le commerce de la ville. On n'a point justifié qu'il y eût de la contrebande dans son commerce; mais tant de gens la font à Brest, que, quand l'occasion s'en présente, on n'a guère la force d'y résister. La fonction de receveur des traites donne de grandes facilités pour prévenir tous les autres marchands, et je croirois qu'il seroit à propos d'avertir cet officier d'être moins vif et plus circonspect, et qu'il ne devroit pas lui être permis d'acheter les cargaisons des vaisseaux directement ou indirectement, qu'après avoir été exposées en vente pendant un certain nombre de jours.»

1096. *M.* Bignon, *intendant à Amiens,*
au Contrôleur général.

10 Septembre et 16 Novembre 1706.

Il rend compte du procès du receveur de la capitation d'Amiens, qui s'est évadé de prison en laissant un débet de près de 20,000 ff, sur lequel une somme de 15,000 ff pourra être recouvrée, si l'on ne commet pas la Cour des aides à la discussion et à la vente des effets, car elle consommerait presque tout en frais.

1097. *M.* Desmaretz, *directeur des finances,*
au sieur Miotte, *intéressé aux affaires du Roi.*

11 Septembre 1706.

«Je prie M. Miotte de dire à sa compagnie des gabelles de Lorraine qu'elle me fera plaisir de donner un contrôle de 800 ff d'appointements au sieur de Vienne : c'est un pauvre gentilhomme, qui a été longtemps employé dans les gabelles de France, et qui sera plus en état de remplir ce contrôle.»

1098. *M.* Ferrand, *intendant en Bretagne,*
au Contrôleur général.

12 Septembre 1706.

Il serait utile de créer des inspecteurs pour le mesurage des sels qui se fabriquent dans les territoires de Bourgneuf et du Croisic; mais la haine qu'inspire le seul nom de *gabelles* rendrait l'entreprise périlleuse, et, même en se limitant à des territoires restreints, il serait difficile de trouver des acquéreurs, à moins qu'on n'obligeât les propriétaires des marais salants à faire le rachat du nouveau droit.

1099. *M. Desmaretz, directeur des finances, à MM. Foucault et de Courson, intendants à Caen et à Rouen.*

14 Septembre et 16 Octobre 1706.

Les épiciers qui approvisionnent Paris de beurre salé d'Isigny demandent que les marchands chandeliers qui font le même commerce à Rouen soient tenus, comme eux et suivant l'usage établi en temps de guerre, de contribuer à la dépense des *rafraîchissements* que l'on donne aux capitaines des vaisseaux, officiers et matelots qui viennent à terre annoncer que les navires chargés de beurre peuvent partir en sûreté. Dans la guerre de 1688, cette dépense montait à 25 sols par cent pots; mais depuis ils sont convenus de ne payer que 15 sols. Les chandeliers, qui viennent d'être condamnés sur ce fait par l'amirauté de Grand-Camp, ne devraient faire aucune difficulté pour s'exécuter, puisque les épiciers de Paris offrent de rendre compte de la contribution pardevant M. d'Argenson ou tout autre commissaire.

1100. *Le Contrôleur général à M. le Camus, lieutenant civil à Paris.*

16 Septembre 1706.

La capitation des agents de change n'est pas plus de la compétence du lieutenant civil que de celle des autres juges ordinaires; il devra donc revenir sur son ordonnance au sujet de la taxe du sieur de Villemont, agent supprimé.

La capitation des douze nouvelles charges d'agent qui sont actuellement vendues peut être portée à 200 ᵗᵗ; celle des six anciens qui ont été commis pour les négociations des marchands, restera fixée à 180 ᵗᵗ. Les autres agents supprimés seront taxés à l'hôtel de ville, comme bourgeois*.

* Voir les lettres de M. le Camus, 5 et 6 septembre.

1101. *Le Contrôleur général à M. le Gendre, intendant à Montauban.*

16 Septembre 1706.

Ordre de visiter des chargements d'étoffes qui vont prochainement partir de Montauban pour Lyon, et d'y saisir une somme considérable d'argent qui doit être cachée dans les ballots, à destination des réformés fugitifs.

1102. *M. Desmaretz, directeur des finances, à M. de la Vrillière, secrétaire d'État.*

16 Septembre 1706.

«J'ai fait présenter au sieur Legras, votre commis, l'édit que je me donne l'honneur de vous envoyer, pour le faire adresser à la Chambre des comptes de Montpellier avec des lettres de cachet, parce que M. de Bâville m'a mandé que les capitouls de Toulouse n'étoient point en état de faire les frais de cet enregistrement. Il a fait difficulté de vous les présenter à signer, et, comme les capitouls de Toulouse doivent payer une finance considérable au Roi, je crois que vous trouverez, comme M. de Bâville, qu'il y a lieu de leur épargner ces frais d'enregistrement, et de les envoyer avec les lettres de cachet du Roi*.»

* Voir une lettre de M. de Bâville, en date du 3 septembre. Il s'agissait de la suppression de diverses charges nouvelles accordée aux États moyennant une somme de 500,000 ᵗᵗ.

1103. *M. Desmaretz, directeur des finances, à M. Lebret, intendant en Provence.*

16 Septembre 1706.

Le consulat de Toulon se plaint que plusieurs officiers de plume ou d'épée de ce port demandent l'exemption des droits d'octroi et autres que la ville perçoit sur les denrées, non seulement pour leur consommation, mais pour les produits qu'ils recueillent : ce qui diminuerait considérablement le revenu, d'autant plus que ces officiers de nouvelle création ont été déchargés de la capitation, même lorsqu'ils possédaient des biens dans la ville, et que néanmoins la taxe de la ville est restée la même.

1104. *M. Trudaine, intendant à Lyon, au Contrôleur général.*

16 Septembre 1706.

«Je ne puis m'empêcher de vous écrire encore sur les billets de monnoie. La lettre que vous avez écrite sur cette matière à M. le prévôt des marchands, par laquelle vous lui marquez qu'il est résolu de leur donner cours à Lyon et d'obliger d'en prendre pour moitié des sommes que chacun aura à recevoir, fait déjà ici un grand mouvement*. Vous donnez ordre d'assembler nos meilleurs marchands pour les entendre sur le préjudice que le commerce en souffrira; ils disent tous unanimement que le commerce avec l'étranger va cesser, parce que l'étranger ne veut point être payé de cette monnoie, et nos négociants ne pourront pas les payer d'autres, lorsqu'ils seront obligés de recevoir celle-ci. Il arrivera encore sûrement que vous ne pourrez plus faire payer les armées que de l'argent que vous ferez sortir; l'étranger n'en fournira plus. C'est peut-être la plus périlleuse chose du monde que l'on puisse faire que d'admettre les billets de monnoie à Lyon. Je crains de trop rebattre la même chose; mais le mal est venu à point, par la perte sur les billets de monnoie, que l'on ne peut s'en tirer que par un coup hardi, qui est de faire cesser les intérêts et de les rembourser peu à peu. Si vous faites un fonds de 12 ou 15 millions pour la première année, le fonds des intérêts vous suffira pour les autres. Ce fonds de 12 ou 15 millions se peut faire par les receveurs généraux, qui ont beaucoup gagné sur les billets de monnoie. L'on y peut joindre les receveurs des provinces d'États et quelques-uns des principaux traitants; ils feront ces fonds aisément en douze mois. Il faudroit faire faire le fonds du premier mois de 3 millions, celui du second mois de 2 millions, et ensuite d'un million par chaque mois. Je suis persuadé que ces sommes seroient assez considérables pour faire face à tous ceux qui se présenteroient pour être remboursés. Et quand ce bureau sera établi, et qu'on le verra en train de payer ces sommes considérables, l'on peut donner ordre aux douanes d'en recevoir pour un quart; cela les amènera dans les provinces insensiblement, sans forcer personne à les prendre. Celle de Lyon, par exemple, dont la recette peut aller autour de 2 millions année commune, n'en recevra pas pour 300,000 ᵗᵗ, parce qu'il s'y paye quantité de petites parties dont on ne pourra pas payer le quart en billets, à cause de la modicité. Enfin, je crois qu'il faut un remède prompt; mais je crois en même temps qu'il est également de conséquence de ne pas obliger de les recevoir dans les provinces: le commerce même du plat pays, le payement des tailles et des autres impositions en souffriront extrêmement. Je vous demande encore pardon d'insister sur cette affaire**.»

* Sur une lettre du contrôleur général, du 10 septembre, annonçant à M. de Montesan que l'arrêt sera donné si les notables de Lyon l'approuvent, M. de Montesan répond, le 17 septembre, que «l'argent vaut déjà 1 p. o/o pour écrire, quoique les écritures soient commencées depuis deux jours,» que l'un des plus riches négociants n'a pu trouver 1,000 écus, et qu'il y a une faillite considérable. Le jour suivant, 18 septembre, il envoie un mémoire sur la même question, et demande que tout au moins, pour prévenir l'effet désastreux des billets de monnaie, on se résigne à augmenter les espèces de France et à autoriser, sur un pied également élevé, le commerce des espèces étrangères, jadis permis par des privilèges spéciaux aux négociants de Lyon. Le 22, M. Anisson, député de Lyon, écrit: «Les marchands de Paris ne seront pas soulagés par cette introduction, ceux qui négocient avec les étrangers en seront ruinés; toutes nos manufactures en tomberont, par la fuite de nos ouvriers, qui passeront en Hollande ou en Angleterre; tout l'argent comptant de la province se va resserrer, et nous n'aurons d'autre soulagement pour cette introduction que de charger les prêteurs d'argent d'un plus grand nombre de billets de monnoie, car ils en ont déjà beaucoup..... »

** Réponse en marge, de la main du contrôleur général: «J'espérois que ma dernière lettre feroit quelque effet, et les prévôt des marchands et échevins de la ville de Lyon devroient eux-mêmes proposer des remèdes pour empêcher les abus, qui sont portés à un tel excès qu'il n'est pas possible de tolérer que l'on prenne jusques à 30 p. o/o sous prétexte de la différence des billets de monnoie. Il n'y avoit, dans la précédente guerre, que les traitants qui faisoient fortune; les usuriers, dont les honnêtes gens se sont mis du nombre, la font encore plus promptement. Je sais que le remède le plus certain seroit celui de diminuer considérablement le nombre des billets de monnoie en les remboursant. Si on ne paye point d'intérêts, tout le monde criera, quoiqu'il semble que l'on compte pour rien de le payer et les sommes immenses qu'il en coûte au Roi.»

M. de Bâville transmet également, le 22 octobre, les réclamations des principaux marchands de Languedoc contre le projet de donner cours aux billets à Lyon.

Le contrôleur général, ayant reconnu les inconvénients du trop grand nombre de billets, prépara lui-même une déclaration pour en supprimer une quantité considérable. (Lettre de M. Desmaretz à M. Trudaine, 28 octobre.)

1105. *Le Contrôleur général à M. Ferrand, intendant en Bretagne.*

16 et 27 Septembre 1706.

La conduite du sieur de Lorgerie, directeur de la Monnaie de Nantes, étant fort suspecte, il faut l'arrêter, le faire conduire dans une prison plus sûre que le château, où il a des intelligences avec M. de Mianne, faire apposer les scellés sur tous ses effets, le forcer à rendre promptement compte de tout son maniement, et, s'il paraît coupable de divertissements, lui faire son procès*.

* Ce directeur était accusé de complicité dans un vol d'objets sacrés; voir les lettres de l'intendant en date des 25 septembre, 15 et 30 octobre et 28 novembre, et de M. l'évêque de Nantes, en date du 16 décembre. Ni les intérêts du Roi ni ceux des particuliers ne se trouvant menacés, il fut ordonné de laisser le directeur en liberté pour trois mois, afin qu'il pût préparer ses comptes; au lieu de caution, on lui permit de déposer 16,000 ᵗᵗ en billets de monnaie, pour garantie qu'il se représenterait, et, sur la proposition de l'intendant, le sieur Rousseau, directeur général des Monnaies à Paris, fut chargé de recevoir les comptes. (Lettres à M. Ferrand, des 3 et 24 octobre, 21 novembre et 3 décembre.)

M. de la Berthière, ancien colonel de dragons, écrit de Nantes, le 4 mars 1707: «J'ai mis tout en mouvement pour vous marquer comme on avoit surpris le Conseil pour en obtenir un arrêt pour renvoyer cette affaire aux juges de la Monnoie, qui ont rendu une sentence en sa faveur, la plus inique du monde, en blanchissant cet homme qui, dans deux ans, a recélé pour 72,000 ᵗᵗ d'argenterie volée tant dans les églises que chez les particuliers, dont je suis du nombre pour 4,000 ᵗᵗ, qui m'a été volée et qu'il est prouvé avoir été recélée par ledit de Lorgerie, ayant mon billet et mes cachets avant de l'avoir recélée, et qui tenoit une banque ouverte à tous les voleurs, leur envoyant des lettres de change pour le prix des vols qu'ils lui faisoient tenir; et, parce que cet homme a la protection de M. Desmaretz, directeur général de France, il faut que tous ses crimes restent impunis et que tout le monde perde son bien. Je ne demande point de peine afflictive, mais que vous ayez, s'il vous plaît, la bonté de me faire restituer le prix du vol qui m'a été fait sur sa charge de directeur de la Monnoie de Nantes, que l'on vend uniquement à son profit, ou d'avoir la bonté de donner ordre à M. de la Fonds, procureur général de la Cour des monnoies, de suivre cette affaire et de vous en rendre un compte exact dès à présent, étant instruit de presque toutes choses. Ayant servi S. M. vingt ans consécutifs dans sa maison et à la tête d'un régiment de dragons, où j'ai exposé mille fois ma vie, et m'étant retiré par ma mauvaise santé et mes blessures, sans aucune récompense, après avoir employé une plus grande et meilleure partie de mon bien au service de S. M., je me vois voler le meilleur de ce qui me reste par un laquais revêtu de l'habit et de la charge d'un honnête homme, qui cache les crimes les plus énormes, et être soutenu et protégé contre un gentilhomme et homme de service qui, pour ne pas contrevenir aux lois et ne pas dépenser le peu de bien qui lui reste en se faisant justice, suit les règles ordinaires et établies pour l'obtenir, sans qu'on la lui veuille accorder. C'est donc de vous seul que je l'attends, persuadé que, si vous aviez été instruit du fait tel qu'il est, vous me l'auriez fait rendre prompte et entière.»

Le 1er avril, en adressant une copie de cette lettre à M. Ferrand, M. Desmaretz dit que le sieur de Lorgerie lui a été recommandé par M. le duc d'Orléans, mais qu'il n'y a point eu de faveur particulière dans son renvoi par-devant les juges de la Monnaie : on ne pouvait laisser aux juges ordinaires un officier chargé des deniers du Roi et d'un dépôt public. «A mon égard, ajoute-t-il, bien loin de le protéger, je lui ai déclaré que, tant que je serois en place, il n'exerceroit point sa charge, qu'il feroit bien de la vendre, et que, s'il ne s'y portoit volontairement, on l'obligeroit par un arrêt du Conseil de s'en défaire. Je ne suis donc point protecteur d'un mauvais sujet, et que M. de la Berthière taxe, un peu mal à propos, d'être un voleur public. Au reste, je ne suis pas obligé d'entrer en justification sur cela; mais il m'est revenu de mauvais discours de M. de la Berthière, et j'ai cru qu'étant dans la province où tout s'est passé, il étoit bon que vous fussiez instruit du vrai. Quand par hasard vous en entendrez parler, vous serez en état de rendre à la vérité un témoignage sûr.»

M. Ferrand répondit, le 8 avril : «Je ne suis point surpris de sa vivacité sur le vol dont il se plaint; mais je le suis extrêmement qu'à l'occasion du sieur de Lorgerie il ait été aussi loin que je le vois par la copie de sa lettre à M. Chamillart; c'est une indiscrétion qui n'est pas excusable. Je dois bientôt aller à Nantes, et je profiterai de l'avis que vous me faites l'honneur de me donner.»

1106. *M. le Guerchoys, intendant à Alençon, au Contrôleur général.*

20 Septembre 1706.

Selon l'ordonnance des gabelles, les collecteurs de l'impôt du sel peuvent prélever certains menus droits pour la collecte et pour le port et la distribution du sel; mais ceux d'entre eux qui ne savent pas signer consomment cette modique rétribution à passer des quittances par-devant notaires et à les faire contrôler et sceller. La réclamation des fermiers généraux en leur faveur est donc fondée; toutefois, il ne pourrait être fait de réduction sur le prix de revient des quittances qu'en diminuant d'un sol les droits de contrôle, et en laissant 3 sols aux notaires pour la passation de la quittance, non compris le coût du papier timbré sur lequel elle s'expédie.

1107. *M. Desmaretz, directeur des finances, à M. Samuel Bernard.*

21 Septembre 1706.

«M. Chamillart m'a envoyé un extrait de la lettre que vous lui avez écrite, le 18 de ce mois, sur le projet de banque que vous lui avez donné et sur la conférence que nous avons eue, vous et moi, avec M. de la Ferrière : ce qui m'a donné lieu de lui en parler lundi dernier plus à fond encore que dans les autres conférences que j'avois eues avec lui sur ce sujet. Il me paroit qu'il est persuadé, comme vous, que cet établissement peut être fort bon; mais il croit que le succès dépend absolument et de la réputation de ceux qui se présenteront au public pour tenir cette banque, et des fonds actuels qu'ils auront en caisse pour en payer les billets. Je vous avoue que j'ai peine à me persuader que ce projet puisse réussir par tout autre que par vous, et je ne commence à en concevoir quelque espérance que depuis que j'ai connu que vous le goûtiez. Je crois même que, si vous ne vous donnez les premiers mouvements pour engager ceux que vous jugerez propres pour y prendre part, on en demeurera à la simple proposition. C'est ce qui me fait vous prier d'y donner une sérieuse attention, d'examiner quels sont les sujets qui peuvent convenir, quelles mesures on peut prendre pour les déterminer, et quels fonds, par leur canal, on pourra rassembler pour commencer cet établissement. Je dois vous observer que M. Chamillart ne veut point le commencer qu'il ne voie un fonds de 6 millions assuré : je ne doute pas que cela ne paroisse très difficile, et même impossible, à la plupart de ceux à qui on en parlera; mais vous êtes accoutumé à faire des choses extraordinaires et au-dessus des autres, et, si vous y travaillez, j'espère qu'on surmontera toutes les difficultés. J'irai demain au soir à l'Étang, où je crois rester vendredi tout le jour. Si vous avez du temps samedi dans la journée, je serois bien aise d'en employer une partie à discuter tout de nouveau, bien à fond, cette affaire avec vous, et je crois que, dans la conjoncture présente, il n'y en a point de plus importante.»

1108. *M. Desmaretz, directeur des finances, à M. Julien, secrétaire des États de Bourgogne.*

23 Septembre 1706.

«Je vous serai bien obligé si vous voulez bien continuer pour ma provision de vin de l'année prochaine les mêmes soins que vous avez pris pour les deux précédentes. L'expérience du passé me détermine entièrement à prendre des vins de Beaune ou des meilleurs crus des environs. Toute l'attention que je vous demande est de vouloir bien choisir des vins des meilleurs et qui puissent être bus successivement les uns après les autres, à mesure qu'ils se trouveront mûrs et potables. Tout celui que vous avez envoyé l'année dernière étoit en quartauts; on croit qu'il conviendroit mieux de le mettre en demi-queues. Et à l'égard du vin de Nuits, je ne serois pas fâché d'en avoir deux petites pièces pareilles aux trois que vous m'avez envoyées l'année dernière; mais c'est tout ce que j'en souhaiterois. L'année dernière, vous me fîtes venir douze petites pièces; j'en aurois besoin, pour l'année prochaine, de la moitié plus. Ainsi, je souhaiterois d'en avoir la quantité que contiendroient vingt pièces de celles que vous m'avez envoyées l'année passée, dont il y en auroit dix-huit de Beaune, c'est-à-dire neuf demi-queues, et deux petites pièces de Nuits.»

1109. *M. Desmaretz, directeur des finances, à M. le duc de Châtillon.*

25 Septembre 1706.

«Ce n'est point manque d'attention à ce qui me vient de votre part que je n'ai point fait réponse jusqu'à présent à la lettre que vous avez pris la peine de m'écrire, laquelle m'a été remise par le sieur Potier. J'ai cru avoir mis votre nom au bas des propositions que le sieur Potier m'a présentées, pour me faire souvenir que vous y prenez part; je les ai fait chercher inutilement dans tous mes papiers plusieurs fois, sans qu'on les ait trouvées. Si vous avez agréable de m'envoyer le sieur Potier, j'examinerai avec plaisir ses mémoires, et j'aurai l'honneur de vous faire savoir mon sentiment sur ce qu'ils contiennent, lorsqu'il me l'aura indiqué.»

1110. *Le Contrôleur général aux Intendants.*

2 Octobre 1706.

Le Roi ayant chargé une compagnie particulière de la fabrique des poudres et salpêtres, il est important de protéger l'entrepreneur et ses commis, de les faire jouir de leurs privilèges, de faciliter la recherche des salpêtres, et d'examiner avec attention toutes les propositions relatives à ce service.

1111. *M. Trudaine, intendant à Lyon, à M. Desmaretz.*

2 Octobre 1706.

«Je ne sais si vous avez connoissance de la proposition que l'on a faite à M. Chamillart de fixer les changes du dedans du royaume; elle m'a tellement étonné, que j'ai sur-le-champ fait venir deux de nos meilleurs négociants des plus sensés, et qui aiment mieux l'État, pour en conférer avec eux. Nous avons tous trois pensé de même; je prends la liberté de vous envoyer copie de la réponse que je fais à M. Chamillart*.»

* Copie de la lettre écrite au contrôleur général : «J'ai reçu hier deux lettres que vous m'avez fait l'honneur de m'écrire le 26 septembre dernier. Par la première, après m'avoir marqué qu'il vaudroit mieux ne point emprunter d'argent que de le prendre pour huit ou dix jours seulement, comme j'ai fait faire, vous vous expliquez sur l'usure excessive qui s'exerce par une trentaine de personnes qui se rendent maîtres du commerce de Lyon, et qu'il faudra que le Roi y mettre ordre par autorité; et par la seconde, vous me faites l'honneur de me demander mon avis sur une proposition qui vous a été faite de régler le change de Lyon et du dedans du royaume sous la peine du quadruple contre les contrevenants. Je vous dirai seulement, pour ma justification d'avoir fait tirer à vue les sommes que j'ai fait emprunter pour les envoyer à M. d'Angervilliers, que vous m'avez mandé de le faire par la lettre que vous m'avez fait l'honneur de m'écrire vous-même le 15 septembre, et qu'il y avoit nécessité d'envoyer de l'argent en toute diligence à l'armée : ce que vous avez bien connu vous-même, et dont l'effet a été si sensible, que M. d'Angervilliers m'a fait l'honneur de me mander que cet argent a sauvé une partie du Dauphiné du pillage. La proposition que l'on vous fait de fixer le change du dedans du royaume peut être regardée comme le remède d'autorité que vous croyez que le Roi sera obligé d'apporter aux usures qui s'exercent en faisant perdre aussi considérablement sur les billets de monnoie. Celui qui vous fait cette proposition n'est point négociant, et j'ose dire qu'il n'y entend rien. Le change de Lyon à Paris n'est, d'espèce pour espèce, que de 1/2, de 3/4, ou de 1 p. o/o au plus; le reste n'est point change, c'est la différence de la valeur des espèces et des billets de monnoie, suivant le cours du temps présent. Si les billets de monnoie ne perdoient rien à Paris et qu'on les prît au pair, les lettres de Lyon sur Paris ne paroîtroient pas gagner ce que l'on présuppose qu'elles gagnent, et le marchand y trouveroit encore mieux son compte. Et effectivement les lettres de Lyon sur Paris ne gagnent rien, parce que celui qui la reçoit à Paris, quoiqu'il paroisse recevoir en billets de monnoie une plus forte somme que celle qu'il a payée à Lyon, ne peut disposer ces mêmes billets que pour la valeur de la même somme qu'il a donnée à Lyon pour les avoir. Ainsi, il ne profite de rien, et, quand on vous propose de fixer le change, il faut commencer par fixer la perte sur les billets à Paris. Vous savez que les arrêts que vous avez rendus pour empêcher cette perte n'ont servi de rien, et qu'elle a toujours augmenté de plus en plus depuis les arrêts et les exemples de punition que vous en avez fait faire. La fixation du change fera un peu plus de mal : il fera augmenter la perte sur les billets de monnoie, et fera cesser tout commerce avec Paris; ou bien l'on trouvera plusieurs expédients pour frauder la loi. Toutes ces matières de commerce ne peuvent se traiter par autorité qu'en même temps la finance n'augmente, et par conséquent le mal auquel l'on veut remédier. Il faut pourvoir par d'autres moyens au rétablissement de la confiance. Les seules menaces que vous faites de faire recevoir les billets de monnoie dans les provinces, font tellement resserrer l'argent, qu'on ne l'a jamais vu de la rareté dont il est. L'argent comptant vaut ici 1/2 p. o/o pour en être payé sur-le-champ en écritures, et encore l'on n'en trouve pas. J'ai prié M. le prévôt des marchands de ne point faire voir vos dernières lettres par où vous marquez que vous serez obligé de reprendre ces premiers desseins de faire recevoir les billets de monnoie dans les provinces; elles nous mettroient hors d'état absolument de trouver aucun comptant pour les affaires du Roi. Quoique les billets de monnoie n'aient pas cours dans les provinces, les principaux négociants des provinces en ont, pour leur compte, une fort grande quantité entre leurs mains, de leurs amis de Paris, qu'ils ont été obligés d'y recevoir, et, s'ils s'opposent aussi vivement à la réception de ces billets dans les provinces, c'est pour empêcher la perte de leur commerce, principalement avec l'étranger, qu'ils connoissent bien qui finiroit aussitôt qu'ils seront admis dans les provinces. Quand on examine le commerce du royaume, l'on trouve que Paris fait le moins de commerce au dehors; c'est ce qui fait que l'étranger n'a point de crainte des billets quand il sait qu'ils restent dans Paris. Si l'on envoie les billets dans les provinces, il est à craindre qu'ils ne perdent encore plus qu'ils ne font, et qu'ils n'interrompent tout le commerce et du dedans et du dehors. Il me paroît qu'il seroit très à propos qu'au lieu de menacer de les faire recevoir, que nous puissions montrer des lettres de vous par lesquelles vous marqueriez qu'on ne pense point à les y envoyer. Tant qu'on croira que vous balancez, l'argent se tiendra de plus rare en plus rare. Je vous demande pardon de m'être si longtemps étendu sur une matière aussi souvent rebattue.»

Voir aussi la réponse de M. de Montesan, prévôt des marchands, en date du 3 octobre, et une lettre que M. Trudaine avait écrite le 27 mai précédent, sur les causes probables de l'élévation du change et de la rareté de l'or.

Le 27 novembre, M. Trudaine annonce que le change a baissé de 45 p. o/o de perte à 32, sur le bruit que les billets de monnaie seraient reçus en remboursement du droit annuel et que le contrôleur général voulait aliéner les postes pour quinze ans, à charge, par les preneurs, de retirer 40 millions de billets en trois ans. Il fait observer que ces deux expédients employés simultanément feraient croire à l'existence d'une énorme quantité de billets et compromettraient le crédit à l'étranger et dans le public. Le contrôleur général répond en marge de cette lettre : «Je voudrois avoir supprimé le dernier avant le mois de mars prochain. Rien n'étoit de meilleur, si le public avoit su en profiter. Il n'en coûtera pas plus au Roi pour payer l'intérêt d'une façon que d'une autre, et l'on arrêtera par ce moyen l'avance énorme de ceux qui se sont abandonnés à une usure excessive et qui ne se pouvoit soutenir. Si nous avions encore un mois pour le premier payement de Lyon, j'espérerois bien que les changes tomberoient du tout à rien.»

1112. *M. de Saint-Macary, subdélégué général en Béarn, au Contrôleur général.*

5 Octobre 1706.

Il se plaint que le tiers état de Navarre ne veuille pas permettre au syndic du pays de faire l'office de subdélégué de l'intendance à l'occasion du passage des recrues envoyées en Espagne.

«Il avoit fait de la dépense pour traiter les officiers selon ses petites facultés : il falloit que les États l'indemnisassent, puisque je ne l'avois pas seulement commis pour faciliter l'étape, mais encore pour conserver leurs peuples et leurs biens. L'église et la noblesse crurent qu'il étoit raisonnable d'avoir égard à ses peines et vacations; mais je fus bien surpris d'entendre que le tiers état, faisant porter la parole par leur président, vint déclarer aux deux corps, en ma présence, qu'il étoit incompatible que leur syndic se mêlât des affaires du Roi, et qu'ils étoient d'avis qu'il opteroit en se chargeant des affaires du Roi ou du pays; faute de ce, qu'il demeureroit destitué de sa charge de syndic : ce qui me donna occasion de leur dire que je m'opposois à ce que leur délibération fût écrite; que les affaires du Roi n'étoient pas incompatibles avec celles du royaume; au contraire, qu'il étoit heureux qu'elles tombassent en main de leur syndic, parce qu'il pouvoit les concilier et les proportionner, et que, s'il s'agissoit de les rendre incompatibles, ce n'étoit pas à eux de le déclarer, mais bien au Roi, qu'ils devoient consulter; et cependant, que je ne souffrirois pas qu'ils entreprissent de le destituer, et qu'une autre fois, je ne choisirois point de subdélégué, mais que, leur province n'ayant pas voulu donner des sujets pour remplir la charge de subdélégué, je serois forcé, lorsque je ne pourrois pas y être, de les abandonner à la discrétion des capitaines. La déclaration que je leur fis les obligea de rentrer, et, ne parlant plus d'aucune destitution ni incompatibilité, ils déclarèrent qu'ils ne vouloient pas donner aucune gratification au sieur d'Arhets : si bien que la proposition tomba, parce qu'en Navarre, en matière de finance, le tiers état a voix prohibitive; mais aussi cette voix prohibitive a un fondement de malice qui ne peut pas être souffert dans ce cas*.....»

* Réponse en marge : «Il n'y a point d'incompatibilité; mais, étant syndic de ces peuples-là, ils sont les maîtres de ne vouloir pas qu'il se mêle d'autre chose, et de le changer quand ils veulent; et vous pouvez en choisir un autre, en pareil cas, pour votre soulagement. Le Roi veut bien cependant, pour cette fois seulement, que, pour récompenser les services qu'il a rendus en cette occasion au pays, les États lui donnent une gratification de 1,000 #. Vous pouvez l'ordonner.»

1113. *M. d'Ableiges, intendant à Moulins, au Contrôleur général.*

6 Octobre 1706.

Il envoie un état des lieux de la généralité qui ont des foires, des marchés et de grands passages, avec l'indication de ceux où il y a des notaires royaux, et des endroits où l'on en pourrait établir.

1114. *M. Desmaretz, directeur des finances, à M. Poulletier, garde du Trésor royal.*

7 Octobre 1706.

«Je vous envoie un mémoire que les intéressés au traité des offices de facteurs-commissionnaires des rouliers m'ont présenté, par lequel ils demandent une surséance au payement de 60,000 # qu'ils doivent faire le 10 de ce mois. Comme la matière de ce traité a manqué par les grandes diminutions que M. Chamillart a accordées sur la finance de plusieurs provinces, et particulièrement sur celle de Paris, Languedoc et Bourgogne, je crois qu'il y a de la justice de surseoir ce payement, et je proposerai incessamment à M. Chamillart une petite affaire pour remplir le fonds qui manque à ce traité.»

1115. *M. de Báville, intendant en Languedoc, à M. Desmaretz.*

7 Octobre 1706.

«La proposition qui a été faite à M. Chamillart de faire fabriquer cinq cent mille marcs de liards dans l'hôtel de la Monnoie de Montpellier est un moyen de faire sortir dès à présent du royaume 250,000 # d'argent qui passeront dans le pays étranger pour acheter cette quantité de cuivre qu'on veut monnoyer; et, lorsqu'elle aura été convertie en liards, on aura mis dans le commerce 418,750 # en espèces de cuivre, qui donneront lieu de faire sortir une pareille somme en argent. Le prétexte qu'on prend est que les menues espèces manquent en Languedoc, et il est vrai qu'on en voit moins qu'on ne faisoit autrefois; mais on ne doit pas en être surpris : les fréquents changements qui arrivent au prix des grosses espèces fait que le peuple ne s'attache qu'à conserver les petites, sur lesquelles il n'y a rien à perdre, et il arriveroit à cette fabrication de liards qu'on propose ce qui est arrivé à celle qui a été faite, il n'y a pas dix ans, dans cette province, qui est qu'on les garderoit et qu'on n'exposeroit dans le commerce que les espèces d'or et d'argent sur lesquelles on craint les diminutions; mais, après que la valeur des espèces aura été fixée, venant à rentrer dans le commerce, on ne verra plus les espèces d'or et d'argent. Le placet signé par une vingttaine de marchands de Montpellier n'est pas ce qui doit décider en pareille occasion : il y en a plusieurs qui ne sont pas en état de refuser leur seing à un ami qui le leur demande sans entrer en connoissance de ce qu'ils font, et il y en a qui peuvent avoir part avec ceux qui font agir le sieur Montréal, et du nom duquel ils se servent pour solliciter cette affaire. Il y a deux ans que ces mêmes marchands proposèrent cette affaire à la Chambre du commerce de cette ville; mais elle ne voulut pas consentir de présenter ce placet, parce qu'elle connut le préjudice que cette fabrication porteroit au commerce. Ils reviennent à présent à la charge, avec un certificat signé des gens ramassés, qui ne sont ni de la Chambre du commerce ni de la juridiction de la Bourse, et on espère que les besoins de l'État feront accepter la somme de 40,000# qu'ils offrent à S. M.; mais ce sont ces mêmes besoins qui doivent empêcher que l'argent ne sorte du royaume. On croit que ceux qui proposent cette affaire ne cherchent qu'un prétexte pour faire entrer dans le royaume une plus grande quantité de cuivre que celle pour laquelle ils demandent des passeports. Le cuivre est à présent fort cher; il se vend à Montpellier 22 sols la livre, parce qu'il n'est permis d'en faire venir que de Salé; si l'entrée de celui de Hambourg et d'Allemagne étoit permise, on le verroit en même temps diminuer à 18 ou à 16 sols; ce seroit par conséquent un gros profit à faire pour des particuliers, s'ils avoient seuls la faculté de faire entrer le cuivre, dont l'entrée est défendue, et d'en faire entrer une quantité considérable sous prétexte des passeports qui leur seroient accordés. J'ajouterai à toutes ces considérations qu'en 1651 les États de Languedoc s'opposèrent à la fabrication des liards qu'on vouloit faire dans la province, comme étant préjudiciable au commerce; et, par toutes ces raisons, je ne crois pas que la proposition du sieur Montréal doive être acceptée*.»

* En envoyant ce projet, dont l'auteur se qualifiait d'ancien officier de la Monnaie de Montpellier, M. Desmaretz avait dit qu'on croyait le billon assez abondant en France, et que, plus il y en aurait, plus les bonnes espèces iraient au dehors du royaume. (Lettre du 20 septembre.)

1116. *M. Desmaretz, directeur des finances, à M. de Harouys, intendant en Champagne.*

10 Octobre 1706.

Le Roi n'accorde pas le privilège exclusif demandé par le sieur le Sucur, maître de forges à Montot, pour l'exploitation d'une mine de soufre qu'il prétend avoir découverte en Bassigny, l'édit du mois de juin 1601 garantissant aux propriétaires des fonds la faculté de faire valoir par eux-mêmes les mines de cette nature et certaines autres. Mais, comme celle-ci est de bonne qualité et a rendu 5 p. o/o de net à l'essai, il faut que l'intendant conseille au sieur le Sueur de s'accommoder avec le propriétaire du fonds*.

* Voir la demande de M. de Harouys, en date du 16 avril précédent.

1117. *M. le Blanc, intendant en Auvergne, au Contrôleur général.*

12 Octobre 1706.

Il envoie un mémoire du nommé Daudet, graveur de Clermont, sur le moyen de mettre aux espèces d'or et d'argent une pièce de rapport qui empêche la contrefaçon et la fausse réforme*.

* Voir les lettres écrites par le graveur le 25 août 1707, et par l'intendant le 23 septembre, en réponse à une lettre de M. Desmaretz du 6 septembre.

1118. *M. Trudaine, intendant à Lyon, au Contrôleur général.*

15 Octobre 1706.

«Aussitôt que j'eus reçu hier la lettre que vous m'avez fait l'honneur de m'écrire le 11 de ce mois, pour me recommander de garantir d'insultes le sieur Hogguer de Lyon en cas qu'il ne pût souder son bilan dans le 20 de ce mois, je l'envoyai prier de passer chez moi, pour lui faire voir l'attention que vous avez pour lui et lui demander en quel état il étoit. Il me dit qu'il avoit beaucoup tiré sur son frère de Paris, qu'il craignoit que ses lettres ne revinssent à protêt, son frère ne les pouvant acquitter faute de fonds, parce qu'il prétend n'être pas payé de ce qui lui est dû par le Roi, qu'il fait monter à 4 millions, dont il dit vous avoir donné le compte. Je n'entre point en connoissance de cette dette; mais je prendrai la liberté de vous représenter qu'il est plus de l'intérêt du Roi que des sieurs Hogguer de les mettre en état de satisfaire leurs créanciers, et, s'ils n'y satisfaisoient pas, il vaudroit encore mieux les y abandonner que de leur donner une protection ouverte. Ce que l'on peut faire seulement, sans qu'il paroisse que ce soit de votre ordre, c'est de ne pas rendre promptement des jugements de condamnation contre eux; M. le prévôt des marchands le fera comme de lui-même. Si l'on est obligé d'en venir à cette extrémité, M. le prévôt des marchands ménagera cette affaire avec sagesse et grand secret. Mais le plus sûr moyen pour conserver quelque crédit au Roi, qu'on regarde comme le véritable débiteur des dettes des sieurs Hogguer, est de les mettre en état de payer; car, s'ils manquent, il est tout à craindre que ni l'extraordinaire des guerres, ni ceux qui seront chargés des affaires du Roi, ne puissent trouver aucun crédit dans cette ville, où la défiance est déjà très grande par le retardement que les sieurs Hogguer ont obtenu des payements. Cette affaire tient toute la place de Lyon en échec, parce qu'ils y doivent de très grosses sommes, et qu'ils n'ont pas encore pu faire connoître qu'ils satisferont. Le sieur Hogguer me dit que si vous leur remettiez des fonds dont son frère de Paris pût acquitter les lettres qu'il a tirées sur lui à vue, parce qu'on n'en veut plus des siennes autrement, qu'il espère sortir d'affaire et souder son bilan, mais que s'il lui revient seulement une lettre à protêt, qu'il sera hors d'état de payer, parce que cela achèvera de lui ôter le reste de crédit qu'il peut avoir. Vous connoissez mieux que moi les conséquences de cette affaire pour vous obliger de faire tous les efforts possibles pour les sortir avec honneur de l'embarras où ils sont*.»

* Le consulat accorda de lui-même une prolongation jusqu'au 1er novembre. (Lettres des 15, 19 et 23 octobre.) En marge de la seconde de ces lettres est ce projet de réponse à M. Trudaine : «J'avois cru, comme lui, qu'il étoit bien dangereux de proroger une seconde fois le même payement; comme cela s'est fait du propre mouvement de M. le prévôt des marchands et sur la demande des négociants, il y a lieu de croire qu'ils n'en appréhendent pas tant les conséquences que nous.»

1119. *Le sieur* Chrestien, *inspecteur des manufactures à Elbeuf,*
au Contrôleur général.

16 Octobre 1706.

«..... Les marchands de Rouen faisant le commerce de laines, huiles, savons et ingrédients de teinture ont vendu pour l'ordinaire aux manufacturiers de draperies ces mêmes marchandises à payer à douze usances. Ces derniers mettent en œuvre ces matières-là et vendent leurs draps communément à huit usances. Quand l'échéance de ces laines est venue, ils donnent en payement des billets ou lettres de change sur les marchands drapiers de Paris, que les marchands de laine prennent suivant l'usage, qui s'est toujours pratiqué de bonne foi. En effet, ils ont dû prendre leurs mesures sur ce pied-là.

«Les marchands de Rouen ayant vu, depuis environ six mois, qu'il y avoit trop à perdre sur les billets payables à Paris qui leur étoient fournis par les manufacturiers, d'autant que ces billets ne se payoient qu'en billets de monnoie, ils ont pris la sage précaution, en vendant leurs laines et autres ingrédients, de stipuler des conditions contraires à l'usage, c'est-à-dire d'être payés en argent comptant ou billets sur Rouen, et non en billets sur Paris. Les manufacturiers, de leur côté, ont dû prendre depuis ce temps-là les mêmes précautions envers les marchands à qui ils ont vendu leurs draps; mais, à l'égard des laines qu'ils ont achetées, il y a un an et depuis, sans stipulation, il ne leur est pas possible de pouvoir payer que suivant l'usage, c'est-à-dire en billets sur Paris, puisque les marchands de Paris à qui ils ont vendu leurs draps dans les temps, ne payent point en argent comptant, mais seulement font leurs billets, qui sont payés à leur échéance en billets de monnoie, ce qui a causé tout le désordre : de sorte que, si les marchands de Paris payoient en espèces à l'échéance, il leur seroit facile de payer de la même manière les marchands de laine. Au surplus, les fabricants sont contraints d'avancer moitié d'argent comptant de la valeur de leurs draps pour payer journellement leurs ouvriers, et il faut qu'ils aient beaucoup de fond et de crédit pour continuer leur fabrique, qui est si avantageuse à l'État et aux peuples.

«C'est pourquoi Votre Grandeur aura la bonté, si lui plaît, de faire entendre aux marchands de Rouen du nombre desquels est composée la Chambre de commerce ou la juridiction consulaire, qu'il n'est pas à propos de vouloir exiger le payement en argent comptant des laines qu'ils ont vendues aux fabricants, puisque jamais ça n'a été l'usage de payer autrement qu'en billets ou lettres sur Paris, à la réserve néanmoins des billets qui ont été faits avec stipulation ou condition de payer le tout, moitié, le tiers ou le quart en argent comptant, à leur échéance. Cette affaire étant des plus sérieuses, Votre Grandeur est suppliée d'y faire apporter un prompt remède.»

1120. *M. le duc de* Chevreuse, *gouverneur de Guyenne, à M.* Desmaretz.

(De Chaulnes) 20 Octobre 1706.

«Je joins ici le petit mémoire que vous désiriez. Il commence par l'extrait de deux lettres de différentes personnes, de bon esprit, très sensées, et qui connoissent à fond, non seulement le pays, mais ce qu'y faisoit M. de Bezons (qui ne peut être trop loué) et ce qu'on y fait présentement. Par ce qui m'en revient, on ne sauroit prescrire trop fortement ce qu'on voudra qui soit observé, ni trop recommander le soin et l'application pour l'exécution. Je n'en dirai pas davantage par cette voie de la poste. Je vous rends mille grâces de ce que vous avez fait accorder au sieur Gondouin, et suis, etc.»

EXTRAIT D'UNE LETTRE DE GUYENNE, DE LA FIN DU MOIS DE SEPTEMBRE DERNIER.

«Le peuple est dans la dernière misère. Les subsides ont été «poussés à tel point, qu'il est impossible qu'il y satisfasse; mais «ce qui irrite davantage ces pauvres gens, c'est qu'on emploie «pour la levée de ces impositions des satellites qui sont perpé«tuellement dans les paroisses, et qui y font des frais à leur «profit, souvent plus forts que la taille qu'on doit au Roi. Quant «à cet article, il seroit non seulement juste, mais aisé d'y re«médier, pour peu que ceux qui sont chargés de ce détail y «voulussent avoir attention. C'est ce que je viens d'examiner «de près, etc.»

EXTRAIT D'UNE AUTRE LETTRE DE LA MÊME PROVINCE DE GUYENNE ET DU MÊME TEMPS.

«Les receveurs des tailles ont augmenté de plus d'un tiers «les frais des contraintes. Elles absorboient déjà presque tout «ce qui devoit venir au Roi; S. M. peut s'assurer qu'à l'avenir «il ne lui reviendra rien des peuples, si les receveurs des tailles «sont les maîtres de ces frais des contraintes, dont on dit qu'ils «ont acheté et mis en partie le droit, etc.»

«Ces lettres sont de différentes personnes, et la chose n'est pas douteuse, du moins à l'égard du Périgord. L'expédient qu'on a proposé pour que les tailles puissent être levées, c'est que le recouvrement en soit préféré à celui des frais des contraintes; car, si le peuple, qui ne peut payer l'un et l'autre, est également ruiné quand on les exigera tous deux, il est juste au moins que le Roi reçoive la taille par préférence, et qu'il n'y ait que les receveurs qui perdent les frais excessifs des contraintes qu'ils multiplient sans bornes. Mais ce n'est pas assez, car, si les peuples sont ruinés, le Roi n'en pourra plus rien recevoir à l'avenir. Or, il est aisé de prévenir leur ruine pourvu que les supérieurs veillent, dans les provinces, sur la conduite des ordonnateurs et des porteurs de contraintes.

«Il y a deux sortes de gens chargés d'impositions, savoir : ceux qui sont dans l'impossibilité actuelle de payer au moment qu'on les poursuit, et ceux qui ne payent pas par mauvaise volonté. On peut contraindre les derniers, qui sont en petit nombre; pour les autres, non seulement on les ruine quand on les force à payer sur-le-champ par la vente du peu qui leur reste de meubles et d'effets, mais on les met encore hors d'état de cultiver les terres dans la suite, et on ruine le royaume. Si les supérieurs s'appliquent soigneusement à ces détails, ils connoîtront aisément qui sont les pauvres à qui il faut donner du temps. Ils leur épargneront par là les frais immenses des contraintes, et, les obligeant à payer lors seulement qu'ils le pourront, le Roi en sera mieux servi, sans que ses sujets soient réduits à la mendicité, ni le royaume en friche. Mais on prétend que cela ne pourra s'exécuter sans des ordres assez précis pour surmonter tous les obstacles que l'avidité du gain de plusieurs subalternes ne fera que trop naître en pareil cas.»

1121. *Les Députés des États d'Artois*
au Contrôleur général.

20 Octobre 1706.

La province d'Artois, qui a versé près de 1,100,000 ₶ par an depuis le commencement de la guerre, sans compter la dépense des milices, et dont les charges viennent encore d'être augmentées de plus d'un million pour la fourniture des fourrages, est hors d'état de payer en argent le Don gratuit et l'abonnement de 1707. Elle demande à s'acquitter en blé et à fournir aux troupes d'Artois et de Flandre quatre-vingt mille sacs de deux cents livres, à raison de 8 ₶ le sac. Le blé étant abondant et à vil prix depuis que la perte d'une partie des Pays-Bas espagnols en a enlevé le principal débouché, ce moyen d'écouler les approvisionnements serait un grand bienfait pour la province, en même temps que le Roi et ses armées en profiteraient*.

* Le Roi s'étant décidé à payer en argent le pain des troupes pendant le quartier d'hiver et y trouvant un avantage parce que le plus beau blé ne dépassait pas 6 ₶ 10 s., les États renoncèrent à fournir des blés qui ne leur eussent été portés en compte que sur les impositions de 1708. (Lettres des 6, 10 et 22 novembre, avec les observations des munitionnaires.) Par suite, ils ne purent faire leur payement du mois de mars 1707. (Lettre du 24 mars 1707.)

1122. *M. de Grignan, lieutenant général en Provence,*
au Contrôleur général.

20 Octobre 1706.

«J'ai cru devoir vous envoyer la copie ci-jointe d'une lettre que les notaires de Blois se sont avisés d'écrire à ceux d'Aix, et qui est circulaire pour tous les notaires du royaume, que cette lettre dit être au nombre de cinquante mille. L'affectation d'étaler ce grand nombre de personnes intéressées en l'affaire dont il s'agit, cette manière de chercher à réunir les plaintes de tous les endroits, les descriptions outrées qu'on expose aux yeux du peuple des prétendus maux que l'établissement d'un droit peut produire, les résolutions de s'adresser par des placets à Monseigneur et à Mgr le duc de Bourgogne aussi bien qu'au Roi, ce qui est répété jusques à trois fois, le projet de faire agir des personnes de conséquence pour appuyer les demandes, et celui de faire trouver en même temps à Paris des députés de toutes les provinces, enfin toutes les choses qui sont dans cette lettre m'ont paru dignes d'attention, surtout par rapport aux conséquences d'un si mauvais exemple; et, quoique je sois persuadé qu'il n'y a qu'imprudence de la part de ceux qui ont conçu et exécuté le dessein de cette manœuvre, je ne laisse pas de penser qu'il pourroit être à propos d'en arrêter le progrès, sans néanmoins faire trop connoître qu'on en ait été mal édifié, mais par des moyens qui aillent à cette fin sans éclat et sans bruit. J'aurois pris ici quelques mesures sur ce qui regarde la Provence, si je n'avois considéré que, dans une affaire générale, il faut une uniformité de conduite qui ne peut venir que de la cour. J'attendrai donc vos ordres*.»

* M. Lebret avait déjà envoyé, le 18, un exemplaire de cette circulaire, réimprimée sous le couvert des syndics généraux des notaires de Provence. Elle avait trait au nouveau tarif du contrôle des actes portant suppression des sceaux. Le contrôleur général lui ordonna de faire emprisonner celui des syndics qui avait pu faire faire l'impression, ainsi que l'imprimeur, pour autant de temps qu'il le jugerait à propos. Selon la réponse de M. Lebret (2 novembre), le syndic des notaires d'Aix n'avait point attaché d'importance à cette circulaire, l'ayant reçue telle quelle des notaires de Lyon, qui, eux aussi, l'avaient réimprimée après les notaires de Blois. M. de Bouville, intendant à Orléans, fut chargé de faire arrêter les deux principaux notaires de cette dernière ville qui pouvaient avoir fait l'envoi.

1123. *M. Desmaretz, directeur des finances,*
à M. de Courson, intendant à Rouen.

26 Octobre 1706.

Sur la demande de l'échevinage de Paris, le Conseil royal a résolu que les beurres, les fromages, le bois à brûler et les autres denrées remontant à Paris par la Seine seraient déchargés de tout droit de passe-debout en traversant Rouen, à la seule condition de passer dans les vingt-quatre heures et de justifier de l'entrée à Paris.

1124. *M. de Bernage, intendant en Franche-Comté,*
au Contrôleur général.

26 Octobre, 9 Novembre et 31 Décembre 1706;
2 Janvier, 13 Septembre et 8 Novembre 1707.

Établissement d'un réservoir d'eau aux sauneries de Salins; réparation du canal qui amène l'eau douce; reconstruction d'un dôme destiné à recevoir l'horloge de la grande saline. Procès-verbal de visite; plan des souterrains et des ateliers *.

* Voir aussi les lettres des 13 octobre 1705, 9 mars et 13 août 1706, sur la suppression de sources salées auxquelles le pays allait s'alimenter dans les bois de Montmorot et sur un projet de rétablissement de l'ancienne saunerie de Lons-le-Saunier.

1125. *M. de Harouys, intendant en Champagne,* au Contrôleur général.

27 Octobre 1706.

Il explique dans quelles circonstances et avec quelles garanties il a attaché à son service, comme secrétaire de l'intendance, un ancien avocat au Parlement de Besançon, dont il n'a jamais appris que personne eût à se plaindre.

« On l'accuse, par le placet que vous m'avez renvoyé, de prendre part à plusieurs affaires nouvelles, d'être logé dans la maison d'un chef des huguenots qui a chez lui un magasin de bois de fusils en commun avec ce secrétaire, et qu'il achète des terres et fait bâtir des palais en Bourgogne. Vous voulez bien qu'en renversant l'ordre des faits de ce placet, je réponde sur chacun suivant ce qui est de ma connoissance.

« Il est vrai que ce secrétaire, environ deux ans après qu'il fut avec moi, acheta une terre en Bourgogne, qui lui a coûté 45.000 ᵗᵗ; mais je vous proteste avec vérité que quand je le pris, après que je lui eus fait entendre la conduite désintéressée que je souhaitois de lui, il me parla du bon état de ses affaires, et qu'il songeoit à acheter une terre aux environs d'Auxonne, d'où il est. Il me dit qu'il prenoit avec moi cette précaution, afin que je ne fusse pas surpris de lui voir faire une pareille acquisition et qu'elle ne me rendît point sa conduite suspecte. Il n'est point du tout vrai qu'il fasse bâtir des palais : il n'a pas mis un clou ni une vitre à cette maison délabrée depuis qu'il l'a achetée; il y fait seulement accommoder son jardin, c'est-à-dire planter quelques arbres fruitiers, qui ne méritent aucune attention.

« A l'égard du chef de huguenots chez lequel on lui reproche de loger, le fait est vrai qu'il loge chez un vieux homme qui ne fait aucun devoir de catholique, et qui est d'ailleurs bon homme et pacifique. Je suis logé dans la même maison qui a été occupée par M. de Pomereu, par M. Larcher et par M. de Caumartin, ci-devant intendants de Champagne. Mon secrétaire, qui n'a pu trouver de place dans ma maison, qui n'est pas grande, s'est mis vis-à-vis de chez moi, et c'est justement chez ce huguenot. Le secrétaire de M. de Pomereu y logeoit de même avant le mien, et, avant le secrétaire de M. de Pomereu, M. Larcher avoit une partie de ses gens dans ce même logement, que la proximité de la maison remplie ici ordinairement par les intendants rend seul convenable. Ce huguenot est marchand de bois; il a traité avec le sieur Fournier, chargé de la fabrique des armes à Charleville, pour lui fournir une certaine quantité de bois de fusils; c'est ce qui donne lieu au magasin qu'il en fait à Châlons, auquel je peux vous assurer que mon secrétaire n'a aucune part. Le traité de ce marchand de bois avec le sieur Fournier n'est que de 2,400 ᵗᵗ; je l'ai voulu voir, et, comme il est présentement inutile à cet entrepreneur, il me l'a abandonné, et je vous l'envoie en original. L'intérêt qu'on pourroit avoir à ce traité seroit si foible, qu'il me paroît qu'il ne seroit pas capable de tenter un malhonnête homme, et à plus forte raison un homme que je crois très éloigné de l'être.

« A l'égard des affaires dans lesquelles on prétend que ce secrétaire entre, le placet parle des nouveaux 5 sols sur les vins, des boucheries, des pavés, ponts et chaussées, des étapes et des fourrages. Sur de pareilles accusations, on ne peut faire aucunes découvertes que par les gens intéressés dans ces affaires. C'est sous le nom d'Itan que les fermes des nouveaux 5 sols sur les vins et des droits attribués aux inspecteurs des boucheries ont été adjugées. Le sieur Gérard est un des principaux intéressés à ces deux traités, et le seul que j'aie ici sous ma main. Je l'ai interrogé, et j'ai mis avec lui en usage et prières et menaces pour l'engager à me découvrir si ce secrétaire entroit pour quelque chose dans ces deux affaires. Il m'a toujours soutenu avec beaucoup de fermeté qu'il n'y avoit pas la moindre part.

« Pour ce qui est des pavés, je ne sais d'affaire de pavés, dans tout ce département, que de ceux de Langres, dont l'adjudication a été faite par M. de Pomereu longtemps avant que je fusse en Champagne; et rien ne fait mieux voir la calomnie du placet que la part qu'on donne à mon secrétaire dans une affaire consommée et réglée avant que je fusse en cette province.

« Pour ce qui est des ponts et chaussées, je fais à Mézières l'adjudication des ouvrages de la frontière, et ici celle des ouvrages de la province, avec les officiers du bureau des finances. Je n'ai jamais adjugé ces entreprises qu'à ceux qui font la condition meilleure, sans avoir jamais accordé de préférence. Il y a ordinairement huit ou dix adjudicataires pour tous ces différents ouvrages : un homme qui auroit envie d'entrer dans une pareille affaire seroit obligé de se livrer à ces huit ou dix hommes, après quoi il n'en retireroit aucun profit. La misère du temps engage tous ces adjudicataires à entreprendre tous ces ouvrages à de fort bas prix, et, pourvu qu'ils y trouvent précisément de quoi subsister, ils sont contents; mais il est certain qu'un homme associé avec eux, et qui ne fourniroit point là son travail, n'en retireroit aucune utilité. Si M. d'Armenonville, à qui j'envoie toutes ces adjudications, vous les représentoit, vous verriez qu'elles sont faites à des prix sur lesquels c'est tout ce que les entrepreneurs peuvent faire que de trouver à subsister, sans avoir un profit à partager avec personne.

« Il ne reste plus de chefs d'accusation que les étapes et les fourrages. Le sieur Duboys de Crancé n'a eu les étapes de ce département que pendant la présente année 1706. Pendant les années 1703, 1704 et 1705, les sieurs Gallois et de Saint-Eugène, receveurs généraux de Champagne, et le sieur Thévenin en étoient chargés. Je vous serois très obligé, si vous vouliez bien ordonner à M. Millieu de les entendre sur la conduite de mon secrétaire; je suis persuadé qu'ils n'en rendront qu'un compte avantageux.

« Pour ce qui est des fourrages, les sieurs la Marque et Maréchal, qui les avoient toujours eus, en ayant demandé pour cette année un prix trop fort, sur le compte que je vous en ai rendu et sur la proposition que je vous ai faite de faire chercher à Paris une société qui entreprît cette fourniture à des conditions plus avantageuses, M. Millieu, par vos ordres, a trouvé le sieur Chevalier, d'un côté, et le sieur Lenoir, d'un autre; et enfin cette entreprise est demeurée à ce dernier, avec qui j'en ai passé le traité sur le pied que M. Millieu l'avoit arrêté. Il me paroît contre tout bon sens de donner part à mon secrétaire dans cette affaire, qui s'est réglée à Paris par M. Millieu.....

«Il ne me reste plus, après cette explication, qu'à vous dire que j'ai une grande confiance, sans cependant qu'elle soit aveugle, dans la probité et l'intelligence de mon secrétaire; que je comprends la peine qu'il y a à trouver de bons sujets pour ces sortes de fonctions, et que ce seroit un fort grand embarras pour moi d'en chercher un autre tel que celui que j'ai. Mais il ne me suffit pas d'être convaincu qu'il est homme de bien; je désirerois qu'il ne fût pas même soupçonné: ainsi, pour peu que ce placet, que je crois être l'ouvrage de quelque esprit inquiet ou mécontent, vous laisse la moindre impression contre ce secrétaire, aussitôt que vous aurez bien voulu me le faire savoir, je n'hésiterai pas un moment à me défaire de lui. J'attendrai sur cela les ordres qu'il vous plaira de me donner*.»

* Réponse en marge : «J'ai cru lui devoir faire part des avis qui m'étoient venus; c'est à lui à décider en pareille occasion. Il ne convient pas, sur un avis anonyme, de condamner un homme dont il ne soupçonne point la probité, et dont il croit avoir lieu d'être content.»

1126. *M. le Blanc, intendant en Auvergne,*
au Contrôleur général.

31 Octobre et 1er Décembre 1706;
6 et 18 Février 1707.

État et bordereaux des recouvrements d'affaires extraordinaires. — Taxe des arts et métiers : on ne peut plus rien attendre des artisans qui travaillent à la journée; les contraintes, les garnisons et la prison sont inutiles et retombent en pure perte au compte du Roi. — Taxe des huissiers : ce sont des gens misérables, dont il n'y a rien à tirer. — Taxes des procureurs : la cessation absolue des affaires du Palais les laisse presque tous sans ressources, et d'ailleurs les sommes exorbitantes qu'on leur demande sont si fort au-dessus de tout ce qu'ils possèdent, que cent jours de garnison ne les décideraient pas à faire un effort inutile, d'autant que les taxes sont multiples et entraînent toutes des frais de signification, de saisie, d'établissement de garnison, etc., qui suffisent à mettre les procureurs hors d'état de payer leurs impositions au Roi.

Emploi des produits de divers recouvrements pour le service de l'extraordinaire des guerres*.

* Voir des rapports semblables de MM. Pinon, intendant en Bourgogne, 29 novembre, 2 et 13 décembre; Foucault de Magny, intendant à Caen, 30 novembre et 11 décembre; le Gendre, intendant à Montauban, 1er et 4 décembre; le Blanc, intendant en Auvergne, 1er décembre; Ferrand, intendant en Bretagne, 10 décembre; d'Ormesson, intendant à Soissons, 12 décembre; de Saint-Macary, subdélégué général en Béarn, 14 décembre; le Guerchoys, intendant à Alençon, 22 décembre; de Montgeron, intendant en Berry, 26 décembre; d'Angervilliers, intendant en Dauphiné, 4 janvier 1707; de Bâville, intendant en Languedoc, 7 janvier; de la Bourdonnaye, intendant à Bordeaux, 18 janvier, etc.

Le 7 février 1707, des prescriptions furent adressées à tous les intendants pour l'emploi des mêmes recettes aux dépenses du recrutement et de la remonte des troupes. Voir les réponses de MM. de Bâville, intendant en Languedoc, 20 février et 5 mars; Bégon, intendant à la Rochelle, 22 février; d'Ormesson, intendant à Soissons, 24 février; Rouillé de Fontaine, intendant à Limoges, 25 février et 29 avril; de Harouys, intendant en Champagne, 26 février; Doujat, intendant à Poitiers, 1er mars; le Gendre, intendant à Montauban, 2 mars; de la Bourdonnaye, intendant à Bordeaux, 9 mars; de Saint-Macary, subdélégué général en Béarn, 17 mai, etc.

1127. *M. Rouillé de Fontaine, intendant à Limoges,*
au Contrôleur général.

Mois d'Octobre 1706.

Il annonce que la récolte extraordinaire de vin et la disette de futailles demandent qu'on prenne des mesures particulières pour procurer du débit à l'étranger, sans quoi le recouvrement des impositions se trouvera compromis*.

* Apostille en marge : «M. Mesnager. Me mander, en me renvoyant cette lettre, si on pourroit trouver moyen de procurer le débit et la défaite de ces vins.»

1128. *M. de Bernage, intendant en Franche-Comté,*
au Contrôleur général.

2 Novembre 1706.

Il propose quelques mesures pour assurer la consommation des espèces dans la province même et empêcher leur transport clandestin à l'étranger.

1129. *M. d'Albaret, intendant en Roussillon,*
au Contrôleur général.

5 Novembre 1706.

Rapport sur diverses mines de fer et d'argent*.

* Voir, au 13 avril suivant, un rapport de M. le Gendre, intendant à Montauban, sur une prétendue découverte de mines d'or, d'argent et de cuivre dans le pays de Foix.

1130. *M. de Bagnols, intendant en Flandre,*
au Contrôleur général.

9 et 26 Novembre 1706.

Il estime impossible d'accorder aux États du Tournaisis la compensation de la contribution qu'ils doivent payer aux ennemis avec une partie de celle qui est due par ceux-ci au Roi; mais on devra modérer considérablement le montant des impositions de la province*.

* Réponse en marge de la première lettre : «J'ai reçu la lettre que vous avez pris la peine de m'écrire le 9 de ce mois. J'attendrai volontiers à proposer au Roi quelque soulagement pour le Tournaisis, que vous soyez en état de donner votre avis sur tout votre département. Je vous prie par avance de vouloir bien vous souvenir de la situation dans laquelle se trouvent les finances, et de l'impossibilité de se passer de la meilleure partie des fonds. Quoique la châtellenie de Lille et le Tournaisis en général aient extrêmement souffert depuis que les armées sont rentrées dans ce pays-là, il est néanmoins certain que le pays en doit être plus riche, puisqu'il y a été porté plus d'argent qu'il n'en est sorti. Dans l'arrangement que je fais pour l'année prochaine, je destine comme des fonds certains pour employer au payement des troupes tout ce qui doit être levé dans votre département, soit pour l'aide ordinaire, extraordinaire, ou capitation. Si vous croyez qu'il y ait quelque diminution à faire, je vous prie de me le mander le plus tôt que vous pourrez, parce que je travaille à faire mes arrangements.»

Des remises furent accordées sur les sommes que la châtellenie de Lille devait payer, ainsi qu'une compensation de 300,000 ᵗᵗ, sur les 650,000 ᵗᵗ dont elle restait redevable, avec pareille somme due par le pays ennemi; mais le contrôleur général recommanda d'éviter que ces grâces ne nuisissent au versement des contributions que devaient payer les ennemis et dont il comptait distraire, chaque mois, 100,000 ᵗᵗ pour M. l'électeur de Bavière et 50,000 ᵗᵗ pour celui de Cologne. Il ajouta qu'on pourrait encore accorder une remise de 8 ou 10,000 ᵗᵗ pour les quatre cents hommes qui ont été nécessaires à la garde de la châtellenie de Lille, et qu'à partir du 23 mai, le pays aurait la liberté de se garder lui-même, sans plus payer de contribution, pourvu qu'il se montrât docile aux ordres du Roi. (Lettre du contrôleur général à M. de Bagnols, 28 décembre.)

1131. *M. Lebret fils, intendant en Provence,*
au Contrôleur général.

15 Novembre 1706.

Rapport général sur les abus qui se commettent dans l'administration de la ville de Marseille.

1132. *M. de la Houssaye, intendant en Alsace,*
au Contrôleur général.

16 Novembre 1706.

Il réfute les accusations présentées contre deux concessionnaires à qui le Roi a cédé la pleine propriété du domaine de Plobsheim pour une somme très modique, en récompense de leur conversion au catholicisme.

1133. *M. d'Ableiges, intendant à Moulins,*
au Contrôleur général.

17 Novembre 1706.

Il appuie la demande des maire et échevins de Moulins tendant à ce qu'il leur soit fourni des fonds de l'extraordinaire des guerres pour réparer les dégâts faits par les troupes, qui passent au nombre de douze ou treize mille hommes chaque année, et qu'on est obligé d'enfermer dans la tour de l'ancien pont, sous la surveillance de la garde bourgeoise.

1134. *M. Lebret fils, intendant en Provence,*
au Contrôleur général.

17 Novembre 1706.

«La création des offices de peseurs aux poids de la farine ruineroit absolument les fermes des villes, qu'on a eu bien de la peine à soutenir jusqu'à présent. Le prix de ces fermes sert pourtant à payer la taille et les intérêts des sommes que les communautés sont obligées d'emprunter pour payer des abonnements et autres dépenses concernant le service du Roi; et, si l'on les dérange, les communautés deviendront à l'avenir inutiles à S. M. Quand il se pourroit faire qu'après un pareil établissement les communautés trouvassent des fermiers, il est certain que ces fermiers ne leur feroient plus d'avances, et rien n'en souffriroit tant que les affaires du Roi.

«Si l'on augmentoit les droits sur la farine, qui sont déjà excessifs, le peuple en souffriroit extrêmement; et d'ailleurs quel mauvais effet ne feroit pas sur les esprits un édit qui fixeroit ces droits pour toujours sur le pied qu'ils sont aujourd'hui! Tout le monde se désespéreroit dès qu'on verroit qu'il n'y auroit plus de diminution à attendre dans des temps moins malheureux.

«En un mot, les communautés sont, ce me semble, la principale ressource du Roi, et les plus considérables de ces communautés, qui n'ont point de cadastre, n'ont pas d'autres moyens de payer ce qu'elles doivent au Roi que ceux que leurs fermes leur procurent; si l'on leur ôte ce revenu, il ne faut pas compter de rien tirer d'elles à l'avenir*.»

* M. d'Angervilliers ayant déclaré de même que la création n'était pas possible en Dauphiné, le projet fut abandonné.

1135. *M. Desmaretz, directeur des finances,*
à M. de Lesseville.

18 Novembre 1706.

Détails de l'administration des baronnies du Perche qui appartiennent à Mme la princesse de Conti.

1136. *M. Desmaretz, directeur des finances,*
à M. Doujat, intendant à Poitiers.

18 Novembre 1706.

«Un de mes amis, homme de mérite et généralement estimé, m'ayant fort sollicité de lui donner une lettre de recommandation pour vous supplier de donner une attention particulière à l'affaire que vous avez à juger entre les élus de Thouars et le nommé Omont, je l'ai supplié de m'en dispenser, ne jugeant pas qu'il fût convenable, sur les connoissances que je puis avoir de cette affaire, de vous faire une sollicitation comme on feroit pour un procès à l'ordinaire; mais je lui ai promis d'avoir l'honneur de vous en écrire et de vous prier, avec toute la confiance dont je crois pouvoir user, de l'examiner avec votre exactitude ordinaire et de leur rendre toute la justice qu'ils doivent attendre de votre équité. Je vous supplie avec la même confiance de me faire une réponse telle que vous croirez me la devoir faire pour être vue de la personne qui m'a engagé de vous écrire*.»

* Le 25, M. Doujat répond : «C'est assez que je sache que vous prenez quelque intérêt à ce qui concerne les élus de Thouars, pour que je donne toute mon attention à leur affaire et pour que je leur fasse tous les plaisirs permis. Tant de raisons m'engagent à chercher les occasions de reconnoître vos bontés, que je serois impardonnable si je les négligeois.»

1137. *Le Contrôleur général à MM. de Bagnols et de Saint-Contest, intendants en Flandre et à Metz.*

21 Novembre 1706.

Le nommé Nathan a fourni divers mémoires sur les expédients dont on se sert pour l'exportation des espèces, pour l'introduction des marchandises défendues et pour la contrebande. Ordre de recevoir ses avis et de protéger sa personne.

1138. *M. de Saint-Macary, subdélégué général en Béarn, au Contrôleur général.*

21 Novembre 1706.

Il représente les causes qui font regretter la suppression de la Monnaie de Pau, soit en raison de l'utilité de cet hôtel pour l'entretien des relations de commerce avec l'Espagne, soit parce qu'il était un des derniers vestiges de l'ancienne souveraineté du royaume de Navarre.

«Outre le Béarn et la Navarre, cette Monnoie a encore la Bigorre, dans laquelle la Cour des monnoies de Pau étend sa juridiction suivant les arrêts du Conseil, et cette Cour des monnoies a été unie au Parlement à titre onéreux par l'édit d'union de la Chambre des comptes et Cour des monnoies au Parlement, édit si ruineux et si grevant pour le Parlement, que les anciennes charges, qui se vendoient 45 et 50,000 #, ont été réduites par l'union à 25,000 # et au-dessous, et duquel édit le Roi a reçu près de 800,000 # pour le secours de la guerre : de sorte que, si le Roi leur ôte cette petite juridiction, ce Parlement réclamera toujours contre cette union et renouvellera les anciennes querelles contre les officiers qui ont été unis; c'est-à-dire que ces reproches qu'ils se feront les uns aux autres ranimera (*sic*) leur animosité et produira infailliblement des effets de murmure qui ne seront pas agréables.»

1139. *M. Turgot, intendant à Tours, au Contrôleur général.*

22 Novembre 1706.

«Les juges-consuls des marchands de cette ville de Tours m'ont représenté leurs besoins et m'ont communiqué la lettre qu'ils ont pris la liberté de vous écrire à l'occasion de leur payement qu'ils sont obligés de proroger de dix jours pour la troisième fois, parce que, les lettres de change qu'ils ont sur Paris ne produisant que des billets de monnoie, les receveurs des tailles, aides et gabelles, obligés de payer à Paris en argent comptant, ne veulent point leur en remettre ici. Dans leur besoin pressant, ils demanderoient de tirer 20,000 écus, à la fin de ce mois, des recettes des tailles et de celle des gabelles, pour subvenir aux besoins de la fabrique, payer leurs ouvriers et prévenir les désordres qui peuvent arriver faute de payement. Je crois que, si vous me permettez de leur faire donner la moitié de cette somme dans ces deux caisses, à la fin de ce mois, ce seroit un bon secours, et très nécessaire pour eux. Je n'ai osé rien faire sans vous supplier de me marquer vos intentions, pour le leur témoigner, connoissant l'étendue de ces matières. Je ne puis assez vous représenter combien l'assujettissement aux receveurs de payer au Trésor royal en argent apporte de préjudice au commerce des villes, quelque peine qu'on y prenne, cela excluant presque l'aliment qu'elles recevoient des recettes pour les manufactures. Je n'ose entamer une matière au-dessus de nos forces, et je ne vous marque seulement que le pressant besoin de ces marchands de votre secours dans la conjoncture de leur payement*.»

* Réponse en marge : «Lui mander que la plupart des fonds des recettes des tailles ont été négociés et ne seront pas répandus dans le public comme les années précédentes; que je ne puis y apporter de remède qu'au 1er janvier. Il n'en sera pas de même l'année prochaine.»

1140. *M. Nicolay, premier président de la Chambre des comptes de Paris, au Contrôleur général.*

(Chambre des comptes de Paris, G⁷ 1760.)

24 Novembre 1706.

«On m'a dit qu'on vous demandoit une décharge de compter des deniers communs et d'octroi de Châlons depuis 1694 jusques à présent. Nous avons vu ce matin, à la Chambre, une partie de la dépense qui a été faite de ces deniers en 1693, et je suis obligé de vous dire qu'une grande partie s'applique au profit et à l'utilité de ceux qui devroient veiller à leur conservation et à leur emploi en choses utiles et nécessaires. Une somme très considérable s'emploie à des présents de vin, de cire, à des voyages et à des frais la plupart inutiles. Nous ne sommes pas si ennemis des plaisirs, et même des marques de respect que les villes ont accoutumé de rendre par là aux personnes de distinction qui passent, que nous veuillons supprimer ces sortes de dépenses; mais il est presque absolument nécessaire de les régler à l'égard de ceux qui sont sur les lieux. Ce ne sera qu'en entrant dans l'examen des comptes avec exactitude, et en obligeant les maires et échevins de les rendre tous les ans sans y manquer, et en les condamnant en leur nom, lorsqu'ils abusent de leur ministère aux dépens de la ville. Si on les décharge de compter, l'abus deviendra encore plus grand, parce qu'il sera plus caché. Ainsi, je vous prie de vous rendre inflexible sur cette prière, si elle vous est faite, pour le bien et l'avantage de cette ville*.»

* Réponse du contrôleur général en marge : «Je n'ai rien vu qui me donne lieu de croire que les maire et échevins de la ville de Châlons fassent des diligences pour se dispenser de compter à la Chambre de leurs octrois, et vous devez être assuré qu'il ne se fera rien contre les règles.»

1141. *M.* LE GUERCHOYS, *intendant à Alençon,* AU CONTRÔLEUR GÉNÉRAL.

24 Novembre 1706.

Les officiers des maîtrises des eaux et forêts ont toujours joui de l'exemption de l'ustensile conformément à l'ordonnance de 1669, qui spécifie sur ce point le logement, l'ustensile, la fourniture, la contribution et les subsistances, c'est-à-dire l'ustensile en nature aussi bien qu'en argent. L'ustensile en *espèce* ou nature, qui consiste ordinairement en un lit garni, avec place au feu et à la chandelle, n'est fourni que par les habitants assujettis au logement. Lors donc qu'on a attribué à des officiers exempts du logement l'exemption de l'ustensile, cela signifiait nécessairement l'ustensile en argent, qui s'impose au marc la livre de la taille et est une suite du logement plutôt que de la taille. Anciennement, les officiers des élections, étant sujets au logement, mais non à la taille, payaient l'ustensile en argent, tandis que les chefs et les gens du Roi des présidiaux et bailliages n'étaient assujettis ni au logement ni à l'ustensile, quoique contribuant à la taille*.

* M. Foucault de Magny, intendant à Caen, écrivait au contraire, le 15 du même mois, que les officiers des eaux et forêts, étant taillables, ne devaient pas se faire exempter de l'ustensile imposé sur tous les contribuables, au marc la livre de la taille, pour l'absence des troupes, mais seulement de celui qui se payait lors du logement effectif, c'est-à-dire le *bien-vivre*, et qu'il serait injuste de faire retomber leur quote-part sur la paroisse dans un temps où les privilèges devaient être plutôt restreints qu'étendus.

M. de Courson, intendant à Rouen, écrit une lettre dans le même sens, le 21 octobre.

1142. *M.* DE HAROUYS, *intendant en Champagne,* AU CONTRÔLEUR GÉNÉRAL.

28 Novembre 1706.

«..... On m'assure que le sieur des Deux-Fontaines, dont le nom est Jean Dargent, a servi plus de trente ans, et en dernier lieu en qualité de lieutenant dans le régiment de cavalerie de Livry; qu'il étoit un fort bon officier, et qu'il a reçu plusieurs blessures. Il n'a quitté le service que l'année dernière, 1705, et, quand il s'est retiré, le Roi l'a honoré d'une croix de Saint-Louis et lui a donné une pension de 400 #. Il est venu habiter dans la paroisse de Fulaine-et-Gionges, où il fait valoir un bien fort médiocre qu'il possède dans ce lieu, et qui, sans cette pension de 400 #, ne suffiroit pas pour le faire subsister. Il a un fils actuellement dans le service et a d'autres enfants auprès de lui. Dans la règle exacte, un officier qui n'est point gentilhomme et qui, après avoir servi, se retire dans son village, est sujet à la taille; mais il me paroît que la croix de Saint-Louis, qui est toujours une glorieuse marque de bons et de longs services, doit porter avec elle l'exemption d'une charge qui ne se paye que par le peuple, surtout en faveur d'un homme âgé comme est le sieur des Deux-Fontaines, qui a reçu plusieurs blessures et qui n'a que très peu de bien. J'attendrai sur cela les ordres qu'il vous plaira de me donner*.»

* Réponse du contrôleur général en marge : «Le décharger de la taille personnelle sa vie durant, pourvu qu'il afferme son bien.»

1143. *M. l'Évêque de Poitiers* AU CONTRÔLEUR GÉNÉRAL.

28 Novembre 1706.

«L'estime toute particulière que j'ai pour M. Doujat, notre intendant, et l'obligation que le diocèse lui a de son application à soutenir les bonnes œuvres et à réprimer le vice de concert avec l'évêque, m'avoit engagé, sans presque qu'il le sût, à demander à Mme de Maintenon, à qui j'eus l'honneur d'écrire, si on pourroit obtenir de S. M. une grâce qui servît de récompense à M. Doujat et qui ne coûteroit guère au Roi : c'étoit de vouloir bien qu'il pût être honoraire, quoique n'ayant pas l'ancienneté qui donnoit ce droit-là. Je comptois d'avoir l'honneur de vous demander votre protection sur cela. Mais Mme de Maintenon m'a fait l'honneur de me mander que vous étiez entré dans sa chambre au moment qu'elle lisoit ma lettre, et que vous aviez paru être bien disposé pour M. Doujat; que cependant vous ne le croyiez pas assez ancien pour demander à être honoraire. Permettez-moi donc d'avoir l'honneur de vous parler de cette affaire, dont vous avez été prévenu avant que je pusse avoir l'honneur de m'adresser à vous. C'est, à la vérité, une pure grâce que celle que je demande pour M. Doujat, mais qui seroit accordée à un intendant qui a fait tout ce qu'on peut au monde de plus appliqué et de plus gracieux, cet été dernier, pour donner aux gentilshommes et aux peuples de l'empressement à servir le Roi sur les côtes. Il y a fait une très grosse chère et une dépense infinie, et, s'il lui étoit accordé d'être honoraire et de vendre sa charge, ce n'est uniquement que pour se faire un fonds qu'il puisse employer à la dépense qu'il fait pour le service du Roi, ayant si peu de profits attachés à sa charge d'intendant, laquelle, en ce pays, n'est pas lucrative. Je suis sûr que vous ne désapprouverez pas mon zèle pour un ami de ce mérite, qui ne sait qu'en gros que je demande quelque chose pour lui. Je vous supplie d'être favorable à ma requête et de vouloir bien que, si Mme de Maintenon veut en parler au Roi, je trouve de la protection auprès de vous en ce rencontre*.»

* Il est répondu en marge que, M. Doujat n'étant maître des requêtes que depuis le 19 mars 1701, ses services ne sont pas assez longs.

1144. *M. Trudaine, intendant à Lyon,*
au Contrôleur général.

30 Novembre 1706.

Il fait des observations sur quelques points de l'édit de février 1696, qui porte peine de mort contre les voituriers des gabelles coupables d'avoir volé du sel, et que les fermiers généraux demandent à faire exécuter dans l'étendue des gabelles de Lyonnais*. L'édit ne prévoit que le cas où les voituriers ont décousu, déficelé et déplombé les sacs de sel; or, sur le Rhône, en remontant jusqu'à Lyon et même jusqu'à Mâcon, le sel ne se transporte pas en sacs, mais *en garenne*, c'est-à-dire à découvert dans des bateaux, comme les grains.

«Il y a encore une autre observation à faire sur la clause insérée dans l'édit de 1696 qui donne deux minots de déchet par muid, suivant qu'il est réglé par l'ordonnance. Il est difficile d'insérer cette clause dans la déclaration que l'on veut faire, parce que l'on mesure différemment les sels de Peccais de ceux de Brouage et des autres salines. Les sels qui se tirent de Brouage et autres salines qui se portent dans les gabelles de France, se mesurent à la trémie sur le lieu où on les prend et se rendent à la même mesure dans les greniers; mais les sels de Peccais se mesurent, dans les lieux où on les prend, à pelle demi-forcée. Ils se donnent à l'étranger à pelle forcée renversée. On les mesure à la recette, dans nos greniers, à trois pelles coulantes. Cela fait une perte pour le voiturier, sur les sels qui se livrent à l'étranger, de 15 p. o/o, et, au contraire, un gain pour le même voiturier de 6 p. o/o sur les sels que l'on porte dans nos greniers des gabelles de Lyonnois : en sorte qu'un minot livré à Peccais doit faire, à la mesure de nos greniers, mesuré sur trois pelles, un reste de masse de six livres. Cela fait qu'il n'y a jamais de déchet sur les sels de Peccais. Il y a toujours des revenants-bons sur ceux qui sont pour nos gabelles, et toujours de la perte sur le sel délivré à l'étranger. Ainsi, l'on ne peut faire la déduction de deux minots de déchet par muid dans la déclaration que l'on veut faire pour les gabelles de Lyonnois par rapport aux voituriers qui rendent leurs sels tantôt à la mesure de la pelle coulante, tantôt à la mesure de la pelle renversée. Il est néanmoins vrai que l'on fait aussi, dans les gabelles de Lyonnois, raison pour les déchets de deux minots par petit muid; mais la différence de la mesure qui se fait en Peccais de celle qui se fait au grenier ou à l'étranger, rend le second article de l'édit presque impraticable; et cela est si vrai, que le fermier, dans le bail des voitures, stipule avec le voiturier que le voiturier ne sera responsable que des sels manquants, l'exemptant de toute amende qu'il pourroit encourir.

«Voilà tout ce que j'ai pu savoir de cette matière, sur laquelle je ne suis pas fort habile; ainsi, je vous prie de ne vous en pas tenir à ce que je vous en mande, et de vous éclaircir d'ailleurs.»

* Voir l'avis de M. de Bâville, intendant en Languedoc, à la date du 14 novembre. «Il seroit dangereux, dit-il, d'ordonner que cet édit soit commun dans les gabelles de Languedoc pour les déchets, parce que les voituriers pourroient en prendre droit et occasions de vols impunément. C'est pourquoi il sera nécessaire de dire à l'égard des déchets qu'ils seront réglés suivant les traités que le fermier général fera avec ses entrepreneurs des voitures, et que, s'il se trouve des déchets extraordinaires, les voituriers, quoique non convaincus de vol et malversation, seront condamnés à les payer au prix le plus fort du grenier de la route, et en 500 # d'amende, et que les entrepreneurs des voitures seront civilement et solidairement responsables de leurs voituriers, comme par l'édit.»

1145. *M. le Gendre, intendant à Montauban,*
au Contrôleur général.

30 Novembre 1706.

«Permettez-moi d'avoir l'honneur de vous marquer ma très respectueuse reconnoissance de la bonté que vous avez eue de vouloir bien procurer, à ma très humble prière, une pension de 400 # au sieur Bance, mon subdélégué à Millau, en considération des services qu'il a rendus à l'occasion des fanatiques. Comblé du bienfait que vous accordez à un homme que j'ai employé utilement, je croirois qu'il y auroit de la témérité en moi de vous représenter que ces malheureuses affaires des fanatiques m'ont fait faire dix voyages à Millau, avec toute la noblesse du pays, pour contenir les peuples; que le passage de Nosseigneurs les Princes m'a coûté 10,000 écus; que la révolution des affaires de Catalogne et d'Aragon m'a obligé, depuis deux ans, d'aller plusieurs fois exécuter vos ordres sur la frontière des Pyrénées pour empêcher les ennemis de pénétrer dans ce département, à quoi j'ai été assez heureux de réussir. Le passage de l'armée de Catalogne, qui a traversé tout ce département pour aller en Espagne, m'a engagé, pendant ce temps-là, d'être toujours en campagne et de tenir une très grosse table. Le nombre d'officiers qui sont ici en quartier m'oblige à une dépense continuelle et extraordinaire. Vous savez que je suis seul dans cette province, et que, si je ne soutenois pas le caractère dont vous m'avez revêtu avec un peu de dignité, cela pourroit diminuer la considération que vous aimez que vos créatures s'attirent; et peut-être que le Roi n'en seroit pas si bien servi. Quoique je sois un des plus pauvres intendants du royaume, j'aime mieux manger mon bien, n'étant pas possible que mon revenu, joint aux seuls appointements d'intendant, puisse suffire aux dépenses que je suis obligé de faire, quoique bien réglées, que de ne pas vivre avec honneur dans la place où vous m'avez mis. Je prends la liberté de vous présenter sur cela un placet, dans lequel j'expose mon état au naturel; je vous supplie de vouloir bien en parler au Roi, quand vous le trouverez à propos. Je mets toute ma confiance en vos bontés. La moindre pension, qui seroit pour moi un glorieux titre d'honneur, me mettroit en état de ne point déranger mes affaires en exécutant vos ordres, et feroit connoître au public que vous êtes content de mes services. C'est où je borne toute mon ambition*.»

* Réponse en marge : «La conjoncture n'est pas favorable pour obtenir une pension; je ménagerai mon temps pour représenter au Roi les dépenses qu'il a faites.»

1146. *M. l'Évêque de Nantes au Contrôleur général.*

30 Novembre 1706.

«Quand vous devriez me battre, je ne puis m'empêcher de vous dire que Mianne a envoyé querir à Nantes un cabaretier nommé Neveu, ci-devant garde de M. de Sévigné, par cinq soldats, avec des mousquets, et l'a fait mettre au cachot, afin, dit-il, de lui apprendre à vouloir chasser dans les pays qu'il s'est retenus pour ses plaisirs : choses qui le condamnent, puisque Mianne est sans caractère pour pouvoir rien ordonner soit à la campagne, soit à la ville, ayant plu à S. M. de borner son autorité dans le château, suivant la lettre enregistrée à l'hôtel de ville dont j'ai l'honneur de vous envoyer copie, comme de celle que vous avez écrite de la part du Roi au sieur Proust, maire de Nantes. Je vous prie de vous informer de M. le maréchal d'Estrées des défenses qu'il a faites à M. de Mianne d'envoyer aucuns soldats de la garnison que pour le service du Roi par ses ordres, ceux du gouverneur général et du gouverneur particulier. Quant à la chasse, le Roi, par son dernier règlement, a défendu à tous les gouverneurs d'avoir aucun canton réservé, qu'il n'en eût déterminé l'étendue par un brevet. Ainsi, vous voyez que le lieutenant de Roi du château de Nantes n'a aucun droit de chasser sur mes terres. Si nous étions assez heureux pour revoir ici commander M. le maréchal d'Estrées, tous ces désordres-là et plusieurs plus essentiels finiroient bientôt, car il aime l'ordre et s'entend très bien à le maintenir. J'ai cru devoir empêcher les maire et échevins de se plaindre de Mianne sur ce qu'il envoie chercher par des soldats les habitants de la ville. J'ai eu l'honneur de vous marquer que j'avois envoyé mes gens, qui sont présentement rendus à Paris, de peur que mes gens ne battissent la garnison, car les habitants se seroient joints à mes gens, et cela auroit fait un très mauvais effet par rapport au service du Roi, auquel je suis très véritablement attaché. Pestez tant qu'il vous plaira; vous ne vous déferez jamais de mes importunités que vous ne mettiez mon peuple à couvert des emportements de M. de Mianne, et mes gens et mon gibier à couvert de sa trop grande vivacité*.»

* Réponse en marge : «Je vous ai déjà mandé que c'étoit à M. le marquis de Torcy qu'il falloit s'adresser, comme secrétaire d'Etat de la province de Bretagne, pour tout ce qui a rapport à la chasse et pour se plaindre des entreprises de M. de Mianne. Il n'y a que le service de guerre qui puisse me regarder.»

1147. *M. d'Argenson, lieutenant général de police à Paris, au Contrôleur général.*

(Police, G⁷ 1725.)

2 Décembre 1706.

Il demande si l'on doit procéder à l'expulsion des juifs messins qui sont utiles à Paris pour aider aux négociations de numéraire des fermiers ou de l'extraordinaire des guerres*.

* Réponse en marge : «Je ne leur ai rien dit ni promis de plus que je vous ai écrit, et je vous prie de les mander pour leur faire savoir que, s'ils ne me rapportent une lettre de M. de Saint-Contest par laquelle il me fasse connoître qu'ils ont secouru l'extraordinaire de la guerre par des sommes considérables, je suis toujours du sentiment de les renvoyer chez eux.»

1148. *M. de Bâville, intendant en Languedoc, au Contrôleur général.*

2 Décembre 1706.

«Le peu d'empressement qu'on témoigne pour venir acheter les vins de cette province nonobstant la diminution du quart des droits de sortie que S. M. a accordée*, m'oblige à vous écrire encore sur ce sujet; et ce qui m'y détermine le plus est que je vois que la taille ne se paye pas, parce qu'on n'a pas eu du blé et que les vins ne se vendent pas. Si ces restes retombent sur l'année prochaine, c'est encore le moyen d'être mal payé à l'avenir, et, si le découragement se mettoit dans l'esprit du peuple, ce seroit un des plus grands malheurs qui pût arriver. Il est certain que, si S. M. veut accorder la remise de la moitié des droits de sortie des vins, cette grâce animera le commerce et donnera beaucoup de joie à l'assemblée des États, qui est fort embarrassée de trouver les moyens de satisfaire au payement de ce qu'elle accorde à S. M. La guerre de Catalogne faisoit autrefois subsister cette province par le débit de ses denrées; à présent qu'elle n'a pas ce secours, on est obligé d'en substituer d'autres à la place. Si celui que je propose, de décharger les vins de la moitié des droits de sortie et des droits de fret, réussit comme il y a lieu de l'espérer, les fermes du Roi n'y perdront rien, par une plus grande consommation**.»

* Il avait demandé cette réduction le 13 septembre.

** Au dos de l'analyse de la lettre du 2 décembre, le contrôleur général a écrit : «Mander que le Roi ne l'a pas jugé à propos.»

1149. *M. de Fourqueux, procureur général en la Chambre des comptes de Paris, au Contrôleur général.*

(Chambre des comptes de Paris, G⁷ 1760.)

3 Décembre 1706.

«L'affaire dont vous m'avez fait l'honneur de m'écrire, qui regarde les receveurs des tailles de Champagne, n'est pas nouvelle; je la crois jugée en trop grande connoissance de cause pour pouvoir former encore une question.

«La Chambre, au jugement des comptes des tailles des élections de la généralité de Champagne de l'année 1692 et des suivantes jusques et compris 1697, reconnut que, par les départements faits par MM. les intendants pour les impositions des appointements des officiers, habillements et armements des soldats de milice, il avoit été levé 4 et 6 deniers pour livre des principaux, pour prétendus frais d'avances et de recouvrements. Elle en ordonna des recettes forcées, et des dépenses qu'elle raya pour être restitués aux peuples. La raison de cette radiation étoit : 1° qu'il n'y avoit aucun édit ni déclaration du Roi registrée qui eût ordonné et autorisé la levée de ces 4 et

6 deniers; 2° qu'il n'y avoit point eu de pareilles impositions dans les autres généralités, où il n'avoit été levé que le principal des deniers destinés pour la milice, conformément à la déclaration qui en avoit ordonné l'imposition sans frais. Ces jugements de la Chambre obligèrent ces receveurs des tailles de Champagne de donner leur requête au Conseil et de demander le rétablissement de ces parties rayées; mais, par arrêt intervenu au rapport de M. du Buisson, le 27 septembre 1701, ils en furent déboutés. Depuis cet arrêt, le receveur des tailles de Vitry a présenté de nouveau une requête au Conseil afin de faire ordonner que ces sommes rayées en ses comptes fussent par lui portées au Trésor royal, prétendant qu'il y avoit de l'impossibilité dans l'exécution de l'arrêt de la Chambre qui en ordonnoit la restitution aux peuples; et, par autre arrêt au rapport de M. du Buisson, du 19 juin 1703, il fut encore débouté de sa demande, et il fut ordonné que l'arrêt de la Chambre du 21 avril précédent, qui décidoit une seconde fois que ces sommes rayées seroient restituées aux peuples, seroit exécuté selon sa forme et teneur. Enfin, sur des requêtes présentées par quelqu'uns de ces receveurs des tailles de Champagne, l'année dernière, la Chambre a ordonné qu'en procédant aux départements des tailles de la présente année, ces sommes rayées seroient moins imposées : c'est ce qui a été exécuté à l'égard des élections de Vitry, Châlons et Reims, et volontairement par celles de Bar-sur-Aube et Sainte-Menehould; en sorte que ce qui est aujourd'hui demandé par la requête de ces receveurs des tailles de Champagne, est ce qui leur a été refusé dès l'année 1701. Si j'ose vous dire ce que je pense de cette requête, je crois que tout ce que ces receveurs pourroient espérer de mieux, ce seroit que ce qui reste de ces sommes rayées dans les comptes des tailles de Champagne qui n'ont point été moins imposées ni restituées aux peuples, fût destiné au Trésor royal : ce qui ne seroit pas juste par rapport aux peuples à qui ces sommes appartiennent; mais le long temps qu'il faut pour l'exécution de cette restitution et les circonstances présentes pourroient autoriser cette destination*.»

* Sur la restitution, voir une lettre de M. de Harouys, intendant en Champagne, à la date du 29 décembre.

1150. *M.* de Bernières, *intendant en Flandre maritime,* au Contrôleur général.

4 Décembre 1706.

«..... Je suis très persuadé qu'il est toujours convenable pour le bien de la ferme, et même pour l'avantage du public, que les fermiers des domaines soient aussi fermiers des octrois des villes. Une infinité de raisons, qu'il est inutile d'expliquer, autorisent ma pensée; aussi ai-je toujours préféré les fermiers du domaine, et je continuerai de le faire plus que jamais. Mais il seroit très dangereux, et les peuples de la frontière seroient fort mortifiés de les voir autorisés à un point que les autres adjudicataires fussent exclus : ce qui ne manqueroit pas de ruiner les fermes des villes, dans un temps où il est sensible qu'elles sont considérablement augmentées et qu'elles augmentent tous les jours. Rien n'est plus aisé que de connoître la juste valeur, et les fermiers des domaines en sont mieux instruits que qui que ce soit, puisqu'ils ont entre les mains tous les registres des consommations, et qu'il n'y a qu'à y augmenter ou à diminuer, suivant que les droits sont plus ou moins forts que ceux qu'ils perçoivent pour le Roi. On met, toutes les années, des affiches avant les adjudications. Le directeur de la ferme des domaines n'a qu'à se présenter, et même à me faire ses offres préalablement, si bon lui semble; il n'y aura point de brigues, et il sera toujours préférablement écouté, lorsque ses offres seront justes et raisonnables. Mais, comme les octrois des villes sont employés pour le service du Roi, de ses troupes et du public, je crois que vous estimerez juste que je les fasse porter où ils doivent aller, sans aucune complaisance, et j'ai toujours vu que quand, par hasard, ces fermes ont été trop haut poussées, et que la perte a été évidente, on a accordé des modérations.»

1151. *M.* Desmaretz, *directeur des finances, aux Grands Maîtres des eaux et forêts.*

5 Décembre 1706.

Coupes des bois ecclésiastiques.

«Je suis obligé de vous dire qu'on a fait entendre au Roi que la plus grande partie des adjudications ont été faites à vil prix à des personnes dévouées aux ecclésiastiques, qui, pour ainsi dire, sont eux-mêmes les adjudicataires et s'appliquent par là personnellement le profit considérable qui s'y trouve, sans compter les sommes extraordinaires qu'ils se font taxer pour le remboursement de leurs frais. On prétend même que quelques-unes de ces ventes ont été faites sans avoir distrait le quart de réserve, remettant à le marquer après la coupe, ou que, si on l'a choisi, ç'a été dans les cantons de moindre valeur..... Comme il est important pour MM. les grands maîtres d'effacer les mauvaises impressions qu'on veut donner de leur conduite, il est à propos que, pour me mettre en état d'y travailler, vous preniez la peine de m'envoyer le plus tôt qu'il sera possible un extrait exact de toutes les ventes de bois ecclésiastiques qui ont été faites dans votre département depuis trois ans. Il faut que ces extraits soient détaillés..... Ils me sont absolument nécessaires pour pouvoir suivre l'exécution des arrêts qui ont été rendus et faire porter au Trésor royal, suivant leur destination, les deniers qui sont provenus et qui proviendront de ces adjudications.....»

1152. *M.* Desmaretz, *directeur des finances, à M.* de Pontcarré, *premier président du Parlement de Rouen.*

7 Décembre 1706.

Il lui reproche d'avoir injustement accusé le conseiller le Noble, en plein Parlement, d'entretenir des intelligences avec le traitant des eaux et forêts et de rendre de mauvais offices à la Cour. M. le Chancelier désire, si les faits sont exacts, que le premier président fasse une réparation publique à ce magistrat.

1153. *M. Leleu, procureur du Roi en la Chambre du domaine à Paris, au Contrôleur général.*

7 Décembre 1706.

Rapport sur les opérations rendues nécessaires par la mort d'un résident danois, dont la qualité d'aubain doit être établie nonobstant les réclamations des parents et les stipulations du traité de commerce de 1663 *.

* Voir la consultation envoyée le 11, par l'avocat Noüet, et une protestation de M. le comte de Reventlau, grand chancelier du royaume de Danemark, transmise le 24 janvier 1707 par M. le comte de Schauenbourg (?).

M. Leleu rend compte d'opérations analogues faites à l'occasion de la mort d'un Espagnol, d'un Anglais de la cour de Saint-Germain et d'un secrétaire de l'envoyé de Suède, les 10, 20, 25 et 28 mai, 4, 20 et 21 juin 1707. Au sujet du second de ces étrangers, nommé le chevalier Babert, et qu'on soupçonnait d'avoir voulu attenter à la vie du roi Guillaume, M. des Granges explique, le 19 juillet, les motifs particuliers qui portent à exempter de tous droits domaniaux la succession des Anglais attachés à la cour du roi Jacques.

1154. *M. de Pennautier, trésorier des États de Languedoc, au Contrôleur général.*

10 Décembre 1706.

«J'apprends avec bien du déplaisir et du trouble que vous ne voulez plus que j'emprunte pour le Languedoc moitié en argent, moitié en billets de monnoie. Cependant l'emprunt que j'ai fait en dernier lieu, de 236,000 #, n'est que sur la confiance de la permission que vous m'en donnâtes au mois de mai dernier, et de bouche, et par le mémoire que j'eus l'honneur de vous présenter, et même par le préjugé des emprunts que j'ai faits jusques ici, que vous avez approuvés. Si j'avois été averti que cela ne vous convenoit plus, je me serois bien gardé de m'engager; mais je vous supplie très humblement de considérer que je suis dans la bonne foi et qu'il n'y a point de ma faute d'avoir continué un emprunt nécessaire en la même manière que vous me l'aviez permis. Je vous supplie encore de considérer que, pour payer au Roi les 1,800,000 # que le Languedoc accorda aux derniers États pour la capitation de 1706, la province n'imposa qu'un million et me donna sa procuration pour emprunter 800,000 # : de manière que, si je ne trouve cette somme par le moyen des billets de monnoie, il n'y a point d'espérance d'achever cet emprunt. Et, pour les 400,000 # de manque de fonds, il faudra que la province les réimpose en 1707 : en telle sorte qu'au lieu de 1,800,000 #, il faudra qu'elle en paye 2,200,000. Je ne puis recouvrer cette année le million qui a été imposé; comment lèverai-je 2,200,000 # en 1707? D'ailleurs, il faudra attendre que les 400,000 # fussent levées en 1707 pour les pouvoir payer au Trésor royal, parce que je ne suis plus en état de faire une pareille avance et soutenir les courantes. Il m'est dû plus de 3,000,000 # par la province, et je ne sais plus où trouver de l'argent, ni comment faire le service. Je puis vous assurer que, depuis le cours des billets de monnoie, il ne m'est pas arrivé d'en faire le moindre commerce sordide, et que je n'en suis point capable; ainsi, ce que j'ai fait là-dessus n'a point été pour y gagner, mais seulement pour remplir mon devoir. Par toutes ces raisons, je vous demande de vouloir bien me permettre de suivre mes engagements, et d'ordonner qu'on reçoive ces 236,000 # au Trésor royal moitié en billets et moitié en argent. Que si vous n'avez pas agréable de prendre toute la somme de cette manière, ordonnez, s'il vous plaît, que le Trésor reçoive au moins 60,000 # en argent et 60,000 # en billets, et je verrai d'accommoder le reste. Vous avez eu tant de bonté pour moi, que j'espère que vous ne me refuserez pas cette faveur *. »

* Réponse en marge : «Les changements qui sont arrivés sur les billets de monnoie depuis le mois de mai dernier, sont cause de celui dont vous vous plaignez. Il vous est aisé de connoître le trouble que ces billets causent dans le commerce et la nécessité absolue qu'il y a de les détruire le plus tôt qu'il se pourra, afin de remettre les choses dans leur mouvement naturel. Vous jugez bien que ceux qui ont des billets de monnoie ne se presseront pas de les porter ni aux fermes ni au Trésor royal pendant qu'ils trouveront occasion de s'en défaire, et le Don gratuit de la province de Languedoc deviendroit un secours inutile à S. M., du moins pour la moitié, si elle se payoit en billets de monnoie. La Bretagne est dans le même cas; je me suis expliqué dans les mêmes termes, avec ses députés et son trésorier, que j'ai fait au sieur Crozat. Je suis bien éloigné de vous soupçonner de faire aucun mauvais commerce des billets de monnoie; mais je vous connois trop affectionné au service du Roi pour ne pas faire l'impossible pour vous passer d'un secours qui deviendroit absolument inutile au Roi, pour y suppléer par des fonds effectifs qui facilitent les affaires. Si vous ne pouvez pas trouver d'argent pour remplir en entier les engagements de la province, vous pouvez y suppléer par vos billets ou ceux du sieur Crozat, payables dans des payements de Lyon, dans des termes éloignés.»

A la fin de l'année suivante, M. de Pennautier ayant demandé que les États pourvussent à son dédommagement, parce qu'il ne pouvait trouver à emprunter que moitié en billets de monnaie, M. de Bâville s'opposa à ce que les États fissent aucune démarche qui pût compromettre l'effet de la dernière déclaration et le résultat des emprunts à venir. Il l'annonce, le 8 janvier 1708, au contrôleur général, qui répond en marge : «..... Rien n'est de plus sensé que la représentation que vous avez faite à la résolution qui avoit été prise par les États d'envoyer un courrier pour demander au Roi qu'il plût à S. M. autoriser des négociations contraires à la déclaration du 18 octobre. Quoique je sois persuadé des bonnes intentions de M. Pennautier, et que je voie que les États lui donnent tous les secours qu'il peut désirer, il n'est néanmoins pas possible que les affaires de la province de Languedoc restent en ses mains, s'il ne prend d'autres arrangements et si celui qui sera chargé à Paris de faire ses payements au Trésor royal, lorsqu'il ne lui conviendra pas de satisfaire à des termes échus, ne donne pour toute réponse qu'une négative fondée sur ce qu'il n'a ni écrit ni engagement avec ledit sieur Pennautier. C'est ainsi que le sieur Crozat le jeune, après avoir gagné trois millions de biens dans la commission qu'il exerce, s'explique lorsque l'on s'adresse à lui : il tient à honneur de rendre service à M. Pennautier à titre d'ami, mais il ne veut pas qu'on lui demande de l'argent en d'autre qualité. Vous jugerez mieux que personne de l'usage que l'on peut faire de sa bonne volonté à de pareilles conditions, et de l'impossibilité de remplir le service, si M. Pennautier ne prend d'autres arrangements. Les commis dont il s'est servi, soit à Paris ou ailleurs, se sont servis avec tant d'utilité des fonds de leur caisse, par les négociations qu'ils en ont faites, qu'il n'y en a aucun qui ne méritât punition, s'ils étoient recherchés. Il ne convient point que M. Pennautier fasse faire des emprunts à Paris à des conditions différentes de celles qui sont autorisées par la déclaration du 18 octobre. Les billets de monnoie, dont le nom sert encore de titre pour tirer des intérêts illégitimes, sont devenus si rares, que la plupart de ceux qui en offrent dans les prêts qu'ils veulent faire, demandent un temps considérable pour les fournir, pendant lequel ils se servent de leur argent comptant pour les rassembler en les payant à bon marché à ceux qui sont dans la nécessité de s'en défaire.»

1155. *M. d'Angervilliers, intendant en Dauphiné, au Contrôleur général.*

10 Décembre 1706.

Mémoire sur la nécessité de rétablir le commerce du Dauphiné et de la Savoie avec la vallée de Barcelonnette et le Piémont.

«*Vallée de Barcelonnette.* — Les peuples de cette vallée tirent de Dauphiné, savoir : de Romans, toute sorte de draperie et beaucoup de cire jaune; de Briançon, une quantité considérable de mercerie; et enfin, de la partie de la province qui les avoisine le plus, tous les chevaux et mulets dont ils ont besoin; ils les achètent à l'âge de deux ans, aux foires d'Embrun, Guillestre et Briançon, et achèvent de les élever dans leurs montagnes. Ils tirent aussi des bœufs et vaches pour leur subsistance, et l'on estime que ce commerce seul de bestiaux apporte en Dauphiné tous les ans plus de 200,000 #. La vallée de Barcelonnette ne fournit au Dauphiné que des agneaux et des moutons. Ainsi, il est aisé de connoître que ce commerce est très avantageux à la province, et par conséquent qu'il est absolument nécessaire de le rétablir.

«*Piémont.* — Le commerce de Dauphiné avec le Piémont consiste en draperies que les peuples des États de M. de Savoie tirent des villes de Romans et de Crest pour habiller les bourgeois et les paysans, et il se fabrique une quantité considérable de toute sorte d'espèces d'étoffes de laine grossière, non seulement dans les villes de Romans et de Crest, mais encore dans toutes les paroisses circonvoisines. On estime à près d'un million par an la quantité de marchandises de cette nature qui passe tous les ans de Dauphiné en Piémont. Les Piémontois payent en argent ou en lettres de change sur Lyon, et ne fournissent en espèce que quelques liqueurs ou riz : ce qui va à très peu de chose. Le trait de ces marchandises produit dans les bureaux des fermes des droits considérables, qui cesseront absolument, si l'interdiction du commerce subsiste; mais une réflexion très importante à faire, c'est que, dès que les marchands de Romans et de Crest ne trouveront plus le débit de leurs marchandises, leurs fabriques cesseront nécessairement, les bons ouvriers se dissiperont, et peut-être passeront à Turin, où ils trouveront toute sorte de facilités pour y faire des établissements, et les peuples de l'élection de Montélimar et de la sénéchaussée de Crest seront privés de la seule ressource qu'ils ont pour acquitter leurs charges. Le mieux qui puisse arriver, c'est que nos marchands s'adressent aux Génevois, qui tireront pour leur compte leurs marchandises et les feront ensuite passer à Turin; mais cet inconvénient, quoique moindre que le premier, ne laisse pas de mériter attention, puisque c'est mettre ceux de Genève en état de profiter de la partie la plus claire et la plus liquide de ce commerce. Il a même été dit que les syndics de cette république ont déjà fait quelques mouvements auprès de M. le duc de Savoie et lui ont offert de fournir toutes les étoffes qui seroient nécessaires pour l'usage des paysans de Piémont. Les peuples de la province de l'État de Savoie qu'on nomme Maurienne font commerce en Piémont, par le mont Cenis et la vallée de Suse, de bestiaux et de fromage. S'ils sont privés de cette liberté, il est très certain qu'ils seront hors d'état de payer leur contingent des impositions considérables qu'on lève dans ce pays. On ne parle point ici de l'utilité que ce commerce apporte à la ville de Lyon, et par conséquent au royaume : on ne doute point que le sieur Anisson, qui est à Paris, n'ait fait là-dessus ses représentations; mais on se contentera de dire que les marchandises que la ville de Lyon envoie en Italie passent pour la plus grande partie par le Dauphiné et par la Maurienne, pour tomber à Suse, ou par la Tarentaise, pour passer en Italie par le Petit-Saint-Bernard et le val d'Aoste. Si le commerce étoit libre pour Lyon, et qu'il ne le fût pas pour le Dauphiné et la Savoie, on tomberoit tous les jours dans des méprises préjudiciables au bien du commerce, en arrêtant indistinctement les marchandises venant de Lyon comme celles tirées du Dauphiné. On ne peut s'empêcher d'ajouter encore que, quoique le commerce de Lyon regarde moins le Piémont que le reste de l'Italie, il ne laissera pas de devenir fort difficile quand on sera obligé de prendre des détours ou par Genève, ou par la Suisse, ou par Gênes, pour y porter des marchandises; que les marchands de Lyon envoient en Piémont et en Italie des toiles, des draps, de la dorure, de la mercerie, de la quincaillerie, des chapeaux, des bas, et rien enfin que ce qui a été travaillé dans les manufactures du royaume, et qu'ils ne tirent de Piémont que des soies brutes. Or, il y a longtemps qu'il est démontré que tout l'avantage qu'un État peut tirer du commerce consiste à porter au dehors ce qui se fabrique chez lui, et à ne tirer de l'étranger que des matières. On a eu avis à Lyon qu'il y a actuellement à Turin des Anglois qui proposent d'enlever les soies de ce pays et d'y porter des draps, des bas, des chapeaux, etc. Si les Piémontois s'accoutument à ce commerce, il sera impossible de rétablir celui de la ville de Lyon, les manufactures du royaume en souffriront, et le seul commerce utile qui reste à l'État s'affoiblira considérablement. Les Génevois ont déjà fait des propositions aux marchands de Lyon de faire passer sous leur nom tout ce qu'on a coutume d'envoyer en Piémont. Personne n'ignore que, les marchands de cette petite république devenant commissionnaires des nôtres, ils tireroient le plus clair profit, et que, par ce moyen, on changeroit toute la face du commerce d'Italie, qui s'est toujours fait à Lyon depuis longtemps*.

«Par toutes ces considérations, il paroît absolument nécessaire de rétablir, sans perdre un seul moment, la liberté du commerce des États du Roi avec le Piémont ainsi qu'il l'étoit avant les dernières défenses, et de se restreindre uniquement à empêcher bien sévèrement le passage des marchandises de contrebande et celles dont les ennemis peuvent se servir pour nous faire la guerre, telles que sont la poudre, le plomb, les armes, les habits de soldats, fourniments, ceinturons et chevaux de remonte. Si le Roi se porte à ce parti, il ne restera plus de difficulté de donner mainlevée des ballots qui ont été saisis à Gap et sur le lac de Genève**. »

* M. de Montesan, prévôt des marchands de Lyon, écrivait, le 13 novembre précédent : « ..... Quoique le commerce de Lyon se soit fait connoître de tout temps dans presque toutes les parties du monde, il est néanmoins certain et il est connu qu'on a toujours eu de plus grandes liaisons avec les Italiens qu'avec les autres nations. La raison en est sensible. La ville de Lyon ne se soutenant que par ses manufactures, qu'on ne peut faire travailler et fleurir sans le secours des soies d'Italie, indispensablement nécessaires pour la plus grande partie des ouvrages, dans les commencements de cette guerre le Roi avoit trouvé bon qu'on fit de part et d'autre des envois tant en Piémont qu'en Italie. Cette tolérance étoit en effet plus avantageuse aux François qu'aux étrangers. Par là, ils tiroient les choses dont ils avoient de besoin, et ils remettoient abondamment des ouvrages de nos manufactures, qui seroient toujours inutiles, s'il falloit en renfermer la consommation dans l'intérieur du royaume et ne pas envoyer à l'étranger la plus grande partie des ouvrages. J'ai su que les marchands de Piémont, qui depuis longtemps n'ont pu venir en cette ville aux emplettes, auroient un grand désir d'y venir; ils ne l'osent, parce qu'ils ont appris qu'on ne donnoit pas à Suse la liberté de passer les marchandises. Je prends la liberté de vous dire que, si cette interdiction subsistoit, la plupart des négociants de ces pays ici seroient aux abois, ces manufactures languiroient ou tomberoient, et le commerce en souffriroit un si notable échec, qu'il seroit très difficile, pour ne pas dire peut-être impossible, de réparer dans la suite le mal. Les Italiens et les Piémontois ne nous fournissent presque que des soies, et nous, nous leur donnons des étoffes en dorure et de toutes façons, nous leur fournissons les galons et dentelles d'or; c'est de nous qu'ils tirent les draps et les toiles. Si ce commerce cesse, la plupart de ces marchandises, restant invendues, causeront des pertes si considérables qu'elles entraîneront la ruine de la plupart de nos négociants, et les Génevois, Génois et Hollandois, profitant de cette conjoncture, s'empareront de ce commerce et nous ôteront ensuite tous les moyens de le continuer. L'on ne connoît que trop leur attention continuelle pour s'en rendre les maîtres absolus. L'on sait que les Génevois ont fait proposer aux marchands de Piémont de venir chez eux aux emplettes. Ils leur promettent de leur fournir des draps et des toiles : ils tireront les draps d'Angleterre et de Hollande, et les toiles, ils les tireront de Suisse. Si cela avoit lieu, les draps et les toiles qui se font en France resteroient à ceux qui les font fabriquer, qui, ne les pouvant pas vendre, ne seroient plus en état de soutenir les fabriques. On a su aussi que Milord Petersborough a fait plusieurs propositions pour qu'on n'envoyât point les soies de Piémont en France; il a demandé à M. le duc de Savoie un traité de commerce à notre exclusion, et a offert, de la part des Anglois et Hollandois, qu'ils prendroient toutes les soies de Piémont, promettant d'envoyer des draps et autres choses en échange. Si M. le duc de Savoie ne prenoit pas ce parti, il seroit à craindre que, dans l'envie qu'il a de détruire nos manufactures de soieries et d'en établir dans le Piémont, il ne se résolût à défendre l'envoi des soies en ces pays. Il n'est que trop visible que, si ce prince prenoit un de ces deux partis, le commerce de cette ville seroit ruiné sans ressource, et, les manufactures ne subsistant plus, les ouvriers iroient infailliblement dans les pays étrangers les porter et y travailler; et, quand ils seroient hors du royaume, on ne les feroit pas revenir aisément. Quoiqu'on tire des soies de plusieurs endroits autres que du Piémont, ce n'est pas une conséquence qu'on puisse se passer de celles de Piémont : les taffetas noirs lustrés et de couleur qui sont envoyés de cette ville dans tous les pays étrangers, ne peuvent se fabriquer qu'avec la soie de Piémont; c'est une vérité confirmée par l'expérience. Je ne dois pas oublier de vous observer que les soies qu'on tire d'Italie et de Piémont sont rarement payées argent comptant, pour ne pas dire presque jamais; elles se payent par des compensations d'autres marchandises qu'on leur envoie, et qu'ils font ensuite passer dans les pays les plus éloignés. Permettez-moi encore de vous représenter que, de tout temps et malgré toutes les guerres, l'on a permis de débiter aux étrangers des vins et des eaux-de-vie; il n'y a pas moins de justice de permettre aux négociants de tirer les soies de Piémont. Enfin, je ne tarirois jamais, si je vous représentois toutes les raisons qui peuvent être dites sur cette matière; elles ont été si souvent expliquées dans les mémoires qui vous ont été présentés, que je ne pourrois que tomber dans une répétition incommode. Il me suffit de vous avoir représenté les raisons générales, de vous avoir fait connoître le mal dont on est menacé. Comme vous en connoissez mieux que personne toutes les conséquences, que rien n'échappe à votre juste et vive pénétration, nos négociants ont lieu de se flatter de la continuation de votre protection, persuadés que vous ne souffrirez pas que les ennemis de l'État profitent de l'interdiction du commerce et établissent leur fortune sur la ruine des sujets du Roi. »

Voir aussi une lettre écrite par M. de Bâville, au nom des marchands de Languedoc, le 17 décembre.

** Le Roi consentit que les relations fussent rétablies, mais à condition que les voituriers de Piémont passeraient par Bussolin, et non par Suse, et que, réciproquement, le commerce de France en Piémont se ferait par Suse, et non par Barcelonnette. Voir, à la date du 19 décembre, les objections faites par l'intendant.

M. Lebret, dans une lettre du 12 février 1707, réclame aussi pour la Provence le droit de faire sortir librement et en droiture les cordeillats et draps fabriqués aux environs de Grasse et de Colmars, pour la Savoie et le Piémont.

1156. *M. Ferrand, intendant en Bretagne,* AU CONTRÔLEUR GÉNÉRAL.

10 et 15 Décembre 1706.

Il rend compte des recherches faites chez les négociants, et expose quelle difficulté ses agents ont à vérifier les quantités de matières ou d'espèces métalliques qui arrivent par mer et à empêcher qu'elles ne soient détournées. Si l'on prenait des mesures générales, avec le concours de la marine, pour assurer leur transport direct à la Monnaie, les négociants s'en alarmeraient et trouveraient des expédients pour les éluder, d'autant plus que la fermeture de la Monnaie de Nantes, depuis la fuite du directeur, oblige à envoyer les matières à des Monnaies plus éloignées*.

* M. Desmaretz répond, le 18 du même mois : « ..... Je comprends comme vous la peine qu'auront les gens de commerce de se voir privés pour un temps de la liberté de disposer de leurs piastres; mais il y a à faire réflexion qu'ils ne souffrent point de l'ordre qu'on veut établir, puisqu'on leur paye un gros intérêt pour le retardement, et que, dans une conjoncture difficile comme celle où on se trouve présentement, on doit faire usage d'une ressource qui vient aussi naturellement, outre que le profit que les négociants ont trouvé à ce commerce nous expose à de grandes difficultés avec les Espagnols; et, quoique les passagers de cette nation semblent avoir quelque sujet de se plaindre de ce qu'on se sert de leurs matières, on peut leur dire que.

par les lois du royaume, toutes les matières d'or et d'argent qui y entrent doivent être portées aux hôtels des Monnoies, et la valeur en être payée sur le pied du tarif de la Cour des monnoies : ce qui leur seroit bien plus désavantageux.»

L'ordre fut envoyé dans tous les ports de reconnaître les vaisseaux dès leur arrivée en rade, afin d'y faire fermer les écoutilles et d'empêcher qu'aucune matière ne fût déchargée avant déclaration et soumission de porter aux Monnaies; mais le contrôleur général recommanda de ne recourir aux perquisitions domiciliaires que dans le cas avéré de soustraction contraire aux ordonnances. (Lettres à M. Ferrand, des 21 et 23 décembre.)

Le 21, le contrôleur général écrit aux sieurs Danycan et de la Lande-Magon, à Saint-Malo : «Étant persuadé de votre zèle pour le service du Roi, je suis bien aise de vous apprendre les intentions de S. M. sur les retours en matières d'argent que vous avez reçus et que vous attendez encore par les vaisseaux que vous avez envoyés aux Indes. Quelque pressante que soit la nécessité de trouver des fonds extraordinaires pour soutenir la guerre, et quoique S. M. pût en tout temps exiger l'entière exécution de ses ordonnances et de celles des rois ses prédécesseurs qui ont obligé les particuliers qui faisoient entrer des matières d'or et d'argent dans le royaume à les porter aux hôtels des Monnoies, pour y être payées au prix du tarif de la Cour des monnoies, elle veut bien aujourd'hui se relâcher de cette rigueur et ajouter de nouvelles grâces à celles qu'elle vous a déjà faites en vous permettant un commerce aussi utile pour vous. Elle a donc résolu de faire recevoir toutes vos matières d'argent dans les hôtels de ses Monnoies à raison de 34 ^{ll} le marc des piastres et des réaux; elle vous fera payer en écus la moitié de toutes ces matières à mesure qu'elles seront converties, afin d'abréger d'autant plus les délais que vous auriez à essuyer, si on continuoit à vous en payer la valeur en pièces de 9 s. 6 d., dont la fabrication est beaucoup plus longue. A l'égard de l'autre moitié de vos matières, elle vous sera payée en promesses des fermiers généraux sur la caisse des emprunts, à un an et dix-huit mois, avec l'intérêt à raison de 10 p. o/o par an. Il n'est pas nécessaire que je vous explique combien ces conditions sont favorables dans un temps et dans une conjoncture où tout doit contribuer aux besoins de l'État. Vous avez éprouvé la préférence et la protection que S. M. a toujours données au bien du commerce : son intention est aussi de vous y animer de plus en plus; mais elle compte, en même temps, que vous concourrez aux vues qu'elle a de vous procurer de nouveaux avantages par la protection qu'elle continuera de vous accorder. En mon particulier, j'espère que vous répondrez comme vous avez fait jusqu'ici aux assurances que j'ai données à S. M. de votre dévouement à son service.» Voir aussi une lettre du 16 décembre, à M. Bégon, intendant à la Rochelle.

Le 23 décembre, M. Desmaretz écrit au sieur de Montis, contrôleur de la Monnaie de la Rochelle, que, si les marchands de la Rochelle et des ports voisins sont peu disposés à porter à la Monnaie les 500,000 ou 600,000 piastres dont ils sont détenteurs, c'est un effet de l'indépendance à laquelle prétendent toujours les gens de commerce. Outre qu'ils ne trouveraient nulle part des conditions aussi favorables, ils ne devraient pas se plaindre que l'on cherche, dans la conjoncture actuelle, à soutenir les dépenses de la guerre, et ils ont trop fait de profits pour ne pas s'empresser de secourir le Roi. En temps ordinaire, on leur laisserait la liberté d'employer ces matières à leur convenance, pour l'augmentation du commerce.

Une instruction pour la délivrance des promesses de la caisse fut envoyée le 26 janvier 1707 aux fermiers généraux, et l'ordre donné en même temps aux directeurs des Monnaies de Rennes, Nantes, la Rochelle et Lille de fournir chaque semaine un état des matières qu'elles recevraient.

Le 8 janvier, le contrôleur général refuse à M. de Pontchartrain, secrétaire d'État de la marine, un passeport pour faire sortir les espèces étrangères trouvées sur une prise du chevalier de Forbin, et lui dit qu'elles doivent être portées aux Monnaies.

Le 8 février, M. Desmaretz écrit au même ministre qu'on ne peut payer intégralement en argent les matières remises à Rennes par le chevalier des Augers et ses intéressés, et il se plaint que les officiers des amirautés, faute d'une surveillance suffisante de la part des intendants ou de leurs subdélégués, aident les propriétaires des navires et les armateurs à dissimuler des espèces. Il ajoute : «Je n'ai rien à dire sur la mauvaise volonté des négociants et tous les desseins qu'ils forment pour éviter de porter leurs matières aux Monnoies, que ce que vous savez mieux que moi. J'insisterai seulement sur un point essentiel : M. Lempereur dit qu'il les a vus presque déterminés de tout risquer pour faire passer plutôt les matières chez les étrangers que de se les voir enlever; mais il ne faut pas craindre que cet inconvénient arrive, puisque les gens de commerce, plus accoutumés que les autres à ménager toutes les occasions de faire quelque profit, ne trouveront pas chez les étrangers le même prix, ni des conditions aussi avantageuses que celles qu'ils trouvent avec le Roi; et, s'ils étoient capables de faire réflexion qu'ils doivent à la protection de S. M. et à votre appui les profits qu'ils ont faits dans le commerce des Indes, ils seroient honteux de refuser un secours dans lequel ils trouvent autant d'utilité.»

Le 23 avril, M. Desmaretz écrit encore à M. de Pontchartrain que le contrôleur général se croit en droit de donner des instructions aux officiers des amirautés pour tout ce qui concerne les Monnaies et la conversion des matières métalliques, mais qu'il faut éviter leur intervention dans les questions de commerce, et notamment dans les difficultés relatives à l'introduction de ces matières.

1157. *Le sieur* Rolland, *intéressé aux affaires du Roi,* *au* Contrôleur général.

(De Paris) 11 Décembre 1706.

«J'ai cru de mon devoir de ne pas tarder à vous informer de la disposition où je trouvai hier les commissaires au Châtelet au sujet de la réception des nouveaux syndics. Je ne feindrai point de vous dire que, de quarante-six officiers qui sont à présent pourvus, quarante-deux se trouvant privés de leurs fonctions lucratives, ils sont sur le point d'assembler leurs créanciers pour leur faire un abandon de leurs offices, et de cesser en même temps toutes les fonctions de la police. Vous savez mieux que moi les fâcheuses conséquences que pourroit avoir l'exécution d'une pareille résolution, puisque c'est par les soins et l'attention de ces officiers que l'on connoît les étrangers qui arrivent à Paris, que l'on découvre les gens malintentionnés, et que l'on prévient les désordres les plus considérables; que de plus, si un corps d'officiers si ancien perd son crédit par l'abandon qu'ils sont prêts de faire à leurs créanciers, il ne sera plus temps de songer à le rétablir, et sa chute donnera certainement atteinte au crédit des autres corps d'officiers. D'ailleurs, vous entendrez beaucoup de plaintes de la plupart de ces créanciers, qui perdront une partie du fonds de leurs créances, parce qu'ils n'ont que les seuls offices d'hypothéqués, sur la plus grande partie desquels il se trouvera d'autres créanciers particuliers et privilégiés. Je prends la liberté de joindre à ces observations l'offre qu'ils réitèrent d'acquérir les deux offices de syndics indépendamment des gages qu'ils prendront, en leur accordant seulement le tarif de leurs droits et la distribution de leurs fonctions : ce qui ne regarde que leur discipline intérieure. Outre la finance que vous tirerez des commissaires, vous aurez celle d'une création d'inspecteurs de la police, qui ne peut avoir de débouchement que de concert avec les commissaires, auxquels ces offices seront subordonnés. Si vous me le permettez, je traiterai du tout pour 400,000 #, aux conditions ordinaires. J'ose supplier très humblement Votre Grandeur de me faire savoir ses intentions. J'ai pris la parole des commissaires de les attendre avant d'exécuter les fâcheuses résolutions qu'ils m'ont assuré que la nécessité les obligeoit de prendre.»

1158. *M. l'Évêque de Montpellier*
au Contrôleur général.

12 Décembre 1706.

«Vous allez entendre parler d'une affaire qui tient fort au cœur à nos États, et qui a été agitée dans une commission dont j'étois. Les États ont délibéré de faire toutes les réparations que le Roi veut qu'on fasse aux chaussées du Rhône et à celles des salins de Peccais, moyennant la crue de 5 sols par minot de sel que S. M. a ordonné être levée pour cela; et comme, en pareille occasion, les États ont accoutumé de nommer des commissaires pour agir conjointement avec M. de Bâville, ils ont demandé qu'il en fût usé en celle-ci comme pour tous les autres ouvrages publics. M. de Bâville n'y a pas voulu consentir, prétendant que l'autorité du Roi y est intéressée; c'est ainsi qu'il parloit pour toute sorte d'ouvrages publics. Le Roi a cependant rendu justice aux États par un arrêt du Conseil du 16 août 1701, qui les admet à la participation de toutes les réparations qui se font aux dépens de la province, ce qui s'exécute à présent: en sorte que M. de Bâville est obligé, pour soutenir sa prétention, d'avoir recours à la différence des réparations qui sont faites par imposition, de celles qui se font au moyen d'une crue sur le sel. Il est pourtant vrai que les réparations qui se font au moyen d'une crue sur le sel, qui se lève sur le peuple, n'est pas moins aux dépens de la province que celles qui se font par les impositions ordinaires; et, comme cette crue se lève séparément du prix du sel, qui appartient au fermier des gabelles, on peut dire encore qu'elle n'a rien de commun avec la ferme des gabelles. Voilà, en deux mots, l'état de la question et à quoi se réduisent les mémoires qui sont envoyés de la part des États et de la part de M. de Bâville, et que vous verrez apparemment tout au long. Il me paroît que, de la part de M. de Bâville, ce n'est qu'une petite jalousie d'autorité, assez mal fondée du moment que toutes les réparations publiques ont été faites avec la participation des commissaires des États. De la part des États, au contraire, quoique l'envie de se conserver cette petite prérogative d'honneur y entre pour quelque chose, ce n'est pas cependant le principal motif qui les fasse agir: la juste crainte qu'ils ont que cette crue ne soit continuée après que les réparations auront été faites, leur tient bien plus au cœur que toute autre chose, et on ne doit pas leur savoir mauvais gré de vouloir prendre quelque précaution là-dessus. La meilleure de toutes est de vouloir faire recevoir cette crue par le trésorier de la Bourse de la province et d'en être eux-mêmes les économes avec M. de Bâville; et, si les États méritent quelque chose dans le temps présent en cherchant comme ils font les moyens de payer ce qu'ils accordent au Roi, c'est une si petite satisfaction, qui ne devroit pas leur être refusée, puisqu'il n'en coûte rien à S. M. Les États souhaitent fort que vous leur soyez favorable, et moi je vous en supplie de tout mon cœur, non seulement comme ayant l'honneur d'en être membre, mais parce qu'effectivement je m'intéresse fort à ce qui regarde l'avantage de cette province, et je crois en vérité que ce seroit lui faire une injustice entièrement inutile au service du Roi que de lui refuser ce qu'elle demande en cette occasion. Vous jugez bien que les États ne m'ont pas chargé de vous écrire; je le fais d'office, parce que leurs intérêts sont les miens, et avec la même confiance avec laquelle j'ai coutume de vous parler. Je vous prie aussi que cette lettre soit pour vous seul. J'espère que vous voudrez bien me faire savoir ce qui se sera passé sur cette affaire; cela ne m'est pas indifférent*.»

* M. de Bâville demandait que les États n'eussent aucune autorité en ce qui concernait les salins de Peccais et l'emploi des fonds. Voir son mémoire à la date du 11 décembre, ceux des trésoriers de France et de M. l'archevêque de Narbonne à la date du 12 décembre, et celui des propriétaires des salins à la date du 14.

1159. *M.* de Harouys, *intendant en Champagne,*
au Contrôleur général.

15 Décembre 1706.

Rapport justificatif sur la conduite du sieur Masson, subdélégué de l'intendance à Bar-sur-Aube.

1160. *M.* Desmaretz, *directeur des finances,*
à M. Pellas, *général des monnaies en Provence.*

16 Décembre 1706.

On pourrait engager les orfèvres à faire leurs essais d'argent à la coupelle plutôt qu'à la touche, à la râclure et au feu, mais non les y contraindre, à cause de l'augmentation de dépense. Ils y auraient intérêt pour ne pas risquer de recevoir les lingots de mauvais aloi qui circulent en Provence, et d'encourir ainsi les peines portées par les ordonnances.

1161. *M.* d'Argenson, *lieutenant général de police à Paris,*
au Contrôleur général.

(Police, G⁷ 1725.)

16 Décembre 1706.

Il a visité les maisons et terrains voisins de la Salpêtrière où les fermiers généraux se plaignent que la contrebande trouve des passages tout ouverts pour pénétrer dans Paris. Il conclut à la suppression des cabarets installés dans ces maisons et à la clôture des caves ou carrières sur lesquelles elles sont bâties*.

* Réponse en marge : «Bon suivant l'avis.»

1162. *M. l'Archevêque de Cambrai* AU CONTRÔLEUR GÉNÉRAL.

20 Décembre 1706.

«La lettre que vous avez écrite à notre clergé pour le presser de payer les 15,000 # d'une demi-année de sa capitation, dont le terme échoira au premier jour de l'an, est venue fort à propos. Nous avions grand besoin de cette lettre, dont j'ai envoyé des lettres de tous côtés, pour exciter nos bénéficiers dans un temps où les payements leur deviennent de plus en plus difficiles et presque impossibles. Nous souffrons par le grand dégât que les troupes françoises, aussi bien que celles des ennemis, ont fait sur nos terres; d'ailleurs, nous ne jouissons point de nos biens situés dans les pays espagnols, dont les ennemis se sont emparés, et on compte qu'ils demeureront enfin confisqués. De plus, le blé, qui est l'unique ressource de ce pays, a été réduit par les entrepreneurs du Roi à un si vil prix, qu'on ne voit presque plus d'argent sur cette frontière. Tous nos fermiers sont si chargés par les impôts, par les pionniers, etc. qu'on leur demande, que nous ne savons plus comment nous faire payer par eux. Enfin, tout le pays craint une ruine entière, si, après avoir fait les lignes pendant l'hiver, on les laisse sans troupes pendant la campagne prochaine; car, en ce cas, les ennemis pourront, faute de contribution, venir en un jour brûler toutes nos fermes, ou nous faire du moins payer les arrérages de toute la guerre. J'espère néanmoins que notre clergé, malgré tant d'obstacles, fera encore un effort pour payer sa capitation; je ne néglige rien pour le presser sur votre lettre. Quoique je perde beaucoup à Bruxelles, à Ath, aux environs de Mons et de Condé, je serai néanmoins toujours prêt, non seulement à donner l'exemple pour la capitation, mais encore à sacrifier tous les revenus de cet archevêché pour le service du Roi.»

1163. *Le sieur* DE LA LANDE-MAGON, *négociant à Saint-Malo,* AU CONTRÔLEUR GÉNÉRAL.

24 Décembre 1706.

«Je me trouve chargé d'une si grande quantité de billets de monnoie, sans pouvoir en disposer pour mon commerce, que, pour m'en soulager de quelques-uns, j'ai pris le parti d'écrire à M. Éberard de lever une charge bretonne de nouvelle création de ce Parlement pour mon gendre M. de Lambilly, qui est gentilhomme, a l'âge et toutes les qualités requises pour l'exercer, dont M. le premier président en rendra bon témoignage. Le sieur de l'Épine-Danycan, pour M. de la Bédoyère, son gendre, et d'autres qui en ont levé, les ont payées en billets de monnoie. On me mande que les traitants se rendent présentement plus difficiles, et qu'ils veulent le quart en espèces : ce qui me fait prendre la liberté de supplier très humblement Votre Grandeur de me faire la même grâce qu'audit sieur de l'Épine, de vouloir bien leur ordonner d'en traiter d'une avec ledit sieur Éberard et d'en recevoir tout le payement en billets de monnoie. Il y a d'autant plus de justice, que ceux que j'ai proviennent directement d'une grande quantité de matières que j'ai fait porter, suivant vos ordres, à la Monnoie, sans les avoir eus par négociation, comme plusieurs ont pu faire*.....»

* Réponse en marge : «Il ne trouvera point de facilité pour employer ses billets de monnoie de ce côté-là; il y a d'autres voies, dont il faut se servir, et le seul moyen pour faire revenir l'argent commun, c'est de supprimer promptement les billets de monnoie, ou du moins la meilleure partie.»

1164. *M.* D'ARGENSON, *lieutenant général de police à Paris,* AU CONTRÔLEUR GÉNÉRAL.

(Police, G⁷ 1725.)

25 Décembre 1706.

«La proposition de faire bâtir à Paris trois différentes halles pour mettre à couvert les veaux qui s'y vendent a été faite et rejetée plusieurs fois. J'ose même dire que ce seroit un nouveau moyen pour enchérir cette marchandise, qui fait la principale nourriture des pauvres malades, non seulement parce qu'il la surchargeroit d'une augmentation de droits, mais aussi parce que, les marchands forains se trouvant en état d'en différer la vente autant qu'il leur plairoit sans craindre qu'elle dépérît par l'injure du temps ni par les autres incommodités que causent nécessairement les marchés découverts, ils la maintiendroient toujours dans son premier prix. D'ailleurs, il est certain que la multiplication des marchés dans un même lieu diminue l'abondance, et augmente par conséquent la cherté qui suit toujours la disette. Ainsi, l'on ne peut douter que cet établissement ne fût contraire à l'ordre public. J'ajouterai même que, quand la nécessité des temps oblige à lever des droits sur les denrées, il est plus à propos d'en ordonner simplement l'imposition, que de se servir pour cela du prétexte de l'ordre public, que ces nouveaux établissements ne peuvent jamais que déranger, mais qu'ils dérangent beaucoup moins quand ils se réduisent à une simple levée de droits, qui doit être le véritable objet de la finance, que lorsqu'ils dérogent aux anciens usages par des règlements perpétuels, qui ne servent de rien pour le succès des traités*.»

* Les trois halles devaient être placées à la porte Saint-Jacques, à la porte Saint-Denis et à la butte Saint-Roch. On demandait à percevoir, pendant trente ans, un droit de 6 sols par veau et de 3 sols par agneau, moyennant une redevance annuelle de 20,000 # pour le Roi. — En marge : «Refusé.»

1165. *M.* PHÉLYPEAUX, *intendant à Paris,* AU CONTRÔLEUR GÉNÉRAL.

28 Décembre 1706.

«Vous m'avez fait l'honneur, par votre lettre du 22 de ce

mois, de m'envoyer un placet et des pièces qui vous ont été présentées par M. le procureur général de la Cour des aides, sur la nomination d'office que j'ai faite du nommé Nono pour être collecteur l'année prochaine de la paroisse de Brie-Comte-Robert. Il y a cinq ou six ans que M. le procureur général de la Cour des aides exempte, par son crédit et sa protection, cet homme de la collecte; et, sur ce que je lui représentai l'année dernière qu'il falloit qu'il y passât absolument cette année, il lui a donné une prétendue commission de sous-substitut au grenier à sel, qu'il a fait enregistrer au mois de juillet dernier, quoique la charge de procureur du Roi soit remplie. Je crois la prétention de M. le procureur général chimérique : il se fonde sur une déclaration de 1663 qui n'a jamais eu son exécution; il pourroit, si cela étoit, sur sa simple commission, faire plusieurs exempts, et les meilleurs bourgeois des villes : ce qui porteroit préjudice au secours du Roi. Il y a déjà trop d'exempts, et vous l'avez si bien reconnu que, par l'édit du mois d'août 1705 et celui du mois de septembre dernier, vous en avez supprimé une partie, parce que ces exemptions sont fort à charge au peuple. Je ne crois pas, dans ce temps ici, qu'il faille les augmenter, quand principalement il n'y a point de finance. Mais, toutes ces raisons-là à part, M. le procureur général, dans cette occasion, a tort de se plaindre : il n'y a qu'à lire l'article 21 de l'édit du mois de septembre dernier pour décider l'affaire. Ce Nono est fermier, laboureur, et fait un gros commerce dans la ville; c'est ce qui m'a obligé de choisir un collecteur bon et solvable, entre les mains duquel les deniers du Roi fussent en sûreté, car l'imposition est grosse, et on a de la peine à trouver présentement de bons collecteurs*. »

* Le contrôleur général ordonna d'écrire une lettre dans ce sens à M. Bosc, procureur général à la Cour des aides.

1166. *M.* Daguesseau, *procureur général au Parlement de Paris,*

au Contrôleur général.

5 Janvier 1707.

Il annonce que la nouvelle déclaration pour les billets de monnaie ne sera pas enregistrée avant deux jours.

« Il est fâcheux pour la dignité du Parlement que les colporteurs crient publiquement dans Paris, comme j'ai appris qu'ils l'ont fait ce matin, et jusque devant ma porte, cette même déclaration que je n'ai reçue en original qu'à midi, et qu'il étoit par conséquent impossible que le Parlement eût enregistrée ce matin. La prompte et parfaite soumission avec laquelle nous exécutons les volontés du Roi semble mériter que l'on garde au moins les règles de la vraisemblance. Je suis persuadé que vous aurez la bonté de condamner, comme moi, un contretemps si marqué, et j'ose vous supplier de vouloir bien faire défendre de nouveau à Léonard de faire colporter ainsi dans Paris des édits et des déclarations avant qu'ils soient enregistrés. Cet imprimeur a bientôt oublié les défenses semblables que vous lui fites faire, il y a quelque temps, sur un pareil sujet*. . . . . »

* Suivant la réponse portée en marge, la déclaration qui se colportait dans les rues était contrefaite.

Le 27 du même mois, M. d'Argenson annonce l'arrestation du colporteur d'un arrêt sur les billets de monnaie, en date du 8 janvier, que Léonard avait défense de livrer au public, mais qui s'imprimait en contrefaçon à Senlis, chez un libraire nommé Caron, et dont les exemplaires étaient criés dans les rues sans considération des raisons graves qui pouvaient s'opposer à ce que l'arrêt fût connu du public. Le colporteur fut puni d'un mois de prison, et l'imprimeur reçut un avertissement. (Police, G⁷ 1725.)

1167. *M.* Trudaine, *intendant à Lyon,*

au Contrôleur général.

15 Janvier, 5 Avril, 7 Juin, 12 et 14 Juillet 1707.

Il propose, de la part des maîtres tireurs d'or de Lyon, de créer, en remplacement des quarante lettres de maîtrise héréditaires (édit de juillet 1706), vingt-cinq nouvelles lettres de maîtres marchands, qui seraient seuls autorisés à mettre les lingots à l'argue et à vendre les filés d'or et d'argent, tandis que trente-neuf autres tireurs, sur les soixante-quatre qui existent, ne pourraient plus que travailler ces mêmes filés, comme de simples ouvriers*.

* Voir, au 22 novembre suivant, un mémoire sur l'affinage et sur les sujets de plaintes que pouvaient faire valoir les tireurs d'or et autres.

1168. *Le sieur* Desperrières, *maire et procureur du Roi à Montlhéry,*

au Contrôleur général.

16 Janvier 1707.

« . . . . . L'imposition des tailles fait une peine incroyable en ces pays-ci. Les collecteurs qu'on a nommés se rendent insolents et insupportables. Ceux de Valgrand, près le Bouchet de M. Bosc, me vinrent trouver mardi, pour que je leur aidasse à convenir de leurs rôles. Je voulus bien leur donner une journée ou deux de mon temps; je leur demandai s'ils avoient beaucoup de difficultés, et qu'ils me feroient plaisir de m'en dire quelque chose, afin de connoître si je pouvois les accommoder. Ils avoient sept ou huit habitants avec eux, entre autres une pauvre femme âgée de soixante-dix ans, qui fait un méchant cabaret de chien dans un village où il ne passe personne. Ils voulurent parler tous à la fois, et je les fis taire. Celui que je crus le plus sage parla et me dit, présents les deux collecteurs, qu'ils vouloient mettre un des fermiers de M. Bosc, qui tient pour 2,400 ^{ll} de ferme, à 700 ^{ll} de taille, celui de M. de Cambray, maître d'hôtel du Roi, dont la ferme est de 1,000 ^{ll}, à 400 ^{ll}, et l'hôtesse de soixante-dix ans, qui n'a eu jusqu'à présent que 15 ^{ll} de taille, à 150 ^{ll}. Ceux de Châtres et de Linois ont voulu faire la même chose; les habitants ont pris un arrêt du Conseil. J'ai arrêté ceux de Linois par le secours de M. l'intendant. »

1169. *M. d'Angervilliers, intendant en Dauphiné,*
au Contrôleur général.

16 Janvier 1707.

«..... Je commencerai par vous dire qu'il est dû par les receveurs généraux, en Dauphiné ou en Savoie, près de 1,500,000 ᴸᵗ pour l'année 1706, et qu'ainsi aucun sous-étapier ne pourroit continuer en 1707 sans être remboursé du passé ou recevoir de grosses avances sur l'année courante; que d'ailleurs il seroit bien difficile que le service fût assuré, s'il n'y avoit à la tête de cette affaire quelqu'un qui pût en répondre. Il m'est venu en pensée que les receveurs des tailles pourroient peut-être traiter chacun pour leur élection. Je leur ai écrit à tous de se rendre incessamment à Grenoble, et j'écouterai leurs propositions. J'écris aussi à M. Trudaine, pour le prier de voir s'il y auroit à Lyon quelqu'un à qui cette affaire pût convenir. Mais, après tout, il est certain que personne ne peut mieux que les receveurs généraux soutenir ce service, et d'autant plus que, le temps auquel les revues doivent passer approchant, ils auront plus de facilité pour faire avec promptitude des sous-traités dans tous les lieux d'étapes, et seront plus en état de faire les avances qui seront nécessaires. J'ai examiné avec attention leurs propositions, et je vous avoue qu'attendu la cherté excessive du foin et de l'avoine, elles ne m'ont pas paru absolument déraisonnables. Je crois cependant que le prix de la ration de fantassin ne doit point augmenter cette année, ou du moins de fort peu de chose, le pain, le vin et la viande étant à peu près sur le même pied, à l'exception du Gapençois et de l'Embrunois. Il n'en est pas de même de celle de cheval : le quintal de foin vaut communément, dans le haut Dauphiné, depuis 3 ᴸᵗ jusqu'à 100 sols, et le boisseau d'avoine 12 sols. Par l'état que j'ai envoyé au mois d'octobre à M. Millieu, contenant le prix de chaque ration dans chaque lieu d'étape, suivant la valeur actuelle des denrées, la ration de cheval se montoit à 20 s. 8 d. Le foin a encore augmenté depuis. Il y a de plus des frais pour la régie, pour l'intérêt des avances, pour les droits des trésoriers de France; et tout cela, joint ensemble, me fait croire que, si les sieurs de Ferriol et de la Ménardie veulent se contenter de 25 sols, tant pour le Dauphiné que pour la Savoie, leurs propositions doivent être acceptées, et je ne crois pas pouvoir trouver meilleur marché dans la province. En 1691, la ration de fantassin fut portée, en Dauphiné, jusqu'à 11 sols, et en Savoie à 13, et celle de cheval à 23 sols. En 1694, celle du fantassin fut, en Dauphiné, à 14 sols, et en Savoie à 15 s. 6 d.; et celle de cheval, en Dauphiné, à 29 sols, et en Savoie, à 31 s. 6 d.

«Vous aurez vu, par le mémoire que j'ai eu l'honneur de vous adresser, il y a huit jours, sur cette matière, qu'il est impossible d'approvisionner les étapes depuis Corps jusque sur la frontière, et celles de la Maurienne en Savoie, sans des répartitions. Ainsi, je crois qu'on ne peut refuser aux receveurs généraux ce qu'ils demandent à cet égard; mais ils ne doivent point être écoutés lorsqu'ils proposent qu'on leur donne la liberté de fournir du seigle au lieu d'avoine. Les avoines n'étoient point encore battues lorsque l'armée est revenue en Dauphiné, et c'est par cette raison qu'on permit aux communautés de donner du blé. D'ailleurs, s'il n'y a pas assez d'avoine sur le lieu, les étapiers en peuvent faire venir de dehors. Il n'est pas juste non plus que les communautés de la Maurienne soient chargées des étapes : elles ne sont point dans cet usage, et ne pourroient en venir à bout; mais les répartitions qu'on accordera surmonteront les difficultés qui pourront se rencontrer dans les approvisionnements de foin.

«Il ne m'appartient pas d'entrer dans l'indemnité que les receveurs généraux demandent à cause de la perte qu'ils ont faite l'année dernière sur les changes. J'ai seulement remarqué que, dans le dernier article, ils disent que les sous-étapiers n'ont pu profiter d'aucunes places-mortes, à cause que Mᵍʳ le duc d'Orléans avoit envoyé dans chaque lieu d'étape un extrait des revues qu'il avoit fait faire, avec défenses de passer les troupes sur un plus grand nombre; mais ce règlement n'a été fait uniquement que pour le retour de l'armée delà les monts, et n'a pu avoir d'exécution à l'arrivée des troupes, puisqu'il n'étoit point encore fait; et les commandants des corps n'y ont eu aucun égard en sortant de la province, et ont presque tous forcé les officiers des communautés à les passer complets*.»

* Sur le service des étapes et de l'approvisionnement de l'armée, voir diverses lettres des 25 février, 16 et 21 mars, 10 avril, 6, 10 et 30 mai, 27 juin, 8 août, 16 décembre, etc. Le 17 mai, dans une lettre particulière à M. Desmaretz, M. d'Angervilliers dit : «Vous serez peut-être étonné d'apprendre que le Roi ne payeroit pas pour deux millions ce qui est dû en Dauphiné, soit à des entrepreneurs, soit aux peuples. Il faut espérer que la paix est prochaine, et que le mal cessera d'être aussi pressant.....» Le 9 février 1708, il fait encore des propositions pour le remboursement des sommes dues depuis 1706.

1170. *M. Turgot, intendant à Tours,*
au Contrôleur général.

17 Janvier 1707.

«J'ai examiné le placet que vous m'avez fait l'honneur de me renvoyer le 10 de ce mois, qui vous a été présenté au nom des maire et échevins de la ville de Laval, pour vous porter les plaintes des habitants de la ville et de ceux de l'élection (en quoi ils étendent beaucoup leur juridiction) de ce que l'on est obligé, pour la levée de l'ustensile et de la capitation, de permettre aux collecteurs, après avoir discuté les fermiers et colons des terres, de faire exécuter même les bestiaux que les propriétaires donnent à leurs colons pour les faire valoir. Nous convenons que quelques anciennes ordonnances ont excepté des contraintes les bestiaux servant au labourage et autres que les propriétaires mettent sur leurs terres. Nous les laissons observer pour la taille, dont les officiers de l'élection jugent; mais, pour l'ustensile et capitation, la difficulté des temps et la nécessité d'en avancer le recouvrement et de l'assurer aux collecteurs, qui souffrent déjà assez de perte par un grand nombre de taux, a obligé, pendant la précédente guerre, à permettre de saisir les bestiaux des propriétaires, après avoir discuté les effets du colon, pour l'ustensile et capitation, sur le fondement que le propriétaire doit veiller que son fermier acquitte ces impositions par préférence à lui-même. Depuis deux ou trois années, j'ai eu l'honneur de vous mander qu'il étoit nécessaire de reprendre cette règle usitée pour assurer les recouvrements de l'ustensile et de la capitation. Il n'y a aucun receveur qui ne vous en représente la nécessité et l'importance. Vous ne l'avez point désapprouvé. Je l'observe avec tous les tempéraments de justice dans la Touraine; j'ai, depuis quelque temps, renouvelé les ordres sur cela à mon subdélégué de Laval et à celui de Mayenne, qui n'y avoient pas toute l'attention qu'ils devoient et avoient peine à s'y conformer, par une complaisance pour les plaintes des propriétaires, sur laquelle le bien public et la sûreté des recouvrements des receveurs, dans des temps aussi difficiles, doit l'emporter.

«C'est là le motif des plaintes des maire et échevins de Laval, dont la ville est taillable; mais la campagne, qui y a le plus d'intérêt, n'est point du tout sous leur juridiction, si ce n'est parce que les riches propriétaires y demeurent et résistent à cette charge, que la difficulté des temps rend nécessaire. Je crois qu'il est bon de leur faire connoître ou de m'écrire que la nécessité d'assurer les recouvrements ne permet point de rien changer à l'usage et aux ordres que j'ai donnés sur cela, auxquels je me tiendrai. Je recommanderai toujours à mes subdélégués de n'y avoir recours qu'au besoin. Pour ce qui regarde les ustensiles servant au labour, on les ménage toujours autant qu'on peut.»

1171. *M. Rouillé de Fontaine, intendant à Limoges,*
au Contrôleur général.

17 Janvier 1707.

Il envoie l'état des recouvrements, qui prouve l'épuisement de la généralité et l'impossibilité d'en rien tirer. Quoique la contrainte par garnison soit l'expédient le plus redouté des contribuables, elle n'a rien produit à Limoges ni à Angoulême, où l'intendant avait autorisé les collecteurs à se servir des dragons. Il n'y aurait d'autres remèdes à cette situation que d'envoyer des espèces dans le pays, ou du moins d'y laisser le peu qu'il y en a, en les faisant circuler entre les bureaux de recette et les contribuables, et d'accorder de plus longs termes aux receveurs, qui sont épuisés aussi par leurs avances.

«Je souhaiterois que les choses fussent dans une autre situation; mais il ne vous sera pas difficile de juger qu'elles sont ainsi, si vous avez agréable de considérer que, depuis très longtemps, le Roi tire de cette généralité beaucoup plus du double de l'argent qu'il y entre par le commerce qui s'y fait, et, cet excédent étant provenu des épargnes que les peuples pouvoient avoir faites de longtemps, ils sont enfin absolument épuisés.»

1172. *Les Maire et Consuls de Toulon*
au Contrôleur général.

18 Janvier 1707.

Ils réclament l'exemption du nouveau droit de 3 p. o/o pour les blés et grains qui viennent dans leur port à destination de la basse Provence et du service des vivres de la marine.

1173. *M. Trudaine, intendant à Lyon,*
au Contrôleur général.

18 Janvier 1707.

«J'ai reçu, il y a trois jours, la lettre que vous m'avez fait l'honneur de m'écrire le 10 de ce mois par laquelle vous m'ordonnez de faire savoir à nos marchands que le Roi ne veut plus recevoir les matières d'argent aux Monnoies à 34# le marc, qu'à condition de n'en payer que moitié comptant et moitié en promesses des fermiers généraux payables dans un an et dix-huit mois, par égale portion. Aussitôt que j'eus reçu votre ordre, je fis clore le registre du directeur de la Monnoie, et M. de Saint-Maurice a pris soin de vous envoyer l'état de ce qui reste de matières à la Monnoie apportées avant ce nouvel ordre, et que vous voulez bien que l'on continue de payer suivant la promesse que j'en ai faite ci-devant à nos marchands. La bonne foi que vous gardez à la parole que je leur ai donnée pour ce qu'ils [ont] porté jusqu'à ce jour, devroit les engager à en porter encore aujourd'hui que vous y apportez une nouvelle condition, et ils ne devroient pas douter que le remboursement de leurs matières ne fût effectif dans un an et dix-huit mois, par les fermiers généraux. L'intérêt que vous leur donnez de leur argent, de 10 p. o/o, est même assez considérable; ils ne doivent pas en souhaiter un plus fort. J'ai fait venir chez moi quelques-uns des principaux négociants de ces matières; je leur ai déclaré votre intention et l'ordre qui avoit été donné en conséquence à la Monnoie de ne plus recevoir des matières qu'aux conditions que vous m'avez prescrites. Je leur ai fait observer que vous ne touchiez point à ce qui avoit été porté jusqu'au jour de la clôture du registre. Ils y ont été fort sensibles, et fort contents de la foi qu'on leur garde. Je suis persuadé qu'outre la raison que vous me marquez dans votre lettre qui vous a engagé à prendre ce parti, que vous en pouvez avoir beaucoup d'autres, et principalement celle d'avoir présentement de l'argent comptant de la moitié pour laquelle vous faites donner des promesses des fermiers généraux. Je crois encore que vous avez fait attention aux inconvénients que cet ordre va produire, que vous aurez balancé l'utilité que vous en retirerez avec le tort que le commerce en souffrira. Vous êtes certainement le maître de faire porter aux Monnoies lesdites matières qui viennent dans les ports de France de la mer du Sud et d'ailleurs; mais, en y astreignant les propriétaires de ces matières, vous leur allez faire chercher les moyens de les porter ailleurs. Ils trouveront des expédients pour aborder en Espagne, et peut-être de faire passer chez l'ennemi les matières qui étoient destinées pour la France; et, quoiqu'il vous paroisse que les marchands intéressés dans les vaisseaux chargés pour la mer du Sud vous donnent leur consentement à la proposition que vous faites de ne les payer des matières qu'ils porteront aux Monnoies que moitié comptant et moitié en promesses des fermiers, je crois qu'il faut s'en défier. Ils sentent qu'ils ne peuvent vous le refuser parce que vous pouvez les y obliger; mais, en même temps, ils chercheront des moyens pour éluder ce qu'ils paroissent vous accorder, et ces moyens peuvent être de porter leurs matières hors du royaume, dont, par la suite, l'État souffriroit.

«Cela regarde généralement tout l'État et le royaume; mais ce qui est de particulier à Lyon, et dont vous avez connoissance.

est que la plus grande partie des matières qui s'apportent ici ne viennent pas de nos vaisseaux qui retournent de la mer du Sud, mais du commerce que font nos marchands en Espagne, qui cessera constamment, parce qu'ils ne pourroient pas le soutenir s'ils étoient obligés d'attendre le prix de leurs matières un an et dix-huit mois. Ce commerce se fait à un très modique profit; il n'y a que 1/2, 3/4, et au plus 1 p. 0/0 de gain à faire venir des matières d'Espagne. Le marchand d'Espagne qui vend au François tire sur lui la valeur de sa marchandise aussitôt qu'il la charge pour l'envoyer en France, et elle se trouve presque toujours payée avant son arrivée à Lyon. Cela met notre marchand françois hors d'état d'en pouvoir faire crédit pour un an et dix-huit mois, comme vous le demandez. La vente prompte qu'il fait de sa matière et le payement comptant qu'on lui en fait les met en état de faire un autre achat en Espagne et de faire ainsi entrer continuellement des matières en France. Vous pouvez regarder comme certain qu'il n'en entrera plus par cette voie, qui ne laissoit pas que d'en fournir une assez grande quantité pour y avoir attention. En parlant hier matin avec le sieur Ollivier, commis du trésorier de l'extraordinaire des guerres, de votre nouvel ordre, il m'est convenu que, pour le temps présent, cela lui alloit donner quelque facilité, parce qu'il trouveroit des matières à acheter et que vous n'obligeriez pas apparemment les trésoriers de prendre des promesses des fermiers, l'argent que vous comptez de tirer par ce moyen étant pour le service de la guerre, mais qu'avant six mois l'on sentiroit le tort que cela feroit au commerce et la disette des matières qu'il y auroit à Lyon, où l'on en a besoin. La Monnoie de Lyon ne travaillera plus; l'on ne fera pas la dépense d'apporter jusques ici des matières que l'on paye également sur la frontière. Je ne sais s'il y auroit beaucoup de décompte dans ce que vous espérez tirer d'argent comptant présentement de la moitié des matières arrivées ou qui arriveront incessamment de la mer du Sud sur nos vaisseaux, si vous vous en teniez à en faire porter les matières aux Monnoies en sortant du vaisseau ou suivant les états que vous vous êtes fait donner lors de l'arrivée de ceux qui sont en France, et que vous laissassiez la Monnoie de Lyon travailler comme à l'ordinaire.....

«Nous suivrons exactement vos ordres; mais, s'il se présentoit quelqu'un qui portât dorénavant des matières à la Monnoie, il me semble que vous ne nous marquez pas assez précisément si nous continuerons à faire fabriquer ces nouvelles matières toutes en écus, demi et quarts, ou si nous en userons comme par le passé, moitié en écus, moitié en pièces de 9 s. 6 d. Ce ne sera pas cette manière de convertir les matières moitié en écus et moitié en pièces de 9 s. 6 d. qui empêchera de les apporter à la Monnoie. Ainsi, vous pouvez la faire continuer, si d'autres raisons ne s'y opposent point, et principalement celle de ne plus vouloir continuer de faire fabriquer des pièces de 9 s. 6 d. Quoique je n'aie pas d'espérance de voir apporter des matières dorénavant à notre Monnoie, l'on pourroit, pour engager le marchand à le faire, lui donner des rescriptions sur la douane de Lyon au lieu de promesses des fermiers, pour la moitié dont vous demandez crédit pour un an et dix-huit mois. Si ce parti vous convenoit, je leur déclarerois qu'on leur donneroit cette facilité. Je crois aussi que votre intention est qu'on leur paye les intérêts de cette moitié du jour qu'ils donneront leurs matières, et que le directeur de la Monnoie comprenne dans son récépissé les intérêts, afin de faire faire ou les promesses des fermiers ou les rescriptions du principal et de l'intérêt, et d'observer que ces promesses ou rescriptions soient payables dans un an et dix-huit mois du jour de l'apport aux Monnoies et de la date du récépissé du directeur*.»

* M. Trudaine fut autorisé à offrir des rescriptions sur la douane de Lyon au lieu de promesses des fermes, et l'intérêt fut ajouté au principal. (Lettre du contrôleur général, 25 janvier.)

1174. *Les Gens du Roi près le Parlement de Provence au* Contrôleur général.

19 Janvier 1707.

Ils transmettent les remontrances de la Cour au sujet des attributions dont elle se voit dépouiller depuis plusieurs années.

1175. *M.* Lebret, *intendant en Provence, à M.* de Torcy, *secrétaire d'État.*

20 Janvier 1707.

Contestation entre la communauté de Goult et le sieur Ferry, qui se prétend exempt de toute taille en vertu de lettres patentes du 9 août 1470.

«La province, de son côté, soutient que le privilège en question ne sauroit subsister, parce que le roi René, en l'accordant, n'a pas indemnisé la province comme il avoit eu intention d'indemniser la communauté de Goult (l'intention de ce prince est marquée par ses lettres patentes de 1470, par ces mots : *volentes predictam exemptionem nullis quam nostræ curiæ nocuam esse*); et d'ailleurs qu'aucune sorte de titres d'exemption de taille n'ont jamais eu lieu en Provence, pas même en faveur des secrétaires du Roi; qu'enfin, lorsque le roi René a accordé un semblable privilège, la taille royale, qu'il regarde uniquement suivant ces mots : *talliarum regiarum nostrarum*, étoit de très petite considération, puisque, plus de cent trente ans après ce privilège, c'est-à-dire en 1603, les impositions ne montoient qu'à 17 ᴴ 9 s. par feu, au lieu que, depuis environ vingt ans, elles n'ont jamais été au-dessous de 600 ᴴ, qu'elles sont actuellement à 700 ᴴ, et qu'elles ont été souvent jusqu'à 800 ᴴ, 850 ᴴ, et quelques fois jusqu'à 900 ᴴ : de manière que, si la communauté étoit obligée de payer les tailles du sieur Ferry et de les rejeter sur les autres habitants, elle ne pourroit pas résister à cette surcharge.

«Il me paroît qu'attendu la nature des tailles, qui sont réelles en Provence, l'exemption qui en a été accordée par le roi René en faveur des auteurs du sieur Ferry ne peut que très difficilement lui être conservée; et, en tous cas, ce ne pourroit jamais être que pour les biens qu'il possédoit en 1470 et jusques à concurrence de ce à quoi les impositions montoient alors, sans que cela puisse être étendu jusqu'aux acquisitions faites depuis, ni jusques aux sommes excessives auxquelles les malheurs des temps ont fait monter les impositions. Mais, comme ledit sieur

Ferry se contente de dire que son privilège a été confirmé par le Roi, sans justifier de cette confirmation, qu'il soutient d'ailleurs être inutile attendu la nature du privilège, qui ne lui a pas été accordé pour un temps, mais à perpétuité, il me semble qu'il seroit assez mal fondé dans la prétention d'y être maintenu. Tout ce qui s'est passé entre ledit sieur Ferry et la communauté de Goult ne peut, ce semble, préjudicier à la province, qui perdroit un demi-feu, si l'indemnité accordée par le roi René à la communauté de Goult pouvoit avoir lieu: de sorte qu'elle a certainement intérêt de s'opposer, comme elle fait, au privilège dudit sieur Ferry, n'y ayant rien qui l'intéresse davantage que le soutien des communautés; et, si celle de Goult étoit obligée de supporter les tailles du sieur Ferry, il est évident que tous les autres habitants abandonneroient le lieu, et que la communauté s'anéantiroit. Ainsi, il me paroit qu'il y a lieu de condamner le sieur Ferry au payement des deniers du Roi et du pays et des tailles négociales de la communauté de Goult, à proportion des biens qu'il y possède. Les arrérages depuis vingt-neuf ans seroient une suite naturelle; mais, comme il a vécu jusqu'à présent sur la foi des privilèges et des jugements qu'il a obtenus, vous trouverez peut-être à propos de l'en décharger pour le passé, en le condamnant à l'avenir.»

1176. *M. DE LA BOURDONNAYE, intendant à Bordeaux,*
AU CONTRÔLEUR GÉNÉRAL.

22 Janvier 1707.

Le subdélégué de l'intendance à Bayonne a vu les travaux commencés à Urt par le sieur de Roddes. Celui-ci compte entrer en pleine mine dans quinze jours et trouver un marc d'argent par quintal de minerai, de façon à envoyer dix mille marcs par jour (*sic*) à Dax, où la fonte commencera dans un mois*.

* En marge, de la main de M. Desmaretz : «Lui écrire encore d'y aller lui-même, et que la vérité du succès de la découverte des mines est si importante et qu'on a toujours tant de raisons de s'en défier, que le Roi ne peut en être persuadé sans auparavant être assuré par lui et par ce qu'il en aura vu.»

Après trois mois de travail, les matières retirées de la mine d'Urt ne donnèrent aucune trace d'argent. Roddes et un cordelier espagnol qui connaissait les mines du Pérou se transportèrent alors à Bidarray, en basse Navarre. Le nouveau minerai, traité à la Monnaie de Bordeaux, donna une certaine quantité d'argent (lettres des 18 et 31 janvier, 9 et 20 février, 26 mars, 2, 12, 19, 23, 26 et 29 avril, 18 mai); mais les épreuves faites par M. de Launay, à Paris, ne rendirent rien, et le fils de M. de Roddes ne put indiquer un autre système pour essayer les matières. En annonçant ce résultat au père, le 7 juin, M. Desmaretz ajoute ces mots : «On n'espère plus rien de votre entreprise, et, si elle réussit contre l'attente publique, vous aurez la satisfaction d'en être venu à bout sans en avoir été dégoûté par tous les discours qui auroient pu déterminer un autre à l'abandonner.» Par une lettre écrite le 3 août à M. de Pléneuf, trésorier de l'extraordinaire des guerres, on voit que M. de Roddes se prétendait en avance de 180,101 ᵗᵗ sur son entreprise des vivres d'Aragon, et qu'il en prit prétexte pour ne pas retourner au travail des mines.

M. Desmaretz écrit, le 4 juillet, à M. le maréchal de Tessé : «Je vous prie de trouver bon que je vous détourne pour un temps fort court des affaires difficiles dont vous êtes occupé présentement, pour lire des copies des dernières lettres que le sieur de Roddes écrit à M. Chamillart. Je crois que vous ne serez pas surpris que les magnifiques promesses dudit de Roddes n'aient rien produit jusqu'à présent d'utile; mais vous le serez sans doute que, dans le moment qu'il est parti pour aller en Espagne et qu'il a abandonné son entreprise, il ait écrit d'un style aussi pompeux que si, par son travail, on avoit découvert en France les richesses du Pérou et du Potosi. M. Chamillart a souhaité que vous en fussiez informé. Vous sentez mieux que personne combien, dans la conjoncture présente, les effets de ces promesses auroient été utiles; je crois que vous me permettrez de vous dire avec confiance que, quoiqu'on ne se soit pas beaucoup flatté de trouver dans les Pyrénées une ressource pour soutenir longtemps la guerre, on ne laisse pas d'être peiné de voir qu'un homme qui parloit aussi affirmativement se soit avancé aussi téméraitement, sans avoir connu par lui-même la possibilité du succès.»

1177. *M. DE COURSON, intendant à Rouen,*
AU CONTRÔLEUR GÉNÉRAL.

25 Janvier 1707.

Il rend compte des difficultés que les héritiers de M. de Bonnetot font à M. de la Rivière-Lesdo pour lui vendre la charge de premier président de la Cour des comptes, aides et finances de Rouen*.

* En marge : «Quoique je sois des amis de M. de la Vaupalière et que je fusse bien aise de lui faire plaisir, vous devez faire entendre aux tuteurs des enfants de M. de Bonnetot qu'il n'est permis à aucun particulier de traiter d'une pareille charge sans en avoir obtenu auparavant la permission du Roi, [et] les engager par vos soins à finir avec M. de la Rivière-Lesdo; la sûreté sera tout entière pour les tuteurs, si M. de la Rivière-Lesdo, en leur payant 130,000 ᵗᵗ, dont ils sont contents, veut faire un contrat pour le surplus et donne une hypothèque spéciale et privilège sur la charge. Les tuteurs seroient bien plus exposés à dédommager les mineurs, si, par leur mauvaise volonté, ils différoient de recevoir le prix de cette charge, pour laquelle le Roi ne donnera pas d'agrément à d'autres.»

1178. *M. l'Archevêque de Narbonne, président des États de Languedoc,*
AU CONTRÔLEUR GÉNÉRAL.

25 Janvier 1707.

«La lettre que vous m'avez fait l'honneur de m'écrire le 11 du courant, ayant été portée à Narbonne, me fut rendue seulement vendredi dernier, deux jours avant la fin de nos États. Il n'y avoit pas de temps à perdre pour leur proposer l'emprunt que le Roi a souhaité que nous fissions de 800,000 ᵗᵗ pour assurer l'entier payement de la capitation de cette année. Je trouvai beaucoup de difficulté dans l'esprit de ceux qui composent l'assemblée, parce que l'exemple de ce qui fut fait aux États derniers, en pareil cas, paroissoit d'une dangereuse conséquence pour la province, qui a un grand intérêt à ne pas emprunter tous les ans une somme si considérable. On étoit aussi retenu par une autre réflexion, qui est que les contribuables à la capitation, voyant la facilité des États à faire des emprunts pour la payer, se rendroient encore plus négligents à payer leur quotité, et que ceux qui ont été soigneux de le faire se relâcheroient à l'avenir. Ces deux considérations auroient été capables de m'engager à surseoir la délibération jusques à ce que je vous les eusse représentées et que vous m'eussiez envoyé des ordres plus précis; mais, le temps ne le permettant pas, j'engageai MM. les commissaires de la capitation à s'assembler samedi dernier. Je pris le soin de parler à chacun d'eux en particulier, et, le soir même, je commençai à bien espérer du succès après que je fus informé par M. l'archevêque d'Albi, qui étoit à la tête de la commission, qu'ils avoient délibéré unanimement d'obéir à la volonté du Roi. Lundi matin, M. d'Albi fit son rapport aux États, qui se trouvèrent mieux disposés que la première fois qu'on avoit parlé de cette affaire; il ne me laissa rien à ajouter aux raisons qu'il avoit employées pour la faire goûter. Je fis opiner, et l'envie d'obéir au Roi, jointe au désir qui nous est naturel de contribuer de tout ce qui dépend de nous au service de S. M., forma notre délibération, par laquelle il fut arrêté qu'il seroit donné pouvoir aux syndics généraux d'emprunter jusques à la somme de 800,000 ᵗᵗ pour faciliter le payement de la capitation de la présente année 1707.

«C'est par cette délibération que les États ont fini leurs séances, car, aussitôt après, ils se séparèrent. Sur quoi, il ne sera peut-être pas inutile d'observer qu'en huit jours les États se sont engagés pour 3,000,000 ᵗᵗ pour le service du Roi, ainsi qu'il paroît par cette délibération de 800,000 ᵗᵗ, celle pour emprunter 2,000,000 ᵗᵗ des Génois et deux autres sommes, chacune de 100,000 ᵗᵗ, l'une pour le quart en sus des subventions, et l'autre pour la suppression des trésoriers des octrois des villes. Je souhaite que nous puissions faire encore mieux l'année prochaine : à quoi je vous supplie de témoigner à S. M. que je m'emploierai toujours avec le même empressement et le même zèle.»

1179. *M. de Bernières, intendant en Flandre maritime, au Contrôleur général.*

26 Janvier 1707.

«Si les Flamands étoient aussi vifs à terminer leurs affaires qu'ils le sont à les entamer et à demander, il y a longtemps que j'aurois eu l'honneur de vous envoyer mon avis et les états nécessaires pour faire connoître à S. M. les dépenses que cette province a supportées l'année dernière, qui sont si excessives qu'elles sont presque incompréhensibles à moins que d'en avoir été témoin; mais je n'ai pu finir que depuis huit jours avec les Magistrats pour avoir d'eux toutes les pièces justificatives et les éclaircissements qui étoient nécessaires. Ce que je dois avoir l'honneur de vous représenter à leur avantage, c'est que, s'ils ont été lents à fournir les états pour obtenir des indemnités, ils ne l'ont pas été pour le service du Roi, et je vous assure qu'ils méritent que S. M. veuille bien entrer dans leurs pertes ainsi que dans leur misère, pour les soulager autant que les besoins de l'État le peuvent permettre.

«Il n'y a que la châtellenie d'Ypres qui ait présenté au Roi le placet ci-joint que vous m'avez fait l'honneur de m'envoyer pour vous donner mon avis; mais toutes les autres châtellenies auroient fait la même chose, si je ne les en avois pas empêchées parce que vous m'avez fait l'honneur de me mander, par deux lettres, que, quand je vous aurois fait connoître les pertes et les surcharges que cette province a souffertes, S. M. auroit la bonté d'accorder des indemnités aux peuples. Ainsi, pour y parvenir, je me suis fait représenter par chaque châtellenie ou territoire les états bien justifiés de ce qui a dû être payé, livré ou fourni pendant tout le cours de l'année 1706, tant pour toutes les charges ordinaires, comme aide, abonnement, fortifications, payement de la maréchaussée et autres gages ordinaires, que pour les contributions qu'on a été obligé de payer aux ennemis, ainsi que pour les dépenses de pionniers, chariots, palissades, fascines, fourrages livrés par ordre aux armées ou aux différents campements, et enfin pour les pertes souffertes par les fourragements forcés, ainsi que par les inondations qu'on a été obligé de former pour la sûreté de plusieurs places; et ce dernier mal est si grand, que toutes les terres où on a fait entrer l'eau de la mer sont gâtées pour sept ou huit ans, et il se trouve plusieurs villages de la châtellenie de Furnes dans ce cas. J'ai l'honneur de vous envoyer un état général, vérifié article par article, par lequel vous connoîtrez d'un coup d'œil à quoi monte cette dépense ordinaire et extraordinaire de l'année 1706; et on a beau comprendre la bonté du pays, qui est effectivement meilleur que tout autre en lui-même, mais aussi est-il incompréhensible que deux cent trente paroisses aient pu supporter 5,420,585 ᵗᵗ 13 s. 6 d. de frais et de dépenses, non compris encore les droits appelés *domaines*, montant à 900,000 ᵗᵗ au moins, qui étoient autrefois aux États de la province pour servir à acquitter leurs charges, et qui consistent en droits sur les boissons, bestiaux, autres choses pareilles, et moulage. N'est point encore comprise dans cette dépense la fourniture de 1,009,339 rations de fourrages qui ont été livrés aux troupes du Roi, et dont une partie a été pour le soulagement de la châtellenie de Lille, au camp de Frélinghien. J'ai fait un article séparé des fourrages à la fin de mon état. Il ne vous sera pas malaisé de voir que les provinces voisines, beaucoup plus grandes, dont il y en a même quelques-unes d'aussi abondantes, et qui ont obtenu des modérations considérables de S. M., n'ont pas, à beaucoup près, souffert autant que la Flandre flamingante, qui doit infiniment au receveur général des finances et ne sera pas en état de payer, quelque rigoureuses contraintes qu'on puisse faire, si S. M. ne décharge pas ses peuples d'une partie de ce qu'ils redoivent. Je ne puis vous rien dire sur la diminution qu'on vous demande : elle dépend de la clémence du Roi et de vos bontés; mais je vous supplie de la proportionner à l'état de dépenses. La seule chose que j'ai à vous demander, c'est d'avoir égard que, quelque chose qu'ait souffert tout le pays en général, il y a des châtellenies dont la modération doit être plus forte que celle des autres, comme la châtellenie d'Ypres, dont les deux tiers des villages au delà de la ligne ont été entièrement ruinés et fourragés. La châtellenie de Furnes pareillement mérite plus de considération, pour les villages qui ont été inondés; Poperingue et son territoire, comme étant surchargé par rapport au transport, qui est sur un pied de moitié trop fort, étant fait dans un temps où cette ville étoit opulente, remplie de manufactures et fort peuplée, et c'est aujourd'hui un lieu presque désert et misérable. Et enfin la ville de Wervicq et son territoire doivent encore avoir une diminution plus considérable que les autres, parce qu'étant à une lieue de Menin, il n'est rien resté dans cette ville ni dans son territoire, tout généralement, fourrages et autres choses utiles à l'armée ennemie, ayant été pris et emporté pendant le siège de Menin. Reste à vous représenter, sur l'article des fourrages, que le Roi a bien voulu faire payer 5 sols par ration de ce qui a été fourni pendant la campagne par la province d'Artois et la châtellenie de Lille. Les peuples de cette province osent espérer la même grâce, parce qu'ayant encore plus souffert que les autres, ils n'ont pas laissé, pour marquer leur bonne volonté, de soulager la châtellenie de Lille et de livrer également le fourrage à l'armée pendant les mois d'août et de septembre, quoiqu'il n'y eût que la châtellenie de Lille et une très petite partie de ce département qui courût risque de pouvoir être fourragée par l'armée du Roi. Je suis fâché d'avoir été obligé de m'expliquer si longuement; mais, comme la province est sans protecteurs et sans députés, elle m'a remis ses intérêts entre les mains et m'a prié de vous faire connoître l'état où elle étoit réduite : ce que je fais en mon âme et conscience, afin que vous ayez la bonté d'y avoir l'égard que vous trouverez juste et convenable.»

1180. *M. le duc* DE ROQUELAURE, *commandant en Languedoc,*
AU CONTRÔLEUR GÉNÉRAL.

28 Janvier 1707.

«Sur quelques discours un peu séditieux qui ont été tenus à Toulouse au sujet de la levée des arrérages dus de la capitation, et sur quelques placards qui ont été appliqués, nous avons cru, M. de Bâville et moi, que, dans la situation présente des affaires et par rapport au peu de troupes que nous avons, il étoit plus prudent de rappeler M. de Grandval que de pousser les choses à une certaine extrémité. Cependant, pour ne rien faire qui pût marquer la moindre foiblesse de notre part, nous nous sommes servis de l'offre que les capitouls ont faite de se charger du recouvrement de ces arrérages et de donner aux receveurs tous les secours dont ils auroient besoin pour faire le recouvrement. Ce parti nous ayant paru le plus convenable, j'ai mandé à M. de Grandval qu'il pouvoit revenir quand il le jugeroit à propos et renvoyer dans leurs quartiers les vingt dragons que je lui avois donnés, après avoir pris toutes les précautions nécessaires avec les capitouls et les receveurs pour l'exécution de ce qu'ils offroient de faire. Je lui ai marqué, en même temps, de leur faire valoir la confiance que je voulois bien avoir en eux, et de leur déclarer que, s'ils en abusoient et que si, dans deux mois au plus tard, la capitation n'étoit pas payée, il y retourneroit en si bonne compagnie qu'ils auroient lieu de s'en repentir. Par le dernier état que M. de Grandval m'a envoyé, il pourroit avoir touché déjà 80 ou 100,000 #; je ne doute pas que, depuis ce temps-là, sa recette n'ait augmenté considérablement. M. de Bâville aura soin de vous en rendre compte, et moi j'attendrai vos ordres pour la conduite que vous désirez que j'aie à l'avenir avec Messieurs de Toulouse. Ils mériteroient bien que le Roi les fît châtier, s'ils persistent dans leur désobéissance; mais il faut, pour cela, être en état de n'en avoir point le démenti, et c'est à quoi je suis persuadé que vous donnerez bon ordre, si le cas arrive*.....»

* Selon la lettre écrite le 27 par M. de Bâville, un des placards affichés le jour de l'arrivée de M. de Grandval avec ses dragons portait avis au premier président Riquet de se souvenir que le président Duranty avait été tué jadis à Toulouse pour avoir trop bien soutenu les intérêts du Roi. Le contrôleur général répond en marge : «Il ne faut point s'étonner de trouver des placards séditieux affichés dans Toulouse; il y en a très souvent dans la ville de Paris, quoiqu'elle n'ait aucune disposition à la révolte. Si les capitouls veulent faire leur devoir, la capitation se payera comme partout ailleurs. Cette affaire mérite d'être suivie et demande toute votre prudence et votre fermeté.»

1181. *M.* DE BERNAGE, *intendant en Franche-Comté,*
AU CONTRÔLEUR GÉNÉRAL.

28 Janvier 1707.

Il rend compte des essais de l'acier fabriqué par les nouveaux procédés des frères Guinand, de Neufchâtel en Suisse, qui se proposent d'introduire cette industrie en France*.

* Voir une autre lettre à M. Desmaretz, du 12 avril suivant. Un privilège fut accordé aux deux inventeurs, conformément à l'avis exprimé en ces termes par l'intendant, le 24 mai : «Après tout, il me paroit que nous n'avons personne en France qui fasse de si bons aciers qu'eux. Il leur importe plus qu'à nous de trouver les moyens d'en perfectionner la fabrique, puisque le privilège qu'ils demandent n'exclut pas l'entrée des aciers d'Allemagne et de tous autres qui peuvent être meilleurs que les leurs. Les couteliers et autres ouvriers en outils de cette ville à qui j'en ai donné des essais, l'ont trouvé bon. Le pis qui puisse arriver est que cet établissement tombe au préjudice seulement de ceux qui l'auront fait, et, s'il réussit, le royaume en tirera de l'avantage sans que S. M. puisse courir aucun risque. Ces considérations me feroient être d'avis de leur accorder la permission qu'ils demandent d'établir leur manufacture dans les trois provinces d'Alsace, duché et comté de Bourgogne, sans préjudicier aux autres manufactures déjà établies, dans les termes qu'il est porté par le projet des lettres patentes que j'ai envoyé à M. de Chamillart avec ma lettre du 28 janvier dernier. Je vous supplie de me faire savoir ce qui aura été résolu le plus tôt possible, afin que j'en donne avis auxdits sieurs Guinand.» Ceux-ci acceptèrent que le privilège ne leur assurât pas de monopole exclusif; mais il fut stipulé que les autres fabricants ne pourraient leur enlever leurs ouvriers, et réciproquement. Voir la lettre du 26 juin.

1182. *M.* D'ORMESSON, *intendant à Soissons,*
AU CONTRÔLEUR GÉNÉRAL.

30 Janvier 1707.

État des cotes d'office du département.

1183. *M.* LE GENDRE, *intendant à Montauban,*
AU CONTRÔLEUR GÉNÉRAL.

2 Février et 6 Avril 1707.

Il propose de faire faire aux frais du pays de Foix

l'arpentage des forêts, en réglant les droits d'usage des communautés et en mettant le reste des exploitations en coupes réglées au profit du Roi. C'est le seul moyen de les arracher aux coqs de paroisse qui s'en sont emparés, et de conserver le bois nécessaire à l'alimentation des forges*.

* Dans le pays de Soule, M. de Saint-Macary, subdélégué général à l'intendance de Béarn, proposa de créer des offices de gardes pour veiller à la conservation des bois du Roi. (Lettre du 8 mars 1707.)

1184. *M. de Bâville, intendant en Languedoc,* au Contrôleur général.

6 Février 1707.

Il présente la défense du sieur de Lamarque, inspecteur des manufactures à Carcassonne, et démontre la fausseté des accusations dirigées contre lui, principalement à cause de ses relations de parenté avec les maîtres des manufactures des Saptes et de la Trivalle, ou de ses prétendues liaisons d'intérêts avec les fabriques de draps pour le Levant.

1185. *M. Trudaine, intendant à Lyon,* à M. Desmaretz.

8 Février 1707.

«M. Chamillart m'a envoyé ces jours-ci l'édit du mois de décembre 1701 qui permet aux nobles de négocier en gros, avec exclusion néanmoins de ceux qui sont revêtus de charges de magistrature, et la déclaration du Roi du 21 novembre 1706 qui déroge à cet article en faveur des officiers des élections et des greniers à sel, en leur permettant le négoce en gros. L'on m'a fait une question sur laquelle on m'a prié de vous consulter : l'on demande si l'on entend par *négoce en gros* l'intérêt que quelques particuliers pourroient prendre sur les vaisseaux qui vont aux grandes Indes, à la Chine, à la mer du Sud, ou enfin à quelque autre endroit que ce pût être. J'ai commencé par dire ce que j'en pensois : j'ai dit que je croyois qu'il y avoit des déclarations et des arrêts qui autorisoient toutes [sortes] de personnes, même ceux qui sont revêtus de charges de magistrature, de s'intéresser dans la compagnie des grandes Indes et celle de la Chine; qu'il ne pouvoit y avoir de difficulté sur ces deux articles, et qu'à l'égard des intérêts que l'on pourroit prendre sur les vaisseaux qui vont à la mer du Sud, que je ne croyois pas non plus que les magistrats en fussent exclus par l'article 1er de l'édit de 1701, pourvu qu'ils ne se mêlent point d'acheter en gros les marchandises dont on charge les vaisseaux, ni qu'ils ne vendent point aussi en gros eux-mêmes celles qui reviennent sur ces mêmes vaisseaux, et qu'ils se contentent seulement de participer au gain ou à la perte qui se fait par le retour du vaisseau, suivant l'état qui leur sera représenté par ceux qui font les achats et les ventes. L'on ne veut pas s'en tenir à ma décision : l'on voudroit avoir la vôtre, et même une déclaration, si vous le jugez à propos. Je vous supplie de me marquer ce que vous pensez de cette question; et même, si vous croyez qu'elle mérite une déclaration pour lever toute sorte de doute, vous feriez plaisir à bien des gens de la faire rendre*.»

* M. le Guerchoys, intendant à Alençon, écrit, les 10 février et 19 mars, que le procureur du Roi au grenier à sel de Verneuil a été imposé à la taille par les collecteurs de la paroisse de Chéronvilliers, sur un avis de l'assemblée des habitants, mais qu'il justifie que la ferme qu'il fait valoir lui appartient, qu'elle est de cinquante acres environ et n'excède pas la quantité de terres que les privilégiés ont le droit de cultiver par eux-mêmes, et qu'enfin il fait le commerce en gros selon la permission donnée aux officiers des greniers à sel par la déclaration du 21 novembre 1706, sans déroger à ses privilèges. En conséquence, le rejet de sa cote a été fait sur les habitants.

1186. *M. d'Angervilliers, intendant en Dauphiné,* au Contrôleur général.

13 Février 1707.

Devis de réparations à faire au moulin à poudre de Fenestrelles.

1187. *M. le maréchal de Vauban* au Contrôleur général.

(Intendance de Provence.)

(De Paris) 13 Février 1707.

«J'ai reçu celle que vous m'avez fait l'honneur de m'écrire du 12 de ce mois, au sujet de la permission qui vous a été demandée par MM. les procureurs de Provence, de bâtir un pont sur la Durance*. Ce seroit une pièce très nécessaire à cette province, et ce défaut est fort incommode à ceux qui vont et viennent; mais je trouve que ce temps-ci est bien mal propre pour exécuter un tel ouvrage, qu'on ne sauroit faire à moins de 8 ou 900,000 #, et, quand je dirois un million, je ne croirois pas m'éloigner de la vérité. Les éclaircissements que l'on me donna là-dessus, quand j'étois en Provence, ne vont pas à grand'chose. Je vous envoie en original tout ce qui m'en est resté. Il m'étoit venu une bien autre pensée que celle-là, et, si mon retour n'avoit pas été précipité, j'aurois été m'en éclaircir sur les lieux : c'étoit de remonter la Durance jusqu'à l'embouchure du Verdon, pendant quoi, chemin faisant, j'aurois reconnu les endroits les plus propres pour faire ce pont. En remontant jusqu'au Verdon, j'aurois examiné les possibilités de tirer de là un bon canal d'arrosement qui, en suivant les côtes et se soutenant à bonne élévation, auroit pu porter des bateaux et arroser à même temps les territoires d'Aix et de Marseille, car je comptois de le mener jusque-là, et j'y trouvois de la possibilité. Ce canal auroit pu fournir des eaux assez abondamment pour la plénitude d'un autre très nécessaire à faire depuis Aix jusqu'à la mer. Il fut beaucoup parlé de cette pensée, avec applaudissement de tous ceux qui y étoient intéressés; mais il fallut m'en revenir.

«Si ces messieurs avoient découvert quelque mine d'or aussi abondante que celle qu'on dit des Pyrénées, pour laquelle je n'ai nulle croyance, ce seroit un ouvrage à entreprendre; mais le temps ne me paroit nullement propre pour cela.

«Ayez la bonté d'ordonner qu'on m'envoie la croix de Saint-Louis pour le major de la citadelle de Lille, avec l'instruction et les ordres nécessaires pour le faire recevoir sur les lieux, car il ne convient pas au service du Roi qu'il s'absente présentement.»

* Voir, au 3 du même mois, les projet, plan et avis envoyés par l'intendant Lebret.

1188. *M. d'Angervilliers, intendant en Dauphiné,* au Contrôleur général.

13 Février 1707.

«Par la lettre que vous m'avez fait l'honneur de m'écrire le 8 décembre dernier, après m'avoir instruit des conditions auxquelles S. M. a consenti au rétablissement du commerce avec le Piémont par Suse, vous m'ordonnez d'envoyer sur la frontière quelque personne de confiance pour convenir avec les officiers de M. le duc de Savoie de la sûreté réciproque et de la garantie des ballots. J'avois chargé de cette commission le sieur Rivail, marchand de Lyon, à qui j'avois même remis une lettre pour M. Gropel, dont je vous ai envoyé copie. J'apprends de ce négociant, qui est de retour, qu'étant arrivé à Suse, il écrivit lui-même au ministre de M. le duc de Savoie pour lui faire part du sujet de son voyage: sur quoi, on lui envoya un passeport pour aller jusqu'à Saint-Ambroise, où il se rendit, et trouva effectivement un marchand de Turin, nommé Bourdelet, à qui il remit ma lettre pour M. Gropel, et revint à Suse, où il a resté deux mois sans avoir pu avoir aucune réponse. Il assure néanmoins que le sieur Bourdelet lui a écrit depuis peu qu'on la devoit faire incessamment.

«Je vous avouerai cependant que je ne vois aucune nécessité, par rapport au bien du commerce, de faire avec les ennemis un traité sur la sûreté ou garantie des balles. Il seroit même difficile d'y réussir, parce que, le Roi n'ayant point de troupes au delà de Suse, S. M. ne pourroit l'obliger de garantir les voituriers passé les murailles de cette ville. D'un autre côté, les ennemis n'en ont que dans l'extrémité de la vallée et dans la partie qui avoisine Turin: ce qui feroit qu'ils s'opiniâtreroient à vouloir que la garantie de la part du Roi fût pour tout l'espace de pays qui contribue à S. M. Ce traité me paroit inutile par deux raisons: la première, que toutes les marchandises qui vont à Turin, et qui en reviennent à Lyon, sont achetées et voiturées pour le compte des marchands d'Italie, en sorte que les négociants de Lyon ne sont que commissionnaires; du moins, le sieur Rivail me l'a assuré. Ainsi, sur ce pied, si quelque ballot se perdoit, ce ne seroit jamais pour le compte des sujets du Roi. La seconde raison est qu'il n'y a point d'exemple qu'aucun voiturier ait été attaqué sur le chemin de Suse à Turin; et effectivement, depuis le commencement de la guerre jusqu'à l'interdiction arrivée il y a six mois, le commerce a toujours été avec sûreté et sans traité. On m'a dit même qu'il n'y en a point eu pendant la dernière guerre. C'est ce qui me fait croire que, sans s'embarrasser de faire aucune convention avec les ennemis, il n'y auroit qu'à laisser passer les marchandises par Suse, en mettant seulement en usage les précautions marquées dans votre lettre du 4 janvier.

«Je dois cependant vous observer encore que M. le duc de Savoie ne donne point de passeport aux marchands françois pour aller à Turin. On prétend qu'il ne les refuse que parce qu'il n'est pas absolument le maître dans ses États. On n'a peut-être pas toujours eu la même précaution à Suse pour les marchands piémontois, et je sais qu'on en a laissé passer pour aller à Genève et à Lyon. Les marchands de Lyon vous demanderont avec instance de ne vous y pas opposer, et cela sur le fondement que, n'étant que commissionnaires des marchands de Turin, le commerce ne pourra pas subsister si ces étrangers n'ont la liberté de venir voir par eux-mêmes l'état de leurs affaires: ce qui leur donne aussi le moyen et l'occasion de remettre des fonds considérables à leurs correspondants. Je vous avoue néanmoins qu'il me paroît bien délicat de donner cette facilité aux ennemis et de les laisser passer par la ville de Suse, dont la conservation est si importante; et quelque vigilance qu'ait M. de Masselin, il est bien difficile qu'il puisse démêler un marchand d'avec un autre qui en prendra le nom. On pourroit, ce me semble, établir que les marchands de Turin qui voudront aller à Lyon seront tenus de me demander des passeports, que je ne leur donnerois que pour un temps limité et après m'être exactement informé à Lyon s'ils y sont connus et s'ils y ont des affaires.

«Le sieur Rivail prétend encore que le retardement de la réponse des ennemis sur le fait du commerce ne vient que de ce que M. de Savoie négocie pour engager les Génois et les marchands du Milanois d'envoyer par Turin les soies qui sont destinées pour France; qu'il y a même apparence qu'il y réussira, parce que ces négociants trouveront plus de facilité à expédier leurs marchandises par cette voie, que de les envoyer par mer ou par le Saint-Plom (*sic*), et qu'il n'y a plus de difficulté que sur la garantie que les Génois et les marchands de Milan veulent que M. le duc de Savoie leur procure de la part des principaux banquiers de Turin. Si les affaires tournoient de cette manière, le Roi y profiteroit beaucoup en ce qu'il n'entreroit pas dans le royaume une livre de soie d'Italie qui ne payât la douane de Lyon et celle de Valence*.»

* Les directeurs de la Chambre de commerce ayant fait de nouvelles instances, le 3 août, pour que les marchands piémontais pussent, avec des passeports, venir faire leurs assortiments habituels à la foire de Lyon, le contrôleur général répondit que le Roi ne saurait, en de pareilles conjonctures, laisser pénétrer en France des sujets du duc de Savoie, et que d'ailleurs ceux-ci étaient à même d'employer l'entremise de leurs commissionnaires.

1189. *M. d'Argenson, lieutenant général de police à Paris,* au Contrôleur général.

(Police, G7 1725.)

14 Février 1707.

Les jurés de la marchandise de foin lèvent déjà un droit de 2 sols sur chaque cent de bottes de paille, et il serait dangereux d'accorder, sur la même denrée, si nécessaire au public, un autre droit qui retomberait sur les fermiers, laboureurs et propriétaires des environs de

Paris, ou sur les loueurs de carrosses et entrepreneurs de voitures publiques, dont l'industrie a été atteinte par la guerre. Si toutefois le Conseil accepte la création de quarante vendeurs-contrôleurs de paille, dans la pensée qu'elle surchargera seulement les consommateurs aisés, il faut assujettir cette régie aux mêmes règles de police que celle du droit sur le foin*.

* L'auteur de la proposition, Thévenin cadet, en offrait un forfait de 600,000 #.

1190. *Le Contrôleur général à divers Intendants, Directeurs de Monnaies, etc.*

16 Février 1707.

Plusieurs particuliers, surtout des armateurs, s'étant plaints de recevoir des promesses de la Caisse des emprunts pour une moitié de la valeur des matières d'or et d'argent qu'ils versent aux Monnaies, le Roi veut bien leur accorder le choix entre cette forme de payement et le remboursement intégral en pièces de 9 s. 6 d., mais seulement à mesure que la conversion se fera et sur le pied de 33 # le marc, prix qui excède encore de 30 sols le tarif de la Cour des monnaies et laisse un profit notable aux particuliers. Ceux-ci n'auront donc plus aucune raison de se dispenser du versement, et ils devront faire porter les matières aux Monnaies dix jours après le débarquement.

L'ordre est donné en même temps d'approvisionner les Monnaies de pièces de 9 s. 6. d., pour payer comptant aux bas officiers et aux matelots la valeur des matières qui leur reviennent sur les prises.

«Pour l'exécution du contenu en ce mémoire, il est nécessaire que les intendants et commissaires départis dans les provinces, les directeurs, commis et employés dans les fermes entretiennent une parfaite correspondance, et qu'ils agissent de concert avec les intendants de marine, commissaires généraux ou particuliers et officiers des ports; et l'intention de S. M. est que chacun d'eux concoure en ce qui dépendra de son ministère à suivre exactement les mesures qui seront prises de toute part pour empêcher que les espèces et matières ne soient détournées, sans aucune distinction des personnes à qui elles appartiennent*.»

* Voir une lettre du 7 mars suivant, au sieur Barraly, directeur de la Monnaie de Rennes.

M. Bégon, intendant à la Rochelle, écrit, le 17 février, que des mesures sont prises de tous côtés pour éviter la dissimulation ou le détournement des matières métalliques qui arrivent par mer : dès l'arrivée des navires, on y envoie des gardes des fermes pour surveiller les débarquements, on exige des officiers le serment qu'ils n'ont ni or ni argent, et des chaloupes sont uniquement occupées à surveiller les bâtiments.

Des changeurs furent établis au Port-Louis et à Brest pour délivrer des pièces de 9 s. 6 d. contre les espèces étrangères ou les matières. (Lettres de M. Ferrand, intendant en Bretagne, 23 mars, 1er avril et 13 juin.)

1191. *M. de la Bourdonnaye, intendant à Bordeaux, au Contrôleur général.*

16 Février 1707.

«Je me suis attaché, étant à Bayonne, à bien connoître en quoi consiste le commerce des piastres et des matières d'or et d'argent, ainsi que vous m'avez fait l'honneur de me l'ordonner par votre lettre du 15 janvier; et voici ce que j'en ai appris.

«Les piastres et les matières qui sont à Bayonne viennent toutes d'Espagne et appartiennent aux négociants de ladite ville, qui les retirent en payement des marchandises qu'ils y envoient, ou qui les y font acheter par leurs correspondants. Ils y sont puissamment engagés par le grand profit qu'ils trouvent, particulièrement sur les matières. Les Espagnols n'en envoient que très peu sur leur compte. Avant que la Monnoie de Bayonne prît les piastres à 34 # le marc, cette grande quantité de piastres et de matières qui s'y transportoit tous les jours, en sortoit pour Paris et pour Lyon, et se distribuoit dans les lieux où les négociants de Bayonne trouvoient à les employer sur un plus haut pied; et c'est ce qui faisoit qu'il n'en demeuroit pas un grand nombre à Bayonne. Mais, depuis les nouveaux ordres qu'on a reçus à la Monnoie de les recevoir à 34 # le marc, il en vient une grande quantité, et j'ai vérifié sur les registres de la Monnoie qu'on y a porté, pendant le mois de janvier, douze mille neuf cent vingt marcs, valant 438,600 #. Il y a lieu de croire que, cette Monnoie étant admirablement bien située pour la conversion des espèces et des matières d'Espagne, il en viendra beaucoup davantage dans la suite, s'il ne s'y trouve point deux obstacles : l'un, le retardement des payements à la Monnoie; l'autre, les affineurs de Lyon. Le retardement des payements commence déjà à rebuter les négociants : de 438,600 # qu'on a portés, il n'a encore passé en délivrance que 74,300 #. J'ai examiné moi-même à la Monnoie les causes de cette lenteur. On a eu de la peine à se mettre en train. On fait à présent 10,000 # par jour; cependant cela ne suffira pas, à beaucoup près, pour satisfaire tout le monde. Il y en a qui envoient leurs matières à la Monnoie de Bordeaux; j'engagerai même, si vous le trouvez bon, le directeur de cette dernière Monnoie à mettre un commis à Bayonne, qui reçoive et qui rende l'argent de ceux qui voudront en envoyer à Bordeaux. La seconde raison qui pourroit faire tomber tout d'un coup la Monnoie de Bayonne, seroit que les piastres et les matières vinssent à manquer à Lyon. Il est constant que les affineurs, en ce cas-là, les feroient valoir 30 ou 40 sols de plus que les Monnoies, et les négociants de Bayonne leur en enverroient par préférence. Les avis de Lyon portent, quant à présent, qu'il y en a beaucoup, plus qu'on n'en peut monnoyer, et c'est ce qui fait peut-être qu'on vous a fait la proposition d'en fournir à Bayonne pour 500,000 # par mois. Ce peut être aussi parce qu'il y a beaucoup de piastres et de matières dans le royaume depuis qu'il vient des vaisseaux de la mer du Sud; mais on les croit à Nantes, à la Rochelle ou au Port-Louis. Il n'en vient point à Bayonne de ces endroits, à moins que ce ne fût en exécution d'un engagement pris avec vous. Un vaisseau qui aborda au port du Passage il y a cinq ou six mois, en apporta une grande quantité, et tout est presque venu à Bayonne. Quelques négociants proposent qu'on fasse faire des pièces de 20 sols et de 30 sols au même titre de celles de 9 s. 6 d. Le travail iroit beaucoup plus vite, et le Roi y trouveroit de grands avantages; mais cela peut avoir aussi de grands inconvénients. Les négociants de Bayonne ont toujours leurs vues, et sont les plus adroits du royaume sur cette matière*.»

* Dans une autre lettre, du 12 avril, il insiste pour qu'on ne donne aucune permission de voiturer des piastres et des matières, à moins que les Monnoies de Bayonne, de Bordeaux, et même celle de Pau, ne soient trop chargées. Il dit que ces trois établissements pourroient frapper 7 millions par an en pièces de 10 sols, et bien davantage si elles étaient autorisées à convertir une partie des matières en écus ou en pièces de 30 sols.

1192. *M. d'Argenson, lieutenant général de police à Paris, au Contrôleur général.*

(Police, G⁷ 1725.)

16, 20 et 27 Février, 11 et 16 Mars, 19 Avril, 15 et 16 Juin, 16 et 27 Juillet, 2, 4, 16, 18 et 19 Août, 27 et 28 Septembre, 15 Octobre 1707.

Poursuites contre les négociateurs ou les voleurs de billets de monnaie; emprisonnement des coupables et recouvrement des amendes.

Arrestation d'un jeune homme chargé par des marchands de Lyon ou par d'autres banquiers de faire l'échange des sacs d'argent contre les billets de 1,000 ᵗᵗ, avec 450 ᵗᵗ de profit par sac.

Envoi à l'hôpital d'un charretier de la Grenouillère coupable d'avoir dissipé en dépenses de luxe et de débauche la valeur de plusieurs billets qu'il s'était fait confier par diverses personnes.

«Ceux d'entre les fripons de cette espèce qui seront conduits à l'hôpital y doivent, ce me semble, être renfermés dans des cachots et réduits à la nourriture des mendiants: genre de peine qui leur sera certainement plus dur et plus fâcheux que l'amende honorable, le carcan ou un bannissement de quelques années, qu'on ne pourroit prononcer contre eux qu'en instruisant leur procès dans toutes les formes et sur le fondement d'une preuve judiciaire établie par le témoignage de deux témoins irréprochables qui déposent du même fait: ce qu'on ne trouve que très rarement, parce que les deux personnes qui font ce commerce criminel ont un égal intérêt à le cacher, et qu'il n'y a d'ordinaire contre eux que le nantissement des billets de monnoie et de l'argent dont ils se trouvent saisis, ou d'autres présomptions équivalentes, sujettes à contredite et à désaveu dans le cours d'une procédure régulière*.»

Il annonce l'envoi au Châtelet du fils d'un magistrat supérieur de la Cour des comptes d'Aix, qui est accusé de faire le commerce usuraire des billets avec une perte de moitié pour les porteurs.

* En marge: «Bon.» Voir deux autres lettres des 2 et 28 janvier précédent.

1193. *M. Foucault de Magny, intendant à Caen, au Contrôleur général.*

19 Février 1707.

Il espère que la permission d'exporter les blés même en pays ennemi facilitera le débit de ceux qui se sont accumulés depuis trois ans, et dont l'abondance a produit une telle baisse de prix, que les fermiers ne peuvent plus payer leurs propriétaires. Il a averti les principaux marchands de porter à la connaissance des Anglais et des Hollandais qu'ils auront toutes facilités pour venir enlever les blés de France à bon compte.

1194. *M. Foucault de Magny, intendant à Caen, au Contrôleur général.*

19 et 26 Février 1707.

Selon l'avis du contrôleur général, il a fait remettre les rôles de la capitation des nobles, officiers et bourgeois des villes franches et abonnées entre les mains des receveurs des tailles, en donnant à entendre à ceux-ci que cette grâce, qu'ils avaient sollicitée, devait les exciter à faire promptement leurs avances, sans cependant user de frais ni de contraintes rigoureuses; mais il craint qu'un recouvrement si embarrassant ne les surcharge outre mesure, en raison surtout des égards qu'ils se croient obligés d'avoir pour les officiers et la noblesse.

1195. *M. de Harouys, intendant en Champagne, au Contrôleur général.*

22 Février 1707.

Rapport sur les plaintes portées contre M. Bouchu, abbé de Clairvaux.

«Sur les six religieux qui se sont déclarés auteurs du mémoire désavoué par tous les autres, il y en a trois d'une vie scandaleuse et trois autres imbéciles. Il ne me reste plus qu'à vous dire que M. l'abbé de Clairvaux a trouvé cette abbaye dans un très grand désordre pour les revenus et pour la conduite des religieux; qu'il a parfaitement remédié à l'un et à l'autre, et a tout remis dans la règle. S'il est dur pour ses religieux, c'est qu'il veut les faire vivre conformément à leur état, et je peux vous assurer qu'il l'est encore plus pour lui, malgré son âge de soixante-quinze ans. Il ne perd pas un moment des offices du jour et de la nuit; il habite le jour sa maison abbatiale, mais, la nuit, il couche dans une horrible petite cellule sans cheminée, qui est dans le dortoir de ses religieux et sans aucune différence des autres. J'ai été plusieurs fois témoin de ce que j'ai l'honneur de vous dire. Il est certain que M. l'abbé de Clairvaux est homme très respectable et de grande édification; que, des six religieux qui se plaignent de lui, trois sont des libertins déshonorés dans l'ordre, et trois autres des imbéciles.

Ainsi, il me paroît qu'ils sont très indignes d'être écoutés contre leur abbé, dont tous les autres religieux, gens de bien, se louent fort, et qu'on ne doit faire aucune attention à leur mémoire*.»

* Voir, à la date du 5 décembre suivant, un mémoire des religieux contre leur abbé.

1196. *M. de Saint-Macary, subdélégué général en Béarn,*
au Contrôleur général.

22 Février 1707.

Exécution d'un arrêt condamnant le maire de Pau à restituer 100# qu'il s'est fait donner par le corps de ville pour frais de voyage à Bayonne*.

* Il y était allé pour recevoir une admonestation du duc de Gramont à l'occasion d'assemblées tumultueuses des marchands de Pau, qui reprochaient à l'intendant d'avoir fait séjourner la reine douairière d'Espagne à Bayonne plutôt que dans leur ville. (Lettre du 24 janvier.)

1197. *M. d'Angervilliers, intendant en Dauphiné,*
au Contrôleur général.

26 Février 1707.

Rapport sur la fourniture du sel aux habitants de la Savoie et sur les expédients à prendre contre l'introduction frauduleuse de ce sel en France*.

Comptes du recouvrement des impositions et des droits des fermes en Savoie pendant l'année 1706**.

* Sur ce faux-saunage, voir deux mémoires contradictoires du fermier général des gabelles et du directeur des fermes de Savoie, envoyés par M. d'Angervilliers le 5 juin.

** Voir d'autres comptes, envoyés le 13 janvier 1708.

1198. *M. Phélypeaux, intendant à Paris,*
au Contrôleur général.

2 Mars 1707.

Il propose d'interdire pour plusieurs mois ou de faire venir à la suite du Conseil un substitut du procureur du Roi en l'élection de Tonnerre qui, plaidant une cause comme avocat, a affecté de parler des droits d'entrée et des impositions de manière à les rendre odieux au peuple*.

* En marge, de la main du contrôleur général : «Bon; interdit pendant trois mois.»

1199. *M. Doroz, procureur général au Parlement*
de Besançon,
au Contrôleur général.

2 Mars 1707.

Il envoie les procédures dirigées contre deux vignerons accusés d'être de la R. P. R. et d'avoir voulu passer en Suisse, et il explique les raisons qui les ont fait acquitter en dernier ressort*.

* Voir, sur le même sujet, une lettre du président le Fèvre, 4 mars. En marge de l'analyse de la lettre de M. Doroz, le contrôleur général a écrit : «Rien à faire; laisser subsister le jugement, mander à l'intendant et au procureur général de faire une forte réprimande au curé de les avoir soufferts aussi longtemps dans sa paroisse sans avoir su de quelle religion ils étoient.»

1200. *M. Doujat, intendant à Poitiers,*
au Contrôleur général.

6, 8, 16 et 31 Mars 1707.

Il rend compte de la résistance opposée par les habitants de Montmorillon à la perception des nouveaux octrois sur les vins. Ce mouvement ayant en partie pour cause les procédés vexatoires de certains commis, des mesures ont été prises avec le directeur des aides pour donner quelque satisfaction aux bourgeois.

Il demande que le Conseil interdise pour six mois le maire de la ville*.

* Le maire écrivit lui-même une lettre de justification, le 17 avril suivant, et, sur ce qu'il invoquait, pour ne pas subir l'interdiction, la nécessité d'être prêt à conduire les milices de la ville sur les côtes, l'intendant donna, le 3 mai, ces explications : «Il y avoit originairement deux compagnies de milice bourgeoise à Montmorillon, dont les deux capitaines et les deux lieutenants étoient en titre d'office. Il y a quelques années qu'à la sollicitation de ce maire, pour s'acquérir le titre de colonel, et sans la participation d'aucun des habitants, on établit un régiment dans cette ville de Montmorillon. Ce régiment n'a jamais rendu aucun service, et il n'alla point l'année dernière sur les côtes, qui sont éloignées de Montmorillon de plus de quarante lieues. Il est composé des habitants des paroisses de six lieues aux environs de Montmorillon, gens très mal disciplinés, fort pauvres, et auxquels les revues sont fort à charge par rapport à l'éloignement. Si ces habitants étoient obligés de servir, toutes les paroisses demeureroient désertes, et leurs familles mourroient de faim, parce que dans le temps qu'ils devroient servir, ils vont moissonner dans la Beauce, pour gagner de quoi les faire subsister. On m'assure que ce maire n'a jamais fait aucunes fonctions en qualité de colonel et que ces fonctions sont bornées à une ou deux revues par an. Je ne saurois cependant me dispenser de vous mander que je crois fort important pour le service du Roi de laisser ce maire encore interdit pendant quelque temps, pour servir d'exemple aux habitants de cette ville, qui sont fort mutins et fort susceptibles de mauvaises impressions.» Le contrôleur général répond en marge : «Il ne fera aucune fonction, pas même celle de commander la milice bourgeoise, jusqu'à ce qu'il reçoive de nouveaux ordres du Roi à cet égard.»

1201. *M. de Saint-Macary, subdélégué général en Béarn,*
au Contrôleur général.

8 Mars 1707.

«J'ai profité de l'assemblée des commissaires des États pour leur représenter que, le Roi ayant supprimé dans cette province les offices d'inspecteurs, visiteurs et contrôleurs des matériaux, et droits y attribués, créés par édit du mois de juin 1705, en payant par les habitants la somme de 1,600 # et les 2 sols pour livre, qui seroient imposés par moi conjointement avec les deniers de la taille de l'année courante, il avoit préféré les intérêts de la province aux besoins pressants de l'État, pour faire cesser les plaintes qu'auroit pu causer l'établissement de ces offices. Et bien que j'eusse raison de croire qu'ils recevroient cet arrêt avec plaisir, puisque le pays en étoit soulagé et qu'il ne s'agissoit que d'une modique somme, néanmoins ils ne purent s'empêcher de se récrier de ce que l'arrêt fait mention des offres faites par les habitants de la généralité de Pau, dans le temps que personne n'en avoit fait aucune; que cette affaire étoit d'une très grande conséquence, parce que, dans la suite, on pouvoit leur faire dire ce qu'on voudroit, et qu'ils ne pouvoient pas souffrir qu'autres que les États fissent des impositions, et que vous aviez promis à M. de Lescar que pareille chose n'arriveroit plus. Ce fut une dissertation qui dura fort longtemps, et un entassement de raisons assez particulières; et, comme je leur dis que cet arrêt étoit favorable à la province et que le Roi pouvoit, sans les consulter, faire du bien à son peuple, il ne falloit plus que convenir avec moi si c'étoit un bien pour la province ou un mal; que je les croyois trop raisonnables pour ne croire pas que c'étoit un bien, et que, quand ils voudroient le nier, toute la province les désavoueroit; qu'ils n'avoient pas lieu de craindre que j'en fisse l'imposition, parce que je m'étois donné l'honneur de vous représenter leurs privilèges et leurs règlements, mais que, quand ils en abuseroient, ils devoient craindre de s'en voir déchus; qu'on ne glosoit pas de cette manière ses arrêts, mais qu'ils devoient les exécuter, sans préjudice de leurs prétendues remontrances, et promettre d'en faire l'imposition aux prochains États avec la taille, conformément à la volonté du Roi, parce que je savois que l'Abrégé n'a aucun droit d'imposer, à moins que le Roi le lui ordonne expressément, et que d'ailleurs, il en falloit faire l'imposition conjointement avec la taille, laquelle ne sera imposée qu'aux prochains États, cette remontrance les calma, et, les commissaires ayant opiné, il a passé d'une commune voix qu'attendu que ledit arrêt ordonne une imposition faisable avec la taille pendant l'année 1707, qui ne peut être imposée que par l'assemblée des États; le syndic est chargé de porter ledit arrêt à ladite assemblée, pour y délibérer ainsi qu'ils le jugeront à propos. Et pour vous convaincre que je n'ajoute ni ne diminue à leur délibération, je me donne l'honneur de vous l'envoyer, collationnée par leur syndic. Je n'aurois rien dit s'ils avoient renvoyé, sous votre bon plaisir, l'exécution de l'arrêt aux prochains États, parce que je suis persuadé qu'ils n'auroient rien fait de contraire à vos intentions; mais je ne saurois leur passer qu'ils se donnent la liberté de dire que «le syndic est chargé de porter «l'arrêt du Conseil d'État à l'assemblée des prochains États, «pour y être délibéré ainsi qu'ils le jugeront à propos.» Il ne convient pas, ce me semble, aux sujets de S. M. de délibérer sur l'exécution de ses ordres ainsi qu'ils le jugeront à propos, parce que, de tout temps, il a été dit qu'il est bon et utile d'obéir à son maître, lequel aime et chérit ses sujets d'un amour plus pur et plus tendre que celui des autres souverains, ayant toujours devant ses yeux le bonheur et la gloire de son État aussi bien que le profit et le repos de ses peuples, puisqu'un grand politique a dit que ses sujets doivent sentir et savoir qu'il est autant pour eux que son autorité et son empire le met au-dessus de leur condition et de leur désobéissance*.»

* Le contrôleur général ordonna d'abord de surseoir, puis de profiter de la réunion des États, et ceux-ci acceptèrent l'abonnement de 1,600 # pour chacune des deux créations d'inspecteurs des matériaux et d'inspecteurs des bâtiments. (Lettres des 12 avril, 10 mai, 12 juillet et 10 août.)

1202. *Le Contrôleur général aux sieurs de Lépine-Danycan, de la Lande-Magon et de la Chipaudière-Magon, négociants à Saint-Malo.*

9 Mars 1707.

Il est arrivé à Brest un vaisseau espagnol chargé de 1,300,000 piastres pour S. M. C. et de beaucoup d'argent appartenant aux passagers. Ordre de négocier avec ceux-ci la cession de leurs piastres ou matières aux conditions avantageuses qui sont faites actuellement au commerce*.

* Avant de recevoir cette lettre, le sieur de la Lande-Magon avait commencé les négociations sur le pied de 34 # le marc, mais payable en écus à 4 #. M. Desmaretz répondit le 14 mars : «M. Chamillart n'entre point dans cette proposition, parce qu'il faudroit faire un surhaussement de toutes les espèces de France, à quoi il y a des difficultés si grandes et si essentielles, qu'il n'est presque pas possible de s'y déterminer. C'est néanmoins une vue qu'on peut conserver et dont on pourroit faire usage, s'il nous venoit des retours fort abondants en matières par les vaisseaux qui ont été envoyés dans les Indes.....»

Sur les fonds apportés par le convoi, le roi d'Espagne donna au Roi un million, qui fut envoyé aussitôt à la Monnaie de Rennes, et 100,000 piastres furent dirigées sur Paris pour le compte de M. Orry. L'intendant se rendit à Rennes pour recevoir le million, à raison de 33 # le marc, avec ordre d'éviter de prendre des barres ou des pignes, qui eussent été trop difficiles à essayer. En retour, le libre passage fut donné par terre aux cochenilles et autres marchandises que les Espagnols désiraient faire venir chez eux à travers le royaume. (Lettres des 12 avril, 2 et 12 mai, à M. Ferrand, intendant en Bretagne; du 6 juin, à M. de la Bourdonnaye, intendant à Bordeaux, et du 10 mai, aux fermiers généraux; lettres de M. Ferrand au contrôleur général, des 26 avril, 9, 18, 25 et 26 mai.)

1203. *M. le Gendre, intendant à Montauban, au Contrôleur général.*

9 Mars 1707.

«Il est arrivé, depuis trois mois, plusieurs petits désordres dans ce département au sujet du contrôle des bans de mariage, extraits baptistaires et mortuaires, que j'ai apaisés sans vous en rendre compte, le tout n'étant pas considérable; mais, depuis trois jours, il y a eu une émeute au lieu de Catus, à deux lieues de Cahors, qui pourroit avoir des suites très fâcheuses, si on n'y remédioit. Sept ou huit cents habitants des communautés voisines s'y donnèrent rendez-vous pour tuer les commis, brûler les maisons et enlever les registres. Un des commis s'enfuit : la populace enfonça les portes de la maison, la pilla et enleva les registres; l'autre les donna volontairement aux mutins, pour sauver sa vie et ses meubles. Il y a cinq ou six personnes de blessées. Pour calmer ce désordre et en arrêter les suites fâcheuses, j'ai envoyé trente grenadiers du régiment de Normandie, commandés par un officier sage, pour s'assurer des coupables et intimider cette troupe mutine. Cependant je crois qu'il est de la prudence de punir ces gens-là par la bourse suivant leurs facultés, sans autre punition plus éclatante, étant bon d'assoupir ces sortes d'affaires dans le temps où nous sommes. Si cependant cela pouvoit avoir quelque suite, j'irois moi-même sur les lieux avec des dragons de Fimarcon, et je vous promets de mettre cette canaille à la raison, sans que vous en entendiez parler davantage. Ainsi, cela ne doit point vous alarmer*. »

* Réponse en marge : « Expédier un arrêt qui commette M. le Gendre pour instruire le procès aux coupables, et en remettre l'expédition au bureau de M. Chavigné. Mander à M. le Gendre de conduire cette affaire avec prudence et fermeté, et qu'il me mande ce qu'il y auroit à faire pour établir une juste proportion dans la perception de ces droits, et qu'il s'en explique avec les personnes les plus raisonnables. J'appréhende que les ordres que le régiment de Normandie a eus de marcher ne le mettent hors d'état de pouvoir réprimer l'insolence de ceux qui se sont attroupés; S. M. lui enverra un régiment de dragons, s'il en a besoin. »

M. le Franc, premier président de la Cour des aides de Montauban, rend compte du soulèvement, le 16 mars, en ces termes : « . . . . . Le contrôle des extraits de baptême, mariage et sépulture a donné naissance à cette révolte. Les paysans du haut Quercy ont eu l'insolence de ne pas vouloir payer ces droits, et ils ont été assez hardis pour enlever les registres des contrôleurs et de brûler leurs maisons. Ils ont commencé le 6 de ce mois à s'attrouper, et sont venus armés, au nombre de cinq ou six mille hommes, jusques à un village nommé Mercuès, qui est à une lieue de Cahors. M. le Gendre y accourut tout d'abord, pour apaiser ce désordre. Il leur fit demander quel étoit leur dessein : ils déclarèrent qu'ils ne vouloient faire mal à personne, qu'ils étoient bons sujets du Roi, mais qu'étant réduits à une extrême misère, ils ne vouloient payer que la taille au Roi et la rente au seigneur. Quelques-uns ajoutèrent : « et la capitation, s'ils le pouvoient. » M. le Gendre ayant épuisé toutes les voies de douceur et n'ayant pas assez de troupes pour forcer ces gens-là à rentrer dans leur devoir, revint à Montauban. Une heure après qu'il fut sorti de Cahors, la ville fut investie par ces rebelles, qui étoient environ huit mille. Ils envoyèrent demander qu'on les laissât entrer, disant qu'ils ne vouloient que du pain et du vin, pour vivre. Ils furent repoussés, et on en tua cinq. M. le Gendre vous a rendu compte des mesures qu'il a prises pour empêcher que le mal n'aille plus avant, et de ce qu'il estime convenable dans cette occasion. J'ai cru cependant qu'il étoit de mon devoir de lui offrir, dans une conjoncture si délicate et si dangereuse, tout ce qui peut dépendre de moi dans Montauban, pendant le temps que sa présence sera nécessaire du côté de Cahors. Je dois au Roi tout ce que j'ai et tout ce que je suis; j'emploierai tout avec joie pour son service, et je m'estimerai très heureux si les protestations de mon zèle peuvent être agréables à S. M. » Le contrôleur général répond en marge : « La présence de M. le maréchal de Montrevel et le nombre de troupes qui marchent pour maintenir son autorité parmi les rebelles et les faire rentrer dans leur devoir, rassurera tous les gens bien intentionnés. Je ne doute point que sa Compagnie et les autres ne fassent leur devoir dans cette occasion, et qu'ils ne donnent au Roi de nouvelles marques de leur zèle et de leur fidélité. » Voir les lettres écrites le même jour, 16 mars, par M. le Gendre, alors en route pour Cahors, et par divers magistrats, et, les 23, 26 et 29 mars, par M. le Franc et par les évêques de Cahors et de Carcassonne.

Une sédition ayant eu lieu aussi en Béarn, à Lanneplaa, le contrôleur général donna ordre de suspendre l'exécution de l'édit dans ce pays, mais de faire languir l'instruction déjà commencée, pour laisser quelque temps en prison des coupables qui, dans d'autres circonstances, eussent mérité un châtiment sévère. (Lettres de M. de Saint-Macary, subdélégué général, et de M. de Bertier, premier président du Parlement de Béarn, 15 et 26 mars.)

Le 16 avril suivant, M. de Suduiraut, premier président de la Cour des aides de Guyenne, dit : « . . . . . Le receveur que j'ai en Limousin m'écrit que les frais de la taille excèdent le montant d'icelle, tant à cause des dépens qu'à cause que tout ce qui se saisit se donne à vil prix. Il en est de même dans le ressort de la Cour des aides de Guyenne, où je reçois souvent des plaintes de pareils procédés. Il seroit facile d'empêcher ces vexations en faisant exécuter les édits qui défendent aux porteurs de contraintes de recevoir aucun payement pour leurs frais par les mains des collecteurs ou des redevables, mais bien par les mains des receveurs, sur les procès-verbaux taxés par les élus : ce que les receveurs des tailles n'exécutent pas, parce que ces frais tournent à leur profit, les porteurs de contraintes et soldats de taille étant des gens gagés à l'année. . . » Il envoie en même temps la copie de cette lettre du secrétaire de l'évêque de Sarlat sur les troubles de Cahors : « Il y a apparence que vous aurez été informé de la révolte du Quercy qui s'étoit déjà communiquée dans ces cantons, et, comme j'allois à Cahors pour voir mon fils, et que je fus obligé de passer parmi quatre compagnies de ces mutins, j'ai cru que vous ne seriez pas fâché d'apprendre ce que je sais de cette affaire. Je partis donc d'ici (Sarlat) le 10 du passé et fus coucher chez Mme la comtesse de Boissières, où j'appris qu'il y avoit à deux lieues de là des troupes de paysans assemblés, qui s'étoient mis sous les armes du côté de Cahors et qui avoient déjà brûlé ou démoli quelques maisons des contrôleurs des bans de mariage : à quoi je ne fis aucune attention. Je me mis le lendemain en chemin, et, étant arrivé à un village qu'on appelle Uzech, j'entendis tirer deux coups, battre une caisse et sonner deux cloches l'une après l'autre. Je demandai à deux paysans ce que c'étoit; ils me répondirent brutalement qu'ils se devoient tous assembler pour brûler et piller tous les contrôleurs et partisans, et qu'ils ne vouloient plus payer autre chose que la taille, à cause, disoient-ils, qu'ils mouroient de faim. Je leur dis qu'ils feroient très bien d'être sages et qu'ils pourroient bien se faire pendre en tenant de tels discours. J'étois encore incrédule de tout ce qu'on m'avoit dit, dans le temps que je vis venir à moi deux troupes de gens d'environ cent cinquante hommes, armés différemment, les uns avec des pioches, les autres avec des hallebardes, des faux manchées à l'envers, et autres instruments semblables, avec deux tambours et deux drapeaux, l'un noir, l'autre blanc. C'étoit dans un petit chemin étroit, où ces gens-là passoient en criant hautement : « Vive le Roi sans gabelle! » et autres discours dignes de ces bandits. Ce spectacle furieux me fit songer à ma contenance : j'ouvris mon manteau, et, étant à dix pas de ces malheureux, je dis à mon valet, qui étoit à cheval, de descendre dans la terre, parce que le chemin étoit trop étroit et que les chevaux bondissoient. Nous marchâmes sans affectation tout près les uns des autres, et ces bandits crioient toujours comme des enragés. A deux cents pas de là, nous rencontrâmes plus de deux cents femmes qui crioient comme des diablesses, et qui disoient qu'elles étoient fâchées que leurs maris n'eussent plus tôt commencé cette affaire. Je trouvai encore deux autres compagnies à Mercuès, et enfin je vis de toutes parts des paysans qui s'assembloient. M. l'intendant de Montauban arriva à Cahors presque aussitôt que moi; il amena avec lui quelques compagnies de dragons de Fimarcon, lesquels, avec un bataillon de Normandie, ont fait tout ce qu'on en pouvoit attendre et souhaiter. Il trouva les choses en bon train par les mouvements que M. le comte de Boissières s'étoit donnés, car c'est un très aimable genilhomme, fort zélé pour les intérêts du Roi. Ces mutins envoyèrent plusieurs députés dans Cahors, avec des mémoires en forme de requêtes, dont voici la substance : ils demandent une amnistie signée de la main du Roi; que les habitants de Cahors ne puissent point avoir de privilèges à leur préjudice touchant la foraine; l'extinction de la capitation, et que les anciens rôles soient vérifiés, pour examiner les concussions et injustices que les receveurs ont faites; l'abolition du contrôle des actes des notaires, sceaux, insinuations, baptistaires et mortuaires, ensemble la modération du contrôle des exploits et du papier timbré sur le pied de l'établissement de ces deux droits; la restitution des frais et dommages excessifs que les receveurs des tailles leur ont faits dans les recouvrements, et les meubles qu'on a vendus à vil prix et que les porteurs de contrainte ont appliqués à leurs profits; la fixation des porteurs de contrainte à un certain nombre, et qu'il n'y aura que les effectifs qui seront payés, attendu qu'on a souvent vu qu'un seul archer prenoit la paye pour quatre, et qu'on a fait jusques à 500ᵗᵗ de frais pour un reste de 300ᵗᵗ; qu'on ne fera plus des cent saisies comme on a fait depuis deux ans en çà dans chaque paroisse, ce qui mettoit tous les particuliers hors d'état de pouvoir payer un sol, à cause des frais que les séquestres et archers faisoient; que les paroisses grêlées profiteront des dons et grâces que le Roi leur fait; qu'on tiendra compte des sommes reçues lorsqu'il n'y a pas eu de diminution d'espèces; et enfin qu'il y aura un règlement pour la vérification des rôles, attendu que, pour une imposition de 300ᵗᵗ de taille, les officiers de l'élection de Cahors en prennent jusques à 80ᵗᵗ, sans mettre aucun *soluit*. Voilà le précis du mémoire que ces malheureux ont fait donner à M. l'intendant de Montauban. Depuis ce temps-là, les choses se sont pacifiées par l'autorité, le zèle et la bonne conduite de Mᵍʳ le maréchal de Montrevel, et le soin et la vigilance de M. l'intendant de Montauban et de M. le comte de Boissières. J'ai vu à Cahors beaucoup de personnes de considération, qui m'ont tous avoué que ce n'étoit pas tant les contrôles des bans de mariage qui ont fait émouvoir ce peuple, et que c'est uniquement la manière dure et sèche avec laquelle on fait les recouvrements, soit en envoyant trop souvent des contraintes, ou soit encore en faisant faire des voitures tous les mois : ce qui empêche aux gens de respirer, de faire aucun commerce, d'avoir pas un sol d'accroissement de bétail, de pouvoir réparer les maisons, travailler les biens, secourir leurs personnes; et enfin quantité de familles se trouvent par là réduites à rien. Si ces malheureux avoient pris le parti de porter leurs plaintes à Mᵍʳ le Maréchal, je suis persuadé qu'elles auroient été bien écoutées. Cet illustre seigneur est venu jusques à Castelnau, qui est à une lieue d'ici, où Mᵍʳ notre prélat lui est allé rendre ses devoirs. Il a eu le plaisir de voir que rien n'a branlé autour de Sarlat, et d'apprendre que les habitants de cette ville ont fait des merveilles et donné un zèle éclatant de la fidélité qu'ils doivent au Roi. Ils ont fait plusieurs sorties et chassé ces bandits à près de deux lieues d'ici.....» En marge de la lettre de M. de Suduiraut est cette réponse de la main du contrôleur général : «J'écris à MM. les intendants pour empêcher et prévenir de pareils désordres à l'avenir; les officiers préposés pour juger des affaires qui concernent les recouvrements des deniers du Roi peuvent contribuer de leur part à empêcher les voleries et vexations des commis. Je vous remercie de l'avis que vous m'avez donné, et vous prie de me faire part de tout ce que vous croirez qui pourra être utile au service du Roi et au soulagement des peuples.»

1204. *M. le cardinal* de Noailles, *archevêque de Paris, à M.* Desmaretz (?).

13 Mars 1707.

«J'apprends que le sieur de Vitry-la-Ville, dans la vue de frustrer ses créanciers, a dénoncé lui-même à M. le procureur général de la Chambre des comptes qu'il a joui près de quarante ans de la charge de receveur des tailles de Reims sous un autre nom, en vertu de provisions non registrées à la Chambre. Comme j'ai un intérêt considérable dans cette affaire, étant créancier de ce malheureux de 60,000ᵗᵗ, qu'on me faisoit espérer de toucher bientôt, je vous supplie de ne rien décider sur cette affaire que je n'aie eu l'honneur de vous voir et de vous donner un mémoire que je compte de vous porter mercredi prochain. Je ne vous demande rien pour les peines que j'aurai à l'assemblée que vous m'avez condamné de tenir, ni pour les millions de billets de monnoie dont nous vous allons décharger; mais je me flatte que vous ne voudrez pas me faire perdre mon bien, et qu'au contraire vous aurez la bonté de m'aider à le conserver. Je vous le demande instamment, aussi bien que la justice de croire que je vous honore avec un attachement aussi sincère que désintéressé.

«M. l'archevêque de Bordeaux et l'abbé de Maulévrier auront l'honneur de vous dire une difficulté qui se rencontre sur le fonds des postes; j'en ai aussi dit un mot à M. le Rebours : ainsi je ne vous [en parlerai pas]*.»

«M. Desmaretz répond, le 14 : «Il est vrai que, par la déclaration du 26 octobre dernier, le Roi a destiné le revenu des postes pour le payement des 25 millions de billets de monnoie qui doivent être convertis en ceux des receveurs généraux; mais, comme il est nécessaire de donner au public un fonds certain qui lui soit agréable pour le payement des arrérages des 33 millions que l'on espère que le clergé voudra bien emprunter, et qu'il n'y en a point de plus solide ni de mieux payé que celui des postes, M. Chamillart est convenu que S. M. peut, par une nouvelle déclaration, retirer ce fonds et en substituer un autre en la place pour le payement des billets des receveurs généraux. Ainsi, le fonds des postes étant libre, il peut être aliéné au clergé jusqu'à concurrence de 1,500,000ᵗᵗ, pour le payement des arrérages des rentes. M. l'abbé de Maulévrier a été d'avis que nous vissions ensemble mercredi M. Noüet, avec lequel nous projetterons la manière dont la déclaration doit être dressée, et j'aurai l'honneur d'en rendre compte à V. É.»

1205. *M.* Lebret, *intendant en Provence, au* Contrôleur général.

13 Mars 1707.

Il explique que la province devra rembourser à la ville de Toulon les frais du logement du comte de Toulouse, des personnes de sa suite et des officiers généraux qui servaient sous ses ordres en 1705. L'assemblée des communautés refuse souvent d'acquitter des dépenses de ce genre; mais on a le recours au Conseil*.

* A cette lettre en est jointe une autre, du comte de Toulouse, datée du 26 février.

1206. *M.* Foucault de Magny, *intendant à Caen, au* Contrôleur général.

15 Mars 1707.

«Ayant été informé qu'il y avoit plusieurs paroisses dans l'élection de Valognes qui n'avoient pas encore fait leurs rôles de l'imposition de la taille, j'ai donné des ordres pressants pour les y assujettir : en sorte qu'il n'en reste plus que cinq qui s'opiniâtrent à en faire refus, et les collecteurs de ces paroisses disent hautement qu'ils ne feront point l'assiette de leur taille. La conséquence de cette mutinerie m'engage de vous en rendre compte et de vous représenter qu'inutilement on emploiera contre ces collecteurs les voies ordinaires de contraintes, soit contre leurs personnes ou en leurs biens, car la peine de la prison ne les touche plus. J'aurois bien pu tenter celle de la garnison; mais j'ai pensé qu'elle ne serviroit qu'à leur faire des frais, et qu'il valoit mieux les leur épargner, pour les laisser plus en état de faire leurs payements en recette. Cependant j'ai jugé qu'il étoit important de faire un exemple sur deux ou trois des plus mutins, et, pour cet effet, de les faire mettre au carcan pendant deux ou trois jours de marché, avec un écriteau qui en marqueroit la cause. Je suis persuadé que ce moyen intimideroit beaucoup les contribuables et les obligeroit à l'avenir de ne pas s'exposer à la même peine. J'attendrai néanmoins les ordres qu'il vous plaira me donner sur ce sujet.»

1207. *M. Ferrand, intendant en Bretagne,*
au Contrôleur général.

16 Mars 1707.

Il se plaint qu'un gentilhomme espagnol envoyé de Brest en Espagne par l'amiral de la flotte du Mexique a été maltraité par les commis des fermes, dans un bureau de la frontière de Poitou, et dépouillé de ses paquets, quoiqu'il eût un passeport de l'intendant de la marine*.

* Au dos, de la main du contrôleur général : «Mander que les passeports ne peuvent servir pour faire passer des marchandises, que les commis ont fait leur devoir, et que M. Robert, en donnant ce passeport, devoit avertir de ne se charger d'aucunes marchandises, ou du moins de les déclarer et d'en payer les droits.»

1208. *Le Contrôleur général*
à M. Lebret, intendant en Provence.

18 Mars 1707.

Le Roi a reçu la requête des échevins de Marseille. Il leur accorde une permission spéciale pour faire transporter en Levant, par mer, les matières d'argent qu'ils font venir par la même voie; mais la franchise de leur port ne saurait aller jusqu'à y attirer pour l'exportation les matières introduites dans le royaum par d'autres endroits*.

* Par une lettre du 3 mars, M. Lebret avait demandé que la ville de Marseille fût exemptée de l'arrêt portant décri des réaux d'Espagne et de l'obligation de porter toutes les matières aux Monnaies.

M. de Saint-Macary obtint que le cours des réaux continuât en basse Navarre, pour ne pas interrompre avec la haute Navarre les relations de commerce déjà suspendues du côté des Quatre-Vallées par suite de la révolte de l'Aragon. (Lettres du 22 février et du 26 mars.)

1209. *M. de Saint-Contest, intendant à Metz,*
au Contrôleur général.

18 et 24 Mars, 28 Mai, 2 et 9 Juillet 1707.

Pièces et rapport sur les travaux de la saline de Moyenvic, sur son approvisionnement de bois et sur l'établissement d'une cinquième poêle*.

Plans et cartes des bois et des travaux de canalisation nécessaires pour assurer les transports jusqu'à la saline.

Projet de remboursement des sommes dépensées pour régler la contribution de la saline avec les officiers de l'armée impériale.

* Voir deux lettres de M. Desmaretz, en date des 28 janvier et 21 mars.

1210. *M. Phélypeaux, intendant à Paris,*
au Contrôleur général.

19 et 20 Mars 1707.

Il annonce qu'un mouvement séditieux s'est produit à Montereau.

«Je partirai demain, au matin, pour m'y rendre le plus tôt qu'il me sera possible. Cette émotion est venue au sujet du rôle de la taille. Sur l'avis que j'eus, il y a quelque temps, que les collecteurs vouloient faire des injustices criantes dans cette imposition, je crus devoir demander un arrêt du Conseil qui commît le président de l'élection pour faire le rôle : ce qui a été exécuté. Les collecteurs, d'une obstination sans pareille, n'ont jamais voulu ni signer, ni se charger de ce rôle : ce qui a obligé le président de le mettre au greffe et d'ordonner qu'un huissier des tailles s'en chargeroit pour en faire le recouvrement aux risques, périls et fortunes des collecteurs. Lorsque cet huissier a voulu commencer le recouvrement, il y a deux jours, le peuple s'est ému*.....»

* En revenant de Montereau, le 26, il écrit qu'il a fait un nouveau rôle, conjointement avec les officiers et les collecteurs, et que tout s'est apaisé.

1211. *M. de la Closure, résident du Roi à Genève,*
au Contrôleur général.

(Intendance de Languedoc.)

(De Genève) 21 Mars 1707.

«Le sieur de la Bastide, à qui le Roi veut bien permettre de retourner en France au cas qu'il fasse abjuration de bonne foi de la R. P. R., dans laquelle il est né, et même donner une réforme de capitaine, se dispose à faire ce qu'il faut pour cela, et à se rendre ensuite auprès de vous, suivant ce que vous ordonnerez de sa destinée, dès qu'il saura votre volonté. Il vous supplie très respectueusement de vouloir bien avoir égard à la situation dans laquelle il se trouve, n'ayant que peu ou point de ressource, et de lui faire donner quelque argent, tant pour le voyage que pour se mettre en état de servir. C'est encore un jeune homme, vigoureux et de bonne mine. Il a son père à Alais, qu'il dit être de bien bonne foi, et même fort connu de M. l'évêque du lieu, qui en peut rendre témoignage. Il y a aussi sa femme. Il n'étoit point parti de cette ville-ci, comme je l'avois cru sur ce qu'il ne revenoit plus chez moi; mais il n'avoit discontinué d'y venir que sur ce qu'il avoit vu que, dans six semaines de temps, je n'avois reçu aucune réponse de vous sur son sujet*.

«M. le Guerchoys ayant eu ordre de M. le maréchal de Tessé de se rendre auprès de lui, ce pays-ci est de nouveau exposé à bien des choses, faute d'un commandant actif et vigilant qui y maintienne l'ordre et l'obéissance. On dit bien que M. de Maulévrier-Langeron y doit venir commander à sa place; mais il n'y est pas encore arrivé. M. le Guerchoys pouvoit ne pas plaire à bien des gens; mais certainement il étoit fort zélé et fort appliqué. Il seroit à souhaiter pour le service du Roi que tous ceux qui le servent le fussent autant que lui; on n'auroit pas vu arriver dans la Savoie ni autant de désordres, ni autant de brigandages, et ce sera bien pis dans la suite, si ceux qui y commandent ne changent de conduite en se donnant plus de mouvement et en faisant des exemples à propos, ou que le Roi n'y envoie d'autres personnes commander à leur place; car le pays est assez mal disposé depuis tous les mauvais événements qui nous sont arrivés en Italie. Les officiers ou émissaires de M. le duc de Savoie, gens adroits et appliqués, qui savent profiter de tout, n'omettront rien pour exciter quelque révolution dans ce pays. D'ailleurs, ils ont si mauvaise opinion de ceux qui y commandent, qu'ils croient tout aisé et pouvoir tout entreprendre. Les esprits des bourgeois de cette ville ne se calmant point, cela a porté les cantons de Zurich et de Berne, alliés particuliers de Genève, d'y envoyer des députés, qu'on appelle *représentants*, pour pacifier les choses et pour aider le Magistrat de leurs conseils. Ces députés sont arrivés; il y en a deux de chaque canton. Les bourgeois demandent toujours que leurs différends soient réglés dans une assemblée générale du peuple. Le Magistrat consent à cette assemblée; mais il veut la convoquer dans un temps où les esprits soient plus tranquilles et moins agités. Il continue de venir des déserteurs en cette ville. Je me plains de ce qu'on les y reçoit; mais le Magistrat m'allègue qu'il ne peut pas y remédier dans l'état où sont les choses, de peur d'aigrir davantage les esprits de la bourgeoisie, et qu'elle ne lui en fit un nouveau grief, comme une nouveauté. Je crois qu'il se sert volontiers de ce prétexte pour éluder autant qu'il pourra la satisfaction qu'on prétend de lui à cet égard : ce qui n'est pourtant guère convenable, vu la situation de cette ville et la considération qu'elle doit au Roi.»

* M. l'évêque d'Alais répond, le 14 avril, au sujet de ce réfugié : «..... J'aurai l'honneur de vous dire qu'il faut que ce soit le fils d'un ministre nommé Bastide. Ce ministre ne voulut point se convertir dans le temps de la révocation de l'édit de Nantes, ni profiter de la liberté qui leur fut donnée de sortir du royaume. Il demeura caché dans la ville d'Alais plusieurs années, et enfin, y ayant été arrêté, j'obtins sa grâce dans le moment qu'on alloit le juger. Il fit ensuite abjuration. Cet homme a toujours été dangereux, mal intentionné, et socinien pour la croyance. Il est riche et grand usurier. Sa femme paroît de temps en temps assez bonne catholique. Ils ont deux fils et une fille, qu'ils ont mariés dans des familles fort opposées à la catholicité. L'un des deux fils a disparu depuis cinq ou six ans, ayant quitté sa femme et son négoce, devenu jaloux, à ce que l'on dit, de son propre père. Pendant qu'il étoit à Alais, il suivoit, pour la religion, les sentiments de son père; je ne sais pas s'il est devenu capable de servir parmi les ennemis : il ne faisoit pas profession des armes dans le pays. Je vous avoue que je n'oserois répondre de cette famille. On pourroit le faire revenir et lui donner quelque emploi, si S. M. veut bien l'en gratifier, en le tenant dans une garnison, éloigné du Languedoc, et en le faisant observer. Quant au besoin de secours, son père est riche; mais, étant fort avaricieux, je crois bien qu'il ne lui en donne guère. Il a pris apparemment le nom de la Bastide parce qu'un officier de ce nom, sorti de la ville d'Alais, a servi longtemps parmi les ennemis avec un peu de réputation et est mort à leur service. Ils ne sont pas de la même famille.»

1212. *M. d'Argenson, lieutenant général de police à Paris,*
au Contrôleur général.

(Police, G⁷ 1725.)

21 Mars, 20 et 25 Avril, 2 Mai 1707.

Il rend compte des premières opérations des trésoriers créés pour les marchés de Poissy et Sceaux et chargés de régler les comptes entre les bouchers et les marchands forains*.

* M. Robert, procureur du Roi au Châtelet, annonce, le 20 avril, que des troubles sont survenus la veille, à l'occasion de l'ouverture des bureaux du traitant Roger. Le contrôleur général répond en marge : «Je viens de recevoir ce même avis par une lettre de M. d'Argenson. Il me paroît qu'il est nécessaire qu'il se trouve à Poissy et à Sceaux les premiers jours de marchés qui s'y tiendront, pour ordonner lui-même tout ce qui pourra contribuer davantage à établir solidement et sans bruit une nouvelle régie qui demande de la douceur, de la fermeté et de l'arrangement, ce que l'on ne doit jamais attendre de ceux qui sont chargés du traité.»

1213. *M. Daguesseau, procureur général au parlement de Paris,*
au Contrôleur général.

23 Mars 1707.

Il appelle l'attention sur les exigences des commis du contrôle des extraits de baptême, de sépulture et de mariage.

«Je profiterai de cette occasion pour avoir l'honneur de vous représenter qu'il n'y a peut-être jamais eu aucun édit qui ait fait naître autant de plaintes que celui dont il s'agit en excite, soit par rapport aux mariages qu'il empêche, soit par rapport aux actes par-devant notaire et aux procédures judiciaires, dans lesquelles on peut dire que les dispositions de cet édit tendent des pièges continuels aux parties, aux notaires, aux procureurs, aux greffiers, et aux juges mêmes. Ainsi, s'il étoit possible de substituer quelque autre secours en la place de celui que le Roi peut retirer de cet édit, ce seroit certainement un des plus grands biens que vous pussiez procurer à tout le royaume*. »

* Réponse en marge : « Depuis la lettre qu'il m'a écrite, il aura pu être informé par le public de la résolution que le Roi a prise de supprimer les contrôles des bans de mariage. Il y a quelques jours que j'ai envoyé des ordres à MM. les intendants pour en faire surseoir le recouvrement. Il seroit à désirer, pour bien des raisons, que le Roi n'eût pas besoin de secours extraordinaires : le public et le contrôleur général de ses finances se trouveroient bien soulagés. »

1214. *Le Contrôleur général au sieur Melchior Philibert, banquier à Lyon.*

26 Mars 1707.

« J'ai reçu la lettre que vous m'avez écrite le 21 de ce mois au sujet de celle de change de 150,000 # que M. l'abbé de Pomponne a tirée sur vous. Je vous avouerai qu'après les sommes immenses qui ont été envoyées en Italie par des lettres de change qui sembloient devoir remplir la dépense entière de ce pays-là, je ne m'attendois pas que l'on eût besoin de ce secours. Le trésorier général est tellement surchargé dans ce payement, qu'il lui seroit impossible de vous faire le fonds pour acquitter présentement cette somme. Si vous voulez la tirer sur Paris en espèces payables dans deux ou trois mois, je la ferai accepter par celui de vos correspondants qui vous conviendra, ou l'homme en qui vous aurez plus de confiance. Plus le terme sera éloigné, et plus vous me mettrez en état de vous faciliter ce payement. Je vous avouerai naturellement que la grande exactitude dont vous êtes, et qui a établi votre crédit parmi les étrangers et les bons négociants du royaume, quoiqu'elle ne soit pas blâmable, ne laisse pas d'être bien dangereuse dans un temps comme celui-ci. Ceux qui sont bien intentionnés, comme vous m'assurez l'avoir toujours été, doivent se servir de leur crédit pour secourir l'État; c'est par ce moyen seul que la guerre peut se soutenir. On n'a manqué jusques à présent à personne; le Roi a même payé, depuis que j'ai l'honneur d'être chargé de la guerre et de ses finances, plus de 7 millions que S. M. ne devoit pas, pour acquitter les dettes des sieurs Sauvion et la Touanne, trésoriers de l'extraordinaire de la guerre. Ces exemples devroient, ce me semble, fortifier la confiance des bons sujets; vous donneriez une marque bien utile de votre zèle, si vous pouviez faire fournir par votre crédit 5 ou 600,000 # d'argent comptant, à telles conditions que vous croiriez raisonnables, pour soutenir la dépense des troupes qui sont en Dauphiné et de celles qui reviennent d'Italie. Une preuve aussi convaincante de votre affection au service vous mettroit au-dessus de vos ennemis, qui, selon les apparences, m'ont écrit par des raisons d'intérêt particulier, et vous me feriez un vrai plaisir*. »

* Cette lettre fut envoyée, sous cachet volant, à M. Trudaine, intendant à Lyon, à qui le contrôleur général écrivit en particulier : « La grande exactitude d'un banquier accrédité, qui, dans un temps de paix, doit le faire canoniser, est un mal pour l'État dans un temps aussi difficile que celui-ci. Je m'explique dans des termes un peu moins naturels avec le sieur Philibert; je verrai, par la manière dont il répondra à mes demandes, si les idées que l'on m'a données de lui sont fausses ou véritables. Tout bon négociant et tout banquier sera pour lui; je ne suis point surpris que vous ayez pris ce même esprit depuis que vous êtes à Lyon, au milieu de gens de commerce. S'ils avoient été dans d'autres sentiments, ils auroient épargné bien de l'argent au Roi, et les billets de monnoie se seroient soutenus. Ce qui faisoit le bonheur de la France et la mettoit en état de finir glorieusement la guerre, est devenu un mal presque sans remède par les soins que l'on a pris de les détruire. Faites en sorte de nous raccommoder, le sieur Philibert et moi, et qu'il me donne le secours que je lui demande. » — Le 6 mai suivant, le sieur du Sault demanda un ordre pour toucher les 150,000 # qui avaient été déposées entre les mains de M. de Montargis, et cet ordre fut expédié aussitôt.

1215. *M. Foucault de Magny, intendant à Caen, au Contrôleur général.*

27 Mars 1707.

« J'ai reçu les deux lettres que vous m'avez fait l'honneur de m'écrire des 18 et 21 de ce mois, avec les exemplaires de l'édit portant création d'offices d'inspecteurs des bâtiments. Lorsqu'il ne tiendra qu'à moi, vous pouvez être assuré que je donnerai toute l'attention et la protection à cette affaire qu'il vous a plu de me marquer. Cependant vous aurez agréable que je vous observe, sur ce sujet, qu'il me paroît d'une extrême conséquence de ne pas presser l'établissement des commis pour faire les visites aux termes dudit édit, en attendant la vente des offices. Toutes ces nouvelles créations sont regardées par les peuples comme des prétextes de taxes par des réunions. Les recouvrements de celles de contrôleurs des poids et mesures ne sont pas encore achevés; on commence de signifier ceux pour la réunion des greffiers des brevets d'apprentissage et réceptions à la maîtrise aux corps des marchands et artisans, qui sont tellement épuisés par toutes les autres taxes précédentes et impositions de la capitation et ustensile, joint la cessation de tout commerce, qui réduit la plupart des artisans à la mendicité, qu'il semble qu'il y auroit lieu de leur épargner la vue et la crainte de pareilles réunions et de les engager à payer celles dont ils sont déjà surchargés, dans l'espérance que ce seront les dernières et dans l'attente d'une prochaine et heureuse paix qui mettra fin à toutes leurs misères. Ce que j'en connois m'engage de vous supplier de vouloir bien faire quelque attention à ce que j'ai l'honneur de vous représenter, d'autant plus que l'objet desdits inspecteurs des bâtiments est de si peu de considération dans cette basse province, où il ne se fait aucuns nouveaux bâtiments, mais seulement les réparations les plus indispensables, que le secours que S. M. pourra retirer de cet établissement n'indemnisera pas du préjudice que les autres recouvrements en souffriront. Trouvez donc bon du moins de faire surseoir l'exécution de cet édit, dont je puis vous assurer que le produit ne sera pas suffisant pour payer les appointements du commis préposé à la perception des droits; car il ne faut pas espérer de pouvoir trouver des acquéreurs de ces offices : on les avoit proposés il y a quelque temps, et on en avoit rejeté la proposition sur la remontrance de leur inutilité. Si je voyois les peuples en état de pouvoir supporter quelque augmentation à leurs impositions, j'estimerois qu'il seroit plus à propos de les charger de la finance desdits offices, plutôt que d'en faire l'établissement et percevoir les droits; mais les recouvrements ordinaires et extraordinaires deviennent plus que difficiles et sont si reculés, qu'ils auroient bien plus besoin de diminution qu'ils ne sont en état de souffrir aucune augmentation.»

1216. *M.* D'ARGENSON, *lieutenant général de police à Paris,* AU CONTRÔLEUR GÉNÉRAL.

(Police, G⁷ 1725.)

27 Mars et 1er Avril 1707.

Il rend compte des émeutes provoquées par des saisies de marchandises ou de métiers dans les enclos privilégiés, au Temple et au faubourg Saint-Antoine.

«Si Mme l'abbesse de Saint-Antoine ne jouit pas d'une paix profonde, c'est qu'elle prend plaisir à la troubler et à exciter l'inquiétude et la désobéissance des habitants du faubourg, dont la plupart ne sont pas dans sa censive et font consister leur franchise dans la liberté de mal faire. Il faut bien que les jurés des métiers de Paris visitent leurs ouvrages pour les mettre en règle, puisqu'ils n'ont point d'autres jurés et qu'ils sont sujets à la justice et à la police du Châtelet. Cependant ils voudroient que je n'eusse sur eux aucune inspection, que je leur permisse de contrevenir aux ordonnances, et que j'autorisasse la licence qu'ils se donnent de tromper le public dans toutes sortes d'occasions. Le prétexte qui a donné lieu à cette dernière rébellion est encore plus inexcusable que le mépris qu'ils font des règlements ordinaires. Vous savez que M. Amelot vous proposa, il y a quelques années, un arrêt important qui fixe le nombre des métiers à faire bas, pour empêcher que cette nouvelle fabrique ne détruise le tricot, qui est proprement la manufacture des pauvres. Les maîtres ouvriers en bas au métier n'eurent aucune part à cet arrêt, qui leur impose à eux-mêmes plusieurs obligations très onéreuses, mais nécessaires; ils y ont pourtant déféré, et ils ont voulu assujettir les ouvriers du faubourg de Saint-Antoine aux mêmes règles. J'ai rendu deux ou trois sentences conformes à l'arrêt; les ouvriers du faubourg en ont appelé et ont affecté de porter leur appel au Parlement, parce que l'arrêt du Conseil n'a pas été suivi de lettres patentes enregistrées. Un second arrêt du Conseil a confirmé le premier et fait défenses de se pourvoir ailleurs. Enfin, Mme l'abbesse de Saint-Antoine, qui a excité toutes ces procédures, a donné sa requête à fin d'opposition au règlement général qui fixe les métiers à un certain nombre pour ne pas priver les ouvriers au tricot de tout leur travail et conserver une espèce d'égalité entre ces deux fabriques. C'est la matière de la prétendue instance qu'énonce sa lettre, et j'aurois peine à me persuader qu'une opposition de cette qualité puisse donner atteinte à un arrêt rendu depuis plusieurs années en forme de règlement général, du propre mouvement du Roi, ni en suspendre l'exécution. La requête de Mme l'abbesse de Saint-Antoine m'a été renvoyée pour donner mon avis. Les jurés de la communauté en bas au métier y ont répondu par un mémoire, et je crois que son avocat en a fait encore demander communication; mais j'ose dire que tous leurs raisonnements sont assez inutiles, et que le nombre de cent trente-quatre métiers fixé pour le faubourg de Saint-Antoine est plus que suffisant par rapport à l'intérêt du tricot et à la nécessité qu'il y a d'empêcher que cette nouvelle fabrique ne le détruise entièrement*.»

* En marge : «Envoyer copie de cette lettre à Mme l'abbesse de Saint-Antoine; lui mander que, pour prévenir à l'avenir de pareils inconvénients, elle doit ordonner à ses gens d'affaires d'aller trouver M. Daguesseau, conseiller d'État ordinaire au Conseil royal, qui a la direction du commerce, pour discuter cette affaire avec lui. Renvoyer le tout à M. Daguesseau.»

1217. *M.* LE GUERCHOYS, *intendant à Alençon,* AU CONTRÔLEUR GÉNÉRAL.

31 Mars 1707.

Les religieux de l'abbaye de la Trappe demandent, non seulement à être maintenus dans la franchise et dans les immunités des terres contiguës à leur monastère qui n'ont rien payé jusqu'à présent, mais aussi à être confirmés à perpétuité dans les taxes d'office qui ont été accordées à des terres sises en d'autres paroisses et revenues entre leurs mains par suite d'abandonnement des fermiers.

«Il est aisé de voir que ce que les religieux demandent est tout à fait contre les règles; je ne puis cependant m'empêcher de vous dire que, s'il étoit permis de sortir de la jurisprudence établie sur le fait des tailles, il seroit à propos de le faire plutôt pour eux que pour tout autre, ces bons religieux ayant une aversion extrême pour les procès; mais cela ne paroît pas praticable, ni même nécessaire. Les intendants qui m'ont précédé les ont toujours taxés d'office; j'ai continué la même chose, et il y a lieu de croire que mes successeurs auront pour eux les mêmes égards. Si les collecteurs et les habitants augmentent les taxes d'office, il ne sera pas difficile d'en empêcher l'effet*.»

* En marge : «Il n'est pas possible de sortir entièrement de la règle pour leur faire plaisir.»

1218. LE CONTRÔLEUR GÉNÉRAL à *M.* TURGOT, *intendant à Tours.*

(Minute de la main de M. Desmaretz.)

2 Avril 1707.

Ordre de faire surseoir à la démolition d'une ancienne tour, dite la *tour à feu Hugon*, située dans la partie de la ville de Tours qui dépend du comté uni au duché de Luynes. M. le duc de Chevreuse se plaint qu'on lui ait refusé cette surséance sous prétexte qu'il pouvait y avoir du salpêtre dans les murs, et sa réclamation est bien fondée, car les salpêtriers commissionnés ne peuvent rien dégrader ni démolir sans le consentement du propriétaire.

1219. *M. Lebret, intendant en Provence,*
au Contrôleur général.

2 Avril 1707.

«Le plus grand des abus qui se commettent dans les recouvrements extraordinaires vient des huissiers que les directeurs chargent de faire les exploits de commandements, saisies et garnisons. Les directeurs leur remettent des états des redevables, avec lesquels ces huissiers vont de paroisse en paroisse, font leurs exploits, et commencent toujours par se faire payer de leurs frais : après quoi ils reviennent, presque toujours sans rien apporter du principal qu'ils sont chargés de recouvrer. Il en arrive deux grands inconvénients : l'un, que les redevables, qui sont bien aises de se procurer un peu de délai pour peu d'argent, donnent volontiers à ces officiers les sommes auxquelles ils font monter leurs frais, sans considérer que, trois mois après, les traitants recommenceront les mêmes poursuites et leur causeront de nouveaux dépens : ce qui produit d'un côté la lenteur du recouvrement, et de l'autre augmente considérablement les frais. Le second inconvénient n'intéresse que les particuliers et consiste en ce qu'il arrive souvent que les huissiers exigent au delà de ce qui leur est légitimement dû. Pour remédier à ce mal, il me paroîtroit nécessaire que vous eussiez la bonté de faire un règlement, ou de me permettre d'en faire un suivant le projet que je prends la liberté de vous en adresser ci-joint, dans lequel les frais de chaque nature d'exploits qu'on fait le plus communément fussent fixés sur un pied raisonnable, et qui défendît aux huissiers de rien exiger des redevables pour les frais, qu'en cas seulement qu'ils acquittassent le principal et les 2 sols pour livre en même temps. Ce règlement général me paroît nécessaire, quoiqu'il y en ait eu de particuliers pour différents recouvrements, lesquels sont ignorés, et ne sont pas par conséquent aussi exactement suivis qu'ils le devroient être.»

1220. *Le Contrôleur général*
à M. Trudaine, intendant à Lyon.

3 Avril 1707.

Les marchands de Lyon se plaignent de ne plus pouvoir faire venir des matières métalliques, et ils ont même dû donner contre-ordre à leurs correspondants d'Espagne depuis la publication de l'arrêt du 18 février qui défend d'éloigner les espèces étrangères ou les matières des lieux où il y a des Monnaies ouvertes; mais cet inconvénient, qui avait été prévu, sera beaucoup moins considérable que ne le sont les avantages qu'on retire chaque jour des nouvelles mesures, et c'est chose commune de voir les Lyonnais faire passer leurs intérêts particuliers avant le bien général. On donnera toutefois l'ordre aux intendants de leur délivrer des passeports pour faire venir à Lyon les matières destinées à l'affinage ou au monnayage, pourvu qu'ils justifient de l'emploi dans un certain délai.

«Au surplus, il n'est pas à craindre que ces marchands de Lyon contremandent leurs matières d'argent : leur intérêt en souffriroit trop par la cessation de leur propre commerce, et ils ne pourroient jamais trouver le même profit qu'ils font actuellement sur ces matières, s'ils les faisoient passer dans les pays étrangers. Mais, quand ils seroient assez malavisés pour prendre ce parti, on peut dire que le commerce du royaume n'a jamais été plus en état qu'il l'est aujourd'hui de se passer du ministère de ces marchands mal intentionnés, ceux des autres provinces, et particulièrement de la Bretagne, pouvant aisément y suppléer*.....»

* Les Monnaies de Bayonne et de Bordeaux ne pouvant convertir que deux cents marcs par jour, et se trouvant en retard de plus de trois mois, M. de la Bourdonnaye, intendant à Bordeaux, fut autorisé à commencer la délivrance des passeports. (Lettres des 8 et 22 avril.) Tout aussitôt, dix mille marcs furent dirigés sur Lyon, puis un autre convoi de près de sept mille marcs. (Lettres du 30 avril et du 28 mai, à M. Trudaine.) Sur la demande des affineurs, ceux-ci furent autorisés à acquérir une quantité de dix mille marcs par mois, pour soutenir le travail des manufactures d'or et d'argent, à condition que ces matières n'auraient été négociées ni par les trésoriers de l'extraordinaire des guerres, ni par les banquiers chargés des remises pour les armées. «Quoique le Roi connoisse le bénéfice dont il se prive en permettant le changement de destination des matières qui devoient être portées à la Monnoie, et qui le seront aux affinages, il veut bien cependant préférer encore, en cette occasion, les avantages des manufactures et du commerce.» (Lettre du 11 juin.)

1221. *M. de Bernage, intendant en Franche-Comté,*
au Contrôleur général.

3 Avril 1707.

Il propose des mesures propres à favoriser le commerce des chevaux avec la Suisse et à assurer aux marchands de ce pays la libre réexportation des animaux qui ne se seront pas vendus dans les foires de la Comté.

1222. *M. de Montgeron, intendant en Berry,*
au Contrôleur général.

6 Avril 1707.

Rapport sur la perception des droits de sceau des sentences par les officiers des greniers à sel*.

* Voir un rapport semblable de M. d'Ormesson, intendant à Soissons, en date du 25 avril.

1223. *Le sieur de Rotrou, lieutenant général à Dreux,*
au Contrôleur général.

7 Avril 1707.

«J'ai reçu les lettres patentes du marquisat de Maillebois, avec la lettre que vous m'avez fait l'honneur de m'écrire. Si le sieur Antheaume n'avoit pas envoyé, à l'ouverture du paquet des lettres, porter à Maillebois celle que vous écrivez à M. Foucher, j'aurois, par la même voie, mandé à M. Foucher de se donner la peine de venir demain à Dreux, afin de lui faire faire dès dimanche les publications ordonnées par l'arrêt de la Chambre, pour procéder la semaine prochaine à l'information aussi ordonnée par cet arrêt; mais, comme ces publications ne sont que des formalités qui n'intéressent personne, cela ne m'empêchera pas de faire l'information dès la semaine prochaine, parce que nous ferons également faire un original de procès-verbal de publication, daté du dimanche. Je compte qu'il faudra me transporter, avec M. notre procureur du Roi, sur les lieux, afin de ne pas donner la peine au nombre de personnes qu'il faudra entendre de venir à Dreux : ce qui sauvera plusieurs petits déboursés dans lesquels M. Foucher seroit peut-être obligé d'entrer. J'en ai usé de la même manière, il y a trois ans, dans une pareille affaire, pour M. le Chancelier, qui m'avoit fait l'honneur de me faire commettre par arrêt de la Cour pour informer de la commodité ou incommodité d'un échange qu'il avoit fait avec M. le duc de Chevreuse, que je lui fis réussir par le tour que je donnai à l'affaire, malgré les oppositions de plusieurs personnes de qualité qui aimoient mieux relever du comté de Montfort que du comté de Pontchartrain. Je vous supplie donc très humblement d'être persuadé que je n'omettrai ni soins ni exactitude dans votre affaire pour la mettre en règle, afin de continuer à mériter la protection dont vous avez bien voulu m'honorer jusqu'à présent.»

1224. *M.* de Bernage, *intendant en Franche-Comté,* *à M.* Desmaretz.

10 et 15 Avril, 29 Mai 1707.

Essai d'un minerai plombifère et argentifère trouvé auprès de Faucogney, à Saint-Bresson.

«J'ai été moi-même sur le lieu, dans une tournée que j'ai faite sur la frontière de Lorraine, et j'ai entré dans le trou où on tire cette mine. Ce trou, qu'on a découvert depuis peu, a été fait il y a très longtemps, car il n'y a personne qui se souvienne d'y avoir vu travailler, et sa longueur est cependant de près de quatre-vingt-dix toises en droite ligne et de plain-pied, sans monter ni descendre. J'ai reconnu au bout deux filons ou veines qui peuvent avoir deux ou trois pouces chacun d'épaisseur, et qui suivent le rocher de haut en bas, perpendiculairement. Ceux qui y travaillent m'ont dit qu'on les a toujours trouvés sur la même ligne de l'ancienne excavation, et qu'il y a apparence que ces veines suivent dans la profondeur. On a trouvé, dans la distance d'environ le tiers de la longueur du trou, un puits qui avoit été creusé pour descendre à une autre excavation qu'on avoit commencée sur une ligne parallèle à la première, afin de suivre dans le creux les mêmes veines qu'on trouve dans la supériorité; mais les ouvriers m'ont dit qu'ayant vidé les eaux qui ont rempli ce puits, ils n'avoient pu travailler dans le retour de l'excavation, parce qu'il n'y avoit pas d'air. Ceux qui s'y connoissent croient cependant que la mine y doit être plus riche en argent que celle qu'on tire au-dessus. Enfin, il résulte de la visite que j'ai faite qu'il y a bien de l'incertitude sur l'abondance de cette mine, puisque cela ne peut se connoître que par les grands travaux qu'il faut faire dans le rocher, soit pour continuer à creuser dans le sens qu'on l'a commencé, soit pour suivre les veines dans la profondeur et donner, pour cet effet, de l'air par des soupiraux, même pour établir des pompes pour vider les eaux. Cela n'empêche pas qu'il ne me paroisse à propos d'accorder le privilège à ceux qui seront assez hardis de faire cette entreprise, puisqu'il n'y a à risquer que pour eux et que, s'ils réussissent, ce sera toujours un avantage, quand cette mine ne produiroit que du plomb; n'ayant rien au surplus à ajouter à tout ce que je vous ai marqué par ma lettre du 10 avril sur la richesse de cette mine. J'omettois de vous dire qu'il y a proche du même endroit un autre trou, dans un lieu nommé la *Petite forêt,* où l'on a trouvé de la même mine, mais en si peu d'abondance qu'on y a discontinué le travail.»

1225. *M.* de Bernage, *intendant en Franche-Comté,* au Contrôleur général.

12 Avril 1707.

«Je satisfais à l'ordre que vous m'avez donné par votre lettre du 6 de ce mois de vous envoyer mon avis sur le placet ci-joint présenté par les Carmes déchaussés du comté de Bourgogne. La disposition des anciennes ordonnances de cette province est celle que le Roi a donnée le 2 novembre 1686, portant défenses aux communautés religieuses et autres ecclésiastiques de posséder aucuns fonds de terre, même ceux qui leur sont donnés ou légués, sans en avoir obtenu la permission de S. M., qui est trop sage pour en dispenser légèrement. On sait assez l'attention qu'ont tous les religieux à s'étendre par des acquisitions et à se procurer des donations de fonds : de là s'ensuit nombre d'abus également préjudiciables à l'État, au public et aux particuliers, quoique l'imposition se lève plus réellement que personnellement dans cette province, et que le privilège appelé *portion colonique,* qui consiste à la réduction de la cote des fermiers au tiers de celle que les fermiers des biens non privilégiés supportent, ne soit accordée qu'aux biens d'ancienne dotation et fondation des églises et communautés. On voit tous les jours assez de procès sur la question de fait, savoir : si les biens sont d'ancienne dotation ou non, pour comprendre aisément qu'aussitôt que des communautés religieuses ou autres ecclésiastiques sont en possession de quelques fonds, ils travaillent à les confondre avec les anciens, pour jouir des mêmes avantages; et, quand ils n'y parviendroient pas, ils sont toujours exempts de beaucoup de charges personnelles que supporteroient les paysans propriétaires des biens qu'ils acquièrent. Enfin, sans entrer dans un plus grand détail, les fonds de terre qui tombent en mainmorte sont toujours à la charge de l'État et des sujets de S. M. Ainsi, je ne crois pas qu'on doive accorder aucune permission générale à un ordre pour acquérir des fonds, telle qu'elle est demandée par les Carmes déchaussés, sauf à leur en accorder de particulières suivant l'exigence des cas et en grande connoissance de cause. Il n'est pas même véritable, comme ils l'ont exposé en général, qu'aucuns de leurs couvents ne soient rentés, car il est ici de notoriété publique qu'il y en a qui jouissent de fonds et autres revenus considérables.»

1226. *M. de Montgeron, intendant en Berry,*
au Contrôleur général.

13 Avril 1707.

Il désapprouve l'expédient proposé par l'intendant de Picardie au sujet du privilège pour la fabrication des cuirs de Hongrie*.

«La misère des laboureurs de Picardie est commune à ceux de Berry, et ces derniers, par malheur encore pour les tanneurs et les bourreliers de cette province, sont en bien plus petit nombre que ceux de Picardie. Ils consomment, chacun en particulier, beaucoup moins de cuirs pour leur harnois, parce que, les terres y étant plus propres aux pâturages qu'à produire des grains, on s'y applique beaucoup plus à la nourriture des bestiaux qu'au labourage, et, les laboureurs ne se servant presque que de bœufs pour ce labourage, il ne leur faut que très peu de cuir, le harnois d'un bœuf, qui ne tire que de la tête, étant très simple et durant beaucoup plus longtemps que celui d'un cheval de charrette : en sorte que les tanneurs et les bourreliers font avec eux un très petit commerce de cuirs. Ce sont cependant des cuirs blancs préparés en façon de cuirs de Hongrie qu'ils leur vendent. Ils les apprêtent avec de la chaux, pour en faire tomber le poil, et les passent ensuite avec de l'alun et du suif, à la manière des cuirs de Hongrie dont la fabrication leur est défendue; mais ils ne les emploient qu'à ces petits harnois de laboureurs et à ceux des voituriers et charretiers. A l'égard des gros équipages de carrosse, soupentes et autres, les bourreliers de cette ville et des autres de la généralité en font très peu, non seulement parce qu'il n'y a pas beaucoup de carrosses en cette province, mais encore parce que ceux qui ont des équipages les font venir de Paris ou d'Orléans, et font rarement faire de ces gros ouvrages en ce pays. Quand ces inconvénients ne résisteroient pas à l'exécution de l'arrêt du Conseil rendu à ce sujet pour la généralité d'Amiens, le défaut de cuirs de chevaux, de mulets et d'ânes dans cette province le rendroit assez impossible. Comme on ne s'y sert presque que de bœufs pour le labourage, ce sont ces animaux qui y sont communs; les chevaux, mulets et ânes y sont plus rares qu'ailleurs : en sorte que les tanneurs ne préparent guère que des cuirs de bœufs, de vaches et de veaux, et très peu de chevaux, ânes et mulets. La pauvreté des laboureurs et des métayers, qui ne font aucun commerce ici, présentement que les bestiaux ne se vendent pas, sont dans l'impuissance de payer ces cuirs blancs dont ils ont besoin pour leurs petits harnois autant qu'ils le peuvent faire dans les autres endroits de France, et les bourreliers sont même obligés de leur faire de longs crédits : en sorte que, si on faisoit exécuter étroitement dans cette généralité le tarif des droits de la marque de ces cuirs blancs, ou qu'il fût défendu à ces tanneurs et bourreliers d'en préparer, les pauvres laboureurs manqueroient de harnois.

«Le seul expédient que je trouve, c'est d'engager ces tanneurs et bourreliers de faire un abonnement pour quelque somme médiocre avec les maîtres de la manufacture de Saint-Denis : au moyen de quoi il leur sera permis de fabriquer, vendre et débiter ces cuirs blancs à la façon de cuirs de Hongrie. C'est ce que je trouve de praticable, cette province ne pouvant pas être réglée sur les autres à cet égard**.»

* Sur l'origine de l'arrêt du 13 novembre 1706, qui permettait de fabriquer les cuirs en Hongrie ou en façon de cuirs de Hongrie, moyennant un droit de 15 sols par peau de cheval ou de mulet, et de 5 sols par peau de bourrique, et à la suite duquel M. Desmaretz avait fait préparer un règlement analogue pour les autres départements, voir deux lettres de M. Bignon, intendant à Amiens, des 26 octobre 1706 et 25 janvier 1707. Cette fabrication avait été exclusivement attribuée, par un édit du mois de janvier 1705, à des offices de jurés hongrieurs réunis, par lettres patentes du 17 mars suivant, à la manufacture de cuirs de Saint-Denis, près Paris.

** M. Foucault de Magny, intendant à Caen, M. le Guerchoys, intendant à Alençon, et M. d'Angervilliers, intendant en Dauphiné, répondent de même, le 17 mars et les 7 et 15 avril, que le nouveau règlement est inapplicable dans leurs départements.

1227. *M. de Harouys, intendant en Champagne,*
au Contrôleur général.

13 Avril 1707.

L'étapier général Duboys de Crancé s'étant absenté, les sous-étapiers ont déclaré qu'ils abandonneraient le service, si on ne leur donnait de l'argent.

«Il y a de très fâcheux inconvénients à craindre des troupes qui ne trouveroient point d'étapier, si vous n'avez la bonté d'y apporter un prompt remède. Je n'y en vois d'ici aucun, que d'écrire à tous les maires et échevins des lieux d'étapes, pour les porter à fournir du foin et de l'avoine aux troupes et à obliger tous leurs habitants à nourrir leurs hôtes, avec promesse de remboursement; mais je crains que le bourgeois, malheureux et accablé, ne résiste fort à cette nouveauté, qui d'ailleurs n'est pas praticable dans les villages. Vous ne voulez point qu'on dérange la recette générale; ainsi, je n'ose vous proposer l'expédient d'en tirer quelque fonds qui se répandroit sur ces sous-étapiers. Cependant le mal est pressant, et il exige que vous veilliez bien à y mettre promptement ordre.

«Voilà un résultat de la délibération prise par ces sous-étapiers, qu'ils m'apportent tout présentement, et dont je vous supplie de vous faire faire lecture*.»

* Voir les lettres de l'étapier général et des sous-étapiers, 25 mars, 8 et 19 juin, 9 juillet, 6 août, etc.

Voir aussi, en 1706, à la date des 1er, 7 et 15 avril, 10 et 17 mai et 8 août, plusieurs lettres du sieur Duboys de Crancé sur le service des étapes et sur la nécessité de rembourser ses avances ou celles des sous-étapiers. Le contrôleur général répond en marge de la lettre du 15 avril : «Je ne puis payer en argent comptant qu'une partie. Il conviendroit mieux au service du Roi de donner un sol de plus par ration, que de tomber dans ces inconvénients, qui ne se peuvent soutenir.»

1228. *M. de Courson, intendant à Rouen,*
au Contrôleur général.

15, 19 et 22 Avril 1707.

Il donne avis qu'une bande de faux-sauniers montés et armés vient faire le commerce du sel et du tabac jusqu'aux portes de Rouen, sans qu'on puisse s'y opposer avec succès*.

* Réponse en marge de la première lettre : «S'il avoit pu les faire suivre dans leur retraite par un homme affidé, je ne doute point qu'il n'eût aisément démêlé que c'étoient des soldats ou dragons des garnisons voisines qui sont sur la frontière de Picardie. Qu'il charge quelqu'un du côté de la ville d'Eu et du Neufchâtel de l'avertir aussitôt qu'il en passera quelque bande. S'il m'en peut donner avis assez à temps, je les ferai couper dans leur retraite.»

1229. *M. de Harlay, premier président du Parlement de Paris,*
au Contrôleur général.

18 Avril 1707.

«La déclaration du Roi touchant les billets de monnoie a été enregistrée ce matin, toutes les chambres assemblées, m'ayant paru trop importante pour n'être portée qu'à la Grande Chambre seule. Je suis bien aise que la dernière fonction que j'aurai faite ait été pour obéir à vos ordres et vous assurer du respect et de la reconnoissance que je conserverai toute ma vie des grâces dont je vous suis redevable.»

1230. *M. Lebret, intendant en Provence,*
au Contrôleur général.

20 Avril 1707.

Il transmet une proposition de faire venir des espèces d'or de Gênes moyennant 10 sols de gratification par louis*.

* Réponse en marge : «On avoit fait cette épreuve pendant la précédente guerre, à bien meilleur marché : pour en faire venir de Genève, il n'en coûtoit que 5 sols. On n'en fit pas longtemps usage sans s'apercevoir que l'on étoit trompé : ils faisoient sortir les louis qu'ils faisoient ensuite rentrer. On en useroit de même du côté de Gênes. Il n'y a pas lieu de douter que ceux qui en ont, et qui en voudront faire commerce, ne les renvoient en France sans aucun autre bénéfice que le profit qu'ils en tireront par le commerce ordinaire, beaucoup plus avantageux pour eux que tout autre.»

1231. *M. Bégon, intendant à la Rochelle,*
au Contrôleur général.

21 Avril 1707.

«J'ai reçu la lettre que vous m'avez fait l'honneur de m'écrire, avec le placet qui vous a été présenté par Jacques Giraut, qui est une espèce de fou qui s'est mis dans l'esprit que la taille devoit être réelle, et qui, dans cette vue, a déjà fait quatre ou cinq voyages à Paris. Il mériteroit d'être enfermé*.»

* De la main du contrôleur général : «Qu'il lui dise que, s'il continue à vouloir réformer l'État, il le fera renfermer.»

1232. *M. Trudaine, intendant à Lyon,*
au Contrôleur général.

26 Avril 1707.

«. . . . . Ce qu'il y a de plus remarquable sur la place de Lyon, par rapport à la nouvelle déclaration (du 12 de ce mois, pour faire recevoir les billets de monnoie dans les provinces pour un tiers des payements), c'est que, depuis qu'elle y est connue, l'argent s'est resserré si fort que qui que ce soit n'en peut trouver, et le peu de négociations qui s'y sont faites ont été à 8 et 10 p. 0/0 pour le prochain payement, sous la stipulation expresse de payer tout argent comptant; et vous pouvez compter pour certain qu'il ne se fera plus de négociations volontaires qu'avec la stipulation de payement tout en argent comptant. Tous ceux qui ont de l'argent en dépôt sur la place se préparent à le retirer au prochain payement; ils craignent qu'après les avoir obligés de prendre en payement le tiers en billets de monnoie, on ne l'étende jusques à la moitié, aux deux tiers, et même aux trois quarts. J'ai voulu attendre les trois ou quatre jours qui se sont écoulés depuis que l'on a reçu la déclaration, pour voir et entendre ce que l'on feroit et diroit là-dessus, avant que de vous rendre compte de tout ce qui se passe ici. Cette déclaration cause une agitation extraordinaire dans toute la ville et beaucoup de mauvais discours, qui ne seroient rien, si le mal n'étoit trop apparent. Il s'est tenu une assemblée de la Chambre du commerce, où je ne voulus pas me trouver, parce que je prévoyois ce qui y arriva : on s'y lamenta fort, et l'on ne conclut rien; je sais même que l'on n'y agita pas les raisons que l'on auroit pu vous représenter sur cette déclaration. J'ai fait venir plusieurs de nos plus sages négociants, les uns après les autres, pour les entendre séparément : ils pensent tous de la même manière que le commerce du dehors et du dedans du royaume souffrira extrêmement de cette déclaration, et que les effets ne tarderont pas à s'en faire sentir. L'étranger n'enverra plus ni soies ni matières d'argent, et ceux qui alloient de province en province ramasser ou les toiles et étoffes toutes fabriquées, ou les matières de chanvres, de laines et de soies ou cocos, pour les vendre aux fabricants, n'iront point, l'argent à la main, les prendre des particuliers, pour n'en être ensuite payés qu'une partie en argent et l'autre en billets. Cela est déjà arrivé depuis quatre jours. Voici le temps où l'on vient de Languedoc prendre de l'argent à Lyon pour le distribuer aux peuples de Languedoc pour leur faire élever des vers à soie. Cette distribution se fait dans les villages par 2, 3 ou 4 pistoles à chaque ménage, pour leur donner moyen d'élever les vers à soie, parce qu'ils ne peuvent gagner leur vie pendant ce temps à autre chose, les hommes s'occupant à cueillir les feuilles, et les femmes à soigner les vers. Je suis informé que quelques particuliers qui étoient venus pour prendre ici de l'argent de ceux qui font ce négoce, ont été renvoyés sans qu'on leur ait rien donné, personne ne voulant se dessaisir de son argent, dans la crainte que le négoce ne produise pour le profit que des billets de monnoie. L'on ne doute point que l'étranger ne travaille incessamment à retirer tous ses effets de France, et des négociants fort informés m'ont assuré qu'il y avoit dans Lyon pour 7 à 8 millions d'effets aux étrangers, soit en argent, soies ou autres marchandises, ou en crédit. Je suis persuadé que vous avez prévu ces inconvénients quand vous avez résolu la déclaration, aussi bien que l'embarras qu'il y auroit pour la vente et achats des bestiaux et denrées, qui commencent toujours par une si petite quantité qu'on ne les peut payer qu'argent comptant. Les premiers vendeurs ne font point de crédit; les seconds ont coutume d'en faire, mais ils n'en pourront plus faire, ni en vendre des parties assez considérables pour les mettre en état de recevoir des billets de monnoie, dont ils ne voudront point, parce qu'ils ne pourroient retourner à l'achat avec cette monnoie; et les troisièmes acquéreurs des bestiaux et denrées ne trouveront ni crédit ni marchandise.

«L'on dit encore que les trésoriers n'auront nul crédit, et que toutes leurs lettres ne pourront s'y négocier pour cela. Je ne sais s'il y a grand fondement à cette crainte; tout ce que l'on peut appréhender assez certainement, c'est qu'ils n'achètent très cher l'argent comptant et le crédit. Les usuriers vont bien faire leurs affaires.

«L'on craint encore très fort la falsification des billets de monnoie. Ils disent que, dans le plat pays, l'on ne pourra démêler si un billet est bon ou faux; ils sont persuadés que les faussaires travaillent présentement à en faire. Il n'est pas si aisé de faire passer de faux billets à Paris, où l'on a la main de celui qui les fait et les livres où ils sont enregistrés et contrôlés. L'on prétend que cette déclaration va bouleverser le bilan de nos négociants, et qu'ils ne pourront plus payer en virement de parties en écritures; il faudra souder la plus grande partie du payement en argent. J'ai beaucoup contesté sur cet article; après bien des raisonnements, l'on m'a renvoyé au prochain payement pour m'en convaincre. L'on soutient que la perte des billets de monnoie, qui avoit paru diminuer, augmentera considérablement; que vous n'avez fait cette déclaration que parce que vous voulez faire encore des billets de monnoie pour soutenir la guerre, et que vous n'avez point d'autre moyen pour avoir de l'argent, toutes les affaires extraordinaires étant épuisées; et que dès qu'il paroîtra que vous en ferez de nouveaux, qu'ils perdront infiniment, d'autant plus que l'on sent bien que vous ne pourrez pas faire payer par les trésoriers, aux termes mêmes de la déclaration, un tiers en billets et les deux tiers en argent : vous ne pourrez pas ramasser assez d'argent pour cela; ils payeront tout ou la plus grande partie en billets de monnoie.

«Il y a une chose particulière pour la ville de Lyon et pour tous les lieux où il y a des manufactures considérables, qui peut causer un grand mal, et dont l'événement pourroit être très fâcheux. Les fabricants disent tout haut qu'ils vont mettre à bas tous leurs métiers, ou une très grande partie. Je crois que vous êtes informé qu'il y a plus de vingt mille personnes employées dans la ville de Lyon aux manufactures de soies et de dorures, qui ne vivent qu'au jour la journée; si l'on cesse huit jours de les faire travailler, la ville sera inondée de pauvres, qui, ne trouvant plus à gagner leur vie, pourront se porter à toutes les extrémités les plus violentes. Ils y seront poussés par les malintentionnés, dont il n'y a toujours que trop, et par les brigands et gens qui trouvent à gagner dans le trouble. Tous les gens sensés craignent ici la cessation des ouvrages, et les menaces que font les fabricants de mettre à bas les métiers ne paroissent point des menaces faites en l'air. Ce qui me le fait craindre, c'est que, d'environ quatre cents fabricants qui sont ici qui font travailler les ouvriers, il n'y en a peut-être pas vingt qui puissent avancer de leur propre fonds les matières des étoffes et les salaires des ouvriers; tout le reste des fabricants sont gueux et vont prendre à crédit les soies et les filés d'or et d'argent chez les marchands. Ils n'en auront que sous la stipulation expresse de payer en argent comptant, et une grande partie n'en auront point du tout. Quand leurs étoffes qui sont commises pour Paris ou pour ailleurs seront faites, on ne leur voudra payer qu'aux termes de la déclaration; ils ne pourront satisfaire le marchand qui leur aura fourni ou soie ou filé d'or et d'argent avec la partie des billets de monnoie; ils n'en pourront payer l'ouvrier, qui se paye toutes les semaines; ils ne trouveront pas même à emprunter de l'argent, qu'avec une perte si considérable que le commerce ne pourra pas la porter, et ce qui leur restera sera cette partie de billets de monnoie que vous faites prendre dans les provinces. Ils ont, jusqu'à présent, stipulé leur payement à Lyon, où l'on ne les payoit point en billets. Quand j'ai représenté qu'ils pouvoient vendre à condition d'être payés tout en argent, l'on m'a répondu : 1° qu'ils ne voudront rien, si, dans leurs ventes, ils apportent d'autres conditions que celles qui sont reçues dans tout le royaume; 2° qu'il pourroit arriver que nonobstant la stipulation particulière qu'ils pourront faire d'être payés en argent, que l'on pourra donner une déclaration qui annule toutes ces stipulations. Ils fondent cette pensée sur des sentences des consuls de Paris qui ont condamné de prendre le payement en billets de monnoie de lettres ou billets faits payables en argent comptant. Ils disent que ces sentences n'ont été rendues que de l'ordre de la cour, et que ce qu'on a fait par ces sentences se peut encore plus aisément faire par une déclaration. Enfin, ils me paroissent très résolus de mettre à bas leurs métiers, et c'est la pensée de généralement tout le monde qu'ils ne manqueront pas de le faire. Si cela est, je ne puis répondre des événements qui en arriveront : les capitations et autres taxes qui s'exigent tomberont nécessairement. Si tous ces gueux faisoient quelque mouvement dans Lyon, vous pouvez compter que les montagnes du Beaujolois, où l'on fabrique les toiles, suivroient leur exemple.

«Ne comptez pas que je vous charge le tableau; je prends la liberté de vous exposer seulement ce qui se dit et ce que je vois être sur le point d'arriver. Quand le mal sera fait, il ne sera plus temps d'y apporter le remède. Je souhaite que ma crainte soit vaine plus que je ne l'espère.

«A l'égard de l'interprétation que vous me donnez par votre lettre aux 1er et 2e articles de la déclaration, je l'ai toujours entendue comme vous me le marquez, et j'aurai soin de le faire connoître de manière que cela ne fera point de difficulté*.»

* Voir une autre lettre du 30 avril, et celles qu'écrivent, les 28 et 30 avril, 1er et 20 mai, le sieur Ollivier, commis de l'extraordinaire des guerres à Lyon, les prévôt et échevins de Lyon, les recteurs et administrateurs des hôpitaux, les directeurs de la Chambre de commerce, etc.

Sur une lettre écrite le 3 mai, par le sieur Anisson, député de Lyon, le contrôleur général répond de sa propre main : «La place de Lyon ayant donné lieu à l'usure exorbitante sur les billets de monnoie et au discrédit dans lequel ils sont tombés, je ne suis pas surpris que les auteurs du premier mal ne remuent tous les ressorts dont ils pourront se servir pour le faire durer...» Néanmoins, il y eut un arrêt de surséance, que le contrôleur général annonça en ces termes au prévôt des marchands, M. de Montesan, en réponse à une lettre du 10 mai : «Vous aurez vu, par la dernière lettre que j'ai écrite à M. Trudaine et l'arrêt provisoire qui a été rendu au Conseil, qu'il n'y a aucun fondement à tout ce que vous me mandez par celle que je reçois de vous du 10 de ce mois, et que l'intention de S. M. est d'entrer en connoissance de la solidité des représentations qui lui ont été faites par les députés du commerce. Si les intentions de ceux qui sont à la tête des affaires à Lyon sont aussi bonnes comme celles de la plupart des banquiers sont mauvaises, vous contribuerez aisément à l'exécution de ce que j'apprends qui vous a été proposé par le sieur Anisson, par la lettre qu'il a dû écrire hier en suite de deux conférences qui se sont tenues chez moi, dans lesquelles on a traité à fond cette matière. Je n'ai pu m'empêcher de blâmer la conduite de ceux qui ont mis bas plusieurs métiers au premier bruit de la déclaration, sans attendre du moins qu'elle eût son exécution. Il me semble que c'est dans une pareille occasion qu'un homme qui remplit votre place doit employer toute son autorité; si vous aviez envoyé en prison le premier qui a commencé à se distinguer, vous auriez appris à des gens qui se conduisent beaucoup plus par leur volonté que par la raison qu'ils devoient s'adresser à vous pour faire écouter leurs représentations, et se conduire par vos conseils, qui auroient sans doute été plus sages que les leurs. La justice ne sauroit être bien administrée, s'il n'y a des peines contre ceux qui ne connoissent que leur volonté. Les étrangers n'ont jamais eu lieu de s'inquiéter de cette déclaration; les François seuls leur ont donné de l'inquiétude sur cela. Ceux qui en ont pris soin ont trop d'intérêt à laisser les billets de monnoie dans le discrédit où ils sont. Faites en sorte que les bons négociants aident le Roi; ils connoîtront que S. M. ne veut que l'avantage de ses sujets, autant que la conjoncture présente le peut permettre.»

Voir aussi la lettre écrite le même jour, 10 mai, par M. Trudaine.

1233. *M. l'Évêque de Nîmes*
au Contrôleur général.

27 Avril 1707.

«Tous nos marchands sont consternés sur le bruit qui court de l'introduction des billets de monnoie en ce pays, et je vous avoue que je le suis aussi bien qu'eux, prévoyant les fâcheuses conséquences de cet établissement. Par là, le commerce qui fait subsister cette ville est entièrement ruiné; plus de dix mille ouvriers qui ne peuvent nourrir leurs familles ni payer les charges, s'ils ne sont pas payés argent comptant, vont tomber dans la mendicité et dans la misère. Les différentes manufactures de Nîmes, de draps, de soies, de bas, sont toutes d'une espèce à ne pouvoir être soutenues que par des payements comptants, soit à cause de la multiplicité des ouvriers, soit à cause de la nécessité d'acheter et de vendre à tous moments et par pièces, soit parce que, ces sortes de marchandises étant la plupart pour les étrangers, les lettres de change qu'ils donnent serviroient de peu, si elles n'étoient promptement acquittées argent comptant. Je vous prie de considérer qu'il n'y a pas une affaire plus triste parce qu'elle interrompt tout le négoce, plus ruineuse parce qu'il sera ensuite très difficile de le remettre le crédit des marchands étant perdu, plus dangereuse parce qu'elle tombe sur le peuple et sur une infinité de petites gens faciles à émouvoir quand on leur ôte le pain. Personne ne peut mieux représenter que vous ces inconvénients. Le seul bruit de cette nouvelle désole tout le monde; les créanciers veulent tous retirer leur argent des mains des marchands, et il y a de la charité et de la prudence, selon ma petite connoissance, à laisser les choses comme elles sont*.»

* A côté de la lettre se trouve ce placet : «La déclaration du Roi qui ordonne que les payements qu'on fera à commencer le 20 du prochain mois de mai sera un tiers en billets de monnoie et le reste en argent comptant, donne la plus terrible secousse qu'on pouvoit donner au commerce; elle ne sauroit causer qu'une confusion et un très grand désordre. Ce qui a rendu le royaume un des États de l'Europe le plus riche, vient du nombre infini de ses manufactures : c'est dans ce travail que les peuples ont trouvé non seulement une ressource pour fournir aux besoins de l'État, mais même pour s'entretenir dans l'abondance et la procurer à tous ses voisins par la consommation de leurs denrées. Toutes les manufactures que nous avons en Languedoc sont en concurrence avec celles qu'il y a en Angleterre. Nous les avons imitées d'eux; ils en ont fait de même des nôtres. La consommation qui s'en fait en Espagne, en Italie et dans le royaume de Naples, dans la Sicile et au Levant, ne s'y est même soutenue que parce que ce commerce s'est trouvé fait par de bons négociants de Lyon et du Languedoc, qui, avec des fonds considérables et un bon crédit, ont soulagé les marchands étrangers en leur donnant un long terme pour les payements, au lieu que les Anglois, dont les marchandises sont à meilleur marché que les nôtres, ne les ont jamais vendues à terme, mais comptant. Ainsi, on peut assurer que, si ces marchandises ont eu quelque débit, c'est l'industrie et la facilité du crédit qui les a procurées, et non aucune nécessité, car les étrangers peuvent prendre des Anglois ce que les François leur envoient. Cette nation, jalouse de notre commerce, ne manquera pas de profiter de l'interruption que nous avons actuellement. Elle nous arrive même dans un temps le plus contraire : c'est à présent qu'on achète des ouvriers ce qu'ils ont fabriqué pendant l'hiver; les Cévennes, le Gévaudan, Carcassonne, Limoux, et généralement toutes les manufactures de la province sont remplies de marchandises; c'est à présent qu'un chacun achetoit ce qui lui étoit demandé du pays étranger avec de l'argent comptant, qui servoit de fonds aux manufacturiers pour acheter leur laine à la toison, qui va se faire incessamment. Ces circulations ordinaires et absolument nécessaires manqueront. Quels événements peut-on attendre qu'une confusion et une disette d'argent prodigieuse? Mais, dira-t-on, pourquoi s'effrayer? Quand les billets de monnoie seront répandus généralement par tout le royaume, ils ne feront qu'une perte légère, que le commerce pourra supporter. Cela auroit lieu, si tout le monde étoit dans des sentiments de confiance et de raison, ou assez commode pour pouvoir garder ces billets; mais, comme le plus grand nombre est de l'un ou de l'autre état, la consternation où on est tombé à la première nouvelle a été générale. Quand ceux mêmes qui sont persuadés que ces billets seront payés un jour voudroient suivre leur train ordinaire, ils ont les bras liés et ne peuvent rien entreprendre. Les gens les plus riches et les plus à leur aise n'ont point leur argent en caisse : ils l'ont engagé dans le crédit qu'ils font à leurs débiteurs, ou en lettres payables à Lyon. Quelle perte qu'ils voulussent faire aujourd'hui sur ces lettres, on ne trouveroit pas un sol : tous ceux qui ont de l'argent, effrayés de métamorphoser leur argent en billets de monnoie, le serrent. Ainsi, ceux mêmes qui ont le plus de confiance sont obligés par force de surseoir leurs affaires. Cette cessation sera cause que l'ouvrier qui achetoit les laines à la toison ne sera pas en état de le faire. L'achat des cocons, qui se fait dans le Languedoc, le comtat d'Avignon, le Dauphiné et la Provence, ne sauroit non plus se faire qu'avec de l'argent comptant. Qu'en feront les gens qui les ont, dont le produit va presque tout dans les coffres du Roi pour la taille et la capitation, tout comme celui de la laine? Enfin, c'est de l'argent qu'il faut absolument pour payer le nombre infini d'ouvriers qui sont répandus dans

les manufactures de tout le royaume. Que feront-ils, si on ne peut pas les payer, et si, faute d'espèces, on est obligé de leur faire cesser leur travail? Comment payeront-ils les charges de l'État? De quoi substanteront-ils leur famille? Ceux qui sont retenus par ces engagements resteront à charge à leur province, au lieu qu'ils y procuroient l'abondance, et il est à craindre que les garçons qui n'en ont point ne sortent du royaume et n'aillent chercher du travail dans les pays étrangers et y perfectionner leurs manufactures.

«Ce qu'il y a à craindre, c'est que, dans cette conjoncture, les étrangers, et surtout les Italiens, qui ont un gros argent dans le royaume, appréhendant qu'il ne leur arrive encore pis à l'avenir, n'interrompent avec nous toute sorte de commerce. Les ennemis de l'État profiteront de nos disgrâces, augmenteront leurs manufactures, et nous réduiront à la seule consommation du royaume.

«Il faut aussi renoncer à ce précieux commerce de matières qui a été, depuis quelques années, si utile à l'État, car on ne nous enverra pas de Cadix et de Séville de barres d'or et d'argent et de piastres pour en recevoir la valeur en effets si décriés, et sur lesquels il y aura toujours beaucoup à perdre. Enfin, la perte qu'il y aura tombera sur les négociants françois, à l'avantage des étrangers, qui se prévaudront d'un bénéfice de change qui sera excessif, car le retour des effets que les François mandent dans le pays étranger vient tout en lettres de change payables à Lyon. Ils seront affoiblis de ces pertes, et non seulement hors d'état de continuer un commerce dont l'État a tiré jusqu'ici le plus gros secours, mais seront même réduits à la triste nécessité de l'abandonner.»

M. de Bâville écrit aussi (28 avril, 13 et 15 mai) que, de toutes parts, on suspend les opérations avec l'étranger, et qu'en outre, si les négociants ne peuvent payer leurs ouvriers faute d'argent comptant, il y aura des désordres dans les Cévennes, qui ne subsistent que de ce gain-là. Il ajoute que, si l'on ne constate la nature des versements faits à chaque caisse, les collecteurs, les receveurs particuliers, et même le trésorier de la Bourse, feront le trafic des billets.

Voir un mémoire du sieur Peignon, inspecteur des manufactures à Montpellier, en date du 1er mai.

1234. *M. de* Bernières, *intendant en Flandre maritime,* au Contrôleur général.

28 Avril 1707.

Observations sur les mesures relatives au cours des billets de monnaie dans les provinces.

«Souffrez, quoique je sache parfaitement l'état des finances et l'impossibilité qu'il y a de ne pas recourir aux expédients, souffrez, dis-je, que je vous représente, pour le bien et l'intérêt du service du Roi, que cette déclaration fait un très mauvais effet sur cette frontière, que les peuples en murmurent déjà hautement, et qu'ils disent publiquement que, dès qu'elle aura lieu, ils sont trop voisins des villes d'Espagne et de la Hollande pour ne pas prendre leurs mesures et ne pas mettre leur argent à couvert. Ce qu'il y a de constant, c'est que depuis quatre mois, il entroit beaucoup d'argent dans les principales villes, et notamment à Lille. Il est certain que cet argent venoit d'Hollande, et que non seulement il n'en entrera plus, mais encore que celui qui est dans le pays sortira du royaume; et je crains fort qu'avant qu'il soit quatre mois, on ne voie plus un sol sur la frontière. Vous savez que, quand le prêt manquoit aux troupes ou qu'on étoit obligé de faire des achats ou de faire travailler pour le service du Roi, on trouvoit du crédit, et il m'est arrivé, l'année dernière, de trouver dans les bourses des particuliers des sommes considérables, dont il en est encore même beaucoup dû; et je suis nécessité de vous dire que dorénavant on ne trouvera chose au monde dans le besoin. Les gens les plus sensés et les mieux intentionnés me l'ont déjà déclaré.

«Enfin, une dernière représentation à vous faire, dont les Magistrats de Dunkerque m'ont écrit : c'est que les armateurs de Dunkerque, qui ont fait et font tant de mal aux ennemis, vont finir leurs courses et cesser leurs armements, qui ne se peuvent faire qu'en argent comptant, en payant journellement les ouvriers, matelots et soldats; ce qui ne se pourra plus dès que les billets de monnoie seront répandus, car ils le seront dans peu beaucoup plus sur la frontière qu'ailleurs, les trésoriers généraux de l'extraordinaire et de la marine ayant déjà envoyé leurs ordres à leurs commis et se préparant de faire le tiers de leurs payements en billets de monnoie. C'est sur quoi, en cas que la déclaration subsiste sur la frontière, il est très nécessaire que vous fassiez un règlement et donniez vos ordres pour savoir comment on se comportera; car, si le tiers du payement des troupes se fait en billets de monnoie, comme l'a déjà mandé le trésorier général, faudra-t-il que les majors prennent des billets de monnoie pour les prêts des soldats, ce qui paroît absurde et impossible? Mais cela tombera néanmoins dans la nécessité, puisque les officiers n'emportent pas un tiers de la subsistance d'un régiment; et, quand bien même cela ne regarderoit que l'officier, comment pourra-t-il soutenir le service, dès qu'il n'aura que des billets de monnoie, qu'il ne trouvera certainement pas à négocier en Flandre? Et on lui refusera la nourriture à l'auberge, ainsi que les choses les plus nécessaires pour les soldats chez les marchands et ouvriers, de manière qu'il y auroit encore beaucoup moins d'inconvénient de ne pas payer régulièrement les troupes de tout ce qui pourroit leur être dû, en leur laissant l'espérance comme on a fait jusques à présent, que de les jeter dans l'embarras et dans la disette où on va être par les billets de monnoie. Toutes ces raisons m'engagent à vous supplier de régler comment on se devra comporter, si vous jugez indispensable de ne pas changer cette dernière déclaration du 12 avril*.»

* Réponse en marge : «J'ai reçu la lettre que vous avez pris la peine de m'écrire le 28 du mois dernier. Rien n'est de plus outré que les représentations qui vous ont été faites, et de plus contraire à l'esprit de la déclaration que le Roi a rendue depuis peu de jours pour donner cours aux billets de monnoie dans tout le royaume en les mettant pour un tiers dans les payements, avec les deux tiers en argent comptant. Sans rappeler en détail tous les articles particuliers de votre lettre, il y en a un qui me fait connoître l'esprit qui agit et qui met en mouvement celui des peuples, qui se laissent souvent entraîner sans réflexion : c'est celui qui regarde le crédit que les officiers trouvoient dans les auberges. Il faudra qu'ils y demeurent longtemps et que l'on ait bonne opinion d'eux pour se mettre en état de se servir des billets de monnoie, en cas que S. M. juge à propos de leur donner cours dans la Flandre, ce qui ne peut y avoir son effet jusques à ce que la déclaration ait été enregistrée au Parlement de Tournay, où elle n'a pas encore été envoyée. Elle porte qu'il ne sera fait aucuns billets de monnoie au-dessous de 200 #, et qu'il n'en sera pris qu'un tiers dans chaque payement. Vous voyez que, pour en faire usage, il faut qu'un effet donne au moins 600 #. Vous pourrez tirer vos conséquences de cet

article par rapport aux autres, et vous conviendrez avec moi que les usuriers, dont le nombre est très grand, qui ont fait des fortunes immenses en faisant perdre tout ce qu'ils vouloient sur les billets de monnoie à ceux qui avoient besoin d'argent, ont agi fortement pour empêcher que ces billets ne reprissent leur premier crédit. Rassurez les esprits et prenez sur vous de répondre aux gens les plus sensés qu'il ne se fera rien qui soit capable de déranger le commerce de la Flandre, quand même les billets de monnoie ne devroient pas avoir cours. L'objet que S. M. s'étoit proposé en leur donnant une même valeur dans tout le royaume pour le reste de cette année, avec un intérêt à 5 p. o/o, étoit uniquement dans la vue d'établir une correspondance réciproque dans toutes les provinces du royaume avec Paris, qui avoit été bien dérangée, pour ne pas dire interrompue, à cause de la perte qu'il y avoit à faire sur les billets de monnoie. Vous ne saurez assez faire entendre que la résolution que S. M. a prise de les répandre dans toutes les provinces est uniquement fondée sur les représentations qui lui ont été faites du dérangement que souffroit le commerce de la singularité de cette monnoie dans Paris, et non pas dans la vue d'en augmenter le nombre, qui a diminué de plus du tiers depuis le mois d'octobre, et qui diminueroit assez, en peu de temps, pour ne plus faire d'embarras, si le même esprit qui agit pour les décrier s'employoit utilement pour les faire placer en rentes sur la ville, sur le clergé, en billets des receveurs généraux, ou à la caisse des emprunts. J'ai reçu de grandes représentations des baillis des quatre châtellenies des États de Lille, de M. de Bagnols; je leur ai envoyé un mémoire des réflexions qui m'ont paru importantes. J'attendrai une dernière réponse de leur part pour leur faire savoir la résolution que S. M. aura prise, qui sera sûrement la plus convenable aux intérêts de la province. Vous ne sauriez trop le faire connoître.»

1235. *M. de Bagnols, intendant en Flandre,*
au Contrôleur général.

1er Mai 1707.

Avis sur l'introduction des billets de monnaie dans les provinces.

«Les inconvénients qui arriveront de l'introduction des billets de monnoie sur la frontière de Flandre se peuvent réduire à trois chefs principaux, qui établissent une différence essentielle entre cette frontière et quelques-unes des principales villes du royaume, qui se servent d'ailleurs des mêmes raisons qui sont employées aujourd'hui par les habitants du Pays conquis.

«L'abonnement est particulier au Pays conquis; il l'exempte de toutes affaires nouvelles et extraordinaires concernant les finances, au moyen de l'augmentation des subsides accordés au Roi. Le mémoire auquel celui-ci sert de réponse dit que l'introduction des billets de monnoie ne contrevient point à cet abonnement, parce qu'elle ne tire point un fonds réel et effectif des particuliers, et que les billets de monnoie laissent le bien et les facultés de ces particuliers en leur entier. Il est aisé néanmoins de prouver sensiblement le contraire. Un particulier, porteur d'une lettre de change de 12,000 # dont l'échéance est au 1er juin, est en droit de recevoir 12,000 # en espèces, parce qu'il les a données pour la valeur de sa lettre de change : il n'en recevra néanmoins que 8,000 # en espèces, telles qu'il les a données; les autres 4,000 # se payeront en billets de monnoie, sur lesquels il perdra plus ou moins suivant le plus ou le moins d'industrie qu'il aura pour s'en défaire; mais il est bien certain qu'il y perdra toujours, quand ce ne seroit que le quart. C'est un fonds réel et effectif de 1,000 # qu'on lui fait perdre. Il ne lui en coûteroit peut-être pas tant par l'établissement d'un nouvel impôt. S'il ne peut se défaire de ses billets de monnoie qu'à perte de moitié, c'est encore pis. On ne peut donc point disconvenir que l'introduction des billets de monnoie ne soit une contravention à cet abonnement. C'est la première raison qui établit une différence essentielle entre la frontière de France et quelques-unes des principales villes du royaume, qui se servent aujourd'hui des mêmes raisons que la frontière contre les billets de monnoie.

«La seconde raison est encore plus sensible et plus importante pour le service du Roi. L'expérience fait connoître que, depuis qu'on parle des billets de monnoie en ce pays et que la déclaration du Roi du 12 avril, enregistrée au Parlement de Paris seulement, y a paru, toutes les bourses sont fermées : personne ne veut disposer de ses fonds; on est attentif sur ce qui arrivera, de manière que, l'argent ne circulant plus, il n'y a plus de commerce. Le banquier de la ville de Lille qui est en correspondance avec M. Bernard n'a reçu, depuis quinze jours ou trois semaines, que très peu de fonds. Plus on approchera du 20 mai, moins il en recevra. C'étoit pourtant l'unique ressource pour le payement des troupes, qui ont reçu fort régulièrement, depuis le 1er janvier de la présente année, ce qui leur étoit dû. Cette abondance, à laquelle l'année précédente ne nous avoit pas accoutumés, avoit sa raison. La Hollande nous avoit fait passer au travers du Pays-Bas espagnol, occupé par les ennemis, de grands fonds en espèces, jusque-là que le correspondant de M. Bernard avoit tiré en un mois plus d'un million. Les Hollandois sont peu attentifs à empêcher la sortie des espèces de chez eux : ils considèrent l'argent comme une marchandise qui leur convient souvent de laisser passer ailleurs, bien assurés qu'il viendra des temps où ce même argent rentrera dans leur pays. Dans le désordre où sont aujourd'hui les affaires du Pays-Bas espagnol, occupé par leurs armes, il ne faut pas beaucoup d'industrie pour trouver des moyens de faire sortir des espèces et les faire entrer dans le Pays conquis. Le transport se faisoit pour éviter la perte sur le change, et ce commerce auroit continué de la même manière, s'il n'avoit point été parlé des billets de monnoie. C'étoit une grande ressource; on sauvoit par là les voitures qu'on auroit été obligé d'envoyer de Paris sur la frontière. Cette ressource commence à languir, et tarira entièrement, si l'introduction des billets de monnoie a lieu. La raison en est bien sensible. Un particulier de la ville de Lille recevoit 10,000 écus en espèces, qu'on avoit trouvé moyen de faire entrer dans le Pays conquis; il les portoit chez le correspondant de M. Bernard, qui lui donnoit une lettre de pareille somme sur un banquier d'Amsterdam, aussi correspondant de M. Bernard. La lettre étoit payée très régulièrement, les correspondants sont bien choisis; celui d'Amsterdam, pour se rembourser des 10,000 écus qu'il avoit payés sur la lettre de Lille, tiroit sur M. Bernard des lettres sur Lyon, sur Rouen ou sur Paris. Les lettres sur Lyon et sur Rouen se payoient en espèces; celles sur Paris se payoient quelquefois en espèces, d'autres fois partie en billets de monnoie et partie en argent. Si c'étoit en espèces, les lettres étoient payées de même; si c'étoit en billets de monnoie, on y ajoutoit le change suivant le cours qu'il avoit alors; et tout cela se faisoit de concert entre le banquier d'Amsterdam qui tiroit et les particuliers à qui il remettoit ces lettres et qui lui en payoient la valeur; car il ne lui suffisoit pas de tirer ces lettres, il falloit trouver des gens en Hollande qui en eussent besoin pour acquitter ce qu'ils devoient dans le royaume. L'introduction des billets de monnoie a déjà fait cesser ce commerce. Dès à présent, personne ne veut plus de lettres sur Paris. Ceux qui sont porteurs de celles qui ne sont pas encore échues et qui n'écherront qu'après le 20 mai, perdront une partie de leur capital, le tiers qu'ils recevront en billets de monnoie ne pouvant jamais valoir ce qu'ils ont donné en espèces. On appréhende que, si on continuoit à prendre des lettres sur Paris ou sur d'autres villes du royaume, le tiers payable en billets de monnoie ne soit augmenté jusqu'à la moitié. On aimera mieux garder son argent ou en disposer ailleurs, que de courir le risque d'un nouveau changement. Le banquier d'Amsterdam, ne trouvant plus personne qui veuille de ces lettres, ne pourra plus payer les traites que celui de Lille faisoit sur lui; celui de Lille, ne pouvant plus tirer sur Amsterdam, ne pourra plus payer la valeur des espèces sorties de Hollande et de la Flandre espagnole; et arrivées à Lille, ces espèces n'y étant plus payées, il n'en viendra plus : elles prendront un autre cours, qui conviendra davantage aux intéressés. Toutes les parties de ce commerce sont enchaînées les unes avec les autres : dès qu'une partie vient à manquer, tout le commerce est anéanti.

«Il faut ajouter à cette raison, qui est bien forte, l'extrême embarras où se vont trouver les corps de villes et d'États qui n'avoient plus aucun crédit par eux-mêmes, mais qui trouvoient encore de l'argent par leurs trésoriers, qui s'engageoient en leur propre et privé nom et sans faire mention de leur qualité. On va leur demander le payement des lettres qui écherront avant le 20 mai, les créanciers leur ayant déclaré que leur intention n'est point de renouveler. Ces trésoriers seront dans l'impossibilité de les acquitter, parce que ce ne sont pas eux qui ont reçu l'argent; ils l'ont remis aux corps de villes et d'États, qui l'ont employé pour leurs besoins, plus pressants dans un temps comme celui-ci que dans aucun autre : de sorte que ces trésoriers seront obligés de payer en leur propre et privé nom ce qu'ils ne doivent point, et il ne leur restera qu'un recours très incertain et d'une longueur infinie contre les corps de villes et d'États, qui ne pourront de longtemps acquitter leurs dettes. Cette considération et celle de la cessation du transport des espèces qui arrivoient de Hollande et de la Flandre espagnole dans le Pays conquis, est la seconde raison qu'on peut opposer à l'introduction des billets de monnoie.

«Il en faut ajouter une troisième, qui paroîtra encore bien essentielle. Nous sommes à la veille de l'ouverture de la campagne. Les événements en sont incertains : les armées du Roi peuvent s'éloigner de la frontière; si cela arrive, il ne restera dans nos grandes places que de médiocres garnisons; l'armée des ennemis peut s'approcher de ces mêmes places, comme elle fit l'année passée; le mécontentement sera grand dans les esprits; ceux qui perdront une partie de ce qu'ils croient bien assuré, parce qu'ils n'en recevront le payement qu'en billets de monnoie pour un tiers, seront chagrins de la perte qu'ils feront; ceux qui auront besoin d'argent, n'en pourront trouver, parce que toutes les bourses seront fermées et que ceux qui auront de l'argent comptant aimeront mieux le garder que de s'exposer aux risques qu'ils appréhenderont en le faisant sortir de leurs mains. Les ennemis seront à leur porte; peut-être que les armées du Roi en seront fort éloignées. La conjoncture du temps permet-elle de s'exposer aux inconvénients qui en peuvent arriver? Il ne faut souvent qu'une étincelle pour causer un grand embrasement. Il suffit d'avoir ouvert cette vue, sans qu'il soit nécessaire de l'approfondir davantage. C'est la troisième raison, et peut-être la plus forte qu'on peut alléguer contre l'introduction des billets de monnoie.

«On doit observer que ce qui a été dit dans ce mémoire et dans les précédents, quoiqu'ils paroissent ne regarder que les États et la province de Lille, doit avoir son application pour toutes les villes du département de Lille, et même, si on l'ose dire, pour toutes celles de la frontière. Nous n'avons ici proprement que Lille qui soit une place de commerce ou de banque : on ne trouve point ou très peu de lettres dans les autres villes. Ce qu'il faut y avoir d'argent s'envoie à Lille, parce que ce n'est que là qu'on trouve à en disposer pour les besoins du commerce. On proposeroit bien, pour garder une espèce d'uniformité avec les autres villes du royaume, ce qui seroit fort à désirer, de différer jusques à la fin de la campagne ou de l'année l'introduction des billets de monnoie sur cette frontière; mais, quand ce seroit l'intention du Conseil du Roi, on croit qu'il ne convient point à son service de le déclarer par un arrêt du Conseil ou par une déclaration : on se trouveroit, deux ou trois mois avant l'échéance du terme qu'on auroit pris, dans le même embarras où on se trouve aujourd'hui. Il vaut mieux, pour rassurer les esprits, déjà fort ébranlés, déclarer quant à présent, pour rendre la grâce complète, que les billets de monnoie n'auront point cours dans la frontière, sauf, dans un autre temps et après la fin de la campagne, à prendre telle résolution qu'on jugera à propos*.»

* Voir les précédentes lettres des 24 et 25 avril.

Une déclaration spéciale exempta du cours des billets le Pays conquis, le Roussillon, l'Alsace et la Franche-Comté; voir une lettre du contrôleur général, en date du 28 avril.

1236. *M. le Guerchois, intendant à Alençon,* au Contrôleur général.

2 Mai 1707.

Rapport sur les abus signalés dans la délivrance du sel aux salines des pays de quart-bouillon, soit du fait des officiers, soit de celui des particuliers, qui parviennent, par de fausses déclarations, à se faire vendre plus de sel que les ordonnances ne leur en accordent. Beaucoup d'habitants, au lieu d'une ruche de cinquante livres pour deux personnes, s'en procurent une quantité double et peuvent ainsi alimenter le faux-saunage. C'est par milliers que l'on compte les requêtes qui sont présentées en ce sens et acceptées par les officiers de Domfront, malgré la résistance du receveur, requêtes presque toujours mal fondées, soit qu'elles s'appuient sur la nécessité de nourrir des ouvriers, soit que les demandeurs prétendent qu'ils ont été omis aux rôles ou qu'un supplément de sel leur est nécessaire pour saler des marchandises. Quand ces abus seront réprimés, le faux-saunage perdra une de ses principales ressources.

1237. *Les Maire, Échevins et Députés du commerce de Marseille*

AU CONTRÔLEUR GÉNÉRAL.

2 Mai 1707.

Remontrances au sujet des billets de monnaie.

«Les négociants de Marseille se conformeront toujours à ce qui est des intentions du Roi; ils se sont fait un devoir de concilier leur commerce avec l'intérêt de l'État, comme devant être inséparable l'un de l'autre, et l'expérience a fait qu'il ne reste aucun doute qu'on ne peut s'attacher à un seul qu'en abandonnant l'autre. Ce fait se rencontre en l'exécution de la déclaration du Roi du 12 avril 1707, par laquelle S. M. veut que les billets de monnoie, dont le cours avoit jusqu'à présent été renfermé dans la ville de Paris, soient admis dans les payements comme espèces, dans toutes les villes et lieux du royaume, pays, terres et seigneuries de l'obéissance de S. M., à commencer au 20 mai prochain, sous les conditions et clauses portées par cette déclaration. Les motifs qui y ont donné lieu sont expressément expliqués dans les premières lignes de cette même déclaration, où on y voit que S. M. n'a pris la résolution d'introduire le cours de ces billets dans tous les pays de son obéissance que comme y trouvant un secours pour les dépenses de la guerre qu'elle est obligée de soutenir en même temps en différents endroits pour la défense de ses États.

«Il ne paroit rien de si juste que de trouver des moyens pour aider S. M. à soutenir la guerre pour défendre son royaume : c'est le bien et l'intérêt de l'État que d'en chercher pour le maintenir; mais on ne voit point que l'introduction de ces billets de monnoie dans le royaume puisse se concilier avec le commerce. Ce qui peut avoir paru être un bien pour l'État, est un mal pour le commerce, et ce bien, si cette déclaration a lieu, va dégénérer en mal pour l'État et faire un effet tout contraire à ce qu'on a prétendu.

«Si le commerce du royaume se trouvoit restreint dans sa seule étendue, l'inconvénient qu'apporte cette déclaration pourroit peut-être être supporté et ne paroitroit pas si fort onéreux, ni si préjudiciable; mais, le commerce des sujets de S. M. étant sans borne et dans presque toutes les quatre parties du monde, soit par les envois qu'on y fait, soit par ce qu'on en tire au retour, tout ce grand commerce fait que tantôt les étrangers sont débiteurs aux François, et tantôt ceux-ci le sont aux autres; et cet enchaînement de commerce donne lieu aux uns et aux autres d'en faire par des lettres de change pour les payements des foires de la ville de Lyon. Si, jusques à présent, il a paru que ces payements n'aient pas été interrompus, parce que ces billets ont paru n'avoir passé qu'entre les mains des banquiers et négociants de Paris, néanmoins il est très certain que ces mêmes billets ont fait d'étranges révolutions dans le royaume, car presque les deux tiers ou la moitié de ces billets ont été dispersés dans les grandes villes du royaume, dont la circulation ne pouvant être faite qu'avec une perte considérable, ce manque de fonds a causé dans la seule ville de Marseille, depuis environ trois mois, dix à douze banqueroutes pour des sommes considérables. Dans cette situation, quel mal n'est-il pas à appréhender pour l'avenir! Il faudra cesser le commerce avec les étrangers, pour ne leur rien devoir, n'y ayant pas un d'eux qui voulût se prévaloir par des lettres de change, comme auparavant, pour ce qui leur sera dû, car il est hors de doute qu'ils ne voudront point accepter ni prendre en payement de ces billets de monnoie, qui n'auront pas cours dans leurs pays; ou bien il faudra se résoudre à supporter un change exorbitant, change qui, depuis la cessation de la guerre d'Italie, avoit rabaissé à Gênes et à Livourne jusqu'à 15 p. o/o, et qui du depuis, par l'appréhension de ces billets, a été porté à 28 ou à 30, et qui deviendra jusqu'à l'excès au cas de ladite déclaration.

«Quoique tout ce qui vient d'être représenté soit très important pour y être fait attention, néanmoins ce n'est pas ce qui en demande le plus. La nécessité de tirer des blés des pays étrangers et l'entretien des diverses manufactures du royaume demande d'y en être fait une plus grande. On va établir succinctement ces divers faits, pour en faire connoitre l'importance.

«*Pour les blés.* — La Provence est un pays stérile et pierreux, et duquel on ne sauroit tirer des blés à suffisance pour la subsistance des habitants pendant le cours de l'année, à moins d'une récolte fort abondante, qu'on n'a pourtant pas vue depuis plus de vingt ans. Il y a donc une nécessité indispensable d'en tirer des pays étrangers, c'est-à-dire des îles de l'Archipel, de Barbarie et de Sardaigne. Ce froment ne s'achète qu'avec du comptant, en quel endroit que ce soit. On pourroit bien, dans un premier voyage et dans le malheur du temps et la rareté des espèces, trouver des piastres pour en faire les achats; mais, pour en faire un second, la chose paroît très difficile, pour ne pas dire impossible, car, les chargements ne se vendant qu'en gros, et nullement en détail, qui n'est fait que pour les acheteurs, lesquels, sur le pied de la déclaration, ne payant que les deux tiers comptant et l'autre tiers en billets de monnoie, il est évident qu'on ne sauroit entreprendre un second voyage avec un seul tiers du produit du premier chargement, car l'autre tiers du comptant sert pour le payement du fret du bâtiment et à payer les dépenses ordinaires, pour lesquelles, ni pour un nouveau voyage, les billets de monnoie ne peuvent point être employés.

«Et pour donner un entier éclaircissement de la nécessité de tirer des blés des pays étrangers pour pourvoir aux besoins de la province, on est en état de justifier qu'il y en est porté par année commune pour plus de cent cinquante mille charges : ce qui fait voir combien ce secours est indispensable.

«*Pour les manufactures.* — Quant aux manufactures du royaume, et en particulier celles de Marseille, il est du tout impossible qu'elles puissent se soutenir. La principale partie de leurs aliments se tirent des pays étrangers, et la vente de ce qui s'y manufacture se fait presque dans les mêmes pays. Les achats des aliments se font au comptant, et non en billets de monnoie. Le nombre infini des ouvriers qu'elles occupent se paye du jour à la journée. Comment donc pourroient-elles se soutenir, si, en la vente des marchandises qu'ils y manufacturent, ils n'en retiroient que les deux tiers comptant, et l'autre en billets de monnoie? Mais, pour donner une plus juste idée de ces manufactures et de leur importance, on croit être obligé d'en donner un détail et faire voir, par les besoins de ce qui est nécessaire pour les occuper, par le nombre infini des ouvriers qu'elles occupent, et par les dépenses journalières, celles du transport des aliments et des marchandises, qu'elles ne pourroient en aucune manière se soutenir, si, en payement de ces mêmes marchandises, les entrepreneurs de ces manufactures étoient obligés d'en recevoir le tiers en des billets de monnoie.

«*Des draps.* — Les manufactures ou fabricants de la province de Languedoc ont donné un mémoire en leur particulier, qu'on joint à celui-ci, et auquel on se rapporte à cet égard; mais ils l'ont restreint aux seules manufactures des draps fins propres pour le Levant, pour lesquels ils n'ont fait mention que des laines d'Espagne, sans parler des ingrédients qui entrent dans la teinture de ces draps, et principalement de la cochenille, qui se tirent des Indes occidentales par Cadix. Ainsi, on ne doit pas oublier les autres manufactures de la même province et celles de Provence, qui sont occupées pour les cordelats, cadis, serges impériales, pinchinats et draps moins fins qui se débitent dans les pays étrangers. Les laines propres pour la composition de ces étoffes ne sont ni du cru de Languedoc ni de celui de Provence; on les tire des échelles du Levant et de Barbarie. Les ingrédients pour la teinture ne se tirent que des pays étrangers. Comment est-ce que les négociants de Marseille qui en font les achats sur les lieux pourroient être en état d'en continuer le commerce, si le tiers de leurs marchandises leur étoit payé en billets de monnoie? De même, comment ces fabricants pourroient [-ils] subvenir à payer les voitures et droits et les ouvriers qu'ils emploient, qu'on soutient être au nombre d'environ quatre cent cinquante mille dans ces deux provinces, si ces mêmes fabricants étoient aussi payés du tiers du montant de leurs marchandises en billets de monnoie? Cette impossibilité en l'un et en l'autre cas paroit trop évidente pour en dire davantage.

«*Des savons.* — Il y a en Provence plus de cinquante manufactures de savon blanc et marbré. Il faut, pour les premiers, des cendres du Levant, et pour les autres, des barilles ou bourdes d'Espagne. Ce sont là partie des aliments qui entrent dans la composition de ces savons; mais la partie la plus importante est celle de l'huile, et, comme la Provence n'en produit pas suffisamment pour l'occupation de ces manufactures, il faut nécessairement en tirer d'Italie, de Candie et de Barbarie, et où les achats s'y font en détail. Ainsi, il faut d'argent comptant, car, en ces derniers endroits, le commerce s'y trouve si resserré, qu'il seroit impossible de prétendre de faire, du produit des marchandises qu'on y porteroit, un chargement d'huile dans un an. On a déjà dit à l'égard des blés, et on le dit en cet endroit, qu'on pourroit faire un premier voyage avec du comptant, mais qu'il seroit impossible d'en faire un second, par les raisons qu'on y a déduites. A l'égard des huiles de ce premier endroit, c'est-à-dire d'Italie, ce sont les capitaines et patrons des bâtiments italiens qui en font le transport à Marseille, pour les y vendre; mais à l'avenir ce ne sera plus un commerce à faire par eux, par l'appréhension d'être payés en billets de monnoie, et on se trouvera obligé de les aller prendre chez eux et de sortir du royaume le prix desdites huiles, que les Italiens employoient en marchandises à Marseille. D'ailleurs, quelle quantité d'ouvriers et de pauvres gens ne sont-ils pas employés dans ces manufactures!

«*Des tanneries.* — La ville de Marseille pourvoit toutes les manufactures de tanneries de ladite ville et celles des autres de la province, qui sont très nombreuses en chacune de ces villes, et particulièrement à Marseille, des cuirs de Levant et de Barbarie. Pour l'occupation de ces tanneries ou manufactures de cuirs, le nombre des ouvriers qui y sont employés est considérable. Il y a une nécessité indispensable de vendre les cuirs en poils à ces manufacturiers en argent comptant, pour pouvoir engager les négociants d'en continuer le commerce. Les entrepreneurs de ces manufactures ne font la vente, dans les villes de leurs établissements, que d'une petite partie des cuirs qu'ils ont apprêtés, et la plus grande passe dans les diverses foires de la province, et dans celles de Languedoc, particulièrement à Beaucaire, à l'occasion de quoi le transport occupe beaucoup de gens, et les frais en sont considérables. Les mêmes raisons qui ont été employées pour les négociants qui tirent ces cuirs de Levant et de Barbarie sont communes aux entrepreneurs des tanneries, et encore plus favorables pour ceux-ci, qui ne sauroient les occuper, s'ils n'ont continuellement des fonds et du comptant pour l'achat des aliments nécessaires pour les ingrédients qui entrent dans ces manufactures, et les journées des ouvriers.

«*Des chapeaux.* — Les manufactures des chapeaux à Marseille sont d'une plus forte considération que celles des tanneries ne le sont dans toute la province. Elles emploient plus de six mille ouvriers ou ouvrières, soit pour le triage des laines, ou poil de chevron, ou poil de lièvre et de lapin, soit pour les ouvriers qui les mettent en œuvre. Tous ces divers ouvriers se payent journellement ou par semaine, et on ne peut compter que la vente en détail de ces chapeaux puisse suffire pour payer ces dépenses journalières, car la vente de la plus grande partie de ces chapeaux passe dans le reste de la province, et la plus considérable dans les pays étrangers. Ce ne seroit jamais un moyen d'engager les négociants de Marseille de tirer du Levant les laines de chevron propres à ces manufactures, ni aux entrepreneurs de les soutenir, si, dans leurs ventes respectives, il y entroit des billets de monnoie, et encore moins à ces derniers, qui n'ont pas des fonds suffisants pour l'entretien de leurs ouvriers et ouvrières, et qui sont presque continuellement obligés de faire de la terre le fossé.

«*Des bonnets et des auffes.* — Les manufactures des bonnets de laine et celles des auffes ou joncs d'Espagne établies à Marseille sont celles qui entretiennent et donnent de quoi subsister à toutes les pauvres gens de la ville et du terroir, soit hommes, femmes ou enfants. On peut, sans exagération, compter que le nombre est de plus de vingt mille qui, sans l'occupation que leur donnent ces deux manufactures, seroient réduits à la mendicité. Pour la composition des bonnets, il faut des laines du Levant; et, pour les ouvrages de ces auffes, il faut avoir recours à la côte du royaume de Valence, où croissent ces joncs. La dépense de ces ouvriers ou ouvrières va autour de 15,000# par jour, sans y comprendre celle des paroirs ou foulons des bonnets ou des joncs. On ne répète pas ici la nécessité du comptant; elle est conforme à ce qu'on a établi à l'égard des autres manufactures, et on peut soutenir l'être encore plus grande à l'égard de ces deux manufactures, par rapport à la qualité des ouvriers qu'elles emploient.

«*Des coraux.* — La pêche du corail le long de la côte de Provence, c'est-à-dire depuis Marseille jusqu'à Antibes, entretient et fait subsister une quantité de matelots invalides. Ce corail se manufacture à Marseille et y entretient un nombre d'ouvriers. Il ne s'en consomme pas un grain dans le royaume, et tout passe ensuite aux Indes et en Levant, pour la Perse et royaumes circonvoisins. Il ne seroit pas possible aux entrepreneurs de ces manufactures de pouvoir les soutenir et de supporter une si grosse dépense qu'il leur faut faire pour mettre les coraux en œuvre, s'il falloit se conformer à ce qui est porté par la déclaration de S. M. Cette marchandise est devenue propre et considérable pour le commerce de Levant, et il seroit à appréhender qu'un inconvénient tel que celui des billets de monnoie, qui détruiroit ces manufactures, n'augmentât celles des Italiens, et qu'on y allât pour s'en pourvoir pour le même commerce.

«Outre toutes ces diverses manufactures, il y en a encore d'autres qui ne sont pas moins considérables, et qui entretiennent un nombre d'ouvriers. Elles font des grenailles ou dragées et balles de plomb, cotonines pour les voiles des bâtiments de mer, bas de coton, qui occupent la plus grande partie des forçats des galères de S. M.; celles des papiers et autres, qui ne sont guère moins considérables et n'ont pas moins de besoin du comptant pour se soutenir, que les autres dont on a déjà parlé.

«S'il est un bien, comme on n'en peut douter, qu'il y ait beaucoup de manufactures dans une ville et dans un royaume, puisque c'est par ces manufactures que le commerce s'y introduit et s'y rend florissant, on peut donc soutenir avec fondement qu'il est de l'intérêt de l'État de les faire subsister, puisqu'en même temps on entretient le commerce en dehors du royaume, nécessaire pour en tirer les aliments indispensables de ces manufactures et pour les autres besoins du royaume.

«On ne sauroit entretenir ces mêmes manufactures, si, en la vente des marchandises qui en proviennent, les entrepreneurs étoient payés en billets de monnoie pour le tiers de leur valeur, puisque, dans moins d'un an, ils n'auroient autre fonds qu'en billets. Ainsi, comment entretenir tout ce grand nombre d'ouvriers et pouvoir être en état de pourvoir aux autres dépenses journalières et indispensables qu'elles entraînent?

«Les mêmes raisons servent et sont à propos employées pour le commerce en dehors du royaume. Les négociants n'ont pas moins besoin du comptant que les entrepreneurs des manufactures, pour soutenir leur commerce et se mettre en état de le continuer. Il leur faut payer des nolis ou frets et contribuer au payement des droits et impositions des bâtiments; les capitaines et patrons qu'ils ont employés ne peuvent du tout point être payés en billets de monnoie, car le fret sert à payer les salaires des équipages, les provisions et autres dépenses nécessaires.

«Si l'inconvénient de ces payements en billets de monnoie est la pierre d'achoppement et la destruction entière des manufactures, comment ne le sera-t-il pas pour tout le commerce en dedans et en dehors du royaume? en dedans, parce qu'il y manquera de toutes les choses qui lui sont précisément nécessaires pour ses besoins, comme sont les soies, fils de chanvre, laines, drogueries et autres marchandises qu'on tire du Levant par Marseille, qui est le siège de ce commerce, et qu'elle introduit dans le royaume; et en dehors, parce qu'on n'y sauroit introduire des billets de monnoie.

«D'ailleurs, si ces manufactures manquent, comme elles manqueroient infailliblement si ces billets avoient lieu dans le royaume; comme les négociants pourroient-ils faire leur commerce? Il n'y a que deux seuls moyens à pouvoir le faire : le premier, avec des marchandises de ces manufactures; c'est un moyen sur lequel on ne doit pas compter : l'anéantissement en paroît évident. L'autre, ce seroit avec des réaux d'Espagne; auquel cas paroîtroit-il convenable d'employer des fonds réels pour en faire les achats, et de voir diminuer d'un tiers les marchandises du retour par les payements en billets de monnoie? Et quoi faire de ces marchandises nécessaires pour toutes ces manufactures et les autres du royaume, si elles ne pouvoient se soutenir?

«De tout cela, on peut conclure avec fondement qu'au cas de ladite déclaration il ne faudroit plus parler de manufactures ni de commerce en dedans et au dehors du royaume. Tout passeroit chez les États voisins, de même que les ouvriers, qui y porteroient leur industrie, tandis que ceux qui ne seroient pas en état d'y passer, et tant de pauvres familles que ces manufactures entretiennent, mourroient de faim. Auquel cas, que deviendroient les fermes du Roi? Le commerce et le transport des marchandises qui entrent et sortent du royaume, et celles en particulier des manufactures, leur produit des sommes immenses; et, ce commerce et ce transport cessant, il est vrai de dire que le produit de ces fermes cessera aussi.

«C'est donc avec fondement qu'on a soutenu au commencement de ce mémoire que c'est une nécessité de concilier le bien de l'État avec celui du commerce, et que l'un est inséparable de l'autre. Or, comment peut-on se persuader qu'une pareille introduction dans les payements puisse concourir avec le commerce, puisqu'on a fait voir par tout le tissu de ce mémoire que ce qu'on a cru être un bien pour l'État est la destruction entière du commerce et un véritable mal pour l'État, encore plus grand en ce que, par la cessation du commerce, les matelots sortiront du royaume et ne seront plus en état de servir aux armées navales de S. M.

«Toutes ces raisons font espérer aux négociants de Marseille, qui s'intéressent encore pour les autres du royaume, que S. M. agréera leur très humbles remontrances, et qu'en conséquence elle voudra bien leur faire la grâce de ne pas faire exécuter dans les villes et lieux du royaume la déclaration dudit jour 12 avril 1707*.»

* Voir des lettres semblables écrites par M. de la Houssaye, intendant en Alsace, le 1er mai; par les maire et échevins d'Amiens, le 30 avril, et par M. Bignon, intendant, le 3 mai; par les députés des États d'Artois, les 10 et 14 mai; par les marchands et fabricants de Reims, le 8 mai; par les marchands de Troyes, le 13; par les négociants de la Rochelle, le 5; par le maître échevin et les échevins de Metz, le 3; par M. le Gendre, intendant à Montauban, le 4; par M. Dalon, premier président du Parlement de Guyenne, et par la Chambre de commerce, le 7; par M. de la Bourdonnaye, intendant à Bordeaux, et par les négociants de cette ville, les 8 et 21 mai, etc.

1238. *M. Bignon, intendant à Amiens,*
au Contrôleur général.

2 Mai 1707.

«..... Il me paroît que dans le cas d'un adjudicataire général des coupes ordinaires des bois du Roi et d'un sous-adjudicataire d'une partie des coupes des mêmes bois par rétrocession de l'adjudicataire général, que les contraintes par corps doivent avoir lieu quand elles sont stipulées entre les parties et autorisées par les mêmes juges; il n'y a pas lieu d'y admettre aucune différence, parce que ces stipulations sont de convention et ne renferment rien contre l'équité. Il est au contraire naturel à un adjudicataire d'assurer sa décharge par les mêmes voies qu'il s'y est obligé. D'ailleurs, la contrainte par corps entre marchands, pour fait de marchandise, est de l'usage ordinaire et se pratique tous les jours; il est même de l'intérêt du Roi de permettre ces sortes de stipulations pour faciliter aux adjudicataires généraux le payement des sommes qu'ils doivent, parce que, sans cette liberté, leur condition seroit trop dure, et cette restriction les éloigneroit d'enchérir les ventes, qui souffriroient dans la suite des diminutions. Ainsi, je crois qu'il y a fondement légitime de les autoriser, en limitant néanmoins les contraintes par corps, à l'égard des sous-adjudicataires, à six mois du jour du dernier payement porté par les adjudications expiré, afin d'obliger les premiers adjudicataires de faire leurs diligences contre les arrière-fermiers, et pour ne point laisser languir le recouvrement. A l'égard de la saisie des bestiaux, je n'estime pas qu'il y ait de différence à faire entre ceux qui servent à la culture des terres, d'avec ceux qui servent à l'exploitation des bois, parce que les mêmes bestiaux des *ventiers* (c'est le terme) sont ordinairement employés à l'un et à l'autre usage. Ainsi, les mêmes raisons me paroissent décisives pour autoriser les contraintes tant sur les premiers adjudicataires que sur les derniers, si elles ont été stipulées et admises dans leurs adjudications*.»

* L'analyse d'une requête du procureur du Roi en la maîtrise particulière de Tournehem accompagne cette lettre; au dos est écrit de la main de M. Desmaretz : «Bon. La contrainte par corps pour l'avenir, quand elle sera stipulée, et pour le passé, si elle a été consentie. La vente des bestiaux servant au labour; bon.»

1239. *M. d'Usson de Bonrepaus,*
chevalier d'honneur au Parlement de Toulouse,
à M. Desmaretz.

(De Toulouse) 4 Mai 1707.

«Vous verrez, par [la] lettre que je me donnai l'honneur d'écrire à M. de Chamillart et que je vous envoie à cachet volant, afin que vous puissiez voir ce qu'elle contient avant que de la lui lire, que j'ai besoin d'une lettre de recommandation de lui pour M. Morant, pour abréger quelques difficultés qui se sont trouvées ici à ma réception au Parlement. Je suis fondé en arrêt du Conseil du 19 août 1702. Je marque à M. de Chamillart que je lui en envoie la copie; mais, comme elle est entre les mains de M. le procureur général, qui est au Palais, et que je ne sais si je pourrai la retirer avant le départ du courrier, j'ai voulu vous en marquer la date, parce que cet arrêt se trouvera sans doute dans vos bureaux. Il règle tous les droits qui doivent être payés par les chevaliers d'honneur pour l'expédition de leurs provisions. J'espère que M. de Chamillart ne me refusera pas la lettre que je lui demande, et que ce sera vous sans doute qui la ferez; je vous supplie de faire en sorte qu'elle soit la plus favorable pour moi qu'il sera possible, c'est-à-dire que M. de Chamillart y marque qu'il me fait l'honneur de prendre quelque part à ce qui me regarde; et surtout n'oubliez pas, s'il vous plaît, de marquer : «sans que la facilité que le Parlement apportera à ma réception, touchant les 500 écus qu'ils demandent «pour le droit de festin, puisse tirer à conséquence pour les autres,» car je vous dirai, entre nous, que c'est là le dénouement de cette affaire. Ces Messieurs voient bien qu'ils ne peuvent pas exiger cette somme de moi, et que l'arrêt du Conseil porte même que c'est pour cette fois seulement et sans tirer à conséquence; cependant ils se croient plus en sûreté lorsqu'ils auront vu ces termes : «sans tirer à conséquence,» dans une lettre de M. de Chamillart : ce qui ne marque autre chose sinon qu'ils se fient plus à sa parole qu'à un arrêt du Conseil. Cela ne peut que faire honneur à un ministre duquel tout le monde a cette opinion. Je vous supplie aussi de ne point oublier la circonstance que je sois reçu comme les lieutenants de Roi, parce que cela emporte la question des trois tours d'enquête et finit tout embarras. Je vous supplie de m'adresser à cachet volant la lettre que M. de Chamillart écrira à M. Morant, ou de m'en envoyer une copie; mais je crois qu'il est plus naturel que je rende moi-même cette lettre. Ayez la bonté de me l'adresser à Toulouse; j'y serai de retour dans le temps qu'elle pourra y arriver; et pardonnez-moi toutes les libertés que je prends. Personne ne vous estime plus parfaitement que je fais.»

1240. *M. d'Orsay, prévôt des marchands de Paris,*
au Contrôleur général.

5 Mai 1707.

Il envoie son avis sur les défenses d'établir aucun chantier, lieu de vente ou entrepôt de bois à moins d'une lieue et demie des limites de la banlieue de Paris.

1241. *Les Bailli, Bourgmestre et Échevins de Dunkerque*
au Contrôleur général.

6 Mai 1707.

Ils envoient un mémoire au Roi sur le cours des billets de monnaie.

«Les Magistrats et les marchands négociants, les armateurs et autres habitants de la ville de Dunkerque, sur l'exécution de la déclaration de Votre Majesté du 12 avril 1707, portant que les billets de monnoie auront cours dans l'étendue du royaume à commencer du 20 mai suivant, quoique persuadés que son intention n'est pas qu'elle ait lieu à Dunkerque, comme étant une ville frontière qui a toujours été regardée comme la sortie et l'entrée du royaume, et, à ce sujet, traitée différemment de toutes les autres villes, tant pour la levée et l'établissement des droits que pour l'observation des édits, ordonnances et arrêts concernant les monnoies, la justice et la police, de même qu'au regard de tous les établissements nouveaux et affaires extraordinaires, nommément depuis la présente guerre, se trouvent obligés, par le zèle qu'ils recherchent à pouvoir faire connoître dans toutes sortes d'occasions pour le bien du service de Votre Majesté et de l'État, de faire, avec toute la soumission possible, les présentes leurs très respectueuses remontrances, tant sur la nouveauté que la susdite déclaration introduiroit dans la ville et dépendance de Dunkerque, si elle dût y avoir lieu, comme toute contraire et opposée aux arrêts et déclarations de Votre Majesté des 14 mai 1701 et 1er juillet 1704 au sujet de l'aide extraordinaire réglée par Votre Majesté pour abonnement de toutes affaires nouvelles pour tout le département de Dunkerque durant le cours de la présente guerre, dans la finance de laquelle ladite ville contribue au triple de toutes les autres, que sur les inconvénients qu'il en résulteroit par rapport à l'impossibilité qu'il y auroit à pouvoir continuer le payement, non seulement de la susdite aide extraordinaire, mais encore de l'aide ordinaire, non plus que des rentes, tant anciennes que nouvelles, créées pour l'indemnité des terres incorporées dans les fortifications des villes, pour les quatre patars par bonnier de toutes les terres, pour l'entretien des mêmes fortifications, les confections et réparations des chaussées pavées, la plus-value des fourrages, pour la subsistance de la cavalerie, le logement de toutes les troupes, tant de terre que de mer et des galères, les logements et reconnoissances aux états-majors dans les villes, les gages des officiers et archers de la maréchaussée et maîtres des postes, les droits des domaines, tant anciens, comme espiers et autres, que nouveaux impôts dans le plat pays, sur vins, eaux-de-vie et bières, moulages des grains, pâturages et tuages des bestiaux, et de plusieurs autres droits qui se lèvent au profit de Votre Majesté, et qui, sans y comprendre les fermes des traites foraines et les dettes particulières des villes et paroisses de la campagne, fournissent annuellement à Votre Majesté un secours de finance par ledit département de Dunkerque, quoique d'une si petite étendue, de plus de 3,500,000 #, que par rapport à l'interruption de la course sur les ennemis de l'État, la destruction de la pêche, qui, nonobstant la guerre, ne laisse pas que de se rétablir à Dunkerque et y est d'un très grand secours à la ville au défaut de commerce avec les États ennemis, la ruine totale du peu de commerce qu'il y reste d'avec les autres États neutres, comme avec ceux du Nord, quoique très importants pour le bien de l'État, et d'une nécessité urgente à devoir être conservé, à cause des bois que l'on en tire pour la construction des vaisseaux, les mâts, mâtereaux, chanvres, goudrons, brais, cordages, câbles, suifs, fers et autres marchandises que l'on ne peut se dispenser d'en tirer, la sortie même des espèces, et par conséquent la ruine encore du petit commerce particulier de tout le pays, à la désolation non seulement de toute la ville de Dunkerque, mais encore de toutes les autres villes et paroisses du département, et d'une suite absolue au grandissime préjudice du service de Votre Majesté et du bien de l'État.

«Que Dunkerque est une ville frontière et qu'elle a toujours été regardée comme la sortie du royaume, c'est une chose de fait, et l'établissement du bureau pour la levée des droits d'entrée et sortie le prouve suffisamment, aussi bien qu'une infinité des arrêts et déclarations rendues à ce sujet, de même que d'autres regardant tout le royaume en général, qui ont toujours excepté la ville de Dunkerque, et, dans plusieurs rencontres, disposé pour elle tout différemment des autres villes.

«Les deux déclarations des 14 mai 1701 et 1er juillet 1704, par lesquelles Votre Majesté a eu la bonté de déclarer que, moyennant la finance annuelle de 700,000 # à fournir par forme d'aide et subsides extraordinaires, par les habitants tant des villes que du plat pays du département de Dunkerque, et pour le payement de laquelle ils se font tous les jours des derniers efforts et sont contraints de s'exécuter eux-mêmes, ils demeureroient exempts et déchargés de toutes demandes, impositions et affaires extraordinaires concernant les finances faites et à faire pendant la présente guerre, lesquelles seroient réputées rachetées et éteintes, soit qu'elles regardassent le département en général, les communautés ou les particuliers, sont deux titres confirmatifs l'un de l'autre, qui autorisent les Magistrats, les négociants, les armateurs et les autres habitants de Dunkerque à se persuader, comme ils font, que l'intention de Votre Majesté ne sauroit être que sa déclaration du 12 avril 1707 dût y avoir lieu, puisque, cette dernière déclaration contenant expressément que le commerce des billets de monnoie a été introduit au lieu d'affaires extraordinaires qui auroient pu être pratiquées dans le royaume pour fournir aux frais de la guerre, elle établit évidemment la nouveauté du fait et la contravention qu'il y auroit aux susdites deux déclarations précédentes concernant l'abonnement, aussi bien que les différents inconvénients qui en résulteroient.

«Le premier se termine sur l'impossibilité qu'il y auroit à l'avenir, dans tout le département en général, si le cours des billets de monnoie y avoit lieu, à pouvoir continuer de faire les payements des sommes si considérables que celles auxquelles l'on a ci-dessus articulé monter annuellement toutes les levées et impositions qui y sont établies; et le pays se trouveroit encore moins en état de pouvoir subvenir aux fournitures des fourrages, pionniers, chariots, chevaux, bestiaux et autres frais des campements des troupes, qui, dans le seul département de Dunkerque, ont coûté pendant la dernière campagne plus de 1,200,000 #, auxquelles le pays n'a subvenu que par des emprunts et des levées de deniers sur son crédit, qu'il ne trouveroit plus, parce que l'introduction des billets de monnoie en banniroit entièrement le commerce des espèces d'or et d'argent, que les uns retiendroient plutôt oisives et renfermées dans leurs caisses, et les autres les feroient sortir du royaume, pour tâcher à les faire profiter dans d'autres pays étrangers, pour prévenir de s'en voir en moins de six mois entièrement privés et dépourvus, puisque, par le seul renouvellement de trois fois leur capital, aux termes de la déclaration, il ne se trouveroit plus composé que de billets de monnoie, attendu qu'à chaque fois l'on auroit été obligé d'en recevoir le tiers en de pareils billets.

«Et cela est si vrai que, contre l'attente dont on s'étoit flatté de voir rentrer dans le royaume les espèces d'or et d'argent par la circonstance du cours du change, qui, depuis peu, en a fait rentrer considérablement, à cause du gain que les étrangers y ont trouvé en ce que l'on reçoit de part et d'autre sur la frontière le total en argent, l'on commence déjà à s'apercevoir d'un changement depuis que le public est informé de la susdite déclaration du 12 avril, laquelle a déjà causé une augmentation du change sur la Hollande et les Pays-Bas espagnols de plus de 2 p. o/o; et il est très assuré que, malgré toutes les précautions que l'on pourra prendre et les défenses rigoureuses que l'on pourra faire à ce sujet, toutes les espèces d'or et d'argent continueront derechef à être transportées plus que jamais hors du royaume, si les billets de monnoie sont introduits dans ce pays et autres villes frontières, desquelles il n'est d'ailleurs pas possible que les marchands et banquiers de Paris puissent tirer aucun avantage, quoiqu'il paroît expressément que ladite déclaration ne vient d'être faite qu'en cette vue et en leur faveur, puisqu'elle porte pour motifs et en termes exprès : «que la «quantité de billets de monnoie qui se trouvent répandus et ren-«fermés dans Paris apporte un grand trouble au commerce, «parceque les négociants et banquiers de Paris, qui ont beaucoup «de billets de monnoie dans leurs caisses, ne peuvent néanmoins «payer qu'en deniers soit le prix des lettres de change qu'il faut «faire acquitter dans les provinces, soit les ouvriers des manu-«factures qui y sont établies et les marchandises qu'il y faut «acheter, parce que les billets de monnoie n'y ont pas cours, «sont obligés d'emprunter de l'argent comptant à perte considé-«rable pour l'acquit de leurs correspondances, sans en pouvoir «être dédommagés par le débit de leurs marchandises, dont le «prix n'a plus de proportion avec ce qui leur en coûte, etc.»

«Or, il est de fait que tous les susdits motifs n'ont aucun rapport à la ville de Dunkerque et dépendance d'icelles, puisqu'il n'y a aucune manufacture établie, et ainsi les marchands de Paris ne peuvent y avoir aucun ouvrier à payer; et, bien loin d'y acheter des marchandises, tout au contraire ils y envoient les leurs, dont le prix leur est remis en lettres payables en espèces : ce qui est de fait, et d'où s'ensuit par conséquent qu'au lieu que cette déclaration leur puisse être avantageuse, si elle est exécutée en ce pays, elle leur sera au contraire très préjudiciable, puisque le prix de toutes leurs marchandises qu'ils y enverront ne leur sera plus payé que partie en argent et partie en billets de monnoie, au lieu qu'ils le reçoivent à présent en entier en espèces, qui deviendront encore plus rares qu'elles ne le sont à présent : à quoi l'on espère que Votre Majesté préviendra, puisqu'il y va du bien général de l'État, qui doit prévaloir au prétendu avantage particulier des marchands et banquiers de Paris.

«Un autre inconvénient, et qui regarde Dunkerque en particulier, est que cette ville est dépourvue, comme l'on vient de dire, de toutes sortes de manufactures, et ne subsiste en temps de guerre que par la course et les gros armements qui s'y font sur les ennemis; et il est constant que l'on ne sauroit fournir aux frais de ces armements avec des billets de monnoie, parce que les dépenses s'en font dans un grand détail et par des menus payements. Il faut, avant l'embarquement, distribuer aux équipages l'argent sur la main, à chacun suivant son prix convenu : ce qui ne peut se distribuer en billets de monnoie. Les vivres s'achètent encore par détail, et en partie sur les marchés publics, où il ne sera pas encore possible de se servir des billets de monnoie. Les bois pour la construction des vaisseaux, les mâts, mâtereaux, chanvres, goudrons, brais, câbles, cordages, voiles, fer et autres agrès et apparaux doivent être tirés du Nord, où les billets de monnoie ne sont reçus, et ainsi à payer le tout en argent comptant. Cependant, au retour de la course, si elle a été avantageuse et que l'on ait amené des prises, lors de la vente, les adjudicataires des marchandises se trouveroient autorisés, en vertu de la susdite déclaration du 12 avril, à pouvoir en payer le tiers du prix en billets de monnoie; et nonobstant ce, l'armateur se trouvera tenu de son côté à payer encore en espèces et deniers comptants : premièrement, les frais et mises de justice, le dixième de S. A. S. Mgr l'Amiral, et quelquefois le sixième ou le cinquième au Roi, si la course s'est faite par une frégate empruntée de Votre Majesté; et puis encore distribuer le tiers à l'équipage : en sorte qu'il ne restera aux armateurs que des billets de monnoie. Et ainsi, dès le premier armement fini, tel avantageux qu'il puisse avoir été, ils se trouveront hors d'état d'en entreprendre un second, faute d'espèces; et souventes fois le premier aura même été fait avec des espèces empruntées et levées à crédit, qu'ils se trouveront dans l'impossibilité de pouvoir rendre, et ainsi réduits, non seulement à abandonner la course et les armements, mais encore en grand danger de devoir faire banqueroute.

«La pêche, qui faisoit autrefois la richesse de Dunkerque, mais toute détruite durant le siècle passé par l'industrie des Hollandois, chez qui elle est toute fleurissante et où elle fait encore aujourd'hui le principal soutien de leurs États, a commencé depuis quelques années à se rétablir à Dunkerque. Plusieurs des habitants qui ne se mêlent pas de la course s'y sont attachés, et l'on peut dire que, pendant trois mois de l'année, durant le temps de l'harengaison, elle y fait vivre un tiers et plus du menu peuple de la ville; mais toutes les dépenses et les frais se font encore par menu et détail, et demandent des deniers comptants. Ainsi, autre incompatibilité avec les billets de monnoie, qui vont entièrement ruiner le commencement de ce rétablissement, et donner derechef aux Hollandois l'avantage de faire seuls toute la pêche. Tout cela va tout d'un coup faire déserter et les pêcheurs et les autres gens accoutumés de vivre par la pêche et l'harengaison, de même que les matelots et gens des équipages, pour aller chercher du travail et de l'emploi et trouver de quoi vivre chez les Hollandois et autres ennemis et étrangers, qui, profitant de leur côté de l'occasion et de la nécessité qu'il y aura, tant à Dunkerque que dans tout le département, aussi bien que dans d'autres villes du royaume, à prendre d'eux les harengs et autres poissons dont on y aura besoin, s'attireront encore le peu d'espèces d'or et d'argent que chacun de ce pays pourra ramasser pour fournir à une partie de sa subsistance.

«Le peu de commerce qui se fait d'ailleurs à Dunkerque, tant avec les pays étrangers, neutres et amis, qu'avec les villes de France, comme Bordeaux, Nantes et autres, se trouvant dans le même prédicament de la course et de la pêche, se trouvera également détruit et ruiné par la nécessité d'avoir des deniers comptants pour payer le fret et gages des équipages, et par l'impossibilité d'en trouver, nommément le commerce du Nord, quoique d'un besoin tout à fait pressant, à cause des marchandises ci-devant articulées dont on ne peut se passer, et lesquelles l'on sera contraint, par nécessité, ou d'aller prendre à doubles frais, de la seconde main, chez les Hollandois mêmes, ou de les acheter à un prix exorbitant et proportionné à la perte excessive qu'il y aura sur le change des billets de monnoie en deniers comptants, que les Hollandois ou autres étrangers vendront à des usures les plus énormes, et ainsi s'enrichiront à la foule, et avec la dépouille de la ville de Dunkerque, qui devra succomber à sa ruine.

«Ladite ville n'a d'ailleurs d'autres revenus que celui des impôts sur les boissons, dont le produit deviendra à rien par la retraite et désertion de la plupart de ses habitants, dont plus de deux tiers sont gens de mer et journaliers, qui, faute d'emploi soit à la course, soit à la pêche, ou à d'autres navigations, seront contraints d'abandonner leurs femmes et enfants à la charge de la ville, pour aller chercher chez les étrangers de quoi vivre, et même la plupart s'y engager dans le service contre celui de l'État; et les Magistrats, surchargés d'un côté par l'entretien de tant de pauvres femmes et enfants abandonnés et veuves, se verront encore avec regret, d'un autre côté, dans l'impuissance de pouvoir continuer à fournir et satisfaire au besoin du service de Votre Majesté.

«Les plus aisés de la ville se trouveront aussi, à la fin, réduits dans l'impuissance de pouvoir satisfaire à leur capitation et aux taxes dont ils sont cotisés pour le besoin de l'État, puisque, d'un côté, leurs deniers comptants se trouveront convertis en billets de monnoie, et leurs maisons et terres, faute de consommation et par la désertion du menu peuple, vacantes et abandonnées; et par là les ennemis, de leur côté, parviendroient, sans peine ni risque de leur part, à la destruction et ruine de Dunkerque, qu'ils recherchent avec tant d'empressement; laquelle achèveroit en même temps celle de tout le plat pays, dont les habitants ne trouveroient plus la même facilité qu'ils ont à présent pour la vente et consommation de leurs denrées; et ainsi se trouveroient encore également hors d'état à pouvoir aussi continuer de fournir et satisfaire à tous les besoins du service.

«Ce seroient là véritablement les suites funestes et les malheureux effets que produiroient les billets de monnoie, s'ils étoient introduits dans ce pays, et qui prouvent incontestablement combien ils seroient préjudiciables à l'État et au service de Votre Majesté, là où, tout au contraire, en ne les y introduisant pas, l'on a tout lieu de s'assurer d'un prompt retour des espèces dans le royaume, par le gain que les étrangers trouveront à les y porter.

«Les corps des villes et communautés du département de Dunkerque continueront à trouver du crédit, tant pour l'acquittement des dettes qu'une indispensable nécessité les a obligés de contracter durant cette guerre pour subvenir aux mandements des pionniers, chariots, frais des camps, entretien des lignes, mandements d'avoine, foin, paille, bestiaux, et autres dépenses pour le besoin du service, que pour fournir à Votre Majesté le même secours qu'ils ont jusques ici fourni; et c'est uniquement par le désir et le zèle de se voir en état de pouvoir continuer à y satisfaire, que les Magistrats, les marchands négociants, les armateurs et autres habitants de la ville de Dunkerque prennent la liberté de faire ces présentes leurs très respectueuses remontrances sur l'exécution de la susdite déclaration, à ce qu'il plaise à Votre Majesté d'y avoir favorable égard, et, ce faisant, prévenir les malheurs et désordres que le commerce forcé des billets de monnoie produiroit dans la ville de Dunkerque et ses dépendances, en déclarant par Votre Majesté que son intention n'est pas que ladite déclaration du 12 avril dernier concernant lesdits billets y soit reçue ni exécutée*.»

* Voir, au 7 mai, un mémoire de la Chambre de commerce de Dunkerque.

1242. *M. le Blanc, intendant en Auvergne,*
au Contrôleur général.

6 et 11 Mai 1707.

La déclaration qui donne cours aux billets de monnaie dans les provinces pour un tiers des payements, cause la même émotion en Auvergne qu'à Lyon ou à Toulouse, surtout parmi les marchands de bestiaux, qui vendent en gros et achètent au détail, ou parmi les fabricants, qui ne peuvent payer leurs ouvriers en billets.

Quant au recouvrement des impositions, les receveurs généraux prétendent ne recevoir que les sommes telles que le contribuable les aura portées à la collecte; c'est-à-dire que les consuls ne pourront presque jamais faire de versements en billets, puisqu'il y a très peu de cotes de 600 ᵗᵗ, et que d'ailleurs il est rare que le contribuable s'acquitte en une seule fois.

«Si les consuls ne payoient que ce qu'ils reçoivent, il pourroit y avoir quelque équité dans cette interprétation; mais, dès qu'on les oblige d'emprunter pour faire des avances, personne sûrement ne leur prêtera de l'argent comptant : par conséquent, ne pouvant prendre des billets de monnoie, puisque les receveurs ne les admettroient pas, sûrement les recouvrements, qui alloient déjà fort mal, diminueront considérablement; et, comme toutes les voitures d'Auvergne se font en espèces, du moment que l'on tirera tout l'argent comptant qu'un particulier aura pu toucher au moyen de la débite de ses denrées, dans peu de temps il ne restera dans la province que des billets de monnoie, desquels le particulier ne pouvant se défaire, parce qu'il n'aura plus les deux tiers d'argent comptant pour les faire passer, tout commerce cessera..... Aux termes de l'édit, tout le monde espéroit que les payements aux recettes se feroient le tiers en billets de monnoie : ce qui faisoit que le particulier se flattoit de trouver une voie pour se défaire des espèces et des billets de monnoie sur le même pied qu'elles lui seroient données en payement. Si vous obligez les receveurs généraux à faire leurs payements entiers en espèces au Trésor royal, il n'y a rien à dire; si, au contraire, vous faites recevoir au Trésor royal un tiers de leurs payements en billets de monnoie, la loi doit être égale.....»

1243. *M. Pinon, intendant en Bourgogne,*
au Contrôleur général.

7 Mai 1707.

Le bourg de Salives, qui ne compte actuellement que trente-huit habitants, et dont les dettes exigibles s'élèvent à 13,000 ᵗᵗ environ, ne peut y suffire qu'en aliénant ses bois communaux. Ceux-ci sont situés en très mauvais terrain et ne deviennent bons pour le charbonnage qu'à trente ans. Six cents arpents, qui ont été exploités il y a huit ans, ne valent pas, en fonds et en superficie, plus de 9 ᵗᵗ l'arpent; deux cent soixante autres, qui sont bons à couper, peuvent valoir 20 ou 22 ᵗᵗ. Quant à recourir à une imposition, ce serait faire abandonner la paroisse, et un octroi ne produirait rien dans une localité dépeuplée et démantelée*.

* Le Conseil ayant rejeté cette proposition, l'intendant la renouvela avec insistance le 1er septembre suivant.

1244. *Le sieur* Mesnager, *député du commerce de Rouen*, *au* Contrôleur général.

8 Mai 1707.

Il demande une audience pour présenter les remontrances de l'assemblée générale tenue à Rouen au sujet des billets de monnaie*.

* A la suite de l'audience, les trois députés Mesnager, Anisson et Fénellon écrivirent la lettre suivante aux négociants de Rouen : «Messieurs, mes confrères et moi avons fait tous nos efforts pour seconder les vôtres afin d'obtenir de Mgr Chamillart la révocation que vous avez désirée de la déclaration du 12 avril. Nos remontrances ont été redoublées à plusieurs voyages à l'Étang, et nous nous flattons de lui avoir fait sentir l'extrémité où les négociants et les autres particuliers des provinces propriétaires des terres et des rentes seroient réduits. Il nous a écoutés avec ses bontés ordinaires; cependant, comme il est persuadé que la charge des billets est immense pour Paris et qu'il n'est pas possible d'arrêter l'usure excessive qui s'est pratiquée pour les remises de Paris dans toutes les villes de province, et pour les traites de ces mêmes provinces sur la capitale, qu'en introduisant ces mêmes billets dans tout le royaume, pour nous accommoder à son système nous avons pris la liberté de lui proposer quelques expédients capables de rétablir la confiance du public pour ces billets, en faisant constater leur nombre certain, en leur donnant une nouvelle forme, comme seroit celle de la signature du prévôt des marchands de Paris, contrôlée par un ou deux des plus notables bourgeois de cette ville élus par les six corps des marchands. Le ministre ne s'est point éloigné de cette vue, et il a bien voulu laisser entrevoir qu'il donneroit cette satisfaction au public : en sorte que, par le détail qu'il nous a confié, nous avons connu certainement qu'il a été fait en tout pour 173,000,000 ᵗᵗ de billets de monnoie, dont on a déjà assigné des fonds pour en aliéner en rentes sur la ville et sur le clergé pour 51,000,000 ᵗᵗ, sur les fermiers et receveurs généraux pour 50,000,000 ᵗᵗ, dont il y en a de remplis pour 42/52 (?), et que, lorsque tout le sera, il n'en restera plus que pour 72,000,000 ᵗᵗ; lesquels on pourroit convertir en billets de la forme nouvelle ci-dessus proposée, sans que le nombre en pût jamais être augmenté. Mgr Chamillart nous a assuré qu'il affecteroit pour le payement de ces 72,000,000 ᵗᵗ la continuation des mêmes fonds qu'il a destinés pour acquitter les billets de MM. les fermiers et receveurs généraux, et il nous a fait encore espérer qu'il y ajouteroit un intérêt raisonnable; mais il n'a point regardé cela comme un secours présent, tel que pourroit être l'exécution de la déclaration, dont il est persuadé du succès, d'autant plus qu'elle est fondée, dit-il, sur une justice entre les sujets d'un même roi, qui doivent porter également les frais de la présente guerre; qu'il avoit représenté nos vives instances à S. M., qui avoit bien voulu nous accorder la grâce de suspendre pour quelque temps l'exécution de la dernière déclaration, afin de donner aux provinces le temps de faire quelque arrangement convenable, mais que, si elles en désiroient la révocation absolue, il falloit qu'elles se missent en état de soulager la ville de Paris du poids immense des billets de monnoie, dont elle est toute seule surchargée. Nous ne doutons pas que, pour éviter les grands préjudices que vous causeroit cette introduction, et qui sont si vivement peints dans toutes vos remontrances, vous ne trouvassiez vous-mêmes quelques expédients propres à détourner cet orage; cependant nous avons entrevu que celui de tous, et le plus capable d'arriver à la fin que vous vous proposez, seroit que chaque province se chargeât d'une certaine portion de ces nouveaux billets de monnoie, du nombre des 72,000,000 ᵗᵗ en question, pour en donner la valeur au ministre, en prenant quelques termes pour les payements, à condition que cette même portion de billets seroit déposée entre vos mains, en vous en payant l'intérêt jusqu'au remboursement; et nous croyons qu'on pourroit pousser cet intérêt jusqu'à 7 1/2 p. 0/0, avec un fonds particulièrement affecté pour les acquitter d'année en année; et ce, pour encourager les prêteurs à vous fournir les sommes nécessaires pour la portion de ces billets dont vous croirez vous pouvoir charger. Il nous paroît que vous imposerez par là silence aux Parisiens sur leurs vives plaintes, et que vous vous délivrerez des maux infinis que vous prévoyez. Comme cette proposition intéresse non seulement Messieurs vos négociants, mais encore tous les ordres de notre ville et de notre province, j'en fais part à MM. les prévôt des marchands et échevins, afin qu'eux et les autres corps puissent concourir avec vous à détourner l'effet de la déclaration du 12 avril, l'exécution de laquelle nous ne croyons pas de pouvoir empêcher que par le moyen que je vous propose.»

Le 11 mai, M. Anisson adressa la lettre qui précède, en projet, au contrôleur général, qui répondit : «Je vous renvoie le projet de lettre que je viens de recevoir, avec les apostilles que j'y ai mis. Vous pouvez le communiquer à vos confrères députés des provinces, et, si vous le jugez à propos, à M. Daguesseau en particulier; mais évitez de le rendre public, afin que les négociants qui le recevront n'aient pas lieu de croire que c'est moi qui vous fais agir. La ville de Lyon seule peut fournir 1,500,000 ᵗᵗ, si vous conduisez bien votre négociation, dont elle payeroit 600,000 ᵗᵗ moitié à la fin de ce mois, et l'autre dans le courant du mois de juin; les 900,000 ᵗᵗ restants de mois en mois, dans ceux de juillet, août, septembre et octobre.»

M. Anisson répondit «qu'il exécuteroit ponctuellement ses ordres pour faire réussir cette négociation, mais qu'il jugeoit à propos que Monseigneur en écrivît en même temps à MM. les intendants, parce que les députés, étant chargés des procurations des Chambres de commerce et payés par elles, n'avoient proprement de crédit dans leurs provinces que celui qu'ils s'acquéroient par les ordres qu'ils avoient quelquefois occasion de leur donner de la part du ministre.»

«On peut demander, ajoutait-il, un secours extraordinaire à toutes les communautés des provinces à l'occasion de la révocation des billets de monnoie, et, par cette raison, toutes les villes, tant celles de commerce que les autres, peuvent y être invitées, parce que les revenus des terres et des maisons dans les villes auroient été payés partie en billets : ce qui auroit causé plus de trouble dans les villes qui sont sans commerce, que dans celles qui en ont effectivement.»

1245. *M. de* Bernage, *intendant en Franche-Comté*, *au* Contrôleur général.

8 Mai 1707.

Rapport sur une demande d'indemnité présentée par le fermier des domaines et salines de Franche-Comté.

«Quelques réflexions particulières me font croire que, par

équité, il est juste de ne pas éconduire absolument du Saussoy dans cette conjoncture, et d'entrer pour quelque chose dans la perte qu'il a faite sur cette ferme particulière; car, quoique je ne sois pas d'avis qu'on doive admettre en général la sécheresse pour un moyen d'indemnité, celle qui a régné pendant les trois années du bail de du Saussoy a été si extraordinaire et si peu commune, qu'on ne peut s'empêcher d'être touché de cet excès et de chercher les endroits particuliers qui peuvent porter à secourir un fermier dans une pareille perte. Il y a un motif qui me paroît sensible et d'une grande équité pour se déterminer à lui accorder quelques dédommagements. Les sels qu'il fournit aux Suisses sont de deux espèces : les uns, par traités particuliers faits avec lui, qu'il vend le juste prix et sur le pied de 29 # 10ˢ la bosse, à prix commun; les autres, par traités faits avec le Roi, par forme de gratification pour les cantons dont S. M. est contente, qui se donnent à bien plus bas prix, comme de 21 ou 22 #, ou tel autre réglé. Et à l'égard de ces derniers, le Roi tient compte au fermier, sur le prix de son bail, de la diminution du prix du sel, jusques à concurrence de celui des marchés particuliers. Par exemple, si le sel est donné à 22 #, on tient compte de 7 # 10ˢ pour ce qui manque du prix de 29 # 10ˢ, et on accorde tous les ans des arrêts du Conseil de liquidation de ces dédommagements, qui tombent en diminution sur le prix de la ferme. Comme le défaut du produit de la formation a mis du Saussoy hors d'état de fournir aux cantons les sels de traités particuliers, il a fait sur ce sel manquant deux sortes de perte : la première, de ce qu'il auroit pu gagner au prix des traités, car, suivant l'estimation des frais de formation et de voiture, la dépense de chaque bosse ne montant qu'à près de 15 #, tout ce qui est payé au-dessus tourne en gain pour le fermier, en sorte que, sur le sel qui se vend 22 #, il en gagne du moins 7 #; la seconde perte est celle du profit qu'il auroit tiré sur le Roi par le compte qui lui eût été tenu sur le prix de son bail de la différence des traités de S. M. d'avec les traités particuliers, comme il vient d'être expliqué : de manière que, supposant qu'il ait manqué à fournir sept mille huit cents bosses, comme il l'expose, et que tout ce manquement fût tombé sur la fourniture pour les traités du Roi, en estimant son gain à 7 # par bosse et son indemnité à 7 # 10ˢ, il auroit perdu sur son gain 54,700 #, et sur son indemnité 52,600. Par cette preuve, on voit que le Roi s'enrichiroit, en quelque manière, du malheur de ce fermier et à ses dépens, puisque, outre le profit de net qu'il auroit fait, s'il eût tout fourni, il auroit eu une diminution sur le prix de son bail; et, par conséquent, le fermier payera plus à S. M. que s'il n'avoit pas essuyé la disette qui l'a privé de remplir l'objet de sa ferme. Cela étant ainsi expliqué, je crois qu'il y a de l'équité de faire vérifier ce qu'il peut avoir manqué de fournir aux Suisses, pour lui accorder une indemnité proportionnée à celle qu'il auroit eue en déduction du prix de son bail, s'il avoit tout fourni; de manière que, proprement, la perte sera partagée entre le Roi et lui. Je joins ici la requête, le mémoire et les pièces que vous m'avez fait l'honneur de m'envoyer*. »

* Au dos d'un extrait de cette réponse, M. Desmaretz a écrit : « Approuvé d'augmenter la formation des sels en faisant bouillir les eaux de moindre qualité. »

1246. *M. le Blanc, intendant en Auvergne,*
au Contrôleur général.

9 Mai 1707.

Il annonce qu'il a jugé, avec le présidial de Riom, un faux-monnayeur, qui a été pendu après avoir subi la question sans rien avouer. On a sursis au jugement de cinq autres accusés jusqu'après l'exécution du premier.

Il se plaint qu'un faux-monnayeur, condamné à la question préparatoire par les officiers de la Monnaie de Riom, a été conduit à Lyon pour entendre confirmer cette sentence par la Cour des monnaies, puis ramené à Riom pour subir la question : ce qui cause beaucoup de frais au domaine. D'ailleurs, l'augmentation des crimes rend plus nécessaires que jamais des châtiments sévères et immédiats*.

* En marge, de la main de M. Desmaretz : « Lui écrire qu'il continue à donner son application à découvrir les fabricateurs. »

M. de Bâville rend compte, le 13 août suivant, du procès de quatre faux-monnayeurs de Languedoc, dont deux ont été condamnés à mort par contumace, et deux autres pendus.

1247. *M. Lebret, intendant en Provence,*
au Contrôleur général.

9 Mai 1707.

« . . . . . On peut dire que la récolte du vin est la seule qui soit d'un objet considérable en Provence. Autrefois, on en consommoit une grande quantité pour faire des eaux-de-vie, et les armements de mer augmentoient encore considérablement la consommation. Aujourd'hui, l'on ne fait plus d'eaux-de-vie, le Roi ne fait plus d'armements, et ceux qui, depuis vingt ans, ont planté des vignes dans l'espérance de mettre à grand profit le terrain de Provence, généralement sec et pierreux, se trouvent chargés d'une denrée dont ils ne sauroient trouver le débit. En effet, le vin ne vaut à présent, même à Marseille, où il est ordinairement cher, que la moitié de ce qu'il valoit dans les années les plus abondantes. C'est ce qui me fait croire qu'il y a beaucoup de justice et de nécessité d'accorder aux procureurs du pays un arrêt encore plus favorable que celui qu'il vous a plu accorder au syndic des États de Languedoc, et de leur remettre, au moins pendant un an, la moitié des droits de sortie qui se lèvent actuellement sur les vins qu'on porte dans les pays étrangers. La bonté que vous aurez en cette occasion pour cette province lui facilitera les moyens de supporter les charges dont elle est accablée. »

1248. *M. l'Évêque de Cahors*
au Contrôleur général.

9 Mai, 1er, 8 et 15 Juin, 4 Juillet 1707.

Il rend compte de l'apaisement des esprits dans le Quercy, et propose cependant de répartir des troupes dans certaines paroisses*.

Les ecclésiastiques étant fort en retard pour le payement des décimes, du Don gratuit et de la capitation, il demande que le contrôleur général menace publiquement le syndic du clergé de prendre des mesures sévères contre ces malintentionnés, ou même fasse reléguer au séminaire deux ou trois personnes désignées**.

Les secours en blé distribués par les soins de l'intendant auront pour effet certain de rétablir la tranquillité, en soulageant l'extrême misère des cantons pauvres.

* Voir deux lettres des 8 et 15 juin, par lesquelles M. le Gendre, intendant de la généralité, rend compte des mesures prises pour le désarmement et du progrès des recouvrements divers.

Le 27 juillet 1707, il écrit : «Avant que de répondre aux deux lettres que vous m'avez fait l'honneur de m'écrire les 2 et 23 juin dernier, au sujet de la misère des habitants de Quercy, j'ai été bien aise d'en conférer avec M. l'évêque de Cahors, qui a fait une œuvre digne de son zèle et de sa charité en vous représentant la misère de son diocèse. Les peuples y sont naturellement pauvres; cependant, en procurant toutes les années quelque soulagement aux communautés qui en avoient le plus de besoin, les recouvrements s'étoient soutenus jusques au moment fatal de l'égarement de ce peuple insensé, qui vouloit, à main armée, obtenir l'exemption de la capitation et de plusieurs autres droits. Comme vous jugez bien qu'ils n'avoient pas de magasins pour nourrir plus de vingt mille hommes qui étoient en armes dans les endroits où leur passion les portoit, ils ont ruiné les communautés où ils ont passé, et l'innocent a souffert pour le coupable. Il est de votre justice et de votre charité de représenter au Roi la misère d'un nombre considérable de fidèles habitants du Quercy qui méritent quelque adoucissement à leurs peines. L'argent est trop rare présentement pour vous proposer de leur en donner; le seul expédient qu'il y a, c'est de donner un ordre au sieur Langlois ou au sieur Ogier d'acheter pour 15 ou 20,000 ₶ de blé, dont ils feroient leurs billets payables dans six mois; je leur en ferai trouver sur ce pied-là. Nous aurions soin, M. l'évêque de Cahors et moi, de faire distribuer avec beaucoup d'égalité aux pauvres habitants des communautés les plus impuissantes; cela les encourageroit à cultiver leurs terres et feroit sentir les effets de la bonté paternelle du Roi pour le soulagement de son peuple, dans le temps que S. M. a le plus de besoin d'en tirer les secours nécessaires pour soutenir une guerre aussi juste.»

** Le contrôleur général répond en marge de la lettre du 8 juin : «Il n'est pas d'usage que le Roi emploie ses troupes pour faire payer ce qui peut être dû pour les décimes et autres impositions sur le clergé, et, si quelques-uns de MM. les évêques pensent comme lui, il y en a plusieurs autres qui pourroient penser bien différemment. Il faut espérer que la tranquillité se rétablira et que les gens les plus sages ramèneront les autres. Je le prie de me mander toujours tout ce qui se passera.» L'évêque, dans sa lettre du 4 juillet, fait observer qu'il n'a point proposé l'emploi des troupes contre le clergé.

1249. *M. Trudaine, intendant à Lyon,*
au Contrôleur général.

10 Mai 1707.

Il a averti les sieurs Lullin et Locher, banquiers suisses de Lyon, de se rendre auprès du contrôleur général; mais, encore qu'il les considère comme les deux banquiers étrangers qui ont le plus profité du commerce des billets de monnaie, il craindrait, si on les faisait arrêter, comme le projette le contrôleur général, que les autres étrangers, qui seuls peuvent encore fournir de l'argent, ne refusassent d'aider au payement de l'armée de Dauphiné. En tout cas, si l'on se décide à sévir, le plus profond secret sera nécessaire, car ces gens-là ont des relations dans tous les bureaux du contrôle général.

«Quelque envie que j'ai de voir fleurir le commerce, je ne me suis point laissé éblouir de manière que je ne me sois pas aperçu du gain très illicite que l'on a fait dans les derniers temps par des usures exorbitantes. Elles sont si contraires au commerce, que je ne prends pas pour moi ce que vous en marquez dans le commencement de votre lettre; mais je prends la liberté de vous répéter qu'il faut faire grande attention si il convient de remuer présentement cette affaire.....»

1250. *Le Contrôleur général*
aux Intendants.

11 Mai 1707.

«Je n'aurois pas cru que la déclaration du 12 avril dernier, par laquelle le Roi ordonne que les billets de monnoie auront cours dans tout le royaume à commencer du 20 mai et qu'ils entreront pour un tiers dans les payements, eût dû produire un effet aussi contraire aux intentions de S. M. que celui qu'elle a eu, puisqu'elle n'en tiroit aucune utilité et qu'elle n'avoit eu d'autre vue, en attendant que ceux qui en sont surchargés profitassent des moyens que S. M. leur avoit procurés pour les placer soit en rentes sur le clergé, en rentes sur la ville, en billets des fermiers ou des receveurs généraux, et diminuant par ces voies, qui étoient uniquement à charge à S. M., le nombre desdits billets de monnoie répandus en trop grande quantité dans le public, que de rendre à ceux qui resteroient leur premier crédit et la même valeur qu'ils devroient avoir, puisque S. M. les reçoit pour argent comptant. Cette opération trop lente et le nombre d'usuriers trop grand ayant donné lieu à plusieurs plaintes de la part des marchands et différents particuliers de la ville de Paris, particulièrement ceux qui sont dans le commerce, qui avoient été forcés de recevoir des billets de monnoie de leurs débiteurs et n'avoient d'autre espèce pour continuer leur commerce que lesdits billets, sur lesquels ils perdoient des sommes considérables, S. M. s'étoit persuadée que le seul et unique moyen de diminuer ces pertes et de rétablir une correspondance réciproque du commerce entre Paris et les provinces étoit de répandre également lesdits billets dans le royaume, leur donner assez de crédit pour qu'ils fussent pris dans tous les payements pour leur valeur entière, ainsi qu'ils l'avoient été dans les commencements qu'ils avoient été introduits. Il y avoit d'autant plus de fondement de le croire, que le nombre en est diminué de plus du tiers depuis le mois d'octobre dernier; qu'il ne s'en fait et ne s'en fera plus de nouveaux au profit de S. M.; que plusieurs particuliers qui en ont continuent à les employer en rentes sur la ville, sur le clergé, et en billets des receveurs généraux; que, la proportion des deux tiers en argent au tiers en billets donnant la supériorité à l'argent, il étoit presque impossible, si cette nouveauté avoit été reçue avec l'esprit de facilité qui devroit être réciproque parmi tous les gens de commerce, que l'on en ressentît aucun des effets qu'il semble que la plupart des négociants, suivant les mémoires que j'ai reçus d'eux, ont appréhendés; et je dois dire en cette occasion que ceux qui ont, jusqu'à présent, fait des gains immenses en commerçant leur argent pour des billets de monnoie, ont plus de part aux plaintes qui ont été faites, par le crédit qu'ils se sont acquis en prêtant de l'argent à telle condition qu'ils ont voulu, que les négociants mêmes, quoique les mémoires soient donnés en leur nom. Ce qui me le persuade davantage est que les billets de monnoie, qui ne devoient avoir cours que dans Paris avant la dernière déclaration, se sont également répandus dans tout le royaume et ont été reçus volontairement. La bonté que S. M. avoit eue, en donnant cours à ces billets pour le reste de cette année, de leur faire porter un intérêt à 5 p. o/o, auroit dû déterminer la volonté de ceux qui étoient plus opposés à les recevoir dans le commerce, puisqu'ils devoient leur être également utiles dans tous les temps jusqu'à leur entier remboursement, en attendant qu'ils se fussent déterminés à en faire emploi par le choix de différents moyens qui leur ont été ouverts à cet effet.

«Ce qui donne lieu de faire connoître encore plus particulièrement que les intentions de ceux qui ont fait des représentations contre l'exécution de cette déclaration ne sont appuyées sur aucune raison solide, c'est l'article dans lequel ils parlent de la cessation entière du commerce avec les étrangers qu'ils assurent que son exécution produira infailliblement, et qu'ils ont répandu dans le public et pris tant de soin de leur persuader, par les lettres qu'ils leur ont écrites, qu'il semble, par celles qui reviennent d'eux, qu'ils les en ont persuadés. Je ne doute point, par tout ce que j'ai mandé dans les provinces, qu'ils ne soient revenus de leurs premières erreurs. Il est établi de tous les temps que les souverains peuvent introduire dans leurs États telles espèces et monnoies que bon leur semble, et leur donner la valeur qu'il leur plaît. Cette valeur n'est reçue que par leurs sujets; à l'égard des étrangers, le commerce ne se fait que de marchandises à marchandises, ou d'espèces pour espèces, suivant les valeurs établies entre eux soit par des conventions particulières ou par un long usage; et, quelques ordonnances que les princes aient faites chez eux sur les monnoies, elles n'ont jamais rien changé à ces maximes incontestablement établies. Nous avons vu les louis d'or à 16 #; leur valeur intrinsèque avec les Hollandois n'étant qu'à 11 # 5 s., les François leur ont tenu compte, par les changes, de cette différence, la valeur intrinsèque n'ayant pas augmenté entre eux. Il en a été de même dans le commerce qui s'est fait avec les Suisses et avec les autres États de l'Europe suivant les différentes valeurs établies entre eux et nous. Toutes ces raisons, quoique décisives, jointes aux bonnes intentions de S. M., qui n'avoit aucun autre objet d'utilité, dans la déclaration du 12 avril, que celui de procurer plus de facilité dans le commerce de Paris avec les provinces, de rétablir la véritable valeur des billets de monnoie, en attendant que le nombre en fût diminué assez considérablement par les différentes voies qui ont été ouvertes pour les placer, et en leur faisant produire un intérêt qui étoit cessé, n'ayant pas eu tout le succès qu'on en devoit attendre, S. M. étant informée d'ailleurs que les différentes représentations qui ont été faites avoient causé de grands embarras et presque une cessation entière du commerce avec les étrangers, quoique prématurément, puisqu'elle ne doit avoir son exécution qu'au 20 de ce mois, elle m'a commandé de faire expédier l'arrêt dont je vous envoie la copie, que vous ferez imprimer dans votre département et rendrez public aussitôt après ma lettre reçue, pour faire surseoir l'exécution de ladite déclaration jusqu'à ce qu'elle ait pris une dernière résolution pour en donner une nouvelle, telle qu'elle jugera convenir à l'avantage de ses peuples et à l'utilité du commerce. Cette nouvelle marque de bonté et d'attention de S. M. doit les engager à contribuer, avec le zèle nécessaire dans des temps aussi difficiles que ceux-ci, à rétablir la confiance parmi les peuples et s'employer à procurer par leur commerce l'avantage du royaume*.»

* Ordre fut donné par M. Desmaretz à M. de la Garde, le 17 mai, de faire immédiatement imprimer et publier à Paris l'arrêt de surséance.

1251. *M. Desmaretz, directeur des finances, au sieur Peron, directeur des aides à Verneuil.*

11 Mai 1707.

L'ordre est donné d'avertir les habitants de Maillebois qu'au premier avis de vente de boissons en fraude, il sera procédé contre eux sans aucun égard et à toute rigueur.

«Je ne prends point de part aux lieux voisins, à moins qu'ils ne soient de ma seigneurie; mais je ne puis m'empêcher de vous dire qu'il est bon que vous avertissiez vos commis aux exercices d'y agir de bonne foi, car, s'ils vouloient procéder contre les habitants de Maillebois de la même manière que je ne vois que trop qu'on fait contre bien d'autres, jusqu'à supposer souvent des fraudes qui n'ont d'autre fondement que la friponnerie des commis, je donnerois tous mes soins pour réprimer de semblables vexations, dont je ne vous crois nullement capable, ni de les autoriser dans les autres, et je ne vous en écris seulement que pour prévenir tous inconvénients.»

1252. *M. Julien, brigadier d'infanterie en Languedoc, au Contrôleur général.*

12 Mai 1707.

«M. le duc de Roquelaure, comme vous verrez par l'extrait ci-joint, n'a pas jugé à propos d'envoyer le peu de troupes que j'ai en Velay pour expédier les paroisses vivaroisiennes de la montagne du côté de Pradelles, suivant que le syndic du Vivarois me l'avoit proposé : sur quoi, je renvoie lesdites troupes dans leur quartier du Vivarois pour s'y reposer, de quoi elles sont très aises. Les trois compagnies de fusiliers de montagne partent demain matin du Velay, et le détachement de quarante-cinq soldats du débris de Dauphin partiront après-demain, pour se rendre, par la route de Montpezat et d'Aubenas, du côté de Privas. Cette mission a produit 54,000 écus par des efforts étonnants, sans pourtant qu'il m'ait paru de la résistance ni mutinerie parmi les peuples de ce diocèse, où en vérité la misère est des plus grandes. Les billets de mendiants, qu'on appelle *billets de non-valeur*, sont allés, pour l'année 1705, à près de 10,000 écus : ce qui est un cinquième de l'imposition d'une année. Ceux de l'année 1706 sont allés à la même somme. Voilà, pour ces deux années, 60,000# de non-valeurs qu'il faudra rejeter sur les autres dans l'imposition qui se fera l'année prochaine; et il est de plus à observer que tous ceux de ce nombre de non-valeurs, en 1705 et 1706, qui peuvent devoir des arrérages de 1702, 1703 et 1704, seront de même non-valeurs dans l'épurement desdites trois années. Et tout cela ensemble augmentera considérablement, à l'avenir, la surcharge de ce diocèse, attendu que plus il y aura des non-valeurs, plus l'imposition annuelle augmentera sur les cotes de ceux qui pourront payer : ce qui rendra par conséquent les payements toujours plus difficiles; et par ainsi, il faudra quelques années de paix avant que ce diocèse puisse achever les payements de tant d'arrérages. Il en devoit 400,000# lorsque j'y arrivai avec des troupes, le 9 février : ils en ont payé 162,000; et en reste par conséquent 238,000 à payer, à quoi on peut joindre l'imposition de cette année, qui a été réglée à 159,000#. Je trouverois ce diocèse fort heureux, si, dans le courant de chaque année, il peut payer la valeur de l'imposition annuelle, en sorte qu'à la paix générale il ne fût en reste que de la somme qu'il doit aujourd'hui de reste, sans aucune augmentation; mais je crains fort que lesdits arrérages n'augmentent chaque année d'un bon lopin, bien loin de diminuer, indépendamment de leur misère causée par les gelées, par les sécheresses, par les frais et dépenses extraordinaires de plusieurs convois de mulets, et, chaque hiver, d'une levée de milice, le tout s'étant pratiqué sans aucun ménagement, équité ni bonne foi : ce qui a causé des dépenses terribles au menu peuple de ce diocèse, que j'aurois fort bien évitées, si je m'y étois trouvé, en observant de près les divers émissaires chargés de ce détail, n'aimant pas à voir piller les sujets du Roi, ni qu'on leur fasse la moindre oppression et injustice. De plus, par rapport à la répartition générale de la capitation, ce diocèse fut très surchargé, et beaucoup au delà de sa quote-part. D'ailleurs, les affaires, jusqu'ici en général, y ont été dans un terrible désordre et confusion. Tout cela, avec la négligence qu'ils ont eue à ne pas payer chaque année, les a réduits, pour la plupart, à une plus grande misère; mais il faut espérer que M. l'évêque, autant zélé pour les intérêts du Roi que pour ceux du ciel, remédiera peu à peu à tant d'abus passés et remettra les affaires de son diocèse insensiblement sur un bon pied, s'il est possible avec [de] la patience et de l'attention. Il eut l'honneur de vous écrire il y a quelques jours pour vous représenter l'état de son diocèse; je vis sa lettre, et puis vous assurer qu'elle parloit vrai et qu'il y avoit bien des choses à y ajouter; et, si vous n'avez la charité de faire quelque grâce, ce diocèse est perdu. M. de Bâville, qui en doit connoître une partie de la misère, écrit à M. du Puy qu'il vous a représenté toutes choses et supplié d'accorder une diminution de 50,000#. Je n'ai, en vérité, dans ce détail, autre vue ni intérêt que celui du Roi et de la justice, que je dois rendre dans les occasions à qui elle appartient, fort charmé d'ailleurs d'être délivré d'une besogne aussi désagréable, triste, et qui entraîne mille détails fâcheux et ennuyants.

«Diverses autres affaires du Velay m'occuperont encore ici quelques jours, et puis, le reste du mois, dans divers cantons du plat pays, d'où j'entrerai en Vivarois, du côté de Pradelles, vers le 1er de juin; et après, j'irai dans les Boutières fanatiques, pour y faire une tournée et observer de près les mouvements intérieurs que pourront produire dans ce temps-là, parmi les malintentionnés, ceux de M. le duc de Savoie dans le voisinage de nos frontières de Dauphiné et de Provence. J'espère que vous voudrez bien vous en reposer sur mon zèle et sur ma vigilance touchant la tranquillité du Vivarois, pour laquelle je n'oublierai rien, s'il plaît au Seigneur, non plus que pour vous convaincre de mon attachement fidèle*.»

* L'intendant, M. de Bâville, écrit, le 4 septembre suivant : «Depuis que M. de Pennautier est ici, nous avons travaillé ensemble au moyen de faire payer la capitation, dont il y a de très grands restes dans les diocèses de cette province, et qui montent à 1,700,000#. Nous avons vu exactement ce qu'il y a à faire dans les diocèses pour donner un secours extraordinaire aux receveurs pour le Vivarois et le diocèse du Puy. Je crois qu'il est très nécessaire que M. Julien s'en mêle incessamment, et qu'il n'attende pas, comme il fit l'année dernière, au mois de février, parce qu'il n'est pas temps de presser ces recouvrements quand la campagne commence. Il me paroît très nécessaire que vous preniez la peine de lui écrire. Il me manda souvent, l'année dernière, et à M. le duc de Roquelaure, qu'il étoit rebuté de cette fonction, qui n'est pas digne, disoit-il, d'un lieutenant général, quoique je ne voie rien de mieux à faire maintenant que de faire venir les fonds pour soutenir le poids de la guerre. Un mot que vous lui écrirez ranimera son zèle et lui ôtera cette impression. Ce qu'on lui demande après tout, est très facile à faire : il s'agit de diviser ces deux diocèses en certains cantons, d'aller dans les principaux lieux, d'y faire venir les collecteurs et les principaux habitants, de leur parler, d'envoyer quelques soldats en garnison, et de tenir la main qu'ils ne fassent aucun désordre. Toutes ces fonctions ne sont pas fort pénibles, quand on n'a que cela à faire. S'il persistoit à ne le vouloir plus faire, il seroit aisé de trouver quelqu'un qui s'en acquitteroit; mais, comme il commande dans le pays, il est plus naturel qu'il le fasse.»

1253. *M. de Montgeron, intendant en Berry,*
au Contrôleur général.

18 Mai 1707.

Il reconnaît qu'il a fait commencer l'information contre les employés de la brigade des fermes d'Épineuil accusés d'un vol d'argent, et qu'il a même procédé au récolement et à la confrontation de quelques témoins, avant d'avoir reçu l'arrêt d'attribution pour juger en dernier ressort, se croyant suffisamment autorisé par le pouvoir que lui donnent ces termes de sa commission d'intendant : «informer soigneusement des exactions, concussions, violences et malversations en matière de finances, et procéder par jugement en dernier ressort et sans appel contre ceux qui s'en trouveront coupables.»

1254. *M. le Blanc, intendant en Auvergne,*
au Contrôleur général.

18 Mai 1707.

Il accuse réception de l'arrêt du Conseil portant surséance du cours des billets de monnaie en province.

«Quelque précaution que l'on prenne, il sera très difficile de faire revenir les peuples de la prévention dans laquelle ils sont à l'égard de ces billets. Il est vrai que la nécessité a obligé quelquefois les souverains de donner cours aux espèces d'or et d'argent dans leurs États pour un prix plus fort que la valeur intrinsèque; mais ces mêmes espèces, étant effectivement d'une certaine valeur, ont toujours eu cours dans le commerce avec l'étranger pour cette même juste valeur. Ainsi, quand le louis d'or en France est fixé à 14 ᵗᵗ, l'étranger ne le prend que pour 11 ᵗᵗ; c'est donc une perte pour le François qui négocie, mais une perte fixe, au moyen de laquelle son espèce est reçue par l'étranger. Il n'en est pas de même du billet de monnoie : le marchand étranger ne donne aucun prix à un billet de 1,000 ᵗᵗ, et, quelque perte que le François fît dessus, il ne peut s'en aider dans son négoce. Dans l'intérieur du royaume, les usuriers ont affecté de donner un décri entier à ces billets; cela les a rendu maîtres absolus du commerce, et, tant que ces billets subsisteront, l'argent ne paroîtra point, et ceux qui font les plus grands profits en commerçant de ces billets, auront toujours attention à en donner mauvaise opinion.

«Vous avez bien prévu que le seul remède efficace étoit la suppression totale de ces billets de monnoie, et, par la déclaration du 24 octobre 1706, vous aviez pris différents expédients pour en diminuer considérablement le nombre; mais on peut dire que, tant qu'il en restera, la méfiance des peuples ne cessera point, l'argent demeurera caché, et, puisque partie de ces billets ont été convertis, il semble qu'il faudroit chercher à convertir aussi ce qui en reste. Le Roi a créé des charges de maires et de lieutenants de maire alternatifs : on ne doit pas se flatter de trouver des particuliers pour acquérir ces charges, et, tôt ou tard, la réunion tombera sur les villes; supposé même que quelque particulier fît sa soumission, sûrement ce ne seroit qu'à condition de payer en billets de monnoie. Si, dès à présent, S. M. réunissoit ces sortes de charges aux villes et communautés, en leur permettant d'en payer le prix en billets de monnoie et de passer à cet effet des contrats de constitution au profit de ceux qui leur fourniroient les billets, auxquels ils en payeroient l'intérêt pendant la guerre à raison du denier dix-huit, et ensuite, après la paix, rembourseroient le principal en certain nombre d'années, les propriétaires des offices de maires et de lieutenants de maire anciens demeurant solidairement obligés avec la ville au remboursement de leurs anciens offices hypothéqués, fixant ces charges nouvellement créées sur le pied des deux tiers que les premières ont été évaluées, il seroit aisé de supputer combien cela détruiroit de billets de monnoie. La surcharge ne seroit pas grande pour les villes de payer l'intérêt pendant la guerre, le Roi ne seroit point obligé de donner de remise au traitant, ni de faire fonds pour des nouveaux gages, et les anciens maires et lieutenants de maire seroient trop heureux d'être déchargés d'une nouvelle création au moyen de ce que leurs offices demeureroient garants des sommes prêtées.

«Supposé que ce moyen fût approuvé, pour abolir le surplus des billets de monnoie, il semble que le Roi pourroit créer des rentes provinciales au denier dix-huit, avec permission aux acquéreurs de choisir le payement de leurs arrérages sur telle province ou telle ville et communauté de la province qu'il leur plairoit. S. M. affectant les deniers provenant de l'imposition des tailles au payement des arrérages desdites rentes, par préférence à toutes autres charges, pendant la guerre, et, après la paix, certaines portions des deniers de la taille au remboursement des principaux en un certain nombre d'années, et marquant que les contrats seroient remboursés à proportion de leurs dates, de manière que les premiers qui auroient converti leurs billets en contrats seroient les premiers remboursés après la paix, il se trouveroit des mineurs, des communautés et autres personnes qui ne seroient pas en état de toucher leur remboursement, et qui donneroient du temps. Je prends la liberté de vous proposer cette vue, parce qu'il m'a paru que vous aviez eu pour objet jusqu'à présent d'éteindre ces billets de monnoie par des rentes. Si on continue à permettre que ces billets aient cours dans le commerce, le public ne se porteroit peut-être pas aisément à ces conversions; mais, du moment que ces billets seroient absolument prohibés et ne pourroient plus être reçus que pour les usages proposés, tout le monde seroit obligé d'y venir, et, les billets de monnoie n'ayant plus cours sur la place, l'argent y reparoîtroit sûrement. Du moment que le Roi vouloit bien payer les intérêts des billets de monnoie et même racheter une partie des principaux à commencer au 1ᵉʳ janvier prochain, le payement des rentes ne seroit pas une augmentation de dépense; à joindre même que, si on les eût portés à l'hôtel de ville, le Roi en auroit payé les intérêts, et les 6 millions destinés pour rembourser une partie des principaux de ces billets, à commencer au 1ᵉʳ janvier 1708, feroient une partie du fonds pour le payement de ces arrérages.

«Si le particulier se pouvoit flatter d'être remboursé dans un an de son principal, sûrement il garderoit son billet et ne le convertiroit pas en contrats. Ainsi, le décri devroit être général, et que les billets ne fussent reçus que pour le rachat des mairies et pour les rentes provinciales au denier dix-huit. Il est aisé de concevoir qu'il ne convient pas à un marchand qui n'a que 10,000 ᵗᵗ pour mettre à son commerce, de les convertir en un contrat de 600 ᵗᵗ de rente; mais, quand ce marchand est porteur d'un billet de monnoie, il ne trouve pas un sol sur la place, chacun tenant son argent resserré. Quand il n'y aura plus de billets de monnoie, ce même marchand trouvera du crédit; on lui fournira des espèces, parce qu'on n'appréhendera pas d'être remboursé en papier. S'il y a des espèces d'or et d'argent dans le royaume, ceux qui les ont seront obligés de les mettre dans le commerce pour les faire valoir. Ainsi, le financier et le négociant en retrouveront comme ils en trouvoient auparavant, supposant le principe que l'espèce est dans le royaume, mais qu'elle est dans des mains desquelles elle ne sort point de peur de se trouver changée en billets de monnoie*.»

* A propos du même arrêt de surséance, le 23 mai, M. Turgot, intendant à Tours, envoie un mémoire des marchands de Tours sur les inconvénients des billets de monnaie : «Comme je crois, dit-il, que vous désirez avoir différents mémoires pour connoître la vérité et vous déterminer, j'ai cru que vous me permettriez de vous l'adresser.

Leur mémoire est fait avec connoissance et avec vérité, et vous donnera l'idée du commerce de ce pays. Quoiqu'ils marquent combien le cours des billets de monnoie seroit nuisible à leur fabrique, je n'avois pas laissé que de leur faire envisager auparavant combien Paris avoit besoin de soulagement pour en supporter le poids; et cela ne les empêche pas de vous remontrer le préjudice qu'ils en appréhendent. Vous jugerez vous-même ce que l'état des choses vous permettra de faire; je crois qu'ils ont raison de dire que cette matière demande une décision prochaine, la surséance tenant les affaires en suspens : ce qui ne pourroit durer sans nuire. Dans cette discussion supérieure, où je n'ose dire d'avis, et où je sens tout le poids de leurs raisons pour la conservation des manufactures, si vous étiez entraîné, pour ainsi dire, à leur donner quelque cours, je crois vous devoir faire part de quelques réflexions que j'ai faites sur cette discussion avec eux, et de plusieurs tempéraments, en les soumettant à l'usage que vous croirez en pouvoir faire. Je joins même l'extrait d'une lettre qui m'a été écrite par un chef habile des négociants de Saumur, où il fait un grand commerce de denrées, dont il m'informe exactement avec confiance, qui donne quelques premières idées sur cela. 1° Supposé que vous soyez obligé à donner quelque cours aux billets de monnoie dans les provinces, je croirois qu'on ne pourroit mieux faire que de le réduire à la plus modique partie des payements qu'on le pourra, comme du quart au plus, ou même, je croirois, du cinquième ou sixième, s'il se pouvoit. 2° On propose, avec quelque raison, d'en mettre l'intérêt à 6 p. o/o, comme plus avantageux au porteur de billets et au commerce, et pour les changes, et aussi pour la plus grande facilité des négociations pour le détail, qui se feroit à raison de 1/2 p. o/o par mois. 3° D'en faire payer l'intérêt tous les six mois dans les provinces, et d'ouvrir un bureau pour cela dans le chef-lieu de chaque généralité. 4° Pour la sûreté, et pour empêcher le faux, ou le vol, ou la perte à la poste ou ailleurs, et qui sont à craindre pour de simples billets payables au porteur, on propose d'ordonner qu'ils seront endossés par celui qui en fera le payement, qui marquera son nom et passera l'ordre au profit de celui qui le doit recevoir, sans autre recours de garantie contre lui que de la vérité du billet; et, après qu'ils seront remplis d'endossements, il faudra de temps en temps les renouveler. Il seroit nécessaire d'établir en chaque chef-lieu un commis au contrôle, pour les retirer des marchands en donnant son récépissé, et les envoyer aux deux qui ont fait les premières signatures, pour leur en adresser de nouveaux : ce qui paroîtroit un ordre nécessaire à établir pour cette sûreté, si vous jugez à propos d'entrer dans cet expédient pour en prévenir l'abus qu'on y pourroit craindre. 5° J'ajouterai une dernière réflexion, plus grave et plus importante, que je crois que l'unique moyen de leur donner crédit et de les faire baisser seroit d'effectuer le remboursement promis de 10 millions au 1er janvier : si on voyoit ce remboursement réel et de l'argent, le crédit s'en rétabliroit par degrés; et même, dès à présent, si, pour le faire voir actuellement et dans ce mouvement, on pouvoit anticiper ce terme de six mois, au moins pour une partie, et ouvrir dès à présent quelque partie du remboursement promis, je crois que le Roi seroit bien récompensé, par le rétablissement prochain du crédit de ces billets, de l'intérêt qu'il seroit obligé de donner aux gens d'affaires qui avanceroient les fonds. Cela influeroit généralement sur tous les billets, et j'ai cru vous devoir marquer la bonne espérance que j'aurois du succès, si vous trouviez de la possibilité à l'exécuter. La lettre du délégué des marchands de Saumur fait mention de deux autres choses pour le commerce : l'une, pour l'issue des denrées dans l'approche d'une nouvelle récolte aussi abondante, qui, je crois, mérite votre attention et une discussion plus particulière, par quelque diminution des droits de sortie, comme j'ai eu l'honneur de vous en parler; l'autre, pour une fabrique de menue monnoie et de liards, dont il croit que le commerce de sa ville a besoin. Vous jugerez de ce qui y convient. Je me flatte que vous approuverez la liberté de vous écrire sur ce qui regarde le commerce, et la témérité d'entrer dans une matière aussi étendue que celle qui se présente à présent, et d'y proposer quelques réflexions pour le bien du service de S. M. Je souhaite que vous puissiez en faire quelque usage. Nous ne saurions trop chercher à y seconder vos bonnes intentions, et marquer notre zèle.»

Voir d'autres lettres et mémoires des divers corps de marchands de Tours, en date des 25 et 29 avril, 1er et 3 mai.

1255. *M. LE GUERCHOYS, intendant à Alençon,*
AU CONTRÔLEUR GÉNÉRAL.

22 Mai 1707.

Rapport sur le scandale causé par une perquisition des employés des gabelles dans l'église Saint-Martin d'Argentan*.

* En marge, de la main de M. Desmaretz : «Écrire à M. le Guerchoys de mander les employés qui ont requis la visite et de leur faire une sévère réprimande d'avoir requis la visite sans preuve et d'avoir donné occasion à un scandale public.»

1256. *M. le comte DE BERGEYCK,*
vicaire général du roi d'Espagne dans les Flandres,
AU CONTRÔLEUR GÉNÉRAL.

23 Mai 1707.

«Je viens de recevoir une lettre de M. Besnier, qui me mande qu'il auroit appris que les receveurs généraux ne devoient pas fournir les 150,000 # qui me devoient être envoyées au 1er de juin; qu'il avoit, pour cette raison, approché Votre Excellence pour la prier de vouloir désigner un autre fonds pour lesdits 150,000 #, afin que cette voiture auroit pu partir dans les premiers jours de juin, et que Votre Excellence lui avoit répondu qu'elle y penseroit. Cela m'a, à la vérité, fortement atteré, parce que je me trouve sans un sol par les avances que j'ai faites aux troupes pour les mettre en état de faire la campagne, et que je dois toute la dépense du quartier d'hiver aux entrepreneurs des feux et lumières des corps de garde et des casernes; aux officiers généraux qui ne sont pas employés, aux gouverneurs et états-majors des places, tant des villes qui restent encore au Roi que de celles qui ont été prises la campagne passée. une année de leurs appointements; que je n'ai rien payé de la liste civile, qui consiste dans les ministres qui ont suivi leur devoir, les Conseils et les rentes affectées sur les domaines, dont j'ai employé les fonds aux troupes. Je dois plus de 100,000 #, que j'ai levées sur mon crédit à plusieurs particuliers. J'ai à tous fait espérer quelque payement sur les voitures qui me doivent venir dans les mois de juin, juillet, août et septembre. Tous ont eu patience par la confiance qu'ils ont en ma parole. à laquelle je ne manque jamais; mais, si Votre Excellence ne me fait pas la grâce de me tenir la sienne, il n'y a pas moyen de résister à leurs raisons et à leur importunité, et Votre Excellence me fera perdre tout mon crédit, qui sera bien nécessaire et utile au Roi pour l'hiver prochain. J'ai la satisfaction que mes soins de cet hiver ont été utiles au Roi; je m'en rapporte à M. le marquis de Chamillart et à M. le comte du Bourg, qui ont trouvé la cavalerie et les dragons dans un aussi bon état qu'on le puisse désirer, comme aussi les dix bataillons qui doivent servir dans l'armée. Et, comme les officiers n'avoient pas été payés du décompte de leurs appointements depuis le mois de mai de l'année passée, et que ceux qui sont dans le département de M. Roujault, qui est bien la plus grande partie, n'ont pas même reçu le décompte des mois de cette année, je leur ai distribué toute la voiture qui m'est arrivée le 14 de mai. J'y ai même ajouté 50,000# que j'ai levées sur mon crédit, parce que, sans ce secours, qui m'a paru indispensable pour le service, ils auroient eu de la peine à sortir en campagne. J'ai retiré pour cette somme des majors des régiments des billets de leurs décomptes de l'année passée qu'ils avoient des trésoriers, et je n'ai pas eu de réponse de Votre Excellence sur ce que j'ai eu l'honneur de lui proposer pour les fonds de l'année passée, suivant quoi j'aurois pu régler quelque chose avec le sieur Tressoigne, banquier à Namur, pour le payement desdits décomptes.»

1257. *M.* DESMARETZ, *directeur des finances, à M.* DE BOUVILLE, *intendant à Orléans.*

26 Mai 1707.

Création d'offices de juges-gruyers chargés de connaître du fait des bois et de la chasse dans les justices seigneuriales.

Afin d'assurer ou de faciliter le débit de cette création, sans user directement de contrainte envers les seigneurs, ni prononcer une réunion, on a réglé la finance sur un pied assez bas, en laissant des délais suffisants pour lever les charges; mais, s'il en est besoin, on fera craindre une recherche et des poursuites, auxquelles on n'a pas réellement dessein de procéder*.

* M. le Blanc, intendant en Auvergne, écrit le 12 août que le débit des offices de gruerie parmi les seigneurs ou les particuliers est d'autant plus douteux qu'on n'a fait aucune distinction entre les paroisses qui ont des bois et celles qui n'en ont point. Si l'on remplaçait le droit sur les ventes attribué à ces gruyers par une permission de vendre à leur profit un certain nombre de baliveaux sur chaque arpent, les seigneurs se hâteraient peut-être de racheter les offices, ou bien leurs voisins financeraient avec l'espoir de recouvrer par la vente des baliveaux plus que le prix de la charge.

1258. *M.* D'ARGENSON, *lieutenant général de police à Paris, à M.* DESMARETZ.

(Police, G⁷ 1725.)

30 Mai 1707.

La veuve Bouin, que réclament ses deux filles, est une intrigante des plus dangereuses, et elle a été conduite, sur un ordre du Roi envoyé par M. Chamillart, dans la maison du Refuge, où il est nécessaire que sa détention soit maintenue et demeure secrète. Si la misère des filles est aussi grande qu'elles le disent, on les remettra entre les mains des sœurs de l'hôpital général, pour soigner leur éducation.

1259. *M.* ROBERT, *procureur du Roi au Châtelet de Paris, au* CONTRÔLEUR GÉNÉRAL.

31 Mai 1707.

«Il y a environ trois semaines que le procès instruit par M. du Buisson à Beaujon et la Martinière, prisonniers à la Bastille, m'a été mis entre les mains, pour y prendre mes conclusions. J'y ai travaillé aussitôt sans discontinuation et avec toute l'application dont j'ai été capable. C'est le plus grand procès que j'aie vu de ma vie : il y a plus de cent cinquante pièces dont on a instruit la fausseté et dont on a fait la vérification pour servir à la preuve de la fausseté des autres; il y a plus de quatre-vingts interrogatoires, un grand nombre d'informations, et tous les témoins et les accusés ont été récolés et confrontés. Le travail de M. du Buisson est immense, et celui de M. le Noir encore davantage, parce que c'est lui qui a le plus servi à mettre dans leur ordre et dans leur jour toutes les pièces, qui étoient dans la confusion et dans l'obscurité. Son secours a fort facilité et abrégé mon travail, et enfin j'ai achevé la visite et l'examen de ce procès. Ces deux accusés sont pleinement convaincus de ce commerce de faussetés; ils sont également coupables, bien que Beaujon ait été le principal ouvrier, qui est l'auteur presque de toutes les pièces fausses. Jamais il n'y eut de plus habiles faussaires, jamais de plus hardis, jamais il ne s'est fait tant de faux actes, et il paroit même qu'ils avoient préparé et commencé plusieurs faussetés qu'ils alloient mettre au jour, si votre zèle pour le bien public et votre autorité n'avoient arrêté leur entreprise et donné par ce moyen le repos à plusieurs familles. J'ai mis des conclusions contre l'un et contre l'autre à une amende honorable, à être pendus en la place de Grève, et à la question préalable, et je suis persuadé qu'elles sont très juridiques et doivent être suivies. Je les ai remises ce matin entre les mains de M. du Buisson, afin qu'il puisse mettre bientôt sur le bureau ce procès, dont la visite et le jugement occupera la Chambre pendant un grand nombre de séances*.....»

* En marge est ce projet de réponse : «La réception. C'est le plus grand bien que je puisse procurer au public que de le défaire de faussaires aussi dangereux que ceux auxquels le procès s'instruit. Je ne doute point que le même zèle qui vous a animé pour délivrer le public de ces malheureux ouvriers, ne porte les juges à suivre vos conclusions.....»

Voir une précédente lettre du 26 mars 1706, sur la saisie et la description des papiers ayant servi ou devant servir à la fabrication d'actes faux. La plupart des pièces, écrites par un faussaire surnommé *le Jardinier*, étaient des essais de signatures imitées, des feuilles de papier simple portant des signatures de notaires et destinées à recevoir des actes antérieurs à l'établissement du timbre, d'autres de papier marqué, des morceaux de vieux parchemin, etc. «Je n'ai point vu, disait M. Robert, de plus belles écritures que celle de ces deux hommes, et l'on ne peut des mains plus savantes et plus capables pour imiter toute sorte d'écritures..... Il sera nécessaire, et apparemment facile, de trouver quelques-uns de ceux contre lesquels ces faussetés ont été faites. J'espère que nous aurons des preuves très suffisantes pour les convaincre, et vous aurez délivré le public des plus habiles et des plus dangereux faussaires que j'aie encore vus.»

Le 13 juillet 1707, M. de la Reynie annonce le commencement des séances des commissaires chargés de ce procès; le contrôleur général répond en marge : «J'appréhende que son zèle pour la justice et les fréquentes assemblées de l'Arsenal n'altèrent sa santé. Il est néanmoins bien nécessaire qu'il soit à la tête d'une commission qui peut, dans la suite, par l'événement du jugement qui sera rendu, procurer le repos à plusieurs familles qui avoient tout à craindre de l'industrie des malheureux qui sont entre leurs mains pour recevoir la juste punition de leurs mauvaises pratiques.» Le 3 septembre, M. de Saint-Mars, gouverneur de la Bastille, donne avis que Beaujon, dit *Serin*, et la Martinière ont été remis à la justice.

1260. *M.* d'Argenson, *lieutenant général de police à Paris, au* Contrôleur général.

(Police, G⁷ 1725.)

31 Mai, 23 Juillet, 17 et 27 Septembre 1707.

Arrestation, interrogatoire et envoi à l'hôpital général de deux débitants de faux billets de la loterie royale*.

* En 1708, le billet 187,961, qui avait gagné un lot de 300 ᵗᵗ, s'étant trouvé inscrit sous cette devise séditieuse : «Charles III, roi d'Espagne,» et plusieurs avis anonymes ayant réclamé une punition sévère, le contrôleur général donna ordre d'envoyer l'argent à l'hôpital général et de rechercher secrètement quel était le porteur du billet. (Lettre de M. d'Argenson, avec réponse en marge, 3 janvier 1708.)

1261. Le Contrôleur général *à M.* de Bâville, *intendant en Languedoc.*

6 Juin 1707.

Il lui expose son embarras pour faire subsister les troupes françaises et espagnoles qui sont en Languedoc, et lui demande d'user de tout son crédit sur les sieurs Sartre et Bonnier.

«Le premier n'a pas voulu se rendre auprès de moi, dans la crainte de s'engager au delà de ses forces*; c'est ce qui me donne lieu de croire que vous ne trouverez point en lui de quoi satisfaire à ce qui est dû du passé sans lui destiner pour le remboursement de ses avances les fonds de sa recette : ce qu'il faut absolument éviter, par la destination qui en est faite pour le payement des rentes de l'hôtel de ville de Paris. Si vous pouviez l'engager, indépendamment de cela, à faire un traité avec vous pour une somme de 600,000 ᵗᵗ dans le courant de ce mois et les quinze premiers jours de l'autre, je lui assignerai son remboursement sur le fonds des six premiers mois du Don gratuit et capitation de la province de Languedoc de l'année prochaine 1708, avec tels intérêts et à telles conditions dont il vous plaira de convenir avec lui. Cette somme seroit à peu près suffisante pour acquitter le passé, et j'ai pris des mesures, que je crois certaines, pour fournir régulièrement 200,000 ᵗᵗ par mois, à commencer au mois de juillet prochain. Si le sieur Sartre n'est point en état de me donner cette nouvelle marque de son zèle et de son dévouement, je vous prie de faire en sorte d'y engager le sieur Bonnier, soit par lui seul, s'il a assez de crédit pour cela, ou avec une bonne compagnie, qu'il peut y engager aux conditions que vous leur donnerez les premières affaires de finance qui regarderont la province de Languedoc jusqu'à concurrence de ladite somme, sans préjudice néanmoins de la même destination pour assurer le fonds de ce remboursement sur le Don gratuit ou la capitation des six premiers mois de l'année prochaine, en cas que vous le jugiez à propos**.»

* Sartre avait écrit, le 15 mai précédent : «M. de Bâville m'a fait voir la lettre que Votre Grandeur lui a écrite pour me donner ordre d'aller la joindre à Versailles pour pourvoir à la subsistance des troupes de cette province. Je lui ai fait comprendre que, dans l'état où mon frère se trouve, et à la veille des payements de Pâques que je dois remettre à Lyon un million pour M. de Pennautier et 600,000 ᵗᵗ pour mon compte, il est absolument impossible que je puisse faire le voyage qu'au mois de juillet, ainsi que j'eus l'honneur de l'écrire à Votre Grandeur il y a un mois. Mais, quand je me joindrois aux meilleures bourses de la province, si la déclaration du Roi pour l'introduction des billets de monnoie est exécutée, je ne pourrois pas faire une avance de 10,000 ᵗᵗ, puisque, bien loin de trouver à emprunter, quoique j'offre de donner mes billets payables en argent comptant, et non en billets de monnoie, j'ai été obligé de payer depuis la déclaration plus de 450,000 ᵗᵗ de mes billets, et il y a un si terrible déchaînement et dans cette province et dans toutes celles du royaume, que les correspondants que j'avois dans celles-ci m'écrivent que les particuliers qui ont de l'argent aiment mieux l'enterrer que de le prêter comme ils avoient accoutumé de faire. Je n'ai pas de la peine à le croire, puisque j'ai été des premiers à m'en apercevoir. Ainsi, bien loin d'être en état de faire des avances, j'ai écrit à M. de Pennautier de pourvoir à celles qu'il faut faire en ce pays pour la province, qui sont très considérables, et je n'ai vu de mes jours un plus grand dérangement dans les affaires. On espère que Votre Grandeur y mettra ordre incessamment, n'étant pas possible qu'il n'arrivât quelque chose de très fâcheux ces payements à Lyon, à quoi il seroit peut-être difficile de remédier dans la suite.» En marge de la lettre est cette réponse : «Il verra avant qu'il soit peu de jours une nouvelle déclaration que le Roi a été obligé de rendre sur les billets de monnoie; il faut espérer que le public, qui n'a pas connu ses véritables intérêts et qui s'est laissé entraîner par les usuriers, sera plus content de cette déclaration qu'il n'a paru l'être de la précédente. Comme elle ne donne plus d'inquiétude sur l'introduction des billets de monnoie dans les provinces, mais seulement dans Paris comme par le passé, j'espère que les négociations en deviendront plus faciles. Tout ce que j'aurois à désirer, en cas que cela arrive, ce seroit qu'il pût convenir avec M. de Bâville de lui remettre tous les mois 50,000 écus pour la subsistance des troupes, sans les prendre dans la caisse des fermes, qui ne peut point être dérangée, à cause des rentes sur la ville. Je ferai en sorte, lorsque sa commodité lui permettra de se rendre à Paris, de lui donner des fonds dont il pourra s'accommoder.»

** En même temps, le contrôleur général demandait à M. Trudaine, intendant à Lyon, de faire envoyer par le sieur Durand, receveur général, 200,000 ᵗᵗ à Grenoble et 100,000 ᵗᵗ en Provence. «Je tremble, disait-il à M. Trudaine, quand je tire du fonds des fermes pour employer à d'autres dépenses que celles du payement des rentes de la ville; mais le besoin pressant dans lequel je sais que sont les troupes, me détermine à prendre ce parti.»

Sartre et Bonnier proposèrent de prêter 450,000 ᵗᵗ en lettres de change sur Lyon, payables à trois et six mois; mais le contrôleur général ne put accepter, et préféra tenter une création d'offices de contrôleurs des trésoriers des impositions, dont Bonnier offrait de donner 800,000 ᵗᵗ, moyennant le sixième de remise en dedans et les 2 sols pour livre en dehors. (Lettre du 4 juillet, à M. de Bâville et au sieur Bonnier; lettre de celui-ci, en date du 12 juillet, et lettre de M. de Bâville, du 12 juin précédent.)

1262. *M. le Guerchoys, intendant à Alençon, au Contrôleur général.*

9 Juin 1707.

Il envoie un état des remises et appointements accordés aux commis des affaires extraordinaires, déduction faite d'un tiers des remises pour les frais de régie, et le calcul du produit que doivent donner les 2 sols pour livre.

1263. *Le Contrôleur général à M. de la Fond, procureur général en la Cour des monnaies.*

13 Juin 1707.

Il lui demande de faire faire au greffe de la Cour des copies intégrales de quelques anciennes ordonnances, depuis Philippe le Bel jusqu'à Charles V, nécessaires au travail qu'exécute le sieur de Mouy, et qui sont simplement mentionnées dans le recueil de Boisard.

1264. *M. Lebret, intendant en Provence, au Contrôleur général.*

16 Juin 1707.

Il annonce que, pour continuer la recherche de la noblesse, il a nommé un procureur du Roi qui empêchera que le traitant ne fasse indûment supporter des procédures et des frais aux gentilshommes dont l'origine noble est déjà établie. Les subdélégués recevront les titres à produire et les enverront à l'intendant par la poste, pour épargner le voyage aux personnes assignées.

«Après tout, cette recherche coûtera au Roi, et je n'en puis espérer du produit pour S. M. Il est vrai qu'un commis qui ne sera pas scrupuleux pourroit, sous prétexte de frais ou de dépens des défauts qu'il obtiendroit, tirer quelques pistoles de ceux auxquels il promettroit de garder le silence; et c'est pour éviter cet inconvénient, qui peut être préjudiciable au Roi en ce qu'on pourroit favoriser les roturiers, et qui l'est toujours à ceux de qui on exige de l'argent quoique nobles, qu'il ma paru nécessaire de commettre un procureur du Roi *.»

* A la lettre de M. Lebret est jointe cette minute de réponse du contrôleur général, qui, selon une note marginale, fut entièrement refaite, quant à la forme, dans le bureau de M. Chavigné : «Votre lettre du 16 du courant m'a étonné en ce que vous vous plaignez des assignations données à des personnes qui sont au-dessus de la recherche de la noblesse. Je suis informé que le commis chargé de cette recherche dans votre département fait des états fidèles de tous ceux qui ont passé des actes avec des qualifications nobles, et que, lorsqu'il vous présente ces états, vous lui ordonnez verbalement de faire assigner; mais je dois vous dire que l'usage de tous les autres intendants est d'examiner les états pour assigner, d'en retrancher les articles qui ne doivent pas l'être, et de ne pas souffrir qu'il soit donné une seule assignation avant que l'état du commis ait été visé et approuvé. Il me paroît indispensable que vous en usiez de même, afin qu'on n'assigne personne mal à propos. Le commis est louable de n'oublier aucun article dans ses états, afin qu'on ne lui impute pas de sauver quelqu'un de la recherche; que si il vous échappe de permettre d'assigner quelqu'un qui ait été maintenu, vous pouvez rendre l'original de l'assignation sur le premier avis que vous en avez : c'est ce qui se pratique dans toutes les autres provinces. Je ne suis pas moins surpris de ce que vous me marquez que le Roi ne peut rien tirer en Provence de cette affaire, vu que j'ai fait arrêter depuis peu pour 90,000 # de rôles de seules personnes qui ont récidivé : je vous en envoie copie. D'ailleurs, je sais que la recherche a été très mal faite en Provence jusqu'à présent et que les commis y ont très mal fait leur devoir. Si celui qui y est tombe en faute, c'est à vous de le punir.»

1265. *Le sieur de Lassé, receveur général des finances à Bordeaux, au Contrôleur général.*

18 Juin 1707.

«Depuis mon arrivée en cette ville, toute mon application a été d'examiner les causes du retardement des recouvrements.

«La première et la principale est l'abondance des fruits, la vilité du prix, et le peu de débit qu'il y eu a. Les vins et les eaux-de-vie, qui sont les principales denrées, se sont donnés et se donnent à si bon marché, que les droits de celles qui se transportent dans les pays étrangers emportent la moitié du prix, en sorte qu'il reste très peu d'argent aux propriétaires.

«A cette raison générale, celle du camp de Médoc, qui se fit l'année dernière, où tous les habitants des paroisses, presque indistinctement, même les collecteurs, eurent ordre de se rendre, en est une particulière, qui a retardé infiniment les recouvrements, ces habitants n'ayant pu faire leur récolte à l'ordinaire, ni les receveurs et collecteurs agir et mettre en sûreté les fruits, qui sont le gage naturel du payement de la taille.

«J'ai examiné la conduite des sieurs Mauroy et Julliot, receveurs des tailles de l'élection de Bordeaux, et leurs registres, que j'ai trouvés en fort bon ordre, et il m'a paru que le retardement des recouvrements ne vient point de leur faute. Je leur dois cette justice de vous assurer qu'ils sont dans une estime générale, M. le Maréchal, aussi bien que M. l'Intendant m'en ayant rendu un témoignage très favorable. J'ai eu l'honneur d'avoir plusieurs conférences avec M. l'Intendant, sur l'ordre que vous lui avez donné d'employer des troupes aux recouvrements et de ne plus se servir de porteurs de contraintes; et, comme ce nouveau moyen change la forme de la régie, il est important de vous représenter que, quoique ce moyen puisse être utile en ce que les soldats et dragons logés dans les paroisses et chez les redevables, au lieu des archers des tailles, feront plus d'impression et forceront plutôt les taillables à payer, néanmoins il seroit dangereux, et ce seroit même la ruine des recouvrements, de confier les rôles aux officiers et de les laisser les maîtres d'envoyer des soldats ou dragons dans les paroisses, pour être logés chez les redevables sur les billets des consuls et collecteurs : ce qu'ils ne pourroient faire qu'en connoissance de cause et après avoir examiné les rôles, et avoir calculé et vérifié la recette qui en a été faite (chose peu convenable à des officiers dont la plupart ne savent ni chiffrer ni calculer); d'autant plus que, dans les trois élections d'Agen, Condom et les Landes, pays de taille réelle, les rôles ne contiennent que le nombre des arpents ou autres mesures des fonds, sans spécifier les sommes des cotes, qui ne se connoissent que par la clôture du rôle et par l'application et distribution de la somme totale par rapport à la quotité d'arpents dont le rôle est composé, desquels arpents et autres mesures, qui sont différentes en chaque élection, il y a plusieurs fractions, étant nécessaire d'avoir une expérience consommée en ce fait-là pour en avoir l'intelligence : ce qui rebuteroit même les officiers par la seule inspection des rôles, et rendroit le soin qui leur en seroit confié très inutile. En sorte que, s'il vous plaisoit ordonner qu'en chaque lieu où il y auroit un corps de troupes M. l'Intendant établît un homme fidèle et entendu, qui travaillât de concert avec l'officier de guerre, qui calculât et examinât les rôles avec lui, dont l'officier seul n'est point capable, qui lui demandât les soldats ou dragons nécessaires pour être envoyés dans les paroisses dont ce particulier auroit l'inspection, qui expliquât aux soldats ce qu'ils auroient à faire, et qui instruisît surtout les collecteurs qui le viendroient trouver de la manière dont ils devroient se servir des troupes pour avancer les recouvrements, cela pourroit produire l'effet que Monseigneur se propose; et en cas de changement, ces employés serviroient ou à instruire les nouvelles troupes qui viendroient, ou de nouveaux employés, si on cessoit de se servir de troupes.

«La matière ainsi disposée, les employés iroient dans les paroisses de leur département pour examiner si les ordres donnés aux collecteurs et aux soldats s'exécutent régulièrement, et si ces derniers ne font point de désordre et se contiennent dans leur devoir, chose très essentielle à suivre, afin d'y remédier promptement par l'autorité de l'officier : sans quoi il est certain que l'on seroit exposé à de plus grands désordres que ceux que l'on veut éviter.

«Voici d'ailleurs le temps de la récolte qui approche; il y a diverses sortes de fruits, outre les blés et les vins, qui sont les foins, les tabacs, les prunes, les chanvres et les châtaignes. Il faut que les receveurs des tailles et les collecteurs s'en prévalent pour faire saisir et séquestrer les fruits, chacun dans leur temps, et, s'ils manquent cette occasion, les redevables en disposent le plus tôt qu'ils peuvent, ou ils sont enlevés par leurs créanciers, et, de toute l'année, on ne trouve rien chez eux pour payer la taille. Il y a aussi des temps différents pour la vente de ces sortes de fruits qui se portent dans les foires et marchés. Il faut encore avoir une attention particulière à suivre, pour ainsi dire, pas à pas les redevables, pour retirer le prix de ces denrées aussitôt qu'elles ont été vendues. Les soldats et les dragons seuls n'étant pas capables de ces sortes de soins, il seroit nécessaire qu'il y eût d'autres gens plus vigilants, plus entendus et plus affectionnés. M. l'Intendant connoît et convient qu'il est indispensable d'avoir de ces sortes d'employés, et que, sans cela, l'usage des troupes achèvera de ruiner les recouvrements.

«Il est encore très important que les receveurs des tailles soient informés journellement de ce qui se passe dans les paroisses, afin de connoître si le recouvrement avance et s'il n'y a point de divertissements de deniers (chose très ordinaire et très dangereuse à cause des discussions solidaires qu'il faut exercer contre les communautés, et qui les ruinent) : ce qu'ils ne peuvent pas savoir par le ministère des troupes. Et en cas qu'il se trouve de la négligence ou du divertissement de la part des collecteurs, ni les officiers, ni les soldats, à qui cela importera peu, ne se mettront pas en peine d'y remédier; au contraire, ils seront plutôt capables de les favoriser, parce qu'ils en tireront ou des présents ou de l'argent. Tous ces inconvénients, qui seroient suivis d'une infinité d'autres, méritent votre attention, car, si on renverse totalement la forme présente des recouvrements, il ne sera pas aisé, dans la suite, de réparer le mal qu'une nouvelle régie pourra causer.

«Je partirai après-demain pour aller dans les autres élections, et je commencerai par le Périgord. J'aurai l'honneur de vous informer de l'état où je les aurai trouvées, et surtout celles de Sarlat et d'Agen, limitrophes du Quercy, où les peuples ont été flattés d'un prompt et considérable soulagement : ce qui, au lieu de les rendre dociles, les a soulevés contre les employés, dont quelques-uns même ont été maltraités*.»

* Voir deux autres lettres, des 12 et 19 juillet. Dans la dernière, il justifie les procédés de recouvrement des receveurs et propose un remède aux abus signalés chez les collecteurs dans le tirage au sort pour la milice.

1266. *M. d'Ormesson, intendant à Soissons,*
au Contrôleur général.

21 Juin 1707.

Il rend compte des circonstances dans lesquelles les habitants du village de Coingt se sont emparés, avec violences, de la propriété des bois appartenant à l'abbaye de Bonnefontaine, et il demande l'aide du lieutenant de Roi de Rocroy et de la garnison pour faire rendre justice aux religieux*.

* En marge, de la main du contrôleur général : «Mander à M. de la Grange et à M. d'Ormesson d'agir de concert pour faire arrêter deux ou trois des plus coupables; les tenir prisonniers à Rocroy; permettre aux religieux de suivre l'affaire par les voies de la justice ordinaire, et à M. de la Grange de prêter main-forte aux huissiers et autres, en cas de besoin.»

1267. *Le sieur du Clos de Courcelle, avocat à Metz,*
au Contrôleur général.

22 Juin 1707.

Il réfute les accusations des officiers de l'hôtel de ville de Metz qui veulent s'opposer à ce qu'il obtienne la charge de maire alternatif, sous prétexte qu'il est mauvais converti et que sa femme et ses enfants sont hors du royaume.

«Peux-je donner une plus forte marque de ma conversion sincère que de songer à prendre la charge dont il s'agit? Elle est publique : un particulier auroit-il le front de paroître dans cet emploi, s'il ne sentoit en lui-même toutes les dispositions nécessaires pour ne pas s'exposer aux reproches qu'une conduite contraire à son devoir pourroit lui attirer? Il est vrai qu'en 1685 il paroît que j'ai tenté de sortir du royaume; j'ai aussi été, quelque temps après, arrêté par les ordres de M. le maréchal de Boufflers; mais, pour lors, j'étois prévenu de ma religion. Combien y en a-t-il eu d'autres auxquels le même est arrivé, qui à présent édifient les gens de bien! Le Roi, toujours bon, a voulu convertir sans détruire personne, et M. le Maréchal, me faisant arrêter, voulut faire des exemples sur les plus importants et plus apparents sujets de S. M., et il m'auroit envoyé dans l'Amérique, s'il eût voulu me perdre. Que peut-on m'imputer par là? J'avoue que ma femme et mes enfants sont hors du royaume. Peut-on soupçonner de là que je serai peu fidèle et que je ferai savoir à ma femme ce qui se passera? Je dois plutôt dire ici que, par la permission du commandant pour le Roi dans cette ville, j'allai en Hollande, pendant la dernière paix, en intention d'en retirer ma femme et mes enfants; mais, ne le pouvant faire, je revins ici peu de temps après, et j'y suis toujours resté. Je prétends cependant que ma réception dans cette charge, dont je tâcherai de remplir tous les devoirs en honnête homme, me procurera cet avantage, auquel je travaille depuis huit années que je suis converti, qui est de me ramener et ma femme et mes enfants, et de les convertir à la même religion catholique dont je fais heureusement profession. Ils viendront à moi, s'ils désespèrent de me voir aller à eux, et ils en perdront la pensée, s'ils me voient établi et mettre mon bien en une charge. Vous savez que je me suis donné l'honneur de vous écrire après l'heureux succès de la bataille d'Almanza, pour vous supplier très humblement de me faire rendre mon fils, qui y a été fait prisonnier. Par votre réponse, vous avez loué mon zèle au service de S. M. Je cherche encore à présent d'autres moyens à pouvoir y réussir. Que ne puis-je trouver moyen de retirer ce jeune homme et du service étranger et de l'erreur dans laquelle il a été élevé! Mais quelle plus grande assurance pourrois-je donner, et de la sincérité de ma conversion, et de ma fidélité au service du Roi, qu'en achetant à un très haut prix cette charge de maire alternatif de la ville de Metz, pour laquelle j'emploie le plus beau et le plus considérable de mon bien? Cette circonstance seule pourroit servir de gage suffisant de tous mes devoirs dans les fonctions que j'en dois faire, lesquels je vous promets devoir être ma seule application. Qu'un homme est malheureux quand il a à se justifier de ce qu'on lui impose! Mais que je m'estime heureux de ce qu'on ne s'attache qu'à une religion qu'il y a longtemps que j'ai quittée, pour m'inquiéter et criminaliser! C'est la naissance qu'il faut blâmer; la Providence même y a eu quelque part, m'ayant fait naître de parents religionnaires des plus distingués dans la ville de Metz, soit pour la famille, ou par la probité, ou à l'égard du bien. Je l'ai déjà dit, il y a longtemps que je l'ai quittée pour embrasser la religion catholique, apostolique et romaine, en laquelle le Seigneur me fera la grâce de vivre le reste de mes jours et d'y attirer ma femme et mes enfants par cet établissement. Si j'osois, en récriminant un peu, vous faire le portrait de ces officiers de l'hôtel de ville, je vous ferois connoître une infinité de désordres publics et particuliers; mais je ne suis pas en place. Quand j'y serai, je ferai ce qui dépendra de moi pour remettre les choses dans l'ordre où elles doivent être, et, si je ne puis y réussir par mes remontrances et le bon exemple, j'aurai recours à mes supérieurs pour que leur autorité les contienne.»

1268. *M. l'Évêque de Nantes*
au Contrôleur général.

25 Juin 1707.

Il demande justice du scandale que le consulat de Nantes, entraîné particulièrement par MM. du Hallay et de Laurencin, a causé le jour de la Fête-Dieu, en prétendant occuper les chaises à bras réservées au clergé*.

* Réponse en marge : «Si le sieur du Hallay et ceux qui, avec lui, ont contribué au scandale qui est arrivé attendent que je leur donne protection, ils se sont bien trompés et me connoissent peu. Ils devoient assez de respect au saint sacrement pour remettre à faire valoir leurs prétentions dans une autre conjoncture plus favorable pour eux. Je ne saurois trop blâmer leur conduite, et, s'ils s'adressent à moi, je leur ferai une réponse pareille à ce que je vous écris.»

1269. *M.* de Harouys, *intendant en Champagne,*
au Contrôleur général.

27 Juin 1707.

Tous les receveurs particuliers, pressés par les receveurs généraux, qui leur envoient des garnisons, sont obligés de poursuivre et de faire emprisonner un grand nombre de collecteurs qui ne leur font aucun versement, et c'est là une perte considérable pour les campagnes à une époque où les collecteurs seraient nécessaires pour les récoltes, qui seules permettent aux recouvrements de se faire. On ne peut empêcher des poursuites parfaitement fondées contre ceux qui sont en retard; mais il faudrait exiger un peu de ménagements de la part des receveurs généraux et autoriser temporairement les receveurs particuliers à accepter les pièces de 10 sols de Strasbourg, qui sont la seule monnaie courante dans les paroisses enclavées au milieu de la Lorraine et des Trois-Évêchés*.

* En marge, de la main du contrôleur général : «Si vous voulez bien ordonner aux receveurs généraux de se rendre auprès de vous, mander en même temps les receveurs particuliers, les faire convenir ensemble de ce que vous croirez plus convenable à la conjoncture présente et à l'état du recouvrement, faire une visite des élections, à laquelle celui qui est en exercice assistera, vous faire rendre compte en sa présence du nombre de collecteurs qui sont dans les prisons, prendre du temps et des termes pour leur donner celui de travailler à faire quelque argent, et les obliger à laisser ces collecteurs en liberté pendant les mois de juillet et août, suivant l'usage que j'ai vu pratiquer, vous ferez un grand bien à votre généralité, et cette œuvre méritoire ne contribuera pas peu à conserver des familles qui souvent sont réduites à la mendicité par le peu d'attention des receveurs particuliers. Il seroit bien dangereux d'introduire les pièces de 10 sols de Metz par un titre public : on ne verroit plus d'autre monnoie. Si, dans votre tournée, vous recevez des plaintes, vous vous ferez donner

des états de ce qu'il y en a, et on y pourvoira.» Voir, sur ce dernier point, une autre lettre de l'intendant, en date du 30 juillet.

Voir aussi, à l'intendance de Poitou, la lettre écrite, le 15 mai, par le sieur de Mahé, receveur des tailles à Fontenay-le-Comte, qui dit : «La raison la plus essentielle du retardement du recouvrement procède du défaut de commerce et du vil prix des denrées, qui sont diminuées de plus des trois quarts, dont on ne trouve point le débit, en sorte que les contribuables sont la plupart hors d'état de payer les impositions auxquelles ils sont cotisés. La grande mortalité des bestiaux, causée par la sécheresse excessive qu'il fit l'année dernière, et le mauvais état de ceux qui ont échappé malgré la disette des fourrages, ont fait aussi un préjudice notable au recouvrement. Cela est si vrai que la plus grande partie des bestiaux étoient si atténués de maigreur, qu'ils n'avoient pas la force de labourer la terre; c'est la raison pour laquelle les foires n'ont rien valu. Les fermiers ne payent point leurs maîtres, et les laboureurs ou métayers encore moins, dont il y en a un nombre infini qui ont abandonné et laissé les terres incultes. Quand ils auroient en propre le produit de leurs terres, ils auroient de la peine à vivre et à payer toutes les impositions. La misère est certainement à un si haut point, que la plupart des contribuables, réduits à la dernière extrémité, n'ayant rien à perdre, se rebellent contre les collecteurs, qui sont journellement maltraités à coup de faux, fourches et autres instruments de fer. Rien n'est plus constant que ce que j'ai l'honneur de vous avancer. J'ose vous supplier de considérer qu'il seroit très fâcheux qu'un comptable rempli de probité, qui met tout en usage pour le service du Roi, en sacrifiant son bien par des avances considérables, eût, pour la récompense de son travail, le malheur d'être ruiné et abîmé de fond en comble. Vous êtes si rempli de justice et d'équité, que je me persuade que vous n'hésiterez point à m'honorer de votre protection.»

1270. *Le sieur* DE GRANDMAISON-GRYMAUDET, *commissaire au régiment des gardes françaises*, AU CONTRÔLEUR GÉNÉRAL.

6 Juillet 1707.

«Comme la fraude qui se commet journellement sur les entrées de vin en cette ville est venue à un point qu'on ne sauroit trop tôt apporter tous les remèdes nécessaires pour l'empêcher, M. le major et moi avons réglé aujourd'hui à l'ordre que les six sergents qu'il y a dans chacune compagnie du régiment se partageront la compagnie en six parts, de vingt-quatre soldats chacune, et que chacun d'iceux ira tous les soirs visiter les maisons des vingt-quatre soldats dont il sera chargé, pour rendre compte s'il les y aura trouvés ou non après la retraite, afin de faire arrêter ceux qui ne se seront pas trouvés dans leurs logements ordinaires, s'ils ne donnent des raisons valables de leur absence. D'ailleurs, comme il est du service du Roi de découvrir et se saisir des fraudeurs, dont il y a plus encore de bourgeois que de soldats, si vous vouliez bien ordonner que les brigades de la compagnie de M. le prévôt de l'Île, qui, pendant le jour, vont du côté de Bourg-la-Reine et de Villejuif, se saisissent de ceux qu'ils trouveront chargés de bachots de vin, en les suivant jusques aux barrières, comme aussi aux brigades du guet à cheval qui vont la nuit du côté du faubourg Saint-Germain, de pousser jusques aux barrières de Saint-Jacques, Saint-Michel, Saint-Marcel et Saint-Victor, et d'agir de concert avec les sergents commandant les gardes et patrouilles, comme aussi à MM. les intéressés de redoubler leurs gardes, qu'on assure être diminués, je me flatte qu'on coupera la racine à ce mauvais commerce. On a pris, en ce qui concerne le régiment, toutes les précautions possibles pour en empêcher la continuation; je tiendrai la main à l'exécution de ce qui a été ordonné pour cela, et y aurai une attention telle que le mérite un semblable désordre*.»

* Voir, aux dates des 5 et 16 juillet, des rapports sur la fraude que les soldats aux gardes pratiquaient du côté des Gobelins.

1271. *M.* BÉGON, *intendant à la Rochelle*, AU CONTRÔLEUR GÉNÉRAL.

7 Juillet 1707.

Mémoire sur la nécessité d'aliéner la forêt de Rochefort.

«La forêt de Rochefort ne peut jamais être d'aucune utilité au Roi, et elle sera ruineuse aux habitants de la ville et à ceux de quatre grandes paroisses dont elle est environnée, qui vont être les tributaires des officiers des forêts, qui les mettront hors d'état de payer à l'avenir la taille et les autres contributions; vous assurant, que dans un temps tel que celui-ci, il n'y a rien dans cette province qui soit plus digne de votre attention et de l'honneur de votre protection. Pour moi, je regarde uniquement en cela le bien public et le repos des peuples, qui sont assez fatigués d'ailleurs sans être exposés, comme ils sont, aux poursuites continuelles que des gardes affamés font contre eux, qui cesseront, si la grâce qu'ils demandent leur est accordée.»

1272. *M. l'Évêque de Nantes* AU CONTRÔLEUR GÉNÉRAL.

8 Juillet 1707.

«Personne ne peut mieux tenir les États que M. l'évêque de Saint-Malo. Il est riche, frère d'un directeur des finances qui est chargé des États de Bretagne; d'ailleurs, ayant été agent du clergé de France, il est à présumer qu'il sait les affaires. On m'a offert à Dinan une maison que j'ai acceptée. Nous ferons de manière que j'espère que tout conspirera au bien du Roi et de la province. Vous avez deux régiments en Bretagne, un de dragons et l'autre d'infanterie! Est-ce que vous en avez de reste? En ce cas, je n'ai rien à dire. Si c'est pour contenir les Bretons, ce seroit trop peu, si leur attachement pour leur prince et pour la religion ne les retenoit pas. Cela ruine une province, et certains discours que l'on tient les effarouche. Si j'osois, je vous supplierois d'y faire attention. Vous connoissez mon zèle pour le Roi et mon attachement pour vous, et que je connois un peu les Bretons; fiez-vous à leur amitié pour leur prince, qui va, si je l'ose dire, jusqu'à la tendresse : que l'on ne leur fasse pas apercevoir la verge, si elle n'est plus forte. Vous m'entendez, je suis sûr; pardonnez aux réflexions d'un goutteux. Il peut arriver de petits mouvements; mais la présence de leur évêque les rappelle très aisément. J'ai déjà vu cela en petites occasions : dans le temps de la chère année, moi seul les tins et remis dans leur devoir. Les recrues que ce régiment d'infanterie vient prendre ne tiendront pas longtemps, si le régiment demeure en Bretagne*.»

* Réponse en marge : «Je dois travailler vendredi prochain avec MM. les députés des États de Bretagne à ébaucher le projet pour faciliter les moyens de fournir les fonds dont la province aura besoin. J'espère que le temps que j'y donnerai abrégera de beaucoup celui de votre séjour à Dinan. Je n'aurois pas cru que vous m'eussiez fait un crime de contribuer à vous procurer un régiment de dragons et un d'infanterie pour garder la province de Bretagne, dans un temps qu'il semble que les ennemis sont les maîtres d'entreprendre par mer tout ce qui leur plaira. Rien ne seroit plus aisé, pour l'avenir, de se garantir de pareil reproche. Comme je connois vos fermes intentions, je ne saurois m'empêcher de vous remercier de la franchise avec laquelle vous m'écrivez.»

1273. *M. Trudaine, intendant à Lyon, au Contrôleur général.*

9, 14, 15, 19 et 28 Juillet 1707.

Il rend compte de ses négociations pour tirer de la ville et des marchands de Lyon, sous forme de Don gratuit, une somme de 800,000 ᵗᵗ destinée au service des troupes de Savoie, de Dauphiné et de Provence*.

«J'aurois cru que l'on eût pu leur demander un million, payable les trois quarts en argent et un quart seulement en billets de monnoie. Je serois fort de votre sentiment de ne leur faire nulle remise de ce qu'ils doivent payer d'ailleurs; mais je n'aurois pas hésité de leur accorder la continuation du suroctroi, parce que cela ne regarde que des années fort éloignées, et que si, entre ci et le temps que l'on vienne à la jouissance de ce suroctroi dans ces années éloignées, l'on trouve que la ville n'en a pas de besoin pour payer ses dettes, l'on peut le supprimer dans ce temps, ou s'en servir pour leur faire faire quelques autres emprunts**.»

* Le 26 mai précédent, les maire et échevins, à l'instigation du maréchal de Villeroy, avaient offert d'emprunter 2,000,000 ᵗᵗ pour le Roi, en témoignage de leur gratitude pour la révocation du cours des billets de monnaie; mais leurs démarches pour trouver des prêteurs avaient échoué.

** Dans une autre lettre du 28 juillet, l'intendant dit : «M. d'Angervilliers me mande que les fonds qui sont en Provence pour le Roi, y sont en piastres, que l'on faisoit convertir à Aix; qu'ils ont si grand besoin d'argent, qu'ils ont délibéré de payer les troupes avec de ces piastres, mais qu'y ayant un grand gain pour le Roi de les faire convertir, et n'y ayant plus de sûreté de faire travailler à Aix, que l'on va nous les envoyer ici. J'ai déjà averti le directeur de la Monnoie de se préparer à expédier cette fabrication; mais je tâcherai encore de trouver de l'argent à emprunter et à rembourser au fur et à mesure que les matières seront fabriquées. Nous enverrons à l'armée, dimanche au plus tard, 100,000 ᵗᵗ du Don gratuit de la ville, et nous continuerons tant que nous en pourrons trouver sur ce fonds.» Réponse en marge : «L'expédient concerté entre vous et M. Lebret, pour procurer au Roi le bénéfice que S. M. peut tirer de la conversion des piastres en pièces de 9 s. 6 d., est dû entièrement à vos soins et à votre bonne volonté. Je mande à M. Lebret d'envoyer à la Monnoie de Lyon tout ce qu'il pourra tirer de piastres et de matières de celle d'Aix ou de la ville de Marseille, et vous me ferez un sensible plaisir de faire fournir de l'argent comptant au lieu desdites piastres et matières, pour secourir l'armée à mesure qu'elles arriveront, en donnant tel bénéfice que vous jugerez à propos à ceux qui en feront l'avance.»

Le 26 juillet, M. Desmaretz écrit au prévôt des marchands que, si l'emprunt de la ville de Lyon qui doit être employé au Don gratuit demandé par le Roi ne réussit pas, l'insuccès en retombera sur lui-même, prévôt des marchands, et qu'il sera accusé de n'avoir pas agi avec un zèle sincère; dès la réception des premières nouvelles, on aurait pu obtenir des principaux marchands une avance de 400,000 ᵗᵗ en deniers comptants, qui aurait été remboursée sur le produit de l'emprunt qu'on fera à Gênes, ou sur quelque autre fonds; toutes les villes de Provence ont fait des prêts semblables.

Le 8 août, le prévôt des marchands et les échevins envoient le texte d'une délibération par laquelle ils offrent une somme de 600,000 ᵗᵗ en argent, sous forme de Don gratuit applicable aux besoins de l'État, principalement à la subsistance des armées de Provence et de Dauphiné, et ils demandent la permission d'emprunter cette somme dans le royaume ou à Gênes, aux conditions les plus avantageuses.

1274. *Le Contrôleur général à M. de Brilhac, premier président du Parlement de Bretagne.*

10 Juillet 1707.

Le Parlement de Bretagne est la seule Cour supérieure qui n'ait pas encore financé pour la dispense d'un degré de service; il faut empêcher que le Conseil ne soit mis en demeure de statuer sur un refus aussi obstiné. Si la raison en est que les charges bretonnes prétendent n'avoir jamais besoin d'acquérir la noblesse, on attribuera le privilège des dispenses aux seules charges angevines, et l'on ne comprendra pas les bretonnes dans le rôle de la finance.

1275. *M. de Brilhac, premier président du Parlement de Bretagne, au Contrôleur général.*

10 Juillet 1707.

«Quelque chose que j'aie pu faire pour remédier à un arrêt rendu contre mon sentiment et contre le vôtre, au sujet des fermiers généraux, je n'ai pu en venir à bout, à cause qu'il étoit signé. C'est pourquoi je suis obligé de vous représenter qu'il n'y a que la voie de le faire casser; après quoi, je vous réponds d'en faire rendre un qui sera conforme à vos intentions, qui ne sont autres que la justice.....»

1276. *M. Desmaretz, directeur des finances, à M. de Brilhac, premier président du Parlement de Bretagne.*

11 Juillet 1707.

La déclaration du 27 juin porte expressément que les

anciens billets de monnaie seront convertis pour trois quarts seulement en billets nouveaux ayant cours, et pour le dernier quart en billets n'ayant point cours, mais convertibles en billets des receveurs ou des fermiers généraux, ou en rentes sur l'hôtel de ville. Cette mesure ne comporte aucune exception, et la seule faveur qu'on puisse accorder à quelqu'un est de procurer une plus prompte conversion*.

* Voir, aux 23 avril, 4 et 5 mai, 8 et 22 novembre, les lettres et requêtes des marchands de Nantes; aux 27 avril et 1er mai, deux lettres du sieur de la Lande-Magon; aux 11 juin et 2 juillet, deux lettres de M. de Saint-Macary, subdélégué général en Béarn.

Sur le visa des anciens billets, voir une lettre de M. d'Orsay, prévôt des marchands de Paris, en date du 28 mai, et plusieurs lettres de M. d'Argenson (Police, G7 1725), 24 et 31 juillet, 7 et 14 août. Les deux premières journées donnèrent un total de plus de 2,000,000 #.

1277. *Le sieur* Bizouard-Devarennes, *directeur général des gabelles en haut Languedoc, Rouergue et Auvergne, au* Contrôleur général.

12 Juillet 1707.

Rapport sur la tournée qu'il a faite dans l'étendue de son département, sur l'organisation, la composition et la valeur du personnel, les travaux, etc.

1278. Le Contrôleur général *à M.* le Gendre, *intendant à Montauban.*

16 Juillet 1707.

«Les besoins de l'extraordinaire de la guerre et le peu de secours que je reçois du trésorier sont au-dessus de votre crédit et de votre bonne volonté pour le Roi, et, les secours que vous avez bien voulu donner au Roussillon n'ayant aucune proportion à la disette dans laquelle il se trouve, je vous prie de voir avec les receveurs généraux des finances et les receveurs des fermes générales les moyens de procurer avec une extrême diligence jusqu'à 200,000 # d'argent comptant, du fonds de leurs caisses, en leur donnant un ordre de vous et copie de ma lettre. Je ferai remettre pareille somme de 200,000 #, en deniers comptants, au sieur de Bonneval, caissier général des fermes à Paris, ou à ceux qui sont porteurs des lettres des receveurs généraux ou des assignations qui sont tirées sur eux; mais ce que je vous demande, c'est de faire partir, sans différer un moment, cette voiture pour le Roussillon. Vous garderez aussi pour vos besoins les plus pressants ce qui vous reste de l'emprunt des 200,000 #, que je ferai remplacer dans le temps que vous le désirerez*.»

* M. le Gendre rend compte de l'exécution de ces ordres le 27 juillet, et les 3 et 24 août, 8 et 28 septembre suivants.

M. de la Bourdonnaye, intendant à Bordeaux, rend compte également, le 31 mai et le 21 juin, de la négociation d'un emprunt de 200,000 #, dont le produit devait être envoyé à Bayonne.

1279. *M.* de Saint-Contest, *intendant à Metz, au* Contrôleur général.

16 Juillet 1707.

«Si vous souhaitez, je proposerai aux ennemis de donner des passeports à tous les commis employés pour gruyers et autres officiers de pareilles natures; mais cela ne réussira point assurément, parce qu'ils n'en accordent gratis qu'aux officiers de l'état-major et autres personnes principales, prétendant que tout ce qui fait fonction dans l'État politique non militaire est sujet à les acheter; et cela ne s'est point pratiqué de l'autre guerre, puisque, pour lors, ce pays-ci n'étoit point à contribution, étant couvert par Landau, Philipsbourg, Trarbach, Mont-Royal et plusieurs autres postes de la Sarre que nous occupions en ce temps-là. Néanmoins, je tenterai la chose, si vous le désirez; mais sûrement c'est une invention des traitants pour annexer le droit de passeport à leurs charges ou commissions, et cela n'aura aucun succès*.»

* Réponse en marge : «Il ne convient point de faire des tentatives inutiles; qu'il dise aux officiers des eaux et forêts qu'ils prennent des passeports lorsqu'ils en auront besoin.»

1280. *M.* Pinon, *intendant en Bourgogne, à M.* Desmaretz.

21 Juillet et 24 Novembre 1707.

Rapport sur la découverte qui aurait été faite, à l'aide de la baguette divinatoire, d'une mine d'argent dans la montagne d'Ennemond, en Bugey.

Autre rapport sur la recherche du trésor qu'on prétend avoir été caché par des bandits dans les ruines d'un vieux château, à Noyers*.

* Le 20 octobre, M. Desmaretz donne ordre à M. Phélypeaux, intendant à Paris, d'envoyer une personne de confiance pour examiner s'il y a quelque apparence que ce trésor existe réellement.

1281. *M. l'Évêque de Nevers au* Contrôleur général.

22 Juillet 1707.

«La vue du bon ordre et le désir de pacifier des esprits tumultueux m'obligent de vous porter ma plainte sur des satires injurieuses à la religion et aux plus gens de bien de cette ville. Il y a plus de deux ans que je souffre les auteurs les débiter publiquement et répandre le fiel le plus amer sur différentes personnes accréditées par leur piété et par leur caractère. J'espérois toujours qu'ils feroient réflexion à ma patience, et que mon silence leur feroit prendre le parti de le garder par imitation; mais j'apprends qu'il paroît une nouvelle pièce, plus outrageante encore que les autres, et dans laquelle ma dignité même est avilie. En voici le sujet. Il se fit cet hiver une mascarade, où un jeune homme de cette ville, marié déjà pour la seconde fois, parut en habit ecclésiastique, avec un manteau, une soutanelle, un collet, une perruque à tonsure. C'étoit l'habit de son oncle chanoine. Là-dessus, plusieurs de Messieurs de mon Chapitre en furent scandalisés et m'en portèrent leur plainte. Je tâchai, sur cela, de faire mon devoir sans faire grand bruit; mais deux ou trois esprits brouillons qui se mêlent ici de faire des vers, viennent de relever cette histoire, et, sous le titre de *Mascarade,* débitent à toute occasion des vers affreux sur ceux qui s'en sont plaints et sur moi, qui en ai témoigné ma peine. Ces vers se disent aux grilles et aux lieux publics, et par là l'on tâche de décréditer la religion et ceux qui la soutiennent. Je vous supplie que, sur un fait de cette conséquence, il vous plaise de vous informer des auteurs. La voix publique les nomme, et, si je les tais, c'est qu'il ne convient pas à un évêque d'être l'accusateur d'aucun de son troupeau. Je ne cherche, dans la plainte que je vous porte, que la conversion du pécheur, et je serai toujours du reste le premier à vous demander grâce.»

1282. *M. Turgot, intendant à Tours,*
au Contrôleur général.

23 Juillet, 16 Août, 19 Septembre, 1er et 16 Octobre 1707.

Rapports sur des conflits provoqués par les gardes du tabac qui ont charge de détruire les plantations ou de réprimer les fraudes*.

Mémoires et observations sur l'état général de la ferme et des plantations dans l'élection de Mayenne.

* M. de Harouys, intendant en Champagne, envoie, le 18 septembre, son avis sur la nécessité d'adjoindre un élu aux commis de la ferme du tabac pour faire leurs visites.

Dans l'intendance de Rouen, les habitants de la paroisse de Gouy se soulevèrent contre les commis qui étaient venus dresser procès-verbal de plantations faites dans les jardins. M. Desmaretz demanda qu'un religieux du couvent de Lyons qui avait pris part à ce mouvement fût puni suivant les règles. (Lettre de M. de Courson, 21 octobre.)

1283. *M. Baudouin, subdélégué à l'intendance d'Alsace,*
au Contrôleur général.

26 Juillet 1707.

Il envoie deux jugements rendus contre des Juifs et des Savoyards pour transport à l'étranger d'espèces vieilles et nouvelles, réformées et non réformées.

1284. *M. Roujault, intendant en Hainaut,*
au Contrôleur général.

31 Juillet 1707.

Les bourgeois, obligés de faire crédit aux troupes et de se contenter de billets du trésorier de l'extraordinaire des guerres, qui n'ont point été payés exactement, demandent la faculté de les passer en acompte aux receveurs des droits du Roi, et ils protestent contre une ordonnance de l'intendant qui prétend que ces droits ne peuvent être acquittés qu'en argent comptant, quoique M. de Bernières ait autorisé, en 1705, le payement des droits dus sur les bières en billets du trésorier. On évalue le montant des billets en circulation à 50 ou 60,000 écus; l'expédient le plus prompt et le plus juste seroit que le trésorier les fît rembourser par ses commis*.

* Réponse en marge : «Vous ne deviez point donner l'ordonnance que vous avez rendue, sans m'en avoir écrit auparavant et vous être fait autoriser pour finir toutes ces discussions. Vous vous ferez représenter tous les billets qui ont été donnés par le trésorier dans votre département, qui restent sur son compte, qu'il n'a pas pris soin d'acquitter; vous en ferez un état, et me l'enverrez le plus tôt que vous pourrez. Je prendrai des mesures avec ledit trésorier pour lui fournir les moyens de les acquitter; mais, en attendant, vous ne devez point autoriser à payer les droits des Quatre-Membres avec lesdits billets.»

Sur une précédente remontrance, en date du 24 juin, un fonds de 150,000 # avait été fait pour fournir au remboursement des avances des entrepreneurs des fourrages et au payement des subsides de M. l'électeur de Bavière.

Le 22 août, l'intendant écrit que le receveur du domaine refuse de livrer les fonds nécessaires à la solde des garnisons, et que le contrôleur général devrait lui en faire l'injonction formelle. Il manque quatorze prêts dans diverses places du département, et le régiment de Dampierre, qui est en garnison au Quesnoy, ne subsiste plus, depuis deux mois et demi, que par le crédit qu'on y fait aux officiers et aux soldats. — Le contrôleur général répond en marge : «Sans un ordre précis de ma part, ils en ont un général de ne rien payer.»

Sur les embarras que le service éprouvait dans la Picardie et l'Artois, voir une lettre de M. Bignon, en date du 14 mai. Le contrôleur général envoya 50,000 # à Amiens et 40,000 # à Arras.

1285. *M. Desmaretz, directeur des finances,*
à M. de Bernage, intendant en Franche-Comté.

2 Août 1707.

Il discute un projet de remboursement des billets de monnaie.

«La première opération de la proposition du sieur Arbilleur, qui est celle de laisser le cours aux diminutions d'espèces jusqu'à ce que ces espèces soient réduites à 3 # 4 s. l'écu et à 12 # le louis d'or, paroît avoir de grands inconvénients dans un temps comme celui-ci, où les espèces sont déjà si resserrées, car il ne faut pas se flatter que les gens de commerce se laissent toucher de la perte d'un sol ou 2 sols par écu, pendant que le papier perdra jusqu'à 30 et 40 p. o/o. Il y auroit donc tout sujet de craindre que ces diminutions, pendant les cinq mois qu'elles devroient durer, ne fissent beaucoup de désordre et n'augmentassent excessivement la rareté et la cherté des espèces*.»

* Le 9, M. de Bernage répond : «J'attendrai que vous me fassiez l'honneur de me mander votre sentiment sur la proposition entière dont le sieur Arbilleur m'avoit donné une première idée imparfaite, et qui

est devenue mon ouvrage par le système que j'en ai formé. Pour répondre cependant à l'objection du danger qu'il y auroit que le cours des diminutions ne resserrât et renchérît encore l'argent, j'aurai l'honneur de vous dire en premier lieu qu'il semble que cela ne pourroit produire un effet un peu sensible qu'à Paris, à cause du papier dont il est plein; que d'ailleurs la première et la seconde diminution ne pourroient guère déranger le cours, et qu'il n'y auroit par conséquent que deux mois au plus d'un peu de souffrance, parce que, dans le moment que la cinquième diminution arriveroit, qui seroit le premier jour du cinquième mois, on ouvriroit la réforme proposée, qui donneroit une nouvelle face à l'espèce et au papier.»

Un mémoire est joint à cette lettre.

Le 12, M. Desmaretz dit encore : «Depuis la lettre que je vous écrivis le 2 de ce mois, j'ai lu à M. Chamillart votre proposition touchant le remboursement d'une partie considérable de billets de monnoie par le moyen d'une nouvelle réformation qui seroit suivie de l'augmentation du prix de toutes les espèces. Outre les raisons qui m'avoient déjà paru s'y opposer et que je vous ai marquées, il est certain que cette réformation ne pourroit se faire sans défigurer entièrement les espèces qui ont souffert les précédentes réformes et en altérer excessivement le poids. Vous pouvez aisément juger de tout le désordre qui en arriveroit de la part des rogneurs, billonneurs et faux-monnoyeurs. D'ailleurs, il n'est pas aisé de se persuader que les marchands, les banquiers et tous ceux qui se mêlent aujourd'hui de faire valoir l'espèce, gens qui n'ont d'autre objet que le profit de leur commerce, souvent fort illégitime, et qui sont en usage de tout sacrifier à leur intérêt, il est, dis-je, fort difficile de se persuader que ces sortes de gens, qu'il faut considérer comme dépositaires de la plus grande partie de l'argent du royaume, voulussent se contenter d'un profit de 25 sols par louis d'or et s'assujettir à toutes les conditions de la proposition, pendant qu'ils pourroient en gagner 60 par la sortie de leurs espèces. L'expérience a fait connoître que les peines prononcées contre cette sorte de crime n'ont pu jusqu'ici en arrêter le cours. Au surplus, l'augmentation que le Roi a ordonnée, par arrêt du 9 de ce mois, du prix des pièces de 9 s. 6 d. à 10 sols, feroit encore obstacle à l'arrangement de votre proposition, qui, dans d'autres temps et dans d'autres circonstances, pourroit être d'un fort bon usage.»

Voir encore une lettre de l'intendant, avec mémoire joint, en date du 26 août.

1286. *Le Contrôleur général à M. de Bâville, intendant en Languedoc.*

5 Août 1707.

«Quoique je voie avec peine des fonds destinés pour le payement des rentes sur la ville employés à d'autres usages, je ne puis néanmoins vous reprocher de vous être servi de ceux de la gabelle pour payer le prêt des soldats. Vous m'auriez fait plaisir de m'envoyer un bordereau, signé des commis et certifié de vous, des sommes qu'ils ont remises au commis du trésorier de l'extraordinaire de la guerre, afin que je cherche d'autres fonds avec une extrême diligence pour remplacer ceux qui auront été détournés. Il en sera de même des 25.000 # de la ferme des actes des notaires, de 15 de celle du tabac, et de 10 de celle des formules, pour lesquelles vous avez fait donner des lettres de change sur le sieur de Montargis. Je comprends bien qu'avec ces secours forcés vous ne sauriez satisfaire à tous ceux qui vous demandent et à ce qui est dû. Il y a longtemps que je cherche des fonds pour vous tirer de cette extrémité. Je viens de conférer avec M. l'archevêque de Narbonne et le sieur Pennautier sur la proposition qui vous avoit été faite par le sieur Bonnier de créer des contrôleurs des impositions, avec attribution de 8 deniers pour livre. S. M. m'ordonna, lorsque j'en fis mon rapport au Conseil, de la communiquer au premier. Il nous a paru que, pour la rendre utile à S. M., il falloit obliger ledit sieur Pennautier de se rendre auprès de vous; il sera à Montpellier avant le 20 de ce mois, et j'ai lieu de croire, dans les dispositions où je l'ai laissé, que vous pouvez compter qu'il vous fournira volontiers 600,000 #. Soit que l'affaire, réduite à sa juste proportion, les produise, ou que la province rachète, je consentirois volontiers à vous laisser ce fonds en entier, à l'exception de 100.000 #, que je demanderois des premiers deniers, en me chargeant de vous remplacer ce que vous avez pris dans la caisse des gabelles, que je suppose être au-dessous de 200,000 #. Si, avec ce fonds-là, vous pouviez faire payer ce qui est dû du passé, et soutenir le service jusqu'au dernier octobre, vous me soulagerez fort de faire un travail digéré par vous-même sur le contenu de cette lettre, et de me l'envoyer le plus tôt que vous pourrez.»

1287. *Le Contrôleur général à M. de Bernage, intendant en Franche-Comté.*

5 Août 1707.

«La lettre du 31, par laquelle je vois que vous avez fait prendre, pour porter à la caisse de l'extraordinaire des guerres, 66.743 # dans celles des receveurs des impositions des bailliages (*sic*). Je ne saurois vous condamner, après m'avoir averti depuis longtemps, comme vous avez fait, de vous être servi de cet expédient, les fonds vous manquant absolument. Je ferai en sorte de les remplacer, sans rien diminuer de ceux que le trésorier peut vous envoyer. Je lui ai ordonné d'envoyer dès demain, à son commis près de vous, une assignation de quatre-vingts et tant de mille livres sur la capitation du duché de Bourgogne. Je mande à M. Pinon de presser le trésorier des États de fournir le tout ou partie de ladite somme en argent comptant; on pourroit du moins s'en servir à acquitter des dettes à ceux qui ont fait des avances, et qui s'en accommoderoient en attendant l'échéance*.»

* Voir la lettre de l'intendant, à la date indiquée du 31 juillet, et une précédente, du 26, où il disait que le retard des envois d'argent que la Monnaie de Lyon devait lui faire pour rembourser les sommes prêtées à l'extraordinaire des guerres ou pour payer le montant des billets du trésorier, compromettait son crédit et celui du Roi. Il demandait instamment que la Monnaie de Strasbourg, à défaut de celle de Lyon, lui fournît 400,000 # de matières, alors même que celles-ci seraient déjà alliées et mises au titre de la monnaie d'Alsace. Le 9 août, il déclare de nouveau qu'un envoi de six mille marcs d'argent annoncé de la Monnaie de Paris ne suffira pas, à 150,000 # près, qu'il n'y a plus moyen de payer le prêt aux troupes, et qu'elles n'ont point d'argent depuis trois semaines.

Le 13 octobre suivant, M. Trudaine, intendant à Lyon, écrit de même que, sur les instances pressantes du maréchal de Tessé et de M. d'Angervilliers, il a pris dans la caisse des fermes 50,000 #, pour les envoyer à l'armée de Dauphiné, quoique cette façon d'agir lui fût interdite. «Le sieur de Siry, receveur des fermes générales, ne m'a pas, dit-il, donné ce fonds sans peine. Il craint fort d'être réprimandé vivement par les fermiers généraux; je vous supplie de leur imposer silence et d'en rejeter toute l'iniquité sur moi. J'ai été obligé de lui dire que c'est de votre ordre que je lui ai pris cette somme; je n'ai pas pu mieux faire..... » A sa lettre est joint un billet du maréchal de Tessé, daté du camp de Balboté, le 10 octobre, et ainsi conçu : « Je vous dépêche ce courrier, lequel est un commis du trésorier de l'extraordinaire des guerres, et je ne saurois assez vous dire le besoin pressant où se trouve l'armée, campée dans la neige, sans bois, et n'ayant pas un écu pour payer le simple prêt du 15. Joignez-y la disette où nous sommes pour les transports de nos farines, car la caisse des vivres est au même état que celle de l'extraordinaire de la guerre. Au nom de Dieu, et c'est sauver l'armée, faites les derniers efforts pour nous envoyer de l'argent; quand vous ne nous enverriez que 40 ou 50,000 ll, que vous reprendriez sur la première voiture, cela nous tireroit de l'extrême nécessité où nous sommes, car, outre les incommodités du climat et du manquement total, nous avons encore les ennemis sur les bras de tous côtés. Vous pouvez envoyer ma présente lettre à M. de Chamillart. Tous les moyens en Dauphiné sont épuisés, et je vous avoue que j'aimerois mieux être en purgatoire que de faire la vie que je mène. »

1288. *M. de Bernage, intendant en Franche-Comté,* au Contrôleur général.

7 Août 1707.

« Comme la source de la petite saline de Salins qu'on appelle la *Bonne source*, non seulement ne s'est point rétablie dans le degré de salure qu'elle avoit originairement et qu'elle a commencé de perdre au mois d'août de l'année dernière, mais que sa qualité est encore diminuée depuis la visite que j'en avois faite le 29 décembre dernier, ne se trouvant présentement qu'à dix à onze degrés à sa chute dans le bassin des eaux salées, au lieu qu'elle étoit pour lors à quinze, et qu'elle devroit être à vingt-trois ou vingt-quatre suivant son ancien état, j'ai jugé à propos de la visiter de nouveau avec M. de Verpel, directeur des fortifications, en présence des officiers des salines et sources et du commis du fermier, afin de reconnoître mieux qu'on n'avoit fait d'où pouvoit provenir le mal, et d'y apporter des remèdes plus efficaces. Par la visite que je fis le 12 juillet dernier, il fut résolu qu'on dépouilleroit tout le rocher des environs du bassin de la source des anciens corrois qui y avoient été mis, pour qu'on pût découvrir par où les eaux douces s'insinuoient dans les salées, et les détourner ensuite plus facilement. Ce travail ayant été fait en présence de M. Verpel et les eaux du bassin de la source vidées par une pompe, on a vu clairement qu'il entroit deux sources de petites eaux salées, qu'on appelle *eaux douces*, dont l'une n'est qu'à sept degrés de salure, et l'autre à huit, et dont la dernière sort au-dessous de la superficie des eaux du bassin, et seulement à six pouces au-dessus de la sortie de la *Bonne source* : ce qui la rend difficile à détourner. M. Verpel m'ayant donné avis de ce qui avoit été fait et découvert, je m'y suis transporté en dernier lieu le 4 de ce mois, pour délibérer sur les expédients de remédier à ce mal connu, et on est convenu qu'il n'y avoit que deux voies pour détourner les eaux douces qui altèrent la qualité de la *Bonne source* : l'une, d'étouper de manière les conduits par où elles sortent qu'elles prennent leur route en regonflant pour rentrer dans les conduits des sources d'eaux de pareille qualité qui sont du même côté d'où celles-ci viennent, et beaucoup plus élevées; la seconde, de laisser couler ces eaux douces sans les faire regonfler, et de trouver moyen de les détourner à leur sortie; mais que, pour pratiquer l'un ou l'autre expédient, il étoit toujours nécessaire préalablement d'ôter un parpaing ou morceau de rocher spongieux et presque pourri, qui est même déjà comme détaché du côté d'où viennent ces eaux douces; que, quand ce morceau de rocher seroit enlevé, on commenceroit par éprouver si, en étoupant les canaux des eaux douces, elles regonfleroient aux sources de même qualité, sans s'insinuer par d'autres routes dans la *Bonne source* ou dans quelque autre de même degré de salure; auquel cas, la *Bonne source* ayant repris sa première qualité, on s'en tiendroit à cette opération, d'autant plus que ceux qui ont l'expérience de ces sources disent qu'il est toujours à craindre que, quand on laisse prendre cours aux petites eaux appelées *eaux douces* par des routes qui approchent de celles des eaux salées, elles ne s'y portent avec trop d'abondance, à cause de leurs pentes, et n'entraînent même quelques filets des bonnes eaux salées qu'elles trouvent en chemin, mais que, si l'étoupement ne produit pas le bon effet qu'on en peut espérer, et que ces eaux ne laissent pas de continuer à s'insinuer par d'autres chemins cachés dans la *Bonne source*, il faudra en venir au dernier expédient, c'est-à-dire à celui de détourner ces eaux à leur sortie, et que, pour y parvenir, il n'y a pas d'autre moyen que celui du travail proposé par le projet et le plan fourni par M. de Verpel, dont l'opération consiste à couper une partie du rocher dans le côté d'où viennent les eaux douces, pour y former un petit bassin particulier pour elles, qui sera séparé du bassin de la *Bonne source* par un petit mur de maçonnerie, qu'on fera d'une bonne composition de chaux et ciment et bien impénétrable, et qui sera assez haut pour faire remonter les eaux à une élévation suffisante pour les dévoyer par un canal qui les portera dans le grand bassin des eaux de la même qualité, ainsi qu'il est expliqué par ledit projet et plan, que je joins ici, avec les deux procès-verbaux de la dernière visite. Vous voyez que, soit pour l'expédient préalable de l'étoupement, soit pour le subsidiaire de la confection d'un nouveau bassin, il s'agit de travailler sur le roc : ce qui passe toujours dans l'esprit de ceux qui ont une ancienne connoissance des salines pour ouvrage délicat, par la crainte qu'on ne cause des ébranlements préjudiciables. Je puis cependant vous dire que, quand il a été question de faire des ouvrages à peu près semblables dans le temps que M. Chauvelin étoit intendant en cette province, feu M. de Vauban, qui s'y transporta avec lui, ne balança pas à proposer qu'on travaillât hardiment sur le roc et qu'on y fît les coupures qu'il jugeoit nécessaires, soutenant que tous les autres expédients n'étoient que des remèdes palliatifs et qu'il falloit aller aux spécifiques, et répondant même de l'événement : ce qui fut effectivement exécuté et réussi. La lettre que M. de Vauban écrivit alors est transcrite tout au long dans les registres des sauneries, où je l'ai vue. Je suis donc persuadé qu'après un auteur si grave et l'expérience, on peut faire sans danger ce qui a été projeté; mais je n'ai pas cru devoir prendre sur moi de permettre ou d'ordonner que cela fût fait sans avoir reçu vos ordres, que je ferai exécuter avec soin et précaution, quand il vous aura plu de me les donner. Il sera bon de faire faire ce travail le plus promptement qu'il sera possible, soit parce que le temps y est propre, soit parce que le fermier perd et vous demandera une indemnité, qu'on ne pourra lui refuser pour cette cause légitime*.»

* Voir plusieurs lettres et plans, à la date du 13 septembre suivant. Le Roi approuva le projet de M. de Verpel.

1289. *M. Desmaretz, directeur des finances, au Prévôt des marchands de Paris.*

8 Août 1707.

Mme la comtesse de Sillery se plaint de ce qu'elle est taxée, sur les rôles de la capitation, à un chiffre excessif, comme femme séparée de biens de son mari. Sa cote devrait être simplement proportionnée à celle du mari, et ne pas dépasser 10 ff.

1290. *Le Contrôleur général à M. Trudaine, intendant à Lyon.*

10 Août 1707.

Le contrôleur général persiste à croire, conformément à l'avis de M. de la Bourdonnaye, qu'on peut sans aucun inconvénient prélever chaque mois, pour le service de la Monnaie de Bordeaux, sept ou huit mille marcs de piastres sur les vingt mille marcs que les Bayonnais tirent mensuellement d'Espagne. Il est faux d'autre part qu'on exige des négociants de Bayonne une soumission de remettre leurs matières aux sieurs Hogguer. Enfin, il serait aussi injuste qu'inopportun d'augmenter de 10 sols le prix du marc pour la seule Monnaie de Lyon*.

* Le 20 du même mois, ordre est donné aux directeurs de Monnaies de convertir désormais toutes les matières d'argent en pièces de 10 sols et d'opérer le remboursement avec toute la diligence possible. Le 19 juillet précédent, M. Desmaretz avait écrit à M. Ferrand, intendant en Bretagne, qu'on pouvait laisser le choix entre toutes les Monnaies aux propriétaires des six millions de matières nouvellement arrivés dans les ports de Bretagne.

1291. *M. de Saint-Macary, subdélégué général en Béarn, au Contrôleur général.*

10 et 20 Août 1707.

Rapports justificatifs sur le travail des recouvrements et sur le mérite personnel de chacun des agents qui y prennent part.

1292. *M. Desmaretz, directeur des finances, à M. le Guerchoys, intendant à Alençon.*

11 Août 1707.

Il le prie de favoriser la châtellenie de Brezolles, celle de la Ferté-Vidame, le bailliage de Châteauneuf et quelques paroisses en particulier, dans la diminution de taille qui va être accordée à la généralité.

1293. *M. Desmaretz, directeur des finances, à M. de Saint-Macary, intendant en Béarn.*

12 Août 1707.

Le traitant de la taxe pour la suppression des inspecteurs des manufactures assure qu'il ne peut procéder par la saisie et la vente des marchandises, faute d'enchérisseurs, et il demande que l'intendant, sur sa requête, nomme deux des principaux marchands de chaque ville pour recouvrer les sommes imposées sur leurs confrères, sous peine d'être contraints par corps à payer eux-mêmes pour tous. Cette affaire languit depuis trop longtemps pour qu'on lui refuse ce secours.

1294. *M. Phélypeaux, intendant à Paris, au Contrôleur général.*

12 Août 1707.

Il appuie une requête des arquebusiers de Beauvais, qui demandent l'exemption à vie de toutes tailles, impositions, aides, logement, etc., pour le sergent de leur compagnie qui a été vainqueur au tir du papegaut pendant trois années consécutives.

1295. *Le Contrôleur général à M. de Puyzieulx, ambassadeur en Suisse.*

15 Août 1707.

«J'ai fait examiner par des personnes fort entendues dans le commerce le mémoire que vous m'aviez adressé par votre lettre du 1er de juillet dernier, pour l'établissement de certains bureaux de banque dans les principales villes du royaume. Vous verrez, par la réponse ci-jointe, que l'auteur du mémoire n'est pas bien instruit de nos usages, et que nous n'en pouvons faire aucun de sa proposition*.»

* Le 3 de ce même mois, M. Desmaretz avait communiqué le mémoire à M. Anisson, pour qu'il l'examinât avec M. Mesnager.

1296. *M. de Bernières, intendant en Flandre maritime, au Contrôleur général.*

16 Août 1707.

Fraudes sur le brandevin.

«Ce qu'il y a d'assuré, c'est que le désordre est très grand, ainsi que la fraude, et on peut dire que l'eau-de-vie, dans la

Flandre maritime, produit le même effet que le sel dans de certaines provinces de France : ce qui provient de ce que les droits des domaines excèdent la valeur de l'eau-de-vie, ce qui la rend extrêmement chère; au lieu que, dans la châtellenie de Lille, dans la province d'Artois et dans le pays de Calais, qui environnent tout mon département, il n'y a point de droits, ou du moins très peu, sur cette liqueur, où elle se donne à un très bas prix; et comme les Flamands ne se peuvent passer d'en boire et en font une grande consommation, vous jugerez facilement qu'il se fait une guerre continuelle avec les commis : à quoi j'apporte le remède autant qu'il m'est possible, en prononçant des peines très sévères contre ceux qui sont pris en fraude et faisant châtier les militaires qui se mettent souvent à la tête des fraudeurs. Ainsi, comme il faut un homme d'autorité sur les lieux pour imposer continuellement, je crois qu'il est non seulement nécessaire de rendre un arrêt qui me commette, avec commission de subdéléguer dans les affaires énoncées par le projet ci-joint que vous ont remis les fermiers du domaine, mais j'estime encore qu'il faut que cet arrêt soit plus étendu, en y comprenant toutes les affaires pareilles qui pourroient survenir : moyennant quoi je serai fort vigilant. Et j'ai à Ypres un subdélégué très entendu, nommé le sieur Coele, que je subdéléguerai en mon absence.

«Au reste, si les fraudeurs font un grand préjudice à la ferme, les commis, de leur côté, sous prétexte de veiller aux fraudes, font souvent beaucoup de mal et chagrinent quelquefois très mal à propos un peuple sur une frontière, lequel est fort jaloux de sa liberté. Le fermier a été surpris apparemment sur ce qu'on lui a mandé, lorsqu'il vous a dit qu'il y avoit eu une émotion populaire à Ypres, dans laquelle leurs commis avoient été maltraités, car ce sont les commis qui, ayant voulu aller hors de la ville troubler des gens qui se réjouissoient un jour de fête, ont causé le désordre et ont blessé à mort un bourgeois d'un coup de baïonnette : ce qui auroit causé un grand tumulte, si on ne l'avoit pas prévenu en envoyant aussitôt une garde de la ville, qui se saisit d'un desdits commis, auquel le Magistrat pouvoit effectivement être juge compétent de faire le procès, n'étant pas apparu, par les informations qui m'ont été envoyées, qu'il se fût agi de fraude de brandevin, quoiqu'on se soit voulu servir de ce prétexte. M. Besnier, intéressé dans la ferme des domaines, lequel est à Ypres, et qui s'étoit d'abord laissé prévenir, a si bien connu que l'affaire des commis ne valoit rien, qu'il m'a mandé qu'il alloit travailler à l'accommoder avec mon subdélégué, au moyen de quelques intérêts civils, parce qu'on espère que le bourgeois n'en mourra pas. A l'égard de l'ordonnance que le fermier vous a dit que j'avois rendue, portant exemption pour les vins et bières qui se portent au camp, elle est conforme à ce qui s'est toujours pratiqué depuis que la guerre est sur la frontière, à l'exception que je l'ai moins étendue que par le passé, n'y ayant pas voulu comprendre les eaux-de-vie, qu'on y avoit toujours comprises, afin de ne pas donner lieu à de nouvelles fraudes; et j'ai fait convenir M. Besnier que j'avois restreint cette ordonnance beaucoup plus qu'elle ne l'est dans les autres départements de la frontière*.»

* Réponse en marge : «Mander au sieur Besnier que, s'il avoit examiné l'affaire d'Ypres comme il auroit dû faire avant de m'en écrire, il auroit puni les commis au lieu de demander justice d'une émotion populaire, qu'ils n'ont demandée que pour se mettre à couvert de leur mauvaise conduite.»

Voir deux autres lettres, des 4 et 8 novembre suivant.

1297. *M. l'Évêque de Carcassonne* AU CONTRÔLEUR GÉNÉRAL.

18 Août 1707.

«L'état de mon diocèse est si pitoyable, que je manquerois à ce que je dois au peuple, si je ne lui prêtois mon secours pour implorer en sa faveur la charité et la justice du Roi. Il n'y eut quasi point de récolte l'année passée. Celle du vin, trop abondante, fut ruineuse. La récolte de cette année en grains est encore pis que la précédente, et on craint avec raison un second fléau par l'abondance des vins. Le receveur presse les collecteurs; ceux-ci pressent les contribuables, ils saisissent leurs meubles, ils les exposent en vente : personne ne les pouvant acheter, par misère, on les rend aux propriétaires. Ainsi, les plus rigoureuses diligences ne font que grossir inutilement la dette, et les particuliers, épuisés par les frais de la moisson, se voyant sans blé et sans argent, sont insensibles aux exécutions qu'on leur fait. Ce n'est ni la volonté, ni le zèle, ni l'obéissance qui leur manquent, mais les moyens de payer. Leur exactitude passée est une preuve de leur fidélité; leur cœur est le même, et, si leur conduite est différente, ce n'est que par nécessité. Les pauvres ont été soulagés jusqu'ici par la charité des pasteurs; ils ne le peuvent plus aujourd'hui : ils sont prêts eux-mêmes à demander l'aumône, et le peu de dîme qu'ils perçoivent est absorbé par les charges. Le lanifice, d'abord interrompu, a cessé tout à fait depuis les troubles de Provence; il ne reste de ressource qu'en la bonté du Roi, compatissante à la misère de ses sujets, et à la protection dont je vous supplie de les secourir.»

1298. *M. Ferrand, intendant en Bretagne*, AU CONTRÔLEUR GÉNÉRAL.

21 Août 1707.

État des armements préparés pour la mer du Sud et pour l'Amérique espagnole.

1299. *M. Bégon, intendant à la Rochelle*, AU CONTRÔLEUR GÉNÉRAL.

21 Août 1707.

Rapport sur les dépenses de l'entretien de la tour de Cordouan et sur la réparation des brèches ouvertes par la mer.

1300. *M. de Saint-Macary, subdélégué général en Béarn*, AU CONTRÔLEUR GÉNÉRAL.

23 Août 1707.

«L'assemblée des États de Béarn, ayant réformé leurs règlements domestiques, en ont fait un par lequel il est dit que les commissaires de l'Abrégé ne pourront emprunter ni imposer pour quelque cause ni prétexte que ce puisse être, à peine d'être privés de l'entrée aux États pour un an, et qu'ils seroient tenus de jurer ce règlement toutes les années. J'aurois bien souhaité de vous envoyer copie de ces règlements; mais ils en ont un autre par lequel il est défendu à leurs officiers de donner copie de ces règlements domestiques et de l'ordre de leurs impositions, à peine d'interdiction : de sorte que je suis forcé de me donner l'honneur de vous informer de la teneur de ce règlement sans pouvoir vous en envoyer copie, parce que les officiers n'ont point osé m'en donner un extrait. Ce règlement a été pris pour empêcher que les commissaires de l'Abrégé ne puissent faire aucun abonnement avec le Roi, emprunter ni louer, en sorte que, quand il vous plaira d'ordonner que les commissaires de l'Abrégé s'assemblent, ils ne pourront plus, et par leur serment et leurs défenses, ni offrir, ni emprunter, ni louer: ce qui est contraire au bien du service; de sorte que, pour remédier à ce mal, il me paroîtroit être à propos qu'il vous plût d'écrire au sieur de Navailles, syndic, que, S. M. ayant été informée qu'ils avoient fait des règlements domestiques dont ils juroient l'observation sans qu'elle les eût autorisés, elle lui enjoint de lui envoyer copie de tous ces règlements, afin qu'en les autorisant pour tout ce qui pourra être du bien de son service et du public, ils ne puissent plus ni les violer, ni les changer, quand la brigue s'en mêle; et ce sera lors que S. M. pourra confirmer les règlements qu'elle trouvera justes et raisonnables, et condamner ceux qu'elle trouvera contraires au bien public*. »

* Sur certains abus dans le maniement des fonds, voir les lettres des 7 et 18 décembre 1706, 11 janvier, 13 août et 21 septembre 1707.

1301. *M. Desmaretz, directeur des finances, au sieur le Bartz.*

26 Août 1707.

Les ordres du contrôleur général pour la conversion des billets de monnaie étaient si précis, qu'il y a eu impossibilité absolue de favoriser personne.

Quoique M. Amelot ait donné avis des avantages que le commerce français pourrait retirer du changement d'habillements en Espagne, il ne paraît pas possible de réduire les droits de sortie sans amener une diminution désastreuse de la recette des fermes. Quant à décharger des mêmes droits le papier fabriqué en France, on examinera cette proposition.

1302. *M. Lebret fils, intendant en Provence, au Contrôleur général.*

26 Août 1707.

« Je ne puis satisfaire aussi exactement que je le voudrois à l'ordre que vous m'avez donné, le 5 de ce mois*, de vous envoyer semaine par semaine des états de ce qui aura été pris dans les caisses des fermes pour le service de l'extraordinaire des guerres, parce que, ces caisses étant dispersées en différents lieux de la province, il faut un peu de temps pour rassembler les mémoires nécessaires pour dresser de pareils états. Au surplus, j'ai l'honneur de vous adresser celui de tous les fonds que le sieur Pichon a reçus depuis le 15 juin dernier, par lequel vous verrez qu'il lui a été envoyé de Paris 295,000 ₶ en argent ou en rescriptions, ainsi qu'il est dit dans les articles 1er, 2e, 7e et 8e de cet état : ce qui ne vous engage apparemment à aucun remplacement. Les 3,941 ₶ 7 s. de l'article 4 étoient, savoir : 3,093 ₶ 7 s. dans la caisse du dixième d'augmentation des droits de contrôle des exploits, et 848 ₶ dans celle des amortissements des rentes constituées. Les 35,000 ₶ des fermiers de la boucherie de Marseille ont été par eux avancés à la ville, et la ville les imputera sur ce qu'elle doit pour des abonnements. Les 25,173 ₶ 14 s. 8 d. du sieur le Gendre ont été procurés par les soins de M. l'évêque de Marseille, à compte de l'abonnement des droits des rentes constituées des religieuses de son diocèse. Les 14,071 ₶ 12 s. 9 d. proviennent de quatre cent seize marcs sept onces douze deniers de vaisselle d'argent qui ont été payés par le directeur de la Monnoie au sieur Ginicis, commis de l'extraordinaire des guerres, sur le pied des matières d'Espagne, à raison de 33 ₶ 15 s. le marc, s'étant trouvés fondus ensemble à onze deniers six gros de fin. Vous en ferez faire le remboursement quand il vous plaira. Enfin, les onze mille trente-trois marcs deux onces seize gros de piastres qui ont été prêtées par différents particuliers de Marseille, font la quantité de 99,848 3/4 piastres, à raison de cent dix marcs quatre onces pour 1,000 piastres. Elles coûtent au Roi, y compris le change depuis le commencement de juillet jusqu'au mois de mars prochain, sur le pied de 4 ₶ 1 s. la piastre, la somme de 404,387 ₶ 8 s. 9 d.; mais, comme le directeur de la Monnoie ne les a payées au commis de l'extraordinaire des guerres que sur le pied de 33 ₶ le marc, ces onze mille trente-trois marcs deux onces seize gros ne lui font que 364,090 ₶ de fonds. La Monnoie d'Aix ou celle de Lyon auront profité de 8 ₶ 10 s. par marc de toutes ces matières : ce qui revient à 97,327 ₶ 6 s., et, pour les onze mille trente-trois marcs deux onces seize gros de piastres, à 93,783 ₶ 6 s. 8 d., qui, joints aux 364,090 ₶ que l'extraordinaire des guerres a reçus ou dû recevoir, font la somme de 457,873 ₶ 7 s. : en sorte que le Roi aura cet argent sans intérêts depuis le commencement de juillet jusqu'au 1er mars et profitera encore sur la conversion de 53,485 ₶ 18 s. 3 d. J'ai vu faire de plus mauvais marchés pour le compte du Roi.

« Il y a quelque temps que M. de Montmort eut la bonté de m'offrir de me faire trouver des piastres à 3 ₶ 17 s., comme il les achète, payables en lettres de change à vue sur Paris, avec 37 p. o/o de perte. Si ce marché vous agréoit comme M. de Montmort m'assure qu'il a agréé à M. de Pontchartrain, il y auroit encore du profit à faire pour la Monnoie, si les 37 p. o/o de perte sur les lettres doivent être comptés pour rien. M. de Montmort, qui avoit ouï dire que j'avois acheté les piastres à 4 ₶ 1 s., a cru faire la meilleure affaire du monde, sans considérer qu'on me donne neuf mois pour payer. A la vérité, il ne perd rien sur les piastres, qu'il fait donner aux parties prenantes pour ce qu'elles lui coûtent. Pour moi, qui ne sais point ce que c'est que le commerce des lettres de change et qui suis peut-être mal à propos rebuté par une perte de 37 p. o/o et par le surachat des piastres, qui ne valent guère que 3 ⁺⁺ 14 ou 15 s. dans ce temps-ci qu'on n'envoie plus de vaisseaux en Levant, j'ai cru que je ne devois pas omettre de vous rendre compte de la proposition pour en profiter, si vous la trouvez bonne.»

* L'avis de ces prélèvements avait été donné le 22 et le 29 juillet, par M. Lebret et par le receveur général des fermes. En marge de la lettre de ce dernier, le contrôleur général a écrit de sa propre main : «Mander à M. Lebret que je ferai remplacer les 200,000 ⁺⁺ qu'il a pris dans les caisses des fermes; que je les destinerai volontiers à l'avenir pour le service des troupes tant que l'armée ennemie sera en Provence, pourvu qu'il m'envoie à l'avance des bordereaux de ce qu'il a fait prendre dans les caisses et de ce qui en restera, semaine par semaine, et qu'il soit certifié de lui et des commis.» La lettre expédiée conformément à ce projet, le 5 août, demandait en outre un état de tout ce qui avait été fourni pour le Dauphiné et la Provence depuis le 15 juin, avec le détail des piastres procurées par la ville de Marseille, des 53,000 ⁺⁺ recouvrées sur le sixième denier des communautés religieuses de Marseille, des avances faites sur le Don gratuit de Lyon, des 100,000 ⁺⁺ avancées par le directeur de la Monnaie de cette ville, etc.

1303. *M. de Montgeron, intendant en Berry,*
au Contrôleur général.

28 Août 1707.

Il réclame une réduction considérable de l'état des localités où le traitant prétend établir des offices d'inspecteurs des bâtiments, en expliquant que l'existence d'une justice royale, ordinaire ou extraordinaire, dans beaucoup de ces localités, n'implique pas un nombre suffisant d'habitants et de maisons, et qu'il se trouve bien des bourgs plus populeux qui n'ont qu'une justice subalterne*.

* Par la suite, il protesta contre les prétentions et les exactions de l'acquéreur de ces offices et obtint que la province fût admise à le rembourser au moyen d'une imposition de 8,000 ⁺⁺ sur les contribuables payant capitation, privilégiés ou non. (Lettres des 25 janvier et 15 février 1708.)

Le 18 décembre 1707, M. Bignon, intendant à Amiens, demande le remplacement de l'intéressé au traité des inspecteurs des bâtiments, dont les procédés troublent le service et compromettent la tranquillité publique. «Le recouvrement des droits attribués aux inspecteurs des bâtiments est, dit-il, d'une espèce, par le grand nombre de personnes qu'il embrasse, de tous états et conditions les plus viles et les plus pauvres, à être mené d'une manière différente des autres. Il faut dans la régie de l'ordre, de l'exactitude, et une fermeté ménagée par tous les tempéraments dont les intérêts du Roi peuvent être susceptibles par rapport à la nature des ouvrages, y ayant une infinité de petites gens pauvres et malheureux, qui sont dans le cas de payer à la rigueur 15 et 20 ⁺⁺, qu'on ne peut se dispenser de traiter avec des égards de justice et de possibilité. Le sieur de la Combe, l'un des intéressés, a mis ici le peuple dans un mouvement que je crois qu'il ne convient pas au service ni aux conjectures présentes. Je m'en suis expliqué avec lui vivement, et je crois qu'il seroit nécessaire que la compagnie nommât quelque autre personne, qui, se conduisant avec sagesse et modération, trouvera toutes les facilités qu'il est nécessaire de donner à ceux qui sont chargés des recouvrements.»

1304. *M. de Saint-Macary, subdélégué général en Béarn,*
au Contrôleur général.

31 Août 1707.

«Les États ont rejeté l'abonnement et tous les édits qui leur avoient paru grevants, à la réserve de l'édit des gruyers, sur lesquels ils font des remontrances. La plupart de la noblesse y a brillé par tous les mauvais endroits qu'on puisse imaginer; mais les plus opposés dans le tiers état à toute sorte d'abonnements ont été les commissionnaires que le traitant a choisis : ils ont donné des marques si sensibles du désir qu'ils ont de se maintenir dans leurs commissions, que je ne fais pas difficulté de me donner l'honneur de vous dire que, s'ils ne sont pas révoqués, loin d'en espérer quelque secours, ce débit des charges de maires et lieutenants de maire alternatifs en sera retardé; et, comme le greffier n'a pas eu le temps de copier leurs délibérations, je me donnerai l'honneur de vous les envoyer par le prochain courrier. Cette pauvre assemblée est si nombreuse, qu'il n'est pas possible de leur faire entendre ce qui est du bien de leur province; au contraire, celui qui crie à pleine tête et ne cherche que de la confusion, est celui qui mérite leur attention. Je sais bien qu'il est difficile de donner du sens à ceux qui n'en ont pas; l'art de penser n'y est certainement pas connu; peut-être que, si on réformoit le nombre, on y écouteroit la raison; mais ce qu'il y a de sûr est que, quand on réduiroit le terme qu'ils ont de tenir les États pendant six semaines, à trois, on épargneroit beaucoup d'argent au pauvre peuple, et je ne doute pas qu'on ne profitât du temps, qui me paroît encore trop long par rapport à leurs affaires, car il est certain qu'elles pourroient être expédiées en huit jours. On y a mis en délibération si, lorsqu'on y parloit de quelque affaire qui regardât quelqu'un de mes parents, je devois sortir. Le sieur de Dieusse, qui fit cette réquisition, y parut fort chaud; mais, comme je leur fis connoître que leur délibération étoit inutile, parce que, n'étant là que pour veiller à ce qu'il ne se passât rien dans cette assemblée contre les intérêts de S. M. et pour leur faire entendre ses ordres et le bien de son service, n'y opinant pas d'ailleurs, je ne sortirois point que de l'ordre exprès du Roi, à quoi Dieusse répondit que cette raison ne le satisfaisoit pas, et qu'il ne se rendroit point que les États n'eussent jugé la question. Bien que je leur représentasse que mes fonctions ne devoient pas être réglées par les États, que ce seroit un attentat en eux d'y toucher, néanmoins, le premier et second état y ayant délibéré, ils dirent que, comme il n'y avoit point d'États sans mon assistance, et qu'il leur étoit même défendu de délibérer qu'en ma présence, ils rejetèrent la proposition du sieur de Dieusse, qui leur parut très vive et très folle, et ce fut beaucoup de les conduire à la résipiscence; encore fallut-il que leur secrétaire leur servît de pédagogue.»

1305. *M. Desmaretz, directeur des finances,*
à M. le duc de Vendôme.

5 Septembre 1707.

Il s'excuse de n'avoir pu faire accepter une demande de loterie recommandée par le prince.

« Il faut vous dire de bonne foi que, le Roi ayant eu besoin des fonds de la loterie qui a été faite à raison de 20 sols le billet, on s'en est servi et on a été obligé de différer jusqu'à présent à tirer la loterie. Il n'y a pas même d'apparence qu'on puisse avoir des fonds avant le mois prochain pour la tirer, et on ne peut vous dissimuler que le peuple en murmure assez ouvertement. M. Chamillart n'a pas cru que, dans une situation semblable, il convînt d'ouvrir une autre loterie. J'espère que ce détail vous convaincra qu'on ne peut rien m'imputer du retardement de la vôtre, et que vous voudrez bien me faire la justice de croire que j'en souffre plus que je ne puis vous l'exprimer*. »

* Une loterie ouverte depuis quelques mois dans le Palais-Royal, par M. le duc de Lorraine, au profit de l'hôpital de Lunéville, fut interdite. Voir les lettres de M. d'Argenson (Police, G⁷ 1725), 29 mai, 16 et 19 juin, 28 novembre, 16 et 24 décembre.

Le 31 juillet, sur une demande pour imprimer une nouvelle manière de tirer les loteries, M. d'Argenson écrit : « Si l'on faisoit une loterie tous les mois, comme le propose le sieur Louvat, ce seroit le moyen de faire circuler l'argent parmi le peuple et d'attirer dans les coffres du Roi celui de la plupart des lots; mais, tandis qu'on sera dans l'impossibilité de tirer la loterie royale, je crois qu'on ne peut, sans de très grands inconvénients, permettre l'impression de l'ouvrage du sieur Louvat, qui donneroit lieu à de nouveaux discours et augmenteroit le murmure et l'inquiétude du peuple, qu'il seroit plus à propos d'endormir que de réveiller à cet égard. »

1306. *M. de Courson, intendant à Rouen,*
au Contrôleur général.

8 Septembre 1707.

Il renvoie un projet de règlement pour la pêche du hareng préparé dans un sens favorable aux habitants de Dieppe, avec l'avis des principaux marchands et maîtres de navires pêcheurs.

1307. *M. Bosc, procureur général en la Cour des aides de Paris,*
au Contrôleur général.

10 Septembre 1707.

« . . . . . M. notre premier président m'a témoigné qu'il avoit eu l'honneur de vous écrire au sujet d'un arrêt du Conseil rendu à votre rapport le 5 du mois de juillet dernier, par lequel S. M. permet aux sieurs intendants de commettre leurs subdélégués, ou tels des officiers des élections qu'ils jugeront à propos, pour faire procéder en leur présence à la confection des rôles des tailles des paroisses dans lesquelles les sieurs intendants le jugeront nécessaire, pour, par ceux qui seront par eux commis, tenir la main à ce que les tailles soient réparties avec justice et égalité sur les contribuables par rapport à leurs biens et facultés, sans avoir égard aux sentences ou arrêts de réduction qu'ils auroient obtenus; et à cet effet, veut S. M. que les habitants desdites paroisses soient tenus de représenter aux intendants, aux lieux et jours qu'ils indiqueront, un état de leurs biens et facultés, avec les pièces justificatives, et que ce qui sera par eux ordonné pour parvenir à la confection desdits rôles, soit exécuté nonobstant toutes oppositions ou autres empêchements, dont, si aucuns interviennent, S. M. attribue la connoissance auxdits intendants, sauf l'appel de leurs jugements au Conseil.

« Permettez-moi de vous remontrer que cet arrêt fait un tort considérable à la Cour des aides, puisqu'il lui ôte entièrement la connoissance des tailles, qui est une de ses plus anciennes attributions, et qu'il peut en arriver de grands inconvénients en ce que MM. les intendants seront obligés de s'en rapporter ou à leurs subdélégués ou à des officiers des élections, qui seront maîtres d'augmenter ou de diminuer par ce moyen ceux qu'ils voudront; et, comme il arrive souvent qu'ils ont leurs créatures et qu'ils ont des gens à qui ils en veulent, ils seront maîtres de les ruiner, au lieu que la Cour des aides n'a aucun intérêt de juger qu'un particulier soit trop ou moins taxé. La Compagnie me prie de vous faire agréer ses remontrances à ce sujet. . . . . »

1308. *M. Foucault de Magny, intendant à Caen,*
au Contrôleur général.

10 Septembre et 24 Novembre 1707.

Il rend compte des progrès du faux-saunage et demande instamment des troupes pour le réprimer et des mesures rigoureuses pour empêcher la contagion du mauvais exemple.

« Le faux-saunage ne se fait plus, comme autrefois, par adresse et par industrie, mais à force ouverte et main armée, en sorte que les faux-sauniers vont maintenant en plein jour, par bandes de soixante et quatre-vingts, avec port d'armes, attaquent les brigades des archers du sel partout où ils les rencontrent, pillent et menacent de brûler les maisons où on ne les veut pas recevoir. Vous avez su qu'ils avoient pris un commis, il y a quelque temps, à qui ils avoient bandé les yeux et qu'ils ont renvoyé après l'avoir promené plusieurs jours et après lui avoir fait plusieurs mauvais traitements et beaucoup de menaces; ils en ont tué un autre depuis peu, à la porte de Harcourt, M. le Maréchal étant dans sa maison. J'apprends encore dans le moment, qu'il y a eu ces jours passés une espèce de combat du côté de Vire, entre eux et les archers, et qu'il y en a plusieurs de ces derniers qui ont été blessés considérablement; on m'assure même que le capitaine de la brigade est blessé à mort. Il est certain que, dès que S. M. ne juge pas à propos de changer la forme des choses par rapport au sel, qui seroit cependant le plus court et le plus sûr moyen pour empêcher absolument le faux-saunage, moyen que l'on pourroit proposer de manière que les revenus du Roi, loin de diminuer, augmenteroient; il est certain, dis-je, qu'il n'y en a pas d'autre pour empêcher le progrès de ce désordre, qui certainement aura des suites fâcheuses, si l'on n'y coupe pied de bonne heure, que d'envoyer un ou deux régiments en ce pays-ci, que vous savez qui est un pays fort coupé, surtout du côté des confins de la Bretagne, qui est la route des faux-sauniers. Je ne serois pas fâché que le régiment de Rannes fût destiné à venir ici, parce que j'ai remarqué qu'il a vécu avec beaucoup de discipline pendant tout le temps qu'il a été dans mon département, et qu'il ne m'est revenu nulles plaintes d'eux sur aucun sujet. Comme je suis informé des paroisses les plus suspectes pour le faux-saunage et des principaux passages des faux-sauniers qui vont prendre du sel en Bretagne, et qui suivent ensuite la lisière de ma généralité par Vire, Condé et autres lieux, je distribuerai, si vous le trouvez bon, des dragons dans ces paroisses, et en posterai dans les principaux passages, en plus ou moins grand nombre suivant la nécessité. J'obligerai les officiers à ne mettre à la tête de ces dragons que des brigadiers qui soient sages et qui empêchent les dragons de faire eux-mêmes le faux-saunage; et, pour les engager par l'appât du gain à faire mieux leur devoir, je crois qu'il ne sera pas hors de propos de leur promettre une somme de 10 ou 12 écus par chaque faux-saunier qu'ils arrêteront. Je sais, à n'en pouvoir douter, qu'il y a même beaucoup de gentilshommes qui se mêlent de ce métier. Je crois qu'il sera bon d'en faire arrêter quelqu'un pour l'exemple, dès que j'en aurai la preuve; cela servira à intimider les autres. Je crois qu'il seroit encore nécessaire de faire publier des défenses, sous peine des galères, à tous aubergistes et cabaretiers, non seulement de recevoir aucuns faux-sauniers, mais de leur fournir aucune nourriture ni de quoi faire repaître leurs chevaux, et à tous passagers de les passer, sous les mêmes peines, et, en cas qu'ils y fussent forcés, ce qui arrive quelquefois, les obliger de m'en avertir dans les trois jours. Ce qui rend encore plus indispensable la nécessité d'envoyer quelques troupes dans ce pays-ci, est le peu de secours que l'on tire des archers de la maréchaussée, qui sont répandus dans toutes les paroisses de cette généralité de manière qu'il faut plus de huit jours pour les assembler, à la différence de beaucoup d'autres pays où il y a des maréchaussées particulières dans les villes, ce qui est un très grand bien pour le service. Voilà l'arrangement que je me propose pour arrêter le cours du faux-saunage, touchant lequel vous m'avez fait l'honneur de m'écrire plusieurs fois; ayez agréable de me faire savoir si vous l'approuverez *. »

* Réponse en marge : « Il doit être informé présentement que le régiment de Raunes retournera dans sa généralité (je ne doute pas qu'il n'y soit présentement arrivé), qu'il a fait dans sa route le faux-saunage avec une telle licence que le Roi a résolu de faire mettre en prison pour longtemps celui qui le commandoit et de faire retenir la moitié de son ustensile, pour dédommager les fermiers des gabelles. Il recevra incessamment les ordres de S. M. pour ce qui s'est passé en dernier lieu entre les archers des gabelles et les faux-sauniers, à la tête desquels se sont trouvés plusieurs gentilshommes, dont le chef a été tué. Il me semble que, pour l'exemple, on devroit raser la maison de ceux qui se trouveront impliqués dans ce pernicieux commerce. »

M. le Guerchoys, intendant à Alençon, en rendant compte de la capture et du jugement de plusieurs prisonniers, parmi lesquels se sont trouvés des gentilshommes et des officiers, dit qu'il serait nécessaire, non seulement d'arrêter par prévention les personnes connues pour prendre part aux expéditions, mais aussi d'envoyer les gentilshommes dans des châteaux éloignés, les autres à l'armée, au cas où les preuves manqueraient pour les punir plus rigoureusement. (Lettres des 16 août, 5 et 17 septembre.)

Le 28 août, M. de Harouys, intendant en Champagne, annonce qu'il a jugé plusieurs faux-sauniers avec l'assistance du nombre de gradués nécessaire. Trois d'entre les prisonniers qui étaient allés acheter du faux sel sont condamnés à 10 ## d'amende chacun, et bannis pour cinq ans de la Champagne; un quatrième, déchargé et élargi. Trois hommes et deux femmes qui, dans le même cas, s'étaient trouvés munis de quelques armes, sont condamnés à 300 ## et à 100 ## d'amende. Un faux-saunier, convaincu d'avoir pris part à des attroupements en armes et de s'être évadé de prison, est condamné à neuf ans de galères et 500 ## d'amende. Deux autres, qui s'étaient évadés en brisant les portes de leurs cachots, sont bannis pour trois ans, avec 10 ## d'amende. — M. Desmaretz répond en marge de cette lettre : « Écrire à M. de Harouys que l'indulgence à l'égard de ceux qui commettent le faux-saunage attire de plus grands maux que la sévérité des jugements. Les édits et déclarations établissent de plus grandes peines, dont on ne doit point se départir. »

M. de Courson, intendant à Rouen, rend compte, dans trois lettres, des 24 et 30 novembre et 12 décembre, des progrès du faux-saunage, favorisés par la connivence des troupes et par l'épouvante des officiers des greniers à sel ainsi que des archers de la maréchaussée.

1309. *M. Ferrand, intendant en Bretagne,*
au Contrôleur général.

15 Septembre 1707.

Il envoie un projet d'instruction pour la prochaine tenue d'États, préparé sur les indications qui lui avaient été données par le contrôle général.

1310. *M. d'Ableiges, intendant à Moulins,*
au Contrôleur général.

15 Septembre 1707.

« ..... Le 10 de juillet, jour de dimanche et de la fête de Charensat, Boissier, capitaine de la brigade d'Auzances, et Vernier, capitaine de celle de Vergheas, furent à Charensat pour arrêter le nommé Ribot, faux-saunier, avec quelques employés : ce qui fut exécuté sur les quatre heures du soir. Cette détention causa une émotion populaire : une femme coupa les cordes, les pierres furent jetées aux employés, qui prirent la fuite; on suivit Boissier, qui fut excédé de coups de pierres et blessé; il y eut aussi son cheval de tué, et celui d'un autre employé. Le juge des dépôts d'Auzances a informé et décrété contre trente-deux personnes et a décerné une provision de 100 ## en faveur du sieur Boissier. Il y en a onze d'emprisonnés, et, pour le payement de la provision, on a saisi deux bœufs, un taureau, sept vaches, quatre génisses, un joug, un grand porc et trois petits, soixante-sept brebis, cinq cent cinquante gerbes de seigle, deux juments et deux poulains, dix-sept charrois de foin, deux métiers de toile, une charrette neuve, une pièce de chanvre, un manteau et un justaucorps. Cela vaut assurément plus de 500 ##. Voilà l'état où est cette affaire. Il paroît que les nommés Lamadon et Perchier ont été arrêtés sous le nom d'autres, n'étant pas dénommés dans le décret. La faute de Boissier, capitaine, est d'avoir arrêté un jour de dimanche et fête de Charensat le nommé Ribot. On prétend que les employés ne doivent arrêter personne les jours de fête ni de foire, à cause des émotions qu'ils causent, ainsi que vous le voyez par cet exemple. Il y a toujours des ivrognes qui excitent le désordre, et les paroisses en pâtissent, par les procédures qui se font ensuite*..... »

* Sur une invitation à faire transiger, l'intendant nouveau, M. Mansart de Sagonne, proposa, le 8 février 1708, d'ordonner que les habitants représenteraient Ribot, ou payeraient en son lieu et place 300 ₶ et les frais, et que les employés seraient indemnisés pour leurs blessures et pour la perte de leurs chevaux.

1311. *M. de Fourqueux, procureur général en la Chambre des comptes de Paris,*
au Contrôleur général.

(Chambre des comptes de Paris, G⁷ 1760.)

17 Septembre 1707.

« Les anciennes ordonnances, et nommément celle du 16 septembre 1627, interdisoient l'entrée de la Chambre à tous enfants, gendres ou héritiers des comptables, qui ne pouvoient être admis aux offices de présidents, maîtres, correcteurs ou auditeurs, quelque *quitus* qu'ils eussent de leurs exercices. Les gens d'affaires obtinrent de M. Colbert, en 1669, l'article 44 de l'édit qui fut fait cette année, qui leur permit d'entrer dans la Compagnie lorsque leurs comptes seroient rendus, apurés et corrigés, et que leurs acquits pourroient être enfermés dans un coffre à trois clefs, qui ne s'ouvre qu'en présence d'un commissaire nommé par le bureau et du procureur général. Le service a déjà beaucoup souffert de la disposition de cette ordonnance, qui a fait admettre dans la Compagnie des gens qui, accoutumés à gagner, retiennent sous des noms empruntés les offices comptables dont ils paroissent s'être défaits, et sont souvent juges des comptes qui les intéressent les premiers. J'ose vous supplier, pour l'intérêt du Roi, que cet abus n'aille pas plus loin et que cette ordonnance au moins s'exécute à la rigueur. Le sieur le Maître est fils et héritier d'un fermier général caution des baux de Pointeau, Templier et Ferreau : les comptes du bail de Pointeau ne sont point apurés, et les deux autres ne sont pas rendus; et par conséquent il n'est pas en état de profiter de la grâce accordée par cette ordonnance*. »

* Le premier président Nicolay écrit le même jour : « M. le Maître me paroît un très galant homme. M. de Lamoignon, dont il est voisin de campagne, car il a acheté la terre du Marais, m'avoit communiqué le dessein qu'il avoit de se faire maître des comptes, et m'avoit procuré une visite de lui. Je lui dis que rien n'étoit plus contraire à nos maximes de Chambre des comptes et aux ordonnances des Rois que d'y recevoir des comptables ou des enfants de comptables, que les comptes, soit de leurs pères, soit les leurs, ne fussent rendus et corrigés; qu'il falloit qu'il travaillât à faire faire la correction de ceux des fermes : après quoi nous serions fort aises de l'avoir à la Chambre. En effet, il ne me paroît pas sans mérite. Nous nous séparâmes, lui dans le dessein de travailler à se mettre en état de faire rendre les comptes des fermes, et moi dans le dessein de l'aider en cela en ce qui dépendroit de mon ministère. Je crois que vous pouvez seconder ses intentions, non pas par une dispense, qui seroit trop contraire à la règle et au service, mais en pressant les fermiers de vous présenter les états des fermes pour les arrêter. Plus ils s'éloignent, plus le travail en sera pénible. Il sera toujours nécessaire de leur accorder des indemnités proportionnées aux pertes qu'ils auront faites, puisque vous les recevez à compter de clerc à maître, et il sera toujours nécessaire d'arrêter ces comptes de clerc à maître. Le plus tôt sera le meilleur pour le Roi. Que si le travail étoit trop long pour le peu de loisir que vous avez, vous pourriez, avec des lettres qui les déchargeroient du bail, les renvoyer à la Chambre pour y compter de leur régie. » En marge de cette lettre est écrit : « Mander au sieur de Meuves que Messieurs de la Chambre auront peine à se relâcher des règles, et qu'il n'y a rien à faire pour le fils du sieur le Maître, fermier général, que de presser la reddition des comptes des baux dans lesquels son père a un intérêt, s'il veut être reçu à la Chambre. »

1312. *M. de Montgeron, intendant en Berry,*
au Contrôleur général.

21 Septembre et 19 Octobre 1707.

Il rend compte d'une procédure instruite à l'extraordinaire contre une association de faux-poudriers qui allaient vendre leurs produits à Limoges, et que l'on soupçonne même d'avoir fourni de la poudre aux rebelles des Cévennes*.

* Voir une lettre de M. Roujault, 29 juin 1703, sur les poursuites faites à cette époque contre une autre bande.

1313. *M. Desmaretz, directeur des finances,*
au sieur Léonard, imprimeur des finances.

27 Septembre 1707.

« Je vous envoie une copie de l'arrêt qui a été signé aujourd'hui pour la prorogation du prix des espèces d'or et d'argent jusqu'au 1ᵉʳ de novembre prochain. Ayez soin que cet arrêt soit imprimé vendredi prochain, dernier du présent mois, afin qu'il soit distribué le 1ᵉʳ d'octobre, à sept heures du matin, dans Paris. Vous aurez pareillement soin d'en envoyer, dès la veille de la distribution, à M. Chamillart et à toutes les personnes mentionnées dans la liste que je vous ai donnée; et, comme je crois que le sieur de Mouy est présentement absent de Paris, il est nécessaire que vous m'adressiez dans le même temps, mais par quelque autre voie que la poste, tous les exemplaires que vous avez coutume de lui remettre, afin que je les fasse envoyer dans les provinces. Tenez l'arrêt secret jusqu'au 1ᵉʳ d'octobre, en sorte qu'il n'y ait que les personnes auxquelles vous devez en envoyer des exemplaires dès la veille qui en soient informées. Vous daterez l'arrêt d'aujourd'hui, 27 septembre. »

1314. *M. d'Argenson, lieutenant général de police à Paris,*
au Contrôleur général.

(Police, G⁷ 1725.)

27 Septembre 1707.

Il combat l'avis donné pour la création de quatre offices héréditaires de capitaines de charrois, qui se raient seuls chargés de diriger l'enlèvement des boues dans la ville de Paris et dans les faubourgs.

Le choix des entrepreneurs de ce service est le seul qui soit resté aux directeurs de quartier. D'ailleurs, les frais de l'entreprise actuelle ne dépassent guère la somme de 100,000 #, tandis que le traitant demande plus de 125,000 # par année. La plupart des entrepreneurs en exercice sont des laboureurs, qui trouvent ainsi le moyen de payer leur taille, et leur bénéfice net, ne s'élevant pas à plus de 12,000 #, ne saurait être l'objet d'une finance considérable. Il faudrait en outre que le traitant s'engageât à faire régulièrement le service tous les jours dans les grandes rues, deux ou trois fois la semaine dans les autres, et qu'il répondît des amendes en cas de contravention; ni lui, ni les quatre capitaines de charrois n'y pourraient suffire.

«Je ne puis me dispenser de vous supplier, avec autant de confiance que de respect, d'affranchir Paris de cette malheureuse affaire, qui, sans être au Roi d'une utilité sensible, donneroit à notre police un coup mortel, dont elle ne se relèveroit peut-être jamais *.»

* En marge : «Rapporté. — Refusé.»

1315. *M. l'Évêque de Vence au Contrôleur général.*

27 Septembre 1707.

Il rend compte des dommages causés par l'invasion du duc de Savoie.

«Tout mon diocèse a souffert en général : aucun endroit n'a été à l'abri des menaces des ennemis de les brûler, s'ils ne payoient des fortes contributions, qui ont été prises sur le pied du total de ce que la province impose par feu pour le payement du Don gratuit et de toutes les autres charges de la province; mais les paroisses qui ont été sur ce passage de l'armée ont été absolument et entièrement ruinées. Il y en a cinq, qui sont : Saint-Laurent, Cagnes, la Gaude, la Colle, qui fait une partie de la communauté de Saint-Paul et qui est pourtant une paroisse particulière, et Villeneuve; dans lesquelles paroisses il n'y est rien resté, ni blé, ni autres grains, ni vin, ni huile, ni bétail, soit gros ou menu, ni foin, ni paille; les maisons en partie de Cagnes brûlées; plus de vingt métairies aussi dans son terroir; l'église pillée entièrement, jusqu'aux cloches; le reste des maisons pillées, sans y laisser une chaise de paille. Saint-Laurent, la Gaude, la Colle ont eu le même sort, et Villeneuve; le terroir de Saint-Laurent a été presque entièrement perdu, les vignes arrachées, les oliviers et les autres arbres coupés, un grand nombre des métairies, et surtout celles de M. de Saint-Laurent, brûlées. En un mot, ces cinq paroisses sont réduites dans un état le plus déplorable qu'on puisse imaginer. Rien ne peut être exagéré là-dessus, et on a peine de le comprendre lors même qu'on l'a vu. Vence, par où l'armée n'a pas passé, a souffert des violences et des pertes très considérables; il y a eu jusques à cinq et douze partis par jour, au commencement par des houssards, par des dragons, et ensuite par des détachements de la garnison de Saint-Paul et de celle de Nice. On a pillé plus de vingt maisons, on a fait payer une contribution de dix mille et quelques cents livres, quoique cette contribution fût réglée à 1,300 louis d'or. Les gerbes ont été enlevées dans la campagne. On l'a obligée de fournir des rations de pain, des viandes, du blé, du fourrage pour la garnison ennemie de Saint-Paul, des hommes pour travailler aux fortifications que le gouverneur allemand y a fait faire, et cette ville est dans une misère toute des plus grandes. Les subdélégués de M. notre intendant dans la viguerie de Grasse et de Saint-Paul travaillent actuellement aux verbaux, que les communautés dressent avec toute la plus grande diligence qu'il est possible. Les besoins sont pressants, et le Roi, qui est le père de ses peuples, ne sauroit leur donner des secours assez prompts. On est pressé par la faim; les terres n'ont pas été préparées pour la semence dans la plus grande partie de mon diocèse, détournés ou par les travaux faits sur le Var, ou par la défense à laquelle ils ont été employés pour empêcher le passage de cette rivière, ou par la peur qu'ils ont eue des ennemis, qui leur a fait chercher des retraites dans les montagnes les plus reculées, ou par le manque des bestiaux qui leur ont été enlevés et le manque de fourrage pour les entretenir. Une grande partie aussi des bêtes à charge et de labeur ont été prises pour le service de nos troupes et de notre armée à Toulon. Le temps des semences commence à passer dans ce canton. Si on n'y sème pas, on ne recueillera rien pour l'année prochaine, et la misère sera si extrême, qu'il ne faut pas douter qu'on ne soit obligé d'abandonner les biens et les maisons dans toutes les paroisses qui ont été si fort ruinées par les ennemis. Je tâche de faire de mon côté ce que je dois et ce que je puis; mais de quel secours puis-je être à mon diocèse! Les paroisses qui sont abîmées sont celles dont je suis seigneur temporel et spirituel, d'où je retire le plus grand revenu de mon évêché; il ne me reste pas actuellement 1,200 #, et, s'il falloit que je payasse les décimes et la capitation, il n'y en auroit pas suffisamment. La mense capitulaire et moi sommes dans la même situation. J'ai vendu le peu de vaisselle que j'avois; je suis prêt d'en faire de même de tout ce que j'ai dans ma maison, si je trouvois des acheteurs, même à un fort bas prix. Il n'y a pas un sol, et ce seroit encore un fort foible secours, et qui ne peut servir que pour quelques jours. Voilà l'état de mon diocèse, qui est digne de votre compassion et de votre protection auprès du Roi d'un grand et prompt secours. Il ne me reste plus qu'à vous supplier de vouloir bien vous souvenir qu'il y a deux ans et demi que Vence, Cagnes, Saint-Laurent, la Gaude, Saint-Janet, le Broc, Bezaudun et Carros furent pillés par l'incursion que M. de Blagnac y fit avec deux régiments de M. le duc de Savoie et les habitants et milices de Nice; que cette incursion emporta plus de 36,000 # d'argent comptant de tous ces lieux, outre le pillage qui y fut fait, qui montoit à plus de 100,000 #, dont M. Lebret, premier président de cette province, et pour lors aussi intendant, vous envoya les verbaux, dont vous eûtes la bonté de lui faire espérer, et à moi aussi, que le Roi accorderoit quelque indemnité à ces paroisses, et que la nécessité du temps et de l'État ne lui a pas permis d'exécuter : en manière que cette dernière désolation est arrivée dans un temps et dans des paroisses déjà par la première incursion abîmées, qui n'avoient eu ni le temps ni le moyen de se rétablir, ni, pour ainsi dire, de respirer. Je ne vous dis rien d'une autre de mes paroisses dépendante de la comté de Nice, qui a été encore plus mal traitée que les autres, si on le peut dire; c'est celle de Gattières, et par un malheur sans égal qui a abîmé la communauté du Broc et de Carros, lesquelles, dans la confiance que, cette paroisse étant de la comté de Nice, et sur le clocher de laquelle on avoit arboré l'étendard du duc de Savoie, y portèrent tous leurs grains et leurs effets. Cette paroisse a été mise au pillage par les Allemands, les Brandebourgeois et les Hessiens. Ils n'y ont rien laissé; l'église même n'a pas été à couvert de leur rage et de leur fureur. On y a commis toute sorte de sacrilèges et d'infamies. Cette paroisse est aussi une de celles d'où mon évêché retire une dîme considérable*.»

* M. l'évêque de Toulon donne aussi, le 9 octobre, un état sommaire des dégâts faits par les bombes ennemies à sa maison épiscopale et à l'hôpital général. Il demande un secours du Roi et la permission de faire couper cent cinquante arpents de grands bois dans son abbaye des Vaux-de-Cernay. Le contrôleur général répond en marge : «J'ai lu sa lettre en présence de M. des Forts; je ne veux que lui pour garant de l'envie que j'aurois de lui procurer les secours dont il a besoin pour rétablir sa maison épiscopale et le dédommager d'une partie de ses revenus qu'il a perdus. Les bois qu'il se propose de couper de l'abbaye des Vaux-de-Cernay ne peuvent point être appliqués au profit de l'évêché de Toulon; je l'ai prié de chercher lui-même des moyens plus convenables. Il m'a promis de vous en écrire et de les concerter avec vous.»

Les habitants de Toulon ayant manifesté le désir d'envoyer un député au Roi pour solliciter sa charité, il leur fut répondu que le Roi était suffisamment instruit des faits, et qu'une députation serait l'occasion de dépenses inutiles. (Lettre de M. Lebret fils, 11 janvier 1708.)

1316. *M. Lebret fils, intendant en Provence,*
au Contrôleur général.

27 Septembre 1707.

Il rend compte des dégâts faits par les ennemis dans l'établissement des salins d'Hyères, ainsi que des quantités de sel qu'on suppose avoir été prises par eux et qui sont passées en partie aux mains des faux-sauniers.

«Il n'y a que deux remèdes : l'un, de faire des visites, chose qui paroîtra dure et qu'il sera peut-être difficile d'exécuter tranquillement sans avoir quelques troupes au voisinage de ce pays-là, qui est déjà bien ruiné et où toute cette quantité de sel ne sera pas demeurée; l'autre, de diminuer le prix du sel, sans quoi les gabelles se perdront absolument en ce pays-ci. On a pu vous rendre compte des consommations, qui sont beaucoup diminuées depuis l'augmentation du prix du sel.....»

1317. *M. Desmaretz, directeur des finances,*
au baron d'Edelak, à Paris.

1er Octobre 1707.

Il lui annonce qu'il est chargé par le contrôleur général d'examiner et de discuter les propositions que veut faire le sieur Paris.

1318. *M. d'Argouges, élu de la noblesse de Bourgogne,*
au Contrôleur général.

1er Octobre 1707.

Il se plaint qu'une garnison a été mise chez le commis du trésorier des États de Bourgogne, à Paris, sous prétexte de retards dans les versements de la capitation*.

* En marge : «Quand leur trésorier voudra acquitter la capitation dans les termes convenus avec les États, il conservera son crédit et ne sera exposé à aucune garnison. Il n'étoit pas possible, après la patience que l'on a eue et les avertissements réitérés plusieurs fois, d'en user autrement, les porteurs d'assignations ayant pris leur arrangement sur un payement régulier et revenant journellement me demander de leur faire d'autres fonds. La province de Bourgogne est la seule dont le trésorier s'excuse sur ce qu'il n'a pris aucun engagement avec elle : ce qui m'a paru d'autant plus extraordinaire que l'on ne sauroit jamais compter sur aucun payement certain que par sa volonté.»

1319. *M. de Montgeron, intendant en Berry,*
au Contrôleur général.

2 Octobre 1707.

«Depuis que le Roi est à Fontainebleau, je m'aperçois d'un retardement considérable des lettres que je reçois de la cour; elles devroient m'être rendues plus promptement que quand elles partent de Versailles, parce que, Fontainebleau étant sur la route de Lyon et à quatorze lieues en deçà de Paris, les ordinaires devroient être avancés. Cependant ils sont reculés de deux jours, et souvent de trois; j'en ai parlé au commis de la poste établi en cette ville, qui m'a dit que les courriers qui partent de Paris pour Lyon n'arrêtent point à Fontainebleau et n'y ouvrent point leur malle; qu'au lieu d'y prendre les lettres de la cour qui s'adressent à Lyon et sur la route, on les envoie de Fontainebleau à Paris, où ils s'en chargent, en sorte que nous ne les recevons plus en droiture; et qu'à l'égard de celles qui sont écrites de cette ville et des autres endroits de la route de Lyon pour Fontainebleau, le courrier les porte à Paris, d'où elles sont renvoyées à la cour..... Je reçus par l'ordinaire d'hier une lettre que vous m'avez fait l'honneur de m'écrire le 24 du mois dernier, par laquelle vous m'ordonnez de faire publier la prorogation du prix de la monnoie jusques au 1er novembre prochain. Si elle m'avoit été rendue le 27 ou 28 septembre, comme cela est ordinaire quand la cour est à Versailles, cette prorogation auroit été publiée le 1er de ce mois dans toutes les villes de cette généralité; mais, votre lettre n'étant arrivée que le 1er octobre, la prorogation ne sera sue dans les endroits éloignés de Bourges que le 3 : ce qui fait un préjudice considérable dans les marchés et dans les foires de cette province, où l'on ne veut point recevoir les espèces que sur le pied de la diminution. Cet inconvénient, et beaucoup d'autres qui peuvent arriver par le retardement de vos ordres, seroient prévenus, si l'on obligeoit les courriers qui courent de Paris à Lyon et de Lyon à Paris de s'arrêter à Fontainebleau, où ils délivreroient les paquets qui s'y adressent, et y prendroient ceux qui doivent être remis dans les provinces de la route de Lyon.»

1320. *M. de Saint-Macary, subdélégué général en Béarn, au Contrôleur général.*

4 Octobre 1707.

Il sollicite pour les États de Navarre la permission de porter la rétribution de présence à 1,000 ll lorsque la durée ordinaire de la session sera dépassée.

«Permettez-moi de vous dire, avec Tacite, qu'il y a de l'art et de la prudence à accorder aux sujets de S. M. quelque chose pour les animer à bien servir..... Il semble qu'il n'est pas juste que les particuliers soient privés de leur subsistance durant le temps qu'ils vaquent pour le bien du service..... En ce cas, et non autrement, leur rétribution pourra être de 100 pistoles; ce n'est que 330 ll au delà, et, dans l'imposition, ce ne sera pas 4 deniers par maison : ce ne sera que le dix-huitième du Béarn, et les États de Navarre obéissent plus volontiers que les autres*.»

* Réponse en marge : «Il ne convient pas d'augmenter les dépenses qui se prennent sur les peuples, à moins que la cause n'intéresse l'État et ne soit très légitime. Il est certain qu'il y a des temps que les affaires extraordinaires demandent que l'on prolonge le terme fixé pour la tenue des États, et c'est dans ces cas singuliers et en connoissance de cause que l'on peut autoriser les dépenses extraordinaires que vous proposez d'augmenter de 330 ll; mais il ne faut pas les autoriser pour toujours, car ils consommeroient certainement tous les ans le fonds entier, y compris cette augmentation, sous différents prétextes. S'ils vouloient mettre les choses en règle, ils m'écriroient une lettre dans le cas particulier, qui seroit concertée avec l'intendant, et je ne doute point que le Roi n'eût égard à leur demande.»

1321. *M. Doujat, intendant à Poitiers, au Contrôleur général.*

8 et 14 Octobre 1707.

Arrestation et interrogatoire du sieur des Grassières, gentilhomme des environs de Mauléon, coupable d'avoir maltraité plusieurs personnes et battu jusqu'à la mort un huissier chargé du recouvrement de la capitation*.

* Le prisonnier s'étant évadé, ordre fut donné de faire son procès par contumace.

1322. *M. de Bernage, intendant en Franche-Comté, au Contrôleur général.*

11 Octobre 1707.

«J'ai conféré avec des plus habiles canonistes de cette province, et entre autres le Père André, religieux carme très versé en matière ecclésiastique et qui a une connoissance parfaite des usages de Franche-Comté, pour savoir s'il y avoit des exemples que des cardinaux ou autres prélats pourvus des principales abbayes de ce pays aient obtenu des indults portant pouvoir de conférer en commende les bénéfices réguliers dépendants de leurs titres. Ledit Père André m'a dit qu'il n'y avoit pas d'exemples de pareils indults en faveur de ceux pourvus d'abbayes dont le chef-lieu fût situé dans cette province, mais que M. l'archevêque de Reims en avoit un en qualité d'abbé de Saint-Bénigne de Dijon, et l'avoit exercé pour pourvoir à quelques bénéfices situés en Comté qui dépendent de cette abbaye. Il m'a ajouté qu'encore que ce pays soit d'obédience, il n'y avoit rien qui s'opposât à une semblable grâce du Pape, n'y ayant aucune différence sur cela des pays d'obédience à ceux de concordat. Je n'ai rien dit qui pût faire juger quel étoit le motif des éclaircissements que je prenois sur cette matière; mais, puisque vous me faites l'honneur de me demander mon sentiment à cet égard, je crois qu'il n'y a aucun inconvénient que vous profitiez de la bonne volonté de M. le cardinal de Janson et des démarches qu'il a déjà faites, pour obtenir un pareil indult en faveur de M. l'évêque de Senlis, comme abbé de Baume.»

1323. *Les Maire et Échevins de Tours au Contrôleur général.*

13 Octobre 1707.

«Les deux rivières de la Loire et du Cher se sont tellement débordées la nuit du vendredi au samedi, que, s'étant jointes, elles ont entièrement inondé les paroisses de toutes les varennes ou plat pays au-dessus et au-dessous de la ville : en sorte que tous les blés, légumes, foins, pailles et fourrages sont absolument perdus, et la plupart des bestiaux noyés. Il y a eu même quantité de paysans et habitants desdites paroisses qui y ont péri. Ce qui est resté de leurs familles, étant entièrement ruiné, s'est retiré avec beaucoup de peine en cette ville, étant aussi la moitié inondée. Nous sommes obligés de leur fournir la subsistance, aussi bien qu'à ceux qui sont encore détenus dans les varennes à cause des grandes eaux, par le moyen des bateaux que nous y envoyons. La plupart de nos bourgeois qui se sont trouvés dans cette inondation ne se sont sauvés qu'avec peine au haut de leurs maisons et ont perdu beaucoup de leurs provisions, marchandises, vins, eaux-de-vie et autres choses de différentes natures, dont nous prendrons la liberté de vous envoyer le détail par un procès-verbal le plus exact que nous pourrons : ce qui nous oblige de supplier Votre Grandeur d'y faire telle attention qu'il vous plaira, et d'avoir compassion de ceux qui se sont trouvés dans un si grand malheur, d'autant plus que la perte est inestimable, n'y ayant plus ni blés ni fourrages dans tout le plat pays au long desdites deux rivières.

«Nous n'avons aucun fonds pour secourir un aussi grand nombre de malheureux; cependant nous empruntons de toutes parts, dans l'espérance que vous aurez la bonté d'y pourvoir*.»

* Voir, à la même date, une lettre du sieur Taschereau de Baudry, lieutenant général de police à Tours.

1324. *M. Trudaine, intendant à Lyon,*
au Contrôleur général.

14 Octobre 1707.

«Mme la comtesse de Soissons arriva hier au soir ici. Nous avons été occupé toute la journée à chercher un convent qui lui convienne; c'est la meilleure commission dont vous puissiez m'honorer. Enfin, elle a choisi le convent de Saint-Pierre, où Mme l'abbesse voudroit fort se dispenser de la recevoir. Heureusement pour moi, M. l'archevêque de Lyon est revenu ce soir de la campagne; je l'ai supplié de déterminer demain matin Mme l'abbesse de Saint-Pierre de l'y recevoir. Nous verrons demain ce qu'il pourra faire et comment nous sortirons de cette intrigue.

«Il y a un autre chef de ma commission qui me paroit encore plus difficile que le premier : vous me chargez de lui faire fournir des meubles et de l'aider de mon ministère en tout ce que je pourrai, jusqu'à ce que M. le duc de Savoie ait pourvu à sa subsistance, dans laquelle le Roi ne veut point entrer. Mme la comtesse de Soissons arrive ici sans un sol. Je doute fort qu'on lui en envoie de Piémont. Elle compte de se faire apprêter à manger au dehors pour elle et pour les femmes qui la serviront en dedans. Il faut lui faire louer des meubles pour l'appartement qu'on lui donnera. Vous ne me marquez point sur quoi je ferai prendre cette dépense, qui sera toujours plus forte, quand le Roi la payera, que si elle en prenoit le soin elle-même. Je ne puis pas lui aller dire que ce qu'elle demande est trop fort, et être à marchander avec elle sur le plus ou le moins qu'elle voudra avoir. L'on ne lui fournira rien, si je n'en réponds. Je crois, sauf votre meilleur avis, qu'il conviendroit mieux, si le Roi veut avoir quelque bonté pour elle, qu'on lui donnât une somme pour le loyer de ses meubles jusqu'à ce qu'il lui en soit venu d'ailleurs, et pour sa subsistance jusqu'à ce que M. le duc de Savoie y pourvoie, que d'entrer dans des détails peu convenables; et, comme il me paroit que l'intention du Roi n'est pas de lui donner une pension, vous pourrez lui faire donner, comme par gratification, une seule fois, une somme d'argent qu'on lui déclareroit qu'on lui donne pour attendre les secours de Piémont, lui faisant entendre qu'on ne lui continuera pas; et si, au bout de l'année, elle ne reçoit rien de Piémont, on pourra lui continuer la même gratification, si le Roi veut avoir cette charité pour elle. Je me sers de ce terme, car constamment elle n'a rien, et il faut prendre ce parti, ou la mettre sur la borne d'une église à demander l'aumône.

«Je ne vous propose aucune somme. Vous savez mieux que moi ce qu'il faut à une personne comme elle pour la tirer de la dernière misère, et surtout au commencement, où elle sera obligée d'acheter bien de choses pour se meubler et arranger, le louage des meubles ne pouvant durer longtemps : ils consommeront bientôt le prix de ces mêmes meubles. Je vous supplie de me marquer sur quoi vous voulez que je fasse payer la dépense nécessaire qu'il faudra faire pour elle, quelque modique qu'elle soit; je ne sais point sur quoi la prendre*.»

* Réponse en marge, de la main du contrôleur général : «3,000 tt gratification. — M. le Rebours. Expédier l'ordonnance. En donner avis à M. Trudaine.»

1325. *M. Turgot, intendant à Tours,*
au Contrôleur général.

(De Mayenne) 14 Octobre 1707.

«Si j'en avois cru tous les avis qui m'ont été donnés au Mans, même par les personnes les plus considérables et de dignité, je ne serois point venu dans cette ville, qui a été fort affligée de maladie; mais, l'exécution de vos ordres pour le service du Roi m'y appelant, je n'ai pas hésité à m'y rendre, malgré le péril qui a fait fuir un grand nombre de ceux qui y habitoient. J'ai trouvé que les maladies y ont été très nombreuses et ont désolé cette ville et ses faubourgs, la plus grande partie de dysenterie, plusieurs de fièvres pourprées. On en a enterré jusqu'à trente en un jour, et il n'y a pas même longtemps. Cependant cela diminue un peu, et j'espère même que la hardiesse que j'ai eue d'y venir y rassurera les principaux officiers et l'esprit des autres habitants de la ville, pour se secourir mutuellement et user des remèdes envoyés par S. M., que je leur ai fait distribuer de sa part, pour qu'ils lui soient redevables de leur soulagement*. . . . .»

* Réponse en marge : «Il faut, dans des occasions où les peuples peuvent avoir besoin de secours, se sacrifier soi-même et se soumettre à la Providence. S'il avoit pu se rendre à Mayenne dès les commencements de la maladie, je ne doute point qu'il n'eût pris des mesures pour secourir les malades et qu'il n'eût sauvé une bonne partie de ceux qui sont morts. Je lui aurois envoyé du remède pour la dysenterie, qui conserve tous les ans une infinité de soldats au Roi. Sur les premiers avis que j'en ai eus, j'ai envoyé tous les secours qui dépendoient de moi. Je souhaite qu'ils aient été utiles.»

Voir diverses lettres du bas Anjou et du bas Maine, du 18 au 22 octobre. Le 7 novembre, l'intendant rend compte de l'état de l'épidémie, ainsi que de la distribution des bols d'ipécacuana et des cordiaux envoyés par le contrôleur général.

1326. *M. Trudaine, intendant à Lyon,*
au Contrôleur général.

16 Octobre 1707.

Il discute et repousse la proposition faite au Conseil d'opérer le rachat des cens, rentes, lods et mi-lods des maisons et héritages de Lyon qui sont dans la censive et mouvance des gens de mainmorte*.

* Voir un autre rapport du sieur Audoul, avocat au Conseil, à la date du 24 septembre précédent.

1327. *M. de Bernage, intendant en Franche-Comté,*
au Contrôleur général.

21 Octobre 1707.

Un marchand d'Arbois, condamné par défaut à 1,000 tt d'amende et à dix ans de galères, pour détention de louis d'or de fausse réforme, expose qu'il ne saurait se mettre en état de prouver son innocence sans faire des frais au-dessus de ses forces, et demande que la peine des galères soit commuée en celle de servir dans les troupes du Roi. Le jugement a été rendu sur de simples commencements de preuve, car autrement l'accusé eût été condamné à mort; mais il n'y a pas lieu, dans un cas de cette nature, d'accorder une commutation, et le suppliant n'a qu'à se représenter devant ses juges.

1328. *M. de Bâville, intendant en Languedoc, au Contrôleur général.*

21 Octobre 1707.

«J'ai vu, par la lettre que vous m'avez fait l'honneur de m'écrire le 11 de ce mois, la juste crainte que vous avez des inconvénients qu'il y a de prendre ici une partie des fonds des gabelles pour le payement des troupes, et vous me mandez que vous aimez mieux que je le prenne sur le Don gratuit; mais permettez-moi de vous représenter qu'il m'est impossible de prendre le Don gratuit, puisqu'il est assigné pour toute l'année, et même, à ce que M. de Pennautier m'assure, pour une partie de l'année qui vient. D'ailleurs, par le traité fait avec les États, le Don gratuit se paye par mois à Paris, où le fonds est envoyé; ainsi, il n'en reste rien ici dont je puisse m'aider. J'ai toujours espéré que ce que l'on a pris jusqu'à cette heure sur la gabelle seroit remplacé sur le traité des contrôleurs, pour lequel le sieur Bonnier avoit offert 200,000 écus. M. de Pennautier vous a témoigné qu'il prendroit ce traité; vous l'avez envoyé ici pour convenir de toutes choses. Je vous ai envoyé le 4 septembre sa proposition ci-jointe, par laquelle il résulte que nous avions assez de fonds pour remplacer ce que j'ai pris des gabelles..... Je ne vois pas qu'il y ait de meilleur expédient pour prévenir les inconvénients que vous craignez de ce divertissement des deniers de la gabelle. Il m'a paru que M. de Pennautier cherchoit à temporiser et à gagner le temps des États. Il y a en cela un grand inconvénient, qui est qu'une pareille affaire y durera longtemps et y sera sujette à bien des raisonnements et des remontrances. Cependant voici le mois de novembre qui s'approche : il faudra faire un nouveau fonds pour ce mois et prendre encore sur la gabelle, ne pouvant faire autrement. L'affaire des contrôleurs pouvoit finir en un mot, en disant à M. de Pennautier que, s'il ne la prenoit pas, le sieur Bonnier la feroit. Je vous envoie un état par lequel vous verrez qu'en finissant cette affaire, ce qui a été pris sur la gabelle sera remplacé, et cela éviteroit quant à présent l'embarras que vous craignez. Si vous n'agréez pas que je prenne pour le mois de décembre et suivants sur les gabelles, et que ce soit alors sur le Don gratuit, je vous prie de m'en envoyer un ordre précis que je puisse montrer à M. de Pennautier, pour faire cesser les très vives instances qu'il feroit pour m'en empêcher, parce que cela le dérange extrêmement*.....»

* On consentit à laisser racheter la création des contrôleurs par la province sur le pied de 600,000 ᵗᵗ, dont un tiers immédiatement versable dans la caisse des fermes; voyez, sur cette négociation, les lettres de M. de Bâville, 25 septembre et 7 octobre, 1er et 31 novembre, 9, 17 et 18 décembre. En attendant que les fonds fussent trouvés, M. de Bâville dut continuer à se servir d'expédients. Le 23 décembre, il écrit : «Ne voyant venir aucun fonds pour la subsistance des troupes qui sont dans cette province pour le mois de janvier, j'ai été obligé de retenir sur le Don gratuit la somme de 180,000 ᵗᵗ, ainsi que vous me l'avez marqué, qui est plus forte que celle qu'il faudra retenir à l'avenir, parce que j'ai cru qu'il étoit nécessaire de payer ce qui est dû au régiment Dauphin, à qui je n'avois pu donner que des àboncomptes pour lui procurer le moyen de se rétablir. J'ai été aussi si pressé par d'autres officiers à qui il est beaucoup dû, que j'ai cru que vous approuveriez qu'on leur donnât un peu plus que ce mois-ci, d'autant plus que je leur ai toujours fait espérer qu'à la fin de l'année ils seroient payés. J'ai même trouvé plus de facilités maintenant que je n'en trouverai dans les mois de février, mars et avril, parce que les impositions ne tomberont point dans ce temps-là, et sont échues à la fin de l'année : c'est ce qui fera que les àboncomptes seront beaucoup plus foibles à l'avenir. Je suis très fâché de tous les dérangements que cela peut causer à l'égard de ceux qui sont assignés; mais je crois que vous jugerez que, de tous les besoins, le plus pressant est de ne pas laisser dissiper les troupes qui sont dans cette province faute de payement, où il arriveroit des désordres infinis. S'il vient du fonds, il servira à remplacer ce que je prends sur le Don gratuit; mais, comme les troupes sont fort éloignées d'ici, dans le haut Languedoc, le Vivarois, le Velay et dans les Cévennes, le prêt manqueroit, et le désordre s'y mettroit, si je tardois plus longtemps à y pourvoir et envoyer ce qui est nécessaire dans chaque canton. Ne sachant point s'il viendra personne pour servir en qualité de commis de l'extraordinaire des guerres, j'ai obligé le sieur Bonnier de continuer jusqu'à ce que vous ayez agréable d'y pourvoir. Je dois vous observer qu'au moyen de ces 180,000 ᵗᵗ que je retiens sur le Don gratuit, toutes les subsistances, sans y comprendre les fourrages, seront payées pour les troupes de Languedoc, tant pour le passé que pour le mois de janvier.»

1329. *M. de Bagnols, intendant en Flandre, au Contrôleur général.*

22 Octobre 1707.

«J'ai reçu, avec la lettre que vous m'avez fait l'honneur de m'écrire le 17 de ce mois, l'état des assignations sur la recette générale et la capitation de Flandres de la présente année, qui sont entre les mains du trésorier général de l'extraordinaire ou de ses commis, montant à la somme de 1,397,500 ᵗᵗ.....

«Je dois donc, indépendamment dudit état, et en me renfermant dans ce qui concerne le département de Lille, vous dire que les subsides et la capitation y ont été fort bien payés jusqu'à présent, et que, sans les secours que nous en avons tirés, nous ne serions pas aujourd'hui dans l'état où nous sommes : quoique très mauvais, il seroit dû infiniment davantage aux troupes. Vous savez le peu d'argent comptant que vous nous avez envoyé. Je vous dirai, par exemple, qu'il n'est rien dû des subsides dans la ville de Lille, et que tout ce qui échoit le dernier de ce mois a été payé très régulièrement. On ne peut pas en demander davantage. L'usage étoit autrefois que l'échéance d'un quartier ne se payoit que dans le mois suivant; les besoins ont obligé de raccourcir ce terme.

«Tout est pareillement payé à Tournay jusques à la fin d'octobre.

«Ainsi, on peut dire que, de tout le contenu dans l'état en ce qui concerne le département de Lille, tout est payé ou n'est pas échu : d'où vous jugerez aisément que nous n'avons rien à espérer aujourd'hui, ni des aides, ni de la capitation du département, et qu'il faut nécessairement d'autres secours pour soutenir les prêts.

«Je dois néanmoins vous observer qu'il faut faire une exception à l'égard de la châtellenie de Lille, qui n'a rien payé du tout de ses aides, ni de la capitation de la présente année, et qui doit encore une partie des aides et de la capitation de l'année dernière; ce devroit être néanmoins plus du quart du produit de ces deux recouvrements dans tout le département de Lille, et c'est une grande ressource qui nous manque. Il sera nécessaire que vous vous donniez la peine d'y mettre ordre. On ne peut pas dire que la châtellenie de Lille n'ait beaucoup souffert cette année, et qu'elle ne mérite d'être ménagée; mais il faut au moins savoir à quoi s'en tenir.

«Je me trouve présentement chargé du payement de cinquante-trois bataillons, dans lesquels il y en a six suisses et six allemands, et de trente-sept escadrons, distribués dans les places du département. Il étoit dû plusieurs prêts aux troupes qui viennent de l'armée; il en étoit dû aussi à celles qui ont passé l'été dans les garnisons. Il faut à toutes ces troupes 40,000 ᵗᵗ pour un simple prêt de cinq jours. Le mal est bien pressant; vous jugerez mieux que personne de ce qui peut en arriver, si on n'y apporte promptement le remède nécessaire.»

1330. *M. Doujat, intendant à Poitiers,*
au Contrôleur général.

25 Octobre et 19 Novembre 1707.

Il demande une lettre de cachet pour faire enfermer au château de Niort le curé de la paroisse de Soutiers, qui, depuis deux ans, empêche les habitants de faire l'assiette de la taille, et qui conserve leurs effets et meubles, afin qu'il n'y ait pas moyen de les saisir*.

Quelques autres prêtres mériteraient également une punition exemplaire pour le mal qu'ils font dans leurs paroisses.

* L'imposition de 1706 et 1707 ayant pu s'établir dès que le curé eut été éloigné, l'intendant fit une diminution considérable sur celle de 1708, et obtint de rendre le prisonnier à la liberté. (Lettre du 2 janvier 1708.)

1331. *M. le Gendre, intendant à Montauban,*
au Contrôleur général.

26 Octobre 1707.

«Pour répondre à la lettre que vous m'avez fait l'honneur de m'écrire le 4 de ce mois, au sujet du consulat de Gimont, pour lequel l'on vous a écrit que je voulois forcer la communauté de nommer des sujets contraires à ses intérêts et entièrement dévoués au sieur abbé du Bourg, abbé de Gimont, avec lequel elle est en procès, permettez-moi de vous représenter que, recevant des plaintes continuelles des injustices que fait le sieur Lagausie, maire de Gimont, et des brigues et cabales qu'il pratique annuellement pour remplir le consulat de gens à sa dévotion, et ces mêmes plaintes m'ayant été renouvelées étant à Auch, par M. l'archevêque, par M. l'abbé de Gimont et par plusieurs autres personnes de distinction, je crus qu'il étoit de la justice et de mon devoir, pour rompre les mesures du maire, de proposer trois sujets qui m'avoient été indiqués comme les plus honnêtes gens de la ville et les plus agréables à la communauté; mais, ne s'étant point trouvés au goût du maire, il fit délibérer qu'on me feroit des remontrances. Sur cela, je pris la résolution d'aller moi-même sur les lieux, pour entendre les habitants et connoître leurs véritables intentions. J'écrivis à cet effet aux maire et consuls de se trouver à Gimont à l'heure que je devois y arriver; mais, bien loin de cela, je fus surpris d'apprendre en arrivant qu'ils s'étoient absentés, afin d'empêcher par là de rien décider : en sorte que je passai la matinée à recevoir des plaintes contre le maire et contre ceux qu'il vouloit mettre dans le consulat. Sur tous ces sujets de plainte, je mandai au maire de venir me rendre compte de sa conduite, et je rendis l'ordonnance dont copie est ci-jointe, pour faire procéder, en présence de mon subdélégué, à l'élection consulaire. Et afin que les habitants eussent la liberté des suffrages, je lui recommandai de ne proposer personne et de choisir les plus honnêtes gens de la communauté et les plus agréables au peuple. Les choses se sont passées comme vous le pouvez souhaiter. Il y a trois consuls nommés, que je ne connois point, et qui remplissent depuis un mois leurs fonctions au gré de la communauté. J'ai renvoyé le maire, après lui avoir fait une bonne mercuriale sur sa conduite; il m'a promis qu'elle seroit meilleure et que je n'aurois aucun sujet de me plaindre à l'avenir. Voilà toute cette belle affaire, à laquelle je n'avois pas pensé depuis trois semaines, et qui ne mérite pas votre attention; mais on empêcheroit plutôt les Gascons de manger et de boire, que d'écrire sans aucun ménagement des termes, quand il s'agit de satisfaire leur passion. Comme je les connois à fond, je n'en suis nullement scandalisé*.»

* Voir, au 12 octobre, la lettre de justification écrite par le maire de Gimont.

1332. *M. de Bernage, intendant en Franche-Comté,*
au Contrôleur général.

28 Octobre 1707.

Mémoire sur la valeur des patagons de Suisse que des entrepreneurs s'engagent à fournir à la Monnaie de Besançon et sur les avantages que le Roi trouvera à payer du produit du bénéfice de la conversion, sans qu'il sorte aucunes espèces du royaume, les quatre cents chevaux qui ont été fournis par ces mêmes entrepreneurs.

«Il est certain qu'ils feroient une perte évidente d'environ 55,000 ᵗᵗ, si vous n'aviez pas pour agréable ou d'en fixer le prix à 33 ᵗᵗ 3 s. le marc, comme je vous l'avois proposé, ou de leur accorder une indemnité proportionnée au-dessus de la fixation à 30 ᵗᵗ 17 s. 2 d. 1/2, qui est un expédient que j'ai ouvert pour éviter toutes conséquences, quoiqu'il ne paroisse pas que ce qui sera fait pour ce traité, limité à une quantité déterminée d'espèces singulières et pour ces seuls particuliers, puisse influer dans le courant général des monnoies, outre que la justice et l'intérêt de la conservation du crédit du Roi demandent que ces entrepreneurs, qui se sont portés à rendre service dans une conjoncture pressante, ne soient pas ruinés*.

«Il y a encore une raison secrète de faveur pour le sieur Bréguet : ce marchand, qui est de la ville de Neufchâtel et qui demeure dans un lieu de cet État voisin de Pontarlier appelé les Verrières, non seulement s'est porté avec toute la vivacité possible pour les prétendants françois, et spécialement pour M. de Matignon, qui me l'a fortement recommandé, mais il m'a assuré que, quand M. l'Électeur sera investi, il demeurera attaché à la France, et me donnera des avis sûrs de ce qui se passera de préjudiciable aux intérêts de S. M. De pareils espions ne seront pas à négliger.»

* Voir, sur ces deux négociations, plusieurs lettres antérieures, en date du 14 décembre 1706 et des 26 août et 23 septembre 1707.

1333. *M. d'Angervilliers, intendant en Dauphiné, au Contrôleur général.*

28 Octobre 1707.

«Sur les avis que j'ai reçus que le sieur Menel, receveur des tailles du Briançonnois, avoit exigé plusieurs gratifications des communautés de Queyras, de Pragelas et de la vallée d'Oulx qui ont été déchargées par arrêt du Conseil du total ou de partie de leurs impositions de l'année dernière, je lui ai demandé ce qui en étoit, et il a eu l'infamie de m'avouer qu'il s'étoit fait payer par toutes ces communautés 5 p. o/o de la remise que le Roi a eu la bonté de leur faire. Je crois que cette concussion mérite de ne pas demeurer impunie; cependant j'ai cru devoir recevoir vos ordres auparavant de le faire arrêter ni de commencer aucune procédure contre lui.

«Le même Menel est aussi, depuis deux ans, commis de l'extraordinaire des guerres à Briançon. Je ne puis vous exprimer toutes les plaintes d'usures horribles que j'en ai reçues. Il n'acquitte pas un billet sans rétribution, et, si j'ai différé à vous en rendre compte, c'est que je cherchois des preuves, qui sont difficiles à trouver en pareilles matières, parce que ces sortes de commerce se font sous des noms empruntés. Mais un fait que je vais vous raconter peut bien servir d'équivalent à la preuve. Le sieur Menel a acheté sa charge de receveur des tailles environ 30.000 ᵗᵗ. Il la revend à un marchand de Briançon, nommé Faure, 63,000 ᵗᵗ; mais aussi il ne reçoit en payement que de ses propres billets, que Faure a achetés à vil prix des troupes ou autres à qui Menel les avoit faits : en sorte que Menel reçoit effectivement 63,000 ᵗᵗ, quoique les effets qu'il prend en payement ne coûtent à l'acheteur qu'environ la moitié de cette somme, ce qui fait à peu près la valeur de cette charge. La mauvaise réputation de Menel est très préjudiciable au service, surtout dans le temps malheureux où nous sommes, puisque les marchands, sachant ce qui leur en coûte pour être payé, exigent des remises excessives pour trafiquer les billets de Menel qui se trouvent entre les mains des officiers.

«Le trésorier de Grenoble, nommé d'Hausy, ne vaut guère mieux. Je sais qu'il est allé à Paris pour tâcher de se faire continuer dans son emploi l'année prochaine, et j'ose vous dire qu'il est de votre justice de l'empêcher.

«Je reviens à la friponnerie que Menel a faite aux communautés du Briançonnois, et je prendrai la liberté de vous dire que cet homme est trop coupable pour en être quitte pour la seule restitution.»

1334. *M. Trudaine, intendant à Lyon, à M. Desmaretz.*

29 Octobre 1707.

«Je prends la liberté de vous envoyer copie de la lettre que j'ai l'honneur d'écrire à M. Chamillart sur la nouvelle déclaration concernant l'usage des billets de monnoie. Je vois bien qu'il n'y a plus rien à lui représenter sur les inconvénients qui en peuvent arriver : toutes les raisons en ont été dites dans les mois d'avril et de mai derniers, et je présuppose qu'on les a balancés avec la nécessité où les affaires du Roi engagent de faire recevoir dans les provinces les billets de monnoie, après même avoir rassuré les esprits par une déclaration qui révoquoit celle du 12 avril et avoir fait financer quelques villes sous le prétexte de la révocation de cette déclaration. Ainsi, je m'en tiendrai dorénavant à lui mander les effets qu'elle produira. Je me rendrai plus hardi auprès de vous pour vous représenter que tout ce qui a été dit ci-devant me persuade que cette déclaration causera de grands maux par la cessation du commerce et des manufactures, que l'on ne voudra connoître que lorsqu'ils seront arrivés, et qu'il en faudra venir à une révocation pire que la première, après laquelle il faudra un grand temps pour remettre et le commerce et les manufactures dans l'état qu'elles sont aujourd'hui; et, pendant tout ce temps, l'on se trouvera dans une disette d'argent dont le Roi sera le premier à ressentir les effets. Mais, outre tous les principes généraux qui font appréhender les suites de cette déclaration, il y a dedans quelques dispositions sur lesquelles je prendrai la liberté de vous marquer ce que je pense.

«1° L'on excepte de la règle générale les lettres de change et billets des trésoriers de l'extraordinaire de la guerre, dont le payement se fera jusques à la fin de 1708 moitié en argent et moitié en billets. L'extraordinaire des guerres est la grosse source d'où le plus grand nombre de billets de monnoie sort. Que feront les marchands de ces billets, dont ils recevront moitié de leurs payements, lorsqu'ils n'en pourront donner qu'un quart? Et encore il faut convenir que le marchand qui vend en gros et qui tire son payement du trésorier de l'extraordinaire, ne peut payer que tout en argent une partie de la dépense qu'il retire. Il y a des façons, des emballages, des voitures, des achats de petites choses en détail, pour toutes lesquelles il ne pourra donner même un quart en billets de monnoie, et ce marchand sera obligé d'en recevoir moitié dans les payements qu'on lui fera. Quelle en sera la suite? que le marchand ne traitera avec les officiers que sur le pied d'une grosse perte sur les billets de monnoie, parce qu'il sera obligé de négocier ces billets pour avoir de l'argent comptant qui remplisse le vide qu'il y a de la moitié de sa recette en billets au quart de sa dépense en mêmes effets, et encore pour avoir de quoi satisfaire à toutes les dépensés qu'il ne peut faire qu'en argent comptant. Les usuriers se prévaudront de la nécessité où se trouvera le marchand et trouveront moyen de soutenir la perte des billets de monnoie, à laquelle l'on veut pricipalement remédier.

«2° L'on sort encore de la règle générale des lettres tirées par les étrangers sur les banquiers et marchands du royaume, que l'on marque qui pourront être stipulées payables tout en argent. La première observation à faire sur cette exception est de savoir si la déclaration dont nous parlons déroge à celle du 1 janvier 1707, qui permet de stipuler, dans tous actes de prêts, lettres et billets, le payement tout en argent comptant et sonnant, et non en billets de monnoie. Si cette déclaration n'est point révoquée, l'article est inutile. L'on a pu avoir en vue, en le mettant, de rassurer particulièrement les étrangers : dans ce cas, il falloit rappeler encore la déclaration qui permet ces stipulations; mais, soit que cette déclaration subsiste ou soit abrogée, je ne sais si l'on a bien fait attention à la clause donnée en faveur des lettres étrangères. Il est à craindre que les suites n'en soient dangereuses et contraires à ce que l'on se propose. Voici ce que j'appréhende qu'il en arrive. Tous nos marchands françois ne feront plus entre eux de négociations considérables que par l'entremise de l'étranger : il ne leur sera pas difficile d'avoir à Amsterdam, à Gênes, à Venise, à Genève et autres places des gens sûrs en qui ils se confient pour leur remettre en apparence ce que ce confidenciaire leur remettra en France, avec la stipulation de payement tout en argent. Tout le gros commerce se fera, entre ci et trois mois, de cette manière, et nous en souffrirons beaucoup, parce que le confidenciaire étranger ne prêtera point son nom, qu'on ne lui donne un petit bénéfice : ce qui charge le commerce du royaume au profit de l'étranger, sans que l'étranger y mette rien du sien; et ainsi, par ce moyen, les négociations se feront entre nos propres marchands sans billets de monnoie. Cette même clause ruinera le commerce étranger, parce que nos marchands ne pourront pas recevoir les marchandises étrangères, pour les vendre payables un quart en billets de monnoie, et se trouver obligés de payer tout en argent comptant les lettres que les étrangers tireront sur eux pour se rembourser du prix des marchandises qu'ils auront envoyées à nos marchands. Il faudra que nos marchands, pour soutenir leur commerce sans perte, passent en compte à l'étranger la perte qu'ils feront sur le quart en billets qu'ils seront obligés de prendre : ce qui ralentira l'étranger d'envoyer ce qu'il nous faut nécessairement tirer d'eux pour nos manufactures. Et ne croyez pas que ce soit une terreur panique. Je sais que l'on a déjà contremandé beaucoup de soies, nos marchands marquant qu'ils ne peuvent payer que comme ils seront payés, et n'en voulant recevoir qu'à cette condition.

«3° L'on excepte encore les payements des droits des fermes destinés pour payer les rentes de la ville. Je sais qu'il faut payer les rentes en argent par préférence à tout; mais, en même temps, si l'on avoit pu ne pas excepter les fermes et ne les pas exempter de recevoir un quart en billets de monnoie, je crois que c'eût été le moyen le plus facile pour faire tolérer la réception des billets de monnoie dans les provinces; et, si vous voulez bien me permettre de dire mon sentiment sur la manière dont on auroit pu s'y prendre pour faire recevoir petit à petit les billets dans les provinces sans cabrer les esprits, qui le sont à un point que l'on ne peut vous exprimer, j'aurois cru qu'il falloit commencer à bien établir, s'il est possible, le payement des intérêts des billets, que l'on eût connu dans le public qu'il y a un fonds certain, et aussi certain que celui des rentes de la ville destiné au payement de ces intérêts, et que l'on eût vu effectivement payer ce qui se trouvera d'échu au dernier décembre, et recommencer au 1er janvier à payer d'avance les six premiers mois de l'année prochaine, comme M. Chamillart me marque que l'on fera. Pour lors, sans donner aucune déclaration, et bien loin d'excepter les fermes, j'aurois cru qu'il auroit fallu donner un arrêt qui rappelât la dernière déclaration, qui veut que les billets n'auront point de cours dans les provinces, et qui permît de donner pour un quart de billets de ce qu'on seroit obligé de payer aux fermes. Les marchands qui se seroient trouvés avoir cette porte pour déboucher les billets qu'ils sont obligés de prendre, n'auroient plus voulu y perdre, ces mêmes billets leur produisant des intérêts, et ils en auroient pris beaucoup plus qu'il n'en faut pour acquitter le quart des droits que leurs marchandises payent, dans la confiance de les donner, ou par eux ou par d'autres, aux bureaux des douanes; et, quelque petite que soit la porte de sortie de ces billets, pourvu qu'il y en ait une, elle suffira, parce qu'elle entretiendra dans l'espérance d'y arriver et donnera par là crédit à une monnoie dont on ne voyoit point de débouchement, et qui deviendra d'autant meilleure qu'elle produit des intérêts que l'on verra payer effectivement. Quand les billets seront sur ce pied et que l'on en aura cette issue, ils viendront naturellement en province, sans qu'on oblige personne de les recevoir.

«Cette affaire ne me paroît pas devoir être traitée d'autorité: il faut la manier autrement. La déclaration du 18 de ce mois me fait trembler. Plaise à Dieu qu'il n'en arrive point de mal! Je vous supplie de me pardonner une aussi longue lettre; mais la matière est de si grande conséquence et peut avoir des suites si fâcheuses, que vous pourriez me reprocher, s'il en arrivoit, d'être demeuré dans le silence. Vous direz de tout ceci, à M. Chamillart, ce que vous jugerez à propos*.»

* M. Desmaretz répond, le 9 novembre : «J'ai reçu la lettre que vous m'avez écrite le 29 du mois passé sur la déclaration du 18 octobre qui ordonne le cours des billets de monnoie dans les provinces. Comme cette lettre est arrivée à Paris pendant un voyage que j'ai fait à Maillebois, je n'ai pu savoir les sentiments de M. Chamillart qu'à mon retour. Je ne vous dissimulerai point qu'il m'a paru un peu échauffé sur ce que vous aviez pris l'affirmative contre la déclaration; il m'a même dit qu'il vous avoit écrit assez fortement sur cela, et il n'étoit pas content de ce qu'il sembloit que vous déferiez trop aux sentiments des Lyonnois. Je lui ai dit que, voyant les choses sur les lieux et de près, vous ne pouviez pas vous dispenser de lui rendre compte de la vérité. Il est à propos que vous soyez instruit que M. Chamillart est présentement dans la résolution de soutenir la dernière déclaration, et qu'il y est tellement affermi, que je ne puis croire qu'il change de sentiment. Vous devez agir sur ce principe, et je m'en explique avec confiance avec vous, afin qu'étant informé de ses sentiments, vous puissiez prendre des mesures justes. Ne faites point de difficulté, je vous prie, de vous expliquer avec moi sur la situation des choses et sur tout ce qui pourra arriver, avec une confiance entière : soyez sûr que je ne vous commettrai point; et, quand je souhaite d'être averti de tous les mouvements qui pourront arriver sur cela, ce n'est que dans la vue du service et de faire toujours tout ce qui se pourra de mieux pour éviter les plus grands inconvénients.

Je n'entrerai pas dans un détail plus grand sur tout ce que vous m'avez écrit : je ne suis que trop persuadé que la déclaration peut causer du désordre dans le commerce; mais il n'étoit pas possible de faire autrement.»

1335. *M. Bégon, intendant à la Rochelle,*
au Contrôleur général.

29 Octobre 1707.

«Il ne m'est point encore arrivé de vous rien demander pour mes intérêts particuliers, quoiqu'il n'y ait point d'intendant qui en ait plus de besoin que moi, étant ruiné par les dépenses extraordinaires et indispensables dont je suis accablé, et ne tirant rien de mon revenu depuis plus de six ans, parce que les blés, les vins ni les foins ne se vendent point dans le pays Blaisois, qui vient encore d'être accablé par le débordement de la Loire, qui m'a porté un préjudice irréparable. Si vous n'avez la bonté de me soutenir en cette occasion, je n'ai qu'une ressource, qui consiste en la vente de trois cents tonneaux de vin, qui font douze cents barriques, que j'ai recueillis cette année, dont on n'offre pas le prix que les poinçons ont coûté. Il n'y a qu'un moyen de s'en défaire, qui est de les envoyer en Hollande; mais il y a un impôt à Ingrande, qui excède de beaucoup le prix du vin, et qui en interdit absolument le commerce. Je n'oserois vous demander pour la province entière une suspension de ce droit pour cinq ou six mois, pour la dédommager en partie des pertes infinies qu'elle vient de faire. S. M. a eu ci-devant la bonté, lorsque les vins ont été à un aussi bas prix qu'ils sont aujourd'hui, d'accorder de pareilles grâces, qu'elle a même souvent renouvelées; mais, en cas qu'elle ne soit pas disposée à la rendre générale, je vous supplie de ne me la pas refuser pour les douze cents barriques que j'ai recueillies cette année : sans quoi j'aurois bien de la peine à soutenir la dépense dont je suis chargé*.»

* En marge : «MM. Hénault et de Grandval, pour m'en parler samedi, et vérifier auparavant le produit de ce droit pendant une année. — Lui mander qu'il n'est pas d'usage d'accorder de pareils passeports; que je ne puis lui procurer l'exemption qu'il demande.»

1336. *M. Trudaine, intendant à Lyon,*
à M. Desmaretz.

2 Novembre 1707.

Le privilège des mines de cuivre de la paroisse de Chessy, en Lyonnais, que demande le sieur Camille de la Rivière, appartient déjà au sieur de Gramont, gentilhomme du Bugey.

«L'on tient qu'il y a plus de trois cents ans que la mine est ouverte. L'on en tiroit autrefois du vitriol; mais à présent l'on n'y fait plus que du cuivre. La manière en est particulière. L'on met de la vieille ferraille dans un trou où il y a de l'eau, et qui est environ trois cents pas sous terre : au bout de cinq ou six semaines, l'on trouve cette ferraille réduite en poudre, qu'on nomme *quisse;* on la fait fondre dans les martinets qui sont à Vienne; l'on en tire de la rosette, en plaques de quinze à dix-huit pouces de diamètre, qui s'emploie par les chaudronniers; et, tous frais déduits, l'on ne tire pas plus de 5 à 600 # de cette mine, ou plutôt de cette eau qui a la vertu de convertir le fer en cuivre.»

1337. *M. l'Évêque de Chartres*
au Contrôleur général.

2 Novembre 1707.

«J'ai l'honneur de vous envoyer la lettre ci-jointe de M. le curé d'Authon, qui se plaint que, contre les intentions de Mme la princesse de Conti, l'on ne paye plus les maîtresses d'école, qui y sont très nécessaires. Il me mande qu'il dépend de vous d'ordonner ce que vous jugerez à propos; ainsi, j'ai cru que vous agréeriez la liberté que je prends de vous recommander cette pauvre paroisse, où les maîtresses d'école sont très utiles. Pardonnez-moi, en faveur de la goutte qui me retient encore ici, la liberté que je prends d'emprunter une main étrangère; vous savez combien je vous honore*.»

* Le 10 juin précédent, il avait transmis à M. Desmaretz une requête des officiers de la ville de Châteauneuf-en-Thimerais pour l'établissement d'un maître d'école.

1338. *Les Syndics du commerce de Normandie*
au Contrôleur général.

(De Rouen) 4 Novembre 1707.

«La liberté qu'il a plu au Roi de nous donner par l'arrêt de notre établissement, et les places que nous y occupons, nous font espérer que Votre Grandeur ne désapprouvera pas les très humbles remontrances que nous nous trouvons obligés de lui faire, avec toute la soumission et le respect que nous lui devons, sur le triste état où se trouvent les marchands et négociants de cette province depuis la déclaration de S. M. du 18 octobre dernier, qui donne cours aux billets de monnoie pour un quart en tous payements dans ladite province, à commencer au 1er décembre prochain. Il a plu à S. M. en exempter quelques provinces, spécifiées dans cette déclaration; nous osons nous flatter que, si Votre Grandeur a la bonté de faire examiner ce que c'est et en quoi consiste tout le commerce de celle de Normandie, qui est remplie de manufactures, elle aura aussi celle de l'exempter de l'usage de ces billets de monnoie, pour en éviter la ruine entière, que nous prévoyons qui va arriver; et pour cet effet, il lui plaira observer : que les toiles blancards, dont on fournit l'Espagne et les Indes, est une des plus grosses manufactures du royaume; qu'elles se fabriquent à huit ou neuf lieues autour de Rouen et sont apportées par les paysans, qui les font par une ou deux pièces, aux halles et marchés, où les marchands de Rouen vont les acheter toutes les semaines pièce à pièce, pour lesquelles il faut absolument de l'argent comptant en espèces; que ces marchands, en ayant un nombre de pièces, les vendent à des marchands-commissionnaires, pour les envoyer en Espagne et aux Indes, et que, s'ils sont obligés de recevoir le quart de leur payement en billets de monnoie, il arrivera qu'en quatre semaines tout leur capital sera en billets de monnoie, et qu'ils ne pourront plus en faire d'achats aux halles et marchés, faute d'espèces, et que les paysans, ne trouvant plus à vendre leurs toiles, seront obligés d'en abandonner la fabrique, et ils ne pourront plus payer la taille ni leurs autres impositions, dont le Roi tire de grosses sommes.

«Il en arrivera de même de la manufacture des toiles fortes, qui se fabriquent en grand nombre aux environs de Rouen et que les paysans apportent tous les vendredis à la halle, que, les ayant vendues et reçu l'argent, ils vont en acquitter la taille et leurs autres impositions et payer les ouvriers qu'ils ont fait travailler pendant la semaine. Ils seront aussi obligés d'en abandonner la fabrique, parce qu'il ne se trouvera plus de marchands à la halle pour acheter leurs toiles avec de l'argent qu'il faut en espèces, pour en recevoir ensuite le quart en billets de monnoie; et qu'en quatre jours de halle tout leur capital se trouveroit aussi en billets de monnoie. Il est constant que cette seule manufacture de toiles, qui monte tous les ans à plus de 5 millions, sera absolument ruinée, et que cela donnera lieu aux étrangers de la contrefaire et d'en fournir l'Espagne et les Indes par des voies indirectes. Il est encore à remarquer que la plupart des lins dont on fait les fils pour la fabrique de ces toiles se tirent de la province de Flandre, qui sera exempte des billets de monnoie, et qu'il ne se trouvera plus de marchands de ce pays-là qui veuillent en envoyer en Normandie, pour recevoir le quart de leur payement en billets de monnoie.

«La manufacture des draperies, qui est une des plus considérables du royaume, où il se fabrique, notamment à Rouen, Darnetal, Elbeuf et Louviers, des draps très fins, de cinq quartiers de large, et qui se sont si bien perfectionnés qu'ils surpassent sans contredit les étrangers, outre les autres draps communs et les serges, comme de Bolbec, Lisieux, Caen, Falaise, Saint-Lô, Cherbourg, Vire et autres, où il s'emploie par an plus de dix mille balles de laine d'Espagne. Il arrivera que, quand les marchands espagnols, qui sont obligés d'acheter ces laines en argent comptant en espèces, verront qu'en les envoyant à Rouen, qui est le magasin de ces sortes de marchandises, on en payera le quart en billets de monnoie, il n'y en aura sûrement pas un qui voudra en envoyer, puisque, en quatre fois qu'ils en enverroient, tous leurs capitaux se trouveroient aussi en billets de monnoie. Et si ces Espagnols ont la faculté de tirer leurs lettres de change pour être payés entièrement en espèces, comme la déclaration du Roi le permet, il ne se trouvera pas de commissionnaire à Rouen qui veuille en recevoir; car il n'est pas naturel de croire que ce commissionnaire, qui aura 2 p. o/o de commission, veuille payer tout en espèces pour en recevoir le quart en billets de monnoie. Ainsi, on verra indubitablement, en peu de temps, la ruine entière de cette manufacture, et que les Espagnols enverront leurs laines dans les pays étrangers. Il sera impossible de pouvoir faire venir aucunes marchandises étrangères, comme fils à dentelles, qui sont très nécessaires, toutes sortes de bois à teindre et autres, puisque les étrangers auront la faculté de tirer leurs lettres de change en espèces, et que ceux qui les vendront en France seront obligés de recevoir le quart en billets de monnoie; et les étrangers qui les envoyoient vendre pour leur compte, n'en enverront plus, puisqu'ils ne trouveront pas de commissionnaire qui voudra les recevoir pour payer en espèces, et qu'il recevra le quart en billets de monnoie.

«La manufacture de dentelles, qui est d'une très grande conséquence, tant par le nombre que la province en fournit pour Espagne et pour les Indes, que par la quantité de peuples qu'elle fait subsister; car il est constant que, dans Rouen, Dieppe, Gisors, Harfleur, Honfleur, le Havre, Montivilliers, Pont-Audemer, Pont-l'Évêque et Caen, il y a plus de soixante mille personnes qui ne subsistent que de ce commerce, et presque toutes femmes et filles : de manière que, lorsque les marchands qui font travailler toutes ces ouvrières, auxquelles il faut toutes les semaines de l'argent pour leur subsistance, verront qu'après qu'ils auront eu beaucoup de peine pour ramasser des dentelles, et qu'ils seront obligés de recevoir le quart en billets de monnoie de ceux à qui ils auront vendu, ils seront contraints de les abandonner; et cette belle manufacture passera dans les pays étrangers, et réduira tant de peuples à la mendicité, que les hôpitaux en seront remplis.

«La pêche du hareng et du maquereau, qui se fait à Dieppe, emploie aussi une infinité de peuples, et cela forme des matelots pour le service du Roi. Ce commerce, qui fait subsister une bonne partie de la ville, ne se peut faire non plus qu'avec de l'argent en espèces, et, si les marchands-commissionnaires qui les achètent pour les envoyer dans les provinces du royaume et à Paris, sont obligés de recevoir le quart de leur déboursé en billets de monnoie, cela les mettra en peu de temps hors d'état de continuer ce commerce, qui est très avantageux à l'État.

«Le commerce des beurres d'Isigny, qui fait subsister tout le pays du Cotentin, aura le même sort, si les marchands-commissionnaires qui les vont acheter dans les marchés de tous les paysans qui les y portent, à qui il faut les payer en espèces, sont obligés de prendre de ceux à qui ils les enverront le quart en billets de monnoie.

«Et ainsi de toutes les autres sortes de manufactures dont la province est remplie, et particulièrement la ville de Rouen, qui s'est perfectionnée à imiter toutes les marchandises étrangères, comme les toiles de coton rayées de toutes couleurs, siamoises, mouchoirs, spéculation, brocatelles, et quantité d'autres qui entretiennent plus de trente mille familles de la campagne qui gagnent leur vie à filer du coton. Toutes ces manufactures vont être aussi abandonnées, quoique très utiles, puisque la plupart de ces marchandises s'enlèvent pour nos colonies françoises. Nous osons vous assurer que, depuis cette déclaration, il en a déjà paru des effets très fâcheux, puisque plusieurs de nos marchands qui avoient fait des marchés avec ces ouvriers pour leur fournir des assortiments de toutes ces manufactures, pour les payer à trois et quatre mois de terme, suivant leurs conventions et les ordres de leurs commettants, ne veulent point livrer celles qui sont fabriquées, ni en faire davantage, à moins qu'on ne leur donne de l'argent comptant et par avance, par la crainte qu'ils ont d'être obligés de prendre le quart en billets de monnoie : en sorte que voilà, dès à présent, tout le crédit perdu.

«Nous appréhendons de vous être ennuyeux par un si long détail, que nous avons cru être obligés de vous faire en faveur de nos négociants, manufacturiers et ouvriers, que nous voyons à la veille de périr, si, par votre bonne justice et votre équité ordinaires, vous n'avez la bonté d'exempter cette province de l'introduction des billets de monnoie, comme il vous a plu faire pour les autres qui en sont exemptées par la déclaration du Roi. C'est la grâce que nous vous demandons au nom d'un nombre infini de peuples de notre province, qui seront obligés de continuer leurs vœux et prières à Dieu, avec nous, pour votre conservation *.»

* Voir d'autres lettres des députés des États d'Artois, 7 novembre; de ceux de la Chambre de commerce de Toulouse, 16 novembre; des marchands de Saint-Quentin, 18 novembre; de ceux de Troyes, 16 et 18 novembre; de ceux de Châlons et de la Rochelle et des fabricants de bas de Nîmes (mois de novembre), etc.

1339. *Les Magistrats du Fort-Louis*
au Contrôleur général.

8 Novembre 1707.

Ils demandent de nouvelles franchises et la permission d'augmenter un droit d'octroi sur le vin pour rétablir leur ville, épuisée par le blocus qu'elle a subi*.

* A cette lettre est jointe une copie des lettres de franchise et de la concession d'octroi.

1340. *M.* Trudaine, *intendant à Lyon,*
au Contrôleur général.

8 Novembre 1707.

«Je travaille, de concert avec M. le prévôt des marchands et le consulat, à soutenir les fabricants autant qu'il m'est possible. Je parois agir le moins que je puis, afin de détourner de l'esprit l'idée que l'on pourroit avoir que l'on veut apporter toute l'autorité pour faire recevoir les billets, croyant que c'est la dernière chose à quoi il faille avoir recours. M. le prévôt des marchands s'est chargé de parler aux fabricants, pour leur marquer le risque qu'ils pourroient courir de congédier leurs ouvriers; j'ai cru même qu'il pouvoit leur dire que si l'on en voyoit mendier par la ville, que le consulat ordonneroit que les fabricants qui les ont employés les derniers les nourriroient jusqu'à ce qu'ils eussent trouvé à travailler ailleurs. Quoique je connoisse que cette menace ne puisse pas aisément se mettre en pratique, elle pourra contenir ceux qui auront de l'argent comptant pour continuer le travail et payer leurs ouvriers; mais nous craignons fort pour ceux qui sont obligés d'emprunter pour satisfaire les ouvriers : ils ne peuvent trouver d'argent depuis quinze jours, à quelque prix que ce soit. Le plus gros commerçant de cette ville des matières d'argent m'a promis et donné parole positive que la fabrique ne manqueroit point par le défaut de matières d'argent; il en fournira aux fabricants à la manière ordinaire. Il ne sera pas aussi facile de faire fournir les soies, dont la plus grande partie se tire d'Italie, car, soit qu'elles appartiennent à nos marchands ou aux Italiens, dont la plupart de nos marchands ne sont que commissionnaires, il faudra les payer aux Italiens tout en argent. Cela empêchera qu'on ne les donne aux fabricants qu'à la même condition, et ce fabricant, qui a besoin d'argent comptant pour payer ses ouvriers, ne saura comment déboucher ses billets de monnoie. S'il est encore obligé de payer les soies tout en argent, et avec toute la bonne volonté possible de continuer son commerce, il se trouvera dans l'impossibilité de le faire.

«Il sort ordinairement 25 à 30,000 ll par semaine de la ville de Lyon pour le commerce des toiles qui se fabriquent en Beaujolois. Cela cesse depuis la déclaration des billets de monnoie. Cette province subsiste principalement par ce commerce, et en paye sa taille et autres subsides. Le peu de négociations qui se font présentement ne sont que sous condition d'être remboursées en argent comptant, et non en écritures, parce que l'on appréhende qu'en se payant en écritures l'on ne se trouvât, à la fin du payement, créancier d'un homme qui, n'ayant point fait de stipulation particulière de payer tout en argent, ne se servît de la déclaration pour payer un quart en billets. Si cette manière de payer s'introduit, le commerce de Lyon est perdu, parce qu'il faudra des sommes immenses d'argent comptant pour payer, au lieu que, présentement, 3 ou 4,000 ll soldent un payement de vingt-cinq à trente millions. Ce qui donne de l'argent comptant à Lyon pour faire subsister les fabriques est le dépôt des bourgeois et petites gens, qui, dès qu'ils ont ramassé 100 ll, les mettent entre les mains d'un fabricant, qui lui en paye 5 et 6 p. 0/0 par an. Il y en a ici pour des sommes immenses; l'on tient que les sieurs Fayard seuls en ont pour 12 à 1,500,000 ll. Il paroît un dessein général, dans l'esprit des particuliers, de retirer leur dépôt. Cela feroit faire banqueroute aux plus riches. L'on m'a dit ici que vous avez résolu de donner une nouvelle déclaration confirmative de celle du 2 janvier, qui permet de stipuler les payements tout en argent. Quoique cette déclaration ne soit point abrogée par celle du 18 octobre, l'on est dans l'incertitude si l'on peut s'en servir, et celle que l'on m'a dit que vous voulez donner rassurera les esprits et pourra faciliter le commerce. Je m'en tiens simplement à vous mander les faits, afin de ne plus m'exposer à recevoir le reproche que vous m'avez fait l'honneur de m'écrire le 1er de ce mois, que je raisonnois sur de faux principes, ce qu'il n'étoit pas permis de faire à un intendant. Je suivrai toujours vos ordres exactement en toutes choses; mais, quand on voit de près certaines choses, l'on se reprocheroit à soi même d'avoir manqué d'en dire son sentiment. Je souhaite que les billets passent dans les provinces; j'en sens tout l'avantage autant que qui que ce soit : j'y ferai tout mon possible; mais la poire n'étoit pas encore assez mûre pour la donner aux provinces.

«L'on vient de m'apporter un placard que mon portier a trouvé ce matin affiché à ma porte, dont je prends la liberté de vous envoyer copie. Je garde l'original écrit à la main, pour servir de preuves contre les afficheurs de pareils placards, si l'on en peut attraper quelqu'un. La menace ne nous effraye pas : ce qu'il expose qu'il y a sept à huit mille ouvriers congédiés, est faux. Je ne crois pas que vous deviez être plus en peine que nous de ces sottises*.»

* Voir la lettre écrite le même jour par M. de Montesan, prévôt des marchands.

Le 15, M. Trudaine écrit encore à M. Desmaretz : «J'ai bien connu, par la lettre que M. Chamillart m'a fait l'honneur de m'écrire le 1er de ce mois, qu'il étoit fâché contre moi et contre tous ceux qui lui représentent les difficultés qui se peuvent trouver dans l'exécution de la déclaration du 18 octobre, qui ordonne l'introduction des billets de monnoie dans les provinces. J'ai toute la reconnoissance possible de la bonté que vous avez de m'en avertir encore par la lettre que vous m'avez fait l'honneur de m'écrire le 9 de ce mois; *mais, en vérité, et vous et lui-même me pardonneriez-vous, si je n'avertissois pas de tout ce qui se fait et dit? S'il venoit à arriver quelque désordre, ne m'imputeroit-on pas mon silence comme un crime?* Je représente ce que je vois et entends; mais j'agis suivant les ordres de M. Chamillart : c'est ce qu'il me semble qu'il doit *me recommander* lui-même. Mais, laissant à part la fâcherie qu'il peut avoir contre moi, pour aller au bien de la chose publique, et puisque vous me donnez la liberté de vous faire connoître les désordres que je crains, il me paroît déjà que tout est en mouvement pour faire cesser le commerce que nous avons avec l'étranger. *J'ai vu beaucoup de lettres* de Milan, de Gênes et d'Italie par où l'on voit que les Italiens sont fort effrayés de la déclaration et ne se disposent pas à envoyer des soies, qu'ils ne soient assurés d'être payés tout en argent. Nos marchands, qui ne sont la plupart que les commissionnaires des Italiens, ne les pouvant vendre tout en *argent, ne les veulent plus recevoir* à cette condition; ainsi, vous voyez que cela fera du désordre de ce côté-là. Quoique tout le monde veuille soutenir ici que cette introduction de billets de monnoie ne se fera point sans émeute populaire, je suis plus rassuré sur cela que tous ceux qui en parlent; j'espère que le peuple sera *sage, et que les fabricants* soutiendront les métiers tout le plus qu'ils pourront. Je me suis informé de la quantité de soies qui peuvent être ici; l'on m'a assuré que l'on pouvoit compter qu'il y en avoit encore pour employer les ouvriers plus de deux mois. Pendant qu'il y aura de la soie, nous ne devons pas craindre *que l'on fasse cesser les métiers; mais*, si les Italiens cessoient de nous en envoyer, je ne sais pas ce qui arriveroit. Nos ouvriers n'emploient presque que des soies d'Italie, fort peu de celles de France; l'on peut compter que celles de France ne fournissent que du quart au quint de ce qui s'emploie ici. *Vous pouvez, de là, connoître* de quelle conséquence il est de favoriser l'entrée continuelle des soies d'Italie, sans lesquelles nos ouvriers ne peuvent travailler. Il nous vient encore des soies de Messine et du Levant; mais l'on s'en sert fort peu dans nos manufactures : elles s'envoient à Tours et s'emploient pour les rubans. Ainsi, ce ne peut *être une ressource pour* les *manufactures de Lyon, pour* donner le temps aux Italiens d'arranger leur commerce avec nos marchands et de voir l'effet qu'attend M. Chamillart de la déclaration en conséquence de laquelle il espère que les billets de monnoie ne perdront plus rien incessamment. *Je rassure autant que je puis sur la crainte que l'on a qu'il ne se fasse* un plus grand nombre de billets de monnoie que ce qui en reste dans le public, et que l'on n'oblige d'en prendre moitié dans les payements, après avoir accoutumé au quart. Je suis si persuadé que ce n'est pas le dessein de M. Chamillart, que je le dis à tout le monde avec confiance, *sans craindre que l'on me reproche* d'avoir été trompé moi-même. L'argent est devenu ici si rare et si cher, que les affaires du Roi ni celles du commerce ne peuvent se soutenir, si cela ne change. L'on m'a assuré que plusieurs personnes faisoient passer de fort grosses sommes hors du royaume, et il est à *craindre que l'on ne porte incessamment* à Genève tout le commerce de la place de Lyon. Il y a déjà du temps que les Génevois ont dessein d'établir chez eux une place de change comme celle de Lyon, en y réglant des foires et payements comme à Lyon, à Nove, à Leipsick, etc. La conjoncture est bien favorable pour eux, s'ils en savent profiter; *si elle s'y établit*, celle-ci et tout le royaume en souffriront au delà de ce que l'on peut dire. Ce sont des choses qui, lorsqu'elles sont perdues, ne se recouvrent point. Nous avons quelques manufactures, dans le plat pays, qui souffrent déjà beaucoup. Dans un des derniers marchés de Villefranche, où l'on avoit apporté pour 15 à 20,000 # de toiles, il ne se vendit rien; le receveur des tailles, qui comptoit de recevoir 10 à 12,000 # ce jour-là, ne reçut que 1,200 #, et j'apprends que ce peuple de la montagne de Beaujolois, qui ne subsiste que de sa manufacture de toiles et cordats, qui sont de grosses toiles à faire des sacs, prend des mesures pour vendre ses chanvres, parce que, depuis quinze jours, l'on ne leur fournit plus *l'argent nécessaire pour entretenir* la manufacture, et que les marchands, bien loin de les soutenir, déclarent qu'ils n'en prendront plus pour faire un commerce dont il ne leur resteroit, au bout de l'année, que des billets de monnoie qu'ils regardent comme des feuilles de chêne. Quand on leur parle de l'intérêt qu'ils produiront, outre qu'ils disent que cet intérêt ne les peut dédommager de ce qu'ils perdent faute d'avoir de l'argent comptant, ils ajoutent qu'ils ne sont pas à portée, pour la plus grande partie, de se faire payer à Paris de cet intérêt, où il faudroit qu'ils eussent des correspondants pour les recevoir, le risque que courront les billets en les envoyant par la poste, et la crainte qu'il ne leur en tombe de faux entre les mains. Enfin tout le monde généralement est si prévenu contre les billets de monnoie, que l'on en craint une cessation générale de tout commerce et au dedans et au dehors *du royaume. L'on a cru faire du bien* à la ville de Paris et aux affaires du Roi; peut-être sera-ce ce qui en souffrira le plus. Je fais ce que je puis pour rassurer les esprits de toutes les craintes que l'on a; mais je croirois prévariquer criminellement, si, par complaisance, je mandois que l'on pourra s'accoutumer à les recevoir, lorsque je vois *généralement* tous les négociants dire qu'ils sont résolus de tout abandonner et de perdre le quart de leur bien pour sauver les trois autres quarts. Nous ferons ici tout notre possible pour empêcher le désordre; mais si, par malheur, il en arrivoit dans la conjoncture présente, quels reproches *ne me feroit-on pas de n'avoir pas* dit avec fermeté tout ce que je vois et entends! Quoique ma lettre soit fort longue et remplie d'assez de faits, elle ne contient pas à beaucoup près tout ce qui se fait et dit : il faudroit savoir et mander tout ce qui se passe chez chaque particulier. Mais ce que je puis ajouter en un *mot, c'est que, de quelque côté qu'on* tourne cette affaire, l'on y trouve des inconvénients auxquels nous ne savons point ici quels pourront en être les remèdes, et que ce que l'on a compté qui en seroit soulagé en souffrira, et le plus, et le premier. Je me livre en entier à la protection dont vous m'honorez, *comptant que vous ferez bon usage de* tout ce que je prends la liberté de mander.»

Voir trois autres lettres de l'intendant, en date des 20, 24 et 27 novembre, et deux de M. de Montesan, en date des 20 et 24 novembre.

1341. *LE CONTRÔLEUR GÉNÉRAL à M. D'ANGERVILLIERS, intendant en Dauphiné.*

9 Novembre 1707.

Ordre de procéder à la saisie des machines à monnayer qui fonctionnent dans la maison d'un gentilhomme, auprès de Chambéry. Arrêter les coupables, instruire le procès, récompenser le dénonciateur, et requérir, s'il en est besoin, l'aide des troupes.

Beaucoup d'espèces fausses circulent dans les provinces, et les juges de la Cour des monnaies de Lyon, malgré leur bonne volonté, ne sauraient remédier suffisamment au mal; c'est pourquoi le Roi a voulu mettre l'affaire entre les mains de l'intendant, comptant sur sa vigilance et sa sévérité*.

* *Une autre lettre*, du même jour et sur un sujet semblable, est adressée à M. Ferrand, intendant en Bretagne.

1342. *M. Desmaretz, directeur des finances, aux Directeurs des Monnaies de Rouen, Rennes et Nantes.*

11 Novembre 1707.

Les marchands se plaignant de la lenteur de ces directeurs à convertir les matières qu'ils leur portaient et à leur en rembourser la valeur, le contrôleur général avait fait ouvrir plusieurs autres Monnaies pour accélérer le travail; mais il a su depuis que les trois directeurs, afin de s'assurer le bénéfice de la conversion de toutes les matières déposées entre leurs mains, en faisaient aussitôt la fonte, sans se préoccuper ensuite de la conversion. Il leur est interdit désormais de rien mettre en fonte avant d'avoir donné avis des versements et reçu les ordres selon la quantité de matières existant dans les ateliers. Actuellement, ils devront hâter la conversion, pour qu'on ne soit pas obligé d'envoyer ailleurs une partie des matières*.

* Le 26 du même mois, M. de la Bourdonnaye, intendant à Bordeaux, annonce que, pour faire travailler la Monnaie de cette ville, qui ne fournissait plus d'espèces au commerce, il s'est quelquefois refusé à laisser diriger les matières sur Lyon. M. Desmaretz répond qu'il faut accorder tous les passeports demandés pour Lyon, où le commerce a besoin de trouver une quantité suffisante d'argent.

1343. *M. d'Ormesson, intendant à Soissons, au Contrôleur général.*

11 Novembre 1707.

«Comme j'ai fini, depuis quelques jours, ma tournée du département des tailles, je crois être obligé de vous rendre compte de l'état auquel j'ai trouvé les élections.

«Elles sont toutes sans argent et chargées de quantité de blés et de vins, qui n'ont presque aucun débit : en sorte que, si vous n'avez la bonté de procurer à la province les moyens de se défaire d'une partie de ces denrées, je prévois une impossibilité qu'elle puisse acquitter les sommes qu'elle aura à supporporter l'année prochaine. Vous savez qu'outre les impositions ordinaires que la généralité de Soissons paye comme les autres, elle est encore assujettie à beaucoup d'affaires extraordinaires, comme, par exemple, celle des lignes de la Trouille. La province a fourni douze cents pionniers à ses dépens pendant six mois entiers : j'ai déjà imposé 20,000# pour cette partie, et il reste encore à payer pour cette dépense près de 10.000 écus, dont plus de la moitié doit être envoyée, suivant vos ordres, à M. Roujault, intendant en Hainaut.

«Cette province est encore assujettie à la garde des rivières d'Aisne, d'Oise et de Somme, et, outre le service personnel auquel les habitants sont tenus, il en coûtera encore près de 30,000#, tant pour la construction de soixante-cinq corps de garde, que pour la fourniture des bois et chandelles pendant le quartier d'hiver. M. de Harouys, intendant en Champagne, me demande encore 11,044# pour la moitié dont la généralité de Soissons est tenue des frais de la levée de cent hommes augmentés à la compagnie franche de M. de la Grange, lieutenant de Roi à Rocroy. Vous savez que j'ai aussi à imposer 248.040# pour le quartier d'hiver des trois régiments de cavalerie qui sont dans mon département, comme aussi l'excédent des fourrages des officiers qui servent sur les rivières. Toutes ces affaires extraordinaires, jointes à la taille, l'ustensile, la capitation, et à quelques levées que l'on doit faire pour des suppressions d'offices, font une somme si considérable, que j'ai peine à croire que la province en puisse sortir, si vous n'avez la bonté de lui procurer le débit de ses denrées en obligeant les munitionnaires des vivres de faire une partie de leurs achats de blés dans la généralité de Soissons. Permettez-moi de vous dire que le prix qui est accordé à ces munitionnaires les met en état de supporter aisément ce qui pourroit leur en coûter pour les voitures au delà de celles qu'ils prennent dans le pays plus voisin de la Flandre. Celui-ci en est, comme vous savez, peu éloigné, et, si vous lui accordez la grâce que je vous demande, vous procurerez par ce moyen un bien infini, qui ranimera le commerce, presque entièrement cessé, et dont les autres provinces voisines se ressentiront aussi*.»

* En marge : «Mander à M. de la Cour que M. d'Ormesson voudroit que l'on prît des blés.»

1344. *Le sieur Hénault de Cantobre, fermier général à Amiens, au Contrôleur général.*

12 Novembre 1707.

«Je ne puis me dispenser de vous informer qu'à mon retour d'Arras ici, j'ai reçu plusieurs procès-verbaux et j'ai vu plusieurs personnes qui m'ont témoigné que les désordres des faux-sauniers s'augmentent toujours considérablement en faux-saunage et en se faisant donner dans les villages des chariots pour porter leur sel et autres marchandises; même qu'ils se font fournir par force des vivres et fourrages, pillent ou poursuivent les voyageurs, les prenant pour des employés des fermes. J'en écris aujourd'hui à MM. Bignon et d'Artagnan, parce qu'il y a beaucoup de soldats du régiment du Roi, duquel je les prie de faire faire revue, afin qu'ils connoissent que les officiers n'obéissent point du tout à vos ordres portés en votre lettre à M. Bignon datée du 3 de ce mois. J'omettois à marquer encore à Votre Grandeur que, M. le duc d'Elbeuf ayant logé mardi dernier chez le sieur Vanrobais, marchand d'Abbeville, il envoya chercher le sieur Priolo, directeur, et lui dit qu'il avoit rencontré une bande de ces faux-sauniers au lieu de Bernay, à cinq lieues d'Abbeville, route d'Artois; qu'il y avoit cinquante soldats du régiment des gardes; qu'ayant demandé à l'un d'eux de quelle compagnie il étoit, il lui répondit : «Bien fol qui vous «le diroit!»

«J'ai demandé au sieur Vatebled, qui fait ici les affaires de M. le duc de Chevreuse, à Picquigny-sur-Somme, de prêter la cour du château, qui est fort grande et spacieuse, pour pouvoir y faire entrer de nuit et en secret une troupe de cavalerie ou d'infanterie, afin de s'y cacher et de surprendre quelques-uns de ces bandits. Il m'a répondu qu'il ne l'osoit, car ils brûleroient immanquablement les basses-cours et granges. Sans cette crainte, ce lieu, comme aussi l'abbaye du Gard, qui est aussi sur la Somme, plus au-dessous, auroient été les endroits les plus propres et plus nécessaires pour poster les troupes.

«Il n'y a point d'état-major à Abbeville, et c'est M. de la Rode qui est seul commandant; il n'y est que l'été, et s'en va quand le quartier d'hiver vient: en sorte que la garnison de cette place n'est pas assez disciplinée. Quand le sieur Priolo s'est plaint au sieur Baudouin, lieutenant-colonel du régiment de Vendôme, il lui a répondu qu'il falloit bien que ces soldats allassent un peu prendre l'air. Les officiers font faire l'appel; mais il y a ensuite de l'indulgence, et tout ce qu'on en a pu obtenir a été l'emprisonnement de quelques soldats. Il n'en a pas été de même jusqu'ici des officiers de cavalerie; ils ont bien contenu leurs troupes. Votre Grandeur trouvera, je crois, que M. de la Rode est nécessaire dans sa place incessamment, et qu'il n'y revienne qu'après avoir entendu de vous-même la sévérité avec laquelle vous voulez que vos ordres soient exécutés.

«Votre Grandeur a reçu une lettre de M. Bignon, par laquelle il marque que, comme cette affaire étoit devenue extraordinaire, il y falloit un remède de même. Permettez que je mette ci-joint un mémoire ou projet de l'ordre qui sembleroit bien nécessaire, quoique fort étendu. J'appréhende, comme je ne reçois nulle lettre de Votre Grandeur, qu'il ne soit trop libre à moi de vous écrire si souvent; mais la conjoncture pressante m'a obligé. Je cesserai, si Votre Grandeur a la bonté de me le faire savoir.

«J'omettois à marquer à Votre Grandeur que les officiers de l'état-major et des troupes d'Amiens continuent à si bien faire leur devoir, qu'ils m'ont promis de faire trois détachements cette nuit, d'environ quarante hommes chacun, pour aller sur la Somme, dans l'étendue seulement de trois lieues; mais je prie très humblement Votre Grandeur de se souvenir qu'il faut toujours les ordres du Roi pour leur donner et envoyer dans toutes les autres places*.»

* Dans un mémoire envoyé le 2 du même mois, M. Langlois, intéressé aux fermes, réclame la suppression de l'usage du sel gris en Artois et dans les Flandres, qui favorise le versement de ce sel dans les provinces voisines.

Voir d'autres lettres de Hénault de Cantobre, en date des 6 et 12 décembre.

1345. *Le Contrôleur général à M. de Montesan, prévôt des marchands de Lyon.*

14 Novembre 1707.

«J'apprends que les gens malintentionnés et usuriers font les derniers efforts pour empêcher l'exécution de la dernière déclaration rendue au sujet des billets de monnoie. L'inquiétude qu'ils témoignent et les placards qu'ils affichent en plusieurs endroits ne laissent pas lieu de douter de la nécessité qu'il y avoit de finir ce pernicieux commerce. Il reste si peu de billets de monnoie dans le public, que ceux mêmes qui veulent en répandre dans leurs payements la quantité qu'il leur est permis d'y mêler, ont peine à les trouver, et, quoique l'usage, jusqu'à présent, en ait été interdit dans la ville de Lyon, c'est celle dans laquelle il y en a eu davantage. Vous devez vous expliquer à tous les gens bien intentionnés et les réunir avec vous pour faire connoître aux autres que tous leurs efforts seroient inutiles et que la punition seroit si sévère, qu'ils feroient bien de la prévenir. Je vous avoue que ce seroit une grande douleur pour moi, dans le temps que je voudrois contribuer de tout mon pouvoir à soutenir le commerce et à rétablir le bon ordre, qu'une dépense forcée au delà de ses justes bornes a renversé pendant quelque temps, de me voir dans la nécessité de faire connoître au Roi qu'il n'y a que la voie de l'autorité et des châtiments qui puisse contenir le nombre de gens malintentionnés qui trouvent une retraite assurée dans la ville de Lyon. Il seroit bien désagréable pour vous de voir, pendant votre préfecture, un nombre de troupes considérable introduites dans la ville de Lyon pour y maintenir l'autorité du Roi. Si néanmoins vous croyez en avoir besoin pour faire exécuter les intentions de S. M. et pour en imposer aux malintentionnés, le jour que la déclaration commencera à avoir son exécution, vous trouverez que vos bonnes intentions seront secondées par le secours que M. de Médavy mettra à portée. Je vous envoie une lettre à cet effet, pareille à celle que je lui écris. Faites en sorte de prévenir, par vos soins et votre vigilance, de pareilles extrémités, et de découvrir, s'il est possible, les auteurs des placards qui ont été affichés, même de faire arrêter ceux qui parleront avec trop de liberté sur l'introduction desdits billets de monnoie, dont on ne verra presque plus dans le commerce aussitôt que l'intérêt en sera payé à l'hôtel de ville et que les usuriers auront perdu l'espérance de continuer leur mauvaise pratique. Prenez dès à présent vos mesures pour établir des corps de garde dans toutes les places publiques et dans les carrefours, mettez des officiers sûrs et de résolution à la tête, et donnez-leur des ordres bien précis de faire main-basse sur ceux qui voudront s'assembler et troubler le repos public. Vous aurez besoin, pour cela, de publier quelques ordonnances de police et de faire défense que l'on s'assemble au delà d'un certain nombre, et même, quand la nuit sera venue, qu'il y ait plus de quatre ou cinq personnes ensemble; c'est à vous à juger du plus ou du moins. Mais il n'y a pas un moment à perdre dans les dispositions où on voit que l'on est à Lyon d'empêcher par toutes sortes de voies l'introduction des billets de monnoie. Ceux qui y ont tant d'intérêt auront assez d'industrie pour faire paroître en un même jour tout ce qu'ils en auront ramassé depuis la déclaration, pour exciter ceux qui pensent différemment. Si vous connoissiez cette mauvaise pratique à n'en pouvoir douter, je ne verrois aucun inconvénient à vous faire remettre tous lesdits billets de monnoie aussitôt qu'ils paroîtront, supposant qu'ils ne seront pas reçus comme ils doivent l'être, et à faire faire des déclarations par ceux qui les avoient exposés dans le public, qui contiendront les négociations qu'ils en ont faites et les voies par lesquelles ils les ont eus. La conjoncture dans laquelle vous vous trouvez, quoique délicate et fort embarrassante, ne le paroît que par la mauvaise volonté de ceux qui habitent la ville de Lyon et qui y ont pris des établissements pour faire des fortunes considérables aux dépens des bons et fidèles sujets de S. M.*.»

* Le même jour, le contrôleur général écrivait à M. Trudaine: «Je vous envoie le double de la lettre que j'écris par ordre du Roi à M. de Montesan, prévôt des marchands de la ville de Lyon, afin que vous agissiez de concert avec lui pour écarter les discours et pour faire punir

ceux qui auront la hardiesse de s'opposer à la dernière déclaration rendue pour l'introduction des billets de monnoie. Elle est tellement au gré de tout ce qu'il y a de gens bien intentionnés, et si nécessaire pour rétablir l'ordre public, que l'on ne sauroit douter que les placards et les discours que l'on tient dans la ville de Lyon ne viennent de ceux qui voient à regret échapper le seul moyen, qui avoit été inconnu jusques à présent, pour tripler son bien en un an par une usure si détestable que ceux qui en ont été capables mériteroient des punitions plus sévères que des voleurs de grands chemins. Un marchand qui fait son commerce de bonne foi, qui a reçu un billet de monnoie qui lui tient lieu d'argent et qui, jusqu'à présent, a été reçu pour toute sa valeur quand celui qui en étoit porteur a voulu s'en servir pour acquérir des charges ou prendre des rentes, ce marchand, qui a des lettres à payer à Lyon pour lesquelles il se trouve dans la nécessité de chercher des espèces au lieu de billets de monnoie, s'est vu exposé à perdre la moitié de son bien pour convertir en argent les billets de monnoie qu'il avoit, sans avoir pu faire autrement. C'est pour cette raison que, dans les commencements, ils se plaignoient hautement de ce que les billets de monnoie n'étoient point reçus que dans Paris. Ils avoient pris, depuis ce temps-là, des mesures pour en faire supporter la perte à ceux qui achetoient leurs marchandises; ils avoient même trouvé le secret d'en retirer de l'utilité. Il y a plus d'un an que je suis cette affaire avec toute l'application imaginable. La seule ville de Lyon traverse l'exécution d'une déclaration mûrement délibérée, et d'autant plus sage qu'elle ne sauroit produire qu'un bon effet; elle est même devenue si nécessaire, que rien ne peut changer ni altérer en tout ni partie les dispositions qu'elle contient. C'est un grand malheur s'il se trouve quelqu'un assez malintentionné pour s'exposer à servir d'exemple. Je comprends que, dans la situation où vous êtes, les discours du public, et du public malintentionné, peuvent vous ébranler; mais, dans de pareilles occasions, il faut se servir de son courage et s'oublier soi-même. Personne ne se trouve plus exposé que moi : ce qui me regarde personnellement ne m'empêche pas de me livrer dans tout ce qui peut être utile pour le service du Roi.»

Les mesures prises par les négociants et par le corps de ville, de concert avec l'intendant, empêchèrent qu'il n'y eût aucun trouble, et l'on se hâta de prévenir les troupes qui avaient été commandées de ne point se rapprocher de Lyon. Le prévôt des marchands, en faisant l'ouverture solennelle du payement des Saints à la loge du Change, le 1er décembre, invita les négociants à persévérer dans cette voie de soumission et de sagesse. (Lettres du 1er et du 2 décembre.)

Le contrôleur général répond en marge de la lettre du 1er : «Je n'ai point douté, depuis la dernière lettre que j'ai reçue de lui, de la tranquillité de la ville de Lyon, par les soins qu'il s'est donnés pour faire connoître que le Roi vouloit être obéi; si les usuriers étoient dehors, les bons citoyens et ceux qui ne sont occupés qu'à gagner leur vie aux manufactures sentiroient, avant qu'il fût peu de temps, l'utilité de la déclaration du 18 octobre. J'apprends, à n'en pouvoir douter, que ceux qui ont fait des fortunes immenses par la voie des billets de monnoie, en ont ramassé un grand nombre de petits, dont il ne se trouve plus à Paris, pour les répandre dans la province, afin de faire crier en même temps en différents endroits: Le public sera bientôt désabusé lorsqu'il aura connoissance de la déclaration qui vient d'être scellée, par laquelle le Roi ordonne la manière dont les payements des intérêts des billets de monnoie se feront à l'hôtel de ville de Paris, à commencer du 1er janvier prochain. Je suis bien fâché d'apprendre, dans une conjoncture comme celle-ci, le changement qu'il se va faire, et qu'au 1er janvier vous devez quitter la place de prévôt des marchands. J'ai éprouvé en tant d'occasions différentes votre affection pour le service du Roi, que celui qui doit vous succéder aura beaucoup à faire pour satisfaire également à son devoir en faisant l'avantage du public.»

Le même jour, sur la demande de M. Trudaine (lettre du 27 novembre), le contrôleur général avertit M. de Médavy de tenir les troupes prêtes à Chambéry, mais de ne leur faire faire que les mouvements indispensables, et, en ce cas même, de témoigner son regret de frapper toute la ville de Lyon indistinctement.

1346. *M. Desmaretz, directeur des finances, à M. Trudaine, intendant à Lyon.*

14 Novembre 1707.

Il lui envoie un des billets de monnaie faux présentés à la conversion par Mme de Sébeville et lui recommande de faire toutes diligences pour découvrir si ce faux a été imprimé à Lyon, comme le font croire les caractères et le papier, et quels sont les coupables*.

* M. Trudaine ayant répondu que ces billets devaient avoir été imprimés à Troyes plutôt qu'à Lyon, on les renvoya à l'examen de M. de Harouys, intendant en Champagne. (Lettre du 14 décembre.)

1347. *M. d'Argenson, lieutenant général de police à Paris, au Contrôleur général.*

(Police, G⁷ 1725.)

15 Novembre 1707.

«Vous savez qu'une déclaration du Roi, dont l'exécution est commise à mes soins, porte expressément que les biens des sujets de S. M. qui sont sortis du royaume sans permission, ou qui se sont absentés du lieu de leur exil, seront saisis et mis en régie. Le dispositif de cette loi ne nomme pas expressément les chefs ni les sectateurs de la cabale janséniste, quoique son préambule fasse assez connoître qu'ils en sont le véritable objet; mais il est évident que la demande du sieur François Quesnel, ecclésiastique retiré à Saint-Magloire depuis quarante ans, dont vous m'avez fait l'honneur de me renvoyer le placet, tendroit à la rendre inutile et à remettre le Père Quesnel, qui est connu pour chef du parti, et le Père de l'Oratoire qui a quitté sa maison d'Orléans pour ne pas obéir aux décisions de l'Église, dans la possession de tous leurs biens, sous le nom de leur frère. Je pense donc que sa proposition doit être rejetée, non seulement comme contraire à la dernière ordonnance, mais comme propre à procurer de nouveaux secours et de nouvelles espérances aux jansénistes déclarés que toute l'autorité du Roi n'a pu contenir. Il semble même que le don qu'il demande est d'autant plus susceptible d'inconvénient, qu'il augmenteroit encore l'audace de ces esprits séditieux, dont l'affaire du Port-Royal-des-Champs semble avoir ranimé la bile et leur avoir inspiré le dessein de faire les derniers efforts pour signaler leur désobéissance et leur révolte*.»

* A cette pièce est joint ce placet au Roi : «Sire, François Quesnel, ecclésiastique, demeurant depuis près de quarante ans au séminaire de Saint-Magloire, dans une parfaite soumission aux décisions du saint-siège et aux ordres du Roi, supplie très humblement Votre Majesté de lui accorder le don de quelques petites rentes sur la ville et le clergé, etc. possédées par indivis entre ses deux frères et lui, qui est leur seul héritier, et sur lesquel[le]s M. d'Argenson a saisi. C'est une

grâce que Votre Majesté ne refuse pas aux parents des huguenots sortis du royaume, et sans laquelle il auroit de la peine à subsister dans ledit séminaire. Il continuera ses vœux pour la prospérité de Votre Majesté.» Le contrôleur général renvoya l'auteur du placet à M. d'Argenson.

1348. *M. Turgot, intendant à Tours,*
au Contrôleur général.

15 Novembre 1707.

«J'ai lu aux deux jurés des ouvriers en soie et fabricants de la ville de Tours la lettre que vous m'avez fait l'honneur de m'écrire le 2 de ce mois, sur le placet qu'ils vous avoient envoyé, signé de quelques particuliers, et que je vous renvoie. Je leur ai marqué l'ordre que vous m'aviez donné d'en envoyer deux des principaux auprès de vous, soit pour les réprimander de leur mauvaise disposition, soit pour leur faire connoître le bien qui arriveroit de la nouvelle déclaration pour le cours général de l'argent, à quoi tous les particuliers ont intérêt. Je les ai trouvés si repentants, que je me suis chargé de vous supplier de leur épargner les frais du voyage. Je leur ai demandé s'ils croient que d'ailleurs il pût être utile pour eux s'ils pouvoient vous faire quelque remontrance raisonnable sur ce sujet et vous proposer quelque expédient sur une chose nécessaire. Ils m'ont dit que, n'ayant point de député à Paris et ne pouvant en envoyer sans grands frais, ils s'en rapportoient à ce qui vous seroit représenté par les députés des autres fabriques, dont les raisons leur sont communes. Ainsi, à moins que vous ne vouliez conférer avec eux, j'espère que vous leur ferez la grâce de leur épargner le voyage et vous contenter de la réprimande qu'ils ont reçue en lisant votre lettre, afin de les rendre plus soumis; je joins le mémoire qu'ils vous envoient pour vous demander cette grâce. Je dois leur rendre le témoignage que cela n'a pas fait le moindre mauvais bruit à Tours, et que les marchands et ouvriers m'ont toujours paru dociles et soumis, et peut-être plus qu'on ne l'a été à Lyon dans cette occasion. Je leur dois ce témoignage pour ne leur pas attirer d'autres peines. Cela n'empêche pas que je n'aie discuté raisonnablement avec deux de ce corps et deux du corps des marchands ce que produiroit cette déclaration pour leur fabrique, et j'ose même vous envoyer le mémoire court et soumis, mais assez bien raisonné, qu'ils en ont fait, qui, seul des trois que je joins, mérite votre attention. On ne peut s'empêcher de demeurer d'accord que la gêne du quart en billets de monnoie sera plus nuisible pour les lieux de fabrique, comme celui-ci, que pour les autres, car les façons, qui vont à moitié, ne se peuvent payer que comptant aux journaliers; ainsi, il ne restera au marchand, pour continuer son commerce, qu'un quart en argent comptant et un quart en billets de monnoie, qui n'aura plus de proportion pour s'en défaire. D'ailleurs, le marchand de Lyon, qui paye la soie à l'étranger en argent comptant, la renchérira n'en pouvant être payé de la même manière dans le royaume, et ils font même déjà les difficiles sur cela, et même pour en envoyer à Tours. Mais, à tous ces inconvénients pour les fabriques, il est difficile d'y trouver des remèdes à vous proposer. Nous avions pensé d'obliger le marchand étranger qui tire des étoffes du royaume à payer comptant en France de la même manière qu'il est payé pour les matières; mais cela ne serviroit que pour la première main du marchand de Lyon, auquel cet expédient équitable peut être utile, et ne viendroit peut-être pas jusqu'à Tours, où l'on ignore si c'est pour le royaume ou pour l'étranger que les étoffes sont demandées. Il n'est pas possible non plus de mettre la proportion des billets de monnoie au-dessous du quart. Je me contente de vous rendre compte de ce que j'ai fidèlement examiné, et de vous assurer de la soumission des marchands de Tours dans ces embarras, et de vous supplier de pardonner la faute qu'ils ont commise en envoyant trop à la hâte le premier placet. Je me contenterai de cela, à moins que vous ne jugiez à propos de m'envoyer d'autres ordres à leur faire savoir*.»

* M. Desmaretz répond en marge : «Lui écrire qu'à sa prière et sur les assurances qu'il donne qu'ils sont fort touchés de s'être attiré l'ordre qui a été envoyé, le Roi veut bien les dispenser du voyage, à la charge que, par leur conduite et par leurs discours, ils feront connoître que la déclaration du 18 octobre n'est point préjudiciable au commerce comme ils l'avoient dit et voulu persuader.»

1349. *M. Ferrand, intendant en Bretagne,*
au Contrôleur général.

19 Novembre 1707.

Les États renouvellent leur proposition de constituer une tontine pour l'acquittement de certaines charges qui sont trop onéreuses à la province, et pour parer d'avance au défaut absolu de fonds qu'on prévoit dans le prochain exercice*.

* Cette proposition fut approuvée au Conseil royal.

1350. *M. Tison, grand maître des eaux et forêts à Blois et en Berry,*
au Contrôleur général.

(D'Orléans) 22 Novembre 1707.

«J'ai l'honneur de vous envoyer copie d'une affiche qui a été mise à Romorantin pour la vente des bois appartenant à la commanderie d'Orléans, de l'ordre de Malte. Vous aurez pour agréable de vous ressouvenir que cette manière de procéder est nouvelle et contraire à l'ordonnance, même aux articles 4, 5, 6, 8 et 10, titre des *Bois ecclésiastiques*, et à plusieurs arrêts rendus en conséquence, et contre ledit ordre de Malte. La connoissance des lettres patentes appartient aux grands maîtres, et c'est du marteau du Roi que les baliveaux et pieds corniers doivent être marqués. Ce n'est que l'honneur de ma charge et mon devoir qui me font agir; et sur ce que le procureur du Roi de la maîtrise de Romorantin m'a écrit, je lui ai mandé de faire défense qu'on coupât lesdits bois. J'ai mandé à Paris de faire opposition à la vente.

«J'ai vu, dans ma tournée, une autre commanderie, appelée de Lormetau, près d'Issoudun, laquelle est entièrement ruinée; et en général il y a dans le Berry un très grand désordre. J'ai eu l'honneur d'en écrire à M. du Buisson pour l'abbaye de

Chalivoy, qui ont coupé la valeur de deux cents arpents de futaie, même le quart en réserve. On me vient d'envoyer un procès-verbal contre les moines du Petit-Citeaux, entre Beaugency et Marchenoir, qui ont coupé près de six mille pieds de chênes, et qui vendent à ventes ouvertes sans permission.

«Le sieur Robert le Hours, abbé de Plainpied, maîtrise de Bourges, demande la permission de couper vingt chênes dans les bois dépendant de son abbaye de Plainpied, pour réparer la métairie de Lassy, qui fait la plus grosse partie du revenu de ladite abbaye, laquelle a été embrasée par cas fortuit. Si vous souhaitez lui accorder cette permission, vous n'avez qu'à me donner vos ordres : je lui ferai délivrer lesdits arbres sans frais, comme j'ai fait à M. l'abbé de Châteauneuf.

«J'ai fait deux ventes à Blois, l'une de 15,000 ᵗᵗ, et l'autre de 5,500 ᵗᵗ, ce qui est moins que l'année dernière. Ce bois n'étoit pas de si bonne qualité, joint au débordement de la rivière, qui a fait beaucoup de tort aux marchands. Comme cela n'a pas été ainsi que je le désirois pour l'intérêt du Roi, j'ai remis au 5 décembre la vente de la forêt de Blois, dont on m'a offert 6,000 ᵗᵗ; mais j'espère qu'elle ira plus loin.»

1351. *M. Lebret fils, intendant en Provence,* *au Contrôleur général.*

22 Novembre 1707.

«L'assemblée générale des communautés de Provence m'a accordé ce matin les 700,000 ᵗᵗ de Don gratuit portées par la commission du Roi. Ceux qui la composent espèrent que vous voudrez bien procurer au pays les soulagements dont il a un besoin extrême, et que vous y serez porté par la justice de la demande qu'on vous en fait, aussi bien que par l'empressement avec lequel l'on vient d'obéir aux ordres de S. M., quelque impossible que soit la levée d'une somme de 700,000 ᵗᵗ dans une province aussi accablée par les charges immenses qu'elle supporte depuis vingt ans, et par les désordres que les ennemis y ont causés pendant la campagne dernière, et qui, joints à ceux que les troupes du Roi ont faits, réduisent la Provence à la dernière des misères.

«Quelques députés auroient voulu ajouter à la délibération des représentations sur l'état malheureux du pays; mais il ne m'a pas été difficile de leur faire comprendre que leur Don manqueroit de la bonne grâce dont ils désiroient l'accompagner, si cette délibération étoit différente de celles des années précédentes *.»

* L'assemblée fit préparer des états et des mémoires dressés sur plus de quatre cents procès-verbaux, et résolut de les faire porter au contrôleur général par le marquis de Castellane, premier procureur du pays. En annonçant cette députation, M. de Grignan (lettre du 28 novembre) ajoute : «C'est un grand sujet de consolation pour ces peuples de voir que vous daignez prendre connoissance de leurs maux, et c'est ce qui leur a fait demander avec confiance à M. Lebret et à moi la permission de faire une députation, que nous leurs avons accordée lorsqu'ils m'ont rendu compte de leur délibération, parce qu'il est naturel de leur laisser cette consolation permise aux moindres particuliers, que c'est une chose d'usage, que la conjoncture le demande plus que jamais, et que leur zèle, qui peut être cité pour exemple à tout le royaume, y engage; que nous n'avons point eu d'ordre contraire, et que c'est même une suite de ceux que vous avez donnés pour avoir des éclaircissements que les lettres, dans une affaire d'un si grand détail, ne fournissent qu'imparfaitement.»

1352. *M. Bignon, intendant à Amiens,* *à M. Desmaretz.*

23 Novembre et 15 Décembre 1707.

Il transmet les représentations des États d'Artois contre un projet de créer à Arras six barbiers-perruquiers et deux syndics en titre d'office, ce qui serait absolument contraire aux principes de l'abonnement de la province et aux décisions précédentes.

1353. *M. le maréchal de Montrevel, commandant en Guyenne,* *au Contrôleur général.*

26 Novembre 1707.

Cours des billets de monnaie dans les provinces.

«Je dois vous dire, à l'honneur des négociants de Bordeaux, qu'ils m'ont tous paru dans une soumission entière, et qu'ils y seroient de même quand ils croiroient devoir supporter de plus grands dommages que ceux qu'ils soutiennent qu'ils en souffriront; mais ce que je remarque qui leur fait le plus de peine, c'est la privation entière de leur commerce avec les Hollandois, qui, sur ce seul bruit, se sont déjà retirés pour la plupart, et qui, vraisemblablement, ne s'empresseront pas de faire un grand trafic avec eux. Outre cela, le partage de billets de monnoie, qui ne se peut faire au-dessous de 100 ᵗᵗ, déconcerte fort le public, parce que chaque famille est obligée de payer en détail une infinité de choses qui ne montent pas à cette somme, et que, de cette manière, leur argent s'en va et les billets leur demeureront, qui, d'ailleurs n'étant pas reçus pour les payements de ce qu'ils doivent au Roi, diminuera, selon eux, leurs moyens tout d'un coup d'un quart. Je les ai fort assurés que, dans la pratique de cette nouveauté, ils trouveront plus d'avantages qu'ils ne pensent, que les étrangers ne laisseront pas de continuer leur commerce, parce qu'on connoitra incessamment la bonté et la sûreté de ces billets, et que vous vous porterez avec affection pour eux à suppléer par vos lumières et vos soins aux autres inconvénients auxquels il sera possible de remédier. J'ai cru, suivant ce que vous m'avez fait l'honneur de m'écrire, que je pouvois leur parler de cette manière *.»

* Voir aussi une lettre des juge et consuls de Bayonne, en date du 5 novembre, et une lettre de M. de la Bourdonnaye, intendant, avec le mémoire qui y est joint, en date du 13.

Les négociants et marchands d'Auvergne ayant exprimé la crainte que les billets ne fussent contrefaits, M. Desmaretz répondit que, ces billets étant signés de quatre personnes, toute contrefaçon serait facile à reconnaître. (Lettre de M. le Blanc, intendant, en date du 1ᵉʳ novembre, et réponse en marge.)

1354. *M. Desmaretz, directeur des finances, à M. de Sahurs.*

29 Novembre 1707.

«L'alliance qui est entre nous m'oblige à vous donner un avis auquel je vous supplie de faire quelque réflexion. On a envoyé des mémoires par lesquels on expose qu'il se fait de grandes dégradations dans la forêt de Roumare par vos fermiers et par des gens qui vous appartiennent; on prétend même qu'un garde nouvellement établi ayant fait quelque rapport, vous lui avez suscité une accusation d'avoir violé une fille dans la forêt, que vous avez sollicité l'information et administré les témoins. Si ces mémoires étoient venus par des personnes suspectes, je n'aurois pas cru qu'on dût y faire aucune attention; mais, des personnes d'honneur et de considération m'ayant assuré que le fait des dégradations étoit véritable, j'ai cru ne devoir pas négliger de vous dire qu'il s'est fait de temps en temps des réformations de forêts dans lesquelles des personnes de distinction se sont trouvées fort embarrassées par de pareils délits. Je sais que nous ne sommes pas dans un temps où l'on songe à de semblables réformations; mais il peut arriver des temps plus heureux, et dans lesquels on pourroit y travailler: vous vous y trouveriez embarrassé, et vous en auriez du chagrin. L'avis que je vous donne est pour votre propre intérêt, et vous ne devez point me savoir mauvais gré de vous prier d'y faire réflexion, pour prévenir les inconvénients qui en pourroient arriver.»

1355. *M. Trudaine, intendant à Lyon, au Contrôleur général.*

29 Novembre 1707.

«Je sais que l'on est en quelque inquiétude, sur la place de Lyon, sur le payement des lettres de MM. Rouillé et Pajot qui échoient en ce payement des Saints. On les a toujours regardés comme les personnes les plus solvables qu'il y ait; s'ils manquoient de payer exactement, cela pourroit faire un grand tort aux affaires du Roi, par rapport aux billets que l'on sait que vous avez fait faire aux fermiers et receveurs généraux et autres, pour fournir au fonds de la guerre pour l'année prochaine. Si les lettres de MM. Rouillé et Pajot ne se payent point, l'on ne prendra nulle confiance aux billets des receveurs et fermiers généraux, parce que l'on dira que, si l'on n'a pas pu faire un petit fonds pour payer ce que doivent MM. Rouillé et Pajot, l'on sera encore moins en état d'en faire un beaucoup plus considérable pour payer les billets des fermiers et receveurs généraux.....»

1356. *Le Contrôleur général à M. Trudaine, intendant à Lyon.*

30 Novembre 1707.

Le traitant du droit de 6 deniers sur les significations de procureur à procureur a averti son commis de cesser toute poursuite contre les procureurs de Lyon, qui avaient suspendu le cours de leurs procédures. Ce cas est unique dans tout le royaume, et presque toutes les juridictions se sont déjà accommodées pour le payement du droit; on pourrait donc prendre aussi à Lyon quelques mesures pour arranger l'affaire de manière que le traitant remplît son forfait.

1357. *Le Contrôleur général à M. Desmaretz, directeur des finances.*

(De l'Étang) 1er Décembre 1707.

«Quoique je sois bien persuadé qu'il ne soit pas besoin d'employer l'autorité et les menaces pour engager les gens d'affaires et leurs caissiers à se conformer à la déclaration du 18 octobre dernier, qui ne permet, à commencer de ce jourd'hui, qu'un quart de nouveaux billets de monnoie dans tous les payements dans lesquels ils doivent être pris pour leur valeur entière, il me paroît néanmoins, par ce qui m'est revenu du commerce que quelques-uns d'eux avoient fait, qu'il est très nécessaire de leur expliquer les intentions de S. M. de manière qu'aucun d'eux n'ose, dans la suite, y contrevenir. Je vous prie de mander ceux qui ont rapport aux affaires dont vous êtes chargé, et leur direz de ma part que le premier qui sera capable de s'oublier et qui sera pris en contravention, quand même la preuve ne seroit pas complète pour lui faire son procès, sera mis dans une dure prison et chassé des affaires pour le reste de ses jours. Vous connoissez comme moi l'importance dont il est de leur faire sentir la force des paroles dont vous vous servirez pour les déterminer à faire leur devoir; il n'y a pas un moment à perdre pour prévenir les inconvénients dans lesquels ils pourroient tomber.

«Vous enverrez aussi chercher les banquiers et agents de change, et leur parlerez dans des termes convenables. Vous ferez en sorte de connoître, par la manière dont ils s'expliqueront, quelles sont les dispositions du public et s'il sera nécessaire d'avoir recours à des voies extraordinaires pour faire exécuter ladite déclaration dans toute son étendue. Vous ne sauriez trop les assurer que les intérêts seront payés régulièrement à commencer du 1er janvier prochain.»

1358. *M. Trudaine, intendant à Lyon, à M. Desmaretz.*

1er, 2 et 13 Décembre 1707.

Il propose de remplacer les 72 millions de billets de monnaie qui restent en circulation et qui portent intérêt à 7 1/2 p. o/o, par des billets de la ville de Lyon, dont l'intérêt, réduit à 6 p. o/o, serait servi sur des fonds aliénés authentiquement par le Roi au profit de l'hôtel de ville, de même que ceux sur lesquels l'hôtel de ville de Paris acquitte les rentes dites *de la ville*. La ville de Lyon pourrait en outre, quand l'occasion serait favorable, retirer les billets et en rembourser le principal*.

* Voir, à la date du 5 janvier suivant, le projet de M. Trudaine, avec apostilles de M. Desmaretz et répliques de l'intendant.

1359. *M. Lebret, premier président du Parlement de Provence,*
au Contrôleur général.

5 Décembre 1707.

«Comme, en m'ordonnant de revenir dans cette province, vous me fîtes connoître que je pouvois y être utile au service du Roi en me donnant l'honneur de vous écrire de ce qui s'y est passé pendant la dernière campagne et des dommages et pertes auxquelles l'irruption des ennemis a donné lieu, je me suis informé de l'un et de l'autre le plus exactement qu'il m'a été possible, et j'ai trouvé que, si M. le duc de Savoie avoit voulu employer à l'exécution de son dessein le temps qu'il a perdu inutilement, rien ne lui auroit été si facile que de s'emparer de la ville de Toulon et du reste de la province, car vous savez qu'elle étoit dépourvue de troupes, que nos officiers de terre et de mer n'étoient pas d'accord entre eux, qu'il n'y avoit pas un sol dans la caisse du pays, dans celle du commis de l'extraordinaire de la guerre, ni dans celle du commis du trésorier de la marine à Toulon, et que, si l'estime et la considération que mon fils s'est acquises ici, à Marseille et dans le reste de son département, à un point qu'il n'est pas possible d'imaginer d'un homme de son âge, ne lui avoient facilité les moyens dont il vous a sans doute informé, et desquels il se servit très heureusement pour ramasser avec diligence jusqu'à 600,000 # en argent comptant, qu'il fit passer en partie à Toulon, avec les blés, les farines, les bœufs, les travailleurs et toutes les autres choses que M. de Vauvré lui manda être nécessaires pour les travaux du camp retranché et pour la défense de la ville, il est sûr que tout étoit perdu. Si vous trouviez juste d'informer le Roi un peu en détail des mouvements qu'il s'est donnés et de tout ce qu'il a fait ici dans une conjoncture si importante à son service, il me semble qu'il pourroit tout espérer, dans les occasions, des bontés de S. M., ne doutant pas que vous n'ayez eu de bonnes raisons pour lui donner le désagrément d'envoyer dans son département M. d'Angervilliers, qui, par le peu d'habitudes et de connoissance du pays, n'étoit pas en état d'y être fort utile; ne prenant la liberté d'entrer dans ce détail que pour vous faire connoître, par la mésintelligence qui étoit entre les officiers, par celle qui auroit été infailliblement entre les deux intendants, s'ils ne s'étoient trouvés l'un et l'autre d'un bon esprit, et surtout par l'épuisement où se trouvent présentement les habitants de cette province, qu'il est très important qu'on prenne dès à présent des mesures qui fassent perdre à M. de Savoie l'envie et même la pensée d'y venir une seconde fois*.

«Quant aux pertes et dommages que son armée a causés, mon fils travaille avec MM. les procureurs du pays aux mémoires qui vous seront envoyés incessamment et qui vous feront connoître en quoi ils consistent; mais, comme ils excèdent de beaucoup le dédommagement que la conjoncture présente peut vous permettre d'accorder à ceux qui ont souffert, je crois qu'outre les 200,000 # que vous avez déjà retranchées de la capitation de l'année prochaine 1708, il seroit à propos qu'on diminuât encore 2 ou 300,000 # sur les 700,000 # du Don gratuit de la même année, et qu'on fît la même diminution sur le Don gratuit et capitation des années 1709 et 1710, et que le tout fût réparti par mon fils, de concert avec MM. les procureurs du pays, sur les communautés qui ont le plus souffert. Je ne parle point du Don gratuit ni de la capitation de la présente année 1707, parce que je suis persuadé que l'intention du Roi est d'en gratifier les villes et communautés qui ont été brûlées ou pillées, au moins pour la part et portion que chacune d'elles en auroit dû supporter, si M. le duc de Savoie n'étoit point entré en Provence.»

* Voir, sur les mesures prises pour la défense de Marseille, une lettre de M. Lebret fils, intendant, en date du 7 janvier 1708, et une autre de M. de Forville, gouverneur de la ville, en date du 14 décembre 1707.

1360. *M. de Courson, intendant à Rouen,*
au Contrôleur général.

8 Décembre 1707.

«Il seroit fort à souhaiter que l'on pût trouver un autre fonds pour commuer le droit établi sur le bois à brûler par l'octroi qui a été accordé pour le payement, tant des 220,000 # auxquelles la ville de Rouen a été modérée pour les lettres de bourgeoisie et brevets d'apprentissage, que de la somme de 6,000 # dont la ville de Dieppe a été déchargée du traité des eaux-de-vie. Lorsque les échevins proposèrent de rétablir un droit de 20 sols sur chaque corde de bois qui avoit été levé dans la dernière guerre, je fus le premier à en remontrer les conséquences et à faire connoître que ce droit, dans la dernière guerre, avoit beaucoup dérangé les ventes des bois du Roi, et que la preuve en étoit certaine par l'augmentation considérable qui étoit arrivée aux ventes, en 1699, aussitôt que le droit fut cessé. Sur de pareils états même, j'aurois obtenu de vous, en 1705, la suppression du droit qu'on avoit établi sur le bois en faveur des gardes-ports, par l'édit de novembre 1704; mais, comme on n'a point trouvé sur quoi pouvoir asseoir un fonds pour payer les 226,000 # qu'on a voulu avoir de la ville de Rouen, tout ce que je pus obtenir, ce fut de modérer ce droit à 10 sols pour corde de bûches et 8 sols pour corde de cotrets, et de rejeter le surplus sur les beurres et fromages. L'adjudication fut ordonnée sur ce pied et fut faite pour assez peu d'années, parce que le droit devoit être perçu indistinctement sur tout ce qui entroit dans Rouen ou passoit debout; mais, comme il a plu depuis au Conseil de donner un arrêt du 3 août 1706 qui a déchargé le passe-debout, il a été nécessaire de remplacer ce passe-debout par un octroi sur les boissons et de faire une nouvelle adjudication du tout le 2 avril dernier, qui est, à l'égard du bois, beurres et fromages, pour huit années de jouissance, commencées le 1er juin 1706 et finissant le dernier mai 1714. Ainsi, ce droit sera encore longtemps à charge aux bois du Roi, et il seroit à souhaiter de pouvoir y trouver le remède; mais tous les fonds sont tellement épuisés, qu'il est très difficile d'en trouver un qui supplée. D'ailleurs, ce droit n'est pas la principale cause de la diminution considérable que vous trouvez au prix de la vente ordinaire de 1708, car j'ai pris la précaution de faire mettre dans l'adjudication que ce droit sera payé à l'entrée des portes par les bourgeois en outre et par-dessus le prix de la police. Ainsi, il n'en coûte rien aux adjudicataires et aux marchands de bois, et ce droit est entièrement payé par le peuple; mais il y a plusieurs autres causes plus essentielles de la diminution du prix des ventes. La première est que, depuis plusieurs années, il n'a point fait d'hiver, et, par conséquent, point de consommation de bois. La deuxième est qu'un nombre infini de personnes se sont retirées de la ville, ou n'y viennent résider que quelques mois, à cause des temps difficiles; et par conséquent beaucoup moins de consommation. La troisième raison, qui est la plus forte, ce sont les droits que les adjudicataires sont depuis peu obligés de payer d'avance lors de l'adjudication des ventes. Vous savez que les adjudicataires ne payent le prix principal des ventes que près de deux ans après, savoir : moitié à Noël de l'année suivante de l'adjudication, et l'autre moitié à la Saint-Jean ensuivant. Ils ne payoient uniquement que le sol pour livre pour les vacations des officiers des maîtrises; présentement, ils sont encore obligés de payer, lors des adjudications, un autre sol pour livre nouvellement attribué aux inspecteurs; plus, ils sont obligés de payer 9 # pour chaque vente qui s'adjuge, pour la mise de possession à l'inspecteur, plus 2 deniers attribués au contrôleur des bois : ce qui fait présentement 2 s. 2 d. pour livre, sans les 9 # pour chaque vente : de manière que, sur le prix des ventes, qui étoit autrefois, dans la généralité, de près de 400,000 #, et qui se trouvera réduit pour 1708 à environ 200,000 #, il faut que les marchands de bois à brûler de Rouen, qui sont peut-être au nombre de douze ou quatorze principaux, trouvent à avancer en espèces environ 25,000 #, qui est une très forte somme par rapport aux temps difficiles, aux crédits et aux pertes que les marchands sont obligés de souffrir. C'est là la plus véritable cause de la diminution du prix des ventes. Outre cela, le Roi a encore créé en juin 1706 six offices de mouleurs, auxquels il attribue un sol pour corde de bois, qui est un droit qui tombe à la charge des marchands, et qui, par conséquent, retombe sur le Roi. Tout cela concourt à la diminution du prix des ventes. Il n'y auroit pas d'autre moyen, pour les soutenir, que de charger les bois du Roi des attributions faites à ces charges; mais, comme le traité en est fait, que la suppression n'est pas facile, et que le seul éloignement qu'on pourroit faire du sol pour livre attribué aux inspecteurs à n'être payé que lors du payement du prix des bois, empêcheroit la vente des offices, je ne sache pas qu'on puisse y apporter aucun remède pendant la guerre. Il faut attendre la paix pour trouver le moyen de rembourser tant les adjudicataires de l'octroi que les acquéreurs ou traitants des offices, même les gages et augmentations de gages qui ont été attribués aux officiers des maîtrises, qui vont à un point que bientôt le Roi ne retirera plus aucun bénéfice de ses forêts, les ventes de cette année 1708 ne montant qu'environ à 200,000 #, et y ayant pour près de 160,000 # de charges assignées. J'ose encore ajouter qu'il y a bien de l'apparence que les officiers se dédommagent sur le prix des ventes des taxes qu'ils ont souffertes.»

1361. *M. de Bernières, intendant en Flandre maritime,*
au Contrôleur général.

10 Décembre 1707.

Procès-verbal de liquidation des indemnités dues par la province aux officiers des eaux et forêts, en échange de la juridiction qu'ils exerçaient avant 1706 dans les bois des particuliers et des communautés.

1362. *M. Bignon, intendant à Amiens,*
au Contrôleur général.

11 Décembre 1707.

«Je reçois la lettre que vous m'avez fait l'honneur de m'écrire le 7 de ce mois au sujet de la capitation du sieur de la Hestroy, lieutenant général d'épée de Montreuil. Il est vrai qu'il n'étoit qu'à 40 # les années passées. Je l'ai mis à 100 #, et l'ai réduit à 80 #; il se plaint encore, et ne cessera point de crier. Une infinité d'autres sont dans le même cas, moins à leur aise que lui; mais, comme il faut toujours que la même somme qui a été fixée pour ce département soit portée au Trésor royal, il faut que j'augmente les cotes de ceux qui sont en état de payer à proportion des non-valeurs, qui multiplient tous les ans, et je ne puis vous dissimuler que, si la capitation se faisoit exactement par rapport aux facultés, le sieur de la Hestroy devroit payer 200 #. Après cela, je ferai absolument ce que vous jugerez à propos; mais je vous supplie de me marquer votre sentiment, pour imposer silence à cet homme.»

1363. *M. Ferrand, intendant en Bretagne,*
au Contrôleur général.

14 Décembre 1707.

La connaissance des contestations relatives à l'imposition des fouages ne lui appartenant pas, il renvoie des titres présentés par les officiers et monnayeurs de la Monnaie de Nantes pour justifier de leurs droits à l'exemption*.

* La réponse est écrite de la main de M. Desmaretz, au dos de l'analyse du mémoire des officiers de la Monnaie.

1364. *Le Contrôleur général*
à M. de Montesan, prévôt des marchands de Lyon.

17 Décembre 1707.

«Par des mémoires qui viennent de Lyon, il paroît que les négociants veulent faire leur bilan en trois colonnes : que, dans la première, il y aura la totalité des sommes qu'ils doivent à chaque particulier; dans la seconde, les trois quarts en espèces, et dans la troisième, le quart en billets de monnoie. Cet ordre, qui paroît bon, est un moyen imaginé pour éluder entièrement l'exécution de la déclaration et détruire le principe sur lequel on doit agir, qu'il n'y a plus de différence à faire entre les billets de monnoie et l'argent. L'esprit de la déclaration qui donne cours aux billets de monnoie dans tout le royaume n'a jamais été d'obliger tous ceux qui ont des payements à faire de les composer d'un quart en billets de monnoie et des trois quarts en argent. L'objet qu'on s'est proposé est de ne plus laisser une liberté entière de faire les payements tout en billets de monnoie, comme autrefois, mais d'en fixer la quantité, en sorte qu'on ne pût l'excéder; et, pour comprendre par un exemple sensible quelle a été la vue de cette disposition de la déclaration, le Roi a voulu fixer la quantité de billets de monnoie qui devoit entrer dans les payements, de la même manière qu'on avoit fixé celle des petites espèces, quand elles furent introduites dans le commerce. On en peut faire l'application à ce qui a été ordonné pour les billets de monnoie, avec cette différence néanmoins que les billets de monnoie doivent être considérés bien au-dessus des petites espèces, puisqu'ils portent intérêt à 7 1/2 p. 0/0, et que, ces mêmes billets devant avoir une valeur tout au moins égale à l'argent, on ne doit pas faire le bilan à trois colonnes, de peur que, si cet usage s'établissoit une fois, il ne parût qu'on voulût toujours obliger les débiteurs à fournir un quart en billets de monnoie. En un mot, il faut laisser une liberté entière aux débiteurs de s'acquitter tout en argent, ou avec un quart en billets de monnoie, à leur choix.

«Il paroît encore, par d'autres mémoires qui viennent de Lyon et d'autres endroits, qu'on se persuade qu'on augmentera le nombre des billets de monnoie au delà des 72 millions. Cette opinion ne peut être répandue et favorisée que par des personnes malintentionnées, qui agissent pour leurs intérêts particuliers, et qui veulent continuer de décrier les billets de monnoie, pour en profiter par des usures très condamnables; car, pour peu qu'on veuille faire attention à l'état où sont présentement les choses sur ce qui concerne les billets de monnoie, il faut convenir que le Roi ne peut rien faire qui assure davantage le public. S. M. en a fixé la quantité à 72 millions par une déclaration authentique du 24 mai dernier, registrée au Parlement; en exécution, il a été converti pour 72 millions d'anciens billets en nouveaux, qui ont été signés par le prévôt des marchands et par un syndic nommé par les six corps des marchands de Paris. L'ordre qui vient d'être établi par la déclaration du 5 décembre, pour le payement des intérêts, donne une nouvelle sûreté : elle porte que les intérêts seront payés aux bureaux de l'hôtel de ville en la même manière que les arrérages des rentes, par les vingt-quatre payeurs des rentes de l'hôtel de ville, et il a été fait un tableau affiché à l'hôtel de ville, qui fait connoitre ce que chacun des vingt-quatre payeurs doit payer suivant l'ordre des numéros; d'où il s'ensuit qu'on ne pourroit présenter aucun autre billet que de ceux qui composent les 72 millions, qu'il ne parût augmenté ou faux, et il est évident que le public en seroit aussitôt averti : ce qui feroit tomber entièrement le crédit des billets de monnoie, qu'on a voulu soutenir par toutes les déclarations; et ces arrangements feroient perdre tout le fruit qu'on attend de la déclaration du 18 octobre dernier, et ne conviendroient ni au service du Roi ni au bien public*.»

* Voir aussi les lettres des 20 et 28 décembre. Celle du 17 avait été concertée avec M. Samuel Bernard et écrite sous son inspiration. M. de Montesan y répondit, le 24, par une longue lettre et un mémoire, en concluant : 1° à la prorogation du payement de Lyon jusqu'au 20 janvier; 2° au payement de trois quarts des soldes en argent et d'un quart en billets de monnaie. Suivant l'annotation mise au dos de la lettre, la première proposition fut approuvée; quant au second point, ordre fut donné de tenir la main à ce que la déclaration fût exécutée.

1365. *M. de Bâville, intendant en Languedoc,* *au Contrôleur général.*

18 Décembre 1707.

«Le sieur de Roys de Brescon, qui vous a écrit la lettre ci-jointe, est un homme très séditieux, qui a déclaré hautement qu'il ne vouloit point payer la capitation, qui montre à tout le monde les lettres qu'il vous a écrites et à Mme de Maintenon, et tient les discours du monde les plus impertinents. Il a fallu lui envoyer un garde de M. le duc du Maine, suivant l'usage de la province; il aime mieux le souffrir depuis un mois que de payer. On ne peut pas être d'un plus mauvais exemple, et, s'il continue dans sa mauvaise conduite, il mérite d'être arrêté. C'est un homme qui a d'ailleurs tous les jours des procédés avec tout le monde, et il n'y a guère de semaines qu'il ne passe par les mains de M. le duc de Roquelaure pour quelque querelle nouvelle*.»

* Texte de la lettre au Roi : «Sire, un gentilhomme de votre province du Languedoc, dont la famille a toujours fait gloire de marquer son zèle pour le service de Votre Majesté, se voyant réduit au désespoir par une injustice criante à son égard, ose très respectueusement prendre la liberté de porter sa plainte en droiture à Votre Majesté, persuadé de votre bonté qu'elle lui fera la grâce d'y mettre bon ordre. J'ai très humblement l'honneur de marquer à Votre Majesté que, pendant le temps que M. le duc de Savoie resta en Provence, cette ville en étant frontière, il y vint, avec un maréchal de camp de vos armées, quelques troupes pour y commander; et, comme tout ce qui approche du service de Votre Majesté est auprès de moi en vénération, pour marquer mon zèle, je livrai ma maison agréablement pour y loger ce maréchal de camp, qui, pendant un mois de séjour, me causa des dommages et des incommodités préjudiciables; et, quand j'ai voulu demander à M. de Lamoignon, intendant pour Votre Majesté en cette province, un mois de temps pour le payement d'environ 25 écus que je restois devoir de ma capitation, non seulement il me l'a refusé, mais il m'a fait déclarer garnison par un garde de la province, à une pistole par jour : de laquelle voulant me libérer et manquant d'argent et des moyens pour cela, je le priai d'ordonner la vente d'une partie de mes biens-fonds pour la sûreté des acheteurs, attendu qu'ils sont substitués à mes enfants, n'ayant que mes seuls droits de légitime à disposer. J'offris par ce moyen à M. de Lamoignon le payement de ma capitation, et même de la garnison, et qu'il me la fît cesser. Non seulement il n'a point voulu avoir égard à ma juste demande, et il me laisse actuellement, par cette garnison, manger et consumer mon bien sans que je puisse, par mon impuissance, y apporter aucun remède; et par ce moyen, si Votre Majesté n'a la bonté d'avoir égard à ma juste plainte, tout mon bien se mangera par cette garnison : je me verrai avec ma famille réduit aux aumônes, ce qui crie beaucoup en ce pays-ci, puisqu'on n'ignore pas que Votre Majesté n'entend point qu'on ruine un gentilhomme pour le payement de 25 écus de capitation qu'il n'a jamais refusé de payer, et cette ville de Beaucaire, toujours fidèle à son prince, toute ancienne catholique, apostolique, romaine, manquant d'appui et de protection, paye, suivant la quotité de la capitation réglée par la province, 6,000 ₶ de plus qu'elle ne devroit, au déchargement des autres villes circonvoisines, sans que M. de Lamoignon ait jamais voulu entendre de nous faire là-dessus justice. Pardonnez à un gentilhomme la liberté qu'il prend d'oser vous porter sa plainte; c'est une inspiration de Dieu qui l'oblige de s'adresser à son prince, connu dans son royaume pour le plus juste et le plus équitable qui fut jamais.» — Réponse en marge : «Le faire mettre en prison.»

Voir, dans la correspondance de M. Rouillé de Fontaine, intendant à Limoges, une lettre du 28 décembre 1707 relative à un gentilhomme, le sieur des Brosses, qui, mandé par lettre de cachet à la suite de la cour, parce qu'il refusoit de payer sa capitation, et que même il empêchait ses métayers d'acquitter leurs tailles, persistait à ne vouloir ni s'exécuter ni partir. Pour l'exemple, l'intendant reçut ordre d'envoyer ce gentilhomme au château d'Angoulême.

1366. *Le Contrôleur général à M. Pinon, intendant en Bourgogne.*

28 Décembre 1707.

«Le sieur Rigollier, fermier de la terre de Pagny, qui appartient à Mme la princesse de Conti, se trouve chargé d'une fort grande quantité de grains, dont le peu de débit le met hors d'état, à ce qu'il prétend, de payer le prix de sa ferme. Vous rendriez un très bon office à S. A., si vous pouviez procurer la vente des grains de ce fermier dans la fourniture de blé et d'avoine qui se fait actuellement pour le Roi dans votre département, et dont j'ai appris que les sieurs Chiquet et Genthon étoient les entrepreneurs. Je crois que, si vous voulez bien leur en parler, ils s'y porteront d'autant plus volontiers que le sieur Rigollier leur fera sans doute des conditions avantageuses pour vendre ses grains. Je vous supplie de me marquer ce que vous aurez fait sur cela.»

1367. *M. de Montgeron, intendant en Berry, au Contrôleur général.*

28 Décembre 1707.

Il demande à prendre quelques arbres dans les bois de la succession de M. de Seignelay pour la réparation du pont de Châteauneuf-sur-Cher, qui établit les communications entre Bourges et une partie du bas Berry.

1368. *M. de Bagnols, intendant en Flandre, au Contrôleur général.*

29 Décembre 1707.

«..... Il paroît extraordinaire qu'on accorde au nommé Canone, habitant de Quiévrain, par conséquent sujet d'Espagne, la permission de faire entrer dans le pays du Roi trois cents tonnes de morues, saumons et harengs. On dit qu'elles payeront les droits locaux : ce qui est équivoque. On appelle en ce pays *droits locaux* ceux du tarif de 1671. Ce tarif n'impose rien à l'entrée des morues, saumons et harengs; ainsi, cette entrée ne produiroit aucun avantage à la ferme du Roi. Si on entend par *droits locaux* ceux qui ont été imposés par différents arrêts du Conseil postérieurs au tarif, ils sont si grands, que la marchandise ne peut pas les supporter, et le nommé Canone se gardera bien d'en faire entrer de cette manière : il n'y trouveroit pas son compte. Quant à la sortie par équivalent de marchandises et denrées du pays du Roi, c'est encore une autre équivoque. L'expérience a fait connoître que c'est vouloir se tromper que de compter sur cet équivalent. L'interdiction du commerce avec l'ennemi défend bien l'entrée de ses marchandises, mais n'exclut pas la sortie des nôtres qu'il veut bien recevoir. Il est certain que nos marchandises sortent tous les jours pour entrer dans le pays ennemi, et, si vous accordiez au nommé Canone ce qu'il demande, il ne seroit nullement embarrassé de faire sortir du Pays conquis des marchandises en équivalent des trois cents tonnes de poisson salé : il se serviroit de celles qui seroient sorties d'elles-mêmes, indépendamment de sa convention; les marchands ne se refusent point entre eux leurs acquits de sortie. Il résulte de tout ce que je viens de vous dire que, quand le Roi voudroit accorder la permission demandée, il conviendroit mieux que ce fût en faveur d'un de ses sujets que d'un étranger, et que ce seroit rendre ledit Canone maître du prix de la marchandise par la quantité qu'il veut en faire entrer. Il semble qu'il vaudroit mieux que le Roi accordât en particulier ces sortes de permissions à ceux qui en auroient le plus de besoin, comme S. M. l'a déjà fait à plusieurs communautés régulières du pays, suivant un état que nous avons entre les mains. On se sert néanmoins du prétexte de leur intérêt dans la proposition pour la faire passer plus aisément, quoiqu'il y ait été pourvu d'ailleurs.»

1369. *M. d'Angervilliers, intendant en Dauphiné, au Contrôleur général.*

3 Janvier 1708.

Il approuve un projet de faire racheter à la province, moyennant 60,000 ₶, les offices de contrôleurs des greffes des hôtels de ville, plutôt que de laisser poursuivre les propriétaires des anciens offices de greffiers des communautés.

1370. *M. de la Bourdonnaye, intendant à Bordeaux, au Contrôleur général.*

3 Janvier et 18 Février 1708.

Réparation de la Monnaie de Bordeaux.

1371. *M. Rouillé de Fontaine, intendant à Limoges, au Contrôleur général.*

5 Janvier 1708.

«Depuis quinze jours que je suis de retour en cette ville, j'ai donné des cavaliers aux collecteurs, pour les mettre en garnison sur les redevables; mais cela ne produit pas un grand effet. Ceux qui sont les plus aisés en apparence, sont ceux qui ont le plus de peine à payer; car, si leurs biens consistent en effets, ils ne peuvent rien recevoir de leurs débiteurs, et, s'ils ont des biens-fonds, ils ne tirent presque aucun secours de leurs denrées. J'ai aussi donné des cavaliers au receveur des tailles, pour envoyer en contrainte sur les gentilshommes, qui sont presque tous en demeure de payer leur capitation des deux et trois dernières années; mais c'est avec aussi peu de succès. La plupart viennent me remontrer qu'eux ou leurs enfants sont au service, ce qui les épuise, ou qu'ils ne retirent aucun secours de leurs biens, et qu'ainsi ils sont dans une absolue impuissance de payer : en sorte que je vois de très grandes difficultés pour mettre ce recouvrement en règle, à moins que l'argent, qui est d'une rareté extrême, ne devienne plus commun. Je prévois qu'après le départ des cavaliers qui sont en quartier dans cette généralité, il sera nécessaire de se servir pour les contraintes des soldats de la compagnie de Launoy, en garnison au château de cette ville, ainsi que j'ai fait ci-devant. Ils feront un meilleur effet que les fusiliers et huissiers qu'on emploie ordinairement pour le recouvrement des tailles, et il n'y aura pas à craindre qu'ils se portent à aucun désordre, par le soin qu'a ledit sieur de Launoy de les bien discipliner et de les contenir. C'est un fort bon sujet, bien intentionné pour le service du Roi en tout, et il se porte avec beaucoup de zèle à tout ce qu'il convient de faire pour la garde des soldats de milices, que je suis obligé de faire mettre dans ce château depuis qu'ils sont reçus jusqu'à leur départ*. »

* Réponse au dos : «Lui écrire de ménager les contraintes avec prudence. Avertir, avant que d'envoyer les soldats, qu'on ait à payer dans un terme certain; sinon, qu'au jour marqué ils seront logés dans les maisons de ceux qui refusent de payer.» Voir deux lettres de l'intendant, en date des 27 janvier et 3 février, sur les précautions qu'il avait prises dans l'emploi des garnisons et des contraintes.

1372. *M.* de Bâville, *intendant en Languedoc, à M.* Desmaretz.

8 et 10 Janvier 1708.

« . . . . Il n'a pas dépendu de moi de régaler la somme de 600,000# qui a été donnée par les États pour racheter l'édit des contrôleurs des tailles sur les autres traités. Celui-ci fut fait l'année dernière, au mois de juillet, par M. Chamillart, avec un traitant qui lui offrit 800,000#, moyennant 8 deniers pour livre à prendre sur les impositions, et cette somme fut destinée pour remplacer celle qui avoit été prise sur les gabelles pour la solde des troupes. Les députés des États demandèrent de racheter cet édit, ne pouvant souffrir une augmentation sur les impositions aussi forte. M. Chamillart l'a laissée à la province pour 600.000#, et toute la négociation que j'ai eu à faire sur ce sujet a été de dire à l'assemblée qu'il falloit ou payer les 600,000# ou laisser exécuter le traité. S'il avoit été à mon pouvoir de destiner cette somme, j'en aurois mis 40,000# sur le traité des inspecteurs des bâtiments. Vous voyez, par la nature de cette affaire, qui est venue séparément de toutes les autres, que je n'ai eu aucune intention de la favoriser pour laisser les autres en arrière. Vous voyez encore le motif que les États ont eu de donner 600,000# pour racheter une imposition qui montait à plus de 200.000#. Mon intérêt eût été que cette somme pût servir à racheter tous les autres traités qui sont dans la province, et dont l'exécution peut en troubler le repos et en rendre la conduite plus difficile. Dans le fond, M. Chamillart avoit plutôt fait ce traité pour tirer 600.000# de la province, que pour le laisser exécuter sous des conditions si onéreuses. Je ne vous en ai écrit que pour vous faire remarquer que, les États étant épuisés par une affaire extraordinaire aussi forte, ils auroient bien de la peine à entendre parler des autres.

« Je conviens qu'il seroit fort à souhaiter que les États ne fissent aucune difficulté de donner précisément pour le rachat des traités la somme qui est marquée par le Conseil; mais il n'en est pas des pays d'États comme des autres, où l'intendant n'a qu'à imposer la somme qui est déterminée. Il est libre aux États de ne pas accepter l'abonnement. Ils nomment des commissaires dans ces sortes d'affaires qui disputent le terrain; cela vient à des propositions; l'intendant fait ce qu'il peut pour les faire augmenter; il rend compte des offres qu'on lui fait; si elles ne sont pas acceptées, les États délibèrent en corps sur ce qu'ils ont à faire; ils augmentent quelquefois, et souvent s'en tiennent aux premières propositions. Après que l'intendant a fait tout ce qu'il a pu jusqu'à la fin des États pour remontrer qu'il est utile à la province de racheter, et tous les inconvénients qui peuvent arriver si l'on ne prend pas ce parti, les États se séparent en prenant une délibération portant que, si le traitant veut se contenter de la somme offerte, elle lui sera payée; sinon, que le traité sera exécuté. C'est au Conseil à juger après cela ce qui convient. Je n'ai jamais fixé ni arrêté des traités avec les États, et je n'ai fait autre chose que d'envoyer leur dernière proposition, étant libre de l'accepter ou de la rejeter. Les États, fatigués des impositions excessives, qui augmentent tous les ans, n'entrent maintenant qu'avec beaucoup de peine dans ces traités pour racheter les édits qui les rendent encore plus fortes, étant parvenues au point, à ce qu'ils prétendent, qu'elles ne peuvent plus être payées. Je ferai tout ce que je pourrai jusqu'à la fin des États, qui dureront encore quinze jours, pour les persuader de donner 40,000# pour les inspecteurs des bâtiments, et je vous informerai de leur dernière résolution, sur laquelle vous déciderez vous-même si elle doit être reçue ou si le traitant exécutera l'édit. Il faut, s'il vous plaît, encore observer qu'il ne s'agit pas d'une seule affaire, mais qu'il y a toujours grand nombre de traités qui se présentent à racheter, et que les États soutiennent qu'il leur est impossible de faire tout ce qu'on leur demande, d'autant plus qu'ils prétendent que la portion de l'abonnement qu'on veut toujours rejeter sur le Languedoc, est beaucoup plus forte qu'il ne lui convient par rapport à celle qu'on demande aux autres provinces. Je tâche de les désabuser de cette erreur; mais ce sont des discussions qu'ils font entre eux et auxquelles ils s'attachent. Je crois, à tout prendre, que les traitants ne se sont pas mal trouvés du grand nombre de traités que j'ai proposés en pareille matière, et qu'ils auroient eu de la peine à en tirer les mêmes sommes, soit par les frais des établissements, soit par toutes les autres difficultés qu'ils auroient rencontrées.

« Je vous suis bien obligé de vous souvenir de notre ancienne amitié, qui m'a été toujours infiniment précieuse; la date commence d'en être un peu trop vieille pour vous et pour moi. Je vous supplie de m'en accorder la continuation malgré mon absence et mon éloignement*. »

* Voir les lettres du contrôleur général à M. de Bâville, 28 décembre, et de M. de Pennautier et de M. l'archevêque de Narbonne, 30 décembre 1707 et 1er janvier 1708.

Les États ne voulurent offrir, pour le rachat des offices d'inspecteurs des bâtiments, que 33,000# et les deux sols pour livre, sous prétexte que l'instruction des commissaires du Roi ne portait que 40,000^{tt} seulement, et non 40,000^{tt} plus les 2 sols, comme le demandait la lettre du contrôleur général. Ils offrirent en outre 120,000^{tt}, et les 2 sols, pour le rachat de l'affaire des contrôleurs des octrois, et 300,000^{tt}, avec le remboursement des frais, pour les charges d'officiers comptables. (Lettres de M. de Bâville, 20 et 22 janvier.)

Dans une autre lettre du 20 janvier, M. de Bâville dit : «J'avois eu l'honneur de vous mander que M. de Pennautier, après m'avoir demandé un délai de trois semaines pour savoir s'il trouveroit 100,000 écus à Paris pour le rachat de l'affaire des contrôleurs des tailles, il m'étoit venu assurer qu'il les avoit et que je pouvois vous le mander. Je fus fort surpris, avant-hier, lorsqu'il me vint trouver et me montra plusieurs lettres par lesquelles on lui mandoit que ce fonds lui avoit manqué; du moins, on lui proposoit de si mauvais effets, qu'il n'en pouvoit faire aucun usage. Je l'ai tiré de cet embarras en lui faisant trouver ici cette somme de 100,000 écus. Ainsi, les 600,000^{tt} seront payés à Montpellier, et cette affaire, qui dure depuis si longtemps, est finie, et vous pouvez disposer de ces 200,000 écus comme il vous plaira, si cela n'est pas déjà fait.»

Réponse en marge : «Voir avec M. Poulletier s'il n'a point l'état que M. de Bâville m'a envoyé de ce qui restoit dû au dernier décembre 1707 des fonds que j'ai remis ou destinés pour les mois de janvier, février, mars et avril, en laissant les 800 et tant de mille livres pris dans la caisse des fermes, et les 600,000^{tt} des offices de contrôleurs des tailles. Se servir de 300,000^{tt} desdits 600 pour en envoyer 150,000 en Roussillon et 150,000 en Provence; les remplacer par les 300,000^{tt} des receveurs comptables, etc., et approuver le contenu de sa lettre du 22 à cet égard. Je lui ferai réponse sur les autres articles qui y sont contenus.»

Voir encore trois lettres du sieur Crozat, 3, 5 et 16 février, et une lettre de M. de Bâville, 5 février.

1373. *M.* Daguesseau, *procureur général au Parlement de Paris,*

au Contrôleur général.

(Parlements, G⁷ 1755.)

10 Janvier 1708.

«J'apprends que l'on vous propose de charger encore les épices et les vacations des juges d'un nouveau sol, outre les 5 dont elles sont déjà chargées, soit pour le receveur, soit pour le contrôleur, et je ne saurois me dispenser de vous représenter combien cette charge est pesante pour les parties et contraire à la justice. Ce n'est qu'en 1691 qu'on a commencé à établir des receveurs des épices. On ne leur attribua d'abord que 2 sols pour livre; c'étoit déjà beaucoup, puisque cela augmentoit tout d'un coup toutes les épices et vacations d'un dixième. Le Roi a créé ensuite des receveurs alternatifs avec une semblable attribution, et, par là, la charge ayant doublé, les parties ont été contraintes de payer le cinquième au lieu du dixième. Enfin, l'on a établi un contrôleur, auquel on a attribué un sol pour livre : en sorte que, depuis l'année 1691 jusques à présent, les épices sont partout augmentées d'un quart. Si l'on fait encore la nouvelle augmentation que l'on vous propose, cela ira au tiers, à peu de chose près, et l'effet de cette augmentation ne sera pas de faire croître, mais, au contraire, de faire diminuer la recette des épices; car je suis persuadé, et il seroit aisé de vérifier le fait par un calcul, que les deux receveurs des épices ne tirent peut-être pas tant à présent des 4 sols qui leur sont attribués, qu'un seul de ces receveurs retiroit, dans les commencements, des 2 sols seulement dont il jouissoit. Il en est de ces charges trop multipliées comme des impositions excessives : on y perd par le défaut de consommation ce que l'on croit y gagner par l'augmentation apparente des droits. Mais ce n'est pas là le plus grand inconvénient de la répétition de ces sortes de charges : elles ferment, outre cela, l'entrée de la justice, et, au lieu que c'est principalement en faveur du pauvre et pour le mettre à couvert des vexations du riche qu'elle est établie, elle devient au contraire, à présent, un instrument dangereux entre les mains du riche, pour opprimer le pauvre, qui, n'ayant pas de quoi faire entendre sa voix dans les tribunaux, est obligé de souffrir l'injustice, plutôt que d'essuyer les grands frais qu'il faut faire pour obtenir justice. Cet inconvénient est si grand et si digne de l'attention du Roi, et d'ailleurs il nous est tellement présent tous les jours, que je croirois manquer à mon devoir, si je n'avois pas l'honneur de vous supplier de le représenter à S. M. à l'occasion d'un nouveau droit qui, joint à tous les autres, mettra encore plus de parties qu'il n'y en a déjà hors d'état de faire juger leur procès*.»

* Dès le 6 janvier, le premier président le Peletier avait écrit une lettre analogue : «Si cela, disait-il, ne produisoit d'autres effets que de diminuer le nombre des procès, ce seroit un bonheur pour le royaume; mais je suis persuadé que vos principes et votre bon cœur vous font envisager cela par un autre endroit, bien plus important. Une des premières et des plus essentielles obligations du Roi est de faire rendre la justice à ses sujets; il la doit aux pauvres préférablement aux riches : ainsi, rien ne charge tant sa conscience que quand l'on met de si grands droits sur la justice, que, par là, le pauvre est absolument hors d'état de pouvoir se plaindre contre le riche qui veut l'opprimer, et demeure absolument à sa merci.....»

1374. *Les Gens de la Cour des aides et finances de Montauban*

au Contrôleur général.

11 Janvier 1708.

Ils demandent justice de la conduite outrageante de l'intendant à l'égard de leur premier président*.

* Réponse en marge : «Mander à M. le Gendre que MM. les officiers de la Cour des aides de Montauban m'ont écrit avec une grande vivacité sur les prétendus sujets que vous leur avez donnés de se plaindre de vous, particulièrement le sieur le Franc, qui n'a pas cru que la conduite qu'il avoit tenue depuis que vous avez contribué à le mettre à la tête de cette Compagnie lui permît de s'en séparer lorsqu'il s'agit de ses intérêts. Si vous estimez que l'on puisse faire quelque usage de la voie de M. l'évêque pour vous réconcilier avec eux sans qu'il paroisse que le Roi y ait part, je lui en écrirai et le prierai d'agir fortement, en lui recommandant le secret. Il comprendra aisément, connoissant votre caractère comme il fait, que vous êtes également touché des bons comme des mauvais procédés. Il seroit désagréable, dans une conjoncture aussi difficile que celle où nous nous trouvons, de voir que ceux qui doivent conduire les autres fussent commis et donnassent une scène au public.»

Voir, au 1er février, une réponse de M. le Gendre, et, aux 1er, 12, 15 et 19 février, d'autres lettres de M. l'archevêque d'Auch, de la Cour des aides, du premier président le Franc, etc.

1375. *M. Lebret fils, intendant en Provence,*
au Contrôleur général.

20 Janvier 1708.

Pièces et avis concernant la création d'une charge de lieutenant de Roi au gouvernement de Marseille, analogue à celle qui appartient aux consuls de la ville de Toulon.

1376. *M. de Harouys, intendant en Champagne,*
au Contrôleur général.

23 Janvier 1708.

Rapport sur les contestations relatives à des terres vagues des paroisses du Breuil et de Ragecourt, et à un pâtis dépendant de la première de ces paroisses.

1377. *M. de Bagnols, intendant en Flandre,*
au Contrôleur général.

26 Janvier 1708.

«J'étois absent de Lille lorsque la malle de la poste a été arrêtée, le 21 de ce mois, par les commis des traites. Elle fut portée d'abord chez M. le lieutenant de Roi, qui la renvoya au bureau des traites, d'où elle passa chez le sieur d'Haffrengues, mon subdélégué. Il a fait l'inventaire de ce qui étoit contenu dans cette malle : après quoi, les commis du bureau l'ont reporté à la poste. Le sieur Pajot, directeur de la poste de Lille, se plaint avec raison des promenades qu'on a fait faire à sa malle, et du retardement de l'ordinaire de Hollande, qui n'a pu partir que le lendemain pour Paris; il soutient qu'il ne doit plus en être responsable. Il est vrai qu'on pouvoit se conduire d'une autre manière. Il ne doit point être permis aux commis des traites d'arrêter la malle toutes les fois que la fantaisie leur en prend. Quand ils croient avoir des avis certains qu'il peut y avoir de la contrebande, ils doivent me demander la permission d'arrêter la malle. S'ils l'obtiennent, elle doit être conduite directement au bureau de la poste, et non ailleurs. L'ouverture s'en doit faire en ma présence; s'il s'y trouve quelque chose qui en vaut la peine, on en fait l'inventaire. C'est ce que j'ai vu pratiquer jusqu'à présent. Quant au fait en question, on a trouvé, par l'inventaire qui a été fait de cette malle par mon subdélégué, en mon absence, trois pièces de satin de la Chine, dans chacune desquelles il y avoit un rouleau de cent louis d'or, un autre paquet de toile des Indes adressé au maître de la poste de Saint-Omer, pour le faire tenir à la demoiselle de Saint-Perrier, à Arras, et un autre paquet contenant deux pièces de toile des Indes : ce dernier, ainsi que les trois premiers de satin de la Chine dans lesquels il y avoit trois rouleaux de louis, adressés à Mme la duchesse de Lorraine, à Nancy. C'est une fausse adresse, et je crois bien savoir que les trois rouleaux de louis étoient pour M. Pajot, fermier général des postes. Il ne peut en trop entrer dans le royaume, et vraisemblablement les trois pièces de satin de la Chine servoient de couverture à ces rouleaux; en cet état, c'est à vous à ordonner de ce qu'il y a à faire. Le paquet adressé à la demoiselle de Saint-Perrier, à Arras, doit, sans difficulté, être confisqué. Le reste de la contrebande est peu de chose; ordonnez, s'il vous plaît, si elle doit être rendue avec les louis à M. Pajot. Le sieur de Lalive, directeur général, vouloit en faire un procès devant les juges des traites; je l'ai arrêté. Nous attendrons votre décision, et, à l'avenir, si vous le trouvez bon, la malle ne sera plus arrêtée que sur les permissions que je donnerai au directeur général, quand il me fera connoître qu'il a des avis certains qu'il y a de la contrebande*.»

* Le contrôleur général fit donner des ordres secrets conformes à cet avis, avec défense absolue de jamais entraver l'importation des espèces. Voir une lettre du sieur de Lalive de Bellegarde, du 27 janvier, avec cette réponse en marge : «Ne rien faire à l'avenir qu'après avoir reçu les ordres de M. de Bagnols; se conformer à ce qui sera convenu et réglé entre M. de Bagnols et lui, conformément à la lettre qu'il m'a écrite et à ce qu'il m'a proposé, qui a été approuvé par S. M.; laisser entrer toutes les espèces d'or et d'argent, de quelque qualité qu'elles soient, ce qui ne peut, dans aucun cas, être regardé comme marchandise de contrebande; envoyer un ordre pour rendre les 300 louis à celui sur lequel ils ont été saisis, sauf aux fermiers généraux à poursuivre l'amende contre ceux qui la doivent payer; mais, dans aucun cas, l'argent n'a dû être arrêté. Écrire à M. de Bagnols en conformité: *idem*, aux fermiers généraux.»

1378. *M. Trudaine, intendant à Lyon,*
au Contrôleur général.

26 Janvier 1708.

«Je sais que le traité qu'a fait le sieur Saladin avec M. Chamillart, de porter soixante mille marcs de matières à la Monnoie, pour être payé sur le bénéfice de ce qui peut lui être dû, a fait penser à quelques particuliers de demander de faire de pareils traités, pour se rembourser aussi sur le bénéfice de ce qui leur est dû. Ces particuliers doivent demander la permission d'y pouvoir apporter les piastres, barres, pignes, et généralement de toutes sortes de matières venant des Indes, n'étant pas en état d'en avoir de celles que l'on comptoit d'abord que le sieur Saladin feroit entrer, qui étoient seulement des monnoies et vaisselles étrangères autres que celles d'Espagne et des Indes*. Je ne sais pas si l'on jugera à propos d'accorder à ces particuliers ce qu'ils demandent; mais, y faisant réflexion, il m'a paru que l'on pourroit faire une affaire générale de cette proposition, qui pourroit donner du crédit présentement. Comme il y a beaucoup de gens à qui il est dû et que l'on aura de la peine à payer, faute de fonds, je crois qu'on pourroit permettre à tous ceux à qui il est dû de porter des matières aux Monnoies, sous la condition de se payer sur la moitié du bénéfice de ce qui peut leur être dû, l'autre moitié restant au Roi pour les affaires courantes. L'envie que chacun aura d'être payé fera porter beaucoup de matières aux Monnoies, et je suis persuadé qu'on y en portera si grande quantité, que la moitié du bénéfice qui sera réservée pour le Roi égalera la totalité que l'on en tirera, si l'on ne juge pas à propos d'accorder cette facilité aux créanciers du Roi. Voilà donc, dans ma pensée, le Roi qui retire autant de bénéfice de ses Monnoies. Joignez à cela le payement de dettes criardes qui font perdre le crédit, et l'espérance que pourront avoir ceux qui feront de nouveaux prêts au Roi de s'en tirer en portant des matières aux Monnoies; les vieilles dettes se payeroient, et l'on auroit du crédit pour en faire de nouvelles. L'on peut objecter qu'il n'y a qu'une certaine quantité de matières dans le royaume qu'il faut de nécessité que les propriétaires apportent aux Monnoies, et que si l'on donne la moitié du bénéfice pour payer les anciennes dettes, que le Roi se prive d'un secours présent dont il a grand besoin. En répondant à cette objection, je m'aperçois que j'ai omis ci-dessus de dire que je croirois qu'en permettant de porter aux Monnoies des matières, je ne voudrois point astreindre ceux qui les y porteroient à les faire venir du dehors. Quand il n'y en aura plus dans le royaume, ils les feront venir de dehors; il suffira d'examiner aux Monnoies si les matières qu'ils apporteront seront de la qualité qu'elles doivent y être reçues suivant les règlements, afin qu'on n'y apporte pas les écus fondus. Cela supposé, je crois que vous êtes assez informé qu'on ne porte aux Monnoies, même de ce qui vient de la mer du Sud sur nos vaisseaux, que ce qu'on ne peut absolument détourner, et qu'il y a une très grande quantité de ces matières qui sont enfouies en terre. L'on croit sortir tout ce qui est caché par le bénéfice qu'on y trouveroit; celui qui veut être payé achèteroit les matières plus chères qu'on ne lui payeroit aux Monnoies, dans la seule vue de son payement, et ceux qui les tiennent fermées, trouvant à les bien vendre et argent comptant, sans billets de monnoie, profiteroient de cette occasion, et je ne doute pas qu'incessamment l'on ne travaillât dans plusieurs Monnoies qui sont présentement fermées. Cela donneroit un mouvement et une circulation à l'argent, qui donneroit beaucoup de facilité. Vous ne pouvez espérer de voir sortir ces matières cachées d'une autre manière; ainsi, le Roi n'en profitera point. Une seule chose me fait de la peine, c'est la quantité de pièces de 10 sols et 20 sols que cela mettra dans le public, dont on sentira le mal affreusement quelque jour; mais, comme il me paroît qu'on a pris le parti de songer seulement au temps présent, je ne crois pas que rien fût plus convenable pour donner du crédit et faire circuler l'argent, que de procurer par cette voie le payement de ceux à qui il est dû. Je crois au moins que cette affaire mérite d'être fort examinée**.»

* Saladin avait obtenu la faculté de faire convertir soixante mille marcs d'écus d'Allemagne ou de Hollande, de patagons, ducatons, etc., en pièces de 20 sols, et d'en prendre tout le bénéfice pour remboursement de ce qui lui était dû. Après avoir excepté de cette convention les piastres, barres et matières venant des Indes, on avait consenti à recevoir une moitié des soixante mille marcs en matières espagnoles. (Lettres du 22 décembre 1707 et des 4 et 15 janvier 1708, à MM. de Saint-Maurice et Trudaine.) Saladin prétendant encore faire accepter des barres ou saumons qui pouvaient provenir d'une fonte d'écus, la réception fut suspendue jusqu'à nouvel ordre. (Lettres du 28 janvier et du 8 février 1708.)

** Un traité pareil fut conclu avec le sieur de Tressoigne, de Namur, pour procurer des espèces au coin étranger, avec affectation du bénéfice de la conversion au remboursement de fournitures faites pour l'armée du duc de Bavière. (Lettre du contrôleur général à M. de Bagnols, 25 janvier 1708.)

1379. *M. de Bernage, intendant en Franche-Comté,*
au Contrôleur général.

27 Janvier 1708.

Il propose d'étendre à la térébenthine fabriquée dans le canton de Vaud l'exemption de droits dont les Suisses prétendent jouir pour tous les produits de leur cru, et qui paraît être actuellement restreinte au cuivre, à l'étain, au fil de fer, au fil de laiton, aux merceries, aux fromages et aux toiles blanches, treillis et boucassins.

1380. *M. de Bâville, intendant en Languedoc,*
au Contrôleur général.

28 Janvier 1708.

Les impositions ordinaires de la province, pour 1707, montaient à 7,043,061#; elles se sont augmentées de 374,552# pour l'année 1708, et, avec les impositions extraordinaires, dont le montant s'élève à 3,720,000#, elles forment un total de 11,137,613#. En outre, on doit emprunter 800,000# pour le rachat des offices de receveurs des octrois et de contrôleurs des tailles. Les dettes de la province et celles des diocèses et villes montent à 28,000,000#.

«Il n'est rien dû au Roi de tout ce qui a dû être payé, le trésorier de la Bourse en ayant fait les avances; mais les peuples redoivent encore sur la taille 1,400,000#, et pour la capitation 1,769,398#, sans y comprendre le terme qui échera au 1er du mois prochain. On n'oublie rien de tout ce qu'on peut faire pour faire payer ces arrérages, soit par la voie ordinaire ou par les troupes, que l'on envoie néanmoins en très petit nombre et dans des diocèses les plus difficiles. Quant à la voie ordinaire, qui est celle des receveurs, j'ai fait connoître aux États leur lenteur dans les recouvrements, dont la véritable cause vient de ce que le trésorier de la Bourse prétend n'être obligé à rien et ne les presse pas assez vivement, et que d'ailleurs ils n'avoient que 2 deniers pour la capitation, dont ils prétendoient n'être pas responsables, comme de la taille. Les États ont pris une délibération pour leur en donner 6 deniers, en les obligeant de faire livre net, et d'être contraints par toutes sortes de rigueurs à faire le recouvrement. Cette délibération vous sera envoyée incessamment, et pourra faire un bon effet à l'avenir.»

1381. *M. de Saint-Macary, intendant en Béarn,*
au Contrôleur général.

28 Janvier 1708.

«Il est certain que, dans la ville de Pau, non plus que dans les provinces de Béarn et de Navarre, il n'y a ni maîtrise ni jurande, et qu'il est permis à toute sorte de personnes de faire négoce de toute sorte de marchandises; mais il est vrai aussi que, si, sous ce prétexte, la répartition de la finance qui doit être payée pour la suppression des offices d'inspecteurs des manufactures se fait sur tous les marchands et négociants, elle causera plus de retardement pour lever ce qui reste être dû, que toute la somme n'en a encore causé, et par les oppositions de ceux qui ne sont pas dans le cas de l'édit, et parce que ceux qui ont déjà payé voudront demander leur indemnité contre ceux qui étoient dans le même cas lorsqu'ils ont fait le payement; au lieu que, ne s'agissant plus que de faire payer Pau et Nay, très obstinés pour ne suivre pas l'exemple des autres, eux qui auroient dû donner l'exemple, tout étoit fini, s'ils avoient bien voulu se soumettre. Et d'ailleurs leur contingent n'est pas excessif, par la répartition qui a été faite sur les tisserands; et d'ailleurs leur cause me paroît bien odieuse, parce qu'étant chargés de toute la somme, vous leur donnâtes pour aides Nay et Oloron, et, non content de ce secours, vous m'ordonnâtes d'en faire la répartition sur toute la province, et même sur la Navarre; et, lorsque presque tout le monde a payé à la réserve de Pau et Nay, ces derniers se récrient et, ménageant le terrain, veulent qu'on étende la répartition sur tous les négociants, de quelque ordre qu'ils puissent être, pour gagner du temps et incidenter : ce qui ne leur est pas difficile, parce que je comprends que le préposé du traitant s'accommode de leurs propositions. Néanmoins, si vous persistez, après la remontrance que j'ai l'honneur de vous faire, dans votre sentiment, et qu'il faille se conformer, ne s'agissant que de 1,200 ᵗᵗ, à l'ordre que M. de la Bourdonnaye a jugé à propos de suivre à Bordeaux, je n'ai aucune peine de m'y soumettre, pourvu qu'en d'autres occasions ils soient plus sages qu'ils n'ont été jusqu'à présent, et qu'ils ne prennent occasion en celle-ci de devenir plus rebelles en d'autres, s'imaginant qu'il ne faut qu'incidenter pour venir à bout de leurs mauvais desseins; et si personne doit être soulagé, c'est la ville de Nay, dont le contingent est de 1,500 ᵗᵗ, dans le temps que Pau auroit dû en payer le double*. »

* A Amiens, M. Bignon obtint pour les marchands en gros qui achetaient les étoffes de la fabrication de cette ville, et qui n'étaient pas incorporés, l'autorisation de former une communauté distincte de celle des drapiers, des merciers secs et des épiciers, et d'emprunter en corps le montant des taxes qu'on leur réclamait pour la suppression des contrôleurs des poids et mesures et des inspecteurs des manufactures. (Lettres des 6 et 22 février.)

1382. *M. Phélypeaux, intendant à Paris,*
au Contrôleur général.

30 Janvier 1708.

Condamnation d'une bande de faux-sauniers arrêtés pour vente de sel à Meudon.

1383. *M. Rouxault, intendant en Hainaut,*
au Contrôleur général.

(De Maubeuge) 30 Janvier 1708.

« . . . . . On ne peut être plus incommodé qu'on l'est ici quant au service des messageries et de la poste aux lettres. Il arrive six fois la semaine des lettres de Paris, trois jours par Avesnes et trois par Valenciennes. Le courrier de Paris qui passe à Avesnes va par Philippeville à Namur; celui de Valenciennes va à Lille. Nous ne nous plaignons point de ce que ces courriers ne passent pas par Maubeuge, puisque cette place ne se trouve pas sur la route; mais, pour aller prendre les lettres à Avesnes et à Valenciennes, nous nous plaignons de ce que ce sont de petits garçons que l'on envoie à pied porter les paquets, que ces paquets arrivent très irrégulièrement, et presque toujours mouillés, de manière qu'on est quelquefois embarrassé à reconnoître les caractères. Je ne puis m'empêcher de dire que le produit des lettres à Maubeuge vaut certainement bien que les fermiers veuillent donner des chevaux à leurs postillons. C'est ma première représentation. Il y a d'autant plus de justice de le demander à Maubeuge, que la lettre simple, qui est taxée à 5 sols à Avesnes, Landrecies et le Quesnoy, à une demi-journée d'ici, est taxée à Maubeuge à 6 patars, qui font 7 sols 6 deniers, et à 7 sols de France pour le retour de Maubeuge à Paris. Cet excès de taxe pour les lettres de Maubeuge fait un sujet de plainte particulier; mais, comme l'abus est commun à plusieurs villes de la Flandre, c'est une représentation à remettre à un autre temps; mais, par provision, le moins est que, ces lettres étant payées un tiers plus que naturellement elles ne doivent l'être, elles soient rendues à temps et en leur entier.

« Ma seconde représentation regarde Charlemont, et Givet principalement. Cette place est située sur la Meuse; presque tout son commerce est en Champagne. Pendant que le Roi a occupé Namur et Dinant, il y avoit des courriers réglés de Mézières à Namur et Dinant, passant par Philippeville; Givet et Charlemont profitoient de ce commerce. Ces courriers ont été retranchés, et, présentement, depuis le nouveau bail, toutes les lettres passant par Paris, il faut trois semaines pour avoir à Givet des nouvelles de Mézières, où il n'y a que dix lieues. Il arrive de là un inconvénient infini au commerce; mais il est même grand pour la ferme de la poste, en ce qu'on ne se sert point du tout de la poste pour commercer de Givet à Mézières, mais des particuliers qui vont et viennent, et particulièrement des bateliers de Meuse qui montent et descendent; mais, pour peu qu'une affaire presse, il faut envoyer des exprès. M. Dufay, directeur des fortifications de Givet, qui a aussi Mézières et Rocroy dans son département, est obligé de le faire très souvent. Je suis pressé, depuis deux ans, d'avoir l'honneur de vous proposer de rétablir cette correspondance; mais, comme je ne sais point précisément quel seroit l'avantage ou la perte des fermiers en faisant cet établissement, j'ai l'honneur de vous envoyer un projet de traité fait avec un homme de Givet, auquel j'ai engagé le Magistrat de cette ville de donner quelques appointements pour faire ce service, quoiqu'il dût être entièrement à la charge des fermiers. Sans vous présenter ce projet comme une chose que l'on doive tout à fait suivre, la grâce que j'ai à vous demander est que vous veuillez, en le communiquant aux fermiers, leur dire que votre intention est qu'ils fassent l'établissement. Il nous sera ensuite facile de nous concilier sur les conditions.

« A ces deux observations, j'en joindrai, avec votre permission, une troisième; c'est la seule qui regarde la messagerie. Il y a un carrosse de Paris à Valenciennes; ce même carrosse va jusqu'à Bruxelles. Il y a de Valenciennes à Maubeuge sept lieues. Comme nous sommes traités en villages pour les lettres par des postillons à pied, nous le sommes aussi pour la messagerie ou le carrosse : c'est une charrette ou un chariot qui va et vient deux fois la semaine de Valenciennes à Maubeuge, et de Maubeuge à Valenciennes. C'est un roulier de Valenciennes qui est abonné avec le fermier du carrosse de Paris à Valenciennes. Ce roulier a sa maison à Valenciennes, et va à l'arrivée du carrosse de Paris : il prend les ballots destinés pour Maubeuge et le département; il charge ces ballots sur sa charrette, et les conduit ou les doit conduire à Maubeuge, où ce même courrier les doit remettre à leur adresse; mais, comme ce roulier est un étranger, dont le marché n'est que de remettre de Valenciennes à Maubeuge et de Maubeuge à Valenciennes, y ayant deux prix pour tous les ballots (l'un pour la voiture de Paris à Valenciennes, cela regarde les fermiers et les directeurs de ces deux places; l'autre pour la voiture de Valenciennes à Maubeuge, ce qui regarde le roulier et sa convention avec le fermier), il arrive un inconvénient, qui est que, d'un côté, le fermier ne voulant point relâcher les ballots sans être payé du port à Valenciennes et ne voulant pas s'en fier au roulier, qui peut-être lui en a rendu mauvais compte, et le roulier, d'un autre côté, ne voulant ni faire les avances au fermier du prix des voitures à Valenciennes, ni être le facteur des fermiers du carrosse sans appointements, les ballots restent régulièrement tous les ordinaires au bureau de Valenciennes jusqu'à ce qu'on ait eu avis à Maubeuge qu'ils sont arrivés à Valenciennes, et qu'on ait donné ordre d'y payer le port; et cette mauvaise régie est poussée si loin, que les fermiers font dire hautement à tous ceux qui attendent des ballots ou marchandises par la voie du carrosse, que les ballots ne sortiront point de Valenciennes, si on n'a soin de les faire retirer et d'y faire payer le port. Cet inconvénient n'est pas le seul; il y en a un autre. Sous prétexte des deux prix pour un même ballot de Paris à Maubeuge, la taxe est arbitraire. Tout le monde s'en plaint, et, comme il n'y a personne à Maubeuge qui y puisse répondre pour les fermiers, que le roulier ne prend point de part à la voiture de Paris à Valenciennes (étant étranger lui-même et demeurant à Valenciennes, il est hors de prise dans ce département), on voit le désordre et on le souffre sans y pouvoir apporter de remède. J'ai éprouvé moi-même l'un et l'autre de ces inconvénients, et, quoique je n'aie point à me plaindre des fermiers, qui en ont usé toujours très honnêtement avec moi, l'abus général a produit un malentendu à mon égard, qui a fait que, plusieurs fois, des ballots à mon adresse sont demeurés six semaines et deux mois à Valenciennes, parce que je n'avois pas eu avis exactement du départ des ballots. On s'est plaint aussi que, par un pareil malentendu, on m'avoit, à moi-même, fait payer quelques ballots infiniment au-dessus de ce que, par leur poids ou par leur voiture, ils devoient payer.

«Le remède à ces inconvénients est très prompt. Il consiste à ce que vous ayez la bonté de défendre au fermier du carrosse d'affermer la messagerie de Maubeuge à Valenciennes. Il faut qu'il n'y ait qu'un prix et qu'une voiture de Paris à Maubeuge, que les fermiers aient un commis et des voitures dans cette place, et que le directeur de Valenciennes n'ait d'autre mission que de mettre à part ce qui est destiné pour le département de Maubeuge, et qu'il le fasse charger sur telle voiture qu'il jugera à propos pour l'adresser au commis de Maubeuge, qui lui adressera pareillement ce qui en partira pour Valenciennes. Lorsqu'il n'y aura rien à payer à Valenciennes, et qu'il y aura un commis à Maubeuge qui répondra aux plaintes des particuliers, on sera sûr que ces ballots ne resteront plus à Valenciennes, et que l'on observera aussi plus de règle dans la taxe des voitures.»

1384. *M. Boisot, premier président du Parlement de Besançon,*
au Contrôleur général.

5 Février 1708.

«Depuis la lettre que j'eus l'honneur de vous écrire le 10 du mois passé sur la mauvaise conduite du sieur Caillet, avocat général en ce Parlement, il est arrivé que, loin de se corriger, quoique bien averti des plaintes qu'on fait de lui, il se prit de vin le jour de Notre-Dame dernière, si fort, qu'ayant perdu connoissance de ce qu'il faisoit, il se mit de plein jour dans une chaise à porteurs non à lui, où, étant mort-ivre, il fut porté dans le jardin et versé sur des paillassons, avec la risée de plus de vingt porteurs ou laquais. On dit que, le matin de ce même jour, il signa une convention avec M. le comte de Boissieux pour la vente de la charge d'aide de camp de M. le maréchal de Villars, pour 8,000 #, et lui assigna l'intérêt de cette somme, jusqu'au payement, sur les gages de l'office d'avocat général. Un officier si peu sensé et si scandaleux doit être interdit des fonctions de son office, parce qu'il déshonore la Compagnie dans laquelle il a eu l'honneur d'entrer. Aussi, elle a prié M. le procureur général et moi d'y faire pourvoir, en faisant informer et décréter contre ledit sieur Caillet. Mais, parce qu'il est homme du Roi, et que ce nom mérite des considérations particulières, qu'il est acquéreur d'une nouvelle charge, au payement de laquelle il n'a encore satisfait, et que M. le procureur général et moi avons déjà eu l'honneur de vous écrire sur la conduite de cet officier sans avoir eu votre réponse, nous sommes convenus de vous écrire de nouveau auparavant que d'acquiescer à ce que la Compagnie désire de nous, afin que, si vous désirez pourvoir à l'éloignement de cet officier par une autre voie que celle de l'interdiction, il vous plaise nous faire savoir vos volontés.»

1385. *M. de Courson, intendant à Rouen,*
au Contrôleur général.

6 Février 1708.

Il envoie un extrait des titres du droit de jauge d'Arques, qu'on propose de céder au contrôleur général, et fait observer qu'il serait peut-être imprudent de rétablir une perception négligée depuis longtemps*.

* En marge : «Je le remercie des soins qu'il s'est donnés et des éclaircissements qu'il m'a envoyés. Je serois bien fâché de le priver d'un droit qui pût donner lieu à fatiguer les voisins de Cany; rien n'est plus éloigné de mon caractère. Je me contenterai de leur témoigner par beaucoup d'honnêteté que je suis sensible aux offres qu'ils m'ont faites.»

1386. *M. de Courson, intendant à Rouen,*
au Contrôleur général.

7 Février 1708.

État du recouvrement des impositions de l'année 1707.

1387. *M. Desmaretz, directeur des finances,*
aux sieurs Peclavé, Michel de la Brosse et Révillon.

8 Février 1708.

Établissement d'un contrôleur à chaque caisse des affaires extraordinaires pour surveiller les négociations des caissiers.

Ordre d'envoyer un état de tous les traités, des affaires finies, de celles qui sont en cours d'exécution, de la manière dont les intéressés ont fait les avances ou les payements, des effets qu'ils peuvent avoir donnés en payement faute de fonds, etc.

1388. *M. Ferrand, intendant en Bretagne,*
au Contrôleur général.

19 Février 1708.

Il envoie son avis approbatif sur la proposition d'établir une pêcherie auprès de Saint-Servan, au lieu dit *le Creux-de-la-Chambre.*

APPENDICE.

I.

PARTAGE DES ATTRIBUTIONS DU COMMERCE ET DES MANUFACTURES ENTRE LE SECRÉTAIRE D'ÉTAT DE LA MARINE ET LE CONTRÔLEUR GÉNÉRAL DES FINANCES.

Projet de règlement.

Mai 1699.

L'inspection du commerce du dedans du royaume, de celui de la marine et des manufactures a été unie dans la personne de feu M. Colbert, qui étoit en même temps secrétaire d'État, contrôleur général des finances. Elle a été séparée par sa mort, le commerce du dedans et les manufactures étant échus à M. de Louvois, et celui du dehors à M. de Seignelay; elle s'est depuis réunie entre les mains de Messeigneurs[1], le Roi ayant joint au contrôleur général les manufactures. Comme S. M. a, en même temps, marqué que son intention est que le commerce y demeure toujours uni, il paroîtroit [bon], pour éviter toute discussion à l'avenir, de l'engager à rendre un règlement par lequel, se conformant aux différentes espèces du commerce, elle attribuât le détail à ceux qui peuvent le mieux y exécuter ses ordres et la servir.

Celui du dedans du royaume n'ayant d'incidents que par rapport au droit des fermes, soit de la part des marchands, soit par relation à l'État, qui demande souvent qu'on en impose ou qu'on en ôte suivant les conjonctures, est plus naturellement entre les mains du contrôleur général qu'en celles d'aucun autre.

Mais, à l'égard du commerce maritime, qui consiste presque entièrement en police et administration, tels que ceux des Iles, du Canada, du Levant, et les pêches, il semble que, quelque application qu'y donnât le contrôleur général, il ne peut y servir aussi utilement que le secrétaire d'État ayant le département de la marine, dont le détail le met à portée d'y avoir toujours, par lui-même et sans passer par d'autres mains, toutes les correspondances nécessaires, de faire fournir les es-

[1] MM. de Pontchartrain père et fils, l'un contrôleur général et secrétaire d'État de la marine, l'autre survivancier de cette dernière charge.

cortes dont on a besoin et de les régler par rapport aux projets du Roi dans les temps de guerre, et de pourvoir les colonies des munitions qu'il leur faut. Sa Majesté a si bien reconnu la nécessité d'unir ces deux détails, que, celui du commerce maritime et étranger étant entre les mains de M. de Lionne, elle l'en retira, en 1667, pour le joindre au département de la marine, au rétablissement de laquelle elle avoit chargé M. Colbert de travailler; et on voit, par le règlement qui fut fait alors, dont la copie est ci-jointe, qu'ayant prié le Roi de remettre ce soin à M. de Lionne, S. M. lui ordonne de le continuer, et qu'entre toutes les fonctions qui y sont bien expliquées, il est fait un détail particulier de tout ce qui regarde le commerce maritime et les correspondances avec les consuls. Elle jugea même de son service, en 1669, lorsqu'elle eut pourvu M. Colbert de la charge de secrétaire d'État, de retirer la signature des expéditions, qui étoit uniquement restée à M. de Lionne, et de lui donner 100,000# pour l'en récompenser.

Feu M. de Seignelay avoit l'inspection des manufactures de toiles et de draps destinés pour Cadix et pour le Levant: il seroit à désirer que le Roi se déterminât à la laisser attachée au département de la marine, parce que personne ne peut mieux et plus sûrement obliger les fabricants à en maintenir la qualité que celui qui est informé à tous moments des défauts qu'on y observe et des moyens dont on se sert pour les couvrir, ou de la négligence de ceux qui sont chargés du soin de les empêcher.

À M. le Secrétaire d'État :

Le commerce du Levant, les Échelles, consulats, la Chambre de Marseille, le *cottimo*, l'inspection à Marseille sur les marchandises qui s'envoient en Levant, la côte d'Afrique, Alger, Maroc, Tunis, sûreté de la mer Méditerranée contre les corsaires, rachat d'esclaves, tout ce qui concerne la justice, la police et le commerce des colonies de l'Amérique et des Îles;

Les compagnies des Indes orientales, Sénégal, Guinée, et autres qui font commerce par mer;

Toutes les entreprises de navigation;

Le commerce de Cadix, les relations concernant la flotte et les galions d'Espagne et les retours qui en viennent;

Le commerce du Nord et de tout ce qu'on en tire, comme presque généralement destiné pour l'usage de la marine;

Les compagnies des assurances;

Les passeports par mer;

Les ordres pour les escortes par mer et pour la sûreté des côtes;

L'ouverture et fermeture des ports;

Les pêches de baleine, morues, hareng, et autres de mer.

Communication respective dans les choses où il y aura concours de fonctions;

Nécessité d'un Conseil de commerce devant le Roi, qui semble ne devoir être autre que celui de MM. les Ministres, où M. le secrétaire d'État entrera;

Conseils particuliers de commerce en sept ou huit villes du royaume: Rouen, Saint-Malo, la Rochelle, Bordeaux, Bayonne, Lyon, etc., et un à Paris, auquel seront envoyés les dépêches et mémoires qui viendront de ces villes et autres du royaume, sur le fait du commerce, pour y être les affaires discutées et examinées, et donné avis sous la direction de M. le Contrôleur général.

À M. le Contrôleur général :

La direction générale du commerce, tant au dehors qu'au dedans du royaume;

Celle des manufactures du royaume;

Tout ce qui regarde le règlement, augmentation, diminution, décharge et exemption des droits d'entrée, de sortie ou de passage du royaume, même de ceux qui dépendent de la ferme d'Occident;

La direction des Monnoies et des matières venues des pays étrangers;

Les mines et minières du royaume;

Les blés et autres récoltes du royaume;

Prohibitions et exclusions générales de certaines marchandises;

Fixations d'entrées à certains ports et passages.

(Bibliothèque nationale, mss. Joly de Fleury, vol. 1721, f°s 181-184.)

Lettre de M. Daguesseau père à M. de Pontchartrain, contrôleur général des finances et secrétaire d'État de la marine.

20 Mai 1699.

J'ai lu et relu, Monsieur, le mémoire qu'il vous a plu de m'envoyer sur le règlement des fonctions du contrôleur général des finances et du secrétaire d'État ayant le département de la marine, par rapport au commerce et aux manufactures.

Non nostrum inter vos tantas componere lites;

Mais, puisque vous voulez que je m'explique sur cela, j'aurai l'honneur de vous dire, après y avoir fait toutes les réflexions que mérite l'importance de la matière, que je n'y trouve qu'un seul parti bon à prendre : c'est de rétablir l'exécution du règlement de 1669 en son entier et sans y rien changer.

Le partage des fonctions me paroît impossible. Comment distinguera-t-on les manufactures destinées pour le Levant, l'Espagne et autres pays étrangers, d'avec celles qui se consomment dans le royaume? Ce sont les mêmes ouvriers qui travaillent aux unes et aux autres; seront-ils soumis à différentes inspections et à différents ordres? On exigera d'un côté une chose d'eux, et de l'autre on les assujettira quelquefois à une autre tout opposée. Ce seroit un moyen sûr pour ruiner les fabriques. Comment séparera-t-on la réception des castors au Canada d'avec la fabrique des chapeaux de cette espèce en France? Et ainsi de toutes les autres choses. D'ailleurs, ce partage seroit une source de divisions et une matière de contestations perpétuelles entre le secrétaire d'État et le contrôleur général, qui fatigueroit le Roi, et dont le commerce souffriroit par un contre-coup inévitable.

Il est nécessaire, pour le bien du commerce, qu'il soit conduit par un seul et même esprit; c'est un principe dont personne ne peut douter, et qui n'a besoin d'être prouvé. Or, dès qu'il faut le réduire dans une seule main, il y a tant de fonctions attachées inséparablement à la charge de secrétaire d'État, qu'on ne peut se dispenser d'y réunir le peu qui en reste d'indifférentes, c'est-à-dire de celles qui peuvent être attribuées également au secrétaire d'État ou au contrôleur général, comme peuvent être les manufactures. Elles tiennent au premier par l'endroit le plus important, qui est celui du débit dans les pays étrangers, et elles ne tiennent au dernier par rien, pas même par la consommation du royaume; car qu'est-ce que cette consommation a de commun avec les finances? Le surintendant des arts et des manufactures auroit bien plus de droit d'y prétendre; mais il ne s'agit pas ici de lui. La seule fonction qui appartient de droit au contrôleur général des finances, et qui est inséparable de sa charge, est la connoissance des droits sur les marchandises et les ordres pour la régie des fermes de ces droits. Il faut nécessairement que le secrétaire d'État compte avec lui sur cela. Ainsi, lorsqu'il y aura quelque chose à régler sur le commerce par rapport aux droits, je croirois qu'il faudroit que le secrétaire d'État en communiquât les propositions, mémoires et projets à M. le contrôleur général, pour y être ensuite pourvu par le Roi.

Il ne me reste, Monsieur, qu'à dire un mot du Conseil tel qu'il est proposé dans le mémoire. Le plan de ce Conseil est très bon, suivant l'état présent; mais cet état peut changer, et alors ce Conseil se trouvera composé de manière que le contrôleur général y sera toujours le plus fort : ce qui ne conviendra ni au secrétaire d'État, ni peut-être au bien du commerce.

J'estime donc qu'il vaudroit mieux porter ces matières au Conseil d'État; elles y ont un grand rapport, et sont en quelque sorte liées avec les affaires étrangères; ou, si on veut un Conseil particulier, il conviendroit, ce me semble, d'y appeler plutôt quelques-uns de Messieurs les ministres, que ceux qui servent dans les finances.

Je ne sais si M. le contrôleur général me pardonnera la liberté que je prends de décider si hardiment contre ses intérêts; mais j'espère que M. le secrétaire d'État fera ma paix avec lui.

Je suis avec respect, Monsieur, votre très humble et très obéissant serviteur.

DAGUESSEAU.

(Bibliothèque nationale, mss. Joly de Fleury, vol. 1721, f°s 141-143.)

Mémoire au Roi, par M. DE PONTCHARTRAIN père.

Je sais trop quelle a toujours été la répugnance de Votre Majesté à tous les différends qui surviennent entre ceux qui ont l'honneur d'exécuter ses ordres, pour oser prendre la liberté de lui demander aujourd'hui de vouloir bien prévenir par un nouveau règlement les difficultés qui pourroient arriver dans la suite sur les fonctions de la charge dont elle m'a honoré. Comblé de vos grâces, Sire, et n'ayant jamais eu en vue que la gloire d'obéir à Votre Majesté, de la servir et de lui plaire, mon unique ambition sera toujours de remplir avec tout le zèle et toute la fidélité dont je suis capable les fonctions qu'elle m'aura prescrites, sans m'avancer même à lui faire mes très humbles remontrances pour la conservation de celles qui sont annexées depuis longtemps au secrétaire d'État de la marine, lorsque je pourrai prévoir que l'intention de Votre Majesté est de les en distraire. Cette profonde soumission que je dois à Votre Majesté et mon respect inviolable pour ses ordres ne m'auroient jamais permis de lui parler de l'inspection sur le commerce de son royaume, si elle n'avoit eu la bonté de me dire qu'elle désiroit que je travaillasse à examiner quelles ont été jusqu'ici les fonctions du secrétaire d'État de la marine à l'égard du commerce et ce qui convient le mieux au bien de votre service, ou de confier ce soin au secrétaire d'État, ou d'en charger le contrôleur général des finances. C'est donc en exécution de vos ordres, Sire, que je crois devoir commencer par rappeler à Votre Majesté les règlements qu'elle a jugé à propos de faire touchant l'inspection générale du commerce, puisque les mêmes principes sur lesquels elle décida alors, subsistent encore aujourd'hui.

Lorsque Votre Majesté donna, en 1669, à feu M. Colbert, la charge de secrétaire d'État dont elle m'a depuis honoré, elle fit en même temps un règlement par lequel, après avoir considéré la connexité du commerce avec la marine et les grands avantages que son service et celui du public recevroient, si ces deux emplois étoient confiés à une même personne, elle estime à propos de mettre dans le département de la charge de secrétaire d'État dudit sieur Colbert le commerce avec la marine; que, pour cet effet, ledit sieur Colbert aura dans son département la marine en toutes les provinces du royaume, sans exception, et les compagnies des Indes orientales et occidentales et les pays de leurs concessions; le commerce, tant dedans que dehors le royaume, et tout ce qui en dépend; les consulats de la nation française dans les pays étrangers, les manufactures et les haras, en quelque province du royaume qu'ils soient établis, etc.

Après la mort du feu M. Colbert, Votre Majesté jugea à propos de séparer l'inspection générale du commerce. M. de Louvois eut celle du commerce intérieur, des haras et des manufactures du royaume, et l'inspection du commerce du dehors fut commise à M. de Seignelay. Votre Majesté m'ayant honoré du Contrôle général de ses finances, et, peu de temps après, de la charge de secrétaire d'État que possédoit M. de Seignelay, elle a eu la bonté de réunir et de confier à moi seul l'inspection générale du commerce, de même qu'elle avoit fait en faveur de M. Colbert; mais Votre Majesté m'expliqua en même temps qu'elle joignoit cette inspection au contrôleur général de ses finances, et non à la charge de secrétaire d'État.

Cette seule explication, Sire, étoit plus que suffisante pour me faire garder le silence, et je ne l'interromps aujourd'hui que sur la permission que Votre Majesté m'a donnée depuis de lui représenter ce qui me paroît le plus convenable pour son service par rapport au commerce, suivant ce que mes foibles lumières et le peu d'expérience que j'ai acquise pourroient me suggérer.

Comme Votre Majesté voit tout par elle-même, et que rien n'échappe à sa profonde pénétration, personne ne peut mieux discerner que vous, Sire, ce qui peut nuire ou servir au bien de votre État. Ainsi, lorsque, par votre règlement du 7 mars 1669, vous ne voulûtes charger qu'un seul de vos ministres de l'inspection générale du commerce, vous jugeâtes que cette partie, que vous regardiez avec raison comme une des plus essentielles de votre État, devoit être conduite sous vos ordres par un seul et même esprit, qui pût achever d'y donner la forme nécessaire et exécuter les grands desseins que vous aviez conçus pour rendre le commerce de votre royaume le plus florissant de toute l'Europe. Quoiqu'il ne reste plus aujourd'hui qu'à suivre les règlements que vous avez faits et à s'attacher avec soin aux principes que vous avez si sagement établis pour l'élever à ce haut degré de perfection, je suis persuadé, Sire, qu'il sera toujours plus facile de bien concilier ensemble toutes les parties différentes dont le commerce est composé, lorsque Votre Majesté en confiera le soin à celui de ses ministres qu'elle jugera le plus en état d'exécuter ses intentions, et il paroît que le secrétaire d'État qui est chargé du détail de la marine est plus à portée qu'un autre de conduire le commerce, quoiqu'il y ait à la vérité plusieurs parties qui semblent convenir naturellement au contrôleur général des finances.

Pour rendre la chose plus sensible à Votre Majesté, elle me permettra de lui représenter quelle est la distinction que l'on a toujours voulu faire du commerce intérieur du royaume d'avec celui du dehors, et de lui faire voir que ces deux parties, quoique détachées, conservent néanmoins entre elles une espèce de liaison.

Le commerce intérieur du royaume consiste dans le soutien et dans l'augmentation des manufactures, dans la consommation et le débit des marchandises qui en proviennent et de celles que le royaume produit. La première attention de celui qui en est chargé doit être de régler à propos et suivant les différentes conjonctures les droits qui sont établis sur chacune de ces marchandises, non seulement par rapport au bien général de l'État, qui demande souvent qu'on les augmente ou qu'on les diminue, mais aussi par rapport à l'intérêt commun des négociants dont les provinces du royaume sont remplies, en sorte qu'il y ait toujours une juste égalité observée. Il doit aussi reconnoître à fond le commerce des autres États, pour établir et conserver la France créancière de l'étranger, ou du moins la mettre en état de faire le commerce en concurrence avec eux.

On ne peut nier que ces fonctions regardent le contrôleur général, surtout pour ce qui concerne le règlement des droits. Cependant on pourroit objecter que, outre la difficulté qu'il y a qu'un contrôleur général chargé d'un aussi grand détail que celui des finances puisse partager les obligations d'un si pénible [emploi] avec tous les soins qu'exige le commerce, il paroît d'ailleurs que l'intérêt des finances et celui du commerce sont entièrement opposés, et l'un et l'autre assez considérables par eux-mêmes pour avoir chacun leur protecteur. Ainsi, il seroit à souhaiter que, de même que le fermier est sous la protection du contrôleur général contre le marchand, celui-ci pût avoir de son côté un appui contre le fermier.

Si ces raisons et plusieurs autres qui seroient trop longues à détailler, quoiqu'elles ne soient pas moins essentielles, peuvent paroître assez fortes pour faire douter si le commerce intérieur doit être confié au contrôleur général, je suis persuadé que Votre Majesté, pour peu qu'elle veuille bien faire attention à toutes les différentes parties qui composent celui du dehors, jugera qu'il ne peut jamais convenir au contrôleur général, et qu'il n'y a que le secrétaire d'État de la marine qui puisse le bien conduire, puisque sa charge le met à portée d'entretenir les correspondances nécessaires, d'ordonner tout par lui-même, sans être obligé de passer par d'autres mains, de donner les escortes nécessaires aux vaisseaux marchands et de les régler dans les temps de guerre par rapport aux projets de Votre Majesté, et de pourvoir les colonies de toutes les provisions et munitions dont elles ont besoin pour leur subsistance et pour l'augmentation de leurs établissements.

Votre Majesté sera encore mieux convaincue de cette vérité, si elle veut bien me permettre de parcourir en peu de mots les principales parties dont le commerce du dehors est composé.

Celui qui se fait en Levant est entièrement libre et n'a d'autre principe que les règles générales établies pour tout le royaume et qui déterminent les espèces de marchandises qui n'y doivent point avoir de consommation ni de débit. Comme celles de France ne sont pas en assez grand nombre pour fournir tous les ports de Levant, on a restreint le commerce aux endroits les plus considérables. La Nation y fait un corps et a un consul à sa tête dans chaque port. Ce consul exerce sur les marchands une juridiction prescrite par les anciennes ordonnances, et, en dernier lieu, par celle de la marine de 1687. La correspondance qu'il est obligé d'entretenir avec lui roule sur le maintien de la paix et de l'union entre les marchands, sur l'exécution des règlements faits pour la police et pour la navigation des bâtiments françois, sur l'attention que l'on doit avoir pour prévenir les abus que l'on pourroit faire du pavillon, et sur les précautions nécessaires pour conserver les privilèges acquis à la Nation et pour empêcher les vexations et les avanies qu'excitent souvent les officiers du Grand Seigneur.

Il est évident que tous ces détails regardent uniquement les fonctions du secrétaire d'État de la marine. C'est lui qui s'adresse à l'ambassadeur pour tout ce qui se passe dans Constantinople par rapport au commerce, et principalement lorsqu'il est nécessaire de parler aux ministres de la Porte sur les incidents qui arrivent. Il se sert aussi de la Chambre du commerce de Marseille, par la relation qu'elle a avec les députés qu'elle tient dans les Échelles et qui y sont chargés d'exiger les droits du *cottimo* et du tonnelage. C'est par l'entremise de cette Chambre qu'il maintient l'union des marchands, qu'il ordonne le payement des appointements des consuls et des autres dépenses ordinaires de la Nation, et qu'il règle le compte des deniers qui s'y lèvent pour les dépenses extraordinaires et imprévues; et enfin, lorsqu'il est question de pourvoir aux consulats, il lui demande son avis sur les qualités de ceux qui se présentent pour les remplir. J'ajouterai encore, touchant le commerce de Levant, que le point le plus essentiel pour le maintenir est d'obliger les corsaires de Barbarie à observer exactement la paix qu'il a plu à Votre Majesté de leur donner, afin que la navigation des vaisseaux françois soit entièrement libre, et que les étrangers, profitant de cette liberté, puissent se servir de nos bâtiments pour les transports de leurs marchandises. Votre Majesté sait mieux que personne que l'on ne peut parvenir à maintenir une sécurité si nécessaire que par les correspondances continuelles que l'on entretient avec les consuls d'Alger, de Tunis, de Tripoli et de Salé, par la vue des vaisseaux de Votre Majesté dans les rades de ces villes, et par leur navigation dans les Échelles du

Levant. Il est certain que toutes ces parties, qui doivent conserver une liaison et former ensemble une espèce d'harmonie, doivent être gouvernées par un même esprit, et qu'il n'y a que le secrétaire d'État de la marine qui soit à portée et en état de les concilier et de les conduire.

Le commerce avec l'Espagne demande une perfection particulière, tant à Cadix et dans les autres ports d'Espagne que dans ceux de l'Amérique, pour faciliter les envois et les retours : ce qui regarde uniquement les fonctions du secrétaire d'État de la marine. C'est lui qui, sur les avis qu'il reçoit de la mer ou par les consuls, touchant l'état de ce commerce, rend compte à Votre Majesté des facilités ou des contrariétés que les marchands reçoivent dans ce pays; et, lorsque Votre Majesté donne ses ordres pour y remédier, c'est lui qui est chargé de l'exécution, soit qu'il faille écrire aux consuls, ou qu'il soit nécessaire d'envoyer des escadres pour soutenir les marchands.

L'administration des colonies françoises de l'Amérique peut être divisée en deux parties, dont l'une regarde la guerre, et l'autre la police. Il est inutile de parler de la première, parce qu'elle ne peut faire de question. A l'égard de la police, les principaux points en quoi elle consiste sont : l'inspection sur les officiers qui y rendent la justice aux habitants, l'exécution des règlements faits sur les concessions et étendue de leurs terres, sur la conduite qu'ils tiennent envers leurs nègres et leurs esclaves, et sur la culture des sucres, des tabacs et des autres fruits. Il faut aussi tenir la main à l'observation des ordonnances et arrêts rendus pour empêcher le commerce avec les étrangers qui leur portent de ces fruits et trafiquent secrètement de leurs marchandises. On doit enfin avoir attention à faire remplir par les capitaines et patrons françois les conditions sous lesquelles les passeports nécessaires pour les voyages des Îles leur sont accordés. Le gouverneur général, l'intendant sont chargés conjointement de cette police. Les ordres particuliers qui en règlent le détail et les incidents qui y surviennent se donnent par des mémoires expédiés, au nom de Votre Majesté, par le secrétaire d'État de la marine, lequel a toujours été chargé de tout ce qui regarde les colonies, quand même le Contrôle général a été séparé de cette charge, Votre Majesté ayant connu la connexité inséparable du détail de la marine avec celui de ses colonies.

Par la même raison, il paroît qu'il conviendroit que la direction des compagnies de Guinée, du Sénégal, du domaine d'Occident, et généralement de toutes les autres qui font le commerce dans ces pays-là, fût donnée au secrétaire d'État de la marine, puisque personne n'est plus à portée de savoir exactement tout ce qui se passe, de régler les différends que ces compagnies peuvent avoir avec les habitants du pays, de leur donner les escortes, les secours et la protection dont elles ont besoin, de leur procurer les établissements qui leur conviennent, d'empêcher que les étrangers ne leur puissent nuire dans l'étendue de leurs concessions, et enfin de concilier leurs intérêts particuliers avec le bien général des colonies.

Il en est de même à l'égard de la compagnie des Indes occidentales et de la nouvelle compagnie de la mer Pacifique, puisque non seulement Votre Majesté a bien voulu permettre au secrétaire d'État de la marine d'en être le premier directeur, mais aussi parce que c'est lui qui doit prendre connoissance du détail de leurs armements, ordonner les escortes que Votre Majesté a la bonté de leur accorder, entretenir les correspondances, et donner tous les ordres nécessaires pour maintenir leurs établissements et pourvoir à leur sûreté.

Il est vrai que ce qui regarde la ferme du domaine d'Occident dans les Îles et dans le Canada, les impositions ou diminutions des droits sur les sucres, le tabac et les autres fruits, la régie de la ferme de Votre Majesté dans ces pays, et généralement tout ce qui concerne le règlement à faire par rapport aux manufactures du royaume, aux droits des fermes et aux privilèges qu'il a plu à Votre Majesté d'accorder à ces compagnies, tombe naturellement au contrôleur général des finances; mais ces parties, que l'on peut en quelque façon regarder comme détachées du fond de la chose, ne doivent pas empêcher que le secrétaire d'État de la marine n'en ait l'inspection, puisque, outre les raisons que j'ai pris la liberté de représenter à Votre Majesté, il est facile et très naturel que le secrétaire d'État fasse part au contrôleur général des difficultés qui surviennent sur tous ces articles, en lui donnant en même temps une connoissance exacte du fait en question. Le contrôleur général peut, avec la même facilité, recevoir et exécuter les ordres de Votre Majesté sur ce qu'il y a à faire, et expliquer vos intentions au secrétaire d'État, qui aura soin de s'y conformer dans tout ce qui regarde sa charge, dont les fonctions le mettent dans l'état d'en faire l'exécution.

A l'égard de la pêche, il paroît évident que l'inspection n'en peut convenir qu'au secrétaire d'État de la marine, puisque c'est lui qui a la direction de tous les matelots du royaume, et qu'ainsi personne ne peut faire comme lui la distribution de ceux qui y doivent être employés, et réserver à propos le nombre nécessaire des meilleurs pour les vaisseaux de Votre Majesté, suivant la force des armements qu'elle ordonne. Il lui est aisé de juger que, si elle vouloit confier cette inspection au contrôleur général, comme il n'est point informé de vos intentions sur ce qui regarde la marine, il y auroit très souvent des discussions inévitables entre lui et le secrétaire d'État de la marine, qui seroit toujours le maître de lui refuser les matelots qu'il demanderoit pour les bâtiments qui vont à la pêche.

Toutes ces raisons, Sire, me font croire qu'il seroit à souhaiter pour le bien de votre service que Votre Majesté voulût confier au secrétaire d'État de la marine l'inspection générale de tout le commerce de votre royaume, ou du moins qu'elle lui laissât la conduite de celui qui se fait au dehors, en établissant la distinction que je viens d'observer. Cependant, si Votre Majesté en juge autrement, et qu'elle appréhende aussi que cette distinction, quoique naturelle, ne produise dans la suite quelques différends entre le secrétaire d'État de la marine et le contrôleur général des finances, elle peut aisément les prévenir en établissant un Conseil royal de commerce pareil à celui qu'elle forma il y a environ vingt ans, sous le ministère de feu M. Colbert.

Ce Conseil seroit tenu un des jours de la semaine, en présence de Votre Majesté, où assisteroient M. le Chancelier, le secrétaire d'État ayant le département de la marine, le contrôleur général des finances, un des conseillers ordinaires du Conseil royal des finances et l'intendant des finances ayant le département des fermes générales de Votre Majesté.

Le secrétaire d'État et le contrôleur général, suivant ce qui seroit de leur département, feroient leur rapport de l'état présent du commerce, des manufactures et des pêches, proposeroient les expédients propres à les maintenir et à les augmenter suivant les conjonctures, et rendroient compte de ce qu'il leur seroit écrit par leurs correspondants préposés dans le royaume ou dans les pays étrangers pour avoir inspection sur toutes ces parties.

Il seroit à propos que Votre Majesté établît en même temps, dans les principaux ports et dans les villes capitales de chaque province de son royaume et de ses colonies, des Conseils particuliers de commerce, composés des plus forts négociants, sous l'autorité et inspection des intendants et commissaires départis. On dresseroit, dans ces Conseils, des mémoires sur tout ce qui paroîtroit le plus convenable de faire pour le bien du commerce, des manufactures et des pêches. Ces mémoires seroient envoyés au secrétaire d'État de la marine ou au contrôleur général, suivant leur département; ils en feroient leur rapport, dans le Conseil royal de commerce, à Votre Majesté, qui ordonneroit ce qu'elle jugeroit nécessaire, et ils auroient soin de faire exécuter ses ordres, chacun dans ce qui le concerneroit.

On tiendroit un état annuel et alphabétique de toutes les entrées et sorties du royaume, par lequel Votre Majesté pourroit connoître le cours et le progrès du commerce et en quoi la France est créancière ou débitrice de chaque nation. Cet état seroit dressé par les intendants ou commissaires départis dans les provinces, et envoyé tous les trois mois au contrôleur général, qui, après l'avoir communiqué au secrétaire d'État de la marine, pour avoir son avis, le porteroit ensuite au Conseil royal de commerce, pour y être examiné.

Le contrôleur général pourroit aussi recevoir des intendants un état annuel des récoltes et de ce qui resteroit par estimation à la fin de chaque année; et, sur le rapport qu'il en feroit au Conseil royal de commerce, Votre Majesté seroit en état de donner ses ordres pour la provision de l'année suivante, ou pour le débit de ce qui resteroit, suivant que les temps seroient plus ou moins abondants.

Le secrétaire d'État de la marine apporteroit de même un état annuel des pêches, par lequel Votre Majesté pourroit voir en quoi chaque espèce de pêche augmente ou diminue, et les mesures qu'il faudroit prendre pour les soutenir.

Il en est de même à l'égard des manufactures, et, suivant l'état et les observations qui en seroient apportées au Conseil par le contrôleur général, Votre Majesté ordonneroit ce qu'elle jugeroit nécessaire.

Ce Conseil étant établi, il ne restera plus à Votre Majesté qu'à fixer par un règlement particulier les fonctions du secrétaire d'État de la marine et du contrôleur général des finances à l'égard du commerce, en sorte qu'il ne puisse [y] avoir aucune question entre eux, ce qu'elle pourra faire en ordonnant :

Que tous les arrêts qui seront résolus dans le Conseil royal de commerce seront expédiés par le secrétaire d'État de la marine;

Que tout le commerce intérieur du royaume, y compris les manufactures, seront du département du contrôleur général des finances;

Que tout le commerce du dehors et ce qui concerne les colonies appartiendroit au secrétaire d'État de la marine.

Et comme cette distinction du commerce intérieur et du commerce du dehors conserve toujours une relation qui rend plusieurs des fonctions communes, ainsi que j'ai eu l'honneur de le représenter à Votre Majesté, elle pourra expliquer plus particulièrement ses intentions sur ce qui conviendra à l'un et à l'autre, en ordonnant :

A l'égard du Canada, des îles françoises de l'Amérique et du domaine d'Occident, que le secrétaire d'État prendra connoissances des arrêts, ordonnances et règlements faits ou à faire sur les concessions et étendue des terres, sur la chasse, la réception et le commerce du castor, sur les plantations des sucres, tabacs et autres fruits du pays, sur la pêche, sur la police et la justice, sur les défenses du commerce étranger et sur l'usage que l'on doit faire des passeports accordés pour les voyages aux îles et le retour en France.

Pour tenir la main à l'exécution de chacun de ces articles, il entretiendra les correspondances nécessaires avec les gouverneurs et intendants de ces colonies, et, sur les mémoires qu'ils lui enverront, il prendra les ordres de Votre Majesté, qu'il aura soin de faire exécuter.

Quant à ce qui regarde les contestations qui arriveront dans ces pays pour le domaine d'Occident, à l'occasion des droits dépendant des fermes de Votre Majesté qui y sont levés, le contrôleur général prendra soin de leur conservation, diminution ou augmentation, et, lorsqu'il y aura quelque nouveau règlement à faire pour l'imposition de ces droits et pour la récolte des colonies, il en donnera communication au secrétaire d'État de la marine, pour avoir son avis sur l'intérêt du commerce de ces pays, et portera ensuite au Conseil le projet du règlement, sur lequel Votre Majesté prononcera.

A l'égard du commerce de Levant, des consulats et des manufactures de draps et toiles destinés pour les Échelles, le secrétaire d'État de la marine en aura l'inspection, suivant ce que j'ai eu l'honneur d'en représenter à Votre Majesté.

J'ajouterai seulement que, attendu que, dans le cours de ce commerce, il peut survenir plusieurs abus, tant sur la qualité des marchandises de France que sur l'usage de l'argent qui y entre, et que ces abus peuvent porter préjudice au commerce intérieur et aux fermes de Votre Majesté, le contrôleur en prendra connoissance; et, en cas qu'il faille faire quelque innovation qui regarde le fond de ce commerce, il en donnera avis au secrétaire d'État, en la même manière que pour l'article des colonies.

Comme le commerce d'Espagne consiste en marchandises que l'on envoie de France et dans les matières d'or et d'argent qui viennent d'Espagne dans le royaume, l'inspection de la fabrique de ces marchandises appartiendra, séparément des autres manufactures du royaume, et de même que celles qui sont destinées pour le Levant, au secrétaire d'État de la marine, qui aura soin aussi de donner à ce commerce toute la protection dont il a besoin, de procurer aux marchands les facilités et les escortes nécessaires pour assurer leurs envois et leurs retours, d'entretenir les correspondances qu'il conviendra dans les ports d'Espagne et des Indes espagnoles, d'y établir des consuls, et, sur les avis qu'ils donneront, prendre l'ordre de Votre Majesté, lorsqu'il sera nécessaire.

Observant néanmoins, de même que dans les articles précédents, que, s'il arrive des contrariétés par la mauvaise qualité des marchandises de France ou par le peu de conduite des marchands françois, le contrôleur général en prendra connoissance et fera les règlements qui conviendront aux fermes de Votre Majesté.

A l'égard des compagnies qui ont été établies pour le commerce des Indes orientales, pour la Guinée, le Sénégal, la mer Pacifique et Saint-Domingue, le secrétaire d'État de la marine aura l'inspection sur le commerce dont elles sont chargées, et tiendra la main à l'exécution de leurs sociétés et de leurs privilèges. Le contrôleur général, de son côté, prendra connoissance des contestations qui arriveront pour les droits d'entrée et de sortie et pour les manufactures du royaume, et proposera dans le Conseil les règlements qui seront nécessaires, après avoir pris l'avis du secrétaire d'État.

L'inspection sur la pêche regardera aussi le secrétaire d'État, qui aura soin de fournir aux bâtiments pêcheurs les matelots et les escortes nécessaires et de leur procurer toutes les facilités dont ils auront besoin, soit dans les ports de France ou dans les pays étrangers; et, à l'égard des droits sur le poisson et ce qui aura rapport aux fermes, le contrôleur général en sera chargé.

Ce sont là, Sire, les projets que j'ai conçus, suivant vos ordres, pour le bien du commerce de votre royaume; je les soumets avec respect aux vues supérieures de Votre Majesté, en lui protestant que je ne propose rien sur cela qui ne me paroisse avantageux pour son service. Jamais aucun autre motif ne sera capable de me faire agir, et je m'appliquerai toujours uniquement à régler toutes les actions de ma vie par rapport à l'intérêt et à la gloire de Votre Majesté.

(Bibliothèque nationale, mss. Joly de Fleury, vol. 1720, f°s 90-111.)

Projet de règlement.

Il y a dans le commerce des fonctions si essentiellement attachées à la charge de secrétaire d'État ayant le département de la marine, que, quelque part qu'y doive avoir le contrôleur général des finances, il est presque impossible d'en priver absolument le secrétaire d'État. Il est donc nécessaire de fixer des bornes entre ces deux officiers et de régler si nettement ce qui peut être de leur ministère dans cette partie si importante du gouvernement, sous l'autorité du Roi, qu'il ne puisse y avoir de contestation entre eux, et que, chacun d'eux ne s'appliquant qu'à remplir ce qui est de son devoir, ils concourent également au service de S. M. et au bien de son État.

Voici quelles sont les différentes fonctions qui paroissent devoir appartenir naturellement, tant au contrôleur général des finances qu'au secrétaire d'État, ayant le département de la marine :

Au contrôleur général :

La direction du commerce, tant au dehors qu'au dedans du royaume;

Celle des manufactures du royaume et le choix des inspecteurs qui y sont préposés;

Tout ce qui regarde le règlement, augmentation, diminution, décharge et exemption de droit d'entrée, de sortie ou de passage du royaume, même de ceux qui dépendent de la ferme du domaine d'Occident;

La concession, révocation et connoissance des transit et entrepôts des marchandises;

La restitution des droits sur certaines marchandises à la sortie du royaume;

La fixation de certains ports ou passages, à l'exclusion de tous autres, pour l'entrée ou la sortie de certaines marchandises;

Les prohibitions et exclusions générales de certaines marchandises;

La balance ou comparaison annuelle du commerce du royaume avec le commerce étranger, par le moyen des états alphabétiques qui seront dressés tous les ans des marchandises qui sortent du royaume pour aller dans les pays étrangers, et de celles qui viennent des pays étrangers dans le royaume, et de la valeur des unes et des autres;

La connoissance des privilèges accordés ou à accorder aux compagnies des Indes orientales, Sénégal, Guinée et autres, pour les droits d'entrée et de sortie;

L'inspection sur les récoltes des blés, vins et autres denrées du cru du royaume, pour en connoître l'état et examiner s'il y a lieu d'en permettre ou défendre la sortie, soit de province à province, soit hors du royaume;

Les marchés pour [faire] venir des blés et autres denrées des pays étrangers pour la provision du royaume et subsistance des peuples;

Les correspondances, tant avec les intendants et commissaires départis dans les provinces, négociants et fabricants, qu'avec les ambassadeurs, agents, envoyés et résidents pour le Roi près les princes étrangers, et avec les ministres des mêmes princes en France, pour tout ce qui peut concerner les fonctions ci-dessus marquées;

La direction des Monnoies et des matières d'or et d'argent venant des pays étrangers;

Les mines et minières du royaume.

Au secrétaire d'État :

La conduite de tout ce qui regarde les Échelles et consulats du Levant, police des négociants qui composent en chacune échelle le corps de la Nation, nomination des consuls, Chambre du commerce de Marseille, droits du *cottimo* et des consulats, comptes des deniers en provenants, ordres pour la conservation des privilèges de la France, pour empêcher les abus du pavillon et les fraudes des négociants françois qui prêtent leurs noms aux étrangers pour pourvoir aux vexations et avanies des officiers du Grand Seigneur;

La même conduite pour ce qui peut être des consulats et côte d'Afrique, l'exécution du renouvellement des traités avec Alger, Maroc, Tunis, la sûreté de la mer Méditerranée, le rachat ou échange des esclaves;

La correspondance avec l'ambassadeur de Constantinople, les ministres du Grand Seigneur, les consuls et autres, pour toutes les choses ci-dessus expliquées;

Choix de l'inspecteur établi à Marseille pour la visite et marque des draps et étoffes qui sont chargées pour le Levant;

Le soin du Canada, pays et îles de l'Amérique qui appartiennent au Roi, soit pour la religion et la justice, soit pour la police, concessions, étendue et culture des terres, plantations et récoltes des sucres, tabacs, indigo et autres fruits, chasse, qualités et réceptions des castors, congés et courses dans les bois, travail, usage et service des nègres, prohibitions du commerce avec les étrangers, et généralement tout ce qui regarde l'administration desdits pays et îles et le soutien, la discipline et la conduite des colonies, à la réserve de la ferme du domaine d'Occident;

La direction des compagnies des Indes orientales, du Sénégal, de la Guinée, des assurances, et autres qui ont pour objet le commerce de la mer;

Toutes les entreprises de navigation;

Les règlements faits ou à faire pour la police et navigation des bâtiments françois;

Les ordres pour la protection du commerce de mer, l'envoi des escadres ou des escortes pour la sûreté des côtes et des vaisseaux marchands, le soin de leur procurer les facilités dont ils peuvent avoir besoin dans les pays étrangers, de faire cesser les troubles et obstacles qu'ils y peuvent recevoir par des saisies et autres empêchements dans leur commerce et navigation, et d'entretenir les correspondances nécessaires à cet effet;

Les expéditions des passeports par mer et des ordres concernant l'accomplissement et exécution ou inexécution des obligations et conditions qui y sont contenues, autres que celles qui peuvent regarder le payement des droits, les fraudes qui y sont faites, et les saisies et confiscations des marchandises prohibées;

Les ordres pour ouvrir ou fermer les ports;

Le soin de tout ce qui regarde les pêches de baleines, molues, harengs et autres poissons de mer, et les bâtiments qui y sont destinés, à l'exception de ce qui peut être de la fourniture des sels dont ils ont besoin, des droits auxquels ils sont sujets, soit pour les vivres qu'ils chargent, soit pour les poissons de leur pêche, et du débit et vente des poissons.

Quelque soin qu'on prenne de distinguer les fonctions du contrôleur général et du secrétaire d'État ayant le département de la marine, il est impossible d'empêcher qu'il n'arrive des occasions où ils auront des fonctions communes, et où il sera nécessaire qu'ils concourent pour le bien du service. Ils se communiqueront, en ce cas, les lettres, mémoires, propositions, projets, et agiront de concert, ou en rendront compte au Roi, et recevront ses ordres selon la qualité des matières.

Il n'y a guère rien de plus important ni de plus digne de l'attention particulière de S. M., durant la paix, que le soin du commerce, qui doit être regardé comme le plus sûr moyen pour augmenter la puissance du Roi et les forces de son État, pour ramener l'abondance dans son royaume, pour multiplier les emplois et les richesses de ses sujets*.

* Suit un texte de règlement conforme à ce projet.

(Bibliothèque nationale, mss. Joly de Fleury, vol. 1721, f° 146-154.)

II.

COMMISSIONS ET PROVISIONS POUR M. CHAMILLART.

Commission de Contrôleur général des finances pour Michel Chamillart.

5 Septembre 1699.

Louis, etc., à notre amé et féal conseiller ordinaire en notre Conseil d'État, le sieur Chamillart, intendant de nos finances, SALUT. — Ayant pourvu le sieur Phélypeaux de Pontchartrain de la charge de chancelier de France, et celle de contrôleur général de nos finances se trouvant vacante par sa promotion, nous avons fait choix de vous pour vous confier le soin de nos finances, étant persuadé que vous avez toutes les qualités à ce nécessaires, et que vous continuerez à nous y donner des marques de votre capacité, de votre fidélité et de votre zèle pour notre service, ainsi que vous avez toujours fait à notre entière satisfaction, tant dans les charges de notre conseiller au Parlement de Paris et de maître des requêtes ordinaire de notre hôtel, que dans les autres emplois que vous avez remplis, et particulièrement dans la charge d'intendant de nos finances, que vous avez exercée avec beaucoup de probité et de bonne conduite. A CES CAUSES, etc. . . . .

Donné à Fontainebleau, le 5e jour de septembre, l'an de grâce 1699, et de notre règne le cinquante-septième.

(Arch. nationales, Registres du secrétariat de la Maison du Roi, O1 43, f°s 274-276.)

Brevet de Directeur des affaires temporelles de Saint-Cyr pour M. Chamillart.

6 Septembre 1699.

Aujourd'hui, 6 septembre 1699, le Roi étant à Fontainebleau, voulant commettre à la direction générale du temporel de la maison de Saint-Louis à Saint-Cyr, dont M. le Chancelier avoit été chargé par brevet du 13 mars 1694, S. M. a commis et commet le sieur Chamillart, conseiller en ses Conseils, contrôleur général des finances, pour avoir la direction générale du temporel de ladite maison suivant et conformément aux lettres patentes du 3 mars 1694; m'ayant S. M. commandé de lui en expédier le présent brevet, qu'elle a signé de sa main et fait contresigner par moi, conseiller secrétaire d'État et de ses commandements et finances.

(Arch. nationales, Registres du secrétariat de la Maison du Roi, O1 43, f° 291.)

Provisions de la charge de Secrétaire d'État pour M. Chamillart et prestation de serment.

8 Janvier 1701.

Louis, etc. L'état et charge de notre conseiller en nos Conseils, secrétaire d'État et de nos commandements et finances, que possédoit notre amé et féal le sieur le Tellier, marquis de

Barbezieux, étant vacante par son décès, nous avons estimé ne pouvoir faire un plus digne choix pour la remplir, que de notre amé et féal le sieur Chamillart, conseiller ordinaire en tous nos Conseils, contrôleur général de nos finances. Sa probité, son intégrité et sa capacité ont paru dès qu'il a été conseiller en notre cour de Parlement de Paris, et toutes ses qualités nous portèrent, après qu'il eut été pourvu d'une charge de maître des requêtes ordinaire de notre hôtel, de l'envoyer en intendance dans notre province de Normandie, qui est une des principales de notre royaume, où il nous donna tant de preuves de sa sage conduite, de son zèle et de son affection dans toutes les affaires qui regardèrent nos finances, le soulagement de nos peuples, l'administration de la justice et le maintien de notre autorité, que nous jetâmes les yeux sur lui pour exercer une des quatre charges d'intendants de nos finances que nous créâmes en 1690. C'est là où nous avons bien plus particulièrement connu par nous-même l'étendue de ses lumières et son parfait dévouement à tout ce qui a pu nous concerner : en sorte que, la charge de contrôleur général de nos finances ayant vaqué en 1699, par la promotion de notre très cher et féal le sieur Phélypeaux de Pontchartrain à la charge de chancelier de France, nous crûmes ne pouvoir mieux confier l'administration de nos finances qu'audit sieur Chamillart. Il a si bien répondu à notre attente par son application à toutes les fonctions qui en dépendent, sa prudence et le bon ordre qu'il a maintenu dans nos finances, que, l'ayant jugé très capable de nous servir utilement en tous nos Conseils, nous l'avons fait depuis peu ministre d'État, et sommes persuadé qu'il remplira encore parfaitement la charge de secrétaire d'État, à notre entière satisfaction et celle de tous nos sujets. A CES CAUSES et autres grandes considérations à ce nous mouvant, nous avons audit sieur Chamillart donné et octroyé, donnons et octroyons par ces présentes signées de notre main, l'état et charge de secrétaire d'État et de nos commandements et finances que tenoit et exerçoit ledit sieur marquis de Barbezieux, vacante à présent par son décès, pour, par ledit sieur Chamillart, nous y servir et exercer ladite charge, en jouir et user aux honneurs, autorités, prérogatives, prééminences, privilèges, franchises, libertés, gages, droits, états, pensions, appointements, fruits, profits, revenus et émoluments accoutumés et y appartenant, avec pouvoir de signer et expédier toutes et chacunes les dépêches dépendant de ladite charge de secrétaire d'État, tout ainsi qu'a fait ou dû faire ledit sieur marquis de Barbezieux; et ce tant qu'il nous plaira. Si donnons en mandement à nos amés et féaux conseillers en nos Conseils les gardes de notre Trésor royal, trésoriers généraux de notre maison, présents et à venir, et à tous autres nos comptables qu'il appartiendra, qu'après que nous aurons reçu dudit sieur Chamillart le serment en tel cas requis et accoutumé, ils aient à lui payer lesdits gages, états et appointements et autres droits appartenant à ladite charge, à l'avenir, par chacun an, aux termes et en la manière accoutumés; et rapportant ces présentes, ou copie d'icelles dûment collationnée, pour une fois seulement, avec quittances sur ce suffisantes, tout ce qui auroit été payé à l'occasion susdite sera passé et alloué en la dépense de leurs comptes par nos amés et féaux les gens de nos comptes à Paris, auxquels mandons ainsi le faire sans difficulté. CAR TEL EST NOTRE PLAISIR. En témoin de quoi nous avons fait mettre notre scel à cesdites présentes. Donné à Marly, le 8e janvier, l'an de grâce 1701, et de notre règne le cinquante-huitième.

SERMENT DE SECRÉTAIRE D'ÉTAT.

Vous jurez et promettez à Dieu de bien et fidèlement servir le Roi en la charge de secrétaire d'État et de ses commandements et finances, dont S. M. vous a pourvu; de garder de tout votre pouvoir les droits de son domaine et de sa couronne; de n'expédier ni signer aucunes lettres dépendantes de la volonté et du service de S. M. sans son consentement exprès, ou de bouche, ou par écrit signé de sa main; de tenir ses dépêches et ses affaires secrètes et ne les révéler qu'à elle ou à son Conseil; de ne recevoir pensions, dons et présents d'aucuns princes, seigneurs et autres, sans son consentement; de n'avoir aucune intelligence à son préjudice, et de l'avertir de tout ce que vous saurez concerner sa personne et son État; d'observer soigneusement ses règlements et ordonnances, et généralement de faire en cette charge tout ce qu'un bon et loyal secrétaire d'État et des commandements et finances de S. M. peut et doit faire pour s'acquitter dignement de son devoir.

Ainsi vous le jurez et promettez.

Aujourd'hui, 13 janvier 1701, le Roi étant à Versailles, le sieur Chamillart, dénommé en ces présentes, a fait et prêté entre les mains de S. M. le serment qu'il étoit tenu de faire à cause de la charge de secrétaire d'État dont il a été pourvu, moi, conseiller de S. M. en tous ses Conseils, secrétaire d'État et de ses commandements et finances, présent.

(Arch. nationales, Registres du secrétariat de la Maison du Roi, O[1] 45, f°s 5-7.)

Survivance de la charge de Secrétaire d'État pour M. CHAMILLART *fils.*

3 Janvier 1707.

LOUIS, etc. La connoissance que nous avions du mérite personnel de notre amé et féal conseiller en tous nos Conseils le sieur Chamillart, sa capacité, sa fidélité et son attachement à notre service nous ayant porté, en l'année 1699, à faire choix de lui pour remplir la place de contrôleur général de nos finances, il commença à s'en acquitter avec tant de soin et d'exactitude, une intelligence si parfaite pour le bien de notre service et l'avantage de nos sujets, que nous désirâmes de le voir revêtu de la charge de secrétaire d'État, dont nous le pourvûmes en l'année 1701. Il a depuis rempli les fonctions de ces deux importantes charges avec tant de zèle et de fidélité, que nous croyons ne pouvoir mieux lui marquer la satisfaction que nous en avons, qu'en la personne de notre cher et bien amé le sieur Michel Chamillart, son fils. Ainsi, nous avons voulu, quoiqu'il soit encore peu avancé en âge, le pourvoir de ladite charge de secrétaire d'État en survivance de son père, afin qu'en s'instruisant près de lui, il puisse se rendre capable de nous y servir et soulager ledit sieur Chamillart dans les fonctions d'icelles. Nous sommes d'autant plus excité à lui accorder cette grâce, que nous sommes informé des heureuses dispositions qui se trouvent en sa personne. A CES CAUSES et autres considérations à ce nous mouvant, nous avons audit sieur Michel de Chamillart donné et octroyé, donnons et octroyons par ces présentes signées de notre main, l'état et charge de conseiller en tous nos Conseils, secrétaire d'État et de nos commandements et finances, de laquelle ledit sieur Chamillart, son père, s'est démis en sa faveur à condition de survivance, ainsi qu'il paroît par sa démission, ci-attachée sous le contre-scel de notre chancellerie; pour, par ledit sieur de Chamillart fils, l'avoir, tenir et exercer en survivance dudit sieur Chamillart, son père, en jouir et user, aux honneurs, autorités, prérogatives, prééminences, privilèges, franchises, libertés, gages, droits, pensions, entretènements, livraisons, hôtelages, fruits, profits, revenus et émoluments accoutumés et y appartenant, tels et semblables qu'en a joui et jouit à présent ledit sieur Chamillart, son père, et ce tant qu'il nous plaira; sans qu'arrivant le décès de l'un ou de l'autre, ladite charge puisse être déclarée vacante ni impétrable sur le survivant, attendu le don que nous lui en faisons dès à présent, ni qu'ils soient tenus de nous prêter autre serment que celui qu'en a ci-devant fait le sieur Chamillart père, et celui qu'en fera ledit sieur Chamillart fils, en vertu des présentes.

Donné à Versailles, le 3ᵉ jour de janvier, l'an de grâce 1707, et de notre règne le soixante-quatrième.

(Arch. nationales, Registres du secrétariat de la Maison du Roi, O¹ 51, fᵒ 2 vᵒ.)

Brevet d'augmentation d'appointements.

20 Février 1708.

Aujourd'hui, 20 février 1708, le Roi étant à Marly, voulant reconnoître les bons, fidèles et importants services que le sieur Chamillart, conseiller en ses Conseils, secrétaire d'État et de ses commandements, lui a rendus dans les fonctions, tant de la charge de contrôleur général des finances, dont il s'est volontairement démis entre les mains de S. M., que de celle de secrétaire d'État et de ses commandements ayant le département de la guerre, qu'il exerce actuellement, et dont le marquis de Cany, son fils, est pourvu en survivance, S. M. a accordé et accorde audit sieur Chamillart 40,000 # par an d'appointements, qu'elle a, pour cet effet, attribuées et attribue d'augmentation à ladite charge de secrétaire d'État et de ses commandements, dont ledit sieur Chamillart et ledit sieur marquis de Cany sont pourvus, outre et par-dessus les appointements ci-devant attribués à ladite charge. Veut S. M. que ladite somme de 40,000 # d'appointements par an d'augmentation soit dorénavant employée sur les états de l'extraordinaire de ses guerres qui s'expédieront chaque année, et soit payée par les trésoriers généraux dudit extraordinaire des guerres, chacun en l'année de son exercice, audit sieur Chamillart père, sa vie durant, sur ses simples quittances; qu'après son décès, la dame son épouse, si elle lui survit, jouisse de moitié de ladite somme de 40,000 # par an, aussi sa vie durant, et ledit sieur marquis de Cany, leur fils, de l'autre moitié; et qu'après le décès de sesdits père et mère, ledit sieur marquis de Cany jouisse de ladite somme entière de 40,000 # d'appointements d'augmentation, ainsi que des autres appointements et droits attachés à ladite charge de secrétaire d'État dont il est pourvu; S. M. m'ayant, pour témoignage de sa volonté, commandé d'expédier le présent brevet, qu'elle a signé de sa main et fait contresigner par moi, conseiller secrétaire d'État et de ses commandements et finances.

(Arch. nationales, Registres du secrétariat de la Maison du Roi, O¹ 52, fᵒ 21.)

III.

Mémoires de M. Chamillart au Roi, sur l'état des finances.

(Novembre 1699.)

Sire,

L'état auquel j'ai trouvé les affaires de Votre Majesté demanderoit deux choses également nécessaires pour les rétablir : la première, une attention grande et une ferme résolution de la part de Votre Majesté de régler sa dépense à peu près sur la recette; la seconde, une personne d'une expérience consommée pour soutenir le poids d'un emploi aussi difficile. Je ne puis offrir à Votre Majesté que mon zèle et mon dévouement. Ma reconnoissance n'auroit point de bornes, si je pouvois faire au delà de l'impossible; mon application continuelle suppléeroit, avec le temps, à ce qui me manque de connoissance, et je serois, dans peu au-dessus du travail que j'ai à faire, si la matière étoit suffisante pour fournir aux dépenses de Votre Majesté. Ni moi, ni personne dans le royaume ne peut suivre la direction des finances par les secours des affaires extraordinaires, et le repos de Votre Majesté, sa gloire et sa grandeur dépendent de l'ordre qu'elle mettra dans ses affaires. Jamais elle ne se rendra plus redoutable à ses voisins et à ses ennemis que quand ils connoîtront qu'au delà des dépenses qu'elle fait, elle pourra trouver dans le cœur de ses sujets et dans le dedans de son royaume des secours considérables pour les augmenter. C'est ce que Votre Majesté peut faire, si elle veut bien se faire une règle certaine sur sa dépense.

Je sais qu'elle ne peut être proportionnée à la recette sans l'augmenter de beaucoup; j'ai examiné dans toute son étendue la matière sur laquelle je suis obligé de faire un plan. Lorsque j'ai été chargé des finances, qui étoit le 6ᵉ septembre 1699, il ne restoit à Votre Majesté, toutes charges payées, que 62,400,000 # et tant de revenu; il y avoit près de 18,000,000 # de manque de fonds pour payer les dépenses forcées du reste de cette année; il restoit dû, pour achever les payements du passé qui se peuvent différer et rejeter dans les six premiers mois de l'année prochaine, plus de 17,000,000 #, sans compter les 8,000,000 # consommés d'avance sur l'année prochaine. Il est dû aux fermiers généraux, outre l'avance de leur bail, plus de 20,000,000 #. Je ne parle point des diminutions qu'il faudra faire encore à quelques fermiers à cause des lieux qui seront rendus après que MM. de Bagnols et Voysin auront réglé les limites en exécution du traité de Ryswyk, ni des remboursements qui se font tous les jours à des particuliers qui avoient acquis des offices dans les pays conquis, quoiqu'il y en ait pour des sommes assez considérables.

Je réduis toute la matière à 63,000,000 # dus du passé, et à trouver des fonds suffisants pour la dépense de l'avenir, qui ne peut être moindre de 78.000.000 #, sans y comprendre les intérêts de ce qui est dû et ce que l'on est obligé de prendre d'avance, qui monteront à 3,000.000 # au moins.

Pour acquitter une partie du passé et pour rétablir le crédit des gens d'affaires, qui étoit entièrement perdu, je me suis trouvé dans la nécessité d'en proposer quelques-unes. Celles qui ont été faites jusques à présent se montent à 10,000,000 #; celle des lieutenants de police est du nombre. Avec l'augmentation des procureurs, greffiers et huissiers que l'on peut donner à cette juridiction, on en tirera encore 4 ou 5,000,000 #. Cela fera 15 millions, dont 5 seront employés à payer les intérêts de ce qui est dû et des avances que l'on a prises et que je suis obligé de faire faire tous les jours. Les 10 autres millions diminueront d'autant le débet de 63,000,000 #; reste: 53,000,000 #. Les 20 millions des fermiers généraux se peuvent assigner sur eux en plusieurs années: il n'en faut plus que 33.

Je me suis persuadé que le moyen le plus doux pour en trouver une bonne partie étoit celui de la conversion des rentes du denier dix-huit au denier vingt par un supplément volontaire. Pour y parvenir, il est nécessaire de supprimer les rentes au denier dix-huit, d'en créer au denier vingt. Il faut offrir le remboursement. Pour le faire, on a besoin d'argent. Il n'y en avoit point au Trésor royal, ni sur la place. Je me suis mis en mouvement pour en faire venir des pays étrangers. Si j'avois eu un peu plus de temps devant moi, j'en aurois rassemblé davantage; mais le secours est si nécessaire et tellement pressé, qu'il paroît qu'il est impossible de le différer au delà du 20 de ce mois, par deux raisons: la première, l'appât du quartier qui attire; la seconde, pour donner le temps aux notaires pour faire leurs conversions avant le 1er janvier, après lequel il n'y a plus de bénéfice du quartier. Ce projet, simple comme il est, pourroit bien ne pas réussir, s'il n'étoit déterminé par la diminution des espèces qui doit le précéder; c'est pour cela que je propose de donner un arrêt dès le 16 de ce mois, pour l'annoncer de 10 sols par louis pour le 1er janvier prochain. Il semble que le gain certain d'un côté, qui est celui d'un quartier d'avance, la perte assurée de l'autre en recevant le remboursement, doivent déterminer la conversion. Je n'ose me flatter du succès, quoique les apparences semblent en devoir répondre, parce que les choses qui dépendent de la volonté de l'homme sont toujours incertaines. Si cette vue réussit, on en tirera 20 millions; si elle ne réussit pas, il en faudra chercher d'autres, et le plus grand mal qui arrivera, ce sera de rembourser 3 ou 4 millions de rentes au denier dix-huit. Le contre-coup seroit plus fâcheux, par la nécessité d'avoir recours à des affaires extraordinaires et de se servir des gens d'affaires, que j'ai regardés comme la dernière ressource pour acquitter les 43,000,000 # et fournir encore les secours pour la différence de la dépense à la recette de l'année prochaine. Cet article seroit pressé, parce qu'ils dissipent tous les jours en meubles, en bâtiments, en équipages, par la dépense du dedans de leurs maisons, par l'établissement de leurs enfants, et parce qu'il y en a qui meurent, dont les biens se partagent entre plusieurs héritiers. Les temps sont trop difficiles pour y penser, et la matière est bien plus délicate que l'on ne s'imagine.

La seconde partie, qui regarde la dépense ordinaire, ne se peut traiter qu'à mesure que les objets se présenteront. Je puis dire seulement en gros que, réduisant des gages et droits attribués à des officiers à un denier trop foible pendant la guerre, retirant des mains de quelques traitants des gages dont ils jouissent, en leur remboursant les avances qu'ils ont faites, joignant aux fermes du Roi quelques petits droits dont jouissent des particuliers, on trouvera une augmentation de 1,500,000 #. Je travaille à porter les fermes, soit par elles-mêmes ou par choses nouvelles qui y pourront convenir, à 2,000,000 # au delà de ce qu'elles produisent. La taille peut être augmentée de 4,000,000 #: elle n'a jamais, avant cette guerre, été au-dessous de 35,000,000 #; elle ne sera qu'à 34,000,000 #. Cette augmentation n'en sera pas une pour les peuples, qui payent cette année plus de 37,000,000 # par les impositions pour la suppression des greffiers des rôles et autres affaires extraordinaires. Tout cela ne fera que 70,000,000 #; il en faut au moins quatre-vingts: ce seront de nouveaux embarras pour trouver le surplus. Votre Majesté peut soulager de quelques millions cette dépense, en retranchant ce qui ne sera point absolument nécessaire, et j'ose l'en supplier pour qu'elle puisse jouir d'une heureuse tranquillité pendant la paix.

Je joins le mémoire de M. Desmaretz; je demande en grâce à Votre Majesté de le lire, afin qu'elle connoisse encore plus certainement la nécessité absolue d'augmenter la recette pour faire la dépense.

(Dépôt des Affaires étrangères, France [Mémoires et Documents], vol. 137, f° 87 v°.)

16 Octobre 1706.

Sire,

S'il étoit possible de soutenir les dépenses que Votre Majesté est obligée de faire pour continuer une guerre aussi légitime que celle qu'elle a été engagée d'entreprendre pour conserver dans la maison de France la couronne d'Espagne, qui lui étoit dévolue par droit de succession, je me donnerois bien de garde de rappeler à Votre Majesté ce que j'ai pris la liberté de lui dire tant de fois, en lui faisant voir année par année l'état de sa recette, celui des dépenses qu'elle avoit à faire, et les ressources qu'elle pouvoit attendre du zèle de ses sujets et de l'industrie des gens d'affaires, jointe au crédit et à la bonne volonté des trésoriers. Ces moyens, quoique considérables, avoient si peu de proportion avec la consommation qui se faisoit, que je pris la liberté, dès l'année 1703, pendant le voyage de Fontainebleau, temps des plus grandes prospérités des armées de Votre Majesté, et auquel le danger paroissoit encore plus éloigné, de lui dire qu'il seroit à propos de prévenir ceux auxquels, par le manque de fonds, Votre Majesté ne pourroit plus soutenir la guerre et se trouveroit dans la nécessité de recevoir la loi de ses ennemis.

Ce fut dans ce même temps que je pris la liberté de dire à Votre Majesté de faire la paix aux dépens de l'Espagne pour conserver son royaume. Les foibles démarches qui furent faites dans ce temps-là n'ayant donné aucune espérance de la pouvoir espérer, je travaillai à mettre les armées en état de s'opposer à celles de vos ennemis, et même de conserver la supériorité. Votre Majesté en fit passer deux très considérables en Allemagne, pour soutenir M. l'Électeur de Bavière. A peine la dernière, commandée par M. le maréchal de Tallard, fut-elle arrivée, que la bataille d'Hochstett se donna, qui ne fut pas moins funeste pour Votre Majesté que pour l'Électeur de Bavière, qui fut dépouillé de ses États, et qui, depuis ce jour-là, a donné à vos ennemis la supériorité qu'elle avoit eue partout jusques à ce temps-là.

Il fallut songer à de nouveaux fonds et de nouveaux moyens pour rétablir ces deux armées et celle qui étoit commandée par M. le maréchal de Villeroy, qui fut en même temps attaquée de la maladie qui régnoit parmi les deux autres et qui fit périr plus des deux tiers des chevaux de la cavalerie, et augmenter le nombre des troupes par de nouvelles levées, en même temps que, pour remettre sur pied une partie des bataillons et escadrons pris à Hochstett, Votre Majesté fut obligée de donner autant à ceux qui avoient été pris par les ennemis que si elles les avoit fait lever de nouveau. Toutes ces dépenses extraordinaires, jointes à la disproportion des fonds à la dépense ordinaire, me fit connoître que le temps fatal approchoit, auquel, manque d'argent, il ne seroit plus possible de continuer la guerre, et que, si les ennemis ne vouloient pas la paix, Votre Majesté seroit obligée de la recevoir aux conditions qu'il leur plairoit la lui donner.

Toutes les ressources étant épuisées, je proposai à Votre Majesté l'introduction des billets de monnoie, non pas comme un grand soulagement, mais comme un mal nécessaire; je pris la liberté de dire à Votre Majesté qu'il deviendroit irrémédiable, si la guerre obligeoit d'en faire en si grand nombre que le papier prît le dessus de l'argent. Ce que j'avois prévu est arrivé : le désordre qu'ils ont produit, est extrême; loin de les regarder comme un nouveau moyen pour en tirer encore quelque secours, il faut, par nécessité, songer à les diminuer, dans le temps que les ressources manquent de toutes parts, que les provinces sont sans argent et tous les états épuisés, que les dépenses augmentent encore par les dérangements causés par la perte de la bataille de Ramillies et la levée du siège du Turin, et que les changes, sous prétexte des billets de monnoie, sont montés à un si haut prix, que, dans les derniers payements de Lyon, il en a coûté jusques à 54 p. o/o.

C'est dans cette extrémité que je me trouve chargé du service de Votre Majesté. Il est nécessaire, avant de commencer l'année prochaine, que je lui donne un nouvel état de ses affaires, qui doivent lui avoir toujours été présentes par le compte que j'ai pris soin de lui rendre de temps en temps et par les mémoires que je lui en ai remis. Après que Votre Majesté en aura été instruite de manière à voir ce qu'elle en doit espérer, je ferai ce qu'elle m'ordonnera. J'ai cru ce préambule, quoique très long, nécessaire pour donner à Votre Majesté une juste idée de ce qui s'est passé, bien persuadé néanmoins qu'elle ne l'a point oublié.

État présent des finances du Roi et des fonds sur lesquels Votre Majesté peut compter pour l'année prochaine, par lequel elle verra les revenus qui lui restent, ce qui a été mangé d'avance sur l'année 1707, et ce qui est dû au public, qui a été fourni sur le crédit de Votre Majesté ou de ses trésoriers. Ce dernier article, quoique considérable, ne le paroîtra pas en rappelant à Votre Majesté ce qui a été reçu de ses revenus et ce qui a été dépensé depuis le 1er janvier 1700, jusques et compris le dernier décembre 1706, qui font sept années, pendant lesquelles les revenus de Votre Majesté n'ont pas produit 350,000,000 #, et la dépense se monte à plus de 1,100,000,000 # : ce qui seroit un manque de fonds de 750,000,000 #, duquel les rentes sur la ville, augmentations de gages et les affaires extraordinaires ont fourni une partie.

Reste dû au public :

En billets de monnoie	180,285.485 #
A la Caisse des emprunts	36,000.000
Des exercices de 1704 et 1705	7.979,360
Manque de fonds de l'année 1706	64,731,825
	288,996,670

Nota. La partie du sieur de Lubert, de 6,868,050 #, n'y est pas comprise.

Nota que, pour remplir partie de la dépense de la présente année 1706, non compris le manque de fonds, il a été pris sur les revenus de l'année prochaine, 1707, 32,000,000 #.

RECETTE ET DÉPENSE À FAIRE POUR L'ANNÉE 1707.

Les revenus en entier, y compris la capitation et les 1,500,000 # de Savoie, se montent à 83,000,000 #, sur lesquels il a été mangé d'avance 32,000,000 #.

Partant, reste 51,000,000 #, qui doivent servir à la dépense de l'année prochaine, pourvu que l'on puisse remplir d'ailleurs, ou soutenir par le crédit, ce qui est dû de reste des exercices des années 1704, 1705 et 1706.

La dépense de l'année 1707 se montera à 214,275.324 #, si S. M. veut la soutenir sur le pied de l'année présente. Il est pardonnable à celui qui se trouve chargé de ce service de paroître accablé et de manquer de courage et de force, quand tout lui manque; cependant, pour n'avoir rien à me reprocher, je joindrai un mémoire séparé de la dépense à faire et de ce que je crois qui peut contribuer à la soutenir.

Chamillart.

Projet de dépense pour l'année 1707.

Extraordinaire des guerres	100.000,000 #
Changes et intérêts	15,000.000
Pain de munition	12,000.000
Gardes du corps, mousquetaires et gendarmes	3,200.000
Régiment des gardes	2,194.710
Marine et galères, y compris les changes et intérêts	22,000,000
Fortifications	2,000.000
Change et différence des espèces	2,000,000
Intérêts des billets de la Caisse des emprunts	3,600.000
Interêts des billets de monnoie, sur le pied du nouveau projet	5.000.000
Maisons royales	8,346.614
Comptant du Roi, de Monseigneur, etc.	2,639.500
Roi d'Angleterre	600.000
Bâtiments	2,400.000
Ligues suisses	558.000
A reporter	181.538.824

Report	181.538.824 ‡
Garnisons ordinaires	2,464,500
Étapes	5.000.000
Pensions aux officiers des troupes	3.000.000
Ambassades	450.000
La Bastille	190,000
Pensions ordinaires	3,100,000
Gages du Conseil	2.200,000
Maréchaux de France et autres	762.000
Gratifications par comptant	4,000,000
Guet de Paris	122,000
Intérêts à des particuliers	60.000
Acquits patents	214,000
Ponts et chaussées	300,000
Pavé de Paris	14,000
Commerce	60,000
Dons et voyages	800.000
Total de la dépense (*sic*)	214,275.324

Fonds que je propose pour en soutenir une partie :

Des revenus ordinaires	51,000,000 ‡
Diminuer sur les dépenses, suivant mes apostilles	14,275,324
Prendre sur 1708 les mêmes fonds mangés d'avance sur l'année 1707	32,000,000
Crédit des banquiers et trésoriers, qu'ils ont déjà outré	18.000,000
Affaires extraordinaires	30,000.000
Piastres et matières d'or et d'argent prises au lieu de billets de monnoie sur les vaisseaux qui doivent revenir des Indes et de la mer du Sud	20,000,000
Rentes sur la ville	4,000,000
Total de la recette	169,275,324
Et la dépense est de	214.275,324
Partant, la dépense excédera la recette de la somme de quarante-cinq millions	45,000,000

Je dois observer à Votre Majesté que l'article qui pourroit contribuer davantage à soutenir le service, seroit le produit des matières d'or et d'argent qui viendront par les vaisseaux, dont je ne puis faire aucun usage, si Votre Majesté ne me permet d'envoyer des contrôleurs dans les ports où ils arriveront, afin que l'on ne puisse détourner aucunes espèces ni matières, et qu'elles soient portées aux hôtels des Monnoies suivant les ordonnances, que je n'ai pu faire exécuter par les raisons qui sont connues de Votre Majesté, depuis le partage du commerce entre M. de Pontchartrain et moi, quoique tout ce qui a rapport aux matières d'or et d'argent et aux marchandises et denrées provenant du cru du royaume et des pays étrangers me soit nommément réservé, à l'exception du commerce de Marseille et des Îles. Fait ce 16 octobre 1706.

Chamillart.

(Dépôt des Affaires étrangères, France [Mémoires et Documents], vol. 137, f°s 95-98.)

Mémoire des fonds à faire pour l'année 1708, non compris ce qui reste dû de 1707 et des années précédentes.

17 Septembre 1707.

On pourroit soutenir la dépense jusques au mois de septembre 1708, y compris le reste de cette année, avec 170,000,000 ‡. Il n'y a guère d'homme sensé en France qui, avec rien, voulût se charger d'une pareille dépense; il est pourtant certain qu'à compter de ce jourd'hui, 17 septembre 1707, le Roi a consommé sur ses revenus de 1708, qui sont de 82,000,000 ‡, y compris la capitation, 58,800,000 ‡; qu'il faut encore plus de 30,000,000 ‡ pour remplir le reste de la dépense de cette année, et que S. M. doit plus de 50,000,000 ‡ des précédentes. C'est donc sur ce rien qu'il faut faire un projet et soutenir le royaume.

J'avoue que j'ai voulu plusieurs fois le commencer, que les forces et les lumières m'ont manqué : Dieu seul peut éclairer et conduire celui qui pourra y parvenir. Pour n'avoir rien à me reprocher, je me suis déterminé d'écrire tout ce qui me viendra dans l'esprit, et je supplie en même temps Votre Majesté, si elle veut que j'en fasse quelque usage, de se mettre devant les yeux les suites que peut avoir l'inexécution de ce projet.

Je ne puis ni m'en charger, ni en répondre, quand même Votre Majesté me feroit espérer d'appuyer de toute son autorité tout ce que je lui proposerai et qui me paroîtra convenable à son service; mais je lui demande deux choses essentielles, et sans lesquelles il est inutile d'espérer le moindre succès :

L'une, que Votre Majesté veuille bien se reposer sur moi et approuver tout ce que je lui proposerai, ou en particulier, ou dans son Conseil royal, qui aura quelque rapport à sa finance;

L'autre, que Votre Majesté veuille bien, dès à présent, réunir au contrôleur général le commerce en entier. Je ne puis m'empêcher de rappeler à Votre Majesté ce que j'ai pris la liberté de lui dire, il y a huit ans, lorsqu'elle me fit l'honneur de me choisir pour remplir la place de contrôleur général, que je ne pouvois la servir utilement tant que le commerce seroit en deux différentes mains. Votre Majesté a vu, quoique très superficiellement, que son service en a souffert un préjudice considérable, et que c'est ce qui a produit les sujets de division entre M. de Pontchartrain et moi, qu'elle auroit évitée dans son commencement par un seul mot, si elle avoit bien voulu avoir moins de complaisance pour M. le Chancelier; et Monsieur son fils auroit été trop content de remplir la place qu'il occupe, sans démembrer les fonctions de celle de contrôleur général. Je ne vous demande point, Sire, cette décision par rapport à moi, car, si j'avois une grâce à demander à Votre Majesté, ce seroit celle de pouvoir me soulager d'un fardeau que je ne puis soutenir, et de me permettre de réfléchir dans quelque coin du monde, avec un peu plus de tranquillité, à ce qui peut dégoûter des grandeurs, que je n'ai connues que pour en être rebuté. Votre Majesté me doit rendre ce témoignage public qu'il n'y a point eu d'années que je ne lui aie représenté le danger auquel elle s'exposoit, si elle attendoit les dernières extrémités; qu'il étoit de sa prudence et de sa sagesse de sacrifier une partie de l'Espagne pour sauver l'autre, et qu'elle ne devoit pas perdre la France avec l'Espagne. Ces représentations, quoique prématurées, étoient soutenues par des raisons si solides, qu'après les avoir faites sans succès, et craignant de demeurer chargé de ce qu'il ne ne seroit plus possible de soutenir, je fis tous mes efforts, aux mois de juin, juillet et août 1704, pour engager Votre Majesté à remettre à un autre que moi le soin des finances. Peu s'en fallut qu'elle ne m'accordât cette grâce; elle y étoit déterminée. Un mouvement, qui auroit été trop obligeant pour moi, si, par mon travail et mon application continuelle, j'avois pu contribuer à procurer à Votre Majesté la paix qui lui étoit si nécessaire, mais qui, par les suites, s'est tourné contre moi, en me laissant chargé d'une besogne trop au-dessus des forces d'un seul homme et trop au-dess[o]us de la proportion des revenus de Votre Majesté pour la pouvoir soutenir. Cependant il n'y avoit pas d'autre parti à prendre pour moi, après ce que Votre Majesté me fit l'honneur de me dire, que de me sacrifier et d'en chercher les moyens. Tous ceux que l'on avoit mis en usage dans les temps précédents étant épuisés, je fus assez heureux pour introduire les billets de monnoie, qui l'ont soutenue pendant deux ans, et qui l'auroient terminée, si les généraux de Votre Majesté l'avoient aussi bien servie l'année 1706 qu'elle avoit lieu de l'espérer par la disposition qu'elle avoit faite et les belles et nombreuses armées qu'elle leur avoit confiées.

Les désordres de la campagne ayant achevé de ruiner le crédit que j'avois trouvé en ce temps-là, quoiqu'il fût déjà bien altéré pour l'avoir trop forcé, il restoit peu d'espérance de remettre les armées des pertes qu'elles avoient faites. La bonne volonté des officiers, bien au-dessus de mon savoir-faire, a suppléé à ce que je n'aurois osé promettre à Votre Majesté. Ses armées, plus complètes et supérieures à celles de ses ennemis, ont du moins soutenu la guerre avec égalité, si elles ne l'ont pas fait avec supériorité, partout où Votre Majesté a été obligée d'en avoir. Elles se retireront en assez bon état pour pouvoir espérer de les faire rentrer en campagne, l'année prochaine, aussi complètes qu'elles l'étoient celle-ci, si les finances de Votre Majesté en fournisso[ien]t les moyens. C'est ce qu'il faut examiner, et remettre devant les yeux de Votre Majesté un tableau qui lui fera connoître ceux qui lui restent et ceux dont elle peut se servir. Et c'est cet ouvrage, qui ne promet rien et qui est tellement au-dessus de la portée des hommes, que je ne puis cacher à Votre Majesté, quelque résolution que j'eusse faite de périr plutôt que d'abandonner les affaires de Votre Majesté, qu'il ne fut pas en mon pouvoir de me refuser, dans mes réflexions de l'Étang, d'écrire, au mois de mai, après que les armées furent entrées en campagne, la lettre dont Votre Majesté parut d'autant plus surprise qu'elle ne s'y attendoit pas. Sa réponse remplie de la continuation de ses bontés et de sa confiance, le peu de ressources que j'avois à laisser à un successeur qui en auroit trouvé, il y a trois ans, quand je demandai à quitter les finances, et qui n'auroit eu aucuns moyens de vous servir, toutes ces raisons, Sire, m'ont conduit jusques à ce moment, qu'il ne m'est pas possible d'épargner à Votre Majesté, et que je voudrois lui pouvoir cacher au péril de ma vie, dont le sacrifice me coûteroit peu, s'il diminuoit vos peines et vous procuroit de la tranquillité par une paix glorieuse. Je suis entré le 8 septembre 1699 dans la place de contrôleur général des finances. Une guerre de neuf années*.....

* La suite manque.

(Dépôt des Affaires étrangères. France [Mémoires et Documents], vol. 137, f°s 99-101.)

IV.

Arrêt du Conseil d'État portant établissement d'un Conseil de commerce.

29 Juin 1700.

Le Roi ayant connu dans tous les temps de quelle importance il étoit au bien de l'État de favoriser et de protéger le commerce de ses sujets, tant au dedans qu'au dehors du royaume, S. M. auroit, à diverses fois, donné plusieurs édits, ordonnances, déclarations et arrêts, et fait plusieurs règlements utiles sur cette matière; mais les guerres qui sont survenues, et la multitude de soins indispensables dont S. M. a été occupée jusqu'à la conclusion de la dernière paix ne lui ayant pas permis de continuer cette même application, et S. M. voulant plus que jamais accorder une protection particulière au commerce, marquer l'estime qu'elle fait des bons marchands et négociants de son royaume, leur faciliter les moyens de faire fleurir et d'étendre le commerce, S. M. a cru que rien ne seroit plus capable de produire cet effet, que de former un Conseil de commerce uniquement attentif à connoître et à procurer tout ce qui pourroit être de plus avantageux au commerce et aux manufactures du royaume. A quoi S. M. désirant pourvoir, ouï le rapport du sieur Chamillart, conseiller ordinaire au Conseil royal, contrôleur général des finances :

Le Roi, étant en son Conseil, a ordonné et ordonne qu'il sera tenu à l'avenir un Conseil de commerce une fois au moins dans chaque semaine, lequel sera composé du sieur Daguesseau, conseiller d'État ordinaire et au Conseil royal des finances; du sieur Chamillart, conseiller audit Conseil royal et contrôleur général des finances; du sieur comte de Pontchartrain, conseiller du Roi en tous ses Conseils, secrétaire d'État et des commandements de S. M., et du sieur Amelot, conseiller d'État; des sieurs d'Ernothon et Baüyn d'Angervilliers, conseillers de S. M. en ses Conseils, maîtres des requêtes ordinaires de son hôtel, et de douze des principaux marchands négociants du royaume ou qui auront fait longtemps le commerce; que, dans ce nombre de douze marchands négociants, il y en aura toujours deux de la ville de Paris, et que chacun des dix autres sera pris des villes de Rouen, Bordeaux, Lyon, Marseille, la Rochelle, Nantes, Saint-Malo, Lille, Bayonne et Dunkerque; que, dans ledit Conseil de commerce, seront discutés et examinés toutes les propositions et mémoires qui y seront envoyés, ensemble les affaires et difficultés qui surviendront concernant le commerce, tant de terre que de mer, au dedans et au dehors du royaume, et concernant les fabriques et manufactures; pour, sur le rapport qui sera fait à S. M. des délibérations qui auront été prises dans ledit Conseil de commerce, y être par elle pourvu ainsi qu'il appartiendra. Veut et entend S. M. que le choix et nomination desdits marchands négociants qui devront entrer dans ledit Conseil de commerce se fasse librement et sans brigue, par le corps de ville et par les marchands négociants en chacune desdites villes; que ceux qui seront choisis pour être dudit Conseil de commerce soient gens d'une probité reconnue, et de capacité et expérience au fait du commerce; et qu'à cet effet les corps de ville et les marchands négociants des villes ci-dessus marquées s'assembleront dans le mois de juillet prochain, dans les hôtels de chacune desdites villes, pour procéder à ladite élection, en sorte que les marchands négociants ainsi élus et nommés se puissent mettre en état d'arriver à Paris ou à la suite de la cour à la fin du mois de septembre suivant, pour commencer leurs fonctions au 1er jour d'octobre; que lesdites élections seront faites pour une année seulement, et seront renouvelées d'année en année, dans la forme ci-dessus marquée, sauf à prolonger le temps du service dans ledit Conseil, s'il est ainsi jugé à propos. Ordonne S. M. qu'il sera nommé par le sieur contrôleur général des finances deux intéressés aux fermes de S. M. pour être appelés audit Conseil lorsque la nature des affaires le demandera. Et pour secrétaire dudit Conseil de commerce, S. M. a nommé le sieur Cruau de la Boulaye, conseiller du Roi, correcteur ordinaire en la Chambre des comptes, lequel aura soin de tenir un registre exact de toutes les propositions, mémoires et affaires qui seront portés audit Conseil, ensemble des délibérations qui y seront prises, desquelles il délivrera les expéditions suivant qu'il sera ordonné par ledit Conseil.

Fait au Conseil d'État du Roi, S. M. y étant, tenu à Versailles le 29e jour de juin 1700.

Phélypeaux.

(Imprimé du temps.)

MÉMOIRES DES DÉPUTÉS.

Mémoire de M. Mesnager, député de Rouen, sur l'état du commerce en général.

Remis au Conseil le 3 Décembre 1700.

Que le commerce soit utile et même nécessaire pour enrichir l'État, en rendre le prince plus puissant, plus craint et plus estimé de ses voisins, c'est un principe dont on ne doute point. Il est le seul moyen que nous ayons pour débiter ce que nos terres produisent, ce que nos artisans fabriquent, et ce que l'industrie des négociants produit, soit par leurs pêches, soit par leurs négociations; mais, comme le seul but des marchands est de gagner et de s'enrichir sans faire aucune attention au bien de l'État, que leur commerce peut y être préjudiciable quoiqu'ils en tirent des profits considérables, il est digne de l'application du Conseil d'entrer dans l'examen de ce qui, dans le commerce, est avantageux à l'État, pour le projeter, et de ce qui y cause du dommage, pour ne le pas tolérer.

Tout ce qui augmente la culture et le rapport des terres, qui favorise nos bonnes manufactures, qui en facilite le débit et le transport à l'étranger, qui augmente nos pêches et notre navigation, mérite, il est digne de protection; ces choses sont également utiles à l'État et aux particuliers.

Au contraire, tout le commerce qui se fait en tirant des étrangers une infinité de marchandises qui ne sont devenues précieuses que par le luxe des meubles et des habits et des tables, doit être regardé comme le moyen dont nos voisins se servent pour attirer notre argent, moyen d'autant plus contraire au bien de l'État, qu'il est seul capable d'épuiser toute la France d'or et d'argent. C'est un commerce ruineux à l'État, qui ne laisse pas d'être utile au particulier qui gagne sur ces sortes de marchandises, qui, bien loin d'être protégé, doit être diminué par les voies que le Conseil trouvera les plus convenables.

Tout le commerce qui se fait avec l'étranger se divise en deux parties: l'une, par laquelle nous lui donnons les productions de nos terres et de nos manufactures; l'autre, par laquelle nous tirons de lui les choses qui nous manquent, dont les plus nécessaires sont les matières d'or et d'argent, les laines, les soies, les épiceries, la plus grande partie des drogueries pour les teintures et pour la médecine. Si nous fournissons aux étrangers en vin, en eau-de-vie, sel, toiles et étoffes pour plus de valeur que ce que nous tirons d'eux, alors notre commerce est utile à l'État, parce que, le débit que nous faisons de nos marchandises excédant la valeur de celles qu'ils nous envoient, cet excédent nous est toujours payé en argent, qui est la richesse et la force de l'État. Si, au contraire, nous tirons de l'étranger pour plus de marchandises que nous ne lui fournissons, nous sommes indispensablement obligés de payer cette différence en argent : ce que nous faisons, soit en leur renvoyant nos matières d'or et d'argent, quand elles arrivent des Indes en Espagne, au lieu de les faire venir en France, soit en y transportant nos espèces.

M. le cardinal de Richelieu, qui avoit des vues si étendues pour la grandeur de la monarchie, ne trouva pas de moyens plus efficaces pous augmenter la puissance du Roi et la richesse de l'État, que d'augmenter la navigation et le commerce. En effet, il n'y en a point d'autre qui puisse attirer de l'or et de l'argent, et ce fut sur ces mêmes principes que M. Colbert protégea si fort les arts et les manufactures.

Depuis ce temps-là, on peut dire que le commerce est devenu plus préjudiciable qu'utile à l'État. La plupart des fabriques de nos manufactures ont été transportées par les religionnaires fugitifs chez les étrangers : en sorte que nous avons plus tiré d'eux que nous ne leur envoyons, et nous avons cessé de leur envoyer quantité de marchandises de nos manufactures et fruits de nos terres, que nous avions coutume de leur envoyer.

Ces observations donnent lieu de croire que, depuis quinze années, il est entré tous les ans en France pour des sommes considérables de marchandises étrangères plus que nous n'en envoyons. Rien n'est plus important que d'examiner et faire une juste balance de ce qui est entré en France et de ce qui en sort; c'est le compte de l'État. Si la France tire tous les ans pour dix millions de marchandises étrangères plus qu'elle ne leur envoie, la France s'appauvrit tous les ans de dix millions; le négociant particulier gagne, et l'État souffre du dommage.

Les raisons qu'on a de croire que nous tirons beaucoup plus de l'étranger que nous n'y envoyons de nos marchandises, sont que, depuis quinze années, il n'est presque point venu d'argent en France; que tout celui venu des Indes espagnoles pour le compte des François a été envoyé à Cadix, en Hollande et en Angleterre, en Suisse et en Allemagne; que les changes avec tous ces pays sont toujours bas et au-dessous du poids.

Toutes ces choses sont des preuves convaincantes que le commerce de France est toujours débiteur à l'étranger, et ce ne peut être que lorsque l'entrée des marchandises excède la valeur de la sortie.

Le bien de l'État demande :

Qu'on remédie au mal en diminuant la consommation de plusieurs superflus que nous achetons chèrement des étrangers;

Que nous conservions et que nous augmentions ce qui nous reste de nos manufactures, principalement celles qui s'envoient en Espagne, et d'Espagne aux Indes, comme étant l'aimant qui nous attire un argent et un or nouveau; .

Que notre navigation et nos pêches soient augmentées, en sorte que nous ne soyons pas obligés d'aller acheter chez nos voisins des harengs, des morues, des saumons et des sardines, des huiles et fanons de baleines, quand nous pouvons, comme eux, faire ces pêches, non seulement pour notre consommation, mais encore pour en fournir à la côte d'Espagne et en Italie.

Le commerce ne demande point la suppression ni la diminution des droits du Roi, mais l'égalité et la facilité dans la perception;

Que l'on réunisse à un seul droit et bureau plusieurs impositions;

Que les droits que [portent] toutes les sorties et entrées soient égaux (*sic*); partant, que l'on diminue ceux qui se perçoivent sur nos fruits et nos manufactures qui se transportent chez les étrangers, et on augmente les droits d'entrée sur celles qui entrent et se consomment en France;

Que l'on laisse chaque ville négociante dans la liberté de faire le commerce que sa situation lui peut permettre, sans tolérer ni imposer des droits locaux.

Il y en a un de 50 [sols] sur chaque cent livres de sucre et cire qui entrent dans la ville de Rouen, dont il demande la suppression : ce qui seroit d'autant plus avantageux qu'il est d'un très petit produit et a causé la ruine des meilleures et des plus anciennes raffineries qu'il y eût en France, et empêché que les villes de Honfleur et du Havre ne naviguent aux Îles.

Si les charges locales et particulières sont contraires au commerce, les privilèges que l'on a accordés aux villes ou à des compagnies le gênent.

L'on a imposé un droit de 20 sols p. o/o de la valeur sur toutes les marchandises qui viennent du Levant, à moins qu'elles n'entrent par Marseille et que les navires françois qui en viennent et qui sont destinés pour le Ponant n'y touchent et n'y relâchent, et qui est d'un grand préjudice au commerce et à la navigation.

Il s'est formé des compagnies qui ont seules la liberté de certains commerces, comme celles des Indes orientales, du Sénégal, de Guinée et du Bastion.

L'on convient que, si le négoce des Indes est utile à l'État, il se feroit difficilement par des particuliers, à cause des établissements : mais il seroit à souhaiter, pour le bien de l'État, que cette compagnie nous apportât très peu de toiles de coton, ou point du tout, et que, si elle n'a pas jusqu'à présent trouvé le moyen de nous fournir des épiceries fines, comme des gérofles, muscades et cannelle, elle nous apportât du moins autant de poivre qu'il s'en consomme en France, des indigos d'Agra, dont elle a ci-devant apporté (cette marchandise est nécessaire pour la teinture de nos draperies et soieries), et autres drogues qui viennent du pays de leur concession, que nous sommes obligés de tirer d'Hollande et d'Angleterre.

Le commerce qui se fait aux côtes du Sénégal, et qui se peut faire à la côte de Guinée jusqu'au cap de Bonne-Espérance, peut être utile à l'État. L'on y porte des marchandises de peu de prix; l'on en tire de l'or, des dents d'éléphant, de la cire, de la gomme et des cuirs. Ce commerce nous fournit encore des nègres, que l'on transporte à Cayenne, Saint-Domingue et aux Îles, sans lesquels on ne pourroit les cultiver. Il a été ci-devant fait par des particuliers; depuis, il s'est formé des compagnies exclusives, qui, seules ayant eu le pouvoir de faire ce commerce, l'ont laissé tomber, et ces îles manquent de nègres : ce qui est cause que les sucres y valent aujourd'hui un si haut prix. Si le commerce avoit été libre, il y auroit abondance de ces nègres aux Îles comme aux colonies angloises, où il n'en manque jamais, ou très rarement.

Il y a encore une compagnie formée pour la pêche du corail. C'est une bonne marchandise pour les Indes orientales, la Chine et Siam; elle y est d'un grand débit et d'une consommation assurée. Il seroit à souhaiter que cette pêche augmentât.

Le tabac est en parti. Le bien du commerce demanderoit qu'il plût au Roi de modérer les droits sur l'entrée de cette marchandise, et le produit de cette ferme et celui de l'État voudroient qu'on en cultivât assez à Saint-Domingue et dans le royaume, et que les fermiers ne s'en fournissent ailleurs.

Depuis trente années, on a trouvé le moyen de faire des glaces. C'est une manufacture d'autant meilleure que, pour les fabriquer, il n'y entre que très peu de matières étrangères. Cette fabrique est utile à l'État, parce que nous ne sommes plus obligés d'en faire venir de Venise; elle le seroit infiniment davantage, si, au lieu de n'y avoir qu'une manufacture, il y en avoit trente. Elles seroient à meilleur marché, et le commerce s'en feroit comme à Venise; leur prix modique feroit qu'il s'en consommeroit plus, qu'il s'en enverroit en Hollande, en Allemagne, en Portugal, en Espagne, peut-être aux Indes, dont le Roi recevroit des droits de sortie.

Il en est de même des verres à vitrer, dont il se fait trop peu en France, et où il s'en peut faire beaucoup davantage, ayant chez nous tout ce qui entre dans la composition. C'est une marchandise propre pour les pays étrangers. Ainsi, on ne peut en trop faire; tant plus nous y enverrions de marchandises, moins nous y enverrions d'argent.

Nous tirons pour des sommes considérables de fil blanc étranger. Nous avons tout ce qu'il faut pour en faire et pour le blanchir; il seroit utile à l'État que nous ne fussions pas obligés d'en aller chercher ailleurs.

Nos manufactures de laines réussissent; mais, pour les faire réussir, nous sommes obligés d'en faire venir d'Espagne pour bien des millions. Si, d'un côté, cette fabrique est utile, pour le grand nombre d'ouvriers qu'elle occupe, d'ailleurs elle consomme bien de l'argent, qu'on emploie à payer les laines.

Si l'on pouvoit trouver le moyen d'augmenter la récolte des laines du pays, de diminuer la consommation des draperies fines, et en interdisant l'usage aux gens de livrée, artisans, menu peuple et gens de campagne, nous ne serions pas obligés d'acheter pour de si grandes sommes [de laines] étrangères.

Il en est de même des soies du Languedoc : le Dauphiné, la Provence et les autres provinces qui nourrissent des vers à soie pourroient en augmenter la quantité.

Le commerce auroit encore besoin que ceux qui le font eussent quelques prérogatives d'honneur qui les distinguassent de nombre infini de détailleurs : ce qui se pourroit sans que cela fût à charge au Roi et à l'État. En Angleterre et en Italie, les gentilshommes peuvent négocier sans déroger. Si l'état de négociant étoit de même honoré, nous verrions les enfants de nos bons marchands continuer à négocier comme leurs pères, au lieu qu'ils quittent aussitôt qu'ils ont assez de bien, pour se mettre dans les charges. C'est pourquoi il seroit très utile pour le bien de l'État que quelque marque d'honneur engageât les négociants à avoir de l'agrément dans leur profession. Ce moyen aideroit à en augmenter le nombre et à réparer la perte de ceux qui se sont réfugiés dans les pays étrangers au sujet de la religion.

Ce plan général que présente le député de Normandie au Conseil du commerce lui convient d'autant mieux, que, quoiqu'il ait négocié pendant quinze ou seize ans dans toute l'Europe, aux Indes espagnoles et ailleurs, il n'a plus d'intérêt particulier et personnel dans le commerce, qu'il a quitté depuis sept ou huit ans, ni d'autres vues que le bien général de l'État.

(Bibliothèque nationale, ms. français 8038, f° 155-161.)

Mémoire de M. Anisson, député de Lyon, sur l'état du commerce en général.

Remis au Conseil le 4 Mars 1701.

L'or et l'argent étant sans contredit le seul nerf des États, il [s'ensuit] sans doute que le plus sûr moyen d'en attirer en France est celui de protéger et de secourir les négociants; car, comme nous n'avons point de mines, ce n'est que par leur industrie que l'or et l'argent circulent dans le royaume, et, au lieu d'aider cette sorte de gens et de les favoriser, on les a fatigués par mille endroits; mais on espère, par ce que S. M. et Messieurs ses ministres viennent de faire en créant un Conseil de commerce, que les négociants seront soutenus, et qu'ils feront refleurir le commerce du royaume. On proposera dans ce mémoire quelques moyens pour y parvenir, après avoir fait une énumération des causes du peu de progrès et de la diminution de notre commerce.

I. La plus ancienne cause est celle de l'augmentation des impôts sur les marchandises, car il est certain que, pour la plupart, on a payé depuis quelques années le double de ce qu'on payoit autrefois, tant pour les étrangères que pour les originaires.

II. Le prétexte qu'on a pris pour cette augmentation de droits a été très captieux, car on a voulu faire croire que c'étoit en faveur des nouvelles manufactures du royaume qu'on chargeoit des droits celles des étrangers que nous voulions imiter : mauvais moyen de donner cours à nos manufactures, car, pour les faire préférer à celles de nos voisins, il faudroit faire en sorte de donner les nôtres aux étrangers nos correspondants à meilleur marché qu'ils ne tireroient de celles que nous copions. C'est aux dépens de l'État que se doivent faire les premiers établissements des manufactures; c'est par des exemptions et des privilèges qu'il faut encourager ceux qui les entreprennent, et enfin, pour procurer du moins à nos voisins le mépris de ces manufactures imitées, il faut suivre l'exemple des Hollandois en pareil cas, qui, pour favoriser les manufactures de draps, font payer un très petit impôt à l'entrée sur les laines, et ne prennent aussi qu'un petit droit de sortie sur les draps manufacturés chez eux.

III. Nous avons irrité les étrangers par ces augmentations sur leurs manufactures : cela les a obligés d'imiter les nôtres, et de s'en passer par conséquent. Ils ont de même cherché ailleurs les denrées qu'ils prenoient auparavant chez nous, partie en permutation de leurs marchandises, et partie avec leur argent comptant.

IV. Notre droit de fret, la restriction de ne recevoir leurs marchandises que par certains ports et les nouveaux arrêts ont achevé de les écarter de notre commerce.

V. La fuite des religionnaires, qui ont emporté beaucoup d'argent, de bonnes têtes capables de commerce, et de bons bras par le nombre d'ouvriers qu'ils ont emmenés avec eux, lesquels, en faveur de leurs métiers, ont trouvé chez les étrangers des établissements aux dépens de leurs propres États, accompagnés d'exemptions et de privilèges.

VI. Les longues guerres que nous avons eues depuis plusieurs années contre presque toute l'Europe et les avantages que nous avons remportés sur nos ennemis ont irrité ces mêmes étrangers contre nous, et les ont obligés de faire des confiscations de nos effets chez eux, ce qui ne se pratiquoit point si rigoureusement dans les autres guerres : en sorte qu'on n'a plus osé leur confier nos effets.

VII. L'introduction des étoffes manufacturées des Indes a fait un grand préjudice aux ouvriers du royaume; car, si on continue à favoriser ce commerce, on ruinera toutes nos manufactures et toutes celles de l'Europe, car on fait travailler les ouvriers de ce pays-là pour un écu par mois; il ne leur faut pour habillement qu'un morceau de toile, ils ne bâtissent point de maisons, ils ne se nourrissent presque que de ce que la terre produit sans culture, et ils n'usent pour boisson que des sucs de fruits ou de quelques liqueurs qu'ils tirent de certains arbres. Il ne faudroit apporter de ces pays-là que des choses simples et non ouvrées, comme les drogues, les insectes, les graines et les sucs pour nos teintures, et toutes les choses qui pourroient servir à nos manufactures; et, s'il étoit difficile d'empêcher qu'on en apportât des étoffes manufacturées, il vaudroit mieux qu'on n'en apportât rien du tout. M. de Witt, un des plus grands politiques du siècle passé, avoit été de cet avis, si toutes les nations qui vont aux Indes eussent voulu convenir d'exécuter également la chose de bonne foi. Les François font ce commerce-là avec bien moins de profit que les Hollandois, car nous y portons des espèces, et tout commerce qui se fait avec de l'argent porté au dehors sans espérance de retour est ruineux à l'État qui le fait. Tel est encore le commerce du Levant, où nous envoyons aussi beaucoup d'argent; or, il est très certain que l'argent qu'on y porte, aussi bien qu'aux Indes orientales, ne revient jamais en Europe. On pourroit ajouter ici la permission qu'on a accordée aux Suisses de transporter chez eux des espèces monnoyées pour le prix de leurs marchandises.

VIII. La mauvaise régie de la ferme, car les fermiers taxent les marchandises comme il leur plaît; les bureaux multipliés en tant d'endroits, les vexations que les commis font aux marchands et aux voituriers, les péages infinis sur nos rivières, et le peu de justice que l'on a des juges des traites, qui ne condamnent jamais les commis aux dépens quand ils ont fait une mauvaise procédure contre un marchand, se servant du mauvais prétexte de ne condamner jamais le Roi aux dépens, comme si on ne savoit pas que les confiscations appartiennent aux fermiers; et pour cela, il seroit à propos, dans une nouvelle ferme, de les réserver au Roi.

IX. Les compagnies exclusives et les privilèges, qui ne doivent être accordés qu'à ceux qui travaillent à la perfection des arts par l'invention de quelque nouvelle machine ou par la découverte de quelque nouveau pays, ou de l'établissement de quelque nouveau commerce; et en ce cas les privilèges ne doivent être donnés que pour quelques années, car l'intérêt public, qui doit prévaloir sur le particulier, est de communiquer les avantages de ces établissements au plus grand nombre de sujets.

X. L'état des marchands est devenu trop méprisable dans le royaume : ils sont si mal traités dans tous les bureaux des douanes, des postes, des coches et des messageries, qu'il ne faut pas s'étonner si leurs enfants se tirent de cet état par le nombre de charges qu'on a créées en France et par les privilèges et les honneurs qu'on a attribués à ces charges.

XI. Plusieurs communautés du royaume, pour payer leurs dettes, ont eu permission de faire des impositions sur les marchandises qui passent par leurs villes : ce qui est d'un préjudice considérable pour le commerce, et d'une très grande injustice. On n'en rapportera qu'un exemple, pour éviter la longueur. Le Roi a accordé un port franc à ceux de Marseille : ils font le commerce du Levant à l'exclusion de tous les autres sujets du Roi, et ils veulent faire payer à toute la France la dépense de curer leur port, sans qu'il leur en coûte rien, car ils exigent un droit de *table de mer* sur toutes les marchandises qui sortent de leur ville pour entrer en France, et en font exempter les marchandises qu'ils y envoient pour leur compte, et cela sur leur simple déclaration. Et il y a de pareils droits imposés sur le Rhône, sur la Saône et sur la Loire.

Mémoire de quelques moyens pour le rétablissement du commerce.

I. S'il n'y avoit jamais eu de commerce en France, et qu'il fallût y en établir un, on donneroit d'autres vues que celles qu'on va proposer; mais il faut s'assujettir par force à une forme de commerce qui y est établie depuis longtemps, et tâcher, en découvrant les fautes qu'on a commises, de le rétablir par degrés et de rappeler la confiance des étrangers, lesquels on a fort irrités par la conduite qu'on a gardée avec eux.

II. Il faut revenir de la maxime de M. Colbert, qui prétendoit que la France se pouvoit passer de tout le monde, et qui vouloit encore obliger les étrangers de recourir à nous. C'étoit forcer la nature et aller contre les décrets de la Providence, qui a distribué ses dons à chaque peuple pour les obliger, ce semble, à entretenir entre eux un commerce réciproque. Ce ne seroit donc plus un commerce que de fournir aux étrangers nos denrées et nos manufactures, et de ne tirer d'eux que de l'argent. Tous ceux qui gouvernent des États dans lesquels il y a quelque commerce, n'ont d'autre attention que celle d'attirer l'argent de leurs voisins par leurs manufactures; ainsi, le plus habile est celui qui trompe en cela son voisin. La seule manière de le pouvoir faire avec succès est de fournir à ses voisins ses propres manufactures, tirer en échange un peu des leurs, et faire la soute de cette correspondance avec leur argent, c'est-à-dire faire en sorte que l'étranger tire plus de nous que nous ne tirerons de lui. La France est plus propre à cela qu'aucun autre pays de l'Europe. Elle a beaucoup plus d'étendue et beaucoup plus de sujets, et ils sont plus propres au commerce que leurs voisins. Ceux du nord sont plus lents, et ceux du midi plus paresseux. Les François sont plus ardents, plus désireux du gain, plus entreprenants et plus capables d'expédients dans les dangers; il ne leur faut que des modérateurs et des protecteurs.

III. Mais cette protection n'est proprement due qu'à ceux des négociants qui envoient la denrée et la manufacture du royaume aux étrangers; car il y a beaucoup de nos marchands qui ne sont occupés qu'à fournir la France des manufactures étrangères par lesquelles on augmente le luxe du royaume : ces derniers, par conséquent, envoient notre argent au dehors, ou empêchent de tirer des étrangers celui qu'ils doivent à la France pour les denrées et les manufactures qu'ils en tirent.

IV. Après avoir supposé que le moyen le plus sûr de tirer l'argent des étrangers est celui de leur envoyer des denrées et des manufactures, il faut chercher aussi le moyen que l'une et l'autre de ces choses leur reviennent à meilleur compte que s'ils le tiroient de ceux de nos voisins qui ont des manufactures comme nous. Il y a pour cela une règle certaine : c'est de décharger nos marchandises originaires et nos denrées des droits locaux et des péages qu'elles payent sur les routes par lesquelles on les porte à l'étranger, et de se contenter d'un léger droit de sortie, car les autres États de l'Europe qui ont des manufactures ne sauroient les décharger ainsi de droits : leur pays est trop petit, et il leur faut des impositions pour maintenir leur gouvernement. Le Roi ne perdra rien à cette diminution. Il faut lui proposer des équivalents en d'autres droits en quoi les peuples ne seront pas chargés, puisqu'ils gagneront d'un autre côté en achetant les marchandises originaires à meilleur prix, lorsqu'elles seront déchargées d'impositions. Et quant aux péages, il faut les rejeter sur les provinces par remboursement, en examinant auparavant les titres des propriétaires, d'autant plus que l'exaction de ces droits est devenue très onéreuse aux peuples, à cause des exemptions que le Roi a données de ces péages aux intéressés aux transits, aux fournisseurs de la marine, aux adjudicataires des vivres pour les armées, aux marchands d'armes et d'habits pour les soldats, et à beaucoup d'autres gens privilégiés qui ne l'étoient point autrefois : ce qui a obligé les propriétaires de ces péages à les faire exiger avec plus de dureté, et peut-être avec injustice; d'autant plus que les commis des fermes du Roi sont aussi fermiers de la plupart de ces péages, et personne ne veille sur la conduite des uns et des autres, en sorte que le marchand et le voiturier qui pourroit s'en plaindre aiment mieux supporter les injustices de ces gens-là que de leur faire un procès, parce que ces fermiers les retiendroient dans leurs voyages sous de vains prétextes, et d'autant plus que ces marchands passent tous les jours par leurs mains.

V. Pour les droits d'entrées des marchandises étrangères, il les faut proportionner aux droits que nos manufactures payent quand elles passent chez ceux de nos voisins de qui nous faisons entrer chez nous les manufactures; mais il faut bien prendre garde que les choses qui servent à nos manufactures ou aux teintures que nous ne pouvons pas cultiver dans le royaume, ne soient chargées que de petits droits d'entrée. L'équivalent en peut être facilement fourni au Roi par d'autres impositions, et, par ces deux moyens, on fera infailliblement fleurir nos manufactures, on les rendra à meilleur compte que celles de nos voisins, et on fera tomber par conséquent les nouveaux établissements qui y ont été portés par nos religionnaires fugitifs; et si on veut encore procurer aux marchands françois le moyen de porter aux étrangers les manufactures de nos voisins à meilleur compte qu'ils n'ont fait jusqu'à présent, il faut rendre à la sortie du royaume les mêmes droits qu'ils auront payés à l'entrée, en leur donnant un certain temps pour cela : en sorte que celles qui ne seront pas vendues dans ce temps-là, seront censées être consommées dans le royaume.

VI. Il faut empêcher la sortie des métiers d'ouvriers et des choses qui peuvent servir à l'établissement de nos manufactures chez les étrangers, comme des fils de lin, des chanvres et de leurs graines, des chiffons ou vieux linges, et plusieurs autres; et il faut être attentif à ce transport pour l'Espagne, où nos ouvriers ne manqueront pas d'aller à l'occasion de la protection qu'ils ont lieu d'espérer du nouveau roi, et il ne faut pas douter que le Conseil d'Espagne ne favorise ces établissements et que nos François n'y aillent plus volontiers qu'autrefois, parce que la fréquence des guerres passées entre les deux couronnes causoit des représailles par lesquelles on dépouilloit ceux de nos marchands ou de nos ouvriers qui avoient fait quelque fortune en Espagne : ce qui les rebutoit de s'y établir. L'ambassadeur du Roi en ces pays-là devroit avoir quelqu'un près de lui qui l'informât de ces sortes d'établissements, comme encore des intérêts des négociants françois, pour terminer leurs différends, pour les empêcher de se marier en ces pays-là, ou du moins de n'y épouser que des François[es], afin qu'en conservant l'amour de la patrie, ils pussent remporter en France les biens qu'ils auroient gagnés dehors. Cet ordre devroit être commun à tous les ambassadeurs du Roi, comme aussi de protéger les François marchands pour les faire payer de ce qui leur est dû par les étrangers. Les ministres des princes d'Italie, ceux des Anglois et des Hollandois se rendent les solliciteurs des marchands de leurs nations, et conservent par là le bien de leurs États. Il faut encore prendre soin, dans les traités d'alliance ou de paix avec les étrangers, des intérêts des négociants du royaume, et ne pas faire comme on a fait à Ryswyk, où l'on a abandonné la confiscation des biens des sujets du Roi qui avoient été saisis dans les villes impériales pour de grandes sommes, et dont les Magistrats de ces villes n'avoient osé prononcer, pendant la guerre, la confiscation, par un simple respect pour le droit des gens.

VII. Il faut donner un moyen aux marchands des provinces pour abréger les longueurs et pour éviter l'injustice des procédures des juges des traites, comme aussi pour faire leurs plaintes de la continuelle vexation qu'exercent sur eux toutes les personnes qui prennent le nom de commis du Roi. Les voies ordinaires sont trop longues et trop dispendieuses, et exposent les plaignants à de nouvelles et de plus dures vexations. L'occasion du Conseil de commerce est très favorable pour cela : il n'y auroit qu'à établir dans les principales villes de négoce une Chambre de commerce, à laquelle s'adresseroient tous ces marchands oppressés. Ces Chambres particulières auroient rapport avec le Conseil de commerce de Paris; ils y enverroient leurs mémoires, et, cela se faisant sans frais et avec diligence, les marchands des provinces resteroient dans leurs bureaux à faire leur commerce, au lieu qu'ils aiment mieux abandonner de bonnes causes à l'avidité des commis et laisser perdre de bonnes vues qu'ils pourroient proposer pour l'augmentation du négoce, plutôt que de venir à Paris dépenser beaucoup d'argent et perdre un temps infini, sans espérance d'obtenir et de terminer ici les choses qui les y feroient venir. On pourroit attribuer à ces Chambres de commerce l'inspection des manufactures de leur ressort, l'attention sur l'exécution des ordonnances pour le commerce, l'examen pour l'exécution des tarifs des douanes pour la défense de sortir certaines denrées, et du payement exclusif : ce qui ne s'exécute jamais par les commis; car, pour de l'argent, ils laissent tout sortir, et font composition des droits excessifs. Si cette vue paroit bonne à Messieurs du Conseil, le proposant trouvera encore des matières de commerce propres à attribuer à ces Chambres, sans leur donner pourtant aucune jurisdiction contentieuse, mais seulement le droit d'examiner les matières de commerce, d'en donner avis au Conseil, et d'en poursuivre les règlements.

VIII. Il faut nécessairement procurer des honneurs aux marchands dans leur état, afin qu'ils s'y plaisent et que leurs enfants puissent continuer leur commerce. C'est cette continuation de négoce qui fait la force des marchands hollandois, anglois, vénitiens et génois; car, quand on a beaucoup de bien et qu'on peut faire un grand négoce de son propre fonds, on le risque plus volontiers dans de grandes entreprises : ce qu'il n'est pas prudent de faire quand on négocie du bien d'autrui et sur le crédit. Il seroit à propos d'ordonner que le commerce ne dérogeât point à la noblesse, qu'il fût compatible avec les charges, et que certains négociants pussent jouir, eux, leurs femmes et leurs enfants, des mêmes honneurs dont jouissent les officiers des présidiaux. Ce seroit particulièrement à ceux qui auroient servi plusieurs années dans ces Chambres de commerce, à ceux qui ont des manufactures, et aux marchands qui font le commerce de dehors, qu'il faudroit accorder ces prérogatives. On pourroit anoblir ceux qui auroient négocié avec réputation jusqu'à la troisième génération, à condition de rester encore dans le commerce pendant trois autres générations. Il seroit très à propos d'insinuer à MM. les gouverneurs et à MM. les intendants des provinces de traiter ces principaux marchands avec les mêmes égards qu'ils ont pour les officiers dont on vient de parler, et en leur faisant sentir que ceux qui gouvernent les regardent comme gens utiles à l'État. Quand les enfants de ces anoblis se présenteroient pour les charges de la robe et de la guerre, il les y faudroit admettre comme les autres gentilshommes, et ne les point traiter de nobles à la cloche comme on a coutume de faire. Il ne faudroit point, pour raison de ces marques de distinction, les comprendre dans les taxes lors des occasions de guerre, et imiter en cela les Hollandois, qui n'ont jamais fait contribuer aux extrêmes besoins de leur État ceux qui avoient de l'argent dans le commerce, n'ayant jamais levé le centième et le deux-centième denier que sur les immeubles et sur les prêts faits aux communautés, regardant le bien qui est entre les mains des marchands comme le bien le plus précieux de leur État. Enfin, quand il paroîtra que MM. les ministres veulent protéger et favoriser cet état de gens, ceux qui les vexent et les méprisent changeront de conduite à leur égard, et obligeront les fils des marchands à rester dans le commerce.

IX. Quand on voudra défendre l'usage de certaines marchandises qui viennent de dehors et qui peuvent nuire à nos manufactures, il faut, pour en abroger l'usage, en défendre le port, sous peine pécuniaire à ceux qui les porteront, et, comme les seigneurs ne peuvent être exécutés pour cela, il faut supplier le Roi de leur marquer sa volonté là-dessus; et, sans les obliger à porter nos étoffes, si S. M. en veut user elle-même, ils en porteront aussi, et tout le reste du royaume, et de cet usage suivra celui de toute l'Europe, car tous nos voisins copient les François pour leurs habillements, et c'est en quoi on a fait une faute contre le bien du commerce de défendre l'usage de certaines nippes et de certains ornements appelés marchandises de mode, que l'on envoie aux étrangers. Ce commerce est appelé parmi les marchands *les Indes françoises;* car, comme cela change deux fois l'année, l'imitation qu'en peuvent faire nos voisins leur devient inutile, à cause de ce perpétuel changement. C'est cette variation de mode qui fait aussi celle des dessins pour les étoffes de soie, et c'est une espérance qui nous reste pour la conservation de cette manufacture en France, si on veut procurer aux marchands l'affranchissement des droits et des péages proposé pour les marchandises et denrées originaires. Les Anglois et les Hollandois sont si persuadés de cette vérité de l'imitation que font tous les peuples des habillements des François, que le premier soin de ces deux nations, quand elles ont reçu quelques étoffes nouvelles des Indes, est de les faire entrer en France, pour y en introduire l'usage, persuadés qu'outre le débit qu'ils en feront dans le royaume, ils s'en procureront par ce moyen une infaillible distribution dans le reste de l'Europe. On doit juger par là du tort que ces étoffes des Indes font aux manufactures du royaume : ce dommage est immense, et ne va à rien moins qu'à la ruine totale de nos plus précieuses manufactures. Il seroit encore à désirer qu'on pût inspirer au nouveau roi d'Espagne le dessein d'obliger ses sujets de s'habiller à la françoise et de quitter la golille. Ce seroit le moyen d'abroger, en ce pays-là et dans tous ceux dépendants de l'Espagne, l'usage des bayettes d'Angleterre, dont il se débite pour des millions toutes les années aux sujets de cette couronne. Cette pensée est due à M. de Rol, député de Bayonne.

X. Il est important aussi pour la connoissance du commerce et pour son établissement, de faire une balance de ce qu'il entre de denrées et de marchandises étrangères dans le royaume et de ce qui en sort des nôtres, afin que, si nous tirions plus du dehors, on prît des mesures certaines d'envoyer plus à l'étranger que nous ne recevons de lui; car, autrement, notre commerce deviendroit inutile, et les espèces du royaume passeroient infailliblement chez nos voisins.

XI. Et quand une fois on aura procuré par ces moyens l'abondance des espèces dans le royaume, MM. les ministres ne seront plus fatigués à chercher des moyens de les y retenir, ni d'en procurer au Roi dans ses besoins; car, en faisant fleurir le commerce, on facilitera la distribution des denrées superflues à l'État, on augmentera les prix des fermes à la campagne et celui des maisons dans les villes, et on enrichira les sujets : ce qui fait la puissance des rois et de leurs États.

(Bibliothèque nationale, ms. français 8038, f°s 163-176.)

Mémoire du sieur Des Casaux du Hallay, *député de Nantes, sur l'état du commerce en général.*

Remis au Conseil le 4 Mars 1701.

Cette Chambre du commerce cause une attention universelle, non seulement dans le royaume, mais encore chez les nations étrangères. Les seigneurs qui la composent sont des premières et des meilleures têtes du royaume; la matière ne peut être plus grande, plus sérieuse, ni plus digne de leurs soins : il s'agit également de l'intérêt du prince, de l'honneur de la nation, du bien de ses sujets, et de la gloire particulière des ministres de ce Conseil. On a raison d'être attentif à leurs décisions.

Cette Chambre produit différentes agitations dans l'esprit. Les gens bien intentionnés sont partagés entre la crainte et l'espérance : d'un côté, ils espèrent qu'elle opérera le rétablissement du commerce, et d'ailleurs ils craignent que l'intérêt des compagnies, par leur crédit, ne prévale toujours sur le général.

Elle ne déplaît pas moins aux employés accoutumés à dominer, à exiger, et à s'enrichir aux dépens des marchands : ils craignent les plaintes et les recherches de leur conduite.

Elle donne une jalousie extrême aux nations ennemies de notre prospérité, appréhendant que le Conseil, prévenu de la conséquence et de l'utilité du commerce, et devenu aussi éclairé dans la manière de le gouverner qu'il l'est dans les matières politiques, ne lui donne aussi bonne forme qu'on ne devienne, en France, leur supérieur pour le négoce, comme l'on l'est effectivement dans la guerre et dans la conduite du reste de l'État.

Les Hollandois et les Anglois savent que, dès que le Roi a voulu établir la marine, on s'est, en peu d'années, rendu si recommandable, que notre flotte a tenu la mer contre ces deux puissances. Cette expérience leur a appris que, quand on voudra faire régner en France un esprit de commerce, on pourra y devenir aussi entendu que ces deux nations.

Mais aussi quelle joie n'auront pas les ennemis internes et externes de notre commerce, s'ils voient que cette Chambre manque de prendre le bon parti !

On peut assurer que les députés des villes qui ont l'honneur d'y entrer sont remplis de bonne volonté; ils savent bien aussi ce qui convient aux intérêts du Roi, pour ne rien proposer qui y soit incompatible; ils sont prévenus que c'est moins le fond que la forme des droits du Roi qui oppresse le commerce; ils sont persuadés que, toutes les choses bien entendues, le commerce, qui est arrêté, se fera, et le revenu du Roi s'augmentera.

Dans ce bon esprit, ils doivent proposer au Conseil la suppression de quelques droits; ils sauront, en représentant les véritables intérêts du Roi et du commerce, indiquer le remplacement par ailleurs.

Ils méritent qu'on les écoute avec confiance, au préjudice de ces personnes qui, à la faveur de quelques voyages et de quelques lumières théoriques, préviennent et imposent.

Il faut de l'expérience pour savoir ce qui est convenable au commerce. Jamais la conjoncture ne fut plus favorable pour rétablir le commerce : nous sortons d'une guerre qui, ayant donné carrière à l'humeur dominante des François, nous a fait faire, par les prises, plus de progrès dans le commerce que nous n'eussions pu en acquérir par nous-mêmes en un siècle entier. Il faut avouer que nous n'avons encore que des essais de commerce en France. Nous nous procurerions des avantages assez, s'il falloit toujours disputer par les armes : c'est notre véritable talent; mais, quand il faut les acquérir par un commerce rempli de travaux et de soins constants, nous sortons de notre élément. Cette conduite si naturelle aux autres nations nous surpasse : elle devient forcée et étudiée, et notre génie veut être aidé pour réussir dans le commerce.

Ces prises, dis-je, venant de toutes les parties du monde, nous ont fait voir avec étonnement la grandeur, l'étendue et la qualité du commerce des Anglois et des Hollandois, avec les bons établissements et les fortes habitudes que ces nations ont su faire partout. Nous en avons conçu l'émulation et un désir ardent de les imiter; il est de la dernière conséquence de ne laisser pas ralentir le feu de ces bonnes dispositions.

Le jugement de ces prises, qu'il a fallu suivre au Conseil, a aussi, par un bonheur singulier, prévenu fort favorablement les ministres pour le commerce, par les commissaires qu'ils ont en cette occasion, et on doit espérer qu'ils voudront bien aider les négociants de leur protection, et éclaircir le chaos dans lequel est tombé le commerce.

La première chose que l'on puisse souhaiter en faveur du commerce est la liberté : il est trop gêné dedans et dehors; il est impossible que les négociants le puissent étendre sur le pied que sont les choses. C'est la pierre d'achoppement; on le fera voir dans la suite de ce mémoire.

Faute de liberté, il y a dans nos ports grand nombre de vaisseaux marchands à rien faire et qui périssent. Cette crainte nous oblige d'en occuper un trop grand nombre aux commerces qui sont permis : ce qui est cause qu'on y perd au lieu d'y gagner. D'ailleurs, plusieurs jeunes gens de famille qui s'étoient jetés dans la navigation, s'en retirent; c'est un grand mal.

Outre la perte que ces marchands font sur un commerce trop fréquenté, par le dépérissement de leurs vaisseaux et par rapport à ce qu'ils manquent de gagner sur les commerces dont ils sont exclus, c'est que tout ce grand nombre de matelots que la guerre a formés cessent d'être occupés et de subsister : ils perdent l'habitude d'aller à la mer, et ils périssent; les classes diminuent, l'État ne les trouvera plus au besoin, et cette navigation si précieuse pour l'honneur de la nation et pour le bien de l'État s'étouffe. Nous voyons, nous savons, nous voudrions, nous pouvons; mais nous avons des liens.

La liberté est l'âme et l'élément du commerce; elle excite le génie et l'application des négociants, qui, méditant sans cesse des moyens nouveaux de faire des découvertes et des entreprises, opèrent un mouvement perpétuel qui produit l'abondance partout. Dès qu'on borne le génie des négociants par des limites, on détruit le commerce. Les Hollandois, qu'on peut citer pour exemple dans le commerce, se sont fait une loi, qu'ils observent régulièrement, d'y faire régner une entière liberté. C'est par cet appât qu'ils se sont rendus maîtres de tout le commerce du monde : on leur voit permettre jusqu'à la sortie des espèces et des matières d'or et d'argent de chez eux : ce que les autres nations défendent si sévèrement. Des fins marchands savent que, par une issue nécessaire, ce qui sort entre par ailleurs, et que le mouvement bien suivi produit un bénéfice qui reste dans le pays, et qui enrichit celui qui le fait.

Ils ont de plus cette prudente politique de ne guère charger de droits le commerce; ils se servent d'autres moyens pour faire les levées : ils prennent sur le général, dans le besoin, les subsides nécessaires; ils regardent le commerce comme le nœud de l'État, comme un corps précieux auquel on touche le moins; ils le protègent de toutes leurs forces, afin de faire sentir à leurs sujets que c'est la condition la plus chérie, et de les exciter par là à s'y jeter tous comme l'unique moyen de s'enrichir et de se mettre en situation de pouvoir soutenir les charges de l'État. Si cette maxime étoit bien pesée, on la trouveroit peut-être fort convenable, et, moyennant la liberté, on feroit des merveilles en France, comme en Hollande, dans le commerce. Cette réflexion mérite d'être étudiée. On convient cependant qu'il est quelquefois nécessaire d'apporter de la restriction à cette liberté générale par rapport au bien particulier des manufactures des matières de notre cru, de nos colonies et de notre navigation, et on fera l'exception en son lieu; mais, faute de bien peser ces restrictions, on en a établi une quantité mal entendue, qui causent beaucoup de mal au commerce en général, comme on le fera voir.

Le commerce de France a besoin d'une grande attention pour en remplir toutes les parties; il seroit nécessaire d'un corps en forme, sous un directeur séparé de tous les intérêts, pour le bien diriger. En effet, il est difficile qu'un seul directeur, d'ailleurs détourné par d'autres intérêts, suffise pour remplir sans secours la direction du commerce d'u[n] royaume aussi étendu que la France; qu'il puisse assez posséder et avoir continuellement devant les yeux ce qui convient à chaque port, à chaque ville, à chaque province et à chaque commerce en particulier, pour pouvoir toujours faire des règlements ou donner des avis si justes, qu'ils ne soient trop favorables pour les uns et trop préjudiciables pour les autres. Il est même presque impossible qu'un même esprit se soutienne assez pour se préserver de tomber insensiblement dans quelque prévention particulière pour un port ou pour l'autre. On fait ces réflexions parce qu'il y a effectivement beaucoup de disproportion et d'inégalité entre les villes, sur les droits et les fixations qui ont été réglés pour le commerce. Il seroit donc important que la Chambre du commerce subsistât toujours, que tous les arrêts, avec ce qui a du rapport au commerce, y soient portés, réglés et registrés, et que les questions qui naissent continuellement entre les marchands et MM. les fermiers, qui troublent si fort le commerce, y soient aussi rapportées et décidées sommairement, sans figure de procès, le tout à la connoissance des députés des provinces, afin que chacun en particulier y soutienne ses droits, que la balance soit observée régulièrement, que tout soit su, et qu'on évite les inconvénients où l'on est tombé. Le commerce est d'une nature à devoir être accéléré : un négociant se rebute, ferme sa bourse et abandonne tout, plutôt que d'essuyer des formalités, et les fermes du Roi en diminuent. Il faut convenir que, jusqu'à présent, le commerce a toujours été regardé comme un casuel, par la face de la régie de la ferme, et jamais par celle du commerce. Quand on veut faire une compagnie de judicature ou autre, de quelque peu de conséquence qu'elle soit, on y met un nombre suffisant de personnes capables pour la gouverner : à plus forte raison le commerce, qui est l'essentiel de l'État, doit-il avoir un corps en forme qui le régisse avec attention. Il produit d'assez gros avantages pour qu'on n'en plaigne pas la dépense; elle aura bien son mérite par les fruits qu'elle produira. Ceci demande une attention particulière.

Il seroit aussi nécessaire d'étendre ce corps dans les provinces et dans les villes, par des relations particulières avec la Chambre du commerce des villes qui en ont, ou avec le corps des juges-consuls des marchands, dans celles qui n'en ont pas; et comme les corps des communautés des villes se sont fort oubliés et sont tombés dans une entière nonchalance sur le commerce, il seroit bon que la cour eût agréable de les réveiller en leur marquant par des lettres circulaires qu'on souhaite qu'ils se mettent en attention sur ce qui sera de leur ministère pour contribuer à donner de l'émulation dans le commerce.

Le peu de part qu'elles ont pris aux députations qu'elles ont faites est de mauvais exemple, et ne témoigne que trop leur indifférence.

Jamais le commerce ne sera sur le bon pied, que le Roi n'ait agréable de faire régner partout un esprit de commerce qui le mette à la mode, et que Sa Majesté ne veuille bien le faire protéger assidûment par un corps en forme, comme son domaine particulier, prévenant et décidant continuellement et sans remise ce qui lui sera avantageux; qu'on distingue ce qui détruit le domaine d'avec ce qui est de l'utilité particulière du commerce; qu'on n'épuise pas le fond pour la vente. Rien ne peut contribuer davantage à donner du courage aux négociants. On peut même assurer que plusieurs attendent l'issue et les décisions de la Chambre du commerce avec impatience, pour prendre leur parti, les uns d'y rentrer, et les autres d'en sortir.

Le grand débit de Paris ne prouve pas le bon état et l'étendue de notre commerce, comme on le pourroit croire; il prouve uniquement le mauvais état des provinces, notre fatale consommation, et les avantages que les étrangers ont sur nous, comme on le fera voir. Ce qui se doit appeler *commerce*, c'est celui que nous faisons au dehors par notre propre navigation et par le débit de nos denrées; c'est celui-là qui est altéré, qui a besoin d'être protégé et rétabli avec soin dedans et dehors.

Le grand commerce et cette navigation ne sont pas moins altérés par une disette de bons négociants que par le défaut de liberté dont on a parlé. Si l'on veut faire du commerce en France et le mettre en bonne réputation, il seroit à propos de commencer par faire des négociants en décorant le commerce. On ne sauroit trop tôt prendre de mesures sur cela. C'est une erreur de croire que toutes sortes de gens soient capables de faire le commerce et de l'entendre. Beaucoup de gens s'en mêlent, et très peu s'en acquittent bien. On sait que le mépris qui règne en France pour le commerce et les commerçants, joint au dégoût qu'ils reçoivent dans le cours de leurs affaires par rapport aux commis des fermes, les engage presque tous, depuis longtemps, à se retirer d'abord qu'ils ont gagné du bien assez pour prendre un état dans lequel ils trouvent plus de douceur et d'agrément, plus de relief et plus de distinction. Ils établissent leurs enfants, ils mettent leur argent en terres ou en charges et en contrats. De là vient que les étrangers ont tant d'avantages sur nous dans le commerce, parce que le négoce et les habitudes ne se perpétuent pas dans nos familles, que toutes sortes de gens avides s'y jettent, qu'on voit peu de bonne foi, beaucoup de banqueroutes, peu de négociants assez riches et assez entendus pour aller négocier en concurrence avec les étrangers, que nous sommes presque réduits au détail, et à prendre des Hollandois et Anglois, à prix d'argent et à notre grand dommage, les marchandises nécessaires à notre consommation, faute d'expérience pour les savoir établir par nous-mêmes sur le [même] pied qu'eux et observer la permutation.

Notre jeunesse préfère de bien étudier les airs françois pour briller, plutôt que de s'attacher au solide. Les enfants craignent qu'on ne sache qu'ils sont issus du commerce, parce qu'ils voient qu'il est avili. Il est constant que la vie d'un homme ne suffit pas pour se rendre assez versé dans le commerce, et qu'avec tous les soins, si l'on n'a le bonheur d'être né d'un bon nom et de tomber sur des affaires et des habitudes toutes formées ou ébauchées par nos pères, rarement réussit-on. La lettre n'en est pas si grosse qu'on pense : il faut l'apprendre méthodiquement dès l'enfance, pour le posséder et savoir se conduire et s'élever. Le commerce consiste plus dans la circonstance et dans l'habitude, que dans le fait : tel saura, à l'imitation d'un autre, faire une entreprise, et qui, faute de lui savoir donner les mêmes dispositions, perdra pendant que l'autre gagnera. On ne sauroit donc trop faire pour rappeler les négociants et les engager à rester dans leur condition et d'y élever leurs enfants, afin qu'on apprenne de père en fils à faire le commerce avec sagesse et expérience.

La source du mépris qu'on a pour le commerce et les commerçants dérive : en premier lieu, de ce qu'on a tant confondu le terme de *marchand*, qu'à compter depuis l'artisan jusqu'au premier négociant du royaume, on n'en fait point de distinction.

Un cordonnier par exemple se sert de la qualité de marchand tout ainsi que le plus grand marchand de France.

En second lieu, de ce qu'on ne connoît vulgairement à Paris (qui sert d'exemple aux autres villes) guère d'autres marchands, quoiqu'il y en ait beaucoup d'autres, que ceux qui font le détail; lesquels, mêlés de gens de toutes espèces dont le génie est borné à acheter pour revendre, et que la plupart, pour parvenir à leurs fins, exagèrent, font mille démarches basses et offices onéreux et méprisables, allant dans les moindres maisons, à l'envie des uns des autres, porter leur marchandises, engendrent dans l'esprit de tous les états au-dessous des marchands un mépris universel pour leur condition, qui passe ainsi de Paris dans les provinces, et des marchands détailleurs sur les marchands grossiers et sur ceux qui font négoce de la mer, indifféremment.

On oublie ainsi la distinction due à ces bons et à ces grands marchands et négociants dont le crédit et la bonne foi, établie au dedans et au dehors du royaume, mérite une considération particulière. Tel, par son industrie, a découvert des commerces inconnus, fait construire nombre de vaisseaux, fait des prises aux ennemis, établi des maisons et des habitudes chez les étrangers, augmenté les colonies, fait entrer des espèces dans le royaume, déchargé par son commerce le superflu, apporté l'abondance de celles qui manquent, donné au peuple le moyen de subsister par le mouvement et la circulation de son commerce, et fait entrer pour plusieurs millions de droits dans les coffres du Roi: tel, dis-je, aura fait tout cela, qui n'en est pas plus reconnu ni plus décoré, et il est borné à la simple qualité de marchand, tout comme les autres; nous en avons des exemples. Cependant on ne peut disconvenir qu'un marchand, dans son état, ne soit aussi utile au Roi et à l'État que bien d'autres. L'attention d'un marchand est de penser tous les moments de la vie à faire des essais dans le commerce, pour découvrir ce qu'un autre n'a pas découvert. S'il travaille pour lui, il travaille pour le Roi et l'État: il ne faut pas le troubler; on ne peut avoir trop d'attention à l'aider. Quand le fermier d'un seigneur particulier, qui fait valoir son domaine, lui porte de l'argent, il veut en être reconnu et caressé; les négociants sont en pareille hypothèse. Enfin, le dernier édit qui a réglé le luxe, a confondu l'état du commerçant avec celui des artisans, et au-dessous des sergents et huissiers; cela a achevé de rebuter les négociants. Les filles qui n'ont que 10,000[#] à donner en mariage, veulent encore moins que jamais s'allier dans cet état; elles préfèrent les personnes revêtues des charges les plus subalternes.

On a porté le mépris du commerce, en certaines villes, jusqu'au point que, quand un fils de négociant en gros s'est présenté pour être reçu en charge, même dans des médiocres, on l'a refusé; si on l'a admis, les Compagnies ont obligé le postulant d'apporter des certificats justificatifs comme il n'a pas fait le commerce. Cependant, si la noblesse réside dans la vertu, dans la probité et dans la bonne foi, c'est l'apanage des commerçants : on ne sauroit donc trop les décorer et les estimer.

Les autres nations rendent bien plus de justice au commerce. Elles sont persuadées qu'il n'y a rien de plus grand ni de plus noble; il n'est point d'honneur ni d'agrément qu'elles n'y attachent. Les nobles le font sans déroger, également comme le roturier, et, en Angleterre particulièrement, les cadets de noblesse des premières personnes du royaume commencent par faire sept ans d'apprentissage chez les marchands de boutiques et autres. Ils s'élèvent tellement par le commerce, qu'ils deviennent aussi riches que les aînés; aussi distingue-t-on chez eux les marchands en gros par un terme qui signifie à peu près *noble marchand*, et tous ceux qui font le détail se nomment *boutiquiers*.

Il est vrai que les étrangers ont chez eux une image et une représentation bien plus vive et plus présente que nous de la grandeur et de la noblesse du commerce, parce que, les cours de leurs États étant tou[te]s établies sur des ports de mer, elles sont en occasion de voir sensiblement, par les vaisseaux qui vont et qui viennent de tous les côtés, chargés de toutes les marchandises et de toutes les richesses du monde, combien le commerce est recommandable. Si le commerce de France avoit le même bonheur, il ne faudroit point d'autres appâts pour rendre toute la France négociante. On ne sauroit trop admirer la facilité que les négociants ont de se faire crédit et de se fournir réciproquement, sur de simples relations, d'un bout du monde à l'autre, toutes les sommes qu'ils se prêtent, quelque fortes qu'elles soient : ce qui sert non seulement pour le commerce, mais aussi pour les affaires de l'État, et d'autant mieux que, dans les autres états de la vie, si on a besoin de 100 pistoles, il faut s'engager par des contrats en forme, et que celui qui les vent trouver donne pour 100,000[#] de caution.

Il est donc nécessaire de relever le lustre du commerce d'une manière qui, jointe à la liberté, engage les négociants à aimer leur condition jusqu'au point de l'envisager et de le cultiver comme l'apanage et l'héritage de leurs enfants.

Il est assez difficile d'établir une règle qui donne la décoration au commerce et aux commerçants, parce que le négoce en gros, tant de terre que de mer, et celui en détail, est assez mêlé, y ayant des gens qui font l'un et l'autre tout ensemble. D'ailleurs, s'il y a des moyens corps de marchands, à Paris et dans quelques provinces, qui rendent les choses encore moins possibles, la prudence du Conseil y pourvoira. Cependant on donnera un mémoire séparé de ce qu'on croit pouvoir proposer de moyens incompatibles à ces difficultés, et de plus convenables pour causer une émulation.

Si le commerce et les commerçants souffrent par le mépris et l'avilissement de leur condition, ils ne souffrent pas moins, tant par les difficultés et les hauteurs des commis, que par la multiplicité des bureaux et des droits. C'est une des choses qui contribue le plus à détruire le commerce et à obliger les marchands à s'en retirer.

Ces bureaux sont ordinairement remplis par des commis affamés, qui, souvent, n'ont pas d'appointements suffisants pour subsister, soit parce qu'ils ne sont pas d'eux-mêmes assez forts, soit parce qu'ils les partagent avec des créatures ou avec leurs parents. Ces gens, toujours brûlants du désir insatiable de faire leur compte, mettent tout en œuvre pour parvenir à leurs fins : remplis de cet esprit de corruption, ils vont au-devant de ceux qui ne les préviennent pas dans leurs intérêts; si on ne donne pas dans leurs vues, ils ont des prétextes tout prêts pour fatiguer les marchands : ils saisissent les marchandises, arrêtent les bateaux, et font naître mille difficultés pour attirer à composition. Ils s'enrichissent ainsi aux dépens du Roi et du commerce, en peu d'années.

Si l'on plaide sur les difficultés qui naissent, c'est toujours devant leurs juges des traites, attachés à leurs intérêts par les pensions qu'ils en reçoivent, lesquels, souvent peu en état d'honorer leurs charges, en font métier en se mettant de part et d'intelligence avec les commis. D'ailleurs, les arrêts et règlements sur le fait de la régie de ces fermes sont si remplis de rigueurs et de formalités impraticables, qu'il est impossible qu'à les prendre au pied de la lettre, les marchands et les voituriers, qui les ignorent, ne soient pris en faute et n'aient toujours tort par rapport aux dispositions de ce règlement, quand même ils n'auroient pas dessein de frauder. Si les commis reconnoissent dans ces règlements quelque article qui puisse leur être disputé et être entendu ou jugé en faveur du marchand, et qui mette un frein à leur avidité, ils ne manquent pas, sous un prétexte étudié du bien du fermier, d'écrire à MM. les fermiers généraux, lesquels sollicitent au Conseil et obtiennent sur-le-champ, par leur crédit, des ordres et des arrêts qui s'expliquent en leur faveur. On y fait glisser des termes généraux, qui n'exceptent rien, et qui mettent les commis en état d'étendre la courroie tant qu'ils le jugent à propos. La religion du Conseil ainsi surprise, les négociants n'étant jamais consultés pour donner leurs objections, il s'ensuit que les commis, ainsi armés de toutes pièces contre les marchands, les traitent indignement et les réduisent à tout sacrifier, à tout souffrir et à tout abandonner.

Les marchands de probité qui ont assez d'intelligence pour s'expédier et s'affranchir des voies iniques, ont peine à trouver leur compte, parce que les commis eux-mêmes, avec des gens à leur disposition, font venir et établissent les marchandises à meilleur marché, au moyen des fraudes concertées. Ils sont ravis qu'il y ait de nouveaux droits : leurs profits en sont d'autant plus forts; il n'en va que la moindre partie à la ferme. Si quelque misérable est surpris à frauder, on ne lui pardonne pas : on le ruine, et il est à naître que ces messieurs les commis aient jamais été entrepris.

Il est assez apparent que MM. les fermiers ignorent toutes ces choses, puisqu'ils n'y mettent point ordre.

Mais, si le Conseil savoit jusqu'à quel point l'étrange domination des commis a réduit le négoce et les négociants, et le tort qu'ils font eux-mêmes aux droits du Roi, on en feroit assurément quelque exemple : les négociants seroient ravis qu'on fît de rigoureux règlements contre les fraudeurs et les commis. A Londres, il y a deux mylords assidûment dans le domaine, préposés pour connoître ce qui s'y passe; ils décident sommairement les procès qui naissent entre les marchands et les commis, et les terminent sur-le-champ.

Si on ne peut pratiquer en France cet expédient, il seroit du moins à propos et de la dernière conséquence que, pour tenir les commis dans le devoir, la cour eût agréable d'avoir relation en chaque bonne ville avec un négociant de probité en qui elle eût confiance, chargé d'entrer en connoissance de la conduite des commis et des différends qui naissent, pour en rendre compte, avec ordre aux commis et aux juges des traites de ne rien décider dans les difficultés sans sa participation. On peut assurer que cet expédient empêchera bien des malversations des commis et des juges qui touchent des gages ou des pensions des fermiers; cela est contraire au commerce et à leur caractère. Le Conseil ne balancera sans doute pas à corriger cet abus.

A l'égard de la multiplicité des droits, on sait, entre autres, par exemple, que, quoique, par le tarif de 1664, il y en ait un nombre d'abolis et réduits en un seul droit d'entrée et de sorties, cependant, dans l'année suivante du bail de Martineau, MM. les fermiers généraux ont fait percevoir à Ingrande, sur la rivière de Loire, des droits de conséquence, sous les noms de *concédés parisis, 12 et 6 deniers*, pareils à ceux supprimés par l'édit, et ont toujours continué depuis : lesquels droits sont si litigieux et si embrouillés, qu'aucun marchand n'a jamais pu les pénétrer; ils les ont toujours volontairement payés, pour éviter les procès. Les droits de Nantes à Orléans sont si étendus, que, quoique l'intention du tarif n'y soit que de lever 5 p. o/o de droits d'entrée de la valeur, cependant il se trouve que, par tous ces droits, les marchandises montant de Nantes à Orléans payent près de 1/5 p. o/o, ou 3 sols pour livre de la valeur. On ne peut douter que cela ne retienne absolument le commerce. Ainsi du reste. Cette duplicité de droits exigés a ruiné et fait cesser considérablement le commerce de Nantes et de la Loire.

Les péages particuliers qui sont sur les rivières sont encore une des principales choses qui perdent le commerce. Il y en a si grand nombre, qu'on en compte sur la Loire plus de trente, depuis Roanne jusqu'à Nantes, qui composent autant de bureaux auxquels ils sont obligés de s'arrêter. On y exige tellement, qu'on a souvent vérifié qu'une balle de marchandise descendant de Roanne à Nantes, qui naturellement n'auroit dû en tout que 10 écus de droits, en payoit, par tous ces bureaux, 30 ou 40. D'ailleurs, les pauvres malheureux matelots sont obligés de donner des présents à chaque péageur : sans quoi ils les retardent à plaisir et mettent par ces exactions les voituriers en obligation de voler le marchand pour se tirer d'affaire. Il en est de même sur les autres rivières.

Le Conseil ne peut douter, par ces échantillons, que le commerce du transport ne soit ruiné : il est absolument réduit à la seule et pressante nécessité indispensable de la consommation journalière des denrées. Il est incontestable que, si les choses étoient sur un autre pied, le commerce et les droits du Roi se multiplieroient considérablement.

Il seroit donc très à propos que, pour y mettre ordre, le Conseil eût agréable d'entrer au plus tôt en connoissance de tous ces droits, et d'engager S. M. à supprimer ceux qui se perçoivent par MM. les fermiers généraux, pour les renfermer dans les droits principaux des tarifs et des arrêts. Le commerce se multiplieroit, et les droits du Roi en augmenteroient.

A l'égard des péages qui appartiennent à des seigneurs particuliers, si l'on examine combien de jouissances indues et vexations les fermiers des propriétaires ont faites, ils seront trop heureux si, en les recherchant, on ne leur fait rapporter que le nécessaire pour affranchir le principal de ces droits. Si le Conseil ne trouve pas à propos de se servir de cet expédient-là, la compagnie des marchands fréquentant la rivière de Loire, rendant à Orléans, donnera des moyens pour y réussir sans qu'il en coûte rien au Roi, si l'on a agréable de la mettre en mouvement sur cela. Ceci est de la dernière conséquence. Il est presque inutile d'ordonner la représentation de leurs titres pour la suppression: on trouveroit dans l'examen mille difficultés, qui rendroient la chose impraticable, comme on l'a reconnu autrefois dans les recherches qu'on a si souvent faites. Il est nécessaire de trouver un expédient pour les supprimer. Tous les intérêts du Roi, par rapport à ses fermes, y sont engagés plus qu'on ne peut le croire, parce que le commerce et les droits du Roi augmenteroient. Les changements qu'on a apportés dans la nature et dans la perception des droits du Roi par les arrêts postérieurs aux tarifs de 1664 et 1667, joints à la prohibition de certaines marchandises extraordinaires et à la situation de certains bureaux, à l'exclusion des autres, pour l'entrée de celles permises, comme aussi la grande attention qu'on a eue à favoriser les manufactures, loin de produire le bon effet qu'on s'en étoit proposé, ont renversé toute l'économie du commerce et fait un tort considérable au royaume et aux fermes de S. M., depuis la paix. Si l'on ne s'en est pas aperçu pendant la guerre, parce que notre commerce a paru plus fleuri qu'à l'ordinaire, en voici les raisons:

1° Notre supériorité à la mer, au moyen de nos armements en course, nous mettoit en état de [soutenir?] notre navigation ordinaire sans beaucoup d'interruption, parce qu'elle étant très petite d'elle-même, et nos vaisseaux bien armés, les ennemis trouvoient très peu à prendre sur nous.

2° Au contraire, nous faisions de grosses prises sur eux, qui causoient un commerce étranger et surabondant dans le royaume, qui occupoit et faisoit gagner les peuples et grossissoit le revenu des fermes.

3° Les étrangers, privés du secours des marchandises dont ces prises étoient chargées, virent leur commerce diminué et resserré à un point, qu'ils furent obligés de les faire racheter en France. Cela nous causoit un double mouvement très utile.

4° Le commerce du Détroit et du Levant ayant été interrompu, ils étoient obligés de le faire par Marseille au moyen de leurs correspondances et des vaisseaux neutres. C'est d'où vient que le commerce du Levant a paru si augmenté à Marseille pendant la guerre, et aussi que plusieurs marchands peu avisés, ayant mal à propos travaillé sur le même pied, après la paix, sans penser que les étrangers reprendroient ce commerce par eux-mêmes, ont fait toutes les banqueroutes que nous avons vues à Marseille dans la paix. D'ailleurs, la compagnie du Levant en Angleterre fit donner les draperies à perte, pour faire tort aux nôtres et rétablir la vente des leurs, que la guerre avoit interrompue: ce qui contribua à faire succomber les marchandises de Marseille.

5° Que nous avons eu huit ans de disette, à un tiers des années communes dans les récoltes des vins et sels, qui, en ayant augmenté le prix, sans que la quantité nous fût à charge, nous a fait oublier que nous aurions un jour besoin des étrangers pour enlever notre superflu.

6° Que les armées du Roi, de terre et de mer, ont surtout fortement contribué à consommer ce que nous avions de denrées et à les faire valoir à bon prix. D'ailleurs, il ne laissoit pas de s'en faire des introductions chez les ennemis par la Flandre et l'Alsace, aussi bien que par les vaisseaux neutres, lorsque la course interrompit le transport des denrées qu'ils tiroient d'ailleurs.

7° Les monnoies ayant augmenté de 12 sols par écu, les marchands ont haussé à proportion. La raison en est toute naturelle, puisqu'un écu qui ne vaut que 60 sols ayant été mis à 72, il a fallu que les denrées aient aussi valu d'autant plus: il n'y a que ceux qui prennent le change là-dessus. Ces réflexions prouvent que ceux qui travaillent à faire voir un état des prix communs, pour faire voir que les denrées se sont soutenues à des prix avantageux depuis certain nombre d'années, pour confirmer les impressions qu'ils ont ci-devant données sur ce fait, ne travailleront pas juste: ils donneront de fausses idées, si les mouvements causés par la disette des denrées, par la guerre et par l'augmentation des monnoies n'entrent pas en ligne de compte sur leur projet. Quant aux toiles, qui ne sont pas de la nature des vins, eaux-de-vie et sels, qui se sont soutenus en prix, outre la différence que l'augmentation des monnoies et la disette et cherté du fil, avec la diminution des ouvriers, y a opérée, on doit considérer que, comme le commerce d'Espagne et des Indes a été longtemps interrompu, on en a envoyé grande quantité aussitôt que la paix l'a permis, qui les a fait valoir et enlever; mais cela continuera d'autant moins quant au prix, que nous avons avis des Indes d'Espagne que les toiles y sont à très bas prix, et qu'on les vendoit presque sans profit.

Ainsi aveuglés du mouvement que la guerre a causé dans le commerce comme dans les finances, confirmé par la consommation prodigieuse dont a vu une si vive représentation à Paris, on a cru bien des choses. On prendra la liberté de remontrer humblement qu'on a statué sur des principes peu solides, et, sur l'exemple du temps de la guerre, on a compté:

1° Que nous pouvions, en tout temps, consommer nos denrées par nous-mêmes, quelque abondance qu'il y eût;

2° Ou que, si nous ne les consommions pas, les étrangers, ne s'en pouvant passer, viendroient par nécessité les enlever et les faire valoir;

3° Que nous pouvions nous passer de leur commerce, et ainsi charger sans inconvénient toutes les marchandises de tous ces nouveaux droits qui subsistent aujourd'hui;

4° Qu'on pouvoit aussi faire lever ces nouveaux droits sans inconvénient à toutes les entrées de terre et de mer indifféremment, et que c'étoit l'avantage de la ferme;

5° Qu'il étoit avantageux de fixer les entrées de certaines marchandises étrangères par Calais et Saint-Valery, à l'exclusion des autres ports;

6° De prohiber l'entrée de plusieurs marchandises étrangères, tant en faveur de nos manufactures qu'en faveur de la compagnie des Indes;

7° Qu'on devroit enfin, aux dépens de tous, favoriser toutes nos manufactures d'étoffes de laine, de soie, d'or et d'argent, indifféremment.

Il n'est que trop vrai que ce qu'on a fait sur ces motifs a eu sur nous un contre-coup fatal: on a regardé de même œil le temps de paix comme celui de la guerre, un temps d'abondance de denrées comme un temps de disette; on a cru qu'il suffiroit de mettre de gros droits pour faire de gros produits, de prohiber pour faire cesser les entrées; on a oublié les inconvénients qu'il y avoit d'interrompre cette précieuse permutation de nos denrées et de nos manufactures qui est le trésor qui fait la force de l'État; on a confondu la faveur des manufactures fabriquées des matières étrangères; on a attribué les entrées aux ports qui ne fournissent rien, à l'exclusion de ceux de la bienséance des provinces chargées de denrées, sans considérer que, par les uns, on paye par argent, et, par les autres, on paye par marchandises, en déchargeant les provinces; enfin, notre consommation a augmenté par le luxe dans les habits, dans les meubles et à la table, et le débit de nos denrées a cessé, et nous ne pouvons nous passer des leurs : en sorte que, de cet état heureux où nous étions avant la guerre, de fournir aux étrangers bien plus de marchandises en valeur qu'ils ne nous en donnoient, nous sommes tombés dans la situation fâcheuse de tirer de chez eux pour de grosses sommes de marchandises plus qu'ils n'en tirent de France; et, par cette funeste métamorphose, on a été obligé de sortir du royaume plusieurs millions effectifs en argent, pour nous acquitter. Cela n'est que trop vrai.

Lorsque MM. les intendants des provinces eurent l'ordre de consulter les négociants sur le commerce, immédiatement après la paix, les négociants ne manquèrent pas de représenter qu'on ne devoit pas regarder la situation du commerce par rapport au temps de la guerre, et leur en marquèrent la conséquence et les inconvénients. On n'a pas jugé à propos d'y avoir attention.

Notre conduite a brusqué les étrangers. Les Anglois, qui joignirent à cela les chagrins des prises qu'on a faites sur eux dans les guerres, sont piqués au vif. Si les Hollandois ont fait leur traité de commerce, c'est en vue de favoriser l'introduction de leurs marchandises qu'ils sont [en] disposition de nous fournir. Ils s'embarrassent peu de gros droits sur les entrées de leurs marchandises, parce qu'ils savent qu'elles viennent en France pour le compte des François, et que c'est nous qui les payons; elles sont vendues avant de partir d'Hollande, par leur intelligence avec les détailleurs de France. C'est aussi en vue d'établir leur navigation par-dessus les autres nations par la suppression du droit de 50 sols par tonneau, qu'ils [l']ont obtenue, mais non pas en vue de la nécessité de nos denrées. Ces délicats marchands ont donné dans tous nos arrêts postérieurs pour les faire subsister et entretenir l'aigreur des Anglois; ils n'avoient garde de trop insister à en demander l'abolition : ils profitent de notre mésintelligence avec cette nation; elle les rend maîtres du prix de nos denrées; ils n'en enlèvent qu'autant qu'il convient à leur vue. Si les Hollandois sont estimables par leur activité, ils sont aussi très à craindre, comme on le fera voir ailleurs.

Le droit de 50 sols par tonneau ne subsistant plus à l'égard des Hollandois, il est de la dernière conséquence et de notre intérêt qu'on le supprime aussi à l'égard des autres nations, pour les attirer.

Il est bon d'examiner un peu en détail la conséquence et l'effet des motifs qu'on a pu avoir de régler notre commerce sur le pied où il est présentement.

Premièrement, si on a cru qu'on pouvoit, par nous-mêmes, consommer toutes nos denrées de vins, eaux-de-vie et sels, en temps de paix comme en temps de guerre, en temps d'abondance comme en disette, ou que, si nous ne les pouvions pas consommer, les étrangers, ne s'en pouvant passer, viendroient les enlever. On voit combien on s'est mépris, quoique (puisque), dès l'année 1700, l'abondance des récoltes nous est à charge : ces denrées ne se vendent pas; les étrangers n'en tirent point du tout, et à peine retire-t-on sur le vin, en bien des endroits, le prix des futailles. Les provinces sont désolées par cette privation de débit. Ce mal se reconnoîtra bien mieux dans deux ou trois ans d'ici, si Dieu ne nous favorise : le vin est d'une nature que, plus il y en a, plus il est à charge, lorsque le débit ne s'en fait pas, à cause des grands frais attachés à la culture des vignes et à l'achat des futailles.

Il faut donc convenir que, si les manufactures méritent une grande considération en France, la vigne est d'une autre conséquence, et le doit emporter. On la doit considérer comme la mère-nourrice du royaume; elle fait le principal revenu des provinces de Guyenne, Languedoc, Provence, Bourgogne, Champagne, Anjou, Poitou, d'une partie de la Bretagne, de la Saintonge, de l'Auvergne, du Roussillon, du pays d'Aunis et de tout le pays de la Loire. C'est la vigne qui fait la richesse du royaume; c'est par elle que le laboureur et presque tous les peuples subsistent et se mettent en état de subvenir à leur nécessaire et aux charges de l'État; c'est notre trésor précieux. Il n'y a que les étrangers qui puissent décharger le royaume de l'excédent de nos denrées. Nos ennemis, voyant notre consommation, ont si bien reconnu qu'ils ne pouvoient mieux nous affoiblir que par la privation du débit de nos denrées, qu'ils ont pris leur parti de s'en pourvoir ailleurs, non seulement pendant la guerre, mais ils ont encore pris des mesures pour l'avenir, qui font craindre avec raison que ce ne soit un mal irréparable.

Comme les manufactures de soie, papiers, toiles, etc. sont encore mal établies chez les Anglois, il y auroit tout lieu d'espérer que le commerce se rétabliroit avec eux, si l'on remettoit les choses sur l'ancien pied. C'est nous qui avons les premiers innové : ils veulent aussi que nous en revenions avant eux, d'autant plus que leur commerce nous est d'une grande utilité. Ces nations, surtout les Anglois, qui savent combien leur commerce nous est avantageux, voyant qu'on fait subsister sur eux des droits forts sur leurs manufactures et marchandises, qui peuvent passer pour droits excessifs, ils en ont mis d'exorbitants sur nos denrées; ils prennent les vins, eaux-de-vie et sels nécessaires à leur consommation et à leur commerce en Portugal, en Catalogne, en Galice, en Biscaye et ailleurs; ils ont depuis longtemps engagé les peuples de ce pays-là, par leurs consuls et par leurs émissaires de leur nation, qu'ils aient partout à faire planter et multiplier les vignes; et, comme les climats plus chauds que ceux de France donnent à leurs vins une liqueur qui ne convient pas au goût et à en faire usage ordinaire, ils ont établi et envoyé sur les lieux des gourmets pour faire cueillir les raisins moins mûrs, et, en en tirant le vin avant la vendange, ils le font faire d'une qualité moins forte : ils leur laissent une verdeur qui corrige leur liqueur naturelle, et les approchent du goût des vins de France.

On avoit pris en France, et surtout à Bordeaux, la route d'envoyer des vins à Bilbao et Saint-Sébastien dans des futailles fabriquées à la façon de celles d'Espagne, qu'on introduisoit en Angleterre comme s'ils eussent été du cru d'Espagne; mais le gouvernement d'Angleterre, en ayant été averti, fit confisquer tout ce qui, au goût, a pu être reconnu du cru de France, et, voyant que cette rigueur ne suffiroit pas pour empêcher que quelques particuliers ne s'exposassent encore à en introduire, ils ont pris le parti d'interdire absolument chez eux l'entrée des vins de Biscaye et de Guipuzcoa, à cause du voisinage de la France, qui donnoit lieu à ces déguisements. Le Portugal, particulièrement, se trouve bien de notre divorce avec les Anglois, par rapport aux vins : il s'en charge en Portugal pour l'Angleterre plus de deux cents navires tous les ans; ils y prennent leurs eaux-de-vie en Catalogne et aux Canaries.

Les Hollandois, plus patelins et plus politiques que les Anglois, n'agissent pas si ouvertement; mais ils ne laissent pas d'aller au but par d'autres routes différentes, comme on le fera voir.

Si les étrangers se passent de nos vins, eaux-de-vie et sels, ils se passent aussi de nos toiles, papiers et taffetas lustrés. Ils en ont établi des manufactures chez eux au moyen des religionnaires fugitifs. Ils font dessécher des marais en Irlande, pour faire venir du lin, qui produira, à l'Angleterre en particulier, de quoi faire des toiles par elle-même. Il s'en fait en Allemagne qui imitent si bien nos toiles de Saint-Quentin, Laval et Morlaix, qu'elles se vendent en Espagne plus favorablement que les nôtres, parce qu'elles coûtent moins.

Pour prouver que, dans l'état où sont les choses, nous ne pouvons nous passer de ces manufactures et marchandises étrangères, il ne faut que considérer combien il entre de drogueries, épiceries, tabac, huiles et fanons de baleine, cuivre et autres choses permises du commerce des Hollandois, et aussi combien de marchandises prohibées il s'introduit en France par Genève et par ailleurs en fraude; combien il entre de toiles par Marseille et par Lyon, outre celles du cru du royaume, pour fournir à nos manufactures, qu'il faut payer par argent; combien il entre de laines d'Espagne pour entretenir nos manufactures de draps fins, qui seuls consomment plusieurs millions d'argent. On convient que cet argent ne sort point pareillement du royaume, parce que nous envoyons en Espagne beaucoup de manufactures de toiles, de soie, d'or et d'argent, tant pour la consommation d'Espagne que pour celle des Indes, qui font une partie des fonds; mais, comme les Espagnols n'ont aucune jalousie sur l'enlèvement des laines, et que d'ailleurs, les François n'en tirant pas, les Anglois et Hollandois le feroient, le fonds qui s'emploie en laine rentreroit par argent et multiplieroit l'espèce dans le royaume. Ne seroit-il pas plus avantageux de tirer des laines toutes mises en œuvre par les manufactures d'Angleterre, qui nous procureroient la permutation de nos denrées, que de tirer de la laine non ouvrée, qu'il faut payer par argent, qui détruit la vigne et nous prive de cette permutation? Les ouvriers et les gens intéressés dans la vigne et dans les manufactures de toiles, papier et taffetas n'excèdent-ils pas infiniment et sans comparaison le nombre de ceux occupés à ces draps? Peut-on s'exposer à laisser tomber ces autres manufactures?

On ne peut donc douter que si l'on ne parvient à retrancher notre consommation dans le luxe des modes et à procurer la permutation de nos denrées, qui est si altérée, qu'on ne peut éviter de voir la ruine des provinces et un épuisement d'argent dans le royaume. L'aisance d'un État et de ses peuples, en premier lieu, consiste dans l'industrie et dans le travail de l'homme, et dans l'acquisition de ce qu'il n'a pas en échange de ce qu'il a de trop : tout roule sur le commerce et sur la permutation. Si l'on fait réflexion sur le produit des nouveaux droits, qui irritent les nations, et qui ne produisent pas à beaucoup près ce qui reviendroit à la sortie des denrées que les étrangers se privent de tirer en France, on ne balancera pas à les abolir, ou au moins à les réduire; on doit l'espérer d'ailleurs de la bonté du Roi pour ses peuples en faveur de la permutation des denrées.

On convient cependant qu'il faut avoir de l'attention sur ces droits, comme on l'a déjà dit, et qu'il est nécessaire de faire subsister ceux sur ce qui provient des pêches et sur le sucre, par rapport à notre commerce de Terre-Neuve, de la baleine et des îles de l'Amérique, aussi bien que les 20 p. 0/0 du commerce du Levant quant aux étrangers, parce que nous ne pouvons pas parvenir à naviguer en concurrence avec eux, et qu'il est juste de soutenir nos établissements utiles. Ce ne sera pas une nouveauté pour eux, et ils ne le trouveront pas mauvais, ces restrictions ayant été faites par le tarif de 1667 et par les arrêts postérieurs à ceux qui ont été donnés depuis 1687. Les Anglois les ont eux-mêmes exécutés pendant vingt ans de suite, sans en avoir paru trop fâchés. On pourroit, en travaillant sur ceci avec réflexion, faire des règlements justes et à ce convenables. On pourroit encore, si on le jugeoit à propos, avoir quelque attention aux droits qui auroient du rapport aux manufactures de laine qui se peuvent fabriquer en France avec des laines du cru du royaume, afin de les favoriser; cependant on n'estimera pas que ce soit une nécessité, si on réfléchit que, dans le temps que nos manufactures de laines étoient bornées à cette espèce, loin qu'elles fissent ombrage aux Anglois et Hollandois, ils venoient les enlever chez nous pour assortir leurs emplettes; de leur part, ils se renfermoient à faire des draps fins de laine étrangère, que nous ne faisions pas en ce temps-là. On peut espérer qu'ils feront encore la même chose, et qu'on pourra tout rétablir. Quant aux mousselines et autres toiles de coton dont on a prohibé l'entrée, cette restriction n'a guère d'autre rapport qu'à la compagnie des Indes. On sait que cette compagnie n'en fait pas venir assez pour la consommation, et, quoiqu'elles soient prohibées, il ne laisse d'en entrer grand nombre en fraude par Genève et ailleurs. Sur ce principe, si on continue d'en consommer, il seroit plus avantageux d'y imposer des droits modiques et d'en permettre l'entrée.

Si le Conseil ne jugeoit pas à propos qu'il fût convenable de supprimer ou de réduire les droits portés par les arrêts postérieurs de toutes les entrées des bureaux où ils se lèvent actuellement sans distinction, il seroit du moins très à propos d'en restreindre la perception aux seuls bureaux de la dépendance des cinq grosses fermes, et de laisser entrer les marchandises y sujettes dans les ports de mer situés à la bienséance des provinces chargées de denrées, en payant les droits locaux qui sont dus, et attendre pour percevoir de nouveaux droits que ces marchandises passassent dans l'étendue des cinq grosses fermes. Quoique ce ne fût pas satisfaction entière pour les étrangers, cependant ce seroit une espèce d'entrepôt, qui auroit de l'appât pour eux, parce que, outre la libre consommation des lieux où ils aborderoient, cette facilité mettroit les marchandises à portée d'être vendues pour le dedans du royaume, sans qu'ils fussent obligés de faire des fonds pour le payement de ces nouveaux droits, qui sont gros; et de cette manière, MM. les fermiers généraux n'ayant point à veiller sur tant de côtes et de ports de mer, ne seroient si fort en inquiétude sur les versements; ils n'auroient [que] plus d'attention à faire garder les bureaux des cinq grosses fermes. Loin que cet expédient fût préjudiciable aux droits du Roi, comme on pourroit d'abord le croire, on trouvera que non, pour peu qu'on considère que toutes ces marchandises qui payent les droits locaux dans les lieux préposés à l'arrivée de la mer, ne les payeroient pas, si elles payoient les nouveaux droits; que la moindre partie des marchandises en question se consomme dans les lieux où elles arrivèrent; par conséquent, que la plus forte partie passe dans l'étendue des cinq grosses fermes et y paye les droits portés par les arrêts. Et si l'on balance ces droits locaux qu'auront payés les marchandises entrées dans l'étendue des cinq grosses fermes avec ceux des arrêts qu'on se priveroit de lever sur celles qui restent et se consomment dans les lieux où elles arrivent, on verra que l'avantage sera du côté des fermes du Roi. Quand on n'en jugeroit pas ainsi, la conséquence d'attirer les étrangers et de procurer la permutation doit l'emporter, sans balancer.

D'ailleurs, ce n'est pas seulement l'objet des denrées du cru des lieux où viennent les étrangers qui les attire; ils enlèvent ordinairement par leurs vaisseaux des denrées diversifiées de plusieurs provinces du dedans du royaume, qui descendent par les rivières dans les ports où sont les vaisseaux, passent par les bureaux des cinq grosses fermes, et y payent les droits de sortie du tarif: outre quoi les mêmes marchandises payent encore les droits locaux à l'embarquement. Tout cela, dis-je, augmente les droits du Roi, décharge les provinces et soulage les peuples, dont il faut favoriser par préférence ces sortes de ports à la bienséance des provinces chargées de denrées. C'est la privation des étrangers qui fait que les marchandises que nous tirons de chez eux, joint aux fixations et prohibitions, sont si chères en France, parce que, les boutiquiers du royaume les ordonnant, comme ils font, pour leur compte en Hollande et Angleterre, ces gens-là sont les maîtres d'en régler le prix, sachant bien se prévaloir de nos besoins et de nos erreurs.

On ne peut oublier que les étrangers ne viendroient jamais enlever nos denrées, s'ils n'ont la faculté d'apporter et de permuter les leurs sans payer de trop gros droits. Quand ils partent de chez eux, ils roulent en leur esprit de quel côté ils iront; ils se déterminent toujours pour les lieux les plus libres, d'autant plus que, lorsqu'ils ne trouvent pas à vendre d'abord leur cargaison, ils ont cent inquiétudes à faire les nouveaux fonds pour des droits qui seroient gros, la facilité de remettre leurs marchandises à leurs correspondants, qui, sur le nantissement, leur procurent celles dont ils ont besoin pour remporter chez eux, en attendant à loisir une occasion avantageuse de vendre ce qu'ils ont apporté; et, au voyage suivant, ils comptent de tout, lorsqu'on ne l'a pas fait par lettres. Voilà à peu près les allures des Anglois, Irlandois et Écossois et des gens de la mer Baltique dans leur commerce maritime.

On voit, par tout ce qui a été dit, que la fixation des ports de Calais et de Saint-Valery est illusoire. Quand MM. les fermiers donnent pour raison qu'on les a préférés en vue d'éviter les versements, ils savent bien qu'une simple fixation ne suffit pas pour arrêter les fraudeurs : ces ports n'ayant rien à fournir, la fixation en retombe sur nous et éloigne l'étranger de naviguer en France.

Si on avoit des ports à fixer, il seroit naturel de choisir ceux à la bienséance des provinces chargées de denrées : il est vraisemblable que les étrangers n'iront pas dans les ports d'où ils seront obligés de faire retourner leurs vaisseaux à vide. Si on avoit des ports francs ou des entrepôts à faire, il seroit essentiel de préférer les ports à la bienséance des provinces chargées de denrées. Si le département de Saint-Malo a beaucoup de bâtiments, le département de Nantes en a deux cents, et Nantes décharge tout le royaume des denrées, par sa situation sur la Loire; donc cette ville est préférable.

Les fixations et les prohibitions, aussi bien que les gros droits, excitent les commis et les gens qui n'ont rien à perdre à s'exposer aux fraudes. Ces attentions ruinent le commerce des négociants et empêchent la permutation, parce qu'il faut poser pour constant que les marchandises viennent pour le compte des boutiquiers françois, qui les payent par change ou par argent aux étrangers, n'étant pas à présumer qu'un étranger ait assez d'habitude pour frauder dans un port, où il sera souvent sans connoissances, et l'étranger, étant détourné par les gros droits d'apporter les marchandises pour les vendre à son propre profit, n'emporte point des nôtres en retour. Voilà comment les nôtres restent et les autres se consomment, et comme les droits du Roi diminuent.

D'ailleurs, la présente nécessité de notre consommation ne nous permet pas d'attendre que les étrangers viennent nous apporter leurs marchandises, et vendre et prendre les nôtres en échange; nous les prévenons et les faisons venir de chez eux par change ou par argent. Les étrangers ont si bien compris leur avantage sur cela, ils ont tant fait d'habitudes chez nous, qu'il n'y a point de boutiquier détailleur en France qui n'ait son correspondant pour ordonner ce qu'il a de besoin directement. Ce sont donc les détailleurs, et non les marchands en gros, qui interrompent cette permutation, car, les étrangers trouvant à vendre leurs marchandises chez eux, ils ne les envoient pas en France à vendre pour leur compte, ils ne sont point en occasion de permuter. Sans ces habitudes, les négociants en gros sauroient, par leur intelligence, lier réciproquement des échanges de marchandises. C'est de ce défaut de subordination et de permutation que les étrangers tirent tout l'avantage qu'ils ont sur nous; on ne peut trop le répéter, parce que c'est un point de la dernière conséquence.

Un point qui interrompt aussi cette permutation et qui empêche les étrangers d'envoyer leurs marchandises à vendre pour leur compte, sont les révolutions des monnoies. Si elles étoient fixées, le commerce se feroit mieux. Le grand secret pour l'État seroit de faire en sorte que nous ne tirassions pas les marchandises par argent, et d'attendre que les étrangers envoyassent leurs marchandises en France pour leur compte, parce que cela les engage à tirer des nôtres en permutation. C'est eux au contraire qui ont ce pied sur nous. Apparemment, quand ils verront de la solidité sur les espèces, ils les livreront plus facilement.

On finira cette matière par une réflexion vraisemblable, qui est que, quoique le Conseil se puisse porter à faciliter l'entrée des manufactures d'Angleterre en faveur de nos denrées, on ne doit pas, pour cela, désespérer que nos manufactures ne subsistent. On a en France une facilité si grande pour les modes et à donner la vogue à tout ce qu'on veut, que cette marotte peut tenir lieu de toutes les lois du monde. C'est plutôt la défense et l'opposition qui irritent les esprits, que le fond et l'objet de la chose même. On peut même se représenter que, lorsque les ouvriers et les manufacturiers de France verront de la concurrence entre leurs œuvres et ceux des étrangers, ils se corrigeront de la défectuosité qui s'y est introduite dans nos manufactures; ils les perfectionneront en vue de les mettre sur un pied à mériter la préférence, et cette émulation fera peut-être plus que toutes les autres vues qu'on a eues jusqu'à présent.

On a promis de faire voir en particulier l'avantage que les Hollandois ont sur nous. On a déjà marqué qu'ils avoient été ravis de faire subsister nos droits nouveaux pour entretenir notre désunion avec les Anglois. On va satisfaire au surplus, et proposer un moyen de les réduire à la raison. Il faut reprendre les choses de plus loin.

Dans les premiers temps de l'établissement de leur commerce en France, nos pères, dans beaucoup de villes, étoient plongés dans une entière indolence sur le commerce et réduits à cultiver nos terres. Les Hollandois envoyèrent alors des facteurs et commissionnaires, qui, par leur savoir-faire, se rendirent maîtres de tout le commerce de la plupart des ports de mer, et même des villes au dedans du royaume.

Comme ils enlevoient nos denrées, on les regarda de bon œil. On prenoit d'eux des marchandises de leur commerce, ils entretenoient les détailleurs : on les fit bientôt faire de grosses fortunes dans toutes les villes du royaume, et se retirer chez eux avec de gros biens, laisser d'autres facteurs de leur nation sur leurs affaires, qui successivement firent aussi leur fortune, pendant que nous nous bornions à leur faire la cour pour nous décharger de nos denrées. Cependant ces fortunes nous causèrent de l'ombrage, de la jalousie et de l'émulation. On pensa alors à faire du commerce en France, et ce fut en ce temps qu'on établit les compagnies d'Orient et d'Occident, pour tirer par notre propre navigation les marchandises venant de ces deux parties du monde, que cette nation étoit en possession de nous fournir. Ces compagnies étoient nécessaires alors, tant parce qu'il n'y avoit point d'expérience parmi nos négociants, que parce qu'il y avoit des établissements à faire. Celle d'Occident nous a suffisamment remplis des sucres nécessaires à notre consommation, et, depuis qu'il a plu au Roi en remettre le commerce au public, on s'est passé d'en tirer des Hollandois, qui étoient en possession de nous en fournir annuellement pour plusieurs millions. On eût pu pousser ces établissements plus loin, si la compagnie avoit fourni plus abondamment de nègres; mais ce n'est pas ici l'endroit d'en parler.

On n'a pas si bien réussi par rapport au commerce d'Orient, parce que la compagnie qui avoit cette entreprise n'a pas su l'étendre autant qu'il eût été à souhaiter, et nous sommes toujours en obligation de tirer la meilleure partie de nos épiceries d'Hollande. Il n'y auroit point d'inconvénient, si ce qu'ils nous fournissent n'excédoit pas ce que nous leur fournissons.

Les Hollandois, de leur part, nous ont dérobé ce grand commerce de la pêche de la baleine, qu'ils ont si bien établie, que c'est eux qui nous fournissent aujourd'hui la plupart de ces marchandises. Ils ont si bien pris possession de ce canton du Nord, qu'ils empêchent les équipages de nos vaisseaux de faire fondre à terre; nous sommes obligés de le faire dans nos vaisseaux, en pleine mer, au risque de brûler. Voilà comment ils dominent quand ils sont en occasion de le faire.

Quand les Hollandois ont vu que les fortunes que leurs sujets faisoient en France causoient de la jalousie et du mouvement, ils ont cessé d'envoyer des facteurs, en sorte qu'on n'en voit presque plus dans nos villes; mais, avant de prendre ce parti, ils ont eu grand soin de lier des habitudes avec tout ce qu'il y a de droguistes en France : ils les ont engagés de correspondre avec eux en Hollande et de leur ordonner toutes les marchandises dont ils auront besoin, en sorte qu'ils pratiquent à cet égard, par cette intelligence, la même chose que quand ils étoient sédentaires dans le royaume, et même plus avantageusement pour eux, parce qu'ils profitent d'une commission en sus. Cela se prouve parce que les vaisseaux qui viennent d'Hollande sont chargés d'assortissement de détail, souvent pour soixante ou quatre-vingts personnes dans chaque vaisseau, au lieu qu'il n'en venoit autrefois que pour trois ou quatre commissionnaires de leur nation; et d'ailleurs il vient nombre de marchandises fines par terre de tous côtés : de sorte que ce n'est pas eux qui apportent leurs marchandises à vendre en France; c'est nous qui les faisons venir, à nos risques et pour notre compte, de chez eux, comme on l'a déjà dit.

Tous ces détailleurs de France avec lesquels les Hollandois ont à faire, n'ayant pas d'intérêt dans la permutation, payent toutes les marchandises en argent ou par lettres d'échanges. Outre que cet endroit est très avantageux pour les Hollandois, c'est que, par la connoissance parfaite de nos détailleurs, ils les entretiennent dans la dépense des marchands grossiers du royaume, et dans une nécessité, qui leur est utile, de ne pas passer par d'autres mains que par les leurs : en sorte qu'il est rare qu'un détailleur aille se pourvoir chez un marchand grossier. Les Hollandois étant, par ce moyen, hors d'engagement de permuter avec nous, ils ne tirent de nos denrées qu'autant qu'ils le jugent à propos.

Le but que cette nation a de nous faire tort est si visible, que, quoique les blés aient été fort chers chez eux et le soient encore assez, ils n'ont presque pas discontinué de faire faire des eaux-de-vie de blé, qui, jointes à celles qu'ils tirent des pays étrangers, comme on l'a ci-devant remarqué, échoueront les nôtres.

On remarque que, pour ne pas nous effaroucher dès la première année qui a suivi le dernier traité de commerce, ils ont excité leurs sujets à enlever avec empressement beaucoup de nos biens, comme eaux-de-vie et sels, à des prix fort avantageux, qui nous ont fait sentir qu'ils vouloient en bien user avec nous; mais, dès l'année suivante, ils ont cessé, en sorte que le débit de nos denrées est arrêté, et le prix en est tombé, comme on l'a déjà fait connoître.

Les Hollandois furent aussi engagés, à l'issue du traité de commerce fait avec eux, d'enlever beaucoup de nos denrées, pour essayer de se rendre seuls maîtres d'en fournir la mer Baltique, ayant cru qu'à la faveur de la suppression du droit de 50 sols par tonneau sur leurs vaisseaux, ils pourroient faire seuls toute la navigation et tout le commerce du Nord en

France; mais ceux-ci, piqués et jaloux de ce qu'on ne les traitoit pas comme les Hollandois, et de se voir exclus de pouvoir faire naviguer leurs vaisseaux en France à moins de payer les 50 sols, ont, de leur part, affecté de contrecarrer le dessein des Hollandois et de se tenir serrés par le débit de nos denrées, voulant avoir la liberté de les venir enlever eux-mêmes en France.

Cette nation, toujours attentive à ses intérêts, voyant que nous sommes brouillés avec les Anglois, et que c'est sur elle seule que nous comptons pour le débit de nos denrées, forme des vues qui nous seront fatales. Si on ne les prévient, ils nous vont réduire, par la nécessité du débit de nos denrées, de les leur envoyer nous-mêmes pour en faire la vente chez eux pour notre propre compte, comme on l'a déjà commencé, et on sait que tout ce qu'ils reçoivent pour le compte des François devient à rien : ils le vendent au bassin à bas prix, ils consomment les marchandises en louages de magasins et en frais, en sorte que nous avons souvent vu que, loin d'en retirer quelque chose, on leur devoit du reste, et il en est arrivé mille banqueroutes.

On ne doit pas oublier de répéter ici que, comme ce sont leurs vaisseaux qui en font transport, ils en retirent encore leurs voitures en eux-mêmes. On sait comment ils ont su établir leur commerce des Indes au-dessus des autres nations; ils l'ont si bien conduit que, jusqu'à présent, personne n'a pu les entamer sur la possession où ils sont de fournir seuls la muscade, le macis, le gérofle et la cannelle; ils réduisent par leur intrigue des puissances de qui dépend ce précieux commerce à n'en fournir qu'à eux; ils veulent aussi devenir les étapiers de nos denrées et s'en rendre les maîtres.

En un mot, on peut dire que les Hollandois parviendront, par leur ruse de marchand, à nous réduire dans le dernier épuisement, si l'on ne prévient leurs pernicieux desseins. On doit compter qu'ils font rouler leur politique par rapport au commerce, bien plus que sur le reste.

Il ne paroît plus qu'un seul moyen pour arrêter le tort que nous recevons des Hollandois : c'est d'établir en France la *Sacca*, qui signifie échange ou permutation, comme elle l'est en Espagne et en Portugal. Elle ne s'observe pas en Espagne, mais assez bien en Portugal. Cet usage oblige les étrangers qui y portent des marchandises d'en enlever la valeur par estimation en denrées du cru du pays, et, pour remplir cette condition, on donne un an de terme aux particuliers qui reçoivent ces marchandises étrangères, sans entrer en connoissance à qui elles appartiennent, ni user d'autres formalités. En Angleterre, il y a un usage à peu près pareil, et qui s'exécute fort exactement, par lequel on oblige les étrangers de donner caution avant de sortir d'Angleterre, en marchandise, la valeur de celles qui y entrent : de sorte qu'aucune autre nation que les Hollandois ne s'en formaliseroit pas; mais aussi, comme, après le rétablissement du commerce, nous ne serions en apparence lésés que par cette nation, les autres, dans la véritable situation de notre commerce avec eux, tirant de chez nous plus de marchandises qu'ils ne nous en fournissent, il seroit de notre utilité de faire tomber cet usage uniquement sur les Hollandois. Le traité de commerce n'a rien qui fasse ombrage à cet établissement.

Cette proposition recevra d'abord de la difficulté : elle paroîtra impraticable, et elle ne sera pas sans doute du goût de plusieurs villes qui n'ont pas par elles-mêmes de denrées convenables à cette permutation, d'autant plus que ce ne sont pas les Hollandois qui apportent les marchandises en France à vendre pour leur compte, et que c'est au contraire nous qui en donnons l'achat en Hollande, et qui les faisons venir pour notre compte, comme on l'a précédemment fait voir.

On verroit d'abord, établissant cet échange, tout ce qu'il y a de détailleurs et boutiquiers en France qui ont leurs habitudes en Hollande s'y opposer fortement, et dire par exemple qu'un marchand de poivre n'étant pas marchand de vins, il ne peut pas le pratiquer; mais, comme l'on a fait voir le danger de la correspondance des détailleurs avec les Hollandois, on ne peut douter que ce ne fût un grand coup de l'interdire. Cela rétabliroit même la subordination qui est perdue en France entre les marchands grossiers et les détailleurs.

Les marchands en gros sauroient bien ensuite lier commerce avec les Hollandois qui établiroient la permutation. Si ce n'est directement entre ceux qui envoient et qui reçoivent la marchandise, elle se feroit insensiblement par le mouvement du commerce, que cette nouveauté échaufferoit. Les Hollandois eux-mêmes, devenus, par la *Sacca,* très intéressés dans cette permutation, sauroient bien exciter leurs sujets à tirer et à consommer de nos denrées suffisamment de quoi remplir la valeur de celles qui entreroient en France venant de chez eux. Non seulement ils accoutumeroient leur peuple à boire du vin au lieu de bière, mais encore, par leurs habitudes dans la mer Baltique, ils y accoutumeroient aussi les peuples du Nord, et on croit que ce projet, mis en exécution, feroit un effet merveilleux.

L'exécution intrigueroit tellement les Hollandois, que la difficulté qui se présente d'abord d'assujettir les sujets des deux nations [à] balancer les réceptions et les envois qu'ils feroient les uns aux autres, engageroit d'abord les États généraux à se charger eux-mêmes d'en faire apurer l'entrée et l'issue. On pourroit nommer tous les ans des commissaires pour faire une balance de part et d'autre, par estimation de tout le royaume, et qui devroit, seroit obligé de payer en marchandises; mais on répète que cet établissement les obligeroit tellement à enlever nos denrées, que, dans peu d'années, on en connoîtroit d'assez bons effets pour se dispenser de compter. Ce sont du moins les vues et le souhait de l'auteur; il s'en rapporte.

Le droit de 20 p. o/o qui regarde les marchandises du Levant est fort à charge dans les circonstances. L'arrêt du 15 août 1685, qui en fait l'établissement, attribue au seul port de Marseille l'entrée à droiture des marchandises que les François vont chercher au Levant, sans payer ce droit de 20 p. o/o; après quoi elles peuvent être répandues dans le royaume, et ce même arrêt n'accorde qu'au seul port de Rouen, à l'exclusion des autres, l'entrée des marchandises en payant les 20 p. o/o, lorsqu'ils viennent en droiture du Levant, ou après avoir été entreposées dans les pays étrangers.

De sorte que, par cette disposition, les autres ports, fors Rouen, ne peuvent tirer les marchandises du Levant contenues dans l'arrêt que par Marseille. Il en arrive deux inconvénients :

1° Que les Marseillois, seuls maîtres du commerce du Levant, survendent les marchandises aux autres villes qui n'ont pas la liberté d'en tirer de l'étranger en payant les 20 p. o/o, comme fait Rouen, lorsqu'elles sont trop chères à Marseille, ce qui arrive souvent;

2° Que la navigation des autres ports souffre, parce que les vaisseaux françois qui vont dans la Méditerranée porter des chargements de morues et autres marchandises, feroient un commerce plus avantageux, s'ils avoient la liberté de les permuter en marchandises du Levant et de les apporter directement chez eux, d'autant plus même qu'on les y trouve à meilleur compte qu'à Marseille. Il seroit de l'avantage du Roi et du public, et on ne feroit point d'injustice à Marseille, qu'il plût à S. M. de permettre à tous ses sujets de rapporter les marchandises du Levant directement dans leurs ports, sans toucher à Marseille, convertissant les 20 p. o/o à un plus modique, parce que cette facilité engageroit les autres villes à faire le commerce du Levant. Du moins elles doivent espérer qu'il leur sera permis d'entrer de l'étranger en payant les 20 p. o/o, comme fait Rouen, lorsqu'elles seront trop chères à Marseille, qui d'ailleurs est assez favorisée pour ce commerce par sa proximité du Levant, qui rend la dépense des armements moins forte et les voyages plus brefs, pour n'exiger pas d'autres avantages.

On répète ici que le commerce des Marseillois en Levant consomme beaucoup d'espèces. Il seroit peut-être plus à propos l'interdire que le continuer, parce que, le faisant, les Marseillois pourroient s'appliquer à la navigation et à l'établissement de nos colonies, qui nous sont d'une plus grande utilité, sans comparaison. L'entrée des soies est uniquement fixée en faveur de Marseille et Lyon par des endroits à leur bienséance; celles de Provence, Languedoc et Dauphiné ne peuvent entrer que par les bureaux de Vichy et Gannat, suivant l'arrêt du 25 juin 1685; et, par le même arrêt, celles du Levant et autres pays étrangers ne peuvent entrer par mer que par Marseille et, par terre, par le Pont-de-Beauvoisin. Par un autre arrêt de 1692, l'entrée en est aussi permise par Dunkerque seulement, mais en payant seulement les 20 p. o/o outre les autres droits.

Ces restrictions que Lyon a obtenues par son crédit, qui ont favorisé les manufactures de Lyon, ont tellement ruiné celles de Tours, que, de douze mille métiers d'étoffes de soie qu'il y avoit autrefois à Tours, qui consommoient quatre à cinq millions de soie et produisoient pour trois fois autant d'étoffes, qui causoit un grand négoce avec les étrangers, cela est réduit à la dixième partie du tout.

Outre le bénéfice que Lyon a reçu par l'augmentation de ses manufactures, qui a enrichi le pays de Lyon et ruiné absolument la Touraine, il faut remarquer qu'à la faveur de ces limites pour l'entrée des soies, quelques riches manufacturiers de Lyon, liés avec les Génois, se sont rendus maîtres des soies du dedans et du dehors du royaume, et n'en fournissent qu'aux Tourangeaux précisément ce qu'il en faut pour faire les ouvrages que l'on ne peut fabriquer à Lyon, qu'ils leur vendent à des prix excessifs.

Le remède à ce grand mal seroit de permettre l'entrée des soies pour tous les ports du royaume, ou du moins par ceux de Nantes, en faveur des Tourangeaux, soit les soies du royaume, ou directement du Levant, par les vaisseaux françois, sans payer les 20 p. o/o, si on n'apporte point de changement au commerce du Levant.

Il faut espérer que la bonté du Roi se laissera toucher à la misère où est la Touraine, et lui accordera le moyen de rétablir ses manufactures et son commerce. Il est d'ailleurs de l'intérêt de S. M., parce que les étrangers, apportant des soies par la rivière de Loire, prendront en permutation des denrées de tout ce grand pays, qui produiront des droits aux fermes. D'ailleurs, les étrangers, trouvant la facilité d'apporter leurs soies dans nos ports, feront moins d'efforts à établir des manufactures chez eux, et les nôtres se rétabliront.

L'interruption du transport des blés d'une province du royaume à une autre est encore très préjudiciable, et ne contribue pas peu à entretenir la cherté. La liberté en seroit utile aux peuples des provinces qui en sont chargées, et seroit d'un grand secours à celles qui en manquent.

La vue qu'on peut avoir d'engager des peuples à semer des terres en blés, chacun chez soi, autant qu'il en faut pour la subsistance de chaque lieu, peut avoir ses inconvénients. Il y a des provinces plus propres à produire du blé les unes que les autres. Chacune a sa propriété: les unes pour la vigne, les autres pour le blé; le vin fait le commerce de l'une et le blé de l'autre. Il est à craindre que, gênant le commerce de blé, les peuples des provinces qui en produisent au delà de ce qu'il leur en faut, voyant qu'ils n'en pourroient faire transport, ne cessassent d'en semer abondamment et ne se bornassent au nécessaire de leur subsistance, et que, les terres des autres provinces, moins propres à produire des blés, venant à manquer, on ne retombe dans une disette.

Outre la défense du transport, on ne permet point l'envoi du blé d'un port à l'autre, dans une même province, sans passeport du Roi et sans, au préalable, avoir embarqué un homme de confiance sur chaque barque, en vue d'empêcher le transport à l'étranger: ce qui coûte beaucoup et enchérit la marchandise. Ces engagements sont des obstacles formels à l'entretien de l'abondance. Le passeport qu'il faut faire venir de la cour fait une affaire et embarrasse ceux qui veulent faire ce transport nécessaire. Il s'ensuit qu'il n'y a que de certains particuliers qui, ayant plus d'expérience et d'habitudes que les autres, puissent faire ce commerce: ils achètent de ceux qui ne le peuvent faire, et les revendent avec profit, prenant soin de n'en pas envoyer dans les lieux où ils manquent, qu'à mesure qu'ils y voient leur compte. Cela entretient la cherté, d'autant plus que la plupart des gens aiment mieux garder que d'envoyer eux-mêmes à la vente.

On ne peut trop empêcher les amas des blés; mais, au surplus, il seroit très utile d'en laisser le transport libre dans le royaume, en cessant d'obliger les particuliers de prendre des passeports, des gens de confiance et le Ranal (?). On peut, sans ces précautions gênantes, régler la sûreté du transport et s'assurer qu'il n'en ira pas chez les étrangers, en établissant des correspondances entre les commissaires de marine ou les officiers de l'amirauté des lieux, pour s'avertir mutuellement des envois et réceptions de blés, lesquels se vérifient par les visites, rapports et déclarations qui se font au lieu d'où sort la barque et à celui où elle va, qui en pourroient ensuite rendre raison; et, s'il arrivoit quelque prévarication, on le sauroit bien mieux que par ces gens de confiance : ce sont des gens de rien, qu'il seroit aisé de corrompre, si on avoit mauvais dessein. Mais on peut compter qu'il n'est point de maître de barque, ni de matelots, qui ne soient hommes de confiance en ce cas.

Au reste, tout le commerce de la mer est extrêmement borné par sept compagnies qui sont établies à Paris, les unes privatives, les autres qui ne le sont pas. On va prendre la liberté d'en représenter très humblement les effets.

On exposera d'abord en termes généraux que toutes les compagnies privatives sont d'elles-mêmes très contraires au commerce dans la situation présente, et surtout entre les mains des Parisiens, qui, quoique fort entendus d'ailleurs, ne le sont point du tout sur le fait du commerce, qu'ils conduisent comme des affaires d'une autre nature, et n'y réussissent pas, outre qu'au grand préjudice du royaume elles font la plupart leur commerce par argent, et non de nos denrées, comme les marchands.

Les négociants ne sont pas dans le goût de ces compagnies privatives. Chacun est bien aise de gouverner sa barque : tel mettra tout son bien dans une affaire qu'il croira bonne, parce qu'il sera assuré d'en voir la fin dans peu de temps, qui ne voudra pas pour un sol d'engagement dans une compagnie qui a de longues suites. Ceci est d'attention essentielle.

Les compagnies privatives étoient bonnes il [y] a quarante ans, parce qu'alors les idées du commerce maritime étoient entièrement perdues en France, comme on l'a déjà établi. D'ailleurs, il étoit question de former des colonies et des établissements nouveaux, qui demandoient de grosses dépenses que les particuliers ne se trouvent pas seuls en état ni en volonté de fournir, parce que les produits en étoient incertains et éloignés. C'est aussi par cette seule raison de dépense et d'établissement que S. M. accorda des privilèges et des exemptions de droits à ces compagnies, pour les dédommager de leurs avances.

Mais, dès qu'il n'est plus question de faire des colonies, et que le public a tant fait que de parvenir au point que d'avoir assez de lumières et assez d'émulation pour faire par lui-même ce commerce, il est de la dernière conséquence, et pour l'intérêt du Roi, et pour celui de l'État, de lever les exclusions et de laisser la liberté. Il n'est plus besoin de ces privilèges qui coûtent au Roi, parce que le commerce de ces compagnies est sur un pied avantageux, et qu'on ne fait point de dépense qui n'ait son utilité présente; et, loin que ce fût au Roi à donner des privilèges exclusifs et des avantages aux compagnies, ce seroit au contraire à elles à financer au profit de S. M. pour y être conservées.

Au reste, ces compagnies subsistant, quoique dépouillées de leurs privilèges, ne laisseroient pas de se trouver bien supérieures aux particuliers, pour les habitudes et les établissements qu'elles ont contractées de longue main. Cela seul doit suffire, sans l'exclusion.

La maxime fondamentale des compagnies privatives est tout opposée au bien public, en ce qu'il est de leurs intérêts de borner leur commerce à une certaine quantité; qui, réduisant la dépense de leur entreprise, les rend maîtres du prix : en sorte qu'ils trouvent, en un seul voyage et dans le peu, plus de profit que les particuliers n'en trouvent dans la quantité. Ils l'observent fort exactement; donc elles ne font pas l'intérêt du Roi et de l'État. D'ailleurs, les compagnies épuisent leurs fonds par de gros droits de présence, par des gages de directeurs, caissiers, contrôleurs et vérificateurs, aussi bien que par des répartitions et par de gros frais et louages de bureaux à Paris, auxquels les particuliers ne sont pas sujets : en sorte que nous voyons depuis longtemps que non seulement elles empêchent le commerce, mais encore qu'elles négligent leur propre intérêt, ne sachant pas profiter de leurs privilèges.

Au contraire, les privilèges de ces compagnies privatives étant supprimés en faveur du public, cela donneroit occasion, en peu d'années, d'enrichir le royaume; on verroit bientôt multiplier la navigation à un point qui occuperoit tous nos vaisseaux et matelots; mais l'un et l'autre augmenteroient considérablement. Tout le monde se jetteroit dans le commerce; on ne verroit plus de mendiants ni de vagabonds. Le commerce des compagnies, remis au public, augmenteroit les colonies si bien, que, dans peu d'années et insensiblement, elles consommeroient aussi de nos denrées de France assez pour équipoller à ce que les étrangers s'étudient avec tant de soin de n'enlever pas. Il se feroit une décharge extraordinaire de notre superflu, les colonies se multiplieroient, les terres en friche seroient dans peu cultivées et en rapport, elles produiroient des matières immenses, non seulement pour la consommation du royaume, mais aussi largement pour l'étranger. En un mot, toute la France respire après cette liberté : elle relèveroit le courage des négociants, et les revenus du Roi augmenteroient à un point qu'on en seroit surpris, d'autant plus que S. M. reprendroit les droits dont les compagnies jouissent par leurs privilèges. On espère de la bonté du Roi et de la protection de ses ministres cette faveur pour le bien général. Enfin, ces compagnies ne font jamais ce qu'elles sont obligées de faire, et, quelque engagement qu'il y ait, elles trouvent toujours de la protection pour s'excuser. Le commerce des particuliers va toujours en augmentant.

Si les raisons des particuliers contre les privilèges des compagnies privatives ne prévalent pas, du moins est il à propos qu'en payant aux compagnies une certaine rétribution qu'on pourra régler, il seroit permis aux particuliers de faire le commerce des compagnies. Mais il seroit plus convenable que le Roi eût agréable de se charger de faire entretenir les forts et garnisons des lieux où il est nécessaire d'en faire subsister, comme on le pratique dans l'Amérique septentrionale, et que S. M. fît lever un droit pour fournir aux dépenses de l'entretien, afin que tous les particuliers puissent négocier.

De ces sept compagnies dont on a parlé, il y en a cinq qui ont des privilèges exclusifs, savoir : celle des Indes orientales, celle de la Chine, qui vient de s'établir, celle de Guinée, celle de Sénégal et côte d'Afrique, et celle du commerce des castors de Canada. Les deux autres sont le parti du tabac, qui détruit le commerce de Saint-Domingue, et la dernière est la compagnie des fournissements de la marine, qui ne pratique pas la permutation de nos denrées.

Si le commerce des Indes orientales est jugé utile, ce doit être plus par rapport à la navigation que par ailleurs, d'autant plus que, jusqu'à présent, la compagnie qui le gouverne n'a pu le pratiquer que par des espèces; elle n'a pas su, nonobstant toute la protection que le Roi lui a donnée, établir, à l'exemple des

Hollandois, son commerce de l'Inde en l'Inde, ni tirer de l'or du Japon assez de quoi faire les fonds nécessaires pour acheter les retours propres pour l'Europe, comme a fait cette nation.

Elle n'a pas su captiver les puissances des Indes, ni parvenir à nous procurer, à un peu de poivre près, les épiceries nécessaires à notre consommation, que les Hollandois possèdent privativement par leurs soins.

Elle s'est bornée enfin à nous faire venir des toiles de coton, des étoffes des Indes, qui nous font plus de mal que de bien, quoique leurs navires reviennent toujours à moitié vides, et que, prenant des mesures justes, elle eût pu établir un entrepôt aux Indes et apporter tout le poivre nécessaire.

Si donc on veut continuer à consommer de ces marchandises en France, il est plus naturel de permettre aux particuliers d'aller en chercher aux Indes, que de les tirer des étrangers par argent, comme on a fait : cela étendra notre commerce et notre navigation, et, à l'égard de l'intérêt particulier de la compagnie des Indes, il en sera bien moins lésé que par l'introduction des mousselines d'Hollande et d'Angleterre par les boutiquiers, en fraude.

S'il y a difficulté à permettre les retours en France, on pourroit donner permission aux particuliers d'aller aux Indes, à condition de faire les retours et de vendre les marchandises en quelque port étranger de l'Europe, dont on rapporteroit avec usure l'argent qui auroit, en premier lieu, sorti de France pour former cette entreprise; et de cette manière le commerce deviendroit même plus avantageux à *l'État*, que celui de la compagnie.

Il est donc de conséquence de recommander à la compagnie des Indes de faire venir le plus qu'elle pourra de cauris propres à faire le commerce des nègres, parce que on en manque, et que c'est l'essentiel de ce négoce.

Par un arrêt du 20 janvier 1682, il fut permis aux particuliers d'envoyer et de faire revenir sur les vaisseaux de la compagnie des Indes telles marchandises, factures, commissionnaires et effets que bon leur semblera, en payant le fret par convention. *Cet arrêt n'a pas eu de suite. Si on revenoit à* l'exécution, cela feroit plaisir à quelques particuliers privés de ce commerce.

La compagnie de la Chine qui vient de s'établir à Paris pourra avoir son utilité, si elle est bien dirigée, par deux raisons :

1° Parce qu'on peut porter à la Chine beaucoup de marchandises de notre cru;

2° Parce qu'on peut convertir l'argent qu'on y porte en or, avec 50 p. 0/0 de profit en certains temps; par conséquent, en *portant de gros fonds, on en pourra rapporter la valeur en or*, et avoir, pour le profit sur la permutation de l'espèce et par le fond du produit de la vente des marchandises qu'on aura portées de France, indépendamment de l'argent, on aura de quoi composer un retour considérable en or et marchandises de la Chine.

Mais aussi, n'étant pas question de former des colonies, ni en un mot de faire aucune dépense à la Chine qui n'ait son utilité présente, il n'y a nulle nécessité que cette compagnie soit exclusive. Si S. M. avoit la bonté d'accorder la liberté de ce négoce, plusieurs particuliers y enverroient, sans que cela fît tort à la compagnie. On pourroit aussi, en cas d'obstacles, se charger de faire le retour en quelque port étranger de l'Europe, et de rentrer par conséquent plus d'argent dans le royaume qu'on n'en auroit sorti.

Quant à la compagnie de Guinée, l'indolence où elle a été pour son commerce de nègres depuis qu'elle a joui de ces privilèges, *nous a privés de faire de grands progrès dans le commerce* et dans la navigation par rapport aux peuples de l'Amérique. Elle a tellement borné la fourniture des nègres à ces peuples, qu'il n'y en a pas la dixième partie de ce qui seroit nécessaire pour défricher les terres qu'il y a bonnes à cultiver. *Elle a toujours vendu les nègres un gros tiers, et près de la* moitié, plus que les Anglois ne les ont vendus dans leurs colonies. Les Anglois, qui n'ont la Jamaïque que depuis environ quarante ans, l'ont tellement peuplée de nègres, ainsi que la Barbade et leurs autres colonies, qu'on fait état qu'ils en ont *dans toutes ces îles plus de deux cent mille*. Ils ont tant défriché et mis de terres en rapport, et produisent tant de matières et de négoces, que plus de cinq cents navires, tant d'Angleterre que du Bastion, en sont occupés. Les nègres en sont la première cause. Le gros mouvement met les Anglois en état, non *seulement d'entretenir leur navigation, mais encore de consommer* leurs denrées superflues de l'Europe, et aussi de répandre leurs sucres et autres marchandises de l'Amérique en Hollande, au reste du Nord, en Espagne et en Italie, outre leur consommation particulière; et nous, qui possédons les colonies de *l'Amérique depuis quatre-vingts ans*, elles sont si désertes de nègres et si reculées, que cent vaisseaux suffisent pour cette navigation. Les matières qui en proviennent sont bornées et suffisent à peine à la seule quantité nécessaire pour la consommation du royaume; et encore les sucreries de Dunkerque, *Lille et Ypres sont obligées de se fournir de sucres anglois* pour leur affinage.

Non seulement les Anglois ont su fournir leurs colonies de nègres à bon marché, mais encore ils en fournissent aux Indes d'Espagne. C'est par ce moyen qu'ils ont établi à la Jamaïque *un commerce de grande conséquence* avec les Espagnols, de la qualité de celui de Cadix. Ils ont grand nombre de barques longues qu'ils occupent à ce négoce; ils en tirent tous les ans plusieurs millions d'or et d'argent. Les Espagnols ayant tant d'empressement d'avoir des nègres, quoiqu'il leur soit étroitement défendu de négocier aux Indes avec les étrangers, cependant cet appât leur fait tout surmonter, au point qu'il suffit de porter aux Espagnols, par exemple, cinquante nègres, pour les engager à faciliter en secret une navigation de cinquante mille écus de marchandises de l'Europe, qu'ils payent en argent comptant.

Lorsque nous aurons la liberté de ce négoce, nous pourrons aussi former de telles habitudes, et *même au préjudice des autres nations*, à présent que Dieu nous a favorisés par ce grand événement qui a transféré la couronne d'Espagne à l'illustre sang du Roi.

Les Hollandois, qui font aussi le négoce des nègres, n'ayant point d'autres colonies *dans l'Amérique que Surinam*, qui leur en consomme peu, ils portent la plus grande partie de ceux qu'ils négocient en entrepôt à Curaçao, d'où ils trouvent aussi moyen de les introduire chez les Espagnols et d'en tirer de gros avantages par l'argent et le cacao qu'ils en rapportent.

Les Danois et les Brandebourgeois ont pareillement des habitudes pour le négoce des nègres, qu'ils trafiquent avec les autres nations : en sorte que, pendant la guerre, les Danois de l'île de Saint-Thomas nous en ont beaucoup fourni à Saint-Domingue, au lieu de la compagnie. Les Portugais, outre ce qu'il leur faut de nègres pour le Brésil, sont encore obligés d'en fournir annuellement une grande quantité aux îles d'Espagne : ce qu'ils exécutent. De sorte que voilà six nations différentes qui font ce commerce, les unes par compagnie, les autres sans compagnie. S'il y a des compagnies, elles ont des objets, comme on le dira ailleurs; elles ne sont pas toutes privatives. En Angleterre particulièrement, le Parlement donne des passeports à ceux qui souhaitent envoyer des vaisseaux, et il y a encore des marchands sans permission, que l'on appelle *interlopes*, que les lois d'Angleterre tolèrent. Il en est de même pour le voyage des Indes orientales. C'est ce qui cause que leur navigation s'étend partout.

Les particuliers d'Angleterre qui font les commerces des compagnies n'étant pas surpris à débarquer dans les colonies leurs effets dans l'espace de vingt pas du bord de la mer à terre, on ne peut plus les saisir ni les inquiéter; et, à l'égard des vaisseaux faisant le commerce, la compagnie les peut prendre, si elle les peut rencontrer et aborder sur le fait; mais il est permis aux autres de se défendre ouvertement, jusqu'à l'abordage, et, à leur retour en Europe, on ne leur dit rien.

Si ces nations différentes qui envoient tant de navires qu'il leur plaît à la côte de Guinée, trouvent à faire leur compte, peut-on douter que les François n'y puissent réussir?

On peut donc assurer que la liberté du commerce des nègres fera que, dans peu d'années, il en sera porté plus qu'il n'en a été fourni jusqu'à présent aux îles de l'Amérique. D'ailleurs, comme il faut un blanc par chaque bande de dix nègres, pour les contenir, cela attir[er]a beaucoup de vagabonds de France aux Îles, lesquels, dans la suite, en deviendront habitants.

Les avantages que nous retirerons de la liberté du commerce seront d'autant plus grands, que, comme il se fera plus de matière que nous n'en pourrions consommer aux Îles, nous pourrons aussi en fournir l'étranger en permutation de leurs marchandises et en argent, le sucre, entre autres choses, étant une espèce de marchandise qui leur est nécessaire et agréable : ce qui doublera le mouvement, fera de nouvelles habitudes, et augmentera les droits du Roi.

Si on trouvoit des inconvénients à laisser aller à la côte de Guinée autant de vaisseaux que les particuliers voudroient y en envoyer, on pourroit limiter en chaque ville le nombre de bâtiments, et il se feroit une société de marchands en chacune, qui se continueroit ou se renouvelleroit tous les ans; mais on peut compter que les marchands savent se corriger et s'observer sur le commerce : ce qu'un ne fera pas, un autre le fera.

Et comme il seroit avantageux d'engager les rois nègres des côtes d'Ardre et de Juda à préférer la nation françoise pour la vente de leurs esclaves, le Roi pourroit, par sa bonté ordinaire pour ses sujets, envoyer un vaisseau à la côte faire le traité nécessaire avec eux, quoique ce ne soit pas une nécessité absolue; et on ne dit ceci que par surabondance. Ce commerce d'ailleurs sera assez utile pour ne devoir pas plaindre cette dépense. S. M. pourroit imposer un droit par tête de nègres, pour se dédommager des frais. Les autres nations, voyant les François fréquenter la côte plus qu'à l'ordinaire, avec cette préférence sur les esclaves, et sachant que nous faisons valoir les choses plus qu'eux, pour nous expédier, seroient contraintes de nous céder la place, et elles le feroient d'autant plus volontiers, qu'elles ne sont pas en nécessité de nègres, ni en occasion de faire tous valoir.

La crainte de l'enchère des nègres, supposé qu'elle arrive, ne doit pas faire d'impressions. La pépinière n'en épuisera pas sitôt : leur étant permis d'avoir autant de femmes qu'il leur plaît, la propagation en est abondante. Les négociants se corrigent, mais ne se rebutent pas par le mauvais événement de leurs entreprises; il s'en trouve toujours qui renouvellent, et c'est une vicissitude qui fait le commerce. Tant qu'il [y] aura un nègre à la côte et qu'il en faudra un aux Îles, il y aura toujours des gens en mouvement. Si on les achète à bon marché ou cher à la côte, ils auront même issue aux Îles. Le commerce est de la nature du mercure, dont on ne sauroit fixer tous les mouvements.

Il convient d'autant mieux aux négociants de faire ce commerce, qu'expédiant les vaisseaux pour l'Amérique, ils les enlèveront à toutes fins en passant par la côte de Guinée, et prendront ce qu'ils trouveront de nègres à négocier, sans en faire enchérir; d'où ensuite ils descendront en nos îles de l'Amérique, avec les restes des marchandises qu'ils auront prises en Europe, pour faire leur négoce en nègres et en marchandises.

D'ailleurs, sur le pied que sont les revenus des terres à présent aux îles de l'Amérique, par rapport aux prix des marchandises, on fait état que le travail d'un nègre, qui coûtera par exemple 500lt de principal, rapporte à son maître 5 à 600lt de revenu. Or, avant que les choses soient réduites sur un pied à ne rendre qu'une bonne rente viagère, à quelque bas denier qu'on l'estime, il y a trop de chemin à faire, pour qu'on puisse craindre que ce commerce se gâte.

La compagnie de Guinée a été huit ans, pendant la guerre, sans armer ni envoyer des vaisseaux à la côte à ce commerce de nègres. Si, dans cet intervalle, elle avoit permis aux particuliers d'y envoyer, ils auroient non seulement fourni les colonies de nègres, mais encore fait des prises considérables sur les ennemis; mais, quoiqu'on ait voulu donner à cette compagnie de gros deniers pour avoir ses passeports, elle a toujours été muette pour les marchands. Enfin, cette compagnie a fait quelques armements depuis la paix, elle a aussi vendu des passeports à des particuliers : en sorte que voilà dix ou douze navires, pour trois ou quatre différentes sociétés de Paris, qui sont actuellement en mouvement pour ce commerce; mais les négociants ne peuvent pas atteindre aux faveurs de cette compagnie. Voilà ses privilèges qui finissent; elle demande à être déchargée. Le commerce s'en trouvera bien, si S. M. a la bonté de permettre à chacun de le faire.

Tous ces différents armements qui se font par toutes les nations composent chez chacune autant d'intérêts divisés qu'il y a de navires, et fait voir de reste que les négociants françois ne gâteroient pas plus ce commerce que les autres.

La compagnie du Sénégal et côte d'Afrique a une concession

particulière, distinguée de celle de Guinée, dans laquelle elle a bâti des forts et des établissements qui pénètrent dans les rivières; elle y fait faire le négoce des nègres, de la poudre d'or, des cuirs, dents d'éléphants, cire, gomme et maniguette. On convient que le commerce des marchandises demande des soins actuels et continuels; les particuliers ne les peuvent guère remplir; mais on pourroit obliger cette compagnie à vendre les nègres qu'elle traite aux vaisseaux marchands qui se trouvent à la côte, comme font les Portugais au cap Vert, et ainsi donner des permissions aux particuliers moyennant certaine rétribution. Cela seroit avantageux à cette compagnie et aux marchands.

Les compagnies qui sont en Hollande et en Angleterre possèdent les deux commerces de Guinée et du Sénégal ensemble, et, comme le Sénégal est sujet à des forts et à des établissements que ces deux nations ont à des côtes, principalement en vue du commerce de la poudre d'or, voilà pourquoi ces compagnies subsistent; mais d'ailleurs elle n'est pas exclusive en Angleterre, comme on le fait voir, et, quoiqu'elle le soit en Hollande, il ne laisse pas d'y aller indifféremment bien des vaisseaux particuliers de l'une comme de l'autre nation.

Le parti du tabac peut passer pour un des établissements le plus fâcheux pour le commerce et la navigation; il est cause que la colonie de Saint-Domingue s'est débandée plusieurs fois, et qu'elle n'est pas encore aujourd'hui très puissante. Les habitants et les flibustiers qui l'ont habitée depuis que nous la possédons, se sont toujours adonnés à planter du tabac. Il causoit un si gros commerce il y a vingt ans, qu'il occupoit plus de soixante navires, tant de Nantes, Dieppe, la Rochelle, que d'ailleurs, qui auroient bien augmenté depuis.

Ce parti a tellement gêné les habitants, qu'ils ont déjà, par trois fois, en différents temps, arraché leur tabac et cessé d'en planter : en sorte qu'aujourd'hui ils n'en font plus que peu, ou point du tout. Les fermiers du tabac ont toujours regardé avec ombrage le tabac venant de nos colonies, appréhendant des versements prétendus qui feroient tort à la ferme. Sur ce principe unique de leur intérêt, ils ont détruit cette colonie; il n'est point de rigueurs qu'ils n'aient exercées autrefois pour dégoûter de ce commerce les habitants et les marchands. Quand le tabac arrive de Saint-Domingue, il faut le mettre dans le magasin, sous la clef du fermier; si le fermier ne l'achète, il n'est pas permis au propriétaire d'en disposer, que pour l'envoyer à l'étranger, et, quand on l'envoie dehors, il faut faire des soumissions de 20 sols pour livre de tabac, de rapporter certificats de la décharge. Tel aura pour 100 pistoles de tabac, qui est obligé de donner une soumission de 50,000^{tt}. Cela fait trembler, parce qu'il arrive que, quand un vaisseau périt à la mer, ce sont des procès à essuyer. Les marchands ont mieux aimé renoncer à ce commerce, que de le pratiquer à des conditions si rudes.

D'ailleurs, quand le fermier avoit besoin de ce tabac, il n'est point de prétexte qu'il ne cherchât pour chagriner. S'il se présentoit des marchands pour l'acheter, le fermier intervenoit sur le marché. Si quelquefois on convenoit de prix avec le fermier, il faisoit mille difficultés sur la qualité et quantité. En un mot, par ces vexations, on a vu périr et faire brûler pour des sommes immenses de tabac, et des familles entières ruinées : cela est notoire, et tout le monde et les villes s'en ressentent encore actuellement.

Les fermiers aujourd'hui sont plus humains, plus polis : quand il vient du tabac de Saint Domingue, ils prennent des mesures imperceptibles pour la sortie et pour l'envoi à l'étranger, afin qu'il ne leur fasse point d'ombrage; et, pour couvrir les reproches qu'on leur en a voulu faire de ce qu'ils préféroient de tirer d'Hollande les tabacs nécessaires pour leur ferme, ils se sont mis en devoir de faire des traités avec les flibustiers de Saint-Domingue, pour prendre leurs tabacs, mais à des conditions et avec des circonstances si peu convenables au caractère des habitants, que le projet, loin de leur être agréable, les a rebutés et engagés de nouveau à les aracher. Tous les fermiers parviennent au même but d'exclure le public de ce commerce par des voies différentes. Il est cependant très rude et très contraire à l'État de voir entrer tous les ans pour plus de deux millions de tabacs d'Hollande, de Portugal et d'ailleurs pour la consommation de France, lequel se paye par argent, sans aucune permutation de denrées, pendant qu'on néglige et qu'on détruit le commerce d'une colonie, la navigation et l'utilité qui en reviendroit de toutes parts au Roi et à ses sujets. Si donc le parti doit continuer, comme il est à craindre, il est de la dernière conséquence qu'on surmonte les difficultés des fermiers et qu'on les engage à consommer du tabac de Saint-Domingue et d'en faciliter le commerce. Il est très aisé de priver les Hollandois de cet avantage, puisque cela est en main d'une compagnie. Si cette nation avoit le moyen de nous nuire, elle ne le négligeroit pas.

Il seroit même très utile, pour accroître notre commerce et notre navigation, qu'on fît cesser de planter du tabac en Guinée, pour tout faire retomber sur le tabac de Saint-Domingue; les terres plantées en tabac pourroient sans doute rapporter autre chose.

Les véritables intérêts du Roi et de l'État seroient de supprimer le parti du tabac, en imposant un droit assez fort pour équivaler ce que S. M. en tire. Les fermiers vendent le tabac 20 sols la livre; on peut établir celui de Saint-Domingue en France, et le vendre depuis 5 sols jusqu'à 8 sols de profit. Il faut convenir que la consommation tripleroit dans le royaume, et le commerce qu'on en feroit chez les étrangers pareillement, en sorte qu'il est sans contredit que le produit en seroit plus fort que celui de la ferme.

On pourroit faire subsister une ferme du tabac en poudre, indépendamment de celui en corde, lequel rendroit de gros deniers au Roi.

Le commerce des castors de Canada pourroit aussi se faire par le public. Ce commerce s'est toujours fait privativement par la compagnie des fermes, qui achetoit les castors des Canadiens et leur payoit en lettres de change sur la France, lesquelles ils donnoient à leur tour en payement aux marchands qui leur apportoient de l'Europe les vivres, les marchandises et les ustensiles nécessaires à leur subsistance, à leur entretien et à leur commerce.

La compagnie ayant trop tenu la main, en France, sur le prix des castors, elle s'en est vue surchargée d'une grande partie, qui l'a fait penser à cesser d'en acheter des habitants.

Cette discontinuation a opéré un accommodement entre la

compagnie et les habitants. Ceux-ci se sont chargés des restes des vieux castors de la compagnie, et ont repris d'elle le privilège qu'elle avoit de faire seule, à l'exclusion de tous autres, le débit des castors.

Les habitants ont trouvé à Paris des marchands qui leur ont fait des avances nécessaires, avec lesquels ils se sont accommodés pour faire le débit de leurs castors en commission : de sorte que, sur ce pied-là, les Canadiens tiennent eux-mêmes leurs castors en commerce exclusif.

On convient que, pour donner lieu à la consommation des vieux castors qu'ils ont retirés de MM. les fermiers généraux, qui leur tiennent lieu d'une grosse somme, il est nécessaire que ce commerce soit en une seule main jusqu'à ce que la vente en soit faite; mais, après cela, il seroit avantageux de remettre ce commerce au public. Les marchands, qui enverroient des vaisseaux à Québec, prendront aussi volontiers des castors en payement de leurs effets que des lettres de change, moyennant qu'ils aient la liberté de les vendre au dedans du royaume aussi bien qu'au dehors, et que les droits en soient modiques aux entrées du royaume.

Le commerce de la troque des morues de Terre-Neuve et celui des sucres aux îles de l'Amérique se fait de la même manière qu'on le propose pour les castors.

Il est constant que cette liberté de commerce convient bien mieux aux habitants que le parti qu'ils ont pris, et peut contribuer à l'accroissement de la colonie, en ce que les marchands se chargent de leurs castors sur les lieux. Les habitants seront dispensés de s'exposer à les risquer à passer la mer pour les envoyer en France pour leur propre compte.

Si l'on craint que les castors deviennent trop abondants, que les marchands négligent d'en enlever, il sera facile aux habitants d'y remédier en proportionnant leurs chasses et leur commerce avec les sauvages à la quantité qu'ils verront nécessaire pour se tirer d'affaire.

Ce seroit même un bien que le castor vînt assez abondant et à un prix assez bas pour qu'on ne fît et qu'on ne portât à l'avenir que des chapeaux de castors, et qu'on cessât d'en faire de laine, puisque le castor se prend dans notre propre pays, par notre navigation, en permutant de nos denrées, et que la laine se tire d'Espagne et nous tient lieu d'argent effectif.

La colonie de Canada est une de celles qui craignent le moins de manquer de subsistance, parce qu'elle a du blé et des bestiaux en abondance.

Il y a encore une compagnie de l'Acadie en Canada, qui fait le commerce des castors et des orignaux exclusivement, et qui a d'ailleurs tant de rigueur pour le commerce des habitants, qu'ils en sont rebutés. Cependant cet établissement seroit un des plus importants à favoriser, parce qu'on y pourroit faire des planches, des mâts et des viandes, qui serviroient utilement pour le royaume et pour le commerce de l'Amérique.

A l'égard de la compagnie des fournissements de la marine, elle tire les planches, mâts, chanvres, fil de fer, cordages, cuivre, acier, fer-blanc et autres marchandises directement du Nord, par lettres de change qui tiennent lieu d'argent : ce qui dispense les étrangers de nous apporter eux-mêmes ces marchandises en France pour leur propre compte et de prendre des nôtres en permutation. C'est un grand mal, comme on l'a fait voir.

Il y a une chose essentielle dans le royaume, à laquelle il est important de penser; c'est la diminution des bois et forêts. Tous les bois et forêts qui étoient sur le bord des rivières et qui pouvoient se charger avec facilité, sont presque finis et épuisés; il n'en reste plus guère qui ne soient fort éloignés dans les terres, dont le charroi coûteroit trop pour pouvoir s'en servir : en sorte que le bois de construction et de bâtiments de terre et de mer, aussi bien que de chauffage, est extrêmement rare et cher, et le va encore devenir davantage dans la suite. Il est à craindre que cela n'aille à un point qui nous obligera d'en tirer de la mer Baltique.

Il s'est fait une grande destruction de bois pour l'usage des sucreries dans le royaume, depuis l'établissement du droit sur le charbon de terre d'Angleterre, dont elles se servoient avant. Nous avons des mines de charbon de terre en Anjou, en Auvergne et ailleurs; mais, comme Mme la duchesse d'Uzès a eu la permission du Roi de disposer de toutes ces mines du royaume, elle a remis ces droits à des gens qui ont fatigué les propriétaires et les ont obligés d'abandonner ces mines. Ils se sont rendus seuls maîtres du débit de ces charbons : en sorte qu'ils n'en font tirer qu'autant qu'ils en peuvent débiter à un haut prix, qui empêche les raffineurs de s'en pourvoir, et les oblige à brûler toujours du bois. Cela peut passer pour une espèce de monopole très préjudiciable.

Il seroit donc très utile que le Roi eût agréable de retirer le privilège donné à Mme d'Uzès, de permettre à tous les propriétaires des mines d'en tirer ou faire tirer par qui bon leur sembleroit, et même de diminuer les droits dus au Roi pour les passages, afin d'en faciliter le transport et la consommation, et arrêter celle des bois que les sucreries consomment.

Au reste, il y a quantité de communes ou terres incultes et inutiles dans les provinces qu'on pourroit, sans inconvénient, semer et planter en bois, soit tout, ou partie, si S. M. avoit agréable d'en donner la propriété à ceux qui en voudroient faire la dépense. Cela opéreroit un prompt usage de ces terres; et comme il est dû des droits et des rentes sur quelqu'unes de ces communes, aux seigneurs de qui elles relèvent, il faudroit permettre à ceux qui les prendroient d'en franchir le fond et d'en servir la rente aux lieu et place des communières qui en sont actuellement détenteurs, auxquels il y en a peu qui servent.

Ce mémoire prouve assez combien le commerce est gêné dedans et dehors, pour qu'on ne s'étonne plus que les négociants réussissent si mal et si rarement. Le commerce est le domaine du Roi le plus beau et plus convenable, dont les négociants font l'utilité, ainsi que la décoration. Quand la maison d'un négociant se retire, ce domaine diminue : c'est un arbre utile qui, arraché d'une terre, ne se rétablit pas.

Les négociants ont lieu d'espérer que, par rapport aux intérêts du Roi et à ceux du public, Monseigneur voudra bien leur accorder l'honneur de sa protection et engager S. M., par sa bonté ordinaire, à les regarder d'un œil de compassion.

On connoîtra mieux dans deux ou trois ans d'ici la conséquence de ce qui est représenté dans ce mémoire. L'État y est plus intéressé qu'on ne pense; on en conviendra pour peu qu'on rappelle combien il sort d'espèces du royaume pour fournir au commerce des Indes orientales et du Levant, ainsi qu'aux laines d'Espagne, aux soies étrangères. Le grand secret seroit de pouvoir réduire, s'il étoit possible, notre commerce, notre luxe, notre consommation, à ce qui se peut faire par les matières de notre cru, ainsi qu'à ce qui peut provenir de la permutation de nos propres effets, et fournir et faire entrer en espèces dans le royaume, accroître nos colonies et notre navigation. Ce sont les vues particulières de ce mémoire et les principes solides auxquels on croit qu'il est important de s'attacher, et, sur ce pied-là, de donner aux négociants une liberté sans bornes, avec une protection et une attention particulière. Et quant aux droits du Roi sur le commerce, il est très assuré que, s'ils étoient moins forts et mieux réglés, les produits en seroient plus considérables, tant parce que les commis et les fraudeurs cesseroient, que parce que le commerce se multiplieroit. C'est un principe incontestable, dont on a la preuve, puisqu'on voit que les nouveaux droits ne rendent pas.

Au reste, on croit que, dans la conjoncture présente, on pourroit procurer un grand avantage au commerce de France par rapport aux liaisons qu'on a avec les Espagnols, et la disposition favorable où sont ces peuples de se conformer à tout ce qu'on voudra leur inspirer. Le principal moyen seroit de faire en sorte que les peuples de cette monarchie, tant en l'Amérique qu'en Europe, quittassent les habillements noirs pour prendre nos modes et s'habiller à la françoise. Cela opéreroit une grosse consommation de nos étoffes de soie et de laine, entre autres de ces petites tiretaines de Champagne et de Poitou, même de nos draps : ce qui attireroit beaucoup d'espèces dans le royaume.

Outre le bien que nous en recevrions par nous-mêmes, le commerce des Anglois en Espagne en souffriroit et diminueroit considérablement, parce que le changement feroit cesser la consommation des bayettes d'Angleterre, dont tous les peuples de la dépendance d'Espagne s'habillent. C'est un des plus gros commerces des Anglois en Espagne. On pourroit même bien espérer que cette démarche rendroit les Anglois moins fiers et plus traitables pour ce qui regarde le commerce d'entre eux et nous; et, comme les Hollandois et les Hambourgeois envoient en Espagne et aux Indes beaucoup de toiles contrefaites et ployées à la façon des nôtres, qu'ils vendent pour toiles de France, dont les Espagnols se plaignent eux-mêmes, parce qu'elles ne valent pas les nôtres, on pourroit encore, sur cela, prendre des mesures en Espagne pour empêcher les étrangers de débiter leurs toiles ployées comme les nôtres, afin que les Espagnols les puissent distinguer et n'y fussent pas trompés. Cela favoriseroit beaucoup nos toiles et en rétabliroit le commerce et le débit, qui en est altéré; et, pour éviter l'affectation, on pourroit inspirer au Conseil d'Espagne de faire une règle pour toutes les nations en général, qui leur défendît à toutes sans distinction de débiter en Espagne des toiles ployées et ajustées de manière qui fût contrefaite et qui en déguisât la qualité. Cela retomberoit sur les étrangers, qui seuls contrefont nos toiles.

Le député de Nantes présente ce mémoire avec docilité et soumission. Il peut s'être trompé dans ses sentiments; il s'en rapporte au jugement des personnes plus éclairées que lui, et supplie que son zèle pour le public soit favorablement regardé.

(Bibliothèque nationale, ms. français 8038, f°s 221-290 *.)

* Le même manuscrit contient un mémoire particulier sur les griefs du commerce de la Bretagne, et de celui de Nantes spécialement, dont l'original est joint, dans les Papiers du Commerce, G⁷ 1686, à la lettre suivante du même député, en date du 6 juillet 1701 :

«Monseigneur, j'ai évité avec soin d'interrompre Votre Grandeur du depuis l'envoi que j'eus l'honneur de lui faire de mon premier mémoire général sur le commerce; et, quoique mes affaires, ma bourse et ma santé souffrent beaucoup par mon long séjour à Paris, j'oublie cependant tout sans peine pour achever de passer constamment le reste de mon année au Conseil de commerce, afin de préparer par mon exemple d'autres négociants de notre ville à me succéder. J'ai fourni, Monseigneur, pendant les neuf mois qui se sont écoulés, tous les mémoires que j'ai cru convenables. J'ai aussi, d'ailleurs, contribué de mon mieux à remplir ce que MM. les Commissaires ont souhaité de nous sur les affaires générales, sans trop penser au particulier; mais, présentement que le temps de mon retour approche, j'ose supplier Votre Grandeur de vouloir bien accorder quelque attention sur ce qui regarde notre pauvre ville de Nantes. J'ai l'honneur de vous présenter sur cela, Monseigneur, les deux mémoires que je joins ici.

«L'un expose naturellement le dérangement pitoyable du commerce de Bretagne, et de Nantes en particulier, par l'inégalité des droits de la rivière de Loire par rapport à celle de Seine, qui donne occasion à Rouen de faire tout le commerce de la Loire (que Nantes devroit faire), au grand préjudice de l'État, comme je l'ai fait voir. L'autre est, Monseigneur, un extrait de tout ce que j'ai proposé, pour le général et pour le particulier, par les différents mémoires que j'ai eu l'honneur de fournir au Conseil de commerce. J'ai remis à M. Amelot autant de ces mémoires. Il a bien voulu entrer en éclaircissement de toutes les choses qui y sont contenues.

«J'ai même mis en état, par des discussions particulières avec MM. les fermiers généraux, l'affaire du droit d'abord sur les morues et autres poissons de pêche françoise, qu'ils font lever mal à propos depuis nombre d'années, comme aussi une mauvaise question qu'ils m'ont faite, du depuis que je suis ici, au préjudice de nos titres et de nos usages, sur les droits des marchandises sortantes de l'étendue des cinq grosses fermes pour aller aux îles de l'Amérique par Nantes. Ces deux affaires sont depuis longtemps en état de recevoir votre décision; elles sont toutes justes : j'ose vous supplier très humblement de vouloir bien les faire régler. On continue d'en exercer les droits au grand préjudice de notre commerce.»

Mémoire de M. le Pelletier, député de la ville de Paris, sur l'état du commerce en général.

Remis au Conseil le 8 Avril 1701.

Une des choses très nécessaires pour rétablir le commerce en France est que la cour veuille bien lui donner plus de protection à l'avenir qu'on n'a fait par le passé. On l'a négligé à un tel point, qu'il est tombé dans un mépris universel, et ce mépris cause un tel dégoût, que ceux qui ont gagné quelque bien dans le commerce s'en retirent journellement, au lieu que, chez nos voisins, où il est estimé, considéré et protégé, il se perpétue dans les familles, de père en fils successivement.

Pour le remettre donc un peu en estime et faire perdre dans le public ce préjugé de mépris qu'on a contre les négociants, il paroît qu'on pourroit décorer par quelque marque de distinction les bons négociants, et même ceux qui se distingueroient dans les arts et manufactures, pour exciter les autres à les imiter, les suivre ou les surpasser. L'on croit aussi que le Roi pourroit donner une déclaration par laquelle il seroit permis à la noblesse de négocier en gros sans déroger, tant par mer que par terre, de mettre leurs enfants en apprentissage chez les négociants et marchands, aussi sans conséquence et sans déroger, comme il se pratique en Angleterre, où un marquis, un comte, etc., qui a trois ou quatre fils, réserve le titre et la plus grande partie du bien à l'aîné, et met les deux ou trois autres en apprentissage pour sept ans. Si l'aîné vient à mourir, on prend le puîné, qui est chez un marchand, pour remplir la place de l'aîné; et ainsi des autres successivement. Cette manière de disposer des enfants ne fait ni peine ni honte à la noblesse d'Angleterre, parce que le commerce y est considéré comme une profession honorable; joint à cela qu'elle connoît bien que c'est son avantage et le maintien de leurs familles, lesquelles se soutiennent par le moyen du commerce dans leur ancien lustre; et très souvent il arrive que les cadets nobles deviennent plus riches et plus puissants par le négoce, que leurs aînés qui ont eu tout le patrimoine.

La cour d'Angleterre a aussi une attention toute particulière à faire paroître de temps en temps l'estime qu'elle fait du commerce et la considération qu'elle en a, en donnant des titres d'honneur aux négociants de mérite et de distinction : ce qui relève autant le cœur des Anglois, et les encourage à continuer le commerce, que les François sont atténués et abattus par le mépris presque général qu'on fait en France du négoce et des négociants.

L'on sait qu'à Florence, Gênes, et par toute l'Italie, les meilleures familles et les plus nobles, bien loin de se scandaliser du négoce et de s'en retirer, se font un plaisir de conserver par cette voie leurs richesses et de les augmenter.

Il faut que les fermiers généraux soient plus humains et plus honnêtes avec les marchands et négociants et qu'ils ne les traitent pas de maître à valet, comme la plupart d'eux font tous les jours avec indignité. Ils devroient mieux se connoître et considérer qu'il n'y a pas une si grande différence entre eux et les négociants, qui ne travaillent pour eux-mêmes qu'en seconds, mais en premiers pour les fermiers, desquels les négociants font la fortune; et par cette seule raison les fermiers devroient les regarder favorablement et les traiter plus humainement, ne les point faire valeter quand ils ont quelque chose à démêler avec eux, mais les expédier promptement et agréablement, ordonner à leurs commis d'en user de même, d'exiger les droits avec douceur, de ne point faire de mauvaises difficultés, ni de procès ou saisies pour des omissions de par hasard et involontairement de 2 ou 3 sols de droits, n'étant pas présumable que, pour un semblable gain, il y eût si chétif mercelot qui voulût s'exposer à frauder; et cependant les commis font journellement dans les provinces des saisies et des procès de cette nature.

Il y a tant à se plaindre des manières dures et déraisonnables de la plupart desdits fermiers, qu'on en pourroit faire un gros mémoire. Nosseigneurs du Conseil sont suppliés de vouloir remédier et mettre des bornes à ces excès, et pareillement aux excès des commis par leurs chicanes et vexations, lesquels, imitant parfaitement les fermiers leurs maîtres, les surpassent et désolent les négociants de toutes parts. Il semble que c'est un titre à un commis d'être dans un bureau où s'exigent les droits du Roi pour insolenter tout le monde : ce qu'ils font avec d'autant plus d'hardiesse, qu'au lieu d'en être réprimandés par leurs maîtres, comme cela se devroit, ils en sont ou approuvés, ou du moins ils font semblant de l'ignorer : ce qui est l'approuver.

Il faut enjoindre aux fermiers généraux d'ordonner à leurs commis et faire afficher dans tous les bureaux en gros caractères de se trouver ponctuellement aux bureaux, et de n'en sortir précisément qu'à telle heure, à peine d'être révoqués sur les premières plaintes que l'on fera de leur manquement; et en même temps qu'il leur soit fait défenses d'exiger des marchands, sous prétexte de prompte expédition, rien autre chose que ce qu'ils doivent payer. On n'étend pas davantage cet article, quoiqu'il méritât de l'être. On ajoutera seulement que les mépris insupportables et les traitements indignes que reçoivent les négociants et marchands de la plupart des fermiers généraux et de leurs commis insolents, est aussi une des choses qui dégoûte le plus du commerce, qui fait qu'il ne se continue pas dans les familles et que le négociant se rebute, se chagrine et quitte le commerce : en quoi la France est très à plaindre.

Liberté entière pour les voitures : sur quoi on a donné un mémoire particulier, à quoi on ajoutera qu'on croit qu'il n'y auroit rien de meilleur que de laisser établir à quiconque voudroit l'entreprendre des messageries à cheval, des charrettes, carrioles, fourgons, coches, carrosses et litières, et de même toutes sortes de voitures par eau, sans qu'il soit besoin des permissions et privilèges, les privilèges exclusifs sur le fait ces voitures portant un très grand préjudice au commerce, tous ces privilèges, accordés sous des prétextes qui paroissent spécieux, ou qui sont surpris sans connoissance de cause, et sans nulle communication aux parties intéressées, qui sont les marchands, et partant sans contradiction, dégénérant toujours en pur monopole, et ces privilégiés ne pouvant s'empêcher d'opprimer le public en portant la voiture des personnes et celle des hardes et marchandises à tel prix qu'il leur plaît, certains qu'ils sont [d'être] les seuls par les mains de qui il faut passer. Et au contraire la concurrence qu'il y auroit entre plusieurs qui entreprendroient les mêmes voitures, produiroit le bon marché et un grand mouvement, en donnant occasion à plusieurs particuliers de gagner leur vie et de s'étudier à qui mieux mieux à servir le public : au lieu qu'un petit nombre de traitants qui entreprennent tout, s'engraissent en gênant le public et le forçant à subir de rudes conditions, coûteuses et chagrinantes.

Remédier aux abus qui se commettent dans la taxe des ports de lettres. Il y a des règlements, mais qui ne sont pas observés. Les intéressés s'inquiètent fort peu que le prix de leur ferme soit augmenté : ils savent bien qu'ils se récupéreront facilement de cette augmentation sur le public; ils n'ont qu'à surtaxer les lettres : un sol plus ou moins, sur un port de lettre, les indemnise sur la quantité, et c'est ce qu'ils ne manquent pas de faire. Cela est cependant considérable pour les négociants qui reçoivent nombre de lettres, tant du dedans que du dehors du royaume. Les ports de lettres ne sont déjà que trop chers par rapport au mauvais état présent du commerce. On doit, pour le port d'une lettre d'une feuille de papier entier, 3 sols, par exemple; on en paye autant d'une lettre d'un carré de papier : c'est la taxe; il n'y a rien à dire. On doit 4 sols pour une lettre qui aura une enveloppe : c'est encore la taxe; on ne s'en plaint pas. Mais on se plaint qu'aucune personne ne reçoit une lettre sans enveloppe, d'une simple feuille de papier, qui ne doit payer que 3 sols, qui ne soit taxée de 5 et 6 sols; et ainsi des autres lettres à proportion.

MM. les intéressés aux postes croient se sauver de blâme en disant qu'ils font justice à ceux qui se viennent plaindre et rapportent à leur bureau les lettres surtaxées, et qu'ils rendent la surtaxe. Cela est vrai; mais c'est un faux-fuyant. Ils surtaxent toujours à bon compte, sachant bien que des gens qui ne sont pas de commerce ne connoissent pas ces surtaxes, et que les négociants se lassent d'aller et d'envoyer à leur bureau se plaindre de la surtaxe, et qu'ils avalent enfin la pilule, plutôt que de perdre journellement leur temps. Il seroit plutôt du devoir et de l'honneur de ces messieurs des postes de risquer à taxer moins, que de surtaxer avec certitude, comme ils font, et d'aller plutôt à la décharge qu'à la foule du public : ce qui peut s'appeler une véritable concussion. Il seroit donc nécessaire, pour la règle, qu'il y eût dans leurs bureaux, exposés aux yeux du public, des tarifs en gros caractères de ce que les lettres doivent payer suivant les règlements, afin que chacun en eût connoissance, et qu'ils exécutassent ponctuellement ces règlements : sur quoi il est encore à remarquer qu'après les lettres simples, les lettres avec enveloppe et les lettres doubles, tous les autres paquets doivent payer sur le pied de l'once, et, pour chacune once, on doit payer le triple d'une simple lettre. Par exemple : les lettres simples de 3 sols, l'once est de 9 sols; celles de 4 sols la simple lettre, l'once est de 12 sols, et ainsi du reste. Mais, dès qu'un paquet de lettres n'est ni simple lettre, ni lettre enveloppée, ni lettre double, ils doivent le taxer à proportion de l'once, et c'est ce qu'ils ne font pas, ni pour les cinq huitièmes, les trois quarts, ni les sept huitièmes de l'once; et ce qui ne va pas au moins à deux onces, est taxé arbitrairement par ces messieurs : ce qui est un vrai pillage.

Les commis distributeurs des lettres ont encore une hardiesse punissable. Si on adresse une lettre à un négociant, qu'il ne veuille pas prendre, et dont il ne veuille pas payer le port, parce qu'il ne connoît pas celui qui lui écrit et qu'il n'a aucune relation avec lui, le commis veut absolument qu'on prenne cette lettre; sinon, il menace qu'il retiendra et ne délivrera pas les lettres qui viendront pour ce négociant. Il le fait comme il le dit. Ainsi, le négociant est forcé de prendre et de payer une lettre qui ne le concerne point, ou d'aller perdre son temps pour s'aller plaindre au bureau, où souvent il est aussi peu écouté que si la fortune des maîtres des postes dépendoit d'un port de lettres de 3 ou 4 sols : perte imaginaire, puisque le nombre des lettres est toujours incertain. Cette violence de la part des distributeurs, contre tout droit et raison, mériteroit qu'on les punît.

Par le tarif des droits d'entrée et de sortie, toutes sortes de marchandises payent les droits, c'est-à-dire que les caisses, les tonneaux et autres emballages payent les droits comme si c'étoit de la marchandise : ce qui ne paroît pas être d'équité. Il n'y a que les drogueries, épiceries et soieries qui payent net, et sur lesquelles on déduit les tonneaux, caisses et autres emballages. Il paroît donc qu'on ne devroit faire payer les droits d'entrée et de sortie qu'à la marchandise effective, et non au bois, caisses, tonneaux et emballages qui couvrent et contiennent les marchandises. C'est à quoi Nosseigneurs du Conseil sont suppliés d'avoir égard en faveur de la justice et du commerce, et d'ordonner que, dans le tarif, il soit dit que toutes les marchandises payeront net les droits d'entrée et de sortie, les emballages déduits, et, pour indemniser le fermier, ordonner par le même tarif que les drogueries et épiceries, qui, jusques à présent, n'ont payé aucun droit de sortie, en payeront à l'avenir comme toutes les autres marchandises.

Régler l'ordre des payements entre vendeur et acheteur. On a donné là-dessus un mémoire particulier.

Réparer et entretenir continuellement les grands chemins, sur quoi on a donné un mémoire particulier.

Ne mettre aucune marchandise en parti. Rien n'est plus préjudiciable au commerce, ni plus chagrinant.

Supprimer le parti du tabac. Cette marchandise est une branche considérable du commerce. Il sera très facile d'indemniser le Roi de ce que lui produit cette ferme, en mettant de si gros droits d'entrée de cette marchandise que Sa Majesté retire plutôt plus que moins, par le moyen de ces droits, qu'elle ne retire de ce traité, supposant que la moitié de ce qui entreroit en France de tabac y entrât en fraude, ce qui est impossible; et cette imposition de gros droits sera fort aisée à régler, en sachant par le fermier du tabac la consommation qui s'en fait en France. Pour quoi il faudroit sévèrement punir les fraudeurs, tant commis des fermes que négociants et marchands et autres, en révoquant et cassant les commis convaincus de fraudes ou d'y avoir connivé, les condamnant à une amende de 500[#], et les déclarant incapables de posséder aucuns emplois dans les fermes du Roi; condamnant aussi les négociants et marchands à une pareille amende, et leur faisant fermer leurs magasins et boutiques pendant trois mois pour la première fois, et, en cas de récidive, à une amende de 1,000[#], leurs boutiques ou magasins fermés pour toujours, et déclarés indignes et déchus de la faculté de négocier. Et quant aux autres fraudeurs, comme matelots, portefaix et autres gens de journée, à une amende de 100[#] et au carcan, pour la première fois; à pareille amende, au fouet et fleur de lis, pour la seconde; et aux galères, pour la troisième, n'y ayant rien qui fasse plus de tort aux honnêtes gens et bons négociants que la fraude, parce qu'ils ne peuvent vendre à profit leurs marchandises, tandis que les fraudeurs en ont de semblables à meilleur marché. Et comme souvent les commis sont induits à la fraude par la faute de plusieurs fermiers généraux qui leur retiennent le quart, le tiers, et quelquefois la moitié de leurs appointements, qu'ils appliquent à leur profit ou à d'autres usages, en sorte qu'un malheureux commis à 300[#] de gages n'en touche pas quelquefois 200[#] (et ainsi des autres à proportion), et qu'avec si peu de chose ils ne peuvent subsister avec femme et enfants, s'ils ne friponnent leurs maîtres, il faut faire défenses très rigoureuses à tous fermiers de rien retenir sur les appointements des commis, et que ceux que l'on prouvera l'avoir fait seront condamnés à la restitution de ce qu'ils auront pris, et à 1,000 écus d'amende.

Il n'est pas permis, à Paris, et peut-être en quelqu'autres villes du royaume, d'y négocier en gros ni en détail sans être reçu marchand ou avoir des lettres de marchand privilégié suivant la cour. L'on croit que c'est une gêne préjudiciable au commerce et à l'État, et que c'est un vieil abus à réformer, et l'on devroit permettre à tous ceux qui voudront négocier en gros, regnicoles ou étrangers, de le faire librement par tout le royaume, sans être obligés à se faire recevoir marchands ou à avoir des lettres de privilégiés. C'est une cérémonie qu'il est bon de laisser pour les détailleurs. Cette liberté que l'on donneroit aux étrangers de faire négoce à Paris et ailleurs, attireroit de la jeunesse étrangère en France, qui s'y établiroit, s'y marieroit, s'y naturaliseroit, et augmenteroit les sujets du Roi et le commerce. Lyon, où le négoce est très considérable, et plusieurs villes maritimes du royaume, où tout le monde est bien venu pour négocier, fournissent l'exemple à Paris et aux autres villes, s'il y en a qui soient dans la même erreur.

Il faut faciliter l'entrée du royaume à toutes les matières et drogues nécessaires aux manufactures et aux teintures, en ne levant que des droits très modiques aux entrées sur ces matières.

Et de même il faut favoriser la sortie de France aux denrées du cru du royaume et marchandises qui y auront été manufacturées, en imposant sur icelles des droits de sortie très modiques et presque insensibles, et même exempter quelques-unes de tous droits de sortie, par exemple exempter de tous droits de sortie les étoffes de soie des fabriques de tout le royaume. On ne prétend pas, par là, faire préjudice aux droits du Roi ni aux fermiers; au contraire, l'on prétend faire leur avantage, conjointement avec celui de toutes lesdites manufactures et de tout le commerce. Cela se prouve par un raisonnement très sensible : plus il sortira d'étoffes de soie pour l'étranger, plus les manufactures augmenteront et travailleront; donc plus il entrera de soie pour fabriquer ces étoffes, parce que la consommation du dedans n'en diminuera pas. Or, plus le fermier recevra de droits de sortie, moins il en sortira pour l'étranger, et moins il en entrera de soie, qui produira moins de droits d'entrée. Cela ne peut souffrir de contredit; et partant, cette exemption de droits qu'on propose est constamment très avantageuse aux fermiers et aux sujets du Roi.

Si les fermiers objectent qu'il n'en sortira pas moins d'étoffes en payant les droits, on leur répond qu'ils se trompent et qu'ils ne connoissent pas le commerce, dont l'économie est presque le seul profit du négociant, lequel se contente de petits profits réitérés et renouvelés, et cette exemption seroit un appât qui excitera l'étranger à prendre nos étoffes de soie. D'ailleurs, les fermiers tirent peu de chose des droits de sortie sur les étoffes de soie, parce que, la principale fabrique en étant à Lyon, qui a quatre foires l'année, de quinze jours ouvrables chacune, par le privilège desquelles toutes les étoffes de soie qui y sont achetées ne payent aucun droit de sortie, tout ce qu'en demandent les étrangers est ordonné pour ces temps-là. Ainsi, point de droits pour le fermier, et l'on peut dire que le Conseil a bien senti l'espèce de nécessité qu'il y avoit de soulager les manufactures à l'égard de ce droit de sortie, puisque, depuis sept à huit ans, il a rendu un arrêt qui ordonne que les étoffes de Tours ne payeront que 7 sols de la livre pesant, au lieu de 14 sols portés par le tarif. L'on persiste donc à dire et à croire que, pour l'avantage commun des fermiers, du commerce et des manufactures, les étoffes de soie devroient être exemptes de tous droits de sortie. L'on croiroit aussi que les étoffes de soie avec or et argent devroient pareillement en être exemptes; le peu d'or et d'argent qu'elles consument en fait rentrer bien davantage, et il seroit à souhaiter que l'étranger voulût tirer de nous ce que nos ouvriers pourroient leur en fournir. En un mot, on ne sauroit favoriser trop la sortie de ces sortes de marchandises, vu l'avantage qui nous en revient, et on ne sait pas même, à cet égard, s'il ne seroit pas à propos de diminuer les droits d'entrée en France sur les soies, pour donner à nos manufactures la concurrence avec celles de l'étranger, qui, ne payant pas chez eux de si gros droits d'entrée sur les soies qu'on en paye en France, fabriquent leurs étoffes à meilleur marché que nous. Ce dernier article regarde la prudence du Conseil; cependant on peut dire qu'il n'est pas indifférent dans la conjoncture de ce temps, et auquel les étrangers nos voisins nous contrecarrent par des établissements de toutes sortes de manufactures d'étoffes de soie, et tâchent non seulement de nous atteindre, mais encore de nous surpasser; ce qui ne leur sera pas difficile, par le bon marché qu'ils sont en état de faire.

Chercher et apporter un remède à la liberté outrée que les Suisses ont d'emporter de France tout autant d'or et d'argent monnoyé qu'il leur plaît, et prêtent abusivement leurs noms à divers particuliers de Genève et de Lyon. Il s'agit, en cela, de bien examiner leurs privilèges, empêcher qu'ils ne les étendent au delà des bornes, et les restreindre à ce qui leur est accordé. Le commerce de France souffre cruellement de ce côté là par de pareils abus, sur quoi on a aussi présenté un mémoire, lequel on tâchera d'augmenter par de nouvelles remarques, si l'on peut recouvrer les pièces dont on fait recherche.

Empêcher les relâchements, infidélités et malversations dans les manufactures. Il est notoire que les commis à l'inspection d'icelles s'y laissent corrompre, et qu'ils souffrent, contre les règlements, aux uns de faire ce qu'ils ne tolèrent pas aux autres, ce qu'ils doivent empêcher à tous. Il seroit donc très nécessaire qu'il fût pourvu aux inconvénients qui en résultent par un arrêt du Conseil ou autre ordonnance affichée dans toutes les jurisdictions des lieux où il y a des manufactures, et pareillement dans les maisons où sont établies ces manufactures, portant que tout commis inspecteur convaincu de corruption et d'intelligence avec un manufacturier qui auroit fabriqué et exposé en vente des marchandises défectueuses, seroit révoqué et puni d'une grosse amende, et le manufacturier de même, sa marchandise défectueuse confisquée au profit du dénonciateur, après avoir été coupée par morceaux d'une ou de deux aunes, rien n'étant plus nécessaire que de rétablir la bonne foi dans nos ouvrages et manufactures, afin que l'étranger qui en tire ou à qui on en porte en soit content, et que, par la suite, persuadé de la fidélité, il trouve sa sûreté à continuer et à augmenter son commerce à l'égard de nos manufactures.

Les inspecteurs des manufactures de draperies doivent surtout prendre garde exactement que les draps, serges et autres draperies de laine soient bien foulés, d'un travail égal, d'une égale bonté par toute la pièce, des portées et des largeurs ordonnées, que le milieu ou la queue de la pièce ne soient pas inférieurs à la tête, n'étant que trop ordinaire, principalement en Languedoc, où la tête d'une pièce de draperie a une aune ou une aune et demie d'une beauté et bonté incomparablement plus grande que le reste de la pièce; ce qui est une tromperie que l'on ne doit point tolérer, et qui décrie les manufactures de France. Il faut aussi que ces inspecteurs aient attention que les draperies ne soient point tirées à la rame qu'autant qu'elles doivent l'être par les ordonnances pour les rendre unies, de crainte qu'étant trop tirées, elles ne rentrent, et partant ne diminuent d'aunage, et qu'une pièce d'une vingtaine d'aunes, par exemple, ne diminue d'une aune ou d'une aune et demie, comme il ne peut manquer d'arriver quand elle est trop tirée à la rame.

Protéger les jurisdictions consulaires. Leur établissement est un des grands biens qu'on ait jamais fait au commerce et au public. La justice s'y rend promptement, toutes les causes y étant expédiées le même jour qu'elles y sont portées, dût on coucher dans le tribunal. Elle s'y rend aussi gratis de la part des juges; mais, par un malheur, les frais y ont quadruplé depuis huit à dix ans, à cause des charges qu'on a créées dans ces jurisdictions et qu'on leur a obligé d'acquérir. Si Nosseigneurs du Conseil vouloient bien faire attention à cet article, l'on croit qu'ils seroient persuadés que ces jurisdictions méritent la protection qu'on demande, et d'être exemptes à l'avenir de toutes charges, taxes et autres impositions, en faveur du commerce et du public. Cependant l'on croit qu'il seroit nécessaire de réformer un petit abus qui s'est glissé dans ces jurisdictions, et qu'il fût défendu à tous juges-consuls de donner des défenses contre leurs sentences par défaut. Ces sortes de défenses produisent des inconvénients très dangereux. Il y a telle de leurs sentences contre laquelle ils ont donné des défenses jusqu'à trois et quatre fois. La raison pour laquelle ils ne devroient pas en donner est que leurs sentences ne sont pas rendues sur la première assignation, comme dans les autres jurisdictions, parce que, quand le défendeur fait défaut sur cette première assignation, on le réassigne une seconde fois: ce qui ne peut être fait que par les huissiers des consuls, crainte de surprise, et afin que, si la première assignation avoit été soufflée, la deuxième fût réellement donnée, et pour éviter qu'un honnête homme ne pût être exposé injustement à recevoir quelque affront. Ainsi, il ne devroit y avoir que la voie d'appel contre les sentences des consuls; et, comme elles s'exécutent par provision et par corps, nombre de procès seroient d'abord finis, et le demandeur sauroit son sort; au lieu que ces délais qui sont produits par des défenses réitérées, le constituent en frais et lui font abandonner ses affaires pour venir plaider. Mais, quoiqu'il en puisse être remboursé, cela ne lui paye pas son temps perdu, outre que ces délais ne servent très souvent qu'à donner loisir aux débiteurs de mauvaise foi de mettre leurs effets à couvert et de s'absenter: de sorte que ces frais sont encore du bon argent mis avec du mauvais.

Par ces mêmes considérations, on croit qu'il seroit très bon pour le commerce qu'il plût au Roi de faire une déclaration par laquelle il fût défendu expressément à tous les Parlements du royaume de donner des arrêts de défenses contre les sentences des juges-consuls. Mgr le Premier Président de Paris en use de même; mais, comme c'est un pur effet de sa justice, et non pas une loi, on en usera peut-être après lui comme on a fait avant lui, et comme on le fait encore en d'autres Parlements où on accorde aisément des arrêts de défenses contre des sentences des consuls; ce qui a toujours porté des coups mortels au commerce, donnant le temps à la plupart de ceux qui les obtiennent de mettre leurs effets à couvert, et ensuite d'imposer la loi à leurs créanciers. Mais, au contraire, quand on a sentence contre son débiteur, s'il ne s'aide pas en donnant satisfaction à son créancier, la prompte expédition de la sentence empêche le débiteur, faute de temps, de divertir ses effets, et l'on trouve toujours une meilleure composition avec lui.

Il ne faut pas laisser sortir du royaume à l'étranger les blés, ni autres grains et légumes, qu'après être très convaincu par trois ou quatre ans de bonne récolte et d'abondance, ou par le bas prix des grains, qu'il y en a dans le royaume pour plusieurs années de provision; et pour lors, si l'on juge à propos d'en laisser sortir, que ce soit au moins avec de grandes circonspections et avec des quantités fixes et modérées, et avec bonne caution que l'on n'en fera sortir que la quantité permise, sous quelque prétexte que ce soit, et sous de rigoureuses peines contre les contrevenants: à quoi il faut avoir une attention très particulière, la cour y ayant toujours été surprise et trompée par ceux-mêmes qui étoient préposés pour empêcher ces surprises, quoiqu'ils fussent chargés de l'inspection pour l'exécution de pareils ordres.

Feu M. Colbert, fatigué des plaintes continuelles qu'il recevoit de la part des négociants sur les vexations des commis des fermes dans les provinces, avoit établi pour y remédier, un peu avant sa mort, une petite assemblée chez M. de Bellinzani, dans un jour de chaque semaine, de trois fermiers généraux et de trois négociants. Il avoit fait donner avis à tous MM. les intendants des provinces de cette assemblée, avec ordre de ne point laisser instruire ni juger par les juges ordinaires des traites ou autres les différends qui survieudroient entre les négociants et les commis des fermiers, mais de les renvoyer à cette assemblée.

Les négociants des provinces, qui furent aussi avertis, écrivoient à quelqu'un de leurs correspondants de Paris sur les contestations et les difficultés qu'on leur faisoit, qui s'adressoient à l'un des trois négociants, et les commis s'adressoient pareillement à quelques fermiers. On envoyoit à Paris les pièces; on proposoit l'affaire; on y répondoit; très souvent on s'accordoit, et, quand les opinions étoient partagées, M. de Bellinzani décidoit par l'avis où il se rangeoit. Ainsi, sur-le-champ, sans écritures ni significations, l'affaire étoit décidée et exécutée en vertu d'un ordre que MM. les fermiers généraux délivroient dans l'instant, et que l'on envoyoit de même sur les lieux; le tout sans frais. Cela commençoit à faire de bons effets, surtout en arrêtant quantité de procillons et de vexations que faisoient des commis sur des bagatelles, surtout sur des omissions de déclarations de quelques sols, faites par oubli ou par négligence; mais le public ne jouit pas longtemps du fruit de cette assemblée, par la mort de M. Colbert, qui suivit de près cet établissement.

S'il plaisoit au Roi, en faveur des manufactures du royaume, de s'habiller chaque année de deux sortes d'étoffes, savoir : de drap en hiver, et, en été, pendant trois ou quatre mois, de quelque jolie étoffe plus légère que le drap, comme il s'en fait à Reims, à Amiens, en Poitou, au Mans, etc., les seigneurs et autres personnes de la cour ne manqueroient pas d'imiter S. M.; Paris et le reste du royaume en feroit de même, et l'on peut dire que nous donnerions cette mode indubitablement à tous les États voisins, ce qui produiroit un mouvement incroyable dans le commerce, et une consommation extraordinaire de toutes ces petites étoffes de laine, et de laine, or et argent et soie, de laine et soie, de laine et de fil. Ce mouvement et cette grande consommation seroient tant par rapport à la France qu'aux étrangers : chacun auroit son habit d'été, comme on faisoit autrefois, ce qui ne se pratique plus depuis douze à quinze ans, tant par le riche que par le pauvre. Le pauvre consumeroit l'étoffe de bas prix, et le riche les plus belles et les plus chères; et, comme il n'y a pas de pays au monde où l'on invente si facilement des nouveautés qu'en France, elle l'emportera toujours sur les étrangers à cet égard. L'on croit que cet article-ci mériteroit bien quelque attention, et qu'il est de plus grande conséquence qu'il ne paroît d'abord.

(Bibliothèque nationale, ms. français 8038, f°s 87-104 *.)

* Ce manuscrit renferme, outre les pièces qui viennent d'être données : 1° un mémoire sur le commerce en général, qui doit avoir été fait en vue des conférences de Ryswyk; 2° un mémoire des députés de Paris sur l'introduction des marchandises de Hollande, postérieur à 1708, suivi d'un état des marchandises à tirer de Hambourg; 3° le mémoire de M. Taviel, député de Lille, sur le commerce en général, remis le 14 mars 1701; 4° celui de M. Piécourt, député de Dunkerque, remis le 8 avril 1701; 5° un mémoire, que nous avons cité plus haut, des griefs du commerce de la Bretagne, et de celui de Nantes en particulier, par rapport à la régie des fermes, daté du 1er juin 1701, et envoyé le 6 juillet 1701 au contrôleur général; 6° un mémoire des habitants de Saint-Malo, présenté au Conseil par leur député; 7° le mémoire de M. Héron, député de la Rochelle, sur le commerce en général, remis le 21 janvier 1701; 8° trois autres mémoires du même député, sur la relation du commerce avec les fermes et sur les moyens de le rétablir; 9° un mémoire de M. de Fénellon, député de Bordeaux, sur le commerce de cette ville et de la Guyenne, avec les états de l'importation et des droits supportés par les produits; 10° un autre mémoire du même député, sur le commerce en général, remis le 17 décembre 1700; 11° le mémoire du député de Bayonne sur le commerce en général, remis le 28 janvier 1701; 12° celui de M. Mourgue, député du Languedoc, remis le 14 janvier 1701, et suivi d'instructions pour les quatre commissaires des manufactures; 13° le mémoire de M. Fabre, député de Marseille, remis le 8 avril 1701.

V.

Déclaration du Roi pour l'établissement de la capitation générale.

12 Mars 1701.

Louis, par la grâce de Dieu roi de France et de Navarre, à tous ceux qui ces présentes lettres verront, SALUT. La juste disposition de Charles II, roi d'Espagne, par laquelle, pour conserver ses royaumes en un seul corps de monarchie et maintenir le repos général de l'Europe, il a appelé à la succession de tous ses États le duc d'Anjou, notre petit-fils, qui en est l'héritier légitime par la renonciation de notre très cher fils le Dauphin et de notre petit-fils le duc de Bourgogne en sa faveur, ayant donné de nouveaux sujets d'envie aux princes nos voisins, leur fournit en même temps des prétextes pour recommencer une guerre que nous avions heureusement éteinte par une paix dont les conditions auroient pu être plus avantageuses pour nous, si nous n'avions préféré le repos de nos sujets à nos propres intérêts. C'est dans ce même esprit et dans ces mêmes vues du bien de nos sujets et de la conservation de la tranquillité de l'Europe que nous avons bien voulu nous désister des avantages du traité de partage suivant lequel les royaumes de Naples et de Sicile, le duché de Milan et la province de Guipuzcoa auroient pu nous appartenir, mais dont nous n'aurions pu nous mettre en possession sans dépouiller le duc d'Anjou, notre petit-fils, des droits qui lui sont acquis, et sans renouveler nous-même la guerre que le bien de nos sujets et celui de toute l'Europe nous obligeoit d'éviter. Mais, les mouvements et les préparatifs qui se font en Allemagne, en Angleterre et en Hollande ne nous laissant pas lieu de douter que quelques princes jaloux des nouveaux avantages de la maison de France, et d'autres dans le dessein d'assujettir entièrement des peuples qu'une plus longue paix auroit pu confirmer dans le reste de liberté dont ils jouissent, n'aient résolu de renouveler la guerre, nous nous trouvons obligé de nous mettre en état de leur opposer des forces au moins égales à celles qu'ils préparent pour disputer à notre très cher et très amé frère et petit-fils le roi d'Espagne les droits qui lui sont acquis par le sang, par la disposition du testament du feu roi Charles II, et par les suffrages et le vœu commun de tous les peuples de ses royaumes.

Dans ce dessein, nous avons donné nos ordres pour des levées considérables de troupes; mais, comme la guerre engage inévitablement dans des dépenses qui excéderont nos revenus ordinaires, que nous avons fait le fonds pour la levée desdites troupes et pour leur habillement, que nous avons fait les avances pour les vivres, l'artillerie, les magasins, et autres dépenses, pour pouvoir entrer de bonne heure en campagne en cas que l'Empereur, les Anglois et les Hollandois continuent dans le dessein de nous faire la guerre, nous nous trouvons dans la nécessité d'avoir recours à des fonds extraordinaires qui soient moins à charge à nos sujets que les secours que nous avons été obligé de nous procurer dans la dernière guerre, par des traités dont plusieurs subsistent et n'ont pu être exécutés qu'avec beaucoup de frais, dont nos sujets ont été et sont encore chargés, sans que nous en ayons profité. Entre tous les moyens qui nous ont été proposés et que nous avons mûrement examinés dans notre Conseil, nous avons estimé qu'il n'y en avoit point de plus convenable que de rétablir la capitation, qui se pourra payer sans que ceux qui y contribueront en souffrent un préjudice considérable dans leurs affaires, en s'appliquant à la rendre aussi égale qu'il se pourra, et en faisant cesser le recouvrement en même temps que la guerre cessera, en sorte que nos sujets se trouvent, à la paix, au même état qu'ils étoient avant la déclaration de la guerre. Mais, comme il s'est trouvé plusieurs embarras dans la capitation ordonnée en l'année 1695, qui ont donné lieu à des non-valeurs, en sorte que le recouvrement qui en a été fait n'a pas produit les sommes qui nous seroient nécessaires pour soutenir les dépenses indispensables de la guerre sans le secours d'autres affaires extraordinaires, nous avons résolu, en rétablissant la capitation, de l'augmenter, et de fixer celle de notre bonne ville de Paris et de chacune des généralités ou provinces de notre royaume aux sommes que nous estimons qu'elles peuvent porter, dont la répartition sera faite : pour notre bonne ville de Paris, à l'égard des officiers de justice, par les chefs des Compagnies, et à l'égard des bourgeois et habitants, par le prévôt des marchands et les échevins de ladite ville; et pour nos provinces, par les intendants et commissaires départis pour l'exécution de nos ordres; et les rôles arrêtés ensuite en notre Conseil en sorte que le recouvrement s'en puisse faire incessamment. Promettant à nos sujets d'en faire cesser la levée six mois après la publication de la paix, dans lesquels six mois le quartier commencé ne pourra néanmoins être compris, et de ne faire, pendant que la guerre durera, aucunes autres affaires extraordinaires qui puissent leur être à charge.

A ces causes et autres à ce nous mouvant, de notre certaine science, pleine puissance et autorité royale, nous avons, par ces présentes signées de notre main, dit, déclaré et ordonné, disons, déclarons et ordonnons, voulons et nous plait :

ARTICLE I.

Qu'à commencer du 1er janvier de la présente année, il soit établi, imposé et levé dans toute l'étendue de notre royaume, pays et villes conquises, terres et seigneuries de notre obéissance, une capitation générale sur tous nos sujets, payable d'année en année pendant que la guerre durera, sans que ladite imposition puisse être continuée ni exigée, sous quelque prétexte que ce soit, au delà de six mois après la publication de la paix générale; dans lequel terme de six mois ne sera néanmoins compris le quartier courant dans lequel la paix aura été publiée.

II.

Qu'à cet effet il soit dressé par les intendants et commissaires départis dans chacune des provinces, généralités, pays d'États et départements, par les députés et syndics des États et par un gentilhomme de chaque bailliage qui sera par nous choisi et nommé pour agir conjointement avec lesdits intendants pour les taxes de la noblesse, des états de répartition en détail des sommes auxquelles ladite capitation aura été par nous réglée sur chacune desdites provinces, généralités, pays et départements; sur lesquels états il sera ensuite arrêté des rôles en notre Conseil.

III.

Voulons qu'aucun de nos sujets, de quelque qualité et condition qu'il puisse être, nobles, militaires, officiers de judicature ou de finances, ou autres, ne soit exempt de la capitation, à la réserve du clergé et des ecclésiastiques séculiers et réguliers, que nous en avons exceptés, ne doutant point que ce corps, qui compose le premier ordre de notre royaume, ne se porte de lui-même à nous témoigner son zèle dans cette conjoncture en nous accordant des secours volontaires proportionnés à ses facultés et aux besoins de l'État, ainsi qu'il a fait pendant la dernière guerre.

IV.

Nous ne doutons point aussi que la noblesse de notre royaume, qui, dans toutes les occasions, expose sa vie et verse si généreusement son sang pour notre service, nos officiers de justice, qui travaillent avec tant de zèle pour maintenir nos droits, ceux du public et des particuliers, et qui, dans la dernière guerre, ont si libéralement contribué au soutien de l'État, ne sacrifient avec le même dévouement les sommes auxquelles ils pourront être raisonnablement taxés à proportion de leurs dignités et revenus.

V.

Et attendu que, le produit de la capitation étant destiné à soutenir les dépenses de la guerre, il nous est important, en cas qu'elle soit déclarée, d'être en état de nous en prévaloir pendant la campagne prochaine, voulons et ordonnons que chacun des redevables paye sa taxe en deux termes et payements égaux : le premier dans le mois de mars, et le second au mois de septembre de chacune année, et, pour la présente année, le premier au mois de mai prochain, et le second au mois d'octobre; et faute par lesdits redevables de payer dans les termes ci-dessus marqués, ils y seront contraints par les voies portées par la présente déclaration, même au payement de la moitié en sus du total de ladite taxe, ou de la moitié qu'ils seront en demeure de payer, sans que cette peine puisse être réputée comminatoire, remise ni modérée, sous quelque prétexte que ce soit.

VI.

Que nos sujets taillables dans les pays d'élection et les exempts et privilégiés demeurant dans les paroisses desdits pays payent leur taxe dans les termes ci-dessus, entre les mains des collecteurs ordinaires des tailles, même par préférence aux deniers de la taille; lesquels collecteurs remettront les deniers provenant de ladite capitation entre les mains des receveurs particuliers des tailles de chaque élection, lesdits receveurs particuliers en celles des receveurs généraux des finances de leur généralité, et lesdits receveurs généraux au garde de notre Trésor royal; et que les bourgeois et habitants des villes franches, abonnées ou tarifées payent leur taxe entre les mains des receveurs des deniers communs desdites villes, ou autres commis par les intendants et commissaires départis; lesquels remettront les deniers de leur recette au receveur général des finances en exercice de la généralité où lesdites villes seront situées, et lesdits receveurs généraux au garde de notre Trésor royal.

VII.

Que, dans les pays d'États, les redevables payent leur taxe de la capitation entre les mains des collecteurs et receveurs ordinaires des Dons gratuits, subsides, subventions et autres impositions usitées èsdits pays, qui remettront ensuite le fonds de leur recette aux trésoriers ou receveurs généraux desdits États, et eux au garde de notre Trésor royal; et que ceux des trésoriers ou receveurs généraux des pays d'États qui ne portent point les deniers de leur recette au Trésor royal, remettent le fonds provenant des taxes de la capitation aux receveurs généraux des finances de leur province ou généralité qui seront en exercice, et eux au garde de notre Trésor royal.

VIII.

Que les états de répartition sur les officiers de notre cour de Parlement et autres Compagnies supérieures établies en notre bonne ville de Paris soient dressés par le premier président, deux députés et le procureur général de chacune desdites Compagnies, ou de telle autre manière qu'il sera convenu entre eux; dans lesquels états seront compris les substituts, greffiers et commis des greffes, huissiers, avocats fréquentant le barreau et les consultations inscrits sur le tableau, et les procureurs desdites Cours, pour en être arrêté des rôles en notre Conseil; et que la portée desdits rôles soit payée par les officiers desdites Compagnies et autres compris dans lesdits rôles entre les mains des payeurs des gages desdites Compagnies, qui en remettront les deniers au garde de notre Trésor royal.

IX.

Et, à l'égard des Compagnies subalternes de notre bonne ville de Paris, que les états de répartition en soient dressés par les chefs desdites Compagnies, avec un ou deux députés et nos procureurs; dans lesquels états seront compris tous les officiers desdites Compagnies, greffiers et commis des greffes, huissiers, avocats et procureurs, pour en être ensuite arrêté des rôles en notre Conseil, dont la portée sera payée entre les mains des payeurs des gages desdites Compagnies, qui en remettront ensuite le fonds au garde de notre Trésor royal.

X.

Que les chefs et députés du Châtelet de Paris et notre procureur audit Châtelet dresseront pareillement l'état de répartition des taxes des commissaires, notaires, banquiers-expéditionnaires en cour de Rome, agents de change, sergents à verge et autres, même des officiers et archers des compagnies du lieutenant criminel de robe courte, du prévôt de l'Île et du chevalier du guet, pour en être ensuite arrêté un rôle en notre Conseil, dont la portée sera payée entre les mains du payeur des gages des officiers du Châtelet, qui en remettra ensuite le fonds au garde de notre Trésor royal.

XI.

Que le lieutenant général de police et notre procureur audit Châtelet dressent l'état de répartition des taxes des corps des marchands et des communautés d'arts et métiers qui sont de leur juridiction, pour en être ensuite arrêté un rôle en notre Conseil; et que lesdites taxes soient payées aux receveurs qui seront commis par ledit lieutenant général de police et notre procureur audit Châtelet, qui en remettront le fonds au receveur général de la ville, et lui au garde de notre Trésor royal.

XII.

Que l'état de répartition de la capitation sur les bourgeois et habitants de notre bonne ville de Paris non compris dans les quatre articles précédents, sur les officiers de ville, officiers des ports, et les marchands et artisans qui dépendent de la juridiction de la ville et y sont reçus, soit dressé par le prévôt des marchands et les échevins de notredite ville, pour être ensuite le rôle d'imposition arrêté en notre Conseil, dont la portée sera payée aux receveurs qui seront commis par lesdits prévôt des marchands et échevins; lesquels receveurs ou commis remettront les deniers de leur recette au receveur général de la ville, et lui au garde de notre Trésor royal.

XIII.

Que les états de répartition de la capitation sur les gentilshommes et nobles soient dressés par les intendants et commissaires départis, conjointement avec un gentilhomme de chaque bailliage qui sera par nous choisi et nommé, pour en être ensuite arrêté des rôles en notre Conseil, dont la portée sera payée entre les mains du receveur qui sera commis à cet effet par l'intendant ou commissaire départi, et par le gentilhomme par nous nommé; lequel receveur commis remettra le produit de sa recette entre les mains du receveur général des finances, et, dans les pays d'États, entre les mains du trésorier ou receveur général desdits États, qui le remettront au garde de notre Trésor royal.

XIV.

Que les états de répartition de la capitation payable par les officiers, soldats, cavaliers et dragons de nos troupes de terre, et par les officiers, soldats et matelots, tant de nos vaisseaux que de nos galères, soient dressés par les intendants de nos provinces et par ceux de la marine et des galères dans le département desquels lesdites troupes, tant de terre que de mer, se trouveront, pour en être ensuite arrêté des rôles en notre Conseil, dont le produit sera payé entre les mains du trésorier général de l'extraordinaire des guerres et de ceux de la marine et des galères, qui remettront le fonds de leur recette au garde de notre Trésor royal.

XV.

Que les états de répartition de la capitation sur les officiers de nos cours de Parlement et autres Compagnies supérieures des provinces de notre royaume, substituts, greffiers, commis aux greffes, huissiers, avocats et procureurs, soient dressés par le premier président, deux députés au moins et le procureur général de chacune desdites Compagnies, ou de telle autre manière qui sera convenue entre eux, pour en être ensuite arrêté des rôles en notre Conseil, et que la portée desdits rôles soit payée par les officiers et autres qui y seront employés entre les mains des payeurs des gages desdites Compagnies, qui en remettront les deniers aux receveurs généraux des finances de leur province ou généralité en exercice, et eux au garde de notre Trésor royal.

XVI.

Et, à l'égard des Compagnies subalternes des provinces, que les états de répartition de la capitation soient dressés par les intendants ou commissaires départis, conjointement avec le chef de chacune desdites Compagnies, pour en être ensuite arrêté des rôles en notre Conseil, dont la portée sera payée par les Compagnies qui reçoivent leurs gages des mains d'un payeur entre les mains desdits payeurs, et, par celles qui n'ont point de payeur, entre les mains des receveurs des deniers communs des villes où lesdites Compagnies sont établies, ou autres commis par les intendants; lesquels en remettront ensuite le fonds aux receveurs généraux des finances de leur province ou généralité en exercice, et eux au garde de notre Trésor royal.

XVII.

Que les rôles de la capitation des princes, ducs, maréchaux de France, officiers de notre couronne, chevaliers et officiers de l'ordre du Saint-Esprit, de notre Conseil, de notre chancellerie, des officiers de nos finances, des fermiers généraux, officiers de notre maison et autres employés sur les états des maisons royales, soient arrêtés par nous en notre Conseil, et qu'ils payent leur taxe entre les mains du garde de notre Trésor royal, ou autre receveur qui sera par nous commis à cet effet.

XVIII.

Les receveurs, tant généraux que particuliers, et collecteurs qui recevront les deniers de la capitation, tant en gros qu'en détail, retiendront chacun pour leur salaire les taxations qui leur sont attribuées sur le produit de leur recette par notre déclaration du 19 avril 1695 et par l'arrêt de notre Conseil du 25 septembre 1696, à la charge, par lesdits receveurs particuliers des tailles, subventions et autres impositions ordinaires, de porter à la recette générale, et par les receveurs généraux de porter au Trésor royal, dans les termes qui leur seront fixés, la portée entière des rôles qui seront arrêtés pour le recouvrement desdites taxes.

XIX.

Et quant à la manière de compter dudit recouvrement, épices et façons des comptes, lesdits comptables suivront les règlements portés par nos déclarations des 19 avril 1695, 27 mars 1696, 4 juin 1697 et 21 juin 1698.

XX.

Défendons aux collecteurs, receveurs particuliers, receveurs généraux, et généralement à tous ceux qui seront chargés du recouvrement des taxes de la capitation, tant en gros qu'en détail, d'exiger ni de recevoir des redevables aucun droit de quittance ou autres, sous quelque prétexte que ce soit, à peine de concussion.

XXI.

Leur permettons d'user contre les redevables qui seront en demeure de payer des contraintes ordinaires et accoutumées pour le recouvrement de nos deniers.

XXII.

Déclarons que les états de répartition, les rôles qui seront arrêtés en conséquence, extraits desdits rôles, quittances, exploits, assignations, et toutes autres expéditions et procédures qui se feront pour l'imposition et recouvrement de ladite capitation, pourront être faits en papier ordinaire et non timbré; déchargeons tous lesdits actes du droit de contrôle, sans que, pour raison de ce, les fermiers de nos domaines puissent prétendre aucune indemnité; dérogeant à cet effet à tous édits, déclarations et arrêts à ce contraires.

XXIII.

Et pour éviter les contestations qui pourroient survenir au sujet de l'imposition et du recouvrement de la capitation, voulons et ordonnons que ceux qui seront employés dans plusieurs rôles ne soient tenus de payer qu'une seule fois, suivant la plus forte taxe pour laquelle ils auront été compris dans lesdits rôles;

XXIV.

Que les fils de famille mariés ou pourvus de charges soient cotisés à part dans les rôles, encore qu'ils demeurent actuellement dans la maison de leurs père ou mère;

XXV.

Que les femmes séparées de leurs maris, de corps ou de biens, soit par autorité de justice, soit de fait et par convention, soient taxées en leur particulier.

XXVI.

Et attendu qu'il peut arriver du changement d'une année à l'autre dans l'état de nos sujets, nous ordonnons que les intendants seuls, à l'égard des taillables et des bourgeois et habitants des villes non taillables, ou conjointement avec les syndics ou députés des pays d'États et avec les gentilshommes par nous nommés, ainsi que les autres préposés à la confection des états de répartition de la capitation, envérront, dans le mois de janvier de chacune année, tant que la capitation durera, au contrôleur général de nos finances, des états, distingués par bailliage, sénéchaussée, viguerie ou élection, des changements qu'ils jugeront à propos de faire aux rôles qui auront été arrêtés en notre Conseil, pour y avoir par nous tel égard que de raison.

XXVII.

Et pour prévenir tout ce qui pourroit retarder le recouvrement de la capitation ou causer des frais aux redevables, voulons et ordonnons que les rôles qui seront arrêtés en notre Conseil soient exécutés par provision, et, en cas d'oppositions, qu'elles puissent être jugées sommairement et sans frais par les intendants et commissaires départis dans les provinces et généralités de notre royaume, et par ceux qui auront dressé les états sur lesquels lesdits rôles auront été arrêtés en notre Conseil, auxquels nous attribuons à cet effet toute cour, juridiction et connoissance. Donnons pouvoir et autorité auxdits intendants et aux officiers subalternes qui auront dressé lesdits états de répartition de juger par jugement dernier jusqu'à la concurrence de 50 [ll]; et, à l'égard des taxes qui excéderont ladite somme, voulons que ce qui sera par eux ordonné soit exécuté par provision, sauf l'appel en notre Conseil. Et pour ce qui regarde les taxes des officiers des Compagnies supérieures de notre royaume, voulons que lesdites Compagnies jugent par jugement dernier les oppositions auxdits rôles, à quelque somme que les taxes puissent monter.

XXVIII.

Déclarons que, par ces présentes et par l'établissement de ladite capitation, nous n'avons entendu et n'entendons déroger aux droits, prérogatives et privilèges d'aucuns des ordres de notre royaume, que nous voulons maintenir et entretenir.

Si donnons en mandement à nos amés et féaux conseillers les gens tenant notre cour de Parlement, Chambre des comptes et Cour des aides à Paris, que ces présentes ils aient à faire lire, publier et enregistrer, et le contenu en icelles exécuter et faire exécuter selon sa forme et teneur. Car tel est notre plaisir. En témoin de quoi, nous avons fait mettre notre scel à cesdites présentes.

Donné à Versailles le 12 mars, l'an de grâce 1701, et de notre règne le cinquante-huitième. *Signé :* Louis, *et plus bas :* Par le Roi, Phélypeaux. Et scellé du grand sceau de cire jaune.

(Imprimé du temps.)

VI.

Édit portant création de deux offices de Directeurs des finances.

Juin 1701.

Louis, etc., à tous présents, etc., salut. La satisfaction que nous avons des services que le sieur Chamillart nous a rendus depuis qu'il est chargé du contrôle général de nos finances et des fonctions de la charge de secrétaire d'État de la guerre, nous a déterminé à lui procurer le soulagement dont il peut avoir besoin pour soutenir le poids de ces deux importants emplois; et comme l'administration de nos finances et le détail infini d'affaires qui en dépendent demandent un travail presque continuel, dont il se trouveroit surchargé et qui le mettroit souvent hors d'état de satisfaire aussi promptement que notre service le requiert à l'exécution de nos ordres sur le fait de la guerre et de la conduite et discipline de nos troupes, nous avons cru nécessaire de le soulager d'une grande partie de ce travail en lui laissant l'inspection supérieure sur nos finances et lui réservant à lui seul le contrôle général des quittances et la distribution de nos fonds, dont il nous rendra compte à l'avenir en la manière accoutumée, et de charger de tout le détail de nos finances deux de nos sujets que nous estimerons les plus capables de nous servir utilement dans ces emplois : au moyen de quoi le nombre de six intendants des finances n'étant plus nécessaire pour notre service, nous avons résolu de le réduire à quatre, que nous choisirons du nombre de ceux qui remplissent lesdites places soit en titre ou par commission.

A ces causes et autres à ce nous mouvant, et de notre certaine science, pleine puissance et autorité royale, nous avons, par le présent édit perpétuel et irrévocable, créé et érigé, créons et érigeons en titre d'offices formés deux nos conseillers ordinaires en nos Conseils d'État et privé, directeurs de nos finances, pour avoir, sous le contrôleur général de nos finances, la direction de toutes les affaires qui les concernent et nous en faire le rapport en notre Conseil royal, chacun dans le département qui leur sera par nous ordonné; voulons qu'ils aient rang, séance et voix délibérative dans nos Conseils, même en notre Conseil de commerce, du jour de leur réception auxdits offices; et, en cas qu'il nous plût remplir lesdits offices d'aucuns de nos conseillers d'État ou intendants de nos finances, ils conserveront leur rang dans nos Conseils du jour qu'ils y ont été reçus, et jouiront des mêmes honneurs, privilèges et prérogatives que nos autres conseillers d'État, ensemble de 80,000 ᵗᵗ que nous avons attribués à chacun d'eux par chacun an pour leurs appointements, gages du Conseil, acquits patents, gratifications et cahier de frais, dont ils seront payés, savoir : de la somme de 76,000 ᵗᵗ par les gardes de notre Trésor royal, suivant les états et ordonnances qui en seront par nous signés en notre Conseil, et 4,000 ᵗᵗ par les fermiers de nos fermes unies, et de quatre minots de sel de franc-salé. Et sera par nous pourvu auxdits offices sur les rôles qui seront arrêtés en notre Conseil, et sur les quittances de finance expédiées en conséquence par le trésorier de nos revenus casuels en exercice au profit de ceux que nous choisirons pour les remplir, lesquels nous voulons être admis par les trésoriers de nos revenus casuels au payement du droit annuel, que nous avons fixé à la somme de 600 ᵗᵗ, dont nous les avons déchargés pour la présente année, sans qu'ils soient tenus à l'avenir de nous payer aucun prêt, dont nous les avons dispensés. Voulons que le nombre des offices d'intendants des finances demeure fixé à quatre pour l'avenir, et que, dès à présent, l'un des cinq par nous créés par les édits des mois de février 1690 et décembre dernier demeure éteint et supprimé, et que les autres soient exercés par ceux que nous choisirons entre ceux qui les exercent actuellement, pour servir comme ils ont fait jusques à présent, chacun dans les départements qui leur seront par nous ordonnés, et qu'ils jouissent des mêmes honneurs, privilèges, prérogatives, rang, séance, voix délibérative dans nos Conseils et gages dont ils ont joui jusques à présent.

Si donnons en mandement à nos amés et féaux conseillers les gens tenant notre Chambre des comptes à Paris que notre présent édit ils aient à faire lire, publier et registrer, et le contenu en icelui faire exécuter de point en point selon sa forme et teneur, sans permettre qu'il y soit contrevenu en quelque sorte et manière que ce soit, nonobstant tous édits, déclarations, ordonnances, règlements, arrêts et autres choses à ce contraires, auxquels nous avons dérogé et dérogeons par notre présent édit, aux copies duquel, collationnées par l'un de nos amés et féaux conseillers et secrétaires, nous voulons que foi soit ajoutée comme à l'original. Car tel est notre plaisir.

Et afin que, etc.

Donné à Versailles, au mois de juin, l'an de grâce 1701, et de notre règne le cinquante-neuvième.

Les lettres de cachet pour l'enregistrement dudit édit ont été envoyées à la Chambre des comptes le 6 juin 1701.

(Arch. nationales, Registres du secrétariat de la Maison du Roi, O¹ 45, fᵒˢ 228-230.)

VII.

Édit portant permission aux gentilshommes de faire commerce en gros sans déroger à la noblesse.

Décembre 1701.

Louis, etc., à tous présents et à venir, salut. L'attention que nous avons toujours eue pour faire fleurir le commerce dans notre royaume nous ayant fait connoître l'avantage que l'État retire de l'application de ceux de nos sujets qui se sont attachés avec honneur au négoce, nous avons toujours regardé le commerce en gros comme une profession honorable et qui n'oblige à rien qui ne puisse raisonnablement compatir avec la noblesse : ce qui nous a même porté plusieurs fois à accorder des lettres d'anoblissement en faveur de quelques-uns des principaux négociants, pour leur témoigner l'estime que nous faisons de ceux qui se distinguent dans cette profession. Nous avons cependant été informé que grand nombre de ceux de nos sujets qui sont nobles d'extraction ou qui le deviennent par les charges et offices qu'ils acquièrent, ainsi que ceux que nous anoblissons par grâce, font difficulté d'entreprendre de faire ou de continuer aucun commerce, même en gros, autre que celui de mer, que nous avons déjà déclaré ne point déroger à noblesse, par la crainte de préjudicier à celle qui leur est acquise; et voulant exciter tous ceux de nos sujets nobles et autres qui peuvent avoir de l'inclination ou du talent pour le commerce à s'y adonner, et engager ceux qui ont embrassé cette profession à y demeurer et à y élever leurs enfants, nous avons cru ne pouvoir rien faire de plus convenable que de marquer au public le cas que nous avons toujours fait des bons négociants, qui, par leurs soins et leur travail, attirent de toutes parts les richesses et maintiennent l'abondance dans nos États.

A ces causes et autres à ce nous mouvant, et de notre certaine science, pleine puissance et autorité royale, nous avons, en confirmant et renouvelant, en tant que besoin seroit, l'édit du mois d'août 1669 concernant le commerce de mer, que nous entendons toujours être exécuté selon sa forme et teneur, dit, statué et ordonné, disons, statuons et ordonnons, voulons et nous plaît que tous nos sujets, nobles par extraction, par charges ou autrement, excepté ceux qui sont actuellement revêtus de charges de magistrature, puissent faire librement tout autre sorte de commerce en gros, tant au dedans qu'au dehors du royaume, pour leur compte ou par commission, sans déroger à leur noblesse. Voulons et entendons que les nobles qui feront le commerce en gros continuent de précéder en toutes les assemblées générales et particulières les autres négociants, et jouissent des mêmes exemptions et privilèges attribués à leur noblesse dont ils jouissoient avant que de faire le commerce. Permettons à ceux qui font le commerce en gros seulement de posséder des charges de nos conseillers secrétaires, maison et couronne de France et de nos finances, et continuer en même temps le commerce en gros, sans avoir besoin pour cela d'arrêt ni de lettres de compatibilité. Seront censés et réputés marchands et négociants en gros tous ceux qui feront leur commerce en magasin, vendant leurs marchandises par balles, caisses ou pièces entières, et qui n'auront point de boutiques ouvertes, ni aucun étalage ou enseignement à leurs portes et maisons. Voulons que, dans les villes du royaume où jusques à présent il n'a pas été permis de négocier et faire trafic sans être reçu dans quelque corps de marchands, il soit libre aux nobles de négocier en gros sans être obligés de se faire recevoir dans aucun corps de marchands, ni de justifier d'aucun apprentissage. Et afin que les familles des marchands ou négociants en gros, tant par mer que par terre, soient connues pour jouir des prérogatives qui leur sont attribuées par ces présentes, et pour recevoir les marques de distinction que nous jugerons à propos de leur accorder, nous voulons que ceux de nos sujets qui s'adonneront au commerce en gros soient tenus à l'avenir de faire inscrire leurs noms dans un tableau qui sera mis à cette effet dans la juridiction consulaire de la ville de leur demeure et dans les Chambres particulières de commerce qui seront ci-après établies dans plusieurs villes de notre royaume. Voulons et entendons pareillement que, dans les provinces, villes et lieux où les avocats, médecins et autres principaux bourgeois sont admis aux charges de maire, échevins, capitouls, jurats et premiers consuls, ceux des marchands qui feront le commerce en gros puissent être élus concurremment auxdites charges, nonobstant tous statuts, règlements et usages contraires, auxquels nous avons expressément dérogé, et dérogeons à cet effet par ces présentes. Entendons pareillement que les marchands en gros puissent être élus consuls, juge, prieur et président de la juridiction consulaire ainsi que les marchands reçus dans les corps et communautés des marchands qui se trouvent établis dans plusieurs villes et lieux du royaume. Voulons aussi que le chef de chaque juridiction consulaire, de quelque nom qu'il soit appelé, soit exempt de logement de gens de guerre et de guet et garde pendant le temps de son exercice. Et pour conserver autant qu'il est en nous la probité et la bonne foi dans une profession aussi utile à l'État, nous déclarons déchus des honneurs et prérogatives ci-dessus accordés ceux des marchands et négociants en gros, aussi bien que les autres marchands, qui auront fait faillite, pris des lettres de répit ou fait des contrats d'atermoiement avec leurs créanciers. Si donnons en mandement à nos amés et féaux conseillers les gens tenant notre cour de Parlement, Chambre des comptes et Cour des aides à Paris que ces présentes ils aient à faire lire, publier et registrer, et le contenu en icelles garder et exécuter de point en point selon sa forme et teneur, cessant et faisant cesser tous troubles et empêchements qui pourroient être mis ou donnés, nonobstant tous édits, déclarations, arrêts, règlements et autres choses à ce contraires, auxquelles nous avons dérogé et dérogeons par ces présentes; aux copies desquelles, collationnées par l'un de nos amés et féaux conseillers et secrétaires, voulons que foi soit ajoutée comme à l'original. Car tel est notre plaisir, etc.

Et afin que, etc.

Donné à Versailles, au mois de décembre, l'an de grâce 1701, et de notre règne le cinquante-neuvième.

Les lettres de cachet pour l'enregistrement dudit édit ont été envoyées au Parlement, à la Chambre des comptes et à la Cour des aides le 30 décembre 1701.

(Arch. nationales, Registres du secrétariat de la Maison du Roi, O[1] 45, f°s 234 v°-237.)

VIII.

Provisions de Directeur des finances pour Nicolas Desmaretz.

22 Octobre 1703.

Louis, etc., à tous ceux qui ces présentes lettres verront, salut. Les bons, agréables et utiles services que nous a ci-devant rendus notre amé et féal Nicolas Desmaretz, tant en la charge de maître des requêtes ordinaire de notre hôtel qu'en celle d'intendant de nos finances, dans toutes lesquelles fonctions il nous a donné des preuves de sa bonne conduite, de son intelligence, d'une parfaite connoissance de nos finances, et d'une fidélité et affection singulière, nous conviant à lui donner des marques de la satisfaction qui nous en demeure, et l'engager de plus en plus à nous rendre ses services avec la même application qu'il a fait par le passé;

A ces causes et autres à ce nous mouvant, nous avons audit sieur Desmaretz donné et octroyé, donnons et octroyons, par ces présentes signées de notre main, l'office de notre conseiller ordinaire en notre Conseil d'État [et] privé, directeur de nos finances, que tenoit et exerçoit notre amé et féal [le sieur] Hilaire Rouillé, qui s'en seroit démis en nos mains au profit dudit sieur Desmaretz, ainsi qu'il appert par l'acte ci-attaché sous le contre-scel de notre chancellerie, pour ledit office avoir, tenir et dorénavant exercer, en jouir et user par ledit sieur Desmaretz, et avoir, sous le contrôleur général de nos finances, la direction de toutes les affaires qui les concernent, et suivant le département qui sera ordonné audit sieur Desmaretz, avec séance et voix délibérative dans nos Conseils d'État et privé et dans notre Conseil royal, pour nous y faire le rapport de toutes les affaires qui concernent sondit département, comme aussi dans notre Conseil de commerce, et jouir de 80.000 ## que nous avons attribués par chacun an audit office.....; le tout ainsi qu'en a joui ou dû jouir ledit sieur Rouillé, conformément à notre édit de création dudit office du mois de juin 1701, et tant qu'il nous plaira, encore que ledit sieur Rouillé ne vive les quarante jours portés par nos règlements, dont, attendu le droit annuel pour ce payé, nous avons relevé et dispensé ledit sieur Desmaretz. Si donnons en mandement, etc.

Donné à Fontainebleau, le 22 octobre de l'an de grâce 1703.

(Arch. nationales, Registres du secrétariat de la Maison du Roi, O[1] 47, f° 197 v°.)

IX.

MÉMOIRES DE MM. D'ARGENSON, DESMARETZ ET SAMUEL BERNARD, SUR LES BILLETS DE MONNAIE.

Lettres de M. Samuel Bernard à M. Desmaretz et au Contrôleur général.

Paris, 30 Décembre 1703.

Je vous envoie, Monsieur, mon mémoire au sujet des billets de la Monnoie. S'il est de votre goût, vous me ferez beaucoup de plaisir d'en faire la lecture à Mgr Chamillart. Je vous supplie, Monsieur, de vouloir bien m'envoyer l'état des assignations qui me sont destinées.

Je suis, avec beaucoup de respect, etc.

Bernard.

Mémoire.

Le rabais publié n'a fait aucun effet, ainsi que je l'avois prévu. L'argent est plus serré que jamais, et le public fort inquiet de ce qu'ils feront des billets de la Monnoie qui leur resteront à la fin de l'année. La plupart de ceux qui sont dans le mouvement sont porteurs des billets de la Monnoie, et, comme ils ont tous les jours des payements à faire, ils ne sont pas en état de les convertir pour en recevoir l'intérêt. Le public murmure beaucoup de ce qu'on refuse les billets de la Monnoie au Trésor royal, aux gabelles et aux parties casuelles; il prétend que ce sont les endroits où ils devroient plutôt être reçus. On ne pourra pas se dispenser d'ordonner qu'ils en reçoivent, afin de faire connoître que le Roi les regarde lui-même comme de fort bons effets. Je sais que le Roi a besoin de comptant pour les rentes sur l'hôtel de ville et pour les officiers; ainsi, on pourroit ordonner que toutes les caisses du Roi recevroient moitié en comptant, et l'autre moitié en billets de monnoie, jusqu'au 1er de juillet prochain; et à l'égard du public, les billets de monnoie auront cours jusqu'audit temps, à condition que chacun sera tenu de payer un quart en argent comptant. Je fais une différence des caisses du Roi à celles des particuliers à cause du besoin que le Roi a de comptant pour les rentes et pour les officiers. Il est nécessaire aussi de faire entendre qu'il ne se fera plus de billets de monnoie, et qu'à l'égard de ceux qui sont faits, ils auront cours comme je viens de dire, avec la liberté à tous ceux qui en seront porteurs de les faire convertir à la Monnoie ou à la Caisse des emprunts à leur choix, savoir: moitié payables à six mois, et moitié payables à douze mois, avec l'intérêt à 10 p. o/o du jour de la conversion. Et afin d'exciter ceux qui aiment de gros intérêts à les convertir, on s'obligera de leur payer d'avance l'intérêt; et afin que cela ne tire point à conséquence pour d'autres affaires, on pourra dire qu'on paye d'avance l'intérêt de ces billets pour récompenser en quelque manière la facilité que le public a apportée, depuis qu'ils ont cours, à n'en pas exiger le payement. Cela pourra faire que plusieurs aimeront mieux les convertir à douze mois qu'à six, pour profiter de l'intérêt qu'on payera d'avance. C'est un petit objet, à quoi on ne doit pas regarder dans le besoin où l'on se trouve. On pourra aussi dire que c'est afin de finir entièrement desdits billets qu'on prend un plus long terme que celui qu'on avoit d'abord proposé, attendu la difficulté qu'il y a de convertir les matières en pièces de 10 sols, qui sont de la pièce au marc et du marc à la pièce, [parce] que cet ouvrage s'est trouvé beaucoup plus long qu'on n'avoit cru.

A l'égard des billets de M. de Pléneuf, il est nécessaire que le public soit informé que le Roi en fait son affaire, et, pour cela, ordonner qu'on en prendra la moitié en payement pour les contrats de rentes sur l'hôtel de ville; bien entendu qu'ils seront échus, et à condition de payer l'autre moitié en deniers comptant, car mon avis ne seroit pas qu'on les prît dans toutes les caisses du Roi, comme les billets de la Monnoie; cela est bien différent dans l'idée du public.

Paris, ce 6 Août 1704.

Monseigneur,

Les affaires deviennent difficiles à un point qu'il n'est pas possible de pouvoir exprimer : on ne reçoit pas un sol des meilleurs payeurs; on ne trouve pas un denier à aucun prix, ni plus d'occasion de se faire aucun crédit. Il faut que j'avoue que toutes mes ressources sont épuisées; cela est bien douloureux quand on a d'aussi fortes sommes à payer que celles que j'ai. J'ai l'honneur, Monseigneur, de vous envoyer ci-joint l'état des assignations courantes pour août, sur lesquelles j'avois fait fonds pour acquitter ce que j'ai à payer ce mois-ci. Ceux qui ont accoutumé de mieux payer, et qui sont spécifiés au bas de l'état, ne me promettent pas de le pouvoir faire. Je leur ai écrit, et les ai priés très instamment de tâcher de me payer vendredi ou samedi. Pas un ne peut le faire, et ignorent tous quand ils le pourront. Jugez de l'état où cela me met : si je ne reçois tout le contenu audit état, je n'ai aucun secours pour payer mes lettres de change, qui se montent à des sommes immenses pendant le courant de ce mois, dont grosse partie échoit le 10 et le 11. Si, en périssant, je soutenois les affaires de l'État, cela diminueroit mon désespoir; mais il est facile de prévoir que, dès le moment que je manquerai à payer, mon malheur en accablera une infinité d'autres et causera immédiatement après plus de quarante banqueroutes dans le royaume, qui achèveront d'absorber sans ressource le peu de crédit qui restoit à l'État et à quelques particuliers.

Cette pensée me fait trembler à chaque moment.

Il n'y a que vous, Monseigneur, qui puissiez y apporter un prompt remède; je n'en sais point d'autre que celui de donner cours aux billets de la Monnoie d'une manière ou de l'autre.

J'avois eu l'honneur de vous proposer deux moyens : l'un, qu'on pourroit porter jusqu'à une certaine somme de bonnes assignations à la Monnoie, pour lesquelles on feroit des billets de monnoie payables à l'échéance desdites assignations. J'entends, par exemple, que, pour les assignations payement de juillet, on donneroit des billets de monnoie payables au 15 septembre, ou même payables un mois plus tard, afin que les fonds ne manquassent pas à la Monnoie et que le payement en fût entré à la Monnoie avant même qu'ils fussent obligés d'acquitter les billets qu'ils auroient faits pour lesdites assignations. Si vous ne prenez pas ce parti, et promptement, ou quelqu'autre meilleur que je ne sais point, qui remédie au mal pressant sans délai, il faut, de nécessité, périr, car le secours de la vaisselle d'argent ne sera jamais assez prompt. J'y ai fait beaucoup de réflexions : c'est un remède lent, quoique bon, car il viendra à l'appui des billets de monnoie faits pour des assignations, si tant est que vous en ayez besoin; mais la fonte de la vaisselle d'argent deviendroit non seulement inutile, mais onéreuse par rapport au besoin présent, si vous vouliez payer comptant à la Monnoie ceux qui y porteroient leurs vaisselles, parce que la plupart garderoient dans leurs coffres le comptant qu'ils auroient reçu pour leur vaisselle d'argent. Il est donc nécessaire, en faisant cette fonte, de donner en payement des billets de monnoie à termes, comme j'ai eu l'honneur de vous le proposer, et de payer d'avance en comptant l'intérêt desdits billets. De cette manière, vous jouirez des sommes à quoi se montera la fonte de la vaisselle; sans quoi, vous n'en jouirez absolument point : la défiance est si grande, que chacun serrera l'argent provenant de sa vaisselle. Et ensuite, dans un mois ou deux, Votre Grandeur donnera, si elle trouve à propos, des rentes sur l'hôtel de ville au denier douze, et déclarera qu'on recevra pour lesdites rentes les billets de la Monnoie sur le pied qu'on les aura donnés. Il est sûr que bien des gens y en porteront, et que vous amortirez par là une partie des billets de monnoie. Il ne faut pas craindre de ne pouvoir pas acquitter lesdits billets, car, par le moyen des assignations, on perpétuera les billets de monnoie si longtemps qu'il vous plaira, et on donnera le temps à votre réforme de s'achever; et après qu'elle sera achevée, la crainte des rabais fera courir après les billets de la Monnoie et montrer tout l'argent.

Dieu veuille, Monseigneur, que mon projet soit de votre goût! Je ne sais que ce moyen pour éviter de périr. Si vous l'approuvez, je vous ferai promptement un projet pour l'exécution; mais il n'y a pas un moment de temps à perdre pour commencer à donner cours aux billets contre des assignations.

Je vous envoie, Monseigneur, l'état de ce que j'ai à payer sans quartier et sans remise; je vous supplie très humblement d'y vouloir bien donner quelque attention.

Je suis, avec un attachement inviolable et un très profond respect, etc.

BERNARD.

(Papiers du Contrôle général, G⁷ 1120.)

Mémoire de M. Samuel Bernard.

30 Janvier 1706.

Les billets de monnoie sont venus dans un tel discrédit, que les pays étrangers, et même toutes les provinces du royaume, ne veulent plus avoir de commerce avec nous. Monseigneur en est bien informé. Le discours qu'il eut la bonté de nous faire à l'Étang, jeudi 28 du présent mois, fait connoître que rien n'échappe à sa sagesse et à sa prudence. J'ose dire que je dois être au fait de cette matière par les grandes relations que j'ai et les grands mouvements où je suis depuis longtemps pour le service du Roi; cependant je fus surpris de la connoissance parfaite que Monseigneur a de tout ce qui se passe sur les matières les plus difficiles. Je prendrai la liberté de dire mon avis sur le remède que Monseigneur désire qu'on lui donne pour tâcher de soutenir le crédit des billets de monnoie et de faire en sorte que l'argent soit moins rare dans le commerce.

Je suis persuadé qu'il y a beaucoup d'argent comptant dans Paris : les uns le cachent, parce qu'ils craignent d'en manquer; les autres en amassent pour le vendre tout le plus cher qu'ils peuvent pour des billets de monnoie. Ce commerce est indigne, contraire aux intérêts de l'État, et mériteroit une punition exemplaire dans un temps moins délicat sur le fait de l'argent.

On a proposé de donner des sûretés au public que les billets de monnoie seront bien remboursés dans un certain temps. Si cela se pouvoit faire sans une conséquence qui me paroît dangereuse, je serois de cet avis. J'insinue à tous ceux qui m'en parlent et qui m'en écrivent que le fonds de ces billets de monnoie se fera sur la capitation, que l'on continuera après la paix jusqu'à l'entier remboursement desdits billets; mais, quand bien même Monseigneur auroit cette vue, je trouverois dangereux de le dire par une déclaration. Nous avons plusieurs esprits inquiets dans le royaume, qui feroient diverses mauvaises réflexions sur cette continuation de capitation après la paix. Des particuliers comme moi peuvent le dire sans conséquence, quand on leur fait des questions incommodes là-dessus. Je suis d'ailleurs persuadé que ce n'est pas le principal objet du discrédit des billets de monnoie; car qu'importe à ceux qui sont dans un grand commerce de quelle manière ils seront remboursés à la fin des temps, pourvu qu'ils puissent s'en servir pour acquitter leurs dettes aussitôt qu'ils les ont reçus! Je suis sûr que la principale chose qui cause le discrédit à ces billets est la crainte de n'en pouvoir pas avoir de l'argent à toute heure pour sa dépense.

Le seul remède pour empêcher qu'on ne garde cet argent avec tant de soin, crainte d'en manquer, c'est d'ordonner que tous les payements se feront à l'avenir un quart en argent comptant, et les trois quarts en billets de monnoie. Cela ne sera pas d'abord aisé à exécuter, parce que tel qui a 7 à 8,000,000# à payer dans un mois, ne pourra pas trouver 2,000,000# de comptant qu'il faudra qu'il donne. Pour éviter les inconvénients qui, sans doute, arriveroient faute de trouver du comptant, il seroit bon d'ordonner que les payements se feroient un quart comptant à commencer du 1er avril : chacun auroit le temps de faire ses arrangements pour ne pas se trouver dans l'embarras; mais il est nécessaire aussi d'ordonner, en même temps, que toutes les lettres de change acceptées avant le jour de cette déclaration pourront être payées en entier avec des billets de monnoie, et celles acceptées depuis, et qui écherront après le 1er avril, seront payées un quart en comptant et les trois quarts en billets de monnoie. Cet arrangement est absolument nécessaire pour le bien du commerce, qui, sans cela, seroit sujet à beaucoup d'inconvénients.

On me répondra sans doute que cette proposition est impraticable, Monseigneur ne pouvant pas payer ses trésoriers et autres qui font le service du Roi un quart comptant et les trois quarts en billets de monnoie. J'en conviens; et c'est pourquoi Monseigneur fera ses payements partie en assignations sur les fermes, recettes générales, capitation et traités, que l'on sera tenu de payer sur le pied de la déclaration, c'est-à-dire un quart en comptant; et ce que Monseigneur donnera en billets de monnoie pour le surplus, ce sera à ceux qui les auront à chercher les moyens de trouver le quart de comptant qu'ils auront besoin; et pour cela, Monseigneur pourra les dédommager suivant qu'ils l'auront mérité. De cette manière, Monseigneur sera débarrassé de donner du comptant à personne, et pourra garder son argent pour les rentes de l'hôtel de ville et pour l'intérêt des billets de monnoie.

Pour parvenir à ce que dessus, il sera absolument nécessaire de faire des billets de 500# et au-dessus, afin de pouvoir faire plus aisément les comptes des payements; et comme, dans chaque payement, il y aura un quart de comptant, ces billets seront moins dangereux que lorsqu'on paye tout en billets de monnoie.

Je suis persuadé que, lorsqu'il se payera le quart en argent comptant, le public n'aura plus de crainte de manquer d'argent pour sa dépense; ainsi, il n'en fera plus provision. L'usurier qui saura que le public n'aura plus si grande peur de manquer d'argent, n'en amassera plus pour le vendre aussi cher qu'il faisoit pour des billets de monnoie.

Je voudrois pouvoir imaginer un chemin plus sûr pour faire circuler l'argent; mais, dans la situation où sont les affaires, il est difficile de prendre un chemin qui soit bien sûr.

Je crois aussi que Monseigneur devroit faire venir des pays étrangers pour 5 ou 6,000,000# de piastres ou barres d'argent, à quelque prix que ce soit, pour en payer la valeur en billets de monnoie. Il pourroit bien en arriver partie avant le 1er avril, si l'on donnoit promptement les ordres pour cela.

(Papiers du Contrôle général, G7 1615.)

Lettre et mémoire de M. d'Argenson.

30 Janvier 1706.

Monsieur,

J'ai l'honneur de vous envoyer, suivant vos ordres, un mémoire assez ample touchant les billets de monnoie; mais, après y avoir travaillé pendant quelques heures, j'ai pensé le jeter au feu, tant la matière m'a paru délicate et embarrassée de façon que la plupart des remèdes qu'on se propose d'appliquer au mal présent en excitent un nouveau, qui n'est guère moindre. Je me suis donc déterminé par le choix des inconvénients et par la nécessité qu'il y a de préférer les moindres à ceux qui sont plus considérables et plus sensibles. J'aurois bien désiré que mes foibles lumières vous eussent été d'un plus grand secours dans une occasion si pressante; j'espère qu'il s'en présentera de plus heureuses, où je pourrai vous faire connoître tout le respect et tout l'attachement avec lequel je suis, Monsieur, votre très humble et très obéissant serviteur.

d'Argenson.

Mémoire touchant les billets de monnoie.

Le mal est dans un état si fâcheux, qu'on doit plutôt craindre de l'aigrir par des remèdes inconsidérés, qu'on ne peut espérer sa guérison. Il est beaucoup plus facile aussi de prévoir les inconvénients de chaque remède, que d'en proposer quelqu'un où il n'y ait pas d'inconvénient, et l'on a tellement épuisé les bons effets que l'usage, dangereux mais nécessaire, des billets de monnoie pouvoit produire, qu'on doit maintenant renfermer toute son attention à empêcher qu'il n'en produise de mauvais. Mais plus l'affaire est épineuse et difficile, moins elle est susceptible d'une loi fixe et perpétuelle; les règles générales ne conviennent pas aux conjonctures extraordinaires, et la prudence veut presque toujours qu'on s'y conduise, non par des principes de décision, mais par des tempéraments de direction.

Toutes ces réflexions me font conclure qu'il n'est pas à propos de limiter le commerce des billets de monnoie par un arrêt général qui donne à l'argent comptant une espèce de concurrence avec eux et rende cette concurrence nécessaire, puisque, si elle est favorable à l'égard des officiers de guerre et des marchands qui soutiennent les manufactures, elle est impossible par rapport aux gens de finance, qui ne pourroient se payer entre eux suivant cette proportion, si le Roi ne les faisoit rembourser de leurs assignations et de leurs avances sur le même pied. De telles distinctions ne sauroient entrer dans une loi qui doit être simple et uniforme; ainsi, comme le cours des billets de monnoie s'est établi par un bonheur presque inespéré et par une industrie singulière, il faut qu'il se soutienne ou qu'il se rétablisse par les mêmes voies. Enfin, l'expérience nous fait connoître tous les jours que le crédit dépend de l'imagination ou de la mode, et qu'il n'est pas moins au-dessus des règles qu'indépendant de l'autorité.

Je conclus donc que, pour donner plus de cours aux billets de monnoie et pour empêcher que l'argent comptant ne continue d'avoir sur eux une supériorité qu'on peut appeler *tyrannique*, il faut user de moyens légers et variables, tenter différents expédients, sans se fixer à aucun ni résister ouvertement à la prévention du public; tempérer l'excès des remises, s'il est possible, mais ne les pas interdire absolument, et disposer quelques financiers, d'entre les plus fidèles, à escompter les billets de monnoie pour un profit modique qui puisse réduire et contrebalancer insensiblement l'avarice des autres.

Voici à quoi se réduisent ces propositions, que je n'expose qu'avec peine, par le peu de certitude que j'y trouve et par rapport aux inconvénients que j'y prévois :

1° Mander les juges-consuls et leur donner ordre de condamner les débiteurs des billets particuliers qui ne sont signés que d'une seule personne à en payer le quart en argent comptant, à la différence des billets de compagnie, qui pourront être toujours remboursés en entier par des billets de monnoie. — Ma raison est que, suivant cette distinction, les bourgeois pécunieux et inquiets qui font valoir leur argent sur la place, aimeront autant des billets de monnoie que des billets de compagnie, et que, craignant de risquer leurs deniers sur la signature d'un seul débiteur, cette espèce de billets, la moins commune de toutes, et plus usitée dans le négoce que dans la finance, produira seule de l'argent comptant : ce qui ne laissera pas d'en ranimer un peu la circulation, indépendamment des affaires du Roi et des recouvrements extraordinaires dont les traitants sont chargés. Il est vrai que les billets des compagnies en auront moins de cours; mais on peut se promettre avec beaucoup d'apparence que cette diminution de crédit augmentera celui des billets de monnoie, qui, n'ayant plus pour concurrents que les billets particuliers, dont l'événement est fort incertain, seront plus recherchés dans le public; et c'est ce que nous voulons.

En marge : «Nota. Le nombre des billets de compagnie est fort diminué sur la place, et la plupart des affaires qui restent se soutiennent par le crédit personnel de ceux qui en ont traité.»

2° On pourroit faire payer sur le même pied les billets de monnoie qui se trouveroient endossés par des signatures particulières, et condamner les endosseurs d'en payer le quart en deniers effectifs. — Ma raison est que ces endossements rendroient les billets de monnoie plus négociables et les mettroient dans un usage plus familier parmi les gens de commerce et de finance : ce qui contribueroit encore à cette circulation d'argent si désirable et si nécessaire.

3° Déclarer par un arrêt que le Roi a résolu de rembourser tous les ans la cinquième partie des billets de monnoie, et que ceux qui ne seront pas acquittés dans la première année porteront intérêt suivant le cours de la place, s'il excède celui fixé par les arrêts précédents; et, en cas que le cours de la place fût au-dessous de l'intérêt prescrit, que l'on continuera de le payer suivant la fixation.

En marge : «Peut-être seroit-il mieux de ne point déterminer la quotité de cette partie.»

— Ma raison est qu'il faut, de temps en temps, donner au public des espérances de remboursement : ce qui n'engage à rien. J'ajouterai même que, quand on rembourseroit en effet pour deux ou trois millions de billets de monnoie, dont il ne seroit peut-être pas impossible d'emprunter le fonds d'une autre main, les trésoriers de la Monnoie pourroient faire entendre qu'ils auroient fait le remboursement ordonné, sans que personne fût en état de les contredire. Et si cette idée de remboursement pouvoit passer pour véritable, on verroit bientôt les billets de monnoie rétablis dans leur premier crédit, et préférés à l'argent comptant. D'ailleurs, l'intérêt qu'on en tireroit devenant égal à celui des billets de la place, on auroit lieu d'espérer qu'ils y tiendroient le premier rang, puisque le bon sens le voudroit ainsi.

4° Permettre par le même arrêt que, dans la négociation des billets de monnoie, on parfournisse l'intérêt suivant le cours de la place. — La raison de cet article est suffisamment expliquée à l'occasion du précédent; j'ajouterai néanmoins que le principal objet de cette clause est de tolérer qu'on tire un profit modique des billets de monnoie, sans déroger expressément aux arrêts qui le défendent.

5° Engager quelques-uns des financiers dont les caisses sont les plus abondantes, et qui sont les plus affectionnés au bien de l'État, à convertir les billets de monnoie en argent comptant, moyennant 20 p. 0/0 de remise. — Ma raison est que l'exemple de ces négociations favorables feroit baisser nécessairement les rétributions excessives, qui augmentent de jour en jour. On en use de même quand les marchands de blé, par un complot criminel, affectent de faire enrichir cette denrée si précieuse. Ainsi, je pense qu'on peut employer une semblable industrie pour contenir les usuriers, qui exercent de si étranges vexations envers les porteurs des billets de monnoie.

Toutes ces précautions, dont chacune est susceptible de plusieurs contredits, ne doivent pas empêcher qu'on ne continue d'avoir une attention particulière sur les espèces qui se voiturent des provinces, tant du produit des recettes ordinaires que de celui des recouvrements extraordinaires, suivant les ordres qu'il a plu à M. de Chamillart d'en donner.

Fait à Paris, ce 30 janvier 1706.

D'Argenson.

Rapport autographe de M. Desmaretz.

3 Mai 1706.

L'opinion commune est que, pour relever et soutenir le crédit des billets de monnoie, il faut assigner des fonds certains pour le remboursement. On ajoute qu'il seroit nécessaire de former une compagnie accréditée pour faciliter le payement des billets, en attendant que les fonds délégués produisent la matière pour les acquitter.

Pour trouver ce fonds, divers moyens ont été proposés :

1° Retranchement ou réduction des intérêts des billets, et emploi du produit de cette réduction à payer partie des capitaux.

2° Déléguer un fonds fixe et certain pour être employé à payer les billets en principal et intérêts. — Sur ce second moyen, deux vues différentes : la première, d'établir dès à présent une ou plusieurs impositions nouvelles, dont le revenu sera expressément affecté au payement des billets; la seconde, de déléguer les revenus les plus solides, comme les fermes des gabelles, des aides et autres, pour payer jusqu'à la concurrence de 10,000,000 [lt] de billets de monnoie par an, à commencer la première année après la paix, et continuer jusqu'à l'entier acquittement des billets.

De ces deux moyens, à quoi on peut réduire les différents expédients qui ont été proposés, le premier doit être absolument exclu : le crédit des billets des Monnoies a été trop utile, et peut l'être encore assez dans la suite, pour être ménagé avec toute l'attention nécessaire pour assurer le public et le consoler, par un payement exact des intérêts, de la longue attente du payement du principal. Ainsi, il faut rejeter la pensée de faire des billets de 500 [lt] et au-dessous pour le tiers de tous les billets de monnoie qui sont répandus dans le public, dont on ne payera point les intérêts, et d'employer les intérêts de ce tiers à rembourser les capitaux des autres par une loterie ou banque. Lorsqu'on a fait les billets de monnoie de 500 [lt] payables à jour préfixe, le public ne fut pas content de voir des billets de monnoie de deux espèces différentes : on se plaignit de ce qu'ils ne portoient point intérêt comme les autres. Il ne faut pas s'imaginer qu'en une matière sérieuse on puisse contenter le public par un jeu ou un tour d'esprit. On peut conclure de ces réflexions que les moyens de payer les billets de monnoie, ou d'en soutenir le crédit, ne peuvent se trouver dans la matière des billets mêmes.

Le second expédient, qu'on a divisé en deux parties, mérite d'être bien examiné. Il consiste à déléguer ou assigner un fonds certain pour payer annuellement partie des billets de monnoie. On l'a distingué en deux parties : la première, de trouver ce fonds par l'établissement d'une ou de plusieurs impositions nouvelles, dont le produit annuel y sera expressément affecté.

Entrant dans la discussion de cette première partie, on peut examiner ce qui a été proposé par ceux qui ont donné des mémoires.

1° On [a] remis sur le tapis l'ancienne proposition d'imposer un droit sur les feux et cheminées, comme en Angleterre, et de faire payer un droit de 40 sols par cheminée dans les villes principales, de 30 sols dans les villes médiocres et dans les bourgs fermés, payables par les propriétaires pour les maisons qu'ils occupent, et, pour les maisons louées, par les locataires et les propriétaires, chacun pour moitié;

2° De lever un droit sur toutes les successions;

3° Un autre droit, 6 deniers pour livre, sur toutes les rentes constituées à prix d'argent, et sur les gages des officiers de justice, police et finance employés dans les états des fermes et des recettes générales;

4° Et un droit de 20 sols par marc d'argent, qui sera payé annuellement par tous ceux qui voudront conserver leur vaisselle et s'en servir. Les particuliers qui voudront porter leur vaisselle plate à la Monnoie, seront exempts de payer aucun droit, et la valeur leur en sera payée en deniers aux hôtels des Monnoies.

A ces propositions on en pourroit joindre grand nombre d'autres de toutes façons qui ont été faites de temps en temps, dont on feroit une discussion particulière, s'il étoit nécessaire. On ne parle ici de ces quatre que pour donner lieu à examiner en peu de mots les deux questions générales : la première, si la délégation d'un fonds pourra rétablir et soutenir suffisamment le crédit des billets de monnoie pour pouvoir les négocier pour de l'argent à 25 ou 30 [lt] au plus de perte par sac de 1,000 [lt]; la seconde, si, supposé qu'on juge que cette délégation puisse produire l'effet qu'on souhaite, un fonds plus prompt en apparence que celui des fermes, qu'on ne peut appliquer au payement des billets de monnoie qu'après la paix, sera plus au goût du public et attirera plus de confiance.

Contre la délégation d'un fonds fixe, on dit : «Le public n'y aura point de confiance; on la regardera comme un leurre pour l'attirer par l'espérance du payement; mais les fonds seront détournés pour d'autres dépenses, comme l'ont été ceux provenant des 2 sols pour livre d'augmentation sur les fermes et sur les tailles, qui y avoient été destinés, et qui ont été employés à d'autres usages.» — On peut répondre que l'imposition des 2 sols pour livre n'a pas été expressément affectée au payement des billets de monnoie; elle a été faite pour acquitter les promesses de la Caisse des emprunts, dont le payement avoit été sursis par arrêt du 17 septembre 1704, après la bataille d'Hochstett, et pour acquitter aussi les billets de monnoie. La déclaration est du mois de mars 1705. Dès le 1er d'avril, on commença de payer les promesses, et, avant que le Roi eût reçu le premier écu des 2 sols pour livre, il avoit fait payer pour plus de 8,000,000 [lt] de ces promesses. On a continué depuis à les acquitter exactement aux échéances, à tous ceux qui ont voulu retirer leurs fonds. Ainsi, bien loin qu'on puisse dire qu'on a employé le fonds provenant des 2 sols pour livre à un usage différent de sa destination, on peut soutenir au contraire que le Roi l'a remplie exactement, et même qu'il y a employé plus que l'imposition n'a produit. Que si on joint à ce qui s'est passé pour le payement des promesses de la Caisse des emprunts, la ponctualité avec laquelle on a payé sur les fermes les dettes de la Touanne et de Sauvion, dont le Roi n'étoit point tenu, on peut hardiment conclure que des exemples aussi considérables doivent établir toute la confiance nécessaire pour assurer le public que la même exactitude sera observée à l'égard des fonds qui seront délégués pour le payement des billets de monnoie.

Ce principe établi, il faut entrer dans une autre discussion, et examiner si un fonds présent, tel qu'une imposition nouvelle qu'on établiroit pour en payer les billets de monnoie, est à préférer à un temps plus solide, mais plus éloigné, tel que celui des fermes des gabelles et autres. Il semble, dans l'inquiétude où est le public, qu'on ne peut trop tôt mettre en œuvre les expédients, quels qu'ils puissent être, et commencer de payer; et, comme les revenus ordinaires des fermes ont leur application particulière et nécessaire, qu'on ne peut changer pendant la guerre, il s'ensuit qu'il faudroit se porter à faire une imposition nouvelle, à quoi on trouvera d'abord une difficulté très grande : c'est, avec tant d'autres impositions dont l'État est chargé, d'en former encore une ou plusieurs nouvelles qui soient suffisantes pour fournir le fonds nécessaire pour acquitter autant de billets qu'il seroit nécessaire pour en soutenir le crédit. Au lieu de faire une ou plusieurs nouvelles impositions, rien ne paroîtroit plus naturel que d'ordonner dès à présent la continuation des 2 sols pour livre, et de les y employer sans en rien détourner pour d'autres dépenses, si on n'avoit lieu de croire que l'augmentation de ces 2 sols pour livre sur le prix du sel et sur les autres droits des fermes diminue infiniment la consommation des denrées, et par conséquent le produit des fermes; c'est la raison qui peut faire douter qu'il convienne de faire subsister les 2 sols pour livre. Mais, quelque forte qu'elle paroisse, on ne peut pas absolument se flatter qu'au 1er de mars 1707 on fasse cesser cette imposition : elle est tout établie, plus facile à recouvrer qu'aucune autre levée nouvelle, dont le produit seroit incertain, et les commencements toujours difficiles. Toutes ces considérations portent à dire qu'on pourroit, dès à présent, ordonner la continuation des 2 sols pour livre jusqu'à ce qu'après la paix S. M. puisse la révoquer et assigner le payement des billets de monnoie sur les anciens droits de ses fermes. Ce fonds paroîtroit plus prompt, et il est sûr que, si on veut le faire remettre entre les mains de ceux qu'on pourra charger du soin d'acquitter les billets de monnoie, et qu'ils l'emploient exactement à mesure qu'ils le recevront, ceux qui ont des billets, et qui ne sont point pressés de les recevoir, voyant le payement actuel des autres, et jugeant sur cela qu'ils seront tous payés, les garderont.

On demandera quel ordre on pourra observer pour payer les porteurs des billets. Il faut : premièrement, voir quel fonds on a à distribuer, et faire sur cela un plan; secondement, il faut avoir attention aux besoins.

A l'égard du fonds, il faudroit fixer ce qu'on pourroit payer par jour. On destineroit les deux tiers pour payer les billets par ordre des dates, à commencer par les plus éloignés, par exemple ceux antérieurs au 1er janvier 1705, qui n'ont point été renouvelés. S'il n'y en a point de cette qualité, on pourroit prendre ceux depuis le 1er de janvier 1705, et continuer de suite. Il faut nécessairement, pour satisfaire le public, établir un ordre apparent et faire filer les payements de manière qu'on puisse toujours payer quelque partie. Que si on prenoit cette résolution, il faudroit suivre exactement l'ordre une fois établi, et n'y rien changer.

A l'égard du dernier tiers, on le distribueroit avec économie à ceux qui auroient d'autres billets, et qui seroient pressés d'avoir de l'argent pour leurs besoins.

Comme le produit des 2 sols pour livre est déjà destiné pour les dépenses, il faudroit le remplacer par quelques nouvelles affaires de finances, sur lesquelles on réassigneroit ceux qui ont été délégués sur le produit des 2 sols pour livre.

Après avoir traité en abrégé ce qui résulte des différentes vues qu'on a eues sur la matière la plus difficile qui se soit jamais présentée dans les finances, il faut convenir que ces expédients ne sont pas encore suffisants pour remédier au mal que l'excès des billets de monnoie a produit. Il faut donc encore rechercher quelque autre arrangement. On croit que le seul qui puisse réussir est celui qu'on va expliquer.

On le fonde sur un principe qui est que, sans le concours de l'argent avec les billets de monnoie, les espèces demeureront toujours cachées. Il faut que l'usage des billets et de l'argent devienne commun et nécessaire : sans cela, on verra toujours du papier, et l'argent ne paroîtra point. Il est donc nécessaire de venir à ce qui a été souvent proposé, et ordonner que les payements se feront partie en deniers et partie en billets de monnoie. On sait qu'il n'est pas possible, dans un temps fort court, de mettre en mouvement tout l'argent nécessaire pour en fournir dans chaque payement une quantité égale aux billets de monnoie. Il faut aller par degrés dans les commencements, mettre sur un pied assez foible, et tel qu'on puisse y fournir, la partie qui sera payée au comptant. Dans la suite, à mesure que l'argent deviendra plus commun, on augmentera le comptant.

Cette idée ne peut être réduite à la pratique tant que les billets demeureront à 1,000 # et au-dessus; il faut en faire de 200, 300, 400 et 500 #.

Les payements de 400 # et au-dessous seront toujours faits en espèces; ceux au-dessus de 400 #, jusqu'à 1,000 #, moitié en argent et moitié en billets; depuis 1,000 # jusqu'à 2,000 #, le quart comptant, le surplus en billets; au-dessus de 2,000 # jusqu'à 4,000 #, le cinquième en argent, le cinquième en deniers, le surplus en billets de monnoie; de 4,000 # à 10,000 #, le sixième; au-dessus de 10,000 #, le dixième en argent.

Cette proportion d'espèces dans les payements avec les billets de monnoie peut avoir certains inconvénients. Par exemple, un homme qui voudroit remettre de Montpellier à Paris une somme de 30 ou de 40,000 #, pourroit prendre en plusieurs endroits des lettres de 2,000 # chacune. Par ce moyen, il recevroit un quart en argent; au lieu que, s'il avoit pris trois ou quatre lettres de 10,000 # chacune, il n'auroit que le dixième en deniers.

Il n'est pas impossible de faire une autre proportion qui pourroit n'avoir pas les mêmes inconvénients; mais, de quelque manière qu'on la fasse, les banquiers sauront toujours prendre leurs avantages, malgré toutes les précautions qu'on pourra prendre : ce qui ne doit pas empêcher l'exécution du projet proposé, n'y en ayant aucun qui n'ait ses difficultés. Le succès de ce projet dépend du secours qu'on pourra donner au public pour trouver commodément de l'argent pendant les premiers mois. On peut, dans cette vue, former quelques sociétés fort petites, qui, chacune de son côté, concourra à distribuer de l'argent avec fidélité et avec économie. On a pensé d'en former cinq de personnes sûres et en crédit :

1. MM. Rouillé et Pajot;
2. MM. Romanet et Delpech;
3. MM. Prondre et la Croix;
4. MM. Crozat frères;
5. MM. Carqueville et Chaillou.

Chaque société travaillera à faire un fonds de 400,000 #. Pour trouver l'argent dont ils ont besoin, ils feront leurs emprunts payables en espèces. On leur assurera les remboursements du principal et des intérêts et des frais qu'ils seront obligés de payer pour le succès des emprunts. Ils emploieront les deniers à donner des sacs pour des billets de monnoie, à 5 p. o/o de perte sur les billets. Ils rendront compte des billets négociés et du profit qu'ils auront fait sur chaque sac. On leur donnera une gratification, plutôt pour faire connoître au public la satisfaction que le Roi a du service qu'ils auront rendu dans une conjoncture difficile, que pour augmenter leur fortune. Il ne paroît ni nécessaire, ni même convenable, d'autoriser par une déclaration publique cette espèce de banque : si on le faisoit, on ne pourroit plus refuser aucun porteur de billets de monnoie. Il faudroit, sans distinction, et pour quelque somme que ce fût, payer tous ceux qui se présenteroient. Nulle caisse n'y pourroit suffire, et tous les fonds qu'on pourroit faire seroient bientôt absorbés, sans que le public en pût recevoir aucune commodité. Quand on limiteroit la somme dont on pourroit accommoder chaque porteur de billet, on ne remédieroit point à cet inconvénient : ceci est une affaire toute de direction et d'économie; il faut qu'elle soit maniée avec facilité et avec prudence, et l'idée qu'on s'est faite est que les négociations se feront par partie de 1,000 ᵗᵗ, 2,000 ᵗᵗ, et jusqu'à 4,000 ᵗᵗ au plus avec la même personne, observant surtout de se précautionner contre les banquiers et les usuriers, qui prendroient des sacs pour y profiter et les revendre plus cher.

Par toutes ces raisons, on croit qu'il faut éviter une déclaration publique pour autoriser ce commerce; mais il est juste de donner à ceux à qui on le confiera une sûreté. On peut la trouver dans un arrêt en commandement, dont la minute demeurera secrète. Le Roi expliquera les motifs qui l'obligent d'introduire cette nouveauté, et le pouvoir qu'il donne de faire pour lui ce commerce dans l'intention de faire valoir le crédit des billets et d'en soutenir les dépenses de la guerre sans imposer sur ses sujets tous les deniers qui seroient nécessaires.

Si on exécute ce plan, on peut laisser le cours libre des billets de monnoie dans les provinces. Par le concours de l'argent avec les billets et par les payements en deniers de toutes les sommes au-dessous de 400 ᵗᵗ, on prévient tout le mal qui en pourroit arriver, et on satisfait à toutes les raisons qui ont déterminé à interdire les billets dans les provinces. On peut faire quelque chose de plus et régler la proportion des deniers avec les billets, dans les payements qui se feront en province, au double de ce qui sera fixé pour Paris.

Une raison peut autoriser cette différence. Tous les payements sont faits en provinces en deniers comptants : ceux qui commercent des provinces à Paris seroient obligés d'y renoncer, s'ils ne s'accommodoient de quelques billets de monnoie, qu'ils sont forcés de négocier avec grande perte; ceux qui payent seront fort soulagés de pouvoir trouver quelque débouchement des billets, et ceux qui reçoivent n'en seront pas incommodés, puisque, par cet arrangement, on conserve aux billets de monnoie toute leur valeur.

Pour faire voir que la disposition proposée pour les payements en argent et en billets prévient tous les inconvénients qu'on avoit envisagés, si on eût laissé le cours libre des billets de monnoie dans les provinces, il faut les examiner. On a dit que, soit que les billets demeurassent à 1,000 ᵗᵗ, soit qu'on les fît de moindres sommes, il seroit également dangereux de leur donner cours, parce que ceux de 1,000 ᵗᵗ se répandroient principalement dans les grandes villes et en ruineroient le commerce, par la raison que les particuliers qui mettent leur argent sur ces places sont pour la plupart étrangers, et qu'ils songeront à le retirer : ainsi, plus de correspondance. On a dit encore que les petits billets se répandront dans la campagne et y causeront les mêmes effets, par l'impossibilité d'en pouvoir payer les denrées, les marchandises et les bestiaux dont on fait commerce dans les provinces, et que les manufacturiers, fermiers et laboureurs ne pourroient pas payer les journées de leurs ouvriers, les tailles, aides et autres droits du Roi.

On ne peut nier que ces inconvénients n'eussent suivi, si on eût permis le cours des billets dans les provinces sans le concours de l'argent. Alors, il n'étoit pas question de faire les payements partie en argent et partie en billets; il s'agissoit de donner cours au papier seulement. Par le projet qu'on propose, il y aura toujours une assez grande quantité d'argent pour soutenir le commerce. Celui de la place de Lyon et celui de Bordeaux sont d'une étendue et d'une considération à ne pouvoir entrer en comparaison avec les autres villes : on peut les excepter, et laisser les choses, à l'égard de ces deux villes, en l'état où elles sont. A l'égard des autres et de la campagne, les payements de 400 ᵗᵗ et au-dessous étant toujours faits en argent, il y circulera, et d'autant plus sûrement qu'il se fait bien plus de payements au-dessous de 400 ᵗᵗ qu'au-dessus. Enfin, l'argent demeurera dans les provinces par la nécessité de le mettre conjointement avec les billets de monnoie, et empêchera qu'on ne l'enlève continuellement pour le transporter à Paris, comme font tous ceux qui sont chargés des recouvrements dans les provinces.

Il ne faut pas douter qu'en lisant ce projet, on demandera, si la règle se fait, [si] elle ne doit pas être commune avec le Roi, et si, lorsqu'un marchand ou autre aura à faire dans les recettes royales un payement au-dessus de 400 ᵗᵗ pour des droits de marchandises ou pour quelque autre dette, on ne recevra pas de lui autant de billets de monnoie que les particuliers en peuvent donner par ce projet.

D'une première vue, on peut penser que presque tous les payements qui se font dans les recettes royales sont au-dessous de 400 ᵗᵗ, et qu'il ne peut arriver d'inconvénient fâcheux de faire la loi égale pour le Roi comme pour les particuliers; mais il y a une attention à faire sur les droits d'entrée et de sortie. Lorsqu'un vaisseau chargé arrive ou sort, le compte des droits se fait communément avec un seul marchand, quoiqu'il y en ait plusieurs intéressés en la propriété du vaisseau ou des marchandises. Les droits montent, dans ces occasions, quelquefois jusqu'à 20 ou 30,000 ᵗᵗ : ce qui rempliroit les caisses des bureaux des villes de commerce de billets de monnoie, et ce qu'il faut éviter. Ainsi, il n'y a pas lieu de rien changer à l'ordre établi pour les caisses royales : on y est accoutumé; on peut donc laisser subsister l'usage.

M. Bernard et d'autres ont demandé avec empressement que, pour faciliter l'enlèvement des vins, des eaux-de-vie et des autres marchandises que les vaisseaux hollandois viennent charger à Bordeaux, on donnât ordre aux receveurs des fermes de recevoir en payement des droits des lettres de change tirées sur Paris. Mais on n'a pas cru devoir se relâcher, parce que, les lettres de change étant payées à Paris en billets de monnoie, on auroit manqué d'espèces pour payer les rentes et les troupes. Il ne seroit peut-être pas impossible d'entrer à cet égard dans quelque tempérament, et de faire recevoir quelque portion des grosses parties en lettres de change, comme le tiers ou le quart. Ces lettres étant à l'avenir payées à Paris partie en argent, partie en billets, on recevroit par ce moyen la plus grande partie en argent. Ce relâchement soulageroit les marchands et rendroit le commerce plus aisé.

On peut agiter ici si on ne devroit pas faire payer les rentes à l'hôtel de ville partie en argent et partie en billets.

Ceux qui soutiennent qu'on le peut, disent que le Roi, sur la totalité des rentes, trouvera un argent comptant qui pourra être très utile ailleurs. En effet, sur les 30,000,000 # de rentes que le Roi paye, on pourroit avoir par an au moins 7,000,000 # en espèces. On dit encore qu'on ne fait pas grand tort aux particuliers, parce qu'il y a bien plus de parties à payer au-dessous de 400 # qu'au-dessus.

A ces raisons, quoique spécieuses, il y a bien à répondre.

1° On a exclus les payements en billets de monnoie de toutes les recettes des droits du Roi parce qu'elles sont destinées principalement pour le payement des arrérages des rentes de l'hôtel de ville, qu'on a cru devoir continuer en entier en argent.

2° Comment feroit-on, avec chaque payeur, la proportion du comptant avec les billets de monnoie? Ils reçoivent au bureau des fermes chacun 10,000 # toutes les semaines; combien entre eux n'ont à payer que des parties de 400 # et au-dessous?

Tout bien examiné, il ne paroît pas possible de rien changer à l'ordre établi dans le payement des arrérages des rentes de l'hôtel de ville, et il faut, par cette raison, soutenir le payement des deniers revenant au Roi en espèces, et non autrement, excepté dans quelques cas particuliers où on voudroit se relâcher pour la facilité du commerce.

Une grande difficulté se présente : pour la mettre en son jour, il faut avouer que le Roi paye aux banquiers qui font les remises pour les armées presque tous les fonds en billets de monnoie; le Roi paye de même les trésoriers de l'extraordinaire des guerres et de la marine. Donc, ces banquiers, ces trésoriers ne peuvent eux-mêmes payer autrement; les assignés sur eux, ne recevant que des billets de monnoie, ne peuvent payer autrement.

A cette objection, on répond que le Roi ne paye pas toutes ces dépenses en billets; qu'à la vérité on leur donne une partie assez considérable de billets, mais on les assigne aussi sur des traités et sur des recettes de toute nature, dont ils ne laissent pas de tirer assez d'argent comptant pour donner aux parties prenantes quelques espèces avec les billets; que si le projet des sociétés proposées s'exécute, et si on introduit le commerce des sacs à 50 # pour sac de 1,000 #, si même, par la suite, on peut le réduire à un pied plus bas, comme on ose l'espérer du projet proposé, chacun cessera d'être embarrassé de ces billets, et il n'y a personne qui ne donne bien volontiers 3 ou 4, ou même jusqu'à 5 p. o/o, quand, à coup sûr et dans le besoin, il trouvera de l'argent pour ses billets.

Il y a une attention à faire sur les billets de 2, de 3, de 4 et de 500 #, et à résoudre si le Roi en payera les intérêts comme des autres. Chacun veut qu'on les paye de même, et, en cela, chacun pense qu'il lui peut tomber de ces billets entre les mains, et ne veut point perdre les intérêts; mais, quand on fera réflexion à toutes les discussions vétilleuses et embarrassantes qui pourroient survenir pour les intérêts échus de ces billets, il semble qu'on pourroit n'en point payer les intérêts, d'autant plus que ces billets au-dessous de 1,000 # seront dans un mouvement continuel, et ne demeureront que très peu de temps entre les mains des particuliers.

RÉCAPITULATION.

1° Permettre de faire réformer les billets de 1,000 # et au-dessus en d'autres billets de 2, 3, 4 et 500 #.

2° Ces billets de 500 # et au-dessous ne porteront point d'intérêts.

3° Établir le concours et l'usage des billets nécessaire et commun avec l'argent, suivant la proportion proposée.

4° Former cinq sociétés pour trouver, par leur crédit, des espèces, et faire le commerce des espèces pour des billets de monnoie à 5 p. o/o de perte.

Depuis ce mémoire achevé, on a proposé de ne donner cours dans les provinces qu'aux billets au-dessous de 1,000 #. Les raisons qu'on a expliquées sont qu'on se pressera moins de faire réformer les anciens billets de 1,000 # quand ils n'auront point de cours en province, et quand, d'ailleurs, ils ne porteront point d'intérêt. Soit qu'on laisse le cours libre, en province, des billets de 1,000 # et au-dessus, soit qu'on n'y puisse introduire que ceux au-dessous de 1,000 #, ce qui sera décidé à cet égard ne change, au fond, rien à tout le projet proposé. On pourra consulter cet article avec des gens de commerce, et se déterminer à ce qui paroîtra de meilleur et de plus convenable. Par avance, on peut bien penser que l'introduction des billets dans les provinces en soulagera Paris, et qu'étant toujours mêlés avec l'argent, il faudra nécessairement qu'il se fasse un bien plus grand mouvement d'argent qu'il n'y en a eu depuis quelques mois. On peut ajouter qu'il augmentera beaucoup plus dans la suite, si l'arrangement proposé s'exécute.

On a encore proposé de faire des billets de sommes rompues, comme de 250, 260 #, et autres au-dessus. Pour appuyer cet avis, on dit que c'est une raison à donner au public pour justifier la cessation des intérêts des billets au-dessous de 1,000 #, et que, si on trouve d'abord qu'elle soit injuste, chacun s'en consolera facilement dans la suite par la commodité que donneront ces petits billets de faire les payements.

Supposé qu'on se détermine à faire un règlement par arrêt ou une déclaration, il faut aussi déterminer le temps auquel on commencera l'exécution. Il n'est pas possible que ce soit du jour qu'elle sera publiée : personne ne pourroit avoir de petits billets ni de comptant pour faire ses payements. Le sentiment de quelques personnes est que les lettres de change et billets faits avant la déclaration soient acquittés comme par le passé, savoir : en billets de monnoie, ce qui pouvoit l'être en billets de monnoie; et en comptant, ce qui devoit être payé en espèces. Ce seroit rendre arbitraire le temps de l'exécution du règlement, puisque les lettres de change et les billets n'ont point de date certaine. Il paroît plus naturel, plus équitable et plus avantageux de fixer un temps. On croit qu'un mois est suffisant, et qu'il ne faut pas moins pour réformer les billets et mettre du fonds comptant dans les caisses pour négocier les billets de monnoie.

On a prévu, autant qu'il a été possible, tout ce qui peut être de plus essentiel dans cette matière : elle est si étendue, elle est si importante, et même si difficile, qu'on peut dire que ce n'est pas un petit ouvrage d'avoir formé un arrangement qui puisse être exécuté sans aucun inconvénient, et dont on puisse espérer, dans la suite, un mouvement d'argent plus grand que dans le commencement.

(Papiers du Contrôle général, G⁷ 1615.)

Lettres de M. Samuel Bernard au Contrôleur général.

Paris, ce 11 Mars 1707.

Monseigneur,

La confiance dont vous m'honorez m'oblige de vous parler franchement sur la résolution que vous avez prise de donner cours aux billets de monnoie dans toutes les provinces, savoir : un tiers en comptant, et les deux tiers en billets de monnoie, pour tous les payements. Bien loin de faire du bien aux trésoriers de l'extraordinaire et aux autres sujets du Roi, cela les va tous abîmer sans ressource. Nous ne trouvons ici de l'argent comptant qu'en donnant des lettres de change sur les provinces : lorsqu'on y payera en billets de monnoie, nous ne trouverons pas un denier en comptant; l'argent se resserrera ici plus fort que jamais, on le resserrera de même dans les provinces; il y a suffisamment de billets de monnoie pour produire ce dangereux effet. Je vous supplie très humblement, Monseigneur, de vous souvenir qu'en 1704, lors de la réformation, il demeura pour environ 6,000,000ˡᵗ de billets de monnoie dans le public : vous fûtes contraint de les décrier de tout cours, parce que l'argent ne se montroit plus, et qu'il n'y avoit que ces 6,000,000ˡᵗ qui circuloient.

Il y a deux déclarations des 29 mai et 6 juillet derniers, qui portent que les billets de monnoie n'auront point cours dans aucunes provinces du royaume, mais seulement dans Paris. Vous avez encore donné une autre déclaration, le 2 janvier dernier, qui ordonne positivement que les billets et lettres de change qui seront stipulés payables en argent comptant seront payés suivant leur stipulation, sans qu'on puisse donner de billets de monnoie. Quelle confiance voulez-vous, Monseigneur, qu'on ait à l'avenir aux arrêts et déclarations? Ce changement épouvantable fera resserrer les bourses des mieux intentionnés; les trésoriers et les autres qui ont l'honneur de vous rendre service perdront entièrement leur crédit; quelque bonne volonté qu'on ait, on ne pourra pas faire pour un sol de négociation. Ainsi, il faudra de nécessité que tout périsse. Si ce coup est une fois frappé, le mal suivra incontinent après; on aura beau y vouloir remédier, il sera impossible.

Que diront les sujets du Roi et les étrangers qui auront donné leur argent sur la bonne foi de la déclaration du 2 janvier dernier, qui dit positivement que les lettres et billets de change faits payables en espèces d'or et d'argent seront payés de même, sans qu'on puisse donner de billets de monnoie, et qu'ensuite on les oblige d'en prendre les deux tiers? Cela révolte les meilleurs esprits; je frémis, Monseigneur, lorsque je pense aux horribles effets que cela pourra attirer. Paris est sous la vue du soleil; il se contente de murmurer bien souvent mal à propos, mais il est bien à craindre que les provinces frontières ne passent plus loin. Je n'ose vous dire ce que j'en crains; je vous parle peut-être un peu trop librement, mais je suis trop dévoué à votre service et trop bon sujet de mon prince, pour garder le silence dans une affaire aussi importante.

Il ne faut plus compter, Monseigneur, que je puisse continuer à vous rendre service après un tel coup; ce ne sera pas manque de bonne volonté. Plût à Dieu que cette affaire ne regardât que moi seul, et qu'en périssant, je pusse sauver l'État! On me verroit vous le conseiller avec fermeté. Dieu m'est témoin qu'en ce rencontre je me compte pour rien; j'ose même vous dire, Monseigneur, que, si je ne regardois que mon intérêt présent, sans considérer la suite pour le service, cette affaire me feroit un bien infini; mais je ne pourrois en profiter qu'en trompant tous ceux qui ont eu confiance en moi, c'est-à-dire en les payant les deux tiers en billets de monnoie. Je sais mon devoir là-dessus; rien au monde ne peut m'y faire manquer. En payant comme je dois, il y aura plus de 6 ou 700,000ˡᵗ de perte, au lieu qu'en payant les deux tiers en billets de monnoie, il y auroit à gagner pour moi; mais, grâces à Dieu, je ne suis point équivoque là-dessus : je payerai en comptant, comme on a tiré. Je sais prendre mon parti en homme d'honneur. Voilà trop en dire sur mon sujet; je ne m'y suis étendu que pour vous faire connoître, Monseigneur, que je serai toujours le même, c'est-à-dire d'un dévouement parfait, qui ne se démentira point; mais je verrai avec douleur que mon bon cœur et mon dévouement deviendront inutiles. Je m'en consolerois, si cette même affaire ne faisoit pas périr tous les trésoriers, et en général tout le crédit de l'État. Nos ennemis n'attendent que ce coup fatal pour nous réduire à tout ce qu'ils voudront. Vous ne pourrez, Monseigneur, obliger les receveurs généraux et autres à payer leurs assignations en deniers comptants, lorsque les billets de monnoie auront cours dans les provinces; et s'ils n'en payent que moitié en comptant, comment fera-t-on pour payer les troupes? Comment fera un gentilhomme en province, qui n'a que 1,800ˡᵗ pour vivre, quand on lui en payera 1,200ˡᵗ en billets de monnoie? Comment feront tous les grands seigneurs de la cour, qui ne vivent que de l'argent de leur revenu, qu'ils se font voiturer des provinces, lorsque, en provinces, on les payera en billets de monnoie? Je vous ennuierois, Monseigneur, si je vous disois tous les inconvénients qui me viennent dans l'idée. Je vous demande en grâce de retarder votre décision pendant huit jours; le terme est court, et, pendant ce temps-là, il faudra tâcher de trouver quelque moyen moins dangereux pour nous tirer de la triste situation où nous sommes. Si vous m'ordonnez d'y travailler, je le ferai de tout mon cœur.

Je suis, avec un attachement inviolable et un très profond respect,

Monseigneur,

De Votre Grandeur,

Le très humble et très obéissant serviteur.

Bernard.

Paris, ce 24 Novembre 1707.

Monseigneur,

Dans ce moment je reçois la lettre du sieur Bosredon, que vous m'ordonnez d'examiner et en dire mon avis : sur quoi j'aurai l'honneur de vous dire que cet homme n'est pas bien au fait. Il est certain que toutes les lettres tirées des pays étrangers en louis d'or ou écus effectifs ne sont payées qu'en pièces de 10 sols et pièces de 20 sols, nonobstant qu'il soit expliqué dans les lettres de change en louis d'or ou écus effectifs. Il n'y a pas un particulier porteur desdites lettres de change qui ose en faire protester une quand on lui offre le payement en pièces de 20 sols et pièces de 10 sols, ni un sergent qui ose faire un pareil protêt. S'il arrivoit que quelque particulier s'avisât de vouloir être payé en louis d'or ou écus effectifs, et de refuser des pièces de 20 sols et de 10 sols, il seroit absolument nécessaire que vous eussiez la bonté, Monseigneur, de faire venir ce particulier devant vous, pour lui faire une rude réprimande; et, s'il y avoit quelques procès aux consuls pour ce sujet, il faudroit interposer votre autorité pour leur défendre de donner aucune sentence qui condamne de payer en louis d'or et écus effectifs.

Il se faut bien garder de donner aucun arrêt ni déclaration qui défende d'accepter les lettres de change payables en louis d'or ou écus effectifs : rien ne seroit si pernicieux. Mais, si vous voulez bien, Monseigneur, me permettre de vous dire entièrement mon avis, je crois qu'il est absolument nécessaire de donner un arrêt ou une déclaration qui porte qu'il n'y aura point de rabais sur les louis d'or et les écus, et qui publie en même temps que les pièces de 20 sols seront, au 1er janvier prochain, à 18 sols, et les pièces de 10 sols à 9 sols. Vous êtes libre, Monseigneur, de prolonger ce terme tant qu'il vous plaira : cela ne peut faire que de bons effets, parce que cela empêchera les étrangers de faire différence des écus aux pièces de 20 sols, puisqu'ils espéreront toujours qu'à l'échéance des lettres de change qu'ils tireront, les pièces de 20 sols leur seront données pour 18, et ainsi des autres, et leur ôtera l'idée, de même qu'à tout le royaume, qu'on veuille augmenter les louis d'or et les écus. Cette idée cause en partie la rareté de l'argent et le discrédit des billets de monnoie.

Cette publication de rabais sur les pièces de 20 sols et de 10 sols fera encore un bon effet : chacun prêtera son argent sur les billets des receveurs généraux et pour des assignations, dans la vue d'éviter la perte violente de ce rabais. Cela fera aussi rechercher les billets de monnoie : c'est l'unique moyen de les faire venir au pair avec l'argent comptant, pourvu qu'on commence bientôt à en payer les intérêts exactement. Cela est d'une conséquence infinie; car, si on ne s'aperçoit pas bientôt qu'on paye les intérêts de ces billets exactement, ils tomberont dans un plus grand discrédit que jamais.

J'ose vous dire, Monseigneur, que tout ce que j'ai l'honneur de vous écrire pour le rabais des pièces de 20 sols et de 10 sols et pour la fixation des louis d'or à 13# 5s et des écus à 3# 11s, est d'une importance infinie, aussi bien que le payement des intérêts des billets de monnoie. Les affaires sont dans une si triste situation, qu'on ne sauroit y donner remède assez tôt. Cela vous aidera à soutenir votre projet avec les receveurs généraux et les traitants.

Je me garderai bien, Monseigneur, de vous proposer d'augmenter les louis d'or et les écus; on ne sauroit même trop assurer le public que cela n'arrivera point. Vous ne sauriez augmenter ces espèces que par une réforme, qui sont toutes dangereuses à l'État, parce que les particuliers aguerris là-dessus se gardent bien de porter les espèces aux Monnoies; ils les portent dans les pays étrangers, et on leur en remet le montant en papier ou en espèces de fausse réforme : si bien que c'est le Roi qui porte toujours toute la perte. Il n'a pas le bénéfice de la réforme, et porte la perte des rabais, et ces deux espèces de même poids et de même titre, et de différente valeur intrinsèque, causent une rareté d'argent épouvantable. Ce sont les ennemis du Roi qui profitent de tout, tant par le haussement des changes, que parce que, depuis plus de trois ans, nous ne faisons aucune négociation qu'on ne nous oblige d'être garants de l'augmentation des espèces. Je dois 12 ou 15,000,000# avec cette garantie, ainsi qu'une infinité d'autres. Il est aisé de conclure que cela tomberoit en pure perte pour le Roi.

Il ne faut pas s'imaginer, ainsi que le sieur Bosredon le dit, que les lettres de change que les étrangers tirent sur nous payables en louis d'or et écus effectifs soient payées de même. Elles sont payées en pièces de 20 sols et pièces de 10 sols : ainsi, ce n'est pas cet argent-là qu'on voiture, ni cela qui en est la cause; mais il est certain qu'il y a bien des particuliers dans le royaume qui donnent 4 ou 5 p. 0/0 de profit pour changer les pièces de 20 sols en louis d'or, et se font voiturer le montant en France en pièces de 20 sols de fausse fabrique. Je crois la chose possible, quoiqu'il ne me paroisse pas aisé de croire qu'il y ait aucuns souverains qui permettent de fabriquer chez eux de fausse monnoie.

A l'égard du peu qu'il vous faut, Monseigneur, pour les prisonniers qui sont en Hollande, je le fournirai quand il vous plaira.

Je suis, etc.

BERNARD.

(Papiers du Contrôle général, G7 1120.)

X.

PROPOSITIONS POUR ÉTABLIR UNE BANQUE ROYALE.

Proposition du sieur LE NORMAND.

[1703.]

Monseigneur,

Étant toujours uniquement attaché et attentif à tout ce qui peut me rendre digne de la protection de Votre Grandeur, je la supplie de vouloir bien m'accorder la liberté de lui présenter ce mémoire, dont j'ai trouvé l'idée parmi les papiers de feu mon père, et auquel j'ai apporté toute l'application qui a pu dépendre de moi pour le rendre digne d'être agréé de Votre Grandeur, la suppliant très humblement de vouloir bien me permettre de lui représenter que cet établissement semble pouvoir être reçu agréablement du public, qui se trouve flatté par ce projet de l'espérance d'un gain sûr, sans qu'il soit trop à charge au Roi.

Après toutes les importunités dont j'ai fatigué jusques à présent Votre Grandeur, je n'oserois point, Monseigneur, me présenter devant elle, si je n'avois confiance, Monseigneur, dans la bonté toute particulière avec laquelle il lui a plu de les recevoir en daignant me distribuer plusieurs grâces, qui, malheureusement, n'ont point eu leur effet pour moi. Oserois-je espérer de Votre Grandeur, par cette compassion qui la rend si sensible aux besoins et aux remontrances des malheureux, qu'elle daignât jeter quelques regards, à l'occasion de la grâce que je prends la liberté de lui demander, sur un jeune homme plein de bonne volonté, chargé seul du triste état où se trouve sa famille? Dans quels nouveaux engagements ne serois-je point de prier Dieu avec elle, toute ma vie, pour la conservation et la santé de Votre Grandeur, et de tâcher de continuer de lui exprimer cette fidélité vive à votre personne que feu mon père m'a communiquée et inspirée comme l'unique et le véritable bien qu'il savoit qu'il possédât, n'ayant point d'autre espérance auprès de Votre Grandeur, pour une pareille grâce, que dans l'honneur et l'application avec laquelle j'ai tâché de remplir mes devoirs quand j'avois le bonheur de travailler dans le bureau des dépêches du Contrôle général, ne m'y étant jamais proposé d'autre satisfaction, ni d'autre récompense, que celle d'y pouvoir satisfaire.

Je supplie très humblement Votre Grandeur de vouloir bien me permettre de me dire, avec un très profond respect et un attachement sans bornes,

Monseigneur,

De Votre Grandeur,

Le très humble et très obéissant serviteur.

Le Normand.

Mémoire pour procurer au Roi un fonds de 100,000,000 #, par un moyen volontaire et non forcé, capable d'attirer les espèces des pays étrangers et de faciliter le commerce des gens d'affaires et des négociants.

ÉTABLISSEMENT D'UNE BANQUE À PARIS.

On propose d'établir une forme de banque à Paris sous l'administration de plusieurs personnes choisies, sur lesquelles certain nombre des commissaires nommés par S. M. auront une inspection convenable, tant pour apporter le bon ordre dans la régie de ladite banque, que pour servir de sûreté au public de la fidélité avec laquelle elle sera tenue.

FONDS À FAIRE À LADITE BANQUE.

Il sera reçu dans ladite banque jusques à la concurrence de 100,000,000 #, qui entreroient dans les coffres du Roi à mesure que la recette s'en feroit.

VALEUR DES ACTIONS DE LADITE BANQUE.

Il sera délivré un million de billets en actions, lesquelles, à 100 # chacune, reviendront à la susdite somme de 100,000,000 #.

OFFICIERS DE LADITE BANQUE.

Lesdits billets ou actions seront signés des commissaires et des principaux officiers de ladite banque.

L'on retiendra au bureau de ladite banque des doubles desdits billets ou actions, signés par duplicata de ceux qui auront mis de l'argent, dont l'usage sera appliqué ci-après.

ASSIGNATION DES FONDS POUR L'INTÉRÊT DE CEUX MIS À LADITE BANQUE.

S. M. assignera sur les gabelles, aides et domaines un fonds de 10,000,000 #, pour être distribués chaque année aux particuliers qui auront rempli ladite banque.

L'INTÉRÊT DESDITS FONDS.

Des 10,000,000 # ci-dessus mentionnés, l'on payera l'intérêt de chaque action, quartier par quartier, à raison de 6 p. o/o par an : ce qui monte à 6,000,000 # pour la somme de 100,000,000 #.

COURS DE L'INTÉRÊT.

L'intérêt de chaque action courra du jour que les sommes auront été portées à ladite banque, et il sera loisible d'y prendre tel nombre d'actions que l'on voudra.

Des 4,000,000 # restants des 10,000,000 # de fonds assignés, l'on fera l'usage qui suit :

RÉGIE DE LADITE BANQUE.

Il sera tiré, pendant les douze mois de l'année, du nombre du million des doubles des billets conservés au bureau de ladite banque, à la fin de chaque mois, la quantité de deux cents billets, qui gagneront chacun 1,000 #, et consommeront 2,400,000 # pour deux mille quatre cents billets qui auront été heureux.

SUITE DE LADITE RÉGIE.

Pour les autres 1,600,000 # restants des 4,000,000 #, il sera encore tiré, pendant le commencement de l'année qui aura fini celle dans laquelle lesdits deux mille quatre cents billets auront été tirés, la quantité de deux cents billets, lesquels, à 8,000 # chacun, feront les 1,600,000 #; et ainsi sera pratiqué année par année.

OBJECTIONS FORMÉES SUR L'INTÉRÊT DE LADITE BANQUE.

On pourroit objecter que l'intérêt à 10 p. o/o sera onéreux à S. M. — On répond que c'est le même qui se donne dans les affaires extraordinaires, que S. M. peut spécifier dans l'arrêt du Conseil que la distribution des 4,000,000 # restants des 10,000,000 # de fonds faits ne commencera que dans le mois de janvier suivant l'année que la banque aura été remplie. Probablement il se passera plusieurs années d'intervalle, pendant lesquelles le Roi se trouvera ne payer que 6 p. o/o.

ÉTRANGERS ADMIS À LADITE BANQUE.

Toutes personnes, de quelque état et condition qu'elles soient, même les étrangers de toutes sortes de nations, seront admis à ladite banque, sous tel nom qu'il leur plaira.

POUR ÉTENDRE LE COURS DES BILLETS OU ACTIONS DE LADITE BANQUE.

Pour engager un chacun à porter de gros fonds à ladite banque, il sera nécessaire que les billets d'icelle aient cours dans le commerce et soient reçus dans les recettes et bureaux des affaires du Roi comme argent comptant : ce qui peut augmenter le commerce et faciliter le négoce des gens d'affaires et des marchands.

POUR DONNER LIEU AU MOUVEMENT DES VIEILLES ESPÈCES.

S'il plaisoit au Roi faire recevoir seulement à ladite banque les anciennes espèces sur le pied de celles qui sont nouvellement fabriquées, le public en recevroit un notable avantage, en ce que celles qui pourroient être restées cachées rouleroient dorénavant dans le commerce.

POUR FACILITER LE COURS DESDITS BILLETS OU ACTIONS.

Pour donner un cours facile aux billets de ladite banque, et empêcher en même temps que les recettes des bureaux des affaires du Roi s'en trouvent surchargées, l'on pourroit déclarer que S. M. entend que le bénéfice provenant des 4,000,000# à tirer lorsque ladite banque sera remplie, appartiendra en propre au porteur du billet dont le double aura été tiré : ce qui fera que les personnes aisées ne trafiqueront leurs billets qu'au défaut d'argent comptant, et que les foibles ne trouveront nulle difficulté à les faire prendre, un chacun se trouvant flatté de l'espérance naturelle que le billet qui lui est offert sera du nombre des heureux.

MOYENS POUR SUBVENIR AUX FRAIS NÉCESSAIRES POUR LA RÉGIE DE LADITE BANQUE.

L'on peut subvenir aux frais nécessaires pour la régie de ladite banque par un moyen qui ne coûtera rien au Roi, et qui sera si peu de chose pour le public, que la conséquence en sera presque insensible : c'est de faire payer 10 sols par chaque action ou billet qui se délivrera à ladite banque; et, comme il est bon, pour la commodité des peuples, de charger les receveurs des tailles de recevoir dans les provinces les sommes qui pourront leur être apportées, ils retiendront par leurs mains 5 sols par billet, pour leurs soins, et ne compteront, pour chaque billet d'action qui leur aura été remis, que 100# 5s; et parce que, tous les ans, l'on payera 6 p. o/o d'intérêt de chaque action, et que lesdits frais de banque seront tous les ans nécessaires, le fonds pour y satisfaire se prendra annuellement sur l'intérêt de chaque action, à raison de 4 sols par action : en sorte qu'au lieu de 6# d'intérêt pour chaque action de 100#, il ne sera compté que 5# 16s, déduction faite des 4 sols de frais de régie.

COMMISSAIRES ET COMMIS DE LADITE BANQUE.

Deux conseillers d'État;
Deux maîtres des requêtes;
Deux caissiers;
Un receveur général;
Un contrôleur général desdits billets.

L'objet de 100,000,000# pouvant paroître difficile à remplir, on pourroit, suivant le présent projet, réduire le fonds de ladite banque à telle somme qu'il seroit jugé à propos, sauf à augmenter ledit fonds selon l'effet et l'utilité qu'auroit cet établissement.

(Papiers du Contrôle général, G7 699.)

XI.

PROPOSITION POUR LA FABRICATION ET LE DÉBIT DES TABACS.

Lettres au CONTRÔLEUR GÉNÉRAL.

Bordeaux, ce 9 Mai 1705.

Monsieur,

Le sieur Duclos me veut persuader que le projet qu'il m'a remis en main est si avantageux pour le Roi, que je n'ai pu me défendre d'accepter d'avoir l'honneur de vous l'envoyer, afin qu'examiné par vous-même, vous pussiez en connoître l'utilité. Elle ne peut, Monsieur, être que très grande pour S. M., et je ne vois que les temps difficiles pour les avances qui puissent faire quelque obstacle. Dans une paix profonde, où les besoins de l'État ne seroient pas si pressants, ce projet seroit très désirable et très aisé dans son exécution. Oserois-je vous représenter, Monsieur, qu'il ne me paroît pas impossible dans le temps présent, que le profit est bien considérable, et qu'il tourne à l'avantage des sujets du Roi? Votre pénétration, Monsieur, vous fera entrevoir tout ce qu'il conviendra faire dans cette occasion.

Je suis, avec bien du respect, Monsieur, votre très humble et très obéissant serviteur.

DALON.

Bordeaux, ce 9 Mai 1705.

Monseigneur,

J'eus l'honneur de vous dire, il y a quelques années, que j'allois travailler pour que le Roi retirât du tabac de son royaume 4 à 5,000,000#. Le temps est venu, Monseigneur, et mon mémoire est assez court pour supplier Votre Grandeur d'y vouloir jeter les yeux. Vous verrez par ce projet, Monseigneur, que le gain que les étrangers font sur les fermiers reviendra au profit de S. M.; les fermiers l'achèteront à meilleur marché et le débiteront de même au public, le tabac du royaume se consommera, l'argent ne sera pas diverti. Votre Grandeur, Monseigneur, peut en faire faire un essai pour connoître la qualité de mes tabacs, et j'ose espérer qu'on les trouvera d'aussi bonne qualité que ceux du Brésil et d'Hollande. Le bien, Monseigneur, que je vas procurer à S. M. dans cette entreprise, engagera, s'il vous plaît, Votre Grandeur à me donner la portion qu'elle jugera à propos.

Je suis, avec un très profond respect, Monseigneur, votre très humble et très obéissant serviteur.

ROLAND-DUCLOS.

Mémoire touchant les tabacs du cru du royaume.

Le Roi retireroit une grande utilité de la fabrication de ces tabacs dans la province de Guyenne et autres lieux convenables qui sont mentionnés par l'ordonnance de 1681, dont on pourroit fournir tout le royaume et les pays étrangers, et, par ce moyen, faire tomber la fabrique du tabac du Brésil et celui d'Hollande, qui consistent principalement en tabac briquet mâtiné et autres gros tabacs secs, sans côte, à fumer et râper.

S. M. pourroit donner ces tabacs à 50 p. o/o de meilleur marché que le prix des tabacs étrangers, outre qu'ils seroient de qualité beaucoup meilleure et mieux fabriqués que les tabacs étrangers.

Le sieur Roland-Duclos, de la ville de Bordeaux, offre de fabriquer du tabac comme celui du Brésil mâtiné mis en rouleaux, qui ne reviendra pas au Roi à plus de 18 # le quintal, poids de cent livres, tous frais faits. Il consent même que ces tabacs ne soient pesés que quatre mois après qu'ils seront fabriqués, et de supporter le déchet qu'ils pourront faire pendant lesdits quatre mois. Ils seront en état d'être vendus deux mois après. Il ne demande pour cela qu'une portion pour lui et ses héritiers dans le profit qu'il y aura, telle que S. M. le jugera à propos.

Les fermiers généraux ont acheté aux Hollandois les tabacs briquet mâtiné jusqu'à 65 #, 60 #, et le meilleur marché à 55 # le quintal; et le gros filé sec, sans côte, pour fumer et râper, à 45#, jusqu'à 50#, le quintal; et aucunes de toutes ces qualités ne sont aussi bonnes que celui que le proposant offre de faire fabriquer.

Celui du Brésil revient, rendu en France, à 15 sols la livre, comme on verra par l'état ci-après.

Le Roi n'a de revenu de la ferme générale du tabac, de tout son royaume et Pays conquis, que 1,500,000 #, et tout son peuple achète le tabac pour des prix exorbitants. Les fermiers généraux le vendent à ceux qui revendent au public toutes sortes de tabacs qui viennent des pays étrangers, à 40 sols la livre, et les revendeurs le vendent au public, en détail, à 50 sols la livre; et le tabac en poudre d'Espagne, à 12 # et 14 # la livre; et le grainé commun, à 4# la livre; et le parfumé, à 8 # la livre. S. M. le pourra donner, pour la consommation de son royaume, à deux tiers de meilleur marché, et augmentera son revenu jusqu'à 5,000,000 #, et peut-être davantage. Elle en fournira aux étrangers à meilleur marché que ne font les Portugais et les Hollandois. L'argent qui sortoit de France pour les tabacs étrangers y restera, et il entrera même des sommes considérables dans le royaume, du provenu des tabacs que les étrangers en tireront; et le Roi n'aura plus besoin d'aucun tabac étranger pour la consommation de tout son royaume.

État de la consommation qui se fait dans le royaume des tabacs sans côte, sec, à fumer et râper, et de celui du Brésil et briquet d'Hollande mâtiné, et de celui en poudre façon d'Espagne.

Dans la province de Dauphiné :

2,000 quintaux en côte, sec.

Dans la Provence :

3,000 quintaux.

En Languedoc et Roussillon :

4,000 quintaux.

Dans la Guyenne, le Béarn, le Périgord, le Limousin, l'Angoumois, la Saintonge, la Rochelle, le pays d'Aunis et le Poitou :

4,000 quintaux.

13,000 quintaux.

13,000 quintaux. (Report.)

Pour la Bretagne, la Normandie, l'Anjou, la Touraine, Orléans, le Gâtinois, Paris et la France, le Mans, la Champagne, la Picardie, la Bourgogne, la Franche-Comté, le Lyonnois, le Nivernois, le Berry, le Forez, l'Auvergne, le Rouergue, le Quercy et Pays conquis :

26,000 quintaux du même tabac sans côte, sec et gros filet.

39,000 quintaux, à 50# le quintal.............	1,950,000#
15,000 quintaux du même, sans côte, pour mettre en poudre comme celui d'Espagne, qui produiront la quantité préparée d'un million de livres, à 2 # 10ˢ la livre........	2,500,000
18,000 quintaux de Brésil et briquet façon d'Hollande, à 50 # le quintal.............	900,000
4,000 quintaux d'andouilles, de la préparation du proposant, à 150 # le quintal..........	600,000
20,000 quintaux de tabac sec, exprès pour l'Italie, à 18 # le quintal..................	360,000
24,000 quintaux du Brésil, pour le pays étranger, à 40 # le quintal..................	960,000
120,000 quintaux.	7,270,000#

Sans parler du tabac grainé, pour la fabrique duquel on se serviroit de celui de Montdragon, qui est le plus propre et le plus parfait pour cet ouvrage.

État de ce à quoi ces tabacs reviendront au Roi tout fabriqués.

54,000 quintaux de tabac sec, sans côte, à 18 # 5ˢ le quintal.......................	985,500#
Pour réduire un million de livres de tabac en poudre, aussi parfait que celui d'Espagne, avec son apprêt, à 5 sols la livre. .	250,000
4,000 quintaux d'andouilles de la préparation du proposant, à 35 #....................	140,000
42,000 quintaux du Brésil et briquet d'Hollande, pour la consommation du royaume et pays étranger, à 18 # le quintal............	756,000
20,000 quintaux exprès, sec, pour l'Italie, à 10 # le quintal.........................	200,000
120,000 quintaux.	2,331,500#

Il vient tous les ans en Portugal trente-cinq à quarante mille rouleaux de tabac du Brésil, qui font en tout quatre-vingt mille quintaux, lesquels se consomment dans le royaume ou dans les pays étrangers; et le roi de Portugal a, de revenu des droits qu'il tire sur sa ferme du tabac, plus de 4,000,000 #.

État sommaire de la quantité de tabacs du Brésil, briquet d'Hollande, briquet de Morlaix et briquet de Dieppe, le tout mâtiné, que les fermiers généraux ont consommée dans le royaume pendant l'année 1690.

Brésil..................	312,600 livres pesant.
Briquet d'Hollande.........	449,680
Briquet de Morlaix.........	330,300
Briquet de Dieppe..........	398,046
	1,490,626 livres.

L'auteur prétend que, par l'effet de sa proposition, il s'en consommera plus de dix-huit mille quintaux, à cause du bon marché qu'on fera.

Les fermiers généraux ont la faculté de vendre tous les tabacs mâtinés, quoiqu'ils soient du cru du royaume, pour 40 sols la livre.

État de ce que les tabacs coûtent au Brésil et reviennent rendus à Lisbonne, avec les droits d'entrée, frais et assurance.

32 livres de tabac, qui font une arrobe, coûtent au Brésil, d'achat et commission de 4 p. o/o, rendu à bord, 1,300 réaux..	6^{lt}	10^{s}	0^{d}
Assurance jusqu'à Lisbonne, 6 p. o/o, sur 6^{lt} 10^{s}, 75 réaux....................................		7	5
Fret jusqu'à Lisbonne, 350 réaux..................	1	15	0
Droits d'entrée à la grande table, 280 réaux........ } Celui de la Baja et celui de Fernambouc, 200 réaux; } revenant, l'un portant l'autre, à 240 réaux........ }	1	4	0
Convoi, 110 réaux................................		11	0
Consulat, 42 réaux...............................		4	2
Autres menus frais, 40 réaux......................		4	0
Droits d'entrée en 1674, qui furent mis sur l'avis de l'auteur, 540 réaux.....................................	2	14	0
Droits d'entrée en 1698, 600 réaux................	3	0	0
Déchet jusqu'à Lisbonne, 5 p. o/o, sur 1,300 réaux qu'il coûte d'achat, 66 réaux.....................		6	6
Sur toute la quantité du tabac qui vient du Brésil, il s'en pourrit la dixième partie, qu'ils font brûler pour ne pas porter du préjudice à la ferme du tabac, 130 réaux..		13	0
Droits de sortie à Lisbonne, 180 réaux.............		18	0
Frais ou commission, assurance et déchet jusqu'à la vente faite en France : 2 p. o/o de commission à Lisbonne pour l'achat, 6 p. o/o d'assurance, 4 p. o/o de fret, 5 p. o/o de déchet, fait en tout 17 p. o/o; sur 18^{lt} 7^{s} 1^{d}, font............................	3	3	3
	21^{lt}	10^{s}	4^{d}

Les trente-deux livres de tabac ne produisent en France que vingt-neuf livres pesant, parce que le poids de Lisbonne est plus petit de 6 p. o/o. Il revient, rendu en France, à 15 sols la livre. Sur ce compte aussi, les Portugais n'ont aucun profit de l'achat à la vente.

29 livres de tabac à 15 sols........... 21^{lt} 19^{s} 6^{d}

Les sieurs Jacob, Roche et Lemoine, fermiers du Languedoc, l'ont acheté 18 sols la livre, rendu à Marseille, des sieurs de Moura, de Paris.

État des tabacs fabriqués par le sieur Duclos en l'année 1704, qui sont de la dernière bonté et perfection, pour être confrontés avec les tabacs du Brésil et briquet d'Hollande.

Un petit rouleau sans côte, sec, de sa préparation; le 1er avril.

Un autre petit rouleau sans côte, sec, de la même préparation; du 24 avril.

Deux petits rouleaux verts du Brésil, de Contaut; du 7 octobre.

Deux autres rouleaux verts du Brésil, de Faulet (*Fauillet*); du 8 novembre.

Deux autres rouleaux verts du Brésil, de M. Lescun; du 23 novembre.

Un autre vert, sans côte, du Brésil, de M. Lescun; du 29 novembre.

Trois autres sans côte, sec, de la préparation de l'auteur, du Picard; 2 décembre.

Deux paquets briquet, façon d'Hollande mâtiné; du 15 décembre.

Et toutes sortes de tabacs de plusieurs crus, pour être confrontés contre tous les tabacs de Virginie.

OBSERVATIONS SUR LE MÉMOIRE DU SIEUR DUCLOS.

(De la main de M. Desmaretz.)

Il faudroit faire examiner par des personnes expérimentées dans le commerce du tabac ceux qu'il a fabriqués l'année dernière, et les confronter avec les tabacs du Brésil et briquet de Hollande.

Savoir si les plantations de tabac de Guyenne, de Provence, de Normandie et d'Alsace sont suffisantes et en produisent la quantité nécessaire pour la consommation du royaume.

La qualité des tabacs du cru du royaume pouvant recevoir l'apprêt et être aussi bon que celui du Brésil et briquet de Hollande, et les plantations pouvant fournir toute la consommation du royaume, il faut encore être certain du prix que les tabacs coûtent, des frais qui se font pour la vente, et des autres dépenses nécessaires pour en faire le débit, afin que, par la comparaison des mêmes dépenses pour ceux de France, on puisse connoître sensiblement quel avantage on pourroit trouver à suivre la proposition du sieur Duclos.

TABACS.

Pour fumer....................... { Verrine.
{ Virginie.

Pour mâcher...................... Brésil.

Le tabac de Virginie se vend par les fermiers généraux, aux débitants, depuis 30 jusqu'à 40 sols. Les débitants le revendent jusqu'à 50 sols la livre.

Il vient en feuilles, et on le façonne en France.

Deux manufactures principales, l'une à Morlaix, l'autre à Dieppe, où on les met en rôles ou rouleaux.

Le Brésil se tire de Lisbonne tout façonné.

Réponse du Contrôleur général à M. Dalon.

27 Mai 1705.

Monsieur, j'ai fait examiner les mémoires du sieur Rolard-Duclos que vous m'avez envoyés, qui ne contiennent rien de nouveau. Il a un privilège pour faire fabriquer des tabacs du cru du royaume à la manière du Brésil et du briquet de Hollande. Il peut, suivant la faculté qui lui est donnée, faire travailler ces tabacs, et, s'il réussit à leur donner un si bon apprêt que ceux qui s'en servent les trouvent égaux, ou même les préfèrent à ceux du Brésil, ce sera un moyen sûr de prouver l'utilité qu'on pourra tirer de ses propositions. C'est tout ce que je puis vous dire sur les mémoires qu'il vous a pressé de m'envoyer. Vous pouvez connoître vous-même, par les épreuves, ce qu'on peut attendre de lui. Je suis, etc.

(Papiers du Contrôle général, G^7 1290.)

XII.

Correspondance de P. le Pesant de Boisguilbert avec le Contrôleur général et avec M. Desmaretz.

De Rouen, ce 14 Mars 1700.

Monseigneur,

Je me donne l'honneur de vous envoyer un mémoire des monnoies par où vous connoîtrez que la surprise de Messieurs vos prédécesseurs n'a pas été moindre sur cet article qu'à l'égard des autres. Vous vous souviendrez, s'il vous plaît, qu'au commencement de votre ministère je vous assurai que vous doubleriez le revenu du Roi, ainsi que celui des peuples, avant quatre années, à commencer dès celle-ci; mais, comme cela ne se peut pas faire en marchant sur les mêmes principes, il a été nécessaire d'établir l'erreur du passé. Je crois y avoir plus que satisfait en ce qui concerne les terres et le commerce, et, comme l'argent y joue un grand rôle, bien qu'on n'y ait fait jusqu'ici aucune réflexion, j'ai cru que vous trouveriez bon que je vous adressasse ce que je dois à l'application que j'y ai donnée, que je suis assuré ne me pas surprendre, ne l'ayant encore jamais été jusqu'ici, grâces à Dieu, dans quelque sorte d'affaire que je me sois embarqué.

Je me suis aussi donné l'honneur de vous communiquer un mémoire par lequel je faisois voir que la famine n'est venue plus fréquemment en France, depuis quarante ans, qu'elle n'avoit fait cent ans auparavant, que parce qu'on empêchoit presque toujours la sortie des blés. La *Gazette* de la semaine passée vient de confirmer cette doctrine, puisqu'elle marque, à l'article d'Angleterre, que l'impôt sur la sortie des blés a été levé : or, il est constant qu'il n'y a pas un an qu'il y étoit plus cher qu'en France, et qu'on y en prenoit clandestinement pour y en porter; et c'est si bien par cette maxime qu'elle subsiste, que l'on va bien plus loin, puisque, lorsque le blé baisse extrêmement, on donne de l'argent du public à ceux qui le vendent au dehors, afin que l'agriculture se puisse continuer en sa perfection sans perte, ce qui ne se peut pas lorsque les grains sont à vil prix par trop d'abondance. Ainsi, on néglige les labours et on prodigue les blés à des usages étrangers : ce qui fait que, la stérilité arrivant, elle est mal secourue par les années précédentes. M. de la Bourdonnaye attend avec impatience vos ordres pour la taille, à quoi les peuples sont déjà tout disposés.

Je suis, avec un très grand respect, Monseigneur, votre très humble et très obéissant serviteur.

Boisguilbert.

---

13 Juin 1700, à Rouen.

Monseigneur,

Ayant appris, à mon dernier voyage de Paris, que M. de Vauban avoit lu au Roi un projet de dîme royale pour remédier aux désordres de la taille, composé en la meilleure partie par un chanoine de Tournay relégué à Rouen, j'ai cru être obligé de vous donner avis de ce qui s'étoit passé entre eux et moi, qui est que leur projet étoit ridicule dans la proposition et impossible dans l'exécution; et ne m'étant pas contenté de cela, je leur communiquai un petit traité que je fis le lendemain, tiré de la connoissance du commerce de la campagne, dont ils n'ont point la moindre teinture, quoique absolument nécessaire pour raisonner sur pareille matière. Mais, comme cela n'a pas arrêté M. de Vauban, que je vis ces jours passés aussi entêté de son projet comme si les taillables lui avoient dicté, je me donne l'honneur de vous envoyer le traité, par où vous verrez quel fond l'on y peut faire.

J'ai pris la hardiesse de vous marquer plusieurs fois, Monseigneur, que, pour tout raccommoder, il ne faut rien innover, mais donner seulement pouvoir aux intendants de faire observer les ordonnances. Si vous voulez bien me confier une élection, je m'en charge à mes périls et risques, vous baillerai caution telle que vous souhaiterez, et ne vous demande ni édits ni déclaration, et me soumets de perdre ma charge si je n'y fais point doubler le commerce et le labourage. Il me semble que vous acceptâtes ce parti la veille de votre installation, que j'eus l'honneur de vous saluer. Je doute fort qu'une pareille proposition me soit commune en France avec qui que ce soit.

Je suis, avec un très grand respect, Monseigneur, votre très humble et très obéissant serviteur.

Boisguilbert.

Mémoire.

Ceux qui prétendent remédier aux désordres de la taille arbitraire, des aides et droits d'entrées et sorties du royaume, en établissant une dîme royale sur le modèle de celle des ecclésiastiques, pour remplacer tous ces droits, peuvent avoir trouvé leur compte par la spéculation et arpentement des terres; mais on maintient que, par la pratique et l'exécution, il y a vingt impossibilités naturelles, absolument insurmontables, dont une seule suffiroit pour ruiner absolument un pareil projet. Pour commencer par une province, les tailles en Normandie vont environ à 4,000,000 ᵗᵗ, les aides, droits d'entrée et passage à peu près à 3,000,000 ᵗᵗ : ce qui fait 7,000,000 ᵗᵗ qu'il faut faire porter à la dîme royale, c'est-à-dire près du double de la taille de chaque paroisse. Avant que de venir à la perception de la totalité, il est à propos d'établir les sûretés qu'il est nécessaire de prendre pour créer un tel droit, à quelque somme qu'il pût monter. Il n'y a point de dîme en main étrangère au-dessus de 2 ou 300 ᵗᵗ qui n'ait une grange et bâtiments affectés pour le repostement des levées, afin d'en conserver le privilège au possesseur, étant dans cette occasion où l'axiome de droit a lieu : *Plus de sûreté dans la chose que dans la personne du preneur* : et c'est une question de fait que toutes les grosses dîmes un peu considérables ont des granges et lieux affectés, ce qui seroit inutile de nier. C'est pourquoi, par cette raison, ainsi que par une autre qu'on dira dans la suite, il faudroit commencer par bâtir autant de granges qu'il y a de lieux taillables dans le royaume, se trouvant même plusieurs paroisses de grande étendue où les gros-décimateurs ont été obligés de bâtir différentes granges pour les différents cantons. Ainsi, comme, pour engranger pour 500 ᴴ de levées, il faut un bâtiment au moins de 1,000 ᴴ, et pour de plus hautes sommes à proportion, y ayant 36,000,000 ᴴ de taille, qui seroient presque doublés à cause de la jonction des aides, droits d'entrées et sorties, sur ce compte que le prix du bâtiment coûte le double d'une année de la récolte, c'est 120,000,000 ᴴ dont il faudroit faire état pour parvenir à ces bâtiments, indépendamment de la réussite du projet. Et afin qu'on ne réparte pas qu'on en pourroit trouver à louer jusqu'à ce que le succès pût former un fonds pour ces bâtiments, on répond deux choses également fortes et sans répartie : la première, que, personne ne voulant concourir avec le Roi, aucun propriétaire ne voudroit souffrir que son fermier repostât dans ses bâtiments cette dîme royale, qui, en cas d'insolvabilité, voudroit conserver son privilège, au préjudice du maître, sur tout l'enclos; et, en second lieu, on maintient que, sur cent paroisses, il ne s'en trouveroit pas une où il y ait des lieux de relais ou inutiles pour engranger des levées d'une nouvelle naissance. Enfin, ce ne seroit pas le tout de bâtir une grange à chaque paroisse, dont il faudroit commencer par acheter une place assez grande pour contenir tous les autres bâtiments nécessaires à une aussi grande occupation que celle d'une dîme de 7 ou 8,000 ᴴ par an : c'est-à-dire qu'il faudroit une maison, des écuries, des caves et des celliers, ce qui ne se pourroit point qu'avec 10 ou 12,000 écus, comme il est aisé de justifier par une infinité d'exemples. Ainsi, c'est un fonds de 150,000,000 ᴴ par où il faut commencer, et cela de notoriété publique, cette quantité de bâtiments coûtant cette somme à construire. Ainsi, voilà un grand article que l'on peut dire insurmontable de toute impossibilité.

Il faudroit venir après cela à l'adjudication pour une année seulement, ainsi qu'est l'usage de la taille, à condition de bailler caution, ce qui ne manque jamais dans les deniers royaux, et ce qui porte avec soi des choses absolument impossibles : la première, adjugeant une dîme pour une année seulement, ce qu'il faudroit faire au moins au mois de mai, auquel temps on ne sait encore ce que fera la récolte et quel prix le blé vaudra. Comme il n'y a point de ressource de la récompense d'une mauvaise année par une bonne, ainsi qu'il arrive dans les baux de six et de neuf ans, il n'y a point d'homme assez hardi pour se rendre adjudicataire que sur le plus bas prix du blé et sur le pied même d'une mauvaise récolte, attendu que, le vaillant de toutes ces sortes de gens, même les plus riches, n'étant au plus que de 3 à 4,000 ᴴ d'argent et de biens meubles, comme bestiaux et levées, seuls susceptibles d'exécution pour payements de fermages, les immeubles, au cas qu'ils en aient, ce qui est rare, étant affectés à des mariages, à des rentes hypothéquées et privilégiées, et même à des substitutions, ce seroit jouer leur bien à trois dés que d'en user autrement, puisqu'il n'y auroit point de ressource pour eux au cas que l'année fût mauvaise. Il y a même plus : comme le premier payement de la taille échoit au mois de novembre, et les autres de trois mois en trois mois, à peine de frais effroyables, sans qu'on pût espérer du délai, comme il arrive dans les autres fermages, afin de mieux vendre ses grains au haut du temps, à peine pourroit-on trouver des adjudicataires, même à vil prix. Ainsi, ces trois articles, savoir : d'obligation de bailler caution à ses concitoyens, ne recueillir qu'une année, et payer le lendemain du terme, de trois mois en trois mois, rendent la chose absolument impossible, dont il ne faut point d'autre marque que ce qui se passe en justice dans les baux des biens saisis. Une terre de 1,000 ᴴ, le lendemain de sa saisie, étant criée à bailler parce qu'il faut donner caution et payer le lendemain du terme, ne trouve des enchérisseurs que pour la moitié, et bien souvent moins; et, lorsqu'il y a certitude que le décret passera dans un an, ce qui finit le bail de régie, parce que cela y est porté expressément, on n'en trouve rien du tout, et on est obligé de laisser la terre en friche, ou de la donner à la dixième partie de sa valeur, pour herbager les bêtes. Enfin, les gros-décimateurs ecclésiastiques, qui sont les maîtres et qui apportent bien plus de facilité, pour affermer leurs dîmes, que l'on ne pourroit pas faire pour la dîme royale, se trouvent tous les jours dans trois situations dont aucune ne peut s'accorder avec le payement de la taille : la première est de faire crédit, quelquefois deux ou trois ans, jusqu'à ce que les grains deviennent chers; la seconde, de perdre souvent sur leurs fermiers; et enfin, de se trouver dans l'obligation de faire quelquefois valoir pendant plusieurs années ces sortes de biens, pour ne pouvoir trouver aucunes sortes de fermiers, quoiqu'ils soient bien moins difficiles qu'on ne seroit obligé de l'être dans l'article de la dîme royale. Il y a encore une objection sans aucune répartie, qui est qu'il faudroit, outre la dîme royale, encore une autre taille, ou plutôt deux ou trois autres, savoir : une pour l'industrie, à l'égard de ceux qui n'ont que leur commerce; ceux qui ont des herbages gras, où l'on engraisse des bestiaux que l'on leur donne pour ce sujet, sur quoi il est impossible d'asseoir une dîme; et enfin, sur ceux qui nourrissent des vaches pour avoir du beurre et du fromage, qui fait un gros commerce en beaucoup d'endroits, sur lesquels pareillement il n'y a point de dîme à percevoir. Enfin, pour dernière raison, à quoi il y a encore moins de répartie qu'à toutes les autres, est que, bien loin que la dîme royale, dégagée de toutes les circonstances précédentes, pût supporter les aides avec les tailles, c'est-à-dire presque doubler les tailles, on maintient que, sans cette addition, elle n'y atteindroit pas, même à beaucoup près; et pour le prouver, il ne faut que descendre dans le détail. Premièrement, dans l'élection du Pont-de-l'Arche, toutes les dîmes, généralement parlant, sont presque à la moitié de la taille, et on en conviendra aisément lorsqu'on fera réflexion qu'à Elbeuf les dîmes ne vont qu'à 600 ᴴ, et la taille est à 17,000 ᴴ; à Louviers, les dîmes ne sont qu'à 4,000 ᴴ, et la taille est à 10; à Amfreville, la taille est à 2,200 ᴴ, et toutes les dîmes ne sont qu'à 1,200 ᴴ; à Acquigny, la taille est à 2,500 ᴴ, et les dîmes à 1,400 ᴴ. Il en va de même dans toute l'élection. Dans celle du Pont-Audemer, c'est à peu près la même chose : dans une seule paroisse de village, nommée Beuzeville, les dîmes ne vont pas au quart de la taille. Dans l'élection de Caudebec, à Bolbec, la taille y est quatre fois plus forte que la dîme. Dans l'élection de Rouen, à Barentin et à Pavilly, la taille double la dîme; et l'on peut faire le même raisonnement de presque partout, à la réserve de quelques paroisses du haut pays. Dans toute l'élection de Paris, la taille est trois fois plus forte que la dîme. Il n'y a qu'où le terroir étant excellent et le pays bien habité, la taille peut être au-dessous de la dîme; mais on maintient que ce n'est pas à la trentième partie, l'un portant l'autre, des pays taillables. Ainsi, comme, bien loin d'être au-dessous, il faudroit qu'elle doublât pour porter les autres charges qui ruinent le peuple et le commerce, il s'en faut les trois quarts que cette supputation ne soit juste, et elle ne tombera jamais sous le sens d'un homme qui ait été laboureur et qui ait la pratique de cette sorte de commerce.

Il reste encore un dernier article, qui lui seul doit fermer la bouche au porteur d'une pareille proposition, savoir: qu'il faudroit, suivant leur projet, que cette dîme fût générale, en comprenant tous les nobles et privilégiés exempts de taille par toutes les ordonnances, ou qu'elle ne s'étendît qu'aux taillables. Si c'est ce dernier, comme il y a apparence, outre qu'elle n'atteindroit pas au quart de la somme nécessaire, il ne se pourroit jamais trouver d'adjudicataire, par la raison qu'un noble et privilégié faisant vendre son fermier après l'adjudication, et déclarant qu'il va faire valoir son fonds, comme cela arrive tous les jours, celui qui auroit enchéri se trouveroit trompé de plus de moitié. Que si on vouloit rendre cette dîme générale, pour éviter un pareil inconvénient, qui est tout à fait insurmontable, on tombe dans un autre, auquel les auteurs de ce projet n'ont assurément pas fait de réflexion, qui est de faire perdre à toute la noblesse, ecclésiastique[s] et privilégiés, un droit aussi ancien en France que l'imposition de la taille, et dont l'exemption les obligeoit au ban et arrière-ban, et qui deviendroit trois fois plus violent à leur égard que la taille, puisqu'on soutient qu'un noble payant en essence la dîme de ce qu'il peut faire valoir par ses mains suivant les ordonnances, cela iroit quatre fois plus loin que la capitation : ce qui ne pourroit jamais arriver sans beaucoup de murmure, et ce qui ne s'accommode point avec la bonté du Roi de faire goûter les fruits de la paix à ses peuples, tant nobles que roturiers; outre que, dans l'exécution, il n'y a point de paysan qui voulût se charger d'aller dîmer un gentilhomme en se faisant fermier d'un droit nouveau, qui est toujours odieux, souvent dans des enclos fermés de murailles.

De Rouen, ce 3 Octobre 1700.

Monseigneur,

Trouvez bon, s'il vous plaît, que je continue à vous faire savoir le détail de ce qui se passe à la campagne. Comme les choses y sont dans un perpétuel mouvement, il y a toujours de la nouveauté, qu'un ministre doit savoir, sans quoi il lui est impossible de réussir. Je m'étois donné l'honneur de vous marquer par toutes mes précédentes que toutes les terres n'étoient baillées que la moitié de leur valeur, eu égard à l'augmentation du prix de toutes choses, ce qui n'étoit qu'une suite nécessaire de la plus grande quantité d'or et d'argent qu'il y a présentement dans le royaume, cette gradation et conformité ayant toujours été depuis la découverte du Pérou, qui trouva à Paris le blé à 10 sols le setier, toutes les autres denrées étant proportionnées à ce prix. Or, présentement, bien que le blé vaille depuis dix ans le double de ce qu'il valoit, années communes, il y a cinquante ans, c'est néanmoins ce qui est à meilleur marché, puisque les bestiaux et la laine ont presque triplé, ainsi que les toiles; et cela parce que, constamment, il n'y avoit que 400,000,000 [#] en France en 1648, et maintenant il y en a plus de 500. Ceux des propriétaires qui se trouvent en état de faire attention à ces circonstances, pour ne se pas laisser duper par leurs fermiers, ont augmenté au moins de moitié leurs fermes, et, ces jours passés, le Chapitre de Rouen donna une dîme 2,700 [#], qui n'étoit qu'à 1,100 [#]. C'est sur ce point de fait que roule le rétablissement de la France et des affaires du Roi, et il faut que tout ce qu'il y a de grands seigneurs, qui afferment avec leurs terres une presque exemption de taille, conçoivent que ce n'est qu'en faveur de leurs fermiers qu'ils font cette injustice, et que, les dupant les premiers en gagnant avec eux deux fois plus qu'ils ne devroient, ils veulent encore qu'ils leur aident à tromper le Roi et leurs compatriotes en leur faisant payer leurs tailles : témoin Mme de Rothelin, dont je me suis donné l'honneur de vous écrire, qui fatiguant M. de la Bourdonnaye de lettres pour 150 [#] de taille que son fermier payoit sur 6,000 [#] de recette, on lui trouva l'an passé 60,000 [#] d'argent comptant. M. de Villeroy se trouve dans cette généralité à la tête de ceux de ce genre; cependant, si il veut souffrir que ses fermiers payent leur juste taille sur le pied de la vraie valeur, on lui trouvera un receveur qui lui donnera, à son pur profit, le double de l'augmentation de la taille, et qui le payera par avance. Mais on peut dire que l'on ne s'engage à rien, car ses fermiers, voyant la mine éventée, ne quitteront pas un marché où ils gagnent beaucoup pour si peu de chose. Cependant un pareil exemple feroit que tout le reste suivroit sans nulle peine. C'est la situation où j'avois mis M. de la Bourdonnaye, de ne pas asseoir la taille sur le prix des baux, mais sur la valeur de la terre, que l'on peut apprendre en une demi-heure en toisant les granges lorsqu'elles sont pleines, qui est le temps du département. Plusieurs même acquiesçoient à la hausse sans murmure, de peur que cela n'apprît à leurs maîtres ce qu'ils leur cachent tant qu'ils peuvent. Je m'en vais tâcher d'inspirer la même doctrine à M. de Vaubourg pour l'année qui vient, ayant fait la plupart de ses départements sans que j'aie eu l'honneur de le voir*.

Je suis, avec un très grand respect, Monseigneur, votre très humble et très obéissant serviteur.

BOISGUILLEBERT.

* Au dos : «Je voudrois qu'il pût persuader ce qu'il m'écrit à tous les fermiers. Mais il y a bien peu d'hommes qui se fassent justice sur leur intérêt. Il trouvera M. de V. fort instruit de la taille, fort disposé à profiter de ce qui peut être utile au soulagement.»

Ce dernier jour de l'an (31 Décembre 1701), à Rouen.

Monseigneur,

Les milices à quoi mon commis est obligé de travailler parce qu'il est greffier des métiers, sont cause que vous ne recevrez que lundi le détail de la capitation laïque, suivant lequel je maintiens que vous aurez votre somme sans peine, sans exécution, et sans blesser ni le commerce ni la justice;

mais le tout dépend de la capacité des personnes que vous emploierez. Il faut atteindre le degré de biens de tous les particuliers par des marques physiques, dont la connoissance puisse fermer la bouche à ceux qui voudroient se plaindre. De cette sorte, je crois que vous aurez vos 50,000,000 #; car, comme je m'instruis à tous moments de plus en plus, hier, étant allé à la campagne vers le Neuf-Bourg, qui est, comme vous savez, de la généralité d'Alençon, par hasard je questionnai un laboureur d'une paroisse voisine, comme je fais toujours : il m'apprit que le fermier de M. de Vieuxpont, sur 2,500 # de ferme, payoit 15 # de taille, et que cela ne me devoit pas surprendre, attendu que c'étoit à peu près de même partout à l'égard des fermiers des gens de condition. Voilà pour la taille. Pour la capitation, je trouve le même mécompte, comme vous verrez, Monseigneur, par les mémoires de la laïque, et, huit jours après, vous aurez celle des ecclésiastiques, qui vous surprendra encore plus que tout le reste. Arrêtant tout à fait les affaires extraordinaires, qui désolent tout, vous sauverez d'abord la France, et puis vous la rétablirez, sans autre mouvement que de laisser 7 à 8,000 # dans chaque généralité pour payer les espions et ceux qui travailleront, en établissant que, puisqu'il y a une si grande fortune à faire à tromper le Roi et ses ministres, et le ruiner par conséquent, il y ait quelque chose à gagner à l'empêcher d'être trompé et à l'enrichir. Ce sont sur ces principes que je vous souhaite une heureuse année, et que je ne doute pas que vous n'en procuriez plusieurs aux peuples de même nature, étant, avec un très profond respect, Monseigneur, votre très humble et très obéissant serviteur.

BOISGUILLEBERT.

Ce 4 Février (1702).

Monseigneur.

Je me donnerai l'honneur de vous aller saluer d'abord que les milices seront achevées, pour vous confirmer ce que j'ai toujours pris la hardiesse de vous dire, que l'argent ne vous manquera point quand il vous plaira ne vous pas attacher invinciblement aux manières ci-devant usitées, dont la première, et comme la pierre fondamentale, est de toujours augmenter les droits et ne rien jamais diminuer, quand il s'agiroit d'un droit, comme il y en a plusieurs, qui feroit vingt fois plus de mal au peuple que le Roi ne reçoit de produit; dont on vient de voir un grand exemple dans les droits de sorties, qui ayant été réduits à la moitié, c'est-à-dire à 2 1/2 p. 0/0, au lieu de 5 p. 0/0, cela a été aussitôt révoqué, assurément, Monseigneur, sur un faux énoncé que cela attireroit une diminution de 1,500,000 # dans les fermes du Roi : ce qui est si contraire à la vérité que, par estimation faite de la valeur de toutes les marchandises sorties depuis un an par Rouen, qui est seule dans le cas avec la Rochelle, qu'il ne faut compter que pour peu de chose, il n'y en a eu que pour 2,600,000 #, qui font, à 5 p. 0/0, 130,000 #; la moitié que le Roi remettoit, n'alloit par là qu'à 70,000 #, et, quand la Rochelle auroit fait 400,000 #, ce n'auroit été que 20,000 #, et par conséquent 10,000 # pour la remise, qui, faisant en tout 80,000 #, ne devoient pas attirer une révocation si subite dans un temps que le Roi tire plus de 4,000,000 # de la province à l'extraordinaire, et est à la veille et dans l'obligation d'en tirer bien davantage. Il y a plus : c'est que la diminution des droits eût assurément augmenté la consommation ou la quantité des sorties; et par conséquent il n'y eût eu rien, ou peu de chose, à diminuer. Tout ceci ne procède que de la cause que je me suis donné l'honneur de vous marquer par ma dernière, savoir : que les traitants et ceux qui les protègent ne veulent pas que MM. les ministres conçoivent par expérience ce qu'il y a à gagner à les congédier. C'est pourtant là-dessus, Monseigneur, que roule uniquement et le salut présent de la France, et son rétablissement dans la suite. Car, me faisant fort de vous former le fonds pour 45,000,000 # d'augmentations à l'ordinaire durant la guerre, sans blesser ni la justice, ni l'harmonie du commerce, je comptois que vous voudriez bien donner pour 2,500,000 # de diminution sur certains droits ruineux, qui eussent dédommagé le peuple d'une hausse si effroyable : ce que j'eusse maintenu hautement; et sans cela il n'y a point d'homme assez hardi qui ose offrir à MM. les ministres son service pour une pareille démarche, sans s'exposer à l'exécration de Dieu et des hommes. Ce ne sont point ici des chimères; ce sont des réalités, que je vous ferai garantir par des gens qui ont bien plus de montre de toutes les manières que tous ceux sur la foi desquels on a souvent ci-devant bouleversé tout l'État et mis les peuples au désespoir. Toute l'objection que l'on me fait, et avec raison, est qu'il est dangereux de proposer des diminutions dans un article pour les remplacer dans d'autres, parce qu'on n'a jamais manqué d'accepter le second, et ne vouloir point entendre parler de l'autre. Comme j'ai l'honneur de vous connoître personnellement depuis douze ans, je suis convaincu, ainsi que les peuples, de vos lumières et de vos saintes intentions : ce qui fait que je ne m'arrêterai point par ces préjugés, et vous porterai, au premier jour, mon plan, qui n'aura de difficulté que parce qu'il vous faudra servir nécessairement de *barbares*, pour me servir du langage de Rome lors de sa décadence, qui ne donnoit point d'autre nom aux habitants des provinces, même de la Grèce; ainsi, la Normandie, qu'on appelle la Grèce de la France, ne doit pas espérer d'être mieux traitée. Tout le monde est dans la consternation dans la vue de l'orage qui se prépare, et moi je n'ai pas un moment de crainte, ne croyant pas qu'un État soit dans une mauvaise situation quand, pour sortir avec gloire d'une action périlleuse, il ne faut qu'exiger 5,000 # d'un bénéfice de 50,000 # de rente qui n'a rien coûté, et 1,000 # de capitation de celui qui jouit de plus de 25,000 #, surtout quand cela se remplace d'un autre côté, comme je maintiens que vous pouvez faire.

Je suis, avec un très profond respect, Monseigneur, votre très humble et très obéissant serviteur.

BOISGUILLEBERT.

Ce 8 février 1702.

Monseigneur.

Trouvez bon, s'il vous plait, que, d'ici à trois semaines que j'espère avoir l'honneur de vous saluer, je continue à vous marquer quelques maximes fondamentales du rétablissement au salut de la France, auxquelles il est de toute nécessité que vous fassiez attention. La première, que jamais l'État n'eut un si grand besoin de secours extraordinaires, et jamais il ne fut si peu en pouvoir de les fournir, parce que les peuples se trouvent dans la situation d'un homme qui fait cession de biens ayant de l'argent dans sa poche, qu'il ne baille point, parce que cela ne l'acquitteroit pas, et il ne veut pas demeurer dépourvu. La seconde est que toutes les personnes qui composent le Conseil du Roi ne sentent pas par expérience que le temps soit malheureux, et, la régie des finances ne roulant pas personnellement sur leur compte, il s'en faudra beaucoup qu'ils ne soient sensibles à un bien dont ils croiront recevoir du dommage, comme est la liberté des chemins et la juste répartition des impôts. Ce sera assez que l'on ne fasse pas ressusciter un mort pour prouver la vérité de votre projet, afin qu'ils le puissent rendre incertain. Il s'y joint encore, Monseigneur, un intérêt bien plus violent, qui est que, l'exorde de tout rétablissement étant la découverte des surprises, et même quelque chose de plus, des ministères précédents, ceux qui règnent encore par eux ou par leurs représentants se trouvent intrigués, par la cause la plus violente qui puisse jamais être, à tout contredire et à se rendre parties directes. Ainsi, il n'y a qu'un seul moyen, que je me suis donné l'honneur de vous mander une infinité de fois, qui est de les rendre d'abord récusables, en apprenant au Roi des faits si certains et si effroyables, à même temps qu'ils lui servent de bouclier perpétuel contre leurs belles raisons, que l'on tourneroit aisément en ridicule, si elles sortoient de la bouche d'un particulier. La troisième maxime, Monseigneur, et qui fera réussir votre dessein, est d'appuyer le pistolet contre l'estomac dans la conjoncture présente, en marquant que, sans contrainte violente et en observant une exacte justice, comme dans tous les autres États du monde, vous êtes prêt de fournir l'argent nécessaire, et que, si quelqu'un veut se charger d'en faire autant, en se soumettant en une peine en cas de non-réussite, vous êtes disposé à suivre sa route. Et la quatrième enfin, qui est la principale, est de fournir des appointements honnêtes à ceux qui serviront le Roi dans ses finances, sans souffrir que l'on puisse profiter d'un denier par des voies indirectes, qui ont seules tout perdu, et ce qui est venu en un si haut point, qu'il ne tombe sous le sens que l'on puisse approcher les personnes en place par d'autres vues. Je ne vous parle pas, Monseigneur, d'une autre circonstance, parce que votre droiture me persuade que vous en êtes très éloigné, savoir que, presque jusqu'à vous, MM. les ministres ont eu pour principe d'écouter froidement tous les avis que l'on leur pouvoit donner, de cueillir ce qui pouvoit être utile, et puis de regarder l'auteur comme on fait un traître ou une courtisane, que l'on voudroit voir péris après l'usage. Cette conduite n'est ni d'un chrétien, ni d'un honnête païen, et fait qu'un ministre marche toujours dans les ténèbres. Celui qui donna l'avis à feu M. Colbert du contrôle des exploits, qui est presque le seul édit bursal que l'on peut dire avoir été avantageux au peuple, eut la Bastille pour sa récompense, lorsqu'il voulut la demander un peu trop vivement, et cela parce que, jusqu'à vous, toutes les personnes en place ont eu un intérêt plus fort et plus sensible que celui de la réussite de leur ministère, savoir : la conservation de leur poste, qu'ils eussent cru courir risque si le public venoit à connoître que tout ce qui étoit parfait ne croissoit pas singulièrement chez eux, ainsi que je me suis donné l'honneur de vous mander plusieurs fois. Cependant le gouvernement d'un État est quelque chose de si difficile, et à même temps de si délicat, qu'il a besoin de tout, et n'est point à l'épreuve de pareils ménagements personnels; il faut au contraire y tout sacrifier. C'est ce qui a fait que tous les grands princes, et qui ont le mieux gouverné, se sont laissé souvent gourmander, pour ainsi dire, par leurs ministres, lorsqu'ils les connoissoient éclairés par expérience et affectionnés. Il y en a des exemples effroyables du temps de Henri IV, à l'égard du duc [de] Sully, et ce prince n'osoit faire une dépense de 10,000 #, de peur que son ministre ne lui reprochât que ce n'étoit point le moyen de payer ses dettes. Je prends la hardiesse de vous faire ce détail pour vous marquer que quelque maître que ce soit est très mal servi quand il ne veut entendre que des applaudissements : de quoi vous êtes fort éloigné.

Je suis, avec un très profond respect, Monseigneur, votre très humble et très obéissant serviteur.

Boisguillebert.

Ce 5 Mai (1703).

Monseigneur,

Bien que, à la dernière audience que vous eûtes la bonté de me donner, j'aie cru concevoir que ma présence ne vous faisoit point plaisir, et qu'ainsi mon dessein fût de vous marquer mon respect par mon silence de toutes les manières sur les affaires générales, cependant les choses sont venues en un point de désolation que j'ose vous dire, Monseigneur, que, si vous retardez un moment à avoir recours à de justes contributions, comme dans tous les royaumes du monde, et non à des confiscations par des créations, les revenus ordinaires viendront à manquer, c'est-à-dire que la taille et la capitation souffriront du déchet, et les fermiers généraux demanderont des remises par le défaut de consommation.

La juste contribution des personnes puissantes aux impôts est si essentielle au maintien d'un État, qu'en Angleterre, où l'on ne peut pas dire que la haute noblesse manque de fierté, elle les paye sans difficulté, et, en France, où elle a une tout autre soumission pour son prince, elle croit n'y point déroger en refusant de lui payer ce qu'elle lui doit très légitimement par les plus anciennes constitutions. Vous y ferez, Monseigneur, telle réflexion qu'il vous plaira; mais je me soumets, en quinze jours, de vous former les 50,000,000 # de fonds qui vous manquent, d'être garant de l'exécution, dont tout le risque de la manque est que le Roi ne recevroit pas toute la somme, parce que, dans le même moment, je formerai aux peuples le double, voire le triple, de ce qu'ils payeront. Voilà par où je finis. Mon zèle ou mon inquiétude de plus de trente années ayant prévu et écrit publiquement que la manière dont la France étoit gouvernée la feroit périr, si on ne l'arrêtoit, je ne parle point un autre langage que tous les marchands et les laboureurs.

Je suis, avec un très grand respect, Monseigneur, votre très humble et très obéissant serviteur.

Boisguillebert.

Ce 17 Mai (1702).

Monseigneur,

L'année se montre si abondante en blés et en liqueurs, que tout seroit absolument perdu, si on ne donne quelque ordre aux aides. Celui que je propose, et dont M. de Chamlay vous rendra compte, n'exige qu'un instant et ne fait pas le moindre déconcertement, puisqu'on vous trouve des traitants sur-le-champ qui prendront les fermes diminuées de droits, sans en demander aucune [diminution], y ayant même beaucoup à gagner. Ainsi, vous avez à choisir de faire une richesse immense de ce qui seroit, sans ce tempérament, la dernière des désolations.

Je suis, avec un très profond respect, Monseigneur, votre très humble et très obéissant serviteur.

BOISGUILLEBERT.

A Rouen, 23 Octobre 1702.

Monseigneur,

En 1689, que la généralité de Rouen avoit l'honneur de vous avoir intendant, le Roi ayant demandé une somme de 40,000 ₶ pour nouveaux gages au bailliage de cette ville, sur la difficulté qui se rencontra pour la répartition, vous prîtes la peine de la faire vous-même, après avoir entendu plusieurs fois toutes les parties intéressées. Elle fut trouvée si juste, qu'on a suivi le même niveau dans toutes les taxes qui sont arrivées depuis. Mais j'ai été fort surpris de voir que, dans celle que l'on demande présentement, à peu près de même somme, la répartition se trouve toute faite, et moi à la moitié davantage que je n'étois en 1689, et tous les autres officiers soulagés considérablement, à la réserve du sieur Cavelier, lieutenant particulier criminel, qui a aussi de la hausse. Comme cela tire, Monseigneur, à une extrême conséquence, de ne pouvoir compter sur aucune règle certaine en semblables occasions, et que ma charge, depuis 1689, est diminuée de deux tiers, et par la mairie aliénée, et par la lieutenance de police, qui forme un emploi séparé, j'ai fait trouver bon à M. d'Herbigny que je me donnerois l'honneur de vous écrire, comme il m'a promis aussi de faire de sa part, pour vous supplier de lui renvoyer la connoissance de cette affaire, afin de vous en instruire plus particulièrement. C'est la grâce que vous demande celui qui est, avec un profond respect, Monseigneur, votre très humble et très obéissant serviteur*.

BOISGUILLEBERT.

* Cette lettre n'est pas autographe. En marge est écrit : «Le détail de l'affaire des augmentations de gages passe par les mains de M. d'Armenonville, qui a voulu suivre apparemment les mémoires que vous lui avez donnés en faisant faire une nouvelle répartition des augmentations de gages du bailliage de Rouen, dans laquelle il vous a augmenté considérablement parce qu'on a connu que vous étiez plus en état de payer que les autres. Souvenez-vous, à cette occasion, puisque vous vous en plaignez, que tout votre projet ne roule que sur l'objet de rendre les charges proportionnées au bien de ceux qui les doivent payer, et que tous les hommes ne savent point se faire justice.»

Ce 18 Juillet (1703), à Rouen.

Monseigneur,

Quoique le moindre degré de prudence me dût fermer la bouche pour jamais sur les affaires générales, cependant, voyant que le mal que j'ai toujours prévu augmente tous les jours, ainsi que le nombre des ennemis du Roi, tandis que les moyens de leur résister diminuent à vue d'œil, je n'ai pu m'empêcher, depuis six mois, de composer une lettre, que je me donne l'honneur de vous adresser, par laquelle je fais un fonds de 80,000,000 ₶ par an, en outre les revenus ordinaires, même la capitation en l'état qu'elle est, savoir : 50,000,000 ₶ qu'il me semble que vous me marquâtes qu'il falloit d'extraordinaire, 10,000,000 ₶ que je crois que le Roi ou l'État ont contracté d'augmentation de dettes, et 20,000,000 ₶ pour une flotte qui est non seulement nécessaire pour procurer une paix avantageuse, mais même par rapport à l'utilité des peuples, puisque la mer fermée coûte à la France plus de 100,000,000 ₶ par an, tant à cause de la diminution que cela apporte à la marchandise qui doit sortir, que de l'augmentation que reçoit celle qui entre. Cependant, bien qu'une imposition de 80,000,000 ₶ sur les peuples ne me dût pas faire apparemment regarder de bon œil, je puis dire au contraire qu'ayant communiqué mon ouvrage manuscrit à une infinité de personnes riches et éclairées, bien qu'ils conçussent aisément que je les mettois à quatre ou cinq fois de hausse sur leur capitation, ils m'ont néanmoins comblé de bénédiction, parce que je rétablis sur-le-champ quatre fois davantage dans leurs biens. Je dis, Monseigneur, *sur-le-champ*, et je foudroie en vingt pages ceux qui voudroient attaquer cette vérité, en leur renvoyant avec usure le ridicule dont ils me prétendent revêtir. J'ai tous les peuples de mon côté, qui ne demandent pour toute grâce que l'on n'attaque point les immeubles, sur la foi desquels tout le commerce roule, ni que l'on ne demande point de sommes immobilières, qui arrêtent toute sorte de consommation par l'impossibilité où l'on est de les fournir autrement qu'en cessant toute sa dépense, ce qui mettant les denrées à rien, aucun fermier ne peut payer son maître, ce qui est le comble de la misère, telle que l'on l'éprouve aujourd'hui. Prenez la peine, s'il vous plaît, Monseigneur, de vous faire informer de ce que les lapereaux[1] ont été vendus cet été, à Paris : vous trouverez que ceux de Gaillon, qui sont toujours les plus chers, n'ont point été à 5 ₶, l'un portant l'autre, et les autres à 3 ₶, c'est-à-dire bien moins qu'ils ne coûtent à exploiter et voiturer. Ainsi, le fermier de Monsieur l'archevêque, qui en tient pour 1,500 ₶, ne lui peut pas bailler un sol, pendant que le Roi ne reçoit pas la centième partie de la perte que produit la cause de ce désordre à l'État. Ceci n'est qu'un baromètre, et il en va de même de toutes les autres denrées. Cependant, pour faire cesser tout cela, il ne faut que faire la paix avec les immeubles, c'est-à-dire une demi-heure, tout comme, au siège de la Rochelle, le pain, qui y valoit 100 sols la livre dans la ville, fut mis au bout d'une heure à 1 sol, quand les portes furent ouvertes. Si M. le cardinal de Richelieu avoit dit qu'il ne pouvoit pas recevoir cette ville à capituler et la tirer par là de la famine, parce que le Roi avoit alors la guerre en Italie et en Allemagne, n'auroit-on pas dit

[1] Le manuscrit autographe porte : *lapreaux*, distinctement écrit.

qu'au lieu d'être un grand homme, il auroit perdu le sens? Toutefois, aujourd'hui on tient ce langage; on fait même plus : on croit qu'il n'y a point d'autre ressource, pour tirer la France de la conjoncture la plus importante où elle se soit jamais rencontrée, que les mêmes manières qui l'ont ruinée en pleine paix. Elle a pu, jusqu'ici, faire des fautes impunément, à cause de sa grande puissance, et cela même par un effet de la Providence qui l'a voulu comme enrayer, pour conserver un espèce d'équilibre qui fait le maintien des États; mais, à présent, elle n'a rien de trop, ou plutôt elle a besoin de tout, et les fautes passées lui deviendront utiles, parce que, mettant ce qu'elle perdoit à profit, ce sera une espèce de magasin pour la nécessité d'aujourd'hui. Pour quoi je maintiens qu'il ne faut que deux heures comme au siège de la Rochelle, parce que c'est une simple violence faite à la nature qu'il faut cesser, et non rien créer ou former de nouveau. Je vous supplie très humblement, Monseigneur, de m'accorder trois heures de votre temps, quoique très précieux, pour vous porter moi-même mon ouvrage, une fois plus ample que le précédent, mais fort bref par rapport au dessein; et, si vous ne concevez pas que c'est le temps de votre vie que vous aurez jamais mieux employé, il m'en coûtera, pour ma témérité, ma charge de police, dont j'ai payé 30,000 écus, ayant remboursé le vicomte d'une partie; vous en pourrez créer une nouvelle. Le plus difficile est de persuader qu'un sujet dont on vous a fait toutes sortes de portraits, puisse être le moteur d'un si grand ouvrage; mais je fais gloire d'avoir un caractère singulier, sans lequel je n'aurois pas des vues singulières. Je ne prétends congédier aucun traitant ni fermier du Roi.

Je suis, avec un très profond respect, Monseigneur, votre très humble et très obéissant serviteur*.

BOISGUILLEBERT.

* En marge est écrit : « Je croirois trois heures et trois mois bien employés à travailler à un ouvrage tel que celui que vous me proposez; mais j'appréhende bien, par la connoissance que j'ai acquise dans les affaires depuis longtemps, qu'il n'y ait beaucoup plus d'idée dans votre projet que de réalité. Si vous voulez me l'envoyer, je vous promets de le lire; et si j'y trouve la moindre solidité, je vous assure que j'en profiterai. »

Mémoire qui fait voir[1] . . . . *qui se trouve malgré l'opinion commune . . . . . les riches et les pauvres, et que ce sera une grande opulence à ces premiers, ainsi qu'au Roi, de décharger les misérables, ainsi que leurs denrées, de la plupart des impôts.*

L'intérêt général de tous les hommes, ainsi que de tout un royaume, quoique, aujourd'hui, en France, le moins compris de tous, est leur commun maintien, et il est impossible que tous les particuliers ne soient pas très heureux lorsque le public jouit d'une félicité entière. C'est sur ce principe qu'autrefois, chez les Romains, lorsqu'on revêtoit un citoyen d'une magistrature, on le mettoit en possession simplement avec ces quatre mots : *Veillez que le public ne souffre aucune perte.* Ainsi, c'est s'abuser grossièrement, non seulement de voir avec tranquillité la destruction de son semblable, mais même de former de sa ruine un marchepied pour prétendre aller à la fortune; ce qui se fait tous les jours en France, de deux manières : ou à l'anéantissant actuellement, ce qui ne manque pas d'exemples; ou à ne lui aidant pas à supporter un fardeau dont on lui donne plus que sa part, ce qui, l'accablant nécessairement, fait payer au quadruple, dans la suite, la folle enchère de cette injustice à tous ceux qui se servent de l'avantage de leur poste pour la prétendre pratiquer impunément, comme l'on voit à chaque instant dans presque toutes les contrées du royaume.

Le premier intérêt des riches et possesseurs des fonds est que le pays soit cultivé, et par conséquent habité, non seulement pour le ménagement des terres et du commerce, mais aussi pour la consommation de ce qui excroît : sans quoi la propriété seroit inutile, et la culture en perte. On sait cela généralement; mais, comme chaque particulier ne croit être chargé que de son intérêt personnel, non seulement il n'y fait nulle attention dans la pratique, mais même il observe une conduite toute opposée dans les occasions, et travaille tous les jours à détruire la consommation et à dépeupler le royaume, ce qui en est une suite nécessaire; et cela dans l'idée frauduleuse que le petit nombre de privilégiés est indifférent et nullement sensible par rapport à tout un corps d'État, bien qu'au contraire l'expérience fasse voir tous les jours que, comme il n'y a rien de plus contagieux que le désordre, cette conduite dépravée devenant presque générale à l'égard d'une infinité de gens, l'altération qu'en reçoit le corps de l'État, qui forme le fond et les richesses à tout le monde, rejette une qualité de perte par cette iniquité, qui excède trois ou quatre fois ce que ces personnes privilégiées prétendoient gagner par leur injustice.

On sait bien que, quand les ennemis sont prêts d'entrer dans le royaume et de brûler et saccager les frontières, les pays les plus éloignés, qui ne se sentiront peut-être jamais de ce désordre, doivent néanmoins contribuer également, comme les plus exposés, à repousser le commun adversaire, dans la pensée juste que, si on n'arrêtoit le mal dès son entrée, il auroit bientôt parcouru tout le royaume. C'est la même chose et le même intérêt à l'égard des impôts dus au prince : c'est un malheur que les revenus ordinaires, qui sont leur domaine, ne puissent pas suffire comme autrefois à leur dépense, soit par la dissipation de ces fonds ou par la survenue de nouvelles affaires; mais, comme c'est un mal nécessaire, il n'en faut pas former un plus grand, ainsi qu'il arrive tous les jours, en prenant de là occasion, par les injustes répartitions, de ruiner les pauvres, ou plutôt la consommation de tout le royaume. On va faire voir par un détail, tout au contraire, que plus les puissants payeront de tributs et en déchargeront les foibles, plus ils seront riches, y pouvant gagner dans le moment quatre pour un, et le Roi de même.

Le seul intérêt d'un possesseur de fonds, qui donne le principe à toutes les richesses, le surplus de l'opulence n'étant qu'accidentel et entièrement dépendant

Il n'y a point de riche en fonds, quel qu'il soit, qui ne fût ruiné si le pays devenoit déshabité, ou s'il ne restoit sur les terres que justement ce qu'il

[1] Les points indiquent des lacunes qui proviennent du mauvais état de la pièce. Rien ne prouve positivement que celle-ci doive être placée comme annexe à la lettre du 18 juillet 1703, plutôt qu'à l'une de celles de l'année suivante. De même que les autres mémoires, elle est de la main d'un secrétaire.

de ce premier œstre, avec lequel il hausse et baisse dans la dernière exactitude, cet unique intérêt, dis-je, est que ces fonds soient cultivés : ce qui ne peut être que le pays ne soit peuplé, tant pour le cultiver, que pour consommer les denrées qui y excroissent. Cette première utilité de culture n'exige qu'un nombre d'hommes limité, bien que souvent la misère retaille encore dessus, et que, manque de travail et d'apprêts, les fonds ne rapportent pas la moitié de la récolte possible; mais, pour l'autre article, qui est la consommation, c'est un profit sans bornes, qui se peut multiplier jusqu'à l'infini, suivant le nombre d'hommes.

Le grand intérêt néanmoins de multiplicité d'habitants dans un royaume est si fort ignoré en France, surtout depuis quarante ans, qu'il n'y a pas d'années que l'iniquité des riches n'en fasse périr un très grand nombre, et, s'il n'y en a pas davantage de détruit, ce n'est pas manque de bonne volonté, puisque la plupart de ce qui s'en sauve par une espèce de miracle, la nourriture et l'entretien du peuple semblant plus propre ..... laisser ..... et leur faire souhaiter ..... et il n'arrive assez souvent qu'à leur procurer la vie. Ce n'est pas tout : lorsque leur existence actuelle n'est pas accompagnée de consommation, ainsi que l'on vient de dire, les riches n'en sont pas plus avancés, non plus qu'un maître d'herbage qui, ayant mis des bêtes à l'engrais dans son pré, leur lieroit la bouche et les empêcheroit de pâturer.

faudroit de sujets pour les cultiver. Plus de deux cents professions que la vanité a inventées pour entretenir le luxe de ces possesseurs de domaine, seroient entièrement anéanties, et eux-mêmes contraints de labourer la terre ou de mourir de faim, parce que, comme quantité de terroirs seroient à l'abandon, personne ne voudroit plus travailler que pour son compte, ni être en quelque manière esclave de l'autre, par la propriété qu'il pourroit se procurer d'autant de fonds qu'il seroit en état d'en cultiver.

C'est si bien cette multiplicité d'hommes, et cette culture de terre par conséquent, qui forme toute la richesse, que, sans parler de ce que le sens commun dicte, et de quelques contrées dans l'Europe qui jouissent d'une très grande opulence dans un terroir fort borné et très peu fécond, parce qu'il est extrêmement peuplé, ce que l'Écriture sainte dit de la Palestine prouve cette vérité plus que quoi que ce soit que ..... avancer ..... rois, entre autres Salomon, possédoit ..... immenses, témoin la construction du Temple..... auguste et magnifique, dont il le ..... mettoient des armées sur pied presque plus nombreuses..... tous les monarques de l'univers, et les entretenoient de même, le tout sur soixante lieues de pays, à le prendre [en] tous les sens, lesquels contenoient plus de quinze millions de créatures, par dénombrement certain; et aujourd'hui cette même contrée ne pourroit rendre un souverain qu'un très misérable prince, parce qu'il ne contient que soixante mille âmes, qui ont même bien de la peine à subsister, au rapport de tous ceux qui ont séjourné dans le pays. Le terroir même ne paroît pas très excellent, et cette richesse que l'Écriture lui donne, n'étoit assurément l'effet que du nombre et du travail, tant de ces premiers que de ces seconds habitants.

Il est donc question, pour enrichir un pays, et surtout la France, dans la conjoncture présente, de voir si l'on ne pourroit pas empêcher ce dépérissement du peuple et lui faire mener une vie moins misérable, ou plutôt lui procurer de l'aisance qui retourne au triple et au quadruple sur les riches, tout comme leur dépérissement, quoique ce soit ce qu'ils entendent le moins.

Enrichir ou ruiner un pauvre, c'est-à-dire un manouvrier, sont les choses du monde les plus aisées; l'un et l'autre ne tiennent qu'à un filet, et l'argent chez les riches, qui ne peut valoir au plus que le denier dix-huit et vingt, et, par corruption dans la conjoncture présente, le denier dix, rapporte chez les pauvres, assez souvent, cent pour un tous les ans.

Ceci n'est point une chimère, c'est une pure vérité, et on ne trouvera que chez eux des exemples d'une infinité de personnes qui ont cent fois et mille fois plus de bien qu'ils n'avoient hérité de leur père : en sorte que, remontant à la source de leur opulence, on trouveroit que souvent le tout a commencé par moins d'un écu. Or, de dire que cela dépend des qualités de l'esprit, et que tous ceux à qui cette fortune a été possible y sont parvenus, c'est renoncer au sens commun, puisque la plupart même de ceux qui tâchent d'y arriver sont accablés dans le principe de leurs progrès, d'autres à moitié chemin, et d'autres enfin sont ruinés tout à fait par l'injustice de la taille, lorsqu'ils paroissoient d'être en état de vivre commodément le reste de leurs jours, c'est-à-dire en pouvoir de faire beaucoup de consommation.

Or, d'avancer que ces dispositions soient indifférentes aux possesseurs des fonds, c'est se fermer les yeux pour ne pas voir clair, puisque, si les riches sont misérables dans le temps présent, ce n'est point que leurs

Puisqu'un homme consomme à proportion de ses facultés, et qu'il n'y a que la consommation seule qui forme l'opulence des riches et du Roi même, il est de l'intérêt des puissants de cultiver cette opulence : ce qui leur est aisé, puisqu'il ne s'agit que de ne le pas accabler et de le traiter dans la répartition des impôts comme s'il étoit riche, et de ne prendre pas occasion de ce qu'il est indéfendu pour l'anéantir.

Ce qui se passe à Paris à l'égard des revenderesses en est un bel exemple. Un écu emprunté à 5 sols la semaine d'intérêt, c'est-à-dire quatre pour un par an, monte la boutique d'une créature et la fait subsister, elle et toute sa famille, qui va au moins à 15 sols par jour, tant pour le louage de maison, nourriture, que entretien. Ainsi, voilà 100 écus de rente au profit des possesseurs des fonds, lesquels, manque de ces écus, seroient anéantis.

C'est la même chose dans les campagnes : un œuf de 3 deniers donne un poulet; ce poulet, une poule grasse, qui se vend 30 et 40 sols; ces 30 à 40 sols, deux cochons à lait; ces deux cochons à lait engraissés, ce qui se fait aisément par les menus frais, forment 60^{ll}; ces 60^{ll}, un cheval, avec lequel on monte un demi-labourage, ou l'on fait un commerce de menue mercerie, ce qui peut produire de très grandes richesses. Et, quoique ce détail, pris à la lettre, ait quelque chose de ridicule, il est toutefois absolument vrai, et l'on voit tous les jours de riches laboureurs et marchands qui ont commencé par porter longtemps sur leurs épaules toutes leurs facultés et magasins.

Non seulement on donne six fois plus de taille aux misérables, pour exempter les riches, qu'ils ne peuvent porter; mais même, lorsqu'ils se forcent par leur travail et commerce de gagner le dessus, l'envie de leurs fonds ne rapportent et ne soient chargés de biens, mais c'est qu'il n'y a personne pour les consommer, lesquels demeurant en perte par là à leurs receveurs et fermiers, ils ne leur peuvent rien donner par an; ils payent au centuple leur iniquité.

On voit, par ce détail, la solidité d'intérêt que les riches ont avec les pauvres, ou plutôt que ces premiers, en détruisant les misérables, se ruinent absolument eux-mêmes, et cela de gaieté de cœur, par un aveuglement incroyable, puisque ce qu'ils prétendent gagner par leur injustice, et ce qu'ils ne gagnent absolument point, ne va pas à la centième partie du mal et de la perte qu'ils se procurent, dont il ne faut point d'autre preuve que la diminution des fonds arrivée depuis quarante ans, qui va à la moitié, l'un portant l'autre, et qui n'a point d'autre principe que l'injuste répartition de la taille, ainsi que les droits d'aides, que l'on n'a rendus exorbitants que parce que les vignes étoient en la plupart en la possession des malheureux et des gens indéfendus : à quoi les puissants ont d'autant plus donné les mains, que, dans les commencements, on les exemptoit de ces droits, et puis, quand les partisans l'ont eu une fois établie sur les pauvres, ils les ont rendus généraux, à la réserve d'un petit nombre qui subsistent encore, et chez qui il a été érigé en espèce de revenu, par un nombre de liqueurs excédant dix fois leur consommation que l'on leur donne exempt à leur profit, ce qu'ils transportent à des cabaretiers et en tirent le produit; le tout de la part des traitants, pour maintenir leur crédit par la ruine générale, et surtout du Roi, qui est le premier propriétaire de tous les fonds.

Tous ces malheurs, qui n'ont jamais eu d'exemples, en nul

consorts qui n'ont pas la même adresse venant à s'y mêler, leur attache à profiter leur devient un crime, et on leur donne de la hausse jusqu'à ce qu'ils se soient rendus et mis du nombre des misérables par la cessation de tout trafic et consommation, ainsi qu'il arrive tous les jours.

Cet article, qui va de même pied de l'injuste, ressort de l. . . . . . la même cause, c'est-à-dire que . . . . . riches ont cru faire . . . . . indéfendus dans le premier. . . . . la taille à l'égard de leurs personnes et . . . . . leurs denrées. Ce qui les a abusés est que, chaque particulier croyant que son privilège singulier pouvoit être imperceptible et indifférent dans la masse de l'État, il n'a pas pris garde que, comme il n'y a rien de plus contagieux que la corruption, cette dérogeance à l'équité s'est si fort multipliée, que tout a été ruiné, et les riches bien plus que les pauvres : ce qui auroit pu être conjuré par très peu de chose, puisque cet écu enlevé à un misérable, si on le lui avoit laissé, auroit formé 100 écus de rente, voire davantage, par sa consommation, au corps de l'État, c'est-à-dire au profit des riches, que les fermiers ne payent point, non manque de denrées, qui sont partout dans l'avilissement, mais faute d'acheteurs, ou plutôt de consommants, à qui cela est absolument défendu; et cet écu même, trois ou quatre fois payé par le riche, seroit . . . . . dans l'État. Le merveilleux est que l'on a cru beaucoup dédommager les pauvres en forçant les blés d'être à vil prix, c'est-à-dire à moins qu'il ne coûte. Cette erreur, qui est encore plus terrible que les précédentes, a été assez détruite par la feuille que l'on a vue, c'est-à-dire que l'abondance rend les peuples misérables et produit infailliblement la famine dans les années stériles, par l'abandon précédent des terres de difficile approfitement et le détour des grains à des usages étrangers : ce qui est inséparable de leur vil prix.

La rareté de l'argent, sur le compte de laquelle on met la

État de la terre, depuis la création du monde, peuvent être conjurés à moins de trois heures, puisqu'il est question, non d'agir, mais de cesser une violence que l'on fait à la nature, qui ne respire que la liberté : ce qui redonnera sur-le-champ 500,000,000 ll de rente au royaume, et par conséquent plus de 80,000,000 ll de hausse au Roi. Ce n'est point une vision, mais c'est une extravagance achevée de l'oser nier, la contradiction qu'on y apporte étant une suite de la surprise ou de la vexation des auteurs, qui ne sauroient en convenir sans demeurer d'accord qu'ils ont tout perdu : ce qui leur seroit personnellement plus préjudiciable et plus sensible que le renversement de tout l'État; mais le baromètre certain que tout cet énoncé est véritable, est que la part que l'on pourroit faire au public de ces mémoires n'attireroit que de l'applaudissement, et qu'il n'y a point d'homme si perdu d'honneur et de conscience qui osât mettre son nom à aucune réfutation de tout cet énoncé.

misère présente par la raison marquée à côté, c'est-à-dire qu'on accuseroit plutôt le Ciel que soi-même d'une faute commise, a été assez réfutée par les deux feuilles précédentes; on n'y ajoutera rien, sinon que de faire remarquer que, s'il arrivoit qu'un royaume fût assuré d'être inondé et saccagé par des ennemis étrangers, tout le monde certainement feroit magasin d'argent, donneroit meubles et immeubles pour de très petites sommes, et ne voudroit pas se dessaisir des espèces pour les domaines du plus grand prix, que l'on ne pourroit pas soustraire à la violence comme on fait l'argent. Les traitants font à peu près aujourd'hui ce même effet en France; l'exemple d'une infinité d'immeubles mis à rien ne le vérifie que trop. Voilà le sujet de sa rareté, c'est-à-dire la guerre qu'on lui fait. Que l'on lui donne la paix, et il paroîtra comme auparavant, lui et ses représentants, c'est-à-dire le papier et le parchemin, par le moyen desquels il fait vingt fois plus d'affaires que par lui même, et qui périssent aussitôt que l'on l'oblige de se cacher.

Tous les princes de la terre, et même en France depuis quarante ans, se donnent de grands mouvements et traversent les mers pour débiter leurs denrées et superflus, et on ne songe pas, en ce royaume, qu'il n'y a qu'à ouvrir les mains, et on vendra dix fois davantage de celles qui se perdent tous les jours, qu'aucun étranger n'en peut jamais prendre.

On ne fait aucun doute que si on pouvoit rétablir en un moment la France en l'état qu'elle étoit en 1660, c'est-à-dire au double de ce que toutes choses sont à présent, tant immeubles que revenus, [quoi]que, constamment, il [y a] moins d'argent par rapport aux réformes de 1642 et 1694, quelque quantité que l'on suppose être payée aux pays étrangers, que les peuples ne fussent en état de donner 80,000,000 ll de hausse de tributs au Roi, puisque ce ne seroit pas la dixième partie de ce qu'on leur auroit rétabli, et on ne veut pas faire l'essai de cette possibilité de rétablissement d'une partie de cette opulence, parce qu'on ne veut pas supposer que la destruction de ce qui s'est fait avec tant d'applaudissements, quoique très ruineux, soit une richesse immense pour le Roi et pour ses peuples : ce qui, étant presque partout une violence à la nature, n'a besoin que d'un moment pour cesser.

Ce 27 Octobre (1703).

Monseigneur,

Je ne manquerai, Dieu aidant, de me trouver à l'issue de votre dîner, à l'Étang, vendredi prochain. Si je vous ai importuné de mes lettres depuis quinze ans, c'est que j'ai conçu qu'il pouvoit y avoir du remède sous votre ministère : ce qui étoit absolument impossible sous tous les autres, par des raisons sur lesquelles le public vous rend justice, comme il arriva, ces jours passés, en la meilleure compagnie de Rouen, où M. Pécoil, gendre du sieur le Gendre, nouvellement arrivé de Paris, dit que vous aviez refusé M. le duc de la Feuillade d'une affaire pour laquelle il vous avoua que l'on lui donnoit 4,000 pistoles, en ajoutant que ni le Roi ni vous ne vouliez point absolument de cette manœuvre, qui se prenoit entièrement sur le Roi ou sur le peuple, indépendamment que cela bannissoit toute sorte d'attention, si ce que l'on proposoit n'étoit pas cent fois plus désavantageux au public que le prétendu profit que l'on supposoit en devoir revenir, tant à S. M. qu'au protecteur. Les choses n'en demeurèrent pas là : le sieur le Gendre dit qu'il avoit lui-même payé, sans néanmoins vouloir nommer les masques, 500 louis d'or pour une dame de la première considération qui, voyant sortir une personne qui venoit d'obtenir une grâce du Roi, l'aborda et lui dit en deux mots que, si, dans la huitaine, on ne lui comptoit pas les 500 louis d'or, on trouveroit détruit ce que l'on croyoit être assuré. On composeroit un gros volume, par noms et surnoms, de pareilles façons : ce que je prends la hardiesse de vous remarquer, parce que c'est cela seul qui a fait la ruine de la France, et qui formera le plus grand obstacle à son rétablissement.

Mais, Monseigneur, pour préparer, s'il vous plait, la matière pour jeudi, il faut que le fait soit constant, savoir : l'erreur dans le passé. Pour base donc et pour principe, on peut maintenir, avec autant de certitude qu'il est constant que la Seine passe dans Paris, que feu M. Colbert entra en 1661 au ministère, que le Roi avoit alors 80,000,000 ll de revenu, et même plus ; cela se voit dans le procès de M. Foucquet ; et à présent, 1703, le Roi n'a point, de revenu réglé, 120,000,000 ll, la capitation n'étant point un revenu : sur quoi les conquêtes du Roi en forment au moins 10,000,000 ll. Ainsi, en plus de quarante ans, ce n'est qu'un tiers de hausse. Or, à remonter ou rétrograder en 1660 quarante ans au-dessus, savoir en 1620, on ne trouve que 35,000,000 ll de rente. Donc, dans ces quarante ans, les revenus du Roi avoient plus que doublé. Remontant encore en 1620, on ne rencontre que 16,000,000 ll en 1570 : de façon qu'il faut qu'il demeure pour certain que jamais les revenus du prince n'ont reçu si peu d'augmentation que sous le ministère de M. Colbert et les suivants. Mais c'est bien pis du côté des peuples, ou de leur opulence. Elle avoit souffert la même gradation dans les époques que je viens d'avoir l'honneur de vous marquer, ce qui produisoit la hausse des revenus du prince ; or, par un sort tout contraire, toutes choses, l'un portant l'autre, ou plutôt tous genres de revenus sont diminués de moitié. Outre la certitude de ce fait par lui-même, cent mille arpents de vignes arrachées, les terres incultes ou mal ménagées, les étrangers bannis de nos ports en pleine paix, font une foi authentique de cette vérité. Cependant, Monseigneur, comment accorder cette manœuvre avec le héroïsme supposé dans ce ministère, qui en fait regretter jusqu'aux cendres, si l'on en croit des personnes intéressées à se fermer les yeux pour ne pas voir clair en plein jour? Et moi, tout au contraire, avec les marchands et les laboureurs, je vous maintiens que la destruction de ce que ce ministère a fait est de l'or en lingot.

Je sais bien que ce mouvement ne se peut faire en quinze jours ; mais il y a bien de la différence entre 1,500,000,000 ll de rente qu'il coûte à la France, et le quart seulement qu'il est besoin de rétablir : ce que je soutiens n'être l'ouvrage que de trois heures, sans rien mettre au hasard, ni congédier personne. Ayez donc la bonté de souffrir que j'arrive à votre audience sur ce principe de ruine passée, et non de héroïsme à regretter : sans quoi je serois comptable à Dieu et aux hommes du temps que je vous ferois perdre.

Le second point, Monseigneur, à commencer par moi-même, est qu'il ne faut pas que toutes sortes de visionnaires se donnent la licence de vous aller importuner de leurs rêveries creuses ; pour ce sujet, la loi, s'il vous plait, des Athéniens, qu'on ne vous puisse rien proposer qui exige plus de mouvement que l'auteur n'en peut garantir, et qu'il soit puni sévèrement en cas de non-réussite, sans s'excuser sur aucun cas extraordinaire, qu'il a dû prévoir.

Le troisième point, s'il vous plait, est qu'il faut établir le moins de nouveauté qu'il est possible, en perfectionnant les anciennes ordonnances, sans en faire de nouvelles.

Le quatrième consiste à observer une exacte justice dans la répartition, sans laquelle il faut qu'un État périsse, ou que toute l'antiquité, ainsi que l'Écriture sainte, n'ait pas dit vrai ; or, il n'y en a aucune depuis quarante ans.

Le dernier point, qu'un homme ne se charge point d'une commission, ou qu'il se charge du succès, comme c'étoit autrefois chez les Turcs, et par où leur empire s'est si fort augmenté.

Avec ces principes, Monseigneur, je vous promets vos 80,000,000 ll par an, même avec plaisir de la part de ceux des peuples qui ne vivent point de la ruine publique, puisque, avant que demander ces 80,000,000 ll, vous en aurez rétabli plus de 400,000,000 ll.

Il y a ma personne qui demeure exposée à tout ce qu'on peut objecter de plus violent contre le dernier des hommes ; mais vous me permettrez de vous dire que, sans faire attention à ce que cela m'est commun avec de bien plus grands hommes que moi, ma vie passée jusqu'à cinquante-sept ans sans aucun reproche ou action de jeunesse, et une perpétuelle attache à mes devoirs et à ma fortune, dont je ne suis redevable, après Dieu, qu'à moi seul, me disculpent assez envers ceux qui jugent sans envie, passion ou prévention, outre que mes ouvrages imprimés me seront d'un grand secours, ainsi qu'à vous, Monseigneur. Les peuples vous payeront volontiers quand ils verront que vous ne les servez pas à plats couverts, et que ce n'est plus des bombes dont sauvent qu'il peut.

Ce n'est pas, M. Desmaretz, mais M. de Vaubourg, son frère, qui, après quatorze mois de demeure à Rouen, pendant lesquels je le vis tous les jours, déclara hautement que, si M. Colbert m'avoit connu, il m'auroit acheté à quelque prix que ce fût, par la grande pratique que j'avois du commerce et du labourage. Renonçant à la spéculation, comme m'accuse M. Desmaretz, M. de Vaubourg s'expliqua sur mon esprit d'une manière que je ne puis avoir l'honneur de vous dire.

Je suis, avec un très profond respect, Monseigneur, votre très humble et très obéissant serviteur.

BOISGUILLEBERT.

Maximes ou principes incontestables pour rétablir ou soutenir la France dans la conjoncture présente[1].

Avoir pour unique objet le commerce et le labourage, comme unique source de revenus, payement ou contribution d'argent.

Ne tirer aucun raisonnement de ces deux choses que par la pratique, et sur des faits constants chez toutes les nations.

Ne faire aucun mouvement ni la moindre démarche dont la non-réussite puisse produire d'autres pernicieux effets que de laisser les choses en l'état qu'elles sont.

Ne laisser pas de punir les auteurs sur la foi desquels on les aura entrepris, et très violemment, s'il y a eu prévarication, ce qui est fort ordinaire.

Éviter tant que l'on peut de se servir de gens qui n'ont rien à perdre, parce que, ne hasardant rien, ils sont moins sur leur garde contre l'imprudence et le manque d'intégrité.

Ne point abandonner son esprit à inventer des nouveautés pour des impôts inconnus, mais s'arrêter à perfectionner les anciens.

Supposer comme un fait incontestable que non seulement il ne faut pas plusieurs genres d'impôt pour rendre le Roi très riche, puisqu'un seul suffiroit pour lui donner quatre fois autant de bien qu'il en a, mais même plus il y en a de diversité, plus cela altère la masse, qui est les biens des peuples, n'y en ayant aucun dont l'établissement ne se prenne par préciput auparavant que de rien donner au prince, outre les autres pernicieux effets de ruine de consommation, assez connus de tout le monde.

Concevoir une fois pour toutes ce qui n'a jamais été compris, quoique très certain, que toutes les denrées que l'on néglige de faire excroître, par la juste crainte où l'on est de s'en pouvoir défaire, et celles qui, étant excrues, ne peuvent être débitées, comme il arrive tous les jours, par des causes violentes, aisées à faire cesser en un moment, est la même chose que si l'on jetoit de gaieté de cœur le montant en argent dans un gouffre de mer, n'y ayant nulle différence entre des denrées dont on peut avoir le débit quand on veut, et de l'argent comptant.

La justice dans la répartition des impôts est absolument nécessaire, ou tout est perdu, parce que, sans faire même attention à la religion et à l'équité naturelle, et à tout ce que l'antiquité en a jamais dit et prononcé, qu'il faut qu'un État périsse sitôt que la justice n'est pas observée, il y en a une raison et cause certaine, savoir : que, la violence tombant sur les plus foibles, elle les accable et ruine tout à fait. Or, comme ces foibles sont les laboureurs et les marchands, ils ne peuvent être ruinés sans la destruction de ces deux professions, et par conséquent de toute la richesse de l'État : ce qui fait, dans la suite, porter la folle enchère aux riches de leurs vexations, par la diminution de leurs fonds.

Regarder la liberté des chemins comme le principe de toutes sortes de commerces, et par conséquent de richesses : une mer remplie de pirates est impraticable; or, la terre en France est plus couverte d'obstacles dans ses routes, que toutes les mers du monde les plus décriées.

Rétablir la confiance entre le ministère et les peuples, en abolissant la maxime qu'un prince peut prendre justement tout ce qu'un homme a vaillant pour les besoins de l'État, ou plutôt qu'il lui faut absolument, en quelque temps que ce soit, tout ce qu'un homme indéfendu a de bien, même le plus nécessaire pour sa subsistance : ce qui cessera aussitôt que le Roi se sera fixé à une somme certaine, quelque considérable qu'elle soit, et la faisant répartir justement, comme il se pratique présentement dans toute l'Europe, et surtout en Angleterre, où l'on donne le cinquième sans murmurer, jusqu'aux plus grands seigneurs, pour attaquer la France.

Concevoir que toutes les objections que l'on fait contre cette juste répartition sont suspectes et intéressées, à cause de l'utilité que les désordres procuroient à quelques particuliers.

Être curieux de recouvrer et d'employer des esprits supérieurs qui ayant (*sic*) la pratique de la vie privée, indépendamment de la naissance et des emplois, en supposant comme incontestable que le bénéfice d'esprit et de mérite ne fut jamais à la nomination des noms et des richesses; et l'on n'a canonisé que peu ou point de papes, depuis qu'il les a fallu nécessairement choisir parmi les cardinaux, et encore en excepter tous ceux qui ne sont pas Italiens, ni attachés à aucune couronne, c'est-à-dire parmi une douzaine d'hommes. Ne canoniser personne qu'il n'ait fait quelque miracle, au moins dans sa profession, quelle qu'elle soit.

Donner enfin l'exclusion pour toutes sortes d'emplois à quiconque est attaché (*sic*) de vices notoirement, surtout des corporels.

Ce 6 Janvier 1704.

Monseigneur,

La dernière feuille que je me suis donné l'honneur de vous envoyer vous aura fait comprendre la grande méprise de Messieurs vos prédécesseurs d'avoir négligé en un si haut point la juste répartition des impôts, bien que cet article, comme composant le plus considérable revenu du prince, eût été cultivé dans tous les siècles avec la dernière exactitude, ainsi qu'il est encore actuellement dans tous les États du monde. Le merveilleux est que, MM. les ministres ayant si fort pris le change par rapport aux intérêts du Roi, ils ne l'ont pas moins donné aux possesseurs des grands domaines, par la tranquille immunité dans laquelle ils les ont soufferts à cet égard. Faites-y, s'il vous plaît, réflexion, Monseigneur, et songez que le temps presse et ne vous permettra pas toujours, à beaucoup près, de pouvoir choisir à tous les moments. Les cinq extraits que vous avez reçus sont le précis d'un grand ouvrage qui vous établit une possibilité d'exigence de 80.000.000 ## de hausse

[1] Quoique ce mémoire ne soit pas écrit de la main de Boisguilbert, comme le sont ses lettres, il est certainement de lui; mais nous ne pouvons affirmer qu'il doive être joint à la lettre qui précède, du 27 octobre 1703, plutôt qu'à celle du 18 juillet précédent.

par un travail de trois heures, sans rien déconcerter ni mettre quoi que ce soit au hasard, mais par une simple cessation de la plus grande violence qu'aient jamais soufferte la nature, la justice et la raison, depuis la création du monde; si elle n'a pas été si terrible que les ravages de ces conquérants qui se faisoient nommer les *fléaux de Dieu*, elle a de beaucoup regagné l'avantage et le dessus par sa longue durée. La seule chose que je n'ai pas pris la hardiesse de vous envoyer est la réponse que j'y fais aux objections que l'on pourroit apporter tant contre la chose, que la brièveté du temps ou la conjoncture de la guerre. Je vous assure, Monseigneur, qu'elle est de telle nature que je ne risque rien en passant ma soumission d'être mis aux Petites-Maisons pour toute ma vie, si les contradictions que l'on pourroit alléguer ne sont pas aussi visiblement ridicules et extravagantes que le seroit de dire que la Seine ne passe pas dans Paris. Cependant je conviens qu'il est de l'intérêt de ceux qui vous environnent de n'y pas donner les mains : leur réputation en seroit absolument perdue auprès du Roi, qui est uniquement ce qui les importe, et que, par conséquent, ils croient être en droit de ménager. En effet, je ne pense pas que ce soit de son consentement, ni que l'on l'en ait averti après la chose arrivée, que la moitié des vignes du royaume sont arrachées, et le surplus diminué en valeur des trois quarts; le reste, quoique moins sensible, est de même nature, et pareillement leur ouvrage, puisque c'est celui des partisans à qui ils ont mis les armes à la main.

On leur supposera toute l'intégrité du monde, s'ils veulent, et que des fautes si effroyables n'ont été que de pures méprises; mais ils ne supprimeront jamais tous les exemplaires de livres imprimés, quelques-uns même avec privilège, qui font foi que, depuis 1550, arrivée des traitants en France, auparavant inconnus, jusqu'en 1660, MM. les ministres avoient eu part dans toutes les fermes, ainsi que dans tous les traités. Or, il est constant que, depuis 1660, cette manière de revenu du prince s'est poussée avec plus de violence qu'elle n'avoit jamais fait, et que la barrière même, savoir : les remontrances des peuples qui les arrêtoient, a été levée par ces derniers : ce qui seul a causé la ruine du royaume. Or, de penser que l'intégrité n'a commencé d'être dans le ministère qu'en ce moment, vous me permettrez de vous dire, Monseigneur, que, quand on auroit de la foi aussi gros qu'une montagne, je ne pense pas qu'il y en eût assez pour cela. Je vous parle avec cette liberté par la certitude où je suis, avec tous ceux qui ont l'honneur de vous connoître, de votre intégrité personnelle et singulière, étant certain que ce qui sera un comble de honte et d'infamie aux autres, vous sera à jamais un monument de gloire pour le présent et pour l'avenir.

Il y a encore une attention plus précise à faire dans le moment, qui est que la situation présente a pu se maintenir à l'aide d'une autorité absolue tant qu'elle n'a eu que la félicité des peuples, et même leur subsistance la plus nécessaire, à sacrifier à ses intérêts; mais, maintenant que toutes ces choses sont à bout, et que c'est une destruction générale de quoi il est question, ou bien il faut changer de batterie, il s'en faut beaucoup que vous deviez cacher les fautes d'autrui à ce prix. Si vous consultez les auteurs, ils ne balanceront pas un moment à prendre leur parti; mais ils sont plus que suspects dans leurs avis, quelque nombreux qu'en soit le cortège. Mes 80,000,000 ₶ ne sont ni une vision, ni une chose problématique, comme ce n'est ni vision ni problème que tous les grains et liqueurs ne se vendent présentement par les possesseurs qu'à perte de ce qu'ils ont coûté à faire excroître : ce qui causant la ruine à toutes les professions qui en attendent leur subsistance, vous ne devez pas vous étonner que tout le monde soit dans la misère, et les pauvres plus que les riches, puisque, quand les grains seroient encore à plus bas prix, il ne se les peuvent procurer du moment que les riches, n'étant point payés, ne leur donnent rien à gagner. Ce sont là, Monseigneur, les éléments du gouvernement, desquels il n'est point permis de douter. Or, si, par trois heures de travail et quinze jours d'exécution, vous pouvez seulement hausser d'un quart et ces grains et ces liqueurs, vous redonnez plus de 400,000,000 ₶ de rentes au royaume, et chaque sujet, pris en particulier, conviendra, comme ils ont tous fait avec moi, qu'il est content de donner au Roi une partie du profit que vous lui avez procuré. Mes dernières feuilles, si elles étoient publiques, comme elles ne le sont pas par pur respect pour vous, couvriroient de honte les objections du défaut des espèces, qui ne sont point une denrée primitive en France, ainsi que l'on les suppose, mais seulement au Péron. Au lieu de prendre ce parti de procurer aux peuples du bien pour en recevoir en contre-échange, je mets en fait, et l'ai prouvé invinciblement, tant dans mon premier ouvrage imprimé que dans les autres, que le Roi n'a pas eu une pistole par la main des partisans, de quelque nature qu'ils soient, qu'il n'en ait coûté 10 en pure perte à ses peuples, et que même, cette pistole, il lui a fallu rendre d'un autre côté ou se constituer, témoin ce qui s'est passé à Mantes et à Vernon à l'égard des vignes, où, outre la perte des biens des peuples, les tailles ont diminué trois fois plus que le Roi n'a profité de la hausse des aides; et, comme c'est par une cause générale, c'est la même chose de tout le royaume, cette ruine si affreuse s'étant pratiquée tranquillement à l'aide de la suppression des remontrances, contre lesquelles elle n'auroit pas pu tenir un moment, si elles avoient été permises et souffertes ainsi que l'on avoit fait durant douze cents ans : ce qui avoit fait fleurir la monarchie plus qu'aucune de l'univers, et dont le contraire l'a réduite dans l'état que vous la voyez, et cela dans la conjoncture où elle auroit besoin de toutes ses forces. Cependant, Monseigneur, encore une fois, il n'y a rien de perdu, et sa gloire et sa félicité ne tiennent qu'à un filet, puisque ce que l'on croit être anéanti n'est que suspendu avec une très grande violence. Cessez donc cette force majeure, et tout le monde est riche, et le Roi par conséquent. Vous m'avez fait l'honneur de me marquer par votre dernière que vous contribueriez auprès du Roi de tout votre pouvoir au succès de mon entreprise; vous me permettrez de vous dire que c'est la vôtre que j'ai commentée, puisque tout roule sur les tailles et aides, où vous avez travaillé publiquement avant moi. J'en attends le succès avec la dernière impatience, qui n'est autre sinon que vous ayez la bonté de me confier une contrée, où je ferai exécuter, par payements avancés, la quote-part des 80,000,000 ₶, et vous saisirai d'un modèle pour tout le royaume, par lequel il sera impossible de se méprendre, ni que le payant puisse nier d'être augmenté en opulence de trois fois plus que l'on ne lui demande.

Je ne prends point la hardiesse de vous parler d'une affaire personnelle où l'on me demande plus de 30,000 lt, avec suppression à même temps des choses taxées. Si je n'avois point payé 100,000 lt et plus depuis votre ministère, peut-être les pourrois-je payer. Il n'y a que l'impossibilité qui me puisse empêcher d'obéir, comme j'ai fait toute ma vie, m'étant vu le seul juge de Normandie, en 1693, qui ne sacrifia ni ma personne ni mes biens à la demande des nouveaux gages. Si vous vouliez bien avoir la bonté de me faire donner quelque surséance en vue des 100,000 lt qui rendent mon cas singulier, peut-être pourrois-je être en état de satisfaire.

Je suis, avec un très profond respect, Monseigneur, votre très humble et très obéissant serviteur.

BOISGUILLEBERT.

Ce 1er Juillet (1704).

Monseigneur,

Je conçois, par celle que vous m'avez fait l'honneur de *m'écrire*, que toute la difficulté que vous trouvez au rétablissement de la France roule sur un point qui n'en fait aucune parmi tous les hommes qui ont l'expérience du commerce. Personne ne me conteste d'avoir éclairci cette vérité, savoir : qu'il y a une fois plus d'argent, quoique très rare, que lorsqu'il étoit bien plus commun, c'est-à-dire *en 1660*, et qu'il y avoit pareillement *une fois plus [de] revenu*. Ainsi, Monseigneur, comme les disputes et les armes mettent une espèce de parité entre des sujets très différents, trouvez bon que je vous annonce que, quelque opposé que vous apparoissiez à mes sentiments à l'égard des espèces, je suis assuré qu'avant huit jours vous donnerez les mains à ce que je pense, avec tous les marchands et laboureurs, sur cet article. *Non seulement il y a assez d'argent pour former en un moment les 80,000,000 lt au Roi, mais même pour faire précéder cette contribution d'une hausse de 400,000,000 lt dans les biens des peuples*, qui en sont la source et le principe, encore que la maxime ait été toute opposée depuis quarante ans, et qu'on n'ait formé de l'argent au Roi que par leur destruction. *Les deux feuilles de papier où j'ai réduit toute ma doctrine n'est que l'extrait d'un plus grand ouvrage, dans lequel et les 80,000,000 lt pour le Roi et les 400,000,000 lt pour le peuple sont prouvés si invinciblement praticables en un moment*, sans rien déconcerter, que je maintiens que l'on n'en peut passer doute ou nuance sans se perdre de réputation de façon ou d'autre, tout comme les grands hommes qui ont traité d'extravagants les porteurs de nouveauté à l'égard du système du monde, ont fait retomber sur eux ces invectives. *Par où je commence est un traité de trente pages*, dans lequel je fais voir, sans craindre de répartie, que *moins on voit d'argent en France, et plus il en existe et s'en conserve*, de même que plus il en paroît dans le commerce, moins il en est, et plus il s'en perd. Ceci, Monseigneur, n'a besoin que d'un mot, qui n'est ignoré de personne de tous ceux qui sont exposés aux révolutions de l'une et l'autre fortune, mais peu connu aux autres, surtout à Paris, où l'on vit avec très peu de connoissance de la manière dont les peuples vivent et se procurent l'argent et leurs besoins dans les campagnes. *Il y a donc de l'argent mort et de l'argent en vie. Le premier est celui qui, étant immobile et caché, n'est non plus utile à l'État que si c'étoit des pierres*, ou qu'il fût encore dans les entrailles de la terre, et *l'autre, qui est en vie, est celui qui marche toujours et n'est jamais un moment en repos. Celui-là seul est compté dans un État*, puisque lui seul en forme toute l'harmonie et fait subsister tous les états et toutes les conditions par sa circulation de main à autre. Vous voyez par là, Monseigneur, que c'est la consommation qui mène sa marche, qu'il s'arrête, décampe et court avec elle : en sorte que, se faisant beaucoup de consommation, peu d'argent, par sa fréquente représentation, passe pour une très grande quantité d'espèces; et venant à diminuer, l'argent s'arrête aussitôt et fait dire qu'il n'y en a plus. Or, de soutenir que, *depuis quarante ans, on n'a pas déclaré une guerre ouverte à la consommation et au commerce, c'est soutenir que la Seine ne passe pas dans Paris. Des paroisses entières où les dîmes, qui en sont le contrôle certain, ne se trouvent pas au quart de ce qu'elles étoient en 1660, en sont une preuve trop certaine.* Quand la guerre arriva, en 1689, on trouva les revenus *sabrés*. Les *traitants*, qui sont comme le feu qui ne s'attache à son sujet que pour le dévorer, *s'attaquèrent aux immeubles, surtout les charges de robe*, qui en composent une partie si considérable, et on peut dire qu'ils ont rendu, dans les provinces, la place entièrement nette : ce qui forme un grand surcroît d'ordre à l'argent de demeurer immobile, par la destruction de son maître, savoir : la consommation, et cela en deux manières : la première, en ce que *l'argent immeuble, qui prend sa part dans la circulation, a été arrêté à l'égard de cet article, n'y ayant plus de sûreté à acheter ou à prêter sur un gage aussi fragile que le sont devenus les charges, ou plutôt la plupart des immeubles;* et l'autre est qu'un homme coulé à fond par l'enlèvement d'une charge qui formoit la meilleure partie de son bien, comme on ne peut pas dire qu'il n'y ait eu une infinité, n'a d'autre ressource que de faire finance, comme les marchands qui font banqueroute, ramassant tout l'argent qu'ils peuvent et tenant ferme en le faisant filer par un retranchement de toutes sortes de dépenses : ce qui est un rengrègement de mal pour la consommation, et par conséquent pour la paralysie d'argent. C'est à peu près le même de la demande de sommes immobilières au lieu d'un tribut réglé. Il faut arrêter tout à coup toutes sortes de dépenses, ou pour les fournir, ou pour montrer que l'on n'est pas en état de le faire : ce qui mettant les fermiers hors d'état de payer, par l'avilissement et la non-vente de leurs denrées, devient dans la suite un jeu forcé, et empoisonne toutes les conditions, qui, attendant leur subsistance de la vente des fruits de la terre, sont obligées pareillement de faire filer durant un mois ce qu'ils auroient autrefois dépensé en quatre jours. C'est sur ce compte qu'il y a des villages seuls présentement, autour de Mantes, qui ont plus de cinq cents pièces de vin qui seront absolument perdues, si l'année continue comme elle commence, bien que ce même vin se vende à Caen, éloigné de trente-huit lieues, en détail, sur le pied de 160 lt et plus, et que l'on le laisse à Mantes à 30 lt, sans les pouvoir trouver. Tous ces désordres néanmoins, Monseigneur, n'ont besoin que d'un instant pour être arrêtés, puisque c'est une des plus grandes violences que l'on puisse faire à la nature.

qui tend toujours à sa perfection, sans comparaison comme au siége de la Rochelle, où il n'y eut qu'une heure de distance entre une extrême disette et une grande abondance. J'aurai l'honneur de vous rappeler mes principes par six lettres jusques à la Madeleine, que j'aurai l'honneur de vous aller voir, quand vous m'en aurez donné ordre, et vous faire examiner, sans rien mettre à hasard, que vos 80,000,000 # sont assurés, mais non pas sans que vous reveniez d'une façon très opposée des idées que vous avez eues de moi et de ceux qui travaillent avec applaudissement depuis quarante ans*.

Je suis, avec un très profond respect, Monseigneur, votre très humble et très obéissant serviteur.

BOISGUILLEBERT.

* Sur une chemise qui enveloppe cette lettre, M. Desmaretz a écrit : «Lettre du sieur de Boisguilbert, lieutenant général de Rouen. Observer les endroits soulignés (*en italique*). Le 7 juillet 1704. — Examiné avec M. Ch.»

Le 4 Juillet (1704).

Monseigneur,

Comme la prétendue disette d'argent, ou manque des espèces, est la première objection que vous avez pris la peine de me faire dans celle que vous m'avez fait l'honneur de m'écrire, bien que ma dernière semble vous avoir assez montré qu'il y a de la surprise dans cette pensée, et que l'argent e[s]t le valet de la consommation, s'arrêtant, marchant, et même courant avec elle à proportion qu'elle se fait, le même argent passant une infinité de fois en revue et passant pour autant d'argent nouveau, il est néanmoins encore à propos de vous faire remarquer un surcroît et un coadjuteur aux espèces que l'abondance et la consommation apportent dans le commerce, savoir : les billets, que l'on préfère à l'argent lorsque la solvabilité des négociants est presque générale, ce qui est un genre de monnoie qui se bat à toute heure et à peu de frais, comme vous savez, et qui va bien plus vite que l'argent. Mais, du moment que cette solvabilité s'arrête, ce qui est l'effet de la cessation de consommation, la plupart de ces espèces sont mises au billon (*sic*), et les Monnoies qui les fabriquoient, savoir : les négociants, s'arrêtent tout à fait. Ce n'est pas le tout : l'argent en essence, qui étoit presque tout entier dans le bas commerce, où celle en papier ne peut avoir cours, en est aussitôt retiré pour venir tenir la place de celle que l'on n'y veut plus recevoir, bien que, un moment auparavant, elle fût dans une très grande valeur. Et cela va si loin, dans ces temps de consommation, qu'un négociant étant abordé pour emprunt par un autre dont la solvabilité n'est pas à beaucoup près si bien établie, si il lui veut faire plaisir, quoiqu'il n'ait point d'argent, il lui fait un billet payable à terme, et l'autre le négocie sur-le-champ. Or, du moment que la consommation s'arrête, ce qui est inséparable de plusieurs banqueroutes par le manque de débit, ce genre de commerce cesse tout à fait; et ces révolutions sont si subites et changent si fort du tout au tout dans un moment, que le sieur le Gendre, avec sa grande opulence, que je crois aller à plus de 4,000,000 #, puisqu'il a avancé ses enfants de la moitié et qu'il lui reste quantité de fonds avec son gros commerce, cependant il pensa faire une triste expérience, il y a dix ans, de ces cas inopinés : il n'y avoit que deux jours qu'il avoit donné 300,000 # en rentes, quand il reçut nouvelles de 250,000 # de lettres de change par lui tirées sur Lyon et protestées à cause de deux ou trois banqueroutes; et comme l'argent manqua tout à fait sur les places, tant à Rouen qu'ailleurs, il m'a avoué plusieurs fois qu'il fut une nuit sans en dormir tout à fait. La même chose arriva aux sieurs le Couteux, la plus fameuse banque de France : dans le même moment, tout l'argent, c'est-à-dire son cours, ayant tari tout à fait, tout le monde voulut ravoir ses espèces; or, comme les sieurs Couteux de Rouen avoient 900,000 # à divers particuliers de la ville, ils les lui vinrent demander tous à même temps, ce qui les mit à deux doigts de leur perte. Il avoit 20,000 # à moi; il me vint trouver la larme à l'œil, en me marquant qu'il étoit hors d'état de me les payer : ce que je n'exigeai pas, avec quelques autres, jugeant bien que ce temps-là passeroit, comme il arriva. Et à la mort de l'un d'eux, arrivée il y a trois ou quatre ans, il s'est trouvé qu'ils avoient plus de 2,000,000 # de vaillant. Dira-t-on, Monseigneur, que ces différentes révolutions soient l'effet du manque des espèces, et qu'ils aient disparu tout à coup, ou cessé d'exister pour renaître un moment après? Rien moins que cela, s'il vous plaît : c'est leur marche cessée, et non leur existence. Ainsi, prenez la peine, s'il vous plaît, de ne vous plus défier de l'argent, ou de croire qu'il n'y en [ait] pas assez en France pour former 80,000,000 # de hausse pour le Roi, puisque je maintiens non seulement le contraire, mais que même, en un instant, vous en pouvez faire remarcher, et non renaître, une assez grande quantité pour servir une augmentation de consommation de 400,000,000 #, puisque (*sic*) tout l'argent que l'on veut avoir, et que celui qui est nécessaire au Roi n'est exigé que pour se procurer les denrées nécessaires, lequel, par cette fonction, n'est nullement consumé, mais se peut continuellement trouver sur pied pour rendre partout le même service, ainsi que son substitut, qui est le morceau de papier ou le billet de change, dont le nombre excède beaucoup celui de l'argent, quand la consommation se fait. C'est avec cette monnoie que l'opulence de la Hollande subsiste : la maison de ville d'Amsterdam doit plus de 100,000,000 #; celle de Middelbourg, environ 10,000,000 #, dont l'un et l'autre ne font point d'intérêts. Chacun y porte volontiers ses deniers pour la facilité et sûreté du commerce, et même, loin de rien exiger, on lui donne 2 p. o/o en pure perte. Et lorsque l'on veut négocier ces billets pour de l'argent, au lieu de l'aller querir en ces maisons de ville, on rend ces 2 p. o/o que l'on avoit donnés. Vous savez, Monseigneur, que les peuples n'en usent pas tout à fait de même avec le Roi, quoique cela dût être avec bien plus de raison; mais ce n'est pas votre faute : c'est certainement celle de ceux que la corruption, l'ignorance ou les intérêts personnels ont exaltés jusqu'aux cieux, malgré le malheureux état où ils vous ont laissé la France. Ils ont gâté le commerce entre le Roi et ses peuples, et vous en payez la folle enchère. Ils ont fait faire au prince comme le lion dans la fable, lorsque des animaux furent à la chasse à communs frais, à condition de partager également la proie; cependant le lion prit tout sous divers prétextes, dont le premier étoit : *Quia sum leo*. Le mal n'est pas sans remède, sans quoi je ne me donnerois pas l'honneur de vous en parler. Le précis donc, s'il vous plaît, de celle-ci est que l'argent est l'enfant et le père de la consommation; que l'on ne le peut avoir que par la vente des denrées; que la ruine de cette vente est aujourd'hui le revenu le plus liquide de presque toute la cour, mais que le rétablissement ne tient qu'à un filet, et par conséquent celui du cours de l'argent, sans qu'il en faille faire venir du dehors. Ceci n'est point spéculation, mais de la plus grossière pratique, quoiqu'il devienne théorie à l'égard de ceux qui ne sont ni marchands ni laboureurs*.

Je suis, avec un très profond respect, Monseigneur, votre très humble et très obéissant serviteur.

BOISGUILLEBERT.

* En marge du haut de la lettre : « A M. Desmaretz. » Cette lettre est enveloppée dans une chemise, sur laquelle M. Desmaretz a écrit : « Lettres (*sic*) de M. de Boisguilbert, lieutenant général au bailliage de la ville de Rouen, du 4 juillet 1704. — Rapporté et examiné avec M. Chamillart le 8 juillet. »

Ce 9 Juillet (1704), à Rouen.

Monseigneur,

La pénultième lettre que je me suis donné l'honneur de vous écrire vous a dû faire comprendre que, n'étant question, pour rendre un pays riche, non qu'il y ait beaucoup d'argent, mais qu'il marche et circule toujours, de même en quoi consistoit cette célérité et ce qui la causoit, ma dernière vous a pareillement décrit que, lorsque cette vitesse de marche d'argent ne pouvoit suffire à la quantité de maîtres qu'il est obligé de servir, il produit une infinité d'enfants, qu'il revêt de toute son autorité, savoir : les billets de change, ou argent en papier, c'est-à-dire de matière intarissable pourvu qu'il y ait assez d'ouvriers pour en battre de la monnoie, qui sont les marchands ou courtiers de la consommation. Celle-ci, Monseigneur, vous fera, s'il vous plaît, remarquer qu'outre ces deux secours ou moyens, pour sauver ou le ridicule ou l'impossible de ma proposition de 80,000,000 ll de hausse pour le Roi et de 400,000,000 ll pour le peuple, l'existence réelle des espèces ne me manquera point assurément de garantie, malgré leur rareté apparente, que l'on ne peut non plus mettre sur le compte d'une entière absence ou privation que celle des femmes en Italie, parce que l'on n'en voit pas la vingtième partie, dans les rues et les églises, que l'on fait en France. Je maintiens donc, Monseigneur, qu'il y a présentement non seulement assez d'argent subsistant pour servir le produit que j'assure, mais même qu'il s'y en trouve ou s'en trouvera près du double, par compte fait de ce qu'il s'en rencontroit aux années 1660 et une ou deux suivantes, que le royaume étoit constamment une fois plus riche, les terres affermées et vendues le double, et les charges le quadruple de ce qu'elles sont aujourd'hui : ce qui se vérifie, malgré les applaudissements qui ont accompagné les régisseurs depuis ce temps, par les baux des dîmes, qui sont un contrôle certain. J'en sais une infinité diminués des trois quarts : la seule paroisse de Jugie (*Juziers*), entre Meulan et Poissy, ne paye plus que 1,000 ll de taille, avec difficulté, au lieu de 5,000 ll dont elle contribuoit aisément autrefois. Les bureaux de consommation, ou enseignes d'opulence, comme cabarets et jeux de paume, souffrent le même sort. Dans Paris seul, quoique le lieu le moins flétri par l'apport des dépouilles des provinces, il se trouvoit en 1660 cent soixante jeux de paume, affermés plus cher que soixante qui restent, et qui s'abattent tous les jours. A Rouen, de vingt-cinq, il n'y en a plus que trois, et il n'en subsiste aucun dans toute la province, qu'un seul à Caen, bien que tous les lieux clos en eussent autrefois, comme Fécamp, Louviers et Montivilliers. Pour les cabarets, j'en crois plus de dix mille détruits dans la seule Normandie. Cependant, avec tout cela, Monseigneur, je soutiens que, dans la conjoncture de misère où l'on est, il existe près du double d'argent qu'il s'en trouvoit dans ces années de richesses et d'abondance. En voici, s'il vous [plaît], la preuve par écrit, et, quelque intérêt que ceux qui vous environnent aient à ne pas convenir des vérités les plus constantes, il faut au moins qu'ils demeurent muets sur celle-ci : en 1642, il ne se trouva que 200,000,000 ll dans la réforme, et, en 1694, il y en eut plus de 540, outre la proportion de vaisselle d'argent, qui avoit plus que quadruplé. Or, Monseigneur, cette crue ou augmentation n'étoit point venue tout à coup, mais par gradation, d'année en année, à proportion que le métail arrive dans l'Europe des pays où il naît, dans lesquels la fabrication est presque à peu près toujours la même, ainsi que la quote-part que la France prend dans la charge des flottes et des galions. Sur ce compte, en 1660, le royaume ne pouvoit guère avoir acquis que 100,000,000 ll de crue d'argent, pour laisser l'excédent jusque à 540 aux trente-quatre années suivantes, échues en 1694.

Depuis ce temps, ceux qui raisonnent très mal, ou plutôt qui, étant cause de tout le désordre, accuseroient plutôt le ciel qu'eux-mêmes d'avoir donné lieu à la misère, prétendent qu'il en passe quantité aux pays étrangers, volontairement pour la solde des armées, et aussi clandestinement par des intérêts indirects. Il en peut être quelque chose; mais aussi il faut convenir qu'il en est venu depuis ce temps, surtout après l'union de la France avec l'Espagne, où la première a eu plus que sa part dans les crues des années dernières. De plus, l'argent porté en Italie n'est pas absolument perdu, et vous avez très sagement permis la traite des blés de Languedoc en ces quartiers, ce qui retire une partie de l'argent.

Les armées de France et d'Espagne se fournissent de la plupart de leurs besoins à Milan, où l'on sait le grand commerce qu'y font les Suisses, presque tous marchands, qui viennent acheter en France, et surtout à Lyon. Ainsi, je maintiens que, tout compensé, il y a autant d'argent qu'en 1694, et le plus ou le moins n'y fait rien pour ma proposition, puisqu'enfin, quand j'accorderois tout à mes contredisants, ils ne me demanderoient pas 240,000,000 ll de diminution : ce qui seroit une extravagance qui ne leur donneroit pas gain de cause, puisqu'il s'en faut beaucoup que l'on soit dans la même situation qu'en 1660. Je ne suis donc point, Monseigneur, un visionnaire dans ce que j'avance praticable en deux heures par la possibilité de vente des denrées, que je soutiens pouvoir être en assez grand nombre pour former et les 400,000,000 ll au peuple et les 80,000,000 ll au Roi. Pour prouver et la somme et la manière, outre ce que viens de marquer, qui est incontestable, je n'ai besoin, que du règne du roi François Ier. Il levoit, à ce que marque M. de Sully dans ses *Mémoires*, 16,000,000# par an, à quelque chose près, ce qui revient constamment à 240,000,000# d'aujourd'hui; et, comme il avoit assurément un cinquième moins d'États, c'est certainement 300,000,000#, puisqu'enfin, Monseigneur, l'argent n'est indubitablement qu'une lettre de change réciproque pour la livraison des denrées. Or, que les lettres de cette nature soient écrites dans un papier de grand ou de petit volume, qu'il y ait peu ou beaucoup de paroles, cela est tout à fait indifférent : il n'y a d'essentiel que la quantité d'argent que l'on donne ordre de payer. Ainsi, comme l'on ne vit que de denrées, et non d'argent, qui ne vaut qu'autant que l'on s'en peut procurer ses besoins, du moment qu'il s'ensuit que les peuples, sous François Ier, étoient obligés, pour lui fournir 16,000,000#, de vendre pour 300,000,000# de denrées au prix d'aujourd'hui, et que ceux à qui ce prince les donnoit se procuroient autant de commodités que l'on en auroit à présent pour 300,000,000# d'argent, il s'en ensuivra de tous points que les peuples payoient et le prince recevoit sur ce pied de 300,000,000#. Or, cette proportion de prix se trouve imprimée dans le recueil des ordonnances de ce temps, titre de POLICE, et le code Henri, savoir : la livre de pain biset, à Paris, à 1/4 denier, les perdreaux à 6 deniers, les souliers à 5 sols, le sel à 24# et puis 45# le muid, et le reste à l'avenant, c'est-à-dire à quinze ou vingt fois moins qu'aujourd'hui. Cette supputation, qui est juste, coule à fond, d'une grande force, le prétendu héroïsme de Messieurs vos prédécesseurs, mais sera un rehaussement de gloire pour vous, si, après avoir reconnu l'écueil où ils ont tous échoué, vous l'évitez et rétablissez le passé. Mes trois dernières lettres ont purgé amplement le ridicule de ma proposition du côté de l'argent; les trois suivantes en feront autant de la part de la livraison des denrées, ainsi que la brièveté du temps que je demande, sans rien déconcerter, ni mettre quoi que ce soit au hasard, sur la garantie de ma simple parole, comme ont fait ceux qui environnent MM. les ministres depuis quarante ans.

Je suis, avec un très profond respect, Monseigneur, votre très humble et très obéissant serviteur.

BOISGUILLEBERT.

[Sans date[1].]

Monseigneur,

Malgré l'idée commune de la cour et du Conseil du Roi, de laquelle quiconque sera dans un sentiment opposé presque sur tous les intérêts des peuples rencontrera fort juste, parce que l'un et l'autre a commencé les premiers à quitter les routes pratiquées par toutes les nations du monde, et même en France jusqu'à l'arrivée des traitants; malgré, dis-je, ces fortes préventions en ce qui concerne l'argent, mes trois dernières lettres vous ont amplement fait voir qu'il ne vous manquera point de sa part, pour le soutien ou le rétablissement du royaume, quand vous ne ferez pas une guerre déclarée à sa route, comme il se pratique impunément depuis quarante ans, puisque, au lieu de prendre un droit de passage dans sa marche, ce qui, par un renouvellement continuel, auroit été Pérou inépuisable, on s'est mis sur le pied de le détrousser entièrement : ce qui rendant les chemins impraticables, il s'est trouvé dans l'obligation de ne se montrer que rarement, pour la pure nécessité, et encore en cachette, et, au lieu de prêter son ministère aux honnêtes gens et au commerce permis en honneur et en conscience, il s'est mis au service des filous, parce qu'ils lui donnent de plus grands appointements, contre toutes les lois divines et humaines, sous prétexte que la nécessité et l'impossibilité de faire autrement excuse toutes choses : sur laquelle excuse il ne s'assure pas tant, Monseigneur, qu'il ne trouve à propos de se déguiser sous des noms et habits empruntés. Comme vous m'entendez assurément bien, je ne m'expliquerai pas davantage, mais passerai, s'il vous plaît, au remède, qui roulant sur un principe que ce n'est point l'argent par lui-même qui rend les hommes ni les pays riches et heureux, mais la capacité ou la quotité que l'on en possède, ou se trouve en état de procurer les besoins de la vie, je vous ferai remarquer que les ustensiles de cuisines qui se trouvent d'argent au Mexique n'empêchent pas qu'elle ne soit plus mauvaise qu'aux lieux où ces instruments sont de fer. Ce n'est donc point l'argent, Monseigneur, mais les commodités et les denrées qui sont le but et l'objet de l'opulence. Ce n'est pas encore tout : quelque libérale qu'en soit la nature dans une contrée, il faut des hommes et pour les faire croître et pour les consommer : sans quoi les propriétaires des meilleures terres ne sont pas plus avancés que s'ils ne possédoient que des sablons, puisqu'enfin tout pays et tout royaume sont un herbage qui ne vaut qu'autant qu'il y a des bêtes pour le pâturer, et des bêtes qui ne soient point emmuselées, ce qui étant, comme il arrive aujourd'hui en France, tous les deux périssent, et les maîtres par conséquent. C'est ce divorce, Monseigneur, ou cette séparation des bêtes et de la pâture, qui forme la misère de la France. Il y a de l'argent, vous n'en devez pas douter; il se trouve des denrées et même des hommes pour les consommer. Mais ces derniers sont emmuselés, de manière que l'herbage et les bêtes périssent également, et l'argent, qui n'est que le valet de ce commerce, demeure inutile; ce qui arrive tant qu'il repose un moment, faute de maître pour l'employer. Plus de cinq à six millions de créatures raisonnables qui ne boivent que de l'eau à ordinaire règle, et la moitié au moins de muids de liqueurs qui se perdent, tant excrus que manque de culture, sans parler des autres denrées, présentent le même objet de l'herbage sans bêtes qu'emmuselées. Ce qu'il y a d'admirable est que les auteurs de pareilles manières, pratiquées, au moins à outrance, seulement depuis quarante ans, sont presque canonisés, sous prétexte qu'ils ont cru dédommager la ruine du commerce du dedans du royaume par des attentions au trafic étranger, qui n'a jamais été et n'ira pareillement jamais à la centième partie de ce premier, bien qu'ignoré par ces messieurs, ainsi que presque tout le reste, et que l'on ne doit avoir recours à ce dernier que par rapport et pour faire valoir l'autre, dont les intérêts demandent assez souvent que, bien loin de le cultiver, il le faut ruiner tout à fait, comme il arriva, il y a quelques années, à l'égard des toiles peintes. Vous savez, Monseigneur, avec quelles peines et

[1] Cette lettre porte le n° 2 dans la série de six lettres annoncée par l'auteur.

quels frais les compagnies de Guinée, de Madagascar et des Indes ont été établies, et vous n'en ignorez pas non plus le peu de succès, lequel, quand il auroit été aussi avantageux que le contraire s'est rencontré, n'auroit jamais compensé la dixième partie des pertes que ces prétendus héros causoient au dedans. Il n'est donc point nécessaire aujourd'hui, pour remédier au désordre, de traverser les mers et d'aller mendier chez les étrangers : ainsi, l'allégation de la guerre qui se fait au dehors devient absolument vaine et frivole. Il n'est question que de mettre la paix au milieu de l'État, où il règne une guerre effroyable, d'abord entre le Roi et ses peuples, entre lesquels il doit y avoir un commerce continuel; et, pour y parvenir, il faut y rétablir de la sûreté par l'observation des lois de la plus étroite justice, dont la contravention l'a toujours perdu, entre quelques sortes de sujets et de pays que ce puisse être. Il est encore nécessaire d'en user de même de contrée à contrée, d'année à année, et de denrée à denrée, toutes lesquelles choses doivent être dans un trafic perpétuel pour s'aider réciproquement de leurs besoins, afin qu'étant dans une compensation continuelle de ce qu'elles ont de trop avec ce qu'elles ont trop peu, au lieu de deux extrémités toujours naturellement très défectueuses, il s'en forme un tout très parfait : ce qui seul peut rendre un État très heureux, pendant que le contraire ne peut rien faire que de très misérable, comme est aujourd'hui le royaume. Pour en avoir fait expérience, il se trouve dans cette fâcheuse situation, non qu'il manque d'hommes, de denrées et d'argent, mais parce que ces trois choses, très parfaites par leur union et leur concorde, et périssant par leur séparation, loin de s'aider par un concours continuel au commun bien, se trouvent dans une guerre perpétuelle et ne travaillent nuit et jour qu'à leur destruction réciproque. C'est donc réconciliation, Monseigneur, dont il s'agit, et c'est ce commerce qu'il faut rétablir. Ce n'est point les mers qu'il faut traverser, ni les cabinets et bijoux de la Chine que l'on doit aller chercher à trois mille lieues de pays; c'est du pain et du vin, qu'il ne faut pas aller querir aux Indes, mais de contrée à contrée et d'année à année. Bien que cette proposition ou demande, Monseigneur, paroissent ridicules, elles n'en sont pas toutefois ni moins véritables et sérieuses, et c'est le refus de ces grâces qui rend aujourd'hui l'État désolé et hors de pouvoir de fournir au Roi ses besoins. En effet, ces héros qui croyoient rendre un grand service au royaume en favorisant si bien le commerce étranger que l'on y voyoit les denrées de dehors, et même des Indes, à trois quarts d'augmentation seulement de ce qu'elles coûtoient sur le lieu, toutes marchandises de luxe, ont si bien fait par leurs grandes attentions et lumières, que celles de pure nécessité, comme le pain et le vin, n'ont pu être trafiquées au milieu de l'État, de contrée à contrée et d'année [à année], qu'avec une différence de prix, sur dix parts neuf, qui sont ces deux extrémités si défectueuses que je viens de marquer : ce qui est toujours continuel à l'égard des liqueurs. Cependant, comme cette situation n'est l'effet que d'une violence continuelle et d'une obstination outrée à ne pas avouer les erreurs passées, jointe à quelques intérêts indirects, placés à la vérité souvent en haut lieu, il ne faut qu'un instant pour voir la réussite de ma proposition, puisqu'enfin la cessation d'un très grand mal est un très grand bien. Pour finir cette lettre, Monseigneur, je prendrai la hardiesse de vous dire que Messieurs vos prédécesseurs ont cru que l'autorité seule devoit tenir lieu de tout, et que les lois de la nature, de l'équité et de la raison n'étoient faites que pour ceux qui n'étoient pas absolus, et ils n'ont pas songé qu'il n'y a que Dieu de qui on puisse sagement croire : *ipse dixit, et facta sunt*. Ils ont fait comme celui qui débitoit follement qu'il n'étoit pas nécessaire d'avoine pour faire marcher un cheval, que le fouet et l'éperon y suppléoient amplement : ce qui peut être pour une première traite; mais la seconde fait périr la bête et met le maître à pied. Messieurs vos prédécesseurs ont eu un règne de fouet et d'éperon; mais vous demeurerez en chemin, si vous ne donnez l'avoine, ce qui est beaucoup conforme à votre inclination. C'est sur quoi je vous offre mes services, ce qui sera pareillement le sujet de mes lettres suivantes, c'est-à-dire le rétablissement du pain et du vin, en démuselant et rendant libre la bouche des bêtes : après quoi ne doutez pas qu'elles ne marchent, et par conséquent l'argent, qui ne connoît point d'autres ordres que celui de la consommation, dans laquelle ces deux denrées tiennent une si grande place.

Je suis, avec un très profond respect, Monseigneur, votre très humble et très obéissant serviteur.

BOISGUILLEBERT.

Ce 15 Juillet (1704).

Monseigneur,

Comme je ne doute pas que la dernière lettre que je me suis donné l'honneur de vous écrire ne vous ait laissé aucune obscurité que c'est à la consommation seule à qui il faut s'adresser pour voir et mettre de l'argent sur pied, en le tirant d'un repos où il ne reste jamais que par violence, parce qu'il est de la nature des rivières, *in labore requies*, et que, tant qu'il demeure dans cette tranquillité, ni le Roi, ni le propriétaire, ni qui que ce soit n'en peut tirer aucun avantage ni service, de même que le contraire est utile à tout le monde et devient une semence continuelle de richesse et d'abondance, je m'adresserai donc, pour y venir et pour rétablir une félicité si mal entendue par les héroïsmes passés, aux deux denrées primordiales d'abord, savoir : le pain et le vin, qui mènent elles seules toutes les autres et les font baisser ou hausser, fleurir et dépérir, au niveau qu'elles expérimentent elles-mêmes ces différentes destinées, surtout la première, savoir : les blés, qui ayant deux fonctions, l'une de nourrir tous les hommes, et sans laquelle ils périssent infailliblement, et l'autre, de l'excédent qu'en peuvent avoir les propriétaires des fonds ou leurs représentants, leur procurer (*sic*) par la vente le pouvoir d'acquérir tout le reste des besoins, jusqu'au luxe et au superflu. Vous voyez donc bien, Monseigneur, l'importance de cette matière, sur laquelle, bien que il soit impossible de faire de petites fautes, on peut néanmoins assurer, et je l'ai assez vérifié, que Messieurs vos prédécesseurs ont erré du tout au tout, et que leur méprise dans cet article seul coûte la vie à tout ce qui a péri d'hommes en 1693 et 1694, sans parler de plusieurs années précédentes à peu près semblables, et, outre cela, plus de 200,000,000 # de rente, années communes, en pure perte au royaume. Ils ont donné tête baissée dans ce que la simple spéculation, qui étoit assurément toutes leurs lumières sur cette matière, présente d'abord à l'esprit, savoir :

que les blés étoient à peu près de la nature des truffes, à qui on fait dire : *Non habeo semen, pariter sine semine nascor*, au lieu que c'est justement le contraire. Ce n'est point du tout un présent gratuit de la nature ou de la terre en France. Tous les terroirs, surtout ceux qui sont d'une difficile exploitation, vendent cette denrée très chèrement, se rendant très rebelles à la main du laboureur et au soc de la charrue. Il y en a même d'entièrement impraticables, et qu'il faut ou tout à fait délaisser après avoir commencé de traiter avec eux, ou même ne songer jamais à leur rien demander, se trouvant absolument déraisonnables, comme il s'en rencontre quantité en France ainsi qu'ailleurs, qu'il est impossible de satisfaire sur ce qu'elles exigent pour leur rapport. Vous concevez bien, Monseigneur, que c'est donc le fort ou le bas prix des blés qui fait plus ou moins labourer, et, comme il dépend presque toujours de MM. les ministres de le donner tel qu'il leur plaît dans ce royaume, ainsi que je m'en vais avoir l'honneur de vous le marquer, et que c'est une des principales ressources de ma proposition praticable en trois heures, lorsqu'ils y mettent un taux au-dessous de celui que la plupart des terres veulent vendre leurs levées, comme ils ont toujours fait depuis quarante ans, c'est la même chose que de leur avoir ordonné de se tenir en repos, étant avantageux qu'il y eût 2 ou 300,000,000 ᴴ moins de revenu dans le royaume. Ce n'est pas tout : comme ce trafic continuel qui doit être d'une année avec l'autre en compensant les abondantes avec les stériles (*sic*), il est arrivé, dans ces dernières, que, les défenses précédentes de rapport aux terres de difficile et de chère culture ayant beaucoup moins provisionné l'État, les horreurs dont on n'a que trop fait expérience en sont ensuivies; le tout, par la première erreur d'avoir cru les blés à peu près de la nature des truffes, ce qui a fait tomber les auteurs dans une autre, qui est presque la même, et la cause de tout le désordre : ils ont pensé que la sortie des blés intéressoit la nourriture des peuples par rapport à la quantité de la privation, et qu'il étoit avantageux de le maintenir à bas prix pour le maintien des menus peuples, au lieu que c'est justement le contraire de tous les deux, puisque, premièrement, à l'égard de l'enlèvement, il est impossible, avec une entière licence de transport, qu'on en puisse jamais faire sortir la cinq-centième partie de ce qu'il croît dans le royaume, par la délicatesse de cette denrée, dont le moindre bruit de sortie fait un fracas et un rehaussement de prix qui met l'étranger hors d'état d'y trouver son compte, pendant que, la hausse se redoublant, le labourage rend les maîtres opulents, et par conséquent toutes les professions dont la destinée est attachée à celle des propriétaires des fonds. Ainsi, Monseigneur, je vous maintiens que la sortie des blés, vraie ou feinte, ce que vous pouvez pratiquer en tout temps à l'égard de ce dernier genre, ne sert qu'à centupler ce que l'on enlève par l'augmentation d'excroissance, le tout parce que le prix peut supporter les frais, et à garantir les fâcheux effets des stérilités; mais je soutiens à même temps que celui qui s'y trouve, et que l'on force de ne pas hausser de volonté délibérée, est très défectueux et très contraire aux violents intérêts dont je viens de parler, et qu'enfin il coûte au royaume plus que ce que le Roi tire, et même que ce que je promets. Il est le même qu'il étoit il y a cinquante ans, c'est-à-dire à 10, à 11 ou 12 ᴴ le setier à Paris, 9 à 10 ᴴ au plus dans les provinces, comme étant toujours au-dessous, en cela comme en toutes choses, et 6 à 7 ᴴ le petit grain, ainsi qu'est presque tout celui des terres médiocres. Ce taux étoit excellent en 1650, parce que les terres ne vendoient pas leurs levées la moitié de ce qu'elles font à présent; mais, comme elles ont renchéri leur service par l'augmentation du prix de toutes choses, par exemple des souliers, qui, ne valant que 45 ou 50 sols en 1650, se vendent aujourd'hui 4 ᴴ 10ˢ et 5 ᴴ, de vouloir que l'un double, et l'autre pas, ces souliers n'étant que l'échantillon de tout le reste, surtout des servitudes de frais qui accompagnent le labourage, c'est désirer que les terres et les fermiers fassent banqueroute par l'obligation de ne pouvoir vendre qu'à perte : ce qui rejaillit incontinent sur ces demandeurs de bon marché des blés. Le rétablissement de ce malentendu opéré par les héros passés n'a besoin que d'une heure de travail, et qu'autant de temps qu'il faut pour concevoir qu'en 1650 on étoit très sage de souffrir ou maintenir les blés sur un prix trois fois plus fort qu'ils n'étoient en 1600, parce que ces souliers de 45 sols n'étoient qu'à 15 sols, et, en 1600, le même degré de sagesse de voir tranquillement un pareil triplement de prix de grains par rapport à cinquante ans auparavant, savoir : 1550, que ces mêmes souliers ne valoient pareillement que 5 sols, cette gradation étant la suite des crues d'argent, dont on ne doit pas ôter la quote-part aux grains par l'enlèvement de la liberté de sortie, qui est l'un des apanages de leur destinée, sans quoi tous les malheurs et de leur disette et de leur avilissement, qui est encore plus dommageable, sont immanquables. Ce désordre, Monseigneur, peut être rétabli encore une fois en une heure, en remettant 200,000,000 ᴴ de rente dans le royaume, sans autre fracas que le déchet de la réputation de Messieurs vos prédécesseurs, qui se sont trompés en cela comme dans tout le reste, malgré les applaudissements de la cour, démentis par la diminution au moins de la moitié de tous les biens du royaume, au lieu des hausses précédentes expérimentées tous les trente à quarante ans dans les temps précédents. Je viendrai, dans ma première lettre, aux liqueurs, dans lesquelles ces Messieurs n'ont pas assurément rencontré plus juste qu'à l'égard des blés, s'étant très fort gênés, et mis une infinité de monde en campagne, pour tout ruiner, en sorte qu'il est presque impossible de ne les soupçonner que d'une simple méprise : sur quoi la voix publique ne balance point à prendre son parti.

Je suis, avec un très profond respect, Monseigneur, votre très humble et très obéissant serviteur.

Boisguillebert.

Ce 17 Juillet (1704).

Monseigneur,

Ayant à vous traiter dans celle-ci des liqueurs, je prendrai la hardiesse de vous dire qu'il s'en faudra beaucoup que les choses se passent aussi tranquillement qu'à l'égard des grains, dans lesquels, quelque effroyables qu'aient été les effets de la méprise, on n'en pouvoit guère accuser qu'un peu de trop de présomption ou de témérité d'avoir supposé pouvoir emporter un art par spéculation et atteindre la connoissance des intérêts d'une denrée, quoique impénétrables qu'à une très longue pratique uniquement : ce qui est si certain, qu'en Angleterre, où les laboureurs ont part au gouvernement, on donne de l'argent en pure perte à ceux qui causent la sortie des blés du royaume, c'est-à-dire qu'il en coûte en ce pays pour pratiquer une chose dont le contraire est observé en France de volonté délibérée. Ainsi, il faut absolument qu'il y ait une erreur grossière dans l'une ou l'autre des deux conduites si opposées, et les auteurs ne peuvent pas être également héros. Cependant, Monseigneur, on peut assurer que les méprises à cet égard ne sont que des roses en comparaison de ce qui s'est fait envers les liqueurs depuis quarante ans, puisqu'on peut soutenir que cette seconde manne primitive des hommes, et dont la nature a si bien partagé la France, a éprouvé des horreurs contraires à l'usage de toutes les nations du monde, à l'humanité la plus naturelle et au sens le plus commun. Je dis plus, Monseigneur; je maintiens que tous les fléaux de Dieu, savoir : la peste, la guerre et la famine, dans leur plus grande colère, n'ont jamais causé tant de désolation dans une contrée, que les manières pratiquées à cet égard depuis 1660 ont fait, à cet égard, dans la plupart des provinces du royaume : ce qui a rejailli par contre-coup sur toutes les autres, ainsi que sur tous les genres de biens, qui ont une liaison si fort nécessaire et mutuelle, que les dispositions, quelles qu'elles soient, de l'un deviennent aussitôt communes et générales à toutes les professions. Car enfin, Monseigneur, ces fléaux de Dieu, quelque grands qu'ils soient, n'arrivant ordinairement que par la colère du ciel, ils n'avoient qu'une courte durée, après laquelle un pays désolé redevenoit souvent plus florissant que jamais; la guerre même, quoique tenant le premier rang parmi ces fléaux, n'est pas généralement incompatible avec le commerce et le labourage : les contributions payées régulièrement permettent de faire tranquillement le ménage des champs; les passeports et les sauvegardes suppléoient au reste. Il n'en va pas de même des traitants : en plusieurs contrées, ils ne laissent rien à moissonner après eux, et, si les premiers ont fait cette faute, ceux qui les ont suivis se sont bien gardés d'y tomber, et il faut bien que cela soit, puisque les officiers de ces armées désolantes se sont beaucoup plus enrichis que toutes les guerres, quelles qu'elles soient, n'ont jamais pu faire les généraux les plus intéressés et les plus décriés.

Je n'exagère point, Monseigneur, et ce qui s'est passé publiquement à l'égard de plusieurs contrées, est si fort au delà de ce qu'on peut s'imaginer, que le portrait n'en sauroit jamais égaler l'original. Dans la seule paroisse de Ménilles, près Vernon, il y croissoit et se vendoit autrefois pour 50,000 écus de vin, avec profit : et cela ne va pas présentement à 10,000 #, qui ne sont pas les frais de l'excroissance. Et cette désolation n'est point bâtarde, mais une production très naturelle et légitime des causes qui lui ont donné naissance; car enfin, Monseigneur, persuadez-vous que des greffes publics font foi de procès intentés pour le payement de futailles données à crédit avant la vendange, à condition de payer après la vente : à quoi le vigneron n'ayant pu satisfaire, faute d'acheteurs, il offrit les pièces au marchand, pleines de vin, en pure perte et sans aucun retour, ce que l'autre ne voulut pas accepter, par les mêmes raisons qui lui faisoient offrir un si déplorable marché, bien que à dix-huit ou vingt lieues de l'endroit où cette malheureuse scène se passoit, le vin se vendît vingt fois davantage que le prix auquel on le laissoit, savoir : moins que le prix de la futaille; ce qui étoit bien l'intention des traitants, pour avoir carte double par ce moyen, c'est-à-dire : le vin pour rien au pays où il croît, et la faculté de le faire vendre en détail pour leur compte un prix exorbitant dans les contrées de transport, mettant ordre d'ailleurs que qui que ce soit qu'eux n'y en puisse ni voiturer ni trafiquer, par les embarras de chemins et exigences de déclarations aux bureaux, où les commis étant juges et parties, les difficultés en sont insurmontables : ce qui a réduit cette consommation à la dixième partie de ce qu'elle étoit autrefois. Comme c'est à peu près la même chose partout ailleurs, jugez, s'il vous plaît, Monseigneur, si jamais guerre déclarée a produit de pareils effets, et si c'est à juste titre que l'on catéchise les auteurs de pareilles manières, qui seroient désavouées par les gens les plus dépravés, bien loin d'en attendre des louanges. Quoique les choses ne soient pas aujourd'hui dans cette atrocité, ce n'est pas qu'il y ait rien de changé, mais c'est que le mal a si fort exténué le sujet, que la violence n'en paroit pas dans toute son étendue, ce qui se rengrège tous les jours; et, quoique cette conduite ne soit pas générale dans toute la France, on peut assurer qu'elle participe également au malheur des quatre généralités de Rouen, Amiens, Caen et Alençon, où il semble que le désordre a comme établi son trône et son empire, puisque, outre que les droits d'entrées y sont effroyables, celui de quatrième, uniquement pratiqué dans ces généralités, forme, avec ses entrées, un tout qui approche beaucoup plus, et par ses suites et par la simple vue, de la confiscation que d'un tribut, sans que le Roi tire la millième partie du tort que cela fait à son royaume, ces désolations de contrées devenant solidaires à toutes les provinces par la liaison nécessaire que tous les pays, ainsi que toutes les denrées, ont les unes avec les autres, surtout le désordre se passant, en cette occasion de quatrième, dans les contrées maritimes, qui forment la clef du commerce : et si l'on voit les liqueurs à 6 deniers la pinte, ou plutôt à rien, le long de la Loire et au delà, bien que ces lieux n'aient singulièrement presque nuls impôts, l'on en doit raisonner comme l'on feroit d'un fleuve de long cours arrêté dans son embouchure : non seulement il couvriroit les campagnes voisines de sa sortie, mais même l'inondation remonteroit jusqu'à sa source, pour peu qu'elle durât, tout comme, au moment que la digue qui arrête son cours seroit détruite, les champs se trouveroient aussitôt dégagés. C'est ce que vous pouvez faire, Monseigneur, en un moment, à l'égard des liqueurs de toute la France, par une très petite attention dans ces quatre généralités, sans qu'il soit nécessaire de faire nul dédommagement aux traitants ni en congédier aucun, quoique le royaume leur soit redevable de sa ruine; et à leurs protecteurs, lesquels, sans intérêts personnels, par la seule qualité d'hommes, auroient été plus sensibles aux horreurs qui subsistent, et dont je viens d'avoir l'honneur de vous parler. Ainsi, si vous consultez ces Messieurs, ils aimeront mieux que tout le royaume périsse, que de laisser apercevoir par une expérience contradictoire ce que leur habileté coûte au Roi et au peuple. Vous pouvez donc, en un instant, tripler cette consommation, c'est-à-dire mettre l'argent à cet égard trois fois plus en route qu'il n'étoit, comme il ne peut faire un pas sans que le Roi en ait sa part, ainsi que vous connûtes la dernière fois que j'eus le bien de vous saluer, tout comme c'est peine perdue de le vouloir tirer par force du repos où la mort de son maître, qui est la consommation, le réduit par violence. Voilà, Monseigneur, les mesures qu'il faut prendre pour avoir les 400,000,000 [ll] pour le peuple, par où il faut commencer afin d'avoir les 80,000,000 [ll] au profit du Roi. Il ne veut recevoir de l'argent qu'à dessein de procurer des denrées à ceux à qui il le donne, et les peuples ne le peuvent payer que par la vente de ces mêmes denrées. Cependant leur destruction a formé tout le héroïsme de Messieurs vos prédécesseurs et de ceux qu'ils ont élevés. Je crois que vous aspirez à une gloire d'un autre genre. Ma première lettre traitera de cette solidité d'intérêts, dont je n'ai dit qu'un mot en passant. Comme elle se trouve également entre tous les hommes, les contrées et les denrées, le bien ou le mal singulier devient aussitôt général, bien que cette doctrine soit si fort ignorée depuis quarante ans, que personne n'a point de plus clair revenu que la destruction de son semblable : en quoi les traitants tiennent extrêmement le haut bout, et au delà de ce que vous pouvez penser. Comme c'est par une violence continuelle, il ne vous faut qu'un moment pour la cesser et tout rétablir.

Je suis, avec un très profond respect, Monseigneur, votre très humble et très obéissant serviteur.

Boisguillebert.

Ce 30 Juillet (1704).

Monseigneur,

Il ne se peut guère voir d'erreur plus grossière que celle qui règne dans la plupart des hommes à l'égard de l'argent*. Ils le regardent presque tous comme une denrée naissante à tous moments des entrailles de la terre, comme en Espagne, et périssant par l'usage, ainsi qu'il fait dans cette contrée; au lieu qu'en France il le faut considérer comme un enfant continuel de la consommation, qui naît et meurt à toutes les heures du jour, sans néanmoins jamais naître ni mourir que par fiction, n'ayant ces deux destinées que par rapport à chaque particulier qui le reçoit et s'en dessaisit, et nullement par lui-même, qui subsiste toujours dans une pareille quantité, à quelques déchets près, plus que remplacés par les colonies nouvelles qui nous viennent toutes les années des pays de son origine naturelle. Il est aisé de concevoir par ce raisonnement que, comme il est l'effet de la consommation, il en est pareillement l'objet, et qu'il joue à même temps ces deux personnages à l'égard de ceux qui commercent par son moyen; il meurt chez l'un et naît chez l'autre, d'abord que tous les deux trouvent leur compte dans un marché ou un trafic; mais que, d'abord qu'ils ne peuvent convenir ni s'accorder, l'argent et la denrée demeurent chacun de leur côté, non sans violence de part et d'autre. Ainsi, l'intérêt, tant des possesseurs de l'argent que des denrées, est qu'il y ait beaucoup de consommation, ce qui ne peut jamais être sans qu'il y ait beaucoup de commerce : de manière que l'utilité de toutes les conditions, quelles qu'elles soient, consiste dans ce que chacun fasse valoir sa profession au plus haut point qu'il est possible, dans la certitude que tous les sujets sont autant de pièces d'horloge qui concourent au commun mouvement de la machine, le dérangement d'une seule suffisant pour l'arrêter entièrement. Cependant, Monseigneur, on peut assurer que, depuis quarante ans, tous les hommes et toutes les conditions ne travaillent en France qu'à leur destruction réciproque, et que, les plus hautes fortunes ne s'étant faites que par les désolations générales, de notoriété publique, cela a si fort établi cette manière, que tout le monde ne songe qu'à faire son compte aux dépens de son voisin, sans songer que sa destruction attirera bientôt la sienne propre** : ce qui déclarant une forte guerre à l'argent, au lieu d'un cours libre, il ne peut presque plus faire un pas qu'il ne soit arrêté en chemin, n'étant en route que tant qu'il se trouve autant d'acheteurs que de vendeurs de toutes sortes de marchandises qui sont de mise. Du moment que l'un manque, savoir : l'acheteur, l'autre ne foisonnant que de reste, ce qui forme la misère, la denrée reste, et l'argent par conséquent. Or, étant nécessaire, pour qu'il ait un cours entier, qu'il passe par les mains de plus de deux cents métiers et professions qui subsistent au moyen chacune de la livraison d'une partie de leurs fruits ou de leur travail, il n'est pas besoin que toutes demeurent les bras croisés pour faire cesser cette circulation et cet arrosement continuel de l'argent; il suffit d'une seule, comme l'eau arrêtée dans un unique endroit d'un long canal : et aussitôt les voilà toutes démontées, à proportion que la pièce sur qui le sort tombe est considérable; et l'on a vu, dans un seul matin, des trois à quatre cents ouvriers demeurer tout à coup, parce que celui qui les faisoit travailler avoit fait banqueroute. Ainsi, Monseigneur, comme souverain conducteur de l'horloge, vous pouvez entretenir cette harmonie entre toutes les pièces si nécessaires pour le commun maintien de l'État, en songeant, s'il vous plaît, que le désordre ne vient que parce que les consommants sont quelquefois mis tout à coup hors d'état de consommer : ce qui, arrêtant le cours de la circulation, fait payer au centuple la somme que l'on vouloit exiger, et qui, mise au triple d'une autre manière, eût été imperceptible. Présentement donc, tout étant plein de vendeurs, tant de meubles que d'immeubles, et n'y ayant presque nuls acheteurs, l'argent ne peut plus marcher. Dégagez, Monseigneur, les canaux : les denrées seront recueillies, et l'argent, qui n'est que leur esclave, paroîtra à leur suite. Sinon, au lieu de circuler pour le commerce, c'est-à-dire pour le superflu, il ne marchera plus, comme il fait actuellement, que pour vivre simplement, c'est-à-dire pour le très nécessaire. Ainsi, ne vous étonnez pas si vous le voyez trois fois moins en route : ce n'est que parce qu'il a trois fois moins de chemin à faire et trois fois moins de maîtres à servir : ce que vous pouvez, encore une fois, Monseigneur, rétablir en deux heures, en donnant la paix aux meubles et immeubles, dont la guerre continuelle a été la principale fonction de Messieurs vos prédécesseurs, d'abord par prévarication, comme il n'est que trop connu, et ensuite par surprise, croyant que l'on ne pouvoit faire autrement. Mais, comme vous êtes beaucoup plus éclairé, vous ne donnerez pas assurément dans cette erreur, non plus que de dire que la guerre ait aucun rapport avec la régie du dedans du royaume, surtout aux conditions que je me donnerai l'honneur de vous écrire mardi, pour ma dernière lettre. Si mes propositions de 80,000,000 [ll] dans le moment sont surprenantes, les clauses de ma part ne le sont pas moins : ce ne sera point, Monseigneur, un aveu et un consentement aveugle de votre part à un déconcertement de la situation présente, sur la foi de mes vues, que je supposerai être toutes remplies de creux et de vision, quoique je ne sois que l'organe de tous les peuples; c'est un simple essai, dont tout le fracas, en cas de non-réussite, ne dérangera pas davantage la situation présente qu'une promenade inutile sur votre terrasse; et consens, pour ma punition, que vous revendiez de nouveau une charge, quoique presque toute composée de ce que je possédois déjà, que vous me vendîtes près de 100,000 # il y a quatre ans. Je crois, Monseigneur, vous avoir assez fait comprendre pourquoi, ce rétablissement étant si facile, il n'a point été pratiqué : c'est la même raison pour laquelle, si vous uniquement n'étiez point en place, loin de l'espérer, je n'écrirois point une ligne pour le proposer, n'ayant jamais aimé à perdre mon temps. C'est une distinction qui vous est due par tous ceux qui auront l'honneur de vous connoître personnellement, mais que la postérité, qui ne jouira pas de ce bonheur, aura peine à vous rendre, si elle vous voit continuer, quoique avec intégrité, des manières que l'on a eu soin de lui apprendre n'avoir été instituées, à la ruine du Roi et des peuples, que par une pure prévarication.

Je suis, avec un très profond respect, Monseigneur, votre très humble et très obéissant serviteur.

BOISGUILLEBERT.

* Dans une transcription de ces lettres faite par M. Desmaretz, celle-ci porte en marge, au début : «Il y a beaucoup plus de galimatias que d'autre chose dans cette lettre, et elle n'est ici que pour faire suite.»

** Ici, la copie porte en marge : «Tout ceci n'est qu'un extrait ou supplément, au lieu de répétitions fort embrouillées.»

Ce 22 (Juillet 1704).

Monseigneur,

Je suis très persuadé que les six lettres auxquelles je m'étois engagé pour vous faire comprendre que l'argent ne vous manqueroit jamais de garantie pour fournir amplement les besoins du Roi, c'est-à-dire les 80,000,000 # tant de fois mentionnés, malgré le ridicule dont on voudroit revêtir ma proposition, quand il vous plaira prendre la vingtième partie de la peine, pour le faire paroître et le mettre sur pied, que Messieurs vos prédécesseurs, malgré leurs bonnes intentions, ont employée pour l'obliger ou à se cacher ou à mettre trois mois à faire une route pour laquelle il ne faut régulièrement qu'un jour, m'ont amplement acquitté de ma parole. Au moins suis-je assuré que, le tout n'ayant été qu'extrait d'un traité par moi composé, et qui tôt ou tard doit être rendu public, ou pour montrer, si c'est de mon vivant, que l'on ne propose rien que du consentement des peuples, si c'est après ma mort, que je n'ai rien oublié pour empêcher leur ruine et par conséquent celle du Roi, et cet ouvrage, Monseigneur, ayant été communiqué aux plus sensés et plus intéressés sujets que je connoisse, c'est-à-dire les plus riches, il n'y en a aucun qui ne m'ait marqué être prêt de le signer, me faisant remarquer à même temps l'impossibilité du côté des intérêts du ministère : ce qui ne conclut rien à mon égard, parce que je suis très assuré que vous seul n'êtes point fait comme les autres. Cependant, Monseigneur, vous concevez bien qu'il vous tombe en charge le même rôle de M. de Sully, qui, ayant à opérer un pareil ouvrage que celui qui vous échoit, se vit aussitôt toute la cour et toute la faveur sur les bras; mais il s'en défit et les obligea à garder le silence, à peu de frais : il montra la juste suspicion à les voir opiner sur la cessation d'un désordre qui leur étoit si profitable, quoique très indirectement. Dans les 300,000,000 # que levoit incontestablement le roi François Ier, il n'y en avoit pas un sol qui ne passât droit des mains du peuple en celles du prince*; ce n'est pas aujourd'hui tout à fait l'espèce qui règne, comme vous savez, Monseigneur, ce quart fatal de remise, et qui se redivise en tant de canaux, tant connus qu'inconnus, est cause de tout le malheur, et non la quotité de ce que le Roi lève. Toute cette nation ne se laissera pas détrousser impunément. Ce n'est pas tout : rétablir toutes choses en deux heures est montrer en deux heures les erreurs passées, et, comme vous avez peu de sujets auprès de vous qui ne soient de l'ancienne roche, jugez, Monseigneur, du redoublement d'intérêts à me traiter de visionnaire, quoique porteur de l'aveu et du consentement de tous les peuples, et que mes adversaires leur soient en horreur, eux et leurs manières. Cependant, Monseigneur, ces forts intérêts que vous trouveriez à votre chemin vous jettent dans un autre tout opposé, qui est encore plus grand de votre part, savoir : de leur résister, par la raison qu'il n'y a point de parti mitoyen qui puisse jamais faire rendre la justice qui est due à votre intégrité, et qu'il en arrivera comme du temps de César : qui n'étoit point pour lui, étoit estimé être contre lui; c'est ce qui me persuade, malgré l'opinion commune, qu'à la première audience, que je vous supplie de me donner le matin, j'aurai le bonheur de vous vérifier que je vous propose un marché sans peur et sans péril, pour vous faire devenir le premier homme de votre siècle, en montrant la vérité que Messieurs vos prédécesseurs, quoique très bien intentionnés, bien que cela ne leur soit pas accordé généralement par tout le monde, ont agi comme s'ils avoient été payés pour ruiner également le Roi et ses peuples. Ce ne sera point, Monseigneur, de vains raisonnements que je vous apporterai, mais bien un poinçon et un creuset pour vous faire remarquer la différence qui se trouve entre du cuivre doré très lavé, qui vous environne, et de l'or mêlé de gravier presque sortant de la mine. Il n'y a personne avec qui je renonce d'entrer au combat, mais à condition que ce sera par écrit, et que chaque plaidoyer ne contienne que trois lignes au plus, n'étant pas besoin de plus long discours lorsqu'il ne s'agit que de fait, et de oui et de non, ni que l'on reçoive d'autres expressions que ces deux termes, lesquels, bien qu'exclus du pays dont je suis, n'ont pas laissé de former toute ma jurisprudence; et, dans mon portrait en vers latins, que je fis dans un accès de fièvre qui ne me permettoit pas de lire, écrire, dicter et questionner, les seuls emplois de ma vie, mon esprit, qui avoit reçu un surcroît de chaleur, me dicta pour exorde :

> Quamvis Neustriacis ad lucem venerim in oris,
> Nulla venœnatæ traxi contagia terræ.

En effet, Monseigneur, vous comprenez bien que l'inquiétude des affaires publiques, n'étant pas un moyen d'accommoder les siennes, ne sembleroit pas devoir être le rôle d'un Normand.

Cependant cela est, et, bien que mon imagination ne me fasse grâce et ne me cache aucune des circonstances désagréables qui suivent cette conduite, je puis dire assurément que je ne m'en repens point, parce que vous n'êtes pas fait comme les autres, et que vous n'en savez plus qu'aucun de Messieurs vos prédécesseurs qu'attendu qu'on ne vous fâche pas de vous vouloir apprendre en matière de fait, où l'on peut dire que l'on n'achève jamais.

Enfin, Monseigneur, pour continuer à quitter le rôle de Normand, je ne vous dissimulerai point qu'il n'y a aucun milieu dans la manière dont vous prendrez la peine de regarder cette reprise de commerce dont j'ai osé vous supplier depuis un mois. Il me paroît que je vous dois sembler le sujet du monde le plus agréable et qui est en état de concourir à vous combler davantage de gloire, ou comme l'homme de la terre le plus importun, qui vient troubler par ses inquiétudes une sécurité et une tranquillité dans lesquelles ceux qui environnent MM. les ministres sont en possession de les entretenir par des applaudissements continuels, malgré la ruine publique qui augmente tous les jours. L'idée certaine que j'ai de votre intégrité, et qui seule me met la plume à la main, ne me permet pas de croire que je perde mes peines ni mon voyage comme par le passé, lorsque vous m'aurez marqué le jour ou le matin que vous me permettez de vous aller saluer. Au reste, Monseigneur, ce compte que je fais par centaines de millions, tant des biens de la France que des diminutions qu'elle en souffre, me parut vous faire quelque scrupule, l'année passée, comme renfermant quelque chose de ridicule. Si c'est une faute, l'auteur des *Intérêts de l'Angleterre***, qui a été assez applaudi, y est tombé comme moi ou après moi, ayant marqué que ce royaume, qui ne vaut point la cinquième partie de la France, possède près de 600,000,000 # de revenu***. Il y a encore une marque certaine par plus de 150,000,000 # que le Roi tire présentement, et l'Église pour le moins autant : ce qui démontre qu'il faut nécessairement que les payants possèdent quelque chose de plus, et qu'il n'y a pas d'apparence que les peuples servent le Roi et l'Église pour rien. Je vous pourrai dire, Monseigneur, des faits surprenants, mais jamais de faussetés, qui est un rôle entièrement attaché à ceux qui ont fourni les mémoires à MM. les ministres depuis quarante ans, ayant en tout été (?) au fait, sans en excepter quoi que ce soit.

J'attends l'honneur de vos ordres pour savoir mon sort et celui de toute la France, et suis, avec un très profond respect, Monseigneur, votre très humble et très obéissant serviteur.

BOISGUILLEBERT.

* Dans la copie des huit lettres du mois de juillet faite pour M. Desmaretz, ce passage est ainsi annoté : «Cela supposé, il n'y avoit point d'abus, et par conséquent point de remède à y apporter : ce qui détruit tout ce qu'il dit auparavant de M. de Sully. Peut-être fut-ce depuis la réformation des abus que les choses se passèrent de cette manière.»

** En marge, la copie porte ici : «Mauvaise autorité.»

*** En marge, la copie porte ici : «S'il y comprend le commerce, sa comparaison ne vaut rien.»

Au Maréchal DE VAUBAN.

Ce 22 Août (1704), de Rouen.

Monseigneur,

Les attentions aux intérêts publics qui, ayant fait presque toute ma vie ma principale occupation, me procurèrent, il y a huit ou neuf ans, l'honneur de vous connoître personnellement, ne se sont point, à beaucoup près, depuis ce temps, ni bannies ni prescrites dans mon esprit. Le progrès même des désordres, dans une conjoncture où les mesures les plus justes sembleroient nécessaires et d'une entière obligation, m'a (*sic*) servi comme d'un plus fort aiguillon à m'y appliquer avec plus d'exactitude : en sorte que je puis dire aujourd'hui que, quelque applaudissement que le public ait donné à mon premier ouvrage, ce n'est rien, au dire des experts, en comparaison de ce que j'ai fait depuis. Je prétends, Monseigneur, pouvoir, en deux heures, sans rien déconcerter ni mettre au hasard par aucun nouvel établissement, fournir au Roi 80,000,000 # par delà la capitation : ce qui ne sera que le quart de ce que, en aussi peu de temps, j'aurai remis de revenu au peuple. Vous serez encore plus surpris, Monseigneur, quand je vous déclarerai que le projet en sera signé par autant de sujets très riches que je voudrai, le tout par avance payable, quand il y aura sûreté à s'expliquer. La première idée qui se présente à l'esprit sur une pareille proposition est pourquoi ne se pas adresser uniquement à MM. les ministres : c'est par les mêmes raisons que l'on ne l'a pas fait depuis quarante ans que tout est exposé en proie, le Roi ne recevant pas un sol par la main du traitant qu'il n'en coûte 20 en pure perte au peuple. De quelque intégrité personnelle dont ceux qui sont à la tête soient remplis, ils ne veulent point mettre leur place en compromis en se commettant ou fâchant toute la cour, qui s'associe avec tous les partisans. Je vous demande, s'il vous plaît, deux heures de votre temps, que j'irai prendre secrètement au jour que vous aurez eu la bonté de me marquer, comme vous fîtes, il y a huit ans, et suis, avec un profond respect, Monseigneur, votre très humble et très obéissant serviteur.

BOISGUILLEBERT,
Lieutenant général.

Le maréchal DE VAUBAN *au* CONTRÔLEUR GÉNÉRAL.

A Paris, le 26 Août 1704.

J'ai trouvé, Monsieur, en arrivant ici, une lettre de M. de Boisguillebert, lieutenant général de Rouen, que j'ai cru devoir vous envoyer parce qu'il promet monts et merveilles, si on veut l'écouter. Comme cela regarde votre ministère des finances, j'ai cru devoir vous en donner avis au plus tôt. Je sais bien qu'il est un peu éveillé du côté de l'entendement; mais cela n'empêche pas qu'il ne puisse être capable d'ouvrir un bon avis. C'est pourquoi je crois que vous ne feriez pas mal de le faire venir à l'Étang, quand vous y serez. Quelquefois les plus fous donnent de fort bons avis aux plus sages. Ayez la bonté, en temps et lieu, de vous souvenir de la prière que je vous ai faite pour mon neveu. Je suis, de tout mon cœur et avec toute l'estime et l'attachement possible, Monsieur, votre très humble et très obéissant serviteur.

Le maréchal DE VAUBAN.

Au Contrôleur général.

Ce 21 Septembre (1704), à Rouen.

Monseigneur,

J'ai été trois jours à Versailles ou à Paris pour une affaire qui m'étoit survenue avec la Chambre des comptes, dont il falloit instruire M. le Chancelier. Mon dessein étoit de vous saluer; mais, ne vous ayant trouvé qu'à Marly ou à l'Étang, ces séjours ont été pour moi des asiles impénétrables, n'ayant point de vocation particulière, comme les autres années, afin de me procurer extraordinairement cet honneur. Cependant je pense que j'aurois été assez heureux pour vous persuader que la rareté de l'argent et la difficulté de le recouvrer ne viennent nullement de son existence diminuée, bien que ce soit l'idée de tout le monde, et surtout de Messieurs de la finance. J'ai fait un traité, qui n'est que le préliminaire d'un autre, dont je vous supplie très humblement de vouloir bien prendre la lecture en ma présence, par lequel je prouve invinciblement, et sans que l'on y puisse repartir sans renoncer au sens commun, que plus l'argent est rare en France, comme à présent, plus il en existe et plus il s'en remet dans le commerce; comme plus il est commun, et plus il s'en perd et s'en détourne à des usages étrangers. Ainsi, il y en a beaucoup moins; mais il fait mille fois plus de chemin : c'est pourquoi on le voit mille fois davantage. Sur ce compte, Monseigneur, malgré toutes les raisons qui me devroient porter à demeurer dans le silence à votre égard sur cette matière, j'ose vous dire que son importance, qui n'est point sujette aux lois ordinaires, me fait vous offrir encore, comme je fais depuis quinze ans, de vous rendre l'argent très commun, en deux heures de travail de votre part et quinze jours d'exécution de celle des peuples, sans déconcerter aucune chose, en sorte que toute la non-réussite se réduira à la perte de deux heures de votre temps et de trois ou quatre feuilles de papier. Il semble que, s'il s'agissoit de la vie du Roi, qui est la chose du monde la plus importante, on écouteroit le dernier des empiriques, pour ne pas dire des charlatans, à de pareilles conditions, surtout quand on ajoute, comme je fais, une punition exemplaire dans l'auteur, en cas que ses vues soient des visions. Je me suis déjà donné l'honneur de vous mander, Monseigneur, que le refus d'un pareil cartel fait plus qu'une demi-preuve de la certitude du succès. J'ai réduit toute ma doctrine en deux feuilles de papier, que je ferai signer par toutes les personnes non suspectes ou récusables, lorsqu'il y aura sûreté : ce qui n'étoit pas, à beaucoup près, ci-devant, et ce qui est cause que les désordres dont vous avez bien voulu convenir vous-même autrefois, Monseigneur, ont fait de si grands progrès, en sorte qu'on peut dire, sans exagération, qu'ils sont arrivés à leur comble dans le moment que la France se trouve dans la plus grande obligation qu'elle ait jamais été de se servir de toutes ses forces. Le mal est que cet intérêt général se trouve en compromis avec des avantages particuliers d'une haute protection, qui se trouvent détruits d'une infinité de façons, toutes plus violentes les unes que les autres; car, premièrement, Monseigneur, loin de laisser penser au Roi que ceux qui ont gouverné ses finances depuis 1660 étoient des héros à qui il a de grandes obligations, ainsi que ses peuples, il lui faut faire concevoir que c'est la plus haute des erreurs dont un grand prince comme lui soit capable, puisqu'ils y ont si fort péché du tout au tout, dans la perception de ses revenus, que la destruction ou la cessation de la moindre partie de leurs établissements est de l'or en lingot, sur-le-champ, pour lui et pour ses sujets. Or, de supposer, Monseigneur, que les personnes intéressées, ou par eux-mêmes ou par représentation, donnent jamais leur consentement, non seulement à une pareille expérience, mais même que l'on ose révoquer en doute des habiletés si puissamment établies, c'est ne pas connoître le cœur de l'homme et attendre l'impossible. Ainsi, c'est une disposition qu'il faut que vous preniez vous seul, et dans laquelle vous ne serez secondé d'abord par personne, à cause de la crainte ou de l'intérêt; mais, du moment que le Roi et vous vous serez déclarés, tous les peuples vous seconderont. Je sais bien que vous avez beaucoup de peine à concevoir que des gens estimés si sages aient si fort erré, et que moi, dont on vous a fait toutes sortes de rapports, sois capable de les redresser et de faire, en si peu de temps et si facilement, ce que tant de grands hommes jugent impossible; mais vous considérerez, s'il vous plaît, que tous les auteurs des nouvelles découvertes n'avoient pas, à beaucoup près, tant de montre que moi, et, en second lieu, que personne ne dit, il y a dix ans, lors de l'arrivée de mon *Détail de la France*, que c'étoit l'ouvrage d'un fou, ni que la manquance qui y étoit décrite fût la démarche de gens très sages et qui savoient ce qu'ils faisoient. Je vous fournirai les 80,000,000 # aux conditions marquées, qui ne seront que l'effet de 400,000,000 # que je rétablirai aux peuples en agissant de concert avec eux, et non point despotiquement et mystérieusement, comme l'on fait depuis quarante ans. Et si, Monseigneur, vous vouliez pratiquer toutes mes vues et n'y rien changer, sans les concerter avec les peuples par la publication précédente des mesures que l'on va prendre, je renoncerai à vous fournir un sol de cette manière. Je vous supplie donc de m'accorder une demi-heure de votre audience, dans laquelle je ne vous demande autre chose que de lire un ouvrage fort court; et si vous dites qu'il y a des gens qui signeront une contradiction aux faits que je pose comme incontestables, soit pour le temps, soit pour la chose, je demeurerai d'accord que mes yeux et ceux de tous les peuples les ont trompés. Jusques ici, j'attends cette grâce de vous, comme la dernière que je prendrai la hardiesse de vous demander, et suis, avec un très profond respect, Monseigneur, votre très humble et très obéissant serviteur*.

Boisguillebert.

* En marge, de la main du contrôleur général : «Retranchez deux choses de votre système, toutes deux également fausses; après cela, je vous entendrai tant que vous voudrez. Mais, comme mon esprit n'est pas si subtil que le vôtre, je suis obligé de vous dire que nous ne conviendrons jamais tant que vos raisonnements n'approcheront pas davantage des vérités constantes et que tous les hommes sont capables d'entendre. Les deux choses que je tiens fausses sont : l'une, que plus l'argent est rare en France, et plus il y en a. Un empirique en ce genre poussera son raisonnement jusque-là; mais il sera confondu par un médecin plus habile et plus solide que lui. Pour prouver votre dire, vous me ferez voir que moins il y en a, et plus celui qui y est circule, parce qu'on le voit plus souvent : c'est ce qui en fait la rareté. Lorsqu'une armée est supérieure à une autre par le nombre de troupes.

celle qui en a le moins est toujours dans l'action; de celle qui en a le plus, les troupes ne combattent jamais deux fois. Comment est-il possible qu'il sorte beaucoup plus d'argent de France qu'il n'en entre, et qu'il y en ait davantage que s'il en entroit plus qu'il n'en sort? La seconde, c'est l'article des financiers. Ils ne sont protégés qu'autant qu'ils sont nécessaires; on s'en passera aisément quand on connoîtra quelque chose de mieux, et c'est ce qui fait encore plus contre vous et vos raisonnements, de m'attaquer par un endroit aussi foible, et qui n'a jamais fait aucune impression sur moi. Je veux bien vous donner deux heures, de demain en huit jours, à Fontainebleau.»

Ce 1er Novembre 1704.

Monseigneur,

Je suis fâché que mon traité de la milice ne vous ait pas plu, quoique ne l'ayant composé que par rapport aux intérêts des peuples, afin de les garantir d'une obligation monstrueuse. Je me serois fort bien rendu exécuteur et garant du succès, parce qu'il n'y a absolument rien de ruineux ni d'impossible: ce qui n'est pas, comme vous savez, tout à fait le sort de ce qui s'est fait depuis quarante ans, l'un ou l'autre ayant assurément accompagné les démarches passées, jusque là que c'étoit héroïsme que tous les deux ne s'y rencontrassent pas, comme on ne peut pas nier qu'il est arrivé fort souvent.

Au surplus, Monseigneur, je vous remercie très humblement de l'obédience qu'il vous a plu m'envoyer pour vous aller saluer jeudi à l'Étang, à quoi je tâcherai de ne pas manquer moyennant la grâce de Dieu, bien qu'il faut une vocation aussi forte que la mienne pour le salut ou le rétablissement de la France afin d'espérer le moindre succès sur la manière dont vous avez trouvé à propos de marquer vos ordres. Il paroît que votre bonté acquiesce à l'importunité d'un visionnaire, dont vous voulez bien prendre la peine de rétablir la tête en bonne assiette, sans qu'il ait jamais entré dans la vôtre qu'il y ait seulement apparence de vraisemblable dans les choses qu'il vous propose, ou dont il vous importune depuis quinze ans, après en avoir autant employé à les digérer par la pratique: ce qui manque absolument à ceux qui ont travaillé auprès de MM. les ministres depuis 1660. Comme tout roule, Monseigneur, sur cette différence de pratique et de spéculation, et que vous ne balancez pas un moment à me partager de la dernière, en mettant sur ce compte mes erreurs et ma contrariété de sentiments avec les manières présentes, dont par conséquent vous revêtez les auteurs d'une grande mesure du contraire, savoir: la pratique, vous me permettrez, s'il vous plaît, de vous représenter qu'il y a une surprise effroyable au fait; car, sans recourir à mon genre de vie, à l'âge de cinquante-huit ans que j'ai présentement, et à l'histoire de ceux qui travaillent auprès de vous, ce qui suffiroit pour me faire gagner ma cause, les marques spécifiques qui différencient la pratique de la spéculation sont aussi certaines et aussi grossièrement visibles que ce qui distingue l'Étang d'avec Paris. Voici, s'il vous plaît, quelles elles sont, et ayez la bonté de vous en souvenir, afin que ce soit une chose certaine quand j'aurai l'honneur d'arriver en votre présence: sans quoi il n'échoiroit que de vous demander pardon de ma témérité et prendre congé de vous. La spéculation donc, Monseigneur, consiste à travailler sur des projets formés dans sa tête, sans qu'il ait encore paru, ni que l'on ait jamais rien vu de semblable; et la pratique, au contraire, ne fait qu'imiter et se conformer à ce qui est déjà établi et suivi avec succès et applaudissement par le plus grand nombre. La spéculation promet et maintient des miracles de ce qu'elle invente, mais sans aucune garantie de sa part, sachant l'incertitude des sciences, et par conséquent de la théorie; la pratique, au contraire, fait que ses sujets gageront leur vie sur la réussite, quand ils ont une fois atteint l'usage de leur art, et c'est un marché sans peur. La spéculation ne peut mettre ses rêves par écrit, qu'il ne se lève aussitôt une infinité de contredisants qui combattent sur le papier la nouvelle doctrine; c'est ce qui fait qu'il y a deux cents sectes ou hérésies dans la religion chrétienne, qui s'entredamnent réciproquement. Quand la pratique écrit, nuls opposants, et tous les livres qui ont été faits sur les arts sont encore sans répartie. Sur ce portrait, Monseigneur, jugez, s'il vous plaît, le procès, tant sur le passé que sur le présent. Que les défenseurs du premier feuillettent tant qu'il leur plaira: je suis assuré qu'ils ne trouveront point d'exemple de ce qui s'est pratiqué depuis 1660. Et moi, je maintiens que je ne propose rien que ce qui est et a toujours été en usage chez toutes les nations du monde, et même en France jusqu'à l'innovation marquée, ainsi que je vous justifierai par pièces authentiques en vous saluant, de manière que, si l'on a versé, c'est que l'on a quitté le grand chemin: ce qui étoit immanquable. Aucun de ceux qui ont travaillé par le passé n'oseroit se dire auteur d'aucunes des démarches passées, de peur de se couvrir de confusion et d'horreur, tout comme nul de ceux qui ont l'honneur de vous approcher n'entreprendra point de former au Roi 1,000,000# à sa garantie qu'il ne fera pas vingt fois plus de mal au peuple qu'il n'entrera dans les coffres du prince, sans parler même du payement, qu'il faudroit d'une autre nature que ce qui s'est fait depuis un an, de nouveau, dans la généralité de Rouen, où le Roi n'a pas reçu un sol d'aucune vente. Et moi, encore une fois, Monseigneur, que l'on traite de visionnaire, je suis prêt de me dire auteur de 80,000,000# de hausse par-dessus la capitation, de rendre mon projet public, comme il faut qu'il le soit, parce que l'expérience ne déplacera pas un commis de 100 écus de gages, et, en cas de non-réussite, je perdrai mes charges et mes biens. Si je tiens un langage si différent, c'est que je parle comme font tous ceux qui ont la pratique. On ne demanda pas tant de sûretés à celui qui guérit le Roi à Calais en 1658, puisqu'il lui fit prendre une potion qui avoit jusqu'alors presque passé pour un poison. Si je plaide cette cause devant vous seul, je suis assuré que je la gagnerai. Si vous trouvez à propos de vous faire accompagner par d'autres, je n'abuserai point de votre temps précieux, qui seroit absolument perdu. Vous seul, sur seize intendants que j'ai vus à Rouen, reconnûtes le désordre des tailles et des aides. M. le président de Motteville m'ayant dit, ces jours passés, que vous fîtes vendre en détail des liqueurs pour vous convaincre que le cabaretier ou le vigneron ne pouvoient faire ce trafic qu'à perte. Cela joint à la forte conviction que tous les peuples ont, et moi plus que qui ce soit, que les surprises chez vous ne sont l'effet que de la méprise, ce qui ne s'en faut que du tout au tout que cela vous soit commun avec les autres, fait espérer le salut des peuples, malgré les circonstances avec lesquelles vous me permettez de vous en aller entretenir.

Je suis, avec un très profond respect, Monseigneur, votre très humble et très obéissant serviteur.

BOISGUILLEBERT.

Ce 14 Novembre 1704.

Monseigneur,

Après vous avoir marqué ma très grande reconnoissance de la bonté avec laquelle vous m'avez reçu, je prendrai la hardiesse de vous dire que je ne fais nul doute que, pourvu que vos vues soient bien exécutées, vous rétablirez la France, et par conséquent les affaires du Roi et des peuples, et que vous marcherez sur les traces du roi Louis XI, qui tripla les revenus de la couronne, de M. de Sully, qui, après une longue guerre civile et durant une guerre étrangère, paya 250,000,000 ᴴ de dettes et amassa au Roi 30,000,000 ᴴ d'argent fait et entièrement quitte, et enfin du cardinal de Richelieu, qui doubla le revenu du prince, parce qu'il en fit autant de celui de ses sujets : en sorte que, Monseigneur, vous pourrez dire aux peuples, en formant 200,000,000 ᴴ de rente au Roi, comme je suis assuré que vous ferez, soit en paix ou en guerre, qui n'ont rien de commun avec le gouvernement interne du royaume, qu'ils n'ont pas sujet de se plaindre, mais de vous remercier, puisque cette hausse ne sera qu'un effet de celle de leurs richesses, que vous leur aurez procurée. Et, de même qu'un Père de l'Église fait dire à un malade, en parlant à Dieu : *Auge dolores, sed auge patientiam,* vous leur pourrez aussi marquer : «J'ai augmenté vos tributs, mais j'ai pareillement haussé vos facultés.» Du moment que vous mîtes le pied dans la province, vous comprîtes sur-le-champ où étoit l'enclouure, savoir : la culture des terres arrêtée par l'incertitude, et l'injustice de la taille, et l'horrible mécompte des aides en l'état qu'elles se trouvent aujourd'hui. Tout ce que je ferai désormais, moi et tous les autres, ne sera qu'un éclaircissement de ce que vous avez pensé, que le partage de votre temps précieux ne vous peut permettre; et l'on ne sauroit croire autrement sans être plagiaire. Sur ce compte uniquement, Monseigneur, je m'en vais travailler désormais à vous insinuer des faits sur les blés et les liqueurs, qui est la seule chose que l'on vous peut apprendre, puisque les mesures et les conséquences que l'on en doit tirer seront bien mieux mises en pratique par vous que par qui que ce soit. Toute la grâce que je vous demanderai est que vous vouliez bien me charger de l'exécution en quelque contrée, m'étant indifférent quelle elle soit, pourvu que les aides et la taille arbitraire y aient lieu, non par aucune sensibilité ou préférence que de pareilles fonctions aillent au-dessus du poste que j'occupe dans mon pays, mais par la grande satisfaction que je percevrois de faire voir que ceux qui ne pourroient exécuter vos ordres s'en devroient accuser tout seuls, et non vous, Monseigneur, qui êtes incapable de rien ordonner d'impossible. Je me donne l'honneur de vous envoyer un précis de mon travail sur les blés; il est imprimé, pour en rendre la lecture moins fatigante, ayant la permission de deux feuilles, sans privilège, quoique j'en aie retiré tous les exemplaires en petit nombre, et n'en envoie qu'à vous, Monseigneur, et à M. Desmaretz, parce que vous l'avez chargé de ce soin. J'en ferai présenter un aussi à M. d'Armenonville, en négociant une affaire particulière avec lui, outre que j'ai cru lui devoir cette marque de mon respect, ayant été présent à l'audience que vous avez eu la bonté de me donner. Je pense que, quand vous n'auriez que la prévention et l'amour-propre à faire revenir d'une erreur si profondément enracinée dans le Conseil du Roi, toute sorte de secours ne vous sera pas inutile pour seconder vos bonnes intentions et vos lumières, qui sont plus grandes que les miennes, ne vous ayant rien appris que vous ne sussiez déjà. Je m'en vais travailler sur votre dessein des aides, qui ne sauroit être plus grand et plus nécessaire. Les choses sont dans une horreur qu'il n'y a qu'une faute à faire, mais une faute effroyable, qui est de laisser les aides en l'état qu'elles sont, qui sont telles que je maintiens que tous les fléaux de Dieu, savoir : la peste, la guerre et la famine, dans leur plus grande colère, n'ont jamais causé, en aucune contrée, la quatrième partie du mal ou du ravage que cet impôt a fait en France depuis quarante ans seulement, la ruine des terres et des peuples ayant été érigée en plus clairs revenus du Roi, ou plutôt des traitants : le premier saute aux yeux en quelque endroit que l'on les jette; et pour le second, outre qu'il est également constant en fait, les fermiers ou receveurs de ces droits déclarent hautement que, sans les confiscations, ils perdroient dans leurs baux. Vous savez, Monseigneur, par mes écrits imprimés et manuscrits entre vos mains, que j'ai assez bien compris vos intentions. Je les mettrai en précis, comme les blés, pour le mois prochain, avec des pièces justificatives qui feront dresser les cheveux à la tête et étonneront que le royaume puisse encore subsister. Et, avec tout cela, j'ose vous dire, Monseigneur, que vous trouverez autre chose que de la prévention à combattre, comme aux blés, et je crois même que vous n'en doutez pas; mais ce sera un rehaussement de gloire pour vous, à laquelle participeront les exécuteurs de vos vues, et à quoi je suis plus sensible qu'à tous les biens du monde. Mes lettres ou mes importunités seront désormais sur cet article des aides : ce qui me les fera pardonner en partie, à ce que j'espère de votre bonté, est qu'il y aura beaucoup plus de faits que d'avis, qu'il seroit téméraire de vous donner. Or, vous savez, Monseigneur, que, dans la régie des peuples, comme dans l'administration de la justice, *ex facto jus oritur.* C'est ce qui fait qu'un bon général d'armée réussit à proportion qu'il a de bons espions, qui lui apprennent ce qu'il ne pourroit deviner. Quand M. Desmaretz, qui est très éclairé, sera convenu du fait des blés, le remède ou rétablissement sera très aisé.

Je suis, avec un très profond respect, Monseigneur, votre très humble et très obéissant serviteur.

BOISGUILLEBERT.

A M. DESMARETZ.

(Novembre 1704.)

Monsieur,

Je me donne l'honneur de vous envoyer l'extrait d'un traité que j'ai fait de la nature et de l'intérêt des blés, tant par rapport à la nourriture des hommes qu'au revenu du royaume.

dont ils composent la partie la plus essentielle, qui donne même la vie et le maintien à tous les autres. Si cette doctrine n'avoit pas été absolument ignorée, depuis très longtemps, de tout le monde, hormis de M. le Contrôleur général et de vous, je ne serois pas excusable de vous avoir soupçonné de la même erreur, dont vous me convainquîtes du contraire d'une façon si authentique, lorsque je vous saluai chez ce ministre, que ce seroit désormais une extrême injustice de croire que vous ignoriez rien du détail, non plus que lui, qui s'y est rendu très accompli : de sorte que tout ce que j'ai fait jusqu'ici, et que je ferai à l'avenir, n'est qu'un commentaire de ses vues, dont il jeta les premiers fondements lors de son arrivée en Normandie, tant à l'égard des tailles que des aides. Sur ce compte, trouvez bon, s'il vous plaît, Monsieur, que je prenne la hardiesse de vous demander l'honneur de votre protection et celui d'un commerce avec vous, au moins sur les blés, desquels vous avez accepté de vous charger en présence de M. le Contrôleur général. Le rétablissement des véritables intérêts de cette denrée primitive et de nécessité absolue vous coûtera peu du côté de la chose, puisque, outre la véritable idée que vous en possédez parfaitement, vous trouverez un bon second en la nature, qui, tendant toujours à la perfection, achèvera puissamment ce que vous aurez une fois établi. Mais vous me permettrez de vous dire qu'il n'en ira pas tout à fait de même quand il sera question de faire voir clair à ceux qui ont été jusqu'ici dans les ténèbres sur une matière si essentielle. L'amour-propre, surtout lorsqu'il est placé dans un lieu éminent, ne prend pas plaisir que l'on lui fasse concevoir qu'il a été très longtemps dans une erreur très grossière. C'est par cette raison que Sénèque dit que, presque dans toutes les contestations ou disputes, *non quærimus doceri, sed non cedere*. Ce qu'il y a de plus fâcheux est que le parti contraire prétend avoir de son côté l'amour ou la pitié du pauvre et les plus justes mesures pour éviter les sinistres effets d'une stérilité violente, pendant que c'est le moyen le plus certain de tomber dans l'un et l'autre de ces fâcheux accidents, comme l'expérience ne l'a que trop montré, ainsi que l'exemple de nos voisins, qui n'ont jamais rien souffert d'approchant, parce qu'ils ont suivi et suivent tous les jours des routes toutes opposées. Étrange fatalité de la monarchie, de n'avoir, pour être riche et heureuse, qu'à se défendre du zèle et des bonnes intentions de ceux qui la régissent! M. le Contrôleur général et vous étant les uniques qui vous soyez sauvés de l'inondation, me fera souffrir cette expression. Si ce précis que je me donne l'honneur de vous envoyer est assez heureux pour se trouver de votre goût, je prendrai la même liberté pour tout l'ouvrage, dans lequel je fais voir invinciblement qu'empêcher la sortie et le commerce libre des blés en tout temps, hors ceux de cherté extraordinaire, qui portent leurs défenses avec eux, est la même chose que poignarder, toutes les années, une infinité de monde. Vous excuserez, s'il vous plaît, ma main, quoique très mauvaise, attendu les matières, qui n'admettent point de secrétaire, en ayant un qui peint fort bien. M. le Contrôleur général m'accorde la même grâce. Je suis, avec un fort grand respect, Monsieur, votre très humble et très obéissant serviteur.

Boisguillebert.

Au Contrôleur général.

Ce 20 Novembre 1704.

Monseigneur,

Je me donne l'honneur de vous envoyer la vue figurée de l'élection de Mantes à l'égard des vignes et des vins. Quoique l'abandon des premières ne soit que d'environ de la moitié, comme l'on a négligé la culture de ce qui reste, le produit sur le tout est diminué au moins, sur quinze parts, quatorze, ainsi que vous verrez par la comparaison de l'octroi en 1661 et le prix qu'il est aujourd'hui : ce qui est une balance infaillible et immanquable. Si la meilleure situation de l'univers a souffert le sort des terroirs les plus stériles, par l'abandon des fonds du plus grand rapport, ce n'est point l'effet du hasard ou d'une cause surnaturelle; c'est une suite certaine de la conduite que l'on a gardée à leur égard. Je prendrai la hardiesse de vous en envoyer une feuille en précis dans le mois prochain, que je crois qui doit être rendue publique pour faire voir la grande obligation que la France vous aura de changer des manières qui ont surpassé toute sorte de désolation, et vous délivrer à même temps des obstacles ou des objections intéressées, qui sont les seules difficultés que vous pourrez rencontrer, mais qui ne doivent pas peser un grain, mises en comparaison du grand bien que vous procurerez. Tout consiste, quant à présent, Monseigneur, à ce que le fait soit rendu constant : combien il peut y avoir de vignes en France subsistantes; combien d'arrachées; ce que la Normandie, sur laquelle vous aurez trois millions d'aides à remplacer, fournit de cidres années communes (je crois vous pouvoir fournir celui-là), et enfin le prix à peu près que chaque cru est vendu, y ayant des vins vendus 400 ᵗᵗ le muid, et d'autres 20 ᵗᵗ. De plus, les endroits où les aides sont effroyables n'auront pas de peine à recevoir un changement qui ne pourra être qu'avantageux; mais il n'en sera pas tout à fait de même de ceux qui ne les connoissent point, quoiqu'ils souffrent un pareil déchet dans le débit de cette denrée, causé par l'anéantissement des vignobles limitrophes où ce droit a presque tout ravagé, y ayant une solidité d'intérêts dans les mêmes marchandises qui fait que le bien et le mal que souffre une partie devient aussitôt commun à tout le genre, tout comme au corps humain, où la désolation d'un membre fait périr tous les autres, si on n'y remédie. Cette doctrine, très véritable, quoique très ignorée, doit être rendue publique, afin que ces contrées prétendues privilégiées par l'exemption des aides ne regardent pas comme une querelle d'Allemand la contribution que vous leur demanderez pour le rachat d'un droit qui les anéantit, quoique par contre-coup. Par exemple, Monseigneur, la Bourgogne, qui ne connoît aucun de ces droits, ne seroit pas contrainte de donner son vin à un sol la même mesure qui se vend 24 sols au Havre, si les pays où elle se décharge de l'excédent de sa consommation n'y étoient point plus sujets qu'elle, de manière qu'elle est plus intéressée que ces contrées mêmes à l'adoucissement de ces droits. C'est une attention et une économie dans le partage, qui dépend entièrement du fait. C'est un lieutenant général de Mantes que je connois depuis vingt ans, et avec qui j'ai très grande habitude, qui m'a fait tenir le mémoire que je me donne l'honneur de vous envoyer. Il est très versé dans le détail, et j'ose vous dire,

Monseigneur, que tout le succès de ce très grand bien que vous procurerez à la France, et qui vous immortalisera dans les siècles à venir, dépend du service que vous rendront les personnes de ce genre qui travailleront par une pratique perfectionnée depuis un très long temps. Je regarderai comme la plus grande grâce que Dieu et vous me puissiez jamais faire, de me confier une généralité. Outre les aides, dont, à moins de quatre mois, je saurai tout le détail, c'est-à-dire combien il y auroit de ceps de vignes et d'arbres, par noms et surnoms, je suis assuré que je ferois sauter l'incertitude ou l'injustice de la taille, ainsi que les horreurs de la collecte, le tout coûtant trois fois plus que la taille à un pays; et cela, en y établissant une jurisprudence certaine, qui pourroit servir de modèle à tout le royaume, sur votre compte et non sur le mien, puisque, quand j'aurois la mauvaise foi de m'attribuer l'honneur de votre première vue, on ne me croiroit pas, et l'économie de la contribution des arts et métiers a été entièrement attribuée à M. Larcher, il y a douze ans, quoique il n'y eût eu aucune part, la commission même m'en ayant été donnée singulièrement par arrêt du Conseil. Je ne cherche point aucune gloire particulière: je serai trop récompensé dans le service que j'aurai l'honneur de vous rendre, et au public, de la quote-part que je pourrai prendre dans un rétablissement général qui vous rendra assurément le premier homme que la monarchie ait jamais porté, puisque, l'ayant trouvée dans la dernière désolation, vous l'aurez rendue très florissante. Je suis rempli de tous les défauts du monde, Monseigneur; mais je me suis attaché à un genre de mérite, qui est de réussir dans toutes mes entreprises, sacrifiant tout, à la religion près, pour l'exécution de ce que j'ai une fois projeté. Il ne tiendra qu'à vous, s'il vous plaît, d'en faire expérience à mes périls et risques, puisque je ne vous demande point de rien déranger sur la foi de mes vues, ou plutôt pour l'exécution des vôtres. Il y a plus de trente ans que je m'y prépare par la pratique de tous les détails et la connoissance de toutes les contrées du royaume, et il faudroit que mon esprit fût bien grossier, si je n'avois quelque avantage sur ceux que la première sortie de Paris met en possession du gouvernement des provinces. Je crois que j'achèterois de tout mon bien cette grâce de vous, et que la ruine de ma famille me seroit moins sensible que le plaisir que j'aurois d'avoir contribué au rétablissement public, croyant d'ailleurs pouvoir compter sur la promesse que vous avez eu la bonté de me faire, que vous me mettriez dans un canton où je me pourrois immortaliser. La gloire sera pour vous, et le travail pour moi.

Je suis, avec un très profond respect, Monseigneur, votre très humble et très obéissant serviteur *.

BOISGUILLEBERT.

* En marge, de la main du contrôleur général : «Qu'il se donne bien de garde de rien donner au public sur l'état des aides, et ce qu'il y auroit à faire pour rétablir le désordre du passé sur cette matière.»

État par estimation du produit des aides et droits y joints des généralités ci-après :

GÉNÉRALITÉ DE CHÂLONS.

Élections	de Châlons	100,000 #
	de Sainte-Menehould	20,000
	de Reims	250,000

GÉNÉRALITÉ DE CHÂLONS (suite).

Élections	d'Épernay	120,000 #
	de Sézanne	40,000
	de Vitry	70,000
	de Joinville	45,000
	de Bar-sur-Aube	52,000
	de Langres	55,000
	de Chaumont	33,000
	de Rethel	60,000
	de Troyes	155,000

GÉNÉRALITÉ D'AMIENS.

Élections	d'Amiens	220,000 #
	de Péronne	72,000
	de Saint-Quentin	90,000
	de Montdidier	100,000
	d'Abbeville	200,000
	de Doullens et Boulonnois	60,000

GÉNÉRALITÉ D'ORLÉANS.

Élections	d'Orléans	225,000 #
	de Chartres	150,000
	de Montargis	48,000
	de Châteaudun	60,000
	de Blois	38,000
	de Dourdan	20,000
	de Vendôme	30,000
	de Beaugency	30,000
	de Romorantin	25,000
	de Clamecy	32,000
	de Gien	52,000

GÉNÉRALITÉ DE POITIERS.

Élections	de Poitiers	165,000 #
	de Châtellerault	18,000
	de Fontenay	72,000
	de Niort	50,000
	de Saint-Maixent	30,000
	des Sables-d'Olonne	42,000
	de Thouars	40,000
	de Mauléon	30,000

GÉNÉRALITÉ DE LA ROCHELLE.

Élections	de la Rochelle	140,000 #
	de Saintes	120,000
	de Cognac	32,000
	de Saint-Jean-d'Angely	44,000

GÉNÉRALITÉ DE LIMOGES.

Angoulême	72,000 #
Élection de Bourganeuf	5,000

Mémoire sur l'état des vignes de l'élection de Mantes et des environs.

On estime que, depuis trente années, le vignoble de l'élection de Mantes, qui étoit en ce temps-là composé de plus de quinze mille arpents, est réduit à la moitié au plus, dont il y a le tiers qui manque de la culture et des engrais nécessaires.

Il y a plusieurs causes de cette décadence. Les principales sont : la cessation ou l'extrême diminution du commerce et transport des vins aux pays étrangers et dans les provinces de Normandie et de Picardie; les droits excessifs qui se perçoivent surtout aux entrées des villes de ces deux provinces, et ceux de la vente en détail; le droit de 7 # par muid sur les vins qui passent les rivières de Seine, Eure, Andelle et Iton pour être transportés par charrois dans les provinces de Normandie et de Picardie; et encore la diminution et l'extrême pauvreté des peuples. De là vient que les vins périssent sur le chantier où ils ont été entonnés, pendant que l'on fait souvent vingt et trente lieues dans la Normandie et dans la Picardie, surtout dans les basses parties de ces provinces, sans y trouver une bouteille de vin.

Le 12 avril 1687, il fut rendu au Conseil un arrêt par lequel ce droit de 7 # fut modéré à 3 # 10 s jusqu'au dernier jour de septembre suivant; mais, ce temps expiré, ce droit resta sur le pied de 7 # comme auparavant.

On avoit, de tous côtés, exposé au Conseil que la diminution ou la suppression de ce droit augmenteroit notablement le transport des vins dans ces provinces; mais comment vouloit-on que, depuis le 12 avril jusqu'au dernier de septembre, saison à laquelle on ne transporte point de vins, on trouvât ce transport si fort augmenté, puisqu'il est évident qu'il faut au moins des années entières pour rétablir un commerce ruiné et pour donner moyen aux marchands et aux vendants-vins de reprendre leurs habitudes et la confiance en leurs correspondants?

Cependant on est persuadé que ce droit de 7 #, qui ne produit pas plus de 40,000 # au Roi, a fait diminuer les revenus de S. M., dans les élections enfermées dans ces rivières, de plus 300,000 # par an, en tailles, aides, sel et autres droits, et a, outre cela, diminué le tiers du revenu desdites élections. Ne sera-t-on jamais persuadé que ce ne sont pas les gros droits qui font les grosses fermes, mais que c'est le grand débit des denrées et des marchandises?

Les octrois de la ville de Mantes se perçoivent uniquement sur les vins qui y passent par eau. Ils produisoient, il y a quarante ans, 6 à 7,000 #, et ils ont été récemment adjugés à 420 #. Quelle prodigieuse diminution! On peut juger de là du malheureux état où l'élection de Mantes est réduite.

Ce 23 Novembre (1704).

Monseigneur,

Je n'ai point cru qu'un écrit fût public pour être imprimé, quand il ne s'en trouvoit aucun exemplaire, ni que ce fût vous commettre ou vous exposer à de mauvaises suites du côté du peuple, à l'égard des blés, que de vous faire imiter M. de Sully, qui déclara hautement la guerre aux ennemis de la sortie de cette denrée. L'Angleterre et la Hollande suivent la même doctrine, au moyen de laquelle elles se sont garanties du degré d'horreur qu'a éprouvé la France, aux années 1693 et 1694, avec un terroir beaucoup plus fécond. Cependant, Monseigneur, vous me marquez que ce sont deux fautes qui méritent la plus grande des punitions, savoir: votre indignation. Il est nécessaire, pour que cela soit avec justice et fondement comme tout ce que vous faites, que vous soyez persuadé que je travaille depuis trente ans et vous importune depuis quinze sur de pures visions; autrement, et s'il y avoit un peu d'apparence que je pusse contribuer à vous faire trouver, sans violence et sans difficulté, les sommes nécessaires, il est certain que de pareils crimes n'auroient pas de proportion avec la peine qu'ils m'attirent, et qu'il seroit avantageux de les convertir en simples réprimandes, la religion ne permettant point de croire qu'un homme, à quelque âge qu'il soit, puisse jamais passer pour incorrigible. Quand j'ai pris la hardiesse de vous marquer que, sans constituer le Roi et sans désoler les peuples, vous pouviez recouvrer en quinze jours tout l'argent dont le Roi a besoin, je n'ai point exprimé des sentiments particuliers; je n'ai fait qu'être plus sincère ou plus imprudent que le reste des hommes : la très grande persuasion que j'ai de votre intégrité me faisoit croire que moi seul lui rendois justice, et que le silence des autres étoit criminel, bien loin de me trouver seul coupable, comme je fais une triste expérience. Le plus cruel est que je me vois privé de mon unique ressource, savoir : l'espérance de la fin de maux où ma situation me donne une part proportionnée au mouvement que j'ai pris pour les arrêter. S'il arrive par hasard que la diminution journalière qu'éprouve la France depuis quarante ans, et qui marche à pas de géant depuis la guerre, vous fasse comprendre qu'il n'y a que Dieu et le temps d'infini, avant que de prendre des mesures conformes à cette nécessité, supposez, s'il vous plaît, durant quinze jours, que je n'ai pas absolument perdu l'esprit, et tout votre argent est trouvé; et ayez encore la bonté de penser, à même temps, que ces principes de gouvernement, lesquels, pour augmenter les revenus du Roi, ont, par un trait de fine politique, fait diminuer ceux des peuples, sur seize parts, quinze, au moins dans l'élection de Mantes, comme je vous l'ai justifié par ma dernière; que ces idées, dis-je, qui ont pris le change d'une si grande force, n'ont peut-être pas mieux réussi dans le surplus, comme je prétends l'avoir prouvé invinciblement : de sorte que, la destruction d'un grand mal étant un très grand bien, il est infaillible que vous aurez 80.000,000 # de hausse de tribut, en quinze jours, sur les peuples, lorsque, dans le même espace, vous leur en aurez rétabli quatre ou cinq fois davantage, comme vous pouvez facilement; et les espèces, que vous m'avez autrefois écrit ne pouvoir répondre à une pareille promesse, ne vous manqueront point assurément de garantie, quoi que vous puissent dire et alléguer ceux qui ont l'honneur de vous environner. Mon dernier ouvrage sera sur l'argent; je prendrai la hardiesse de vous l'envoyer en manuscrit, dans un mois, en gardant néanmoins mon ban, puisque vous m'y avez condamné. C'est un ouvrage qui m'attireroit beaucoup d'applaudissement, s'il étoit rendu public, puisque je prouve que l'on raisonne sur ce métail un peu plus grossièrement que l'on n'a fait sur les vignes. Je n'aurois qu'à en abandonner le manuscrit au hasard : comme il n'y a rien que de très respectueux pour les personnes en place, les libraires s'en empareroient bientôt, comme ils firent de mon premier ouvrage. Mais je me consolerois aisément de la privation de ce plaisir, si, étant adressé à vous seul, il me peut obtenir le pardon de mes crimes, qui peuvent bien vous faire changer à mon égard, mais non pas rien diminuer de l'attache, de l'estime singulière, de la forte persuasion des lumières et de l'intégrité, ainsi que du très profond respect avec lequel vous m'avez permis de me dire depuis quinze ans, Monseigneur, votre très humble et très obéissant serviteur*.

BOISGUILLEBERT.

* En marge est écrit : «Vous m'avez demandé de mettre bien au fait M. Desmaretz, et que vous établiriez si solidement vos propositions, que le Roi tireroit 80,000,000# de votre travail sans charger les peuples. Je vous avois mis aux mains avec lui, et je vous assure que vous n'avez jamais tant désiré que moi le succès de votre ouvrage. Rien ne vous empêche de continuer, que votre démangeaison à vous faire imprimer; mais, comme malheureusement tout ce que vous proposez n'est pas aussi bon que vous vous le persuadez, qu'il y a bien des gens qui liroient vos ouvrages sans les entendre, et que vous en condamnez plusieurs qui ne l'ont peut-être pas mérité, si vous voulez vous abstenir de chercher l'applaudissement du public jusqu'à ce qu'il ait plu au Roi y donner une dernière approbation, vous ne trouverez personne qui s'intéresse plus que moi au succès de votre entreprise.»

Ce 2 Décembre (1704).

Monseigneur,

Il me paroissoit, par celle que vous m'avez fait l'honneur de m'écrire du 24 du passé, que vous m'aviez remis en quelque manière la faute que j'avois faite en laissant mouler une feuille sur les blés : ce qui n'est pas l'exposer au public, puisque j'avois retiré tous les exemplaires, en petit nombre, pour vous les envoyer, s'il se rencontroit de votre goût de faire revenir le Conseil du Roi de sa surprise sur cet article, qui coûte constamment à la France plus que ce que le Roi ne peut jamais lever. Cependant vous prenez la peine de me reparler encore de cette faute par votre lettre du 29 : sur quoi, je me référerai à ma précédente, qui est que cela ne m'arrivera de ma vie, et que, quelque amour-propre qui règne parmi ceux qui écrivent, je vous sacrifierai les prétendus applaudissements que je pourrois attendre du public de mes ouvrages. Si je n'avois pas déjà été dans ces dispositions, les louanges que les examinateurs donnèrent à tout le livre dont cette feuille n'est qu'un précis, m'auroient fait succomber à la tentation, en ne cachant pas fort soigneusement le manuscrit. Vous n'en avez, Monseigneur, que la première partie, qui fait voir invinciblement que plus le blé est à bon marché, plus le pauvre est misérable, ainsi que le riche; la seconde montre avec la même certitude que, si la sortie du royaume n'est libre en tout temps, les horreurs des stérilités sont immanquables, quand les récoltes ne sont pas abondantes. J'appelle à ma garantie la Hollande, l'Angleterre et M. de Sully. Je me donnerai l'honneur de vous l'envoyer, après que vous aurez reçu le mémoire de l'argent. Vous me marquez encore, Monseigneur, que je parle mal de personnes qui ne l'ont pas mérité. Permettez-moi, s'il vous plaît, de vous représenter que je ne nomme personne, mais ne fais la guerre qu'aux méprises, ne croyant pas non plus que lorsque vous vîntes en 1685 en Normandie, à ce qu'il me semble, avec MM. les autres commissaires du Conseil, que le sujet de votre voyage fût pour faire le panégyrique des manières établies depuis 1660 : au moins les billets circulaires ne portoient rien d'approchant; non plus que les propriétaires des vignobles de l'élection de Mantes, dont le déchet va, sur seize parts, à quinze, ainsi que le dernier mémoire que j'ai pris la hardiesse de vous envoyer justifie, soient très disposés à requérir que la couronne civique soit décernée aux auteurs de pareilles dispositions. Je m'en réfère entièrement, Monseigneur, à ce que vous en pensez et à ce que vous avez dessein de faire sur les aides : sur quoi je vous offre mes très humbles services, tant pour ramasser les pièces qui doivent former le bâtiment, que pour l'exécution, que je prendrai toujours à mes périls et risques dans une généralité, ainsi que la libération de l'incertitude, injustice et ruine de collecte des tailles, qui coûte au peuple trois fois plus que le corps de cet impôt, de notoriété publique. Comme le tout ne peut avoir lieu que pour l'année qui vient, puisque la taille et la capitation sont assises, si vous ne voyez pas une assurance certaine de gagner ce temps, le mal n'est pas sans remède, quelque ridicules que vous paroissent mes propositions, et je veux bien être garant du succès à la perte de tout ce que j'ai vaillant, sans que l'expérience ou le déconcertement qui pourroit s'en ensuivre coûte quoi que ce soit au royaume. Si vous trouvez à propos que j'en communique avec M. Desmaretz, prenez la peine de me le mander; je me donnerai l'honneur de lui écrire sur ce compte, ne m'ayant point fait celui d'une réponse à ma dernière, non plus qu'à une précédente; ou au moins je ne l'ai pas reçue. Il est très habile et a tout l'esprit du monde; mais je pense que, s'il avoit su ce qu'il a appris dans sa retraite, on pourroit dire des vignes et des liqueurs ce que Virgile marque de la ville de Troie, si on s'étoit aperçu de la tromperie de ce cheval fatal qui la fit périr :

Trojaque, nunc stares, Priamique arx alta maneres.

Vous êtes, Monseigneur, dans une situation très propre à rétablir la France, n'ayant aucune part aux causes de son désordre; mais, même dans un âge très peu avancé, vous découvrîtes *primo intuitu* où étoit le mal, savoir : les aides et la mauvaise économie des tailles : mais il s'en faut beaucoup que cela vous soit commun avec tout le monde, et il n'y a personne, si fort purgé d'amour-propre, qui prenne plaisir d'entendre dire que, pour faire une chose accomplie, il faut prendre le contre-pied de ce qu'il a pensé jusqu'ici. C'est pourtant là de quoi il s'agit aujourd'hui, et c'est de cette manière que, si les besoins de l'État ne vous font pas le crédit d'une année qui est nécessaire pour le rétablissement des aides, qui, étant votre ouvrage, redonnera plus de 200,000,000# de rente à la France, on peut imiter la médecine, qui use d'adoucissements jusqu'à une parfaite guérison. Je prendrai la hardiesse de vous en envoyer le modèle, aux même conditions marquées tant de fois. Quant à la force de mes expressions, dont vous me paroissez, Monseigneur, faire une reprise, elles sont beaucoup moins fortes que celles qui se trouvent dans plusieurs livres imprimés avec privilège, notamment les mémoires de M. de Sully, Mézeray, et même Saint-Évremond. Toute ma doctrine n'a et n'aura jamais qu'un mot, savoir : DONNEZ AU PEUPLE, ET IL VOUS DONNERA; mais je mets en fait que, depuis quarante ans, toutes demandes que l'on lui a faites portoient avec elles l'enlèvement de dix fois plus de biens qu'il n'étoit nécessaire pour satisfaire à ce que le Roi exigeoit. Cette maxime est encore certaine : Les peuples ne peuvent rien payer que par la vente de leurs denrées, et l'on n'exige de l'argent d'eux que pour recouvrer des denrées. Cependant toutes sortes de choses sont présentement du fumier; donc il est impossible qu'ils puissent satisfaire, et l'argent, étant seul en valeur, n'est rare que par cette raison, outre que c'est à lui à faire tout le commerce, au lieu qu'autrefois il n'en faisoit pas la trentième partie, comme il est aisé de vérifier; le crédit, qui est entièrement perdu, les billets, les contrats et la parole même faisoient les vingt-neuf autres.

Je suis, avec un très profond respect, Monseigneur, votre très humble et très obéissant serviteur.

Boisguillebert.

Mémoire sur les aides.

Quoique ce qu'on appelle *aides* en France y soit très ancien, et que ce droit ait subsisté longtemps, non seulement sans altérer l'opulence de cet État, mais même en lui laissant contracter une hausse et un redoublement de richesse, tant dans les revenus du prince que de ses sujets, qui ne sont point deux choses séparées, tous les trente à quarante ans, à remonter deux siècles au-dessus de 1660, on peut dire toutefois que, depuis ce temps, le malentendu ou le déconcertement qui est arrivé dans cet impôt, malgré les bonnes intentions de MM. les ministres, a changé tout à fait les choses de face, et qu'au lieu d'un surcroît de facultés comme dans les époques précédentes, chaque année a renchéri de misère sur les supérieures, en étant arrivé comme dans les aliments les plus salutaires et les plus naturels, lesquels, pris avec modération, servent au soutien de la vie, pendant que l'excès cause infailliblement la mort des sujets qui n'observent aucune mesure. En un mot, la peste, la guerre et la famine ou tous les fléaux de Dieu, dans la plus grande colère du ciel, et les conquérants les plus barbares n'ont jamais produit, dans leurs ravages, la vingtième partie des maux que ce tribut a opérés encore une fois dans le royaume, dont il n'a fait qu'enfriche des terroirs les plus précieux en plusieurs contrées, en ôtant toute espérance de rétablissement: en quoi il renchérit sur les autres destructions, n'y ayant point d'endroit où il se boive tant d'eau qu'au lieu où il croît plus de liqueurs, dans lequel il s'en perd davantage que l'on n'en consume ailleurs. Quoique l'on convienne que le peuple ne peut payer rien que par la vente des denrées nécessaires à la vie, et que l'on ne veut avoir de l'argent, dont tout le monde est si fort altéré, que pour se procurer les mêmes besoins, on a néanmoins agi comme si on avoit été fortement persuadé du contraire, ainsi que l'on va voir par ce détail.

I.

Il n'y a point d'autre richesse sur la terre que les fruits qu'elle donne, dont le degré plus ou moins forme toute son opulence ou sa misère, et un prince pareillement n'a point d'autre moyen de subsister, ni lui ni les siens, que la part que lui font ses sujets de ce qu'ils recueillent sur le terroir, si ce n'est pas immédiatement denrée par denrée. L'argent, qui n'a été inventé que pour la commodité du commerce, et hors duquel il n'a pas plus de vertu que des pierres, ne produit que le même effet, puisqu'un sujet, en le donnant à son prince, ne le lui livre que comme une obligation de bailler à celui à qui ce prince remettra ce gage la pareille quantité qui a été stipulée, ou de ses fruits excrus, ou d'une partie de son travail.

II.

Cependant la surprise doit être effroyable de voir en France vivre publiquement, tranquillement, plus de dix mille hommes qui n'ont point d'autre fonction ni d'autres richesses que de détruire continuellement les liqueurs, soit dans leur excroissance ou dans leur consommation, que toute l'autorité du Roi et la puissance de la justice et des magistrats ne soit employée qu'à les faire jouir avec tranquillité d'un droit si effroyable, et que la moindre contradiction de la part des propriétaires qui souffrent cette désolation passe aussitôt pour une rébellion manifeste, punissable par les plus grandes peines.

III.

A ce désordre on en ajoute un autre encore, pour le moins aussi effroyable, qui est de maintenir que c'est l'intérêt du Roi que l'on poursuit, et que l'on ne peut faire valoir ces revenus qu'en anéantissant les terres de son royaume et les biens de ses sujets.

I.

Quand Dieu parla des fruits de la terre, lorsqu'il en mit l'homme en possession, il les baptisa du nom de *richesse*, et c'est se révolter contre cette décision d'en former du fumier, comme l'on fait tous les jours. L'or et l'argent, qui n'ont été appelés, après plusieurs siècles que l'on s'en étoit passé, seulement comme troupes auxiliaires et pour mettre une espèce d'économie de gages et de balance dans le labyrinthe d'achats, de ventes et de reventes d'une infinité de denrées que la corruption du cœur a inventées et multiplie tous les jours, les érigeant en espèces de nécessité, est devenu le tyran ou plutôt l'idole de ces mêmes denrées, contraignant les sujets que l'avarice dévore à les lui offrir à tous moments en sacrifice, et ne recevant presque point d'autre encens que la fumée qui sort de l'incendie des fruits les plus précieux et des plus beaux présents de la nature, qui suffiroient à faire subsister une infinité d'hommes, et qui périssent tous les jours manque de secours.

II.

Quand on passe par une contrée de vignes arrachées, autrefois vendues 1,000 écus l'arpent dans leur valeur, et que l'on voit des quantités de liqueurs repostées dans des celliers, sans que l'on en puisse trouver le prix de la futaille vide, comme il est arrivé une infinité de fois, et puis qu'à dix lieues de là on marche plusieurs journées sans rencontrer une bouteille de vin, et que l'on demande les raisons de cette bizarre et monstrueuse disposition, on ne manque pas de répondre que c'est l'ouvrage des fermiers du Roi, qui ne peuvent faire valoir ses revenus que de cette sorte, c'est-à-dire en faisant plus de désolation que des troupes ennemies vivant à discrétion.

III.

Comme pareillement quand on demande pourquoi on a contraint les propriétaires d'arracher une vigne, on peut répondre naturellement que ç'a été pour augmenter les revenus du Roi, puisque cette vexation se couvre de ce prétexte, tout comme on peut dire aussi naturellement que l'on ruine les vins et les vignobles afin que le Roi reçoive de quoi donner à ses troupes et à ceux qu'il paye et entretient des sommes pour acheter du vin, et qu'il faut que ses sujets boivent de l'eau afin que ceux qu'il stipendie puissent se procurer des liqueurs.

IV.

De ces faits, qui sont constants, il s'ensuit une conséquence, laquelle, quoique très certaine, est comme le soleil que l'on ne sauroit envisager fixement sans être aussitôt obligé de fermer les yeux, savoir : qu'en France, au contraire de tous les pays du monde, où l'on ne connoît point d'autre revenu, ni pour les princes, ni pour les peuples, que la vente des denrées et fruits qui y excroissent par un travail continuel des habitants, c'est, dis-je, en ce royaume tout le contraire, et le monarque, depuis quarante ans, n'a point de produit plus certain, au moins à ce qu'on veut persuader à MM. ses ministres, que la destruction de ces mêmes fruits, dont le degré de désolation augmentant tous les jours, il semble qu'il seroit avantageux d'arrêter le mal, tout délai étant dommageable.

V.

Mais, pour montrer que tout ceci n'est point un mécompte qui soit l'effet du hasard, mais une suite très naturelle et très nécessaire de la manière dont les fermes des aides sont administrées, il faut un peu descendre dans le détail, et poser d'abord pour fondement que, sitôt qu'un sous-fermier ou autre s'est rendu adjudicataire d'une élection, il y établit d'abord cinquante ou soixante commis ou receveurs, plus ou moins selon les endroits, pour percevoir des droits excédant en plusieurs lieux quatre fois la valeur celui (*sic*) de la denrée; qu'il n'y a aucun d'eux qui regarde ses appointements comme son principal objet, mais tous n'ont en vue que d'empêcher que le moins de gens qu'il sera possible aient des liqueurs en cave, que l'on n'en fasse aucun commerce ni transport par les chemins, et, pour cela, d'avoir à chaque pas des gens repostés pour voir si le cérémonial nécessaire avant que de voiturer des liqueurs a été exactement observé : de quoi étant juges et parties, et ayant à discuter le tout, de lui-même très obscur et très mystérieux, avec des gens qui ne savent ni lire ni écrire, la confiscation du total s'en ensuit fort naturellement, qui se partage au sol la livre entre toutes les parties, sans préjudice de la conséquence, qui est bien leur intention, savoir : que, par l'impossibilité du transport, on ait des liqueurs pour rien aux endroits où elles excroissent, afin de les acheter à ce prix pour les refaire vendre à dix lieues de là une somme exorbitante en détail, pour leur profit particulier, les cabaretiers leur rendant compte de clerc à maître en beaucoup d'endroits; et cela s'appelle faire valoir les revenus du Roi.

VI.

Cette désolation de liqueurs ne s'en est pas tenue à cette simple denrée; mais, comme elles ont toutes, et surtout celles qui servent au maintien de la vie, une liaison et un intérêt solidaire et réciproque, ainsi qu'il se trouve entre les membres du corps humain, dont la désolation d'un seul attire souvent celle de tout le sujet, cette destruction de liqueurs a fait le même ravage presque dans toutes les autres productions de la terre. Comme par un effet de la Providence, chaque pays en a de singulières et de municipales, qui seules suffiroient pour lui faire jouir de toutes par l'échange qu'il en faisoit avec les contrées voisines, qui se trouvoient semblablement partagées d'autres denrées à elles particulières, en sorte que ce commerce les faisoit tout posséder autant qu'il étoit nécessaire, sans périr par l'abondance d'une chose pendant qu'elles étoient tout à fait privées d'une autre. Cette destruction de liqueurs a tout à fait ruiné cette perfection, et a jeté chaque province dans la nécessité de périr également par l'abondance d'une chose et par la disette entière d'une autre.

IV.

L'argent n'étant que l'esclave de la consommation, c'est donner le congé à ses fonctions que de détruire ce qui le met en marche; ainsi, si on le voit moins, c'est qu'il a moins à faire.

V.

C'est de cette sorte et par cette manœuvre que le vin de Bourgogne, qui se donne le plus souvent, et même dans la conjoncture présente, 15 deniers la mesure, est détaillé dans le Havre 24 sols en la même quantité, quoique, le transport s'en pouvant faire par eau, la proportion d'un sol peut suffire pour les frais de la voiture : en sorte que, quoique les denrées qui viennent de la Chine et du Japon en France n'augmentent que des trois quarts du prix qu'elles coûtent sur les lieux, les liqueurs, dans ce royaume, haussent de seize ou dix-huit parts sur une, de province à autre : ce qui réduisant la consommation à la dixième partie de ce qu'elle pourroit être naturellement, et de ce qu'elle étoit même avant ces méprises, on ne doit pas s'étonner que, de causes si violentes, on en voit des effets si surprenants, et que l'on arrache les vignes et qu'on laisse périr les liqueurs excrues dans une contrée pendant que les peuples des endroits limitrophes et des lieux mêmes ne boivent que de l'eau à ordinaire règle, y en ayant plus de trois cent mille arpents, de valeur de plus de 2,000 livres autrefois, arrachés par cette cause, la fortune des auteurs de si grands désordres, quelque monstrueuse qu'elle soit, ainsi que le prétendu produit du Roi, n'allant point à la vingtième partie du tort et de la perte que le tout cause au royaume.

VI.

Un pays doit trafiquer avec un pays, comme un marchand avec un marchand. Or, si un particulier exigeoit, avant que l'on pût enlever sa vente, qu'il fallût parler à huit ou dix facteurs, tous séparés de domicile, et qui n'y seroient le plus souvent point, ne passeroit-il pas pour un insensé et ne se ruineroit-il pas en bannissant toutes ses pratiques; et, après sa désolation, faudroit-il consulter un oracle pour en savoir la cause, et ne traiteroit-on pas même de fou quiconque mettroit cette destruction sur un autre compte que sur celui de cette conduite? Cependant tous ces rôles-là se jouent aujourd'hui impunément à l'égard des liqueurs, tant à l'égard de leur désolation, que des raisons que l'on en allègue et des remèdes que l'on y peut apporter.

A M. Desmaretz.

Ce 20 Décembre (1704), à Rouen.

Monsieur,

J'ai reçu celle que vous m'avez fait l'honneur de m'écrire.

qui m'apprend le malheur de la France d'être dans la dernière misère à si grand marché, ou plutôt d'avoir à contester sa félicité contre de si foibles adversaires que sont ceux que vous avez pris la peine de me marquer. L'Angleterre et la Hollande ont pour sauvegarde, par les sentiments des peuples, contre la misère et la famine, une licence presque continuelle d'enlever les grains; et même, dans la première, le pays l'achète à prix d'argent. Moyennant cela, on n'y a jamais vu ni l'une ni l'autre de ces extrémités. La France, qui a pris le contre-pied, a fait une malheureuse expérience de toutes les deux, qui lui sont également singulières dans toute la terre habitable; et vous prenez la peine de me marquer qu'il y a des personnes en place que l'on ne sauroit convaincre de cette vérité! Que M. le Contrôleur général me laisse faire imprimer mon ouvrage sur les blés, dont vous n'avez vu qu'un extrait, et je suis assuré que ces Messieurs les contredisants auront une si grande honte de leurs erreurs passées, qu'ils se garderont bien de les vouloir augmenter par une obstination qui ne serviroit qu'à convaincre qu'ils se mettent peu en peine de ce qu'il en peut coûter au Roi et au peuple pourvu qu'ils ne conviennent pas d'avoir été capables de méprises. Pour l'autre raison, Monsieur, qui est la certitude du prix, c'est à la nature à le mettre. En 1650, elle l'avoit haussé des trois quarts de ce qu'il étoit cinquante [ans] auparavant, sans nul déconcertement et sans que cela s'appelât famine, tout comme, en 1600, il avoit pareillement triplé le prix auquel il étoit en 1550, savoir : le setier de Paris à 20 sols; tout cela, au niveau des autres marchandises, qui doivent conserver une parité de hausse : autrement, tout est perdu, comme dans la conjoncture d'aujourd'hui, où l'on abandonne la culture ou l'engrais de la plupart des terres parce que les frais excèdent le produit, et l'on prodigue d'ailleurs les grains en des usages étrangers, l'un et l'autre promettant une famine à la première apparence de stérilité; le tout, sans préjudice de la misère courante, cet avilissement de grains coûtant trois fois aux pauvres et aux riches ce qui seroit nécessaire pour mettre le Roi hors de nécessité de ruiner ses peuples par la vente de leurs immeubles pour ses besoins, et cela à neuf de perte pour eux, pour un de profit qui revient dans ses coffres, ce surplus étant entièrement anéanti. Jugez, Monsieur, si une monarchie peut tenir longtemps avec de pareilles manières, surtout étant attaquée par toute l'Europe, qui la combat avec des contributions annuelles, qui a été la manière de la France jusqu'à l'arrivée de Catherine de Médicis, qui introduisit les partisans : ce qui est si véritable, que le roi François Ier, qui avoit constamment autant d'ennemis que Louis le Grand, et à qui les cent mille hommes qu'il entretenoit coûtoient autant que les cinq cent mille d'aujourd'hui, ne ruina point ses peuples, ne s'endetta point, et laissa 4 à 5,000,000 ^tt^ d'argent fait dans son Trésor royal, qui reviennent à plus de 50,000,000 ^tt^ d'à présent, et cela parce que les 16,000,000 ^tt^ de revenu dont il jouissoit équipolloient à 300,000,000 ^tt^. Il falloit que ses peuples, pour les fournir, rendissent la même quantité de denrées que pour donner maintenant 300,000,000 ^tt^. Ce sont là des vérités, Monsieur, dont l'approfondissement ne fait pas, à beaucoup près, plaisir à tout le monde, mais dont la ressource, pour y avoir recours, devient tous les jours plus de saison; et c'est sur ce compte et sur ce modèle que je maintiens que les peuples agréeront une assiette réglée de 80,000,000 ^tt^ de hausse en leur rétablissant trois fois davantage, en un moment, par la cessation d'une violence continuelle sur les grains et les liqueurs qui les anéantissent (*sic*) tout à fait.

Je suis, avec un fort grand respect, Monsieur, votre très humble et très obéissant serviteur.

Boisguillebert.

Au Contrôleur général.

Ce 23 Décembre (1704).

Monseigneur,

J'ose vous dire que, si mes lettres sont pressantes, l'état de la France ne l'est pas moins. Bien qu'il n'y ait qui que ce soit dans le royaume si maltraité personnellement que moi, je ne veux attendre mon salut que d'une cause générale, l'attention singulière et privilégiée dans laquelle chacun se renferme impunément depuis quarante ans, sans se mettre en peine de l'intérêt public, le sacrifiant même presque toujours à son profit particulier, étant uniquement ce qui fait périr la France. M. Desmaretz m'a fait l'honneur de m'écrire que, quoique vous fussiez convaincu, et lui aussi, de mes maximes sur les blés, cependant, comme ce n'étoit pas le sentiment de plusieurs personnes en place, cela faisoit beaucoup de difficulté. Je vous avoue, Monseigneur, que, quelque prévenu que je sois de mon imagination, elle demeure tout à fait courte en cette occasion, et ne conçois pas que, s'agissant de prendre son parti en une rencontre où il est question de tirer les peuples d'une extrême misère, les mettre en état de fournir au Roi ses besoins sans beaucoup s'incommoder, et conjurer enfin les horreurs d'une stérilité future, on puisse s'arrêter tout court de peur d'intéresser la réputation de gens qui croient avoir bien mérité de la république, quoiqu'ils l'aient absolument ruinée. Si ce n'étoit pas cela seul, Monseigneur, que ces Messieurs ont pour objet par rapport uniquement à eux, ainsi que je viens d'avoir l'honneur de vous marquer, l'exemple de l'Angleterre, où le peuple, constamment, qui gouverne l'économie du dedans, établit une récompense à pure perte sur lui pour ceux qui font sortir les grains, seroit plus que suffisant pour convaincre les plus prévenus. Les horreurs de 1693 et 1694, seulement éprouvées en France, quoique la plus fertile contrée de l'Europe, par la pratique de cette maxime erronée, viendroient encore au secours; le tout, sans parler de la discussion du labourage, par laquelle on voit clair comme le jour que la moitié des terres du royaume ne peuvent porter les frais de la culture au prix qu'est le blé, et que l'autre, d'un plus facile approfitement, ne sauroit payer le fermage : ce qui est une perte causée volontairement, qui excède trois fois tous les besoins du Roi. Mais ce qui me surprend, Monseigneur, plus que toute autre chose, est que vous, qui êtes très rempli de lumière, prêtiez en quelque manière la main à maintenir les auteurs de sentiments si erronés et si préjudiciables au public dans cette malheureuse sécurité, et que vous les laissiez jouir si tranquillement d'une réputation si mal acquise. C'est parce que j'ai vu qu'il ne vous étoit pas agréable que mes ouvrages fussent rendus publics, que je n'en ai pas abandonné les manuscrits au hasard, puisque, si je ne

les avois pas toujours suivis de très près, ils n'eussent jamais manqué d'être imprimés, sans aucun ministère de ma part, en sorte que l'on ne m'en eût pu former aucun incident, non plus que M. de Cambray de son *Télémaque,* ainsi qu'à bien d'autres. Je ne perds jamais le respect dû aux personnes en place, ni par mes écrits ni dans mes discours, de façon que je n'ai rien à craindre de ce côté-là. Pour les surprises, dont vous n'êtes auteur d'aucune, ce n'est pas la même chose : je ne vois presque point de livre imprimé avec privilège qui ne s'en explique, dans les occasions, plus vivement que moi, et un prédicateur, ayant dit dans un sermon, au milieu de Paris, qu'il y avoit des gens qui, n'étant parents de qui que ce soit, se faisoient héritiers de tout le monde, n'en a pas eu moins de vogue ni moins de liberté de prêcher. Si mon traité des blés avoit été imprimé, la voix publique auroit fait ouvrir les yeux sur une prévention si préjudiciable, dont on n'est pas néanmoins si fort convaincu que l'on n'ait besoin d'autorité pour s'empêcher de perdre sa cause, avec de grands intérêts de prétendue réputation. Quand M. d'Argenson, à mon dernier voyage de Paris, me voulut marquer que le grand marché des blés, quel qu'il fût, étoit l'unique conservateur de la félicité publique, surtout dans Paris, lui ayant demandé s'il concevoit que les laboureurs devoient cultiver les terres à perte et ne rien donner à leurs maîtres, il me répondit naturellement que cette prétention seroit ridicule; mais, sur la discussion de la dépense nécessaire et du prix auquel il falloit que fussent les grains pour y parvenir, je le trouvai très court, comme n'en sachant pas le premier mot, mais ne voulut point sortir de son principe qu'il falloit absolument que les grains fussent à bon marché. Lui ayant fait une reprise s'il trouveroit que ce fût un grand avantage de les voir à 20 sols le setier à Paris, comme ils étoient il y a cent cinquante ans, c'est-à-dire à moins qu'il ne faut pour le simple ferrage des chevaux du laboureur, je le mis dans la même situation que M. Amelot, il y a deux ou trois ans, lorsqu'il avoit liquidé 800,000 # de défalcation à compte sur 1,500,000 # que demandoient les fermiers généraux pour la diminution des droits de sorties des manufactures, que vous aviez bien voulu accorder; lui ayant fait voir un fait du sieur le Gendre, qu'il payeroit tout passé 50,000 #, et que lui et les fermiers s'étoient mépris, sur trente parties, de vingt-neuf, il me fit connoître, sans nul crédit, que ma conversation ne lui étoit pas agréable. C'est par de pareilles lumières, Monseigneur, qu'il a passé en chose jugée qu'il faut que le laboureur cultive à perte, et que, par conséquent, il ne donne rien à son maître, qui, à son tour, ne donnera aucun travail aux ouvriers, comme il arrive présentement. Si vous en désirez bien être éclairci par un détail dont vous êtes singulièrement capable, prenez la peine de m'envoyer querir trois marchands de détail dans Paris, savoir : un chandelier, un épicier et un drapier, et faites-leur représenter leurs registres de cinq ans, que le blé valoit 18 # le setier. Vous verrez qu'ils vendoient six fois davantage qu'ils ne font à présent; bien attendu qu'il leur falloit pour 6 sols de pain davantage par jour, sur une pistole qu'ils profitoient de plus. Or, comme presque aucun d'eux ne fabrique, c'est le même raisonnement pour leurs ouvriers. Si mon traité des blés avoit été rendu public, ces preuves, avec l'exemple des autres nations, auroit (*sic*) sauvé une perte au royaume; mais il en auroit coûté un peu de réputation à des gens applaudis, et qui sont bien aises que l'on ne les vienne pas troubler dans cette tranquille jouissance. C'est par la même conduite qu'il y a 1,600,000 # de perte sur les vignes de Mantes, et à proportion sur le reste du royaume. Un écrit public eût pu détourner l'orage et faire honte aux auteurs; mais la perte publique est moins préjudiciable au royaume. Mahomet a établi sa religion sur les mêmes principes : défenses d'écrire, ni de disputer contre.

Je suis, avec un très profond respect, Monseigneur, votre très humble et très obéissant serviteur.

Boisguillebert.

Ce 28 Décembre (1704).

Monseigneur,

Je me donne l'honneur de vous envoyer l'histoire de la décadence des vignes de Vernon; elle est d'un sieur Lemoine-Belisle, président au grenier à sel, qui a beaucoup d'esprit, du bien, et fait les affaires de M. de Bouville. Tous ceux que j'ai mis en besogne pour les exciter à travailler, je leur ai promis de vous les nommer, n'ayant point d'autre payement à leur faire : je m'acquitte de ma parole, ou plutôt de la justice qui est due, quoique presque nullement pratiquée, dont j'ai fait expérience en ma personne. Quoique cet écrit soit mal peint, je le regarde comme une déposition de témoin, qui doit faire foi. Ainsi, je ne l'ai point fait copier, outre que je ne pense pas qu'il vous apprenne rien de nouveau, et que vous n'ayez vous-même, Monseigneur, vu sur les lieux : de sorte que, comme les choses ne sauroient être plus déplorées, vous ne pouvez vous méprendre en apportant du changement. Je ne l'avois point conçu, depuis plus de trente ans que je travaille, devoir être fait d'abord en toute son intégrité par une suppression entière des aides, quoique l'avantage qui en reviendroit au Roi et au peuple fût assurément plus considérable que par la rétention d'une partie de la cause des désordres; cependant, dans les très grandes maladies, les médecins ne donnent point d'abord de fortes médecines, de peur que la personne indisposée n'en pût souffrir la violence : un léger adoucissement dans les aides, faisant un fort grand bien, ne soulèveroit pas une infinité de gens considérables, lesquels, sans être partisans, ne laissent pas de tirer du produit de ce malheureux impôt. Un pape, que je crois être Nicolas IV, ayant trouvé ridicule un tribunal en forme de Chambre des comptes où l'on rapportoit toute la dépense des Cordeliers, jusqu'à leurs pitances et habits, comme Sa Sainteté en ayant le domaine, et eux le simple usage, sans nulle propriété, mit son autorité et son caractère en compromis, et lui au hasard d'être déposé; au lieu, Monseigneur, que l'expérience du grand bien qu'il reviendroit par la diminution des droits exorbitants, vous feroit gagner du terrain et de la confiance pour achever ce que vous auriez si heureusement commencé. Mais ce n'est pas, quant à présent, ce qu'il y a de plus provisoire; j'ose vous dire, avec tous les peuples, que vous avez besoin, dans le moment, de secours qui ne se fassent point attendre, et c'est ce que je maintiens que j'ai fait par mes quatre feuilles précédentes, y compris la première imprimée, quoique non publique, qui sont un précis de toute votre doctrine, et par conséquent une garantie certaine; mais la cinquième, que j'aurai l'honneur de vous envoyer pour le premier jour de l'an, en vous le souhaitant heureux, en sera la plénitude. Je table sur 80,000,000 # de hausse au Roi par un travail de trois heures, non seulement sans exécutions, mais en faisant plaisir au peuple. Je ne crains point d'être traité de visionnaire, par ce que d'abord, en tirant l'épée, je jette le fourreau, et soutiens qu'il n'y a que les gens du même échantillon de ceux qui ont fait arracher les vignes pour enrichir le Roi et causé les famines de 1693 et 1694, qui me puissent contredire. Or, comme une pareille nation ne fait aucune foi, je suis hors de peur. Mais il y a bien plus, Monseigneur: comme il s'agit des intérêts du public, il est juge souverain en cette partie; ce qu'il acceptera ou refusera est une décision certaine du succès. Permettez-moi de rendre mes écrits publics, et vous verrez l'applaudissement que j'en recevrai, du plus grand nombre s'entend, car, pour ceux qui vivent de la destruction d'autrui, je renonce à les persuader. Si je suis ridicule, il sera aisé de le faire voir; mais c'est ce que qui que ce soit n'oseroit entreprendre, et vous n'aurez point la peine de leur interdire l'impression d'aucun de leurs ouvrages pou la défense de manières qui font horreur à Dieu et aux hommes. Le cruel de ces 80,000,000 #, et je le conçois dans toute son étendue, est qu'il faut faire entendre au Roi que le prince le plus mal servi dans la perception des tributs qui ait jamais été sur la terre, est Louis le Grand, comme ses peuples, sous le meilleur prince de l'univers, ont été les plus malheureux. C'est par la cessation de cet état violent que vous les pouvez enrichir en trois heures. Cela ne se peut faire sans fracas du côté de la cour; mais comparez, s'il vous plaît, la gloire qui vous en viendra, avec les suites des dernières extrémités dont la France est menacée, si elle ne peut subvenir aux besoins nécessaires, comme cela paroît naturellement impossible, tant que l'on ne [se] servira, pour y subvenir, que des mêmes moyens qui l'ont rendue misérable. Je conçois encore, Monseigneur, que mon ministère semble revêtir l'insulte que je fais à des gens applaudis d'un surcroît de honte, qui semble porter leur patience à bout, en ce que, passant, et chez eux et chez autrui, pour gens d'une extrême sagesse, moi qui ai une réputation fort équivoque, comme tous mes semblables, ose lever la crête contre eux et leur faire la leur d'une manière si insultante.

Mais un mot, s'il vous plaît, de réflexion. La sagesse ne consiste pas dans un extérieur bien composé, des paroles concertées et une représentation éclatante dans tout ce qui paroît au dehors. Si, sous cette couverture, il y règne des passions, surtout corporelles, une ignorance grossière, et un manque de réussite dans toutes les affaires d'importance, il s'en ensuivra de tout point: *pulchra facies, sed non cerebrum habet.* Je veux bien être jugé à ce niveau-là. Par la grâce de Dieu, dans toute ma vie, il y a nulle action de jeunesse, n'étant redevable, après le ciel, de ma fortune qu'à mon travail. Vous avez eu la bonté de me marquer que vous me confieriez un canton: ce que je souhaite plus que de vivre, pour le rétablissement de la France. Mais, si vous consultez les sages à la mode, vous [ne] me mettriez pas dans un village; et moi je maintiens qu'à moins que vous n'envoyiez au plus habile d'entre eux les morceaux tout taillés, qu'aucun ne réussira dans la répartition des tailles, qui est ce qu'il y a de plus provisoire. La simple promesse de ce que vous avez envie de faire pour les peuples produira sur-le-champ un très grand bien. Or, ce sera une marque certaine de vos intentions de me mettre dans un canton. Si cela se pouvoit acheter à prix d'argent, je ne vous en importunerois point. C'est cette espérance qui fait que désormais je ne chercherai pas d'autre applaudissement que le vôtre, quoique tous mes semblables aient toujours succombé à cette tentation, qui est plus vive que la passion même des richesses.

Je suis, avec un très profond respect, Monseigneur, votre très humble et très obéissant serviteur.

BOISGUILLEBERT.

Mémoire des raisons pour lesquelles les vignes sont si fort à charge de notre temps.

Autrefois les vignes étoient d'un grand profit, parce que, n'y ayant point ou peu d'impôts sur les vins, le débit s'en faisoit plus facilement et plus abondamment, tant en gros qu'en détail.

Mais, depuis que l'on a pris à tâche de les surcharger d'une infinité de droits, qui excèdent de beaucoup leur valeur, il est arrivé que le profit que tiroient les propriétaires ou les fermiers des vignes a passé à ceux qui ont fait le recouvrement de ces droits excessifs: de sorte que, ces derniers s'étant enrichis de la ruine des premiers, on ne doit pas s'étonner s'il y a aujourd'hui si peu de vignes dans les endroits où il y en avoit beaucoup autrefois.

Ce ruineux abandonnement des vignes ne s'est pas fait tout d'un coup, et l'on ne s'est pas aperçu d'abord du préjudice qu'il a causé; car les particuliers qui arrachoient les vignes trouvoient de quoi se dédommager dans les premières années par la fertilité des fonds, lesquels, étant engraissés de longue main, donnoient tous les ans une quantité prodigieuse de bons grains sur un ou deux labours, ce qui étoit d'autant plus agréable dans les vignobles qu'il n'y a presque point de terre labourable.

La suite a fait assez connoître que cet agrément a coûté cher pour le peu de temps qu'il a duré. Les engrais de ces fonds étant épuisés, et les propriétaires n'ayant ni le moyen ni le dessein de les remettre en vignes, ils sont restés en friche, ou n'ont pu donner des grains, médiocres ou mauvais, que de quatre années l'une.

Le nombre des vignes étant considérablement diminué, et le produit des fonds presque anéanti, les gens qui y trouvoient auparavant leur subsistance, soit en les cultivant, soit en les faisant cultiver, ont été bientôt réduits à une extrême pauvreté: ce qui a obligé de diminuer les tailles des vignobles, de manière que tel village se trouvera avoir payé 2,000 # de taille, qui n'en [paye] pas plus de 600 #; au lieu que, si l'on eût diminué les impôts du vin, on auroit moins perdu, et l'on auroit guéri le mal dans sa source, qui paroît présentement incurable.

En effet, si l'on considère ce qui s'est passé à cet égard depuis l'année 1677, qui fut fort abondante en vin, on verra qu'il est impossible de tenter aucun rétablissement qu'en ôtant la meilleure partie des impôts, et, entre autres, celui qu'on appelle le *grand droit.*

Premièrement, en ladite année 1677, les marchands qui avoient acheté une grande quantité de vin, l'ayant fait porter suivant l'usage ordinaire à la foire de Saint-Romain de Rouen, voyant qu'ils n'en avoient point le débit, voulurent l'abandonner, tout enfûté et tout charrié, aux fermiers des aides, pour se libérer des droits qu'ils leur demandoient; mais ils ne purent obtenir leur décharge desdits droits sur ce pied-là; il fallut perdre le vin à la meilleure partie, et payer lesdits droits.

Ce malheur a été cause que, depuis ce temps-là, les marchands d'échalas et de futailles, qui achetoient le vin de ceux à qui ils les vendoient, n'ont plus voulu l'acheter, et se sont contentés de le prendre pour le porter en foire, et leur tenir compte de ce qui leur en revenoit de bon, les droits payés et les frais de leur voyage et séjour; et ainsi les plus gros marchands, à l'envi l'un de l'autre, s'étant bien trouvés de cet expédient, par lequel ils ne risquoient rien, sont devenus en quelque façon les facteurs des vignerons, qui ont été obligés de s'en rapporter en tout à leur bonne foi.

Depuis ladite année 1677 jusqu'en 1692, le vin ayant presque toujours été à vil prix, chacun s'est fait un mérite d'arracher ses vignes, et, quoiqu'il n'en soit pas resté la moitié de ce qu'il y en avoit, le vin n'en a pas été mieux vendu, et les vignes sont aussi diminuées de prix : tellement qu'un arpent de vignes qui valoit, par exemple, aux environs de Vernon, en certains cantons comme à Saint-Pierre-de-Longueville, jusqu'à 1,000 #, ne vaut plus que 500 # au plus, et, à Pressagny-l'Orgueilleux jusqu'à 800 #, n'en vaut pas plus de 300 #; encore n'est-ce pas en argent comptant, mais à rente sur de pauvres vignerons que la nécessité de leur emploi attache nécessairement à la culture de ces sortes d'héritages.

Ce qui vient d'être dit de la manière dont les marchands en usent à l'égard des vignerons dans les foires ayant rebuté ceux-ci de ce genre de commerce, où ils risquent de perdre, sans espérance de rien gagner, quelques-uns d'entre eux se sont avisés de garder leur vin sur le chantier jusqu'à ce qu'il se présentât occasion de le vendre à quelques communautés ou des particuliers, qui en viennent quelquefois acheter sur les lieux; mais, cette occasion étant rare et convenant à peu de personnes, il arrive que les vignerons qui restent ainsi chargés de leur vin, ne le pouvant vendre en gros et voulant éviter les droits du détail, le débitent à mussepot, en fraude des droits : ce qui les expose souvent à des procès, dont les frais et les amendes les ruinent entièrement.

D'ailleurs, que peuvent faire ces pauvres gens ? Ils doivent de tous côtés; ils ne peuvent autrement s'acquitter que par la vente de leur vin à quelque prix que ce soit.

Quant aux bourgeois, qui faisoient autrefois valoir le plus de vignes qu'ils pouvoient, ils s'en sont défaits tout à fait et n'en veulent plus entendre parler. La raison est qu'un arpent de vignes demande qu'on y avance, avant que d'en rien retirer, 40 # pour le façonner, 24 # pour le fumer, et autant pour l'échalader : ce qui fait 88 #, outre les frais de vendanges, qui vont bien à 12 #. C'est donc une avance de 100 # par arpent, où il ne vient, par année commune, que six muids de vin au plus, qu'il faut revêtir de six futailles, à 4 # chaque, valant 24 #. Ainsi, ce sont 124 # qu'il faut débourser, et souvent le vin ne va qu'à 20 #, et quelquefois à beaucoup moins : ce qui fait que l'on est ordinairement en retour, et que presque jamais on ne retire le fermage avec les avances.

Cette fâcheuse destinée des vignes a fait que la plupart des terres qui y étoient propres aux environs des villes ont été employées pour faire des jardins où les particuliers ne trouvent aucun autre avantage que le plaisir de les cultiver et de s'y promener, et, préférant le délectable à l'utile, ils restent dans une inaction très préjudiciable au corps de l'État, dont ils sont les membres.

Ce 22 Février (1705).

Monseigneur,

Bien que je commence à désespérer d'obtenir de vous la grâce que j'ai pris la hardiesse de vous demander par mes deux dernières, quelle qu'en ait été la raison, que je n'entreprendrai pas de pénétrer, je ne laisserai pas de vous importuner encore par celle-ci de la même chose. Il me semble que c'est la moindre démarche que je dois à l'utilité publique et à mon salut particulier, d'autant plus qu'il me paroît que les manières que l'on médite, à ce qui nous est rapporté, pour trouver de l'argent au Roi, sont beaucoup plus propres à le rendre encore plus rare qu'il n'est, qu'à le faire devenir plus commun parmi les peuples, qui est l'unique mobile par où il entre dans les coffres du prince, quoiqu'on pense et on pratique justement le contraire depuis quarante ans. *Inde mali labes.* Une hausse de droits déjà exorbitants ruinent (*sic*) la consommation; vous en avez trop d'exemples, Monseigneur, dans les aides, dans les douanes, et récemment dans les lettres, pour en douter. Cependant, quelque éclairé que vous soyez là-dessus, ainsi que sur le reste, vous regardez et écoutez comme des oracles ceux qui osent proposer des manières si contraires au sens le plus commun. Vous les feriez taire à bon marché, si vous preniez la peine de leur proposer de vouloir bien se déclarer publiquement auteurs de pareilles dispositions, et d'être à même temps garants du succès, qui est mon espèce aujourd'hui, bien que vous me regardiez peut-être comme le dernier des hommes. Mais le public, si j'ose dire, me rend bien plus de justice, et, mes manuscrits étant ici connus de tout le monde, je suis applaudi en taillant 80,000,000 # de hausse sur les peuples aux conditions y apposées, qui sont un rétablissement sur-le-champ de quatre fois davantage de biens qu'il ne coûteroit pour satisfaire à ce surcroît envers le Roi; bien entendu que la tentative, en cas de non-réussite, ne coûteroit que la perte d'un morceau de papier et la punition de l'auteur. L'objection du temps de la guerre est tournée si fort en ridicule dans sept à huit pages, que je fais voir clair comme le jour qu'il faut renoncer à la qualité d'homme raisonnable pour oser proférer rien de pareil après la lecture de mon ouvrage*.

Je vous demande encore, s'il vous plaît, pour la dernière fois, la grâce de souffrir qu'en une demi-heure d'audience vous en souffriez ou preniez la lecture, et suis, avec un très profond respect, Monseigneur, votre très humble et très obéissant serviteur.

BOISGUILLEBERT.

* En marge est écrit : « J'ai lu tous vos mémoires avec beaucoup d'attention; je puis vous assurer que je l'ai fait avec un désir sincère d'être plus convaincu que vous que ce que vous proposez est bon. Je

n'ai point, jusqu'à présent, fait un aussi grand progrès sur moi-même que je l'aurois désiré : c'est ce qui me fait appréhender que vos prophéties ne soient pas aussi sûres dans leur exécution que vous les rendez plausibles par écrit. Il ne faut pas être tout à fait déraisonnable pour se persuader, quelque application que vous ayez donnée aux affaires depuis trente ans, qu'un seul homme n'en soit pas plus que tous les autres ensemble. Je me trouve dans ce cas-là avec vous. Je prie Dieu qu'il m'éclaire et qu'il envoie à S. M. les secours qui lui sont nécessaires. Je suis, etc.

Au dos : «Le sieur de Boisguillebert, 22 février 1705. C'est toujours sur les 80,000,000 # de hausse pour le Roi.»

Ce 25 Juin (1705).

Monseigneur,

Je pris la hardiesse de vous demander, l'année passée, une audience pour vous faire concevoir qu'en deux ou trois heures vous pouviez former 80,000,000# de hausse dans le produit des peuples envers le Roi, sans incommoder personne, et faisant même plaisir à tout le monde; vous me l'accordâtes, et je ne vous en touchai pas un mot, parce qu'il me parut que le fruit n'étoit pas encore mûr, d'autant plus que, la base et le fondement de tout ce que j'avois à vous proposer étant que, depuis 1660, on avoit pris justement le contre-pied des véritables intérêts de l'État, vous comptiez néanmoins pour une ressource assurée le secours de ceux qui avoient eu part aux premières surprises. Maintenant, dans l'idée que j'ai que l'expérience d'une année vous a pu faire comprendre que le mécompte ne vient pas des personnes, mais des manières, et qu'il n'est pas douteux que 1704 a pour le moins tiré sa quote-part du déchet continuel qu'éprouve la France depuis ce temps fatal de 1660, trouvez bon, s'il vous plaît, que je vous renouvelle la même prière, malgré des circonstances personnelles qui me devroient obliger à vous faire ma cour par un silence perpétuel sur pareilles matières, s'il n'en alloit pas du salut des États comme de celui des âmes, à l'égard duquel ce qui s'appelleroit importunité et imprudence dans une autre rencontre devient obligation dans celle-ci. Sur ce compte donc, Monseigneur, souffrez que je vous demande la dernière audience de ma vie; ma mort vous répondra que je tiendrai parole, puisque je ne crois pas et ne désire point pouvoir survivre à ma ruine entière et à celle de toute ma famille, qui est inévitable si les choses continuent leur train, surtout l'offre des conseillers des requêtes de Rouen, qui travaillent à vous proposer de les revêtir de ma dépouille entière et de celle de tous les juges de Normandie, moyennant chacun 10,000 #, que je suis assuré qu'ils ne trouveront jamais, ni en corps ni en particulier, et cela pour dispenser le Parlement, qui donne son consentement à ce projet, de création ou de nouveaux gages, que la plupart étoient très en pouvoir de fournir, de notoriété publique, pendant que les premiers juges, taxés en même temps, avoient marqué leur obéissance malgré les suppressions précédentes de la plus grande partie de leurs fonctions. Mais, comme, Monseigneur, je ne prétends rien faire de particulier, et que je n'attends mon salut que d'un bien général, voici, s'il vous plaît, les conditions auxquelles j'ose encore vous importuner pour une audience du matin, n'ayant que peu ou point d'esprit dans les autres temps, ce qui m'est commun avec tous ceux qui ont de grandes obligations à leur imagination; or, personne ne me dispute que je ne sois redevable de quelque chose à la mienne, c'est-à-dire au moins de ce que je suis, ou de ce que j'ai été. Je m'engage de vous faire convenir, Monseigneur, non par raisonnement, ni par discours, qui ne font qu'aigrir les esprits entre pareils, et ne vérifient rien non plus lorsque les sujets sont très différents de qualités, comme dans l'espèce présente, parce que le respect empêche de contester et même de repartir, mais par épreuve, démonstration et expérience aussi certaine et infaillible qu'est celle qui apprend, dans l'arithmétique, que deux et un font trois, de vous vérifier, dis-je donc, Monseigneur, que vous pouvez, sans congédier personne ni faire aucun mouvement violent ou douteux, former 80,000,000 # de hausse au Roi par-dessus les tributs ordinaires, même la capitation, et cela en deux ou trois heures, parce qu'auparavant, en aussi peu de temps, vous aurez causé au peuple 4 à 500,000,000 # de surcroît en ses revenus, sans que le fracas de la non-réussite dérange davantage qu'une promenade que vous auriez faite inutilement sur votre terrasse. Voilà, Monseigneur, le corps de mon cartel. Si cette proposition vous semble tenir du plus creux de l'empirique, pour ne pas dire du charlatan, ce qui va suivre déroge tout à fait aux lois de cette profession, dans laquelle la première idée qu'elle jette paroît me ranger certainement : c'est que, le manque de succès ne déconcertant pas davantage que ce que je viens d'avoir l'honneur de vous marquer, ce qui la doit faire accepter, elle n'aura de fâcheux accident qu'à mon égard, qui mériterai punition, en ce cas, d'abuser d'un temps aussi précieux que le vôtre. Ainsi, comme vous savez, Monseigneur, que la maison de ville de Rouen désire depuis longtemps de m'ôter la police, vous ayant présenté des placets pour ce sujet, en me remboursant à l'aide de quelque octroi en sa manière ordinaire, j'y donne les mains au profit du Roi en cas de manque de succès dans ma proposition. Quoique tout ceci semble sans répartie, j'ose dire par avance que, pour peu que vous consultiez ceux qui vous environnent, ils ne donneront jamais les mains à une pareille expérience, bien que ce refus dût faire plus qu'une demi-preuve de sa réussite : les auteurs des manières pratiquées aimeront mieux voir un bouleversement général et ruiner tout le monde, que de mettre en compromis les applaudissements qu'ils ont cru mériter jusqu'ici, et dont ils sont dans une pleine et entière possession, au moins de la part du Roi et de la cour, quoique ce soit tout le contraire de celle des peuples, et encore davantage de leurs biens, lesquels, quoique témoins muets, déposent avec plus de certitude de la vérité en cette occasion. Mais il faut, s'il vous plaît, que vous fassiez deux classes de vous et de ceux qui ont travaillé aux finances depuis 1660 jusqu'à présent. Je puis dire même que c'est sur cette diversité d'intérêts que tout le salut de l'État est fondé : vous n'êtes auteur d'aucun des désordres, quelque grands et quelque continuels qu'ils soient; vous n'avez fait que travailler *in fide parentum* : ce qui, joint avec votre intégrité personnelle, nullement révoquée en doute en quelque état que vous vous soyez trouvé, vous rend maître de prendre impunément tel parti qu'il vous plaira, n'ayant nul intérêt personnel de maintenir aucun désordre, parce que vous n'avez contracté avec pas un, ce qui néanmoins ne vous étant pas commun avec tout le monde, de notoriété publique, a été jusqu'ici le seul et unique empêchement à la cessation des malheurs de la France, et non les belles raisons que l'on propose : le renversement du royaume, ou que le temps de la guerre est exclusif de tout changement, ce qui porte visiblement sa réprobation avec soi. Ainsi, Monseigneur, vous voyez qu'il est question du plus bel ouvrage qui se soit rencontré depuis l'établissement de la monarchie, et qui vous couvrira le plus de gloire, aux dépens, à la vérité, de ceux qui vous environnent, jusque-là même que le degré de vos applaudissements sera celui de la découverte de leurs méprises. J'ai contre moi le sort de tous les porteurs de nouveautés surprenantes; la qualité de fous et d'insensés a toujours été les préliminaires des audiences que l'on leur a données, et Copernic, le dernier en date, a eu de surcroît la menace du feu, ce qui l'empêcha de publier son système que huit jours avant sa mort, étant assuré de ne pas relever de sa maladie; et puis, dans la suite, ses prétendus bourreaux sont devenus ses sectateurs.

Les étrangers se plaignent que le François traite d'extravagance tout ce qu'il ne conçoit point. M. de Sully, dans la réforme des finances, fut traité de fou par ceux qui étoient en place; mais le roi Henri IV repartit que, comme les gens sages l'avoient ruiné, il vouloit essayer si les fous ne le rétabliroient pas : ce qui ne fut que trop véritable. Changez, s'il vous plaît, les noms, et vos 80,000,000 # sont trouvés. J'ai réduit toute ma doctrine, ou mes expériences, en deux feuillets de papier, en sorte que toute la scène n'excédera point deux ou trois heures; mais la clef, qui ne sauroit être mise sur le papier, ne vous peut être donnée que de bouche. C'est pourquoi je vous réitère encore ma très humble prière, et suis, avec un très profond respect, Monseigneur, votre très humble et très obéissant serviteur*.

BOISGUILLEBERT.

* En marge est écrit : «Il n'a pas tenu à moi, dans les différentes audiences que je lui donnai l'année dernière, qu'il n'ait trouvé le moyen de me persuader; j'y étois fort disposé, et je le désirois encore plus que lui. Je crois que ses idées sont encore les mêmes, et, s'il veut renouer commerce avec moi, il faut qu'il me prouve que les 80,000,000# dont il veut augmenter les revenus du Roi se prendront en partie dans les pays étrangers, parce que, comme je connois la France presque aussi bien que lui, il aura peine à me persuader que l'on pût tirer 80,000,000# des peuples au delà de ce que le Roi en tire.»

A Rouen, ce 6 Juillet 1705.

Monseigneur,

Je ne sais point en quel état sont les suites de la dernière audience que vous eûtes la bonté de me donner, mais je suis bien assuré que vous n'avez point à choisir présentement entre prendre le parti de toutes les nations du monde, qui est uniquement ce que je propose en commentant vos premières vues, ou à compter sur une extrémité que l'on n'oseroit presque envisager, qui est par où vous cloriez la bouche aux contredisants, en leur offrant de les écouter sur quelque chose de meilleur, parce que, eux et leur chevance, seront garants du succès suivant les lois des Athéniens, des Égyptiens et des Turcs.

Je suis, avec un très profond respect, Monseigneur, votre très humble et très obéissant serviteur*.

BOISGUILLEBERT.

* En marge est écrit : «Lui mander que, M. de Chamlay, nous devons consulter au premier jour ensemble.»

Ce 11 Août 1705.

Monseigneur,

Pour profiter du peu de jours qui me restent avant que de vous saluer, je prendrai la hardiesse de vous répéter que le salut de la France consiste à abattre quatre monstres qui l'ont mise au pitoyable état où elle se trouve : ce que vous pouvez en deux heures, puisque il ne s'agit que de cessation. Le premier, qu'il soit possible que l'on fasse une fortune de prince à prêter son ministère pour faire recevoir ou passer les secours d'argent des mains du peuple en celle du Roi; le second, que la quote-part de contribution, en une infinité de particuliers, doive être leur dépouille entière, et même par delà; le troisième, que, dans les tributs ordinaires, comme les tailles, on accable les indéfendus les uns après les autres; et le quatrième enfin est que les personnes puissantes fassent consister leur crédit à s'exempter en tout ou partie de cet impôt : ce qui met par contre-coup leurs fonds à rien. Voilà ce que je prêche depuis trente-deux [ans], et voilà ce qui s'appelle, au dire de mes parties, vouloir renverser l'État.

Vous en déciderez une [fois] pour toutes le 21 de ce mois; et suis, avec un très profond respect, Monseigneur, votre très humble et très obéissant serviteur.

BOISGUILLEBERT.

Ce 27 Août (1705), à Bizy.

Monseigneur,

Je me donne l'honneur de vous écrire de Bizy, où j'ai vu et entretenu M. de Bouville, qui ne m'avoit point fait de réponse, pour n'avoir reçu la vôtre qu'à ce matin. Il est très convaincu de mes principes, tirés de la pratique, et sur lesquels il y a déjà longtemps qu'il travaille lui-même. Il m'a seulement fait remarquer qu'ayant déjà eu soin de hausser la capitation, vous n'y trouveriez pas un si grand succès qu'ailleurs. Il a convenu avec moi qu'il faut absolument les besoins du Roi, et qu'à quelque somme que les redevables se taillent volontairement pour être portée directement au prince, ils y gagneront considérablement en n'en laissant pas le soin aux traitants, lesquels, outre leur préciput, en mettent beaucoup davantage au néant, comme la moitié du royaume en friche ne le vérifie que trop. Le simple bruit de votre permission d'enlèvement de blés les a déjà fait rehausser d'un sept à huitième; jugez, s'il vous plaît, du reste quand il vous plaira cultiver cette plante. Je m'en vais convenir avec M. de Bouville de toutes les circonstances pour le travail.

J'aurai l'honneur de vous en donner avis, et suis, avec un très profond respect, Monseigneur, votre très humble et très obéissant serviteur*.

BOISGUILLEBERT.

* En marge est écrit : «M. de Bouville m'a mandé la même chose. Je souhaite que le Roi tire toute l'utilité qu'il me fait espérer de son travail.»

Ce 7 Septembre (1705), à Rouen.

Monseigneur,

Je prends la hardiesse de vous envoyer un extrait du testament du roi François Ier à son lit mortel, adressé au roi Henri II, son fils, sur lequel je n'ajouterai qu'un mot : *Hoc fac, et vives.* Ce prince déclare que ses peuples ont été toujours très obéissants parce qu'il ne leur a jamais rien demandé que juste. Vous éprouvez, Monseigneur, une forte dérogeance au premier, surtout dans les affaires extraordinaires, attendu que, depuis 1660, c'est une dérogeance continuelle au second; et je ne crois pas même que depuis la création du monde, que l'injustice ait jamais joui d'une plus ample et plus libre carrière qu'elle a fait en France depuis ce temps. Comme vous n'êtes auteur d'aucune de ces pernicieuses démarches, le champ vous est ouvert pour vous acquérir une gloire immortelle. C'est de cette sorte que vous trouverez tous les besoins du Roi, à titre même lucratif du côté des peuples; mais il faut absolument qu'ils soient instruits de vos intentions : sans quoi, tout leur seroit suspect, et croiroient que la facilité d'un payement seroit une occasion à une nouvelle demande, comme par le passé. Mon ministère, sans cela, seroit tout à fait inutile, et ma vocation à cet emploi, d'elle-même extraordinaire, ne serviroit qu'à me rendre encore plus odieux dans une fonction très fort décriée, et non sans sujet, depuis si longtemps.

Je suis, avec un très profond respect, Monseigneur, votre très humble et très obéissant serviteur.

BOISGUILLEBERT.

Extrait du testament du roi François Ier à son lit mortel.

Mon fils, je ne vous recommande principalement ce royaume, duquel le peuple est le meilleur, le plus obéissant, la noblesse la plus loyale et la plus dévote et affectionnée à son Roi, qui soit ne qui fut oncques. Je les ai trouvés tels, et tels vous les trouverez. La conservation et amplification d'un royaume sont les armes quant à la force et quant à obvier aux accidents qui peuvent avenir de dehors; mais si n'est ni le dehors ni le dedans jamais bien, ni la paix, ni la guerre, s'il y a faute de justice : laquelle justice gardez-vous d'enfreindre, ni violer directement ni indirectement, en quelque façon que ce soit. Aimez votre royaume et son bien plus que vous-même.

Mais, quand vous viendrez en l'état où je suis maintenant, pour aller rendre compte devant Dieu, ce vous sera grand réconfort de pouvoir dire ce que je dirai maintenant, que je n'ai point de remords en ma conscience pour chose que j'aie jamais faite, ni fait faire injustice à personne du monde que j'aie su.

Ce 10 Septembre 1705, à Rouen.

Monseigneur,

Je reçois une lettre de M. de Bouville, qui me mande, après la lecture du précis de mes mémoires que je lui ai envoyés, de le venir trouver à Bizy pour traiter la chose à fond, et vous en rendre un compte exact : sur quoi, je prendrai la hardiesse de vous représenter que, quoique ce soit déjà beaucoup qu'un homme de son importance soit converti, cependant ce n'est point encore assez, et qu'il faut absolument que M. d'Armenonville soit dans les mêmes sentiments, parce que, encore que votre autorité n'ait besoin que d'elle-même pour faire passer tout ce qu'elle jugera à propos, cependant l'âme du nouveau système est de ne rien faire que de concert avec les peuples et par rapport aux véritables intérêts de tout le public, et non de quelques particuliers, qui croient pouvoir faire justement leur fortune aux dépens de la ruine générale : en sorte, Monseigneur, que, mettant bas absolument la maxime qui règne depuis quarante ans : *Sit pro ratione voluntas,* vous en ferez succéder une autre, savoir : *Justitia ante eum ambulabit, et ponet in via gressus suos.* Or, comme la cour ne vit que de partis, et Paris d'usures, cette utilité générale que vous procurerez rencontrera assurément des ennemis, qui seront plus aisément débellés, par rapport seulement à la rumeur publique, quand plusieurs personnes de considération seront prévenues de la justesse de vos sentiments. Je puis dire qu'il n'y a qui que ce soit dans Rouen qui n'en soit persuadé ; de façon que vous n'aurez pas de peine à exiger dix fois la capitation de plusieurs sujets, sur le pied qu'ils la payent à présent. Sur quoi, il y a une attention à faire, qui est que ce surcroît, tant sur la capitation que sur la taille, par les mesures que vous avez prises, doit croître à pur profit au Roi, afin de suppléer aux affaires extraordinaires, dont la simple cessation redonnera plus au peuple que ne leur coûteront tous ces remplacements. Je me donnerai l'honneur de vous en écrire plus précisément, et suis, avec un très profond respect, Monseigneur, votre très humble et très obéissant serviteur.

BOISGUILLEBERT.

De Bizy, ce 14 Septembre 1705.

Monseigneur,

Je me donne l'honneur de vous écrire, après deux jours de conférences ou de travail avec M. de Bouville, qui est si bien au fait et a si exactement pris le précis des mémoires que je lui ai fournis, qu'il en fait un abrégé où tout l'essentiel est renfermé; et je suis assuré qu'il [est] en état, dans le moment, de le faire exécuter sans nul risque ou péril. Cependant, Monseigneur, je ne me résilie point, et, si vous désirez absolument un canevas, je partirai pour Orléans aussitôt qu'il y sera. Comme M. d'Armenonville agrée que j'accompagne M. de Bouville la semaine prochaine, qu'il le doit aller voir à Rambouillet, vous saurez les choses plus exactement; et suis, avec un très profond respect, Monseigneur, votre très humble et très obéissant serviteur.

BOISGUILLEBERT.

Ce 17 Septembre (1705), à Rouen.

Monseigneur,

Je rejoins M. de Bouville mardi, pour de là l'accompagner à Rambouillet. Je porte le modèle d'un édit, dans lequel je maintiens trois choses : la première, que, quoique que le Roi y exige à peu près tous ses besoins en tributs réglés, savoir : la taille et la capitation, cependant il redonne une fois plus à ses peuples, par le rétablissement de leur opulence et de la vente libre des denrées, qu'il ne leur coûtera pour y satisfaire : la seconde, que l'on n'y peut faire d'objection par écrit, que l'on n'en montre sur-le-champ la défectuosité; et la troisième enfin que qui que ce soit ne vous peut proposer autre chose pour sortir de la conjoncture présente, dont l'exécution ne fût absolument impossible. Je suivrai incontinent M. de Bouville à Chartres et à Orléans, et pour y travailler, et pour mettre les peuples dans la même situation que sont ceux de Normandie, lesquels ont compris leurs intérêts, qui sont de payer le Roi de la raquette afin de n'y être pas contraints par le battoir. Je suis assuré, pour peu de conférences que j'aie avec les plus raisonnables, qu'ils regarderont l'exécution de vos premières vues, qui est tout ce que je propose, non comme des bombes, desquelles sauve qui peut, mais comme des ancres, qui assureront les vaisseaux contre les orages et les tempêtes qui les submergeoient tout à fait. Il est absolument nécessaire que l'on ne comprenne pas dans l'assiette de cette année, en diminution du corps de la taille, les personnes ci-devant exemptes, dont les prétendus privilèges sont fort sagement révoqués : ce doit être un conquêt au profit du Roi, lequel, avec les autres de même nature, remplace les affaires extraordinaires, qui coûtoient dix fois plus au peuple, par pur anéantissement, que ce qu'il en revenoit au Roi.

Je suis, avec un très profond respect, Monseigneur, votre très humble et très obéissant serviteur.

Boisguillebert.

Lettres de M. de Bouville au Contrôleur général.

A Bizy, ce 22 Septembre 1705.

Monsieur,

J'ai examiné fort exactement les mémoires de M. de Boisguillebert, dont j'ai fait un extrait, après l'avoir entendu sur toutes les objections que j'avois à lui faire. J'ai trouvé ses raisonnements fort justes, et rien n'est plus à souhaiter que de pouvoir exécuter son projet, en y changeant quelques articles dont il convient; mais, comme, pour trouver à remplacer les fonds que le Roi tire des affaires extraordinaires, la principale de ses propositions, et sans laquelle tout son système tombe, est de doubler la capitation, il faut savoir si vous voulez entrer dans ce sentiment, qui sans doute fera crier d'abord les personnes qui n'entreront pas en connoissance du bien que cela produira dans la suite, et qui ne considéreront que le mal présent, qui est de payer le double de ce qu'ils payoient; mais les officiers et autres plus sujets à payer leur part des affaires extraordinaires recevront apparemment cette augmentation avec joie. Supposé, Monsieur, que vous vouliez bien doubler la capitation, je crois que vous ne ferez pas de difficulté dans le reste des choses dont lui et moi sommes convenus, et j'aurai l'honneur de vous en porter tous les mémoires à Fontainebleau, lorsque vous me l'ordonnerez. Ledit sieur de Boisguillebert m'a dit qu'il ira à Rambouillet en conférer avec M. d'Armenonville, suivant la permission que vous lui en avez donnée. Quant à moi, je pars demain, tout incommodé que je suis encore, pour aller commencer le département des tailles, dans lequel il y aura bien plus d'ouvrage que les années dernières, à cause de la déclaration du Roi portant suppression des privilèges; et je passerai par Rambouillet avec ledit sieur de Boisguillebert, s'il passe ici.

Je suis, etc.

De Bouville.

A Rambouillet, ce 24 Septembre 1705.

Monsieur,

J'arrivai ici, hier au soir, avec M. de Boisguillebert, qui arriva chez moi une heure après que j'avois eu l'honneur de vous écrire. Nous fûmes une bonne partie de la soirée dans le cabinet de M. d'Armenonville, que ledit sieur de Boisguillebert instruisit de son projet, et la conversation a encore duré trois heures ce matin. Je n'avois pas apporté les mémoires que j'ai faits, que j'aurai l'honneur de vous porter à Fontainebleau, lorsque vous me l'ordonnerez. Mais nous nous sommes trouvés tous trois à peu près de même sentiment, qui est qu'il faut augmenter la capitation et cesser absolument les affaires extraordinaires; et comme M. de Boisguillebert prétend que vous lui avez dit de venir dans la généralité d'Orléans pour faire un canevas de son projet et engager les peuples à en demander l'exécution, nous avons cru, M. d'Armenonville et moi, que ce voyage étoit prématuré, et qu'il falloit auparavant que vous vous fussiez expliqué, parce que, si ce projet venoit à être rejeté, les recouvrements extraordinaires pourroient souffrir un grand retardement de la prévention dans laquelle le voyage dudit sieur de Boisguillebert auroit mis les peuples contre les affaires extraordinaires. Ainsi, nous avons cru qu'il étoit plus à propos que je fisse venir me trouver deux ou trois officiers de l'élection de Chartres et les receveurs des tailles, avec lesquels, et ledit sieur de Boisguillebert, je travaillerai à la confection des rôles de ladite élection. Après quoi, j'aurai l'honneur de vous rendre compte de ce que nous aurons fait. M. d'Armenonville, qui part samedi pour aller à Fontainebleau, pourra avoir l'honneur de vous dire plus au long toute notre conversation.

Je suis, etc.

De Bouville.

Ce 24 Septembre (1705), à Rambouillet.

Monseigneur,

Les choses ne peuvent mieux aller. M. de Bouville est non seulement au fait, mais il y a mis M. d'Armenonville. Après trois heures de conférence à ce matin, il a convenu que le Roi peut aisément tirer 30,000,000 ᵗᵗ et plus de hausse dans la capitation, étant justement répartie suivant les biens, à un tarif que le Roi et vous mettrez, et il s'est rencontré un officier considérable de Vernon qui a soutenu qu'il se chargeroit bien, à sa garantie, d'en faire la répartition dans sa contrée, à peine de dédommager les plaintifs en son propre et privé nom, au cas qu'il se fût mépris; ce que j'ai l'honneur de vous citer seulement pour l'exemple, et montrer que ce qui est possible en un pays l'est partout, quand il vous plaira choisir des sujets qui tiendront le même langage. Je sens bien, Monseigneur, que 30,000,000 ᵗᵗ ne sont pas à beaucoup près contentement, et la ressource des tailles n'en est point une au sentiment de M. de Bouville, au moins dans la généralité d'Orléans, où il marque que les tailles sont déjà à 4 sols pour livre; il convient néanmoins que, comme il faut absolument les besoins du Roi, sur lesquels il n'y a point à capituler, et que, lorsqu'on les tire par les affaires extraordinaires, cette voie en prend au moins la moitié en remise, perte ou frais. c'est toujours gagner par les peuples de les payer par des tributs droit aux mains du prince; qu'ainsi, si un vingtième ne suffit pas, il faut tailler plus haut. L'essai qu'il veut bien que j'aie l'honneur de faire avec lui à Bizy, de l'élection de Chartres, me fera, Monseigneur, vous parler plus précisément; mais ce qui absolument me rend plus hardi, et ce qui fera le sujet de la conférence de demain matin, est que je prétends, avec tous les peuples, que vous pouvez, en un travail de deux heures, c'est-à-dire par une simple cessation de violence à la nature, doubler la vente de deux mannes primitives qui sont présentement à rien, savoir: les blés et les vins, ce qui dédommagera au triple les peuples de ce surcroît de tributs.

Je suis, avec un très profond respect, Monseigneur, votre très humble et très obéissant serviteur.

BOISGUILLEBERT.

Lettre de M. LE CAMUS,
premier président de la Cour des aides de Paris,
au CONTRÔLEUR GÉNÉRAL.

(Septembre 1705.)

Monsieur, j'apprends que M. de Bouville travaille à Chartres à dresser les rôles des tailles pour faire un essai d'une nouvelle forme de l'imposition. Comme ce projet va à donner atteinte à tous les règlements et à établir des nouveautés, dont les suites peuvent être préjudiciables et au public et aux juridictions qui sont établies depuis tant de siècles sur cette matière, je vous supplie, Monsieur, avant que de prendre votre résolution et de donner un arrêt, de me faire la grâce de me communiquer ce projet sur lequel M. de Bouville fait travailler, pour y faire les observations qu'on croira les plus utiles, avant que d'apporter aucun changement aux anciens usages sans en connoître parfaitement l'utilité, et dont les apparences sont souvent trompeuses. Je suis, avec bien du respect, Monsieur, votre très humble et très obéissant serviteur.

LE CAMUS.

* Réponse en marge : «Il seroit à désirer que l'on pût changer la forme des impositions. Le pouvoir absolu que les collecteurs ont de régler les taux de chaque particulier selon leur passion ou leur intérêt, fait un désordre inexprimable. Comme la matière des tailles m'est assez connue, que je l'ai étudiée à fond dans le peu de temps que j'ai été intendant de la province de Normandie, il ne sera rien fait légèrement, et, s'il se fait quelque chose, ce sera certainement à l'utilité du public.»

Ce 7 Octobre (1705), à Rouen.

Monseigneur,

M. de Bouville me fait l'honneur de m'écrire que vous lui avez mandé d'être le 7 à Fontainebleau.

Comme je suis persuadé que vous aurez pris votre dernière résolution sur vos premières vues commentées par moi, je vous supplie très humblement de me donner permission de vous aller saluer, ainsi que vous eûtes la bonté de faire après que vous eûtes entendu M. de Chamlay.

Je suis, avec un très profond respect, Monseigneur, votre très humble et très obéissant serviteur*.

BOISGUILLEBERT.

* En marge est écrit : «Il pourroit remettre à mon retour à Paris.»

Ce 9 Octobre (1705), à Rouen.

Monseigneur,

Quelque pressantes que soient mes lettres, je ne doute pas que vous ne soyez persuadé que les besoins de l'état du recouvrement, desquels vous êtes chargé, ne le soient encore davantage. M. de Bouville vous aura dû faire voir que la levée de 50,000,000 # sans faire d'affaires extraordinaires n'est pas impossible, et, comme je sais que ce n'est pas assez, j'espère vous faire voir, dans l'audience que j'ai pris la hardiesse de vous demander, que vous pouvez aisément passer ce taux, à titre même lucratif du côté des peuples. Quoique je n'aie fait que saluer la généralité d'Orléans en la personne de sept à huit officiers de Chartres, je les ai aussitôt mis dans mes principes, parce qu'ils sont gens de pratique, comme moi, et non de spéculation, savoir que les peuples vous disent: *Auge dolores, sed auge patientiam*, c'est-à-dire nos revenus, ce que vous pouvez en deux heures. J'attends avec impatience l'honneur d'une permission de vous aller saluer, et suis, avec un très profond respect, Monseigneur, votre très humble et très obéissant serviteur*.

BOISGUILLEBERT.

* En marge, de la main du contrôleur général : «Nous n'avons pas moins de connoissance, ni de moins bonnes intentions que vous. Croyez que, si l'on peut tirer quelque utilité du travail que vous avez fait et des différentes conférences que j'ai eues avec vous, et M. de Bouville en dernier lieu, on ne négligera rien pour cela.»

Ce 13 Octobre (1705).

Monseigneur,

Je souhaiterois que la situation de la France pût attendre aussi tranquillement le retour du Roi de Fontainebleau que moi, à qui vous l'ordonnez : mais vous me permettrez, s'il vous plaît, de vous représenter qu'il n'en va pas dans la nature comme dans la grâce, où Dieu peut, en un instant de véritable repentir, redonner tout le mérite d'une très longue vie. Toute la ressource d'aujourd'hui consistant dans le rétablissement de la consommation, seul principe des revenus d'où se tirent tous les tributs du prince, elle dépend également du temps comme de la matière, et, de même que celle-ci ne peut être suppléée par quelque autorité que ce soit, l'autre pareillement, une fois perdu, n'a point de retour, la nature étant une ouvrière qui ne peut faire autant de besogne, quelque désir que l'on en ait, en trois mois, qu'il lui seroit facile d'opérer en six, si on lui en donnoit la permission. Je veux dire, Monseigneur, que les denrées les plus précieuses, qui périssent dans une contrée pendant que celle qui est voisine en manque tout à fait, et qui souffre le même sort à l'égard d'une autre qui la met dans la même situation, éprouvent chaque jour ce destin sans ressource envers le passé. Les chevaux mêmes, qui font journellement un larcin à la nourriture des hommes par l'avilissement des grains, ne restitueront assurément rien; il y a même à craindre les représailles dans une année stérile, et qu'une cruelle nécessité n'oblige les hommes d'usurper à leur tour la nourriture des bêtes, qui est une peur que les années 1693 et 1694 empêchent beaucoup que l'on ne puisse mettre sur le compte d'une terreur mal fondée. Je prends la hardiesse de vous représenter ces attentions, afin que vous ayez la bonté de concevoir que, dans le poste que vous occupez, il semble très naturel que vous partagiez ou me pardonniez mon impatience. J'aime pourtant beaucoup mieux, Monseigneur, que mon renvoi au retour de Fontainebleau soit la suite de l'idée où vous pouvez être que les choses ne soient pas si pressées que l'effet d'une légère indisposition, que j'apprends avec douleur vous être survenue, puisque, dans l'un, mon application et mon travail peuvent être de quelque secours, et que, dans l'autre, bien qu'il me soit bien plus sensible que je ne puis [dire, je ne puis] contribuer que de mes vœux et de mes prières, que je continuerai toute ma vie, comme étant, avec un très profond respect, Monseigneur, votre très humble et très obéissant serviteur.

Boisguillebert.

Ce 17 Octobre (1705).

Monseigneur,

J'apprends par MM. d'Armenonville et de Bouville que vous n'êtes pas encore tout à fait déterminé, quoique j'aie mis ces personnes illustres et éclairées, ainsi que M. de Chamlay, dans mes sentiments, qui est tout ce que vous m'avez paru souhaiter pour prendre votre parti. Je vous avoue, Monseigneur, que je ne puis concevoir sur quel pied vous pouvez avoir encore du penchant pour l'alternative, c'est-à-dire le maintien de la situation présente, laquelle me semble n'être autre chose qu'une impossibilité absolue de recouvrer les besoins de l'État dans une conjoncture où il s'agit tout à fait d'une révolution entière. Je reconnois de bonne foi une lieue de mauvais pays dans la route que je propose, savoir: que l'exorde est de faire connoître au Roi que la cessation ou destruction de manières que l'on avoit cru établir avec applaudissement même de sa part, est non seulement une richesse immense, mais même l'unique ressource dans l'occasion présente. Cependant, Monseigneur, faites, s'il vous plaît, la balance, et vous n'aurez aucun doute à qui donner la préférence. Je me donne l'honneur de vous envoyer un plus court précis de toute ma doctrine, qui est vôtre, ne demandant, pour être convaincu que je me méprends, que quelqu'un veuille ou ose se charger de la contradiction par écrit, puisque je suis persuadé qu'il faudroit qu'il commençât auparavant par renoncer au sens commun et démentir toute la terre.

Je suis, avec un très profond respect, Monseigneur, votre très humble et très obéissant serviteur.

Boisguillebert.

Mémoire.

Le principe de tous les tributs, ainsi que la source de toutes sortes de redevances, est la vente des denrées, surtout en France, où elles abondent si fort qu'il s'en perd, tant excrues qu'à excroître, deux fois plus qu'il ne s'en consomme et qu'il ne s'en vend par conséquent, pendant que plus de la moitié des peuples en manque tout à fait, l'ouvrage de leurs mains, à l'aide duquel ils se les pourroient procurer, leur demeurant également inutile, parce que le commerce continuel où ces deux choses doivent être pour former l'opulence est empêché par une plus grande violence qu'un torrent que l'on arrête par une digue au milieu d'une descente.

Les deux denrées primitives qui font mouvoir tous les états et toutes les conditions, sont les blés et les liqueurs, lesquelles néanmoins se trouvent aujourd'hui dans un si grand désordre, que, leur avilissement ne pouvant atteindre aux frais de la culture, ils demeurent en pure perte à leurs maîtres, et, bien loin de s'en pouvoir procurer de l'opulence et les mettre en état de payer les tributs, ils sont contraints de tout abandonner et faire prendre le même parti à tous les revenus d'industrie, ce qui n'est que trop notoire.

Or, pour remettre l'un et l'autre en valeur en un moment, et les peuples par conséquent en état de satisfaire à un triplement d'impôt avec profit, il ne faut que renoncer et soutenir deux maximes, qui ne pourroient que supposer une extravagance achevée dans les auteurs, s'il n'y avoit pas une erreur effroyable au fait.

La première, à l'égard des blés, est de prétendre que, afin que le pauvre puisse subsister commodément, il faut qu'ils soient à si bas prix que, n'atteignant pas aux frais de la culture, ainsi qu'on vient de dire, les laboureurs soient contraints d'abandonner les terres, et, ne donnant rien à leurs maîtres, les mettent hors de pouvoir de donner la vie à gagner à qui que ce soit, ce qui coûte à ces pauvres, savoir: les artisans, dix et vingt fois davantage que le prétendu bon marché du pain.

Et pour les liqueurs, il faut pareillement soutenir, pour laisser les choses en l'état qu'elles sont, que c'est une bonne manière de faire recevoir de l'argent au Roi que d'obliger plus de la moitié des peuples à ne boire que de l'eau, pendant que l'autre arrache les vignes, autrefois d'une très grande valeur, et perd même les liqueurs à profiter, pour n'en pouvoir trouver le prix de la futaille, sans que, de la cause d'un si grand désordre, il en vienne la millième partie au Roi, du tort que cela fait à ses peuples. Ce qui sera arrêté en un moment, quand il lui plaira accepter au quadruple le rachat du principe de si grands malheurs, qui n'ont jamais eu d'exemple depuis la création du monde, et les mettra en état de satisfaire à tous les besoins du royaume, avec encore une fois un grand profit de leur part*.

* En marge de la lettre est écrit: «Personne n'est plus que moi dans vos principes généraux, et ces messieurs que vous avez choisis pour témoins de votre travail ne penseroient pas différemment, s'ils étoient chargés d'en faire l'application et de procurer au Roi d'aussi grands secours que ceux que vous faites espérer par son exécution. M. de Bouville, qui a le plus pratiqué le royaume en détail, est celui avec lequel j'ai approfondi davantage la matière dans une conférence que nous avons eue, lui et moi, pendant le séjour qu'il a fait à Fontainebleau. Si nous n'avions besoin que de raisonnements sur le papier, je vous donnerois une acceptation authentique, qui confirmeroit à la postérité que personne n'a porté plus loin que vous son zèle pour le salut de

l'État. Mais, comme il faudroit réaliser promptement 80,000,000# par an au delà de ce qui se lève présentement sur les sujets du Roi, vous ne devez pas être surpris si nos opérations ne vont pas aussi vite que vos idées. Il n'est pas question d'une alternative : je n'en connois aucune qui puisse mettre en balance vos propositions, si elles pouvoient s'exécuter sans y trouver bien de l'embarras, qu'un homme aussi rempli de son projet que vous l'êtes du vôtre ne sauroit apercevoir. Soyez persuadé que je tirerai tout l'avantage que je pourrai du travail que vous avez fait.»

Ce 5 Novembre (1705).

Monseigneur,

J'apprends avec un extrême déplaisir que le travail de toute ma vie et l'attache singulière que j'ai eue à votre personne depuis seize ans n'ont produit d'autre effet que de m'attirer votre indignation. J'ai été gâté par le public, qui m'a laissé comprendre qu'en vous offrant 80,000,000# de hausse de tribut de sa part pour être dispensé d'exigences impossibles dans l'exécution, quoique ruineuses dans la simple demande, je plaidois ses véritables intérêts. Si, depuis quelque temps, j'ai plaidé devant vous cette cause avec trop de vivacité, vous pardonnerez, s'il vous plaît, ces mouvements convulsifs d'une nature qui n'est plus dirigée par la raison, se voyant au moment d'une dissolution entière : c'est ma ruine inévitable que j'ai voulu conjurer avec celle des peuples. Je me restreins présentement à mon particulier, et, vous demandant très humblement grâce et pardon du passé en faveur de mes intentions, qui ont toujours été très sincères, étant tout ce que Dieu exige, je vous supplie de me laisser assez de votre protection pour être un des derniers exposé aux effets de demandes impossibles, comme j'expérimente présentement à un très haut point, puisque vous avez compris, avec M. de Bouville, que leur cessation a des conséquences qui surpassent mes vues*.

J'aurai l'honneur de vous en aller supplier en personne, et suis, avec un très profond respect, Monseigneur, votre très humble et très obéissant serviteur.

Boisguillebert.

* En marge, de la main du contrôleur général : «J'ai travaillé avec M. de Bouville sur un projet que l'imagination, la vivacité de votre esprit et le zèle que vous avez pour le bien public vous ont fait croire possible dans son exécution. S'il ne falloit que vous donner des louanges, personne ne les mérite mieux que vous; car que peut-on désirer que de bonnes intentions? Mais, quand, pour soutenir la dépense de la guerre, au lieu de 80,000,000# sur le papier, il est d'une nécessité absolue de les réaliser, que je vois que M. de Bouville lui-même, plus capable qu'aucun intendant d'en faire usage, qui s'y livre tout entier, convient qu'en travaillant avec connoissance à répartir les charges avec égalité, il faut un temps infini; que plusieurs des intendants ne sont ni assez appliqués, ni assez instruits pour le faire; que cet objet n'a d'application que pour les deux tiers du royaume, parce que l'on doit en séparer les pays d'États, qui en font du moins le tiers, et que ce travail, par son étendue, demande au moins deux ou trois années pour être mis dans sa perfection, et qu'étant achevé, il ne produiroit pas le tiers de ce que vous me faites espérer avec tant de sûreté, cela me détermine à ménager les peuples pour l'avenir sur les affaires extraordinaires, et tirer par le crédit une partie des secours dont S. M. a besoin. Les officiers seront ménagés; je conviens que c'est tard, et qu'ils sont presque tous ruinés : il y en a la moitié au moins qui aiment mieux voir des créations, des réunions de charges et de droits, que de se porter à augmenter la capitation. Croyez que je crains autant que vous la ruine des peuples. Nous pensons de même sur le reste, mais vos vues ne sont pas si étendues que les miennes, parce que vous n'êtes pas chargé du fardeau.»

Ce 16 Novembre (1705), à Rouen.

Monseigneur,

Permettez-moi, s'il vous plaît, de vous représenter que la ressource du crédit du Roi, auquel vous me marquez vouloir donner la préférence, pour subvenir aux besoins de l'État, à ce que je prends la hardiesse de vous proposer, depuis si longtemps, de la part des peuples, me paroît une fort grande surprise, non seulement à moi, mais à tout homme qui a la moindre connoissance de l'état des choses. L'emprunt est une démarche qui doit être absolument volontaire de la part du prêteur, et, quand on déroge à cette règle, cela ne dure pas assurément longtemps, et fait au contraire resserrer l'argent bien plus exactement qu'auparavant. Or, comment, Monseigneur, pouvez-vous compter sur une libre volonté pour procurer cet effet de prêts considérables, puisque la force majeure a acquiescé à en venir à bout en plus de dix mille endroits où une infinité de particuliers se sont laissé vendre, et même emprisonner, plutôt que de prêter au Roi, le tout par impossibilité en la plupart, et d'autres parce qu'ils voient bien que le prince ne pourra jamais acquitter ses dettes, non pas même le courant, le Roi s'en étant déclaré que ses dettes ne sont point les siennes, mais celles de l'État : en sorte que, si j'ose dire, vous préférez un moyen impossible, de notoriété publique, à des manières présentées par les peuples mêmes, à qui seuls il appartient d'en juger, puisque c'est à eux à payer. J'avance ceci avec certitude, puisque tout le monde, sachant que je travaille auprès de vous pour faire payer 80,000,000# de hausse, tout le monde me regarde avec bénédiction, connoissant à quelles conditions. Jugez, s'il vous plaît, si c'est là le sort de ceux qui agissent sous vous pour de bien moindres services*.

Je suis, avec un très profond respect, Monseigneur, votre très humble et très obéissant serviteur.

Boisguillebert.

* En marge est écrit : «18 novembre 1705. Si vos 80,000,000# étoient aussi assurés que vous le croyez, pouvez-vous vous persuader que je cherchasse d'autre moyen pour secourir le Roi? Mais c'est un grand malheur que vous regardiez comme une réalité, dont on peut tirer un secours présent, une chose qui, par une longue succession de temps, pourroit produire une petite partie des 80,000,000# que vous voulez donner à S. M. libéralement, avec l'agrément des peuples. L'expérience que M. de Bouville a faite dans l'élection de Chartres peut assez vous faire connoître, et à lui aussi, ce que le Roi pourroit tirer, les premières années, du fruit de votre travail et de vos réflexions continuelles pendant seize ans. Je puis vous assurer que, quoique je n'aie pas tant écrit que vous pendant ce temps-là, je n'ai guère moins pensé aux moyens de soutenir l'État, et de le faire d'une manière propre à conserver une partie des biens des particuliers, sans déranger leur fortune comme on a fait par les affaires extraordinaires, qui n'ont été déterminées, depuis que je suis contrôleur général, que par la nécessité pressante d'avoir de l'argent. Malheureusement, votre garantie n'est

pas assez forte pour répondre de l'objet que vous embrassez; j'en suis chargé en grand, et vous ne l'êtes que dans une petite étendue, qui vous permettroit de vous tromper sans courir grand risque. Je suis plus au fait que vous; mes intentions ne sont pas moins bonnes que les vôtres; donnez-moi 80,000,000# effectifs, et nous serons demain d'accord. Si je croyois pouvoir trouver en deux années ce que vous m'offrez en deux heures, je ne chercherois point d'autre secours. Je ne prétends pas rejeter votre travail : je m'en servirai le plus utilement que je pourrai; mais je ne saurois abandonner un autre moyen que celui-là ne soit entièrement assuré.»

Ce 26 Novembre (1705).

Monseigneur,

Le second article qui me tombe en charge pour vous vérifier mon engagement qu'il suffit, pour tout rétablir en deux heures, de cesser un renversement continuel de la religion et du sens commun, sont les aides, à l'égard desquelles on peut avancer hardiment, sans crainte de tomber dans la calomnie, que ceux qui les ont mises sur le pied que l'on les voit en plusieurs provinces, ont aussi peu ménagé leur réputation que les intérêts du Roi et des peuples, ayant également fait bon marché de l'un comme de l'autre. Je ne vous dirai point, Monseigneur, qu'il n'y a presque aucune liqueur qui ne sorte des mains d'un taillable, et que le prince ne perdroit rien en prenant l'impôt auquel cette denrée est sujette dans sa naissance, sans l'exposer à assouvir l'appétit de dix mille personnes, dont quelques-uns font des fortunes de prince, le tout aux dépens du monarque ou du public. Mais, de mettre plusieurs bureaux, plusieurs traitants, au nombre quelquefois de six ou sept, sur une même liqueur en un même lieu, c'est déclarer hautement que c'est des traitants que l'on veut, et non pas du revenu au Roi, à qui un seul eût suffi, et l'on eût gagné ces frais et fortunes prises par préciput. Les sous-fermiers en voient l'horreur, mais non pas les chefs, qui, étant enfants de la faveur, n'y connoissent rien. Je vous en trouverai de tout prêts pour prendre ces fermes, sans diminution, à la moitié des droits payables en un même bureau, et l'on ne verra plus le vin à un sol le pot en Anjou et Orléanois, et à 30 sols à Caen et basse Normandie, où l'on oseroit en porter. Ces mesures n'exigent point une heure de votre travail, sans rien risquer; ainsi, je ne vous donne point ma garantie pour sûreté*.

Je suis, avec un très profond respect, Monseigneur, votre très humble et très obéissant serviteur.

Boisguillebert.

* En marge est écrit : «Je crois que vous raisonnez fort juste, et que, si vous étiez en ma place, vous feriez trouver au Roi 80,000,000# en deux heures de temps, puisque vous en êtes persuadé. Ce qui me donne plus lieu d'en être convaincu, c'est la vivacité de votre esprit et sa facilité à m'écrire tous les jours. Mais, comme je ne vas pas si vite, et qu'il me faudroit beaucoup plus de temps qu'à lui, quoique la matière soit des plus importantes, j'aurois peine à trouver celui qui me seroit nécessaire. Je le prie de remettre à un autre temps que je pourrai avoir le loisir d'écouter ces propositions.»

Rouen, 14 Décembre 1705.

Monseigneur,

Je n'ai point voulu vous importuner sur un incident qui m'est survenu avec le Parlement au sujet du transport des grains de Rouen à Paris par la rivière, dont cette Compagnie prétendoit avoir la direction singulièrement en la personne de celui qui se trouvoit à la tête. Comme j'en avois une possession tranquille depuis mon acquisition, fondée sur deux déclarations, qui porte en termes formels que le seul juge de police donnera les permissions pour le commerce des grains, et de plus l'exemple de Paris, qui doit servir de modèle, aux termes de l'édit, ainsi que celui de tout le royaume, où aucun premier président ne prétend rien de pareil, j'avois envoyé le tout à M. de Pontcarré, en le priant que nous terminassions l'affaire ensemble à son retour. Il me l'avoit accordé par une lettre; mais j'apprends que l'on poursuit un arrêt devant vous pour attribuer cette compétence à celui qui présidera au Parlement, quoiqu'elle soit tout à fait gratuite de ma part. Cette distinction singulière sur tout le royaume ne pourroit pas être faite en ma personne sans me couvrir d'indignité. Ayez la bonté de ne me pas condamner sans m'entendre, et de souffrir que M. d'Armenonville vous rapporte l'état de la question. Je crois que, pour mettre tout le monde d'accord, ce transport doit être libre, sans permissions de qui que ce soit, et qu'il ne faut non plus de congé pour faire sortir les grains de Rouen que d'Andely et de Vernon, d'où on les porte tous les jours à Paris sans nulle formalité*.

Je suis, avec un très profond respect, Monseigneur, votre très humble et très obéissant serviteur.

Boisguillebert.

* A la lettre, écrite par un secrétaire, est joint un exemplaire de la déclaration du dernier août 1699, portant règlement pour le trafic des grains, où il est dit, par les articles 1er et 2e, que les permissions de trafic doivent être délivrées par les officiers des justices ordinaires, ou, à leur défaut, par les officiers municipaux chargés de l'exercice de la police.

En marge de la lettre est écrit : «Il n'y a que le seul Parlement de Rouen qui ait la police dans la ville et qui tienne des assemblées à cet effet. C'est par cette raison de singularité qu'il prétend être en droit de donner des permissions pour le transport des grains et légumes par la rivière. Il me paroît, par la connoissance que j'ai de la ville de Rouen, qu'ils n'ont pas tort, et que vous, en qualité de lieutenant général de police, n'avez que la police ordinaire dans la ville.»

Ce 14 Janvier (1706).

Monseigneur,

Ce que j'éprouve aujourd'hui en mon particulier pour avoir acheté par 150,000# tout ce que l'on a créé de nouveautés sur moi, sans me laisser contraindre ni exécuter comme mes semblables, a tant de rapport avec l'état général de la France, que, sans déroger à la règle que je me suis imposée, depuis quinze ans, de n'abuser point de l'honneur de votre commerce pour des affaires personnelles, je puis prendre la hardiesse de vous en entretenir. Vous saurez, s'il vous plaît, Monseigneur, que n'ayant pas voulu croire ceux qui me disoient que, d'acheter quoi que ce soit des traitants, c'est contracter sa ruine, parce qu'ils ont soin de faire un catalogue de ceux de qu'ils ont eu facilement de l'argent, afin de les revenir voir au plus tôt, quand ils devroient leur revendre une seconde fois, sous un autre nom, la même marchandise, ainsi qu'il est arrivé une infinité de fois, et que j'éprouve malheureusement aujourd'hui; ayant donc eu cette imprudence jusqu'à un haut point, j'en souffre le destin en un degré proportionné, c'est-à-dire d'une ruine entière, puisque mes 150,000 ᵗᵗ de denrées sont anéanties par une nouvelle création de semblables choses, accompagnées d'un triplement de droits : ce qui coule à fond la perception des premiers, comme il est toujours arrivé en pareilles rencontres par une semblable conduite, et surtout aux vignes, dont vous avez la bonté de demeurer d'accord. Et, pour me consoler de la perte d'un bien si chèrement et si récemment acheté pour la seconde fois, puisque je n'acquérois que des gages au denier trente-trois avec ce qui m'appartenoit déjà, on me demande 58,000 ᵗᵗ. Vous concevez bien, Monseigneur, qu'il n'y aura rien d'effectué dans tout ceci que ma destruction, qui est certaine, puisqu'il est public que qui que ce soit n'achètera aucune nouveauté aux conditions sous-entendues, c'est-à-dire de les repayer autant de fois qu'il plaira aux traitants, ou plutôt jusqu'à ce qu'ils soient absolument ruinés, sans qu'une triple finance, déboursée sur-le-champ, soit un titre certain pour se maintenir en possession de ce que l'on a tant de fois acquis. Quant à ma possibilité personnelle de financer 58,000 ᵗᵗ, la rareté de l'argent se trouvant accompagnée de mon entière destruction, j'ose, Monseigneur, vous en faire entièrement juge, et passer dans votre esprit pour un rebelle, si M. de Courson vous fait savoir, après une discussion, que cela m'est possible en la moindre partie. Voilà mon portrait, ou plutôt celui de toute la France, d'être ruinée sans qu'il en revienne rien au Roi. Vous êtes convenu de cette vérité à l'égard des vignes, et j'ose soutenir, avec tout le royaume, que ce que l'on fait envers les immeubles est de même nature, que le Roi ne reçoit rien qu'autant qu'il est constitué, et que cela ruine ses peuples et les met hors d'état de lui fournir, en revenus ordinaires et sans le constituer, quatre fois plus qu'il ne reçoit de ces affaires désolantes. Vous m'estimerez, Monseigneur, un fou tant qu'il vous plaira, ainsi que tous ceux qui vous font mention de moi; mais, après vous avoir fait remarquer que la singularité de mes sentiments, qui me fait donner ce nom communément avec tous les auteurs des nouvelles découvertes, me tourne à gloire, je suis prêt, en trois heures de travail, pourvu que ce soit de concert avec les peuples, ce qui n'exige que la publication de mes ouvrages, de vous fournir les 80,000,000 ᵗᵗ de hausse dont vous avez besoin, parce que, dans le même moment, on aura rétabli quatre fois plus à ces mêmes peuples. Je parle à coup sûr, puisqu'ils ont pris communication du projet et y ont topé avec applaudissement envers moi; et, comme c'est par un intérêt général, la convenance de sentiments entre cent personnes prouve également pour tous les autres. Le renversement de tout le royaume sera toujours préféré par ceux qui vous environnent à cette acceptation qui les perdroit de bien et d'honneur; ils continueront à vous inspirer que l'argent n'est rare que parce qu'il passe aux pays étrangers, et qu'ainsi il faut user de violence pour l'avoir. Les feuilles que j'ai pris la hardiesse de vous envoyer, et qui ne m'ont peut-être attiré que du mépris de votre part, ont fait voir que ce raisonnement est chimérique, et qui que ce soit n'a résisté après les avoir lues; tous ont convenu que les espèces sont rares parce qu'elles se cachent, attendu que l'on leur fait la guerre, ce qui les oblige de se renfermer. Que l'on leur accorde la paix, ce qui se peut en un moment, et on les verra courir comme auparavant. Les liards et les sols ont-ils passé dans les pays étrangers? En voit-on davantage à proportion que de la monnoie d'or? Donc c'est un faux raisonnement. La Hollande et l'Angleterre ne font-ils (*sic*) pas sortir plus d'espèces que la France? Et, loin que cela y fasse renchérir l'argent, il ne vaut actuellement que 4 p. o/o en Hollande, parce qu'on ne lui fait pas la guerre, bien que je maintienne qu'elle paye trois fois plus de tributs réglés que l'on ne fait en France. Et en Angleterre, de même, où il y a tel sujet dont la capitation va à plus de 100,000 ᵗᵗ, comme c'est la quote-part de ses biens, l'harmonie du commerce n'en est point déconcertée; ce n'est point sauve qui peut et s'enrichit qui peut des dépouilles de son voisin, comme en France, impunément, depuis quarante ans. Ayez la bonté d'ouvrir les yeux sur la situation du royaume, et, si vous croyez le pouvoir tirer de la conjoncture présente par la continuation de pareilles manières, je vous puis assurer que vous êtes le seul de votre sentiment, n'ayant vu qui que ce soit, même du Conseil du Roi, qui en soit persuadé. Je prends la hardiesse de vous répéter ce que je vous ai marqué une infinité de fois depuis quinze ans, que, pour tout rétablir, il n'est pas nécessaire d'agir, mais de cesser d'agir, ce qui n'exige qu'un moment; que la dispense des affaires extraordinaires remettra sur-le-champ plus de 500,000,000 ᵗᵗ de rente en France, c'est-à-dire en consommation de denrées; que cela est possible par un établissement de contribution annuelle réglée et justement répartie, laquelle, bien loin d'être à charge, quand elle seroit triplée sur le pied de la capitation d'aujourd'hui, apporteroit encore du profit à tous ses sujets, excepté ceux qui vivent de la ruine des autres ou d'intérêts au denier dix. Cependant cette grâce ne sera jamais acceptée par ceux qui vous environnent, attendu que ce seroit leur congé entier que vous leur donneriez, sans préjudice des réflexions sur la conduite passée. Je vous supplie au nom de Dieu, Monseigneur, que l'on ne mette point ma femme et mes enfants sur le carreau, avec mes meubles, par l'impossibilité où je suis de payer 58,000 ᵗᵗ sur des effets qu'une autre bande de traitants m'enlève dans le même moment, qui est une coutume introduite seulement depuis quinze ans, d'ôter le bien d'un homme, et puis le taxer pour le maintien d'une chose qu'il n'a plus : ce que j'éprouve aujourd'hui en un degré effroyable. Je ne croyois pas que ce dût être mon sort sous votre ministère, ni que l'attache et le respect que j'ai pour vous depuis que j'ai l'honneur de vous connoître, dussent aboutir à vous supplier de ne me pas réduire dans la dernière misère.

De quelque manière que les choses se tournent, je serai toujours, avec un très profond respect, Monseigneur, votre très humble et très obéissant serviteur.

BOISGUILLEBERT.

A Rouen, ce 15 Janvier (1706).

Monseigneur,

Vous savez que, dans le commerce que vous m'avez bien voulu souffrir avec vous pour le rétablissement général, je n'y ai jamais mêlé mes affaires personnelles, quoique le plus exposé, et même accablé des orages du temps : j'avois cru que ma quote-part d'un bien public suffiroit pour me rendre heureux. Présentement que cette ressource m'est ôtée, trouvez bon que je vous demande la même grâce que Dieu accorde à tous les fidèles, savoir : la liberté de s'adresser tous les jours à lui pour leurs besoins particuliers. Les sommes extraordinaires que j'ai payées, et qui n'ont nul exemple qui en approche dans aucun officier du royaume, n'ont servi que de semence pour m'attirer l'exigence de pareilles sommes. M. d'Armenonville m'a fait l'honneur de me mander que l'intention du Roi ni la vôtre n'étoient point de réduire qui que ce soit à l'impossible; ayez la bonté de régler vous-même, sur l'exposition du fait, ce qui est en mon pouvoir, et, pour ce sujet, de m'accorder la permission de vous aller saluer à l'Étang, dans huit jours que j'irai à Paris à cette occasion. Si, par même moyen, vous vous trouvez dans la disposition d'écouter une proposition des juges subalternes, pour 2.000,000 # qu'ils vous donneront sans contrainte, et même avec plaisir, j'aurai l'honneur de vous en entretenir. Le fracas en sera assurément moins grand que celui du mariage que deux Compagnies de Rouen viennent de contracter, lequel ressemblant beaucoup à ceux qui se font à l'Officialité, c'est-à-dire malgré les parties, ne produisent (*sic*) guère de fort heureux ménages. Vous trouverez des traitants sur-le-champ, sans aucune garantie de la part du Roi, pour ce que j'aurai l'honneur de vous proposer. Comme ces choses ont plus de rapport aux manières du temps qu'aux attentions qui ont fait l'emploi de toute ma vie, j'espère qu'elles ne seront pas un obstacle à la permission que je vous supplie de m'accorder de vous aller saluer à l'Étang, et suis, avec un très profond respect, Monseigneur, votre très humble et très obéissant serviteur *.

Boisguillebert.

* En marge est écrit : « Je ne serai qu'un jour à l'Étang pendant le voyage de Marly, qui sera d'aujourd'hui en quinze jours; je lui donnerai volontiers audience à deux heures après midi. »

Ce 4 Mars (1706).

Monseigneur,

M. de Chamlay m'a fait l'honneur de m'écrire qu'un voyage de huit jours à Anet a interrompu le commerce que vous avez la bonté de me permettre avec vous par son moyen : ce qui me redonne quelque espérance d'en voir la réussite. Je l'ai supplié de vous lire ma dernière lettre, par laquelle je vous demande uniquement trois articles pour avoir tous les besoins du Roi, avec profit des peuples, même dès cette année. Le premier ne vous coûtera qu'une douzaine de lettres; le second, l'acceptation de fermiers des aides dans quatre généralités à moitié des droits, et payeront autant et mieux que ceux d'aujourd'hui; et le troisième, de me confier une généralité en pays d'aides et de tailles arbitraires, parce que je consignerai la valeur de 100,000 # si, dans le cours d'une année, il y a un denier de taille et capitation perdu, ni un exploit donné. Voyez, s'il vous plaît, Monseigneur, si c'est risquer ou bouleverser la France, et si cela a du rapport avec la paix ou la guerre. Vous avez même autant de certitude de la réussite que si un ange vous en assuroit. Voici comme je raisonne, avec tous les hommes du monde : tout fait qui est reçu avec applaudissement du public et ne peut être contesté sans rendre le contredisant ridicule, est aussi certain que si un homme ressuscitoit pour l'assurer. Or, j'ai cette preuve par-devers moi; donc ma conséquence est infaillible. Vous en pouvez faire expérience quand il vous plaira, en donnant commission à quelqu'un des défenseurs de la situation présente de me contredire par écrit, soit pour le temps, pour le hasard, le péril ou la conjoncture. La plume assurément leur tomberoit des mains, tout comme dans tout autre moyen que l'on pourroit proposer pour sortir autrement de l'état où l'on se trouve aujourd'hui. Mettez, s'il vous plaît, les peuples en état de payer par le rétablissement de la vente de leurs denrées, et ne soyez pas en peine comment avoir de l'argent de gens qui seront en pouvoir d'en donner.

Je suis, avec un très profond respect, Monseigneur, votre très humble et très obéissant serviteur.

Boisguillebert.

Ce 17 Juin (1706).

Monseigneur.

M. de Chamlay me mande que vous lui avez marqué que le grand accablement d'affaires où vous êtes vous fait retarder l'audience que vous m'aviez bien voulu accorder, et pour laquelle j'ai été dix jours à Paris : sur quoi, je prendrai la hardiesse de vous dire que je ne vous demande qu'une demi-heure pour refuser ou accepter que je construise le canevas d'un édit qui, sans rien risquer, troubler ni déconcerter, portera la capitation à plus de 100,000,000 # par an, de l'agrément des peuples. On est tout près, dans Rouen, de payer 400,000 # de hausse, qui est plus que le sol la livre des 100,000,000 #. Jugez, s'il vous plaît, si vous avez aucune occupation de plus grande importance, dont tout l'honneur du succès vous sera attribué, et non à moi, qui ne réclamerai que celui d'avoir travaillé sur vos premières vues lorsque vous parûtes en Normandie.

Accordez-moi, s'il vous plaît, cette dernière audience ; et suis, avec un très profond respect, Monseigneur, votre très humble et très obéissant serviteur *.

Boisguillebert.

* En marge est écrit : « Qu'il se trouve ici, à l'Étang, samedi, à trois heures après midi. »

Ce 24 Juin (1706).

Monseigneur.

Je reçois votre permission ce matin, et pars sur-le-champ pour me rendre à votre audience à trois heures. Je vous porte le salut de la France à coup sûr, puisque c'est de l'aveu des peuples. Outre le dépérissement des biens, il y a de surcroît celui des cœurs; mais, comme la destruction de ces premiers avoit entraîné l'autre, leur établissement produira le même effet à l'égard des autres. Je ne sers point les peuples à plats couverts; tout le monde sait ici que je veux porter la capitation à 110.000,000 ᵗᵗ, et m'applaudit aux conditions que j'y joins, et que vous opérez en deux heures, qui dédommagera les contribuables au quadruple.

Je suis, avec un très profond respect, Monseigneur, votre très humble et très obéissant serviteur.

Boisguillebert.

A M. Desmaretz.

A Rouen, 18 Juillet 1706.

Monsieur,

J'apprends que Messieurs des requêtes du Palais à Rouen s'adressent à vous pour obtenir, après une infinité d'efforts inutiles, l'évocation des décrets en leur Compagnie, contre les privilèges de la province, confirmés par quantité de déclarations et par plus de 2,000,000 ᵗᵗ de taxes payés depuis vingt ans, tant sur les juges, greffiers, sergents, procureurs, que receveurs des consignations et saisies réelles, dont j'ai payé pour ma part plus de 50,000 ᵗᵗ, étant même présentement demandé plus de 100,000 écus pour ce sujet, qui ne sont pas, à beaucoup près, acquittés. Vous voyez, Monsieur, quelle proportion il peut y avoir entre cet intérêt et 5,000 ᵗᵗ que chacun de ces messieurs, au nombre de douze, offre, et pour lesquels on leur donne déjà, par la déclaration, beaucoup plus qu'il ne faut pour les tirer de perte. J'espère avoir l'honneur de vous saluer dans huit jours; ainsi, je vous supplie de supercéder jusqu'à ce temps. Quantité de grands seigneurs, et même des princes, à qui appartiennent les greffes de cette province, joindront leurs prières aux miennes.

Je suis, avec un très grand respect, Monsieur, votre très humble et très obéissant serviteur.

Boisguillebert.

Au Contrôleur général.

Ce 17 Mars (1707).

Monseigneur,

Je vous demande très humblement pardon si 112,000 ᵗᵗ de taxe par moi payés depuis votre ministère, pareille somme à moi présentement demandée, m'ont assez fait perdre la raison pour désobéir à vos ordres, dans l'espérance que le public joindroit ses prières aux miennes pour obtenir de vous des manières sur lesquelles vous avez trouvé bon que j'eusse l'honneur de vous entretenir si longtemps. J'ai reçu un ordre d'aller à Brive-la-Gaillarde. Je suis persuadé, Monseigneur, que ma peine seroit moins grande que mon crime, si ma situation étoit semblable à celle des autres hommes; mais quitter Rouen, à mon égard, est réduire une femme et un grand nombre d'enfants que j'ai à l'aumône, présentement que l'on ne reçoit rien des terres, n'ayant d'autre moyen de subsister que les émoluments journaliers de ma charge. J'ai commencé par faire supprimer partout où j'en ai pu trouver les exemplaires de tout ce que j'ai fait, brûler tous mes manuscrits en très grand nombre; et si, à l'exemple de Dieu, Monseigneur, vous voulez bien user de miséricorde à mon égard, vous connoîtrez par la suite que mon repentir est véritable, la pénitence volontaire de l'auteur faisant plus d'effet dans ces occasions que la peine que l'on lui peut faire. Je vous supplie, Monseigneur, que ma femme et mes enfants ne soient point punis pour un crime qui m'est singulier, et que votre caractère tout rempli de bonté veuille bien m'accorder ma grâce, et que mon silence à l'avenir vous marque ma reconnoissance.

Je suis, avec un très profond respect, Monseigneur, votre très humble et très obéissant serviteur.

Boisguilbert.

Le Lieutenant particulier du bailliage de Rouen au Contrôleur général.

(Fin du mois de Mars 1707.)

Monseigneur,

Ayant l'honneur d'être lieutenant particulier au bailliage de Rouen, je dois, Monseigneur, dire à Votre Grandeur que, pendant l'absence du sieur de Boisguillebert, lieutenant général, je me ferai un devoir essentiel à mon état de recevoir et exécuter vos ordres avec toute l'exactitude et tout le respect que je dois à Votre Grandeur. Elle me permettra de lui demander l'honneur de sa protection contre le projet que fait le sieur de Boisguillebert de faire exercer ses charges par commission par ses fils. Elle me permettra encore, Monseigneur, de l'assurer que, marchant sur les traces de mes pères, qui, depuis plus de cent ans, ont eu l'honneur de rendre service au Roi et au public dans leur charge de conseiller au Parlement de cette province, tous de père en fils et sans aucune interruption, je me rendrai digne de mon emploi, et en ferai les fonctions avec toute l'équité et l'honneur que Votre Grandeur doit attendre de celui qui est avec un très profond respect, Monseigneur, votre très humble et très obéissant et très soumis serviteur *.

Busquet.

* En marge est écrit : «Qu'il ne doit point appréhender que la charge de lieutenant général de Rouen soit exercée par commission tant qu'il fera son devoir. Il sera soutenu dans tout ce qu'il peut désirer de raisonnable.»

Ce 11 Avril (1707).

Monseigneur,

Je me donne l'honneur de vous confirmer de mon territoire la parole que j'ai pris la hardiesse de vous donner dans une terre étrangère, savoir: de ne parler ni écrire, en façon quelconque, du gouvernement, excepté à votre égard seulement, quand vous m'en aurez donné la permission, espérant qu'à l'exemple de Dieu, qui oublie tout à fait le passé lorsqu'il pardonne aux pécheurs, vous voudrez bien m'accorder la grâce de vous saluer quand je me rencontrerai à Paris. J'ai brûlé tous mes manuscrits, en très grand nombre, à la réserve d'un exemplaire des mémoires de M. de Sully, en huit tomes, par moi apostillés, avec des étiquettes attachées à chaque page, au nombre de cent seulement, en sorte que, sans feuilleter ni même ouvrir ces livres, vous verrez en une demi-heure toute la politique par laquelle un cavalier de trente-cinq ans, sans étude, rétablit en trois mois tout le royaume, beaucoup plus désolé par une double guerre civile et étrangère qu'il n'est aujourd'hui, non sans se mettre tout le Conseil et toute la cour sur les bras, jusqu'à le vouloir faire assassiner : de quoi il est averti par le Roi même. Le premier principe de sa régie est la libre sortie des blés, sans impôts, sans permission et sans passeport, le roi Henri IV s'expliquant par une lettre écrite de sa main que tout est perdu quand on en use autrement. Cet article coûte aujourd'hui, avec l'abandon de la moitié des terres, quatre fois plus que la guerre. Il m'a été dit que vous comprenez fort bien cet article, mais que le Roi est prévenu au contraire. Peut-être que, si S. M. voyoit les sentiments de son aïeul, il les préféreroit à ceux de M. le premier président de Paris et de M. d'Argenson, surtout étant contraires aux vôtres et à ceux du public.

Je suis, avec un très profond respect, Monseigneur, votre très humble et très obéissant serviteur *.

BOISGUILLEBERT.

* En marge est écrit : «Puisque vous vous adressez encore à moi après avoir donné au public toutes vos extravagances, le seul bon conseil que je puisse vous donner, c'est de brûler vos remarques sur le mémoire de M. de Sully, et de pouvoir imaginer une fois en votre vie que l'on ne sauroit appliquer aucuns exemples que pour en faire usage quand les choses sont à peu près dans la même proportion, et qu'un royaume est assez riche pour soutenir la dépense que les rois veulent lui faire porter. Si vous entendez bien ce que je vous veux dire, et qui n'est pas difficile à comprendre, vous vous occuperez à l'avenir de rendre la justice, et vous renoncerez au gouvernement de l'État.»

M. DE BOISGUILLEBERT, conseiller au Parlement de Rouen, au CONTRÔLEUR GÉNÉRAL.

Ce 27 Juin 1707.

Monseigneur,

Ma belle-sœur, au désespoir du malheureux état où l'interdiction de mon frère l'a réduite et sa famille, a pris la résolution de partir avec ses enfants pour s'aller jeter à vos pieds, et m'a prié de l'accompagner, Monseigneur. Je n'ai osé la refuser tout à fait, Monseigneur, car c'est une dame de mérite et de vertu, et qui souffre pour une faute où elle n'a eu aucune part. Je l'ai seulement priée de trouver bon que j'eusse encore l'honneur de vous écrire une fois, et que je me flattois que vous auriez la bonté de m'honorer d'un mot de réponse par compassion, et parce qu'il y a longtemps que j'ai l'honneur d'être, avec un profond respect, Monseigneur, votre très humble et très obéissant serviteur *.

BOISGUILLEBERT.

* En marge est écrit : «Si elle paroît avec vous en ce pays-ci, pour demander grâce au Roi de la manière dont elle l'a résolu, je ne pourrai me dispenser de représenter à S. M. que la famille, loin de reconnoître les bontés qu'elle a eues de modérer son interdiction au temps de six mois, qui est une peine peu proportionnée à celle que méritoit le sieur de Boisguilbert, croit être autorisée à se plaindre : ce que S. M. ne doit point souffrir, tant le gouvernement et ceux qui ont l'honneur d'être dans le ministère se trouvent attaqués. J'ajouterai même que le seul moyen de procurer quelque diminution du temps de six mois au sieur de Boisguilbert, c'est de faire connoître par son repentir et la douleur de sa famille qu'il le mérite.»

(Papiers du Contrôle général, G^7 721.)

XIII.

Proposition de M. DES BILLETTES, de l'Académie des sciences, pour la création de rentes viagères.

(Novembre 1706.)

Quand le Roi emprunte, ce n'est pas pour s'enrichir, mais pour subvenir à des besoins pressants de l'État. Il lui suffit de n'y pas perdre, ou du moins que ce ne soit que médiocrement. Aussi fait-il toujours la condition des prêteurs meilleure qu'elle n'est d'ordinaire entre particuliers, parce que l'importance est de trouver un secours à point nommé. On croit néanmoins avoir trouvé une manière d'emprunt par laquelle, observant seulement une fidèle exactitude dans les payements, le Roi s'acquerra un tel crédit, qu'il lui viendra autant d'argent qu'il en aura nécessairement besoin, à très bon prix et en tout temps, parce qu'il fera en même temps de grands avantages à ceux qui le lui prêteront.

Quelques-uns avoient espéré de trouver ce secours dans la tontine, d'un gain excessif que peut y attendre un très petit nombre de rentiers qui survivent à une infinité d'autres; mais, outre qu'elle est très onéreuse à S. M., parce qu'en chaque classe il y a toujours quelqu'un qui passe quatre-vingts ans, ou même quatre-vingt-dix, elle n'est pas aussi d'un si grand attrait qu'on se l'étoit figuré pour remuer des rentiers, car le gain qu'elle leur présente, quelque prodigieux qu'il soit pour les derniers mourants, leur vient si lentement et si tard, qu'à peine ont-ils le temps d'en jouir, et cela fait que la plupart n'y mettent presque que comme par jeu, et de fort petites sommes, parce que le hasard peut leur produire ce profit pour une centaine d'écus aussi bien que pour 2,000 *; au lieu que, si l'on trouvoit dans un autre prêt un avantage plus prompt et plus durable, quoique plus modique, il est constant qu'une infinité de personnes seroient portées à y employer des sommes plus considérables.

* En marge est écrit : «Vrai à l'égard du profit acquis au dernier vivant, mais non à l'égard de celui qui se répandoit sur tous les actionnaires par la mort de quelqu'un de leur classe, puisque ce profit étoit réparti à raison de tant par action, de sorte que celui qui avoit dix actions gagnoit neuf fois davantage que celui qui n'en avoit qu'une.»

Comme il est d'ailleurs et universellement reconnu qu'il y a une espèce d'égalité entre un prêt à vie au denier dix et un à perpétuité au denier vingt, on ne peut douter que ce ne soit un grand avantage pour S. M. de pouvoir constituer des rentes viagères dont la plupart ne lui coûteront que le denier seize, et d'autres à un taux beaucoup plus foible, comme on va le faire voir par une nouvelle proposition, contre laquelle on n'a point formé d'objections plausibles.

Cela consiste simplement à prêter au Roi sur le même pied des taux de la tontine, mais en sorte que tous les accroissements par mort tournent au profit de S. M., au lieu desquels elle en en établira un fixe d'année en année à chaque rentier, indépendamment de la mort des autres, jusqu'à ce que chacun des vivants ait son revenu au quatruple : après quoi, tout accroissement cessera à leur égard, et chacun aura seulement pendant le reste de sa vie le quatruple du premier revenu de sa constitution. C'est ce qui se verra fort clairement par les calculs qui seront mis ci-après; mais auparavant il faut observer :

1° Que l'on a reconnu par une longue expérience que, de cent personnes qui naissent en même temps, il en meurt trente-six dans les six premières années, et n'en reste que soixante-quatre; — que des soixante-quatre, depuis six ans jusqu'à seize, il en meurt vingt-quatre, et n'en reste que quarante; — que, des quarante, depuis seize ans jusqu'à vingt-six, il en meurt quatorze, et n'en reste plus que vingt-six; — que, des vingt-six, depuis vingt-six ans jusqu'à trente-six, il en meurt dix, et n'en reste plus que seize, — que, des seize, depuis trente-six ans jusqu'à quarante-six, il en meurt six, et n'en reste que dix; — que, des dix, depuis quarante-six ans jusqu'à cinquante-six ans, il en meurt quatre, et n'en reste que six; — que, des six, depuis cinquante-six ans jusqu'à soixante-six, il en meurt trois, et n'en reste que trois; — que, des trois, depuis soixante-six ans jusqu'à soixante-seize, il en meurt deux, et n'en reste qu'un, qui, d'ordinaire, ne passe pas quatre-vingts ans, mais qui va quelquefois jusqu'à quatre-vingt-dix et au delà.

2° On n'a point poussé les tables des calculs plus loin que ces quatre-vingts ans, parce qu'il eût été inutile, et qu'on a voulu mettre cette restriction au pis-aller, pour faire d'autant mieux voir combien le Roi tire plus de profit par cette proposition que par la tontine.

3° On a suivi exactement le calcul de mortalité dont on vient de parler, afin d'agir avec plus de certitude : ce qui fait encore quelque petit avantage pour S. M., en ce qu'on y donne une année d'âge aux rentiers plus que par la tontine; et l'on y a aussi réglé à même intention le nombre des mourants par chaque année, en les reculant plutôt que de les avancer, quand la justesse du calcul auroit demandé des fractions, à moins que de multiplier les chiffres exorbitamment, ce qui n'auroit fait qu'embarrasser les tables.

4° C'est aussi pour les mêmes raisons qu'on n'y fait qu'une classe depuis la naissance jusqu'à seize ans, et une seule de même depuis soixante-six jusqu'à la mort. D'ailleurs, les subdivisions ne serviroient ici de rien, et les classes mêmes n'y servent que de nom, pour la facilité et la justification des calculs sur la fixation des accroissances; car il suffira que chaque contrat, suivant l'âge du rentier, porte comme un tarif de ces accroissements jusqu'à l'année de la fixation du quatruple de son revenu : à quoi même le seul édit de création pourroit suffire.

5° Par cette voie, on évite tout l'embarras des listes, des registres, des actions, répartitions, des syndics, et toute autre sorte d'officiers. L'on ne sera même assujetti à aucune fixation de fonds pour remplir des classes, car ce ne sont point proprement des classes réglées à une certaine somme, mais un simple prêt, où chaque rentier peut entrer par soi et en tout temps, sans rapport à d'autres, et sans qu'il soit besoin d'autres règlements ni discussions, entre S. M. et les rentiers, que les seuls contrats de constitution joints à l'édit*.

* En marge est écrit : « Il paroit que, si les classes ne sont pas fixées à un certain nombre d'actionnaires, qui auront chacun une certaine somme de capital, l'arrangement de la proposition cesse, parce que l'accroissement de revenu que le Roi fait aux rentiers ne peut provenir que de la mort d'un certain nombre d'entre eux dans un certain temps. On ne croit, par exemple, qu'il convînt d'accorder les conditions proposées à un seul rentier qui voudroit acquérir tous les fonds d'une classe. »

De sorte que le garde du Trésor royal peut être le seul payeur, comme de tous les autres deniers assignés sur sa charge, en établissant seulement par S. M. un si bon ordre pour la sûreté et l'exactitude des payements, qu'on ne soit exposé à aucun obstacle ou retardement, sous quelque prétexte que ce soit, et qu'on y apporte toutes les autres prérogatives portées par l'édit de la tontine.

6° Quant aux sommes des rentes et de leur fonds principal, qu'on voit à la tête des tables, elles sont arbitraires, mais il a fallu les fixer pour en faire les calculs et en faciliter l'examen.

L'essentiel est seulement que le tout se réduise à la proportion de 100^{ll} de rente : au denier quatorze, pour les quatre premières classes; au denier douze, pour la cinquième; au denier neuf, pour la sixième; et au denier huit, pour la septième : ce qui est le même taux de la tontine, à la réserve que la tontine donne seulement le denier dix depuis cinquante ans jusqu'à soixante, au lieu qu'on donne ici le denier neuf depuis cinquante-six ans jusqu'à soixante-six : ce qui revient à peu près à la même chose; et l'on ne met point aussi de classe au denier sept, parce que l'on a confondu en une les trois dernières de la tontine : en quoi il se trouve encore quelque avantage pour S. M.

7° On ne donne point le quatruple de revenu dans la septième classe, parce que les rentiers ne vivent pas assez longtemps pour cela; mais, en revanche, leur condition est plus avantageuse d'ailleurs que celles des autres classes; et peut-être qu'il sera même à propos de la rendre encore meilleure, comme il est aisé si S. M. se contente de n'y rien perdre, car ce seroit le moyen d'exciter la plupart des vieillards à entrer dans ce prêt.

PREMIÈRE CLASSE, DEPUIS LA NAISSANCE JUSQU'À SEIZE ANS.

Cent personnes mettent chacune 1,400# pour 100# de rente : c'est, pour tous ensemble, 140,000# de fonds pour 10,000# par an. Les payements se feront comme il ensuit. (Des cent, il en meurt trente-six les six premières années.)

ANNÉES.	RENTIERS qui MEURENT.	RENTIERS qui RESTENT.	PAYEMENT à CHACUN.	PAYEMENT TOTAL par an.
1	6	94	105#	9,870#
2	6	88	110	9,680
3	6	82	115	9,430
4	6	76	120	9,120
5	6	70	125	8,750
6	6	64	130	8,320
7	2	62	140	8,680
8	2	60	150	9,000
9	3	57	160	9,120
10	2	55	170	9,350
11	2	53	180	9,540
12	3	50	190	9,500
13	2	48	200	9,600
14	2	46	210	9,660
15	3	43	220	9,460
16	3	40	240	9,600
17	1	39	260	10,140
18	1	38	280	10,640
19	2	36	300	10,800
20	1	35	320	11,200
21	1	34	340	11,560
22	2	32	360	11,520
23	1	31	380	11,780
24	2	29	400	11,600
25	1	28	400	11,200
26	2	26	400	10,400
27	1	25	400	10,000
28	1	24	400	9,600
29	1	23	400	9,200
30	1	22	400	8,800
31	1	21	400	8,400
32	1	20	400	8,000
33	1	19	400	7,600
34	1	18	400	7,200
35	1	17	400	6,800
36	1	16	400	6,400
37	0	16	400	6,400
38	0	16	400	6,400
39	1	15	400	6,000
40	0	15	400	6,000
41	1	14	400	5,600
42	1	13	400	5,200
43	0	13	400	5,200
44	1	12	400	4,800
45	1	11	400	4,400
46	1	10	400	4,000
47	0	10	400	4,000
48	0	10	400	4,000
49	1	9	400	3,600
50	0	9	400	3,600
51	0	9	400	3,600
52	1	8	400	3,200
53	0	8	400	3,200
54	0	8	400	3,200
A reporter				423,920
Report				423,920#
55	1	7	400	2,800
56	1	6	400	2,400
57	0	6	400	2,400
58	0	6	400	2,400
59	0	6	400	2,400
60	0	6	400	2,400
61	1	5	400	2,000
62	0	5	400	2,000
63	0	5	400	2,000
64	0	5	400	2,000
65	1	4	400	1,600
66	1	3	400	1,200
67	0	3	400	1,200
68	0	3	400	1,200
69	0	3	400	1,200
70	0	3	400	1,200
71	0	3	400	1,200
72	1	2	400	800
73	0	2	400	800
74	0	2	400	800
75	0	2	400	800
76	1	1	400	400
77	0	1	400	400
78	0	1	400	400
79	0	1	400	400
80	0	1	400	400
TOTAL des quatre-vingts années				460,720#
Par la tontine, le Roi en paye				800,000

SECONDE CLASSE, DEPUIS SEIZE ANS JUSQU'À VINGT-SIX.

Quatre-vingts personnes mettent chacune 1,400# pour 100# de rente, faisant en tout 112,000# pour 8,000# par an. (Des quatre-vingts, il en meurt vingt-huit dans les dix premières années.)

ANNÉES.	RENTIERS qui MEURENT.	RENTIERS qui RESTENT.	PAYEMENT à CHACUN.	PAYEMENT TOTAL par an.
1	2	78	105#	8,190#
2	2	76	110	8,360
3	4	72	115	8,280
4	2	70	120	8,400
5	2	68	125	8,500
6	4	64	130	8,320
7	2	62	135	8,370
8	4	58	140	8,120
9	2	56	145	8,120
10	4	52	150	7,800
11	2	50	155	7,750
12	2	48	165	7,920
13	2	46	185	8,510
A reporter				106,640

ANNÉES.	RENTIERS qui MEURENT.	RENTIERS qui RESTENT.	PAYEMENT à CHACUN.	PAYEMENT TOTAL par an.
Report				106,640 ₶
14	2	44	205	8,820
15	2	42	225	9,450
16	2	40	245	9,800
17	2	38	270	10,260
18	2	36	300	10,800
19	2	34	325	11,900
20	2	32	350	12,800
21	1	31	375	12,400
22	1	30	400	12,400
23	1	29	400	11,600
24	1	28	400	11,200
25	1	27	400	10,800
26	1	26	400	10,400
27	0	26	400	10,000
28	2	24	400	9,600
29	2	22	400	8,300
30	2	20	400	8,000
31	0	20	400	8,000
32	1	19	400	7,600
33	0	19	400	7,600
34	1	18	400	7,200
35	1	17	400	6,800
36	1	16	400	6,400
37	1	15	400	6,000
38	1	14	400	5,600
39	1	13	400	5,200
40	1	12	400	4,800
41	0	12	400	4,800
42	1	11	400	4,400
43	0	11	400	4,400
44	0	10	400	4,000
45	1	10	400	4,000
46	1	9	400	3,600
47	0	9	400	3,600
48	1	8	400	3,200
49	0	8	400	3,200
50	2	6	400	2,400
51	0	6	400	2,400
52	0	6	400	2,400
53	1	5	400	2,000
54	0	5	400	2,000
55	0	5	400	2,000
56	1	4	400	1,600
57	0	4	400	1,600
58	1	3	400	1,200
59	0	3	400	1,200
60	1	2	400	800
61	0	2	400	800
62	0	2	400	800
63	0	2	400	800
64	0	2	400	800
TOTAL des soixante-quatre années				408,470 ₶
Par la tontine, le Roi en paye				512,000

TROISIÈME CLASSE, DEPUIS VINGT-SIX ANS JUSQU'À TRENTE-SIX.

Soixante-dix-huit personnes mettent chacune 1,400 ₶ pour 100 ₶ de rente, faisant en tout 109.200 ₶ pour 7,800 ₶ par an. (Des soixante-dix-huit, il en meurt trente dans les dix premières années.)

ANNÉES.	RENTIERS qui MEURENT.	RENTIERS qui RESTENT.	PAYEMENT à CHACUN.	PAYEMENT TOTAL par an.
1	3	75	105 ₶	7,875 ₶
2	3	72	110	7,920
3	3	69	115	7,935
4	3	66	120	7,920
5	3	63	125	7,875
6	3	60	130	7,800
7	3	57	135	7,695
8	3	54	140	7,560
9	3	51	145	7,395
10	3	48	150	7,200
11	1	47	160	7,520
12	1	46	175	8,050
13	2	44	190	8,360
14	2	42	205	8,610
15	2	40	225	9,000
16	2	38	240	9,120
17	2	36	260	9,360
18	2	34	280	9,520
19	2	32	300	9,600
20	2	30	330	9,900
21	1	29	360	10,440
22	1	28	400	11,200
23	1	27	400	10,800
24	1	26	400	10,400
25	1	25	400	10,000
26	1	24	400	9,600
27	1	23	400	9,200
28	1	22	400	8,800
29	2	20	400	8,000
30	2	18	400	7,200
31	0	18	400	7,200
32	1	17	400	6,800
33	1	16	400	6,400
34	1	15	400	6,000
35	1	14	400	5,600
36	1	13	400	5,200
37	1	12	400	4,800
38	1	11	400	4,400
39	1	10	400	4,000
40	1	9	400	3,600
41	0	9	400	3,600
42	1	8	400	3,200
43	0	8	400	3,200
44	1	7	400	2,800
45	0	7	400	2,800
46	1	6	400	2,400
47	0	6	400	2,400
48	1	5	400	2,000
49	1	4	400	1,600
50	1	3	400	1,200
51	0	3	400	1,200
52	0	3	400	1,200
53	0	3	400	1,200
54	0	3	400	1,200
TOTAL des cinquante-quatre années				345,855 ₶
Par la tontine, le Roi en paye				421,200

QUATRIÈME CLASSE, DE TRENTE-SIX ANS JUSQU'À QUARANTE-SIX.

Quatre-vingts personnes mettent chacune 1,400# pour 100# de rente, faisant en tout 112,000# pour 8,000# par an. (Des quatre-vingts, il en meurt trente dans les dix premières années.)

ANNÉES.	RENTIERS qui MEURENT.	RENTIERS qui RESTENT.	PAYEMENT à CHACUN.	PAYEMENT TOTAL par an.
1	3	77	105#	8,085#
2	3	74	110	8,140
3	3	71	115	8,165
4	3	68	120	8,160
5	3	65	125	8,125
6	3	62	130	8,060
7	3	59	140	8,260
8	3	56	150	8,400
9	3	53	160	8,480
10	3	50	170	8,500
11	2	48	180	9,120
12	2	46	210	9,660
13	2	44	230	10,120
14	2	42	250	10,500
15	2	40	270	10,800
16	2	38	300	11,400
17	2	36	325	11,700
18	2	34	350	11,900
19	2	32	375	12,000
20	2	30	400	12,000
21	1	29	400	11,600
22	2	27	400	10,800
23	1	26	400	10,400
24	2	24	400	9,600
25	1	23	400	9,200
26	2	21	400	8,400
27	1	20	400	8,000
28	2	18	400	7,200
29	1	17	400	6,800
30	2	15	400	6,000
31	1	14	400	5,600
32	1	13	400	5,200
33	1	12	400	4,800
34	1	11	400	4,400
35	1	10	400	4,000
36	1	9	400	3,600
37	1	8	400	3,200
38	1	7	400	2,800
39	1	6	400	2,400
40	1	5	400	2,000
41	0	5	400	2,000
42	0	5	400	2,000
43	0	5	400	2,000
44	0	5	400	2,000
TOTAL des quarante-quatre ans				325,575#
Par la tontine, le Roi en paye				352,000

CINQUIÈME CLASSE, DE QUARANTE-SIX ANS JUSQU'À CINQUANTE-SIX.

Cent personnes mettent chacune 1,200# pour 100# de rente, faisant en tout 120,000# pour 10,000# par an. (Des cent, il en meurt quarante dans les dix premières années.)

ANNÉES.	RENTIERS qui MEURENT.	RENTIERS qui RESTENT.	PAYEMENT à CHACUN.	PAYEMENT TOTAL par an.
1	4	96	105#	10,080#
2	4	92	110	10,120
3	4	88	115	10,120
4	4	84	125	10,500
5	4	80	135	10,800
6	4	76	145	11,020
7	4	72	155	11,160
8	4	68	165	11,220
9	4	64	175	11,200
10	4	60	190	11,400
11	3	57	200	11,400
12	3	54	210	11,340
13	3	51	220	11,220
14	3	48	230	11,040
15	3	45	240	10,800
16	3	42	260	10,920
17	3	39	280	10,920
18	3	36	300	10,800
19	3	33	325	10,725
20	3	30	350	10,500
21	2	28	375	10,500
22	2	26	400	10,400
23	2	24	400	9,600
24	2	22	400	8,800
25	2	20	400	8,000
26	2	18	400	7,200
27	2	16	400	6,400
28	2	14	400	5,600
29	2	12	400	4,800
30	2	10	400	4,000
31	0	10	400	4,000
32	0	10	400	4,000
33	0	10	400	4,000
34	0	10	400	4,000
TOTAL des trente-quatre années				308,585#
Par la tontine, le Roi en paye				340,000

SIXIÈME CLASSE, DEPUIS CINQUANTE-SIX ANS JUSQU'À SOIXANTE-SIX.

Quatre-vingt-dix personnes mettent chacune 1,800# pour 200# de rente, faisant en tout 162,000# pour 1,800# par an. (Des quatre-vingt-dix, il en meurt quarante-cinq dans les premiers dix ans.)

ANNÉES.	RENTIERS qui MEURENT.	RENTIERS qui RESTENT.	PAYEMENT à CHACUN.	PAYEMENT TOTAL par an.
1	4	86	200#	17,200#
2	5	81	210	17,010
3	4	77	220	16,940
4	5	72	230	16,560
A reporter				67,710

ANNÉES.	RENTIERS qui MEURENT.	RENTIERS qui RESTENT.	PAYEMENT à CHACUN.	PAYEMENT TOTAL par an.
	Report.			67,710#
5.	4	68	240	16,320
6.	5	63	250	15,750
7.	4	59	280	16,520
8.	5	54	300	16,200
9.	4	50	350	17,500
10.	5	45	400	18,000
11.	3	42	450	18,900
12.	3	39	500	19,500
13.	3	36	550	19,800
14.	3	33	600	19,800
15.	3	30	650	19,500
16.	3	27	700	18,900
17.	3	24	750	18,000
18.	3	21	800	16,800
19.	3	18	800	14,400
20.	3	15	800	12,000
21.	0	15	800	12,000
22.	0	15	800	12,000
23.	0	15	800	12,000
24.	0	15	800	12,000
TOTAL des vingt-quatre années				393,600#
Par la tontine, le Roi en paye				432,000

SEPTIÈME CLASSE, DEPUIS SOIXANTE-SIX ANS ET AU-DESSUS.

Quatre-vingt-dix personnes mettent chacune 1,800# pour 225# de rente, faisant en tout 162,000# pour 20,250# par an. (Des quatre-vingt-dix, il en meurt soixante dans les dix premières années.)

ANNÉES.	RENTIERS qui MEURENT.	RENTIERS qui RESTENT.	PAYEMENT à CHACUN.	PAYEMENT TOTAL par an.
1.	6	84	225#	18,900#
2.	6	78	240	18,720
3.	6	72	255	18,360
4.	6	66	280	18,480
5.	6	60	305	18,300
6.	6	54	330	17,820
7.	6	48	360	17,280
8.	6	42	390	16,380
9.	6	36	430	15,480
10.	6	30	470	14,100
11.	0	30	510	15,300
12.	0	30	550	16,500
13.	0	30	600	18,000
14.	0	30	600	18,000
TOTAL des quatorze années				241,620#
Par la tontine, le Roi en paye				283,500

Tout cela supposé, voici quel sera le plan de la proposition :

Si le Roi emprunte une somme de 13,578,000#, pour laquelle il constitue 1,120,000# de rente, distribuée en sept classes, sur le pied* porté par les tables des calculs,

* En marge est écrit : «C'est-à-dire au denier, sans considérer l'accroissement.»

ce sera :

Denier 14 à la 1re cl.	160,000# de rente pour		2,240,000#
— 14 à la 2e cl.	160,000		2,240,000
— 14 à la 3e cl.	156,000		2,184,000
— 14 à la 4e cl.	160,000		2,240,000
— 12 à la 5e cl.	160,000		1,920,000
— 9 à la 6e cl.	162,000		1,458,000
— 8 à la 7e cl.	162,000		1,296,000
	1,120,000		13,578,000

Suivant la proportion des calculs, il se trouvera que le Roi payera seulement :

A la 1re classe, pendant quatre-vingts ans. . . . . 7,371,520#
Au lieu qu'à la tontine, S. M. paye. 12,800,000
Profit de. 5,428,480*

* En marge : «*Nota.* L'original du mémoire porte. . 7,368,320#
«Erreur. 3,200
7,371,520

«L'original porte, par la même erreur : 5,431,680#.»

A la 2e classe, pendant soixante-quatre années. 8,169,400#
Et par la tontine. 10,240,000
Profit de. 2,070,600*

* En marge : «L'original du mémoire porte. . . . . . 8,104,900#
«Erreur. 64,500
8,169,400

«L'original porte, par la même erreur : 2,135,100#.»

A la 3e classe, pendant cinquante-quatre ans. . . 6,917,100#
Et par la tontine. 8,424,000
Profit de. 1,506,900

A la 4e classe, pendant quarante-quatre ans. . . 6,511,500#
Et par la tontine. 7,040,000
Profit de. 528,500*

* En marge : «Le mémoire porte. . . . . 6,579,500#
«Erreur. 68,000
6,511,500

«L'original, par la même erreur, ne porte que : 460,500#.»

A la 5e classe, pendant trente-quatre ans. . . . . 4,937,360#
Et par la tontine. 5,440,000
Profit de. 502,640

A la 6ᵉ classe, pendant vingt-quatre ans.....	3,542,400 #
Et par la tontine........................	3,888,000
Profit de................	345,600

A la 7ᵉ classe, pendant quatorze ans........	1,932,960 #
Et par la tontine........................	2,260,000
Profit de................	335,040

Proposition................	39,382,240 #
Tontine..................	50,100,000
Profit..............	10,717,760

D'où il s'ensuit que, pour un fonds de 13,578,000 #, le Roi aura payé, dans le cours d'une tontine (restreignant même la plus longue vie à quatre-vingts ans) : 50,100,000 #; et, par la présente proposition, il aura payé seulement : 39,382,240 #. Par conséquent, S. M. aura, par cette voie, un profit au-dessus de la tontine de 10,717,760 #, ce qui n'est pas loin du premier fonds qu'on lui a prêté.

Et cependant, quoique les rentiers aient aussi trouvé beaucoup d'utilité, le Roi n'aura payé que selon les taux qui suivent, savoir :

La 1ʳᵉ classe, au denier 24; il est un peu moins fort.

La 2ᵉ, au denier 18; l'intérêt approche du denier 17 1/2.

La 3ᵉ, au denier 17, un peu moins.

La 4ᵉ, au denier 16 ou 15 1/2; 15 1/2, un peu plus.

La 5ᵉ, au denier 13, un peu plus.

La 6ᵉ, au denier 10, un peu plus.

La 7ᵉ, au denier 9, un peu plus que 9, quoiqu'à la tontine on donne à des gens de cette classe le denier 8, et à d'autres le denier 7.

En même temps néanmoins, les rentiers auront touché un gros revenu de leur fonds, savoir :

Ceux de la 1ʳᵉ classe, dès la septième année, au denier 10; la dix-huitième, au denier 5; la vingt-quatrième, le quatruple; et de même jusqu'à leur décès.

Ceux de la 2ᵉ classe, dès la huitième année, au denier 10; la vingtième, au denier 4; la vingt-deuxième, le quatruple, etc.

Ceux de la 3ᵉ, à peu près comme à la seconde.

Ceux de la 4ᵉ, dès la septième année, au denier 10; la dix-huitième, au denier 4; la vingtième, le quatruple.

Ceux de la 5ᵉ, dès la quatrième année, au denier 10; la septième, au denier 6; la vingt-deuxième, leur quatruple.

Ceux de la 6ᵉ, dès la huitième année, au denier 6; avant la dixième, au denier 5; la dix-huitième, leur quatruple.

Ceux de la 7ᵉ, dès la cinquième année, au denier 6; la treizième, au denier 3.

Et tout cela si agréablement, que leur profit n'est pas précisément fixé aux années qu'on vient de dire, et qu'on ne spécifie ici que par un abrégé du résultat des calculs, mais qu'ils ont le plaisir de voir tous les ans généralement accroître leur revenu, sans qu'il leur en coûte aucun soin.

Il n'y a eu qu'une objection un peu spécieuse contre cette proposition : c'est, dit-on, que ce sont toujours autant d'aliénations qui diminuent le Trésor royal, déjà trop épuisé.

Réponse. — Cette objection est commune à toute sorte de constitution de rentes; mais, supposé que le Roi ne veuille surcharger ses peuples par des impôts forcés sur les denrées ou autrement, ou par des taxes, il n'y a point de voie plus douce que celle-ci pour en tirer autant d'argent qu'il en aura besoin, et plus avantageusement à S. M.

Car, pour les créations d'offices ou augmentations de gages, outre ce qu'elles ont toujours d'onéreux au public, qui en porte le plus grand poids, il ne s'y trouve pas plus de profit pour S. M., puisque, par la nouvelle proposition, il ne lui en coûtera, l'un portant l'autre, qu'environ sur le pied du denier seize, et cela sans aucuns frais de remise à des traitants, d'intérêt de leurs avances, ni autres quelconques. Ainsi, il n'y a proprement point plus d'aliénation par là que par les gages des officiers. Mais il y a, sans proportion, toute autre certitude d'un grand et prompt secours, d'autant plus encore que c'est un moyen facile dont le Roi peut se servir en tout temps, soit de guerre ou de paix.

D'ailleurs, ce n'est pas une aliénation à charge à S. M., puisqu'il lui en revient de quoi se mettre en état de retirer d'autres aliénations plus onéreuses, comme de tant de domaines engagés à vil prix, etc., ou même de quoi faire de nouvelles acquisitions, ou des ouvrages beaucoup plus utiles à S. M., qu'un intérêt au denier seize ne lui en a.

Mais, dira-t-on, une constitution ordinaire à vie n'est-elle pas plus lucrative à S. M. que cette nouvelle proposition? — Cela est sans difficulté, pourvu qu'on fût assuré qu'une telle constitution réussît toujours, c'est-à-dire qu'on trouvât aisément un grand nombre de tels rentiers; mais il s'en faut infiniment que cela soit considérable, et la preuve en est bien évidente dans la dernière tontine de 1696, qui devoit bien plus tenter de particuliers de se faire rentiers que le simple prêt viager ordinaire, puisqu'encore qu'on y profite de l'accroissement qui arrive par leur décès, le gain qu'elle leur présente a persuadé un si petit nombre d'y mettre leur argent, qu'il s'en faut les 4/5 qu'on n'ait pu la remplir, comme on va voir.

Effet de la tontine de 1696.

La constitution totale devoit être de 1,200,000 # de rente, pour le fonds de laquelle S. M. espéroit 14,320,000 #.

Cependant, dans les huit premières classes, au denier 14, il ne s'est fait de constitutions que pour 42,792 # 16ˢ 10ᵈ, qui n'ont valu de fonds au Roi que........	599,098 # 19ˢ 10ᵈ
Dans les 9ᵉ et 10ᵉ, au denier 12, il n'y a eu de constitutions que pour 45,950 #, qui n'ont valu de fonds que..	551,400 00 00
Dans les 11ᵉ et 12ᵉ, il n'a été constitué, au denier 10, que 106,890 #, qui n'ont valu de fonds que.............	1,068,900 00 00
Dans les 13ᵉ et 14ᵉ, au denier 8, il n'a été constitué que 77,687 #, qui n'ont valu de fonds que..................	621,496 00 00
Dans la 15ᵉ, au denier 7, il n'a été constitué que 16,971 # 8ˢ 6ᵈ, qui n'ont valu de fonds que.................	118,797 00 00
	2,959,691 # 19ˢ 10ᵈ

D'où il résulte qu'au lieu de 1,200,000# de rente qu'on s'étoit attendu de constituer, il n'y en a eu que pour 290,291# 5s 4d, et que le Roi n'en a eu de fonds que 2,959,691# 19s 10d. sans compter ce qu'il en a fallu diminuer pour des frais : de sorte que S. M. n'a retiré de cette tontine qu'environ la cinquième partie du secours qu'elle en attendoit, et encore avec beaucoup de frais; au lieu qu'il n'y en a point du tout par la nouvelle proposition.

Il est de plus à remarquer, en particulier sur les huit premières classes de la tontine, qu'elles devoient produire seules un fonds de 8,960,000#, et que le Roi n'en a retiré que 599,099#, qui n'est qu'environ la quinzième partie; au lieu que, par la nouvelle proposition, les premières classes se rempliront aussi certainement et promptement que toutes les autres, parce qu'il y aura en toutes à profiter considérablement pour les rentiers.

Au reste, il n'y a pas à prendre pied sur le bon succès qu'on peut avoir eu du dernier prêt à vie, qui a été assez promptement rempli, quoique les rentiers n'aient aucune part à l'accroissement, qui va tout au profit du Roi; car il n'y a qu'à observer que ce qui a porté à remplir si tôt ce fonds n'est qu'une circonstance de temps favorable à S. M., en ce que chacun étoit dans l'incertitude de l'événement du commerce qui n'étoit pas rétabli et de celle du rabaissement des monnoies. Mais la nouvelle proposition aura indubitablement son effet pour quinze et vingt fois autant, selon les besoins de S. M., sans que personne y soit attiré que par le seul avantage d'un accroissement annuel et certain pour des rentiers, indépendamment de la mort des autres.

Extrait sommaire du mémoire de M. des Billettes, avec quelques observations.

On propose une espèce de constitution de rentes viagères distribuées en sept classes, par laquelle les particuliers prêteront au Roi aux deniers qui avoient été réglés pour les classes de la tontine, avec cette différence que tous les accroissements par mort tourneront au profit de S. M., qui, au lieu de ces accroissements, en établira un certain, d'année en année, indépendamment de la mort des rentiers, au profit des autres, jusqu'à ce que chacun des vivants ait son revenu au quatruple : après quoi, tout accroissement cessera à leur égard, et chacun aura seulement, pendant le reste de sa vie, le quatruple du premier revenu de sa constitution.

La condition des rentiers paroît assurée et très avantageuse dans cette proposition*.

* En marge est écrit : « Cela est clairement démontré par les tables. »

Ceux de la première classe, depuis la naissance jusqu'à l'âge de seize ans, auront d'abord le revenu de leur fonds au denier quatorze, et ce revenu augmentera toutes les années, tant qu'ils vivront, jusqu'à ce qu'il soit monté au quatruple : de sorte qu'au bout de treize ans ce revenu sera doublé et reviendra au denier sept, et que, dans la vingt-quatrième année, il sera quatruplé et reviendra au denier trois et demi pour tout le reste de leur vie. Il en sera de même à peu près de la seconde classe, depuis seize ans jusqu'à vingt-six, et de la troisième, depuis vingt-six ans jusqu'à trente-six.

Dans la quatrième, depuis trente-six jusqu'à quarante-six, le revenu doublera dès la douzième année, et sera quatruplé dans la vingtième.

Les rentiers de la cinquième classe, depuis quarante-six ans jusqu'à cinquante-six, auront d'abord le denier douze; leur revenu s'accroîtra de même, et il montera au quatruple dans la vingt-deuxième année.

Ceux de la sixième, depuis cinquante-six jusqu'à soixante-six, auront d'abord le denier neuf; leur revenu sera doublé dès la dixième année, et quatruplé dans la dix-huitième.

Et enfin ceux de la septième et dernière classe, depuis soixante-six ans et au-dessus, jouiront d'abord du revenu au denier huit, et auront les mêmes accroissements jusqu'au quatruple.

A l'égard du Roi, on prétend que les arrérages que S. M. payera aux rentiers de toutes ces classes depuis qu'elles seront ouvertes jusqu'à leur extinction, n'iront, pied commun, le fort portant le foible, jusqu'au denier seize (15 1/4 et 1/30, quelque chose de plus)*.

1re classe, au denier	24 1/2
2e classe, *idem.*	17 1/2
3e classe, *idem.*	17
4e classe, *idem.*	15 1/2
5e classe, *idem.*	13 1/2
6e classe, *idem.*	10
7e classe, *idem.*	9

Et cela fondé sur ce qu'on a observé que, de cent personnes qui naissent en même temps, il en meurt trente-six dans les six premières années, et n'en [reste] que soixante-quatre;

Des soixante-quatre, depuis six ans jusqu'à seize, il en meurt vingt-quatre, et n'en reste que quarante;

Des quarante, depuis seize jusqu'à vingt-six, il en meurt quatorze, et n'en reste plus que vingt-six;

Des vingt-six, depuis vingt-six ans jusqu'à trente-six, il en meurt dix, et n'en reste plus que seize;

Des seize, depuis trente-six jusqu'à quarante-six ans, il en meurt six, et n'en reste que dix;

Des dix, depuis quarante-six ans jusqu'à cinquante-six, il en meurt quatre, et n'en reste que six;

Des six, depuis cinquante-six jusqu'à soixante-six ans, il en meurt trois, et n'en reste que trois;

Et que, des trois, depuis soixante-six ans jusqu'à soixante-seize, il en meurt deux, et n'en reste qu'un, qui d'ordinaire ne passe pas quatre-vingts ans, mais qui va quelquefois jusqu'à quatre-vingt-dix et au delà.

L'auteur dit qu'il n'a point poussé les tables de calculs plus loin que quatre-vingts ans parce qu'il eût été inutile, et qu'on a voulu mettre cette restriction au pis-aller pour faire d'autant mieux voir combien le Roi tire de profit par cette proposition plus que par la tontine*;

* En marge est écrit : « Cela demande explication, car il semble que plus les rentiers vivront, et plus il en coûtera au Roi, de sorte que, s'ils passent les quatre-vingts ans portés dans les tables, et qu'ils aillent jusqu'à quatre-vingt-dix, il en résultera une augmentation de dix années d'arrérages, qui altérera beaucoup les conditions et les effets de cette proposition à l'égard de S. M. »

Que l'on a suivi exactement le calcul de mortalité dont on

vient de parler, ce qui fait encore quelque petit avantage* pour S. M., en ce qu'on y donne une année d'âge aux rentiers plus que par la tontine, et l'on y a aussi régalé à même intention le nombre des mourants par chaque année, en les reculant, plutôt que de les avancer, quand la justesse des calculs auroit demandé des fractions, etc.;

* En marge est écrit : «Cela demande explication par rapport au précédent article.»

Que c'est aussi pour les mêmes raisons qu'on n'y fait qu'une classe depuis la naissance jusqu'à seize ans, et une seule de même depuis soixante-six ans jusqu'à la mort;

Que les classes* même n'y servent que de nom, pour la facilité et la justification des calculs sur la fixation des accroissements, car il suffira que chaque contrat, suivant l'âge du rentier, porte comme un tarif de ces accroissements jusqu'à l'année de la fixation du quatruple de son revenu : à quoi même le seul édit de création pourroit suffire.

* En marge est écrit : «En ne s'assujettissant point à l'ordre des classes, ni à une certaine parité d'actions, il ne paroît pas possible de rien établir de certain sur les conditions qu'auroit S. M. dans cette constitution de rentes.

«Par exemple, comment supputer le produit en total des arrérages qui devroient être payés à sept rentiers,

si l'un étoit âgé de	1 an,
un 2ᵉ de	16 ans,
un 3ᵉ de	26 ans,
un 4ᵉ de	36 ans,
un 5ᵉ de	46 ans,
un 6ᵉ de	56 ans,
et un 7ᵉ de	66 ans?

«Comment évaluer le temps de leur vie? Où prendre le fonds de l'accroissement de leur revenu jusqu'au quatruple? On aura constitué 14,000# pour un enfant d'un an : le revenu sera d'abord de 1,000#, au denier quatorze; il augmentera tous les ans, en sorte que, dans la treizième année, il produira 2,000#, et, par le même progrès, le rentier, parvenu à l'âge de vingt-quatre ans, pourra recevoir 4,000# de rente du Roi pendant soixante-six années, s'il en vit quatre-vingt-dix, pour 14,000# de principal; et ainsi des six autres, à proportion de leurs âges; car ces sept personnes, qui représentent sept unités différentes, ne donnent rien à conjecturer, l'une par l'autre, d'une mort prématurée. Il paroît donc nécessaire, pour l'effet de la proposition, que les rentiers soient distribués en une ou plusieurs classes suivant leurs âges, qu'il y en ait un assez grand nombre dans chacune classe pour pouvoir servir d'objet à l'opération des tables, qu'ils aient chacun une action, et que toutes les actions d'une même classe soient égales, n'y ayant que cette parité d'âges et d'actions dans un certain nombre d'actionnaires qui puisse produire au Roi le fonds des accroissements qu'il donnera aux rentiers; et en ce cas-là, il n'y auroit qu'à suivre exactement l'ordre des tables.»

Par cette voie, on évite tout l'embarras des listes, des registres, des actions, répartitions, des syndics, et toute autre sorte d'officiers. L'on ne sera même assujetti à aucune fixation de fonds pour remplir des classes, car ce ne sont point proprement des classes réglées à une certaine somme, mais un simple prêt, où chaque rentier peut entrer par soi, et en tout temps, sans rapport à d'autres, et sans qu'il soit besoin d'autres règlements ni discussions entre S. M. et les rentiers, que les seuls contrats de constitution joints à l'édit : de sorte que le garde du Trésor royal peut en être le seul payeur, comme de tous les autres deniers assignés sur sa charge, en établissant seulement par S. M. un si bon ordre pour la sûreté et l'exactitude des payements, qu'on ne soit exposé à aucun obstacle ou retardement, sous quelque prétexte que ce soit, et qu'on y apporte toutes les autres prérogatives portées par l'édit de la tontine*.

* En marge est écrit : «Reste à examiner si les calculs de vie et de mort que contiennent ces tables sont fondés sur des observations assez certaines pour garantir un engagement tel que celui qu'on propose à S. M.

«Observer qu'il y a grande différence à faire, de l'accroissement que reçoivent les rentiers de la tontine par la mort de ceux de leur classe, à l'accroissement que le Roi donneroit indépendamment de cette mort. L'accroissement de la tontine ne procédoit uniquement que de la mort d'une partie des rentiers, dont les actions tournoient au profit des vivants; mais, dans la proposition dont il s'agit, il faut que le Roi prenne sur lui-même et avance le fonds des accroissements qu'il donnera, sans autre recours que la mort incertaine des rentiers.»

Quant aux sommes des rentes et de leur fonds principal, qu'on voit à la tête des tables, elles sont arbitraires; mais il a fallu les fixer pour en faire les calculs et en faciliter l'examen.

L'essentiel est seulement que le tout se réduise à la proportion de 100 # de rente : au denier quatorze, pour les quatre premières classes; au denier douze, pour la cinquième; au denier neuf, pour la sixième, et au denier huit, pour la septième : ce qui est le même taux de la tontine, à la réserve que la tontine donne seulement le denier dix depuis cinquante ans jusqu'à soixante, au lieu qu'on donne ici le denier neuf depuis cinquante-six ans jusqu'à soixante-six : ce qui revient à peu près à la même chose; et l'on ne met point aussi de classe au denier sept, parce que l'on a confondu en une les trois dernières de la tontine : en quoi il se trouve encore quelque avantage pour S. M.

On ne donne point le quatruple de revenu dans la septième classe, parce que les rentiers ne vivent pas assez longtemps pour cela; mais, en revanche, leur condition est plus avantageuse d'ailleurs que celle des autres classes; et peut-être qu'il sera même à propos de la rendre encore meilleure, comme il est aisé si S. M. se contente de n'y rien perdre, car ce seroit le moyen d'exciter la plupart des vieillards à entrer dans ce prêt.

Lire le surplus du mémoire de M. des Billettes depuis le commencement du cinquième feuillet jusqu'à la fin.

Quant à la nouvelle addition au mémoire, par laquelle M. des Billettes propose de faire recevoir le fonds des rentes dont il s'agit en billets de monnoie, l'effet en seroit avantageux pour le public, utile pour l'extinction des billets de monnoie, et pourroit contribuer à faire remplir les rentes. Il sera bien aisé de donner une forme convenable à cette idée dès que la première ne recevra plus de difficultés considérables.

(Papiers du Contrôle général, G⁷ 914.)

ÉTAT AUQUEL M. DE CHAMILLART A TROUVÉ LES FINANCES DU ROI

LE 6 SEPTEMBRE 1699, QUE S. M. L'A NOMMÉ CONTRÔLEUR GÉNÉRAL DES FINANCES.

FERMES.	PRIX DES BAUX.	CHARGES.	PARTIES du TRÉSOR ROYAL.
REVENUS ORDINAIRES DE L'ANNÉE 1699.			
Domaines.	4,500,000#	1,650,000#	2,850,000#
Gabelles de France. Cinq grosses fermes. Aides et entrées. Gabelles de Lyonnois.	48,726,750	30,036,797	18,689,953
Gabelles de Provence et Dauphiné.	2,350,000	821,829	1,528,171
Gabelles de Languedoc et Roussillon.	2,780,000	1,143,661	1,636,339
Tiers surtaux et quarantième de Lyon.	340,000	//	340,000
Domaine d'Occident.	550,000	152,180	397,820
Postes.	2,800,000	1,036,616	1,763,384
Droits de contrôle des actes et de gardes-scels.	1,600,000	//	1,600,000
Droits de signature du greffe et du petit scel du Châtelet.	60,000	6,250	53,750
Tabac.	1,500,000	243,496	1,256,504
TOTAUX des fermes.	65,206,750	35,090,829	30,115,921

GÉNÉRALITÉS.	IMPOSITIONS.	CHARGES.	PREMIÈRES PARTIES du Trésor royal.	SECONDES PARTIES du Trésor royal.	IMPOSITIONS pour LES ÉTAPES.
RECETTES GÉNÉRALES DES FINANCES DES PAYS D'ÉLECTIONS.					
Paris.	3,113,585#	1,399,015#	1,445,860#	168,710#	100,000#
Soissons.	785,886	340,699	330,026	85,161	30,000
Amiens.	843,388	331,825	261,015	220,548	30,000
Châlons.	1,393,984	593,374	538,111	222,499	40,000
Orléans.	1,623,413	526,334	984,087	52,992	60,000
Tours.	2,661,519	860,678	1,571,575	169,266	60,000
Bourges.	590,160	251,606	267,854	40,700	30,000
Moulins.	1,127,154	334,440	691,052	61,662	40,000
Lyon.	1,150,767	378,730	696,867	75,170	//
Riom.	2,141,069	475,763	1,496,000	69,306	100,000
Poitiers.	1,710,504	409,128	1,090,236	138,140	73,000
La Rochelle.	992,363	181,744	706,059	64,960	39,600
Limoges.	1,421,686	370,393	887,687	94,206	69,400
Bordeaux.	2,124,569	520,906	1,349,463	176,200	78,000
Montauban.	2,690,218	609,649	1,907,856	72,713	100,000
Rouen.	1,883,853	723,216	923,615	157,022	80,000
Caen.	1,370,065	345,875	897,964	66,226	60,000
Alençon.	1,245,611	294,023	873,288	18,300	60,000
Grenoble.	1,373,576	694,140	324,436	195,000	160,000
TOTAUX.	30,243,370	9,641,538	17,243,051	2,148,781	1,210,000

ÉTAT AUQUEL M. DE CHAMILLART A TROUVÉ LES FINANCES DU ROI. (Suite.)

PROVINCES ET GÉNÉRALITÉS.	IMPOSITIONS.	CHARGES.	PARTIES du TRÉSOR ROYAL.
RECETTES GÉNÉRALES DES FINANCES DES PAYS D'ÉTATS.			
Metz	483,564 #	243,122 #	174,443 # 65,999
Bourgogne	492,706	353,063	53,643 86,000
Comté de Bourgogne	820,000	123,790	696,210
Toulouse	195,206	195,206	//
Montpellier	318,012	318,012	//
Provence	46,379	46,379	//
Bretagne	499,329	399,329	100,000
Béarn	101,340	101,340	//
Artois	13,533	7,042	6,491
Flandres	1,321,379	93,223	1,228,156
TOTAUX	4,291,448	1,880,506	2,410,942

PROVINCES.	TOTAUX des DONS GRATUITS.	CHARGES et DÉDUCTIONS.	PARTIES du TRÉSOR ROYAL.
DONS GRATUITS ET AUTRES IMPOSITIONS ORDINAIRES DES PAYS D'ÉTATS.			
Navarre et Béarn	20,000 #	361 #	19,639 #
Bourgogne	300,000		
Subsistance	300,000	//	800,000
Exemption	200,000		
Artois	400,000	//	400,000
Bretagne	1,500,000	//	1,500,000
Provence	700,000	//	735,000
Terres adjacentes de Provence	35,000		
Languedoc	3,000,000	214,468	2,785,532
Impositions pour les garnisons de Languedoc	193,183	//	193,183
TOTAUX	6,648,183	214,829	6,433,354

ÉTAT AUQUEL M. DE CHAMILLART A TROUVÉ LES FINANCES DU ROI. (Suite.)

DÉPARTEMENTS ET GÉNÉRALITÉS.	PRIX DES VENTES.	CHARGES.	PARTIES du TRÉSOR ROYAL.
VENTES DE BOIS POUR L'ANNÉE 1699.			
Paris	404,470#	157,449#	247,321#
Blois	34,334	13,400	20,934
Rouen	352,718	94,822	257,896
Caen	83,806	17,187	66,619
Alençon	192,245	40,578	151,667
Flandres	448,658	64,525	384,133
Metz	43,105	12,640	30,465
Soissons	49,191	14,815	34,376
Amiens	105,416	37,475	67,941
Châlons	51,350	24,728	26,622
Tours	52,407	27,448	24,959
Montauban	23,346	9,576	13,770
Toulouse	59,043	15,151	43,892
Bretagne	47,964	10,039	37,925
Bourges	5,794	5,683	111
Moulins	21,637	12,282	9,355
Poitiers	58,132	18,439	39,693
Limoges	9,575	2,729	6,846
Bourgogne	72,963	23,141	49,822
Montpellier	200	194	6
TOTAUX	2,116,644 *	602,291	1,514,353

REVENUS CASUELS.

Prêt et annuel	1,050,000#
Deniers de l'ordinaire	750,000
TOTAL	1,800,000
Déductions	150,000
Revenant net au Trésor royal	1,650,000

* Cette addition et la suivante ne sont pas exactes; il y a quelque erreur dans les sommes partielles.

ÉTAT AUQUEL M. DE CHAMILLART A TROUVÉ LES FINANCES DU ROI. (Suite.)

CHAPITRES.	TOTAUX DES REVENUS.	CHARGES.	PARTIES du TRÉSOR ROYAL.
RÉCAPITULATION DES REVENUS ORDINAIRES DE L'ANNÉE 1699.			
Fermes	65.206,750 ₶	35,090,829 ₶	30,115,921 ₶
			17,243,051
Recettes générales des pays d'élections	30,243,370	9,641,538	2,148,781
			1,210,000
Recettes des pays d'États	4,291,448	1,880,506	2,410,942
Dons gratuits	6,648,183	214,829	6,433,354
Bois	2,116,644	602,291	1,514,353
Revenus casuels	1,800,000	150,000	1,650,000
TOTAUX	110,306,395	47,579,993	62,726,402

Le total de ce qui revient au Trésor royal monte à ... 62,726,402 ₶

Sur quoi il faut déduire :

Pour l'indemnité due à cause de l'exemption du droit de fret accordée aux Hollandois, par estimation	400,000 ₶	
Pour indemnités dues à plusieurs sous-fermiers	527,913	1,047,913
Et pour la diminution à faire sur la ferme du contrôle des actes et de gardes-scels, à cause de la réduction des droits	120,000	

Partant, il ne revient de net au Trésor royal que ... 61,678,489

(Original communiqué par M. l'abbé Esnault, correspondant du Ministère de l'instruction publique[1].)

[1] Le fragment que nous donnons ici de cet état est suivi du détail des fonds restant à consommer et des dépenses restant à payer. Selon l'arrêté de compte écrit à la fin par le Roi lui-même, en date du 3 octobre 1700, à Fontainebleau, le manque de fonds s'élevait à 53,186,072 ₶, non compris une somme de 20,243,350 ₶ due au public par la Caisse des emprunts des fermes unies.

RÉCAPITULATION DES FONDS DE L'ANNÉE 1700[1].

CHAPITRES.	PRIX DES BAUX.	CHARGES.	PARTIES du TRÉSOR ROYAL.
REVENUS ORDINAIRES.			
Fermes unies	58,556,750 ᵗᵗ	38,391,096 ᵗᵗ	20,165,654 ᵗᵗ
Tabac	1,500,000	155,318	1,344,682
Domaine d'Occident	550,000	192,260	357,740
Tiers surtaux de Lyon	340,000	"	340,000
Postes	2,800,000	352,838 233,333	2,213,829
Contrôle des actes	1,480,000	"	1,480,000
Amortissements	400,000	"	400,000
Fabrication et vente de la poudre et du plomb	100,000	"	100,000
Greffes réunis	770,000	70,000	700,000
Contrôle des bans de mariage	30,000	"	30,000
Recettes générales de 1700	30,727,147	9,566,455	21,160,692
Recettes générales des pays d'États	4,239,389	1,958,799	2,280,590
Dons gratuits	6,648,183	234,839	6,413,344
Bois	2,245,178	618,028	1,627,150
Revenus casuels	1,716,298	"	1,716,298
TOTAUX	112,102,945	51,772,966	60,329,979

Les parties du Trésor royal ci-dessus montent à		60,329,979 ᵗᵗ
Sur quoi, déduit ce qui a été consommé sur les fermes en 1699	7,247,000 ᵗᵗ	8,563,840
Et pour diminutions et indemnités sur les fermes de 1700	1,316,840	
RESTE pour 1700		51,766,139

[1] Papiers du Contrôle général, G⁷ 908. — Ce relevé et celui des trois années suivantes sont faits d'après des états qui donnent le produit de chaque ferme, de chaque recette générale, de chaque province, etc. Les quatre états datent de 1703.

RÉCAPITULATION DES FONDS DE L'ANNÉE 1701[1].

CHAPITRES.	PRIX DES BAUX.	CHARGES.	PARTIES du TRÉSOR ROYAL.
REVENUS ORDINAIRES.			
Fermes unies	58,556,750#	35,600,425#	22,956,325#
Tabac	1,500,000	124,614	1,375,386
Domaine d'Occident	550,000	195,260	354,740
Postes	2,800,000	697,819	2,102,181
Tiers surtaux de Lyon	340,000	"	340,000
Contrôle des actes	1,480,000	"	1,480,000
Greffes réunis	700,000	66,000	634,000
Amortissements	400,000	"	400,000
Poudre et plomb	100,000	"	100,000
Contrôle des bans de mariage	30,000	"	30,000
Recettes générales	34,716,261	8,494,753	26,221,508
Recettes générales des pays d'États	4,484,840	1,953,911	2,530,929
Dons gratuits	10,148,183	95,339	10,052,844
Bois	2,469,590	620,998	1,848,592
Revenus casuels	2,978,000	"	2,978,000
Totaux	121,253,624	47,849,119	73,404,505

Les parties du Trésor royal ci-dessus montent à .... 73,404,505#

Sur quoi, déduit pour les indemnités, diminutions accordées aux sous-fermiers et promesses pour les sieurs de la Touanne et Sauvion 6,672,632

Reste 66,731,873

[1] Papiers du Contrôle général, G[7] 908.

RÉCAPITULATION DES FONDS DE L'ANNÉE 1702[1].

CHAPITRES.	PRIX DES BAUX.	CHARGES.	PARTIES du TRÉSOR ROYAL.
REVENUS ORDINAIRES.			
Fermes unies	57,349,849 ₶	37,247,015 ₶	20,102,834 ₶
Tabac	1,500,000	139,057	1,360,943
Domaine d'Occident	475,000	196,441	278,559
Postes	2,800,000	462,908 233,333	2,103,759
Tiers surtaux de Lyon	340,000	"	340,000
Greffes réunis	700,000	66,000	634,000
Contrôle des actes et petits sceaux	1,500,000	"	1,500,000
Cartes à jouer	75,000	"	75,000
Recettes générales	34,213,484	9,004,309	25,209,175
Recettes générales des pays d'États	4,666,267	2,140,239	2,526,028
Dons gratuits	6,248,183	95,339	6,152,844
Bois	2,448,219	778,206	1,670,013
Revenus casuels	2,978,000	"	2,978,000
Totaux	115,294,002	50,362,847	64,931,155

Les parties du Trésor royal ci-dessus montent à	64,931,154 ₶
Sur quoi, déduit pour les indemnités, diminution sur les fermes et promesses pour les sieurs de la Touanne et Sauvion	7,288,290
Reste	57,642,864

[1] Papiers du Contrôle général, G[7] 908.

RÉCAPITULATION DES FONDS DE L'ANNÉE 1703[1].

CHAPITRES.	PRIX DES BAUX.	CHARGES.	PARTIES du TRÉSOR ROYAL.
REVENUS ORDINAIRES.			
Fermes unies	46,700,000 #	39,978,630 #	6,721,370 #
Tabac	1,500,000	198,513	1,301,487
Domaine d'Occident	475,000	196,990	278,010
Tiers surtaux de Lyon	340,000	"	340,000
Postes	2,800,000	410,000	2,390,000
Greffes réunis	700,000	120,000	580,000
Contrôle des actes	1,500,000	"	1,500,000
Ferme de la volaille	230,000	"	230,000
Droits sur les cartes et suifs	220,000	"	220,000
Recettes générales	34,455,685	9,347,152	25,108,533
Recettes générales des pays d'États	4,650,338	2,129,392	2,520,946
Dons gratuits	6,248,183	95,339	6,152,844
Bois, par estimation	2,000,000	650,000	1,350,000
Revenus casuels	2,978,000	"	2,978,000
TOTAUX	104,797,206	53,126,016	51,671,190

[1] Papiers du Contrôle général, G[7] 908.

ÉTAT PAR PRÉVISION DES REVENUS DU ROI POUR L'ANNÉE 1705[1].

CHAPITRES.	PRIX DES BAUX.	CHARGES.	PARTIES du TRÉSOR ROYAL.
FERMES.			
Aides et entrées	14,900,000#	40,700,000#	6,000,000#
Domaines	3,800,000		
Gabelles de France et de Lyonnois	18,250,000		
Cinq grosses fermes	5,000,000		
Gabelles de Provence et Dauphiné	2,180,000		
Gabelles de Languedoc et Roussillon	2,570,000		
Total des fermes unies	46,700,000		
Tabac	1,500,000	280,000	1,220,000
Domaine d'Occident	475,000	210,000	265,000
Postes	3,200,000	400,000	2,800,000
Tiers surtaux et quarantième de Lyon	340,000	"	340,000
Greffes réunis	700,000	141,000	559,000
Contrôle des actes	1,500,000	"	1,500,000
Vendeurs de volailles	230,000	"	230,000
Droits sur les cartes et suifs	220,000	"	220,000
Contrôle des bans de mariage	115,000	115,000	"
Totaux des fermes	54,980,000	41,846,000	13,134,000

[1] Papiers du Contrôle général, G7 913. — L'année 1704 manque.

ÉTAT PAR PRÉVISION DES REVENUS DU ROI POUR L'ANNÉE 1705. (Suite.)

GÉNÉRALITÉS.	IMPOSITIONS.	CHARGES.	PREMIÈRES PARTIES du Trésor royal.	SECONDES PARTIES du Trésor royal.	POUR LES ÉTAPES.
RECETTES GÉNÉRALES.					
Paris	3,639,000#	1,840,290#	1,530,000#	168,710#	100,000#
Soissons	899,161	365,000	419,000	85,161	30,000
Amiens	944,800	364,252	330,000	220,548	30,000
Châlons	1,555,000	594,000	698,500	222,500	40,000
Orléans	1,910,000	617,008	1,180,000	52,992	60,000
Tours	3,012,800	875,000	1,908,534	169,266	60,000
Bourges	673,000	282,300	320,000	40,700	30,000
Moulins	1,284,000	362,338	820,000	61,662	40,000
Lyon	1,318,800	421,000	822,630	75,170	〃
Riom	2,406,900	494,000	1,743,594	69,306	100,000
Poitiers	1,962,800	432,000	1,319,660	138,140	73,000
La Rochelle	1,136,000	221,440	810,000	64,960	39,600
Limoges	1,596,800	375,000	1,058,194	94,206	69,400
Bordeaux	2,480,000	515,800	1,710,000	176,200	78,000
Montauban	3,106,000	693,287	2,240,000	72,713	100,000
Rouen	2,157,000	770,000	1,149,978	157,022	80,000
Caen	1,593,900	400,000	1,067,674	66,226	60,000
Alençon	1,429,000	340,700	1,010,000	18,300	60,000
Grenoble	1,390,600	522,000	513,600	195,000	160,000
Metz	705,000	279,000	360,000	〃	66,000
Flandres	1,312,287	136,440	1,175,847	〃	〃
Comté	820,000	143,624	676,376	〃	〃
Bourgogne	482,700	354,344	128,356	〃	〃
Bretagne	500,000	400,000	100,000	〃	〃
TOTAUX	38,315,548	11,798,823	23,091,943	2,148,782	1,276,000

Premières parties	23,091,943#
Secondes parties	2,148,782
Étapes	1,276,000
TOTAL des parties du Trésor royal	26,516,725

ÉTAT PAR PRÉVISION DES REVENUS DU ROI POUR L'ANNÉE 1705. (Suite.)

PROVINCES ET GÉNÉRALITÉS.	TOTAUX et PRIX DES VENTES.	CHARGES ET DÉDUCTIONS.	PARTIES du TRÉSOR ROYAL.
DONS GRATUITS.			
Languedoc	3,000,000 ₶	195,000 ₶	2,805,000 ₶
Provence	700,000 35,000	//	735,000
Bretagne	1,200,000	//	1,200,000
Bourgogne	300,000 500,000	//	800,000
Navarre et Béarn	20,000	//	20,000
Artois	413,000	15,000	398,000
Pour les garnisons de Languedoc	193,183	//	193,183
Totaux	6,361,183	210,000	6,151,183
REVENUS CASUELS.			
Ordinaire	600,000 ₶	100,000 ₶	1,600,000 ₶
Prêt et annuel	1,100,000		
Totaux	1,700,000	100,000	1,600,000
NOUVELLES IMPOSITIONS PENDANT LA GUERRE.			
Flandres	240,000 ₶	//	240,000 ₶
Artois	150,000	//	150,000
Strasbourg	200,000	//	200,000
Comté de Bourgogne	350,000	//	350,000
Totaux	940,000	//	940,000
BOIS.			
Paris	280,000 ₶	164,000 ₶	116,000 ₶
Caen	95,000	34,000	61,000
Alençon	180,000	48,000	132,000
Tours	50,000	36,000	14,000
Bourgogne	60,000	20,000	40,000
Soissons	70,000	21,000	49,000
Amiens	95,000	44,000	51,000
Bretagne	70,000	17,000	53,000
Flandres	330,000	75,000	255,000
Châlons	45,000	35,000	10,000
Blois	28,000	17,000	11,000
Toulouse	60,000	20,000	40,000
Rouen	280,000	110,000	170,000
Bourges	11,000	6,000	5,000
Metz	35,000	16,000	19,000
Bordeaux	5,000	400	4,600
Montpellier	300	300	//
Montauban	27,000	13,000	14,000
Moulins	20,000	14,000	6,000
Poitiers	45,000	24,000	21,000
Limoges	19,000	5,000	14,000
Totaux	1,805,300	719,700	1,085,600

ÉTAT PAR PRÉVISION DES REVENUS DU ROI POUR L'ANNÉE 1705. (Suite.)

GÉNÉRALITÉS.	TOTAUX.	GÉNÉRALITÉS.	TOTAUX.
CAPITATIONS.			
Ville de Paris	1,800,000 ₶	Report	12,650,000 ₶
La cour	1,000,000	Caen	530,000
Paris	900,000	Alençon	530,000
Soissons	360,000	Grenoble	840,000
Amiens	450,000	Metz et Alsace	900,000
Châlons	750,000	Flandre et Hainaut	1,550,000
Orléans	600,000	Artois	480,000
Tours	950,000	Comté de Bourgogne	650,000
Bourges	240,000	Bourgogne	1,000,000
Moulins	420,000	Languedoc	3,000,000
Lyon	540,000	Bretagne	2,000,000
Riom	650,000	Provence	900,000
Poitiers	650,000	Navarre et Béarn	102,000
La Rochelle	350,000	Clergé	3,950,000
Limoges	480,000	Clergé des frontières	280,000
Bordeaux	960,000	Roussillon	100,000
Montauban	900,000	Troupes	500,000
Rouen	650,000	Marine et galères	100,000
A reporter	12,650,000	Total	28,962,000 [1]

RÉCAPITULATION DES PARTIES DU TRÉSOR ROYAL.

Fermes	13,134,000 ₶
Recettes générales	26,516,725
Dons gratuits	6,151,183
Revenus casuels	1,600,000
Nouvelles impositions	900,000
Bois	1,085,000
Capitations	28,962,000
Total	78,349,508

[1] L'addition donne 100,000 ₶ de plus.

ÉTAT PAR PRÉVISION DES REVENUS DU ROI POUR L'ANNÉE 1706[1].

CHAPITRES.	PRIX DES BAUX.	CHARGES ET DÉDUCTIONS.	PARTIES du TRÉSOR ROYAL.	ASSIGNATIONS DONNÉES en 1705.	RESTE À CONSOMMER en 1706.
FERMES.					
Domaines	3,800,000^{tt}	2,000,000^{tt}	1,800,000^{tt}	1,800,000^{tt}	"
Gabelles de France et Lyonnois	18,250,000				
Cinq grosses fermes	5,000,000	37,005,000	1,145,000	1,145,000	"
Aides et entrées	14,900,000				
Gabelles de Provence et Dauphiné	2,180,000	1,112,000	1,068,000	1,068,000	"
Gabelles de Languedoc	2,570,000	1,710,000	860,000	860,000	"
Totaux des fermes unies	46,700,000	41,827,000	4,873,000	4,873,000	"
Augmentation du dixième	4,000,000	"	4,000,000	"	4,000,000
Tabac	1,500,000	430,000	1,070,000	1,000,000	70,000
Domaine d'Occident	475,000	355,000	120,000	"	120,000
Postes	3,200,000	410,000	2,890,000	1,995,233	894,767
Augmentation	100,000				
Tiers surtaux de Lyon	340,000	"	340,000	"	340,000
Greffes réunis	770,000	470,000	300,000	75,000	225,000
Contrôle des actes	1,700,000	"	1,870,000	150,000	1,720,000
Augmentation	170,000				
Vendeurs de volailles	230,000	"	230,000	"	230,000
Cartes et suifs	220,000	"	220,000	"	220,000
Contrôle des bans de mariage	115,000	115,000	"	"	"
Totaux des fermes	59,520,000	43,607,000	15,913,000	8,093,233	7,819,767

[1] Papiers du Contrôle général, G[7] 914. — Cet état est daté du 1er octobre 1705.

ÉTAT PAR PRÉVISION DES REVENUS DU ROI POUR L'ANNÉE 1706. (Suite.)

GÉNÉRALITÉS.	IMPOSITIONS.	CHARGES.	PREMIÈRES PARTIES du Trésor royal.	ASSIGNATIONS DONNÉES en 1705.	RESTE À CONSOMMER en 1706.
RECETTES GÉNÉRALES.					
Paris	3,616,000 #	2,200,000 #	1,147,290 #	780,000 #	367,290 #
Soissons	975,000	410,000	443,839	155,000	288,839
Amiens	1,040,000	410,000	388,432	120,000	268,432
Châlons	1,708,000	660,000	785,500	300,000	485,500
Orléans	2,108,000	620,000	1,375,008	580,000	795,008
Tours	3,314,000	950,000	2,134,734	760,000	1,374,734
Bourges	748,000	300,000	377,300	100,000	277,300
Moulins	1,340,000	390,000	848,338	410,000	438,338
Lyon	1,458,000	450,000	932,830	210,000	722,830
Riom	2,368,000	540,000	1,658,694	910,000	748,694
Poitiers	2,256,000	480,000	1,564,860	540,000	1,024,860
La Rochelle	1,160,000	250,000	825,440	370,000	455,440
Limoges	1,538,000	420,000	954,394	537,000	417,394
Bordeaux	2,443,000	590,000	1,598,800	780,000	818,800
Montauban	3,168,000	670,000	2,325,287	1,160,000	1,165,287
Rouen	2,336,000	890,000	1,208,978	560,000	648,978
Caen	1,872,000	470,000	1,275,774	460,000	815,774
Alençon	1,588 000	390,000	1,119,700	250,000	869,700
Grenoble	1,507,000	470,000	682,000	114,000	568,000
TOTAUX, y compris le dixième d'augmentation	36,543,000	11,580,000 (*sic*)	21,647,198	9,096,000	12,551,198
Secondes parties			2,105,802	....	2,105,802
Pour les étapes			1,210,000	....	1,210,000
TOTAUX			24,963,000	....	15,867,000
RECETTES GÉNÉRALES DES PAYS D'ÉTATS.					
Metz et Alsace	700,000 #	400,000 #	300,000 #	"	300,000 #
Artois	413,533	16,807	396,726	"	396,726
Flandres	1,312,288	141,444	1,170,844	550,000 #	620,844
Comté de Bourgogne	838,342	200,000	638,342	"	638,342
Toulouse	112,361	112,361	"	"	"
Montpellier	181,392	181,392	"	"	"
Provence	46,378	46,378	"	"	"
Bretagne	499,239	399,239	100,000	"	100,000
Bourgogne	482,706	396,706	86,000	"	86,000
Navarre et Béarn	101,340	101,340	"	"	"
TOTAUX	4,687,579	1,995,667	2,691,912	550,000	2,141,912

ÉTAT PAR PRÉVISION DES REVENUS DU ROI POUR L'ANNÉE 1706. (Suite.)

PROVINCES.	TOTAUX.	DÉDUCTIONS.	PARTIES du TRÉSOR ROYAL.	ASSIGNATIONS DONNÉES en 1705.	RESTE À CONSOMMER en 1706.
DONS GRATUITS.					
Languedoc	3,000,000#	200,000#	2,800,000#	1,290,000#	1,510,000#
Pour les garnisons	193,183	"	193,183	"	193,183
Provence	700,000	"	700,000	"	700,000
Terres adjacentes	35,000	"	35,000	"	35,000
Bretagne	1,500,000	"	1,500,000	"	1,500,000
Bourgogne	300,000 300,000 200,000	"	800,000	"	800,000
Navarre et Béarn	20,000	361	19,639	"	19,639
TOTAUX	6,248,183	200,361	6,047,822	1,290,000	4,757,822
Clergé	6,000,000	"	"	1,451,300	4,548,700

DÉPARTEMENTS.	PRIX DES VENTES.	CHARGES.	PARTIES du TRÉSOR ROYAL.
BOIS.			
Paris	370,000#	190,000#	180,000#
Blois	37,000	17,000	20,000
Rouen	296,000	107,000	189,000
Caen	87,000	32,000	55,000
Alençon	198,000	46,000	152,000
Flandres	340,000	72,000	268,000
Soissons	49,000	21,000	28,000
Amiens	107,000	44,000	63,000
Châlons	51,000	34,000	17,000
Tours	40,000	31,000	9,000
Bourges	11,000	5,000	6,000
Moulins	20,000	14,000	6,000
Poitiers	50,000	26,000	24,000
Limoges	16,000	4,000	12,000
Metz	41,000	16,000	25,000
Bourgogne	50,000	34,000	16,000
Comté	46,000	12,000	34,000
Bretagne	50,000	14,000	36,000
Toulouse	22,000	18,000	4,000
Montpellier	300	300	"
Montauban	28,000	13,000	15,000
Alsace	12,000	5,000	7,000
TOTAUX	1,921,300	755,300	1,166,000

ÉTAT PAR PRÉVISION DES REVENUS DU ROI POUR L'ANNÉE 1706. (Suite.)

GÉNÉRALITÉS.	TOTAUX.	ASSIGNATIONS DONNÉES en 1705.	RESTE À CONSOMMER en 1706.
CAPITATIONS.			
Paris	1,000,000#	360,000#	640,000#
Soissons	390,000	75,000	315,000
Amiens	490,000	100,000	390,000
Châlons	850,000	270,000	580,000
Orléans	650,000	210,000	440,000
Tours	1,050,000	580,000	470,000
Bourges	260,000	10,000	250,000
Moulins	460,000	100,000	360,000
Lyon	610,000	80,000	530,000
Riom	700,000	160,000	540,000
Poitiers	750,000	90,000	660,000
La Rochelle	350,000	50,000	300,000
Limoges	500,000	120,000	380,000
Bordeaux	1,050,000	500,000	550,000
Montauban	950,000	520,000	430,000
Rouen	750,000	260,000	490,000
Caen	600,000	210,000	390,000
Alençon	600,000	280,000	320,000
Grenoble	850,000	150,000	700,000
Metz et Alsace	600,000	180,000	420,000
Flandres, Hainaut et Dunkerque	1,600,000	705,000	895,000
Artois	650,000	178,000	472,000
Comté	700,000	230,000	470,000
Bourgogne	1,000,000	"	1,000,000
Provence	990,000	"	990,000
Bretagne	2,000,000	100,000	1,900,000
Languedoc	1,800,000	"	1,800,000
Navarre et Béarn	102,000	"	102,000
Clergé	3,950,000	1,200,000	2,750,000
Clergé des frontières	250,000	"	250,000
Troupes	600,000	"	600,000
Marine et galères	140,000	"	140,000
Ville de Paris	2,000,000	"	2,000,000
La cour	1,000,000	"	1,000,000
TOTAUX, y compris le dixième	30,242,000	6,718,000	23,524,000
REVENUS CASUELS.			
Prêt et annuel	1,000,000#	"	1,800,000#
Ordinaire	800,000		

ÉTAT DES FONDS POUR LES DÉPENSES DE L'ANNÉE 1706[1].

FONDS ORDINAIRES.	PRODUITS.	CHARGES.	PARTIES du TRÉSOR ROYAL.	ASSIGNATIONS DONNÉES en 1705.	FONDS pour 1706.
Fermes unies	46,700,000#	41,827,000#	4,873,000#	4,873,000#	//
Tabac	1,500,000	430,000	1,070,000	1,000,000	70,000#
Domaine d'Occident	475,000	355,000	120,000	//	120,000
Postes	3,200,000	410,000	2,890,000	1,984,240	905,760
Augmentation	100,000	//			
Tiers surtaux de Lyon	340,000	//	340,000	//	340,000
Greffes réunis	250,000	//	250,000	100,000	150,000
Contrôle des actes	1,700,000	//	1,870,000	720,000	1,150,000
Augmentation	170,000				
Vendeurs de volaille	230,000	//	230,000	//	230,000
Cartes et suifs	220,000	//	220,000	//	220,000
Contrôle des bans de mariage	115,000	//	115,000	//	115,000
Recettes générales de 1705	1,674,000	//	1,674,000	//	1,674,000
Recettes des pays d'États de 1705	355,000	//	355,000	//	355,000
Recettes de 1706	32,271,046	16,940,398	15,330,648	6,715,548	8,615,100
Recettes des pays d'États	4,687,579	1,995,667	2,691,912	1,180,912	1,511,000
Dons gratuits	6,248,183	200,361	6,047,822	1,882,822	4,165,000
Don gratuit du clergé	6,000,000	//	6,000,000	3,000,000	3,000,000
Secondes parties ... 2,105,800#					
Étapes ... 1,275,000	3,952,612	//	3,952,612	//	3,952,612
Fonds pour les garnisons ... 571,812					
Bois en 1706	1,921,300	755,300	1,166,000	66,000	1,100,000
Capitations en 1706	30,342,000	//	30,342,000	7,535,700	22,806,300
Revenus casuels	1,800,000	//	1,800,000	//	1,800,000
FONDS EXTRAORDINAIRES.					
Prêt des fermes	5,000,000	//	5,000,000	//	5,000,000
Dixième d'augmentation desdites fermes	4,000,000	//	4,000,000	//	4,000,000
Dixième d'augmentation de la taille	2,288,000	//	2,288,000	//	2,288,000
Revenus de Savoie	1,500,000	//	1,500,000	//	1,500,000
Rentes	6,000,000	//	6,000,000	//	6,000,000
Rentes d'Avignon	1,100,000	//	1,100,000	//	1,100,000
Billets de monnoie	40,883,638	//	40,883,638	//	40,883,638
Affaires extraordinaires	21,170,000	//	21,170,000	//	21,170,000
Crédit et billets de l'extraordinaire	14,000,000	//	14,000,000	//	14,000,000
FONDS SUR 1707.					
Ferme des postes	300,000	//	300,000	//	300,000
Contrôle des actes	250,000	//	250,000	//	250,000
Recettes générales	8,900,000	//	8,900,000	//	8,900,000
Recettes des pays d'États	500,000	//	500,000	//	500,000
Don gratuit de Languedoc	1,100,000	//	1,100,000	//	1,100,000
Capitations	11,100,000	//	11,100,000	//	11,100,000
TOTAUX	262,343,358	62,913,726	199,429,632	29,058,222	170,371,410

RÉCAPITULATION.

Fonds ordinaires	52,279,772#
Fonds extraordinaires	95,941,638
Fonds sur 1707	22,150,000
TOTAL	170,371,410

[1] Papiers du Contrôle général, G[7] 914. Cette pièce est datée du 5 janvier 1706.

ÉTAT PAR PRÉVISION DES REVENUS DU ROI POUR L'ANNÉE 1707 [1].

CHAPITRES.	PRIX DES BAUX.	CHARGES ET DÉDUCTIONS.	PARTIES du TRÉSOR ROYAL.
FERMES.			
Domaines	3,670,000 #	45,520 804 #	169,196 #
Gabelles de France et de Lyonnois	17,370,000		
Cinq grosses fermes	5,000,000		
Aides et entrées	14,900,000		
Gabelles de Languedoc	2,570,000		
Gabelles de Provence et Dauphiné	2,180,000		
Total des fermes unies	45,690,000		
Dix[ième d'augmentation des]dites fermes	4,000,000	//	4,000,000
Gabelles de Metz et Franche-Comté	880,000	642,500	367,500
Domaines d'Alsace	130,000		
Fermes du tabac	1,500,000	300,000	1,200,000
Ferme du domaine d'Occident	475,000	355,000	120,000
Ferme des postes	3,200,000	400,000	2,900,000
Augmentation	100,000		
Tiers surtaux et quarantième de Lyon	340,000	//	374,000
Dixième d'augmentation	34,000		
Greffes réunis	250,000	//	250,000
Contrôle des actes	1,700,000	30,000	1,820,000
Dixième d'augmentation, fixé à	150,000		
Vendeurs de volaille	233,000	3,000	230,000
Ferme des cartes et suifs	220,000	//	220,000
Contrôle des bans de mariage	115,000	//	115,000
Contrôle des extraits des baptêmes, mariages et sépultures	300,000	//	300,000
Augmentation du sel en Franche-Comté	120,000	//	120,000
Revenus de Savoie	1,500,000	//	1,500,000
Totaux des fermes	60,937,000	47,251,304	13,685,696

[1] Papiers du Contrôle général, G[7] 916. Cet état est daté du 1er décembre 1706.

ÉTAT PAR PRÉVISION DES REVENUS DU ROI POUR L'ANNÉE 1707. (Suite.)

GÉNÉRALITÉS.	IMPOSITIONS y compris LE DIXIÈME d'augmentation.	CHARGES.	PREMIÈRES PARTIES du Trésor royal.	PARTIES du Trésor royal à cause DU DIXIÈME d'augmentation.	SECONDES PARTIES.	POUR LES ÉTAPES.
RECETTES GÉNÉRALES DES FINANCES DES PAYS D'ÉLECTIONS.						
Paris	4,049,975#	2,715,418#	702,000#	363,847#	168,710#	100,000#
Soissons	1,008,797	415,124	388,408	90,104	85,161	30,000
Amiens	1,066,509	445,753	279,491	90,717	220,548	30,000
Châlons	1,709,363	601,302	694,000	151,562	222,499	40,000
Orléans	2,195,143	742,686	1,146,600	192,865	52,992	60,000
Tours	3,343,615	873,947	1,937,000	303,402	169,266	60,000
Bourges	756,809	330,246	288,000	67,863	40,700	30,000
Moulins	1,474,898	495,210	749,600	128,426	61,662	40,000
Lyon	1,496,862	532,186	760,300	129,206	75,170	//
Riom	2,752,576	796,637	1,542,200	244,433	69,306	100,000
Poitiers	2,175,048	424,586	1,342,500	196,822	138,140	73,000
La Rochelle	1,260,461	360,592	681,600	113,709	64,960	39,600
Limoges	1,796,106	614,827	855,150	162,523	94,206	69,400
Bordeaux	2,770,086	551,835	1,713,800	250,251	176,200	78,000
Montauban	3,526,315	828,210	2,210,000	315,392	72,713	100,000
Rouen	2,391,182	850,714	1,087,300	216,146	157,022	80,000
Caen	1,756,645	430,556	1,042,100	157,763	66,226	60,000
Alençon	1,584,716	327,858	1,035,300	143,258	18,300	60,000
Grenoble	1,449,204	483,208	482,700	128,296	195,000	160,000
TOTAUX	38,566,310	12,820,895	18,938,049	3,448,585	2,148,781	1,210,000

DÉPARTEMENTS.	IMPOSITIONS.	CHARGES.	PARTIES du TRÉSOR ROYAL.
RECETTES DES PAYS D'ÉTATS.			
Metz et Alsace	705,950#	291,850#	348,100# 66,000 (étapes).
Comté de Bourgogne	832,044	183,014	649,030
Flandres	1,312,287	160,000	1,152,287
Artois	413,000	17,000	396,000
Toulouse	112,361	112,361	//
Montpellier	181,392	181,392	//
Provence	49,000	49,000	//
Bourgogne et Bresse	482,707	396,707	86,000
Bretagne	500,000	400,000	100,000
Navarre et Béarn	101,340	101,340	//
TOTAUX	4,690,281	1,892,664	2,797,617[1]

[1] L'addition donne 200# de moins à la première colonne et à la troisième.

ÉTAT PAR PRÉVISION DES REVENUS DU ROI POUR L'ANNÉE 1707. (Suite.)

GÉNÉRALITÉS.	PRIX DES VENTES ET IMPOSITIONS.	CHARGES.	PARTIES du TRÉSOR ROYAL.
BOIS.			
Paris	347,980#	205,505#	142,475#
Blois	33,059	16,001	17,058
Rouen	277,254	103,847	173,407
Caen	59,577	31,565	28,012
Alençon	172,728	43,379	129,349
Soissons	77,121	42,905	34,216
Amiens	86,368	42,560	43,808
Châlons	54,908	33,467	21,441
Tours	38,350	31,478	6,872
Bourges	8,683	5,501	3,182
Moulins	17,170	12,945	4,225
Poitiers	34,415	14,810	19,605
Limoges	11,618	4,448	7,170
Montauban	17,658	11,829	5,829
Flandres	311,016	71,952	239,064
Bourgogne	65,074	37,719	27,355
Metz	43,530	14,082	29,448
Bretagne	46,408	14,296	32,112
Toulouse	34,453	17,462	16,991
Montpellier	476	367	109
Alsace	22,356	9,132	13,224
Comté de Bourgogne	24,853	11,260	13,593
Totaux	1,785,055	776,510	1,008,545
DONS GRATUITS.			
Languedoc	3,000,000#	94,613#	2,905,387#
Pour les garnisons de Languedoc	193,183	//	193,183
Provence	700,000	//	735,000
Terres adjacentes de Provence	35,000		
Bourgogne	800,000	30,000	770,000
Bretagne	1,200,000	//	1,200,000
Navarre et Béarn	20,000	//	20,000
Totaux	5,948,183	124,613	5,823,570
REVENUS CASUELS.			
Ordinaire	600,000#	100,000#	1,600,000#
Prêt et annuel	1,100,000		

ÉTAT PAR PRÉVISION DES REVENUS DU ROI POUR L'ANNÉE 1707. (Suite.)

CAPITATIONS.	SOMMES FIXÉES.	DEUX SOLS POUR LIVRE.	TOTAL.	PARTIES du TRÉSOR ROYAL.	PAYEMENTS en DOUZE MOIS.	9 DENIERS D'INTÉRÊT de deux mois d'avance et surséance en cas de diminution.
CAPITATIONS PARTICULIÈRES.						
Ville de Paris et Compagnies	1,800,000₶	180,000₶	1,980,000₶	1,980,000₶	165,000₶	"
La cour et Versailles	800,000	80,000	880,000	880,000	73,333	"
Clergé	4,000,000	"	4,000,000	3,950,000	"	50,000₶
Clergé des frontières et Malte	300,000	"	300,000	290,000	"	10,000
Clermontois	26,000	"	26,000	26,000	"	"
Troupes	800,000	80,000	880,000	700,000	"	180,000
Marine	100,000	10,000	110,000	110,000	"	"
Galères	40,000	4,000	44,000	30,000	"	14,000
Totaux	7,866,000	354,000	8,220,000	7,966,000	238,333	254,000
GÉNÉRALITÉS.						
Paris	1,000,000₶	100,000₶	1,100,000₶	1,000,000₶	83,333₶	100,000
Soissons	360,000	36,000	396,000	396,000	33,000	"
Amiens	450,000	45,000	495,000	468,000	39,000	27,000
Châlons	800,000	80,000	880,000	840,000	70,000	40,000
Orléans	620,000	62,000	682,000	600,000	50,000	82,000
Tours	1,000,000	100,000	1,100,000	1,030,000	85,833	70,000
Bourges	260,000	26,000	286,000	252,000	21,000	34,000
Moulins	450,000	45,000	495,000	468,000	39,000	27,000
Lyon	560,000	56,000	616,000	576,000	48,000	40,000
Riom	660,000	66,000	726,000	660,000	55,000	66,000
Poitiers	700,000	70,000	770,000	720,000	60,000	50,000
La Rochelle	350,000	35,000	385,000	360,000	30,000	25,000
Limoges	500,000	50,000	550,000	540,000	45,000	10,000
Bordeaux	1,000,000	100,000	1,100,000	1,050,000	87,500	50,000
Montauban	900,000	90,000	990,000	900,000	75,000	90,000
Rouen	700,000	70,000	770,000	672,000	56,000	98,000
Caen	550,000	55,000	605,000	570,000	47,500	35,000
Alençon	550,000	55,000	605,000	570,000	47,500	35,000
Grenoble	900,000	90,000	990,000	900,000	75,000	90,000
Totaux	12,310,000	1,231,000	13,541,000	12,572,000	1,047,666	669,000
PAYS D'ÉTATS.						
Metz et Alsace	780,000₶	"	780,000₶	600,000₶	50,000₶	180,000₶
Comté de Bourgogne	700,000	70,000₶	770,000	720,000	60,000	50,000
Lille, y compris la double aide et l'augmentation	1,200,000					
Hainaut	132,000	"	2,032,000	1,680,000	140,000	352,000
Dunkerque	700,000					
Artois	650,000	"	650,000	624,000	52,000	26,000
Languedoc	1,800,000	"	1,800,000	1,500,000	"	300,000
Provence	900,000	90,000	990,000	950,000	"	40,000
Bourgogne et Bresse	1,000,000	"	1,000,000	1,000,000	"	"
Bretagne	2,000,000	"	2,000,000	2,000,000	"	"
Navarre et Béarn	102,000	"	102,000	102,000	"	"
Roussillon	90,000	9,000	99,000	90,000	"	9,000
Totaux	10,054,000	169,000	10,223,000	9,266,000	302,000	957,000

TABLEAU COMPARATIF DES DÉPENSES

PENDANT LES HUIT ANNÉES DU MINISTÈRE DE M. CHAMILLART[1].

(L'année 1704 manque, comme pour les recettes. Pour les années 1706 et 1707, voir les tableaux spéciaux ci-après.)

CHAPITRES.	ANNÉE 1700.	ANNÉE 1701.	ANNÉE 1702.	ANNÉE 1703.	ANNÉE 1705.
Maisons royales	8,340,158#	9,646,456#	7,808,690#	8,302,700#	6,621,386#
Comptant du Roi	3,090,822	2,683,000	2,555,750	2,600,000	2,200,000
Bâtiments	2,367,256	2,374,250	2,935,393	2,500,000	1,200,000[A]
Dépenses du roi d'Angleterre	600,000	638,223	600,000	600,000	600,000
Ligues suisses	488,370	487,351	487,422	530,000	530,000
Garnisons ordinaires	2,532,177	2,510,223	2,459,197	2,460,000	2,400,000
Étapes	1,136,231	3,797,947	3,327,357	5,000,000	4,000,000
Extraordinaire des guerres	37,400,829	66,957,291	{ 74,296,585 1,300,000 }	84,000,000	60,000,000
Pain de munition	//	6,743,943	9,625,997	11,000,000	10,000,000
Gardes du corps	//	//	1,411,213	1,500,000	} 2,500,000
Mousquetaires	//	//	650,567	650,000	
Gendarmerie	//	//	634,337	630,000	
Régiments des gardes	//	//	1,836,903	1,880,000	1,900,000
Artillerie	//	1,008,830	1,979,005	2,400,000	1,800,000
Gratifications aux troupes	1,832,974	1,953,027	2,161,323	2,300,000	2,300,000
Marine	9,104,775	18,225,900	18,492,676	18,200,000	18,000,000
Galères	2,800,000	2,811,256	2,807,900	2,800,000	2,800,000
Fortifications	3,161,426	3,226,213	3,036,027	3,300,000	2,000,000
Ambassades	778,058	946,233	550,116	400,000	400,000[B]
La Bastille	129,136	126,099	142,166	160,000	140,000
Pensions	3,044,302	3,105,213	3,409,389	3,300,000	2,000,000
Gages du Conseil	2,328,107	2,175,838	2,239,830	2,240,000	1,100,000
Maréchaux de France	698,244	683,188	666,782	730,000	370,000
Gratifications et indemnités	11,434,570	4,440,037	4,289,776	2,500,000	1,200,000
Guet de Paris	124,092	124,286	124,186	124,000	124,000
Affaires secrètes	1,113,713	10,235,313	8,065,795	7,000,000	5,000,000
Intérêts et remises	3,693,707	3,162,674	10,042,882	1,500,000	//
Acquits patents	220,000	215,000	211,000	211,000	105,000
Ponts et chaussées	557,258	444,136	437,729	400,000	200,000
Pavé de Paris	49,358	14,247	14,274	14,300	50,000
Commerce	236,845	133,000	116,325	50,000	50,000
Dons	370,656	441,160	419,770	350,000	300,000
Voyages	553,521	566,321	800,000	600,000	500,000
Gages des gardes du Trésor royal	230,000	230,000	230,000	230,000	230,000
Haras	//	//	//	//	60,000
TOTAUX	98,386,585	150,106,655	170,166,362	170,962,000	130,880,386[C]
Remboursements	22,095,856	9,274,870	4,993,178	300,000	
TOTAUX GÉNÉRAUX	120,482,441	159,381,525	175,159,540	171,262,000	

A Le chiffre primitif était 1,600,000; le 2 est écrit au crayon après coup.

B Le chiffre primitif était 1,400,000.

C Le total exact serait : 130.680,386. Ceci n'est du reste, pour 1705, qu'un état par prévision, écrit de la main même du contrôleur général.

[1] Papiers du Contrôle général, G[7] 908.

ÉTAT PAR PRÉVISION DES DÉPENSES DE L'ANNÉE 1706[1].

CHAPITRES.	PROJET DE DÉPENSE.	FONDS DESTINÉS.	MANQUE DE FONDS.
Extraordinaire des guerres	100,000,000 #	97,878,638 #	2,121,362 #
Pain d'Italie	5,000,000	5,000,000	//
Pain de Flandres, Allemagne et Catalogne	7,000,000	7,000,000	//
Gardes du corps, etc.	2,750,000	2,200,000	550,000
Régiments des gardes	2,000,000	2,000,000	//
Artillerie	3,500,000	3,000,000	500,000
Marine et galères	22,000,000	20,800,000	1,200,000
Fortifications	2,000,000	1,600,000	400,000
Subsides	4,000,000	//	4,000,000
Intérêt des billets de la Monnoie	10,000,000	10,000,000	//
Intérêt de la Caisse des emprunts	3,400,000	//	3,400,000
Pertes à cause des diminutions sur les espèces	2,000,000	//	2,000,000
Trésor royal	33,000,000	24,577,772	8,422,228
TOTAUX	196,650,000	174,056,410	22,593,590

SOMME TOTALE DES DÉPENSES	196,650,000 #
Les fonds ordinaires restant à consommer en 1706, suivant la carte ci-jointe[1], ne montent qu'à	53,713,872
Les dépenses à faire excèdent ce qui reste des fonds ordinaires de	142,936,128

FONDS EXTRAORDINAIRES.

Prêt des fermes unies	7,000,000 #	110,342,538 #	120,342,538 #
Dixième d'augmentation des fermes unies	4,000,000		
Dixième d'augmentation de la ferme du contrôle des actes	170,000		
Dixième d'augmentation de la taille	2,288,000		
Revenus de Savoie	1,500,000		
Rentes sur la ville	6,000,000		
Rentes d'Avignon	1,100,000		
Billets de la Monnoie	30,883,638		
Affaires extraordinaires qu'il convient faire	20,620,000		
Billets et crédit de l'extraordinaire des guerres	14,000,000		
Fonds pris par avance sur 1707	22,780,900		
NOUVEAUX FONDS.			
Fermes unies	3,000,000 #	10,000,000 #	
Billets de monnoie en remplacement	7,000,000		
MANQUE DE FONDS			22,593,590 #

[1] Voyez ci-dessus, p. 595, le tableau des Fonds pour les dépenses de 1706, dressé aussi le 5 janvier 1706; les fonds ordinaires n'y sont portés que pour 52,979,772 #.

[1] Papiers du Contrôle général, G[7] 914. Cet état est daté du 5 janvier 1706.

ABRÉGÉ DE LA DISTRIBUTIONS

TOTAUX DES FONDS.	FONDS DE 1707.	A L'EXTRAORDINAIRE DES GUERRES.	AU PAIN DE FLANDRES.	AU PAIN D'ITALIE.
13,685,696 ♯	Fermes	5,154,000 ♯	600,000 ♯	100,000
18,938,049	Recettes générales	8,980,000	420,000	660,000
2,731,617	Recettes générales des pays d'États	1,890,000	″	″
3,448,585	Dixième d'augmentation de la taille	1,650,000	″	″
2,148,781	Secondes parties	″	″	″
1,276,000	Étapes	″	″	″
1,008,545	Bois	″	″	″
5,823,570	Dons gratuits	2,180,000	″	260,000
1,600,000	Revenus casuels	806,000	″	″
31,934,000	Capitations	15,340,000	480,000	480,000
82,594,843		36,000,000	1,500,000	1,500,000
	AUTRES FONDS.			
18,300,000	Argent	4,000,000	1,500,000	1,500,000
18,000,000	Billets	10,000,000	″	″
33,900,000	Affaires extraordinaires et assignations en 1708	20,000,000	4,000,000	2,000,000
27,000,000	Crédit	20,000,000	″	″
179,794,843	TOTAUX	90,000,000	7,000,000	5,000,000

OBSERVATIONS.

A Ici une somme de 220,000 ♯ a été ajoutée après coup, et compensée dans la même colonne, à la dernière ligne, par la réduction de 1,000,000 à 780,000.

B Ici de même a été ajoutée une somme de 220,000 ♯, compensée au-dessous par la réduction de 600,000 à 380,000.

C Ici encore est ajoutée une somme de 140,000 ♯, compensée au-dessous par la réduction de 4,000,000 à 3,860,000.

D Ici une somme de 40,000 ♯, compensée au-dessous par la réduction de 800,000 à 760,000.

E Remplacé après coup par 4,201,609.

F Remplacé par 1,651,585.

G Remplacé par 174,000.

H Remplacé par 9,758,000.

[1] Papiers du Contrôle général, G[7] 916. Cet état par prévision est daté du 1er décembre 1706.

S FONDS DE L'ANNÉE 1707[1].

X GARDES DU CORPS.	AUX RÉGIMENTS DES GARDES.	A L'ARTILLERIE.	A LA MARINE.	AUX GALÈRES.	AUX FORTIFICATIONS.	AU TRÉSOR ROYAL.
360,000 ₶	410,000 ₶	250,000 ₶	//	60,000 ₶	120,000 ₶	6,631,696 ₶
500,000	570,000	500,000	1,500,000 ₶	200,000	660,000	4,948,049[E]
//	//	60,000	//	//	//	781,617
//	//	220,000	//	//	//	1,578,585[F]
//	//	//	//	//	//	2,148,781
//	//	//	//	//	//	1,276,000
//	//	//	//	640,000	//	1,008,545
//	//	//	1,000,000	640,000	//	1,743,570
// [A]	// [B]	//	// [C]	// [D]	//	794,000[G]
840,000	120,000	570,000	3,500,000	500,000	220,000	9,884,000[H]
1,700,000	1,100,000	1,600,000	6,000,000	1,400,000	1,000,000	30,794,843
700,000	500,000	1,000,000	2,000,000	600,000	500,000	6,000,000
//	//	//	2,000,000	//	//	6,000,000
1,000,000	600,000	1,000,000	4,000,000	800,000	500,000	//
//	//	//	//	//	//	7,000,000
[illegible],400,000	2,200,000	3,600,000	14,000,000	2,800,000	2,000,000	49,794,843

RÉCAPITULATION.

FONDS DE 1707.	PRIX DES BAUX ET IMPOSITIONS.	CHARGES ET DÉDUCTIONS.	PARTIES du TRÉSOR ROYAL.
nes unies	45,690,000 ₶	45,520,804 ₶	169,196 ₶
tres fermes	15,247,000	1,730,500	13,516,500
ettes générales, compris le dixième	35,207,529	12,820,895	22,386,634
ondes parties	2,148,781	//	2,148,781
pes	1,276,000	//	1,276,000
ettes des pays d'États	4,624,281	1,892,664	2,731,617
ns gratuits	5,948,183	124,613	5,823,570
pitations, compris le dixième	31,934,000	//	31,934,000
s	1,785,055	776,510	1,008,545
venus casuels	1,700,000	100,000	1,600,000
Totaux	145,560,829	62,965,986	82,594,843
AUTRES FONDS.			
gent	18,300,000		
lets	18,000,000		
ires extraordinaires en 1707	23,900,000	………	97,200,000
ignations en 1708	10.000,000		
édit	27,000,000		
Totaux	97,200,000		179,794,843

ÉTAT DES DÉPENSES DE L'ANNÉE 1707[1].

CHAPITRES.		ORDONNANCES EXPÉDIÉES.
Maisons royales		4,997,136 ₶
Maison du Roi		181,249
Chambre aux deniers		1,004,060
Argenterie		163,044
Menus plaisirs		56,536
Offrandes et aumônes		278,568
Écuries		662,503
Achat de chevaux		//
Prévôté de l'hôtel		49,200
Cent-Suisses		12,726
Vénerie et fauconnerie		142,686
Louveterie		//
Maison de Mme de Bourgogne		215,764
Maison de M. le duc d'Orléans		520,000
Maison de Madame		12,000
Récompenses		113,654
Comptant du Roi		1,295,750
Dépenses du roi d'Angleterre		600,000
Ligues suisses		548,818
Garnisons	Ordonnances expédiées	73,803
	Ordonnances à expédier	2,274,437
Bâtiments		1,649,559
Gratifications aux troupes.	Ordonnances expédiées	1,758,568
	Ordonnances à expédier	347,500

CHAPITRES.		ORDONNANCES EXPÉDIÉES.
Ambassades	Ordonnances expédiées	144,762 ₶
	Ordonnances à expédier	260,000
La Bastille		255,144
Gages du Conseil.	Ordonnances expédiées	91,700
	Ordonnances à expédier	2,220,400
Maréchaux de France. Ordonnances à expédier		756,200
Pensions et gratifications ordinaires		2,867,277
Gratifications et autres dépenses		3,495,463
Pavé de Paris		//
Affaires secrètes.	Pour MM. de Bavière et de Cologne.	5,550,996
	Autres ordonnances de subsides ou gratifications	2,458,934
Extraordinaire des guerres		85,044,001
Pain de Flandres, Allemagne, Catalogne et Roussillon.		8,176,041
Pain de Dauphiné, Piémont et Savoie		3,573,979
Gardes du corps, mousquetaires, etc.		2,917,600
Régiments des gardes		2,121,455
Artillerie		4,954,340
Marine		14,551,579
Galères		2,806,453
Fortifications		2,005,276
Étapes	Reste de 1705 — 165,324 ₶ Reste de 1706 — 3,000,578 Pour 1707 — 5,517,435	8,683,337

[1] Papiers du Contrôle général, G^{7} 917. Cet état est daté du 8 février 1708. Il comprend en plus deux colonnes : l'une, des sommes assignées, et l'autre, des sommes restant à assigner; mais l'addition totale n'est pas faite. Nous trouvons : 169,892,498 ₶.

RÉCAPITULATION DU PRODUIT DES AFFAIRES EXTRAORDINAIRES DE 1700 À 1707[1].

ANNÉES.	FINANCES.	REMISES EN DEDANS.	REMISES EN DEHORS.
1700	4,586,497# 0s	725,315# 13s 4d	458,649# 00s 0d
1701	28,400,000 0	2,266,666 13 4	2,840,000 00 0
1702	45,870,000 0	7,215,000 00 0	4,279,000 00 0
1703	29,489,200 0	4,414,960 00 0	2,448,920 00 0
1704	69,057,000 0	10,654,833 06 8	6,053,500 00 0
1705	17,228,000 0	2,559,666 13 4	1,537,800 00 0
1706	25,056,136 2	2,875,189 07 0	2,487,613 12 2
1707	39,368,812 0	5,553,547 17 4	3,736,881 04 0
Totaux	259,055,645# 2s	36,265,179# 11s 0d	23,842,363# 16s 2d

[1] Bibliothèque nationale, ms. français 7734, f° 127.

ADDITIONS.

I. Page 7, après le n° 25, placez cette lettre :

M. de Bernières, intendant en Hainaut,
au Contrôleur général.

14 Octobre 1699.

« . . . . . Il est nécessaire de vous faire savoir que les États de la province donnoient tous les ans au roi d'Espagne une certaine somme, et que, lorsqu'ils avoient de la peine à y subvenir et à satisfaire à leurs charges ordinaires, soit parce que les droits du domaine diminuoient manque de consommation, ou parce que la dépense augmentoit, ils avoient recours à quelque levée extraordinaire, qui ne duroit qu'autant de temps que cela étoit absolument nécessaire. Le titre de l'établissement qui s'en faisoit s'appeloit *criée*. En 1646, il fut proposé de faire l'établissement de 6 patars par muid de charbon, et moitié sur la braisette. Il y en a eu effectivement une criée et une adjudication. J'ai l'honneur de vous envoyer l'une et l'autre; mais cela n'a jamais eu d'exécution, et je vous envoie pareillement un extrait de compte de l'année 1647, par lequel vous verrez que, par résolution de Messieurs des États, cet impôt a été abandonné, et j'ose vous dire que, s'il avoit lieu aujourd'hui, ce seroit ruiner le commerce des forges du Hainaut françois, qui fait subsister beaucoup de monde, et qui est le principal de cette province. Ce seroit même faire un bien aux forges des terres d'Espagne et de Liège, qui, étant pareillement dans tous ces cantons, en vendroient mieux leurs fers, parce que, n'étant point sujets à ces droits, ils pourroient les donner à meilleur marché. Je ne crois pas que cette proposition puisse avoir d'autre but que de vouloir établir que tout ce qui a été une fois proposé et accepté par les États, quoiqu'il n'ait point eu d'exécution, doit actuellement avoir lieu dans la partie du Hainaut qui est au Roi. Le fermier du domaine fait tout ce qu'il peut pour établir cette maxime, et le fait d'autant plus qu'il y a réussi dans quelques occasions. Cependant je ne sache rien de plus dangereux, et je ne pourrai jamais être d'avis de pareils établissements, à moins que vous ne me l'ordonniez, parce que les peuples, qui sont chargés de quantité d'affaires et de droits qui ne se payent point dans le Hainaut espagnol, y passent volontiers à cause de la proximité, et je crois que rien n'est plus préjudiciable au service du Roi, que de vouloir continuellement faire des recherches pour augmenter les droits sur une province qui en paye le double plus que la partie qui est aux Espagnols, sans y comprendre les affaires nouvelles causées par la guerre. »

II. Page 10, n° 36, ajoutez à la note :

M. Bégon écrit, le 27 janvier 1704, que l'on construira les corps de garde demandés pour les gardes des fermes de la traite de Charente à Rochefort, sauf à passer outre aux remontrances de l'échevinage, mais que, comme la ville a la franchise d'entrée et de sortie jusqu'à une lieue des portes, il serait plus utile de placer les corps de garde aux limites de ce territoire.

III. Page 14, après le n° 47, placez cette lettre :

Le comte de Pontchartrain, secrétaire d'État de la marine,
au Contrôleur général.

18 Novembre 1699.

« J'ai lu au Roi la lettre que vous avez pris la peine de m'écrire le 4 de ce mois, et celle que vous avez eue de Marseille sur l'état auquel y est le commerce par la quantité de marchandises dont la plupart des négociants sont surchargés, sans débit et sans consommation; et, sur le compte que j'ai rendu à S. M. des observations à faire sur cet avis et sur le remède qu'on propose, elle m'a commandé de vous en faire part. Pour y satisfaire, je vous dirai que, par l'attention que j'ai à me faire informer des marchandises qui abordent à Marseille, je vois qu'il n'en est point venu de Levant, dans cette année, ni dans la précédente, plus que dans les autres. Il y a eu, au contraire, beaucoup moins de soie, et les négociants de cette ville se sont jetés dans les achats de toiles et d'étoffes dont l'entrée est défendue dans le royaume; mais, quand le fait sur l'abondance des marchandises seroit vrai, rien ne seroit si pernicieux que d'interdire pendant six mois ou un an la sortie de toutes sortes de bâtiments pour donner le temps de les vendre, qui est le remède qu'on propose : ce seroit le moyen de faire tomber entièrement le commerce de Levant, que les gens de Marseille font avec quelque préférence sur les autres nations, et laisser aux Anglois et aux Hollandois une occasion naturelle et facile de s'en rendre les maîtres, puisqu'on ne verroit plus de bâtiments françois dans les Échelles.

«Une marque certaine que cette abondance n'est pas telle qu'on l'a dit, est qu'il entre tous les jours des marchandises de Levant entreposées en Angleterre, par Rouen, en payant 20 p. 0/0. On assure même qu'il en entre par d'autres ports sans les payer, par l'ignorance ou par la facilité des commis des fermes, ou en les déclarant comme venant des Indes, quoiqu'elles soient de Levant, et ainsi qu'on l'a admis pour le coton filé. Il vient encore des soies filées d'Italie par la Flandre françoise, sous le prétexte des manufactures. L'interdiction de toutes ces entrées seroit le remède le plus prompt et le plus facile pour soutenir Marseille et pour augmenter son commerce, en diminuant d'autant celui des étrangers. Vous serez plus précisément informé des faits que moi par les extraits des registres des entrées, qui vous feront connoître la nécessité de ce remède; mais voilà ce que j'ai recueilli par les détails dans lesquels je suis entré à cet égard.

«Pour ce qui concerne la rareté de l'argent dans Marseille, vous en savez mieux que moi la cause. Elle se trouvera dans la plupart des villes maritimes en même temps. On prétend que, par la voiture des espèces à Paris, il n'y en est pas resté assez pour donner le mouvement nécessaire au commerce.»

IV. Page 32, après le n° 110, placez cette lettre :

Le sieur BERTRAND, *inspecteur des manufactures en Languedoc, au* CONTRÔLEUR GÉNÉRAL.

27 Mars 1700.

Rapport sur l'état et le nombre des manufacturiers et des ouvriers nouveaux convertis qui travaillent dans les manufactures.

V. Page 36, après le n° 125, placez cette lettre :

M. DE BERNIÈRES, *intendant en Hainaut,* AU CONTRÔLEUR GÉNÉRAL.

28 Avril 1700.

«Nous nous trouvons dans une étrange situation depuis que le traité des Limites, conclu à Lille, a eu son exécution. Il est très nécessaire et important que vous soyez informé de ce qui se passe de la part des Espagnols, qui tend à la ruine non seulement du Hainaut françois, mais encore des villes de Lille et Tournay, si les choses continuent dans l'état où elles sont.

«Il y a un an à présent que le Conseil des finances de Bruxelles fit plusieurs règlements et placards pour le commerce. J'eus l'honneur, pour lors, de les envoyer à M. le Chancelier, qui étoit en ce temps-là contrôleur général des finances. Ces placards tendoient à ruiner entièrement le commerce de tous leurs voisins, et surtout à empêcher la sortie des laines, pour faire tomber par ce moyen les manufactures de Tournay, Lille et autres établies dans les villes de la domination du Roi; et, comme ils ne pouvoient pas empêcher qu'il n'en vint d'Allemagne et de Pologne, ils se contentèrent d'établir des droits considérables sur les moutons et laines qui traverseroient leurs terres, comme aussi d'ordonner que toutes les marchandises qui passeroient pour entrer en France payeroient l'entrée et la sortie. Tous ces règlements ne nous ont pas fait grand mal pour lors, parce que nous avions trouvé un chemin qui venoit tomber d'Allemagne sur le pays de Liège, et du pays de Liège sur les terres de S. M., par le moyen des villages de Finevaux, Montigny, Saint-Christophe, Bersilly, l'Abbaye et autres. Les marchands prenoient cette route et n'étoient plus inquiétés. De plus, j'avois reçu ordre de M. le Chancelier de rendre la pareille aux Espagnols en leur faisant payer l'entrée et la sortie des marchandises qui emprunteroient les terres du Roi : à quoi je réussissois facilement, à cause de ces villages qui coupoient le pays. Mais, par le traité des Limites, ces mêmes villages, qui étoient fort peu de chose en eux-mêmes par leur produit, d'ailleurs très importants par leur situation et par l'usage que que nous en faisions, ayant été rendus, il ne nous reste plus aucun chemin libre, et nous sommes à la discrétion des Espagnols, qui n'ont plus besoin de nous pour aucun passage, au lieu que nous ne saurions sortir, pour aller à Philippeville et Givet, sans marcher sur leurs terres : ce qui les a engagés à pousser ce qu'ils avoient commencé l'année dernière. Non seulement ils font payer l'entrée et la sortie de tout ce qui passe, quoique cela soit contraire à tout usage et au traité de paix, mais encore ils empêchent le passage des marchandises qui nous peuvent convenir, et surtout des laines et moutons.....

«Nous voici cependant sans aucun commerce : il y a actuellement dix mille moutons venant d'Allemagne et quantité de charrettes chargées de laines qui sont arrêtées sur les frontières de Liège et n'oseroient venir à Givet, ni passer outre.

«..... Je n'ai aucune occasion de le rendre aux Espagnols dans ce département, à moins que ce ne soit par quelques bateaux de Namur qui passent à Givet, et que je pourrois faire arrêter; mais ce seroit fort peu de chose auprès du mal qu'ils nous font, et qu'ils nous pourroient faire tous les jours. Je crois que, dans le département de M. de Bagnols, par le moyen des rivières dont ils se servent, étant nécessaire qu'ils passent à Condé pour faire leur commerce de Mons à Gand, on pourroit arrêter toutes leurs marchandises jusqu'à ce qu'ils nous eussent rendu celles qu'ils nous ont arrêtées, et qu'ils nous laissassent les passages libres comme autrefois. Il faut encore vous ajouter qu'ils nous ont mis de nouveaux droits sur les blés que nous envoyons d'ici

(Maubeuge) à Philippeville et à Givet : ce qui le renchérira dans ces villes et apportera un assez grand préjudice*..... »

* A cette lettre est joint un mémoire sur la consommation du charbon de terre en Flandres, et à l'analyse de la lettre une réponse sur la question commerciale.

Le 3 mai suivant, l'intendant demande l'exemption du nouveau droit d'entrée de 10 patars par muid pour le charbon de terre de la houillère française établie à Wasmes, près Mons. Le 30 août, il écrit que la surcharge des droits nouveaux sur le charbon du Hainaut espagnol a décidé les Espagnols à faire le canal de Mons à Ath pour éviter le passage sur territoire de France par Condé, Tournay, etc., et que déjà, la rivière d'Ath étant rendue navigable jusqu'à Maffles, on commence à fabriquer de la chaux dans ce village, au détriment du commerce de Tournay. Le 6 septembre, il insiste pour que l'on ne fasse plus payer les droits d'entrée et de sortie aux marchandises étrangères qui ne font qu'emprunter le passage sur le territoire de France, à moins que ce ne soit par mesure de représailles.

A la fin de l'année, le droit d'entrée sur le charbon de terre du Hainaut espagnol fut réduit à 5 sols. (Lettre du 26 décembre.)

Voir aussi, au 14 mai, une lettre des marchands qui faisaient venir des laines et des moutons d'Allemagne, et, au 30 août, un mémoire des fermiers généraux sur les exemptions de droits d'entrée réclamées par les manufactures.

Le 6 avril 1701, M. de Bernières écrivait encore : « ..... Ce que vous exposent les maîtres de forges du Hainaut françois est très véritable, et je ne puis rien ajouter à leur mémoire. L'arrêt rendu par Messieurs du Conseil des finances à Bruxelles, le 17 décembre dernier, est tout à fait préjudiciable aux sujets du Roi de cette province. J'ai en main cet arrêt, par lequel il a été établi un nouveau droit de 5 florins sur chaque benne de charbon de bois sortant des terres d'Espagne, au lieu de 15 patars qu'on levoit auparavant, et 15 florins au mille de fer traversant leurs terres, au lieu de 3 florins qui se payoient pour la sortie, le travers ayant toujours été permis. Il est constant que, si cet arrêt subsistoit comme il s'exécute à présent, ce pays seroit ruiné, y ayant plus de trois mille âmes qui ne vivent que du travail des forges, qui seroient bientôt abandonnées, parce que les maîtres des forges des terres d'Espagne pourroient fournir suffisamment, et qu'une partie des forges de France étant située sur les terres de Barbançon et de Marienbourg, qui sont enclavées dans celles d'Espagne, par-dessus lesquelles il est indispensable de passer, si ces droits nouveaux continuoient de se payer, il faudroit abandonner les forges dans six mois. Il seroit aisé d'augmenter les droits sur les charbons sortant des terres du Roi, comme vous le proposent les maîtres des forges. Il en passe une grande quantité sur la Meuse à Givet; mais ce seroit ruiner le commerce de cette ville, aux environs de laquelle on fait une partie du charbon, et faire du mal aux sujets d'Espagne sans se faire du bien, au lieu que je suis persuadé que, si le Roi fait porter ses plaintes à Bruxelles et demande que l'arrêt du 17 décembre soit révoqué, ses ordres seront exécutés, et la tranquillité rétablie, ainsi que le commerce des maîtres des forges. »

VI. Page 69, après le n° 246, placez cette lettre :

M. de Bâville, intendant en Languedoc, au Contrôleur général.

27 Février 1701.

Desséchement des marais qui s'étendent entre Aigues-Mortes et Beaucaire; dédommagement des communautés et des seigneurs hauts-justiciers.

VII. Page 109, n° 384, à la fin de la note, ajoutez :

Le procureur général Daguesseau écrit, le 29 avril 1702, qu'il fait des recherches pour savoir quelle part le Parlement de Paris pourroit prendre à la réunion de la principauté d'Orange. Réponse en marge : « M. Dupuy. Faire encore des copies des mémoires pareils à ceux que demande M. de Matignon, et qu'elles soient prêtes demain, à trois heures après midi. J'irai à Versailles. »

VIII. Page 115, n° 414, ajoutez à la suite de la note :

Voir un journal de la procédure financière, envoyé le 17 mars 1704, par M. d'Isnard. L'arrêté de comptes, établi par la Chambre, déclara Creyssel débiteur envers la province de 1,002,000 ᵗᵗ, dont elle se trouvait payée de 240,000 ᵗᵗ environ. Il était dû en outre 400,000 ᵗᵗ aux particuliers, et la province avait la prétention de réclamer 430,000 ᵗᵗ de restes d'impositions dus par les communautés, que toutefois les commis-receveurs des vigueries prétendoient avoir avancés au trésorier. (Lettre de M. de Grignan, 31 décembre 1703.)

IX. Page 132, à la suite du n° 432, ajoutez en note :

* La proposition originale, présentée par le sieur de Meneville et signée de vingt-six noms, est jointe à cette lettre. Dans une précédente lettre du 8 septembre, M. d'Argenson se plaignait de la difficulté de terminer le différend entre l'Université et le chantre : « Il y a certainement, disait-il, quelques abus dans le choix et dans la distribution des maîtres d'école, dont plusieurs dépendent du chantre, et la plupart prétendent que la qualité de maître ès arts les met en droit de pouvoir instruire la jeunesse sans sa participation; mais convient-il de mettre en mouvement le Chapitre et l'Université de Paris pour une affaire de finance dont l'objet paroit aussi peu considérable? Si néanmoins le Conseil juge à propos d'en écouter la proposition, il est nécessaire, ce me semble, de commencer par évoquer du Parlement le procès qui y est demeuré indécis depuis plus d'un siècle, d'en déférer l'examen à des commissaires, et de le juger ensuite par la même déclaration qui réglera la finance qu'on aura dessein de tirer de ce nouvel arrangement. Je pourrois bien, dès à présent, vous proposer quelques vues pour limiter les fonctions des maîtres d'école, des répétiteurs ou maîtres ès arts, des maîtres de pension, et des écoles de charité; mais j'ai cru qu'il étoit plus à propos d'attendre que les titres des parties vous eussent été communiqués, de crainte que ces limitations n'y fussent contraires, et ne donnassent aux uns ou aux autres plus de droit qu'ils n'en prétendent. »

X. Page 126, après le n° 444, placez cette lettre :

Le Contrôleur général
à M. de Bagnols, intendant en Flandre.

20 Octobre 1702.

«Depuis la lettre que je vous ai écrite le 11 de ce mois, en réponse de vos deux dépêches des 24 et 30 du mois passé, le mémoire d'addition proposé par M. de Bergeyck, dont j'ai voulu me mettre en état de rendre compte au Roi, m'a donné occasion de repasser sur toute la matière, et voici les nouvelles observations que j'y ai faites.

«Les Hollandois étant maîtres de la Meuse, le commerce de Liège leur seroit plus utile qu'à nous, en ce que cette ville-là pourroit aisément servir d'entrepôt de toutes sortes de marchandises d'Hollande, dont il se feroit ensuite un commerce général comme en pleine paix : ce qui ne convient pas aux intérêts de l'État; et, comme le Conseil d'Espagne fait difficulté de réduire les droits qui se lèvent à l'entrée et à la sortie des terres de la domination d'Espagne sur les marchandises qui vont de France à Liège, ou qui viennent de Liège en France, vous pouvez abandonner cet article et n'en plus parler quant à présent.

«Sur l'article des mines, il seroit bien important d'insister pour l'affranchissement entier des droits d'entrée et de sortie, même pour l'avantage de la Flandre espagnole, qui a besoin, dans certains cantons, des mines qui se trouvent sur les terres de l'obéissance du Roi, et, dans d'autres, il faut en faire sortir les mines, faute de fourneaux. Cela a déjà donné lieu à une ordonnance du Conseil de Bruxelles, du 19 juillet 1701, rendue par provision, par laquelle les droits sur ces sortes de marchandises sortant des lieux d'Espagne ou les traversant sont réduits à 2 liards la poise de cent quarante livres pesant. Ce droit ne va pas à 5 sols le millier, et, sans doute, le produit ne dédommage pas des frais qu'il faut faire pour la perception; cependant il ne laisse pas d'être à charge au commerce autant qu'un plus grand droit, par la nécessité de décharger la marchandise pour la peser et en acquitter le droit. Si néanmoins le Conseil d'Espagne veut conserver un droit sur ces marchandises, il n'y a pas lieu de croire qu'il veuille faire autre chose que de régler définitivement les droits de sortie et de passage pour ces matières sur le pied de l'ordonnance provisoire du 19 juillet 1701; et c'est à quoi vous insisterez.

«Vous avez pu voir, dans le projet d'arrêt que je vous ai envoyé pour la communication par les enclavements d'entre Sambre et Meuse et autres des Pays-Bas espagnols, que l'on y a compris la permission aux habitants des frontières des Pays-Bas espagnols de venir aux marchés des villes et bourgs voisins de France et d'y apporter les denrées de leur cru pour les y vendre, aussi bien que celle de transporter les fumiers sur les terres limitrophes et d'en retirer les récoltes, sans payer aucuns droits. Ces deux choses ne sont pas comprises dans le projet de décret proposé par le Conseil d'Espagne; vous aurez, s'il vous plaît, attention à les y faire ajouter, ou à faire rendre un décret séparé pour cela, afin qu'il n'y ait pas de difficulté sur cet article, dont le Conseil d'Espagne est convenu, et qui est pour l'avantage réciproque des sujets de l'une et de l'autre domination.

«Il n'y a rien à changer à ce que je vous ai mandé sur les huiles de semences : les droits en demeureront fixés à 3 florins 15 sols, ainsi qu'il est proposé par le Conseil d'Espagne; c'est sur ce pied que le droit en fut réglé par une ordonnance de 1684, et qu'il a été levé jusqu'en 1699, que l'augmentation à 12 florins a été faite.

«A l'égard des chapeaux, comme je ne vous ai rien mandé de précis, par ma dernière lettre, sur cette marchandise, je suis bien aise de vous observer que les droits qui sont proposés par le Conseil d'Espagne sont trois fois plus forts que ceux qui se lèvent sur les chapeaux venant de la Flandre espagnole dans la Flandre françoise suivant le tarif de 1671; et, si ces droits demeuroient réglés suivant ce que propose le Conseil d'Espagne, ils seroient toujours exclusifs, et la modération seroit inutile. Vous insisterez autant que vous pourrez à ce que les choses soient rétablies sur le pied du tarif de 1671, et, si le Conseil d'Espagne veut absolument faire quelque augmentation à cet égard, vous pourrez consentir que le droit des chapeaux de castor soit réglé à un florin la pièce, le droit des chapeaux de vigogne à 10 patars la pièce, et le droit des chapeaux de lapin ou de poil et des chapeaux de laine à 7 patars la pièce, au plus.

«Il en est de même pour les gants. Il seroit à souhaiter, et même de l'intérêt de la Flandre espagnole, que les choses fussent remises sur le pied du tarif de 1670; si cependant le Conseil d'Espagne veut y faire quelque augmentation, vous ne vous opposerez pas à ce que le droit des gants en broderies, des gants de frangipane et des gants de cerf et de daim soient réglés suivant ce qui est porté par le mémoire des résolutions prises par le Conseil d'Espagne, pourvu que le droit des gants communs soit conservé sur le pied du tarif de 1671.

«Pour ce qui est de la chaux, quoique je vous aie marqué d'insister à la réduction, que vous croyez convenable, de 40 patars, il est bon néanmoins d'observer que les deux dernières augmentations de droits qui ont été faites sur cette matière sont très récentes, et faites depuis l'alliance des deux couronnes, savoir : en l'année 1700 et en l'année 1701. Par la première augmentation, les droits ont été portés à 30 patars, et par la dernière à 6 florins. Les droits anciens ne sont que de 10 patars : ainsi, la première augmentation triple les droits, qui étoient déjà très forts par rapport à la valeur de la marchandise.

«Vous savez mieux qu'un autre de quelle importance il est pour les habitants de Tournay et des environs de faciliter la sortie de la chaux, et vous avez envoyé, pendant la dernière guerre, de très grands mémoires pour faire lever l'interdiction de la sortie et pour faire supprimer les droits qui avoient été imposés, afin de conserver aux sujets du Roi les petits avantages qu'ils retirent du commerce qu'ils en font. Le Roi a bien voulu, sur vos remontrances, permettre la sortie de cette matière pendant la guerre, et a même presque entièrement supprimé les droits. Il est donc important que vous apportiez beaucoup d'attention à empêcher que les droits qui seront imposés sur la chaux à l'entrée de la Flandre espagnole n'empêchent qu'elle ne s'y puisse facilement transporter, et que l'exclusion de celle de Tournay par les grands droits ne donne lieu à l'augmentation du nombre des fours qui se sont établis à Maffles. Il semble que le Conseil d'Espagne ne devroit pas faire cesser l'augmentation faite en 1701, en laissant subsister celle de 1700, et de régler le droit sur la chaux de Tournay à 30 patars. Vous y insisterez autant que vous pourrez, et, si le Conseil d'Espagne veut absolument porter l'augmentation plus haut, vous ferez en sorte qu'elle ne passe pas 40 patars.

«Quant aux fabriques de la Flandre espagnole, je vous ai expliqué, dans ma lettre du 11, les raisons pour lesquelles on n'admet point dans les tarifs de France les graduations dans les qualités d'une même sorte des marchandises, ni la fixation des droits à l'estimation; ainsi, tout ce qui se peut faire à l'égard des camelots est d'en régler les droits d'entrée, également pour toutes les différentes qualités, à 6 # la pièce de vingt aunes, comme il a été proposé, en convenant des bureaux d'entrée par terre par lesquels ils pourront venir en France. Vous ferez observer à M. de Bergeyck qu'en cela on déroge, en faveur des camelots de la Flandre espagnole, aux règlements par lesquels l'entrée des camelots, comme des draperies et autres étoffes, est fixée par les ports de Calais et de Saint-Valery, quoiqu'on ait fait difficulté d'exempter de l'exécution de ces règlements les étoffes de la Flandre françoise, et que la modération des droits est de 4 # par pièce de vingt aunes, par rapport au tarif de 1671, qui est le premier titre par lequel les droits des marchandises de la Flandre espagnole venant de la Flandre françoise ont été réglés, et que les camelots de la Flandre espagnole payeront 40 sols moins par pièce que les camelots d'Hollande devoient payer suivant le tarif de convention arrêté en 1699. Comme il faut, pour permettre l'entrée des camelots de la Flandre françoise, déroger aux règlements qui en fixent l'entrée par certains ports, il sera nécessaire de prendre quelque précaution pour empêcher que les camelots d'Hollande, qui payent 8 # de droit par pièce de vingt aunes, et les camelots d'Angleterre, qui payent 12 #, et qui ne peuvent entrer que par Calais et par Saint-Valery, ne puissent [s'] introduire dans le royaume par la Flandre espagnole. Les précautions qui paroissent les plus naturelles et les plus aisées sont que les fabricants de Bruxelles et des autres lieux de la Flandre espagnole mettent leurs noms et celui du lieu de leur demeure aux chefs de chaque pièce, et que les pièces soient marquées par les Magistrats d'un plomb portant d'un côté les armes du lieu, et l'autre, ces mots: MANUFACTURE DE FLANDRE ESPAGNOLE. Vous conviendrez de ces précautions avec le Conseil de Bruxelles, en lui faisant connoître de quelle conséquence il est qu'elles soient établies. M. de Bergeyck pourra remarquer que nous apportons de notre part toutes les facilités qu'il peut souhaiter pour l'établissement d'un commerce réciproque, en favorisant même les marchandises dont l'introduction trop aisée peut être préjudiciable aux principales manufactures du royaume.

«A l'égard des tapisseries, le Conseil d'Espagne en propose cinq classes, qu'il distingue par la valeur et les prix à l'aune. Il faut observer sur cela : 1° qu'il n'y a que les tapisseries à personnages ou de verdures qui puissent être l'objet du commerce de la Flandre espagnole en cette matière, et qu'ainsi elles peuvent aisément être comprises en deux classes, savoir : tapisseries de haute ou basse lisse, tant vieille que neuve, mêlées de soie et rehaussées d'or ou d'argent; tapisseries de haute ou basse lisse, tant vieille que neuve, de pure laine ou mêlées de soie sans or ni argent. Si le Conseil d'Espagne trouvoit que le droit qu'il propose de 160 # du cent pesant ne fût pas trop fort pour des tapisseries de 24 # l'aune, bien loin que les droits de l'arrêt de 1691 dussent être modérés, il y auroit plutôt lieu de les augmenter, par la raison que, si des tapisseries de 24 # l'aune payoient 160 #, des tapisseries de 100 # et de 200 # l'aune, qui sont les prix des tapisseries ordinaires de Bruxelles ou d'Anvers, devroient payer par proportion 300 et 400 # au moins. Mais, sans entrer dans une nouvelle discussion sur cela, vous pourrez vous en tenir aux droits proposés par le Conseil d'Espagne, en comprenant toutes les différentes sortes de tapisseries à personnages et à verdure dans les deux classes ci-dessus marquées, dont les droits seront réglés, savoir : pour les tapisseries de la première classe, à 160 # le cent pesant; et pour les tapisseries de la seconde classe, à 100 #.

«Le tarif de 1667 et l'arrêt de 1691, qui sont les deux derniers titres portant règlement pour les droits d'entrée des tapisseries dont on demande la modération, ne contiennent que deux articles, qui sont mieux appliqués par ceux qui sont ci-dessus proposés.

«Sur les cuirs dorés, si la modération proposée de 30 à 20 # ne paroît pas suffisante au Conseil d'Espagne, celle qu'il demande est aussi trop forte. Le Roi trouve bon que l'on remette, à cet égard, les choses sur le pied du tarif de 1664, c'est-à-dire sur le pied de l'ancien droit, à 15 #, et le Conseil d'Espagne sera sans doute content de cette réduction.

«Pour ce qui est des dentelles, comme les graduations des différentes qualités de marchandises et les fixations de droits par rapport à la valeur ne sont point admises dans les tarifs de France, à cause des inconvénients, il vaut mieux faire la modération des droits plus grande et comprendre toutes les dentelles dans un même article. C'est le sentiment des marchands de Paris qui ont été consultés sur cela, et c'est aussi l'avantage des fabriques de la Flandre espagnole. En ce cas, leur principal objet étant des dentelles fines, leur intérêt particulier est que le commerce de ces dentelles fines se fasse aisément et ne soit point traversé par de trop grands droits. Les droits d'entrée des dentelles seront donc réglés sans distinction des qualités, en distinguant seulement celles qui n'iront que dans la Flandre françoise, de celles qui viendront dans le reste du royaume, suivant le sentiment des marchands, savoir :

«Pour les dentelles de fil blanc de toutes sortes, à l'entrée de la Flandre françoise, la livre pesant . . . . 18 #

Et pour celles qui viendront dans les cinq grosses fermes et dans le reste du royaume, la livre payera . . . . . 25 #

«Cette réduction est très considérable, puisque, de 50 #, les droits se trouveront modérés à 25 #, et elle est conforme à ce que le Conseil d'Espagne a proposé, et même un peu plus avantageuse, du moins pour ce qui ira dans la Flandre françoise, car le Conseil d'Espagne a proposé de réduire le droit à 20 ou 25 # pour quelque pays que ce soit.

«Voilà tout ce que j'ai à ajouter à ce que je vous ai mandé sur le premier mémoire.

«A l'égard du second mémoire, intitulé : *Addition au premier mémoire de M. le comte de Bergeyck*, il est vrai, comme je vous l'ai mandé, qu'on eût pu attendre que le premier eût été expédié avant que de répondre au second; mais, comme il est de l'intérêt de l'un et de l'autre pays que toutes ces affaires finissent le plus tôt qu'il sera possible, et que j'avois fait prendre des éclaircissements sur ces nouvelles propositions, j'ai rendu compte de tout au Roi en même temps, et voici les résolutions qui ont été prises sur ce second mémoire.

« Il contient trois chefs de demandes : le premier, concernant l'entrée en France des draps fins, des velours et étoffes de soie, des soies à coudre et à faire boutons, et des toiles. Ce seroit renouveler, comme vous avez fort bien remarqué sur cet article, la question qui a été tant agitée l'hiver dernier, dans le temps que M. de Grandval étoit à Bruxelles. On a fait assez connoître à M. de Bergeyck combien les règlements du royaume y étoient opposés, qu'il faudroit, pour cela, renverser les ordonnances les plus anciennes, et que nous ne demandons rien qui approche de cela au Conseil d'Espagne. L'entrée de ces marchandises en France n'est point prohibée; ainsi, elles pourront toujours venir en satisfaisant aux règlements auxquels on a même assujetti les manufactures des sujets du Roi.

« Par le second article de ce mémoire, qui paroit beaucoup plus important, le Conseil d'Espagne demande en faveur des marchands et des habitants de la Flandre espagnole un transit au travers du royaume, tant pour le transport des manufactures du pays en Espagne et en Italie, que pour les retours, avec toutes les précautions convenables. Quoique ce transit puisse être sujet à bien des inconvénients, nonobstant toutes les précautions proposées et celles qu'on pourra encore y ajouter, néanmoins le Roi veut bien, dans la conjoncture de la présente guerre, accorder cette facilité en faveur des sujets de la domination d'Espagne. S. M. a résolu qu'aussitôt que vous serez convenu avec le Conseil d'Espagne de tout ce qui fait la matière du premier mémoire, il sera rendu un arrêt pour permettre ce transit pendant un an, en payant seulement 2 1/2 p. o/o de la valeur des marchandises pour tous droits, tant pour les marchandises qui seront envoyées de la Flandre espagnole en Espagne et en Italie, que pour celles de retour, en prenant les précautions proposées. Vous ferez remarquer au Conseil de Bruxelles la bonté du Roi en cela, et que l'on ne s'arrête guère aux difficultés qui se pourroient faire sur une chose aussi étendue que le commerce qui se pourra faire au moyen de ce transit; que S. M. se porte très volontiers à ce qui peut faciliter ce commerce de la Flandre espagnole, et que, dans le temps que le Conseil d'Espagne vouloit établir un droit de 5 p. o/o sur les marchandises qui auroient été envoyées par transit de France à Liège et sur les retours, ce qui n'auroit fait qu'un très petit commerce en comparaison du transit général que le Conseil de Bruxelles demande, on ne propose de notre part qu'un droit de 2 1/2 p. o/o pour un commerce infiniment plus considérable.

« Quant au troisième chef du second mémoire, par lequel le Conseil de Bruxelles demande l'exemption du droit de fret, le Roi ne peut l'accorder, à cause des conséquences et par plusieurs autres raisons qu'il seroit trop long d'expliquer ici. Le transit que le Roi accorde pour les envois et les retours mettra les négociants de la Flandre espagnole en état de faire un commerce très étendu, et suppléera suffisamment à la grâce que le Conseil de Bruxelles demande par cet article.

« J'attendrai votre réponse sur tous ces articles pour faire expédier les arrêts et les ordres qu'il conviendra, autres que l'arrêt pour le sel, que je joins ici, parce que vous m'avez marqué que cela pressoit plus que le reste. Les choses paroissent assez avancées pour espérer qu'elles finiront bientôt; je crois que le Conseil de Bruxelles sera content des facilités que nous apportons de notre part, et qu'il y répondra de la sienne de manière que cette affaire sera incessamment terminée.

« Je joins encore ici un mémoire des Magistrats des villes et châtellenies de la Flandre françoise, par lequel ils se plaignent des droits excessifs qui se lèvent sur les grains, fourrages, bestiaux et autres denrées de leur cru aux entrées de la Flandre espagnole, et en demandent la modération. Vous prendrez, s'il vous plaît, la peine d'examiner ce mémoire et de voir avec le Conseil de Bruxelles ce qui se peut faire pour faciliter le commerce de ces denrées; et, en cas qu'il y ait quelque droit nouvellement établi, vous en demanderez la suppression et tâcherez de l'obtenir, si vous trouvez qu'il convienne aux intérêts de la Flandre françoise de favoriser la sortie et le transport de ces denrées.

« Le commerce de la librairie demande aussi quelque attention. Il n'y a point de droits établis aux entrées de la France sur les livres reliés et non reliés qui y viennent des pays étrangers. Prenez, je vous prie, la peine d'examiner sur quel pied les choses sont à cet égard du côté de la Flandre espagnole, et tâchez de faire convenir le Conseil de Bruxelles d'un traitement d'égalité, en cas qu'il y ait de la différence, et d'obtenir en faveur des gens de lettres qu'il ne sera payé aucun droit sur les livres qui y seront envoyés de France, ou du moins que les droits seront considérablement modérés*. »

* Au texte de cette lettre se trouvent jointes les copies d'une lettre de M. de Bergeyck (29 mai) et d'un mémoire sur les avantages du commerce avec la Hollande, d'une autre lettre de M. de Bergeyck (19 juillet), du rapport de M. de Bagnols (21 juillet), du mémoire fait en conséquence par les députés du commerce, d'une réplique de M. de Bagnols (22 septembre), d'une lettre flamande d'Anvers (30 septembre), d'une lettre écrite au Roi par l'abbé Bidal, résident à Hambourg (21 octobre), d'un mémoire des députés du commerce (rédigé par M. Piécourt, 14 novembre), d'un résumé de M. Bernard, et d'un mémoire analytique à présenter au Roi.

(Arch. nationales, Papiers du Conseil du commerce, F¹² 646.)

XI. Page 145, après le n° 503, placez cette lettre :

M. d'Orsay, prévôt des marchands de Paris, au Contrôleur général.

19 Juillet 1703.

Mémoire sur les cinquanteniers et dizeniers de la ville de Paris et sur la vente des offices créés par l'édit de mai 1690.

XII. Page 150, n° 519, en tête de la note, ajoutez :

* M. de Harlay écrit, le 7 décembre suivant : «Je suis persuadé que tous ceux qui se trouvent intéressés dans l'affaire que l'on vous propose et dont vous m'avez fait l'honneur de m'écrire, ont la même intention pour le service; mais je ne puis m'empêcher de croire que, si l'on y comprend MM. les présidents des requêtes du Palais, il y en aura au moins quatre, entre les quatorze, qui ne seroient pas en état de trouver 100,000 # dans un temps où l'argent seroit moins rare que vous savez bien qu'il ne l'est à cette heure; et il paroîtra sûrement très fâcheux et peu conforme aux règles de la justice de déposséder des gens d'honneur des charges qu'ils exercent depuis longtemps, par la seule raison qu'ils sont dans l'impuissance effective de payer une somme aussi considérable que celle de 100,000 # que l'on leur demandera pour 4,000 # de gages, qu'ils peuvent avoir sur le Roi pour 56,000 #, et que leurs biens et l'état de leurs familles pourroient ne leur permettre pas de donner par-dessus la somme pour laquelle ils ont déjà acheté la même charge; et je ne puis m'empêcher de vous représenter que cet endroit mérite beaucoup de réflexion avec toute votre bonté et justice ordinaires, et plus encore à l'égard des présidents aux requêtes, dont deux sûrement sont peu accommodés, et qui n'ont tous que leur part dans les bourses des chambres, qui sont fort diminuées. Je ne croirois pas aussi que l'on doive marquer que le changement que l'on propose fût pour tenir lieu des augmentations de gages que l'on n'a pas prises, plusieurs y ayant très bien servi, et tous porté bonne volonté, et le défaut principal n'étant pas venu de leur part. Je crois encore que la lettre que je dois recevoir pour l'exécution de l'ordre du 29 août dernier, afin d'avoir les noms, ou au moins les sommes qui manquent, doit précéder toutes autres choses.»

XIII. Page 169, après le n° 571, ajoutez en note :

M. de Bernières, intendant en Hainaut, avait écrit le 20 janvier 1704 : «J'ai reçu, avec la lettre que vous m'avez fait l'honneur de m'écrire le 30 du mois passé, le mémoire ci-joint, par lequel on propose de tirer des secours des Magistrats de Flandre, soit en les érigeant en titre d'office, ou en leur demandant un prêt, comme il s'est pratiqué du temps des rois d'Espagne. Ce projet ne peut avoir lieu dans les villes du Hainaut qui sont de mon département, où il ne se trouve rien de pareil à ce qu'on établit pour fondement de ce mémoire. Les Magistrats n'y sont point juges d'aucunes affaires civiles ni criminelles, et ils n'y jouissent d'aucunes rétributions ni droits de présence; ils ont seulement la peine d'administrer les biens et revenus des octrois, très peu considérables, qui ne sont pas suffisants aux charges, et sur lesquels ils n'ont point de revenant-bon. L'unique connoissance qu'ils aient dans quelques-unes de ces villes (car ce n'est pas dans toutes), c'est de ce qu'ils appellent *deshéritance* ou *adhéritance;* c'est-à-dire que c'est eux qui font les mutations d'héritages en rotures, et qui en transfèrent la propriété. Mais ils ont une grande charge, qui est de régir les biens des pupilles et orphelins, d'être chargés des remplacements des deniers, et d'en être responsables : ce qui est si onéreux, que plusieurs personnes, tant dans les villes que dans les villages où la même chose se pratique, ne veulent point être échevins, et qu'on oblige fort souvent un chacun de l'être à son tour. De plus, le Roi a créé, dans les villes du Hainaut, des mayeurs, lieutenants-mayeurs, assesseurs, procureurs-syndics et greffiers des hôtels des villes, ce qui n'est peut-être pas dans celles de Flandre. Il n'y auroit, au plus, à créer que des échevins : ce qui ne paroît pas convenable par une infinité de bonnes raisons, outre que je doute fort que ces charges fussent achetées à moins d'y mettre des conditions bien avantageuses. Cependant ce parti seroit encore plus tolérable que de faire payer un prêt à ces échevins, qui certainement abandonneroient, puisqu'on a déjà beaucoup de peine à en trouver, et on n'y pourroit pas comprendre les mayeurs et autres pourvus en titre d'office, qui ont acheté leurs charges et ont encore payé depuis peu des suppléments de finance.»

XIV. Page 173, après le n° 588, placez cette lettre :

M. d'Orsay, *prévôt des marchands de Paris, au* Contrôleur général.

25 Mars et 6 Avril 1704.

Il envoie l'état des dettes des communautés d'officiers marchands de Paris.

XV. Page 180, ajoutez à la suite de la note du n° 602 :

M. Lebret fils envoie, le 30 juin 1706, un mémoire pour justifier que les affaires du commerce de Marseille ont toujours été dirigées par l'intendant de Provence, sans commission spéciale.

XVI. Même page 180, après le n° 604, placez cette lettre :

M. de Bernières, *intendant en Hainaut,*
au Contrôleur général.

27 Avril 1704.

«Jusques à présent les charges locales ont été régulièrement acquittées, en cette province, par le receveur général du domaine; mais, ayant été obligé, sur la fin de l'année dernière, de faire prendre dans les caisses des domaines environ 25,000 # pour soutenir le service et payer les troupes, en suite de la permission que vous m'en aviez donnée, le receveur général se sert de ce prétexte pour ne point acquitter les charges ordinaires. quoiqu'il ait été envoyé des lettres de change sur M. de Pléneuf et que les fermiers des domaines aient, de cette manière, remplacé à la recette générale ce qui pouvoit avoir été détourné des fonds. Il y a deux mois que je diffère de vous importuner sur cela, quoique je sois tourmenté par une infinité de gens qui n'ont presque pour subsister que ce que le Roi leur donne, comme sont les curés, vicaires et prêtres de Charlemont, Philippeville et Marienbourg, et notamment les dames chanoinesses de Maubeuge, auxquelles le Roi paye tous les ans 7,500 # pour dédommagement de ce qui est entré dans les fortifications de cette ville : ce qui fait leur revenu le plus clair et le plus liquide.»

XVII. Page 194, n° 643, ajoutez à la suite de la note :

M. de Bernières, intendant en Hainaut, écrit, le 22 décembre 1704, que le taux de réception des louis d'or et des écus dans les Monnoies devrait être augmenté proportionnellement au cours dont ces espèces jouissent de l'autre côté des frontières des Flandres et de Liège. Au dos, de la main de M. Desmaretz : «Écrire à M. de Bagnols ou à M. de Bergeyck pour augmenter les espèces jusqu'à 14 ᵗᵗ.»

XVIII. Page 221, après le n° 722, placez cette lettre :

M. DE *BERNIÈRES, intendant en Hainaut, au* CONTRÔLEUR *GÉNÉRAL.*

24 Décembre 1704, 22 Janvier, 13 Février, 20 Juin, 27 Septembre et 1er Octobre 1705.

Rapports sur plusieurs saisies de marchandises de contrebande faites par des partisans ou par des détachements de compagnies franches, et sur le partage du produit des ventes.

XIX. Page 230, n° 745, ajoutez en tête de la note :

Voir la lettre de M. de Fusselet, en date du 18 janvier.

XX. Page 233, n° 753, ajoutez à la suite de la note :

Selon une lettre de M. Quégain (avril 1705), celui-ci fut admis à tirer la loi le 21 de ce mois et reçu le 28, mais avec des réserves spécifiées dans le texte de l'arrêt de réception.

XXI. Page 244, n° 784, ajoutez à la suite de la note :

M. Bouchu annonce, le 4 mai 1706, que le travail de la revision est terminé, et il demande à en entretenir le contrôleur général dans une audience de matinée. Le contrôleur général répond, de sa propre main, en marge de la lettre : «S'il veut se rendre à l'Étang vendredi, 7 de ce mois, entre huit et neuf, qu'il demande d'entrer dans la galerie et qu'il me fasse avertir; je lui épargnerai la peine de monter à mon appartement.»

XXII. Page 270, après le n° 865, placez cette lettre :

M. DE *BERNIÈRES, intendant en Hainaut,*
AU CONTRÔLEUR *GÉNÉRAL.*

14 Août 1705.

Il demande l'autorisation de faire punir d'une façon exemplaire un neveu du prévôt de Landrecies, coupable d'avoir maltraité et bâtonné le receveur de la capitation, à propos d'une exécution qui se faisait chez un bourgeois de la ville, et il se plaint en même temps des discours tenus par la famille de ce particulier*.

* En marge, de la main du contrôleur général : «Trois mois de prison et une mercuriale à la famille.»

XXIII. Page 373, après le n° 1161, placez cette lettre :

M. PINON, *intendant en Bourgogne,*
AU CONTRÔLEUR *GÉNÉRAL.*

16 Décembre 1706 et 7 Février 1707.

«..... Dans la ville de Dijon et dans quelques autres de la province, le droit de rouage est ancien et passe pour patrimonial, par l'espace considérable de temps qu'il y a qu'il se lève et la destination des émoluments qui en proviennent, qui sont employés pour l'entretien du pavé; mais, dans la ville de Chalon, c'est un droit d'octroi seulement, faisant partie de ceux établis en cette ville-là en l'année 1698, en vertu d'arrêt du Conseil, pendant certain nombre d'années, pour subvenir au payement des finances de différentes réunions faites à la communauté... Suivant les baux qui ont été faits de ces sortes d'octrois, les privilégiés et non privilégiés y ont été assujettis, et ce droit de rouage, qui ne se lève point sur la denrée, mais sur la voiture, a été payé sans difficulté et se paye journellement, en cette ville, sur celles chargées des bois provenant des forêts de S. M., comme sur les voitures qui conduisent d'autres denrées.»

LETTRES DU CONTRÔLEUR GÉNÉRAL ET DE M. DESMARETZ

TIRÉES DU PREMIER REGISTRE DE LEUR CORRESPONDANCE.

(Bibliothèque nationale, ms. français 7939, anc. supp. fr. 3495.)

Le Contrôleur général aux Intendants et Commissaires départis.

5 Octobre 1703.

«Le Roi ayant été obligé de faire plusieurs affaires extraordinaires, volontaires et forcées, pour les dépenses de la guerre, S. M. a préféré celles qui ont paru moins à charge à ses peuples. Cependant, par l'examen que j'en ai fait, j'ai connu que les recouvrements sont fort retardés, et les traitants généraux m'ont représenté qu'ils étoient dans des avances considérables de leurs deniers et par emprunts. J'en ai rendu compte au Roi, qui veut être informé de l'état présent de toutes ces affaires extraordinaires faites depuis l'année 1699 jusqu'à présent.

«Pour y parvenir, je vous prie de mander les traitants, sous-traitants et commis qui en sont chargés dans votre département, de leur faire rendre un compte exact et certifié d'eux de la recette et dépense de chaque traité, et ce qui en reste dû, article par article; sur lesquels vous dresserez des états, que vous m'enverrez.

«Distinguez, s'il vous plaît, les affaires finies de celles qui ne le sont pas, les raisons qui ont retardé jusqu'à présent ces recouvrements, ou qui les ont fait tomber entièrement. Proposez les moyens que vous croirez les plus prompts et les plus sûrs pour y remédier. Voyez en général ce que l'on peut tirer de chaque recouvrement dans votre généralité, par rapport au traité général qu'il faut remplir, et, sur ce qui a été reçu et ce qui en reste dû, proposez les modérations que vous croirez nécessaires sur les taxes et les déclarations et arrêts pour la vente des offices.

«Enfin, tâchez, par vos soins, de finir entièrement les affaires dont il ne reste dû que très peu de chose, pour en effacer le nom de l'esprit des peuples et faire cesser les frais, et prenez des mesures justes et certaines pour finir toutes les autres incessamment, et dans le courant de l'année prochaine au plus tard, avec les ménagements nécessaires pour conserver les intérêts du Roi et soulager les peuples.»

Le Contrôleur général à M. de Nointel, intendant en Bretagne.

10 Novembre 1703.

«L'intention du Roi est toujours que les États de Bretagne se servent des moyens expliqués dans l'instruction envoyée aux commissaires de S. M. pour trouver les fonds nécessaires pour les dépenses de la province jusqu'à l'assemblée de 1705, qui consistent dans le renouvellement du bail des devoirs pour les années 1706 et 1707, dont on peut espérer de tirer 4,400,000^{tt}, dans le doublement des fouages, qui montera, avec l'ancienne imposition, à 856,000^{tt}, et dans un emprunt de 1,600,000^{tt} que la province fera par constitution. Et, comme la seule principale difficulté qui paroît à l'exécution de ce projet vient du refus que font les anciens fermiers de reprendre la ferme des devoirs pour les années 1706 et 1707, vous pourriez parler aux anciens sous-fermiers, et les engager en particulier de faire des offres par départements séparés. La province pourroit, en prenant des cautions et ses sûretés, trouver par cet expédient le moyen d'assurer ses fermes pour les années 1706 et 1707. Que si l'absence des sous-fermiers, ou la difficulté de trouver avec eux les sûretés nécessaires, vous empêche de faire usage de cette proposition, vous reviendrez aux anciens fermiers, que je ne fais point de doute que vous n'engagiez à rentrer encore dans les fermes pour un prix fort approchant du projet; mais, si vous trouvez en eux une telle résistance qu'elle vous fasse craindre de ne pouvoir assurer les fonds de la province, vous leur expliquerez la situation des affaires, et vous leur ferez entendre que S. M. se portera, quoiqu'avec regret, à reculer leur remboursement sur les années 1706 et 1707 et à leur subroger, pour la ferme des années 1704 et 1705, des compagnies qui feront les fonds et les avances nécessaires, pour en être remboursés par préférence à eux. J'écris au sieur Éberard, que je crois présentement à Vannes, et j'espère que lui et sa compagnie prendront sur cela des résolutions convenables, et préviendront les ordres que S. M. seroit obligée de donner pour faire exécuter ce dernier projet*.»

* Le même jour, il écrit au sieur Éberard : «J'ai reçu votre lettre du 2 de ce mois. Quelque mauvaise que soit votre santé, je ne puis croire qu'elle vous mette entièrement hors d'état de reprendre avec votre compagnie la ferme des devoirs. Il est de la dernière conséquence pour vous de ne point abandonner les fermes dans la situation présente des affaires de la province. Ne différez donc point de vous rendre à Vannes, et prévenez, de concert avec M. de Nointel, les résolutions que le Roi seroit obligé de prendre pour assurer les fonds de la province; et, en rentrant dans les fermes, soyez sûr de la protection nécessaire pour les faire valoir dans les règles et suivant l'ordre établi dans la province.»

Le 21 du même mois, il écrit à M. de Nointel que, si les fermiers ne veulent porter le bail à 4,200,000^{tt}, on menacera de les poursuivre pour la requête imprimée qu'ils ont répandue dans le public, et qui est une espèce de libelle.

Le Contrôleur général
à M. Bouchu, intendant en Dauphiné.

25 Novembre 1703.

Ordre de mettre les intéressés à la fourniture des poudres en possession des moulins à poudre et raffineries de salpêtre qui se trouvent en Savoie.

Le Contrôleur général
à M. de Saint-Contest, intendant à Metz.

3 Décembre 1703.

«Je vous envoie un mémoire concernant les juifs de Metz et d'Alsace dont on propose de tirer quelque secours extraordinaire pour les besoins de la guerre. Vous êtes informé des raisons qui ont déterminé le Roi à les excepter de toutes les charges de l'État; prenez la peine d'examiner ce mémoire et l'ouverture qu'on propose pour les porter à offrir volontairement une contribution pour les dépenses de la guerre, et s'il y a lieu de recevoir ce qu'ils pourroient payer sans aller trop ouvertement contre le principe sur lequel on agit par rapport à eux.»

Mémoire.

«Il est certain que l'Empereur, les princes, les républiques d'Allemagne et les Hollandois lèvent des sommes très considérables sur les juifs qui demeurent dans leurs souverainetés, étant toujours taxés les premiers pour les frais de la guerre contre le Roi.

«Il semble que S. M. peut avec justice recevoir aussi quelque secours des juifs qui résident dans les provinces de Metz et d'Alsace, d'autant mieux qu'elle n'en a tiré aucune chose durant les guerres dernières ni pendant la présente, tandis que lesdits juifs sont exempts de toutes charges publiques, même de contribuer à la milice, et qu'ils amassent des sommes considérables par le commerce et le trafic qu'ils font pour les armées. On assure S. M. qu'elle peut présentement tirer desdits juifs du moins 200,000#, et, pour les engager d'en faire eux-mêmes les offres, l'on propose le projet d'une ordonnance à la vue de laquelle ils offriront plus que ladite somme, afin d'en obtenir la révocation. La permission qui a été accordée aux juifs de s'établir dans la ville de Metz et pays Messin n'a été que pour soixante familles; il y en a présentement plus de mille. Il n'y a rien qu'ils ne fassent pour éviter d'en fournir le dénombrement.»

Projet de l'ordonnance du Roi concernant les juifs.

«De par le Roi.

«S. M. ayant reçu plusieurs plaintes de ce que les juifs établis dans la ville de Metz et pays Messin et dans la province d'Alsace ne donnent aucune connoissance de leur naissance, de leur mariage ni de leur mort, quoique S. M. ait ordonné à tous ses sujets d'en faire registrer les actes dans les bureaux à ce destinés, et que les juifs des pays étrangers viennent faire leur demeure dans lesdites provinces, et qu'ils se retirent hors du royaume sans aucune permission, et voulant apporter un remède convenable à ces abus, S. M. a ordonné et ordonne que tous les juifs desdites provinces donneront et déposeront incessamment entre les mains du porteur du présent ordre un rôle de leurs familles qui y sont résidantes, avec des états de leurs naissances, mariages et sépultures depuis dix ans, lesquels états ils continueront de fournir de l'avenir tous les six mois. Veut S. M. que les juifs qui viendront du dehors du royaume faire leur résidence dans les provinces, et que ceux qui voudront en sortir soient tenus d'en faire leur déclaration dans un bureau qui sera pour ce établi. Le tout à peine de désobéissance, dont la communauté demeurera responsable.»

M. Desmaretz, directeur des finances,
à M. de Bernage, intendant en Franche-Comté.

26 Décembre 1703.

«M. Chamillart m'a renvoyé la lettre que vous lui avez écrite le 9 de ce mois, par laquelle vous estimez que le produit des droits attribués par la déclaration du 27 du mois passé sur les eaux-de-vie à la fabrication ne pourra monter, dans votre département, à guère plus de 900# par an. Sur quoi, je vous dirai qu'il me paroît que la régie de ces droits seroit fort à charge aux traitants et aux fabricants, et que, si c'étoit votre avis d'en proposer la suppression dans le comté de Bourgogne, en imposant une somme pour tenir lieu de la finance des offices créés par l'édit du mois de février dernier, je ne doute pas que M. Chamillart ne fît agréer au Roi la proposition que vous ferez.

«Vous avez aussi proposé à M. Chamillart de décharger à l'avenir votre département de l'exécution des édits que le Roi pourra rendre dans la suite de la présente guerre, en payant une double subvention, ainsi qu'il se pratique dans la Flandre et l'Artois : sur quoi il vous a mandé d'examiner ce que le Roi a pu tirer, année commune, de secours extraordinaires de votre département pour contribuer aux besoins de l'État, et d'en faire une comparaison avec l'offre que vous avez faite, pour connoître ce qui sera plus avantageux à S. M. Si vous avez agréable de m'envoyer vos mémoires sur cela, j'en ferai mon rapport à M. Chamillart, afin qu'il puisse prendre une prompte résolution sur cette proposition, laquelle ne peut être que fort utile au pays.»

Le Contrôleur général
à MM. de Bagnols, Barentin et de Bernières,
intendants dans les Flandres et en Hainaut.

30 Décembre 1703.

Il soumet aux intendants un projet pour ériger en titre d'offices les Magistrats de Flandres, d'Artois et de Hainaut, ou plutôt pour leur demander un prêt.

Mémoire.

«Si le Roi a résolu cette création, il n'y a point de province où il y en ait tant à créer que dans les Pays conquis, parce qu'il y a une grande quantité de bonnes villes et que les habitants des petites villes et bourgs en achèteroient les charges, parce qu'outre l'administration des biens, revenus et octrois des villes, les Magistrats connoissent de la police et, en première instance, des affaires civiles et criminelles, et jouissent de rétributions et exemptions.

«On observe que ces charges ne se vendront point présentement ce qu'elles valent, parce que les chefs de ces Magistrats se sont attribué à eux seuls les droits de présence aux assemblées particulières, qui se distribuoient autrefois à tous les Magistrats; que le Roi a intérêt de ne point créer en titre d'office les commissions de ceux qui accordent les Dons gratuits, parce qu'au lieu que les Magistrats électifs cherchent à faire leur cour en augmentant les secours suivant les besoins, dans l'espérance d'être maintenus ou rappelés à la magistrature à la première occasion, les titulaires y apporteront des difficultés dans la vue de leurs intérêts particuliers. Ainsi, S. M. recevra plus de dommage que d'utilité dans une création présente.

«Quand les rois d'Espagne ont eu besoin de secours extraordinaires, il les ont demandés aux Magistrats par forme de prêt, avec assurance de les conserver dans leurs emplois jusqu'au remboursement des prêts: ce qui a été exécuté. Le Roi ayant témoigné, en plusieurs occasions, vouloir suivre les usages des rois d'Espagne, on peut demander à chacun des Magistrats un prêt, à la même condition d'être maintenus jusqu'à leur remboursement; ils y satisferont volontiers.

«S. M. tirera un aussi grand secours de ce prêt que de la vente des charges.

«Pour le rendre prompt, on pourroit ordonner que ceux qui n'y auront point satisfait dans le temps limité seront déchus de leurs emplois, et que les premiers qui feront leurs offres y seront substitués.

«Si, dans la suite, il plaît au Roi de rétablir les droits de présence en faveur de tous les Magistrats, et ordonner qu'ils seront admis aux assemblées suivant l'ancien usage, S. M. pourra leur faire faire un second prêt, qu'ils feront volontiers, plus fort que le premier, et la reconnoissance qu'ils en auront les portera à faire augmenter les Dons gratuits et veiller à ce que les revenus des villes soient employés utilement.

«Ces prêts pourront être remboursés en continuant à la paix le fonds des octrois accordés pendant la guerre pour une année ou deux, et on pourra se servir du même moyen dans les besoins à venir.»

Le Contrôleur général
aux Intendants de diverses généralités.

25 Janvier 1704.

«Le Roi s'étoit proposé de tirer un secours considérable de la création des offices d'essayeurs d'eau-de-vie, auxquels il est attribué 40 sols par barrique lors de la fabrication et avant l'enlèvement; mais, les députés du commerce ayant remontré à S. M. que l'établissement de ce nouveau droit seroit très préjudiciable au commerce des eaux-de-vie, et particulièrement pour celles qui se transportent dans les pays étrangers, ils en ont demandé la suppression, et, afin que S. M. ne soit pas privée de la finance qui seroit provenue de la vente de ces offices, ils ont fait connoître qu'il seroit moins à charge d'en faire faire l'imposition sur les provinces. S. M. a bien voulu entrer dans ces considérations et supprimer ce nouveau droit, à condition de faire une imposition générale, dont elle a fixé la portion de votre généralité à la somme de..... et les 2 sols pour livre.

«Cette somme est très modique, mais c'est à cause qu'on est informé qu'il ne se consomme pas beaucoup d'eau-de-vie dans votre département, et qu'il ne s'y en fabrique presque point. Vous pourrez vous conformer pour cette imposition à ce qui s'est pratiqué pour l'abonnement du banvin dans plusieurs provinces du royaume, et entre autres en Provence, dont je vous envoie l'arrêt qui a été rendu pour cette province, sur lequel vous dresserez le projet de celui que vous jugerez convenable pour votre généralité, que vous m'enverrez incessamment.

«Il est nécessaire que cette somme soit payée moitié dans la présente année, et l'autre moitié dans l'année prochaine, 1705, afin de mettre le traitant en état de faire ses payements au Trésor royal.»

Pour les intendants de Rouen, Caen et Alençon :

«Cette somme est très modique, par rapport aux eaux-de-vie de cidre qui s'y fabriquent et à la consommation des autres eaux-de-vie, qui auroient été enchéries si le droit eût subsisté. Vous m'enverrez sur cela votre avis, dont je rendrai compte à S. M.»

M. Desmaretz, directeur des finances,
à M. de Bagnols, intendant en Flandre.

3 Février 1704.

«Les sieurs de la Cour et Gallois ont ci-devant proposé au Conseil la création de deux présidiaux ou Conseils provinciaux à Lille et à Valenciennes, à quoi on auroit trouvé que la double aide qui se paye dans votre département depuis la guerre pouvoit être contraire : ce qui les avoit déterminés de proposer seulement un règlement entre le Parlement de Tournay et les différentes jurisdictions subalternes de la Flandre et du Hainaut qui en relèvent, et fait connoître qu'en procurant un secours au Roi, tous les juges subalternes se trouveroient heureux d'être maintenus dans leurs jurisdictions. Ils m'assurent que, sur ce que vous avez mandé au sieur de la Cour qu'il pouvoit à présent suivre son premier dessein touchant l'établissement des deux présidiaux, ils vous ont envoyé depuis quelques jours le projet du règlement qu'ils ont proposé, et qu'ils attendent votre résolution sur l'une ou sur l'autre affaire pour les déterminer à suivre celle que vous estimerez qui conviendra mieux aux intérêts du Roi et à la situation du pays. Ils m'ont même remis un projet d'édit que je crois qu'il est très à propos que vous voyiez, afin que vous examiniez ce qu'il en faut retrancher, si vous approuvez ce qu'il contient; ou, s'il est nécessaire en ce cas d'y ajouter quelque disposition qui convienne à cet établissement, vous le ferez, s'il vous plaît, et, si vous voulez ensuite envoyer vos mémoires et votre avis à M. Chamillart ou à moi, je vous informerai de ce qui sera résolu.

«Je dois vous observer que, la proposition de supprimer la gouvernance de Douay et le bailliage de Bouchain pour unir le tout en un bailliage royal à Douay pouvant (*sic*) avoir quelque relation à cette vue des sieurs la Cour et Gallois, et ne doute point que vous ne proposiez ce qui convient pour le tout.»

M. Desmaretz, directeur des finances,
à M. Lebret fils, intendant en Béarn.

9 Avril 1704.

«Comme je suis chargé de l'exécution de l'édit du mois d'août 1703 touchant la nouvelle création des charges de l'artillerie, M. Chamillart m'a remis la lettre que vous lui avez écrite le 10 de mars et la soumission que le sieur d'Ercheto a faite pour l'office de garde-magasin à Saint-Jean-Pied-de-Port, qu'il demande pour son fils. Le traitant ne peut faire expédier des provisions en sa faveur qu'il n'ait obtenu pour lui l'agrément de M. le duc du Maine, comme grand maître de l'artillerie, ni ne peut l'obtenir que vous ne rendiez un témoignage avantageux du sieur d'Ercheto; car, quoique ces charges paroissent d'abord peu importantes, cependant il faut prendre garde à ne les mettre qu'entre les mains d'anciens catholiques, dont la fidélité soit connue. D'un autre côté, le traitant a établi dans son bureau une règle qui a été observée jusqu'à présent : c'est de ne point faire expédier de quittance de finance que l'acquéreur ne lui ait remis en cette ville la moitié du prix de la charge, et que, pour l'autre moitié, il ne lui ait fourni une obligation en faveur d'Adrien Réveillon, bourgeois de Paris, payable dans six mois, avec les intérêts au denier vingt et une hypothèque spéciale sur la charge. Il est certain que l'acquéreur n'a pas sujet de se plaindre : en effet, il jouira de ses appointements et de ses gages au denier dix, sans payer de 2 sols pour livre; et d'ailleurs il est du droit commun que celui qui achète une chose qui porte fruit ou revenu en laisse jouir le vendeur à proportion de ce qui lui est dû du prix dont ils sont convenus entre eux, ou que l'intérêt lui en soit payé suivant l'ordonnance. Je vous prie de me faire promptement réponse, et de songer à la vente des autres charges de l'artillerie dont vous avez déjà reçu l'état. Il suffira que les soumissions qui vous seront remises soient faites sous seing privé; mais il faudra que ceux qui les feront se conforment au modèle que je vous envoie *.»

* Le 24 avril suivant, une circulaire est adressée aux intendants, pour leur donner connaissance des procédés du traitant et leur demander les informations nécessaires sur les personnes qui se présentent comme acquéreurs.

M. Desmaretz, directeur des finances,
à M. d'Herbigny, intendant à Rouen.

16 Avril 1704.

«Le sieur Boucher m'a dit qu'il avoit proposé au Conseil, dès l'année 1692, de créer en titre d'office des voituriers par eau de Rouen à Paris, et qu'il vous a envoyé depuis quelque temps un projet d'édit et de tarif et quelques autres mémoires touchant cette affaire. Il m'a même assuré que vous ne vous éloignez point de cet établissement. Si vous estimez qu'il puisse se faire avec quelque utilité pour le Roi et pour le public, je vous prie de m'envoyer votre avis sur les mémoires que le sieur Boucher vous a fait remettre, et je ne doute point qu'il ne soit suivi. Il me paroît d'ailleurs bien juste que le sieur Boucher profite d'une affaire qu'il a mise en état dès l'année 1692.»

M. Desmaretz, directeur des finances,
à M. d'Herbigny, intendant à Rouen.

20 Avril 1704.

«Lorsque le Roi a rendu l'édit du mois de février dernier portant création des offices d'auneurs et de courtiers-commissionnaires de draps à la halle aux draps de Paris, on s'est approché le plus qu'il est possible de l'usage établi à la halle aux draps pour les droits qui doivent tenir lieu de salaires à ces officiers et de l'intérêt de la finance qu'on en a offerte à S. M. La pièce de drap fin des manufactures d'Elbeuf, Darnetal et autres a été fixée à 15 sols pour le droit d'aunage, et les droits de courtiers-commissionnaires à 2 sols p. o/o du prix de la vente, lesquels se payent par les fabricants et autres marchands forains aux courtiers-commissionnaires, pour le soin qu'ils prennent de vendre leurs marchandises; le tout suivant l'usage établi. Je vous dirai même que, jusqu'à présent, il n'est revenu aucune plainte au Conseil sur l'augmentation des droits. La proposition que font les marchands de Paris ne tend point à les diminuer. Ils demandent d'être subrogés aux traitants, et le Conseil se trouveroit assez disposé à leur donner cette satisfaction, comme je vous l'ai déjà écrit, sans les inconvénients que les marchands fabricants ont représentés qu'il y avoit de les remettre en possession d'un droit dont ils prétendent qu'ils ont abusé jusqu'à présent, et que des officiers seroient plus en état de rendre justice aux marchands forains sur l'aunage et la commission pour la vente de leurs étoffes, d'ailleurs les marchands de Paris assurant que ce sont des particuliers que les traitants ont fait parler pour leurs intérêts. J'ai été chargé d'écrire à MM. les intendants des provinces où il y a des manufactures.»

Le Contrôleur général
à M. de Bernage, intendant en Franche-Comté.

8 Mai 1704.

«Dans le temps que j'ai reçu votre lettre du 2 de ce mois, j'ai aussi reçu les remontrances des officiers du Parlement de Besançon contre la proposition de joindre la connoissance des matières d'une chambre des requêtes du Palais à celle des eaux et forêts qui vient d'être créée. Le Roi a été surpris de voir les officiers de ce Parlement aussi éloignés de leurs véritables intérêts. Ils n'ont pas lieu de croire que S. M. laisse subsister longtemps l'usage dans lequel est ce Parlement de juger en première instance et en dernier ressort les causes des privilégiés : ce qui n'est ni conforme à ce qui se pratique dans les autres Parlements, ni convenable au bien de la justice. S. M. pouvoit prendre sur-le-champ la résolution de faire l'établissement qui a été proposé, et dont plusieurs des anciens officiers ne s'étoient pas éloignés; mais elle a bien voulu, avant de se déterminer entièrement, que vous leur fassiez connoître que, S. M. ayant en vue d'établir dans le Parlement de Besançon le même ordre pour la justice à rendre aux privilégiés que dans le reste du royaume, ils ont grand intérêt, pour éviter la multiplication des officiers, de profiter de la conjoncture qui se présente, et d'unir dans une même chambre la juridiction des eaux et forêts et celle des causes des privilégiés en première instance. Je ne doute point, après que vous leur aurez fait connoître les intentions de S. M., qu'ils n'acceptent la proposition que vous leur avez faite, et j'attends, avec votre réponse, tous les projets pour l'exécution.»

Le Contrôleur général aux Intendants.

12 Juillet 1704.

«Je vous envoie des imprimés d'un édit qui établit une loterie royale. C'est avec un avantage si considérable pour ceux qui y mettront, que le Roi est persuadé qu'elle se remplira diligemment. Le succès, dans votre généralité, dépend principalement de l'attention que vous y donnerez, et, pour éviter à ceux qui y voudront mettre l'embarras d'envoyer leur argent à Paris, il est nécessaire que vous chargiez le receveur de l'annuel établi où vous êtes de faire la recette de ladite loterie. Il tiendra un registre, dont vous parapherez chaque page, et les coterez par première et dernière, pour y enregister les noms et devises de ceux qui leur remettront leur argent; même leur délivrera, s'ils le désirent, ses récépissés portant promesse de leur fournir des billets de la loterie royale. Ce receveur enverra au sieur de Barmond, un des préposés pour la distribution des billets, un état, certifié de lui, des noms et devises qui lui auront été donnés, avec la promesse de payer la valeur des billets qu'il demandera, et je donnerai les ordres nécessaires pour lui faire remettre les billets incessamment. Les receveurs des billets, dans chaque ville de votre généralité, peuvent faire une pareille recette, et envoyer ce qu'ils recevront, avec un mémoire des noms et devises qui leur seront donnés, au receveur de l'annuel, qui aura soin de leur faire venir les billets qu'ils demanderont *.»

* Par une lettre particulière du 18, les intendants de marine furent avisés que, dans les ports de mer, l'argent devait être reçu par les commis des trésoriers, et envoyé à Paris en lettres de change.

M. Desmaretz, directeur des finances, à M. de Harouys, intendant en Champagne.

29 Juillet 1704.

«Le sieur Gallois, receveur général des finances de Champagne, m'a mis entre les mains un état, certifié de lui, par lequel il paroît qu'il lui est dû, jusqu'à ce jour, la somme de 415,000 ᵗᵗ, par les receveurs des tailles de cette généralité, sur le recouvrement de la taille, de l'ustensile et de la capitation : ce qui lui fait craindre que plusieurs d'entre eux ne retiennent des sommes considérables dont il se trouve avoir un pressant besoin pour le payement des assignations du Trésor royal qui sont tirées sur lui; et, comme il y va du service du Roi de soutenir les receveurs généraux des finances, qui font de grands efforts dans le temps présent, je vous prie de faciliter autant que vous pourrez le recouvrement des impositions, et de permettre aux commis que le sieur Gallois a sur les lieux de faire la vérification de la recette des receveurs des tailles, afin qu'il soit informé des sommes dont ils peuvent lui être redevables, et qu'il s'en fasse payer par les voies ordinaires. Cette vérification est d'autant plus nécessaire que, depuis quelque temps, il s'est trouvé des receveurs des tailles qui avoient diverti des sommes considérables dans quelques départements, lesquels se sont absentés lorsqu'on a vérifié leurs recettes; et, si la vérification eût été faite plus tôt, le service n'en auroit pas tant souffert.»

M. Desmaretz, directeur des finances, à M. de Bernage, intendant en Franche-Comté.

12 Août 1704.

«J'ai reçu votre lettre du 5 de ce mois, et en même temps une de M. Boisot, touchant la charge de président à mortier qu'il avoit demandée pour M. son fils. Il m'écrit dans les mêmes termes qu'il vous avoit parlé à ce sujet. Je lui ai fait réponse que les bons offices que vous lui avez rendus, joints au rapport avantageux de ses services que M. Chamillart avoit fait au Roi, n'avoient pu déterminer S. M. à se relâcher sur l'âge et sur les services qui manquoient à M. Boisot le fils pour remplir cette charge. A l'égard de MM. de Rozière et de Montureux, ils ne doivent pas espérer qu'on puisse recevoir leurs soumissions de 40,000 ᵗᵗ pendant que M. Chamillart a fixé le prix de ces charges de président à mortier à 50,000 ᵗᵗ, et que j'ai entre les mains une soumission de M. Boisot, pour M. son fils, de 44,000 ᵗᵗ et les 2 sols pour livre. Il n'y a pas lieu de douter qu'elles ne soient vendues 50,000 ᵗᵗ, et qu'on ne trouve de bons sujets pour les remplir sur ce pied-là, moyennant les soins et les ménagements que vous y apporterez. On peut dire même que c'est l'esprit du Parlement, puisque, sur un avis mal fondé que les anciens présidents avoient eu que le prix de ces nouvelles charges n'étoit fixé qu'à 40,000 ᵗᵗ, ils ont eu occasion de se plaindre de la médiocrité de ce prix, et d'exposer que leurs charges en recevroient une diminution considérable. Ils en ont formé un de leurs griefs principaux dans les représentations qu'ils ont faites à M. Chamillart par une lettre du 3 de ce mois. On conclut que la fixation des nouvelles charges de président à mortier devoit monter au moins au double et aux deux cinquièmes de celles de conseiller, fixées à 20,000 ᵗᵗ.»

M. Desmaretz, directeur des finances, à M. Rouillé de Fontaine, intendant à Limoges.

1er Septembre 1704.

«M. Chamillart m'a renvoyé la lettre que vous lui avez écrite le 29 du mois passé, par laquelle vous lui mandez que plusieurs particuliers se porteroient à mettre à la loterie royale sans la difficulté qu'il y a de trouver à s'associer en nombre suffisant pour former une somme de 1,000 ᵗᵗ en principal pour acquérir une rente de 50 ᵗᵗ. Sur quoi, je vous dirai que ce n'est point l'esprit de l'édit, et que, chaque action n'étant que de 100 ᵗᵗ, chacun peut prendre un billet ou action pour cette somme, et, outre la rente de 5 ᵗᵗ dont l'actionnaire jouira à perpétuité, il aura encore l'espérance d'avoir un lot de rente viagère. D'ailleurs, le Roi ayant trouvé bon de faire payer les rentes de l'une et de l'autre nature sur les lieux, suivant l'arrêt du Conseil du 19 du même mois, dont M. Chamillart vous a envoyé plusieurs exemplaires, il y a lieu d'espérer que votre département fournira une somme considérable pour remplir la loterie royale.»

M. Desmaretz, directeur des finances, aux Officiers de la Chambre des vacations du Parlement de Besançon.

24 Septembre 1704.

«J'ai reçu la lettre que vous avez pris la peine de m'écrire le 16 de ce mois, au sujet de la charge de président en la chambre des requêtes du Palais au Parlement de Besançon, dont le sieur Guyenard a été pourvu. Le Roi a accordé l'agrément à cet officier d'autant plus volontiers que S. M. a été informée de ses longs services, et, en dernier lieu, dans la charge de lieutenant général de la Table de marbre supprimée. Il arrive souvent que des lieutenants généraux des bailliages se font pourvoir d'offices de présidents dans les Parlements et de charges de maîtres des requêtes, sans que personne de ces Compagnies y apporte la moindre difficulté, et je dois vous dire que l'intention du Conseil est qu'il soit reçu dans cette charge aussitôt qu'il se présentera avec ses provisions, afin de former la chambre sans perte de temps, et que les sujets du Roi en reçoivent la justice qu'ils en attendent.»

Le Contrôleur général aux Intendants.

2 Novembre 1704.

«Je vous envoie des imprimés d'un nouvel édit portant création de deux inspecteurs généraux des manufactures dans chaque généralité, de commissaires particuliers dans chacune des villes et lieux du royaume, en tel nombre qu'il sera jugé nécessaire, et de gardes-concierges aux halles aux draps et aux toiles. Le Roi voulant tirer un prompt secours de la finance de ces offices, S. M. leur a attribué des gages, des droits et des privilèges, qui sont considérables, et qui en doivent faciliter la vente. Je suis persuadé que, par vos soins, les deux offices d'inspecteurs généraux de votre département seront bientôt levés, et que ceux de commissaires particuliers des villes auront le même sort, à moins que les marchands ne s'empressent, comme il est de leur intérêt, de faire des offres convenables pour en demander la réunion à leurs corps. Je vous enverrai incessamment la fixation qui sera arrêtée au Conseil de la finance des uns et des autres de ces offices; cependant je vous prie d'accorder au commis du traitant qui sera chargé auprès de vous de la régie de cette affaire toute la protection dont il aura besoin pour en bien établir et percevoir les droits, et particulièrement pour la contremarque qui doit être faite, sans perte de temps, de toutes les étoffes et toiles qui sont actuellement en nature dans les manufactures, magasins et boutiques des marchands, fabricants, débitants, et autres. Je vous prie aussi de m'informer souvent du progrès de ce traité dans votre département, afin que j'en puisse rendre compte au Roi*.»

* Le 22 du même mois, ordre est encore donné de favoriser le débit des charges et d'envoyer des instructions en ce sens à chaque subdélégué.

Le Contrôleur général aux Intendants.

[8] Novembre 1704.

«Les dépenses extraordinaires que le Roi est obligé de faire ont engagé S. M. à chercher les secours les moins à charge à ses peuples. Elle a cru que personne n'étoit plus en état de lui en fournir que ceux à qui elle a accordé des grâces honorables et utiles. Tous les ennoblis sont dans ce cas; cependant, pour les engager à se porter volontairement à lui fournir ces secours, S. M. veut bien leur payer le revenu de la finance qu'elle leur demande. C'est ce qui l'a engagée à donner un édit par lequel elle crée des rentes au denier vingt, pour les distribuer à tous les ennoblis. Je vous envoie une copie de cet édit et de l'arrêt qui charge le traitant de ce recouvrement. Faites-les exécuter dans votre département, afin que S. M. puisse toucher les sommes qu'elle en attend. Ces taxes ne sont point assez considérables pour qu'il soit nécessaire d'user d'autorité; je crois que vos remontrances suffiront pour ceux qui s'adresseront à vous.»

Le Contrôleur général aux Intendants.

29 Novembre 1704.

«Vous verrez, par l'édit ci-joint, que le Roi accorde quatre dispenses d'un degré de service pour être vendues à quatre officiers de chaque Cour supérieure. S. M., voulant marquer la satisfaction qu'elle a du zèle que les Compagnies ont témoigné dans les secours qu'elle leur a demandés pendant cette guerre, a bien voulu accorder à leur Cour la préférence d'acquérir ce privilège, pour le conférer tous les cinq ans à deux officiers. Elles ont si souvent demandé ce degré de service, que je ne doute pas qu'elles ne soient sensibles à cette grâce comme elle le mérite, et qu'elles ne se portent volontairement à l'acquérir, la faculté d'ennoblir tous les cinq ans deux familles de leurs corps étant un des plus beaux privilèges qu'une Compagnie puisse s'attribuer. Vous pouvez même leur faire entendre que, si elles veulent, elles pourront retirer les 24,000# qu'elles payeront pour ce privilège, moitié dans le mois de janvier prochain, et l'autre moitié dans cinq ans, en cédant à chacun de ceux qu'elles nommeront 6,000# d'augmentations de gages, pour jouir de 300# de rente en leur lieu et place. Il y aura peu de ceux qui auront besoin de ce privilège qui refusent de leur rembourser cette somme pour être préférés à leurs concurrents. Ménagez, je vous prie, cette affaire avec votre prudence ordinaire. Si, après leur avoir dit ce que vous jugerez à propos pour les y engager, vous ne les trouvez pas dans les dispositions où elles doivent être, voyez, parmi les officiers qui composent ces Compagnies, ceux qui ont besoin de la dispense de ce degré; mais ne vous engagez point que vous n'en ayez quatre, ne pouvant me persuader que les Compagnies ne reviennent à demander la préférence.»

TABLE ANALYTIQUE.

Les chiffres arabes renvoient aux numéros des pièces; suivis de l'italique *n*, ils se rapportent aux notes. L'indication App., suivie d'un chiffre arabe, renvoie à la page de l'Appendice; l'indication Add., suivie d'un numéro en chiffres romains ou d'un chiffre de page, à l'une des pièces insérées en addition (p. 607-620) après l'Appendice, et l'indication (*e*) à l'Errata. L'astérisque (*) indique les personnages qui figurent déjà dans le premier volume.

A

B

C

D

E

F

G

H

I

J

K

L

M

N

O

P

Q

R

S

T

U

V

W

Y

Z

CORRECTIONS.

ERRATA DE LA CORRESPONDANCE.

N° 36, à la suite de la note, ajoutez la pièce II des Additions, page 607.

N° 69, ligne dernière, lisez : *Brioux.*

N° 104, ligne 3, au lieu de *Saint-Cirques*, lisez : *Saint-Cirgues.*

N° 120, ligne 12, au lieu de *Berthier*, lisez : *Bertier.*

N° 126. M. de Nointel, signataire de la lettre, est *Jean de Turményes de Nointel.*

N° 179. M. de Suduiraut, signataire de cette lettre, n'est pas premier président du *Parlement*, mais de la *Cour des aides et finances* de Bordeaux.

N° 188. Le signataire de cette lettre n'est pas *M. de Suduiraut*, mais *M. de la Tresne.*

N° 208, ligne 2, au lieu de *Tour-la ville*, lisez : *Tourlaville.*

N° 244, au titre, au lieu de *Guyot*, lisez : *Guyet.*

N° 280, note. Lisez ainsi les deux premières lignes : «On a été surpris, dans l'état qu'il a envoyé, des filles qui sont dans cette maison depuis 1692 et 1693. On a dû,» etc.

N° 292, ligne 1, au lieu de *un*, lisez : *une.*

N° 313. On eût dû indiquer à la suite de cet article une lettre de M. de Bernage, du 4 janvier 1704, relative à la restitution de la Monnaie de Besançon aux magistrats de cette ville.

N° 384, à la suite de la note, ajoutez la pièce VII des Additions, page 609.

N° 414, ligne dixième de la note, lisez : *d'Isnard.* Ajoutez à la suite de cette note la pièce VIII des Additions, page 609.

N° 432, ajoutez en note la pièce IX des Additions, page 609.

N° 439, ligne 1, au lieu de *Rappor*, lisez : *Rapport.*

N° 510, lignes 8 et 21, au lieu de *Darassus*, lisez : *d'Arassus.*

N° 519, en tête de la note, intercalez la pièce XII des Additions, page 613.

N° 555, au titre, au lieu de *Rouillé de Fontaines*, lisez : *Rouillé de Fontaine.*

N° 571, ajoutez en note la pièce XIII des Additions, page 613.

N° 602, ajoutez à la suite de la note la pièce XV des Additions, page 613.

N° 643, ajoutez à la suite de la note la pièce XVII des Additions, page 614.

N° 663, deuxième colonne, ligne 3, au lieu de *Patou*, lisez : *Pathoud.*

N° 694, troisième ligne de la note, au lieu de *Conté*, lisez : *Conte.*

N° 719, ligne 21, au lieu de *Dalancé*, il faut probablement lire : *d'Alencé.*

N° 731, au titre, au lieu de *d'Abbadie*, lisez *d'Abadie.*

N° 745, en tête de la note, intercalez la pièce XIX des Additions, page 614.

N° 753, à la suite de la note, placez la pièce XX des Additions, page 614.

N° 784, à la suite de la note, ajoutez la pièce XXI des Additions, page 614.

N° 814, première ligne, au lieu de *Roland-Duclos*, lisez : *Roland du Clos.*

N° 850, ligne 42, au lieu de *l'Épine*, lisez : *Lépine.*

N° 873, ligne pénultième de la note, au lieu de *Isnard*, lisez : *d'Isnard.*

N° 877, au titre, au lieu de *intendant en Béarn*, lisez : *subdélégué général en Béarn.*

N° 882, ligne 13 de la note, au lieu de *Jamets*, lisez : *Jametz.*

N° 938, ligne 2, au lieu de *Humbert*, lisez : *Homberg.*

N° 1054, ligne 4, au lieu de *Bragelongue*, lisez : *Bragelongne.*

N° 1080, ligne 47, au lieu de *Bagnols*, lisez : *Bagnolles* (Orne).

N° 1105, ligne 6 en remontant de la note, au lieu de : *de la Fonds*, lisez : *Delafons.*

N° 1120, ligne 30, au lieu de *partie*, lisez : *parti.*

N° 1163, ligne 8, au lieu de *l'Épine*, lisez : *Lépine.*

N° 1180, troisième ligne de la note, au lieu de *premier président*, lisez : *président à mortier.*

N° 1199, première ligne de la note. Le président *le Fèvre*, qui signe ainsi sa lettre, est cependant le même qui, trois ans auparavant, signait : *le Febvre*, la lettre indiquée dans la note du n° 500.

N° 1263, au titre, au lieu de *de la Fond*, lisez : *Delafons.*

N° 1264, ligne 15, au lieu de *ma*, lisez : *m'a.*

N° 1265, le signataire de cette lettre est *M. de Lussé*, cité dans le n° 533, et non *Lassé.*

N° 1268, ligne 3, supprimez la particule avant *Laurencin*, comme au n° 440.

N° 1273, ligne première de la note, au lieu de *maire*, lisez : *prévôt des marchands.*

N° 1344, ligne 6 de la première colonne de la page 447, au lieu de *Rode*, lisez : *Rodde.*

N° 1350, au titre, au lieu de *Tison*, lisez : *Titon.*

ERRATA DE L'APPENDICE.

Page 515, 2e colonne, 5e ligne en remontant, au lieu de *Chaillou*, lisez : *Chaillon*.

Pages 521 à 523, au lieu de *Roland-Duclos*, lisez : *Roland du Clos*. Les pièces de cette affaire se trouvent, à la date de 1701, dans le carton G7 1290, *Ferme du tabac*.

Page 523, 2e colonne, ligne 25, au lieu de *verrine*, lisez : *vérine*.

Page 533, 2e colonne, 5e ligne en remontant, supprimez la virgule entre *Ce n'est pas* et *M. Desmaretz*.

Page 609, addition IX. Le sieur de Meneville est peut-être Jean-François le Boultz de Meneville, qui, après avoir été conseiller au Parlement de Paris, de 1691 à 1702, se fit pourvoir d'une charge de lieutenant de Roi au département de Vivarais.

ERRATA ET ADDITIONS DE LA TABLE.

Acclamation (Vote par). Ajoutez : 915 n.
Affaires extraordinaires. — *Propositions*. Ajoutez : *347*, *348*.
Aiguille. Lisez : (*Jacques-Auguste le Berthon d'*).
Aisés. Ajoutez : *distingués des pauvres*, *273*.
Amiens (Ville d'). Ajoutez : *Fermier général y résidant. Voy. Berthelot (Simon II)*.
Attelages, *283*, *1310*.
Banqueroutes. Au lieu de *454*, lisez : *414*.
Bois. — *Disette*. Ajoutez : *397*.
Bretagne. Ajoutez : *Boucheries et inspecteurs*, *1060*.
" *Commandant*. Ajoutez : *Voy. Châteaurenault*.
Chevaux. Ajoutez : *Pénurie*, *223*.
Compensations de contributions, *1130*.
Comptes. — *Reddition*. Ajoutez : *374 n*.
Concessions. Ajoutez : *de terrains*, *728*.
Contrôleur général. — Chamillart. *Lettres*. Ajoutez : *501 n*. — *Son secrétaire*, *993*. — *Ses terres et biens*, *1385*.
Dénonciations, *1090*, *1184*, *1267*.
Distributions de livres. Au lieu de *1307*, lisez : *1037*.
Domaine. — *Réparations*. Ajoutez : *507*, *582*, *769*.
Donneurs d'avis. Ajoutez : *435*, *762*, *850*, *928*, *998*, *1137*, *1295*.
Édits. — *Distribution*. Ajoutez : *675*.
Emprisonnements. Ajoutez : *1016*, *1088*.
États-majors des places. Ajoutez : *748*.
Flandre maritime. Ajoutez : *Jésuites*, *471*.
Franche-Comté. Ajoutez : *Inventaire de chartes*, *309*.
Fuies à pigeons, *628*.
Gentilshommes. Ajoutez : *portant l'épée*, *150*.
Grenoble (Ville de). — Au lieu de *Évêque*, lisez : *Évêques*.
Guerre. — *Interruption du commerce*. Ajoutez : *1012*.
Impositions. Supprimez *Rétablissement*, et reportez *939* à *Répartition*.
Intendants. — *Attributions*. Ajoutez : *682*. — *Tournées*. Ajoutez : *755*.
Lorraine. Ajoutez : *Contrebande*, *583*.
Louage de maisons. Ajoutez : *874*.
Malversations. Ajoutez : *892*.
Ordonnances. — *d'intendants*. Ajoutez : *1076*.
Orléans (Généralité d'). — *Impositions*. Ajoutez : *683*.
" Ajoutez : *Misère publique*, *683*.
Pain. Ajoutez : *Fabrication*, *136*.
Paris (Ville de). — *Approvisionnement*. Ajoutez : *1123*.
Parlan de Saignes. Supprimez la virgule entre (*J. de la Garde* et *de*).
Partisans militaires. Ajoutez : *1077*.
Passeports. — *pour les marchandises*. Ajoutez : *et les espèces*.
Pierre philosophale : Ajoutez : *694*.
Placets. — Au lieu de *322*, lisez : *332*, et ajoutez : *796*, *1006*.
Police. — *des villes*. Ajoutez : *824*.
Poudres. — *Fabrication*. Ajoutez : *511*.
Privilèges. — *Révocations*. Ajoutez : *732*.
Receveurs généraux. — *Relations avec les receveurs particuliers*. Ajoutez : *415*.
Remontrances. — *de commerçants*. Ajoutez : *1237*.
Requêtes. Ajoutez : *en délivrance*, *1236*.
Révocation. — *de privilèges*. Ajoutez : *732*.
Saisies. Ajoutez : *de livres*, *466*.
Subrogations. — *à un traité*. Ajoutez : *490*.

www.ingramcontent.com/pod-product-compliance
Lightning Source LLC
Chambersburg PA
CBHW031439210326
41599CB00016B/2052

* 9 7 8 2 0 1 3 4 8 3 7 7 3 *